D1620240

Handbuch der Rechtspraxis

Band 6

Nachlassrecht

von

Holger Krätzschel
Richter am Oberlandesgericht München

Dr. Melanie Falkner
Notarin in Ochsenfurt

Dr. Christoph Döbereiner
Notar in München

11., vollständig überarbeitete und ergänzte Auflage 2019

C.H.BECK

Neuauflage des von
Professor Dr. Karl Firsching †,
weiland Richter am Bayerischen Obersten Landesgericht,
begründeten und bis zur 6. Auflage bearbeiteten
sowie von der 6. bis zur 10. Auflage von
Dr. Hans Lothar Graf, Vorsitzender Richter am Landgericht München I a. D.,
bearbeiteten Handbuchs

www.beck.de

ISBN 978 3 406 70969 2

© 2019 Verlag C. H. Beck oHG
Wilhelmstraße 9, 80801 München
Druck: Kösel GmbH & Co. KG
Am Buchweg 1, 87452 Altusried-Krugzell

Satz und Umschlaggestaltung: Druckerei C. H. Beck Nördlingen

Gedruckt auf säurefreiem, alterungsbeständigem Papier
(hergestellt aus chlorfrei gebleichtem Zellstoff)

Vorwort zur 11. Auflage

Mit der vorliegenden Neuauflage hat sich der Autor der 6. bis 10. Auflage, Herr VRiLG a. D. Dr. Hans Lothar Graf aus Altersgründen zurückgezogen. Wir schulden ihm an dieser Stelle Dank für ein beeindruckendes Werk, dessen Übernahme Verpflichtung und Ansporn zugleich ist. In seiner Nachfolge bearbeiten nunmehr Herr RiOLG (München) Holger Krätzschel das materielle Erbrecht und das Verfahrensrecht, Frau Notarin Dr. Melanie Falkner (Ochsenfurt) das Steuerrecht und Herr Notar Dr. Christoph Döbereiner (München) das Internationale Privatrecht einschließlich der Europäischen Erbrechtsverordnung.

Mit dem Wechsel der Autoren gehen einige Veränderungen in Aufbau und Struktur des Werkes einher: Beibehalten wurde die bewährte grundsätzliche Gliederung in „Teilen". Die weitere Darstellung erfolgt nunmehr in fortlaufend nummerierten Paragraphen, auch die Randnummern beginnen in jedem Paragraphen jeweils neu und sollen so dem Leser eine leichtere Orientierung und einen schnelleren Zugriff auf die jeweiligen Textpassagen ermöglichen. Ebenfalls neu sind die zum Download bereitgestellten Muster, die die vielfältigen Beratungssituationen im erbrechtlichen Mandat, aber auch in der Aktenbearbeitung durch Rechtspfleger und Richter erleichtern sollen. Für die tägliche Rechtsanwendung stehen darüber hinaus ein Nachlassverzeichnis und ein Europäisches Nachlasszeugnis als Kopiervorlage und zum Download bereit. Neu geschaffen wurde auch die Rubrik „Auf einen Blick" in Teil 4 des Werkes: Wichtige Fristen, Formvorschriften und häufige Auslegungsfragen bei Verfügungen von Todes wegen werden hier kompakt zusammengefasst, um ohne Umwege Antwort auf zentrale erbrechtliche Fragestellungen zu erhalten.

Rechtsprechung und Literatur sind bis Juli 2018 in der Neuauflage berücksichtigt.

Unverändert geblieben ist die Zielgruppe des Werks: Der Anwalt, der ein erbrechtliches Mandat bearbeitet, soll, gleich ob Spezialist oder Generalist, ebenso Antwort auf seine Fragen finden wie Rechtspfleger und Richter, die mit der Bearbeitung entsprechender Verfahren betraut sind. Auch Nachlasspfleger und Testamentsvollstrecker finden eine Handreichung für die tägliche Arbeit.

Mit der Übernahme eines derart renommierten und etablierten Werkes und dem begonnenen Umbruch haben die Autoren eine große Verantwortung übernommen. Sie hoffen, dass die Neuerungen beim Leser Zuspruch finden und dieses Werk auch weiterhin zu einem bewährten Begleiter in erbrechtlichen Verfahren machen.

Zugleich sind sie für Lob und Kritik, vor allem aber für Verbesserungsvorschläge, die an das Lektorat Erbrecht des Verlags zu richten sind, stets dankbar.

München/Ochsenfurt, im Dezember 2018

Holger Krätzschel
Melanie Falkner
Christoph Döbereiner

Inhaltsübersicht

Vorwort V
Inhaltsverzeichnis IX
Abkürzungen XXXI
Literatur XXXVII

Teil 1. Materiell-rechtliche Grundlagen des Verfahrens 1
§ 1 Erbfolge – Grundsätze 1
§ 2 Die Gesetzliche Erbfolge – Grundsätze 8
§ 3 Das Verwandtenerbrecht 9
§ 4 Das Ehegattenerbrecht und Erbrecht eingetragener Lebenspartner 22
§ 5 Das Erbrecht des Fiskus 31
§ 6 Gesetzliche Erbfolge nach DDR – ZGB 32
§ 7 Gewillkürte Erbfolge 34
§ 8 Die Errichtung der Verfügung von Todes wegen 44
§ 9 Die Auslegung der Verfügung von Todes wegen 84
§ 10 Die testamentarischen Verfügungen im Einzelnen 111
§ 11 Gemeinschaftliches Testament der Ehegatten 144
§ 12 Der Erbvertrag 177
§ 13 Beeinträchtigende Schenkungen bei Erbvertrag oder gemeinschaftlichem Tes-
      tament 197
§ 14 Der Widerruf des Testaments 209
§ 15 Die Anfechtung letztwilliger Verfügungen 216
§ 16 Die Erbausschlagung, die Annahme der Erbschaft und die Anfechtung der
      Annahme oder der Ausschlagung 219
§ 17 Das Pflichtteilsrecht 235
§ 18 Erb-, Pflichtteils- und Zuwendungsverzicht 325
§ 19 Die Testamentsvollstreckung 332
§ 20 Die Haftung der Erben für die Nachlassverbindlichkeiten 374
§ 21 Das Nachlassinsolvenzverfahren 400
§ 22 Die Erbunwürdigkeit 409
§ 23 Die Nachlassauseinandersetzung 412
§ 24 Die Unternehmensnachfolge im Erbrecht 446
§ 25 Das Stiftungsgeschäft von Todes wegen (§ 83 BGB) 456
§ 26 Schieds- und Wertsicherungsklauseln 460

Teil 2. Das Verfahren in Nachlasssachen im Allgemeinen 463
§ 27 Nachlasssachen 463
§ 28 Die Zuständigkeiten in Nachlasssachen 467
§ 29 Allgemeine Verfahrensgrundsätze nach dem FamFG 480
§ 30 Haftung für Pflichtverletzungen 496
§ 31 Aktenwesen und Registerführung 500
§ 32 Entscheidungen in Nachlasssachen 503
§ 33 Rechtsbehelfe in Nachlasssachen 509
§ 34 Der Vergleich in Nachlasssachen 520
§ 35 Kosten in Nachlasssachen 521

Inhaltsübersicht

Teil 3. Einzelne Nachlassverfahren 527
§ 36 Die besondere amtliche Verwahrung von Testamenten und Erbverträgen 527
§ 37 Die Eröffnung letztwilliger Verfügungen unter Berücksichtigung der Beson-
    derheiten gemeinschaftlicher Testamente und Erbverträge 543
§ 38 Das Erbscheinsverfahren 567
§ 39 Einziehung und Kraftloserklärung des Erbscheins 627
§ 40 Weitere Zeugnisse 633
§ 41 Die Sicherung des Nachlasses 649
§ 42 Der Fiskus als Erbe 692

Teil 4. Auf einen Blick 699
§ 43 Die wichtigsten Auslegungsfragen 699
§ 44 Formerfordernisse in Nachlasssachen 706
§ 45 Wichtige Fristen im Erbrecht 708

Teil 5. Internationales Privatrecht 713
§ 46 Innerdeutsches Kollisionsrecht und Recht der früheren DDR 713
§ 47 Die Europäische Erbrechtsverordnung EuErbVO 714
§ 48 Internationale Zuständigkeit und Behandlung von Ausländernachlässen vor
    Anwendbarkeit der EuErbVO 765
§ 49 Rechtshilfe – Amtshilfe 826

Teil 6. Steuerrecht 827
§ 50 Die Erbschaftsteuer 827

Anhang 881

Stichwortverzeichnis 885

Inhaltsverzeichnis

Vorwort V
Inhaltsübersicht VII
Abkürzungen XXXI
Literatur XXXVII

Teil 1. Materiell-rechtliche Grundlagen des Verfahrens 1

§ 1 Erbfolge – Grundsätze 1
    I. Erbfolge 1
    II. Erbfall 1
    III. Erblasser 1
    IV. Erbe 2
    V. Erbschaft und Nachlass 2
        1. Vererbliche Rechte 3
        2. Nicht vererbliche Rechte 4
        3. Digitaler Nachlass 5
        4. Vollmacht 5
    VI. Berufung zum Erben 6
    VII. Verfassungsrechtliche Gewährleistung 6

§ 2 Die Gesetzliche Erbfolge – Grundsätze 8

§ 3 Das Verwandtenerbrecht 9
    I. Grundsätze 9
    II. Die Erbfolge nach Ordnungen im Einzelnen 10
        1. Erben erster Ordnung 10
        2. Erben zweiter Ordnung 10
        3. Erben dritter Ordnung 10
        4. Vierte und fernere Ordnungen 11
    III. Das nichteheliche Kind 11
        1. Abstammungsrecht 13
            a) Mutterschaft 13
            b) Vaterschaft 13
        2. Anwendungsbereich des Nichtehelichenerbrechts 14
            a) Erbfälle bei Geburten vor dem 1.7.1949 ohne deutsch-deutschen-
               Bezug 14
            b) Erbfälle bei Geburten nach dem 1.7.1949 ohne deutsch-
               deutschen-Bezug 16
            c) Erbfälle mit deutsch-deutschem Bezug 16
        3. Altfälle Bundesländer vom 1.7.1970 bis 31.3.1998 17
            a) Der Erbersatzanspruch beim Tod des Vaters 17
            b) Vorzeitiger Erbausgleich 18
            c) Erbrechtliche Stellung der Abkömmlinge des nichtehelichen
               Kindes 18
            d) Erbrecht des Vaters und seiner Verwandten 19
    IV. Das adoptierte Kind 19
    V. Verwandtschaft bei fehlerhaften Ehen 21

Inhaltsverzeichnis

§ 4 Das Ehegattenerbrecht und Erbrecht eingetragener Lebenspartner 22
    I. Grundsätze 22
        1. Nichtehe 22
        2. Aufhebbare Ehe 23
        3. Altehen 23
        4. Ausschluss des Ehegattenerbrechts 23
        5. Die gesetzliche Regelung in § 1931 BGB 24
    II. Modifikationen des § 1931 BGB durch güterrechtliche Bestimmungen 25
        1. Zugewinngemeinschaft 25
        2. Gütertrennung 26
        3. Gütergemeinschaft 27
        4. Deutsch-französischer Güterstand der Wahl-Zugewinngemeinschaft
          (WZGA) 27
        5. Voraus des überlebenden Ehegatten, Dreißigster, Unterhaltsanspruch
          der werdenden Mutter, Versorgungsausgleich 28
          a) Voraus, § 1932 BGB 28
          b) Dreißigster, § 1969 BGB 29
          c) Unterhaltsanspruch der werdenden Mutter eines Erben, § 1963
            BGB 29
          d) Versorgungsausgleich 29
    III. Das Erbrecht der eingetragenen Lebensgemeinschaften 29

§ 5 Das Erbrecht des Fiskus 31

§ 6 Gesetzliche Erbfolge nach DDR – ZGB 32

§ 7 Gewillkürte Erbfolge 34
    I. Grundsatz der Testierfreiheit 34
    II. Sittenwidrigkeit letztwilliger Verfügungen 34
        1. Behindertentestament 35
          a) Erblösung 36
          b) Wesentliche Gestaltungsziele 37
          c) Verwaltungsanordnungen für die Testamentsvollstreckung 37
          d) Pflichtteilsansprüche und Pflichtteilsstrafklausel 38
          e) Kritik 38
        2. Bedürftigentestament 39
    III. Verstoß gegen ein gesetzliches Verbot 40
        1. Grundgesetz als gesetzliche Verbotsnormen 40
        2. § 14 HeimG und andere heimrechtliche Zuwendungsverbote 40
        3. Verbote nach §§ 10 Abs. 1 BAT, 43 BRRG, 70 BBG, Art. 79
          BayBG, 19 SoldatenG, 78 Abs. 2 ZDG 42
    IV. Gesetzliche Instrumente der Sicherung der Testierfreiheit 43
    V. Testament – Grundsätze 43
    VI. Gewillkürte Erbfolge nach DDR – ZGB 43

§ 8 Die Errichtung der Verfügung von Todes wegen 44
    I. Testierwille 45
    II. Grundsatz der persönlichen Errichtung 46
        1. Stellvertretung 46
        2. Mitwirkung anderer Personen bei der Bestimmung der Erbfolge 46
    III. Testierfähigkeit 48
        1. Krankhafte Störung der Geistestätigkeit 48
        2. Einzelne Krankheitsbilder 51
        3. Alter 53
        4. Entmündigung 53

IV. Formgerechte Errichtung 54
  1. Eigenhändiges Testament 54
    a) Eigenhändige Niederschrift 55
    b) Verlust der Urkunde 56
    c) Eigenhändige Unterschrift 56
    d) Beweisfragen 59
  2. Notarielles Testament 61
    a) Möglichkeiten der Errichtung und Verfahren 62
    b) Errichtung eines öffentlichen Testaments durch Erklärung 62
    c) Errichtung eines öffentlichen Testaments durch Übergabe einer Schrift (§§ 2232, 30, 31 BeurkG) 62
    d) Behinderungen 64
    e) Das Beurkundungsverfahren 65
  3. Außerordentliche Testamentsformen 71
    a) Nottestament vor dem Bürgermeister 73
    b) Dreizeugentestament 76
    c) Seetestament 77
  4. DDR – ZGB 78
 V. Testamentsmuster/Erbvertragsmuster 78

§ 9 Die Auslegung der Verfügung von Todes wegen 84
 I. Typenzwang 84
  1. Erbeinsetzung und Enterbung 84
  2. Andere Zuwendungen 84
  3. Anordnungen für die Nachlassabwicklung 85
  4. Pflichtteilsentziehung und Pflichtteilsbeschränkung 85
  5. Widerruf 86
  6. Rechtswahl 86
  7. Sonstige Anordnungen 86
 II. Die Auslegung der Verfügung im Einzelnen 86
  1. Voraussetzungen, Umfang und Grenzen der Auslegung 87
  2. Ergänzende Auslegung 92
    a) Anwendungsbereich 92
    b) Umsetzung 93
    c) Maßgeblicher Zeitpunkt 94
  3. Wohlwohlende Auslegung 94
  4. Umdeutung 95
  5. Teilnichtigkeit 95
  6. Auslegungsvertrag 96
  7. Gesetzliche Auslegungsregeln 97
 III. Auslegungslexikon 104

§ 10 Die testamentarischen Verfügungen im Einzelnen 111
 I. Die Erbeinsetzung 112
  1. Rechtsnachfolger in wirtschaftlicher Hinsicht 112
  2. Zuwendung von Einzelgegenständen 112
 II. Vor- und Nacherbschaft 115
  1. Grundsätze und Gestaltungsziele 115
  2. Anordnung der Vor- und Nacherbschaft 117
    a) Auslegung 117
    b) Abgrenzung und Einzelfälle 118
  3. Die Rechtsstellung des Vorerben 119
    a) Anordnung der Befreiung 119

b) Ordnungsgemäße Verwaltung des Nachlasses 120
c) Pflichtverletzungen des Vorerben 121
4. Die Rechtsstellung des Nacherben 122
a) Vererblichkeit der Anwartschaft 122
b) Übertragbarkeit der Anwartschaft 123
c) Ansprüche des Nacherben nach Anfall der Erbschaft 124
5. Testamentsvollstreckung bei Vor- und Nacherbschaft 124
6. Gestaltungsempfehlungen 125
a) Vererblichkeit des Anwartschaftsrechts 125
b) Angaben zur Veräußerlichkeit 126
c) Ersatzerbeneinsetzung 126
7. Steuerliche Gesichtspunkte 126
8. Vor- und Nacherbschaft im Unternehmensbereich 126
9. Prozessuales, Zwangsvollstreckung und Insolvenz 127
10. DDR – ZGB 128
11. Vor- und Nacherbschaft beim belasteten pflichtteilsberechtigten Erben 128
III. Ersatzerbfolge und Anwachsung 128
1. Ersatzerbfolge 129
a) Vorrang der individuellen Auslegung 129
b) Keine Analogiefähigkeit von § 2069 BGB 129
c) Ersatzerbfolge bei Vor- und Nacherbfolge 131
2. Anwachsung 131
3. Gesetzliche Erbfolge 131
IV. Das Vermächtnis 132
1. Grundsätze 132
2. Der Beschwerte 133
3. Vermächtnisnehmer 133
4. Der Gegenstand des Vermächtnisses 134
5. Anfall und Fälligkeit 137
a) Anfall (Entstehen der Forderung) 137
b) Fälligkeit 137
6. Annahme und Ausschlagung 137
7. Verjährung 138
8. Pflichtteilslast 138
V. Die Auflage 138
1. Begünstigter 138
2. Der Anspruch auf Vollziehung 139
3. Unwirksamkeit der Auflage (§§ 2192, 2171 BGB) 139
4. Verwendungsbeispiele 139
VI. Die Teilungsanordnung 140
VII. Die Schenkung auf den Todesfall 141

§ 11 Gemeinschaftliches Testament der Ehegatten 144
I. Grundsätze 144
II. Form 146
1. Gemeinschaftliches öffentliches Testament 146
2. Gemeinschaftliches eigenhändiges Testament 147
3. Rücknahme aus besonderer amtlicher Verwahrung 148
III. Wechselbezügliche Verfügungen und Bindungswirkung 148
1. Begriff 148
2. Beispiele 150
3. Bindungswirkung und Widerruf 152
4. Anfechtung durch den überlebenden Ehegatten 154

5. Anfechtung durch Dritte 155
6. Ausschlagung 156
7. Entfallen der Bindungswirkung 158
   a) §§ 2271 Abs. 2 S. 2 und Abs. 3 iVm §§ 2299, 2336, 2289 Abs. 2
   BGB: 158
   b) §§ 2271 Abs. 3, 2289 Abs. 2 BGB 158
8. Freistellungsklauseln und Änderungsvorbehalte 159
9. Zuwendungsverzicht 160
IV. Berliner Testament 160
  1. Einheits- oder Trennungslösung 160
  2. Rechtsstellung des überlebenden Ehegatten und des Schlusserben .. 162
   a) Der überlebende Ehegatte 162
   b) Der Schlusserbe 163
  3. Pflichtteilsstrafklausel 163
  4. Wiederverheiratungsklauseln 167
  5. Das Vermächtnis im Berliner Testament 169
V. Scheidung und Bindungswirkung 169
VI. Lebzeitige Verfügungen 170
VII. Verwahrung und Eröffnung 170
  1. Verwahrung 170
  2. Eröffnung 171
VIII. DDR – ZGB 175

§ 12 Der Erbvertrag 177
I. Begriff und Zweck 177
II. Rechtsnatur 178
  1. Abgrenzung 179
  2. Umdeutung 180
III. Abschluss und Form 180
  1. Höchstpersönlichkeit der Errichtung 180
  2. Geschäftsfähigkeitserfordernisse 181
  3. Form 181
  4. Besondere amtliche Verwahrung 182
IV. Inhalt des Erbvertrages 184
  1. Besonderheiten der Auslegung und Umdeutung 184
  2. Vertragsmäßige Verfügungen 185
  3. Einseitige Verfügungen 185
  4. Andere Regelungen 185
V. Möglichkeiten der Beseitigung der Bindungswirkung bei vertraglichen
Verfügungen 186
  1. Vertraglicher Abänderungsvorbehalt 186
  2. Gesetzlicher Änderungsvorbehalt 187
  3. Abänderung mit Zustimmung des Bedachten 187
  4. Aufhebung durch Vertrag 187
  5. Aufhebung durch Testament und gemeinschaftliches Testament 188
  6. Anfechtung 188
   a) Anfechtungsgrund 188
   b) Anfechtungsberechtigte 189
   c) Anfechtungserklärung 190
   d) Ausschluss der Anfechtung 190
   e) Wirkung der Anfechtung 190
  7. Rücktritt 191
   a) Rücktrittsvorbehalt 191

b) Rücktritt bei Verfehlungen des Bedachten 192
c) Rücktritt bei Aufhebung der Gegenverpflichtung 192
d) Leistungsstörungen im Schuldvertrag 192
e) Form des Rücktritts 193
f) Rücktrittswirkung 193
8. Aufhebungstestament 194
9. Auflösung der Ehe 194

§ 13 Beeinträchtigende Schenkungen bei Erbvertrag oder gemeinschaftlichem Testament 197
I. Abweichende Verfügung von Todes wegen 197
II. Verfügungen des Erblassers unter Lebenden 198
III. Verfügungsunterlassungsvertrag 198
IV. Keine Nichtigkeit vertragswidriger Verfügungen 199
V. Schenkung und Vermächtnisvereitelung in Beeinträchtigungsabsicht
(§§ 2287, 2288 BGB) 200
1. Voraussetzungen 200
a) Schenkung – gemischte Schenkung: 200
b) Objektive Beeinträchtigung des Vertragserben: 201
c) Benachteiligungsabsicht und lebzeitiges Eigeninteresse 202
2. Fallgruppen 203
VI. Prozessuales 205
1. Beweislast 205
2. Gläubiger und Schuldner des Anspruchs 206
3. Inhalt des Anspruchs aus § 2287 BGB 207
a) Überwiegen des unentgeltlichen Teils der Zuwendung: 207
b) Überwiegen des anzuerkennenden Teils der Schenkung: 207
4. Feststellungsklage 207
5. Auskunft und Wertermittlung 208

§ 14 Der Widerruf des Testaments 209
I. Reines Widerrufstestament 210
II. Widerruf durch inhaltlich widersprechendes Testament (§ 2258 BGB) . 210
III. Widerruf durch Vernichtung oder Veränderung der Testamentsurkunde
(§ 2255 S. 1 BGB) 210
1. Die Veränderung an der Urkunde 211
2. Widerruf durch den Erblasser selbst in Aufhebungsabsicht 212
IV. Widerruf durch Rücknahme des öffentlichen Testaments aus der
amtlichen Verwahrung (§ 2256 BGB) 213
V. Widerruf des Widerrufs 215

§ 15 Die Anfechtung letztwilliger Verfügungen 216
I. Einfaches Testament 216
II. Gemeinschaftliches Testament 217
III. Erbvertrag: §§ 2281 ff. BGB 217

§ 16 Die Erbausschlagung, die Annahme der Erbschaft und die Anfechtung der
Annahme oder der Ausschlagung 219
I. Grundsätze, Voraussetzungen 220
1. Das System des Erbschaftserwerbs 220
2. Begriff und Wirkung der Erbausschlagung 221
3. Voraussetzungen 222
II. Form 225
III. Frist 226
IV. Wirksamkeit und Wirkung 228
V. Willensmängel 228

VI. Ablauf des Verfahrens 231
   1. Zuständigkeit 231
   2. Verfahren 231
   3. Ermittlung des eintretenden Erben 232

§ 17 Das Pflichtteilsrecht 235
   I. Begriffe 237
      1. Pflichtteilsrecht – Pflichtteilsanspruch 237
      2. Pflichtteilsberechtigter 238
      3. Pflichtteilsschuldner 238
      4. Pflichteilverbindlichkeit – Pflichtteilslast 238
   II. Pflichtteilsrecht und Verfassungsrecht 238
      1. Zur verfassungsrechtlichen Problematik 238
      2. Art der Beteiligung naher Angehöriger am Nachlass im
         Rechtsvergleich und in der Reformdiskussion 241
   III. Nachlassbewertung 241
      1. Grundsätze 241
      2. Abweichungen vom Verkehrswert am Stichtag 243
         a) Der innere oder wahre Wert 243
         b) Die Bedeutung späterer Verkäufe bei nicht wesentlich veränderten
            Marktverhältnissen 243
      3. Bewertung einzelner Aktivposten 244
      4. Passiva 246
   IV. Pflichtteilsberechtigte und Pflichtteilsschuldner 248
      1. Der Kreis der Pflichtteilsberechtigten 248
         a) Nichteheliche Kinder 248
         b) Adoptierte Kinder 249
         c) Ehegatten 249
         d) Eltern und entferntere Abkömmlinge 250
      2. Pflichtteilsschuldner 251
         a) Pflichtteilsanspruch 251
         b) Pflichtteilsergänzungsanspruch 252
      3. Die Pflichtteilslast 252
   V. Der Anspruch des Pflichtteilsberechtigten auf Auskunft, Wertermittlung
     und eidesstattliche Versicherung 254
      1. Grundlagen 254
      2. Anspruchsgegner 255
      3. Inhalt der Auskunft 255
         a) Vorlage eines Bestandsverzeichnisses 257
         b) Anspruch auf Wertermittlung 258
         c) Form und Art des Verzeichnisses 260
      4. Eidesstattliche Versicherung 261
      5. Zwangsvollstreckung 261
   VI. Der Pflichtteilsanspruch dem Grunde nach 262
      1. Fallkonstellationen 262
         a) Der Pflichtteilsberechtigte ist ohne Beschränkungen und
            Beschwerungen auf einen Erbteil gesetzt, der geringer ist als die
            Hälfte des gesetzlichen Erbteils 262
         b) Der Pflichtteilsberechtigte ist als Erbe eingesetzt, jedoch durch die
            Einsetzung eines Nacherben, die Ernennung eines
            Testamentsvollstreckers oder eine Teilungsanordnung beschränkt
            oder ist mit einem Vermächtnis oder einer Auflage beschwert oder
            ist selbst nur als Nacherbe eingesetzt, § 2306 BGB 263

Inhaltsverzeichnis

    2. Die Anfechtung von Annahme und Ausschlagung 266
      a) Annahme der Erbschaft 266
      b) Ausschlagung der Erbschaft 267
      c) 2308 BGB 268
    3. Besonderheiten beim Ehegattenpflichtteil bei
      Zugewinngemeinschaft 268
    4. Die Ermittlung der „Hälfte des gesetzlichen Erbteils" (Quoten- und
      Werttheorie) 269
  VII. Die Pflichtteilsquote 270
    1. Grundsätze 270
    2. Auswirkung des Güterstands 270
    3. Elternquote 272
 VIII. Anrechnung und Ausgleichung bei Vermögensübertragungen unter
    Lebenden 272
    1. Anrechnung 273
    2. Ausgleichung 275
      a) Die Ausgleichung besonderer Leistungen an den Erblasser 276
      b) Berechnung der Ausgleichung 277
    3. Zusammentreffen von Anrechnung und Ausgleichung 278
  IX. Der Pflichtteilsergänzungsanspruch 280
    1. Schutzzweck der Norm 280
    2. Das Verhältnis des Pflichtteilsergänzungsanspruchs zum ordentlichen
      Pflichtteil 281
    3. Begriff, Umfang, Berechnung und Bewertung der Schenkung 281
    4. Bewertung 283
      a) Der Inhalt des Anspruchs 285
      b) Haftung mehrerer Beschenkter 286
      c) Auskunftsanspruch 286
    5. Zehnjahresfrist des § 2325 Abs. 3 BGB. 286
    6. Zuwendungen unter (Nießbrauchs-, Wohnrechts-)Vorbehalt 288
    7. Ehebezogene (unbenannte) Zuwendungen 290
    8. Güterrechtsverträge 291
    9. Abfindungen beim Erbverzicht 291
    10. Aufnahme in eine Personengesellschaft (OHG, KG) und
       Abfindungsklauseln 292
    11. Stiftungen 292
    12. Lebensversicherungen 293
  X. Pflichtteilsunwürdigkeit, Pflichtteilsentziehung und
    Pflichtteilsbeschränkung in guter Absicht 294
    1. Die Pflichtteilsunwürdigkeit 295
    2. Die Pflichtteilsentziehung, §§ 2333, 2336 BGB 296
    3. Die Pflichtteilsbeschränkung in guter Absicht, § 2338 BGB 299
  XI. Der Pflichtteilsverzicht, § 2346 BGB 301
    1. Vertrag zwischen Erblasser und Pflichtteilsberechtigten 301
      a) Form 301
      b) Erbverzicht – Pflichtteilsverzicht 302
      c) Abfindung 302
    2. Zuwendungsverzicht, § 2352 BGB 304
    3. Vertrag zwischen Pflichtteilsberechtigten über Pflichtteil und
      künftigen Pflichtteilsanspruch 305
  XII. Entstehung, Rang, Fälligkeit, Stundung, Verzug, Verjährung,
    Verwirkung des Pflichtteilsanspruchs 306
    1. Entstehung 306

2. Rang 306
3. Fälligkeit und Stundung 306
4. Verzug 307
5. Verjährung 307
   a) Einzelfälle 308
   b) Beweislast 309
   c) Hemmung der Verjährung 309
6. Verwirkung 310
XIII. Abtretung, Vererbung, Pfändung, Erlass, Insolvenzverfahren 311
   1. Abtretung, Pfändung, Überweisung zur Einziehung, Überleitung .. 311
   2. Vererbung 312
   3. Insolvenz 312
   4. Erlass 312
XIV. Deutsch-deutsches Pflichtteilsrecht und Pflichtteilsrecht nach dem ZGB
   der DDR 312
   1. Deutsch-deutsches Pflichtteilsrecht 312
   2. Das Pflichtteilsrecht der DDR 313
XV. Internationales Privatrecht 314
XVI. Prozessrecht 315
   1. Klagearten – Überblick 315
   2. Stufenklage 316
      a) Zuständigkeit 316
      b) Gang des Verfahrens 316
      c) Urteil 317
      d) Kosten 318
      e) Zwangsvollstreckung 319
      f) Rechtsmittel 320
   3. Klage gegen den Beschenkten 320
   4. Antrag auf Stundung 321
XVII. Stundung des Pflichtteilsanspruchs 321
   1. Zuständigkeit 321
   2. Voraussetzungen 321
   3. Verfahren 322
   4. Abänderung 324
   5. Gebühren 324
   6. Rechtsmittel 324

§ 18 Erb-, Pflichtteils- und Zuwendungsverzicht 325
   I. Grundsätze 325
   II. Wirkung des Erbverzichts 326
   III. Pflichtteilsverzicht 328
   IV. Form 328
   V. Zuwendungsverzicht 329
   VI. Aufhebung von Erb-, Pflichtteils- und Zuwendungsverzicht 330
   VII. Erbschaftsteuer 330

§ 19 Die Testamentsvollstreckung 332
   I. Wesen der Testamentsvollstreckung 333
   II. Rechtsstellung des Testamentsvollstreckers 333
   1. Rechtsstellung 333
   2. Post- oder transmortale Vollmachten 335
   III. Die Anordnung der Testamentsvollstreckung 336
   1. Allgemeines 336
   2. Gemeinschaftliches Testament und Erbvertrag 336

IV. Die Aufgaben des Testamentsvollstreckers und seine Befugnisse 337
   1. Aufgabenkreis 337
     a) Die Abwicklungsvollstreckung 337
     b) Die Verwaltungsvollstreckung und Dauervollstreckung 339
     c) Sonstige Aufgaben 339
   2. Verfügungsbefugnis des Testamentsvollstreckers 340
     a) Testamentsvollstreckung in der Insolvenz 341
     b) Testamentsvollstreckung in der Nachlassverwaltung 341
V. Die Ernennung des Testamentsvollstreckers 342
   1. Persönliche Voraussetzungen 342
   2. Ernennung des Testamentsvollstreckers 343
     a) Ernennung durch den Erblasser 343
     b) Ernennung durch einen Dritten 344
     c) Ernennung durch das Nachlassgericht 345
     d) Rechtsmittel 347
VI. Die Vergütung des Testamentsvollstreckers 348
   1. Grundlagen 348
     a) Schuldner 348
     b) Fälligkeit 349
   2. Höhe der Vergütung bei Festsetzung durch das Gericht 349
     a) Grundsatz 349
     b) Bemessungsgrundlage 350
     c) Aufwendungen für Dritte und Berufsdienste 350
     d) Umsatzsteuer 351
     e) Vergütung nach Tabellensätzen 351
VII. Annahme und Ablehnung des Amtes des Testamentsvollstreckers 354
VIII. Das Testamentsvollstreckerzeugnis 355
   1. Begriff und Zweck 355
   2. Arten 355
   3. Die Voraussetzungen der Erteilung und Gang des Verfahrens 355
     a) Zuständigkeit für die Erteilung 355
     b) Antrag 356
     c) Verfahren 356
     d) Entscheidung über den Antrag 357
   4. Inhalt des Zeugnisses 358
   5. Niederschrift und Zeugnis 359
   6. Die Berichtigung und Beseitigung des Zeugnisses 361
   7. Richtigkeitsvermutung und öffentlicher Glaube 362
IX. Die Mitwirkung des Nachlassgerichts bei der Ausübung und
   Beendigung des Testamentsvollstreckeramtes 363
   1. Vermittlung bei Streitigkeiten 363
   2. Außerkraftsetzung von Anordnungen des Erblassers 364
X. Beendigung der Testamentsvollstreckung 366
   1. Entlassung durch das Nachlassgericht 366
     a) Pflichtverletzung und grobe Fahrlässigkeit 367
     b) Einzelfälle 368
     c) Verfahren 370
     d) Rechtsmittel 372
     e) Kosten 372
   2. Die Kündigung durch den Testamentsvollstrecker 372
XI. Haftung des Testamentsvollstreckers 373

§ 20 Die Haftung der Erben für die Nachlassverbindlichkeiten 374
   I. Das System der Haftung und ihrer Beschränkung 374
     1. Arten der Nachlassverbindlichkeiten 374
       a) Erblasserschulden 375
       b) Erbfallschulden 375
       c) Nachlasserbenschulden 375
       d) Verbindlichkeiten aus dem Betrieb eines Handelsgeschäfts 376
     2. Die Haftung des Erben vor Annahme der Erbschaft 377
     3. Beschränkung der Haftung auf den Nachlass 377
     4. Prozessuale Geltendmachung der Haftungsbeschränkung 378
     5. Verlust der Möglichkeiten der Haftungsbeschränkung 379
     6. Sonderregelungen 380
   II. Inventarerrichtung 380
     1. Recht und Pflicht zur Errichtung 380
       a) Freiwillige Inventarerrichtung 380
       b) Inventar auf Fristsetzung hin 381
     2. Möglichkeiten der Errichtung 385
       a) Bezugnahme auf ein bereits vorhandenes, den Vorschriften der
         §§ 2002, 2003 BGB entsprechendes Inventar (§ 2004 BGB) 385
       b) Einreichung eines Inventars, das der Erbe (auch Miterbe oder ein
         Bevollmächtigter des Erben) selbst aufgenommen und
         unterschrieben hat (§ 1993 BGB) 385
       c) Amtliche Aufnahme des Inventars 386
     3. Aufnahme, Form und Inhalt des Inventars 387
   III. Versicherung des Erben an Eides Statt zu Protokoll des Nachlassgerichts 389
     1. Abgabe einer eidesstattlichen Versicherung auf Verlangen eines
       Nachlassgläubigers (§ 2006 BGB, § 361 FamFG) 389
     2. Eidesstattliche Versicherung nach §§ 410 Nr. 1, 413 FamFG 390
   IV. Aufgebot zur Ausschließung von Nachlassgläubigern 393
     1. Die Bedeutung des Aufgebots 393
     2. Verfahren 395
   V. Gläubigerversäumnis (Verschweigungseinrede) 399

§ 21 Das Nachlassinsolvenzverfahren 400
   I. Grundsätze 400
   II. Zuständigkeit 401
   III. Antrag 401
     1. Antragsberechtigung 401
     2. Antragspflicht 402
     3. Antragsfrist 402
     4. Form 402
   IV. Begründetheit des Antrags (Insolvenzgrund) 402
   V. Sicherungsmaßnahmen 403
   VI. Weitere Voraussetzungen 404
   VII. Die Eröffnung des Insolvenzverfahrens 404
     1. Insolvenzmasse 404
     2. Inhalt des Eröffnungsbeschlusses 404
     3. Bekanntmachung des Eröffnungsbeschlusses 405
     4. Rechtsmittel 405
   VIII. Die Wirkung der Eröffnung des Verfahrens 405
     1. Im Hinblick auf die Haftung 405
     2. Zwangsvollstreckung 406
     3. Befugnisse des Insolvenzverwalters und der Erben 406

Inhaltsverzeichnis

IX. Das Insolvenzverfahren und die Verteilung des Nachlasses		406
X. Beendigung		407
XI. Die Wirkungen der Beendigung:		407

§ 22 Die Erbunwürdigkeit 409

§ 23 Die Nachlassauseinandersetzung 412
  I. Grundlagen 412
  II. Grundsätze bei Durchführung der Auseinandersetzung 414
    1. Die Auseinandersetzung 414
    2. Abschichtung 415
    3. Genehmigungen 416
    4. Land- und forstwirtschaftliche Grundstücke 416
    5. Handelsgeschäft, GmbH, AG, Personengesellschaft 417
    6. Die Gewährleistung bei der Erbteilsveräußerung 417
    7. Haftung bei Erbauseinandersetzung unter Miterben durch Aufteilung 418
  III. Durchführung der Erbauseinandersetzung im Einzelnen 418
    1. Der Erblasser hat eine Testamentsvollstreckung angeordnet ... 418
    2. Testamentsvollstreckung ist nicht angeordnet 419
    3. Testamentsvollstreckung ist nicht angeordnet, die Erben einigen sich nicht freiwillig (Erbteilungsklage) 424
    4. Vermittlungsverfahren 425
  IV. Die Vermittlung der Erbauseinandersetzung durch den Notar 425
    1. Grundsätze 425
    2. Voraussetzungen der Vermittlung 426
    3. Verfahren 427
      a) Zuständigkeit 427
      b) Antrag 427
      c) Antragsberechtigung 428
      d) Inhalt des Antrags 428
      e) Formelle Prüfung durch den Notar 430
      f) Zurücknahme und Zurückweisung des Antrags 430
      g) Rechtsmittel 431
      h) Die Einleitung des Verfahrens 431
      i) Auseinandersetzungsplan 438
    4. Bestätigung der Auseinandersetzung 444
      a) Voraussetzungen 444
      b) Rechtsmittel 444
  VI. Die Vermittlung der Auseinandersetzung in Ansehung des Gesamtguts einer Gütergemeinschaft 445

§ 24 Die Unternehmensnachfolge im Erbrecht 446
  I. Nachfolge in ein einzelkaufmännisches Unternehmen 446
    1. Einsetzung eines Alleinerben 446
    2. Drittbestimmung des Unternehmensnachfolgers 446
    3. Kündigungsrecht gemäß § 723 Abs. 1 S. 3 Nr. 2 BGB 447
    4. Zwischenzeitliche Führung des Unternehmens durch den Testamentsvollstrecker 447
      a) Vollmachtslösung 447
      b) Haftung 447
      c) Treuhandlösung 448
  II. Beteiligung an einer Personengesellschaft 448
    1. Die einfache erbrechtliche Nachfolgeklausel 449
    2. Die Qualifizierte erbrechtliche Nachfolgeklausel 449
    3. Die Rechtsgeschäftliche Eintrittsklausel 450

III. Der Nießbrauch an einem Unternehmen 451
    1. Der bloß „obligatorische Nießbrauch" 452
    2. Nießbrauch an Gesellschaftsanteilen 452
    3. Nießbrauch an der Beteiligung an einer Personengesellschaft 452
    4. Nießbrauch am Anteil an einer Kapitalgesellschaft 453
IV. Testamentsvollstreckung bei der Unternehmensnachfolge 454

§ 25 Das Stiftungsgeschäft von Todes wegen (§ 83 BGB) 456

§ 26 Schieds- und Wertsicherungsklauseln 460
    I. Schiedsklauseln 460
    II. Wertsicherungsklauseln 461

Teil 2. Das Verfahren in Nachlasssachen im Allgemeinen 463

§ 27 Nachlasssachen 463
    I. Amtsverfahren 463
    II. Antragsverfahren 464
    III. Entgegennahme von Erklärungen (§ 342 Abs. 1 Nr. 5) 466
    IV. Weitere Verfahren (= sonstige Aufgaben gemäß § 342 Abs. 1 Nr. 9
       FamFG) 466

§ 28 Die Zuständigkeiten in Nachlasssachen 467
    I. Sachliche Zuständigkeit des Amtsgerichts 467
    II. Funktionelle Zuständigkeit von Richter und Rechtspfleger 468
       1. Dem Rechtspfleger zugewiesene Geschäfte 469
       2. Dem Richter zugewiesene Geschäfte 474
       3. Der Urkundsbeamte der Geschäftsstelle 475
    III. Die übrigen Nachlassbehörden und ihre Zuständigkeit 475
       1. Das Notariat 475
       2. Das Landwirtschaftsgericht (LwG) 476
       3. Berufskonsuln 478
       4. Sonstige Sonderzuständigkeiten 479
       5. Unzuständigkeit 479

§ 29 Allgemeine Verfahrensgrundsätze nach dem FamFG 480
    I. Das Frei- oder Strengbeweisverfahren 480
    II. Die Beteiligten, Beteiligten- und Verfahrensfähigkeit 481
       1. Die Beteiligten 481
       2. Beteiligten- und Verfahrensfähigkeit 483
    III. Beistände und Verfahrensbevollmächtigte 484
       1. Beistände 484
       2. Verfahrensbevollmächtigte 484
    IV. Akteneinsicht und Erteilung von Abschriften 486
    V. Gerichtssprache und Sitzungspolizei 488
       1. Gerichtssprache 488
       2. Sitzungspolizei 489
       3. Beratung und Abstimmung bei Kollegialgerichten 489
    VI. Nichtöffentlichkeit 489
    VII. Die Ausschließung von der Amtsausübung und Ablehnung 490
    VIII. Termine 491
    IX. Aussetzung, Unterbrechung, Ruhen des Verfahrens 492
       1. Aussetzung (§ 21 FamFG) 492
       2. Unterbrechung 492
       3. Ruhen des Verfahrens 493

X. Verfahrenskostenhilfe 493
    1. Subjektive Voraussetzungen („Persönliche und wirtschaftliche
      Verhältnisse") 493
    2. Objektive Voraussetzungen („hinreichende Aussicht auf Erfolg") ... 494
    3. Beiordnung eines Rechtsanwalts (§ 78 FamFG) 494
XI. Benachrichtigungen 495

§ 30 Haftung für Pflichtverletzungen 496
    I. Richter und Rechtspfleger 496
    II. Notare 496
    III. Rechtsanwälte 497
    IV. Haftungsfälle aus der Rechtsprechung in Nachlasssachen 498

§ 31 Aktenwesen und Registerführung 500

§ 32 Entscheidungen in Nachlasssachen 503
    I. Terminologie 503
    II. Aufbau und Form 503
    III. Beschlussarten 503
    IV. Genehmigungsentscheidungen des Nachlassgerichts 504
    V. Bekanntgabe und Wirksamkeit 506
    VI. Materielle Rechtskraft (Bestandskraft) 507
    VII. Einstweilige Anordnungen in Nachlasssachen 508

§ 33 Rechtsbehelfe in Nachlasssachen 509
    I. Übersicht 509
    II. Beschwerde in Nachlasssachen 510
        1. Zulässigkeitsvoraussetzungen 511
           a) Statthaftigkeit 511
           b) Form, Inhalt und Frist der Beschwerde 512
           c) Beschwerdeberechtigung (§ 59 FamFG) 514
        2. Verfahren 516
        3. Entscheidung 517
        4. Kosten und Gebühren 518
           a) Gerichtskosten 518
           b) Anwaltskosten und sonstige außergerichtliche Kosten 518
           c) Geschäftswert 518
    III. Sofortige Beschwerde 519
    IV. Rechtsbeschwerde 520

§ 34 Der Vergleich in Nachlasssachen 521

§ 35 Kosten in Nachlasssachen 522
    I. Geschäftswert 522
    II. Einzelne Gebühren 523
    III. Anwaltsgebühren in Nachlasssachen 524
    IV. Notarkosten 525

Teil 3. Einzelne Nachlassverfahren 527

§ 36 Die besondere amtliche Verwahrung von Testamenten und Erbverträgen 527
    I. Die Annahme zur besonderen amtlichen Verwahrung 527
    II. Die Herausgabe aus der besonderen amtlichen Verwahrung 539
        1. Einsichtnahme 539
        2. Die Herausgabe einer Verfügung von Todes wegen zur Rückgabe an
           den Erblasser 540
        3. Wirkung der Rücknahme 540
        4. Das Verfahren bei der Rückgabe an den Erblasser 541

§ 37 Die Eröffnung letztwilliger Verfügungen unter Berücksichtigung der Besonderheiten gemeinschaftlicher Testamente und Erbverträge 543
    I. Grundsätze 543
    II. Die Sonderregelung des § 351 FamFG 547
    III. Ablieferung 549
      1. Testament ist im Besitz einer Privatperson 550
        a) Der Besitzer erscheint ohne Aufforderung und liefert das
          Testament beim Nachlassgericht ab 550
        b) Besitzer liefert das Testament nicht ab 551
      2. Testament befindet sich bei einem Notar oder bei einer Behörde ... 556
      3. Testament befindet sich in Verwahrung des Nachlassgerichts oder
        eines Amtsgerichts 556
    IV. Eröffnung 556
      1. Beteiligte 556
      2. Eröffnungstermin 558
      3. Eröffnungsprotokoll 558
      4. Besonderheiten bei der Eröffnung gemeinschaftlicher Testamente
        und zweiseitiger Erbverträge 559
        a) Eröffnung beim ersten Todesfall 559
        b) Eröffnung beim zweiten Todesfall 562
      5. Benachrichtigungen 564

§ 38 Das Erbscheinsverfahren 567
    I. Begriff des Erbscheins 568
    II. Arten des Erbscheins 570
      1. Erbschein des Alleinerben (§ 2353 1. Alternative BGB) 570
      2. Gemeinschaftlicher Erbschein (§ 352a FamFG) 570
      3. Teilerbschein, § 352 Abs. 3 FamFG 571
      4. Der Gruppenerbschein 571
      5. Der gemeinschaftliche Teilerbschein 572
      6. Der Sammelerbschein oder vereinigte Erbschein 572
      7. Der gegenständlich beschränkte Erbschein 572
      8. Erbscheine zu beschränktem Gebrauch 572
    III. Zuständigkeit 573
      1. Sachliche und funktionelle Zuständigkeit 573
      2. Örtliche Zuständigkeit 574
    IV. Der Erbscheinsantrag 575
      1. Antragsberechtigung 575
      2. Vertretung 576
        a) Der gesetzliche Vertreter 576
        b) Antrag durch Bevollmächtigten 576
      3. Inhalt des Antrags 577
      4. Form des Antrags 578
    V. Einzelheiten zur Erbscheinsverhandlung und zu dem der Erteilung eines
      Erbscheins vorausgehenden Verfahren 586
      1. Die erforderlichen Nachweise 587
      2. Die Nachweise im Einzelnen 588
        a) Öffentliche Urkunden 590
        b) Ausländische öffentliche Urkunden 591
        c) Versicherung an Eides Statt 592
      3. Ermittlung von Amts wegen 593
      4. Rechtliches Gehör – Anhörungspflichten – öffentliche Aufforderung 598
        a) Rechtliches Gehör 598

Inhaltsverzeichnis

b) Die Anhörung zur Aufklärung des Sachverhalts 601
c) Öffentliche Aufforderung 603
5. Beweiserhebung 604
a) Verfahren 604
b) Beweismittel 605
c) Abschließende Verfügung 608
VI. Die Entscheidung über den Erbscheinsantrag 609
1. Die Bewilligung und Erteilung des Erbscheins 609
2. Streitige Entscheidung und Aussetzung der Vollziehung 610
3. Entscheidung über die Kosten 611
4. Erteilung des Erbscheins 612
5. Der Inhalt des Erbscheins 613
a) Zum Berufungsgrund 614
b) Hinweise auf Nachlassteile 614
c) Zur Bezeichnung des Erblassers und der Erben 615
d) Zur Angabe des Erbrechts und der Größe des Erbteils (nach
Bruchteilen) 615
e) Anzugebende Beschränkungen: 615
f) Gegenständlich beschränkter Erbschein 620
VII. Abschluss des Erteilungsverfahrens 623
1. Schlussverfügung 623
2. Kostenbehandlung 624
3. Akteneinsicht und die Erteilung von Abschriften und
Ausfertigungen 625

§ 39 Einziehung und Kraftloserklärung des Erbscheins 627
I. Voraussetzungen 627
II. Zuständigkeit 628
III. Verfahren 628
IV. Entscheidung und Vollstreckung 629
V. Einstweiliger Rechtsschutz 631
VI. Beschwerde gegen die Einziehung 631

§ 40 Weitere Zeugnisse 633
I. Europäisches Nachlasszeugnis (ENZ) 633
II. Lastenausgleich, Rückerstattung, Wiedergutmachung, Entschädigung,
Wertpapierbereinigung 633
1. Lastenausgleich 633
2. Wiedergutmachung Rückerstattungs- und Entschädigungsansprüche 635
3. Wertpapierbereinigung 635
III. Zeugnis über die Fortsetzung der Gütergemeinschaft (§ 1507 BGB) ... 635
1. Materielles Recht 635
2. Das Zeugnis über die fortgesetzte Gütergemeinschaft 636
IV. Zeugnisse nach § 16 Reichsschuldbuchgesetz, BSchuWG,
Landesschuldbüchern 639
V. Landesrechtliche Zeugnisse 640
VI. Überweisungszeugnisse (§§ 36, 37 GBO) 640
VII. Besondere Fälle 643
1. Heimstätten 643
2. Erbhöfe und sonstige Höfe 643
3. Fideikommisse und ähnliche Güter 647

§ 41 Die Sicherung des Nachlasses 649
I. Grundsätze – Zuständigkeit – Mitteilungspflichten 649
II. Sicherungsfälle 651

1. Unklarheit über den Erben 651
2. Fürsorgebedürfnis 652
III. Sicherungsmittel 653
1. Die Anlegung von Siegeln, Entsiegelung 654
2. Die amtliche Inverwahrnahme 657
3. Die Aufnahme eines Nachlassverzeichnisses 658
  a) Arten 658
  b) Verfahren 659
IV. Die Nachlasspflegschaft 660
1. Arten 660
2. Die Sicherungspflegschaft des § 1960 BGB 660
  a) Voraussetzung der Anordnung 660
  b) Nachlasspflegschaft zur Ermittlung unbekannter Erben 661
  c) Transmortale Vollmacht 662
  d) Das Verhältnis zu anderen Verwaltungen: 662
  e) Nachlassverwaltung 663
  f) Testamentsvollstreckung 663
  g) Nachlasspflegschaft und Ausländernachlass 664
3. Verfahren 664
4. Überwachung der Tätigkeit des Pflegers 668
5. Stellung des Pflegers, Aufgaben und Befugnisse 669
6. Aufgaben und Befugnisse des Pflegers in typischem Ablauf der
  Pflegschaft 672
7. Ende der Pflegschaft 678
8. Vergütung des Nachlasspflegers 680
9. Die Erbauseinandersetzung 688
10. Aushändigung des Nachlasses 688
11. Klagepflegschaft (Nachlasspflegschaft auf Antrag) 688

§ 42 Der Fiskus als Erbe 692
I. Die Feststellung des Erbrechts des Fiskus (§§ 1964 Abs. 1 BGB, 342
  Abs. 1 Nr. 4 FamFG) 692
II. Verfahren 694
1. Erlass einer öffentlichen Aufforderung zur Anmeldung der Erbrechte
  § 1965 BGB) 694
2. Nachweisfrist 695
3. Prüfung 695
4. Feststellungsbeschluss 696
5. Bedeutung und Wirkung des Feststellungsbeschlusses 697
6. Rechtsmittel und Gebühren 697
III. Besonderheiten 697

Teil 4. Auf einen Blick 699

§ 43 Die wichtigsten Auslegungsfragen 699

§ 44 Formerfordernisse in Nachlasssachen 706
I. Die Form (zu Vorschlägen siehe die einzelnen Nachlassverfahren) 706
II. Besondere Vorschriften 706
III. Die Beurkundung von Rechtsgeschäften 707

§ 45 Wichtige Fristen im Erbrecht 708

Inhaltsverzeichnis

Teil 5. Internationales Privatrecht 713

§ 46 Innerdeutsches Kollisionsrecht und Recht der früheren DDR 713

§ 47 Die Europäische Erbrechtsverordnung EuErbVO 714
    I. Vorrangige Abkommen 716
    II. Anwendungsbereich, Auslegung, Vorfragen 716
        1. Auslegung 716
        2. Anwendungsbereich 716
          a) Abgrenzung zum Güterrecht 716
          b) Unentgeltliche Zuwendungen 717
          c) Gesellschaftsrechtsrechtliche Nachfolgeklauseln 717
          d) Abgrenzung zum Sachenrecht 718
        3. Vorfragen 720
        4. Behandlung der von der Verordnung ausgenommenen,
          erbrechtlichen Bereiche 720
    III. Ermittlung des Erbstatuts 720
        1. Regelanknüpfung nach Art. 21 EuErbVO 720
          a) Allgemeines 720
          b) Letzter gewöhnlicher Aufenthalt 721
          c) Einzelfälle 721
         2. Ausnahme: offensichtlich engere Verbindung 722
        3. Rechtswahl nach Art. 22 EuErbVO 722
          a) Allgemeines 722
          b) Form der Rechtswahl 723
          c) Rechtswahlerklärung 723
          d) Änderung und Widerruf der Rechtswahl 723
         4. Reichweite des Erbstatuts 724
        5. Rück- und Weiterverweisung, Art. 34 EuErbVO 725
        6. Eingriffsnormen, Art. 30 EuErbVO 725
        7. Mehrrechtsstaaten 725
        8. Ordre public 726
    IV. Einseitige Testamente 726
        1. Form 726
        2. Zulässigkeit und materielle Wirksamkeit 726
          a) Zulässigkeit 727
          b) Materielle Wirksamkeit 727
        3. Änderung, Widerruf 727
        4. Rechtswahlmöglichkeiten im Testament 728
          a) Wahl des Errichtungs- und des Erbstatuts nach Art. 24 Abs. 1 iVm
             Art. 22 EuErbVO 728
          b) Isolierte Wahl des Errichtungsstatuts nach Art. 24 Abs. 2
             EuErbVO 728
          c) Isolierte Wahl des Erbstatuts nach Art. 22 EuErbVO 729
        5. Wirkungen im Todesfall 729
    V. Erbverträge und gemeinschaftliche Testamente 729
        1. Begriff des Erbvertrages, Abgrenzungen 729
          a) Definition 729
          b) Vereinbarung, Einigung 730
          c) Bindung 730
          d) Begründung, Änderung oder Entzug von Rechten 730
          e) Beteiligung des Erblassers 731
          f) Gegenleistung 731
          g) Abgrenzungen, Einzelfälle 731

2. Form des Erbvertrages 733
   a) Allgemeines 733
   b) Zulässigkeit des Erbvertrages als Formfrage 734
3. Die materielle Wirksamkeit des einseitigen Erbvertrages 734
   a) Materielle Zulässigkeit 734
   b) Materielle Wirksamkeit im Übrigen 735
   c) Auswirkungen einer Eheauflösung 735
   d) Wirkungen des Erbvertrages zu Lebzeiten 736
4. Materielle Wirksamkeit des mehrseitigen Erbvertrages 737
   a) Abgrenzungsfragen 737
   b) Zulässigkeit 738
   c) Materielle Wirksamkeit und Bindungswirkung 738
5. Besonderheiten bei Verzichtsverträgen 739
   a) Form 739
   b) Materielle Wirksamkeit 739
6. Rechtswahlmöglichkeiten im Erbvertrag 740
   a) Wahl nach Art. 25 Abs. 1 bzw. Abs. 2 Unterabs. 1 iVm. Art. 22
      EuErbVO 740
   b) Rechtswahl nach Art. 25 Abs. 3 EuErbVO 741
   c) Wahl des tatsächlichen Erbstatuts nach Art. 22 EuErbVO 742
7. Ehe- und Erbverträgen und andere mit einem Erbvertrag verbundene
   Verträge und Vereinbarungen 742
   a) Zusammengesetzte Verträge 742
   b) Unselbständige Bestandteile des Erbvertrages 743
VI. Übergangsregelungen 743
VII. Internationale Zuständigkeit nach der EuErbVO 744
VIII. Das internationale Erbrechtsverfahrensgesetz (IntErbRVG), Europäisches
   Nachlasszeugnis (ENZ) 745
   1. Örtliche Zuständigkeit für streitige Verfahren 745
   2. Das Europäische Nachlasszeugnis (ENZ) 746
      a) Internationale Zuständigkeit 746
      b) Sachliche Zuständigkeit 746
      c) Örtliche Zuständigkeit 746
      d) Funktionale Zuständigkeit 747
      e) Verfahren und Beteiligte 747
      f) Gültigkeitsdauer 748
      g) Änderung oder Widerruf des ENZ, Aussetzung der Wirkungen . 748
      h) Rechtsbehelfe 748
      i) Gleichstellung des ENZ mit Erbschein für den Grundbuchverkehr 748
      j) Internationale Zuständigkeit zur Erbscheinserteilung, Verhältnis
         zum ENZ 749
      k) Sich widersprechende Erbnachweise 749
   3. Anerkennung, Vollstreckbarkeit und Vollstreckung ausländischer Titel 763
   4. Annahme ausländischer öffentlicher Urkunden 764
   5. Entgegennahme von Erklärungen 764

§ 48 Internationale Zuständigkeit und Behandlung von Ausländernachlässen vor
   Anwendbarkeit der EuErbVO 765
   I. Internationale Zuständigkeit in der streitigen Gerichtsbarkeit 766
      1. Autonomes Zivilprozessrecht 766
      2. Europarecht 766
      3. Bilaterale Staatsverträge 766
      4. Anerkennung ausländischer Entscheidungen 767

II. Internationales Nachlassverfahrensrecht	767
1. Internationale Zuständigkeit bei Entgegennahme von Erklärungen und Nachlasssicherung	767
2. Zuständigkeit bei Staatenlosen und Flüchtlingen	768
III. Anerkennung ausländischer Erbscheine und Testamentsvollstreckererzeugnisse	768
IV. Vormaliges Deutsches IPR, Ermittlung des Erbstatuts	768
1. Art. 3–6, 25, 26 EGBGB	768
2. Übergangsregelung für Vorgänge vor dem 1.9.1986	769
3. Staatsverträge	769
V. Die Staatsangehörigkeit des Erblassers	770
1. Deutsche Staatsangehörigkeit	770
2. Verfolgte	771
3. Volksdeutsche Ausländer	771
4. Aussiedler	772
5. Übersiedler	772
6. Deutsche östlich von Oder und Neisse	772
7. Staatenlose, Flüchtlinge, heimatlose Ausländer, Asylberechtigte	772
8. Flüchtlinge	773
9. Ausländer	774
VI. Der Regelungsbereich des Erbstatuts	774
1. Vom Erbstatut erfasste Bereiche	774
2. Nicht vom Regelungsbereich des Erbstatuts erfasste Bereiche	776
VII. Modifikation des Erbstatuts	777
1. Rechtswahl	777
2. Rück- und Weiterverweisung (renvoi Art. 4 EGBGB), Verweisung auf Sachnorm (Art. 3a Abs. 1 EGBGB)	778
3. Sonderstatut	779
4. Vorbehaltsklausel (ordre public)	780
VIII. Erbstatut und Güterrecht	782
IX. Ermittlung ausländischen Rechts	785
X. Erbstatut und Erbschein, Testamentsvollstreckerzeugnis	786
1. Erbschein nach § 2369 BGB aF (nun § 352c FamFG)	786
2. Nachlassspaltung	787
3. Verfügungsbeschränkungen	788
a) Nießbrauch, Legate	788
b) Vollstrecker, Verwalter	788
XI. Übersicht über die in der Praxis häufig vorkommenden Auslandsbezüge	790
§ 49 Rechtshilfe – Amtshilfe	826
Teil 6. Steuerrecht	827
§ 50 Die Erbschaftsteuer	827
I. Grundlagen, Einleitung	829
1. Einordnung der Erbschaftsteuer ins Steuersystem	829
2. Politisierung, Kritik und Rechtfertigung	830
3. Rechtsquellen, Verhältnis zur Schenkungsteuer	831
4. Klassisches Nebengebiet, Beratungsleistungen, Beratungsziele	831
5. Vorgaben des Grundgesetzes, Verdikt und Geschichte der Verfassungswidrigkeit	833
a) Maßstab des Grundgesetzes – verfassungsrechtliche Vorgaben	833
b) Prüfung durch das Bundesverfassungsgericht	833
c) Die erste Entscheidung des BVerfG vom 22.6.1995	834

d) Die zweite Entscheidung des BVerfG vom 7.11.2006 834
e) Die dritte Entscheidung des BVerfG vom 17.12.2014 835
6. Europarechtliche Vorgaben – Verstöße gegen Unionsrecht 836
a) Keine Freibetragskürzung im Auslandssachverhalt 836
b) Keine Diskriminierung ausländischen Vermögens 837
II. Persönliche Steuerpflicht, § 2 ErbStG 837
1. Unbeschränkte persönliche Steuerpflicht, § 2 Abs. 1 Nr. 1 ErbStG . 837
2. Beschränkte persönliche Steuerpflicht, § 2 Abs. 1 Nr. 3 ErbStG ... 837
3. Erweiterungen der persönlichen Steuerpflicht 838
4. Internationale Aspekte 839
a) DBA: Bilaterale Abkommen zur Vermeidung der
Doppelbesteuerung 839
b) Anrechnung gemäß § 21 ErbStG: Unilaterale Maßnahme zur
Vermeidung der Doppelbesteuerung 839
c) Verbleibende Doppelbesteuerungen 840
III. Sachliche Steuerpflicht, § 1, § 3 ErbStG 840
1. Erbe, Erbteil und Ausschlagung 840
a) Der Anfall der Erbschaft, § 3 Abs. 1 Nr. 1 ErbStG 840
b) Die Erbausschlagung und die hierfür gewährte Abfindung, § 3
Abs. 2 Nr. 4 ErbStG 841
c) Der Erbvergleich 842
2. Zugewinnausgleich, § 5 ErbStG 842
3. Vermächtnis 843
a) Besteuerung des schuldrechtlichen Vermächtnisanspruches 843
b) Ausschlagungsmöglichkeit 843
c) Zivilrechtlich unwirksamer Vermächtnisanspruch 844
d) Nießbrauch, Wohnungsrecht und wiederkehrende Leistungen als
Vermächtnisgegenstand 844
4. Pflichtteil 844
a) Erfordernis der Geltendmachung 844
b) Verzicht auf den Pflichtteil 845
c) Abfindung 846
d) Sachliche Steuerbefreiungen beim Pflichtteil 847
e) Höhe der Pflichtteilsforderung 847
f) Zeitpunkt der Geltendmachung 847
5. Vor- und Nacherbschaft, § 6 ErbStG 848
a) Grundsatz der Besteuerung 848
b) Mögliche Antragstellung durch den Nacherben 849
c) Verhältnis zwischen Vorerbe und Nacherbe 849
d) Vergleich Vorerbschaft und Nießbrauchsvermächtnis 849
6. Zeitliche aufgeschobene Zuwendungen 849
a) Gleichstellung zur Vor- und Nacherbschaft, § 6 Abs. 4 ErbStG .. 849
b) (Erweiterter) Anwendungsbereich des § 6 Abs. 4 ErbStG 850
7. Lebensversicherung, Verträge zugunsten Dritter auf den Todesfall,
§ 3 Abs. 1 Nr. 4 ErbStG 850
a) Zivilrechtliche Aspekte 850
b) Mögliche Gestaltungen des Versicherungsverhältnisses 851
c) Vorgänge zu Lebzeiten, Steuerentstehung, weitere Verträge
zugunsten Dritter 851
8. Sonstige Erwerbstatbestände 852
a) Übergang eines Gesellschaftsanteils bei Tod des Gesellschafters, § 3
Abs. 1 Nr. 2 Satz 2–3 ErbStG 852
b) Auflage, § 3 Abs. 2 Nr. 2 ErbStG, und Zweckzuwendung, § 8 ErbStG 852

c) Nicht steuerbare Vermögensvorteile 853
d) Lebzeitige Schenkung, § 1 Abs. 1 Nr. 2, § 7 853
e) Familienstiftungen, Erbersatzsteuer, § 1 Abs. 1 Nr. 4 ErbStG 854
IV. Sachliche Steuerfreistellungen, § 13 – § 13d ErbStG 854
  1. Das Familienheim, § 13 Abs. 1 Nr. 4a – 4c ErbStG 854
    a) Erwerb des Familienheims zum Eigentum 854
    b) Differenzierungen nach der Person des Erwerbers und der Erwerbsgrundlage 855
    c) Nutzung zu eigenen Wohnzwecken 855
  2. Unternehmensvermögen – Steuerverschonung nach § 13a, § 13b, § 13c ErbStG 856
    a) Zweck der Begünstigungsnormen 856
    b) Privilegiertes unternehmerisches Vermögen 856
    c) Privilegierung für Erwerbe bis zu 26 Millionen Euro 858
    d) Privilegierung für Erwerbe über 26 Millionen Euro 860
    e) Kurzübersicht über die gesetzliche Regelung 862
  3. Zu Wohnzwecken vermietete Immobilie, § 13d ErbStG 864
  4. Sonstige Steuerfreistellungen, § 13 ErbStG 864
V. Persönliche Steuerfreibeträge 865
  1. Höhe der Freibeträge, § 16 ErbStG 866
  2. Zusammenrechnung mehrerer Erwerb, § 14 ErbStG 866
  3. Besonderer Versorgungsfreibetrag, § 17 ErbStG 867
VI. Entstehung der Steuer, § 9 ErbStG 867
  1. Grundsatz: Ableben des Erblassers als Stichtag 867
  2. Durchbrechungen des Stichtagsprinzips 868
    a) Ausnahmen nach § 9 Abs. 1 Nr. 1 ErbStG 868
    b) Nachsteuertatbestände, Optionsrechte, Begünstigungstransfer 868
VII. Ermittlung der Steuer, § 10 – § 12 ErbStG 869
  1. Abzug der Verbindlichkeiten, § 10 ErbStG 869
    a) Allgemeine Nachlassverbindlichkeiten 869
    b) Speziell: Einkommensteuerschulden des Erblassers 871
    c) Abzugsbeschränkung bei steuerbefreitem Vermögen 871
  2. Wertermittlung 872
VIII. Steuersatz, § 19 ErbStG 873
  1. Einheitlicher Stufentarif für den gesamten Erwerb 873
  2. Härteausgleich und Progressionsvorbehalt, § 19 Abs. 3, Abs. 2 ErbStG 873
IX. Steuererhebung, Verfahrensrechtliches, Durchsetzung der Erbschaftsteuer 874
  1. Steuererhebungsverfahren, Anzeige- und Erklärungspflichten 874
    a) Anzeigepflicht des Erwerbers, § 30 ErbStG 874
    b) Erklärungspflicht, § 31 ErbStG 875
    c) Nachwirkende Pflichten 875
    d) Anzeigepflichten von anderen Personen, § 33 ErbStG 875
  2. Steuerfestsetzung, Zuständigkeit (§ 35 ErbStG) und gesonderte Feststellungen (§ 151 f. BewG) 876
  3. Haftung, Steuerermäßigung, Stundung, §§ 20 ff. ErbStG 876
X. Verhältnis zu anderen Steuerarten 877
  1. Einkommensteuer 877
  2. Grunderwerbsteuer 878
  3. Umsatzsteuer 879

Anhang 881

Stichwortverzeichnis 885

Abkürzungen

ABl .... Amtsblatt
AcP .... Archiv für die civilistische Praxis (Band u Seite)
AG .... Amtsgericht, Ausführungsgesetz (ohne Zusatz: zum BGB)
AktO .... Aktenordnung (Bayern) v 13.12.1983, JMBl 84, 13
AO .... Abgabenordnung (AO 1977) v 16.3.1976, BGBl I 613

BAnz .... Bundesanzeiger
BauGB .... Baugesetzbuch idF v 27.8.1997, BGBl I 2141
BaWü .... Baden-Württemberg
Bay .... Bayern
BayBS .... Bereinigte Sammlung des bayerischen Landesrechts
BayBSJu .... Bereinigte Sammlung der bayerischen Justizverwaltungsvorschriften
BayNotV .... s MittBayNot
BayObLG .... Bayerisches Oberstes Landesgericht, auch Entscheidungssammlung in
                    Zivilsachen (Z)
BeurkG .... Beurkundungsgesetz v 28.8.19969, BGBl I 1513
BewG .... Bewertungsgesetz idF v 1.2.1991, BGBl I 230
BGB .... Bürgerliches Gesetzbuch v 18.8.1896, RGBl 195, BGBl III 4 Nr 400-
                    2
BGBl I, II, III ..... Bundesgesetzblatt, mit I oder ohne Ziffer = Teil I; mit II = Teil II; mit
                    III = Teil III
BGH(Z) .... Bundesgerichtshof, auch Entscheidungen in Zivilsachen (Band u
                    Seite)
BGHSt .... Bundesgerichtshof, Entscheidungen in Strafsachen (Band u Seite)
BNotO .... Bundesnotarordnung v 24.2.1961, BGBl I 98, BGBl III 3 Nr 303-1
BtG .... Betreuungsgesetz v 12.9.1990, BGBl I 2002
BVerfG .... Bundesverfassungsgericht, auch Entscheidungen des Bundes-
                    verfassungsgerichts (Band u Seite)

DAV(orm) .... Der Amtsvormund, Rundbrief des Deutschen Instituts für Vormund-
                    schaftswesen
DB .... Der Betrieb
DDR .... Deutsche Demokratische Republik
DFG .... Deutsche Freiwillige Gerichtsbarkeit
DJ .... Deutsche Justiz
DJZ .... Deutsche Juristen-Zeitung
DNotZ .... Deutsche Notar-Zeitschrift
DNotV .... Zeitschrift des Deutschen Notarvereins
DONot .... Dienstordnung für Notare
DRspr .... Deutsche Rechtsprechung, Entscheidungssammlung und Aufsatz-
                    hinweise
DVO .... Durchführungsverordnung

EG .... Einführungsgesetz
EGAO 1977 .... Einführungsgesetz zur Abgabenordnung v 14.12.1976, BGBl I 3341
EGBGB (EG) ...... Einführungsgesetz zum Bürgerlichen Gesetzbuch v 18.8.1896, RGBl
                    604, BGBl III 4 Nr 400-1

EGGVG .... Einführungsgesetz zum Gerichtsverfassungsgesetz v 27.1.1877, RGBl 77, BGBl III 3 Nr 300-1

EGZGB .... Einführungsgesetz zum Zivilgesetzbuch der Deutschen Demokratischen Republik v 19.6.1975, GBl I 517

EHRV .... Erbhofrechtsverordnung

EinigungsV .... Einigungsvertrag v 31.8.1990, BGBl II 889 = GBl DDR I 1629

EJF .... Entscheidungen aus dem Jugend- und Familienrecht (Abschnitt u Nummer)

ErbStDVO .... Erbschaftsteuer-Durchführungsverordnung

ErbStG .... Erbschaftsteuer- und Schenkungsteuergesetz idF v 27.2.1997, BGBl I 378

EuErbVO .... Verordnung (EU) Nr. 650/2012 des Europäischen Parlaments und des Rates vom 4. Juli 2012 über die Zuständigkeit, das anzuwendende Recht, die Anerkennung und Vollstreckung von Entscheidungen und die Annahme und Vollstreckung öffentlicher Urkunden in Erbsachen sowie zur Einführung eines Europäischen Nachlasszeugnisses

FamGKG .... Gesetz über Gerichtskosten in Familiensachen v. 17.12.2008, BGBl. I 2586

FamFG .... Gesetz über das Verfahren in Familiensachen und in den Angelegenheiten der freiwilligen Gerichtsbarkeitv. 17.12.2008, BGBl. I 2586

FamRÄndG .... 1. Gesetz zur Änderung des Familiengesetzbuchs der DDR vom 20.7.1990 (GBl I 1038)

FamRZ .... Ehe und Familie im privaten und öffentlichen Recht, Zeitschrift für das gesamte Familienrecht

Ffm .... Frankfurt am Main

FGB .... Familiengesetzbuch der Deutschen Demokratischen Republik vom 20.12.1965 (GBl I 1966 S 1)

frZ .... französische Zone

FS .... Festschrift

G .... Gesetz

GBA .... Grundbuchamt

GBl .... Gesetzblatt

GBO .... Grundbuchordnung idF 26.5.1994, BGBl I 1114

GBV .... Grundbuchverfügung idF v 24.1.1995, BGBl I 114

GeschAnw .... Geschäftsanweisung

GKG .... Gerichtskostengesetz idF v 15.12.1975, BGBl I 3047

GleichberG .... Gesetz über die Gleichberechtigung von Mann und Frau auf dem Gebiet des bürgerlichen Rechts v 18.6.1957, BGBl I 609, BGBl III 4 Nr 400-3

GmbHG .... Gesetz betr die Gesellschaften mit beschränkter Haftung v 20.4.1892, RGBl 477, BGBl III 4 Nr 4123-1

GrdstVG .... Grundstückverkehrsgesetz v 28.7.1961, BGBl I 1091, BGBl III 7 Nr 7810-1

GrErwStG .... Grunderwerbsteuergesetz

GVBl .... Gesetz- und Verordnungsblatt

GVG .... Gerichtsverfassungsgesetz idF v 9.5.1975, BGBl I 1077

Hdb .... Handbuch der Rechtspraxis

HeimG .... Heimgesetz idF v 23.4.1990, BGBl I 764

HEZ	Höchstrichterliche Entscheidungen, Sammlung von Entscheidungen der Oberlandesgerichte und der obersten Gerichte in Zivilsachen (Band u Seite)
HGB	Handelsgesetzbuch v 10.5.1897, RGBl 219, BGBl III 4 Nr 4100-1
HöfeO	Höfeordnung idF v 26.7.1976, BGBl I 1933
2. HöfeO-ÄndG	Zweites Gesetz zur Änderung der Höfeordnung v 29.3.1976, BGBl I 881
HöfeVfO	Verfahrensordnung für Höfesachen v 29.3.1976, BGBl I 881/885
HRR	Höchstrichterliche Rechtsprechung (Jahr u Nr)
InsO	Insolvenzordnung v 5.10.1994
IntErbRVG	Internationales Erbrechtsverfahrensgesetz v. 29.7.2015, BGBl. I 1042
IPG	Gutachten zum internationalen und ausländischen Privatrecht v *Ferid/ Kegel/Zweigert*, 1965 ff (Jahr u Nr)
IPRax	Praxis des Internationalen Privat- und Verfahrensrechts
IPRG	Gesetz zur Neuregelung des Internationalen Privatrechts v 25.7.1986, BGBl I 1142
IPRspr	*Makarov, Gamillscheg, Müller, Dierk, Kropholler,* Die deutsche Rechtsprechung auf dem Gebiete des internationalen Privatrechts, 1952 ff.
JA	Jugendamt, auch Juristische Arbeitsblätter
JBl	Justizblatt
JFG	Jahrbuch für Entscheidungen in Angelegenheiten der Freiwilligen Gerichtsbarkeit und des Grundbuchrechts (Band u Seite)
JMBek	Justizministerialbekanntmachung
JMBl	Justizministerialblatt
JME	Justizministerialentscheidung
JR	Juristische Rundschau, Rechtsprechungsbeilage dazu (1925–1936) nach Nr
JurBüro	Das juristische Büro
JuS	Juristische Schulung
JW	Juristische Wochenschrift
JZ	Juristen-Zeitung
KG	Kammergericht
KGH	Jahrbuch für Entscheidungen des Kammergerichts (Band u Seite); soweit nichts anderes angegeben Abteilung A
KO	Konkursordnung idF v 20.5.1898, RGBl 612, BGBl III 3 Nr 311-4
KommZGB	Kommentar zum ZGB der Deutschen Demokratischen Republik, herausgegeben vom Ministerium der Justiz, 2. Aufl 1985
KonsG	Konsulargesetz vom 11.9.1974, BGBl I 2317
KostO	Kostenordnung idF v 26.7.1957, BGBl I 960, BGBl III 3 Nr 361-1
KRG	Kontrollratsgesetz
LAG	Lastenausgleichsgesetz idF v 2.6.1993
LFGG	Landesgesetz über die freiwillige Gerichtsbarkeit (Baden-Württemberg)
LG	Landgericht
LwG	Landwirtschaftsgericht
LwVG	Gesetz über das gerichtliche Verfahren in Landwirtschaftssachen v 21.7.1953, BGBl I 667, BGBl III 3 Nr 317-1
MDR	Monatsschrift für Deutsches Recht (Jahr u Seite)
MinBl	Ministerialblatt

MittBayNot .... Mitteilungen des Bayerischen Notarvereins

MiZi .... Anordnung über Mitteilungen in Zivilsachen v 1.10.1967 idF v 1.6.1998

MRG .... Militärregierungsgesetz

NachlG .... Nachlassgericht

NachlO .... Bayerische Nachlassordnung vom 20.3.1903 (aufgehoben durch Bek d BayStMdI vom 3.7.1981)

NachlVO .... VO des württ IM vom 10.3.1933 über das Nachlasswesen

Nds .... Niedersachsen

NdsFGG .... Niedersächsisches Gesetz über die freiwillige Gerichtsbarkeit idF v 24.2.1971, GVBl 43

NEhelG .... Gesetz über die rechtliche Stellung der nichtehelichen Kinder v 19.8.1969, BGBl I 1243

NJ .... Neue Justiz

NJW .... Neue Juristische Wochenschrift

NJW-RR .... Rechtsprechungs-Report Zivilrecht

NRW .... Nordrhein-Westfalen

OGH .... Oberster Gerichtshof für die Britische Zone, auch Sammlung der Entscheidungen (Band u Seite); Oberster Gerichtshof der Republik Österreich

Oldbg .... Oldenburg

OLG .... Oberlandesgericht, auch Die Rechtsprechung der Oberlandesgerichte (Band u Seite)

OLGZ .... Entscheidungen der Oberlandesgerichte in Zivilsachen

Pr, pr .... Preußen, preußisch

PStG .... Personenstandsgesetz v 8.8.1957, BGBl I 1125, BGBl III 2 Nr 211-1

RabelsZ .... Zeitschrift für ausländisches und internationales Privatrecht, begründet v Ernst Rabel [bis 1961: ZAIP]

RAG .... Rechtsanwendungsgesetz der DDR v 5.12.1975, GBl I 748

RdL .... Recht der Landwirtschaft

Recht .... Zeitschrift „Das Recht" (Jahr u Nr der Entscheidung [bei Aufsätzen Jahr u Seite], 1908 bis 1924 in Beilage hierzu), seit 1935 als Beilage zur Deutschen Justiz

RefE .... Referentenentwurf

RegBl .... Regierungsblatt

REinhG .... Gesetz zur Wiederherstellung der Rechtseinheit auf dem Gebiet der Gerichtsverfassung usw vom 12.9.1950

RG .... Reichsgericht, auch amtliche Sammlung der RG-Rechtsprechung in Zivilsachen (Band u Seite)

RGBl .... Reichsgesetzblatt ohne Ziffer = Teil I; mit II = Teil II

RH .... Rechtshilfe

RHeimstG .... Reichsheimstättengesetz v 25.11.1937, RGBl I 1291, BGBl III 2 Nr 2332-1 aufgehoben durch Gesetz v 17.6.1993

RhNK .... Mitteilungen der Rheinischen Notarkammer

RhNZ .... Rheinische Notarzeitschrift

RhPf .... Rheinland-Pfalz

RJA .... Reichsjustizamt, Entscheidungssammlung in Angelegenheiten der freiwilligen Gerichtsbarkeit und des Grundbuchrechts (Band u Seite)
RJM .... Reichsminister der Justiz
RMinBl .... Reichsministerialblatt
RMdI .... Reichsminister des Inneren
RNotO .... Reichnotarordnung idF v 16.5.1939
ROW .... Recht in Ost und West
RpflAnpG .... Rechtspflegeanpassungsgesetz 26.6.1992, BGBl I 1147
Rpfleger .... Der Deutsche Rechtspfleger
RPflG .... Rechtspflegergesetz v 5.11.1969, BGBl I 2065
RuStAG .... Reichs- und Staatsangehörigkeitsgesetz v 22.7.1913, RGBl 583, BGBl III 1 Nr 102-1
RzW .... Rechtsprechung zum Wiedergutmachungsrecht

SchlHA .... Schleswig-Holsteinische Anzeigen
SchwZGB .... Schweizerisches Zivilgesetzbuch v 10.12.1907
SJZ .... Süddeutsche Juristenzeitung
StAnz .... Staatsanzeiger
StAZ .... Das Standesamt (früher: Zeitschrift für Standesamtswesen)
Stgt .... Stuttgart
StAnpG .... Steueranpassungsgesetz

TestG .... Testamentsgesetz v 31.7.1938, RGBl 1973

VerglO .... Vergleichsordnung v 26.2.1935, RGBl I 321, BGBl III 3 Nr 311-1 auch als VglO zitiert
VerschÄndG .... Gesetz zur Änderung von Vorschriften des Verschollenheitsrechtes v 15.1.1951, BGBl I 59, BGBl III 4 Nr 401-7
Vfg .... Verfügung
VG .... Vormundschaftsgericht
VGH .... Verwaltungsgerichtshof
VO .... Verordnung
VOBl .... Verordnungsblatt
vTw .... von Todes wegen

WM .... Zeitschrift für Wirtschafts- und Bankrecht, Wertpapiermitteilungen Teil IV
Württ .... Württemberg
WürttNotV .... Zeitschrift des WürttNotarvereins
ZfRV .... Zeitschrift für Rechtsvergleichung
ZGB .... Zivilgesetzbuch der Deutschen Demokratischen Republik v 19.6.1975, GBl I 456
ZivRÄndG .... 1. Zivilrechtsänderungsgesetz v 28.6.1990, GBl I 524
ZJA .... Zentraljustizamt für die brZ
ZJBl .... Zentraljustizblatt für die brZ
ZPO .... Zivilprozessordnung idF v 12.9.1950, BGBl 535, BGBl III 3 Nr 310-4
ZustErgG .... Zuständigkeitsergänzungsgesetz v 7.8.1952, BGBl I 407, BGBl III 3 Nr 310-1
ZZP .... Zeitschrift für Zivilprozess (Band u Seite)

Literatur

Lehrbücher und Grundrisse

Klingelhöffer, Pflichtteilsrecht, 4. Aufl. 2014
Lange, Erbrecht, 2. Aufl. 2017
Lange/Kuchinke, Lehrbuch des Erbrechts, 5. Aufl 2001
Moench/Loose, Erbschaftsteuer, 4. Aufl. 2018
Sarres, Erbrechtliche Auskunftsansprüche, 3. Aufl. 2017

Handbücher

Abele/Klinger/Maulbetsch, Pflichtteilsansprüche reduzieren und vermeiden, 2. Aufl. 2018
Beck'sches Notar-Handbuch, 6. Aufl. 2015
Bengel/Reimann, Handbuch der Testamentsvollstreckung, 6. Aufl. 2017
Benz/Blumenberg/Crezelius, Erbschaftsteuerreform, 2017
Brand/Kleef/Finke, Die Nachlaßsachen in der gerichtlichen Praxis, 2012
Handbuch Erbschaftsteuer und Bewertung, 2017
Horn/Kroiß, Testamentsauslegung, 2012
Klingelhöffer, Vermögensverwaltung in Nachlaßsachen, 2002
Münchener Anwaltshandbuch Erbrecht, 4. Aufl. 2014
Münchener Vertragshandbuch Band 6, 7. Aufl. 2017
Reimann/Bengel/J. Mayer, Testament und Erbvertrag, 6. Aufl. 2015
Schlitt/Müller, Handbuch Pflichtteilsrecht, 2. Aufl. 2017
Viskorf, Familienunternehmen in der Nachfolgeplanung, 2018

BGB- und Verfahrenskommentare

Bassenge/Roth, FamFG/RpflG, 12. Aufl. 2009 (vergriffen)
Bumiller/Harders, FamFG Freiwillige Gerichtsbarkeit, 11. Aufl. 2015
Burandt/Rojahn, Erbrecht, 2. Aufl. 2014
Erman, BGB Bd II, 15. Aufl. 2017
Haberstumpf/Barthelmeß/Schäler/Firsching, Nachlaßwesen in Bayern, 4. Aufl 1952
Keidel, FamFG, 19. Aufl. 2017
Münchener Kommentar zum BGB, Bd. 10 Erbrecht 7. Aufl. 2017; Bd 11 Internationales Privatrecht I, 7. Aufl. 2018; Bd. 12 Internationales Privatrecht II, 7. Aufl. 2018
Palandt (Bearbeiter), Bürgerliches Gesetzbuch, 77. Aufl. 2018
Reichsgerichtsrätekommentar (RGRK/*Bearbeiter*), jetzt herausgegeben von Bundesrichtern, 12. Aufl 1974 ff
Soergel, Bürgerliches Gesetzbuch 13. Aufl. 2002 f.
v. Staudinger, Kommentar zum Bürgerlichen Gesetzbuch ErbR: Neubearb. 2015
Zöller (Bearbeiter), Zivilprozeßordnung, 32. Aufl. 2018

Monographien und Sonderschrifttum

Krug/Daragan, Die Immobilie im Erbrecht, 2010
Mayer/Bonefeld/Mayer, Testamentsvollstreckung, 4. Aufl. 2015
Muscheler, Die Haftungsordnung der Testamentsvollstreckung, 1994
Nieder/Kössinger, Handbuch der Testamentsgestaltung, 5. Aufl. 2015
Roth/Hannes/Mielke, Vor- und Nacherbschaft, 2010
Roth/Maulbetsch/Schulte, Vermächtnisrecht, 2013
Spiegelberger, Vermögensnachfolge, 2. Aufl. 2010

Literatur

Beurkundungsrecht
Winkler, Beurkundungsgesetz, 18. Aufl. 2017

Notariatsrecht
Schippel/Bracker, Bundesnotarordnung, 9. Aufl 2011
Weingärtner/Gassen, Dienstordnung für Notarinnen und Notare, 13. Aufl. 2016

Grundbuchrecht
Demharter, Grundbuchordnung, 31. Aufl. 2018
Schöner/Stöber, Grundbuchordnung, Jetzt: Grundbuchrecht 16. Aufl. 2018, erst lieferbar ab
    2. Quartal 2018, 15. Aufl. nicht mehr erhältlich

Unternehmensnachfolge
Crezelius, Unternehmenserbrecht, 2. Aufl. 2009
Sudhoff, Unternehmensnachfolge, 5. Aufl 2005

Erbschaftsteuerrecht und Schenkungsteuerrecht
Meincke/Hannes /Holtz, Erbschaftsteuer- und Schenkungsteuergesetz, 17. Aufl. 2018
Troll/Gebel/Jülicher/Gottschalk, Erbschaftsteuer- und Schenkungsteuergesetz, 54. Aufl. 2018
Weinmann/Revenstorff/Offerhaus/Erkis, Erbschaft- und Schenkungsteuerrecht, 4. Aufl. 2017

Landwirtschafts- und Höferecht
Barnstedt/Steffen, Gesetz über das gerichtliche Verfahren in Landwirtschaftssachen, 8. Aufl.
    2011
Faßbender/Hötzel/v. Jeinsen/Pikalo, Höfeordnung, Höfeverfahrensordnung und Überlei-
    tungsvorschriften, 3. Aufl 1994
Lange/Wulff/Lüdtke-Handjery, Höfeordnung für die Länder Hamburg, Niedersachsen,
    Nordrhein-Westfalen und Schleswig-Holstein, 11. Aufl. 2015
Wöhrmann/Stöcker, Das Landwirtschaftserbrecht, im Beck Shop 7. Aufl. 1999

Formularbücher
Beck's Formularbuch Erbrecht, 3. Aufl. 2014
Beck's Formularbuch Bürgerliches, Handels- und Wirtschaftsrecht, 12. Aufl. 2016
Hannes, Formularbuch Vermögens- und Unternehmensnachfolge, 2. Aufl. 2017
Münchener Prozeßformularbuch, Bd. 4 Erbrecht, 4. Aufl. 2018

Internationaler Bereich
Bergmann/Ferid, Internationales Ehe- und Kindschaftsrecht mit Staatsangehörigkeitsrecht,
    Loseblatt 224. Aktualisierung 2017
Debatin/Wassermeyer, Doppelbesteuerungsabkommen, 71. Aufl. 2017
Dutta/Weber, Internationales Erbrecht, 2016
Ferid/Firsching/Dörner/Hausmann, Internationales Erbrecht, Loseblatt 103. Aufl. 2017
Geimer/Schütze, Internationaler Rechtsverkehr in Zivil- und Handelssachen 53. Aufl. 2017
Hausmann/Odersky, Internationales Privatrecht in der Notar- und Gestaltungspraxis,
    3. Aufl. 2017
Piltz/Wachter, Der Internationale Erbfall, 3. Aufl. 2018
Süß/Haas, Erbrecht in Europa, 3. Aufl. 2015

Teil 1. Materiell-rechtliche Grundlagen des Verfahrens

§ 1 Erbfolge – Grundsätze

I. Erbfolge

Unter Erbfolge versteht man die Rechtsnachfolge eines oder mehrerer Erben in das **1** gesamte Aktiv- und Passivvermögen des Erblassers im Todeszeitpunkt entweder auf Grund einer Anordnung des Erblassers (Verfügung von Todes wegen) oder bei deren Fehlen auf Grund der gesetzlichen Erbfolgeregelung.

Diese Nachfolge vollzieht sich unmittelbar auf Grund Gesetzes (§ 1922 Abs. 1 BGB), also ohne Antrittserwerb und erstreckt sich grundsätzlich auf das gesamte Erblasservermögen (Gesamtrechtsnachfolge oder Universalsukzession).

Eine Nachfolge in **einzelne Vermögensgegenstände** (**Sondererbfolge** oder Singularsukzession) ist als Ausnahme in folgenden Fällen anerkannt:

– Nachfolge in die Anteile von Personengesellschaften (BGB-Gesellschaft, Partnerschaftsgesellschaft, OHG, KG), wenn der Gesellschaftsvertrag dies vorsieht und eine damit abgestimmte letztwillige Verfügung vorliegt (→ § 24 Rn. 9),
– Hoferbfolge (§§ 4 ff. HöfeO),
– Nachfolge in ein Wohnraummietverhältnis (§§ 563 ff. BGB),
– Lebensversicherungs- und Bankverträge zugunsten Dritter.

Dabei sind die erbrechtliche Unternehmensnachfolge und die Hoferbfolge nachlassbezogen, da erbrechtliche Ausgleichs- oder Pflichtteilsansprüche entstehen (auch die Verträge zugunsten Dritter können Pflichtteilsergänzungsansprüche auslösen), während die rechtsgeschäftliche Eintrittsklausel bei der Unternehmensnachfolge ebenso wie die Nachfolge in ein Wohnraummietverhältnis nicht erbrechtliche Sondernachfolgen sind.

II. Erbfall

Erbfall ist nach § 1922 Abs. 1 BGB der Tod des Erblassers. Todeszeitpunkt ist der Eintritt **2** des Gesamthirntodes, nicht des Herz- und Kreislaufstillstandes.[1] Ist der Erblasser verschollen oder steht sein Todeszeitpunkt nicht fest, ist eine gerichtliche Feststellung des Todes und der Todeszeit nach dem VerschG möglich, die eine widerlegbare Vermutung begründet. Die Todeserklärung erfolgt auf Antrag (§§ 16 ff. VerschG) im Aufgebotsverfahren (§§ 13 ff. VerschG).

III. Erblasser

Der Erblasser ist der Mensch, dessen Vermögen mit seinem Tod auf die Erben übergeht. **3** Der Erblasser kann nur eine natürliche, nicht aber eine juristische Person sein (hier regelt ein Liquidationsverfahren den Vermögensübergang).

---

[1] OLG Frankfurt a. M. NJW 1997, 3099; OLG Köln FamRZ 1992, 860; NK-Erbrecht/*Kroiß* § 1922 Rn. 2; Palandt/*Weidlich* § 1922 Rn. 2; für endgütigen Stillstand von Atmung und Kreislauf als Sterbevorgang MüKoBGB/*Leipold* § 1922 Rn. 12 f. mit beachtlichen Argumenten.

IV. Erbe

4 Erbe kann eine natürliche oder eine juristische Person (auch OHG und KG, § 124 HGB) sein. Erforderlich ist, dass der Erbe rechtsfähig ist **(Erbfähigkeit).** Nicht rechtsfähige **Vereine** und **Gesamthandsgemeinschaften** gelten als erbfähig. Die **GbR-Außengesellschaft** wird nunmehr auch als erbfähig anerkannt.[2] Der Anteil des Erblassers an der GbR geht im Wege der Sondernachfolge auf die Erben als Einzelnachfolger über (wenn der Anteil vererblich gestellt ist). Eine Erbengemeinschaft kann als solche nicht Mitglied der GbR sein.[3] Der aufgeteilte **BGB-Gesellschaftsanteil als solcher** gehört gleichwohl zum Nachlass, eine Testamentsvollstreckung kann sich infolgedessen auch auf den der Sondererbfolge unterliegenden Gesellschaftsanteil erstrecken.[4] Ohne Zustimmung der Gesellschaftererben kann der Testamentsverwalter jedoch nicht die Mitgliedschaftsrechte ausüben (also kein Stimmrecht bei Beschlüssen); während er die Vermögensrechte wahrnehmen kann (Anspruch auf Gewinn und Auseinandersetzungsguthaben).

5 Ein **Tier** kann nicht Erbe sein (§ 90a BGB); die Erbeinsetzung eines Tieres führt deshalb zur gesetzlichen Erbfolge mit der Auflage zu Lasten der Erben, für das Tier zu sorgen, § 1940 BGB.

Der Erbe muss den Erblasser überlebt haben (§ 1923 Abs. 1 BGB). Die Berufung des vor dem Erblasser oder eines gleichzeitig mit ihm verstorbenen Erben[5] (Vorerben), Vermächtnisnehmers, entfällt (§ 2160).

Ausnahmsweise genügt es, wenn der Erbe beim Erbfall schon gezeugt war und später lebend geboren wird, (§ 1923 Abs. 2 BGB). Der **beim Erbfall noch nicht erzeugte** eingesetzte **Erbe** ist im Zweifel Nacherbe (§ 2101 BGB), wenn er im Zeitpunkt des Nacherbfalls lebt oder schon erzeugt ist (§ 2108 BGB). Ist er noch nicht einmal erzeugt, ist er im Zweifel zweiter Nacherbe (§ 2101 BGB).

Der den Erbfall erlebende eingesetzte **Nacherbe** braucht den Nacherbfall nicht zu erleben; an seine Stelle treten grundsätzlich seine Erben (§ 2108 Abs. 2 BGB), bzw. im Zweifel seine Abkömmlinge (falls er selbst Abkömmling des Erblassers ist, § 2069 BGB). Beachte die Vorverlegung der Rechtsfähigkeit einer erst nach dem Tode des Erblassers zu errichtenden **Stiftung** (§ 84 BGB, der entsprechend auch für eine ausländische Stiftung gilt, wenn sie nach ihrem Heimatrecht die Rechtsfähigkeit erlangen).[6]

6 **Erbe ist nur der Nachfolger in den gesamten Nachlass oder in einen Bruchteil desselben,** nicht also derjenige, der nur Nachfolger in einzelne Gegenstände werden soll. Dieser ist nicht Erbe, sondern Vermächtnisnehmer; er erlangt nur einen schuldrechtlichen Anspruch gegen den Erben.

Die **Erbunwürdigkeit** (§§ 2339 ff. BGB) verhindert nicht den Anfall der Erbschaft, sondern gewährt nur ein Anfechtungsrecht (Anfechtungsklage vor dem Prozessgericht, § 2342 BGB).

V. Erbschaft und Nachlass

7 **Vererblich** sind grundsätzlich **alle vermögenswerten Rechte,** nicht dagegen höchstpersönliche Rechte und das allgemeine Persönlichkeitsrecht; bei Mitgliedschaften kommt es darauf an, ob die Kapitalbeteiligung oder die persönliche Mitarbeit im Vordergrund steht.[7]

---

2   BGH NJW 2001, 1056; BGH NJW 2002, 1207; Palandt/*Weidlich* § 1923 Rn. 7.
3   BGH NJW 1999, 571; deshalb Einzelnachfolge im Wege der Sondererbfolge.
4   BGH NJW 1996, 1284; MüKoBGB/*Leipold* § 1922 Rn. 76 ff.; Palandt/*Weidlich* § 1922 Rn. 14 ff.
5   Zur Commorienten-Vermutung vgl. § 11 Verschollenheitsgesetz (Vermutung des gleichzeitigen Todes bei mehreren Personen, wenn nicht bewiesen werden kann, dass der eine den anderen überlebt hat); keiner der Verstorbenen beerbt den anderen.
6   OLG München ZEV 2009, 512 mAnm *Muscheler* = MittBayNot 2009, 484 mAnm *Süß*.
7   Vgl. näher Soergel/*Stein* § 1922 Rn. 13 ff.

Das Gesetz bezeichnet das vererbbare Vermögen des Erblassers als **Erbschaft** oder als **Nachlass,** ohne dass hiermit ein sachlicher Unterschied verbunden wäre. Zum Nachlass gehören Aktiva und Passiva.

Nicht nur geldwerte Güter sind vererblich. Auch nicht vermögenswerte Rechte können vererbt werden, während andererseits Vermögensrechte mit dem Tode des Berechtigten erlöschen können (zB §§ 759 Abs. 1, 1061 BGB: Leibrente, Nießbrauch). Letztlich ist die Vererblichkeit im Einzelfall abzugrenzen; wobei grundsätzlich die Übertragbarkeit eines Rechts für die Vererblichkeit, die Nichtübertragbarkeit für die Unvererblichkeit spricht. Zum Übergang öffentlich-rechtlicher Ansprüche und Pflichten siehe näher Palandt/*Weidlich* § 1922 Rn. 40 f.

1. Vererbliche Rechte

– **Dingliche Rechte** und die an ihnen bestehenden Belastungen (**Ausnahmen: Nieß-** 8 **brauch** an Sachen und Rechten;
– beschränkte persönliche **Dienstbarkeit,** §§ 1061 S. 1, 1068 Abs. 2, 1090 Abs. 2 BGB;
– **dingliches Vorkaufsrecht,** soweit nichts anderes bestimmt, §§ 1098 Abs. 1 S. 1 iVm 514 BGB);
– **der Besitz;**
– **Anwartschaften** auf dingliche oder schuldrechtliche Rechtspositionen;
– eine **Hausratsversicherung** geht auf den Erben über.[8]
– **Immaterialgüterrechte** und **sonstige Schutzrechte:** Urheberrechte (einschließlich des postmortalen Urheberpersönlichkeitsrechts), postmortales Persönlichkeitsrecht aus Art. 1 Abs. 1 GG einschließlich eines Schadensersatzanspruchs bei kommerzieller Verwertung;[9] anspruchsberechtigt sind im Nichtvermögensbereich die nächsten Angehörigen, im Vermögensbereich die Erben, Patente, Gebrauchsmuster, Geschmacksmuster, Warenzeichen in Verbindung mit dem dazugehörenden Betrieb oder Betriebsteil;
– Schadensersatzansprüche (auch der Schmerzensgeldanspruch;
– Ansprüche und Verbindlichkeiten aus **Schuldverträgen** (**Ausnahmen:** Als höchstpersönliche Rechte oder Verpflichtungen sind unvererblich:
– Vorkaufsrecht, § 514 S. 1 BGB;
– Dienst- und Arbeitsverpflichtung, § 613 S. 1 BGB;
– Verpflichtung zur Ausführung von Auftrag und Geschäftsbesorgung, §§ 673 S. 1, 675 BGB;
– Rechte und Pflichten aus Maklervertrag beim Tod des Maklers; bei vertraglichem Ausschluss der Vererblichkeit);
– objektbezogene **Unterlassungspflichten** (**Ausnahme:** personenbezogene Unterlassungspflichten);
– objekt- und subjektbezogene **Unterlassungsansprüche;**
– Geschäftsanteile an einer **GmbH;** Anteile an **AG, KGaA;** Gesellschaftsanteil des **Kommanditisten,** § 177 HGB; **Mitgliedschaften** in **Genossenschaft, Verein, Personengesellschaften** (BGB-Gesellschaft, OHG, KG bei Komplementär) – wenn Fortsetzungs-, Eintritts- oder Nachfolgeklausel in Satzung bzw. Statut;
– Unterhaltsansprüche, die bereits entstanden und zum Todeszeitpunkt bereits fällig waren;
– Ansprüche auf **Zugewinnausgleich,** soweit der Anspruch durch rechtskräftiges Scheidungsurteil schon vor dem Tod des Ausgleichsberechtigten entstanden ist (§ 1378 Abs. 3 BGB).
– Der Anteil des verstorbenen Ehegatten am **Gesamtgut** einer **Gütergemeinschaft** gehört zum Nachlass; dies ist jedoch nicht der Fall bei Vereinbarung der fortgesetzten

---

8   Wobei meist in den AGB vereinbart ist, dass das Versicherungsverhältnis zwei Monate nach dem Tod endet (s. BGH FamRZ 1993, 1060).
9   BGHZ 143, 214.

Gütergemeinschaft. Gemäß § 1490 BGB gehört auch der Anteil des pflichtteilsberechtigten Abkömmlings am Gesamtgut nicht zu dessen Nachlass; bei **nichtehelichen Lebenspartnern** schließt der Tod des Zuwendenden eine Zweckverfehlung i S. des § 812
Abs. 1 Satz 2 Alt. 2 BGB regelmäßig aus;[10]
– Beihilfeansprüche;[11] grundsätzlich auch Sozialleistungen, soweit dies nicht durch besondere Rechtsnormen oder durch das Wesen des Anspruchs ausgeschlossen ist.[12]

2. Nicht vererbliche Rechte

9 – **Allgemeines Persönlichkeitsrecht**[13] (**Ausnahme:** Ansprüche auf Unterlassung und
   Widerruf bei Verletzung des postmortalen Persönlichkeitsrechts (keine Geldentschädi-
   gung);
– **höchstpersönliche familienrechtliche Beziehungen;**
– die **körperlichen Reste** des Erblassers;
– **Unterhaltsansprüche** unter Verwandten erlöschen mit dem Tod des Berechtigten oder
  des Verpflichteten, soweit sie nicht fällig sind (§ 1615 Abs. 1 BGB);
– **der noch nicht fällig gewordene Anspruch auf Unterhalt** eines geschiedenen
  Ehegatten erlischt mit dessen Tod (§ 1586 BGB; entsprechendes gilt beim eingetragenen
  Lebenspartner, § 16 Satz 2 LPartG iVm § 1586 BGB). Mit dem Tod des unterhalts-
  verpflichteten geschiedenen Ehegatten oder eingetragenen Lebenspartners geht die Un-
  terhaltsverpflichtung als Nachlassverbindlichkeit auf den Erben über, jedoch begrenzt in
  Höhe des Pflichtteils,[14] der dem Ehegatten oder Lebenspartner bei fortdauernder Ehe
  zugestanden hätte (§ 1586b BGB).
– **Ansprüche aus Verträgen zugunsten Dritter auf den Todesfall,** § 331 BGB, fallen
  nicht in den Nachlass, das Bezugsrecht etwa bei einer Lebensversicherung richtet sich
  nach dem Versicherungsvertrag;
– beschränkte persönliche **Dienstbarkeiten** (§§ 1090 Abs. 2, 1061 BGB);
– **Nießbrauch** (§ 1061 BGB);
– **Leibrente** (§ 759 Abs. 1 BGB);
– persönliches **Altenteilsrecht;**
– **höchstpersönliche Rechte und Verpflichtungen;**
– **Mitgliedschaft** bei rechtsfähigen oder nicht rechtsfähigen Verein oder Gesellschaft,
  sofern die Satzung nicht die Vererblichkeit vorsieht;
– **Verwaltungsbefugnisse** privater Amtsträger wie Nachlasspfleger, Testamentsvollstrecker, Nachlassverwalter;
– **Urlaubsabgeltungsansprüche;**[15]
– Rechte aus **Anderkonten** von Notaren, Rechts- und Patentanwälten (auf Grund der
  allgemeinen Geschäftsbedingungen der Banken werden die jeweiligen Abwickler oder
  Berufskammern Kontoinhaber);
– nicht vererblich sind auch **Auskunftsansprüche des Erblassers, soweit eine Schweigepflicht** – etwa des Arztes, Anwalts, Notars – **besteht,** die das Persönlichkeitsrecht des
  Erblassers schützt; soweit ein Auskunftsanspruch auch vermögensbezogen ist (etwa im

---

[10] BGH FPR 2010, 409 (411); zu den verschiedenen Fallgestaltungen s. *Weinreich,* Ausgleich bei Tod des
zuwendenden Partners?, FPR 2010, 379 ff.
[11] BVerwG ZEV 2010, 590 unter Aufgabe seiner bisherigen Rechtsprechung.
[12] OVG Schleswig FamRZ 2009, 1865, das die Vererblichkeit des Landesblindengelds nach dem Landes-
blindengeldgesetz des Landes Schleswig-Holstein bejaht.
[13] Das gilt nach BGH BeckRS 2017, 118928 auch dann, wenn der Anspruch zu Lebzeiten des Erblassers
rechtshängig gemacht worden war.
[14] Unter Einbeziehung fiktiver Pflichtteilsergänzungsansprüche, BGH NJW 2003, 1796.
[15] Das BAG hält den Urlaubsabgeltungsanspruch nach wie vor für nicht vererblich (vgl. BAG NZA 2017,
207). Es positioniert sich damit gegen den EuGH, der grundsätzlich von der Vererblichkeit ausgeht (NJW
2014, 2415). Er hat jetzt zu entscheiden, ob das auch gilt, wenn nationales Recht (§ 7 Abs. 4 BUrlG)
entgegensteht.

Hinblick auf die Testierfähigkeit des Erblassers) ist er übergangsfähig,[16] der Arzt ist von der Schweigepflicht entbunden, wenn die Auskunft dem geäußerten oder mutmaßlichen Willen des Erblassers entspricht.[17]

3. Digitaler Nachlass[18]

– **Höchstrichterlich** war die Vererblichkeit des **digitalen Nachlasses** bislang ungeklärt: **10** Dürfen Erben auf das Benutzerkonto des Erblassers, etwa bei Facebook ua zugreifen? Dies berührt zunächst die grundsätzliche Frage nach der Vererblichkeit vermögenswerter Rechte[19] und der Nicht-Vererblichkeit nicht vermögenswerter Nachlassbestandteile, die entweder gänzlich unvererbbar sind oder auf die nächsten Angehörigen übergehen sollen.[20] Darüber hinaus kann auch der Erblasser ein Interesse daran haben, im Netz „weiter zu leben", ohne dass der Erbe von Inhalten Kenntnis erlangt (zum Beispiel auf Dating-Portalen) oder veröffentliche Inhalte nachträglich ändert.[21]

– In dem zunächst vom LG Berlin entschiedenen Fall eines Facebook-Kontos ging das Landgericht davon, dass die sich aus einem Vertrag mit einem sozialen Netzwerk ergebenden Rechte auf den Erben des Nutzers übergehen.[22] Im Berufungsverfahren hat das Kammergericht jedoch entschieden, dass die Eltern der Erblasserin keinen Anspruch auf Zugang zu deren Facebook-Konto hätten, das von Facebook zwischenzeitlich in den sog. Gedenkmodus versetzt worden war.[23] Damit würde den Erben faktisch sogar unmöglich gemacht zu prüfen, ob der Erblasser auf Facebook Inhalte veröffentlicht hat, die vermögenswert sind.[24] Ob die Begründung des KG für die Klageabweisung über § 88 TKG tragfähig ist, erscheint mehr als zweifelhaft; eine Weitergabe an Dritte liegt nicht vor.[25] Mittlerweile hat der BGH mit Urteil vom 12.7.2018 entschieden, dass die Erben einen Anspruch gegen den Betreiber des sozialen Netzwerks auf Einsichtnahme in die gespeicherte Kommunikation haben.[26] Der Entscheidung ist in jeder Hinsicht zuzustimmen.

– Schwierigkeiten resultieren in diesem Bereich auch daraus, dass technische Abläufe bei den einzelnen Anbietern/Providern unterschiedlich sein können. Die Frage nach der Vererblichkeit des digitalen Nachlasses darf aber letztlich nicht davon abhängen, wie die technischen Abläufe vom Anbieter ausgestaltet sind.

4. Vollmacht

Die Vollmacht erlischt im Zweifel beim Tod des Bevollmächtigten (§§ 673, 675 BGB), **11** während sie beim Tod des Vollmachtgebers im Zweifel bestehen bleibt. Der Bevollmächtigte vertritt jedoch nunmehr den Erben (beschränkt auf den Nachlass), der die Vollmacht grundsätzlich (bei mehreren Erben nur für sich) widerrufen kann,[27] wenn sich nicht aus

---

[16] So OLG München ZEV 2009, 40 zum Anspruch des Erben auf Einsicht in die Behandlungsakten des Arztes zur Prüfung etwaiger Arzthaftungsansprüche.

[17] s. BGH NJW 1983, 2627; BGH NJW 1983, 328; BGH NJW 1984, 2893.

[18] *Raude*, Rechtsprobleme des digitalen Nachlass: Der Anspruch des Erben auf Zugang zum Account des Erblasser in sozialen Netzwerken, ZEV 2017, 433 ff.

[19] MüKoBGB/*Leipold* § 1922 Rn. 19; *Raude* ZEV 2017, 433 (434).

[20] MüKoBGB/*Leipold* § 1922 Rn. 19; *Raude* ZEV 2017, 433 (434).

[21] *Klas/Möhrke-Sobolewski*, Digitaler Nachlass – Erbenschutz trotz Datenschutz, NJW 2015, 3473 (3476).

[22] LG Berlin DNotZ 2016, 537.

[23] KG ZEV 2017, 386.

[24] Mittlerweile soll bei Facebook die Möglichkeit bestehen, einen sog. „Nachlasskontakt" zu benennen, der dann bestimmte Inhalte herunterladen können soll (*Deutsch* in ZEV 2016, 189 (194)). Das hilft dann jedoch nicht weiter, wenn der Erblasser einen solchen Kontakt nicht benannt hat.

[25] Ebenso MüKoBGB/*Leipold*, § 1922 Rn. 27.

[26] BGH BeckRS 2018, 16463.

[27] BGH NJW 1983, 1487.

dem Rechtsverhältnis die Unwiderruflichkeit ergibt. Der nur den Erben, nicht aber den Erblasser treffende Ausschluss der Widerruflichkeit ist jedoch als Verstoß gegen den Grundsatz der Gesamtrechtsfolge unwirksam.

Zulässig ist die Unwiderruflichkeit, wenn der Erbe hieran letztwillig gebunden ist oder er selbst an der Vereinbarung beteiligt war.[28] Die **Vorsorgevollmacht** für den Fall der Gebrechlichkeit verleiht keine Verfügungsbefugnis über das Bankkonto und gilt nicht für den Todesfall.[29] Eine **transmortale Generalvollmacht** für den einzigen Erben erlischt mit dem Tod des Erblassers durch Konfusion;[30] dies gilt hingegen nicht für die transmortale Vollmacht an den Vermächtnisnehmer, den vermachten Gegenstand an sich selbst zu übereignen.[31]

Die Bank muss keine Zustimmung des Erben zur Verfügung des transmortal Bevollmächtigten einholen, sie muss auch nicht durch Zuwarten einen Widerruf des Erben ermöglichen.[32] Die transmortale Vollmacht berechtigt grundsätzlich nicht zur Auflösung oder Umschreibung des Kontos auf den Bevollmächtigten.[33]

VI. Berufung zum Erben

12 Der Erbe wird durch das Gesetz oder Verfügung von Todes wegen (letztwillige Verfügung = Testament, gemeinschaftliches Testament, Erbvertrag) **berufen** (gesetzliche oder gewillkürte Erbfolge).

Dabei ist die gewillkürte Erbfolge vorrangig, sodass bei Vorliegen einer wirksamen Verfügung von Todes wegen die gesetzliche Erbfolge nicht zur Anwendung kommt.

Die Berufung erfolgt nicht, wenn ein wirksamer Erbverzicht vorliegt (§§ 2346 ff. BGB).

VII. Verfassungsrechtliche Gewährleistung

13 Das Erbrecht ist in Art. 14 Abs. 1 GG **verfassungsrechtlich gewährleistet.** Die Verfassung garantiert das Privaterbrecht mit seinen Prinzipien **Privaterbfolge** und **Testierfreiheit.**

Wie das Eigentum ist das Erbrecht letztlich als besondere Ausprägung der Menschenwürde und der allgemeinen Handlungsfreiheit geschützt. Art. 14 GG garantiert das Erbrecht als Institutsgarantie und als Grundrecht für Erblasser und Erben. Eigentum und Erbrecht sind nicht schrankenlos garantiert. Der Gesetzgeber darf Inhalt und Schranken von Eigentum und Erbrecht durch Gesetz regeln (Art 14 Abs. 1 S. 2 GG). Dabei muss er jedoch die Prinzipien der Privaterbfolge und Testierfreiheit beachten. Er muss auch andere verfassungsrechtliche Wertentscheidungen beachten, wie den Gleichheitssatz (Art 3 GG) den Schutz von Ehe und Familie (Art. 6 Abs. 1 GG) und das rechtsstaatliche Verhältnismäßigkeitsprinzip (Art 20 GG) mit seinem Übermaßverbot. Das Vermögen in der Hand des Erblassers sowie des Erben unterliegt der Sozialpflichtigkeit des Art. 14 Abs. 2 GG. Dies gilt jedoch nicht für das Erbrecht als Vererbungsvorgang; weder Wortlaut, noch Sinn der Vorschrift sehen dies vor.[34]

Verfassungsrechtliche Garantien des Erbrechts enthalten Art. 19 Abs. 2 (Wesensgehalt) und 79 Abs. 3 iVm 1 GG.

Die **Privaterbfolge** gebietet, dass der Staat das Eigentum eines Bürgers nach dessen Tod nicht an sich reißen darf. Infolgedessen darf er bei der gesetzlichen Erbfolge nur als

---

28 BGH FamRZ 1976, 694.
29 OLG Koblenz ZEV 2007, 595 mAnm *G. Müller.*
30 OLG Hamm ZEV 2013, 341, OLG München FGPrax 2017, 65.
31 OLG Köln NJW-RR 1992, 1357; Soergel/*Stein* § 1922 Rn. 59.
32 BGHZ 127, 239.
33 BGH FamRZ 2009, 1053.
34 So zutreffend MüKoBGB/*Leipold* Einführung zu § 1922 Rn. 27, 28.

„Lückenbüßer" einspringen. Er darf sich jedoch auch nicht im Wege der Steuererhebung zum Erben machen. Zwar sieht Art. 106 Abs. 2 Nr. 2 GG die Möglichkeit einer Beteiligung des Staates an der Erbschaft über die Erhebung einer Erbschaftsteuer vor. Die Steuerbelastung darf jedoch das Vererben vom Standpunkt eines wirtschaftlich denkenden Eigentümers nicht als ökonomisch sinnlos erscheinen lassen.[35] Aus dem Privaterbrecht folgt die Freiheit des Erblassers, seinen Erben zu bestimmen **(Testierfreiheit)**. Die gesetzliche Erbfolge darf deshalb nur subsidiär sein.

Eine **Einschränkung der Testierfreiheit** liegt nicht nur in der Besteuerung der Erbschaft, sondern auch in §§ 134, 138 BGB und – vor allem – im **Pflichtteilsrecht**. Mit der gesonderten Erwähnung des Erbrechts neben dem Eigentumsschutz bringt das GG zum Ausdruck, dass die Erbrechtsgarantie eine eigenständige, über die Gewährleistung der Testierfähigkeit des Erblassers hinausgehende Bedeutung hat. In der Institutsgarantie sieht das BVerfG[36] „weitergehend inhaltliche Grundaussagen einer verfassungsrechtlich verbürgten Nachlassverteilung" vermittelt, wobei „zu den von ihr erfassten traditionellen Kernelementen des deutschen Erbrechts" auch „das Recht der Kinder des Erblassers auf eine dem Grundsatz nach unentziehbare und bedarfsunabhängige Teilhabe am Nachlass" gehöre.[37] Das Pflichtteilsrecht sowie das gesetzliche Erbrecht der Verwandten und der Ehegatten ist verfassungsrechtlich durch Art. 6 Abs. 1 GG in seinem Kern gewährleistet. Der Gesetzgeber hat aber Handlungsspielraum bei der Ausgestaltung des Pflichtteils (schuldrechtlicher Anspruch oder Noterbe oder Unterhaltssicherung; Höhe des Pflichtteils; Differenzierung bei der Auswahl der Berechtigten und der Höhe der Beteiligung). Die Begründung einer ökonomischen Teilhabe der Kinder am Vermögen des verstorbenen Elternteils (familienrechtliche Bindungen, gegenseitige umfassende Sorge, „ideeller und wirtschaftlicher Zusammenhang von Vermögen und Familie") ist angesichts eines die Familiensolidarität zunehmend zerstörenden Sozialstaats und im Hinblick auf die soziale Realität pure Verfassungsmystik. Das Pflichtteilsrecht soll die Aufgabe haben, dass sich die Familienbeziehungen in der Verteilung des Nachlasses widerspiegeln,[38] wobei die Qualität der Beziehung weitgehend unerheblich sein soll. Dem Gesetzgeber wird jedoch immerhin ein weiter Spielraum eingeräumt, den Kindern eine unentziehbare „angemessene" Teilhabe am Nachlass einzuräumen.

---

[35] BVerfGE 93, 165 (172).
[36] DNotZ 2006, 60 (61).
[37] BVerfG DNotZ 2006, 60 (61).
[38] BVerfG DNotZ 2006, 60 (63).

§ 2 Die Gesetzliche Erbfolge – Grundsätze

1 Die gesetzliche Erbfolge tritt subsidiär[1] gegenüber der vorrangigen gewillkürten Erbfolge durch letztwillige Verfügung (Testament oder Erbvertrag) in folgenden Fällen **ein:**
- es ist keine Verfügung von Todes wegen vorhanden;
- in der Verfügung von Todes wegen wird kein Erbe berufen;
- die Verfügung von Todes wegen, die eine Erbeinsetzung enthält, ist nichtig, wirksam angefochten oder vom Erblasser wirksam widerrufen ohne Wiederaufleben einer früheren und ohne Errichtung einer wirksamen späteren Verfügung;
- die eingesetzten Erben sind weggefallen (durch Tod vor dem Erblasser, durch Erbverzicht, Ausschlagung oder Erbunwürdigkeitsurteil; ein Ersatzerbe ist nicht vorgesehen), ohne dass eine andere Verfügung von Todes wegen wieder auflebte;
- eine nach einem bestimmten Landesrecht erforderliche Genehmigung wird nicht erteilt;
- der Erbe erhält durch Verfügung von Todes wegen nur einen Bruchteil der Erbschaft, die übrigen Erben sind zu den restlichen Bruchteilen im Wege der gesetzlichen Erbfolge berufen (§ 2088 BGB).

2 Die gesetzliche Erbfolge spielt auch bei gewillkürter Erbfolge eine Rolle. Bei Einsetzung von „gesetzlichen Erben" oder „den Erben" ist zunächst zu versuchen, im Wege der Auslegung die Erben und ihren Erbteil zu ermitteln. Gelingt dies nicht, sind als gewillkürte Erben diejenigen berufen, die zur Zeit des Erbfalls die gesetzlichen Erben wären und zwar im Verhältnis ihrer gesetzlichen Erbteile (§ 2066 S. 1 BGB). Die Auslegungsregeln der §§ 2066 S. 2, 2067, 2069 BGB verweisen auf die gesetzliche Erbfolge.

3 Entscheidend für die Festlegung der gesetzlichen Erben ist stets der **Zeitpunkt des Erbfalles.** Das trifft auch dann zu, wenn die Voraussetzungen für den Eintritt der gesetzlichen Erbfolge erst später geschaffen worden sind, so wenn eine Anfechtung oder Ausschlagung nach dem Erbfall vorgenommen wurde.

4 Die gesetzlichen Erben können auch als bloße Vorerben oder nur als Nacherben zum Zuge kommen (§§ 2104 f. BGB). Die Voraussetzungen für den Eintritt der gesetzlichen Erbfolge können auch nur für einen Teil der Erbschaft gegeben sein (zB die Fälle der §§ 2088, 1938 BGB).

5 **Erhöht sich der Erbteil eines gesetzlichen Erben durch den Wegfall eines anderen** Erben, wird der zugewachsene Erbteil hinsichtlich Auflagen, Vermächtnissen und Ausgleichung wie ein **besonderer Erbteil** behandelt; er steht für die Lasten nur mit diesem Erbteil ein (§ 1935 BGB).

6 Das BGB teilt die gesetzliche Erbfolge in **Verwandtenerbrecht** (§§ 1924 bis 1930 BGB), **Erbrecht des Ehegatten** (§§ 1931, 1371 BGB) **oder des Lebenspartners** (§ 10 Abs. 1 bis 3 LPartG) und das **Erbrecht des Fiskus** (§ 1936 BGB) ein.

---

[1] Der Vorrang der gewillkürten Erbfolge leitet sich aus §§ 1937, 1938, 1941 BGB und letztlich aus der Testierfreiheit ab.

§ 3 Das Verwandtenerbrecht

Übersicht

	Rn.
I. Grundsätze	1
II. Die Erbfolge nach Ordnungen im Einzelnen	3
1. Erben erster Ordnung	3
2. Erben zweiter Ordnung	4
3. Erben dritter Ordnung	5
4. Vierte und fernere Ordnungen	6
III. Das nichteheliche Kind	7
1. Abstammungsrecht	9
a) Mutterschaft	9
b) Vaterschaft	9
2. Anwendungsbereich des Nichtehelichenerbrechts	10
a) Erbfälle bei Geburten vor dem 1.7.1949 ohne deutsch-deutschen-Bezug	11
b) Erbfälle bei Geburten nach dem 1.7.1949 ohne deutsch-deutschen-Bezug	12
c) Erbfälle mit deutsch-deutschem Bezug	14
3. Altfälle Bundesländer vom 1.7.1970 bis 31.3.1998	19
a) Der Erbersatzanspruch beim Tod des Vaters	20
b) Vorzeitiger Erbausgleich	27
c) Erbrechtliche Stellung der Abkömmlinge des nichtehelichen Kindes	29
d) Erbrecht des Vaters und seiner Verwandten	30
IV. Das adoptierte Kind	31
V. Verwandtschaft bei fehlerhaften Ehen	33

I. Grundsätze

Das Verwandtenerbrecht stellt die Verwirklichung der verfassungsrechtlich geschützten **1** Prinzipien der Privaterbfolge und des Familienerbrechts dar und bildet im Zusammenspiel mit dem Ehegattenerbrecht den wesentlichen Teil der gesetzlichen Erbfolge.

Ob eine **Verwandtschaft** zum Erblasser besteht, ist im Familienrecht geregelt, wobei das Erbrecht auf die rechtliche, nicht blutsmäßige Verwandtschaft abstellt. § 1589 BGB ist anzuwenden. Zu den Verwandten zählen nicht nur diejenigen, die in gerader Linie mit dem Erblasser verwandt sind (Eltern, Großeltern etc., Kinder, Kindeskinder, usw.), sondern auch die Verwandten in der Seitenlinie (Geschwister, Vettern, Cousinen, usw.). Das Erbrecht zählt in §§ 1924–1929 BGB Verwandte in 4 **Ordnungen** sowie **„fernere Ordnungen"** auf. Eine Ordnung oder „Parentel" (lat. parentes = Eltern) ist die Gesamtheit der Personen, die von einer Person abstammen, einschließlich dieser Person selbst. Wenn das Gesetz von Abkömmlingen spricht, meint es Kinder und Kindeskinder.

So bilden also der Erblasser und seine Abkömmlinge die **1. Ordnung**; die Eltern, Großeltern, Urgroßeltern usw. bilden jeweils mit ihren Abkömmlingen die **weiteren Ordnungen**. Dabei stellt § 1930 BGB eine **Rangordnung** auf: Ein Verwandter der 1. Ordnung schließt alle ferneren Ordnungen aus; die Verwandten der 2. Ordnung kommen also erst zur Erbfolge, wenn kein Verwandter der 1. Ordnung vorhanden ist und schließen ihrerseits wieder alle Verwandten fernerer Ordnungen aus usw. Wesentlich dabei ist, dass das Gesetz bei der Erbfolge nicht auf den Grad der Verwandtschaft nach § 1589 BGB abstellt (der Vater des Erblassers ist näher mit dem Erblasser verwandt als dessen Enkelkind; gleichwohl rangiert das Enkelkind als gesetzlicher Erbe vor dem Vater des Erblassers).

Innerhalb der Ordnungen wird nach **Stämmen** und **Linien** und ab der 4. Ordnung auch nach dem Grad der Abstammung (aber nur innerhalb der Ordnung) unterschieden (§§ 1928 Abs. 3, 1929 Abs. 3 BGB).

2   Der **Stamm** kennzeichnet die Verwandtschaft in absteigender Richtung (also zu den Abkömmlingen), die **Linie** das Verhältnis in aufsteigender Richtung (zu Eltern, Großeltern usw). Der Nachlass wird innerhalb der Ordnung nicht nach der Kopfzahl, sondern nach der Zahl der Stämme aufgeteilt (§ 1924 Abs. 3, 4 BGB).

Ein lebender Erbe schließt die von ihm abstammenden Personen von der Erbfolge aus (§ 1924 Abs. 2 BGB, sog **„Repräsentationssystem"**).

Diese rücken aber nach – oder treten an seine Stelle – wenn er wegfällt. **Wegfallen** kann ein Erbe durch Vorversterben, Enterbung, Ausschlagung, Erbverzicht oder Erbunwürdigkeitsentscheidung.

Das **Eintrittsrecht** bedeutet, dass an die Stelle eines zur Zeit des Erbfalls schon verstorbenen Elternteils dessen Abkömmlinge treten (§§ 1924 Abs. 3, 1925 Abs. 3, 1926 Abs. 3 BGB).

Ein Eintrittsrecht besteht bei **Erbausschlagung** und **Erbunwürdigkeit,** da diese so behandelt werden, als ob der Erbe zur Zeit des Erbfalls nicht gelebt hätte (§§ 1953 Abs. 2, 2344 Abs. 1 BGB). Soweit im **Erbverzicht** nichts anderes bestimmt ist, erstreckt er sich auch auf die Abkömmlinge (§ 2349 BGB). Auch bei der **Enterbung** ist es eine Auslegungsfrage, ob der Erblasser auch die Abkömmlinge enterben wollte. Im Zweifel bezieht sich der Ausschluss aber nicht auf die Abkömmlinge.[1]

Durch das Liniensystem fällt das Erbe bis zur 3. Ordnung den Eltern (bzw. deren Abkömmlingen) und Großeltern (bzw. deren Abkömmlingen), jeweils zur Hälfte an.

Wer auf Grund mehrfacher Verwandtschaft mehreren Stämmen in den ersten drei Ordnungen angehört, erhält die Anteile, die ihm in jedem Stamm zufallen, als besonderen Erbteil (§ 1927 BGB).

II. Die Erbfolge nach Ordnungen im Einzelnen

1. Erben erster Ordnung

3   Das sind die Abkömmlinge, also Kinder und Kindeskinder des Erblassers (§ 1924 BGB). Zu nichtehelichen und adoptierten Kindern, sowie Kindern aus fehlerhafter Ehe (→ § 3 Rn. 32, 33). Bei mehreren Abkömmlingen erfolgt die Beerbung nach Stämmen. Jeder Abkömmling bildet mit seinen Nachkommen einen Stamm. Jeder Stamm erhält den gleichen Erbteil.

2. Erben zweiter Ordnung

4   Darunter versteht das Gesetz die Eltern des Erblassers und deren Abkömmlinge (§ 1925 Abs. 1 BGB).

Im Rahmen der zweiten Ordnung (und weiterer höherer Ordnungen) spricht man von einem Erbrecht nach Linien (die Voreltern und ihre Abkömmlinge werden in eine väterliche und mütterliche Linie geteilt): Leben beide Elternteile des Erblassers, erben sie allein zu je $1/2$ (§ 1925 Abs. 2 BGB). Ist ein Teil oder sind beide Elternteile bereits vorverstorben, kommen deren Abkömmlinge zum Zug, wobei die väterliche Linie (Abkömmlinge des Vaters) und die mütterliche Linie (Abkömmlinge der Mutter) zu unterscheiden sind, wenn (auch) nicht gemeinsame Abkömmlinge beider Elternteile vorhanden sind.

Innerhalb einer Linie kommen die Vorschriften der ersten Ordnung, das Erbrecht nach Stämmen, zur Anwendung (§ 1925 Abs. 3 S. 1 BGB). Jede Linie erbt zu gleichen Teilen.

3. Erben dritter Ordnung

5   Dies sind die Großeltern und deren Abkömmlinge (§ 1926 Abs. 1 BGB). Hier gilt wieder ein Erbrecht nach Linien: Großeltern väterlicherseits und deren Abkömmlinge sowie

---

[1]   BGH FamRZ 1959, 149.

Großeltern mütterlicherseits und deren Abkömmlinge bilden je eine Linie (§ 1926 Abs. 2, 3 BGB). Es gibt also 4 Linien die zu gleichen Teilen erben. Wenn eine Linie völlig ausgestorben ist, dh weder Großeltern noch Abkömmlinge vorhanden sind, geht der jeweilige Erbanteil dieser Linie auf die andere Linie über (§ 1926 Abs. 4 BGB).

Innerhalb einer Linie gilt wieder das Erbrecht nach Stämmen (Repräsentation, Eintritt, Erbrecht der Kinder zu gleichen Teilen; § 1926 Abs. 5 BGB).

4. Vierte und fernere Ordnungen

Darunter fallen die Voreltern der jeweiligen Ordnung und deren Abkömmlinge (vgl. **6** §§ 1928 Abs. 1, 1929 Abs. 2 BGB).

Als Besonderheit ist hier zu beachten, dass innerhalb der Ordnung keine Aufteilung nach Linien und Stämmen mehr stattfindet: Erbe wird, wer dem Grade nach – also nach der Anzahl der die Verwandtschaft vermittelnden Geburten – mit dem Erblasser am nächsten verwandt ist (vgl. § 1589 BGB; sog **„Gradualsystem"**), wenn keine Voreltern der jeweiligen Ordnung mehr vorhanden sind (§§ 1928 Abs. 2, 3, 1929 Abs. 2 BGB).

Erben die Voreltern einer Ordnung, spricht man vom **Schoßfall,** je nachdem, ob ein (Vor-)Elternteil bereits verstorben ist, vom eingeschränkten bzw. uneingeschränkten.

III. Das nichteheliche Kind

Das Erbrecht des nichtehelichen Kindes spiegelt wie kaum ein anderer Bereich des Erb- **7** rechts den Wandel gesellschaftspolitischer Anschauungen wieder. Über einen völligen Ausschluss eines Erbrechts nach dem Vater (über die Fiktion einer fehlenden Verwandtschaft mit dem Vater), über einen Erbersatzanspruch in Geld bis hin zur nahezu völligen Gleichstellung hat sich das Recht in den letzten Jahrzehnten entwickelt. Dass der Gesetzgeber auf eine völlige Gleichstellung verzichtet hat, führt ebenso zu einer mitunter unübersichtlichen Rechtslage wie der Umstand, dass mit der Wiedervereinigung auch diesbezüglich zwei Rechtsordnungen vereinigt worden, in denen unterschiedliche Regelungen galten. Es ist daher für die Rechtsanwendung danach zu differenzieren, wann das Kind geboren wurde, wann der Erbfall eingetreten ist und wo der Erbfall eingetreten ist. Nicht auszuschließen ist, dass aufgrund der Rechtsprechung des EGMR noch weitere Änderungen in Zukunft zu erwarten sind.

Übersicht zum Nichtehelichen-Erbrecht[2]

Aufenthalt des nichtehelichen Vaters am 2.10.1990

in den **alten** Bundesländern	in den **neuen** Bundesländern (gilt auch für vor dem 1.9.1949 geborene Kinder, Art. 235 EGBGB § 1 Abs. 2)
Geburt des nichtehelichen Kindes vor 1.7.1949 und Erbfall vor dem 28.5.2009:	**Erbfall vor 3.10.1990:**
Kein Erbrecht nach § 1589 Abs. 2 aF BGB, Art. 12 § 10 Abs. 2 NEhelG. Ausnahme: **Gleichstellungsvertrag** gemäß § 10a Art. 12 NEhelG (Vertrag über die Nichtanwendung des Art. 12 § 10 Abs. 2 NEhelG). Legitimation, Ehelicherklärung:[3] Ein vor dem 1.7.1949 geborenes nichteheliches Kind hat auch dann ein gesetzliches Erbrecht	Es gilt das jeweilige Erbrecht der DDR (ab 1.4.1966 uU gesetzliches Erbrecht, nach 1.1.1976 Gleichstellung), § 1 Abs. 1 Art. 235 EGBGB

---

[2] Zum Übergangsrecht bei Verjährungsfällen (Art. 229 EGBGB) siehe MüKoBGB/*Leipold* Einleitung Rn. 133.

[3] Siehe hierzu auch *Bestelmeyer* Rpfleger 2012, 363 (unter c).

nach seiner väterlichen Verwandtschaft (und umgekehrt), wenn seine Eltern erst nach dem 30.6.1998 geheiratet haben;[4]

Der Europäische Gerichtshof für Menschenrechte (EGMR) hat in seiner Entscheidung vom 28.5.2009[5] festgestellt, dass Art. 12 § 10 Abs. 2 NEhelG die Rechte der betroffenen nichtehelichen Kinder aus Art. 14 EMRK i. V. mit Art. 8 EMRK verletzt.[6] Dem nichtehelichen Kind, das vor dem 1.7.1949 geboren wurde, steht ein Erbrecht nach seinem Vater bzw. dessen Verwandten zu, wenn der **Erblasser** nach dem 28.5.2009 verstorben ist. Unerheblich ist, ob der Vater des nichtehelichen Kindes oder das nichteheliche Kind bereits vor dem 29.5.2009 verstorben ist. Es wird nicht auf den Vater allein gestellt, sondern auf den jeweiligen Erblasser aus der Verwandtschaft des Vaters im konkreten Fall.[7]

Im Einzelfall gilt das auch in Fällen, in denen der Erblasser vor dem 28.5.2009 verstorben ist und eine vergleichbare Interessenlage wie in der Rechtssache des EGMR *Brauer gegen Deutschland*[8] vorliegt.[9]

Geburt des nichtehelichen Kindes ab 1.7.1949:

Erbfall 3.10.1990–31.3.1998
　　je nach Geburt des nichtehelichen Kindes

• **Erbfall 1.7.1949–30.6.1970:**
Kein Erbrecht, § 1589 Abs. 2 BGB aF, Art. 12 NEhelG § 10 Abs. 1, Art. 227 Abs. 1 EGBGB.

• **Erbfall 1.7.1970–31.3.1998:**
Erbersatzanspruch, §§ 1934a–e, 2338 aF BGB, Art. 1 Nr. 88 NEhelG Art. 227 EGBGB
– gilt auch bei wirksamer Vereinbarung über Erbausgleich oder rechtskräftiger Zuerkennung des Erbausgleichs durch Urteil und
– bei vorzeitigem Erbausgleich bis 1.4.1998: dauerhafter Wegfall des gesetzlichen ErbR und Pflichtteilsrechts (1934e aF BGB)

vor 3.10.1990
DDR-Erbrecht
§ 365 ZGB (es gelten die Vorschriften f ehelichen Kinder) § 1 Abs. 2　　　Art. 235 EGBGB

nach 3.10.1990
BRD-Erbrecht:
§§ 1934a–e,
2338 aF BGB,
Art. 225 EGBGB

• **Erbfall ab 1.4.1998:**
völlige Gleichstellung der seit 1.7.1949 geborenen nichteheliche Kinder

Erbfall ab 1.4.1998:
völlige Gleichstellung der seit 1.7.1949 geborenen nichtehelichen Kinder

---

[4]　BVerfG FamRZ 2010, 273 mAnm *Maurer*: Eine Schlechterstellung solcher Kinder im Verhältnis zu nichtehelichen Kindern, deren Eltern bereits vor dem 1.7.1998 mit Legitimationswirkung geheiratet haben, ist nicht mit Art 6 Abs. 5 GG vereinbar
[5]　EGMR NJW-RR 2009, 1603 = FamRZ 2009, 1293.
[6]　Dazu *Leipold* ZEV 2009, 488; *Krug* ZEV 2011, 397.
[7]　OLG München FGPrax 2013, 73.
[8]　EGMR ZEV 2009, 510.
[9]　BGH ZEV 2017, 510.

Die Rechtsstellung des nichtehelichen Kindes ist mit Wirkung vom 1.7.1998 durch das **8** Gesetz zur Reform des Kindschaftsrechts – KindRG – abstammungsrechtlich und durch das Gesetz zur erbrechtlichen Gleichstellung nichtehelicher Kinder – ErbGleichG – erbrechtlich geändert worden. Nichteheliche Kinder sind für **Erbfälle ab 1.4.1998** den ehelichen Kindern erbrechtlich gleichgestellt. Die Begriffe „Kind und Abkömmling" in §§ 1924 ff. BGB sind unabhängig von ehelicher oder nichtehelicher Abstammung. Ein Urteil, das das Nichtbestehen einer Ehe feststellt, wirkt nur zwischen den Parteien.[10] Besonderheiten gelten für

- die sog „Altkinder (die vor dem 1.7.1949 geboren sind (→ § 3 Rn. 11);
- Fälle mit deutsch-deutschem Bezug (→ § 3 Rn. 12);
- Fälle der Weitergeltung des bis zum 1.4.1998 geltenden Nichtehelichenerbrechts (→ § 3 Rn. 19).

1. Abstammungsrecht

Für eheliche und nichteheliche Kinder gilt grundsätzlich ein einheitliches Abstammungs- **9** recht (§§ 1591 bis 1600d BGB). Aufgrund der Entscheidung des BVerfG vom 13.2.2007[11] sieht der am 1.4.2008 in Kraft getretene neue § 1598a BGB eine Klärung der genetischen Abstammung dahingehend vor, dass geklärt wird, ob der rechtliche Vater und/oder die rechtliche Mutter auch biologisch Vater bzw. Mutter sind. Ziel ist nicht die statusrechtliche Zuordnung eines Kindes zu seinen Eltern oder die Anfechtung der Vaterschaft. In diesem Verfahren wird nur die Richtigkeit der rechtlichen Elternschaft, insbesondere der Vaterschaft überprüft. Es wird nicht die leibliche Vaterschaft geklärt. Dies erfolgt nach wie vor nur durch ein Vaterschaftsfeststellungsverfahren; dieses setzt voraus, dass keine rechtliche Vaterschaft besteht, § 1600d Abs. 1 BGB. Besteht eine rechtliche Vaterschaft muss sie, wie bisher, zunächst durch eine Anfechtung beseitigt werden. Für das Erbrecht ist allein die rechtliche Abstammung maßgeblich. Das Verfahren sämtlicher Abstammungssachen ist in §§ 169 bis 185 FamFG geregelt.[12]

a) Mutterschaft

Mutter eines Kindes ist die Frau, die es geboren hat (§ 1591 BGB); auf die leibliche Abstammung kommt es nicht an.[13] Dies ist keine Vermutung, sondern eine gesetzliche Definition, die auch für sämtliche Verwandte der als Mutter geltenden Frau gilt, mit entsprechenden Folgen etwa im Unterhalts- und Erbrecht. Damit ist der genetischen Mutter die statusrechtliche Mutterschaft verschlossen. Denkbar wäre nur eine Feststellungsklage auf ein sonstiges rechtliches Verhältnis zum Kind, falls man ihr ein derartiges rechtliches Interesse zubilligen will.[14]

b) Vaterschaft

Der Vater eines Kindes ist der Mann,

- der zum Zeitpunkt der Geburt mit der Mutter des Kindes verheiratet ist (bei Scheidung also: Geburt vor Rechtskraft der Scheidung, § 1592 Nr. 1 BGB);
- der die Vaterschaft anerkannt hat (§ 1592 Nr. 2 BGB); die Voraussetzungen der Anerkennung regeln die §§ 1594 bis 1598 BGB. Die Anerkennung ist ein bedingungsfeindliches

---

[10] OLG München FGPrax 2009, 225.

[11] BVerfG FamRZ 2007, 441.

[12] Siehe hierzu *Löhnig*, Probleme des neuen Verfahrens in Abstammungssachen nach §§ 169 ff. FamFG, FamRZ 2009, 1798.

[13] Mutter ist also auch die Frau, die eine befruchtete Eizelle einer anderen Frau (der genetischen Mutter) austrägt.

[14] Feststellung des Bestehens oder Nichtbestehens eines Eltern-Kind-Verhältnisses nach § 169 Nr. 1 FamFG, § 640 Abs. 2 Nr. 1 ZPO aF; *Helms* FamRZ 2008, 1033; aA *Bort* FuR 2007, 381.

Gestaltungsgeschäft, das der Zustimmung der Mutter bedarf (§ 1595 Abs. 1 BGB), der gemäß § 1629 Abs. 1 S. 3 BGB kein Pfleger bestellt werden muss. Die Zustimmung auch des Kindes ist nur erforderlich, wenn der Mutter die elterliche Sorge nicht zusteht (§ 1595 Abs. 2 BGB). Der anerkennende Mann hat ein Widerrufsrecht, wenn die Anerkennung nicht binnen Jahresfrist wirksam geworden ist (§ 1597 Abs. 3 BGB). Wird das Kind nach Anhängigkeit eines Scheidungsantrages geboren und ein Dritter erkennt spätestens bis zum Ablauf eines Jahres nach Rechtskraft der Scheidung die Vaterschaft an, gilt er als Vater (§ 1599 Abs. 2 BGB). Dann gelten §§ 1592 Nr. 1 und 1593 BGB nicht.

– Der Vater eines Kindes ist auch der Mann, dessen Vaterschaft nach § 1600d oder § 182 Abs. 1 FamFG gerichtlich festgestellt ist (§ 1592 Nr. 3 BGB).

Bei Tod des Ehemannes gibt § 1593 BGB eine **Vaterschaftsvermutung,** falls das Kind innerhalb von 300 Tagen nach Auflösung der Ehe durch Tod geboren wurde, ohne dass auf Grund Eingehung einer neuen Ehe der neue Ehemann nach § 1592 Nr. 1 BGB als Vater anzusehen wäre.

Die **Vaterschaftsanfechtung** ist in § 1600 BGB geregelt. Anfechtungsberechtigt sind nur der Mann, der nach §§ 1592 Nr. 1 und 2, 1593 BGB als Vater feststeht; der Mann, der an Eides Statt versichert, der Mutter des Kindes während der Empfängniszeit beigewohnt zu haben (siehe hier auch die zusätzlichen Voraussetzungen des § 1600 Abs. 2 und 4 BGB); die Mutter, das Kind und die zuständige Behörde in den Fällen des § 1592 Nr. 2 BGB (siehe hier auch § 1600 Abs. 3 BGB). Ist das Kind mit Einwilligung des Mannes und der Mutter durch künstliche Befruchtung mittels Samenspende eines Dritten gezeugt worden, ist die Anfechtung der Vaterschaft durch den Mann oder die Mutter ausgeschlossen (§ 1600 Abs. 5 BGB).

Der Gesetzgeber hat das Interesse der Eltern des verstorbenen Ehemannes an der Klarstellung der Abstammung als nicht mehr schutzwürdig angesehen und ihre Anfechtungsmöglichkeit nach § 1595a BGB aF vor Ablauf der Anfechtungsfrist beseitigt.

Die Eltern können auch nicht mehr ein laufendes Anfechtungsverfahren nach dem Tode des Mannes fortführen, wie das § 640g ZPO aF vorsah. Damit tritt durch den Tod des Vaters Erledigung des Rechtsstreits ein (§ 181 FamFG).

Das Sonderverfahren nach dem bisherigen § 1600e Abs. 2 BGB besteht nicht mehr.

Die erbrechtlichen Wirkungen bei Vaterschaftsanerkenntnis oder Vaterschaftsfeststellung treten (rückwirkend auf den Erbfall) erst nach Wirksamkeit des Anerkenntnisses bzw. Rechtskraft der Feststellung ein (§§ 1594, 1600d Abs. 4 BGB).

Die Legitimation nichtehelicher Kinder ist ersatzlos entfallen.

2. Anwendungsbereich des Nichtehelichenerbrechts

10 Auf Grund des ErbGleichG, das die Sonderregelungen für nichteheliche Kinder (§§ 1934a bis 1934e, 2338a, 1371 Abs. 4 BGB) ersatzlos gestrichen hat, gilt für nichteheliche Kinder grundsätzlich **bei Erbfällen ab dem 1.4.1998** das Erbrecht ehelicher Kinder. Die bis dahin geltenden Vorschriften sind weiter anzuwenden, wenn vor diesem Zeitpunkt der Erblasser gestorben ist oder über den Erbausgleich eine wirksame Vereinbarung getroffen oder der Erbausgleich durch rechtskräftiges Urteil zuerkannt worden ist (Art 227 Abs. 1 EGBGB. Die Übergangsregelung des Art. 227 EGBGB ist nicht verfassungswidrig.

In Folge der vielfältigen Änderungen sind nunmehr jedoch folgende Besonderheiten zu beachten:

a) Erbfälle bei Geburten vor dem 1.7.1949 ohne deutsch-deutschen-Bezug

11 Für Fälle ohne deutsch-deutschen Bezug gilt:
Keine Erbberechtigung nach dem Vater hatten nach früherer Rechtslage die **vor dem 1.7.1949** geborenen Kinder. Sie sind zwar mit der Mutter verwandt (und insoweit erbberechtigt), galten aber mit dem Vater und dessen Verwandtschaft als nicht verwandt.

(§ 1589 Abs. 2 BGB aF).

Die Vorschrift lautete:

(1) Personen, deren eine von der anderen abstammt, sind in gerader Linie verwandt. Personen, die nicht in gerader Linie verwandt sind, aber von derselben dritten Person abstammen, sind in der Seitenlinie verwandt. Der Grad der Verwandtschaft bestimmt sich nach der Zahl der sie vermittelnden Geburten.

(2) Ein uneheliches Kind und dessen Vater gelten nicht als verwandt.

Art 12 § 10 Abs. 2 NEhelG v 19.8.1969 hatte diese Rechtslage beibehalten.[15] Das ErbGleichG hat hieran nichts geändert. Auch das BVerfG hatte den Art. 12 § 10 Abs. 2 NEhelG als verfassungsgemäß anerkannt.[16] Das Urteil des EGMR vom 28.5.2009 hat hingegen eine Verletzung von Rechten aus Art. 14 EMRK iVm Art. 8 EMRK festgestellt.[17] Das Zweite Gesetz zur erbrechtlichen Gleichstellung nichtehelicher Kinder vom 12.4.2011 brachte daraufhin eine Gleichstellung, indem der Stichtag rückwirkend für Erbfälle nach dem 28.5.2009 (Datum der Entscheidung des EGMR) aufgehoben wurde.

Für Erbfälle, die bis zum 28.5.2009 eingetreten sind, blieb es aus Vertrauensschutzgründen bei der bisherigen Regelung, es sei denn, der Bund oder das Land sind nach § 1937 BGB Erbe geworden.[18] Das BVerfG hat die Frage, ob eine teleologische Erweiterung von Art. 5 ZwErbGleichG in bestimmten Fällen, die in tatsächlicher Hinsicht mit dem durch den EGMR in der Rechtssache *Brauer gegen Deutschland* entschiedenen Fall vergleichbar sind, ausdrücklich offen gelassen.[19] Diese Stichtagsregelung ist vom EGMR zwar grundsätzlich nicht beanstandet worden, er hat jedoch gleichzeitig festgestellt, dass die Stichtagsregelung es nicht ausschließt, in der Versagung erbrechtlicher Ansprüche bei Erbfällen vor diesem Stichtag unter bestimmten Voraussetzungen eine Verletzung der EMRK zu sehen.[20] Mit seiner Entscheidung vom 12.7.2017 hat der BGH nunmehr entschieden, dass Artikel 5 ZwErbGleichG teleologisch zu erweitern ist, wenn der Erbfall in tatsächlicher Hinsicht mit dem vom EGMR entschiedenen Fall „*Brauer gegen Deutschland*"[21] vergleichbar ist.[22]

Im Fall des **Fiskuserbrechts** (§ 1937 BGB) bekommt das nichteheliche Kind (in jedem Fall) einen Wertersatzanspruch in Höhe des Wertes des entgangenen Erbteils.

Die zwischen dem 28.5.2009 und dem rückwirkenden Inkrafttreten des Änderungsgesetzes auf der bis dahin weiter geltenden Rechtsgrundlage erteilten Erbscheine werden nach Inkrafttreten der Gesetzesänderung unrichtig; sie sind auf Antrag einzuziehen und neu zu erteilen. Hinsichtlich der gemäß Nr. 12210 ff. KV-GNotKG anfallenden Gebühren sieht das Gesetz vor, dass keine Gerichtskosten erhoben werden, auch wenn ein neuer Erbschein erteilt wird.[23] Eine Anfechtung der letztwilligen Verfügung durch das nun pflichtteilsberechtigte nichteheliche Kind nach § 2079 BGB ist ausgeschlossen. Für die erbrechtlichen Verhältnisse eines vor dem 1.7.1949 geborenen nichtehelichen Kindes bleiben die vor dem 29. Mai 2009 geltenden Vorschriften maßgeblich, wenn sowohl der Vater als auch die Mutter und das Kind vor dem 29. Mai 2009 verstorben sind.

Gleichstellungsvertrag: Art. 14 § 14 KindRG hat Art. 12 § 10 NEhelG um einen § 10a ergänzt. Danach findet § 10 Abs. 2 keine Anwendung, wenn der Vater und das Kind dies vereinbaren. Die Vereinbarung gilt nur für künftige Erbfälle. Sie kann von Vater und Kind nur

---

[15] BGBl. I 1243.

[16] BVerfG NJW 1977, 1677.

[17] EGMR ZEV 2009, 510.

[18] Keine Verfassungswidrigkeit, BVerfG NJW 2013, 2103; BGH Rpfleger 2012, 75; *Bestelmeyer,* Lücken und Tücken des alten und neuen Nichtehelichenerbrechts, Rpfleger 2012, 361.

[19] BVerfG ZEV 2013, 326 Rn. 43.

[20] EGMR 2017, 507; *Leipold* ZEV 2017, 489.

[21] EGMR NJW-RR 2009, 1603.

[22] BGH ZEV 2017, 510.

[23] Siehe auch *König,* Gleichstellung aller ehelichen und nichtehelichen Kinder im Erbrecht, FPR 2010, 396 (397, 665); LG Saarbrücken FamRZ 2010, 2106; KG FamRZ 2010, 2104.

persönlich geschlossen werden und bedarf der notariellen Beurkundung. Eventuelle Ehegatten von Vater und Kind müssen ihre Einwilligung in notarieller Form erklären. Falls Vater oder Kind nach § 1903 Abs. 1 BGB betreut werden, ist auch die Genehmigung des Vormundschaftsgerichts erforderlich. Durch diesen Gleichstellungsvertrag wird für das Kind ein gesetzliches Erb- und Pflichtteilsrecht begründet. Eine Ersetzung verweigerter Ehegatteneinwilligungen durch Gerichtsbeschluss ist nicht vorgesehen. Unklar ist, ob die Einwilligung eine empfangsbedürftige Willenserklärung und eventuell widerruflich ist entsprechend § 183 BGB. Auch die Anwendbarkeit der §§ 119 ff, 320 ff. BGB ist nicht geregelt. Es ist wohl die Regelung und Rechtsprechung zum Erbverzichtsvertrag entsprechend anzuwenden.

b) Erbfälle bei Geburten nach dem 1.7.1949 ohne deutsch-deutschen-Bezug

12 Die **seit dem 1.7.1949 geborenen** nichtehelichen Kinder sind bei **Erbfällen seit dem 1.4.1998** den ehelichen Kindern erbrechtlich völlig gleichgestellt.

Ist das nichteheliche Kind **seit dem 1.7.1949 geboren** und hat den **Erbfall zwischen dem 1.7.1970** (Inkrafttreten des NEhelG v 19.8.1969) **und dem 31.3.1998** stattgefunden, richtet sich das Erbrecht des nichtehelichen Kindes und seines Vaters weiterhin nach dem NEhelG (§§ 1934a aF: nur Erbersatzanspruch).

13 Das Nichtehelichenerbrecht des BGB vor dem 1.4.1998 gilt auch weiter, wenn der Erblasser vor dem 1.4.1998 verstorben ist oder wenn über den Erbausgleich vor dem 1.4.1998 eine wirksame Vereinbarung getroffen oder der Erbausgleich durch rechtskräftiges Urteil zuerkannt worden ist (Art. 227 Abs. 1 und 2 EGBGB).

Falls der Erbausgleich nicht wirksam zustande gekommen ist, der Vater aber bereits hierauf geleistet und nicht **zurückgefordert** hat, ist die Zahlung in entsprechender Anwendung der §§ 2050 Abs. 1, 2051 Abs. 1 und 2315 BGB bei der Auseinandersetzung auszugleichen bzw. auf den Pflichtteil anzurechnen.

c) Erbfälle mit deutsch-deutschem Bezug

14 Für alle Fälle **mit deutsch-deutschem Bezug** wird erbrechtlich danach differenziert, **wo** der nichteheliche Vater zum Zeitpunkt des Beitritts am 3.10.1990 seinen gewöhnlichen Aufenthalt hatte und **wann** sich der Erbfall ereignet hat (die Frage, ob eine Person zum Kreis der gesetzlichen Erben gehört, ist nach allgemeiner Meinung erbrechtlicher Natur). Für alle deutsch-deutschen Fälle gilt, dass der Aufenthalt des nichtehelichen Kindes keine Rolle spielt.

15 **Keine Erbberechtigung** haben nichteheliche Kinder nach ihrem **vor dem 1.4.1966 in der DDR verstorbenen Vater,** da das DDR-Erbrecht weiterhin anzuwenden ist (Art. 235 § 1 Abs. 1 EGBGB). Aus Art. 22 Abs. 2, 33 Abs. 2 der Verfassung der DDR vom 7.10.1949 folgt für diese Kinder kein gesetzliches Erbrecht.[24]

Eine Angleichung des Erbrechts der nichtehelichen Kinder an das der ehelichen Kinder erfolgte in der DDR erstmals durch § 9 EGFGB mWv 1.4.1996, selbst dann noch mit weiterer Benachteiligung bei im Erbfall volljährigen Kindern bis zum Inkrafttreten des ZGB am 1.1.1976.

16 **Erbberechtigt** nach dem **Recht der DDR** (also den ehelichen Kindern gleichgestellt) sind Kinder bei **Erbfällen ab dem 1.4.1966**[25] (soweit im Erbfall noch minderjährig) **bzw. 1.1.1976** (dann auch die beim Erbfall volljährigen Kinder) **bis zum 3.10.1990,** wenn der Erblasser seinen **letzten gewöhnlichen Aufenthalt in der DDR** hatte (Art. 235 § 1 Abs. 1 EGBGB). Einem zwischen dem 30.6.1990 geborenen nichtehelichen Kind eines bis zur Wiedervereinigung im Beitrittsgebiet wohnhaften und nach dem Beitritt verstorbenen Erblassers stehen gegen den Testamentserben unabhängig davon Pflichtteilsansprüche nach den für eheliche Kinder geltenden Normen des BGB zu, unerheblich ist dabei, ob es beim Eintritt

---

[24] BezG Erfurt FamRZ 1994, 465.
[25] Bis zum 31.3.1966 gilt das Recht des BGB sowie des TestG (also keine Verwandtschaft zum Vater, kein gesetzliches Erbrecht, § 1589 Abs. 2 BGB aF.

des Erbfalls iSd § 396 Abs. 1 Nr. 2 ZGB gegenüber dem Erblasser unterhaltsberechtigt war.[26] Für **Grundbesitz** in der DDR gilt nach herrschender Meinung selbst dann ab 1.1.1976 das Recht der DDR, wenn der Erblasser seinen letzten gewöhnlichen Aufenthalt in der Bundesrepublik hatte (und der übrige Nachlass deshalb nach BGB abgewickelt wird).

Das jeweilige **Nichtehelichenerbrecht der Bundesrepublik** gilt, wenn der Erblasser 17 seinen letzten gewöhnlichen Aufenthalt in der Bundesrepublik hatte. Dies **gilt nicht,** wenn der Vater zum Zeitpunkt des Beitritts, also am 2.10.1990 seinen gewöhnlichen Aufenthalt in der DDR hatte (Art. 235 § 1 Abs. 2 EGBGB). Dies **gilt auch nicht** nach herrschender Meinung für Nachlass-Grundbesitz bei Erbfällen ab 1.1.1976 (dann DDR-Recht).

Das Erbrecht des ZGB für eheliche Kinder gilt, **wenn der Erblasser im Zeitpunkt des** 18 **Beitritts, also am 2.10.1990 seinen gewöhnlichen Aufenthalt in der DDR hatte** (Art. 235 § 1 Abs. 2 EGBGB) und der Erbfall danach eingetreten ist.

Diese Kinder werden nach allgemeiner Meinung auch nicht von Art. 12 § 10 Abs. 2 NEhelG erfasst.

Art. 235 § 1 Abs. 2 EGBGB soll auch für die Beerbung des nichtehelichen Kindes (Vater als Erbe) gelten.[27]

3. Altfälle Bundesländer vom 1.7.1970 bis 31.3.1998

In den Fällen des Art. 227 Abs. 1 Nr. 1 und 2 EGBGB (Tod des Erblassers vor dem 19 1.4.1998) gilt das bisherige Recht weiter.

§§ 1934a ff. BGB wurden durch das Nichtehelichengesetz, das am 1.7.1970 in Kraft getreten ist, eingefügt; außerdem wurde § 1589 Abs. 2 BGB aF gestrichen. Damit ist das nichteheliche Kind erbrechtlich grundsätzlich wie ein eheliches zu behandeln.

§§ 1934a ff. BGB gehen als leges speciales allerdings vor. Für diese Altfälle gilt folgendes:

a) Der Erbersatzanspruch beim Tod des Vaters

Nach § 1934a Abs. 1 BGB steht einem nichtehelichen Abkömmling nur ein schuldrechtlicher 20 Erbersatzanspruch gegen den/die Erben in Höhe des Wertes des Erbteils zu, den der Abkömmling als ehelicher erhalten hätte, wenn der Erblasser außer dem nichtehelichen Kind seine Ehefrau und/oder eheliche Abkömmlinge als Erben hinterlassen hat. Das nichteheliche Kind wird nicht Erbe (schuldrechtlicher Anspruch) und nicht Mitglied der Erbengemeinschaft.

Voraussetzung des Erbrechts ist die Feststellung der nichtehelichen Vaterschaft durch 21 Anerkennung oder gerichtliche Entscheidung (§§ 1600a, n BGB, §§ 169 ff. FamFG), weil sonst die Rechtswirkungen der Vaterschaft grundsätzlich noch nicht geltend gemacht werden können (§ 1600a Abs. 2 BGB). Diese Feststellung kann auch nach dem Erbfall durch das Vormundschaftsgericht auf Antrag erfolgen (§§ 1600n Abs. 2 BGB, 55b FGG).

Die ratio der Konstruktion eines schuldrechtlichen Ausgleichanspruchs in § 1934a Abs. 1 22 BGB lag darin, dass es der Gesetzgeber vermeiden wollte, nichteheliche Abkömmlinge zusammen mit den ehelichen in einer Erbengemeinschaft (§§ 2032 ff. BGB) zuzulassen. Wegen der regelmäßig komplizierten Beziehungen zwischen ihnen käme es in nicht wenigen Fällen zum Streit. Der Gesetzgeber des ErbGleichG sieht dies offensichtlich anders.

Ein Ersatzanspruch steht deshalb nichtehelichen Kindern nur dann zu, wenn sie neben ehelichen Kindern oder der Ehefrau zur Erbfolge berufen wären.

Sind also nur nichteheliche Abkömmlinge vorhanden, werden diese nach den allgemeinen Vorschriften (§§ 1922, 1924 BGB), vollberechtigte Erben. Hat der Erblasser das nichteheliche Kind enterbt und steht ihm deshalb kein gesetzliches Erbrecht zu, ist auch kein Raum für einen Erbersatzanspruch; vielmehr besteht ein Pflichtteilsanspruch[28] aus §§ 2338a S. 2, 2303 Abs. 1 S. 1 BGB, bei Entziehung des Erbersatzanspruchs aus § 2338a BGB. Die

---

[26] OLG Dresden Rpfleger 2010, 142; siehe auch *Bestelmeyer* Rpfleger 2008, 552 (561).
[27] MüKoBGB/*Leipold* EGBGB Art. 235 § 1 Rn. 52.
[28] BGHZ 80, 290.

Ausschlagung des Erbersatzanspruchs erfolgt nach den Regeln der Ausschlagung eines Vermächtnisses. Sie ist gegenüber dem Erben bzw. allen Miterben zu erklären. Ob dem Ausschlagenden ein Pflichtteilsrecht zusteht, beurteilt sich nach § 2306 Abs. 1 S. 2 BGB.

23   Inhalt des Anspruchs: Es handelt sich um einen Geldanspruch gegen die Miterben, die als Gesamtschuldner für diese Nachlassverbindlichkeit haften (§ 2058 BGB).

Im Innenverhältnis haben diejenigen Erben den Anspruch zu tragen, die durch den Wegfall des nichtehelichen Kindes begünstigt werden, das heißt höhere Erbquoten erlangen (arg. §§ 1934 Abs. 2; 2320 BGB).

Vor Bestimmung des Nachlasswertes, anhand dessen der Ersatzanspruch berechnet wird, ist – anders als bei der Berechnung des Pflichtteils – ein Abzug **sämtlicher** Nachlassverbindlichkeiten vorzunehmen (zum Beispiel Verbindlichkeiten auf Grund von Vermächtnissen, Pflichtteilsansprüchen, Auflagen und des Voraus).

24   **Berechnung des Anspruchs und der Erbteile:** Wertmäßig entspricht der dem nichtehelichen Abkömmling zustehende Anspruch genau der Erbquote, die der Abkömmling als ehelicher erhalten hätte. Wegen der Ähnlichkeit zum Pflichtteilsrecht übernimmt § 1934b BGB weitgehend die dortige Regelung.

Bei der Bestimmung der tatsächlichen Erbteile bleiben jedoch die nichtehelichen Kinder außer Betracht, da ihr Anteil ja erst von den (begünstigten) Erben ausbezahlt werden muss.

Die Erbfolge wird also durch das nichteheliche Kind nicht beeinflusst: Erben werden nur die Personen, die neben dem nichtehelichen Kind im Falle seiner Ehelichkeit zu Erben berufen wären.

Da das nichteheliche Kind zu den Verwandten erster Ordnung zählt, gilt weiter das Repräsentationsprinzip, die Abkömmlinge des Kindes werden also ausgeschlossen, und es gelten die Grundsätze des Parentelsystems, wonach Erben höherer Ordnung nicht zum Zug kommen.

25   Die analoge Anwendung des § 1934a BGB ist in dem Fall anerkannt, dass ein eheliches Kind von seiner Mutter und von einem nichtehelichen Kind des vorverstorbenen Vaters beerbt würde: Dann erfordert es die ratio der Vorschrift, eine Erbengemeinschaft zwischen der Mutter und dem nichtehelichen Kind nicht zuzulassen, sondern dieses auf einen Erbersatzanspruch zu verweisen.

26   **Erbrecht des Vaters oder väterlicher Verwandter:** Spiegelbildlich zu Abs. 1 bestimmen § 1934a Abs. 2, 3 BGB, dass beim Tod des nichtehelichen Kindes auch der Vater bzw. die väterlichen Verwandten neben der Mutter, deren ehelichen Verwandten oder deren Ehegatten einen Erbersatzanspruch bekommen.

b) Vorzeitiger Erbausgleich

27   Nach § 1934d BGB hat (nur) das nichteheliche Kind die Möglichkeit, bereits zu Lebzeiten des Vaters einen vorzeitigen Erbausgleich zu verlangen, der in der Regel das Dreifache des durchschnittlichen Jahresunterhalts der letzten fünf Jahre beträgt (§ 1934d Abs. 2 BGB). Wird davon Gebrauch gemacht, bestehen beim Tod des Vaters (bzw. väterlicher Verwandter) keine erbrechtlichen Ansprüche mehr (§ 1934e BGB).

28   Im **IPR** ist die Qualifikation des Anspruchs nach § 1934d BGB umstritten. Der BGH[29] hat sich für eine erbrechtliche Qualifikation entschieden, wobei das (hypothetische) Erbstatut im Zeitpunkt des Erbausgleichs maßgebend ist.[30]

c) Erbrechtliche Stellung der Abkömmlinge des nichtehelichen Kindes

29   Abkömmlinge des nichtehelichen Kindes gehören zur ersten Ordnung (§ 1924 Abs. 1 BGB). Ein Erbrecht oder einen Anspruch auf den Erbersatzanspruch erwerben sie nur, wenn das nichteheliche Kind nicht Erbe wird, keinen Erbersatzanspruch erwirbt und ihm

---

[29] BGHZ 96, 262 (268).
[30] Vgl. MüKoBGB/*Birk* EGBGB Art. 25 Rn. 222–234.

auch kein vorzeitiger Erbausgleich zusteht (§§ 1924 Abs. 2, 1930, 1934e BGB). Ob sie Erben werden oder nur einen Erbersatzanspruch erwerben, richtet sich nach der Regelung in § 1934a Abs. 1 BGB aF.

d) Erbrecht des Vaters und seiner Verwandten

Sofern das nichteheliche Kind bei seinem Tode keine Abkömmlinge hinterlässt, ist der **30** Vater gesetzlicher Erbe (§§ 1930, 1925 Abs. 1 BGB). § 1934a Abs. 2 bis 4 BGB aF verweisen den Vater jedoch auf einen Erbersatzanspruch, wenn er neben der Mutter und ihren (nicht)-ehelichen Abkömmlingen oder neben dem überlebenden Ehegatten des nichtehelichen Kindes Erbe wäre.

Verwandte des Vaters haben nur dann ein gesetzliches Erbrecht, wenn der Vater weder Erbe wird, noch einen Erbersatzanspruch erwirbt. In den Fällen § 1934a Abs. 2 und 3 erwerben sie nur einen Erbersatzanspruch.

IV. Das adoptierte Kind

Durch die Adoption (§§ 1741 ff. BGB) entsteht eine rechtliche Verwandtschaft. Das gesetzli- **31** che Erbrecht stellt nicht auf die biologische, sondern nur auf die rechtliche Verwandtschaft ab. Bei den erbrechtlichen Wirkungen einer Adoption sind die Adoption eines Minderjährigen, eines Volljährigen, eines Kindes, das mit dem Annehmenden im zweiten oder dritten Grad verwandt ist und eines Kindes des anderen Ehegatten aus einer früheren Ehe zu unterscheiden.

Außerdem ist bei Adoptionen vor dem 1.1.1977 (Inkrafttreten des AdoptG) das Übergangsrecht des Art. 12 AdoptG zu beachten (vgl. hierzu auch die Übersicht).

Übersicht   **32**
zu den erbrechtlichen Adoptionswirkungen
unter Berücksichtigung der Überleitungsregeln
(Art 12 AdoptionsG, in Kraft getreten am 1.1.1977)

Adoption vor 1.1.1977 (Vertrag, bestätigt durch AG)[31]		Adoption ab 1.1.1977 Beschluss des Vormundschaftsgerichts)	
Anzunehmender war am 1.1.1977		**Neues Recht** Anzunehmender ist	
minderjährig (unter 18)	**volljährig** (unter 18)	**minderjährig** (unter 18)	**volljährig** (unter 18)
für Erbfälle bis 31.12.1977 altes Recht für Erbfälle ab 1.1.1978 neues Recht, starke Wirkung gemäß §§ 1754, 1755. **Ausnahme:** Widerspruch bis 31.12.77 gemäß Art. 12 § 2 Abs. 2 AdoptionsG (Anfrage bei AG Berlin-Schöneberg)	**für Erbfälle bis 31.12.1977 altes Recht für Erbfälle ab 1.1.1978 neues Recht** über Volljährigen-Adoption gemäß §§ 1770, 1772, schwache Wirkung. Art. 12 § 1 AdoptionsG **Ausnahmen:** Vertraglicher Ausschluss des Kindeserbrechts bleibt (dann auch kein Erbrecht des Annehmenden). Soweit nach altem Recht kein Erbrecht der Abkömmlinge des Kindes bestand, verbleibt es dabei.	Volladoption, **starke Wirkung** (§§ 1754, 1755): **Das Kind erhält in vollem Umfang die Rechtsstellung eines Kindes des Annehmenden. Die bisherigen Verwandtschaftsverhältnisse erlöschen;** **Ausnahmen:** § 1756	**Schwache Wirkung** § 1770 **(Ausnahme:** Volladoption nach § 1772)

---

[31] Falls die Bestätigung am 31.12.1976 noch nicht erteilt war: Art. 12 § 5 AdoptionsG (Wahlrecht ob altes oder neues Recht)

Es ergeben sich demnach folgende Fallkonstellationen:

• Der adoptierte Minderjährige erlangt die **Rechtsstellung eines Kindes** des Annehmenden bzw. eines ehelichen Kindes eines annehmenden Ehepaares, er gehört zu den gesetzlichen Erben der ersten Ordnung nach dem Annehmenden, dessen Eltern und Voreltern (§ 1754 BGB). Die Verwandtschaftsverhältnisse zu den bisherigen Verwandten **erlöschen** (§ 1755 BGB **Volladoption, starke Wirkung**):
Diese Folgen treten ein
– bei einer Adoption eines Minderjährigen, die seit dem 1.1.1977 erfolgte;
– bei einer Adoption, die vor dem 1.1.1977 erfolgte, wenn das angenommene Kind am 1.1.1977 das 18. Lebensjahr noch nicht vollendet hatte und der Erbfall sich erst nach dem 31.12.1976 ereignete (Art. 12 § 2 Abs. 2 S. 1 AdoptG);
– bei der Vererbung eines Nacherbenanwartschaftsrechtes ist der Tod des Nacherben maßgeblich;[32]
– bei einer Volljährigenadoption, wenn das Vormundschaftsgericht dies anordnet (§ 1772 BGB. Dies gilt nicht, wenn die Voraussetzungen des § 1756 Abs. 2 BGB vorliegen, auf den § 1772 Abs. 2 BGB als Rechtsgrundverweisung verweist. Bei der „starken" (Stiefkind-) Adoption eines Volljährigen durch den Ehegatten seines überlebenden Elternteils besteht das Verwandtschaftsverhältnis zur Familie seines vorverstorbenen Elternteils nach § 1772 Abs. 1 iVm § 1756 Abs. 2 BGB fort, wenn der vorverstorbene Elternteil bei Eintritt der Volljährigkeit des Kindes oder, wenn er vorher verstorben ist, in diesem Zeitpunkt die elterliche Sorge hatte (also auch wenn bei der Adoption im Annahmebeschluss bestimmt wurde, dass sich die Wirkungen der Annahme nach den Vorschriften über die Annahme eines Minderjährigen richten).[33] **DDR:** Eine vor dem am 1.1.1957 erfolgten Inkrafttreten der AdoptVO vom 29.11.1956 im Beitrittsgebiet durchgeführte und nach den damals anwendbaren Normen des BGB durchgeführte hat seit den 1.1.1957 (§§ 9, 19 Abs. 2a AdoptVO), spätestens aber seit dem 1.4.1966 die mit dem Beitritt nach Art. 234 § 13 Abs. 1 S. 1 EGBGB unverändert übergeleitete Wirkung einer Volladoption und schließt erbrechtliche Ansprüche im Verhältnis zwischen dem Angenommenen und seinen leiblichen Verwandten aus.[34]

• Der adoptierte Minderjährige erlangt die Rechtsstellung eines gemeinschaftlichen Kindes des Annehmenden und dessen Ehegatten, der sein leiblicher Elternteil ist, verliert aber das Verwandtschaftsverhältnis zu den anderen leiblichen Elternteil und dessen Verwandten. Er behält aber die Verwandtschaft zu dem leiblichen Elternteil, der mit dem annehmenden Ehegatten verheiratet ist (§ 1755 Abs. 2 BGB, Annahme des Stiefkindes)
Der adoptierte Minderjährige behält sogar die Verwandtschaft des anderen leiblichen Elternteils, wenn dieser die elterliche Sorge über ihn hatte und verstorben ist (§ 1956 Abs. 2 BGB).

• Der adoptierte Minderjährige, der im zweiten oder dritten Grad mit dem Annehmenden verwandt ist (Adoption durch Tante oder Onkel) erlangt die Rechtsstellung eines gesetzlichen Erben der ersten Ordnung nach dem Annehmenden, dessen Eltern und Voreltern. Die Verwandtschaftsverhältnisse zu den bisherigen Verwandten **erlöschen** aber nicht voll, sondern nur diejenigen zu den leiblichen **Eltern,** nicht aber zu den übrigen bisherigen Verwandten (§ 1756 Abs. 1 BGB). Es entsteht also eine **mehrfache Verwandtschaft,** eine Zugehörigkeit zu mehreren Stämmen. Es bleibt also das Erbrecht nach den leiblichen Großeltern, Urgroßeltern etc bestehen. Der Adoptierte erhält nach § 1927 innerhalb der

---

[32] OLG Stuttgart FamRZ 1994, 1553.
[33] BGH FamRZ 2010, 273 mAnm *Maurer.* In dem vom BGH entschiedenen Fall heiratete der Ehemann erneut nach dem Tod der ersten Ehefrau, die bis zu ihrem Tod für die aus der Ehe hervorgegangene Tochter sorgeberechtigt war. Die zweite Ehefrau adoptierte diese Tochter, die volljährig geworden war, mit den Wirkungen einer Minderjährigenadoption. Die Tochter behielt das Verwandtschaftsverhältnis zu den Verwandten ihrer leiblichen Mutter und war deshalb pflichtteilsberechtigt nach dem Tod der Großmutter mütterlicherseits.
[34] LG Mühlhausen FamRZ 2009, 1098.

ersten, zweiten oder dritten Ordnung die in den Stämmen anfallenden Anteile kumulativ; ein von seinem Onkel adoptiertes Kind beerbt deshalb den Großvater bei Vorversterben des Adoptivvaters und zusätzlich bei Vorversterben des leiblichen Vaters.[35]

- Der **angenommene Volljährige** behält seine bisherige Verwandtschaft, wird gesetzlicher Erbe erster Ordnung nach dem Annehmenden, nicht jedoch nach den Verwandten des Annehmenden (§ 1770 Abs. 1 S. 1 BGB, **schwache Wirkung**). Anders nur bei entsprechender Anordnung des Vormundschaftsgerichts (§ 1772 BGB). Siehe aber auch oben und Fn. 27.

Dies gilt auch für die Adoption eines Kindes, das am 1.1.1977 18 Jahre alt war.

Ein am 1.1.1977 vorhandener Abkömmling des Angenommenen bleibt allerdings von der Erbfolge nach dem Annehmenden ausgeschlossen, soweit dies nach dem vor dem 1.1.1970 geltenden § 1762 S. 2 BGB aF der Fall war (Art 12 § 1 Abs. 2 AdoptG). Falls im Annahmevertrag das Erbrecht des Angenommenen gemäß § 1767 Abs. 1 BGB aF ausgeschlossen war, bleibt dies bestehen (Art. 12 § 1 Abs. 5 AdoptG) wobei dann auch der Annehmende kein Erbrecht hat.

V. Verwandtschaft bei fehlerhaften Ehen

Ein Kind aus einer Nichtehe (wenn zwei Deutsche die Ehe in Deutschland nicht vor einem **33** Standesbeamten, sondern etwa nur kirchlich, geschlossen haben, § 1310 Abs. 1 Satz 1) ist nichtehelich.

Die Kinder aus einer aufhebbaren oder nichtigen Ehe (§§ 1313, 1314 BGB), bleiben ehelich, auch wenn die Ehe durch richterliche Entscheidung aufgehoben wird, da die Aufhebung ex nunc wirkt.

---

[35] So auch MüKoBGB/*Leipold* § 1924 Rn. 18 mwN.

§ 4 Das Ehegattenerbrecht und Erbrecht eingetragener Lebenspartner[1]

Übersicht

	Rn.
I. Grundsätze	1
1. Nichtehe	2
2. Aufhebbare Ehe	3
3. Altehen	4
4. Ausschluss des Ehegattenerbrechts	5
5. Die gesetzliche Regelung in § 1931 BGB	6
II. Modifikationen des § 1931 BGB durch güterrechtliche Bestimmungen	7
1. Zugewinngemeinschaft	8
2. Gütertrennung	15
3. Gütergemeinschaft	17
4. Deutsch-französischer Güterstand der Wahl-Zugewinngemeinschaft (WZGA)	18
5. Voraus des überlebenden Ehegatten, Dreißigster, Unterhaltsanspruch der werdenden Mutter, Versorgungsausgleich	19
a) Voraus, § 1932 BGB	19
b) Dreißigster, § 1969 BGB	20
c) Unterhaltsanspruch der werdenden Mutter eines Erben, § 1963 BGB	21
d) Versorgungsausgleich	22
III. Das Erbrecht der eingetragenen Lebensgemeinschaften	23

I. Grundsätze

1 Voraussetzung des Ehegattenerbrechts als Teil des Familienerbrechts ist, dass im Zeitpunkt des Erbfalls eine wirksame Ehe bestand:

Das Eheschließungsrechtsgesetz (EheSchlRG), das am 1.7.1998 in Kraft getreten ist, hat das EheG aufgehoben und den hier interessierenden Normenkomplex in §§ 1310 ff. BGB integriert.

1. Nichtehe

2 Die **Nichtehe** (Eheschließung vor Nicht-Standesbeamten) wird nach wie vor von der fehlerhaften Ehe unterschieden. § 1310 Abs. 3 BGB sieht jedoch nunmehr eine Heilungsmöglichkeit vor.

Eine Nichtehe liegt vor, wenn sie

- nicht vor einem **Standesbeamten** (muss als solcher gemäß §§ 51 ff. PStG bestellt sein und innerhalb seines Bezirks tätig geworden sein – wobei der Verstoß gegen Vorschriften über die örtliche Zuständigkeit nicht schadet –) geschlossen wird – zu den Heilungsmöglichkeiten siehe § 1310 Abs. 3 BGB- oder
- zwar vor einem **Standesbeamten** geschlossen wird, aber
  - der Standesbeamte hat klargestellt, dass er nicht zur Mitwirkung an der Eheschließung bereit ist oder
  - die Verlobten haben während der Trauung keine auf die Eheschließung gerichteten Erklärungen abgegeben.

Die Tatsache der Nichtehe kann **ohne Klage** von jedermann geltend gemacht werden, § 121 Nr. 3 FamFG stellt aber auch einen Feststellungsantrag nur der Ehegatten (mit inter-

---

[1] Zur Reformdiskussion siehe *Lange*, Bedarf es einer Reform des gesetzlichen Erbrechts des Ehegatten und des eingetragenen Lebenspartners?, DNotZ 2010, 749.

partes-Wirkung) als Ehe- und Familiensache vor dem Familiengericht (§§ 111 Nr. 1 FamFG, 23b GVG, 23a Abs. 1 Nr. 1 GVG) zur Verfügung.

2. Aufhebbare Ehe

Im Übrigen gibt es nur noch aufhebbare Ehen, deren abschließend aufgeführte Auf- **3** hebungsgründe in § 1314 BGB, deren Heilung in § 1315 BGB und deren Aufhebungsfolgen in § 1318 BGB geregelt sind.

Das Aufhebungsmonopol der Gerichte (Familiengericht) wird in § 1313 BGB bestätigt. Der Aufhebungsbeschluss wirkt grundsätzlich ex nunc. Die Folgen Unterhalt, Zugewinnausgleich, Versorgungsausgleich und Hausratsregelung sind in § 1318 BGB speziell geregelt. Das gesetzliche Erbrecht des Ehegatten aus § 1931 BGB besteht in den Fällen des § 1318 Abs. 5 BGB nicht: § 1931 BGB findet auf einen von Anfang an bösgläubigen Ehegatten keine Anwendung, damit dieser nicht bessergestellt ist, als er stünde, wenn sein Ehegatte einen Aufhebungsantrag (mit den Folgen des § 1933 BGB, siehe unten d)) gestellt hätte.

Die Aufhebungsgründe sind teils erweitert (Scheinehe), teils eingeschränkt (ein Irrtum über persönliche Eigenschaften des anderen Ehegatten wird dem Scheidungsrecht unterstellt) worden.

3. Altehen

Das neue Recht gilt grundsätzlich auch für Ehen, die vor dem 1.7.1998 geschlossen worden **4** sind (Altehen). Neue Aufhebungsgründe wirken nicht zurück. Waren Aufhebungsgründe gegeben, ist die Ehe nur nach neuem Recht aufhebbar. Eine vor dem 1.7.1998 bereits laufende Nichtigkeits- oder Aufhebungsklage bleibt dem alten Recht unterstellt (Art. 226 EGBGB).

4. Ausschluss des Ehegattenerbrechts

Das Ehegattenerbrecht ist ausgeschlossen, wenn im Todeszeitpunkt ein **Scheidungs**- oder **5** Aufhebungsantrag des Erblassers bereits **rechtshängig** war oder er einem Antrag des überlebenden Ehegatten zugestimmt hatte **und** die Voraussetzungen der Scheidung oder Aufhebung zum Zeitpunkt des Erbfalles gegeben waren (§ 1933 BGB). Es verbleibt ihm jedoch der güterrechtliche Zugewinnausgleich (§ 1371 Abs. 2 BGB) und der Unterhaltsanspruch gegen den Erben in Höhe des fiktiven kleinen Pflichtteils (§ 1586b BGB). Beachte, dass der antragstellende Ehegatte den anderen Ehegatten als gesetzlicher Erbe beerbt, wenn dieser seinerseits keinen Antrag gestellt und dem Scheidungsantrag auch nicht zugestimmt hatte.

Für die gewillkürte Erbfolge gelten §§ 2077, 2268 BGB (§ 2268 BGB erstreckt die Unwirksamkeit beim gemeinschaftlichen Testament auf den gesamten Inhalt); für den Erbvertrag verweist § 2279 BGB auf § 2077 BGB. Im Zweifel (dispositive Auslegungsregel) soll eine zugunsten des Ehegatten errichtete Verfügung von Todes wegen nur im Falle des Bestehens der Ehe wirksam bleiben. Vorrangig ist jedoch zu prüfen, ob der Erblasser die Verfügung auch für den Fall der Auflösung der Ehe (Verlobung, eingetragene Lebenspartnerschaft, nicht jedoch nichteheliche Lebensgemeinschaft)[2] getroffen haben würde (§§ 2077 Abs. 3, 2268 Abs. 2 BGB).

Bei der gleichgeschlechtlichen Lebenspartnerschaft S. § 10 Abs. 3 LPartG (entspricht § 1933 BGB).

Die hM geht von der Rechtshängigkeit des Scheidungsantrags als Voraussetzung aus; die erbrechtliche Wirkung tritt also erst mit Zustellung des Antragsschriftsatzes (§ 124 FamFG

---

[2] OLG Celle FamRZ 2004, 310; BayObLG FamRZ 1983, 1226.

iVm §§ 253, 261 Abs. 1 BGB), nicht bereits ab Anhängigkeit des Verfahrens oder Stellung des PKH-Antrages ein.[3]

Ob die Voraussetzungen der Scheidung oder Aufhebung vorlagen, hat im Erbscheinsverfahren der Nachlassrichter, sonst der Richter des streitigen Zivilverfahrens zu prüfen.

Bei einer **Nichtehe** ist der überlebende Ehegatte nicht erbberechtigt. § 1318 BGB erfasst die Nichtehe nicht. § 1313 BGB schließt die ex-tunc-Wirkung für die Nichtehe nicht aus.

Die **Aufhebung** wirkt ex nunc, sodass es darauf ankommt, ob beim Erbfall ein rechtskräftiges Aufhebungsurteil oder zumindest ein begründeter Antrag iS von § 1933 BGB vorlag.

Sofern danach ein gesetzliches Ehegattenerbrecht vorliegt, scheidet es bei einer Aufhebung in den Fällen des § 1318 Abs. 5 BGB dennoch wieder aus.

Trotz bestehender Ehe kann das Ehegattenerbrecht auch noch durch Enterbung (§ 1938 BGB), Erbverzicht (§ 2346 BGB) und bei rechtskräftiger Feststellung der Erbunwürdigkeit (§ 2344 BGB) **ausgeschlossen** sein.

5. Die gesetzliche Regelung in § 1931 BGB

6 § 1931 Abs. 1, 2 BGB enthalten die Grundsätze des Ehegattenerbrechts, die dann abhängig vom jeweiligen Güterstand noch Ausnahmen erfahren.

Im Einzelnen steht dem überlebenden Ehegatten folgende **Erbquote** zu:

- $^1/_4$ neben Verwandten erster Ordnung (ehelichen, vor- oder außerehelichen Abkömmlingen), bei Gütertrennung beachte § 1931 Abs. 4 BGB als erbrechtliche Sonderregelung mit Wirkung seit 1.7.1970,[4] näher dazu (→ § 4 Rn. 15),
- $^1/_2$ neben Verwandten zweiter Ordnung (Eltern des Erblassers und deren Abkömmlinge, zB Geschwister des Erblassers, § 1925 BGB); die $^1/_2$ Erbquote gilt auch, wenn beide Erblassereltern vorverstorben sind und nur einseitige Abkömmlinge eines Elternteils Erben zweiter Ordnung sind,[5]
- $^1/_2$ neben Großeltern und deren Abkömmlingen; der Ehegatte erhält hier aber zusätzlich den Teil, der nach dem Eintrittsprinzip auf die Abkömmlinge der Großeltern entfallen würde (§ 1931 Abs. 1 S. 2 BGB), dh leben alle vier Großeltern, erben diese je $^1/_8$, ist einer davon vorverstorben unter Hinterlassung von Abkömmlingen, so erben nicht diese Abkömmlinge diese $^1/_8$, sondern es fällt dem Ehegatten zu (sodass dieser insgesamt $^5/_8$ erbt); hinterlässt der vorverstorbene Großelternteil keine Abkömmlinge, so erbt dieses $^1/_8$ nicht der Ehegatte, sondern es fällt an den anderen Großelternteil desselben Großelternpaares (dessen Erbteil ist dann $^1/_8$ plus $^1/_8$, also $^1/_4$); ist ein Großelternpaar ohne Hinterlassung von Abkömmlingen vorverstorben, so erben die anderen Großeltern allein, also je $^1/_4$, hat ein vorverstorbener Großelternteil Abkömmlinge hinterlassen, erbt dieses Viertel zusätzlich der Ehegatte; hat er keine Abkömmlinge hinterlassen, so erbt der einzig überlebende Großelternteil zu $^1/_2$. Die Regel ist also, dass der Ehegatte immer dann berufen ist, wenn anstelle eines vorverstorbenen Großelternteils dessen Abkömmlinge erben würden; der Ehegatte geht jedoch nicht den Großeltern selbst vor, auch in den Fällen, in denen sie an die Stelle anderer vorverstorbener Großelternteile treten;
- neben der vierten oder ferneren Ordnung erbt der Ehegatte allein.

---

[3] BGHZ 111, 329; OLG Stuttgart FamRZ 2007, 502 (zur öffentlichen Zustellung); Nichtbetreiben des Verfahrens oder prozessuale Mängel beseitigen nicht die eingetretene Rechtshängigkeit, BGH NJW-RR 1993, 898.

[4] Für frühere Erbfälle verbleibt es bei dem alten Recht, § 1931 Abs. 1 und 2 BGB (Art. 12 § 10 Abs. 1 S. 1 NEhelG).

[5] BGH NJW 2003, 1796 (1801).

II. Modifikationen des § 1931 BGB durch güterrechtliche Bestimmungen[6]

Das gesetzliche Erbrecht des Ehegatten erfährt auch durch güterrechtliche Bestimmungen **7** unter Umständen Modifikationen, je nach dem in welchem Güterstand die Eheleute gelebt haben.

1. Zugewinngemeinschaft

Der gesetzliche Erbteil des überlebenden Ehegatten erhöht sich um ein Viertel der Erb- **8** schaft (§§ 1931 Abs. 3, 1371 Abs. 1 BGB). Dabei sind insgesamt vier Fälle zu unterscheiden, wobei für jeden Fall die Rechtslage nochmals mit und ohne Ausschlagung gesondert zu betrachten ist:

a) Es liegt keine Verfügung von Todes wegen vor oder der Ehegatte ist durch **9** **letztwillige Verfügung enterbt und erhält auch kein Vermächtnis:** Es erfolgt ein pauschaler Zugewinnausgleich nach §§ 1931 Abs. 1, 2, 1371 Abs. 1 BGB: Der gesetzliche Erbteil des Ehegatten wird um ein Viertel erhöht, ohne dass der tatsächlich erzielte Zugewinn berücksichtigt wird (§ 1371 Abs. 1 S. 2 BGB). Der überlebende Ehegatte ist also neben Verwandten erster Ordnung zu $1/2$ und neben Verwandten zweiter Ordnung zu ¾ als gesetzlicher Erbe berufen.

Der Ehegatte kann aber auch den Erbteil ausschlagen: Dann erhält er nach §§ 1371 Abs. 2, 1372 ff. BGB einen berechtigten Zugewinnausgleich. Zusätzlich kann er den Pflichtteil verlangen (vgl. § 1371 Abs. 2 S. 2 BGB), der sich nach dem nicht erhöhten gesetzlichen Erbteil des Ehegatten bestimmt (kleiner Pflichtteil). Er hat kein Wahlrecht zwischen dem großen und dem kleinen Pflichtteil.

Der Pflichtteilsanspruch ist ein schuldrechtlicher Ausgleichsanspruch gegen den (oder die) Erben.

b) Dem überlebenden Ehegatten wird durch Verfügung von Todes wegen ein **10** **Erbteil und ein Vermächtnis zugewandt:** Der überlebende Ehegatte kann Erbschaft **und** Vermächtnis annehmen und wegen einer eventuellen Differenz zum **großen** Pflichtteil den Restanspruch unter Anrechnung des Vermächtnisses geltend machen, §§ 2305, 2307 Abs. 1 S. 2 BGB. Er kann Erbschaft **und** Vermächtnis ausschlagen und nach § 1371 Abs. 3 BGB den kleinen Pflichtteil und den Zugewinnausgleich geltend machen. Er kann auch Erbschaft **oder** Vermächtnis ausschlagen und Ergänzung zum großen Pflichtteil verlangen, § 2307 Abs. 1 S. 2 oder § 2305 BGB.[7]

c) Dem überlebenden Ehegatten ist nur ein Erbteil zugewandt: Der überlebende **11** Ehegatte kann das Erbe annehmen. Einen etwaigen Wertunterschied zum großen Pflichtteil kann der Ehegatte als Pflichtteilsrest von den (Mit-)Erben fordern, §§ 2305 ff. BGB. Schlägt er aus, kann er nur den kleinen Pflichtteil und Zugewinnausgleich verlangen. Ist der Erbteil mit einer Beschränkung oder Beschwerung (der Ehegatte ist nur Vorerbe, Testamentsvollstreckung, eine benachteiligende Teilung oder belastende Auflage ist angeordnet) verbunden, kann der überlebende Ehegatte nach dem reformierten § 2006 BGB ohne Rücksicht auf die Höhe der Zuwendung wählen, ob annimmt wobei die Beschränkungen und Beschwerungen erhalten bleiben und einen eventuellen Restpflichtteil (gemessen am großen Pflichtteil)fordert oder ob er ausschlägt (und den kleinen Pflichtteil sowie einen eventuell vorliegenden Zugewinnausgleich fordert).

d) Dem überlebenden Ehegatten ist nur ein Vermächtnis zugewandt: Der Ehe- **12** gatte kann das Vermächtnis annehmen und die Differenz zum großen Pflichtteil fordern; den großen Pflichtteil erhält er immer, wenn er einen Erbteil oder ein Vermächtnis erhält – egal welchen Wert die Zuwendung hat. Wenn er ausschlägt, kann er nur den kleinen

---

6 Zu Güterstandsklauseln in Gesellschaftsverträgen siehe *Brambring* DNotZ 2008, 724 ff.
7 MüKoBGB/*Lange* § 2307 Rn. 18; Palandt/*Weidlich* § 2307 Rn. 6.

Pflichtteil und den Zugewinnausgleich fordern. Hat der Erblasser die Anrechnung des Vermächtnisses auf den Pflichtteil zu einem bestimmten Wert verfügt, ist der Ehegatte bei Annahme hieran gebunden; will er das nicht, muss er ausschlagen.[8] Hat der Erblasser die Anrechnung des Vermächtnisses anstatt des Pflichtteils verfügt, steht dem Ehegatten bei Annahme des Vermächtnisses kein Pflichtteilsrestanspruch zu, wenn das Vermächtnis hinter dem Wert des (großen) Pflichtteils zurückbleibt, weil er ja die Möglichkeit hat, das Vermächtnis auszuschlagen.[9]

13   **e)** Der überlebende Ehegatte ist verpflichtet, Abkömmlingen aus früheren Ehen des verstorbenen Ehegatten, die nicht testamentarisch bedacht aber **gesetzlich erbberechtigt** sind, **aus dem nach § 1371 Abs. 1 BGB zusätzlich gewährten Viertel** (nur aus diesem!) die Mittel zu einer angemessenen Ausbildung zur Verfügung zu stellen, soweit diese finanziell hierzu nicht in der Lage sind (§ 1371 Abs. 4 BGB). Die Kinder müssen ausbildungsbedürftig sein. Sie dürfen nicht letztwillig bedacht sein, nicht ausgeschlagen haben, keinen Erbverzicht erklärt haben, nicht für erbunwürdig erklärt und nicht nach § 1924 Abs. 2 BGB von der Erbfolge ausgeschlossen sein. Der Erblasser kann den Anspruch durch Testament ausschließen und es bei der gesetzlichen Erbfolge belassen.[10]

14   **f) Sonderprobleme:**
- Zugewinnausgleich bei gleichzeitigem Versterben der Ehegatten:
Fraglich ist, ob dann ein Zugewinnausgleichsanspruch entsteht, der nach § 1378 Abs. 3 S. 1 BGB vererblich wäre.
§ 1371 Abs. 1 BGB scheidet als Anspruchsgrundlage aus, weil er das Überleben eines Ehegatten voraussetzt.
§ 1372 BGB kommt grundsätzlich nur für den Zugewinnausgleich unter Lebenden in Betracht, also wenn der Güterstand anders als durch den Tod eines Ehegatten beendet wird. § 1371 Abs. 2 BGB ist nicht analog anzuwenden.
Damit geht das Vermögen beider Ehegatten – ohne Verpflichtung zum Ausgleich des Zugewinns – auf die beiderseitigen Erben über.[11]
- Falls neben Großeltern Abkömmlinge von Großeltern vorhanden sind, die gemäß § 1931 Abs. 1 S. 2 BGB vom überlebenden Ehegatten verdrängt werden und dieser dadurch bereits drei Viertel erbt, ist den Großeltern und ihren Abkömmlingen zunächst rechnerisch ein Viertel zuzumessen und davon dann die auf den Abkömmling entfallenden Anteile dem Ehegatten zuzuschlagen, sodass er in diesem Falle sieben Achtel erhält und die Großeltern je ein Sechzehntel (so Palandt/*Weidlich* § 1931 Rn. 7).

2. Gütertrennung

15   Grundsätzlich bleibt es hier bei der Regelung des § 1931 Abs. 1, 2 BGB, da § 1371 BGB nur auf die Zugewinngemeinschaft anwendbar ist.

Eine Modifikation bewirkt aber § 1931 Abs. 4 BGB: Danach erben Ehegatte und Kinder zu gleichen Teilen, wenn nur ein oder zwei Kinder (auch nichteheliche, adoptierte oder aus einer früheren Ehe des Verstorbenen stammende) als gesetzliche Erben vorhanden sind. Bei drei oder mehr Kindern bleibt es wieder bei der Regel, dass der überlebende Ehegatte zu einem Viertel gesetzlicher Erbe wird (§ 1931 Abs. 1 S. 1 BGB). § 1931 Abs. 4 BGB ist durch das Nichtehelichengesetz vom 18.9.1969 eingefügt worden und gilt nur für Erbfälle nach dem 30.6.1970. Ratio der Vorschrift ist es, dass auch im Fall der Gütertrennung für den Ehegatten ein Ausgleichsanspruch geschaffen wird, um so seiner Mitarbeit am Vermögenserwerb Rechnung zu tragen (vgl. für die anderen Güterstände §§ 1371 und 1416 BGB).

---

[8]   MüKoBGB/*Lange* § 2307 Rn. 6; Bamberger/Roth/*Mayer* BGB § 2307 Rn. 6.
[9]   MüKoBGB/*Lange* § 2307 Rn. 4; BayObLG ZEV 2004, 464 (466).
[10]   Palandt/*Brudermüller* § 1371 Rn. 11.
[11]   BGHZ 72, 85; Palandt/*Weidlich* § 1931 Rn. 1.

Der mit der gleichen Zielsetzung eingefügte § 2057a BGB gibt nur Abkömmlingen **16** einen Ausgleichsanspruch. Die Kinder müssen als gesetzliche Erben berufen sein, was nicht der Fall ist bei

– Ausschlagung der Erbschaft,
– Erbverzicht,
– Erbunwürdigkeitserklärung oder
– vorzeitigem Erbausgleich.

In diesen Fällen oder bei Vorversterben treten die Abkömmlinge des Kindes an die Stelle des weggefallenen Kindes nach den für die erste Erbordnung geltenden Regeln (§§ 1931 Abs. 4 HS 2, 1924 Abs. 3 BGB).

Gütertrennung tritt ein

– auf Grund ausdrücklicher Vereinbarung (Ehevertrag), bei
– Ausschluss des gesetzlichen Güterstandes vor oder während der Ehe oder
– Aufhebung der Gütergemeinschaft gemäß § 1414 S. 1 BGB sowie auch durch
– Ausschluss des Zugewinnausgleichs oder des Versorgungsausgleichs (§ 1414 S. 2 BGB).

3. Gütergemeinschaft

Hier bestehen keine Sondervorschriften: § 1931 Abs. 1 und 2 BGB finden Anwendung. **17**

In den Nachlass des verstorbenen Ehegatten fallen auf jeden Fall Vorbehaltsgut und Sondergut (§§ 1417, 1418 BGB).

Der Anteil des verstorbenen Ehegatten am Gesamtgut (§ 1416 BGB), fällt dann auch in den Nachlass, wenn keine fortgesetzte Gütergemeinschaft vereinbart ist (§§ 1483 ff. BGB). In letzterem Fall besteht die Gütergemeinschaft zwischen dem Ehegatten und den als Erben berufenen gemeinsamen Abkömmlingen fort (§ 1483 Abs. 1 S. 2 BGB).

Für den Normalfall, dass keine fortgesetzte Gütergemeinschaft vereinbart ist, endet die Gütergemeinschaft mit dem Todesfall.

Aus §§ 1419, 1471 Abs. 2 BGB ergibt sich jedoch, dass dann die Erben nicht sofort auf ihren Anteil am Gesamtgut zugreifen können. Vielmehr besteht bis zur Auseinandersetzung des Gesamtgutes eine **Gesamthandsgemeinschaft** zwischen dem überlebenden Ehegatten und dem Erben bzw. ggf. einer Miterbengemeinschaft.

Nach der Auseinandersetzung steht eine Hälfte des nach Berichtigung der Verbindlichkeiten noch vorhandenen Restes des Gesamtguts dem überlebenden Ehegatten zu, die andere den Erben.

Ist der Ehegatte zugleich auch Erbe, erhält er demnach zwei Anteile ($^1/_2$ + X).

4. Deutsch-französischer Güterstand der Wahl-Zugewinngemeinschaft (WZGA)[12]

Dieser Wahlgüterstand wurde geschaffen durch das deutsch-französische Abkommen vom **18** 4.2.2010. Er gilt zunächst 10 Jahre (Art. 20 Abs. 3 und 4 des Abkommens) mit stillschweigender Verlängerung auf unbestimmte Zeit, wenn keine Kündigung erfolgt ist. Er kann ehevertraglich erst gewählt werden, nachdem das Abkommen und das deutsche Umsetzungsgesetz am 1.5.2013 in Kraft getreten sind. § 1519 Satz 1 BGB nF bestimmt, dass bei Vereinbarung des Güterstands der Wahl-Zugewinngemeinschaft durch Ehevertrag die Vorschriften des Abkommens gelten. Satz 2 erklärt den § 1368 BGB für entsprechend anwendbar. Für den Abschluss des Ehevertrags ist auf das jeweilige deutsche oder französische nationale Recht abzustellen (in beiden Ländern notarielle Beurkundung, § 1408 BGB,

---

12 Das Abkommen ist abrufbar unter www.bmj.de/files/-/4320/Abkommen_deutsche_franzoesisch_gueterstand_barrierefrei.pdf.

Art. 394cc).[13] Das Abkommen steht allen EU-Mitgliedsstaaten zum Beitritt offen. Der Güterstand steht nach Art. 1 WZGA Ehegatten (und stand eingetragenen Lebenspartnern) zur Verfügung, deren Güterstand dem Sachrecht eines Vertragsstaates unterliegt, also auch rein deutschen oder rein französischen Ehepaaren oder Ehegatten eines Nichtvertragsstaates mit gewöhnlichem Aufenthalt in Deutschland oder Frankreich. Diese Wahl-Zugewinngemeinschaft ist wie der deutsche gesetzliche Güterstand eine Gütertrennung mit Ausgleichspflicht. Das WZGA enthält keine Regelung wie § 1371 Abs. 1 BGB, nach Art. 7 Abs. 1 des Abkommens endet der Güterstand beim Tod eines Ehegatten mit der rein güterrechtlichen Folge wie bei einer Scheidung. Der Zugewinn ist stets nach güterrechtlichen Bestimmungen auszugleichen. Die Erbquoten werden also durch diesen Güterstand nicht verändert. Der Ehegattenerbteil ist allein nach § 1931 BGB zu beurteilen, beträgt also beim Zusammentreffen des überlebenden Ehegatten mit Abkömmlingen des Erblassers: (§ 1931 Abs. 1 BGB) stets $1/4$. Hat der Überlebende den geringeren Zugewinn erzielt, steht ihm vorweg der Anspruch auf Zugewinnausgleich zu. Der Zugewinnausgleichsanspruch des Erblassers fällt wohl in den Nachlass.[14]

Der Güterstand ist zur Pflichtteilsgestaltung geeignet.[15] Man kann damit die höheren gesetzlichen Ehegattenerbteile des deutschen Rechts vermeiden oder dem überlebenden Ehegatten bei einem hohen Ausgleichanspruch eine starke Stellung zu verschaffen.[16]

5. Voraus des überlebenden Ehegatten, Dreißigster, Unterhaltsanspruch der werdenden Mutter, Versorgungsausgleich

a) Voraus, § 1932 BGB

19 Der überlebende Ehegatte als gesetzlicher Erbe (also nicht bei gewillkürter Erbfolge oder bei Ausschlagung des gesetzlichen Erbteils, Erbverzicht oder Erbunwürdigkeitserklärung) neben Verwandten der zweiten Ordnung oder neben Großeltern, eingeschränkt neben Verwandten der ersten Ordnung hat unabhängig vom Güterstand Anspruch auf den Voraus, sofern die Eheleute einen gemeinschaftlichen Hausstand gehabt haben. Darunter fallen die zum ehelichen Haushalt gehörenden Gegenstände, soweit sie nicht Grundstückszubehör sind, sowie Hochzeitsgeschenke. Nicht erfasst werden Gegenstände, die zum beruflichen oder persönlichen Gebrauch eines Ehegatten gehören. Im Falle der fortgesetzten Gütergemeinschaft ist der Anspruch auf Gegenstände im Vorbehaltsgut oder Sondergut beschränkt, da der Anteil am Gesamtgut nicht in die Nachlassmasse fällt (§ 1483 Abs. 1 S. 3 BGB). Unabhängig vom Erbrecht tritt der Ehegatte oder eingetragene Lebenspartner gemäß § 563 Abs. 1 BGB in das Mietverhältnis ein, es sei denn der Wille, nicht einzutreten, wird innerhalb eines Monats ab Kenntnis vom Tod des Mieters gegenüber dem Vermieter erklärt (§ 563 Abs. 4 BGB).[17] Dogmatisch ist der Voraus als gesetzliches Vorausvermächtnis konstruiert; der Ehegatte hat einen schuldrechtlichen Anspruch gegen den Erben auf Übereignung der genannten Gegenstände. Es liegt also eine Nachlassverbindlich-

---

[13] Da nach französischem Recht weitere Voraussetzungen hinzukommen, wie eine 2-jährige Wartezeit und das Erfordernis einer gerichtlichen Genehmigung, wird empfohlen, zur Vermeidung dieser Umstände sicherheitshalber nach Art. 6 des Haager Ehegüterrechtsabkommens von 1978 bzw. Art. 15 Abs. 2 EGBGB die Anwendbarkeit des deutschen Güterrechts zu vereinbaren, *Jünemann,* Der neue Güterstand der Zugewinngemeinschaft: Familienrechtliche Grundlagen und erbrechtliche Wirkungen, ZEV 2013, 353 mit Gestaltungsvorschlägen samt Rechenbeispielen).

[14] MüKoBGB/*Leipold* § 1931 Rn. 48 zu § 12 Abs. 3 des Abkommens.

[15] Der Zugewinnausgleichsanspruch kann als Nachlassverbindlichkeit vorabgezogen werden ohne dass die Ehefrau ausschlagen muss, sodass selbst bei einer höheren Pflichtteilsquote des Abkömmlings (der gesetzliche Erbteil des überlebenden Ehegatten wird nicht erhöht) sich ein geringerer Pflichtteilsbetrag ergibt. Das WZGA behandelt das Grundstückseigentum grundsätzlich zugewinnneutral. Siehe näher – auch zu den Einzelregelungen des WZGA – *Jäger,* Der neue deutsch-französische Güterstand der Wahl-Zugewinngemeinschaft, DNotZ 2010, 804 (824 f.).

[16] MüKoBGB/*Leipold* § 1931 Rn. 49.

[17] Zum Eintritt der sonstigen Familienmitglieder und Lebensgefährten siehe § 563 Abs. 2 BGB.

keit vor, die gemäß § 2311 Abs. 1 S. 2 BGB den Pflichtteilsrechten der Eltern des Erblassers und seiner Abkömmlinge vorgeht, also bei der Wertberechnung vom Nachlass abzusetzen ist. Hinsichtlich des Umfangs des Voraus beachte die Differenzierung des § 1932 Abs. 1 Sätze 1 und 2! Auch wertvolle und luxuriöse Sachen können nach dem Lebenszuschnitt des Ehepaares dazugehören. § 1932 BGB umfasst auch Rechte (nicht nur Sachen). Zur dinglichen Rechtslage beachte §§ 1357, 1370, 1006 BGB!

b) Dreißigster, § 1969 BGB

Die Personen, die zum Zeitpunkt des Todes des Erblassers zu dessen Hausstand gehört und **20** von ihm tatsächlich (ob eine Verpflichtung hierzu bestand, ist unerheblich)[18] Unterhalt bezogen haben (also Ehegatten und eingetragene Lebenspartner, nichteheliche Lebenspartner, Verwandte, Verschwägerte, Pflegekinder, Freunde usw) haben gegen den Erben den Anspruch, dass er ihnen in den ersten dreißig Tagen nach dem Erbfall ebenso wie der Erblasser Unterhalt gewährt und die Benutzung der Wohnung und der Haushaltsgegenstände gestattet.

Der Dreißigste ist ein gesetzliches Vermächtnis, also ein schuldrechtlicher Anspruch, der zu den Nachlassverbindlichkeiten gehört. Da nach § 1958 vor der Annahme der Erbschaft keine Ansprüche gegen den Erben geltend gemacht werden können, ist ein Nachlasspfleger nach § 1961 BGB zu bestellen. Der Unterhaltsanspruch ist nicht übertragbar und kann nicht für die Vergangenheit geltend gemacht werden (§ 1613 BGB). Der Erblasser kann letztwillig anderweitig verfügen.

c) Unterhaltsanspruch der werdenden Mutter eines Erben, § 1963 BGB

Die werdende Mutter, die die Geburt eines Erben erwartet, hat im Falle ihrer Bedürftigkeit **21** Anspruch auf angemessenen Unterhalt aus dem Nachlass bis zur Entbindung. § 1969 BGB geht vor. Die Vorschrift ist zwingendes Recht. Wie bei § 1961 BGB ist auch hier ein Nachlasspfleger zu bestellen.

d) Versorgungsausgleich

Ein Versorgungsausgleich – also Ausgleich von Rentenanwartschaften – ist vom Gesetz- **22** geber für den Fall der **Scheidung** vorgesehen (§§ 1587 ff. BGB). Stirbt ein Ehegatte vor Eintritt der Rechtskraft des Scheidungsausspruchs, ist das Verfahren nach § 131 FamFG erledigt (§ 619 ZPO). Ein Versorgungsausgleich wird nicht mehr durchgeführt. Stirbt ein Ehegatte nach Rechtskraft der Scheidung (bei Abtrennung des Versorgungsausgleichs nach § 140 FamFG aus dem Verbund nach § 137 Abs. 1 und 2 FamFG) werden die Folgen in § 31 Abs. 1 und 2 VersAusglG geregelt. Die Ansprüche aus dem verlängerten schuldrechtlichen Versorgungsausgleich bleiben bestehen, § 31 Abs. 3 VerAusglG.

Der Anspruch auf den schuldrechtlichen Versorgungsausgleich erlischt mit dem Tod eines Ehegatten, § 31 Abs. 3 S. 1 VersAusglG. Der Anspruch auf den öffentlich-rechtlichen Versorgungsausgleich ist vererblich, da aber die Rentenanwartschaften des Erblassers nicht auf die Erben übergehen, besteht nur eine passive Prozessstandschaft der Erben anstelle des Verstorbenen.

III. Das Erbrecht der eingetragenen Lebensgemeinschaften[19]

Am 1.8.2001 wurde in Deutschland mit dem Lebenspartnerschaftsgesetz (LPartG) die **23** eingetragene Lebenspartnerschaft für gleichgeschlechtliche Paare eingeführt. Mit Wirkung

---

[18] OLG Düsseldorf NJW 1983, 1566.

[19] Eine umfassende Darstellung der rechtlichen Situation der Lebenspartnerschaft bietet *Muscheler,* Reform des Lebenspartnerschaftsrechts, FÜR 2010, 227 ff. Siehe auch *Stuber,* Form und Verfahren der Begründung einer eingetragenen Lebenspartnerschaft, in FÜR 2010, 188 ff.

zum 1.10.2017 hat der Deutsche Bundestag beschlossen, dass zukünftig die Ehe auch zwischen Personen desselben Geschlechts geschlossen werden kann.[20] Gemäß § 20a LPartG können eingetragen Partnerschaften ihre Partnerschaft in eine Ehe umwandeln lassen; für nicht umgewandelte Partnerschaften gelten die bisherigen Vorschriften fort.[21]

§§ 6 S. 2, 10 Abs. 1 und 2 LPartG verschaffen dem überlebenden Lebenspartner ein gesetzliches Erbrecht entsprechend §§ 1931, 1371; auch die Folgen des Wegfalls der Lebenspartnerschaft (§ 10 Abs. 3 LPartG) entsprechen den für Eheleute geltenden Regeln (§§ 1933, 2077, 2268, 2279 Abs. 2 BGB). Auch die für Ehepaare geltenden Regeln bei Gütertrennung (§ 1931 Abs. 4 BGB) sowie bei Gütergemeinschaft gelten für eingetragene Lebenspartner entsprechend (§§ 10 Abs. 2 S. 2 und 7 S. 2 LPartG). Der Voraus des § 10 Abs. 1 S. 3 LPartG entspricht dem des § 1932 BGB.

Wegen der güterrechtlichen Überleitungsvorschrift siehe § 21 LPartG. Damit gilt grundsätzlich die Zugewinngemeinschaft, wenn nicht einer oder beide Lebenspartner bis zum 31.12.2005 gegenüber dem Amtsgericht erklärt haben, dass die Gütertrennung gelten soll.

Erbschaftsteuer: Das BVerfG hat am 21.7.2010 entschieden, dass die Ungleichbehandlung von Ehe und eingetragener Lebenspartnerschaft im Erbschaft- und Schenkungsteuergesetz in der bis zum 31.12.2008 geltenden Fassung mit Art. 3 Abs. 1 GG unvereinbar ist.[22]

---

[20] Zur verfassungsrechtlichen Problematik: *Ipsen*, Ehe für alle – verfassungswidrig?, NVwZ 2017, 1096.
[21] Zu den Auswirkungen der Ehe für alle auf das Personenstandswesen vergleiche *Berndt-Benecke*, Das 2. Personenstandsrechts-Änderungsgesetz mit Ausblick auf die „Ehe für alle", StAZ 2017, 257 ff.
[22] BVerfG NJW 2010, 2783.

§ 5 Das Erbrecht des Fiskus

§ 1936 BGB bestimmt den Staat als privatrechtlichen gesetzlichen Zwangserben (er kann also weder ausschlagen noch verzichten) für den Fall, dass kein Verwandter, Ehegatte oder Lebenspartner des Erblassers vorhanden ist. Im Regelfall wird nach § 1936 Satz 1 BGB Erbe der Fiskus des Bundeslandes, in dem der Erblasser zur Zeit des Erbfalls seinen letzten Wohnsitz hatte oder, wenn ein solcher nicht feststellbar ist, seinen gewöhnlichen Aufenthalt hatte; im Übrigen erbt der Bund.

Zu den weiteren Einzelheiten und **zum Verfahren** → **§ 42.**

§ 6 Gesetzliche Erbfolge nach DDR – ZGB

1 Die gesetzliche Erbfolge in der DDR war in §§ 364 bis 369 ZGB geregelt.

Die Voraussetzungen für ihren Eintritt waren das Nichtvorliegen eines Testaments und das Bestehen einer Ehe mit dem Erblasser bzw. ein bestimmtes verwandtschaftliches Verhältnis zu ihm.

Dem Nichtvorliegen eines Testaments sind gleichgestellt

- das Vorliegen eines Testaments, das jedoch wegen Verstoßes gegen ein in Rechtsvorschriften enthaltenes Verbot bzw. gegen die Formvorschriften oder wegen Unvereinbarkeit mit den Grundsätzen der sozialistischen Moral nichtig ist (§ 373 ZGB),
- das Vorliegen eines Testaments, das keine Erbeinsetzung, sondern lediglich Vermächtnisse, Auflagen oder Teilungsanordnungen enthält (§ 371 Abs. 1 ZGB),
- der Ausfall des testamentarischen Erben durch Tod vor dem Erbfall, Ausschlagung der Erbschaft oder Erbunwürdigkeitserklärung, sofern ein Ersatzerbe nicht bestimmt ist (§ 378 ZGB),
- das Nichterteilen der nach § 399 Abs. 1 ZGB erforderlichen staatlichen Genehmigung, sofern Betriebe oder Organisationen zu alleinigen Erben eingesetzt sind.

Gesetzliche und testamentarische Erbfolge bestehen nebeneinander in den Fällen der §§ 371 Abs. 1, 375 Abs. 3, 379 und 377 Abs. 2 ZGB.

2 Der Kreis der Erbberechtigten war auf drei Ordnungen beschränkt. Waren keine Erben bis zur dritten Ordnung vorhanden, wurde der Staat gesetzlicher Erbe, der Nachlass ging in Volkseigentum über (§ 369 Abs. 1, Abs. 2 S. 1 ZGB).

Die Verwandten der nachfolgenden Ordnung sind nicht zur Erbfolge berufen, solange ein Erbe einer vorhergehenden Ordnung berufen ist (§ 364 Abs. 2 ZGB). Ein zur Zeit des Erbfalls lebender Nachkomme schließt die Nachkommen von der Erbfolge aus, die durch ihn mit dem Erblasser verwandt sind (§ 364 Abs. 3 ZGB).

Die gesetzlichen Erben der **ersten Ordnung** sind der Ehegatte (insoweit anders als nach BGB) und die Kinder des Erblassers. Sie erben zu gleichen Teilen, der Ehegatte mindestens ein Viertel (§ 365 Abs. 1 ZGB). Sind zB der Ehegatte und 4 Kinder des Erblassers zur Erbfolge berufen, erben der Ehegatte zu $^1/_4$, die Kinder zu je $^3/_{16}$ des Nachlasses.

Dem überlebenden Ehegatten fallen im Wege einer Sondererbfolge die Haushaltsgegenstände zu (§ 365 Abs. 1 S. 2 ZGB).

Der Ehegatte erbt allein, wenn Nachkommen des Erblassers nicht vorhanden sind (§ 366 ZGB).

Für die **zweite Ordnung** gilt: Gesetzliche Erben der zweiten Ordnung sind die Eltern des Erblassers und deren Nachkommen.

Die lebenden Eltern oder ein Elternteil des Erblassers schließen die voll- und halbblütigen Geschwister des Erblassers aus. Zur Erbfolge gelangende Geschwister des Erblassers schließen ihre Kinder (Neffen und Nichten des Erblassers) aus.

Gesetzliche Erben der **dritten Ordnung** sind die Großeltern des Erblassers und deren Nachkommen (§ 368 ZGB).

Lebende Großeltern schließen ihre Nachkommen (Onkel und Tanten des Erblassers) aus. Kommen letztere zur Erbfolge, schließen sie ihre Kinder (Cousins und Cousinen des Erblassers) aus.

3 Der **Nachlass** umfasst alles, was im Eigentum eines Erblassers stehen kann:

- alle zum persönlichen Eigentum gehörenden Sachen und Rechte (§ 23 Abs. 1 ZGB),
- das überwiegend auf persönlicher Arbeit beruhende Eigentum der Handwerker und Gewerbetreibenden (§ 23 Abs. 2 ZGB),
- der genossenschaftlich genutzte Boden eines Grundstückseigentümers (§§ 19, 45 LPG-Gesetz),

– das Eigentum an Grundstücken, die nicht der Befriedigung der Wohn- und Erholungs-
bedürfnisse des Eigentümers und seiner Familie dienen (insbesondere Mietshäuser).

Als familienrechtliche Folge des Erbfalls regelt § 39 FGB, dass die Vermögensgemein-
schaft weiterbesteht. Hat der überlebende Ehegatte einen wesentlichen Beitrag zur Wertsteigerung oder Werterhaltung des Vermögens des anderen Ehegatten geleistet (dies gilt
auch bei Wertminderung trotz beachtlicher Erhaltungsmaßnahmen), kann er gemäß § 40
FGB bis zur Hälfte des Alleinvermögens des Erblassers einen Anteil bekommen – neben
seinem Erbteil.

Übergangsrecht infolge deutscher Einigung: Das Übergangsrecht für die gesetzliche   4
Erbfolge ist in Art. 235 § 1 EGBGB geregelt. DDR-Recht ist für Erbfälle vor dem
3.10.1990 anwendbar, wenn der Erblasser seinen letzten Wohnsitz in der DDR hatte oder
nach hM für Grundbesitz in der DDR, auch wenn der Erblasser seinen letzten Wohnsitz in
der Bundesrepublik hatte. Für Erbfälle danach ist das BGB anwendbar.

Auswirkung des Güterstandes: Die ehegüterrechtlichen Verhältnisse der im gesetzli-   5
chen Güterstand des FGB lebenden Ehegatten wurden gemäß Art. 234 § 4 EGBGB in die
BGB-Zugewinngemeinschaft übergeleitet. Diese Überleitung gilt als nicht erfolgt, wenn
ein Ehegatte – sofern kein Ehevertrag bestand und keine Scheidung erfolgt war – bis zum
Ablauf von 2 Jahren nach dem 3.10.1990 dem Kreisgericht gegenüber eine notariell beurkundete Erklärung abgegeben hatte, dass für die Ehe der bisherige gesetzliche Güterstand
fortgelten solle.

Bei wirksamer Ausübung dieser Option gilt also weiterhin der gesetzliche Güterstand des
FGB. Die Ehegattenerbquote berechnet sich dann nur nach § 1931 Abs. 1 BGB. § 1371
Abs. 1 BGB ist nicht anzuwenden. Daneben ist ein güterrechtlicher Ausgleich nach FGB
durchzuführen.

Soweit der Güterstand übergeleitet worden ist, ist BGB, auch § 1371, anzuwenden. Da
aber die Zugewinngemeinschaft nicht rückwirkt, sondern erst mit dem 3.10.1990 beginnt,
ist Anfangsvermögen demnach dasjenige Vermögen, das jeder Ehegatte am 3.10.1990
jeweils besessen hat.

Nach Art. 234 § 4a EGBGB wird das bisher anteillose gemeinschaftliche Eigentum von
Gesetzes wegen zu Eigentum nach Bruchteilen. Dabei entsteht bei beweglichen Sachen
immer hälftiges Bruchteilseigentum, bei Grundstücken und grundstücksgleichen Rechten
auch, wenn die Eheleute binnen sechs Monate seit 25.12.1993 durch gemeinsame Erklärung keine anderen Anteile bestimmt haben. Absatz drei der Vorschrift enthält eine
widerlegliche Vermutung für hälftiges Bruchteilseigentum.

Falls die Ehegatten bis zum 3.10.1990 etwas anderes vereinbart hatten, kommt es – wie
bei der Option – nicht zur Überleitung. Dabei kommt es nicht darauf an, ob die Vereinbarungen nur Modifikationen des gesetzlichen Güterstandes nach FGB sind. Auch in
diesem Falle findet kein Übergang statt (strittig).[1]

---

[1]   aA Staudinger/*Rauscher* EGBGB Art. 234 § 4 Rn. 63.

§ 7 Gewillkürte Erbfolge

I. Grundsatz der Testierfreiheit

1 Grundlage der gewillkürten Erbfolge ist die Testierfreiheit, das heißt das Recht einer natürlichen Person, nach eigenem Gutdünken zu bestimmen, an welche Person sein Vermögen mit dem Erbfall fallen soll.

Art. 14 Abs. 1 GG garantiert die Privaterbfolge und die Testierfreiheit als Institutsgarantie wie auch als Grundrecht auf Erbrechtsfreiheit. Der Gesetzgeber (insbesondere des BGB) bestimmt nach Art. 14 Abs. 1 S. 2 GG Inhalt und Schranken des Privaterbrechts, darf aber in den Wesensgehalt der Erbrechtsgarantie nicht eingreifen.

Im System des BGB ist die Testierfreiheit eine Konsequenz der Privatautonomie. Wie der Begriff Privatautonomie kommt auch der Begriff Testierfreiheit im BGB nicht ausdrücklich vor; letzterer wird jedoch in den §§ 1937–1941 BGB vorausgesetzt.

Formell wird die Testierfreiheit gewährleistet, indem dem Erblasser verschiedene Arten von Verfügungen von Todes wegen zur Verfügung gestellt werden (Testament, gemeinschaftliches Testament, Erbvertrag). Andere als die genannten Typen dürfen jedoch nicht verwendet werden (Typenzwang).

In materieller Hinsicht tragen die §§ 1937 ff. BGB der Testierfreiheit insofern Rechnung, als der zulässige Inhalt von Verfügungen von Todes wegen aufgeführt wird (zum Beispiel Erbeneinsetzung, Enterbung, Zuwendung eines Vermächtnisses und andere).

Ausfluss der Testierfreiheit ist auch der grundsätzliche Vorrang der gewillkürten vor der gesetzlichen Erbfolge.

2 Schranken bestehen diesbezüglich im Pflichtteilsrecht, das im deutschen Recht im Unterschied zu den meisten Rechtsordnungen als unechtes Noterbenrecht ausgestaltet ist; dies bedeutet, dass die Pflichtteilsberechtigten (Ehegatten, Abkömmlinge, Eltern) nicht Erben werden, sondern wie der Vermächtnisnehmer (§ 2174 BGB), auf einen schuldrechtlichen Anspruch gegen den/die Erben verwiesen sind. Nähere Ausführungen hierzu im Abschnitt Pflichtteilsrecht, (→ § 17). Darüber hinaus gelten im Erbrecht nur die allgemeinen Grenzen der Privatautonomie, also insbesondere die Nichtigkeitsgründe der §§ 138, 134 BGB.

Der Erbe kann auch die Rechtsfolgen seiner Verfügung nicht völlig frei wählen, sondern muss sich an die vom Gesetzgeber zur Verfügung gestellten Institute halten.

II. Sittenwidrigkeit letztwilliger Verfügungen

3 Aufgrund der überragenden Bedeutung der Testierfreiheit im BGB muss man grundsätzlich mit der Annahme der Sittenwidrigkeit einer Verfügung gemäß § 138 BGB sehr zurückhaltend sein. Der Wille des Erblassers selbst entzieht sich in diesem Rahmen einer Würdigung im Hinblick auf Erwägungen der Sittlichkeit. Vielmehr ist nur zu untersuchen, ob die in Frage stehende Verfügung von Todes wegen für sich gesehen sittenwidrig ist. Dies ist anhand ihres Gesamtcharakters, Inhalt, Motiv, Zweck, Auswirkungen sowie die Art und Weise ihres Zustandekommens der Verfügung prägen, zu ermitteln.[1]

Dabei ist eine Würdigung der gesamten Umstände, denen eine Verfügung von Todes wegen Rechnung trägt, vorzunehmen, insbesondere ist auch das Verhalten der „zurückgesetzten" und das der begünstigten Personen zu berücksichtigen.[2]

Hinsichtlich des für die Beurteilung maßgebenden Zeitpunktes sind grundsätzlich die Vorstellungen des Erblassers **zur Zeit der Errichtung der Verfügung** von Todes wegen

---

[1] *Johannsen* WM 1971, 918.
[2] OLG Düsseldorf FamRZ 1997, 1506.

ausschlaggebend, da sich nur daraus die sittenwidrige Gesinnung, die der Erblasser „in die Tat" umsetzen will, belegen lässt.[3] Ausnahmsweise kann jedoch eine im Zeitpunkt der Errichtung sittlich unbedenkliche Verfügung durch das Hinzutreten späterer Ereignisse sittenwidrig erscheinen. Dann kann gegen sie idR der Einwand unzulässiger Rechtsausübung erhoben werden.[4] Umgekehrt kann auch eine bei Errichtung sittenwidrig erscheinende Verfügung etwa durch die Änderung des Sittlichkeitsmaßstabes im Zeitpunkt des Erbfalls zulässig sein. Dann ist auf diesen Zeitpunkt abzustellen, da von der Realisierung der Verfügung „keine Gefahr" mehr ausgeht.[5] Die Zurücksetzung oder Übergehung von (nach der gesetzlichen Erbfolge erbberechtigten) Verwandten ist kaum als sittenwidrig denkbar, da das Pflichtteilsrecht der Berücksichtigung ihrer Interessen ausreichend Rechnung trägt.

Exemplarisch für das Problem der Sittenwidrigkeit war früher das **Geliebtentestament,** **4** also eine Verfügung von Todes wegen, durch die eine Person begünstigt wird, mit der der Erblasser außereheliche geschlechtliche Beziehungen unterhielt.

Nach einem Wandel in der öffentlichen Anschauung und – nachfolgend – in der Rechtsprechung im Jahre 1970[6] hat sich mittlerweile folgende Linie herausgebildet:[7]

Abzustellen ist auch hier auf den Gesamtcharakter, auf Inhalt und Auswirkungen der Verfügung. Zu berücksichtigen ist dabei auch, wer das Vermögen erworben hat, über das der Erblasser letztwillig verfügt (etwa die übergangene Ehefrau oder der Erblasser selbst).

Danach war eine Verfügung nur dann sittenwidrig, wenn ihr **einziges Motiv** in der Förderung und Belohnung außerehelicher geschlechtlicher Beziehung lag („Hergabe für Hingabe").

Sollten aber – wie dies regelmäßig der Fall ist – noch andere Motive wie zB die Belohnung empfangener Dienste oder erhaltener Pflege oder die Würdigung einer längeren persönlichen Beziehung ausschlaggebend sein, geht die Testierfreiheit einem – über das Pflichtteilsrecht hinausgehenden – Schutz der gesetzlichen Erben vor. Die **Feststellungs-** **last** für die Umstände, die die Sittenwidrigkeit begründen, trägt derjenige, der sich darauf beruft. Angesichts sich ständig ändernder Sitten- und Moralvorstellungen dürfte sich eine Sittenwidrigkeit in diesen Fällen nur noch in seltenen Ausnahmefällen ergeben. Die Diskussion hat sich deutlich in Richtung des sogenannten Behindertentestaments verlagert (→ § 7 Rn. 5).

Denkbar ist auch eine Teilnichtigkeit der Verfügung von Todes wegen, wenn diese allein dem Ausmaß nach als sittlich nicht gerechtfertigt erscheint.[8] § 2085 führt grundsätzlich (nur) zur Teilnichtigkeit (§ 139 ist nicht anzuwenden).

1. Behindertentestament

In den letzten Jahren hat sich die Problematik der Sittenwidrigkeit letztwilliger Verfügun- **5** gen in Richtung des Behindertentestaments verlagert und Rechtsprechung und Literatur beschäftigt. Bei dieser letztwilligen Verfügung wollen Erblasser ihr Vermögen den gesunden

---

3   BGHZ 20, 71; 53, 375; aA Soergel/*Stein* § 1937 Rn. 24: Zeitpunkt des Erbfalls.
4   BGHZ 20, 71 (75).
5   Soergel/*Stein* § 1937 Rn. 23 (grundsätzlich Zeitpunkt des Erbfalls); aA BGHZ 20, 71.
6   Eingeleitet durch BGHZ 53, 369, siehe auch BGH FamRZ 1983, 53; BayObLG NJW 1987, 910 (Einsetzung des Freundes des Erblassers unter weitgehender Enterbung der Ehefrau und des Sohnes unter Abwägung aller Umstände nicht – auch nicht teilweise – sittenwidrig; der Erblasser setzte einen jungen Mann, dem er sich als „väterlicher Freund" verbunden sah, als Alleinerben ein und setzte dadurch die Ehefrau nach jahrzehntelanger Ehe auf den Pflichtteil. Das Gericht verneinte nach Abwägung der persönlichen Beziehungen Erblasser/Freund, Erblasser/Ehefrau („keine eigentliche innere Bindung mehr") und der Folgen (Ehefrau wird nicht in die Nähe einer wirklichen Notlage gebracht) das Vorliegen von Sittenwidrigkeit.
7   Exemplarisch für die Fortschreibung der Rechtsprechung des BGH in der neueren obergerichtlichen Rechtsprechung ist OLG Düsseldorf FamRZ 2009, 545.
8   Vgl. Soergel/*Stein* § 1937 Rn. 31.

Nachkommen sichern und dem Zugriff der Sozialbehörden, die für das behinderte Kind finanziell einstehen, entziehen. Andererseits sollen dem behinderten Kind Vorteile verschafft werden, die seine Lebensqualität sichern.[9] Die Zulässigkeit derartiger Verfügungen von Todes wegen wird kaum mehr bezweifelt, nachdem der BGH entschieden hat, dass das Behindertentestament grundsätzlich nicht als sittenwidrig einzustufen ist.[10] Das gilt auch dann, wenn dem behinderten Kind ein Pflichtteilsanspruch zustünde, der die für das Kind anfallenden Kosten bis an dessen Lebensende decken könnte; für die Beurteilung der Sittenwidrigkeit eines derartigen Testaments kommt es also nicht auf die Größe des hinterlassenen Vermögens an.[11] In der rechtsgestaltenden Praxis werden verschiedene Gestaltungsvarianten vorgeschlagen.

a) Erblösung

6 Die sogenannte Erblösung wird in der rechtsgestaltenden Praxis am häufigsten gewählt:

Die Erblasser ordnen hinsichtlich des Erbteils des behinderten Kindes **nicht befreite Vorerbschaft und Nacherbfolge** (→ § 10 Rn. 10) für den gesunden Stamm an.

Gleichzeitig wird **Dauerverwaltungs-Testamentsvollstreckung auf Lebenszeit** (→ § 19 Rn. 10) des Behinderten hinsichtlich dessen Erbteils angeordnet. Der bestellte Testamentsvollstrecker wird durch eine bindende Verwaltungsanordnung gemäß § 2216 Abs. 2 BGB angewiesen, dem Behinderten aus dem Ertrag der Vorerbschaft laufende Zuwendungen bis zur sozialrechtlichen Zugriffsgrenze nach § 90 Abs. 2 SGB XII (Schonvermögen) zu machen.

Dadurch wird gleichzeitig verhindert, dass sich der Träger der Sozialhilfe nach dem Tod des Kindes an dessen Vermögen (Nachlass) halten kann (§§ 102 SGB XII, 35 SGB II), denn die Nacherben sind nicht die Erben des Vorerben, sondern des Erblassers.

Die Erbquote des behinderten Vorerben musste nach altem Recht über der Hälfte des gesetzlichen Erbteils liegen, weil sonst die Beschränkungen durch die Nacherbfolge und Testamentsvollstreckung weggefallen wären (§ 2306 Abs. 1 S. 1 BGB aF).

§ 2306 Abs. 1 BGB gewährt ohne Einschränkung ein Wahlrecht: Wird die Erbschaft angenommen, bleiben die Beschränkungen bestehen, auch bei einem Erbteil unter der Pflichtteilsgrenze, der Restpflichtteil kann verlangt werden; nur bei Ausschlagung entfallen die Beschwerungen, es kann der volle Pflichtteil verlangt werden. Zwar könnte nun auch ein Erbteil bis zum Pflichtteil gewählt werden, ohne Nacherbschaft und Testamentsvollstreckung entfallen zu lassen. Allerdings wird sich bei einer zu geringen Erbquote eine Pflicht des Betreuers zur Ausschlagung ergeben.[12] Die notarielle Praxis bietet für diese Behindertentestamente Mustervorschläge an,[13] wobei die oben genannte Lösung als „Klassiker" wohl die sicherste Lösung ist.[14]

---

9   Schlitt/*Müller*, Pflichtteilsrecht, § 10 Rn. 277.

10 BGH DNotZ 1992, 241 mAnm *Reimann*; DNotZ 2011, 381 (für den Pflichtteilsverzicht).

11 OLG Hamm RNotZ 2017, 245.

12 *Spall* ZErb 2007, 272 (274); *Langenfeld* NJW 2009, 3121 (3122); OLG Hamm FamRZ 2009, 2036.

13 *Nieder/Kössinger*, Testamentsgestaltung, § 21 Rn. 63 ff. erörtert eingehend neben dem „Klassiker" nicht befreite Vorerbschaft für den Behinderten plus Testamentsvollstreckung auch alle anderen angebotenen Lösungsmöglichkeiten wie **„umgekehrte Vermächtnislösung"** (von *Grziwotz* ZEV 202, 409: behindertes Kind als Haupterbe und überlebender Elternteil und die gesunden Geschwister als Vermächtnisnehmer), **„Trennungslösung"** (von *Litzenburger* RNotZ 2004, 138: überlebender Elternteil wird alleiniger befreiter Vorerbe, der Behinderte erhält eine quotale Nacherbschaft, belastet mit einer weiteren Nacherbschaftsanordnung zugunsten der gesunden Geschwister), **„Nachvermächtnislösung"** (der Behinderte erhält ein Vorvermächtnis plus Testamentsvollstreckung, Nachvermächtnisnehmer sind die gesunden Geschwister) und die **„Auflagenlösung"**, bei der der erbende Elternteil bzw. Geschwister Auflagen zu Zuwendungen an den Behinderten erhalten.

14 Nach BGH MittBayNot 2012, 138 reicht wohl jetzt schon der nach Auffassung des Gerichts nicht sittenwidrige Pflichtteilsverzicht nach dem Tode des erstversterbenden Elternteils in Kombination mit einer gegenseitigen Alleinerbeinsetzung der Eltern und Schlusserbeneinsetzung der Kinder, wobei für den Erbteil des behinderten Kindes die klassische Lösung mit Vor- und Nacherbschaft sowie Dauertestamentsvollstreckung nötig ist.

b) Wesentliche Gestaltungsziele

Die Konstruktion ist geprägt vom Bestreben, die Eigengläubiger des Behinderten (ins- **7** besondere den Sozialhilfeträger) vom Zugriff auf den Nachlass während der Lebenszeit des Behinderten und nach dessen Tod fernzuhalten. Außerdem geht es darum zu verhindern, dass es zu einem Pflichtteilsanspruch des Behinderten kommt, den der Sozialhilfeträger überleiten könnte (was möglich ist, auch wenn der Anspruch noch nicht geltend gemacht ist, § 93 Abs. 1 S. 1, 4 SGB XII;[15] ein Ausschlagungsrecht des Sozialhilfeempfängers kann nicht übergeleitet werden (→ Rn. 9).[16]

Der „Klassiker" errichtet die Zugriffsblockade mit Hilfe der §§ 2114, 2115, 2216 Abs. 2 S. 1 BGB, 773 ZPO, 82 Abs. 2 InsO. Die Nacherben haften nicht den Eigengläubigern des Behinderten, da sie Erben der Eltern sind, § 2100 BGB, es besteht auch keine Erben-Kostenersatzhaftung gemäß § 102 SGB XII gegenüber dem Sozialhilfeträger. Der Behinderte hat über die Nachlassgegenstände keine Verfügungsmacht, §§ 2211, 2112 ff. BGB; die Verwertung seines Erbteils ist, belastet mit der Nacherbfolge, unwirtschaftlich. Durch die Neufassung des § 2306 BGB besteht immer ein Ausschlagungsrecht des Behinderten mit der Gefahr der Überleitung des vollen Pflichtteilsanspruchs. Diese Gefahr wird gering gehalten durch die Zuweisung eines Erbteils, der mindestens dem Pflichtteil entspricht. Um der Gefahr einer Ausschlagungspflicht des Pflegers zu entgehen, sollte der Erbteil am besten den Pflichtteil (nicht unwesentlich)[17] übersteigen; die sicherste Lösung ist ein notarieller Pflichtteilsverzicht, der als zulässig angesehen wird.[18] Eine Pflichtteilsstrafklausel verhindert die Überleitung nicht.[19]

c) Verwaltungsanordnungen für die Testamentsvollstreckung

Durch die **Verwaltungsanordnungen** wird der Testamentsvollstrecker ausdrücklich ange- **8** wiesen, die jährlichen Reinerträge der Vorerbschaft an den Behinderten ausschließlich in solchen Formen zu erbringen,

– die zur Verbesserung der Lebensqualität beitragen,
– auf die der Sozialhilfeträger nicht zugreifen kann,
– die nicht auf die gewährte Hilfe anzurechnen sind,
– dies nicht eine Beschränkung der Sozialhilfe auf das für den Erben Unerlässliche (§ 26 Abs. 1 Nr. 1 SGB XII) verursacht
– und diese Verwendungen nicht die ordnungsgemäße Verwendung des Nachlasses beeinträchtigen.

Beispielhafte Zuwendungen sollten erwähnt werden, wie die Überlassung von Geldbeträgen in Höhe des jeweiligen Rahmens, der nach den Bestimmungen einem Behinderten maximal zur Verfügung stehen kann, Geschenke zu bestimmten Anlässen, Finanzierungszuschüsse zu Urlauben, Freizeitgestaltung, Fahrten, Kleidung, Hobbies, Einrichtung, Finanzierung eines Pflegers etc.[20] Umstritten ist, ob eine Verwaltungsanordnung zulässig ist, die die Thesaurierung nicht verbrauchter Nutzungen anordnet.[21] Unzulässige Verwaltungsanordnungen können gemäß § 2216 Abs. 2 S. 2 BGB aufgehoben werden, zum Beispiel wenn der Unterhalt des Behinderten gefährdet ist. Eine derartige Anordnung verstieße

---

15   BGH ZEV 2006, 76; eine Pfändung gemäß § 852 Abs. 1 ZPO ist erst ab Rechtshängigkeit oder vertraglicher Anerkennung möglich.
16   BGH MittBayNot 2012, 138 (140).
17   ZB „der 1,1fache Pflichtteil".
18   BGH MittBayNot 2012, 138 mAnm *Spall;* s. auch *Wendt* ZErb 2012, 313 ff.; OLG Köln MittBayNot 2010, 401.
19   BGH ZEV 2006, 76.
20   So das Muster bei *Nieder/Kössinger,* Testamentsgestaltung, § 21 Rn. 97; ähnlich Scherer/*Bengel,* MAH Erbrecht § 41 Rn. 21; Muster auch bei *Brambring/Tersteegen,* BeckFormB ErbR, F I 2 (im Kontext des Musters eines gemeinschaftlichen Testaments, wobei die Verwaltungsanordnung nicht wechselbezüglich sein kann).
21   So Recht *Krampe* AcP 191, 527 (544 ff.) und die Vorauflage.

dann auch gegen § 2220 BGB (insoweit zwingendes Recht). Allerdings ist der Träger der Sozialhilfe nicht berechtigt, die Aufhebung/Abänderung der Erblasseranordnungen gemäß § 2216 Abs. 2 S. 2 BGB zu beantragen, da die Rechtsposition des Sozialhilfeträgers insoweit nicht unmittelbar beeinträchtigt wird.[22]

Bei der **Auswahl des Testamentsvollstreckers** ist zu beachten, dass bei Ernennung des überlebenden Ehegatten wegen des Interessengegensatzes ein Ergänzungspfleger (beim minderjährigen Behinderten, §§ 1629 Abs. 2 S. 3, 1796 Abs. 2, 1909 BGB) bzw. ein Ergänzungsbetreuer (beim volljährigen Behinderten, wenn der überlebende Ehegatte auch Betreuer ist, §§ 1899 Abs. 4, 1897 Abs. 1, 5 BGB) erforderlich werden kann. Dies kann durch die Ermächtigung zur Nachfolgerbestimmung gemäß § 2199 Abs. 2 BGB vermieden werden.

d) Pflichtteilsansprüche und Pflichtteilsstrafklausel

9   Haben sich die Eltern des behinderten Kindes beim Tode des erstversterbenden Ehegatten gegenseitig zu Alleinerben (Vollerben) und die Kinder, einschließlich des behinderten Kindes zu Schlusserben eingesetzt, gleichzeitig eine Pflichtteilsstrafklausel vereinbart und weitere Anordnungen im Sinne eines Behindertentestaments getroffen,[23] hindert dies den Sozialhilfeträger nicht, nach dem Tod des erstversterbenden Ehegatten den Anspruch auf sich überzuleiten (§ 93 Abs. 1 Satz 1 SGB XII) und den Pflichtteil geltend zu machen. Dabei kommt es nicht darauf an, ob der Pflichtteilsberechtigte den Anspruch geltend gemacht hat oder nicht.[24] Nach dem zweiten Todesfall verliert der Pflichtteilsberechtigte nicht seinen Erbanspruch nach dem letztversterbenden Ehegatten, denn die Geltendmachung des Pflichtteils durch den Sozialhilfeträger löst die Pflichtteilsstrafklausel nicht aus. Im Gegensatz zum Pflichtteilsberechtigten wird sich der Sozialhilfeträger durch die Pflichtteilsstrafklausel nämlich grundsätzlich nicht von der Geltendmachung des Pflichtteils abhalten lassen können.[25] Sein **Ausschlagungsrecht** soll nach überwiegender Meinung kein nach §§ 2, 90 SGB XII einzusetzendes Vermögen sein; im Übrigen sei es ein Gestaltungsrecht, das nicht gemäß § 93 Abs. 1 Satz 1 SGB XII überleitbar sei.[26] Die Ausschlagung für den beschränkt geschäftsfähigen Behinderten erfolgt durch den gesetzlichen Vertreter, der der Genehmigung des Familiengerichts bedarf, wobei nur die Interessen des Ausschlagenden, nicht des Sozialhilfeträgers zu berücksichtigen sind.

Nicht entschieden ist die Wirksamkeit eines Erlassvertrags, auch nicht über die wohl entstehenden sozialrechtlichen Folgen einer Leistungskürzung nach § 26 Abs. 1 Nr. 1 SGB XII oder eines überzuleitenden Anspruchs aus § 528 BGB, wenn dem Erlass eine Schenkung zugrunde liegt.[27]

e) Kritik

10   Die Rechtsprechung des BGH hat in drei Entscheidungen derartige letztwilligen Verfügungen nicht als sittenwidrig angesehen. Es liege weder eine Benachteiligung des behinderten Kindes, noch eine Umgehung des § 102 SGB XII vor. Die Nichtigkeit der Nacherbfolge lasse sich auch nicht aus dem Subsidiaritätsprinzip (Nachrang der Sozialhilfe) der §§ 2 ff., 41 Abs. 2, 90 Abs. 1 SGB XII, 1 SGB II) herleiten, da der Gesetzgeber gerade für

---

22 OLG München Zerb 2017, 195.
23 Ohne derartige Anordnungen liegt kein sog. Behindertentestament vor. Der Träger der Sozialhilfe kann dann nach beiden Erbfällen den Pflichtteil geltend machen, vgl. OLG Hamm NJW-RR 2013, 779.
24 BGH ZEV 2005, 117.
25 BGH ZEV 2006, 76 (77).
26 BGH MittBayNot 2012, 140; OLG Stuttgart ZEV 2002, 367; OLG Frankfurt ZEV 2004, 24; offen gelassen in BGHZ 123, 368 (379) und BGH ZEV 2005, 117 (118); es gibt wohl keine methodisch begründete Überleitung des Ausschlagungsrechts (s. auch *van de Loo* ZEV 2006, 473).
27 Siehe näher auch *Menzel,* Die negative Erbfreiheit, MittBayNot 2013, 289 (291), der „sichere" Formulierungen für die Notarpraxis anbietet und auf S. 294 eine für den schnellen Überblick sehr hilfreiche Übersicht zum Problembereich liefert.

Behinderte dieses Prinzip nicht konsequent durchführe. Es liege auch keine allgemeine Rechtsüberzeugung vor, dass Eltern ihrem behinderten Kind jedenfalls von einer gewissen Größe ihres Vermögens an einen über den Pflichtteil hinausgehenden Erbteil hinterlegen müssten, damit es nicht ausschließlich der Allgemeinheit zur Last fällt.

Diese Meinung des BGH ist im Grundsatz zu billigen: Wenn sich die Erbeinsetzung nicht an allgemeinen sittlichen und moralischen Aspekten zu orientieren hat, kann beim behinderten Kind nichts anderes gelten. Im Grunde wird hier von einem als unbillig empfundenen Ergebnis auf eine verwerfliche Motivation des Erblassers (rück)geschlossen. Der Gesetzgeber hat sich aber entschlossen, den Pflichtteil als Mindestgrenze der Beteiligung am Nachlass zu ziehen. Die Kritik wegen der vermeintlichen Sittenwidrigkeit derartiger Verfügungen von Todes wegen setzt deshalb an der falschen Stelle an: Es gibt derartige Gestaltungen, weil (und solange) es einen funktionierenden Sozialstaat gibt. Wäre das behinderte Kind ausschließlich auf sich und seine Familie angewiesen, weil Ansprüche gegen Dritte nicht bestünden, würde ihm diese wahrscheinlich eine entsprechende Versorgung zukommen lassen. Erst ein funktionierender Sozialstaat lässt Überlegungen aufkommen, diesen für die Versorgung des behinderten Kindes aufkommen zu lassen.

2. Bedürftigentestament

Vom Behindertentestament zu unterscheiden ist das Bedürftigentestament zu Gunsten eines **11** nicht dauerhaft gesundheitlich eingeschränkten, nicht behinderten bedürftigen oder überschuldeten Erben, der Sozialhilfeleistungen bezieht. Die notarielle Gestaltungspraxis wendet auch hier die Konstruktion des Behindertentestaments an und verneint Sittenwidrigkeit mit der Begründung, dass die Wahl einer derartigen Konstruktion innerhalb der grundrechtlich geschützten Testierfreiheit des Erblassers liege.[28] *Tersteegen*[29] verweist auf die Rechtsprechung des BGH zum Behindertentestament; die Grenze der Testierfreiheit bilde in dem hier interessierenden Zusammenhang das Pflichtteilsrecht. Dieses Argument passt zu den Fällen der Sittenwidrigkeit etwa beim sog. Geliebtentestament: den Angehörigen soll auf jeden Fall der Pflichtteil bleiben, eines größeren Schutzes durch Einschränkung der Testierfreiheit bedürfen sie nicht. Auf das Bedürftigentestament passt das Argument nicht. Es geht hier nicht um die Frage, welchen Schutz das GG der Familie bzw. einen Familienmitgliedern im Sinne der Teilhabe am Familienvermögen gewährt. Es geht um die Frage, wieweit ein Einzelner die Solidarität der Allgemeinheit beanspruchen darf: er soll das Erbe ja bekommen. Und er soll es einsetzen für seinen Lebensunterhalt. Der BGH stellt beim Behindertentestament auch auf die Prägekraft der allgemeinen Rechtsüberzeugung bei der Sittenwidrigkeit ab, die beim Behindertentestament für die Bejahung der Sittenwidrigkeit fehle. Dass die Allgemeinheit auch noch für die Folgen von Bequemlichkeit, Leichtsinn, mangelnder Begabung oder Geschicklichkeit einstehen soll, ist sicherlich nicht prägende allgemeine Rechtsüberzeugung. Hier hat der Nachranggrundsatz des § 2 Abs. 1 SGB II mehr Gewicht, die Verschonung des Nachlasses vor dem Zugriff der Sozialhilfeträger ist sittenwidrig.[30]

---

[28] *Tersteegen* ZEV 2008, 121 (124); *Tersteegen,* Gestaltungsmissbrauch bei der Testamentsgestaltung zulasten des Sozialhilfeträgers?, MittBayNot 2010, 105 (106); *Litzenburger* ZEV 2009, 278; *Limmer*, Würzburger Notarhandbuch, Teil 4 Kap. 1 Rn. 422.

[29] *Tersteegen* MittBayNot 2010, 210.

[30] Im Fall des LSG Baden-Württemberg FamRZ 2008, 923 geht es um ein alkoholkrankes Kind, sicherlich ein Grenzfall, bei dem das Gericht die Sittenwidrigkeit verneint hat; *Maulbetsch/Roth* NJW-Spezial 2009, 760.

III. Verstoß gegen ein gesetzliches Verbot

12 § 134 BGB gilt auch bei der Beurteilung der Wirksamkeitsvoraussetzungen eines Testaments oder Erbvertrags, da diese im Erbrecht nicht abschließend geregelt sind, sodass auch Bestimmungen des Allgemeinen Teils des BGB anwendbar sind.

Problematische Fälle ergeben sich insbesondere bei „gleichheitswidrigen" Testamentsbestimmungen und bei letztwilligen Zuwendungen an Heime.

1. Grundgesetz als gesetzliche Verbotsnormen

Verstöße gegen Grundrechtsnormen, insbesondere Art. 3 GG machen eine letztwillige Verfügung weder unmittelbar, noch über § 134 BGB nichtig. Mit Ausnahme der Art. 9 Abs. 3 S. 2 und 48 Abs. 2 GG sind Grundrechte wegen ihrer Staatsgerichtetheit keine unmittelbar wirkenden Verbotsnormen.[31]

Der Erblasser darf in seiner letztwilligen Verfügung Personen bedenken oder nicht bedenken. Er muss hierfür keine Gründe angeben. Daran ändert sich nichts, wenn er Gründe angibt, die etwa Männer oder Frauen, Schwarze oder Weiße, Juden, Muslime oder Christen, Raucher oder Nichtraucher etc benachteiligen. Da er Entscheidungen aus willkürlichen oder unsinnigen Motiven bei der Verteilung seines Vermögens sowohl zu Lebzeiten als auch von Todes wegen treffen kann, kann hierzu grundsätzlich auch kein Unwerturteil iS des § 138 BGB gefällt werden. Das AGG ist auf Verfügungen von Todes wegen nicht anwendbar.

2. § 14 HeimG und andere heimrechtliche Zuwendungsverbote

13 Seit 1.9.2006 steht den Ländern die Gesetzeskompetenz für das „Heimrecht" zu (Art. 74 Abs. 1 Nr. 7 GG). Die Verbotsnorm des § 14 HeimG ist bürgerliches Recht und damit Bundesrecht in der konkurrierenden Gesetzgebung. Das neue WBVG des Bundes deckt nicht den Regelungsbereich des § 14 HeimG ab, hebt nicht § 14 Abs. 1 HeimG auf, sondern nur andere Normteile von § 14 HeimG. Die Vorschrift gilt also jedenfalls weiter und ist zumindest Rechtsgrundlage, soweit keine landesrechtliche Regelung besteht.[32]

Einige Bundesländer haben Heimgesetze erlassen und Verbotsregelungen in diesen Gesetzen vorgenommen, in der Regel so wie in § 14 Abs. 1 HeimG bei anderen sind Gesetze in Vorbereitung.[33] Die bisherige Auslegung in Rechtsprechung und Literatur zu § 14 Abs. 1 HeimG kann, soweit keine wesentlichen Textabweichungen erfolgten, weiterhin

---

[31] Siehe näher Maunz/Dürig/*Scholz*, GG Art. 3 Abs. 1 Rn. 505 ff. zum Stand der Diskussion.

[32] *Spall* MittBayNot 2010, 9 (11) nimmt an, dass die Kompetenzfrage „bis auf Weiteres zumindest faktisch bzw. politisch zugunsten der Länderkompetenz entschieden" sei. ME gilt § 14 Abs. 1 HeimG als primäre Rechtsgrundlage für die Zuwendungsverbote solange fort, bis er förmlich aufgehoben ist. Art. 125a GG ist nicht anwendbar, weil für das Zuwendungsverbot nach wie vor eine Bundeskompetenz gegeben ist. Siehe hierzu auch *Dietz* MittBayNot 2007, 453.

[33] Baden-Württemberg (Wohn-, Teilhabe- und Pflegegesetz vom 20.5.2014), Bayern (Bayerisches Pflege- und Wohnqualitätsgesetz – BayPflWoqG – vom 8.7.2008), Nordrhein-Westfalen (Wohn- und Teilhabegesetz-WTG – vom 2.10.2014), Saarland (Landesheimgesetz Saarland – LheimGS – vom 6.5.2009), Schleswig-Holstein (Selbstbestimmungsstärkungsgesetz – SbStG – vom 17.7.2009); Berlin (WTG vom 3.6.2010); Hamburg (HmbWBG vom 15.12.2009); Rheinland-Pfalz (LWTG vom 22.12.2009); Brandenburg (BbgPBWoG vom 8.7.2009); Bremen (BremWoBeG vom 5.10.2010); Mecklenburg-Vorpommern (Einrichtungsqualitätsgesetz – EQGM vom 29.5.2010); Niedersachsen (Niedersächsisches Gesetz über unterstützende Wohnformen – NuWG vom 29.6.2011); Sachsen (Sächsisches Betreuungs- und Wohnqualitätsgesetz – SächsBeWoG vom 12.7.2012); Sachsen-Anhalt (Wohn- und Teilhabegesetz – WTG LSA vom 17.2.2011); Thüringen (Gesetz über betreute Wohnformen und Teilhabe – ThürWTG vom 10.6.2014).

Verwendung finden.[34] Diese Vorschrift ist als ein den Schutz der Heimbewohner dienendes Verbotsgesetz anerkannt.[35] Sie bezieht sich nach Wortlaut, Sinn und Zweck nur auf das Verhältnis zwischen Heimbewohner und Heimträger bzw. Heimpersonal. Unter das Verbot fallen nicht nur lebzeitige Zuwendungen, sondern auch Verfügungen von Todes wegen, also Testamente und Erbverträge, soweit es sich nicht um geringwertige Aufmerksamkeiten handelt und eine Ausnahmegenehmigung fehlt. Nichtig (und zwar insgesamt) ist eine Verfügung von Todes wegen, wenn sie im Einvernehmen zwischen Bewohner (oder Bewerber um den Heimplatz) und dem Bedachten erfolgt ist, der Bedachte muss also Kenntnis von der Verfügung haben und der Bewohner muss davon wissen.[36] Das Einvernehmen kann aus den Gesamtumständen geschlossen werden,[37] der Zusammenhang zwischen Vorteilszuwendung und Heimvertrag und wird bis zum Beweis des Gegenteils vermutet.[38] Die Beweislast für die Gültigkeit des Testaments hat derjenige, der sich darauf beruft. Das Verbot gilt auch dann, wenn ein Angehöriger das Heim letztwillig bedacht hat und der verwandte Heimbewohner noch über dessen Tod und die Eröffnung des Testaments hinaus in der Einrichtung des Trägers lebt, der noch vor dem Tod des Erblassers von der Zuwendung erfährt (typische Situation beim Behindertentestament). Die Rechtsprechung folgert die Erforderlichkeit der Kenntnis aus dem Tatbestandsmerkmal „sich gewähren zu lassen"; erfährt das Heim erst nach dem Tod des zuwendenden Angehörigen von der Zuwendung, bleibt die Zuwendung wirksam.[39]

Dabei geht die Rechtsprechung davon aus, dass das Wissen eines Mitarbeiters, den der Heimträger als Ansprechpartner für die Heimbewohner bestimmt hat und der wegen seiner Stellung im Heim wesentlichen Einfluss auf die konkrete Lebenssituation der Heimbewohner ausüben kann, genügt, auch wenn der Mitarbeiter zur rechtsgeschäftlichen Vertretung des Heimträgers gegenüber den Heimbewohnern nicht berechtigt ist.[40] Das Einvernehmen kann auch stillschweigend erfolgen.[41] Die Rechtsprechung hat zu Recht die analoge Anwendung auf das Verhältnis Vorsorgebevollmächtigter, rechtlicher Betreuer zum Betreuten abgelehnt.[42] ZT beschränken landesrechtliche Vorschriften das Verbot auf stationäre Einrichtungen (Art. 8 BayPfleWoqG). Formen des betreuten Wohnens, ambulant betreute Wohngemeinschaften und betreute Wohngruppen, scheiden dann aus, wenn diese ihren Bewohnern eine gewisse Selbständigkeit gewähren.[43] Die Rechtsprechung hat das Verbot auf Umgehungstatbestände wie Zuwendungen an Familienangehörige oder nahe Angehörige eines Bediensteten, an den geschäftsführenden Gesellschafter, Geschäftsführer oder deren Angehörige als Angehörige sonstiger Mitarbeiter analog angewendet,[44] nicht jedoch bei Betreuung in der Familie oder in der eigenen Wohnung.[45]

---

[34] So auch *Spall* MittBayNot 2010, 9 (10), der auch auf Fragen der Genehmigungspraxis für Ausnahmen eingeht. Zu den Problemen des § 10 Abs. 4 WTG NRW siehe *Spall* MittBayNot 2010, 9 (15 ff.) und *Teerstegen* RNotZ 2009, 222 (225).

[35] BGHZ 110, 235 (240); 123, 368; BayObLGZ 1997, 374; BVerfG NJW 1998, 2964.

[36] BayObLG FamRZ 2005, 142.

[37] BVerwG NJW 1990, 2268.

[38] BGH NJW 1990, 1603.

[39] BGH NJW 2012, 155.

[40] So BayObLG NJW 1993, 1144 in Ergänzung zu BayObLG DNotZ 1992, 258.

[41] OLG München NJW 2006, 2642, kritisch *Spall* MittBayNot 2010, 11 und *Teerstegen* ZErb 2007, 414.

[42] BayObLGZ 1997, 374 (376). Das BayObLG hat jedoch wohl zu Unrecht die Anwendung des § 138 Abs. 1 BGB auf den entschiedenen Fall abgelehnt, da der Betreuer seine Stellung missbraucht hat um die Willensbildung der Erblasserin, die vom Betreuer, der gleichzeitig Lebensgefährte war, abhängig war, zu beeinflussen. Die Erblasserin hatte unter Zurücksetzung des eigenen Sohnes die Tochter des Betreuers und deren Ehemann als Erben zu gleichen Teilen eingesetzt. Bereits vor seiner Bestellung zum Betreuer hatte dieser sich erbvertraglich ein Vermächtnis aussetzen lassen. Die allgemeine Rechtsauffassung empfindet diese Umstände durchaus als so anstößig, dass ein Sittenverstoß anzunehmen ist. Siehe auch OLG Düsseldorf ZEV 2001, 366 (367) zur Pflege im eigenen Haus.

[43] *Spall* MittBayNot 2010, 12 zur bayerischen Regelung.

[44] BayObLG NJW-RR 2001, 295; NJW 2000, 1875.

[45] BayObLG NJW-RR 1998, 729; OLG Düsseldorf NJW 2001, 2338.

Ob der betreuende Mitarbeiter außerhalb seiner Geschäftsaufgabe und unter Übergehung der Heimleitung handelt, ist unerheblich.[46]

Heimbewerber ist bereits eine Person, bei der (oder deren Vertreter) sich der konkrete Wunsch nach Aufnahme in das Heim äußerlich manifestiert hat (etwa durch ein Informationsgespräch mit Heimpersonal; ein förmlicher Aufnahmeantrag ist nicht erforderlich.[47] Verbotsadressat ist der Heimträger unabhängig von seiner Rechtsform (auch eine andere Institution innerhalb eines Konzerns) und alle für das Heim in irgendeiner Form beschäftigte Personen. Es genügt jede Verbindung, die zur Folge hat, dass die Zuwendung auch nur mittelbar dem Heim zugute kommt, zum Beispiel über eine Stiftung.[48] Das Gericht ist davon ausgegangen, dass es ausreichend sein soll, „wenn die juristischen Personen derart miteinander verbunden sind, dass diese Verbindung für jeden Außenstehenden erkennbar ist und er davon ausgehen kann, dass die Zuwendung z. B. an die Stiftung, zumindest mittelbar auch der Arbeit der anderen juristischen Person zugute kommt."[49] Für dieses Argumentation lässt sich anführen, dass sie naheliegenden Umgehungen den Riegel vorschiebt und § 14 HeimG als wirksames Verbotsgesetz handhabt. Das Verbot gilt auch, wenn das Testament bereits vor dem Einzug in das Heim errichtet worden ist.[50] Das Verbot gilt nicht, wenn das Testament bereits vor Inkrafttreten des Heimgesetzes (1.1.1975) errichtet wurde.[51]

Hinsichtlich der Beurteilung der leitenden Stellung ist auf die Sicht des Heimbewohners abzustellen. Es genügt, dass der Heimbewohner damit rechnet, dass diese Person die Information über die letztwillige Zuwendung an die zuständigen Stellen des Heimträgers weiterleitet.

Im Hinblick auf die Genehmigungsmöglichkeit (wobei zu beachten ist, dass die Genehmigung **vor** der Testamentserrichtung erfolgen muss, § 14 Abs. 6) erscheint die Vorschrift jedoch als verfassungskonform.[52] Bei Vorliegen der Genehmigungsvoraussetzungen besteht ein Anspruch auf Genehmigung.[53]

3. Verbote nach §§ 10 Abs. 1 BAT, 43 BRRG, 70 BBG, Art. 79 BayBG, 19 SoldatenG, 78 Abs. 2 ZDG

14   Diese Vorschriften untersagen es diesen öffentlichen Bediensteten (auch noch nach Ausscheiden aus dem Dienst) wegen des Erfordernisses der Unbestechlichkeit und Uneigennützigkeit des öffentlichen Dienstes Belohnungen oder Geschenke ohne Zustimmung des Dienstherrn anzunehmen. Im Hinblick auf das Tatbestandsmerkmal „in Bezug auf das Amt" dürfte die Anwendung dieser Normen in der Praxis eine stumpfe Waffe sein, weil die Beweislast auch hierfür derjenige trägt, der die Nichtigkeit der letztwilligen Verfügung behauptet. So hat etwa das BayObLG[54] § 10 BAT auf eine Zuwendung an eine für eine öffentliche karitative Einrichtung tätige Krankenschwester nicht angewendet, weil infolge des Vorliegens näherer privater Beziehungen sich nicht feststellen lasse, ob die Erbeinsetzung im Hinblick auf die Tätigkeit als Krankenschwester erfolgt sei. Der BGH[55] geht bei den beamtenrechtlichen Vorschriften bei Versagung der Genehmigung von der Nichtigkeit der Zuwendung aus; bei Angestellten des öffentlichen Dienstes führt die Versagung der Genehmigung nach BGH nicht zur Nichtigkeit der Zuwendung, sondern nur zu einem

---

[46]   Siehe auch auch BayObLG FamRZ 2005, 142.
[47]   *Spall* MittBayNot 2010, 12.
[48]   VG Würzburg MittBayNot 2010, 56 (57).
[49]   VG Würzburg MittBayNot 2010, 56 (57).
[50]   KG FamRZ 1998, 1542.
[51]   OLG Stuttgart FamRZ 2011, 408.
[52]   So auch BVerfG NJW 1998, 2964.
[53]   Eine nachträgliche Ausnahmegenehmigung ist nicht möglich (BVerwG NJW 1988, 984). Zur Genehmigungspraxis und zum Verfahren ausführlich *Spall* Mitt BayNot 2010, 13 ff.
[54]   BayObLG NJW 1995, 3260.
[55]   BGHZ 143, 283 ff.

Annahmeverbot, das jedoch erbrechtlich ohne Bedeutung ist, da die Annahme nicht Voraussetzung des Erbschaftserwerbs ist.

De lege ferenda ist eine Regelung zu wünschen, die entsprechend Art. 909 CCfr oder den amerikanischen „hellfire statutes" (zB Pennsylvania, Wills Act 1947, 180.7) Zuwendungen innerhalb einer gewissen Zeit vor dem Tod aus Angst vor dem Jenseits (etwa an kirchliche Organisationen) oder an ärztliche/juristische Berater und Betreuer und Religionsdiener überhaupt für unwirksam erklärt.

IV. Gesetzliche Instrumente der Sicherung der Testierfreiheit

– Die Testierfreiheit ist ein nicht disponibles Recht: Vertragliche Verpflichtungen, eine **15** bestimmte Verfügung von Todes wegen zu errichten, aufzuheben oder nicht aufzuheben, sind nichtig (§ 2302 BGB);
– der Grundsatz der persönlichen Errichtung einer Verfügung von Todes wegen: Das Recht, eine Verfügung von Todes wegen zu errichten, darf nicht einem anderen übertragen werden (§§ 2064, 2274 BGB);
– die freie Widerruflichkeit einseitiger Verfügungen von Todes wegen (§ 2253 BGB): Als Perpetuierung dieses Widerrufsrechts lässt sich auch das Anfechtungsrecht der durch die Verfügung von Todes wegen Benachteiligten (vgl. § 2080 BGB) bei Irrtum, Täuschung oder rechtswidriger Drohung auffassen (§ 2078 BGB).
Vertragliche Verfügungen im Erbvertrag und wechselbezügliche Verfügungen in einem gemeinschaftlichen Testament sind dagegen grundsätzlich bindend. Unter gewissen Voraussetzungen kann sich ein Erblasser auch von dieser Bindung lösen (zB durch Rücktritt, Anfechtung und Ausschlagung);
– die Sanktion der Erbunwürdigkeit als Folge eines rechtswidrigen Eingriffes in die Testierfreiheit (§ 2339 Abs. 1–3 BGB) sichert ebenfalls die Testierfreiheit.

V. Testament – Grundsätze

Unter einem „Testament" versteht das Gesetz eine „einseitige Verfügung von Todes **16** wegen" oder „letztwillige Verfügung" (§ 1937 BGB). Die Errichtung, Änderung oder Aufhebung eines Testaments ist ein einseitiges Rechtsgeschäft, dessen Wirksamkeit der Gesetzgeber von der Fähigkeit, ein Testament zu errichten (Testierfähigkeit; eine besondere Art der Geschäftsfähigkeit), von Alterserfordernissen und der persönlichen Errichtung abhängig macht.

VI. Gewillkürte Erbfolge nach DDR – ZGB

Das ZGB kannte nur das Testament (§§ 370 ff. ZGB) und das gemeinschaftliche Testament **17** (§ 388 ZGB), **nicht** den **Erbvertrag.**

Testierfähigkeit war nur bei Volljährigkeit (18 Jahre, § 49 ZGB) und Handlungsfähigkeit (§ 52 ZGB) gegeben. Handlungsunfähig waren Entmündigte und Bürger, die sich in einem Zustand befanden, der ihre Entscheidungsfähigkeit ausschloss.

Ein Testament konnte vom Erblasser nur persönlich errichtet werden (§ 370 Abs. 2 ZGB). Ein Vertreterhandeln war also ausgeschlossen. Auch zur Rücknahme des Testaments aus der Verwahrung war der Erblasser nur persönlich berechtigt (§ 24 Abs. 3 Notariatsgesetz). S: näher zum Erbrecht der DDR Rn. 237 ff.

§ 8 Die Errichtung der Verfügung von Todes wegen

Übersicht

	Rn.
I. Testierwille	2
II. Grundsatz der persönlichen Errichtung	3
1. Stellvertretung	3
2. Mitwirkung anderer Personen bei der Bestimmung der Erbfolge	4
III. Testierfähigkeit	10
1. Krankhafte Störung der Geistestätigkeit	11
2. Einzelne Krankheitsbilder	20
3. Alter	21
4. Entmündigung	22
IV. Formgerechte Errichtung	23
1. Eigenhändiges Testament	25
a) Eigenhändige Niederschrift	26
b) Verlust der Urkunde	29
c) Eigenhändige Unterschrift	30
d) Beweisfragen	37
2. Notarielles Testament	41
a) Möglichkeiten der Errichtung und Verfahren	42
b) Errichtung eines öffentlichen Testaments durch Erklärung	44
c) Errichtung eines öffentlichen Testaments durch Übergabe einer Schrift (§§ 2232, 30, 31 BeurkG)	45
d) Behinderungen	51
e) Das Beurkundungsverfahren	53
3. Außerordentliche Testamentsformen	67
a) Nottestament vor dem Bürgermeister	71
b) Dreizeugentestament	73
c) Seetestament	74
4. DDR – ZGB	75
V. Testamentsmuster/Erbvertragsmuster	76

1 Mit Ausnahme der formlosen Hoferbenbestimmung im Bereich der **Höfeordnung** (§§ 6 Abs. 1 Nr. 1, 2; 7 Abs. 2 HöfeO:[1] vorbehaltlose formlose lebzeitige Übergabe des Hofes durch den Eigentümer zur Bewirtschaftung auf Dauer an einen Abkömmling) besteht bei Verfügungen von Todes wegen der Grundsatz der **Formstrenge.** Soweit es sich bei Regelungen der äußeren Form der letztwilligen Verfügung oder deren Errichtung um Mussvorschriften handelt, führt ein Formverstoß zur unheilbaren Nichtigkeit der Verfügung von Todes wegen (§ 125 S. 1 BGB). Eine **Umdeutung** in eine andere Testamentsform oder ein Rechtsgeschäft unter Lebenden (§ 140) ist möglich, wenn dies dem Erblasserwillen entspricht. Nur bei formgültigen Verfügungen von Todes wegen ist eine Auslegung im Sinne des zumindest angedeuteten Erblasserwillens (§ 2084 BGB) möglich.

Die Errichtung einer Verfügung von Todes wegen setzt voraus, dass der Erblasser im Zustand der Testierfähigkeit (→ § 8 Rn. 10) mit Testierwillen (→ § 8 Rn. 2) eine formwirksame Verfügung (→ § 8 Rn. 23 ff.) errichtet.

---

[1] BGHZ 12, 286 (303 ff.); 23, 249: Bindung aus dem Gesichtspunkt des § 242 BGB, jedoch nur im Bereich der HöfeO.

I. Testierwille

Der Erblasser muss bei der Errichtung der Verfügung von Todes wegen mit Testierwillen 2 gehandelt haben. Das ist regelmäßig nicht zweifelhaft, wenn der Erblasser ein öffentliches Testament oder Erbvertrag errichtet, hier legen bereits die Umstände der Errichtung das Vorhandensein des Testierwillens nahe. Jedoch muss der Erblasser auch bei der (privatschriftlichen) Testamentserrichtung mit Testierwillen gehandelt haben, das heißt er muss das Bewusstsein gehabt haben, rechtsverbindliche Anordnungen von Todes wegen über sein Vermögen zu treffen, oder mindestens davon ausgegangen sein, dass das in Frage stehende Schriftstück als Testament gewertet werden könnte.[2] Das kann zweifelhaft sein, wenn ein Dritter diktiert und der Schreibende der Ansicht ist, selbst keine erhebliche Erklärung für sich zu errichten.

Die Bezeichnung „Testament", „Mein letzter Wille" oder ein ähnlicher Ausdruck muss dazu aber nicht ausdrücklich verwendet worden sein.

Vorüberlegungen und **Entwürfe** genügen diesen Voraussetzungen in der Regel nicht, solange keine Indizien dafür bestehen, dass der Erblasser das Schriftstück als Testament gelten lassen wollte (zum Beispiel nachträgliche Unterschrift oder ein dahingehender eigenhändiger Vermerk).

Zur Ermittlung des Testierwillens ist auf **alle dafür erheblichen Umstände** zurückzugreifen, auch auf solche außerhalb der Urkunde, sowie auf die allgemeine Lebenserfahrung.[3] **Indizien** können sowohl persönliche Anordnungen und Wünsche (Bestattung, Grabpflege) wie materielle Aspekte (etwa vollständige Regelung der Rechtsnachfolge) sein. Die Rechtsprechung hat als Regel der Lebenserfahrung den Satz aufgestellt, dass regelmäßig kein Grund besteht, der Frage nachzugehen, ob lediglich ein Entwurf vorliegt, wenn ein formgerecht abgefasstes Testament vorliegt, das inhaltlich vollständig ist und auch sonst keine Anhaltspunkte dafür bestehen, dass der Erblasser damit nicht seinen letzten Willen zum Ausdruck bringen wollte.[4] Umstände, die auf eine Ausnahme von dieser Regel hindeuten, können sich daraus ergeben, dass das Testament auf einem (für den Erblasser!) **ungewöhnlichen Material**[5] geschrieben, nur mit einer **Abkürzung** (Initialen, Paraphe) unterschrieben, an einem **ungewöhnlichen Ort** aufbewahrt oder in einem **Brief** niedergelegt wurde. Andererseits sprechen diese Indizien zwar für einen Entwurf und können die oben angegebene Regel erschüttern; sie sprechen für sich allein jedoch noch nicht gegen einen ernsthaften Testierwillen.[6] Ist etwa bei Niederlegung der Verfügung gerade kein übliches Material zur Hand (Serviette oder Bierdeckel im Restaurant) oder „verwertet" der Erblasser üblicherweise bereits beschriebenes Papier, kann dies den Zweifel beseitigen.[7] Briefliche Äußerungen sind indiziell nur Ankündigungen; im Einzelfall kann der Erblasser etwa gerade die Briefform wählen, um die Durchsetzung (sichere Aufbewahrung, Information des Bedachten) seines Willens sicherzustellen.

Eine mit **„Entwurf"** überschriebene Verfügung kann in der Absicht geschrieben sein, dass der „Entwurf" bis zur Errichtung der endgültigen Verfügung gültig sein soll.[8]

Der **Testierwille muss bei Abschluss der Errichtung vorliegen;** das kann erhebliche Zeit nach der Niederlegung sein, regelmäßig bei Unterschrift, aber auch bei späterer Einbeziehung in eine weitere Verfügung (weiteres Testament, unterschriebene Ergänzung) sein.

---

[2] BayObLG NJW-RR 1989, 1092.
[3] BayObLG FamRZ 1999, 534; FamRZ 2005, 656.
[4] KG FamRZ 1991, 486 (488); BayObLG FamRZ 1992, 226 (227).
[5] In BayObLG FamRZ 1999, 534 war es ein Briefumschlag.
[6] BayObLG FamRZ 1999, 534.
[7] OLG Naumburg FamRZ 2003, 407 (408) (Grundbuchauszug).
[8] BayObLGZ 1970, 173.

II. Grundsatz der persönlichen Errichtung

Der Erblasser muss die Verfügung von Todes wegen höchstpersönlich errichten.

1. Stellvertretung

3   Bei der Errichtung eines Testaments oder Erbvertrags (auch eines Erbverzichts) ist jede Form der Stellvertretung ausgeschlossen (§§ 2064, 2274, 2347 Abs. 2 BGB). Nicht persönlich errichtete letztwillige Verfügungen und Erbverträge sind nichtig.

2. Mitwirkung anderer Personen bei der Bestimmung der Erbfolge

4   Nach § 2065 Abs. 1 BGB darf der Erblasser die Bestimmung der Gültigkeit eines Testaments nicht einem „anderen" übertragen. Auch die bedachte Person und der Gegenstand der Zuwendung muss vom Erblasser selbst bestimmt werden (§ 2065 Abs. 2 BGB).

Das Gesetz selbst enthält Ausnahmen, die sich aber nicht auf Erbeinsetzungen beziehen. So kann die Bestimmung der Person des Vermächtnisberechtigten und des Auflagebegünstigten und der Umfang der Zuwendung dem Beschwerten oder einem Dritten überlassen werden (§§ 2151, 2152, 2156, 2192, 2193 BGB).

Der Erblasser kann die **Auseinandersetzung des Nachlasses unter Miterben** dem billigen Ermessen eines Dritten übertragen (§ 2048 S. 2 BGB). Schließlich kann die Person des **Testamentsvollstreckers** durch einen Dritten bestimmt werden (§§ 2198, 2200 BGB).

5   Das Gesetz lässt es zu, dass der Erblasser selbst die Wirksamkeit seiner Verfügung an eine **Bedingung** knüpft (§§ 2074 ff. BGB). Er darf aber die Wirksamkeit nicht von der Willensentscheidung eines Dritten abhängig machen.

Der Bedachte hat jedoch das Recht, zu entscheiden, ob er die Zuwendung annehmen will oder nicht (§§ 1942, 2180 BGB).

Die hM hält es deshalb für zulässig, **Nacherben** unter der Bedingung einzusetzen, dass der Vorerbe keine andere letztwillige Verfügung trifft (→ § 10 Rn. 19).[9] Der Vorerbe wird bei anderweitiger Verfügung zum Vollerben, weil nun sein Testament in Übereinstimmung mit dem Erblasserwillen die Nacherbfolge vereitelt. Er verfügt nun über seinen eigenen Nachlass. Damit kann der Vorerbe die Nacherbschaft in Wegfall bringen. Der Widerstand in der Literatur gegen die Zulässigkeit dieser Klausel hat auch abgenommen.[10] Die Bedenken *Langes*[11] gegen die Zulässigkeit[12] der Ermächtigung des Vorerben, durch Verfügung unter Lebenden eine die Nacherbeneinsetzung auflösende Bedingung über das wesentliche Nachlassvermögen zu setzen, sind schwerwiegend; da unter Lebenden – anders als bei einer Verfügung von Todes wegen – Einzelverfügungen getroffen werden, tritt ein Zustand der Unsicherheit ein.

6   Unbestritten zulässig ist die Klausel in der Gestalt, dass der Erblasser eine bestimmte Person unter der **Bedingung zu seinem Nacherben einsetzt, dass diese Person auch Erbe des Vorerben wird.** Ebenso unstreitig zulässig ist die sog „**kaptatorische Verfügung"**, mit der jemand unter der Bedingung zum Vollerben eingesetzt wird, dass dieser eine bestimmte Person (oder jemand aus einem bestimmten Personenkreis) als seinen eigenen Erben einsetzt. Falls er dies nicht tut, wird er nur Vorerbe.

7   Die Klausel in einem gemeinschaftlichen Testament, in dem sich Ehegatten gegenseitig und nach dem Tode des Überlebenden die Kinder zu Erben einsetzen, mit der dem

---

9   BGHZ 59, 220; BGH NJW 1981, 2051; BayObLGZ 82, 331; BayObLG NJW-RR 2001, 1588; OLG Hamm OLGZ 73, 103; Palandt/*Weidlich* § 2065 Rn. 6.

10   Siehe MüKoBGB/*Leipold* § 2065 Rn. 16.

11   *Lange,* Erbrecht, § 27 Rn. 47.

12   So aber OLG Hamm FamRZ 2000, 447.

überlebenden Ehegatten das Recht eingeräumt wird, die Erbeinsetzung der Schlusserben (Kinder) zu widerrufen und über den Nachlass anderweitig zu verfügen, ist nach allgemeiner Meinung zulässig.[13] Der von der Ermächtigung Gebrauch machende überlebende Ehegatte ändert dadurch nicht die Verfügungen des erstverstorbenen Ehegatten ab, sondern macht lediglich von dem ihm belassenen Recht Gebrauch, seine eigene Verfügung zu ändern. Insoweit liegt auch keine bindende wechselbezügliche Verfügung vor.

Zulässig ist auch eine Klausel, die die Erbeinsetzung von **Pflegeleistungen des Erben** **8** **oder Dritten** auflösend abhängig macht,[14] da hier der Erblasser lediglich den Inhalt seiner letztwilligen Verfügung auf die Sachlage abstellen will, die durch das als Bedingung gesetzte Tun oder Unterlassen verwirklicht wird.[15] Unwirksam ist jedoch die Erbeinsetzung einer namentlich nicht genannten Person **„die mich pflegt"**, wenn die Pflegebedürftigkeit noch nicht eingetreten und die Person vom Erblasser auch noch nicht bestimmt ist.[16] Dasselbe gilt für Formulierungen wie **„wer sich um mich kümmert"**[17] oder **„wer mir in meinen letzten Stunden beisteht"**.[18] In diesen Fällen hängt es letztlich von der Beurteilung durch das Nachlassgericht ab, ob die Kriterien des Erblassers erfüllt sind oder nicht, so dass ein Verstoß gegen § 2065 Abs. 2 BGB vorliegt.

Strittig ist, inwieweit es zulässig ist, dass **der Erblasser einen anderen beauftragt,** **9** **nach Kriterien des Erblassers den Erben zu bezeichnen.** Für die grundsätzliche Zulässigkeit einer derartigen Klausel spricht ein offensichtliches Bedürfnis in allen Fällen, bei denen der Erblasser bei Errichtung der letztwilligen Verfügung die Eignung der in Frage kommenden Erben für die Übernahme und Fortführung seines Vermögens – insbesondere eines kaufmännischen Unternehmens – noch nicht überblicken kann.

Die Rechtsprechung hat unter der Flagge, dass **nicht die Bestimmung, sondern nur die Bezeichnung des Erben** durch den anderen erfolgen dürfte, derartige Verfügungen unter engen Voraussetzungen zugelassen.

Danach muss der Erblasser einen eng begrenzten Kreis von Personen bestimmen, aus denen der vom Erblasser bestimmte Dritte nach **sachlichen Kriterien** den Erben bezeichnet. Die Bezeichnung muss objektiv nachvollziehbar sein und darf nicht willkürlich sein. Der Dritte darf nur nach den vom Erblasser angegebenen Kriterien und nicht nach seinem Ermessen entscheiden. Die Rechtsprechung[19] wird als zu eng angesehen, wenn sie kein Werturteil des Dritten zulässt. Die Literatur[20] will einen Beurteilungsspielraum für den Dritten zulassen. So ist es zulässig, bei der Unternehmensnachfolge dasjenige Kind des Erblassers durch den von ihm bestimmten Testamentsvollstrecker als Unternehmenserben bezeichnen zu lassen, das auf Grund seiner Ausbildung zur Fortführung der Firma am geeignetsten ist. Bei mehreren gleich Geeigneten besteht ein zulässiger Beurteilungsspielraum für den Testamentsvollstrecker. Die Entscheidung ist gemäß § 319 Abs. 1 BGB gerichtlich überprüfbar.

Die Entscheidung des Dritten ist dem Nachlassgericht mitzuteilen. Es wird hier zu Unrecht analog § 2198 Abs. 1 BGB eine Auswahlerklärung in öffentlich beglaubigter Form gefordert.[21]

---

[13] BGHZ 2, 35; BGH DNotZ 1987, 430 (432); BayObLG NJW-RR 1989, 587 (588); OLG Frankfurt Rpfleger 1997, 262.
[14] BayObLG NJW-RR 1988, 729.
[15] BGHZ 15, 199 (202).
[16] BGH NJW 1965, 2201; BayObLG FamRZ 1991, 610: „… die mir beisteht…".
[17] OLG München NJW 2013, 2977 mit ablehnender Anmerkung von *Horn* und *Kroiß*.
[18] OLG Köln NJW-RR 2015, 7.
[19] BGHZ 15, 203; BGH NJW 1965, 2201; BayObLG FamRZ 1991, 610; BayObLG FamRZ 2000, 1392; anders RGZ 159, 296.
[20] MüKoBGB/*Leipold* § 2065 Rn. 26 ff., der (in Rn. 28, 28a) den BGH so versteht, dass „ein gewisser Wertungs- oder Beurteilungsspielraum" bei der Anwendung der vom Erblasser aufgestellten Kriterien zulässig sei und sich dabei auf KG FamRZ 1998, 1202 (1204) beruft.
[21] So MüKoBGB/*Leipold* § 2065 Rn. 30; Palandt/*Weidlich* § 2065 Rn. 9; Staudinger/*Otte* § 2065 Rn. 41; KG Rpfleger 1998, 288; aA OLG Celle NJW 1958, 953 (955) (so wie hier): Zugang an das Nachlassgericht, zusätzlich wird noch Zugang an die ausgeschlossene Person verlangt.

Will der Erblasser den sicheren Weg gehen, muss er ein **Vorausvermächtnis** für die Unternehmensweitergabe wählen, möglichst noch in der oben erwähnten objektivierten Form.

III. Testierfähigkeit

10   Voraussetzung für die wirksame Errichtung einer Verfügung von Todes wegen ist daneben, dass der Erblasser zum Zeitpunkt der Errichtung testierfähig ist. Im Umkehrschluss aus § 2229 Abs. 4 BGB folgt, dass die Testierfähigkeit der gesetzliche Regelfall ist. In einer Gesellschaft, in der die Menschen immer älter werden (statistische Lebenserwartung im Jahre 2017 in Deutschland: 81, 09 Jahre), kommt der Frage, ob ein im vorgerückten Alter errichtetes Testament im Zustand der Testierfähigkeit errichtet wurde, immer größere Bedeutung zu. Zwar ist die Frage, ob der Erblasser bei Errichtung der Verfügung testierfähig war eine juristische, allerdings bedarf der Richter insoweit sachverständiger Hilfe. Der Auswahl geeigneter Sachverständiger kommt eine erhebliche Bedeutung zu; regelmäßig sind forensische Psychiater geeignet, derartige Gutachten zu erstatten. Bei einem Facharzt für Nervenheilkunde ist – vorab – zu klären, ob der Sachverständige nach heutigem Verständnis der Facharztbezeichnung (auch) Facharzt für Psychiatrie ist. Darüber hinaus ist für eine fundierte Beurteilung erforderlich, dass das Gericht alle relevanten Krankenakten und Pflegeunterlagen – insbesondere aus der Zeit der Errichtung der Verfügung – beizieht und diese dem Sachverständigen zur Verfügung stellt. Den Beobachtungen medizinischer Laien kommt hingegen geringeres Gewicht zu,[22] auch die Stellungnahmen von Ärzten, die nicht über eine psychiatrische Qualifikation verfügen, sind nur von eingeschränktem Wert.[23]

Das Nachlassgericht darf sich in der Regel nicht mit einem im Betreuungsverfahren erholten Gutachten begnügen, weil die Begutachtung im Rahmen des Betreuungsverfahrens von vornherein eine andere Zielrichtung hat als die Begutachtung im Hinblick auf die Testierfähigkeit.[24]

1. Krankhafte Störung der Geistestätigkeit

11   Gemäß § 2229 Abs. 4 ist testierunfähig, wer wegen krankhafter Störung der Geistestätigkeit, wegen Geistesschwäche oder wegen Bewusstseinsstörung nicht in der Lage ist, die Bedeutung der testamentarischen Erklärung einzusehen oder nach ihr zu handeln.

Den allgemeinen Vorschriften über die Geschäftsfähigkeit (§§ 104 ff. BGB) gehen im Erbrecht Spezialregelungen vor.[25] Dabei unterscheidet das BGB die Testierfähigkeit hinsichtlich der Errichtung eines Testaments und des Abschlusses eines Erbvertrages, bei dem der Erblasser darüber hinaus grundsätzlich unbeschränkt geschäftsfähig sein muss (§ 2275 Abs. 1 BGB; Ausnahme bei Ehegatten und Verlobten: § 2275 Abs. 2 BGB, beschränkte Geschäftsfähigkeit genügt bei der Zustimmung des gesetzlichen Vertreters). Das von einem Testierunfähigen errichtete Testament ist unwirksam. Spätere Testierfähigkeit heilt nicht; das Testament muss neu errichtet werden.

Testierunfähigkeit wegen geistiger Gebrechen: Die Testierfähigkeit setzt die Vorstellung des Testierenden voraus, dass er ein Testament errichtet und welchen Inhalt die darin enthaltenen letztwilligen Verfügungen aufweisen. Er muss in der Lage sein, sich ein klares Urteil zu bilden, welche Tragweite seine Anordnungen haben, insbesondere welche

---

22   BayObLGZ 1979, 256 (263); *Cording* ZEV 2010, 23 (26).

23   *Cording* ZEV 2010, 23 ff.; kritisch dazu *Schmöckel*, NJW 2016, 433, der jedoch zu Unrecht unter Hinweis auf das OLG München (ZEV 2013, 504) unterstellt, die Rechtsprechung würde bei alten/älteren Menschen von einer Vermutung der Testierunfähigkeit ausgehen.

24   OLG München FamRZ 2017, 546.

25   OLG Rostock FamRZ 2009, 2039 f.: „Testierfähigkeit ist ein Unterfall der Geschäftsfähigkeit, gleichwohl aber unabhängig von ihr geregelt.".

Wirkungen sie auf die persönlichen und wirtschaftlichen Verhältnisse der Betroffenen ausüben, also die für und gegen seine letztwillige Verfügung sprechenden Gründe abzuwägen. Der Testierende muss frei von Einflüssen Dritter handeln können. Die nötige Freiheit des Willensentschlusses liegt nicht vor, wenn Erwägungen und Entschlüsse des Erblassers nicht mehr auf einer der allgemeinen Verkehrsauffassung entsprechenden Würdigung der Außendinge und der Lebensverhältnisse beruhen, sondern durch krankhafte Empfindungen, Vorstellungen und Gedanken oder Einflüsse Dritter so beeinflusst werden, dass sie tatsächlich nicht mehr frei sind, sondern von krankhaften Empfindungen oder Vorstellungen beherrscht werden. oder sie dem Einfluss eines Dritten nicht mehr Widerstand leisten können. Eine relevante Unfreiheit der Erwägungen und Willensbildung kann sich auch darauf beschränken, dass „die Motive für die Errichtung einer letztwilligen Verfügung entscheidend beeinflusst sind". Sittliche Fehlvorstellungen berühren die Wirksamkeit der Verfügung nicht.

Testierunfähig ist aber auch derjenige, der nicht in der Lage ist, sich über die für und gegen die sittliche Berechtigung seiner letztwilligen Verfügung sprechenden Gründe ein klares Urteil zu bilden und nach diesem Urteil frei von Einflüssen etwaiger interessierter Dritter zu handeln.[26] Der Erblasser muss also frei sein bei seiner Willensbildung, er muss die Bedeutung seiner Erklärungen erkennen können und in der Lage sein, nach dieser Einsicht zu handeln. Während es eine partielle Geschäftsfähigkeit gibt, ist die Testierfähigkeit immer nur im vollen Umfang gegeben (trotz krankhafter Störungen der Geistestätigkeit in einzelnen Lebensbereichen) oder gar nicht. Das BayObLG hat seine frühere Annahme einer partiellen Testierfähigkeit[27] ausdrücklich aufgegeben.[28] Dabei **geht es** nicht darum, den Inhalt der letztwilligen Verfügung auf seine Angemessenheit zu beurteilen, **sondern nur darum, ob die letztwillige Verfügung frei von krankheitsbedingten Störungen gefasst werden konnte.**[29] Es gibt keine nach Schwierigkeitsgrad des Testaments abgestufte Testierfähigkeit, die Fähigkeit ist entweder gegeben oder fehlt ganz.[30] Die Gegenansicht[31] verkennt, dass der Erblasser ein einfaches Testament unter Umständen nur deshalb errichten würde, weil er infolge seiner krankheitsbedingten Störung nicht (mehr) in der Lage ist, eine kompliziertere Anordnung zu treffen. Sein wahrer Wille wäre in einem solchen Fall durch das „einfache" Testament aber wohl nicht umgesetzt.

Das Gesetz verbindet nicht mit jeder Geisteskrankheit oder -schwäche (Geistesschwäche ist nur graduell von der krankhaften Störung der Geistestätigkeit unterschieden) die Testierunfähigkeit, sondern sieht die Fähigkeit des Erblassers, die Bedeutung der letztwilligen Verfügung zu erkennen und sich bei seiner Entscheidung von normalen Erwägungen leiten zu lassen, als maßgebend an. Eine **Bewusstseinsstörung** ist diesen Zuständen gleichgestellt, sie ist eine nicht unbedingt krankhafte erhebliche Trübung der Geistestätigkeit etwa in Folge von Trunkenheit, Rauschgiftkonsum, Medikamentenmissbrauch, Hypnose, Suggestion, epileptischen Anfällen, hochgradigem Fieber, Erschöpfungszuständen seelischer oder körperlicher Art oder manisch-seelischer Depressionen.[32] Gedächtnisschwäche ist nicht mit Bewusstseinsstörung gleichzusetzen, sofern Einsichts- und Handlungsfähigkeit gegeben sind.[33] Eine geistige Erkrankung des Erblassers steht der Gültigkeit seiner letztwilligen Verfügung nicht entgegen, wenn diese von der Erkrankung nicht beeinflusst ist.[34]

Es gibt **keine absolute Testierunfähigkeit** in dem Sinne, dass bei bestimmten Krank- **12** heiten ohne weitere Voraussetzungen Testierunfähigkeit gegeben ist. Einzelne – etwa durch

---

[26] BGH FamRZ 1958, 127 (128); BayObLGZ 1962, 219 (223 f.); 1999, 205 (210 f.); OLG München ZEV 2017, 148; OLG Bamberg FamRZ 2016, 83.
[27] BayObLG FamRZ 1985, 539.
[28] BayObLG NJW 1992, 248 (249).
[29] BayObLGZ 1999, 205 (210 f.); BayObLG DNotZ 2008, 296 (297).
[30] BayObLG DNotZ 2008, 297; aA Teile der Literatur, insbes. MüKoBGB/*Hagena* § 2229, Rn. 15 f. mwN.
[31] MüKoBGB/*Hagena* § 2229 Rn. 15 mwN.
[32] MüKoBGB/*Hagena* § 2229 Rn. 20.
[33] MüKoBGB/*Hagena* § 2229 Rn. 21.
[34] BayObLG FamRZ 2002, 1066 (1067).

eine **Psychose** erzeugte – Fehlvorstellungen können im Rahmen des § 2078 BGB Berücksichtigung finden. Im Bereich der **Psychopathie** ist selbst bei einem besonders hohen Grad **nur ausnahmsweise** Testierunfähigkeit gegeben.[35]

13   Die Anordnung einer Pflegschaft, insbesondere wegen Gebrechlichkeit, begründet in der Regel keine Testierunfähigkeit.[36] Der unter Pflegschaft Gestellte kann sich aller Testamentsformen bedienen, sofern er nicht lese- oder sprachunfähig ist (dazu § 2233 BGB) und auch ein Testament widerrufen. Auch eine nur vorübergehende krankhafte Störung der Geistestätigkeit oder Geistesschwäche führt zur Testierunfähigkeit, wenn deren Voraussetzungen erfüllt sind.

14   Auch die Testamente Geisteskranker können wirksam sein, wenn sie in einem lichten Augenblick **(lucidum intervallum)** errichtet sind.[37] Allerdings wird gerade bei Demenzerkrankungen aus medizinischer Sicht die Möglichkeit lichter Momente sehr zurückhaltend beurteilt, insbesondere sind sie schwer nachweisbar.[38] Da die Testierunfähigkeit der Ausnahmefall ist, ist der Erblasser nach allgemeiner Meinung bis zum Beweis des Gegenteils als testierfähig anzusehen.

Weder die Anordnung einer Betreuung (§ 1896 BGB) noch eine nach altem Recht angeordnete Gebrechlichkeitspflegschaft (§ 1910 BGB aF) geben eine Vermutung der Testierunfähigkeit nach § 2229 Abs. 4 BGB.[39]

Die in § 2229 Abs. 4 BGB aufgeführten Begriffe „krankhafte Störung der Geistestätigkeit" etc sind juristische Begriffe. Ihr Vorliegen hat das Gericht, nicht der Sachverständige, festzustellen.[40]

15   Die Überprüfung der Testierfähigkeit erfolgt im Nachlassverfahren von Amts wegen (§§ 26, 352 FamFG), im ZPO-Verfahren nach erheblichem Bestreiten. Im Nachlassverfahren hat sich in Bezug auf die Amtsermittlung durch das FamFG nichts geändert; § 26 FamFG entspricht § 12 FGG.[41] Das pauschale Bestreiten der Testierfähigkeit des Erblassers genügt nicht, um das Nachlassgericht zu Ermittlungen hierüber zu veranlassen. Angesichts der Schwierigkeit der Materie kann zwar (wie beim ZPO-Arzthaftungsprozess) ein schlüssiger Vortrag hierzu nicht verlangt werden. Andererseits ist es zumutbar und erforderlich, bestimmte konkrete Verhaltensweisen des Erblassers oder Besonderheiten im geistig-seelischen Bereich vorzutragen, damit das Gericht von seinem Ermessen, ob insoweit Ermittlungen aufgenommen werden sollen, Gebrauch machen kann. Falls zu einem „Anfangsverdacht" (ist bei unterstellter Richtigkeit eine Testierunfähigkeit möglich?) konkret vorgetragen wurde, wird der Nachlassrichter unter Berücksichtigung des Vortrags des gegnerischen Beteiligten zunächst die Stellungnahme eines psychiatrischen Sachverständigen einholen, ob und unter welchen Umständen aus dessen Sicht bei den vorgetragenen Tatsachen (unter Berücksichtigung etwa von Krankenunterlagen der behandelnden Ärzte und Auswertung von Gutachten und Unterlagen aus Betreuungsakten) eine Testierunfähigkeit in Betracht kommen kann. Danach wird der Nachlassrichter sein Ermessen gebrauchen und entscheiden, ob er eine Beweisaufnahme durchführt. Diese Beweisaufnahme kann auch im **Freibeweisverfahren** gemäß § 29 FamFG erfolgen, selbst wenn erhebliche Tatsachen bestritten sind.[42] Im Verfahren über die Testierfähigkeit wird der Nachlassrichter die Beweisaufnahme – insbesondere die Einvernahme von Zeugen aus dem Umfeld des Erblassers – in Gegenwart des Sachverständigen (nach Abklärung mit diesem, welche

---

35   BayObLG NJW 1992, 248 (249).
36   BayObLG NJW-RR 1990, 202; FamRZ 2004, 1821; 2005, 2019; OLG München NJW-RR 2008, 164.
37   BGHZ 30, 294.
38   OLG München ZEV 2013, 504; MüKoBGB/*Hagena* § 2229 Rn. 26; Staudinger/*Baumann* § 2229 Rn. 41; aus medizinischer Sicht: *Wetterling* ErbR 2014, 94.
39   BayObLGZ 1982, 309 zur **Gebrechlichkeitspflegschaft;** vgl. Palandt/*Weidlich* § 2229 Rn. 5: Es besteht sogar umgekehrt auch in diesen Fällen die Vermutung der Testierfähigkeit.
40   *Schmöckel* NJW 2016, 433.
41   Zur Amtsermittlung im FG-Verfahren siehe (→ § 38 Rn. 57 ff.).
42   OLG München ZEV 2008, 37.

Umstände medizinisch erheblich sind) durchführen[43] und erst danach ggf. ein schriftliches Gutachten in Auftrag geben. Zur Entbindung von der Verschwiegenheitspflicht der behandelnden Ärzte, des Steuerberaters, Anwalts und Notars (→ § 1 Rn. 9; § 38 Rn. 97).

Hinsichtlich des Notars ist auf alle Fälle rechtzeitig vor dem Termin die Befreiungserklärung durch den Präsidenten des für den Amtssitz des Notars zuständigen Landgerichts einzuholen (und dem Notar das Ergebnis mitgeteilt werden; er wird spätestens im Termin danach fragen).

In Zweifelsfällen sollte sich der Notar bei der Beurkundung der rechtlichen Beurteilung **16** der Geschäfts- und Testierfähigkeit enthalten. Bei bloßen Zweifeln hat er kein Ablehnungsrecht,[44] er hat vielmehr nach §§ 11 Abs. 1 S. 2, 17 Abs. 2 S. 2 BeurkG zu verfahren. Die **rechtliche** Bewertung des Notars bindet das Gericht nicht, die **tatsächlichen** Feststellungen haben Beweiskraft nach § 418 ZPO. Ein unterbliebener Vermerk macht das Testament nicht ungültig, kann jedoch Schadensersatzansprüche gegen den Notar auslösen[45]

Das von einem Testierunfähigen errichtete Testament ist nichtig, die Geltendmachung ist ohne Verfristung als Tatsachenvortrag jederzeit möglich und nur eine Anregung an das Gericht, seiner Ermittlungspflicht nachzugehen.

Für das **gemeinschaftliche Ehegattentestament** gelten die zum Testament gemachten **17** Ausführungen. Für den **Erbvertrag** ist unbeschränkte Geschäftsfähigkeit erforderlich (§ 2275 Abs. 1 BGB). Ausnahmsweise darf jedoch ein beschränkt geschäftsfähiger Ehegatte oder Verlobter ebenfalls – mit Zustimmung des gesetzlichen Vertreters und falls dies ein Vormund ist, zusätzlicher Genehmigung des Vormundschaftsgerichts – einen Erbvertrag schließen (§ 2275 Abs. 1 und 2 BGB).

Selbstverständlich ist auch ein Testament, das durch **Gewalteinwirkung, Drohung** oder **18** sonstige unzulässige Beeinflussungsmethoden zustande gekommen ist, nichtig, weil dem Erblasser die erforderliche Handlungsfähigkeit fehlt.[46]

Zu Lebzeiten des Erblassers, der ein Testament errichtet hat, kann nicht im Wege einer **19** **Feststellungsklage** oder in Anwendung der §§ 485 ff. ZPO (Beweissicherungsverfahren) oder in entsprechender Anwendung dieser Vorschriften im FamFG-Verfahren die Testierfähigkeit geklärt werden, weder durch den Bedachten oder den Erblasser noch durch einen Dritten.[47] Da ein Testament nur eine Erbaussicht verschafft, liegt kein feststellungsfähiges Rechtsverhältnis vor, es fehlt ein Rechtsschutzbedürfnis. Allerdings kann es sich für den beratenden Rechtsanwalt oder Notar empfehlen, dem Erblasser zu raten, vor der Errichtung der Verfügung von Todes wegen ein Gutachten über seine Testierfähigkeit zu erholen. Einer lebzeitigen Begutachtung durch einen erfahrenen (forensischen) Psychiater kommt bei einer späteren Auseinandersetzung über diese Frage erhebliches Gewicht zu.

2. Einzelne Krankheitsbilder

Krankheitsbild	Entscheidung/Fundstelle	Auswirkungen auf die Testierfähig- keit	**20**
Arteriosklerose	BayObLG NJW-RR 1991, 1098, 1099	Die Rechtsprechung hat Testierfähigkeit infolge der festgestellten Erkran-	
Demenz vom Alzheimer Typ	BayObLG FamRz 1997, 1511; OLG Düsseldorf FamRZ 1998, 1064		

---

[43] *Cording* ZEV 2010, 23.
[44] Bei Ablehnung der Beurkundung wegen angenommener Geschäfts- oder Testierunfähigkeit ist das Rechtsmittel der Beschwerde an die Zivilkammer des Landgerichts, in dessen Bezirk der Notar seinen Amtssitz hat, gegeben (§§ 15 Abs. 2 BNotO, 58 ff. FamFG) gegeben.
[45] OLG Oldenburg DNotZ 1974, 19; MüKoBGB/*Hagena* BeurkG § 28 Rn. 24.
[46] KG NJW 2001, 903 (905).
[47] BayObLG NJW-RR 1996, 457; OLG Frankfurt NJW-RR 1997, 581 (582); MüKoBGB/*Hagena* § 2229 Rn. 50.

Krankheitsbild	Entscheidung/Fundstelle	Auswirkungen auf die Testierfähigkeit
Senile Demenz	BayObLG FamRZ 1998, 515; OLG München NJW-RR 2008, 164	kung im Einzelfall bejaht.
Demenz bei Parkinson-Syndrom	MüKo/Hagena § 2229 Rn. 17	
Vaskuläre Demenz	BayObLG FamRZ 2005, 555	
Depression mit manischen Vorstellungen	RG WarnR 1928 Nr. 167	
Paranoide und psychotische Wahnvorstellungen	BayObLG FamRZ 2005, 658; OLG Thüringen FamRZ 2005, 2021	
Psychische Leistungsminderung	BayObLG ZEV 1997, 510	
Eifersucht	BayObLG Rpfleger 1984, 467	
Hirnorganisches Syndrom	BayObLG FamRZ 1998, 1061	
Organisches Psychosyndrom mit paranoider Symptomatik	BayObLG FamRZ 2005, 658	
Manisch-depressives Irresein	BGH WM 1956, 1184	
Schizophrene Psychose mit Glauben, Gedanken und Handlungen würden von anderen gelenkt	BayObLG Rpfleger 1984, 317, 318	
Monothematische Wahnerkrankung	OLG Celle NJW-RR 2003, 1093	
IQ < 35	MüKo/Hagena § 2229 Rn. 19	
Epilepsie	Soergel/Mayer § 2229 Rn. 16	Die Rechtsprechung hat bei der jeweiligen Grunderkrankung/Störung Testierunfähigkeit verneint.
paranoid-halluzinatorisches Syndrom mit zeitweiligen Wahnvorstellungen	BayObLG NJW 2000, 1959	
Verwahrlosungstendenzen	BayObLG ZEV 2002, 234	
Psychopathie	BayObLG NJW 1992, 248	
alkoholbedingtes derilantes Syndrom	BayObLG FamRZ 2004, 1821	
querulatorische Veranlagung, abnormes Persönlichkeitsbild	BayObLG FamRZ 1992, 724	
fortschreitende Gehirnerweichung	OLG Hamburg MDR 1950, 731	
alkohol- und Rauschgiftabhängigkeit	BayObLGZ 1956, 377	
Selbsttötung	BGH NJW 1951, 481; BayObLG FamRZ 1990, 801	

Krankheitsbild	Entscheidung/Fundstelle	Auswirkungen auf die Testierfähigkeit
IQ zwischen 35 und 49	MüKoBGB/*Hagena* § 2229 Rn. 19	
Hypoxischen Hirnschädigung nach Herz-Kreislaufstillstand	OLG München DNotZ 2008, 296; OLG Rostock FamRZ 2009, 2039	
Anordnung einer Gebrechlichkeitspflegschaft für Vermögensangelegenheiten	BayObLGZ 1982, 309, 313	

3. Alter

Nach § 2229 Abs. 1 BGB ist ein Minderjähriger unter 16 Jahren testierunfähig. Da die **21** Testamentserrichtung ein höchstpersönliches Rechtsgeschäft darstellt, scheidet eine gesetzliche oder gewillkürte Vertretung aus.

Mit der Vollendung des 16. Lebensjahres erlangt der Minderjährige Testierfähigkeit, ohne dass er bei der Testamentserrichtung der Genehmigung eines gesetzlichen Vertreters bedürfte (§ 2229 Abs. 1 und 2 BGB).

Hinsichtlich der für den Minderjährigen zugelassenen Testamentsformen sind aber Einschränkungen zu beachten. Nach § 2247 Abs. 4 BGB darf der Minderjährige kein eigenhändiges Testament errichten. Möglich bleibt allein ein öffentliches Testament (§§ 2231 Nr. 1, 2232 BGB). Dabei schließt § 2233 Abs. 1 BGB die Errichtung mittels Übergabe einer „geschlossenen Schrift" aus; zulässig ist nur die Errichtung durch Übergabe einer „offenen Schrift" oder durch mündliche Erklärung.

Nach dem Erreichen der Volljährigkeit bei Vollendung des 18. Lebensjahres (§ 2 BGB), stehen alle Testamentsformen offen.

4. Entmündigung

§ 2229 Abs. 3 BGB ist aufgehoben mit Wirkung vom 1.1.1992. Für die bis 31.12.1991 **22** errichteten Testamente Entmündigter gilt:

Mit Entmündigung trat Testierunfähigkeit ein (§ 2229 Abs. 3 S. 1 BGB aF) und zwar ab dem Zeitpunkt der Antragstellung im Entmündigungsverfahren (vgl. für den Aufhebungsantrag die Parallelvorschrift des § 2230 Abs. 2 BGB aF).

Davon unabhängig konnte aber in gewissen Fällen der Entmündigung ein vor Entmündigung abgefasstes Testament noch wirksam widerrufen werden (vgl. § 2253 Abs. 2 BGB), sofern nicht Testierunfähigkeit nach § 2229 Abs. 4 BGB gegeben war.

Ein Entmündigter konnte auch nicht mit Zustimmung des gesetzlichen Vertreters ein öffentliches Testament errichten; insbesondere konnte diese Rechtsfolge aus Gründen der Rechtsklarheit nicht aus einer analogen Anwendung von § 2253 Abs. 2 BGB iVm § 3 Abs. 1 EheG hergeleitet werden.[48]

Die mit Wirkung vom 1.1.1992 beseitigte vorläufige Vormundschaft beeinträchtigte die Testierfähigkeit nicht, es sei denn, später wurde eine Entmündigung ausgesprochen (vgl. § 2229 Abs. 3 S. 2 BGB aF).

---

[48] HM, aA *Canaris* JZ 1987, 993 (999 f.)

IV. Formgerechte Errichtung

23 Die **Testamente** können in ordentlicher Form (§§ 2231–2248, 2265, 2267 BGB) (→ § 8 Rn. 25 ff.)

– eigenhändig (§§ 2247, 2265, 2267 BGB),
– vor einem Notar (§§ 2232 f. BGB) beziehungsweise Konsul (§§ 10, 11 KonsularG) (→ § 8)

sowie in außerordentlicher Form (§§ 2249–2252 BGB)

– als Nottestament vor dem Bürgermeister (§§ 2249, 2250 BGB) (→ § 8 Rn. 71);
– als 3-Zeugen-Testament (§§ 2250, 2251 BGB) (→ § 8 Rn. 73);
– als Konsulartestament (§§ 2, 10 Abs. 2 und 3 KonsG);
– als Seetestament (§§ 2251, 2250 Abs. 3 BGB) (→ § 8 Rn. 74) errichtet werden.

Die Sondervorschriften nach dem Verfolgtentestament, Militärtestament, Militärnottestament hatten nur für die Testamente Gültigkeit, die während ihrer Geltung errichtet worden waren.

24 **Erbverträge** können nur vor einem Notar beziehungsweise Konsul bei gleichzeitiger Anwesenheit beider Vertragspartner errichtet werden (§ 2276 BGB). Der Erblasser hat in Person zu erscheinen, der andere Vertragsteil kann sich vertreten lassen. Zu beachten ist hier § 2276 Abs. 2 BGB: Die für einen Ehevertrag vorgeschriebene Form genügt, falls ein Erbvertrag zwischen Ehegatten oder Verlobten mit einem Ehevertrag in derselben Urkunde verbunden wird. Im Wege eines Prozessvergleichs kann ein Erbvertrag oder ein Erbverzicht zustande kommen, wobei der Erblasser persönlich anwesend sein muss; auch im Anwaltsprozess kann der Anwalt den Erblasser – im Gegensatz zum bloß vertragsschließenden oder verzichtenden Teil – insoweit nicht vertreten. Das Einverständnis des persönlich erschienenen Erblassers muss im Protokoll oder auf sonstige Weise feststellbar sein. Eine letztwillige Verfügung ist jedoch einem Vergleich nicht zugänglich (einseitige Willenserklärung ohne beiderseitiges Nachgeben!).

Wegen der Einzelheiten bei der Errichtung von Erbverträgen (→ § 12 Rn. 8 ff.).

1. Eigenhändiges Testament

25 Nach §§ 2231 Nr. 2, 2247 Abs. 1 BGB kann der Erblasser ein Testament durch eigenhändig geschriebene und unterschriebene Erklärung errichten. Im Rahmen dieser Form wird also gänzlich auf die Mitwirkung von Urkundspersonen oder Zeugen verzichtet. Wer nicht zu lesen (auch bei einer vorübergehenden Sehstörung) oder zu schreiben vermag, kann kein eigenhändiges Testament errichten. An der **Lesefähigkeit** fehlt es auch, wenn der Erblasser den Sinn des Geschriebenen nicht erfassen kann.[49] Bis zum Beweis des Gegenteils ist jedoch bei einem handschriftlichen Testament vom Normalfall der Lesefähigkeit auszugehen.[50] Das Nachlassgericht muss die Lesefähigkeit nur bei konkreten Anhaltspunkten ermitteln; die pauschale Behauptung durch einen Beteiligten genügt hier ebenso wenig wie bei der Frage der Testierunfähigkeit (→ § 8 Rn. 10 ff.) des Erblassers.[51] Wer kein eigenhändiges Testament errichten kann, kann in der Regel ein notarielles Testament errichten. **Faktisch testierunfähig** sind nur mehrfach behinderte Personen (blinde Taubstumme), die sich auch nicht mit Hilfe von Gebärden, Gesten oder einer hinzugezogenen Vertrauensperson nach außen verständlich machen können, deren Willen also nicht ermittelt werden kann. Ein testierfähiger (16-jähriger, § 2229 Abs. 1 BGB) Minderjähriger kann kein eigenhändiges Testament errichten (§ 2247 Abs. 4 BGB).

---

[49] BayObLG NJW-RR 1997, 1438.
[50] OLG Düsseldorf ZEV 2000, 316; BayObLG FamRZ 1987, 1199.
[51] BayObLG FamRZ 1997, 1029.

a) Eigenhändige Niederschrift

An die Eigenhändigkeit sind besonders strenge Anforderungen zu stellen, damit die Echt- **26** heit des Testaments möglichst sicher (nötigenfalls auch mittels Schriftvergleichs) ermittelt werden kann.

Das ganze Testament muss persönlich und handschriftlich abgefasst sein.[52] **Der Testierfähige muss schreiben und lesen können** (§ 2247 Abs. 4 BGB). Abmalen einer Vorlage ist keine eigenhändige Errichtung. Nicht ausreichend ist die Verwendung mechanischer Schrift, zB Schreibmaschine oder Stempel.

Unerheblich ist dagegen, welches **Schreibgerät** verwendet wird (auch Bleistift, Kreide oder sogar ein leergeschriebener Kugelschreiber auf Pauspapier sind zulässig). Gleichgültig ist auch die äußere Form (es genügt also auch ein Brief oder eine Postkarte, wobei hier jedoch Anlass besteht, den Testierwillen besonders sorgfältig zu prüfen), die **Sprache** (der Erblasser muss einer etwaigen Fremdsprache hinreichend kundig sein) und die **Schriftart;** zulässig ist also ein stenographiertes Testament, ungültig ist jedoch ein in handgeschriebener Blindenschrift abgefasstes Testaments, da die Punktschrift keinen sicheren Rückschluss auf den Verfasser zulässt.[53] **Druckbuchstaben** genügen, wenn sie hinreichend sicher den Schluss auf die Urheberschaft des Erblassers zulassen.

Fremde Hilfestellung bei der Abfassung des Testaments ist in begrenztem Umfang **27** zulässig, solange der Schluss von der Schrift auf den Schreibenden möglich ist, also individuelle Schriftzüge gegeben sind. Eine Stützung des Armes oder der Hand beim Schreiben ist zulässig.[54] Voraussetzung ist aber, dass der Erblasser ein Testament des vorliegenden Inhalts wirklich abfassen wollte und der Schreibvorgang von seinem Willen abhing.[55] Das ist dann nicht mehr der Fall, wenn die „Schreibhilfe" Hand oder Arm des Erblassers so geführt hat, so dass letztlich offen bleibt, wessen Wille niedergelegt worden ist. Ist dies uneingeschränkt zu bejahen, soll es sogar unerheblich sein, wenn die Schriftzüge mehr dem Schriftbild des Helfers entsprechen.[56]

Die Eigenhändigkeit ist aber zu verneinen, wenn der Erblasser auch mit Unterstützung nicht schreibfähig ist oder der Schreibvorgang nicht mehr seinem Willen unterliegt.[57] Letztlich handelt es sich um eine tatsächliche Frage, die das Nachlassgericht bei konkreten Anhaltspunkten von Amts wegen im Erbscheinsverfahren zu klären hat. Das Risiko, dass sich das Gericht nicht von der Eigenhändigkeit der Errichtung der Verfügung überzeugen kann, trägt derjenige, der Rechte aus ihr herleiten will.

Bezugnahmen auf nicht eigenhändig abgefasste Schriftstücke sind nach den dar- **28** gestellten Grundsätzen grundsätzlich nichtig. Soll durch Testament eine Stiftung gegründet werden (→ § 25 Rn. 1 ff.) (§ 83 BGB), gilt dies auch für **Stiftungssatzung.** Die Rechtsprechung hat eine Ausnahme für den Fall zugelassen, in dem die Satzung der zu gründenden Stiftung dem Testament maschinenschriftlich beigefügt war; die Gründung der Stiftung und ihr Zweck im Testament aber hinreichend angedeutet waren.[58]

Derartige Bezugnahmen können nach § 2085 BGB dann zur Nichtigkeit des ganzen Testaments führen, wenn sie den hauptsächlichen Inhalt der Verfügung von Todes wegen darstellen, also etwa nur in der Bezugnahme eine Erbeinsetzung enthalten ist. Die nicht formgerechte zweite Urkunde kann jedoch bei der Auslegung des Erblasserwillens eine Rolle spielen.

---

[52] Grundlegend dazu BGHZ 47, 68, (70 ff.).
[53] Palandt/*Weidlich* § 2247 Rn. 7; LG Hannover NJW 1972, 1204; strittig. Im Übrigen muss ein Blinder notariell testieren.
[54] Palandt/*Weidlich* § 2247 Rn. 7.
[55] BGH NJW 81, 1900.
[56] BGH NJW 81, 1900 (1901); BayObLG Rpfleger 1985, 493.
[57] BGH NJW 1967, 1124.
[58] OLG Stuttgart ZEV 2010, 200.

Das Gleiche gilt im Grundsatz auch für Teile oder Zusätze Dritter sowie Abschnitte, die in einer unzulässigen Schrift, zB mit Schreibmaschine abgefasst sind oder auch für nicht lesbare Teile.

Zugunsten der Wirksamkeit der Verfügung hat die Rechtsprechung in einem Fall entschieden, in dem der Erblasser auf der Fotokopie einer früheren Verfügung von Todes wegen handschriftliche Änderungen angebracht hat, wobei der Text der ursprünglichen Verfügung und die handschriftlichen Änderungen ein einheitliches Ganzes gebildet haben.[59]

Grundsätzlich ist es unschädlich, wenn die Niederschrift auf mehreren, nicht miteinander verbundenen Blättern erfolgt, sofern diese inhaltlich ein Ganzes sind und eine einheitliche Willenserklärung enthalten;[60] es ist auch ohne Bedeutung, in welcher **zeitlichen Reihenfolge** die einzelnen Bestandteile des Testaments einschließlich der Unterschrift niedergeschrieben werden; zwischen der Niederschrift der einzelnen Teile können auch sehr lange Zeiträume liegen.[61]

Ein durchgestrichenes – und damit unwirksam gewordenes (§ 2255 S. 2 BGB) – Testament kann unter besonderen Umständen bei der Auslegung eines weiteren, formwirksamen, aber bewusst unvollständigen Testaments herangezogen werden.[62]

Die **maschinenschriftliche Überschrift „Testament"** führt nicht zur Nichtigkeit des handschriftlich geschriebenen Testaments, wenn der eigenhändig geschriebene Teil als selbständige Verfügung für sich einen abgeschlossenen Sinn ergibt.[63]

b) Verlust der Urkunde

29 Zwar ist zum Nachweis eines testamentarischen Erbrechts grundsätzlich die Urschrift der Urkunde vorzulegen, auf die das Erbrecht gestützt wird (§ 352 Abs. 3 FamFG). Ist diese Urkunde jedoch nicht auffindbar, können (formgerechte!) Errichtung und Inhalt mit allen zulässigen Beweismitteln bewiesen werden, wobei an den Nachweis strenge Anforderungen zu stellen sind.[64] Die Feststellungs- beziehungsweise Beweislast für die formwirksame Errichtung des Testaments trägt derjenige, der Rechte aus ihm herleiten will.[65] Es besteht auch keine Vermutung dafür, dass ein nicht mehr auffindbares Testament vom Erblasser in Widerrufsabsicht zerstört worden ist. Insoweit trägt derjenige die Feststellungslast, dem der Widerruf des Testaments zugute käme.

c) Eigenhändige Unterschrift

30 Durch das Erfordernis der Unterschrift (§ 2247 Abs. 1 BGB) soll die Urheberschaft des Erblassers sichergestellt (Identitätsfunktion) und ferner das Testament räumlich beendet werden (Abschlussfunktion).

Anhand dieser beiden Kriterien ist die Wirksamkeit einer Unterschrift zu prüfen:

31 **Identitätsfunktion:** § 2247 Abs. 3 S. 1 BGB verlangt („soll") die Angabe des Vor– und Familiennamens.

Nach § 2247 Abs. 3 S. 2 BGB reicht auch eine Unterschrift aus, die eine Feststellung der Urheberschaft auf andere Weise zulässt, soweit auch der Testierwille feststeht. Genügend ist demnach die Unterzeichnung mit Vor- oder Familiennamen, einer familieninternen Bezeichnung (zum Beispiel Vater, Sohn), Kosenamen oder auch einer sonstigen Bezeichnung.

---

[59] OLG München Rpfleger 2006, 74.
[60] OLG München Rpfleger 2006, 74 (75).
[61] BayObLGZ 1984, 194 (196); DNotZ 2005, 57.
[62] BayObLG NJW-RR 2005, 525; im entschiedenen Fall kam dieser Wille dadurch zum Ausdruck, dass beide Testamente gemeinsam in einem verschlossenen Umschlag aufbewahrt wurden.
[63] BayObLG ZEV 2005, 348.
[64] BayObLG FamRZ 1990, 1162; OLG Zweibrücken FamRZ 2001, 1313; OLG München NJW-RR 2009, 305; OLG Köln FamRZ 2017, 1164.
[65] OLG Schleswig NJW-RR 2014, 73.

Dies muss konsequenterweise auch für Abkürzungen gelten, sofern sie charakteristisch sind (zum Beispiel eine Unterschrift nur mit den Initialen des Namens),[66] weil auch darin eine Unterschrift in anderer Weise liegt und − zumindest im Rahmen des § 2247 BGB vom Bestreben des Gesetzgebers auszugehen ist, die Wirksamkeit eines Testaments nicht an bloßen Formalien scheitern zu lassen. Weiterhin ist die Leserlichkeit der Unterschrift nicht Voraussetzung, solange die Identifikation des Erblassers möglich ist; es muss sich um Schriftzeichen handeln. Daraus folgt im Gegenschluss, dass bloße Handzeichen oder Schnörkel, die nicht als Abkürzungen des Erblassers zur erkennen sind, nicht genügen. Strittig ist dagegen, ob alle Formvorschriften nach dem Grundsatz des „favor testamenti" auszulegen sind. Dies ist im Hinblick auf die Rechtssicherheit zu verneinen.

Abschlussfunktion: Die Unterschrift ist integrativer Bestandteil und zugleich Abschluss **32** des Testaments. Daraus lässt sich aber nicht folgern, dass das Testament als Ganzes zeitlich zusammenhängend errichtet werden muss; große zeitliche Unterbrechungen bei der Abfassung einzelner Abschnitte eines Testaments werden als unschädlich angesehen.[67] Die Unterschrift muss grundsätzlich **unter dem Text** stehen, ihn also räumlich abschließen, um ihn vor nachträglichen Ergänzungen zu schützen. Da die Unterschrift nur den Mindestinhalt eines Testaments abschließen muss, ist ebenfalls unschädlich, wenn nach ihr noch den Inhalt des Testaments nicht berührende Zusätze angebracht werden, so beispielsweise Orts- und Datumsangabe. Ferner wird die Abschlussfunktion auch dann als gewahrt angesehen, wenn die Unterschrift **neben** der letzten Textzeile oder − etwa aus Platzgründen − schräg am Rand erfolgt.[68]

Unzureichend dagegen, da keinerlei Abschluss bildend, ist die sogenannte Selbst- **33** bezeichnung zu Beginn des Testaments (zum Beispiel Ich, XY, verfüge…).[69] Nicht ausreichend ist auch ein anderes Schlusswort (zum Beispiel „so möge es geschehen"), da es keine Unterschrift beinhaltet. Anders, wenn beim Schlusswort der Name des Erblassers erwähnt wird („Dies ist der letzte Wille von X; so möge es geschehen", da sowohl Identitäts- als auch Abschlussfunktion erfüllt sind.[70]

Bei **mehrseitigem Text** genügt die Unterschrift auf dem letzten Blatt dann, wenn die Zusammengehörigkeit feststeht. Dieser Zusammenhang kann sich aus dem Inhalt, dem Schreibgerät oder dem Textmaterial ergeben, sodass eine mechanische Verbindung (etwa bei losen Blättern) nicht unbedingt erforderlich ist.[71] Schwierigkeiten ergeben sich jedoch dann, wenn jedes Blatt mit einem Satz abschließt beziehungsweise beginnt und auf jedem Blatt eigenständige Verfügungen enthalten sind. Falls in einem solchen Fall die Blätter auch nicht nummeriert sind, kann zweifelhaft sein, ob alle Blätter von der Abschlussfunktion der Unterschrift gedeckt sind.[72]

Ein widerufenes Testament kann durch unterschriebene Neudatierung wirksam werden, ohne dass die Unterschrift am Textende wiederholt werden muss.[73]

Umstritten ist die Frage, ob eine **Unterschrift auf** einem das Testament beinhaltenden **34** **Briefumschlag** zur Wahrung der Abschlussfunktion genügt. Die hM bejaht dies, wenn der Unterschrift auf dem Umschlag keine eigene Bedeutung zukommt, sodass sie mit dem im Umschlag enthaltenen Blättern in so engem Zusammenhang steht, dass sie nach Erblasserwillen und Verkehrsauffassung als äußere Fortsetzung und Abschluss der inne liegenden Erklärung anzusehen ist.[74] Wann eine solche enge Verbindung vorliegt, kann nur im Einzelfall bestimmt werden. Da dieser Definition klare Konturen fehlen, ist die Recht-

---

[66] OLG Celle NJW 1977, 1690.
[67] BayObLGZ 1984, 194.
[68] BayObLGZ 1981, 79.
[69] Palandt/*Weidlich* § 2247 Rn. 11 mwN; BayObLG FamRZ 1988, 1211.
[70] Palandt/*Weidlich* § 2247 Rn. 11 mwN.
[71] BayObLG FamRZ 1991, 370.
[72] OLG Köln NJW-RR 2014, 1035.
[73] OLG Dresden NJW-FER 1998, 61.
[74] BayObLG NJW-RR 2002, 1520; OLG Braunschweig ZEV 2012, 40.

sprechung auch bei der Beurteilung der Voraussetzungen im Einzelfall uneinheitlich.[75] Eine wesentliche Rolle dabei spielt der Umstand, ob sich auf dem Umschlag unterschriebene Aussagen befinden, die zu der Wertung führen, dass der Erblasser mit der Unterschrift nicht beabsichtigte, den Testamentstext in Geltung zu setzen (Testierwille), sondern den Umschlagtext autorisieren wollte.[76] Der Text „Mein letzter Wille" wird als ausreichender Zusammenhang angesehen,[77] nicht jedoch – so das BayObLG – der Hinweis „Testament", der lediglich Kennzeichnung des Inhalts ist, jedenfalls dann, wenn die Erblasserin das Testament nicht bei ihren Sachen aufbewahrt, sondern einem Dritten gegeben hat.[78]

Ein weiteres Kriterium kann sein, ob auf der eigentlichen Urkunde noch genügend Raum für eine Unterschrift ist; so dass die Frage bei einem vollgeschriebenen Blatt anders zu bewerten sein kann.[79] Ob die Unterschrift im Einzelfall den Testamentstext deckt, ist ein Tatsachenproblem. Unerheblich ist, dass bei der Niederlegung des Testamentstextes ein Testierwille vorhanden war, da auf den Zeitpunkt des Abschlusses der Erklärung, also der Unterschrift, abzustellen ist.

35   Weitere **Umstände, die von der Rechtsprechung herangezogen werden:**

Das Kuvert ist offen oder verschlossen: In der Rechtsprechung finden sich sowohl Entscheidungen, die diesem Umstand Relevanz beimessen,[80] als auch solche, die dies für irrelevant hält.[81]

Ein weiteres Kriterium für die Frage, ob die Unterschrift auf dem Umschlag ausreichend ist, kann sein, ob sie sich **auf Vorder- oder Rückseite des Umschlags befindet:**

Offen gelassen wurde dies vom BayObLG,[82] wenn auf dem Blatt, auf dem sich die eigentliche Verfügung befand, noch genügend Platz für eine Unterschrift war. In einem anderen Fall hat das Gericht mehrfache Unterschriften auf der Umschlagrückseite als Abschlussfunktion anerkannt.[83] Auf der Vorderseite war der Umschlag mit „Testament" beschriftet. Dieses verschlossene Kuvert war wiederum war in einem verschlossenen Umschlag eingelegt, der an das Amtsgericht adressiert war. Aus diesem Umstand leitete das BayObLG eine tatsächliche Vermutung für die Abschlussfunktion her. In einer anderen Entscheidung hat das Gericht der quer über die Umschlagslasche gesetzten Unterschrift Abschlussfunktion zuerkannt.[84] Der Erblasser hatte den Umschlag selbst verschlossen, ihn sodann in ein gemietetes Schrankfach bei seiner Hausbank verwahrt und dieses nicht mehr geöffnet. Außerdem hatte er in einem Ordner mit der Aufschrift „alles was mit dem Sterben zu tun hat" einem nicht unterschriebenen Testamentsentwurf – datiert 11 Monate nach dem im Schrankfach befindlichen Testament – mit dem Zusatz „Das Original liegt in der Hausbank" aufbewahrt. Das Gericht hat den Einwand, die Unterschrift auf der Lasche habe nur der Versiegelung gedient, nicht akzeptiert.[85]

36   **Text oder Textänderung nach Unterschrift:** Ob die Unterschrift zeitlich vor oder nach der Niederlegung des Textes liegt, ist unerheblich. Für die Formgültigkeit kommt es nur darauf an, dass im Zeitpunkt des Todes eine die gesamten Erklärungen nach dem Willen des Erblassers deckende Unterschrift vorhanden ist.[86]

---

[75] BayObLGZ 1982, 131 lässt die Unterschrift auf dem Umschlag eines selbst geschriebenen verschlossenen Briefes ausreichen; vgl. auch BayObLG NJW-RR 89, 9; OLG Hamm OLGZ 1986, 292 vertritt die gegenteilige Ansicht für den Fall eines unverschlossenen Briefes wegen der zu losen Verbindung von Brief und Umschlag.

[76] OLG Rostock NJOZ 2015, 9.

[77] BayObLG NJW-RR 1986, 494; OLG Celle NJW 1996, 2938.

[78] BayObLG NJW-RR 2002, 1520.

[79] OLG Celle NJW 1996, 2938.

[80] OLG Hamm NJW-RR 1986, 873.

[81] BayObLG NJW-RR 1989, 9.

[82] BayObLG NJW-RR 2002, 1520.

[83] BayObLG ZEV 1994, 40 (41).

[84] BayObLGZ 1982, 131 (133).

[85] BayObLGZ 1982, 131 (133); ebenso – aus tatsächlichen Gründen – in ZEV 1994, 40; ebenso OLG Rostock NJOZ 2015, 9 im Falle der Unterschrift auf der Vorderseite bei einem verschlossenen Kuvert.

[86] BayObLGZ 1984, 194 (197); BayObLG DNotZ 2005, 57.

So ist ein eigenhändiges Testament nicht deshalb unwirksam, weil der Erblasser 17 Jahre nach seiner Unterschrift den darüber befindlichen Text gestrichen und durch einen neuen Text ersetzt hat ohne neu zu unterschreiben.[87] Auch beim gemeinschaftlichen Testament sind nachträgliche Änderungen nach hM grundsätzlich von der ursprünglichen Unterschrift der Ehegatten gedeckt.[88] Schwierigkeiten entstehen jedoch dann, wenn zweifelhaft ist, ob die Veränderung mit Billigung des jeweils anderen Ehegatten vorgenommen worden ist. Bei Änderungen empfiehlt es sich daher, die Urkunde neu zu errichten und erneut zu unterschreiben.

Textergänzungen (räumlich) unterhalb der Unterschrift müssen grundsätzlich erneut unterschrieben werden. Ausnahmen kommen aber in Betracht, wenn Zusätze unterhalb der Unterschrift zu dem darüber stehenden Text einen so engen Bezug haben, dass dieser erst mit dem Zusatz sinnvoll wird, zum Beispiel wenn das Testament ohne die vorgenommenen Ergänzungen lückenhaft, unvollständig oder nicht durchführbar wäre und der wirkliche Wille des Erblassers nur aus beiden vom Erblasser niedergeschriebenen Erklärungen ersichtlich wird.[89]

d) Beweisfragen

Die Frage, ob ein handschriftliches Testament vom Erblasser geschrieben und unterschrieben wurde, liegt im Wesentlichen auf tatsächlichem Gebiet (also beim Nachlassgericht und Oberlandesgericht als Beschwerdegericht). Stützt sich das Gericht hierbei auf ein Gutachten, muss die Beweiswürdigung weiter ergeben, dass das Gericht selbständig und eigenverantwortlich geprüft hat, ob es dem Gutachten folgen kann.[90] Das Gericht der Rechtsbeschwerde (BGH) kann die Beweiswürdigung nur daraufhin überprüfen, ob der maßgebliche Sachverhalt ausreichend erforscht wurde (§§ 26 FamFG, 352 FamFG), ob alle wesentlichen Umstände berücksichtigt wurden, die Beweiswürdigung nicht den Denkgesetzen oder allgemeinen Erfahrungssätzen zuwiderläuft oder die Beweisanforderungen vernachlässigt oder überspannt worden sind.

Eigenhändigkeit: Für den Tatrichter gilt das Beweismaß der persönlichen Überzeugung, also ein für das praktische Leben brauchbarer Grad von Gewissheit, der vernünftige Zweifel ausschließt (vgl. § 442 ZPO).[91] Nicht maßgeblich ist dabei, welchen Grad an Wahrscheinlichkeit der Gutachter für die Eigenhändigkeit des Textes, der Unterschrift und der Übereinstimmung von Urheberschaft des Textes und der Unterschrift angibt.[92] So wurde vom Rechtsbeschwerdegericht nicht beanstandet, dass das Gericht bei bloßer „Wahrscheinlichkeit" der **Echtheit** des Testaments keine vernünftigen Zweifel hatte.[93] In diesem vom BayObLG entschiedenen Fall ergaben die physikalisch-technische Prüfung und die graphische Analyse keine Befunde für eine Fälschung; die Beurteilung war aber durch Probleme des Vergleichsmaterials erschwert (hohe zeitliche Differenz; hoher Anteil an Nichtoriginalen; Veränderung der Schreibweise bei Vor- und Nachnamen im Laufe der Zeit.

Eine „**hohe Wahrscheinlichkeit** (95 %)" kann ebenfalls genügen; der Sachverständige muss nicht zu einer „sehr hohen Wahrscheinlichkeit (etwa 99 %)" oder gar „mit an Sicherheit grenzender Wahrscheinlichkeit (99,99 %)" kommen.[94] Das Beweismaß des Sachverständigen hat sich nach wissenschaftlichen Maßstäben auszurichten, während für den Richter das Beweismaß der persönlichen Überzeugung gilt.

---

[87] BayObLGZ 1984, 194; OLG Zweibrücken FamRZ 1998, 581.
[88] NK-BGB/*Radlmayr* § 2267 Rn. 3; Palandt/*Weidlich* § 2267 Rn. 3.
[89] BayObLGZ 2003, 352 (355); FamRZ 2005, 1012: Lückenschließung durch Bezifferung des oben erwähnten „Geldes".
[90] BayObLG FamRZ 1982, 638 (639).
[91] BGH NJW 1993, 935; NJW-RR 1994, 567; BayObLGZ 1999, 205 (210).
[92] *Horn/Kroiß/Seitz*, Testamentsfälschung: Das Schriftgutachten im Erbscheinsverfahren, ZEV 2013, 24 ff.
[93] BayObLG FamRZ 2005, 1782.
[94] BayObLG NJOZ 2004, 3823.

Art und Umfang der Ermittlungen des Gerichts richten sich nach Lage des Einzelfalls; der Tatrichter entscheidet hierüber nach pflichtgemäßem Ermessen. Der Grundsatz der Amtsermittlung verpflichtet das Gericht „alle zur Aufklärung des Sachverhalts erforderlichen Beweise" zu erheben; zur Erschöpfung aller überhaupt möglichen Ermittlungen ist er nicht verpflichtet.[95]

Der Richter hat die Ermittlungen nur solange fortzuführen, bis er die volle Überzeugung von der Wahrheit oder Unwahrheit einer Tatsache erlangt hat und von weiteren Ermittlungen ein sachdienliches, die Entscheidung beeinflussendes Ergebnis nicht mehr zu erwarten ist. Das Gericht kann deshalb von der Vernehmung von Zeugen über Äußerungen des Erblassers, die dem niedergelegten Testierwillen widersprechen, absehen und diesem die maßgebliche Bedeutung beimessen. Die Regeln des **Anscheinsbeweises** gelten hier nicht, da ein typischer Geschehensablauf fehlt; die Urheberschaft des Erblassers für das Testament kann dadurch nicht in Frage gestellt werden. Das Gericht kann auch von der mündlichen Anhörung eines **Privatgutachters** absehen sowie davon absehen, ein weiteres Gutachten zu erholen, wenn sich das Privatgutachten nicht auf eine umfassende Tatsachengrundlage stützen konnte, eine vergleichende Einzelanalyse vermissen lässt und von möglichen Schreibbeeinträchtigungen ausgeht, für die die Beweisaufnahme keine Anhaltspunkte erbracht hat.[96]

38 **Feststellungslast für das Vorliegen eines eigenhändigen Testaments:** Wer Rechte aus dem Testament herleiten will, muss beweisen, dass

– ein eigenhändiges Testament bestimmten Inhalts existiert (auch wenn es nicht vorgelegt werden kann),
– Testierwille gegeben war (also kein Entwurf vorliegt)
– und der Text sowie die Unterschrift eigenhändig vom Erblasser geschrieben wurden.[97]

Ausnahmen von dieser grundsätzlichen Beweislastverteilung[98] sind anerkannt, wenn

– ein prozessualer Gegner eines Beteiligten durch schuldhafte Vernichtung des Testaments die Aufklärung über dessen Inhalt unmöglich gemacht hat oder
– bei einem gemeinschaftlichen Testament ein Ehegatte einseitig eine Seite des Testaments vernichtet und dadurch (etwa durch den fehlenden Nachweis der Unterschrift) einen Beteiligten begünstigt hat.

Diese Erschwerung der Beweisführung führt dazu, dass derjenige, der sie verursacht hat, nicht ausräumbare Zweifel gegen sich gelten lassen muss, so dass im Umfang der verbleibenden Zweifel die gesetzliche Erbfolge in Betracht kommt oder er sich so behandeln lassen muss, als ob ein formgültiges Testament errichtet wäre; ihm obliegt dann der Beweis des Gegenteils.[99] Hat der überlebende Ehegatte das gemeinschaftliche Testament vernichtet, muss der hierdurch Begünstigte nachweisen, dass das Testament wegen Formmangels nichtig sei.[100] Erfolgt die Vernichtung in der Absicht, die Einsetzung des Schlusserben zu widerrufen und ist deshalb deren Wechselbezüglichkeit nicht mehr feststellbar, trifft die Feststellungslast die gesetzlichen Erben des Überlebenden.[101] Die bloße Tatsache der Unauffindbarkeit der Urkunde begründet keine tatsächliche Vermutung oder einen Erfahrungssatz, dass das Testament durch den Erblasser vernichtet worden ist.[102] Aus dem bloßen Nichtvorhandensein einer Urkunde können deshalb keine rechtlichen Schlussfolgerungen auf eine Änderung der Beweislast gezogen werden.[103]

---

[95] BayObLG NJOZ 2004, 3823.
[96] BayObLG NJOZ 2004, 3820.
[97] BayObLG NJW-FER 2001, 22.
[98] Abgesehen von den in § 352 Abs. 3 FamFG genannten Ausnahmen gibt es keine formelle Beweislast, jedoch eine Feststellungslast, die sich aus dem materiellen Recht ergibt, Palandt/*Weidlich* § 2353 Rn. 40 mwN.
[99] MüKoBGB/*Hagena* § 2255 Rn. 17.
[100] OLG Hamm OLGZ 1967, 74.
[101] OLG Hamm FGPrax 1996, 28; Palandt/*Weidlich* § 2255 Rn. 13.
[102] OLG Düsseldorf NJW-RR 1994, 142.
[103] BayObLG BeckRS 2005, 3078.

Errichtungszeitpunkt: Die Bedeutung der Angabe des Errichtungszeitpunkts liegt darin, dass eine tatsächliche Vermutung für die Richtigkeit des angegebenen Zeitpunkts oder Zeitraum spricht.[104] Der Errichtungszeitpunkt kann wesentlich für die Bewertung der Testierfähigkeit, sowie (bei mehreren Verfügungen) für die Frage sein, welches Testament später errichtet wurde und damit früheren Testamenten vorgeht. Kommt es auf den Errichtungszeitpunkt entscheidungserheblich an, weil der Erblasser zu/ab einem bestimmten Zeitpunkt testierunfähig war (→ § 8 Rn. 10 ff.), trägt die Feststellungslast für die Errichtung zu einem Zeitpunkt, in dem noch Testierfähigkeit bestand nach Ansicht des BayObLG[105] derjenige, der sich auf die Gültigkeit des Testaments beruft.[106] Dies ist zutreffend, denn der Erblasser hat es selbst in der Hand, das Datum anzugeben oder das Testament in amtliche Verwahrung zu geben, um etwaige Zweifel auszuräumen. Das Gericht wird in diesen Fällen aber den Errichtungszeitpunkt besonders sorgfältig zu ermitteln haben, z. B. durch Einholung chemischer Gutachten, mit deren Hilfe sich gegebenenfalls das Alter des Papiers, der Tinte oder ähnliches aufklären lassen.

Kann nicht geklärt werden kann, welche von mehreren, sich widersprechenden Verfügungen früher oder später errichtet wurde und deswegen auch unklar ist, bei welcher Verfügung es sich um ein Widerrufstestament im Sinne des § 2255 BGB handelt, sind die Verfügungen unwirksam. Sind zwei Testamente mit widersprüchlichen Anordnungen mit demselben Datum versehen und kann die zeitliche Reihenfolge nicht geklärt werden, sind sie als gleichzeitig errichtet anzusehen und heben sich gegenseitig auf.[107] Ebenso ist die Rechtslage, wenn beide Testamente nicht datiert sind und die zeitliche Reihenfolge nicht bewiesen ist.[108] Ist nur eines der beiden Testamente datiert, ist gemäß § 2247 Abs. 5 bei Unklarheit der Errichtung der undatierten Verfügung diese als ungültig anzusehen, soweit widersprechende Anordnungen vorliegen. Soweit sich Anordnungen nicht widersprechen, bleiben diese in allen Fällen gültig. **39**

Ort der Errichtung: Der Ort der Errichtung hat Bedeutung für die Prüfung der Form (falls diese nicht der Ortsform, aber einer Auslandsform entspricht). **40**

2. Notarielles Testament

In der Abwägung der Vor- und Nachteile zwischen dem privatschriftlichen und dem notariellen Testament spricht vor allem die Beratung durch den Notar für das öffentliche Testament. Dem notariellen Testament werden nicht ganz zu Unrecht auch **41**

– der Schutz des Erblassers vor Beeinflussung,
– die gemäß §§ 415, 418 ZPO erhöhte Beweiskraft,
– das Vermeiden von Formfehlern,
– der Schutz vor unbefugter Veränderung (durch die Verwahrung)
– und die Ersparnis eines Erbscheins zur Grundbucheintragung (§ 35 Abs. 1 S. 2 GBO)
  als Vorteile angerechnet.

Man sollte jedoch den Schutz vor Beeinflussung nicht überschätzen; das hängt sehr von der Persönlichkeit des Notars ab. Das privatschriftliche Testament kann auch beim Nachlassgericht verwahrt werden. Für den Nachweis der Testierfähigkeit ist ein psychiatrisches Gutachten (zeitnah zur Testierung) erheblich aussagekräftiger als eine spätere Zeugenvernehmung des Notars; auch die formelhaften Bekundungen hierzu in der Notarurkunde helfen häufig nicht weiter (→ § 8 Rn. 10).

---

[104] BayObLG FamRZ 2001, 1329; FamRZ 2005, 656.
[105] BayObLG FamRZ 1994, 593; 1995, 898.
[106] MüKoBGB/*Hagena*, § 2229 Rn. 57; Palandt/*Weidlich* § 2247 Rn. 13.
[107] BayObLG NJOZ 2004, 3810.
[108] OLG Schleswig FamRZ 2016, 585.

a) Möglichkeiten der Errichtung und Verfahren

42 Für das Verfahren bei der Beurkundung gelten die Vorschriften des BeurkG mit dem in § 10 Abs. 3 Nr. 1 bis 5 **KonsG** aufgeführten Abweichungen. So können Urkunden gemäß § 10 Abs. 3 KonsG auf Verlangen auch in einer anderen als der deutschen Sprache errichtet werden; ein Dolmetscher braucht nicht vereidigt zu werden (§§ 5, 16 BeurkG sind hier enger). Testamente und Erbverträge sollen die Konsularbeamten nur beurkunden, wenn die Erblasser Deutsche sind (§ 11 Abs. 1 KonsG). Die Errichtungsvorschriften §§ 2232, 2233, 2276 BGB sind entsprechend anzuwenden (§ 11 Abs. 1 S. 2 KonsG). Für die besondere amtliche Verwahrung (§§ 346 Abs. 3 FamFG, 34, 34a BeurkG, 344 Abs. 1 bis 3, 346 FamFG) ist das Amtsgericht Schöneberg in Berlin zuständig; der Erblasser kann jederzeit die Verwahrung bei einem anderen Amtsgericht verlangen (§ 11 Abs. 2 S. 2 KonsG).

43 Das Gesetz (§ 2232 BGB) sieht bei der **Errichtung eines öffentlichen Testaments/ Erbvertrags folgende Möglichkeiten vor:**
- Durch Erklärung des Erblassers[109] vor dem Notar (§ 2232 S. 1 1. Alt BGB) und deren Niederschrift durch den Notar;
- durch Übergabe einer offenen oder verschlossenen Schrift mit der Erklärung, dass die Schrift den letzten Willen enthalte (§ 2332 S. 1 2. Alt).

Als Verfahrensvorschriften auf die Beurkundung anzuwenden sind die allgemeinen Vorschriften der §§ 1–11, 13, 16–18 BeurkG und die Sondervorschriften der §§ 27–35 BeurkG für Verfügungen von Todes wegen. Bei **Auslandsberührung** regeln Art. 27 EuErbVO beziehungsweise Art. 25, 26 EGBGB das anzuwendende Recht. Art. 26 EGBGB enthält die Formerfordernisse in diesem Fall.

b) Errichtung eines öffentlichen Testaments durch Erklärung

44 Mündlichkeit ist nicht mehr Wirksamkeitsvoraussetzung der Erklärung des Erblassers. Es genügt jede – auch nonverbale – unmittelbare persönliche Verständigung, die den Erblasserwillen dem Notar (dieser muss es verstehen!) erkenntlich macht: Kopfnicken, Kopfschütteln, sonstige Gebärden, Zeichen, Laute, Bewegung des Augenlides. Die Unterscheidung zwischen einer mündlichen oder sonstigen Erklärung behält weiterhin ihren Sinn, weil gemäß § 22 BeurkG zu einer **Erklärung in sonstiger Weise** ein Zeuge oder 2. Notar hinzugezogen werden soll, wenn nicht alle Beteiligten darauf verzichten. Für eine **mündliche Erklärung** genügt ein „ja", nicht jedoch unverständliches Lallen.[110] Auch bei nonverbalen, sonstigen Erklärungen sowie bei Mehrfach-Behinderungen ist eine „hinreichend gesicherte Verständigung" erforderlich.[111] Ist diese auch bei Einschaltung einer Mittelsperson (§ 24 BeurkG) nicht gegeben, liegt eine **faktische Testierunfähigkeit** vor.

c) Errichtung eines öffentlichen Testaments durch Übergabe einer Schrift (§§ 2232, 30, 31 BeurkG)

45 Ein Erblasser kann ein Testament auch dadurch errichten, dass er dem Notar
- eine offene oder verschlossene Schrift übergibt
- mit der verbalen oder non-verbalen Erklärung, dass die Schrift seinen letzten Willen enthalte.

Ein Lesensunfähiger kann nach § 2233 Abs. 2 BGB ein Testament nicht durch Übergabe einer Schrift errichten (Ausnahme bei Blindenschrift).

---

[109] Für das Nottestament vor 3 Zeugen (§ 2250 BGB) gilt das Erfordernis der Mündlichkeit der Erklärung nach wie vor. Sprechunfähige sind von diesem Testament weiterhin ausgeschlossen (Palandt/*Weidlich* § 2250 Rn. 6). In der Literatur wird zT angenommen, dass die zwingende Mündlichkeit der Erblassererklärung verfassungswidrig sei.

[110] BayObLGZ 1968, 268; OLG Hamm RNotZ 2002, 339.

[111] BVerfG NJW 1999, 1853.

Ein Minderjähriger kann ein öffentliches Testament nur durch Überreichung einer offenen Schrift errichten (§ 2233 Abs. 1 BGB). Ein Verstoß gegen § 2233 Art. 1 und 2 hat die Nichtigkeit des Testaments zur Folge (§ 125 S. 1 BGB).

aa) Die Schrift. Es ist weder erforderlich, dass die Schrift vom Erblasser stammt, noch dass **46** sie eigenhändig ist, sie muss jedoch beim Übergabeakt zur Stelle sein, darf sich nicht an einem anderen Ort befinden (Gefahr von Missverständnissen oder Manipulationen).[112] Maschinen- und Blindenschrift, fremde Schriftzeichen sind zulässig. Sie muss weder Orts- oder Zeitangaben noch eine Unterschrift enthalten. Der Notar soll vom Inhalt einer offenen Schrift Kenntnis nehmen, sofern er der Sprache, in der die Schrift verfasst ist, hinreichend kundig ist; die Schrift braucht nicht verlesen zu werden (§ 30 BeurkG). Der Notar ist zur Belehrung verpflichtet – soweit er die Schrift lesen und verstehen kann. Bei Übergabe einer verschlossenen Schrift ist der Notar berechtigt, nach dem Inhalt zu fragen, verpflichtet ist er jedoch hierzu nicht. Die Schrift soll der Niederschrift beigefügt werden (§ 30 S. 5 BeurkG); Heftung ist zweckmäßig, nicht erforderlich. Der Notar soll die Schrift derart kennzeichnen, dass eine Verwechslung ausgeschlossen ist (§ 30 S. 2 BeurkG). Er kann dabei die (offene) Schrift selbst oder den Umschlag der (verschlossenen) Schrift mit einer Aufschrift kennzeichnen oder die Schrift in der Niederschrift beschreiben. Die Schrift ist Bestandteil des Testamentes, nicht Teil der Niederschrift.[113]

bb) Übergabe und Behandlung der Schrift. Die Schrift muss nicht von Hand zu Hand **47** übergeben werden. Das Schriftstück muss aber beim Übergabeakt zur Stelle sein.[114] Erforderlich ist nicht ein sachenrechtlicher Besitzwechsel. Die Schrift muss mit dem Willen des Erblassers nach außen erkennbar aus seinem Verfügungsbereich in den des Notars gelangt sein.[115]

Es genügt, wenn der Notar eine von ihm selbst gefertigte Schrift zum erkrankten Erblasser bringt, sie ihm vorliest und der Erblasser seinen Willen zur Übergabe an den Notar erklärt oder eine dementsprechende Frage des Notars bejaht. Die Übergabe kann auch konkludent, etwa durch Genehmigung der Niederschrift in Gegenwart des Notars erfolgen.

Der Notar soll die Schrift so kennzeichnen, dass eine Verwechslung ausgeschlossen ist (§ 30 S. 2 BeurkG), sie ist zweckmäßiger (nicht notwendiger) Weise mit der Niederschrift mit Schnur und Siegel zu verbinden (§ 44 BeurkG). Die Schrift muss nicht verlesen werden. Die Niederschrift und die beigefügten Schriften sollen in einen Umschlag genommen und mit dem Prägesiegel verschlossen werden (§ 34 Abs. 1 S. 1, 2 BeurkG). Auf dem Umschlag soll der Notar die Person des Erblassers näher bezeichnen und das Errichtungsdatum angeben; diese Aufschrift soll der Notar unterschreiben (§ 34 Abs. 1 S. 3 BeurkG).

cc) Erklärung. Bei der Übergabe muss der Erblasser in Gegenwart des Notars erklären, **48** dass die Schrift seinen letzten Willen enthalte. Für non-verbale Erklärungen und Behinderungen S. § 22 BeurkG und unten d). Die Niederschrift **muss** die Erklärung des Erblassers enthalten, die übergebene Schrift enthalte seinen letzten Willen (§§ 9 Abs. 1 S. 1 Nr. 2, 30 S. 1 BeurkG).

dd) Kenntnis vom Inhalt der Schrift. Der Erblasser muss die Schrift kennen und **49** verstehen können.[116] Ein Teil der Gegenmeinung verlangt, dass der Erblasser die Möglichkeit der Kenntnisnahme haben muss.[117] Die Erklärung des Erblassers, er kenne die Schrift,

---

[112] MüKoBGB/*Hagena* § 2232 Rn. 26; Soergel/*Mayer* § 2232 Rn. 19.
[113] RGZ 84, 163 (165); KG ZEV 2007, 497; MüKoBGB/*Hagena* § 2232 Rn. 31.
[114] RGZ 84, 163 (165 f.).
[115] RGZ 150, 189.
[116] Str.; aA RGZ 76, 94; Reimann/Bengel/Mayer/*Voit,* Testament und Erbvertrag, § 2232 Rn. 18; wie hier MüKoBGB/*Hagena* § 2232 Rn. 30 und Palandt/*Weidlich* § 2232 Rn. 3.
[117] Reimann/Bengel/Mayer/*Voit,* Testament und Erbvertrag, § 2232 Rn. 18.

genügt jedoch. Eine geschlossene Schrift darf nicht ohne Zustimmung des Erblassers geöffnet werden.

50 ee) Verbindung mehrerer Testamentsformen des § 2232 BGB. Die Verbindung mehrerer Testamentsformen ist möglich (→ § 12 Rn. 11), die Erfordernisse der jeweiligen Testamentsformen sind jedoch jeweils einzuhalten.

Ist die übergebene Schrift ein formwirksames eigenhändiges oder öffentliches Testament, behält es seine Gültigkeit; solange das neu errichtete öffentliche Testament wirksam besteht, liegt jedoch nur ein Testament vor, die Schrift ist Bestandteil des öffentlichen Testaments. Bei dessen Unwirksamkeit ist die Schrift jedoch als eigenständiges Testament weiterhin gültig, es sei denn, der Erblasser wollte dies nicht.

d) Behinderungen

51 • **Der Erblasser kann nicht hinreichend sprechen:** Neben dem eigenhändigen Testament ist die Errichtung eines notariellen Testaments in jeder Form (Erklärung oder Übergabe einer Schrift) möglich (§ 2232 S. 1 BGB). Der Notar soll einen zweiten Notar oder einen Zeugen zuziehen, es sei denn alle Beteiligten verzichten darauf; auf Verlangen des Behinderten soll ein Gebärdendolmetscher hinzugezogen werden; diese Tatsachen sollen in der Niederschrift, die von dem Zeugen oder 2. Notar unterschrieben werden soll, festgehalten werden (§ 22 BeurkG). Für die Errichtung eines öffentlichen Testamentes durch mündliche Erklärung genügt es, wenn der Erblasser nach Verlesung der Niederschrift auf die Frage des Notars, ob dies sein letzter Wille sei, mit „Ja" antwortet.[118] Unschädlich ist, wenn das Sprechen zu einzelnen Punkten der Erklärung durch Zeichen und Gebärden unterstützt wird.

• **Der Erblasser kann nicht hinreichend hören:** Wie (1), jedoch muss die Niederschrift gemäß § 23 BeurkG statt des Verlesens zur Durchsicht vorgelegt werden; dies ist in der Niederschrift festzuhalten; falls auch eine schriftliche Verständigung nicht möglich ist, was in der Niederschrift festzuhalten ist, S. § 24 BeurkG (Einschaltung einer Mittelsperson zwingend, die auch die Niederschrift unterzeichnen muss). Die Zuziehung einer Vertrauensperson nach § 24 BeurkG ist erforderlich bei einem Tauben, der nicht lesen kann oder blind ist oder bei einem Stummen, der nicht schreiben kann.

• **Der Erblasser kann nicht hinreichend sehen:** Er kann zwar kein eigenhändiges Testament – auch nicht in Blindenschrift – jedoch ein notarielles Testament in der Form der Erklärung errichten; falls er die Blindenschrift beherrscht, kann der Erblasser auch eine in Blindenschrift verfasste Schrift übergeben.[119] Im Übrigen S. § 22 BeurkG.

• **Der Erblasser kann Geschriebenes nicht lesen:** Er kann weder ein eigenhändiges (§ 2247 Abs. 4 BGB) noch ein notarielles Testament in der Form der Schriftübergabe (§ 2233 Abs. 2 BGB) errichten; er kann aber in Form der Erklärung vor dem Notar testieren. Keine besonderen Formalien.

• **Der Erblasser kann seinen Namen nicht schreiben:** Er kann nicht eigenhändig, aber in jeder Form vor/dem Notar testieren. Es **muss** jedoch ein Zeuge oder 2. Notar hinzugezogen werden, der die Niederschrift unterschreiben **muss** (§ 25 BeurkG; im Gegensatz zur Unterschrift des Zeugen oder zweiten Notars, nach § 22 Abs. 2 BeurkG, einer Sollvorschrift)). Ist die Zuziehung eines Zeugen gemäß § 22 BeurkG wegen Taubheit, Stummheit oder Blindheit erforderlich, so kann dieser den Schreibzeugen mit ersetzen.

52 Die Errichtung des öffentlichen Testaments durch mündliche Erklärung und eine solche durch Übergabe einer Schrift können miteinander verbunden werden.[120] Wird das Testament durch Bezugnahme auf ein vorliegendes und übergebenes Schriftstück als Anlage

---

[118] BayObLGZ 1968, 268.
[119] HM; OLG Koblenz NJW 1958, 1784 nimmt hierzu nicht Stellung.
[120] RGZ 82, 149.

nach § 9 BeurkG errichtet, muss die letztwillige Verfügung in der Anlage selbst enthalten sein, die Niederschrift muss auf die Anlage verweisen. Die Niederschrift muss nach § 13 BeurkG in Gegenwart des Notars vorgelesen, von den Beteiligten genehmigt und von ihnen und dem Notar eigenhändig unterzeichnet werden. Das Schriftstück soll mit der Niederschrift durch Schnur und Prägesiegel verbunden werden (§§ 9 Abs. 1 S. 2, 44 BeurkG; 31 Abs. 1 S. 1 DONot). Die Anlage darf nicht verschlossen werden.

e) Das Beurkundungsverfahren

aa) Vom Notar zu prüfende Umstände:

- **Örtlich zuständig** ist der Notar in dem Oberlandesgerichtsbezirk, in dem er seinen 53 Amtssitz hat (§ 11 Abs. 1 BNotO). Bei Gefahr im Verzug oder mit Genehmigung der Aufsichtsbehörde darf er auch außerhalb seines Amtssitzes beurkunden (§ 11 Abs. 2 BNotO). Die fehlende Zuständigkeit berührt die Gültigkeit der Urkundtätigkeit nicht (§ 11 Abs. 3 BNotO).
- **Ein Notar ist als Urkundsperson ausgeschlossen,** wenn er selbst, sein Ehegatte, sein 54 Lebenspartner oder eine Person, die mit ihm in gerader Linie verwandt ist oder war an der Beurkundung beteiligt ist oder ein Vertreter für die genannten Personen handelt (§ 6 Abs. 1 BeurkG).

  Eine **Beurkundung ist insoweit** gemäß § 7 Abs. 1 BeurkG **unwirksam,** als der Notar, sein jetziger oder früherer Ehegatte, eine mit ihm in gerader Linie verwandte oder verschwägerte Person sowie Verwandte in der Seitenlinie bis zum dritten Grad bzw. Verschwägerte bis zum zweiten Grad im Testament bedacht oder zum Testamentsvollstrecker ernannt werden sollen (§§ 7, 27 BeurkG). Ob auch die übrige Verfügung unwirksam ist, bestimmt sich nach den Regeln des materiellen Rechts, insbesondere nach § 139 BGB.[121]

  Auf Grund § 3 Abs. 1 Nr. 4 BeurkG ist es dem Notar untersagt, eine Verfügung von Todes wegen zu beurkunden, in der sein Sozius oder eine Person, mit der er gemeinsam seine Geschäftsräume nutzt eine Zuwendung erhält oder zum Testamentsvollstrecker ernannt wird. Die Ermächtigung des beurkundenden Notars, einen Testamentsvollstrecker zu ernennen, ist unwirksam gemäß § 7 Nr. 1 BeurkG.[122]

  Die **Mitwirkungsverbote** sind Sollvorschriften; eine verbotswidrige Mitwirkung ist (nur) berufsrechtlich unzulässig, ein wiederholter grober Verstoß hat jedoch zwingend die Amtsenthebung zur Folge.[123] Die notarielle Ernennung zum Testamentsvollstrecker dürfte aber auch unwirksam gemäß §§ 7, 27 BeurkG sein, wenn die Beurkundung durch den anderen Notar der Sozietät lediglich zur Umgehung der §§ 7, 27 BeurkG erfolgt ist. Nach Meinung des BGH[124] kann das Testament gemäß § 2078 BGB angefochten werden, wenn der Erblasser durch falsche Beratung zu einer überflüssigen Testamentsvollstreckung bewogen worden ist. Zulässig ist die bloße Beurkundung der Testamentsvollstreckung und evtl. Anordnungen hierzu ohne die Ernennung des Testamentsvollstreckers, die dann in einem gesonderten privatschriftlichen Testament erfolgt, das jedoch nicht gemäß § 34 BeurkG mit dem Haupttestament verschlossen werden sollte, da der Umschlag als Zubehör der Testamentsurkunde angesehen wird.
- **Prüfungs- und Belehrungspflichten des Notars** 55
  Der Notar muss den Willen des Erblassers erforschen, den Sachverhalt aufklären, den Erblasser über die rechtliche Tragweite der Verfügung aufklären und die Erklärungen des Erblassers klar und unzweideutig in der Niederschrift wiedergeben (§ 17 Abs. 1 BeurkG). Er darf sich hinsichtlich der Tatsachen mit den Erklärungen der Beteiligten begnügen

---

[121] BeckOGK/*Litzenburger* BeurkG § 7 Rn. 9.
[122] BGH NJW 2013, 52 (53); anders wohl bei Ernennung oder Ermächtigung im privatschriftlichen Testament, *Reimann* DNotZ 1994, 663.
[123] *Winkler,* Änderungen des Beurkundungsgesetzes, MittBayNot 1999, 1 (3).
[124] BGH NJW 1997, 946.

(etwa Fragen der Verwandtschaft). Bei der Klärung von Rechtstatsachen (Güterstand, Bindungen auf Grund früherer Verfügungen) muss der Notar prüfen, ob die Beteiligten nicht etwa rechtliche Begriffe falsch verstanden haben. Er muss beispielsweise hinweisen, dass ein Erbverzicht des einen Kindes nach § 2310 BGB den Pflichtteilsanspruch des anderen Kindes vergrößert. Er muss aber keinen rechtlichen Hinweis geben, wie die bessere Berechtigung eines Dritten beseitigt werden könnte.

Der Notar muss weder auf wirtschaftliche noch auf steuerrechtliche Folgen (Ausnahme: Erbschaft- und Schenkungssteuer, § 8 EStDV) hinweisen. Auf die Anwendung ausländischen Rechts (oder Zweifel hierüber) soll er hinweisen (und dies in der Niederschrift vermerken). Zur Belehrung über den Inhalt des fremden Rechts (einschließlich des fremden Kollisionsrechts) ist er nicht verpflichtet (§ 17 Abs. 3 BeurkG). Der Notar muss jedoch die **deutschen Kollisionsnormen** und auch das **primäre und sekundäre EU-Recht** kennen und hierüber belehren. Er soll auf die Möglichkeit der Einholung von Rechtsgutachten oder Rechtsauskünften über fremdes Recht und auch über die Möglichkeit von Rück- oder Weiterverweisungen im fremden Recht hinweisen. Nach § 20a BeurkG besteht bei beurkundeten (nicht bei beglaubigten)[125] **Vorsorgevollmachten** und Vollmachten, die für eine künftige Pflege- und Betreuungsbedürftigkeit unter Einschluss einer künftigen Geschäftsunfähigkeit Gültigkeit haben eine Hinweispflicht auf eine Registrierung bei dem zentralen Vorsorgeregister nach § 78a BNotO. Den Notar trifft keine Hinweispflicht auf **Steuervermeidung**.[126] Da jedoch eine Hinweispflicht auf die Erb- und Schenkungsteuer besteht, kann es bei Gestaltungsvorschlägen des Notars auch insoweit zu Hinweispflichten kommen. Bei Verfügungen von Todes wegen ist in der Niederschrift ein Zweifel nicht nur zur Testierfähigkeit, sondern auch zur **Geschäftsfähigkeit** zu vermerken (§§ 11, 28 BeurkG). Bei **schwerer Krankheit** (§ 11 Abs. 2 BeurkG), nicht aber schon bei einem **Krankenhausaufenthalt** allein ist die Geschäftsfähigkeit zu prüfen und ein Vermerk in die Urkunde aufzunehmen. Der Notar muss über erforderliche gerichtliche oder behördliche **Genehmigungen** (etwa betreuungs- oder familiengerichtliche nach §§ 1829 Abs. 1 S. 2; 1643 Abs. 3; 1915 BGB; Ausnahmegenehmigung nach § 14 Abs. 6 HeimG oder den entsprechenden Landesgesetzen) belehren und die Belehrung in der Niederschrift vermerken (§ 18 BeurkG). Die **Einholung von Genehmigungen** ist nur dann Aufgabe des Notars, wenn er diese übernommen hat; sie folgt nicht bereits aus der Urkundtätigkeit (so aber bei der Belehrung). Zur Einholung der Genehmigung muss sich der Notar durch Vollmacht ermächtigen lassen und dies auch überwachen. Die erforderliche betreuungs- oder familiengerichtliche Genehmigung oder Verweigerung wird erst wirksam mit der Mitteilung durch den Pfleger/Betreuer an den anderen Teil (§§ 1929 Abs. 1 S. 2; 1915 BGB); hierüber ist zu belehren. Der Notar muss auch über gesetzliche Vorkaufsrechte (etwa des Miterben nach § 2034 BGB) beraten. Ein **unterbliebener vorgeschriebener Belehrungsvermerk** führt zur Beweislast des Notars; eine Amtspflichtverletzung liegt darin allein jedoch nicht.[127]

Gibt der Notar jedoch (von sich aus oder auf Ersuchen der Beteiligten) Auskünfte, haftet er für die Folgen einer falschen oder unvollständigen Belehrung.

Der Notar hat grundsätzlich den kostengünstigsten Weg zu wählen. Andererseits muss er den sichersten Weg weisen – auch wenn dies mit Mehrkosten verbunden ist.

Der Notar hat nach § 3 Abs. 1 Nr. 7, Satz 2 BeurkG eine Frage – und Vermerkpflicht, ob er oder eine der mit ihm beruflich verbundenen Personen in einer Angelegenheit, die Gegenstand der Beurkundung ist, außerhalb des Notaramts tätig war oder ist. Die Frage- und Vermerkpflicht entfällt beim hauptberuflichen Nur-Notar, der nicht in Sozietät tätig ist.[128]

---

[125] *Görk* DNotZ 2005, 87.
[126] OLG Oldenburg MittBayNot 2000, 56.
[127] So aber OLG Frankfurt NJW 1985, 1229.
[128] Teleologische Reduktion, vgl. *Winkler* BeurkG § 3 Rn. 108 unter Verweis auf das Schreiben des Bayer. Staatsministeriums der Justiz an die Landesnotarkammer Bayern v. 28.10.1998.

- **Feststellungen zur Person des Erblassers** 56
  - Der Notar soll seine Wahrnehmungen über die erforderliche Geschäftsfähigkeit (beim Erbvertrag, § 2275 BGB) bzw. Testierfähigkeit (beim Testament, § 2229 Abs. 2 BGB) in der Niederschrift vermerken (§§ 11, 28 BeurkG).
  - Bei Minderjährigen ist § 2229 Abs. 1 BGB zu prüfen (schon 16 Jahre alt?).
  - Der Erblasser kann nur persönlich testieren (§ 2064 BGB beim Testament, § 2274 BGB beim Erbvertrag).
  - Identitätsfeststellung der Parteien (§§ 10 BeurkG, 26 DONot).
  - Behinderungen: §§ 2233 Abs. 2; 22, 22 bis 26 BeurkG (§ 8 Rn. 51).
  - Wesentliche persönliche Daten: neben Vor- und Nachnamen, Geburtstag und -ort, Name der Eltern, ist wichtig der Familienstand (auch frühere Eltern), Güterstand, Kinder (einschließlich derer aus früheren Ehen oder nichtehelicher, Vorversterben von Abkömmlingen, Staatsangehörigkeit.
- **Feststellung, ob rechtliche Bindungen** durch frühere gemeinschaftliche Testamente 57 oder Erbverträge **vorliegen, ob frühere Verfügungen von Todes** wegen widerrufen oder angefochten sind, ob etwaige Bindungen durch Ausschlagung oder Anfechtung beseitigt sind.
- **Zuziehung weiterer Personen:** 58
  - Zuziehung eines Zeugen oder zweiten Notars bei taubem, stummem oder blindem Erblasser, falls dieser nicht darauf verzichtet sowie eines Gebärdensprachdolmetschers auf Antrag des Behinderten – Sollvorschrift – (§ 22 BeurkG).
  - Zuziehung einer Vertrauensperson bei taubem oder stummem Erblasser, mit dem eine schriftliche Verständigung nicht möglich ist – Mussvorschrift, falls die Behinderung in der Niederschrift festgestellt ist – (§ 24 BeurkG).
  - Zuziehung eines Zeugen oder zweiten Notars zur Verlesung und Genehmigung, falls Erblasser seinen Namen nicht zu schreiben vermag – Mussvorschrift, unabhängig, ob die Behinderung in der Niederschrift festgestellt ist – (§ 25 BeurkG).
  - Zuziehung eines zweiten Notars oder bis zu zwei Zeugen auf Verlangen des Erblassers – Sollvorschrift – (§ 29 BeurkG).
  - Zuziehung eines Dolmetschers (§ 16 BeurkG).
- Zur **Niederschrift** S. unten Rn. 61. 59
- **Nach der Beurkundung** (§ 34 BeurkG):[129] 60
  Der Notar soll (Sollvorschrift) die Niederschrift über die Errichtung eines Testaments (gilt auch für gemeinschaftliches Testament) in einen Umschlag gemäß Muster der Anlage 1 der bundeseinheitlichen AV über die Benachrichtigung in Nachlasssachen nehmen (nicht notwendig in Gegenwart des Erblassers und der mitwirkenden Personen) und diesen mit dem Prägesiegel verschließen. In den Umschlag sollen auch die gemäß §§ 30–32 BeurkG übergebenen Schriften genommen werden. Auf dem Umschlag soll der Notar den Erblasser seiner Person nach näher bezeichnen und angeben, wann das Testament errichtet worden ist. Diese Aufschrift soll der Notar unterschreiben. Er soll veranlassen, dass das Testament **unverzüglich** (ohne schuldhaftes Zögern, § 121 BGB) in besondere amtliche Verwahrung verbracht wird. Verwahrungsstelle ist idR (in Baden-Württemberg die staatlichen Notariate)[130] das **Amtsgericht** am Amtssitz des Notars (§ 344 Abs. 1 Nr. 1 FamFG) Gem. § 342 Abs. 1 Nr. 1 FamFG ist die Verwahrung eine Nachlasssache, sodass

---

[129] § 34 BeurkG gilt auch für das **Bürgermeisternottestament** (§§ 2248 Abs. 1, 2250 Abs. 1) sowie für Verschließung und Verwahrung einer vor dem **Konsul** errichteten Verfügung von Todes wegen. Für die besondere amtliche Verwahrung der vor dem Konsul errichteten Testamente und Erbverträge ist das Amtsgericht Schöneberg in Berlin zuständig (§ 11 Abs. 2 S. 1 KonsG). Bei Ausschluss der besonderen amtlichen Verwahrung bleibt ein Erbvertrag niemals in der einfachen amtlichen Verwahrung des Konsulats (MüKoBGB/Hagena BeurkG § 34 Rn. 65).

[130] Nach dem Beschluss des Bad.-Württembergischen Landtags vom 28.7.2010 soll es in Baden-Württemberg ab 1.1.2018 nur noch freiberufliche Nurnotare bzw. einige Anwaltsnotare geben. Die Amtsgerichte übernehmen dann die Funktionen der Bezirksnotare als Nachlassgerichte.

für die Verwahrung das Nachlassgericht zuständig ist, obwohl der Erblasser bei der Hinterlegung noch lebt, auf Wunsch des Erblassers auch bei einem anderen Amtsgericht (§ 344 Abs. 2 FamFG). Das Geburtsstandesamt wird vom verwahrenden AG benachrichtigt (MiZ; XVII/1). Über jede an das AG abgelieferte Verfügung von Todes wegen ist ein Vermerk gemäß § 20 DONot zu fertigen und zur Urkundensammlung zu geben.

61 bb) Die Niederschrift des Notars. Schreibwerk: §§ 28–31 DONot.

- Die Urschrift kann handschriftlich, mit schwarzer oder blauer urkunden- oder dokumentenechter Schreibmaschinenschrift, im Druckverfahren (in klassischen Verfahren und in schwarzer oder dunkelblauer Druckfarbe hergestellte Drucke des Buch- und Offsetdruckverfahrens, nicht aber im Umdruckverfahren) oder mit Hilfe elektrografischer/elektrofotografischer Verfahren, sofern die zur Herstellung von Drucken oder Kopien benutzte Anlage (zB Kopiergeräte, Laserdrucker, Tintenstrahldrucker) nach einem Prüfzeugnis der Papiertechnischen Stiftung (PTS) in Heidenau (früher der Bundesanstalt für Materialforschung – und -prüfung in Berlin) zur Herstellung von Urschriften von Urkunden geeignet ist. Auch die Verwendung von in den genannten Verfahren gedruckten **Formblättern** ist grundsätzlich zulässig.

Bei Handschriften und Unterschriften darf nur schwarze oder blaue dokumentenechte Tinte verwendet werden. Kugelschreiber (nicht Filzschreiber, Bleistifte, oÄ) dürfen benutzt werden, sofern schwarze oder blaue Pastentinten benutzt werden und die Minen neben einer Herkunftsbezeichnung den Aufdruck „DIN 16554" oder ISO 12 757-2 tragen. Es ist festes holzfreies weißes oder gelbliches Papier in DIN-Format zu verwenden.

Vordrucke, die von Urkundsbeteiligten zur Verfügung gestellt werden, dürfen keine auf den Urheber des Vordrucks hinweisenden individuellen Gestaltungsmerkmale (Logo etc) aufweisen; der Urheber soll am Rand des Vordruckes angegeben werden. Dies gilt nicht bei Beglaubigungen ohne Entwurf.

62 • **Urkundssprache und Verhandlungssprache**

Die Urkunde ist grundsätzlich in **deutscher Sprache** zu errichten (§ 5 Abs. 1 BeurkG). Eine Urkunde in einer **Fremdsprache** soll der Notar nur erstellen, wenn er der fremden Sprache hinreichend kundig ist (§ 5 Abs. 2 BeurkG). Zur Errichtung einer fremdsprachigen Urkunde ist der Notar nicht verpflichtet, jedoch berechtigt, wenn die Beteiligten dies übereinstimmend verlangen, was der Notar in der Urkunde vermerken sollte (§ 15 Abs. 2 BNotO); ob die Beteiligten der Urkundssprache hinreichend kundig sind, ist unerheblich. Der Notar kann in einer fremden Sprache verhandeln, allein oder mit Hilfe eines Dolmetschers. Die Niederschrift hierüber ist in deutscher Sprache herzustellen. Ist die Niederschrift in einer Fremdsprache hergestellt, deren ein Beteiligter nicht mächtig ist, oder ist ein Beteiligter der deutschen Sprache nicht mächtig, so soll dies in der Niederschrift festgestellt werden (§ 16 Abs. 1 BeurkG). Die Niederschrift muss dann dem Beteiligten übersetzt werden; das Vorlesen wird dadurch ersetzt (§ 16 Abs. 2 BeurkG).

Der Notar soll den Beteiligten belehren, dass er eine schriftliche Übersetzung verlangen kann, die dann dem Beteiligten zur Durchsicht vorgelegt werden soll, was in der Niederschrift festgestellt werden soll (§ 16 Abs. 2 BeurkG). Der Notar kann selbst übersetzen, wenn er der Fremdsprache hinreichend mächtig ist. Übersetzt der Notar nicht selbst, kann er einen Dolmetscher zuziehen, für den auch die Ausschließungsgründe der §§ 6 und 7 BeurkG gelten (§ 16 Abs. 3 S. 2 BeurkG).

Der nach seinem Ermessen der fremden Sprache hinreichend kundige Notar kann eine Ausfertigung der deutschen Übersetzung einer fremdsprachigen Urkunde erteilen, wenn er die Urkunde selbst in fremder Sprache errichtet hat (und hierzu wiederum hinreichend sprachkundig war) oder für die Erteilung einer Ausfertigung der Niederschrift zuständig ist (gemäß §§ 25, 51 Abs. 1 S. 2 und 3, 45 Abs. 2 BNotO), § 50 BeurkG.

Erklärt der Erblasser dem Notar mündlich seinen Willen, ist aber der Sprache in der die Niederschrift aufgenommen wird nicht hinreichend kundig und ist dies in der Niederschrift festgestellt, so **muss** (anders als bei § 16 Abs. 2 BeurkG eine Wirksamkeitsvoraussetzung) eine schriftliche Übersetzung angefertigt werden, die der Niederschrift beigefügt werden soll (§ 32 S. 1 BeurkG). Im Zweifel ist der Bedeutungsgehalt der Niederschrift maßgebend. Die Übersetzung ist keine Anlage des Protokolls, es ist nicht notwendig, sie mit der Niederschrift durch Schnur und Prägesiegel zu verbinden. Der Erblasser kann auf die schriftliche Übersetzung verzichten; der Verzicht muss in der Niederschrift festgestellt werden (§ 32 S. 2 BeurkG). Bei einem Erbvertrag gilt dies nicht nur für den letztwillig Verfügenden, sondern auch für die Erklärung des anderen Vertragschließenden – selbst wenn dieser keine letztwillige Verfügung errichtet (§ 33 BeurkG).

Ob der Notar hinreichend sprachkundig ist, hat er selbst nach pflichtgemäßem Ermessen **63** im Einzelfall zu entscheiden.

Ist der Notar entgegen seiner Einschätzung tatsächlich einer fremden Sprache oder Schrift nicht hinreichend kundig, hat dies keine Auswirkung auf die Gültigkeit der errichteten Urkunde, kann aber ggf dienst- oder haftungsrechtliche Folgen haben.

Zusatzgebühr bei Beurkundung einer fremdsprachigen Erklärung: KV 26001 GNotKG (30 % der Gebühr).

– **Dolmetscher**

    Der nicht allgemein vereidigte Dolmetscher ist – wenn die Beteiligten nicht darauf verzichten – gemäß § 189 GVG zu vereidigen („treu und gewissenhaft zu übertragen"). Der Dolmetscher soll die Niederschrift (nach den Beteiligten) unterzeichnen.

– **Konsularbeamter**

    Nach § 10 Abs. 3 Nr. 1 KonsG kann der Konsularbeamte auf Verlangen Urkunden auch in einer anderen als der deutschen Sprache errichten. Der von ihm beigezogene Dolmetscher braucht nicht vereidigt zu werden (§ 10 Abs. 3 Nr. 2 KonsG).

• **Inhalt der Niederschrift**   **64**

    – Über die Errichtung der letztwilligen Verfügung ist eine Niederschrift über die Verhandlung aufzunehmen (§ 8 BeurkG), die Form des Vermerks gemäß § 39 BeurkG genügt nicht.

    Das Testament ist unheilbar nichtig, falls die Niederschrift fehlt oder sie gegen ein Musserfordernis ihres Inhalts verstößt.

    – **Notwendiger Inhalt** (Musserfordernisse, § 9 BeurkG).

      – Die Bezeichnung des Notars sowie des Erblassers/der Beteiligten;

      – die Erklärung des letzten Willens (§ 2232 BGB).

      Erklärungen in einem Schriftstück, auf das in der Niederschrift verwiesen und das dieser beigefügt wird, gelten als in der Niederschrift selbst enthalten (§ 9 Abs. 1 BeurkG).

    Bei Errichtung durch Übergabe einer Schrift (§ 2232 BGB) **muss** die Niederschrift neben der Erklärung, dass die Schrift den letzten Willen enthalte, auch die Feststellung der Übergabe vermerken (§ 30 BeurkG). Die Schrift **soll** nach dieser Bestimmung derart gekennzeichnet werden, dass eine Verwechslung ausgeschlossen ist. In der Niederschrift **soll** vermerkt werden, ob die Schrift offen oder verschlossen übergeben worden ist.

    Ist die Sprachunkundigkeit des Erblassers (dazu § 32 BeurkG) in der Niederschrift festgestellt, so **muss** eine schriftliche Übersetzung angefertigt werden. Ein etwaiger Verzicht des Erblassers darauf muss in der Niederschrift vermerkt werden.

• Die **Niederschrift soll enthalten** (Sollvorschriften):   **65**

    – Ort und Tag der **Verhandlung** (§ 9 Abs. 2 BeurkG); das ist nicht die gesamte Besprechung einschließlich der Vorbesprechungen, sondern deren Ergebnis; die wörtliche Wiedergabe der Erklärungen des Erblassers ist nicht erforderlich;[131] die Erklärungen

---

[131] OLG Köln MittRhNotK 1995, 269.

müssen auch nicht in der zeitlichen Reihenfolge ihrer Abgabe niedergeschrieben werden;
- Identitätsfeststellung der Beteiligten:
  Die Beteiligten sollen so genau bezeichnet werden, dass Zweifel und Verwechslungen ausgeschlossen sind (§ 10 Abs. 1 BeurkG). Die Staatsangehörigkeit soll bei Auslandsberührung angegeben werden.
- **Wahrnehmungen über die Testierfähigkeit.**
  Der Notar soll seine Wahrnehmung über die erforderliche Geschäftsfähigkeit des Erblassers in der Niederschrift vermerken (§ 28 BeurkG). Siehe näher oben Rn. 1.64.
- bei **Zweifeln** an der Gültigkeit der beabsichtigten Verfügung von Todes wegen, die Belehrung und die dazu abgegebenen Erklärungen der Beteiligten in der Niederschrift (§ 17 Abs. 2 BeurkG);
  Beachte auch §§ 4 und 17 Abs. 3 BeurkG;
- einen Hinweis auf eine etwa bestehende Genehmigungspflicht oder darüber bestehende Zweifel (§ 18 BeurkG);
- den Hinweis auf die Zuziehung von Zeugen oder zweitem Notar allgemein nach §§ 22, 29 BeurkG;
- nach § 24 BeurkG den Hinweis auf die Zuziehung einer Vertrauensperson bei taubem oder stummem Erblasser, mit dem eine schriftliche Verständigung nicht möglich ist, nebst der erforderlichen Überzeugung des Notars von den mangelnden Fähigkeiten des Erblassers oder dessen entsprechenden Angaben darüber;
- nach § 25 BeurkG den Hinweis auf die Zuziehung eines Zeugen oder zweiten Notars zum Vorlesen und Genehmigung der Niederschrift bei schreibunfähigem Erblasser nebst der erforderlichen Überzeugung des Notars oder den entsprechenden Angaben des Erblassers;
- nach § 23 BeurkG Feststellung der Vorlage der Niederschrift bei taubem Erblasser.
- den Hinweis über Vorlesen, Genehmigen und eigenhändige Unterschrift (§ 13 BeurkG): v g u u genügt.

66   Die **Niederschrift muss in Gegenwart des Notars**[132] – nicht notwendig vom Notar – (auch der Niederschrift beigegebene Anlagen; nicht jedoch die übergebene Schrift bei Errichtung durch Übergabe einer solchen; auch nicht der Feststellungsvermerk über Verlesung, Genehmigung und Unterzeichnung) **vorgelesen,** vom Erblasser **genehmigt** und von ihm eigenhändig **unterschrieben** werden. Die Verlesung der Urkunde durch den Notar vom Bildschirm führt zur Unwirksamkeit der Beurkundung.[133] Der Notar und die Beteiligten müssen sich nicht im selben Raum aufhalten, sie müssen sich aber gegenseitig sehen und hören können.[134] Der Notar muss auch die Verhandlungs- und Verfahrensleitung innehaben.

Zu unterschreiben ist mit dem vollen Familiennamen, möglichst mit Zusatz des Vornamens, wenn dies zur Klarstellung der Identität notwendig ist.

Die **Unterschrift** hat die Niederschrift zu decken, kann jedoch über, neben oder unter dem Feststellungsvermerk über Vorlesung usw stehen. Der Erblasser kann bei der Leistung der Unterschrift von einem Dritten unterstützt werden; diese Unterstützung darf jedoch nicht so weit gehen, dass die Schriftzüge nicht mehr vom Erblasser, sondern von dem Dritten durch Führung der Hand des Erblassers hergestellt werden.[135] Bei Zweifeln oder **Schreibunfähigkeit** ist **zwingend** (sonst Nichtigkeit der Beurkundung!) ein zweiter Notar oder ein Schreibzeuge zuzuziehen, die auch die Niederschrift unterschreiben müssen. Die zugezogene Person muss zumindest während des Vorlesens, der Genehmigung (der

---

[132] § 13 BeurkG; die Beteiligten und der Notar müssen sich gegenseitig sehen und hören können, BGH NJW 1975, 940.
[133] So jedenfalls OLG Brandenburg BeckRS 2012, 11393. Der Mangel war aber durch die Eintragung geheilt.
[134] BGH NJW 1975, 940.
[135] BayObLG DNotZ 1952, 78; BGHZ 27, 274 (276).

jeweiligen Erklärung eines Beteiligten durch diesen) und der Unterschrift der Beteiligten anwesend sein. In der Urkunde **soll** der Anlass der Zuziehung, die Zuziehung und die Anwesenheit bei Vorlesung, Genehmigung und Unterschrift festgestellt werden.

Hat der Erblasser die Niederschrift eigenhändig unterschrieben, so wird vermutet, dass sie in Gegenwart des Notars vorgelesen und von ihm genehmigt ist.

Die Niederschrift soll dem Erblasser auf Verlangen vor der Genehmigung zur Durchsicht vorgelegt werden (§ 13 Abs. 1 S. 4 BeurkG); dies ersetzt aber nicht die Verlesung. Die Niederschrift muss von dem Notar eigenhändig unterschrieben werden. Der Notar soll der Unterschrift eine Amtsbezeichnung beifügen. Der Notar hat zuletzt zu unterzeichnen. Nicht nötig ist, dass die Unterschrift der Zeugen (Unterschrift der Zeugen und Vertrauenspersonen Sollvorschrift, §§ 22, 24, 29 BeurkG; Ausnahme: § 25 BeurkG bei schreibunfähigem Erblasser!) unterhalb der des Erblassers steht.[136] Die Unterschrift des Notars auf dem verschlossenen und gemäß § 34 BeurkG beschrifteten Testamentsumschlag ersetzt nach § 35 BeurkG seine fehlende Unterschrift unter die Niederschrift. Der Notar kann aber bis zum Ableben des Erblassers seine Unterschrift auf der Urkunde selbst nachholen, auch wenn das Testament oder der Erbvertrag bereits in die amtliche Verwahrung gebracht worden ist.[137]

3. Außerordentliche Testamentsformen[138]

Die Bedeutung dieser Testamente ist in der Praxis gering, da es dem Erblasser fast immer **67** möglich ist, einen Notar zuzuziehen oder ein eigenhändiges Testament zu verfassen. Als „**Nottestamente**" werden das Testament vor dem **Bürgermeister** und **zwei Zeugen** und das Testament vor **drei Zeugen** bezeichnet, weil sie eine konkrete gesetzlich bezeichnete Notlage zur Voraussetzung haben. Die Vorschrift des § 2249 BGB gibt dem Testator die Möglichkeit, ein **öffentliches** Testament zu errichten und zwar selbst dann, wenn er in der Lage ist, ein privatschriftliches (eigenhändiges) Testament zu errichten.

Die Verweisungen auf das BeurkG sind erforderlich geworden durch die Streichung der §§ 2234 bis 2246 BGB. Durch das OLGVertrÄndG v 23.7.2002 wurde die Verweisung auf § 31 BeurkG gestrichen. Dadurch und durch die Neuregelung der §§ 2232, 2233 BGB ist die Errichtung des Bürgermeistertestaments auch durch andere als mündliche Erklärung möglich geworden, also durch Gebärden oder in sonstiger Weise. Der Bürgermeister muss jedoch bei einem hör- und sprachbehinderten Erblasser, mit dem er sich auch nicht schriftlich verständigen kann, eine sogenannte Verständigungsperson zuziehen (§ 24 BeurkG). Es gelten im Wesentlichen die Formvorschriften, die auch bei Errichtung eines notariellen Testaments gelten. Wie beim notariellen Testament kann auch beim Nottestament die Genehmigung (dann aber nicht durch Gebärden) mit der Verlesung so zusammengefasst werden, dass sie die mündliche Erklärung darstellt; eine erneute Niederschrift auf der Grundlage dieser Erklärung ist nicht erforderlich.[139]

Für das Bürgermeister-Nottestament (wie für das 3-Zeugen-Testament des § 2250 BGB) gelten jedoch über die allgemeine Erleichterung bei Sollvorschriften[140] (deren Nichtbeachtung unschädlich ist) gemäß § 2249 Abs. 6 BGB weitere Formerleichterungen.[141]

Es ist zu unterscheiden zwischen unschädlichen Verstößen gegen **Formvorschriften bei 68 Abfassung der Niederschrift,** zum Beispiel

---

[136] Nach *Winkler* BeurkG § 13 Rn. 79 kommt es auf eine bestimmte Aufeinanderfolge der Unterschriften – mit Ausnahme der des Notars – nicht an.
[137] MüKoBGB/*Hagena* BeurkG § 35 Rn. 5.
[138] *Mayer*, Zur wirksamen Errichtung eines Nottestaments, ZEV 2002, 140.
[139] BGHZ 2, 172, (175); 37, 79 (82); *Mayer* ZEV 2002, 140 (142).
[140] ZB § 2249 Abs. 2, 3; §§ 10, 11, 28, 13 Abs. 1 S. 2, 3 Abs. 3 S. 3 BeurkG.
[141] *Mayer* bemängelt die §§ 2249, 2250 BGB in ZEV 2002, 140 (141) als formell missraten: „Die Kompliziertheit der dabei einzuhaltenden Förmlichkeiten ist kaum zu übertreffen."

– Nichtfeststellung der Besorgnis der Todesgefahr;[142]
– fehlende Angaben über Zeit oder Ort der Verhandlung;
– fehlende Identitätsnachweise der Beteiligten;
– falsche Funktionsbezeichnungen des beurkundenden Bürgermeisters, der Zeugen;[143]
– fehlende Erklärung des Erblassers über seine Schreibunfähigkeit bzw. der fehlende Vermerk der Urkundsperson hierüber, wenn sich aus dem sonstigen Inhalt der Niederschrift dessen Überzeugung von der Schreibunfähigkeit des Erblassers ergibt;[144]
– fehlender Hinweis, dass die Errichtung vor einem Notar nicht möglich ist;[145]
– fehlende oder postmortal nachgeholte Unterschrift der Zeugen;[146]

die Erleichterung des § 2249 Abs. 6 BGB steht unter dem Vorbehalt, dass mit Sicherheit anzunehmen ist, dass das Testament eine zuverlässige Wiedergabe der Erklärung des Erblassers enthält; dabei ist eine weite Auslegung geboten;[147]

69   und **Formvorschriften gegen den Errichtungsakt, die immer zur Nichtigkeit des Testaments führen**[148] zum Beispiel

– das Fehlen der notwendigen Bestandteile einer Niederschrift (§ 9 Abs. 1 BeurkG) bei Ableben des Erblassers:
– der Erblasser, die mitwirkenden Personen – Zeugen, Urkundsperson – müssen hinsichtlich ihrer jeweiligen Mitwirkung erkennbar sein;[149]
– die Niederschrift muss in deutscher Sprache errichtet sein (§§ 2249 Abs. 1, S. 4; 5 Abs. 1 BeurkG);
– die Unterschrift des Bürgermeisters muss bis zum Ableben des Erblassers vorliegen,[150] da ein öffentliches Testament nicht nach dem Erbfall errichtet werden kann; beachte auch § 35 BeurkG;
– der Erblasser muss **gegenüber dem Bürgermeister** seinen letzten Willen erklären, der **selbst** mit dem Erblasser verhandeln muss;[151]
– der Bürgermeister muss zwei Zeugen hinzuziehen, die wegen ihrer Kontrollfunktion gleichzeitig und ohne Unterbrechung anwesend sein müssen;[152] die Zuziehung nach §§ 2249 Abs. 1 S. 3 BGB, 7, 26, 27 BeurkG ausgeschlossener Zeugen, insbesondere also von Personen, die im Testament bedacht oder zum Testamentsvollstrecker ernannt sind, führt nicht zur Nichtigkeit des ganzen Testaments, sondern nur zur Unwirksamkeit der betreffenden testamentarischen Anordnung;[153] die hM wird zu Recht mit der Verweisung in § 2249 Abs. 1 S. 3 HS 2 BGB auf die §§ 7, 27 BeurkG begründet: es wäre „wenig konsequent, wenn §§ 7, 27 BeurkG in Fällen, in dessen die Urkundsperson ausgeschlossen ist, nur die partielle Unwirksamkeit vorsehen, während die Zuziehung eines ausgeschlossenen Zeugen die Wirksamkeit der Verfügung von Todes wegen insgesamt in Frage stellte".[154] Die Beziehung einer ausgeschlossenen Person führt dann nicht zur Unwirksamkeit einer testamentarischen Anordnung, wenn die notwendige Anzahl der Zeugen auch ohne diese Person erreicht wird.[155] Der BGH verweist in der mE nicht voll

---

[142] BayObLGZ 79, 232.
[143] Staudinger/*Baumann* § 2249 Rn. 38.
[144] BGH NJW 1958, 1915 (1916).
[145] BayObLGZ 1979, 232 (238).
[146] BayObLGZ 1979, 232.
[147] BayObLG FamRZ 1991, 491 (492); BayObLG NJW-RR 1996, 711 (713); KG NJW 1966, 1661.
[148] Palandt/*Weidlich* § 2249 Rn. 11; hM.
[149] Staudinger/*Baumann* § 2249 Rn. 40.
[150] Staudinger/*Baumann* § 2249 Rn. 41; Palandt/*Weidlich* § 2249 Rn. 11; str.
[151] BGH NJW 1970, 1601.
[152] Staudinger/*Baumann* § 2249 Rn. 41.
[153] Soergel/*Mayer* § 2249 Rn. 10; MüKoBGB/*Hagena* § 2249 Rn. 22; aA wohl *Nieder,* MVHdB, XV.13.3, wobei die zitierte Entscheidung OLG Nürnberg OLGZ 1965, 157 (158) mE für die hM spricht.
[154] Reimann/Bengel/*Mayer,* Testament und Erbvertrag, § 2249 Rn. 10.
[155] BGH NJW 1991, 3210: Es sei nicht der Sinn des Gesetzes, etwaige Einflussnahmen abzuwehren.

befriedigenden Entscheidung auf § 2249 Abs. 6 BGB; dort sei zu prüfen, ob der Testierwille zuverlässig wiedergegeben sei,[156]
– Verlesung und Genehmigung:[157] die Niederschrift muss verlesen und vom Erblasser genehmigt werden (§§ 2249 Abs. 1 S. 4 BGB; 13 Abs. 1 BeurkG; BGHZ 115, 169; bei hörbehinderten Erblassern ist die Urkunde gemäß § 23 BeurkG[158] zur Durchsicht vorzulegen; das Verlesen der Übersetzung oder die bloße mündliche Übersetzung anstelle der Verlesung des deutschen Textes ist jedoch nur ein Formfehler nach § 2249 Abs. 6 BGB.[159] Ist der Erblasser taub oder stumm und ist eine schriftliche Verständigung mit ihm nicht möglich, ist eine Verständigungsperson beizuziehen (§ 24 Abs. 1 BeurkG).

Bei allen Nottestamenten ist § 2252 BGB zu beachten, wonach die nach §§ 2249 bis **70** 2251 BGB errichteten Testamente **als nicht errichtet gelten, wenn der Erblasser drei Monate nach ihrer Errichtung noch lebt.** Ein in dem Nottestament enthaltener Widerruf eines früheren Testaments verliert also durch die Fiktion der Nichterrichtung seine Wirkung. Allerdings behält ein Nottestament, das auch die Form des § 2247 BGB einhält, seine Wirkung, es sei denn aus dem Testament lässt sich erkennen, dass der Testator nur einen Testierwillen hatte, der auf die Notzeit beschränkt war.[160]

Ein als **gemeinschaftliches Testament** errichtetes Nottestament[161] bleibt auch wirksam, wenn auch nur einer der Ehegatten (ohne Rücksicht, auf wen die Notsituation zutraf) innerhalb der Frist stirbt.[162]

Die Frist beginnt zu laufen am Tag nach der Errichtung des Nottestaments (§§ 186 ff), sie ist jedoch gehemmt, solange der Erblasser nicht in der Lage ist, ein Testament vor einem deutschen **Notar** zu errichten (§ 2252 Abs. 2 BGB). Eine Unterbrechung der Frist enthält § 2252 Abs. 3 BGB für Seetestamente.

a) Nottestament vor dem Bürgermeister

Wenn die Besorgnis besteht – gleichgültig, ob sie begründet ist oder nicht (§ 2249 Abs. 2 **71** BGB), dass der Erblasser früher sterben wird als eine Testamentserrichtung vor dem Notar möglich ist, kann ein Testament zur Niederschrift **vor dem Bürgermeister** der Aufenthaltsgemeinde (die örtliche Unzuständigkeit ist jedoch unschädlich, §§ 2249 Abs. 1 BGB, 2 BeurkG) **unter zwingender Hinzuziehung zweier Zeugen** errichtet werden. Die Zeugen müssen während der ganzen Verhandlung anwesend sein.[163] Zeuge kann nicht sein, wer in dem Testament bedacht wird oder zum Testamentsvollstrecker bestimmt wird. Nach BGH[164] und ihm folgend der hM ist die **Besorgnis des nahen Eintritts der Testierunfähigkeit** der Besorgnis der nahen Todesgefahr gleichgestellt. Nach dem Sinn der Regelung ist diese Auslegung zu billigen, mag dies auch nicht der Wille des historischen Gesetzgebers gewesen sein. Der Bürgermeister kann eine Niederschrift der mündlichen Erklärung des Testaments aufnehmen oder eine offene oder verschlossene Schrift in Empfang nehmen. Die Niederschrift muss in Anwesenheit aller Mitwirkenden vorgelesen, vom Erblasser genehmigt und vom Bürgermeister, den Zeugen und dem Erblasser unterschrieben werden. Ist der Erblasser schreib- oder sprachunfähig bzw. min-

---

[156] BGH NJW 1991, 3210.
[157] LG Nürnberg-Fürth BeckRS 2009, 391 (sinngemäße Wiedergabe genügt nicht; exaktes Verlesen ist Wirksamkeitsvoraussetzung).
[158] Das bloße Fehlen des Vermerks nach § 23 BeurkG ist nur ein Formfehler.
[159] Staudinger/*Baumann* § 2249 Rn. 48.
[160] Soergel/*Mayer* § 2252 Rn. 3.
[161] Ehegatten oder eingetragene Lebenspartner können nach § 2266 BGB auch dann ein gemeinschaftliches Testament vor dem Bürgermeister (§ 2249 BGB) oder vor drei Zeugen (§ 2250 BGB) errichten, wenn die dort vorgesehenen Voraussetzungen nur bei einem von ihnen gegeben sind.
[162] KG OLGE 40, 140; Soergel/*Mayer* § 2252 Rn. 3.
[163] BGH NJW 1962, 1149 (1151).
[164] BGH NJW 1952, 181.

derjährig, ist dies in das Testament aufzunehmen. Die Einzelheiten des Verfahrens richten sich nach dem Beurkundungsgesetz (§ 2249 Abs. 1 S. 3, 4 BGB), wobei der Bürgermeister an die Stelle des Notars tritt. Zusätzlich zu berücksichtigen ist jedoch § 2249 Abs. 6 BGB, wonach Formfehler unschädlich sind, solange eine zuverlässige Wiedergabe des Erblasserwillens sichergestellt ist (→ § 8 Rn. 37). Ein Nottestament vor dem Bürgermeister ist alternativ auch im Falle des § 2250 Abs. 1 BGB möglich, wenn der Erblasser sich an einem „abgesperrten" Ort aufhält. Dieser Begriff ist weit auszulegen, sodass jede Form objektiven Notstands darunter fällt (zum Beispiel Naturkatastrophen oder auch das Abgesperrtsein in einem Haus, so bei Verhängung der Quarantäne), nicht jedoch subjektiver Notstand, zum Beispiel, die Furcht vor der Aufdeckung einer Straftat durch eine beizuziehende Urkundsperson. Im Absperrungsfall ist auch ein Dreizeugentestament möglich.

Haftung: Beim Bürgermeistertestament haftet die Urkundsperson gemäß § 839 BGB, Art 34 GG, falls das Testament infolge von Formfehlern unwirksam ist.[165]

---

72 | Bayern hat am 24.8.1970 folgende Anordnung erlassen:
Aufnahme von Nottestamenten durch die Bürgermeister
Entschl des BStMdI vom 24.8.1970 Nr. I B 1–3002–11/5
MABl 1970 S. 657
Es werden hier nur die beiden Anlagen wiedergegeben. Anlage 1
Niederschrift
über die Errichtung eines Testaments
(nicht geeignet für gemeinschaftliche Testamente)

....
(Gemeinde)   (Datum)

Muster: Niederschrift über die Errichtung eines Nottestaments
Anwesend
......, Bürgermeister
Die Zeugen:
a) ....
   (Name, Vorname, Anschrift)
b) ....
   (Name, Vorname, Anschrift)
Der Erblasser ....
          (Name, Vorname, Anschrift)
Auf Antrag von...... hat sich der unterfertigte Bürgermeister mit den beiden Zeugen
um...... Uhr in das .... begeben.
(Anwesen oder Krankenhaus)
Sie fanden dort den Erblasser bei vollem Bewusstsein vor.
Die Krankheit – die Verletzungen[166] – des Erblassers ließen besorgen, dass der Erblasser früher sterben werde, als die Errichtung eines Testaments vor einem Notar möglich ist.
oder
Durch nachstehende außerordentliche Umstände war der Aufenthaltsort des Erblassers derart abgesperrt, dass die Errichtung eines Testaments vor einem Notar nicht möglich oder erheblich erschwert war:...............................
Der Erblasser ist dem Bürgermeister persönlich bekannt.
oder

---

[165] OLG Nürnberg OLGZ 1965, 157; BGH NJW 1956, 260; BGH NJW 1997, 2329; BGH NJW 1989, 2945; BGH NJW 1973, 843.
[166] Nichtzutreffendes streichen.

Über die Person des Erblassers verschaffte sich der Bürgermeister auf folgende Weise Gewissheit:………………………………

Nach Überzeugung des Bürgermeisters war der Erblasser in der Lage, die Bedeutung einer von ihm abgegebenen Willenserklärung einzusehen und nach dieser Einsicht zu handeln.

oder

Nach Überzeugung des Bürgermeisters war der Erblasser aus folgenden Gründen nicht in der Lage, die Bedeutung einer von ihm abgegebenen Willenserklärung einzusehen und nach dieser Einsicht zu handeln:………………………………

Dazu erklärte der Erblasser:………………………………

Nach der Erklärung des Erblassers – Nach der Überzeugung des Bürgermeisters – war der Erblasser

a) in der Lage – nicht in der Lage – hinreichend zu hören,[167]

b) in der Lage – nicht in der Lage – hinreichend zu sprechen,

c) der deutschen Sprache mächtig – nicht mächtig – Der Erblasser erklärte seinen letzten Willen wie folgt:

………………………………

………………………………

oder

Der Erblasser überreichte – offen – verschlossen – das wie folgt gekennzeichnete Schriftstück:………………………………

Er erklärte dabei mündlich, dass das Schriftstück seinen letzten Willen enthalte.

Der Erblasser wurde darauf hingewiesen, dass das Testament als nicht errichtet gilt, wenn seit der Errichtung drei Monate verstrichen sind und der Erblasser noch lebt, dass jedoch Beginn und Lauf der Frist gehemmt sind, solange der Erblasser außerstande ist, ein Testament vor einem Notar zu errichten.

Hierauf wurde die vorstehende Niederschrift verlesen. Dem Erblasser wurde auf sein Verlangen die Niederschrift zur Durchsicht gegeben.

Der Erblasser hat die Niederschrift sodann genehmigt und eigenhändig unterschrieben.

oder

Der Erblasser hat die von ihm genehmigte Niederschrift nicht unterschrieben, weil er – nach seinen Angaben – nach Überzeugung des unterfertigten Bürgermeisters – seinen Namen nicht schreiben kann.

Der Bürgermeister und die beiden Zeugen, die während der gesamten Verhandlung anwesend waren, haben eigenhändig unterschrieben.

………………………………

(Unterschrift des Erblassers)

………………………………

(Unterschrift des Bürgermeisters)

………………………   ………………………………

(Zeuge)   (Zeuge)

Anlage 2

Vermerk über die Errichtung eines Testaments

(Teil I Nr. 10 Abs. 2 der Hinweise)

………………

………………   ………………………………

(Gemeinde)   (Datum)

---

[167] Ist der Erblasser nicht in der Lage, hinreichend zu hören und zu sprechen oder ist er der deutschen Sprache nicht mächtig, dann ist eine Änderung des Mustertextes notwendig (vgl. Teil II der mE über die Aufnahme von Nottestamenten).

> **Vermerk**
> über die Errichtung eines Nottestaments
> Vor dem unterfertigten Bürgermeister hat heute
> Herr – Frau ....
> (Name und Anschrift des Erblassers)
> ein Testament – durch mündliche Erklärung – durch Übergabe einer Schrift – errichtet.
> Die hierüber aufgenommene Niederschrift habe ich – zusammen mit der übergebenen Schrift – in einen Umschlag genommen. Den Umschlag habe ich verschlossen und mit dem Dienstsiegel gesiegelt. Ich habe den Umschlag mit folgender Aufschrift versehen:
> „In diesem Umschlag befindet sich das am ...... aufgenommene Nottestament von ...."
> gez............. (Bürgermeister)
> Der Wert des Gegenstandes des Testaments ist mir – nicht – mit...... EUR – angegeben worden.
> gez............. (Bürgermeister)

b) Dreizeugentestament

73 Diese Testamentsform ist zulässig, wenn (a) der Erblasser sich in einem **abgesperrten Raum** aufhält, sodass die Errichtung vor dem Notar nicht möglich oder erheblich erschwert ist (§ 2250 Abs. 1 BGB – alternativ zum Nottestament vor dem Bürgermeister) oder (b) der Erblasser sich objektiv oder nach übereinstimmender (subjektiver) Überzeugung aller drei Zeugen in so **naher Todesgefahr** befindet, dass eine Errichtung vor dem Bürgermeister oder Notar nicht mehr möglich erscheint (§ 2250 Abs. 2 BGB).[168] Die Rechtsprechung stellt erhebliche Anforderungen an das Vorliegen einer nahen Todesgefahr, sie verlangt darüber hinaus, dass jeder einigermaßen ortsnahe Notar und Bürgermeister zur Beurkundung „telefonisch abgefragt" werden muss, um die von §§ 2250 Abs. 2, 2249 BGB geforderte Nichterreichbarkeit zu belegen. Erforderlich ist im späteren Verfahren der Vortrag konkreter Umstände, aufgrund derer anzunehmen war, dass der Erblasser vor dem Eintreffen des Notars verstirbt oder konkrete Umstände, welche eine subjektive Überzeugung der Testamentszeugen dahingehend rechtfertigen, dass eine unmittelbar bevorstehende Testierunfähigkeit des Erblassers gegeben ist, die dann auch voraussichtlich durchgängig bis zum Tod andauert. Stirbt der Erblasser erst mindestens zwei Wochen nach der Errichtung des Nottestaments, sind die konkreten Umstände der Gefahr des Todes jedenfalls widerlegt.[169] In Flugzeugen ist nur diese Testamentsform möglich. Hinsichtlich der Zeugen und der anzufertigenden Niederschrift verweist § 2250 Abs. 3 BGB wieder auf das BeurkG. Die Niederschrift und die Erklärung des Testators kann in fremder Sprache erfolgen, wenn alle Zeugen und der Erblasser diese beherrschen (§ 2250 Abs. 3 S. 3 und 4 HS 1 BGB).

Die **drei Zeugen,** die das Bewusstsein der Zeugeneigenschaft haben müssen,[170] müssen gleichzeitig während des ganzen Vorgangs der Testamentserrichtung, also auch bei Verlesung[171] und – falls der Erblasser nicht mehr unterschreiben kann – bei Genehmigung der Niederschrift anwesend sein.[172] Ausgeschlossen sind als Zeugen der Erblasser, sein Ehegatte und die mit ihm in gerader Linie Verwandten. Nicht das ganze Testament ist unwirksam,

---

[168] OLG München NJW-RR 2015, 1034; OLG Düsseldorf NJW-RR 2017, 905; OLG Hamm FGPrax 2017, 131.
[169] OLG München FamRZ 2009, 1945; kritisch hierzu NJW-Spezial 2009, 568.
[170] BGH DNotZ 1971, 489; OLG Celle OLGZ 1968, 487 (488).
[171] Die nicht wörtliche Verlesung (sondern nur zusammengefasste Wiedergabe) führt zur Unwirksamkeit des Nottestaments (LG Nürnberg-Fürth BeckRS 2009, 391).
[172] BGHZ 54, 89.

aber die Einzelverfügung, durch die ein Zeuge durch das Testament begünstigt oder als Testamentsvollstrecker eingesetzt wird.[173]

Das Testament kann **nur durch mündliche Erklärung,** nicht durch Übergabe einer Schrift errichtet werden (§ 2250 Abs. 2, 3 S. 1 BGB). Im Hinblick auf die Erweiterung der Errichtungsarten beim Bürgermeistertestament durch das OLGVertrÄndG bezweifeln Teile der Literatur die Verfassungsmäßigkeit der Beschränkung der Errichtungsart beim Dreizeugentestament auf die mündliche Erklärung zu Unrecht; die Regelung ist sachgerecht. Die Unterschrift des Erblassers oder mindestens eines Zeugen, der für die Niederschrift verantwortlich ist, ist zwingend erforderlich; eine Heilung ist insoweit nicht möglich. Die Unterschriften der Zeugen können nachgeholt werden (unverzüglich). Im Erbfall muss jedoch außer der Unterschrift des Erblassers mindestens auch die eines Zeugen vorliegen.[174]

Die Niederschrift muss vollständig verlesen (nicht unbedingt von einem Zeugen) und vom Erblasser genehmigt werden, auch non-verbal (etwa durch Kopfnicken); die bloße Vorlage zur Durchsicht genügt nicht.[175]

Das 3-Zeugen-Testament ist **wirksam errichtet,** wenn in gleichzeitiger und ununterbrochener Anwesenheit von drei Zeugen[176]

– der Erblasser seinen Willen mündlich erklärt (lautlich geäußerte Sprache),[177]
– darüber zu Lebzeiten des Erblassers eine Niederschrift, nicht notwendigerweise in deutscher Sprache gefertigt wird,[178]
– dem Erblasser die Niederschrift verlesen wird,[179]
– der Erblasser die Niederschrift genehmigt[180] und unterschreibt und[181]
– mindestens einer der 3 Zeugen die Niederschrift vor dem Tod des Erblassers unterschreibt.[182]

c) Seetestament

Ohne Vorliegen einer **besonderen Gefahr oder Notlage** kann ein Erblasser an Bord eines **74** deutschen Schiffes (dies richtet sich nach dem FlaggenrechtsG vom 8.2.1951, wobei eine Eintragung ins Schiffsregister belanglos ist),[183] außerhalb eines inländischen Hafens vor **drei Zeugen** mündlich testieren (§ 2251 BGB). Anschließend ist eine Niederschrift vorzunehmen. Es gelten die gleichen Ausschlusskriterien, wie beim Drei-Zeugen-Testament nach § 2250 Abs. 2 BGB. Nach dem insoweit eindeutigen Wortlaut fallen „Flugschiffe" nicht in den Anwendungsbereich der Vorschrift; § 2250 Abs. 1 BGB dürfte wohl nicht in Betracht kommen, jedoch § 2250 Abs. 2 BGB bei Vorliegen oder Besorgnis einer Todesgefahr. Testiert ein Deutscher auf einem ausländischen Schiff, so gilt hinsichtlich der Zulässigkeit einer bestimmten Testamentsform Art 26 EGBGB (nach dem Recht der Flagge). Kurze Sport-, Vergnügungs- oder Fischereifahrten mit baldiger Rückkehr werden von der Vorschrift nicht erfasst.[184]

---

[173] BayObLG NJW-RR 1996, 9.
[174] OLG München BWNotZ 2015, 117.
[175] OLG Frankfurt a. M. Rpfleger 1979, 206.
[176] BGHZ 1970, 1601 (1603); OLG Zweibrücken NJW-RR 1987, 135; Burandt/Rojahn/*Lauck* § 2250 BGB Rn. 7.
[177] Burandt/Rojahn/*Lauck* § 2250 BGB Rn. 10.
[178] Burandt/Rojahn/*Lauck* § 2250 BGB Rn. 11, 13; siehe § 8 BeurkG.
[179] BayObLGZ 1979, 232.
[180] BGHZ 115, 169 (174); BayObLG NJW 1991, 928.
[181] Die fehlende Unterschrift ist unschädlich, wenn der Erblasser nicht (mehr) in der Lage war, seine Unterschrift zu leisten, vergleiche BayObLGZ 1979, 232 (238).
[182] BayObLGZ 1979, 232 (240); OLG München BWNotZ 2015, 117 zugleich zu der Möglichkeit, dass die Erklärung des Erblassers und die Genehmigung der Niederschrift in einem Akt zusammenfallen können.
[183] Palandt/*Weidlich* § 2251 Rn. 3.
[184] Palandt/*Weidlich* § 2251 Rn. 2.

4. DDR – ZGB

75 §§ 383 Abs. 1, 385 ZGB sehen vor, dass ein volljähriger und handlungsfähiger Erblasser persönlich und eigenhändig ein Testament errichten und dem Staatlichen Notariat in Verwahrung geben kann. Es ist nur wirksam errichtet, wenn es eigenhändig ge- und unterschrieben ist; Ort und Datum der Errichtung sollen angegeben sein.

Ist der Erblasser vor dem 3.10.1990 gestorben, gelten für den Erbfall die bis dahin geltenden Gesetze der DDR (Art. 235 § 1 Abs. 1 EGBGB). Für die bis 31.12.1975 errichteten Testamente galt § 2247 BGB; das ZGB regelte die Errichtung der Testamente in der Zeit vom 1.1.1976 bis 2.10.1990.

Ist der Erblasser am 3.10.1990 oder danach gestorben, gelten diese Vorschriften für die Erbfälle hinsichtlich der Errichtung oder Aufhebung einer Verfügung von Todes wegen weiter, wenn die Verfügung vor dem 3.10.1990 errichtet wurde; dies gilt auch für die Bindung des Erblassers bei einem gemeinschaftlichen Testament (Art. 235 § 2 S. 2 EGBGB).

Die hM kommt über eine analoge Anwendung der internationalrechtlichen Vorschriften der Art. 25 und 26 EGBGB (unter Ersetzung der DDR-Staatsangehörigkeit durch die Anknüpfung „gewöhnlicher Aufenthaltsort") zur Gleichsetzung der IPR-Regeln mit interlokalen deutsch-deutschen Erbrechtsregelungen, die es weder vor dem Einigungsvertrag gab, noch im Einigungsvertrag geregelt sind; Art. 236 EGBGB erwähnt hinsichtlich der Altfälle nur solche internationalprivatrechtlicher, nicht interlokalprivatrechtlicher Art.[185]

Nach § 383 ZGB konnte ein Testament durch notarielle Beurkundung oder durch eigenhändige schriftliche Erklärung errichtet werden. Das notarielle Testament wurde mündlich oder schriftlich vor dem Notar errichtet (§ 384 ZGB), der eine Niederschrift anzufertigen und das Testament in Verwahrung zu nehmen hatte. Nach dem 3.11.1990 haben die für die Verwahrung zuständig gewordenen Amtsgerichte die in den ehemaligen staatlichen Notariaten verwahrten letztwilligen Verfügungen übernommen. Die Wirksamkeit der Errichtung oder Anfechtung eines bis 3.10.1990 Testaments richtet sich nach den bis dahin geltenden Bestimmungen, auch wenn der Erblasser erst nach dem 2.10.1990 gestorben ist (Art. 235 § 2 S. 1 EGBGB).

V. Testamentsmuster/Erbvertragsmuster

Muster: Errichtung eines Testaments durch Übergabe einer offenen oder verschlossenen Schrift mit der mündlichen Erklärung, dass die Schrift den letzten Willen enthalte[186]

76 Notar............, ..., den............ 20..
Urk. Rolle Nr:......
(Name) als Notar
(Name) als weiterer Notar[187]
Es erschien(en) (Name/n) (Personalien/wohnhaft/Staatsangehörigkeit)
– D.. Erschienene ist dem Notar bekannt – wurde der Person nach ausgewiesen durch..[188]...
Auf Verlangen d.. Erblasser.. wurden als Zeugen zugezogen..[189]...

---

[185] S. hierzu die umfassende Darstellung von Soergel/*Hartmann/Schurig*, 12. Auflage, Art. 236.
[186] § 2232 BGB, § 30 BeurkG.
[187] Zuziehung nur auf Verlangen oder in besonderen Fällen nötig (§§ 29, 22, 25 BeurkG).
[188] IdR Vorlage eines amtlichen, mit Lichtbild versehenen Ausweises; dazu BGH LM § 36 DONot Nr. 1; s. auch § 26 (1) DONot.
[189] Zuziehung nur auf Verlangen oder in besonderen Fällen nötig (§§ 29, 22, 25 BeurkG).

Kein Zeuge ist mit dem Notar verheiratet noch in gerader Linie mit ihm verwandt.[190] Die Frage des Notars nach einer Vorbefassung i S. des § 3 Abs. 1 S. 1 Nr. 7 BeurkG wurde von dem Beteiligten verneint.

D.. Erschienene ist – sind – wie die mit ih.. geführte Unterredung ergab, testierfähig.

D.. Erschienene… erklärte,[191] dass…… eine Verfügung von Todes wegen durch Übergabe einer Schrift errichten wolle.

…… übergab dem Notar – eine offene Schrift – einen – mit Siegelabdruck – verschlossenen Umschlag – welche…… mit folgender Aufschrift versehen war:…… (alternativ: übergab eine offene Schrift, die mit den Worten…beginnt und mit den Worten… endet) und erklärte:

– „Diese Schrift – Die in diesem Umschlag befindliche Schrift –, deren Inhalt ich lesen kann, enthält meinen letzten Willen……

(bei verschlossener Schrift: „Die Testamentszeugen – der zugezogene zweite Notar – der beurkundende Notar – sind im Testament nicht bedacht, auch nicht zum Testamentsvollstrecker bestellt").[192] Die übergebene Schrift wurde dieser Niederschrift beigefügt.

Die Niederschrift (einer Verlesung der übergebenen Schrift bedarf es nicht!) wurde vorgelesen – dem Erschienenen auch zur Durchsicht vorgelegt – von ihm genehmigt und, wie folgt, eigenhändig unterschrieben.

Unterschrift des Erschienenen, etwaiger zugezogener Zeugen – eines zweiten Notars, des beurkundenden Notars (nebst Amtsbezeichnung).

Es ist sinnvoll, den Umschlag dahingehend zu beschriften, dass er das Testament des…… enthalte bzw. dass der Umschlag zur Urkundenrolle Nr.… gehöre.

Ein Zusammensiegeln, der Schrift mit der Niederschrift ist nicht erforderlich; es ist weiter nach § 34 Abs. 1 BeurkG (Verschließung und Verwahrung) zu verfahren.

Muster: Errichtung eines Testaments mit Anordnung der Testamentsvollstreckung vor dem Notar durch mündliche Erklärung

Notar…………,   …………, den…… 20..   **77**

Urk. Rolle Nr:……

(Name) als Notar

(Name) als weiterer Notar[193]

Es erschien(en) (Name/n) (Personalien/wohnhaft/Staatsangehörigkeit)

– D.. Erschienene ist dem Notar bekannt – wurde der Person nach ausgewiesen durch..[194]…

Auf Verlangen d.. Erblasser.. wurden als Zeugen zugezogen..[195]…

Kein Zeuge ist mit dem Notar verheiratet noch in gerader Linie mit ihm verwandt.[196] Die Frage des Notars nach einer Vorbefassung i S. des § 3 Abs. 1 S. 1 Nr. 7 BeurkG wurde von dem Beteiligten verneint.

D. Erschienene ist – sind – wie die mit ih.. geführte Unterredung ergab, testierfähig.

D. Erschienene erklärte: Ich bestimme hiermit unter Widerruf aller früher etwa getroffenen letztwilligen Verfügungen meinen letzten Willen, wie folgt:

---

[190] § 26 BeurkG.

[191] Vermag der Erblasser nach seinen Angaben oder nach der Überzeugung des Notars nicht hinreichend zu sprechen, so ist nach § 31 BeurkG zu verfahren.

[192] §§ 7, 26, 27 BeurkG. Beim offenen Testament erübrigt sich Vermerk.

[193] Zuziehung nur auf Verlangen oder in besonderen Fällen nötig (§§ 29, 22, 25 BeurkG).

[194] IdR Vorlage eines amtlichen, mit Lichtbild versehenen Ausweises; dazu BGH DNotZ 1956, 502; s. auch § 26 (1) DONot.

[195] Zuziehung nur auf Verlangen oder in besonderen Fällen nötig (§§ 29, 22, 25 BeurkG).

[196] § 26 BeurkG.

I.

Ich bin deutscher Staatsangehöriger. Ich bin (ledig, verheiratet, geschieden, verwitwet). Ich bin nicht durch ein gemeinschaftliches Testament oder einen Erbvertrag gebunden. Vorsorglich widerrufe ich alle bisherigen Verfügungen von Todes wegen.

II.

(Es folgt die letztwillige Verfügung)

III.

Der Notar hat mich auf die Vorschriften des Pflichtteilsrechts hingewiesen.

IV.

Ich trage die Kosten dieser Urkunde und der Hinterlegung bei Gericht. Eine beglaubigte Abschrift dieser Urkunde wird mir erteilt, eine weitere wird für die Urkundensammlung des Notars gefertigt.

(Testamentsvollstreckerklausel:)[197]

a) Zum Testamentsvollstrecker ernenne ich Herrn Rechtsanwalt...... Er soll die Auseinandersetzung unter den Miterben bewirken und für die Erfüllung der Vermächtnisse sowie der Auflage besorgt sein.

b) Zu Testamentsvollstreckern ernenne ich...... Die Testamentsvollstrecker haben das Amt gemeinschaftlich zu führen.
Fällt ein Testamentsvollstrecker weg, so tritt als Nachfolger ein......
(oder)
so bestimmen die übrigen Testamentsvollstrecker mit Stimmenmehrheit den Nachfolger.

c) Zum Testamentsvollstrecker bestimme ich......
Sollte...... als Testamentsvollstrecker nicht in Frage kommen oder wegfallen, so soll das für den Todesfall zuständige Nachlassgericht einen Testamentsvollstrecker mit gleichen Befugnissen aufstellen.
Der Testamentsvollstrecker erhält, solange er sein Amt ausübt, eine jährliche Vergütung von......
Die Testamentsvollstreckung endet..[198]...

Die vorstehende Niederschrift wurde dem Erschienenen vorgelesen, – zur Durchsicht vorgelegt, – vom Erschienenen genehmigt und vom Erschienenen und dem Notar wie folgt unterschrieben.

(Unterschriften wie in Muster 1)

Muster: Errichtung eines Testaments bei einem tauben Erblasser[199]

78   Eingangsformel:
– D. Erschienene... dem Notar bekannt – wurde der Person nach ausgewiesen durch......
D. Erschienene ist nach seinen Angaben und/oder zu meiner Überzeugung hörbehindert, kann aber lesen und seinen Namen schreiben. Er ist, wie eine schriftliche Verständigung mit ihm ergab, testierfähig. Gemäß § 22 BeurkG wurde als Zeuge/zweiter Notar zugezogen[200] (Name, Geburtsdatum, Anschrift des Hinzugezogenen, ausgewiesen durch). Ausschließungsgründe bestehen in der Person des Zeugen/zweiten Notars nicht. Oder: Der Erschienene verzichtete auf die Zuziehung eines Zeugen sowie eines zweiten Notars eines Gebärdendolmetschers. Oder: Auf Verlangen des Erschienenen wurde ein Gebärdendolmetscher zugezogen. Die Niederschrift wurde dem Erschienenen vom Notar vorgelesen und von diesem, dem Zeugen sowie dem Notar eigenhändig wie folgt unterschrieben:

---

[197] Alternativ.
[198] Nur in besonderen Fällen aufzunehmen.
[199] §§ 22, 23, 24 BeurkG.
[200] Sollvorschrift: Ein Zeuge oder ein zweiter Notar, es sei denn, dass der Erblasser darauf verzichtet.

Falls eine schriftliche Verständigung mit dem Hörbehinderten nicht möglich ist (§ 24 BeurkG):
Der Erschienene will ein öffentliches Testament durch mündliche Erklärung errichten. Nach Angabe des Erschienenen/nach meiner Überzeugung ist eine schriftliche Verständigung nicht möglich. Ich habe deshalb als Verständigungsperson (Name, Geburtsdatum, Adresse, ausgewiesen durch..) gemäß § 24 BeurkG beigezogen, der sich mit dem Erschienenen zu verständigen vermag. Mit dessen Zuziehung ist der Erschienene nach meiner Überzeugung einverstanden. Die Zuziehung von Zeugen oder eines zweiten Notars wurde nicht gewünscht. Herr… verständigte sich mit dem Erschienenen so, dass ich an der Verständigungsmöglichkeit keinen Zweifel hatte und den Willen des Erschienenen ersehen konnte. Durch die übermittelte Befragung habe ich die Überzeugung gewonnen, dass der Erschienene voll geschäftsfähig ist.
Der Erschienene erklärte seinen letzten Willen dahin –…… Die Niederschrift wurde dem Erschienenen vom Notar vorgelesen, von ihm nach Übermittlung des Inhalts dieser Urkunde durch die Verständigungsperson genehmigt und von ihm, der Verständigungsperson und dem Notar eigenhändig unterschrieben.
Unterschriften des Erblassers, des Testamentszeugen – der Verständigungsperson (soll unterschreiben) – des Notars (nebst Amtsbezeichnung).
Die Unterschrift des Gebärdendolmetschers ist nicht erforderlich.

Muster: Errichtung eines Testaments, wenn der Erblasser nicht hinreichend zu sprechen vermag[201]
Errichtung durch Übergabe einer Schrift.   **79**
Der Erschienene vermag nach der Überzeugung des Notars nicht hinreichend zu sprechen, ist jedoch, wie eine schriftliche Verständigung ergab, testierfähig. Gemäß § 22 Abs. 1 BeurkG wurde als Zeuge (Name, Geburtsdatum, Anschrift, ausgewiesen durch…) zugezogen:..[202]…, der mit dem Notar weder verheiratet noch in gerader Linie verwandt ist. Als Gebärdendolmetscher wurde auf Verlangen des Erschienenen hinzugezogen……
Der Erschienene übergab eine – offene – verschlossene – Schrift und schrieb in vorliegende Niederschrift eigenhändig folgenden Satz:
Diese übergebene Schrift enthält meinen letzten Willen. Die übergebene Schrift wurde der Niederschrift beigefügt.
Die Niederschrift wurde dem Erschienenen vom Notar vorgelesen und und vom Erblasser genehmigt und von ihm sowie dem Zeugen und dem Notar eigenhändig unterschrieben (§ 22 BeurkG).[203]
Unterschriften des Erblassers, des Testamentszeugen, des Notars (nebst Amtsbezeichnung)

Bei Taubstummen (hör- und sprachbehindert, §§ 22, 30 BeurkG) ist das vorstehende Muster Errichtung eines Testaments „bei einem tauben Erblasser" anzuwenden. Ist mit dem Erblasser außerdem eine schriftliche Verständigung nicht möglich, so ist dazu noch eine Verständigungsperson zuzuziehen und dies in der Niederschrift zu vermerken (§ 24 BeurkG). Bei Schreibunfähigen beachte § 25 BeurkG.

Ist der Erblasser nach seinen Angaben oder der Überzeugung des Notars nicht imstande, **80** Geschriebenes zu lesen oder sehbehindert, so kann er das Testament nur durch mündliche Erklärung errichten. Wer Blindenschrift lesen kann, kann auch durch Übergabe einer Blindenschrift testieren.

---

[201] § 30 BeurkG, der Erblasser kann aber lesen und schreiben.
[202] Sollvorschrift: Ein Zeuge oder ein zweiter Notar, es sei denn, dass der Erblasser darauf verzichtet.
[203] Genehmigungsvermerk entfällt (§ 31 BeurkG).

Der Blinde muss unterschreiben, falls er kann, andernfalls erfolgt Feststellung darüber im Protokoll.[204] Zuziehung von einem Zeugen oder zweiten Notar ist bei Blinden Sollvorschrift. Der Erblasser kann auf die Zuziehung verzichten, was in der Niederschrift zu vermerken ist (§ 22 BeurkG).

Muster: Errichtung eines Testaments, wenn der Erblasser blind ist oder nicht lesen kann[205]

Der Erschienene will ein öffentliches Testament durch mündliche Erklärung errichten. Er vermag nach seinen Angaben und/oder nach der Überzeugung des Notars nicht hinreichend zu sehen. Nach der von mir mit dem Erschienenen geführten Besprechung bin ich der Überzeugung, dass er voll geschäftsfähig ist. Die Zuziehung von Zeugen oder eines zweiten Notars wurde nicht gewünscht (als Zeuge/zweiter Notar wurde zugezogen Herr.../Name, Geburtsdatum, Anschrift, ausgewiesen durch. Zeugenausschließungsgründe nach § 26 BeurkG lagen in seiner Person nicht vor. Herr...war während de gesamten Beurkundung anwesend).

Der Erschienene erklärte dann mit dem Ersuchen der Beurkundung was folgt: ...

Die Niederschrift wurde vom Notar dem Erschienenen vorgelesen, von diesem genehmigt und von ihm (dem Zeugen/zweiten Notar) und dem Notar eigenhändig wie folgt unterschrieben.

Unterschriften des Erblassers, des Testamentszeugen bzw. des zweiten Notars, des Notars.

Muster: Errichtung eines Testaments, wenn der Erblasser seinen Namen nicht schreiben kann

81   Der Erblasser vermag nach seinen Angaben oder nach der Überzeugung des Notars seinen Namen nicht zu schreiben.[206]

Zuziehung eines besonderen Schreibzeugen oder zweiten Notars (§ 25 BeurkG) ist vorgeschrieben, aber entbehrlich, falls schon gemäß § 22 BeurkG ein Zeuge oder zweiter Notar zugezogen wurde. Die Niederschrift muss von dem Zeugen oder dem zweiten Notar unterschrieben werden, darin liegt der Ersatz der Unterschrift des Erblassers.

Schluss der Niederschrift:

Der Notar hat vorstehende Niederschrift dem Beteiligten (in Gegenwart des Schreibzeugen) vorgelesen. Der Beteiligte hat die Niederschrift genehmigt, der Schreibzeuge hat sie eigenhändig unterschrieben.

Muster: Errichtung eines Testaments, wenn der Erblasser sprachunkundig ist[207]

82   Notar............, ..., den...... 20..

Urk. Rolle Nr:......

(Name) als Notar

(Name) als weiterer Notar[208]

Es erschien(en) (Name/n) (Personalien/wohnhaft/Staatsangehörigkeit)

– D.. Erschiene ist dem Notar bekannt – wurde der Person nach ausgewiesen durch..[209]...

---

[204] § 25 BeurkG.

[205] §§ 2233, 22 BeurkG.

[206] Bei dem Verlesen und der Genehmigung ist ein Zeuge oder ein zweiter Notar nach § 25 BeurkG (Mussvorschrift) zuzuziehen, falls nicht bereits nach § 22 BeurkG ein Zeuge oder ein zweiter Notar zugezogen worden ist.

[207] §§ 16, 32 BeurkG.

[208] Zuziehung nur auf Verlangen oder in besonderen Fällen nötig (§§ 29, 22, 25 BeurkG).

[209] IdR Vorlage eines amtlichen, mit Lichtbild versehenen Ausweises; dazu BGH DNotZ 1956, 502; s. auch § 26 (1) DONot.

Auf Verlangen d.. Erblasser.. wurden als Zeugen zugezogen..[210]…
Kein Zeuge ist mit dem Notar verheiratet noch in gerader Linie mit ihm verwandt.[211] Die Frage des Notars nach einer Vorbefassung i S. des § 3 Abs. 1 S. 1 Nr. 7 BeurkG wurde von dem Beteiligten verneint.
D.. Erschienene ist nach der Überzeugung des Notars testierfähig.
Es wird folgender Vermerk aufgenommen:
Der Erschienene erklärte dem Notar,[212] dass er der deutschen Sprache nicht hinreichend kundig sei. Es wurde daher der allgemein beeidigte (Name) als Dolmetscher zugezogen.
Der Erschienene erklärte durch Vermittlung des Dolmetschers seinen letzten Willen dahin, dass……
Der Dolmetscher hat die anliegende von ihm unterschriebene englische Übersetzung der Niederschrift gefertigt und vorgelesen (oder: dem Erschienenen zur Durchsicht und Genehmigung vorgelegt). Sie wird als Anlage zu dieser Urkunde genommen.
Die Niederschrift wurde deutsch vorgelesen, vom Erblasser genehmigt und von diesem, dem Dolmetscher und dem Notar eigenhändig unterschrieben.
Unterschriften des Erblassers, des Dolmetschers und des Notars.

Zuziehung des Dolmetschers[213] ist zwingend (Ausnahme § 16 Abs. 3 S. 1 BeurkG) **83** vorgeschrieben. Bei Errichtung des Testaments durch Übergabe einer (offenen) Schrift ist Übersetzung derselben nicht nötig. Die Übersetzung ist der Niederschrift als Anlage beizufügen.

Falls der Dolmetscher nicht schon allgemein vereidigt ist, ist er zu vereidigen, was in folgender Form (unter Aufnahme in die Niederschrift) geschehen kann:

Muster: Vereidigung des Dolmetschers durch den Notar
Der zugezogene (Name des Dolmetschers) wies sich durch seinen Personalausweis aus. Zur Person machte er folgende Angaben: „…… mit dem Erblasser weder verheiratet noch in gerader Linie verwandt."
Nach Belehrung gemäß § 189 GVG leistete er den Dolmetschereid dahin:
„Ich schwöre, dass ich treu und gewissenhaft übertragen werde."

Ist der Dolmetscher allgemein vereidigt, genügt die Protokollierung, dass der Dolmetscher belehrt wurde und sich auf den allgemein geleisteten Eid beruft. Die Vereidigung kann bei Verzicht aller Beteiligten entfallen.

---

[210] Zuziehung nur auf Verlangen oder in besonderen Fällen nötig (§§ 29, 22, 25 BeurkG).
[211] § 26 BeurkG.
[212] Dazu § 16 BeurkG.
[213] Die Auswahl des Dolmetschers steht dem Notar zu. Zur Vereidigung des Dolmetschers s. *Winkler* BeurkG § 16 Rn. 24.

§ 9 Die Auslegung der Verfügung von Todes wegen

Übersicht

	Rn.
I. Typenzwang	1
1. Erbeinsetzung und Enterbung	2
2. Andere Zuwendungen	3
3. Anordnungen für die Nachlassabwicklung	5
4. Pflichtteilsentziehung und Pflichtteilsbeschränkung	6
5. Widerruf	7
6. Rechtswahl	8
7. Sonstige Anordnungen	9
II. Die Auslegung der Verfügung im Einzelnen	10
1. Voraussetzungen, Umfang und Grenzen der Auslegung	11
2. Ergänzende Auslegung	18
a) Anwendungsbereich	19
b) Umsetzung	20
c) Maßgeblicher Zeitpunkt	23
3. Wohlwohlende Auslegung	24
4. Umdeutung	25
5. Teilnichtigkeit	26
6. Auslegungsvertrag	29
7. Gesetzliche Auslegungsregeln	30
III. Auslegungslexikon	58

I. Typenzwang

1 Der zulässige Inhalt einer Verfügung von Todes wegen wird durch den Typenzwang bestimmt. Es dürfen also nur solche Arten von Verfügungen getroffen werden, die sich entweder direkt oder kraft Auslegung oder Analogie aus dem Gesetz ableiten lassen. Dies sind (vergleiche §§ 1937–1941 BGB):

1. Erbeinsetzung und Enterbung

2 Positiv können die Erben (also Gesamtrechtsnachfolger) und ihre jeweiligen Anteile bestimmt werden. Negativ können gewisse Personen, die nach gesetzlicher Erbfolge erbberechtigt wären, von der Erbfolge ausgeschlossen und, wenn sie vom Erblasser abstammen, auf einen – nur in Ausnahmefällen entziehbaren – schuldrechtlichen Pflichtteilsanspruch verwiesen werden.

Zulässige Sonderformen sind die Einsetzung eines Ersatz-, Vor- und Nacherben sowie eines Schlusserben im gemeinschaftlichen Testament.

2. Andere Zuwendungen

3 Mittels eines **Vermächtnisses** (§ 1939 BGB) oder einer **Auflage** (§ 1940 BGB) kann der Erblasser sicherstellen, dass bestimmte **Nachlassgegenstände** nicht dem Erben zufallen, sondern einer anderen Person; gegebenenfalls kann von diesen Mitteln zur Verwirklichung eines bestimmten Zweckes Gebrauch gemacht werden. Das Vermächtnis begründet eine Forderung (§ 2174 BGB), nicht so die Auflage, bei der nicht der Begünstigte (§ 2192 BGB), sondern nur der Erbe/Miterbe/Wegfallbegünstigte (§ 2194 BGB) ein Klagerecht erwirbt. Auch der Testamentsvollstrecker ist vollziehungsberechtigt.[1] Der Erblasser kann den Kreis der Vollziehungsberechtigten durch Verfügung von Todes wegen erweitern.[2]

Wird in der Verfügung **ein einzelner Gegenstand zugewendet,** kommen unterschied- **4** liche Auslegungsmöglichkeiten in Betracht:

– Die Zuwendung des Gegenstandes kann in der Absicht erfolgt sein, den Bedachten als **Allein- oder Bruchteilserben** einzusetzen. Dies liegt besonders dann nahe, wenn es sich bei dem zugewendeten Gegenstand um das wesentliche Vermögen des Erblassers handelte (Einzelheiten → § 10 Rn. 4).

– Es kann sich um eine bloße **Teilungsanordnung** handeln, wobei die Erbfolge unberührt bleibt.

– Der Erblasser kann bei einer überquotalen Begünstigung gewollt haben, dass der Begünstigte den Mehrwert auszugleichen hat **(Teilungsanordnung)** oder dass dieser beim Begünstigten ohne Ausgleich verbleibt (als **Vorausvermächtnis**).[3] Das Vorausvermächtnis ist für den Bedachten in der Regel günstiger: es kann ausgeschlagen werden, die Teilungsanordnung nicht; der Vermächtnisnehmer hat beim notleidenden Nachlass einen besseren Rang (§ 1991 Abs. 2 BGB iVm § 327 InsO, § 1922 BGB gegenüber § 2046 BGB); der durch Teilungsanordnung zugewiesene Gegenstand gehört bei beschränkter Erbhaftung zum haftenden Nachlass, nicht jedoch der vorausvermachte und dem Bedachten bereits verschaffte Gegenstand unbeschadet §§ 322 InsO, 5 AnfG; beim gemeinschaftlichen Testament und Erbvertrag kann eine Teilungsanordnung einseitig widerrufen werden, das Vorausvermächtnis ist durch die Bindungswirkung geschützt.

– Der Erblasser kann eine bloße Zuwendung der einzelner Gegenstände (**ohne** gleichzeitige Erbeinsetzung) gewollt haben: **Vermächtnis.**

– Der Erblasser kann eine bloße **Auflage** beabsichtigt haben.

3. Anordnungen für die Nachlassabwicklung

Darunter fallen Bestimmungen über die Auseinandersetzung unter mehreren Erben wie **5** Ausschließung der Auseinandersetzung (§ 2044 BGB), Teilungsanordnungen (§§ 2048 f. BGB) und Ausgleichspflicht (§ 2050 BGB). Hierzu sind auch die Anordnung der Testamentsvollstreckung und die Ernennung eines Testamentsvollstreckers zu zählen. Gemäß § 2048 S. 2 BGB kann angeordnet werden, dass die Auseinandersetzung unter Miterben nach dem billigen Ermessen eines Dritten erfolgen soll. Der Erblasser kann auch vorsehen, dass ein Dritter den Vermächtnisnehmer oder den Vermächtnisgegenstand bestimmt (§§ 2251, 2154 BGB). Denkbar ist in diesem Zusammenhang schließlich die Anordnung der Zuständigkeit eines Schiedsgerichts (§ 1048 ZPO) zur Regelung von Streitigkeiten zwischen den Erben (→ § 26 Rn. 1).

4. Pflichtteilsentziehung und Pflichtteilsbeschränkung

Beim Pflichtteilsrecht nächster Angehöriger, Ehegatten und Lebenspartner (§§ 2303 ff. **6** BGB) handelt es sich um ein grundsätzlich nicht disponibles (unechtes, da schuldrechtlich ausgestaltetes) Noterbenrecht. Eine Entziehung dieses Rechts kommt nur ausnahmsweise in den Fällen der §§ 2333, 2335 BGB in Frage, also wenn sich der pflichtteilsberechtigte Abkömmling, Ehegatte oder Lebenspartner einer der in diesen Vorschriften genannten Verfehlungen schuldig gemacht hat. Pflichtteilsbeschränkung kommt beim verschwenderischen oder überschuldeten Abkömmling in Betracht.

---

[1]   BayObLG NJW-RR 1986, 629; NJW-RR 1991, 523.
[2]   hM, MüKoBGB/*Rudy* § 2194 Rn. 5 mwN.
[3]   Zur Abgrenzung vergleiche BGHZ 82, 274; 86, 41; FamRZ 90, 396; es kommt auf den Willen des Erblassers an. Zur Bedeutung der Abgrenzung vergleiche Palandt/*Weidlich* § 2048 Rn. 8.

5. Widerruf

7 Widerruf einer Verfügung von Todes wegen (§§ 2254, 2258), Widerruf wechselbezüglicher Verfügungen eines gemeinschaftlichen Testaments, **Rücktritt** beim Erbvertrag (§§ 2297 f. BGB).

6. Rechtswahl

8 Seit dem Inkrafttreten der Europäischen Erbrechtsverordnung kann der Erblasser darüber hinaus unter den in Art. 22 EuErbVO geregelten Voraussetzungen auch das auf den Erbfall anzuwendende Recht wählen. An die Stelle des Rechts des Staates, in dem der Erblasser seinen letzten gewöhnlichen Aufenthalt hat, kann nach Wahl des Erblassers sein Heimatrecht treten, also das Recht des Staates, dem er angehört.[4] Gemäß Art. 22 Abs. 2 EuErbVO muss die Rechtswahl in einer Verfügung von Todes wegen getroffen werden.

7. Sonstige Anordnungen

9 **Güterrechtliche** Anordnungen (§§ 1418 Abs. 2 Nr. 2, 1486 Abs. 1, 1509 BGB: Erbschaft soll Vorbehaltsgut sein, Ausschließung der fortgesetzten Gütergemeinschaft);

Kindschaftsrechtliche Anordnungen (§§ 1638 f. BGB: Ausschluss beziehungsweise Beschränkung der Vermögenssorge durch die Eltern des Erben);

Vormundschaftsrechtliche Anordnungen (§§ 1777 Abs. 3, 1782, 1797 Abs. 3, 1852 ff., 1803 BGB: Benennung des Vormunds beziehungsweise Ausschluss einer Person hiervon, Anordnungen für die Führung der Vormundschaft, Anordnungen für die Verwaltung des Nachlasses);[5]

Rechtsgeschäftliche Anordnungen (§ 531 Abs. 1 BGB: Widerruf einer Schenkung).

II. Die Auslegung der Verfügung im Einzelnen

10 Maßgebliches Ziel der Testamentsauslegung ist die Verwirklichung des Erblasserwillens, soweit dieser formgerecht erklärt wurde durch Ermittlung des rechtlich maßgeblichen Sinns der Erklärung.[6] Deshalb kommt es im Gegensatz zu verkehrsgeschäftlichen Verträgen bei der Auslegung letztwilliger Verfügungen nicht auf den Schutz des Erklärungsempfängers an; entscheidend ist der tatsächliche oder mutmaßliche Erblasserwillen. Ein Vertrauensschutz hinsichtlich eines bestimmten Testamentsinhalts wäre schon wegen des Grundsatzes der freien Widerruflichkeit nicht gerechtfertigt. In diesem Sinne verfügt § 2078 Abs. 3 BGB auch die Nichtanwendbarkeit von § 122 BGB. Gesetzliche Grundlage der Auslegung von Testamenten ist deshalb nicht § 157 BGB, sondern § 133 BGB.

Die **Auslegung geht der Testamentsanfechtung immer** vor, denn während die Anfechtung den Erblasserwillen zerstört, verhilft ihm die Auslegung gerade zur Verwirklichung.[7]

Für die Auslegung von **Erbverträgen** und **gemeinschaftlichen Testamenten** sind grundsätzlich die gleichen gesetzlichen und die von Rechtsprechung und Literatur erarbeiteten Auslegungsregeln für letztwillige Verfügungen anwendbar. Dies gilt ohne Einschränkung für nichtvertragsmäßige Verfügungen im Erbvertrag und nichtwechselbezügliche Verfügungen im gemeinschaftlichen Testament.

Für **vertragsmäßige Verfügungen** in Erbverträgen und für **wechselbezügliche Verfügungen** in gemeinschaftlichen Testamenten ist jedoch nach überwiegender Ansicht nicht

---

[4]   Dutta/Weber/*Bauer* EuErbVO Art. 22 Rn. 1.
[5]   Siehe näher *Frenz,* Familienrechtliche Anordnungen, DNotZ 1995, 908.
[6]   BeckOGK/*Gierl* BGB § 2084 Rn. 8; NK-BGB/*Fleind* § 2084 Rn. 7.
[7]   Burandt/Rojahn/*Czubayko* § 2084 Rn. 6.

der Wille des jeweils verfügenden Erblassers bei der Auslegung allein entscheidend, sondern der erklärte übereinstimmende Wille **beider** Vertragsparteien **zum Zeitpunkt der Vertragserrichtung** (selbst wenn nur ein Vertragsteil von Todes wegen verfügt hat).[8] Dieser ist wie bei verkehrsgeschäftlichen Verträgen auszulegen(§ 157 BGB).[9] Der Auslegung unterliegt auch, ob es sich um eine einseitige oder um eine vertragsmäßige Verfügung handelt.[10] Ist kein übereinstimmender Wille feststellbar, muss sich die Auslegung auf die Ermittlung des Empfängerhorizontes beschränken.[11]

Ein **persönlicher Sprachgebrauch** des Erblassers ist bei einer vertragsmäßigen oder wechselbezüglichen Verfügung nur relevant, wenn der Vertragspartner ihn kennt.[12] **Späteres Verhalten und später geäußerte Meinungen** des überlebenden Ehegatten haben nur Bedeutung, wenn sie als gemeinsame Überzeugung der Ehegatten/Vertragspartner zur Zeit der Errichtung des gemeinschaftlichen Testaments oder Erbvertrags gewertet werden können. Beweisangebote, die dies nicht beachten, sind unerheblich.

Bei der **ergänzenden Auslegung** eines Erbvertrages oder gemeinschaftlichen Testaments ist auf den gemeinsamen hypothetischen Willen der Eheleute beziehungsweise. Vertragspartner abzustellen, sofern wechselbezügliche oder vertragsmäßige Verfügungen betroffen sind. Bei nur einseitig bindenden vertragsmäßigen Verfügungen im Erbvertrag ist darauf abzustellen, ob dieser entgeltlichen oder unentgeltlichen Charakter hat. Es besteht hier bei letzterem kein schutzwürdiges Vertrauensinteresse. Allein die Tatsache, dass der Erblasser sich gebunden hat, vermag ein solches nicht zu begründen. Je größer das Interesse des Vertragsgegners an der Verfügung des Vertragserblassers ist, umso mehr ist gemäß § 157 BGB auf den objektiven Sinn der Erklärungen abzustellen.[13]

1. Voraussetzungen, Umfang und Grenzen der Auslegung

Bei der Auslegung letztwilliger Verfügungen ist zunächst von deren Wortlaut auszugehen, **11** dabei ist Voraussetzung für eine Auslegung, dass die Verfügung mehrdeutig und auslegungsfähig ist. Dies entscheidet sich jedoch nicht allein nach dem Wortlaut, auch nicht bei einem notariellen Testament, selbst wenn hier eine gewisse Vermutung für die Übereinstimmung zwischen dem Inhalt der Erklärung und dem Erblasserwillen besteht. Der Erblasser kann nämlich mit seinen Worten durchaus einen anderen als den üblichen Sinn verbunden haben.[14] Der objektive Wortsinn ist dann nicht Grenze der Auslegung. Bei der gebotenen Ermittlung des wirklichen Willens des Erblassers durch die **erläuternde** Auslegung sind alle Umstände heranzuziehen, auch wenn sie außerhalb der Urkunde liegen.[15] Zur Ermittlung des Willens können neben dem Inhalt des fraglichen Testaments und dem Aufbau seines Textes,[16] ebenso frühere oder spätere Testamente oder sonstige schriftlichen Aufzeichnungen sowie mündliche Äußerungen des Erblassers vor oder nach Niederlegung seines letzten Willens von Bedeutung sein. Umstände vor oder nach Niederlegung des letzten Willens sind jedoch nur insoweit von Interesse, als sie Rückschlüsse auf den Willen des Erblassers im Zeitpunkt der Niederlegung der Verfügung zulassen.

Die herrschende Andeutungstheorie verlangt, dass im Text der letztwilligen Verfügung **12** zumindest eine Andeutung des Willens des Erblassers vorhanden sein muss. Sie wirkt sich

---

8 BGH FamRZ 1983, 380.
9 So etwa MüKoBGB/*Musielak* vor § 2274 Rn. 31; *Burandt*/Rojahn § 2274 BGB Rn. 11; BGHZ 106, 359 (361); BayObLG FamRZ 1997, 911. Dabei ist es nach BayObLG nicht maßgeblich, wovon der beurkundende Notar bei der Beurkundung ausging.
10 BayObLG NJW-RR 2003, 293.
11 BGH NJW 1993, 256; OLG Bamberg ZEV 2016, 397.
12 Anders bei einer einseitigen letztwilligen Verfügung, bei der das subjektive Verständnis allein des Erblassers maßgeblich ist, BGH 86, 45.
13 BGHZ 106, 359 (361); BayObLGZ 1995, 120 (123).
14 BGHZ 80, 246 (249).
15 BGHZ 86, 41 (45).
16 OLG München ZEV 2016, 533.

grundsätzlich nicht bei der Ermittlung des Erblasserwillens aus, sondern lediglich bei der Frage, ob der wirkliche Wille in testamentarischer Form erklärt ist, also formgültig ist.[17] Es ist nach Ansicht des BGH zunächst der Erblasserwille unter Beachtung aller Umstände in und außerhalb der Urkunde zu erforschen, wobei nicht am buchstäblichen Sinn des Ausdrucks zu haften ist.[18] Maßgeblich ist das subjektive Verständnis des Erblassers hinsichtlich des von ihm verwendeten Begriffs.[19] Für ein derartiges Abweichen vom allgemeinen Wortsinn müssen indes zumindest ausreichende Umstände vorliegen. Bei vertragsmäßigen oder wechselbezüglichen Verfügungen ist auch insoweit nicht nur auf einen Verfügenden abzustellen. Eine Falschbezeichnung kann deshalb immer korrigiert werden.[20]

Welche Schwierigkeiten mit der Auslegung anhand des Wortlauts verbunden sein können, zeigt exemplarisch die Entscheidung des BGH vom 9.4.1981,[21] in der es im Kern um die Frage geht, ob auch ein eindeutiger Wortlaut – zumal nach Belehrung durch einen Notar – der Auslegung zugänglich ist.

13   **Fall:** Der Erblasser wollte seine Mutter als Alleinerbin einsetzen und verwendete bei der Bezeichnung des Erben (nach fehlerhafter) notarieller Belehrung den Begriff „gesetzliche Erbfolge" (gesetzliche Erbin war jedoch tatsächlich nicht die Mutter, sondern die nichteheliche Tochter).

Lösung:

AG: Die Mutter ist Alleinerbin.

LG: Die nichteheliche Tochter ist Alleinerbin.

OLG: Legt dem BGH vor; er solle klären, ob der Erblasser unter dem Begriff „gesetzliche Erben" seine Mutter und deren Abkömmlinge verstand.

BGH: Unterstellt, der Erblasser habe seine Mutter einsetzen wollen, führt dies dennoch nicht zu ihrer Alleinerbenstellung, weil dies im Testament nicht angedeutet sei. Die Wortwahl „gesetzliche Erbfolge" benenne auch nicht andeutungsweise die zum Erben eingesetzte Person. Ein Fall unschädlicher „falsa demonstratio" liege nicht vor, auch wenn der Erblasser zur Benennung der Mutter als Erbin durch den Notar, der von der Existenz der nichtehelichen Tochter nichts gewusst habe, die Bezeichnung „gesetzliche Erbfolge" gewählt habe.

Bewertung:

Die Entscheidung des BGH ist im Ergebnis zutreffend. Die gewählte Formulierung ist eindeutig; ein Wille zur Einsetzung der Mutter ist im Testament nicht angedeutet. Allerdings stellt sich gerade hier die Frage, ob tatsächlich erst – gegebenenfalls nach umfangreicher Beweisaufnahme, zum Beispiel durch Einvernahme des beratenden Notars – nach Ermittlung des wahren Erblasserwillens festgestellt werden soll, dass dieser im Testament nicht wenigstens angedeutet ist und er deshalb für die Erbrechtslage nicht maßgeblich ist. Praktikabler erscheint doch die Vorgehensweise im Ergebnis offenzulassen, ob die Mutter als Erbin eingesetzt ist oder nicht, da sich ein derartiger Wille jedenfalls, auch nicht andeutungsweise, aus der Urkunde herleiten lässt.

Zu Recht wird also davon ausgegangen, dass auch ein an sich klarer Wortlaut der Auslegung nicht entgegensteht. Auch bei der objektiv unzutreffenden generellen Bezeichnung („gesetzliche Erbfolge") liegt eine auslegungsfähige Erklärung vor.

14   Führt die Auslegung aber nicht zur Ermittlung des wirklichen Erblasserwillens, ist der „Sinn zu ermitteln, der dem *(mutmaßlichen) Erblasserwillen* am ehesten entspricht".[22] Ergeben sich keine außerhalb der Urkunde liegenden Umstände, muss sich der Richter auf die

---

[17] BGHZ 86, 41; 80, 242; kritisch und zutreffend hierzu *Lange/Kuchinke*, Erbrecht, § 34 III 2a (Formfrage werde ohne Grund verselbständigt) der darauf hinweist, dass es wenig überzeugend ist, erst den wahren Willen des Erblassers umfänglich zu ermitteln nur um dann festzustellen, dass er im Testament nicht einmal angedeutet ist.

[18] MüKoBGB/*Leipold* § 2084 Rn. 6.

[19] BGH FamRZ 1987, 475.

[20] Palandt/*Weidlich* § 2084 Rn. 5.

[21] BGHZ 80, 246.

[22] So die maßgebliche Entscheidung des Bundesgerichtshofs – BGHZ 86, 41 (45).

Ausdeutung des Wortlauts beschränken. Dabei sind der **allgemeine Sprachgebrauch,** der **Sprachgebrauch der Kreise des Erblassers** und **der des Erblassers selbst** zu berücksichtigen. Der „mutmaßliche" Wille des Erblassers ist kein dritter Wille neben dem „wirklichen" und dem „hypothetischen" Willen (bei der ergänzenden Auslegung). Es handelt sich im Ergebnis um eine missverständliche Leerformel. Gemeint ist nur eine Differenzierung bei der Ermittlung des „wirklichen" Willens. Grundsätzlich sind zur Ermittlung des Erblasserwillens alle Umstände heranzuziehen, der Text der Verfügung und alle sonstigen Beweismittel (Zeugen, Urkunden), die Aufschluss über den Erblasserwillen im Zeitpunkt der Verfügung geben können. Muss sich der Richter jedoch mangels weiterer Beweismittel auf die Ausdeutung des Wortlauts beschränken und diesem einen „vernünftigen Sinn" entnehmen, bezeichnet der BGH diesen im Wege eines „Notbehelfs" beziehungsweise einer „zweitbesten Lösung" gewonnenen Willen als den mutmaßlichen.[23] Dies deshalb, weil der bloße Wortlaut einen anderen (wenn auch „vernünftigen") Sinn ergeben kann als der, den der Erblasser dem Wortlaut beigemessen hatte. Letztlich soll der **mutmaßliche Wille nur ein reduziertes Maß der Überzeugungsbildung** zum Ausdruck bringen.

Der Anwendungsbereich der falsa demonstratio-Regel (Auslegung) im Verhält- 15 **nis zur Irrtumsanfechtung** (§ 2078 Abs. 1 BGB) ist streitig.[24] Benennt der Erblasser nur nicht objektiv richtig, kann es keinen Unterschied machen, worauf die Falschbezeichnung beruht (spezifischer, bewusster oder unbewusster falscher Sprachgebrauch) und ob die Falschbezeichnung den Gegenstand, die Rechtsform oder den Empfänger der Zuwendung betrifft. Eine Erklärung liegt vor, sie ist nicht nach ihrem objektiven, sondern nach ihrem gewollten Wortsinn auszulegen (§ 133 BGB). Das ist ersichtlich unproblematisch in den als **„Lehrbuchfällen"** bezeichneten Konstellationen, in denen der Erblasser seine „Bibliothek" zuwendet und allen Beteiligten klar ist, dass damit der Weinkeller gemeint ist.[25] Führt ein Irrtum den Erblasser lediglich zu einer falschen Bezeichnung und nicht zu einem falschen Willensinhalt, geht die Auslegung der Anfechtung vor; sie setzt allerdings auch insoweit voraus, dass der wahre Wille in der Urkunde zumindest angedeutet ist.[26] Die **Anfechtung** kann auch nur soweit gehen, wie der Irrtum auf die Willensbildung und dadurch auch auf die Erklärung eingewirkt hat;[27] bei einem bloßen Irrtum über die Richtigkeit des sprachlichen Ausdrucks könnte eine Anfechtung nicht die Verfügung selbst, die gewollt war, sondern nur die falsche Bezeichnung betreffen. Nur über eine objektive Auslegung des Erklärten kommt man zu einer Diskrepanz zwischen Wille und Erklärung; unstreitig sind jedoch letztwillige Verfügungen grundsätzlich subjektiv gemäß § 133 BGB auszulegen. Erst nach dieser Willensermittlung[28] ist die Formfrage zu stellen, also die Frage, ob der ermittelte Erblasserwille eine hinreichende Stütze im Testament selbst findet.

Worin die **„hinreichende Stütze" oder „Andeutung",** die nach der Andeutungs- 16 theorie erforderlich ist, liegt oder zu sehen ist, hängt von den Umständen des jeweiligen Einzelfalles ab. Naturgemäß ist die Rechtsprechung in diesem Bereich kasuistisch. So kann die Andeutung sogar „stillschweigend" erfolgen.[29] Das BayObLG hielt es zutreffend für möglich, dass hinter der Anordnung der Enterbung der gemeinschaftlichen Kinder für den Fall der Geltendmachung des Pflichtteils eine Erbeinsetzung der gemeinschaftlichen Kinder für den Fall der Abstandnahme von der Pflichtteilsanforderung verborgen ist: *„Zu berück-*

---

[23] BGHZ 86, 41 (46).
[24] Siehe näher *Lange/Kuchinke*, Erbrecht, § 34 III 4.
[25] BeckOGK/*Gierl* BGB § 2084 Rn. 49.
[26] MüKoBGB/*Leipold* § 2084 Rn. 20; *Horn/Kroiß*, Testamentsauslegung, § 2 Rn. 49.
[27] BGH NJW 1985, 2025.
[28] Die vom BGH zunächst geforderte Prüfungsreihenfolge (erst Willensermittlung, dann Prüfung, ob Andeutung) muss jedoch nicht stets eingehalten werden. Steht fest, dass ein angeblicher wirklicher Erblasserwille nicht einmal eine Andeutung im Testament gefunden hat, kann auf die Ermittlung dieses angeblichen wirklichen Willens verzichtet werden (BGH FamRZ 1987, 475 (477); BayObLG ZEV 2004, 200 (201)).
[29] So das BayObLG bei einem gemeinschaftlichen Ehegattentestament ohne ausdrückliche Schlusserbeneinsetzung, vergleiche BayObLGZ 1959, 199 (204).

sichtigen ist auch dasjenige, was, ohne besonders ausgesprochen zu sein, die Voraussetzung des Ausgesprochenen bildet. "[30]

Letztlich sind die Fälle der nicht ausdrücklichen Erbeneinsetzung die „Nagelproben" der Andeutungstheorie, denn grundsätzlich kann eine unterlassene Verfügung nicht im Wege der Auslegung „geschaffen" werden, denn beim Erblasser war zum Zeitpunkt der Errichtung der Verfügung kein entsprechendes Erklärungsbewusstsein vorhanden.[31] Die unterbliebene Verfügung kann also nicht im Wege der Auslegung „geschaffen" werden,[32] wobei die Grenze von der versteckten (also wenn auch nicht ausdrücklichen, aber immerhin erklärten), zur vergessenen (also überhaupt nicht erklärten) Verfügung ist mitunter schwer zu ziehen ist; nur vergessene Verfügung ist nach der Andeutungstheorie unbeachtlich.

17   **Einzelfälle:**

- **Fehlende Namhaftmachung/„falsche" Bezeichnung des gewollten Erben:** Erklärt wird, die mit dem Erblasser in Scheidung lebende Ehefrau solle nicht Erbin werden, im Übrigen solle gesetzliche Erbfolge gelten.
  Erblasserwille ist (unterstellt), dass die Mutter Alleinerbin sein soll, die fälschlicherweise als gesetzliche Erbin angesehen wird. Wirkliche gesetzliche Erbin ist die nichteheliche Tochter.
  Bei der Auslegung können nicht unterschiedliche Kriterien Anwendung finden, je nachdem, ob es sich um die Bestimmung der Person des Erben oder des Gegenstands oder der rechtlichen Qualifikation der Zuwendung handelt.
- **Fehlende Alleinerbeneinsetzung der Ehegatten beim gemeinschaftlichen Testament:** Erklärt wird die Erbeinsetzung der gemeinsamen Kinder. Erblasserwille (unterstellt) ist die gegenseitige Einsetzung der Eheleute als Alleinerben und die Einsetzung der Kinder als Schlusserben, was versehentlich aus dem Testamentsentwurf nicht übertragen wurde. Der BGH sah zu Recht keine Andeutung. Aus dem Personalpronomen „wir" und dem Umstand, dass es sich um ein gemeinschaftliches Testament handelt, ist noch keine Andeutung in Richtung der gegenseitigen Erbeinsetzung zu entnehmen. Hier fehlt bereits die (versehentlich unterlassene) Erklärung des Willens.[33]
- **Fehlende Alleinerbeneinsetzung des Ehegatten im Einzeltestament:** Erklärt wird im Testament gegenüber dem Ehemann die fehlerhafte Meinung der Erblasserin, sie habe außer einigen Gegenständen von geringem Wert „leider eigentlich nichts zu vererben". Der Ehemann wird „trotzdem gebeten", der Erblasserin ein paar Wünsche nach deren Tod zu erfüllen, nämlich einige Gegenstände unter anderem Bilder an bestimmte Personen zu geben oder aussuchen zu lassen; die Erblasserin hat hinzugefügt: *„Die meisten Toscanabilder + Tunesienbilder sollst Du behalten."* Erblasserwille war, dass der Ehemann die zwei Grundstücke, die die Eheleute zu ½ besaßen, nach dem Tod der Ehefrau alleine haben sollte. Die Erblasserin meinte nur, dass ihrem Ehemann nach dem Tod das gemeinsame Eigentum (ohne Verfügung) allein gehören würde. Das BayObLG[34] fand keine Andeutung im Testament und kam zur gesetzlichen Erbfolge mit dem Ehemann und Abkömmlingen der Eltern der Erblasserin aus deren zweiten Ehen.
- **Fehlende Schlusserbeneinsetzung:** Das OLG Saarbrücken demonstriert hier in Urteilen des 5. und 7. Senats die crux der Andeutungstheorie.
  Während der 7. Senat[35] die Wiederverheiratungs- und Pflichtteilsstrafklausel als (versteckte) Andeutung nicht genügen lässt, ist dies für den 5. Senat[36] – ebenso wie für das

---

[30] Nach OLG Hamm FamRZ 2004, 1998 jedoch gibt es keinen zwingenden Erfahrungssatz, dass die Pflichtteilsstrafklausel **allein** auf einen übereinstimmenden Willen der Ehegatten schließen lässt, die Kinder als Adressaten der Strafklausel zu Schlusserben nach dem Tod des Letztversterbenden zu berufen.
[31] BeckOGK/*Gierl* BGB § 2084 Rn. 61.
[32] OLG München FGPrax 2010, 244 (245).
[33] BGHZ 80, 242.
[34] BayObLG DNotZ 1994, 399.
[35] OLG Saarbrücken NJW-RR 1992, 841.
[36] OLG Saarbrücken NJW-RR 1994, 844.

BayObLG[37] – als Andeutung ausreichend. Das OLG Hamm[38] lässt zwar die Pflichtteilsstrafklausel als Andeutung der nicht getroffenen Schlusserbeneinsetzung genügen, hält die Auslegung dahin jedoch nicht für zwingend (und billigt die verneinende Auslegung des LG).

Das OLG Karlsruhe[39] entnimmt der gegenseitigen Einsetzung von Ehegatten zu befreiten Vorerben und von Dritten zu Nacherben nicht auch deren Einsetzung zu Schlusserben (auch keine Anwendung der Auslegungsregel des § 2102 Abs. 1).

- **Fehlender Ersatz – Schlusserbe:** Bei einem gemeinschaftlichen Testament sieht der BGH[40] in der gegenseitigen Erbeinsetzung der Eheleute und der Erbeinsetzung des Sohnes als Schlusserbe einen hinreichenden Anhaltspunkt, dass die Kinder des vor dem Letztverstorbenen vorverstorbenen Sohnes als dessen Ersatzerben berufen sein sollen. Das ergibt sich grundsätzlich schon aus § 2069 BGB. Zweifelhaft kann aber sein, ob hinsichtlich des Ersatzerben Bindungswirkung eintritt. Für diese Ersatz-Erbeinsetzung nimmt OLG Hamm[41] Wechselbezüglichkeit gemäß § 2270 Abs. 2 an.

Das OLG München[42] nimmt bei einem in einem Ehegattenerbvertrag als Schlusserben eingesetzten und infolge Zuwendungsverzichts weggefallenen Abkömmling eine stillschweigende Ersatzberufung der Abkömmlinge dieses Abkömmlings an.

Setzen Eheleute in einem gemeinschaftlichen Testament einen Schlusserben nur für den Fall des gemeinsamen (plötzlichen, gleichzeitigen) Versterbens ein, kann die für den Fall des Nachversterbens fehlende Schlusserbeneinsetzung nicht durch ergänzende Auslegung ersetzt werden.[43]

Die ergänzende Auslegung dürfte jedoch im Regelfall dazu führen, dass mit der Schlusserbeneinsetzung gleichzeitig die Ersatzberufung gewollt war.[44]

- **Fehlender Ersatzerbe:** Gemäß § 2069 werden Zuwendungen an einen Abkömmling im Zweifel auf dessen Abkömmlinge erstreckt, wenn der Bedachte nach Testamentserrichtung wegfällt. Setzt der Erblasser eine Person als Erben ein, die nicht zu seinen Abkömmlingen gehört, ist § 2069 nicht, auch nicht analog, anwendbar.[45]

Kann der wirkliche oder „mutmaßliche" Wille des Erblassers für den Fall des Wegfalls des eingesetzten Erben nicht festgestellt werden, ist eine ergänzende Auslegung (→ § 19 Rn. 18 ff.) vorzunehmen. Diese kann ergeben, dass in der Einsetzung des Erben zugleich die Kundgabe des Willens gesehen werden kann, die Abkömmlinge des Bedachten zu Ersatzerben zu berufen.[46]

Ist der Bedachte eine dem Erblasser nahestehende Person, „so legt die Lebenserfahrung die Prüfung nahe, ob der Erblasser eine Ersatzerbenberufung der Abkömmlinge des Bedachten gewollt hat oder gewollt haben würde".[47] Entscheidend ist die Prüfung, „ob die Zuwendung dem Bedachten als Ersten seines Stammes oder nur ihm persönlich gegolten hat". Die erforderliche Andeutung im Testament kann dann schon in der Tatsache der Berufung dieser Person zum Erben gesehen werden.[48]

Das OLG Hamm[49] sieht es als naheliegende Auslegung an, in der gegenseitigen Einsetzung der Ehegatten zu nicht befreiten Vorerben und des gemeinsamen Kindes zum

[37] BayObLGZ 1959, 199.
[38] OLG Hamm FamRZ 2004, 1998 (2000).
[39] OLG Karlsruhe FamRZ 1970, 255.
[40] BGH NJW 2002, 1126.
[41] OLG Hamm FGPrax 2003, 270.
[42] OLG München DNotZ 2006, 68.
[43] KG FamRZ 2006, 511; die Auslegung ergab, dass die Eheleute gerade die Testierfreiheit des Überlebenden erhalten wollten.
[44] *Reimann/Bengel/Mayer*, Testament und Erbvertrag, § 2269 Rn. 22; OLG Frankfurt NJW-RR 1996, 261.
[45] BGH NJW 1973, 240 (243); BayObLG ZEV 2005, 528.
[46] BayObLGZ 1982, 159 (163).
[47] BayObLG FamRZ 1991, 865 (866).
[48] BayObLG ZEV 2005, 528; OLG München FamRZ 2016, 2154 bei Einsetzung entfernter Verwandter und eines Pflegekindes.
[49] OLG Hamm FamRZ 1994, 188.

Nacherben auch die Andeutung von dessen nicht ausdrücklicher Schlusserbeneinsetzung zu erblicken.

2. Ergänzende Auslegung

18 Die ergänzende Auslegung, die nicht den wirklichen, sondern den mutmaßlichen, hypothetischen Willen des Erblassers ermittelt, ist allgemein anerkannt.[50] Auch bei der ergänzenden Auslegung ist jedoch darauf zu achten, dass im Text der letztwilligen Verfügung der ermittelte hypothetische Wille des Erblassers zumindest angedeutet ist,[51] wobei auch hier wiederum auf den Sprachgebrauch des Erblassers abzustellen ist. Die ergänzende Testamentsauslegung ermittelt, welchen Willen der Erblasser im Zeitpunkt der Testamentsabfassung gehabt hätte, wenn er seinen Irrtum im Motiv, die Unvollständigkeit seiner letztwilligen Verfügung beziehungsweise die falsche Wertung eines zukünftigen Tatumstandes erkannt hätte. Es wird bei dieser geforderten Andeutung im Testament selbst nur ein Anhalt (deshalb auch „Anhaltstheorie" genannt) für die **Willensrichtung** des Erblassers gefordert. Der hypothetische Wille oder das Auslegungsergebnis muss nicht im Testament selbst angedeutet sein. Dies ist bei einem irrealen Willen auch schlecht möglich. Es genügt, dass die Motivation aus irgendeiner Verfügung im Testament erkennbar ist. Die Zwecksetzung selbst kann aus Umständen außerhalb des Testaments oder aus der allgemeinen Lebenserfahrung entnommen werden.[52]

Enthält das Testament also eine planwidrige Regelungslücke, kann diese im Wege der ergänzenden Testamentsauslegung geschlossen werden. Sie geht mithin der Anfechtung vor[53] und kann zum Tragen kommen, wenn eine Regelung von Anfang an unvollständig ist oder durch Umstände nach Testamentserrichtung (aber regelmäßig vor dem Erbfall) unvollständig geworden ist. Die ergänzende Auslegung kann deswegen auch zur Folge haben, dass eine Verfügung des Erblassers, die er bei Kenntnis des Sachverhalts nicht getroffen hätte, als gegenstandslos oder widerrufen zu behandeln ist.[54] *Leipold*[55] lehnt die Schaffung einer neuen Verfügung im Wege der ergänzenden Auslegung ab, insoweit gehe auch die Anfechtung vor; die Beseitigung etwa einer Testamentsvollstrecker-Anordnung könne durch die Auslegung im Sinne einer auflösenden Verfügung auch erreicht werden.

a) Anwendungsbereich

19 Die Veränderungen können tatsächlicher oder rechtlicher Art sein. Regelmäßig ist die ergänzende Auslegung in Betracht zu ziehen, wenn ein ursprünglich Bedachter vor dem Erbfall vorverstirbt, der vermachte Gegenstand veräußert wird oder der Erblasser einen unerwarteten erheblichen Vermögenszuwachs nach der Testierung erfährt. [56]

Zu einer planwidrigen Lücke können jedoch auch Veränderungen im Bereich der Rechts- und Wirtschaftsordnung führen, wie Änderungen des Erb- oder Erbschaftsteuerrechts. Ein derartiger Umstand war insbesondere die deutsche Einigung, wenn der Erblasser beispielsweise irrtümlich Grundvermögen in der DDR für wertlos gehalten oder geglaubt

---

50 BGHZ 22, 357 (360); 94, 36. BGH FamRZ 1983, 383 (385) ausdrücklich auch für den Fall, dass das Testament von Anfang an eine Lücke enthielt; BayObLG FamRZ 1997, 1509.
51 BayObLGZ 1981, 82.
52 So auch MüKoBGB/*Leipold* § 2084 Rn. 90.
53 BayObLGZ 1966, 390 (396); NJW-RR 1997, 1438 (1439); BGH NJW 1987, 264 (266); BeckOGK/ *Gierl* BGB § 2084 Rn. 78.
54 BayObLG NJW-RR 2002, 367: Angeordnete **Testamentsvollstreckung entfällt;** BayObLG NJW-RR 1997, 1438: **Vorausvermächtnis entfällt** und statt der angeordneten Erbeinsetzung zweier Söhne zu 1/2 gelten die drei Söhne der Erblasserin zu je 1/3 als eingesetzt; BayObLG NJW-RR 1997, 1438 (1439); BayObLGZ 1996, 390 (395): es **kann sogar das ganze Testament gegenstandslos werden.**
55 MüKoBGB/*Leipold* § 2084 Rn. 92.
56 Vergleiche dazu BGH NJW-RR 2017, 1035: Ein ehemaliger Kriegskamerad des Vaters der Erblasserin hatte dieser kurz vor ihrem Tod noch beträchtliches Vermögen hinterlassen, über das die Erblasserin selbst nicht mehr testiert hat.

hat, er könne es der Person, die er eigentlich bedenken wolle, nicht effektiv zuwenden. Die ergänzende Auslegung kann hier unter Umständen zu einer Ausgleichsregelung unter Miterben führen; mangels Andeutung jedoch auch zur gesetzlichen Erbfolge für den Nachlass, über den nicht verfügt wurde. Die ergänzende Auslegung kann grundsätzlich jedoch nicht aus Gründen des Vertrauensschutzes in Frage gestellt werden. Der Vertrauensschutz tritt im Erbrecht hinter der Ermittlung des Erblasserwillens zurück. Die Anwendung der ergänzenden Auslegung auf Erbfälle vor der deutschen Einigung (3.10.1990) ist insgesamt jedoch streitig.

b) Umsetzung

Die ergänzende Testamentsauslegung schließt eine **planwidrige Regelungslücke** im 20 Testament durch Ermittlung des hypothetischen Erblasserwillens, der – als Willensrichtung – im Testament zumindest angedeutet sein muss.

Das BayObLG mahnt zu Recht an, **bei der ergänzenden Auslegung zurückhaltend zu verfahren,**[57] es dürfe deshalb auch nur ein für die Zeit der Testamentserrichtung festgestellter Erblasserwille weitergedacht werden.

Zunächst ist festzustellen, ob das Testament eine planwidrige Regelungslücke enthält. Dabei ist auf die jeweiligen Umstände des Einzelfalls abzustellen und die allgemeine Lebenserfahrung zu berücksichtigen. So liegt die Annahme einer planwidrigen Regelungslücke nahe, wenn Eltern ihre Kinder als Erben einsetzen, diese aber vor dem Erbfall vorversterben. Andererseits dürfte ohne das Hinzutreten weiterer Umstände die Annahme einer planwidrigen Regelungslücke ausscheiden, wenn Kinder ihre Eltern einsetzen und keine Ersatzerben bestimmen, denn es entspricht dem gewöhnlichen Verlauf der Dinge, dass Kinder ihre Eltern überleben, nicht aber umgekehrt.

Diese planwidrige Lücke wird dadurch geschlossen, dass der Richter den hypothetischen Willen des Erblassers ermittelt, den dieser gehabt hätte, wenn er die Umstände schon bei der Testierung berücksichtigt hätte. Die Lücke wird also nicht dadurch geschlossen, dass der Richter überlegt, welche Verfügung der Erblasser sinnvollerweise getroffen hätte. Vielmehr geht es darum zu ermitteln, welchen Willen der Erblasser gehabt hätte, wenn er die Umstände bei der Testierung schon bedacht hätte, es wird also seine Willensrichtung weiterentwickelt.[58] In diesem Sinne begegnet die ergänzende Testamentsauslegung auch keinen Bedenken im Hinblick auf die Einhaltung der Formvorschriften. Es kann nur dann eine solche Willensrichtung weiterentwickelt werden, die im Testament bereits angelegt, also zumindest angedeutet ist.

aa) Ergänzende Auslegung und Ersatzerbenberufung. Fällt nach der Errichtung der 21 Verfügung der zunächst Bedachte weg, ist im Rahmen der ergänzenden Auslegung zu prüfen, ob ein Dritter an seine Stelle getreten ist.

Dabei ist zuerst zu klären, ob eine **planwidrige Regelungslücke** vorliegt. Dafür ist ein wesentliches Kriterium, ob der Erblasser nach der allgemeinen Lebenserfahrung damit rechnen konnte, dass der Bedachte den Erbfall überlebt. Ist der Erblasser also deutlich älter als der Bedachte, ist die Annahme einer planwidrigen Regelungslücke zumindest naheliegend. Sodann ist die Willensrichtung des Erblassers bei Errichtung der Verfügung zu ermitteln. Auf keinen Fall darf, wenn der weggefallene Bedachte ein Abkömmling des Erblassers war, vorschnell auf § 2069 BGB zurückgegriffen werden, wenn zugleich die Wechselbezüglichkeit der Einsetzung inmitten steht, denn es gilt hier ein **Kumulationsverbot der Auslegungsregeln** des § 2069 BGB mit der des § 2270 Abs. 2 BGB mit der Folge, dass eine wechselbezügliche, das heißt bindende Ersatzerbenberufung nicht dadurch ermittelt werden kann, dass §§ 2069, 2270 Abs. 2 BGB gemeinsam angewendet werden.

---

[57] BayObLG NJW-RR 1997, 1438 (1440).
[58] BGH NJW-RR 2017, 1035 (1037); § 2084 Rn. 21; *Muscheler*, ErbR I, Rn. 1863.

Vielmehr ist im Wege der individuellen Auslegung zu klären, ob der Erblasser den Bedachten aufgrund persönlicher Motive (zum Beispiel enge persönliche Verbundenheit gegenüber einem Patenkind) bedacht oder ob er diesen eher als Repräsentanten seines Stammes angesehen hat, wofür insbesondere eine Einsetzung nach den Regeln der gesetzlichen Erbfolge sprechen kann (Zum Beispiel setzt der Erblasser alle drei Nichten zu je $^1/_3$ als Erbinnen ein. Das deutet darauf hin, dass er jede Nichte als Repräsentantin ihres Stammes angesehen hat.).

22 bb) Unerwartete Änderung der Vermögensverhältnisse. Für die ergänzende Testamentsauslegung kann auch dann Raum sein, wenn sich die Vermögensverhältnisse des Erblassers zwischen Errichtung und Erbfall (wesentlich) ändern.

Wendet der Erblasser zum Beispiel dem Bedachten einen Gegenstand zu, der dann noch zu Lebzeiten veräußert wird, kann die ergänzende Auslegung ergeben, dass statt des Gegenstandes der Erlös oder das Surrogat zugewendet worden sein sollen.[59] Zwingend ist ein derartiges Auslegungsergebnis indes nicht, denkbar ist nämlich auch, dass der ursprünglich Bedachte nichts mehr erhalten soll.

Bei einem vom Erblasser **nicht erwarteten Vermögenszuwachs** zwischen dem Zeitpunkt der Testamentserrichtung und dem Eintritt des Erbfalls ist für eine ergänzende Auslegung von vornherein nur Raum, wenn der Erblasser die Vermögensentwicklung nicht bereits bei der Errichtung der Verfügung berücksichtigt hatte. Darüber hinaus führt auch der Umstand, dass bei der Zuwendung einzelner Gegenstände, die im Wesentlichen das gesamte Vermögen des Erblassers ausmachen und deshalb als Erbeinsetzung ausgelegt werden kann, der später hinzugekommene Vermögensgegenstand nicht berücksichtigt wurde, nicht per se zur Lückenhaftigkeit des Testaments.[60] Erst wenn die planwidrige Regelungslücke in einer derartigen Konstellation festgestellt ist, kann versucht werden, diese im Wege der ergänzenden Auslegung zu schließen. Lässt sich dabei aber ein hypothetischer Wille des Erblassers auch unter Ausschöpfung aller Beweismittel innerhalb und außerhalb der Urkunde nicht ermitteln, verbleibt es beim Auslegungsergebnis ohne Berücksichtigung des nachträglich hinzuerworbenen Vermögensgegenstandes.[61]

c) Maßgeblicher Zeitpunkt

23 Grundsätzlich ist die Veränderung der Umstände zwischen Testamentsermittlung und Erbfall maßgeblich, bei Vermächtnissen und Auflagen sind auch Veränderungen zwischen dem Erbfall und der Fälligkeit des Vermächtnisses beziehungsweise Zeitpunkt der Auflagenerfüllung relevant.[62] Bei Nacherbfolge sind auch Änderungen zwischen Erbfall und Nacherbfall zu berücksichtigen.[63]

3. Wohlwollende Auslegung

24 Steht fest, dass eine letztwillige Verfügung vorliegt und lässt das Testament verschiedene Auslegungen zu, so ist gemäß § 2084 BGB die Auslegung vorzuziehen, bei der die Verfügung Erfolg haben kann, sog **wohlwollende Auslegung.** Die Praxis wendet § 2084 BGB entsprechend auch für den Fall an, dass eine der möglichen Auslegungen zu einem praktikableren Ergebnis führt.

---

[59] BGHZ 31, 13 (16); OLG Hamm ZEV 2015, 532 mit Anmerkung *Otte*; BeckOGK/*Gierl* BGB § 2084 Rn. 118.
[60] BGH NJW-RR 2017, 1035 (1037).
[61] BGH NJW-RR 2017, 1035 (1037).
[62] BGH WM 1971, 533.
[63] BayObLG FamRZ 1991, 1234.

4. Umdeutung

Ist eine Verfügung auch nach Zuhilfenahme aller Auslegungsmöglichkeiten unwirksam, **25** kommt eine Umdeutung (§ 140 BGB) in Betracht. So kann ein gemäß § 2265 BGB **nichtiges gemeinschaftliches Testament von Verlobten** als Erbvertrag Bestand haben, wenn es der Form des § 2276 BGB entspricht. Es kann auch unter Umständen in zwei eigenhändige Testamente umgedeutet werden.[64] Ob ein **unwirksames gemeinschaftliches Testament (oder Erbvertrag)** in ein wirksames Einzeltestament umgedeutet werden kann, wenn die betreffende Verfügung nach dem Willen des Testators wechselbezüglich war, war streitig. Während die OLGe Düsseldorf[65] und Hamm[66] dies ausschlossen, gingen das BayObLG[67] und das OLG Frankfurt aM[68] davon aus, dass auch eine wechselbezügliche Verfügung in ein Einzeltestament umgedeutet werden könne. Die nunmehr hM hält auch die Umdeutung wechselbezüglicher Verfügungen für uneingeschränkt möglich, wenn sie den Formerfordernissen von Einzeltestamenten genügen und ein entsprechender Wille beider Testierenden festgestellt werden kann.[69] Ein **unwirksames Rechtsgeschäft unter Lebenden kann in eine Verfügung von Todes wegen umgedeutet werden und umgekehrt.** So hat der BGH ein in einem Erbvertrag enthaltenes **unwirksames Vermächtnis** in einen Schenkungsvertrag[70] und einen wegen § 1365 BGB **unwirksamen Vertrag unter Lebenden** in einen Erbvertrag umgedeutet.[71] Ein **undurchführbar gewordener Erbvertrag** kann als Anordnung einer Vor- und Nacherbschaft aufrechterhalten werden, ein **unbegründeter Rücktritt vom Erbvertrag** als Anfechtung wegen Motivirrtums.[72] *Lange/Kuchinke*[73] ist zuzustimmen, dass bei nicht wechselbezüglichen Verfügungen „überhaupt kein Grund ersichtlich ist, ihre Geltung in Frage zu stellen, so dass es nicht einer Umdeutung bedarf, um ihnen Wirksamkeit zu verleihen". Bei wechselbezüglichen Verfügungen kann im Wege der (auch ergänzenden) Auslegung überprüft werden, ob die Verfügungen in einem Verhältnis der Bedingung zueinander stehen.[74]

5. Teilnichtigkeit

Bei **einseitigen testamentarischen Verfügungen** regelt die Auslegungsregel[75] des **26** § 2085 BGB das Problem der Teilnichtigkeit einzelner Verfügungen dahin, dass eine widerlegbare Vermutung für die Wirksamkeit der übrigen testamentarischen Verfügungen besteht. Das Gesetz behandelt die einzelnen testamentarischen Anordnungen als selbständige Rechtsgeschäfte. § 2085 BGB ist deshalb direkt nur auf die Unwirksamkeit einer von mehreren Verfügungen anwendbar, wird jedoch auch auf einzelne Verfügungen angewandt, die vom Gegenstand her (quantitativ) teilbar sind.[76] Die Vorschrift kann zum Beispiel dann zum Tragen kommen, wenn die Einsetzung des Heimträgers gegen § 14 HeimG verstößt, aber zugleich ein Ersatzerbe bestimmt ist, der zum Zuge kommt, weil die Verfügung nur insoweit nichtig ist, als sie gegen das gesetzliche Verbot verstößt.

---

[64] *Kanzleiter* DNotZ 1973, 133.
[65] OLG Düsseldorf FamRZ 1997, 771.
[66] OLG Hamm ZEV 1996, 304.
[67] BayObLG FamRZ 1993, 1370.
[68] OLG Frankfurt MDR 1976, 667.
[69] BGH NJW-RR 1987, 1410; OLG Braunschweig NJW-RR 2005, 1027; Palandt/*Weidlich* § 2265 Rn.3.
[70] BGH NJW 1978, 423.
[71] BGHZ 77, 293. Das OLG Hamm (MittBayNot 1997, 300) hat die in einem Ehevertrag enthaltene unwirksame Verpflichtung eines Ehegatten, im Falle der Scheidung ein Testament zugunsten der gemeinsamen Kinder zu errichten, in einen Erbvertrag zugunsten der Kinder umgedeutet.
[72] Siehe weitere Beispiele bei Palandt/*Ellenberger* § 140 Rn. 10.
[73] *Lange/Kuchinke*, Erbrecht, § 24 I 4 b.
[74] AA KG NJW 1972, 2133 (2126).
[75] BayObLG FamRZ 1989, 325 (326).
[76] MüKoBGB/*Leipold* § 2085 Rn. 10; BGH NJW 1962, 912.

§ 2085 BGB ist auch anwendbar, wenn eine testamentarische Verfügung nur teilweise unwirksam ist, etwa bei der Erbeinsetzung einer Geliebten.[77] Eine solche Auslegung gebietet auch der Grundsatz des **favor testamenti**. Bei einer sittenwidrigen Bedingung ist regelmäßig die Verfügung insgesamt unwirksam, gleichviel ob auflösend oder aufschiebend.[78] Eine Umdeutung gemäß § 140 scheidet jedoch dabei nicht von vorneherein aus.[79] Es ist dann auf den hypothetischen Willen des Erblassers abzustellen: Welche nicht sittenwidrige Lösung kommt seinem Willen am nächsten?

27   Es ist zu vermuten, dass der Erblasser eine möglichst weitgehende Aufrechterhaltung seines letzten Willens gewollt hat. So kann also die **Einsetzung zum Alleinerben** als Einsetzung auf einen Erbteil oder die **Einsetzung eines Miterben** als Einsetzung auf eine niedrigere Quote aufrechterhalten werden.

28   Anderes gilt bei vertragsmäßig bindenden **Verfügungen in Erbverträgen;** hier hat die Nichtigkeit einer Verfügung die Unwirksamkeit des ganzen Vertrages zur Folge (§ 2298 Abs. 1 BGB). Soweit jedoch keine vertragsmäßigen Verfügungen im Erbvertrag vorliegen, ist § 2085 BGB anwendbar. Beim **gemeinschaftlichen Testament** wird § 2085 BGB durch § 2270 nur insoweit verdrängt, als die Wechselbezüglichkeit in Frage steht. Nach § 2085 wird jedoch die Auswirkung einer nichtigen wechselbezüglichen Verfügung auf andere von ihm im gemeinschaftlichen Testament getroffenen Verfügungen beurteilt.[80]

6. Auslegungsvertrag[81]

29 Die Beteiligten eines **zivilprozessualen** Erbstreits können sich über die Auslegung einer Verfügung von Todes wegen durch Vertrag einigen. Dieser Vertrag bedarf der **notariellen Form** (§§ 2385, 2371 BGB) wenn er die Erbeinsetzung betrifft oder Erbteile übertragen werden (§ 2033 Abs. 1 S. 2 BGB), nicht jedoch, wenn er nur die Verpflichtung zur Übertragung einzelner Nachlassgegenstände begründet. Ein Prozessvergleich ersetzt die notarielle Form (§ 127a BGB).

Der Bundesgerichtshof lässt derartige Verträge zu, wenn alle Betroffenen mitwirken und Dritte davon nicht in ihrer Rechtsstellung beeinträchtigt werden.[82]

Die Parteien eines Erbstreits können sich auch über ihr Erbrecht oder die Höhe der Erbquote einigen.

Unstreitig ist das **Nachlassgericht** an das Ergebnis eines Zivilprozesses über das Erbrecht **gebunden,** obwohl hier die Dispositionsmaxime gilt.[83] Es besteht kein Grund, die formgerechte Einigung über das Erbrecht, die ein Zivilrichter anerkennen muss, im Erbscheinsverfahren nicht anzuerkennen. Das OLG Frankfurt geht deshalb auch davon aus, dass das Nachlassgericht an den Auslegungsvertrag gebunden ist.[84] Das OLG München stellt klar, dass die Erbprätendenten grundsätzlich die Möglichkeit haben, durch **Auslegungsvertrag** die erbrechtliche Auseinandersetzung im Wege schuldrechtlicher Verpflichtungen zu regeln,[85] lehnt aber eine Bindung des Nachlassgerichts an eine übereinstimmende Auslegung der Beteiligten ab.[86] Ein **im Erbscheinsverfahren** vor dem Nachlassgericht geschlossener Vergleich stellt nach Auffassung des BayObLG keinen Vollstreckungstitel gemäß § 794 Abs. 1 Nr. 1 ZPO dar.[87] Soweit die Literatur die Bindung der Gerichte an Auslegungs-

---

[77] BGHZ 53, 369; BGH JZ 1983, 147.
[78] BayObLG 22, 265; Palandt/*Weidlich* § 2074 Rn. 5.
[79] So aber wohl MüKoBGB/*Leipold* § 2074 Rn. 27 f., der sich dafür ausspricht, dass die Zuwendung dann unbedingt aufrechterhalten bleibt.
[80] RGZ 116, 148; OLG Hamburg MDR 1955, 168 (169); MüKoBGB/*Leipold* § 2085 Rn. 13.
[81] *Horn,* Richterliche Entscheidung bei Testament und Auslegungsvertrag in ZEV 2016, 565.
[82] BGH NJW 1986, 1812; OLG München NJW-RR 2011, 12.
[83] OLG München ZEV 2016, 278.
[84] OLG Frankfurt OLGZ 1990, 15.
[85] Siehe auch *Proff* ZEV 2010, 348.
[86] OLG München NJW-RR 2011, 12.
[87] BayObLG NJW-RR 1997, 1368.

verträge ablehnt,[88] räumt sie ein, dass diese Verträge zu einer schuldrechtlichen Verpflichtung der Beteiligten führen. Ein Zivilrichter kann dies nicht ignorieren. Will der Nachlassrichter sich nicht an den Vertrag halten, sollte ein Zivilprozess rechtshängig gemacht und das Nachlassverfahren ausgesetzt werden.

7. Gesetzliche Auslegungsregeln

Die §§ 2066–2073 BGB sind gesetzliche Auslegungs- und Ergänzungsregeln, die „im 30 Zweifel", also falls sich kein anderer Wille des Erblassers ermitteln lässt, den nicht ausreichend bestimmten Erben oder sein Beteiligungsverhältnis an der Erbschaft bestimmbar machen. Sie gelten für Zuwendungen jeder Art, auch für die Einsetzung von Nacherben,[89] für Vermächtnisse, nicht aber für eine Auflage.[90] Sie gelten auch für einseitige (§ 2299 BGB) und vertragsmäßige (§ 2279 BGB) Verfügungen in Erbverträgen. Sie sind zwar durch die Entwicklung der Auslegungstechnik nicht mehr so bedeutsam, bestimmen aber im Zivilprozess wie im FamFG-Verfahren die Beweislast- beziehungsweise Feststellungslastverteilung.[91]

- **§ 2066 BGB:** Der Erblasser spricht in seiner Verfügung nur von **„meine gesetzlichen 31 Erben"** oder meine Erben.
  Dabei sind die zu Erben berufen, die der Erblasser tatsächlich als seine gesetzlichen Erben angesehen hat, gleichgültig, ob sie wirklich gesetzliche Erben sind. Falls sich jedoch ein Wille des Erblassers nicht feststellen lässt, sind nach § 2066 BGB diejenigen nach dem Verhältnis ihrer gesetzlichen Erbteile bedacht, welche zur Zeit des Erbfalls seine gesetzlichen Erben sein würden. Falls sich nicht ein anderer Wille des Erblassers ermitteln lässt, gilt auch der Ehegatte oder Lebenspartner nach LPartG als bedacht (§§ 1931, 1371, 2077 BGB). Bei **Rechtsänderungen zwischen Testamentserrichtung und Erbfall** (Erbrecht von nichtehelichen Kindern und Adoptierten) ist grundsätzlich auf die Rechtslage beim Erbfall abzustellen.[92]
- **§ 2067 BGB: Verwandte** 32
  Bestimmt der Erblasser seine Erben durch die Bezeichnung „Verwandte", ist durch Auslegung zunächst zu ermitteln, welche Vorstellungen der Erblasser damit verbindet; wie bei § 2066 BGB fallen unter den Begriff auch die nichtehelichen Kinder des männlichen Erblassers sowie die angenommenen Kinder (Ausnahmen S. jeweils dort).
  Wie bei § 2066 BGB ist auf den Zeitpunkt des Erbfalls abzustellen und eine fehlende Quotenbestimmung wird dahin ergänzt, dass die Erben nicht nach Kopfteilen (§ 2091 BGB), sondern nach dem Verhältnis ihrer gesetzlichen Erbteile bedacht sind.
  Die Formulierung **„den Rest an übrige Verwandte"** ist auslegungsbedürftig. Der Erblasser kann hiermit nur einen Teil der Verwandten gemeint haben; das Wort „übrige" kann „verbleibende", „restliche" oder „andere" Verwandte bedeuten.[93]
- **§ 2068 BGB: Kinder** 33
  Wenn kein gegenteiliger Wille des Erblassers zu ermitteln ist, fallen unter diesen Begriff auch Adoptivkinder und nichteheliche Kinder. Das zu § 2066 BGB Gesagte gilt auch hier. § 2068 BGB sieht vor, dass der Erblasser von einer Erbfolge nach Stämmen ausging, sodass bei Wegfall eines Kindes im Zweifel anzunehmen ist, dass die Abkömmlinge insoweit Erben sind, als sie bei der gesetzlichen Erbfolge an die Stelle des Kindes treten würden.

---

[88] ZB Staudinger/*Otte* Vorbemerkung zu §§ 2064 ff. Rn. 133.
[89] OLG Köln Rpfleger 1992, 391.
[90] Palandt/*Weidlich* § 2066 Rn. 1.
[91] Reimann/Bengel/*Mayer,* Testament und Erbvertrag, A 195.
[92] Auch hier gehen etwaige Vorstellungen des Erblassers vor; es ist also zu ermitteln, ob der Erblasser bei Altfällen von der Fortgeltung des alten Rechts ausgegangen ist, oder ob dem Erblasser das neue Recht bekannt war, vergleiche näher Palandt/*Weidlich* § 2066 Rn. 3.
[93] BayObLG BeckRS 2010, 26675.

„Erben des Überlebenden von uns sollen unsere Kinder sein" mit einer Pflichtteils-sanktionsklausel kann bedeuten, dass nur die gemeinsamen Kinder gemeint sind, also diejenigen Kinder, denen in Bezug auf beide Ehegatten ein Pflichtteil zusteht.[94]

34 • **§ 2069 BGB: Wegfall von eingesetzten Abkömmlingen.** Hat der Erblasser als Erben oder Vermächtnisnehmer Personen eingesetzt, die Abkömmlinge des Erblassers sind, so treten im Zweifel an die Stelle eines weggefallenen Abkömmlings dessen Abkömmlinge insoweit, als sie bei der gesetzlichen Erbfolge an dessen Stelle treten würden. Gemäß § 1924 BGB ist Abkömmling, wer vom Erblasser in gerader absteigender Linie abstammt, also Kinder, Enkel usw. Dazu gehören auch nichteheliche und angenommene Kinder. Bei Altfällen ist eine sorgfältige Prüfung des Erblasserwillens veranlasst. „Weggefallen" ist ein Abkömmling nach der Testamentserrichtung nicht nur durch Tod, sondern auch durch Erbunwürdigkeitserklärung (§ 2344 BGB) und Ausschlagung (§ 1953 BGB). Verlangt der Ausschlagende den Pflichtteil, gilt § 2069 nicht, da der Stamm nicht doppelt bedacht werden soll.[95]

35   Ein **Zuwendungsverzicht** (§ 2352 BGB) betraf bis zum 1.1.2010 im Zweifel nicht die Abkömmlinge des Verzichtenden, anders jedoch, wenn der Verzichtende eine Abfindung erhalten hat.[96] Durch die Änderung des § 2352 S. 3 BGB gilt seit 1.1.2010, dass sich die Wirkung des Verzichts auf seine Abkömmlinge bezieht, soweit nichts anderes bestimmt wird. Der Wille des Erblassers ist nach neuem wie nach altem Recht sorgfältig daraufhin zu erforschen, ob eine Ersatzberufung der Abkömmlinge gewollt war. § 2352 BGB nF gilt für alle Erbfälle seit dem 1.1.2010 (Art. 229 § 23 Abs. 4 EGBGB.[97]

36   An die Stelle eines als **Nacherben** eingesetzten Abkömmlings, der zwischen Testamentserrichtung und Erbfall wegfällt, treten gemäß § 2069 BGB dessen Abkömmlinge. Stirbt der ursprünglich als Nacherbe eingesetzte Abkömmling erst zwischen Erbfall und Nacherbfall, vererbt sich sein Nacherbenrecht jedoch grundsätzlich auf seine Erben (§ 2108 Abs. 2 S. 1 BGB); allerdings ist hier eine sorgfältige Prüfung des Erblasserwillens angebracht.[98] Der ausdrücklich eingesetzte Ersatznacherbe tritt auch dann an die Stelle des Nacherben, wenn dieser zwischen Erbfall und Nacherbfall stirbt.[99]

37   **Beachte:** § 2069 ist nach ständiger Rechtsprechung nicht (auch **nicht analog) anzuwenden**, wenn die eingesetzten Personen nicht Abkömmlinge, sondern dem Erblasser nahestehende Personen (zum Beispiel Geschwister, Nichten, Freunde etc) sind.[100] Im Einzelfall ist jedoch zu prüfen, ob im Wege der individuellen (ergänzenden) Auslegung eine Ersatzerbenberufung feststellbar ist.[101] In Betracht kommen eingesetzte Personen, bei denen die besonders enge Beziehung auf Grund naher Verwandtschaft, Ehe, nichtehelicher Partnerschaft, enger Freundschaft, langjähriger Betreuung eine Ersatzberufung der Angehörigen des Bedachten nahelegt.[102] Als derartige Personen wurden von der Rechtsprechung angesehen: Geschwister, Stief- und Geschwisterkinder,[103] der Ehegatte, der nichteheliche Lebenspartner,[104]

---

[94] BayObLG NJW-RR 1988, 968.
[95] BGHZ 33, 60.
[96] BGH NJW 1974, 43.
[97] Die Literatur denkt bei Altfällen an einen stillschweigend vereinbarten Ausschluss der Erstreckungswirkung in Einzelfällen MüKo/*Wegerhoff* § 2352 Rn. 14; *Kanzleiter* will die Wirkung eines Zuwendungsverzichtsvertrages nach altem Recht (keine Erstreckung auf Abkömmlinge) entgegen dem Wortlaut von Art. 229 § 23 Abs. 4 EGBGB bei Erbfällen ab 1.1.2010 ändern, die Anwendung des neuen Rechts auf Erbverträge lehnt er völlig ab (DNotZ 2010, 520 (525 ff.)).
[98] BGH NJW 1963, 1150.
[99] Palandt/*Weidlich* § 2069 Rn. 6.
[100] BGH NJW 1973, 240; BayObLGZ 1988, 165 (167); NJW-RR 1992, 73; FGPrax 2003, 272.
[101] OLG München BeckRS 2017, 108213.
[102] BGH NJW 1973, 240; BayObLG 1982, 159; 88, 165; NJW 1988, 1033.
[103] BayObLG NJW-RR 92, 73; OLG Karlsruhe DNotZ 1993, 456; BayObLG Rpfleger 1974, 345.
[104] BayObLGZ 1988, 165 (Ehegatte); KG DNotZ 1976, 564; BayObLG FamRZ 2001, 516; 1993, 1496 (nichtehelicher Lebenspartner).

der nichteheliche Sohn des vorverstorbenen Ehegatten,[105] enge Freunde, langjährige Betreuer.[106]

Dabei ist zwischen einer analogen Anwendung des § 2069 BGB und der ergänzenden Auslegung zu unterscheiden.

Als **analoge Anwendung** ist nur der Fall anzuerkennen, dass im Falle eines gemeinschaftlichen Testaments der weggefallene Bedachte allein ein Abkömmling des erstversterbenden Ehegatten ist; dabei treten an die Stelle des Weggefallenen dessen Abkömmlinge nur dann, wenn sie gesetzliche Erben des Erblassers und nicht des Weggefallenen wären.[107]

In den übrigen Fällen ist eine individuelle **ergänzende Auslegung** vorzunehmen, wobei es zu einer Ersatzberufung des Abkömmlings oder anderer nahestehender Personen nach dem Weggefallenen kommen kann. Voraussetzung ist eine sehr enge Beziehung zwischen dem Bedachten und dem Erblasser, sodass es naheliegt, der Erblasser habe nicht nur dem Eingesetzten eine Zuwendung machen, sondern dessen ganzen Stamm bedenken wollen. Die Art der Beziehung zwischen dem Bedachten und seinem Abkömmling sowie zwischen diesem und dem Erblasser kann Anhaltspunkte für die Auslegung liefern. *Otte*[108] kritisiert verschiedene obergerichtliche Entscheidungen zur stillschweigenden Ersatzerbeneinsetzung etwa der auf den Pflichtteil gesetzten Mutter eines vorverstorbenen Enkelkindes,[109] des Neffen der vorverstorbenen Ehefrau, der zwar von ihr als Erbe eingesetzt, im Testament des Erblassers aber nicht einmal erwähnt worden war[110] oder der Geschwister und Neffen der Lebensgefährtin.[111]

- **§ 2070 BGB: Wegfall von eingesetzten** – nicht näher bestimmten – **„Abkömm-**   38 **lingen"** (auch „Kinder", „Nachkommen") **eines Dritten**, also **nicht des Erblassers.**
  Im Zweifel sind nur die zur Zeit des Erbfalls oder zur Zeit einer danach eingetretenen Bedingung oder Befristung lebenden oder gezeugten Abkömmlinge bedacht. Auch hier geht im Einzelfall der durch Auslegung ermittelte Wille des Erblassers, auch die nach dem Erbfall erzeugten Abkömmlinge des Dritten zu bedenken, vor; sie kommen dann als Nacherben (§ 2101 Abs. 1 BGB) oder Nachvermächtnisnehmer (§ 2191 BGB) in Betracht, wobei auf die gesetzliche Erbfolge nach dem Dritten abzustellen ist.[112]

- **§ 2071 BGB: Personengruppe** als Erbe: 39
  Hat der Erblasser eine bestimmte Personengruppe bedacht (etwa die Arbeitnehmer des Erblassers, seine Mieter, seine Vereinsgenossen), so sind im Zweifel diejenigen bedacht, welche zur Zeit des Erbfalles zu dieser Personengruppe gehören. Ist die Personengruppe organisiert (zum Beispiel ein Verein) ist zu prüfen, ob nicht die Korporation selbst bedacht werden sollte. Dabei fällt das Erbe oder das Vermächtnis bei einem nichtrechtsfähigen Verein diesem unmittelbar an, da er als erbfähig zu betrachten ist. Die Mitglieder einer BGB-Gesellschaft erben als einzelne Personen mit der Auflage, die Erbschaft beziehungsweise das Vermächtnis für den Gesellschaftszweck zu verwenden.

- **§ 2072 BGB: Die Armen:**   40
  Mit der Bezeichnung „Die Armen" ist im Zweifel die öffentliche Armenkasse der Gemeinde des letzten Wohnsitzes des Erblassers mit einer Verwendungsauflage bedacht. Armenkasse ist der Träger der Sozialhilfe dieser Gemeinde (SGB XII §§ 3; 96; 97).
  § 2072 BGB wird **analog** für entsprechende Erbeinsetzungen angewandt, wie etwa   41 **„Die Bedürftigen", „Die sozial Schwachen", „Die Behinderten", „Die Waisenkinder".** In all diesen Fällen ist zunächst zu prüfen, ob es in der Gemeinde des letzten

---

[105] BayObLGZ 1996, 191; NJW 1988, 2744.
[106] Palandt/*Weidlich* § 2069 Rn. 10.
[107] BayObLG FamRZ 1991, 234; s. auch MüKoBGB/*Leipold* § 2069 Rn. 32, 5; BGH FamRZ 2001, 993 (994); OLG Hamm OLGZ 1982, 272 (277).
[108] Staudinger/*Otte* § 2069 Rn. 29.
[109] OLG Hamburg FamRZ 1988, 1322.
[110] BayObLG NJW 1988, 2744.
[111] Vorinstanz zu BayObLG ZEV 2001, 24.
[112] Staudinger/*Otte* § 2070 Rn. 2.

Wohnsitzes des Erblassers eine erbfähige Organisation gibt, die sich dem vom Erblasser genannten Zweck widmet. Möglich ist auch, dass der Erblasser bereits Kontakt zu einer derartigen Organisation hatte, die dann möglicherweise als Erbe gemeint ist. Im Zweifel ist wohl immer der Sozialhilfeträger der letzten Wohngemeinde mit einer Verteilungs-auflage als bedacht anzusehen. Problematisch ist eine analoge Anwendung in den Fällen, in denen der Erblasser sein Vermögen **„den Tieren"** oder **„dem Tierschutz"** zugute-kommen lassen will. Dem BayObLG[113] ist zuzustimmen, dass diese Formulierungen (im Falle des BayObLG „den Tieren") als Anhalt für eine Auslegung genügen. Falls die Umstände außerhalb des Testaments jedoch keine Klarheit ergeben, ist § 2072 BGB nicht analog anzuwenden, da der Gesetzgeber in solchen Fällen bewusst von der Aufstellung einer Auslegungsregel zugunsten einer Errichtung abgesehen hat. Das hat das OLG Frankfurt zutreffend bei der Formulierung „Mein Vermögen soll in eine Stiftung für einen guten Zweck eingehen" angenommen.[114] Es ist dann eine Zweckauflage für den Erben gemäß § 2193 BGB anzunehmen.[115]

42 • **§ 2073 BGB: Mehrdeutig bezeichneter Erbe** beziehungsweise Vermächtnisnehmer. Falls auf Grund der Auslegung die Bezeichnung des Erblassers auf mehrere Personen in einem fest umgrenzten Personenkreis passt und jeder in diesem Personenkreis als mögli-cher Anwärter in Betracht kommt, gelten alle diese Personen als zu gleichen Teilen bedacht.

43   Die Zuwendung ist mangels Bestimmtheit unwirksam, wenn sich eine bestimmte Person überhaupt nicht ermitteln lässt, die vom Erblasser benannte Person nicht existiert oder nicht ausfindig gemacht werden kann oder der Personenkreis nicht fest umgrenzt ist. Ist etwa nur **„der Tierschutzverein"** eingesetzt und lässt sich nicht ermitteln, welchen Tierschutzver-ein der Erblasser gemeint hat, so ist die Verfügung unwirksam, wenn sich am letzten Wohnort des Erblassers mehrere Tierschutzvereine befinden. Es kommt daher nur eine **Zweckauflage** in Betracht, da in der unbestimmbaren Bezeichnung der Person des Erben gleichzeitig eine Zweckangabe liegt.

44   Die **§§ 2074–2077 BGB** sind gesetzliche Auslegungsregeln für bedingte Zuwendungen. Hierbei ist zunächst abzuklären, ob ein objektiv und in der Vorstellung des Erblassers ungewisses Ereignis nach dem Erbfall (von dessen Eintritt oder Nichteintritt der Erblasser die Rechtswirkung seiner Verfügung abhängig macht) vorliegt oder ob der Erblasser nur einen Beweggrund angibt[116] oder eine Befristung.

• **§ 2074 BGB: Aufschiebende Bedingung:**
Im Zweifel ist anzunehmen, dass eine aufschiebend bedingte Zuwendung nur gelten soll, wenn der Bedachte den Eintritt der Bedingung erlebt. Der Bedachte wird Nacherbe (§ 2105 BGB, sog. **konstruktive Vor- und Nacherbschaft**); Vorerbe ist mangels ande-rer Bestimmung durch den Erblasser nach hM der gesetzliche Erbe gemäß § 2105 BGB. Besser legt man § 2105 BGB als Auslegungsregel aus, da der Erblasser durchaus statt des gesetzlichen Erben als Vorerben lieber gleich den Nacherben als Vollerben oder nur einige der gesetzlichen Erben als Vorerben berufen haben würde.[117] Erlebt der aufschiebend bedingte (Nach-)Erbe den Eintritt der Bedingung nicht, vererbt sich sein Anwartschafts-recht nicht (§ 2108 Abs. 2 S. 2 BGB). Aufschiebend bedingte Vermächtnisse fallen erst mit dem Eintritt der Bedingung an (**§ 2177 BGB**).

---

[113] BayObLG NJW 1988, 2742.
[114] OLG Frankfurt BeckRS 2017, 124884.
[115] MüKoBGB/*Leipold* § 2072 Rn. 9; im Falle der Zuwendung an den „Tierschutz" hat das OLG Oldenburg in NJW-RR 1993, 581 zwar die nur beschränkte Analogiefähigkeit des § 2072 BGB anerkannt, jedoch eine Auslegung anhand des dieser Vorschrift zugrunde liegenden Rechtsgedankens gebilligt; offensichtlich hat die Auslegung nicht zu einem bestimmten Erben (Tierschutzverein) geführt. Dies ist eine verbotene Analogie. Auch hier wäre (unter der genannten Sachverhaltsprämisse) eine Zweckauflage an den gesetzli-chen Erben wohl zutreffend.
[116] „Sollte mir während meines Urlaubs etwas passieren", vergleiche BayObLG MDR 1982, 145.
[117] So zutreffend MüKoBGB/*Grunsky* § 2105 Rn. 1.

Ein in der Praxis bedeutsamer Fall der Einsetzung eines aufschiebend bedingten Nacherben ist die **Wiederverheiratungsklausel** in einem Testament; hierzu näher bei der Erörterung der Vor- und Nacherbschaft und beim Berliner Testament (→ § 11 Rn. 39 ff.). Bei der **anfänglich unmöglichen aufschiebenden Bedingung** ist idR die letztwillige 45 Verfügung und nicht nur die Bedingung nichtig. Anders ist dies bei der **nachträglich unmöglichen aufschiebenden Bedingung,** die durch Auslegung aufrechterhalten werden kann und bei der **unmöglichen auflösenden Bedingung,** bei der nur diese und nicht die Verfügung wirkungslos ist. Bei der nachträglich unmöglichen aufschiebenden Bedingung fällt die Zuwendung dem Bedachten mit dem Erbfall beziehungsweise mit dem Zeitpunkt der endgültigen Unmöglichkeit an.[118]

Eine Erbeinsetzung unter der Bedingung, dass der Erbe einen bestimmten Dritten oder 46 auch den Testator selbst wiederum zum Erben einsetzt, ist grundsätzlich gültig.[119]

Nacherbenbestimmung

Nach § 2065 BGB darf der Erblasser die Bestimmung des Erben nicht einem Dritten überlassen. Deshalb ist die Bestimmung des Erblassers, für den Fall einer letztwilligen Verfügung des Vorerben seien **Nacherben diejenigen, die der Vorerbe zu seinen Erben einsetze,** nach § 2065 Abs. 2 BGB unwirksam.[120] Die Gegenmeinung ist nicht zu folgen, da diese Konstruktion durchaus auf eine Vertretung im Willen hinausläuft.[121] Nicht gegen § 2065 BGB verstößt es, **einen Nacherben unter der aufschiebenden oder auflösenden Bedingung einzusetzen, dass der Vorerbe nicht selbst letztwillig über den Nachlass verfügt,** da der Vorerbe hier für den Fall seiner eigenen letztwilligen Verfügung zum Vollerben eingesetzt ist.[122] Der zum Vollerben gewordene Vorerbe entscheidet damit selbst über die Nachfolge in sein Vermögen, nicht das des Erblassers.

Grundsätzlich ist es auch zulässig, **Entscheidungen des Bedachten wie etwa Verheiratung, Scheidung, Religionswechsel, Berufswechsel zur Bedingung für die Erbeinsetzung** zu machen. Auch die Anordnung der Testamentsvollstreckung für die Dauer der Zugehörigkeit des Erben zu einer Sekte, die Bedingung, im Fall einer Heirat Gütertrennung zu vereinbaren oder das Ererbte durch Vereinbarung vom Zugewinnausgleich auszunehmen, sind grundsätzlich zulässig.[123]

Ein **Verstoß gegen die guten Sitten** kann nach der hM dann in Betracht kommen, 47 wenn die vom Erblasser gesetzten Bedingungen keinen Bezug mehr zum zugewandten Vermögen haben, etwa weil sie nicht mehr aus der Sorge um den Bestand des ererbten Vermögens gemacht sind, wie etwa die **Bedingungen, eine bestimmte Person zu heiraten oder nicht zu heiraten,** Personen bestimmter Rasse oder Religion zu heiraten oder nicht zu heiraten. Die **Bedingung, sich scheiden zu lassen,** sei nach den gesamten Umständen des Falles insbesondere dem vom Erblasser verfolgten Zweck zu beurteilen.[124] Grundsätzlich ist in all diesen Fällen von der Testierfreiheit aus Art. 14 GG auszugehen. Die Testierfreiheit des Erblassers ist sodann bei Klauseln, die auf die **Entschließungsfreiheit des Erben** einwirken wollen, mit den Wertentscheidungen des Grundgesetzes etwa in Art. 6 Abs. 1 abzuwägen. Eine unmittelbare Geltung der Grundrechtsnormen ist nicht anzunehmen, sodass eine Bedingung, die etwa mit Art. 3 Abs. 2 GG nicht in Einklang steht, nicht wegen eines Verstoßes gegen § 134 BGB unwirksam

118 Palandt/*Weidlich* § 2074 Rn. 4.
119 BGH BeckRS 1971, 31124117; hM; sog. **kaptatorische Verfügung.**
120 OLG Frankfurt FamRZ 2000, 1607 (1608); aA zT die Literatur, da sich die Entscheidung des Vorerben nicht unmittelbar auf die Verfügung des Erblassers beziehe: Staudinger/*Otte* § 2065 Rn. 16; MüKoBGB/*Leipold* § 2065 Rn. 19; Überblick bei NK/*Gierl* § 2100 Rn. 8 ff.
121 Zutreffend wohl Bamberger/Roth/*Litzenburger* § 2065 Rn. 14 ff., 19: zulässig, wenn dem Vorerben ein überschaubarer Personenkreis vorgegeben wird.
122 BGH NJW 1981, 2051; OLG Stuttgart FGPrax 2005, 221 (222).
123 Vergleiche MüKoBGB/*Leipold* § 2074 Rn. 22 ff. und die dort zitierte Rspr.
124 BGH FamRZ 1956, 130; Palandt/*Weidlich* § 2074 Rn. 5; aA MüKoBGB/*Leipold* § 2074 Rn. 24.

ist. Der Erblasser darf auch willkürlich verfügen.[125] Zwar gilt für ihn auch § 138 BGB. Die Literatur qualifiziert jedoch bei Anwendung dieser Vorschrift zu voreilig anstößige Erblasserbestimmungen als sittenwidrig. Nicht jedes ethisch abzulehnende Motiv überschreitet die Schwelle von der Moral zum Recht; vor allem dann nicht, wenn lediglich das Motiv des Erblassers zu missbilligen ist, das Ergebnis einer „unsittlichen" Bedingung aber (bei Eintritt der Bedingung) rechtlich hinzunehmen ist. Entscheidend bei der Abwägung ist nach BVerfG die Schwere des Eingriffs in den Bereich einer grundrechtlich gesicherten höchstpersönlichen Entscheidung (etwa der Eheschließungsfreiheit im entschiedenen Fall) und ob der Eingriff eine Rechtfertigungsgrundlage hat (die Ebenbürtigkeitsklausel der Hohenzollern steht nicht mehr im Zusammenhang mit der Thronfolge). Das BVerfG verkennt jedoch hierbei, dass eine Rechtfertigung des Erblassers bei Inanspruchnahme seiner Testierfreiheit grundsätzlich nicht verlangt werden kann. Der Erblasser greift nicht in ein Recht des Erben ein, er kann ihn auch grundlos enterben. Die Eingriffsgrenze ist lediglich das Pflichtteilsrecht.

48 • **§ 2075 BGB: Auflösende Bedingung:**
Verwirkungsklauseln (dass der Bedachte nichts erhält oder nur den Pflichtteil, wenn er den letzten Willen nicht befolgt), sind grundsätzlich zulässig. Soweit die **Strafklausel** unbestimmt formuliert ist und keine Schiedsklausel in der letztwilligen Verfügung enthalten ist, ist durch Auslegung zu ermitteln, welches Verhalten die Sanktion auslöst und ob die Klausel nur den Erben oder auch den Stamm trifft.
Diese Verwirkungsklauseln sind auflösende Bedingungen, wenn als Sanktion der Verlust der Erbenstellung vorgesehen ist. Die Verwirkungsklausel kann auch als aufschiebend bedingte Pflicht des Erben zur Herausgabe des Erbes an einen Vermächtnisnehmer ausgelegt werden.[126]

49   Streitig ist, ob **Verwirkungsfall** schon allein der bewusste Verstoß gegen eindeutige Anordnungen des Erblassers oder erst böswillige, also vorwerfbare Auflehnung gegen den letzten Willen des Erblassers ist. Maßgeblich ist zunächst, wie die Klausel im Einzelnen formuliert bzw. ausgestaltet ist. Es genügt grundsätzlich der **bewusste Ungehorsam**.[127] Bei der **Pflichtteilskausel** (→ § 11 Rn. 49)genügt die Forderung des Geldbetrags, nicht aber bereits das Auskunftverlangen.[128] Die Klausel im gemeinschaftlichen Testament, dass als Schlusserben des Längstlebenden oder als Nacherben des Erstverstorbenen und Erben des überlebenden Ehegatten eingesetzte Personen auch beim zweiten Erbfall nur den Pflichtteil erhalten, wenn sie beim ersten Erbfall den Pflichtteil geltend machen, ist zulässig. Mit Eintritt der Bedingung entfällt die Schlusserbeneinsetzung regelmäßig auch mit Wirkung für die Abkömmlinge;[129] § 2069 ist nicht anzuwenden.[130] Bei mehreren Schlusserben tritt Anwachsung ein; fällt der einzige Schlusserbe weg, wird der eingesetzte Ehegatte Vollerbe.[131]
Die Rückzahlung des Pflichtteils beseitigt diese Rechtswirkung nicht.[132] Ob der überlebende Ehegatte, für den die Bindung entfällt, den Enterbten wieder testamentarisch einsetzen kann, ist zweifelhaft;[133] bei mehreren Schlusserben verbietet dies die Wechselbezüglichkeit und das Anwachsen. Der enterbte frühere Schlusserbe kann auch im zweiten Erbfall dann den Pflichtteil verlangen (wenn vorhanden, nochmal auch aus dem Vermögen des Erstverstorbenen; eine Anrechnung des ersten Pflichtteils ist als Verstoß gegen

---

[125] BVerfG NJW 2004, 2008 (2010) – Hohenzollern-Entscheidung –.
[126] BayObLGZ 62, 48; Palandt/*Weidlich* § 2075 Rn. 6.
[127] BayObLGZ 62, 47 (57); 90, 58; Palandt/*Weidlich* § 2075 Rn. 9; BGH FamRZ 1985, 278; KG FamRZ 1998, 124; BayObLG NJW-RR 1996, 262.
[128] BayObLG FamRZ 1991, 494.
[129] BayObLG FamRZ 1996, 440.
[130] BayObLG FamRZ 1995, 1447.
[131] BayObLGZ 1990, 58.
[132] BayObLG NJW-RR 2004, 654.
[133] Palandt/*Weidlich* § 2269 Rn. 15; BayObLG NJW-RR 2004, 654 verneinen dies.

zwingendes Pflichtteilsrecht nicht zulässig.[134] Deshalb wird die Anordnung eines Vermächtnisses, fällig beim Tod des Überlebenden für diesen Fall vorgeschlagen (Jastrow'sche Klausel). Diese Klausel birgt jedoch Probleme, weil das Vermächtnis nach dem Erstversterbenden den Überlebenden einschränken kann (Sicherungen wie Arrest möglich), Einkommensteuer hinsichtlich der Zinsen auslöst und erbschaftsteuerlich wie eine Nacherbschaft behandelt wird. Eine Fälligkeit erst beim Tod des Überlebenden führt zum Nachrang gegenüber dem Pflichtteilsanspruch.[135] Bei günstigem Zinssatz und voraussichtlich nicht zu langer Lebenserwartung wäre evtl. die Zahlung des Pflichtteils durch Kreditaufnahme, der nicht abbezahlt wird, die Lösung.

Bedingung eines fortgesetzten Tuns oder Unterlassens: 50

Es handelt sich hier um Bedingungen, deren Eintritt erst am Ende der genannten Zeit festgestellt werden kann. Da es aber regelmäßig dem Willen des Erblassers entspricht, die Bedingung nicht erst zu diesem Zeitpunkt wirksam werden zu lassen, sieht das Gesetz vor, diese Bedingungen im Zweifel als auflösende Bedingungen zu behandeln.

Beispiele: Das Trinken, Rauchen, Spielen auf unbestimmte Zeit/zeitlebens zu unterlassen; eine Person fortgesetzt zu pflegen. Der Erblasser kann **Hilfs- oder Pflegeleistungen** zur auflösenden Bedingung machen, obwohl diese vom tatsächlichen Eintritt der Pflegebedürftigkeit abhängen und nur mit Willen des Bedürftigen möglich sind.[136] Die **Abgrenzung Bedingung – Motiv** ist mitunter schwierig, wie immer hat eine Auslegung nach den allgemeinen Grundsätzen zu erfolgen.[137] Die Bedingung, nicht vor Volljährigkeit zu heiraten, bezieht sich auf eine bestimmte Dauer und ist deshalb nach § 2074 BGB zu behandeln. 51

Bei der Auslegung ist auch darauf zu achten, ob es sich nur um einen rechtlich unverbindlichen Wunsch oder eine Ermahnung handelt. Dies liegt vor allem bei moralischen Appellen in unbestimmter Formulierung vor, zB „wenn er sich nichts mehr zuschulden kommen lässt", „wenn sie sich anständig führt". Die Zuwendung eines landwirtschaftlichen Betriebs mit der Klausel „wenn er es richtig bewirtschaftet" kann Bedingung der Erbeinsetzung sein.[138] Ist eine Bedingung wegen Sittenwidrigkeit unwirksam, ist wegen der Testierfreiheit des Erblassers auch die Zuwendung unwirksam; anders bei Unmöglichkeit der Bedingung: Hier ist nur die Bedingung, nicht auch die Zuwendung unwirksam.[139] 52

• **§ 2076 BGB: Bedingung zum Vorteil eines Dritten:** 53

Hier liegt ein Fall der gesetzlichen ergänzenden Testamentsauslegung vor. Wirkt der begünstigte Dritte nicht mit, um den Eintritt der Bedingung herbeizuführen, ist die Bedingung als eingetreten anzusehen. Die Vorschrift ist entsprechend auch für auflösende Bedingungen anzuwenden.

Es ist zu prüfen, ob es sich tatsächlich um eine rechtsgeschäftliche Bedingung oder um ein Vermächtnis beziehungsweise eine Auflage zugunsten des Dritten handelt.

• **§ 2077 BGB:** Unwirksamkeit der letztwilligen Verfügung durch **Auflösung der Ehe** 54 **beziehungsweise des Verlöbnisses** oder der eingetragenen Lebenspartnerschaft (§§ 1 Abs. 3, 10 Abs. 5 LPartG), nicht jedoch einer nichtehelichen Lebensgemeinschaft.[140]

---

[134] Palandt/*Weidlich* § 2269 Rn. 15.
[135] Vergleiche näher Reimann/Bengel/*Mayer*, Testament und Erbvertrag, A 413, 430 (431).
[136] BayObLG NJW-RR 1998, 729; DNotZ 1957, 388.
[137] Vergleiche BayObLG NJWE-FER 1997, 180, das eine Bedingung für wahrscheinlich hält, wenn der Erblasser die Erbeinsetzung mit Wörtern wie „wenn" oder „falls" verknüpft.
[138] BayObLG RdL 1998, 230.
[139] Palandt/*Weidlich* § 2075 Rn. 3 und 4.
[140] BayObLG FamRZ 1983, 1226; OLG Celle NJW-RR 2003, 1304. Die Nichtauflösung der Lebensgemeinschaft kann nicht allgemein als „Irrtum" iSv § 2078 Abs. 2 BGB, also als unbewusste Erwartung und als ursächlich für die testamentarische Zuwendung angesehen werden; vielmehr müssen besondere Umstände des Einzelfalls für eine solche Annahme vorgetragen und bewiesen werden (OLG Celle NJW-RR 2003, 1304, mAnm *Leipold*).

Ist bei einem Erbfall die Ehe (das Verlöbnis oder die eingetragene Lebenspartnerschaft) des Erblassers aufgelöst oder stand ihre Auflösung auf rechtshängig gewordenen Scheidungs- oder Aufhebungsantrag des Erblassers beziehungsweise seiner Zustimmung zum Antrag des Gegners bevor, ist die **Erbeinsetzung** des Ehegatten des Erblassers **unwirksam, es sei denn, es lässt sich ein anderweitiger Wille** des Erblassers im Zeitpunkt der Testamentsniederlegung **ermitteln.** Die Feststellungslast hierfür hat der Ehegatte/ Verlobte/Lebenspartner, der sich auf die Geltung der Erbeinsetzung beruft. Beim **gegenseitigen Testament und Erbvertrag** ist nicht nur die Erbeinsetzung des Ehegatten, sondern das gemeinschaftliche Testament beziehungsweise der Erbvertrag seinem ganzen Inhalt nach unwirksam (§ 2268 BGB).

55 Bei der Beurteilung der Rechtshängigkeit des Scheidungs- beziehungsweise Aufhebungsantrags ist § 270 Abs. 3 ZPO nicht analog anzuwenden.[141] Streitig ist die Beurteilung **der Erbeinsetzung eines Ehegatten als solchen** (also nicht mit Namensnennung oder sonstiger individualisierter Form), wenn die geschiedenen Eheleute wieder heiraten oder der Erblasser einen anderen Gatten geheiratet hat. Die Rechtsprechung sieht in beiden Fällen die Erbeinsetzung des überlebenden Ehegatten als unwirksam an, während die Meinung der Literatur in beiden Fällen geteilt ist.[142] Für dem Fall der Heirat eines anderen Partners wird überwiegend Unwirksamkeit der Verfügung angenommen.[143]

56 Zumindest im Fall der Wiederverheiratung geschiedener Eheleute ist von der Wirksamkeit der Erbeinsetzung des Ehegatten auszugehen. Zwar ist formal diejenige Ehe, auf Grund der die Erbeinsetzung erfolgt ist, geschieden. Bei der Auslegung des Willens des Erblassers ist zumindest jedoch in ergänzender Testamentsauslegung darauf abzustellen, dass der Erblasser auf das Bestehen einer Ehe mit dem betreffenden Ehepartner abgestellt hat und zwar gleichgültig, ob diese Ehe fortbestand oder nach Scheidung neu geschlossen wurde. So wohl die überwiegende Literaturmeinung, wobei zT angenommen wird, dass § 2077 für den Fall der Wiederverheiratung desselben Partners schon gar nicht zutrifft,[144] weil beim Erbfall der Bedachte mit dem Erblasser verheiratet ist.

57 § 2077 BGB ist auf **Lebensversicherungen als Kapitalversicherung** nicht analog anzuwenden.[145] Mit dem Scheitern der Ehe fällt jedoch regelmäßig die **Geschäftsgrundlage** weg, sodass durch Anpassung und Interessenabwägung das Ergebnis des § 2077 erreicht werden kann.[146] Die Vorschrift ist analog anzuwenden auf die Auslegung eines Testaments, durch das Eltern den **Ehepartner ihres Kindes** zu ihrem Erben **eingesetzt** haben.[147]

III. Auslegungslexikon

58 • **Alleinerbe:** Hindert nicht die Annahme einer Vorerbschaft, da auch der Vorerbe alleiniger Erbe sein kann;[148] regelmäßig ist jedoch der Begriff ein Anhaltspunkt für den Ausschluss der Nacherbfolge.[149]

---

[141] OLG Saarbrücken FamRZ 1983, 1274; BGHZ 111, 329; BayObLGZ 1990, 20.
[142] RGZ 134, 281: Es gibt keinen Satz der Lebenserfahrung, dass ein Erblasser, der eine letztwillige Verfügung trifft, seine „jeweilige" Ehefrau einsetzen will; KG FamRZ 1968, 217: Bei Wiederverheiratung der geschiedenen Eheleute bleibt die Verfügung von Todes wegen nichtig.
[143] MüKoBGB/*Leipold* § 2077 Rn. 24.
[144] MüKoBGB/*Leipold* § 2077 Rn. 27.
[145] BGH NJW 1987, 3131.
[146] BGH FamRZ 1987, 806.
[147] OLG Saarbrücken FamRZ 1994, 1205.
[148] RGZ 160, 111; BayObLG FamRZ 1997, 1365.
[149] BayObLGZ 1966, 53: aus dem bloßen Wort „Alleinerbe" kann ein Anhaltspunkt für eine Vollerbschaft entnommen werden. Siehe auch Reimann/Bengel/Mayer, Testament und Erbvertrag, § 2269 Rn. 33 Fn. 128 mwN.

- **Haupterbe:** kann Alleinerbe sein, wenn Bedachter das „überwiegende" Vermögen erhält;[150] aus dem Begriff „Haupterbe" muss aber nicht geschlossen werden, dass bei mehreren Erben der Erbteil größer sei, als derjenige der anderen oder dass der Haupterbe der Alleinerbe sei.[151]
- **Universalerbe:** nach allgemeinem Sprachgebrauch „Alleinerbe" (eventuell auch als Vorerbe).[152] Benennt ein Ehegatte in einem einseitigen Testament, das einem gemeinschaftlichen Testament folgt, seinen Ehegatten als Universalerben, kann die Auslegung ergeben, dass damit die Befreiung von der Wechselbezüglichkeit gemeint sein kann.[153]
- **Erbe:** Die bloße Bezeichnung als „Erbe" ist nicht maßgeblich dafür, ob der Bedachte Erbe oder Vermächtnisnehmer ist.[154]
- **Erbe des Anwesens/der Eigentumswohnung/ich vererbe mein Haus:** Da ein einzelner Gegenstand zugewendet wird, liegt eigentlich (nur) ein Vermächtnis vor; wenn die Immobilie der wesentliche Nachlasswert (nach Vorstellung des Erblassers) ist, liegt in der Regel Erbeinsetzung vor;[155] wenn Wert erheblich über dem Wert des übrigen Nachlasses liegt: Einsetzung als Alleinerbe.[156] Für eine Erbenstellung kann es aber auch genügen, dass die Zuwendung zwar nicht größer als das übrige Vermögen ist, sondern nur im Verhältnis zu den einzelnen anderen Zuwendungen größer ist.[157] Ist eine Eigentumswohnung Hauptnachlassgegenstand, liegt Alleinerbeneinsetzung nahe.[158] Andererseits kann eine Zuwendung eines Grundstücks im Wert von 200 000,– DM an 4 Verwandte unter bewusster Nichtregelung des restlichen (Geld-)Vermögens in Höhe von 87 000,– DM lediglich ein Vermächtnis darstellen, so dass Witwe und Sohn gesetzliche Erben zu je ¹/₂ sind;[159] das Gericht ging davon aus, dass Erblasserwille war, dass Grundstück und übriges Vermögen in verschiedene Hände gelangen; die Erbeinsetzung auf einen Bruchteil ohne Verfügung über das restliche Vermögen mit der Folge, dass im Übrigen gesetzliche Erbfolge eintritt und die gewillkürten Erben mit den gesetzlichen Erben eine Erbengemeinschaft bilden, sei zwar möglich (vergleiche § 2088 BGB), in der Praxis aber weniger gebräuchlich).
- **„(diverse Gegenstände, einschließlich zweier Grundstücke) erbt":** Verwendet der Erblasser im gesamten Testament durchgängig den Begriff „erben" für einzelne Zuwendungen, die im Ergebnis den gesamten Nachlass erschöpfen, können aus der Verwendung des Begriffes keine Rückschlüsse auf die Art der Berechtigung am Nachlass gezogen werden.[160]
- **Zuwendung von Bruchteilen/Prozenten:** kann entgegen § 2087 Abs. 1 BGB ein Quotenvermächtnis sein.[161]
- **Geldzuwendung:** Die Zuwendung von **Geldbeträgen** spricht nach der Erfahrung eher gegen eine Erbenstellung.[162]
- **Das übrige Geld:** kann Erbeinsetzung sein, wenn es nach Vorstellung des Erblassers der wesentliche Nachlass ist.[163]

[150] BayObLG NJWE-FER 1997, 180.
[151] BayObLG FamRZ 1992, 228.
[152] BayObLG FamRZ 1997, 1365; KG OLGE 37, 255 (Voll- und Alleinerbe).
[153] BayObLG DNotZ 1967, 436.
[154] Ständige Rechtsprechung zum Beispiel OLG Köln DNotZ 1993, 133; BayObLG FGPrax 2005, 126.
[155] Nach OLG Hamburg FGPrax 2016, 133 reicht die Zuwendung von ¾ des Nachlasswertes nicht aus, um eine Erbeinsetzung anzunehmen.
[156] BayObLG BeckRS 1996, 31023078; BeckRS 1995, 31022747.
[157] BayObLG FamRZ 1990, 1379 näher interpretiert in BayObLG NJW-RR 2002, 1232; OLG München ZErb 2016, 286.
[158] BayObLG FamRZ 1999, 1392 (1394); NJW-RR 2003, 297.
[159] BayObLGZ 2003, 149.
[160] OLG München BeckRS 2016, 14496.
[161] BayObLG NJW-RR 1996, 1478.
[162] BayObLGZ 1998, 76 (81); BayObLG NJW-RR 2002, 873; BayObLG FamRZ 1997, 1177 (1178); DNotZ 2003, 440.
[163] OLG München ZErb 2016, 286.

- **Bekommen/erben:** werden häufig unterschiedslos verwendet.[164]
- **Soll gehören:** Erbeinsetzung (falls wesentlicher Vermögensgegenstand) oder Vermächtnis.[165]
- **Gesetzlicher Erbteil:** Kann Vermächtnis in Höhe des gesetzlichen Erbteils sein (wenn zum Beispiel der weitere Bedachte ein Anwesen bekommen soll, das der wesentliche Nachlass ist;.[166]
- **Abkömmling:** Im allgemeinen Sprachgebrauch nur in gerader (absteigender) Linie blutsmäßig verwandte Personen.[167] Zu „Abkömmlingen" im Sinne der Auslegungsregel des § 2107 BGB zählen auch Adoptivkinder, sofern nicht ein gegenteiliger Wille des Erblassers zum Ausdruck gekommen ist; auch das Eigenschaftswort **„leibliche"** vor dem Hauptwort „Abkömmlinge" ist mehrdeutig.[168]
- **Kirche:** Hat der Erblasser „die Kirche" bedacht, ist davon auszugehen, dass die kirchliche (Gesamt-)Organisation gemeint ist, der er selbst angehört.[169]
- **Oder:** Kann Ersatzerbeneinsetzung bedeuten, wenn sich aus den Umständen ergibt, dass der Erblasser vorzugsweise dem erstgenannten Bedachten eine Zuwendung machen wollte.[170]
- **Für Aufnahme bei Krankheit oder Pflegefall:** Kann nicht im Sinne einer Bedingung zu verstehen sein.[171] Abgrenzung Motiv/Bedingung.
- **Wer mich im Alter pflegt (und beerdigt):** Jedenfalls unwirksam, wenn vor dem Tod nicht pflegebedürftig; hinsichtlich Beerdigung keine hinreichende Erbenbestimmung.[172]
- **„Wer sich (bis zu meinem Tod) um mich kümmert":** Ist unwirksam wegen Verstoßes gegen § 2065 Abs. 2 BGB, da bereits unklar ist, welche Art von Kümmern gemeint ist (körperliche Pflege, seelischer Beistand?).[173]
- **„Wer mir in den letzten Stunden beisteht, übergebe ich ‚Alles':** Ist ebenfalls wegen Verstoßes gegen § 2065 Abs. 2 BGB unwirksam, weil letztlich ein Dritter zu entscheiden hat, ob die vom Erblasser aufgestellten Kriterien erfüllt sind oder nicht.[174]
- **Pflegeauflage an bestimmten Bedachten:** kann eine auflösende Bedingung der Erbeinsetzung gemäß § 2075 sein.[175]
- **Bei beider Tod:** Auslegung, dass diese in einem gemeinschaftlichen Testament enthaltene Formulierung nicht den (nahe liegenden) Fall des Nacheinanderversterbens, sondern den Fall des gleichzeitigen Versterbens betreffen soll, ist möglich.[176]
- **Falls uns beiden etwas zustößt:** Nicht wechselbezügliche Regelung eines jeden Ehegatten in einem gemeinschaftlichen Testament für den Fall, dass er zuletzt stirbt.[177]
- **Bei unserem gemeinsamen Tod:** Nicht eindeutig, deshalb auslegungsfähig und auslegungsbedürftig; Schlusserbeneinsetzung für den Fall des Todes des zuletzt versterbenden Ehegatten ist möglich;[178] möglich auch Auslegung dahingehend, dass der Fall des gleich-

---

[164] BayObLG BeckRS 1995, 31022810.
[165] BayObLG BeckRS 1991, 6030.
[166] BayObLG FamRZ 1998, 1264.
[167] LG Stuttgart FamRZ 1990, 214.
[168] BayObLG NJW-RR 1992, 839.
[169] BayObLGZ 1998, 160.
[170] BayObLGZ 1998, 160.
[171] BayObLG NJWE-FER 1997, 180.
[172] OLG Frankfurt a. M. FamRZ 1992, 226.
[173] OLG München NJW 2013, 2977 mit kritischer Anmerkung *Horn* und *Kroiß*.
[174] OLG Köln NJW-RR 2015, 7.
[175] LG Rostock FamRZ 2004, 1324; mit Eintritt der auflösenden Bedingung wurde der Pflegling Nacherbe; BayObLG NJW-RR 1998, 729; BayObLG FamRZ 1993, 1494; BayObLG FamRZ 1997, 1242.
[176] BayObLG FHZivR 36 Nr. 3665. Andererseits BayObLG FamRZ 1990, 563: kann sowohl Fall des gleichzeitigen wie auch des nacheinander Versterbens meinen.
[177] BayObLGZ 1981, 79 (86).
[178] BayObLG FamRZ 1988, 879; BayObLG ZEV 1996, 472; KG ZEV 1997, 207; BayObLG FGPrax 2000, 20; siehe auch *Keim* ZEV 2005, 10 (12); OLG Köln FamRZ 1996, 569.

zeitigen Todes oder des unnatürlichen Todes der Ehegatten auf Grund desselben Ereignisses kurz nacheinander gemeint ist.[179]

- **Sollte uns beiden gemeinsam etwas zustoßen und kein Überlebender mehr von uns beiden vorhanden sein:** Die Formulierung ist nicht eindeutig; es kann sowohl der Fall des gleichzeitigen Versterbens der Eheleute als auch der Todesfall des länger Lebenden beim Nacheinanderversterben gemeint sein.[180] **Sollte uns bei (unserer Reise etc.) etwas zustoßen,** ist regelmäßig nur Hinweis auf Beweggrund.[181] „**Sollte mir und meiner Frau gemeinsam was passieren und wir beide mit dem Tod abgehen**" kann zeitgleichen Tod als auch das Nacheinanderversterben der Ehegatten meinen.[182] „**Sollte uns beiden etwas zustoßen**" vor Antritt einer längeren Autofahrt wurde im entschiedenen Fall nicht nur situationsbezogen ausgelegt, keine Bedingung. Auslegungsergebnis offen!;[183]

- **Gleichzeitiger Tod/gleichzeitiges Ableben:** Eindeutige Regelung jedenfalls dahingehend, dass sie nicht den Fall des Nacheinanderversterbens, sondern nur den Fall des gleichzeitigen Todes beziehungsweise des unnatürlichen Todes kurz nacheinander betreffen soll.[184] Das BayObLG[185] lehnt die Ausdehnung derartiger Testamentsklauseln auf die generelle Erbfolge nach dem Längerlebenden ab. Nur wenn sich Anhaltspunkte für die Schlusserbeneinsetzung auch für den Todesfall des Längerlebenden im Testament finden (die Klausel allein genügt nicht), kommt auch eine Schlusserbeneinsetzung über den Fall hinaus in Betracht, bei dem der Überlebende in der Kürze der Zeit kein Testament mehr machen konnte.[186] Ein gemeinsamer Wille der Ehegatten, dass die Schlusserbeneinsetzung auch dann gelten soll, wenn ein Ehegatte den anderen um viele Jahre überlebt, ergibt sich nicht in jedem Fall schon daraus, dass die getroffene Schlusserbeneinsetzung erläutert wird und die Erläuterung nicht speziell auf das „gleichzeitige Ableben" abstellt.:[187] „**Sollten wir gleichzeitig tot sein**" hier situationsbezogen; ein zeitlicher Abstand von 2 ½ Jahren ist nicht mehr „kurz".[188] Die Klausel regelt bei einer Selbsttötung bei Eintritt des Todes im Abstand von 30 Minuten die Erbfolge nach dem Längerlebenden.[189] Nach OLG München[190] umfasst die Formulierung nicht nur den unwahrscheinlichen Fall des im gleichen Bruchteil einer Sekunde eintretenden Todes, sondern auch den Fall, dass die Ehegatten innerhalb eines kürzeren Zeitraums nacheinander sterben, sei es auf Grund ein und derselben Ursache, etwa eines Unfalls, sei es auf Grund verschiedener Ursachen, wenn der Überlebende nach dem Tod des Erstversterbenden praktisch keine Möglichkeit mehr hat, ein Testament zu errichten. Entgegen § 2102 Abs. 2 BGB nimmt das OLG Stuttgart im Fall der kurz hintereinander verstorbenen Ehegatten Nacherbschaft der eingesetzten Erben zum Erstverstorbenen und unmittelbare Erbschaft nach dem Letztverstorbenen an.[191]

- Zuwendung des **Nießbrauchs:** Kann die Einsetzung als Vorerbe oder die Zuwendung eines Vermächtnisses sein.[192]

---

[179] OLG Frankfurt Rpfleger 1988, 483; OLG Hamm NJW-FER 97, 37.
[180] OLG Frankfurt Rpfleger 1988, 483.
[181] OLG Hamm NJW-FER 1997, 37.
[182] BayObLG FamRZ 1997, 389.
[183] BayObLG MittBayNot 1995, 309; BayObLG Rpfleger 1981, 304; FamRZ 1995, 1446; 2001, 1563.
[184] BayObLGZ 1981, 1979; 86, 426; BayObLG NJW-RR 1997; 329; BayObLG NJW-RR 1997, 327; BayObLG BeckRS 1997, 31022789 (11/2 Jahre nicht mehr zeitnah); Palandt/*Weidlich* § 2269 Rn. 9; OLG Stuttgart NJW-RR 1994, 592 („auch wenn die Ehegatten kurz nacheinander sterben").
[185] BayObLG ZEV 2004, 200 (201).
[186] BayObLG FGPrax 2004, 80; OLG Frankfurt FamRZ 1998, 1393.
[187] OLG München BWNotZ 2010, 265 – in Abgrenzung zu OLG München NJW-RR 2008, 1327.
[188] BayObLG NJWE-FER 1997, 205.
[189] BayObLG ZEV 1996, 470.
[190] OLG München BWNotZ 2010, 265.
[191] OLG Stuttgart FamRZ 1994, 852 (853).
[192] BGH LM Nr. 2; BayObLGZ 1965, 461; Palandt/*Weidlich* § 2100 Rn. 6.

- Einsetzung eines **Alleinerben mit der Verpflichtung,** den Nachlass **zu Gunsten der Kinder zu verwalten, ihnen zuzuwenden, dem Sohn zu vererben:** Kann Anordnung einer Nacherbfolge bedeuten.
- **Grundbesitz als wesentlicher Nachlassbestandteil soll nach dem Erben an eine bestimmte Person gehen:** Kann Anordnung einer Nacherbfolge sein.[193]
- **Sorge für die Bestattung:** die Auflage, für die Bestattung zu sorgen, spricht aber für die Erbeinsetzung[194] während die Regelung, dass einer Person gerade nur die Kosten für die Beerdigung zur Verfügung stehen sollen, eher gegen eine Erbeinsetzung spricht.[195]
  Die Auflage, für Beerdigung und Grabpflege zu sorgen und dafür ein Vermächtnis von 5000,– DM zu verwenden, kann im Zusammenhang mit dem Umstand, dass der Bedachte zu Lebzeiten bereits die den Hauptteil des Vermögens ausmachenden Grundstücke der Erblasserin erhalten haben zur Wertung führen, dass die Erblasserin Bedachten als Erben eingesetzt hat.[196]
- **Barschaft.** Dass mit dem Begriff „Barschaft" nicht nur der geringe Bargeldbestand im Haus oder in der Geldbörse, sondern auch die (leicht verfügbaren) Bankguthaben gemeint sind, „liegt nach der Lebenserfahrung keineswegs fern".[197]
- **Schlusserbeneinsetzung für den Fall des gemeinsamen Versterbens:** bedeutet a) dass dem überlebenden Ehegatten die Testierfreiheit erhalten bleiben soll und b) dass eine für den Fall des Nacheinanderversterbens fehlende Schlusserbeneinsetzung nicht durch ergänzende Auslegung ersetzt werden kann.[198]
- **„Neffe", „Bruder" etc:** Die Bezeichnung eines Bedachten mit seiner verwandtschaftlichen Stellung (und nicht mit seinem Namen) ist ein Hinweis darauf, dass der Erblasser den Verwandten nicht nur als Person, sondern gerade in seiner Eigenschaft als Verwandten, also den jeweiligen Stamm einsetzen wollte. Eine ergänzende Auslegung kann dann dazu führen, dass die Abkömmlinge des Bedachten als Ersatzerben gelten sollen.[199]
- **Hausgrundstück darf nicht verkauft werden und soll von einem der gemeinschaftlichen Kinder übernommen werden:** Macht das Grundstück den wesentlichen Wert des Nachlasses des Erstverstorbenen aus, kann eine derartige Klausel in einem gemeinschaftlichen Testament die Auslegung im Sinne der Trennungslösung rechtfertigen.[200]
- **Baut der Alleinerbe innerhalb von 3 Jahren nicht… soll er den Hof an… überlassen:** bedeutet Anordnung von Vor- und Nacherbfolge; Nacherbfall ist die Nichteinhaltung der Bauverpflichtung; die Änderung der dinglichen Rechtslage (§ 1922) tritt unabhängig vom Wissen und Wollen des Vor- und Nacherben ein.[201]
- **Hoferbe:** Die Einsetzung als „Hoferben", der auch für eine standesgemäße Beerdigung zu sorgen hat sind wesentliche Anhaltspunkte für eine Einsetzung als Alleinerben.[202]
- **Nichterwähnung von Schwarzgeld im Testament:** ist kein Anhaltspunkt für einen Willen des Erblassers, mit dem Testament die Erbfolge nicht umfassend zu regeln; die testamentarische Regelung über **„meine Konten"** ist naheliegenderweise die maßgebliche erbrechtliche Regelung.[203]

---

[193] BayObLG FamRZ 1990, 562; Palandt/*Weidlich* § 2100 Rn. 6.
[194] BayObLG FamRZ 1999, 1392 (1394).
[195] BayObLG NJW-RR 2002, 1302.
[196] BayObLG NJW-RR 2002, 873; der Nachlass erschöpfte sich in einer Vielzahl kleiner Vermächtnisse; ähnlich BayObLG DNotZ 2003, 870.
[197] BayObLG DNotZ 2003, 870.
[198] KG FamRZ 2006, 511 „plötzlicher Tod".
[199] OLG München Rpfleger 2006, 656; BayObLG Rpfleger 2004, 49.
[200] OLG Hamm ZEV 2003, 324; NJOZ 2003, 1241.
[201] BayObLG NJW-RR 2004, 1376.
[202] BayObLG ZEV 2004, 282.
[203] BayObLG ZEV 2003, 331; dem Erblasser und den Beteiligten war die Existenz des Schwarzgeldes in der Schweiz bekannt.

- **Der Überlebende kann das gesamte Vermögen frei verfügen:** Diese Klausel ist für sich genommen nicht eindeutig. Im Zweifel (also wenn keine andere Auslegungsmöglichkeit besteht), bedeutet die Klausel nur eine Ermächtigung zur freien Verfügung **unter Lebenden**. Ähnliche Klauseln: „Der Überlebende darf frei und ungehindert verfügen"; „der Überlebende ist in der Verfügung über den Nachlass des Erstversterbenden nicht beschränkt", „er ist zur freien Verfügung über das Vermögen berechtigt".[204] Die Klausel muss keine Freistellung von der Schlusserbeneinsetzung bedeuten; hierfür spricht auch keine Vermutung.[205]
- Zuwendung eines Hausanwesens **„unter der Bedingung, dass die Begünstigte das Haus mit ihrer Familie als ständigen Wohnsitz bewohnt und bewirtschaftet":** Der unter dieser auflösenden Bedingung Bedachte hat die Stellung eines Vorerben, erst bei seinem Tod steht fest, ob er Vollerbe geworden ist; bis zum Tod besteht eine aufschiebend bedingte Nacherbschaft.[206]
- **Erben sind A und B; im Falle einer Scheidung zwischen A und B fällt das Gebäude an C:** Kann als Nacherbeneinsetzung gewürdigt werden.[207]
- **Ich werde das ganze noch vor dem Notar machen:** schließt einen Testierwillen nicht zwingend aus,[208] spricht aber, sofern nicht besondere Umstände vorliegen, gegen die Absicht, in dem Schriftstück eine abschließende Verfügung zu treffen.[209]
- **Es ist mein Wunsch, dass das Grundstück nicht in fremde Hände kommt:** kann eine Auflage (§ 1940) sein, die den Erben auferlegt ist.[210]
- **Die Erbin kann das Haus nicht anderweitig** (gemeint ist: an andere als die zuvor erwähnten Brüder und deren Abkömmlinge) **übergeben:** kann Auflage (§§ 1940, 2192 ff.) sein, soweit der Erblasser Verfügungen unter Lebenden verboten hat. Es kann jedoch nicht Gegenstand einer Auflage sein, ein bestimmtes Testament zugunsten etwa der Abkömmlinge zu errichten; die Anordnung wäre als Verstoß gegen den Grundsatz der Testierfreiheit gemäß § 134 nichtig. Die Klausel kann jedoch in Anwendung von § 2084 als Anordnung von Vor- und Nacherbschaft Bestand haben.[211]
- **Übergabe (bei einem landwirtschaftlichen Hofanwesen):** „Darunter ist ein Vertrag zu verstehen, durch den Eltern wesentliche Vermögensteile (zB ein Hausgrundstück, einen landwirtschaftlichen oder gewerblichen Betrieb) bei Lebzeiten mit Rücksicht auf die künftige Erbfolge an einen ihrer Abkömmlinge oder Verwandten übertragen und dabei für sich einen ausreichenden Lebensunterhalt – ein ‚Leibgeding' beziehungsweise ‚Altenteil' (vergleiche Art. 7 AGBGB) – und für die außer dem Übernehmer noch vorhandenen weiteren Abkömmling oder sonstigen (pflichtteilsberechtigten) Erben eine Abfindung ausbedingen".[212]
- **Mein Sohn (X) soll den Hof und Sägeanteil bei einer nicht überhöhten Last übernehmen:** „Der Begriff **Übernahme** setzt voraus, dass die Erbschaft zunächst im Wege der Gesamtrechtsnachfolge auf einen mit X nicht identischen Erben oder eine Erbengemeinschaft übergegangen ist".[213] Der Ansicht des Gerichts kann nur im entschiedenen Fall wegen des Zusatzes „bei einer nicht überhöhten Last" zugestimmt werden. „Übernahme" kann auch als Rechtsnachfolge in die Stellung des Erblassers angesehen werden. Der Begriff allein spricht nicht zwingend für eine Übernahme von einem anderen Erben beziehungsweise von einer Erbengemeinschaft.

---

[204] BayObLG FamRZ 1985, 209; MittBayNot 2002, 194.
[205] BayObLGZ 2002, 66.
[206] BayObLGZ 1962, 47 (57); FamRZ 1999, 59 (61); RNotZ 2004, 474.
[207] BayObLG NJOZ 2002, 2708.
[208] BayObLG FamRZ 1997, 251 (252).
[209] BayObLG FamRZ 1999, 534 (535).
[210] BGH FamRZ 1985, 278 (279).
[211] BayObLG FamRZ 1986, 608 (609).
[212] BayObLG NJW-RR 2003, 293.
[213] BayObLG FGPrax 2001, 207.

- **Die Beteiligte zu 1 ist Testamentsvollstreckerin. Sie kann nach meinem Tode sofort über die Konten einschließlich der Aktien verfügen:** kann Alleinerbenstellung bedeuten.[214] Bedeutung hatte, dass die Beteiligte zu 1 gleich zu Beginn des Testaments vor den übrigen Personen benannt ist und in früheren Testamenten der Erblasserin und der ihres Ehemannes die jeweiligen Alleinerben zugleich zu Testamentsvollstreckern ernannt wurden. Nach der Wertvorstellung der Erblasserin betrafen die Konten und Aktien den größten Vermögenswert.
- **Alles Übrige gehört meiner Frau:** kann Alleinerbeneinsetzung sein.[215]
- **Plus Rest** (aus Verkauf des gesamten Grundvermögens): Erbeinsetzung, wobei diese nicht notwendig voraussetzt, dass dem Erben ein mehr oder weniger großer oder sogar der größte Teil des Nachlasses verbleibt.[216]

  Das BayObLG hat die Formulierung, die eheliche Familie sei „aus" dem restlichen Vermögen „bedacht" als Erbeinsetzung angesehen (der Erblasser verteilte zwei Vermögensgruppen, dasjenige in Deutschland und das ausländische). [217]
- **Grundstück soll an (X) „fallen":** Wortlaut spricht für Erbeinsetzung, „erhalten" und „bekommen" von Geldbeträgen eher für Geldvermächtnisse.[218]
- X soll meinen Nachlass **„regeln"**, er kann nach meinem Ableben über mein Vermögen **„verfügen"**; er erhält den **Auftrag**, meine Eigentumswohnung zu **veräußern** und davon und vom Bankguthaben einen Notarztwagen zu kaufen und diesen dem Bayerischen Roten Kreuz zur Verfügung zu stellen…: wurde nicht als Erbeinsetzung angesehen, da es nicht **„bekommen"** oder **„erhalten"** hieß.[219]

  Im entschiedenen Fall enterbte die Erblasserin ausdrücklich ihre Verwandten. **„Behalten"** sollte die regelnde Person die (wertlosen) Wohnungsgegenstände. Das BayObLG billigte die Auslegung des LG, dass hier die Stellung eines Testamentsvollstreckers vorliege und im Übrigen der Fiskus Erbe sei.
- **Mündliche Äußerungen des Erblassers gegenüber möglichen Erben.** Jahre (im Fall 8 Jahre) nach der Testamentserrichtung lassen schon wegen des Zeitablaufs nur bedingt Rückschlüsse auf den Testierwillen im Zeitpunkt der Testamentserrichtung zu.[220]
- **Die Diakonissen in S:** Bei Fehlen eines persönlichen Kontaktes zu den genannten Diakonissen ist die Organisation gemeint, die hinter diesen Diakonissen steht.[221]
- **Verwaltungs- und Auseinandersetzungsanordnungen:** können ein Indiz dafür sein, dass der Erblasser nicht von alleiniger Gesamtrechtsnachfolge ausgeht.[222] Als Verstärkung für diese Ansicht hat das Gericht die Formulierungen „ich hoffe, dass sich alle vertragen…", „ich liebe Euch alle…", „schätzt Euer Erbe"… angesehen.
- **Wortlaut; Auseinandersetzung mit gegen die Auslegung des Gerichts sprechenden Umständen:** Setzt sich das Gericht damit nicht auseinander, kann dies wegen Verstoßes gegen §§ 12 FGG/26 FamFG zur Aufhebung der Entscheidung, auch in der weiteren Beschwerde, führen.[223]

---

[214] BayObLG NJW-RR 2004, 1593.
[215] BayObLG FGPrax 2001, 207.
[216] BayObLG FamRZ 2003, 119 (120); RPfleger 2004, 697.
[217] BayObLG Rpfleger 2006, 403 (404).
[218] BayObLG FGPrax 2005, 162.
[219] BayObLG BeckRS 2004, 5042.
[220] BayObLG BeckRS 2004, 5042.
[221] BayObLG NJWE-FER 2001, 211.
[222] BayObLG NJWE-FER 2001, 264.
[223] BayObLG FamRZ 2006, 226.

§ 10 Die testamentarischen Verfügungen im Einzelnen

Übersicht

Rn.

I. Die Erbeinsetzung 1
  1. Rechtsnachfolger in wirtschaftlicher Hinsicht 3
  2. Zuwendung von Einzelgegenständen 4
II. Vor- und Nacherbschaft 13
  1. Grundsätze und Gestaltungsziele 13
  2. Anordnung der Vor- und Nacherbschaft 25
    a) Auslegung 26
    b) Abgrenzung und Einzelfälle 27
  3. Die Rechtsstellung des Vorerben 28
    a) Anordnung der Befreiung 29
    b) Ordnungsgemäße Verwaltung des Nachlasses 30
    c) Pflichtverletzungen des Vorerben 32
  4. Die Rechtsstellung des Nacherben 37
    a) Vererblichkeit der Anwartschaft 38
    b) Übertragbarkeit der Anwartschaft 43
    c) Ansprüche des Nacherben nach Anfall der Erbschaft 46
  5. Testamentsvollstreckung bei Vor- und Nacherbschaft 47
  6. Gestaltungsempfehlungen 52
    a) Vererblichkeit des Anwartschaftsrechts 53
    b) Angaben zur Veräußerlichkeit 54
    c) Ersatzerbeneinsetzung 55
  7. Steuerliche Gesichtspunkte 57
  8. Vor- und Nacherbschaft im Unternehmensbereich 58
  9. Prozessuales, Zwangsvollstreckung und Insolvenz 60
 10. DDR – ZGB 62
 11. Vor- und Nacherbschaft beim belasteten pflichtteilsberechtigten Erben 63
III. Ersatzerbfolge und Anwachsung 64
  1. Ersatzerbfolge 65
    a) Vorrang der individuellen Auslegung 66
    b) Keine Analogiefähigkeit von § 2069 BGB 67
    c) Ersatzerbfolge bei Vor- und Nacherbfolge 70
  2. Anwachsung 71
  3. Gesetzliche Erbfolge 73
IV. Das Vermächtnis 74
  1. Grundsätze 74
  2. Der Beschwerte 79
  3. Vermächtnisnehmer 80
  4. Der Gegenstand des Vermächtnisses 81
  5. Anfall und Fälligkeit 89
    a) Anfall (Entstehen der Forderung) 89
    b) Fälligkeit 90
  6. Annahme und Ausschlagung 91
  7. Verjährung 93
  8. Pflichtteilslast 94
V. Die Auflage 95
  1. Begünstigter 96
  2. Der Anspruch auf Vollziehung 97
  3. Unwirksamkeit der Auflage (§§ 2192, 2171 BGB) 98
  4. Verwendungsbeispiele 99
VI. Die Teilungsanordnung 100
VII. Die Schenkung auf den Todesfall 102

I. Die Erbeinsetzung

1 Die Entscheidung, ob ein in der Verfügung von Todes wegen Bedachter Erbe oder nur schuldrechtlich Berechtigter hinsichtlich einzelner Nachlassgegenstände (Mobiliar, Grundstück, Geldsumme etc), also Vermächtnisnehmer sein soll, ist zunächst durch Auslegung, also durch Ermittlung des Willens des Erblassers, zu finden. Dabei ist nicht der objektive, sondern der in der Vorstellung des Erblassers gegebene Begriffsinhalt maßgeblich. Der Gesetzgeber hat in §§ 2087 bis 2099 BGB Auslegungs- und Ergänzungsregeln gegeben, wenn die individuelle Auslegung des Erblasserwillens nicht zum Ergebnis führt. Erbe ist der Rechtsnachfolger in das gesamte Erblasservermögen oder in Bruchteile davon. Eine erbrechtliche Rechtsnachfolge in einzelne Gegenstände kennt das BGB nicht.[1] Es stellt hierfür das Vermächtnis zur Verfügung. Nach der Lebenserfahrung geht der Erblasserwille regelmäßig dahin, dass die Grabpflege von den eingesetzten Erben wahrgenommen wird:[2]

2 Die vom Erblasser verwendeten **Begriffe (erben, vermachen, bekommen** usw.) sind für die Auslegung nicht maßgebend (→ § 9 Rn. 10). Dies ergibt sich bereits aus § 2087 BGB.

1. Rechtsnachfolger in wirtschaftlicher Hinsicht

3 Als Erben will der Erblasser denjenigen einsetzen, der seine Rechtsstellung im Hinblick auf den Nachlass allein oder mit anderen Erben fortsetzen soll; maßgeblich ist, wer Rechtsnachfolger des Erblassers in wirtschaftlicher Hinsicht sein soll. Dieser Rechtsnachfolger soll nicht nur Träger aller Rechte und mit allen Pflichten belastet sein (§ 1922 BGB), sondern in der Regel auch die Beerdigung und Grabpflege sowie die testamentarischen Anordnungen durchführen. Die ausdrückliche Beauftragung eines Bedachten auch mit solchen Aufgaben ist deshalb ein Anhaltspunkt für dessen Erbenstellung.[3] Von wesentlicher Bedeutung ist auch, wer nach dem Willen des Erblassers den Nachlass zu regeln und die Nachlassschulden zu tilgen hat und ob der Erblasser den Bedachten unmittelbare Rechte am Nachlass verschaffen wollte.[4]

2. Zuwendung von Einzelgegenständen

4 Diese ist im Zweifel nicht als Erbeinsetzung anzusehen (§ 2087 Abs. 2 BGB), es sei denn, diese Gegenstände sind in der Vorstellung des Erblassers wesentliche Teile des Nachlasses, wie das etwa ein **Grundstück** sein kann.[5] Bildet eine **Immobilie** ihrem Wert nach den **wesentlichen Teil des Vermögens,** so liegt es in der Regel nahe, in ihrer Zuwendung eine Erbeneinsetzung des Bedachten als Alleinerben zu sehen.[6] Will der Erblasser jedoch, dass das Grundstück einerseits und das übrige Vermögen andererseits in verschiedene Hände gelangen, schließt das eine Auslegung dahin, dass der Erblasser mit der Zuwendung seines Grundstücks in Wahrheit über sein ganzes Vermögen verfügen wollte, aus.[7] In dieser Entscheidung des BayObLG legte bereits das Wertverhältnis 200 000 (Grundstückswert) zu

---

[1]　Zur „gegenständlich beschränkten Erbeinsetzung" vgl. *Hahn* ZEV 2016, 360.
[2]　BayObLG Fam-RZ 2001, 1174 (1175); Rpfleger 2003, 248.
[3]　BayObLG FamRZ 1986, 835.
[4]　BayObLGZ 2003, 149.
[5]　BayObLG FamRZ 1986, 728 (Erbe, da wesentlicher Teil); FamRZ 1990, 1401 (nicht Erbe bei Zuwendung von „Haus mit Inhalt", da nicht wesentlicher Teil; OLG München ZErb 2016, 286 zur Testamentsauslegung, wenn zwei Häuser auf einem ungeteilten Grundstück unterschiedlichen Personen zugewendet werden).
[6]　BBayObLG FamRZ 1997, 1177 (1178); FamRZ 2000, 60 (61); NJW-RR 2000, 1174 mwN; BayObLGZ 2003, 149.
[7]　BayObLGZ 2003, 149.

87 000 (übriges Vermögen) nicht unbedingt eine Alleinerbeinsetzung nahe. Übersteigt der zugewendete Vermögensbestandteil nach seinem objektiven Wert[8] das im Testament genannte oder nicht genannte Vermögen an Wert erheblich, ist dies ein Indiz für den Willen des Erblassers, mit dem konkret bezeichneten Gegenstand (oder mehreren Gegenständen) einen Bruchteil seines Vermögens oder sogar sein ganzes Vermögen zuzuwenden.[9] Andererseits ist es für den Begriff der Erbenstellung nicht entscheidend, ob dem Erben nach Erfüllung aller Nachlassverbindlichkeiten noch ein mehr oder weniger großer wirtschaftlicher Vorteil an der Erbschaft verbleibt.[10] Es ist deshalb auch möglich, durch ein Universalvermächtnis den gesamten Nettonachlass einem Vermächtnisnehmer zu vermachen.[11] Nach dieser Vorstellung ist der Wert zu bestimmen und damit auch die Abgrenzung Erbeinsetzung/Vermächtnis vorzunehmen sowie die Erbquote festzulegen. **Weicht die Wertvorstellung des** Erblassers von der objektiven Bewertung ab, ist auf den Wert abzustellen, den der Erblasser sich vorstellt,[12] es sei denn, für den Erblasser stand die Zuwendung des Gegenstandes selbst, weniger dessen Wert im Vordergrund.[13] Falls sich der Erblasser Vorstellungen über den Wert im Erbfall gemacht hat, ist ausnahmsweise auf den Zeitpunkt des Erbfalles abzustellen. Lassen sich keine Wertvorstellungen des Erblassers ermitteln, ist der objektive Wert im Zeitpunkt der Errichtung der Verfügung von Todes wegen maßgeblich. Kam es dem Erblasser entscheidend darauf an, dass der Zuwendungsempfänger einen bestimmten Gegenstand ohne Rücksicht auf den Wert erhält, ist auf das objektive Wertverhältnis zur Zeit des Erbfalls abzustellen.[14] Wollte der Erblasser durch die Verteilung der Gegenstände die Beteiligten wertmäßig in einem bestimmten Verhältnis am Nachlass beteiligen, kommt es für die Erbquote nur auf dieses Verhältnis bei Testamentserrichtung an;[15] ein späterer Vermögenszuwachs ändert nichts an diesen Erbquoten.[16] Bei erheblichen Veränderungen am Wert des zugewendeten Vermögens, insbesondere bei einem unerwarteten nachträglichen Vermögenserwerb ist an ergänzende Testamentsauslegung oder an Anfechtung gemäß § 2078 Abs. 2 BGB zu denken.[17] So auch bei nachträglichem Wegfall des Gegenstandes oder lebzeitiger Vorwegerfüllung (der BGH kommt bei lebzeitiger Erfüllung zur Anrechnung auf die Quote; es ist auch an eine Reduzierung der Erbquote – gegebenenfalls auf Null – zu denken,.[18]

Erschöpfen mehrere einzelne testamentarische Zuwendungen in ihrer Gesamtheit den Nachlass, ist davon auszugehen, dass diese Verfügungen auch eine Erbeinsetzung enthalten; es ist nicht anzunehmen, dass der Erblasser überhaupt keinen Erben berufen wollte.[19] Es kann dann eine Erbeinsetzung aller Bedachten mit Teilungsanordnung (Quote nach dem Verhältnis des Wertes des zugewendeten Vermögensteils zum Wert des Gesamtnachlasses,[20] oder die Erbeinsetzung einer der bedachten Personen (oder einiger) vorliegen; die anderen sind dann Vermächtnisnehmer. **Die Zuwendung von Geldbeträgen** spricht zwar eher gegen eine Erbeinsetzung,[21] kann aber auch als Form der Berechnung der den

---

8   Im Zeitpunkt der Testamentserrichtung, BayObLG FamRZ 1995, 835 (836).
9   BGH FamRZ 1972, 561 (563); BayObLGZ 1958, 248 (250); BayObLG FamRZ 1995, 835 (836); FamRZ 1999, 62, (63); BayObLGZ 2003, 149; OLG München FamRZ 2011, 68 (69).
10   BayObLG FamRZ 1986, 728 (731, 835, 837); FamRZ 2003, 119.
11   BayObLG Rpfleger 1980, 430 und 471; FamRZ 1986, 728 (731); FamRZ 1986, 835 (837).
12   BayObLGZ 34, 278.
13   Dann ist auf den objektiven Wert beim Erbfall abzustellen, auch bei der Quotenbildung, so zu Recht Staudinger/*Otte* § 2087 Rn. 29.
14   BGH FamRZ 1997, 24.
15   BGH NJW 1997, 392; BayObLG FamRZ 1996, 59.
16   BGH ZEV 2017, 629; BGH FamRZ 1972, 561.
17   Zum nachträglichen Vermögenserwerb vergleiche BGH ZEV 2017, 629 mit Anmerkung *Leipold*.
18   BayObLG ZEV 1997, 164; Staudinger/*Otte* § 2087 Rn. 31.
19   BGH DNotZ 1972, 500; BayObLG NJW-RR 1995, 1096; BayObLG FamRZ 2004, 312; BayObLG FamRZ 2002, 1745 = NJW-RR 2002, 873.
20   BGH FamRZ 1990, 396 (398); BayObLG FamRZ 1992, 862 (864); BayObLG FamRZ 2004, 312.
21   BayObLGZ 1998, 76 (81).

einzelnen Bedachten zugewendeten Bruchteile des Vermögens (Erbeinsetzung) gemeint sein.[22]

Die **Zuwendung von Bankkonten als wesentlicher Nachlass** kann auch dann eine Verfügung über das Gesamtvermögen sein, wenn ausländische Schwarzgeldkonten nicht erwähnt wurden.[23]

Mit dem Ausdruck **„Barschaft"** kann nicht nur der Bargeldbestand im Haus oder in der Geldbörse, sondern es können auch Bankguthaben gemeint sein.[24]

5   Ergibt die Auslegung, dass der auf einen Teil des Nachlasses eingesetzte Erbe nicht den gesamten Nachlass erben soll, tritt wegen des Restes gesetzliche Erbfolge ein (§ 2088 BGB). Eine derartige Erbengemeinschaft zwischen gewillkürten und gesetzlichen Erben ist zwar möglich, aber in der Praxis weniger gebräuchlich.[25]

6   Hat der Erblasser mit seinen Bruchteilen das Ganze nicht erschöpft, tritt je nach Auslegung des Erblasserwillens gesetzliche Erbfolge hinsichtlich des Restes (wenn der Erblasser nur über einen Teil verfügen wollte, § 2088 BGB) oder Erhöhung der Bruchteile der eingesetzten Erben (wenn der Erblasser über den gesamten Nachlass verfügen wollte und sich nur verrechnet hat, § 2099 BGB) ein.

7   Übersteigen die vom Erblasser bestimmten Bruchteile das Ganze, so erfolgt eine verhältnismäßige Minderung der Bruchteile (§ 2090 BGB).

8   Kann der Anteil mehrerer Erben, die ohne Bestimmung der Erbteile eingesetzt sind, auch im Wege der Auslegung nicht ermittelt werden, sind die Erben nach der Auslegungsregel des § 2091 BGB zu gleichen Teilen eingesetzt.

Zur bedingten Erbeinsetzung (§§ 2074 f. BGB) → § 10 Rn. 17 ff.

9   Die **„Zuwendung" eines einzelnen Gegenstandes** kann also

    – Erbeinsetzung,
    – Erbeinsetzung mit Teilungsanordnung,
    – Vermächtnis,
    – Erbeinsetzung und Vorausvermächtnis,
    – Übernahmerecht,
    – unverbindliche Erwägung des Erblassers

darstellen.

10   Erbeinsetzung mit Teilungsanordnung bedeutet, dass der Bedachte Miterbe ist, aber bei der Erbteilung einen schuldrechtlichen Anspruch auf den Gegenstand hat, dessen Wert auf seinen Erbteil angerechnet wird, wenn der Erblasser nicht anders verfügt hat.

Die Annahme eines **Vorausvermächtnisses ist für den Bedachten günstiger,** da die Zuwendung nicht auf seinen Erbteil angerechnet wird.[26]

Weist der Erblasser einem Erben Gegenstände zu, die den Wert seines Erbteils übersteigen, kann eine Teilungsanordnung darin nur gesehen werden, wenn der Bedachte den die Erbquote übersteigenden Wert ausgleicht.[27]

11   Die **Einsetzung nach Vermögensgruppen** kann

    – Erbeinsetzung (Regelfall bei Aufteilung des gesamten Vermögens) nach Bruchteilen, ggf. mit Teilungsanordnung,[28]

---

22   BayObLG FamRZ 2002, 1745.
23   BayObLG FamRZ 2003, 1779.
24   BayObLG FamRZ 2004, 312.
25   BayObLG FamRZ 2004, 567 (569).
26   BGHZ 36, 115.
27   BGHZ 82, 274 (279); FamRZ 1990, 396.
28   BayObLG FamRZ 2004, 312.

> – Alleinerbeneinsetzung (der mit der Hauptsache bedachten Person) und Vermächtnisse im Übrigen,
> – (bei nicht erschöpfender Verteilung) Erbeinsetzung der Bedachten nach Quoten und gesetzliche Erbfolge im Übrigen
>
> sein.

Hat der Erblasser bei der Aufteilung **Grundstücke in der ehemaligen DDR** nicht **12** erwähnt, weil er sie für wertlos hielt, muss durch ergänzende Auslegung geklärt werden, wie er verfügt hätte, wenn er die spätere Entwicklung vorhergesehen hätte; erschöpft eine Zuweisung den abgespalteten Ostnachlass, kann eine Erbeinsetzung vorliegen.[29]

II. Vor- und Nacherbschaft

1. Grundsätze und Gestaltungsziele

Der Erblasser kann einen Erben in der Weise einsetzen, dass dieser erst Erbe wird, nachdem **13** zunächst ein anderer Erbe geworden ist. So definiert § 2100 BGB den Nacherben. Der Nacherbe ist also Rechtsnachfolger des Erblassers, nicht des Vorerben. Der Vorerbe ist ebenfalls Rechtsnachfolger des Erblassers, jedoch zeitlich vor dem Nacherben. Vor- und Nacherbe sind deshalb auch nicht Miterben. Mehrere Vorerben beziehungsweise Nacherben sind jedoch unter sich jeweils Miterben.

Durch die Nacherbfolge kann der Erblasser die Erbfolge über eine längere Zeit und für **14** mehrere Personen festlegen.

Damit hat er unter anderem die Möglichkeit,

– sein Vermögen über seinen Tod hinaus auf mehrere Generationen zu verteilen und dieses so zu sichern beziehungsweise zu erhalten (Sicherungs- und Erhaltungsfunktion)
– den Vorerben finanziell abzusichern
– seinen eigenen Willen (in bestimmten Grenzen) über seinen Tod hinaus weiter zu verfolgen (Gestaltungsfunktion).[30]

Der Erblasser kann mit der Anordnung der Nacherbfolge auch das Ziel verfolgen, dass **15** der eingesetzte Vorerbe eine Handlung unterlässt oder vornimmt (Nacherbeneinsetzung für den Fall, dass…). Bis dahin ist der zunächst Bedachte (der Vorerbe) auflösend bedingter Vollerbe und zugleich bis zum Eintritt des Nacherbfalls aufschiebend bedingter Vorerbe, der den Beschränkungen nach §§ 2113 ff BGB unterliegt. Der Anfall der Nacherbschaft ist zugleich aufschiebend bedingt.[31]

Der Erblasser kann den Eintritt des Nacherbfalles von einem Ereignis (dem Tod des **16** Vorerben; der Wiederverheiratung des überlebenden Ehepartners; dem Ablegen einer Prüfung oder der Erreichung eines bestimmten Alters durch den Nacherben etc) abhängig machen oder durch einen Zeitpunkt (in der Regel nur bis zu 30 Jahren,[32] Ausnahmen siehe § 2109 BGB) festlegen. Er kann die Bestimmung des Ereignisses oder Zeitpunkts aber nicht einem Dritten überlassen.

Der Erblasser kann auch mehrere Nacherbfolgen bestimmen (beachte aber insgesamt die **17** Frist des § 2109 BGB!), er kann auch dem Nacherben einen Ersatzerben bestimmen (Ersatznacherbe).

---

[29] OLG Hamm ZEV 1996, 346.
[30] Einzelheiten bei NK-BGB/*Gierl* § 2100 Rn. 4.
[31] NK-BGB/*Gierl* § 2100 Rn. 19 jeweils mit Nachweisen, welche Bedingungen und Befristungen in Betracht kommen.
[32] Die 30-Jahres-Frist gilt nicht bei Nacherbeneinsetzung für den Fall der Wirtschaftsunion beziehungsweise der Wiedervereinigung, LG Berlin NJW 1993, 272.

18   **Gestaltungsziele:**

- Sicherung des Familienvermögens: Grundsätzlich eignet sich das Institut für die Sicherung eines Familienvermögens zugunsten der Kinder, insbesondere bei Grundstücken, jedoch nur in der Form der nicht befreiten Vorerbschaft (Achtung: Die Rechtsprechung geht bei Wiederverheiratungsklausel (→ § 11 Rn. 62) von stillschweigend verfügter befreiter Vorerbschaft aus). Der Vorerbe ist in seiner rechtlichen Stellung dabei grundsätzlich freier als der Nießbrauchvermächtnisnehmer. So kann der befreite Vorerbe den Nachlass nicht nur nutzen, sondern auch verbrauchen. Auch der befreite Vorerbe kann aber ohne Zustimmung des Nacherben (die des Ersatznacherben ist nicht erforderlich) nicht wirksam unentgeltlich über den Nachlass verfügen (Zu steuerlichen Fragen beim Nießbrauchsvermächtnis (→ § 50 Rn. 97).

19 • Gestaltungsspielraum bei der Bestimmung des Nacherben. Die Anordnung der Vor- und Nacherbschaft eröffnet dem Erblasser die Möglichkeit, in bestimmten Grenzen die Wahl seines (endgültigen) Rechtsnachfolgers einem Dritten zu überlassen, ohne dass darin ein Verstoß gegen § 2065 Abs. 2 BGB läge. Dies kann insbesondere dann sinnvoll sein, wenn bei Errichtung der Verfügung noch nicht absehbar ist, welcher Abkömmling letztlich am besten geeignet ist, beispielsweise ein Unternehmen fortzuführen und der Erblasser möglichst lange die endgültige Entscheidung offenhalten will. Eine Vertretung des Erblassers bei der Bestimmung des Nacherben ist zwar – wie sonst auch – grundsätzlich unzulässig (§ 2065 Abs. 2 BGB). Zulässig ist es jedoch, wenn der Erblasser den Vorerben in der Verfügung von Todes wegen ermächtigt,
  - beliebig anderweitig letztwillig über den Nachlass zu verfügen,[33] also auch die Nacherbschaft zu beseitigen und sich zum Vollerben zu machen;[34]
  - unter den als Nacherben eingesetzten Abkömmlingen letztwillig den Nachlass anders zu verteilen;[35]
  - aus mehreren vom Erblasser zu Nacherben bestimmten Personen den auszuwählen, der den Nachlass als Schlusserbe erhalten soll.[36]

20   Eine derartige Gestaltung eröffnet der Erblasser in gewissen Grenzen über einen langen Zeitraum die Möglichkeit, auf die Wahl des endgültigen (Schluss-)erben Einfluss zu nehmen.

Zulässig ist es nach herrschender Meinung auch, denjenigen zum Nacherben einzusetzen, den der Vorerbe oder ein anderer als seinen eigenen Erben beruft.[37]

21 • Erhaltung der Nachlasssubstanz für die Nacherben (dann nicht befreite Vorerbschaft); bei Überschuldung des Vorerben verhindert die Nacherbfolge den Gläubigerzugriff auf die Nachlasssubstanz (§ 2115 BGB); die weitere Anordnung der Testamentsvollstreckung hindert den Zugriff auf die Nutzungen (§§ 2211, 2214 BGB); dies kommt insbesondere beim behinderten Bedachten in Betracht (Behindertentestament → § 7 Rn. 5): Auch hier verhindert die Anordnung der Nacherbfolge in Verbindung mit Testamentsvollstreckung den Zugriff (durch den Sozialhilfeträger) auf den Nachlass;

gleiches gilt beim Geschiedenentestament (Fernhaltung des geschiedenen Ehegatten und dessen Verwandtschaft vom Nachlass):

22   Die Kinder werden in diesem Falle als Vorerben eingesetzt; zusätzlich wird Testamentsvollstreckung angeordnet, gegebenenfalls auch als Nacherbentestamentsvollstreckung; dies wiederum verbunden mit der Anordnung, dass der geschiedene Ehegatte während der Minderjährigkeit des Kindes den Nachlass nicht verwalten darf; eventuell wird die Nacherbfolge gestaffelt und beschränkt auf die Lebenszeit des geschiedenen

---

[33] RGZ 95, 278 (279).
[34] BGHZ 2, 35; 59, 220; BayObLG MittBayNot 1991, 262; *Mayer* ZEV 1996, 104.
[35] BGHZ 59, 220 (222).
[36] OLG München ZEV 2016, 390.
[37] BGHZ 15, 199 (201); BayObLG NJW 1966, 662; OLG München, RNotZ 2016, 174; siehe aber auch OLG Frankfurt DNotZ 2001, 143.

Ehegatten oder befristet auf die Vollendung des (zum Beispiel) 35. Lebensjahres des Kindes.

Beim Stiefkindertestament (das einseitige Kind soll am Nachlass des Stiefelternteiles nicht **23** beteiligt werden): Im Wege der „hinkenden Vor- und Nacherbschaft" setzt der Stiefelternteil den anderen Ehegatten zum Vorerben und die gemeinsamen Kinder zu Nacherben ein; der andere Ehegatte wird zum unbeschränkten Erben eingesetzt. Stirbt der Stiefelternteil zunächst, fällt beim Tod des anderen Ehegatten als Letztversterbenden kein Pflichtteil aus diesem Sondervermögen an. Die gemeinsamen Kinder werden als Schlusserben des überlebenden Elternteils eingesetzt.

Wiederverheiratungsklausel (→ § 11 Rn. 62): Der überlebende Ehegatte wird für den **24** Fall der Wiederverheiratung zum Vorerben, die gemeinsamen Kinder zu Nacherben eingesetzt. Bei der Einheitslösung wird der Längstlebende nach herrschender Meinung auflösend bedingter Vollerbe bis zur Wiederheirat und gleichzeitig aufschiebend bedingter – nach herrschender Meinung befreiter – Vorerbe.[38]

2. Anordnung der Vor- und Nacherbschaft

Da die Vor- und Nacherbschaft nur durch Verfügung von Todes wegen angeordnet werden **25** kann, ist gegebenenfalls durch Auslegung zu klären, ob eine entsprechende Anordnung des Erblassers vorliegt.

a) Auslegung

Ob der Erblasser Vor- und Nacherbschaft angeordnet hat, ist nach den allgemeinen Aus **26** legungsgrundsätzen zu klären. Maßgeblich ist insoweit der tatsächliche Wille des Erblassers im Zeitpunkt der Errichtung der Verfügung von Todes wegen. Zu berücksichtigen sind alle Umstände innerhalb und außerhalb der Urkunde, insbesondere auch wirtschaftliche und steuerliche Erwägungen, die Aufschluss über den Willen des Erblassers im Errichtungszeitpunkt geben und in der Urkunde zumindest angedeutet sind (Andeutungstheorie). Dabei ist zunächst festzustellen, ob der Erblasser überhaupt eine Vor- und Nacherbfolge anordnen wollte, anschließend ist zu klären, wie diese ausgestaltet sein soll.

Die Nacherbfolge kann sowohl ausdrücklich, aber auch konkludent in einer Verfügung von Todes wegen angeordnet werden, eine gesetzliche Vor- und Nacherbfolge gibt es nicht. Die sogenannte „konstruktive" Vor- beziehungsweise Nacherbfolge der §§ 2104, 2105 BGB, die die gesetzlichen Erben im Fall einer nicht (wirksam) getroffenen Vor- oder Nacherbfolgeregelung als Vor- beziehungsweise Nacherben vorsieht, beruht auf einer Auslegungsregel. Vorausgesetzt ist aber auch hier, dass überhaupt eine wirksame Vor- und Nacherbschaft angeordnet ist.

Im Rahmen der Auslegung sagt allein die Verwendung der Begriffe Vor- und Nacherbe noch nichts darüber aus, ob der Verfügende tatsächlich eine Vor- und Nacherbschaft anordnen wollte. Wie immer bei der Auslegung letztwilliger Verfügungen (→ § 8 Rn. 10) ist nicht am Wortlaut zu haften, sondern der wahre Erblasserwille zu ermitteln. Auch wenn in einem gemeinschaftlichen Testament die Begriffe Vor- und Nacherbfolge verwendet werden, kann Schlusserbeneinsetzung gewollt sein.[39] Maßgebliches Kriterium im Rahmen der Auslegung ist, ob der Erblasser den **zumindest zweimaligen Anfall der Erbschaft** bei Einsetzung mehrerer Personen nacheinander wollte.[40] Das ist dann der Fall, wenn der zunächst Bedachte Erbe auf Zeit sein soll und der Nachlass letztlich einem anderen zugutekommen soll.[41] Wenn der Erblasser seine Verfügung an Bedingungen und Befristungen geknüpft hat, ist dies ein Anhaltspunkt dafür, dass er eine Vor- und Nacherbschaft anordnen

---

[38] BGHZ 96, 198; kritisch insoweit *Völzmann*, Wiederverheiratungsklauseln, RNotZ 2012, 1 (10 ff.).
[39] BayObLG FamRZ 1992, 1476; vgl. auch Rn. 1.215.
[40] NK-BGB/*Gierl* § 2100 Rn. 18.
[41] NK-BGB/*Gierl* § 2100 Rn. 18.

wollte, wobei dann erst mit Eintritt oder Ausbleiben der Bedingung beziehungsweise Befristung feststeht, wer endgültig Erbe geworden ist.

Auf der anderen Seite kann in der Regel davon ausgegangen werden, dass bei der Bezeichnung/Einsetzung von „Alleinerben", „Universalerben", „Haupterben" oder „Vollerben" die Erbschaft dem eingesetzten Erben endgültig verbleiben soll. Zwingend ist dies jedoch nicht, die Auslegung kann im Einzelfall anderes ergeben. So kann auch ein eingesetzter „Schlusserbe" ein Nacherbe sein. Wird „Nacherbfolge an einem Grundstück" angeordnet, kann auch bloße Bruchteilserbeinsetzung im Rahmen der Nacherbfolge sein.[42]

Ist einem „Nießbraucher" auch die Verfügungsbefugnis über den Nachlass zugewendet worden, hat er die Stellung eines Vorerben,[43] da nur dieser und nicht der Vermächtnisnehmer (der nur einen schuldrechtlichen Anspruch gegen den Erben hat) Verfügungsbefugnis hat.

Bei der Auslegung ist § 2103 BGB zu beachten: Die Anordnung des Erblassers, dass der Erbe mit Eintritt eines bestimmten Zeitpunktes oder Ereignisses die Erbschaft an einen anderen herauszugeben habe, ist regelmäßig als Nacherbeneinsetzung anzusehen. Wird Nacherbfolge angeordnet, ohne den Zeitpunkt oder das Ereignis zu bestimmen, sieht das Gesetz den Eintritt der Nacherbschaft beim Tod des Vorerben vor (§ 2106 BGB). Unterlässt der Erblasser die Bestimmung des Nach- oder auch des Vorerben, so kommen jeweils die gesetzlichen Erben des Erblassers – nicht aber der Fiskus – als Vor- (§ 2105 BGB) oder Nacherben (§ 2104 BGB) zum Zuge.

b) Abgrenzung und Einzelfälle

27 Die Abgrenzung zum **Nießbrauchsvermächtnis** ist gelegentlich problematisch. Beim Nießbrauchsvermächtnis setzt der Erblasser regelmäßig den Dritten (zum Beispiel die gemeinsamen Kinder) als Vollerben ein und beschwert diesen mit einem Nießbrauch am Nachlass (ganz oder teilweise) zugunsten des überlebenden Ehegatten, §§ 2147, 1089, 1085 BGB. Der Erbe wird dann Eigentümer des Nachlasses, erhält also dessen Substanz und der Nießbraucher ist (lediglich) berechtigt, die Nutzungen zu ziehen. Es kommt für die Abgrenzung zur Vor- und Nacherbschaft nicht darauf an, in welchem Maß die Nutzungsberechtigung besteht, weil der Erblasser frei ist, diese durch letztwillige Anordnung zu erweitern oder zu beschränken. Maßgebliches **Abgrenzungskriterium** ist vielmehr, ob der Begünstigte unmittelbarer Rechtsnachfolger des Erblassers werden oder nur einen schuldrechtlichen Anspruch gegen den Erben haben soll.[44]

Zu bedenken ist, dass bei der Vor- und Nacherbschaft die Erbschaftsteuer mehrfach anfällt (→ § 50 Rn. 92 ff.). Steuerlich günstiger – und den Bestand des Nachlasses sicherer bewahrend – ist das Nießbrauchsvermächtnis, bei dem die Kinder als Erben eingesetzt werden und dem überlebenden Ehegatten ein lebenslanger Nießbrauch eingeräumt wird. Liegt der Nachlass innerhalb der Freibeträge oder löst als begünstigtes Vermögen (Betrieb oder Familienheim) oder nach einem Verschonungsabschlag keine Steuerpflicht aus, spielt dieser Gesichtspunkt keine Rolle.

Der Erblasser wird abzuwägen haben, ob ihm eine größere Freiheit für den überlebenden Ehegatten (dann Nacherbfolge der Kinder) oder die sichere und im Einzelfall steuergünstige Weitergabe seines Vermögens an die Kinder (dann Kinder als Erben mit Nießbrauchsvermächtnis für Ehegatten) wichtiger erscheint.

Deshalb können steuerliche Erwägungen im Einzelfall dafür sprechen, dass der Erblasser letztlich ein Nießbrauchsvermächtnis gewollt hat.[45] Bei Zweifeln ist nach der Rechtsprechung des BayObLG – selbst wenn der Begriff „Nacherbe" verwendet wird – von einem

---

[42] BayObLGZ 1965, 457 (465); zur Formulierung des Erblassers s. Rn. 26 f.
[43] BayObLGZ 1980, 328.
[44] NK-BGB/*Gierl* § 2100 Rn. 23 ff.; *Horn/Kroiß*, Testamentsauslegung, § 8 Rn. 25.
[45] BayObLG NJW 1960, 1765.

Nießbrauchsvermächtnis auszugehen.[46] Der Kritik[47] an dieser Rechtsprechung ist zuzugeben, dass die Auslegung in Richtung Nießbrauchsvermächtnis nicht zwingend ist. Sollte sich im Steuerrecht ein Wandel im Hinblick auf die Besteuerung der Vor- und Nacherbschaft ergeben, kann dieser zu einem anderen Auslegungsergebnis führen. Lässt das Testament aber erkennen, dass der Erblasser eine steueroptimierte Gestaltung wollte, ist dieser Umstand bei der Auslegung heranzuziehen. In diesem Sinne verdient die Rechtsprechung des BayObLG weiterhin Zustimmung.

3. Die Rechtsstellung des Vorerben

Steht fest, dass der Erblasser eine Vor- und Nacherbschaft anordnen wollte, ist weiterhin – **28** gegebenenfalls wiederum durch Auslegung – zu klären, ob es sich um eine befreite oder um eine nicht befreite Vor- beziehungsweise Nacherbschaft handeln soll, denn dies hat Auswirkungen auf die Rechtsstellung von Vor- und Nacherben.

a) Anordnung der Befreiung

Eine Befreiung von den Beschränkungen der Vorerbschaft setzt eine entsprechende An- **29** ordnung des Erblassers durch letztwillige Verfügung voraus.[48] Die Befreiung muss nicht ausdrücklich oder durch einen bestimmten Wortlaut erfolgt sein,[49] sie kann, wie sonst auch, durch Auslegung unter Anwendung der allgemeinen Auslegungsregeln ermittelt werden. Bei der Ermittlung des Erblasserwillens ist ein maßgebliches Kriterium, ob das vorrangige Ziel des Erblassers in der Sicherung des Vorerben bestand (dann befreite Vorerbschaft) oder ob es ihm im Kern darum ging, die Nachlasssubstanz zu erhalten (dann nicht befreite Vorerbschaft).[50]

Ergibt die Auslegung, dass der Erblasser den Vorerben von jeglicher Beschränkung freistellen will, also auch von den Verfügungsbeschränkungen, von denen der Vorerbe nicht befreit werden kann (insbesondere also der unentgeltlichen Verfügung), so liegt es näher, den „Vor"-Erben als Vollerben anzusehen und den „Nach"-Erben nur als Vermächtnisnehmer (befristetes Vermächtnis in Höhe des Überrestes).

Will der Erblasser eine weitergehende Befreiung und dennoch an der Nacherbfolge festhalten, kann er einzelne Nachlassgegenstände dem Nacherbenrecht dadurch entziehen, dass er sie dem Vorerben als Vorausvermächtnis zuwendet (der alleinige Vorerbe erwirbt das Vermächtnis dann beim Erbfall sogar dinglich.[51]

Umstritten ist, ob und wieweit der Nacherbe durch letztwillige Verfügung des Erblassers verpflichtet werden kann, (allen oder bestimmten) Verfügungen des Vorerben zuzustimmen[52] oder auf Schadensersatz gegen den Vorerben zu verzichten, wenn dadurch die Verfügungsbeschränkungen im Ergebnis leerlaufen. Ähnlich problematisch kann es sein, unzulässige lebzeitige Verfügungen als auflösende Bedingung der Nacherbschaft zu formulieren.[53]

Nach der gesetzlichen Auslegungsregel des § 2137 Abs. 2 BGB ist im Zweifel von befreiter Vorerbschaft auszugehen, wenn der Erblasser den Vorerben zur freien Verfügung über die Erbschaft ermächtigt.

---

[46] BayObLG NJW 1960, 1765.

[47] BeckOGK/*Litzenburger* § 2100 Rn. 31; zweifelnd auch *Horn/Kroiß*, Testamentsauslegung, § 8 Rn. 28.

[48] Palandt/*Weidlich* § 2136 Rn. 5.

[49] OLG Karlsruhe FamRZ 2006, 582; OLG Hamm NJW-RR 1997, 453 (Einsetzung entfernterer Verwandter, hier: Enkel statt der Kinder als Indiz für die Befreiung.

[50] NK-BGB/*Gierl* § 2136 Rn. 2.

[51] BGHZ 32, 60 (61).

[52] Ablehnend MüKoBGB/*Grunsky* § 2136 Rn. 10, der aber die Möglichkeit der Auslegung als Vorausvermächtnis sieht.

[53] Zur Auslegung, den Voraussetzungen und Indizien für eine nicht ausdrücklich angeordnete Befreiung des Vorerben siehe OLG Karlsruhe FamRZ 2006, 582 und BayObLG MittBayNot 2004, 450.

Nach § 2137 Abs. 1 BGB gilt eine Befreiung auch dann als angeordnet, wenn der Erblasser den Nacherben auf das eingesetzt hat, was bei Eintritt der Nacherbfolge von der Erbschaft noch vorhanden ist (Überrest). Diese Vorschrift ist eine widerlegbare Vermutung (Auslegungsregel), es kommt also letztlich auf den Erblasserwillen an.[54]

Bei Wiederverheiratungsklauseln sieht die Rechtsprechung in der Erbeinsetzung des Ehegatten mit Erbeinsetzung der Kinder im Wiederverheiratungsfalle – gleichgültig ob einseitig oder gemeinschaftlich testiert – die Einsetzung als befreiten Vorerben.[55] Allerdings kann auch dies nicht automatisch angenommen werden, vielmehr ist auch hier insoweit zunächst der tatsächliche Wille des Erblassers nach den allgemeinen Grundsätzen zu ermitteln.[56] Umstritten ist in einem derartigen Fall weiterhin, ob im Falle des Bedingungseintritts (das heißt der Wiederheirat) die Beschränkungen der §§ 2113 BGB zurückwirken[57] oder die Beschränkungen erst mit dem Eintritt der Bedingung gelten.[58]

b) Ordnungsgemäße Verwaltung des Nachlasses

30 Zum Schutze des Nacherben ist der Vorerbe zur ordnungsgemäßen Verwaltung verpflichtet, die durch Auskunftspflichten (§ 2127 BGB), Pflicht zur Sicherheitsleistung (§ 2128 BGB) und dingliche Surrogation (§ 2111 BGB) abgesichert ist und nicht entzogen werden kann (§ 2129 BGB).

Zwar kann der Vorerbe ab dem Erbfall bis zum Nacherbfall über die Nachlassgegenstände verfügen (§ 2112 BGB). Er ist aber im Interesse des Nacherben in seiner Verfügungsbefugnis gemäß §§ 2113–2115 BGB beschränkt, dies betrifft Verfügungen über Grundstücke und Rechte an Grundstücken, unentgeltliche Verfügungen und Verfügungen über das Vermögen des Vorerben im Wege der Zwangsvollstreckung, der Arrestvollziehung oder durch den Insolvenzverwalter.

31 Der Erblasser kann den Vorerben ausdrücklich oder stillschweigend durch Verfügung von Todes wegen ganz oder teilweise von den gesetzlichen Verfügungsbeschränkungen mit Ausnahmen befreien (befreite Vorerbschaft).

Im Einzelnen kann der Erblasser ganz oder teilweise von folgenden Beschränkungen befreien (die Befreiung ist im Erbschein und im Grundbuch anzugeben):[59]

– § 2113 Abs. 1 BGB: Verfügung über Grundstücke und Rechte an diesen.
– § 2114 BGB: Verfügung über Hypothekenforderungen, Grund-, Rentenschulden.
– §§ 2116–2219 BGB: Hinterlegung, Umschreibung von Wertpapieren, Anlegung von Geld.
– § 2123 BGB: Wirtschaftsplan (bei Wald und Bodenschätzen).
– §§ 2127–2129 BGB: Auskunft, Sicherheitsleistung, Entziehung des Verwaltungs- und Verfügungsrechts.
– §§ 2130 f. BGB: Ordnungsmäßige Verwaltung, Rechnungslegung, Haftungsmaßstab.
– §§ 2133 f. BGB: Wertersatz für Raub- und Übermaßfrüchte und eigennützige Verwendung von Erbschaftsgegenständen; er darf also auch die Substanz für sich verbrauchen (Grenzen: §§ 2113 Abs. 2, 2138 Abs. 2 BGB).

---

[54] Str.; wie hier MüKoBGB/*Grunsky* § 2137 Rn. 1; Staudinger/*Avenarius* § 2137 Rn. 2; Palandt/*Weidlich* § 2137 Rn. 1; wohl auch NK-BGB/*Gierl* § 2137 Rn. 6; der oft zufällig vom Erblasser gewählte Wortlaut kann nicht entscheidend sein; es ist auch kein Grund ersichtlich, die beiden Absätze unterschiedlich auszulegen (die amtliche Überschrift lautet einheitlich „Auslegungsregel"); aA (Ergänzungsregel, die keine andere Auslegung zulässt) RGRK/*Johannsen* § 2137 Rn. 1; Soergel/*Harder* § 2137 Rn. 1.

[55] BGH BeckRS 1961, 31187181.

[56] NK-BGB/*Gierl* § 2269 Rn. 125.

[57] Offengelassen BGHZ 96, 198 ff.; OLG Hamm ZEV 2011, 589; Palandt/*Weidlich* § 2269 Rn. 18.

[58] So OLG Celle ZEV 2013, 40 mit Anmerkung von *Weidlich*; zweifelnd Staudinger/*Avenarius* § 2100 Rn. 33; insgesamt kritisch zur Konstruktion von auflösend bedingter Voll- und aufschiebend bedingter Vorerbschaft *Völzmann* RNotZ 2012, 1 (10 ff.).

[59] Palandt/*Weidlich* § 2269 BGB Rn. 17.

Der Vorerbe kann also nicht befreit werden von

- der Pflicht zur Herausgabe der noch vorhandenen Gegenstände (§ 2138 BGB) und der Surrogate (§ 2111 BGB);[60]
- dem Verbot der unentgeltlichen Verfügung (§ 2113 Abs. 2 BGB), in Betracht kommt aber Auslegung einer dennoch erteilten Befreiung als Vorausvermächtnis;[61]
- der Unwirksamkeit einer gegen den Vorerben ergangenen Zwangsverfügung (§ 2115 BGB);
- der Verpflichtung, ein Nachlassverzeichnis mitzuteilen (§ 2121 BGB); dabei genügt die Bezugnahme auf ein beim Erbfall erstelltes Nachlassverzeichnis und die Angabe der danach erfolgten Veränderungen; die Kosten der Erstellung trägt der Nachlass;[62]
- Pflicht, die Feststellung des Zustandes des (der Nacherbschaft unterliegenden!) Nachlasses durch den Nacherben zu dulden (§ 2122 S. 2 BGB);
- der Verpflichtung zur Leistung von Schadensersatz nach § 2138 Abs. 2 BGB (unentgeltliche Verfügung und Verminderung der Erbschaft in Benachteiligungsabsicht – die mehr erfordert als vorsätzliche Schädigung,;[63]
- der Verpflichtung, die gewöhnlichen Erhaltungskosten zu tragen (§ 2124 Abs. 1 BGB); die Tilgung von Grundpfandrechten, die bereits vom Erblasser stammen, stellt stets eine außerordentliche, auf den Stammwert von Erbschaftsgegenständen gelegte Lasten dar, auch wenn sie langfristig zu tilgen sind.[64]

c) Pflichtverletzungen des Vorerben

Verstößt der nicht befreite Vorerbe gegen die Pflicht zur ordnungsgemäßen Verwaltung **32** (zum Beispiel verbraucht er das Erbe, ohne gegen §§ 2113–2115 BGB zu verstoßen, aber ohne eine Befreiungsanordnung des Erblassers vom Schadensersatz), so hat der Nacherbe im Nacherbfall einen Schadensersatzanspruch gemäß §§ 2134, 2138 Abs. 2 BGB.

Verfügt der Vorerbe unter Verstoß gegen §§ 2113–2115 BGB, so wird die Verfügung **33** beim Eintritt der Nacherbfolge insoweit unwirksam, als sie das Recht des Nacherben vereiteln oder beeinträchtigen würde (§ 2113 BGB, S. auch §§ 2114 f. BGB). Rechtsprechung und herrschende Meinung gehen zutreffend davon aus, dass eine Verfügung im Sinne des § 2113 BGB nur eine solche im Rechtssinne ist, so dass Verpflichtungsgeschäfte nicht erfasst werden.[65] Das hat der BGH in einem Fall auch dann angenommen, wenn ein Grundstück unentgeltlich im Wege der Leihe für 30 Jahre dem Entleiher zugewendet wurde und die Eigenbedarfskündigung durch den Verleiher ausgeschlossen wurde.[66] Die Entscheidung ist im Ergebnis zutreffend, da es sich bei der Leihe gerade nicht um eine Verfügung handelt. Unbeantwortet blieb in dieser Entscheidung allerdings die Frage, ob sich der Vorerbe durch ein derartiges Verpflichtungsgeschäft schadensersatzpflichtig gegenüber dem Nacherben macht, was insbesondere dann von Bedeutung ist, wenn die Nacherben und die Erben des Vorerben personenverschieden sind.

Bei der Prüfung der Vereitelung oder Beeinträchtigung des Rechtes des Nacherben ist die rechtliche, nicht die wirtschaftliche Betrachtungsweise maßgeblich; ein etwa vom Käufer eines Grundstückes entrichtetes Entgelt ist also unerheblich.

„Unentgeltlich" iSd § 2113 Abs. 2 BGB ist eine Verfügung des Vorerben, durch die er **34** etwas aus dem Nachlass weggibt, ohne dass dies durch einen entsprechenden Vermögens-

---

[60] BGH NJW 1990, 515.
[61] RGRK/*Johannsen* § 2136 Rn. 5; MüKoBGB/*Grunsky* § 2136 Rn. 1.
[62] RGRK/*Johannsen* § 2121 Rn. 12.
[63] RGRK/*Johannsen* § 2138 Rn. 10; Soergel/*Harder/Wegmann* § 2138 Rn. 4.
[64] BGH DNotZ 2005, 49– Änderung der früheren Rspr.; siehe dort auch zu einem Tilgungsvermächtnis zu Gunsten des Nacherben und zu Lasten des Vorerben –.
[65] BGH NJW 2016, 2652; MüKoBGB/*Grunsky* § 2113 Rn. 8.
[66] BGH NJW 2016, 2652.

vorteil für den Nachlass aufgewogen wird,[67] und der Vorerbe die Ungleichwertigkeit entweder erkennt oder bei ordnungsmäßiger Verwaltung die Unzulänglichkeit der Gegenleistung hatte erkennen müssen.[68] Bei nur teilweise unentgeltlicher Verfügung ist die ganze Verfügung unwirksam.[69]

35   Ist der Erwerber gutgläubig, so wird er geschützt (§§ 2113 Abs. 3 iVm 892, 932 BGB). Gutgläubig ist, wer den Gegenstand nicht für einen Nachlassgegenstand hält oder nicht weiß, dass der Verfügende nur Vorerbe ist. Der Nacherbenvermerk im Grundbuch verhindert den guten Glauben. Fehlt der Nacherbenvermerk im Grundbuch und im Erbschein, kommt gutgläubiger Erwerb nach § 2366 BGB in Betracht.

Zum Schutze des Nacherben ist aber der Nacherbenvermerk von Amts wegen im Grundbuch einzutragen (§ 51 GBO, Voraussetzung ist die Eintragung des Vorerben) und die Nacherbfolge im Erbschein zu vermerken (§ 352b Abs. 1 FamFG).

Die Verpflichtungsgeschäfte des Vorerben bleiben jedoch in jedem Falle für ihn wirksam.

36   Bei Eintritt des Nacherbfalles kann der Vorerbe gemäß §§ 2124–2126 BGB vom Nacherben Kosten und Lasten erstattet verlangen.

4. Die Rechtsstellung des Nacherben

37   Ordnet der Erblasser Vor- und Nacherbfolge an, unterliegt die Verwaltung des Nachlasses durch den Vorerben und dessen Verhältnis zum Nacherben Beschränkungen, die darauf zielen, dem Nacherben die Nachlasssubstanz zu erhalten.[70] Von den – vom Gesetz angeordneten – Beschränkungen kann der Erblasser den Vorerben wiederum in bestimmten Grenzen befreien (§ 2136 BGB). Insoweit gilt das Oben unter 3b Gesagte (→ Rn. 30). Insoweit korrelieren die Beschränkungen des Vorerben mit dem erstrebten Schutz des Nacherben.

Darüber hinaus erwirbt der Nacherbe mit dem Erbfall ein unentziehbares erbrechtliches Anwartschaftsrecht.[71]

a) Vererblichkeit der Anwartschaft

38   Erst mit dem Eintritt des Nacherbfalles fällt die Erbschaft dem Nacherben an (§ 2139 BGB), ab dem Erbfall hat er jedoch ein Anwartschaftsrecht. Vorausgesetzt ist dabei, dass der – vor dem Erbfall lebende – Nacherbe den Erblasser überlebt, den Erbfall also erlebt (aufschiebend befristete Nacherbschaft). Er muss nicht den Nacherbfall erleben; stirbt er zwischen Erbfall und Nacherbfall, so ist gemäß § 2108 Abs. 2 S. 1 BGB im Zweifel das Nacherbenrecht vererblich. Der unter einer aufschiebenden Bedingung (zum Beispiel Wiederverheiratung des Vorerben) eingesetzte Nacherbe vererbt gemäß § 2108 Abs. 2 S. 2 BGB sein Nacherbenrecht im Zweifel nicht; es entfällt nach der Regel des § 2074 BGB. Der Erblasserwille ist aber vorrangig zu prüfen; der Erblasser kann auch bei einer aufschiebenden Bedingung die Vererblichkeit des Anwartschaftsrechts gewollt haben.

39   Fällt ein als Nacherbe eingesetzter Abkömmling zwischen Testamentserrichtung und Erbfall weg, treten im Zweifel seine Abkömmlinge an seine Stelle (§ 2069 BGB); fällt er zwischen Erbfall und Nacherbfall weg, so ist auch hier der Wille des Erblassers zu erforschen; falls dies ergebnislos ist, treten seine Erben (das können, aber müssen nicht seine Abkömmlinge sein) in seine Nacherbenstellung ein. § 2108 Abs. 2 BGB hat also Vorrang vor § 2069 BGB.[72]

---

[67] BGHZ 7, 274 Siehe näher, etwa zu einer Leibrente für den Vorerben als Gegenleistung Palandt/*Weidlich* § 2113 Rn. 11; BGH NJW 1977, 1631 (Kapitalisierungswert muss dem Grundstückswert entsprechen).

[68] BGH NJW 1984, 366.

[69] BayObLGZ 1957, 285 (290); die Beeinträchtigung liegt aber nur in der Wertdifferenz, sodass nur Herausgabe Zug um Zug gegen Erstattung der Gegenleistung verlangt werden kann, BGH NJW 1985, 382; BeckRS 1990, 31065355.

[70] NK-BGB/*Gierl* § 2136 Rn. 1.

[71] BGHZ 87, 367 (369) mwN.

[72] BGH NJW 1963, 1150; siehe näher hierzu Palandt/*Weidlich* § 2069 Rn. 6.

Bei Wegfall des Nacherben ist also zu unterscheiden, ob dieser Wegfall vor oder nach dem Erbfall oder nach dem Nacherbfall erfolgt (zum Wegfall durch Ausschlagung siehe unten).[73] Die Rechtsprechung geht bei der Einwilligung etwaiger Ersatzerben zutreffend zunächst vom Erblasserwillen aus.[74] Unstreitig ist die Rechtslage nach dem Nacherbfall: Es gilt der normale Erbgang nach dem Nacherben.

Übersicht über die Rangfolge
An die Stelle des Weggefallenen tritt

vor dem Erbfall	nach dem Erbfall
1. der ausdrücklich eingesetzte Ersatznacherbe	
	2. § 2108 Abs. 2 S. 1 BGB: im Zweifel Vererblichkeit der Nacherbenanwartschaft
	3. §§ 2108 Abs. 2 S. 2, 2074 BGB: bei aufschiebend bedingter Nacherbschaft im Zweifel keine Vererblichkeit
2.	4.
Ersatzerbe auf Grund ergänzender Testamentsauslegung oder nach § 2069 BGB	
3.	5.
(Bei mehreren Nacherben) Anwachsung, § 2094 BGB	
4.	6.
Vorerbe (wird Vollerbe)	

Wie oben ausgeführt, ist das Nacherbenrecht beziehungsweise die Anwartschaft nicht **40** vererblich, wenn der Nacherbe vor dem Erbfall gestorben ist. Es ist nicht nötig, dass der Nacherbe vor dem Erbfall schon lebt oder erzeugt ist (§ 2101 BGB; dann nimmt ein Pfleger in der Zeit zwischen Erbfall und Nacherbfall die Interessen des ungeborenen Nacherben wahr), er muss jedoch im Nacherbfall zumindest gezeugt und sodann lebend geboren sein (§§ 2108 Abs. 1; 1923 BGB). Ist er das nicht, werden mit dem Tod des Vorerben dessen Erben Vorerben; der Nacherbfall tritt dann mit der Geburt des Nacherben ein (§§ 2106 Abs. 2; 2102 BGB).

Schlägt der als Nacherbe eingesetzte Abkömmling des Erblassers die Nacherbschaft aus **41** und verlangt den Pflichtteil (§ 2306 Abs. 2 BGB), so treten nicht seine Abkömmlinge gemäß § 2069 BGB an seine Stelle.[75] Falls kein anderer Erblasserwille zu ermitteln ist (anderer Ersatzerbe als Abkömmlinge? Anwachsung unter Mitnacherben?) wird der Vorerbe Vollerbe (§ 2142 Abs. 2 BGB).

Die Vererblichkeit oder Nichtvererblichkeit der Nacherbenanwartschaft ist im Erbschein **42** anzugeben. Fehlt ein Vermerk hierüber, ist von Vererblichkeit auszugehen.[76] Auch ein ausdrücklich oder stillschweigend sowie ein nach § 2069 BGB bestimmter Ersatznacherbe ist im Erbschein zu vermerken.[77]

b) Übertragbarkeit der Anwartschaft

Der Nacherbe (nicht der aufschiebend bedingte!) kann seine Anwartschaft – sofern der **43** Erblasser dies nicht ausgeschlossen hat – durch notariell beurkundeten (§ 2033 Abs. 1 S. 2 BGB entsprechend) Verfügungsvertrag auf den Vorerben oder einen Dritten übertragen.[78] Ein der Verfügung zugrunde liegender Kaufvertrag bedarf ebenfalls der notariellen Form (§§ 2371, 1922 Abs. 2, 2385 BGB).

Die Anwartschaft ist pfändbar (Verfügungsverbot an (Mit-)Nacherben zustellen), ver- **44** pfändbar und fällt in die Insolvenzmasse des Nacherben.

---

[73] *Musielak* ZEV 1995, 5.
[74] BayObLG FamRZ 1994, 783.
[75] BGHZ 33, 60; § 2069 BGB würde hier den Stamm des Ausschlagenden bevorzugen, was im Zweifel nicht Erblasserwille ist.
[76] RGZ 154, 330; OLG Köln NJW 1955, 635.
[77] BayObLGZ 1960, 407 (410); OLG Hamm OLGZ 1975, 150 (156).
[78] BGHZ 87, 367.

45   Die zwischen Erbfall und Nacherbfall erfolgten Übertragungen der Nacherbenanwartschaftsrechte haben auf den Inhalt des Erbscheins keinen Einfluss, da der Erwerber nicht Nacherbe wird, mag er auch in die volle Rechtsstellung des Nacherben eintreten.

c) Ansprüche des Nacherben nach Anfall der Erbschaft

46   Der Nacherbe erwirbt mit dem Nacherbfall die Erbschaft (§ 2139 BGB); das heißt er wird Eigentümer der Nachlassgegenstände. Sofern der Nacherbe die Erbschaft noch nicht angenommen hat, kann er sie noch ausschlagen (§ 2142 BGB). Soweit der Vorerbe keinen Besitz an Nachlassgegenständen erlangt hat, erwirbt der Nacherbe gemäß § 857 BGB auch den Besitz (wenn nicht, geht der Besitz auf die Erben des Vorerben über).

      § 2130 Abs. 1 BGB gibt dem Nacherben einen Herausgabeanspruch gegen den Vorerben.

      Der Nacherbe hat ferner – soweit der Vorerbe nicht zulässig hiervon befreit ist – Anspruch auf Rechenschaftslegung (§ 2130 Abs. 2 BGB), sowie Haftungs-, Ersatz- und Herausgabeansprüche nach §§ 2132 ff. BGB. Der Vorerbe hat wegen seines Benutzungsrechts nicht für Veränderungen und Verschlechterungen, die durch ordnungsgemäße Benutzung herbeigeführt werden, einzustehen (§ 2132 BGB). Er hat auch nur für die Sorgfalt einzustehen, die er in eigenen Angelegenheiten anwendet (§§ 2131, 277 BGB); von der Haftung wegen grober Fahrlässigkeit ist er aber nicht befreit (§ 277 BGB). Kann der Vorerbe einen Erbschaftsgegenstand nicht herausgeben, weil er ihn für sich verwendet hat, muss er Wertersatz leisten, wenn er vom Erblasser nicht hiervon befreit ist (§ 2134 BGB), da er nur Nutzungen ziehen darf. Ansprüche wegen übermäßiger Nutzungen regelt § 2133 BGB.

      Ob der Vorerbe Kosten und Lasten, die er getragen hat, vom Nacherben ersetzt verlangen kann, richtet sich nach §§ 2124–2126 BGB.

      Hat der Erblasser den Nacherben auf den Überrest gesetzt, muss der Vorerbe dem Nacherben nur die beim Nacherbfall noch vorhandenen Gegenstände herausgeben, § 2138 Abs. 1 S. 1 BGB.

      Der Vorerbe ist jedoch zum Schadensersatz verpflichtet, soweit er über den Nachlassgegenstand unentgeltlich verfügt oder den Nachlass in der Absicht, den Nacherben zu benachteiligen, vermindert hat (§ 2138 Abs. 2 BGB).

5. Testamentsvollstreckung bei Vor- und Nacherbschaft

47   Der Erblasser kann sowohl für den Vorerben als auch für den Nacherben Testamentsvollstreckung anordnen. Es sind verschiedene Aufgabenbereiche denkbar und zu unterscheiden, weshalb der Aufgabenbeschreibung durch den Erblasser besondere Bedeutung zukommt. Soll der Nachlass nicht nur vor dem Zugriff von Gläubigern des Vorerben auf die Nachlasssubstanz, sondern auch auf die Nutzungen geschützt werden, ist die Anordnung einer Testamentsvollstreckung zusätzlich angeraten.

48   Die allgemeine Testamentsvollstreckung mit **Normalbefugnissen** beschränkt sich auf die Abwicklung des Nachlasses bis zur Übergabe des Nachlasses an den Vorerben. Der Testamentsvollstrecker für die Vor- und Nacherbschaft ist in seiner Verfügung nur durch § 2205 S. 3 BGB beschränkt.[79] Ob er auch die Kontroll-, Mitwirkungs- und Sicherungsrechte des Nacherben nach § 2222 BGB ausüben soll, ist durch Auslegung zu bestimmen.[80] Die verschiedenen Funktionen können durchaus mit der Nacherbentestamentsvollstreckung verbunden werden; besteht jedoch keine ausdrückliche Anordnung, ist im Zweifel nicht anzunehmen, dass der allgemeine Testamentsvollstrecker auch die Funktionen nach § 2222 BGB haben soll.[81]

---

[79]   BGH NJW 1963, 2320; BayObLGZ 1986, 208.
[80]   BayObLGZ 1958, 299 (301).
[81]   BayObLG NJW 1959, 1920.

Gehören zur Erbschaft Grundstücke, ist für die Auseinandersetzung die Zustimmung des Nacherben erforderlich,[82] zu der er verpflichtet sein kann (§ 2120 BGB).

Die Testamentsvollstreckung für die **Vorerbschaft ist** eine **Verwaltungsvollstreckung,** **49** die den Vorerben während der Dauer der Vorerbschaft beschränkt. Der Testamentsvollstrecker hat jedoch nicht mehr Rechte als der Vorerbe.[83] Die Anordnung der Testamentsvollstreckung für den Vorerben kommt insbesondere im Falle des Behindertentestaments in Betracht, ebenso wenn der Erblasser in besonderem Maße dafür Sorge tragen will, dass dem Nacherben die Nachlasssubstanz erhalten bleibt.

Die Testamentsvollstreckung für den **Nacherben** – beschränkt auf die Dauer der Nach- **50** erbschaft – beginnt und endet mit der Nacherbschaft. Die Nacherbentestamentsvollstreckung gemäß § 2222 BGB beschränkt nicht den Vorerben, sondern den Nacherben.[84] Während der Zeit der Vorerbschaft nimmt der Nacherbentestamentsvollstrecker die Kontroll-, Sicherungs- und Mitwirkungsrechte des Nacherben wahr. Es bedarf dabei nicht der sonst gemäß §§ 1909, 1912, 1913 BGB erforderlichen Pflegerbestellung und Genehmigung des Vormundschaftsgerichts.[85] Diese Testamentsvollstreckung eignet sich deshalb besonders für die Fälle des noch unbekannten oder minderjährigen Nacherben.

Person des Testamentsvollstreckers: Der alleinige Vorerbe kann nicht zum einzigen **51** Testamentsvollstrecker, auch nicht zum Nacherbentestamentsvollstrecker bestellt werden;[86] dies ist aber zulässig neben dritten Mittestamentsvollstreckern und bei Wegfall dieser, wenn eine alleinige Vollstreckung des alleinigen Vorerben ausgeschlossen ist. Der Miterbe kann neben Dritten zur gemeinschaftlichen Testamentsvollstreckung berufen werden,[87] er kann auch Nacherbentestamentsvollstrecker gemäß § 2222 BGB werden.[88] Ein Nacherbe kann jedoch Testamentsvollstrecker für die Vorerbschaft werden.[89]

6. Gestaltungsempfehlungen

Da die Vor- und Nacherbschaft häufig einen langen Zeitraum umfasst, innerhalb dessen **52** sich die tatsächlichen Verhältnisse und Erwartungen, die bei Errichtung der Verfügung von Todes wegen vorlagen, ändern können, empfiehlt es sich, bei der Gestaltung der Verfügung vorsorglich folgende Punkte zu regeln:

a) Vererblichkeit des Anwartschaftsrechts

Gemäß § 2108 Abs. 2 BGB ist das Nacherbrecht im Zweifel vererblich. Will der Erblasser **53** dies nicht, sollte er eine entsprechende Anordnung treffen, da anderenfalls sein Wille nur im Wege der Auslegung ermittelt werden kann. Geht es dem Erblasser darum, dass das hinterlassene Vermögen im Stamm bleiben soll, empfiehlt es sich, die Vererblichkeit auszuschließen.

> **Muster: Vererblichkeit der Nacherbschaft**
> Die Nacherbenanwartschaft ist nicht vererblich/ist nur vererblich an…

---

[82] OLG Hamm ZEV 1995, 336.
[83] Palandt/*Weidlich* § 2205 Rn. 24; aA OLG Stuttgart BWNotZ 1980, 92.
[84] Der Vorerbe hat deshalb im Hinblick auf die Ernennung oder Entlassung des Testamentsvollstreckers durch das Nachlassgericht kein Beschwerderecht im Sinne des § 59 FamFG, da er nicht in eigenen subjektiven Rechten unmittelbar betroffen ist.
[85] BayObLG NJW-RR 1989, 1096.
[86] RGZ 77, 177; OLG Karlsruhe MDR 1981, 943.
[87] BayObLG NJW 1976, 1692.
[88] BayObLG Rpfleger 1989, 413.
[89] BayObLG NJW 1959, 1920.

b) Angaben zur Veräußerlichkeit

54 Das Anwartschaftsrecht ist grundsätzlich veräußerlich. Die Vorschriften über die Erbteilsübertragung (§ 2033 Abs. 1 BGB) sind entsprechend anwendbar. Um die bei Vor- und Nacherbschaft meist erwünschte Familienbindung zu erreichen, ist der Ausschluss der Veräußerlichkeit (neben dem Ausschluss der Vererblichkeit) dann unverzichtbar und deshalb anzuordnen.

> **Muster: Vererblichkeit des Nacherbenanwartschaftsrechts**
> Die Nacherbenanwartschaft ist nicht veräußerlich mit Ausnahme der Veräußerung an den Vorerben/die anderen Nacherben. In diesem Fall entfällt auch jede ausdrückliche oder stillschweigende Ersatznacherbeneinsetzung.[90]

c) Ersatzerbeneinsetzung

55 Insbesondere im Hinblick auf den möglichen Wegfall des Nacherben ist es empfehlenswert, eine – eventuell mehrstufige – – Ersatzerbenbenennung zu treffen. Damit kann insbesondere die Anwendung gesetzlicher Auslegungs, Vermutungs- und Ergänzungsregelungen (zum Beispiel § 2069 BGB) verhindert werden. Zusätzlich kann dann auch noch ausdrücklich die Vererblichkeit der Nacherbenanwartschaft ausgeschlossen werden, da strittig ist, ob und wie sich die ausdrückliche oder stillschweigende Ersatznacherbenberufung auf die Vererblichkeit der Nacherbenanwartschaft auswirkt.[91]

> **Muster: Bestimmung eines Ersatzerben bei der Vor- und Nacherbfolge**
> Abweichend von anderslautenden gesetzlichen Auslegungs, Vermutungs- und Ergänzungsregelungen und anderen gesetzlichen Bestimmung wird zum alleinigen und ausschließlichen Ersatznacherben bestimmt …

56 Die Angabe der Namen der schon feststehenden Nacherben ist empfehlenswert, denn anderenfalls genügt die eröffnete notarielle Verfügung von Todes wegen zur nicht zur Grundbuchberichtigung nach dem Tod des Vorerben und es ist ein Erbschein vorzulegen (§ 35 GBO).[92]

7. Steuerliche Gesichtspunkte

57 Bei der Vor- und Nacherbschaft wird der Erblasser zunächst vom Vorerben und mit Eintritt des Nacherbfalls vom Nacherben beerbt. Entgegen dieser zivilrechtlichen Rechtslage bestimmt das Steuerrecht, dass der Nacherbe den Nachlass als vom Vorerben stammend versteuert. Zur steuerlichen Behandlung der Vor- und Nacherbschaft → § 50 Rn. 92 ff.

8. Vor- und Nacherbschaft im Unternehmensbereich

58 Im Unternehmensbereich wird Vor- und Nacherbschaft kritisch betrachtet wegen der Verfügungsbeschränkungen, denen der Vorerbe unterliegt (§§ 2113 ff. BGB), sowie wegen der Kontroll- und Sicherungsrechte des Nacherben (§§ 2121–2123 und 2127–2129 BGB). Gemäß § 2111 Abs. 1 BGB stehen dem Vorerben die Nutzungen zu. Das bedeutet beim einzelkaufmännischen Unternehmen, dass sich der Umfang der Nutzungen nach dem

---

[90] *Nieder/Kössinger*, Handbuch der Testamentsgestaltung, § 1 Rn. 160.
[91] BayObLG NJW-RR 1994, 460; Palandt/*Weidlich* § 2108 Rn. 4 mwN.
[92] OLG Köln MittRhNotK 1988, 44.

Reingewinn aufgrund der jährlichen Handels-[93] oder Steuerbilanz[94] bestimmt. Der Erblasser kann dem Vorerben-Einzelkaufmann Einschränkungen der Bewertungs- und Bilanzierungsspielräume auferlegen (durch Vermächtnisse oder Auflagen).[95] Bei Anteilen an einer Personengesellschaft steht dem Vorerben der auf den Anteil gemäß Gesellschaftsvertrag entfallende ausschüttbare und entnahmefähige Gewinn, bezogen auf die Nutzungszeit (nicht Fälligkeit) zu. Darüber hinaus steht dem Vorerben unabhängig vom Gewinn der Gesellschaft nach § 122 HGB das Recht zur Entnahme von jährlich 4 % seines Kapitalanteils zu.[96] Der Erblasser kann dem Vorerben (durch Vermächtnis oder Auflage) im Verhältnis zum Nacherben auch den nicht entnahmefähigen Gewinn zuwenden. Bei Kapitalgesellschaften stehen nach herrschender Meinung Bezugsrechte auf neue Aktien und Anteilsrechte auf Grund einer Kapitalerhöhung aus Gesellschaftsmitteln nicht dem Vorerben zu, sondern fallen in den Nachlass (wenn der Erblasser nicht anders verfügt hat).[97] Der einzelkaufmännische Vorerbe entscheidet selbständig, ob der das Geschäft fortführt (evtl. Schadensersatzpflicht gemäß §§ 2130 ff. BGB). Bei der Personengesellschaft übt der Vorerbe das Wahlrecht aus § 139 HGB aus. Bei einer Kapitalgesellschaft kann der Vorerbe ohne Zustimmung des Nacherben den Anteil veräußern, auch wenn Grundstücke zum Gesellschaftsvermögen gehören.[98]

Zur Bestimmung des Unternehmensnachfolgers (→ § 10 Rn. 19). Eine Möglichkeit **59** besteht darin, den Ehegatten zum Vorerben und sämtliche in Frage kommenden Abkömmlinge zu Nacherben einzusetzen mit der Bestimmung, dass der Vorerbe durch die Errichtung eines eigenen Testaments die dadurch auflösend bedingte Nacherbschaft beseitigen und selbst unbeschränkter Vollerbe werden kann, wenn er in seinem eigenen Testament einen der als Nacherben benannten Abkömmlinge als Unternehmensnachfolger zu seinem Alleinerben oder Vermächtnisnehmer des Unternehmens einsetzt. Zum Drittbestimmungsvermächtnis (→ § 10 Rn. 20).

9. Prozessuales, Zwangsvollstreckung und Insolvenz

Bei Prozessführung durch den Vorerben ist § 326 ZPO zu beachten: Der Vorerbe ist **60** uneingeschränkt aktiv und passiv prozessführungsbefugt, auch wenn er in seiner Verfügungsbefugnis nach §§ 2113 ff. BGB beschränkt ist, da die Prozessführung keine Verfügung über das streitbefangene Recht ist. Der Nacherbe wird durch § 326 ZPO geschützt: Nur das günstige Urteil wirkt ihm gegenüber (§ 326 Abs. 1 ZPO), das ungünstige Urteil wirkt gegen den Nacherben nur dann, wenn der Vorerbe ohne Zustimmung des Nacherben über den Gegenstand verfügen konnte, § 326 Abs. 2 ZPO.

Zwangsvollstreckungsmaßnahmen gegen den Vorerben wirken gegen den Nacherben nur im Rahmen des § 2215 BGB, sofern dieser nicht auf Duldung mitverklagt und verurteilt ist. Der Nacherbe hat die Möglichkeit der Drittwiderspruchsklage (§§ 773, 771 ZPO). Soweit gegen den Nacherben vollstreckt werden kann, ist dies nur nach Eintritt des Nacherbfalls möglich (§ 728 Abs. 1 ZPO). Bei der Zwangsversteigerung darf der Nacherbenvermerk bei Feststellung des geringsten Gebots nicht berücksichtigt werden.[99]

---

[93] Palandt/*Weidlich* § 2111 Rn. 9;

[94] Staudinger/*Avenarius* § 2111 Rn. 50: Handelsbilanz und Steuerbilanz als Kontrollmaßstab.

[95] OLG München FamRZ 2010, 1196 (1199); Palandt/*Weidlich* § 2211 Rn. 9.

[96] Das gilt nicht für den Vorerben-Kommanditisten; s. im Übrigen hierzu näher MüKoBGB/*Grunsky* § 2111 Rn. 39 ff., etwa zur Behandlung von Gewinnentnahmebeschränkungen, Bildung von Rücklagen und Steuern.

[97] Palandt/*Weidlich* § 2111 Rn. 9; Staudinger/*Avenarius* § 2111 Rn. 39.

[98] MüKoBGB/*Grunsky* § 2113 Rn. 6 mwN; das gilt auch für Beteiligung an Gesamthandsvermögen, Palandt/*Weidlich* § 2113 Rn. 3; MüKoBGB/*Grunsky* § 2113 Rn. 3 f.

[99] BGH NJW 2000, 3358; § 44 Abs. 1 ZVG.

61   In der Insolvenz des Vorerben kann der Insolvenzverwalter bei unbeweglichen Gegenständen die Zwangsversteigerung oder Zwangsverwaltung betreiben (§ 165 InsO). Der
Nacherbe kann sich wiederum nach §§ 773 S. 2, 771 ZPO wehren. Der Insolvenzverwalter kann jedoch nach der InsO Nachlassgegenstände veräußern.

10. DDR – ZGB

62   Das ZGB kannte die Vor- und Nacherbfolge nicht. Die Anordnung der Vor- und Nacherbfolge in Testamenten, die vor Inkrafttreten des ZGB am 1.1.1976 erfolgt ist, blieb
wirksam. Die Verfügungsbeschränkungen galten jedoch nicht, wenn der Erbfall erst nach
dem 1.1.1976 eintrat, § 8 Abs. 2 S. 2 EGZGB. Der Vorerbe konnte jedoch nicht anderweitig letztwillig verfügen.

Hat ein Erblasser (vor oder) während der Geltung des ZGB eine Vor- und Nacherbfolge
angeordnet, ist jedoch erst nach dem Beitritt verstorben, ist die Anordnung der Nacherbschaft gleichwohl wirksam. Bei einem Erbfall vor dem Beitritt bleibt es dem ZGB, selbst
wenn der Nacherbfall erst nach dem Beitritt erfolgt.[100]

Eine infolge Anwendung des ZGB unwirksame Vor- und Nacherbfolge kann uU so
ausgelegt werden, dass der als Vorerbe Eingesetzte Vollerbe ist, jedoch belastet mit einem
Quotenvermächtnis zugunsten des Nacherben.[101]

11. Vor- und Nacherbschaft beim belasteten pflichtteilsberechtigten Erben

63   Ist der pflichtteilsberechtigte Erbe bei einer Erbschaftsquote von nicht mehr als der Hälfte
des gesetzlichen Erbteils mit einer Vor- und Nacherbschaft (oder mit Testamentsvollstreckung, Vermächtnis, Auflage oder Teilungsanordnung) belastet, entfällt diese nach § 2306
BGB nF nicht mehr; der belastete pflichtteilsberechtigte Erbe kann die Erbschaft annehmen
und den Zusatzpflichtteil (§ 2305 BGB) verlangen. Dann bleibt es bei der Vor- und
Nacherbfolge. Er kann auch ausschlagen und erwirbt so den vollen Pflichtteil. Auf diese
Möglichkeiten ist der Erblasser bei der Planung einer Vor- und Nacherbschaft hinzuweisen
§ 2306 BGB nF ist der gesetzliche Fall einer cautela Socini.

III. Ersatzerbfolge und Anwachsung

64   Fällt bei einer Verfügung von Todes wegen einer von mehreren eingesetzten Erben vor
dem Erbfall weg, kann entweder
– eine andere Person an die Stelle des Weggefallenen treten (Ersatzerbfolge, § 2096 BGB),
– der Erbteil des Weggefallenen den Anteil der übrigen Erben nach dem Verhältnis ihrer
  Erbteile erhöhen (Anwachsung, § 2094 BGB) oder
– gesetzliche Erbfolge eintreten.
  Zum Wegfall des Bedachten kann es kommen durch
– Vorversterben oder fehlende Erbfähigkeit (§ 1923 Abs. 1 und 2 BGB),
– Erbverzicht (§ 2346 BGB),
– Erbunwürdigkeit (§ 2344 BGB),
– Erbausschlagung (§ 1953 BGB),[102]
– Nichterleben einer aufschiebenden Bedingung (§ 2074 BGB),

---

[100] Staudinger/*Avenarius* Vorbemerkung 39, 40 zu §§ 2100–2146 BGB.
[101] KG ZEV 1996, 349.
[102] Verlangt der Ausschlagende den Pflichtteil, soll § 2069 BGB nicht gelten, da der Stamm sonst doppelt
bedacht würde (BGH NJW 1960, 1899; OLG München Rpfleger 2007, 26). Zwar würde beim Vollerben
der nachrückende Abkömmling intern die Pflichtteilslast allein tragen und nicht nur anteilig (§ 2320
BGB). Beim pflichtteilsberechtigten Nacherben käme jedoch § 2320 BGB nicht zur Anwendung.

– Eintritt einer auflösenden Bedingung vor dem Erbfall,
– Zuwendungsverzichtsvertrag (§ 2352 BGB, Vorversterbensfiktion) oder
– wirksame Anfechtung oder Nichtigkeit der Erbeinsetzung.

1. Ersatzerbfolge

Die Ersatzerbfolge, die der Anwachsung vorgeht (§ 2099 BGB), tritt ein, wenn der Erb- **65** lasser sie angeordnet hat oder der Gesetzgeber im Zweifel einen derartigen Willen des Erblassers annimmt (§§ 2069, 2102, 2097 BGB). Der Ersatzerbe ist der unmittelbare erste Erbe des Erblassers.

a) Vorrang der individuellen Auslegung

Die gesetzliche Auslegungsregel[103] des § 2069 BGB (die Abkömmlinge des nach Errich- **66** tung des Testaments weggefallenen Abkömmlings sind im Zweifel Ersatzerben, -auflagenbegünstigte, -vermächtnisnehmer) kommt erst zur Anwendung, wenn sich im Wege der **vorrangigen individuellen Auslegung** der Verfügung von Todes wegen nicht klären lässt, was der Erblasser für den Fall des Wegfalls des Bedachten tatsächlich wollte (→ § 8 Rn. 10).[104]

Bei der Auslegung der Verfügung von Todes wegen ist deswegen zunächst festzustellen, ob diese überhaupt eine planwidrige Regelungslücke enthält oder ob der Erblasser mit der Möglichkeit, dass der Bedachte wegfällt zwar gerechnet hat, aber bewusst auf eine Regelung verzichtet hat.[105] Dies kann beispielsweise dann der Fall sein, wenn der Erblasser verfügt hat, dass „Ersatzerbenbestimmungen nicht getroffen werden".[106]

Nur wenn eine planwidrige Regelungslücke vorhanden ist, kann diese im Wege der individuellen Auslegung oder mit Hilfe der Auslegungsregel des § 2069 BGB geschlossen werden. Der Vorrang der individuellen Auslegung ist insbesondere dann zu beachten, wenn zugleich die Wechselbezüglichkeit der Ersatzerbfolge in Frage steht, da die Auslegungsregeln des § 2069 und des § 2270 Abs. 2 BGB nicht gemeinsam angewendet werden können (sogenanntes Kumulationsverbot).[107]

Bleiben Zweifel im Rahmen der individuellen Auslegung, greift § 2069 BGB mit der Folge ein, dass der Abkömmling des Bedachten als Ersatzerbe bedacht ist.

b) Keine Analogiefähigkeit von § 2069 BGB

Handelt es sich bei dem weggefallenen Bedachten nicht um einen Abkömmling des **67** Erblassers, kann § 2069 BGB nicht analog angewendet werden,[108] denn die Auslegungsregel ist Ausprägung einer allgemeinen Lebenserfahrung, die bei einer nur in der Seitenlinie verwandten Person oder anderen nahen Verwandten oder sonst nahestehenden Personen fehlt.[109]

Im Wege der individuellen Auslegung ist in diesen Fällen zu klären, ob gleichwohl die Berufung eines Ersatzerben in Betracht kommt oder ob gesetzliche Erbfolge eintritt. Maßgeblich ist dafür, ob nach der (feststellbaren) Willensrichtung des Erblassers im Zeitpunkt der Testamentserrichtung anzunehmen ist, dass er die Ersatzerbeneinsetzung gewollt hätte, sofern er vorausschauend die spätere Entwicklung bedacht hätte.[110]

---

[103] Palandt/*Weidlich* § 2069 Rn. 1.
[104] Palandt/*Weidlich* § 2069 Rn. 1.
[105] Burandt/Rojahn/*Czubayko* § 2069 Rn. 3.
[106] BayObLG FamRZ 2005, 1127; Burandt/Rojahn/*Czubayko* § 2069 Rn. 3.
[107] OLG München MittBayNot 2007, 226.
[108] BayObLGZ 1988, 165; MüKoBGB/*Leipold* § 2069 Rn. 37; Staudinger/*Otte* § 2069 Rn. 29 f.
[109] OLG München ZErb 2017, 199.
[110] OLG München FGPrax 2013, 177 f.

Nach der Rechtsprechung kommt es zunächst darauf an zu klären, in welchem Verhältnis der Erblasser zum weggefallenen Bedachten stand.

68 aa) Näheverhältnis. Allgemeine Voraussetzung für die Annahme einer Ersatzerbenstellung ist zunächst, dass der ursprünglich Bedachte ein enges Verhältnis zum Erblasser hatte, denn nur eine solche, **einem Abkömmling im Sinne des § 2069 BGB vergleichbare Stellung** des Weggefallenen kann überhaupt Anlass dafür sein, eine Ersatzerbenberufung im Wege der ergänzenden Auslegung anzunehmen. Andernfalls würde bereits der zur Formwahrung erforderliche Anhalt im Testament selbst fehlen.[111]

Als nahe Angehörige oder sonst nahestehende Person sind von der Rechtsprechung angesehen worden

– die Geschwister,[112]
– das Stief- oder Geschwisterkind,[113]
– der nichtehelicher Sohn des vorverstorbenen Ehemanns,[114]
– der Ehegatte,[115]
– der Lebensgefährte,[116]
– sonstige Verwandte,[117] z. B. Cousine,[118]
– letztlich jede Person, zu der der Erblasser „enge" Beziehungen unterhielt.[119]

69 bb) Stammesgedanke oder persönliche Verbundenheit. Eine ergänzende Auslegung gemäß dem Rechtsgedanken des § 2069 BGB erfordert zusätzlich, dass sich aus der übrigen letztwilligen Verfügung oder auch aus außerhalb des Testaments liegenden Umständen ergibt, dass die Zuwendung dem Bedachten als Ersten des Stammes und nicht nur persönlich gegolten hat.[120]

Ein wesentliches Indiz in die Richtung einer Ersatzerbfolge kann es deswegen sein, wenn mehrere Bedachte – entsprechend den Regeln der gesetzlichen Erbfolge – in der Verfügung von Todes wegen gleichmäßig bedacht worden sind (Stammesdenken),[121] wobei es auf nicht zwangsläufig auf die rechtliche, sondern auch auf die wirtschaftliche Betrachtung ankommen kann.[122]

> **Beispiel:**
> Der kinderlose Erblasser setzt die drei Kinder seiner Schwester zu je $^1/_3$ als seine Erben ein. Weitere Anordnungen trifft er nicht.
> Stirbt eines der drei Kinder vor dem Erbfall, ist die gleichmäßige Beteiligung aller Erben am Nachlass ein Indiz dafür, dass Ersatzerbfolge angeordnet ist.

Umgekehrt spricht ein besonders enges Verhältnis des Erblassers zum Bedachten eher dafür, dass die Erbeinsetzung dem Bedachten (nur) persönlich gegolten hat.[123]

---

[111] OLG München FamRZ 2014, 514; BayObLG FamRZ 1991, 865; KG FamRZ 2011, 928 f.
[112] BayObLG NJW-RR 1992, 73; FamRZ 2004, 569; 2005, 68.
[113] BayObLG Rpfleger 1974, 345.
[114] BayObLG FamRZ 2005, 840.
[115] BayObLG 88, 165; FamRZ 2000, 58; OLG Frankfurt a. M. NJW-RR 1996, 261; Palandt/*Weidlich* § 2069 Rn. 10; KG DNotZ 1976, 564: Erstreckung auf Tochter der weggefallenen Geliebten.
[116] BayObLG FamRZ 2001, 516, jedenfalls bei tiefgreifender und auf Dauer angelegter Beziehung, zu Recht str, OLG Hamm FamRZ 1976, 552; BayObLG FamRZ 1991, 865.
[117] OLG Hamm OLGZ 1992, 23.
[118] OLG München ZErb 2017, 199.
[119] BayObLGZ 1988, 165.
[120] BGH NJW 1973, 240 (242); BayObLGZ NJOZ 2005, 1070 (1073); OLG München FamRZ 2010, 1846; OLG München ZErb 2017, 199; jetzt auch OLG Düsseldorf ZEV 2018, 140.
[121] OLG München FamRZ 2011, 1692 f.
[122] OLG München ZErb 2017, 199, wo von drei Cousinen nur eine als Erbin (die anderen als Vermächtnisnehmerinnen) eingesetzt worden war, der Nachlass aber in wirtschaftlicher Hinsicht allen Bedachten zu $^1/_3$ zukommen sollte.
[123] OLG München FamRZ 2016, 2154.

> **Beispiel:**
> Der kinderlose Erblasser ist Taufpate und Trauzeuge eines der drei Kinder seiner Schwester, er setzt dieses zum Alleinerben ein.
> Hier liegt eine besonders enge Beziehung des Erblassers zum eingesetzten Erben vor. Diese besondere persönliche Verbundenheit kann dann eher dagegen sprechen, dass im Falle des Vorversterbens des eingesetzten Erben dessen Abkömmlinge an seine Stelle treten sollten.

c) Ersatzerbfolge bei Vor- und Nacherbfolge

Wegen der Einzelheiten zur Vor- und Nacherbfolge siehe (→ § 10 Rn. 13 ff.). **70**

Die Anordnung der Nacherbfolge gilt im Zweifel zugleich als Ersatzerbeneinsetzung (§ 2102 BGB) und schließt ebenfalls die Anwachsung aus.

Nach der Rechtsprechung schließt eine ausdrückliche Ersatznacherbenberufung nicht die Anwendung von § 2069 BGB aus.[124] Ob der infolge der Anwendung des § 2069 BGB Bedachte oder der vom Erblasser eingesetzte Ersatznacherbe zum Zuge kommt, unterliegt nach dieser Rechtsprechung der individuellen Auslegung. In der Literatur wird deshalb bei der Testierung ein ausdrücklicher Ausschluss der gesetzlichen Auslegungs-, Vermutungs- und Ergänzungsregeln empfohlen.[125]

Zur Höhe des Erbteils mehrerer nebeneinander eingesetzter Ersatzerben oder gegenseitig als Ersatzerben eingesetzter Erben vergleiche § 2098 BGB (Auslegungsregel). Erlebt der eingesetzte Nacherbe zwar den Erbfall; aber nicht den Nacherbfall, ist sein Nacherbenanwartschaftsrecht vererblich, wenn kein anderer Erblasserwille anzunehmen ist (§ 2108 Abs. 2 BGB). Falls der Erblasser diese Vererblichkeit nicht will, muss er sie ganz eindeutig erklären („zu Ersatznacherben bestimme ich weder die Abkömmlinge noch die Erben des Nacherben, sondern …") weil die Einsetzung von Ersatznacherben nach hM noch nicht ohne weiteres den Ausschluss der Vererblichkeit bedeutet – Anordnung kann auch für andere Fälle als des Wegfalls durch Tod getroffen sein.[126]

2. Anwachsung

Falls ein Wille des Erblassers, die Ersatzerbfolge anzuordnen, nicht festzustellen ist, ist zu **71** prüfen, ob der Erblasser die Anwachsung gewollt hat. Ein derartiger Wille des Erblassers wird vermutet, wenn er in seiner Verfügung von Todes wegen den gesamten Nachlass an die eingesetzten Erben verteilt hat (§ 2094 Abs. 1 BGB).

Die Wirkung der Anwachsung besteht darin, dass der Erbteil des weggefallenen Erben **72** den übrigen Erben nach dem Verhältnis ihrer Erbteile anwächst. Der vergrößerte Erbteil wird als ein Erbteil behandelt, der anwachsende Teil kann also nicht isoliert ausgeschlagen oder angenommen werden. Ist der anwachsende Erbteil jedoch mit Vermächtnissen oder Auflagen beschwert, gilt er „in Ansehung der Vermächtnisse und Auflagen" als besonderer Erbteil (§ 2095 BGB). Der Empfänger der Anwachsung erleidet also keinen Nachteil. Er kann zwar nicht isoliert ausschlagen, braucht aber die zugewachsenen Beschwerungen nur mit dem angewachsenen Erbe zu erfüllen.

3. Gesetzliche Erbfolge

Falls ein Wille des Erblassers weder zur Ersatzerbfolge noch zur Anwachsung festzustellen **73** ist, tritt hinsichtlich des Erbteils des Weggefallenen gesetzliche Erbfolge ein.

§ 378 ZGB der DDR entspricht der Regelung des BGB.

---

[124] BayObLG ZEV 1995, 25.
[125] *Mayer* MittBayNot 1994, 111 (114); *Nieder* ZEV 1996, 241 (243).
[126] RGZ 142, 171, 174; 169, 38, 39; BayObLG NJW-RR 1994, 460; Palandt/*Weidlich* § 2108 Rn. 6; S. auch BayObLG ZEV 2001, 440: keine Vererblichkeit bei zweifelsfreier Ersatznacherbenstimmung.

IV. Das Vermächtnis

1. Grundsätze

74 § 1939 BGB definiert das Vermächtnis als Zuwendung eines Vermögensvorteils durch den Erblasser an einen anderen, ohne ihn als Erben einzusetzen. Es begründet für den Bedachten mit dem Erbfall das Recht, von dem Beschwerten die Leistung des vermachten Gegenstandes zu fordern (**§ 2174 BGB Anspruchsgrundlage**); durch dingliches Vollzugsgeschäft ist der Gegenstand auf den Vermächtnisnehmer zu übertragen.

Auch die Erbeinsetzung wird vom Gesetz als Zuwendung bezeichnet (§ 2087 Abs. 1 BGB). Die Auflage wird nicht als Zuwendung bezeichnet, sondern als Verpflichtung des Erben oder Vermächtnisnehmers zu einer Leistung, ohne dem anderen ein Recht auf die Leistung einzuräumen (§ 1940 BGB).

Das Vermächtnis beruht auf einer Verfügung von Todes wegen oder auf Gesetz (§ 1932 BGB – Voraus; § 1969 BGB – Dreißigster).

75 Bei der **Abgrenzung des Vermächtnisses** (durch Verfügung von Todes wegen) **zur Erbeinsetzung** kommt es nach den allgemeinen Grundsätzen nicht (allein maßgeblich) darauf an, welche Worte der Erblasser verwendet hat, sondern auf den Willen des Erblassers. Die Einsetzung auf ein Vermächtnis liegt vor, wenn der Erblasser den Bedachten nicht unmittelbar am Nachlass beteiligen und ihn nur auf einen schuldrechtlichen Anspruch gegen die Erben verweisen wollte.

76 **Zur Abgrenzung von der Erbeinsetzung (→ § 10 Rn. 4).**

Die Zuwendung eines einzelnen Gegenstandes ist nach der Auslegungsregel im Zweifel keine Erbeinsetzung, selbst wenn der Bedachte als Erbe bezeichnet ist (§ 2087 Abs. 2 BGB). Sie kann Erbeinsetzung, Vermächtnis, Teilungsanordnung oder Auflage bzw. eine Erbeneinsetzung des (zum Beispiel mit einem Nießbrauch) Bedachten unter gleichzeitiger Anordnung der Vorerbschaft dieses Erben hinsichtlich des einzelnen Vermögensteils sein (→ § 10 Rn. 27).[127]

77 Schließlich kann der im Testament als „Erbe" Eingesetzte, der alle Gegenstände an andere herausgeben soll, in Wirklichkeit Testamentsvollstrecker (und zusätzlich eventuell Vermächtnisnehmer oder Miterbe) sein, während die letztlich Bedachten Erben sind.

78 Ergibt die Auslegung, dass mehrere Personen Erben sein sollen, ist die Zuwendung einzelner Gegenstände an diese Erben als **Teilungsanordnung** (§ 2048 S. 1 BGB) oder **Vorausvermächtnis** (§ 2150 BGB) zu qualifizieren. Die Zuwendung eines Grundstücks ist meist ein Hinweis auf die Erbenstellung, weil es in der Regel einen wesentlichen Teil des Nachlasses darstellt.[128] Falls das Grundstück jedoch wertmäßig keinen wesentlichen Teil darstellt, ist die Zuwendung ein Vermächtnis.[129] Das Wertverhältnis zugewendeter Gegenstände zum Wert des gesamten Nachlasses ist ein wesentliches Kriterium bei der Ermittlung des Erblasserwillens, wobei grundsätzlich die **Wertvorstellungen des Erblassers** zur Zeit der Testamentserrichtung maßgeblich sind (Zeitpunkt des Erbfalls, wenn der Erblasser Gegenstände unabhängig von deren Wertänderungen ohne Ausgleichszahlung zuwenden wollte.[130]

Die **Zuwendung einer Geldsumme** ist in der Regel nur ein Vermächtnis[131] (beachte aber die oben genannten Wertgesichtspunkte), selbst wenn der Bedachte als Erbe bezeich-

---

[127] BayObLGZ 1965, 457.
[128] BayObLG FamRZ 1999, 1392 (1394); FamRZ 2003, 119; FamRZ 1997, 1177 (1178); FamRZ 2000, 60 (61); NJW-RR 2000, 1174 mwN.
[129] OLG München ZErb 2016, 286 zur Auslegung, wenn zwei Häuser auf einem ungeteilten Grundstück zugewiesen werden und weiteres Vermögen vorhanden ist.
[130] BGH NJW 1997, 392; Voraussetzung ist, dass der Gegenstand im Wesentlichen beim Erbfall noch vorhanden ist. Wird der Gegenstand bereits vor dem Erbfall an den Bedachten verschenkt, kann sich die Erbquote reduzieren. Zu den Ausnahmen siehe Palandt/*Weidlich* § 2087 Rn. 5.
[131] BayObLGZ 1960, 259; 65, 460; FamRZ 2002, 1745; BayObLGZ 1998, 76 (81).

net ist. Die **Einsetzung nach Vermögensgruppen** (Geld/Wertpapiere/Grundstücke) ist in der Regel (Mit-)Erbeneinsetzung.[132]

2. Der Beschwerte

Beschwerter ist die Person, die zur Erfüllung des Vermächtnisses verpflichtet ist. Dies kann **79** nur ein Erbe (jeglicher Art: Alleinerbe, Miterbe, Vorerbe, Nacherbe, gesetzlicher oder testamentarischer Erbe) oder ein Vermächtnisnehmer **(Untervermächtnis)** sein (§ 2147 S. 1 BGB). Die Beschwerung kann auf Testament, Erbvertrag oder Gesetz beruhen. Der Pflichtteilsberechtigte, der nur den gesetzlichen Pflichtteil erhält, der Testamentsvollstrecker, der Auflagenbegünstigte, der Erbeserbe oder der Erbe eines Vermächtnisnehmers können nicht mit einem Vermächtnis beschwert werden.

Der **Wegfall des Beschwerten** lässt das Vermächtnis unberührt, es sei denn, der Erblasser wollte nur eine bestimmte Person verpflichten (§ 2161 BGB). Beschwert ist dann derjenige, dem der Wegfall des unmittelbar Beschwerten zustatten kommt (§ 2161 BGB). **Der Beschwerte haftet** nach den allgemeinen Regeln zur Erbenhaftung. Er kann jedoch die Einrede der Überschwerung des Nachlasses durch Vermächtnisse (oder Auflagen) gemäß § 1992 BGB nach Maßgabe der §§ 1990, 1991 BGB geltend machen, ohne dass es sich um einen dürftigen Nachlass handeln müsste bzw. Nachlassseparation durch Nachlassinsolvenz oder Nachlassverwaltung herbeigeführt werden müsste. Voraussetzung ist, dass die Erbenhaftung noch beschränkbar ist (s §§ 1994, 2005, 2013 Abs. 1 S. 1 BGB). Der Erbe muss sich diese Haftungsbeschränkung im Urteil vorbehalten lassen (§ 780 ZPO). Ein Vermächtnis muss grundsätzlich bis zur völligen Ausschöpfung des Nachlasses erfüllt werden.[133] Der **Vermächtnisnehmer ist jedoch Nachlassgläubiger minderen Ranges:** Erblasserschulden und Pflichtteilsansprüche gehen ihm vor. Andere Vermächtnisse und Auflagen stehen im Rang gleich, wenn der Erblasser nichts anderes angeordnet hat (§§ 1980 Abs. 1 S. 3, 1990, 1991 Abs. 4 BGB; §§ 317, 322, 327 InsO).

Mehrere Erben haften im Außenverhältnis als Gesamtschuldner (§§ 2058, 431 BGB). Im Innenverhältnis ist nach dem Verhältnis der Erbteile auszugleichen, es sei denn, der Erblasser hat nur einen oder einzelne Miterben beschwert oder etwas anderes bestimmt (§ 2148 BGB).

Für den mit einem **Untervermächtnis** beschwerten Vermächtnisnehmer gilt nicht § 1967 Abs. 2 BGB. Er haftet nur im Umfang des ihm selbst zugewendeten Vermächtnisses (§ 2187 BGB). Diese Einrede kann auch noch nach Annahme des Vermächtnisses erhoben werden. § 2188 BGB sieht eine Minderung des Untervermächtnisses vor. Über § 2187 BGB gelten die §§ 1992, 1990 ff. BGB entsprechend.

3. Vermächtnisnehmer

Vermächtnisnehmer kann jede natürliche oder juristische Person sein. Über § 1923 Abs. 2 **80** BGB hinaus kann auch eine noch nicht erzeugte Person als Vermächtnisnehmer bedacht werden (§ 2178 BGB).

Bis zur Zeugung, die in 30 Jahren erfolgen muss, gelten die Regeln für das aufschiebend bedingte Vermächtnis (§§ 2179, 2162 Abs. 2 BGB). Das Vermächtnis ist unwirksam, wenn **der Bedachte zur Zeit des Erbfalls nicht mehr lebt** (§ 2160 BGB). Dies gilt nicht, wenn ein **Ersatzvermächtnisnehmer** ausdrücklich oder über § 2069 BGB berufen ist (§ 2190 BGB). Bei mehreren Bedachten desselben Gegenstandes erfolgt mangels eines Ersatzvermächtnisnehmers **Anwachsung** (§ 2158).

Ein **Nachvermächtnis** liegt vor, wenn der Vermächtnisgegenstand zunächst einem Vorvermächtnisnehmer und ab einem bestimmten Zeitpunkt oder Ereignis dann einem

---

[132] BGH FamRZ 1972, 561; BayObLGZ 1966, 416; 1977, 163; FamRZ 2005, 310.
[133] BGH FamRZ 1993, 422.

Nachvermächtnisnehmer zufallen soll. Das Nachvermächtnis ist nicht vom Erben, sondern vom Vorvermächtnisnehmer zu erfüllen (§ 2191 Abs. 1 BGB). Der Unterschied zum Untervermächtnis besteht darin, dass das Nachvermächtnisdenselben, das Untervermächtnis einen anderen Gegenstand im Verhältnis zum Vor- bzw. Hauptvermächtnis betrifft.

§ 2191 Abs. 2 BGB erklärt einige Vorschriften der Vor- und Nacherbschaft für entsprechend anwendbar. Die für das Untervermächtnis geltenden Bestimmungen der §§ 2186–2189 BGB sind auf das Nachvermächtnis entsprechend anwendbar.

Der Nachvermächtnisnehmer wird nicht durch Verfügungsbeschränkungen, wie bei der Nacherbfolge geschützt, sondern lediglich durch § 2179 BGB. Die **Anwartschaft des Nachvermächtnisnehmers** wird also lediglich durch Arrest oder einstweilige Verfügung geschützt, wenn man wegen der entfernten Möglichkeit des Eintritts der Bedingung einen gegenwärtigen Vermögenswert nicht bejaht, nicht einmal das (§§ 916 Abs. 2, 936 ZPO). Ein Anspruch auf Eintragung einer **Vormerkung** besteht nur, wenn ein solcher mitvermacht wurde.[134] Vor dem Erbfall kommt eine Sicherung durch eine unter Lebenden vereinbarte Verfügungsunterlassungsverpflichtung in Betracht, die auch durch Vormerkung sicherbar ist.

Im Gegensatz zur Erbenbestimmung (§ 2065 Abs. 2 BGB) genügt zur **Bestimmung des Vermächtnisnehmers,** dass der Erblasser einen hinreichend genau bestimmten, überschaubaren Personenkreis benennt; wobei die Bestimmung dem Beschwerten oder einem Dritten überlassen werden kann (§ 2151 BGB). Die **Bestimmung erfolgt** durch eine formlose, empfangsbedürftige Willenserklärung gegenüber dem Begünstigten durch den Beschwerten oder gegenüber dem Beschwerten durch den Dritten (in keinem Fall also gegenüber dem Nachlassgericht, § 2151 Abs. 2 BGB).

Damit eignet sich das Vermächtnis besser als die Erbeinsetzung, um die **Unternehmensnachfolge** zu regeln, wenn die Person des Nachfolgers vom Erblasser aus mehreren in Betracht kommenden Personen noch nicht festgelegt werden kann oder soll.

Dass das Unternehmen möglicherweise der wertvollste Nachlassgegenstand oder der einzige Nachlassgegenstand ist, schadet nicht. Ein derartiges **Universalvermächtnis** wird von der herrschenden Meinung anerkannt. Voraussetzung ist lediglich, dass der Wille des Erblassers, das Unternehmen im Vermächtniswege zuzuwenden, ohne Zweifel feststellbar ist.[135]

Ist der Erbe selbst Vermächtnisnehmer, handelt es sich um ein **Vorausvermächtnis** (§ 2150 BGB). Ob das Vorausvermächtnis ohne Anrechnung auf den Erbteil bleibt oder anzurechnen ist (dann wohl eher eine Teilungsanordnung), ist letztlich eine Auslegungsfrage. Der Wille des Erblassers ist hier entscheidend.

4. Der Gegenstand des Vermächtnisses

81 **Vermögensvorteil.** Der Gegenstand der Zuwendung muss ein **Vermögensvorteil** sein (§ 1939 BGB), was weit auszulegen ist. Liegt kein Vermögensvorteil vor, ist zu prüfen, ob eine Auflage oder eine Testamentsvollstreckung hinsichtlich eines einzelnen Nachlassgegenstandes angeordnet ist.

Vermächtnisarten.

82 • **Stückvermächtnis** (§ 2169 BGB):
Als Regelfall des Vermächtnisses wird hier ein bestimmter Nachlassgegenstand zugewendet.
Gehört der Gegenstand nicht zum Nachlass, ist das Vermächtnis im Zweifel unwirksam (§ 2169 Abs. 1 BGB). Besteht bei Untergang etc des vermachten Gegenstandes ein Ersatz, ist durch (ergänzende) Testamentsauslegung zu ermitteln, ob dieser an die Stelle

---

[134] BayObLG Rpfleger 1981, 190; OLG Hamm MDR 1984, 402.
[135] MüKoBGB/*Rudy* § 2151 Rn. 8; aA *Menz* DB 1966, 1719; Umgehung von § 2065 BGB.

des vermachten Gegenstandes tritt.[136] **Gewährleistungspflichten** bestehen im Zweifel nicht (Umkehrschluss aus §§ 2182, 2183 BGB).

Der Vermächtnisnehmer kann im Zweifel nicht die Beseitigung einer auf dem Vermächtnisgegenstand ruhenden **dinglichen Belastung** fordern (§ 2165 Abs. 1 BGB. S. auch Rn. 1.83.)

- **Gattungsvermächtnis (§ 2155 BGB):**   83

Der Gegenstand der Zuwendung ist nur der Gattung nach bestimmt. Im Gegensatz zu § 243 Abs. 1 ist nicht eine Sache mittlerer Art und Güte, sondern eine, die den Verhältnissen des Bedachten entspricht, zu leisten (§ 2155 Abs. 1 BGB).

Die Bestimmung kann dem Beschwerten, dem Bedachten oder einem Dritten zustehen (§ 2155 Abs. 2 BGB). Der Beschwerte bestimmt, wenn die getroffene Bestimmung „offenbar" nicht den Verhältnissen des Bedachten entspricht (§§ 2182 f. BGB).

Die **Rechts- und Sachmängelhaftung** folgt den Regeln des Kaufvertrags (§§ 2182 ff. BGB). Die Regelung für das Gattungsvermächtnis ist auch auf das (auf den Nachlass) beschränkte Gattungsvermächtnis anzuwenden, jedoch ohne Rechts- und Sachmängelhaftung.

Der häufigste Fall des Gattungsvermächtnisses ist das **Geldvermächtnis** auf eine feste Summe oder auf einen Bruchteil des Nachlasses **(Quotenvermächtnis).**

- **Forderungsvermächtnis (§ 2173):**   84

Beim Vermächtnis einer dem Erblasser zustehenden **Geldforderung** gilt im Zweifel die vor dem Erbfall zur Erfüllung gezahlte Summe als vermacht, auch wenn sie sich nicht mehr im Nachlass befindet (§ 2173 S. 2 BGB). Anders jedoch beim **Sparbuch,** bei dem regelmäßig die Zuwendung der verbrieften Forderung in ihrer beim Erbfall noch bestehenden Höhe gemeint ist.[137] Dies gilt nicht nur beim Sparbuch, sondern generell für die Zuwendung von **Guthaben auf Konten mit wechselndem Bestand,** also auch **Girokonten,**[138] wenn der Erblasser Beträge abhebt und verbraucht.

- **Wahlvermächtnis (§ 2154 Abs. 1 S. 1 BGB):**   85

Dabei ordnet der Erblasser an, dass der Bedachte nur den einen oder den anderen von mehreren Gegenständen erhalten solle. Das Wahlrecht kann dem Beschwerten, dem Bedachten oder einem Dritten zustehen und begründet eine Wahlschuld im Sinne von §§ 262 ff., 2154 Abs. 1 S. 2, Abs. 2 BGB.

- **Zweckvermächtnis (§ 2156 BGB):**   86

Der Erblasser bestimmt den Zweck, der so umgrenzt sein muss, dass der Bestimmungsberechtigte (der Beschwerte oder ein Dritter, nicht der Bedachte);[139] den Inhalt der Leistung nach billigem Ermessen zur Erreichung des Erblasserzwecks festlegen kann. §§ 315–319 BGB sind entsprechend anwendbar (§ 2156 S. 2 BGB).

- **Verschaffungsvermächtnis (§ 2170 Abs. 1 BGB):**   87

Wesentlich ist hier, dass der vermachte Gegenstand beim Erbfall nicht zum Nachlass gehört. Der Beschwerte ist verpflichtet, den Gegenstand dem Bedachten zu verschaffen (§ 2170 Abs. 1 BGB). Der Erblasserwille muss dahingehen, den vermachten Gegenstand auf alle Fälle dem Bedachten zukommen zu lassen.[140]

Der Beschwerte hat die Rechtsverschaffungspflicht eines Verkäufers (§ 2182 Abs. 2 und 3 BGB). Zu **Unmöglichkeit** und **Unvermögen** S. §§ 2171 S. 1; 2170 Abs. 2 S. 1; 2170 Abs. 2 S. 2 BGB.

Eine **Sachmängelgewährleistung** besteht nicht (aus § 2183 BGB).

---

[136] BGHZ 22, 357.
[137] OLG Koblenz FamRZ 1998, 579; OLG Karlsruhe NJW-RR 2005, 1317 mit Nachweis zu streitigen Einzelfragen.
[138] MüKoBGB/*Rudy* § 2173 Rn. 5.
[139] BGH NJW 1991, 1885.
[140] BGH NJW 1983, 937.

88 • **Nießbrauchsvermächtnis:**

Häufig wird ein Nießbrauch an Grundstücken, an Geschäftsanteilen oder am Gesamtnachlass bestellt (übertragen oder vererbt werden kann er nicht, §§ 1059, 1061 BGB). Für Grundstücke[141] ist eine Klärung der Lastentragung in der Verfügung sinnvoll (Zinszahlung oder Tilgung von Grundpfandrechten; einmalige öffentliche Lasten wie zB Erschließungsbeiträge; **außergewöhnliche** Lasten; Kosten der gewöhnlichen oder außergewöhnlichen Unterhaltung). Es gelten grundsätzlich §§ 1030 ff. BGB, wobei der Nießbraucher nur die Kosten der **gewöhnlichen** Unterhaltung und nur die laufenden öffentlichen Abgaben trägt. Bei Grundpfandrechten zahlt der Nießbraucher die Zinsen, der Erbe als Eigentümer die Tilgungsbeiträge. Dies ist der „Normalnießbrauch" mit dem gesetzlichen Inhalt. Die Notarpraxis kennt noch die beiden anderen Grundtypen, den „Bruttonießbrauch" (abweichend von der gesetzlichen Regelung soll der Eigentümer alle Pflichten und den daraus folgenden Aufwand tragen; der Nießbraucher soll „brutto" in den Genuss des Nießbrauchskommen) und den „Nettonießbrauch" (der Nießbraucher soll möglichst alle Pflichten und den zugehörigen Aufwand tragen, also nur einen Netto-Genuss haben). Diese Grundtypen werden in der Praxis nach Bedürfnis variiert; schuldrechtliche Vereinbarungen – etwa im Wege der **vorweggenommenen Erbfolge** – können das Normalmodell in das Brutto- oder Nettomodell voll oder zT abändern. Infolge des Typenzwangs im Sachenrecht nimmt ein Teil der Literatur und Rechtsprechung zu Unrecht an, dass das Nettomodell insofern Einschränkungen erleidet, als § 1050 BGB nicht mit dinglicher Wirkung abänderbar sei.[142] Der Erblasser sollte klarstellen, ob der Nießbrauch nur schuldrechtlich oder auch dinglich sein soll, wer die Kosten der Vermächtniserfüllung tragen soll. Er kann anordnen, dass der Nießbrauch im Grundbuch die erste Rangstelle bekommen soll. Der Erblasser kann das Vermächtniskürzungsrecht des Erben gemäß § 2324 BGB ausschließen.

Zur **Sicherung** von **Grundstücks-Vermächtnisansprüchen:**

Der Vermächtnisanspruch kann **nach dem Erbfall** durch **Vormerkung** gesichert werden auf Grund einer einstweiligen Verfügung (§ 885 Abs. 1 BGB). Der Vermächtnisnehmer hat auf Grund Testaments oder Vertrags **zu Lebzeiten** des Erblassers **keinen** vormerkbaren Anspruch gegen den Erblasser oder den künftigen Erben.[143] Es kann jedoch im Erbvertrag ein schuldrechtliches Verfügungsverbot[144] und ein Übereignungsanspruch des Vertragserben vereinbart werden, der durch die verbotswidrige Verfügung des Erblassers bedingt ist; dieser Übereignungsanspruch kann vorgemerkt werden.[145] Der Erblasser kann den Vermächtnisnehmer selbst[146] oder einen Dritten als Testamentsvollstrecker einsetzen mit der Aufgabe, das Vermächtnis zu erfüllen. Im Testament kann auch zur Sicherung des Vermächtnisses die Einigungserklärung[147] und Eintragungsbewilligung des Erblassers oder unter Befreiung von der Beschränkung des § 181 BGB die unwiderrufliche Bevollmächtigung des Vermächtnisnehmers über den Tod hinaus zur Durchsetzung seines Anspruchs aus § 2174 BGB angeordnet werden.[148]

---

[141] Siehe näher *Frank,* Unterhaltspflichten beim Nießbrauch, MittBayNot 2008, 79; *Pöppel,* Der Grundstücksnießbrauch in der notariellen Praxis, MittBayNot 2007, 85 ff. (mit zahlreichen Formulierungsvorschlägen).

[142] BayObLG DNotZ 1986, 151 (153 f.); MüKoBGB/*Pohlmann* § 1050 Rn. 3; offen gelassen von BGH NJW 2009, 1810 (1812) (dort auch weitere Nachweise), tendenziell für eine dingliche Wirksamkeit *Promberger,* Der Nettonießbrauch auf dem Prüfstand – zugleich Anmerkung zu BGH vom 23.1.2009 – V ZR 197/07 –, MittBayNot 2010, 22 (23).

[143] BGHZ 12, 115; BayObLG 1999, 226.

[144] *Brambring* bringt im Beck'schen Formularbuch Erbrecht (dort unter D.12) ein Muster eines Verfügungsunterlassungsvertrags.

[145] BGH NJW 1997, 861; OLG Düsseldorf Rpfleger, 2003, 290.

[146] Es handelt sich um die Erfüllung einer Verbindlichkeit, deshalb liegt kein Verstoß gegen § 181 BGB vor Palandt/*Ellenberger* § 181 Rn. 22; eine Vergütung sollte in diesem Fall ausgeschlossen werden.

[147] An die die Erben gebunden sind, wenn die Formvorschriften des § 873 Abs. 2 BGB eingehalten sind.

[148] Siehe hierzu *Krug/Daragan,* Die Immobilie in Erbrecht, § 8 Rn. 35 ff. mit Formulierungsbeispielen.

Die Steuerpflicht entsteht beim Vermächtnis bereits mit dem Erbfall. Schuldner ist der Erwerber, der Nachlass haftet jedoch bis zur Auseinandersetzung für die Steuerschuld des Begünstigten (§ 20 Abs. 3 ErbStG). Bei der Besteuerung des Erben wird das Vermächtnis als Nachlassverbindlichkeit abgezogen. Sachvermächtnisse werden nach der Steuerreform nunmehr auch mit dem Verkehrswert bewertet. Allerdings kommen der Verschonungsabschlag und der Abzugsbetrag für begünstigtes Betriebsvermögen (§ 13a ErbStG) auch dem Vermächtnisnehmer zugute. Deshalb kommt das Vermächtnis für diese Fälle, sowie für Familienheime (Verschonungsabschlag gemäß § 13 ErbStG) weiterhin als Gestaltungsmittel in Betracht.

5. Anfall und Fälligkeit

a) Anfall (Entstehen der Forderung)

Das Vermächtnis fällt in der Regel mit dem Erbfall an, §§ 2176, 1922 Abs. 1 BGB, wenn **89** der Erblasser nichts anderes bestimmt (§ 2177 BGB), gleichgültig, ob der Erbe die Erbschaft annimmt oder nicht. Der Erbe kann aber vor der Annahme noch nicht verklagt werden (§ 1958 BGB), allenfalls müsste ein Nachlasspfleger bestellt und notfalls verklagt werden (§ 1961 BGB).

Ist der Vermächtnisnehmer beim Erbfall noch nicht gezeugt, die juristische Person noch nicht entstanden, das Ereignis, durch das der Bedachte bestimmt wird, noch nicht eingetreten, wird der Bedachte in der Schwebezeit durch § 2179 BGB geschützt. Der Anfall erfolgt in diesen Fällen mit der Geburt des Bedachten, dem Entstehen der juristischen Person, dem Eintritt des Ereignisses (§ 2178 BGB).

Die **Zeitgrenze** für den Schwebezustand entspricht der Regelung bei der Nacherbschaft (§§ 2162, 2163 BGB). Das Vermächtnis wird in der Regel unwirksam, wenn der Bedachte nicht innerhalb von 30 Jahren seit dem Erbfall gezeugt ist (§ 2162 Abs. 2 BGB).

b) Fälligkeit

Wenn der Erblasser nichts anderes angeordnet hat, tritt die Fälligkeit mit dem Anfall ein **90** (§ 271 BGB). Der Erblasser kann die Fälligkeit in das freie und beliebige Ermessen des Beschwerten stellen (§§ 315, 2181 BGB).

6. Annahme und Ausschlagung

Annahme und Ausschlagung **91**
– können erst nach dem Erbfall erklärt werden,
– sind formlos gegenüber dem Beschwerten (also nicht gegenüber dem Nachlassgericht) abzugeben, bei mehreren genügt Erklärung gegenüber einem,[149]
– sind bedingungs- und befristungsfeindlich (§ 2180 Abs. 2 BGB) und
– vererblich (§§ 2180 Abs. 3, 1952 Abs. 1 BGB).

Hat der **Vermächtnisnehmer angenommen,** kann er **nicht mehr ausschlagen 92** (§ 2180 Abs. 1 BGB); er kann jedoch die Annahme – wie auch die Ausschlagung – gemäß §§ 119 ff. BGB **anfechten.** Nur die Anfechtung der Ausschlagung nach § 2308 BGB ist fristgebunden (nur bei ihr sind §§ 1954, 1956 ff. BGB entsprechend anwendbar, § 2308 Abs. 2 BGB), da sie jedoch dem Beschwerten gegenüber abzugeben ist, bedarf sie keiner Form.[150] Im Übrigen (beim nicht pflichtteilsberechtigten Vermächtnisnehmer) ist die Ausschlagung im Gegensatz zu § 1944 BGB unbefristet.

---

[149] Palandt/ *Weidlich* § 2180 Rn. 1.
[150] Soergel/ *Wolf* § 2180 Rn. 4.

Auch die Annahme ist unbefristet. Lediglich dem pflichtteilsberechtigten Vermächtnisnehmer kann der beschwerte Erbe eine Frist setzen (§ 2307 Abs. 2 BGB). Der Erblasser
kann aber eine Annahmefrist verfügen. Die Annahme kann durch konkludentes Verhalten
erfolgen (etwa Annahme des vermachten Gegenstandes).

7. Verjährung

93 Es gilt die Regelfrist von drei Jahren (§ 195 BGB). Sie beginnt mit dem Schluss des Jahres,
in 93 der Vermächtnisnehmer die anspruchsbegründenden Umstände und die Person des
Schuldners kennt oder ohne grobe Fahrlässigkeit kennen müsste (§ 199 Abs. 1 BGB),
jedoch nicht vor der Fälligkeit.

8. Pflichtteilslast

94 Bei Zuwendung von Auflagen und Vermächtnissen ist es im Hinblick auf § 2318 BGB
ratsam, die Pflichtteilslast zu regeln **(§ 2324 BGB).** Der Erblasser kann in seiner letztwilligen Verfügung von den §§ 2318 Abs. 1, 2319 S. 2, 2320 bis 2323 BGB abweichende
Anordnungen treffen, nicht aber von §§ 2318 Abs. 2, 3 und 2319 S. 1 BGB. Der Erblasser
kann also sicherstellen, dass der Vermächtnisnehmer das Vermächtnis ungekürzt erhält, er
kann das Kürzungsrecht erweitern oder beschränken. Eine vom Gesetz abweichende Anordnung muss durch eine letztwillige Verfügung erfolgen, die sich nach der Rechtsprechung auch stillschweigend aus dem Testament ergeben kann.[151]

V. Die Auflage

95 Erhält der Begünstigte durch Testament oder Erbvertrag eine **Zuwendung,** die keinen
Vermögenswert darstellen muss, **ohne dass er ein Recht auf die Leistung hat,** liegt eine
Auflage vor. Die Auflage kann vertragsmäßig bindend (§ 2178 Abs. 2 BGB) und wechselbezüglich in einem gemeinschaftlichen Testament (§ 2270 Abs. 3 BGB) angeordnet werden.

Abzugrenzen ist die Auflage vom unverbindlichen Wunsch, einer Erbeinsetzung oder
Vermächtnisanordnung unter einer Bedingung und von einem Vermächtnis.

Maßgeblich ist der Erblasserwille. Lediglich ein **Wunsch** des Erblassers liegt vor, wenn
keine Verpflichtung entstehen soll.

Die **Zuwendung unter einer Bedingung** lässt ebenfalls keine Leistungsverpflichtung
entstehen. Soll Erbe oder Vermächtnisnehmer zu einer Leistung verpflichtet sein, liegt ein
Vermächtnis (wenn ein Recht des Begünstigten aus Leistung besteht) oder eine **Auflage**
(wenn kein Anspruch des Begünstigten gegeben ist) vor.

Das **Vermächtnisrecht ist entsprechend anwendbar** (§ 2192 BGB, nicht abschließend), soweit es nicht auf einen Anspruch des Begünstigten abstellt. **Nicht anwendbar**
sind die Vorschriften über die zeitlichen Grenzen einer Vermächtnisanordnung, also
§§ 2162 f. BGB.

1. Begünstigter

96 Der Erblasser kann in Erweiterung von § 2151 BGB dem Erblasser die Bestimmung der
Person des Auflagebegünstigten dem freien Belieben des Beschwerten oder eines Dritten
überlassen (§ 2193 BGB). Die Auflage setzt keinen Begünstigten voraus.[152] Bei allgemeinen
Zweckangaben muss der Erblasser wenigstens den Leistungsumfang festlegen.

---

[151] BGH FamRZ 1983, 692 (694).
[152] Palandt/*Weidlich* § 2192 Rn. 1 mit dem Beispiel „Versorgung eines Tieres"; MüKoBGB/*Rudy* § 2192
Rn. 1.

Das angewendete freie Ermessen kann gerichtlich dahin überprüft werden, ob die Auswahl des Begünstigten den vom Erblasser verfolgten Zweck offensichtlich verfehlt oder auf Arglist beruht.[153]

2. Der Anspruch auf Vollziehung

§ 2194 BGB benennt bestimmte Personen, die sogenannten „**Vollziehungsberechtig-** 97 **ten**", die die Vollziehung verlangen und mit einer Leistungsklage gegen den Beschwerten einklagen können: die Erben, Miterben und derjenige, welchem der Wegfall des mit der Auflage zunächst Beschwerten unmittelbar zustatten kommen würde, bei Vorliegen eines öffentlichen Interesses auch die zuständige Behörde,[154] darüber hinaus auch der **Testamentsvollstrecker,** neben dem der Erbe vollziehungsberechtigt bleibt. Die Ausübung des Vollziehungsrechts steht im Belieben des Berechtigten; nur der Testamentsvollstrecker ist auf Grund seines Amtes sowie bei öffentlichem Interesse die Behörde sind zur Geltendmachung verpflichtet.[155]

3. Unwirksamkeit der Auflage (§§ 2192, 2171 BGB)

Ist die Leistung zur Zeit des Erbfalls für den Beschwerten tatsächlich oder rechtlich 98 unmöglich, ist die Auflage unwirksam.

Eine Ausnahme hiervon besteht nach der Rspr., wenn die Leistung infolge veränderter Umstände nicht mehr vollziehbar ist und eine andere Art der Vollziehung den Zweck erreicht.[156]

Nach § 2195 BGB lässt die Unwirksamkeit der Auflage die Gültigkeit der Zuwendung im Zweifel unberührt.

Wird die Leistung erst nach dem Erbfall unmöglich, ohne dass der Beschwerte dies zu vertreten hat, wird er von der Verpflichtung frei (§ 275 BGB).

Hat er die Unmöglichkeit zu vertreten, bleibt er nach Maßgabe der §§ 2196 Abs. 1, 818 ff. BGB verpflichtet.

4. Verwendungsbeispiele[157]

• Da kein Begünstigter vorhanden sein muss: 99
  – Begünstigung von Erbunfähigen wie Tieren und nicht rechtsfähigen Personenvereinigungen;
  – Auferlegung von Pflichten für Beschwerten (abgesichert dadurch, dass der Erblasser die Erfüllung der Auflage zur Bedingung der Zuwendung macht und hierfür einen Testamentsvollstrecker bestellt):
    – **Anweisung** für den Beschwerten zur Geldanlage, zur Geschäftsführung, zu heiraten, einen bestimmten Beruf zu ergreifen, die Religion/den Beruf/den Wohnsitz nicht zu wechseln (kann sittenwidrig sein), **ein Grundstück nicht zu veräußern,**[158] zur Alkoholabstinenz,[159] **Bestattungsart, Grabanlage.**
    – Zwar ist die Auflage, eine bestimmte Verfügung von Todes wegen (nicht) zu errichten, (nicht) aufzuheben gemäß § 2302 nichtig.

---

[153] BGHZ 121, 357.
[154] Staudinger/*Otte* bringt bei § 2194 Rn. 11 eine Übersicht über die zuständigen Behörden in den Bundesländern.
[155] Soergel/*Dieckmann* § 2194 Rn. 4; Staudinger/*Otte* § 2194 Rn. 13: Sie müssen nach pflichtgemäßem Ermessen von ihrer Befugnis Gebrauch machen, sind also nicht schlichtweg verpflichtet.
[156] BGHZ 42, 327.
[157] Siehe *Nieder/Kössinger*, Testamentgestaltung, § 9 Rn. 112 ff.
[158] BayObLG JurBüro 1991, 1662; OLG Köln NJW-RR 1991, 525.
[159] Streitig, siehe näher *Nieder/Kössinger*, Testamentgestaltung, Rn. 112 mwN.

Es ist jedoch zulässig,[160] eine Zuwendung an die Bedingung zu knüpfen, dass der Empfänger seinerseits jemand letztwillig bedenkt, weil dadurch nur die Zuwendung, nicht aber die Testierfähigkeit eingeschränkt wird **(kaptatorische Verfügung)**.

- Da die **Zweckauflage** weitgehend vom Verbot der Bestimmung des Begünstigten oder der Leistung (§ 2065 Abs. 1 und 2 BGB) durch Dritte abweicht (§§ 2193 Abs. 1, 2192, 2156 BGB), kann der Erblasser einen Bestimmungsberechtigten einsetzen, der auch der Beschwerte sein kann, der den Begünstigten nach freiem Belieben und sowohl Leistungsgegenstand wie Leistungsumfang nach billigem Ermessen bestimmen kann, wenn nur der Zweck der Auflage hinreichend deutlich bestimmt ist.[161]
- Ein **Vermächtnis unter einer Auflage** eignet sich als Ersatz für eine rechtsfähige Stiftung, da die zeitliche Begrenzung der §§ 2162, 2163 BGB nicht gilt (allerdings gilt die dreißigjährige Verjährung des Vollziehungsanspruchs).
- **Erbteilungsverbot:** Das Erbteilungsverbot gemäß § 2044 BGB, über das sich die Erben einverständlich hinwegsetzen können, ist ein Vorausvermächtnis. Soll es vom Erbenwillen unabhängig sein, wird es als Auflage angesehen. Auch dieses wirkt nur schuldrechtlich, kann aber gegen den Willen der Erben vom Vollziehungsberechtigten gemäß § 2174 BGB erzwungen werden.[162] Wirksam kann die Anordnung letztlich aber nur durch eine auflösende Bedingung geschützt werden.

VI. Die Teilungsanordnung[163]

100 Bei mehreren Erben kann der Erblasser die Auseinandersetzung durch Teilungsanordnungen (§ 2048 BGB „Anordnung für die Auseinandersetzung") steuern. Bei einer Teilungsanordnung muss sich der Bedachte den Wert des Gegenstandes auf seinen Erbteil anrechnen lassen. Es ist deshalb zu regeln, ob der Mehrwert des durch Teilungsanordnung zugewendeten Gegenstandes beim Bedachten verbleiben soll (dann liegt ein Vorausvermächtnis und eine Anordnung für die Auseinandersetzung vor) oder ausgeglichen werden soll (dann bloße Teilungsanordnung). Die **Sicherung der Durchführung von Teilungsanordnungen** erfolgt durch Testamentsvollstreckung oder Gestaltung als belastende **Auflage mit Bestellung eines Vollziehungsberechtigten;** die sicherste Gestaltung ist die Erfüllung der Teilungsanordnung zu einer **auflösenden Bedingung der Erbeinsetzung und den Ersatzerben zum Testamentsvollstrecker** zu machen. Der Miterbe kann ein Vermächtnis ausschlagen, nicht aber eine Teilungsanordnung die den Erben zur Übernahme verpflichtet, es sei denn die Anordnung bezweckt lediglich ein Übernahme**recht**. Die Teilungsanordnung ist eine Beschränkung iSv § 2306.

Bei Vor- und Nacherbfolge muss die Teilungsanordnung erkennen lassen, ob sie vor oder nach Eintritt der Nacherbfolge erfolgen soll.

Teilungsanordnungen können weder wechselbezüglich, noch vertragsmäßig angeordnet werden (§§ 2070 Abs. 3, 2278 Abs. 2 BGB). Der gebundene Erblasser kann also Teilungsverfügungen nachträglich treffen oder abändern, sofern keine Wertverschiebung zu Lasten des bindend Bedachten eintritt. Will man eine Bindung, muss man die Anordnung als Vermächtnis (die gewünschte Gleichstellung kann dann durch Wertausgleich mit Hilfe von Untervermächtnissen erfolgen) oder Auflage treffen.

101 **Erbteilungsverbote, § 2044 Abs. 1 BGB,** sind als **Auseinandersetzungsverbote** auf 30 Jahre begrenzt (§ 2044 Abs. 2 BGB). Sofern sie kein unverbindlicher Wunsch sind, sind sie nach ihrer Rechtsnatur (negative) **Teilungsanordnungen** gemäß § 2048 BGB, sodass auf die Ausführungen hierzu verwiesen wird. Sofern es der Wille des Erblassers war, nur

---

[160] BGH NJW 1977, 950.
[161] RGZ 96, 15 – „wohltätige Zwecke" genügt; BayObLG 13, 743 (747) – „zu frommen, mildtätigen Zwecken" genügt –.
[162] BGHZ 115, 117.
[163] S. auch oben Vorausvermächtnis/Teilungsanordnung.

den Anspruch eines einzelnen Miterben gegen die übrigen auf Auseinandersetzung auszuschließen, ist das Verbot als Vermächtnis (§ 2150 BGB) zugunsten der anderen Miterben anzusehen,[164] über das sich die Miterben einvernehmlich hinwegsetzen können.[165] Die Auseinandersetzung kann als minus auch nur erschwert werden (etwa durch die Anordnung einer bestimmten Beschlussmehrheit oder nur mit Zustimmung des Testamentsvollstreckers).

Zur **effektiven Durchsetzung** ist zu empfehlen, das Verbot als auflösende Bedingung einer Erbeinsetzung, verbunden mit der aufschiebend angeordneten Einsetzung eines anderen Erben, auszugestalten und Testamentsvollstreckung (§ 2211 Abs. 1 BGB anzuordnen).

VII. Die Schenkung auf den Todesfall

Eine Schenkung[166] unter der (aufschiebenden oder – falls vollzogen – auflösenden) Bedingung, dass der Beschenkte den Schenker überlebt, unterliegt den Vorschriften der **Schenkung unter Lebenden** (§§ 516 ff., 2301 Abs. 2 BGB), wenn die Schenkung noch **zu Lebzeiten des Schenkers vollzogen** wird. Sie unterliegt dem Recht der **Verfügung von Todes** wegen, wenn sie **nicht vollzogen** ist (§ 2301 Abs. 1 BGB). **102**

Wann ein wirksamer **Vollzug** vorliegt, ist sehr streitig. Vollzug ist gegeben, wenn der Rechtserwerb des Bedachten ohne weiteres Zutun des Erblassers oder Erben von selbst vollendet wird.[167] Dies ist der Fall, wenn die dingliche Erfüllung erfolgt oder nur noch befristet oder durch das Vorversterben des Schenkers bedingt ist (dann hat die hierdurch begründete Anwartschaft des Beschenkten bereits eine Vermögensverschiebung zu Lebzeiten des Schenkers bewirkt). Vollzug liegt auch vor, wenn die Erfüllungshandlungen durch den Schenker zu dessen Lebzeiten vorgenommen werden, der Zugang seiner Willenserklärungen jedoch erst nach dessen Tod (und vor Widerruf des Erben) durch einen Beauftragten (Bank, Boten) erfolgt; falls der Beauftragte erst Erfüllungshandlungen vornehmen muss, ist eine **unwiderrufliche Vollmacht** erforderlich.[168] **103**

Auch die Vermögensübertragung auf einen Treuhänder, der zur Übertragung auf den Beschenkten verpflichtet ist, genügt.[169]

Erteilt der Erblasser seiner Bank einen Auftrag zur Auszahlung eines Betrages von seinem Konto an einen Dritten nach dem Tode des Erblassers,[170] bei schenkweiser aufschiebend bedingter Abtretung eines Sparkontos[171] oder eines Postsparguthabens,[172] bei Schenkung (Abtretung) eines Sparkassenguthabens durch mündliche Erklärung und Übergabe des Sparkassenbuches, Einräumung einer Kontoverfügungsbefugnis über den gesamten jeweiligen Bestand bei einem Oder-Konto,[173] bei einer Schenkung von Wertpapieren,[174] ist eine **vollzogene** Schenkung anzunehmen.

Der Erblasser sollte in allen Fällen, bei denen für die Erben eine Widerrufsmöglichkeit besteht, testamentarisch dem Erben den **Widerruf** untersagen.[175] Eine Testamentsvollstreckung mit entsprechender Anweisung an den Testamentsvollstrecker erfüllt diesen Zweck ebenso. **104**

---

[164] Palandt/*Weidlich* § 2044 Rn. 3.
[165] BGHZ 40 117.
[166] § 2301 BGB gilt nicht für entgeltliche Rechtsgeschäfte.
[167] BGH NJW 1970, 941 f.; 1974, 2319.
[168] *Reimann/Bengel/Mayer*, Testament und Erbvertrag, § 2301 Rn. 39; Palandt/*Weidlich* § 2301 Rn. 10.
[169] Vertrag zugunsten Dritter unter Lebenden auf den Todesfall, siehe auch *Reimann/Bengel/Mayer* § 2301 Rn. 53, 57; BGH WM 1983, 939.
[170] In Verbindung mit einer Bankvollmacht, OLG Hamburg NJW 1963, 449.
[171] OLG Frankfurt MDR 1966, 503.
[172] BGH FamRZ 1986, 672 (674).
[173] BGH FamRZ 1986, 982 (983).
[174] *Reimann/Bengel/Mayer* § 2301 Rn. 44.
[175] Die Einzelheiten sind bei all diesen Rechtskonstruktionen str.; vgl. zB Palandt/*Weidlich* § 2301 Rn. 8 ff.

105   Schließt der Erblasser **Lebensversicherungsverträge** oder **Bausparverträge** und begünstigt einen Dritten für den Fall des Todes, so bedürfen diese Verträge weder der testamentarischen Form, da sie als Rechtsgeschäfte unter Lebenden anzusehen sind, noch der notariellen Form des § 518 Abs. 1 BGB, da sie auch unter Lebenden vollzogen sind (§§ 2301 Abs. 2; 518 Abs. 2 BGB). Die Versicherungs-/Bausparsumme fällt nicht in den Nachlass und ist nicht Gegenstand des Pflichtteilsrechts. Allerdings ist der Liquidationswert, also idR der Rückkaufswert oder ein objektiv belegter höherer Veräußerungswert **Schenkung** iSv §§ 2287, 2329 BGB.[176]

Ob der begünstigte Dritte die Leistung behalten darf, hängt davon ab, ob im Valutaverhältnis (zwischen dem Erblasser und dem Dritten) ein Rechtsgrund wirksam vereinbart ist. Ist der Rechtsgrund ein Schenkungsversprechen, ist die Form des § 518 Abs. 1 BGB einzuhalten, es sei denn der Formmangel wird durch den Erwerb des Leistungsgegenstandes geheilt, § 518 Abs. 2 BGB, was mit dem Tod erfolgt. Die Erben können dies nicht mehr verhindern.[177]

106   Dieser Gesichtspunkt ist wesentlich: Liegt eine Schenkung unter Lebenden (Vollzug) vor, genügt jede Art der Erfüllung auch nach dem Tod des Schenkers, etwa durch Dritte oder auch durch den Begünstigten selbst auf Grund einer postmortalen Vollmacht, nun eine Heilung des formunwirksamen Schenkungsversprechens gemäß § 518 Abs. 2 BGB zu erreichen,[178] sofern nur die Einigung über die versprochene Schenkung bei der Bewirkung der Leistung noch fortbestand (und nicht vom Erben widerrufen wurde). Anders bei Ablehnung des Vollzugs: Die Erfüllung nach dem Tod kann dann nicht mehr ein formunwirksames Versprechen heilen, weil dann nicht mehr die Regeln eines Geschäfts unter Lebenden (Schenkung, § 518) anzuwenden sind, sondern nur noch die Regeln der Verfügungen von Todes wegen.[179]

So hat der BGH[180] bei einer Vollmacht zur Abhebung eines Bankguthabens in einem Fall gleichzeitig eine konkludente Abtretung (und damit Vollzug und Heilung des formnichtigen Versprechens) angenommen, andererseits die bloße unwiderrufliche Vollmacht noch nicht als Vollzug angesehen, weil keine Änderung in der rechtlichen Zuordnung bestand; es konnte deshalb nach dem Tod keine Heilung mehr geschehen.

107   Ähnlich sind die **Sparbuch-Fälle** zu beurteilen (Großeltern richten Sparbuch für Enkel auf dessen Namen ein und behalten Verfügungsmacht darüber und Besitz des Sparbuchs). Zunächst ist zu prüfen, ob eine ausdrückliche oder konkludente, auf den Tod befristete oder durch ihn bedingte Abtretung oder Auszahlungsanweisung mit unwiderruflicher Vollmacht vorliegt, was zum Vollzug genügen würde.

Falls derartiges nicht vorliegt, spricht das Behalten des Sparbuchs dafür, dass keine Veränderung in der Rechtszuständigkeit erfolgen soll.[181] Andererseits kann in der Anlage auf den Namen des Enkels der Abschluss eines Vertrags zugunsten des Enkel auf den Todesfall liegen.[182] Dieser Vertrag, der keiner Form bedarf, ist ein Geschäft unter Lebenden auf den Todesfall. Das Recht des Dritten kann bedingt und befristet sein (§ 328 Abs. 2 BGB). Das dem Valutaverhältnis zu Grunde liegende formunwirksame Schenkungsversprechen erfährt durch den Von-selbst-Erwerb des Begünstigten beim Tod des Schenkers Vollziehung (§ 2301 Abs. 2 BGB) und Heilung (§ 518 Abs. 2 BGB).

Erfährt der Enkel erst nach dem Tod hiervon, erfolgt erst dann die Einigung über die Unentgeltlichkeit der Zuwendung, die der Erbe, wenn er schneller ist, durch Widerruf verhindern kann. Der Erblasser kann den Widerruf nicht wirksam ausschließen.[183] Er kann

---

[176] BGH FamRZ 2010, 1071.
[177] OLG Düsseldorf NJW-RR 1996, 1329; BGH NJW 1976, 749; 84, 480.
[178] BGHZ 99, 97 (110).
[179] BGHZ 99, 97 (110).
[180] BGHZ 87, 19.
[181] BGH NJW 2005, 980; VGH Mannheim NJW 2011, 166.
[182] BGHZ 46, 198 (201).
[183] BGH WM 1976, 1130 (1132).

jedoch Testamentsvollstreckung anordnen und den Testamentsvollstrecker anweisen, nicht zu widerrufen (was aber deswegen problematisch ist, weil die Erben den Widerruf noch vor der Ernennung des Testamentsvollstreckers aussprechen können); er kann auch die Erben anweisen, nicht zu widerrufen und dies durch eine auflösend bedingte Erbeinsetzung sanktionieren; er kann auch den Testamentvollstrecker anweisen, das Geld aus dem Nachlass an den Begünstigten zurückzuzahlen, falls es bereits an den Nachlass ausbezahlt sein sollte. Er kann natürlich diese Schwierigkeiten vermeiden und ein Vermächtnis aussetzen und sogar den Begünstigten als Testamentsvollstrecker für den Vollzug des Vermächtnisses einsetzen.

Über die **Konstruktion eines Vertrages zugunsten Dritter** kann auch die lebzeitige **108** **Zuwendung eines Wertpapier-Depots** erfolgen. Zwar ist ein dinglicher Vertrag zugunsten Dritter als Treuhänderin übertragen und den Rückübertragungsanspruch (bzw. den Verkaufserlös) aus §§ 667, 665 auf den Todeszeitpunkt dem Dritten zuwenden.[184]

Die wirksame Schenkung zu Lebzeiten auf den Todesfall wirkt sich auf den Erbvertrag gemäß § 2287 BGB, auf den Pflichtteilsanspruch gemäß § 2325 BGB und auf Gläubiger gemäß §§ 3 ff. AnfG, 134 InsO aus.

Soweit ein Schenkungsversprechen auf den Todesfall vorliegt (§ 2301 Abs. 1 **109** BGB), ist streitig, ob die notarielle **Form** des Erbvertrags zu beachten (§ 2301 Abs. 1 iVm § 2276 BGB) ist. Ein Teil der Literatur stellt auf die Natur des Schenkungsvertrags ab (und auf die Gesetzesmotive) und hält deshalb die für den Erbvertrag nötige Form für erforderlich.[185] Dieser Teil der Literatur lässt bei Formmangel dann jedoch (infolge Umdeutung) die Testamentsform genügen.

Andere[186] stellen zutreffend darauf ab, dass der Gesetzeswortlaut nicht vom Erbvertrag spricht; die Motive des Gesetzgebers finden keinen Niederschlag im Gesetz. Es genügt deshalb jede zulässige Form eines Testaments.

Lediglich im Falle, dass der Zuwendungsempfänger das Schenkungsangebot wie in § 2276 BGB vorgeschrieben angenommen hat, ist für das Schenkungsversprechen die Erbvertragsform erforderlich.[187]

Das Schenkungsversprechen von Todes wegen auf das die Vorschriften über die Ver- **110** fügung von Todes wegen anzuwenden sind, ist entweder (Mit-)Erbeneinsetzung (falls das Vermögen ganz oder in Bruchteilen betroffen ist) oder Vermächtnis (sofern nur ein Gegenstand geschenkt wird).[188] Es gelten auch hier die allgemeinen Abgrenzungsgesichtspunkte.

---

[184] BGHZ 41, 96; *Reimann/Bengel/Mayer* § 2301 Rn. 70.
[185] Unter anderem Palandt/*Weidlich* § 2301 Rn. 6; Staudinger/*Kanzleiter* § 2301 Rn. 3; RGRK/*Kregel* § 2301 Rn. 7.
[186] Unter anderem MüKoBGB/*Musielak* § 2301 Rn. 13; RGZ 87, 223 (227).
[187] *Reimann/Bengel/Mayer* § 2307 Rn. 6, 7.
[188] *Reimann/Bengel/Mayer* § 2307 Rn. 7.

§ 11 Gemeinschaftliches Testament der Ehegatten

Übersicht

Rn.

I. Grundsätze 1
II. Form 4
    1. Gemeinschaftliches öffentliches Testament 5
    2. Gemeinschaftliches eigenhändiges Testament 7
    3. Rücknahme aus besonderer amtlicher Verwahrung 11
III. Wechselbezügliche Verfügungen und Bindungswirkung 12
    1. Begriff 12
    2. Beispiele 18
    3. Bindungswirkung und Widerruf 19
    4. Anfechtung durch den überlebenden Ehegatten 25
    5. Anfechtung durch Dritte 27
    6. Ausschlagung 30
    7. Entfallen der Bindungswirkung 34
       a) §§ 2271 Abs. 2 S. 2 und Abs. 3 iVm §§ 2299, 2336, 2289 Abs. 2 BGB: . 34
       b) §§ 2271 Abs. 3, 2289 Abs. 2 BGB 35
    8. Freistellungsklauseln und Änderungsvorbehalte 36
    9. Zuwendungsverzicht 38
IV. Berliner Testament 39
    1. Einheits- oder Trennungslösung 40
    2. Rechtsstellung des überlebenden Ehegatten und des Schlusserben 47
       a) Der überlebende Ehegatte 47
       b) Der Schlusserbe 48
    3. Pflichtteilsstrafklausel 49
    4. Wiederverheiratungsklauseln 62
    5. Das Vermächtnis im Berliner Testament 66
V. Scheidung und Bindungswirkung 67
VI. Lebzeitige Verfügungen 68
VII. Verwahrung und Eröffnung 69
    1. Verwahrung 69
    2. Eröffnung 70
VIII. DDR – ZGB 78

I. Grundsätze

1 Ehegatten können ein gemeinschaftliches Testament errichten; § 2269 BGB galt entsprechend für Lebenspartner (§§ 1 Abs. 1, 10 Abs. 4 S. 2 LPartG). Dadurch wird ihnen die Möglichkeit eröffnet, ihre Nachfolge gemeinsam und aufeinander abgestimmt zu regeln, was insbesondere die geschlossene Weitergabe des Familienvermögens erleichtert. Auch wenn ein gemeinschaftliches Testament meist wechselbezügliche Verfügungen enthält, ist dies für seine Rechtsnatur nicht erforderlich. Es kann zusätzlich oder auch nur einseitige Verfügungen enthalten. Für die **Auslegung** gemeinschaftlicher Testamente gelten grundsätzlich die gleichen Rechtsgrundsätze wie sie für die **Auslegung** einseitiger letztwilliger Verfügungen Anwendung finden. Bei **wechselbezüglichen Verfügungen** sind jedoch **Besonderheiten** zu beachten. Maßgeblich für deren Auslegung ist der gemeinsame Wille der Ehegatten zum Zeitpunkt der Testamentserrichtung.[1] Ging der Wille auseinander, ist die Erklärung eines jeden Ehegatten gemäß §§ 133, 157 BGB wegen des Schutzes des

---

[1] BGH FamRZ 1973, 189; NJW 1993, 256; BayObLGZ 1962, 142; nach der Rechtsprechung beim gemeinschaftlichen Testament infolge des gemeinsamen Willens grundsätzlich auch bei einseitigen Verfügungen, BayObLG FamRZ 2006, 226 (227).

gegenseitigen Vertrauens so auszulegen, wie sie nach allgemeinen Grundsätzen der andere Ehegatte (nicht ein objektiver Dritter im Empfängerhorizont) erkennen und verstehen konnte. Wenn auf diese Weise ein (objektiver!) gemeinschaftlicher Wille durch Auslegung ermittelt wird, der vom tatsächlichen Willen abweicht, kann ein Beteiligter nach §§ 2078 ff. BGB anfechten, auch der jeweils Testierende selbst, §§ 2281 ff. BGB.

Die Ungleichbehandlung von Ehegatten gegenüber anderen Personen, die kein gemeinschaftliches Testament errichten können (ein gemeinschaftliches Testament von Freunden, Verlobten, Verwandten wäre formnichtig, § 125 BGB), rechtfertigt sich dadurch, dass die Besonderheiten der Vermengung des gegenseitigen Vermögens durch das Ehegüterrecht die Zulässigkeit einer (besonders wegen § 2267 Abs. 1 BGB) erleichterten gemeinsamen erbrechtlichen Regelung nahelegen. Insofern lässt sich das gemeinschaftliche Testament als Perpetuierung des Ehegüterrechts betrachten.[2]

Das gemeinschaftliche Testament ist seiner Natur nach Testament und nicht Vertrag, 2 sodass alle Vorschriften und Grundsätze über das (einfache) Testament auch darauf anzuwenden sind, sofern §§ 2265 ff. BGB keine vorrangigen Spezialvorschriften enthalten. Eine gewisse Ähnlichkeit zum Erbvertrag ergibt sich jedoch aus der Möglichkeit der Anordnungen wechselbezüglicher Verfügungen, die wie die vertragsmäßigen Verfügungen unter bestimmten Voraussetzungen Bindungswirkung besitzen.

Deswegen ist auch ein wegen der Aufnahme vertragsmäßiger Verfügungen **unwirk-** 3 **sames gemeinschaftliches Testament** gegebenenfalls in einen **Erbvertrag umdeutbar,** was aber meist an der Nichteinhaltung der Formvorschrift des § 2276 BGB scheitern wird. Im Fall der **Nichtigkeit eines gemeinschaftlichen Testaments,** das von anderen Personen als Ehegatten oder Lebenspartnern errichtet worden ist, kommt eine **Umdeutung in Einzeltestamente** beider Beteiligter in Frage.[3] Entgegen einer früher vertretenen Ansicht, wonach in diesem Fall die wechselbezüglichen Verfügungen grundsätzlich nicht aufrechterhalten werden könnten, da sie nicht unabhängig voneinander gelten sollten, ist auch für sie die Zulässigkeit einer Umdeutung zu bejahen, wenn die für Einzeltestamente geltenden Formerfordernisse gewahrt sind und ein entsprechender Wille beider Beteiligten festgestellt werden kann.[4] Bei der Ermittlung dieses Willens ist jedoch sehr genau zu prüfen, ob der Inhalt der wechselbezüglichen Verfügungen auch ohne Bindungswirkung im Verhältnis zueinander in Einzeltestamenten Geltung beanspruchen sollte. Die enge Anlehnung des gemeinschaftlichen Testaments an eine bestehende Ehe zeigt sich besonders auch in §§ 2268 Abs. 1, 2077 Abs. 1 BGB.

Das Testieren der Eheleute ist **gemeinschaftlich, wenn** jeder Ehegatte die Verfügung des jeweils anderen kennt und – soweit sie in einem Zusammenhang stehen – billigt, verbunden mit dem Willen zur gemeinschaftlichen Regelung.[5] Während das Reichsgericht[6] dem Willen der Ehegatten keine Bedeutung zumaß, ist es nunmehr herrschende Meinung, dass eine gemeinschaftliche Erklärung (allein) nicht genügt; es muss noch der **Wille** beider Ehegatten hinzukommen, **gemeinschaftlich zu verfügen.**[7] Dieser Wille ist nur dann formgerecht zum Ausdruck gekommen, wenn er sich aus dem Inhalt der Urkunden als Ganzes ergibt. Nebenumstände außerhalb der Testamentsurkunde sowie die „allgemeine Lebenserfahrung" können indiziell bedeutsam sein, den formgerechten Ausdruck des Willens in den Urkunden selbst jedoch nicht ersetzen.[8] Gegen diese „**Andeu-**

---

2 Vergleiche BVerfG NJW 1989, 1986.
3 BGH NJW-RR 1987, 1410.
4 OLG Braunschweig NJW-RR 2005, 1027; KG NJW 1972, 2133; Palandt/*Weidlich* § 2265 Rn. 3; Staudinger/*Kanzleiter* § 2265 Rn. 12; *Reimann/Bengel/Mayer* § 2265 Rn. 13.
5 So zutreffend Staudinger/*Kanzleiter* Vorbemerkung 18 zu §§ 2265 ff.
6 RGZ 72, 204 f.
7 BGHZ 9, 113; BayObLG FamRZ 1991, 1485 (1486); OLG Zweibrücken ZEV 2002, 414; Palandt/*Weidlich* Einf. 2 vor § 2265; MüKoBGB/*Musielak* vor § 2265 Rn. 7 ff.: Einschränkend in Bezug auf die Billigung: nur in Bezug auf den Errichtungszusammenhang erforderlich.
8 BayObLG NJW-RR 1992, 1356.

tung" wehrt sich *Kanzleiter*[9] mit dem nicht der herrschenden Meinung entsprechenden Argument, der Wille sei lediglich tatsächlich auf die Gemeinschaftlichkeit des Testierens gerichtet, müsse deshalb nicht rechtsgeschäftlicher Art sein; andererseits wendet er die Regeln über Willenserklärungen entsprechend an und lässt deshalb auch eine Anfechtung der Gemeinschaftlichkeit durch den Erblasser, weil er sich in einem Irrtum befunden habe, zu. Angesichts der erheblichen Folgen und auch des Wortlauts des Gesetzes[10] sollte nicht darauf verzichtet werden, dass die Gemeinschaftlichkeit der Erklärungen schon in den Erklärungen selbst enthalten sein muss, die sich nicht nur auf etwas Tatsächliches, sondern auch auf einen Rechtserfolg richten.

Ist die Gemeinschaftlichkeit des Willens in der Erklärung zumindest angedeutet („wir bestimmen"), sind tatsächliche Umstände wie gemeinsame Unterzeichnung nach § 2267 BGB, inhaltliche Entsprechung, gegenseitige Mitunterzeichnung, urkundlicher Zusammenhang, Zusammenhang des Errichtungsakts, nicht jedoch Einheitlichkeit der Verwahrung[11] bestärkende Elemente. Diese Umstände allein genügen jedoch nicht.

Die Rechtsprechung lässt auch eine **sukzessive Errichtung** eines gemeinschaftlichen Testaments, etwa durch gemeinschaftliche Einsetzung eines Schlusserben in einem Nachtrag zu. [12]

II. Form

4 Die Ehegatten können ein gemeinschaftliches Testament in jeder für ein Testament zulässigen Form errichten (→ § 8 Rn. 1): eigenhändig, vor dem Notar beziehungsweise Konsul oder als Nottestament.[13] Das korrespondierende Testament kann in einer anderen Form errichtet sein.

1. Gemeinschaftliches öffentliches Testament

5 Zulässig ist, dass ein Ehegatte mündlich, der andere durch Übergabe einer Schrift testiert. Bei jedem Ehegatten sind gesondert die bei der jeweiligen Errichtungsart zu beobachtenden Voraussetzungen und Förmlichkeiten zu beachten. Daher können bestimmte Errichtungsarten von vornherein ausscheiden. Ist zum Beispiel die Ehefrau minderjährig, so kann der Ehemann hier nicht durch Übergabe einer verschlossenen Schrift testieren, da der Notar die Ehefrau über die Tragweite der Verfügung des anderen Ehegatten zu belehren hat (§ 2233 Abs. 1 BGB). Dies gilt selbst dann, wenn der minderjährige Ehegatte den Inhalt der verschlossenen Schrift kennt. Im Übrigen – wenn eine Belehrung nach § 2233 Abs. 1 BGB nicht erforderlich ist – ist die Übergabe einer verschlossenen Schrift nur unzulässig, wenn der andere Ehegatte von dem Inhalt keine Kenntnis hat. Ist ein Ehegatte/Partner lesensunkundig, können beide nur durch Erklärung testieren (§ 2233 Abs. 2 BGB); ein Stummer kann die Erklärung in jeder beurkundungsrechtlich zulässigen Form abgeben, also durch Übergabe einer offenen oder verschlossenen Schrift, durch Gebärden oder mit Hilfe eines Gebärdensprachdolmetschers (§ 22 Abs. 1 S. 2 BeurkG). **Siehe näher zu den einzelnen Errichtungsformen (→ § 8 Rn. 1 ff.).** Findet für beide Erklärungen ein **einheitlicher Beurkundungsvorgang** statt, sind besondere Form- und Verfahrensvorschriften, die bei einem Ehegatten erforderlich sind, grundsätzlich auch bei der Beurkundung des anderen Ehegatten zu beachten.[14]

---

[9] Staudinger/*Kanzleiter* Vorbemerkung 19 zu §§ 2265 ff.
[10] BGHZ 9, 113 (116 f.).
[11] BayObLG NJW-RR 1992, 1356.
[12] BayObLG FamRZ 1994, 191.
[13] Bei gegebenen Voraussetzungen – beachte dazu § 2266 BGB.
[14] Grundsatz der „ärgeren Hand"; vergleiche auch *Reimann/Bengel/Mayer* § 2267 Rn. 6.

Belehrung: Vor der Testamentserrichtung wird der Notar die Beteiligten auf die Bin- 6 dungen, die ein gemeinschaftliches Testament zur Folge hat, sowie insbesondere auf die Erbfolge beim Ableben des Überlebenden ohne Hinterlassung weiterer letztwilligen Verfügungen hinweisen und sich nicht nur auf seine Pflicht zur vollständigen und rechtlich klaren Beurkundung des Gewollten beschränken.

Nach Errichtung des Testaments wird verfahren, wie zu Muster 1 (→ § 1 Rn. 72) geschildert. Auf dem Umschlag werden die Angaben über die Person beider Erblasser gemacht (Doppelumschlag). Jedem Erblasser wird ein Hinterlegungsschein erteilt.

2. Gemeinschaftliches eigenhändiges Testament

§ 2267 BGB bringt für das eigenhändige Testament gewisse **Erleichterungen bei der** 7 **Errichtung** mit sich: Danach genügt es, wenn ein Ehegatte das Testament eigenhändig abfasst und unterschreibt; der andere muss dann nur ebenfalls unterzeichnen, wobei er nach S. 2 auch angeben soll, zu welcher Zeit er seine Unterschrift hinzugefügt hat. Eine Beitrittserklärung ist nicht erforderlich. Abwechselnde Niederschrift und deren gemeinsame Unterzeichnung ist formgerecht, sofern sämtliche Verfügungen von den Unterschriften beider Ehegatten gedeckt sind.[15] Nicht genügt, dass ein Ehegatte seine Verfügung schreibt und unterschreibt und dann auch die Verfügung des anderen Ehegatten schreibt, die sodann nur dieser unterschreibt.[16]

Liegt eine Haupterklärung eines Ehegatten nach § 2267 BGB vor, muss diese die letzt- 8 willigen Verfügungen für den Nachlass beider Ehegatten enthalten. Ob die Mitunterzeichnung eine **bloße Kenntnisnahme** oder eine Billigung und Übernahme als eigene Verfügung **(= wirksame Errichtung)** sein soll, ist gegebenenfalls durch Auslegung zu ermitteln. Dabei ist insbesondere der Inhalt der Haupterklärung von Bedeutung (etwa, wenn darin über Nachlassgegenstände verfügt wird, die beiden Ehegatten gehören).[17] Dann kann von einem gemeinsamen Willen ausgegangen werden, auch wenn die Haupterklärung in der Ich-Form abgefasst ist Die Grundsätze zur Unterschrift (→ § 8 Rn. 30 ff.) bei § 2247 BGB gelten auch für die Mitunterzeichnung.

Liegt eine Beitrittserklärung vor, die nicht mehr erforderlich ist, genügt die Niederschrift dieser Erklärung (und ihre Unterzeichnung) auch auf einem besonderen Blatt (oder auf der Rückseite), wenn ihre Beziehung zur Haupterklärung feststeht.[18]

Nach § 2267 S. 2 BGB soll der beitretende Ehegatte bei der Mitunterzeichnung angeben, zu welcher **Zeit** (Tag, Monat, Jahr) und an welchem **Ort** er seine Unterschrift beigefügt hat. Diese Angaben sind zur Wirksamkeit nicht erforderlich; fehlen sie, ist § 2247 Abs. 5 BGB entsprechend anzuwenden. Sind die Angaben gemacht, spricht eine tatsächliche Vermutung für ihre Richtigkeit.

Die **Reihenfolge der Unterschriften** der Ehegatten ist gleichgültig. Unnötige Zusätze 9 bei der Unterschrift sind unschädlich, sie müssen deshalb auch nicht durch die Unterschrift des anderen Ehegatten gedeckt sein.

Formmängel liegen vor (und damit kein wirksames gemeinschaftliches Testament) wenn

– wenn ein Ehegatte blanko unterschreibt, vorab unterschreibt und der andere danach den Text räumlich darüber setzt,[19]

---

[15] LG München I FamRZ 1998, 1391; Palandt/*Weidlich* § 2267 Rn. 2; aA *Musielak* FamRZ 1992, 358 (359).
[16] BGH NJW 1958, 547.
[17] BayObLG FamRZ 1994, 193 (194).
[18] BayObLG FamRZ 1994, 193.
[19] OLG Hamm OLGZ 93, 141; BeckOGK/*Litzenburger* BGB § 2267 Rn. 6. Diese Ansicht vermengt die Frage der Formwirksamkeit mit der Frage des Testierwillens. Wer eine Blanko-Unterschrift begibt, hat regelmäßig nicht den Willen, gemeinsam mit dem anderen Ehepartner eine Verfügung von Todes wegen zu errichten und über sein Vermögen zu verfügen. Unabhängig davon widerspricht die Ansicht der im Übrigen anerkannten Wirkung einer Blankounterschrift, vergleiche dazu MüKoBGB/*Einsele* § 126 Rn. 11.

– der Schreibende Lücken lässt, die der andere mit dem beiderseitig Gewollten schließt;[20] eine nachträgliche Vergemeinschaftung ist nicht zulässig, der Wille zum gemeinschaftlichen Testieren muss bereits bei der Testamentserrichtung vorliegen[21]

– die **Unterschrift** des anderen fehlt; eine „Oberschrift" genügt nicht.[22]

10   Auch ein **Nachtrag/Zusatz** muss von beiden unterschrieben werden, wenn er nicht von der Unterschrift gedeckt ist;[23] Ausnahmen kommen in Betracht, wenn Zusätze zwar unter die Unterschrift gesetzt werden, der Bezug zu dem über der Unterschrift stehenden Text so eng ist, dass dieser erst mit dem Zusatz sinnvoll wird, wenn also das Testament ohne den Zusatz lückenhaft, unvollständig oder nicht durchführbar wäre und der wirkliche Wille des Erblassers nur aus beiden von Erblasser niedergeschriebenen Erklärungen ersichtlich wird.[24] Änderungen, die **oberhalb** der geleisteten Unterschriften vorgenommen werden **(Streichungen/Zusätze)**, werden von der herrschenden Meinung zutreffend als wirksam angesehen, wenn sie im Einvernehmen beider Ehegatten erfolgen.[25] Wer sich darauf beruft, dass die – von der Unterschrift gedeckte, mutmaßlich **nachträgliche** – Änderung nicht im Einvernehmen mit dem anderen Ehegatten erfolgte, trägt dafür die Feststellungslast.[26]

Folge der Unwirksamkeit des Zusatzes ist, dass der Haupttext gilt. Dass das Haupttestament im Falle der Unwirksamkeit nach dem Willen der Eheleute ebenfalls nicht gelten soll, das gesamte Testament also unwirksam ist (und etwa gesetzliche Erbfolge stattfindet), muss zumindest eine Andeutung im Haupttext finden. Im Falle des BayObLG[27] war eine Wiederverheiratungsklausel („PS Der überlebende Teil darf nicht mehr heiraten!") wegen der fehlenden Unterschrift unwirksam; der Haupttext mit der Einsetzung der Ehegatten als Alleinerben war formwirksam und hat keine Lücke ohne den Zusatz. Das Gericht kam – als Rechtsbeschwerdegericht – zu dem Schluss, dass die **gesamte** letztwillige Verfügung unwirksam sei, da das Tatsachengericht rechtsfehlerfrei festgestellt habe, der gemeinsame Wille der Ehegatten habe die Wiederverheiratungsklausel umfasst und die teilweise Aufrechterhaltung der Verfügung deshalb nicht möglich ist (weshalb auch die Anwendung der §§ 139, 2085 BGB scheitert). Die Schlussfolgerung des BayObLG erscheint zumindest zweifelhaft, weil der Wille, die Erbeinsetzung solle nur zusammen mit der Wiederverheiratungsklausel gelten, aus dem formgültigen Testament, das vor dem post scriptum errichtet wurde, nicht ersichtlich ist, auch keine Andeutung findet.[28]

3. Rücknahme aus besonderer amtlicher Verwahrung

11   Eine Rücknahme des Testaments **aus der besonderen amtlichen Verwahrung** mit der Wirkung des Widerrufs (§ 2256 BGB) ist nur gemeinsam möglich (§ 2272 BGB). Einsicht kann aber ein Ehegatte allein nehmen.

III. Wechselbezügliche Verfügungen und Bindungswirkung

1. Begriff

12   Nach § 2270 Abs. 1 BGB sind wechselbezügliche Verfügungen solche, von denen anzunehmen ist, dass die Verfügung des einen Teils nicht ohne die des anderen Teils getroffen

---

[20] OLG Hamm FamRZ 1992, 356.
[21] *Reimann/Bengel/Mayer* § 2267 Rn. 23.
[22] BGHZ 113, 48 (51); BGH NJW 1992, 829 (830); BayObLG FamRZ 2004, 1141 (1142).
[23] BayObLGZ 2003, 352.
[24] BGH FamRZ 1974, 302; BayObLG FamRZ 2004, 1141 (1142) mwN.
[25] OLG Karlsruhe BeckRS 2011, 22186; zweifelnd: MüKoBGB/*Musielak* § 2267 Rn. 24.
[26] OLG München 31 Wx 294/16.
[27] BayObLGZ 2003, 352.
[28] Kritisch *Leipold* FamRZ 2004, 1143 (1144).

sein würde, das heißt die eine Verfügung „steht und fällt" mit der anderen.[29] Dabei kommen als wechselbezügliche Verfügungen wegen § 2270 Abs. 3 BGB nur **Erbeinsetzung, Vermächtnis** (auch Vorausvermächtnis), **Auflagen** und die **Wahl des anzuwendenden Rechts** in Betracht. Die Enterbung eines Abkömmlings kann nicht Gegenstand einer wechselbezüglichen Verfügung sein.[30]

Die Feststellung, ob eine Verfügung wechselbezüglich sein soll, erfolgt durch Auslegung **13** nach allgemeinen Grundsätzen: Der Inhalt des Testaments muss als Ganzes einschließlich aller auch außerhalb der Testamentsurkunde liegenden Nebenumstände unter Berücksichtigung der allgemeinen Lebenserfahrung für jede einzelne Verfügung gesondert gewürdigt werden muss, denn nicht das Testament *als solches* ist wechselbezüglich, sondern stets nur die einzelne Verfügung.[31] Dabei ist zunächst der wirkliche Wille zu erforschen, sowohl hinsichtlich des sachlichen Regelungswillens als auch des Willens, die Regelung gemeinschaftlich vorzunehmen. Letzteres ist zuerst zu prüfen, da hiervon abhängt, ob der sachliche Regelungsgehalt nach vertragsähnlichen Grundsätzen unter Berücksichtigung des Vertrauensschutzes und des Empfängerhorizonts auszulegen ist. Auch die ergänzende Auslegung ist möglich.

Setzen die Ehegatten in einem gemeinschaftlichen Testament das **gemeinsame Kind** als **14** Schlusserben ein und bedenken sich für den ersten Erbfall gegenseitig, liegt es nahe, dass die Schlusserbeneinsetzung wechselbezüglich zur Erbeinsetzung des überlebenden Ehegatten ist, denn durch die Einsetzung des anderen Ehegatten enterbt jeder Ehegatte für den ersten Erbfall das Kind. Das tut er regelmäßig nur deshalb, weil der durch die Wechselbezüglichkeit der Verfügungen sicher sein kann, dass das Kind nach dem zweiten Erbfall Schlusserbe des gemeinsamen Vermögens der Eltern wird.[32] Fehlt es hingegen an der gegenseitigen Erbeinsetzung der Ehegatten, wird also nur das gemeinsame Kind als Schlusserbe eingesetzt, hat die Rechtsprechung[33] entschieden, dass nicht ohne weitere Hinweise davon ausgegangen werden kann, dass jeder Ehegatte die gemeinsamen **Kinder** deswegen als **Schlusserben** (also als Erben des überlebenden Ehegatten) einsetzt, weil der andere genauso verfährt. Setzen Eheleute in einem gemeinschaftlichen Testament also jeweils nur ihren einzigen gemeinsamen Sohn zum Alleinerben ein, so sind diese Verfügungen im Zweifel nicht wechselbezüglich, da die Vermutung naheliegt, dass jeder Elternteil auf jeden Fall und unabhängig von der Verfügung des anderen erreichen will, dass das Kind sein Erbe wird.[34]

Wenn die Auslegung zu keinem klaren Ergebnis führt – und erst dann –, kommt die **15** **Vermutung** des § 2270 Abs. 2 BGB zur Anwendung: Wechselbezügliche Verfügungen sind demnach im Zweifel dann anzunehmen, wenn sich die Ehegatten gegenseitig bedenken oder wenn einem eine Zuwendung gemacht wird und der Bedachte im Fall seines Überlebens eine Verfügung zugunsten einer mit dem bedenkenden Teil verwandten oder ihm sonst nahestehenden Person trifft. Der Begriff der Verwandtschaft ist nach familienrechtlichen Grundsätzen zu bestimmen (§ 1589 BGB); in IPR-Fällen ist hierbei an das Recht des Wohnsitzes anzuknüpfen.[35]

Der Begriff des **Nahestehens** im Sinne von § 2270 Abs. 2 BGB verlangt enge persönli- **16** che Bindungen, mindestens so wie zwischen „normalen" Verwandten, und ist im Zweifel restriktiv auszulegen.[36]

---

[29] BeckOGK/*Braun* BGB § 2270 Rn. 14.

[30] BayObLG NJW-RR 1992, 1356.

[31] OLG München DNotZ 2017, 215 (217); BayObLG FGPrax 2005, 164; Palandt/*Weidlich* § 2270 Rn. 4 ff.

[32] OLG München MittBayNot 2011, 156 mit zustimmender Anm. Musielak; aA die Vorauflage.

[33] BayObLG FamRZ 1986, 392; 1996, 1040; Palandt/*Weidlich* § 2270 Rn. 5 (Bei Einsetzung des gemeinsamen Kindes ohne weitere Verfügung „regelmäßig" kein wechselbezüglicher Wille anzunehmen). Jedoch kann die Einsetzung des Schlusserben wechselbezüglich sein zu seiner Einsetzung als Alleinerben durch den Erstverstorbenen (BGH NJW 2002, 1126).

[34] BayObLG ZEV 1996, 1040 mit Anm. *Kössinger* ZEV 1996, 190; BayObLG Rpfleger 1985, 445.

[35] BGH NJW 2002, 1127.

[36] OLG Hamm NJWE-FER 2001, 157; BayObLG FamRZ 1991, 1232; BayObLG 1982, 474; KG OLGZ 1993, 398.

17   Grundsätzlich nicht gegen die Anwendbarkeit von § 2270 Abs. 2 BGB spricht es, wenn **nur ein Ehegatte Vermögen** besaß. Anders kann es sich verhalten, wenn die Zuwendung des einen Teils an den anderen geringwertiger als dessen gesamter Erbteil (oder sogar noch als der Pflichtteil) ist.[37] Die Tendenz der neueren Rechtsprechung, diesen Gesichtspunkt zu relativieren,[38] ist problematisch. Richtig ist, dass weitere Gesichtspunkte, wie Mitarbeit des minder vermögenden Ehegatten, ein Indiz für Wechselbezüglichkeit sein kann. Zumindest der Bindungswille des weit vermögenderen Partners muss kritisch geprüft werden (was zu dem Auslegungsergebnis führen kann, dass nur eine wechselbezügliche Verfügung vorliegt). [39]So ergibt sich nach § 2270 Abs. 2 BGB im Fall des Berliner Testaments nicht, dass die Verfügung, durch die Verwandte des Mannes und der Frau als Schlusserben eingesetzt sind, in vollem Umfang wechselbezüglich sein muss; vielmehr folgt daraus im Zweifel, dass die Wechselbezüglichkeit sich nur auf die Einsetzung der Verwandten des Erstversterbenden beschränkt.[40]

2. Beispiele

18 Ausgangsfall:

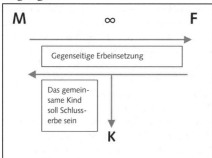

Lösung: Die Erbeinsetzungen von M und F sind jeweils wechselbezüglich zueinander, denn jeder Ehegatte nimmt die damit einhergehende Enterbung des gemeinsamen Kindes zugunsten des anderen Ehegatten für den ersten Erbfall nur deswegen „in Kauf", weil für den zweiten Erbfall das gemeinsame Kind am Nachlass beteiligt wird. Deshalb ist auch die Einsetzung des Kindes als Schlusserbe jeweils wechselbezüglich.

Variante:

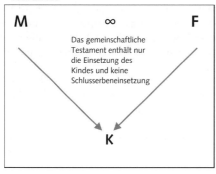

Lösung: (BayObLG NJW-FER 1997, 13, 14): Verfügungen, durch die Ehegatten (nur) die gemeinschaftlichen Kinder zu Erben des Letztversterbenden einsetzen, sind im Zweifel nicht wechselbezüglich. Nach der allgemeinen Lebenserfahrung ist nicht davon auszugehen, dass ein Elternteil die Kinder nur bedenkt, weil auch der andere dies tut. Vielmehr liegt es nahe, dass jeder Elternteil auf jeden Fall und unabhängig von der Verfügung des anderen will, dass sein Kind sein Erbe wird.

---

[37]   BayObLG Rpfleger 1981, 282; 1985, 240; FamRZ 1993, 1370; OLG Brandenburg FamRZ 1999, 1541 ff.
[38]   Geringere Bedeutung der „formalen" Vermögenszuordnung, OLG Hamm NJW-RR 1995, 777.
[39]   BGH NJW-RR 2012, 207; OLG München DNotZ 2017, 215 (217).
[40]   Ständige Rechtsprechung, siehe KG DNotZ 1993, 825; BayObLG FamRZ 1985, 1287.

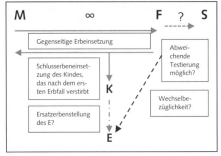

Fall: Die Eheleute setzen sich im gemeinschaftlichen Testament wiederum als Alleinerben und das gemeinsame Kind als Schlusserben des Letztversterbenden ein. Nach dem Tod des M stirbt auch K, der seinerseits ein Kind (E = Enkel von F und M) hinterlässt. F will nun zugunsten ihrer Schwester S. testieren.

Lösung:

In diesem Fall stellt sich die Frage, ob die (Ersatz)erbenstellung des E wechselbezüglich ist und deswegen nach dem Tod des M von F nicht mehr einseitig abgeändert werden kann. Allein der Rückgriff auf § 2069 BGB hilft hier nicht weiter: Zwar würde E als Abkömmling an die Stelle des K treten, das sagt aber nichts darüber aus, ob die Einsetzung des E für F auch wechselbezüglich ist. Nur weil dies für die Einsetzung des K galt, gilt es nicht automatisch auch für die Einsetzung des E; jede Verfügung ist gesondert zu untersuchen. Auf § 2270 Abs. 2 BGB kann auch nicht zurückgegriffen werden, denn es gilt das sog. Kumulationsverbot der Auslegungsregeln der §§ 2069, 2270 Abs. 2 BGB (BGH FGPrax 2002, 120 auf Vorlage des BayObLG FGPrax 2001, 248; OLG München MittBayNot 2007, 226).

Deshalb muss im Wege der individuellen Auslegung geklärt werden, ob im Ehegattentestament die Ersatzerbenstellung oder deren Wechselbezüglichkeit angeordnet ist. (Lässt sich durch Auslegung ermitteln, dass E an die Stelle des K tritt, kann auch § 2270 Abs. 2 BGB zurückgegriffen werden, da dann nur eine Auslegungsregel zur Anwendung kommt.)

Fall: Die kinderlosen Eheleute setzen sich gegenseitig zu Alleinerben ein. Nach dem Tod des Letztversterbenden sollen B (Bruder des M) und S. (Schwester der S) Erben zu je ½ sein.

M verstirbt zuerst. Nach seinem Tod möchte F

a) statt Bruder B dessen Sohn B1 einsetzen

b) statt ihrer Schwester S. ihre Haushälterin H als Schlusserbin einsetzen.

Lösung:

a) Wechselbezüglich sind die Erbeinsetzung der F und die Schlusserbeneinsetzung des B (denn M hat seine Ehefrau eingesetzt, damit diese [auch] den B als Schlusserben einsetzt und das Vermögen des M so [auch] in seiner Familie bleibt. Deswegen kann F die Einsetzung des B zu ½ nicht ändern, auch wenn das Vermögen in der Familie bliebe. Maßgeblich

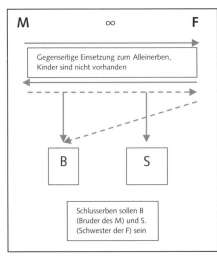

ist der übereinstimmende Wille im Errichtungszeitpunkt.
b) S. wird nicht geschützt: Ihre Einsetzung
durch F war nicht wechselbezüglich, M hatte
kein Interesse daran, ob F ihre Schwester oder
sonst wen einsetzt.
Nach dem Tod der F erben B und H zu je ½.
(Wäre F zuerst gestorben, hätte umgekehrt M
die Einsetzung der S. nicht mehr einseitig
ändern können).

3. Bindungswirkung und Widerruf

19 Während nicht wechselbezügliche Verfügungen auch im gemeinschaftlichen Testament
nach den allgemeinen Vorschriften (§ 2253 Abs. 1 BGB) grundsätzlich frei widerruflich
sind (Form: §§ 2254–2258 BGB, in der Regel durch Testament),[41] ist bei wechselbezüglichen Verfügungen ein Schutz des Vertrauens des anderen Teils erforderlich. So bestimmt
§ 2271 Abs. 2 S. 1 BGB, dass das Widerrufsrecht mit dem Tode eines Ehegatten erlischt,
sofern der Überlebende nicht das ihm Zugewandte ausschlägt oder die Fälle des §§ 2294,
2336 BGB einschlägig sind. Der Widerruf zu Lebzeiten ist formbedürftig und muss dem
anderen Ehegatten zugehen. Da der **Widerruf** eine letztwillige Verfügung ist, kann er
nicht von einem Vertreter (auch nicht vom gesetzlichen) erklärt werden (nur höchstpersönlich) und erfordert Testierfähigkeit. **Ein Betreuer kann widerrufen,** wenn er
testierfähig ist (§ 1903 Abs. 2 BGB); auch gegenüber einem testierunfähigen Widerrufs-
gegner kann widerrufen werden. Ausfertigungen der Erklärung müssen dem (zumindest
Vermögens-)Betreuer[42] (§ 131 BGB), sollen auch dem Gegner selbst zugehen. Ist der
widerrufende Ehegatte selbst Betreuer, kann ihm nicht zugestellt werden (§ 181 BGB); es
ist ein Ergänzungspfleger zu bestellen.

20 Zu Lebzeiten beider Ehegatten ist der Widerruf noch möglich (§ 2271 Abs. 1 S. 1
BGB), er muss jedoch in notariell beurkundeter Form (nicht durch Vertreter!) erfolgen
(§§ 2271 Abs. 1 S. 1, 2296 Abs. 2 S. 2 BGB). Diesem Formerfordernis liegt die ratio
zugrunde, dass der andere Ehegatte zuverlässig vom Widerruf Kenntnis erlangen muss –
nötig ist nach § 2296 Abs. 2 S. 1 BGB der Zugang nach §§ 130 f. BGB (nicht notwendig
durch den Gerichtsvollzieher) an den anderen Vertragspartner, wobei eine **Ausfertigung**
(§ 47 BeurkG) des notariellen Widerrufsprotokolls gefordert wird.[43] Der BGH hebt hervor,
dass ein Notar, der es übernimmt, dem anderen Ehegatten eine Ausfertigung der Wider-
rufsverhandlung durch den Gerichtsvollzieher zustellen zu lassen, diese Aufgabe als Amts-
geschäft erledigt, das er nicht ohne nähere Weisung und Überwachung dem Büropersonal
überlassen darf. Der Notar haftet für die Erfüllung seiner Amtspflicht nicht nur dem
Erblasser, sondern auch allen Personen, die beim Erbfall entweder als gesetzliche Erben
oder als testamentarisch Bedachte ein Erbrecht oder einen erbrechtlichen Anspruch haben
würden, wenn der Widerspruch wirksam wäre. Nur mit der Kenntnis des Widerrufs kann
der andere Ehegatte sich nämlich auf die veränderte Lage einstellen und seine eigenen
Verfügungen gegebenenfalls entsprechend ändern. Deswegen wird es auch zu Recht als
unzulässiger Widerruf betrachtet, wenn der Widerrufende die **Anweisung gibt, den
Widerruf erst nach seinem Tod dem anderen Teil zu übermitteln.** Obwohl nach
§ 130 Abs. 2 BGB der Tod auf die Wirksamkeit des Widerrufs keinen Einfluss hat, ist ein
derartiges Vorgehen als rechtsmissbräuchlich abzulehnen, da es darauf abzielt, dem anderen

---

[41] Palandt/*Weidlich* § 2271 Rn. 6 mwN.
[42] OLG Nürnberg NJW 2013, 2909. Nicht ausreichend ist es, wenn der Betreuer für den Aufgabenkreis
„Postvollmacht" bestellt ist: OLG Karlsruhe BeckRS 2015, 11818.
[43] BGHZ 36, 201; 31, 5; dazu auch *Dilcher* JZ 1968, 188.

Teil treuwidrig die Möglichkeit der gemeinschaftlichen und abgestimmten Veränderung des gemeinsamen Testaments abzuschneiden.[44] Zur Zustellung nach dem Tode des Widerrufenden hat der BGH[45] die Zustellung einer Abschrift als nicht ausreichend angesehen. Er hat offengelassen, ob der Rechtsprechung des Reichsgerichts und des IV. Zivilsenats zu folgen sei, wonach durch einen zu notariellem Protokoll erklärten Widerruf, der dem anderen Ehegatten erst nach dem Tod des Widerrufenden von dem hiermit beauftragten Notar zugestellt wird, ein gemeinschaftliches Testament aufgehoben werden könne.[46] Dies gelte jedenfalls nur, falls die Widerrufserklärung in wirksamer Weise dem überlebenden Ehegatten „alsbald", nämlich zu einem Zeitpunkt zugestellt wird, zu dem er sich von den Bindungswirkungen des gemeinschaftlichen Testaments durch Ausschlagung der Erbschaft befreien kann, also nicht mehr nach Annahme der Erbschaft. Einseitiges Widerrufstestament oder inhaltlich widersprechende Verfügungen können eine wechselbezügliche Verfügung nicht aufheben (§ 2271 Abs. 1 S. 2 BGB).

Daraus kann man den Gegenschluss ziehen, dass beide Ehegatten **gemeinschaftlich ihre** **21** **wechselbezüglichen Verfügungen aufheben** können. Dafür gibt es folgende zulässige **Möglichkeiten:**

– gemeinsames Widerrufstestament (§ 2254 BGB),
– gemeinsames widersprechendes Testament (§ 2258 BGB) – wobei genügt, dass ein Teil seine wechselbezügliche Verfügung aufhebt und der andere mitunterzeichnet, da dann nach § 2270 Abs. 1 BGB die wechselbezügliche Verfügung des anderen Teils automatisch unwirksam ist –,
– Erbvertrag (§ 2289 Abs. 1 BGB),
– gemeinschaftliche Rücknahme aus der öffentlichen Verwahrung (§ 2272 BGB)
– oder auch einvernehmliche Vernichtung der Urkunde beziehungsweise Streichung der wechselbezüglichen Verfügungen.[47] Eine eigenmächtige Vernichtung oder Veränderung eines gemeinschaftlichen Testaments führt nur zum Widerruf der eigenen einseitigen Verfügungen; die wechselbezüglichen Verfügungen bleiben wirksam. Es können sich aber Beweisschwierigkeiten ergeben.[48] Ein wirksamer Widerruf hat zur Folge, dass auch die wechselbezügliche Verfügung des anderen Ehegatten nichtig ist (§ 2270 Abs. 1 BGB). Eine durch die wechselbezügliche Verfügung aufgehobene letztwillige Verfügung wird wirksam (vorbehaltlich eines anderen Auslegungsergebnisses). Ein Widerruf des Widerrufs ist unzulässig, § 2257 BGB ist nicht anwendbar.[49]

Die **Folge der Unwirksamkeit einer späteren einseitigen Verfügung** tritt nach **22** § 2271 Abs. 1 S. 2 BGB nur ein, wenn eine solche die betreffenden (früheren) Verfügungen des gemeinschaftlichen Testaments aufheben würde. Aus § 2258 Abs. 1 BGB ergibt sich, dass eine spätere Verfügung eine frühere nur insoweit aufhebt, als sie mit ihr in Widerspruch steht. Das bedeutet, dass auch eine einseitige Änderung des gemeinschaftlichen Testaments nur insoweit unwirksam ist, als sie mit den früheren wechselbezüglichen Verfügungen in Widerspruch steht. Außerdem muss dadurch auch der andere Teil in seiner Rechtsstellung beeinträchtigt sein, weil ansonsten die ratio des § 2271 Abs. 1 BGB verfehlt und der änderungswillige Ehegatte ungerechtfertigt in seiner Testierfreiheit eingeschränkt würde. Daraus folgt beispielsweise, dass eine spätere einseitige Änderung dann wirksam ist, wenn der bedachte Ehegatte oder Dritte ersatzlos weggefallen ist infolge Vorversterbens (§§ 1923, 2160), Erb- oder Zuwendungsverzicht (§ 2352), Ausschlagung; dies gilt nicht, wenn an die Stelle des Weggefallenen ein Ersatzerbe tritt (§§ 2096, 2069) und die Ersatzerbenberufung wechselbezüglich ist.[50]

---

[44] Palandt/*Weidlich* § 2271 Rn. 7; BGH NJW 1953, 938.
[45] BGH NJW 1968, 496 mit Anmerkungen von *Dilcher* JZ 1968, 185.
[46] RGZ 65, 270; BGHZ 9, 233.
[47] Palandt/*Weidlich* § 2271 Rn. 2.
[48] Siehe hierzu OLG Hamm OLGZ 1967, 79.
[49] Staudinger/*Kanzleiter* § 2271 Rn. 26.
[50] BayObLG FamRZ 1995, 251; Palandt/*Weidlich* § 2271 Rn. 13.

23   **Unwirksam, weil beeinträchtigend sind nachträgliche**

– Einsetzung eines **Nacherben;**
– **Beschwerung des bedachten Schlusserben** durch ein **Vermächtnis;**[51]
– **Beschwerung des Bedachten durch Anordnung der Testamentsvollstreckung**[52] oder der Erweiterung der Befugnisse eines Testamentsvollstreckers;[53] keine Beeinträchtigung ist die bloße Auswechslung der Person des Testamentsvollstreckers, wenn es nach dem Willen beider Ehegatten nicht gerade auf die Person ankam.[54] Der überlebende Ehegatte kann eine angeordnete Testamentsvollstreckung aufheben.[55] Eine Änderung kann zulässig sein, wenn sie einer ergänzenden Testamentsauslegung entspricht;[56]
– wertverschiebende Teilungsanordnungen[57] mit Ausgleich zulässig.[58]

Unzulässig ist eine spätere divergierende Verfügung also nur dann, wenn der Bedachte noch lebt. Die Verfügung ist nur **schwebend unwirksam;** sie wird wirksam, wenn der bedachte Ehegatte als erster verstirbt und der überlebende Ehegatte für die Zeit nach dem Tod des Erstversterbenden nicht gebunden ist. Ist ein Ehegatte vorverstorben, so betrifft die Unwirksamkeitsfolge des § 2271 Abs. 1 S. 2 BGB folglich nur Verfügungen, die die Rechtsstellung eines lebenden bedachten Dritten beeinträchtigen würden. Hat der Bedachte zu Lebzeiten bereits selbst wirksam widerrufen, so ist damit die entsprechende wechselbezügliche Verfügung des anderen Teils unwirksam,[59] sodass sich die Frage der Bindungswirkung gar nicht mehr stellt.

24   Zu Lebzeiten beider Ehegatten besteht **keine Einschränkung** ihrer **lebzeitigen Verfügungsbefugnis.**

Ist der Überlebende Vorerbe geworden, kommt es hinsichtlich des geerbten Nachlasses auf seine Beschränkungen als (eventuell befreiter) Vorerbe an (§§ 2113 Abs. 2, 2136, 2137 BGB). Bei der Verfügung über sein eigenes Vermögen ist er weiterhin frei.

Ist der Überlebende Vollerbe geworden, ist er in seiner Verfügungsbefugnis zu seinen Lebzeiten frei.

Dies lässt sich aus § 2286 BGB herleiten, da die Situation der Bindungswirkung bei wechselbezüglichen Verfügungen im gemeinschaftlichen Testament mit der im Erbvertrag vergleichbar ist. Im Übrigen sind anerkanntermaßen auch §§ 2287, 2288 BGB analog anwendbar. Aus § 2287 BGB folgt mithin, dass eine mit Benachteiligungsabsicht gegenüber dem bedachten Dritten vorgenommene Schenkung (eine Benachteiligung des anderen Ehegatten kommt wieder wegen des Vorversterbens nicht mehr in Betracht) einen Bereicherungsanspruch des Dritten gegen den Beschenkten auslöst.

Nach nunmehr herrschender Meinung verstoßen solche den Nachlass schmälernden Rechtsgeschäfte unter Lebenden grundsätzlich nicht gegen § 134 BGB und nur in Ausnahmefällen gegen § 138 BGB. Denkbar ist im Einzelfall eine Haftung des Vertragspartners nach § 826 BGB.[60] Die beim Erbvertrag entwickelten Grundsätze gelten auch hier (→ § 13 Rn. 1 ff.).[61]

4. Anfechtung durch den überlebenden Ehegatten

25   Die vorher wegen der Widerrufsmöglichkeit überflüssige **Anfechtung wechselbezüglicher Verfügungen** kommt nun in Betracht.

---

[51] BayObLG Rpfleger 1989, 457 (458).
[52] BGH FamRZ 1964, 502; 1969, 207; OLG Köln FamRZ 1990, 1402; BayObLG FamRZ 1991, 111.
[53] *Reimann/Bengel/Mayer* § 2271 Rn. 34.
[54] OLG Stuttgart OLGZ 1979, 49 (52).
[55] KG FamRZ 1977, 485; OLG Hamm ZEV 2001, 271; Palandt/*Weidlich* § 2271 Rn. 14.
[56] OLG Hamm FamRZ 1996, 637; KG DNotZ 1967, 438.
[57] OLG Braunschweig ZEV 1996, 69 (70).
[58] BGHZ 82, 274; aber streitig, s. Palandt/*Weidlich* § 2271 Rn. 14 mwN.
[59] § 2270 Abs. 1 BGB.
[60] Palandt/*Weidlich* § 2271 Rn. 10.
[61] BGHZ 82, 274; 87, 19.

a) Der **Überlebende kann** die **Verfügungen des Erstverstorbenen** (die einseitigen und wechselbezüglichen) nach § 2078 BGB, nicht jedoch nach § 2079 BGB (dies kann nur der übergangene Pflichtteilsberechtigte, § 2080 Abs. 3 BGB) anfechten. Soweit der Überlebende enterbt ist, scheidet § 2079 BGB ebenfalls aus, da dies bewusst geschehen ist.

b) Der Überlebende kann **auch seine eigenen wechselbezüglichen Verfügungen** entsprechend den Regelungen zum Erbvertrag **anfechten,**[62] sofern er nicht gemäß § 2271 Abs. 1 S. 1 BGB ausgeschlagen hat und auch keine Aufhebung der Bindung gemäß §§ 2271 Abs. 2 S. 2, 2294, 2336 BGB möglich ist.[63] Hauptfall der Anfechtung ist die Wiederverheiratung (eventuell mit Kindern aus der neuen Ehe) und die Adoption von Kindern. Bei der Selbstanfechtung nach §§ 2078, 2079 BGB ist zu beachten, dass es nicht darauf ankommt, was der Anfechtende in seiner Anfechtungserklärung erklärt hat, sondern was er oder die Ehegatten im Zeitpunkt der Testamentserrichtung gewollt haben oder, wenn sie die tatsächliche Entwicklung bedacht hätten, gewollt hätten.[64]

Bezüglich **Form und Frist** sind die §§ 2282, 2283 BGB analog zu beachten (notariell, **26** 1 Jahr ab Kenntnis des überlebenden Ehegatten vom Anfechtungsgrund, aber nicht vor dem Tod des Erstverstorbenen (zur Bedeutung von fehlender Erinnerung an das Testament oder den Einfluss von Rechtsirrtümern beim Fristenablauf.[65] Nach wie vor **unzulässig ist jedoch die Anfechtung einer einseitigen Verfügung** durch den überlebenden Ehegatten, da er eine solche einfach widerrufen könnte.

5. Anfechtung durch Dritte

Auch **Dritte** können Verfügungen in gemeinschaftlichen Testamenten gemäß §§ 2078, **27** 2079, 2080 BGB durch Erklärung gegenüber dem Nachlassgericht[66] (§ 2081 BGB) anfechten, wenn ihnen der Wegfall des gemeinschaftlichen Testaments (oder einzelner Verfügungen) unmittelbar zustatten kommt.[67] Vermächtnisse fallen nach allgemeiner Meinung nicht unter § 2081 BGB und müssen deshalb nach allgemeiner Regel (§ 143 Abs. 4 S. 1 BGB) durch formlose Erklärung gegenüber demjenigen angefochten werden, der aus der Verfügung unmittelbar einen rechtlichen Vorteil erlangt (Vermächtnisnehmer).[68]

Das Anfechtungsrecht des Dritten entsteht jedoch erst mit dem Tode desjenigen, dessen Verfügung angefochten werden soll; auch die **Anfechtungsfrist** (§ 2082 BGB) beginnt nicht vorher zu laufen.[69] Für die Anfechtung einer wechselbezüglichen Verfügung des **erstversterbenden Ehegatten** im gemeinschaftlichen Testament gilt § 2285 BGB nicht entsprechend, denn für eine analoge Anwendung dieser Vorschrift auf die Drittanfechtung fehlt es an der vergleichbaren Interessenlage, die für eine Analogie neben einer planwidrigen Regelungslücke erforderlich ist.[70]

Für die Anfechtung von letztwilligen Verfügungen **des Überlebenden durch Dritte gilt** jedoch § 2285 BGB entsprechend.[71] Ein Dritter kann danach nicht mehr anfechten, wenn der zuletzt verstorbene Ehegatte das Recht, die Verfügung aus demselben Grund

---

62 BGHZ 37, 331 (333); BayObLG FamRZ 2000, 1331.
63 *Reimann/Bengel/Mayer* § 2271 Rn. 82.
64 BayObLGZ 1989, 116 (119); NJWE-FER 1997, 13; OLG Hamm NJW 1972, 1088 f.
65 Palandt/*Weidlich* § 2271 Rn. 29.
66 KG FamRZ 1977, 271.
67 HM, zB BayObLG FamRZ 2004, 1068.
68 KG FamRZ 1977, 271.
69 So hM, MüKoBGB/*Musielak* § 2271 Rn. 42; Palandt/*Weidlich* § 2271 Rn. 31 mwN wohl auch Bay-ObLG FamRZ 2004, 1068; aA OLG Frankfurt MDR 1959, 393 die die Frist des § 2082 analog § 2285 auch für die Anfechtung von Verfügungen des Überlebenden bereits mit dem ersten Todesfall laufen lassen wollen, obwohl dessen Verfügungen erst mit seinem Tod angefochten werden können.
70 BGH NJW 2016, 2566; OLG München DNotZ 2015, 215 (219).
71 HM; OLG München DNotZ 2017, 215 (219); BayObLG NJW-RR 1992, 1223 (1224); MüKoBGB/*Musielak* § 2271 Rn. 43 mwN.

anzufechten, verloren hat. Die für den Erblasser geltende einjährige Ausschlussfrist kann jedoch nicht laufen, wenn dieser sich in einem beachtlichen Irrtum über eine Tatsache befunden hat, die ihn zur Anfechtung seiner Verfügung berechtigt hätte.[72]

28   **Form und Frist der Anfechtung:** Die **Selbstanfechtung** durch den überlebenden Erblasser bedarf gemäß § 2282 BGB analog der notariellen Beurkundung.[73] Die Jahresfrist analog § 2283 BGB beginnt frühestens mit dem Tod des erstverstorbenen Ehegatten, da erst dann die Anfechtungsmöglichkeit entsteht (bis dahin nur Widerrufsmöglichkeit). Die 30-jährige Frist des § 2082 Abs. 3 gilt nicht.[74]

Bei der **Anfechtung durch Dritte** bedarf die Erklärung nicht der notariellen Form, da § 2081 BGB und nicht § 2282 BGB gilt.[75] Die Anfechtungsfrist (§ 2082 BGB) beginnt nicht vor dem Tode desjenigen Ehegatten, dessen Verfügung angefochten wird. S. hierzu näher Rn. 1.206.

29   **Wirkung der Anfechtung:** Die angefochtene Verfügung wird von Anfang an nichtig (§ 142 Abs. 1 BGB), ebenso die Verfügung, die mit ihr in einer Beziehung der Wechselbezüglichkeit steht (§ 2270 Abs. 1 BGB), sodass rückwirkend auf den ersten Erbfall insoweit gesetzliche Erbfolge eintritt, falls nicht etwa eine durch die angefochtene Verfügung widerrufene Verfügung wieder auflebt.

Ob diese Folge eintritt, in welchem Umfang und welche Teile der letztwilligen Verfügung von der Nichtigkeit erfasst werden, ist analog § 2085 BGB zu behandeln. Auch die ergänzende Testamentsauslegung ist zu berücksichtigen.

Die Wirksamkeit einer Anfechtung kann im Rahmen einer Feststellungsklage (§ 256 ZPO) geklärt werden.[76]

6. Ausschlagung

30   Nach § 2270 Abs. 2 S. 1 Hs. 2 BGB kann sich der überlebende Ehegatte von der Bindungswirkung befreien, indem er das ihm Zugewandte ausschlägt. Rechtsfolge der Ausschlagung ist einerseits, dass der überlebende Ehegatte seine uneingeschränkte Testierfreiheit wiedererlangt. Andererseits werden seine eigenen wechselbezüglichen Verfügungen jedoch nicht per se unwirksam, vielmehr erhält er lediglich das Recht, neu zu testieren.[77]

Dieses Recht ist – anders als beim Erbvertrag – nicht abdingbar.[78] Dann entfällt die Gefahr der treuwidrigen einseitigen Bereicherung des überlebenden Teils und damit die ratio der Bindung. Wenn dem überlebenden Ehegatten nichts zugewendet wurde, kann er auch nicht ausschlagen, um seine Testierfreiheit wieder zu gewinnen. Wurde nur ein Dritter wechselbezüglich bedacht, führt jedoch dessen Ausschlagung ebenfalls dazu, dass nach der ratio legis die Bindung entfällt.[79] Sind der Ehegatte und ein Dritter bedacht, genügt die Ausschlagung des überlebenden Ehegatten.[80] Auch eine wirtschaftlich wertlose Zuwendung muss ausgeschlagen werden.[81] Eine Frage der individuellen Auslegung ist es, ob im Falle der fehlenden Zuwendung eine Enterbung anzunehmen ist oder ob der Erblasser der gesetzlichen Erbfolge freien Lauf lassen wollte, jedenfalls muss hier nicht ausgeschlagen werden.[82]

---

[72] BGH NJW 1970, 279; BayObLG NJW-RR 1992, 1223 (1224): dort irrte der Erblasser über die Wirksamkeit der Schlusserbeneinsetzung.
[73] OLG Düsseldorf DNotZ 1972, 42; BGH FamRZ 1970, 80.
[74] *Reimann/Bengel/Mayer* § 2271 Rn. 89.
[75] MüKoBGB/*Musielak* § 2271 Rn. 44.
[76] OLG Celle MDR 2003, 813.
[77] MüKoBGB/*Musielak* § 2271 Rn. 22.
[78] *Reimann/Bengel/Mayer* § 2271 Rn. 41.
[79] So auch Soergel/*Wolf* § 2271 Rn. 20; der Normzweck steht hier der Analogie nicht entgegen (anders *Reimann/Bengel/Mayer* § 2271 Rn. 42).
[80] MüKoBGB/*Musielak* § 2271 Rn. 24.
[81] BGH MDR 1961, 402.
[82] NK-BGB/*Müßig* § 2271 Rn. 53.

Streitig ist, ob der überlebende Ehegatte, dem etwas zugewendet wurde, auch sein **31** gesetzliches Erbrecht ausschlagen muss, um sich von der Bindung zu befreien. Der Wortlaut des § 2271 Abs. 2 S. 1 BGB spricht zunächst gegen eine derartige Annahme: Das „ihm Zugewendete" ist sicher nicht der gesetzliche Erbteil, denn dieser wird dem Ausschlagenden gerade nicht vom anderen Ehepartner zugewendet, vielmehr besteht er kraft Gesetzes.[83] Allerdings wird vertreten, dass sich die Ehegatten bei Abfassung des gemeinschaftlichen Testaments regelmäßig einer solchen „Umgehungsmöglichkeit" nicht bewusst gewesen seien,[84] weswegen nach dieser Ansicht die Testierfreiheit nur dann wiedererlangt werden kann, wenn der Ausschlagende ein Opfer erbringt, was nach dieser Ansicht (nur) dann vorliegt, wenn der gesetzliche Erbteil wesentlich hinter dem zugewandten willkürlichen zurückbleibt; dies soll bei einer Abweichung von ¼ nicht der Fall sein soll.[85] *Kanzleiter* widerspricht dieser Auffassung zu Recht.[86] Das Gesetz sieht keine „Vertragsstrafe" vor; es liegt auch keine unzulässige Rechtsausübung vor.[87] Dass sich Ehegatten einer „Umgehungsmöglichkeit" nicht bewusst gewesen seien, ist letztlich eine Fiktion, die herangezogen werden muss, um das gewünschte Ergebnis zu rechtfertigen. Es muss vielmehr im Wege der (individuellen) ergänzenden Auslegung der Verfügung geklärt werden, ob der zuwendende Ehegatte den ausschlagenden Ehegatten für den Fall der Ausschlagung (stillschweigend) enterbt hat, was im Testament aber nach allgemeinen Grundsätzen zumindest angedeutet sein muss. Grundsätzlich erscheint es bedenklich, generell von einer fiktiven Enterbungsabsicht beider Ehegatten auszugehen.[88] Naheliegt eine derartige Absicht hingegen dann, wenn der Ehegatte auf einen geringeren Erbteil eingesetzt ist, als ihm nach dem Gesetz zustünde.[89] Lässt sich eine derartige Absicht nicht im Wege der Auslegung ermitteln, bleibt es dabei, dass der ausschlagende Ehegatte seine Testierfreiheit auch dann zurück erlangt, wenn er den gesetzlichen Erbteil annimmt.

Zur Beseitigung der Bindungswirkung genügt die Ausschlagung allein nicht, vielmehr **32** muss der überlebende Ehegatte seine eigene Verfügung widerrufen.[90] Dabei scheiden Widerruf gemäß § 2255 BGB (Vernichtung der Urkunde) und § 2256 BGB (Rücknahme aus der amtlichen Verwahrung) aus, weil sie einseitig nicht vorgenommen werden können.

Infolge des Widerrufs der eigenen Verfügung entfällt auch die wechselbezügliche Verfügung des Erstverstorbenen (§ 2270 Abs. 2 BGB). Der ursprünglich eingesetzte überlebende Ehegatte wird – unter den oben genannten Voraussetzungen – gesetzlicher Erbe. Gleichzeitig entfällt auch eine Schlusserbeneinsetzung und eine für diesen Fall durch Auslegung ermittelte eventuelle Ersatzerbenstellung des Schlusserben.

J. Mayer ist hier unter Berufung auf das BayObLG[91] der Meinung, dass „regelmäßig" die Annahme einer Beschränkung der Wechselbezüglichkeit geboten sei, um den Bestand der Ersatzerbeneinsetzung zu sichern.[92] Das scheint mir zu weit zu gehen. Auch das BayObLG stützt seine Entscheidung nicht allein auf die Lebenserfahrung, sondern auf den geäußerten Willen der Ehefrau, dem Sohn das Anwesen zu sichern. Aber auch auf den Willen der Ehefrau allein kann es nicht ankommen. Bei der ergänzenden Auslegung der Willensrichtung des Ehemannes wird diese Willensrichtung unter Umständen nicht so zu ermitteln sein. Wenn diese nicht zu ermitteln ist, dürfte die mutmaßliche hypothetische Auslegung wohl durchaus bei der gesetzlichen Erbfolge landen. Immerhin wurde nicht Vor- und

---

[83] Ebenso BeckOGK/*Braun* BGB § 2271 Rn. 82.
[84] NK-BGB/*Müßig* § 2271 Rn. 56.
[85] KG NJW-RR 1991, 330; Bamberger/Roth/*Litzenburger* § 2271 Rn. 27.
[86] Staudinger/*Kanzleiter* § 2271 Rn. 43; aA OLG München DNotZ 1937, 338; KG NJW-RR 1991, 330; offen lassend BayObLG FamRZ 1991, 1232.
[87] *Reimann/Bengel/Mayer* § 2271 Rn. 43.
[88] *Reimann/Bengel/Mayer* § 2271 Rn. 43.
[89] Staudinger/*Kanzleiter* § 2271 Rn. 43.
[90] MüKoBGB/*Musielak*, § 2271 Rn. 22; KG KGJ 48, A 99 (101 f.).
[91] BayObLG ZEV 1996, 188.
[92] *Reimann/Bengel/Mayer* §§ 2270 Rn. 18, 2271 Rn. 47.

Nacherbfolge gewählt und dem Sohn steht als Schlusserben der Pflichtteil aus dem gesamten Nachlass zu.

33   Stirbt der überlebende Ehegatte noch vor Ablauf der Ausschlagungsfrist ohne die Erbschaft angenommen zu haben, geht das Ausschlagungsrecht auf die Erben über (§§ 1952, 2180 Abs. 3 BGB). Ob dies auch gilt, wenn die Ausschlagung dazu dient, bei einem gemeinschaftlichen Testament die Testierfreiheit wieder zu erlangen, ist streitig.[93] Wird der Ausschlagungswillige erst durch eine wirksame Ausschlagung Erbe, fehlt es jedoch bereits mangels Erbenstellung an der Ausschlagungsbefugnis.[94]

7. Entfallen der Bindungswirkung

a) §§ 2271 Abs. 2 S. 2 und Abs. 3 iVm §§ 2299, 2336, 2289 Abs. 2 BGB:

34   Der überlebende Ehegatte kann seine wechselbezügliche Verfügung auch anfechten, wenn sich der in der Verfügung Bedachte einer Verfehlung gegenüber dem verstorbenen oder überlebenden Ehegatten schuldig gemacht hat, die dem überlebenden Ehegatten das Recht gibt, ihm den Pflichtteil gemäß §§ 2333 ff. zu entziehen oder ihn dazu berechtigen würde, falls der Bedachte sein Abkömmling wäre,[95] §§ 2271 Abs. 2 S. 2 iVm 2294 und 2333 ff. BGB. Die nachträgliche Verzeihung hindert die Aufhebung der Verfügung nicht, da auf § 2337 S. 2 BGB nicht verwiesen wird.[96] Die Aufhebung bewirkt nicht die Unwirksamkeit der wechselbezüglichen Verfügung des verstorbenen Ehegatten, da von einer stillschweigenden Ermächtigung hierzu auszugehen ist (anders, wenn eine Verfehlung des verstorbenen gemäß § 2335 BGB erst nach dem gemeinschaftlichen Testament begangen wurde und dies dem Überlebenden erst nach dem Tod des erstverstorbenen Ehegatten bekannt wurde).

Relevant sind nur Verfehlungen, die nach dem Tod des Erstverstorbenen begangen wurden oder nach Errichtung des gemeinschaftlichen Testaments begangen, aber erst nach dem Tod des Erstverstorbenen bekannt geworden sind; frühere Verfehlungen spielen keine Rolle.[97] Der Überlebende kann seine Verfügung gemäß § 2336 aufheben durch letztwillige Verfügung, die den Grund der Aufhebung angibt (der bei Anfertigung der Verfügung noch bestehen muss).

Die testamentarische Aufhebung führt wegen Spezialität zur Wiederherstellung der Testierfreiheit; sie führt nicht zum Wegfall im Sinne des § 2069 BGB und damit auch nicht zum Eintritt der Ersatzerbschaft.[98]

b) §§ 2271 Abs. 3, 2289 Abs. 2 BGB

35   Ist der Bedachte ein pflichtteilsberechtigter Abkömmling eines oder beider Ehegatten, ist eine **Pflichtteilsbeschränkung in guter Absicht** wie beim Erbvertrag zulässig (bei Verschwendung oder Überschuldung, die den späteren Erwerb erheblich gefährdet).

Die beschränkende Anordnung kann gemäß § 2336 BGB nur durch letztwillige Verfügung erfolgen, die den Grund der Beschränkung angibt (der dem Gesetz entsprechen muss). Die Beschränkung kann jeder Ehegatte zu Lebzeiten beider Ehegatten und auch der überlebende Ehegatte einseitig anordnen.[99] Beschränkt werden können nur eigene Zuwendungen (also des beschränkenden Ehegatten); betroffen sein können auch einseitige Abkömmlinge des anderen Ehegatten.[100]

---

[93]   Streitstand s. *Reimann/Bengel/Mayer* §§ 2270 Rn. 18, 2271 Rn. 45; nach aA steht das Recht nur dem überlebenden Ehegatten zu, wofür einiges spricht; offen gelassen von OLG Zweibrücken Rpfleger 2005, 26 (27).
[94]   OLG Zweibrücken Rpfleger 2005, 26 (27).
[95]   RGZ 63, 120.
[96]   MüKoBGB/*Musielak* § 2271 Rn. 29; *Reimann/Bengel/Mayer* § 2771 Rn. 52.
[97]   *Reimann/Bengel/Mayer* § 2271 Rn. 48.
[98]   Soergel/*Wolf* § 2271 Rn. 30; BayObLG 1963, 271.
[99]   MüKoBGB/*Musielak* § 2271 Rn. 30.
[100] MüKoBGB/*Musielak* § 2271 Rn. 30.

Die Anordnungen können sein die Einsetzung des Bedachten mit der Zuwendung oder dem Pflichtteil als Vorerbe oder Vorvermächtnisnehmer und die gesetzlichen Erben des Bedachten als Nacherben beziehungsweise Nachvermächtnisnehmer. Die Verwaltung kann auf Lebenszeit des Abkömmlings einem Testamentsvollstrecker übertragen werden, wobei ihm ein Anspruch auf den jährlichen Reinertrag verbleibt. Die Anordnungen sind unwirksam, wenn der Grund beim Erbfall nicht mehr vorliegt (§ 2338 Abs. 2 S. 2 BGB).

8. Freistellungsklauseln und Änderungsvorbehalte

Schließlich können sich die Ehegatten auch noch durch die Vereinbarung eines **Ände-** 36 **rungsvorbehaltes** im gemeinschaftlichen Testament von der Bindung befreien **(Freistellungsklausel)** oder sie auch nur einschränken. Eine solche Befugnis kann ein Ehegatte dem anderen auch nachträglich durch einseitige letztwillige Verfügung zugestehen. Enthält das gemeinschaftliche Testament einen solchen Vorbehalt, ist durch Auslegung nach dem Willen beider Eheleute genau zu prüfen, ob wirklich eine Befreiung gemeint war und welchen Inhalt und Umfang diese haben sollte. So ist etwa die häufige **Formulierung, der Überlebende dürfe frei verfügen,** im Zweifel nur auf Verfügungen unter Lebenden zu beziehen.[101] Stellen Ehegatten die einseitige Aufhebung einer Verfügung durch Änderungstestament schon zu Lebzeiten in das Belieben des Ehegatten, ist die Verfügung nicht wechselbezüglich. Anders ist dies bei der Erlaubnis, nach dem Tod des anderen Ehegatten **eigene** wechselbezügliche Verfügungen einseitig aufzuheben oder zu ändern: Diese Verfügungen hören nicht auf, wechselbezüglich zu sein.[102] Ein **Aufhebungsvorbehalt** kann auch durch **Auslegung** ermittelt werden; so etwa bei der **Pflichtteilsstrafklausel,** wenn der Abkömmling bereits beim Tod des Erstversterbenden seinen Pflichtteil geltend macht. Der Überlebende soll dann nicht mehr an die Schlusserbeneinsetzung gebunden sein.[103]

Ein Aufhebungsrecht kann auch stillschweigend eingeräumt werden oder durch ergänzende Testamentsauslegung gefunden werden;[104] dabei ist jedoch Zurückhaltung angebracht.[105]

Wegen § 2065 ist nur eine Befugnis zur einseitigen Änderung **eigener** Verfügungen zulässig. Der Überlebende kann ermächtigt werden, die Einsetzung eines Dritten als Erbe nach dem Letztverstorbenen abzuändern; dies ist keine Frage des § 2065 BGB, weil es sich hier um eine Verfügung des Überlebenden handelt.[106]

Der als Vorerbe eingesetzte Überlebende kann jedoch auch ermächtigt werden, eine vom Erstverstorbenen angeordnete Nacherbschaft[107] oder Vermächtnis[108] abzuändern oder aufzuheben (→ § 10 Rn. 20). Die Einsetzung des Nacherben oder die Anordnung des Vermächtnisses wird dabei als auflösend bedingt, dass der Überlebende nicht anderweitig testiert (ändert/widerruft), angesehen. Dies ist auch bei der befreiten Vorerbschaft möglich.[109] Bei der Wiederverheiratungsklausel (Ehegatte verliert bei Wiederverheiratung ganz oder teilweise seine Erbstellung oder die die sonst ihm zugedachten Zuwendungen) ist regelmäßig von einer Befugnis des Überlebenden auszugehen, seine wechselbezüglichen Verfügungen im gemeinschaftlichen Testament zu ändern.[110]

---

[101] BayObLGZ 1985, 233 (240); vgl. auch BayObLG NJW-RR 89, 587; BayObLGZ 2002, 66 mwN.
[102] BGH FamRZ 1956, 83.
[103] BayObLG MittBayNot 1990, 251.
[104] MüKoBGB/*Musielak* § 2271 Rn. 31; Palandt/*Weidlich* § 2271 Rn. 21.
[105] BayObLG FamRZ 1991, 1488; *Schmucker* MittBayNot 2001, 526 (532 f.).
[106] BayObLG FamRZ 1987, 638 (639).
[107] BayObLG FamRZ 1991, 1488; OLG Frankfurt Rpfleger 1997, 262.
[108] LG München II ZEV 1995, 373 (374).
[109] OLG München NJW-RR 2016, 976.
[110] BayObLG NJW 1962, 1727; NJW-RR 2002, 366 (367); KG FamRZ 1968, 332; OLG Köln FamRZ 1976, 552; OLG Karlsruhe NJW 1961, 1410; MüKoBGB/*Musielak* § 2269 Rn. 62 mwN in Fn. 133; Reimann/Bengel/*Mayer* § 2269 Rn. 70 mit ausführlichen Hinweisen zu den von der hM abweichenden – insbesondere den differenzierenden – Lösungen, die er überzeugend für den Regelfall ablehnt.

37   **Form der Abänderung:** Die Abänderung erfordert analog § 2297 BGB nicht die notarielle, aber die **Form einer letztwilligen Verfügung.**[111] Die Abänderung durch Vernichtung der Urkunde ist nicht zulässig, da dies nach dem Tod des Überlebenden nicht mehr gemeinsam geschehen kann;[112] zulässig ist im Übrigen jede Art der letztwilligen Verfügung. § 2336 Abs. 2 BGB (Angabe eines Grundes) ist nicht analog anzuwenden.[113]

   Wirkung der Abänderung: Der Widerruf einer wechselbezüglichen Verfügung beseitigt zwar grundsätzlich gemäß § 2270 BGB auch die Verfügung des Erstverstorbenen; bei der Abänderungsbefugnis dürfte jedoch häufig nur der Wille zur Bindungsfreistellung ohne den Wegfall der Verfügung des Erstverstorbenen gegeben sein.[114] Es dürfte also häufig konkludent der gemeinsame Wille dahin auszulegen sein, § 2270 Abs. 1 BGB einschränken zu wollen.

9. Zuwendungsverzicht

38   Durch einen notariellen Zuwendungsverzichtsvertrag des überlebenden Ehegatten mit dem Schlusserben erlangt der Überlebende ebenfalls wieder seine Testierfreiheit. Er kann dann anders testieren, wobei das gemeinschaftliche Testament im Übrigen nicht berührt wird. Vorsorglich empfiehlt sich in einem derartigen Zuwendungsverzichtsvertrag eine ausdrückliche Regelung, dass hinsichtlich des verzichtenden Schlusserben auch keine Ersatzerbfolge eintritt.[115] Diese Möglichkeit bestand für Erbfälle vor dem 1.1.2010 nach § 2349 BGB aF,[116] mittlerweile wird nach § 2349 BGB nF vermutet, dass der Verzicht auch die Abkömmlinge erfasst.

IV. Berliner Testament

39   Eine besonders häufige Ausgestaltung des gemeinschaftlichen Testaments ist das Berliner Testament. Darunter versteht man, dass sich die Ehegatten (die Ausführungen gelten auch für Lebenspartner, § 10 Abs. 4 LPartG) gegenseitig als Alleinerben und einen Dritten oder mehrere Dritte, zum Beispiel einen oder mehrere gemeinsame Abkömmlinge als Erben des überlebenden Teils einsetzen. Eine solche Anordnung ist jedoch, was die gewünschte rechtliche Konstruktion betrifft, häufig nicht eindeutig und deshalb auslegungsbedürftig.

1. Einheits- oder Trennungslösung

40   **Zwei Möglichkeiten** kommen nach der gesetzlichen Regelung grundsätzlich in Betracht:
   Trennungsprinzip: Nach dem Tod des einen Teils wird der überlebende Ehegatte (meist befreiter – durch Auslegung zu ermitteln) **Vorerbe** und die Kinder (Dritten) **Nacherben.** Die Kinder kommen dann also erst mit dem Tod des überlebenden Ehegatten zum Zuge. Sie erben das Vermögen des Erstverstorbenen als Nacherben, das des Letztverstorbenen als („normale") Vollerben (Ersatzerben, für den Fall des eigenen Überlebens anstelle des Erstverstorbenen). Die beiden Vermögensmassen bleiben also rechtlich getrennt, daher die Bezeichnung „Trennungsprinzip". Eine getrennte Ausschlagung ist möglich wegen der verschiedenen Berufungsgründe.

41   **Einheitsprinzip:** Der überlebende Ehegatte wird hier **Vollerbe.** Der nunmehr im Eigentum des Überlebenden stehende gesamte Nachlass (daher die Bezeichnung „Einheitsprinzip") fällt bei dessen Tod den Kindern (Dritten) als **Schlusserben** zu. Diese sind also

---

[111]   OLG Stuttgart NJW-RR 1986, 632; OLG Hamm NJW-RR 1996, 1095.
[112]   OLG Hamm NJW-RR 1996, 1095, wobei dies wohl zu formalistisch ist: es liegt ja eine Zustimmung des Erstverstorbenen vor.
[113]   OLG Köln NJW-RR 1993, 275 (277).
[114]   So zu Recht Palandt/*Weidlich* § 2271 Rn. 24; Reimann/Bengel/*Mayer* § 2269 Rn. 75.
[115]   OLG München MittBayNot 2007, 226 (227).
[116]   MüKoBGB/*Wegerhoff* § 2352 Rn. 15.

konstruktiv von jedem Ehegatten als **Ersatzerben** für den Fall eingesetzt, dass der andere Teil zuerst verstirbt. Beim Tode des ersten Ehegatten wird der überlebende Teil **Vollerbe,** bei dessen Tod die Kinder Erben des Überlebenden. Die Abkömmlinge werden also nach dem Erstverstorbenen enterbt, verbunden mit der Einsetzung als Schlusserbe. Dieser erhält das beim Überlebenden vereinigte Gesamtvermögen, das heißt was beim Tod des Überlebenden noch vorhanden ist, als dessen Erbe. Der überlebende Ehegatte kann analog § 2286 BGB grundsätzlich **zu Lebzeiten** auch über das vom Erstverstorbenen erlangte Vermögen frei verfügen. Die erbvertraglichen Vorschriften über den Schutz des bedachten Dritten (§§ 2287, 2288 BGB), also der Schlusserben, sind analog anwendbar,[117] unter besonderen Umständen §§ 138, 826 BGB; sie führen aber nicht zur Unwirksamkeit, sondern bei Vorliegen der Voraussetzungen zu einem Bereicherungsanspruch gegen den Beschenkten nach dem Tod des Letztverstorbenen. Nach dem Tod des Erstverstorbenen ist der Überlebende aber bei wechselbezüglichen Verfügungen in seiner Testierfreiheit beschränkt (siehe oben).

Ein mit dem Berliner Testament vergleichbares Ergebnis können die Eheleute auch **42** erreichen, indem sie die Kinder (Dritten) bereits als Vollerben des Erstversterbenden einsetzen, den **Nießbrauch** am Nachlass aber durch **Vermächtnis** dem Überlebenden zuwenden. Dieses Vorgehen hat jedoch den Nachteil, dass dem überlebenden Ehegatten als Nießbraucher grundsätzlich keine Verfügungsbefugnis über Nachlassgegenstände zukommt, was meist nicht so gewollt sein dürfte.

Durch Auslegung ist zu ermitteln, ob die Ehegatten Einheits- oder Trennungsprinzip gewünscht haben. Für das Einheitsprinzip spricht die **Auslegungsregel** des § 2269 Abs. 1 BGB. Diese Regel ist aber erst dann anzuwenden, wenn die Auslegung kein Ergebnis gebracht hat. Wenn auch die Auslegungsregel des § 2269 Abs. 1 BGB nicht anzuwenden ist, bleibt es bei der Trennungslösung.[118]

Voraussetzung der Anwendung der Auslegungsregel ist, dass ein gemeinschaftliches Ehegattentestament vorliegt, in dem der überlebende Ehegatte **Alleinerbe** und **Vollerbe** ist und beide Ehegatten bestimmen, dass ein Dritter (Abkömmling oder sonstiger) nach dem Tod des Überlebenden das gesamte Erbe ganz oder teilweise als Erbe des Überlebenden erhält.

Nach allgemeinen Auslegungsregeln ist auch hier zwar vom Wortlaut auszugehen, der jedoch die Auslegung nicht beschränkt. Die Begriffe **Alleinerbe, Vorerbe, Nacherbe, Schlusserbe** sind deshalb auslegungsfähig, auch wenn sie in einem notariellen Testament vorkommen, mag auch eine gewisse Wahrscheinlichkeit in diesem Fall für den richtigen Wortgebrauch sprechen.[119]

Da unter **„Alleinerbe"** nicht zwingend **„Vollerbe"** zu verstehen ist,[120] muss geprüft werden, ob der Alleinerbe Vollerbe oder nur Vorerbe sein soll. Die Begriffe Vor- und Nacherbe können vom Erblasser untechnisch verstanden werden, sodass ein „Nacherbe" durchaus „Schlusserbe" sein kann.[121] Der Universalerbe ist regelmäßig als Alleinerbe zu verstehen, kann aber auch Vorerbe sein.[122]

Vor- und Nacherbfolge ist zu bejahen, wenn der Erblasser zumindest einen zweimaligen **43** Anfall der Erbschaft bei Einsetzung mehrerer Personen nacheinander als Erben gewollt hat[123] oder wenn das Testament vom Auseinanderfallen des Vermögens der Ehegatten ausgeht, **wenn** also **die Erben des Mannes von denen der Frau ausdrücklich unterschieden werden.**

---

117 BGH DNotZ 1955, 85; NJW 1982, 43.
118 KG NJW-RR 1987, 451.
119 BayObLG FamRZ 1992, 1476; BGH NJW 1983, 277; Palandt/*Weidlich* § 2269 Rn. 6.
120 BayObLGZ 1966, 53.
121 BGH NJW 1983, 277; BayObLGZ 1966, 419; BayObLG NJW-RR 1992, 200.
122 BayObLGZ 1997, 59 (65 ff.).
123 NK-BGB/*Gierl* § 2100 Rn. 18.

44   Auch die **Anordnung, dass den Kindern (Dritten) ein Mitspracherecht zukommen soll,** beziehungsweise dass bei Verfügungen ihr Einverständnis erforderlich ist oder dem überlebenden Teil lediglich eine treuhandähnliche Stellung eingeräumt sein soll, spricht für Vor- und Nacherbschaft. Die **Vermögenslosigkeit des überlebenden Ehegatten** zwingt nicht zur Annahme von Vor- und Nacherbschaft.[124] Eheleute bringen nicht selten die gegenseitige Alleinerbeneinsetzung, Schlusserben- oder Ersatzerbeneinsetzung nicht klar zum Ausdruck. Der Wille zu dieser Erbeinsetzung muss jedoch mindestens andeutungsweise im Text des Testaments zum Ausdruck gekommen sein; eine schlechthin unterlassene oder vergessene Verfügung kann nicht im Wege der Auslegung geschaffen werden. Die Einsetzung eines Schlusserben kann sich aus seiner Pflichtteilsstrafklausel ergeben;[125] eine entsprechende Auslegung ist aber nicht zwingend.[126] Wird der Überlebende als Vorerbe eingesetzt, wobei die Kinder Nacherben sein sollen, fehlt die ausdrückliche Einsetzung des Erben des Überlebenden, da die Vorerbeneinsetzung des Erstverstorbenen (und damit auch insoweit die Nacherbeneinsetzung) wegfällt, § 1923 Abs. 1 BGB. Die Rechtsprechung legt jedoch gemäß § 2102 Abs. 1 BGB die Einsetzung des Nacherben des Erstversterbenden als Ersatzerben und als Schlusserben aus;[127] auch bei der Trennungslösung kommt es nach dem Tod des Längerlebenden nicht zu einer Vor- und Nacherbschaft.

45   Generell kann dies auch bejaht werden, wenn aus dem Testament hervorgeht, dass der Nachlass möglichst ungeschmälert an die Kinder (Dritten) fallen soll.

46   Die Einsetzung von **Schlusserben** ist dagegen dann anzunehmen, wenn beide Ehegatten das beiderseitige Vermögen als Einheit angesehen haben und nicht von einer verschiedenen Rechtsstellung des Überlebenden hinsichtlich der beiden Vermögensmassen ausgegangen sind.

Die Formulierungen **„bei unserem gemeinsamen Tod", „bei beiderseitigem Ableben"** sind auslegungsbedürftig; sie können zur Erbeinsetzung nur für den Fall des unnatürlichen, auf dasselbe Ereignis zurückzuführenden Todes beider Ehegatten – was gegen die Anwendung des § 2269 BGB sprechen würde – aber auch zur Schlusserbeneinsetzung führen.[128] Wollen die Eheleute die Schlusserbeneinsetzung hier für den Fall des gemeinsamen Versterbens, ergibt sich daraus, dass dem überlebenden Ehegatten die Testierfreiheit erhalten bleiben soll. In einem solchen Fall kann die für den Fall des Nacheinanderversterbens fehlende Schlusserbeneinsetzung nicht durch ergänzende Auslegung ersetzt werden.[129]

2. Rechtsstellung des überlebenden Ehegatten und des Schlusserben

a) Der überlebende Ehegatte

47   Bei der Einheitslösung des § 2269 BGB wird der überlebende Ehegatte Vollerbe und nicht nur Vorerbe wie bei der Trennungslösung. Er kann deshalb zu Lebzeiten über das ererbte Vermögen grundsätzlich frei verfügen wie über sein eigenes Vermögen. Er ist auch zu Schenkungen aus dem Nachlass des Erstverstorbenen befugt. Ist die Schlusserbeneinsetzung wechselbezüglich, gelten §§ 2287, 2288 BGB entsprechend;[130] der Überlebende kann dann auch nicht abweichend testieren, es sei denn, er beseitigt die Bindung durch Ausschlagung, § 2271 Abs. 2 S. 1 und 2 BGB oder Anfechtung. Frei ist er auch, wenn er zu Lebzeiten beider Ehegatten wirksam widerrufen hat oder ihm die Änderung gestattet wurde. Er kann

---

[124] BayObLGZ 1966, 49.
[125] Diese kann also ein Anhaltspunkt hierfür sein.
[126] OLG Hamm FamRZ 2004, 1998 (2000).
[127] BGH FamRZ 1987, 475 (476); OLG Hamm Rpfleger 2005, 262 (263); OLG Köln ZEV 2000, 232 (233); OLG Hamburg ZEV 2000, 103; KG NJW-RR 1987, 451.
[128] Vgl. hierzu BayObLGZ 1986, 426; BayObLG FamRZ 1988, 879; 90, 563; zum „gleichzeitigen Versterben" BayObLGZ 1981, 79; 986 (→ § 9 Rn. 58), 426; Palandt/*Weidlich* § 2269 Rn. 9 ff.
[129] KG Rpfleger 2006, 127.
[130] BGH NJW 1983, 2376.

auch durch den vorzeitigen Tod des bedachten Dritten oder durch dessen Erbverzicht oder Erbunwürdigkeit frei werden. Auch wenn Umstände vorliegen, die ihn zur Entziehung des Pflichtteils berechtigen, kann er von der Bindung frei werden.

b) Der Schlusserbe

Der Schlusserbe ist Ersatzerbe, falls der überlebende Ehegatte die Erbschaft des Verstorbenen ausschlägt, es sei denn, es steht fest, dass die Eheleute für diesen Fall eine Ersatzerfolge nicht wollten.[131] Stirbt der Schlusserbe vor dem überlebenden Ehegatten, ist seine Berufung gegenstandslos. Ist der Schlusserbe ein Abkömmling, ist die Auslegungsregel des § 2069 BGB direkt (Abkömmlinge beider Ehegatten) anzuwenden oder – falls der Dritte kein Abkömmling des Letztverstorbenen ist – im Wege der ergänzenden Auslegung zu prüfen, ob dessen Abkömmlinge Ersatzerben sein sollen.[132] **48**

Ausschlagen kann der Schlusserbe erst nach dem Erbfall, durch den er Erbe wird, also nach dem Tod des längerlebenden Ehegatten.[133] Anders ist dies beim Nacherben und beim Ersatzerben, da es hier nur einen Erbfall im Sinne des § 1946 BGB gibt. Der Schlusserbe kann also vor dem 2. Erbfall lediglich seine Ersatzerbschaft ausschlagen.

Im Gegensatz zur Vor- und Nacherbfolge erhält der Schlusserbe, der ja nur als Ersatzerbe des Überlebenden zum Zuge kommt, nach dem Tode des Erstversterbenden noch keine im Sinne eines Anwartschaftsrechts verfestigte Rechtsstellung. Der BGH hat es bisher offen gelassen, ob eine Anwartschaft oder nur eine rechtlich begründete Aussicht vorliegt.[134] Für letzteres wäre nämlich eine Übertragbarkeit kennzeichnend. Eine Verfügung über das „Schlusserbenrecht" würde sich aber als Vertrag über den Nachlass eines noch lebenden Dritten darstellen, der nach § 312 Abs. 1 S. 1 BGB nichtig ist. Jedoch muss man es zulassen, dass der Schlusserbe **Feststellungsklage** erhebt, wenn der überlebende Ehegatte entgegen der Bindungswirkung letztwillig verfügen will oder seine eigene wechselbezügliche Verfügung anficht. Das dazu nötige eigene rechtliche Interesse folgt ausreichend aus seiner Schlusserbenstellung.[135]

3. Pflichtteilsstrafklausel

In der Praxis wird die Schlusserbeneinsetzung häufig damit auflösend bedingt, dass die vorgesehenen pflichtteilsberechtigten Schlusserben nicht nach dem Tod des erstversterbenden Ehegatten den Pflichtteil fordern. Dies hätte nämlich zur Folge, dass der überlebende Ehegatte die pflichtteilsberechtigten Abkömmlinge „auszahlen" müsste und deswegen unter Umstände wertvolle Nachlassgegenstände veräußern müsste. **49**

Die Pflichtteilsstrafklausel hat das Ziel,

– die Geltendmachung des Anspruchs unattraktiv zu machen;
– den Nachlass „zusammenzuhalten", das heißt den längerlebenden Ehepartner von Zahlungsverpflichtungen zu befreien;
– die „folgsamen" Kinder belohnen und die Kinder, die den Pflichtteil geltend machen, nicht zu bevorzugen.

Solche Verwirkungsklauseln sind grundsätzlich der Auslegung zugänglich und mitunter bedürftig. Für das Wirksamwerden einer solchen Klausel genügt es nach neuerer Ansicht, dass **der Pflichtteil in Kenntnis der damit verbundenen Sanktion verlangt wird,** die der Schlusserbe in Kauf nimmt.[136] Ausreichend ist mithin der bewusste Verstoß gegen

---

[131] OLG Stuttgart BWNotZ 1979, 11.
[132] BayObLG FamRZ 2000, 1186 (1187); Palandt/*Weidlich* § 2069 Rn. 10.
[133] BGH DNotZ 1998, 830.
[134] BGHZ 37, 319 (322 ff.); BGH DNotZ 1998, 830 f.
[135] Ablehnend bei allen Fallgestaltungen Staudinger/*Kanzleiter* § 2269 Rn. 15.
[136] BayObLG BeckRS 1995, 31022852; BayObLGZ 1990, 58 (62); BayObLG NJW-RR 2004, 654; Staudinger/*Kanzleiter* § 2269 Rn. 58.

die Klausel, deren Kenntnis mithin erforderlich ist.[137] Ein vorwerfbares Verhalten des Schlusserben ist nicht (mehr) erforderlich.[138] Mit der Zuwiderhandlung fällt dieser Schlusserbe weg; sein Erbteil wächst den übrigen Schlusserben an, da sein Wegfall in der Regel **den gesamten Stamm** von der Erbfolge **ausschließt,**[139] wenn nicht die Auslegung ergibt, dass der überlebende Ehegatte im Umfang des Wegfallens Vollerbe geworden ist und an die Schlusserbeneinsetzung nicht mehr gebunden ist.[140] Denkbar ist auch, dass der freigewordene Erbteil einem (anderen) Ersatzberufenen anfällt (§ 2096 BGB).

50   Wann ein „**Verlangen**" des Pflichtteils vorliegt, ist durch Auslegung zu ermitteln.[141] Es kann ausreichen, dass der Pflichtteilsberechtigte auch nur versucht hat, den Pflichtteil zu erlangen, wenn das Verlangen auf die Ernsthaftigkeit seiner Entscheidung schließen lässt.[142] Es herrscht in Literatur und Rechtsprechung Unklarheit, welches Verhalten letztlich die Enterbung im 2. Erbfall auslösen soll. So soll die **Erhebung des Auskunftsanspruchs** kein Verstoß sein;[143] dies dürfte dem Willen der Eheleute jedoch nicht entsprechen. Ein gerichtlich gefordertes isoliertes Auskunftsverlangen ist bereits eine sehr erhebliche Belastung des überlebenden Ehegatten (man denke nur an die Rechtsprechung des BGH zu den ehebedingten Zuwendungen, die zeitlich unbegrenzte Auskunft zur Folge hat). Eine Stufenklage ist ein eindeutiger Verstoß. Die Vereinbarung einer verzinslichen **Stundung** mit Grundschuldabsicherung hat das OLG München[144] zu Recht als Verstoß gewürdigt. Das **Handeln eines Ergänzungspflegers** muss sich der minderjährige Schlusserbe zurechnen lassen.[145]

51   Die Pflichtteilsklausel greift jedoch nicht ein bei Überleitung und Geltendmachung des Pflichtteilsanspruchs durch einen Sozialhilfeträger im Rahmen eines **Behindertentestaments**[146] (→ § 7 Rn. 5) mit der Folge, dass das behinderte Kind sein Erbteil nach dem Tode des letztversterbenden Elternteils nicht verliert, auch wenn der Sozialhilfeträger aus übergeleitetem Recht nach dem Tode des erstversterbenden Elternteils den Pflichtteil geltend gemacht hat. Zutreffend wird insoweit darauf abgestellt, dass sich der Sozialhilfeträger durch eine Klausel von vornherein nicht von der Geltendmachung des Anspruchs abhalten lassen kann.[147]

52   Zu großzügig sieht das OLG Schleswig-Holstein[148] **Verhandlungen über eine Sicherung der künftigen Schlusserbfolge** nicht als ausreichend an. Wenn die Eheleute eine „Sicherung" beabsichtigt hätten, dann hätten sie diese problemlos testieren können, etwa durch Nacherbschaft oder ein Vermächtnis. Andererseits dürfte die Ansicht des OLG Frankfurt zu weit gehen, dass ein Geltendmachen auch dann vorliegt, wenn alle pflichtteilsberechtigten Abkömmlinge den Pflichtteil aus steuerlichen Gesichtspunkten (Ausnutzung der erbschaftssteuerlichen Freibeträge) in Absprache mit dem überlebenden Elternteil (!) geltend machen.[149]

---

[137] OLG München ZEV 2008, 341.
[138] So noch OLG Stuttgart OLGZ 1968, 246.
[139] BayObLG FamRZ 1996, 440 (441); FamRZ 1995, 1447 (1449); BayObLG Beschluss v. 20.1.2004 1 Z BR 134/02.
[140] BayObLG MittBayNot 1990, 251.
[141] BayObLGZ 1990, 58 (61).
[142] BayObLGZ 1990, 58 (61); OLG München Rpfleger 2006, 543 (544).
[143] BayObLG FamRZ 1991, 494; *Mayer* ZEV 1998, 50.
[144] OLG München FGPrax 2006, 123.
[145] BayObLGZ 1990, 58.
[146] BGH NJW-RR 2005, 369; BGH ZErb 2006, 53. Für den Fall, dass kein „echtes" Behindertentestament vorliegt, kann der Sozialhilfeträger den Pflichtteil auch nach dem Tode des Letztversterbenden geltend machen (OLG Hamm DNotZ 2014, 60).
[147] OLG Hamm DNotZ 2014, 60.
[148] OLG Schleswig ZEV 1997, 331.
[149] OLG Frankfurt FamRZ 2011, 592 mit kritischer Anmerkung *Kanzleiter*, der zutreffend darauf hinweist, dass eine Pflichtteilsstrafklausel kaum den Sinn haben dürfte, den überlebenden Ehegatten gegen seinen eigenen Willen zu schützen.

In der Regel wollen die Eheleute bei der Wahl einer Schlusserbschaft die Einsetzung des **53** im ersten Erbfall enterbten Kindes nur auf das, was übrig bleibt; diese Einstellung verträgt sich nicht mit einer „Sicherung"; es besteht ja nicht einmal eine Anwartschaft. *Wolf*[150] nimmt eine Anwartschaft am Gesamtnachlass (nicht aber an einzelnen Gegenständen) ab dem Zeitpunkt an, an dem der Überlebende nicht mehr nach § 2271 Abs. 2 BGB ausschlagen kann. Auch er verneint aber ein Anwartschafts**recht** und die Verwertbarkeit[151] dieser von *J. Mayer* zutreffend als „tatsächliche Erwerbsaussicht"[152] bezeichneten Rechtsstellung.

Der Eintritt der auflösenden Bedingung kann auch noch **nach dem Tod des über- 54 lebenden Ehegatten** trotz Annahme der Schlusserbschaft und Verjährung des Pflichtteils herbeigeführt werden.[153] Die Auslegung kann aber auch ergeben, dass die Verwirkung nur bis zum Tod des Letztversterbenden möglich ist;[154] dies dann, wenn die Eheleute letztlich nur Sorge dafür tragen wollten, dass dem Längerlebenden von ihnen der Nachlass bis zum zweiten Erbfall ungeschmälert zur Verfügung steht.

> **Beratungspraxis:**
> Die zitierte Entscheidung betraf eine Klage, die der pflichtteilsberechtigte Abkömmling gegen seinen vormaligen Rechtsanwalt erhoben hat, der ihn auf die Möglichkeit der Ausschlagung nach dem Tod des längerlebenden Ehegatten nicht hingewiesen hat, geführt hat. In der Beratungspraxis ist also nicht nur die Möglichkeit der Anfechtung der Annahme der Erbschaft zu erörtern, sondern auch zu prüfen, ob durch die Geltendmachung des Pflichtteilsanspruchs nach dem Erstversterbenden eine günstigere Rechtsposition erreicht werden kann.

Die eingetretene Sanktion entfällt nicht wieder, weil der Pflichtteil zurückgezahlt wird.[155]

Wechselbezüglichkeit der Schlusserbeneinsetzung: Die bloße Enterbung kann **55** nicht wechselbezüglich sein. Ist sie jedoch mit einer Schlusserbeneinsetzung verbunden, kann[156] Wechselbezüglichkeit vorliegen,[157] dem insoweit zuzustimmen ist, als die ergänzende Auslegung einen Änderungsvorbehalt für den Fall der Rückzahlung ergeben kann. Sicherlich ist auch der Verlust der testamentarischen Erbenstellung keine Verfügung, die nach § 2270 Abs. 3 BGB wechselbezüglich sein kann, wohl aber die Anwachsung bei den übrigen Schlusserben, die ja von Eheleuten gewollt war).

Pflichtteilsklausel bei Stiefkindern: Bei einem Stiefkind (und Fehlen gemeinsamer **56** Kinder) hat die Rechtsprechung[158] die Pflichtteilsklausel dahin ausgelegt, dass die Beschränkung des Stiefkindes auf den Pflichtteil (im 2. Todesfall; der überlebende Ehegatte war die Stiefmutter; nach Geltendmachung des Pflichtteils beim Tod des erstverstorbenen Vaters) nicht aussagt, dass das nicht pflichtteilsberechtigte Stiefkind nichts mehr erhält. Vielmehr könne die Klausel bei einem Stiefkind die Zuwendung eines Vermächtnisses bedeuten. Auslegungssache sei auch, aus welchem Vermögen (des Vaters oder auch der Stiefmutter) das Pflichtteilsvermächtnis zu errechnen sei.

Sind Stiefkinder und gemeinsame Kinder vorhanden, kann die undifferenzierte Klausel dazu führen, dass unter den als Schlusserben eingesetzten Kindern nur die gemeinsamen

---

[150] Soergel/*Wolf* § 2269 Rn. 23.
[151] Vererblichkeit, Übertragbarkeit – § 311b Abs. 4 BGB –.
[152] Reimann/Bengel/*Mayer* § 2269 Rn. 47.
[153] BGH NJW 2006, 3064 mit Anmerkung *Keim* NJW 2007, 974.
[154] OLG Zweibrücken ZEV 1999, 108 (109); *Olshausen* DNotZ 1979, 707 (719 f.).
[155] BayObLG ZEV 2004, 202.
[156] Nicht notwendigerweise, OLG Hamm FamRZ 2004, 1999.
[157] BayObLG ZEV 2004, 202 mit kritischer Anm. *Ivo.*
[158] BGH NJW-RR 1991, 706; OLG Schleswig DNotZ 2013, 461.

Kinder zu verstehen sind, da nur bei diesen die von der Klausel vorausgesetzte Pflichtteils-problematik vorhanden ist.[159]

57   **Anrechnungsklauseln für den zweiten Erbfall bei Verstoß gegen die Sanktions-klausel:** Verlangt ein pflichtteilsberechtigter Schlusserbe trotz der Sanktionsklausel vom überlebenden Ehegatten den Pflichtteil, so erhält er nach dessen Tode im Ergebnis den Pflichtteil vom Nachlass des Erstverstorbenen doppelt, da jener ja an den Überlebenden vererbt wurde. An dieser dogmatisch zwingenden Lösung ist jedoch nicht zu rütteln. Die Eheleute können immerhin, um den Nachlass des Überlebenden zu verringern und so einen Berechtigten vom Einfordern des Pflichtteils abzuhalten, für den Fall, dass ein Abkömmling den Pflichtteil fordert, den anderen Schlusserben (Geld-)**Vermächtnisse** zukommen lassen, die zwar aus dem Nachlass des Erstversterbenden zu berichtigen sind, jedoch bis zum Tode des Überlebenden gestundet werden. So können sie den Nachlass-wert, der an den Überlebenden fällt, und damit auch die Höhe der Pflichtteile aus dessen Nachlass verringern. Diese Pflichtteilsklausel ist als „**Jastrow'sche Klausel**" bekannt; in ihrer Fortentwicklung (**„neuer Jastrow"**) sollen die Vermächtnisse zugunsten der loyalen Kinder erst mit dem Tod des Längerlebenden anfallen. **Nachteilig ist, dass die Ver-mächtnisse,** sofern sie beim Tod des Erstverstorbenen anfallen, aber erst beim Tod des Längerlebenden fällig sind

– weitervererblich und übertragbar sind, falls dies nicht ausgeschlossen wird;
– Sicherungsmaßnahmen (Arrest, Einstweilige Verfügung) oder Schadensersatzansprüche auslösen können, wenn die Vermächtnisse nicht auf den Überrest beschränkt werden, der beim Schlusserbfall noch vorhanden ist;
– erbschaftsteuerlich wie ein Nachvermächtnis und damit wie eine Nacherbschaft behan-delt werden (§ 6 Abs. 4 ErbStG; R 13 S. 3 ErbStR 1998);
– das verzinsliche betagte Vermächtnis einkommensteuerpflichtig ist und selbst das unver-zinsliche betagte Vermächtnis nach der BFH-Rspr.[160] analog § 12 Abs. 3 BewG fiktiv mit 5,5 % Zinsen bewertet wird;
– die Vermächtnisse gegenüber dem Pflichtteilsanspruch im 2. Erbfall nachrangig sind, falls sie erst beim 2. Erbfall entstehen sollen.

58   Die Auflage bietet keinen Ausweg nachdem der Gesetzgeber diese nunmehr auch in § 6 Abs. 4 ErbStG aufgenommen hat.[161]

59   Eine **Anrechnungsklausel** (Minderung des Pflichtteils im 2. Erbfall um den im 1. Erb-fall erlangten Pflichtteils ist unwirksam; möglich ist ein Vorausvermächtnis in der Höhe des ersten Pflichtteils (inklusive Zinsvorteil) zugunsten des loyalen Kindes und zu Lasten des den Pflichtteil fordernden Kindes für die Erbfolge nach dem Überlebenden (wenn also das illoyale Kind nicht enterbt wird).

Die Trennungslösung (Vor- und Nacherbschaft) verhindert die doppelte Geltendma-chung des Pflichtteils, belastet aber den Überlebenden.[162]

60   **Fehlen der Pflichtteilsklausel:** Fehlt die Pflichtteilsklausel oder eine Anrechnungsver-fügung, kann es zu einer Sanktion (Enterbung) des illoyalen Kindes nur über die Kon-struktion einer stillschweigenden Anrechnungsanordnung[163] kommen. In Betracht kommt auch eine Anfechtung der Schlusserbeneinsetzung wegen Motivirrtums, wobei von einer Beschränkung der Wechselbezüglichkeit (ergänzende Auslegung) zur Erbeinsetzung des

---

[159] BayObLG NJW-RR 1988, 968 (969); das Gericht hat aber auch eine über diesen Gesichtspunkt hinaus-gehende Auslegung vorgenommen.
[160] BFH ZEV 1997, 84.
[161] Vgl. näher zu diesem Problemkreis die umfassende Darstellung bei Reimann/Bengel/*Mayer* § 2269 Rn. 413 insbes. 429 ff.
[162] Siehe im Übrigen auch die Tabelle zur Pflichtteilsreduzierung bei Reimann/Bengel/*Mayer* § 2269 Rn. 434.
[163] Auf den Erbanteil im 2. Erbfall; Reimann/Bengel/*Mayer* § 2269 Rn. 92; Soergel/*Wolf* § 2269 Rn. 38.

Überlebenden auszugehen ist.[164] Die eleganteste Lösung ist wohl der Weg zum Änderungsvorbehalt über die ergänzende Auslegung.

Pflichtteilsklausel ohne ausdrückliche Schlusserbeneinsetzung: Die Pflichtteils- **61** strafklausel muss nach herrschender Meinung nicht zugleich eine Schlusserbeneinsetzung enthalten,[165] da die Klausel auch ohne Einsetzung eines Dritten Sinn macht. Das Berliner Testament ist zwar dadurch gekennzeichnet, dass auch die Erbfolge nach dem Überlebenden durch einen Dritten geregelt wird. Diese Erbeinsetzung muss aber nicht ausdrücklich erfolgen, sie kann auch stillschweigend erfolgen. Erforderlich ist jedoch ein Anhaltspunkt hierfür im Testament. Ob die Pflichtteilsklausel allein einen Anhaltspunkt darstellen kann, ist streitig. Für diese Meinung steht die Mehrzahl der Oberlandesgerichte.[166] Die Literatur ist gespalten.[167] Die Pflichtteilsklausel allein ist zumindest ein starkes Indiz für die Einsetzung eines Schluss- beziehungsweise Nacherben und damit ausreichend für eine Andeutung.[168]

Für eine Andeutung ist es nicht erforderlich, dass sie „zwingend" auf die Einsetzung eines Dritten hinweist; es genügt, dass ein starkes Indiz vorliegt, was bei der Pflichtteilsstrafklausel wohl dem Regelfall entspricht.

4. Wiederverheiratungsklauseln

In einem gemeinschaftlichen Testament findet sich häufig eine Klausel, nach der im Falle **62** einer Wiederheirat des überlebenden Ehegatten der Nachlass den gemeinsamen Abkömmlingen oder anderen Dritten zufallen soll oder sich der überlebende Ehegatte mit diesen ganz oder in einem bestimmten Verhältnis der Erbquoten beziehungsweise nach der gesetzlichen Erbfolge auseinandersetzen muss.

Soll der überlebende Ehegatte für die Zeit bis zur Wiederverheiratung von allen Beschränkungen befreit sein, wählt die notarielle **Praxis** die **Vermächtnislösung:**

Muster: Wiederverheiratungsklausel im gemeinschaftlichen Testament (Vermächtnislösung)

„Für den Fall, dass der Überlebende wieder heiratet, hat er jedem Kind ein Vermächtnis in Höhe seines gesetzlichen Erbteils auszuzahlen. Für die Berechnung ist der Wert des Nachlasses am Todestag maßgeblich." Die Erfüllung der Anordnungen kann auf den Zeitpunkt des Todes des Überlebenden hinausgeschoben werden.

Ratio einer solchen Klausel ist die Erhaltung der Vermögenssubstanz für die Familie sowie der Ausschluss eines neuen Ehegatten und dessen Stammes von der Erbfolge.

Nach herrschender Meinung ist eine solche Klausel nicht sittenwidrig. Die Folgen der **63** Annahme der Erbschaft durch den Überlebenden sind jedoch erheblich, weil der ersatzlose Verlust der Erbschaft im Einzelfall eintreten kann und den überlebenden Ehegatten so schlechter stellt, als wenn er die Erbschaft ausgeschlagen hätte. In diesem Fall bekommt er nämlich den kleinen Pflichtteil und den berechneten Zugewinnausgleich (§ 1372 Abs. 2, 3 BGB), was ihm auch im Falle der späteren Wiederverheiratung nicht zu nehmen ist. Häufig ist bei Eintritt der Bedingung, also der Wiederheirat, der Pflichtteilsanspruch durch An-

---

[164] OLG Hamm NJW 1972, 1089.

[165] OLG Hamm DNotZ 1951, 41; OLG Saarbrücken NJW-RR 1994, 844; OLG Celle MDR 2003, 813; Staudinger/*Kanzleiter* § 2269 Rn. 24 mwN.

[166] OLG Frankfurt ZEV 2002, 109 (110); OLG Köln FamRZ 1993, 1371 (1372); OLG Oldenburg FamRZ 1999, 1537; OLG Saarbrücken NJW-RR 1994, 844; BayObLGZ 1959, 199 (206); 1960, 218 – in Verbindung mit weiteren Umständen –; aA OLG Celle MDR 2003, 123; OLG Hamm FamRZ 2004, 1998; OLG Zweibrücken FamRZ 2006, 1303 (1305).

[167] Ablehnend Staudinger/*Kanzleiter* § 2269 Rn. 24; *Reimann/Bengel/Mayer* § 2269 Rn. 13; bejahend Palandt/*Weidlich* § 2269 Rn. 8; MüKoBGB/*Musielak* § 2269 Rn. 14.

[168] So auch OLG Hamm Rpfleger 2005, 262 (263); FamRZ 2004, 1999; OLG München Rpfleger 2006, 543 (544): verborgene Andeutung.

nahme der Erbschaft verloren. Zwar ist die Wiederverheiratungsklausel keine Zölibatsklausel. In ihrer Wirkung kann sie im Einzelfall jedoch durchaus einen unangemessen und unzumutbaren Druck auf die Entscheidungsfreiheit des Überlebenden bei Eingehung einer weiteren Ehe ausüben, sodass die Grundsätze der Hohenzollern-Entscheidung des BVerfG[169] umfänglich und/oder zeitlich anwendbar sind. Verbleibt dem Überlebenden nicht einmal der große Pflichtteil oder der kleine Pflichtteil plus Zugewinnausgleich und hat dies im Einzelfall deutliche Auswirkungen auf die Lebensführung des überlebenden Ehegatten, wird entsprechend der Rechtsprechung des BVerfG ein **Verstoß gegen die Eheschließungsfreiheit des Art. 6 Abs. 1 GG** anzunehmen sein. Der aus Art. 14 Abs. 1 GG zu rechtfertigende Zweck der Klausel, nämlich die Abwehr der fremden Erb- und Pflichtteilsrechte, kann dann einen derartigen Druck auf die Freiheit zur Eheschließung nicht mehr rechtfertigen. Eine verfassungskonforme Auslegung wird dann zu einer Reduzierung des umfänglichen oder zeitlichen Verlustes kommen.

64   Die rechtliche Konstruktion der Klausel ist im Fall des **Einheitsprinzips** in der Regel so zu werten, dass der überlebende Teil auflösend bedingter Vollerbe und aufschiebend bedingter Vorerbe wird, wobei beide Bedingungen (die Wiederverheiratung) beim Tod des unverheirateten Zweitversterbenden nicht mehr eintreten können. Solange der Ausfall der Bedingung nicht feststeht, bleibt der überlebende Ehegatte den Beschränkungen eines befreiten Vorerben unterworfen.[170] Im Einzelfall ist das jedoch Auslegungsfrage.

65   Ergibt die individuelle Auslegung keinen sicheren Inhalt zur Befreiung, spricht eine **tatsächliche Vermutung für die Befreiung.**[171] Die Literatur vertritt zum Umfang der Befreiung und zur Frage einer Rückwirkung des Bedingungseintritts auf die Befreiung unterschiedliche Auffassungen; teilweise wird angenommen, bei Wiederheirat ginge zum Schutz des Nacherben die Befreiung rückwirkend verloren, andererseits wird eine vollständige Befreiung sogar über § 2136 BGB hinaus bis zur Wiederheirat bei der Einheitslösung und Eintritt der Vor- und Nacherbschaft erst ab diesem Zeitpunkt angenommen.[172]

Gegen die Doppelkonstruktion der herrschenden Meinung werden diverse Einwände erhoben; teilweise spricht sich die Literatur für eine sofort wirksame Vorerbenlösung aus,[173] weil die Vorerbschaft lediglich ein „minus" zur Vollerbschaft ist. Zuzugeben ist, dass es problematisch ist, bei der herrschenden Meinung dem Vollerben gleichzeitig für den Schwebezustand der aufschiebend bedingten Vorerbschaft deren Beschränkungen aufzuerlegen, auch wenn man von einer befreiten Vorerbschaft ausgeht. Andererseits entspricht diese Lösung der sofort wirksamen Vorerbschaft wohl nicht dem Konzept der Schlusserbschaft, bei dem die Ehegatten den Überlebenden freier stellen wollen. Die herrschende Meinung wird man deshalb wohl als unvermeidbares Übel akzeptieren müssen. Danach ist der Überlebende bis zur Wiederheirat bei seinen lebzeitigen Verfügungen wie ein befreiter Vorerbe zu behandeln. Heiratet er nicht, werden bei seinem Tod auch die Verfügungen wirksam, die er als befreiter Vorerbe nicht treffen konnte, da dann rückwirkend feststeht, dass er endgültig Vollerbe geworden ist.

Hinsichtlich der **Bindungswirkung für die letztwilligen Verfügungen des Überlebenden** geht die herrschende Meinung vom **Wegfall der Bindung ab Wiederheirat** aus, sofern kein anderer gemeinsamer Wille ersichtlich ist.[174] Streitig, ob die wechselbezügliche Verfügung automatisch wegfällt oder ob der Überlebende nur zum Widerruf berechtigt ist. Konstruktiv lässt sich der automatische Wegfall mit der Annahme einer (stillschweigend vereinbarten) auflösenden Bedingung erreichen, das zweite Ergebnis da-

---

[169] BVerfG NJW 2004, 2088.

[170] BGHZ 96, 198.

[171] BayObLGZ 1966, 277; OLG Hamm DNotZ 1972, 96. Gegen Befreiung OLG Stuttgart JFG 6, 162 ff.; LG Mannheim MDR 1960, 597.

[172] MüKoBGB/*Musielak* § 2269 Rn. 54 ff., 60.

[173] insbes. Reimann/Bengel/*Mayer* § 2269 Rn. 63 mwN.

[174] BayObLG FamRZ 2002, 640 (641); OLG Köln FamRZ 1976, 552; OLG Hamm NJW-RR 1993, 1225; OLG Zweibrücken OLGZ 1973, 217; Palandt/*Weidlich* § 2269 Rn. 20.

gegen mit der Annahme eines stillschweigenden Abänderungsvorbehalts dieses Inhalts. Für den automatischen Wegfall der Verfügung spricht sich die obergerichtliche Rechtsprechung aus.[175] *Jörg Mayer* geht grundsätzlich von einer Weitergeltung der Bindung im Falle der Wiederverheiratung aus.[176]

Für den automatischen Wegfall der Verfügung wird angeführt, dass der überlebende Ehegatte sich häufig der Möglichkeit der Beseitigung seiner eigenen Verfügung durch Widerruf nicht bewusst sein wird. Richtigerweise kann man aber den feststehenden Inhalt einer Verfügung von Todes wegen nicht einfach als ungeschrieben betrachten, weil der Verfasser die Möglichkeit der Aufhebung nicht kannte.

Außerdem kann man den Ehegatten nicht grundsätzlich unterstellen, dass sie – hätten sie die Möglichkeit der Wiederheirat in ihren Willen einbezogen – die Unwirksamkeit der betreffenden Verfügung gewollt hätten.

Die Anfechtung nach § 2079 BGB wird regelmäßig an § 2079 S. 2 BGB scheitern, weil die Einsetzung der Abkömmlinge für den Fall der Wiederverheiratung auch gerade für den Fall des Hinzukommens eines neuen Pflichtteilsberechtigten angeordnet ist.[177]

Es geht also zu weit, wenn man grundsätzlich eine auflösende Bedingung annimmt. Da auch die Anfechtung oft einen Irrtum da unterstellen dürfte, wo sich die Ehegatten überhaupt keine Vorstellungen gemacht haben, erscheint es am besten, von einem **stillschweigenden Abänderungsvorbehalt** auszugehen.

So kann der überlebende Ehegatte im Fall der Wiederheirat seine eigenen wechselbezüglichen Verfügungen widerrufen; tut er das jedoch nicht, bleiben sie gültig (anders hM).

5. Das Vermächtnis im Berliner Testament

§ 2269 Abs. 2 enthält die **Auslegungsregel,** dass ein Vermächtnis, das erst nach dem Tod **66** des Überlebenden erfüllt werden soll, im Zweifel auch erst dann anfallen soll; es gilt also im Zweifel als Vermächtnis des Überlebenden. Der Überlebende ist also noch nicht beschwert[178] und der Bedachte muss den Tod des überlebenden Ehegatten erleben (§ 2160 BGB; bei Abkömmlingen gilt jedoch § 2069 BGB).

Ergibt die Auslegung, dass ein bedachter Pflichtteilsberechtigter nur die Vermächtnissumme nach dem Tod des Überlebenden erhalten solle, kann darin die Andeutung liegen, dass ein nach dem Tod des Erstverstorbenen erhaltener Pflichtteil auf das Vermächtnis anzurechnen sei.[179]

Der Überlebende kann durch **lebzeitige Verfügung** über den Gegenstand des Vermächtnisses dieses gegenstandslos machen (§ 2286 BGB analog, § 2169 BGB); Grenzen setzt hier nur § 2288 BGB. **Erbrechtlich** ist der Überlebende jedoch gebunden, wenn die Vermächtnisanordnung wechselbezüglich ist (§ 2270 Abs. 2 BGB).

Die allgemeine Abgrenzung (Schluss-)Erbe – Vermächtnisnehmer ist auch hier vorzunehmen.[180]

V. Scheidung und Bindungswirkung

Zwar wird eine letztwillige Verfügung bei Auflösung der Ehe (Verlobung, Partnerschaft, **67** § 10 Abs. 5 LPartG) unwirksam; jedoch nur, wenn kein anderer Wille des Erblassers festzustellen ist (§ 2077 Abs. 1 und 3 BGB).

---

[175] OLG Hamm NJW-RR 1994, 1355; KG NJW 1957, 1073; FamRZ 1968, 331; für Auslegung im Einzelfall überwiegend die Literatur: Palandt/*Weidlich* § 2269 Rn. 20 mwN.
[176] *Reimann/Bengel/Mayer* § 2269 Rn. 70.
[177] So auch *Otte* AcP 187, 603 (606).
[178] BGH NJW 1983, 277.
[179] So BGH NJW-RR 2002, 292 im Falle eines einseitigen Abkömmlings.
[180] BayObLG FamRZ 1995, 835: Vorausvermächtnis bei gesetzlicher Erbfolge.

Beim gemeinschaftlichen Testament regelt § 2268 BGB zusätzlich, dass die Unwirksamkeit nicht nur die Zuwendung an den Ehegatten, sondern das ganze Testament erfasst.

Zur Unwirksamkeit kommt es auch, **wenn bei Vorliegen der Scheidungs- oder Aufhebungsvoraussetzungen der beantragende oder der zustimmende Ehegatte stirbt;** es ist streitig, ob dies auch gilt, wenn der Ehegatte während des Verfahrens stirbt, der keinen Antrag gestellt beziehungsweise nicht zugestimmt hat. Der Sinn der Regelung spricht für eine entsprechende Anwendung.[181]

Soweit Eheleute bei Errichtung des Testaments den Willen haben, das Testament auch nach einer Scheidung aufrecht zu erhalten, bleibt das gemeinschaftliche Testament nach Scheidung wirksam. Dies gilt auch für die korrespektiven Verfügungen.[182] Der BGH geht jedoch auch davon aus, dass ein Aufrechterhaltungswille (an den keine niedrigen Anforderungen zu stellen sind) bereits dann ausscheidet, wenn der Fortbestand der Ehe als nicht unwesentliches mitbestimmendes Motiv für die Verfügung in Betracht kommt.[183] Beweislast und materielle Feststellungslast für die Umstände, aus denen sich der Aufrechterhaltungswille ergibt, liegt bei demjenigen, der aus dem gemeinschaftlichen Testament Rechte herleiten will.[184]

Durch eine Wiederheirat nach Auflösung der Ehe wird nach allg. Meinung das gemeinschaftliche Testament nicht wieder wirksam.

VI. Lebzeitige Verfügungen

68   Zu ihren Lebzeiten sind die Ehegatten in der (lebzeitigen) Verfügung über ihr Vermögen in keiner Weise beschränkt (allgemeine Meinung). Jeder Ehegatte kann schließlich seine Verfügungen im gemeinschaftlichen Testament jederzeit widerrufen.

Lebzeitige Verfügungen des Überlebenden. Bei der **Trennungslösung** gelten die gesetzlichen Beschränkungen des (eventuell befreiten) Vorerben (§§ 2112 ff., 2136 BGB).

Einheitslösung. Der Überlebende kann grundsätzlich frei verfügen, gleich ob es sein eigenes Vermögen oder das des Erstverstorbenen ist (§ 2286 BGB gilt entsprechend). Schranken ergeben sich nur aus der analogen Anwendung der §§ 2287, 2288 BGB (→ § 13 Rn. 1 ff.), sofern seine Berufung zum Erben des Ersatzverstorbenen wechselbezüglich ist zu seinen eigenen letztwilligen Verfügungen;[185] anders jedoch, wenn ihm im gemeinschaftlichen Testament lebzeitige oder letztwillige Verfügungsfreiheit eingeräumt wurde.[186] Die allgemeinen Schranken gemäß §§ 134, 138, 826 BGB bleiben unberührt.

VII. Verwahrung und Eröffnung

1. Verwahrung

69   **Verwahrung:** § 2272 BGB gilt für das eigenhändige wie für das öffentliche gemeinschaftliche Testament. Ein gemeinschaftliches privatschriftliches Testament darf nur auf Antrag **beider Ehegatten** in die besondere amtliche Verwahrung gebracht und zurückgenommen werden, § 2272 BGB. Eine **Herausgabe** darf nur an beide Ehegatten persönlich erfolgen. Ist der persönliche Empfang bei Gericht nicht möglich, muss die Verwahrstelle es selbst überbringen; eine Zusendung ist unzulässig. Einsicht kann jeder Ehegatte auch ohne Zustimmung des anderen nehmen. Nach dem Ableben eines Ehegatten ist die Rücknahme unzulässig. **Nur die (gemeinsame) Rücknahme eines öffentlich errichteten gemeinschaftlichen Testaments aus der amtlichen Verwahrung gilt als Widerruf (§ 2256**

---

[181] MüKoBGB/*Musielak* § 2268 Rn. 12 mwN; Palandt/*Weidlich* § 2268 Rn. 5: Unwirksamkeit nur auf Grund Auslegung und Anfechtung, weil §§ 2077 und 2268 Abs. 1 BGB unanwendbar.

[182] BGH NJW 2004, 3113 (3114).

[183] BGH NJW 2004, 3113 (3114); OLG Hamm NJW-RR 1992, 330.

[184] BGH NJW 2004, 3113 (3114).

[185] BGHZ 31, 13; 82, 274.

[186] *Reimann/Bengel/Mayer* § 2269 Rn. 43.

Abs. 1 BGB). Wird entgegen § 2272 BGB ein gemeinschaftliches Testament nur an **einen** Ehegatten zurückgegeben, hat dies auch bei einem öffentlichen Testament keine Widerrufswirkung. § 2272 BGB unterscheidet nicht, ob die Verfügung einseitig oder wechselbezüglich, ob die Ehegatten geschieden sind oder nicht und gilt auch nach dem Tod des Erstverstorbenen. Auch die Ausschlagung durch den Überlebenden führt nicht zur Herausgabe.[187] Die **Rücknahme eines notariellen Testaments** ist wegen der Widerrufswirkung nach der Rechtsprechung[188] eine Verfügung von Todes wegen,[189] die Testierfähigkeit bei beiden rücknehmenden Eheleuten erfordert und bei Irrtum über die Rechtslage zur Anfechtung nach § 2078 BGB führen kann. Fehlt die Testierfähigkeit, darf nicht herausgegeben werden; geschieht es dennoch, tritt die Widerrufswirkung nicht ein. Die Belehrung beider Ehegatten ist in den Akten zu vermerken (§ 27 IX AktO).

2. Eröffnung

Eröffnung: Ein gemeinschaftliches Testament wird im Regelfall bei beiden Todesfällen **70** eröffnet. Nur wenn es für den 2. Todesfall keine Anordnungen enthält, ist es nicht nochmals zu eröffnen, das Testament ist dann schon beim ersten Erbfall ganz zu verkünden.[190] Die Verkündung eines gemeinschaftlichen Testaments muss auf die Verfügungen des verstorbenen Ehegatten beschränkt werden, wenn dies nach der Fassung des Testaments möglich ist, § 2273 BGB. Ein testamentarisches Eröffnungsverbot ist nach § 2263 BGB nichtig.

Eine **Untrennbarkeit der Verfügungen** beider Ehegatten besteht, wenn diese Verfügungen sprachlich zusammengefasst sind („Wir setzen uns gegenseitig zu Erben ein.") oder wenn die Verfügung des einen auf die Verfügung des anderen Ehegatten verweist.

Auch ungültige oder gegenstandslos gewordene Verfügungen sind zu verlesen.[191] Zu unterscheiden ist die Frage, was zu verkünden ist, von der Problematik, wem als Beteiligter Mitteilung gemäß § 349 Abs. 1 FamFG zu machen ist. Während im Fall der Eröffnung die Rechtsprechung zu Recht im Zweifel für die Eröffnung entscheidet,[192] ist sie bei der Prüfung der Beteiligtenstellung ebenfalls richtigerweise skrupulös. So hat der BGH[193] den Vermächtnisnehmer nach dem Überlebenden im 1. Erbfall nicht als Beteiligten angesehen, während BGHZ 91, 105 (109 f.) das überwiegende Interesse der gesetzlichen Erben und Pflichtteilsberechtigten an einer umfassenden Unterrichtung betont. Das Nachlassgericht (der Vermächtnisnehmer nach dem Überlebenden ist nicht beteiligt beim ersten Erbfall) kann den Zugang zum Inhalt der Verfügung nicht dadurch einschränken, dass es einzelne Verfügungen für gegenstandslos oder belanglos hält.

Im Zusammenhang mit Informationen außerhalb der Urkunde und im Hinblick auf die subtile und komplizierte Auslegungstechnik bei letztwilligen Verfügungen wird im Zweifel im Einzelfall meist dem Informationsbedürfnis der Vorrang gegenüber dem Geheimhaltungsinteresse einzuräumen sein.[194]

Nicht zu trennen und deshalb zu verkünden sind deshalb zB die Regelung von Vor- und Nacherbschaft, Wiederverheiratungsklauseln, Pflichtteils- und sonstige Strafklauseln, die Berufung eines Schlusserben und die Aussetzung von Vermächtnissen (auch wenn sie erst nach dem Tod des Überlebenden anfallen).

Zum **Verfahren** (→ § 37 Rn. 1 ff.).

Urkundsbehandlung durch den Notar: Der Notar hat das gemeinschaftliche Testament gemäß § 34 Abs. 1 BeurkG ohne Ausnahme (eine gegenteilige Anwendung des

---

[187] *Reimann/Bengel/Mayer* § 2272 Rn. 5.
[188] BGHZ 23, 207 (211); BayObLG NJW-RR 2005, 957.
[189] aA *Reimann/Bengel/Mayer* § 2272 Rn. 7.
[190] KG DJ 1940, 366; *Reimann/Bengel/Mayer* § 2273 Rn. 30.
[191] BGHZ 91, 105; BayObLG NJW-RR 1990, 135; verfassungsmäßig: BVerfG NJW 1994, 2535.
[192] S. hierzu BGHZ 91, 105 (110).
[193] BGHZ 70, 173.
[194] S. hierzu auch in dieser Tendenz Reimann/Bengel/*Mayer* § 2273 Rn. 37.

Testators ist nicht zu beachten) zu verschließen und **in die besondere amtliche Verwahrung des Nachlassgerichts** (am Wohnsitz des Notars oder auf Wunsch des Erblassers an ein anderes Amtsgericht, etwa das des Wohnsitzes, § 344 Abs. 1 Nr. 1 und Abs. 2 FamFG) zu geben. In seine **Urkundensammlung** legt er ein von ihm zu unterschreibendes Vermerkblatt gemäß § 20 Abs. 1 DONot (Formular) ein mit Abgabedatum und Bezeichnung des Gerichts (sinnvollerweise auch mit gerichtl. Verwahrungsbuchnummer). Er muss unverzüglich eine elektronische Mitteilung nach §§ 34a BeurkG, 78b Abs. 2 Satz 1 BNotO an das Zentrale Testamentsregister (ZTR) übermitteln.

Auf Wunsch des Testators soll eine beglaubigte Abschrift gefertigt und zur Urkundensammlung gegeben werden (im verschlossenen Umschlag, es sei denn, der Testator ist mit der offenen Aufbewahrung einverstanden. Auf Wunsch der Beteiligten ist die Abschrift an diese auszuhändigen (§ 20 Abs. 1 S. 5 DONot). Für den Umschlag, in dem die Urkunde verschlossen wird, soll ein Vordruck nach Muster Anlage 1 der Bekanntmachung über die Benachrichtigung in Nachlasssachen verwendet werden und mit Prägesiegel gemäß §§ 2 BNotO, 2 DONot zu verschließen. Die Aufschrift gemäß § 34 Abs. 1 S. 3 BeurkG soll vom Notar unterschrieben werden (wegen § 35 BeurkG möglichst vom Urkundsnotar, nicht vom Vertreter).

Muster: Wechselbezügliches gemeinschaftliches Testament kinderloser Ehegatten – Berliner Testament

71 Wir widerrufen alle Verfügungen von Todes wegen, die wir gemeinsam oder einzeln bisher errichtet haben und erklären unseren letzten Willen wie folgt:

  I. Wir setzen uns gegenseitig zu Alleinerben ein. Eine Nacherbfolge findet nicht statt.

  II. Nach dem Tode des Zuletztversterbenden soll unser beiderseitiger Nachlass an A, B und C zu gleichen Teilen fallen. A, B und C sollen also Erben des Zuletztversterbenden sein. Ersatzerben sind die Abkömmlinge von A, B und C nach gesetzlicher Erbfolge. Bei Fehlen von Abkömmlingen tritt Anwachsung der übrigen Erbenstämme ein.

  III. Nicht wechselbezügliche Vermächtnisse
    1. Der Überlebende wird mit folgendem Vermächtnis beschwert......
       Das Vermächtnis fällt an...... (Zeitpunkt oder Ereignis); es ist fällig......
    2. Der Überlebende beschwert seine Erben mit folgendem Vermächtnis......
       ...... (Anfall und Fälligkeit)

  IV. Der überlebende Eheteil kann die in Ziff II getroffene Erbeinsetzung frei ändern.

  V. Die Verfügungen in Ziffern I und II sind wechselbezüglich, darüber hinaus vereinbaren wir wechselbezüglich die Anwendbarkeit deutschen Erbrechts.

Die Niederschrift wurde vorgelesen, genehmigt und unterschrieben.
Unterschriften

Muster: Wechselbezügliches gemeinschaftliches Testament bei Vorhandensein von Kindern – angeordnete Nacherbfolge mit Pflichtteilsstrafklausel

72 Wir widerrufen alle Verfügungen von Todes wegen, die wir gemeinsam oder einzeln bisher errichtet haben und erklären unseren letzten Willen wie folgt:

  I. Wir setzen uns gegenseitig zu Erben ein, und zwar als von allen gesetzlichen Beschränkungen, von denen Befreiung erteilt werden kann, befreite Vorerben auf Lebenszeit. Nacherben zu gleichen Teilen sollen auf den Tod des Überlebenden (Eintritt des Nacherbfalls) unsere gemeinschaftlichen Kinder sein, nämlich......, sowie diejenigen Kinder, die uns etwa noch geboren werden sollten.
    Unsere Kinder sollen auch Erben des Überlebenden von uns sein.
    Ersatzerben sind die Abkömmlinge unserer Kinder nach gesetzlicher Erbfolgeordnung. Mangels solcher Abkömmlinge tritt Anwachsung zugunsten der anderen Kinder ein.

II. Unser Anwesen (...) sowie unsere Wohnungseinrichtung erhält der überlebende Eheteil als Vorausvermächtnis. Die Nacherbfolge erstreckt sich darauf nicht.

III. Wir setzen folgende Vermächtnisse aus:......

IV. Verlangt eines unserer Kinder vom Nachlass des Erstversterbenden gegen den Willen des Überlebenden, durch wen auch immer, seinen Pflichtteil, so sind dieses Kind sowie seine Abkömmlinge von der Erbfolge nach dem Überlebenden und als Nacherben ausgeschlossen.[195] Diejenigen Kinder, die beim Tod des Erstversterbenden keinen Pflichtteil fordern, erhalten dann ein Geldvermächtnis in Höhe ihres gesetzlichen Erbteils nach dem Erstverstorbenen; das Vermächtnis fällt beim Tod des Erstverstorbenen an und wird erst beim Tod des Überlebenden fällig. Es ist bis dahin unverzinslich (oder: mit 4 % zu verzinsen und jeweils am...... eines Jahres zahlbar). Eine Sicherung für das Vermächtnis kann nicht verlangt werden. Verlangen alle unsere Abkömmlinge nach dem Tod des Erstverstorbenen gegen den Willen des überlebenden Ehepartners ihren Pflichtteil, so sind alle auch nach dem Tod des Überlebenden enterbt. Die Vor- und Nacherbfolge entfällt. Der Überlebende wird alleiniger Vollerbe. Schlusserbe ist dann...... Dieser Schlusserbe (oder ein Dritter......) erhält in diesem Fall bereits nach dem Tod des Erstverstorbenen ein Vermächtnis in Höhe von...... Die obigen Regelungen für Vermächtnisse gelten auch in diesem Fall. (...... Evtueller Änderungsvorbehalt für den Überlebenden).[196]

V. Ein Verlangen des Pflichtteils im Sinne der Ziffer IV liegt vor, wenn der Pflichtteilsberechtigte einen Wertermittlungs- und/oder einen Zahlungsanspruch in einer den Verzug begründenden Art und Weise geltend macht.

VI. Zum Testamentsvollstrecker für die Dauer der Vorerbschaft zur Wahrnehmung der Rechte der Nacherben und zur Erfüllung ihrer Pflichten, insbesondere zur Abgabe von Erklärungen für die Nacherben bestellen wir...... Der Testamentsvollstrecker erhält ein Honorar von 5 % desjenigen Wertes, auf den sich seine Tätigkeit bezieht. Fällt der Testamentsvollstrecker weg, soll das Nachlassgericht einen Nachfolger bestellen.

VII. Wir vereinbaren wechselbezüglich die Anwendbarkeit deutschen Erbrechts.

Die Niederschrift wurde vorgelesen, genehmigt und unterschrieben
Unterschriften

Muster: Erbeinsetzung des überlebenden Ehegatten als Vorerben ohne gleichzeitige Schlusserbeneinsetzung

Wir widerrufen alle Verfügungen von Todes wegen, die wir gemeinsam oder einzeln bisher errichtet haben und erklären unseren letzten Willen wie folgt: 73

I. Der Erstversterbende von uns beruft den Überlebenden zu seinem alleinigen (befreiten) Vorerben. Nacherben des Erstversterbenden sind auf den Tod des Überlebenden unsere Kinder, nämlich...... sowie diejenigen Kinder, die uns etwa noch geboren werden, zu gleichen Teilen.
Der Überlebende von uns trifft heute keine Bestimmungen von Todes wegen. Er ist durch dieses Testament in seiner Testierbefugnis nicht beschränkt.

II. Ersatzerben sind die Abkömmlinge unserer Kinder nach gesetzlicher Erbregel. Mangels solcher Abkömmlinge tritt Anwachsung zugunsten der anderen Kinder ein.

Die Niederschrift wurde vorgelesen, genehmigt und unterschrieben
Unterschriften

---

[195] Dazu BayObLG FamRZ 1990, 1158.

[196] **„Verbesserte Jastrowsche Formel".** Dazu umfassend Reimann/Bengel/*Mayer*, Testament und Erbvertrag, A 430 ff.; die Fassung der verbesserten Jastrow'schen Klausel erfolgt in Anlehnung an *Mayers* Formulierung bei Formulare Nr. 48.

Muster: Berliner Testament bei Vorhandensein von Kindern mit Schlusserbeneinsetzung

74   Wir widerrufen alle Verfügungen von Todes wegen, die wir gemeinsam oder einzeln bisher errichtet haben und erklären unseren letzten Willen wie folgt:

I. Wir setzen uns gegenseitig zu Alleinerben ein.

Nach dem Tod des Zuletztversterbenden soll unser beiderseitiger Nachlass an unsere gemeinschaftlichen Kinder, nämlich...... sowie diejenigen Kinder, die uns etwa noch geboren werden sollten, zu gleichen Teilen fallen.

Ersatzerben sind deren Abkömmlinge, unter sich nach den Regeln der gesetzlichen Erbfolge in der ersten Erbordnung.

Sind keine Abkömmlinge vorhanden, so tritt Anwachsung zugunsten der anderen Kinder ein.

II. Pflichtteilsstrafklausel wie Muster → § 11 Rn. 69.

Wert unseres gemeinschaftlichen Reinvermögens......

Die Niederschrift wurde vorgelesen, genehmigt und unterschrieben

Unterschriften

Muster: Wiederverheiratungsklauseln bei Einheitslösung[197]

75   Wir widerrufen alle Verfügungen von Todes wegen, die wir gemeinsam oder einzeln bisher errichtet haben und erklären unseren letzten Willen wie folgt:

1. Erbeinsetzung

Wir setzen uns gegenseitig, der Erstversterbende den Längstlebenden, wechselbezüglich zum alleinigen Erben ein. Die Vollerbschaft des überlebenden Ehegatten ist durch seine Wiederheirat auflösend bedingt. Heiratet er wieder, wird er nur Vorerbe. Von den Beschränkungen der §§ 2113 ff. BGB ist er ab dem Tod des Erstversterbenden/mit Wiederheirat befreit/nicht befreit. Nacherben werden zu unter sich gleichen Teilen unsere gemeinsamen Kinder, ersatzweise deren Abkömmlinge zu unter sich gleichen Teilen nach Stämmen. Der Nacherbfall tritt mit dem Tod des überlebenden Ehegatten ein. Der Überlebende kann bei Wiederverheiratung frei über seinen Nachlass testieren.

oder:

Wir setzen uns gegenseitig wechselbezüglich zu Alleinerben ein. Heiratet der Überlebende wieder, soll er zur Hälfte/in Höhe seines gesetzlichen Erbteils nur Vorerbe sein, im Übrigen unbeschränkter Erbe. Nacherben sind unsere gemeinsamen Kinder zu gleichen Teilen. Der Überlebende wird von den Beschränkungen der §§ 2113 ff. BGB (nicht) befreit. Er kann bei Wiederverheiratung frei über seinen Nachlass testieren.

oder:

Wir setzen uns gegenseitig wechselbezüglich zu alleinigen Erben ein.

Für den Fall der Wiederheirat des Überlebenden hat dieser an die gemeinschaftlichen Kinder einen Betrag von je... EUR/den Wert ihres gesetzlichen Erbteils zum Zeitpunkt des Erbfalls auszuzahlen.

Verlangt ein Abkömmling gegen den Willen des Überlebenden seinen Pflichtteil nach dem Erstverstorbenen, entfällt das Vermächtnis für diesen Abkömmling und seinen Stamm.

oder:

---

[197] Bei der Einheitslösung setzen sich die Ehegatten zu alleinigen Vollerben (nicht nur Vorerben) ein und bestimmen für den Wiederverheiratungsfall, dass der Überlebende den Nachlass ganz oder zu Bruchteilen an die vorgesehenen Schlusserben herauszugeben hat. Der Überlebende ist ab dem ersten Erbfall durch die Wiederheirat auflösend bedingter Vollerbe und gleichzeitig aufschiebend bedingter Vorerbe (BGHZ 96, 198).

Völlige Enterbung des Überlebenden bei Wiederheirat. Dann ist jedoch zumindest für den Fall, dass der Pflichtteilsanspruch verjährt ist, ein Vermächtnis in mindestens der Höhe des Pflichtteils für den Überlebenden auszusetzen (sonst möglicherweise sittenwidrig).

Muster: Wiederverheiratungsklauseln bei Trennungslösung[198]

Nacherbfall bleibt weiterhin der Tod des Überlebenden. (Falls der überlebende Ehegatte befreiter Vorerbe ist, ist es sinnvoll, die Befreiung ab Wiederheirat entfallen zu lassen und evtl. Testamentsvollstreckung für die Nacherben anzuordnen.)

76

oder

Bei Wiederheirat des Überlebenden tritt die Nacherbfolge ein. Der Überlebende wird jedoch in Höhe des erhöhten Pflichtteils gemäß § 1371 Abs. 1 BGB Vollerbe.[199]

Muster: Gemeinschaftliches Testament bei Vorhandensein von Kindern, Kinder als Erben, Nießbrauch des Überlebenden

I. Wir setzen unsere gemeinschaftlichen Kinder, nämlich...... sowie diejenigen Kinder, die uns etwa noch geboren werden sollten, wechselbezüglich als Erben zu gleichen Teilen ein. Der Überlebende von uns soll lebenslänglich die Verwaltung und den Nießbrauch am Nachlass des Erstversterbenden haben.

77

II. Geht der Überlebende eine neue Ehe ein, so erlöschen die Verwaltung und das Nießbrauchsrecht. Der Überlebende hat den Nachlass des Erstversterbenden an die Erben in dem Zustand herauszugeben, in welchem sich der Nachlass zu diesem Zeitpunkt befindet; er ist jedoch berechtigt, seine in Ziffer I getroffene Verfügung zu widerrufen.[200] Ist sein Pflichtteilsanspruch zu diesem Zeitpunkt schon verjährt, erhält er in Höhe des erhöhten Pflichtteils ein Geldvermächtnis/das lebzeitige Wohnrecht an....../ eine Rentenzahlung von monatlich...... EUR.

III. Die zum Haushalt gehörenden Gegenstände und Hochzeitsgeschenke erhält der überlebende Ehegatte als Vermächtnis.

IV. Wir vereinbaren wechselbezüglich die Anwendung deutschen Erbrechts.

Die Niederschrift wurde vorgelesen, genehmigt und unterschrieben
Unterschriften

VIII. DDR – ZGB

Bis zum 31.12.1975 galten in der DDR die Regelungen des BGB, des TestG und zahlreiche ändernde und ergänzende Regelungen der DDR.[201] Nach der Auslegung der DDR erbte der Vorerbe als befreiter Erbe.[202]

78

---

[198] Hier wird der überlebende Ehegatte nur zum Vorerben eingesetzt und die Endbedachten zu Nacherben auf den Tod des Vorerben. Damit ist bereits das Vermögen des Erstversterbenden von dem des Überlebenden getrennt.

[199] S. näher zu den Wiederverheiratungsklauseln *Nieder/Kössinger*, Testamentsgestaltung, § 14 Rn. 111 ff. und *Reimann/Bengel/Mayer* § 2268 Rn. 13.

[200] Dazu *Simshäuser*, Auslegungsfragen bei Wiederverheiratungsklauseln in gemeinschaftlichem Testament und Erbverträgen, FamRZ 1972, 273; *Leipold*, Die Wirkungen testamentarischer Wiederverheiratungsklauseln FamRZ, 1988, 352; *Meier-Kraut*, Zur Wiederverheiratungsklausel in gemeinschaftlichen Testamenten mit Einheitslösung, NJW 1992, 143; *Wilhelm*, Wiederverheiratungsklausel, bedingte Erbeinsetzung und Vor- und Nacherbfolge, NJW 1990, 2857.

[201] Übergangsregelung in § 8 Abs. 2 EGZGB; *Bosch* FamRZ 1992, 869 (876 ff.).

[202] S. *Reimann/Bengel/Mayer* A 553; BayObLG FamRZ 1997, 391.

Im ZGB (1.1.1976 bis 3.10.1990) war das gemeinschaftliche Testament in §§ 388 bis 393 geregelt.

Beachtenswerte **Besonderheiten** im Verhältnis zur BGB-Regelung waren:

– Es gab keine Vor- und Nacherbfolge.[203]

– Nach dem Tod eines Ehegatten hatte der Überlebende nicht nur die Möglichkeit innerhalb von 2 Monaten nach dem Erbfall die Erbschaft auszuschlagen, seine Verfügung im gemeinschaftlichen Testament zu widerrufen und den Pflichtteil geltend zu machen. Er konnte selbst nach der Annahme noch seine Verfügung im gemeinschaftlichen Testament durch Erklärung gegenüber dem Staatlichen Notariat aufheben, wenn er den seinen gesetzlichen Erbteil übersteigenden Anteil an der Erbschaft nach dem Erstverstorbenen an den im Testament genannten Erben herausgab (oder dieser auf die Herausgabe verzichtete). Den gesetzlichen Erbteil konnte er behalten; die Bindung an das gemeinschaftliche Testament entfiel (§ 393 ZGB).

– Streit besteht, ob die Anfechtung eines gemeinschaftlichen Testaments, das dem ZGB untersteht, sich nach BGB oder ZGB richtet. Während sich bei den Tatbestandsvoraussetzungen keine wesentlichen Unterschiede ergeben, bestehen wesentliche Besonderheiten bei den Anfechtungsfristen und im Anfechtungsverfahren.

Nach den Überleitungsvorschriften (Art. 230 Abs. 2 EGBGB) ist ZGB anzuwenden, wenn der Erblasser vor dem 3.10.1990 gestorben ist (Art. 235 § 1 EGBGB). Auch wenn der Erblasser später gestorben ist, werden doch Errichtung, Aufhebung und Bindungswirkung eines gemeinschaftlichen Testaments nach ZGB beurteilt, wenn das Testament vor dem 3.10.1990 errichtet worden ist (Art. 235 § 2 EGBGB).

---

[203] KG ZEV 1996, 349; OLG Zweibrücken DtZ 1992, 360.

§ 12 Der Erbvertrag

Übersicht

Rn.

I. Begriff und Zweck 1
II. Rechtsnatur 4
   1. Abgrenzung 6
   2. Umdeutung 7
III. Abschluss und Form 8
   1. Höchstpersönlichkeit der Errichtung 9
   2. Geschäftsfähigkeitserfordernisse 10
   3. Form 11
   4. Besondere amtliche Verwahrung 12
IV. Inhalt des Erbvertrages 13
   1. Besonderheiten der Auslegung und Umdeutung 13
   2. Vertragsmäßige Verfügungen 14
   3. Einseitige Verfügungen 16
   4. Andere Regelungen 17
V. Möglichkeiten der Beseitigung der Bindungswirkung bei vertraglichen Verfügungen 18
   1. Vertraglicher Abänderungsvorbehalt 19
   2. Gesetzlicher Änderungsvorbehalt 20
   3. Abänderung mit Zustimmung des Bedachten 21
   4. Aufhebung durch Vertrag 22
   5. Aufhebung durch Testament und gemeinschaftliches Testament .. 24
   6. Anfechtung 25
      a) Anfechtungsgrund 26
      b) Anfechtungsberechtigte 27
      c) Anfechtungserklärung 27
      d) Ausschluss der Anfechtung 28
      e) Wirkung der Anfechtung 29
   7. Rücktritt 30
      a) Rücktrittsvorbehalt 32
      b) Rücktritt bei Verfehlungen des Bedachten 33
      c) Rücktritt bei Aufhebung der Gegenverpflichtung 35
      d) Leistungsstörungen im Schuldvertrag 36
      e) Form des Rücktritts 37
      f) Rücktrittswirkung 38
   8. Aufhebungstestament 39
   9. Auflösung der Ehe 40

I. Begriff und Zweck

Ein Erbvertrag ist eine in Vertragsform errichtete Verfügung von Todes wegen von zwei **1** oder mehr Personen. Er muss mindestens eine vertragsmäßige, kann aber auch einseitige Verfügungen von Todes wegen enthalten.[1] Die Besonderheit des Erbvertrages im Verhältnis zum Testament liegt in der sofortigen (beim gemeinschaftlichen Testament erst nach dem ersten Erbfall eintretenden)

Bindungswirkung der vertragsmäßigen Verfügungen. Als solche kommen gemäß § 2278 **2** Abs. 2 BGB in Betracht:

– Erbeinsetzung(en)
– Auflage(n)

---

[1] BayObLG NJW-RR 2003, 293 (294).

– Vermächtnis(se)
– Wahl des anzuwendenden Rechts.[2]

Andere im Erbvertrag getroffene (einseitige) Verfügungen von Todes wegen oder sonstige Regelungen schuldrechtlicher Art, die sich nur auf derselben Urkunde wie der Erbvertrag befinden, nehmen an der Bindungswirkung nicht teil. Als Beispiel für derartige schuld-rechtliche Regelungen sind etwa Leibrentenverträge zu nennen, in denen sich der Vertrags-partner verpflichtet, dem Erblasser auf Lebenszeit zu bestimmten Zeitpunkten wieder-kehrend eine bestimmte Summe zu zahlen (auch als entgeltliche Erbverträge oder Ver-pfändungsverträge bezeichnet).

3 Vertragsmäßige Verfügungen sind für den Erbvertrag konstitutiv. Jeder Erbvertrag muss mindestens eine nicht unter einen Vorbehalt gestellte vertragsmäßige (und damit bindende) Verfügung enthalten.[3] *Jörg Mayer*[4] hält es für unschädlich, wenn sich der Erblasser hinsicht-lich der einzigen bindenden Verfügung den Rücktritt nach § 2293 BGB vorbehalten hat. In diesem Fall beschränkt sich die Mitwirkung des Vertragspartners darauf, die entsprechen-de vertragskonstitutive Willenserklärung auszusprechen (das Angebot also anzunehmen).

Man unterscheidet **ein- und zweiseitige** Erbverträge, je nachdem, ob nur eine Vertrags-person vertragsmäßig über ihren Nachlass verfügt oder ob dies beide Parteien tun. Beden-ken sie sich dabei auch gegenseitig, spricht man von einem **gegenseitigen** Erbvertrag. Dieser Ausdruck ist missverständlich, weil hier kein gegenseitiger schuldrechtlicher Vertrag vorliegt. Die Vorschriften über gegenseitige Verträge in §§ 320 ff. BGB finden auf den Erbvertrag keine Anwendung. Sollen diese Verfügungen nicht nur die Vertragschließenden binden, sondern gegenseitig abhängig sein (was das Gesetz in § 2298 Abs. 1 BGB ver-mutet), liegen vertragsmäßige Verfügungen vor. Zulässig ist schließlich auch der mehrseitige Erbvertrag, in dem mehr als zwei Personen Verfügungen von Todes wegen vornehmen. Die für vertragsmäßige Verfügungen bestehende Bindungswirkung bedingt, dass entgegenste-hende frühere oder spätere testamentarische Verfügungen unwirksam sind (§ 2289 Abs. 1 BGB). Entfallen kann die Bindungswirkung in den unten näher erörterten Fällen, also bei Anfechtung, Rücktritt, vertraglich festgesetztem Änderungsvorbehalt oder Aufhebungsver-trag. Wie beim gemeinschaftlichen Testament bleibt die Bindungswirkung grundsätzlich ohne Einfluss auf entgegenstehende Verfügungen unter Lebenden (§ 2286 BGB).

Erbvertragsfähig sind nicht nur Ehegatten oder gleichgeschlechtliche Lebenspartner wie beim gemeinschaftlichen Testament, sondern alle natürlichen Personen. Er bietet sich deshalb an für nichteheliche Lebenspartner, wobei dann die Partner ein voraussetzungsloses Rücktrittsrecht (§ 2293 BGB) vereinbaren sollten. Ein Erbvertrag eignet sich auch gut zur Regelung entgeltlicher Vertragsverhältnisse (etwa Pflege gegen Erbeinsetzung, Übergabe-verträge) und wenn nur einseitige Bindung (einseitiger Erbvertrag) gewollt ist.

II. Rechtsnatur

4 Seiner Rechtsnatur nach ist der Erbvertrag ein einheitliches Rechtsgeschäft mit Doppelna-tur: Verfügung von Todes wegen und Vertrag.

Er ist ein erbrechtlicher Vertrag sui generis, da er sich sowohl von Verpflichtungs- als auch von Verfügungsverträgen grundlegend unterscheidet. Von letzteren hebt er sich dadurch ab, dass er die Rechtslage nicht unmittelbar umgestaltet, sondern Rechtswirkun-gen erst mit dem Erbfall entfaltet. Von ersteren unterscheidet er sich dadurch, dass er vor dem Erbfall keine Rechte und Pflichten begründet und dass sein Inhalt auch keine Ver-pflichtung zu einer bestimmten erbrechtlichen Verfügung bildet (was wegen § 2302 BGB

---

[2] Gesetz zum Internationalen Erbrecht und zur Änderung von Vorschriften zum Erbschein sowie zur Änderung sonstiger Vorschriften vom 29. Juni 2015 vergleiche BGBl. 2015 I 1042; dazu *Döbereiner* NJW 2015, 2449.
[3] BGHZ 26, 204 (208).
[4] *Reimann/Bengel/Mayer* vor §§ 2274 ff. Rn. 34.

unwirksam wäre), sondern diese Verfügung selbst darstellt. Es besteht für den Vertragserben mit Abschluss des Erbvertrages keine rechtlich gesicherte Anwartschaft, sondern nur eine tatsächliche Aussicht. Gegen beeinträchtigende lebzeitige Verfügungen des Erblassers wird der Vertragserbe über § 2287 f. BGB geschützt. Gleichwohl besteht ein lebzeitiges Interesse an der Sicherung des Vertragserben. Die Rechtspraxis hat als schuldrechtliche Sicherung des vertragsmäßig Bedachten die Figur eines (qualifizierten) Verfügungsunterlassungsvertrages geschaffen, der bei Grundstücken mittels Auflassungsvormerkung gesichert werden kann. (Einzelheiten → § 13 Rn. 3).

Da der Erbvertrag keine sofort wirkenden Rechte und Pflichten begründet, kann er nicht **5** – auch nicht im Falle des wechselseitigen Erbvertrages – als synallagmatischer Vertrag im Sinne von §§ 320 ff. BGB aufgefasst werden. Im Falle des entgeltlichen Erbvertrages (der Vertragserblasser verfügt wegen einer Leistung des Vertragspartners bindend, also vertragsmäßig) liegen Erbvertrag und schuldrechtlicher Verpflichtungsvertrag nebeneinander vor. Die Leistung des vertragsmäßig Bedachten ist kein rechtlicher Grund im Sinne von § 812 BGB für die vertragsmäßige Verfügung,[5] sondern nur ein Beweggrund. Die Vorschriften des Leistungsstörungsrechts sind also bei Nicht– oder Schlechterfüllung nicht anzuwenden. Jedoch stellt die Rücktrittsmöglichkeit bei Aufhebung der Gegenverpflichtung (§ 2295 BGB, siehe unten Rn. 35) zwischen schuld- und erbrechtlichem Teil eine gewisse Verbindung her. § 2295 BGB erfasst nicht den Fall der Nichtigkeit der Verpflichtung.[6] Bei Vertragsstörungen kann der Vertragserblasser gemäß § 2281 BGB anfechten. Sinnvollerweise wird im Erbvertrag die Wirksamkeit der vertraglichen Verfügung von Todes wegen durch eine Bedingung mit der Erfüllung der versprochenen Leistung verknüpft. Damit ist ein Rücktritt oder eine Anfechtung nicht mehr erforderlich.[7]

1. Abgrenzung

Maßgebliches Abgrenzungskriterium zu anderen Verträgen ist die Art der angestrebten **6** Bindung, nicht der Zeitpunkt des Eintritts dieser Bindung.[8]

a) Der **Erbverzicht** ist konstruktiv ein negativer Erbvertrag, der jedoch besonderen Regeln unterstellt ist (§§ 2346 ff. BGB).

b) Der Erbvertrag unterscheidet sich auch von der – gesetzlich nicht geregelten – **vorweggenommenen Erbfolge,**[9] wie etwa einem Altenteilsvertrag, der als Rechtsgeschäft unter Lebenden mit sofortiger Wirkung Rechte und Pflichten begründet, auch wenn diese unter Umständen bis zum Eintritt des Erbfalles nicht vollzogen werden.[10]

c) Machen die Parteien den Bestand eines Grundstücksvertrages vom Überleben des Käufers abhängig und schieben die Erfüllung (= Auflassung) bis zum Tod des Verkäufers hinaus, liegt kein Erbvertrag vor.[11]

d) Im Gegensatz zum Erbvertrag ist der Erblasser am Erbschaftsvertrag (§ 311b Abs. 4 BGB; zulässig innerhalb der von Abs. 5 gesetzten Grenzen) nicht beteiligt.

e) Der **Vertrag zu Gunsten Dritter** auf den Todesfall (§§ 328, 331 BGB) ist ein Rechtsgeschäft unter Lebenden; das zugewendete Vermögen fällt nicht in den Nachlass. Liegt im Zuwendungsverhältnis eine Schenkung vor, stellt dies für den Empfänger einen Rechtsgrund dar, der einen Konditionsanspruch des Erben ausschließt.

---

5 aA Staudinger/*Kanzleiter,* Vorbem. 7 zu §§ 2274 ff.
6 So auch MüKoBGB/*Musielak* § 2295 Rn. 6. Jedoch wird bei Vorliegen eines Einheitlichkeitswillens des Erblassers regelmäßig die Nichtigkeit des anderen Rechtsgeschäfts nach § 139 BGB die Unwirksamkeit der vertragsmäßigen Verfügung des Erblassers zu Folge haben; ebenso *Burandt*/Rojahn, Erbrecht, § 2295 Rn. 3.
7 Zu einer stillschweigenden Bedingung vgl. OLG Hamm DNotZ 1977, 751.
8 *Reimann*/*Bengel*/*Mayer* vor § 2274 Rn. 13; NK-BGB/*Kornexl* vor § 2274 Rn. 3 ff.
9 Palandt/*Weidlich* Einl. v. § 1922 Rn. 6 f.
10 BGH NJW 1959, 2252.
11 *Reimann*/*Bengel*/*Mayer* vor §§ 2274 ff. Rn. 13.

f) Die unter einer Überlebensbedingung vorgenommenen **Schenkungen auf den Todesfall** (§ 2301 BGB) werden wie Verfügungen von Todes wegen behandelt, wenn sie noch nicht vollzogen sind. Es ist also ein Erbvertrag erforderlich, wenn eine erbrechtliche Bindung gewollt ist. Wird jedoch nur die Fälligkeit des Übereignungsanspruchs hinausgeschoben (betagte Zuwendung), liegt ein Rechtsgeschäft unter Lebenden vor.[12]

2. Umdeutung

7 Ein unwirksamer Erbvertrag (Formunwirksamkeit; fehlende volle Geschäftsfähigkeit bei gegebener Testierfähigkeit; fehlende vertragsmäßige Verfügung) kann umgedeutet werden (§ 140 BGB) in ein gemeinschaftliches Testament (bei Ehegatten und eingetragenen Lebenspartnern) oder in ein einseitiges Testament, wenn die Wirksamkeitsvoraussetzungen dieser letztwilligen Verfügungen gegeben sind.[13]

Andererseits kann eine Umdeutung eines nichtigen gemeinschaftlichen Testaments (von Nicht-Eheleuten oder Lebenspartnern) oder einer gegen § 2302 BGB verstoßenden Verpflichtung zur Errichtung eines Testaments[14] in einen Erbvertrag in Betracht kommen.[15]

III. Abschluss und Form

8 Anders als das gemeinschaftliche Testament kann der Erbvertrag von beliebigen Personen abgeschlossen werden. Das Gesetz enthält jedoch für einen Erbvertrag zwischen Ehegatten und Verlobten einige Spezialvorschriften (§§ 2275 Abs. 2 S. 3, 2276 Abs. 2, 2279 Abs. 2, 2280 BGB).

1. Höchstpersönlichkeit der Errichtung

9 Wie beim Testament gilt auch beim Erbvertrag der Grundsatz der Höchstpersönlichkeit der Errichtung (§ 2274 BGB). Der Erblasser kann also nicht durch einen Vertreter einen Erbvertrag schließen, bestätigen (§ 2284 BGB), aufheben (§ 2290 BGB) oder von ihm zurücktreten (§ 2296 BGB).

Der Vertragspartner, der natürliche oder juristische Person sein kann, kann sich dagegen nach allgemeinen Grundsätzen vertreten lassen.

Ein Erbvertrag kann grundsätzlich auch im Rahmen eines **Prozessvergleichs** geschlossen werden. Dies berührt sowohl die Frage der Höchstpersönlichkeit der Errichtung, als auch der zu wahrenden Form. Wird ein Erbvertrag im Rahmen eines Prozessvergleichs geschlossen (§ 127a BGB), ist erforderlich, dass der Erblasser seine Erklärung auch persönlich abgibt, das heißt persönlich anwesend ist. Es ist ferner darauf zu achten, dass diese persönliche Erklärung des Erblassers entsprechend protokolliert wird, ebenso muss die Erklärung des Anwalts im Anwaltsprozess (§ 78 ZPO) protokolliert werden.[16] Nur bei ordnungsgemäßer Protokollierung ersetzt der gerichtliche Vergleich die notarielle Form.[17]

Ob auch ein Vergleich, der nach § 278 Abs. 6 S. 1 ZPO abgeschlossen wird, die notarielle Beurkundung ersetzt, ist zweifelhaft.[18] Das BAG hält es zwar für möglich, dass ein solcher Vergleich die Schriftform wahrt.[19] Der BGH hat entschieden, dass für den Abschluss einer Scheidungsfolgenvereinbarung nach § 1378 Abs. 3 S. 2 BGB der nach

---

12 *Reimann/Bengel/Mayer* vor §§ 2274 ff. Rn. 13.
13 Palandt/*Ellenberger* § 140 Rn. 10; BayObLG NJW-RR 1996, 7.
14 Etwa in einem Scheidungsvergleich, OLG Stuttgart NJW 1989, 2700.
15 OLG Hamm FamRZ 1997, 581; Palandt/*Ellenberger* § 140 Rn. 10 für Einzeltestament.
16 OLG Düsseldorf NJW 2007, 1290.
17 MüKoBGB/*Einsele* § 127a Rn. 7.
18 MüKoBGB/*Einsele* § 127a Rn. 4 mwN.
19 BAG NJW 2007, 1831.

§ 278 Abs. 6 ZPO zustande gekommene Vergleich die notarielle Beurkundung ersetzt.[20] Im Gegensatz zu § 1378 Abs. 3 BGB verlangt § 2276 BGB Abs. 1 BGB nicht nur die Einhaltung der notariellen Form (die durch §§ 278 Abs. 6 ZPO, 127a BGB ersetzt werden könnte), darüber hinaus ist auch die beiderseitige Anwesenheit der Vertragsschließenden bei der notariellen Beurkundung erforderlich. Dies ist bei einem Vergleichsschluss nach § 278 Abs. 6 ZPO jedoch nicht der Fall (durch Schriftsatz gegenüber dem Gericht). Deswegen wahrt ein Vergleich nach § 278 Abs. 6 ZPO nicht die Voraussetzungen des § 22876 BGB, so dass ein Erbvertrag auf diesem Wege nicht wirksam geschlossen werden kann.[21] Auch seitens des Gerichts sind diese Aspekte zu beachten und gegebenenfalls durch Hinweise (§ 139 ZPO) aufzuklären.

2. Geschäftsfähigkeitserfordernisse

Anders als beim Testament muss der Erblasser bei Abschluss eines Erbvertrags unbeschränkt **10** geschäftsfähig sein (§§ 2275 Abs. 1 S. 2, 104 ff. BGB). Minderjährige haben wegen des Grundsatzes der Höchstpersönlichkeit der Errichtung also keine Möglichkeit, einen Erbvertrag als Erblasser abzuschließen. Eine Ausnahme besteht nach § 2275 Abs. 2 und 3 BGB für beschränkt geschäftsfähige Ehegatten und Verlobte, die zusammen mit dem unbeschränkt geschäftsfähigen Partner bei Zustimmung ihres gesetzlichen Vertreters einen Erbvertrag abschließen können. Für Vertragspartner, die nicht zugleich auch Erblasser sind, gelten auch hier die allgemeinen Vorschriften; danach kann etwa ein Minderjähriger jedenfalls dann einen Erbvertrag abschließen, wenn dies für ihn lediglich einen rechtlichen Vorteil mit sich bringt (§ 107 BGB).

Für einen geschäftsunfähigen Erblasser kann jedoch sein gesetzlicher Vertreter anfechten (§ 2282 Abs. 2 BGB).

3. Form

Für den Erbvertrag verlangt § 2276 Abs. 1 BGB, dass er bei gleichzeitiger Anwesenheit **11** beider Teile (der Erblasser muss wegen § 2274 BGB persönlich anwesend sein) zur Niederschrift eines Notars abgeschlossen wird.

Insoweit sind die Vorschriften über die Errichtung eines öffentlichen Testaments (nicht: Nottestaments) entsprechend anzuwenden (§§ 2276 Abs. 1 S. 3, 2231 Nr. 1, 2232 f. BGB). Das bedeutet, dass auch hier die vertragskonstituierende Erklärung mündlich oder durch Übergabe einer offenen oder verschlossenen Schrift abgegeben werden kann mit der Erklärung des Erblassers, dass die Schrift seinen letzten Willen enthalte. Die Schrift muss nicht vom Erblasser selbst geschrieben sein.

Der Vertragsgegner muss die Erklärung des Erblassers annehmen. Dabei braucht von beiden Vertragschließenden nicht dieselbe („Unter-")Form gewählt zu werden: Ein Teil kann die Erklärung also mündlich vor dem Notar, der andere durch Übergabe einer Schrift abgeben. Sie können ihre Erklärungen auch in einer gemeinsamen Schrift niederlegen.[22] Im Fall der Minderjährigkeit, der Lese- oder Sprechunfähigkeit ist § 2233 BGB zu berücksichtigen. Die Einzelheiten des Verfahrens richten sich auch hier nach §§ 1–26 und 27–35 BeurkG. Nach der Rechtsprechung[23] gilt im Falle des entgeltlichen Erbvertrages § 2276 Abs. 1 BGB grundsätzlich für den rein erbvertraglichen Teil der Urkunde, nicht auch für den schuldrechtlichen.

---

[20]   BGH NJW 2017, 1946.
[21]   Im Ergebnis ebenso: BeckOGK/*Röhl* BGB § 2276 Rn. 15.
[22]   RGZ 82, 149 (154).
[23]   BGHZ NJW 1962, 249; OLG München ZEV 2009, 345 mit Anmerkung *Keim*. Ein Teil des Schrifttums fordert aus dem Gesichtspunkt des Schutzzwecks die Form des § 2276 BGB auch für die anderen Vertragsvereinbarungen (*Reimann/Bengel/Mayer* § 2276 Rn. 37 mwN).

Nach § 2276 Abs. 2 S. 1 BGB ist die Verbindung eines Erbvertrages zwischen Ehegatten und Verlobten mit einem Ehevertrag in derselben Urkunde möglich. Dann genügt auch die Einhaltung der für den Ehevertrag geltenden Form (§§ 2276 Abs. 2 S. 2, 1410 BGB, §§ 1–26 BeurkG). Da auch der Ehevertrag bei gleichzeitiger Anwesenheit beider Teile zur Niederschrift eines Notars geschlossen wird, ist die Erleichterung in der Praxis nicht sehr groß. Eheverträge können jedoch nicht wie Erbverträge durch Übergabe einer verschlossenen Schrift errichtet werden (§§ 13 Abs. 1 S. 1 iVm 9 Abs. 1 S. 2 BeurkG), weil der Ehevertrag nach § 13 Abs. 1 S. 1 BeurkG seinem ganzen Umfang nach zu verlesen ist. Die Formerleichterung des § 2276 Abs. 2 wurde Lebenspartnern nicht gewährt, obgleich auch der Lebenspartnerschaftsvertrag in der Form des Ehevertrags beurkundet werden muss (§ 7 Abs. 1 S. 2 und 3 LPartG; unklar ist, ob hier ein Redaktionsversehen vorliegt).[24]

Ist bei einem Ehe- und Erbvertrag eine für den Ehevertrag wesentliche Formvorschrift nicht beachtet, ist der Ehevertrag nichtig (§ 125 BGB). Die Form des Erbvertrags reicht für ihn nicht.[25] Ob dann auch der Erbvertrag nichtig ist, richtet sich nach § 139 BGB.[26] Aus der Zusammenfassung in einer Urkunde soll sich eine tatsächliche Vermutung für einen Einheitlichkeitswillen ergeben.[27]

Auch wenn beim Ehevertrag Vertretung möglich ist, ändert dies nichts daran, dass beim gleichzeitigen Abschluss eines Erbvertrags der Erblasser persönlich erscheinen muss, weil das Erfordernis der persönlichen Errichtung nach § 2274 BGB keine Formvorschrift, sondern eine sachlich-rechtliche Voraussetzung ist. Auch eine Verbindung mit einem anderen Vertrag, zB einem Erbverzicht, ist grundsätzlich möglich. Nach Ansicht des BGH muss allerdings stets die Form des § 2276 Abs. 1 BGB gewahrt werden, wenn die verbundenen Rechtsgeschäfte mit dem Erbvertrag ein einheitliches Rechtsgeschäft bilden.[28]

Ein Verzicht auf die Formerfordernisse des § 2276 Abs. 1 BGB unter den Gesichtspunkten von Treu und Glauben kann nur in äußersten Notfällen erwogen werden, da gerade das Erbrecht in besonderem Maße vom Prinzip der Formbedürftigkeit geprägt ist. Ein solcher Fall ist vom BGH bisher nur im Bereich des Höferechts bejaht worden, also bei einer mündlichen oder privatschriftlichen Bestimmung des Hoferben.[29] Denkbar erscheint eine weitere Ausnahme für den Fall arglistiger Täuschung über die Formbedürftigkeit oder gar bei Missachtung der Form infolge von Drohung oder Gewalt.

Der Prozessvergleich (mit dem persönlich erklärenden Erblasser und im Anwaltsprozess dem postulationsfähigen Prozessbevollmächtigten) wahrt die notarielle Form, wenn die Vorschriften der ZPO über die Protokollierung von Vergleichen beachtet worden sind (→ **§ 12 Rn. 9**; § 8 Rn. 24; § 44 Rn. 6).[30]

4. Besondere amtliche Verwahrung

12 Der **Erbvertrag** ist in die **besondere amtliche Verwahrung** zu verbringen (§ 344 Abs. 3 FamFG); die Parteien des Erbvertrages können jedoch auch die besondere amtliche Verwahrung ausschließen. Im Zweifel ist dies anzunehmen, wenn der Erbvertrag mit einem anderen Vertrag in derselben Urkunde verbunden wird (zB mit einem Ehevertrag), § 34 Abs. 2 BeurkG. Enthält der verbundene Vertrag eine Vollstreckungsunterwerfung ist es ratsam, den Vertrag nicht in die besondere amtliche Verwahrung zu nehmen. Zumindest sollte eine Ausfertigung zur Urkundensammlung genommen werden, damit später problemlos vollstreckbare Ausfertigungen erteilt werden können. Die Vertragsparteien können

---

[24] *Dickhath-Harrach* FamRZ 2005, 1139; *Reimann/Bengel/Mayer* § 2276 Rn. 29.

[25] Palandt/*Weidlich* § 2276 Rn. 6; die Übergabe einer Schrift – § 30 BeurkG – scheidet aus; str.

[26] Palandt/*Weidlich* § 2276 Rn. 10; OLG Stuttgart FamRZ 1987, 1034; offen gelassen von BGH NJW 1959, 625.

[27] Palandt/*Weidlich* § 2276 Rn. 6 und OLG Stuttgart FamRZ 1987, 1034.

[28] BGH NJW 1962, 249; NK-BGB/*Kornexl* § 2276 Rn. 33 mit eher pragmatischer Argumentation; aA Staudinger/*Kanzleiter* § 2276 Rn. 17 mwN.

[29] BGHZ 12, 286; 23, 249; 47, 184; 73, 324; in § 7 HöfeO vom Gesetzgeber übernommen.

[30] MüKoBGB/*Einsele* § 127a Rn. 7.

auch noch später beantragen, dass der Vertrag in die besondere amtliche Verwahrung genommen wird. Den in die besondere Verwahrung zu verbringenden Erbvertrag hat der Notar in das **Erbvertragsverzeichnis** einzutragen (§ 9 DONot), das mit der Urkundenrolle zusammen aufzubewahren ist, er kann aber auch stattdessen Durchschriften der Verwahrungsnachrichten, die er den Standesämtern und der Hauptkartei für Testamente übersendet und Ausdrucke der Bestätigungen des ZTR über die Registrierung in einer Kartei aufbewahren.[31] Jedem Vertragsschließenden soll ein **Hinterlegungsschein** erteilt werden (§ 346 Abs. 3 FamFG).

Die besondere amtliche Verwahrung durch das Gericht ist kostenpflichtig Festgebühr von 50 Euro nach KV Nr. 12100 GNotKG), während die Verwahrung durch den Notar keine Kosten auslöst.

Haben die Parteien die besondere amtliche Verwahrung ausgeschlossen, so bleibt die Urkunde in der Verwahrung des Notars. **Nach Eintritt des Erbfalls** hat der Notar die Urkunde an das Nachlassgericht abzuliefern, in dessen Verwahrung sie verbleibt (§ 34a Abs. 3 BeurkG, § 2300 Abs. 1 iVm § 2259 BGB); die Urkunde wird durch eine beglaubigte Abschrift in der Urkundensammlung ersetzt (§§ 9 Abs. 3, 20 Abs. 4 S. 1 DONot). **Die Urschrift des Erbvertrages darf an die Parteien nicht hinausgegeben werden, auch dann nicht, wenn sie den Erbvertrag aufgehoben haben.** § 45 Abs. 2 BeurkG regelt die ausnahmsweise Aushändigung der Urschrift (wenn sie im Ausland verwendet werden soll und sämtliche Personen zustimmen, die eine Ausfertigung verlangen können); die Vorschrift gewährt den Beteiligten kein Recht auf Herausgabe. Die verwahrende Stelle entscheidet nach pflichtgemäßem Ermessen.[32]

Die **Aufhebung der Verwahrung des Erbvertrages bei Gericht** hat die Folge, dass die Urkunde nicht an die Parteien, sondern an den Urkundsnotar hinausgegeben wird, der sie dann offen in seiner Urkundensammlung verwahrt. Sie hat beim Erbvertrag nicht die Widerrufswirkung, die § 2256 BGB der Rückgabe eines öffentlichen Testaments oder eines vor dem Bürgermeister errichteten Nottestaments zuweist.

Der Notar hat nach Errichtung einer erbfolgerelevanten Urkunde im Sinne von § 78b Abs. 2 Satz 1 BNotO die Verwahrangaben im Sinne von § 78b Abs. 2 Satz 2 BNotO unverzüglich elektronisch an das Zentrale Testamentsregister zu übermitteln und dies auf der Urkunde zu vermerken. §§ 347 FamFG, 34a Abs. 1 BeurkG, 20 Abs. 2 S. 2 DONot. Bei der Ablieferung eines Erbvertrags nach § 34a Abs. 2 S. 1 BeurkG nimmt er eine beglaubigte Abschrift der Urkunde und der Kostenberechnung zu der Urkundensammlung (§ 20 Abs. 4 S. 1 DONot).

Der Notar hat über die Erbverträge, die er gemäß § 34 BeurkG in Verwahrung nimmt, ein **Verzeichnis** zu führen, § 18 Abs. 4 DONot. Sinnvoll ist die Verwahrung der Urkunden offen in der **Urkundensammlung** (§§ 34 Abs. 3 BeurkG, 18 Abs. 1 S. 1 DONot, weniger die gesonderte Aufbewahrung in der Urkundensammlung mit Vermerkblatt (§ 18 Abs. 4 S. 1 DONot) oder beglaubigter Abschrift[33] in verschlossenem Umschlag. Das Einverständnis mit der offenen Aufbewahrung ist in der Urkunde festzuhalten.

Gem. §§ 2300 Abs. 2, 2256 BGB kann der **Erbvertrag** dadurch **widerrufen** werden, dass der Erbvertrag aus der besonderen amtlichen Verwahrung des Amtsgerichts oder der einfachen Verwahrung des Notars zurückgenommen wird (→ § 14 Rn. 1). Dies ist nur möglich, wenn die Urkunde ausschließlich letztwillige Verfügungen enthält, was problematisch sein kann, etwa wegen eines konkludenten Pflichtteilsverzichts. Es kann dadurch zu einer irrtümlichen Vorstellung kommen, der Erbvertrag sei aufgehoben. Um dies zu ver-

---

[31] MüKoBGB/*Hagena* BeurkG § 34 Rn. 50.
[32] *Winkler*, BeurkG, § 45 Rn. 12.
[33] Beglaubigte Abschriften sind in einem verschlossenen Umschlag, der nicht mit einem Verwahrungsumschlag nach § 34 Abs. 1 S. 1 BeurkG gleichzusetzen ist, zur Urkundensammlung zu nehmen, es sei denn, dass die Vertragschließenden sich mit der offenen Aufbewahrung schriftlich einverstanden erklärt haben (§ 18 Abs. 4 S. 2 DONot).

meiden schlägt Hagena[34] vor, den Erbvertrag einschließlich etwaiger weiterer darin enthaltenen Erklärungen ausdrücklich aufzuheben. Die Rückgabe des Erbvertrages kann nur an alle Vertragschließenden und nicht mehr nach dem Tod eines Vertragschließenden erfolgen (§§ 2300 Abs. 2 S. 2 Halbs. 2, 2290 Abs. 1 S. 2 BGB). Die zurückgebende Stelle soll die/den Erblasser über die Widerrufswirkung belehren, dies auf der Urkunde vermerken und aktenkundig machen, dass beides geschehen ist (§§ 2300 Abs. 2 S. 3, 2256 Abs. 1 BGB. Bei Rückgabe eines Erbvertrags aus der einfachen notariellen Verwahrung tritt die Aufhebungswirkung nur dann ein, wenn die Rückgabe durch den Notar selbst oder seinen Vertreter erfolgt.[35] § 20 Abs. 3 DONot regelt die aktenmäßige Behandlung beim Notar (Ergänzung des Vermerkblatts oder Anfertigung eines neuen Vermerkblatts; alternativ (und besser) ist eine Niederschrift zu errichten. In allen Fällen ist die Rücknahme im Erbvertragsverzeichnis zu vermerken.

Bei Erbverträgen, die sich seit über 30 Jahren in der Verwahrung des Notars befinden, sind gemäß § 351 FamFG Ermittlungen anzustellen, ob der Erblasser noch lebt und deren Ergebnis durch einen vom Notar unterzeichneten Vermerk zu bestätigen (§ 20 Abs. 5 S. 2 DONot). Ist eine Ablieferung noch nicht veranlasst, ist die Prozedur spätestens alle fünf Jahre zu wiederholen (§ 20 Abs. 5 S. 3 DONot; § 27 Abs. 10 AktO). Eine Gebühr nach KV 12101 GNotKG fällt nicht an. Führen diese Ermittlungen nicht zur Feststellung des Fortlebens, ist der Vertrag an das für den Amtssitz des Notars örtlich zuständige Amtsgericht[36] zur Eröffnung abzuliefern (§ 351 S. 2 FamFG). Lehnt das Amtsgericht die Übernahme des Erbvertrags ab, kann der Notar hiergegen Beschwerde einlegen (§ 58 FamFG).

IV. Inhalt des Erbvertrages

1. Besonderheiten der Auslegung und Umdeutung

13 Bei der Auslegung von Verfügungen in Erbverträgen ist zu unterscheiden: Für eine einseitige Verfügung (§ 2299 BGB), die grundsätzlich nicht der Bindungswirkung unterliegt, gelten die allgemeinen Regeln der Testamentsauslegung; danach ist nur auf den Erblasserwillen im Errichtungszeitpunkt abzustellen.

Bei vertragsmäßigen Verfügungen wird die Bedeutung des Erblasserwillens ergänzt durch die Berücksichtigung des Empfängerhorizonts und der Auslegung nach Treu und Glauben: § 157 BGB ist hier anwendbar. Dies gilt nach der Rechtsprechung für alle vertragsmäßigen Verfügungen, das heißt der erklärte, übereinstimmende Wille beider Vertragsparteien ist maßgeblich.[37] Bei der Auslegung umfangreicher Ehe- und Erbverträge kommt es darüber hinaus auch wesentlich darauf an, den Zusammenhang der einzelnen Bestimmungen und Verfügungen zu erfassen.[38]

Die gesetzlichen Auslegungs-, Umdeutungs- und Ergänzungsregeln der §§ 2066 bis 2076 und der §§ 2084 bis 2093 sind auf Erbverträge unter Beachtung des oben Gesagten entsprechend anzuwenden. § 2298 BGB geht als Sonderregelung für wechselbezügliche Verfügungen § 2085 BGB vor. Wie schon erwähnt, kommt bei einem – etwa wegen Formmangels – nichtigen Erbvertrag grundsätzlich die Umdeutung in ein Testament, bei Eheleuten auch in ein gemeinschaftliches Testament, in Frage.

---

[34] MüKoBGB/*Hagena* § 34 BeurkG Rn. 61.
[35] *Reimann* FamRZ 2002, 1383; *Keim* ZEV 2003, 55 (56); MüKoBGB/*Hagena* BeurkG § 34 Rn. 62; *Winkler*, BeurkG, § 34 Rn. 23 mit Verfahrensvorschlägen.
[36] OLG Zweibrücken Rpfleger 1982, 69; Keidel/*Zimmermann* FamFG § 351 Rn. 11.
[37] BGH NJW 1989, 2885; BayObLG NJW-RR 2003, 293.
[38] BayObLG NJW-RR 2003, 293 (294).

2. Vertragsmäßige Verfügungen

Wann eine – grundsätzlich bindende – vertragsmäßige Verfügung nach Maßgabe des **14** § 2278 Abs. 1 und 2 BGB vorliegt, regelt das Gesetz nicht ausdrücklich. Es bestimmt nur, dass andere Verfügungen als Erbeinsetzungen, Vermächtnisse, Auflagen und die Wahl des anzuwendenden Rechts nicht vertragsmäßig getroffen werden können (§§ 2278 Abs. 2, 1941 BGB). Diese Verfügungen müssen aber nicht vertragsmäßig sein, das heißt sie können auch einseitig sein. Sofern dies nicht zweifelsfrei aus dem Erbvertrag hervorgeht, ist auf die Auslegung der Erblassererklärung(en) nach den allgemeinen Grundsätzen zurückzugreifen.

Grundsätzlich sind Verfügungen dann als vertragsmäßig zu qualifizieren, wenn feststeht, dass eine **Bindungswirkung gewollt** war, weil etwa aus den Umständen gefolgert werden kann, dass in das Bestehen der Verfügung vom Vertragspartner Vertrauen gesetzt wurde. Im Einzelnen sind Zuwendungen unter den Vertragspartnern selbst in der Regel als vertragsmäßig zu werten, weil anzunehmen ist, dass eine wechselseitige Begünstigung nur bei gegenseitiger Bindung gewollt war.[39]

Auch die Verbindung von Vermächtnis und gegenseitigem Erbverzicht in derselben Urkunde deutet auf den Willen zur gegenseitigen Bindung hin, sodass ein vertragsmäßiges Vermächtnis in der Regel bejaht werden kann.[40]

Komplizierter ist die Lage bei **Drittzuwendungen:** Hier ist regelmäßig darauf abzustel- **15** len, ob der Erblassers wusste, dass der Vertragspartner ein Interesse an der Bindungswirkung gehabt hat oder mindestens haben konnte, so etwa, wenn es sich um einen nahestehenden Verwandten handelt.[41] Die Einsetzung von gemeinsamen Kindern der Vertragschließenden wird als vertragsmäßig angesehen, da nur wegen der Bindung des Überlebenden die Enterbung der Kinder im ersten Erbfall in Kauf genommen wird.[42] Bei der Einsetzung von Verwandten durch ein kinderloses Ehepaar ist in der Regel nur die Erbeinsetzung von Verwandten des Erstversterbenden vertragsmäßig, während der Überlebende hinsichtlich seiner Verwandten frei sein soll.[43] Die Rechtsprechung hat es als vertragsmäßige Zuwendung angesehen, wenn sich der Vertragserbe zu Leistungen an den Erblasser verpflichtet, die als Entgelt für die Erbeinsetzung angesehen werden können[44] oder wenn ausdrücklich eine Änderung oder ein Rücktrittsrecht vorbehalten wurde.[45]

In der Praxis empfiehlt es sich, die Vertragsmäßigkeit einer Verfügung ausdrücklich festzuhalten. Beispiel: „Wir setzen uns gegenseitig vertragsmäßig als Alleinerben ein."

3. Einseitige Verfügungen

Zulässig sind alle einseitigen Verfügungen, die auch in einem Testament getroffen werden **16** könnten (§ 2299 Abs. 1 BGB). Auch sonst, zum Beispiel bei der Frage des Widerrufs, gelten die Vorschriften über testamentarische Verfügungen (§ 2299 Abs. 2 S. 1 BGB). Daneben erlaubt § 2299 Abs. 2 S. 2 BGB die Aufhebung einseitiger Verfügungen durch einen Widerrufsvertrag (§ 2290 BGB), durch den auch vertragsmäßige Verfügungen wirkungslos werden können.

4. Andere Regelungen

Sonstige Regelungen, insbesondere schuldrechtliche Verpflichtungen, sind nie Teil eines **17** Erbvertrages, auch wenn sie äußerlich mit ihm in derselben Urkunde zusammengefasst sind. Sie können jederzeit nach Testamentsvorschriften widerrufen werden.

---

[39] BGHZ 26, 204; 106, 359; BayObLG FamRZ 2004, 59.
[40] BGHZ 106, 359.
[41] BGH NJW 1961, 120; BayObLG FamRZ 2004, 59.
[42] BGH DNotZ 1970, 356; BayObLGZ 1989, 1353; OLG Frankfurt a. M. Rpfleger 1997, 309; OLG Hamm FamRZ 1996, 637.
[43] BGH NJW 1961, 120; RGZ 116, 321.
[44] BGHZ 36, 115 (120).
[45] BayObLG FamRZ 1994, 196; MittBayNot 1995, 112 (113); FamRZ 1997, 123.

V. Möglichkeiten der Beseitigung der Bindungswirkung bei vertraglichen Verfügungen

18 Es gibt verschiedene Möglichkeiten, wie sich der Erblasser von vertragsmäßigen Verfügungen nach Abschluss des Erbvertrages wieder lösen kann. Keine Bindung besteht beispielsweise, soweit im Erbvertrag ein Abänderungsvorbehalt vereinbart ist. Bei einem derartigen Vorbehalt muss jedoch mindestens eine bindende Verfügung bestehen bleiben, wenn es sich um einen Erbvertrag handeln soll (s. näher unten → Rn. 19).

Die Bindung entfällt in folgenden Fällen:
– gesetzlicher Abänderungsvorbehalt bei Verfügungen zugunsten von Pflichtteilsberechtigten (§§ 2289 Abs. 2, 2338 BGB);
– Abänderung mit Zustimmung des Bedachten;
– Anfechtung (§§ 2281–2285 BGB);
– Rücktritt (§§ 2293–2297 BGB);
– Aufhebungsvertrag (§ 2290 BGB);
– Aufhebungstestament mit Zustimmung des Vertragspartners;
– gemeinschaftliches Aufhebungstestament (§ 2292 BGB).

Außerdem entfällt die Bindungswirkung, wenn der Erbvertrag wegen Wegfalls des Bedachten durch Tod, Ausschlagung (§§ 1923, 2160, 1953, 2298 BGB) oder Erbunwürdigkeitserklärung (§§ 2294, 2344 BGB) gegenstandslos wird.

1. Vertraglicher Abänderungsvorbehalt

19 Ein Vorbehalt, der den Erblasser berechtigt, später abweichend vom Erbvertrag zu verfügen, kann sowohl ausdrücklich als auch stillschweigend in den Erbvertrag aufgenommen werden, weil die Reichweite und der Umfang der Bindungswirkung bei vertragsmäßigen Verfügungen grundsätzlich der Disposition der Parteien unterliegen.[46]

Auch der Abänderungsvorbehalt muss jedoch den Formerfordernissen des § 2276 BGB genügen, sodass für die Annahme eines stillschweigenden Vorbehalts nur im Rahmen der Andeutungstheorie Raum bleibt, auch wenn ein entsprechender beiderseitiger Wille feststeht.[47]

Umstritten ist jedoch, wie weit ein solcher Vorbehalt reichen darf.[48] Zunächst muss eine erbvertragliche Verfügung unter Vorbehalt genauso wie eine solche unter einer Bedingung oder Befristung grundsätzlich zulässig sein. Die Rechtsprechung und wohl auch die herrschende Literatur hält den Totalvorbehalt, also die völlig unbeschränkte einseitige Abänderungsmöglichkeit für unzulässig.[49]

Nach der Rechtsprechung muss noch eine bindende vertragsmäßige Verfügung übrigbleiben, wenn es sich um einen Erbvertrag handeln soll. Danach ist der auf die Schlusserbeneinsetzung bezogene Änderungsvorbehalt (auch bis zur völligen Beseitigung) zulässig, da noch die bindende gegenseitige Erbeinsetzung (der Eltern) vorliegt.[50] Ein Abänderungsvorbehalt ist in der Regel kein Rücktrittsvorbehalt im Sinne von § 2293 BGB.[51]

---

[46] BGH NJW 1982, 441.
[47] BGHZ 26, 204.
[48] Zum Meinungsstand *Mayer*, Der Änderungsvorbehalt beim Erbvertrag – erbrechtliche Gestaltung zwischen Bindung und Dynamik, DNotZ 1990, 755; *Hülsmeier* NJW 1986, 3115; umfassend *Reimann/ Bengel/Mayer*, Testament und Erbvertrag, § 2278 Rn. 13–37.
[49] Vgl. BGHZ 26, 204; DNotZ 1970, 356; OLG Stuttgart OLGZ 1985, 434; *Palandt/Weidlich* § 2289 Rn. 9; *Staudinger/Kanzleiter* § 2278 Rn. 12; *Reimann/Bengel/Mayer* § 2278 Rn. 18 mwN.
[50] BGH MittBayNot 1986, 265 f.
[51] BayObLG FamRZ 1997, 1430.

Die Reichweite des Änderungsvorbehalts im Einzelnen wird durch die Auslegung bestimmt.[52] Weitergehend als die Rechtsprechung lässt *Musielak*[53] auch den Vorbehalt der Änderung der einzigen bindenden Verfügung zu, sofern der Vorbehalt dem Erbvertrag einen nicht abändernden Teil seines Inhalts belässt; dieser müsse jedoch so beschaffen sein, dass diese noch bindende Anordnung zum Inhalt einer vertragsmäßigen Verfügung gemacht werden könne, also zu einer Erbeinsetzung, einem Vermächtnis oder einer Auflage beziehungsweise der Wahl des anzuwendenden Rechts.

Noch weitergehend lässt es die Lehre vom spezifizierten Änderungsvorbehalt genügen, wenn – auch bei nur noch einer bindenden Verfügung – die Ausübung des Änderungsvorbehalts nur unter bestimmten, genau festgelegten Voraussetzungen (Bedingungen) möglich ist.[54] Dieser Meinung ist zuzustimmen. Sie gibt einerseits der Testierfreiheit/Vertragsfreiheit den nötigen Raum, ohne andererseits das Institut Erbvertrag seines Sinnes zu berauben.

2. Gesetzlicher Änderungsvorbehalt

§§ 2289 Abs. 2 iVm 2338 BGB ermöglichen es dem Erblasser, einen am Erbvertrag selbst **20** beteiligten oder bedachten pflichtteilsberechtigten Abkömmling unter den Voraussetzungen des § 2338 BGB „in guter Absicht" die erbvertragliche Zuwendung durch eine spätere letztwillige Verfügung ohne Wissen und ohne Zustimmung des Vertragsgegners wieder zu entziehen. In Betracht kommen die Anordnung lebenslanger Testamentsvollstreckung (§ 2209 BGB) und Anordnung von Nacherbschaft (§ 2100 BGB) oder eines Nachvermächtnisses (§ 2191 BGB) zugunsten der gesetzlichen Erben des Abkömmlings.

3. Abänderung mit Zustimmung des Bedachten

Eine wirksame Befreiung von der Bindungswirkung durch Aufhebung der vertragsmäßigen **21** Verfügung außerhalb eines Testaments ist grundsätzlich möglich, bedarf aber aus Gründen der Rechtssicherheit und Rechtseindeutigkeit grundsätzlich der für einen Aufhebungsvertrag geltenden Form (§§ 2290 Abs. 4, 2276 BGB). Entgegen der früheren Rechtsprechung des RG ist eine formlose Zustimmung unwirksam.[55] Erfolgt eine solche jedoch nach dem Erbfall, so kann in ihr eine wirksame Ausschlagung zu erblicken sein. Im Einzelfall kann arglistig handeln, wer sich auf die Formunwirksamkeit der erteilten Zustimmung beruft.[56]

4. Aufhebung durch Vertrag

Die Parteien des Erbvertrages können unter Beachtung der für den Abschluss geltenden **22** Form – auch insoweit wiederum nur durch persönliche Erklärung des Erblassers (§ 2290 Abs. 1 BGB) – durch Aufhebungsvertrag den Erbvertrag wieder beseitigen (§ 2290 Abs. 4 BGB). Dies folgt schon aus dem Grundsatz der Privatautonomie und der Testierfreiheit.[57] Der bedachte Vertragspartner kann nicht auf das Erbe verzichten, da er nicht Dritter ist (§ 2352 S. 2 BGB); er kann zu Lebzeiten des Erblassers einen Aufhebungsvertrag schließen.

Bei einem mehrseitigen Erbvertrag wird ein Bedürfnis zum notariellen Zuwendungsverzichtsvertrag zwischen dem Erblasser und dem einzelnen bedachten Vertragspartner bejaht, weil zur Aufhebung der Zuwendung die Mitwirkung sämtlicher Vertragspartner

---

52 BGH MittBayNot 1986, 265 f.
53 MüKoBGB/*Musielak* § 2278 Rn. 16, 18.
54 *Reimann/Bengel/Mayer* § 2278 Rn. 26 ff. mwN, der sich hierbei auch auf die Tendenz der Rechtsprechung des BayObLG DNotZ 1990, 53 (55); FamRZ 1992, 724; FamRZ 1996, 898; OLG Koblenz DNotZ 1998, 218 (219) beruft. Dabei sei darauf abzustellen, ob die Testierfreiheit des Erblassers aus seinem Blickwinkel durch die Voraussetzungen des Änderungsvorbehalts eingeschränkt werde.
55 RGZ 134, 325; BGHZ 108, 252.
56 Im Ergebnis: BGH NJW 1989, 2618 für die Einwilligung in eine beeinträchtigende Schenkung.
57 NK-BGB/*Horn* § 2290 Rn. 2; *Reimann/Bengel/Mayer* § 2290 Rn. 2.

erforderlich ist und bei fehlender Mitwirkung auch nur eines Beteiligten (zum Beispiel durch dessen Tod) eine Aufhebung zu Lebzeiten ausgeschlossen wäre.[58] Ein unwirksamer Aufhebungsvertrag (bei einem mehrseitigen Erbvertrag) zwischen dem Erblasser und einem letztwillig Bedachten kann in einen Zuwendungsverzichtsvertrag umgedeutet werden.[59]

Nach dem Tode eines Vertragspartners kann ein Aufhebungsvertrag grundsätzlich nicht mehr geschlossen werden (§ 2290 Abs. 1 S. 2 BGB). Damit soll verhindert werden, dass die Erben des Erblassers nach dessen Tod mit dem anderen Vertragspartner den Erbvertrag ändern und damit die Anordnungen des Erblassers aufheben.[60] Der Bedachte kann jedoch ausschlagen oder auf das angefallene Erbe verzichten. Es liegt dann ein Erlassvertrag (§ 397 BGB) vor, der keiner Form bedarf.

23   Ein Aufhebungsvertrag zwischen den Parteien des Erbvertrags ist auch dann möglich, wenn ein bedachter Dritter durch die Aufhebung betroffen ist. Dieser hat nämlich vor dem Erbfall weder eine im Sinne eines Anwartschaftsrechts verfestigte Rechtsstellung noch ein eigenes Forderungsrecht aus einem Vertrag zugunsten Dritter. Dies schon deshalb nicht, weil die Wirkungen des Erbvertrags erst mit dem Erbfall einsetzen. Seine Mitwirkung oder Zustimmung ist also auch bei Erbeinsetzung durch vertragsmäßige Verfügung nicht erforderlich.[61]

Die Wirkung der Aufhebung erfasst im Zweifel auch einseitige Verfügungen (§ 2299 Abs. 3 BGB). Der im Erbvertrag bedachte Dritte kann gemäß § 2352 S. 2 BGB durch Vertrag mit dem Erblasser auf vertragsmäßige Zuwendungen verzichten. Der Vertragsgegner des Erbvertrags braucht nicht zuzustimmen; der Verzicht ist auch noch nach dem Tod des Vertragsgegners zulässig.[62]

5. Aufhebung durch Testament und gemeinschaftliches Testament

24   In vereinfachter Form können vertragsmäßige Verfügungen auch durch Testament mit notariell beurkundeter Zustimmung des Vertragspartners aufgehoben werden, jedoch nur soweit es sich um Vermächtnisse oder Auflagen handelt (§ 2291 Abs. 1 BGB).

Im Fall eines Erbvertrags zwischen Ehegatten kann der Erbvertrag durch gemeinschaftliches Testament aufgehoben werden (§ 2292 BGB).

6. Anfechtung

25   Für die Anfechtung von Vertragserklärungen, die keine Verfügungen von Todes wegen sind, gelten die allgemeinen Vorschriften der §§ 119 ff. BGB.

Einseitige Verfügungen eines Erblassers sind frei widerruflich. Da der Erblasser neu testieren kann, bedarf es keiner Anfechtung.

Anders liegt es bei vertragsmäßigen erbrechtlichen Verfügungen des Erblassers. Da der Erblasser hier gebunden ist, hat der Gesetzgeber ihm und – nach seinem Tode – dem durch die Anfechtung Begünstigten ein Anfechtungsrecht gegeben, das in §§ 2281 ff. BGB näher geregelt ist.

a) Anfechtungsgrund

26   Hinsichtlich des Anfechtungsgrundes verweist § 2281 BGB auf die Vorschriften der Testamentsanfechtung (§§ 2078, 2079 BGB). Daneben ist eine Anfechtung nach §§ 119 ff., 123 BGB nicht mehr möglich (anders beim Vertragsgegner: Dieser kann nach §§ 119 ff. BGB anfechten). §§ 2281 bis 2285 BGB sind nach herrschender Meinung auf bindend geworde-

---

[58] MüKoBGB/*Wegerhoff* § 2352 Rn. 8.
[59] BayObLGZ 1965, 188; OLG Hamm ZEV 2012, 266.
[60] *Reimann/Bengel/Mayer* § 2290 Rn. 7.
[61] *Reimann/Bengel/Mayer* § 2290 Rn. 8.
[62] MüKoBGB/*Wegerhoff* § 2352 Rn. 9.

ne wechselbezügliche Verfügungen eines gemeinschaftlichen Testaments von Ehegatten oder eingetragenen gleichgeschlechtlichen Lebenspartnern nach dem Tod des Erstversterbenden entsprechend anwendbar.[63]

Nach § 2078 BGB berechtigt ein Irrtum jedweder Art – insbesondere auch im Motiv – zur Anfechtung. Als Irrtum werden insoweit auch unbewusste, dunkle Vorstellungen, sogar unbewusste Vorstellungen oder Erwartungen angesehen[64] wie die Erwartung, dass eine Ehe harmonisch verlaufen werde.[65] Im Falle der Täuschung ist es anders als bei § 123 Abs. 2 BGB gleichgültig, wer sie verursacht hat.

Diese Regelung stellt eine weitgehende, letztlich aus Gründen der Testierfreiheit gerechtfertigte Relativierung der Bindungswirkung von Erbverträgen dar. So kann der Erblasser etwa anfechten, weil er nicht wusste, dass er sich vertraglich binden würde, weil er falsch aufgeklärt wurde oder glaubte, nur ein einfaches, widerrufliches Testament zu errichten,[66] oder weil der Vertragsgegner eine Gegenleistung nicht erfüllt. Insgesamt verfährt die herrschende Meinung großzügig mit der Annahme eines Motivirrtums, der zur Anfechtung berechtigt.[67]

Eine Anfechtung kann auch deswegen erfolgen, wenn der Erblasser irrtümlich von einem bestimmten Verhalten einer anderen Person ausging, beispielsweise damit rechnete, ein Dritter werde ihn im Alter betreuen[68] oder glaubte, eine Ehe werde harmonisch verlaufen.[69] Dabei kommt es nicht darauf an, ob der Bedachte das vorgeworfene Verhalten verschuldet hat.

Die Literatur kritisiert die als kasuistisch bezeichneten Abgrenzungsversuche[70] der Rechtsprechung und stellt auf die ergänzende Auslegung ab,[71] was auch zur Berücksichtigung von Ereignissen außerhalb der Vorstellungskraft des Erblassers führen würde. Allerdings muss im Gegensatz zur Anfechtung für die ergänzende Auslegung ein entsprechender Wille im Erbvertrag zumindest angedeutet sein.[72]

§ 2079 BGB eröffnet die Anfechtungsmöglichkeit wegen Übergehung eines Pflichtteilsberechtigten, egal ob absichtlich oder irrtümlich, wenn beispielsweise der Erblasser nichts von seiner Existenz wusste. § 2281 Abs. 1 HS 2 BGB regelt aber, dass der Pflichtteilsberechtigte zur Zeit der Anfechtung leben muss, was sich indirekt bereits aus § 2080 Abs. 3 BGB ergibt, wonach nur der Pflichtteilsberechtigte selbst in diesem Fall anfechtungsberechtigt ist. Ob der spätere Ehegatte, der in einem vor der Eheschließung errichteten Testament mit einem nicht nur ganz geringfügigen Vermächtnis bedacht wurde, anfechten kann, ist umstritten.[73]

b) Anfechtungsberechtigte

Der Erblasser (also jeweils derjenige, der vertragsmäßige Verfügungen getroffen hat) kann **27** selbst anfechten, § 2281 Abs. 1 BGB. Wie zwingend aus § 2281 Abs. 1 HS 1 BGB („auch") und § 2285 BGB folgt, verdrängt das Anfechtungsrecht des Erblassers nicht das der in § 2080 BGB genannten Personen.

---

63 BayObLGZ 2000, 279 (287).
64 BGH NJW-RR 1987, 1412 (1413); BayObLG FamRZ 2002, 915.
65 BayObLG FamRZ 2004, 1068.
66 Palandt/*Weidlich* § 2281 Rn. 3; BayObLG NJW-RR 1997, 1027; OLG Frankfurt a. M. FamRZ 1998, 194.
67 BeckOGK/*Röhl* BGB § 2281 Rn. 25.
68 BGH FamRZ 1973, 539; BayObLGZ 1963, 260.
69 BayObLG FamRZ 1983, 1275 (im konkreten Fall: hier: Misshandlungen, Drohungen, Ehebrüche und Demütigungen); FamRZ 2004, 1068.
70 Zur Kasuistik Staudinger/*Otte* § 2078 Rn. 20.
71 *Reimann*/*Bengel*/*Mayer* § 2281 Rn. 14 mwN.
72 Staudinger/*Otte* § 2078, Rn. 24.
73 BayObLG ZEV 1994, 106, wonach kein „Übergehen" iSv § 2079 BGB vorliegt, mit Anm. *Graf* näher zu dieser Fallgruppe und dem Begriff des „Übergehens".

Nach dem Erbfall ist anfechtungsberechtigt, wem die Aufhebung der letztwilligen Verfügung unmittelbar zustattenkommen würde (§§ 2080, 2285 BGB). Hierbei ist aber § 2285 BGB zu beachten, wonach der Dritte das Anfechtungsrecht nach dem Erbfall nur dann hat, wenn das Anfechtungsrecht des Erblassers zu diesem Zeitpunkt noch nicht erloschen war.

Der Vertragspartner, der nicht selbst verfügt, kann nur seine Erklärung nach den allgemeinen Regeln der §§ 119–123 BGB anfechten. Ist er jedoch auch Nächstberufener im Sinne von § 2080 BGB, kann er nach §§ 2281 Abs. 1, 2080, 2078, 2079 BGB auch die Erklärung des Erblassers anfechten. Andere Dritte sind auf letztgenannte Möglichkeit beschränkt. Ficht der Vertragsgegner eine vertragsmäßige Verfügung des Erblassers nach §§ 2078 ff. BGB an, geschieht dies nach § 2082 Abs. 1 BGB schriftlich oder zu Protokoll gegenüber dem Nachlassgericht (§ 25 Abs. 2 FamFG). Ficht der Vertragsgegner seine eigene Erklärung nach §§ 119 ff. BGB an (und ist diese keine Verfügung von Todes wegen), geschieht dies formlos gegenüber dem Erblasser (§ 143 Abs. 2 BGB).

c) Anfechtungserklärung

Die (höchstpersönliche, keine Vertretung zulässig) Erklärung bedarf der notariellen Beurkundung (§ 2282 Abs. 3 BGB). Sie muss dem Vertragspartner (in Urschrift oder Ausfertigung, nicht genügt eine beglaubigte Abschrift)[74] zugehen (§§ 143 Abs. 2, 130 BGB). Aus Beweisgründen ist die förmliche Zustellung durch den Gerichtsvollzieher angebracht. Lebt der Vertragspartner nicht mehr und wurde die anfechtbare Verfügung zu Gunsten eines Dritten getroffen, ist die Anfechtung dem Nachlassgericht gegenüber zu erklären, dass die Erklärung dem Dritten mitteilt (§ 2281 Abs. 2 BGB). Zuständig ist das für den Todesfall des Erstverstorbenen zuständige Nachlassgericht (das Gericht des letzten gewöhnlichen Aufenthalts zur Zeit des Erbfalls, § 343 FamFG). Verfügungen des Überlebenden zu Gunsten des Erstverstorbenen haben sich erledigt, sodass insoweit eine Anfechtung ausscheidet.

d) Ausschluss der Anfechtung

28 Wollen die Parteien die erbvertragliche Bindung noch sicherer ausgestalten, so kann der Erblasser im Erbvertrag ganz oder teilweise mit Wirkung für die Zukunft auf sein Anfechtungsrecht verzichten.[75] Wenn der Anfechtungsberechtigte die Voraussetzungen für die Anfechtung wider Treu und Glauben unter Verstoß gegen §§ 138, 226, 242 BGB erschlichen hat, kann die Anfechtung ebenfalls ausgeschlossen sein.[76] Ferner ist das Anfechtungsrecht im Fall der Bestätigung (§ 2284 BGB), die nach herrschender Meinung nicht der Form des Erbvertrages oder der Anfechtung bedarf,[77] und bei Versäumnis der Frist des § 2283 BGB ausgeschlossen.

Zu beachten ist auch der Fall des § 2079 S. 2 BGB.

e) Wirkung der Anfechtung

29 Die Wirkung der Anfechtung besteht nach § 142 Abs. 1 BGB primär in der Nichtigkeit der angefochtenen Verfügung. Ob in der Folge auch die sonstigen Verfügungen des Erbvertrages unwirksam werden, richtet sich nach §§ 2279 Abs. 1, 2085 BGB. Die Vermutung spricht also für die Gültigkeit.

Bei der Anfechtung nach § 2085 BGB kommt es darauf an, wie weit die Ursächlichkeit des Irrtums oder der Drohung reicht.

---

74 BayObLG NJW 1964, 205.
75 BGH NJW 1983, 2247; *Bengel* DNotZ 1984, 132; Palandt/*Weidlich* § 2281 Rn. 2; BayObLG FamRZ 2000, 1331; zum Verzicht über Auslegung siehe BayObLG FamRZ 2000, 1331; ein Verzicht auf Rechte aus § 2078 BGB ist in der Regel dahin auszulegen, dass er nur vorhersehbare Umstände betrifft (*Reimann/Bengel/Mayer* § 2281 Rn. 24).
76 BayObLG FamRZ 2000, 1053; BGH FamRZ 1970, 79.
77 Palandt/*Weidlich* § 2284 Rn. 2.

Die Anfechtung nach § 2079 BGB bewirkt grundsätzlich die Nichtigkeit des Erbvertrages, soweit die Anfechtungswirkung reicht.[78] Dies gilt jedenfalls für die Selbstanfechtung durch den Erblasser. Nach dem Tode des Erblassers reicht die Anfechtung nur soweit, als die Verfügung dem Erbrecht des Pflichtteilsberechtigten entgegensteht; letztlich kommt es auf den wirklichen oder mutmaßlichen Willen des Erblassers an.[79] Die Feststellungs- bzw. Beweislast für das Bestehenbleiben einzelner Verfügungen liegt bei der Selbstanfechtung beim Anfechtungsgegner. Anders ist es bei der Anfechtung durch den Pflichtteilsberechtigten; dieser ist beweispflichtig beziehungsweise trägt die Feststellungslast dafür, dass die Nichtigkeit über die Beeinträchtigung seines gesetzlichen Erbteils hinausgeht.[80]

Im Falle des § 2298 BGB (zweiseitiger Erbvertrag) führt die Nichtigkeit einer Verfügung in der Regel immer zur Nichtigkeit des ganzen Erbvertrages.

Strittig ist, ob im Falle der Anfechtung durch den Erblasser ein Anspruch des Bedachten auf Ersatz des Vertrauensschadens (negativen Interesses) besteht. Nach §§ 2279 Abs. 1, 2078 Abs. 3 BGB scheidet ein solcher Anspruch aus wie bei Anfechtung durch einen Dritten.[81] Das Gesetz stellt darauf ab, dass der durch Testament und Erbvertrag Begünstigte keine Sicherheit erhält, dass er das Zugewandte auch einmal bekommen wird und dass er in seinem Vertrauen hierauf deshalb auch keinen Schutz verlangen kann. Allenfalls ein Ersatz der Beurkundungskosten aus dem Gerichtspunkt der culpa in contrahendo (§§ 280 Abs. 1, 241 Abs. 2, 311 Abs. 2 Nr. 1 BGB) kann in Betracht kommen und dies auch nur für die Selbstanfechtung.[82]

7. Rücktritt

Nach dem Gesetz gibt es drei Fälle, in denen der Erblasser zum Rücktritt berechtigt ist: **30**
– Rücktrittsvorbehalt (§ 2293 BGB);
– Rücktritt bei schwerer Verfehlung des Bedachten (§ 2294 BGB);
– Rücktritt bei Aufhebung der Gegenverpflichtungen (§ 2295 BGB).

Die schuldrechtlichen Vorschriften der §§ 346 ff. BGB sind unanwendbar, da es sich, wie **31** gezeigt, beim Erbvertrag nicht um einen schuldrechtlichen Vertrag handelt. Erwogen wird jedoch die analoge Anwendung des § 358 BGB.[83]

Für den Rücktritt des Vertragspartners, der sich zu einer Leistung verpflichtet hat, gelten jedoch §§ 346 ff. BGB. Das Rücktrittsrecht erlischt mit dem Tode des Berechtigten. Der Tod des Vertragspartners ändert beim einseitigen Erbvertrag nichts am Rücktrittsrecht, der Rücktritt kann nach § 2297 BGB dann aber nur mehr durch Testament erfolgen. Im Fall des gegenseitigen Erbvertrages führt der Tod eines Vertragsschließenden im Zweifel zum Erlöschen des Rücktrittsrechts (§ 2298 Abs. 2, 3 BGB).

a) Rücktrittsvorbehalt

Ein Rücktrittsvorbehalt ermöglicht es dem Erblasser persönlich (also nicht seinem Vertreter **32** oder seinen Erben), durch einseitige Erklärung seine vertragsmäßige Verfügung aufzuheben. Der Rücktrittsvorbehalt muss unter Wahrung der Form des § 2276 Abs. 1 BGB im Erbvertrag enthalten sein. Oft wird ein Rücktrittsvorbehalt für den Fall festgesetzt, dass der Bedachte gewisse versprochene Dienste nicht erfüllt, zum Beispiel den Erblasser im Alter zu pflegen (Potestativbedingung, vgl. §§ 2074 f. BGB; neben der Potestativbedingung sind

---

[78] Palandt/*Weidlich* § 2281 Rn. 8.
[79] BayObLG NJW 1971, 1566 f.; MüKoBGB/*Musielak* § 2281 Rn. 19.
[80] *Reimann*/*Bengel*/*Mayer* § 2281 Rn. 46–48.
[81] MüKoBGB/*Musielak* § 2281 Rn. 21; OLG München NJW 1997, 2331; Palandt/*Weidlich* § 2281 Rn. 10, der einen Schadenersatzanspruch aus cic (§ 311 BGB) für die Beurkundungskosten für möglich hält; aA Soergel/*Wolf* § 2281 Rn. 6; Staudinger/*Kanzleiter* § 2281 Rn. 37.
[82] OLG München NJW 1997, 2331; aA zT die Lit., zB Staudinger/*Kanzleiter* § 2281 Rn. 37.
[83] BGH NJW 1981, 2299.

nur Rechtsbedingungen beim Rücktritt zulässig, da der Rücktritt bedingungsfeindlich ist.[84] In einem solchen Fall kann der Erblasser jedoch nicht zurücktreten, wenn er das Verhalten des Bedachten stillschweigend duldete oder wenn er bei einer unklar gefassten Verpflichtung keine nach § 242 BGB gebotene Abmahnung ausgesprochen hat.[85]

b) Rücktritt bei Verfehlungen des Bedachten

33 Macht sich der Bedachte nach Vertragsschluss einer Verfehlung im Sinne von §§ 2333–2335 BGB schuldig (die zur Entziehung des Pflichtteils berechtigen würde), steht dem Erblasser ein Rücktrittsrecht nach § 2294 BGB zu. Dieser bestimmt anders als § 2297 BGB nicht die Geltung von § 2336 Abs. 2–4 BGB, da letztere Vorschrift sich nur auf Verfügungen von Todes wegen bezieht. Daraus lässt sich ableiten, dass ein Vorgehen nach § 2294 BGB zu Lebzeiten des Vertragspartners erfolgen muss.

34   Verfehlungen vor Abschluss des Erbvertrages (die der Erblasser bei Abschluss des Vertrages nicht kannte) begründen kein Rücktrittsrecht, allenfalls ein Anfechtungsrecht nach §§ 2281 Abs. 1, 2078 BGB, sofern die übrigen Voraussetzungen gegeben sind. Dem Erblasser bei Vertragsschluss bereits bekannte Verfehlungen scheiden aus. Darlegungs- und Beweislast für das Vorliegen der Rücktrittsgründe liegen im Unterschied zu § 2336 Abs. 3 BGB beim Erblasser selbst.[86] Besserung und Verzeihung vor Rücktritt (nicht jedoch nach Rücktritt; keine Verweisung auf § 2336 Abs. 4 BGB) vernichten das Rücktrittsrecht. § 2337 S. 2 BGB ist nicht analog anzuwenden.[87] Die Bestimmungen über Pflichtteilsbeschränkung in guter Absicht (§§ 2289 Abs. 2, 2338 BGB) und Erbunwürdigkeit (§§ 2339 ff. BGB) sind neben § 2294 BGB anwendbar.

c) Rücktritt bei Aufhebung der Gegenverpflichtung

35 Dieses Rücktrittsrecht betrifft den Fall, dass der Erbvertrag von seinem inneren Zweck her notwendig mit einem Schuldvertrag verknüpft ist, der auf die Gewährung von wiederkehrenden Leistungen gerichtet ist; das wird in der Regel ein Leibrentenvertrag sein (§ 759 BGB). Das schuldrechtliche Geschäft bedarf dann der Form des § 2276 Abs. 1 BGB, wenn es mit dem Erbvertrag eine rechtliche Einheit bildet. Nach Ansicht des BGH führt es in der Regel nicht zu Formbedürftigkeit, dass das schuldrechtliche Geschäft Bedingung oder Rechtsgrund für die erbvertragliche Zuwendung ist.[88] Da ja erb- und schuldvertragliche Verpflichtung nicht zueinander im Gegenseitigkeitsverhältnis stehen und somit §§ 320 ff. BGB nicht anwendbar sind, regelt § 2295 BGB eigens diese Verknüpfung beider Verträge. Die Auffassung, § 2298 Abs. 1 und 2 BGB nicht nur bei Aufhebung der schuldrechtlichen Verpflichtung, sondern auch bei deren anderweitigem Wegfall zu gewähren, hat sich nicht durchgesetzt. Die Wirksamkeit der übrigen Verfügungen des Erbvertrags beurteilt sich dann nach §§ 2085, 2279 BGB.[89]

d) Leistungsstörungen im Schuldvertrag

36 Sie führen nicht zu einem Rücktrittsrecht, sofern der Erfüllungsanspruch bestehen bleibt. In einem solchen Fall ist aber die Anfechtung nach §§ 2281 Abs. 1, 2078 Abs. 2 BGB

---

[84] OLG Stuttgart DNotZ 1979, 107.
[85] BGH NJW 1981, 2299: ansonsten sind weder Abmahnung noch Fristsetzung gem. § 323 BGB erforderlich; zweifelnd hierzu Reimann/Bengel/*Mayer* § 2293 Rn. 17 unter Berufung auf OLG Düsseldorf FamRZ 1995, 58.
[86] Palandt/*Weidlich* § 2294 Rn. 2.
[87] *Reimann/Bengel/Mayer* § 2294 Rn. 6.
[88] BGHZ 36, 65 (71); im Hinblick auf den Schutzzweck des § 2276 Reimann/Bengel/*Mayer*, Testament und Erbvertrag, § 2295 Rn. 4.
[89] OLG München NJW-RR 2006, 82; Palandt/*Weidlich* § 2298 Rn. 2; BayObLG FamRZ 2004, 59; iÜ ist § 139 BGB zu prüfen. Wegfall der Geschäftsgrundlage (§ 313 BGB) ist nicht anwendbar, da die Umstände Vertragsbestandteil geworden sind.

zulässig. Bei bloßer Schlechterfüllung, Verzug oder Nichterfüllung, die die Vertragspflicht zunächst unberührt lassen, kann der Erblasser nach den schuldrechtlichen Vorschriften (Kündigung nach erfolgloser Abmahnung gemäß § 314 BGB; Schadensersatz statt der Leistung in der Regel nach erfolgloser Fristsetzung; nicht jedoch Rücktritt gemäß § 323 BGB, da kein gegenseitiger Vertrag) zu einem Wegfall des Versorgungsvertrags kommen. Die Voraussetzung für einen Rücktritt nach § 2295 BGB ist dann gegeben. Es ist auch möglich, den Versorgungsvertrag so auszulegen, dass die ordnungsgemäße Erbringung der Versorgungsleistung eine stillschweigend vereinbarte[90] Bedingung für die erbvertragliche Zuwendung ist. § 323 BGB ist jedoch anwendbar, wenn der schuldrechtliche Vertrag auch nicht-erbrechtliche Leistungspflichten des Erblassers enthält. Im Fall der Unmöglichkeit der zu erbringenden Pflegeleistung (weil häusliche Pflege nicht mehr möglich war) hat der BGH einen Rücktritt vom schuldrechtlichen Vertrag gemäß §§ 275, 323 BGB und gemäß § 2295 BGB vom Erbvertrag angenommen. Der zugrundeliegende schuldrechtliche Vertrag war jedoch ein gegenseitiger Vertrag, weil einerseits häusliche Pflegeleistungen vereinbart waren, jedoch auch nicht nur erbrechtliche, sondern schuldrechtliche Gegenleistungen der Erblasserin, wie die Verpflichtung das Hausgrundstück der Erblasserin weder zu verkaufen noch zu belasten. Zur Absicherung war auch eine Verpflichtung aufgenommen, bei Verstoß gegen diese Pflicht, das Anwesen sofort zu übereignen und diesen Anspruch durch eine Vormerkung zu sichern. Sofern die Pflegeleistung nicht unmöglich ist, ist das Rücktrittsrecht erst gegeben, nachdem die Erblasserin die bedachte Pflegeperson unter Fristsetzung zuvor vergeblich aufgefordert hat, die im Einzelnen zu bezeichnenden Pflegeleistungen zu erbringen..[91] Die Auflösung des Schuldvertrags führt zum Anspruch Wertersatz für die erbrachten Leistungen (§ 346 Abs. 2 Nr. 1 BGB). Der Rücktritt nach § 2295 BGB führt in der Regel zur Rückgewähr der vom Bedachten empfangenen Leistungen gemäß § 812 Abs. 1 S. 2 2. Fall BGB.[92]

e) Form des Rücktritts

Der Rücktritt muss persönlich erfolgen, er bedarf der notariellen Beurkundung (§ 2296 **37** BGB). Die Erklärung, die dem Vertragspartner zugehen muss, muss in Urschrift oder Ausfertigung zugehen, eine einfache oder beglaubigte Ausfertigung genügen nicht.[93] Dem Zustellungsmangel kann nach dem Tod des Zurücktretenden nicht mehr abgeholfen werden.[94] Die Rücktrittserklärung des beschränkt geschäftsfähigen Erblassers ist ohne Zustimmung des gesetzlichen Vertreters wirksam (§ 2296 Abs. 1 S. 2 BGB).

Durch Testament kann der Erblasser einseitig den vertragsmäßig bedachten pflichtteilsberechtigten Abkömmling in guter Absicht beschränken (§ 2289 Abs. 2 BGB), ebenso einen Bedachten, der sich ihm gegenüber einer Verfehlung schuldig gemacht hat.

f) Rücktrittswirkung

Die betroffenen vertragsmäßigen Verfügungen des Zurücktretenden werden beseitigt. Bei **38** den Auswirkungen auf die Verfügungen des Vertragsgegners muss zwischen einem Rücktrittsvorbehalt und dem gesetzlichen Rücktrittsrecht unterschieden werden: Beim vorbehaltenen Rücktrittsrecht werden im Zweifel auch die vertragsmäßigen Verfügungen des Rücktrittsgegners aufgehoben (§ 2298 Abs. 2 S. 1 BGB) während diese bei Ausübung eines gesetzlichen Rücktrittsrechts (§§ 2294, 2295) als bindende Anordnungen bestehen bleiben.[95]

---

[90] OLG Hamm DNotZ 1977, 751 (754).
[91] BGH FamRZ 2010, 2072 und 2013, 878.
[92] *Reimann/Bengel/Mayer* § 2295 Rn. 20.
[93] BGHZ 31, 5 (7); 36, 201.
[94] BGHZ 48, 374.
[95] *Reimann/Bengel/Mayer* § 2293 Rn. 21.

Bei einem Rücktritt vom ganzen Erbvertrag werden auch im Erbvertrag vorhandene einseitige Verfügungen unwirksam (§ 2299 Abs. 3 BGB). Der Rücktritt hat keine Rückwirkung und ist grundsätzlich unwiderruflich;[96] nur bei der Aufhebung einer vertragsmäßigen Verfügung durch Testament gemäß § 2297 BGB ist dieses widerruflich, sodass die ursprüngliche Verfügung wieder in Kraft tritt. Beim zweiseitigen Erbvertrag ist im Zweifel der gesamte Erbvertrag aufgehoben (§ 2298 Abs. 2 S. 1 BGB).

Bei einem Ehe- und Erbvertrag, in dem die Ehegatten Gütergemeinschaft und einen Vorbehalt des Rücktritts vom Erbvertrag vereinbart haben, lässt die Ausübung des Rücktritts den Ehevertrag unberührt.[97]

8. Aufhebungstestament

39 Nach dem Tod des anderen Vertragschließenden kann der Erblasser den Rücktritt nicht mehr in der Form des § 2296 BGB vornehmen. Das Gesetz stellt ihm deshalb die Form des Rücktritts durch Testament zur Verfügung (§ 2297 BGB). Beim einseitigen Erbvertrag ist außerdem die Anfechtung (Empfänger gemäß § 2281 Abs. 2 BGB: Nachlassgericht) möglich. Beim zweiseitigen Erbvertrag erlischt im Zweifel mit dem Tod des anderen Teils bei Nichtausschlagung der Rücktrittsvorbehalt (§ 2298 Abs. 2 S. 2, Abs. 3 BGB). Der Rücktritt erfolgt nur durch Testament und nicht gegenüber den Erben oder dem bedachten Dritten (§§ 2254, 2258 BGB).

9. Auflösung der Ehe

40 Die Auflösung der Ehe oder des Verlöbnisses bringt im Zweifel auch die Unwirksamkeit des zwischen beiden Partnern geschlossenen Erbvertrages mit sich (§§ 2279 Abs. 2, 2077 BGB). Dies gilt auch für einen Erbvertrag zwischen eingetragenen Lebenspartnern (§§ 1 Abs. 3, 10 Abs. 5 LPartG) und für einen Erbvertrag, den der Erblasser mit einem Dritten zu Gunsten seines Ehegatten, Lebenspartners oder Verlobten geschlossen hat (auf Grund der allgemeinen Verweisung von § 2279 Abs. 1 BGB bei vertragsmäßigen Verfügungen und bei einseitigen Verfügungen auf Grund von § 2299 Abs. 2 S. 1 BGB; einseitige Verfügungen des Erblassers in einem Erbvertrag mit einem Dritten zu Gunsten Dritter beurteilen sich nach § 2085 BGB.[98]

Die Zuwendung im Erbvertrag ist unwirksam, wenn die Ehe/Partnerschaft/das Verlöbnis vor dem Tod des Erblassers aufgelöst worden oder die Auflösung beziehungsweise Aufhebung der Ehe/Partnerschaft vom Erblasser begründet beantragt worden ist oder er ihr zugestimmt hat. Der Fall des Vorversterbens des Ehegatten/Lebenspartners, der weder einen Antrag gestellt, noch ihm zugestimmt hat, wurde vom Gesetzgeber nicht geregelt. Eine analoge Anwendung von § 2077 BGB auch auf diesen Fall wäre im Ergebnis wünschenswert, kann aber nicht überzeugend begründet werden.[99]

Es kommt jedoch eine (fristgebundene) Anfechtung nach § 2078 Abs. 2 BGB in Betracht, wenn der Fortbestand der Lebenspartnerschaft Motiv für die Zuwendung war.

§ 2077 BGB regelt nur die Unwirksamkeit der Zuwendung an den Partner. § 2079 Abs. 2 BGB regelt erweiternd auch die Zuwendungen an einen Dritten, etwa an die Schlusserben.

Liegen besondere Anhaltspunkte für einen Aufrechterhaltungswillen des Erblassers auch im Scheidungsfall vor, gilt die Auslegungsregel des § 2077 BGB als widerlegt; für die Ermittlung dieses (eventuell hypothetischen) Fortgeltungswillens gelten die Auslegungsregeln für den Erbvertrag.

---

[96] MüKoBGB/*Musielak* § 2293 Rn. 10.
[97] BGHZ 29, 129.
[98] *Reimann/Bengel/Mayer* § 2279 Rn. 13.
[99] So auch *Reimann/Bengel/Mayer* § 2279 Rn. 16 mwN zur Gegenmeinung.

Bei einem zweiseitigen Erbvertrag, in dem beide Partner vertragsmäßig verfügen, ergibt sich die Unwirksamkeitsfolge schon aus § 2298 Abs. 1 BGB.

Für einen Fortgeltungswillen spricht die Zuwendung an gemeinsame Kinder oder Enkelkinder, nicht jedoch bei Kindern, die einseitig, also vom geschiedenen Ehegatten abstammen.[100] Für einen Fortgeltungswillen spricht auch, wenn der Erbvertrag während der Krise geschlossen wurde.[101] Streitig ist, ob bei Aufrechterhaltung der Zuwendung auch noch die erbvertragliche Bindung nach der Scheidung fortbesteht oder ob die Zuwendung gemäß § 2271 Abs. 1 S. 2 BGB durch einseitige Verfügung von Todes wegen aufgehoben werden kann. Bis zur Entscheidung des BGH v. 7.7.2004[102] wurde überwiegend der Wegfall der Bindungswirkung angenommen.[103] Der BGH entschied bei einem gemeinschaftlichen Testament in Auslegung der §§ 2268 Abs. 1 und 2, 2077 Abs. 1 BGB, dass bei Wegfall und Fortgeltung der Gesetzgeber keinen Raum gegeben habe für eine Differenzierung nach Art der Verfügung oder gar für eine unterschiedliche Behandlung von wechselbezüglichen und nicht wechselbezüglichen Verfügungen. Diese Rechtsprechung gilt nach ihrem Sinn auch (oder erst recht) für Zuwendungen durch Erbvertrag (keine strukturelle Bestandsabhängigkeit von der Ehe!), wie *J. Mayer* zu Recht feststellt.[104]

In der Regel wird die gegenseitige Erbeinsetzung mit der Scheidung unwirksam werden, woraus sich eine Gesamtunwirksamkeit des Erbvertrages nach § 2298 Abs. 1 BGB ergibt, wenn man die Vorschrift – wie es die herrschende Meinung tut – auf die nachträgliche Unwirksamkeit bei der Scheidung anwendet.[105]

Auch eine Selbstanfechtung nach §§ 2281, 2078 Abs. 2 BGB kommt in Betracht, weil der Erblasser bei Errichtung des Erbvertrags regelmäßig vom Fortbestand der Ehe ausgegangen ist.[106] § 2077 BGB ist nicht analog auf nichteheliche Lebensgemeinschaften anwendbar.[107]

Muster: Errichtung eines Erbvertrags

Heute, den…

erschienen vor mir, Notar…

1. Herr… wohnhaft in…, geboren am… in…, Eltern…
2. dessen Ehefrau
   (wie oben)

beide deutsche Staatsangehörige und erklärten, einen Erbvertrag durch mündliche Erklärung abschließen zu wollen, wobei beide Erblasser sind. Die Hinzuziehung eines Zeugen oder zweiten Notars wurde von keinem der Erschienenen verlangt.

Die Beteiligten wiesen sich aus durch…

Sie sind nach meiner Überzeugung voll geschäfts- und testierfähig.

Auf Ansuchen beurkunde ich bei gleichzeitiger Anwesenheit den folgenden Vertrag, wozu mir die Beteiligten mündlich erklärten was folgt:

I.

Ich… wurde am… in… als Sohn von… und seiner Ehefrau… geb…, geboren.

Ich… wurde am… in… als Tochter von… und seiner Ehefrau… geb…, geboren.

Wir haben am…

vor dem Standesbeamten in…

die Ehe geschlossen.

Wir leben im gesetzlichen Güterstand.

---

[100] OLG Zweibrücken FamRZ 1998, 1540 (1541); OLG München NJW-RR 2008, 1037.
[101] *Mayer* ZEV 1997, 280 f.
[102] BGHZ 160, 33; BGH NJW 2004, 3113.
[103] OLG Zweibrücken FamRZ 1998, 1540 (1542); OLG Hamm OLGZ 1994, 326; Staudinger/*Kanzleiter* § 2279 Rn. 16 mwN.
[104] *Reimann/Bengel/Mayer* § 2298 Rn. 19.
[105] *Reimann/Bengel/Mayer* § 2298 Rn. 8 mwN.
[106] *Reimann/Bengel/Mayer* § 2279 Rn. 19 unter Verweis auf BayObLG ZEV 2004, 152.
[107] Palandt/*Weidlich* § 2077 Rn. 2; BayObLG FamRZ 1983, 1226; OLG Celle FamRZ 2004, 310.

Wir können über unseren Nachlass frei verfügen und sind insbesondere nicht durch ein gemeinschaftliches Testament oder einen Erbvertrag gebunden.

Vorsorglich widerrufen wir alle von uns – einseitig oder gemeinschaftlich – getroffenen Verfügungen von Todes wegen.

II. (Erbeinsetzung)

(Einsetzungen als Erben – Ersatzerben – Schlusserben – Vor- und Nacherben) Wir nehmen die vorstehenden Erklärungen hiermit /gegenseitig an.

III. (Vermächtnis)

Die Erben... sind mit folgenden Vermächtnissen beschwert:

...

IV. (Bindung)

Die Erbeinsetzung und die Ersatzerbeinsetzung gemäß Ziffer II sind vertragsmäßig angeordnet. Eine einseitige Änderung dieser Anordnungen durch letztwillige Verfügung des Überlebenden ist nicht möglich (ist nur mit folgender Maßgabe möglich).

Die Vermächtnisanordnungen in Ziffer III sind einseitig angeordnet und können deshalb beliebig geändert oder aufgehoben werden.

V. (Abänderungsvorbehalt)

Der Überlebende ist berechtigt, die Quoten der Schlusserben abzuändern, einzelne Schlusserben zu enterben oder anstelle der benannten Schlusserben andere Schlusserben [evtl gegenständlich oder persönlich eingeschränkt] einzusetzen.

VI. (Anwendbares Recht)

Wir vereinbaren die Anwendung deutschen Rechts.

VII. (Belehrung)

Auf die Bedeutung und die Auswirkungen des Erbvertrages, insbesondere dass seine vertragsmäßigen Bestimmungen nicht einseitig aufgehoben oder abgeändert werden können, auf den Grundsatz des freien Verfügungsrechts zu Lebzeiten, seine Einschränkungen und Auswirkungen sowie auf das gesetzliche Erb- und Pflichtteilsrecht wurden wir vom Notar hingewiesen. Der Notar hat uns darauf hingewiesen, dass die Verfügungen des Längerlebenden beim ersten Erbfall nur dann nicht verkündet werden, wenn sie von denen des zuerst Versterbenden sprachlich getrennt sind, ferner, dass Verfügungen von Todes wegen in angemessenen Zeitabständen auf ihre Zweckmäßigkeit überprüft werden sollten.

VIII. Sonstiges

Die Kosten der Errichtung dieser Urkunde und ihrer amtlichen Verwahrung trägt... Jeder Vertragsteil erhält von dieser Urkunde eine Ausfertigung. Wir wünschen nicht, dass dieser Erbvertrag verschlossen und in die besondere amtliche Verwahrung beim Amtsgericht verbracht wird. Er soll vielmehr in der Urkundensammlung des Notars verwahrt werden.

Die Niederschrift wurde den Erschienenen vom Notar vorgelesen und von ihnen genehmigt und von ihnen und vom Notar eigenhändig wie folgt unterschrieben:

§ 13 Beeinträchtigende Schenkungen bei Erbvertrag oder gemeinschaftlichem Testament

Übersicht

Rn.

I. Abweichende Verfügung von Todes wegen 1
II. Verfügungen des Erblassers unter Lebenden 2
III. Verfügungsunterlassungsvertrag 3
IV. Keine Nichtigkeit vertragswidriger Verfügungen 4
V. Schenkung und Vermächtnisvereitelung in Beeinträchtigungsabsicht (§§ 2287, 2288 BGB) 5
  1. Voraussetzungen 6
    a) Schenkung – gemischte Schenkung: 6
    b) Objektive Beeinträchtigung des Vertragserben: 10
    c) Benachteiligungsabsicht und lebzeitiges Eigeninteresse 11
  2. Fallgruppen 12
VI. Prozessuales 14
  1. Beweislast 15
  2. Gläubiger und Schuldner des Anspruchs 16
  3. Inhalt des Anspruchs aus § 2287 BGB 17
    a) Überwiegen des unentgeltlichen Teils der Zuwendung: 18
    b) Überwiegen des anzuerkennenden Teils der Schenkung: 19
  4. Feststellungsklage 20
  5. Auskunft und Wertermittlung 21

I. Abweichende Verfügung von Todes wegen

Das Pendant zur Bindungswirkung bei vertragsmäßigen Verfügungen im Erbvertrag stellt **1** die Sanktion des § 2289 Abs. 1 S. 1, 2 BGB dar: Danach wird durch den Erbvertrag eine frühere oder spätere letztwillige Verfügung des Erblassers insoweit aufgehoben, als sie das Recht des durch den Erbvertrag Bedachten beeinträchtigen würde.

Eine Beeinträchtigung ist immer gegeben, wenn die andere Verfügung von Todes wegen die erbvertragliche Zuwendung mindern, beschränken, belasten oder auf andere Art wertlos machen würde. Richtigerweise ist hier auf eine rechtliche Betrachtungsweise abzustellen.[1]

§ 2289 BGB geht noch weiter als § 2258 BGB: So muss insbesondere eine vorausgehende Verfügung nicht zum Erbvertrag im Widerspruch stehen, sondern nur eine Beeinträchtigung des Bedachten darstellen, was schon bei der Anordnung eines zusätzlichen Vermächtnisses, einer wertverschiebenden Teilungsanordnung oder einer Testamentsvollstreckung[2] der Fall ist.

Die wirtschaftliche Betrachtungsweise ist mit dem Wesen des Erbvertrages als einem Vertrag unvereinbar (so zu Recht BGH) und im Übrigen auch unpraktikabel. Allerdings hat der BGH[3] eine **Teilungsanordnung mit Wertausgleich** als zulässig angesehen. Das **Auswechseln des Testamentsvollstreckers** oder die **Bestellung eines Ersatztestamentsvollstreckers** kann dem tatsächlichen oder mutmaßlichen Einverständnis des Vertragspartners entsprechen (– ergänzende – Vertragsauslegung) und deshalb[4] zulässig sein.

---

[1] BGHZ 26, 204; BGH NJW 2011, 1733; MüKoBGB/*Musielak* § 2289 Rn. 10; Palandt/*Weidlich* § 2289 Rn. 2; aA *Soergel*/Wolf § 2289 Rn. 3.
[2] BGH NJW 1962, 912.
[3] BGH NJW 1982, 43.
[4] OLG Düsseldorf MittRhNotK 1995, 97.

Eine spätere widersprechende letztwillige Verfügung für den Fall der Unwirksamkeit oder Gegenstandslosigkeit der vertraglichen Verfügung ist wirksam.[5] Die formlose Zustimmung des Vertragsgegners oder des Bedachten genügt nicht (§ 2291 Abs. 2 BGB).[6] Es kommt nur auf die erbrechtliche Benachteiligung des erbvertraglich Bedachten im Zeitpunkt des Erbfalls an,[7] mag auch die spätere Verfügung für den vertraglich Bedachten wirtschaftlich vorteilhaft erscheinen.[8] Eine rechtliche Zurücksetzung liegt insbesondere in der Zurückstufung vom Allein- zum Miterben, vom Vollerben zum Vor- oder Nacherben, vom Vermächtnisnehmer zum Auflagenbegünstigten oder in der erstmaligen Belastung mit Vermächtnissen oder Auflagen. Im Rahmen einer **Abänderungsbefugnis** – eventuell auch einer erst durch Auslegung ermittelten – kann es keine benachteiligende Änderung geben.

II. Verfügungen des Erblassers unter Lebenden

2 § 2286 BGB bestimmt, dass die Verfügungsbefugnis des Erblassers durch den Abschluss des Erbvertrages nicht beschränkt wird. Einschränkungen in dieser Hinsicht ergeben sich aus §§ 2287, 2288 BGB, die jedoch nichts an der Wirksamkeit von Verfügungen des Erblassers ändern, sondern unter gewissen Voraussetzungen dem benachteiligten Bedachten einen Rückgewährungsanspruch nach den Vorschriften der ungerechtfertigten Bereicherung gegen den Dritterwerber geben. Die Stellung des Bedachten ist nach §§ 2274 ff. BGB bis zum Erbfall also kaum geschützt; insbesondere ist sie nicht mit der eines Vorerben, der mit dem Erbfall bereits ein Anwartschaftsrecht erhält, vergleichbar. Der Erblasser ist dem Vertragsgegner aus dem Erbvertrag nicht zur Erhaltung des Nachlasses verpflichtet; der Vertragsgegner hat auch keinen Anspruch aus Vertragspflichtverletzung bei nicht ordnungsgemäßer Verwaltung.[9]

III. Verfügungsunterlassungsvertrag

3 Der Erblasser kann jedoch durch schuldrechtlichen Vertrag unter Lebenden eine Verpflichtung, vertragswidrige Verfügungen zu unterlassen, begründen. Ein Mittel zur Sicherung der Stellung des Bedachten bereits vor dem Erbfall sind **Verfügungsunterlassungsverträge,**[10] in denen sich der Erblasser – grundsätzlich formlos,[10] ausdrücklich oder ausnahmsweise sogar stillschweigend – verpflichtet, bestimmte Verfügungen unter Lebenden zu unterlassen. Es verstößt auch nicht gegen § 2286 BGB, wenn sich der Erblasser im Erbvertrag oder selbständig schuldrechtlich vertraglich gemäß § 137 S. 2 BGB gegenüber dem vertragsmäßig Bedachten verpflichtet, bestimmte Verfügungen unter Lebenden zu unterlassen, etwa bestimmte Grundstücke nicht zu belasten und zu veräußern.[11] Ein solcher Vertrag kann auch eine Gegenverpflichtung im Sinne von § 2295 BGB beinhalten. Zu beachten ist aber, dass ein Verfügungsunterlassungsvertrag im Außenverhältnis die Verfügungsbefugnis des Erblassers nicht berührt (das wäre auch wegen § 137 Abs. 1 BGB nicht möglich), sodass seine Nichteinhaltung nur zu Schadensersatzansprüchen gegen den Erblasser beziehungsweise seinen Erben führen kann.[12] Der Anspruch aus dem Unterlassungsvertrag allein ist

---

5 Staudinger/*Kanzleiter* § 2289 Rn. 15.
6 BGHZ 108, 252.
7 OLG Zweibrücken, FGPrax 1999, 113.
8 BGHZ 26, 204 (213 ff.).
9 *Lange/Kuchinke*, Erbrecht, § 25 V 2.
10 BGH FamRZ 1967, 470 nimmt dies sogar bei Grundstücken an; die Wahrung der Form des § 2276 BGB soll aber erforderlich sein, wenn Verfügungsunterlassungs- und Erbvertrag eine rechtliche Einheit bilden; auch BGH WM 1969, 1055. BayObLGZ 1978, 287 hält die Verpflichtung über Grundeigentum nur mit Zustimmung des Vertragserben zu verfügen, widrigenfalls es ihm sofort unentgeltlich zu übereignen, für vormerkbar.
11 BGH NJW 1963, 1602; FamRZ 1967, 470; Palandt/*Weidlich* § 2286 Rn. 3.
12 Palandt/*Weidlich* § 2286 Rn. 3.

nicht vormerkungsfähig im Sinne von § 883 BGB;[13] er kann aber auch zu Lebzeiten des Erblassers zu einer **einstweiligen Verfügung** mit einem Veräußerungs- oder Belastungsverbot führen,[14] das auch im Grundbuch eingetragen werden kann, wenn es sich auf bestimmte Grundstücke bezieht. Zu Recht bejaht *Jörg Mayer* jedoch ab erfolgter Schenkung die Vormerkungsfähigkeit des künftigen Anspruchs aus § 2287 BGB,[15] ebenso die Zulässigkeit einer einstweiligen Verfügung (mit der notfalls die Vormerkung gemäß § 885 Abs. 1 BGB durchgesetzt wird). Auch eine Feststellungsklage des Vertragserben gegen den Beschenkten bereits zu Lebzeiten des Erblassers sollte zugelassen werden: Ein künftiger Anspruch besteht; er muss bei den gerichtlichen Entscheidungen lediglich mit dem Vorbehalt des Wegfalls der Bindungswirkung – befristet bis zum Erbfall – versehen werden. Das Feststellungsinteresse besteht bereits im Hinblick auf die verschärfte Haftung des Beschenkten gemäß § 818 Abs. 4 BGB.[16]

Wird der Anspruch auf Unterlassung vertragswidriger Verfügungen hingegen mit der Verpflichtung verknüpft, im Falle eines Verstoßes das Eigentum auf den Bedachten zu übertragen, ist dieser Übertragungsanspruch vormerkungsfähig, sogenannter **qualifizierter Verfügungsunterlassungsvertrag oder Sicherungsschenkung**.[17]

Zu beachten ist, dass die Beurkundung einer Verfügungsunterlassungsverpflichtung bei Grundstücken gemäß § 311b Abs. 1 S. 1 BGB der notariellen Beurkundung bedarf und damit Kosten in Höhe von 2,0 Gebühren gemäß Nr. 21100 KV GNotKG auslöst.[18]

Ein Muster für Verfügungsunterlassungsverträge findet sich bei Herrler/*Otto* „Münchener Vertragshandbuch" XII 26.

IV. Keine Nichtigkeit vertragswidriger Verfügungen

Um dem Schutzdefizit des durch den Erbvertrag Bedachten beizukommen, hatte die **4** frühere Rechtsprechung[19] die Figur der Aushöhlungsnichtigkeit (nach § 134 BGB) entwickelt, die zum Zuge kommen sollte, wenn der Erblasser mit einer gewissen Intensität in die rechtliche Stellung des durch Erbvertrag Bedachten eingreift. Diese in den Voraussetzungen unklare und vor allem den Wertungen der §§ 2287, 2288 BGB widersprechende Konstruktion wurde zu Recht verworfen.[20] Die Nichtigkeit solcher Verfügungen kann sich in Ausnahmefällen jedoch aus **§ 138 BGB** ergeben. Dafür genügt aber jedenfalls nicht, dass durch die Verfügung die Rechte des Vertragserben vorsätzlich und mit Benachteiligungsabsicht beeinträchtigt werden. In Frage kommt § 138 BGB in Fällen kollusiven Zusammenwirkens zwischen Erblasser und Dritterwerbern zum Nachteil des Bedachten. Grundsätzlich ist jedoch auch hier von der Spezialität der §§ 2287 f. BGB auszugehen.[21] Ist die Erwerbsaussicht (nicht Anwartschaft) des Vertragserben jedoch durch einen Verfügungsunterlassungsvertrag begleitet (s. o. → Rn. 3), können die Grundsätze der sittenwidrigen Verleitung zum Vertragsbruch eingreifen.[22] Denkbar ist im Einzelfall neben der Anwendung der Nichtigkeitsvorschriften noch eine **Haftung des Erwerbers nach §§ 820 oder 819 BGB**. Nach Aufgabe der Rechtsprechung zur Aushöhlungsnichtigkeit hat der BGH versucht, durch eine weitere Auslegung der §§ 2287 f. BGB den Schutz des durch Erbvertrag Bedachten gegenüber dem Dritterwerber zu verbessern.

---

13   BGHZ 12, 122; OLG Düsseldorf FamRZ 2003, 1230.
14   OLG Stuttgart BWNotZ 1959, 70; *Reimann/Bengel/Mayer*, Testament und Erbvertrag, § 2286 Rn. 26.
15   *Reimann/Bengel/Mayer* § 2287 Rn. 100.
16   *Reimann/Bengel/Mayer* § 2287 Rn. 126.
17   BGH NJW 1997, 861; Palandt/*Bassenge* § 883 Rn. 9; *Reimann/Bengel/Mayer* § 2286 Rn. 29.
18   *Reimann/Bengel/Mayer* § 2286 Rn. 31.
19   BGH DNotZ 1955, 85.
20   BGHZ 59, 343; 66, 8; 77, 264.
21   BGH NJW 1989, 2389.
22   BGH NJW 1991, 1952 f.; *Reimann/Bengel/Mayer* § 2287 Rn. 11.

V. Schenkung und Vermächtnisvereitelung in Beeinträchtigungsabsicht (§§ 2287, 2288 BGB)

5 Im Falle einer Schenkung in Beeinträchtigungsabsicht gewährt § 2287 Abs. 1 BGB dem Vertragserben nach dem Erbfall einen Herausgabeanspruch gegen den Empfänger der Leistung nach den Vorschriften über die ungerechtfertigte Bereicherung. Hat der Empfänger vom Erbvertrag gewusst, kommt eine verschärfte Haftung nach §§ 818 Abs. 4, 819 Abs. 1, 292, 989 f. BGB in Betracht.

Tatbestandlich ist zwischen dem Vorliegen einer Schenkung und der Benachteiligungsabsicht zu unterscheiden, die Tatbestandsmerkmale sind grundsätzlich nacheinander zu prüfen.[23] Die Rechtsprechung nimmt an, dass die Schenkung in Benachteiligungsabsicht erfolgte, wenn kein lebzeitiges Eigeninteresse des Erblassers an der Zuwendung bestand.

1. Voraussetzungen

a) Schenkung – gemischte Schenkung:

6 §§ 2287, 2288 Abs. 2 BGB verstehen unter einer Schenkung (wie auch bei § 2325 BGB) eine solche im Sinne von § 516 BGB.[24] Eine Schenkung liegt demnach bei einem objektiven Missverhältnis von Leistung und Gegenleistung und der Einigung der Beteiligten über die Unentgeltlichkeit vor.[25] Dabei können die Parteien bis zu einem „auffallend groben Missverhältnis"[26] beziehungsweise einem „objektiv über ein geringes Maß deutlich hinausgehendes Missverhältnis"[27] das Verhältnis von Leistung und Gegenleistung frei beurteilen.[28] Als Gegenleistung kommen alle materiellen und immateriellen Werte, also etwa ein Pflichtteilsverzicht,[29] Pflegeleistungen oder Nießbrauchs- und Wohnrechte[30] in Betracht. Die Berechung des Wertes der Gegenleistung ist beim Wohnwert und bei Pflegeleistungen abstrakt, also unabhängig von der späteren tatsächlichen Entwicklung oder dem nicht vorhersehbaren baldigen Tod vorzunehmen,[31] also nach der allgemeinen versicherungsmathematischen Sterbetafel. Pflegeleistungen sind nicht erst ab Leistungserbringung, sondern bereits ab Entstehen der Verpflichtung – in der Regel dem Vertragsschluss – unter Berücksichtigung des Kaufkraftschwundes) zu bewerten.[32]

Ist ein Schenkungsversprechen beim Tod des Erblassers noch nicht vollzogen, wird dieses wie eine Verfügung von Todes wegen behandelt (§ 2301 Abs. 1 BGB), das heißt sie ist unwirksam, soweit sie das Recht des Vertragserben beeinträchtigt (§ 2287).

Bei unentgeltlichen Vorleistungen (zum Beispiel Pflege) kann das Geschäft nachträglich – sogar durch Verfügung von Todes wegen – in ein entgeltliches umgestaltet werden.[33]

7 **Ehebezogene Zuwendungen:** Anders als im Familienrecht behandelt der BGH im Erbrecht zu Unrecht die ehebezogene (unbenannte oder ehebedingte) Zuwendung unter Ehegatten grundsätzlich als Schenkung.[34] Dabei wird zu wenig berücksichtigt, dass in der Regel beide Ehegatten gemeinsam das Familienvermögen geschaffen haben, auch wenn es

---

[23] BGH NJW 2017, 329.
[24] BGHZ 82, 274 (281); BGH NJW 2017, 329 (330) = ZEV 2016, 641 ständige Rechtsprechung.
[25] BGHZ 82, 274 (282 f.).
[26] BGHZ 116, 178 (183).
[27] BGH NJW 1995, 1349, aber s. BGH NJW-RR 1996, 754 (755).
[28] BGHZ 82, 274 (281); BGH NJW-RR 1986, 1135.
[29] AA *Reimann/Bengel/Mayer* § 2287 Rn. 22 (Einschränkung aus dem Normzweck).
[30] Charakterisiert man diese als Auflagen – BGH NJW-RR 1996, 754 – mindern sie den Wert der Zuwendung.
[31] BGHZ 82, 274 (278); OLG Düsseldorf DNotZ 1996, 652 (655).
[32] BGH NJW 1981, 2458; OLG Koblenz FamRZ 2002, 772 (774).
[33] BGH NJW-RR 1986, 164.
[34] BGH NJW 1992, 564; NJW-RR 1996, 133.

rechtlich nur einem zugeordnet wird.[35] Eine Zuwendung, die eine nach den konkreten Verhältnissen angemessene Alterssicherung des Ehegatten bezweckt, kann jedoch auch nach der (als obiter dictum) geäußerten Meinung des BGH gerechtfertigt sein. Auch ein Zugewinnausgleich nach Beendigung des gesetzlichen Güterstandes ist gerechtfertigt, ebenso die Vereinbarung der Gütergemeinschaft.[36]

Entgeltliche lebzeitige Verfügungen sind keine Schenkungen, mag auch das ganze **8** Vermögen weggegeben werden, wie etwa bei einem Leibrenten- oder Rentenversicherungsvertrag.[37] Nach herrschender Meinung ist die Vereinbarung eines unentgeltlichen schuldrechtlichen Wohnrechts keine Schenkung, sondern Leihe.[38] Unklar ist, ob dies auch bei §§ 2287 f., 2325 BGB gelten soll.[39]

Übergabeverträge: Bisher bewertet die Rechtsprechung bisher als Schenkung unter Auflagen.[40]

Gemischte Schenkung: Denkbar ist, dass unter Berücksichtigung der Gegenleistung **9** nur ein Teil der Zuwendung als Schenkung zu qualifizieren ist (gemischte Schenkung). Ein lebzeitiges Eigeninteresse des Erblassers an der Zuwendung kann zwar die Schenkung insgesamt rechtfertigen, es stellt jedoch selbst keine zu berücksichtigende Gegenleistung für die Zuwendung dar.

b) Objektive Beeinträchtigung des Vertragserben:

Ungeschriebenes Tatbestandsmerkmal bei § 2287 BGB ist, dass der Vertragserbe durch die **10** Verfügung objektiv beeinträchtigt sein muss, da der Schutz des Vertragserben nicht weiterreichen kann als die erbvertraglich eingegangene Bindung.[41]

In folgenden Fällen besteht daher gar **kein Schutz des Vertragserben:**

– Der Vermögensstatus ergibt, dass sich durch die Schenkung das Nachlassvermögen nicht vermindert hat (etwa durch Zuwendungen, auf die der Vertragserbe keinen Anspruch hatte);
– Es besteht insoweit keine Bindung, weil ein Änderungsvorbehalt (auch stillschweigend) durch – unter Umständen ergänzende – Auslegung) vorliegt, der Vertragserbe also damit rechnen musste, dass der Erblasser abweichend über sein Vermögen disponiert;[42]
– Die „Schenkung" ist eine vorweggenommene Vermächtnis-, Pflichtteils-, Zugewinnausgleichserfüllung; hier besteht keine berechtigte Erberwartung;[43]
– Die Zuwendung führt zu keiner echten Wertverschiebung, etwa wegen einer Ausgleichsanordnung;[44]
– Die Schulden des Nachlasses hätten den Zuwendungswert aufgezehrt;[45]
– Der bindend Bedachte, sowie ausdrückliche oder vermutete Ersatzerben stimmen der Zuwendung in notarieller Form (§§ 2346, 2352 BGB) zu;[46]
– Die bindende Verfügung von Todes wegen ist **anfechtbar** und die Anfechtungsfrist noch nicht abgelaufen;[47] die Voraussetzungen für die Ausübung eines Rücktrittsvorbehalts sind gegeben.[48]

---

[35] MüKoBGB/*Musielak* § 2287 Rn. 4.
[36] BGHZ 116, 178 zu § 2325 BGB.
[37] *Reimann/Bengel/Mayer* § 2287 Rn. 16.
[38] BGHZ 82, 274; OLG Hamm NJW-RR 1996, 133.
[39] Dafür MüKoBGB/*Musielak* § 2287 Rn. 3; BGH ZEV 2008, 192; dagegen *Reimann/Bengel/Mayer* § 2287 Rn. 26.
[40] BGHZ 107, 156.
[41] BGH NJW 1982, 441; Palandt/*Weidlich* § 2287 Rn. 5.
[42] OLG München ZEV 2005, 61 (62).
[43] BGHZ 88, 269 (272 f.).
[44] BGHZ 82, 274.
[45] BGH NJW 1989, 2389 (2391).
[46] BGHZ 108, 252; *Mayer* ZEV 1996, 127 (132).
[47] *Reimann/Bengel/Mayer* § 2287 Rn. 49.
[48] *Reimann/Bengel/Mayer* § 2287 Rn. 49.

c) Benachteiligungsabsicht und lebzeitiges Eigeninteresse

11 Eine Benachteiligungsabsicht wäre nach dem Wortlaut der Vorschrift und dem gängigen Verständnis des Tatbestandsmerkmals *Absicht* grundsätzlich nur dann gegeben, wenn es dem Erblasser bei der Zuwendung gerade darauf angekommen wäre, den Vertragserben zu schädigen. Abgesehen von Ausnahmefällen dürften derartige Schenkungen jedoch selten sein, häufiger wird der Erblasser mehrere Motive verfolgt haben und war es nur, dem Beschenkten eine Freude zu machen.[49] Der BGH hat deshalb im Wege richterlicher Rechtsfortbildung das Tatbestandsmerkmal der Benachteiligungsabsicht dahin „konkretisiert", dass die mit jeder Schenkung einhergehende Minderung des Erblasservermögens (nur) dann gerechtfertigt ist, wenn der Erblasser ein anerkennenswertes oder lebzeitiges Eigeninteresse an der Zuwendung hatte.[50] Damit entspricht im Ergebnis die Begünstigung des Beschenkten der Beeinträchtigung des Vertragserben.[51]

Zur Prüfung der Benachteiligungsabsicht findet eine Abwägung nach dem Urteil eines objektiven Beobachters zwischen dem Interesse des eingesetzten Erben (unter Berücksichtigung der erbvertraglichen Bindung) an der uneingeschränkten Bindungskraft des Erbvertrags einschließlich des Erhalts des Vermögens und dem Interesse des Erblassers an einer abweichenden Vermögensdisposition im Sinne einer Missbrauchskorrektur statt.[52] Damit verlagert sich der Tatbestand immer mehr in Richtung eines objektiven Missbrauchskorrektur, obwohl der Gesetzeswortlaut (Benachteiligungsabsicht) eine stärker subjektiv ausgestalte Prüfung nahelegen würde.

Die für den Erblasser maßgeblichen Gründe für die Zuwendung dürfen dabei nur berücksichtigt werden, wenn und soweit sie auch tatsächlich objektiv im Zeitpunkt der Schenkung vorlagen.[53] Sie dürfen erst nach Vertragsschluss entstanden sein (Abgrenzung zum nicht beachtlichen Sinneswandel);[54] ein bereits bei Vertragsschluss vorliegendes Interesse kann jedoch unter Berücksichtigung nachträglich eingetretener Veränderungen zur Rechtfertigung der Zuwendung führen,[55] wobei nur geringfügige Veränderungen sicher außer Betracht zu bleiben haben. Dies ist ein Gesichtspunkt, der bei der Gruppe „Alterssicherung" regelmäßig zu beachten ist.

Nach der Literatur[56] spielen bei der Güterabwägung die Grundsätze der **Geeignetheit** (der Zweckverfolgung durch das gewählte Mittel), die **Erforderlichkeit** und die **Verhältnismäßigkeit** eine Rolle. Es ist jedoch sehr zweifelhaft, ob diese Gesichtspunkte zur Nichtbeachtung der lebzeitigen Interessen des Erblassers führen dürfen. Die Rechtsprechung verneint dies zu Recht bei der Alterssicherung. Schenkungen, die dem bisherigen Lebensstil des Erblassers entsprechen, sind sicherlich auch ohne Berücksichtigung dieser Grundsätze gerechtfertigt. **Der Erblasser ist nicht zur Änderung seines Lebensstils verpflichtet,** insbesondere, wenn dieser dem Vertragserben bekannt war.[57] Auch der **Umfang des Schenkungswerts** absolut oder im Verhältnis zum Nachlass kann kein Rechtfertigungsgesichtspunkt sein, wenn vertraglich keine Bestandsgarantie fixiert ist.[58]

Die Absicht des Erblassers, durch letztwillige Verfügung für eine Gleichbehandlung seiner Abkömmlinge zu sorgen, begründet für sich allein noch kein im Rahmen des § 2287 BGB beachtlichen lebzeitiges Eigeninteresse.[59] Auch eine derartige Korrektur durch lebzeitige

---

[49] MüKoBGB/*Musielak* § 2287 Rn. 11.
[50] Zur Kritik an dieser Rechtsfortbildung siehe die Vorauflage.
[51] *Reimann/Bengel/Mayer* § 2287 Rn. 60.
[52] BGH NJW-RR 2012, 207; BeckOK BGB/*Litzenburger* § 2287 Rn. 10; NK-BGB/*Seiler/Horn* § 2287 Rn. 38 ff.
[53] BGH ZEV 2005, 479 (480).
[54] BGHZ 77, 264 ff.
[55] BGHZ 83, 44 (46).
[56] *Reimann/Bengel/Mayer* § 2287 Rn. 74 mwN.
[57] *Reimann/Bengel/Mayer* § 2287 Rn. 75.
[58] Von BGH WM 1979, 442 (444) ausdrücklich offen gelassen.
[59] OLG Koblenz NJW-RR 2005, 883.

Verfügung ist nicht gerechtfertigt.[60] Umstritten ist die Rechtslage bei Schenkungen an einen neuen Ehegatten.[61]

2. Fallgruppen

Es haben sich Fallgruppen herausgebildet, in denen die Zuwendungsgründe als anerkennenswert gewürdigt werden: **12**

(1) Das Motiv, die eigene Versorgung und **Pflege im Alter** sicherzustellen oder zu verbessern, wobei es nicht darauf ankommt, ob die Verfügung hierzu auch wirtschaftlich notwendig war, ob es bei dem alten Zustand hätte bleiben können und ob der Erblasser die ihm versprochene Leistung billiger auch von dem Vertragserben hätte bekommen können, wenn er diesem den Vermögensgegenstand übereignet hätte.[62] Als Anhaltspunkt für die Bewertung von Pflegeleistungen sind mindestens die Tarife der Pflegeheime zu nehmen, die ohne die Vertragspflege in Anspruch genommen werden müssten;[63]

(2) Die Sicherstellung der **Versorgung naher**, nicht notwendigerweise pflichtteilsberechtigter **Verwandter**;[64] dabei soll dieses Motiv nicht beachtenswert sein, wenn die Situation schon bei Vertragsschluss gegeben war; die lediglich späte Einsicht des Erblassers ist unbeachtlich;[65] zu Recht sieht *J. Mayer* es als beachtlich an, wenn das Bedürfnis der Versorgung naher Angehöriger nach Vertragsschluss entstand oder stärker wurde.[66]

(3) Die **Sicherung der Unternehmensnachfolge** durch Zuwendung eines Geschäftsanteils, um einen zur Leitung des Unternehmens befähigten Mitarbeiter durch die Schenkung eines Geschäftsanteils dem Unternehmen erhalten zu wollen;[67]

(4) **Schenkung aus laufenden Vermögenserträgen:** Die Literatur sieht zu Recht Schenkungen aus Vermögenserträgen als weniger missbräuchlich an.[68] *J. Mayer*[69] begründet dies einleuchtend mit einem Vergleich zum Vorerben, dem die Vermögenserträge verbleiben; er muss dem Nacherben lediglich die Substanz erhalten. Im Übrigen konnte des Vertragserbe nicht damit rechnen, dass der Erblasser mit seinem Vermögen Erträge erwirtschaftet.

(5) **Vorweggenommene Erbfolge:** Es kann eine (gemischte) Schenkung vorliegen.[70] Ein lebzeitiges Eigeninteresse des Erblassers ist zu bejahen, wenn er durch Ausgleichsanordnungen sicherstellt, dass der andere Vertragserbe gleichbehandelt wird.[71] Gleiches gilt für Schenkungen an Pflichtteilsberechtigte mit Anrechnungsvereinbarung: Diese beeinträchtigen den Vertragserben nicht, soweit der Wert des Pflichtteils oder des Zugewinnausgleichs reicht.[72]

(6) **Schenkungen relativ geringfügiger Vermögenswerte** unterfallen in der Regel nicht §§ 2287 f. BGB, da der Vertragserbe mit derartigen Vermögensminderungen immer

---

[60] BGH FamRZ 2005, 1550; OLG Celle FamRZ 2103, 1971.
[61] Vgl. näher *Remmele* NJW 1981, 2290 mwN. Schenkung nicht anzuerkennen, wenn sie den wesentlichen Teil des Nachlasses umfasst und Erblasser keine Anfechtung nach §§ 2281, 2079 BGB erklärt hat: OLG Koblenz OLGZ 1991, 235; ablehnend Palandt/*Weidlich* § 2287 Rn. 7 (ohne Gegenleistung nur im Fremdinteresse; diese Argumentation ist nicht überzeugend, da die Versorgung der neuen Ehefrau auch im eigenen Interesse liegen kann) und OLG Celle FamRZ 2006, 1876.
[62] BGHZ 82, 274.
[63] Zum Wert siehe OLG Düsseldorf DNotZ 1996, 652 (656) (monatlich 800,– DM); OLG Oldenburg FamRZ 1998, 516 f. (monatlich wenigstens 2.500,– DM).
[64] BGH NJW-RR 1987, 2.
[65] BGHZ 77, 264 (269); BGH WM 1977, 201 (202); BGH FamRZ 1984, 166.
[66] *Reimann/Bengel/Mayer* § 2287 Rn. 63.
[67] Dazu auch *Tanck*, Die Absicherung der Unternehmensnachfolge als lebzeitiges Eigeninteresse im Sinne von § 2287 BGB, ZErb 2015, 220.
[68] MüKoBGB/*Musielak* § 2287 Rn. 16 mwN: kann zwar unter § 2287 fallen, spricht aber gegen eine Beeinträchtigungsabsicht.
[69] *Reimann/Bengel/Mayer* § 2287 Rn. 95.
[70] BGH NJW 1995, 1349.
[71] BeckOK BGB/*Litzenburger* § 2287 Rn. 17.
[72] BGH NJW 1995, 1349; BGHZ 116, 167 (175); BGHZ 88, 269 (272).

rechnen muss..[73] Gleiches gilt für Anstandsschenkungen.[74] Bei diesen kann jedoch eine Benachteiligungsabsicht angenommen werden, wenn sie sich in ihrer Addition oder in der zeitlichen Abfolge als Missbrauch der lebzeitigen Verfügungsmacht darstellen. Auch die belohnende Schenkung kann gerechtfertigt sein als Dank für geleistete oder noch zu leistende Dienste, Pflege oder Hilfe.[75]

(7) Schenkungen zu immateriellen Zwecken. Hierzu zählen die Pflicht- und Anstandsschenkungen und Schenkungen zu ideellen Zwecken oder aus persönlichen Rücksichten. Diese Schenkungen sind gerechtfertigt, falls sie der Höhe nach angemessen sind, in einem angemessenen Verhältnis zu den wirtschaftlichen Verhältnissen und dem Grund für die Schenkungsvornahme (zB bei der belohnenden Schenkung) stehen.[76] Immobilienveräußerungen sollen aber grundsätzlich nicht darunter fallen.[77] Allerdings ist dabei zu berücksichtigen, dass es nicht die Aufgabe der Gerichte sein kann zu beurteilen, ob der mit der Schenkung verfolgte Zweck mehr oder weniger anerkennenswert erscheint.[78]

(8) Frühere und spätere Schenkungen: Der BGH[79] wertet frühere Beeinträchtigungen als weniger einschneidend, als spätere.

Jörg Mayer weist zu Recht darauf hin, dass die Bildung von Fallgruppen zwar nützlich für eine erste Einschätzung ist, jedoch die Gefahr birgt, zu verkennen, dass letztlich bei der Missbrauchsprüfung eine umfassende Abwägung stattfindet,[80] bei der die berechtigten Erwartungen des Vertragserben mit dem beachtlichen Wunsch des Erblassers, seine lebzeitige Verfügungsbefugnis zu verwirklichen vom Standpunkt eines objektiven Beobachters abgewogen.[81]

13   Selbst wenn eine Schenkung in Beeinträchtigungsabsicht vorgenommen wurde, führt dies nicht zwangsläufig zu einem Ausgleichsanspruch, sondern nur dann und insoweit, als die berechtigten Erberwartungen eines (Vertrags- oder) Schlusserben objektiv beeinträchtigt werden.[82] Der Anspruch aus § 2287 BGB kann deshalb auch nicht höher sein als die durch die Schenkung herbeigeführte Beeinträchtigung des Schlusserben, selbst dann nicht, wenn eine darüber hinausgehende Benachteiligungsabsicht vorgelegen haben sollte.[83]

Berechnungsbeispiel:
Der zum Zeitpunkt der Zuwendung 70jährige Erblasser, der mittels Erbvertrag sein Vermögen seinem Schulfreund F als Schlusserben versprochen hat, überträgt im Jahre 2016 seiner zweiten Ehefrau sein Grundstück mit Haus in München; dafür räumt ihm diese ein lebenslanges Wohnrecht und verspricht, ihn bei Bedarf zu pflegen.
Folgende Werte werden ermittelt:
Grundstückswert bei Übertragung: 500.000 EUR
Monatliches Wohnrechts: 1.000 EUR/Monat, entspricht 12.000 EUR im Jahr
Pflegeleistungen: 500 EUR/Monat entspricht, 6.000 EUR im Jahr

---

[73] BGHZ 66, 8 (14).
[74] OLG Düsseldorf BeckRS 2016, 115634 hält eine Motoryacht im Wert von ca. 400.000 EUR als Hochzeitsgeschenk nach den ehelichen Lebensverhältnissen im konkreten Fall für angemessen.
[75] BGHZ 66, 8 (16); BGH NJW 1978, 423; BGH NJW 1984, 121.
[76] BGHZ 66, 8 (16); BGHZ 83, 44 (46); OLG Köln FamRZ 1992, 607 f.; OLG Koblenz OLGZ 1991, 235 (238).
[77] BGH NJW-RR 1986, 1202 „im Regelfall keine Anstandsschenkung".
[78] In diese Richtung aber *Reimann/Bengel/Mayer* § 2287 Rn. 86, der bei Schenkungen an gemeinnützige Stiftungen den Gemeinwohlgedanken, dem die Stiftungen verpflichtet sind, berücksichtigen will. Allerdings soll auch insoweit nur ein „angemessener Rahmen" anerkennenswert sein.
[79] BGHZ 116, 167 (177).
[80] *Reimann/Bengel/Mayer* § 2287 Rn. 54.
[81] BGHZ 77, 264 (266); BGH WM 1979, 442 (445).
[82] BGH NJW-RR 1989, 259 (260); BGH Rpfleger 1993, 23.
[83] BGH NJW-RR 1989, 259 (260); BGH Rpfleger 1993, 23.

Kapitalwert angesichts der verbleibenden Lebenserwartung: 9,792[84]
Wert des Grundstücks – kapitalisiertes Wohnrecht – kapitalisierte Pflegeleistungen:
500.000 EUR – 117.504 EUR – 58.752 = 323.738 EUR
Somit liegt in Höhe von 323.738 EUR eine unentgeltliche Zuwendung vor.

Das Beispiel zeigt deutlich, welche Schwierigkeiten die Rechtsprechung für die Beteiligten mit sich bringt. Nicht nur muss geklärt werden, welchen Wert Leistung und Gegenleistung haben, um überhaupt feststellen zu können, ob eine unentgeltliche Zuwendung vorliegt. Selbst wenn man wie hier zu dem Ergebnis gelangt, dass die Zuwendung teilweise unentgeltlich erfolgte, bedeutet dies noch nicht zwangsläufig, dass ein Anspruch des Vertragserben gegen den Beschenkten auf Herausgabe des Grundstücks besteht. Denn im zweiten Schritt ist zu klären, ob der unentgeltlichen Zuwendung ein anerkennenswertes lebzeitiges Eigeninteresse des Erblassers gegenübersteht. Bei diesem anerkennenswerten lebzeitigen Eigeninteresse wird man kaum das eingeräumte Wohnrecht und die versprochene Pflege berücksichtigen können, da diese ja schon zum entgeltlichen Teil des Geschäfts gehören. Man wird auch kaum sagen können, dass der Erblasser derartige Leistungen nicht auch sonst „am Markt" hätte erwerben können, so dass insbesondere bei der gemischten Schenkung fraglich sein dürfte, worin ein die wirtschaftliche Gegenleistung übersteigendes anerkennenswertes lebzeitiges Eigeninteresse des Erblassers liegen können soll.

Hinzu kommt dann noch, dass der Anspruch aus § 2287 BGB nur soweit reichen kann, wie der Vertragserbe in seiner berechtigten Erberwartung beeinträchtigt wird.[85] Hat also in dem Berechnungsbeispiel der überlebende (zweite) Ehegatte noch Pflichtteils- und Zugewinnausgleichsansprüche (§§ 1931, 1371 BGB), hinsichtlich derer seitens des Vertragserben grundsätzlich keine positive Erberwartung bestehen konnte, muss auch der Wert des Pflichtteils bei der Berechnung und der Durchsetzung des Anspruchs berücksichtigt werden.

Fortsetzung des Beispiels:
Der überlebende Ehegatte hat gemäß §§ 1931, 1371 BGB nach dem Tod des Erblassers einen Pflichtteilsanspruch in Höhe von ½. Bestand das Erblasservermögen im Wesentlichen aus der Immobilie im Wert von 500.000 EUR, beträgt der Pflichtteilsanspruch mithin 250.000 EUR. Da ein derartiger Anspruch den Erben ohnehin träfe, fehlt es in dieser Höhe an einer auszugleichenden Beeinträchtigung des Vertragserben.

VI. Prozessuales

Allein, dass möglicherweise eine beeinträchtigende Schenkung vorliegt, besagt noch nichts **14** darüber, ob diese am Ende rückabgewickelt wird oder sonst ausgeglichen wird. Gerade bei einem Tatbestand, der maßgeblich auf einem subjektiven Tatbestandsmerkmal beruht („Absicht"), hängt die konkrete Entscheidung regelmäßig davon ab, welche Partei die Darlegungs- und Beweislast für welche Umstände trägt.

1. Beweislast

Zwar trägt grundsätzlich der Vertragserbe nach den allgemeinen Beweislastregeln die **15** Beweislast sowohl für die Schenkung, also die Unentgeltlichkeit der Zuwendung ein-

---

[84] http://www.bundesfinanzministerium.de/Content/DE/Downloads/BMF_Schreiben/Steuerarten/Erbschaft_Schenkungsteuerrecht/2015-12-02-lebenslaengliche-Nutzungen-und-Leistungen.pdf?__blob=publicationFile&v=1.

[85] *Reimann/Bengel/Mayer* § 2287 Rn. 121.

schließlich der subjektiven Komponente sowie für die Benachteiligungsabsicht,[86] denn auch diese ist als – positive – Tatbestandsvoraussetzung eine für ihn günstige Tatsache.[87] Allerdings hat die Rechtsprechung die Verteilung der Darlegungs- und Beweislast immer weiter modifiziert mit der Folge, dass einerseits eine Vermutung hinsichtlich der Einigung über die Unentgeltlichkeit eingreift, als auch andererseits der Vertragspartner darlegungspflichtig hinsichtlich der Gründe des lebzeitigen Eigeninteresses des Erblassers ist.

Hintergrund dafür ist, dass dem Vertragserben regelmäßig der Einblick in die Rechtsbeziehungen zwischen dem Erblasser und dem Zuwendungsempfänger fehlen dürfte, insbesondere hinsichtlich der Einigung der Beteiligten über die Unentgeltlichkeit der Zuwendung und die Motivation des Erblassers für die Zuwendung überhaupt.

Der **Vertragserbe** muss zunächst die Tatsachen **darlegen** und gegebenenfalls beweisen, aus denen sich ein **objektives Missverhältnis zwischen Leistung und Gegenleistung** ergibt.[88] Gelingt ihm dies, nimmt die Rechtsprechung „eine der Lebenserfahrung entsprechende tatsächliche **Vermutung** für eine Einigung der Beteiligten über eine teilweise Unentgeltlichkeit an."[89] Diese Vermutung mit der Wirkung des § 292 ZPO zwingt den Anspruchsgegner, also der Empfänger der Leistung, zu beweisen, dass trotz des bestehenden Missverhältnisses zwischen Leistung und Gegenleistung keine Einigung der Parteien über die Unentgeltlichkeit vorliegt. Da ein derartiger Nachweis praktisch nicht zu führen sein dürfte, führt im Ergebnis ein nachgewiesenes Missverhältnis zum Beweis einer diesbezüglichen Abrede.

Einhergehend mit der Anknüpfung an ein lebzeitiges Eigeninteresse des Erblassers an der Zuwendung hat der BGH jedoch auch die Beweislast für die Benachteiligungsabsicht modifiziert. Da dem Vertragserben häufig unbekannt sein dürfte, aus welchen Gründen der Vertragserbe die Verfügung vorgenommen hat, erleichtert der BGH die Beweisführung nach den Regeln der sekundären Beweislast. Zunächst obliegt es daher dem Begünstigten (= Empfänger der Leistung) vorzutragen, welches Eigeninteresse der Erblasser an der Zuwendung hatte, wenn dem Vertragserben diese Umstände nicht bekannt sind.[90] Erst wenn dem Begünstigten hier ein schlüssiger Vortrag gelingt, muss der Vertragserbe überhaupt beweisen, dass das ein lebzeitiges Eigeninteresse nicht bestanden hat.[91] Dies führt in letzter Konsequenz unter Umständen zu einer Beweisaufnahme über die Frage, was der Begünstigte meint, was der Erblasser gemeint haben könnte, als dieser die Zuwendung vornahm. In jedem Falle ist eine Dokumentation der Zuwendung und ihrer Gründe im Rahmen der Beurkundung empfehlenswert.

2. Gläubiger und Schuldner des Anspruchs

16 Der Anspruch entsteht mit dem Erbfall und gehört nicht zum Nachlass, er wird vom Vertragserben als Gläubiger originär und nicht als Rechtsnachfolger des Erblassers erworben.[92] Nur der Vertragserbe erwirbt den Anspruch, nicht etwa der Vertragsgegner des Erblassers (der nur die Verfügung des Letzteren angenommen hat). Ist bei der Vertragserbschaft Vor- und Nacherbfolge angeordnet, bestehen voneinander unabhängige Ansprüche, ein Verzicht des Vorerben berührt den Anspruch des Nacherben nicht. Der Anspruch des Nacherben fällt erst mit dem Eintritt der Nacherbfolge an. Mit Erfüllung des Anspruchs aus § 2287 BGB an den Vorerben fällt dieser Vermögenswert zwar in dessen Eigenvermögen, aber mit den Beschränkungen der Nacherbschaft.[93]

---

[86] *Klingelhöffer*, Probleme der Darlegungs- und Beweislast im Erbrecht, ZEV 2007, 361.
[87] Thomas/Putzo/*Reichold* vor § 284 ZPO Rn. 23.
[88] MüKoBGB/*Musielak* § 2287 Rn. 26.
[89] BGHZ 59, 132 (136); 116, 178 (184); *Reimann/Bengel/Mayer* § 2287 Rn. 138.
[90] BGHZ 66, 8; 82, 274.
[91] BGHZ 66, 8.
[92] BeckOGK/*G. Müller-Engels* BGB § 2287 Rn. 84.
[93] *Reimann/Bengel/Mayer* § 2287 Rn. 86.

Die Nachlassgläubiger haben keinen Zugriff auf den Anspruch, auch nicht nach dessen Erfüllung.

Der Anspruch unterfällt nach hM nicht einer Testamentsvollstreckung, auch nicht nach seiner Erfüllung, dh nach Rückgabe des Gegenstandes an den Nachlass, da er nicht Bestand des Nachlasses ist.[94] Mehrere Vertragserben sind Gläubiger nach Bruchteilen (§ 420 BGB Teilgläubigerschaft); § 2039 BGB ist nicht anwendbar.

Schuldner ist nur der **Beschenkte,** nicht Miterbe.

3. Inhalt des Anspruchs aus § 2287 BGB

Der Anspruch ist grundsätzlich auf Herausgabe des Erlangten nach den Vorschriften der **17** ungerechtfertigten Bereicherung gerichtet, die seinen Umfang bestimmen (§§ 818 bis 821 BGB; § 822 BGB ist ebenfalls anzuwenden).[95]

Ist die Herausgabe des Geschenks nicht möglich, ist der Wert zu ersetzen (§ 818 Abs. 2 BGB), soweit der Beschenkte noch bereichert ist; es sei denn, er haftet verschärft nach § 819 BGB.

Ist der Beschenkte erb- und pflichtteilsberechtigt oder ist ihm ein Vermächtnis zugewandt, ist dieser Wert in Abzug zu bringen.

Ob der Gegenstand herauszugeben oder lediglich der Wert zu ersetzen ist, richtet sich im Ergebnis danach, ob der entgeltlich oder unentgeltliche Teil der Zuwendung bzw. der Teil der Zuwendung überwiegt, für den ein anerkennenswertes lebzeitiges Eigeninteresse besteht.

a) Überwiegen des unentgeltlichen Teils der Zuwendung:

Der Klageantrag richtet sich demnach auf Herausgabe (auch bei gemischter Schenkung, **18** soweit die Schenkung überwiegt) **Zug um Zug** gegen Zahlung des Pflichtteilsbetrages oder des Aufwendungsersatzes.

b) Überwiegen des anzuerkennenden Teils der Schenkung:

Die Klage ist auf Zahlung des Wertes des nicht anzuerkennenden Teils abzüglich des **19** Pflichtteilswertes/Zugewinnausgleichs zu richten, höchstens jedoch in Höhe der Bereicherung.[96]

4. Feststellungsklage

Der Vertragserbe hat nach bisheriger Auffassung nur in Ausnahmefällen, etwa aus „Exis- **20** tenzgründen"[97] ein konkretes wirtschaftliches (= rechtliches) Interesse an der (lebzeitigen) Feststellung sogenannter „beeinträchtigender Schenkungen".

Dennoch ist eine Feststellungsklage gegen den Beschenkten schon zu Lebzeiten des Erblassers nach zutreffender Ansicht zulässig.[98] Es besteht sowohl ein feststellungsfähiges Rechtsverhältnis wie auch ein rechtliches Interesse an alsbaldiger Feststellung, denn der Erblasser hat im Zweifel bereits zu Lebzeiten eine beeinträchtigende Schenkung vorgenommen und damit ein feststellungsfähiges Rechtsverhältnis geschaffen.[99] Zwar besteht dieses

---

[94] *Reimann/Bengel/Mayer* § 2287 Rn. 85 unterwirft den Anspruch ab Erfüllung automatisch einer angeordneten Testamentsvollstreckung, weil sich der Vertragserbe sonst besser stünde als ohne Schenkung. Konsequenterweise müsste dann der Erbe auf Leistung an den Nachlass klagen.

[95] BGH NJW 2014, 782; str., aA Staudinger/*Kanzleiter* § 2287 Rn. 23.

[96] BGHZ 88, 269 (272 f.); zum Aufwendungsersatz NJW 1980, 1789 (1790).

[97] OLG München FamRZ 1996, 253.

[98] OLG Koblenz MDR 1987, 935; *Reimann/Bengel/Mayer* § 2287 Rn. 128; NK-Nachfolgerecht/*Krätzschel* ZPO § 256 Rn. 25 ff.; für Ausnahmefälle bejaht von OLG München NJW-RR 1996, 328, (329); aA OLG Schleswig 2003, 89; MüKoBGB/*Musielak* § 2287 Rn. 20; Staudinger/*Kanzleiter* § 2287 Rn. 1.

[99] *Reimann/Bengel/Mayer* § 2287 Rn. 128.

Rechtsverhältnis zu Lebzeiten nicht zwischen dem Vertragserben und dem Beschenkten, da der Anspruch erst mit dem Anfall der Erbschaft an den Vertragserben entsteht,[100] hier sollte jedoch ein zukünftiger Anspruch nicht daran scheitern, dass eine frühzeitige Feststellung verhindert wird. Im Hinblick auf die Rechtsprechung des BGH zur Zulässigkeit einer negativen Feststellungsklage des Erben gegen den Erblasser hinsichtlich der Pflichtteilsberechtigung bei einer Pflichtteilsentziehung,[101] muss dies erst recht für den Vertragserben gelten. Die Rechtsstellung des Vertragserben ist nicht schwächer als die bloße Aussicht des gesetzlichen Erben auf den Pflichtteil. Auch eine **einstweilige Verfügung** hierzu ist zuzulassen.

Der **Antrag** richtet sich gegen den Beschenkten. Er ist auf Feststellung des Vorliegens einer Schenkung, der kein lebzeitiges Eigeninteresse gegenübersteht zu richten und der verschenkte Gegenstand ist dabei so genau wie möglich zu bezeichnen. Zuständig sind die ordentlichen Gerichte, nicht das Nachlassgericht. Für die örtliche Zuständigkeit kann nicht auf §§ 27, 28 ZPO zurückgegriffen werden,[102] sofern es um die Herausgabe von Grundstücken geht, ist § 24 ZPO zu beachten. Eine Notwendigkeit, dem Erblasser den Streit zu verkünden, besteht nicht, da die Voraussetzungen des § 72 Abs. 1 ZPO nicht vorliegen.

Eine Feststellungsklage gegen den Erblasser kommt hingegen nicht in Betracht. Ein Antrag festzustellen, dass ein übereigneter Gegenstand noch im Vermögen des Erblassers verblieben ist, den die Rechtsprechung früher vereinzelt für zulässig hielt, scheidet aus, da die Übertragung des Gegenstandes nach herrschender Meinung wirksam ist (keine „Aushöhlungsnichtigkeit").[103]

5. Auskunft und Wertermittlung

21 Grundsätzlich gibt § 2287 BGB dem Vertragserben selbst weder einen Auskunfts- noch einen Wertermittlungsanspruch.[104] Allerdings kann der Vertragserbe nach Treu und Glauben dann Auskunft vom Beschenkten verlangen, wenn er auf die Auskunft angewiesen ist und die Auskunftserteilung für den Beschenkten keine unbillige Belastung darstellt.[105] Voraussetzung ist jedoch, dass der Vertragserbe überhaupt schlüssig dazu vorträgt, dass der Erblasser dem Beklagten etwas geschenkt hat.

---

[100] Palandt/*Weidlich* § 2287 Rn. 10.
[101] BGH NJW 2004, 1874.
[102] So im Ergebnis Burandt/Rojahn/*Gierl* ZPO § 27 Rn. 6.
[103] AA Vorauflage unter Bezugnahme auf OLG Düsseldorf NJW 1957, 266. In dem zu entscheidenden Fall hatte das Gericht unter Zugrundelegung der Rechtsprechung zur Aushölungsnichtigkeit angenommen, das Grundstück sei im Erblasservermögen verblieben.
[104] *Reimann/Bengel/Mayer* § 2287 Rn. 140.
[105] BGHZ 97, 188 (193).

§ 14 Der Widerruf des Testaments

Eine wirksam errichtete letztwillige Verfügung kann nachträglich durch **1**
– Anfechtung (§§ 2078 ff. BGB), (→ § 15 Rn. 1 ff.),
– Auflösung der Ehe oder des Verlöbnisses (§§ 2077, 2268, 2279 Abs. 2 BGB),
– Erbverzicht (§ 2352 BGB), (→ § 18 Rn. 1 ff.),
– Ausschlagung (§ 1944 BGB),
– Erbunwürdigkeitserklärung (§§ 2344, 2342 Abs. 2 BGB),
– Zeitablauf (§§ 2109, 2162, 2210, 2252 BGB) oder
– Eintritt einer vom Erblasser gesetzten auflösenden Bedingung (§§ 2204 ff. BGB; **Verwirkungsklausel**) unwirksam werden.

Das Gesetz gibt dem Erblasser in §§ 2253 bis 2258 BGB auch noch die Möglichkeit, das Testament zu **widerrufen.** Es stellt hierzu **abschließend (numerus clausus)** 4 Möglichkeiten zur Verfügung:
– den Widerruf durch reines **Widerrufstestament** (§ 2254 BGB);
– den Widerruf durch spätere testamentarische Bestimmungen, die in **Widerspruch** zu früheren Bestimmungen stehen (§ 2258 Abs. 1 BGB);
– den Widerruf durch **Vernichtung** der Testamentsurkunde durch den Erblasser **in Widerrufsabsicht** oder gleichbedeutende Veränderungen an der Urkunde (§ 2255 BGB);
– durch **Rücknahme eines vor einem Notar** oder als **Nottestament vor dem Bürgermeister** (nicht vor drei Zeugen) **errichteten Testaments** durch den Erblasser aus der besonderen amtlichen Verwahrung (§ 2256 BGB).

Das widerrufene Testament kann zur Auslegung eines späteren Testaments herangezogen **2** werden. Nur ein Testierfähiger kann sein Testament wirksam widerrufen. Eine Ausnahme hiervon gilt für die bis zum 31.12.1991 errichteten Widerrufstestamente Entmündigter, sofern sie in der Lage waren, die Bedeutung des Widerrufs einzusehen (§ 2253 Abs. 2 BGB aF). Ein Betreuer kann widerrufen, wenn er testierfähig ist.

Sofern der Widerruf durch ein reines Widerrufstestament oder durch ein inhaltlich abweichendes Testament erfolgte (nicht also beim Widerruf durch Zerstörung oder Veränderung der Urkunde und bei der Rücknahme des öffentlichen Testamentes aus der amtlichen Verwahrung) kann der **Widerruf widerrufen** werden. Das ursprüngliche Testament tritt dabei gemäß § 2257 BGB „im Zweifel" wieder in Kraft. Die gesetzliche Vermutung ist widerlegbar. Durch einen **zweiten Widerruf** wird der erste Widerruf gültig, das Testament bleibt unwirksam.[1]

Wird die vom Erblasser in Widerrufsabsicht zerrissene eigenhändig errichtete Urkunde **3** wieder zusammengeklebt **und** vom Erblasser eigenhändig mit einem Wirksamkeitsvermerk versehen, neu unterzeichnet, unterschrieben und datiert, kann auf diese Weise ein Testament neu errichtet werden. Die bloße Entfernung von Streichungen (durch Unterpunktieren, Radieren etc) oder das Zusammenkleben ohne eigenhändigen und unterschriebenen Erblasservermerk genügt nicht.[2]

Die erneute Hinterlegung macht den Widerruf durch Rückgabe des öffentlichen Testaments nicht unwirksam. Die Urkunde kann jedoch formgerecht nach § 2232 BGB übergeben und damit neu errichtet werden.

Anfechtung des Widerrufs

Der gemäß § 2080 Anfechtungsberechtigte kann einen Widerruf des Erblassers im Falle des Irrtums oder der Drohung gemäß § 2078 **anfechten,** bei einem Widerruf einer Erbeinsetzung binnen Jahresfrist ab Kenntnis vom Anfechtungsgrund (§ 2082 BGB) gegen-

---

[1] OLG Köln NJW 1955, 466.
[2] BayObLG NJW-RR 1990, 1481.

über dem Nachlassgericht (§ 2081 BGB), beim Widerruf eines Vermächtnisses gegenüber dem Vermächtnisnehmer (§§ 143, 2147 ff. BGB). Die Anfechtung ist auch möglich beim Widerruf durch Vernichtung oder Veränderungen (§ 2255 BGB) oder durch Rücknahme aus der amtlichen Verwahrung (§§ 2256, 2272 BGB).[3]

I. Reines Widerrufstestament

4 Das Widerrufstestament muss nicht in der Form errichtet werden, in der das zu widerrufende Testament errichtet wurde. Ein notarielles kann also zum Beispiel durch ein eigenhändiges Testament widerrufen werden. Der Widerruf muss auch bei § 2254 BGB nicht ausdrücklich erklärt werden.[4] Es genügt, dass die Widerrufsabsicht durch Auslegung ermittelt werden kann.

II. Widerruf durch inhaltlich widersprechendes Testament (§ 2258 BGB)

5 Hier ist notfalls durch Auslegung zu ermitteln, in welchem Umfang das frühere Testament widerrufen wurde. Denkbar ist auch, dass der Erblasser zwar nur zum Teil inhaltlich widersprechende Regelungen getroffen hat, auch im Übrigen aber das frühere Testament beseitigt wissen, also eine abschließende Regelung treffen will; es gilt dann im Übrigen die gesetzliche Erbfolge. Die Wirkung des § 2258 BGB tritt nach herrschender Meinung auch dann ein, wenn der Erblasser bei Errichtung des späteren nicht mehr an die Existenz des früheren Testaments gedacht hat.[5] Ein Widerrufswille ist bei widersprechenden Regelungen nicht erforderlich. Entscheidend ist, ob der Erblasser eine andere als die frühere Regelung treffen wollte.[6] Der Erblasser muss die Erbfolge (wenigstens für einen Teilbereich) abschließend und ausschließlich regeln wollen. Wiederholen die Erblasser in einem späteren gemeinschaftlichen Testament nur die gegenseitige Erbeinsetzung ohne die Schlusserbeneinsetzung liegt darin nicht bereits der Widerruf der Schlusserbeneinsetzung.[7] Umgekehrt stellt ein späteres gemeinsames Testament, das erstmals eine Schlusserbeneinsetzung enthält, einen teilweisen Widerruf des früheren gemeinsamen Testaments dar.[8] Sind in verschiedenen Testamenten Vermächtnisse in verschiedener Höhe ausgesetzt, ohne dass die Aufhebung einer Verfügung ersichtlich ist, sind beide Testamente wirksam.[9] Eine angeordnete Testamentsvollstreckung entfällt nicht zwangsläufig dadurch, dass sie in einem späteren Testament nicht mehr erwähnt wird. Mehrere gleichzeitig errichtete Verfügungen (etwa mit gleichem Datum) heben sich bei widersprüchlichem Inhalt gegenseitig auf.[10]

III. Widerruf durch Vernichtung oder Veränderung der Testamentsurkunde (§ 2255 S. 1 BGB)

6 Diese Art des Widerrufs, die (wie auch die Rücknahme des öffentlichen Testaments aus der Verwahrung) eine letztwillige Verfügung ist,[11] hat folgende **Wirksamkeitsvoraussetzungen:**
– Der widerrufende Erblasser muss testierfähig sein.
– Der Erblasser persönlich

---

3   BayObLGZ 1960, 490.
4   BGH NJW 1966, 201.
5   BGH NJW 1981, 2745.
6   BGH NJW 1985, 969; BayObLG FamRZ 1992, 607; 1996, 826; MüKoBGB/*Hagena* § 2258 Rn. 5.
7   MüKoBGB/*Hagena* § 2258 Rn. 4.
8   OLG München MittBayNot 2018, 262.
9   BayObLG Rpfleger 1979, 123.
10 BayObLG NJW-RR 1990, 1480; ZEV 2003, 27.
11 BGH NJW 1951, 559.

– muss an der Originalurkunde (kann auch ein Widerrufstestament sein)
– in Aufhebungsabsicht zur Zeit des Vollzugs
– eine Veränderung vornehmen, die nach der Verkehrsanschauung als Aufhebung der Erklärung angesehen werden kann.

1. Die Veränderung an der Urkunde

Es genügt jede körperliche Veränderung an der Urschrift wie Zerreißen, Zerschneiden,   **7** Verbrennen, Durchstreichen, Einklammern, Unlesbarmachen durch Schwärzen oder Ausradieren, Abschneiden. Der Widerruf kann ganz oder teilweise (Durchstreichen einzelner Teile, Abschneiden eines Teils) erfolgen. Es muss eine Veränderung der Urkunde selbst sein. Deshalb genügt es nicht, die Urkunde unverändert etwa in den Papierkorb zu werfen (es fehlt zunächst an der Irreversibilität der Verrichtungshandlung; diese ist aber gegeben ab Eingabe in den Müllcontainer der Entsorgungsbehörde). Zerknittern genügt jedoch bereits, jedenfalls wenn die Urkunde zu einem Knäuel zerdrückt ist.[12] Das bloße Zerknittern ist ebenso wie einmaliges Einreißen nicht zweifelsfrei als verkehrsübliches Ungültigmachen anzusehen (mehrfaches Einreißen ist erforderlich).

Ungültigkeitsvermerke quer über den Text sind als Veränderung der Urkunde auch ohne Unterschrift wirksam.[13] Zweifelhaft sind Ungültigkeitsvermerke ohne Unterschrift, die nicht quer über den Text, sondern über, unter dem Text oder am Rande angebracht sind. Zwar liegt eine Veränderung der Urkunde vor, sodass auch eine Unterschrift nicht erforderlich ist.[14] Wenn sich aber aus dem Vermerk selbst nicht ergibt, ob die ganze Urkunde oder nur Teile sowie welche Teile betroffen sein sollen, kann der Handlung mangels Eindeutigkeit keine Verkehrsüblichkeit zugestanden werden. Der Vermerk bedarf dann jedenfalls der Unterschrift, wobei hier bei inhaltlicher Unklarheit die Auslegungsregeln für letztwillige Verfügungen weiterhelfen können.

Der nicht unterschriebene Ungültigkeitsvermerk außerhalb des Textes ist auch kein Nachtrag, sodass die für diesen geltenden Ausnahmen vom Unterschriftserfordernis[15] nicht gelten. Ganze oder teilweise Durchstreichungen bedürfen als solche auch nicht der Form des § 2247 BGB; dies gilt auch dann, wenn die Streichung dazu führt, dass sich der Inhalt der anderen Verfügungen ändert, etwa indem von mehreren als Miterben Bedachten einer gestrichen wird, da die Änderung der Erbquoten lediglich eine gesetzliche Konsequenz (§§ 2088, 2089 BGB) aus der Streichung des betroffenen Erben ist.[16] Eine Unterschrift ist jedoch erforderlich, wenn durch die Streichung indirekt nicht nur eine negative, sondern auch eine positive Verfügung getroffen wird, die sich nicht nur aus dem Gesetz ergibt. So wenn durch die Streichung eines Satzteils über die Nacherbenstellung der zuvor nur als Erbe genannte Nacherbe zum Vollerben wird.[17] Auch die Streichung des Erben X und Ersetzung durch den Erben Y bedarf als neue Verfügung der Unterschrift des Erblassers.[18] Allerdings kann hier zweifelhaft sein, ob ein Widerruf oder eine (unschädliche) Änderung schon im Zuge der Errichtung vorliegt.

Solange der „neu eingefügte" Erbe oberhalb der ursprünglichen Unterschrift eingetragen wird, spricht der erste Anschein für eine wirksame (ursprüngliche) Errichtung.

Der nicht unterschriebene Ungültigkeitsvermerk auf dem Umschlag, in dem sich die Testamentsurkunde befindet oder auf einer Testamentsabschrift, ist bereits deshalb unwirksam, weil die Urkunde selbst nicht verändert worden ist. Andererseits soll ein nicht unterschriebener deutlicher Vermerk des Erblassers („ungültig") auf dem Umschlag, der sofort ins

---

[12] BayObLG MDR 1980, 669.
[13] KG NJW 1957, 1367.
[14] HM Palandt/*Weidlich* § 2255 Rn. 6; KG DNotZ 1957, 560.
[15] BGH NJW 1974, 1083.
[16] BayObLG FamRZ 2003, 1506 (1507).
[17] MüKoBGB/*Hagena* § 2255 Rn. 8; Palandt/*Weidlich* § 2255 Rn. 5.
[18] MüKoBGB/*Hagena* § 2255 Rn. 8.

Auge springt und jedem Betrachter ohne weiteres erkennen lässt, dass die Urkunde als solche nicht mehr in Betracht kommen solle, ein wirksamer Widerruf im Sinne des § 2255 BGB sein.[19] Voraussetzung der Wirksamkeit ist aber weiterhin, dass auf dem Umschlag nicht nur ein Ungültigkeitsvermerk ist, sondern dass ein innerer Zusammenhang zwischen dem Entwertungsvermerk und der Testamentsunterschrift besteht; falls dies nicht der Fall ist, muss der Vermerk selbständig den Formerfordernissen des § 2247 BGB entsprechen, also unterschrieben sein.[20] Bei einem gemeinschaftlichen Testament kann der überlebende Ehegatte den ihm vorbehaltenen Widerruf wechselbezüglicher Verfügungen (Wechselbezüglichkeit trotz Vorbehalt!) nur durch ein Widerrufstestament gemäß § 2254 BGB ausüben.[21]

2. Widerruf durch den Erblasser selbst in Aufhebungsabsicht

8　Die Widerrufshandlung muss durch den Erblasser persönlich vorgenommen werden, wechselseitige Verfügungen in einem gemeinschaftlichen Testament nur durch gemeinschaftliche Handlungen. Einseitige Verfügungen in einem gemeinschaftlichen Testament können auch einseitig in der Form des § 2255 BGB bis zur Ablieferung an das Nachlassgericht widerrufen werden. Die herrschende Meinung lässt es zu, dass der Erblasser einen Dritten (als sein Werkzeug, nicht als Stellvertreter) mit der Vernichtung der Testamentsurkunde beauftragt. Voraussetzung für die Wirksamkeit der Auftragshandlung ist, dass der Erblasser den Tatablauf beherrscht. Deshalb kann der Auftrag nur in seiner Anwesenheit und zu seinen Lebzeiten ausgeführt werden.[22] Der Dritte darf keinen Entschluss- oder Handlungsspielraum haben.[23]

Es wird nicht vermutet, dass der Erblasser die Vernichtung oder Veränderung persönlich vorgenommen hat.[24] Falls sich die (vorhandene) Urkunde bis zuletzt im Gewahrsam des Erblassers befunden hat und keine ernsthaften Anhaltspunkte dafür vorliegen, dass die Veränderungen an der Urkunde von Dritten vorgenommen worden sind, sollen nach hM die Anforderungen an den Beweis, dass die Veränderung der Urkunde auf eine Handlung des Erblassers zurückzuführen ist, nicht allzu hoch gesetzt werden.[25] In einem solchen Fall kann schon der erste Anschein hierfür sprechen.[26] Der Vortrag, dass ein formwirksames Testament wirksam vom Erblasser widerrufen wurde, muss als rechtsvernichtende Tatsache von dem bewiesen werden, der sich auf die Unwirksamkeit des Testaments beruft.[27] Bleiben hieran Zweifel, geht dies auch im Erbscheinsverfahren zu Lasten desjenigen, der sich auf die Veränderung zur Begründung seines Erbrechts beruft.[28]

Steht jedoch fest, dass der Erblasser die Testamentsurkunde vernichtet oder verändert hat, stellt § 2255 S. 2 BGB die widerlegbare Vermutung auf, dass der Erblasser dies in der Absicht, das Testament aufzuheben, getan hat. Diese Vermutung gilt nicht, wenn der Erblasser bei Errichtung eines eigenhändigen Testaments mittels Kohlepapier eine Durchschrift gefertigt und Änderungen nur auf dieser Durchschrift vorgenommen hat. Dies gilt allgemein bei Vernichtung oder Veränderung nur einer von mehreren gleichlautenden Urschriften.[29]

---

[19]　BayObLG JR 1963, 383; MüKoBGB/*Hagena* § 2255 Rn. 7.
[20]　BayObLGZ 1963, 31 (34 f.).
[21]　OLG Stuttgart NJW-RR 1986, 632.
[22]　So zutreffend *Baumann* in Staudinger § 2255 Rn. 16 mwN; unzutreffend sieht die hM im Anschluss an RGZ 111, 261; KG NJW 1957, 1364; BayObLG Rpfleger 1980, 203; 1987, 359 und BayObLG FamRZ 1992, 1350 die Vernichtung eines Testaments im Auftrag aber in Abwesenheit des Erblassers als wirksam an; wie BayObLG auch OLG Hamm NJW-RR 2002, 222 (223); Soergel/*Mayer* § 2255 Rn. 11; MüKoBGB/*Hagena* § 2255 Rn. 13.
[23]　OLG München NJW-RR 2011, 945.
[24]　OLG Celle MDR 1962, 410; BayObLG Rpfleger 1980, 60; KG NJW 1957, 1364 f.
[25]　BayObLGZ 1983, 204 (208) mwN.
[26]　BayObLG 1983, 204 (208); BGHZ 53, 369 (379).
[27]　Staudinger/*Baumann* § 2255 Rn. 24; Palandt/*Weidlich* § 2255 Rn. 11; OLG Zweibrücken FamRZ 2001, 1313.
[28]　BayObLG 1983, 204; OLG Köln NJW-RR 2004, 1015; Palandt/*Weidlich* § 2255 Rn. 11.
[29]　BayObLG FamRZ 1990, 1284.

Ein ohne Willen des Erblassers vernichtetes, verlorenes oder ein nicht auffindbares Testament bleibt gültig.[30] Eine etwaige nachfolgende Aufhebungsabsicht des Erblassers ist unbeachtlich. Wer sich auf ein nicht auffindbares Testament beruft, trägt die Beweislast für die formgültige Errichtung und den behaupteten Inhalt,[31] wobei er sich aller zulässigen Beweismittel bedienen kann.[32] An den Beweis sind aber strenge Anforderungen zu stellen.[33] Gelingt ihm der Beweis, muss er jedoch nicht die Fortgeltung des Testamentes bis zum Tode des Erblassers beweisen.[34]

In Erbscheinsverfahren ist zum Nachweis und Inhalt eines nicht mehr auffindbaren Testaments das formelle Beweisverfahren vorzuziehen.[35]

IV. Widerruf durch Rücknahme des öffentlichen Testaments aus der amtlichen Verwahrung (§ 2256 BGB)

Während die Rücknahme eines privaten Testaments aus der amtlichen Verwahrung keinen 9 Einfluss auf seine Wirksamkeit hat, gilt die Rücknahme eines öffentlichen Testaments (Erbvertrags mit lediglich letztwilligen Verfügungen, § 2300 Abs. 2 BGB, Konsulartestament) aus der amtlichen Verwahrung als Widerruf. Da hier eine gesetzliche Fiktion vorliegt, spielt ein etwaiger Wille des Erblassers, nicht widerrufen zu wollen, keine Rolle. Die Rückgabe des Testaments beseitigt nicht den Widerruf. Die Widerrufsfiktion kann auch nicht durch einen Widerruf beseitigt werden.[36] Die zurückgebende Stelle soll den Erblasser über die Widerrufsfolge der Rückgabe belehren, dies auf der Urkunde vermerken und aktenkundig machen, dass beides geschehen ist (§ 2256 Abs. 1 S. 2 BGB). Zum Verfahren bei Annahme und Herausgabe des Testaments siehe § 348 RamFG.

Ein gemeinschaftliches (öffentliches oder eigenhändiges) Testament kann nur von beiden Ehegatten zurückgenommen werden (§ 2272 BGB).

Die Widerrufswirkung tritt jedoch nur bei der Rückgabe eines öffentlichen gemeinschaftlichen Testaments (und Nottestaments, § 2266 BGB) ein. Ohne Rücksicht auf §§ 2268, 2077 BGB kann auch nach Ehescheidung das gemeinschaftliche Testament nur an beide Ehegatten zurückgegeben werden. Nach dem Tode eines Ehegatten kann das gemeinschaftliche Testament jedoch nicht mehr aus der amtlichen Verwahrung zurückgegeben werden; dies gilt auch, wenn der überlebende Ehegatte das ihm Zugewendete ausschlägt und seine eigenen wechselbezüglichen Verfügungen aufhebt (und dadurch die Unwirksamkeit entsprechenden Verfügungen des anderen Ehegatten gemäß § 2270 Abs. 1 BGB herbeiführt).

Seit dem 1.8.2002 können auch Erbverträge aus der amtlichen oder notariellen Verwahrung zurückgenommen werden, wenn sie ausschließlich Verfügungen von Todes wegen enthalten (§§ 2300 Abs. 2 S. 3, 2256 Abs. 1 S. 1 BGB). Die Rückgabe erfordert ein Rücknahmeverlangen aller Vertragschließenden und darf auch nur an alle erfolgen. Gemäß §§ 2300 Abs. 2 S. 2 HS 2, 2290 Abs. 1 S. 2 BGB kann die Rückgabe nur zu Lebzeiten beider Vertragspartner und nur unter persönlicher Mitwirkung des Erblassers bei Antrag und Rückgabe erfolgen (entsprechend § 2290 Abs. 2 S. 1 BGB; actus contrarius). Der im Erbvertrag verfügende Teil muss bei der Rücknahme noch geschäftsfähig sein, da die Rücknahme die Wirkung einer letztwilligen Verfügung und eines Rechtsgeschäfts unter Lebenden hat.[37] Die Übersendung per Post ist deshalb unzulässig; auch der Notar kann sich jedoch der Rechtshilfe analog § 11a BNotO bedienen.[38]

---

[30] BayObLG FamRZ 1985, 194.
[31] BayObLG FamRZ 1985, 194; NJW-RR 1992, 654.
[32] BayObLG Rpfleger 1980, 60.
[33] BayObLG NJW-RR 1992, 653.
[34] OLG Zweibrücken NJW-RR 1987, 1158.
[35] BayObLG FamRZ 1990, 1162.
[36] BayObLG NJW-RR 1990, 1481.
[37] *Reimann/Bengel/Mayer* § 2300 Rn. 33; BayObLG FamRZ 2006, 294; BGHZ 23, 211.
[38] So auch *Reimann/Bengel/Mayer* § 2300 Rn. 35.

Der Erblasser, der sich über die Widerrufswirkung geirrt hat, kann ein neues Testament errichten. Er hat deshalb kein Anfechtungsrecht. Der irrende Ehegatte kann jedoch beim gemeinschaftlichen Testament anfechten. Der nach dem Erbfall gemäß § 2080 Abs. 1 BGB Anfechtungsberechtigte kann jedoch wegen eines Irrtums des Erblassers gemäß § 2078 BGB anfechten.

Streitig ist, ob ein in öffentlicher Form durch Übergabe eines privatschriftlichen Testamentes an den Notar errichtetes Testament trotz Rückgabe aus der amtlichen Verwahrung gültig bleibt,[39] da der Normzweck (Ausschluss der Fälschungsgefahr beim öffentlichen Testament, etwa durch Austausch maschinengeschriebener Seiten) hier nicht greift. Andererseits ist das Testament wie ein widerrufenes zu behandeln. Es enthält ja auch gemäß §§ 2256 Abs. 1 S. 2 BGB, 27 Nr. 9 AktO einen Vermerk (nicht nur in der Niederschrift über die Rückgabe sondern auch) auf der Urschrift selbst. Durch Streichen dieses Vermerks oder durch Gültigkeitsvermerk mit zusätzlicher Unterschrift kann der Widerruf widerrufen werden.

Die wohl herrschende Meinung wendet § 2256 BGB analog auf das Konsulartestament an.[40] Die Voraussetzungen einer Analogie sind jedoch nicht gegeben. Zwar ist das Konsulartestament auch ein öffentliches Testament. Eine planwidrige Unvollständigkeit liegt nicht vor, man kann allenfalls von einem „rechtspolitischen Fehler"[41] sprechen. § 2256 BGB beschränkt die Widerrufswirkung ausdrücklich auf Testamente, die ohne Wahlmöglichkeit in die besondere amtliche Verwahrung abgegeben werden müssen oder in der Verwahrung des Notars bleiben (§§ 34 BeurkG; 2249 Abs. 1 S. 4; 344 FamFG). § 10 Abs. 3 Nr. 4 KonsG sieht jedoch ausdrücklich als Abweichung von der grundsätzlich angeordneten Anwendung des BeurkG vor, dass die Urschrift einer Niederschrift den Beteiligten ausgehändigt werden soll, es sei denn die besondere amtliche Verwahrung wird verlangt. Die bei § 2256 BGB gegebene Regel ist beim Konsulartestament die Ausnahme: §§ 10, 11 KonsG regeln detailliert die Verweise auf das BGB und das BeurkG und erwähnen § 2256 BGB nicht. Wenn der Gesetzgeber ausdrücklich als Regelfall nicht die besondere amtliche Verwahrung sondern die Herausgabe an die Beteiligten anordnet und nur auf Wunsch der Beteiligten die Verwahrung anordnet, will er offensichtlich nur den Sicherheitsinteressen der Beteiligten Rechnung tragen und nicht – wie bei § 2256 BGB vor Verfälschung Schutz bieten.[42]

10 Die Voraussetzungen eines wirksamen Widerrufs durch Rückgabe sind

– Testierfähigkeit des Erblassers im Zeitpunkt der Rückgabe.
– Das Testament muss sich in besonderer amtlicher Verwahrung (nicht einfacher Urkundenverwahrung) befinden, §§ 344, 348 FamFG; 34 BeurkG; 27 Abs. 3 f. AktO.
– Der Erblasser muss persönlich die Rückgabe verlangen.[43] Das Verlangen kann nicht durch Boten oder Vertreter gestellt werden. Eine versehentliche Rückgabe (etwa bei Einsichtnahme) ohne Rückgabeverlangen hat nicht die Widerrufsfiktion zu Folge.
– Die Rückgabe muss tatsächlich und **an den Erblasser persönlich** erfolgen. Das Rückgabeverlangen allein genügt nicht.[44]
  Die Rückgabe darf nach § 2256 Abs. 2 BGB nur an dem Erblasser persönlich, nicht an einen Vertreter erfolgen. Auch Übersendung durch die Post ist unzulässig. Ist der Erblasser wegen Behinderung oder Erkrankung an der persönlichen Rücknahme verhindert, muss sich der Verwahrungsbeamte zu ihm begeben. Die Rückgabe kann jedoch im Wege der Rechtshilfe und des behördlichen Ersuchens erfolgen (§ 27 Nr. 8 AktO).

---

[39] Näher hierzu Soergel/*Mayer* § 2256 Rn. 9.
[40] Am ausführlichsten Soergel/*Mayer* § 2256 Rn. 3.
[41] So BGH NJW 2006, 1837.
[42] MüKoBGB/*Hagena* § 2256 Rn. 2: analoge Anwendung nur, wenn das Konsulartestament in die amtliche Verwahrung gebracht wurde, obwohl dies nicht erforderlich ist.
[43] BGH NJW 1959, 2113; OLG Saarbrücken NJW-RR 1992, 586.
[44] BGH NJW 1959, 2113.

V. Widerruf des Widerrufs

Ein Testament, das durch Veränderung, Vernichtung oder Rücknahme aus der besonderen **11** amtlichen Verwahrung widerrufen wurde, kann nicht durch Widerruf, sondern nur durch Neuerrichtung wieder wirksam werden. Deshalb genügt die Entfernung einer Streichung ohne entsprechenden Zusatz oder die Unterpunktierung gestrichener Stellen allein nicht.[45]

Erfolgt der Widerruf einer letztwilligen Verfügung durch ein Testament, beseitigt § 2257 BGB rückwirkend den Widerruf dieses Widerrufstestaments mit der Wirkung, dass das erstmals widerrufene Testament **im Zweifel** wieder in Kraft tritt. Es liegt also eine widerlegbare Vermutung vor. Der durch § 2257 BGB zugelassene Widerruf eines Widerrufstestaments kann wiederum in jeder gemäß §§ 2254 bis 2256 BGB zugelassenen Form des Widerrufs erfolgen.

Soweit die Form des Widerrufstestaments gewählt wird, kann auch dieses Widerrufstestament widerrufen werden.[46] Eine Bezugnahme auf ein aus der amtlichen Verwahrung zurückgenommenes öffentliches und damit unwirksam gewordenes Testament ist nicht zulässig; anders jedoch, wenn das notarielle Testament durch Übergabe eines eigenhändig geschriebenes und unterschriebenes Testaments errichtet wurde.[47] Die Bezugnahme auf ein durch Rückgabe widerrufenes Testament, das zur Niederschrift des Notars errichtet wurde, ist jedoch unzulässig.[48]

Der Widerruf des Widerrufs ist eine letztwillige Verfügung, setzt deshalb Testierfähigkeit voraus und ist nach § 2078 BGB anfechtbar.[49]

---

[45] BayObLG FamRZ 1996, 1112; Rpfleger 1996, 349; NJW-RR 1990, 1471; KG OLGZ 1970, 243.
[46] MüKoBGB/*Hagena* § 2257 Rn. 3; Palandt/*Weidlich* § 2257 Rn. 2; *Reimann/Bengel/Mayer* § 2257 Rn. 4; OLG Düsseldorf JZ 1951, 309.
[47] BayObLGZ 1973, 35 (38 f.); für Zulässigkeit KG NJW 1970, 612 (613), jedoch nicht tragender Urteilsgrund.
[48] BayObLGZ 1973, 35 (38 f.).
[49] BayObLGZ 1960, 490 (495); MüKoBGB/*Hagena* § 2257 Rn. 4 mwN.

§ 15 Die Anfechtung letztwilliger Verfügungen

I. Einfaches Testament

1 Eine Anfechtung ist zulässig wegen Irrtums,[1] Drohung und Unkenntnis von Pflichtteils-berechtigten (§§ 2078, 2079 BGB). Anfechtungsgegner ist derjenige, der auf Grund der angefochtenen Verfügung unmittelbar einen Vorteil erlangt hat.

Die Anfechtungsberechtigung ergibt sich aus § 2080 BGB; nicht berechtigt ist der Erblasser selbst, der ja widerrufen kann. Für die Anfechtung eines Erbvertrags durch den Erblasser gilt § 2081 BGB nicht; der Erblasser muss vielmehr diese Anfechtung in notariell beurkundeter Form (§ 2282 Abs. 3 BGB) nach § 143 Abs. 2 BGB dem Vertragspartner erklären; falls dieser bereits verstorben ist, gemäß § 2281 Abs. 2 BGB gegenüber dem Nachlassgericht. Ist der Erblasser verstorben, ist der Erbvertrag nach § 2081 BGB durch die anfechtungsberechtigten Personen (§ 2080 BGB) anzufechten.[2] Der überlebende Ehegatte muss gemäß § 2281 Abs. 2 BGB analog die bindend gewordenen wechselbezüglichen Verfügungen gegenüber dem Nachlassgericht anfechten.[3]

Das Anfechtungsrecht entfällt, falls der Erblasser trotz Kenntnis des Anfechtungsgrundes die Verfügung nicht geändert hat.[4]

2 **Form:** § 2081 BGB.

Erklärung gegenüber dem örtlich und sachlich zuständigen Nachlassgericht,[5] sofern durch die letztwillige Verfügung ein Erbe (auch Nacherbe) eingesetzt, ein gesetzlicher Erbe von der Erbfolge ausgeschlossen, ein Testamentsvollstrecker ernannt oder eine Verfügung solcher Art aufgehoben wird, im Übrigen durch Erklärung gegenüber dem Anfechtungs-gegner (§ 143 Abs. 1 BGB).[6] Eine Form ist nicht vorgeschrieben, sodass § 25 FamFG gilt.

Frist: § 2082 BGB: binnen Jahresfrist ab Kenntnis der das Anfechtungsrecht begründen-den Tatsachen. Ein Rechtsirrtum ist hierbei nur beachtlich, wenn er die Unkenntnis einer die Anfechtung begründenden Tatsache zur Folge hat, dagegen unbeachtlich, wenn es sich nur um eine rechtsirrtümliche Beurteilung des Anfechtungstatbestandes selbst handelt.[7]

Muster: Anfechtung der Erbeinsetzung:

3 Ich fechte die Erbeinsetzung meines Bruders (Name) im Testament meines am (Datum) mit letztem Wohnsitz in München verstorbenen Vaters (Name), vom……, eröffnet am…… in den Akten Az.: (…) an, da der Erblasser zur Abfassung dieses Testaments durch Drohung meines Bruders (Name) mit Strafanzeige wegen (…) veranlasst worden ist. Mein Bruder (Name) ist nach dem Testament vom (Datum) als Alleinerbe eingesetzt.
Als gesetzlichem Erben steht mir ein Anfechtungsrecht zu.

---

[1] Wegen des Anfechtungsgrundes des (Motiv-)Irrtums über die politische Entwicklung in der ehemaligen DDR vgl. BGH DtZ 1992, 157. Die objektiv unzutreffende Angabe des Familienstands des Testierenden mit „nicht verheiratet" in einem notariellen Testament ist für sich genommen nicht ausreichend als Nachweis dafür, dass sich der Erblasser in einem Irrtum über das Bestehen seiner Ehe befunden hat (OLG München Rpfleger 2008, 492); die notarielle Urkunde erbringt keinen Beweis, dass die Erklärung inhalt-lich richtig ist, sondern lediglich dafür, dass alle Erklärungen, die Rechtswirkungen erzeugen, vollständig und richtig nach Inhalt und Begleitumständen wiedergegeben sind (§ 415 Abs. 1 ZPO).
[2] BayObLG FamRZ 1983, 1275 (1277); MüKoBGB/*Leipold* § 2081 Rn. 5.
[3] BGH FamRZ 1960, 145.
[4] BayObLGZ 1980, 42.
[5] Anfechtung gegenüber einem interlokal und örtlich unzuständigen NachlG entsprechend (§ 2 Abs. 3 FamFG) wirksam, wenn sich das Gericht für zuständig hält – BGH FamRZ 1977, 86 – sa *Johannsen* WPM 1979, 608. Hält sich das Gericht für unzuständig und leitet die Erklärung weiter, ist nach allgemeinen Grundsätzen hinsichtlich der Fristwahrung auf den Eingang beim zuständigen Gericht abzustellen; Palandt/*Weidlich* § 2081 Rn. 3; § 25 Abs. 3 FamFG.
[6] Dazu BayObLGZ 1960, 501. KG FamRZ 1977, 271 (Anfechtung einer Vermächtnisanordnung gegen-über Vermächtnisnehmer).
[7] BGH ZEV 2011, 422; OLG Köln FGPrax 2010, 241.

II. Gemeinschaftliches Testament

Anfechtungsgründe wie zu 1. Der Erstversterbende kann nicht anfechten, da er widerrufen **4** kann. Bei wechselbezüglichen Verfügungen kann der Überlebende, der durch die Annahme der Erbschaft nach dem Erstverstorbenen gebunden ist, seine eigene Verfügung in der Form des § 2282 Abs. 3 BGB (notarielle Beurkundung)[8] wie bei einem Erbvertrag anfechten. Damit wird auch die wechselbezügliche Verfügung des Erstversterbenden hinfällig und es tritt gesetzliche Erbfolge nach dem Erstverstorbenen ein.[9]

Hauptfall: Wiederverheiratung des Überlebenden.

Frist: § 2283 BGB (Jahresfrist ab Wegfall der Zwangslage oder Kenntnis vom Anfechtungsgrund).

Bei Anfechtung Dritter ist § 2285 BGB zu beachten, Anfechtung ist formlos.

Muster: Anfechtung wechselbezüglicher Verfügungen
(Eingang wie bei sonstigen Beurkundungsprotokollen) **5**
Ich habe mit meinem am (Datum) in München verstorbenen Ehemann (Name) am (Datum) ein gemeinschaftliches Testament errichtet, in dem wir uns gegenseitig zu Erben einsetzten.
Erben des Längstlebenden sollten die beiderseitigen Verwandten in genau bestimmter Folge sein. Die Erbschaft habe ich angenommen.
Am (Datum) habe ich mich mit (Name) wieder verheiratet. Meinem zweiten Ehegatten steht ein gesetzliches Pflichtteilsrecht zu. Ich fechte daher meine wechselbezügliche Verfügung in dem gemeinschaftlichen Testament vom (Datum) wegen Übergehung dieses Pflichtteilsberechtigten an.[10]

v g u u
Unterschriften

III. Erbvertrag: §§ 2281 ff. BGB

Auch der Erblasser kann anfechten; siehe zur Anfechtung näher (→ § 12 Rn. 25 ff.). **6**

Form: § 2282 Abs. 3 BGB (notarielle Beurkundung).

Frist: § 2283 BGB. Die Jahresfrist beginnt mit dem Zeitpunkt, in dem der Erblasser vom Anfechtungsgrund Kenntnis erlangt. Eine solche Kenntnis verlangt, dass der Anfechtende alle für die Anfechtung wesentlichen Umstände kennt.

Anfechtungsgegner ist bei Lebzeiten des anderen Vertragsteiles dieser (die notariell beurkundete Anfechtungserklärung ist dem Antragsgegner durch Übermittlung der Urschrift oder Ausfertigung, nicht nur einer beglaubigten Abschrift mitzuteilen),[11] nach seinem Tode hat die Erklärung gegenüber dem (für den Todesfall des Erstverstorbenen zuständigen) Nachlassgericht zu erfolgen (§ 2281 Abs. 2 BGB).

---

[8] RGZ 87, 95; 132, 4; BGHZ 37, 333.
[9] Einzelheiten s. Palandt/*Weidlich* § 2271 Rn. 33.
[10] Jahresfrist läuft ab Kenntnis der Tatsachen, die das Anfechtungsrecht begründen: Errichtung des gemeinschaftlichen Testaments, Tod des Erstversterbenden, Annahme der Erbschaft nach diesem, Wiederverheiratung.
[11] BGHZ 36, 201; BayObLGZ 1963, 260.

7

Muster: Anfechtung vertragsmäßiger Verfügungen

(Eingang wie bei sonstigen Beurkundungsprotokollen)

Den mit meinem Sohn, ..., am ...... vor dem Notar...... geschlossenen Erbvertrag UrkR Nr....... fechte ich hiermit hinsichtlich meiner vertragsmäßigen Verfügungen an, da mir am...... ein eheliches Kind [Name] geboren worden ist. Ich beantrage meinem Sohn ... eine Ausfertigung dieser Anfechtungserklärung durch einen Gerichtsvollzieher zustellen zu lassen.

v g u u
Unterschriften

---

8   **Zu I–III: Auslegung** einer Verfügung von Todes wegen geht der Anfechtung immer vor.[12] Der Grund der Anfechtung braucht nicht angegeben zu werden.[13] Die Erklärungen sind, wie dargelegt, in bestimmten Fällen dem Nachlassgericht gegenüber abzugeben. Dieses prüft ihre Rechtswirksamkeit nur, wenn die Ausstellung eines Erbscheins beantragt ist. Im Übrigen nimmt es sie zum Akt und verständigt von ihrem Eingang und Inhalt die Beteiligten (§§ 2081 Abs. 2, 2281 Abs. 2 S. 2 BGB).

Verfügung

I. Abschrift der Anfechtungserklärung...... unter Mitteilung des Eingangsdatums an......
II. Gerichtskostenfrei.
III. Weglegen.
......, den......

......, Rechtspfleger

Einsicht in die Erklärung: § 2081 Abs. 2 S. 2 BGB.

Beachte die Sonderregelung der Anfechtung in den landesrechtlichen Rückerstattungs-gesetzen.[14]

Auf die (noch nicht erklärte) Anfechtung eines nach § 2078 BGB anfechtbaren Testaments kann durch Vertrag mit den Anfechtungsgegnern verzichtet werden.[15] Die Wirkung einer bereits erklärten Anfechtung kann nicht durch Rücknahme der Anfechtungserklärung wieder beseitigt werden.[16]

---

[12] RGZ 70, 391; BGH LM BGH § 2100 Nr. 1; BayObLGZ 1982, 159 (167) mwN.
[13] BayObLGZ 1962, 47.
[14] Vgl. dazu OLG Frankfurt NJW 1953, 310.
[15] BayObLGZ 1965, 258.
[16] RGZ 74, 3.

§ 16 Die Erbausschlagung, die Annahme der Erbschaft und die Anfechtung der Annahme oder der Ausschlagung

Übersicht

		Rn.
I.	Grundsätze, Voraussetzungen	2
	1. Das System des Erbschaftserwerbs	2
	2. Begriff und Wirkung der Erbausschlagung	4
	3. Voraussetzungen	6
II.	Form	10
III.	Frist	16
IV.	Wirksamkeit und Wirkung	19
V.	Willensmängel	20
VI.	Ablauf des Verfahrens	23
	1. Zuständigkeit	23
	2. Verfahren	24
	3. Ermittlung des eintretenden Erben	26

Vorbemerkung: Nach § 11 HöfeO finden die Ausschlagungsvorschriften des BGB auf die **1** Ausschlagung des Hofanfalles durch den Hoferben entsprechende Anwendung. Dazu § 19 **Rhld/Pfalz** HöfeO; § 9 Abs. 4 **Bremen** HöfeG.

In der **erbrechtlichen Beratung** kann die Ausschlagungsempfehlung ein Fehler, aber auch ein „Mittel der Wahl zur Rettung verunglückter Nachfolgesituationen"[1] sein. Ein Fehler droht bei der Ausschlagung eines **unbeschränkten** und **unbeschwerten** Erbteils (beachte § 2306 BGB) unter der Hälfte des gesetzlichen Erbteils durch einen Pflichtteilsberechtigten in der Absicht, den vollen Pflichtteil zu erlangen. Er gewinnt gemäß § 2305 BGB nur den Pflichtteilsrest, verliert den vermachten Erbteil. Der BGH hat seine frühere Rechtsprechung zur Irrtumsanfechtung (Rechtsfolgenirrtum als beachtlicher Inhaltsirrtum)[2] bei der Anfechtung der Annahme der Erbschaft aufrecht erhalten.[3] Anders kann sich die Sache darstellen bei der Ausschlagung durch einen Ehegatten bei Zugewinngemeinschaft infolge des § 1371 Abs. 2 BGB. Hier behält der Ehegatte den kleinen Pflichtteil und gewinnt den konkret zu berechnenden Zugewinnausgleich.

Die Ausschlagung des **belasteten** Erbteils führt nach der Neufassung des § 2306 BGB nunmehr zum vollen Pflichtteil. Bei Annahme fällt die Belastung nicht von selbst weg, wenn der hinterlassene Erbteil die Hälfte des gesetzlichen Erbteils nicht übersteigt (so aber die alte Fassung). Ein Irrtum wird hier wohl nicht zur Anfechtung berechtigen.[4]

Die Ausschlagung kann steuerrechtliche Vorteile bringen und das Anwachsen des Anteils des Erblassers an einer Personengesellschaft an die verbleibenden Gesellschafter (gegen Abfindung) zu Gunsten der Kinder als Sondernachfolger in die Gesellschaftsanteile verhindern, wenn bei einer qualifizierten Nachfolgeklausel in der Gesellschaftssatzung die Witwe nicht in die Gesellschaft nachfolgen kann.

---

[1] *Scherer,* Haftungsrisiken im Erbrecht – Beratungsfehler nach dem Erbfall, NJW 2011, 3498 (3499).

[2] BGH NJW 2006, 3353.

[3] BGH NJW 2016, 2954; zustimmend Bamberger/Roth/*Mayer* § 2305 Rn. 8; Palandt/*Weidlich* § 1954 Rn. 4; eher ablehnend. MüKoBGB/*Lange* § 2305 Rn. 7; eher bejahend MüKoBGB/*Leipold* § 1954 Rn. 7, 8 (mit der Besonderheit, dass nach seiner Meinung die Ausschlagung unter dem Vorbehalt der Pflichtteilsgewinnung bereits unwirksam sei; ob solch ein Vorbehalt vorliege, sei eine Sache der Auslegung.

[4] So auch MüKoBGB/*Lange* § 2306 Rn. 27 f.; es besteht hier auch die Gefahr, dass anstelle des Ausschlagenden pflichtteilsberechtigten Erben kein Mitglied des Stammes nachrückt (BGHZ 33, 60 (63)), siehe hierzu näher Bamberger/Roth/*Mayer* § 2306 Rn. 9.

I. Grundsätze, Voraussetzungen

1. Das System des Erbschaftserwerbs

2 Der (so genannte vorläufige) Erbe kann die Erbschaft annehmen oder ausschlagen. Wenn er angenommen hat, kann er nicht mehr ausschlagen (§ 1943 BGB); er kann es auch nicht mehr nach Ablauf der Ausschlagungsfrist (§ 1944 BGB). Es hilft dann nur noch die Anfechtung der Annahme nach §§ 119, 1954 BGB. Die **Annahme** (auch durch den Nacherben) ist mit Eintritt des Erbfalls zulässig. Eine vorherige Erklärung wäre unbeachtlich. Die **Annahme bedarf (im Gegensatz zur Ausschlagung oder Anfechtung der Annahme bzw. der Ausschlagung) keiner Form,** insbesondere keiner Erklärung gegenüber dem Nachlassgericht. Sie kann durch schlüssiges Verhalten,[5] zB Antrag auf Erteilung eines Erbscheins, erfolgen. Die Annahme für einen geschäftsunfähigen oder geschäftsbeschränkten Erben erfolgt durch seinen gesetzlichen Vertreter (beide Elternteile), der hierzu keiner vormundschaftsgerichtlichen Genehmigung bedarf. Der beschränkt Geschäftsfähige kann mit Einwilligung seines gesetzlichen Vertreters auch selbst annehmen, als einseitiges Rechtsgeschäft ist die Annahme aber nicht genehmigungsfähig. Ergänzungspfleger (nicht der Ergänzungspfleger nach § 1909 Abs. 1 S. 2 BGB), Abwesenheitspfleger (§ 1911 BGB) und Betreuer (§ 1902 BGB, im Rahmen seines Aufgabenbereichs) können annehmen; Testamentsvollstrecker, Nachlassverwalter oder Nachlasspfleger sind nicht annahmeberechtigt. Die Annahme eines Teils der Erbschaft ist nicht möglich, ebenso wenig wie die Annahme unter einer **Bedingung** oder Zeitbestimmung (§§ 1950, 1947 BGB).

Anfechtung der Annahme/Ausschlagung (§§ 119, 1954, 2306 Abs. 1 BGB).
Die wirksame Anfechtung der Annahme gilt als Ausschlagung, die Anfechtung der Ausschlagung als Annahme.

Anfechtung der Anfechtung der Erbschaftsannahme
Die Anfechtung der Erklärung zur Anfechtung einer Erbschaftsannahme ist bei analoger Anwendung der Formvorschriften der §§ 1955, 1945 BGB möglich.[6]

Die Voraussetzungen der Anfechtung sind nicht in §§ 1942 ff. BGB, sondern in § 119 BGB geregelt.

Die **Ausschlagung der Erbschaft durch einen Sozialhilfeempfänger bzw.** dessen Betreuer (damit die Sozialbedürftigkeit fortbesteht) soll nach der Rechtsprechung des BGH nicht sittenwidrig sein,[7] ist damit auch genehmigungsfähig.[8] Die Ausschlagung bei einem Behindertentestament (um durch den gewonnenen Pflichtteil die Sozialkasse zu entlasten) ist nach dieser Rechtsprechung nicht genehmigungsfähig.[9]

Ausschlagung unter Vorbehalt eines Pflichtteils. Diese Ausschlagung kann bei Anwendung von § 2306 Abs. 1 BGB in Betracht kommen. Das BayObLG[10] lässt offen, ob § 1947 Anwendung findet oder – was wohl zutrifft – ein zulässiger rechtlicher Vorbehalt vorliegt;[11] es könne auch eine unwirksame Teilausschlagung sein[12] (mit der Folge, dass die ganze Erbschaft nach Ablauf der Ausschlagungsfrist als angenommen gilt).

---

[5] Dazu BayObLG FamRZ 1983, 1061: das Vorhandensein eines Annahmewillens wird nicht vorausgesetzt – eine durch schlüssiges Verhalten erfolgte Annahme kann wegen Erklärungsirrtum angefochten werden, wenn der Erbe keine Kenntnis von der rechtlichen Möglichkeit der Ausschlagung hatte und diese Unkenntnis ursächlich für sein als Annahmeerklärung zu wertendes Verhalten war. Das BayObLG hat in einer gegen den Testamentsvollstrecker erhobenen Auskunftsklage keine konkludente Annahme der Erbschaft gesehen, da sich der Erbe erst Klarheit über den Nachlass verschaffen wollte (BayObLG Rpfleger 2005, 86 (87)).
[6] OLG Hamm FamRZ 2009, 1353; BayObLG Rpfleger 1980, 188.
[7] BGH NJW 2011, 1586.
[8] Anders noch zutreffend zB MüKoBGB/*Leipold* § 1945 Rn. 21; OLG Hamm FamRZ 2009, 2036.
[9] BGH NJW 2011, 1586 BayObLG.
[10] FamRZ 2005, 1127 (1128).
[11] So auch Palandt/*Weidlich* § 1950 Rn. 1.
[12] So MüKoBGB/*Lange* § 2306 Rn. 29 mit Ausnahme der Bedingung, dass der Pflichtteilsberechtigte rechtswirksam als testamentarischer Erbe eingesetzt sei (wirksam als sog Gegenwartsbedingung).

Familienrechtliche Ausschlagung (§ 1371 Abs. 3 BGB). Normalerweise führt die Ausschlagung zum Verlust der Pflichtteilsansprüche, es sei denn, es liegen die Fälle der §§ 2306 Abs. 1, 1371 Abs. 3 BGB vor.

Schlägt der in Zugewinngemeinschaft lebende und überlebende Ehegatte eine Erbeinsetzung und/oder Vermächtniszuwendung aus, gilt die güterrechtliche Lösung; er bekommt den „kleinen" Pflichtteil und kann den konkreten Zugewinn geltend machen, der jedoch bei der Pflichtteilsberechnung als Nachlassverbindlichkeit vorab abgezogen wird. Empfohlen wird die Wahl dieser Möglichkeit, wenn der Anteil des Zugewinns am Gesamtnachlass über sechs Siebtel beträgt. Diese güterrechtliche Lösung ist ohne Wahlrecht der erbrechtlichen Lösung (pauschales Viertel) von § 1371 Abs. 2 BGB für den vollständig enterbten Ehegatten vorgesehen (kein Erbteil, kein Vermächtnis).

Das Nachlassgericht befasst sich mit der Erbausschlagung in zwei Fällen:[13]   **3**
– Im Verfahren, in dem die Ausschlagungserklärung abgegeben wird **(Ausschlagungsverfahren).** In diesem Verfahren darf das Nachlassgericht nicht über die Wirksamkeit der Ausschlagung entscheiden.[14]
– Im **Erbscheinsverfahren,** wo sich das Gericht über die Gültigkeit einer Ausschlagung klar werden muss.

2. Begriff und Wirkung der Erbausschlagung

Nach dem BGB fällt die Erbschaft mit dem Erbfall den Erben ohne Antrittshandlung, **4** jedoch unbeschadet des Rechts der Ausschlagung an (§ 1942 BGB). Der Erbe (nur er oder sein Bevollmächtigter) kann mit Eintritt des Erbfalls die Erbschaft ausschlagen, dh durch einseitige Willenserklärung gegenüber dem Nachlassgericht den Erbanfall rückgängig machen (Gestaltungsrecht). Der Anfall an den Ausschlagenden gilt dann als nicht erfolgt. Die Klage gegen den vermeintlichen Erben ist nach rechtswirksamer Ausschlagung nicht erledigt, sondern von Anfang an unbegründet.[15] Die Erbschaft fällt demjenigen an, der berufen sein würde, wenn der Ausschlagende zur Zeit des Erbfalls nicht gelebt hätte. Der Anfall gilt als mit dem Erbfall erfolgt (§ 1953 Abs. 2 BGB). Der Nächstberufene kann seinerseits ausschlagen. Letzter gesetzlicher Erbe ist der Fiskus, dem kein Ausschlagungsrecht zusteht.

§ 1948 BGB hat den Fall im Auge, dass jemand zu der ganzen Erbschaft oder zu ein- und **5** demselben Erbteil aus verschiedenen Gründen (Testament oder Gesetz, Erbvertrag oder Gesetz, Testament oder Erbvertrag) berufen ist.[16] Der Fall, dass jemand zu mehreren Erbteilen berufen ist, wird in § 1951 BGB geregelt.[17] Wegen des **Vorrangs der testamentarischen Regelung** ergibt sich für den Ausschlagenden die **Gefahr, durch die Ausschlagung der testamentarisch zugewendeten Erbschaft auch die gesetzliche Erbschaft zu verlieren** (wenn das Interesse des Ausschlagenden an der Stellung eines gesetzlichen Erben dem ausdrücklichen, stillschweigenden oder hypothetischen Willen des Erblasser zuwiderlaufen würde).[18] Ein dahingehender **Irrtum des Erben (über den Ver-**

---

[13] In *Bayern,* wo dem Nachlassgericht eine amtliche Erbenermittlungspflicht nach Art. 37 AGGVG obliegt, hat dieses auch die Wirksamkeit einer etwaigen Erbausschlagung zu prüfen. Ggf. kann das Nachlassgericht beschlussmäßig dabei aussprechen, dass eine Erbausschlagung unwirksam sei; dazu BayObLGZ 1968, 68. Das OLG München (NJW-RR 2010, 1663) stellt diese Rechtsprechung unter Berufung auf BayObLGZ 1985, 244 in einem obiter dictum in Frage. Die bisherige Rechtsprechung sollte nach Ansicht von *Kroiß* (Anmerkung MittBayNot 2010, 487 f.) jedenfalls für bestimmte Ausnahmetatbestände beibehalten werden).
[14] OLG München NJW-RR 2010, 1663 = FamRZ 2010, 1112; BayObLGZ 1985, 244 (247) = BeckRS 2009, 29071.
[15] AG Northeim NJW-RR 2007, 9; LG Bonn ZEV 2009, 575; NK-Nachfolgerecht/*Krätzschel* ZPO § 305 Rn. 3.
[16] Staudinger/*Otte* § 1948 Rn. 1.
[17] Näher *Van Venrooy,* Annahme und Ausschlagung mehrerer Erbteile iSv § 1951 BGB, MDR 2011, 274.
[18] MüKoBGB/*Leipold* § 1948 Rn. 2.

lust auch des gesetzlichen Erbrechts) berechtigt nicht zur Anfechtung der Ausschlagung. Falls nicht ein anderer Wille des Erblassers anzunehmen ist, bleiben bei Eintritt der gesetzlichen Erbfolge Vermächtnisse, Auflagen (§§ 2161, 2192 BGB), andere **Beschränkungen** wie Anordnung einer Nacherbschaft (§§ 2085, 2100 BGB), Übertragung von Pflichtteilslasten (§ 2324 BGB), Ernennung eines Testamentsvollstreckers (§ 2192 BGB) und Teilungsanordnungen **bestehen.**[19] Ein Irrtum über das Vorliegen der Voraussetzungen des § 1948 BGB berechtigt als Motivirrtum nicht zur Anfechtung der Ausschlagung.[20] Der Erbe kann sich von den ihm auferlegten Belastungen nur dann befreien, wenn diese ihn nach dem Willen des Erblassers nur als eingesetzten Erben treffen sollen.[21] Leitlinie ist, dass der Erbe auf dem Weg über § 1948 BGB keine höhere Nachlassbeteiligung als die ihm vom Erblasser zugedachte erreichen soll. Deshalb liegt in der positiven testamentarischen Einsetzung auf einen niedrigeren Erbteil als den gesetzlichen eine partielle Enterbung (§ 1938 BGB).[22] Der Erbe erwirbt nach Ausschlagung der geringeren testamentarischen Erbschaft gemäß § 1948 BGB diese als gesetzlicher Erbe nur in Höhe der in der letztwilligen Verfügung bestimmten niedrigeren Erbquote.

3. Voraussetzungen

6 Durch die Ausschlagung muss die gesetzliche Erbfolge auch tatsächlich eröffnet werden, dh es darf kein Anfallsrecht als Ersatzerbe nach §§ 2069, 2096 f. BGB oder ein Anwachsungsrecht nach § 2094 BGB eingreifen.

Nur ein **Erbe** (also zB nicht ein Vermächtnisnehmer) kann die Erbschaft ausschlagen.[23] Beachte dabei auch § 2306 BGB (beschränkter oder beschwerter pflichtteilsberechtigter Erbe oder Nacherbe), (→ § 10 Rn. 41). Nicht nur ein Vorerbe, sondern auch dessen Erben (das Recht zur Ausschlagung ist vererblich, § 1952 Abs. 1 BGB) können selbst nach Eintritt des Nacherbfalles ausschlagen, falls die Ausschlagungsfrist für den Vorerben noch nicht abgelaufen war.[24] Schlägt einer von mehreren Vorerben die Erbschaft aus und verlangt den Pflichtteil, so kann sein als Nacherbe eingesetzter Abkömmling als Ersatzerbe (entsprechend § 2320 Abs. 2 BGB belastet mit dem Pflichtteil) zum Zuge kommen, wenn nicht ein anderer Erblasserwille feststellbar ist.[25]

7 Der Erbe muss **voll geschäftsfähig** sein. Für den geschäftsunfähigen Erben gibt es gesetzliche Vertreter die Erklärung ab. Die gesetzliche **Vertretung eines ehelichen minderjährigen Kindes** steht beiden Elternteilen gemeinsam zu (§ 1629 Abs. 1 BGB).[26] Die Ausschlagung nur eines Elternteils ist unwirksam, selbst wenn der andere Elternteil der Ausschlagung formlos zustimmt.[27] Ist ein Elternteil allein sorgeberechtigt, kann nur er wirksam ausschlagen. Möglich ist die gerichtliche Übertragung der alleinigen Entschei-

---

[19] Staudinger/*Otte* § 1948 Rn. 1; das KG (NJW-RR 1991, 330) nimmt wiedergewonnene Testierfreiheit des ausschlagenden überlebenden Ehegatten beim gemeinschaftlichen Testament dann an, wenn er auch die gesetzliche Erbenstellung ausschlägt. Hiergegen mit beachtlichen Argumenten *Tiedtke* FamRZ 1991, 1259.

[20] HM, zB MüKoBGB/*Leipold* § 1948 Rn. 2.

[21] *Holzhauer,* Die Teilbarkeit von Annahme und Ausschlagung im System des Erbrechts, 1973, 85 (107).

[22] MüKoBGB/*Leipold* § 1948 Rn. 4.

[23] Die Ausschlagung liegt im freien Belieben des Erben, da die noch ausschlagbare Erbschaft nicht zur Haftungsgrundlage für die Eigengläubiger zählt; diese können also gegen die Ausschlagung ebenso wenig vorgehen wie gegen das Hinnehmen einer Enterbung.

[24] BGHZ 45, 152.

[25] OLG München NJW-RR 2012, 211.

[26] Dazu BayObLG 1977, 163: Die vorgeschriebene Form muss von beiden Elternteilen gewahrt werden. BayObLGZ 1983, 213: Eltern, die ein ihrem Kind angefallene Erbschaft für dieses ausschlagen, sind auch dann nicht kraft Gesetzes ausgeschlossen, wenn infolge der Ausschlagung ein Elternteil als Erbe berufen ist. § 181 BGB greift nicht ein. Das Familiengericht kann ihnen jedoch in einem solchen Fall nach § 1796 BGB die Vertretung entziehen und gemäß § 1909 Abs. 1 BGB für das Kind einen Ergänzungspfleger bestellen. Geschieht dies aber nicht, so ist die Ausschlagung nicht schon wegen des Interessengegensatzes unwirksam.

[27] BayObLGZ 1957, 361.

dungsbefugnis (§ 1928 BGB). Sind die Eltern des bedachten Kindes durch Verfügung von Todes wegen von der Verwaltung des Nachlasses ausgeschlossen, so bleibt ihr gesetzliches Vertretungsrecht bei der Ausschlagung unberührt.[28] Der Rechtspfleger wird beiden Elternteilen nahelegen, die Ausschlagungserklärung abzugeben. Das Verbot des Selbstkontrahierens (§ 181 BGB) gilt für die von den Eltern im Namen des Kindes ausgesprochene Ausschlagung nicht, auch nicht analog.[29] Der **beschränkt Geschäftsfähige** kann mit Einwilligung (eine nachträgliche Genehmigung ist nicht möglich, § 111 S. 1 BGB) des gesetzlichen Vertreters auch selbst ausschlagen. Für Erteilung und fristgemäßen Nachweis gelten die Grundsätze wie für die familiengerichtliche Genehmigung.

Falls ein überlebender Elternteil Vorerbe ist, ist ein Pfleger für das Kind zur Entscheidung über die Ausschlagung einer angefallenen Nacherbschaft nur bei **konkretem Interessenwiderstreit** zu bestellen.[30] Auch ein in Insolvenz gefallener Erbe kann ausschlagen, nicht jedoch der Insolvenzverwalter.[31]

Der Inhaber der elterlichen Gewalt (Ausnahme: § 1643 Abs. 2 S. 2 BGB), und der Pfleger **bedürfen zur Ausschlagung** (oder Erteilung ihrer Einwilligung) **der Genehmigung** des Familien- bzw. Betreuungsgerichts (§§ 1643 Abs. 2 S. 1, 1822 Ziff. 2, 1918i, 1915 BGB).[32] Ohne diese Genehmigung ist die Ausschlagung unwirksam. Tritt der Anfall an das Kind erst infolge der Ausschlagung eines Elternteils ein, der das Kind vertritt, so ist eine Genehmigung nur erforderlich, wenn dieser neben dem Kind berufen war (§ 1643 Abs. 2 S. 2 BGB).

> **Beispiel:**
> Vater schlägt aus, Kind (das vorher nicht als Erbe berufen war) tritt an seine Stelle. Hier bedarf es bei einer weiteren Ausschlagung nach dem Sinn des Gesetzes – sagt zutreffend das OLG Hamm[33] überhaupt keiner familiengerichtlichen Genehmigung. Wollte man sie für die Mutter als erforderlich ansehen, so hätte § 1643 Abs. 2 S. 2 BGB seine Bedeutung verloren.

Die **Genehmigung** des Familiengerichts kann vor oder nach der Ausschlagungserklärung erfolgen, sie wird wirksam mit **Bekanntgabe** an den gesetzlichen Vertreter (§ 1828 BGB) **und** an denjenigen, für den das Rechtsgeschäft genehmigt wird (§ 41 Abs. 3 FamFG), bei einem Minderjährigen also auch an ihn selbst.[34] Hat der Minderjährige das 14. Lebensjahr noch nicht vollendet, ist er nicht verfahrensfähig (§ 9 Abs. 1 Nr. 3 FamFG), der Beschluss über die Genehmigung der Ausschlagung kann nicht unmittelbar ihm gegenüber abgegeben werden. Eine Zustellung wiederum an den gesetzlichen Vertreter führt zu einer Situation, die das BVerfG als verfassungswidrig angesehen hat.[35] Die gesetzliche Regelung des § 40 Abs. 2 FamFG (sog. „Rechtskraftlösung") hat an dieser Konstellation für den Jugendlichen unter 15 Jahren nichts geändert, weil ihm der Rechtsweg gegen die Entscheidung faktisch versperrt wäre. Da ein Verfahrensbeistand gemäß § 158 FamFG kein gesetzlicher Vertreter ist, scheidet diese Möglichkeit aus. Es muss deshalb nach § 1915

---

[28] OLG Karlsruhe FamRZ 1965, 573.
[29] BayObLG Rpfleger 1983, 483; MüKoBGB/*Leipold* § 1945 Rn. 19; Palandt/*Weidlich* § 1945 Rn. 5.
[30] S. OLG Frankfurt DNotZ 1965, 106; OLG Frankfurt a. M. ZEV 2011, 597: keine Genehmigungspflicht für die Ausschlagung der Nacherbschaft des Kindes, die nach Ausschlagung der Erbschaft durch einen Elternteil als Vorerben angefallen ist.
[31] OLG Stuttgart NJW 2001, 3484; Zur Natur erbrechtlicher Ansprüche vgl. BGH NJW 1997, 2384.
[32] Keine wirksame Ausschlagung eines Vermächtnisses durch ausdrückliches oder konkludentes Handeln bei Geltendmachung eines Pflichtteilsanspruchs für einen Minderjährigen ohne Genehmigung des Familiengerichts (OLG Köln FamRZ 2007, 169).
[33] OLG Hamm NJW 1959, 2215; so auch OLG Frankfurt NJW 1962, 52; *Lange* NJW 1961, 1894. Beachte OLG Frankfurt OLGZ 1970, 81: Genehmigung nötig, falls Ausschlagung für das Kind die Voraussetzung für den Eintritt der gesetzlichen Erbfolge des Elternteils unter Ausschluss des Kindes schafft. Grundsatz: Kind darf durch Ausschlagung nicht schlechter zugunsten des Ausschlagenden gestellt werden.
[34] OLG Köln FamRZ 2012, 579 unter Verweis auf BT-Drs. 16/6308, 197; Keidel/*Meyer-Holz* § 41 Rn. 4.
[35] BVerfG NJW 2000, 1709 (1711).

Abs. 1 S. 1 BGB ein Ergänzungspfleger mit dem Wirkungskreis Vertretung zum Zwecke der Bekanntgabe und der Prüfung einer Rechtsmitteleinlegung sowie für einen Rechtsmittelverzicht und Vertretung in der Rechtmittelinstanz bestellt werden. Ob eine derartige Einschränkung des elterlichen Sorgerechts gerechtfertigt ist, hängt nach §§ 1629 Abs. 2 S. 3, 1796 Abs. 2 BGB davon ab, ob ein erheblicher Interessengegensatz vorliegt, ob also sich die Interessen so gegenüberstehen, dass eines von beiden nur auf Kosten des jeweils anderen durchgesetzt werden kann und die Gefahr besteht, dass dasjenige des Minderjährigen nichtgenügend berücksichtigt wird.[36] Bloße Meinungsverschiedenheiten zwischen Eltern und Familiengericht genügen ebenso wenig wie die bloße Möglichkeit eines Interessenwiderstreits. Die Rechtsprechung nimmt teils grundsätzlich bei einem Erbausschlagungsverfahren einen Interessengegensatz an, jedenfalls bei einem Jugendlichen unter 15 Jahren.[37] Nach anderer Ansicht ist stets auf einen konkreten erheblichen Interessengegensatz im Einzelfall abzustellen.[38] Es ist sinnvoll, bei einem nicht Verfahrensfähigen immer einen Ergänzungspfleger zu bestellen und bei einem Jugendlichen, der das 14. Lebensjahr vollendet hat, an den also bekannt gegeben werden kann und der selbst Rechtsmittel einlegen kann, auf einen konkreten, erheblichen Interessengegensatz abzustellen.[39] Ein solcher erheblicher Interessengegensatz iSv § 1796 Abs. 2 BGB kann bei einer Ausschlagung dann angenommen werden, wenn die Ausschlagung die Berufung des gesetzlichen Verteters als Erben oder als Testamentsvollstrecker unter Nachlassbeteiligung des Kindes etwa als Erbe zur Folge hätte.

Zum Ergänzungspfleger ist nach §§ 1915 Abs. 1, 1791b Abs. 1 BGB iVm §§ 1791a Abs. 2 S. 2, 1836 Abs. 1 S. 2 BGB, 53 Abs. 1, 56 Abs. 4 SGB VIII in erster Linie ein ehrenamtlicher Einzel- oder Vereinspfleger zu bestellen. Das Jugendamt ist „Reservepfleger; es kann erst bestellt werden, wenn trotz der gebotenen Ermittlungen kein geeigneter anderer Pfleger gefunden werden kann.[40] Bei der Anordnung der Ergänzungspflegschaft und der Bestellung eines Ergänzungspflegers handelt es sich um verschiedene Verfahrensgegenstände, für die die Beschwerdeberechtigung gesondert zu beurteilen ist. Das im Verfahren über die familiengerichtliche Genehmigung einer Erbausschlagung zum Ergänzungspfleger bestellte Jugendamt ist gegen die Anordnung der Ergänzungspflegschaft nicht beschwerdeberechtigt.[41]

Die Genehmigung nebst ihrer Bekanntgabe muss dem Nachlassgericht vor Ablauf der Ausschlagungsfrist nachgewiesen[42] (nicht unbedingt durch Vorlage der schriftlichen Genehmigung) sein. Erteilt das Familiengericht trotz rechtzeitigen Nachsuchens des gesetzlichen Vertreters die Genehmigung verspätet, so ist zu prüfen, ob nicht ein Fall höherer Gewalt (§ 206 BGB) iS der subjektiven Theorie vorliegt.[43]

---

[36] OLG Köln FamRZ 2012, 579 (580 f.) mwN.

[37] KG FamRZ 2010, 1171 (1173), unter Berufung auf die Entscheidung des BVerfG vom 18.1.2000 (NJW 2000, 1709 (1711)) und auf den Grundsatz des fairen Verfahrens. Das OLG Köln schließt sich dem an, sofern es sich um einen Jugendlichen unter 15 Jahren handelt; OLG Köln FGPrax 2011, 303; OLG Celle Rpfleger, 2011, 436.

[38] OLG Brandenburg FamRZ 2011, 1305; Keidel/*Meyer-Holz* § 41 Rn. 4 a.

[39] So OLG Köln FamRZ 2012, 579 ff.

[40] OLG Köln FGPrax 2011, 303 (304).

[41] BGH NJW 2012, 685; es kann hier nur ein Beschwerderecht wegen eines Auswahlfehlers.

[42] RGZ 118, 145; BayObLGZ 1983, 213 (219): Genehmigung kann weder vom Familiengericht noch vom Beschwerde – oder Rechtsbeschwerdegericht geändert werden – Rechtswirksamkeit der genehmigungsbedürftigen Ausschlagung ist jedoch vom Nachlassgericht im Erbscheinsverfahren als Vorfrage selbständig zu prüfen. Ist die Wirksamkeit eines seiner Genehmigung bedürftigen Rechtsgeschäfts zweifelhaft (zB ob Ausschlagungsfrist schon abgelaufen), so darf Familiengericht deswegen eine Sachentscheidung nicht ablehnen (BayObLGZ 1969, 14).

[43] Einzelheiten hierzu Staudinger/*Otte* § 1944 Rn. 24–26. Dazu OLG Frankfurt FamRZ 1966, 259: Ablauf der Frist wird hierbei nach § 206 BGB gehemmt. Mit Erhalt des Genehmigungsbeschlusses durch gesetzlichen Vertreter läuft Frist weiter (hM, vgl. MüKoBGB/*Leipold* § 1944 Rn. 23; jedoch keine Hemmung für die Zeit der Übermittlung der Genehmigung an das Nachlassgericht). S. weiter BayObLGZ 1969, 18.

Der Erbe kann die Ausschlagungserklärung auch durch einen **Bevollmächtigten** (Form **8** der Vollmacht: öffentliche Beglaubigung!) abgeben lassen.[44] Das Recht zur Ausschlagung kann als höchstpersönliches Recht nicht rechtsgeschäftlich auf einen anderen übertragen werden, es kann auch nicht gepfändet werden.[45] Daraus ist aber nicht zu schließen, dass eine Vertretung ausgeschlossen ist.

Aufnahme einer **Bedingung** („falls der Nachlass nicht überschuldet ist") oder **Zeit-** **9** **bestimmung** ist unzulässig (§ 1947 BGB). Die Ausschlagung darf nicht von einem zukünftigen ungewissen Ereignis abhängig gemacht werden, § 1947 BGB. Unschädlich sind Rechtsbedingungen. Ungeklärt ist die Zulässigkeit von Gegenwarts-, bzw. Vergangenheitsbedingungen, die zT als zulässige Scheinbedingungen angesehen werden; zT wird auf sie § 1947 analog angewendet.[46] Eine **Erbausschlagung „zugunsten eines Dritten"** (unter der Bedingung dass sie einem bestimmten Dritten anfällt) ist nicht möglich. Wirksam ist die Ausschlagung hier nur dann, wenn der Dritte im Falle gültiger Ausschlagung gemäß § 1953 Abs. 2 BGB an die Stelle des Ausschlagenden treten würde,[47] somit die „Bedingung" nur als Angabe des Beweggrundes aufzufassen ist. Wollte der Erblasser den Dritten enterben, bleibt es dabei; er tritt nicht an die Stelle des Ausschlagenden. Im Übrigen wird man die Erklärung notfalls in eine Erbteilsübertragung nach § 2033 BGB (Form!) umzudeuten versuchen.

Die **Teilausschlagung** ist wie die Teilannahme unzulässig (§ 1950 BGB). Beachte §§ 1948, 1951 BGB. So ist die Ausschlagung der Nacherbschaft durch eine Miterbin (zu 1/3), die zusätzlich hinsichtlich eines weiteren Erbteils als Nacherbin eingesetzt ist, von der Rspr. als zulässig angesehen worden.[48] Falls die Berufung zum Erben nur aus einem Grund besteht (wie im o. g. Fall), bedarf die Teilausschlagung gemäß § 1951 Abs. 3 BGB der testamentarischen Gestattung durch den Erblasser. Diese Gestattung sah das KG (anders als das LG) bereits darin, dass für den teilweise zum Erben und teilweise zum Nacherben eingesetzten Bedachten ein Ersatzerbe für den Fall eingesetzt war, dass der Bedachte nicht Nacherbe wird.

II. Form

Die Ausschlagung der Erbschaft (nicht eines Vermächtnisses, §§ 2180 Abs. 2 S. 1, 2308 **10** Abs. 2 S. 2 BGB) erfolgt durch Erklärung gegenüber dem nach § 343 FamFG örtlich zuständigen Nachlassgericht oder dem Nachlassgericht am Wohnsitz des Ausschlagenden (§ 344 Abs. 7 FamFG).[49] Die Erklärung ist zur Niederschrift des Nachlassgerichts (zuständig zur Beurkundung ist der Rechtspfleger – § 3 Nr. 1 f RPflG) oder schriftlich in öffentlich beglaubigter Form abzugeben (§ 1945 Abs. 1 BGB). Ein Telegramm oder eine Erklärung in einem öffentlichen Testament genügen daher nicht.[50] Der anwaltliche Vertreter des Erben bedarf zur Ausschlagung einer öffentlich beglaubigten Vollmacht (§ 1945 Abs. 3 BGB).

Wird die Ausschlagung unmittelbar gegenüber dem Nachlassgericht abgegeben, so ist darüber eine Niederschrift aufzunehmen, die nach den Vorschriften des BeurkG errichtet wird (§ 1945 Abs. 2 BGB).

---

[44] MüKoBGB/*Leipold* § 1945 Rn. 17; Palandt/*Weidlich* § 1945 Rn. 4; aA OLG Zweibrücken FamRZ 2008, 646 (zu einer transmortalen Vorsorgevollmacht).
[45] LG Hildesheim FamRZ 2009, 1440 (das Gericht hielt das Recht auf die Nacherbschaft für pfändbar, die Pfändung hindert den Schuldner aber, frei darüber zu entscheiden, ob er die Nacherbschaft ausschlägt oder nicht).
[46] *Specks* ZEV 2007, 356 (357).
[47] BayObLGZ 1977, 163.
[48] KG Rpfleger 2005, 316; aA LG Berlin FamRZ 2003, 1134.
[49] Ausnahme für den Bereich der HöfeO, falls Anfall eines Hofes ausgeschlagen wird, § 11 HöfeO („Teilausschlagung"): Landwirtschaftsgericht. Für die Ausschlagung des gesamten Nachlasses bleibt aber das Nachlassgericht zuständig.
[50] Als Willenserklärung wird die Ausschlagung erst mit Zugang wirksam (MüKoBGB/*Leipold* § 1945 Rn. 2); nicht anwendbar sind §§ 116 S. 2, 117 BGB (str.).

11   Die hM sieht **Erklärungen** an ein **örtlich unzuständiges Nachlassgericht** idR als wirksam an (§ 2 Abs. 3 FamFG).[51] Sie werden nur als unwirksam angesehen, wenn das unzuständige Gericht die Erklärungen ohne Zögern zurückgibt. Im Übrigen riskiert derjenige, der eine Ausschlagung bei einem örtlich unzuständigen Gericht einreicht, dass dieses Gericht die Erklärung zwar unverzüglich an das zuständige Gericht weiterleitet, diese jedoch dort erst nach Fristablauf eingeht.

12   Ein Amtsgericht, das nicht Nachlassgericht ist, kann die Erklärung wirksam beurkunden, wenn es vom zuständigen Nachlassgericht im Rechtshilfeweg vorher ersucht wurde, die Erklärung entgegenzunehmen.

Ein solches Ersuchen wird auch in der Bitte gesehen, den Erben darüber einzuvernehmen, ob er annehmen oder ausschlagen wolle,[52] das ersuchte Gericht darf auch den nachrückenden Erben einvernehmen und dabei dessen Ausschlagungserklärung entgegennehmen.

Das Ersuchen um Einvernahme des gesetzlichen Vertreters in eigener Sache umfasst idR, dass auch seine Erklärungen für die von ihm Vertretenen entgegengenommen werden sollen.[53]

13   Wird die **Erklärung im Ausland** abgegeben, so genügt die Einhaltung der Ortsform (Art 11 EGBGB alter und neuer Fassung).[54]

Das örtlich zuständige deutsche Nachlassgericht ist nach § 105 FamFG auch **international zuständig.**

14   Die Erklärung muss **ersehen lassen,** dass der Erbe die Erbschaft nicht annehmen will. Unwesentlich ist, ob dabei das Wort „ausschlagen" gebraucht wird.[55]

15   Ein **Bevollmächtigter** (nicht gesetzlicher Vertreter) bedarf einer öffentlich beglaubigten Vollmacht.[56] Die Vollmacht muss der Erklärung beigefügt oder innerhalb der Ausschlagungsfrist nachgebracht werden (§ 1945 Abs. 2 BGB, §§ 128 f. BGB). Eine Spezialvollmacht ist nicht erforderlich. Aus der Vollmachtsurkunde muss sich jedoch im Wege der Auslegung ergeben, dass sie eine Ausschlagung mit umfasst.

III. Frist

16 Nach Annahme der Erbschaft sowie nach Ablauf der Ausschlagungsfrist ist eine Ausschlagung unstatthaft; die Ausschlagung eines Vermächtnisses ist nicht fristgebunden.[57] Mit Ablauf der Frist gilt die Erbschaft als angenommen (§ 1943 BGB). Es bleibt aber die Möglichkeit der Haftungsbeschränkung auf den Nachlass bestehen. Die in der Fristversäumung liegende Annahme („gilt" als angenommen, § 1934 BGB, also als Willenserklärung) kann nach §§ 119 ff. BGB angefochten werden.[58]

Frist: 6 Wochen; 6 Monate, falls Erblasser seinen letzten Wohnsitz nur im Ausland – dazu wird man bis 3.10.90 sinngemäß die DDR rechnen[59] – hatte oder Erbe sich bei Fristbeginn im Ausland aufhält (§ 1944 BGB). Eine Änderung der Frist ist nicht möglich, weder durch Erblasser noch durch Gericht. Die Ausschlagungsfrist ist infolge höherer Gewalt gehemmt, wenn eine rechtzeitig beantragte betreuungsgerichtliche Genehmigung nicht erteilt wird.[60]

---

[51]   MüKoBGB/*Leipold* § 1945 Rn. 12.
[52]   S. hierzu näher auch BayObLGZ 1952, 291 ff.
[53]   Dazu BayObLGZ 1952, 291. Das um sachgemäße Einvernahme eines Erben ersuchte Wohnsitzgericht ist, falls Erbe vor ihm ausschlägt, durch das Rechtshilfeersuchen als zuständig anzusehen, den am Gerichtsort ansässigen nachrückenden Erben einzuvernehmen und von ihm dabei ebenfalls eine Ausschlagungserklärung entgegenzunehmen.
[54]   Palandt/*Weidlich* § 1945 Rn. 8; Palandt/*Thorn* Art. 11 EGBGB Rn. 1.
[55]   Beachte aber BayObLG NJW 1967, 1135: Anerkennung des Testamentes, das Erbrecht eines anderen begründet, genügt nicht.
[56]   Zur öffentlichen Beglaubigung ist nur der Notar zuständig.
[57]   BGH NJW 2011, 1353.
[58]   OLG Jena FamRZ 2011, 1759; OLG Zweibrücken FamRZ 2006, 892 (894) (Erbe glaubte bereits wirksam angefochten zu haben in Unkenntnis der Amtsempfangsbedürftigkeit).
[59]   Dazu Palandt/*Edenhofer,* zuletzt 64. Aufl. 2005, § 1944 Rn. 1; OLG Brandenburg ZEV 2002, 283.
[60]   SaarlOLG Rpfleger 2011, 607.

Beginn der Frist: Kenntniserlangung[61] des Erben vom Anfall und Grund der Berufung **17**
(§ 1944 Abs. 2 BGB).

Erforderlich ist, dass der Erbe (oder sein **gesetzlicher** Vertreter)[62]

– **Kenntnis vom Tod** oder von der Todeserklärung haben,
– **bestimmt wissen, dass er** entweder auf Grund Gesetzes (Kenntnis der einzelnen Gesetzesbestimmungen nicht nötig) oder Verfügung von Todes wegen **Erbe geworden ist.** Rechts- oder Tatsachenirrtum bezüglich Anfall und Berufungsgrund, mag er auch verschuldet sein, schließt diese Kenntnis aus.[63] Kennenmüssen oder – auch grob – fahrlässige Unkenntnis steht Kenntnis nicht gleich. Die Kenntnis entfällt auch dann, wenn der gesetzliche Erbe *begründete* Zweifel am Vorhandensein einer letztwilligen Verfügung hat, die sein Erbrecht beschränkt oder ausschließt.[64] Nach hM ist bei gesetzlicher Erbfolge Kenntnis des Berufungsgrundes schon dann anzunehmen, wenn dem gesetzlichen Erben die Familienverhältnisse bekannt sind und er nach den Gesamtumständen keine begründete Vermutung hat oder haben kann, dass eine ihn ausschließende letztwillige Verfügung vorhanden sei.[65] Unkenntnis vom Fristbeginn sowie der Ausschlagungsmöglichkeit bzw. deren Formerfordernissen hindert den Fristbeginn nicht. Anders dagegen, wenn der Erbe glaubt, infolge mangelnden Aktivnachlasses erübrige sich eine Ausschlagung, denn der Mangel eines Aktivnachlasses oder der Glaube an einen solchen Mangel können bei juristischen Laien im Einzelfall Kenntnis vom Anfall ausschließen.[66]

Bei **gewillkürter** Vertretung genügt Kenntnis des Vertreters, wenn die Vertretungsmacht die Regelung des Erbfalls umfasst.[67] Für Erbeserben beachte § 1952 Abs. 2 BGB. Ist der Erbe geschäftsunfähig oder geschäftsbeschränkt, entscheidet die Kenntnis seines **gesetzlichen Vertreters,** also beider Eltern.

Beruht **die Erbfolge** auf einer **Verfügung von Todes wegen,** so läuft die Frist zudem **18** **frühestens ab Bekanntgabe der Verfügung** (§ 1944 Abs. 2 S. 2 BGB). Ist eine Verkündung nicht möglich, so beginnt der Lauf der Frist mit Kenntniserlangung von Anfall, Berufungsgrund **und** Unmöglichkeit der Testamentseröffnung.[68] Der Erbe kann jedoch schon vorher ausschlagen. Auf genaue Kenntnis des gesamten Inhalts der Verfügung kommt es nicht an. Der nicht näher begründete gerichtliche Hinweis, die Erbfolge richte sich nach dem Testament, dessen Auslegung zwischen den Beteiligten streitig ist, vermittelt idR keine zuverlässige Kenntnis vom Grund der Berufung.[69] Nicht ausreichend ist vorherige Kenntnis oder die Bekanntgabe durch das Nachlassgericht an einen anderen Erben.[70]

Erfolgte bei **gemeinschaftlichem Testament** oder **Erbverträgen** bei erstem Erbfall eine Verkündung von nicht trennbaren Verfügungen, die sich auf den zweiten Erbfall bezogen, so stellt dies für den zweiten Erbfall keine Bekanntgabe dar.[71]

---

61 BGH Rpfleger 1968, 183: Kenntniserlangung ist zuverlässiges Erfahren der in Betracht kommenden Umstände, auf Grund dessen ein Handeln vom Betroffenen erwartet werden kann. Sa BayObLGZ 1968, 74.
62 OLG Koblenz FamRZ 2008, 1031. Siehe hierzu auch weiter unten.
63 BGH FamRZ 2000, 1504; OLG Brandenburg FamRZ 1998, 1619.
64 Dazu OLGZ 1969, 288. Er muss nicht gänzlich frei von Zweifeln sein (OLG Zweibrücken FamRZ 2006, 892 f.).
65 OLG Brandenburg FamRZ 1998, 1619 (1621) mwN; OLG Zweibrücken FamRZ 2006, 892 (893) mwN.
66 Str.: BayObLGZ 1933, 334 (337); BayObLG FamRZ 1994, 264; Palandt/*Weidlich* § 1944 Rn. 4; aA MüKoBGB/*Leipold* § 1944 Rn. 11.
67 Str. (aA 9. Auflage). Inzwischen wohl überwiegende Meinung, KG NJW-RR 2004, 801; OLG Schleswig ZEV 2009, 296; OLG Rostock FamRZ 2010, 1597; OLG Celle FamRZ 2010, 836 (analoge Anwendung); aA MüKoBGB/*Leipold* § 1944 Rn. 14 (kein Fall des § 166 BGB, da nicht Rechtsfolge einer Willenserklärung).
68 Palandt/*Weidlich* § 1944 Rn. 4; aA Staudinger/*Otte* § 1944 Rn. 21.
69 OLG München Rpfleger 2007, 28.
70 OLG München FamRZ 2011, 678; Palandt/*Weidlich* § 1944 Rn. 4.
71 RGZ 137, 222; 156, 330.

Für Nacherben läuft die Frist ab Kenntnis des Eintritts des Nacherbfalls und des Berufungsgrundes.[72] Der Nacherbe kann jedoch ab Erbfall bereits ausschlagen (§ 2142 Abs. 1 BGB), was im Hinblick auf die Verjährungsfrist (§ 2332 Abs. 2 BGB) erwägenswert ist.

Beachte auch § 2306 BGB (bei pflichtteilsberechtigten Erben bzw. Nacherben); (→ § 10 Rn. 41).

Für jeden **Miterben** läuft die Frist gesondert. Schlägt ein **vorhergehender Erbe** aus, so beginnt die Frist für den folgenden nicht vor Kenntniserlangung von der Ausschlagung. Der Ablauf der Anfechtungsfrist des vorhergehenden Erben ist jedoch unerheblich, es kommt für den Fristbeginn nur auf die Kenntnis der den Eigenschaftsirrtum begründenden Tatsachen durch den nachrangigen Erben an.[73]

IV. Wirksamkeit und Wirkung

19 Wirksam wird die Ausschlagungserklärung in dem Zeitpunkt, in dem sie dem Nachlassgericht oder dem um Entgegennahme der Erklärung ersuchten Amtsgericht **zugeht** (§ 130 BGB). Der Zeitpunkt des Eingangs der Erklärung sowie der auch etwa nachgereichten Vollmacht ist zu vermerken. Danach bemisst sich die Fristwahrung. Vorheriger oder gleichzeitiger **Widerruf** ist möglich (§ 130 BGB). Dieser bedarf weder einer Form noch vormundschaftsgerichtlicher Genehmigung.

Die Wirkung der wirksamen Ausschlagung der Erbschaft besteht darin, dass „der Anfall an den Ausschlagenden als nicht erfolgt" gilt (§ 1953 Abs. 1 BGB). Die Ausschlagung wirkt auf den Erbfall zurück und fällt dem Nächstberufenen an (§ 1953 Abs. 2 BGB). Der Ausschlagende behält den erlangten Besitz (soweit er keinen Besitz erlangt hat, geht der Besitz auf den wirklichen Erben über, § 857 BGB), muss ihn aber an den wirklichen Erben herausgeben, dem er auch auskunftspflichtig ist (§§ 1953, 1959, 667, 681 BGB). Dem wirklichen Erben ist der Besitz nicht abhanden gekommen. Im Verhältnis zu Dritten hat der Ausschlagende als Nichtberechtigter verfügt, soweit nicht § 1959 Abs. 1 und 2 BGB gegeben ist. Beim Nachlassinsolvenzverfahren kommt es für die Anfechtung auf die Absicht des vorläufigen Erben an.[74]

Bei Anerkennung der Nachlassspaltung im Falle von DDR-Grundbesitz (Art. 25 RAG) ist eine Ausschlagung nur wirksam geworden (bezüglich dieses Nachlassteils!), wenn die Erklärung dem Staatlichen Notariat der DDR zugegangen ist (vgl. näher – auch zur ausnahmsweisen interlokalen Zuständigkeit des AG Schöneberg KG DtZ 1992, 187). Die Ausschlagung einer Erbschaft konnte nach § 403 Abs. 2 S. 1 DDR-ZGB gegenüber **jedem** staatlichen Notariat erklärt werden. Die Ausschlagungsfrist betrug 2 bzw. 6 Monate (bei Erben mit Wohnsitz außerhalb der DDR – auch in der Bundesrepublik) und begann mit dem Erbfall zu laufen (bei testamentarischer Erbfolge jedoch nicht vor Eröffnung des Testaments). Nach Ablauf der Ausschlagungsfrist galt die Erbschaft als angenommen.

Das Nachlassgericht oder Rechtshilfegericht hat die Erklärung auch dann entgegenzunehmen, wenn es sie für verspätet oder unwirksam hält. Das Gericht hat seine Zuständigkeit von Amts wegen zu prüfen. Hält es sich für unzuständig, so wird es den Ausschlagenden darauf hinweisen und ihn über die einzuhaltende Form belehren.

V. Willensmängel

20 Annahme (auch Versäumung der Ausschlagungsfrist, § 1956 BGB), Ausschlagung, Anfechtung der Ausschlagung sind nach allgemeinen Grundsätzen wegen Irrtums, Drohung oder Täuschung anfechtbar. Der Rechtsirrtum ist im Rahmen des § 1944 Abs. 2 S. 1 BGB

---

72   OLG München FGPrax 2011, 86 = FamRZ 2011, 678.
73   KG NJW-RR 2004, 941, hier war der Ersatzerbe nachrangig.
74   BGH NJW 1969, 1349.

beachtlich. Die Rechtsprechung ist bei der Annahme eines **Irrtums** großzügig. So kann zB der Irrtum eines Miterben über seinen quotenmäßigen Anteil am Nachlass einen Irrtum über eine verkehrswesentliche Eigenschaft des Erbanteils iSd § 119 Abs. 2 BGB darstellen.[75] Ob die Höhe einer Forderung als verkehrswesentliche Eigenschaft iS dieser Bestimmung angesehen werden kann, ist strittig.[76] Der Irrtum darüber, wem der Erbteil infolge einer eindeutig erklärten Ausschlagung zufällt, stellt jedoch nur einen Motivirrtum dar, der nicht zur Anfechtung berechtigt.[77]

Ein **Irrtum** über den Inhalt einer Erklärung gemäß § 119 Abs. 1 BGB liegt bei einem Irrtum über die (mittelbaren oder unmittelbaren) Rechtwirkungen (die zu den gewollten und eingetretenen Rechtsfolgen hinzutreten) nur dann vor, **wenn das vorgenommene Rechtsgeschäft wesentlich andere als die beabsichtigten Wirkungen zur Folge hat.** Der nicht erkannte Eintritt weiterer (zu den gewollten hinzutretenden – mittelbaren) Rechtsfolgen stellt nur einen unbeachtlichen Motivirrtum dar.[78] Bei der Annahme oder Ausschlagung einer beschwerten Alleinerbschaft unter der irrigen Vorstellung, die Ausschlagung würde den Verlust des Pflichtteils zur Folge haben (während der Pflichtteilsanspruch gerade durch die Annahme unterging, § 2306 Abs. 1 S. 2 BGB aF), hatte das BayObLG die Anfechtung der Annahme mit der Begründung ausgeschlossen, die Fehlvorstellung stelle als Irrtum über fernere Rechtswirkung einen unbeachtlichen Motivirrtum dar. Dabei differenzierte das BayObLG, ob die Annahme ausdrücklich erfolgt (dann würden Erklärung und Rechtsfolgen übereinstimmen: kein Anfechtungsrecht) oder ob sie konkludent erfolgt (dann sei der wirkliche Wille zu erforschen).[79]

OLG Celle[80] und OLG Düsseldorf[81] hielten den Irrtum als einen Irrtum über die Hauptwirkungen des Rechtsgeschäfts für beachtlich. Auf Vorlage des OLG Celle schloss sich der BGH[82] der zutreffenden Auffassung dieses Gerichts an. Insoweit kommt es auch nicht darauf an, ob die Annahme ausdrücklich oder konkludent erfolgte. **Unerheblich** ist der **Irrtum über den Wert** der bekannten Nachlassgrundstücke, während deren Lage und Bebaubarkeit durchaus Eigenschaften der Sache iSv § 119 Abs. 2 BGB darstellen.[83]

Das LG München I hat wegen eines Irrtums über den Pflichtteilsanspruch (bei § 2306 Abs. 1 S. 1 BGB aF) die **Anfechtung der Ausschlagung** zugelassen.[84]

Der **Irrtum über die Zugehörigkeit von Rechten oder Pflichten zum Nachlass** 21 (nicht jedoch über den Wert des bekannten Nachlasses)[85] kann als Irrtum über eine verkehrswesentliche Eigenschaft zur Anfechtung der Ausschlagung berechtigen, wenn dieser Irrtum zur Vorstellung einer nicht bestehenden **Überschuldung** führt.[86] Schlägt ein Erbe auf der Grundlage ungenauer zeitferner Informationen die Erbschaft aus, weil er „befürchtet, dass da nur Schulden sind", so kann er, wenn sich später die Werthaltigkeit des Nachlasses herausstellt, seine Ausschlagungserklärung nicht wegen Irrtums anfechten (an-

---

75 OLG Hamm NJW 1966, 1080.
76 Dazu *Dunz* NJW 1964, 1214 – andererseits BGHZ 16, 54; WM 1963, 252.
77 OLG Hamm BeckRS 2011, 20397.
78 BayObLG NJW-RR 1995, 904; ZEV 1998, 431; zum Motivirrtum s. auch OLG München NJW 2010, 687 (die mit der Ausschlagung beabsichtigte Alleinerbenstellung der Ehefrau auf Grund gesetzlicher Erbfolge wurde wegen der Unwirksamkeit der Erklärung eines Miterben nicht erreicht; die Anfechtung der Ausschlagung der Erbschaft durch die Ehefrau war deshalb erfolglos). Ebenso OLG Hamm BeckRS 2011, 20397 (Irrtum darüber, wem der Erbteil infolge einer eindeutig erklärten Ausschlagung zufällt).
79 BayObLG NJW 1988, 1270; NJW-RR 1995, 904; FamRZ 1999, 117.
80 OLG Celle FamRZ 2006, 578.
81 OLG Düsseldorf FamRZ 2001, 946.
82 BGH NJW 2006, 3353.
83 *Palandt/Ellenberger* § 119 Rn. 27; aA hinsichtlich Bauerwartungsland BayObLG FamRZ 1996, 59 mwN.
84 LG München I FamRZ 2004, 1326 mit Anm. *Bestelmeyer*.
85 OLG Stuttgart FamRZ 2009, 1182.
86 KG FamRZ 2004, 1900: Nach Ausschlagung wird hohes Konto in der Schweiz bekannt; entsprechend OLG Saarbrücken FamRZ 1989, 496: Irrtum über Belastung mit Vermächtnis beachtlich für Anfechtung der Annahme; BayObLG FamRZ 2003, 121, 126 f: bei Anfechtung der Ausschlagung beachtlicher Irrtum über hohe Ersatzpflicht des Erben gemäß § 92c BSHG gegenüber der Sozialverwaltung.

ders bei unrichtigen Vorstellungen über die Zusammensetzung des Nachlasses).[87] Zwar ist die Überschuldung des Nachlasses eine verkehrswesentliche Eigenschaft, sie ist aber nur relevant, wenn sie auf unrichtigen Vorstellungen über die Zusammensetzung des Nachlasses beruhen. Hält der Ausschlagende die nicht überschuldete Erbschaft für überschuldet, besteht, sofern der Irrtum kausal war, ein Anfechtungsgrund: der Irrtum muss subjektiv und objektiv erheblich gewesen sein. War dem Erben die etwaige Höhe des Erbes gleichgültig oder hatte er etwa auf Grund ungenauer Informationen seine Entscheidung spekulativ getroffen, liegt kein relevanter Irrtum vor.[88] Die Kausalität zwischen Irrtum über eine verkehrswesentliche Eigenschaft und Abgabe der angefochtenen Willenserklärung setzt voraus, dass der Anfechtende die Erklärung bei verständiger Würdigung des Falles nicht abgegeben hätte, wobei nicht allein auf den subjektiven Willen des Anfechtenden abzustellen ist, sondern darauf, ob er als verständiger Mensch die Willenserklärung nicht abgegeben hätte. Die objektive Erheblichkeit entfällt in der Regel, wenn der Irrende sich durch die angefochtene Willenserklärung wirtschaftlich nicht schlechter gestellt hat, als er ohne ihre Abgabe gestanden hätte.[89] Wer irrtümlich meint, dass ihm kein (gesetzlicher) Erbteil nach dem Erblasser zusteht, kann binnen sechs Wochen nach Kenntnis des Anfechtungsgrundes die Erbschaftsannahme anfechten.[90] Eine Ausschlagung „aus allen Berufungsgründen" (wird häufig formularmäßig verwendet) erfasst sowohl die dem Ausschlagenden bekannten, als auch ihm unbekannte Berufungsgründe und ist nicht wegen Irrtums anfechtbar.[91]

22   Besonderheiten:

Keine Anfechtung ist notwendig bei Irrtum des Erben über den Berufungsgrund (Verwandtschaftsverhältnis, Ehe, letztwillige Verfügung) § 1949 BGB. **Irrige Annahme der Überschuldung** kann Anfechtung begründen,[92] nicht, falls der von Anfang an bekannte Nachlass nur nachträglich falsch bewertet wurde bzw. ein Irrtum bei der Wertermittlung erfolgte.[93]

Eine Ausschlagung in Unkenntnis eines zum Nachlass gehörenden, **in der ehemaligen DDR belegenen Immobilienvermögens,** ist ein zur Anfechtung der Ausschlagung berechtigender Irrtum, wenn der Erbe bei Kenntnis dieses Vermögens die Erbschaft angenommen hätte.[94] In der **Unkenntnis der künftigen politischen Entwicklung** liegt jedoch kein zur Anfechtung berechtigender Irrtum über verkehrswesentliche Eigenschaften des Nachlasses.[95]

Zur Anfechtung von **Erbausschlagungen,** die der Erbe **auf Druck staatlicher Stellen** zu dem Zwecke erklärt hat, die Genehmigung zur Ausreise aus der ehemaligen DDR zu erhalten vgl. §§ 1 Abs. 3, 2 Abs. 1 iVm § 3 und § 4 Abs. 2 und 3 Vermögensgesetz und die eingehende Entscheidung – auch zur Anfechtungsfrist – KG DNotZ 1993, 410. **Zur Ausschlagung und Anfechtung der Ausschlagung auch nach dem Recht der DDR** S. die ausführliche Entscheidung des BayObLG in FamRZ 2003, 121.

Das Nachlassgericht hat die Anfechtung der Annahme und der Versäumung der Ausschlagungsfrist wie die Ausschlagung dem **mitzuteilen,** dem die Erbschaft infolge der Anfechtung angefallen ist (§ 1953 Abs. 3 BGB):

Die Anfechtung der Ausschlagung ist demjenigen mitzuteilen, dem die Erbschaft infolge der Ausschlagung angefallen ist (§ 1957 Abs. 3 S. 1 BGB).

Ausstellung einer Bescheinigung über die erfolgte Ausschlagung ist möglich, S. Muster.

Akteneinsicht: § 1953 Abs. 3 S. 2 BGB.

---

[87] OLG Hamm FamRZ 2011, 1171.
[88] OLG Düsseldorf FamRZ 2011, 1171 (1172) mwN.
[89] BGH NJW 1988, 2597 (2599); OLG Zweibrücken ZEV 2011, 428 (429) mwN; s. auch OLG Düsseldorf NJW-RR 2009, 12 = FamRZ 2009, 153.
[90] OLG Jena BeckRS 2011, 17774.
[91] OLG Hamm FamRZ 2011, 1426 = FGPrax 2011, 184.
[92] RGZ 158, 50; BayObLGZ 1983, 9 mwN; FamRZ 1997, 1174.
[93] Palandt/*Weidlich* § 1954 Rn. 6; BayObLG NJW-RR 1995, 904.
[94] KG DNotZ 1993, 407.
[95] KG DtZ 1992, 187.

VI. Ablauf des Verfahrens

1. Zuständigkeit

Zuständig zur Beurkundung der Ausschlagungserklärung ist der Rechtspfleger.[96] **23**

2. Verfahren

Beim Nachlassgericht läuft eine privatschriftliche formlose Ausschlagungserklärung des **24** Erben X ein:

Muster: Anschreiben und Formblatt des Nachlassgerichts bei unwirksamer Ausschlagungserklärung

Ihre Erbausschlagungserklärung vom...... entspricht nicht den gesetzlichen Formvorschriften und ist daher unwirksam.

Sie können die Erbschaft nach § 1945 des Bürgerlichen Gesetzbuches ausschlagen,

indem Sie dem Nachlassgericht eine Ausschlagungserklärung einreichen, bei der ihre Unterschrift durch einen Notar beglaubigt ist, oder

indem Sie die Ausschlagung zur Niederschrift des Nachlassgerichts erklären.

Nachlassgericht ist das Amtsgericht, in dessen Bezirk der Erblasser seinen letzten gewöhnlichen Aufenthalt gehabt hat. Hatte der Erblasser im Inland keinen gewöhnlichen Aufenthalt, so ist das Nachlassgericht zuständig, an dem der Erblasser seinen letzten gewöhnlichen Aufenthalt im Inland hat oder, wenn auch ein solcher nicht bestand, so ist das Amtsgericht Schöneberg, Grunewaldstr 66/67, 10823 Berlin, zuständig.

Die Ausschlagungserklärung muss innerhalb der Ausschlagungsfrist beim Nachlassgericht eingehen. Die Frist beträgt 6 Wochen. Sie beginnt mit Kenntnis von dem Anfall der Erbschaft und dem Grunde der Berufung. Sind Sie durch Verfügung von Todes wegen (Testament oder Erbvertrag) berufen, so beginnt die Frist nicht vor der Eröffnung der Verfügung durch das Gericht (§ 1944 BGB). Die Frist beträgt 6 Monate, wenn der Erblasser seinen letzten Wohnsitz nur im Ausland gehabt hat oder wenn Sie sich bei Beginn der Frist im Ausland aufhalten.

Wenn Sie die Erbschaft ausschlagen, teilen Sie bitte Namen und Anschrift derjenigen Person (auch ihrer gesetzlichen Vertreter) mit, denen die Erbschaft infolge der Ausschlagung anfällt. Auskunft hierüber können Sie beim Nachlassgericht oder dem Notar, der Ihre Unterschrift beglaubigt, erhalten.

......, den......   Amtsgericht, Nachlassgericht

                                                                        ......, Rechtspfleger

---

Wird die Ausschlagungserklärung vom Nachlassgericht selbst beurkundet, so wird man folgende Form wählen:

Muster: Niederschrift über die nachlassgerichtliche Beurkundung einer Ausschlagung

Es erscheint sich ausweisend durch Personalausweis Name ..., Anschrift ..., und erklärt: **25**

Am ... ist die am ... in ...geborene, zuletzt in ..., wohnhafte ..., in ... gestorben. Dazu vorgelegte – bei den Akten befindliche – Sterbeurkunde.

Ein Testament – Erbvertrag – ist – nicht – vorhanden – (befindet sich bei......) – Kraft gesetzlicher Erbfolge – (nach dem Testament/Erbvertrag vom......) – sind die Kinder der Erblasserin, ... geworden.

Kenntnis vom Anfall der Erbschaft und dem Grunde der Berufung habe ich seit ....

---

[96] § 3 Nr. 1 f. RPflG.

– Ich schlage hiermit die mir als gesetzlichem Erben der Verstorbenen angefallene Erbschaft aus jedem Berufungsgrunde aus, einerlei ob der Anfall auf Grund gesetzlicher Erbfolge oder einer Verfügung von Todes wegen beruht
– aus der Verfügung von Todes wegen aus, nehme sie aber als gesetzlicher Erbe an.
Über die Unwiderruflichkeit der Ausschlagung der Erbschaft bin ich belehrt worden.
Aus meiner Ehe mit …, sind folgende minderjährige Kinder hervorgegangen:
geb. …, Name, Geburtsdatum
gest. …,
Ich bin Inhaber der elterlichen Sorge,[97] die weder beschränkt noch entzogen ist.
– Ich schlage die den Kindern angefallene Erbschaft nach der oben genannten Erblasserin, aus allen Berufungsgründen aus.
– aus der Verfügung von Todes wegen aus, nach gesetzlicher Erbfolge wird sie angenommen.
Nach meinen Feststellungen ist der Nachlass überschuldet.
Geschäftswert:…… Euro
Vormundschaftsgerichtliche Genehmigung wird innerhalb der mir bekannten Frist zur Erbausschlagung nachgereicht werden – ist nicht nötig.[98]

v g u u
Unterschriften

Amtsgericht, Abt……   ……, den……
Gegenwärtig:
…… als Rechtspfleger
VI……
Betreff: Name gestorben Datum

Wurde die Erklärung im Rechtshilfeweg von einem ersuchten Gericht oder vom Wohnsitzgericht des Ausschlagenden (§ 344 Abs. 7 FamFG; gilt auch für die Anfechtung der Annahme und die Anfechtung der Anfechtung)[99] aufgenommen, so wird sodann verfügt:

I. Ausfertigung bleibt hier.[100]
II. Bewertung
III. Originalurkunde[101] mit Akt an das AG……, Nachlassgericht zurück – weitergeleitet.
IV. Zur Sammlung.

……, den……
……, Rechtspfleger

3. Ermittlung des eintretenden Erben

26 Hat der Ausschlagende seine Erklärung formgerecht dem Nachlassgericht übersandt, ohne die an seine Stelle tretenden Erben näher anzugeben und sind diese aus den bisherigen Ermittlung nicht ersichtlich, so wird man an ihn etwa folgendes Schreiben richten:

---

[97]   Lebt die Ehefrau noch, so ist auch ihre Ausschlagungserklärung nötig.
[98]   § 1643 Abs. 2 BGB.
[99]   *Bumiller/Harders* FamFG § 344 Rn. 16 mwN; aA Keidel/*Zimmermann* FamFG § 344 Rn. 52). Zur Fristwahrung genügt der Zugang beim Wohnsitznachlassgericht, *Bumiller/Harders* FamFG § 344 Rn. 16.
[100]   OLG Celle FGPrax 2010, 192; OLG Bremen FamRZ 2011, 1091; OLG Hamm Rpfleger 2011, 329; KG FamRZ 2011, 1984; OLG Oldenburg Rpfleger 2011, 609; OLG Hamburg 2010, 373.
[101]   Gilt auch für die notariell beglaubigten Erklärungen, *Heinemann* DNotZ 2009, 6 (25); MüKoFamFG/*Mayer* § 344 Rn. 15.

Muster: Anschreiben des Nachlassgerichts nach Ausschlagung der Erbschaft

In der Erbausschlagungssache...... wird um Mitteilung gebeten, ob Sie Abkömmlinge 27
haben (gegebenenfalls: Name, Alter, Beruf, Anschrift. Bei minderjährigen Kindern: Anschrift des gesetzlichen Vertreters – Vater, Mutter, Vormund –).
Wem ist im Falle Ihrer Kinderlosigkeit die Erbschaft nunmehr infolge Ihrer Ausschlagung
angefallen? Anschriften (auch etwaiger gesetzlicher Vertreter)?
Gesetzliche Erben sind, falls Abkömmlinge nicht vorhanden oder ausgeschlagen haben:
Ehegatten und Eltern; an Stelle eines vorverstorbenen oder infolge Ausschlagung weggefallenen Elternteils treten dessen Abkömmlinge.
Für minderjährige Kinder kann der gesetzliche Vertreter zur Niederschrift des Nachlassgerichts oder in öffentlich beglaubigter Form (Beglaubigung der Unterschrift durch Notar)
innerhalb 6 Wochen (bei Erben im Ausland bzw. bei einzigem Wohnsitz des Erblassers im
Ausland 6 Monate), da er vom Anfall der Erbschaft und dem Grunde der Berufung Kenntnis erlangt, die Erbschaft ausschlagen. Die Frist beginnt bei testamentarischer Erbfolge
frühestens mit Testamentseröffnung. Die Erklärung hat gegenüber dem Nachlassgericht
zu erfolgen und bedarf vormundschaftsgerichtlicher Genehmigung, deren Erteilung ebenfalls innerhalb der Ausschlagungsfrist nachzuweisen ist. Tritt der Anfall an das Kind erst
infolge der Ausschlagung des Elternteils ein, der das Kind vertritt, so ist die Genehmigung
nur erforderlich, wenn dieser neben dem Kinde berufen war.

Führt dieses Schreiben nicht zum Ziel, so hat das Nachlassgericht in Ländern, in denen 28
die amtliche Erbenermittlung vorgeschrieben ist, wie in Bayern und Baden-Württemberg,
durch Anstellung weiterer Ermittlungen festzustellen, welchen Erben die Erbschaft infolge
der Ausschlagung angefallen ist. Gemäß § 1953 Abs. 3 BGB wird es diesen die Ausschlagung mitteilen. Ist amtliche Erbenermittlung nicht vorgeschrieben, so legt das Gericht in
der Praxis im Allgemeinen den Akt weg, sofern auf obiges Schreiben keine Antwort
eingeht. Andernfalls verständigt es die eintretenden Erben.

Muster: Mitteilung an den eintretenden Erben

Die **Mitteilung** kann in folgender Form geschehen: 29
In der Nachlasssache...... haben...... die Erben der vorhergehenden Ordnung durch
Erklärung vom...... die Erbschaft ausgeschlagen.
Als Grund hierfür wurde angegeben:...... Überschuldung.
Soweit hier bekannt, dürfte die Erbschaft damit Ihnen angefallen sein. Falls Sie die Erb-
schaft ausschlagen wollen (§ 1945 BGB), kann dies nur binnen 6 Wochen seit Kenntnis
von dem Anfall und dem Grunde der Berufung durch Erklärung gegenüber dem hiesigen
Nachlassgericht geschehen. Die Frist beginnt bei testamentarischer Erbfolge jedoch frü-
hestens mit Testamentseröffnung. Die Frist beträgt 6 Monate, wenn der Erblasser seinen
letzten Wohnsitz nur im Ausland gehabt hat oder sich der Erbe bei dem Beginn der Frist
im Ausland aufhält.
Die Erklärung ist zur Niederschrift des Nachlassgerichts oder in öffentlich beglaubigter
Form (Beglaubigung der Unterschrift durch Notar) abzugeben.
Für minderjährige Kinder kann der gesetzliche Vertreter (die Eltern, der verwitwete Vater,
die verwitwete Mutter, der Vormund) die Erbschaft in der oben angegebenen Form und
Frist ausschlagen. Hierzu ist vormundschaftsgerichtliche Genehmigung erforderlich, deren
Erteilung innerhalb der Ausschlagungsfrist dem Nachlassgericht nachzuweisen ist. Tritt der
Anfall an das Kind erst infolge der Ausschlagung des Elternteils ein, der das Kind vertritt,
so ist die Genehmigung nur erforderlich, wenn dieser neben dem Kinde berufen war.

Ist der Nachlass überschuldet und haben die Nächstberufenen ausgeschlagen, so wird
auch bei Vorhandensein von Aktiven das Nachlassgericht idR von einer weiteren Mit-

teilung nach § 1953 Abs. 3 BGB absehen und einen Nachlasspfleger bestellen, der Insolvenzantrag einreichen wird. Der Geschäftswert für die Ausschlagung eines überschuldeten Nachlasses ist rechnerisch null, es entstand die Mindestgebühr nach der Kostenordnung,[102] Mit Einführung des GNotKG fällt keine Gebühr mehr an. Wenn der von einem Nachlassgläubiger wegen einer Nachlassschuld verklagte Erbe nach Klagezustellung die Erbschaft ausschlägt und gleichzeitig vorsorglich die mittels Fristablauf fingierte Erbschaftsannahme anficht, trägt der Kläger die Prozesskosten.[103]

Das Verfahren auf Entgegennahme von Erbausschlagungserklärungen ist mit der Benachrichtigung der nunmehr berufenen Erben durch das Nachlassgericht jedenfalls dann beendet, wenn kein Grund für Sicherungsmaßnahmen besteht. Eine Verweisung kommt dann nicht mehr in Betracht.[104]

Muster: Bestätigung der Ausschlagung der Erbschaft durch das Nachlassgericht

30 | Auf Antrag erteilt das Nachlassgericht dem Ausschlagenden eine **Bestätigung** über den Zeitpunkt des Eingangs, die Form und den Inhalt seiner Ausschlagungserklärung, nicht jedoch über die Rechtswirksamkeit.

Bestätigung

Der Beteiligte (Name), München, (Anschrift), hat am (Datum) zur Niederschrift des Nachlassgerichts München erklärt, dass er die Erbschaft nach seiner am (Datum) mit letztem Wohnsitz in München verstorbenen Mutter (Name) aus allen Berufungsgründen ausschlage. Die gleiche Erklärung haben er und seine Ehefrau Anna als gesetzliche Vertreter für ihre beiden minderjährigen ehelichen Kinder (Namen der Kinder) zur selben Niederschrift abgegeben.

München, den (Datum)

Amtsgericht-Nachlassgericht

---

[102] OLG Saarbrücken NJW-RR 2011, 1003.
[103] LG Bonn BeckRS 2009, 24111.
[104] KG FGPrax 2012, 46.

§ 17 Das Pflichtteilsrecht

Übersicht

Rn.

I. Begriffe	1
1. Pflichtteilsrecht – Pflichtteilsanspruch	1
2. Pflichtteilsberechtigter	1
3. Pflichtteilsschuldner	1
4. Pflichtteilverbindlichkeit – Pflichtteilslast	1
II. Pflichtteilsrecht und Verfassungsrecht	2
1. Zur verfassungsrechtlichen Problematik	2
2. Art der Beteiligung naher Angehöriger am Nachlass im Rechtsvergleich und in der Reformdiskussion	4
III. Nachlassbewertung	5
1. Grundsätze	5
2. Abweichungen vom Verkehrswert am Stichtag	6
a) Der innere oder wahre Wert	6
b) Die Bedeutung späterer Verkäufe bei nicht wesentlich veränderten Marktverhältnissen	7
3. Bewertung einzelner Aktivposten	8
4. Passiva	9
IV. Pflichtteilsberechtigte und Pflichtteilsschuldner	13
1. Der Kreis der Pflichtteilsberechtigten	13
a) Nichteheliche Kinder	14
b) Adoptierte Kinder	15
c) Ehegatten	16
d) Eltern und entferntere Abkömmlinge	17
2. Pflichtteilsschuldner	18
a) Pflichtteilsanspruch	19
b) Pflichtteilsergänzungsanspruch	20
3. Die Pflichtteilslast	21
V. Der Anspruch des Pflichtteilsberechtigten auf Auskunft, Wertermittlung und eidesstattliche Versicherung	22
1. Grundlagen	22
2. Anspruchsgegner	24
3. Inhalt der Auskunft	25
a) Vorlage eines Bestandsverzeichnisses	27
b) Anspruch auf Wertermittlung	31
c) Form und Art des Verzeichnisses	32
4. Eidesstattliche Versicherung	33
5. Zwangsvollstreckung	33
VI. Der Pflichtteilsanspruch dem Grunde nach	34
1. Fallkonstellationen	35
a) Der Pflichtteilsberechtigte ist ohne Beschränkungen und Beschwerungen auf einen Erbteil gesetzt, der geringer ist als die Hälfte des gesetzlichen Erbteils	35
b) Der Pflichtteilsberechtigte ist als Erbe eingesetzt, jedoch durch die Einsetzung eines Nacherben, die Ernennung eines Testamentsvollstreckers oder eine Teilungsanordnung beschränkt oder ist mit einem Vermächtnis oder einer Auflage beschwert oder ist selbst nur als Nacherbe eingesetzt, § 2306 BGB	36
2. Die Anfechtung von Annahme und Ausschlagung	38
a) Annahme er Erbschaft	38
b) Ausschlagung der Erbschaft	39
c) 2308 BGB	40
3. Besonderheiten beim Ehegattenpflichtteil bei Zugewinngemeinschaft	41

Rn.

4. Die Ermittlung der „Hälfte des gesetzlichen Erbteils" (Quoten- und Wert-
theorie) 43
VII. Die Pflichtteilsquote 44
    1. Grundsätze 44
    2. Auswirkung des Güterstands 45
    3. Elternquote 47
VIII. Anrechnung und Ausgleichung bei Vermögensübertragungen unter Lebenden 48
    1. Anrechnung 51
    2. Ausgleichung 55
        a) Die Ausgleichung besonderer Leistungen an den Erblasser 56
        b) Berechnung der Ausgleichung 59
    3. Zusammentreffen von Anrechnung und Ausgleichung 62
IX. Der Pflichtteilsergänzungsanspruch 64
    1. Schutzzweck der Norm 65
    2. Das Verhältnis des Pflichtteilsergänzungsanspruchs zum ordentlichen Pflicht-
teil 66
    3. Begriff, Umfang, Berechnung und Bewertung der Schenkung 67
    4. Bewertung 70
        a) Der Inhalt des Anspruchs 76
        b) Haftung mehrerer Beschenkter 77
        c) Auskunftsanspruch 78
    5. Zehnjahresfrist des § 2325 Abs. 3 BGB. 79
    6. Zuwendungen unter (Nießbrauchs-, Wohnrechts-)Vorbehalt 81
    7. Ehebezogene (unbenannte) Zuwendungen 84
    8. Güterrechtsverträge 86
    9. Abfindungen beim Erbverzicht 87
    10. Aufnahme in eine Personengesellschaft (OHG, KG) und Abfindungsklau-
seln 88
    11. Stiftungen 89
    12. Lebensversicherungen 90
X. Pflichtteilsunwürdigkeit, Pflichtteilsentziehung und Pflichtteilsbeschränkung in
guter Absicht 91
    1. Die Pflichtteilsunwürdigkeit 93
    2. Die Pflichtteilsentziehung, §§ 2333, 2336 BGB 95
    3. Die Pflichtteilsbeschränkung in guter Absicht, § 2338 BGB 104
XI. Der Pflichtteilsverzicht, § 2346 BGB 108
    1. Vertrag zwischen Erblasser und Pflichtteilsberechtigten 108
        a) Form 108
        b) Erbverzicht – Pflichtteilsverzicht 109
        c) Abfindung 110
    2. Zuwendungsverzicht, § 2352 BGB 111
    3. Vertrag zwischen Pflichtteilsberechtigten über Pflichtteil und künftigen
Pflichtteilsanspruch 116
XII. Entstehung, Rang, Fälligkeit, Stundung, Verzug, Verjährung, Verwirkung des
Pflichtteilsanspruchs 117
    1. Entstehung 117
    2. Rang 118
    3. Fälligkeit und Stundung 119
    4. Verzug 120
    5. Verjährung 121
        a) Einzelfälle 122
        b) Beweislast 123
        c) Hemmung der Verjährung 124
    6. Verwirkung 126
XIII. Abtretung, Vererbung, Pfändung, Erlass, Insolvenzverfahren 127
    1. Abtretung, Pfändung, Überweisung zur Einziehung, Überleitung 127
    2. Vererbung 128

		Rn.
3. Insolvenz		129
4. Erlass		130
XIV.	Deutsch-deutsches Pflichtteilsrecht und Pflichtteilsrecht nach dem ZGB der DDR	131
	1. Deutsch-deutsches Pflichtteilsrecht	131
	2. Das Pflichtteilsrecht der DDR	132
XV.	Internationales Privatrecht	133
XVI.	Prozessrecht	134
	1. Klagearten – Überblick	135
	2. Stufenklage	137
	a) Zuständigkeit	138
	b) Gang des Verfahrens	139
	c) Urteil	140
	d) Kosten	141
	e) Zwangsvollstreckung	143
	f) Rechtsmittel	144
	3. Klage gegen den Beschenkten	145
	4. Antrag auf Stundung	147
XVII.	Stundung des Pflichtteilsanspruchs	148
	1. Zuständigkeit	148
	2. Voraussetzungen	149
	3. Verfahren	152
	4. Abänderung	154
	5. Gebühren	155
	6. Rechtsmittel	156

I. Begriffe

1. Pflichtteilsrecht – Pflichtteilsanspruch

Zu Recht betonen Rechtsprechung[1] und Literatur die Bedeutung der Terminologie. In der **1** Praxis (aber auch gelegentlich in der Literatur) werden insbesondere „Pflichtteilsrecht" und „Pflichtteilsanspruch" (im Gesetz auch „Pflichtteil" genannt) nicht genügend auseinandergehalten, was sich immer wieder auch auf die rechtliche Beurteilung auswirkt. Der **Pflichtteilsanspruch** ist ein Geldanspruch, das Pflichtteilsrecht ist ein umfassenderes Recht, das über diesen Geldanspruch hinaus etwa auch Anspruch auf Auskunft und Feststellung gewährt.

So kommt es für den **Anspruch auf Auskunft** über den Nachlass (§ 2314 BGB) nicht an, ob ein Pflichtteilsanspruch besteht, sondern ob der die Auskunft Begehrende ein Pflichtteilsrecht hat, ob er also zum Kreis derjenigen nahen Angehörigen zählt, denen das Gesetz eine nicht entziehbare Beteiligung an Nachlass gewährt. Es kann also dem auf Auskunft Klagenden nicht entgegenhalten werden, er müsse erst einmal darlegen und beweisen, dass ein Pflichtteilsanspruch bestehe. Nur wenn der beklagte Erbe darlegen kann, dass bereits feststehe, dass ein Pflichtteilsanspruch nicht geltend gemacht werden könne, ist ein Auskunftsanspruch nicht gegeben.[2]

Infolge der Verfügungsfreiheit des Erblassers fehlt es bei einer **Feststellungsklage** am Interesse für eine Feststellung des Pflichtteilsrechts zu Lebzeiten des Erblassers.[3] Für die Feststellung jedoch, dass der Erblasser nicht berechtigt ist, den Pflichtteil zu entziehen, besteht bereits zu Lebzeiten des Erblassers ein Feststellungsinteresse.[4] Auch der Erblasser kann auf Feststellung klagen, dass eine Pflichtteilsentziehung wirksam sei.[5]

---

[1] BGH NJW 1958, 1964 (1965).
[2] BGH NJW 1958, 1964 (1965).
[3] Allerdings hat es der BGH NJW 1990, 911 für zulässig erachtet, die Pflichtteilsentziehung durch den Vater (in einem gemeinschaftlichen Testament) zugleich gegen die noch lebende Mutter anzufechten.
[4] BGH NJW 2004, 1874; NK-Nachfolgerecht/*Krätzschel* § 256 ZPO Rn. 17.
[5] BGH NJW 1974, 1084 f.

Da das Pflichtteilsrecht im Familienrecht wurzelt, kann es – im Gegensatz zum Pflichtteilsanspruch, § 2317 Abs. 2 BGB – nicht übertragen, vererbt oder verpfändet werden. Der Vertrag unter künftigen gesetzlichen Erben über den gesetzlichen Erbteil oder den Pflichtteilgemäß § 311b Abs. 5 BGB sowie der Verzicht auf das Pflichtteilsrecht gemäß § 2346 BGB betreffen das künftige Pflichtteilsrecht.

2. Pflichtteilsberechtigter

Der Inhaber des Pflichtteilsanspruchs ist der „Pflichtteilsberechtigte" und damit Nachlassgläubiger.

3. Pflichtteilsschuldner

Der Schuldner des Pflichtteilsanspruchs ist gegenüber dem Pflichtteilsberechtigten – also im Außenverhältnis – regelmäßig der Erbe (§ 2303 Abs. 1 BGB), bei mehreren Erben je nach dem Stand der Erbengemeinschaft als Teilschuldner oder Gesamtschuldner (§§ 2058 ff. BGB). Ausnahmsweise schuldet (beim Pflichtteilsergänzungsanspruch) der Beschenkte, aber nur subsidiär (§ 2329 BGB).

4. Pflichteilverbindlichkeit – Pflichtteilslast

Die Pflichtteilsverbindlichkeit ist die vom Erben (§ 2303 Abs. 1 BGB; Ausnahme: § 2329 BGB) zu tragende Schuld. Die Pflichtteilslast bestimmt, in welchem Umfang der Pflichtteilsschuldner letztlich (im Innenverhältnis) einzustehen hat. Das Gesetz verteilt die Pflichtteilslast auf die (Mit-)Erben, Vermächtnisnehmer und die durch Auflagen Begünstigten (§§ 2318 ff. BGB). Der Erblasser kann letztwillig die Pflichtteilslast anders verteilen (§ 2324 BGB).[6]

II. Pflichtteilsrecht und Verfassungsrecht

1. Zur verfassungsrechtlichen Problematik

2 Das Pflichtteilsrecht zeigt den Stand der Verfügungsfreiheit des einzelnen gegenüber der Bestimmungsmacht des Staates an, wobei das staatliche Interesse sich auf den Schutz der Familie und auf Sicherung fiskalischer Begierden bezieht. Für die Durchsetzung dieser Interessen ist historisch von Interesse, dass das deutsche Recht die freie Verfügung über das Erbgut ablehnte und lediglich unter kirchlichem Einfluss sich ein vergebbarer Freiteil von $^1/_3$ entwickelte, „der vor allem von der Kirche als Sohnesteil Christi, „pro salute animae", begehrt wurde.[7]

In Art. 14 Abs. 1 GG wird das Privaterbrecht bestehend aus **Privaterbfolge** und **Testierfreiheit** gewährleistet und zwar als Grundrecht sowie als Institutsgarantie.[8]

Dabei umfasst die Testierfreiheit im Wesentlichen die Befugnis des Erblassers, die Rechtsnachfolge im Todesfall zu bestimmen. Sie ist eine Auswirkung der persönlichen Freiheit und als Verfügungsbefugnis des Eigentümers über den Tod hinaus zu sehen. Die Testierfreiheit umfasst auch die Befugnis des Erblassers, einen von der gesetzlichen Erbfolge abweichenden Übergang seines Vermögens nach seinem Tode an einen oder mehrere Rechtsnachfolger anzuordnen, insbesondere einen gesetzlichen Erben von der Nachlassbeteiligung auszuschließen und wertmäßig auf den gesetzlichen Pflichtteil zu beschränken.[9]

---

[6]   ZB: „Ich bestimme, dass die Pflichtteilslast nur von den Erben, nicht auch von den Vermächtnisnehmern, zu tragen ist."

[7]   *Lange/Kuchinke*, Erbrecht, § 37 I 1 c.

[8]   BVerfGE 58, 377 (398); BVerfG NJW 1985, 1455; BVerfGE DNotZ 1995, 692.

[9]   BVerfGE 58, 377 (398); BVerfG NJW 2005, 1561 (1562 f.).

Zu einer Gleichbehandlung seiner Abkömmlinge ist er von Verfassungs wegen nicht gezwungen.[10] Dem Recht des Erblassers zu vererben, entspricht das Recht des Erben, kraft Erbfolge zu erwerben, es ist, wie die Testierfreiheit, untrennbarer Bestandteil der Erbrechtsgarantie.[11]

Die Privaterbfolge verpflichtet den Staat, im Falle der gesetzlichen Erbfolge diese am generalisierten Interesse des Erblassers auszurichten.[12]

Der Gesetzgeber muss bei der näheren Ausgestaltung des Erbrechts den grundlegenden **3** Gehalt der verfassungsrechtlichen Gewährleistung wahren und sich im Einklang mit allen anderen Verfassungsnormen halten;[13] das BVerfG verweist dabei auf seine frühere Rechtsprechung zur Beachtung des Grundsatzes der Verhältnismäßigkeit und des Gleichheitsgebots. Dabei hat der Gesetzgeber einen Wertungs- und Gestaltungsspielraum. Nach der Rspr. des BVerfG stellt „ein **Verwandtenerbrecht** unter **angemessener Beteiligung des Ehegatten,** wie es der deutschen Rechtstradition entspricht, eine sachgerechte Regelung der gesetzlichen Erbfolge dar".[14] In seiner Entscheidung vom 19.4.2005[15] hat das BVerfG aus Art. 14 Abs. 1 S. 1 GG als ein „Kernelement des deutschen Erbrechts" das Recht der Kinder des Erblassers auf eine **dem Grundsatz nach unentziehbare und bedarfsunabhängige Teilhabe am Nachlass** hergeleitet. Das Gericht sieht dieses Pflichtteilsrecht, das eine grundsätzlich unentziehbare und bedarfsunabhängige wirtschaftliche Mindestbeteiligung der Kinder am Nachlass als tragendes Strukturprinzip zum Inhalt hat, in einem „engen Sinnzusammenhang mit dem durch **Art. 6 Abs. 1 GG** gewährleisteten Schutz des Verhältnisses zwischen dem Erblasser und seinen Kindern. Die „grundsätzlich unauflösbare" Familiensolidarität rechtfertige es, dem Kind mit dem Pflichtteilsrecht auch über den Tod des Erblassers hinaus eine ökonomische Basis aus dem Vermögen des verstorbenen Elternteils zu sichern. Das Gericht billigt dem Gesetzgeber im Spannungsverhältnis zwischen der Testierfreiheit und der „grundsätzlich zwingenden Nachlassteilhabe der Kinder" einen „weiten Gestaltungsspielraum"[16] zu. Die Ausgestaltung (Geldanspruch oder Beteiligung an der Erbengemeinschaft) und die Höhe des Pflichtteils sei verfassungsrechtlich nicht „strikt" vorgegeben. Es müsse lediglich eine „unentziehbare angemessene Teilhabe" am Nachlass gewährleistet sein. Über die derzeitigen Vorschriften (§ 2303 Abs. 1 BGB; das Pflichtteilsrecht von Eltern und Ehegatten wird nicht angesprochen) müsse der Gesetzgeber nicht hinausgehen. Auch die Regelungen über die Pflichtteilsentziehungs- und Pflichtteilsunwürdigkeitsgründe würden den verfassungsrechtlichen Vorgaben genügen.

Dem Urteil von *Stüber*[17] dass die Begründung für die verfassungsrechtliche Ableitung des Pflichtteilsrechts „überraschend ‚dünn' und insgesamt wenig überzeugend ist", ist zuzustimmen. Die historische Interpretation ist zweifelhaft; die Literatur berichtet nur von (letztlich) Vermutungen, dass der Verfassunggeber ein entsprechendes Vorverständnis (das sicher vorhanden war) „in seiner Gesamtheit" in den verfassungsrechtlichen Schutz überführen wollte.[18] Das Gericht beruft sich zur Begründung auch auf die Regelungen anderer Länder, spart hierbei aber den anglo-amerikanischen Rechtskreis, der kein Pflichtteilsrecht, allenfalls einen Bedürftigkeitsunterhalt kennt, aus. Eine Abwägung der Rechtsgüter Testierfreiheit und Pflichtteilsrecht innerhalb der Erbrechtsgarantie erfolgt nicht. Jedoch wird der Testierfreiheit einschränkend der Schutz der Familiengemeinschaft aus Art. 5 Abs. 1 GG gegenübergestellt. Die Abwägung ist jedoch nicht überzeugend. Zwar ist dem BVerfG bei

---

[10] BVerfG NJW 1985, 1455; NJW 2005, 1561 (1563).
[11] BVerfGE DNotZ 1995, 692; BVerfGE DNotZ 1995, 758; BVerfGE DNotZ 1999, 409; NJW 2005, 1561 (1563).
[12] BVerfG DNotZ 1995, 692.
[13] BVerfG NJW 1985, 1455.
[14] BVerfG DNotZ 1995, 692.
[15] BVerfG NJW 2005, 1561.
[16] BVerfG NJW 2005, 1561 (1564).
[17] *Stüber* NJW 2005, 2122.
[18] *Stüber* NJW 2005, 2122 (2123); s. auch *Otte* AcP 2002, 317 (320 f.); das BVerfG behauptet eine „Anknüpfung", ohne sie zu belegen.

seiner verfassungskonformen Auslegung des § 2333 Nr. 1 BGB zuzustimmen, dass dem den Pflichtteil begehrenden Mörder der Erblasserin auch dann der Pflichtteil entzogen werden kann, wenn er strafrechtlich schuldunfähig, aber mit natürlichem Vorsatz handelt; dies vor allem auch im Hinblick auf die vorangegangenen Misshandlungen seiner Mutter. Letztlich hat sich das BVerfG zutreffend den Vorschlag *Ottes*[19] zu Eigen gemacht, dass § 2333 Nr. 1 BGB verfassungskonform so auszulegen sei, dass im Einzelfall der Gesichtspunkt der Unzumutbarkeit für den Erblasser überwiegen könne.

Im zweiten, mitentschiedenen Fall billigt das BVerfG jedoch die formale Weigerung der Gerichte, den Körperverletzungsvorsatz des den Pflichtteil begehrenden Sohnes im Wege der Beweisaufnahme zu überprüfen, weil der Vortrag nicht ausreichend substantiiert sei. Wenn man bedenkt, dass die zivilprozessuale höchstrichterliche Rechtsprechung[20] in den letzten Jahren extrem hohe Anforderungen an das Bejahen fehlender Substantiierkeit stellt, war die Entscheidung zumindest überraschend.

Das BVerfG hat die Öffnung der Klauselenge der Fälle des § 2333 BGB letztlich ohne ausreichende und überzeugende Abwägung abgelehnt. So hat es den Weg zu einer allgemeinen Zerrüttungs- oder Entfremdungsklausel mit dem Argument verschlossen, durch eine solche würde sich das Risiko erhöhen, dass nichteheliche Kinder häufiger von einer Pflichtteilsentziehung betroffen werden als eheliche Kinder. Es ist kaum vorstellbar, dass diese Konfliktlage nicht verfassungskonform lösbar sein sollte. Schließlich berücksichtigt das BVerfG nicht die tatsächlichen Gegebenheiten und das rechtliche Umfeld. Dass Kinder im Familienverbund das Familienvermögen mit aufbauen, kann doch heute nicht mehr als ernst zu nehmende, generell geltende Lebenswirklichkeit dargestellt werden. Ebenso verhält es sich mit der Pflege der Eltern. Beim rechtlichen Umfeld hat das BVerfG die Einschränkung der Testierfreiheit über das Erbschaftsteuerrecht überhaupt nicht angesprochen. Eine größere Flexibilität im Pflichtteilsrecht sowie eine stärkere Berücksichtigung des Familienvermögens im Erbschaftsteuerrecht würde den Familienzusammenhalt stärker fördern, als starre Pflichtteilsregelungen, deren Akzeptanz erodiert ist im Zusammenwirken mit einer familienfeindlichen Steuergesetzgebung.

Im Rahmen der Testierfreiheit sollte nicht mehr weiter übersehen werden, dass der Erblasser im wirtschaftlichen Ergebnis sowohl bei Pflichtteilsberechtigten wie bei Fehlen naher Angehöriger (Steuerklasse III) nur noch über die Hälfte des Wertes seines Vermögens von Todes wegen frei verfügen kann. Kritisch äußert sich auch Lange: *„Im Verhältnis zu den Common-Law-Rechtsordnungen, die ein Pflichtteilsrecht ablehnen, ist dieses ohnehin eine Eigentümlichkeit, die nur dem unverzichtbar erscheint, der weder nach den Ursachen der übernommenen Regelung fragt, noch ihre gegenwärtige Gestalt im Hinblick auf ihre soziale Bedeutung neu einschätzt. In wirtschaftlicher Hinsicht ist das Pflichtteilsrecht sogar geeignet, die vermögensrechtliche Grundlage der Familie zu zerstören. Sozialpolitisch vertretbar ist es nur, wenn man aus Furcht vor der Anhäufung großer Vermögen und einer Einbindung in fideikommissähnliche Verhältnisse die Zerschlagung des Familienvermögens fördern möchte.“*[21] Dem ist zuzustimmen ebenso wie der Ansicht von *Klingelhöffer:* „… *vielmehr liegt die Grenze des verfassungsrechtlich zu schützenden Pflichtteilsrechts dort, wo Unterhalts- und Versorgungsansprüche naher Angehöriger gefährdet werden.“*[22] Inwieweit sich im Pflichtteilsrecht „Gestaltungsspielräume“ durch die EuErbVO ergeben werden, bleibt abzuwarten. Jedenfalls hat der Erblasser die Möglichkeit, durch die Wahl seines gewöhnlichen Aufenthalts in Verbindung mit einer entsprechenden Rechtswahl Einfluss auf Pflichtteilsansprüche zu nehmen, vergleiche Art. 21, 22 EuErbVO.[23]

---

[19] *Otte* AcP 2002, 329; *Otte* nennt auf derselben Seite ein dispositives Pflichtteilsrecht „pure Narretei". Diese Übertreibung ist unverständlich.

[20] BGH NJW 1991, 2707; 1999, 2887 f.; 2000, 3286.

[21] *Lange/Kuchinke,* Erbrecht, § 2 IV 2 c.

[22] *Klingelhöffer* PflichtteilsR Rn. 21.

[23] Siehe dazu: Schlitt/Müller/*Emmerling de Oliveira*, Handbuch Pflichtteilsrecht, 2. Auflage 2017; § 15 Rn. 2.

2. Art der Beteiligung naher Angehöriger am Nachlass im Rechtsvergleich und in der Reformdiskussion

Soweit die Rechtsordnungen ein Pflichtteilsrecht vorsehen (**England** hat „kein eigentliches **4** Pflichtteilsrecht",[24] sondern nur die Möglichkeit, den nicht angemessen versorgten Angehörigen auf deren Antrag eine richterlich angeordnete Rente zu gewähren; **Frankreich** gewährt nur Abkömmlingen ein Pflichtteilsrecht; einem hinterbliebenen, nicht geschiedenen Ehegatten nur für den Fall, dass ein Ehegatte nicht mit Abkömmlingen zusammentrifft, Art. 914-1 nF Code Civil), differiert nicht nur, wem und in welcher Höhe dieses Recht zusteht, sondern vor allem, ob der Berechtigte am Nachlass beteiligt ist (**„Noterbrecht"** oder „Zwangserbrecht") oder nur einen **Zahlungsanspruch** erwirbt. Mit Ausnahme von Deutschland und Österreich[25] sowie der ehem DDR (ebenso Ungarn, Polen, Schweden und Finnland),[26] die einen Zahlungsanspruch (also keinen Anspruch auf Nachlassgegenstände) vorsehen, kennen die Rechtsordnungen ein **Noterbrecht;** in den USA finden sich – je nach Bundesstaat – beide Systeme. Rechtstechnisch wird das Noterbrecht durch eine **Herabsetzungsklage** durchgesetzt, die der auf Herausgabe verklagte Pflichtteilsberechtigte (auf den als Vorbehaltserbe das Vermögen zunächst übergeht; so das französische Recht) dem Testamentserben entgegengesetzt.[27] Frankreich: Art. 912 ff. CC; Schweiz: Art. 471 ZGB; Italien: Art. 554 CC.

Der Pflichtteilsberechtigte, der einen Zahlungsanspruch erwirbt, ist Nachlassgläubiger. Die Höhe des Pflichtteils – gleich welcher Art die Beteiligung ist – differiert in den Rechtsordnungen in Bruchteilen von $1/4$ bis $3/4$ des gesetzlichen Erbteils oder gleich des Reinnachlasses, abhängig von Person und Anzahl der Berechtigten. Während das deutsche Recht vereinfachend die Hälfte des gesetzlichen Erbteils festlegt, kennt das italienische Pflichtteilsrecht 17 Möglichkeiten.[28]

Auch bei der Person des Pflichtteilberechtigten bestehen erhebliche Unterschiede in den Rechtsordnungen.

Dabei ist die Stellung von Deszendenten und Aszendenten, des nichtehelichen oder angenommenen Kindes und schließlich des Ehegatten unterschiedlich. Wenn der Ehegatte pflichtteilsberechtigt ist (er ist es nicht in England, Frankreich [wenn er mit Abkömmlingen zusammentrifft] und den Niederlanden), steht ihm teilweise ein Unterhaltsanspruch (Art. 767 CC; Luxemburg Art. 205 CC) oder ein Nießbrauch an einer Nachlassquote (Art. 915 bis § 1 belg. CC, Art. 834 span CC) zu.

III. Nachlassbewertung

1. Grundsätze

Der Pflichtteil wird aus dem **Nettonachlass** bewertet, also nach Bewertung der Nachlass- **5** aktiva und Abzug der Nachlasspassiva. Der Wert der einzelnen Nachlassgegenstände ist grundsätzlich nach gemeinem Wert, also dem **Verkehrswert** (nicht Liebhaberwert)[29] **zur Zeit des Erbfalls,** – notfalls durch Schätzung – zu ermitteln, (§ 2311 BGB). Eine Wertbestimmung des Erblassers ist grundsätzlich nicht maßgebend.

Besonderheiten bestehen bei der Vererbung **landwirtschaftlicher Anwesen in Baden-Württemberg, Bremen, Hessen und Rheinland-Pfalz,** da die hier geltenden

---

[24] So *Lange/Kuchinke*, Erbrecht, § 37 IV 1 Fn. 52.
[25] §§ 762 ff. ABGB; die Pflichtteilsberechtigung werden „Noterben" genannt, § 764.
[26] Staudinger/*Otte* Einl. zu §§ 2303 ff. Rn. 5.
[27] Frankreich: Art. 920 ff. CC; Schweiz: Art. 522 ff. ZGB; Italien: Art. 920 ff. CC.
[28] Vgl. zu den europäischen Rechtsordnungen die Überblicke bei *Lange/Kuchinke*, Erbrecht, § 37 II und *Ebenroth,* Erbrecht, § 13 V.
[29] BGHZ NJW 1954, 1764; BGH NJW 1954, 1037.

Anerbengesetze Sonderregelungen für die Berechnung des Pflichtteils (meist nach dem Ertragswert = – bis 25-facher jährlicher Reinertrag) vorsehen.

Auch bei der Berechnung von Pflichtteilsansprüchen, die **Höfe im Sinne der Höfeordnung** von 1976 in Hamburg, Niedersachsen (außer im Amt Neuhaus), Nordrhein-Westfalen und Schleswig-Holstein betreffen, gelten Sondervorschriften;[30] für die Ermittlung des Abfindungswerts gilt der sog. Hofeswert Für den Hof ist nach § 12 Abs. 2 bis 5 HöfeO grundsätzlich der eineinhalbfache steuerliche Einheitswert nach § 48 des Bewertungsgesetzes anzusetzen. Erzielt der Hoferbe innerhalb von 20 Jahren nach dem Erbfall bei einer Veräußerung einen höheren Wert, können die Pflichtteilsberechtigten nach § 13 HöfeO Ergänzung ihrer Pflichtteile verlangen.

Hat der Erblasser bei Vererbung eines **Landgutes nach BGB** ein Übernahmerecht eines Miterben angeordnet, so ist im Zweifel der Ertragswert anzusetzen (§§ 2049, 2312 BGB). Diese Privilegierung greift nur ein, wenn das Landgut an einen abstrakt pflichtteilsberechtigten Erben geht (§ 2312 Abs. 3 BGB; pflichtteilsberechtigt in diesem Sinne ist auch ein Erbe, der konkret durch einen näher stehenden Erben von seinem Pflichtteil ausgeschlossen wäre).[31] Ertrag ist der Betrag, der am Monat- bzw. Jahresende dem Landwirt nach Abzug aller Kosten und angemessener (auch fiktiver) Entlohnung seiner (und nicht entlohnter mitarbeitender Familienmitglieder) Arbeitskraft übrig bleibt. Die Erblasseranordnung, dass das Landgut mit dem Ertragswert zu bewerten sei, kann im Wege ergänzender Vertragsauslegung ermittelt werden.[32] Die Bundesländer können hierzu Vorschriften erlassen (Art 137 EGBGB), etwa zum Kapitalisierungsfaktor.[33]

Die **Ertragswertberechnung** ist nicht gerechtfertigt, wenn

– der Zweck, einen leistungsfähigen landwirtschaftlichen Betrieb in der Hand einer Person zu erhalten, nicht erreicht werden kann;[34]
– landwirtschaftliche Flächen in einem Bebauungsplan als Baugebiet ausgewiesen sind;[35]
– praktisch baureife Grundstücke aus dem Hof ohne Gefahr für dessen dauernde Lebensfähigkeit herausgelöst werden können.[36]

Das BVerfG hat[37] einen Verstoß gegen Art. 3 Abs. 1 GG verneint; § 2312 ist jedoch nach dem Schutzzweck des Gesetzes und dem Verhältnismäßigkeitsgrundsatz (insbes. Erforderlichkeit!) auszulegen. Das Gesetz definiert den Begriff „Landgut" nicht. Es muss jedoch zur Zeit des Erbfalls[38] eine zum selbständigen (auch nebenberuflich geführten, falls er zu einem erheblichen Teil zum Lebensunterhalt beiträgt[39] und dauernden Betrieb der Landwirtschaft (auch Forstwirtschaft, Gärtnerei, Gartenbau)[40] geeignete und bestimmte Wirtschaftseinheit darstellen und mit den nötigen Wohn- und Wirtschaftsgebäuden versehen sein.[41][42] Sie muss eine ausreichende Größe erreichen und für den Inhaber eine selbständige Nahrungsquelle darstellen (ohne dass eine sog. Ackernahrung vorliegen muss), muss aber nicht eine bäuerliche Durchschnittsfamilie ernähren.[43] An der Privilegierung nehmen nur solche Betriebe teil, die nach ihrem Gesamtbild vom Betrieb einer Landwirt-

---

30 S. *Ridder/* MAH ErbR, § 43 Rn. 4 ff., 15 ff.
31 Zur analogen Anwendung von § 2312 BGB im Falle des Pflichtteilsergänzungsanspruchs s. BGH NJW 1995,1352; OLG Jena ZEV 2007, 531.
32 OLG München BeckRS 2009, 8579; kritisch hierzu *Klinger /Roth* NJW-Spezial 2009, 359 (360).
33 Der Arbeitskreis der deutschen Gesellschaft für Agrarrecht, AgrarR 1994, 5 empfiehlt für die neuen Bundesländer, in denen kein Ausführungsgesetz besteht, in Anwendung des § 36 Abs. 2 S. 3 BewG den Multiplikator 18.
34 BGH NJW 1987, 1260 für baureife und auskiesungsreife Grundstücke; BGH NJW-RR 1992, 66.
35 BGHZ 98, 382 (388); OLG Stuttgart NJW 1967, 2411.
36 Bauerwartungsland zB, BGHZ 98, 382 (388).
37 BVerfGE 67, 348 = NJW 1985, 1329.
38 BGH NJW 1997, 951.
39 BGHZ 98, 375.
40 OLG Oldenburg FamRZ 1992, 726
41 BGHZ 98, 375.
42 Palandt/*Weidlich* § 2312 Rn. 8 mwN.
43 BGH NJW-RR 1992, 770. Hier auch zur fehlenden Bewirtschaftung.

schaft im Sinne einer Urproduktion geprägt sind, was bei einer Pferdepension nicht der Fall ist.[44]

Der Erblasser kann auch in Abweichung von § 2311 Abs. 2 S. 2 BGB einen Übernahmepreis zwischen dem Ertragswert und dem Schätzwert bestimmen.

2. Abweichungen vom Verkehrswert am Stichtag

a) Der innere oder wahre Wert

Der BGH bewertet in den Fällen, in denen es für die Ermittlung des Verkehrswertes keinen **6** Markt gibt oder zum Stichtag (Erbfall) außergewöhnliche Verhältnisse herrschen, deren baldige Änderung ohne weiteres vorhersehbar ist, nach dem **„inneren" oder „wahren" Wert**.[45]

Mit dieser „Denkfigur" will der BGH außergewöhnliche Preisverhältnisse (Stopp- Preise oder Preisverfall auf Grund politischer Krisen, wie bei Berliner Grundstückspreisen zur Zeit des Chruschtschow-Ultimatums) erfassen und damit einen höheren Wert als den Verkehrswert zum Stichtag erreichen. Der BGH hat jedoch ausdrücklich abgelehnt, diese „Denkfigur" zu benutzen, wenn außergewöhnliche Verhältnisse zu höheren Preisen führen. Der wahre Wert würde dann zu einer niedrigeren Bewertung führen. Einer solchen Herabsetzung des Verkaufswertes zum Nachteil des Pflichtteilsberechtigten ist der Erbrechtssenat jedoch entgegengetreten.[46]

So hat der BGH die Preissteigerungen, die sich auf Grund des Flughafenbaus in München – Erding 6 Monate nach dem Erbfall beim Verkauf ergeben haben und die – da sie einmalig waren und nur in Bezug auf einen Kaufinteressenten bestanden – zu einem niedrigeren „wahren" Wert bei der Begutachtung führten, für die Berechnung des Pflichtteils zugrunde gelegt.[47]

Beabsichtigt der Erbe den Nachlassgegenstand trotz einer ungünstigen Marktsituation am Stichtag zu verkaufen oder ist er dazu gezwungen, dann ist jedoch dieser ungünstige Verkaufswert/Verkehrswert anzusetzen.[48]

b) Die Bedeutung späterer Verkäufe bei nicht wesentlich veränderten Marktverhältnissen

Der BGH[49] hat einen 5 Jahre[50] nach dem Erbfall erzielten Preis für ein Nachlassgrundstück, **7** der höher lag als der Wert nach dem Gutachten, das Berechnungsgrundlage war, als maßgeblich angesehen und einer Nachforderungsklage stattgegeben. Er ging davon aus, dass dieser Preis, entgegen dem Gutachten, der anzusetzende Verkehrswert sei, weil die Marktverhältnisse sich seit dem Erbfall nicht wesentlich verändert (Beweislast: Pflichtteilsberechtigter) hätten und die Bausubstanz nicht wesentlich verändert worden sei (Beweislast für Veränderung: Erbe).

Eine Bewertung, die an einem konkreten Verkauf des betreffenden Gegenstandes anknüpfen könne, verdiene den Vorzug vor einer Schätzung, die sich nur an allgemeinen Erfahrungswerten orientiere.[51]

---

44 OLG München NJW-RR 2003, 1518.
45 BGH NJW 1954, 1037; BGH NJW 1965, 1589; BGHZ 13, 378 (392).
46 BGH NJW 1987, 1260 (1262); BGH NJW-RR 1991, 900 (901).
47 BGH NJW 1987, 260; BGH NJW 1991, 900.
48 So der BGH bei einer vergleichbaren Problematik im Zugewinnprozess, BGH NJW-RR 1991, 899.
49 BGH NJW-RR 1993, 131.
50 S. auch BGH NJW-RR 1991, 900 (6 Monate) und OLG Düsseldorf ZEV 1994, 361 (7 Monate).
51 S. auch OLG Brandenburg, Urteil vom 20.2.2008 – 13 U-112/06 = BeckRS 2008, 3395; kritisch zur Nachabfindungs-Rechtsprechung MüKoBGB/*Lange* § 2311 Rn. 29; *Mayer* ZEV 1994, 331.

3. Bewertung einzelner Aktivposten

8 • **Grundstücke:** Eine bestimmte Bewertungsmethode ist vom Gesetz nicht vorgeschrieben.

• Der BGH[52] erhob keine Einwendungen gegen eine Begutachtung nach den Regeln der **Wertermittlungsverordnung,** die mittlerweile von der Immobilienwertermittlungsverordnung (ImmoWertV 2010) abgelöst wurde.
Nach § 7 WertV sind das **Vergleichsverfahren,** das **Ertragsverfahren** und das **Sachwertsverfahren** gleichwertige Methoden zur Ermittlung des Verkehrswerts. Die Auswahl ist nach der Art des Gegenstandes der Wertermittlung und Berücksichtigung der im gewöhnlichen Geschäftsverkehr bestehenden Gepflogenheiten und der sonstigen Umstände des Einzelfalles zu treffen (§ 2 ImmoWertV).
Bei **eigengenutzten Ein- und Zweifamilienhäusern** kam dem Sachwertverfahren das größere Gewicht zu;[53] es war in §§ 21–25 WertV geregelt. Bei der gebotenen Berücksichtigung der Lage auf dem Grundstücksmarkt ist durch ein Gutachten zu überprüfen, ob die Vergleichswerte tatsächlich vergleichbar sind; bei Berücksichtigung statistischer Abschläge zur Entwicklung des Grundstücksmarktes ist kritisch zu prüfen, ob die tatsächlichen Preisverhältnisse am Stichtag näher beim Mittelwert des Vorjahres oder demjenigen des laufenden Jahres liegen.[54] Die Praxis zeigt, dass je nach Gutachter die Schätzungen stark differieren können; eine kritische Prüfung des Gutachtens ist hier immer erforderlich.

• **Unbebaute Grundstücke:** Vergleichsverfahren oder die Bodenrichtwerte gemäß § 196 BauGB.[55]

• **Bauerwartungsland:** Verkehrswert; die darauf ruhende latente Einkommensteuerlast ist zu berücksichtigen, wenn der Wert nur durch Verkauf realisiert werden kann.[56]

• **Mietshaus:** Nur Ertragswertverfahren.[57]

• **Ausländische Grundstücke:** *Klingelhöffer*[58] weist zu Recht daraufhin, dass es im Hinblick auf etwaige Grundverkehrsgesetze, die Erwerbsbeschränkungen enthalten, nur auf den rechtlich zulässigen Markt ankommen kann. Bei Ferienwohnungen etwa in Mittelmehrländern sind unter Umständen erhebliche Abschläge vorzunehmen.[59]

• **Heimstätte:** Grundsätzlich der im Grundbuch eingetragene Entgeltbetrag; sonst der **Anrechnungswert** gemäß § 36 der Verordnung zur Ausführung des Reichsheimstättengesetzes; ab 1.10.1993 allein der **Verkehrswert.**[60]

• **Landwirtschaftliche Grundstücke:** Landgut iS des § 2312: Ertragswert; sonst Vergleichswert.

• **Geschlossene Immobilienfonds:** Noch keine Rspr.[61]

---

[52] BGH NJW-RR 1992, 899 (900).
[53] BGH NJW-RR 1992, 899 (900).
[54] S. hierzu BGH NJW-RR 1992, 899 (900); BGH WM 1991, 1654 (1655); BGH NJW 1970, 2018; bei Kaufpreissammlungen ist auf die zeitnahen Erlöse zu achten.
[55] Palandt/*Weidlich* § 2311 Rn. 8.
[56] BGHZ 98, 382.
[57] BGH NJW 1970, 2919; uU auch Sachwertverfahren ergänzend BGH WM 1961, 700 oder wenn Herstellungskosten vorrangig sind (BGH NJW 1970, 2018; OLG Köln MDR 1963, 411; Palandt/*Weidlich* § 2311 Rn. 8); zum Mischwert S. BGH NJW-RR 1986, 226.
[58] *Klingelhöffer* PflichtteilsR Rn. 349 f.
[59] *Klingelhöffer* PflichtteilsR Rn. 349 f.
[60] BGH NJW 1972, 1669 (auch zu einer evtl. Änderung); *Meyer* ZEV 1994, 331 (334); *Kasper*/ MAH ErbR § 46 Rn. 44.
[61] Näher *Klingelhöffer* PflichtteilsR Rn. 354: Es existiert kein Markt. Unter Ablehnung des Ertragswerts schlägt *Klingelhöffer* vor, den künftigen Verkaufswert mittels vorsichtiger wirtschaftlicher Prognose zu ermitteln und zum Todestag abzuzinsen; der Ertragswert ergebe bestenfalls zwei Dritten des Kaufpreises, was aber nicht realisierbar sei. Dieser Ansicht ist wohl zu folgen.

- **Unternehmen:**[62] Grundsätzlich ist der wirkliche Wert[63] (nicht der Bilanz- oder Buchwert) unter Berücksichtigung stiller Reserven und Aktivierung des Firmenwerts anzusetzen. Letztlich kommt es auf die tatrichterliche Würdigung (Schätzung) an, da es **keine einhellig gebilligte Bewertungsmethode** gibt. Selbst betriebswirtschaftliche Sachverständige kommen bei der Bewertung von Unternehmen zu – teilweise extrem – unterschiedlichen Ergebnissen.

  In der Regel ist der Wert durch eine Verbindung von Substanzwert und Ertragswert zu ermitteln,[64] insbesondere bei Fortführung des Unternehmens. In Einzelfällen ist auf den Liquidationswert abzustellen, der jedenfalls auch die Wertuntergrenze bildet.[65] Hat ein Unternehmen am Stichtag keinen positiven Ertragswert und wird es 3 Jahre später ohne Erlös liquidiert, so darf auf den Liquidationswert am Stichtag abgestellt werden. Bei Veräußerung etwa 1 Jahr nach dem Stichtag darf der Erlös zur Orientierung genommen werden, wenn wesentliche Veränderungen des Marktes nicht ersichtlich sind.[66] Bei Pflichtteilsergänzungsansprüchen ist das Niederstwertprinzip des § 2325 Abs. 2 S. 2 BGB zu beachten.

- **Gesellschaftsanteile: Personengesellschaften:** Grundsätzlich ist der Ertragswert maßgeblich;[67] im Einzelfall kann auch auf den Substanzwert zurückgegriffen werden.[68] Bei **Kapitalgesellschaften:** Grundsätzlich ist auch hier der Verkehrswert maßgeblich und nicht der Buchwert; bei börsennotierten Anteilen mindestens der Kurswert am Stichtag.[69] Bei Abtretungsverpflichtung oder Vinkulierung ist ein Abschlag zu machen.[70] Bei Auflösung der Gesellschaft durch den Tod des Gesellschafters oder Fortführung durch die verbliebenen Gesellschafter: Auseinandersetzungs- oder Abfindungsguthaben;[71] evtl. Pflichtteilsergänzungsanspruch wegen Schenkung (→ § 17 Rn. 64).[72] Führen Abfindungsklauseln zu Werten unter dem Verkehrswert ist str., ob dies hinzunehmen ist[73] oder der volle Wert anzusetzen ist.[74]

- **Abschreibungsgesellschaften:** Es sind die steuerlichen Auswirkung beim Erben zu berücksichtigen.[75]

- **Wertpapiere:** Maßgeblich ist der mittlere Tageskurs der Börse zur Zeit des Erbfalls.[76]

- **Forderungen:** Anzusetzen ist der Nennwert plus eventuelle Zinsen; bei zweifelhaften Forderungen erfolgt kein Ansatz mit späterer Nachforderung (§ 2313 Abs. 2 S. 2 BGB). Wiederkehrende Forderungen (zB Leibrenten, Wohnrecht)[77] sind zu kapitalisieren.

- **Hausrat:** Falls es sich um Voraus handelt (bei gesetzlicher Erbfolge) bleibt dieser außer Ansatz (§ 2311 Abs. 1 S. 2 BGB). Soweit es einen Markt gibt: Verkehrswertgutachten. Im Übrigen häufig Wertlosigkeit.[78]

---

[62] *Klingelhöffer* PflichtteilsR Rn. 356 ff.
[63] BGH NJW 1982, 575; BGHZ 68, 163.
[64] BGH NJW 1973, 509; NJW 1982, 2441.
[65] BGH NJW 1973, 509.
[66] BGH NJW 1982, 2497.
[67] BGH NJW 1958, 192.
[68] BGH DNotZ 1992, 526.
[69] *Kasper* MAH ErbR § 46 Rn. 32; Staudinger/*Herzog* § 2311 Rn. 111.
[70] *Kasper* MAH ErbR § 46 Rn. 32 mwN.
[71] BGH NJW 1986, 2431.
[72] Zur Zulässigkeit von Abfindungsklauseln BGH NJW 1979, 104.
[73] Evtl. entspr. BGH NJW 1992, 892.
[74] Evtl. zum vollen Anteilswert über Anfechtung nach § 134 InsO, § 4 AnfG falls nach dem Erbfall der Gesellschaftsvertrag gekündigt wird, s. näher MüKoBGB/*Lange* § 2311 Rn. 25.
[75] S. BGH WM 1986, 234 f. (zum negativen Kapitalkonto); *Klingelhöffer* PflichtteilsR Rn. 465.
[76] Palandt/*Weidlich* § 2311 Rn. 6: als Untergrenze, Gutachten nur in Ausnahmefällen; kritisch hierzu *Klingelhöffer* PflichtteilsR Rn. 236: besser Schätzung nach innerem Wert um außergewöhnliche Entwicklung auszuschließen.
[77] § 14 BewG können Verwendung finden.
[78] *Klingelhöffer* PflichtteilsR Rn. 249 ist zuzustimmen, dass nicht der Anschaffungswert abzüglich eines Abnutzungsabschlages anzunehmen ist. Bei Kunstgegenständen bietet nur eine Auktion Zuverlässigkeit über den Wert.

- Kunstgegenstände: Der Liebhaberwert ist unbeachtlich,[79] es sei denn, es hat sich ein Markt entwickelt (Briefmarken, Münzen, Kunstdrucke). Es kommt auf den Normalverkaufspreis des Erben an, bei einer Auktion auf den Nettoverkaufspreis (also abzüglich der entstandenen Kosten). Behält der Erbe den Gegenstand, sind die fiktiven Veräußerungskosten abzuziehen.[80]
- **Lastenausgleich:** Sind auch dann zu berücksichtigen, wenn sie erst in der Person des Erben entstanden sind.[81]
- **Bedingte, ungewisse oder unsichere Rechte:** Sind in § 2313 BGB geregelt: Auflösend bedingte Rechte sind wie unbedingte, aufschiebend bedingte und zweifelhafte Rechte sind wie nicht existierende Rechte zu behandeln. Gemäß § 2313 Abs. 1 S. 3 BGB hat bei Nichteintritt der auflösenden oder aufschiebenden Bedingung ein Ausgleich zu erfolgen.
- **Rückgabe enteigneten Vermögens und Entschädigungen nach dem Vermögensgesetz:**
  Der BGH[82] wendet § 2313 Abs. 2 S. 1 und Abs. 1 S. 3 BGB analog an, wenn der Erbe auf Grund des VermG ein Grundstück, das vor[83] dem Erbfall in der ehemaligen DDR enteignet wurde, zurückerhält oder eine Entschädigung bekommt. Das DDR-Erbrecht kannte nur sehr eingeschränkte Pflichtteilsrechte.[84] S. näher 9. Auflage Rn. 1.411.

4. Passiva

9 Forderungen und dingliche Belastungen, die dem Erben vor dem Erbfall zustanden, gelten als nicht erloschen (keine Konfusion oder Konsolidation), §§ 1976, 1991 Abs. 2, 2143, 2175, 2377 BGB analog.[85] Abzuziehen sind grundsätzlich nur solche Verbindlichkeiten, die auch beim Eintreten der gesetzlichen Erbfolge entstanden wären[86] und die nach § 327 InsO dem Pflichtteil vorgehen; jedoch sind nicht alle nach § 327 InsO vorrangigen Schulden abziehbar. Zwar kommt es für das Bestehen der Verbindlichkeiten grundsätzlich auf den Erbfall an; in gewissem Umfang können aber auch danach entstandene Forderungen abgezogen werden, wenn deren Rechtsgrund und Notwendigkeit auf den Erbfall zurückzuführen sind.[87]

Absetzbar sind

10 - **Erblasserschulden**
  Das sind die vom Erblasser herrührenden Schulden. Bei offenen Forderungen von Ärzten und Krankenhäusern dürfen die Erstattungsansprüche gegenüber der Krankenversicherung bzw. aus Beihilfe nicht übersehen werden.
  - **Darlehen:** auch die Zinsen bis zum Todestag sind aufzunehmen.
  - Bei **Strom-, Wasser- und Heizkosten** aus Mietobjekten ist auf den Stichtag entsprechend Mietvertrag zu berechnen (Umlegung auf den Mieter unter Berücksichtigung bezahlter Vorschüsse).
  - Schulden von im Nachlass befindlichen **Einzelunternehmen** oder **Anteilen an Personengesellschaften** wegen der persönlichen Haftung des Erblassers; die Erben können die Haftung allenfalls auf den Nachlass, nicht aber auf das Handelsgeschäft be-

---

[79] BGH NJW 1954, 1037.
[80] *Heuer,* Die Bewertung von Kunstgegenständen, NJW 2008, 689 (690).
[81] BGH WM 1977, 176.
[82] BGHZ 123, 76.
[83] OLG München DtZ 1993, 153 (154); die Lit. fordert analoge Anwendung, wenn Erblasser „konkret enteignungsbedroht" war, MüKoBGB/*Frank,* 3. Auflage, § 2313 Rn. 10.
[84] Nach § 396 Abs. 1 Nr. 2 ZGB waren Kinder, Enkel und Eltern des Erblassers nur pflichtteilsberechtigt, wenn sie beim Erbfall gegenüber dem Erblasser unterhaltsberechtigt waren.
[85] BGH DNotZ 1978, 487 (489); NJW 1975, 1123 (1124).
[86] Soergel/*Dieckmann* § 2311 Rn. 11.
[87] Soergel/*Dieckmann* § 2311 Rn. 11.

schränken. Auch die Einstellung des Unternehmens oder die Bekanntmachung der Erben, dass sie die unbeschränkte handelsrechtliche Haftung ablehnen, führt innerhalb der Frist des § 27 Abs. 2 HGB (nur) zur Haftung nach BGB. Treffen Forderungen des Pflichtteilsberechtigten gegen den Nachlass und des Erblassers gegen den Pflichtteilsberechtigten zusammen, erlöschen sie nicht **(keine Konfusion)**.

- **Gemeinsame Schulden von Ehegatten** sind beim Tod eines Ehegatten idR (§ 426 Abs. 1 S. 1 BGB) nur zur Hälfte abzusetzen.
- **Rückforderung unbenannter Zuwendungen:**
  Zu Recht machte *Klingelhöffer* darauf aufmerksam, dass als Konsequenz der Nichtanerkennung ehebedingter Zuwendungen als Schenkung im Erbrecht der überlebende Ehegatte seine unentgeltlichen Zuwendungen an den verstorbenen Ehegatten von den Nachlassaktiva absetzen kann.[88]
- Das **negative Kapitalkonto** führt zu einer Nachlassverbindlichkeit, falls der Erblasser vertraglich zur Auffüllung verpflichtet war.[89] Rückständige **Steuerschulden** bis zum Todestag,[90] nicht jedoch die Erbschaftsteuer. Die **latente Ertragssteuerlast** ist keine Nachlassverbindlichkeit, bei der Unternehmensbewertung ist sie jedoch ein Wertfindungsfaktor.[91]
- **Unterhaltsverbindlichkeiten** gemäß §§ 1615l, und § 1586b BGB.
- Der **Unterhaltsanspruch des geschiedenen Ehegatten** nach § 1586b BGB ist eine Nachlassverbindlichkeit im Rang vor dem Pflichtteilsanspruch (§§ 1991 Abs. 4, 327 InsO). Im Gegensatz zu Unterhaltsrückständen für die der Erbe unbeschränkt haftet, ist die Haftung des Erben für künftigen Unterhalt auf die Höhe des fiktiven Pflichtteils, der unter Einbeziehung der Pflichtteilsergänzung gemäß §§ 2325 ff.[92] ohne güterrechtliche Besonderheiten und ohne Berücksichtigung einer Wiederverheiratung des Erblassers auf den Zeitpunkt des Erbfalls (nicht der Scheidung) zu berechnen ist, beschränkt. Die **Unterhaltslast des Erben entfällt,** wenn der überlebende Ehegatte auf sein **Pflichtteilsrecht verzichtet** hatte.[93] Es handelt sich weiter um einen Unterhaltsanspruch, der nach dem Tode des Erblassers zur Nachlassverbindlichkeit wird. § 1586b BGB regelt lediglich die Haftung des Erben dem Grunde nach ohne jede Einschränkung, der Höhe nach beschränkt. Der **fiktive „Pflichtteil"** ist lediglich eine Rechenfigur. Der Ehegatte kann Kapitalisierung des Anspruchs nach § 1585 Abs. 2 BGB verlangen, der Erbe kann Abänderung des Unterhalts nach allgemeinen Regeln verlangen, wobei allerdings nur noch Veränderungen auf Seiten des Unterhaltsberechtigten in Betracht kommen, etwa Rentenzahlungen auf Grund des Rentensplittings.

- **Erbfallschulden**   11
  sind solche Verbindlichkeiten, die aus Anlass des Erbfalls und in Bezug auf den Nachlass entstehen.
  - Absetzbar sind die **Kosten für Beerdigung** und Erstanlage des Grabes, für Auskunft und Wertermittlung gemäß § 2314 BGB sowie **für Sicherung und Feststellung des Nachlasses** also etwa die Kosten einer Nachlasspflegschaft, Ermittlung der Gläubiger des Aufgebots, der Inventarerrichtung, auch die Kosten eines vom Pflichtteilsberechtigten initiierten Erbprätendentenstreits und die Kosten für die Pflichtteilsberechnung und die Verwertung von Nachlasswerten.[94]

---

[88] *Klingelhöffer* PflichtteilsR Rn. 464 verweist hierzu auf Urteil des BGH v. 25.10.1972 – IV ZR 120/72 – zitiert von *Johannsen* WM 1973, 541.

[89] Bei einer Abschreibungsgesellschaft hat BGH BB 1986, 91 dem negativen Kapitalkonto nur Bedeutung für die Ermittlung des inneren Wertes des Anteils zugeschrieben.

[90] Bei gemeinsamer Veranlagung hat jedoch im Innverhältnis jeder Ehegatte den auf ihn entfallenden Steueranteil zu tragen, BGH NJW 1979, 546.

[91] BGH NJW 1972, 1269.

[92] BGH NJW 2001, 828; 2003, 1769.

[93] Palandt/*Brudermüller* § 1586b Rn. 8 mwN.

[94] BGH LM Nr. 12 zu § 2311.

- Die **Kosten für Nachlassverwaltung und Testamentsvollstreckung** nur, soweit diese für den Pflichtteilsberechtigten von Vorteil sind.[95]
- **Nicht absetzbar sind** die im Nachlassinsolvenzverfahren dem Pflichtteilsrecht nachgehenden und damit rangniederen Rechte, also **Vermächtnisse** und **Auflagen,** § 327 InsO. Weiterhin nicht abzugsfähig sind die nicht bereits **unter Lebenden vollzogenen Schenkungen von Todes wegen** gemäß § 2301 Abs. 1 BGB,[96] der **Dreißigste** (§ 1969 BGB) wegen des Vermächtnischarakters und **Pflichtteils- und Pflichtteilsergänzungsansprüche aus dem betroffenen Erbteil.**
- Der **Ausgleich des Zugewinns** ist abzusetzen,[97] da diese Ansprüche schon zu Lebzeiten des Erblassers latent vorhanden waren. Streit herrscht, ob die Ausbildungsansprüche der Stiefkinder nach § 1371 Abs. 4 BGB und die Unterhaltsansprüche der werdenden Mutter (§ 1963 BGB) abzusetzen sind. Dies ist wegen ihrer unterhaltsrechtlichen Natur im Fall des Unterhaltsanspruchs der werdenden Mutter zu bejahen,[98] bei § 1371 Abs. 4 BGB wegen seiner Natur als Legalvermächtnis zu verneinen.
- Der **Voraus** (auch wenn er ausgeschlagen ist) ist abzuziehen (bzw. aus den Aktiva auszuklammern), wenn der Ehegatte gesetzlicher Erbe geworden ist; er ist nicht abzuziehen, wenn der Ehegatte testamentarischer Erbe geworden ist.[99] Mitgerechnet wird der Voraus, wenn es um Pflichtteilsansprüche des Ehegatten geht.[100]

12 • **Grundpfandrechte, Bürgschaften, Reallasten, Nießbrauch**

Grundpfandrechte sind nur abzuziehen, soweit sie noch am Todestag valutiert sind. Bürgschaften mindern den Nachlass nur, soweit evtl. Rückgriffsansprüche uneinbringlich sind; sie sind außer Betracht zu lassen, solange offen ist, ob und in welcher Höhe der Erbe aus der Bürgschaft tatsächlich in Anspruch genommen wird.[101] Reallasten (Wohnrecht, Nießbrauch, Leibgeding) gemäß § 1105 BGB sind entsprechend § 92 ZVG mit der Ablösesumme als Passiva zu bewerten.[102] Der Nießbrauch kann entsprechend § 14 BewG kapitalisiert, ein Wohnrecht nach § 16 Abs. 2 BewG bewertet werden.

IV. Pflichtteilsberechtigte und Pflichtteilsschuldner

1. Der Kreis der Pflichtteilsberechtigten

13　Das BGB hat die Abkömmlinge, den überlebenden Ehegatten und die Eltern des Erblassers in den Kreis der Pflichtteilsberechtigten aufgenommen. Wegen der Einzelheiten zum gesetzlichen Erbrecht dieser Personen s. die Ausführungen dort (→ § 3 Rn. 3 ff.).

a) Nichteheliche Kinder

14　§ 2338a BGB aF stellte nichteheliche Kinder den ehelichen Kindern des Erblassers hinsichtlich des Pflichtteilsrechts gleich. Infolge des Erbrechtsgleichstellungsgesetzes (ErbGleichG) vom 16.12.1997 (BGBl I 2968) – in Kraft seit 1.4.1998 – ist die erbrechtliche Differenzierung zwischen ehelichen und nichtehelichen Kindern beseitigt (→ § 3 Rn. 7 ff. für Altfälle). Zwischen ehelichen und nichtehelichen Kindern wird also auch beim Tod des Vaters in den seit 1.4.1998 eingetretenen Erbfällen nicht mehr unterschieden, wenn die

---

95　BGH NJW 1985, 2828.
96　*Marotzke* AcP 184 (1984), 568.
97　BGH NJW 1988, 136; BGHZ 37, 58 (64); hM in der Literatur, zB Palandt/*Weidlich* § 2311 Rn. 4.
98　Soergel/*Dieckmann* § 2311 Rn. 12.
99　BGH NJW 1979, 546 f.
100　RGRK/*Johannsen* § 2311 Rn. 11; *Klingelhöffer* PflichtteilsR Rn. 480.
101　§ 2313 Abs. 2 BGB; OLG Köln ZEV 2004, 155.
102　*Klingelhöffer* PflichtteilsR Rn. 453 f. schlägt vor, solche Rechte mit demjenigen Betrag anzusetzen, der bei einer Zwangsversteigerung als Ersatzanspruch in den Teilungsplan aufzunehmen wäre.

Vaterschaft förmlich feststeht und das Kind nicht vor dem 1.7.1949 geboren ist (EG 227 Abs. 1 Nr. 1; § 10 II NEhelG); diese Altersgrenze gilt nur in den Fällen des EG 235 § 1 Abs. 2 nicht. Die alte Rechtslage gilt, wenn das nichteheliche Kind vor Inkrafttreten des NichtehelG (1.7.1970) stirbt, ebenso wenn das nichteheliche Kind zwar nach dem 30.6.1970 stirbt, aber vor dem 1.7.1949 geboren ist.

Während das Pflichtteilsrecht des nichtehelichen Kindes bei Entziehung des Erbersatzanspruchs aus § 2338a BGB folgt, entsteht es bei Ausschluss von der Erbfolge aus §§ 2338a S. 2, 2303 Abs. 1 S. 1 BGB. Zur Rechtslage bei den vor dem 1.7.1949 geborenen Kindern auf Grund des Urteils des EGMR vom 28.5.2009 (→ § 3 Rn. 7).

b) Adoptierte Kinder

Minderjährige Kinder haben die gleiche Stellung wie eheliche Kinder. Die neuen Eltern **15** treten erbrechtlich an die Stelle der bisherigen Eltern (§§ 1754, 1755 BGB). Der Angenommene hat also auch ein gesetzliches Erb- und Pflichtteilsrecht nach den Adoptivgroßeltern, obwohl diese am Zustandekommen der Adoption nicht beteiligt sind. Bei der Verwandten- und Stiefkindadoption werden gemäß § 1756 Abs. 1 BGB nur die Beziehungen des Kindes zu den leiblichen Eltern abgebrochen, nicht jedoch zu den leiblichen Großeltern usw, sodass es drei Großelternpaare beerben kann.

Adoptierte volljährige Kinder haben die Stellung adoptierter minderjähriger Kinder, wenn das Vormundschaftsgericht gemäß § 1772 BGB einen derartigen Beschluss gefasst hat. Ansonsten bleibt die bisherige erbrechtliche Situation bestehen. Hinzu tritt die erbrechtliche Beziehung zwischen dem Angenommenen und den Adoptiveltern (nicht aber deren Verwandten, § 1770 Abs. 1 BGB).

Zur Adoption siehe (→ § 3 Rn. 31).

c) Ehegatten

Pflichtteilsberechtigt ist auch der überlebende – nicht rechtskräftig geschiedene – **Ehegatte** **16** des Erblassers, gleichgültig, ob er getrennt lebte. Der überlebende gleichgeschlechtliche **Lebenspartner** einer eingetragenen Partnerschaft ist in Bezug auf den Pflichtteil wie ein Ehegatte zu behandeln (§ 10 Abs. 6 S. 2 LPartG).

Auswirkungen kann jedoch beim Tode des Erblassers ein rechtshängiges[103] **Scheidungsverfahren** haben.

§ 1933 BGB lässt das Erb- und Pflichtteilsrecht des überlebenden Ehegatten dann entfallen, wenn im Todeszeitpunkt die rechtshängige **Scheidungsklage** begründet gewesen wäre,[104] und der Erblasser entweder den Scheidungsantrag gestellt oder dem Antrag des Gegners zugestimmt hat. Eine formlose Zustimmung genügt.[105] Es ist dem Schrifttum zuzustimmen, das die Beschränkung der Wirkung des § 1933 BGB auf den Fall des beantragenden oder zustimmenden Erblassers für verfassungswidrig hält. Es erscheint in hohem Maße willkürlich, dass der die Scheidung betreibende überlebende Ehegatte bei begründetem Antrag pflichtteilsberechtigt sein soll, wenn – oft zufällig – der Erblasser keinen Antrag gestellt und (noch) nicht zugestimmt hat. Der beratende Anwalt muss darauf dringen, dass der Mandant selbst einen Scheidungsantrag stellt und nicht nur dem Antrag des Gegners zustimmt.

Wenn die Rechtfertigung der Erbberechtigung durch die sicher vorhersehbare Scheidung entfällt,[106] ist das Abstellen auf die prozessuale Stellung des Erblassers willkürlich. Eine verfassungskonforme Auslegung des § 1933 BGB dahin, dass unter „Zustimmung" jedes –

---

[103] Anhängigkeit genügt nicht, BGHZ 111, 329; keine Rückwirkung, etwa bei PKH-Verfahren.
[104] Die Beweislast hierfür trägt derjenige, der sich auf den Ausschluss des Pflichtteilsrechts beruft, BGH NJW 1995, 1082 ff.
[105] OLG Frankfurt FamRZ 1990, 210; Schlitt/Müller/*Schlitt*, Handbuch des Pflichtteilsrechts, § 1 Rn. 99.
[106] So OLG Frankfurt FamRZ 1990, 210.

auch konkludente – Einverständnis,[107] sei es prozessual oder außerprozessual erfolgt, genügt,[108] ist zutreffend.

Wegen der Verknüpfung des Ehegattenerbrechts mit dem Güterrecht (§ 1931 Abs. 3 und 4 BGB) ergeben sich für die Güterstände der Zugewinngemeinschaft und der Gütertrennung Besonderheiten im Hinblick auf die **Pflichtteilsquote** (bei der **Gütergemeinschaft** ändert sich die Quote von $^1/_8$ neben Abkömmlingen und $^1/_4$ im Übrigen nicht, es sind nur die verschiedenen Vermögensmassen zu beachten).

Wegen der Einzelheiten zur Auswirkung des Güterstandes (→ § 4 Rn. 5 ff.).

d) Eltern und entferntere Abkömmlinge

17 Das Pflichtteilsrecht dieses Personenkreises ist nach § 2309 BGB eingeschränkt; diese Vorschrift begründet kein Pflichtteilsrecht, sondern setzt ein solches voraus. Sinn der Regelung ist, dass es in einem Stamm nur einen Pflichtteil geben soll, und dass bei der Höhe des Pflichtteils eine angenommene Zuwendung des näheren Berechtigten berücksichtigt werden muss.

Das Pflichtteilsrecht der **Eltern** und **entfernteren Abkömmlinge** hat demnach folgende Voraussetzung:

• In der Person des entfernter berechtigten Elternteils oder Verwandten selbst müssen die Voraussetzungen für die Geltendmachung des Pflichtteils vorliegen, dh
  – er muss im Falle gesetzlicher Erbfolge als Erbe berufen sein,
  – und er selbst muss auf Grund einer letztwilligen Verfügung als Erbe ausgeschlossen sein (§ 2303 BGB).
  Bei der Volljährigen-Adoption sind die leiblichen, wie die **Adoptiveltern** erb- und pflichtteilsberechtigt. Bei Wegfall der Adoptiveltern treten deren Abkömmlinge nicht an ihre Stelle (§ 1770 Abs. 1 BGB). Bei der Minderjährigen-Adoption kommen nur die Adoptiveltern in Betracht (bzw. deren Abkömmlinge). Bei der Verwandten-Adoption sind gemäß § 1756 Abs. 1 BGB die verwandtschaftlichen Beziehungen zu den leiblichen Eltern abgebrochen, diese scheiden als pflichtteilsberechtigte Eltern deshalb aus. Zu den pflichtteilsberechtigten Eltern gehört bei einem **nichtehelichen Kind** neben der Mutter auch der Vater, dessen Vaterschaft feststeht (wenn das Kind vor dem 1.7.1949 geboren ist s. oben 1.17 ff., 1.20). Bei einem vorzeitigen Erbausgleich hat der Vater sein Pflichtteilsrecht nach dem nichtehelichen Kind allerdings verloren (§§ 1934d, e BGB aF).

• Dazu kommen muss, dass der näher Berechtigte keinen Pflichtteil fordern kann (wobei unerheblich ist, ob er ihn tatsächlich fordert) und auch nicht ganz oder teilweise Hinterlassenes angenommen hat.

Es werden **vier Fallgruppen** unterschieden, **in denen der entfernter Berechtigte gesetzlicher Erbe wäre und der näher Berechtigte keinen Pflichtteil fordern kann:**

  – Der näher Berechtigte ist **enterbt und** sein **Pflichtteil** wurde ihm **entzogen** (§§ 2333 ff. BGB) oder ist **pflichtteilsunwürdig** (§ 2345 Abs. 2 BGB), oder er hat gemäß § 2346 Abs. 2 BGB **auf den Pflichtteil verzichtet** und (sofern es um den Abkömmling geht) die Erstreckung des Verzichts auf die Abkömmlinge ausgeschlossen.
  – Der näher Berechtigte **schlägt** einen unbelasteten Erbteil **aus,** der die Hälfte des gesetzlichen Erbteils erreicht oder übersteigt; er ist dann nicht durch Verfügung von Todes wegen ausgeschlossen, er wird so behandelt, als sei er vorverstorben (§ 1953 Abs. 2 BGB). Die Ausschlagung führt zu einem Pflichtteilsrecht des entfernter Berech-

---

[107] Das BVerfG FamRZ 1995, 536 hat diese Frage offen gelassen; die beidseitige Vorverlagerung der Scheidungswirkung ist verfassungsgemäß.

[108] Palandt/*Weidlich* § 1933 Rn. 4 und die dort zitierte, zT kontroverse Rspr. hierzu. Der Ausdruck „Zustimmung" muss nicht wörtlich verwendet werden (OLG Köln NJW-RR 2003, 655). *Klingelhöffer* PflichtteilsR Rn. 54: „Einiges spricht für die Verfassungswidrigkeit."

tigten. Schlägt er einen unbelasteten Erbteil aus, der geringer ist als die Hälfte des gesetzlichen Erbteils, steht ihm (nur) der Zusatzpflichtteil zu. Der Entferntere ist insoweit ausgeschlossen, kommt aber in Höhe des ausgeschlagenen Teils zum Zuge. Schlägt der näher Berechtigte einen belasteten oder beschwerten Erbteil oder ein Vermächtnis aus, steht ihm der volle Pflichtteil zu und schließt damit den entfernter Berechtigten aus (§§ 2306, 2307 BGB).

– Der näher Berechtigte hat **auf sein Erbrecht verzichtet** (§ 2346 Abs. 1 BGB); dadurch verliert er auch sein Pflichtteilsrecht (§ 2346 Abs. 1 S. 2 2. HS BGB). Erstreckt sich der Verzicht gemäß § 2349 BGB auf die Abkömmlinge, scheiden diese auch als entfernter Berechtigte aus. Es kommen dann die Eltern als Pflichtteilsberechtigte in Betracht. Hat der näher Berechtigte nur auf den Pflichtteil verzichtet, § 2346 Abs. 2 BGB, ist der entfernter Berechtigte nur dann pflichtteilsberechtigt, wenn der näher Berechtigte auch noch enterbt worden ist. Dabei ist zu prüfen, ob sich gemäß § 2349 BGB der Verzicht auf die Abkömmlinge erstreckt. Zu beachten ist aber die Sperrwirkung des § 2350 Abs. 2 BGB. Danach wird vermutet, dass der verzichtende Abkömmling nur zugunsten der anderen Abkömmlinge des Erblassers oder dessen Ehegatten erfolgt ist. Rücken diese Personen aber nicht nach, bleibt das gesetzliche Erbrecht des Verzichtenden bestehen und sperrt das Pflichtteilsrecht der entfernter Berechtigten.

– Der näher Berechtigte ist **erbunwürdig** (Anfechtungsklage innerhalb Jahresfrist, §§ 2340 ff. BGB). Er gilt als vor dem Erbfall verstorben (§ 2344 Abs. 1 BGB). In der Regel wird keine Enterbung des entfernter Berechtigten vorliegen, sowie ein Ersatzerbe (etwa über § 2069 BGB) vorhanden sein.

2. Pflichtteilsschuldner

Die Terminologie ist häufig ungenau: Bei der Schuld geht es um die Frage, für welche 18 Verpflichtungen der Erbe einzustehen hat, während die Haftung darum geht, ob der Erbe nur mit dem Nachlass oder auch mit seinem Eigenvermögen für eine Schuld einzustehen hat.

a) Pflichtteilsanspruch

Schuldner des Pflichtteilsanspruchs ist der Erbe (§ 2303 Abs. 1 S. 1 BGB), wobei 19 mehrere Erben Gesamtschuldner sind (§§ 2058 ff. BGB), die bei noch nicht geteiltem Nachlass die Haftung auf ihren Anteil am Nachlass beschränken können (§ 2059 Abs. 1 BGB). Es handelt sich insoweit um ein zeitlich befristetes Weigerungsrecht, das einredeweise geltend gemacht wird.[109] Ausnahmsweise kann auch ein Dritter der richtige Anspruchsgegner sein, nämlich **der Beschenkte** im Falle der Pflichtteilsergänzung.

Pflichtteilsberechtigter Nacherbe

Nicht Erbe ist der **Nacherbe** vor Eintritt des Nacherbfalls.[110] Es besteht ein einheitlicher Anspruch gegen den Vorerben und den Nacherben, dessen Schuldner zunächst der Vorerbe und nach Eintritt der Nacherbfolge der Nacherbe ist. Daraus folgt, dass bei der Bewertung kein Abzug zu machen ist und die Verjährungsfrist mit dem Tod des Erblassers zu laufen beginnt. Der **als Nacherbe eingesetzte Pflichtteilsberechtigte** ist zwar nicht „von der Erbfolge ausgeschlossen"; er wird aber auch nicht sofort Erbe. Das Gesetz behandelt ihn in § 2306 Abs. 2 BGB wie einen pflichtteilsberechtigten Vorerben. Er hat gemäß § 2306 Abs. 1 BGB die Wahl, die Nacherbschaft anzunehmen oder sie auszuschlagen und den Pflichtteil zu fordern. Will er ausschlagen, muss er beachten, dass er zwar bereits vom Erbfall (nicht erst vom Nacherbfall) an ausschlagen kann (§ 2142 Abs. 1 BGB), die **Ausschlagungsfrist** aber gemäß § 1944 BGB für ihn erst mit der Kenntnis vom Nacherbfall,

109 Burandt/Rojahn/*Flechtner* § 2059 Rn. 1.
110 BayObLGZ 1966, 271 (274).

also dem Eintritt der Nacherbfolge zu laufen beginnt (§ 2139 iVm § 1944 Abs. 2 BGB). Wartet er jedoch mit der Ausschlagung ab, riskiert er die **Verjährung** des Pflichtteilsanspruchs (3 Jahre gemäß § 195 BGB), der mit dem Tod des Erblassers entsteht (§ 2317 BGB). Die Verjährung läuft gemäß §§ 2332; 2306 Abs. 2 BGB unabhängig von der Ausschlagungsfrist und der Ausschlagung bereits ab Kenntnis des Erbfalls, der den Anspruch begründenden Umstände und der Person des Schuldners; bei grob fahrlässiger Unkenntnis beginnt die Frist auch ohne Kenntnis der den Anspruch begründenden Umstände und der Person des Schuldners zu laufen (§ 199 Abs. 1 Nr. 2 BGB). Die Verjährungsfrist des regulären Pflichtteilsanspruchs beginnt mit dem Schluss des Jahres, in das der Verjährungsbeginn fällt, zu laufen (§ 199 BGB), während die Verjährungsfrist des ebenfalls in 3 Jahren verjährenden Pflichtteilsergänzungsanspruchs gegen den Beschenkten (§ 2329 BGB) gemäß § 2332 Abs. 1 BGB bereits mit dem Erbfall (gemäß § 195 BGB, nicht § 199 BGB) ohne Rücksicht auf die Kenntnis der den Pflichtteilsberechtigten beeinträchtigenden Verfügungen beginnt. Gemäß § 2142 BGB kann der Pflichtteilsberechtigte bereits vor Eintritt des Nacherbfalls ausschlagen. Vor der Ausschlagung hat er keinen Anspruch auf den Pflichtteil.[111] Schlagen als Nacherben eingesetzte Kinder des Erblassers aus und verlangen den Pflichtteil, sind deren Abkömmlinge im Zweifel (Auslegung geht vor) von der Erbfolge ausgeschlossen.[112]

b) Pflichtteilsergänzungsanspruch

20 Grundsätzlich sind der **Erbe** oder die Miterben auch Schuldner des Pflichtteilsergänzungsanspruchs ohne Rücksicht darauf, wer die Schenkung erhalten hat. Ist der Erbe jedoch ebenfalls pflichtteilsberechtigt, kann er sich gegenüber dem Anspruch des Pflichtteilsberechtigten damit verteidigen, dass ihm zumindest sein eigener Pflichtteil (§ 2319 BGB), sowie ein etwaiger Pflichtteilsergänzungsanspruch (§ 2328 BGB) verbleiben, auch wenn der Erbe der Beschenkte ist.[113]

Wenn infolge dessen der Pflichtteilsergänzungsberechtigte vom Erben seinen vollen Pflichtteil nicht erlangen kann, kann er sich an den **Beschenkten** als Schuldner des fehlenden Anspruchsteils halten (§ 2329 BGB). Das Gesetz macht den Anspruch gegen den Beschenkten davon abhängig, dass „der Erbe zur Ergänzung des Pflichtteils nicht verpflichtet ist" (§ 2329 Abs. 1 S. 1 BGB). Nicht verpflichtet ist der Erbe nur aus rechtlichen Gründen.

Die bloße Zahlungsunfähigkeit des Erben führt noch nicht zur subsidiären Haftung des Beschenkten, da § 2329 BGB auf eine fehlende rechtliche Verpflichtung abstellt. Der Erbe haftet nicht, wenn kein Nachlass vorhanden ist, der vorhandene überschuldet ist,[114] seine Haftung nach §§ 1975, 1990 oder § 2060 BGB beschränkt ist oder ihm die Einrede aus § 2328 BGB zusteht (er muss sie nicht geltend machen).

Zum Pflichtteilsergänzungsanspruch s. (→ § 17).

3. Die Pflichtteilslast

21 Da die Erben Gesamtschuldner sind, kann der Pflichtteilsberechtigte von jedem der Miterben grundsätzlich auch den ganzen Pflichtteil fordern.

Bei noch nicht geteiltem Nachlass kann der Erbe gemäß § 2059 Abs. 1 BGB seine Haftung auf seinen Anteil am Nachlass beschränken.

Im Innenverhältnis tragen die Erben die Pflichtteilslast nach den Regeln der Gesamtschuld (§ 426 Abs. 1 S. 1 BGB), wobei abweichend von § 426 Abs. 1 S. 1 BGB ein Miterbe Erstattung nicht nach Kopfteilen, sondern gemäß §§ 2038 Abs. 2, 748 BGB nach

---

[111] Palandt/*Weidlich* § 2306 Rn. 3.
[112] OLG München FamRZ 2007, 767.
[113] BGH NJW 1983, 1485 ff.
[114] BGH NJW 1981, 1446.

dem Verhältnis der Erbteile verlangen kann. Der Erblasser oder die Miterben können jedoch ein anderes Verhältnis als das der Erbquoten bestimmen (§ 2324 BGB; der Erblasser aber nur im Fall des § 2318 Abs. 1 BGB)).

§§ 2318–2323 BGB regeln die Pflichtteilslast in Einzelfällen abweichend, wobei insbesondere auf den Fall des **Vermächtnisses** und der **Auflage** (§ 2318 BGB) sowie des als **Ersatzmann an die Stelle des Pflichtteilsberechtigten tretenden gesetzlichen Erben** (§ 2320 BGB) hinzuweisen ist.

§ 2318 BGB gleicht die fehlende Abzugsfähigkeit von Vermächtnissen und Auflagen[115] bei der Berechnung der Höhe des Pflichtteils aus. Ist ein Erbe (Allein – oder Miterbe) also allein mit einem Vermächtnis oder einer Auflage belastet, so kann die Erfüllung der Auflage bzw. des Vermächtnisses „insoweit verweigert werden, dass die Pflichtteilslast von ihm und dem Vermächtnisnehmer/Auflagenbegünstigten verhältnismäßig getragen wird (§ 2318 Abs. 1 BGB).

Zur **Berechnung des Kürzungsbetrages,** den der Erbe bei der Erfüllung von Vermächtnis und Auflage verweigern kann, ist die in der Literatur allseits zustimmend zitierte **Formel** von Martin[116] hilfreich:

> Kürzungsbetrag = Wert des Vermächtnisses × Wert des Pflichtteils: Wert der gesamten Erbschaft ohne Anrechnungs- und Ausgleichpflichten.
> Als Kurzformel gilt, dass das Vermächtnis um den Prozentsatz zu kürzen ist, der der Pflichtteilsquote in Bezug auf den Nachlass entspricht. ZB Vermächtnis 10.000, Pflichtteilsquote am Nachlass $^1/_2$; damit ist das Vermächtnis ebenfalls um 50 % also um 5.000 zu kürzen.

Die Kürzung darf gegenüber dem pflichtteilsberechtigten Vermächtnisnehmer nur soweit gehen, dass ihm der Pflichtteil verbleibt (§ 2318 Abs. 2 BGB). Die Vorschrift betrifft den Fall, dass der mit einem Vermächtnis[117] bedachte Pflichtteilsberechtigte nicht gemäß § 2307 Abs. 1 S. 1 BGB ausgeschlagen und den vollen Pflichtteil verlangt hat. Hat er angenommen, darf der Erbe ihm gegenüber nicht soweit kürzen, dass sein (des pflichtteilsberechtigten Vermächtnisnehmers) voller Pflichtteil beeinträchtigt wäre.

§ 2318 Abs. 3 BGB stellt sicher, dass der Erbe und Pflichtteilsschuldner, der ein Erbe angenommen hat, jedenfalls Vermächtnisse und Auflagen um den Betrag kürzen kann, der seinen eigenen Pflichtteil beeinträchtigen würde.[118]

Versäumt der Erbe, sein Kürzungsrecht geltend zu machen, kann er den gezahlten Kürzungsbetrag gemäß § 813 Abs. 1 BGB geltend machen.[119]

Der nach § 2059 BGB **nach der Teilung** unbeschränkt haftende Miterbe kann weiterhin die Befriedigung des Pflichtteilsanspruchs insoweit verweigern, als sein eigener Pflichtteilsanspruch beeinträchtigt werden würde (§ 2319 BGB). Für den Ausfall haften dann gesamtschuldnerisch die anderen Miterben (§ 2319 S. 2 BGB).

Zu beachten ist, dass § 2322 BGB dem § 2318 BGB vorgeht:[120] Der als Erbe Nachrückende darf Vermächtnisse und Auflagen nur kürzen, wenn der ihm verbliebene Nachlass zur Deckung der ihn treffenden Pflichtteilslast erschöpft ist.

---

[115] Diese sind nachrangige Verbindlichkeiten gemäß §§ 226 Abs. 2 Nr. 5, 327 Abs. 1 InsO; BGH NJW 1998, 137.

[116] *Martin* ZBlFG 14, 789.

[117] Die Vorschrift betrifft nicht den Fall des Auflagenbegünstigten!

[118] Zur Berechnung: Der Erbe kürzt das Vermächtnis/die Auflage um den Wert, den er an einen Dritten als Pflichtteil zahlen muss jedenfalls in der Höhe, dass ihm die Differenz zwischen dem Nachlasswert und dem Vermächtnis verbleibt. S. die Berechnung bei MüKoBGB/*Lange* § 2318 Rn. 15.

[119] KG FamRZ 1977, 269.

[120] BGH NJW 1983, 2378.

V. Der Anspruch des Pflichtteilsberechtigten auf Auskunft, Wertermittlung und eidesstattliche Versicherung

1. Grundlagen

22 Der Auskunftsanspruch (**§ 2314 BGB**) ist einer der aus dem Pflichtteilsrecht (nicht Pflichtteilsanspruch) folgenden Ansprüche.

Der Kläger muss also (jedenfalls beim Anspruch nach § 2314 BGB) nur die Voraussetzungen seines Pflichtteilsrechts darlegen, das heißt

– die das gesetzliche Erbrecht begründende personenrechtliche Stellung zum Erblasser als Abkömmling, Ehegatte, Eltern (§ 2303 BGB);
– seinen zumindest teilweisen Ausschluss von der gesetzlichen Erbfolge durch Verfügung des Erblassers von Todes wegen (§§ 2303, 2305, 2306 BGB);
– den Tod des Erblassers (§ 2317 BGB).

Der BGH hat dies in seiner sehr lesenswerten Entscheidung vom 1.10.1958[121] ausführlich und grundsätzlich dargestellt und begründet.

Der Kläger kann sich in diesem Stadium die gelegentlich schwierige Darlegung, dass ihm nach §§ 2305–2307 BGB ein Pflichtteilsanspruch zusteht, sparen.

Der Sinn des Auskunftsanspruches ist es, dem Pflichtteilsberechtigten die Grundlagen für eine Prüfung zu verschaffen, ob und – wenn ja – in welcher Höhe ihm ein Pflichtteilsanspruch zusteht.

Der Kläger muss (bei § 2314 BGB) nicht vortragen, dass und weshalb ein Pflichtteilsanspruch „in hohem Maße"[122] besteht.

Lediglich dann, wenn der Beklagte nachweist, dass „der Pflichtteilsberechtigte einen Pflichtteilsanspruch **unter keinen Umständen** erheben kann,"[123] entfällt das Rechtsschutzbedürfnis für den Auskunftsberechtigten.

Ein Auskunftsanspruch nach § 2314 BGB steht nur dem Nichterben, nicht aber dem pflichtteilsergänzungsberechtigten Erben gegen den anderen Miterben zu.[124]

Festzuhalten ist, dass der BGH es offen gelassen hat,[125] ob für den aus **§ 242 BGB** hergeleiteten Auskunftsanspruch zur Begründetheit des Anspruchs ein gewisser Grad an Wahrscheinlichkeit eines Pflichtteilsanspruchs gehört.

23 Die Rechtsprechung hat **aus § 242 BGB** ein **Auskunftsrecht** in folgenden Fällen bejaht:[126]

– ein Erbe verlangt vom Miterben Auskunft und Wertermittlung wegen eines Geschenkes des Erblassers;[127]
– ein Erbe mit Anspruch auf den Zusatzpflichtteil nach § 2305 BGB verlangt von dem Beschenkten Auskunft, die er selbst sich schwerlich verschaffen und der Beschenkte unschwer geben kann;[128]
– ein (nicht pflichtteilsberechtigtes) Stiefkind, dem ein Pflichtteilsanspruch jedoch vermacht ist, verlangt vom Erben Auskunft;[129]
– ein Dritter, der dem Pflichtteilsberechtigten Auskunft über Geschenke schuldet, fordert nun seinerseits von diesem Auskunft über die Geschenke, die dieser vom Erblasser erhalten hat.[130]

---

[121] BGH NJW 1958, 1964.
[122] So noch RG HRR 1932, 871; RG DR 42, 729; offen gelassen von RGZ 159, 377.
[123] BGH NJW 1958, 1964 unter Bezugnahme auf RGZ 129, 239 (241, 242).
[124] OLG München FamRZ 2009, 1010.
[125] BGH NJW 1958, 1964 (1965 (unter II 2)).
[126] Vgl. *Klingelhöffer* PflichtteilsR Rn. 269.
[127] BGH NJW 1993, 2737.
[128] BGH NJW 1986, 127 (128).
[129] BGH FamRZ 1991, 796.
[130] BGH NJW 1964, 1414.

Mit Ausnahme des Falles des mit einem Pflichtteilsanspruch bedachten Stiefkindes entspricht die Situation des in diesen Fällen mit einem Auskunftsanspruch Bedachten nicht der des in § 2314 BGB Bedachten. Der BGH stellt nämlich darauf ab, ob wesentlich auf eine familien- oder erbrechtliche Stellung (wie bei § 2314 BGB) oder auf einen Vermögensinbegriff als Aktivwert abzustellen ist.

In den übrigen Fällen der aus § 242 BGB nach der Rechtsprechung zuerkannten Auskunftsansprüche ist deshalb vom Auskunftsgläubiger zumindest die Wahrscheinlichkeit eines Pflichtteilsanspruchs darzulegen.

2. Anspruchsgegner

Der Auskunftsanspruch richtet sich **gegen den Erben,** wobei Miterben Gesamtschuldner **24** sind. Da der **Testamentsvollstrecker** nicht Schuldner des Pflichtteilsanspruchs ist, ist er auch **nicht auskunftspflichtig (§ 2213 Abs. 1 Satz 3 BGB).**

Falls der Testamentsvollstrecker – ohne dessen Mitwirkung der Erbe nicht Auskunft erteilen kann – träge ist, kann der Erbe im Zivilprozess subjektive Unmöglichkeit einwenden.[131] Im Verhältnis zum Erben haftet der Testamentsvollstrecker für eine rechtzeitige und ordnungsgemäße Mitwirkung bei der Auskunftserteilung (§ 2215 BGB). Die bei der Feststellung des Nachlasses entstehenden Kosten des Testamentsvollstreckers können nach allgemeiner Meinung auch als Nachlassverbindlichkeit bei der Berechnung des Pflichtteils Berücksichtigung finden.[132]

Gemäß § 2314 BGB hat der pflichtteilsergänzungsberechtigte Nichterbe **gegen den Erben** auch einen Anspruch auf Auskunft über den fiktiven Nachlass (lebzeitige Schenkungen). In analoger Anwendung des § 2314 BGB wird dem **pflichtteilsergänzungsberechtigten Nichterben** auch ein Anspruch **gegen den Beschenkten** auf Auskunft über das Geschenk, nicht jedoch auf Wertermittlung auf dessen Kosten zugebilligt, **sofern konkrete Anhaltspunkte für die behauptete unentgeltliche Verfügung bestehen;**[133] der Anspruch auf Wertermittlung besteht nur gegenüber dem Erben. Grund hierfür ist, dass der Beschenkte nach § 2329 BGB nur mit dem „Erlangten" einzustehen hat.

Die Rechtsprechung[134] billigt dem **pflichtteilsberechtigten Mit- oder Alleinerben** keinen Auskunftsanspruch entsprechend § 2314 BGB gegen den Beschenkten (ebenso wenig wie gegen einen Miterben) zu; sie gewährt jedoch einen Auskunftsanspruch unter den Voraussetzungen des § 242 BGB (der Beschenkte kann unschwer Auskunft geben, die der pflichtteilsberechtigte Erbe sich nicht auf andere zumutbare Weise beschaffen kann.[135] Übernimmt er die Kosten, kann ihm auch ein Anspruch auf Wertermittlung zugebilligt werden.[136] Der Anspruch setzt nicht voraus, dass der mögliche Ergänzungsanspruch bereits dem Grunde nach feststeht.[137]

3. Inhalt der Auskunft

Es ist Auskunft über den gesamten Bestand des Nachlasses zu geben (§ 2311 BGB), der für **25** die Berechnung des Pflichtteils erforderlich ist, also über alle Aktiva und Passiva im Zeitpunkt des Erbfalls und die lebzeitigen Schenkungen, die hinzuzurechnen sind. Der Kläger wird die geforderte Auskunft insbesondere über die Aktiva möglichst umfassend formulieren:

---

[131] *Klingelhöffer* PflichtteilsR Rn. 282. Soweit der TV bei unterlassener Mitwirkung nicht mehr im Rahmen seiner gesetzlichen Befugnisse handelt, muss sich der Erbe die Untätigkeit nicht gemäß §§ 278, 275 BGB zurechnen lassen (vergleiche die Differenzierung bei BGH NJW 1958, 670).
[132] BGH NJW 1985, 2828 (2830).
[133] BGH NJW 1989, 2887; OLG Düsseldorf FamRZ 1999, 1546.
[134] BGH NJW 1990, 180.
[135] BGHZ 61, 180.
[136] BGHZ 108, 393.
[137] BGH NJW 1993, 2737.

> **Muster: Auskunftsanspruch des Pflichtteilsberechtigten**
>
> „Ich bitte, bis spätestens… zu meinen Händen ein in Aktiva und Passiva gegliedertes Verzeichnis über den vollständigen Bestand des Nachlasses des Erblassers… zum… (Datum des Erbfalls) unter Angabe nachvollziehbarer Bewertungsfaktoren einzureichen. Das Bestandsverzeichnis soll insbesondere zu folgenden Punkten Stellung nehmen": (hier dann die interessierenden Punkte aus den Aktiva und Passiva aufführen)

Aktiva

– tatsächlich vorhandene Nachlassgegenstände im Eigentum oder bloßen Besitz des Erblassers, einschließlich der Gegenstände des sog Voraus (die ja bei der Berechnung außer Ansatz bleiben, § 2311 Abs. 1 S. 2 BGB),
– Forderungen, Bargeld, Bankguthaben, Wertpapiere, Beteiligungen an Firmen, Erbengemeinschaften,
– Zuwendungen des Erblassers an Abkömmlinge gemäß §§ 2050 ff. BGB,[138] die bei der Berechnung des Pflichtteils gemäß § 2316 BGB auszugleichen sind und die anrechnungspflichtigen Zuwendungen nach § 2315 BGB,
– die Schenkungen des Erblassers innerhalb der letzten 10 Jahre vor dem Erbfall an Dritte,[139] durch die dem Pflichtteilsberechtigten ein Anspruch auf Ergänzung gemäß § 2325 BGB zustehen könnte,
– die Zuwendungen an den Ehepartner während der Ehezeit,
– die Anstands- und Pflichtschenkungen,
– Lebensversicherungsverträge (einschließlich Bezugsberechtigungen),
– Verträge zugunsten Dritter (auch Person des Zuwendungsempfängers und Auskunft über das Zuwendungsverhältnis).

Der Pflichtteilsberechtigte kann auch Auskunft über alle
Passiva[140] verlangen, wie

– noch nicht bezahlte Forderungen (Bankschulden, Mietschulden, Steuerschulden, Unterhaltsschulden, Darlehen, aus Kaufverträgen, Krankenhaus-, Arzt-, Pflegerkosten etc)
– Sicherungsrechte von Gläubigern (Grundpfandrechte – soweit valutiert –, Bürgschaften
– Reallasten, Nießbrauch
– Erstattungsansprüche von Sozialhilfeträgern
– Zugewinnausgleich
– Beerdigungskosten
– Kosten die infolge der Nachlassabwicklung entstanden sind (Notar, Nachlassgericht, Nachlasspflegschaft, Nachlassverwaltung, Inventarerrichtung, der Auskunftserteilung (§ 2314 Abs. 2 BGB), der Nachlasssicherung, der Wertberechnung und -begutachtung, Kosten eines Streits über Erbberechtigung Testamentsvollstrecker).

War der Erblasser verheiratet, ist Auskunft über den Güterstand zu erteilen.

26   **Nicht** in die Berechnung des Pflichtteilsanspruchs (und damit auch nicht in die Auskunftserteilung) fließen ein: der Pflichtteilsanspruch selbst, Vermächtnisse und Auflagen.

Streitig ist, ob und welche **Belege** vorzulegen sind,[141] da § 2314 BGB keine Rechenschaftslegung iSv § 259 BGB vorsehe. Ist der Wert einzelner Nachlassgegenstände ungewiss, kann der Pflichtteilsberechtigte die Vorlage von Unterlagen verlangen, die zur Bewertung des Gegenstandes erforderlich sind.[142]

---

[138] BGHZ 33, 373; BGHZ 55, 378.
[139] BGHZ 61, 180 (183).
[140] BGHZ 33, 373.
[141] MüKoBGB/*Lange* § 2314 Rn. 11. Für Einsichtsrecht in Bezug auf Kontoauszüge und Quittungen beim Erben gemäß § 810 BGB *Klingelhöffer* PflichtteilsR Rn. 289. Hierzu im Ergebnis zustimmend MüKoBGB/*Lange* § 2314 Rn. 11 und Palandt/*Weidlich* § 2314 Rn. 10.
[142] BGH NJW 1961, 602; NJW 1975, 258; s. auch *Klinger/Mohr* NJW-Spezial 2008, 71.

Gehört ein **Unternehmen** zum Nachlass, kann der Berechtigte auch die Vorlage von bewertungserheblichen **Unterlagen** (Bilanzen, Gewinn- und Verlustrechnung, Umsatzzahlen) für einen Zeitraum von drei bis fünf Jahren verlangen,[143] die zur Ermittlung des Geschäftswertes erforderlich sind. Soweit Auskunftsansprüche aus dem fiktiven Nachlass (Schenkungen) bestehen, erfassen sie auch die Angabe des Wertes der ausgetauschten Leistungen.[144] Der Pflichtteilsberechtigte ist gut beraten, rechtzeitig **Einsicht in das Grundbuch** (in die Grundakten mit den Verträgen) zu nehmen. Ein berechtigtes Interesse an der Einsicht gemäß §§ 12 Abs. 1 S. 1, 12a GBO liegt vor, zumindest, wenn der Erblasser im Grundbuch eingetragen war.[145] Dem Unterhaltspflichtigen ist auch Einsicht in das Handels- und Unternehmensregister gemäß § 9 HGB zu gewähren. Sinnvollerweise sollte die Rechtsprechung Einsicht in **Kontoauszüge** für bestimmte Zeiträume gewähren, wenn gewisse Anhaltspunkte vorliegen, dass Geldabflüsse von Konten erfolgt sind, ohne dass nach den Umständen entgeltliche Geschäfte vorliegen. Notfalls müsste auf eine Beschlagnahme im Rahmen eines Ermittlungsverfahrens wegen versuchten Prozessbetrugs gedrungen werden.

a) Vorlage eines Bestandsverzeichnisses

Der Auskunftsanspruch wird erfüllt durch Vorlage eines Bestandsverzeichnisses im Sinne 27 des § 260 BGB. Die Auskunft muss schriftlich erfolgen, aber nicht unterschrieben sein, weil § 260 BGB nicht die Schriftform des § 126 BGB erfordert, muss aber vom Auskunftspflichtigen selbst stammen; sie kann durch einen Boten überbracht werden, auch durch Anwaltsschreiben (Urheberschaft des Mandanten ist dabei klarzustellen).[146]

Ein bereits erstelltes **Nachlassinventar** (§§ 1993 ff. BGB) wird regelmäßig, ein gegenüber dem Nachlassgericht abgegebenes **Nachlassverzeichnis** in der Regel nicht den Anforderungen des Bestandsverzeichnisses genügen. Hierüber ist im Einzelfall zu entscheiden.

Das Verzeichnis muss nicht in einer einzigen Urkunde enthalten sein.[147]

Die Aktiva und Passiva sind nicht nur aufzuführen, sondern wie bei der Bilanz gegenüber zu stellen. Die Gegenstände sind **ohne Wertangaben**,[148] aber unter Angabe der **Bewertungsfaktoren** aufzuführen,[149] ebenso sind diejenigen **Belege** dem Auskunftsberechtigten zu übersenden oder zur Einsicht beim Auskunftspflichtigen vorzulegen, die für die Bewertung erforderlich sind.[150] Ergänzung des Verzeichnisses kann nur verlangt werden, wenn der Pflichtige einen Vermögensteil ganz ausließ oder aus Rechtsirrtum nicht aufnahm.[151]

Bei dem Aktivposten „Haushaltgegenstände, Möbel" ist zu beachten, dass diese, soweit sie zum **Voraus** im Sinne des § 2311 Abs. 1 S. 2 BGB gehören, nicht Nachlass sind. Bei einem pflichtteilsberechtigten Abkömmling erstreckt sich jedoch die Auskunftspflicht auch auf Gegenstände, die möglicherweise zum Voraus gehören, die Einordnung zum Voraus muss nachvollziehbar sein.[152]

Ausgleichspflichtige **Zuwendungen und Schenkungen während der letzten 10 Jahre,** sind anzugeben. Der Auskunftsanspruch ist unabhängig von der Pro-rata-Regelung des

---

[143] BGH NJW 1975, 1174 (1777 f.); BGH FamRZ 1965, 135 f.; BGHZ 33, 373 (378); OLG Düsseldorf NJW-RR 1997, 454; MüKoBGB/*Lange* § 2314 Rn. 10.

[144] OLG Düsseldorf FamRZ 1999, 1546.

[145] KG ZEV 2004, 338; LG Stuttgart ZEV 2005, 313; *Damrau* ZEV 2005, 314 (zustimmend); OLG München ZErb 2013, 8.

[146] BGH BeckRS 2008, 1830 (zur Auskunft über den Stand des Endvermögens beim Zugewinnausgleich). Siehe hierzu auch OLG Brandenburg ZErb 2004, 132 (133); OLG Nürnberg ZEV 2005, 312; MüKoBGB/*Lange* § 2314 Rn. 24 Fn. 96.

[147] BGH NJW 1962, 1499.

[148] Palandt/*Weidlich* § 2314 Rn. 8.

[149] BGH NJW 1982, 1644.

[150] OLG Stuttgart FamRZ 1991, 85; Palandt/*Weidlich* § 2314 Rn. 10.

[151] Palandt/*Weidlich* § 2314 Rn. 8.

[152] RGZ 62, 109 (110); Staudinger/*Herzog* § 2314 Rn. 8.

Reformgesetzes (§ 2325 Abs. 3 BGB), da überprüft werden muss, ob überhaupt eine Leistung vorliegt, die die Frist in Gang setzt.

28   Bei Schenkungen zugunsten des überlebenden Ehegatten gilt die 10-Jahren-Grenze nicht (§ 2325 Abs. 3 S. 3 BGB). Die 10 Jahresfrist läuft jedoch bei vorehelichen Schenkungen des Erblassers an den zukünftigen Ehepartner; § 2325 Abs. 3 S. 3 BGB ist nicht analog anzuwenden.[153] Auch wer bei Schenkung noch nicht Pflichtteilsberechtigter war, hat Anspruch auf Pflichtteilsergänzung, damit auch einen Auskunftsanspruch.[154]

Im Hinblick auf die Rechtsprechung des BGH, dass **„unbenannte Zuwendungen"** unter Ehegatten im Erbrecht Schenkungen sein können, sofern sie nicht durch Unterhaltspflicht oder Altersvorsorge gedeckt sind,[155] besteht die Gefahr, dass sich der Auskunftsanspruch zur Rechnungslegung „über eheliche Finanzen" entwickelt.[156] Eine einschränkende Auslegung durch die Gerichte ist hier angebracht, etwa dergestalt, dass der Pflichtteilsberechtigte zunächst die Darlegungslast für „unbenannte Zuwendungen" trägt.

29   Der BGH hält daran fest, dass die Schenkung nicht erst feststehen müsse, ehe ein Auskunftsverhältnis angenommen werden könne. Das Auskunftsverlangen dürfe aber nicht auf eine reine Ausforschung hinauslaufen. Der Pflichtteilsberechtigte müsse „gewisse **Anhaltspunkte** für die von ihm behaupteten unentgeltlichen Verfügungen des Erblassers dartun".[157] Zwar betreffen die Ausführungen des BGH den Fall des gemäß § 242 BGB Auskunft begehrenden pflichtteilsberechtigten Erben gegen den Beschenkten, während der Anspruch aus § 2314 BGB – anders als bei § 242 BGB nur das Pflichtteilsrecht (und den Erbfall) voraussetzt. Eine Einschränkung ist jedoch bei den Schenkungen zu machen: § 2314 BGB gibt unmittelbar nur Anspruch auf den Nachlassbestand zum Todeszeitpunkt. Die Ausdehnung dieser Vorschrift auf den fiktiven Bestand muss – insbesondere im Hinblick auf den Zehnjahreszeitraum und die darüber hinausgehende Rechtsprechung (nach der die Zehnjahresfrist nicht zu laufen beginnt) – eine einschränkende Auslegung hinsichtlich der Voraussetzungen der Auskunftspflicht in diesem Bereich zur Folge haben. Der Pflichtteilsberechtigte muss Umstände vortragen, aus denen sich die Annahme einer unbenannten Zuwendung ergeben kann.

30   Auch **Anstands- und Pflichtschenkungen** (§ 2330 BGB) des Erblassers sind anzugeben. Der Pflichtteilsberechtigte soll selbst über den Charakter der Schenkung befinden können.[158]

Im Hinblick auf **verdeckte Schenkungen** hat die Rechtsprechung entschieden, dass auch solche Zuwendungen zu offenbaren sind, die als entgeltlich bezeichnet sind, bei denen aber der Verdacht auf eine **verschleierte oder gemischte Schenkung** besteht.[159] Deshalb sind bei derartigen Verträgen alle Vertragsbedingungen vorzulegen. Nur so lässt sich prüfen, ob etwa eine gemischte Schenkung vorliegt. Da die Errichtung einer **Stiftung** mit einer Schenkung vergleichbar ist, muss der Erbe auch Auskunft über eine Stiftungserrichtung erteilen.[160]

b) Anspruch auf Wertermittlung

31   Der Erbe braucht im Bestandsverzeichnis selbst keine Wertangaben zu machen. Der Pflichtteilsberechtigte kann aber Wertermittlung gemäß § 2314 Abs. 1 S. 2 Hs. 2 BGB auf Kosten des Nachlasses durch einen Sachverständigen verlangen, wenn – wie regelmäßig bei Unternehmen, Grundstücken, Schmuck, Antiquitäten, Sammlungen – eine Schätzung auf

---

[153] OLG Düsseldorf; MittBayNot 1997, 110; aA OLG Zweibrücken FamRZ 1994, 1492.
[154] So nun der BGH MittBayNot 2013, 143 in Abkehr von seiner früheren Rechtsprechung. BGHZ 59, 210 und ZEV 1997, 373.
[155] BGH NJW 1992, 564.
[156] So zu Recht kritisch *Klingelhöffer* PflichtteilsR Rn. 297.
[157] BGHZ 61, 180 (185).
[158] BGH NJW 1962, 245 (246); FamRZ 1965, 135; BGHZ 89, 24 (27).
[159] BGB NJW 1962, 245; BGHZ 89, 24 (27); BGH FamRZ 1965, 135.
[160] OLG Karlsruhe ZEV 2004, 470.

Grund der Informationen und Unterlagen nicht möglich ist. Der **Wertermittlungs-anspruch** richtet sich auf die Vorlage von Unterlagen und eines Bewertungsgutachtens zum Stichtag. Der unabhängige und unparteiische Sachverständige muss nicht öffentlich vereidigt sein.[161] Die Wertermittlung hat der Verpflichtete in eigener Verantwortung durch-zuführen, ihm obliegt die Wahl des Sachverständigen[162] wie sich aus der Systematik des Gesetzes schließen lässt. Der Auskunftsberechtigte kann die Kosten für ein eigenmächtig erstelltes Wertgutachten weder dem Erben, noch dem Nachlass in Rechnung stellen,[163] sie können aber – sofern zur Rechtsverfolgung notwendig – erstattungsfähig iSv § 91 Abs. 1 ZPO sein.[164] Die sachlichen Anforderungen für das (die Parteien nicht bindende) Gut-achten (Stichtag, Wertermittlungsgrundsätze) ergeben sich aus § 2311. (→ § 17 Rn. 31)

Es besteht zwar kein Anspruch auf die Anwendung einer bestimmten Bewertungsmetho-de; auf Grund der Feststellungen des Sachverständigen muss der Berechtigte aber die Bewertung auch anhand einer anderen Methode durchführen können, da für die Bewer-tung hier die gleichen Grundsätze gelten, wie für die Bewertung des ordentlichen Pflicht-teils (dies ist sinnvollerweise dem Sachverständigen aufzugeben).[165]

Bei den Fällen der **verschleierten Schenkung** kann Wertermittlung auf Kosten des Nachlasses erst dann verlangt werden, wenn feststeht, dass der betreffende Vermögenswert ganz oder teilweise zum Nachlass gehört. Die Rechtsprechung hat dem Pflichtteilsgläubiger die Beweisführung erleichtert, indem sie ausreichen lässt, dass der Gläubiger ein **grobes Missverhältnis zwischen und Leistung und Gegenleistung** darlegt und beweist. Es wird dann vermutet, dass eine (zumindest gemischte) Schenkung vorliegt.[166] Der Berech-tigte muss also lediglich eine „grobe Überschlagsberechnung" substantiiert darlegen. Not-falls beantragt er die Vorlage der für die Wertermittlung erforderlichen Unterlagen und Angaben und sodann Wertermittlung auf Kosten des Berechtigten.

Die Erben müssen eigene Schätzgutachten nicht herausgeben.[167]

Der Auskunftsverpflichtete schuldet auch **Auskunft über den Güterstand** des Erb-lassers, da ohne diese Kenntnis eine Berechnung des Pflichtteilsanspruchs nicht möglich ist.[168]

Eine **Lebensversicherung** mit Bezugsberechtigung zugunsten eines Dritten fällt nicht in den Nachlass.[169] Der BGH hat in seinem Urteil vom 28.4.2010[170] unter Aufgabe seiner bisherigen Rechtsprechung[171] entschieden, dass bei einem lebzeitig zugewendeten widerruflichen Bezugsrecht für den Pflichtteilsergänzungsanspruch gemäß § 2325 BGB weder auf die Versicherungsleistung noch auf die vom Erblasser gezahlten Prämien abzustellen sei. Der Anspruch richte sich vielmehr allein nach dem Wert, den der Erblasser aus den Rechten seiner Lebensversicherung in der letzten – juristischen – Sekunde seines Lebens nach objektiven Kriterien für sein Vermögen hätte umsetzen können. In aller Regel sei dabei auf den **Rückkaufswert** abzustellen; im Einzelfall könne aber auch ein – **objektiv belegter – höherer Veräußerungswert** heranzuziehen sein. Die Auskunftspflicht umfasst deshalb die Daten des Vertrages und den Rückkaufswert. Ein evtl. höherer Wert wird wohl nur durch ein Wertgutachten begründet werden können. (→ § 17 Rn. 31)

---

[161] OLG Düsseldorf NJW-RR 1997, 454.
[162] Staudinger/*Herzog* § 2314 Rn. 66; OLG Karlsruhe NJW-RR 1990, 341.
[163] OLG Karlsruhe NJW-RR 1990, 341.
[164] OLG München Rpfleger 1983, 486.
[165] OLG München NJW-RR 1988, 390 (391); MüKoBGB/*Lange* § 2314 Rn. 17.
[166] BGH NJW 1972, 1709.
[167] BGH FamRZ 1965, 135.
[168] Staudinger/*Herzog* § 2314 Rn. 16.
[169] Palandt/*Weidlich* § 1922 Rn. 39; BGHZ 32, 47.
[170] DNotZ 2011, 129; WM 2010, 1273; FamRZ 2010, 1071.
[171] BGH NJW 1987, 3131 (3132).

Die Auskunftspflicht umfasst nicht nur das pflichtteilsrechtlich relevante Wissen, das der Auskunftspflichtige selbst hat, sondern auch die Pflicht, sich fremdes Wissen – soweit zumutbar – zu verschaffen.[172]

c) Form und Art des Verzeichnisses

32 § 2314 BGB gibt dem Pflichtteilsberechtigten die Möglichkeit, ein privat und (kumulativ)[173] ein öffentlich erstelltes Verzeichnis zu verlangen. Das Verlangen eines öffentlich erstellten Verzeichnisses und Vorlage eines privat erstellten ist deshalb nur bei Vorliegen besonderer Umstände als unzulässige Rechtsausübung anzusehen.[174] Deckt der Nachlass nicht einmal die Kosten für ein notarielles Nachlassverzeichnis gemäß § 2314 Abs. 1 Satz 3 BGB, kann der pflichtteilsberechtigte Nichterbe die Einholung dieses Verzeichnisses nicht verlangen.[175]

Die Zuständigkeit zur **Errichtung des Bestandsverzeichnisses nach § 2314 Abs. 1 Satz 3 BGB (Notar oder Behörde)** richtet sich nach Landesrecht.[176] Dieses Bestandsverzeichnis ist kein Inventar, so dass nicht die ausschließliche Zuständigkeit des Notars besteht.

Der Notar muss dabei nach bisheriger Rechtsprechung und wohl überwiegender Literaturmeinung den Nachlassbestand selbst ermitteln, die bloße Beurkundung von Erklärungen des Auskunftspflichtigen sei kein notarielles Verzeichnis im Sinne des § 2314 Abs. 1 S. 3 BGB.[177] Die Auslegung des Begriffes „Aufnahme" des Verzeichnisses (so der Gesetzeswortlaut) führt aber wohl nicht zu einer substantiellen Ermittlungspflicht des Notars. Es unterliegt der Entscheidung und Verantwortung des Notars, welchen Inhalt das Verzeichnis hat. Dabei ist er jedoch weitgehend davon abhängig, welches Tatsachensubstrat ihm vorgelegt wird. Er überprüft das auf Grund seines Sachverstands und entscheidet innerhalb eines Ermittlungsspielraums, was er davon – eventuell nach einer Überprüfung/Ermittlung übernimmt. Seine Situation ähnelt der eines Nachlassrichters, etwa bei der Entscheidung darüber, ob die ihm vorgetragenen Tatsachen eine weitere Ermittlung aufdrängen und welche Überprüfung sinnvoll ist. Letztlich ist die Erteilung der Auskunft nicht seine Verpflichtung, sondern die des Erben, der das Verzeichnis zwar nicht unterschreibt, aber die Richtigkeit und Vollständigkeit notfalls eidesstattlich versichern muss. Liefert der Erbe, der grundsätzlich persönlich anzuhören ist,[178] nicht Tatsachen, die den Katalog der Aktiva und Passiva hinreichend und prüfbar ausfüllen und hat der Notar keine hinreichenden Anhaltspunkte, kann der Notar nach Belehrung des Erben und Fristsetzung die Aufnahme ruhen lassen oder unter Hinweis auf die mangelnde Mitarbeit des Erben ein ungenügendes Verzeichnis fertigen (was der Erbe zu vertreten hat).[179] Zu Recht wird darauf hingewiesen, dass das notarielle Nachlassverzeichnis nur der Erfüllung des Auskunftsverlangens dient, so dass es keine Wertangaben enthalten muss.[180]

Der Auskunftsberechtigte kann verlangen, dass er „bei der Aufnahme des Verzeichnisses zugezogen" wird (§ 2314 Abs. 1 S. 2 BGB). Dies gilt für jede Art der Errichtung.

---

[172] Staudinger/*Herzog* § 2314; BGHZ 107, 104 (108); OLG Brandenburg FamRZ 1998, 180 (181).
[173] BGH NJW 1961, 602; OLG Karlsruhe NJW-RR 2007, 881.
[174] BGH NJW 1961, 602.
[175] OLG Schleswig BeckRS 2010, 21661.
[176] Siehe auch Muster bei Schlitt/Müller/*Blum* § 2 Rn. 42.
[177] OLG Saarbrücken MittBayNot 2011, 245; OLG Celle DNotZ 2003, 62; *Klinger* NJW-Spezial 2004, 61; *Nieder* ZErb 2004, 63; *Roth* ZErb 2007, 402; OLG Karlsruhe ZErb 2007, 402; OLG Rostock BeckRS 2009, 13517.
[178] OLG Koblenz RNotZ 2007, 414.
[179] Zwangsgeldfestsetzung gegen den Erben, s. insoweit auch OLG Saarbrücken ZEV 2010, 416. Siehe auch *Zimmer,* Der Notar als Detektiv? – zu den Anforderungen an das notarielle Nachlassverzeichnis, ZEV 2008, 365 (mit Fallbeispielen).
[180] *Weidlich,* Die neuere Rechtsprechung zum notariellen Nachlassverzeichnis: eine kritische Bestandaufnahme, ZEV 2017, 241 (242).

Klingelhöffer[181] macht zutreffend darauf aufmerksam, dass sich weder Schrifttum noch Rechtsprechung dazu äußern, wo das Verzeichnis zu erstellen ist. Das Gesetz sieht keinen Anspruch vor, die Aufnahme des Verzeichnisses an einem bestimmten Ort durchzuführen. § 2314 BGB gibt auch keinen Anspruch auf Besichtigung der Gegenstände, soweit es sich um körperliche Gegenstände handelt. Einen Anspruch auf Besichtigung gibt § 809 BGB. Ob der Erbe diesen Anspruch durch die Erstellung eines Wertgutachtens durch einen Sachverständigen abwehren kann[182] scheint mir sehr zweifelhaft, da § 2314 BGB den Wertermittlungsanspruch kumulativ gibt.

4. Eidesstattliche Versicherung

Häufig wird in der Praxis übersehen, dass der Auskunftsberechtigte nur dann gemäß § 260 **33** Abs. 2 BGB Anspruch auf eine Versicherung an Eides Statt hat, wenn Grund zu der Abnahme besteht, dass das Verzeichnis nicht mit der erforderlichen Sorgfalt aufgestellt worden ist.[183]

In Ausnahmefällen – wenn Angaben auf Grund eines tatsächlichen oder rechtlichen Irrtums über Nachlasszugehörigkeit unterblieben sind – kann Ergänzung des Gutachtens verlangt werden. Die Voraussetzungen des § 260 Abs. 2 BGB liegen dann noch nicht vor, da insoweit noch gar kein Verzeichnis vorliegt.[184] Behauptet der Verpflichtete, das Verzeichnis sei vollständig, liegen jedoch auch die Voraussetzungen des § 260 Abs. 2 vor.

Prozessuale Hinweise (→ § 17 Rn. 134 ff.).

5. Zwangsvollstreckung

Die richtige Klageart ist die Stufenklage, da sie auch für den Zahlungsanspruch die Verjährung unterbricht.

Die **Vollstreckung** des Anspruchs auf Auskunft **Wertermittlung und Vorlage eines Verzeichnisses erfolgt gemäß § 888 ZPO.**[185] Zuständig ist das Prozessgericht erster Instanz.

Die Vollstreckung des Anspruchs auf Abgabe der Eidesstattlichen Versicherung erfolgt nach § 889 Abs. 2 ZPO. Zuständig ist das Amtsgericht als Vollstreckungsgericht am Wohnsitz: des Auskunftsschuldners, nach rechtskräftiger Verurteilung das Prozessgericht.[186] Rechtsbehelf gegen den Zwangsmittelbeschluss ist die sofortige Beschwerde nach § 793 ZPO binnen einer Notfrist von 2 Wochen (keine aufschiebende Wirkung, aber Aussetzung des Vollzugs gemäß § 570 Abs. 1 und 2 ZPO; Rechtsbeschwerde bei Zulassung, § 574 Abs. 1 Nr. 2 ZPO).

Im Vollstreckungsantrag wegen Auskunftserteilung kann und muss der Antragsteller die bis dahin unterlassenen Angaben zur Art und Weise der Auskunftserteilung nachholen.[187] Der **Einwand** des Schuldners, **der vollstreckbare Anspruch sei erfüllt,** ist im Verfahren nach § 888 ZPO zu berücksichtigen.[188][189] Steht die **Unmöglichkeit der Erfüllung** fest, wie auch im Falle zeitweiliger tatsächlicher Minderung, darf eine Zwangsmaßnahme nicht

---

[181] *Klingelhöffer* PflichtteilsR Rn. 307.
[182] Wie *Klingelhöffer* PflichtteilsR Rn. 307 unter Berufung auf *Lange/Kuchinke* (der sich wiederum auf *Planck/Greiff* § 2314, 2 beruft) meint.
[183] OLG Zweibrücken FamRZ 1969, 230; Palandt/*Weidlich* § 2314 Rn. 11.
[184] OLG Oldenburg FamRZ 1992, 1104.
[185] OLG München NJW 1969, 426; OLG Frankfurt a. M. Rpfleger 1977, 184; OLG Brandenburg FamRZ 1998, 179; OLG Frankfurt a. M. OLGZ 87, 480 zur Wertermittlung durch Zuziehung eines Sachverständigen; Palandt/*Weidlich* § 2314 Rn. 20.
[186] MüKoBGB/*Lange* § 2314 Rn. 48.
[187] OLG Hamburg FamRZ 1988, 1213.
[188] BGHZ 161, 61 (72).
[189] Nach BGH ist die Nichterfüllung bereits die tatbestandliche Voraussetzung für den Erlass des Ermächtigungsbeschlusses.

angeordnet werden.[190] Bestehen nach substantiiertem nachprüfbarem Vortrag der Unmöglichkeit der Erfüllung noch Zweifel, trägt der Gläubiger die Beweislast.[191]

Nach formell rechtskräftig abgeschlossenem Verfahren gemäß § 888 ZPO kann der Schuldner den Erfüllungseinwand nur noch mit einer **Vollsteckungsabwehrklage** geltend machen.[192] Die Einreden des Zurückbehaltungsrechts und der Verjährung sind im Zwangsvollstreckungsverfahren unbeachtlich, da sie sich gegen den Anspruch selbst richten.[193]

Bei **freiwilliger Abgabe der Versicherung an Eides Statt** (als „weitere Angelegenheit der freiwilligen Gerichtsbarkeit" gemäß § 410 Abs. 1 Nr. 1 FamFG) ist wohl der Rechtspfleger (funktionell gemäß § 3 Nr. 1b RPflG) beim Amtsgericht (sachlich gemäß § 23a Abs. 1 Nr. 5 GVG) des Schuldnerwohnsitzes (örtlich gemäß § 411 Abs. 1 FamFG) zuständig;[194] die Parteien können sich auch nach Verurteilung auf die freiwillige Abgabe einigen. Bei Abgabe in Folge einer Verurteilung und Vollstreckung gemäß § 889 ZPO ist das AG-Vollstreckungsgericht (Rechtspfleger, § 20 Nr. 17 RPflG bei **Haftanordnung** gemäß § 4 Abs. 2 Nr. 2 RPflG der Richter) ausschließlich (§ 802 ZPO) zur Entgegennahme zuständig. Zur örtlichen **Zuständigkeit** siehe § 889 Abs. 1 S. 1 ZPO (grundsätzlich Schuldnerwohnsitz).

VI. Der Pflichtteilsanspruch dem Grunde nach

34   Voraussetzung des Pflichtteilsanspruchs ist, dass der Pflichtteilsberechtigte auf Grund einer wirksamen letztwilligen Erklärung des Erblassers (in einem Testament, gemeinschaftlichen Testament oder Erbvertrag) **nicht** (§ 2303 BGB) oder nicht im Umfang des gesetzlichen Erbteils **Erbe** werden soll (§§ 2305, 2306 BGB).

Die Erklärung des Erblassers kann als ausdrückliche Enterbung oder durch Einsetzung des Erben auf einen geringeren Teil oder konkludent durch Einsetzung anderer als Erben erfolgen.

Ein Ausschluss des Erbrechts liegt auch in der Einsetzung des Pflichtteilsberechtigten als Ersatzerben (§ 2096 BGB) oder als Nacherben (§ 2306 Abs. 2 BGB).

Die Zuwendung eines Pflichtteils ist im Zweifel keine Erbeinsetzung (in Höhe des Pflichtteils § 2304 BGB). Zunächst ist allerdings durch Auslegung zu ermitteln, ob sie Erbeinsetzung, Vermächtnis oder Enterbung sein soll.

Falls die Ausschließung des Pflichtteilsberechtigten nicht absichtlich erfolgt ist (entweder versehentlich oder weil der Erblasser von seiner Existenz nicht wusste), kann der Pflichtteilsberechtigte die letztwillige Verfügung gemäß § 2079 BGB anfechten. Er wird dann gesetzlicher Erbe. Ist der Pflichtteilsberechtigte mit einem **Vermächtnis** bedacht, erlangt er den vollen Pflichtteilsanspruch, wenn er das Vermächtnis **ausschlägt; nimmt er an,** kann er den Pflichtteilsrestanspruch geltend machen (§§ 2307 Abs. 1 S. 2, 2305 BGB).

1. Fallkonstellationen

a) Der Pflichtteilsberechtigte ist ohne Beschränkungen und Beschwerungen auf einen Erbteil gesetzt, der geringer ist als die Hälfte des gesetzlichen Erbteils

35   Dieser Fall ist in § 2305 BGB geregelt: Der Pflichtteilsberechtigte kann ohne Ausschlagung den Differenzbetrag als Pflichtteilsrestanspruch verlangen. Schlägt er aus, kann er nicht den

---

[190] OLG Celle MDR 1998, 923; OLG Hamm NJW-RR 1988, 1087; OLG Saarbrücken OLGZ 91, 225.
[191] OLG Hamm NJW-RR 1988, 1087.
[192] OLG Karlsruhe FamRZ 2006, 284.
[193] OLG Hamm NJW 1968, 1241; OLG Zweibrücken OLGR 2003, 347; Zöller/*Seibel* ZPO § 888 Rn. 11.
[194] So zutreffend Keidel/*Giers* FamFG § 411 Rn. 1, § 410 Rn. 3. Zuständigkeit des Nachlassgerichts nach Palandt/*Weidlich* unter Berufung auf § 2006 BGB und OLG Zweibrücken FamRZ 1969, 230; nach Schlitt/Müller/*Blum* Pflichtteilsrecht § 2 Rn. 66 soll das Nachlassgericht gemäß §§ 361, 413 FamFG zuständig sein.

vollen Pflichtteil verlangen, sondern nur den Pflichtteilsrest.[195] Er verliert also ersatzlos den Erbteil, auf den er eingesetzt ist. Entspricht der zugewendete Erbteil der Hälfte des gesetzlichen Erbteils, besteht kein Anspruch auf einen Pflichtteil, auch nicht auf einen Pflichtteilsrest. Bei der Berechnung ist die Erbquote (also die Quote des geerbten Nachlassanteils mit der Pflichtteilsquote zu vergleichen).

Erfolgt die Erbeinsetzung nicht quotenmäßig, sondern durch Zuwendung von Einzelgegenständen (→ § 10 Rn. 9), ist der Wert dieser Gegenstände in eine Quote umzurechnen. Bei der Bewertung des zugewendeten Erbteils werden Beschränkungen und Beschwerungen im Sinne von § 2306 BGB nicht berücksichtigt (§ 2305 S. 2 BGB). Ein neben dem Erbteil auch noch zugewendetes und angenommenes Vermächtnis ist dem Erbteil hinzuzurechnen.[196] Bei der Bewertung des Pflichtteils sind Anrechnungs- und Ausgleichspflichten (§§ 2315, 2316 BGB, (→ § 17 Rn. 48 ff.)) zu berücksichtigen. In diesen Fällen entspricht der Wert des Pflichtteils nicht der Hälfte des gesetzlichen Erbteils. Deshalb kommt es hier nicht auf einen Vergleich der Quoten an, sondern es ist der tatsächliche Wert des Erbteils mit dem des tatsächlichen Pflichtteils zu vergleichen. Es kommt in diesem Fall also nicht zur Anwendung der „Quotentheorie", sondern der „Werttheorie".[197]

Die Ausschlagung unter Vorbehalt des vollen Pflichtteils ist zulässig, weil keine unzulässige Bedingung gemäß § 1947 BGB vorliegt; bei Abgabe der Ausschlagung stand bereits fest, ob der Pflichtteilsanspruch entstanden ist.[198]

§ 2305 BGB ist auch auf den Fall anzuwenden, dass der Pflichtteilsberechtigte einen Erbteil annimmt, der unter der Hälfte des gesetzlichen Erbteils liegt. Er erhält dann den Zusatzpflichtteil. Gem. § 2305 S. 2 BGB müssen jedoch bei der Berechnung des Wertes des Erbteils für den Zusatzpflichtteil die Beschränkungen und Beschwerungen außer Betracht bleiben.[199]

b) Der Pflichtteilsberechtigte ist als Erbe eingesetzt, jedoch durch die Einsetzung eines Nacherben, die Ernennung eines Testamentsvollstreckers oder eine Teilungsanordnung beschränkt oder ist mit einem Vermächtnis oder einer Auflage beschwert oder ist selbst nur als Nacherbe eingesetzt, § 2306 BGB

36 § 2306 BGB aF wurde durch das Gesetz zur Änderung des Erb- und Verjährungsrechts für Erbfälle ab 1.1.2010 geändert (Art. 229 § 23 Abs. 4 EGBGB. Wegen der früheren Rechtslage wird auf die 9. Auflage verwiesen. Eine wesentliche Änderung besteht darin, dass nach altem Recht bei einer Erbeinsetzung in Höhe des Pflichtteils oder darunter die zusätzlich angeordneten Beschränkungen und Beschwerungen automatisch wegfielen; der Pflichtteilsberechtigte musste also nicht anfechten, wenn er den vollen unbelasteten Pflichtteil (als Erbteil oder als Erbteil plus Zusatzpflichtteil)[200] und den Pflichtteilsergänzungsanspruch erhalten wollte.

---

[195] Der im Güterstand der Zugewinngemeinschaft lebende und ausschlagende Ehegatte/Lebenspartner behält den (kleinen) Pflichtteil, § 1371 Abs. 3 BG; weitere gesetzliche Ausnahmen: § 2306 BGB (Ausschlagung des belasteten Erbteils), § 2307 BGB (Ausschlagung des Vermächtnisses).

[196] BGHZ 80, 263.

[197] BayObLGZ 68, 112; OLG Köln ZEV 1997, 298; OLG Zweibrücken ZEV 2007, 97; Palandt/*Weidlich*, § 2305 Rn. 3.

[198] Palandt/*Weidlich* § 2305 Rn. 5; MüKoBGB/*Lange* § 2305 Rn. 9 (weist auf die Formbedürftigkeit nach § 1945 BGB für Ausschlagung und Vorbehalt hin); BayObLGZ 2004, 364 (368); Staudinger/*Herzog* § 2305 Rn. 12; *Bestelmeyer* Rpfleger 2004, 604; Bedenken äußert Soergel/*Dieckmann* § 2306 Rn. 14; Burandt/*Müller* § 2305 Rn. 25 hält diese Vorbehaltsausschlagung für unwirksam, weil sie mit §§ 2305 ff. BGB kollidiere.

[199] Palandt/*Weidlich* § 2306 Rn. 5; Burandt/Rojahn/*Müller* § 2306 Rn. 51; *Keim* MittBayNot 2010, 86; BeckOK BGB/*Mayer* § 2305 Rn. 7.1

[200] § 2305 BGB galt für den unterhalb der Pflichtteilsquote ohne Beschränkungen oder Beschwerungen eingesetzten pflichtteilsberechtigten Erben, aber auch für denjenigen, dessen Beschränkungen oder Beschwerungen nach § 2306 Abs. 1 S. 1 BGB aF weggefallen sind *Nieder/Kössinger*, Handbuch der Testamtentsgestaltung, 5. Aufl., § 2 Rn. 24.

Nunmehr muss der **Pflichtteilsberechtigte,** der die Beschränkungen und Beschwerungen loswerden will, **ausschlagen.** Wenn er nicht ausschlägt, also annimmt, behält er den ihm zugewendeten Erbteil mit den angeordneten Beschränkungen und Beschwerungen; er kann allerdings den Zusatzpflichtteil nach § 2305 BGB und den Pflichtteilsergänzungsanspruch nach § 2325 BGB geltend machen, wenn der zugewendete Erbteil geringer als der Pflichtteil ist. Seine Rechtsposition hat sich also verschlechtert.

§ 2306 BGB gibt dem Pflichtteilsberechtigten unter den dort abschließend aufgeführten Voraussetzungen ein **Wahlrecht** anzunehmen oder auszuschlagen, wobei die Ausschlagung in diesen Fällen ausnahmsweise nicht zum Verlust auch des Pflichtteilsanspruchs führt.

Die Pflichtteilsbeschränkung in guter Absicht (§ 2338 BGB) ist lex specialis, auch bei Ausschlagung bleiben die nach § 2338 BGB angeordneten Beschränkungen wirksam.[201] Die Höhe des hinterlassenen Erbteils ist nach § 2306 BGB nF unerheblich.

Erbenstellung als Voraussetzung. Darunter fällt der gesetzliche oder testamentarische Erbe, auch als **Alleinerbe,**[202] als Vor- oder Nacherbe, nicht jedoch als **Schlusserbe** (der ja nach dem Erstversterbenden enterbt ist) und auch nicht als **Ersatzerbe.** Diese können sofort ihren Pflichtteil nach § 2303 BGB geltend machen. Der Ersatzerbe muss sich jedoch das als Pflichtteil Erhaltene auf den Erbteil anrechnen lassen, wenn der Ersatzerbfall eintritt.[203] Nicht unter § 2306 BGB fallen auch **familienrechtliche** Anordnungen nach §§ 1638 Abs. 1, 1418 Abs. 2 Nr. 2, 1486 Abs. 1 BGB.

Die Beschränkungen und Beschwerungen. Auf den Umfang der Belastungen kommt es nicht an; sie müssen jedoch konkret und zum Zeitpunkt des Erbfalls[204] vorhanden sein. Beschränkungen und Beschwerungen sind die **Einsetzung des** Pflichtteilsberechtigten als (auch: befreiter; auflösend bedingter oder befristeter) Vorerbe oder (auch: aufschiebend bedingter[205] oder aufschiebend befristeter) Nacherbe. Müller[206] will auch den Fall der Wiederverheiratungsklausel, bei der der überlebende Ehegatte auflösend bedingter Vollerbe und zugleich aufschiebend bedingter Vorerbe ist, dem § 2306 BGB mit der Folge unterstellen, dass der Ehegatte, der die Erbschaft angenommen hat, den Pflichtteil bei Eintritt der Bedingung und Herausgabe des Nachlasses an die Kinder nicht mehr fordern kann, auch wenn der Pflichtteilsanspruch noch nicht verjährt ist. Trotz gleichzeitiger Vorerbschaft: nach dieser Konstruktion ist der Ehegatte Vollerbe, wenn auch auflösend bedingt. § 2306 BGB zählt diesen Fall nicht auf.

Das Gesetz zählt neben der Einsetzung eines Nacherben, die Anordnung der Testamentsvollstreckung (für den Erbteil des Pflichtteilsberechtigten), die Teilungsanordnung, Vermächtnisse und Auflagen auf. Ein Fall der Teilungsanordnung ist es, wenn der Erblasser den Pflichtteilsberechtigten gegenständlich bedacht hat, dies aber als Erbeinsetzung mit Teilungsanordnung auszulegen ist.[207]

Ob die **Nachfolgeklausel bei der Personengesellschaft** eine Teilungsanordnung iS des § 2306 darstellt, wird in der Literatur problematisiert. Zu Recht weist Lange entsprechend der bisher hA[208] darauf hin, dass die Beschränkung hierbei letztlich durch die gesellschaftsrechtliche Nachfolgeklausel herbeigeführt wird, § 2306 BGB aber nur erbrechtliche Beschränkungen erfasst.[209] Der gesetzliche **Voraus** ist keine Beschwerung, weil

---

[201] MüKoBGB/*Lange* § 2306 Rn. 4.
[202] BGH ZEV 2006, 498; NJW 2006, 3353.
[203] Burandt/Rojahn/*Müller* § 2306 Rn. 9.
[204] MüKoBGB/*Lange* § 2306 Rn. 6; Bamberger/Roth/*Mayer* § 2306 Rn. 4; aA Burandt/Rojahn/*Müller* § 2306 Rn. 12 (zur Zeit der Ausschlagung).
[205] MüKoBGB/*Lange* § 2306 Rn. 10; Burandt/Rojahn/*Müller* § 2306 Rn. 25; aA *Bestelmeyer* Rpfleger 2007, 1; Bamberger/Roth/*Mayer* § 2306 Rn. 26. Der Gesetzeswortlaut differenziert nicht. Die unterschiedliche Behandlung ist nicht überzeugend.
[206] In Burandt/Rojahn/*Müller* § 2306 Rn. 15.
[207] MüKoBGB/*Lange* § 2306 Rn. 13.
[208] OLG Hamm NJW-RR 1991, 837; Bamberger/Roth/*Mayer* § 2306 Rn. 6; bejahend bei qualifizierter Nachfolgeklausel *Reimann* FamRZ 1992, 113 (117); Staudinger/*Herzog* § 2306 Rn. 28.
[209] MüKoBGB/*Lange* § 2306 Rn. 15.

er dem Pflichtteil vorgeht (§ 2311 Abs. 1 S. 2 BGB),[210] während das gesetzliche Vermächtnis des **Dreißigsten** (§ 1969 BGB) nach allgemeiner Meinung von § 2306 BGB erfasst werden soll.[211]

Sofern eine **Schiedsgerichtsordnung** nicht Entscheidung nach billigem Ermessen gemäß § 1051 Abs. 3 ZPO anordnet, liegt zwar eine Auflage vor, die jedoch keine Beschwerung darstellt, weil sie wie eine sonstige Gerichtsentscheidung zu bewerten ist.

Die **Cautela Socini,**[212] die nach alter Gesetzeslage für unzulässig gehalten wurde,[213] wird nunmehr auf Grund der Neufassung des § 2306 in der Literatur für zulässig gehalten mit der zutreffenden Begründung, dass § 2306 nunmehr ein Unterschreiten des Pflichtteils zulasse.[214] Schlägt der Pflichtteilsberechtigte bei dieser Klausel auch die Erbeinsetzung in Höhe des Pflichtteils aus, verliert er seinen Pflichtteil.

Ausschlagung der belasteten Erbschaft. Die Ausschlagung muss innerhalb der Frist des § 1944 BGB in der Form des § 1945 BGB vorgenommen werden. Ist der Pflichtteilsberechtigte nur als Nacherbe eingesetzt, beginnt die Ausschlagungsfrist zwar nicht vor Eintritt der Nacherbfolge, er kann aber schon vorher ausschlagen (§ 2142 BGB). Er muss aber beachten, dass die Verjährung des Pflichtteilsanspruchs unabhängig von der Ausschlagung zu laufen beginnt (§ 2332 Abs. 2 BGB). Die Erbschaft fällt demjenigen an, der als Erbe berufen gewesen wäre, wenn der Ausschlagende zur Zeit des Erbfalls nicht mehr gelebt hätte. Die Beschränkungen und Beschwerungen bleiben erhalten, soweit sie nicht den Erben persönlich treffen sollten (§§ 2161, 2192 BGB). Der an die Stelle des Ausschlagenden tretende gesetzliche oder gewillkürte Erbe trägt die Pflichtteilslast in Höhe des erlangten Vorteils (§ 2320 Abs. 1 und 2 BGB), wobei er Vermächtnisse und Auflagen gemäß § 2322 BGB insoweit kürzen kann. Schlägt der Nacherbe aus (§ 2306 Abs. 2 BGB), ist im Wege der Auslegung zu klären, ob Ersatznacherbschaft, Anwachsung an einen Miterben oder der Anfall an den Vorerben gemäß § 2142 Abs. 2 BGB in Betracht kommt. Dabei scheiden Abkömmlinge als gewillkürte oder gesetzlich vermutete (§ 2069 BGB) Ersatznacherben aus, wenn der Nacherbe ausschlägt, um den Pflichtteil zu gewinnen.[215]

Nach hM erlangt der Träger der Sozialhilfe mit der Überleitung des Pflichtteilsanspruchs nicht auch das Wahlrecht des § 2306 BGB, da dieses als höchstpersönliches Gestaltungsrecht (und nicht als Anspruch) angesehen wird.[216]

Weitere Fallkonstellationen: 37

- Der Pflichtteilsberechtigte ist ohne Beschränkungen und/oder Beschwerungen auf einen Erbteil gesetzt, der der Hälfte des Wertes des gesetzlichen Erbteils gleichkommt oder größer ist:
  Der Pflichtteilsberechtigte hat (und braucht auch) keinen Pflichtteilsanspruch. Nimmt er nicht an, sondern schlägt aus, verschafft er sich keinen Pflichtteilsanspruch § 2305 BGB.
- Der Pflichtteilsberechtigte ist mit Beschränkungen und/oder Beschwerungen auf einen Erbteil gesetzt, der der Hälfte des Wertes des gesetzlichen Erbteils gleichkommt oder größer ist:
  Siehe oben die Ausführungen unter b) zu § 2306 BGB. Bei Annahme hat er keinen Pflichtteilsanspruch; die Belastungen bleiben bestehen. Durch Ausschlagung erwirbt er den vollen unbelasteten Pflichtteil (§ 2306 Abs. 1 BGB).
- Der Pflichtteilsberechtigte ist nur mit einem Vermächtnis – gleich welchen Umfangs – bedacht:

---

[210] MüKoBGB/*Lange* § 2306 Rn. 16.
[211] Staudinger/*Herzog* § 2306 Rn. 29; aA jetzt Staudinger/*Herzog,* § 2306 Rn. 14.
[212] Der (meist mit einer Nacherbschaft) beschränkte oder beschwerte Erbe wird für den Fall der Ausschlagung zum Erben in Höhe der Pflichtteilsquote eingesetzt.
[213] BGHZ 120, 96.
[214] Palandt/*Weidlich* § 2306 Rn. 8; MüKoBGB/*Lange* § 2306 Rn. 29; *Keim* NJW 2008, 2072 (2075).
[215] BayObLG NJW-RR 2000, 1391.
[216] Palandt/*Weidlich* § 2306 Rn. 7; BGH NJW-RR 2005, 369.

Wenn er **ausschlägt,** kann er den vollen Pflichtteil verlangen (§ 2307 Abs. 1 S. 1 BGB). Die bedingungs- und befristungsfeindliche Ausschlagung erfolgt formlos gegenüber dem Beschwerten (§ 2180 BGB).

Schlägt er nicht aus, kann er zusätzlich zum Vermächtnis einen Pflichtteilsrestanspruch geltend machen (§ 2307 Abs. 1 S. 2 BGB). Beschränkungen und Beschwerungen des Vermächtnisses bleiben bestehen und werden bei der Berechnung des Vermächtniswertes nicht beachtet, auch wenn dadurch der Vermächtniswert den Pflichtteil nicht erreicht, sodass die Ausschlagung günstiger ist.

Der beschwerte Erbe kann dem Vermächtnisnehmer eine Frist zur Annahmerklärung setzen, mit deren erfolglosem Ablauf das Vermächtnis als ausgeschlagen gilt (§ 2307 Abs. 2 BGB).

- Der Pflichtteilsberechtigte ist mit einem unbelasteten Erbteil und einem Vermächtnis bedacht, wobei der hinterlassene Erbteil gleich oder größer als die Hälfte des gesetzlichen Erbteils ist:

  Hier besteht kein Pflichtteilsanspruch – gleichgültig ob angenommen oder (Erbteil und/oder Vermächtnis) ausgeschlagen wird. Mit einer Ausschlagung verliert der Pflichtteilsberechtigte nur den Erbteil oder das Vermächtnis.

- Der Pflichtteilsberechtigte ist mit einem unbelasteten Erbteil und einem Vermächtnis bedacht, wobei der hinterlassene Erbteil kleiner als die Hälfte des gesetzlichen Erbteils ist:

  Dem Berechtigten steht bei Annahme gemäß § 2305 BGB der Pflichtteilsrest zu; er muss sich aber hierbei den Wert des Vermächtnisses anrechnen lassen (§ 2307 Abs. 1 S. 2 BGB). Schlägt er den Erbteil aus, verliert er diesen und gewinnt keinen vollen Pflichtteilsanspruch, sondern behält nur seinen Pflichtteilsrestanspruch nach § 2305 BGB, auf den er sich den Wert seines Vermächtnisses anrechnen lassen muss (§ 2307 Abs. 1 S. 2 BGB).

  Schlägt er nur das Vermächtnis aus, kann er nur den Pflichtteilsrestanspruch geltend machen. Schlägt er den zugewendeten Erbteil **und** das Vermächtnis aus, kann er nur den Pflichtteilsrestanspruch nach § 2305 BGB geltend machen.[217]

- Der Pflichtteilsberechtigte ist mit einem belasteten Erbteil und einem Vermächtnis bedacht:

  – **Nimmt der Pflichtteilsberechtigte beides an,** steht ihm noch ein Pflichtteilsrestanspruch zu, wenn Erbteil und Vermächtnis unter dem Wert des Pflichtteils bleiben, wobei die Belastungen unberücksichtigt bleiben.

  – **Schlägt der Pflichtteilsberechtigte den belasteten Erbteil aus** und nimmt das Vermächtnis an, erwirbt er nach § 2306 BGB den vollen Pflichtteilsanspruch, auf den er sich aber den Wert des Vermächtnisses anrechnen lassen muss (§§ 2307 Abs. 1 S. 2 HS 2 BGB).

  – **Schlägt der Pflichtteilsberechtigte nur das Vermächtnis aus** und nimmt den belasteten Erbteil an, kann er einen Pflichtteilsrestanspruch gemäß § 2305 BGB geltend machen, wenn der Wert des Erbteils hinter dem Wert des Pflichtteils zurückbleibt.

  Schlägt der Pflichtteilsberechtigte den belasteten Erbteil und das Vermächtnis aus, erwirbt er den vollen Pflichtteilsanspruch, § 2306 Abs. 1 BGB. Die zeitliche Aufeinanderfolge der Ausschlagungen spielt keine Rolle.

2. Die Anfechtung von Annahme und Ausschlagung

a) Annahme der Erbschaft

38 Umstritten ist, ob der Pflichtteilsberechtigte, der die Erbschaft angenommen hat, die Annahme anfechten kann, um dadurch den Pflichtteilsanspruch zu erhalten.

---

[217] Burandt/Rojahn/*Müller* § 2307 Rn. 39.

Der BGH hatte zu §§ 2306 BGB aF, § 119 I BGB entschieden, dass die irrige Vorstellung des unter Beschwerungen als Alleinerbe eingesetzten Pflichtteilsberechtigten, er dürfe die Erbschaft nicht ausschlagen, um seinen Anspruch auf den Pflichtteil nicht zu verlieren, die Anfechtung einer auf dieser Vorstellung beruhenden Annahme der Erbschaft rechtfertige. Diese Rechtsprechung hat er auch auf § 2306 BGB nF übertragen.[218] Begründet wird dies mit einer auf das Reichsgericht zurückgehenden Rechtsprechung,[219] wonach es einen Erklärungsirrtum darstelle, wenn durch die abgegebene Erklärung nicht nur die unmittelbar gewollten Rechtswirkungen einträten, sondern darüber hinaus auch wesentlich verschiedene Rechtsfolgen hervorgerufen werden. Wie so oft lassen Tatbestandsmerkmale wie „wesentlich verschiedene Rechtsfolgen" jede Menge Raum für subjektive Bewertungen des Entscheidenden. Nicht ganz zu Unrecht wird darauf hingewiesen, dass der Wortlaut des § 2306 BGB eindeutig und damit kein Raum für die Annahme eines Irrtums sei.[220] Andererseits kann nicht in Abrede gestellt werden, dass das Anfechtungsrecht wegen Irrtums durchaus denjenigen bevorzugt, der sich nicht zu viele Gedanken macht. Dennoch ist der Rechtsprechung im Ergebnis zuzustimmen: Wer meint, er müsse annehmen (darf also nicht ausschlagen), um seinen Anspruch auf den Pflichtteil nicht zu verlieren, kann anfechten, denn wer die Erbschaft annimmt, um seinen Pflichtteilsanspruch zu erhalten, würde bei Kenntnis der Sachlage eine entsprechende Erklärung eben nicht abgegeben haben (§ 119 Abs. 1 BGB).[221]

b) Ausschlagung der Erbschaft

Eine nachteilige Ausschlagung, die auf Fehlern bei der Anwendung der Quoten – oder **39** Werttheorie beruht, ist bisher überwiegend als unbeachtlicher Rechtsfolgen – oder Motivirrtum bewertet worden.[222] Die Entscheidung des OLG Hamm,[223] die die Anfechtung einer Ausschlagung wegen eines Irrtums im Bereich des § 2306 BGB zuließ, ist in der Literatur abgelehnt worden.[224] Der Entscheidung lag die Ausschlagung eines belasteten Erbteils, der mit der Pflichtteilsquote identisch war, zu Grunde. In diesem Fall entfielen nach § 2306 BGB aF die Belastungen von Gesetzes wegen. Auf Grund der unnötigen Ausschlagung entfielen nicht (wie beabsichtigt) nur die Belastungen, sondern es entfiel der Pflichtteilsanspruch. Das OLG hat die Anfechtung der Ausschlagung nicht als unbeachtlichen Rechtsfolgen – (Motiv-)Irrtum gewertet. Es hat dazu differenziert zwischen – beachtlichen – Irrtümern in gewollten wesentlichen Hauptwirkungen und – unbeachtlichen – Irrtümern bei nichtgewollten Nebenwirkungen eines Rechtsgeschäfts. Es bezeichnet diese Aufspaltung als „Ergebnis einer Interessenabwägung zwischen den Erklärungsbeteiligten" und fügt hinzu „mag sie auch letztlich dogmatisch nicht überzeugend sein."[225] Spätestens mit der Entscheidung des BGH vom 5.7.2006[226] dürfte jedoch die Anerkennung als Inhaltsirrtum überwiegen. Die anfechtungsfreundliche Rechtsprechung des BGH wurde auch nach der Erbrechtsreform, entgegen kritischer Stimmen in der Literatur,[227] aufrecht-

---

[218] BGH NJW 2016, 2954.
[219] RGZ 88, 284.
[220] *Lange* DNotZ 2009, 732 (736); MüKoBGB/*Lange* § 2306 Rn. 28.
[221] Muster für die Erklärung der Anfechtung bei: BeckOF ErbR/*Horn*, Formular 5.3.4.
[222] Soergel/*Dieckmann* § 2308 Rn. 9 mwN.
[223] OLG Hamm Rpfleger 1981, 402.
[224] MüKoBGB/*Frank* § 2306 Rn. 11 mit weiteren Nachweisen; *Marotzke* AcP 191 (1991) wird in der Lit. zu Unrecht als zustimmend zitiert. Er hält die Anfechtung für „zweifelhaft". Andererseits hält *Marotzke* zu Unrecht die Werttheorie für herrschend und fehlinterpretiert hierzu das RG in RGZ 93, 3. Das Reichsgericht sieht die Quotentheorie als herrschend an und bevorzugt lediglich im Falle der Anrechnungs- und Ausgleichspflichten die Werttheorie. Auch BGH NJW 1983, 2378 geht hiervon aus.
[225] *Bengel*, Einzelprobleme aus dem Pflichtteilsrecht, BRAK Mitt. 1/1997, 33 schlägt vor, die Bewegungsgründe im Anfechtungsschreiben offenzulegen, um damit – ähnlich dem Kalkulationsirrtum – zu einem Irrtum über die Erklärungsbedeutung zu kommen.
[226] BGH NJW 2006, 3353.
[227] MüKoBGB/*Lange* § 2306 Rn. 27 (in der 6. Auflage verneinend, zT differenzierend); *Keim* ZEV 2008, 161, (163) (für eine Fortsetzung dieser Rechtsprechung).

erhalten.[228] Das spricht dafür, bei § 2305 BGB unter den gleichen Voraussetzungen wie bei § 2306 BGB die Anfechtung zuzulassen. Bei der Werttheorie läuft die Ausschlagungsfrist erst ab Kenntnis des „Übersteigens" des Wertes.[229]

c) 2308 BGB

40 Die Vorschrift lässt als **Sonderfall** die Anfechtung der Ausschlagung wegen eines Irrtums im Beweggrund zu. Ohne diese Anfechtung würde der Ausschlagende eines **Erbteils** den Erbteil **und** den Pflichtteil verlieren. Wer das in Wirklichkeit unbelastete **Vermächtnis** irrtümlich ausschlägt, würde nur das Vermächtnis verlieren, aber den Pflichtteil behalten. Die Anfechtung ist zulässig, wenn die Beschränkung oder Beschwerung zur Zeit der Ausschlagung weggefallen und der Wegfall dem Ausschlagenden nicht bekannt war (§ 2308 Abs. 1 BGB). Die Anfechtung der Ausschlagung der belasteten **Erbschaft** gegenüber dem Nachlassgericht richtet sich bei Form und Frist nach §§ 1954, 1955, 1945 BGB. Die Anfechtung der Ausschlagung eines belasteten **Vermächtnisses** gegenüber dem Beschwerten ist formlos; die Frist richtet sich nach § 1954 BGB. Durch die Anfechtung der Ausschlagung der **Erbschaft** entfällt der infolge der Ausschlagung entstandene Pflichtteilsanspruch, gilt jedoch nicht als Pflichtteilsverzicht.[230] Die Anfechtung bedarf keiner familien- oder betreuungsgerichtlichen Genehmigung nach § 1822 Nr. 2 BGB. Infolge der Anfechtung der Ausschlagung des **Vermächtnisses** erlangt der Anfechtende das Vermächtnis zurück. **Anfechtungsgrund** ist der Irrtum des Ausschlagenden über den Wegfall einer ursprünglich bestehenden Belastung im Zeitpunkt der Ausschlagung. Der Ausschlagende hat im Zeitpunkt der Ausschlagung keine Kenntnis vom Wegfall der Belastung, etwa weil der Testamentsvollstrecker das Amt abgelehnt hat und damit auch die Testamentsvollstreckung weggefallen ist (weil sie nur für diese Person angeordnet war).

§ 2308 BGB ist nicht analog anzuwenden auf die Anfechtung der Annahme eines belasteten Erbes oder Vermächtnisses wegen eines Irrtums über die Tatsache der Belastung.[231] Hier liegt nach hM ein beachtlicher Eigenschaftsirrtum gemäß § 119 Abs. 2 BGB vor.[232] Die Beschränkung eines Nachlasses durch Testamentsvollstreckung oder Nacherbschaft oder die Belastung mit einem Vermächtnis oder einer Auflage sowie die Belastung eines Vermächtnisses mit einem Untervermächtnis oder einer Auflage gilt als eine verkehrswesentliche Eigenschaft des Nachlasses. Unbeachtlich sind jedoch Fehlvorstellungen über die rechtliche Tragweite oder den wirtschaftlichen Wert einer Belastung.[233]

3. Besonderheiten beim Ehegattenpflichtteil bei Zugewinngemeinschaft

41 Wendet der Erblasser dem überlebenden Ehegatten einen Erbteil und/oder ein Vermächtnis zu, die den „großen" (also den pauschal gemäß § 1371 Abs. 1 BGB um $^1/_4$ erhöhten) Pflichtteil nicht erreichen, kann dieser gemäß §§ 2305, 2307 Abs. 1 S. 2 BGB den **Pflichtteilsrestwert bis zur Höhe des großen Pflichtteils** fordern.[234] Beschränkungen und Beschwerungen bleiben bei der Berechnung des Vermächtniswertes außer Betracht.

Der überlebende Ehegatte kann bei Einsetzung auf einen Erbteil und auf ein Vermächtnis eine der Einsetzungen ausschlagen und die Ergänzung zum großen Pflichtteil fordern (§§ 2307 Abs. 1 S. 2, 2305).[235]

---

[228] BGH NJW 2016, 2954.

[229] RGZ 113, 45; BayObLGZ 1959, 70.

[230] MüKoBGB/*Lange* § 2308 Rn. 9; Bamberger/Roth/*Mayer* § 2308 Rn. 6.

[231] OLG Stuttgart MDR 1983, 751; Burandt/Rojahn/*Müller* § 2308 Rn. 20; BayObLG NJW–RR 1995, 904 (906).

[232] BayObLG ZEV 1996, 425 (426); OLG Hamm NJW 1966, 1080; BayObLG NJW-RR 1995, 904 (906); BGH DNotZ 1990, 50.

[233] Burandt/Rojahn/*Müller* § 2308 Rn. 23.

[234] BGHZ 37, 58.

[235] BGH FamRZ 1976, 334 (336); MüKoBGB/*Lange* § 2307 Rn. 20.

Schlägt er alles aus, kann er (ohne Wahlrecht) nur den kleinen Pflichtteil[236] und den Zugewinnausgleich fordern (§ 1371 Abs. 3 BGB); dieses Ergebnis besteht auch bei Enterbung des Ehegatten (§ 1371 Abs. 2 BGB).

Die **Einsetzung des Ehegatten auf den Pflichtteil"** ist hier von besonderer Bedeu- **42** tung:

Bei einer bloßen Einsetzung auf den Pflichtteil kann es zu Auslegungsproblemen kommen, ob der große oder der kleine Pflichtteil gemeint ist. Einen Anspruch auf den großen Pflichtteil hat der Ehegatte nur, wenn er als Erbe oder Vermächtnisnehmer eingesetzt ist (§ 1371 Abs. 1 BGB). Ist er enterbt oder hat er eine Erbeinsetzung oder ein Vermächtnis ausgeschlagen, stehen ihm nur der sog kleine Pflichtteil (nach § 1931 Abs. 1 BGB ohne die Erhöhung nach § 1371 Abs. 1 BGB) und der rechnerische Zugewinnausgleich (§ 1371 Abs. 2 und 3 BGB) zu. Es gibt keine Vermutung für die eine oder die andere Auslegung.[237] Möglich ist bei Zuwendung des kleinen Pflichtteils die Auslegung als Erbeinsetzung oder Vermächtnis. Dann kann der Ehegatte den Wertunterschied zum großen Pflichtteil als Pflichtteilsrest geltend machen (§§ 2305, 2307 Abs. 1, S. 2 BGB). Bei Auslegung als Enterbung (Pflichtteilsverweisung) kann der Ehegatte nur den kleinen Pflichtteil und den rechnerischen Zugewinnausgleich verlangen. Ergibt die Auslegung, dass der große Pflichtteil zugewendet sein soll, kommt eine Vermächtnisanordnung oder eine Erbeinsetzung (aber evtl. § 2304 BGB) in Frage, nicht jedoch eine Pflichtteilsverweisung (Enterbung).

Die Situation erlaubt dem Erblasser eine gewisse Steuerung:

Bei fehlendem Zugewinn kann er einen Anreiz bieten, nicht auszuschlagen, wenn er etwa eine Erbeinsetzung zwischen dem kleinen und großen Pflichtteil vornimmt. Ebenso lassen sich (durch eine Enterbung des Ehegatten) die Pflichtteilsansprüche anderer erhöhen (bzw. durch eine Einsetzung des Ehegatten als Erben/Vermächtnisnehmer vermindern). Stets muss dabei doch die Werthaltigkeit eines Zugewinnausgleichs geprüft werden.

4. Die Ermittlung der „Hälfte des gesetzlichen Erbteils" (Quoten- und Werttheorie)

Für den Regelfall gilt, dass die in § 2305 S. 1 BGB gebrauchten Ausdrücke des „hinterlas- **43** senen Erbteils" und der Hälfte des gesetzlichen Erbteils „auf die Erbschaftquote (Quotentheorie) und nicht auf das Quantum", also den wirtschaftlichen Wert, zu beziehen sind.[238]

Dies ist kein Problem, wenn die Erbeinsetzung zu einer Quote erfolgt ist. Ist ein Geldbetrag zugewendet oder ein Gegenstand zugewendet worden, muss die Quote des hinterlassen Erbteils aus dem Wertverhältnis zwischen Zuwendung und Gesamtnachlass errechnet werden.

Dies gilt nicht, wenn der Pflichtteil größer oder geringer ist als die Hälfte des gesetzlichen Erbteils, weil eine Anrechnung nach § 2315 BGB oder eine Ausgleichung nach § 2316 BGB oder beides vorzunehmen ist.[239]

In diesen Fällen ist „das Verhältnis des rechnerischen Betrags des Pflichtteils zu dem – ohne Abzug der Beschränkungen und Beschwerungen des § 2306 BGB zu berechnenden – Betrag (Rohwert) des hinterlassenen Erbteils maßgebend."[240] (Werttheorie).[241]

Als weitere Hilfe mag die Erkenntnis des BayObLG[242] dienen, dass der Pflichtteil des anrechnungs- und/oder ausgleichspflichtigen Pflichtteilsberechtigten durch Anrechnung und/oder Ausgleichung niemals größer, sondern stets kleiner wird.

---

[236] BGHZ 42, 182 (185).
[237] MüKoBGB/*Lange* § 2304 Rn. 14; Bamberger/Roth/*Mayer* § 2304 Rn. 8; Palandt/*Weidlich* § 2304 Rn. 3; aA Burandt/Rojahn/*Müller* § 2304 Rn. 21.
[238] RGZ 113, 45 (48); BayObLGZ 1959, 77 (80); 1968, 112 (114); MüKoBGB/*Lange* § 2306 Rn. 5.
[239] RGZ 93, 3 (5); MüKoBGB/*Lange* § 2306 Rn. 5 mwN.
[240] BayObLGZ 1968, 112 (114).
[241] Wegen der Rechenformeln wird auf die hilfreiche Darstellung bei Soergel/*Dieckmann* § 2316 Rn. 13 ff. verwiesen.
[242] BayObLGZ 1968, 112 (116).

VII. Die Pflichtteilsquote

1. Grundsätze

44 Der Pflichtteil besteht gemäß § 2303 Abs. 1 S. BGB in der „**Hälfte des gesetzlichen Erbteils**". Damit wird auf die gesetzliche Erbfolge der §§ 1924 BGB (Abkömmlinge), 1925 BGB (Eltern) und 1931, 1933 BGB (Ehegatten) verwiesen. Es ist also zunächst auf den häufig als „fiktiv" bezeichneten gesetzlichen Erbteil abzustellen, der sich ohne Berücksichtigung einer letztwilligen Verfügung, aber unter Berücksichtigung von Erbverzicht (§ 2346 BGB) und Güterstand (§§ 1371 BGB bei Zugewinngemeinschaft, 1931 Abs. 4 BGB bei der Gütertrennung; die Gütergemeinschaft bleibt ohne Auswirkung) ergibt. Bei der Berechnung der Quote wird also **nicht mitgezählt,** wer durch **Erbverzicht** von der gesetzlichen Erbfolge ausgeschlossen ist (§§ 2310 S. 2, 2346 BGB) und diejenigen, die zwar als Abkömmlinge gemäß § 2310 Abs. 1 S. 1 BGB weggefallen sind, an deren Stelle jedoch gemäß § 2309 BGB entferntere Abkömmlinge oder die Eltern des Erblassers getreten sind (§ 2309 BGB ist insoweit lex specialis); **mitgezählt** werden der Enterbte, der Ausschlagende und der Erbunwürdige, wer ohne Erbverzicht nur auf sein Pflichtteilsrecht verzichtet hat oder sich beim Erbverzicht den Pflichtteil ausdrücklich vorbehalten hat, wer erbt oder ein Vermächtnis erhält (§§ 2310, 2346 Abs. 2 BGB).

2. Auswirkung des Güterstands[243]

45 Der Güterstand der **Ehegatten** (für eingetragene Lebenspartner gelten die dem Ehegattenerbrecht nachgebildeten Regelungen aus § 10 Abs. 1 bis 3 LPartG)[244] wirkt sich bei der Quote wie folgt aus:
- **Gütertrennung, § 1931 Abs. 4 BGB:**
  - Pflichtteilsquote $^1/_4$ bei Ehegatten mit 1 Kind (Erbquote $^1/_2$) für überlebenden Ehegatten und Kind;
  - Pflichtteilsquote $^1/_6$ bei Ehegatten mit 2 Kindern (Erbquote $^1/_3$) für überlebenden Ehegatten und jedes Kind;
  - Pflichtteilsquote $^1/_8$ für den Ehegatten bei 3 und mehr Kindern (Erbquote $^1/_4$) und $^3/_8$: geteilt durch die Anzahl der Kinder für jedes Kind.
- **Zugewinngemeinschaft, § 1371 Abs. 1, 2 BGB:**
  - Pflichtteilsquote $^1/_4$ (Erbquote $^1/_4 + ^1/_4 = ^1/_2$) für den überlebenden Ehegatten, falls dieser **Erbe** oder Vermächtnisnehmer wird; Pflichtteilsquote für die Kinder $^1/_4$: geteilt durch die Anzahl der Kinder
  - Pflichtteilsquote $^1/_8$ (Erbquote $^1/_4$) für den überlebenden Ehegatten, falls er **enterbt** ist oder eine Zuwendung ausschlägt; Pflichtteilsquote für die Kinder $^3/_8$: geteilt durch die Anzahl der Kinder.

  Der **Zugewinnausgleichsanspruch ist vor den Pflichtteilsrechten zu befriedigen.** Wie *Kössinger*[245] nachweist, rentiert es sich für den überlebenden Ehegatten neben Abkömmlingen bei der Zugewinngemeinschaft (unter der Voraussetzung dass nur der verstorbene Ehegatte Zugewinn erzielt hat) nur dann, statt der gesetzlichen Erbfolge oder der Annahme des ihm in einer Verfügung von Todes wegen Zugewandten, evtl. ergänzt durch den Pflichtteilsanspruch (erbrechtliche Lösung), den kleinen Pflichtteil und den rechnerischen Zugewinnausgleich (güterrechtliche Lösung) zu wählen, wenn

---

[243] Der neue **deutsch-französische Güterstand der Wahl-Zugewinngemeinschaft (WZGA)** enthält keine Sondervorschrift wie § 1371 Abs. 1 BGB für den Fall des Todes eines Ehegatten. Der überlebende Ehegatte kann unabhängig von der Erbfrage Ausgleich des Zugewinns verlangen, vgl. *Jäger* DNotZ 2010, 804.

[244] Nichteheliche Lebenspartner haben kein gesetzliches Erbrecht, BGH NJW 2007, 992.

[245] *Nieder/Kössinger*, Handbuch der Testamentsgestaltung, → § 1 Rn. 30 f.

der Anteil des Zugewinns am Nachlass zwischen 85,71 % oder $^6/_7$ und 100 % beträgt. Neben Verwandten der 2. oder 3. Ordnung rentiert es sich nie. Bei Nachlassüberschuldung ist als Vorteil des Zugewinnausgleichs zu beachten, dass er nicht wie Pflichtteil oder Vermächtnis im Insolvenzverfahren hinter die übrigen Nachlassgläubiger zurücktritt (§ 327 InsO). Andererseits ist § 1371 Abs. 4 BGB zu beachten (Ausbildungskosten der Stiefabkömmlinge).

- **Gütergemeinschaft:**
  Die Pflichtteilsquote des Ehegatten beträgt hier immer $^1/_8$ (Erbquote $^1/_4$), für die Kinder $^3/_8$: geteilt durch die Anzahl der Kinder (Erbquote $^3/_4$ für alle Kinder zusammen).

- **Sonderprobleme:**   46
  – **Gü0tervertragliche Abweichungen vom gesetzlichen Güterstand** für den Fall der Auflösung des Güterstandes durch den Tod eines Ehegatten.
  Probleme können sich ergeben, falls Ehepartner güterrechtlich zulässige Abweichungen vom gesetzlichen Güterstand in der Form vornehmen, dass sie Vermögensteile dem Ausgleich entziehen.
  Dies führt beim großen Pflichtteil zu der Frage, ob man bei der pauschalen Erhöhung der Erbquote um $^1/_4$ die herausgenommenen Vermögensteile abzieht oder dies als unzulässig ansieht. Derartige Klauseln sind auch erbrechtlich anzuerkennen; nur die Erhöhung der gesetzlichen Pauschale über $^1/_4$ hinaus steht nicht in der Rechtsmacht der Ehegatten[246] (durch Umdeutung in ein Testament oder einen Erbvertrag kommt man aber im Ergebnis zum Erfolg auch einer solchen Klausel). Immer ist jedoch zu prüfen, ob nicht nur eine güterrechtliche, sondern auch eine erbrechtliche Regelung gewollt ist. Der völlige Ausschluss des Zugewinnausgleichs führt im Zweifel zur Gütertrennung, § 1414 S. 2 BGB, wenn keine anderweitige Regelung im Vertrag getroffen ist. Falls sich kein Wille der Ehegatten zur erbrechtlichen Geltung der Modifizierung feststellen lässt, ist nicht von der erbrechtlichen Wirkung auszugehen, dh, falls nicht ersichtlich ist, dass die Regelung auch für den Fall des Todes gelten soll (sondern etwa nur für den Scheidungsfall), bleibt es bei der gesetzlichen Regelung.
  Wenn sich feststellen lässt, dass die Regelung auch für den Fall der Beendigung des Güterstandes durch Tod eines Ehegatten gelten soll, ist im Zweifel davon auszugehen, dass auch bei Enterbung oder Ausschlagung kein Ausgleich des Zugewinns erfolgen soll. Ein Wegfall des pauschalen Viertels beim großen Pflichtteil anzunehmen ist jedoch im Zweifel nicht anzunehmen.
  Ist § 1371 Abs. 1 BGB ausdrücklich vollständig abbedungen, führt dies zum kleinen Pflichtteil. Grundsätzlich ist jedoch daneben der Zugewinnausgleich durchzuführen; anders nur, wenn Anhaltspunkte vorliegen, dass auch auf die Ausgleichung des Zugewinns verzichtet werden sollte.
  – Der **Zugewinnausgleich** bleibt auch im Todesfall ein familienrechtlicher Anspruch. Dies wirkt sich auf die **Verjährung** (Klage auf den großen Pflichtteil unterbricht nicht die Verjährung des evtl. tatsächlich vorhandenen Anspruchs auf den Zugewinnausgleich), die **Kostentragung bei Auskunft und Wertermittlung** (diese Kosten trägt der Ausgleichsgläubiger, da § 2314 BGB hier nicht gilt, sondern § 1379 BGB) und die **Zuständigkeit** (Familiengericht) aus.
  Der Anspruch auf Ausgleich des Zugewinns besteht nicht für den Erben des erstversterbenden Ehegatten (etwa im Falle des gleichzeitigen Versterbens von Ehegatten bei einem Flugzeugabsturz, § 11 VerschollenheitsG).[247]

---

[246] MüKoBGB/*Koch* § 1371 Rn. 17; BGH NJW 1971, 991 (993); Staudinger/*Herzog* § 2303 Rn. 93; MüKoBGB/*Kanzleiter* § 1408 Rn. 14.
[247] BGH NJW 1978, 1855 unter Ablehnung der Literaturmeinung, die § 1371 Abs. 2 BGB analog anwenden wollte.

3. Elternquote

47 Die Erbquote des überlebenden Ehegatten beträgt gegenüber Eltern bei Fehlen von Abkömmlingen des Erblassers nach § 1931 Abs. 1 BGB bereits ¹/₂, hinzukommen die evtl. güterrechtlichen Auswirkungen (§ 1931 Abs. 3 BGB). Die Pflichtteilsquote beträgt also beim großen Erbteil ³/₈. Bei Großeltern gilt grundsätzlich nach § 1931 BGB derselbe Grundsatz. Bei Vorversterben eines Großelternteils (auch unter Hinlassung von Abkömmlingen) ist die Erhöhung der Erbquote gemäß § 1931 Abs. 1 S. 2 BGB zu beachten.

VIII. Anrechnung und Ausgleichung bei Vermögensübertragungen unter Lebenden

48 Zuwendungen des Erblassers zu Lebzeiten an den Pflichtteilsberechtigten können sich auf den Pflichtteilsanspruch auswirken in den Fällen der Anrechnungspflicht (§ 2315 BGB), der Ausgleichspflicht (§ 2316 BGB) und der Pflichtteilsergänzung (§ 2325 BGB).

Nach § 2315 Abs. 1 muss sich ein Pflichtteilsberechtigter eine lebzeitige freigebige Zuwendung des Erblassers auf seinen Pflichtteil **anrechnen** lassen, wenn der Erblasser dies bei der Zuwendung bestimmt hat. Der Reformgesetzgeber hat eine nachträgliche Anrechnungsmöglichkeit leider nicht verwirklicht. Der Erbe trägt die **Beweislast** für die Anrechnungsbestimmung.

Die **Anrechnung** ist bei allein Pflichtteilsberechtigten möglich; anders bei der **Ausgleichung,** die nur unter Abkömmlingen stattfindet (§ 2316 BGB). § 2316 BGB bestimmt dabei für den pflichtteilsberechtigten Abkömmling nur abstrakt dessen gesetzlichen Erbteil, der wiederum die Pflichtteilsquote bestimmt. Diese – nicht abdingbare – Ausgleichspflicht knüpft an §§ 2050 ff. BGB an, die unmittelbar – dispositiv – nur im Falle der gesetzlichen Erbfolge bei der Erbauseinandersetzung unter Abkömmlingen Zuwendungen des Erblassers zu Lebzeiten (Ausstattung, Mitgift, erhebliche Beiträge zur Berufsausbildung besondere Leistungen gemäß § 2057a BGB oder andere Zuwendungen, wenn der Erblasser ihre Ausgleichung bei der Zuwendung angeordnet hat) ausgleicht. Bei der Ausgleichung bleibt die Pflichtteilssumme die gleiche; nur die Pflichtteilsansprüche ändern sich: Der Pflichtteilsanspruch des im Voraus Begünstigten mindert sich, die Pflichtteilsansprüche der übrigen Abkömmlinge erhöhen sich. Die **Berechnung** erfolgt bei der **Anrechnung individuell,** bei der **Ausgleichung kollektiv** (alle Zuwendungen werden eingestellt). Die **Anrechnung** geht vom Reinnachlass aus, während die **Ausgleichung** nur den Wert in die Rechnung einbezieht, der den Abkömmlingen bei gesetzlicher Erbfolge zustünde; der Erbteil des überlebenden Elternteils wird also vorweg abgezogen.

Die Anrechnung schmälert den Pflichtteil und vermindert die Pflichtteilslast des Erben, während die Ausgleichung die Pflichtteilslast des Erben nicht schmälert, sondern bei mindestens 2 Abkömmlingen (von denen mindestens einer enterbt ist) für eine gleichmäßige Grundlage der Pflichtteilsberechnung durch Bildung eines fiktiven Gesamtnachlasses unter Berücksichtigung der Ausgleichspflichten Zuwendungen sorgt. Die Anrechnung entlastet also durch Zurechnung der jeweiligen Zuwendung zum Nachlass und Abzug vom errechneten Pflichtteil individuell und in vollem Umfang den Erben während gleichzeitig der Pflichtteil des Pflichtteilsberechtigten individuell geschmälert wird.

49 Bei der Ausgleichung wird durch die Bildung eines fiktiven Berechnungsnachlasses aus dem tatsächlichen Nachlass und der Summe aller ausgleichspflichtigen Zuwendungen vor der weiteren individuellen Berechnung (Abzug der individuellen Zuwendung nach Errechnung des gesetzlichen Erbteils) die jeweilige individuelle Zuwendung wertmäßig nur zum Teil berücksichtigt.

Anrechnung und **Ausgleichung** sind **kumulativ** möglich.

Die Anrechnung schließt die Pflichtteilsergänzung nicht aus (im Einzelnen s. Berechnung des Pflichtteilsergänzungsanspruchs).

Bei Zugewinngemeinschaft kann sich ein Normenkonflikt ergeben, wenn der verstorbe- **50** ne Ehegatte dem überlebenden Ehegatten, der den kleinen Pflichtteil und Zugewinnausgleich fordert, eine Zuwendung gemacht und dabei sowohl die Anrechnung auf den Pflichtteil nach § 2315 Abs. 1 BGB als auch auf die Ausgleichsforderung nach § 1380 Abs. 1 BGB angeordnet hatte. Die Zuwendung erhöht das Anfangsvermögen und mindert dadurch den Zugewinn. Sie mindert gleichzeitig auch den Pflichtteilsanspruch. Einigkeit herrscht, dass der überlebende Ehegatte nicht doppelt belastet sein soll, der volle Zuwendungswert darf nur einmal angerechnet werden. Unklarheit besteht, in welcher Reihenfolge die Anrechnung erfolgen soll, falls der Erblasser die Reihenfolge nicht selbst bestimmt hatte. Lange entnimmt den Rechtsgedanke aus § 366 Abs. 2 BGB: Es soll zuerst auf den Pflichtteil als das weniger sichere Recht angerechnet werden; dem ist zuzustimmen.[248]

1. Anrechnung

Der Pflichtteilsberechtigte hat sich auf den Pflichtteil anrechnen zu lassen, was ihm vom **51** Erblasser durch Rechtsgeschäft unter Lebenden mit der Bestimmung zugewendet worden ist, dass es auf den Pflichtteil angerechnet werden soll (§ 2315 Abs. 1 BGB). Die Anrechnung ist formlos wirksam, es sei denn, das Kausalgeschäft erfordert eine besondere Form (etwa § 311b Abs. 1 BGB). Die Anrechnung wirkt sich auf den ordentlichen Pflichtteil (§§ 2303, 2311 BGB), den Zusatzpflichtteil (Pflichtteilsrestanspruch, § 2305 BGB) und den Pflichtteilsergänzungsanspruch (§ 2327 BGB) aus. Im Gegensatz zur Ausgleichung betrifft die Anrechnung nicht nur Abkömmlinge, sondern alle Pflichtteilsberechtigte, also auch Eltern und Ehegatten. Ob die Schenkung unter Anrechnung auf den Pflichtteil an einen Minderjährigen der Genehmigung durch das Familiengericht gemäß § 1822 Nr. 2 BGB und der Bestellung eines Ergänzungspflegers bedarf, ist streitig, aber wohl zu verneinen; zumindest ist Genehmigungsfähigkeit anzunehmen.[249] Der Erblasser muss die Anordnung spätestens im Zeitpunkt der Zuwendung getroffen haben. Eine spätere (auch testamentarische) Anordnung ist unwirksam. Sie kann nur noch durch einen notariellen Teilpflichtteilsverzicht nach §§ 2346 Abs. 2, 2348 BGB Erfolg haben.

Die Anordnung kann auch konkludent erfolgen,[250] sie muss dem Pflichtteilsberechtigten **52** zugegangen sein. Eine zusätzliche Wirksamkeitsvoraussetzung, dass die Anordnung dem Empfänger „zum Bewusstsein gekommen ist", wie überwiegend gefordert,[251] sieht das Gesetz nicht vor.[252] Bei einer konkludenten Bestimmung mag es schwierig sein, den Nachweis für den Zugang (erst Recht für ein spezielles Bewusstsein des Empfängers) zu erbringen.[253] Sinnvoll ist es, sich mit der „eindeutigen Erkennbarkeit" der Anrechnung auf den Pflichtteil zu begnügen.[254] Es muss ein Verhalten des Erblassers bewiesen sein (Beweislast hat der Erbe), das der Empfänger der Zuwendung spätestens bei ihrer Entgegennahme als Bestimmung der Anrechnung deuten musste.[255] Bei einer größeren Zuwendung kann auch der Beweis des ersten Anscheins[256] eine beweiserleichternde Rolle spielen. Erfolgt eine Zuwendung „im Wege vorweggenommener Erbfolge unentgeltlich,,, ist durch Auslegung zu ermitteln, ob der Erblasser damit eine Ausgleichung nach §§ 2316 Abs. 1, 2050

---

[248] Siehe näher MüKoBGB/*Lange* § 2315 Rn. 31.
[249] So auch OLG München MittBayNot 2008, 299 = DNotZ 2008, 199 = ZEV 2007, 493; Burandt/Rojahn/*Müller* § 2315 Rn. 14 mit umfangreichen Nachweisen zum Streitstand.
[250] Palandt/*Weidlich* § 2315 Rn. 3; Soergel/*Dieckmann* § 2315 Rn. 6; OLG Köln NJW-RR 2008, 240 (241); BGH NJW 2010, 3023 (3024).
[251] BayObLGZ 1959, 77 (81); OLG Düsseldorf ZEV 1994, 173; Staudinger/*Herzog* § 2315 Rn. 27.
[252] So auch MüKoBGB/*Lange* § 2315 Rn. 13.
[253] So zutreffend MüKoBGB/*Lange* § 2315 Rn. 13.
[254] So Staudinger/*Herzog* § 2315 Rn. 22 zum Zugang bei einer konkludenten Erklärung mwN; OLG Hamm MDR 1966, 330; Palandt/*Weidlich* § 2315 Rn. 3.
[255] OLG Köln NJW-RR 2008, 240 (241).
[256] So Soergel/*Dieckmann* § 2315 Rn. 6; ablehnend OLG Köln NJW-RR 2008, 240 und OLG Koblenz ZErb 2006, 130.

Abs. 3 BGB, eine Anrechnung gemäß § 2315 Abs. 1 BGB oder kumulativ Ausgleichung und Anrechnung nach § 2316 Abs. 4 BGB anordnen wollte.[257] In einer Anordnung in Bezug auf den Erbteil (worauf „vorweggenommene Erbfolge" hindeuten kann), ist die Bestimmung der Anrechnung auf den Pflichtteil nicht ohne weiteres enthalten.[258] Ob sich die Anordnung der Anrechnung nur auf den Erbteil oder (auch) auf den Pflichtteil bezieht, sollte nicht so eng gesehen werden, wie dies OLG Düsseldorf[259] tut. Auch dies kann aus den Umständen erkennbar sein. Der erkennbare Erblasserwille muss für die Annahme einer Anrechnungsbestimmung gemäß § 2315 Abs. 1 BGB auf eine Kürzung der dem Empfänger am Restnachlass zustehenden Pflichtteilsrechte gerichtet sein, wobei aber die Enterbungsabsicht bei Formulierung der Anrechnungsbestimmung noch nicht bestanden haben muss; es reicht, dass der Erblasser die Möglichkeit in Betracht gezogen hat.[260]

53   **Die Anrechnung erfolgt nach folgender Formel[261]:**

$$P = Q \times (N + Z) - Z^{262}$$

Es stehen:

P   für den Pflichtteilsanspruch des Zuwendungsempfängers nach Anrechnung,
N   für den Reinnachlass im Erbfall,
Z   für die anrechnungspflichtige Zuwendung,
Q   für die Pflichtteilsquote gemäß § 2303 Abs. 1 S. 2 BGB.

Dabei ist die Zuwendung (Z) im Zeitpunkt ihrer Gewährung maßgeblich, jedoch ist der Kaufkraftverlust auszugleichen[263] nach der Formel

$$\frac{Z \times LE}{LZ} = X$$

Es stehen:

Z   = für den Wert der Zuwendung zur Zuwendungszeit,
LE = für den Lebenshaltungsindex beim Erbfall,
LZ = für den Lebenshaltungsindex zur Zuwendungszeit,
X   = für den kaufkraftbereinigter Zuwendungswert.

Der Erblasser kann grundsätzlich von § 2315 Abs. 2 S. 2 BGB abweichen und etwa die Werte der Zuwendungen nach den Wertverhältnissen beim Erbfall beziehungsweise für den Fall einer vor diesem Zeitpunkt stattfindenden Veräußerung nach den erzielten Veräußerungserlösen bemessen. Wenn dann diese Bestimmung zu einem höheren anzurechnenden Wert führt, muss die Form des Pflichtteilsverzichts gewahrt sein.[264] Zur Anrechnungspflicht gegenüber einem Abkömmling, der an die Stelle eines weggefallenen Abkömmlings (an den die Zuwendung erfolgt ist) getreten ist, siehe § 2315 Abs. 3 BGB iVm § 2051 Abs. 1 BGB.

---

[257] BGH NJW 2010, 3023.

[258] BGH NJW 2010, 3023 (3024) mit Bezugnahme auf die Entstehungsgeschichte; OLG Schleswig BeckRS 2008, 8948 („Anrechnung auf den Erbteil" in einer lebzeitigen Zuwendung regelmäßig nicht als Anrechnungsbestimmung iS des § 2315 BGB auszulegen).

[259] OLG Düsseldorf FamRZ 1994, 1491.

[260] BGH NJW 2010, 3024 unter Bezugnahme auf Staudinger/*Herzog* § 2315 Rn. 21.

[261] Siehe MüKoBGB/*Lange* § 2315 Rn. 19; Soergel/*Dieckmann* § 2315 Rn. 9 f.; zur Berechnung siehe auch die Rechnung in BGH NJW 2010, 3024 für Anrechnung, Ausgleichung und Kombination beider.

[262] Soweit bei MüKoBGB/*Lange* § 2315 Rn. 19 die Formel

$$P = \frac{N + Z}{2Q} - Z$$

verwendet wird – ebenso hier in der Vorauflage – führt diese nicht zum richtigen Ergebnis, da sie die mathematische Regel missachtet, nach der Brüche dadurch dividiert werden, dass der Zähler mit dem Reziproken des Nenners multipliziert wird.

[263] Zur Indexierung s. auch BGH NJW 1975, 1831.

[264] MüKoBGB/*Lange* § 2315 Rn. 24; BVerfG MittBayNot 206, 339; für formfreie Wertfestsetzung *Ebenroth/ Bacher/Lorz* JZ 1991, 277.

Berechnungsbeispiele:
Ausgangsfall: 54
Der Erblasser hat ein Kind, er setzt einen Dritten als Alleinerben ein. Der Wert des Nachlasses beträgt 250.000 EUR. Das Kind hat eine anrechnungspflichtige Zuwendung in Höhe von 12.000 EUR (indiziert) erhalten.
Berechnung:
P = ½ x (250.000 + 12.000) – 12.000
P = ½ x (262.000) – 12.000
P = 131.000 – 12.000
P = 119.000
Variante 1:
Der Erblasser hat 3 Kinder, er setzt einen Dritten als Alleinerben ein, der Nachlasswert beträgt 600.000 EUR.
K 1 hat eine anrechnungspflichtige Zuwendung von 150.000 EUR erhalten.
K 2 hat eine anrechnungspflichtige Zuwendung von 60.000 EUR erhalten.
K 3 hat keine Zuwendung erhalten.
Zu beachten ist, dass die **Anrechnung individuell** erfolgt, das heißt jedes Kind muss sich nur das anrechnen lassen, was es selbst erhalten hat.
Berechnung:
Kind 1:
P = $^{1}/_{6}$ x (600.000 + 150.000) – 150.000
P = $^{1}/_{6}$ x (750.000) – 150.000
P = 125.000 – 150.000
P = – 25.000
Kind 1 hat mehr erhalten, als ihm rechnerisch zustünde. Es erhält nichts mehr, muss aber auch nichts zahlen.
Kind 2:
P = $^{1}/_{6}$ x (600.000 + 60.000) – 150.000
P = $^{1}/_{6}$ x (660.000) – 60.000
P = 110.000 – 60.000
P = 50.000
Kind 3:
Kind 3 hat nichts erhalten. Es erhält also seinen Pflichtteil aus dem vorhandenen Nachlass, das heißt 100.000 EUR.
Der Erbe sieht sich damit Pflichtteilsansprüchen in Höhe von 150.000 EUR ausgesetzt.

2. Ausgleichung

Voraussetzung für die Ausgleichung ist, dass beim Tod des Erblassers neben dem ausgleichs- 55
berechtigten oder ausgleichsverpflichteten Pflichtteilsberechtigten selbst mindestens noch ein weiterer Abkömmling lebt. Ob dieser weitere Abkömmling (Mit-)Erbe oder Pflichtteils- berechtigter geworden ist, ob er das Erbe ausgeschlagen hat, er auf den Pflichtteil verzichtet hat (§ 2346 Abs. 2 BGB), ihm der Pflichtteil entzogen wurde oder er für erbunwürdig erklärt worden ist, ist gleichgültig; er darf aber nicht durch Erbverzicht von der gesetzlichen Erbfolge ausgeschlossen sein (§ 2316 Abs. 1 S. 2 BGB), was auch für die Abkömmlinge des Verzichtenden gilt, wenn der Verzicht mit Wirkung gegenüber den Abkömmlingen erfolgt ist (§ 2349 BGB). Der Zuwendungsbegriff ist bei §§ 2316, 2950 ff. BGB weiter als bei § 2015 BGB; er umfasst nicht nur freiwillige Leistungen, sondern auch solche, durch die einer gesetzlichen Pflicht genügt wird.[265] Die Ausgleichung erfolgt von Gesetzes wegen bei Zuwendung von Ausstattungen (meist Mitgift, § 1624 Abs. 1 BGB) iSv § 2050 Abs. 1 BGB, Zuschüssen zum Einkommen und Aufwendungen für die Ausbildung zu einem Beruf, soweit der Aufwand über den Vermögensverhältnissen des Erblassers liegt (§ 2050

---

[265] BGH NJW 1993, 1197.

Abs. 2 BGB; bei anderen Zuwendungen unter Lebenden nur, wenn der Erblasser die Ausgleichung ausdrücklich oder konkludent spätestens bei der Zuwendung angeordnet hatte (§ 2050 Abs. 3 BGB). Eine Zuwendung nach § 2050 Abs. 1 BGB kann der Erblasser nicht zum Nachteil eines Pflichtteilsberechtigten von der Berücksichtigung ausschließen (§ 2316 Abs. 3 BGB) Eine nachträgliche Anordnung ist nicht möglich.[266]

Der Erblasser kann weder die Ausgleichungspflicht einer Ausstattung, noch die für übermäßige Zuschüsse und Ausbildungskosten zum Nachteil eines Pflichtteilsberechtigten ausschließen (§ 2316 Abs. 3 BGB),[267] noch den Wert der Zuwendung niedriger ansetzen.

Hinsichtlich der Zuwendungen besteht ein Auskunftsanspruch in analoger Anwendung des § 2057 BGB.[268]

a) Die Ausgleichung besonderer Leistungen an den Erblasser

56 Diese Vorschrift sieht einen Billigkeitsausgleich unter Abkömmlingen bei gesetzlicher Erbfolge oder bei testamentarischer Erbeinsetzung wie bei gesetzlicher Erbfolge (§ 2052 BGB) vor, wenn ein Abkömmling die in dieser Vorschrift aufgeführten besonderen Leistungen an den Erblasser während längerer Zeit erbracht hat und dadurch dazu beigetragen hat, das Vermögen des Erblassers, also den Nachlass, zu erhalten oder zu vermehren. Ausgleichsberechtigt ist jeder Abkömmling, der die Leistung erbracht hat (oder seine Erben, analog § 2051 BGB), ausgleichspflichtig sind die anderen Abkömmlinge (oder deren Erben), die gesetzliche Erben geworden sind oder testamentarisch wie gesetzliche Erben eingesetzt sind. Die Vorschrift ist dispositiv, der Erblasser kann sie ausschließen (ist Vermächtnis zugunsten der anderen Erben), ändern, die Höhe des Ausgleichsbetrages selbst bemessen. Die Ausgleichung findet nur unter den Abkömmlingen statt und lässt die Erbquoten unberührt.

Die Leistungen müssen über die bloße Unterhaltpflicht nach §§ 1601 ff. BGB hinausgegangen sein. Sie müssen über längere Zeit erbracht worden, nicht unerheblich und in besonderem Maße vermögenserhaltend- oder mehrend sein; der Ausgleich ist im Sinne von Abs. 3 nach Billigkeit zu bemessen. Damit sind die Voraussetzungen für einen unbezifferten Klageantrag als Ausnahme zu § 253 Abs. 2 Nr. 2 ZPO gegeben, weil die Bezifferung unzumutbar ist. Beweiswürdigung nach § 287 Abs. 2 ZPO.

57 **Mitarbeit in Haushalt, Beruf oder Geschäft des Erblassers:** Angesprochen sind alle Dienstleistungen, nicht nur die des Abkömmlings, sondern auch die seiner Familie oder seiner sonstigen Hilfskräfte auf seine Veranlassung.[269] Der „Haushalt" betrifft alle Angelegenheiten des Hauswesens, die die gemeinsame Lebensführung mit dem Erblasser mit sich bringt. „Geschäft" des Erblassers ist jeder Geschäftsbetrieb, freiberuflich, gewerblich, in der Landwirtschaft. Die Mitarbeit kann verschiedenartig, muss jedoch längerfristig und unentgeltlich sein.[270]

Was erhebliche Geldleistungen sind, ist noch nicht ausgeformt; die Literatur geht einerseits von einem objektiven Maßstab aus,[271] den sie nicht benennt und stellt aber auch auf die konkreten Auswirkungen[272] beim Erblasser ab. Die Leistungen können auch an einen Gläubiger geflossen sein.

Leistungen „in anderer Weise" können etwa zur Verfügungstellung eines Grundstücks oder sonstige Investitionen in den Betrieb, Sicherheitsleistungen jeglicher Art, Übernahme von Pflegeleistungen für Familienangehörige des Erblassers[273] sein.

---

[266] BGH FamRZ 1982, 54 (56).
[267] § 2316 Abs. 3 BGB betrifft nach hM entgegen seinem Wortlaut auch § 2050 Abs. 2 BGB (da diese Vorschrift gegenüber § 2050 Abs. 1 unselbständig ist), Palandt/*Weidlich* § 2316 Rn. 2 mwN.
[268] BGHZ 33, 379.
[269] BGH NJW 1993, 1197; Palandt/*Weidlich* § 2057a Rn. 5.
[270] Palandt/*Weidlich* § 2057a Rn. 5 geht von „mehrjähriger" Tätigkeit aus, auch wenn es keine Mindestzeit gibt. Bei nur teilweiser Entgeltlichkeit ist nur diese auszugleichen.
[271] Palandt/*Weidlich* § 2057a Rn. 6 (die Vermögensverhältnisse seien aber erst bei den Auswirkungen zu berücksichtigen).
[272] Burandt/Rojahn/*Flechtner* § 2057a Rn. 22 (kein objektiver Maßstab; konkrete Auswirkung).
[273] Staudinger/*Löhnig* § 2057a Rn. 14.

Pflegeleistungen: Ein Verzicht auf berufliches Einkommen des Pflegenden ist auf Grund des Reformgesetzes für Erbfälle ab 1.1.2010 nicht mehr Voraussetzung für die Ausgleichung (Art. 229 EGBGB § 21 Abs. 4 S. 2). Nach § 2057a Abs. 2 iVm Abs. 1 S. 2 BGB erfolgt die Ausgleichung nur, soweit für die Pflegeleistung kein angemessenes Entgelt gewährt oder vereinbart worden ist. Zahlungen, die der Pflegende aus der Pflegeversicherung erhalten hat, sind damit anzurechnen.

Nach der amtlichen Begründung sollen regelmäßige Berechnungsgrundlage für die Höhe der Ausgleichung die Sätze des § 36 Abs. 3 SGB XI sein, derzeit also je Kalendermonat bis zu 689 EUR für Pflegegrad 2, 1.298 EUR für Pflegegrad 3, 1.612 EUR für Pflegegrad 4 und 1.995 EUR für Pflegegrad 5.[274] Es sollen also nicht die niedrigeren Sätze des § 37 Abs. 1 SGB XI für Angehörige gelten. Die Begründung des Entwurfs schlägt vor, in der Regel auf die zur Zeit des Erbfalls geltenden Pflegesätze des § 35 Abs. 3 SGB XI abzustellen (und bei längeren Pflegephasen verschiedener Stufen bzw. Grade eventuell zu differenzieren).

Subsidiarität des § 2057a BGB: Nach Abs. 2 der Vorschrift ist eine Ausgleichung **58** nicht durchzuführen, soweit die Leistungen des Abkömmlings bereits angemessen abgegolten sind. Vereinbarte Gegenleistungen (die Beweislast für die Angemessenheit tragen die Miterben),[275] die noch nicht bezahlt sind, sind als Nachlassverbindlichkeiten zu behandeln, auch wenn eine Verjährungseinrede besteht.[276] Anders ist der Verzicht des Leistenden zu bewerten; eine nunmehrige Geltendmachung wäre ein Widerspruch zum vorausgegangenen eigenen Verhalten.[277]

b) Berechnung der Ausgleichung

Die Berechnung erfolgt nur nach § 2057a Abs. 4 BGB, nicht nach § 2055 BGB, da nur der **59** Ausgleichsberechtigte begünstigt werden soll.[278] Die Auseinandersetzung der Abkömmlinge erfolgt rechnerisch so, dass zuerst der Reinnachlass zu ermitteln ist, die Nachlassverbindlichkeiten also bereinigt werden. Die Erbquote ist zu ermitteln, wobei die Ausgleichung keine Rolle spielt. Vom Reinnachlass werden die Anteile der nichtausgleichspflichtigen Miterben abgezogen und der Restnachlass auf die Abkömmlinge entsprechend ihrer Erbquote verteilt. Zum Erbteil des ausgleichsberechtigten Miterben wird dann sein Ausgleichsbetrag hinzugerechnet.

> **Berechnungsbeispiel:**
> Witwe W lebte in Zugewinngemeinschaft, sie wählt die erbrechtliche Lösung; das Ehepaar hatte 3 Kinder (K1, K2, K3). Es findet gesetzliche Erbfolge statt. Die Erbquoten sind für die W ½, für die Kinder je ¹/₆. K 1 hat einen Ausgleichsanspruch von 90 000 EUR, der Reinnachlass beträgt 600 000 EUR.
> Vom Reinnachlass 600 000 EUR ist der Erbteil der W von ¹/₂ abzuziehen. Vom Restnachlass von 300 000 EUR ist der Ausgleichsbetrag von 90 000 EUR abzuziehen; es bleiben 210 000 EUR, die entsprechend der Erbquote mit jeweils 70 000 EUR auf die 3 Kinder zu verteilen sind. K1 erhält zusätzlich noch seinen Ausgleichsanspruch von 90 000 EUR, also insgesamt 160 000 EUR (70 000 EUR + 90 000 EUR).

Pflichtteilsberechnung mit Ausgleichung nach §§ 2316, 2055 ff. BGB: Das Be- **60** rechnungsverfahren ergibt sich aus § 2055 BGB. Da die Ausgleichung nur Abkömmlinge betrifft, ist vom Reinnachlass zunächst der Erbteil des überlebenden Ehegatten abzuziehen.

---

[274] Änderungen durch das Zweite Pflegestärkungsgesetz zum 1.1.2017, zu den früheren Sätzen (Pflegestufen 1–3) vergleiche die Vorauflage.
[275] Burandt/Rojahn/*Flechtner* § 2057a Rn. 34.
[276] Staudinger/*Löhnig* § 2057a Rn. 26 ff.; Burandt/Rojahn/*Flechtner* § 2057a BGB Rn. 33; aA MüKoBGB/*Ann* § 2057a Rn. 31.
[277] MüKoBGB/*Ann* § 2057a Rn. 31.
[278] MüKoBGB/*Ann* § 2057a Rn. 39.

Diesem so bereinigten Nachlass sind sämtliche Vorempfänge indiziert (wie bei der Anrechnung) hinzuzurechnen.

Dies ergibt einen fiktiven Nachlass als Verteilungsmasse, aus dem die Erbteile der Abkömmlinge ohne Berücksichtigung des Ehegattenerbteils (der bereits abgezogen ist) zu berechnen sind.

Von den so ermittelten Erteilen ist für jeden Pflichtteilsberechtigten der jeweilige Vorempfang abzuziehen. Die Pflichtteilsquote von $^1/_2$ hieraus ergibt den Pflichtteilsanspruch.

Berechnungsbeispiel:[279]

Erblasser hinterlässt Witwe W, mit der er in Zugewinngemeinschaft gelebt hat und die er als Alleinerbin eingesetzt hat, außerdem 2 Kinder S. und T.

Reinnachlass 160 000 EUR

Ausgleichspflichtige Zuwendung an S. 30 000 EUR

Ausgleichspflichtige Zuwendung an T 20 000 EUR

W schlägt nicht aus („erbrechtliche" Lösung, also ges. Erbteil $^1/_2$)

Gesetzlicher Erbteil für W: 160 000: 2 = 80 000 EUR

Wert des Nachlasses für die Abkömmlinge S, T:

80 000 EUR + 30 000 EUR + 20 000 EUR = 130 000 EUR

Gesetzlicher Erbteil für S:

$$\frac{130\,000\ \text{EUR}}{2} - 30\,000\ \text{EUR} = 35\,000\ \text{EUR}$$

Pflichtteil für S: 17 500 EUR

Gesetzlicher Erbteil für T:

$$\frac{130\,000\ \text{EUR}}{2} - 20\,000\ \text{EUR} = 45\,000\ \text{EUR}$$

Pflichtteil für T: 22 500 EUR

---

61   Bei der Berechnung der Erbteile bleiben **außer Betracht:**

- Abkömmlinge, die durch Erbverzicht von der gesetzlichen Erbfolge ausgeschlossen sind und keinen Pflichtteilsvorbehalt erklärt haben (§ 2316 Abs. 1 S. 2 BGB);
- Abkömmlinge, die den Erbfall nicht erlebt haben und beim Erbfall auch noch nicht gezeugt waren (§ 1923 Abs. 2 BGB; bei Zuwendung von vorverstorbenen Abkömmling § 2051 Abs. 1 BGB beachten!);
- Abkömmlinge, die infolge vorzeitigen Erbausgleichs weder erbersatz- noch pflichtteilsberechtigt sind, § 1934c BGB aF.

Bei der Berechnung der Erbteile mitzuzählen sind (wie bei § 2310 BGB) auch die Abkömmlinge, die infolge Enterbung, Ausschlagung oder Erbunwürdigkeitserklärung von der Erbfolge ausgeschlossen sind.

3. Zusammentreffen von Anrechnung und Ausgleichung

62   Treffen Anrechnung und Ausgleichung zusammen, ist nach § 2316 Abs. 4 BGB die Anrechnung zur Vermeidung einer doppelten Berücksichtigung nur mit der Hälfte der Zuwendung vorzunehmen.

---

[279] Siehe zahlreiche Beispielsrechnungen bei Soergel/*Dieckmann* § 2316 Rn. 11 ff.; die Zuwendungen sind nach der Formel bei (→ Rn. 53) zu indizieren.

Berechnungsbeispiel:
Grundfall wie oben; zusätzlich hat Erblasser die Anrechnung auf den Pflichtteil angeordnet.
Der Erblasser hinterlässt seine Witwe W, mit der er in Zugewinngemeinschaft gelebt hat und die er als Alleinerbin eingesetzt hat. 2 Kinder S. und T.
Reinnachlass 160 000 EUR
Ausgleichspflichtige Zuwendung an S. 30 000 EUR
Ausgleichspflichtige Zuwendung an T 20 000 EUR
W schlägt nicht aus („erbrechtliche" Lösung, also ges. Erbteil $1/2$)
Gesetzlicher Erbteil für W: 160 000 : 2 = 80 000 EUR
Wert des Nachlasses für die Abkömmlinge S, T:
80 000 EUR + 30 000 EUR + 20 000 EUR = 130 000 EUR
Zunächst ist der gesetzliche Erbteil nach § 2316 Abs. 1 BGB zu berechnen; aus diesem ist der Ausgleichspflichtteil zu ermitteln und von diesem ist die anrechnungspflichtige Zuwendung für S. und T nur noch mit ihrem halben Wert abzuziehen (§ 2316 Abs. 4 BGB).
Gesetzlicher Erbteil für S:

$$\frac{130\,000 \text{ EUR}}{2} - 30\,000 \text{ EUR} = 35\,000 \text{ EUR}$$

Pflichtteil für S: 17 500 EUR – 15.000 ($1/2$ Zuwendung) = 2.500 EUR
Gesetzlicher Erbteil für T:

$$\frac{130\,000 \text{ EUR}}{2} - 20\,000 \text{ EUR} = 45\,000 \text{ EUR}$$

Pflichtteil für T: 22 500 EUR – 10.000 ($1/2$ der Zuwendung) = 12.500 EUR

Nach BGH[280] **ist bei Zuwendungen** (ebenso wie beim Zugewinnausgleich) **die Veränderung der Kaufkraft auszugleichen.**
Dies geschieht nach der oben angegebenen Formel:

$$\frac{Z \times LE}{LZ} = X$$

Es steht:
Z   = Wert der Zuwendung im berechnungserheblichen Zeitpunkt
LE   = **Lebenshaltungsindex** beim Tod des Erblassers
LZ   = Lebenshaltungsindex bei Zuwendung
X   = inflationsbereinigter Wert.
Das Statistische Bundesamt stellt ab Januar 2003 auf der Basis 2000 nur noch einen umfassenden **Verbraucherpreisindex für Deutschland (VPI)** für die Lebenshaltung aller privaten Haushalte für ganz Deutschland monatlich und jährlich zur Verfügung (Statistisches Bundesamt, www.destatis.de).[281]

Verhältnis zum Pflichtteilsergänzungsanspruch: Sind Schenkungen zugleich ausgleichspflichtig und bei Berechnung des ordentlichen Pflichtteils eines Abkömmlings bereits gemäß § 2316 BGB berücksichtigt, kommen sie für eine Ergänzung nur noch insoweit in Betracht, als sie bei der Ausgleichung nicht bereits in Rechnung gesetzt worden sind.[282] **63**
Die **Ausstattung sowie Zuschüsse** gelten nur insoweit als Schenkung, soweit die das den Vermögensverhältnissen des Zuwendenden entsprechende Maß im Zeitpunkt des Ver-

---

[280] BGHZ 61, 385; NJW 1975, 1831.
[281] Literaturempfehlung: *Rasch* DNotZ 2003, 730; *Reul* DNotZ 2003, 92.
[282] BGH DNotZ 1963, 113; OLG Oldenburg FamRZ 1998, 646; Palandt/*Weidlich* § 2327 Rn. 3.

sprechens übersteigen. Ausgleichspflichtige Zuwendungen können jedoch vom Recht der Pflichtteilsergänzung erfasst werden, sofern der Zuwendungsempfänger nicht an der Ausgleichung teilnimmt (wie etwa der Ehegatte oder Lebenspartner). Es soll nur eine doppelte Berücksichtigung der gleichen Schenkung vermieden werden. Auch soweit das Ausgleichungsrecht den Zuwendungsempfänger gemäß § 2056 S. 1 BGB vor einer Rückzahlung bewahrt, fehlt es an einer Doppelerfassung. Bei der weiteren Berechnung des Pflichtteils der anderen Pflichtteilsberechtigten scheidet dieser Pflichtteilsberechtigte aus (§ 2056 S. 2 BGB). Das **Verbot der Doppelerfassung**[283] verhindert auch nicht, dass der Ergänzungsberechtigte eine auf den Pflichtteil nach § 2315 BGB anzurechnende Schenkung sich gemäß § 2327 BGB auch auf die von ihm geforderte Pflichtteilsergänzung anrechnen lassen muss.[284]

Streitig ist bei der Berechnung der Pflichtteilsergänzung die Berücksichtigung der ausgleichspflichtigen Zuwendungen durch Hinzurechnung zum Nachlass neben der Schenkung wie dies BGH[285] und Teile der Literatur[286] tun.[287] *Olshausen* kritisiert, dass es damit entgegen dem Sinn von § 2325 BGB[288] und § 2056 BGB in der Sache zur Verpflichtung des Empfängers ausgleichspflichtiger Zuwendungen zur teilweisen Herausgabe des Vorempfanges komme.

IX. Der Pflichtteilsergänzungsanspruch

64 Nach § 2325 BGB sind Geschenke, die der Erblasser einem Dritten gemacht hat, dem Nachlass hinzuzurechnen. Neben den durch Anrechnung und/oder Ausgleichung zu berücksichtigenden Zuwendungen (wegen deren Verhältnis zum Pflichtteilsergänzungsanspruch S. oben (→ § 17 Rn. 72) ist die Pflichtteilsergänzung für die Praxis die bedeutsamste Fallgestaltung. Der Umfang der (auch höchstrichterlichen) Rechtsprechung macht dies deutlich.

Dabei ist in hohem Maße streitig, was unter einer Schenkung zu verstehen, wie die Schenkung zu bewerten ist und wer die Darlegungs- und Beweislast für welche Umstände trägt.

1. Schutzzweck der Norm

65 Der BGH hatte in seiner früheren Rechtsprechung[289] entschieden, dass **der Schutzzweck des Pflichtteilsergänzungsanspruchs nur denjenigen erfasst, der bei der Schenkung schon Pflichtteilsberechtigter war.** In beiden Fällen wurden Ergänzungsansprüche von Ehefrauen aus zweiter Ehe wegen Schenkungen des Erblassers an seine Kinder aus erster Ehe vor der zweiten Eheschließung abgewiesen.

Diese Rechtsprechung hat der BGH nunmehr[290] aufgegeben und sich der überwiegenden Literaturmeinung[291] angeschlossen, dass es für den Pflichtteilsergänzungsanspruch allein auf die Pflichtteilsberechtigung im Zeitpunkt des Erbfalles ankommt.

---

[283] BGH NJW 1988, 821; aus Sinn und Zweck der §§ 2325 ff. BGB.
[284] So aber gegen die hM Staudinger/*Olshausen* § 2327 Rn. 22.
[285] NJW 1965, 1526; NJW 1988, 821.
[286] Palandt/*Weidlich* § 2327 Rn. 3; Soergel/*Dieckmann* § 2327 Rn. 19.
[287] Danach wird zunächst der ordentliche Pflichtteil unter Berücksichtigung der Ausgleichung zu ½, anschließend wird der Gesamtpflichtteil einschließlich aller ergänzungspflichtigen Geschenke, des Eigengeschenks und der ausgleichspflichtigen Zuwendungen ermittelt. Die Differenz ergibt den Ergänzungspflichtteil. Schließlich wird hiervon nur noch die andere Hälfte des Eigengeschenks abgezogen. Siehe das Berechnungsbeispiel bei Bamberger/Roth/*Mayer* § 2327 Rn. 10 und 10.1.
[288] Und RGZ 77, 282.
[289] BGHZ 59, 210; NJW 1997, 2676 mit ablehnender Anmerkung von *Reimann;* ebenfalls ablehnend *Otte* ZEV 1997, 376.
[290] BGH MittBayNot 2013, 143 = NJW 2012, 2730 = ZEV 2012, 478 mit Anm. *Otte* = DNotZ 2012, 860 mit Anm. *Lange.*
[291] MüKoBGB/*Lange,* 5. Aufl., § 2325 Rn. 7–10; Staudinger/*Olshausen* (2006) § 2325 Rn. 64, 66 ua.

Schenkungen des Vorerben an den Nacherben aus dem Nachlass begründen keine Pflichtteilsergänzung der nach dem Vorerben Pflichtteilsberechtigten.[292]

2. Das Verhältnis des Pflichtteilsergänzungsanspruchs zum ordentlichen Pflichtteil

Die Ansprüche auf den ordentlichen Pflichtteil (§ 2303 BGB) und auf den Pflichtteils- **66** ergänzungsanspruch (§ 2325 BGB) sind verschiedene, selbständige Ansprüche mit Unterschieden in der rechtlichen Ausgestaltung.[293] Es kommt nicht darauf an, ob der Pflichtteilsberechtigte tatsächlich einen Pflichtteilsanspruch hat, sondern, ob er überhaupt zum Kreis der Pflichtteilsberechtigten gemäß § 2303 BGB zählt. Auch wenn er die Erbschaft ausgeschlagen hat, steht ihm immer noch der Ergänzungsanspruch zu.[294]

Im Gegensatz zum ordentlichen Pflichtteil ist die Enterbung nicht Voraussetzung des Pflichtteilsergänzungsanspruchs, der auch testamentarischen Erben zustehen kann und selbst ohne Vorliegen einer letztwilligen Verfügung bestehen kann.[295] Auskunftsverpflichtete wegen Schenkungen sind der Erbe und der Schenkungsempfänger. Es besteht aber kein Anspruch auf Wertermittlung gegen den Beschenkten, sondern nur gegen den Erben (in entsprechender Anwendung des § 2314 Abs. 1 S. 2 Hs. 2 BGB).

Die 3-jährige Verjährungsfrist (§ 195 BGB; Fristbeginn § 199 BGB) läuft grundsätzlich selbständig: Beim Pflichtteilsergänzungsanspruch gegen den Erben (§ 2325 BGB) muss zur Kenntnis von Erbfall und evtl. beeinträchtigenden Verfügungen von Todes wegen auch noch die Kenntnis der beeinträchtigenden Verfügung unter Lebenden kommen.[296] Die Verjährung des Pflichtteilsergänzungsanspruchs gegen den Beschenkten (§ 2329 BGB) beginnt immer mit dem Erbfall, unabhängig von der Kenntnis des Anspruchsberechtigten von der Schenkung und der Berechtigung (§ 2332 Abs. 1 BGB Eine Feststellungsklage über den ordentlichen Pflichtteil unterbricht nicht die Verjährung des Pflichtteilsergänzungsanspruchs.[297] Eine Zahlungsklage aus § 2325 BGB unterbricht auch die Verjährung des auf § 2329 BGB gestützten Duldungsanspruchs, sofern es sich um denselben Verpflichteten handelt,[298] jedoch beginnt die 3-jährige Verjährungsfrist des Herausgabeanspruchs aus § 2329 BGB auch dann ohne Rücksicht auf die Kenntnis des Anspruchsberechtigten von der Schenkung mit dem Eintritt des Erbfalls (§ 2332 Abs. 1 BGB), wenn der Beschenkte kein Dritter, sondern ein Miterbe ist.[299]

Die Leistungsklage auf den ordentlichen Pflichtteil ist stets Zahlungsklage; die auf den Pflichtteilsergänzungsanspruch richtet sich im Falle eines Sach- (nicht Geld-)Geschenkes auf Duldung der Zwangsvollstreckung in den geschenkten Gegenstand in Höhe der Ergänzungsforderung, sofern gemäß § 2329 Abs. 3 BGB der Beschenkte Anspruchsgegner ist; im Übrigen (bei Geldgeschenken oder bereicherungsrechtlicher Werthaftung) ist auch die Ergänzungsklage eine Zahlungsklage.

3. Begriff, Umfang, Berechnung und Bewertung der Schenkung

- **Pflicht – und Anstandsschenkungen:** **67**
  § 2325 BGB erfasst alle Schenkungen mit **Ausnahme** der Schenkungen, die einer sittlichen Pflicht oder einer auf den Anstand zu nehmenden Rücksicht entsprechen (§ 2330

---

[292] OLG Celle NJWE-FER 96, 63.
[293] BGH NJW 1988, 1667; BGHZ 132, 240; BGH NJW 1997, 2676.
[294] BGH NJW 1973, 995.
[295] BGH NJW 1973, 995.
[296] BGH NJW 1988, 1667; bei unterschiedlichen Zeitpunkten ist der spätere maßgebend, BGHZ 132, 241, (242).
[297] BGH ZEV 1996, 223.
[298] BGH NJW 1974, 1327.
[299] BGH NJW 1986, 1610 mAnm *Sick* JR 1986, 111.

BGB), sog Pflicht – und Anstandsschenkungen, die nicht der Pflichtteilsergänzung unterliegen **Anstandsschenkungen** sind in der Regel kleinere Zuwendungen zu besonderen Tagen oder Anlässen.[300] Die sittliche Pflicht kann im Einzelfall auch die Zuwendung höherwertiger Güter wie Grundstücke, Lebensversicherungen, Renten, Wohnrechte rechtfertigen, wenn dadurch ein Verwandter in einer Notlage oder bei Sicherung des Unterhalts unterstützt, die Altersversorgung des Ehegatten oder nichtehelichen Lebenspartners gesichert oder die Leistung treuer Dienste belohnt werden soll.[301] Die Entschädigung für nicht belohnte Dienste ist keine Schenkung, die Ergänzungsansprüche auslöst.[302]

Der Kläger muss das Vorliegen einer Schenkung **beweisen,** der Beklagte, dass es sich um eine Pflicht- oder Anstandsschenkung handelt. Diese ist nach objektiven Kriterien zu bewerten. Solche sind persönliche Beziehungen der Beteiligten zueinander, deren Einkommens- und Vermögensverhältnisse, das Gewicht der zu belohnenden Leistungen.

Der **Auskunftsanspruch** (§ 2314 BGB) erfasst auch die Pflicht- und Anstandsschenkungen, da der Mehrbetrag einer Schenkung, die das gebotene Maß übersteigt, bei der Pflichtteilsergänzung zu berücksichtigen ist.

68 • **Schenkungsbegriff:**

Wie bei §§ 516 ff. BGB[303] muss der Empfänger objektiv aus dem Vermögen des Erblassers[304] bereichert sein und Zuwender und Empfänger müssen sich einig sein, dass die Zuwendung unentgeltlich erfolgt.

Für die Frage, ob und inwieweit eine Schenkung anzunehmen ist, kommt es nicht auf die Verhältnisse zur Zeit des Erbfalls, sondern der Schenkung an.[305] Deshalb sind gewagte Rechtsgeschäfte, wie ein Leibrentenkauf, nicht als unentgeltliche Rechtsgeschäfte anzusehen.[306] Schenkung im Sinne des § 2325 BGB ist auch die vollzogene Schenkung auf den Todesfall (§ 2301 Abs. 2 BGB) und nichterfüllte Schenkungsversprechen (Nachlassverbindlichkeit).[307]

Die **nicht vollzogene Schenkung auf den Todesfall** kann im Wege der Umdeutung als Vermächtnis anzusehen sein (wenn es formell als letztwillige Verfügung wirksam ist). Es schmälert aber nicht den Pflichtteilsanspruch, da Vermächtnisse im Rang hinter den Pflichtteilsansprüchen zurückstehen.[308]

69 Der Dispositionsbefugnis des Erblassers und des Zuwendungsempfängers sind Grenzen gezogen: Eine objektiv nicht vorliegende Gegenleistung kann nicht wirksam als solche deklariert werden.[309] Es ist aber zunächst **Sache der Vertragsparteien, Leistung und Gegenleistung zu bewerten;**[310] deren Bewertung ist anzuerkennen, wie sie auch unter Berücksichtigung eines Verwandtschaftsverhältnisses noch in einem vernünftigen Rahmen bleiben. Erst bei einem **auffallend groben Missverhältnis** zu den wirklichen Werten von Leistung und Gegenleistung ist von teilweise unentgeltlicher Zuwendung auszugehen.[311]

---

[300] BGH NJW 1984, 2940.
[301] OLG Braunschweig FamRZ 1963, 376 (Lebensversicherung zu Gunsten der unversorgten Ehefrau); BGH WM 1977, 1410 (lebenslänglicher Nießbrauch für langjährige Hausgehilfin); BGH NJW 1984, 2939 (die Hälfte des Grundvermögens zur Alterssicherung an Ehefrau und Alleinerbin zum Nachteil der einzigen Tochter aus 1. Ehe); BGH NJW-RR 1996, 705 (Hausgrundstück für Behinderten). S. auch *Keim* FamRZ 2004, 1081 zu Pflegeleistungen.
[302] BGH ZEV 2006, 505.
[303] BGHZ 59, 132 (135); 116, 178 (180).
[304] Beachte hier die Vermutung des § 2331 BGB bei Schenkung aus dem Gesamtgut der Gütergemeinschaft (je zur Hälfte von jedem Ehegatten); RGZ 94, 262 (zum Höchstbetrag der Zurechnung).
[305] RGRK/*Johannsen* § 2325 Rn. 10.
[306] RGRK/*Johannsen* § 2325 Rn. 10; MüKoBGB/*Lange* § 2325 Rn. 25; BGH NJW 1981, 2458 (2459).
[307] BGHZ 85, 274 (283).
[308] MüKoBGB/*Lange* § 2325 Rn. 17.
[309] BGHZ 59, 132 (136).
[310] BGHZ 59, 132.
[311] BGHZ 59, 132.

Eine **willkürliche Bewertung** (die jeder sachlichen Grundlage entbehrt) ist nicht anzuerkennen,[312] sodass der objektiv unentgeltliche Teil der Zuwendung als **Schenkung** iS von § 2325 BGB angesehen wird. Diese Fälle der **gemischten Schenkung** sind in der Praxis häufig. Zur **Beweiserleichterung für den Kläger** geht die Rechtsprechung bei einem groben Missverhältnis von Leistung und Gegenleistung (was der Kläger zu beweisen hat) von der tatsächlichen Vermutung dafür aus, dass den Parteien die Unentgeltlichkeit der Wertdifferenz bewusst war und „sie sich in Wahrheit über die unentgeltliche Zuwendung derjenigen Bereicherung einig waren, die sich bei einer verständigen und nach den Umständen vertretbaren Bewertung der beiderseitigen Leistungen ergeben hätte."[313]

Der Beklagte wird in der Regel diese Vermutung nicht widerlegen können. Denkbar ist aber die Beweisführung, dass auch nur eine Partei (etwa der Erblasser) – sei es auch nur irrtümlich – die Zuwendung als **Abgeltung einer Gegenleistung** oder als **Erfüllung einer Verbindlichkeit** ansieht.[314] Denkbar wäre, dass die Vermutung möglicherweise durch eine entsprechende Erklärung – etwa des Erblassers in der Vertragsurkunde – entkräftet wäre, sodass es bei der ursprünglichen Beweislast bleibt.

Eine (gemischte) Schenkung kann in einer Grundstücksübertragung unter Nießbrauchsvorbehalt,[315] in der Aufnahme in eine Personengesellschaft, im Abschluss von Erbverträgen, in der Errichtung einer Stiftung, in der Zuwendung von Lebensversicherungsleistungen, im Erbverzicht unter Abfindungen, in ehebezogenen (unbenannten) Zuwendungen liegen. Zu diesen Fallgestaltungen siehe die Erläuterungen unten.

4. Bewertung

§ 2325 Abs. 2 BGB sieht eine unterschiedliche Bewertung verbrauchbarer Sachen (§ 92 **70** BGB, insbesondere Geld und Wertpapiere) und nicht verbrauchbarer Sachen vor.

Verbrauchbare Sachen sind mit dem Wert zur Zeit der Leistung anzusetzen.

Bei nicht verbrauchbaren Sachen ist der indizierte Wert zur Zeit des Erbfalls oder – falls der Wert zur Zeit der Schenkung niedriger ist – dieser niedrigere Wert in Ansatz zu bringen (Niederstwertprinzip).

Es ist in der Literatur streitig, ob der Wert verbrauchbarer Sachen zur Zeit der Leistung und der niedrigere Wert bei nicht verbrauchbaren Sachen zu indizieren sind, der Kaufkraftschwund also zu berücksichtigen ist.[316] Der BGH hat zwar bei der Anrechnung und Ausgleichung mit allgemeinen Worten die Indizierung befürwortet; bei § 2325 Abs. 2 BGB hat er dies zunächst nur bei nicht verbrauchbaren Sachen getan, soweit der Wert zur Zeit des Erbfalls betroffen war. Er hat dann jedoch ausdrücklich in den Fällen der Grundstücksübertragung unter (Nießbrauchs- bzw. Wohnrechts-)Vorbehalt den nach dem Niederstwert (zunächst durch Gegenüberstellung des nicht indizierten lastenfreien Sachwerts und des Nutzungswerts, jeweils ohne Indizierung) ermittelten Vorteil indiziert.[317]

Es bleibt also in der Rechtsprechung allgemein bei der Inflationsbereinigung, was insofern überzeugt, als Umstände für eine Differenzierung sich nicht aufdrängen.

• **Berechnung** **71**
Die Berechnung selbst geschieht so, dass zunächst der bereinigte Nachlasswert zu ermitteln ist. Diesem Wert ist der nach § 2325 Abs. 2 BGB ermittelte inflationsbereinigte Wert der Leistung hinzuzurechnen. Aus dieser Masse ist in Anwendung der Pflichtteilsquote der Pflichtteil zu ermitteln.

Sodann ist der Pflichtteil ohne den Wert der Schenkung zu errechnen. Der Pflichtteilsergänzungsbetrag ist die Differenz zwischen beiden Pflichtteilswerten.

---

[312] BGHZ 59, 132 (136); NJW 1981, 2458.
[313] BGHZ 59, 132 (136).
[314] MüKoBGB/*Koch* § 516 Rn. 25; BGH WM 1990, 1790 (1792); WM 1971, 1338.
[315] BGH NJW 2017, 329.
[316] Für Inflationsbereinigung MüKoBGB/*Lange* § 2325 Rn. 56; Palandt/*Weidlich* § 2325 Rn. 18; Burandt/Rojahn/*Müller* § 2325 Rn. 75; Soergel/*Dieckmann* § 2325 Rn. 52; dagegen *Pentz* FamRZ 1997, 724 f.
[317] BGH NJW 1992, 2887; OLG Koblenz FamRZ 2006, 1789 (1791).

72 • **Das Verhältnis zwischen Ausgleichung (§ 2316 BGB) und Pflichtteilsergänzung (§ 2325 BGB):**
Soweit Schenkungen im Rahmen der Ausgleichung bereits dem Nachlass zugerechnet wurden und auf dieser Basis der Pflichtteil eines ausgleichungsberechtigten Abkömmlings berechnet wurde, kommt eine zusätzliche Pflichtteilsergänzung wegen der bereits berücksichtigten Schenkung nicht in Betracht.[318] Soweit jedoch ein Pflichtteilsberechtigter (etwa wegen §§ 2316 iVm 2056 S. 1 und 2 BGB) sich bei der Ausgleichung schlechter stellt, als er sich bei Anwendung des § 2325 BGB stellen würde, kann er Ergänzung des verkürzten Ausgleichungspflichtteils nach § 2325 BGB verlangen. (→ § 17 Rn. 48 ff.).
Einem Pflichtteilsberechtigten, der nicht Abkömmling ist, steht der Anspruch auf § 2325 BGB ohne Einschränkungen zu.[319]

73 • **Ergänzung bei Erbteilszuwendung an den Pflichtteilsberechtigten:**
– Erbteil (reine Erbquote) ist **geringer** als die Hälfte des gesetzlichen Erbteils
Der pflichtteilsberechtigte Erbe hat gemäß § 2305 BGB Anspruch auf den Pflichtteilsrestanspruch und auf den vollen Ergänzungsanspruch gemäß § 2325 BGB.
– Erbteil = **Hälfte** des gesetzlichen Erbteils
In diesem Fall hat der pflichtteilsberechtigte Erbe keinen ordentlichen Pflichtteilsanspruch;
§ 2326 S. 1 BGB stellt klar, dass der Erbe auch noch den Pflichtteilsergänzungsanspruch hat.
– Erbteil **übersteigt** die Hälfte des gesetzlichen Erbteils
Der Pflichtteilsberechtigte hat einen Pflichtteilsergänzungsanspruch, soweit der Wert des Hinterlassenen hinter der Summe der Werte des ordentlichen und des Ergänzungspflichtteils zurückbleibt (§ 2326 S. 2 BGB).
Wenn er die belastete Erbschaft ausschlägt, gewinnt er den ordentlichen Pflichtteil (§ 2306 Abs. 1 S. 2 BGB), bei einer unbelasteten Erbschaft den Ergänzungspflichtteil gemäß § 2305 BGB und den Ergänzungspflichtteil gemäß § 2325 BGB.
Nach hM ist eine Anfechtung der Annahme als Inhaltsirrtum nach § 119 BGB möglich, wenn der Pflichtteilsberechtigte erst nach der Annahme von der Schenkung erfährt.[320]
Nach dieser Meinung liegt kein Motivirrtum, sondern ein Inhaltsirrtum nach § 119 Abs. 1 vor, weil die Annahme den vollständigen oder teilweisen Verzicht auf die Pflichtteilsergänzung einschließe.
– Der Pflichtteilsberechtigte ist **Vermächtnisnehmer**
Ist der Wert des Vermächtnisses geringer als der Wert des ordentlichen Pflichtteils, hat er gemäß § 2307 Abs. 1 S. 2 BGB den Pflichtteilsrestanspruch und den vollen Ergänzungspflichtteil (§ 2326 BGB).
Ist der Wert des Vermächtnisses höher als der Wert des ordentlichen Pflichtteils, gilt wiederum § 2326 S. 2 BGB. Nach § 2307 Abs. 1 S. 2 BGB sind Belastungen des Vermächtnisses bei der Berechnung seines Wertes nicht zu berücksichtigen.
Durch Ausschlagung oder Anfechtung der Annahme in Unkenntnis der Schenkung kann der Pflichtteilsberechtigte den ordentlichen Pflichtteil und zusätzlich den Ergänzungspflichtteil gewinnen.[321]

74 • **Schenkungen an den Pflichtteilsberechtigten:**
Geschenke des Erblassers an den Pflichtteilsberechtigten sind bei der Berechnung des Ergänzungspflichtteils ohne zeitliche Schranke, also **ohne die Zehnjahresfrist** des § 2325 Abs. 3 BGB,[322] gemäß § 2327 BGB **zu berücksichtigen.**

---

[318] MüKoBGB/*Lange* § 2316 Rn. 24; RGRK/*Johannsen* § 2316 Rn. 16.
[319] MüKoBGB/*Lange* § 2316 Rn. 26; vgl. auch BGHZ 102, 289 zur Berechnung von Pflichtteilsergänzungsansprüchen, wenn ein Miterbe ausgleichsberechtigte Zuwendungen erhalten und ergänzungspflichtig beschenkt wurde.
[320] Palandt/*Weidlich* § 2326 Rn. 4; MüKoBGB/*Lange* § 2326 Rn. 4.
[321] MüKo/*Lange* § 2326 Rn. 6.
[322] MüKo/*Lange* § 2327 Rn. 6, 7.

Die Eigengeschenke sind **von Amts wegen** (keine Einrede) bei der Berechnung des Pflichtteilsergänzungsanspruchs **zu berücksichtigen.**[323]

Zwar trifft den Beschenkten die Beweislast für die Behauptung, der Berechtigte habe selbst vom Erblasser Schenkungen erhalten, der Ergänzungsberechtigte ist jedoch zur Auskunft verpflichtet.[324]

• **Der Anspruch gegen den Beschenkten**[325]:   75

Der Anspruch auf Pflichtteilsergänzung richtet sich zunächst gegen den Erben (§§ 2325, 2329 BGB), der Beschenkte ist **nur subsidiär verpflichtet,** „soweit der Erbe zur Ergänzung des Pflichtteils nicht verpflichtet ist" (§ 2329 Abs. 1 BGB). Voraussetzung ist aber, dass der Erbe (rechtlich) nicht verpflichtet ist, nicht etwa, dass er nur wirtschaftlich nicht in der Lage ist. Ist der Pflichtteilsberechtigte der Alleinerbe, richtet sich der Ergänzungsanspruch von vornherein gegen den Beschenkten (§ 2329 Abs. 1 S. 2 BGB).

Es gibt folgende Fälle der fehlenden Verpflichtung des Erben:

– Der Erbe haftet nach §§ 1975, 1990 1991 Abs. 4, 2060 BGB, 327 InsO nur beschränkt und der Nachlass reicht zur Entrichtung der Pflichtteilsergänzung nicht aus.

Haftet der Erbe unbeschränkbar, ist aber nicht zahlungsfähig, bleibt er dennoch „verpflichtet", der Beschenkte ist nicht verpflichtet.[326]

– Dem Erben steht die Einrede des § 2328 BGB zu.

Ist der Erbe selbst pflichtteilsberechtigt, so kann er gemäß § 2319 BGB die Befriedigung anderer Pflichtteilsberechtigter verweigern, wenn sein eigener ordentlicher Pflichtteil eingeschränkt werden würde. Nach § 2328 BGB wird auch sein Pflichtteilsergänzungsanspruch geschützt. Sein gesamter Pflichtteilsanspruch bestehend aus dem ordentlichen und dem Ergänzungspflichtteil darf ihm verbleiben.

Der Ergänzungsanspruch richtet sich dann gegen den Beschenkten.

In Abweichung von der Regel, dass Wertveränderungen nach dem Erbfall unbeachtlich sind, hält die Rechtsprechung den Wertverfall des Nachlasses für beachtlich.[327] Der Wertverfall des Nachlasses kommt also dem Erben zugute. Die Wertsteigerung vergrößert die Zugriffsmasse und wirkt sich allein deshalb schon aus. Der BGH wendet § 2328 BGB auch dann bei § 2329 BGB an, wenn der pflichtteilsberechtigte Erbe als Beschenkter in Anspruch genommen wird.[328]

a) Der Inhalt des Anspruchs

Der Beschenkte ist verpflichtet, das **Geschenk** zum Zwecke der Befriedigung wegen des   76 Fehlbetrages **herauszugeben.**

Bei einem Geldgeschenk geht der Anspruch auf **Zahlung.**

Hat der Erblasser jedoch einen Gegenstand verschenkt, geht der Anspruch auf **Duldung der Zwangsvollstreckung in den Gegenstand wegen des Fehlbetrags.**[329] Der Be-

---

323 MüKo/*Lange* § 2327 Rn. 9.
324 BGH NJW 1964, 1414.
325 S. hierzu auch oben → Rn. 1.341.
326 hM: BGH NJW 1983, 1485; MüKoBGB/*Lange* § 2329 Rn. 8; RGRK/*Johannsen* § 2329 Rn. 2; Soergel/*Dieckmann* § 2329 Rn. 8; Palandt/*Weidlich* § 2329 Rn. 2.
327 BGHZ 85, 274 (284); aA MüKoBGB/*Lange* § 2328 Rn. 8.
328 BGHZ 85, 274 (284).
329 BGHZ 85, 274 (272); der Antrag lautet dann etwa

„Der Beklagte wird verurteilt, wegen einer Forderung in Höhe von… EUR (= *Ergänzungsbetrag*) nebst Zinsen hieraus in Höhe von 5 Prozentpunkten über dem jeweiligen Basiszinssatz seit Rechtshängigkeit, die Zwangsvollstreckung in (*Gegenstand genau beschreiben; bei Grundstück: in das Grundstück in…, eingetragen im Grundbuch von…, Band…, Blatt…, Bestandsverzeichnis…, Flurstücknummer, in einer Größe von…qm) zu dulden.*

schenkte ist zur Zahlung nicht verpflichtet, kann jedoch den Anspruch auf Duldung der Zwangsvollstreckung durch Zahlung abwehren (§ 2329 Abs. 2 BGB).

Der Beschenkte haftet nur nach Bereicherungsgrundsätzen (§§ 2329 Abs. 1 S. 1, 818 Abs. 3 und 4, 819, 822 BGB).

b) Haftung mehrerer Beschenkter

77 Bei mehreren Beschenkten haftet zunächst der zuletzt Beschenkte (§ 2329 Abs. 3 BGB), wobei es für diese zeitliche Reihenfolge auf den Vollzug ankommt.[330] Unerheblich ist die Zahlungsfähigkeit des zuletzt Beschenkten.[331]

Der Ergänzungsberechtigte kann gegen den zuletzt Beschenkten auf Leistung und gegen den früher Beschenkten auf Feststellung klagen.[332]

c) Auskunftsanspruch

78 Der ergänzungsberechtigte **Erbe** hat Anspruch auf Auskunft aus § 242 BGB,[333] sofern der Erbe sich die Kenntnisse nicht anderweitig zumutbar besorgen kann und der Beschenkte die Auskunft unschwer geben kann.

Der pflichtteilsergänzungsberechtigte **Nichterbe** hat einen Auskunftsanspruch aus entsprechender Anwendung des § 2314 Abs. 1 BGB.[334]

Ein Anspruch des Ergänzungsberechtigten auf **Wertermittlung** besteht nur gegenüber dem Erben aus entsprechender Anwendung des § 2314 Abs. 1 BGB (damit trägt der Erbe auch die Kosten).[335] Gegen den Beschenkten besteht ein derartiger Anspruch nur aus § 242 BGB, wobei der Ergänzungsberechtigte die Kosten trägt.[336]

5. Zehnjahresfrist des § 2325 Abs. 3 BGB.

79 Die Schenkung bleibt unberücksichtigt, wenn zur Zeit des Erbfalls 10 Jahre seit der Leistung des verschenkten Gegenstandes verstrichen sind (Abs. 3 S. 2). Die mit dem Erbrechtsänderungsgesetz neu aufgenommene Abschmelzungsregelung (Abs. 3 S. 1) sieht vor, dass Schenkungen innerhalb des ersten Jahres vor dem Erbfall zu 100 % berücksichtigt werden. Jedes weitere Jahr reduziert den in die Ergänzungsbewertung aufzunehmenden Betrag um 10 %, sodass eine Schenkung im zweiten Jahr vor dem Erbfall zu 90 % zu berücksichtigen ist. Nach 10 Jahren ist die Schenkung überhaupt nicht mehr zu berücksichtigen. Diese Neuregelung gilt unabhängig vom Zeitpunkt der Schenkung für alle Erbfälle nach Inkrafttreten des Reformgesetzes, also ab 1.1.2010 (Art 229 § 21 Abs. 4 EGBGB). Die Abschmelzungsregelung greift nur ein, wenn eine Leistung im Sinne von § 2315 Abs. 3 S. 2 BGB vorliegt. Der Begriff der „Leistung" hat zu rechtlicher Unsicherheit und zu Änderungen der Rechtsprechung des BGH in der Zeit von 1970[337] bis 1988[338] geführt. Dabei stellte der BGH zunächst auf die Leistungshandlung,[339] später auf ein Stadium zwischen der Leistungshandlung und dem rechtlichen Leistungserfolg, das man als wirtschaftlichen Leistungserfolg qualifizieren kann[340] und schließlich auf den rechtlichen Leistungserfolg[341] ab.

---

[330] OLG Hamm NJW 1969, 2148.
[331] MüKoBGB/*Lange* § 2329 Rn. 22; *Pentz* MDR 1998, 132 (133).
[332] BGH NJW 1955, 1185.
[333] BGH NJW 1986, 1755.
[334] BGHZ 107, 200 (203); eingehend zu den Auskunftsansprüchen *Cornelius* ZEV 2005, 286.
[335] BGHZ 107, 200.
[336] BGHZ 108, 393.
[337] BGH NJW 1970, 1638.
[338] BGH NJW 1988, 821.
[339] BGH NJW 1970, 1638: „… wenn der Schenker alles getan hat was von seiner Seite für den Erwerb des Leistungsgegenstandes durch den Beschenkten erforderlich ist."
[340] BGH NJW 1987, 122: Die Frist beginnt erst dann, „wenn der Erblasser einen Zustand geschaffen hat, dessen Folgen er selbst noch 10 Jahre lang zu tragen hat und der schon im Hinblick auf diese Folgen von einer böslichen Schenkung abhalten kann."
[341] BGHZ 102, 289: bei Grundstücksschenkung Eintragung im Grundbuch.

Umstritten war, wann die Frist beginnen sollte, wenn die Grundstücksübertragung unter gleichzeitigem Vorbehalt eines Nießbrauchs bzw. eines Wohnrechts erfolgte. Zunächst wollte der BGH bei Schenkungen unter (Nießbrauchs- oder Wohnrechts-)Vorbehalt die Schenkung allein wegen des Vorbehalts in vollem Umfang als nicht geleistet ansehen. Ein Erblasser, der sich den Nießbrauch vorbehalten habe, habe die Schenkung noch nicht vollzogen.[342] Überzeugend stellt Lange[343] auch in den Fällen des Nießbrauchsvorbehalts und Widerrufsvorbehalts darauf ab, dass jede schenkweise Übereignung eines Gegenstandes eine Leistung iSv § 2325 Abs. 3 BGB darstelle, gleichgültig, ob er sich in irgendeiner Weise die Nutzung vorbehält. Etwas anderes gelte nur für unbedingte Rückforderungsrechte oder reine Wollensbedingungen. Ungeklärt war, wie sich die Rspr. des BGH auf ein Wohnungsrecht des Erblassers auswirkt, das sich nur auf einzelne Teile des Zuwendungsobjekts bezieht.[344] Der BGH stellt jetzt darauf ab,[345] ob der bisherige Eigentümer auf Grund des vorbehaltenen Rechts das Schenkungsobjekt nicht mehr „im Wesentlichen weiterhin nutzt",[346] hält es aber im Ausnahmefall für möglich, dass durch die Einräumung eines Wohnrechts die Frist des § 2325 Abs. 3 S. 1 BGB gehindert wird.[347] Griffig lässt sich die Rechtsprechung dahin zusammenfassen, dass maßgeblich ist, wer nach der Übertragung „der Herr im Hause" ist.[348] Bei Grundstücksübertragungen unter Vorbehalt einer Eigennutzung bis zu 30 % nimmt die obergerichtliche Rspr. zT einen spürbaren Vermögensverlust an, der die Frist laufen lässt.[349][350]

Bei **gesellschaftsvertraglichen Nachfolgeregelungen** liegt – soweit überhaupt eine 80 Schenkung vorliegt (grundsätzlich nicht, (→ § 24 Rn. 11)) – ein Vollzug bereits mit Aufnahme des Gesellschafters oder Vereinbarung einer Nachfolgeklausel, die sich ohne weiteres Zutun beim Tod des Gesellschafter-Erblassers zwangsläufig zu einem Vollrecht entwickelt[351] vor. Bei Ausscheiden des Erblassers zu dessen Lebzeiten unter ergänzungspflichtigen Abfindungsklauseln beginnt die Frist mit dem Ausscheiden des Erblassers aus der Gesellschaft.

Bei **Schenkungen an den Ehegatten** beginnt die Frist nach § 2325 Abs. 3 S. 3 BGB nicht vor der Auflösung der Ehe. Diese Bestimmung wird von der Literatur zu Recht als verfehlt und verfassungswidrig kritisiert,[352] mag auch das BVerfG[353] den Vorwurf der Verfassungswidrigkeit zurückgewiesen haben (ohne die Kritiker zu überzeugen). Keinesfalls sollte die Vorschrift entsprechend angewendet werden, etwa auf nichteheliche Lebensgemeinschaften.[354] Sie gilt jedoch auch für eingetragene Lebenspartnerschaften.

---

[342] BGH NJW 1994, 1791.

[343] MüKoBGB/*Lange* § 2325 Rn. 63; *Mayer* ZEV 1994, 246; wie BGH Palandt/*Weidlich* § 2325 Rn. 26 (aber beim Rückforderungsrecht wie *Lange*); *Dieckmann* (in Soergel § 2325 Rn. 56) sieht in der Rspr. des BGH eine „(problematische) Rechtsfortbildung".

[344] *N. Mayer* ZEV 1994, 325 (329); *Siegmann* DNotZ 1994, 787 (789); *Wegmann* MittBayNot 1994, 308.

[345] BGH NJW 2016, 2957.

[346] BGHZ 125, 395 (398); OLG Düsseldorf FamRZ 1997, 1114.

[347] BGH NJW 2016, 2957.

[348] OLG München ZEV 2017, 276 noch ohne Rezeption der – aktuellen – Entscheidung des BGH.

[349] OLG Düsseldorf FamRZ 1999, 1546; OLG Oldenburg MittBayNot 2006, 517: persönliche Nutzung einer der beiden Wohnungen; OLG Bremen NJW 2005, 1726 (2 Zimmer).

[350] Eine wesentliche Verschlechterung nimmt die obergerichtliche Rechtsprechung an, wenn der Erblasser nach den getroffenen Vereinbarungen nicht mehr „Herr im Haus" sei, OLG Karlsruhe FamRZ 2008, 1377; OLG Bremen NJW 2005, 1726; OLG München ZEV 2008, 480; s. auch *Gehse* RNotZ 2009, 361.

[351] BGH NJW 1970, 1638.

[352] MüKoBGB/*Lange* § 2325 Rn. 66; Burandt/Rojahn/*Müller* § 2325 Rn. 112 mit der Bemerkung, dass sich die Frage der Verfassungswidrigkeit nunmehr neu stellt, nachdem doppelt benachteiligt sind: im Vergleich zu nichtehelichen Lebenspartnern läuft bei Ehepaaren nicht nur die Frist nicht; auch die Abschmelzungsregelung gilt hier nicht; *Ebenroth*, Erbrecht, Rn. 976; Soergel/*Dieckmann* § 2325 Rn. 57.

[353] BVerfG NJW 1991, 217.

[354] So die hM; MüKoBGB/*Lange* § 2325 Rn. 70, verfehlt die entsprechende Anwendung durch OLG Köln OLG Report Köln 1997, 79.

6. Zuwendungen unter (Nießbrauchs-, Wohnrechts-)Vorbehalt

81   Häufig werden Zuwendungen unter Vorbehalten gemacht: Der Erblasser erhält bei Grundstücken den Nießbrauch oder das Wohnrecht oder er behält sich den Widerruf der Zuwendungen vor. Schenkungen unter Auflagen (etwa einer Pflegeverpflichtung) sind ähnlich zu bewerten. Wegen der grundsätzlichen Problematik der Bewertung als Schenkung oder des Beginns des Laufes der Zehnjahresfrist wird auf die Erläuterungen hierzu (→ § 17 Rn. 79; § 17 Rn. 81) verwiesen.

Bei der Berechnung des Ergänzungsanspruchs im Falle der Grundstücksübertragung unter Nießbrauchsvorbehalt ergeben sich auf Grund der Rechtsprechung des BGH[355] Probleme (die jedoch auch für andere Vorbehaltsfälle gelten).

82   • **Abzug des Nießbrauchs und Niederstwertprinzip:**

Der zugrunde liegende Fall wies folgende Daten auf: Die 1978 verschenkte Immobilie hatte damals einen (nicht inflationsbereinigten) Wert von DM 170 000 und beim Erbfall 1987 einen Wert von DM 140 000.

Der Wert des Nießbrauchs betrug 1978, also bei der Schenkung (nicht inflationsbereinigt) DM 97 000.

Der BGH berechnet die Ergänzung zweistufig:

Zunächst ist nach dem Niederstwertprinzip des § 2325 Abs. 2 BGB der Niederstwert zu bestimmen. Dabei muss der Nießbrauch unberücksichtigt bleiben und der Wert im Schenkungszeitpunkt indiziert werden. Im entschiedenen Fall war der indizierte Wert bei Schenkung ohne Abzug des Nießbrauchswerts der Niederstwert. Ein etwaiger Leibrentenwert ist jedoch abzuziehen.[356]

Vom nicht indizierten Grundstückswert bei Schenkung hat der BGH den damaligen Wert des Nießbrauchs bei Schenkung (DM 97 000) abgezogen, dies ergibt eine Differenz von DM 73 000 (DM 170 000 – DM 97 000).[357]

Dies ist der Schenkungswert, der noch zu indizieren ist.

Dabei sind **Verwendungen** des Zuwendungsempfängers vor Übergabe (da sich der Wert dadurch erhöht hat) abzuziehen, während Verwendungen nach Übergabe nicht abzugsfähig sind, da auf den Wert zur Zeit der Übergabe abzustellen ist.

Wäre der Wert des Hauses im Erbfall niedriger als beim dinglichen Schenkungsvollzug, wäre dieser Wert ohne Abzug des Nießbrauchs[358] maßgeblich.

Diese Berechnung ist in der Literatur kritisiert worden, insbesondere von *Reiff*.[359] Der BGH hat diese Kritik ausdrücklich zurückgewiesen.[360]

Reiff lehnt einen Abzug des Nießbrauchswerts generell ab. Auch im Fall der Vorbehaltsschenkung sei der gesamte Gegenstandswert geschenkt. *Reiff* verweist dabei auf die Rechtsprechung des XII. Zivilsenats zum Zugewinnausgleich,[361] wonach der Vermögenserwerb eines Ehegatten auf Grund des Erbfalls eines Elternteils insoweit ein nach § 1374 Abs. 2 BGB dem Anfangsvermögen hinzuzurechnender Erwerb von Todes wegen sei, als er während der Ehezeit durch den Wertverlust des Nießbrauchs des anderen Elternteils wertvoller wurde; dies gelte im Rahmen der vorweggenommenen Erbfolge für solche Wertsteigerungen des übergebenen Vermögens, die infolge der fortschreitenden Wertminderung des darauf lastenden Altenteils des Übergebers eintreten. Auch insoweit liege ein unter § 134 Abs. 2 BGB fallender Erwerb mit Rücksicht auf ein künftiges Erbe vor.

---

[355] BGH FamRZ 1992, 802 = NJW 1992, 2887.

[356] OLG Schleswig Urteil v. 25.11.2008 – 3 U 11/08 = BeckRS 2008, 25346; BGH NJW-RR 2006, 877 (hält die Berücksichtigung von übernommenen Pflegeverpflichtungen für möglich). S. auch *Klinger/Roth* NJW-Spezial 2009, 39.

[357] Im entschiedenen Fall wurde der halbe Hausteil übertragen, sodass in der Entscheidung letztlich der Schenkungswert halbiert wurde.

[358] So ist der BGH zu verstehen, vgl. auch *Mayer* FamRZ 1994, 739 (743 Fn. 61).

[359] In Anmerkung zu BGH FamRZ 1991, 552.

[360] BGH NJW 1992, 2887; BGH FamRZ 2006, 777.

[361] BGH FamRZ 1990, 603; 1990, 1083.

Wenn dem nach der Rechtsprechung des XII. Zivilsenats so sei, könne für die gleichfalls unter § 1374 Abs. 2 BGB fallende Schenkung nichts anderes gelten. Auch die infolge des Wegfalls des Nießbrauchs beim Beschenkten eintretende Vermögenssteigerung sei also Erwerb durch Schenkung.

Dem entgegnet der BGH zu Recht, dass Sinn und Zweck des Zugewinnausgleichs und der Pflichtteilsergänzung unterschiedlich seien. Letztlich gebiete die Stichtagsregelung des § 2325 Abs. 2 BGB, wenn dessen Satz 2 Hs. 2 eingreife, auf die Verhältnisse im Zeitpunkt der dinglichen Vollziehung der Schenkung abzustellen.[362]

Die Praxis muss sich trotz der aufrecht erhaltenen Kritik der Literatur[363] auf die Meinung des BGH einstellen.[364] Zu beachten ist dabei, dass es zur Berechnung des Pflichtteils aber erst dann kommt, wenn es überhaupt zu einer (wenn auch gemischten) Schenkung kommt, wobei für diese Frage auf den Zeitpunkt des Erwerbs unter Berücksichtigung der Gegenleistung abzustellen ist.[365] Kommt es zur Annahme einer gemischten Schenkung, ist der Niederstwert entsprechend BGH-Rspr. zu ermitteln. Ist der Wert beim Erbfall niedriger, kommt es nicht zum Abzug des Nießbrauchs, weil dieser zu diesem Zeitpunkt erloschen ist. Ein nachträglich vereinbartes volles Entgelt schließt einen Ergänzungsanspruch aus.[366]

* **Kapitalisierung des Nießbrauchsrechts:**   83

Streit besteht, ob das Nießbrauchsrecht des Schenkers abstrakt (nach allgemeinen statistischen Lebenserwartungen) oder konkret (nach der tatsächlichen Lebenszeit des Erblassers) zu bewerten ist.

Die Bewertung sollte auf objektive Kriterien zum Zeitpunkt des Vertragsschlusses abstellen. In diesem Zeitpunkt lässt sich der Wert nur abstrakt ermitteln.[367] Eine Mittelmeinung geht grundsätzlich von der abstrakten Berechnung aus und korrigiert bei erheblichen Abweichungen einer „ex-post-Betrachtung" in die eine oder andere Richtung.[368] Das hierbei verwendete Argument des Schutzes des Pflichtteilsberechtigten differenziert nicht.

Allenfalls kann man von der tatsächlichen Lebensdauer ausgehen, wenn beide Vertragsparteien auf Grund einer beiden bekannten, tatsächlich gegebenen, unheilbaren schweren Erkrankung des Schenkers von einer erheblich geringeren Lebenserwartung als der statistischen ausgehen. Selbst dabei sollte man jedoch besser auf die statistische Lebenserwartung entsprechend Erkrankter abstellen.

Der BGH hat diese Frage lediglich in einem Urteil v. 4.7.1975[369] ausdrücklich behandelt. Danach ist ausgehend von der allgemeinen Lebenserwartung „in Anbetracht des Gesundheitszustandes" des Erblassers dem Tatrichter ein Ermessen bei der Schätzung zugebilligt worden.

Zur Berechnung (nach BGH): Ist der Erbfallwert der niedrigere, kommt ein Abzug des vorbehaltenen Nutzungs- oder Nießbrauchswerts nicht mehr in Betracht. Der ermittelte Grundstückswert ist der Schenkungswert. Ist der Wert zur Zeit des Schenkungsvollzugs der niedrigere, ist vom kaufkraftbereinigten Grundstückswert der Wert der Nutzung als Belastung abzuziehen. Der Nutzungswert wird abstrakt kapitalisiert, indem der jährliche

---

[362] S. auch BGH ZEV 2006, 265.
[363] S. MüKoBGB/*Lange* § 2325 Rn. 50 (schließt sich BGH an: nur die Differenz aus Gegenstands- und Nutzungswert ist nach § 2325 ergänzungspflichtig); *Mayer* FamRZ 1994, 739.
[364] Palandt/*Weidlich* § 2325 Rn. 22 wie BGH.
[365] BGH NJW 1964, 1323; BGH ZEV 1996, 197; OLG Koblenz FamRZ 2006, 1413: Eine Differenz von weniger als einem Fünftel des Grundstückswertes stellt noch kein derart großes Missverhältnis dar, dass dadurch der Wille der Vertragschließenden indiziert wäre, eine gemischte Schenkung vorzunehmen.
[366] BGH FamRZ 2007, 814.
[367] Für die statistische Lebenserwartung Palandt/*Weidlich* § 2325 Rn. 20, 21; OLG Oldenburg NJW-RR 1997, 263 (264); RGRK/*Johannsen* § 2325 Rn. 22; *Behmer* FamRZ 1994, 1375, aA *Mayer* FamRZ 1994, 739 (744); OLG Köln FamRZ 1997, 1437; Staudinger/*Olshausen* § 2325 Rn. 103 (konkrete Bewertung).
[368] Soergel/*Dieckmann* § 2325 Rn. 39.
[369] NJW 1975, 1831 (1832); OLG Köln MittRhNotK 1997, 79 (Todkranker Schenker).

Reinwert der Nutzungen mit dem Faktor multipliziert wird, der sich auf Grund der statistischen Lebenserwartung ergibt. Dazu kann auf die vom BMF im Bundessteuerblatt jeweils aktuelle veröffentlichte Sterbetafel des Statistischen Bundesamtes, für die Bundesrepublik Deutschland (§ 14 Abs. 1 BewG) oder auf § 46 GNotKG zurückgegriffen werden.[370]

7. Ehebezogene (unbenannte) Zuwendungen

84 Der IV. Zivilsenat des BGH hat mit seinen Urteilen v. 27.11.1991[371] und 27.9.1995[372] der familienrechtlichen Rechtsprechung zur sog. unbenannten Zuwendung, nach der die Zuwendungen unter Ehegatten in der Regel nicht als Schenkungen, sondern als ehebezogene Rechtsgeschäfte eigener Art gelten,[373] für den Bereich des Erbrechts grundsätzlich die Geltung abgesprochen. Die Instanzgerichte haben diese Rspr. auf die nichteheliche Lebensgemeinschaft übertragen.[374]

Danach ist die unbenannte Zuwendung „in der Regel objektiv unentgeltlich und im Erbrecht (§§ 2287, 2288, 2325 BGB) grundsätzlich wie eine Schenkung zu behandeln".

Diese Rechtsprechung wird in der Literatur im Ergebnis weitgehend akzeptiert, es werden zT andere Begründungen[375] oder Ausnahmen von der Regel – etwa beim Familienwohnheim und der Altersvorsorge – vorgeschlagen.[376] Der BGH selbst spricht davon, dass diese Zuwendungen „grundsätzlich" Schenkungen seien, dass die Ehe „im allgemeinen" keinen Anspruch auf derartige Vermögensverschiebungen gebe. Eine Gegenleistung bestehe „in der Regel" nicht. Da jedoch Ehegatten einander nicht nur gemäß §§ 1361 Abs. 1 S. 2 und 1578 Abs. 3 BGB bei Trennung und nach der Scheidung, sondern gemäß § 1360 BGB auch in intakter Ehe Vorsorgeunterhalt für den Fall des Alters schuldeten, könne es sein, dass eine unbenannte oder sogar ausdrücklich zur Alterssicherung bestimmte Zuwendung einem entsprechenden Anspruch objektiv entspreche. Hierbei ist konkret auf die ehelichen Lebensverhältnisse abzustellen. Die Übertragung oder zumindest lebenslange Nutzung des Familienwohnheims zugunsten des überlebenden Ehegatten ist als existenzsichernde Maßnahme in vielen Fällen objektiv geboten. Dies ist ein ehebedingter Umstand, der jedenfalls bei langjährigen Ehen aus dem Gesichtspunkt des Art. 6 GG auch im Erbrecht respektiert werden muss. Die Einschränkung der Testierfreiheit durch das Pflichtteilsrecht kann auch unter Abwägung der Interessen von Abkömmlingen im Einzelfall verfassungswidrig sein.[377]

85 Auch die Vergütung langjähriger Dienste die vor oder nach Eheschließung geleistet worden seien, könnten im Rahmen des Angemessenen als entgeltlich anzusehen sein.[378]

Es wäre sicherlich verfehlt, sämtliche Schenkungen während einer (möglicherweise jahrzehntelangen) Ehezeit dem § 2325 BGB zu unterstellen. Hier ist § 2330 BGB großzügig auszulegen.[379]

---

[370] S. auch zur Berechnung BGH NJW-RR 1996, 705; BGHZ 125, 395; BGHZ 118, 49; OLG Celle NJW-RR 2002, 1448 (zu § 14 BewG).

[371] BGH NJW 1992, 564 = DNotZ 1992, 513.

[372] BGH NJW-RR 1996, 133.

[373] BGH NJW 1982, 2236.

[374] OLG Düsseldorf NJW-RR 1997, 1497; OLG Köln MittRhNotK 1997, 89.

[375] *Langenfeld* NJW 1994, 2133; *Draschka* DNotZ 1993, 100; *Kollhosser* NJW 1994, 2313; ablehnend *Klingelhöffer* PflichtteilsR Rn. 587 ff.

[376] Palandt/*Weidlich* § 2325 Rn. 10 (kann zu unbilligen Ergebnissen führen); MüKoBGB/*Lange* § 2325 Rn. 24.

[377] So wohl auch *Klingelhöffer* PflichtteilsR Rn. 593; so zum Nießbrauchsrecht im Ergebnis (keine objektive Schenkung) OLG Schleswig ZEV 2010, 369.

[378] OLG Oldenburg FamRZ 2000, 638 (entgeltlich ist die Übertragung eines Hausanteils und des Anteils an der beweglichen Habe auf die Ehefrau, die ihrem als Arzt tätigen Ehemann 30 Jahre als Sprechstundenhilfe Dienste geleistet hat; die erst später erfolgte Vereinbarung einer Vergütung ist rechtlich beachtlich).

[379] So auch *Klingelhöffer* PflichtteilsR Rn. 592.

8. Güterrechtsverträge

Grundsätzlich liegt in der Vereinbarung der Gütergemeinschaft oder der Auflösung des   **86** Güterstandes sowie der Auseinandersetzung und Vereinbarung eines anderen Güterstandes oder Beendigung des Güterstandes der Zugewinngemeinschaft und Auseinandersetzung keine Schenkung.[380]

Wenn das alleinige Ziel des Güterrechtsvertrages die Benachteiligung pflichtteilsberechtigter Angehöriger ist, liegt eine Schenkung vor; nicht jedoch schon dann, wenn die Eheleute auch ihren Güterstand neu ordnen wollen und die dabei eintretende Bereicherung des weniger begüterten Teils von den Eheleuten als unentgeltlich empfunden und gewollt sein kann.[381]

Indiz für einen ehefremden Zweck kann sein, wenn die Gütergemeinschaft kurz vor dem Tode eines Ehegatten vereinbart wird, eine höhere Quote eingeräumt wird, als § 1476 BGB vorsieht oder wenn ein auffälliges und grobes Missverhältnis vorliegt. In diesen Fällen geht der BGH von einer tatsächlichen Vermutung der Einigung über die Unentgeltlichkeit oder von der Verfolgung ehefremder Zwecke aus. Der Richter muss hierfür ausreichende tatsächliche Feststellungen treffen.[382] Die Pflichtteilsfestigkeit der **„Güterstandsschaukel"** (Zugewinngemeinschaft Gütertrennung Zugewinngemeinschaft) wird in der Literatur kontrovers diskutiert.[383] Der BGH hat die Frage noch nicht entschieden. Ob die Entscheidung des BGH zur Gütergemeinschaft[384] auf die Güterstandsschaukel übertragbar ist, ist offen. Zur steuerrechtlichen Problematik hat der BFH[385] entschieden, dass die Ausgleichsforderung nicht als freigebige Zuwendung steuerbar ist, wenn es tatsächlich zu einer zu einer güterrechtlichen Abwicklung der Zugewinngemeinschaft kommt und zwar auch dann, wenn es Anschluss daran die Zugewinngemeinschaft erneut begründet wird. Die Literatur warnt vor einer Übertragung dieser Rechtsprechung auf die Rechtslage bei der Pflichtteilsergänzung.[386]

9. Abfindungen beim Erbverzicht

Ob diese Abfindungen als Schenkungen anzusehen sind, ist in der Literatur streitig.[387] Es ist   **87** wohl auf den Einzelfall abzustellen. Falls sich der Erblasser mit der Abfindung die Testierfreiheit erkauft, ist grundsätzlich von Entgeltlichkeit auszugehen, wobei nur dann von einem „Erkaufen" auszugehen ist, wenn der Abfindungsempfänger unter Erstreckung auf die Abkömmlinge auf den Pflichtteil verzichtet und sich die Abfindung im Rahmen der gesetzlichen „Erberwartungen"[388] hält.[389] Unter dieser Voraussetzung steht beim Verzicht eines Abkömmlings auf das gesetzliche Erbrecht einem weiteren Abkömmling im Hinblick

---

[380] BGH NJW 1992, 558.
[381] BGH NJW 1992, 558 (559).
[382] S. auch *Hayler* DNotZ 2000, 681.
[383] *Wegmann* ZEV 1996, 201 (206); *Brambring* ZEV 1996, 248 (252 ff.); *Hayler* MittBayNot 2000, 290 (293); *Worm* RNotZ 2003, 535 (539).
[384] BGHZ 116, 178 (182). Der kurzfristige Wechsel von der Gütergemeinschaft zur Gütertrennung löste in der konkreten Fallsituation nach Ansicht des BGH Pflichtteilsergänzungsansprüche aus. Grundsätzlich stelle die Vereinbarung der Gütergemeinschaft jedoch keine Schenkung dar und löse keinen Pflichtteilsergänzungsanspruch aus. Anders jedoch, wenn ehefremde Zwecke verfolgt würden. Indizien hierfür sei die Vereinbarung kurz vor dem Tod eines Ehegatten, eine höhere Quote als in § 1476 BGB vorgesehen für den weniger begüterten Teil, wenn die alleinige Absicht sei, die Pflichtteilsrecht von Angehörigen zu beeinträchtigen, ein einheitlicher Plan in Richtung Schaukelmodell oder die nachträgliche Verschiebung wertvoller Gegenstände vom Vorbehaltsgut in das Gesamtgut oder umgekehrt.
[385] BFH ZEV 2005, 490 = DStR 2005, 1772.
[386] *Everts* ZErb 2005, 421 f.; *Schlitt/Müller,* Handbuch Pflichtteilsrecht, § 11 Rn. 97.
[387] Keine Schenkung: *Damrau* FamRZ 1969, 129 (131); *Theiss/Boger* ZEV 2006, 143 (144); MüKoBGB/ *Lange* § 2325 Rn. 29 stellt auf den Einzelfall ab; Staudinger/*Olshausen* § 2325 Rn. 7, 9 (Unentgeltlichkeit, unter Berufung auf Staudinger/*Schotten* § 2346 Rn. 122 ff.).
[388] BGH FamRZ 1985, 1249 (1251) stellt als obiter dictum auf die tatsächliche Differenz als Schenkung ab. Dies wird den Umständen bei Abschluss des Verzichts nicht gerecht.
[389] So zutreffend Soergel/*Dieckmann* § 2325 Rn. 18.

auf die Erhöhung seiner Pflichtteilsquote nach § 2310 S. 2 BGB grundsätzlich kein Pflicht-teilsergänzungsanspruch zu.[390] Ein Pflichtteilsergänzungsanspruch scheidet auch aus, soweit die Abfindung eine Ausstattung iSv § 1624 BGB darstellt. Zur **Schenkungsteuer** bei einem Erb- oder Pflichtteilsverzicht ohne Gegenleistung S. § 7 Abs. 1 Nr. 5 ErbStG.

10. Aufnahme in eine Personengesellschaft (OHG, KG) und Abfindungsklauseln

88 Die Aufnahme eines Gesellschafters in ein Unternehmen stellt grundsätzlich keine Schen-kung dar.[391] Werden beim Tod eines Gesellschafters einer Personengesellschaft die Erben im Wege der Sonderrechtsnachfolge Gesellschafter, so wird der Pflichtteilsanspruch auch aus dem Wert des Gesellschaftsanspruchs ermittelt.[392]

Bestimmt jedoch der Gesellschaftsvertrag, dass beim Tode eines Gesellschafters dessen Anteil den übrigen anwächst, so ist die vereinbarte Abfindung Teil des Nachlasses, ohne eine solche der wirkliche Anteilswert.

Wenn – wie zulässig – der Gesellschaftsvertrag für alle Gesellschafter jegliche Abfindung ausschließt, ist fraglich, ob eine Schenkung an die begünstigten überlebenden Gesellschafter vorliegt. Dies ist grundsätzlich zu verneinen,[393] da dies ein entgeltliches aleatorisches Geschäft ist und nur in Ausnahmefällen bei einem groben, auffälligen Missverhältnis, bei dessen Beurteilung insbesondere Alter und Gesundheitszustand der Gesellschafter einzube-ziehen sind, als unentgeltlich anzusehen ist.[394] Überzeugend betont *Lange,*[395] dass Gesell-schaften in erster Linie so gestaltet werden, dass sie erfolgreich am Wirtschaftsleben teil-nehmen können und nicht, um Pflichtteilsansprüche zu beschränken. Die **Vermeidung eines Kapitalabflusses** zur Sicherung des Bestandes der Gesellschaft ist bei der Frage der Abfindung ein wesentlicher und einsichtiger **wirtschaftlicher Zweck,** der eine **Schen-kungsabsicht ausschließt.**

Falls der Gesellschaftsvertrag den Abfindungsanspruch nur für den Fall des Todes einzelner Gesellschafter ausschließt, liegt hierin eine Zuwendung an die übrigen Gesellschafter, es sei denn, es handelt sich um eine sachlich gerechtfertigte Mitgliedschaft minderen Rechts.

Soweit infolge einer gesellschaftsvertraglichen Bestimmung eine unentgeltliche Zuwen-dung vorliegt, ergibt sich (wiederum) das Problem, ob die **Frist** mit dem Vertragsabschluss oder dem Tod des Erblassers beginnt.[396]

Im Zusammenhang mit einer begünstigenden Abfindungsregelung für den Todesfall kann bereits die Aufnahme eines Gesellschafters in ein Unternehmen eine Schenkung sein.[397]

11. Stiftungen

89 Sowohl die Zuwendung an eine bereits existierende Stiftung als auch eine Zuwendung, die eine Stiftung unter Lebenden begründet, lässt einen Pflichtteilsergänzungsanspruch

---

[390] BGH FamRZ 2009, 418 ff. Der BGH stellt auf den zu erwartenden Erbteil im Zeitpunkt der Abfindung ab, nicht auf den Pflichtteilswert des Verzichtenden (Aufgabe der Rspr. in BGH NJW 1986, 127) wobei Bei der Frage, ob die Leistung über eine angemessene Abfindung hinausgeht, verweist der BGH auf die Rechtsprechung zur Beweiserleichterung bei gemischten Schenkungen (Vermutung des subjektiven Schenkungselements bei einem objektiven, über ein geringes Maß deutlich hinausgehendes Missverhältnis zwischen Leistung und Gegenleistung; er gesteht auch den Beteiligten einen gewissen Einschätzungs-spielraum zu. S. zum Urteil auch die Anm. *Dietz* in MittBayNot 2009, 473.
[391] HM BGH NJW 1959, 1433; nach OLG Schleswig MittBayNot 2013, 59 kann die Übertragung von Anteilen an einer allein mit der Verwaltung von Vermögen befassten BGB-Gesellschaft in Familienhand innerhalb der uU eine (ggf. gemischte) Schenkung sein.
[392] BGHZ 68, 225.
[393] BGH NJW 1981, 1956; BGHZ 22, 186; BGH DNotZ 1966, 620; offen gelassen in BGH WM 1971, 1338; MüKoBGB/*Lange* § 2325 Rn. 32; Staudinger/*Olshausen* § 2325 Rn. 34; Palandt/*Weidlich* § 2325 Rn. 15; *Klingelhöffer* PflichtteilsR Rn. 558; für Schenkung Soergel/*Dieckmann* § 2325 Rn. 27.
[394] BGH NJW 1981, 1956; KG DNotZ 1978, 109; OLG Düsseldorf MDR 1977, 932.
[395] MüKoBGB/*Lange* § 2325 Rn. 34.
[396] BGHZ 98, 226 (Tod des Erblassers).
[397] BGH NJW 1981, 1956.

entstehen.[398] Die Erbrechtsreform hat an dieser Rechtslage nichts geändert. Stiftungen können aber von der Abschmelzungsregelung des § 2325 Abs. 3 S. 1 BGB nF und von der Stundungsregelung des § 2331a BGB nF profitieren. Vom Erblasser im Ausland errichtete oder bedachte Stiftungen unterliegen dem Erbstatut, bei einem deutschen Erblasser also deutschem Erbrecht (Art. 25 Abs. 1 EGBGB). Bei Stiftungen im Fürstentum Liechtenstein, in der Schweiz und in Österreich kann es jedoch zu einem „Leerlaufen des deutschen Erbstatuts bei Pflichtteilsergänzungsansprüchen"[399] kommen, weil dort andere, kürzere, Zurechnungsfristen gelten und zT Ergänzungsansprüche völlig vereitelt werden können.[400]

12. Lebensversicherungen

Der BGH hat die Streitfrage, ob bei **widerruflicher** schenkweiser Zuwendung einer **90** Lebensversicherung an den vom Erblasser benannten Bezugsberechtigten die gezahlten Prämien[401] oder die ausbezahlte Versicherungssumme als Schenkung anzusehen sei, durch sein Urteil vom 28.4.2010 entschieden.[402] Der BGH hat sich keiner dieser Meinungen angeschlossen. Nach Meinung des BGH richtet sich der Pflichtteilsergänzungsanspruch nur nach dem Wert, den der Erblasser aus den Rechten seiner Lebensversicherung in der letzten – juristischen – Sekunde seines Lebens nach objektiven Kriterien für sein Vermögen hätte umsetzen können. In aller Regel ist dabei auf den **Rückkaufswert** iS von § 167 VVG abzustellen. Je nach Lage des Einzelfalls kann gegebenenfalls auch ein – objektiv belegter – höherer Versicherungswert heranzuziehen sein. Da der Auszahlungsanspruch unmittelbar in der Person des Begünstigten entsteht (§§ 159 Abs. 2, 3 VVG, 328, 331 BGB), fällt die Versicherungssumme nicht in den Nachlass und ist deshalb auch nicht Gegenstand des ordentlichen Pflichtteilsanspruchs. Für den Pflichtteilsergänzungsanspruch kommt es auf das Verhältnis zwischen dem Erblasser/Versicherungsnehmer und dem Bezugsberechtigten (Valutaverhältnis) an. Rechtsgrund für die Zuwendung in diesem Verhältnis ist regelmäßig eine Schenkung. Das ist anders bei einer Sicherungsabtretung des Auszahlungsanspruchs an eine finanzierende Bank: Hier fällt der Auszahlungsanspruch in den Nachlass und erhöht um diesen Betrag den Nachlasswert für den ordentlichen Pflichtteil.[403] Soll die Zuwendung zur Unterhalts- und Alterssicherung eines Ehegatten dienen, liegt idR keine Schenkung vor.[404] Da nach der neuen Rechtsprechung des BGH die Schenkung erst im Zeitpunkt des Erbfalls vollzogen wird (Tz 47 der Urteilsgründe), greifen die **Ausschlussfrist** und die **Abschmelzungsregel** des § 2325 Abs. 3 BGB nicht ein.[405]

---

[398] MüKoBGB/*Lange* § 2325 Rn. 42 (differenzierend); s. auch ausführlich *Rawert/Katschinski* ZEV 1996, 161; LG Baden-Baden ZEV 2000, 152; BGH JZ 2004, 972; aA OLG Dresden ZEV 2002, 415: Zuwendungen an eine juristische Person, die zur Förderung eines gemeinnützigen Zwecks errichtet wurde, stellen keine Schenkung iS des § 2329 Abs. 1 BGB dar (LS). Diese Entscheidung hat der BGH in der Revision aufgehoben, BGH NJW 2004, 1382.

[399] *Klingelhöffer* PflichtteilsR Rn. 571 ff.

[400] Näher *Becker* ZEV 2009, 177; *Lennert* ZEV 2008, 79; *Hüttemann/Rawert* ZEV 2007, 107.

[401] So früher BGHZ 7, 134.

[402] BGH DNotZ 2011, 129 = WM 2010, 1273 = ZEV 2010, 305.

[403] BGH NJW 1996, 2230 f. Ein anlässlich der Sicherungsabtretung erklärter Widerruf der Bezugsberechtigung ist regelmäßig dahin zu verstehen, dass etwaige Bezugsrechte im Rang hinter das vereinbarte Sicherungsrecht zurücktreten sollen (wie auch in der Sicherungsabtretung im Allgemeinen nicht auch der konkludente Widerruf bestehender Bezugsrechtsbestimmungen liegt, BGH VersR 2002, 218 unter 3); BGH MDR 2011, 38.

[404] BGHZ 116, 167 (170).

[405] *Mayer* DNotZ 2011, 89 (96). *Mayer* kritisiert den „gespaltenen Schenkungsbegriff" des BGH (im Rahmen des Valutaverhältnisses nimmt der BGH als Gegenstand der Schenkung die volle Versicherungssumme, als Rechtsfolge bei § 2325 Abs. 1 BGB lediglich den Rückkaufswert an). Außerdem umfasse der Rückkaufswert nach § 169 Abs. 3 und 7 VVG die Beträge des Deckungskapitals, die bereits zugeteilten Überschussanteile und des vorgesehenen Schlussüberschussanteils; dies sei aber mehr als der vom BGH angesprochene Entreicherungsgegenstand. Vom Normzweck des § 2325 BGB sei die zur Auszahlung gelangende Versicherungssumme erfasst. Der richtige Bewertungszeitpunkt sei der Erbfall und nicht die Sekunde davor.

Bei der unwiderruflichen Bezugsberechtigung (vom BGH nicht entschieden) erhält der Begünstigte bereits mit seiner Benennung ein eigenes Bezugsrecht. Der Wert des Zuwendungsgegenstands iSv § 2325 BGB ist der Rückkaufswert (oder ein höherer objektiver Verkaufswert) im Zeitpunkt der Einräumung des Bezugsrechts. Die Abschmelzungsregelung ist deshalb anzuwenden. Prämienzahlungen durch den Erblasser sind eigenständige Schenkungen, die eigene Fristen iS der Abschmelzung auslösen. Bei Ehegatten ist jedoch § 2325 Abs. 3 S. 3 BGB zu beachten, die Abschmelzungsregelung und die Ausschlussfrist greifen nicht.

Ist der Versicherungsvertrag so, dass der **Begünstigte der Versicherungsnehmer** ist und der Vertrag auf das Leben des Erblassers abgeschlossen ist, gelten Ausschlussfrist und Abschmelzungsregel für etwaige Prämienzahlungen des Erblassers.[406] *Klingelhöffer* weist zu Recht daraufhin, dass auch dann keine Schenkung vorliegt, wenn durch die Abtretung an eine kreditgebende Bank eine Nachlassverbindlichkeit erlischt, da sich dadurch der Nettonachlass erhöht.[407]

Ein **Widerruf der Bezugsberechtigung** ist nach § 13 Abs. 4 ALB nur wirksam, wenn er noch zu Lebzeiten des Erblassers der Versicherung mitgeteilt worden oder zumindest nach dem Willen des Erblassers beim Tod auf dem Weg zur Versicherung ist.[408] **Der allein in einem Testament erklärte Widerruf ist deshalb nicht wirksam.** § 332 BGB ist lediglich eine Auslegungsregel, die wegen der ausdrücklichen vertraglichen Festlegung nicht zur Anwendung kommt.

Als **Möglichkeit zur Pflichtteilsreduzierung** kommt die Lebensversicherung auch nach der neuen Rechtsprechung in Betracht, da der Rückkaufswert insbesondere bei Verträgen, die im Erbfall noch lange nicht auszahlungsreif waren, noch deutlich unter der ausbezahlten Summe liegt. Den Rückkaufswert wie auch den Verkaufswert einer Risikolebensversicherung sieht *J. Mayer*[409] sogar „gegen null" tendieren. Bei einer unwiderruflichen Bezugsberechtigung gilt auch die Abschmelzungsregel.

X. Pflichtteilsunwürdigkeit, Pflichtteilsentziehung und Pflichtteilsbeschränkung in guter Absicht

91 Das Pflichtteilsrecht ist unabdingbar. Die vom Gesetz vorgesehenen Möglichkeiten, das Pflichtteilsrecht zum Entfallen zu bringen, sind abschließend und einer analogen Anwendung nicht zugänglich.[410] Erb- und Pflichtteilsunwürdigkeit treten nicht automatisch kraft Gesetzes ein.

• **Erbunwürdigkeit – Pflichtteilsunwürdigkeit:**
Pflichtteilsunwürdigkeit ist gegeben, wenn Erbunwürdigkeit vorliegt (§ 2345 Abs. 2 BGB). Während die Erbunwürdigkeit durch **Anfechtungsklage** (nicht Anfechtungserklärung) gegen den Erben geltend zu machen ist, genügt für die Herbeiführung der Pflichtteilsunwürdigkeit eine formlose **Anfechtungserklärung** § 2345 BGB) des Anfechtungsberechtigten (= Begünstigten, § 2341 BGB) gegenüber dem unwürdigen Pflichtteilsberechtigten (§§ 143 Abs. 1 und 451 BGB), da § 2345 Abs. 1 iVm Abs. 2 nicht auf § 2342 BGB verweist.
Die Unwürdigkeit ist in beiden Fällen binnen **Jahresfrist** geltend zu machen (§§ 2340 Abs. 3 iVm 2082, 2345 BGB). Während jedoch bei der Erbunwürdigkeit die Frist ab Kenntnis des Anfechtungsgrundes und dessen Beweisbarkeit[411] zu laufen beginnt, genügt

---

[406] *Mayer* DNotZ 2011, 89 (98).
[407] *Klingelhöffer* PflichtteilsR Rn. 586; BGH NJW 1996, 2230.
[408] BGHZ 81, 95; NJW 1993; 3133.
[409] *Mayer* DNotZ 2011, 89 (96).
[410] BGH NJW 1974, 1084.
[411] MüKoBGB/*Helms* § 2340 Rn. 5; OLG München MDR 1957, 612; aA OLG Frankfurt NJW 1947/48, 228.

bei der Pflichtteilsunwürdigkeit bereits die zuverlässige Kenntnis vom Vorhandensein des Anfechtungsgrundes, um die Frist in Lauf zu setzen. Bei Fristversäumnis kann die Pflichtteilsunwürdigkeit im Wege der **Einrede** im Streitverfahren geltend gemacht werden. Dies ist bei der Erbunwürdigkeit nicht möglich, da sie im Wege einer Gestaltungsklage geltend zu machen ist.[412]

Die Einrede der Erbunwürdigkeit ist aber dahin zu überprüfen, ob durch die Erklärung die letztwillige Verfügung des § 2078 BGB angefochten ist.[413]

In der Anfechtungsklage wegen Erbunwürdigkeit ist regelmäßig auch eine Anfechtung wegen Pflichtteilsunwürdigkeit zu sehen, wenn der Erbe Pflichtteilsberechtigter (oder Vermächtnisnehmer) ist.[414]

Die Erbunwürdigkeit kann nach § 2340 Abs. 2 S. 1 BGB erst nach dem Anfall der Erbschaft geltend gemacht werden, den Nacherben gegenüber jedoch bereits mit Anfall der Vorerbschaft (§ 2340 Abs. 2 S. 2 BGB). § 2345 Abs. 1 BGB verweist hierauf nicht, sodass grundsätzlich Raum für eine Feststellungsklage vor dem Erbfall ist.[415] Sowohl in den Fällen der Erbunwürdigkeit als auch der Pflichtteilsunwürdigkeit schließt die Verzeihung durch den Erblasser die Anfechtung bzw. Anfechtungsklage aus (§ 2343 BGB).

- **Pflichtteilsunwürdigkeit – Pflichtteilsentziehungen:**   92
  Während die Pflichtteilsunwürdigkeit vom Anfechtungsberechtigten durch formlose Anfechtungserklärung geltend gemacht wird, erfolgt die **Pflichtteilsentziehung durch den Erblasser** selbst in einer letztwilligen Verfügung.

1. Die Pflichtteilsunwürdigkeit

Anfechtungsberechtigt ist jeder, dem die Wirkung der Anfechtung auch nur mittelbar zustatten kommt (§§ 2341, 2345 BGB).

Auch wenn der Erblasser von einer Pflichtteilsentziehung abgesehen hat, kann der Berechtigte noch anfechten. Das Absehen von einer Entziehung ist auch keine Verzeihung.

Verzeihung: Der Begriff der Verzeihung ist in den § 2343 BGB (Erb- und Pflicht- 93 teilunwürdigkeit) und § 2337 BGB (Pflichtteilsentziehung) in gleicher Weise auszulegen.

Die Verzeihung ist anders als der Verzicht des Anfechtungsberechtigten auf die Anfechtung[416] keine empfangsbedürftige rechtsgeschäftliche Erklärung. Sie kann deshalb auch konkludent, gegenüber Dritten und durch minderjährige Erblasser erfolgen. Der Erblasser muss sich beim Verzicht der rechtlichen Folgen bewusst sein. Wesentlich ist nach der Rechtsprechung,[417] ob der Erblasser das Verletzende der Kränkung noch als existent betrachtet oder nicht. Erforderlich ist jedoch, dass der Erblasser die Verfehlungen in ihrem Ausmaß wenigstens annähernd kennt.[418]

Nach Auffassung des BGH soll ein Erblasser nach vergleichsweiser Beendigung von Rechtsstreitigkeiten mit Kindern wider Treu und Glauben handeln, wenn er beim Vergleichsabschluss die Aussöhnung mit seinen Kindern als seinen sehnlichsten Wunsch ansah und danach vor einer endgültigen Aussöhnung den Pflichtteil wegen Vorgängen entzieht, die ihm bei Abschluss des Vergleichs bekannt waren, teilweise dessen Gegenstand bildeten.[419] Besser ist darauf abzustellen, welches Gewicht die vom Vergleich nicht erfassten

---

[412] BayObLGZ 1973, 257.
[413] BayObLGZ 1973, 258.
[414] MüKoBGB/*Helms* § 2342 Rn. 1.
[415] BGH NJW 1974, 1084; BGHZ 28, 177. Unstreitig zulässig ist die negative Feststellungsklage des Pflichtteilsberechtigten. Ob auch die positive Feststellungsklage des Erblassers zulässig ist, wurde von BGHZ 109, 306 offen gelassen, richtiger Ansicht zu bejahen. Auch ein Beweissicherungsverfahren ist zulässig.
[416] Der Verzicht ist ein schuldrechtlicher Vertrag und kommt durch empfangsbedürftige Willenserklärungen zustande.
[417] BGHZ 91, 273 (280).
[418] MüKoBGB/*Lange* § 2337 Rn. 5.
[419] BGH NJW 1974, 1084.

Verfehlungen noch haben. Es darf nämlich nicht übersehen werden, dass das Verzeihen ein längerer, mehraktiger Vorgang sein kann.

94 **Wirkung der Anfechtung:** Die Anfechtung beseitigt rückwirkend den ordentlichen Pflichtteil, den Pflichtteilsrest- und den Pflichtteilsergänzungsanspruch.

Die in § 2309 BGB genannten entfernteren Pflichtteilsberechtigten können ihrerseits den Pflichtteil verlangen; wenn die Anfechtung nur im Wege der Einrede nach Fristablauf geltend gemacht wird, bleiben die entfernteren Pflichtteilsberechtigten ausgeschlossen, weil durch die Einrede der Anspruch nicht erlischt.[420]

2. Die Pflichtteilsentziehung, §§ 2333, 2336 BGB

95 • **Grundsätze:** Die Möglichkeiten der Pflichtteilsentziehung sind ein notwendiges Korrektiv der Einschränkung der Testierfreiheit durch das Pflichtteilsrecht.

Die kasuistische Aufzählung der Entziehungsgründe ist einer Analogie nicht zugänglich.[421]

Durch die Erbrechtsreform wurden die Pflichtteilsentziehungsgründe für alle Pflichtteilsberechtigten angeglichen und der geschützte Personenkreis erweitert. Der Entziehungsgrund des ehrlosen und unsittlichen Lebenswandels wurde gestrichen; stattdessen knüpft die Entziehung nun an eine rechtskräftige Verurteilung des Pflichtteilsberechtigten zu einer Freiheitsstrafe von mindestens ein Jahr ohne Bewährung an. Die vorsätzliche körperliche Misshandlung wird nicht mehr gesondert genannt, sie wird von § 2333 Abs. 1 Nr. 2 BGB nF erfasst.

Nach der Übergangsbestimmung des Art. 229 § 23 Abs. 4 EGBGB sind die neuen Bestimmungen für alle Erbfälle nach Inkrafttreten des Erbrechtsreformgesetzes am 1.1.2010 anzuwenden, auch wenn an Ereignisse aus der Zeit vor dem 1.1.2010 angeknüpft wird. Es spielt dabei keine Rolle, ob die Handlung zur Zeit ihrer Vornahme zur Pflichtteilsentziehung berechtigt hätte (Erweiterung des geschützten Personenkreises).

96 • **Verschulden:** Die früher hM machte zur Voraussetzung der Entziehung ein schuldhaftes Verhalten des Pflichtteilsberechtigten im Sinne von Zurechnungsfähigkeit.[422] Das BVerfG rügte diese Auslegung zu Recht als verfassungswidrig.[423] Für die strafrechtlich relevanten Entziehungsgründe des § 2333 BGB reicht danach ein „natürlicher Vorsatz" des Pflichtteilsberechtigten aus

97 • **Formelle Anforderungen:** Der Erblasser muss den Grund der Entziehung in einer letztwilligen Verfügung angeben, wobei ihm alle Testamentsformen offenstehen (§ 2336 Abs. 1 BGB). Er muss nicht ausdrücklich das Wort „Entziehung" verwenden.[424] Spricht er von „Enterben" ist durch Auslegung zu ermitteln, ob nur der Ausschluss von der gesetzlichen Erbfolge oder auch die Entziehung des Pflichtteils gemeint ist.[425] Falls Umstände genannt sind, die Entziehungstatbestände darstellen, spricht dies für die Absicht der Pflichtteilsentziehung. In diesem Fall obliegt es dem Pflichtteilsberechtigten den Beweis dafür zu führen, dass der Erblasser keine Pflichtteilsentziehung beabsichtigt habe. Häufig wird nämlich die Vorstellung des Erblassers dahin gehen, der Pflichtteilsberechtigte solle unter diesen Umständen aus dem Nachlass gar nichts bekommen, ohne dass eine rechtliche Wertung vorgenommen wird. Anderseits enthält eine Pflichtteilsentziehung aus diesen Gründen grundsätzlich auch konkludent eine Enterbung,[426] sodass die unwirk-

---

[420] MüKoBGB/*Helms* § 2345 Rn. 8; Staudinger/*Olshausen* § 2345 Rn. 17, 18.
[421] BGH NJW 1974, 1084; OLG München NJW-RR 2003, 1230.
[422] Was bei § 2333 Nr. 5 BGB streitig war, vgl. RGRK/*Johannsen* § 2333 Rn. 3.
[423] BVerfG NJW 2005, 1561.
[424] OLG Köln NJW-FER 1996, 60.
[425] OLG Hamm FamRZ 1972, 660; OLG Düsseldorf NJW-RR 1996, 520.
[426] Palandt/*Weidlich* § 2336 Rn. 6; BayObLG FamRZ 2000, 1459, das es aber für möglich hält, dass die Entziehung des Pflichtteils (nur) deswegen angeordnet wird, um den Berechtigten am Ausschlagen der Erbschaft zu hindern.

same (weil §§ 2333 ff. BGB nicht genügende) Entziehung[427] bei formell wirksamen Testament/Erbvertrag jedenfalls ein wirksamer Ausschluss von der gesetzlichen Erbfolge ist.[428] Möglicherweise kommt dann eine Anfechtung der Enterbung nach § 2078 Abs. 2 BGB in Betracht.[429]

- **Angabe des Grundes** in der Verfügung, § 2336 Abs. 2 S. 1 BGB. Der Grund der **98** Pflichtteilsentziehung ist in der letztwilligen Verfügung anzugeben. Es müssen zwar nicht sämtliche Einzelheiten des Vorgangs in der Verfügung selbst angegeben werden,[430] der Vorgang (Sachverhaltskern) muss aber so konkret bezeichnet werden, dass keine Zweifel über die wesentlichen Umstände bestehen, mögen auch unwesentliche Umstände auf andere Weise ermittelt werden. Nicht reicht es aus, wenn der Erblasser wegen des Entziehungsgrundes lediglich auf andere, der Testamentsform nicht entsprechende Erklärungen verweist. Der Erblasser muss selbst in seiner Verfügung den Sachverhaltskern[431] substantiiert angeben.[432] Ein bloßer Verweis auf Erklärungen außerhalb der letztwilligen Verfügung genügt deshalb nicht;[433] die Angabe eines konkreten Aktenzeichens ist jedoch ausreichend.[434] Der Zivilrichter ist nicht durch das Strafurteil gebunden.[435]

- **Bestehen des Grundes zur Zeit der Errichtung**, § 2336 Abs. 2 S. 1 BGB. Wenn der **99** Grund der Entziehung vor der Errichtung geschaffen wurde, besteht er auch noch zur Zeit der Errichtung, wenn bis dahin keine Verzeihung erfolgt ist. Wird die Entziehung mit Verfehlungen gemäß § 2333 Abs. 1, 2 BGB gegenüber dem Ehegatten oder Lebenspartner des Erblassers begründet, muss die Ehe nicht bis zur Testamentserrichtung bestanden haben.[436]

- **Beweis des Grundes der Entziehung**, § 2336 Abs. 3 BGB. Der Erbe[437] muss das **100** Vorliegen des Grundes beweisen. Feststellungsklage oder selbständiges Beweisverfahren zu Lebzeiten des Erblassers sind deshalb empfehlenswert. Die frühere Rechtsprechung legte dem Erben auch die Beweislast für das Verschulden des Pflichtteilsberechtigten auf,[438] was das Gesetz nicht vorsah und abzulehnen ist. Das BVerfG[439] hat die Beweislast für das Verschulden nicht ausdrücklich angesprochen, erwähnt jedoch die „relativ leichte" prozessuale Nachweisbarkeit. Auf Grund des Urteils des BVerfG kommt es nicht mehr auf ein Verschulden an, es genügt, dass der Handelnde in der Lage ist, sein Unrecht zu erkennen und er in einem natürlichen Sinn vorsätzlich gehandelt hat. Das ist tatsächlich prozessual leicht nachweisbar.

 Prozessual: Der Pflichtteilsberechtigte kann noch zu Lebzeiten des Erblassers die Unwirksamkeit bei der Pflichtteilsentziehung feststellen lassen;[440] auch der zukünftige Erblasser kann das Vorliegen eines Entziehungsgrundes zum Gegenstand einer Feststellungsklage machen.[441] Dieses Vorgehen ist zu empfehlen, um Beweisschwierigkeiten nach dem Tod des Erblassers zu vermeiden.

- **Verzeihung**, § 2337 BGB

---

[427] Oder weil Verzeihung vorliegt.

[428] OLG Hamm FamRZ 1972, 660 (662); BayObLGZ 21, 328 (331); MüKoBGB/*Lange* § 2336 Rn. 16.

[429] Etwa bei Irrtum über Vorliegen von Entziehungsgründen.

[430] So aber – zu weit gehend – OLG Düsseldorf NJW-RR 1996, 520.

[431] BGHZ 94, 36 (40).

[432] BGH NJW 1985, 1554; BVerfG NJW 2005, 2691 (verfassungsgemäß).

[433] BGH MittRhNotK 1985, 178, ebenso nicht der alleinige Hinweis auf Polizeiakten; OLG Düsseldorf FamRZ 1999, 1469.

[434] OLG Düsseldorf NJW-RR 1996, 520; BeckFormB ErbR/*Kleensang/Mutter* C. VI.2.1.

[435] BGH NJW-RR 2005, 1024.

[436] MüKoBGB/*Lange* § 2333 Rn. 4.

[437] Ebenfalls der Beschenkte, Vermächtnisnehmer, Auflagenbegünstigte.

[438] BGH WM 1973, 543; OLG Düsseldorf NJW 1968, 944 (Trunksucht).

[439] BVerfG NJW 2005, 1561.

[440] BGH NJW 2004, 1874.

[441] NK-Nachfolgerecht/*Krätzschel* § 256 ZPO Rn. 17 ff.

101 • **Wirkung** der Entziehung. Die Erbquoten anderer Pflichtteilsberechtigter erhöhen sich nicht (§ 2310 S. 1 BGB). Ein entfernter Berechtigter im Sinne des § 2309 BGB kann jedoch pflichtteilsberechtigt werden. Verfehlungen eines Erbvertragspartners, die zur Entziehung bei einem Abkömmling führen, berechtigen zum Rücktritt vom Erbvertrag und zur Aufhebung einer wechselbezüglichen Verfügung (§§ 2294, 2271 Abs. 2 BGB).

102 • **Tatbestände der Pflichtteilsentziehung, §§ 2333–2335 BGB:**

– **§ 2333 Abs. 1 Nr. 1 BGB.** Der Pflichtteilsberechtigte **trachtet** dem Erblasser, seinem Ehegatten/eingetragenem Lebenspartner, einem anderen Abkömmling des Erblassers oder einer dem Erblasser ähnlich nahestehenden Person **nach dem Leben** (§ 2333 Abs. 1 Nr. 1 BGB). Der Personenkreis umfasst alle Personen, die mit dem Erblasser in einer auf Dauer angelegten Lebensgemeinschaft zusammenleben oder die auf andere Weise mit ihm eng verbunden sind, wie (auch erwachsene) Stief- oder Pflegekinder.[442] Dieser Tatbestand muss zumindest zu einer (auch straflosen) Vorbereitungshandlung, einer ernsthaften Willensbetätigung, geführt haben; jede Art der Beteiligung genügt. Ein untauglicher Versuch genügt, wenn nur eine ernsthafte Tötungsabsicht vorhanden ist.[443] Der Rücktritt vom Versuch lässt den Entziehungsgrund bestehen. Der natürliche Vorsatz genügt.[444]

– **§ 2333 Abs. 1 Nr. 2 BGB.** Der Pflichtteilsberechtigte hat sich eines Verbrechens (§ 12 Abs. 1 StGB) oder eines schweren vorsätzlichen Vergehens (§ 12 Abs. 2 StGB) gegen eine der in Nr. 1 bezeichneten Personen schuldig gemacht.

Es kann jedes strafrechtlich geschützte Rechtsgut betroffen sein, Körperverletzungs- wie Vermögensdelikte. Die bisherige Rechtsprechung zu § 2333 Nr. 2 aF kann weiter Anwendung finden.

Ob ein „schweres" Vergehen vorliegt, ist nach den Umständen des Einzelfalles zu beurteilen, es muss eine schwere Kränkung, eine grobe Missachtung des Verhältnisses Eltern – Kind (Pietätsverletzung) vorliegen.

Dass eine einzelne, wenn auch grobe Beleidigung in der Regel nicht ausreichen soll,[445] ist nicht einzusehen; auch hier kommt es auf den Einzelfall an. Eine strafgerichtliche Verurteilung ist für die Entziehung nicht Voraussetzung.[446] Behauptet der Abkömmling eine Notwehrlage, obliegt dem Erben der Beweis, dass deren Voraussetzungen nicht vorlagen, § 2336 Abs. 3 BGB. Schwere Persönlichkeitsverletzungen oder seelische Misshandlungen, durch die die Würde eines Menschen verletzt wird, kommen in Betracht, wenn sie Folge eines Verbrechens oder eines schweren vorsätzlichen Vergehens sind.[447]

– **§ 2333 Abs. 1 Nr. 3 BGB.** Der Pflichtteilsberechtigte **verletzt böswillig seine gesetzliche Unterhaltspflicht** gegenüber dem **Erblasser** (gilt auch für den Pflichtteil von Eltern, Ehegatten und Lebenspartnern, § 2333 Abs. 2 nF).

Es kommt hier nur auf die geschuldete Geldleistung, nicht auf einen Naturalunterhalt an. Böswilligkeit" erfordert, dass der Unterhaltsschuldner alle tatsächlichen Voraussetzungen kennt und die Unterhaltsschuld auf längere Zeit und in größerem Umfang nicht erfüllt, obwohl er dazu imstande ist.

103 **§ 2333 Abs. 1 Nr. 4 BGB:** Der Pflichtteilsberechtigte ist wegen einer vorsätzlichen Straftat zu einer Freiheitsstrafe von mindestens einem Jahr ohne Bewährung rechtskräftig verurteilt worden und die Teilhabe des Abkömmlings am Nachlass ist dem Erblasser deshalb unzumutbar. Das gleiche gilt, wenn die Unterbringung des Abkömmlings in einem psy-

---

[442] BT-Drs. 16/8954, 23.
[443] MüKoBGB/*Lange* § 2333 Rn. 18 mwN.
[444] BVerfG NJW 2005, 1561.
[445] OLG Celle Rpfleger 1992, 523; LG Hannover Rpfleger 1992, 253; BGH NJW 1974, 1085; als ausreichend angesehen wurden wiederholte, massive Beleidigungen von LG Stuttgart NJW-RR 2012, 778.
[446] MüKoBGB/*Lange* § 2333 Rn. 25. Ein nicht gestellter Strafantrag stellt nicht bereits eine Verzeihung dar.
[447] So zutreffend MüKoBGB/*Lange* § 2333 Rn. 23.

chiatrischen Krankenhaus oder in einer Entziehungsanstalt wegen einer ähnlich schwerwiegenden vorsätzlichen Tat rechtskräftig angeordnet wurde.

Die Tat muss sich nicht gegen den Erblasser, seine Familie oder eine ihm ähnlich nahestehende Person richten. In Betracht kommen nicht nur Verbrechen, sondern auch schwere Vergehen. Die Tat muss bei Abfassung der letztwilligen Verfügung vorliegen, die rechtskräftige Verurteilung kann nachfolgen. Unzumutbarkeit im Sinne der Vorschrift ist gegeben, wenn die Straftat den persönlichen, in der Familie gelebten Wertvorstellungen des Erblassers in hohem Maße widerspricht.[448] Auch wenn die Tat im Zustand der Schuldunfähigkeit erfolgte und nur deshalb eine Verurteilung zu einer Freiheitsstrafe von mindestens 1 Jahr ohne Bewährung unterblieben ist (und stattdessen eine Unterbringung in einem psychiatrischen Krankenhaus oder einer Entziehungsanstalt erfolgt ist), die Nachlassteilhabe dem Erblasser infolge dessen nicht zumutbar ist, kann die Entziehung erfolgen. Wird eine zur Bewährung ausgesetzte Strafverfolgung widerrufen, genügt dies nicht für Nr. 4.[449] Der Zivilrichter muss in diesem Fall die hypothetische Verurteilung vornehmen.

3. Die Pflichtteilsbeschränkung in guter Absicht, § 2338 BGB

Der Pflichtteil eines Abkömmlings (nicht Ehegatte/Lebenspartner oder Eltern), der sich in **104** solchem Maße der **Verschwendung** ergeben hat oder **in solchem Maße verschuldet** ist, **dass sein späterer Erwerb erheblich gefährdet wird,** kann durch den Erblasser zwar nicht beseitigt oder gekürzt, aber durch Anordnungen beschränkt werden (§ 2338 Abs. 1 BGB). Die Anordnungen sind **unwirksam,** wenn zur Zeit des Erbfalls der Abkömmling sich dauernd von dem verschwenderischen Leben abgewandt hat oder die den Grund der Anordnung bildende Überschuldung nicht mehr besteht (§ 2338 Abs. 2 S. 2 BGB). Eine „Verzeihung" entsprechend § 2337 BGB kommt nicht in Frage.[450] Fällt der Anordnungsgrund erst nach dem Erbfall weg, bleibt die Anordnung wirksam. Für den Erblasser besteht ein numerus clausus der Gestaltungsmöglichkeiten: Er kann dem Abkömmling nicht den Pflichtteil entziehen oder den Betrag kürzen; er kann nur die gesetzlichen Erben des Abkömmlings zu Nacherben oder Nachvermächtnisnehmer berufen und den Nachlass der (Dauer-)Verwaltung eines Testamentsvollstreckers unterstellen. Bei Anordnung der Vor- und Nacherbfolge ist die Vorerbschaft vor dem Zugriff der Eigengläubiger des Abkömmlings geschützt (§ 2115 BGB; der Abkömmling kann nicht letztwillig über die Vorerbschaft verfügen). Gegen lebzeitige Verfügungen ist der Nacherbe durch §§ 2113–2115 BGB geschützt, wobei dieser Schutz durch die Anordnung der Testamentsvollstreckung verstärkt werden sollte. Besonders wichtig ist dies bei Berufung von Nachvermächtnisnehmern, da §§ 2113–2115 BGB, 863 ZPO hier nicht gelten. Liegen auch die Voraussetzungen des § 2333 BGB vor, kann der Pflichtteil nach dieser Vorschrift entzogen werden. Zweck der Vorschrift ist es, das Familienvermögen im Bestand zu erhalten. Im Zusammenwirken mit dem Pflichtteilsberechtigten ermöglicht die Rechtsprechung des BGH sogar eine weitergehende Möglichkeit bei überschuldeten Abkömmlingen: Falls der Erblasser den Abkömmling enterbt und beispielsweise dessen Ehefrau einsetzt und der Abkömmling seinen Pflichtteilsanspruch nicht geltend macht (gleichgültig, ob ihm der Pflichtteil wie im Ausgangsfall des BGH unwirksam entzogen wurde), besteht für die Gläubiger des Abkömmlings keine Möglichkeit, auf den Pflichtteilsanspruch zuzugreifen[451] (obwohl der Anspruch nach der Rechtsprechung entgegen § 852 ZPO auch ohne vertragliche Anerkennung oder Rechtshängigkeit pfändbar ist).[452]

---

[448] BT-Drs. 16/8954, 24; Palandt/*Weidlich* § 2333 Rn. 12; LG Stuttgart NJW-RR 2012, 778.
[449] OLG Saarbrücken FGPrax 2018, 957.
[450] MüKoBGB/*Lange* § 2338 Rn. 9 Fn. 16.
[451] BGH NJW 1997, 2384.
[452] BGHZ 123, 183.

Selbst ein kollusives Zusammenwirken löst nicht die Folgen des § 826 BGB aus, weil Untätigkeit (bei der Geltendmachung des Pflichtteils), Ausschlagung einer Erbschaft oder Erbverzicht außerhalb der Reichweite des Gläubigeranfechtungsrechts liegen.[453]

105 • **Voraussetzungen:** Die Beschränkungsgründe Verschwendung und Überschuldung sind abschließend. **Verschwendung** ist als ein in der Wirtschaftsführung maß– und zielloses Verhalten[454] zu kennzeichnen, das nach § 2338 BGB den späteren Erwerb des Abkömmlings gefährden muss. **Überschuldung** liegt vor, wenn die Verbindlichkeiten das Aktivvermögen übersteigen (§§ 11, 19 Abs. 2, 320, 322 InsO).

Der Beschränkungsgrund muss bei der Testamentserrichtung bestehen und beim Erbfall noch oder wieder vorliegen (§§ 2338 Abs. 2 S. 1 iVm 2336 Abs. 2, 2338 Abs. 2 S. 2 BGB), kann also nicht auf eine drohende Überschuldung gestützt werden.

106 • **Form:** Infolge der Verweisung in § 2338 Abs. 2 S. 1 BGB müssen ebenso wie bei der Pflichtteilsentziehung die Beschränkung und der Kern der Beschränkungsgründe **in der letztwilligen Verfügung** angegeben werden. Bei vertragsmäßigen Verfügungen in einem gemeinschaftlichen Testament oder Erbvertrag liegt insoweit keine Bindungswirkung vor; der Erblasser kann noch nachträglich durch einseitige letztwillige Verfügungen Anordnungen nach § 2338 BGB treffen.

107 • **Anordnungen:** Der Erblasser kann den Abkömmling auf den Pflichtteil setzen, ihn als Erben oder als Vermächtnisnehmer einsetzen. Diese Zuwendungen können beschränkt werden durch die Anordnungen der **Nacherbfolge**, eines **Nachvermächtnisses** und der **Testamentsvollstreckung.** Nacherbschaft und Nachvermächtnis sind **nur zulässig zugunsten aller gesetzlichen Erben** (es ist ratsam, diese so unbestimmt zu benennen, wenn sie nicht endgültig bestimmbar sind) des Abkömmlings **zu dessen Todeszeit.** Das Verhältnis der gesetzlichen Erbteile zueinander muss gewahrt sein (§ 2066 BGB). Der Erblasser kann die Berufung der Nacherben oder Nachvermächtnisnehmer auf die gesetzlichen Erben der ersten Ordnung oder der ersten und zweiten Ordnung etc. beschränken.[455] § 2338 BGB ist lex specialis zu § 2306 BGB. Durch die Beschränkungen des § 2338 BGB werden die Rechtsfolgen des § 2306 BGB nicht ausgelöst. Soweit der Erblasser die Beschränkungsmöglichkeiten des § 2338 BGB überschreitet, kommen die Rechtsfolgen des § 2306 BGB wieder zum Tragen

Durch **Ausschlagung** gewinnt der Abkömmling gemäß § 2306 BGB den Pflichtteilsanspruch. Es fallen nur die Beschränkungen und Beschwerungen des § 2306 BGB weg, nicht die des § 2338 BGB, soweit sie wirksam angeordnet sind.[456]

– **Anordnung eines Nachvermächtnisses:** Nimmt der Abkömmling an, gilt § 2307 BGB. Schlägt er aus, gewinnt er den Pflichtteil mit den Beschränkungen des § 2338 BGB.

– **Testamentsvollstreckung:**[457] Durch diese (nicht auf 30 Jahre beschränkte, § 2210 S. 2 BGB), Anordnung wird dem Abkömmling die Verfügungsbefugnis entzogen (§§ 2205, 2211 BGB); gleichzeitig sind Eigengläubiger vom Zugriff ausgeschlossen (§ 2214 BGB), nach Maßgabe des § 863 ZPO auch auf die Nutzungen. Der Abkömmling hat Anspruch auf den jährlichen Reinertrag (§ 2338 Abs. 1 S. 2 Hs. 2 BGB), der nicht der Verwaltung des Testamentsvollstreckers unterstellt werden kann.

---

[453] Ob ein Verzicht auf einen bereits entstandenen Pflichtteilsanspruch, der vor Eintritt der Voraussetzungen des § 852 Abs. 1 ZPO erklärt wird, gläubigeranfechtungsrechtliche Ansprüche auslösen kann, hat BGH NJW 1997, 2384 offen gelassen.

[454] Zur Begriffsbildung *In der Beeck/Wuttke* NJW 1969, 2268.

[455] MüKoBGB/*Lange* § 2338 Rn. 12 mwN.

[456] MüKoBGB/*Lange* § 2338 Rn. 25.

[457] Testamentsmuster zu § 2338 BGB finden sich in: MVHdB BGB II/*Nieder/Otto* XVI.18 und BeckFormB ErbR/*Kleesang* C. VI.3.

Die Verfügung sollte zumindest folgende Anordnungen enthalten (in Anlehnung an *Nieder/Otto*):
1. Erbeinsetzung
Meine Erben sind A und B. Ersatzerben sollen sein für A......, für B seine Nacherben.
2. Pflichtteilsbeschränkung in guter Absicht
Mein Sohn B ist stark überschuldet, ein Antrag auf Eröffnung des Insolvenzverfahrens ist mangels Masse abgelehnt worden. Dadurch ist sein späterer Erwerb erheblich gefährdet. Ich setzte meinen Sohn B deshalb in Höhe seines Erbteils nur zum Vorerben ein. Nacherben auf seinen Tod sind seine gesetzlichen Erben nach § 2066 BGB; deren Anwartschaftsrecht ist unvererblich und unübertragbar. Ich ordne Dauertestamentsvollstreckung für die Zeit der Vorerbschaft sowie Nacherbentestamentsvollstreckung an. Zum Testamentsvollstrecker bestimme ich N/ oder: Das Nachlassgericht wird ersucht, den Testamentsvollstrecker zu ernennen. Schlägt mein Sohn aus, sollen für seinen Pflichtteil die gleichen Beschränkungen wie für seinen Erbteil gelten. Ich ordne für diesen Fall ein Nachvermächtnis an, das mit dem Tode meines Sohnes anfallen und fällig sein soll. Nachvermächtnisnehmer sind die gesetzlichen Erben meines Sohnes B nach dem Verhältnis ihrer gesetzlichen Erbteile. § 2111 BGB gilt für das Nachvermächtnis entsprechend.[458]

XI. Der Pflichtteilsverzicht, § 2346 BGB

1. Vertrag zwischen Erblasser und Pflichtteilsberechtigten

a) Form

Der Pflichtteilsberechtigte kann zu Lebzeiten[459] des Erblassers auf sein Pflichtteilsrecht **108** verzichten. Der Vertrag erfordert **notarielle Beurkundung** (§ 2348 BGB), die durch gerichtliche Protokollierung im Rahmen eines Vergleichs ersetzt werden kann (§ 127a BGB). Der Erblasser kann den **Vertrag nur persönlich schließen** (§ 2347 Abs. 1 S. 1 Hs. 1 BGB). Dieses Erfordernis ist zusätzlich zu der notariellen Form einzuhalten und wird auch nicht etwa im Anwaltsprozess durch die Erklärungen der Anwälte vor Gericht ersetzt.[460] Es ist nicht die gleichzeitige Anwesenheit beider Teile bei der Beurkundung vorgeschrieben. Es darf aber nicht nur die Verzichtserklärung, vielmehr müssen Angebot und sodann die Annahme beurkundet werden.[461] Die Annahme des Angebots muss beim Tod des Erblassers erfolgt sein,[462] da der Pflichtteilsanspruch (nach dem Tod) ein aliud zum Pflichtteilsrecht (vor dem Tod) ist. Der Erblasser kann sich nicht vertreten lassen,[463] anders der Verzichtende, der sich formlos vertreten lassen kann.

Zusätzlich ist beim geschäftsunfähigen Erblasser (§ 104 Ziff. 1, 2 BGB) die **gerichtliche Genehmigung** nach § 2347 BGB für Vormund, Pfleger und Betreuer erforderlich, für den Inhaber der elterlichen Sorge nur, wenn der Vertrag nicht zwischen Verlobten oder Ehegatten geschlossen wird. Die gerichtliche Genehmigung muss im Erbfall bereits wirksam sein. Der in der Geschäftsfähigkeit lediglich beschränkte **minderjährige Erblasser** kann den (Erb- und/oder) Pflichtteilsverzichtsvertrag nur persönlich abschließen, bedarf aber nicht der Zustimmung des gesetzlichen Vertreters oder der Genehmigung des Vormundschaftsgerichts, da der Vertrag ihm lediglich einen rechtlichen Vorteil bringt.

---

[458] Dies schlägt Beck-FormB ErbR/*Kleensang* C.VI.3 für diesen Fall vor; ich halte diese Anordnung auch für zulässig.
[459] Nach dem Erbfall ist ein Erb- oder Pflichtteilsverzicht nicht mehr zulässig, BGH NJW 1997, 521; kritisch *Mayer* MittBayNot 1997, 85.
[460] BayObLGZ 1965, 86 (89).
[461] RG JW 1909, 139.
[462] BGH NJW 1997, 521.
[463] BGHZ 37, 319 (321).

b) Erbverzicht – Pflichtteilsverzicht

109 Der Erbverzicht enthält – falls nicht anders vereinbart – den Verzicht auf das Pflichtteilsrecht (§ 2346 Abs. 1 S. 2 Hs. 2 BGB), umgekehrt gilt dies nicht.

Der bloße Pflichtteilsverzicht (§ 2346 Abs. 2 BGB) ändert nicht die gesetzliche Erbfolge, sodass der Verzichtende Erbe wird, wenn der Erblasser ihn nicht von der Erbfolge ausschließt. Wird er enterbt, wird der auf den Pflichtteil Verzichtende im Gegensatz zum Erbverzicht bei der Berechnung der Hälfte des gesetzlichen Erbteils und bei der Ausgleichspflicht berücksichtigt (§§ 2310, 2316 BGB).

Anders beim Erbverzicht, der den Pflichtteilsverzicht enthält: Der Verzichtende wird bei § 2310 BGB nicht mitgezählt und bleibt bei ausgleichspflichtigen Empfängen außer Betracht (§ 2316 Abs. 1 S. 2 BGB).

Verzichtet der Pflichtteilsberechtigte nur auf einen Bruchteil, vermindert sich entsprechend der Erbteil.

Grundsätzlich erstreckt sich der Pflichtteilsverzicht auf den ordentlichen Pflichtteil, den Restpflichtteil und den Ergänzungsanspruch.

Während beim Erbverzicht nur ein Verzicht auf einen Bruchteil des gesetzlichen Erbrechts (auch auf die Erhöhung des gesetzlichen Erbteils um $^1/_4$ gemäß § 1371 und auch auf das Hoferbrecht nach HöfO) möglich ist,[464] kann beim reinen Pflichtteilsverzicht wegen dessen Natur als Geldanspruch auch ein bestimmter Geldbetrag, eine Berechnungsgrundlage vereinbart werden etc.

Die Unterwerfung unter Beschränkungen, Belastungen ist sowohl beim Erbverzicht als auch beim Pflichtteilsverzicht möglich. Mangels anderweitiger Vereinbarung erstreckt sich ein Erb- oder Pflichtteilsverzicht[465] eines Abkömmlings oder Seitenverwandten im Zweifel auf den ganzen Stamm (§ 2349 BGB für den Erbverzicht), unabhängig davon, ob eine Abfindung gewährt wird.[466]

Der Erb- sowie der Pflichtteilsverzicht kann befristet oder bedingt gestaltet sein.[467] Ein Rücktritts- oder Widerrufsvorbehalt ist jedoch nicht möglich.[468]

Der BGH hat jeweils einen **stillschweigenden Pflichtteilsverzicht** bejaht: des Kindes in einem notariellen Erbvertrag, in dem sich die Ehegatten gegenseitig als Alleinerben und das (beteiligte) Kind als Schlusserben einsetzen;[469] des überlebenden Ehegatten in einem notariellen gemeinschaftlichen Testament, in dem die Ehegatten Dritte zu Erben einsetzten.[470][471]

Der Erb- und Pflichtteilsverzicht enthält idR die Vereinbarung, dass die künftige Erbenstellung gänzlich wegfallen soll.[472] Damit enthält eine derartige Vereinbarung regelmäßig auch einen Zuwendungsverzicht iS des § 2352 BGB, sodass auch etwa vorhandene noch bestehende Verfügungen von Todes wegen als nicht erfolgt gelten sollen.

c) Abfindung

110 Der (Erb- und) Pflichtteilsverzicht ist ein **abstraktes Geschäft,** das grundsätzlich in seiner Wirksamkeit nicht von der des schuldrechtlichen Geschäfts (das der Gesetzgeber nicht geregelt hat), der Abfindungsvereinbarung, abhängt. §§ 320 ff. BGB sind grundsätzlich

---

[464] Bei Verzicht auf einen Gegenstand oder eine Summe ist Umdeutung in einen entsprechenden Bruchteil möglich, MüKoBGB/*Wegerhoff* § 2346 Rn. 14.

[465] Über den Wortlaut von § 2349 BGB hinaus erstreckt sich nach hM auch die Wirkung des Pflichtteilsverzichts auf die Abkömmlinge, soweit nichts anderes bestimmt ist, *Baumgärtel* DNotZ 1959, 65; Palandt/*Weidlich* § 2349 Rn. 1.

[466] *Baumgärtel* DNotZ 1959, 64.

[467] arg. § 2350 BGB; BGHZ 37, 319 (327); BayObLG NJW 1958, 354; 195, 22; MüKoBGB/*Wegerhoff* § 2346 Rn. 15 mwN.

[468] Palandt/*Weidlich* § 2346 Rn. 5.

[469] BGH NJW 1957, 422.

[470] BGH NJW 1977, 1728.

[471] Palandt/*Weidlich* § 2348 Rn. 3; ablehnend MüKoBGB/*Wegerhoff* § 2348 Rn. 7 mwN (Verstoß gegen Formerfordernis).

[472] OLG Karlsruhe FamRZ 2002, 1519.

nicht anwendbar. Die Parteien können jedoch – was sie meist wollen – eine derartige Abhängigkeit des Verzichts von der Abfindung im **Abfindungsvertrag** vereinbaren, wodurch gegenseitige Erfüllungspflichten begründet und bei Unmöglichkeit die §§ 275, 320 ff. BGB anwendbar werden.[473]

Ein derartiger Abfindungsvertrag bedarf der notariellen Form des entsprechend anwendbaren § 2348 BGB,[474] jedoch nicht der persönlichen Abgabe der Erklärung des Erblassers wie bei § 2247 Abs. 2 S. 1 BGB. Ein wegen Verstoßes gegen das Erfordernis der persönlichen Willenserklärung des Erblassers formnichtiger Erb-/Pflichtteilsverzichtsvertrag kann (falls wenigstens notariell oder vor Gericht abgeschlossen) bei entsprechendem Parteiwillen als wirksamer Abfindungsvertrag aufrecht erhalten bleiben, der Anspruch auf Abschluss des Erb-/Pflichtteilsverzichtvertrags und auf Zahlung der Abfindung gewährt.[475]

Umgekehrt entfällt dann bei Unwirksamkeit des Abfindungsvertrags gemäß § 139 BGB die Wirksamkeit des Erb-/Pflichtteilsverzichts. Die hM geht zu Recht von der tatsächlichen Vermutung für den Willen, ein einheitliches Rechtsgeschäft abzuschließen, aus, wenn beide Geschäfte in einer Urkunde abgeschlossen werden.[476]

Wird die Verpflichtung zur Leistung der Abfindung aus einem wirksamen Abfindungsvertrag nicht erfüllt, bleibt der Erb-/Pflichtteilsverzicht wirksam. Es bestehen dann lediglich Ansprüche auf Vertragserfüllung bzw. wegen Nichterfüllung des Vertrags. Stirbt der Erblasser vor Abschluss des Verzichtsvertrags, wird die Gegenseite von ihrer Leistungspflicht frei (§ 275 BGB).[477] Ist die Abfindung schon gezahlt, können die Erben sie zurückfordern (§§ 326 Abs. 4, 346 ff. BGB). Sind die Voraussetzungen von § 323 BGB gegeben, besteht ein Rücktrittsrecht, wobei die Pflicht zur Rückgewähr auch die Aufhebung des Verzichts gemäß § 2351 BGB umfasst.[478] Der Verzichtende kann seine Rechtsstellung stärker gestalten und die Wirksamkeit seines Verzichts von einer (am besten aufschiebenden) Bedingung abhängig machen.[479]

Die Parteien des Verzichtsvertrages (auch der Erblasser, obwohl er ein Testament errichten kann, zur Beseitigung der Quotenerhöhungswirkung nach § 2310 S. 2 BGB) können bei einem **Irrtum** über wesentliche wertbildende Elemente des gegenwärtigen Erblasservermögens den Verpflichtungsvertrag nach § 119 Abs. 2 BGB **anfechten**.[480] Anders ist dies bei einem Irrtum über die Entwicklung des Erblasservermögens: Ein derartiger Irrtum ist unbeachtlich und führt nicht zum Wegfall der Geschäftsgrundlage, weil der Verzichtsvertrag ein Risikogeschäft ist.[481]

Ein Erb-/Pflichtteilsverzichtsvertrag (ohne Abfindung) kann nach dem Eintritt des Erbfalls nicht mehr angefochten werden. Im Falle der **arglistigen Täuschung** steht dem Verzichtenden aber ein schuldrechtlicher Ausgleich zu, der als Nachlassverbindlichkeit geltend gemacht werden kann.[482] Das OLG Nürnberg[483] hat einen gegenseitigen Pflichtteilsverzicht wegen Wegfalls der Geschäftsgrundlage entfallen lassen, weil es – wie beabsichtigt – später nicht mehr zu einem gemeinschaftlichen Testament gekommen ist. Nach Auffassung des BGH[484] kann bei einem Erb- oder Zuwendungsverzicht nach dem Tod des Erblassers kein Wegfall der Geschäftsgrundlage mehr eingewandt werden. Der BGH begründet dies (beim Erbverzicht) mit den Interessen der Rechtssicherheit, die für die Beurteilung der mit dem

---

[473] BayObLG NJW-RR 2006, 372; BGH NJW 1997, 653.
[474] HM, KG OLGE 1974, 163 (265).
[475] BGHZ 37, 327.
[476] *Weirich* DNotZ 1986, 5 (12); MüKoBGB/*Wegerhoff* § 2346 Rn. 27.
[477] BGHZ 37, 327.
[478] Palandt/*Weidlich* § 2346 Rn. 8.
[479] BGHZ 37, 319 (327).
[480] Str.; für Anfechtbarkeit MüKoBGB/*Wegerhoff* § 2346 Rn. 24; RGRK/*Johannsen* § 2346 Rn. 6; Palandt/ *Weidlich* § 2346 Rn. 18.
[481] BGH ZEV 1997, 69; BayObLG 1995, 22.
[482] OLG Koblenz DNotZ 1993, 828.
[483] FamRZ 2003, 634.
[484] FamRZ 1999, 375.

Erbfall eingetretenen Erbfolge bestehen. Er schließt deshalb nach dem Erbfall die Aufhebung des Verzichts analog § 2351 BGB, aus § 812 BGB und aus Wegfall der Geschäftsgrundlage aus, lässt jedoch die Zulässigkeit der Anfechtung nach § 119 Abs. 1 offen.[485]

Nach Auffassung des BGH stehen die Interessen der Rechtssicherheit der Vertragsanpassung (beim Wegfall der Geschäftsgrundlage) nicht entgegen, soweit der Abfindungsvertrag als Rechtsgrund des Erbverzichts betroffen ist; insoweit können einem übervorteilten Vertragspartner Ansprüche gegen den Nachlass zugebilligt werden. Das OLG Nürnberg[486] bezieht sich ausdrücklich auf diese BGH-Rechtsprechung und sieht bei einem bloßen Pflichtteilsverzicht ebenfalls keine Interessen der Rechtssicherheit berührt, weil es insoweit nur um Ansprüche gegen den Nachlass geht. Es hat im Wege der Anpassung die Klausel über den Pflichtteilsverzicht in Wegfall kommen lassen.[487]

2. Zuwendungsverzicht, § 2352 BGB

111   Der durch **Testament** als Erbe oder Vermächtnisnehmer Eingesetzte kann durch Vertrag mit dem Erblasser auf die Zuwendung verzichten (§ 2352 S. 1 BGB). Ist die Zuwendung in einem **Erbvertrag** enthalten, ist ein Zuwendungsverzichtsvertrag mit dem Erblasser nur möglich, wenn der Zuwendungsempfänger kein Vertragspartner, sondern ein „Dritter" ist (§ 2352 S. 2 BGB). **Vertragspartner** eines Erbvertrags haben die Möglichkeit einer Vertragsaufhebung nach § 2290 iVm § 2276 BGB. Die Beseitigung einer testamentarischen Zuwendung geschieht in der Regel einfacher durch den jederzeit möglichen Widerruf (§ 2253 Abs. 1 BGB). Deshalb hat der Zuwendungsverzicht praktische Bedeutung nur für diejenigen Fälle, bei denen ein Testamentswiderruf oder eine Aufhebung des Erbvertrags durch die Vertragsparteien unmöglich oder unzweckmäßig ist. Beim Testament ist dies der Fall, wenn der Erblasser geschäftsunfähig geworden ist und deshalb nicht mehr widerrufen kann. Beim gemeinschaftlichen Testament, in dem sich die Ehegatten gegenseitig als Alleinerben und die Abkömmlinge bindend als Schlusserben eingesetzt haben, kann der überlebende Ehegatte die Schlusserbeneinsetzung nicht mehr ändern, ohne seine eigene Erbeinsetzung auszuschlagen. Beim Erbvertrag kann die Zuwendung an einen Dritten nicht mehr beseitigt werden, wenn der Vertragspartner nicht zustimmt oder verstorben ist.

112   **Wirkung:** Anders als beim Testamentswiderruf oder bei der Aufhebung des Erbvertrags bewirkt der Zuwendungsverzicht (wie der Erbverzicht nach § 2346 Abs. 1 S. 2 BGB) nur den Wegfall der Zuwendung (Erbeinsetzung, Vermächtnis). Im Übrigen bleiben die testamentarischen oder erbvertraglichen Verfügungen wirksam, auch die korrespektiven im gemeinschaftlichen Testament und die vertraglichen im Erbvertrag. Der überlebende oder wieder heiratende Ehegatte gewinnt dadurch wieder seine Testierfreiheit, ohne seine Erbeinsetzung (etwa durch eine Anfechtung im Fall der Wiederverheiratung) zu beseitigen. Der Zuwendungsverzicht ist auch grundsätzlich kein Erb- oder Pflichtteilsverzicht, da er für die Zukunft nicht möglich ist; zum Zeitpunkt des Zuwendungsverzichtsvertrags muss die letztwillige Verfügung, auf die sich der Verzicht bezieht, schon vorhanden sein. Die Rechtsprechung kommt im Einzelfall über die Auslegung eines Erbverzichts zur Annahme eines Zuwendungsverzichts,[488] oder nimmt einen Zuwendungsverzicht mit

---

[485] FamRZ 1999, 376; Zulässigkeit wird bejaht von OLG Düsseldorf FamRZ 1999, 1395 (aufgehobenes Berufungsurteil); OLG Koblenz FamRZ 1993, 1498; OLG Schleswig ZEV 1998, 28.

[486] OLG Nürnberg ZEV 2003, 516.

[487] *Griziwotz* geht in seiner Anmerkung (FamRZ 2003, 637) von fehlender Geschäftsgrundlage aus, da der wechselseitige Pflichtteilsverzicht bei dem deutsch-russischen Ehepaar unwirksam sei.

[488] BGH WM 1972, 313: Die Erklärung, „auf Erb- und Pflichtteilsansprüche gegen den Nachlass des Erblassers für jetzt und alle Zukunft zu verzichten", ist als Erb- und Pflichtteilsverzicht sowie als Zuwendungsverzicht auf bestehende testamentarische Einsetzungen auszulegen; OLG Frankfurt FamRZ 1994, 197: der Erbverzichtsvertrag eines Ehepaares, das sich in einem gemeinschaftlichen Testament gegenseitig zu Alleinerben eingesetzt hat mit dem als Schlusserben eingesetzten Kind ist auch als Verzicht auf die Einsetzung als Schlusserben auszulegen. Eine gemäß § 311b Abs. 4 BGB unwirksame Vereinbarung über eine Erbteilsübertragung kann als Zuwendungsverzicht ausgelegt werden, wenn der Erblasser mitgewirkt hat und die notarielle Form eingehalten ist (MüKoBGB/*Wegerhoff* § 2352 Rn. 17).

voller Abfindung und Erstreckungswirkung zum Anlass, im Wege der hypothetischen
Auslegung die Schlusserbeneinsetzung in einem gemeinschaftlichen Testament zum Wegfall zu bringen.[489]

Bis zum 1.1.2010 erstreckten sich die Wirkungen des Zuwendungsverzichts anders als
beim Erbverzicht (§ 2349 BGB) nach ständiger Rechtsprechung und herrschender Meinung nicht auf Abkömmlinge und Seitenverwandte des Erblassers. Das Erbrechtsänderungsgesetz hat in § 2352 S. 3 BGB nF jedoch mit Wirkung für alle Erbfälle ab 1.1.2010
(Art. 229 § 21 Abs. 4 EGBGB) die Anwendung der §§ 2347 bis 2349 BGB angeordnet.
Damit erstreckt sich die Wirkung eines Zuwendungsverzichts wie beim Erb-/Pflichtteils-
verzicht im Zweifel auf die Abkömmlinge und Seitenverwandten. Der Abschluss eines
weiteren Zuwendungsverzichtsvertrages mit den Abkömmlingen des als Schlusserben
bedachten Kindes als Ersatzerben ist damit im Gegensatz zur früheren Rechtslage entbehrlich geworden (und damit auch die familiengerichtliche Genehmigung).[490] Insbes.
die Rückwirkung auf vor dem 1.1.2010 abgeschlossene Zuwendungsverzichtsverträge hat
in der Literatur Kritik ausgelöst (pacta sunt servanda).[491] Zur Zeit wird ein stillschweigend vereinbarter Ausschluss der Erstreckungswirkung in Einzelfällen in Betracht gezogen.[492] Die Regelung wird aber auch unabhängig von der Rückwirkung zum Teil
kritisiert, etwa die Beschränkung auf Abkömmlinge und Seitenverwandte.[493] Für die
Gestaltungspraxis wird im Hinblick auf Auslegungsprobleme vorgeschlagen, die Auswirkung eines Zuwendungsverzichts ausdrücklich zu regeln, unter Umständen auch eine
testamentarisch angeordnete Ersatzerbenregelung nach einem Zuwendungsverzicht aufzuheben, eine Regelung zur Rückzahlung einer an den Verzichtenden zu zahlenden
Abfindung zu bedenken (wenn Erstreckung gewollt ist), bei Ersatzerbenregelungen die
neue Rechtslage zu bedenken.[494]

Inhalt: Der Erbe kann voll oder teilweise verzichten. Das Gesetz sieht auch den Verzicht **113**
auf ein Vermächtnis vor; auf gesetzliche Vermächtnisse (§§ 1932, 1969 BGB) kann aber
nicht verzichtet werden. Der Verzicht zugunsten eines anderen ist möglich; § 2250 BGB
gilt jedoch nicht.[495]

Aufhebung: Ein Zuwendungsverzicht kann ebenso wie der Erbverzicht durch notariel- **114**
len Vertrag mit dem Erblasser wieder aufgehoben werden, wenn der Erblasser den Rechts-
zustand vor dem Verzicht durch Verfügung von Todes wegen nicht vollständig wieder-
herstellen könnte.[496]

Form: § 2352 S. 3 BGB verweist hierzu auf §§ 2247, 2348 BGB (s. näher hierzu oben **115**
bei den Ausführungen zum Erbverzicht; → § 18 Rn. 5).

3. Vertrag zwischen Pflichtteilsberechtigten über Pflichtteil und künftigen Pflichtteilsanspruch

Verträge über den Nachlass, ein Vermächtnis aus dem Nachlass und über den Pflichtteil **116**
eines noch lebenden Dritten sind nach § 311b Abs. 4 BGB nichtig. § 311b Abs. 5 S. 1
BGB lässt jedoch Verträge künftiger gesetzlicher Erben über den gesetzlichen Pflichtteil
oder den Pflichtteil eines von ihnen zu; sie bedürfen gemäß § 311b Abs. 5 S. 2 BGB

---

[489] OLG Hamm FGPrax 2009, 227.
[490] MüKoBGB/*Wegerhoff* § 2352 Rn. 7.
[491] *Weidlich* FamRZ 2010, 166 (170); insbes. *Kanzleiter* DNotZ 2009, 805: „Es handelt sich um „einen schwer
erträglichen Missgriff am Rande der Verfassungsmäßigkeit". *Kanzleiter* plädiert, die Bindung des überlebenden Ehegatten an Verfügungen in einem gemeinschaftlichen Testament aufzugeben und nur noch
auf den Erbvertrag zu beschränken.
[492] MüKoBGB/*Wegerhoff* § 2352 Rn. 13.
[493] *Weidlich* FamRZ 2010, 166 (170).
[494] *Weidlich* FamRZ 2010, 166 (171).
[495] Burandt/Rojahn/*Große-Boymann/Seiler* § 2352 Rn. 3.
[496] BGH NJW-RR 2008, 747 = Rpfleger 2008, 362.

der notariellen Beurkundung, selbst dann, wenn der Erblasser der Vereinbarung zustimmt.[497]

Der Pflichtteilsanspruch kann auch schon vor dem Erbfall abgetreten werden.[498]

XII. Entstehung, Rang, Fälligkeit, Stundung, Verzug, Verjährung, Verwirkung des Pflichtteilsanspruchs

1. Entstehung

117 Der Pflichtteils**anspruch** entsteht mit dem Erbfall (§ 2317 Abs. 1 BGB); bis dahin besteht nur das Pflichtteils**recht**. Der Streit, ob in den Fällen der §§ 2306 und 2307 BGB der Anspruch sofort oder erst nach Ausschlagung entsteht, hat keine praktische Relevanz, da er sich bei der Verjährung nicht auswirkt.[499] Nach zutreffender Ansicht entsteht er erst mit Ausschlagung der Erbschaft, wird dann aber als mit dem Erbfall entstanden behandelt (§ 2332 Abs. 2 BGB).[500] Ein wirksamer vorzeitiger Erbausgleich gemäß § 1934c BGB aF, die wirksame Pflichtteilsentziehung, der Erbverzicht ohne Vorbehalt des Pflichtteils und ein Pflichtteilsverzicht lassen den Anspruch nicht entstehen, die erfolgreiche Anfechtung wegen Erbunwürdigkeit oder Pflichtteilsunwürdigkeit beseitigt ihn rückwirkend (§§ 2345 Abs. 2, 142 Abs. 1 BGB).

2. Rang

118 Der Pflichtteilsanspruch ist als **Nachlassverbindlichkeit** eine sogenannte Erbfallschuld, wie Vermächtnisse, Auflagen, Zugewinnausgleichsansprüche, Erbersatzansprüche, Beerdigungskosten und die sogenannten Nachlasskosten- und Nachlassverwaltungsschulden (§ 1967 Abs. 2 BGB). Der Rang der Nachlassverbindlichkeit wirkt sich bei der Berechnung des Pflichtteils und im Nachlassinsolvenzverfahren aus. Danach **gehen dem Pflichtteilsanspruch die Erblasserschulden im Rang vor, während die Nachlasserbenschulden nachgehen.** Im Bereich der Erbfallschulden steht der Pflichtteilsanspruch vor den übrigen wie Vermächtnisse und Auflagen (§ 327 Abs. 1 Nr. 1 InsO). Da die Zugewinnausgleichsforderung des überlebenden Ehegatten (falls diesem der kleine Pflichtteil mit dem Zugewinnausgleich zusteht) den Erblasserschulden gleichsteht, geht sie dem Pflichtteil vor (§ 327 Abs. 1 Nr. 1, Abs. 2 InsO).[501]

Ein Vermächtnis, durch welches das Recht des Bedachten auf den Pflichtteil nach § 2307 BGB ausgeschlossen wird, steht den Pflichtteilsrechten im Rang gleich, soweit es den Pflichtteil nicht übersteigt (§ 327 Abs. 2 S. 1 InsO).

3. Fälligkeit und Stundung

119 Der Pflichtteilsanspruch ist mit der Entstehung **sofort fällig** (§ 271 Abs. 1 BGB). Der **Erbe** kann nach § 2331a Abs. 1 BGB **Stundung** verlangen, wenn die sofortige Erfüllung des gesamten Anspruchs „wegen der Art der Nachlassgegenstände für ihn eine **unbillige Härte**" wäre. Als Beispiel hierfür nimmt das Gesetz, dass die sofortige Erfüllung den pflichtteilsberechtigten Erben zur Aufgabe des Familienheims oder zur Veräußerung eines Wirtschaftsgutes zwingen würde, das für ihn und seine Familie die wirtschaftliche Lebensgrundlage bildet. Die Interessen des Pflichtteilsberechtigten sind angemessen zu berücksichtigen.

---

[497] BGH NJW 1995, 448.

[498] Staudinger/*Schumacher* § 311b Abs. 4 und 5 Rn. 32 f.; Palandt/*Grüneberg* § 311b Rn. 75.

[499] Siehe § 2332 Abs. 2 BGB (keine Hemmung, auch wenn der Anspruch erst nach der Ausschlagung geltend gemacht wird).

[500] Palandt/*Weidlich* § 2317 Rn. 1.

[501] BGHZ 37, 58 (64); BGH NJW 1988, 136.

Unter § 2331a Abs. 1 BGB fallen auch gewerbliche Unternehmungen, Mietshäuser, landwirtschaftliche Güter, Beteiligungen an Handelsgesellschaften etc.[502]

Eine Kompromisslösung kann die Gewährung von Ratenzahlung sein (angemessene Berücksichtigung der Interessen des Pflichtteilsberechtigten).[503] Bei einem Minderjährigen kann familiengerichtliche Genehmigung nach §§ 1643 Abs. 2 S. 1, 1822 Nr. 2 erforderlich sein, wenn ein Teilverzicht (Erlassvertrag) gegeben ist.[504]

Die Veräußerung zur Unzeit (etwa wegen Kurs- beziehungsweise Preisverfalls) ist keine unbillige Härte,[505] ebenso wenig die Erforderlichkeit, Kunstgegenstände oder Familien-erinnerungsgegenstände zu verkaufen. Der Testamentsvollstrecker kann im Gegensatz zum Nachlasspfleger, Nachlassverwalter und Nachlassinsolvenzverwalter nicht für den Erben Stundung verlangen (§ 2213 Abs. 1 S. 3 BGB).

Zuständig zur Entscheidung über die Stundung ist das nach § 343 FamFG örtlich zuständige Nachlassgericht (Rechtspfleger, § 3 Nr. 2c RPflG) berufen, wenn der Pflicht-teilsanspruch nach Grund und Höhe unstreitig ist, sonst das Prozessgericht, §§ 2331a Abs. 2; 1382 Abs. 5 BGB. Sobald der Pflichtteilsanspruch eingeklagt wird, wird das Nach-lassgericht unzuständig, der Antrag unzulässig.

Nach rechtskräftiger Entscheidung (oder Vergleich) über den Pflichtteilsanspruch ist eine Abänderung oder Wiederaufnahme ausgeschlossen (§ 362 iVm § 264 Abs. 1 S. 2 FamFG). Sie kann jedoch verlangt werden, wenn sich die Verhältnisse wesentlich geändert haben (§ 2331a Abs. 2 iVm § 1382 Abs. 6 BGB). Zuständig hierfür ist wiederum das Nachlass-gericht (Rechtspfleger).

4. Verzug

Der Erbe kommt vor Klageerhebung bereits durch eine unbezifferte Mahnung, die einem **120** zulässigen Antrag im Rahmen einer Stufenklage entsprechen würde, in Verzug, falls ihn ein Verschulden daran trifft, dass Bestand und Wert des Nachlasses nicht festgestellt sind (§ 286 Abs. 4).[506] Nötig ist jedoch eine eindeutige (wenn auch unbezifferte) Leistungs- also Zahlungsaufforderung, nicht nur eine Auskunftsforderung. Neben der bezifferten Leis-tungsklage kann der Erbe auch durch eine Stufenklage gemäß § 254 ZPO in Verzug gesetzt werden. Der Verzug löst Verzugszinsen in Höhe von 5 Prozentpunkten über dem jeweili-gen Basiszinssatz aus (§ 247 Abs. 1 BGB).

5. Verjährung

Alle Pflichtteilsansprüche verjähren in **3 Jahren** (§ 195 BGB); dies betrifft den ordentli- **121** chen Pflichtteilsanspruch, die Pflichtteilsergänzungs- und Pflichtteilsrestansprüche sowie den Ausgleichsanspruch, den Auskunfts- und Wertermittlungsanspruch. Die **Höchstfrist** (ohne Rücksicht auf Kenntnis oder grob fahrlässige Unkenntnis) beträgt nach § 199 Abs. 3a BGB **30 Jahre.** Der Pflichtteilsanspruch entsteht mit dem **Erbfall** (§ 2317 Abs. 1 BGB), die **Verjährung beginnt** mit dem Schluss des Jahres, in dem er entstanden ist **und** der Berechtigte von dem Anspruch **Kenntnis** erlangt hat (§§ 195, 199 Abs. 1 BGB). Die Frist beginnt erst mit der Kenntnis des Pflichtteilsberechtigten von der ihn beeinträchtigen-den Verfügung und der Kenntnis, wer Erbe (also Anspruchsgegner) geworden ist.[507] **Grob fahrlässige Unkenntnis** steht positiver Kenntnis gleich. Wird diese Kenntnis zu unter-schiedlichen Zeitpunkten erlangt, ist der spätere maßgebend.

---

[502] MAH ErbR/*Kasper* § 29 Rn. 24.
[503] MüKoBGB/*Lange* § 2331a Rn. 11.
[504] *Klingelhöffer* ZEV 1998, 121 (122).
[505] MüKoBGB/*Lange* § 2331a Rn. 7, Fn. 18 unter Verweisung auf BT-Drs. 5/2370, 99.
[506] BGH NJW 1981, 1729; OLG Naumburg FamRZ 2012, 1674.
[507] BGHZ 103, 333 (336); Palandt/*Weidlich* § 2317 Rn. 12.

Beim **Pflichtteilsergänzungsanspruch** muss noch die Kenntnis von der Schenkung hinzukommen; auch sie ist beeinträchtigende Verfügung. Erfolgt die Kenntnis der Schenkung[508] später als die Kenntnis von der beeinträchtigenden Verfügung der Enterbung, kann es dazu kommen, dass zwar der ordentliche Pflichtteilsanspruch verjährt ist, nicht jedoch der Pflichtteilsergänzungsanspruch.[509] Bei **mehreren Schenkungen** und nicht gleichzeitiger Kenntnis hiervon laufen unterschiedliche Fristen. Kann ein Pflichtteilsanspruch oder Pflichtteilsergänzungsanspruch erst nach Ausschlagung eines Erbteils oder Vermächtnisses geltend gemacht werden (Fälle der §§ 2306, 2307 BGB), wird hierdurch die Verjährung des Anspruchs nicht gehemmt (§ 2332 Abs. 2 BGB). Unabhängig von der Kenntnis verjährt der Anspruch in 30 Jahren ab Erbfall (§ 199 Abs. 3a BGB). Der **Auskunfts- und Wertermittlungsanspruch** aus § 2314 BGB verjährt wie der Leistungsanspruch in 3 Jahren Ist der Pflichtteilsanspruch verjährt, muss ein besonderes Informationsbedürfnis für den Auskunftsberechtigten bestehen.[510]

a) Einzelfälle

122 • **Pflichtteilsergänzungsanspruch gegen den Beschenkten:** Die Verjährung des Pflichtteilsergänzungsanspruchs **gegen den Beschenkten beginnt** gemäß § 2332 Abs. 1 BGB **mit dem Erbfall,** auch ohne Kenntnis des Anspruchsberechtigten.[511] Der Gesetzgeber verzichtet also beim Anspruch gegen den Beschenkten auf subjektive Voraussetzungen. Der Fristenbeginn wird auch nicht wie sonst auf das Ende des Jahres hinausgeschoben, in dem der Anspruch entstanden ist.
Erlangt der Berechtigte eines **Pflichtteilsergänzungsanspruchs nach §§ 2325, 2326 BGB** zuerst von der letztwilligen Verfügung und danach von der Schenkung Kenntnis, laufen jeweils selbständige Fristen,[512] für den Pflichtteilsergänzungsanspruch ist die spätere Kenntnis für den Fristenlauf maßgebend.[513] Bei mehreren Schenkungen können sich – je nach Kenntnis – Ergänzungsansprüche mit unterschiedlich laufenden Verjährungsfristen ergeben.[514] Erlangt der Pflichtteilsberechtigte zuerst Kenntnis von der Schenkung und sodann von der beeinträchtigenden Verfügung, so beginnt die Verjährungsfrist für den Pflichtteilsergänzungsanspruch nicht vor der Kenntnis der letztwilligen Verfügung.[515]
• **Anordnung von Nacherbschaft:** Da gegen den Vor- und Nacherben ein **einheitlicher Anspruch**[516] besteht – auch wenn er zunächst nur gegen den Vorerben geltend gemacht werden kann – beginnt die Verjährung einheitlich mit der Kenntnis vom Erbfall zu laufen, für den Nacherben also nicht erst mit Eintritt des Nacherbfalles.[517] Der pflichtteilsberechtigte Nacherbe muss bedenken, dass die kurze Verjährung der Ansprüche gemäß §§ 2306, 2307 BGB nicht dadurch gehemmt wird, dass der Pflichtteilsanspruch erst ab Ausschlagung geltend gemacht werden kann (§ 2332 Abs. 2 BGB); er kann (und sollte) deshalb bereits vor dem Eintritt der Nacherbfolge ausschlagen (§ 2142 Abs. 1 BGB) Ein **Anerkenntnis des Vorerben** – ebenso eine gegen ihn erhobene **Klage** – **wirkt gegen den Nacherben;**[518] es führt gemäß § 212 Abs. 1 Nr. 1 BGB zum Neubeginn der Verjährung mit Wirkung gegenüber dem Nacherben.[519]

---

508 Dem Grunde nach: BGH NJW 1964, 297.
509 BGH 1995, 1197; BGHZ 103, 333; OLG Düsseldorf FamRZ 1992, 1223.
510 BGH NJW 1990, 180.
511 BGH FamRZ 1968, 150.
512 BGHZ NJW 1988, 1667.
513 BGH NJW 1996, 1743.
514 BGH NJW 1988, 1667.
515 BGH NJW 1985, 2945.
516 Der Eintritt des Nacherbfalls begründet keinen neuen Anspruch gegen den Nacherben (MüKoBGB/ *Lange* § 2317 Rn. 3).
517 BGH NJW 1973, 1690.
518 BGH NJW 1973, 1690.
519 BGH NJW 1973, 1690; Palandt/*Weidlich* § 2317 Rn. 16.

- Bei **Zugewinngemeinschaft (§ 1371 Abs. 3 BGB)** gilt wie bei §§ 2306, 2307 BGB die Vorschrift des § 2332 Abs. 2 BGB.
- Die Verjährung des **Pflichtteilsanspruchs der entfernteren Abkömmlinge und Eltern** (§ 2309 BGB) läuft erst, wenn der Berechtigte auch vom Wegfall des zunächst Berufenen erfährt.[520]
- Die Verjährung von **Lastenausgleichsansprüchen** wegen vom Erblasser erlittener Schäden beginnt erst mit Inkrafttreten des Gesetzes vom 18.8.1969.[521]
- Die Verjährung der Pflichtteilsansprüche aus entsprechender Anwendung des § 2313 BGB beginnt mit Inkrafttreten des VermG am 29.9.1990 zu laufen.[522]

Zur Kenntnis: Berechtigte Zweifel an der Gültigkeit der letztwilligen Verfügung schließen die Kenntnis aus,[523] während eine unrichtige Auslegung der letztwilligen Verfügung den Fristbeginn nicht hindert.[524]

Auf die Kenntnis vom Stande des Nachlasses, insbesondere des Nachlasswertes kommt es nicht an;[525] die Verjährungsfrist beginnt auch dann zu laufen, wenn sich im Nachlass Forderungen oder Verbindlichkeiten befinden, deren Höhe noch nicht feststeht.[526] **Auch bei Verwirkungsklauseln beginnt die Verjährung bereits mit Kenntnis der beeinträchtigenden Verfügung,** nicht erst mit Eintritt der Beeinträchtigung.[527]

b) Beweislast

Der Pflichtteilsschuldner trägt die Beweislast für die Kenntnis des Pflichtteilsgläubigers von **123** der beeinträchtigenden Verfügung von Todes wegen oder unter Lebenden.[528]

c) Hemmung der Verjährung

Die Verjährung wird durch gerichtliche Geltendmachung gehemmt (§ 204 BGB), ebenso **124** durch schwebende Verhandlungen (§ 203 BGB). Die **bloße Auskunftsklage hemmt nicht.**[529] Die **Erhebung der Leistungsklage** ist im Umfang des Streitgegenstandes ein Hemmungsgrund (§ 204 Abs. 1 Nr. 1 BGB. Probleme ergeben sich aus der Selbständigkeit der Ansprüche auf den ordentlichen Pflichtteilsanspruch und den **Pflichtteilsergänzungsanspruch** für die Frage, ob und unter welchen Voraussetzungen eine Stufenklage oder Zahlungsklage auf den ordentlichen Pflichtteil den Pflichtteilsergänzungsanspruch aus § 2325 BGB oder den Anspruch aus § 2329 BGB hemmt und umgekehrt.

Auch hier kommt es darauf an, ob in der früheren Klage der Kern des Lebenssachverhalts des später geltend gemachten Ergänzungsanspruchs bereits Gegenstand des Streits war.[530] Deshalb hemmt die Zahlungsklage gegen den Erben auf den ordentlichen Pflichtteil nicht auch die Verjährung des Pflichtteilsergänzungsanspruchs gegen einen Nichterben. Die auf § 2325 BGB gestützte Klage hemmt jedoch auch die Verjährung des auf § 2329 BGB gestützten Anspruchs auf Duldung gegen denselben Verpflichteten (Erben oder Erbeserben).[531] Die gegen den beschenkten Erben gerichtete Klage hemmt in der Höhe des Klageantrags die Verjährung des Pflichtteilsanspruchs nur, wenn der Kläger die Klage

---

[520] Palandt/*Weidlich* § 2317 Rn. 12.
[521] BGH FamRZ 1977, 128
[522] OLG Oldenburg ZEV 1996, 116; OLG Koblenz DtZ 1993, 253; s. auch BGH ZEV 1996, 117 zum Zeitpunkt des Inkrafttretens.
[523] BGH NJW 1993, 2439.
[524] BGH NJW 1995, 1157.
[525] S. auch BGH DNotZ 2013, 453.
[526] BGH NJW 1977, 128.
[527] OLG Celle ZEV 1996, 301.
[528] BGH NJW 2007, 1584.
[529] BGH NJW-RR 2006, 948 f.
[530] BGHZ 132, 240.
[531] BGHZ 107, 200 (203).

entsprechend umstellt.[532] Die **Feststellungsklage** hemmt die Verjährung nur insoweit, als der vorgetragene Lebenssachverhalt in seinem Kern Gegenstand von Feststellungs- und späterer Leistungsklage ist; die auf Feststellung der Pflichtteilsberechtigung gerichtete Klage hemmt also die Verjährung eines Pflichtteilsergänzungsanspruchs nicht, wenn im Feststellungsprozess zu der beeinträchtigenden Schenkung nichts vorgetragen wird.[533]

Die **Stufenklage** als Leistungsklage hemmt die Verjährung des unbezifferten Anspruchs nur in Höhe der anschließenden Bezifferung,[534] die Unterbrechung endet, wenn nach Erledigung der Vorstufen der Leistungsanspruch nicht weiter verfolgt wird.[535] Eine **Verjährungshemmung gegen den Beschenkten** kann durch Feststellungsklage gegen ihn[536] oder durch Streitverkündung des Ergänzungsberechtigten an den Beschenkten erfolgen (§ 204 Abs. 1 Nr. 6 BGB); letzteres hat zusätzlich noch den Vorteil der Interventionswirkung (§§ 74 Abs. 3, 68 ZPO).

125   **Neubeginn der Verjährung:** Das **Anerkenntnis** führt zum Neubeginn der Verjährung (§ 212 Abs. 1 Nr. 1 BGB). Ein Anerkenntnis des Pflichtteilsanspruchs liegt darin, dass der Verpflichtete auf Verlangen des Berechtigten sich bereit erklärt, über den Bestand des Nachlasses **Auskunft** zu erteilen und sich aus seinem Verhalten unzweideutig erkennen lässt, dass er sich des Bestehens eines Pflichtteilsanspruchs bewusst ist.[537] Auch in der **Errichtung eines Inventars** nach § 1994 BGB, **in dem der Pflichtteilsanspruch als Nachlassschuld verzeichnet ist** oder in der **Abgabe einer eidesstattlichen Versicherung** nach §§ 261, 2006 BGB kann ein Anerkenntnis liegen.[538] Die **Klage gegen den Testamentsvollstrecker** und selbst ein von diesem abgegebenes Anerkenntnis der Pflichtteilsforderung hemmt nicht bzw. führt nicht zum Neubeginn der Verjährung.

Reform und Überleitung. Bis zum 1.1.2010 galt die 30-jährige Verjährungsfrist für erbrechtliche Ansprüche (§ 197 Abs. 1 Nr. 2 BGB aF), für Pflichtteilsansprüche galt jedoch eine 3-jährige Verjährungsfrist (§ 2332 BGB aF). Gem. Art. 229 § 23 Abs. 1 S. 1 EGBGB gelten die neuen Verjährungsvorschriften grundsätzlich für alle am 1.1.2010 bestehenden und noch nicht verjährten Ansprüche, wobei dann die Frist nicht vor dem 1.1.2010 zu laufen beginnt (Art. 229 § 23 Abs. 2 S. 1 EGBGB). Läuft die nach den bisherigen Verjährungsvorschriften zu berechnende Frist früher ab als die Verjährungsfrist nach dem neuen Recht, „ist die Verjährung mit Ablauf der Frist nach den vor dem 1. Januar 2010 geltenden Vorschriften vollendet" (Art. 229 § 23 Abs. 2 S. 2 EGBGB). Die Hemmung bestimmt sich für den Zeitraum bis zum 1.1.2010 nach den bis dahin geltenden Vorschriften (Art. 229 § 23 Abs. 3 EGBGB). Pflegeleistungen können auch dann nach dem neuen Recht des § 2057a BGB nF ausgeglichen werden, wenn sie bereits davor erbracht wurden (Art. 229 § 23 Abs. 4 S. 2 EGBGB). § 2306 BGB nF gilt auch, wenn die Beschränkungen und Beschwerungen zu Lasten eines pflichtteilsberechtigten Erben in einer bereits vor dem 1.1.2010 errichteten Verfügung von Todes wegen angeordnet wurden. Ebenso erfassen die neuen §§ 2325 Abs. III BGB nF (Abschmelzungsregelung), 2333 BGB nF (Pflichtteilsentziehung) und 2352 BGB nF (Zuwendungsverzicht) die vor dem 1.1.2010 vollzogenen Anknüpfungssachverhalte.

6. Verwirkung

126   Grundsätzlich ist Verwirkung nach allgemeinen Grundsätzen möglich; praktisch ist sie wegen der kurzen Verjährungsfrist schlecht vorstellbar. Die Ausschöpfung der Frist begründet jedenfalls keine Verwirkung.[539]

---

[532] Palandt/*Weidlich* § 2317 Rn. 17.
[533] BGH NJW 1996, 1743.
[534] BGH NJW 1332, 2563.
[535] BGH NJW 1992, 2563.
[536] OLG Düsseldorf FamRZ 1996, 445.
[537] BGH NJW 1985, 2945; OLG Düsseldorf FamRZ 1999, 1997 ff.
[538] RGZ 113, 234 (239); OLG Zweibrücken FamRZ 1969, 230 f.
[539] S. aber BGH WM 1977, 688; MüKoBGB/*Lange* § 2317 Rn. 5.

XIII. Abtretung, Vererbung, Pfändung, Erlass, Insolvenzverfahren

1. Abtretung, Pfändung, Überweisung zur Einziehung, Überleitung

Der entstandene Pflichtteilsanspruch ist formlos nach §§ 398 ff. BGB abtretbar (§ 2317   **127** Abs. 2 BGB), einschließlich der Rechte auf Auskunft und Wertermittlung, die nicht personengebunden sind. Er kann auch nach dem Erbfall gepfändet werden. Nach § 852 Abs. 1 ZPO ist ein Pflicht**teilsanspruch erst voll pfändbar und verwertbar, wenn er durch Vertrag (auch schlüssig) anerkannt oder rechtshängig geworden ist.** Ein Anerkenntnis nach § 781 BGB ist nicht erforderlich.[540] (Sicherungs-)Abtretung, Verpfändung, sonstige Belastung des Pflichtteilsanspruchs stellen eine vertragliche Anerkennung iSv § 852 Abs. 1 ZPO dar, weil der Anspruch dann nicht mehr durch die familienrechtliche Beziehung zum Erblasser geprägt wird und der Schutzzweck des § 852 Abs. 1 ZPO entfallen ist.[541]

Vorher kann der Anspruch nur als in seiner zwangsweisen Verwertbarkeit **aufschiebend bedingter Anspruch** gepfändet werden.[542] Er kann jedoch nicht vor Anerkenntnis oder Rechtshängigkeit verwertet werden. Die Entscheidung des Pflichtteilsberechtigten, ob er den Anspruch geltend macht, ist wegen der familienrechtlichen Verbundenheit zwischen Erblasser und Pflichtteilsberechtigtem persönlich und rein erbrechtlich. Eine **rangwahrende Pfändung,** die ein Pfandrecht nur für den Fall begründet, dass die in § 852 Abs. 1 ZPO genannten Voraussetzungen erfüllt sind, ist mit dem Normzweck der Vorschrift vereinbar. Erst bei Vorliegen der Voraussetzungen ist die Verwertung durch **Überweisung** (§ 835 Abs. 1 ZPO) zulässig, was aus dem **Pfändungsbeschluss** hervorgehen muss.[543] Der Gläubiger kann in entsprechender Anwendung von § 836 Abs. 3 ZPO insoweit Auskunft vom Schuldner verlangen. Schuldner und Drittschuldner können mit der Erinnerung nach § 766 ZPO geltend machen, dass die Voraussetzungen des § 852 Abs. 1 ZPO für die Überweisung zur Einziehung nicht vorliegen. Die Nichtgeltendmachung des Pflichtteilsanspruchs unterliegt jedoch nicht der Gläubigeranfechtung nach §§ 1 ff. AnfG, 129 ff. InsO.[544] Der Schuldner kann also den Gläubigerzugriff dadurch verhindern, dass er den Pflichtteilsanspruch nicht geltend macht.

Eine Ausnahme gilt für den Träger der Sozialhilfe. Dieser kann nach dem Erbfall gemäß § 93 SGB XII den Pflichtteilsanspruch auf bis zur Höhe seiner Aufwendungen auf sich überleiten, auch wenn der Anspruch nicht pfändbar ist, ohne dass es auf die Entscheidung des Pflichtteilsberechtigten oder seines Betreuers hierüber ankommt,[545] **wenn der Pflichtteilsanspruch für die Zeit der Hilfegewährung bereits besteht.**[546] § 93 Abs. 1 S. 4 SGB XII ist lex specialis zu § 852 Abs. 1 ZPO. Zur Bedeutung der Verwirkungsklausel s. BGH NJW-RR 2006, 2006 (Überleitung ist möglich, wenn die Auslegung ergibt, dass für diesen Fall keine Verwirkung gewollt ist).

Anders ist die Rechtslage, wenn die Geltendmachung des Pflichtteils von der **Ausschlagung** der Erbeinsetzung abhängt. Das aus §§ 1371, 2306, 2307 BGB folgende **Ausschlagungsrecht,** das zum Pflichtteilsrecht führt, ist ein höchstpersönliches Recht (mit der Erbenstellung verbunden) und **kann** deshalb **nicht abgetreten oder gepfändet, auch nicht nach § 93 Abs. 1 SGB XII nF (§ 90 Abs. 1 S. 1 BSH aF) übergeleitet werden.**[547] Folgt man der Auffassung, dass der Pflichtteilsanspruch erst mit der Ausschlagung entsteht, scheidet eine Überleitung bereits aus diesem Grunde aus.

---

[540] BGH FamRZ 2009, 502 (503); BGH FamRZ 1997, 1001; OLG Karlsruhe HRR 1930 Nr. 1164.
[541] So zutreffend Staudinger/*Herzog* § 2317 Rn. 51 mwN; str.; offen gelassen in BGHZ 123, 183 (190).
[542] BGH NJW 1993, 2876; BGH DNotZ 2009, 860 = Rpfleger 2009, 393 = BGH ZEV 2011, 87.
[543] *Behr* JurBüro 1996, 65 (66); aA *Zöller/Herget* ZPO § 852 Rn. 3.
[544] BGH NJW 1997, 2384.
[545] BGH FamRZ 2005, 448
[546] BGH NJW 1985, 2419.
[547] HM BGH NJW 2011, 1586; OLG Frankfurt ZEV 2004, 24; offen gelassen in BGH ZEV 2005, 117; näher Staudinger/*Herzog* § 2317 Rn. 48b mwN.

2. Vererbung

128 Nach § 2317 Abs. 2 BGB ist der Pflichtteilsanspruch vererblich, auch das aus §§ 2306 Abs. 1 S. 2, 2307 Abs. 1 S. 1 BGB folgende Ausschlagungsrecht ist es (§§ 1952 Abs. 1, 2180 Abs. 3 BGB).

3. Insolvenz

129 Der Pflichtteilsanspruch kann in das der Insolvenz unterliegende Vermögen fallen, seine Verwertbarkeit ist aber aufschiebend bedingt.[548] Der vom Schuldner durch einen Erbfall während eines Insolvenzverfahrens erworbene Pflichtteilsanspruch gehört zur Insolvenzmasse. Wird der während des Insolvenzverfahrens entstandene Pflichtteilsanspruch erst nach Aufhebung des Insolvenzverfahrens anerkannt oder rechtshängig gemacht, unterliegt er der Nachtragsverteilung.[549] Die vor oder während des Insolvenzverfahrens anfallende Erbschaft kann der Schuldner unanfechtbar ausschlagen (§ 83 Abs. 1 InsO). Macht der Pflichtteilsberechtigte in der Wohlverhaltensperiode der **Restschuldbefreiung** den Anspruch nicht geltend, liegt darin keine Obliegenheitsverletzung iS des § 296 InsO, da der Pflichtteilsanspruch nicht unter § 295 Abs. 1 Nr. 2 InsO zu subsumieren ist.[550]

4. Erlass

130 Der Pflichtteilsanspruch kann nicht ausgeschlagen werden. Auf den entstandenen Pflichtteilsanspruch kann der Berechtigte nur durch formlosen[551] Vertrag mit dem Erben **verzichten** (§ 397 BGB).

Der pflichtteilsberechtigte Ehegatte bedarf zum Erlassvertrag nicht der Zustimmung seines Ehegatten, auch wenn der Pflichtteilsanspruch sein ganzes Vermögen nach § 1365 BGB ausmacht (bei Zugewinngemeinschaft) und ohne Rücksicht, ob der Ehepartner das Gesamtgut mit- oder allein verwaltet (§§ 1432 Abs. 1, 1455 Nr. 2 BGB bei Gütergemeinschaft).

Eltern und Vormund oder Betreuer bedürfen zum Erlassvertrag der gerichtlichen Genehmigung (§§ 1822 Nr. 2, 1643 Abs. 2, 1908i Abs. 1 S. 1 BGB).

Beim Erlass von Pflichtteilsansprüchen des Kindes gegen den überlebenden Elternteil ist wegen des Interessenkonflikts Pflegschaft anzuordnen (§ 1909 BGB), auch wenn der überlebende Elternteil mit sich selbst nicht einen Erlassvertrag abschließen kann.[552] § 207 Abs. 1 Nr. 2 BGB wurde dahin geändert, dass die Verjährungsfrist nicht mehr ab Volljährigkeit, sondern erst ab dem 21. Lebensjahr des Kindes zu laufen beginnt.

Der unentgeltliche Verzicht auf einen entstandenen Pflichtteilsanspruch stellt eine Schenkung dar.[553]

XIV. Deutsch-deutsches Pflichtteilsrecht und Pflichtteilsrecht nach dem ZGB der DDR

1. Deutsch-deutsches Pflichtteilsrecht

131 Nach Art. 235 § 1 Abs. 1 EGBGB ist das Pflichtteilsrecht der §§ 396–398 DDR-ZGB nur noch dann anzuwenden, wenn der Erblasser in der Zeit nach dem 31.12.1975 und vor dem

---

[548] BGH NJW-RR 2009, 632.
[549] BGH NJW 2011, 1448.
[550] BGH NJW-RR 2009, 632.
[551] Der noch zu dessen Lebzeiten mit dem Erblasser geschlossene Pflichtteilsverzichtsvertrag bedarf der notariellen Form, §§ 2346 Abs. 2, 2348 BGB.
[552] BayObLGZ 1963, 132 (134) einschränkend: Abwägung im Einzelfall. MüKoBGB/*Lange* § 2317 Rn. 14.
[553] MüKoBGB/*Lange* § 2317 Rn. 10.

3.10.1990 verstorben ist und sein letzten gewöhnlichen Aufenthalt in der DDR hatte oder wenn der Erblasser in der Bundesrepublik Deutschland zwar seinen letzten Aufenthalt hatte, aber zum Nachlass ein in der DDR belegenes Grundstück gehörte.[554] Pflichtteilsansprüche die erst infolge des VermG entstanden sind beurteilen sich – jedenfalls wenn der Erblasser seinen letzten Wohnsitz in der BRD hatte – nach BGB.[555]

2. Das Pflichtteilsrecht der DDR

Zum innerdeutschen Kollisionsrecht und dem Erbrecht der früheren DDR → § 6 Rn. 1 ff. **132** Der Pflichtteilsanspruch war ein Geldanspruch gegen den Erben (§ 396 Abs. 2 Nr. 2 ZGB) mit einer Quote von $^2/_3$ des gesetzlichen Erbteils, berechnet aus dem Nachlasswert zur Zeit des Erbfalls (§ 396 Abs. 2 S. 2, 3 ZGB). Die Erbquote wurde durch das eheliche Güterrecht nicht beeinflusst.

Pflichtteilsberechtigt war uneingeschränkt **nur der Ehegatte,** während Kinder, Enkel und Eltern (nur diese: nicht Urenkel, Großeltern etc) nur ein Pflichtteilsrecht hatten, wenn der Erblasser beim Erbfall ihnen gegenüber gemäß §§ 81 ff. DDR-FGB unterhaltsverpflichtet war.

Bei Einsetzung der Pflichtteilsberechtigten auf einen Erbteil oder ein Vermächtnis unter dem Pflichtteil hatte der Berechtigte – wie bei §§ 2305, 2306 Abs. 1 S. 1 BGB – einen Pflichtteilsanspruch; Beschränkungen und Beschwerungen fielen weg (§ 397 ZGB). Durch Ausschlagung (gegenüber dem staatlichen Notariat) erlangte der Berechtigte den vollen unbelasteten Pflichtteil, falls der Erbteil größer als der Pflichtteil war. Der Pflichtteil war wie im BGB vererblich (§ 396 Abs. 4 ZGB); er verjährte bereits in 2 Jahren nach Kenntnis vom Erbfall und Testament, spätestens in 10 Jahren nach dem Erbfall (§ 396 Abs. 3 S. 3 ZGB).

Die Erb- und Pflichtteilsunwürdigkeitsgründe sind weiter als im BGB (§§ 406, 408 Abs. 2 ZGB).

Das ZGB kennt nicht Pflichtteilsergänzungsansprüche, Anrechnung von Vorempfängen, Ausgleichung, Pflichtteilsverzicht, Pflichtteilsentziehung, Pflichtteilsbeschränkung in guter Absicht.

Für Erbfälle vor dem 3.10.1990 gilt in den neuen Bundesländern das bis dahin geltende Recht (Art. 230, 235 EGBGB).

Die uneingeschränkte Erstreckung des Pflichtteilsergänzungsrechts und der erweiterten Pflichtteilsrechte gemäß Art. 235 § 1 EGBGB auf Todesfälle ab dem 3.10.1990 verstößt in grober Weise gegen das verfassungsrechtliche Gebot des Vertrauensschutzes.[556] Da die Rechtsprechung bei der Frage der Anwendung des § 25 Abs. 2 RAG (Nachlassspaltung bei DDR-Grundstücken) letztlich aus Gründen des Vertrauensschutzes weiterhin DDR-Recht anwendet, wird man hier den Vertrauensschutz nicht vernachlässigen dürfen. Zumindest bei Grundstücksschenkungen in der DDR in der Zeit vor dem 3.10.1990 wäre es konsequent, gemäß Art. 236 § 1 EGBGB trotz des späteren Todes des Erblassers von einem abgeschlossenen Vorgang auszugehen und im Wege der Nachlassspaltung das Pflichtteilsrecht des ZGB anzuwenden.

Ansprüche aus dem VermG stellen nicht bloße wirtschaftliche Wertsteigerungen dar, die grundsätzlich unbeachtlich wären;[557] sie sind vielmehr selbständige Vermögensgegenstände. Diese in der Person des Erblassers selbst entstandenen Ansprüche fallen in Erbfällen nach

---

[554] So nunmehr BGH in stRspr, zB BGHZ 131, 22 (26). Der Autor ist weiterhin der Meinung, dass das interlokale Erbrecht der BRD Art. 3 Abs. 3 EGHBGB iVm § 25 Abs. 2 DDR-RAG vor der Einigung nicht zur Anwendung brachte, die diesbezüglichen Zitate der hM sind nicht zutreffend.

[555] BGHZ 131, 22 (29).

[556] So auch *Faßbender,* Das Pflichtteilsrecht nach der Vereinigung, DNotZ 1994, 359; BGH JZ 2001, 1088 stellt die Einheit der Rechtsordnung über den Vertrauensschutz; s. dort auch die kritische Anm. von *Kuchinke.*

[557] OLG Köln NJW 1998, 240 (Wertsteigerungen nur auf Grund der Herstellung der deutschen Einheit bleiben bei der Pflichtteilsberechnung außer Betracht).

dem 28.9.1990 direkt in den Nachlass und sind bei der Pflichtteilsberechnung zu berücksichtigen. Diese Ansprüche sind gemäß § 2313 BGB nachträglich auszugleichen.[558]

XV. Internationales Privatrecht

133 Nach Art. 25 Abs. 1 EGBGB aF unterlag die Rechtsnachfolge von Todes wegen dem
Recht des Staates, dem der Erblasser im Zeitpunkt seines Todes angehörte. An dessen Stelle
ist mit dem 17.8.2015 die EuErbVO getreten, bei der sich die entsprechende Regelung zur
Anwendung in Art. 21 Abs. 1 findet. Anknüpfungspunkt ist nunmehr der gewöhnliche
Aufenthalt des Erblassers im Zeitpunkt des Todes, es sei denn, dieser hat eine nach Art. 22
EuErbVO zulässige Rechtswahl getroffen. Diesem **Recht** als **Erbstatut** unterliegt auch das
Pflichtteilsrecht als Recht der Enterbung einschließlich Pflichtteilsergänzungsanspruch und
(für Übergangsfälle) Erbersatzanspruch. Dies gilt auch grundsätzlich bei einem auslän-
dischen Grundstück. Denn anders als nach altem Recht, wo es in einem solchen Fall häufig
zur Nachlassspaltung kam, gilt unter der EuErbVO der Grundsatz der Nachlasseinheit.[559]
Wenn also nach altem Recht ein ausländisches Erbrecht keinen Pflichtteilsergänzungsanspruch kannte, kam für diesen Nachlass kein Ergänzungsanspruch in Betracht. Exkurs:
Die Erb- und Pflichtteilsunwürdigkeit richtet sich auch unter Geltung der EuErbVO nach
dem Erbstatut. Falls nach altem Recht das Heimatrecht eines ausländischen Erblassers –
etwa wegen deutschen Grundbesitzes im Nachlass – auf deutsches Recht zurückverweist,
kommt für das unbewegliche Vermögen deutsches Pflichtteilsrecht zur Anwendung (Art. 4
Abs. 1 S. 2 EGBGB).[560] Umgekehrt findet trotz deutscher Staatsangehörigkeit des Erblassers für dessen ausländische Grundstücke das Pflichtteilsrecht der Belegenheitsstaaten
Anwendung (Art. 3a Abs. 2 EGBGB), wenn diese Staaten Grundstücke ihrem Recht
unterstellten.[561] Das bedeutet, dass entweder für alle nach deutschem Recht Pflichtteilsberechtigten (England) oder für einige nach BGB Pflichtteilsberechtigten (in USA für
Kinder, zT für Ehefrau; in Frankreich für Ehefrau – sofern sie nicht mit Abkömmlingen
oder Eltern zusammentrifft –) kein Pflichtteilsrecht bestand. Derartige Konsequenzen
waren anzuerkennen, auch wenn das ausländische Recht keine (etwa unterhaltsrechtliche)
„Ersatzlösung" für den nicht gewährten Pflichtteil anbot. In Anwendung des **ordre public**
des Art. 6 EGBGB ist solchen ausländischen Regelungen nur dann die Wirksamkeit zu
versagen, wenn der nach BGB Pflichtteilsberechtigte sich selbst nicht versorgen konnte und
der Sozialhilfe zur Last fallen würde.[562] Im Falle eines angenommenen Verstoßes gegen den
ordre public erörtert *Klingelhöffer* eine Lückenfüllung nach der lex fori. Gegen die Anwendung der lex fori wandte sich mit Recht das OLG Hamm,[563] das darauf hinwies, dass der
Gesetzgeber im Falle eines Verstoßes gegen Art. 6 EGBGB nicht die Anwendung des
deutschen Rechts als Ersatzrecht vorgesehen habe. Jedenfalls ist zunächst zu prüfen, ob
nicht modifiziertes Auslandsrecht anzuwenden ist. Problematisch ist die Umsetzung **ausländischer Noterbenrechte** im Wege der dortigen **Herabsetzungsklage,** wie sie in
Frankreich, der Schweiz und Italien vorgesehen ist. Ein deutsches Gericht kann jedoch
seine internationale Zuständigkeit nicht deshalb verneinen, weil das deutsche Recht eine

---

[558] BGH NJW 1993, 2176: analoge Anwendung von § 2313 Abs. 1 BGB auf Erbfälle vor dem 28.9.1990
entsprechend den Lastenausgleichsfällen.
[559] Internationales Erbrecht/*Kroiß* § 1 Rn. 3; *Trittner,* Redlichkeitsschutz im Erbrecht, S. 98).
[560] Die Verweisung wird als Sachnormverweisung angenommen; BayObLG NJW 1976, 2076.
[561] So USA, Großbritannien, Frankreich, Belgien. *Fetsch* RNotZ 2006, 1 (9) führt 71 Länder auf, bei denen
es aus der Sicht eines deutschen Erblassers bei Grundbesitz zur Nachlassspaltung kommt.
[562] So auch MüKoEGBGB/*Birk* Art. 25 Rn. 113; *Klingelhöffer* ZEV 1996, 258 (259); *Schurig* ist für uneingeschränkte Anerkennung dieser pflichtteilslosen Rechte in Soergel EGBGB Art. 25 Rn. 104; BGH
FamRZ 1993, 1065 (12. Senat) akzeptiert ohne Bedenken die US-Regeln; differenzierend – auch im
Hinblick auf Art. 6, 14 GG Staudinger EGBGB/*Dörner* Art. 25 Rn. 731.
[563] FamRZ 1993, 111 (115 f.).

derartige Klage nicht kennt.[564] Das deutsche Gericht muss versuchen der ausländischen Regelung möglichst vollständige Geltung zu verschaffen.[565]

XVI. Prozessrecht

Der Pflichtteilsberechtigte kann zur Durchsetzung seiner Ansprüche gemäß § 2314 BGB **134** verlangen, dass ihm der Erbe Auskunft über den Bestand des Nachlasses erteilt und gegebenenfalls die Richtigkeit seiner Angaben an Eides statt versichert. Prozessual hat der Pflichtteilsberechtigte die Möglichkeit, seinen Auskunfts- und Pflichtteilsanspruch durch gesonderte Klagen zu verfolgen,[566] es besteht aber auch die Möglichkeit, eine Stufenklage zu erheben.

1. Klagearten – Überblick

Problemlos ist die reine **Zahlungsklage,** wenn der Kläger seinen Anspruch und damit das **135** Kostenrisiko bereits ausreichend einschätzen kann. Dies wird der Fall sein, wenn Auskunft bereits erteilt ist oder wenn der Kläger auch ohne Auskunft oder Wertermittlung selbst den Nachlass bewerten kann. Diese Klage hemmt auch die Verjährung.[567]

Die **Feststellungsklage** ist wegen fehlenden Rechtsschutzbedürfnisses unzulässig, wenn der Kläger bereits Leistungsklage erheben kann.[568] Auch die Stufenklage ist eine Leistungsklage,[569] sodass regelmäßig das Rechtsschutzinteresse für eine Feststellungsklage fehlen wird. Bei der **Verjährung** ist zu beachten, dass die Feststellungsklage zwar grundsätzlich die Verjährung gemäß § 204 Nr. 1 BGB hemmt; bei zu enger Fassung des Klageantrages (im Sinne des Streitgegenstandsbegriffs) kann jedoch die Klage unter Umständen lediglich den Anspruch auf den ordentlichen Pflichtteil hemmen.

Die Leistungsklage muss grundsätzlich auch zumutbar sein, um der Feststellungsklage das Feststellungsinteresse zu entziehen.[570] Das ist bei der Pflichtteilsklage der Fall, weil lediglich wegen fehlender Kenntnis (Auskunft) ein bestimmter Leistungsantrag nicht möglich ist, so dass die Stufenklage (als Leistungsklage) das Risiko mindert und zu Beginn des Prozesses keinen bezifferten Zahlungsantrag erfordert. Die Leistungsklage ist jedoch nicht zumutbar, wenn bereits das Pflichtteilsrecht (und nicht nur der Pflichtteilsanspruch) streitig ist, etwa wenn Statusprobleme als Vorfragen bestehen.

Der Erblasser hat wegen der Einschränkung der Testierfreiheit zu Lebzeiten ein Recht und Interesse an der Feststellung, dass die Pflichtteilsentziehung wirksam ist;[571] ebenso der Pflichtteilsberechtigte, dass die Pflichtteilsentziehung unwirksam ist.[572]

Die **selbständige Auskunftsklage** ist zulässig.[573] Bedenkenswert ist jedoch, dass diese **136** Klage die **Verjährung nicht hemmt;** es ist also auf die Verjährung zu achten. Ist der Erbe mit der Auskunft in Verzug gesetzt worden, bietet die isolierte Auskunftsklage ein geringes Prozesskostenrisiko, weil der Erbe immer die Kosten trägt, auch wenn die Auskunft keinen Pflichtteilsanspruch ergibt.

---

[564] Ebenfalls MüKoEGBGB/*Birk* Art. 25 Rn. 227.
[565] Krug/*Eule* Pflichtteilsprozess § 14 Rn. 447 ff.
[566] Palandt/Weidlich § 2314 Rn. 19.
[567] Wegen der Einzelheiten bei den verschiedenen Klagearten s. näher die Ausführung zur Verjährung.
[568] BGHZ 5, 314; NJW 1993, 2993.
[569] BGH NJW 1996, 2097.
[570] Zöller/*Greger* ZPO § 256 Rn. 7 a.
[571] BGH NJW 1974, 1084 f.
[572] BGH NJW 2004, 1874; dieses entfällt aber mit dem Todesfall.
[573] Die Möglichkeit, Auskunft auch im Wege der Stufenklage zu begehren, macht die isolierte Auskunftsklage nicht unzulässig, OLG Zweibrücken FamRZ 1969, 230.

Die Klage auf Abgabe der eidesstattlichen Versicherung ist vor Auskunftserteilung nicht nur unzulässig, sondern auch unbegründet, weil insoweit noch kein Anspruch auf Abgabe der Versicherung besteht.

2. Stufenklage

137 Mit der Stufenklage können Auskunft, Wertermittlung, eidesstattliche Versicherung und – zunächst unbeziffert – Zahlung begehrt werden.

a) Zuständigkeit

138 **In örtlicher Hinsicht** bietet die ZPO neben dem **allgemeinen Gerichtsstand** (§ 13 ZPO, Wohnsitz des Beklagten) für erbrechtliche Streitigkeiten **nach** dem Erbfall in § 27 noch wahlweise (§ 35 ZPO) den **besonderen Gerichtsstand der Erbschaft** an. Dieser Gerichtsstand betrifft unter anderem auch alle Klagen wegen Pflichtteilsansprüchen (also auch nach §§ 2325, 2329 BGB) sowie die Anfechtungsklage wegen Erb-/Pflichtteils-unwürdigkeit. Der besondere Gerichtsstand bietet die Möglichkeit zu einer Verfahrens-konzentration bei mehreren Beklagten; deshalb scheidet eine Zuständigkeitsbestimmung nach § 36 Abs. 1 Nr. 3 ZPO aus.

Das Gericht des besonderen Gerichtsstandes ist das Gericht, an dem der Erblasser zur Zeit seines Todes seinen letzten Gerichtsstand, in der Regel den des § 13 ZPO, hatte. Hatte ein deutscher Erblasser zur Zeit seines Todes **keinen inländischen Wohnsitz,** kommt der letzte inländische Wohnsitz hilfsweise das Amtsgericht Schöneberg in Berlin in Betracht (§ 27 Abs. 2 ZPO). Siehe für das Nachlassverfahren die entsprechende Regelung in § 343 Abs. 2 FamFG.

Bei einem Hof iS der HöfeO ist für den hofbezogenen Pflichtteilsanspruch ausschließlich das Landwirtschaftsgericht zuständig (§§ 18 Abs. 1 HöfeO, 1 Nr. 5 LwVG). Wird gleich-zeitig ein Anspruch an den Nachlass aus dem hoffreien Vermögen erhoben, ist das Land-wirtschaftsgericht aus dem Gesichtspunkt des Sachzusammenhangs zuständig. Soweit lan-desrechtliches Anerbenrecht besteht (Baden-Württemberg – drei Rechtsgebiete –, Bremen, Hessen, Rheinland-Pfalz, besteht entweder keine oder nur eine beschränkende Zuständig-keit des Landeswirtschaftsgerichts. Das Württembergische Gesetz v. 14.2.1930 ist zum 31.12.2000 aufgehoben worden, gilt übergangsweise noch, wenn der Erblasser vor dem 1.1.1930 geboren war. Das Bremische Höfegesetz trat zum 31.12.2009 außer Kraft.[574]

In sachlicher Hinsicht sind nach herrschender Meinung die Streitwerte der einzelnen Stufen zur Ermittlung des Zuständigkeitsstreitwertes zu addieren.[575] Nach anderer Ansicht soll nur der höchste Wert – entsprechend § 44 GKG – maßgeblich sein.[576] Für den Zahlungsanspruch ist maßgeblich die Erwartung der Klagepartei bei Erhebung der Klage, diese ist vom Gericht unter Berücksichtigung des bisherigen Verfahrensstoffes zu schät-zen.[577] Umstritten ist, ob spätere Änderungen zu berücksichtigen sind, so, wenn die Auskunft ergibt, dass der Zahlungsanspruch deutlich höher ist.

b) Gang des Verfahrens

139 Bei der Stufenklage gilt der **Grundsatz der sukzessiven Verhandlung**, das heißt grund-sätzlich kann erst nach Erledigung einer vorgehenden zur nächsten Stufe übergegangen werden und insofern ein Antrag gestellt werden, selbst wenn die Leistungsstufe bereits

---

[574] S. auch Beck-FormB ErbR/*Ivo* G. X.1; *Barnstedt/Steffen,* Gesetz über das gerichtliche Verfahren Land-wirtschaftssachen, § 1 Rn. 140 ff.

[575] OLG Brandenburg NJOZ 2002, 181; Thomas/Putzo/*Hüßtege* § 3 Rn. 141; Zöller/*Herget* § 3 Rn. 16 (Stufenklage).

[576] MüKoZPO/*Wöstmann* § 5 Rn. 21.

[577] NK-Nachfolgerecht/*Krätzschel* ZPO § 254 Rn. 13.

vorläufig beziffert ist,[578] weil die jeweils vorgehende Stufe vorgreiflich ist. Es genügt also die Bezeichnung der Klage als **Stufenklage** und Stellung vorerst nur des Antrags in erster Stufe. In der Praxis stellen die Parteivertreter häufig zu Beginn bereits alle Anträge (den Zahlungsantrag unbeziffert). Dies ist unschädlich.[579] Durch die sukzessive Antragstellung tritt auch kein Stillstand hinsichtlich der späteren Anträge ein. Erst wenn die Anträge, die die Zahlungsklage vorbereiten, erledigt sind, kann Stillstand des Verfahrens eintreten, der den Lauf der Verjährungsfrist wieder in Gang setzt. Die Hemmung der Verjährung endet gemäß § 204 Abs. 1 Nr. 1 BGB, wenn der Kläger das Leistungsverlangen nach Abschluss der vorbereitenden Stufen nicht beziffert; die Klage ist dann auch (als unzulässig) abzuweisen.

Sukzessivität im genannten Sinne bedeutet aber nicht, dass der Kläger bei der Stufenklage alle vorbereitenden Anträge stellen muss oder gar, dass sie auf Grund der Stufenklage bereits begründet wären. Ebenso wenig müssen zwangsläufig alle Stufen durchlaufen werden; ergibt die erteilte Auskunft beispielsweise keinen Anlass zu Zweifeln an ihrer Richtigkeit, kann die Stufe der eidesstattlichen Versicherung übersprungen und zugleich zur Leistungsstufe übergegangen werden. Ebenso kann das Verfahren beendet werden, wenn die erteilte Auskunft ergibt, dass ein Zahlungsanspruch nicht bestehen kann.

Der Klageantrag umfasst sämtliche Aktiva und Passiva zum Todestag, Schenkungen des Erblassers an Dritte sowie anrechnungs- und ausgleichspflichtige Zuwendungen und die hierauf bezogenen Unterlagen (Konto-, Depotauszüge, Bilanzen, Gewinn- und Verlustrechnungen, Grundbuchauszüge, Eheverträge, Gesellschaftsverträge).[580] Für den Antrag auf Wertermittlung sind die Voraussetzungen des § 2314 BGB, für den Antrag auf Abgabe der Versicherung an Eides Statt die des § 260 Abs. 2 BGB schlüssig darzulegen. Nach herrschender Meinung gewährt der Auskunftsanspruch aus § 2314 BGB keinen Anspruch auf Vorlage von Belegen.[581] Dennoch sollte deren Vorlage beantragt werden, denn für die Klagepartei verbindet sich damit regelmäßig kein Kostenrisiko (vergleiche § 92 Abs. 2 ZPO).

Verjährung: Die Erhebung Stufenklage hemmt auch die Verjährung des noch unbezifferten Pflichtteilsanspruchs, jedoch nur in der Höhe, in der später die Leistung beziffert wird.[582] Bei der Bezifferung sind also Prozessrisiko und Verjährungsgefahr abzuwägen.

Beweislast: Die Beweislast folgt den allgemeinen Regeln. Der BGH lehnt eine **Umkehr der Beweislast** (zu Lasten des Erben) als Folge einer schuldhaften Verletzung der Auskunftspflicht durch den Erben ab.[583]

c) Urteil

Aus dem Grundsatz der Sukzessivität der Verhandlung folgt, dass über die einzelnen Stufen **140** jeweils auch gesondert zu verhandeln und **durch Teilurteil ohne Kostenentscheidung** zu entscheiden ist. Erst nach rechtskräftigem Abschluss der jeweiligen Stufe darf über die nächste Stufe entschieden werden.[584] Ausnahmsweise darf das Gericht zugleich insgesamt über die Stufenklage entscheiden, wenn diese sich insgesamt als unzulässig oder unbegründet erweist.[585] Das kann auch durch Versäumnisurteil geschehen.[586]

---

[578] BGH WM 1972, 1121.
[579] KG MDR 1975, 1024; Zöller/*Greger* § 254 Rn. 7; OLG Köln NJW 1973, 1848; aA OLG Düsseldorf NJW 1973, 2034; offen gelassen von BGH NJW 1975, 1409.
[580] Muster bei: Beck-FormB ErbR/*Lenz-Brendel* Muster 11.2.7.
[581] NK-Nachfolgerecht/*Krätzschel* § 254 ZPO Rn. 8 mwN.
[582] BGH NJW 1992, 2563.
[583] BGH NJW-RR 2010, 1378 = WM 2010, 1084.
[584] BGH NJW 2002, 1042.
[585] BGH NJW 2002, 1042 (1044); NK-Nachfolgerecht/*Krätzschel* § 254 ZPO Rn. 14.
[586] MüKoZPO/*Becker-Eberhard* § 254 Rn. 28.

Es ist unzulässig, die Entscheidung über Auskunft oder eidesstattliche Versicherung mit einem **Grundurteil über die Hauptsache** zu verbinden,[587] denn das Gericht weiß (noch) nicht, ob die Auskunft eine Leistungspflicht für die eidesstattliche Versicherung ergibt und es besteht die Möglichkeit, dass auf Grund der eidesstattlichen Versicherung sich die Auskunft und damit auch die Grundlagen einer Leistungsklage ändern.

Ein zusprechendes oder abweisendes **Teilurteil in der Zahlungsstufe** ist deshalb nicht zulässig, wenn die Gefahr besteht, dass im Schlussurteil – möglicherweise auch in der Rechtsmittelinstanz – Aktiva und Passiva anders bewertet werden.[588]

Die Auskunftsklage ist unbegründet und deswegen abzuweisen, wenn bereits eine Auskunft vorliegt. Ist diese nach Ansicht der Klagepartei unzulänglich, kommt nur ein Antrag auf Abgabe der eidesstattlichen Versicherung in Betracht.[589]

d) Kosten

141 Obsiegen bzw. Unterliegen die Parteien auf den einzelnen Stufen unterschiedlich, muss dennoch eine einheitliche Kostenentscheidung (im Schlussurteil) ergehen. In diesem Fall muss zur Ermittlung der Kostenquote gemäß § 92 ZPO zunächst ein sogenannter fiktiver Streitwert gebildet werden, indem die für die jeweilige Stufe entstandenen Kosten errechnet und für alle Stufen addiert werden. Anschließend ist der jeweilige Anteil am Obsiegen bzw. Unterliegen in Relation zu diesem fiktiven Streitwert zu setzen.[590] Die Notwendigkeit zur Bildung eines fiktiven Streitwerts resultiert aus dem Umstand, dass nach § 44 GKG für die Kostenentscheidung nur der höchste (Einzel-)streitwert maßgeblich ist, im Hinblick darauf die Bildung einer Quote aber nicht möglich ist.

142 Folgt aus der erteilten Auskunft, dass **kein Zahlungsanspruch** besteht, ist umstritten, wer die Kosten zu tragen hat. Ausgangspunkt der Überlegungen muss zunächst sein, dass der Kläger die Auskunftsklage erheben musste, um in die Lage versetzt zu werden, einen möglichen Zahlungsanspruch zu erheben. Deshalb ist (auch) maßgeblich, ob der Kläger den Beklagten vor der Erhebung der Stufenklage zur Auskunftserteilung aufgefordert hat oder nicht.

Hat der Kläger den Beklagten vorprozessual erfolglos zur Erteilung der Auskunft aufgefordert (was dem Regelfall entsprechen dürfte und dem Rechtsanwalt anzuraten ist) und ergibt die erteilte Auskunft, dass ein Zahlungsanspruch nicht besteht, handelt es sich nicht um einen Fall der Erledigung der Hauptsache, da die Klage nicht erst nach Rechtshängigkeit unbegründet wurde, sondern dies von Anfang an war.[591] Folglich finden weder § 93 ZPO noch § 91a ZPO analoge Anwendung.[592] Vielmehr steht dem Kläger ein aus § 286 BGB hergeleiteter, materiell-rechtlicher Kostenerstattungsanspruch zu, den er im Wege der zulässigen Klageänderung (§ 263 ZPO) sogleich geltend machen kann. Das Ergebnis ist auch sachgerecht, denn der Beklagte hätte es durch rechtzeitige Erteilung der Auskunft in der Hand gehabt, die Entstehung dieser Kosten abzuwenden. Das OLG München[593] hielt auch ein **sofortiges Anerkenntnis des Klägers, dass keine weiteren Ansprüche bestehen,** für ausreichend, um die **Folge des § 93 ZPO (analog)** auszulösen; dieser Ansatz dürfte durch die Rechtsprechung des BGH überholt sein. Dasselbe dürfte für eine Klagerücknahme mit entsprechender Anwendung von **§ 269 Abs. 3 S. 3 ZPO** gelten.[594] Auch wenn sich das Verfahren nach der Auskunftserteilung vor Bezifferung des Leistungsantrags erledigt hat, richtet sich der **Streitwert** nach dem Wert des vom Kläger erwarteten

---

[587] BGHZ 10, 386.
[588] BGH NJW 1989, 2821; NJW 1964, 205.
[589] RGZ 167, 337; Zöller/*Greger* § 254 Rn. 10.
[590] NK-Nachfolgerecht/*Krätzschel* § 254 ZPO Rn. 17.
[591] BGH NJW 1994, 2895.
[592] NK-Nachfolgerecht/*Krätzschel* § 254 ZPO Rn. 17.
[593] OLG München MDR 1988, 782.
[594] Zöller/*Althammer* § 91a ZPO Rn. 58 (Stufenklage).

Leistungsanspruchs.[595] Bei einer nicht völlig überhöhten Wertangabe kann dem Kläger auch kein Mitverschulden entgegengehalten werden.[596]

Nach Auffassung des OLG Köln[597] trägt der Kläger bei sofortigem Anerkenntnis des Beklagten die Kosten des Rechtsstreits, wenn der Kläger während einer rechtshängigen Stufenklage **nach Auskunftserteilung ohne weitere außerprozessuale Zahlungsaufforderung** sofort auf die Zahlungsstufe wechselt. Das erscheint zumindest zweifelhaft, da sich der Beklagte insgesamt durch die Erhebung der Klage (auch) mit der Leistung im Verzug befand und er damit Anlass zur Klage gegeben haben dürfte.

e) Zwangsvollstreckung

Die Zwangsvollstreckung wegen **Auskunftserteilung,** Vorlegung des Verzeichnisses und **143** Wertermittlung durch Sachverständigen erfolgt gemäß § 888 ZPO.[598]

Falls die Art und Weise der Auskunft im Auskunftstitel nicht vollständig beschrieben ist, kann der Gläubiger dies im Vollstreckungsantrag nachholen.[599] Das Prozessgericht muss dann zunächst die Festsetzung von Zwangsmitteln nach § 888 ZPO androhen und dem Schuldner rechtliches Gehör geben. Der Pflichtteilsberechtigte kann im Vollstreckungsverfahren Urkunden, die er bis dahin nicht konkretisieren konnte, näher bezeichnen.

Die **Vollstreckung der Abgabe der eidesstattlichen Versicherung** erfolgt auf Antrag nach § 889 Abs. 2 ZPO. **Bei freiwilliger Abgabe der Versicherung** ist zur Abnahme der Versicherung das Amtsgericht als Wohnsitzgericht des Verpflichteten als Gericht der freiwilligen Gerichtsbarkeit (Rechtspfleger) zuständig (§§ 410 Nr. 1, 411, 413 FamFG, 3 Nr. 1b RPflG. Das Verfahren richtet sich nach §§ 411 f. FamFG).

Im Übrigen (bei erzwungener Abgabe) ist das Amtsgericht – Vollstreckungsgericht – (der Rechtspfleger, § 20 Nr. 17 RPflG) zuständig (der Richter jedoch bei Haftanordnung, § 4 Abs. 2 Nr. 2 RPflG). → Rn. 1.353.

Arrestverfahren: Da Pflichtteilsprozesse häufig lange dauern, ist ein dinglicher Arrest nach § 917 Abs. 1 ZPO ein geeignetes Sicherungsmittel. Arrestanspruch ist der mit dem Erbfall (§ 2317 Abs. 1 BGB) entstandene Pflichtteilsanspruch. Ein Arrestgrund liegt vor, wenn nach dem objektiven Urteil eines verständigen, gewissenhaft prüfenden Menschen eine Veränderung der Vermögensverhältnisse des Schuldners unmittelbar droht, etwa die Absicht zur Veräußerung oder Belastung der wesentlichen oder der letzten werthaltigen Gegenstände des Nachlasses (insbesondere bei Grundstücken, die einen sichereren Wert darstellen als Bargeld).[600] Weitere Arrestgründe können sein bewusst wahrheitswidrige Angaben über den Nachlass,[601] ausbleibende Reaktion zum Begehren der Auskunftserteilung und Pflichtteilszahlung, Vermögensverschleuderung, gravierende Eingehung neuer Verbindlichkeiten durch den Erben, Zahlungsverweigerung gegenüber anderen Nachlassgläubigern, Fluchtverdacht, Auslandsvollstreckung, wenn die Gegenseitigkeit nicht verbürgt ist.[602]

---

[595] OLG Hamm FamRZ 2010, 1106; OLG Karlsruhe FamRZ 2008, 1205; OLG Saarbrücken BeckRS 2010, 16939.

[596] OLG Saarbrücken BeckRS 2010, 16939, wobei der Rechtsirrtum in der Annahme einer wirksamen Pflichtteilsentziehung bestand; die Wertangabe müsste nach Auffassung des Gerichts „weit" übersetzt sein (ein angenommener Wert von 56.000 EUR anstelle von 0 EUR erfüllte diese Voraussetzungen nicht).

[597] OLG Köln BeckRS 2009, 19734.

[598] OLG München NJW 1969, 436; OLG Frankfurt Rpfleger 1977, 184; OLG Frankfurt OLGZ 1987, 480.

[599] MüKoBGB/*Lange* § 2314 Rn. 47; vgl. BGH DB 1970, 1533.

[600] OLG Karlsruhe NJW 1997, 1018; OLG München NJOZ 2007, 5646.

[601] OLG Frankfurt a. M. FamRZ 1996, 747.

[602] Siehe hierzu *Schneider*, Das Arrestverfahren im Pflichtteilsprozess (umfassend zum Verfahren). Die Anwendbarkeit der EuGVVO ist bisher ungeklärt. *Schneider* hält die EuGVVO auf Arrestbefehle für anwendbar.

f) Rechtsmittel

144 Ebenso wie in der 1. Instanz darf auch in der Rechtsmittelinstanz jeweils nur über die Stufe entschieden werden, die Gegenstand der Anfechtung ist. Hat das Ausgangsgericht ausnahmsweise insgesamt über die Stufenklage entschieden (→ § 17 Rn. 139) und kommt das Berufungsgericht zu dem Ergebnis, dass ein Auskunftsanspruch besteht, ist das Verfahren vom Berufungsgericht insgesamt in die 1. Instanz zurückzuverweisen.[603]

Für die Frage, ob ein Rechtsmittel zulässig ist, kommt es (auch) darauf an, ob der Wert des Beschwerdegegenstandes erreicht wird (§ 511 Abs. 2 Nr. 1 ZPO: 600 EUR).

Beim **Rechtsmittel der Klagepartei** richtet sich dies bei einer Klageabweisung auf der **Auskunftsstufe** nach der Bedeutung der begehrten Auskunft, diese dürfte zwischen **10 % und 25 %** vom Wert der Leistungsstufe zu bemessen sein.[604]

Für das **Rechtsmittel der beklagten Partei** kommt es ebenfalls auf den Wert des Beschwerdegegenstandes an, jedoch bestimmt dieser sich abweichend zum Kläger danach, welcher **zeitliche (und damit wirtschaftliche) Aufwand** mit der Auskunftserteilung verbunden ist, den der Beklagte abwehren will.[605] Dabei gelten grundsätzlich die (niedrigen) Sätze nach dem JVEG, Kosten für die Einschaltung von Hilfspersonen, zum Beispiel von Steuerberatern dürfen nur dann berücksichtigt werden, wenn sie für die Auskunftserteilung unerlässlich wären.[606] Dies ist, wie etwa auch Verdienstausfall substantiiert darzulegen.[607] Unterschreiten die zu erwartenden Kosten den Wert des Beschwerdegegenstand gemäß § 511 Abs. 2 Nr. 1 ZPO, muss das Ausgangsgericht gemäß § 511 Abs. 4 S. 1 Nr. 1 ZPO über die Zulassung der Berufung entscheiden.

3. Klage gegen den Beschenkten

145 Den **Pflichtteilsergänzungsanspruch als selbständigen Anspruch** kann auch der Pflichtteilsberechtigte geltend machen, der nicht enterbt ist oder der ausgeschlagen hat. Der Anspruch richtet sich gegen die bzw. die Erben ohne Rücksicht darauf, wer die Schenkung erhalten hat.

Liegen die Voraussetzungen des § 2329 vor, richtet sich der **Anspruch gegen den Beschenkten. Voraussetzung** ist, dass der Erbe nicht zur Ergänzung verpflichtet ist, weil
– seine Haftung gemäß §§ 1975, 1990 beschränkt ist und der Nachlass für die Ergänzung nicht ausreicht oder
– der Anspruch gegen den Erben in voller Höhe wegen dessen eigenen Pflichtteilsrechts nicht erfüllt werden kann.

Hier tritt die alleinige subsidiäre Haftung als Beschenkten gemäß § 2329 Abs. 2 S. 2 BGB ein.

Zu beachten ist, dass bei mehreren Beschenkten nach dem **Subsidiaritätsprinzip** der später Beschenkte vor dem früher Beschenkten haftet (§ 2329 Abs. 3 BGB). Inwieweit der früher Beschenkte haftet, hängt nicht von der Zahlungsfähigkeit des später Beschenkten ab. Sein Haftungsumfang besteht in der Differenz des Pflichtteilsergänzungsanspruchs und dem Haftungsanteil des später Beschenkten. Bei Geldgeschenken ist der Haftungsumfang leicht zu ermitteln. Der Klageantrag richtet sich auf **Zahlung.** Die Zahlungsklage kann gleichzeitig gegen mehrere Beschenkte erhoben werden.

Schwieriger ist es bei **Sachgeschenken,** da der Erlös nicht feststeht. Der Klageantrag richtet sich auf **Duldung der Zwangsvollstreckung** in das Geschenk. Gegen den früher Beschenkten ist die gleichzeitige Erhebung einer Feststellungsklage als zulässig anerkannt.[608]

---

[603] BGH NJW 1985, 862.
[604] BGH ZEV 2006, 265.
[605] BGHZ 128, 85.
[606] BGH NJW-RR 2011, 998.
[607] BGH NJW-RR 2009, 80 (Entscheidung erging zur Höhe der Berufungsbeschwer).
[608] BGH NJW 1955, 1185.

Da § 2329 BGB einen Bereicherungsanspruch gibt, ist **im Urteil auszusprechen,** dass aus dem Erlös Aufwendungen des Beschenkten auf den geschenkten Gegenstand vorweg zu befriedigen sind.[609]

Eine Schwierigkeit ergibt sich beim **beschenkten pflichtteilsberechtigten Erben,** auf **146** den nach BGH[610] § 2328 BGB entsprechend anwendbar ist. Auf seine **Einrede** ist in der **Urteilsformel** auszusprechen, dass dem beklagten Erben bei der Zwangsvollstreckung in die genau zu bezeichnenden Gegenstände genau zu bezeichnende Beträge wegen seines eigenen Pflichtteilsanspruchs verbleiben müssen.[611] Als „verbleibend" in diesem Sinne sind dabei auch solche Gegenstände anzusehen, die ihm der Erblasser innerhalb der Frist des § 2325 Abs. 3 BGB ebenfalls geschenkt hat und in die der Berechtigte Zugriff nicht nehmen will oder wegen § 2329 Abs. 3 BGB vielleicht auch nicht nehmen darf.

4. Antrag auf Stundung

Falls eine Stundung nach § 2331a BGB in Betracht kommt, ist darauf zu achten, dass der **147** Antrag des Beklagten im Pflichtteilsprozess diese Stundung – notfalls hilfsweise – begehrt, da der Antrag nur bis zur rechtskräftigen Entscheidung über den Pflichtteil gestellt werden kann. Danach kann der Antrag nur noch auf nachträglich entstandene Gründe gestützt und beim **Nachlassgericht** gestellt werden.

XVII. Stundung des Pflichtteilsanspruchs

1. Zuständigkeit

Wird der **Pflichtteilsanspruch bestritten,** so entscheidet über den Antrag auf Stundung **148** das **Prozessgericht** in seinem Urteil (§ 1382 Abs. 5 BGB analog). Aus der Formulierung des § 2331a BGB wird geschlossen, dass der Erbe vor dem Nachlassgericht einen Antrag auf Stundung nur stellen kann, wenn die Gründe für den Antrag (wesentliche Änderung der Verhältnisse) nach rechtskräftiger Entscheidung über Grund und Höhe des Pflichtteilsanspruchs durch das Prozessgericht entstanden sind. Da andererseits nach der Entscheidung des Prozessgerichts dieses nicht mehr zuständig ist, muss der Pflichtteilsschuldner – will er sich das Stundungsrecht bewahren – vor dem Zivilgericht bereits – zumindest hilfsweise – den Antrag stellen (oder beim Nachlassgericht bedingt vor der Entscheidung des Prozessgerichts).

Werden die Ansprüche **nicht oder nur teilweise bestritten,** so ist hinsichtlich des **unstreitigen Teils** für die Entscheidung über Stundungsanträge das **Nachlassgericht** (Rechtspfleger) sachlich zuständig (§ 2331a Abs. 2 S. 1 BGB). Die örtliche Zuständigkeit ergibt sich aus § 343 FamFG.

2. Voraussetzungen

Der Anspruch auf Stundung des Pflichtteilsanspruchs ergibt sich aus § 2331a Abs. 1 BGB. **149** Voraussetzungen sind – außer dem **Antrag** –, dass sich bei sofortiger Zahlung für den Erben aus der Art der Nachlassgegenstände eine unbillige Härte ergeben würde; die Interessen des Pflichtteilsberechtigten sind angemessen zu berücksichtigen.

Antragsberechtigt sind jeder Erbe, Nachlasspfleger, Nachlass- und Insolvenzverwalter, **150** nicht aber der Testamentsvollstrecker[612] und der zur Herausgabe verpflichtete Beschenkte nach § 2329 BGB, auch wenn er Erbe ist.

---

[609] *Johannsen* WM 1970, 239.
[610] BGZ NJW 1983, 1485.
[611] BGH NJW 1983, 1485 (1487).
[612] Palandt/*Weidlich* § 2331a Rn. 1.

Bei mehreren Erben sind die **Stundungsvoraussetzungen für jeden Erben gesondert zu prüfen.** Die einem Erben gewährte Stundung wirkt nicht zugunsten der anderen Erben. Ist der **Nachlass jedoch noch nicht geteilt** und haftet keiner der Erben unbeschränkt, kommt die einem Miterben gewährte Stundung auch den anderen Miterben zugute, da sich die Vollstreckung nur auf den ungeteilten Nachlass richten kann. Dies gilt auch, wenn nur einer der Erben unbillig hart betroffen würde.[613]

151   Die Stundung erfordert eine **doppelte Billigkeitsentscheidung:**

- Die sofortige Erfüllung muss den Antragsteller wegen der Art der Nachlassgegenstände „unbillig hart" treffen.
- Dies genügt noch nicht. Selbst wenn die unbillige Härte vorliegt, müssen die Interessen des Pflichtteilsberechtigten angemessen berücksichtigt werden.

Die unbillige Härte muss nicht nur aus der sofortigen Zahlungspflicht, sondern zusätzlich aus der **„Art der Nachlassgegenstände"** herrühren.

Es muss eine nicht anders als durch Veräußerung des betroffenen Wirtschaftsgutes zu behebende Illiquidität vorliegen (auch das Eigenvermögen muss eingesetzt werden). Der Nachlassgegenstand muss ein **Familienheim oder ein Wirtschaftsgut** sein, das für die Erben und seine Familie die wirtschaftliche Lebensgrundlage bildet; diese wirtschaftliche Lebensgrundlage muss konkret gefährdet sein.

Der ungünstige Kurs von Wertpapieren stellt nach allgemeiner Meinung keinen Stundungsgrund dar.

Bei der **Zumutbarkeit** der Stundung für den Pflichtteilsberechtigten sind die beiderseitigen Interessen abzuwägen. Eine Stundung scheidet regelmäßig aus, wenn der Erbe keine Sicherheit leisten kann.

Aus alledem ist zu ersehen, dass die Stundung fast nie gewährt werden kann.

Folgen der Stundung

Die Stundung führt zur Verjährungshemmung gemäß § 205 BGB (analog der Vereinbarung mit dem Gläubiger). Im Antrag auf Stundung liegt aber bereits ein Anerkenntnis in anderer Weise gemäß § 212 Abs. 1 Nr. 1, das zum Neubeginn der Verjährung führt.

3. Verfahren

152 Die Einzelheiten für das Verfahren ergeben sich aus §§ 1382 Abs. 2 bis 4, 2331a Abs. 2 S. 2 BGB; §§ 362, 264 FamFG.

Kommt es nicht zu einem (§ 36 FamFG, entsprechend §§ 159 bis 163 ZPO) protokollierten Vergleich (Vollstreckungstitel, § 86 Abs. 1 Nr. 1, 2 FamFG, §§ 794 Abs. 1 Nr. 1, 704 ff. ZPO), so hat der Rechtspfleger von Amts wegen zu ermitteln und Beweis zu erheben. Die Entscheidung ergeht durch Beschluss (§ 38 FamFG), der erst mit Rechtskraft wirksam wird (§ 264 Abs. 1 Satz 1 FamFG).

Eine **einstweilige Anordnung** ist möglich (§ 49 FamFG; zum Beispiel im Hinblick auf eine vorläufige Stundung). Sie ergeht durch Beschluss, der gemäß § 38 Abs. 3 FamFG zu begründen, gemäß § 39 FamFG mit einer Rechtsmittelbelehrung und mit einer Kostenentscheidung (§ 51 Abs. 4 FamFG) zu versehen ist. **Rechtsmittel:** Befristete Beschwerde, §§ 58 ff. FamFG; Frist bei Erlass der Anordnung 2 Wochen, bei Ablehnung ein Monat, § 63 FamFG. Der Beschluss ist gemäß § 41 FamFG zuzustellen.

Auf Antrag des Gläubigers kann sowohl im Fall der Stundung als auch der Ablehnung der Stundung im Beschluss die Verurteilung zur Zahlung der Pflichtteilsforderung erfolgen (§ 264 Abs. 2 FamFG).

---

[613] *Damrau* FamRZ 1969, 682.

Muster: Entscheidung über den Antrag auf Stundung des Pflichtteilsanspruchs

Az.:.../.. 153

In der Nachlasssache (Name, Vorname), gestorben am (...) in (...), zuletzt wohnhaft in (...),

Beteiligte:

1. Name, Vorname,...... (= pflichtteilsberechtigter Erbe) – Antragsteller –
2. Name, Vorname,...... (= Pflichtteilsberechtigte) – Antragsgegner – ergeht am ... durch die Rechtspflegerin (...)

Beschluss

I. Der Antrag des Antragstellers vom...... auf Stundung des Pflichtteilsanspruchs des Antragsgegners wird zurückgewiesen.

II. Der Antragsteller wird verurteilt, an die Antragsgegnerin ...Euro nebst Zinsen hieraus in Höhe von jährlich 5 Prozentpunkten über dem Basiszins seit ... zu zahlen.

III. Der Antragsteller trägt die Kosten des Verfahrens.

IV. Rechtsbehelfsbelehrung

Gründe

Der Antrag ist unbegründet, die Voraussetzungen für eine Stundung des Pflichtteilsanspruchs gemäß § 2331a Abs. 1 BGB liegen nicht vor, weil die sofortige Erfüllung des Pflichtteilsanspruchs keine ungewöhnliche Härte darstellt. Der Antragsteller müsste nicht das von ihm bewohnte Einfamilienhaus aufgeben.

Der Antragsteller ist pflichtteilsberechtigter Erbe nach dem am (...) verstorbenen Erblasser (...). Die Antragsgegnerin hat Anspruch auf Zahlung eines Pflichtteils in Höhe von (...) Euro. Ein Stundungsgrund gemäß § 2331a Abs. 1 BGB liegt jedoch nicht vor.

Die Ermittlungen des Nachlassgerichts haben ergeben, dass......

oder (teilweise begründet):

1. Der Antragsteller schuldet der Antragsgegnerin die Zahlung eines Pflichtteilsanspruchs in Höhe von EUR 40 000,–[614]

2. Der Pflichtteilsanspruch der Antragsgegnerin wird in Höhe von 20.000 EUR[615] bis zum...... gestundet (oder: ist in Höhe von...... am...... zur Zahlung fällig). Der Betrag von 20.000 EUR ist mit 4 % p a[616] zu verzinsen. Die Zinsen sind jeweils fällig am...... und...... Der Antragsteller hat der Antragsgegnerin bis zur vollständigen Bezahlung des Pflichtteilsanspruchs folgende Sicherheit zu leisten......

3. Im Übrigen wird der Antrag des Antragstellers vom...... zurückgewiesen.

oder (begründet, mit Verfallsklausel):

Der Pflichtteilsanspruch der Antragsgegnerin gegen den Antragsteller ist in Höhe von 20.000 EUR (Hauptschuld) jeweils am 3. eines Monats fällig, beginnend mit dem...... Der Pflichtteilsanspruch ist in Höhe der jeweiligen Restschuld mit 4 % p.a. zu verzinsen. Die Zinsen sind nach Zahlung der letzten Rate der Hauptschuld zur Zahlung fällig; sie sind in monatlichen Raten von 1.000 EUR fällig jeweils am 3. eines Monats, beginnend mit dem...... Kommt der Antragsteller mit 2 aufeinanderfolgenden Monatsraten der Hauptschuld ganz oder teilweise in Verzug, ist die jeweilige Restschuld einschließlich der zu zahlenden Zinsen sofort fällig.

Gründe

...

(Unterschrift)

---

[614] Nur auf Antrag, § 264 Abs. 2 S. 2 FamFG (dann Titel).

[615] Es kann auch ein Teilbetrag gestundet werden.

[616] Keine Bindung an den gesetzlichen Zins (§§ 246, 288 Abs. 1 BGB); liegen keine besonderen Umstände vor, kann der gesetzliche Zins als billig angesehen werden (BayObLG FamRZ 1981, 392).

4. Abänderung

154 Eine Abänderung oder Wiederaufnahme der Stundungsentscheidung im Verfahren der Stundung ist ausgeschlossen (§ 264 Abs. 1 Satz 2 FamFG). Das Nachlassgericht kann aber (entsprechend § 1382 Abs. 6 BGB) auf Antrag eines Beteiligten die rechtskräftige Entscheidung über die Stundung (auch die des Prozessgerichts) aufheben oder abändern, wenn **nach Erlass der Entscheidung eine wesentliche Änderung der Verhältnisse eingetreten ist.**

5. Gebühren

155 Im Verfahren über die Stundung des Pflichtteilsanspruch fallen nach Nr. 12 520 ff. KV zwei Gebühren aus dem Geschäftswert nach § 36 GNotKG an.

6. Rechtsmittel

156 Befristete Beschwerde (§ 11 Abs. 1 RPflG, § 58 FamFG; Frist: 1 Monat, § 63 FamFG); Der Beschwerdewert von 600,01 EUR muss erreicht werden.[617] Bei Bewilligung der Stundung ist der Gläubiger(möglicherweise) in seinen Rechten verletzt und deshalb beschwerdeberechtigt, bei Zurückweisung des Antrags ist der Antragsteller beschwerdeberechtigt. Gegen die Entscheidung des Beschwerdegerichts (OLG): bei Zulassung Rechtsbeschwerde, § 70 FamFG.

---

[617] Zur Berechnung Keidel/*Zimmermann* § 362 Rn. 16 (beim Gläubiger mindestens Zinsverlust).

§ 18 Erb-, Pflichtteils- und Zuwendungsverzicht[1]

I. Grundsätze

Verwandte, der Ehegatte und der gleichgeschlechtliche eingetragene Lebenspartner (§ 10 **1** Abs. 7 LPartG) können durch Vertrag mit dem Erblasser auf ihr gesetzliches Erbrecht – auch auf einen Bruchteil[2] (nicht aber auf einen einzelnen Nachlassgegenstand oder einen Inbegriff von Nachlassgegenständen – hier ist eventuell die Umdeutung in einen Bruchteilsverzicht denkbar –) oder auf das Pflichtteilsrecht – verzichten. Wenn ein Pflichtteilsberechtigter sich durch einen Erbverzichtsvertrag Beschränkungen und Beschwerungen iS des § 2306 BGB unterwirft, gilt § 2306 BGB nicht; er kann auch durch Erbverzicht auf Ausgleichungsrechte nach §§ 2050 ff. BGB verzichten (nachträglich durch Pflichtteilsverzicht). Auch auf testamentarische Erbeinsetzungen und Vermächtnisse kann verzichtet werden (Zuwendungsverzicht § 2352 BGB). Auf die Zuwendung durch einen Erbvertrag kann nur ein bedachter Dritter verzichten, da die Vertragsparteien die Möglichkeit des Aufhebungsvertrags haben. Wurde der Erbvertrag aber zwischen mehr als zwei Personen abgeschlossen, so kann auch ein bedachter Vertragsteil einen Erbverzichtsvertrag mit dem Erblasser abschließen;[3] unschädlich ist, wenn einer der Erbvertragschließenden oder ein Ehegatte bei einem gemeinschaftlichen Testament bereits verstorben ist. Sind in einem Testament oder Erbvertrag diejenigen bedacht, die zur Zeit des Erbfalls zur gesetzlichen Erbfolge nach einem Dritten berufen sein werden, so sind die Bedachten nicht deshalb von der Erbfolge ausgeschlossen, weil ihre Eltern als die ursprünglichen Vertrags- oder Testamentserben zu ihren Lebzeiten gegenüber dem Erblasser auf das zugewandte Erbrecht verzichtet haben.[4] Der Erbverzicht kann **nach dem Tode des Verzichtenden** weder geschlossen noch aufgehoben werden;[5] er kann auch nicht mehr angefochten werden.[6]

Es handelt sich um ein **abstraktes erbrechtliches Verfügungsgeschäft,**[7] dem in der **2** Regel ein Abfindungsvertrag als schuldrechtliches Rechtsgeschäft zugrunde liegt. Eine Gegenleistung ist jedoch keine Voraussetzung. Fehlt sie, so liegt dennoch keine Schenkung vor. Seine Wirkungen treten unabhängig von Bestehen und Wirksamkeit des Grundgeschäfts ein. Bei einem **Erbverzicht gegen Abfindung** kommen §§ 320 ff. BGB in Betracht, falls die Abfindung nicht erbracht wird. § 323 BGB führt zum Rücktrittsrecht § 324 BGB bei Verletzung einer Nebenpflicht), § 325 BGB zum Schadensersatz. Ist der Verpflichtungsvertrag nichtig oder nach §§ 119, 123 BGB wirksam **angefochten,** sind die erbrachten Leistungen nach §§ 812 Abs. 1 S. 1 818 BGB zurückzuerstatten. Ein Anspruch auf Aufhebung des Verzichts nach § 2351 BGB besteht nur zu Lebzeiten des Erblassers; auch **Anfechtung des Kausalgeschäfts und Rücktritt hiervon** sind nur zu Lebzeiten

---

[1] *Damrau,* Der Erbverzicht als Mittel zweckmäßiger Vorsorge für den Todesfall, 1966; *Kapfer,* Gerichtliche Inhaltskontrolle von Erb- und Pflichtteilsverzichtsverträgen?, MittBayNot 2005, 385; *Mayer,* Der beschränkte Pflichtteilsverzicht, ZEV 2000, 263; *Weidlich,* Ausgewählte Probleme bei erbrechtlichen Verzichtsverträgen, NotBZ 2009, 149.

[2] Dazu *Coing* JZ 1960, 209; Beschränkung des Erbverzichtes ist dahin zulässig, dass dem Erblasser gestattet wird, einen Vor- und Nacherben zu berufen oder Testamentsvollstreckung anzuordnen, oder dem Verzichtenden Vermächtnisse oder Auflagen aufzuerlegen. Weiter werden Einzelheiten zum Verzicht auf den Pflichtteil gegeben.

[3] BayObLGZ 1965, 188; 1974, 401.

[4] OLG Stuttgart NJW 1958, 347.

[5] BGH DNotZ 1998, 836.

[6] OLG Celle ZEV 2004, 156 = NJW-RR 2003; BayObLG FamRZ 2006, 1631 = Rpfleger 2006, 189 (191).

[7] BGH FamRZ 2012, 446; BGHZ 37, 319 mAnm v. *Mattern* KM § 2271 Nr. 13. BayObLGZ 1983, 149 hebt hervor, dass der Erbverzicht keine Verfügung von Todes wegen, sondern eine Verfügung unter Lebenden auf den Todesfall ist.

des Erblassers möglich;[8] gegebenenfalls besteht ein schuldrechtlicher Anspruch auf Wert-ersatz. Eine Anpassung des Abfindungsvertrags nach den Grundsätzen der **Änderung und des Wegfalls der Geschäftsgrundlage** nach dem Tod des Erblassers kann nicht gefordert werden. Einem Erb- oder Zuwendungsverzicht kann jedoch nach Eintritt des Erbfalles nicht mehr entgegengehalten werden, die Geschäftsgrundlage fehle oder der mit ihm bezweckte Erfolg sei nicht eingetreten.[9] Der Erbverzicht kann unter einer Befristung oder einer aufschiebenden oder auflösenden **Bedingung** erfolgen,[10] wobei der Anfangs- oder Endtermin oder der Eintritt der aufschiebenden Bedingung auch noch nach dem Erbfall möglich ist.[11] Bei Geschäftsunfähigkeit des Erblassers tritt der gesetzliche Vertreter an seine Stelle. Das Erfordernis einer etwaigen betreuungs- oder familiengerichtlichen Genehmi-gung ist zu beachten. Der Verzichtende kann sich vertreten lassen.

Wendet der Erblasser einem Abkömmling als Gegenleistung für dessen (unbedingten) Erbverzicht durch Erbvertrag ein Vermächtnis zu, kann der Bedachte sich nicht deswegen vom Erbverzicht lösen, weil der vermachte Gegenstand bei Eintritt des Erbfalls nicht mehr zum Nachlass gehört.[12]

Die Nichtigkeit eines Erbverzichtsvertrags kann sich aus § 138 Abs. 1 BGB ergeben.[13] Maßgeblich ist insoweit eine Gesamtwürdigung der dem Verzicht zugrunde liegenden schuldrechtlichen Vereinbarungen.[14] Insgesamt sollte mit der Annahme einer Sittenwid-rigkeit jedoch zurückhaltend umgegangen werden: Dass eine Leistung, die für den Verzicht sofort erhalten wird, niedriger sein kann als das spätere Erbe oder der Pflichtteilsanspruch reicht für die Annahme der Sittenwidrigkeit jedenfalls nicht aus. Schließlich kann sich der Verzichtende auch nicht sicher sein, dass später überhaupt ein Nachlass, an dem er beteiligt wird, vorhanden ist. In der Literatur wird die Unwirksamkeit eines Erbverzichts gemäß § 138 BGB im Hinblick auf die Erstreckungswirkung des § 2349 BGB im Einzelfall erörtert, nämlich, wenn diese Erstreckungswirkung nur zu Lasten der Abkömmlinge gewollt ist.[15]

Die Sittenwidrigkeit eines Ehevertrags wird im Regelfall nicht den verbundenen Erb-vertrag mit einem Erbverzicht erfassen, weil das Ehegattenerb- und Pflichtteilsrecht im Hinblick auf § 1933 BGB nicht zum Kernbereich der Scheidungsfolgen zählt.[16]

II. Wirkung des Erbverzichts

3 Der Erbverzicht ist ein bindender, unwiderruflicher Vertrag, ein Vorbehalt des Widerrufs oder Rücktritts ist wegen der abstrakten Rechtsnatur des Vertrags unzulässig;[17] eine Um-deutung in eine auflösende Bedingung ist möglich.[18] Für den Verzichtenden besteht die Wirkung darin, dass er so behandelt wird als ob er nicht mehr lebte, er ist von der gesetzlichen Erbfolge ausgeschlossen und hat kein Pflichtteilsrecht (§ 2346 Abs. 1 S. 2 BGB). Der Erblasser kann den Verzichtenden aber wirksam testamentarisch Zuwendungen machen, ihn auch als Erben einsetzen. Der Verzicht auf das gesetzliche Erbrecht kann als Verzicht auf die testamentarische Zuwendung auszulegen sein, wenn diese sich mit dem

---

[8]   OLG Koblenz DNotZ 1993, 828.
[9]   BGH FamRZ 1999, 375.
[10] BGH NJW 1962, 1910; OLG Frankfurt DNotZ 1952, 488. BayObLGZ 1957, 292.
[11] BayObLGZ 1957, 292 (294); 1995, 29 (32).
[12] BayObLGZ 1995, 29.
[13] OLG München MittBayNot 2005, 426 und Anm. *Kapfer* MittBayNot 2006, 385.
[14] OLG Hamm ZEV 2017, 163 mit Anmerkung *Everts*.
[15] Bamberger/Roth/*Mayer* § 2349 Rn. 4 mwN.
[16] So zutreffend Bamberger/Roth/*Mayer* § 2346 Rn. 38, 39; aA LG Ravensburg FamRZ 2008, 1289 = ZEV 2008, 598 (die Sittenwidrigkeit der Scheidungsfolgenregelung könne auch den Erb- und Pflichtteils-verzicht ergreifen).
[17] BayObLGZ 1957, 292 (294).
[18] Bamberger/Roth/*Mayer* § 2346 Rn. 18 Fn. 79.

gesetzlichen Erbrecht inhaltlich deckt.[19] Durch die Vorversterbensfiktion wirkt sich der Erbverzicht auch auf Dritte aus: die Erb- und Pflichtteilsquoten der anderen gesetzlichen Erben und Pflichtteilberechtigten erhöhen sich (§ 2310 BGB), der Verzichtende bleibt wegen ausgleichspflichtiger Vorempfänge außer Betracht (§ 2316 Abs. 1 S. 2 BGB). Wenn dies nicht gewollt ist, liegt ein bloßer Pflichtteilsverzicht nahe.

Der Verzicht eines **Abkömmlings oder Seitenverwandten (also nicht eines Vorfahren oder Ehegatten)** auf sein gesetzliches Erbrecht erstreckt sich gemäß § 2349 BGB auf seinen ganzen **Stamm, auf vorhandene und künftige Abkömmlinge** (ohne dass der Verzichtende in deren Namen oder Vertretung handeln muss), falls nichts anderes vereinbart ist. Dadurch soll die Doppelbegünstigung des Stammes des Verzichtenden vermieden werden. Dies gilt auch, wenn ein Verzicht ohne Abfindung erfolgt. Durch Vertrag kann nicht nur die Erstreckung auf den ganzen Stamm, auf den Pflichtteil, sondern auch auf einzelne Abkömmlinge ausgeschlossen werden.[20] Ein Erbverzichtsvertrag schließt auch Nachabfindungsansprüche nach § 13 HöfeO aus.[21] Ein erklärter Erbverzicht erstreckt sich auch auf Vermögenswerte, die der Erblasser erst nach dem Verzicht erworben hat. Wegen eines solchen Hinzuerwerbs steht dem Verzichtenden kein Recht zur Irrtumsanfechtung und unter dem Gesichtspunkt der Störung der Geschäftsgrundlage auch kein Nachabfindungsanspruch zu.[22] Der Zuwendungsverzicht eines Abkömmlings, der bereits eine Zuwendung unter Lebenden erhalten hat, kann zu einer ergänzenden Auslegung einer Schlusserbeneinsetzung in einem gemeinschaftlichen Testament Anlass geben, die zum Wegfall der erfolgten Ersatzerbenberufung der Abkömmlinge des Verzichtenden führt.[23]

Verzichtet jemand **zugunsten einer anderen Person** auf sein gesetzliches Erbrecht, so ist dieser Verzicht im Zweifel nur wirksam, wenn diese Person auch tatsächlich Erbe wird (§ 2350 Abs. 1 BGB). Diese Begünstigungsabsicht kann ausdrücklich im Vertrag enthalten sein oder sich durch Auslegung ergeben. Liegt beides nicht vor, ist die Auslegungsregel des § 2350 Abs. 2 BGB zu prüfen. Danach gilt im Zweifel der Verzicht eines **Abkömmlings** auf sein gesetzliches Erbrecht nur zugunsten der anderen Abkömmlinge und des Ehegatten oder eingetragenen Lebenspartners (§ 10 Abs. 7 LPartG)[24] des Erblassers.

Sofern nichts anderes vereinbart wird, enthält der Erbverzicht auch den Verzicht auf ein etwa bestehendes Pflichtteilsrecht (§ 2346 Abs. 1 S. 2 Hs. 2 BGB). Damit eignet sich der Erbverzicht zur Ausschaltung missliebiger Enkel. Haben Eltern durch Erbvertrag sich gegenseitig zu Alleinerben und ihre gemeinschaftlichen Kinder zu Schlusserben eingesetzt, so liegt es nahe, einen Erbverzichtsvertrag, den sie später mit einem Kind im Zusammenhang mit einer diesem gewährten Abfindung schließen und in dem das Kind auf sein gesetzliches Erbrecht verzichtet, dahin auszulegen, dass sich der Verzicht auch auf die erbvertragliche Zuwendung erstreckt.[25] Kein Erbverzicht liegt in der Regel in einem Vertrag, mit dem die Eltern ihr Anwesen auf einen Abkömmling übertragen und dieser sich wegen seines künftigen Erbrechts für abgefunden erklärt.[26] Ein Überlassungsvertrag, mit dem Eltern einem Kind eine ihnen je zur Hälfte gehörende Immobilie unter Anrechnung auf den Pflichtteil übertragen, führt nicht dazu, dass sich das Kind den vollen Wert der Übertragung nach einem Elternteil anrechnen lassen muss; ein solches Ergebnis ist nur durch einen partiellen Pflichtteilsverzicht zu erreichen.[27]

---

[19] OLG Celle FamRZ 2011, 1535.
[20] MüKoBGB/*Wegerhoff* § 2349 Rn. 6; Bamberger/Roth/*Mayer* § 2349 Rn. 3; aA Staudinger/*Schotten* § 2349 Rn. 14.
[21] BGH NJW 1997, 653.
[22] LG Coburg FamRZ 2009, 461.
[23] OLG Hamm FamRZ 2009, 2122 (es kommt für die Auslegung auf das Verteilungskonzept des Erblassers an).
[24] Palandt/*Weidlich* § 2350 Rn. 3.
[25] OLG Frankfurt FamRZ 1994, 197.
[26] BayObLG 81, 30; BayObLG Rpfleger 1984, 191.
[27] OLG Koblenz FamRZ 2011, 146 = ZEV 2010, 473 mAnm *Keim*.

Der Erbverzicht wirkt nur zwischen den Vertragspartnern und bezieht sich ausschließlich auf den Erbfall, der durch den Tod der Person eintritt, mit welcher der Verzichtende den Vertrag geschlossen hat.[28]

Verzichtet ein Ehegatte auf seinen Ehegattenerbteil, entfallen auch die Ansprüche auf den Voraus und den Dreißigsten (§§ 1932, 1969 BGB), bei Zugewinngemeinschaft entfällt auch der Anspruch auf den erhöhten Erbteil nach § 1371 Abs. 1 BGB, nicht jedoch auf den Zugewinnausgleich nach § 1371 Abs. 2 BGB. Ein vorbehaltsloser Erb- oder Pflichtteilsverzicht erfasst nach hM auch den nachehelichen Unterhaltsanspruch nach §§ 1586b, 1933 S. 3 BGB.[29]

III. Pflichtteilsverzicht

4 Sofern die Vertragsparteien nichts anderes vereinbaren, umfasst der Verzicht den ordentlichen Pflichtteilsanspruch, den (außerordentlichen) Pflichtteilsergänzungsanspruch nach § 2325 BGB, den Pflichtteilsrestanspruch (§§ 2305, 2307 BGB) und schließt die Rechte aus §§ 2306, 2318 Abs. 2, 2319 und 2328 BGB aus. Das Gesetz sieht vor, dass der Erbverzicht auf den Pflichtteilsverzicht beschränkt werden kann. Die gesetzliche Erbfolge bleibt dann unberührt, der Verzichtende wird sowohl bei der Berechnung des Erbteils für den Pflichtteil (§ 2310 BGB) und bei der Ausgleichungspflicht (§ 2316 BGB) mitgezählt; testiert der Erblasser nicht, kann der auf den Pflichtteil Verzichtende gesetzlicher Erbe werden.

Der Pflichtteilsverzicht kann infolge der Natur des Pflichtteilsanspruchs als einer Geldforderung in vielfältiger Weise modifiziert werden: Der Pflichtteilsanspruch kann auf einen bestimmten Betrag oder Höchstbetrag festgesetzt werden, die Berechnungsgrundlage kann anders als im Gesetz festgelegt werden, bestimmte Gegenstände, Nachlassteile, können aus der Berechnung herausgenommen werden, es können Ratenzahlungen, Anrechnung von Zuwendungen vereinbart werden; es kann auf den Pflichtteilsergänzungsanspruch oder auf den Zusatzpflichtteil verzichtet werden.[30]

IV. Form

5 § 2348 BGB regelt lediglich die Formbedürftigkeit des Erbverzichts als abstraktes erbrechtliches Verfügungsgeschäft, dieses bedarf der notariellen Beurkundung, nicht jedoch ist die Formvorschrift des § 2348 BGB analog auf die dinglichen Geschäfte im Vollzug des Kausalgeschäfts anzuwenden; über deren Form entscheidet nur das in Frage kommende Vollzugsgeschäft.[31] Beurkundungszwang besteht nach herrschender Meinung[32] auch für das dem Verzicht etwa zugrunde liegende Verpflichtungsgeschäft und für die Bedingung einer mit dem Verzicht gekoppelten Abfindung. Eine nicht notariell protokollierte Abfindungsvereinbarung führt nicht zur Nichtigkeit des abstrakten Erbverzichts.[33] Ein Formverstoß wird durch § 311b Abs. 1 S. 2 BGB beim abstrakten Verzicht nicht geheilt, wohl aber wird ein

---

[28] OLG Frankfurt FamRZ 1995, 1450 (1451); BayObLG MittBayNot 2005, 56 = Rpfleger 2005, 431.

[29] Bamberger/Roth/*Mayer* § 2346 Rn. 21 mwN; Palandt/*Weidlich* § 1933 Rn. 9; s. auch BGH NJW 2001, 828.

[30] MüKoBGB/*Wegerhoff* § 2346 Rn. 20; Bamberger/Roth/*Mayer* § 2346 Rn. 17 mwN.

[31] BGH FamRZ 2012, 446 = NJW-RR 2012, 332.

[32] Für eine entsprechende Anwendung von § 2348 BGB ua OLG Köln ZEV 2011, 384; Bamberger/Roth/ *Mayer* § 2348 Rn. 3 (unter Hinweis auf den Normzweck mwN, jedoch zutreffend keine entsprechende Anwendung, wenn es sich nur um eine Kausalabrede ohne Verpflichtung zur Abgabe des Erbverzichts handelt); der BGH hat dies in mehreren Entscheidungen ausdrücklich offen gelassen (zuletzt in FamRZ 2012, 446 (447)), auch ob der Vertrag, in dem der Erblasser Gegenleistungen für den Erbverzicht erbringt, der notariellen Beurkundung analog § 2348 BGB bedarf.

[33] BayObLG NJW-RR 2006, 372.

formnichtiges Grundgeschäft durch einen formwirksamen Verzichtsvertrag geheilt.[34] Umdeutung einer formnichtigen Erklärung in eine letztwillige Verfügung des Erblassers ist möglich (das heißt Enterbung oder Widerruf eines früheren Testaments).[35] Der Erblasser kann den Vertrag nur persönlich schließen. Der Prozessvergleich wahrt zwar die Form des § 2348 (§ 127a!) BGB, entbindet jedoch auch im Anwaltsprozess den Erblasser nicht davon, gemäß § 2347 Abs. 2 S. 1 BGB persönlich die Erklärung abzugeben.[36] Gleichzeitige Anwesenheit ist bei der Beurkundung nicht erforderlich, sukzessive Beurkundung zulässig.[37]

V. Zuwendungsverzicht

Der Zuwendungsverzicht erweitert die Möglichkeit, die der Erbverzicht bietet (Verzicht **6** auf den gesetzlichen Erbteil/Pflichtteil), indem er den Anfall einer testamentarischen[38] und erbvertraglichen Zuwendung eines Erbes (auch Vor-, Nach- oder Ersatzerbschaft oder eines Vermächtnisses (auch Voraus- oder Ersatzvermächtnis) so entfallen lässt, als hätte der Bedachte den Erbfall nicht erlebt. Ein Zuwendungsverzicht ist nicht möglich bei einer Auflage oder bei gesetzlichen Vermächtnissen, wie den Ehegatten-Voraus (§ 1932 BGB) oder dem Dreißigsten (§ 1969 BGB). Der Zuwendungsverzicht allein lässt jedoch das gesetzliche Erbrecht und das Pflichtteilsrecht unberührt; er kann jedoch darauf ausdrücklich oder im Ergebnis durch Auslegung erstreckt werden.[39] Soll eine andere Person bedacht werden, die nicht ausdrücklich oder durch Auslegung ersatzweise oder durch Anwachsung an die Stelle des Verzichtenden tritt, muss der Erblasser dementsprechend neu testieren. Ein bedingter Verzicht zugunsten bestimmter Personen ist möglich, der Erblasser muss jedoch auch hier zusätzlich eine entsprechende letztwillige Verfügung treffen.[40] In der Praxis bedeutsam ist der Zuwendungsverzicht vor allem, wenn beim gemeinschaftlichen Testament oder Erbvertrag eine Aufhebung der letztwilligen Verfügung nicht mehr möglich ist (wegen Geschäftsunfähigkeit eines Ehegatten oder weil die wechselbezügliche oder vertragliche Verfügung bindend geworden ist). Der überlebende Ehegatte kann dann etwa durch einen Zuwendungsverzichtsvertrag mit einem als Schlusserben eingesetzten Abkömmling seine Bindung beseitigen und neu testieren, ohne seinerseits etwa die Erbschaft auszuschlagen.[41] Der Zuwendungsverzicht hindert den Erblasser nicht, den Verzichtenden erneut letztwillig zu bedenken.[42]

Bei vertragsmäßigen (nicht aber bei einseitigen) Zuwendungen in einem Erbvertrag sieht § 2352 S. 2 BGB die Beschränkung vor, dass ein Zuwendungsverzicht nur zulässig ist, wenn es sich nicht um eine Zuwendung nur zwischen den beiden Vertragspartnern handelt, sondern die Zuwendung an einen Dritten erfolgt ist. Dabei wird als Dritter auch angesehen, wer als Bedachter nur den Vertrag mitunterzeichnet hat, aber nicht Vertragspartner ist. Der Zuwendungsverzichtsvertrag wird dann nur zwischen ihm als dem Dritten und den Erblasser geschlossen. Eine Zustimmung des Erbvertragspartners ist nicht erforderlich. Dritter ist also, wer weder als Erblasser, noch als dessen Vertragspartner am Vertragsschluss beteiligt war.[43]

---

34   § 311b Abs. 1 S. 2 BGB entsprechend; Palandt/*Weidlich* § 2346 Rn. 6 mwN, § 2348 Rn. 2. Auch diese Frage hat der BGH FamRZ 2012, 446 (447) offen gelassen.
35   Bamberger/Roth/*Mayer* § 2348 Rn. 4.
36   BayObLG NJW 1965, 1276.
37   Bamberger/Roth/*Mayer* § 2348 Rn. 5 unter Hinweis auf BGH NJW 1996, 1062 (inzident).
38   Auch durch gemeinschaftliches Testament.
39   BGH DNotZ 1972, 500; OLG Frankfurt OLGZ 93, 201; Palandt/*Weidlich* § 2352 Rn. 4.
40   OLG Hamm OLGZ 1982, 272.
41   OLG Frankfurt Rpfleger 1997, 309; Mayer ZEV 1996, 127; Palandt/*Weidlich* § 2352 Rn. 1.
42   BayObLG Rpfleger 1987, 374.
43   Palandt/*Weidlich* § 2352 Rn. 3.

§ 2352 S. 3 iVm § 2349 BGB nF erstreckt den Zuwendungsverzicht ab 1.1.2010 auf die Abkömmlinge des Verzichtenden. Die Erstreckungswirkung tritt auch bei Erbfällen ab dem 1.1.2010 ein, wenn der seinerzeitige Zuwendungsverzicht, der die Erstreckung nicht kannte, in der Urkunde hierzu schweigt.[44]

Der Vertrag bedarf der notariellen Beurkundung (§ 2352 S. 3 iVm § 2348 BGB). Der Erblasser kann den Vertrag nur persönlich schließen, § 2347 BGB, der Verzichtende kann sich vertreten lassen; die gleichzeitige Anwesenheit der Vertragschließenden ist nicht erforderlich.

VI. Aufhebung von Erb-, Pflichtteils- und Zuwendungsverzicht

7 § 2351 BGB gilt nach herrschender Meinung nicht nur für den Erbverzicht, sondern auch für den Pflichtteils- und Zuwendungsverzicht.[45] Die Vertragsparteien können den Verzicht in notarieller Form ohne Zustimmung der Abkömmlinge oder der durch den Verzicht Begünstigten aufheben. Ein geschäftsunfähiger Erblasser kann durch seinen gesetzlichen Vertreter mit Genehmigung des Betreuungsgerichts handeln (§ 2347 Abs. 1 S. 2 BGB). Nach dem Tod des Erblassers oder des Verzichtenden ist die Aufhebung nicht mehr möglich (§ 2347 Abs. 2 S. 1 BGB).[46]

Der Aufhebungsvertrag beseitigt den Verzicht, als sei er nie erfolgt, die Quotenerhöhung nach § 2310 Abs. 1 S. 2 BGB entfällt wieder. Die ursprüngliche gesetzliche Erbfolge kann aber nur dann wieder hergestellt werden, wenn der Erblasser in der Zwischenzeit nicht anders testamentarisch verfügt hat, der Verzichtende hat dann nur sein Pflichtteilsrecht.[47] Sofern mit dem Erbverzicht nicht auch das Kausalgeschäft aufgehoben wird, kann wegen der nicht zurückverlangten Abfindung eine beeinträchtigende Zuwendung des Erblassers nach § 2287 BGB vorliegen.[48]

VII. Erbschaftsteuer

8 Der unentgeltliche Erb- und Pflichtteilsverzicht löst keine Erbschaftsteuer aus,[49] die für einen Verzicht geleistete Abfindung unterliegt der Schenkungsteuer nach § 7 Abs. 1 Nr. 5 ErbStG. Dabei bestimmt sich die Steuerklasse allein nach dem Verhältnis des Verzichtenden zum Erblasser, auch wenn die Abfindung von Dritten geleistet wird.[50]

Muster: Einfacher Erbverzicht

9 (Eingang wie bei sonstigem Beurkungsprotokoll)

Herr (Name des Erblassers) schließt mit seinem Sohn Herrn (Name des Verzichtenden) folgenden Erbverzichtsvertrag:

Herr (Name des Erblassers) hat seinem Sohn (Name des Verzichtenden) zur Ermöglichung seiner Geschäftsgründung eine Zuwendung von 100 000 EUR gemacht, die dessen gesetzlichen Erbteil weit übersteigt. Herr (Name des Verzichtenden) verzichtet im Hinblick darauf auf sein gesetzliches Erb- und Pflichtteilsrecht für sich und seine Abkömmlinge. Der Verzicht soll jedoch nur zugunsten der Geschwister von Herrn (Name des Verzichtenden) gelten.

---

[44] Palandt/*Weidlich* § 2352 Rn. 5; Staudinger/*Schotten* § 2352 Rn. 46 ff.; aA Bamberger/Roth/*Mayer* § 2352 Rn. 23.

[45] Bamberger/Roth/*Mayer* § 2351 Rn. 2; LG Kempten MittBayNot 1978, 63; Staudinger/*Schotten* § 2351 Rn. 3; MüKoBGB/*Wegerhoff* § 2351 Rn. 1; BGH DNotZ 2008, 624 einschränkend für eine analoge Anwendung in den Fällen, in denen der Erblasser wegen einer Bindung nicht neu testieren kann.

[46] Für den Verzichtenden aus § 2346 BGB; Palandt/*Weidlich* § 2351 Rn. 2; BGH NJW 1998, 3117.

[47] BGH NJW 1980, 2307.

[48] Palandt/*Weidlich* § 2351 Rn. 1.

[49] BFH BStBl. II 1976, 17.

[50] BFH BStBl. II 2002, 456.

Herr (Name des Erblassers) nimmt diese Verzichtserklärung an.
Wert des gesetzlichen Erbteils:……

v g u u
Unterschriften der Vertragschließenden und des Notars

Muster: Beschränkter Pflichtteilsverzicht unter Ehegatten
          (Eingang wie bei sonstigem Beurkundungsprotokoll)   **10**
In unserer am (Datum) in (Ort) geschlossenen Ehe gilt der gesetzliche Güterstand der Zugewinngemeinschaft.
Wir verzichten gegenseitig auf den Teil des Pflichtteils, der sich aus der Erhöhung des gesetzlichen Erbteils um $1/4$ nach § 1371 BGB ergibt.
Wir nehmen diesen Verzicht gegenseitig an……

Muster: Pflichtteilsverzicht unter Bedingungen
Die Erschienenen zu 1) und 2) (Veräußerer) sind die Eltern der Erschienenen zu 3) und 4)   **11**
und übertragen unentgeltlich ihr Hausgrundstück auf den Erschienenen zu 3) (Erwerber);
der Erschienene zu 4) (Berechtigter) verzichtet gegen Zahlung eines Abfindungsbetrages
von 50 000 EUR durch seinen Bruder, den Erschienenen zu 3) auf seinen Pflichtteilsergänzungsanspruch gegenüber dem Veräußerer (Eltern):

I. Der Erwerber verpflichtet sich, an den Berechtigten eine Abfindung in Höhe von
50 000 EUR zu zahlen. Der Abfindungsbetrag ist fällig zum …und bis dahin (nicht) zu
verzinsen zu …% (evtl. dingliche Sicherheit/Zwangsvollstreckungsunterwerfung)
II. Unter der Bedingung, dass die Abfindung gezahlt wird, erklärt der Berechtigte, dass er
hinsichtlich des auf den Erwerber übertragenen Hausgrundstücks abgefunden ist. Er
verzichtet unter dieser Bedingung gegenüber dem Veräußerer auf sein Pflichtteilsrecht
an dessen Nachlass, soweit der Wert dieses übertragenen Grundeigentums bei der
Berechnung des Pflichtteilsanspruchs als Pflichtteilsergänzungsanspruch zu Grunde gelegt werden kann. Der Verzicht gilt auch für die Abkömmlinge des Verzichtenden. Der
Veräußerer nimmt die Verzichtserklärung hiermit an.

Gebühren: Nr. 21100 KV.

§ 19 Die Testamentsvollstreckung

Übersicht

	Rn.
I. Wesen der Testamentsvollstreckung	1
II. Rechtsstellung des Testamentsvollstreckers	2
1. Rechtsstellung	2
2. Post- oder transmortale Vollmachten	4
III. Die Anordnung der Testamentsvollstreckung	5
1. Allgemeines	5
2. Gemeinschaftliches Testament und Erbvertrag	6
IV. Die Aufgaben des Testamentsvollstreckers und seine Befugnisse	7
1. Aufgabenkreis	7
a) Die Abwicklungsvollstreckung	8
b) Die Verwaltungsvollstreckung und Dauervollstreckung	10
c) Sonstige Aufgaben	11
2. Verfügungsbefugnis des Testamentsvollstreckers	12
a) Testamentsvollstreckung in der Insolvenz	13
b) Testamentsvollstreckung in der Nachlassverwaltung	14
V. Die Ernennung des Testamentsvollstreckers	15
1. Persönliche Voraussetzungen	16
2. Ernennung des Testamentsvollstreckers	18
a) Ernennung durch den Erblasser	19
b) Ernennung durch einen Dritten	20
c) Ernennung durch das Nachlassgericht	24
d) Rechtsmittel	31
VI. Die Vergütung des Testamentsvollstreckers	33
1. Grundlagen	33
a) Schuldner	34
b) Fälligkeit	35
2. Höhe der Vergütung bei Festsetzung durch das Gericht	36
a) Grundsatz	36
b) Bemessungsgrundlage	37
c) Aufwendungen für Dritte und Berufsdienste	38
d) Umsatzsteuer	39
e) Vergütung nach Tabellensätzen	40
VII. Annahme und Ablehnung des Amtes des Testamentsvollstreckers	45
VIII. Das Testamentsvollstreckerzeugnis	48
1. Begriff und Zweck	48
2. Arten	49
3. Die Voraussetzungen der Erteilung und Gang des Verfahrens	51
a) Zuständigkeit für die Erteilung	51
b) Antrag	52
c) Verfahren	55
d) Entscheidung über den Antrag	58
4. Inhalt des Zeugnisses	60
5. Niederschrift und Zeugnis	62
6. Die Berichtigung und Beseitigung des Zeugnisses	66
7. Richtigkeitsvermutung und öffentlicher Glaube	71
IX. Die Mitwirkung des Nachlassgerichts bei der Ausübung und Beendigung des Testamentsvollstreckeramtes	72
1. Vermittlung bei Streitigkeiten	72
2. Außerkraftsetzung von Anordnungen des Erblassers	76
X. Beendigung der Testamentsvollstreckung	79
1. Entlassung durch das Nachlassgericht	80
a) Pflichtverletzung und grobe Fahrlässigkeit	81

Rn.

b) Einzelfälle 84
c) Verfahren 86
d) Rechtsmittel 90
e) Kosten 91
2. Die Kündigung durch den Testamentsvollstrecker 92
XI. Haftung des Testamentsvollstreckers 93

Schrifttum: Aufsätze und Dissertationen:

Bestelmeyer, Die Rechtsfolgen eines ohne gleichzeitige Verlautbarung der Erbfolge im Grundbuch einge-tragenen Nacherben- oder Testamentsvollstreckervermerks, ZEV 1996, 261; Deutscher Notarverein, Neue Rheinische Tabelle zur Testamentsvollstreckervergütung, ZEV 2000, 181; Frank, Die Testamentsvollstre-ckung über Aktien, ZEV 2002, 389; *Frank,* Umwandlung einer Personengesellschaft in eine Kapitalgesell-schaft durch den Testamentsvollstrecker, ZEV 2003, 5; *Feiter,* Die Testamentsvollstreckung – ein neues Geschäftsfeld für den steuerberatenden Beruf, DStR 2006, 484; *Goebel,* Probleme der treuhänderischen und echten Testamentsvollstreckung über ein vermächtnisweise erworbenes Einzelunternehmen, ZEV 2003, 261; *Horn,* Ist die Testamentsvollstreckung nach Entlassung des namentlich benannten Testamentsvollstreckers beendet?, ZEV 2007, 521; *Muscheler,* Testamentsvollstreckung über Erbteile AcP 195 (1995), 35; *Reimann,* „Nachlassplanung als erbrechtsübergreifende Beratungsmaßnahme" in ZEV 1997, 129 *Reimann,* Testaments-vollstreckung in der Wirtschaftspraxis 1992; *Reimann,* Notare als Testamentsvollstrecker DNotZ 1994, 659; *Reimann,* Zur Festsetzung der Testamentsvollstreckervergütung ZEV 1995, 57; *Rott,* Die Vergütung des Testamentsvollstreckers – Probleme und Lösungswege bei der Gestaltung ErbR 2017, 386; Schiffer/Rott/ Pruns, Die Vergütung des Testamentsvollstreckers, 2014; Schmidl, Entlastung, Haftungsfreizeichnung und -beschränkung des Anwalts als Testamentsvollstrecker, ZEV 2009, 123; Schmidl, Risiken zu Beginn der Testamentsvollstreckung, ZErb 2010, 251; *Zimmermann,* Die angemessene Testamentsvollstreckervergütung, ZEV 2003, 334; Zimmermann, Die Testamentsvollstreckung im FamFG, ZErb 2009, 86.

Handbücher und Formularsammlungen:

Bengel/Reimann, Handbuch der Testamentsvollstreckung, 6. Auflage, 2017; *Reimann* in Reimann/Bengel/ J. Mayer, Testament und Erbvertrag, 6. Auflage 2015; *Eckelskemper* in Beck'sches Formularbuch Erbrecht, 3. Aufl. 2014, C VII; *Mayer/Bonefeld,* Testamentsvollstreckung, 4. Aufl. 2015; *Lorz* in Münchener Anwalts-handbuch Erbrecht, 2018, § 19; *Klingelhöffer,* Vermögensverwaltung in Nachlasssachen, 2002; *Zimmermann,* Die Testamentsvollstreckung, 2014.

I. Wesen der Testamentsvollstreckung

Mit der Testamentsvollstreckung kann der Erblasser über seinen Tod hinaus Einfluss auf den **1** Nachlass zu nehmen. Er kann damit verschiedene Ziele verfolgen, beispielsweise die Sicherung einer Unternehmensnachfolge, den Schutz des unerfahrenen Erben, aber auch die Vereinfachung der Auseinandersetzung des Nachlasses unter mehreren Erben oder den Schutz des Nachlasses vor dem Zugriff von Eigengläubigern des Erben.[1] Die Verwirk-lichung dieser Ziele steht und fällt einerseits mit der Auswahl des geeigneten Testaments-vollstreckers und etwaiger Ersatztestamentsvollstrecker, andererseits kann eine Nachlass-planung sinnvoll sein, vor allem, wenn Grundstücke vorhanden sind.[2] Neben der Anord-nung einer Testamentsvollstreckung kann die Erteilung einer (General-)vollmacht mit Wirkung über den Tod des Erblassers hinaus die Tätigkeit des Testamentsvollstreckers erleichtern.

II. Rechtsstellung des Testamentsvollstreckers

1. Rechtsstellung

Auf das Verhältnis des Testamentsvollstreckers zu den Erben finden gewisse für den Auftrag **2** geltende Regeln entsprechende Anwendung (§ 2218 BGB). Es besteht jedoch zu den Erben kein vertragliches oder vertragsähnliches, sondern ein gesetzliches Schuldverhältnis.[3]

---

[1] Vgl. NK-BGB/*Kroiß* vor § 2197 Rn. 5 mit weiteren Regelungszielen.
[2] *Reimann,* Nachlassplanung als erbrechtsübergreifende Beratungsmaßnahme, ZEV 1997, 129.
[3] BGHZ 69, 235.

Die Rechtsstellung des Erben wird durch die Testamentsvollstreckung beschränkt (§§ 2306, 2338 Abs. 1 S. 2, 2376 BGB). Deshalb beeinträchtigt auch die (spätere) Einsetzung eines Testamentsvollstreckers die Rechte eines Vertragserben oder stellt einen teilweisen Widerruf des gemeinschaftlichen Testaments dar.[4] Der Testamentsvollstrecker ist weder gesetzlicher Vertreter des Erblassers, noch des Nachlasses, noch der Erben. Er übt ein privates Amt entsprechend dem Willen des Erblassers und nach Maßgabe des Gesetzes fremdnützig (vor allem im Interesse des Erben) im eigenen Namen aus (**Partei kraft Amtes;** der Erbe kann im Prozess des Testamentsvollstreckers deswegen Zeuge sein). Da sich die Rechtsstellung des Testamentsvollstreckers derjenigen eines gesetzlichen Vertreters annähert, können §§ 278, 254 BGB, § 241 ZPO auf ihn entsprechend angewendet werden.[5] Wenn der Testamentsvollstrecker vermeiden will, aus Rechtsgeschäften, die er als Vollstrecker vorgenommen hat, **persönlich in Anspruch genommen** zu werden, muss er sich als solcher bezeichnen.[6] Trifft der Testamentsvollstrecker vor Übernahme des Amtes Verfügungen, sind diese unwirksam. Sie werden auch nicht mit der Übernahme des Amtes durch nachträgliche Genehmigung wirksam, § 185 Abs. 2 S. 1 BGB ist unanwendbar.[7] An die Wünsche der Erben ist er nicht gebunden, er kann sich jedoch im Einvernehmen mit allen Erben über Anordnungen des Erblassers hinwegsetzen.[8] Ist der Testamentsvollstrecker nur für den **Vorerben** eingesetzt, so ist seine Verwaltungs- und Verfügungsbefugnis ebenso beschränkt wie die des Vorerben, von dem er sein Recht ableitet.[9] Der **Genehmigung des Familiengerichts** bedarf er auch dann **nicht,** wenn er für geschäftsunfähige oder -beschränkte Erben Rechtsgeschäfte vornehmen will, für die ein gesetzlicher Vertreter eine solche Genehmigung benötigen würde, es sei denn, er stellt einen Teilungsplan auf, der besondere Vereinbarungen der Erben enthält, die weder dem Testament noch der gesetzlichen Regelung entsprechen.[10]

Der Erblasser kann den Testamentsvollstrecker auch als Ergänzungspfleger für das ererbte Vermögen einsetzen.[11]

Nichterbrechtliche Aufgaben (etwa fortwirkende Persönlichkeitsrechte) fallen nicht in die Vermögenssorge der Erben oder des Testamentsvollstreckers, sondern stehen der Personensorge der Familienangehörigen zu. Der Testamentsvollstrecker kann jedoch durch Vollmachten damit betraut werden; Erben können durch Auflagen zur Duldung entsprechender Maßnahmen verpflichtet werden.[12]

3   Der Testamentsvollstrecker kann einen Erbschein beantragen, nicht aber die Erbschaft (auch nicht für Nacherben) annehmen oder ausschlagen, weil er den Nachlass, nicht jedoch die Rechte des Erben als solche verwaltet. Dagegen kann er zum Beispiel auf die Eintragung des Nacherbenrechts im Grundbuch verzichten. Sein Amt kann er nicht im Ganzen auf einen Dritten übertragen, dagegen unter Vorbehalt des Widerrufs einen Hauptbevollmächtigten bestellen, falls der Erblasser dies nicht durch letztwillige Verfügung untersagt hat. Dies spielt bei der Testamentsvollstreckung durch Banken eine Rolle. Auch kann er den Erben im Einzelfall zur Prozessführung ermächtigen (gewillkürte Prozessstandschaft).[13]

---

[4]   Palandt/*Weidlich* § 2289 Rn. 5; zur Auswechslung der Person des Testamentsvollstreckers s. BGH DNotZ 2011, 774.

[5]   RGZ 100, 279 (281); 144, 399 für § 207 aF; die entsprechende Regelung findet sich heute in § 211 BGB.

[6]   Palandt/*Weidlich* Vor § 2197 Rn. 2.

[7]   OLG Nürnberg MDR 2017, 38.

[8]   BGHZ 40, 115; 56, 275.

[9]   Bengel/Reimann/*Bengel/Dietz*, Handbuch der Testamentsvollstreckung, § 5 Rn. 333.

[10] *Haegele* „Familienrechtliche Fragen um den Testamentsvollstrecker" Rpfleger 1963, 336; dazu auch OLG Celle FamRZ 1968, 489; OLG Karlsruhe ZEV 2015, 703 zur familiengerichtlichen Genehmigung bei Grundstückserwerb; *Reimann* FamRZ 1995, 588 (589); MüKoBGB/*Kroll-Ludwigs* § 1821 Rn. 13.

[11] OLG Hamm BeckRS 2017, 113582.

[12] Staudinger/*Reimann* Vor §§ 2197–2228 Rn. 5.

[13] Dazu BGHZ 38, 281 (286).

Das **Nachlassgericht überwacht** die Tätigkeit des Testamentsvollstreckers **nicht.**[14] Es kann nur auf dem Wege über §§ 2216 Abs. 2, 2224 und 2227 BGB Einfluss auf sie nehmen. Voraussetzung dazu ist ein Antrag der Beteiligten (→ Rn. 72).

In **internationalprivatrechtlicher** Hinsicht entscheidet das **Erbstatut** auch über die Rechtsstellung des Testamentsvollstreckers, also über die Zulässigkeit der Testamentsvollstreckung, die Ernennung durch Testament, die Rechtsstellung, die Befugnisse und die Entlassung, da die Qualifikation nach der lex fori, in Deutschland also nach deutschem Recht und damit erbrechtlich erfolgt.[15] Hat ein ausländisches Rechtsinstitut keine deutsche Entsprechung, ist zu prüfen, ob dieses Institut nach seinem Zweck eine erbrechtliche Funktion hat, was beim angelsächsischen testamentary trust zu bejahen ist.[16]

2. Post- oder transmortale Vollmachten

Ein Testamentsvollstrecker **kann** zugleich **auch (General-)bevollmächtigter des Erb-**   4
lassers über dessen Tod hinaus sein.[17] Die Testamentsvollstrecker-Eigenschaft schränkt die Generalvollmacht nicht ein; als Bevollmächtigter kann er auch im Gegensatz zum Testamentsvollstrecker unentgeltliche Geschäfte vornehmen.[18]

Die Vollmacht ist geeignet, die Zeit bis zur Annahme des Testamentsvollstreckeramtes bzw. zur Erteilung des Testamentsvollstreckerzeugnisses zu überbrücken (in dieser Zeit ist nur der Testamentsvollstrecker verfügungsbefugt, aber noch nicht handlungsfähig). Das Schenkungsverbot des § 2205 BGB und die Beschränkung der Verpflichtungsbefugnis des Testamentsvollstreckers auf Maßnahmen der ordnungsgemäßen Verwaltung gemäß § 2206 BGB gelten für den Bevollmächtigten nicht. Die Vollmacht beschränkt jedoch nicht die Befugnis der Erben; sie kann durch die Erben oder (falls ein Dritter bevollmächtigt ist) durch den Testamentsvollstrecker widerrufen werden. Eine solche Vollmacht kann eine transmortale Vollmacht (also schon vor dem Tod wirksam) sein oder auch erst mit dem Tode des Erblassers in Kraft treten (postmortale Vollmacht im engeren Sinn).[19] Grundsätzlich stehen die Vollmacht und die Testamentsvollstreckung isoliert nebeneinander, berühren sich also nicht in ihrer Wirksamkeit, gleichgültig, in welcher zeitlichen Abfolge Vollmachtserteilung und Anordnung der Testamentsvollstreckung erfolgten.[20] Ordnet der Erblasser die Testamentsvollstreckung in seinem Testament gleichzeitig mit der Vollmachtserteilung an oder erteilt er die Vollmacht nach Anordnung der Testamentsvollstreckung, ohne das Verhältnis zu regeln, kann die Auslegung eine Beschränkung der Rechte des Testamentsvollstreckers ergeben.[21] In der nachfolgenden testamentarischen Anordnung der Testamentsvollstreckung, ohne auf die Vollmacht einzugehen, kann eine Beschränkung der Vollmacht liegen. Liegen keine Anhaltspunkte für die Auslegung vor, verbleibt es bei der Regel, dass beide unabhängig voneinander bestehen bleiben. Die in einer letztwilligen Verfügung erteilte Vollmacht wird mit dem Zugang der Erklärung wirksam (§§ 167, 130 Abs. 2 BGB). Sie bedarf nicht der Form der letztwilligen Verfügung, da sie formfrei ist; für das Grundbuch gilt jedoch § 29 GBO. Die Anordnung des Erblassers, dem Testamentsvollstrecker oder einem Dritten Vollmacht zu erteilen, kann bereits in eine Vollmachtserteilung durch den Erblasser umgedeutet werden.[22] Der Testamentsvollstrecker kann, wie auch jeder Erbe (mit Wirkung für sich) die Vollmacht widerrufen, sofern im Testament nichts anderes

---

14 BGHZ 25, 275 (279).
15 Dazu BGH NJW 1963, 46; → Rn. 2.67; 2.83 (mit Fn. 142); 2.84; 2.103 (Österreich, USA); 2.122.
16 Dutta/Weber/*Schmidt* Rn. 112 ff.
17 Zum Zusammentreffen von (möglicher) Erbenstellung und Bevollmächtigung bei der Übertragung eines Grundstücks vgl. OLG München ZEV 2016, 656.
18 BGH NJW 1962, 1718; dazu *Müller,* Zur Unentgeltlichkeit der Verfügung als Schranke der Verfügungsmacht des Testamentsvollstreckers, WM 1982, 466.
19 Palandt/*Weidlich* vor § 2197 Rn. 9; *Reimann* ZEV 1996, 420.
20 BGH NJW 1962, 1718; OLG München ZEV 2012, 376; Palandt/*Weidlich* vor § 2197 Rn. 12.
21 OLG München ZEV 2012, 376.
22 MüKoBGB/*Zimmermann* Vor § 2197 Rn. 13.

bestimmt ist. Ist die Widerruflichkeit vom Erblasser ausgeschlossen, kann sie nur aus wichtigem Grunde widerrufen werden.[23] Für den Streit über die Wirksamkeit der Vollmacht ist das Prozessgericht, nicht das Nachlassgericht zuständig.[24]

III. Die Anordnung der Testamentsvollstreckung

1. Allgemeines

5   Eine Testamentsvollstreckung kann nur durch Verfügung von Todes wegen angeordnet werden (§ 2197 Abs. 1 BGB).

Gegebenenfalls ist im Wege der Auslegung zu klären, ob der Erblasser Testamentsvollstreckung angeordnet hat; eine bestimmte Ausdrucksweise ist für die Anordnung nicht erforderlich, sodass die **Bezeichnung als Pfleger, Verwalter, Bevollmächtigter** unter Umständen genügen kann.[25] Testamentsvollstreckung kann zum Beispiel auch anzunehmen sein, wenn der überlebende Ehegatte den Erbteil der Kinder über deren Volljährigkeit hinaus nach bestimmten Grundsätzen „verwalten" soll.

Umgekehrt ist es ebenso wenig ausgeschlossen, dass der in der Verfügung als Testamentsvollstrecker Bezeichnete tatsächlich Alleinerbe ist, so wenn die Auslegung ergibt, dass der Benannte in Wirklichkeit Rechtsnachfolger des Erblassers in wirtschaftlicher Hinsicht sein soll, so zum Beispiel, wenn der als Testamentsvollstrecker Benannte die „sofortige" Verfügungsmacht über sämtliche Konten und Depots mit einem Gesamtwert von über 2 Mio DM und herausgehobene Stellung vor anderen Zuwendungsempfängen erhält.[26]

Art, Umfang und Dauer der Testamentsvollstreckung sind ebenfalls in erster Linie von den Anordnungen des Erblassers abhängig, auch insoweit ist die Verfügung von Todes wegen maßgeblich und auszulegen.

2. Gemeinschaftliches Testament und Erbvertrag

6   Die Anordnung einer Testamentsvollstreckung ist in einem Erbvertrag **nicht vertragsmäßig** bindend (§§ 2299 Abs. 1, 2278 Abs. 2 BGB) und in einem gemeinschaftlichen Testament **nicht wechselbezüglich** (§ 2270 Abs. 3 BGB). Die Anordnung ist deshalb **jederzeit widerruflich.** Die Einsetzung eines Testamentsvollstreckers in einem Erbvertrag ist nur durch einseitige Verfügung im selben Vertrag möglich, da eine vorherige testamentarische Verfügung durch den Erbvertrag nach § 2289 Abs. 1 S. 1 BGB aufgehoben wird; eine spätere Anordnung einer Testamentsvollstreckung ist nach § 2289 Abs. 1 S. 2 BGB unwirksam, falls der Erbvertrag dies nicht ausdrücklich oder konkludent gestattet. Haben sich in einem gemeinschaftlichen Testament die Eheleute gegenseitig zu Erben eingesetzt, kommt die Einsetzung eines Testamentsvollstreckers (nachträglich) einem Teilwiderruf gleich.[27]

Wird im gemeinschaftlichen Testament eine Testamentsvollstreckung angeordnet, betrifft diese Anordnung in der Regel beide Nachlässe, was zu zwei voneinander unabhängigen Testamentsvollstreckungen nach dem Tod des Erstversterbenden und sodann nach dem Tod des Letztversterbenden führt (Auslegungsfrage).[28] Ist der überlebende Ehegatte als Alleinerbe eingesetzt, sind keine letztwilligen Verfügungen auszuführen (zum Beispiel Vermächtnisse) und gibt es auch sonst keine Anhaltspunkte für eine Dauervollstreckung nach § 2209

---

[23]   Palandt/*Weidlich* vor § 2197 Rn. 13, der dies jedoch für die unwiderrufliche Generalvollmacht, die auch von den Beschränkungen des § 181 BGB befreien kann, ablehnt und diese immer für widerruflich hält; ebenso jetzt MüKoBGB/*Zimmermann* vor § 2197 Rn. 17.

[24]   So auch MüKoBGB/*Zimmermann* vor § 2197 Rn. 17.

[25]   NK-BGB/*Kroiß* § 2197 Rn. 6.

[26]   BayObLG FamRZ 2005, 478.

[27]   OLG Köln NJW-RR 1991, 525; BayObLG FamRZ 1991, 111.

[28]   BayObLGZ 1985, 233.

BGB, gilt die Anordnung der Testamentsvollstreckung jedoch nur für den Nachlass des überlebenden Ehegatten.[29]

Eine einheitliche Testamentsvollstreckung ist für zwei Erbfälle rechtlich nicht möglich, wohl aber Anordnung einer **Testamentsvollstreckung auch für eine**[30] **oder mehrere Nacherbfolgen.** Hier bleibt der Testamentsvollstrecker bis zum Eintritt der letzten Nacherbfolge im Amt.

IV. Die Aufgaben des Testamentsvollstreckers und seine Befugnisse

1. Aufgabenkreis

Der Testamentsvollstrecker nimmt grundsätzlich nur **vermögensrechtliche Aufgaben** 7 wahr, deren Inhalt und Umfang durch den Erblasser bestimmt wird, soweit keine gesetzlichen Schranken bestehen. Fortwirkende Persönlichkeitsrechte unterfallen nicht der Vermögenssorge der Erben, sondern der Personensorge der Familienangehörigen. Dies betrifft insbesondere die Wahl der Bestattungsart und der -modalitäten, Umbettungen, Exhumierungen, postmortale Organentnahmen und den ideellen Schutz des Namens. Die Ausführung von Bestattungsanordnungen des Erblassers gehört jedoch zu den Aufgaben des Testamentsvollstreckers.

Der Aufgabenkreis des Testamentsvollstreckers kann entsprechend dem Willen des Erblassers eine **Abwicklungsvollstreckung** (§§ 2203–2207 BGB) sein, deren Zwecken das Verwaltungs- und Verfügungsrecht des § 2205 BGB untergeordnet ist. Es kann auch eine reine **Verwaltungsvollstreckung** angeordnet sein (§ 2209 S. 1 Hs. 1 BGB). Falls dem Vollstrecker die Verwaltung des Nachlasses auch für die Zeit nach der Abwicklung der zugewiesenen sonstigen Aufgaben übertragen ist, findet eine **Dauervollstreckung** statt (§ 2209 S. 1 Hs. 2 BGB).

Der Testamentsvollstrecker hat nach Annahme des Amtes ein Verzeichnis des Nachlasses aufzustellen (§ 2215 BGB), bei länger dauernden Verwaltungen auf Verlangen der Erben jährlich Rechnung zu legen (§ 2218 Abs. 2 BGB) und Nachlassgegenstände, deren er zur Erfüllung seiner Aufgaben offensichtlich nicht bedarf, den Erben auf deren Verlangen zu überlassen (§ 2217 BGB).[31] Bei der Nacherbenvollstreckung nimmt der Testamentsvollstrecker die Rechte des Nacherben bis zum Eintritt der Nacherbfolge wahr (§ 2222 BGB), sie beschwert also nur den Nacherben. Der Vorerbe wird nur durch eine eventuell angeordnete Abwicklungs- oder Verwaltungsvollstreckung beschwert.

a) Die Abwicklungsvollstreckung

Der Testamentsvollstrecker hat bei der Abwicklungsvollstreckung gemäß §§ 2203, 2279 8 Abs. 1 BGB die durch den Erblasser angeordneten **Vermächtnisse** und **Auflagen** zu erfüllen und die sonstigen Nachlassverbindlichkeiten zu erfüllen.

Er hat den **Nachlass an den Erben herauszugeben;** bei mehreren Erben hat er die **Auseinandersetzung** vorzunehmen (§ 2204 BGB). Es besteht kein Anspruch eines Miterben auf vorzeitige Teilauseinandersetzung gegen den Willen der übrigen Erben.[32] Wenn keine Nachlassverbindlichkeiten mehr bestehen und berechtigte Belange der Erbengemeinschaft und einzelner Erben nicht gefährdet werden, kann eine Teilauseinandersetzung jedoch beansprucht werden.[33] Bei einem einstimmigen Beschluss der Miterben zur Teilauseinandersetzung müssen die Voraussetzungen des § 2217 BGB gegeben sein (die freizuge-

---

[29] Staudinger/*Reimann* § 2197 Rn. 15.
[30] Dazu BayObLG NJW 1959, 1920 (einheitliches Testamentsvollstreckerzeugnis für Vor- und Nacherbfall!).
[31] Zur pflichtwidrigen Freigabe eines Nachlassgegenstandes durch den Testamentsvollstrecker BGH ZEV 2017, 407.
[32] OLG München NJW-RR 1991, 1097.
[33] BGH NJW 1985, 51; OLG Köln NJW-RR 1996, 1352.

benden Gegenstände werden offenbar zur Erfüllung der Aufgaben des Testamentsvollstreckers nicht mehr benötigt). Der Testamentsvollstrecker hat die Wirksamkeit der letztwilligen Verfügungen zu prüfen und das Testament in eigener Verantwortung auszulegen. Richtschnur für die Auseinandersetzung sind nicht die Wünsche der Erben (an den übereinstimmenden Wunsch, nicht auseinanderzusetzen, ist er jedoch gemäß §§ 2204 Abs. 1, 2042 Abs. 2, 749 Abs. 2 BGB intern gebunden – Schadensersatzpflicht bei Verstoß – wenn auch die dennoch vorgenommenen Auseinandersetzungsverfügungen dinglich wirksam sind). Vielmehr hat der Testamentsvollstrecker zunächst den Erblasserwillen, weiterhin §§ 2204–2216 BGB zu beachten.

Zunächst befriedigt der Testamentsvollstrecker die **Nachlassverbindlichkeiten;** dabei darf er Nachlassmasse – auch Grundstücke – freihändig veräußern (§ 2205 S. 2 BGB).

Dann erstellt er einen **Teilungsplan** (nicht zwingend erforderlich), zu dem er die Erben anhören muss (§ 2204 BGB); eine gerichtliche Genehmigung des Plans, der die Erben und den Testamentsvollstrecker selbst nach dessen Durchführungsentscheidung bindet,[34] ist nicht erforderlich. Bei der Teilung hat der Testamentsvollstrecker auch die Ausgleichspflichten (§§ 2050 ff. BGB) und Teilungsanordnungen (§ 2048 BGB) zu beachten.

Jeder Miterbe kann den Teilungsplan mit Klage auf Feststellung der Unwirksamkeit vor dem Prozessgericht (nicht dem Nachlassgericht) – auch mit Unterlassungsverfügung vor Durchführung – anfechten; er kann sich jedoch nur gegen Gesetzwidrigkeit und offensichtlichen Ermessensmissbrauch wehren, da der Testamentsvollstrecker, soweit er nicht gesetzlich oder durch Verfügung von Todes wegen gebunden ist, einen Ermessensspielraum hat.[35] Die Erben können jedoch nicht auf „anderweitige Auseinandersetzung" klagen,[36] da das Gericht nicht selbst einen Plan aufstellen kann. Auch eine Klage gegen den Testamentsvollstrecker auf Feststellung eines Plans der Erben ist nicht zulässig; ihr fehlt das Rechtsschutzbedürfnis, da weder die Erben noch das Gericht anstelle des Testamentsvollstreckers einen (verbindlichen!) Plan aufstellen können. Der Vollstrecker ist nicht an die Teilungsregeln der §§ 752 ff. BGB (über § 2042 Abs. 2 BGB) gebunden, sofern die Erben einen **Auseinandersetzungsvertrag** schließen oder (sofern sie sich nicht einigen können) dieser durch einen Teilungsplan ersetzt wird. Einen gegen Erblasseranordnung nicht verstoßenden Auseinandersetzungsvertrag der Miterben kann der Vollstrecker (mit oder ohne Plan) befolgen, er muss es jedoch nicht: (→ Rn. 8)

9   Zu den einzelnen **Ausführungspflichten** des Testamentsvollstreckers (soweit keine Beschränkung nach § 2208 BGB gegeben ist) gehören

– die unverzügliche Vorlage eines Nachlassverzeichnisses (§ 2215 BGB) auf den Zeitpunkt der Amtsannahme,[37] auch gemäß § 2215 Abs. 4 BGB durch amtliches Verzeichnis (beachte auch Abs. 3: Zuziehung der Erben auf Antrag),

– Prüfung eines Antrags auf Nachlassinsolvenz (§§ 315 ff., 317 InsO) oder Nachlassverwaltung;

– die Eintragung der Erben als Eigentümer eines Nachlassgrundstücks (samt Testamentsvollstreckervermerk gemäß § 52 GBO) im Grundbuch herbeizuführen;

– die Eintragung der Testamentsvollstreckung in das Handelsregister war streitig, sie ist aber zulässig, weil der Testamentsvollstrecker materiellrechtlich Inhaber der gesamthänderischen Verfügungsbefugnis ist,[38] sie ist zum Verkehrsschutz geboten;[39]

– Vermächtnisse, Auflagen und Pflichtteilsansprüche zu erledigen;

– die Nachlassauseinandersetzung unter Miterben durchzuführen;

---

34   BayObLGZ 1967, 230 (240).
35   So wohl auch Staudinger/*Reimann* § 2204 Rn. 34: Anfechtung durch Erben bei offenbarer grober Unbilligkeit.
36   So aber MüKoBGB/*Zimmermann* § 2204 Rn. 8.
37   Staudinger/*Reimann* § 2215 Rn. 9 mwN.
38   Vgl. dazu OLG München ZEV 2016, 713; zugleich zur fehlenden Eintragungsmöglichkeit eines Nießbrauchs an einem Kommanditanteil.
39   Bei Dauertestamentsvollstreckung bejaht von BGH FamRZ 2012, 706.

– eine Bestattungsanordnung auszuführen;
– erforderliche Verwaltungsmaßnahmen während der Zeit der Abwicklung zu ergreifen, zu denen auch gehören
  – Geltendmachung von Herausgabeansprüchen gegen Erbschaftsbesitzer nach § 2018 BGB;
  – bei Überschuldung des Nachlasses Nachlassinsolvenz zu beantragen;
  – die den Erben zustehenden Einreden gegenüber den Nachlassgläubigern nach §§ 1990, 1992 BGB zu erheben.

Der Testamentsvollstrecker hat steuerrechtliche Pflichten aus §§ 34, 153 AO, bei deren Verletzung er (neben den Erben) persönlich haftet (§§ 34, 69 AO). Siehe auch §§ 69, 191 Abs. 1 S. 1, 370 AO. Er muss die Erbschaftsteuererklärung abgeben (§ 31 Abs. 1 S. 5 ErbStG; der Steuerbescheid ist ihm bekannt zu geben, § 32 Abs. 1 S. 1 ErbStG; er haftet für die Bezahlung, § 32 Abs. 1 S. 2 ErbStG.

b) Die Verwaltungsvollstreckung und Dauervollstreckung

Sie umfasst die **Verwaltungsvollstreckung** im Sinne von § 2209 S. 1 BGB (Verwaltungs- **10** vollstreckung im engeren Sinne; Verwaltung ist alleinige, selbständige Aufgabe) und die **Dauervollstreckung** nach § 2209 S. 1 Hs. 2 BGB (Verwaltung nach Erledigung sonst zugewiesener Aufgaben). Bei der schlichten Verwaltungsvollstreckung nach § 2209 S. 1 Hs. 1 BGB sind dem Testamentsvollstrecker die Regelaufgaben nach § 2203 BGB (Ausführung der letztwilligen Verfügungen) und § 2204 BGB (Nachlassauseinandersetzung) nicht aufgetragen. Die Rechtsstellung des Verwaltungsvollstreckers unterscheidet sich nicht von der des Dauervollstreckers.

Eine **Teilauseinandersetzung** führt bei der Verwaltungsvollstreckung zur Fortsetzung der Testamentsvollstreckung an den Vermögensteilen, die aus dem gesamthänderisch gebundenen Vermögen ausgeschieden sind.[40] Die **Verwaltungsvollstreckung** ist gemäß § 2210 BGB in der Regel auf **30 Jahre** beschränkt (Ausnahmen S. § 2210 BGB, zum Beispiel bis zum Tode des – Nacherben oder Testamentsvollstreckers und bei Verwaltung eines Urheberrechts – § 28 Abs. 2 UrhG – wegen der Schutzfrist von 70 Jahren).

Da die zeitliche Begrenzung nicht für die Ausführungsvollstreckung gilt (die durch Erblasseranordnung zum Beispiel erst nach der Beendigung der Vollstreckungsverwaltung stattfinden soll), kann bei entsprechender Gestaltung eine sehr lange Testamentsvollstreckung angeordnet werden.[41] Ist eine juristische Person als Erbe oder Testamentsvollstrecker beteiligt, verbleibt es bei der 30-jährigen Frist.

Der Erblasser kann für einzelne Nachlassgegenstände die Verwaltungs-, Verpflichtungs- und Verfügungsbefugnis des Testamentsvollstreckers einschränken oder ausschließen (§§ 2208 Abs. 1 S. 2, 2208 Abs. 1 S. 1 BGB).

c) Sonstige Aufgaben

Der Erblasser kann auch eine bloß **beaufsichtigende Testamentsvollstreckung** anord- **11** nen, wenn er will, dass die Erben die Verfügungen des Erblassers ausführen. Der Testamentsvollstrecker hat hier im Zweifel das Recht, von den Erben die Ausführung zu verlangen (§ 2208 Abs. 2 BGB).

Der Erblasser kann auch eine Testamentsvollstreckung zur Wahrnehmung der Rechte und Pflichten der Nacherben während der Vorerbschaft (**Nacherbenvollstreckung**, § 2222 BGB) und zur Erfüllung der dem Vermächtnisnehmer auferlegten Beschwerungen (**Vermächtnisvollstreckung**, § 2223 BGB) anordnen.

---

40 Missverständlich insoweit BayObLG DNotZ 1993, 399; s. dort auch die zutreffende Anmerkung *Weidlich*.
41 Beachte auch die Möglichkeit der Nachfolgerbestimmung durch den Testamentsvollstrecker (§ 2199 Abs. 2 BGB); der Nachfolger muss aber zZ des Erbfalls schon gelebt haben, Staudinger/*Reimann* § 2210 Rn. 11.

2. Verfügungsbefugnis des Testamentsvollstreckers

12 Der Testamentsvollstrecker hat die Rechtsstellung **des Erblassers,** er ist deshalb an familienrechtliche Beschränkungen des Erben (etwa aus dessen Güterstand, § 1365, oder weil dieser unter Aufsicht des Vormundschaftsgerichts steht, § 1837) nicht gebunden.[42]

Durch das Verwaltungsrecht des Testamentsvollstreckers ist das **Verfügungsrecht des Erben ausgeschlossen** (§ 2211 BGB). Zugleich wird der Nachlass vom Privatvermögen des Erben abgesondert, die confusio bonorum aufgehoben.[43] Der Nachlass ist den Privatgläubigern als Haftungsgrundlage entzogen (§ 2214 BGB).

Der Testamentsvollstrecker ist zur ordnungsgemäßen Verwaltung des Nachlasses verpflichtet (§§ 2205 S. 1, 2216 Abs. 1 BGB). Hierzu gehören

– die Ausübung des Besitzes an den Nachlassgegenständen,
– das Führen von Rechtsstreitigkeiten in Bezug auf die Nachlassgegenstände (Prozessführungsrecht gemäß §§ 2212, 2214 BGB),
– schließlich generell alle Maßnahmen, die zur Erhaltung, Sicherung und Nutzung des Nachlasses erforderlich sind, soweit der Erblasser keine Einschränkung vorgenommen hat.

Der Testamentsvollstrecker kann im Rahmen der ordnungsgemäßen Verwaltung Verbindlichkeiten für den Nachlass eingehen, §§ 2206, 2207 BGB (falls er erkennbar als Testamentsvollstrecker auftritt). Der Erbe haftet für diese mit seinem gesamten Vermögen, aber beschränkbar auf den Nachlass. Entspricht das Geschäft nicht den Regeln einer ordnungsgemäßen Verwaltung, ist der Vertragspartner geschützt; nicht geschützt ist er, wenn er die Überschreitung oder den Missbrauch der Befugnisse erkannt hat oder infolge von Fahrlässigkeit nicht erkannt hat. Er muss sich dann gemäß § 179 Abs. 1 BGB an den Testamentsvollstrecker persönlich halten (beachte aber § 179 Abs. 3 S. 1 BGB), wenn die Erben das Geschäft nicht genehmigen.

Betrifft die eingegangene Verpflichtung eine vorzunehmende Verfügung über einen Nachlassgegenstand, stellt § 2206 Abs. 1 S. 2 BGB bei der Wirksamkeit der Verpflichtung nicht auf die Ordnungsgemäßheit der Verwaltung ab, sondern darauf, ob der Testamentsvollstrecker über den Nachlassgegenstand wirksam verfügen kann.[44] Das Verfügungsrecht des Testamentsvollstreckers ist grundsätzlich unbeschränkt und schließt dasjenige des Erben aus (§ 2205 S. 2 BGB), soweit der Erblasser keine Einschränkung verfügt hat (§ 2208 BGB) und soweit keine **vom Gesetz verbotene unentgeltliche Verfügung** (§ 2205 S. 3 BGB) gegeben ist.

Unentgeltliche Verfügungen sind Verfügungen, bei denen dem aus dem Nachlass erbrachten Opfer keine gleichwertige Gegenleistung gegenübersteht; ihnen gleichgestellt sind rechtsgrundlose Verfügungen.[45] Auch die teilweise unentgeltliche Verfügung ist insgesamt unwirksam.[46] Die Unentgeltlichkeit muss dem Testamentsvollstrecker (nicht dem Empfänger der Leistung) zumindest erkennbar gewesen sein.[47] Überträgt der Testamentsvollstrecker Nachlassgegenstände an einen der beiden Miterben, beurteilt sich die Frage der Unentgeltlichkeit anhand eines (Wert-)Vergleichs zwischen der Erbquote und dem Zugewandten.[48]

Die unentgeltliche Verfügung ist **absolut unwirksam,** der **gutgläubige Erwerber** ist **nicht geschützt.**

---

[42] BGH ZEV 2006, 262.
[43] BGHZ 48, 214.
[44] Vgl. näher *Zahn* MittRhNotK 2000, 89 (94).
[45] BGH NJW 1963, 1613.
[46] *Schaub* ZEV 2001, 257 (258).
[47] Bei ordnungsgemäßer Verwaltung, BGH NJW 1963, 1613.
[48] OLG München NJOZ 2014, 565.

Der Testamentsvollstrecker verfügt nicht unentgeltlich, wenn er letztwillige Anordnungen des Erblassers ordnungsgemäß ausführt.[49] Der Testamentsvollstrecker unterliegt dem Verbot des Selbstkontrahierens (§ 181 BGB analog), sofern er hiervon nicht durch den Erblasser befreit ist.[50]

Verfügungen des Erben **ohne Zustimmung des Testamentsvollstreckers** sind gegenüber jedermann **absolut unwirksam**, jedoch nicht nichtig (§ 2211 Abs. 1 BGB; siehe aber auch Abs. 2); sie können jedoch nach Beendigung der Testamentsvollstreckung ex nunc wirksam werden.[51] Kommt es nicht zur Amtsübernahme oder willigt der Testamentsvollstrecker in die Verfügung ein oder genehmigt er sie, ist die Verfügung von Anfang an wirksam.

a) Testamentsvollstreckung in der Insolvenz

Die **Nachlassinsolvenz** führt nicht zum Erlöschen des Amtes, es besteht fort, jedoch geht **13** das Verwaltungs- und Verfügungsrecht für die Dauer des Insolvenzverfahrens auf den Insolvenzverwalter über. Die Verfügungsbeschränkung des Erben nach § 2211 BGB gilt jedoch auch für den Insolvenzverwalter, die Erbengläubiger können bis zur Beendigung der Testamentsvollstreckung keine Befriedigung aus den der Testamentsvollstreckung unterliegenden Nachlassgegenständen verlangen, § 2214 BGB.[52]

Bei der **Erbeninsolvenz** wird zwar der einer Testamentsvollstreckung unterliegende Nachlass Bestandteil der Insolvenzmasse, die Testamentsvollstreckung besteht jedoch auch hier fort, die Beschränkungen der §§ 2211, 2214 BGB gelten auch für den Insolvenzverwalter.[53]

Der Testamentsvollstrecker ist neben den Erben, dem Nachlaßverwalter, dem Nachlasspfleger und den Nachlassgläubigern gemäß § 317 Abs. 1 InsO zum Antrag auf Eröffnung des Nachlassinsolvenzverfahrens zwar berechtigt, aber nicht verpflichtet;[54] hält er die Eröffnung nicht für gerechtfertigt, kann er für den Erben sofortige Beschwerde einlegen.[55] Der Testamentsvollstrecker kann sich jedoch gegenüber dem Erben (nicht gegenüber den Nachlassgläubigern) schadensersatzpflichtig machen, wenn er den Erben vom Vorliegen eines Insolvenzgrundes (Zahlungsunfähigkeit und Überschuldung) nicht unterrichtet und dieser infolgedessen nicht selbst den Antrag stellen kann. Der Erbe haftet den Nachlassgläubigern, wenn er in Kenntnis eines Insolvenzgrundes keinen Antrag stellt, ebenso der Nachlassverwalter (§ 1985 Abs. 2 BGB). Mit Anordnung der Nachlassverwaltung entfällt die Pflicht, nicht jedoch das Recht des Erben (§ 317 InsO), das Nachlassinsolvenzverfahren zu beantragen. Eine Haftung des Erben kann aber entstehen, wenn er schuldhaft den Nachlassverwalter nicht oder mangelhaft über das Vorliegen eines Insolvenzgrundes unterrichtet (§ 1980 Abs. 1 BGB).

Anfechtungsrechtlich sind Handlungen des Testamentsvollstreckers dem Erben zuzurechnen.

Die angemessene Testamentsvollstreckergebühr ist eine Masseverbindlichkeit nach § 324 Abs. 1 Nr. 6 InsO.

b) Testamentsvollstreckung in der Nachlassverwaltung

Die Anordnung der Nachlassverwaltung führt nicht zum Wegfall der Testamentsvollstre- **14** ckung, bringt jedoch die Verfügungs- und Verwaltungsbefugnis des Testamentsvollstreckers

---

[49] BGH NJW 1963, 1613.
[50] BGHZ 30, 67 (70); OLG Düsseldorf ZEV 2014, 200 zur Frage, unter welchen Voraussetzungen der Testamentsvollstrecker ein zum Nachlass gehörendes Grundstück an sich selbst auflassen darf.
[51] BeckOK BGB/*Lange* § 2211 Rn. 4 mwN.
[52] BGH NJW 2006, 2698 (2699).
[53] BGH NJW 2006, 2698 (2699).
[54] Palandt/*Weidlich* § 1980 Rn. 3.
[55] Bengel/Reimann/*Klumpp* § 5 Rn. 505.

am Nachlass zum Ruhen. Der Testamentsvollstrecker ist jedoch berechtigt und verpflichtet, den Nachlassverwalter zu überwachen und bei Mängeln der Verwaltung, durch geeignete Anträge beim Nachlassgericht für deren Abstellung zu sorgen.[56]

V. Die Ernennung des Testamentsvollstreckers

15   Die Auswahl des Testamentsvollstreckers obliegt zwar grundsätzlich dem Erblasser, es gibt jedoch Personen, die zur Ausführung des Amtes unfähig sind. Unfähig zur Ausübung des Amtes ist jedenfalls, wer geschäftsunfähig oder in der Geschäftsfähigkeit beschränkt ist oder derjenige, dem ein Vermögensbetreuer gemäß § 1896 BGB bestellt ist (§ 2201 BGB).

Ernannt werden kann auch eine juristische Person, wegen ihrer Teilrechtsfähigkeit auch eine Personenhandelsgesellschaft (OHG, KG), im Hinblick auf die neuere BGH-Rechtsprechung wohl auch die Gesellschaft bürgerlichen Rechts (etwa auch Anwaltssozietät);[57] der jeweilige Inhaber eines Amtes, zum Beispiel ein Bürgermeister, nicht aber das Nachlassgericht als solches.

1. Persönliche Voraussetzungen

16   **Grundsätzlich** kann der **Alleinerbe** (Vorerbe) im Gegensatz zum Miterben nicht zugleich alleiniger Testamentsvollstrecker sein (Ausnahme § 2223 BGB),[58] er kann jedoch als Mittestamentsvollstrecker bei gemeinschaftlicher Amtsführung bestimmt sein.[59]

Ausnahmsweise kann der Alleinerbe auch Testamentsvollstrecker bei der Verwaltungsvollstreckung hinsichtlich eines Vermächtnisgegenstandes oder für die sofortige Erfüllung eines Vermächtnisses sein, weil dabei der Vermächtnisnehmer beschwert wird und wenn zugleich bei groben Pflichtverstößen des Erben/Testamentsvollstreckers ein anderer Testamentsvollstrecker an seine Stelle tritt.[60]

Der **Nacherbe** kann Testamentsvollstrecker zu Lasten des Vorerben sein. Der alleinige Vorerbe kann aber nicht zum einzigen Testamentsvollstrecker und auch nicht zum Nacherbenvollstrecker (§ 2222 BGB) berufen werden.

Die Ernennung des beurkundenden **Notars** oder seines Sozius, seines jetzigen oder früheren Ehegatten oder eingetragenen Lebenspartners oder von Personen, die mit dem beurkundenden Notar in gerader Linie verwandt oder verschwägert oder in der Seitenlinie bis zum 3. Grad verwandt oder bis zum 2. Grad verschwägert sind, zum Testamentsvollstrecker ist gemäß § 125 BGB; § 27, 7, 3 Abs. 1 Nr. 4 BeurkG nichtig.[61]

Die Ernennung von **Heimleitern** und Heimmitarbeitern bei Kenntnis des Heimes, Heimleiters oder Heimmitarbeiters, bei der der Erblasser die Vergütung nicht ausgeschlossen hat, ist unwirksam (§§ 14 HeimG und die landesrechtlichen Folgegesetze, 134 BGB).

Zulässig ist die Ernennung des Notars in einem eigenen privatschriftlichen oder in einem durch einen anderen Notar beurkundeten Testament. Nicht zu beanstanden ist auch die Beurkundung des Wunsches des Erblassers, das Nachlassgericht solle nach Möglichkeit den beurkundenden Notar ernennen.[62]

---

[56]   KG OLGE 18, 316; Bengel/Reimann/*Schaub* § 4 Rn. 278.

[57]   Bengel/Reimann/*Reimann* § 2 Rn. 180.

[58]   BayObLG ZEV 2002, 24 (25); Burandt/Rojahn/*Heckschen* vor § 2197 Rn. 5.

[59]   BayObLGZ 1976, 67: Einer von zwei eingesetzten Vorerben kann zum Testamentsvollstrecker und zugleich zum Nacherben-Vollstrecker berufen werden, wenn die Testamentsvollstreckung durch ein Kollegium ausgeübt wird.

[60]   BGH ZEV 2005, 204 mAnm *Adams*.

[61]   OLG Bremen NJW-RR 2016, 76 für den Fall, dass der Erblasser den beurkundenden Notar in einer gesonderten Verfügung zum Testamentsvollstrecker ernannt hat, wenn sich dies nach den Umständen des Einzelfalls als Umgehung von § 7 BeurkG darstellt.

[62]   OLG Stuttgart DNotZ 1990, 430.

Ein **Vormund** kann Testamentsvollstrecker sein; dem Erben ist jedoch ein Ergänzungspfleger nach §§ 1909, 1796 Abs. 2, 181 BGB zu bestellen,[63] da der Vormund den Mündel nicht gegenüber sich selbst als Testamentsvollstrecker vertreten kann.[64]

Ein **Vermächtnisnehmer** oder **Nießbraucher** kann Testamentsvollstrecker sein.[65]

Banken und Sparkassen, Steuerberater und Wirtschaftsprüfer als Testamentsvoll- 17 **strecker:** Der Umstand, dass bei einer Testamentsvollstreckung auch Rechtsfragen zu klären sind, verhindert nicht mehr die Ernennung dieser Personen und Institutionen zu Testamentsvollstreckern, da die rechtliche Seite nur Annex ist.[66] Auch das Rechtsdienstleistungsgesetz stellt diese Tätigkeit frei (§ 5 II 1 RDG). Als problematisch werden nur bei Steuerberatern und Wirtschaftsprüfern berufsrechtliche Aspekte genannt, wenn es um die Fortführung eines Unternehmens geht (werbende kaufmännische Tätigkeit; kaufmännisches Risiko). Bei Kreditinstituten werden Interessenkonflikte bei der Vermögensverwaltung, Schwierigkeiten aus § 181 BGB und beim Substitutionsverbot (§§ 2218, 664 Abs. 1 S. 2 BGB) befürchtet.[67] Die Befürchtungen dürften weitgehend unbegründet sein. Steuerberatern ist eine treuhänderische Tätigkeit gestattet; es könnten sich allenfalls Probleme bei der Übernahme gewerbsmäßiger Tätigkeiten ergeben (§ 37 Abs. 3 Nr. 3, Abs. 4 Nr. 1 StBerG). Bei Banken greift das Substitutionsverbot dann nicht, wenn Gehilfen nach § 664 Abs. 1 S. 3 BGB zugezogen werden. Vom Verbot des § 181 BGB kann Befreiung durch den Erblasser (auch konkludent) erteilt werden. Interessenkonflikte bei der ordnungsgemäßen Verwaltung (durch Bevorzugung hauseigener Produkte) sind letztlich eine Frage des Einzelfalls (ggf der Haftung). Dabei ist zu beachten, dass sich der Testamentsvollstrecker zwar bei der Nachlassverwaltung an den Zielen des Erhalts und der steten Mehrung des Nachlassvermögens auszurichten hat; es besteht jedoch keine Pflicht zur Mehrung des Nachlasswertes.[68] Im Übrigen billigt die Rechtsprechung dem Testamentsvollstrecker grundsätzlich einen Ermessensspielraum zu.[69] Letztlich dürfte es bei diesem weiteren Personenkreis um Haftungsvermeidung durch rechtzeitiges Einschalten juristischer (erbrechtlicher) Berater gehen.[70] Das Recht der Bank, selbst als Testamentsvollstreckerin ernannt werden zu dürfen, berechtigt jedoch nicht gleichzeitig dazu, Rechtsberatung be der Errichtung von Testamenten vorzunehmen.[71]

2. Ernennung des Testamentsvollstreckers

Die Bestimmung des Testamentsvollstreckers (Ernennung) kann durch den Erblasser selbst, 18 durch einen Dritten oder durch das Nachlassgericht erfolgen.

a) Ernennung durch den Erblasser

Der Erblasser bestimmt in einer letztwilligen Verfügung (Testament, gemeinschaftliches 19 Testament, Erbvertrag) die Person des Testamentsvollstreckers (Normalfall, § 2197 BGB).

Dabei kann er einen oder mehrere Testamentsvollstrecker benennen. Mehrere Testamentsvollstrecker führen ihr Amt gemeinschaftlich (Regelfall des § 2224 BGB). Es kann jedoch jedem ein besonderer Wirkungskreis mit eigener Verantwortung und voller Vertretungsmacht nach außen zugewiesen sein.[72] Eine Testamentsvollstreckung kann auch

---

[63] OLG Hamm FamRZ 1993, 1122; OLG Zweibrücken ZEV 2007, 333; aA OLG Nürnberg FamRZ 2002, 272.
[64] Siehe hierzu BGH ZEV 2008, 330.
[65] BayObLG BeckRS 1977, 31147238.
[66] BGH NJW 2005, 969.
[67] S. hierzu *Mayer*, Testamentsvollstreckung durch Steuerberater, Banken und Sparkassen, MittBayNot 2005, 366.
[68] BGH NJW-RR 1989, 642.
[69] BGH ZEV 1995, 110.
[70] So wohl auch *Mayer*, Testamentsvollstreckung durch Steuerberater, Banken und Sparkassen, MittBayNot 2005, 366.
[71] NJW-RR 2007, 206; LG Freiburg NJW-RR 2006, 423.
[72] Staudinger/*Reimann* § 2197 Rn. 68 f.

dann in Frage kommen, wenn ihre Anordnung einem Miterben gegenüber etwa wegen eines früheren Erbvertrages unwirksam ist.[73] Ein **Testamentsvollstrecker** seinerseits **kann testamentarisch ermächtigt sein,** einen oder mehrere **Mitvollstrecker** oder einen **Nachfolger zu ernennen** (§ 2199 BGB). Die Bestimmung kann nur solange getroffen werden, als der Testamentsvollstrecker noch im Amt ist und zwar nur für den Fall der Beendigung des Amtes, sofern nicht der Erblasser die Ernennung eines Nachfolgers mit begrenztem Wirkungskreis bei Weiterführung des nunmehr beschränkten Amtes gestattet. Obliegt die Bestimmung mehreren Testamentsvollstreckern, so entscheiden sie gemeinschaftlich, bei Meinungsverschiedenheiten greift § 2224 Abs. 1 BGB ein.[74]

Der Erblasser kann einen Testamentsvollstrecker jedoch nicht ermächtigen, eine Entscheidung über den Bestand seines eigenen Amtes zu treffen.[75]

b) Ernennung durch einen Dritten

20 Der Erblasser kann die Bestimmung der Person in einer Verfügung von Todes wegen Dritten überlassen (§ 2198 BGB).[76]

Die Bestimmung des Testamentsvollstreckers durch einen Dritten gemäß § 2198 BGB sowie die Ernennung gemäß § 2199 BGB hat durch eine in öffentlich beglaubigter **Form** abgegebene Erklärung gegenüber dem Nachlassgericht (§ 343 FamFG) zu erfolgen. Die Erklärung zur Niederschrift des Nachlassgerichts genügt **nicht** der Form, da § 63 BeurkG den Amtsgerichten keine Beglaubigungsbefugnis überträgt. Ist die Erklärung in einer öffentlichen Urkunde enthalten, genügt dies nicht, wenn die Zuständigkeit zur Beglaubigung nicht vorliegt; sie liegt bei den Notaren oder den Stellen, die auf Grund § 63 BeurkG iVm einem entsprechenden Landesgesetz die Kompetenz erhalten haben. Dies ist bei auch Gerichtsvorständen offensichtlich nicht gegeben.[77] Die Erklärung eines Gerichtsvorstands (TV-Bestimmung) ist auch keine öffentliche Urkunde gemäß §§ 415, 417 ZPO, da sie nicht eine Erklärung innerhalb ihrer Kompetenz ist.[78]

Die Bestimmung in einer öffentlichen letztwilligen Verfügung ist wirksam; sie muss nicht zu Lebzeiten des Testators dem Nachlassgericht zugehen.

Gebühr für die Entgegennahme der Erklärung: Nr. 12410 Ziffer 4 KV-GNotKG.

Akteneinsicht: § 2228 BGB.

21 Macht der vom Erblasser im Testament ermächtigte Dritte (nicht der Testamentsvollstrecker im Falle des § 2199 BGB) von seinem Bestimmungsrecht keinen Gebrauch, so kann ihm das Nachlassgericht (zuständig dazu ist der Rechtspfleger, § 3 Nr. 2c RPflG) auf Antrag eines der Beteiligten durch Beschluss (§ 38 FamFG) eine Frist zur Abgabe der Erklärung setzen (§ 2198 Abs. 2 BGB).

Die Verfügung wird etwa lauten:

Muster: Fristsetzung zur Ausübung des Bestimmungsrechts zur Ernennung des Testamentsvollstreckers

22 I. Beschluss
Dem (Name), dem vom Erblasser […], verstorben am (Datum) in (Ort)
mit privatschriftlichem Testament vom (Datum), die Bestimmung der Person des Testamentsvollstreckers überlassen wurde, wird auf Antrag des Beteiligten zu […],
vom (Datum) zur Ausübung dieses Bestimmungsrechts eine Frist von 3 Wochen,
beginnend mit Erhalt dieses Beschlusses gesetzt.

---

[73] BGH NJW 1962, 912.
[74] Siehe zur Zuständigkeit bei Streit über Rechtsfragen (→ Rn. 72).
[75] BGH NJW 1964, 1316.
[76] S. dazu OLG Hamm DNotZ 1965, 487. Der Dritte kann sich auch selbst bestimmen, wenn er nicht Alleinerbe ist: *Haegele* BWNotZ 1974, 112.
[77] AA OLG Stuttgart NJW-RR 1986, 7 für den OLG-Präsidenten.
[78] OLG Stuttgart NJW-RR 1986, 7 behauptet eine solche Kompetenz allerdings ohne Nachweis.

Die Erklärung ist dem Amtsgericht (Ort) – Nachlassgericht – gegenüber abzugeben.
Falls sie nicht fristgemäß beim Nachlassgericht einläuft, erlischt das Bestimmungsrecht.
II. Zustellung von I (§ 15 FamFG) mit Rechtsbehelfsbelehrung (§ 39 FamFG) an X sowie formlos an die übrigen Beteiligten (insbesondere die Erben).
III. WV mit Eingang/4 Wochen.

Unterschrift
Rechtspfleger

Die Fristbestimmung wird wirksam mit Zustellung an denjenigen, dem die Frist gesetzt **23** ist.

Rechtsmittel: Bei Ablehnung des Antrags (Endentscheidung) ist die befristete Beschwerde gegeben §§ 58, 59, 63 FamFG. Sie steht auch nur dem Antragsteller zu (§ 59 Abs. 2 FamFG). Bei Änderung sind §§ 48, 68 FamFG zu beachten.

Gegen die Fristbestimmung (Zwischenentscheidung) ist sofortige Beschwerde gegeben, § 355 Abs. 1 FamFG, §§ 567–572 ZPO; Frist 2 Wochen, § 569 ZPO.

Gebühr: Nr. 12 420 KV.

c) Ernennung durch das Nachlassgericht

Die Bestimmung des Testamentsvollstreckers kann auch durch das Nachlassgericht (§ 2200 **24** BGB) erfolgen, wenn ein entsprechendes Ersuchen durch den Erblasser vorliegt.

Das Ersuchen muss nicht ausdrücklich erfolgen, es kann auch stillschweigend im Testa- **25** ment enthalten sein, doch muss sich im Testament zumindest ein Anhaltspunkt dafür bieten.[79] Ein entsprechender Wille des Erblassers ist nach allgemeinen Auslegungsgrundsätzen zu ermitteln.[80] Ausreichend für die erläuternde Auslegung kann hiernach sein, dass das Testament in seiner Gesamtheit den Willen des Erblassers ersehen lässt, die Testamentsvollstreckung auch nach dem Wegfall der vom Erblasser ursprünglich selbst benannten Personen fortdauern zu lassen, was regelmäßig dann der Fall ist, wenn der Wille Erblassers dahingehend feststellbar ist, dass im Vordergrund bei der Anordnung nicht die Person des Testamentsvollstreckers, sondern das Amt selbst stand. Hat der Testamentsvollstrecker für diesen Fall keinen Ersatztestamentsvollstrecker ernannt, obliegt diese Aufgabe dem Nachlassgericht.

Eine ergänzende Testamentsauslegung kann ebenfalls zu dem Ergebnis führen, dass das Nachlassgericht einen neuen (weiteren) Testamentsvollstrecker zu ernennen hat. Nach den allgemeinen Grundsätzen kommt eine derartige ergänzende Testamentsauslegung dann in Betracht, wenn das Testament insoweit eine Lücke enthält und Umstände vorliegen, aus denen sich ergibt, dass der Erblasser, hätte er den später eintretenden Fall bedacht, mutmaßlich eine Ernennung durch das Nachlassgericht gewünscht hätte und ein dahingehender Wille des Erblassers aus dem gesamten Inhalt des Testaments hergeleitet werden kann.[81] Ein derartiger hypothetischer Willen kann dann nicht angenommen werden, wenn die Anordnung der Testamentsvollstreckung aufgrund der vom Erblasser besonders geschätzten Sachkompetenz der für das Amt Person und damit personenbezogen erfolgt ist.[82]

Vor der Ernennung soll das Nachlassgericht die Beteiligten hören,[83] wenn dies ohne **26** erhebliche Verzögerung und ohne unverhältnismäßige Kosten geschehen kann (§ 2200

---

[79] OLG München ZEV 2009, 341; FamRZ 2016, 1387; OLG Schleswig FamRZ 2016, 667.
[80] BayObLGZ 1982, 59; OLG München ZEV 2009, 341; FamRZ 2016, 1387; OLG Schleswig FamRZ 2016, 667.
[81] OLG Zweibrücken Rpfleger 2006, 409: keine strengen Anforderungen; BayObLG Rpfleger 2004, 164; OLG Hamm ZEV 2001, 271: zu verneinen, wenn voraussichtlich vollständige Abwicklung ohne gerichtliche Auseinandersetzung nicht möglich ist.
[82] OLG Schleswig FamRZ 2016, 1702.
[83] Staudinger/*Reimann* § 2200 Rn. 12.

Abs. 2 BGB). Die Ernennung und die Auswahl der Person stehen im pflichtgemäßen Ermessen des Nachlassgerichts. Sie kann abgelehnt werden, weil die Lage des Nachlasses sowie berechtigte Interessen der Beteiligten sie nicht zweckmäßig erscheinen lassen.[84] Sind alle Testamentsvollstreckeraufgaben durchgeführt, so kann das Nachlassgericht keinen Testamentsvollstrecker mehr ernennen.[85] Die Entscheidung (Ernennung oder Ablehnung der Ernennung) trifft der Richter (§ 16 Abs. 1 Nr. 2 RpflG; landesrechtlich kann das anders bestimmt sein, § 19 Abs. 1 Nr. 3 RPflG). Eine Aussetzung des Vollzugs gemäß § 352 Abs. 2 FamFG ist nicht möglich.

Der Ernennungsbeschluss mit Rechtsbehelfsbelehrung und möglicher Kostenentscheidung (§§ 38, 39, 81 FamFG) wird lauten:

Muster: Ernennung eines Testamentsvollstreckers durch das Nachlassgericht

27   I. *Beschluss*

Auf Grund privatschriftlichen Testaments vom (Datum) wird Herr Rechtsanwalt (Name) in (Ort) zum Testamentsvollstrecker des am (Datum) in (Ort) verstorbenen Erblassers [Name des Erblassers], zuletzt wohnhaft in (Ort), ernannt.

Das Amt beginnt mit dem Zeitpunkt, in dem der Ernannte das Amt annimmt (§ 2202 BGB). Die Annahme sowie die Ablehnung des Amtes hat durch Erklärung gegenüber dem Nachlassgericht zu erfolgen.

II. Mitteilung von I (§ 41 Abs. 1 S. 1 FamFG) an den Ernannten (in Bayern: mit der Bitte um Mitteilung, ob er das Amt annimmt) sowie an die übrigen Beteiligten (insbesondere die Erben), nämlich......; Zustellung gemäß § 41 Abs. 1 S. 2 FamFG an ...(widersprechende Beteiligte).

III. WV 4 Wochen.

(Ort)., den (Datum)
Amtsgericht

Unterschrift
Richter/in am Amtsgericht

---

§ 345 Abs. 3 FamFG bestimmt als Beteiligten im Verfahren zur Ernennung eines Testamentsvollstreckers und zur Erteilung eines Testamentsvollstreckerzeugnisses den Testamentsvollstrecker; beigezogen werden können der Erbe und der Mitvollstrecker, die auf ihren Antrag beigezogen werden müssen.

28   Nach Einlauf der Annahmeerklärung wird verfügt:

I. Mitteilung der Ernennung an Finanzamt.

II. Kosten (Gebühr: Nr. 12420 KV).

Wert: § 65 GNotKG (10 % des Reinnachlasses, im Zeitpunkt des Erbfalls, wobei Nachlassverbindlichkeiten nicht abgezogen werden).

III. Weglegen.

......, den......

......, Rechtspfleger

Ist der bereits vorhandene Testamentsvollstrecker weggefallen oder hat er sein Amt nicht angenommen und kommt die Ernennung eines Nachfolgers in Frage, ergeht:

---

[84]   OLG Frankfurt a. M. Rpfleger 1978, 178.
[85]   BGH NJW 1964, 1316; OLG Nürnberg WM 2010, 1286.

> I. *Beschluss* 29
> Anstelle des Testamentsvollstreckers (Name), der – gestorben/entlassen ist/das Amt gekündigt/die Übernahme des Amtes abgelehnt hat – wird hiermit Herr Rechtsanwalt [...], München, zum Testamentsvollstrecker ernannt. Das Amt des Testamentsvollstreckers beginnt mit dem Zeitpunkt, in dem der Ernannte das Amt annimmt.
> Die Annahme sowie die Ablehnung des Amtes hat durch Erklärung gegenüber dem Nachlassgericht zu erfolgen.
> II. Mitteilung von I an den Ernannten (in Bayern: mit der Bitte um Mitteilung, ob er das Amt annimmt – vergleiche dazu unten – sowie an die übrigen Beteiligten (insbesondere die Erben), nämlich...
> III. WV 4 Wochen.
> ......, den......
> Amtsgericht
>
> ......, Richter am Amtsgericht

Bei Ablehnung des Antrags Kostenentscheidung gemäß § 81 FamFG. 30
Die Schlussverfügung erfolgt wie vorher.

d) Rechtsmittel

Bei Ablehnung der Ernennung kann befristete Beschwerde innerhalb eines Monats ab 31 Bekanntgabe des Beschlusses (§§ 58 ff, 63 FamFG) zum OLG eingelegt werden. Dieses darf bei einer erfolgreichen Beschwerde den Testamentsvollstrecker jedoch nicht selbst ernennen, es weist vielmehr das Nachlassgericht an, einen Testamentsvollstrecker zu ernennen.

Gegen die Ernennung eines Testamentsvollstreckers ist ebenfalls die befristete Beschwerde zulässig (§§ 58 ff. FamFG). Das Einlegen der Beschwerde hindert jedoch grundsätzlich nicht das Wirksamwerden des Ernennungsbeschlusses gemäß § 40 Abs. 1 FamFG nicht. Widerspricht die Ernennung allerdings dem erklärten Willen eines Beteiligten, so ist das Nachlassgericht gehalten, die Wirksamkeit des Beschlusses gemäß §§ 354, 352e FamFG bis zur Entscheidung durch das Beschwerdegericht auszusetzen.[86]

Die Ernennung wird jedoch erst mit der Annahme des Amtes (§ 2202 Abs. 1 BGB) wirksam. Wird die Ernennung vom Beschwerdegericht wieder aufgehoben, so bleiben in der Zwischenzeit vom Testamentsvollstrecker oder ihm gegenüber getätigte Rechtsgeschäfte wirksam (§ 47 FamFG).[87]

Beschwerdeberechtigt nach § 59 FamFG ist, wer in seinen Rechten beeinträchtigt ist, 32 das kann jeder Miterbe,[88] Mitvollstrecker, Pflichtteilsberechtigte, Vermächtnisnehmer und der Nachlassgläubiger sein, sofern er über einen vollstreckbaren Titel verfügt.[89] Kein Beschwerderecht hat der einfache Nachlassgläubiger.[90] Der ernannte Testamentsvollstrecker ist nicht beschwerdeberechtigt, weil er das Amt ablehnen kann (§ 2202 BGB). Allerdings ist der Ersatztestamentsvollstrecker beschwerdeberechtigt, wenn durch die gerichtliche

---

[86] Keidel/*Zimmermann* § 354 Rn. 26.
[87] Beachte dazu jedoch BGHZ 41, 23 (29): Wird eine Testamentsvollstreckerernennung (wegen Fehlens einer vom Erblasser übertragenen Aufgabe) nicht durch den letzten Willen des Erblassers gedeckt, so mag eine solche Verfügung „bestenfalls zwar formell wirksam..., aber materiell ohne Inhalt sein, ähnlich wie es etwa die Bestellung eines Vormundes für eine nicht existierende Person oder für einen nicht entmündigten Volljährigen wäre."
[88] AA für den Fall, dass die Testamentsvollstreckung sich nicht auf den Anteil des Miterben erstreckt: OLG Hamm NJW-RR 2009, 155.
[89] BayObLG ZEV 2001, 284; das OLG Celle NJW-RR 2004, 872 hat ein Beschwerderecht des Pflichtteilsberechtigten gegen einen Vorbescheid über die Erteilung eines Testamentsvollstreckerzeugnisses verneint.
[90] OLG Düsseldorf FGPrax 2004, 32.

Ernennung der Eintritt der Bedingung für den Ersatztestamentsvollstrecker hinausgeschoben wird.[91]

Es besteht grundsätzlich kein allgemeines Recht auf Bestellung zum Testamentsvollstrecker. Wird ein entsprechender Antrag abgelehnt, fehlt es insoweit bereits an der Beschwerdeberechtigung.[92]

Gegen die Beschwerdeentscheidung ist unter den Voraussetzungen der §§ 70 ff. FamFG Rechtsbeschwerde zum BGH (§ 133 GVG) statthaft, falls diese zugelassen wurde.

VI. Die Vergütung des Testamentsvollstreckers

1. Grundlagen

33 Der Testamentsvollstrecker hat gemäß § 2221 BGB Anspruch auf angemessene Vergütung, es sei denn, der Erblasser hat etwas anderes bestimmt. Maßgebend ist in erster Linie also die Bestimmung durch den Erblasser, liegt eine solche nicht vor, kommt auch eine Vereinbarung mit dem Erben in Betracht.

Die vom Erblasser festgesetzte Vergütung wird grundsätzlich nicht auf ihre Angemessenheit hin überprüft: Hat der Testamentsvollstrecker das Amt angenommen, steht ihm (auch nur) die vom Erblasser festgesetzte Vergütung zu.[93] Ist der Testamentsvollstrecker mit dieser (vom Erblasser festgesetzten) Vergütung nicht zufrieden, kann er entweder die Übernahme des Amtes ablehnen oder mit den Erben eine abweichende Vereinbarung treffen.

Andererseits findet auch **keine Korrektur** der Höhe der Vergütung über § 138 BGB statt. Selbst eine (scheinbar zu hohe) Vergütung des Testamentsvollstreckers ist hinzunehmen, weil der Erblasser – in den Grenzen des Pflichtteilsrechts – grundsätzlich frei ist, seinen Nachfolger in wirtschaftlicher Hinsicht selbst zu bestimmen. Könnte er die als Testamentsvollstrecker ernannte Person danach als Alleinerbe einsetzen, kann er erst recht auch eine entsprechende (hohe) Vergütung festsetzen.[94]

Kann der Testamentsvollstrecker mit den Erben keine Einigung erzielen, ist das **Prozessgericht** (nicht das Nachlassgericht) für die Durchsetzung des Anspruchs auf angemessene Vergütung zuständig. Für die Angemessenheit der Vergütung kommen §§ 315, 316 BGB zur Anwendung.[95]

a) Schuldner

34 Bei der Vergütung des Testamentsvollstreckers handelt es sich um eine Nachlassverbindlichkeit.[96] Zu ihrer Bezahlung sind daher grundsätzlich die Erben aus dem Nachlass verpflichtet.[97]

Erstreckt sich die Testamentsvollstreckung nur auf einen Erbteil, schuldet nicht nur der betroffene Erbe die Vergütung, sondern die gesamte Erbengemeinschaft, denn das gesetzliche Schuldverhältnis besteht zwischen dem Testamentsvollstrecker und allen Erben.[98] Denkbar ist jedoch, dass die übrigen Erben einen Anspruch auf Ausgleich im Innenverhältnis haben (§ 426 Abs. 1 BGB) haben.

---

[91] OLG München ZEV 2009, 342.
[92] OLG München ZErb 2016, 172.
[93] LG München I ZEV 2007, 529.
[94] AA OLG Köln Beschluss v. 9.11.2009 – 9 U 79/09, zitiert nach juris, das die Entscheidung des LG Köln BeckRS 2010, 14385 billigt, das § 138 BGB herangezogen hat, so wohl auch *Rott*, ErbR, Die Vergütung des Testamentsvollstreckers – Probleme und Lösungsvorschläge bei der Gestaltung, 2017, 386; MüKoBGB/*Zimmermann* § 2221 Rn. 4 (ohne Begründung); wie hier *Litzenburger* FD-ErbR 2010, 305675.
[95] Bamberger/Roth/*Lange* § 2221 Rn. 5.
[96] NK–BGB/*Kroiß* § 2221 Rn. 28.
[97] NK–BGB/*Kroiß* § 2221 Rn. 28.
[98] Bengel/Reimann/*Eckelskemper* § 10 Rn. 131; aA OLG Hamburg NJW-RR 1996, 455.

b) Fälligkeit

Die Vergütung ist grundsätzlich (nur) in einer Summe nach Beendigung der Testaments- **35** vollstreckung und nach Rechnungslegung fällig, §§ 2218, 614, 628 BGB. [99]

Solange der Testamentsvollstrecker die Verwaltung führt, kann er die Vergütung dem Nachlass selbst entnehmen, er ist grundsätzlich jedoch nicht berechtigt, Sachwerte zu veräußern, um seine Vergütung entnehmen zu können. [100] Ein **Anspruch auf Vorschuss** besteht grundsätzlich nicht, da § 669 BGB nicht in § 2218 BGB erwähnt ist. [101] Nur bei Dauervollstreckung kann eine jährlich nachträgliche Abrechnung erfolgen; [102] die Schlussvergütung ist aber auch hier erst nach Rechnungslegung mit Schlussrechnung fällig.

Entnimmt der Testamentsvollstrecker die Vergütung aus dem Nachlass, wozu er berechtigt ist, gilt insoweit § 181 BGB nicht. [103]

Entnimmt er eine Vergütung, die weder bestimmt noch vereinbart ist, trägt er das Risiko, dass der entnommene Betrag zu hoch angesetzt ist. **Im Streitfall entscheidet** darüber das **Prozessgericht** im Rahmen seines Ermessensspielraums. [104]

2. Höhe der Vergütung bei Festsetzung durch das Gericht

a) Grundsatz

Die Höhe der Vergütung richtet sich hier maßgeblich nach dem Pflichtkreis, der dem **36** Testamentsvollstrecker entweder durch die Verfügung von Todes wegen übertragen wurde oder der ihm nach dem Gesetz obliegt. Zu berücksichtigen sind insbesondere der Umfang seiner Verantwortung und die geleistete Arbeit, wobei die Schwierigkeit der gelösten Aufgabe, die Dauer der Abwicklung oder Verwaltung, aber auch die Verwertung besonderer Kenntnisse und Erfahrungen ist. [105]

Üblich ist eine Vergütung nach Prozentsätzen, [106] wobei die Rechtsprechung betont, dass die unterschiedlichen Tabellen, die mangels gesetzlicher Regelung von der Literatur entwickelt worden sind, nicht schematisch herangezogen werden dürfen. Die in der Literatur [107] vertretene Meinung, die Vergütung des Testamentsvollstreckers müsse sich ausschließlich nach einer **Zeitgebühr** richten, lehnt der BGH [108] zu Recht ausdrücklich ab. Zutreffend ist die Arbeitszeit nur eines von mehreren prägenden Kriterien. Aus Sicht des Erblassers kann es sich allerdings anbieten, die Vergütung des Testamentsvollstreckers nach der aufgewendeten Zeit anzuordnen und zugleich einen entsprechenden Stundensatz festzusetzen. Dies hätte den Vorteil, dass maßgeblich für die Vergütung die konkrete Testamentsvollstreckung ist, während die Abrechnung nach Tabellenwerten regelmäßig zu einem Ungleichgewicht führt, denn entweder leistet der Testamentsvollstrecker im Ergebnis mehr, als ihm vergütet wird, dann profitieren die Erben oder umgekehrt. [109] Die Sorge, für die Erben wären die Kosten der Testamentsvollstreckung bei einer derartigen Abrechnungsmethode nur schwer kalkulierbar, scheint unbegründet: Der Testamentsvollstrecker hat einen Anspruch nur für erforderliche Tätigkeiten, ob das der Fall ist, kann vom Gericht überprüft werden. [110]

---

[99] Palandt/*Weidlich* § 2221 Rn. 13.

[100] Dazu BGH DNotZ 1964, 171; BayObLGZ 1972, 380.

[101] NK-BGB/*Kroiß*, § 2221 Rn. 25; MüKoBGB/Zimmermann § 2221 Rn. 23; Burandt/Rojahn/*Heckschen* § 2221 Rn. 16.

[102] BayObLGZ 1972, 380.

[103] Staudinger/*Reimann* § 2221 Rn. 19; NK-BGB/*Kroiß* § 2221 Rn. 25.

[104] BGH ZEV 2005, 22; BGH DNotZ 1964, 168 (171).

[105] BGH ZEV 2005, 22 (23); OLG Schleswig MittBayNot 2010, 139 mit Anm. *Reimann*.

[106] Palandt/*Weidlich* § 2221 Rn. 4; BGH ZEV 2005, 22.

[107] Zimmermann ZEV 2001, 334 (338).

[108] BGH ZEV 2005, 22.

[109] Mit gewichtigen Argumenten für eine Zeitgebühr *Rott*, ErbR, Die Vergütung des Testamentsvollstreckers – Probleme und Lösungsvorschläge bei der Gestaltung, 2017, 386.

[110] *Rott*, Die Vergütung des Testamentsvollstreckers – Probleme und Lösungsvorschläge bei der Gestaltung, ErbR 2017, 386 (390).

Zulässig und vielfach zweckmäßig ist eine Aufgliederung der Vergütung in eine sogenannte **„Konstituierungsgebühr"**[111] (für Ermittlung und Inbesitznahme des Nachlasses, Aufstellung des Nachlassverzeichnisses, Regelung der Erblasserschulden, Beerdigungskosten und Erbschaftssteuer)[112] und **Gebühren für weitere Verwaltungsabschnitte.**[113] Gerechtfertigt ist es, für die Zeit der Konstituierung des Nachlasses eine höhere Vergütung festzulegen als für die spätere Zeit, da Verwaltungsgeschäfte sich regelmäßig wiederholen.

Regelsätze können nach der Rechtsprechung jedoch **nur** angewandt werden, „wenn der Aufgabenbereich des Testamentsvollstreckers wenigstens im Ergebnis im Wesentlichen dem im Gesetz vorgesehenen Pflichtkreis entspricht und der Testamentsvollstrecker auch die ihm danach obliegenden Aufgaben auf sich genommen hat."[114]

Besonderen Schwierigkeiten der Verwaltung kann nicht durch eine schematische Erhöhung der Regelhundertsätze, sondern nur durch einen entsprechenden Aufschlag im Einzelfall gebührend Rechnung getragen werden.

b) Bemessungsgrundlage

37 Als Bemessungsgrundlage für die Regelvergütung des Testamentsvollstreckers ist der Wert des Nachlasses im Zeitpunkt des Erbfalls[115] maßgeblich. Umfasst die Vollstreckungstätigkeit – wie regelmäßig – auch die Regulierung der Nachlassverbindlichkeiten, ist vom Bruttonachlasswert auszugehen, das heißt ein Schuldenabzug findet in diesen Fällen nicht statt.[116] Eine Änderung des Wertansatzes für die Vergütung kommt in Betracht, wenn einzelne Aufgaben erst zu einem späteren Zeitpunkt erfolgen.[117]

Die Kosten einer Erbteilsvollstreckung (nur für einen von mehreren Erben) bemessen sich nach dem Wert des gesamten Nachlasses und sind eine Nachlassverbindlichkeit, die von allen Erben zu tragen ist.[118]

c) Aufwendungen für Dritte und Berufsdienste

38 Grundsätzlich sind auch die Aufwendungen für die erforderliche Tätigkeit Dritter zu erstatten, zum Beispiel wenn der Testamentsvollstrecker die Dienste einer Hausverwaltung oder einer Buchhaltung in Anspruch nimmt.

Einem Rechtsanwalt oder Steuerberater stehen zusätzlich zu der ihm vom Erblasser ausgesetzten Vergütung noch **Rechtsanwaltsgebühren oder Steuerberatergebühren** für die speziell auf Grund seines Berufs geleisteten Dienste zu,[119] wenn ein Testamentsvollstrecker, der nicht dieser Berufsgruppe angehört, seinerseits einen Rechtsanwalt oder Steuerberater eingeschaltet hätte.[120] Führt ein Rechtsanwalt als Testamentsvollstrecker Prozesse für den Nachlass, ist er deswegen (zusätzlich) nach RVG zu honorieren.[121] Einfachere steuerliche Tätigkeiten muss der Anwalts-Testamentsvollstrecker aber selbst ohne gesondertes Honorar erledigen, wobei angesichts der zunehmenden Komplexität des Steuerrechts derartige „einfache" Tätigkeiten im Rückgang befindlich sein dürften, zumal der Rechtsanwalt seine berufstypischen Sorgfaltspflichten beachten muss.

---

[111] Dazu BayObLGZ 1972, 379.
[112] BGH DNotZ 1964, 171; s. auch § 31 V ErbStG.
[113] BayObLGZ 1972, 380.
[114] BGH DNotZ 1964, 168.
[115] Palandt/*Weidlich* § 2221 Rn. 4; NK-BGB/*Kroiß* § 2221 Rn. 8.
[116] BGH NJW 1967, 2400 (2402); OLG Schleswig MittBayNot 2010, 139 mAnm *Reimann.*
[117] NK-BGB/*Kroiß* § 2221 Rn. 8.
[118] BGH ZEV 1997, 116; 2003, 413; aA OLG Hamburg ZEV 1996, 184: Kosten trägt nur der belastete Erbe.
[119] RGZ 149, 121; Staudinger/*Reimann* § 2218 Rn. 35.
[120] OLG Frankfurt a. M. MDR 2000, 788.
[121] BGH NJW 1967, 876.

Abgegolten sind hingegen mit der Testamentsvollstreckervergütung alle Dienste, die Jedermann leisten kann, also nicht von Kenntnissen, Fähigkeiten, aber auch berufsrechtlichen Voraussetzungen abhängen.[122]

d) Umsatzsteuer

Soweit bei unternehmerischer Tätigkeit des Testamentsvollstreckers[123] Umsatzsteuer anfällt, **39** konnte sie nach früher herrschenden Meinung nicht gesondert berechnet werden, da die Vergütung eine Bruttovergütung sei.[124] Die neuere Rechtsprechung der Finanzgerichte geht jedoch regelmäßig von einer nachhaltigen Tätigkeit des Testamentsvollstreckers aus, auch wenn es sich nur um eine Abwicklungsvollstreckung handelt, mit der Folge, dass Umsatzsteuer zu entrichten ist.[125]

Es erscheint deshalb naheliegend, dass der Testamentsvollstrecker dann zu seiner Vergütung die Umsatzsteuer verlangen kann, wenn er vom Erblasser im Wissen um die Eigenschaft als Berufsträger ernannt worden ist. Soweit die Rechtsprechung in der Vergangenheit davon ausging, dass die Testamentsvollstreckervergütung eine Bruttovergütung sei und damit die Umsatzsteuer nicht gesondert geltend gemacht werden konnte, gleichzeitig aber eine Erhöhung der Gebührensätze über die Werte der (alten) Rheinischen Tabelle ablehnte, führt allein dies zu einer nachhaltigen Kürzung der Vergütung des Testamentsvollstreckers angesichts eines Umsatzsteuersatzes von 2 % im Jahre 1935.

In der neueren Rechtsprechung wird deshalb auch angenommen, dass der Testamentsvollstrecker auch die Umsatzsteuer (zusätzlich) beanspruchen darf.[126]

Die auf Grund einer testamentarischen Anordnung erhaltene unangemessen hohe Vergütung ist zwar erbrechtlich als Vermächtnis anzusehen, soweit der angemessene Teil überschritten ist; die Vergütung unterliegt jedoch in vollem Umfang der Einkommensteuer.[127]

e) Vergütung nach Tabellensätzen

Obliegt dem Testamentsvollstrecker die Abwicklung des Nachlasses (**Abwicklungsvoll-** **40** **streckung**), orientiert sich seine Vergütung grundsätzlich an den von der Literatur entwickelten und von der Rechtsprechung akzeptierten Tabellensätzen.

Obergerichtliche Rechtsprechung zur Angemessenheit der Tabellensätze findet sich indes nur vereinzelt. Das führt zu einer nicht geringen Rechtsunsicherheit: Der Testamentsvollstrecker trägt das Risiko, dass der von ihm beanspruchte – beziehungsweise entnommene Betrag auch tatsächlich im vollen Umfang geschuldet ist.[128] So stellt sich häufig die Frage, ob die Entnahme einer zu hohen Vergütung einen Grund für die Entlassung des Testamentsvollstreckers darstellt.[129] Die Erben tragen hingegen das Risiko, dass das Prozessgericht eine Vergütung billigt, die über das hinausgeht, was dem reinen Tabellenwert entspricht, so wenn bestimmte Zuschläge angenommen werden, weil die Tätigkeit im konkreten Fall von einer „gewöhnlichen Testamentsvollstreckung" nach oben abweicht.[130]

Schließen sich an die Regelgebühr keine weiteren oder nur noch eine oder wenige Verwaltungsgebühren an (jedenfalls keine eigene Auseinandersetzungsgebühr), so kann bei überdurchschnittlichem Umfang der Auseinandersetzung (die aber dennoch keine eigene Gebühr auslöst) eine Erhöhung der Regelgebühr um bis zu 50 % erfolgen.

---

[122] NK-BGB/*Kroiß* § 2221 Rn. 30.
[123] BFH NJW 2007, 1391.
[124] OLG Köln FamRZ 1994, 328.
[125] BFH ZEV 2002, 469.
[126] OLG Schleswig MittBayNot 2000, 788.
[127] BFH NJW 2005, 1967.
[128] BGH NJW 1963, 1615.
[129] BayObLGZ 1972, 379 für die Entnahme einer Konstituierungsgebühr.
[130] OLG Schleswig MittBayNot 2010, 139; im Streitfall wurde die Vergütung nach der Neuen Rheinischen Tabelle berechnet.

Die Anwendung der (alten) Rheinischen Tabelle führt in der Praxis zu den niedrigsten Gebühren für den Testamentsvollstrecker. Hinzu kommt, dass sie in der Anwendung nicht übersichtlich ist, weil die konkrete Vergütungshöhe nicht aus der Tabelle ablesbar, sondern immer nur berechenbar ist.

Die Literatur hat – wie immer, wenn der Gesetzgeber undeutlich ist (siehe auch den Tabellen- und Leitlinienwirrwarr im Unterhaltsrecht) Tabellen im Übermaß angeboten. Lobenswerterweise hält sich die Rechtsprechung hier zurück; sie hat lediglich einzelne Tabellen nicht beanstandet[131] und hingewiesen, dass sie nicht schematisch anzuwenden sind. Der Zivilrichter ist demnach frei, im Einzelfall eine Bewertung zu finden. Nur er hat jedoch einen Bewertungsspielraum, nicht der Testamentsvollstrecker.[132] Ob die Einführung einer gesetzlichen Regelung wie beim Insolvenzverwalter tatsächlich eine Verbesserung wäre, erscheint angesichts der Schwierigkeiten im Zusammenhang mit der Insolvenzverwaltervergütung durchaus zweifelhaft.[133]

41   Die (alte) Rheinische Tabelle ging von folgenden Werten aus:[134]

Bruttowert des Nachlasses

Bei einem Wert bis zu	20 000,–	4 %
darüber bis zu	100 000,–	3 %
darüber bis zu	1 000 000,–	2 %
darüber		1 %

Die Staffelsätze waren/sind vom jeweiligen Mehrbetrag zu berechnen.

Die Möhringsche Tabelle:

Wert bis zu	10 225,84 Euro	7,5 %
vom Mehrbetrag bis	51 129,19 Euro	5,4 %
vom Mehrbetrag bis	511 291,88 Euro	3,6 %
vom Mehrbetrag bis	1 022 583,70 Euro	1,8 %
vom darüber hinausgehenden Betrag		1,0 %

Empfehlungen des Deutschen Notarvereins,[135] „Neue Rheinische Tabelle":[136]

Wert		
bis	250 000,– Euro	4,0 %
bis	500 000,– Euro	3,0 %
bis	2 500 000,– Euro	2,5 %
bis	5 000 000,– Euro	2,0 %
über 5 000 000,– Euro		1,5 %

Die „Neue Rheinische Tabelle" geht im Ansatz davon aus, dass der Testamentsvollstrecker einen festen Vergütungsgrundbetrag erhält, der um variable Zuschläge für einzelne Tätigkeiten erhöht werden kann, gleichfalls sind Abschläge denkbar.[137] Der Grundbetrag der Vergütung soll dabei „den Normalfall der Testamentsvollstreckung" abdecken.[138] Sodann können Zuschläge für entsprechende (besondere) Tätigkeiten – jeweils zwischen $^1/_{10} - ^{10}/_{10}$ – vom Grundbetrag – für unterschiedliche Tätigkeiten oder besondere Schwierigkeiten er-

---

[131] BGH ZEV 2005, 22 (23); BGH NJW 1967, 2400 (2402); OLG Köln ZEV 1994, 118: Alte Rheinische Tabelle; OLG Frankfurt OLG-Report 2000, 86: Tabelle von Tschischgale; OLG Köln NJW-RR 1987, 1414: Möhringsche Tabelle.

[132] So wohl auch BGH ZEV 2005, 22 (23) mwN; aA Beck-FormB ErbR/*Eckelskemper* C. VII.1 S. 228.

[133] *Ganter*, Aktuelle Entwicklungen im Recht der Insolvenzverwaltervergütung, NZI 2016, 377.

[134] DNotZ 1935, 623.

[135] Neue Rheinische Tabelle zur Testamentsvollstreckervergütung, ZEV 2000, 181; www.dnotv.de (pdf-Download).

[136] Bei den Werten handelt es sich um Nettowerte, so dass die Umsatzsteuer – soweit geschuldet – noch hinzuzurechnen ist.

[137] *Reimann* DNotZ 2001, 344 (347).

[138] *Reimann* DNotZ 2001, 344 (349).

hoben werden.[139] Denkbar sind auch Abschläge, so zum Beispiel, wenn die Testamentsvollstreckung langsam und wenig effektiv erfolgt.[140]

Auch die „Neue Rheinische Tabelle" ist von der Rechtsprechung bereits zugrunde gelegt und gebilligt worden.[141] Sie hat den Vorteil, dass die Berechnung der Vergütung vergleichsweise einfach möglich ist, da die Tabelle so aufgebaut ist, dass nicht für jede Wertstufe die Vergütung gesondert zu berechnen ist. Hinzu kommt, dass sie für den Richter, der die Angemessenheit der Vergütung, die der Testamentsvollstrecker begehrt, vergleichsweise einfach nachvollziehbar ist. Angesichts einer eher überschaubaren Judikatur zur Höhe der Testamentsvollstreckervergütung ist das ein Vorteil, der nicht zu unterschätzen ist.

Wegen der übrigen Vorschläge und Tabellen[142] vergleiche: *Eckelskemper* Handbuch der Testamentsvollstreckung 10.38 ff. und Staudinger/*Reimann* § 2221 Rn. 44; NK-BGB/*Kroiß* § 2221 Rn. 10. Diese Tabellenwerte geben Grundbeträge für die Abwicklungsvollstreckung (Regelgebühr) an.

Für die Konstituierung kann eine eigene Gebühr nur dann berechnet werden, wenn sich die Tätigkeit am Anfang als besonders arbeitsreich darstellt.[143]

Bei Dauervollstreckung ist keine Vergütung nach Tabellensätzen anzusetzen, vielmehr **42** ist eine jährliche Verwaltungsgebühr, die sich am jeweiligen jährlichen Bruttonachlasswert orientiert, anzusetzen.[144] Die Vorschläge variieren zwischen 0,25 % und 0,5 %, die DNotV-Richtlinien sehen 0,33 % bis 0,5 % vor,[145] liegt der Nachlassbruttoertrag über dem Bruttonachlasswert, kann auch eine Vergütung in Höhe von 2 % bis 4 % des Nachlassbruttoertrages angemessen sein.[146] Eine **jährliche Verwaltungsgebühr** kommt in Betracht, wenn sich an die Konstituierung eine längere Verwaltung anschließt (zB bei Unternehmensführung) oder wenn die Verwaltung eine besonders umfangreiche und zeitraubende Tätigkeit erfordert.

Eine **Auseinandersetzungsgebühr** kann (zusätzlich) berechnet werden, wenn auf die Konstituierung und längere Verwaltung des Nachlasses eine Auseinandersetzung folgt, die schwierig ist.[147] Sie sollte wie eine Regelgebühr angesetzt werden.

Für die Ausübung der Organstellung in einem Unternehmen ist das branchen- **43** übliche Entgelt zu vergüten. Für den Aufwendungsersatz gelten §§ 2218, 670 BGB. Das LG Hamburg[148] hat eine Vergütung von 10 % des Reingewinns für angemessen erachtet, der BGH spricht von einem „namhaften Hundertsatz des Gewinns."[149] Die Vergütung ist jedoch nicht gewinnabhängig, es sei denn, es besteht eine dahingehende Erblasseranordnung. Hat der Testamentsvollstrecke die Aufgabe, ein Unternehmen zu restrukturieren, wird eine Anlehnung an Gebühren des Insolvenzverwalters vorgeschlagen.[150] Vertretbar erscheint es auch, einen Vergütungsanspruch in der Höhe der Gehälter entsprechender Geschäftsführer oder Vorstandsmitglieder anzusetzen.[151]

Ob der **„vermeintliche" Testamentsvollstrecker** einen Vergütungsanspruch hat, ist **44** zweifelhaft.[152] Haben sich die Erben von Anfang an gegen die Testamentsvollstreckung

---

[139] Einzelheiten beim *Reimann* DNotZ 2001, 344 (350).
[140] OLG Frankfurt a. M. MDR 2000, 788, das im Streitfall eine Verwirkung des Vergütungsanspruchs verneinte, aber eine Kürzung auf 1/3 für angemessen hielt.
[141] OLG Schleswig MittbayNot 2010, 139.
[142] von *Groll, Klingerhöffer, Tschischgale, Weirich, Eckelskemper.*
[143] Palandt/*Weidlich* § 2221 Rn. 7 mwN.
[144] MüKoBGB/*Zimmermann* § 2221 Rn. 10d; NK-BGB/*Kroiß* § 2221 Rn. 21; s. auch OLG Köln NJW-RR 1987, 1414.
[145] NK-BGB/*Kroiß* § 2221 Rn. 21; ZEV 2000, 181 (183).
[146] MüKoBGB/*Zimmermann* § 2221 Rn. 10d.
[147] OLG Köln FamRZ 1994, 328.
[148] LG Hamburg MDR 1959, 761.
[149] BGH BeckRS 1962, 31185155 = Rpfleger 1963, 77.
[150] Bengel/Reimann/*Eckelskemper* § 10 Rn. 103.
[151] NK-BGB/*Kroiß* § 2221 Rn. 22.
[152] Palandt/*Weidlich* § 2197 Rn. 4.

gewehrt, ist kein Honorar zuzusprechen.[153] War zwar die Ernennung unwirksam, aber die Erben haben sich nicht gewehrt, kann ein Geschäftsbesorgungsvertrag in Betracht kommen.[154]

Ist die zunächst wirksame Testamentsvollstreckung nachträglich entfallen und nimmt der Testamentsvollstrecker irrtümlich das Fortbestehen an, S. BGHZ 69, 235).

VII. Annahme und Ablehnung des Amtes des Testamentsvollstreckers

45 Erst mit der Annahme beginnt das Amt. Es hängt nicht von der Annahme der Erbschaft durch den Erben ab. In Bayern veranlasst das Nachlassgericht im Allgemeinen von Amts wegen den als Testamentsvollstrecker Berufenen sich über Annahme oder Ablehnung des Amtes zu erklären. Die Erklärung ist formfrei, darf nicht unter einer Bedingung oder Zeitbestimmung erfolgen und ist dem zuständigen Nachlassgericht gegenüber (auch durch Bevollmächtigte) abzugeben (§ 2202 Abs. 2 BGB). Wird sie dem Gericht gegenüber mündlich abgegeben, so ist sie zu beurkunden. Sie kann schon vor Testamentseröffnung, nicht aber vor dem Erbfall erfolgen. Die Erklärung der Annahme ist unwiderruflich, dem Testamentsvollstrecker steht jedoch gemäß § 2226 BGB ein Kündigungsrecht zu.

Gebühr für Entgegennahme der Erklärung: Nr. 12410 Nr. 4 KV-GNotKG.

Akteneinsicht: § 2228 BGB:

Gibt der Ernannte, gleichgültig ob er vom Erblasser, dem Nachlassgericht oder von einem vom Erblasser ermächtigten Dritten ernannt ist, keine Erklärung über die Annahme des Amtes ab, so erlässt das Nachlassgericht (zuständig ist der Rechtspfleger: § 3 Nr. 2c RPflG) auf Antrag eines der Beteiligten:

Muster: Fristsetzung für die Annahme des Amtes als Testamentsvollstrecker

46 I. *Beschluss*

Dem (Name), der vom Erblasser [...], verstorben am (Datum) in (Ort)., zuletzt wohnhaft in (Ort) privatschriftlichem Testament vom (Datum) zum Testamentsvollstrecker ernannt worden ist, wird auf Antrag des (Beteiligten zu ...) eine Frist von 3 Wochen ab Erhalt dieses Beschlusses zur Erklärung über die Annahme des Amtes gesetzt. Die Erklärung ist dem Nachlassgericht (Ort) gegenüber abzugeben. Falls sie nicht fristgemäß beim Nachlassgericht einläuft, gilt das Amt als abgelehnt (§ 2202 Abs. 3 BGB).

II. Mitteilung gemäß § 40 Abs. 1 FamFG von I an Testamentsvollstrecker sowie an Antragsteller und sonstige Beteiligte

III. WV 4 Wochen.

(Ort), den (Datum)

Amtsgericht

Unterschrift, Rechtspfleger

---

47   Die Fristsetzung entfällt, wenn der Ernannte nicht zu erreichen ist. Hier ist seine **Entlassung gemäß § 2227 BGB zu erwägen.** Zuständig ist der Richter (§§ 16 Abs. 1 Nr. 5, 19 Abs. 1 Nr. 3 RPflG). Mitteilung: § 40 Abs. 1 FamFG. Die Beschwerde hat keine aufschiebende Wirkung. Das Beschwerdegericht kann durch einstweilige Anordnung die Vollziehung aussetzen (§ 64 Abs. 3 FamFG).

Rechtsmittel bei Ablehnung der Fristbestimmung: befristete Beschwerde, nach §§ 11 RPflG, 58 ff. FamFG, Frist § 63 FamFG. Sie steht nur dem Antragsteller zu.

Gegen Fristbestimmung sofortige Beschwerde nach § 355 Abs. 1 FamFG, §§ 567 bis 572 ZPO.

Gebühr für Fristbestimmung: Nr. 12420 ff. KV.

---

[153] BGH NJW 1977, 1726.
[154] §§ 675, 612; BGH NJW 1963, 1615.

VIII. Das Testamentsvollstreckerzeugnis

1. Begriff und Zweck

Ein Erbe bedient sich zum Beweis seiner Rechte im Rechtsverkehr des Erbscheins, der **48** redliche Dritte kann sich auf die Richtigkeit des Inhalts verlassen. Den gleichen Zweck erfüllt bei Anordnung einer Testamentsvollstreckung das Testamentsvollstreckerzeugnis für den Testamentsvollstrecker. Es begründet die Vermutung der Vollständigkeit und Richtigkeit und genießt öffentlichen Glauben. Im Übrigen finden die Vorschriften über den Erbschein auf das Zeugnis entsprechende Anwendung (§ 2368 Abs. 2 BGB). Im Zeugnis wird amtlich die Gültigkeit der Ernennung zum Testamentsvollstrecker bescheinigt. An das Zeugnis knüpft sich die weitere Vermutung,[155] dass der Testamentsvollstrecker durch keine anderen als die im Zeugnis angegebenen Anordnungen beschränkt ist, nicht aber, dass das Amt noch besteht oder sich die Verfügung auf einen Nachlassgegenstand bezieht. Durch die Beendigung des Amtes wird das Zeugnis von selbst kraftlos (§ 2368 Abs. 2 Hs. 2 BGB) und verliert hierdurch auch die Vermutung des § 2365 BGB.

2. Arten

Im Normalfall ist vom Erblasser **ein** Testamentsvollstrecker benannt, dem nach Annahme **49** des Amtes ein Zeugnis über seine Ernennung erteilt wird. Sind **mehrere** Testamentsvollstrecker benannt, so ist

– ein Teilzeugnis über das Recht eines einzelnen,
– ein gemeinschaftliches Zeugnis über das Recht aller, sowie
– ein gemeinschaftliches Teilzeugnis über die Rechte mehrerer Testamentsvollstrecker

zulässig.

Beim **Teilzeugnis** sind die Mitvollstrecker anzugeben, es sei denn, der Antragsteller ist nach außen zu völlig selbständigem Handeln ermächtigt. Zur Ausstellung eines **gemeinschaftlichen (Teil-)Zeugnisses** genügt der **Antrag eines** Testamentsvollstreckers. Der Antrag hat die Namen der weiteren Testamentsvollstrecker sowie den Umfang ihrer Befugnisse anzugeben, ferner die Angabe zu enthalten, dass die anderen Testamentsvollstrecker ihr Amt angenommen haben.

Bei Einsetzung **verschiedener Testamentsvollstrecker für die Erbteile mehrerer Erben** kann **vor** der Auseinandersetzung jeder Testamentsvollstrecker **auch** ein Teilzeugnis über das Recht eines **jeden** anderen Testamentsvollstreckers beantragen (Sonderzeugnis), nach der Auseinandersetzung nur ein Voll- oder Teilzeugnis über die Rechte der Testamentsvollstrecker, die mit ihm denselben Erbteil zu verwalten haben **(Sonderzeugnis).**[156]

In entsprechender Anwendung von §§ 2368 Abs. 3, 2369 BGB (nun §§ 2368 S. 2, 352c **50** FamFG) ist ein **gegenständlich auf den inländischen Nachlass beschränktes Zeugnis** für zulässig zu erachten. Die Rechtsstellung des Testamentsvollstreckers bemisst sich nach dem Erbstatut.[157] Das Verfahren des Nachlassgerichts richtet sich nach deutschem Recht.

3. Die Voraussetzungen der Erteilung und Gang des Verfahrens

a) Zuständigkeit für die Erteilung

Für die Erteilung ist nur das Nachlassgericht (dort der Richter – § 16 Abs. 1 Nr. 6 und 7 **51** RPflG) zuständig.

---

[155] Dazu BGH NJW 1964, 1905.
[156] MüKoBGB/*Grziwotz* § 2368 Rn. 25.
[157] Dazu BayObLGZ 1965, 377 (ungarisches Recht); lehrreich BayObLGZ 1980, 42 (ein US-Angehöriger setzt für deutschen Grundbesitz einen „executor" iSd US-Rechts ein – dazu *Firsching* IPRax 1982, 98; vgl. Rn. 2.67, 2.83, 2.84, 2.122).

Auch im Geltungsbereich der Höfeordnung ist das Nachlassgericht[158] zur Ausstellung des Zeugnisses zuständig, gleichgültig, ob ein Hof zum Nachlass gehört.

b) Antrag

52 Die Erteilung des Zeugnisses setzt einen formfreien Antrag des Testamentsvollstreckers voraus. Antragsbefugt sind auch die Nachlassgläubiger (§§ 792, 896 ZPO; der Titel kann sich gegen den Erblasser, den Erben oder den Testamentsvollstrecker in dieser Eigenschaft richten), nicht aber der Erbe, der das Zeugnis für seine eigene Legitimation nicht benötigt.[159]

53   **Inhalt des Antrags:**
Da das Zeugnis **nur antragsgemäß** ausgestellt werden kann, muss sich der Antrag auch über den **Umfang der Befugnisse** aussprechen, sofern sie sich nicht unzweideutig aus dem Testament ergeben.

Beim Antrag auf Erteilung des Zeugnisses hat der Testamentsvollstrecker **anzugeben** (§§ 352a, b FamFG, 2368 Abs. 3 BGB):

– Zeit des Todes des Erblassers, nicht den Sterbeort;
– Verfügung von Todes wegen, auf der seine Benennung beruht und die Ernennung, die Bestimmung durch einen Dritten oder das Nachlassgericht;
– ob und welche Verfügungen des Erblassers von Todes wegen vorhanden sind;
– ob ein Rechtsstreit über seine Ernennung anhängig ist;
– wenn eine Person weggefallen ist, durch die er von seinem Amt ausgeschlossen oder seine Rechtsstellung gemindert werden würde, in welcher Weise sie weggefallen ist,
– bei Antragstellung durch einen anderen als den Testamentsvollstrecker oder durch einen von mehreren Mitvollstreckern die Annahme des Testamentsvollstreckeramtes;
– bei einem Fremdrechtszeugnis die Angabe der ausländischen Staatsangehörigkeit und die sonstigen Voraussetzungen des Erbstatuts.[160]

54 Der **Nachweis** erfolgt in den ersten 3 Fällen grundsätzlich durch Urkunden; im Übrigen durch eidesstattliche Versicherung, die erlassen werden kann (§§ 352 Abs. 3, 352a FamFG).[161]

c) Verfahren

55 Es gelten dieselben Bestimmungen wie im Erbscheinsverfahren (§ 2368 Abs. 3 BGB, §§ 352 bis 354 FamFG) (→ § 38 Rn. 1 ff.). Das **Gericht prüft** seine sachliche, örtliche und ggf. internationale Zuständigkeit (§§ 343, 105 FamFG; ist die örtliche Zuständigkeit gegeben, genügt dies auch für die internationale Zuständigkeit) und ob eine gültige Ernennung vorliegt, vergleiche dazu §§ 2197 ff. BGB. Es prüft insbesondere, ob der Ernennung nicht eine Bindung des Erblassers an ein gemeinschaftliches Testament oder einen Erbvertrag entgegensteht. Bei Beamten und Richtern[162] ist eine etwa nach Landes- oder Bundesrecht erforderliche Genehmigungspflicht zu beachten, die jedoch nur internrechtlich wirkt.

Das **Gericht prüft** weiter, ob der Testamentsvollstrecker die **Annahme** des Amtes erklärt hat (§ 2202 BGB). Im Antrag auf Erteilung des Zeugnisses liegt regelmäßig auch die Erklärung der Annahme des Amtes.

Das **Gericht prüft** schließlich, **ob die Aufgaben** des Testamentsvollstreckers nicht zur Zeit der Ausstellung des Zeugnisses bereits **gegenstandslos geworden** sind;[163] denn damit

---

[158] BGHZ 58, 105; MüKoBGB/*Grziwotz* § 2368 Rn. 3 mwN.
[159] BayObLG MDR 1978, 142; BayObLG ZEV 1995, 22 (23); aA MüKoBGB/ *Grziwotz* § 2368 Rn. 6. Der Erbe hat aber Anspruch auf Herausgabe eines unrichtigen Testamentsvollstreckerzeugnisses an das Nachlassgericht, §§ 2368 Abs. 3, 2362 Abs. 1 BGB.
[160] MüKoBGB/*Grziwotz* § 2368 Rn. 8.
[161] Für Erbfälle bis zum 17.8.2016 gemäß Art. 229 § 36 EGBGB.
[162] Für Bayern vgl. Art. 74 Abs. 1 Ziff. 2a BayBG. Für Bundesbeamte s. § 65 BBG.
[163] Dazu BayObLGZ 1956, 186; 1976, 67 (71).

würde sein Amt ein Ende gefunden haben.[164] Ein Zeugnis, das als kraftlos sogleich wieder aus dem Verkehr gezogen werden müsste, darf nicht erst erteilt werden.[165]

Das Nachlassgericht kann ohne sachliche Prüfung ein **Zeugnis über den Eingang der Annahmeerklärung** ausstellen. Dieses ist als Bescheinigung nach Nr. 25104 KV-GNotKG anzusehen.

Bestätigung

In der Nachlasssache (Name des Erblassers) ist am (Datum) beim Nachlassgericht (Ort) eine Erklärung des (Name) eingelaufen, lt deren er das ihm vom Erblasser mit notariellem Testament vom (Datum) übertragene Amt eines Testamentsvollstreckers annimmt.

......, Rechtspfleger

Hat der Testamentsvollstrecker seine **in öffentlich beglaubigter Form** abgegebene **56** **Annahmeerklärung** dem Nachlassgericht eingereicht, so **kann sich** bei Vorliegen eines **öffentlichen Testaments** der **Grundbuchrichter** mit diesen Urkunden und obigem Zeugnis des Nachlassgerichts über den Eingang **begnügen** (§ 35 Abs. 2 GBO). Hat dagegen der in einem öffentlichen Testament ernannte Testamentsvollstrecker seine Annahmeerklärung zu Protokoll des Nachlassgerichts gegeben, so genügt für den Grundbuchverkehr neben dem Testament und der Eröffnungsverhandlung eine Ausfertigung des Protokolls bzw. eine Verweisung auf die Akten des Nachlassgerichts.[166]

Beteiligte: § 345 Abs. 3 FamFG; zwingend nur der Testamentsvollstrecker, Erben und **57** Mitvollstrecker nach Ermessen des Gerichts, jedoch sind sie über ihr Antragsrecht zu belehren (§ 7 Abs. 4 FamFG) und sind nach Antragstellung zwingend Beteiligte. Die Belehrung über das Antragsrecht genügt für die Gewährung des rechtlichen Gehörs nach Art. 103 Abs. 1 GG.[167]

Beweisverfahren: Es gelten auch hier die Regeln für das Erbscheinsverfahren (→ § 38 Rn. 92). Die Beweisaufnahme eines vorweggegangenen Erbscheinsverfahrens muss nicht wiederholt werden, entfaltet aber auch keine Bindungswirkung für das Verfahren zur Erteilung des Testamentsvollstreckerzeugnisses (etwa zur Frage der Testierfähigkeit oder Auslegung des Testaments). Da Ermittlung von Amts wegen gilt (§ 26 FamFG), gibt es auch keine Beweislast mit all den prozessualen Folgen. Die Folgen der Unaufklärbarkeit trägt jedoch der Antragsteller.

d) Entscheidung über den Antrag

Wie im Erbscheinsverfahren gibt es die **Zwischenverfügung,** die auf einen sachgemäßen **58** Antrag zielt und behebbare Mängel tatsächlicher sowie rechtlicher Art aufführt und zur Behebung eine Frist setzt (28 Abs. 2 FamFG).

Ist die Sache entscheidungsreif, erfolgt bei nicht behebbaren Mängeln die **Zurückweisung** des Antrags durch begründeten und mit einer Rechtsbehelfsbelehrung versehenen Beschluss (§§ 38, 39 FamFG), der auch eine Kostenentscheidung enthalten kann (§ 81 FamFG). Über die befristete Beschwerde (§ 58 FamFG) entscheidet das OLG.

Feststellungsbeschluss: Liegen die Voraussetzungen für die Erteilung eines Testaments- **59** vollstreckerzeugnisses vor, stellt das Nachlassgericht dies durch einen **Beschluss** fest (§§ 354, 352e Abs. 1 S. 1 FamFG), der in **unstreitiger** Sache mit Erlass wirksam wird und keinem Beteiligten bekanntgemacht werden muss (§ 352 Abs. 1 FamFG). Über die Kosten wird nicht entschieden, sie ergeben sich aus dem GNotKG. Der Beschluss verbleibt in der Akte. In der Regel erfolgt anschließend sogleich als Vollzug des Beschlusses die **Erteilung des Testamentsvollstreckerzeugnisses.** Diese Erteilung besteht in der Übergabe oder

---

[164] BGHZ 41, 23; OLG Düsseldorf FGPrax 2016, 129.
[165] Dazu KG DNotZ 1965, 480.
[166] BeckOK GBO/*Wilsch* § 35 Rn. 131 mwN.
[167] Keidel/*Zimmermann* § 354 Rn. 13.

Übersendung des Zeugnisses an den Antragsteller in Ausfertigung (oder Urschrift, je nach Landesrecht) unter Beifügung der Kostenrechnung.

Muster: Feststellungsbeschluss für die Erteilung des Testamentsvollstreckerzeugnisses
Beschluss:
Die Tatsachen, die zur Erteilung des beantragten Testamentsvollstreckerzeugnisses erforderlich sind, werden für festgestellt erachtet.

Muster: Feststellungsbeschluss für die Erteilung des Testamentsvollstreckerzeugnisses bei streitigem Verfahren
Beschluss:
Die Tatsachen, die zur Erteilung des vom Beteiligten [Antragsteller] zu 1) beantragten Testamentsvollstreckerzeugnisses erforderlich sind, werden für festgestellt erachtet.
Die sofortige Wirksamkeit des Beschlusses wird ausgesetzt. Die Erteilung des Testamentsvollstreckerzeugnisses wird bis zur Rechtskraft des Beschlusses zurückgestellt.

Der Feststellungsbeschluss ist nur dann zu begründen und mit einer Rechtsbehelfsbelehrung zu versehen (befristete Beschwerde gemäß §§ 58 ff. FamFG), wenn die Sache streitig ist, er also dem erklärten Willen eines Beteiligten widerspricht (§ 352e Abs. 2 FamFG). Als Ersatz für den früher üblichen Vorbescheid wird die sofortige Wirksamkeit des Beschlusses ausgesetzt (§§ 354, 352e Abs. 2 FamFG).

Der Beschluss ist dem Widersprechenden zuzustellen und den übrigen Beteiligten bekannt zu machen (§ 41 Abs. 1 S. 2 FamFG). Das Nachlassgericht wartet sodann die Beschwerdefrist (§ 63 FamFG) ab. Bei Eingang der Beschwerde legt das Gericht, wenn es nicht abhilft (§ 68 Abs. 1 S. 1 FamFG), dem OLG vor und wartet dessen Entscheidung ab.

Wird keine Beschwerde eingelegt, wird der Beschluss formell rechtskräftig. Das Nachlassgericht erteilt sodann das Zeugnis.

4. Inhalt des Zeugnisses[168]

60 Die Namen von Erblasser und Testamentsvollstrecker[169] sind anzugeben; der Name eines Erben nur dann, wenn der Erbteil eines bestimmten Miterben mit einer Testamentsvollstreckung belastet ist. Die Ernennung des Betreffenden und Abweichungen von der gesetzlichen Verfügungsmacht, sowie Beschränkungen und Erweiterungen sind anzugeben.

Die Erwähnung der Verfügung von Todes wegen ist nicht erforderlich.

61 **Hinsichtlich der Verfügungsmacht des Testamentsvollstreckers gilt:**

Auszugehen ist vom Legitimationszweck des Zeugnisses. Es sind deshalb nur solche Anordnungen des Erblassers zu erwähnen, die vom gesetzlichen Normalfall (§§ 2203–2206 BGB) abweichen und für den Verkehr mit Dritten bedeutsam sind (also nicht interne Verwaltungsanordnungen und Bestätigungen über eine vom Erblasser oder Erben erteilte Vollmacht zur Führung eines Handelsgeschäftes unter persönlicher Haftung).[170]

---

[168] Die Testamentsvollstreckung ist auch im Erbschein zu vermerken, da sie die Verfügungsmacht des Erben beschränkt. Das gilt nur bei der reinen beaufsichtigenden Testamentsvollstreckung nicht, da diese die Verfügungsmacht des Erben gerade überhaupt nicht beschränkt, OLG Köln FGPrax 2017, 133.
[169] Bei einer BGB-Gesellschaft als Testamentsvollstrecker (etwa einer Anwaltssozietät) schlägt Keidel/*Zimmermann* § 354 Rn. 31 vor, im Hinblick auf einen Gesellschafterwechsel und das fehlende amtliche Register für BGB-Gesellschaften die BGB-Gesellschaft und auch alle Gesellschafter in das Zeugnis zu schreiben.
[170] Einzelheiten s. BayObLGZ 1969, 138.

Anzugeben sind also Abweichungen (Beschränkungen oder Erweiterungen) **der Verfügungsmacht**

– hinsichtlich der Verwaltung des Nachlasses (§ 2368 Abs. 1 S. 2 BGB; Beschränkung auf die **Überwachung** des Erben, § 2208 Abs. 2 BGB) oder auf sonstige schuldrechtlich wirkende Aufgaben und Rechte;
– **gegenständliche** Beschränkungen (zB auf einen Bruchteil des Nachlasses) oder Beschränkung auf einen Erbteil;
– Freistellung bei der Eingehung von Verbindlichkeiten;
– Übertragung der Verwaltung als selbständige Aufgabe (§ 2209 BGB);[171]
– Dauer der Verwaltungsbefugnis;
– (von § 2224 BGB abweichende) Regelung der Befugnisse mehrerer Testamentsvollstrecker;
– der besondere Aufgabenkreis in den Fällen des § 2222 BGB (Nacherbfolge) und § 2223 BGB (Beschwerungen eines Vermächtnisnehmers);
– negative Teilungsanordnungen wie „Untersagung der Veräußerung des Nachlasses auf die Dauer von…"
– Besonderer Endzeitpunkt (§ 2210 S. 2 BGB); Abweichung von der gesetzlichen Dauer;

5. Niederschrift und Zeugnis

62 Die Verhandlung, die der Zeugniserteilung in der Regel vorausgeht, wird in folgender Form aufgenommen:

Muster:

Niederschrift   **63**

Gegenwärtig:
……, Rechtspfleger
(Nachweis des Todes durch öff Urkunde:) Es erscheint, sich ausweisend durch Personalausweis, (Name), in (Wohnort), und erklärt:
(Nachweis durch Bezugnahme auf Testamentseröffnungsakt:) Ausweislich der bei Nachlassakt VI…… befindlichen – hiermit vorgelegten Sterbeurkunde – Todesanzeige (Standesamt…… Nr…….) ist (Wohnort) am…… (Name) gestorben (Nachweis des Todes durch öff Urkunde).
Der letzte gewöhnliche Aufenthalt zur Zeit des Todes war (Wohnort).
Der Erblasser besaß die deutsche Staatsangehörigkeit.
Der Erblasser hat nur folgende letztwillige Verfügung hinterlassen:
Privatschriftliches Testament vom……
Das Testament wurde vom Nachlassgericht München am…… eröffnet. vgl. VI……
Ich bin zum Testamentsvollstrecker ernannt und nehme dieses Amt an.
Die Annahme des Amtes habe ich schon dem Nachlassgericht erklärt.
Ich beantrage, mir ein Zeugnis über meine Ernennung zum Testamentsvollstrecker zu erteilen.

---

[171] Grundsätzlich zur reinen Verwaltungsvollstreckung und deren Beschränkung auf bestimmte einzelne Verwaltungsaufgaben, zB Abwicklung bestimmter Nachlassverbindlichkeiten, s. BayObLGZ 1956, 186. Zu den verschiedenen Arten der Testamentsvollstreckung s. auch BayObLGZ 1976, 67 (71): Abwicklungsvollstreckung (§§ 2203–2207 BGB) – Dauervollstreckung (§ 2209 S. 1 Hs. 2 BGB) – reine Verwaltungsvollstreckung (§ 2209 S. 1 Hs. 1 BGB). Während die Verwaltungsvollstreckung/Dauervollstreckung gem. § 2209 – einschließlich ihrer Dauer – im Testamentsvollstreckerzeugnis anzugeben ist, erfolgt dies bei der Verwaltungsbefugnis, die auch bei der Abwicklungsvollstreckung gegeben ist, nicht.

Sodann erklärte der Erschienene nach Hinweis auf die Bedeutung einer Versicherung an Eides Statt und nach Belehrung über die strafrechtlichen Folgen einer wissentlich oder fahrlässig abgegebenen falschen eidesstattlichen Erklärung:

Ich versichere an Eides Statt, dass mir nichts bekannt ist, was der Richtigkeit meiner folgenden Angaben entgegensteht:

1. Ein Rechtsstreit über meine Ernennung zum Testamentsvollstrecker ist nicht anhängig.
2. Weitere letztwillige Verfügungen außer der erwähnten hat der Erblasser nicht hinterlassen.

Beschränkungen meiner Tätigkeit sind im Testament nicht vorgesehen – Der Erblasser hat angeordnet:......

Über meine steuerlichen Pflichten gemäß §§ 3 Abs. 4, 34, 37, 69, 149 ff, 191 AO, §§ 31 Abs. 5; 32, 33 ErbStG, 25 Abs. 3 EStG, 49 KStG, 19 VStG, 14a GewStG, 18 UStG (Pflicht zur Abgabe von Steuererklärungen) wurde ich belehrt.

v g u u
Unterschriften

Der Nachlasswert wurde angegeben mit   ......
Der Geschäftswert ist angenommen mit   ......
Gebührenvorschuss bezahlt   ......

Nachdem die Erteilung des Zeugnisses sich hier auf ein privatschriftliches Testament stützen wird, ergeht zunächst an die Erben folgendes Schreiben:[172]

Muster:

64   Herr [...] hat heute beantragt, ihm ein Testamentsvollstreckerzeugnis nach dem am (Datum) in München verstorbenen (Name) auf Grund des privatschriftlichen Testaments vom (Datum), dessen Inhalt Ihnen bereits mitgeteilt worden ist, zu erteilen.

(Sind nach dem Inhalt des Testaments Beschränkungen usw in das Zeugnis aufzunehmen, so ist dies hier anzugeben.)

Es wird Ihnen die Möglichkeit gegeben, zu dem Antrag Stellung zu nehmen. Sollte binnen...... Woche...... keine Erklärung eingehen, so wird angenommen, dass Sie gegen die Ausstellung des Zeugnisses in beantragter Form nichts einzuwenden haben.

Nach Eingang der Antwort bzw. Fristablauf wird sodann verfügt.[173]

Muster: Testamentsvollstreckerzeugnis

65   I. *Testamentsvollstreckerzeugnis*
      Herr *Rechtsanwalt (Name)*, geschäftsansässig in (Ort), ist zum Testamentsvollstrecker über den Nachlass des am (Datum) in (Ort) verstorbenen, zuletzt in (Ort) wohnhaft gewesenen Erblassers (Name), geboren am (Datum) in (Ort) ernannt worden
      Der Erblasser hat angeordnet, dass (...)[174]
   II. 1. Auszufertigen für Testamentsvollstrecker, wie oben.
       2. Beglaubigte Abschrift an Finanzamt (Erbschaftsteuerstelle)
         Güterstand:......
         Nachlasswert:......

---

[172] Früher ergab sich die Pflicht zur Anhörung aus § 2368 Abs. 2 BGB [idF bis zum 1.9.2009]. Heute folgt die Pflicht allgemein aus §§ 26, 345 III S. 2 Nr. 1 FamFG, vergleiche Keidel/*Zimmermann* § 354 Rn. 13.

[173] Beachte MiZi XVII Nr. 2, 5.

[174] Beschränkung des Testamentsvollstreckers in der Verwaltung des Nachlasses (§ 2208 BGB) sowie Anordnung, dass der Testamentsvollstrecker in der Eingehung von Verbindlichkeiten für den Nachlass nicht beschränkt sein soll (§§ 2207, 2209 S. 2 BGB), ist hier anzugeben (§ 354 Abs. 2 FamFG, § 2368 BGB). Verwaltungsbeschränkungen, zum Beispiel der Verwaltung unterliegen nur einzelne Gegenstände (dazu BayObLGZ 1982, 59 – Verwaltung eines Grundstücksanteils), sind im Einzelnen aufzuführen.

3. Beglaubigte Abschrift an Grundbuchamt wegen de.. Grundstück..
4. Beglaubigte Abschrift an Registergericht wegen der Firma......
5. Mitteilung an Erben und Vermächtnisnehmer.
6. Bewerten Nr. 12210 KV. Die Gebühr nach Nr. 12210, Vorbem. 1 Abs. 2 KV – Beurkundung der eidesstattlichen Versicherung – wird besonders erhoben).
7. Weglegen.

(Ort), den (Datum)
Amtsgericht

......, Richter am Amtsgericht

6. Die Berichtigung und Beseitigung des Zeugnisses

Eine Berichtigung des Testamentsvollstreckerzeugnisses kommt grundsätzlich nur in den **66** Grenzen des § 42 FamFG, der allerdings an den Beschluss anknüpft, in Betracht. Die Berichtigung eines gemeinschaftlichen Zeugnisses hinsichtlich Änderungen infolge Wegfalls und Neuernennung von Testamentsvollstreckern wird teilweise für möglich gehalten.[175]

Ist dagegen ein Zeugnis **unrichtig erteilt,** zum Beispiel abweichend vom Antrag ausgestellt, so erfolgen die **Einziehung und Kraftloserklärung** entsprechend den Bestimmungen über den Erbschein (Einziehung von Amts wegen – Antrag auf Einziehung beim Nachlassgericht – Beschwerde mit dem Ziel auf Einziehung),[176] §§ 2368 S. 2, 2361 BGB, 354 FamFG (→ § 39 Rn. 6). Der wirkliche Testamentsvollstrecker kann vom Inhaber eines unrichtigen Zeugnisses die Herausgabe nach §§ 2368 S. 2 iVm 2362 Abs. 1 BGB verlangen; diesen Anspruch haben auch Erben (§ 2362 Abs. 1 BGB), Nacherben (§ 2363 BGB) und der irrtümlich für tot Erklärte (§ 2370 Abs. 2 BGB).[177]

Bloße Zweifel an der Richtigkeit des erteilten Testamentsvollstreckerzeugnisses rechtfertigen jedoch nicht dessen Einziehung. Vielmehr muss das Nachlassgericht prüfen, ob im Zeitpunkt der jetzt zu treffenden Entscheidung die Voraussetzungen für Erteilung des Zeugnisses noch vorliegen oder nicht, eine Einziehung kann erst nach abschließender Klärung ergehen.[178] Wegen der Gefahren, die von einem unrichtigen, sich im Umlauf befindlichen Testamentsvollstreckerzeugnis ergeben, kommt auch der Erlass einer einstweiligen Anordnung gemäß § 49 FamFG durch das Nachlass- oder Beschwerdegericht beziehungsweise der Erlass einer einstweiligen Verfügung durch das Prozessgericht gemäß §§ 935, 940 ZPO in Betracht.[179]

Für die Einziehung des Testamentsvollstreckerzeugnisses fällt eine Gebühr in Höhe von 0,5 an; §§ 40 Abs. 5 GNotKG, Nr. 12420 KV-GNotKG.

Gegen den Einziehungsbeschluss oder die Kraftloserklärung gibt es nach Vollziehung nur noch eine Beschwerde mit dem Ziel der Neuerteilung (§§ 353 Abs. 2 und Abs. 3, 354 FamFG).[180]

---

[175] *Bengel/Reimann,* Handbuch der Testamentsvollstreckung, § 2 Rn. 316 f.; enger BayObLGZ 1992, 175 (180), das die Berichtigung des Testamentsvollstreckerzeugnisses grundsätzlich für nicht möglich hält; ähnlich Burandt/Rojahn/*Gierl* § 2368 Rn. 35 unter Hinweis auf OLG Zweibrücken ZEV 2001, 27 mit Anmerkung *Damrau.*

[176] Beschwerdeberechtigt ist nur der Testamentsvollstrecker, nicht der Erbe, da dieser nicht in seinen Rechten beeinträchtigt wird (§ 59 Abs. 1 FamFG). Zur Beschwerdebefugnis des Testamentsvollstreckers, falls sein Antrag auf Einziehung wegen Unrichtigkeit (zB es wird ihm die behauptete Einsetzung als Testamentsvollstrecker trotz Annahme des Amtes abgesprochen) abgelehnt wird, s. OLG Oldenburg Rpfleger 1965, 305.

[177] MüKoBGB/*Grziwotz* § 2368 Rn. 54.

[178] BGH NJW 1963, 1972.

[179] NK-Nachfolgerecht/*Krätzschel* §§ 935, 940 ZPO Rn. 6.

[180] Burandt/Rojahn/*Gierl* § 2368 Rn. 41.

68   **Mit der Beendigung des Amtes** (Erledigung aller Aufgaben – nicht dagegen Untätigkeit des Testamentsvollstreckers[181] –, Zeitablauf, Kündigung, mit der sofortigen Beschwerde nicht mehr anfechtbare Entlassung,[182] Tod) **wird das Zeugnis von selbst kraft Gesetzes kraftlos und verliert seine Beweiskraft** ohne Rücksicht, ob ein Dritter das Erlöschen kennt (§ 2368 S. 2 BGB). Das Zeugnis kann daher nicht im Sinne von § 2361 BGB „eingezogen" oder für kraftlos erklärt werden. Doch ist das Nachlassgericht verpflichtet, das Zeugnis zum Akt zurückzufordern und es damit aus dem Verkehr zu ziehen.[183]

69   Belässt das Gericht das Zeugnis den Beteiligten, so ist auf jeden Fall darauf zu vermerken, dass und wann das Amt sein Ende gefunden hat.[184] Ergibt sich nachträglich, dass noch Aufgaben zu erledigen sind, so ist das Zeugnis nicht neu zu erteilen, sondern kann den Beteiligten ohne weiteres wieder ausgehändigt werden.[185] War noch kein Zeugnis erteilt worden, so wird man auch nach Beendigung des Amtes die Erteilung eines mit vorgenanntem Vermerk versehenen Zeugnisses für zulässig erachten.[186]

70   Ein eigenes Zeugnis über den Wegfall der Testamentsvollstreckung **(Negativtestat)** ist nicht möglich,[187] wohl dagegen über die Fortdauer des Amtes, zumindest dahingehend, dass keine Umstände für eine Amtsbeendigung bekannt sind.[188]

Recht auf **Akteneinsicht** (gebührenfrei) und Ausfertigung (nur Schreibgebühren, Nr. 31000 KV-GNotKG): § 357 FamFG.

7. Richtigkeitsvermutung und öffentlicher Glaube

71   Die beim Erbschein gemäß § 2365 BGB bestehende Richtigkeitsvermutung findet gemäß § 2368 S. 2 BGB auf das Testamentsvollstreckerzeugnis entsprechende Anwendung. In persönlicher Hinsicht besteht die **positive** Vermutung, dass der im Zeugnis Genannte Testamentsvollstrecker geworden ist. In sachlicher Hinsicht spricht eine Vermutung für die Aufgaben und Befugnisse, die das Gesetz beziehungsweise das Zeugnis (hinsichtlich der Abweichungen von der Regel) gewähren. **Negativ** wird vermutet, dass der Testamentsvollstrecker durch keine anderen, als die im Zeugnis angegebenen Anordnungen beschränkt ist.[189]

Die **Vermutung bezieht sich nicht** auf Umstände außerhalb des Zeugnisses, wie das Fortbestehen des Amtes (es sei denn, eine derartige Anordnung ist aufgeführt), die Zugehörigkeit eines Gegenstandes zum Nachlass oder das tatsächliche Bestehen der angegebenen Verfügungsbeschränkung.[190] Die Fiktionswirkung besteht darin, dass eine etwa fehlende Rechtsmacht gegenüber einem Dritten (gilt also nicht zwischen Testamentsvollstrecker und Erben) durch das Zeugnis fingiert wird; im Unterschied zum Erbschein besteht ein öffentlicher Glaube nicht nur an der Verfügungs- sondern auch an der Verpflichtungsbefugnis, weil die Verpflichtungsbefugnis auch Inhalt der Testamentsvollstreckung ist. Voraussetzung ist. Dass das Zeugnis noch wirksam ist, die Testamentsvollstreckung also nicht vollständig beendet ist oder das Testamentsvollstreckerzeugnis in anderer Weise kraftlos geworden ist (kein guter Glaube an das Fortbestehen des Amtes).

---

[181] BGH NJW 1962, 912.
[182] Dazu BayObLG NJW 1959, 1920.
[183] BayObLGZ 1953, 357; Palandt/*Weidlich* § 2368 Rn. 10.
[184] KG NJW 1964, 1905; MüKoBGB/*Grziwotz* § 2368 Rn. 61.
[185] BayObLGZ 1953, 357.
[186] KG NJW 1964, 1905; MüKoBGB/*Grziwotz* § 2368 Rn. 61.
[187] OLG München NJW 1951, 74.
[188] NK-BGB/*Kroiß* § 2368 Rn. 25; MüKoBGB/*Grziwotz* § 2368 Rn. 60 mwN; aber str.: aA OLG Köln FGPrax 2011, 86.
[189] Allgemeine Meinung, MüKoBGB/*Grziwotz* § 2368 Rn. 40 mwN.
[190] MüKoBGB/*Grziwotz* § 2368 Rn. 40, 41.

IX. Die Mitwirkung des Nachlassgerichts bei der Ausübung und Beendigung des Testamentsvollstreckeramtes

1. Vermittlung bei Streitigkeiten

Der Erblasser kann mehrere Testamentsvollstrecker ernennen und diesen unterschiedliche **72** Aufgaben zuweisen oder ihnen die Testamentsvollstreckung gemeinschaftlich übertragen. Hat der Erblasser keine anderweitige Anordnung getroffen, können mehrere Testamentsvollstrecker nur gemeinsam Rechtsgeschäfte vornehmen, Anträge stellen, Rechtsmittel einlegen (§ 2224 Abs. 1 BGB).

Bei einer Meinungsverschiedenheit mehrerer Testamentsvollstrecker entscheidet das Nachlassgericht (§ 2224 Abs. 1 S. 1 Hs. 2 BGB). Zuständig ist der Richter (§ 16 Abs. 1 Nr. 4 RPflG); bei Rechtspflegerentscheidung ist § 8 RPflG anzuwenden. Bei landwirtschaftlichen Grundstücken im Sinne der HöfeO entscheidet das Landwirtschaftsgericht.[191]

Der Erblasser kann dieses Entscheidungsrecht des Nachlassgerichts jedoch ausschließen (§ 2224 Abs. 1 S. 3 BGB).

Auch bei gemeinschaftlicher Amtsführung kann jeder Testamentsvollstrecker ohne Zustimmung seiner Mitvollstrecker die Maßregeln treffen, welche zur Erhaltung eines der gemeinschaftlichen Verwaltung unterliegenden Nachlassgegenstandes notwendig sind (§ 2224 Abs. 2 BGB).

Ist jedem Testamentsvollstrecker ein selbstständiger Amtskreis zugewiesen, in dem er ohne Mitwirkung der anderen Testamentsvollstrecker handeln kann, greift die Bestimmung nicht ein.

Maßgebend für die Entscheidung sind sachliche Zweckmäßigkeitsgründe.[192] Rechtliche Streitigkeiten sind vom Prozessgericht zu entscheiden.[193] Die Entscheidung kann nicht nur von einem Testamentsvollstrecker, sondern auch von den sonstigen materiell Beteiligten (idR Erben) beantragt werden. Das Nachlassgericht kann nur einer von den Streitenden bereits vertretenen Meinung beitreten (die Entscheidung kann sich auch in der Mitte zwischen den verschiedenen Meinungen der Testamentsvollstrecker bewegen) oder aber alle ablehnen.[194]

Muster: Entscheidung des Nachlassgerichts bei Meinungsverschiedenheiten mehrerer Testamentsvollstrecker

I. *Beschluss* **73**
   Der Meinung des Testamentsvollstreckers (Name), dass er befugt sei, den Erben Auskunft über ...) zu geben, wird beigetreten.
II. Ziff I an die Testamentsvollstrecker sowie Erben mitteilen.
III. Kostenbehandlung (§ 65 GNotKG, Nr. 12420 KV-GNotKG).
IV. Weglegen.

......, den......
Amtsgericht

......, Richter am Amtsgericht

Das **Nachlassgericht** hat hier über ein **tatsächliches** Verhalten zu entscheiden, mag der **74** Grund der Meinungsverschiedenheit – wie fast immer – auch rechtlicher Natur sein (Vorfrage). Zwar ist **das Prozessgericht bei „Rechtsstreitigkeiten"** der Testamentsvollstre-

---

[191] NK-BGB/*Kroiß* § 2224 Rn. 5; MüKoBGB/*Zimmermann* § 2224 Rn. 10.
[192] Staudinger/*Reimann* § 2224 Rn. 22; BayObLG MDR 1978, 142.
[193] BGHZ 20, 264.
[194] Überwiegende Meinung; Staudinger/*Reimann* § 2224 Rn. 26: Die Entscheidung geht auf „durchzuführen" oder „nicht durchzuführen".

cker **zuständig.** Das Nachlassgericht ist aber immer auch zuständig, **rechtliche Vorfragen** zu entscheiden.[195] Eine Entscheidung des Prozessgerichts bindet jedoch das Nachlassgericht.

Rechtsmittel bei Ablehnung oder Stattgeben des Antrages: befristete (Frist 2 Wochen bei Vornahme eines Rechtsgeschäfts, § 355 Abs. 2 FamFG, sonst 1 Monat) Beschwerde (§ 58 FamFG). Der Beschluss, wird mit bei Vornahme eines Rechtsgeschäfts mit Rechtkraft gemäß §§ 355 Abs. 2 iVm 40 Abs. 3 FamFG, sonst mit Bekanntgabe (§ 40 Abs. 1 FamFG) wirksam. Bei Gefahr im Verzug kann das Nachlassgericht die sofortige Wirksamkeit anordnen (§ 40 Abs. 3 FamFG). Jeder Testamentsvollstrecker kann in den beiden Fällen des § 355 Abs. 3 FamFG selbständig Beschwerde einlegen.[196] Beschwerdegericht ist das OLG. Beschwerdeberechtigung: § 59 Abs. 1 und 2 FamFG.

Muster: Streit der Testamentsvollstrecker über die Vornahme eines Rechtsgeschäfts

75   I. *Beschluss*
          Der Testamentsvollstrecker (Name) hat der von den beiden Mittestamentsvollstreckern (Name) und (Name) ins Auge gefassten Veräußerung des Nachlassinventars an (..) zu den Bedingungen, wie sie im Antrag der beiden Testamentsvollstrecker vom (Datum) niedergelegt sind, zuzustimmen.
     II. Zustellung einer Ausfertigung von I an sämtliche Beschwerdeberechtigten (Testamentsvollstrecker, Erben, Auflageberechtigte, Vermächtnisnehmer, Pflichtteilsberechtigte und sonstige Nachlassgläubiger).
   III. Kostenbehandlung (§ 65 GNotKG, Nr. 12420 KV-GNotKG).
   IV. Weglegen.
     ......, den......
     Amtsgericht

                                             ......, Richter am Amtsgericht

---

2. Außerkraftsetzung von Anordnungen des Erblassers[197]

76   Grundsätzlich hat der Testamentsvollstrecker die Anordnungen (nicht bloße Wünsche),[198] die der Erblasser für die Verwaltung (nicht Teilung) durch letztwillige Verfügung getroffen hat, zu befolgen. Anordnungen (nicht die ganze Testamentsvollstreckung),[199] deren Befolgung den Nachlass erheblich gefährden würde, können jedoch auf Antrag des Testamentsvollstreckers oder eines anderen Beteiligten (Erben, Auflageberechtigten, Vermächtnisnehmer, nicht aber anderer Nachlassgläubiger)[200] vom Nachlassgericht[201] außer Kraft gesetzt werden (§ 2216 Abs. 2 S. 2 BGB). Läuft der Antrag jedoch darauf hinaus, etwa eine Auflage ganz in Wegfall zu bringen, so fällt dies aus dem Rahmen des § 2216 Abs. 2 S. 2 BGB.[202]

Mehrere Testamentsvollstrecker, die das Amt gemeinschaftlich führen, können den Antrag nur gemeinschaftlich stellen.

---

[195] Staudinger/*Reimann* § 2224 Rn. 26. Die Rechtsprechung des BGH (E 20, 264) ist in der Praxis kaum vollziehbar; letztlich wäre das Nachlassgericht immer unzuständig.
[196] Nicht einschlägig bei GbR als Testamentsvollstreckerin, Keidel/*Zimmermann* § 355 Rn. 25, 33 (Formal ist nur ein Testamentsvollstrecker ernannt).
[197] Grundlegend: *Schmidl*, Methodische Grundlagen und richtige Anwendung der Außerkraftsetzung gem. § 2216 II 2 BGB mit Hinweisen zum Behindertentestament, ZErb 2017, 276.
[198] BayObLGZ 1976, 67.
[199] KG JR 1951, 732.
[200] Dazu BGHZ 35, 296; BayObLGZ 1982, 459 (auch nicht Privatgläubiger eines Miterben).
[201] Zuständig zur Entscheidung ist der Richter (§ 16 Abs. 1 Nr. 3 RPflG).
[202] BayObLGZ 1961, 155.

Die Anordnungen können rein wirtschaftliche Maßnahmen, wie auch solche rechtsgeschäftlicher Natur betreffen.[203] Eine Gefährdung des Nachlasses kann zum Beispiel darin gesehen werden, dass der Erblasser die Veräußerung von Nachlassgrundstücken auf bestimmte Zeit verboten hat, andererseits sich die Möglichkeit bietet, ein Grundstück vorteilhaft zu veräußern oder abzustoßen. Eine Gefährdung der Nachlasssubstanz wird nicht vorausgesetzt, es genügt, wenn die Interessen von Nachlassbeteiligten erheblich gefährdet werden, die der Erblasser hat fördern wollen.[204]

Bestritten, aber wohl zu bejahen ist, ob eine Entscheidung des Nachlassgerichts auch dann noch möglich ist, wenn der Testamentsvollstrecker sich bereits über die Anordnung des Erblassers hinweggesetzt hat.[205] Das Nachlassgericht kann nur aufheben oder ablehnen, nicht aber eine abweichende Anordnung treffen.[206] Es soll vor der Entscheidung, soweit tunlich, die Beteiligten hören.

Muster: Außerkraftsetzen einer Anordnung des Erblassers

I. *Beschluss*[207]

Die Anordnung des Erblassers X in seinem privatschriftlichen Testament vom (Datum) „Die im Nachlass vorhandenen Grundstücke dürfen nicht vor Ablauf von zehn Jahren zum Verkauf gebracht werden. Der Verkauf ist sodann nur zulässig, wenn sämtliche Erben und der Testamentsvollstrecker damit einverstanden sind", **wird außer Kraft gesetzt.**

Gründe

Der Testamentsvollstrecker (Name) hat am (Datum) beantragt, die in der Entscheidung aufgeführte Bestimmung des Testaments außer Kraft zu setzen, damit er die im Nachlass vorhandenen Grundstücke zur Deckung der vorhandenen Schulden zum Verkauf bringen könne. Wille des Erblassers war es, nicht nur einen Verkauf der Grundstücke zur Unzeit zu verhindern, sondern einzelnen Erben aus den durch die Verpachtung des Grundbesitzes zu erzielenden Einnahmen vorweg laufende Zuwendungen zu sichern, umso einen gerechten Ausgleich unter sämtlichen Erben bei der endgültigen Auseinandersetzung sicherzustellen. Stellt somit das Veräußerungsverbot einerseits eine sogenannte negative Teilungsanordnung iSv § 2048 BGB dar, so liegt andererseits darin zugleich eine Verwaltungsanordnung im Sinne von § 2216 BGB. Der Testamentsvollstrecker soll während der Verbotsfrist für eine günstige Verpachtung des Grundbesitzes Sorge tragen und aus den Ertragnissen für die Lasten des Grundbesitzes wie des Nachlasses aufkommen sowie die Überschüsse einzelnen Erben zukommen lassen. Im Rahmen einer ordnungsgemäßen Verwaltung ist der Testamentsvollstrecker grundsätzlich auch zur Veräußerung der Grundstücke befugt. Reichen die Pachteinnahmen, wie der Testamentsvollstrecker nachgewiesen hat, zur Deckung der erforderlichen Ausgaben und sonstigen Schulden nicht aus, so besteht die Notwendigkeit zur Veräußerung des Grundbesitzes. Dem steht die Anordnung des Erblassers entgegen. Sie kann vom Nachlassgericht gemäß § 2216 Abs. 2 S. 2 BGB auf Antrag außer Kraft gesetzt werden, wenn ihre Befolgung den Nachlass erheblich gefährdet. Der Begriff der Gefährdung des Nachlasses schließt nicht etwa die Berücksichtigung einer etwaigen Schädigung der an dem Nachlass interessierten Personen aus. Wollte der Erblasser durch seine Anordnung gerade die wirtschaftlichen Grundlagen der Erben sicherstellen, so ist ihre Aufhebung für zulässig zu erachten, wenn durch die Befolgung der Anordnung die Zweckbestimmung des Nachlasses erheblich gefährdet werden würde. Dem steht nicht entgegen, dass die Verwaltungsanordnung mit einer Teilungsanord-

77

---

[203] BayObLGZ 1982, 459.
[204] BayObLGZ 1961, 155.
[205] Bejahend Palandt/*Weidlich* § 2216 Rn. 5, ablehnend Staudinger/*Reimann* § 2216 Rn. 27.
[206] KG OLGZ 1971, 220.
[207] Der Fall ist der Entscheidung des KG JFG 14, 154 entnommen.

> nung zusammentrifft. Die Außerkraftsetzung der Verwaltungsanordnung ist auch dann zulässig, wenn dadurch die Ausführung einer Teilungsanordnung unmöglich wird. Die Erben können an der Aufrechterhaltung einer Teilungsanordnung, deren Befolgung eine erhebliche Gefährdung des Nachlasses bedeuten würde, vernünftigerweise kein Interesse haben.
>
> II. Mitteilung von I an Testamentsvollstrecker und Erben (evtl sonstige Beteiligte) ggf. förmliche Bekanntgabe, soweit Beschwerde eingelegt werden kann.
>
> III. Kostenbehandlung (Nr 12 420 KV-GNotKG).
>
> IV. Weglegen.

78   **Rechtsmittel:** Befristete Beschwerde zum OLG (§§ 58, 63 FamFG). Bei Ablehnung ist immer der Antragsteller, § 59 Abs. 2 FamFG (führen mehrere Testamentsvollstrecker das Amt gemeinschaftlich, dann Einlegung nur gemeinschaftlich) beschwerdeberechtigt (§ 59 Abs. 1 FamFG), sonst alle, deren Recht durch die Verfügung beeinträchtigt wird (Testamentsvollstrecker, und zwar jeder selbständig, § 355 Abs. 3 FamFG; Erbe, Vermächtnisnehmer, Auflageberechtigte, nicht aber sonstige Nachlassgläubiger[208] oder der Träger der Sozialhilfe, der für den Vorerben Sozialleistungen erbringt).[209]

Der Beschluss wird mit Bekanntgabe gemäß § 40 Abs. 1 FamFG wirksam.

X. Beendigung der Testamentsvollstreckung

79   Das Amt des Testamentsvollstreckers endet mit dem Tod des Testamentsvollstreckers (§ 2224 BGB), mit der Kündigung des Amtes (§ 2225 BGB) oder mit der **Entlassung des Testamentsvollstreckers** durch das Nachlassgericht (§ 2226 BGB).

In der Praxis dürfte der häufigste Fall die Entlassung des Testamentsvollstreckers durch das Nachlassgericht auf Antrag eines Beteiligten sein.

Durch eine wirksame **Beendigungsvereinbarung** zwischen Testamentsvollstreckern und Erben kann in der Regel nicht die Testamentsvollstreckung beendet werden, sondern allenfalls intern erreicht werden, dass die Verwaltung den Erben überlassen wird oder sich der Testamentsvollstrecker zur Kündigung verpflichtet, eventuell gegen eine Honorarabfindung.[210] Dabei verspricht die Einzelfreigabe von Nachlassgegenständen gemäß § 2217 noch die größte Rechtssicherheit.[211]

Die Entlassung führt auch dann, wenn nur ein Testamentsvollstrecker vorhanden ist, nicht notwendigerweise zur Beendigung der Testamentsvollstreckung.[212] Der Erblasser kann entweder einen weiteren Testamentsvollstrecker ernannt oder das Nachlassgericht beziehungsweise einen Dritten ersucht haben, einen weiteren Testamentsvollstrecker zu bestimmen. Ob das der Fall ist, ist gegebenenfalls durch Auslegung des Testaments oder des Erbvertrags zu klären; maßgebliches Auslegungskriterium ist, ob bei der Anordnung durch den Erblasser die Person des Testamentsvollstreckers im Vordergrund stand oder das Amt als solches.

1. Entlassung durch das Nachlassgericht

80   Das Nachlassgericht kann den Testamentsvollstrecker auf Antrag eines der Beteiligten entlassen, wenn ein **wichtiger** Grund vorliegt (§ 2227 BGB). Daneben kommt eine

---

[208] BayObLGZ 1982, 459.

[209] OLG München ZErb 2017, 195.

[210] Zum Inhaltskatalog derartiger Vereinbarungen siehe *Reimann* NJW 2005, 789 (791).

[211] BGH NJW 1971, 1805; zu den Grenzen der Zulässigkeit, der Problematik der Honorarabfindung und der strafrechtlichen Beurteilung s. ebenfalls *Reimann* NJW 2005, 789; Zur Problematik der Löschung des Testamentsvollstreckervermerks im Grundbuch s. in Bezug auf eine Vereinbarung *Reimann* NJW 2005, 789 (791) und allgemein OLG München MittBayNot 2006, 427 und *Weidlich* MittBayNot 2006, 390.

[212] Das Nachlassgericht ist nicht befugt, eine Testamentsvollstreckung überhaupt aufzuheben (BayObLGZ 1953, 361; Staudinger/*Reimann* § 2227 Rn. 37).

Entlassung des Testamentsvollstreckers auch dann in Betracht, wenn Umstände zu Tage treten, die, hätte der Erblasser sie gekannt, ihn mutmaßlich davon abgehalten hätten, den Testamentsvollstrecker überhaupt zu ernennen (ergänzende Testamentsauslegung).[213] Dieser Weg erscheint insgesamt sachgerecht, denn er rückt den hypothetischen Willen des Erblassers stärker in das Zentrum der Überlegungen.

Der Erblasser kann die Entlassung im Testament nicht ausschließen (§ 2220 BGB). Ebenso wenig kann er Streitigkeiten über die Entlassung des Testamentsvollstreckers privaten Schiedsgerichten zuweisen, weil § 2227 BGB die zwingend verfahrensrechtliche Absicherung darstellt, damit die nicht abdingbaren Rechte des Erben gegen den Testamentsvollstrecker aus §§ 2215, 2216, 2218, 2219 BGB durchsetzbar bleiben.[214] Etwas anderes lässt sich auch nicht aus § 1066 ZPO herleiten, da die Vorschrift die Möglichkeit des Schiedsverfahrens nicht eröffnet, sondern voraussetzt.[215]

Zur Frage, wann ein wichtiger, die Entlassung des Testamentsvollstreckers rechtfertigender wichtiger Grund vorliegt, hat sich eine umfangreiche Einzelfalljudikatur entwickelt.

Den Ausgangspunkt für die Beantwortung der Frage, ob ein wichtiger Grund für die Entlassung des Testamentsvollstreckers vorliegt, bildet folgende, von der Rechtsprechung entwickelte Formel:

„Ein wichtiger Grund liegt, ohne Rücksicht auf ein Verschulden, auch dann vor, wenn der Testamentsvollstrecker, sei es durch die bei ihm bestehenden Verhältnisse, sei es durch sein persönliches Verhalten, begründeten Anlass zu der Annahme gibt, dass ein längeres Verbleiben im Amt der Ausführung des letzten Willens des Erblassers hinderlich sei oder dass sich dadurch eine Schädigung oder erhebliche Gefährdung der Interessen der an der Ausführung oder am Nachlass Beteiligten ergeben würde.[216] Des Weiteren kann ein nicht nur auf subjektiven Gefühlsmomenten, sondern auf Tatsachen beruhendes Misstrauen eines Beteiligten schon für sich allein einen wichtigen Grund für die Entlassung des Testamentsvollstreckers bilden. Zu beachten ist dabei, dass eine gedeihliche Führung des Amtes vor allem Unbefangenheit des Testamentsvollstreckers voraussetzt. Schließlich kann auch ein erheblicher Interessengegensatz zwischen Testamentsvollstrecker und (einzelnen) Erben ein wichtiger Grund zur Entlassung sein.“[217]

a) Pflichtverletzung und grobe Fahrlässigkeit

Das Gesetz selbst gibt Anhaltspunkte für das Vorliegen eines wichtigen Grundes:[218] „ins- **81** besondere grobe Fahrlässigkeit, Pflichtverletzung oder Unfähigkeit zur ordnungsgemäßen Geschäftsführung." Daneben gibt es nicht benannte („sonstige") Entlassungsgründe. **Verschulden** ist nur für die „grobe Pflichtverletzung" Voraussetzung.[219] Die **82** **grobe Pflichtverletzung** ist eine erhebliche und schuldhafte Zuwiderhandlung gegen die dem Testamentsvollstrecker obliegenden Pflichten.[220] Sie bildet, wie die kein Verschulden erfordernde Unfähigkeit zur ordnungsgemäßen Geschäftsführung, einen wichtigen Grund im Sinne des Gesetzes.

Ein **erheblicher Interessengegensatz** oder die **Feindschaft** zwischen den Erben und dem Testamentsvollstrecker rechtfertigen nicht zwangsläufig die Annahme eines wichtigen Grundes, hinzukommen müssen besondere Umstände, die ein Verbleib des Testamentsvoll-

---

[213] NK-BGB/*Kroiß* § 2227 Rn. 11.
[214] BGH NJW 2017, 2112.
[215] BGH NJW 2017, 2112 mit umfangreichen Nachweisen zum Meinungsstand.
[216] BayObLGZ 1985, 298 (302); 2001, 167 (170); OLG München MittBayNot 2009, 243; KG MittBayNot 2012, 54 mAnm *Kroiß*.
[217] BayObLGZ 1985, 298 (302); 1997, 1 (12); OLG München FGPrax 2009, 76; OLG Schleswig NJW-RR 2016, 646.
[218] Dazu BayObLGZ 1957, 317; 1976, 67; Rpfleger 1980, 152 (Entnahme einer zu hohen Vergütung); OLG Hamm Rpfleger 1959, 53; NJW 1968, 800; OLG Schleswig SchlHA 1958, 312; 1965, 107 (zu hohe Vergütung); OLG Stuttgart OLGZ 1968, 457; OLG Köln Rpfleger 1969, 207; OLG Zweibrücken Rpfleger 1977, 306; OLG Celle OLGZ 1978, 442.
[219] BayObLG FamRZ 1991, 235 (236).
[220] BayObLGZ 1997, 1 (112); FamRZ 1991, 615; BayObLG NJWE-FER 2001, 262.

streckers in seinem Amt ausgeschlossen erscheinen lassen.[221] Zu Recht ist die Rechtsprechung in dieser Frage zurückhaltend, denn es soll den Erben nicht leicht gemacht werden,
den unliebsamen Testamentsvollstrecker „los zu werden". Da der Testamentsvollstrecker die
Wünsche des Erblassers umsetzt, können in der Verwaltung Spannungen mit den Erben
geradezu angelegt sein.

Selbst wenn ein wichtiger Grund vorliegt, ist nach pflichtgemäßem Ermessen zu überprüfen, ob gleichwohl überwiegende Gründe für ein Verbleiben des Testamentsvollstreckers
im Amt sprechen, das folgt schon aus der Formulierung des § 2227 BGB „kann entlassen".[222]

83   Voraussetzung für die Entlassung ist eine wirksame Ernennung, die Annahme sowie das
Fortbestehen des Amtes.[223] Fehlt es daran, so erfolgt Zurückweisung des Entlassungs-
antrags.

Bei der Beurteilung des **„wichtigen Grundes" ist eine umfassende Würdigung aller
Umstände im Hinblick auf eine objektive Gefährdung der Interessen der Erben
vorzunehmen.** Der Umstand allein, dass der Testamentsvollstrecker zu einem zurückliegenden Zeitpunkt die eidesstattliche Versicherung zur Offenbarung seiner Vermögensverhältnisse abgegeben hat, reicht allein nicht ohne weiteres aus.[224] **Das Nachlassgericht
hat einen Beurteilungsspielraum** bei der Überprüfung, ob ein wichtiger Grund im
konkreten Fall vorliegt.[225] Das Beschwerdegericht – als zweite Tatsacheninstanz – prüft die
Entscheidung des Nachlassgerichts in vollem Umfang nach. Es kann das Vorliegen eines
wichtigen Grundes also auch abweichend vom Nachlassgericht beurteilen.

b) Einzelfälle

84 Die Rechtsprechung hat in den folgenden Fällen das Vorliegen eines wichtigen Grundes
für die Entlassung des Testamentsvollstreckers **verneint**:
– Übermittlung des Nachlassverzeichnisses erst nach 15 Monaten[226]
– Erfolgreiche Prozessführung durch den Testamentsvollstrecker[227]
– Übermittlung des Nachlassverzeichnisses erst nach zweimaliger Aufforderung und gerichtlichem Hinweis, wenn dem Erblasser die Testamentsvollstreckung gerade durch die
  fragliche Person besonders wichtig war[228]
– Erstellung des Nachlassverzeichnisses erst nach 9 Monaten bei einem umfangreichen
  Nachlass[229]
– wenn die – nicht berufsmäßige – Testamentsvollstreckerin irrtümlich den Erben das
  Nachlassverzeichnis nicht zur Kenntnis bringt; eventuell ist ein stillschweigender Verzicht
  der Erben auf die Zusendung anzunehmen, wenn das Nachlassverzeichnis nicht nach-
  haltig angefordert wurde.[230]
– Zur Erfüllung seiner Pflicht zur **jährlichen Rechnungslegung** ist gemäß § 2218 Abs. 2
  BGB ein angemessener Zeitraum zuzubilligen. Für den Beginn einer vorwerfbaren Verzögerung ist nicht der Amtsantritt, sondern der Zeitpunkt maßgebend, in dem ein Erbe
  die jährliche Rechnungslegung verlangt.[231]

---

[221] BayObLGZ 1953, 357 (364); Bamberger/Roth/*Lange* § 2227 Rn. 14.
[222] BayObLG FamRZ 1991, 236; OLG Karlsruhe NJW 2005, 1519; OLG Düsseldorf MDR 2017, 464;
      NK-BGB/*Kroiß* § 2227 Rn. 15.
[223] BayObLGZ 1953, 357; 1976, 67.
[224] OLG Hamm DNotZ 1994, 417.
[225] „… kann…" § 2227 Abs. 1 BGB; BayObLG FamRZ 1991, 235 (236); FamRZ 1991, 490 (491); FamRZ
      1991, 615 (616); OLG Köln FamRZ 1992, 723.
[226] OLG Stuttgart ZEV 2017, 269.
[227] OLG Stuttgart ZEV 2017, 269.
[228] OLG Schleswig NJW-RR 2016, 646.
[229] BayObLG NJW-RR 2004, 366.
[230] BayObLG NJWE-FER 2001, 262.
[231] BayObLG NJWE-FER 1998, 110.

– Vertritt ein Testamentsvollstrecker in einer **strittigen Auslegungsfrage** eine ihn als Vermächtnisnehmer günstige Testamentsauslegung, so begründet dies nicht schon für sich genommen einen seine Entlassung rechtfertigenden Interessengegensatz zwischen ihm und dem Erben.[232]
– Eine schuldhafte Pflichtverletzung des Testamentsvollstreckers liegt gleichfalls nicht vor, wenn er nach sorgfältiger Ermittlung aller erkennbar erheblichen Anhaltspunkte zu einer immerhin **vertretbaren Auslegung der letztwilligen Verfügung** gelangt ist und auf dieser Grundlage die beanstandeten Verfügungen über Nachlassgegenstände vorgenommen hat[233]

Eine **Pflichtverletzung**, die die Entlassung des Testamentsvollstreckers rechtfertigen **85** kann, wurde in folgenden Fällen **angenommen:**

– Bedienung angeblicher eigener Honorarforderungen aus dem Nachlass ohne prüffähige Abrechnung gegenüber den Erben, wenn nicht der Erblasser die Forderung kannte und die formlose „Bedienung" billigte[234]
– Eine nahezu 1 Jahr andauernde Untätigkeit oder der Umstand, dass über 2 Jahre verstrichen sind (bis zur Entscheidung des Nachlassgerichts), in denen der Nachlass nicht auseinandergesetzt und die Vermächtnisse nicht erfüllt wurden, kann als Unfähigkeit zur ordnungsgemäßen Amtsführung angesehen werden[235]
– Trotz Mahnung und Fristsetzung wird kein Nachlassverzeichnis erstellt, zudem berühmt sich der Testamentsvollstrecker selbst, (testamentarischer) Erbe zu sein[236]
– 10 Jahre andauernde Abwicklungsvollstreckung, wenn die Ursachen für diese Verzögerung im Verhalten dest Testamentsvollstreckers begründet sind.[237]
– Unfähigkeit des Testamentsvollstreckers zur sachlichen Auseinandersetzung mit anderen Personen über die im Rahmen seiner Amtsführung zu regelnden Angelegenheiten[238]
– Interessenkonflikt, der dadurch zu Tage tritt, dass sich der Testamentsvollstrecker, der Miterbe ist, weigert, ein Nachlassgrundstück zu verkaufen, weil er ein nicht bestehendes „Vorkaufsrecht" für sich (unter Ausschluss der anderen Miterben) geltend macht (Vorkaufsrecht nach § 2034 besteht nur im Falle des § 2033 Abs. 1, der nicht vorlag)[239]
– **Fehlinformation über die Werthaltigkeit des Nachlasses** durch den Testamentsvollstrecker[240]
– Unterbreiten eines in hohem Maße **eigennützigen Auseinandersetzungsvorschlags**
– Übermittlung lediglich vorläufiger Nachlassverzeichnisse 5 bzw. weitere 4 Jahre später nach dem Erbfall[241]
– Veräußerung von zum Nachlass gehörenden Depot-Anteilen trotz rechtskräftiger Verurteilung zur Herausgabe[242]
– **Selbstkontrahieren** des Testamentsvollstreckers, wenn dies nicht durch eine Gestattung des Erblassers gedeckt ist und den Grundsätzen ordnungsgemäßer Verwaltung entspricht, gegebenenfalls auch, wenn ein Miterbe zum Mitvollstrecker ernannt wird[243]
– Bei **unternehmerischen Entscheidungen** des Testamentsvollstreckers kann eine die Entlassung rechtfertigende grobe Pflichtverletzung nur bei besonders schwerwiegenden

---

[232] BayObLG ZEV 2002, 155.
[233] BGH NJW-RR 1992, 775; BayObLG NJW-RR 2004, 366: keine Pflichtverletzung bei einer nicht fernliegenden Auslegung eines Vermächtnisses.
[234] OLG Düsseldorf NJW-RR 2013, 331.
[235] BayObLG FamRZ 1991, 235 (236).
[236] BayObLG ZEV 1997, 381.
[237] OLG Köln Rpfleger 2005, 196.
[238] OLG Hamm NJW-RR 2007, 878.
[239] BayObLG NJOZ 2005, 1067.
[240] OLG Naumburg FamRZ 2006, 971.
[241] OLG Schleswig BeckRS 2016, 9486.
[242] OLG Hamm ZErb 2012, 195.
[243] BGH NJW 1959, 1429; die Entscheidung ist lehrreich zum In-sich-Geschäft; s. auch OLG Frankfurt a. M. NJW-RR 1998, 795.

Verstößen gegen die Verpflichtung zur ordnungsgemäßen Verwaltung des Nachlasses angenommen werden[244]

Zur Testamentsvollstreckung an einzelkaufmännischen Unternehmen, gesellschaftsrechtlichen Beteiligungen und sonstigen Mitgliedschaften Soergel/*Damrau* § 2205 Rn. 16 ff.

Beachte hierzu auch BGH NJW 1998, 1313:

Das Prozessführungsrecht des Testamentsvollstreckers erstreckt sich nicht auf Rechtsstreitigkeiten über den Kreis der Gesellschafter, wenn der Anteil an einer Personengesellschaft zum Nachlass gehört.

Zur elterlichen Sorge und Testamentsvollstreckeramt: *Damrau,* Auswirkungen des Testamentsvollstreckeramtes auf elterliche Sorge, Vormundsamt und Betreuung, ZEV 1991, 1.

Zur Testamentsvollstreckung nach DDR-Recht: KG DtZ 1995, 448 (nur Stellung eines Vertreters des Erben oder ggfs des Vermächtnisnehmers; kann durch Vertretenen jederzeit widerrufen werden.

c) Verfahren

86 Die Entlassung des Testamentsvollstreckers wird nur auf Antrag ausgesprochen (§ 2227 BGB).

Antragsberechtigt sind Mitvollstrecker; Erben (Nacherben), deren Verfügungsbefugnis durch die Testamentsvollstreckung beschränkt wird;[245] Vermächtnisnehmer, wenn es zu den Aufgaben des Testamentsvollstreckers zählt, dieses Vermächtnis zu erfüllen;[246] Auflage- und Pflichtteilsberechtigte,[247] jedoch nur solange, als sich ihre Ansprüche gegen den Nachlass noch nicht erledigt haben;[248] nicht gewöhnliche Nachlassgläubiger;[249] ebenso wenig die Staatsanwaltschaft und der Dritte im Falle des § 2198 Abs. 1 S. 1 BGB. Ist der gesetzliche Vertreter eines minderjährigen Erben durch letztwillige Anordnung des Erblassers von der Verwaltung des Nachlasses ausgeschlossen, so kann nach der Meinung des OLG Frankfurt[250] nicht er, sondern nur ein Pfleger die Entlassung beantragen.

87 Das Gericht hat **von Amts wegen** alle zur Feststellung der Tatsachen erforderlichen **Ermittlungen** durchzuführen und die geeignet erscheinenden **Beweise aufzunehmen** (§ 26 FamFG).[251] Da die Entlassungsentscheidung des Nachlassgerichts konstitutiv ist, muss das Gericht prüfen, ob das Amt noch besteht (wirksam entstanden ist und fortbesteht). Ist das Testamentsvollstreckeramt bereits aus anderen Gründen beendet, ist für eine Entlassung kein Raum; es ist Erledigung der Hauptsache eingetreten.[252] Erklärt sich der Testamentsvollstrecker mit der Entlassung einverstanden, so erübrigt sich eine weitere Entscheidung, da diese Erklärung einer Kündigung gleichsteht, genauso als ob er selbst seine Entlassung beantragen würde.

Das Nachlassgericht[253] **entscheidet nach freiem Ermessen** durch begründeten Beschluss, kann jedoch keine vorläufige Amtsenthebung aussprechen oder den Testamentsvollstrecker für eine bestimmte Aufgabe im Amt belassen.[254] Dem Testamentsvollstrecker ist

---

[244] BayObLG NJW-RR 1990, 1420.

[245] OLG München FGPrax 2005, 267; aA OLG Hamm FD-ErbR 2009, 287992 mit krit. Anmerkung von *Litzenburger,* der zu Recht darauf hinweist, dass das OLG Hamm die Frage dem BGH hätte vorlegen müssen.

[246] BGH NJW-RR 2013, 905 für den Fall der Ernennung.

[247] OLG Bremen NJW-RR 2016, 905.

[248] KG NJW-RR 2005, 809.

[249] BGH NJW 1961, 1717 mAnm *Baur.*

[250] DNotZ 1965, 482; dazu auch BayObLGZ 1976, 67 (Frage offenlassend).

[251] BayObLGZ 1957, 317.

[252] OLG Hamm NJW-RR 2007, 878; BayObLGZ 1988, 42 (46); ZEV 2002, 24.

[253] Zuständig ist der Richter (§ 16 Abs. 1 Nr. 5 RPflG).

[254] Dem Testamentsvollstrecker, bei dem die Entlassungsvoraussetzungen gegeben sind, ist jedoch ausschließlich zum Zwecke der Ernennung eines Nachfolgers kurzfristig sein Amt zu belassen, wenn der Erblasser ihm dieses Recht eingeräumt hat (OLG Hamm NJW-RR 2007, 878 (880)), da er dieses Recht nur ausüben kann, solange er im Amt ist.

rechtliches Gehör zu gewähren (§ 34 FamFG), nach Möglichkeit auch die sonstigen Hauptbeteiligten, insbesondere die Miterben.[255] Eine mündliche Anhörung der Erben und eine mündliche Verhandlung sind nicht zwingend geboten.[256]

Nach § 345 Abs. 4 S. 1 Nr. 2 FamFG ist Beteiligter neben dem Antragsteller der Testamentsvollstrecker.

Muster: Beschluss über Entlassung des Testamentsvollstreckers

I. *Beschluss*   88

1. Der Testamentsvollstrecker (Name) wird aus seinem Amt entlassen.
2. Der Beteiligte zu … (= Testamentsvollstrecker) trägt die gerichtlichen Kosten des Verfahrens und hat den übrigen Beteiligten die notwendigen außergerichtlichen Kosten des Verfahrens zu erstatten.
3. Der Geschäftswert wird auf …,– EUR festgesetzt.

Gründe

1. Der am (Datum) verstorbene Erblasser hat mit privatschriftlichem Testament vom (Datum) A, B und X als Testamentsvollstrecker zur gemeinschaftlichen Amtsführung rechtswirksam eingesetzt. Die drei Benannten haben das Amt auch angenommen. A und B haben mit Schriftsatz vom…… beantragt, den X zu entlassen, da er in Indien lebe und sich um die Testamentsvollstreckung bisher in keiner Weise gekümmert habe. Es stehe nicht zu erwarten, dass er dies in Zukunft tun werde. Es seien dringende Grundstücksangelegenheiten zu erledigen. Die gehörten Erben haben den Antrag der beiden Testamentsvollstrecker befürwortet, X hat schriftlich mitgeteilt, er sei mit seiner Entlassung nicht einverstanden. Richtig sei zwar, dass er bisher in der Sache nicht tätig geworden sei, er sei infolge der weiten Entfernung dazu auch nicht in der Lage gewesen. Er beabsichtige jedoch, in einem Jahr nach Deutschland zu kommen. Solange könnten die Testamentsvollstreckergeschäfte zurückgestellt werden.

   Dem Antrag auf Entlassung war stattzugeben. X ist zu einer ordnungsgemäßen Geschäftsführung infolge seines Aufenthalts in Indien nicht in der Lage. Die Beibehaltung seines Amtes ist den Interessen des Nachlasses sowie der Erben schädlich, ja gefährlich.[257]

2. Die Kostenentscheidung beruht auf § 81 Abs. 1 FamFG.

   Nach Ansicht des Nachlassgerichts hat der Beteiligte zu … (= Testamentsvollstrecker) die Kosten des Gerichts zu tragen, weil er durch sein Verhalten Anlass für das Entlassungsverfahren gegeben hat; es hätte vielmehr nahegelegen, das Amt gar nicht erst anzutreten. Aus den gleichen Gründen erschien es angemessen, ihm die notwendigen außergerichtlichen Kosten der übrigen Beteiligten aufzuerlegen.

3. Die Festsetzung des Geschäftswertes beruht auf § 65 Abs. 1 GNotKG.

II. Ausfertigung von Ziff I zustellen an
   a) Testamentsvollstrecker
   b) Erben
   c) sonstige Beteiligte

III. Kostenbehandlung (Nr 12420 KV, § 65 GNotKG)

IV. Weglegen.

……, den……
Amtsgericht

                                                            ……, Richter am Amtsgericht

---

[255] BayObLG FamRZ 1999, 987.
[256] OLG Köln BeckRS 2004, 11631.
[257] Vgl. RGZ 23, 206; OLG Düsseldorf DNotZ 1950, 67.

89   Die Entlassung wird mit der Zustellung an den Testamentsvollstrecker (wenn er wider-sprochen hat) **wirksam** (§ 40 Abs. 1 FamFG), ohne Rücksicht auf die Rechtskraft der Entscheidung, Mitteilung an die übrigen Beteiligten, § 41 FamFG. Das Testamentsvollstre-ckerzeugnis wird damit kraftlos (§ 2368 S. 2 BGB). Das Beschwerdegericht kann die sofortige Vollziehung aussetzen (§ 64 Abs. 3 FamFG).

d) Rechtsmittel

90   Bei Entlassung wider Willen ist die befristete Beschwerde (§§ 58, 63 FamFG) statthafter Rechtsbehelf.
      Das Rechtsmittel steht jedem zu, dessen Recht durch die Entlassung beeinträchtigt wird.
      Bei ablehnender Verfügung steht die einfache Beschwerde nur dem Antragsteller zu (§ 59 Abs. 2 FamFG). Nimmt das Beschwerdegericht die Voraussetzungen für eine Entlassung des Testamentsvollstreckers an, so darf es die Entlassung nicht selbst aussprechen, vielmehr hat es das Nachlassgericht hierzu anzuweisen.[258] Die Anschlussrechtsbeschwerde ist statt-haft.[259] Gegen die eine Beschwerde zurückweisende Entscheidung ist gemäß §§ 70 ff. FamFG die Rechtsbeschwerde zum BGH zulässig, wenn sie vom Beschwerdegericht zugelassen wurde.

e) Kosten

91   Im Verfahren über die Entlassung des Testamentsvollstreckers bestimmt sich der für die Kosten maßgebliche Geschäftswert nach § 65 GNotKG. Nach Nr. 12420 KV-GNotKG wird eine Gerichtsgebühr in Höhe von 0,5 erhoben.
      Das Nachlassgericht kann gemäß § 81 FamFG – wie auch sonst – die Kosten ganz oder zum Teil einem der Beteiligten auferlegen. Wird der Testamentsvollstrecker aus wichtigem Grund entlassen, dürfte es naheliegen, diesem die Kosten auch der übrigen Verfahrens-beteiligten aufzuerlegen. Trifft das Nachlassgericht keine Kostenentscheidung, verbleibt es dabei, dass der Antragsteller, der das Entlassungsverfahren betrieben hat, gemäß § 22 GNotKG Kostenschuldner (für die Gerichtskosten) ist; die außergerichtlichen Kosten tragen die Beteiligten in diesen Fällen dann jeweils selbst.

2. Die Kündigung durch den Testamentsvollstrecker

92   Der Testamentsvollstrecker kann zu jeder Zeit form- und fristlos durch Erklärung gegen-über dem örtlich zuständigen Amtsgericht als Nachlassgericht das Amt kündigen (§ 2226 BGB).
      Die Erklärung ist also schriftlich, mündlich oder zu Protokoll des Gerichts wirksam.
      Das Nachlassgericht teilt diese Kündigung den Beteiligten mit und prüft, ob ein Ersatz-testamentsvollstrecker bestimmt ist (spätestens bei Kündigung möglich, § 2199 BGB) oder ein Testamentsvollstrecker durch das Gericht zu bestimmen ist.
      Eine Teilkündigung ist nur möglich, wenn dies dem Erblasserwillen entspricht.
      Die Kündigung zur Unzeit oder trotz Verpflichtung zur Übernahme beziehungsweise Verzicht auf Kündigung und ohne Vorliegen eines wichtigen Grundes verpflichtet zum Schadensersatz (§§ 2226 S. 3, 671 Abs. 2 BGB).

---

[258] OLG Karlsruhe NJW 2005, 1519 = NJW-RR 2005, 527 (529).
[259] OLG Karlsruhe NJW 2005, 1519 = NJW-RR 2005, 527 (529).

XI. Haftung des Testamentsvollstreckers

Der Testamentsvollstrecker haftet bei schuldhafter Verletzung seiner Pflichten gegenüber **93** den Erben und Vermächtnisnehmern (§ 2219), wenn hieraus ein Schaden entsteht; die Zustimmung der Erben schließt die Haftung aus.

So haftet er etwa bei unsinnigen Prozessen oder Rechtsmitteln,[260] unterlassenen Kontrollen gemäß § 51a GmbHG; nicht jedoch bei Verfügungen aus vertretbarer Testamentsauslegung.[261]

---

[260] BGH ZEV 2000, 195.
[261] BGH NJW-RR 1992, 775.

§ 20 Die Haftung der Erben für die Nachlassverbindlichkeiten

Übersicht

	Rn.
I. Das System der Haftung und ihrer Beschränkung	1
1. Arten der Nachlassverbindlichkeiten	1
a) Erblasserschulden	2
b) Erbfallschulden	4
c) Nachlasserbenschulden	5
d) Verbindlichkeiten aus dem Betrieb eines Handelsgeschäfts	6
2. Die Haftung des Erben vor Annahme der Erbschaft	10
3. Beschränkung der Haftung auf den Nachlass	12
4. Prozessuale Geltendmachung der Haftungsbeschränkung	15
5. Verlust der Möglichkeiten der Haftungsbeschränkung	16
6. Sonderregelungen	17
II. Inventarerrichtung	18
1. Recht und Pflicht zur Errichtung	19
a) Freiwillige Inventarerrichtung	19
b) Inventar auf Fristsetzung hin	21
2. Möglichkeiten der Errichtung	33
a) Bezugnahme auf ein bereits vorhandenes, den Vorschriften der §§ 2002, 2003 BGB entsprechendes Inventar (§ 2004 BGB)	34
b) Einreichung eines Inventars, das der Erbe (auch Miterbe oder ein Bevollmächtigter des Erben) selbst aufgenommen und unterschrieben hat (§ 1993 BGB)	36
c) Amtliche Aufnahme des Inventars	40
3. Aufnahme, Form und Inhalt des Inventars	48
III. Versicherung des Erben an Eides Statt zu Protokoll des Nachlassgerichts	53
1. Abgabe einer eidesstattlichen Versicherung auf Verlangen eines Nachlassgläubigers (§ 2006 BGB, § 361 FamFG)	53
2. Eidesstattliche Versicherung nach §§ 410 Nr. 1, 413 FamFG	57
IV. Aufgebot zur Ausschließung von Nachlassgläubigern	73
1. Die Bedeutung des Aufgebots	73
2. Verfahren	76
V. Gläubigerversäumnis (Verschweigungseinrede)	86

I. Das System der Haftung und ihrer Beschränkung

1. Arten der Nachlassverbindlichkeiten

1 Der Erbe tritt nicht nur beim Aktivvermögen des Erblassers an dessen Stelle, sondern auch bei dessen Schulden. Dies ergibt sich bereits aus § 1922 Abs. 1 BGB.[1] Der Streit über die Frage, ob „Vermögen" im Sinne dieser Vorschrift auch die Verbindlichkeiten des Erblassers sind, spielt jedoch keine Rolle, weil § 1967 BGB ausdrücklich anordnet, dass der Erbe für die Nachlassverbindlichkeiten „haftet". Gemeint ist, dass der Erbe Schuldner der Verbindlichkeit wird. Nicht nur das Vermögen des Erben, einschließlich des geerbten Vermögens, haftet, sondern der Erbe hat auch persönlich für die Verbindlichkeiten des Erblassers einzustehen.

Die Nachlassverbindlichkeiten werden in drei Gruppen unterteilt:[2]

---

[1] MüKoBGB/*Leipold* § 1922 Rn. 17.
[2] NK-BGB/*Krug* § 1967 Rn. 1 ff.

a) Erblasserschulden

Erblasserschulden sind diejenigen privatrechtlichen Verbindlichkeiten, die im Zeitpunkt **2** des Erbfalls bereits in der Person des Erblassers begründet waren, **sofern sie vererblich sind.**[3]

Nicht vererbliche Verpflichtungen sind etwa **3**

- die im Zeitpunkt des Todes **noch nicht fälligen** Unterhaltspflichten gegenüber Verwandten (§ 1615 BGB) und gegenüber dem nicht geschiedenen Ehegatten (§ 1360a Abs. 3 BGB);[4]
- sonstige vermögensrechtliche Pflichten familienrechtlicher Natur, soweit sie nicht nach dem Normzweck oder sogar nach ausdrücklicher Vorschrift als vererblich anzusehen sind, **vererblich** ist deswegen die Verpflichtungen des nichtehelichen Vaters auf Zahlung von Unterhalt gemäß §§ 1615n BGB; die Zugewinnausgleichsforderung des überlebenden Ehegatten in den Fällen des § 1371 Abs. 2 und 3 BGB),
- der Anspruch auf den schuldrechtlichen Versorgungsausgleich
- der Nießbrauch (§ 1061 BGB),
- alle höchstpersönlichen Rechte (wie höchstpersönliche schuldrechtliche Verpflichtungen aus §§ 673, 613, 520 BGB im Zweifel; Ansprüche des Verlags gegen den Autor).

b) Erbfallschulden

Die zweite Gruppe der Nachlassverbindlichkeiten sind die sogenannten **Erbfallschulden,** **4** das heißt diejenigen Verbindlichkeiten, die aus Anlass des Erbfalls und in Bezug auf den Nachlass entstehen, wie etwa

- Pflichtteilsansprüche, Vermächtnisse, Auflagen, Erbersatzansprüche (alten Rechts),
- die Verpflichtung, die Kosten der standesgemäßen Beerdigung des Erblassers gemäß § 1968 BGB zu tragen, die Nachlasskosten und
- Nachlassverwaltungsschulden. Zu den Nachlassverwaltungsschulden zählen die Kosten von Tätigkeiten des Nachlassgerichts bei Eröffnung der Verfügung von Todes wegen und der Nachlasssicherung (§§ 2260, 2300, 1960 BGB) und die Kosten infolge von Haftungsbeschränkungsmaßnahmen (Nachlassaufgebot, Nachlassverwaltung, Nachlasskonkurs) sowie der Inventarerrichtung und Nachlasspflegschaft.

c) Nachlasserbenschulden

Nachlasserbenschulden entstehen aus Rechtshandlungen des Erben anlässlich des Erbfalls **5** im Rahmen einer ordnungsgemäßen Verwaltung des Nachlasses und führen **grundsätzlich zu Eigenschulden des Erben.**[5] Der Erbe kann hier jedoch seine Haftung bei rechtsgeschäftlichem Handeln ausdrücklich oder stillschweigend auf den Nachlass beschränken.[6] Dazu genügt, dass der Erbe zum Ausdruck bringt, er handele nur für den Nachlass und der andere Teil darauf eingeht.[7] Der Erbe trägt die Beweislast für das Vorliegen einer derartigen Haftungsbeschränkung.[8]

Resultiert die Verbindlichkeit nicht aus einer ordnungsgemäßen Verwaltung des Nachlasses, entsteht nur eine Eigenschuld des Erben; in diesem Falle kann eine Haftungs-

---

3   Zur Frage der Vererblichkeit von Verpflichtungen siehe MüKoBGB/*Küpper* § 1967 Rn. 5 ff.; zur Vererblichkeit steuerlicher Verpflichtungen MüKoBGB/*Küpper* § 1967 Rn. 49.

4   Bestehen bleibt der Unterhaltsanspruch in Höhe eines fiktiven Pflichtteilsanspruchs beim geschiedenen Ehegatten und Lebenspartner: § 1586a Abs. 1 BGB, § 16 S. 2 LPartG, ebenso beim nichtehelichen Kind (§§ 1615a, 1615l Abs. 3 S. 4, Abs. 4 BGB).

5   Palandt/*Weidlich* § 1967 Rn. 8; OLG Köln NJW 1952, 1145.

6   BGH WM 1968, 798 = BeckRS 1968, 31174235.

7   BGH WM 1968, 798 = BeckRS 1968, 31174235.

8   MüKoBGB/*Küpper* § 1967 Rn. 24.

beschränkung auf den Nachlass nicht herbeigeführt werden. In Betracht kommt eine Haftung des Erben nach § 179 BGB.[9]

d) Verbindlichkeiten aus dem Betrieb eines Handelsgeschäfts

6 **aa) Einzelkaufmännischer Betrieb:** Die zunächst gemäß § 1967 BGB eintretende (grundsätzlich beschränkbare) Erbenhaftung wird durch § 27 HGB modifiziert. **Führt** also der **Erbe den Betrieb** über die Dreimonatsfrist des § 27 Abs. 2 HGB unter der bisherigen Firma **fort** (auch durch einen Bevollmächtigten, Prokuristen, Testamentsvollstrecker, gesetzlichen Vertreter – beachte hier aber die Haftungsbeschränkung nach § 1629a BGB), haftet er für **Altschulden** unbeschränkt gemäß § 25 Abs. 1 HGB.

Für **Neuverbindlichkeiten** haftet in diesem Fall der Erbe auch persönlich mit seinem Gesamtvermögen, es sei denn, er hat seine Haftung rechtsgeschäftlich wirksam auf den Nachlass beschränkt; bloße Zusätze, die den Nachlassbezug erkennen lassen, zum Beispiel „als Erben", „Erbengemeinschaft" etc genügen jedoch nicht.[10]

Für **Altverbindlichkeiten** kann der Erbe bei Firmenfortführung seine Haftung einseitig nur durch Erklärung gegenüber dem Handelsregister und entsprechende Veröffentlichung oder durch sonstige Bekanntmachung gegenüber den Gläubigern gemäß § 25 Abs. 2 HGB ausschließen.

Diese Erklärung ist nach einer Literaturmeinung unverzüglich (also ohne die 3-Monatsfrist des § 27 Abs. 3 HGB abzugeben.[11] Nach dem Sinn des § 27 HGB genügt es jedoch, innerhalb der 3-Monats-Frist zu erklären, „für die vom Erblasser herrührenden Geschäftsverbindlichkeiten nicht gemäß §§ 25, 27 HGB ‚aus Geschäftsfortführung', sondern nur gemäß §§ 1967, 1970 ff., als ‚Erbe' haften zu wollen."[12]

Die unbeschränkte Haftung nach § 25 Abs. 1 HGB tritt auch dann nicht ein, wenn der Erbe **innerhalb der 3-Monats-Frist den Geschäftsbetrieb einstellt oder unter neuer Firma fortführt** (§ 27 Abs. 2 HGB). Er haftet dann nur nach BGB (§§ 1967, 1975) mit der Möglichkeit, die Haftung auf den Nachlass zu beschränken.

bb) OHG und KG: Bei Ausscheiden eines OHG-Gesellschafters oder Komplementärs durch Tod wird (sofern der Gesellschaftsvertrag nichts anderes bestimmt) die Gesellschaft nicht mehr aufgelöst, sondern der Gesellschafter scheidet nach § 131 Abs. 2 HGB aus der Gesellschaft aus. Bei einer Zweipersonengesellschaft ist diese irreparabel erloschen.[13] Es tritt dann die (beschränkbare) BGB-Haftung (§§ 1967, 1975 BGB) für **Altschulden** und eine unbeschränkte Haftung für **Neuschulden** ein, sofern keine wirksame rechtsgeschäftliche Beschränkung auf den Nachlass erfolgte.

7 Wird der Erbe **persönlich haftender Gesellschafter einer OHG,** haftet er sowohl für **frühere Gesellschaftsschulden** als auch für **neue Geschäftsschulden** persönlich und unbeschränkbar (§§ 130, 128 HGB). Er hat jedoch die Möglichkeit, innerhalb von drei Monaten nach Kenntnis vom Anfall der Erbschaft zu verlangen, Kommanditist zu werden (§ 139 Abs. 1, 3 HGB). Er haftet dann gemäß § 139 Abs. 4 HGB für frühere Gesellschaftsschulden als Erbe mit der Möglichkeit, die Haftung auf den Nachlass zu beschränken und als Kommanditist persönlich bis zur Höhe seiner Einlage, soweit diese nicht geleistet ist (§ 171 Abs. 1 HGB). Für neu eingegangene Gesellschaftsschulden hat er nur wie ein Kommanditist einzustehen. Wird sein Antrag, Kommanditist zu werden, von den übrigen Gesellschaftern nicht angenommen, kann er aus der Gesellschaft ausscheiden (§ 139 Abs. 2 HGB). Er haftet dann für frühere Gesellschaftsschulden unbeschränkt, aber beschränkbar

---

[9] MüKoBGB/*Küpper* § 1967 Rn. 23.
[10] MüKoBGB/*Küpper* § 1967 Rn. 23.
[11] Oetker/*Vossler* HGB § 27 Rn. 26; aA, also für die 3-Monats-Frist zu Recht MüKoBGB/*Küpper* § 1967 Rn. 42; MüKoHGB/*Thiessen* § 27 Rn. 48; Staudinger/*Dutta* § 1967 Rn. 59.
[12] Staudinger/*Dutta* § 1967 Rn. 59.
[13] *Schmidt*, Das Handelsrechtsreformgesetz, NJW 1998, 2161 (2166).

(§ 139 Abs. 4 HGB). Für den Erben eines **persönlich haftenden Gesellschafters einer KG** gilt ebenfalls § 139 HGB, sofern die Gesellschaft nicht aufgelöst ist.

War der **Erblasser Kommanditist,** rückt der Erbe in dessen Stellung ein (§ 177 HGB). Er haftet für frühere Gesellschaftsschulden mit seinem Kommanditanteil und in Höhe der noch nicht bezahlten Hafteinlage auch mit dem übrigen Nachlass und seinem Eigenvermögen.[14] Für neue Gesellschaftsschulden haftet er ebenso.

Die **Vererblichkeit öffentlich-rechtlicher Pflichten** bestimmt sich nach den besonde-   8
ren Vorschriften des öffentlichen Rechts; soweit solche fehlen, sind §§ 1967 ff. BGB analog anzuwenden.[15]

Sonderfälle: 9
Haftung einer Erbengemeinschaft (§§ 2058–2063 BGB);
Haftung des Nacherben (§§ 2144 f. BGB);
Haftung des Erbschaftskäufers (§§ 2382 f. BGB).

2. Die Haftung des Erben vor Annahme der Erbschaft

Vor der Annahme der Erbschaft kann ein Anspruch, der sich gegen den Nachlass richtet,   10
nicht gegen den Erben gerichtlich geltend gemacht werden (§ 1958 BGB). Ein Nachlassgläubiger, der vorher gegen den Erben vorgehen will, muss nach § 1961 BGB Nachlasspflegschaft beantragen. Wenn der Nachlassgläubiger jedoch auch die Verfügungsbefugnis des Erben einschränken will, kann er – auch schon vor der Annahme – die Nachlassverwaltung oder das Nachlassinsolvenzverfahren beantragen.

Bis zu seiner unbeschränkten Haftung hat der Erbe **zwei aufschiebende Ein-**   11
reden:
a) Drei-Monats-Einrede: Der Erbe ist berechtigt, die Berichtigung einer Nachlassverbindlichkeit bis zum Ablauf der Ersten drei Monate nach der Annahme der Erbschaft, jedoch nicht über die Errichtung des Inventars hinaus zu verweigern (3-Monats-Einrede, § 2014 BGB).
b) Einrede des Aufgebotsverfahrens: Der Erbe ist weiter berechtigt, die Berichtigung einer Nachlassverbindlichkeit bis zur Beendigung des Aufgebotsverfahrens zu verweigern, wenn er innerhalb eines Jahres nach der Annahme der Erbschaft das Aufgebot beantragt hat und der Antrag zugelassen ist (§ 2015 BGB).

3. Beschränkung der Haftung auf den Nachlass

Über die genannten – zeitlich beschränkten – Möglichkeiten der Haftungsbeschränkung   12
hinaus hat der Erbe die Möglichkeit, seine dem Grundsatz nach unbeschränkte Haftung auf das Nachlassvermögen zu beschränken. Mit Ausnahme der **Dürftigkeitseinrede** des § 1990 BGB tritt eine derartige Absonderung des Nachlasses vom Vermögen des Erben nur durch amtliche Maßnahmen ein.

Derartige Maßnahmen sind die Anordnung der **Nachlassverwaltung** und des **Nachlassinsolvenz**verfahrens gemäß §§ 1975 f. BGB. Die in diesen Fällen bewirkte Haftungsbeschränkung wirkt sich **gegenüber allen Gläubigern** aus.

Zu einer **Beschränkung der Haftung gegenüber einzelnen Gläubigern** führen   13
(außer der natürlich möglichen vertraglichen Haftungsbeschränkung) das **Aufgebotsverfahren** (§§ 1970–1973 BGB, 433 ff. FamFG) und die fünfjährige Säumnis eines Nachlassgläubigers (§ 1974 BGB **Verschweigungseinrede**). Der Erbe kann in beiden Fällen, also gegenüber dem ausgeschlossenen oder säumigen Gläubiger, seine Haftung auf die Bereicherung beschränken, sofern er noch nicht unbeschränkbar haftet. Sind die Nachlassaktiva zur Zeit der Erhebung der Einrede gemäß § 1990 **(Dürftigkeitseinrede)** so geringwertig,

---

[14] HM, Argument aus § 173 HGB.
[15] S. näher MüKoBGB/*Küpper* § 1967 Rn. 48 ff.

dass die Kosten einer Nachlassverwaltung oder -insolvenz nicht gedeckt sind, kann der Erbe die Befriedigung eines Nachlassgläubigers verweigern, er muss ihm nur die Nachlassgegenstände herausgeben beziehungsweise die Zwangsvollstreckung hierin dulden. Der dementsprechende Nachweis kann durch die Inventarerrichtung gemäß § 2009 BGB oder durch die die Nachlassverwaltung oder Nachlassinsolvenz ablehnende Entscheidung des Nachlassgerichts geführt werden; die Entscheidung des Nachlassgerichts ist für das Prozessgericht bindend.[16] Muss der Erbe die Überschuldung erkennen, hat er Nachlassinsolvenz zu beantragen (§ 1980 BGB; Ausnahme § 1992 BGB), andernfalls macht er sich nach §§ 1978–1980 BGB haftbar. Muss er mangels Kostendeckung nicht Insolvenz beantragen (§ 1990 BGB), muss der Erbe bei der Befriedigung der Gläubiger (ab Überschuldungskenntnis) die Reihenfolge des § 1991 Abs. 3 und 4 BGB beachten:

1. Eigene Ansprüche (nicht aber erbrechtliche), BGH NJW 1983, 120;
2. titulierte Ansprüche (nicht erbrechtliche);[17]
3. nicht titulierte Forderungen nicht ausgeschlossener Gläubiger;
4. ausgeschlossene und verschwiegene Gläubiger;
5. Pflichtteilsansprüche;
6. Vermächtnisse und Auflagen.[18]

14   Beruht die Überschuldung des Nachlasses auf Vermächtnissen und Auflagen, kann der Erbe gegenüber den Vermächtnisnehmern und Auflagenbegünstigten die sogenannte **Nachlassüberschwerung** gemäß § 1992 BGB einredeweise geltend machen.

Ein **Miterbe** kann seine Haftung für Nachlassverbindlichkeiten durch Berufung auf die **Einrede des ungeteilten Nachlasses** beschränken (§ 2059 Abs. 1 BGB); die Einrede entfällt mit der Nachlassteilung.

4. Prozessuale Geltendmachung der Haftungsbeschränkung

15   Die Möglichkeit, seine Haftung (noch) auf den Nachlass zu beschränken, hat der Erbe nur, wenn er sich diese Möglichkeit in einem wegen einer Nachlassverbindlichkeit gegen ihn geführten Prozess vorbehalten hat. Anderenfalls kann der Gläubiger gegen den Erben auch dann (in das Eigenvermögen des Erben) vollstrecken, wenn später inzwischen eine erbrechtliche Haftungsbeschränkung herbeigeführt hat.

Die beschränkte Erbenhaftung kann also nur geltend gemacht werden kann, wenn sie **im Urteil vorbehalten** ist (§ 780 ZPO).

> **Muster: Vorbehalt der beschränkten Erbenhaftung auf Antrag des Beklagten**
> Für den Fall der vollständigen oder teilweisen Verurteilung des Beklagten wird beantragt, im Tenor des Urteils auszusprechen, dass dem Beklagten die Beschränkung seiner Haftung für Haupt- und Nebenanspruch sowie für die Kosten des Rechtsstreits auf den Nachlass des Erblassers, des am … verstorbenen Herrn […], zuletzt wohnhaft in … vorbehalten wird.[19]

Ein entsprechender Antrag kann grundsätzlich nur in den Tatsacheninstanzen gestellt werden.[20] Entsprechendes gilt hinsichtlich der Gerichtskosten, wobei der Vorbehalt im Kostenfestsetzungsbeschluss enthalten sein muss.[21]

Nach inzwischen gefestigter Rechtsprechung kann gegen das erstinstanzliche Urteil jedoch auch die Berufung bzw. Revision allein mit dem Ziel der Aufnahme des Vorbehalts

---

[16]   BGH NJW-RR 1989, 1226.
[17]   Burandt/Rojahn/*Joachim* § 1991 Rn. 8.
[18]   Burandt/Rojahn/*Joachim* § 1991 Rn. 9.
[19]   BeckOF Erbrecht/*Krätzschel*, Formular 8.1.5.
[20]   BGH NJW 1962, 1250.
[21]   Siehe näher hierzu MüKoBGB/*Küpper* § 1967 Rn. 37; OLG Düsseldorf Rpfleger 1981, 409.

eingelegt werden. § 531 Abs. 2 ZPO steht dem für die Berufung nicht im Wege.[22] Dies gilt jedenfalls dann, wenn die Voraussetzungen der Rechtsnachfolge zwischen den Parteien unstreitig sind, was regelmäßig der Fall sein dürfte, da die Klagepartei ja gerade gegen den Rechtsnachfolger klagt.[23] In der **Revisionsinstanz** kann die Einrede nur ausnahmsweise erhoben werden, wenn in den Tatsacheninstanzen dafür noch kein Anlass bestand oder ihre Erhebung noch nicht möglich war, weil der Erbfall erst nach Einlegung der Revision eingetreten ist.[24]

Die Aufnahme des Vorbehalts in den Tenor des Urteils ist nicht erforderlich gemäß § 780 Abs. 2 ZPO bei Verurteilung des Fiskus als gesetzlicher Erbe, des Nachlassverwalters, Nachlasspflegers, Insolvenzverwalters sowie des verwaltenden Testamentsvollstreckers, auch nicht bei Verurteilung zur Herausgabe, Duldung der Zwangsvollstreckung in einen bestimmten Gegenstand sowie im Feststellungsurteil, denn hier kommt von vornherein keine Eigenhaftung in Betracht.[25]

Das Gericht kann entweder **ohne sachliche Prüfung** unter dem Vorbehalt der beschränkten Erbenhaftung gemäß § 780 ZPO verurteilen [26] oder **vorbehaltlos verurteilen**, wenn es zu dem Ergebnis gelangt, dass der Erbe unbeschränkt haftet, weil er das Recht zur Beschränkung seiner Haftung verloren hat.[27]

Macht der Erbe bereits im Erkenntnisverfahren geltend, dass der Nachlass infolge der (auch künftigen) Befriedigung der nicht ausgeschlossenen Nachlassgläubiger völlig erschöpft ist, kann das Gericht zur Abweisung der Klage als zurzeit unbegründet kommen.[28] Nach anderer Ansicht soll die Klage als zurzeit unzulässig abgewiesen werden, weil es am Rechtsschutzbedürfnis fehle.[29] Letzteres überzeugt nicht, weil durch diese Ansicht die Werthaltigkeit des Nachlasses zum Gegenstand der Zulässigkeitsprüfung der Klage gemacht wird. Wie auch sonst bei doppelt-relevanten Tatsachen sollte die Behauptung eines hinreichenden Nachlasses für die Zulässigkeit der Klage ausreichen.

Wird aus einem entsprechenden Urteil (mit Vorbehalt) die Zwangsvollstreckung betrieben, muss sich der Erbe dagegen gemäß §§ 781 ff., 785, 767 ZPO im Wege der Vollstreckungsabwehrklage zur Wehr setzen, um Übergriffe in sein nicht haftendes Eigenvermögen abzuwehren.[30] Der Gerichtsvollzieher berücksichtigt den Vorbehalt grundsätzlich nicht.

§ 53 GVGA lautet:

„Sind Erben unter Vorbehalt der Beschränkung ihrer Haftung verurteilt, so kann der Schuldtitel ohne Rücksicht auf diese Beschränkung vollstreckt werden. Widerspricht der Schuldner der Pfändung unter Berufung auf den Vorbehalt der Beschränkung seiner Haftung, so führt der Gerichtsvollzieher die Pfändung ohne Rücksicht auf diesen Widerspruch durch und verweist den Schuldner mit seinen Einwendungen nach §§ 785 und 767 ZPO an das Gericht.“

5. Verlust der Möglichkeiten der Haftungsbeschränkung

Der Erbe verliert seine Möglichkeit, seine Haftung zu beschränken,   **16**
- **gegenüber allen Nachlassgläubigern,** wenn er eine vom Nachlassgericht auf Antrag eines Nachlassgläubigers bestimmte Frist zur Errichtung eines Inventars ohne
  - Inventarerrichtung verstreichen lässt (§ 1994 Abs. 1 S. 2 BGB);
  - zwar das Inventar errichtet, aber Inventaruntreue begeht (§ 2005 Abs. 1 S. 1 BGB);

---

[22] BGH ZEV 2010, 314 mit Anmerkung *Joachim*; MüKoZPO/*Schmidt/Brinkmann* § 780 Rn. 19.
[23] BGH NJW 2008, 3434 für die Erhebung der Einrede der Verjährung.
[24] MüKoZPO/*Schmidt/Brinkmann* § 780 Rn. 16.
[25] BGH WM 1968, 1404 (1406); siehe aber auch BGH ZEV 1996, 465 und OLG Bamberg ZEV 1996, 463.
[26] BGH NJW 1983, 2378.
[27] Thomas/Putzo/*Seiler* § 780 Rn. 8.
[28] BGH ZEV 2000, 274.
[29] MüKoBGB/*Küpper* § 1973 Rn. 8; Palandt/*Weidlich* Vor § 1967 Rn. 5.
[30] Siehe dazu § 53 GVGA; Muster für die Geltendmachung der Haftungsbeschränkung bei: BeckOF Erbrecht/*Krätzschel*, Formular 8.2.6.

• **gegenüber einem einzelnen Nachlassgläubiger,** wenn er die von diesem Nachlassgläubiger verlangte eidesstattliche Versicherung, dass er im Inventar nach bestem Wissen die Nachlassgegenstände so vollständig angegeben habe, wie er dazu imstande sei, verweigert (§ 2006 Abs. 3 BGB);

wenn er sich vorbehaltslos verurteilen lässt; in den Fällen der Nachlasserbenschulden.

Er haftet dann (bei Verlust der Möglichkeit zur Haftungsbeschränkung) mit dem Nachlass und mit seinem sonstigen Vermögen.

6. Sonderregelungen

17 Sonderregeln für die Haftung für Nachlassverbindlichkeiten enthalten § 563b BGB (Mietrecht); §§ 5 Abs. 5, 6 Abs. 2 Konsulargesetz; §§ 34, 35, 45, 69 AO; § 349 Abs. 5 LAG; § 20 Abs. 1, 3, 4 ErbStG; § 102 SGB XII.

Eine Sonderregelung enthält auch das **Minderjährigenhaftungsbeschränkungsgesetz (MHbeG)** mit **§ 1629a BGB.** Die Haftung eines minderjährigen Erben für Nachlassverbindlichkeiten wird bei Eintritt der Volljährigkeit auf den noch vorhandenen Nachlass beschränkt. §§ 1990, 1991 BGB sind anwendbar, der Erbe hat also die Erschöpfungseinrede, die er allerdings im Prozess erheben muss. Die Haftungsbeschränkung tritt auch bei Geschäften ein, die die Eltern (hier: Bezug auf den Nachlass) oder das Kind selbst getätigt haben. Es liegt wohl eine Rechtsfolgenverweisung vor,[31] sodass kein Nachlassinsolvenzverfahren durchzuführen ist.[32]

Zu beachten ist allerdings der Gutglaubensschutz nach § 15 Abs. 1 HGB, wenn bei der Anmeldung oder Eintragung des Minderjährigen das Geburtsdatum des Minderjährigen nicht enthalten ist. In diesem Fall kann sich der Minderjährige nicht auf die Haftungsbeschränkung berufen, selbst wenn er durch Inventarerrichtung die Vermutung des § 1629a Abs. 4 BGB entkräften kann (dann bestehen eventuell Staatshaftungsansprüche wegen Verletzung der Prüfungspflicht durch das Registergericht).

II. Inventarerrichtung

18 Ein Inventar ist ein Nachlassverzeichnis, das beim Nachlassgericht eingereicht wird,[33] in dem alle bei Eintritt des Erbfalls vorhandenen Aktiva- und Passiva eingetragen werden sollen, § 2001 BGB. Allerdings ist nicht jedes erstellte Nachlassverzeichnis ein Inventar, vielmehr ist Voraussetzung, dass das zur Errichtung des Nachlassverzeichnisses die zuständige Behörde oder der zuständige Notar hinzugezogen wurde (§ 2002 BGB) oder das von einem Notar errichtet wurde (§ 2003 BGB).[34]

1. Recht und Pflicht zur Errichtung

a) Freiwillige Inventarerrichtung

19 Der Erbe (auch Nachlasspfleger) ist jederzeit **berechtigt,** ein **Verzeichnis des Nachlasses (Inventar)** bei dem Nachlassgericht einzureichen (§ 1993 BGB). Bei mehreren Erben ist jeder Miterbe zur Inventarerrichtung berechtigt; die Miterben sind nicht zur Mitwirkung verpflichtet, auch wenn ihnen die Errichtung durch einen anderen Miterben zugutekommt, soweit sie noch nicht unbeschränkt haften (§ 2063 Abs. 1 BGB). Diese Inventarerrichtung stellt weder Voraussetzung noch Mittel zur Herbeiführung der beschränkten Erbenhaftung auf den Nachlass dar. Der Vorteil für den Erben besteht darin, dass ihm keine

---

[31] Streitig; siehe *Behnke*, Das neue Minderjährigenhaftungsbeschränkungsgesetz, NJW 1998, 3078 (3080).
[32] So auch Palandt/*Götz* § 1629a Rn. 4.
[33] Bamberger/Roth/*Lohmann* § 1993 Rn. 1.
[34] NK-BGB/*Odersky* § 1993 Rn. 8.

Inventarfrist mehr gesetzt werden kann. Darüber hinaus **sichert sich der Erbe gegenüber den Nachlassgläubigern die Vermutung des § 2009 BGB,** dass zur Zeit des Erbfalles weitere Nachlassgegenstände als die angegebenen nicht vorhanden gewesen seien. Bedeutsam ist dies zum Beispiel für die Dürftigkeitseinrede des § 1990 BGB.

Will der Erbe seine Haftung durch Gläubigeraufgebot, Nachlassverwaltung oder Nach- **20** lassinsolvenzverfahren beschränken, so erleichtert er sich damit den Nachweis über den Bestand des Nachlasses. Andererseits kann zum Beispiel der Nachlassverwalter das bereits errichtete Inventar zur Grundlage seines vorzulegenden Nachlassverzeichnisses machen. Bei zu erwartender Nachlassverwaltung oder -insolvenzverfahren ist die Maßnahme schon im Hinblick auf die §§ 1978, 1979 BGB mitunter zweckmäßig.

Gibt der Erbe absichtlich die Nachlassgegenstände in erheblichem Umfang unvollständig an oder führt er in der Absicht, die Nachlassgläubiger zu benachteiligen, eine nicht bestehende Nachlassverbindlichkeit auf, so tritt die **Unbeschränkbarkeit seiner Haftung** ein (§ 2005 BGB). Die Nachreichung eines ergänzten Inventars ist ohne Wirkung.

Die freiwillige Inventarerrichtung ist an keine Frist gebunden, weder Nachlassverwaltung noch -insolvenzverfahren stehen ihr entgegen.

b) Inventar auf Fristsetzung hin

Auf **Antrag eines Nachlassgläubigers** hat das Nachlassgericht dem Erben zur Errichtung **21** des Inventars eine Frist zu bestimmen (§ 1994 BGB).[35] Der Erbe ist hierzu nicht verpflichtet.[36]

Kommt der Erbe dem Verlangen nach, so sichert er sich damit die Vermutung des § 2009 BGB (s oben).

Bei Nichterfüllung des Verlangens tritt unbeschränkte Erbenhaftung ein (ebenso bei Untreue oder Verletzung der Auskunftspflicht).

Antragsrecht: Das Antragsrecht hat jeder Nachlassgläubiger, insbesondere auch Ver- **22** mächtnisnehmer, Pflichtteilsberechtigter, Pfändungsgläubiger, Nachlasserbengläubiger. Es steht auch einem nach den §§ 1973, 1974 BGB ausgeschlossenen Gläubiger sowie einem Pflichtteilsberechtigten, der nicht Erbe ist, zu.

Nicht antragsberechtigt ist ein Miterbengläubiger,[37] der zugleich Nachlassgläubiger ist (streitig); dieser kann selbst ein Inventar errichten.

Die Bestimmung der Frist, die mindestens einen Monat und höchstens drei Monate betragen soll, ist schon vor Annahme der Erbschaft möglich. Sie läuft für jeden Miterben besonders. Keine Voraussetzung ist die Erteilung eines Erbscheins. Bestreitet ein Erbe seine Erbeneigenschaft, so muss sich das Nachlassgericht selbst über sie schlüssig werden, der Antragsteller braucht sie nicht glaubhaft zu machen.

§ 345 Abs. 4 Nr. 4 FamFG bestimmt als Beteiligte neben dem Antragsteller den Erben dem die Frist bestimmt wird sowie im Fall des § 2008 BGB dessen Ehegatten oder Lebenspartner.

Die **Frist** kann nicht einem Testamentsvollstrecker oder dem Fiskus als gesetzlichem Erben gesetzt werden. Gehört eine Erbschaft zum Gesamtgut, so ist bei einem Ehegatten § 2008 BGB zu beachten. Während der Dauer einer Nachlassverwaltung oder Nachlassinsolvenzverwaltung ist die Fristbestimmung unzulässig.[38] Sie kann auch nicht verlangt werden, wenn die Nachlassinsolvenz durch Verteilung der Masse oder Insolvenzplan beendigt worden ist (§ 2000 S. 3 BGB), auch nicht gegenüber einem Nachlasspfleger oder -verwalter (§ 2012 BGB).

---

[35] Beachte die Zuständigkeit des Rechtspflegers: § 3 Nr. 2c RPflG.
[36] Ein Pflichtteilsberechtigter hat einen klagbaren Anspruch auf Auskunftserteilung (§ 2314 BGB) und Vorlegung eines Nachlassverzeichnisses (§ 260 BGB).
[37] KG Rpfleger 1979, 136; FamRZ 1980, 505; aA Soergel/*Stein* § 1994 Rn. 2.
[38] Nach Beendigung beachte § 2000 BGB.

Der Antrag ist unzulässig, wenn der Erbe oder einer der Miterben bereits ein Inventar errichtet hat. Beachte aber § 2005 Abs. 2 BGB.

23   Mehrere Gläubiger, denen eine Forderung gemeinschaftlich zusteht, können den Antrag nur gemeinschaftlich stellen. Mehreren Erben dagegen braucht nicht gemeinsam eine Inventarfrist bestimmt zu werden, es genügt, wenn sie einem gesetzt wird. Hat ein Erbe die Frist versäumt, so kommt ihm das von einem Miterben errichtete Inventar nicht mehr zustatten (§ 2063 Abs. 1 BGB).

Der Antragsteller hat seine Forderung glaubhaft zu machen, § 1994 Abs. 2 S. 1 BGB (s. auch § 31 FamFG). Auf die Wirksamkeit der Fristbestimmung ist es ohne Einfluss, wenn die Forderung nicht besteht (§ 1994 Abs. 2 S. 2 BGB).

Muster: Antrag des Nachlassgläubigers auf Fristsetzung zur Inventarerrichtung

24   Niederschrift

Es erscheint (Name), (Personalien), sich ausweisend durch Personalausweis, und erklärt: Am...... verstarb in (Ort), seinem letzten gewöhnlichen Aufenthalt, mein Vater (Name des Erblassers). Der Verstorbene hinterließ ein notarielles Testament vom (...), in dem er meine Stiefmutter (Name, Vorname), geborene (...), wohnhaft in (...), als alleinige Erbin einsetzte. Der Verstorbene lebte mit seiner Ehefrau im gesetzlichen Güterstand der Zugewinngemeinschaft. Als Sohn des Verstorbenen aus erster Ehe mit (Name), steht mir ein gesetzlicher Pflichtteilsanspruch gegen die Alleinerbin zu. Der Nachlass ist erheblich. Ich beantrage, der Alleinerbin gemäß § 1994 BGB eine Frist zur Inventarerrichtung zu bestimmen.

Zur Glaubhaftmachung meiner Forderung nehme ich Bezug auf den bei Gericht befindlichen Nachlassakt VI......, in dem sich das bereits eröffnete Testament befindet. Zugleich lege ich meine Geburtsurkunde vor.

Es besteht weder Nachlassverwaltung noch Nachlassinsolvenz.

                                         v g u u
                                  Unterschriften

Die Entscheidung des Gerichts (Rechtspfleger, § 3 Ziff 2c RPflG) erfolgt durch Beschluss.

Muster: Fristsetzung durch das Nachlassgericht zur Inventarerrichtung

25   I. *Beschluss*

Auf Antrag des Beteiligten zu (...), welcher glaubhaft gemacht hat, dass ihm eine Forderung gegen den Nachlass des am...... in München verstorbenen Erblassers (Name) zusteht, wird der Witwe des Erblassers, (Name), (Anschrift), als Erbin des Verstorbenen hiermit eine Frist von einem Monat[39] zur Errichtung eines Inventars über den Nachlass des Verstorbenen bestimmt. Die Frist beginnt mit der Zustellung dieses Beschlusses, sofern jedoch die Annahme der Erbschaft noch nicht erfolgt sein sollte, erst mit der Annahme der Erbschaft.

Die Inventarfrist wird durch Einreichung eines den Vorschriften 2001, 2002 BGB entsprechenden Nachlassverzeichnisses beim zuständigen Nachlassgericht, durch Stellung eines Antrags auf amtliche Aufnahme des Inventars, § 2003 Abs. 1 Satz 2 BGB oder durch Bezugnahme auf ein schon bei dem Nachlassgericht befindliches Inventar, das den Vorschriften der §§ 2002, 2003 BGB entspricht, gewahrt, § 2004 BGB. Der Errichtung des Inventars bedarf es auch dann, wenn der Nachlass wertlos ist oder Nachlassgegenstände überhaupt nicht vorhanden sind. Wird diese Verpflichtung nicht erfüllt, so haftet der Erbe für die Nachlassverbindlichkeiten nicht nur mit dem Nachlass, sondern auch mit seinem eigenen Vermögen. Dasselbe gilt, wenn der Erbe absichtlich

---

[39] Mindestens 1 Monat, höchstens 3 Monate.

eine erhebliche Unvollständigkeit der im Inventar enthaltenen Angabe der Nachlassgegenstände herbeiführt oder in der Absicht, die Nachlassgläubiger zu benachteiligen, die Aufnahme einer nicht bestehenden Nachlassverbindlichkeit bewirkt oder wenn er in dem Falle, da er die Aufnahme des Inventars bei dem unterzeichneten Gerichte beantragt hat, die Erteilung der zur Aufnahme des Inventars erforderlichen Auskunft verweigert oder absichtlich in erheblichem Maße verzögert.

II. Ziff I in Ausfertigung zustellen (§ 41 Abs. 1 S. 2 FamFG) mit Zustellungsurkunde und Rechtsmittelbelehrung gemäß § 39 FamFG, § 11 Abs. 1 RPflG, §§ 58 ff., 63 FamFG an

a) die Erben, hier Antragsgegnerin

b) antragstellenden Nachlassgläubiger, hier Sohn. (Zustellung, da befristete Beschwerde gegeben).

c) Mitteilung an die übrigen Beteiligten (§ 41 Abs. 1 S. 1 FamFG)

III. WV mit Zustellungsnachweis.

…, den …… 20…   ……, Rechtspfleger

Nach Einlauf der Zustellungsurkunde: **26**

I. Mitteilung von erfolgter Zustellung (Datum angeben) an

a) Antragsteller,

b) Familiengericht/Betreuungsgericht im Falle des § 1999 BGB – dazu MiZi 2. Teil, XVII Nr. 8.

II. Nach Ablauf der Beschwerdefrist Kostenbehandlung.

III. Weglegen.

…, den …… 20…   ……, Rechtspfleger

Rechtsmittel: Bei **Ablehnung** des Antrags auf Fristbestimmung befristete Beschwerde **27** (§§ 58 ff., 63 FamFG). Sie steht nur dem Antragsteller zu, falls sein Recht beeinträchtigt ist (§ 58 Abs. 2 FamFG).

Bei **Fristbestimmung** ebenfalls befristete Beschwerde. Sie steht jedem Erben sowie sämtlichen Nachlassgläubigern zu.

Nach § 360 FamFG beginnt die Frist zur Einlegung einer Beschwerde gegen den Beschluss für jeden Nachlassgläubiger mit dem Zeitpunkt, in dem der Beschluss dem Nachlassgläubiger bekannt gemacht wird, der den Antrag auf die Bestimmung der Inventarfrist gestellt hat (entsprechend für den Fristverlängerungs-Beschluss). Nach Ablauf der Frist, die durch die Einlegung der Beschwerde nicht gehemmt wird, wird die Beschwerde jedoch unzulässig, weil das mit ihr angestrebte Rechtsschutzziel nicht mehr erreicht werden kann. In Betracht kommt deswegen – vor Fristablauf – der Erlass einer einstweiligen Anordnung gemäß § 49 FamFG.

Verlängerung: § 1995 Abs. 3 BGB: Auf Antrag des Erben kann das Nachlassgericht die **28** Frist nach seinem Ermessen – auch wiederholt – verlängern (Zeitspanne hier nicht vorgeschrieben),[40] vorausgesetzt, dass die bereits bestimmte Inventarfrist noch nicht abgelaufen ist.

Zu beachten ist, dass bei mehreren Erben die Frist für jeden gesondert mit der an ihn erfolgten Zustellung beginnt.[41] Die Verkürzung einer bereits gesetzten Frist ist unzulässig.

Fristberechnung: §§ 187 Abs. 1, 188 Abs. 2 und 3 BGB. Eine neue Frist schließt sich an die alte an.

---

[40] KG Rpfleger 1985, 193.
[41] Dazu LG Kaiserslautern DAV 1973, 625.

29   Die Verfügung wird etwa lauten:

Muster: Fristverlängerung zur Inventarerrichtung

I. *Beschluss*
   Die der Beteiligten zu …, als Erbin des am…… in…… verstorbenen Dr. Adam Müller
   mit Beschluss des Amtsgerichts München vom…… gesetzte Inventarfrist wird antragsgemäß bis einschließlich (Datum) verlängert.
II. Ziff I in Ausfertigung zustellen mit Rechtsmittelbelehrung per Nachweis an
   a) Beteiligte zu …
   b) Beteiligte zu … als ursprünglich antragstellenden Nachlassgläubiger.
III. Nach Ablauf der Beschwerdefrist Kostenbehandlung.
IV. Weglegen.
…, den …… 20…   ……, Rechtspfleger

---

30   **Rechtsmittel:** Wie oben.
      Antrag auf Bestimmung einer neuen Inventarfrist bei Verhinderung oder mangeln-
      der Kenntnis des Erben (§ 1996 BGB). **Beachte** auch § 2005 Abs. 2 BGB: Bestimmung
      einer Frist zur Ergänzung eines unvollständigen Inventars (jedoch nur auf Antrag eines
      Nachlassgläubigers!).
      Die Verfügung wird (**nach Anhörung des Nachlassgläubigers,** auf dessen Antrag die
      erste Frist bestimmt worden ist – hier Sohn) etwa lauten:

Muster: Antrag auf Bestimmung einer neuen Inventarfrist

31 | I. *Beschluss*
   | Der Beteiligten zu (…) wird als Erbin des…… eine neue Inventarfrist von 4 Wochen
   | bestimmt.
   | *Gründe*
   | Mit Beschluss vom…… wurde der Beteiligten zu (…) zur Errichtung eines Inventars
   | über den Nachlass des Erblassers eine Frist von einem Monat bestimmt. Der Beschluss
   | wurde dem Hausmeister der Beteiligten zu (…), der zur Annahme des Schriftstückes
   | bereit war, am…… ausgehändigt. Der Hausmeister hat, wie durch eine eidesstattliche
   | Versicherung glaubhaft dargetan ist, versehentlich den Beschluss erst am…… aus-
   | gehändigt. Die Beteiligte zu (…) hat bereits am…… Antrag auf Neubestimmung der
   | Inventarfrist beim Amtsgericht gestellt.[42] Der Sohn des Erblassers, auf dessen Antrag
   | die erste Inventarfrist bestimmt wurde, hat keine Einwendungen gegen eine neue Frist-
   | bestimmung erhoben. Da die Beteiligte zu (…) ohne ihr Verschulden von der Zustellung
   | des Beschlusses keine Kenntnis erhalten hat, war zu entscheiden, wie geschehen.
   | II. Ziff I in Ausfertigung zustellen per Nachweis an
   | a) Beteiligte zu (…)
   | b) Beteiligten zu 2 als antragstellenden Nachlassgläubiger.
   | III. Nach Ablauf der Beschwerdefrist Kostenbehandlung.
   | IV. Weglegen.
   | …, den …… 20…   ……, Rechtspfleger

---

32   **Rechtsmittel:** Wie oben.
      Gebühr: für die Bestimmung und Verlängerung der Inventarfrist: Nr. 12 410 ff., Vor-
      bem 1.2.4.1 KV. Die Kosten des durch den Antrag auf Bestimmung einer Inventarfrist
      veranlassten Verfahrens hat der Antragsteller zu zahlen. Beantragt der Erbe Verlängerung, so

---

[42] Der Antrag muss binnen 2 Wochen nach Beseitigung des Hindernisses und spätestens vor dem Ablauf
      eines Jahres nach dem Ende der zuerst bestimmten Frist gestellt werden.

ist er zahlungspflichtig. Der Erbe haftet für die Kosten als Nachlassverbindlichkeit (§§ 31, 24 GNotKG).

Einsicht in gerichtliche Verfügung: § 13 FamFG.

2. Möglichkeiten der Errichtung

Folgende Ausführungen gelten sowohl für freiwillige Inventarerrichtung wie Errichtung 33 auf Fristsetzung hin. Das Gesetz sieht drei Möglichkeiten vor:

a) Bezugnahme auf ein bereits vorhandenes, den Vorschriften der §§ 2002, 2003 BGB entsprechendes Inventar (§ 2004 BGB)

Die Errichtung erfolgt durch Erklärung des Erben gegenüber dem Nachlassgericht, dass das 34 Inventar als von ihm eingereicht gelten soll. Die Erklärung muss vor Ablauf einer etwa gesetzten Inventarfrist abgegeben werden.

Beachte: § 2004 BGB findet keine Anwendung, falls ein vom Erben oder mit Wirkung für den Erben von einem anderen vorschriftsmäßiges Inventar bereits eingereicht ist.[43]

> **Beispiel:**
> Inventar des Miterben (§ 2063 BGB), Nachlasspflegers (§ 1960 BGB).

In Frage kommen somit nur Fälle wie Inventar des Nachlass- oder Konkursverwalters, Testamentsvollstreckers, auftragslosen Geschäftsführers des Erben, Erbschaftsbesitzers, auch des Nachlassgerichts (§ 1960 Abs. 2 BGB).

Gebühr: Nr. 12 410 f, Vorbemerkung 1.2.4.1 KV.

> **Muster: Inventarerrichtung durch Bezugnahme**
> An das Amtsgericht München – Nachlassgericht
> Betr.: Name des Erblassers in München, gestorben...... VI 1822/89
> Das in bezeichneter Nachlasssache vom Testamentsvollstrecker Name unter Zuziehung des Notars Huber, München, am...... aufgenommene und dem Nachlassgericht München am...... vorgelegte Inventar soll als von mir eingereicht gelten. Ich bin testamentarischer Miterbe des Verstorbenen zu $1/3$.

35

b) Einreichung[44] eines Inventars, das der Erbe (auch Miterbe oder ein Bevollmächtigter des Erben) selbst aufgenommen und unterschrieben hat (§ 1993 BGB)

Gemäß § 2002 BGB muss der Erbe zur Aufnahme eine zuständige Behörde oder einen 36 zuständigen Beamten oder Notar zuziehen.

Diese amtliche Mitwirkung ist unerlässlich, die Wirkungen eines Inventars entfallen sonst.

Die **Zuständigkeit** zur Mitwirkung der Notare ergibt sich bundesrechtlich aus § 20 37 Abs. 1 S. 2, Abs. 5 BNotO. **Im Übrigen bemisst sich die Zuständigkeit nach Landesrecht** (§ 61 Abs. 1 Nr. 2 BeurkG, vergleiche dazu Art. 147 EGBGB). Dabei umfasst die Zuständigkeit zur Aufnahme auch, wie hier, die Zuständigkeit zur Mitwirkung bei der Aufnahme.

Bayern: Notar (Nachlassgericht darf nicht selbst aufnehmen, Art. 8 AGGVG; § 20 Abs. 1 S. 2, Abs. 5 BNotO); das Amtsgericht ist aber zur Entgegennahme des Antrags zuständig[45]

---

[43] OLG Hamm NJW 1962, 53.
[44] Einreichung wesentlich: OLG Hamm NJW 1962, 53.
[45] OLG München Rpfleger 2008, 578.

Baden-Württemberg: nur Notar (§ 41 Abs. 5 LFGG);

Berlin: S. Preußen;

Bremen: Notar und Gerichtsvollzieher, nicht Nachlassgericht (§ 63 AGBGB);

Hamburg: Notar und Gerichtsvollzieher (§ 78 AGBGB);

Hessen: AG, Notar (Art. 38, 44 Abs. 1 Nr. 6, 46 Ziff. 2 HessFGG, bei Übertragung auch Gerichtsvollzieher und Ortsgerichte, § 15 OrtsGG);

Niedersachsen: Urkundsbeamter der Geschäftsstelle, Gerichtsvollzieher, Notar (Art. 13, 24 Nr. 2, 25 Nr. 2 nds. FGG);

Preußen: AG, Notar (Art. 31, 32, 38, 108, 111 ff. prFGG).

Rheinland-Pfalz: Notar (§ 13 LFGG);

Saarland: Notar;

Sachsen: Notar;

Sachsen-Anhalt: Notar;

Schleswig-Holstein: S. Preußen;

Mecklenburg-Vorpommern: Gerichtsvollzieher (Art. I Abschnitt 3 § 10 Abs. 1 Nr. 3 GOG.

Thüringen: Notar, UrkbdGst des AG oder andere Behörde durch Zuständigkeitsübertragung des AG (Art. 3 AGGVG).

38   Die **sachliche Richtigkeit der Angaben des Erben** wird vom zugezogenen Beamten usw. nicht überprüft.

Über Inhalt und Form des Inventars → Rn. 48 ff.

Die Tätigkeit des Nachlassgerichts beschränkt sich auf die Entgegennahme des Inventars. Dieses ist erst mit Einreichung beim zuständigen Nachlassgericht errichtet, damit ist die Frist gewahrt.

39   **Gebühr** für Entgegennahme: Nr. 12 410 ff., Vorbemerkung 1.2.4.1 KV. Die Kosten der Inventarerrichtung fallen den Erben als Nachlassverbindlichkeiten zur Last und sind im Insolvenzverfahren Masseschulden (§ 324 Abs. 1 Nr. 4 InsO). Wegen Unzulänglichkeit des Nachlasses allein kann dem Erben Prozesskostenhilfe nicht bewilligt werden.[46]

c) Amtliche Aufnahme des Inventars

40   Die **ausschließliche Zuständigkeit der Notare** zur amtlichen Inventaraufnahme auf Antrag des Erben ergibt sich bundesrechtlich aus §§ 2003 Abs. 1 S. 1, 20 Abs. 1 S. 2 BNotO. Nach § 2003 Abs. 1 S. 1 BGB erfolgt die amtliche Aufnahme des Inventars auf Antrag des Erben durch einen vom Nachlassgericht beauftragten Notar. Sind nach Landesrecht die Aufgaben der Nachlassgerichte den Notaren übertragen, so hat der zuständige Notar das Inventar selbst aufzunehmen.

Der Erbe kann den Beamten nicht unmittelbar unter Umgehung des Nachlassgerichts mit der Aufnahme beauftragen.[47] Hier steht nur der Weg des § 2002 BGB offen.

41   Durch den Antrag **eines** Miterben wird die Inventarfrist **auch für die übrigen** gewahrt. Ein Erbe kann jedoch die Inventarerrichtung von einem anderen Miterben nicht erzwingen. Nimmt der Erbe den Antrag zurück, so entfällt damit die Wirkung nach § 2003 Abs. 1 S. 2 BGB (Wahrung der Inventarfrist).

42   Die **Aufnahme** des Inventars erfolgt durch das amtliche Organ. Der Erbe ist lediglich zur Auskunft (§ 2003 Abs. 2 BGB), gegebenenfalls auch zur Vorlage eines Verzeichnisses nach § 260 BGB verpflichtet.[48] Zwangsmittel stehen dabei nicht zur Verfügung.

43   **Gebühren:** Nr. 12410, 12411 KV-GNotKG.

Für die Kosten der Inventarerrichtung haften die Erben (§ 31 GNotKG). Sie fallen im Innenverhältnis dem Nachlass zur Last.

44   Der Erbe wird den **Antrag** in etwa folgender Form stellen:

---

[46]   Dazu Staudinger/*Dobler* § 1993 Rn. 23.
[47]   RGZ 77, 246.
[48]   RGRK/*Johannsen* § 2003 Rn. 3.

Muster: Antrag des Erben auf Aufnahme des Inventars

Ich bin Alleinerbin des am...... mit letztem Wohnsitz in München verstorbenen Erblassers (Name) kraft notariellen Testaments vom...... Die Erbschaft habe ich im Eröffnungstermin vor dem Nachlassgericht München am...... angenommen. Mit Beschluss des Amtsgerichts München – Nachlassgericht – vom......, zugestellt am......, wurde mir auf Antrag des pflichtteilsberechtigten Sohns des Erblassers, des Beteiligten zu 2, eine Frist von einem Monat zur Errichtung des Inventars über den Nachlass des Verstorbenen bestimmt.[49] Ich beantrage hiermit amtliche Aufnahme des Inventars

..., den ...... 20...   (Unterschrift)

Das Nachlassgericht wird folgende **Verfügung** erlassen: **45**

Muster: Übertragung der Aufnahme des Inventars auf den Notar

  I. Die Aufnahme des Inventars über den Nachlass des am...... mit letztem Wohnsitz in München verstorbenen Erblassers (Name) wird (Name) übertragen.

 II. Auftrag an Notar nach Formblatt.

III. Benachrichtigung der Erben (hier Witwe) von der Übertragung nach Formblatt.

IV. WV 6 Wochen.

..., den ...... 20...   ......, Rechtspfleger

Muster: Auftrag zur Inventarerrichtung an Notar

Auftrag   **46**

Die Alleinerbin (Name, Ort), hat die Aufnahme des Inventars über den Nachlass ihres am...... in München verstorbenen Erblassers (Name) in München, beantragt.

Die Aufnahme des Inventars wird hiermit Ihnen übertragen.

Nachlassgericht

Muster: Benachrichtigung der Erben von der Beauftragung des Notars

Betreff: Nachlass (Name des Erblassers), gest......   **47**

Aktenz: VI 958/17.

Die Aufnahme des Nachlassinventars ist (Name), geschäftsansässig München, übertragen worden. Der Erbe ist verpflichtet, dem Genannten die zur Aufnahme des Inventars erforderliche Auskunft zu erteilen.

Wenn der Erbe die Erteilung der Auskunft verweigert oder absichtlich in erheblichem Maße verzögert, so haftet er für die Nachlassverbindlichkeiten nicht nur mit dem ererbten, sondern auch mit dem eigenen Vermögen.

Nachlassgericht

---

3. Aufnahme, Form und Inhalt des Inventars

Das BGB enthält keine näheren Bestimmungen darüber. Die Vorschriften des Beurkun- **48** dungsgesetzes sind entsprechend heranzuziehen, falls andere Urkundspersonen als ein Notar das Inventar aufnehmen (§§ 1 Abs. 2, 36 ff. BeurkG).

Bei **freiwilliger Errichtung gemäß § 2002 BGB** macht der Erbe selbst die Angaben, **49** die in das Inventar aufgenommen werden. Die Aufzeichnung erfolgt entweder durch den

---

49 Die amtliche Aufnahme des Inventars nach § 2003 ist jedoch nicht davon abhängig, dass dem Erben eine Inventarfrist gesetzt worden ist.

Erben oder durch das zugezogene amtliche Organ, das belehrend mitwirkt. Das Inventar ist vom Erben und vom zugezogenen Beamten zu **unterschreiben.**[50] Zur Niederlegung seiner Angaben wird sich der Erbe des Musters, wie unten dargelegt, bedienen.

50   Bei **Errichtung gemäß § 2003 BGB** erfolgt die Aufzeichnung durch das amtliche Organ Notar unabhängig von den Angaben des Erben, wohl aber unter Benutzung der von ihm erteilten Auskünfte. Der Notar wird etwa nach den Richtlinien verfahren, die wohl auch heute noch allgemein gültig die **§§ 94 bis 97 bayrischen NachlO** (aufgehoben) geben. Diese besagten:

§ 94.

(1) Zur Aufnahme des Inventars ist der Erbe, bei Miterben jeder Erbe, und wenn ein Ehegatte Erbe ist und der Nachlass zum Gesamtgute gehört, der andere Ehegatte beizuziehen.

(2) Von dem Termin zur Aufnahme des Inventars sind die im Abs. 1 bezeichneten Personen zu benachrichtigen.

(3) Die Aufnahme des Inventars findet auch beim Ausbleiben der Beteiligten statt.

§ 95.

(1) Die Nachlassgegenstände sind in dem Inventar nach dem Stande zur Zeit des Erbfalls anzugeben. Inzwischen eingetretene Veränderungen sind zu vermerken. Das Inventar soll eine Beschreibung der einzelnen Gegenstände, soweit eine solche zur Bestimmung des Wertes erforderlich ist, und die Angabe des Wertes enthalten. Grundstücke sind, soweit tunlich, nach ihrer Bezeichnung in den öffentlichen Büchern anzuführen.

(2) Die Nachlassverbindlichkeiten sind nach dem Stande zur Zeit der Aufnahme des Inventars[51] *anzugeben, es sind also auch die erst mit oder nach dem Erbfalle entstandenen Nachlassverbindlichkeiten, wie Vermächtnisse, Beerdigungskosten, Gerichtsgebühren, anzugeben.*

§ 96.

(1) Das Inventar ist in der Form eines Protokolls aufzunehmen.[52]

(2) In dem Protokoll ist der Verlauf der Aufnahme anzugeben.

(3) Das Protokoll soll vorgelesen und von den anwesenden Beteiligten genehmigt werden. In dem Protokolle soll festgelegt werden, dass dies geschehen ist. Das Protokoll ist von dem Urkundsbeamten der Geschäftsstelle und von den anwesenden Beteiligten zu unterschreiben.

§ 97.

(1) Bevor der Termin zur Aufnahme des Inventars abgehalten wird, soll der Urkundsbeamte der Geschäftsstelle die Aufnahme möglichst vorbereiten. Er soll zu diesem Zweck insbesondere die Familienverhältnisse des Erblassers ermitteln und für die Beschaffung der nötigen Unterlagen, zum Beispiel der Verfügungen von Todes wegen, der Eheverträge, der Auszüge aus dem Steuerkataster oder dem Grundbuche, der Brandversicherungsauszüge, sorgen, soweit hierüber nicht schon die Nachlassakten Aufschluss geben.

(2) Vielfach wird es nicht erforderlich sein, dass der Urkundsbeamte der Geschäftsstelle sich zur Aufnahme des Inventars an Ort und Stelle begibt. Tut er dies, so wird es nicht selten sich empfehlen, an Ort und Stelle nur die Nachlassgegenstände zu verzeichnen und ihren Wert zu ermitteln, das Inventar selbst aber erst am Gerichtssitz aufzunehmen.

(3) Erweist sich die Zuziehung von Schätzern als geboten, so sind, wenn tunlich, Sachverständige zu wählen, die schon allgemein als solche verpflichtet sind.

51   **Zu ergänzen ist:** Beim Inventar eines Miterben ist der ganze Nachlass anzugeben. Anzuführen sind auch Gegenstände, die nach dem Erbfall veräußert wurden. Durch Vereinigung erloschene Rechte und Verbindlichkeiten sind aufzuzeichnen. Der Wert der Gegenstände bemisst sich nach dem Zeitpunkt des Erbfalls. Der Notar ermittelt den Wert selbst, eventuell unter Anhörung der Beteiligten, oder zieht Schätzer zu.

52   Zu den Verbindlichkeiten gehören Pflichtteilsrechte, Erbersatzansprüche, güterrechtliche Ansprüche des überlebenden Ehegatten, Kosten des Inventars, nicht aber die Erbschaftssteuer oder Ausgleichsansprüche. Der Nacherbe hat anzugeben, was er aus der Erbschaft erlangt, mit Einschluss der ihm gegen den Vorerben als solchen zustehenden Ansprüche (§ 2144 Abs. 1 BGB).

Der aufnehmende Beamte wird sich zur Aufzeichnung etwa eines **Musters** wie dargelegt bedienen.

Einsicht in Inventar: § 2010 BGB. Vergleiche auch § 13 FamFG.

---

[50]   MüKoBGB/*Küpper* § 2001 Rn. 5: Unterschrift des Erben.
[51]   BGHZ 32, 60 (65).
[52]   Dazu §§ 36 ff. BeurkG.

III. Versicherung des Erben an Eides Statt zu Protokoll des Nachlassgerichts

1. Abgabe einer eidesstattlichen Versicherung auf Verlangen eines Nachlassgläubigers (§ 2006 BGB, § 361 FamFG)

Das Verlangen setzt ein **ordnungsgemäß** vom Erben oder seinem Vertreter (auch Nach- 53
lasspfleger) **errichtetes Inventar** voraus (§§ 2002–2004 BGB). Vorangegangene Fristbestimmung ist nicht nötig. Im Klageweg ist die Abgabe der eidesstattlichen Versicherung
nicht erzwingbar, die Abnahme ist ein Akt der freiwilligen Gerichtsbarkeit. Folgen der
Verweigerung der Abgabe beziehungsweise des Nichterscheinens: § 2006 Abs. 3 BGB: Der
Erbe haftet unbeschränkt. Die unbeschränkte Haftung tritt jedoch nur gegenüber dem
betreibenden Gläubiger und nur in Höhe der glaubhaft gemachten Forderung ein.

Das Verfahren wird auf formlosen Terminsantrag eines beliebigen (auch ausgeschlosse- 54
nen) Nachlassgläubigers oder des Erben, von dem die Abgabe der eidesstattlichen Versicherung verlangt wird, eingeleitet.

Zuständig für die Abnahme ist das gemäß § 343 FamFG örtlich zuständige Nachlass- 55
gericht[53] (§ 2006 Abs. 1 BGB).

Das Gericht prüft: 56

– liegt ein Terminsantrag eines Nachlassgläubigers oder Erben vor;
– hat ein Nachlassgläubiger das Verlangen auf Abgabe der eidesstattlichen Versicherung
  gestellt, (dazu zählt auch ein Pflichtteilsberechtigter oder Vermächtnisnehmer[54]
– (nicht erforderlich ist, dass Grund zur Annahme besteht, dass das Inventar nicht mit der
  erforderlichen Sorgfalt errichtet worden ist, wie zum Beispiel beim § 260 BGB);
– liegt ein ordnungsgemäß errichtetes Inventar des Erben vor;
– ist die Forderung des Nachlassgläubigers glaubhaft gemacht
  (befriedigt ihn der Erbe, so entfällt die Abgabepflicht; nicht erforderlich ist ein vollstreckbarer Titel – anders bei § 807 ZPO);
– ist derjenige, von dem die eidesstattliche Versicherung abgenommen werden soll, auch
  tatsächlich Erbe (nicht, wenn er zum Beispiel ausgeschlagen hat);
– hat der Erbe früher bereits einmal eine eidesstattliche Versicherung abgegeben (Abnahme
  hier nur zulässig, falls Antragsteller glaubhaft macht, dass Grund zur Annahme besteht,
  dass dem Erben nach der Abgabe weitere Nachlassgegenstände bekannt geworden sind;
  im Falle früherer Verweigerung der eidesstattlichen Versicherung kann ein anderer Nachlassgläubiger die Abgabe verlangen);
– schwebt eine Nachlassverwaltung oder ein Nachlassinsolvenzverfahren (hier Abnahme
  der eidesstattlichen Versicherung nach § 2006 BGB unzulässig)?

Sieht das Gericht den Antrag für begründet an, so bestimmt es von Amts wegen Termin
zur Abnahme, andernfalls lehnt es den Antrag ab. Zum Termin sind der Erbe (mit
Zustellung, § 15 FamFG) und der antragstellende Gläubiger (formlos) zu laden. Das Fernbleiben des Gläubigers ist unschädlich.

Gebühren: Nr. 15212 KV; zahlungspflichtig ist der Antragsteller, § 29 GNotKG. Zur
Kostenpflicht ergeht keine Entscheidung. § 81 FamFG ist nicht anwendbar.[55]

Rechtsmittel: Keine Beschwerde (Erinnerung) gegen Terminsbestimmung, Ladung, Vertagung, aber befristete Beschwerde (§§ 58 ff. FamFG) gegen die Ablehnung der Terminsbestimmung.

---

[53] Und zwar der Rechtspfleger, § 3 Nr. 2c RPflG; für Baden-Württemberg siehe § 35 RPflG – Nachlassgericht ist hier noch das Notariat, gemäß Artikel 6 Nummer 2 in Verbindung mit Artikel 12 Absatz 3 des
Gesetzes vom 15. Juli 2009 (BGBl. I 1798) wird § 35 am 1. Januar 2018 aufgehoben; im badischen
Landesteil der Rechtspfleger.
[54] RGZ 129, 239.
[55] KG OLGZ 1970, 408.

2. Eidesstattliche Versicherung nach §§ 410 Nr. 1, 413 FamFG

57 Steht die freiwillige (das heißt vor Verurteilung) Abgabe der eidesstattlichen Versicherung nach den §§ 259, 260, 2028, 2057 BGB in Frage, so finden §§ 410 Nr. 1, 411 bis 414 FamFG Anwendung. Zuständig ist sachlich und örtlich das Amtsgericht (nicht Nachlassgericht), funktionell der Rechtspfleger; örtlich das Amtsgericht des Ortes, wo die Verpflichtung zu erfüllen ist (§ 411 Abs. 1 FamFG), auf Verlangen des Verpflichteten das AG seines inländischen Wohnsitzes oder Aufenthalts. Es handelt sich um Ansprüche auf Rechnungslegung, Auskunftserteilung (etwa über den Verbleib von Erbschaftsgegenständen) gegen den Pfleger, Erben, Testamentsvollstrecker u a. Das persönliche Erscheinen des Verpflichteten ist anzuordnen (§ 478 ZPO: persönliche Verpflichtung).

Als Antragsgegner kommen in Betracht in Bezug auf §§ 259, 260 BGB insbesondere: der Beauftragte (§§ 666, 675 BGB), der Geschäftsführer ohne Auftrag (§ 681 BGB), Nachlasspfleger, -verwalter (§§ 1890, 1915, 1985, 2012 BGB), Erbe (§ 1978 BGB), Erbschaftsbesitzer (§ 2027 BGB), Vorerbe (§§ 2127, 2130 BGB), Testamentsvollstrecker (§ 2218 BGB), Pflichtteilsberechtigter, der nicht Erbe ist (§ 2314 BGB), Besitzer des unrichtigen Erbscheins (§ 2362 Abs. 2 BGB).

58 Das Verlangen nach Abgabe der eidesstattlichen Versicherung setzt auch im Falle des § 260 BGB nicht das Vorhandensein eines Inventars, sondern lediglich die Vorlage eines Bestandsverzeichnisses (Angabe von Aktiven und Passiven) voraus, bei dem Grund zur Annahme besteht, es sei nicht mit der erforderlichen Sorgfalt aufgestellt. Ist ein Inventar bereits vom Erben errichtet, so kann darüber die Abgabe der eidesstattlichen Versicherung verlangt werden.[56] Die Rechnungslegungspflicht erfordert eine geordnete Zusammenstellung der Einnahmen und Ausgaben; Belege sind beizufügen, können aber die Aufstellung nicht ersetzen.[57]

59 Vorlage und Abgabe sind im Klageweg erzwingbar. Die eidesstattliche Versicherung ist dann vor dem Rechtspfleger abzugeben. Vollstreckung erfolgt nach §§ 888, 889 ZPO. Für die Erzwingung der Versicherung durch Haft (§§ 891, 902 ff. ZPO) ist der Richter zuständig (§ 4 Abs. 2 Nr. 2 RPflG).

Nachlassinsolvenzverwalter sowie ein am Nachlasskonkurs beteiligter Nachlassgläubiger können nach §§ 98, 153 Abs. 2 InsO, §§ 900 f. ZPO gegen den Erben vorgehen.

60 Nur wenn die eidesstattliche Versicherung freiwillig abgegeben wird oder der Berechtigte versuchen will, von dem Pflichtigen die freiwillige Abgabe zu erreichen,[58] gelten die Vorschriften des Verfahrens der freiwilligen Gerichtsbarkeit. Sind Schuldner und Gläubiger damit einverstanden, so kann auch nach Verurteilung die eidesstattliche Versicherung vor dem Gericht der freiwilligen Gerichtsbarkeit abgegeben werden. Muss die Versicherung im Prozessweg erzwungen werden, ist das Amtsgericht als Vollstreckungsgericht zur Abnahme zuständig (§§ 478–480, 483 ZPO entsprechend, § 889 ZPO).

61 **Terminbestimmung** erfolgt auf **formlosen Antrag** des Berechtigten oder Verpflichteten.[59] Beschwerde dagegen ist unzulässig. Gegen die Ablehnung Beschwerde nach § 58 Abs. 1 FamFG. Das Gericht lehnt die Terminbestimmung ab, wenn eine Auskunft noch nicht erteilt oder das Bestandsverzeichnis noch nicht vorgelegt ist. Es prüft jedoch nicht die materiellen Voraussetzungen der Abgabepflicht. Eine Glaubhaftmachung des Anspruchs des Berechtigten ist nicht erforderlich. Daher ist die eidesstattliche Versicherung auch dann abzunehmen, wenn das Gericht den Geladenen zur Abgabe nicht für verpflichtet hält. Bei Unvollständigkeit der vorgelegten Unterlagen hat das Gericht auf Ergänzung hinzuwirken. Zum Termin sind beide Teile zu laden.

---

[56] RGZ 129, 241 für Pflichtteilsberechtigten sowie Vermächtnisnehmer, dem ein Anspruch auf Auskunftserteilung (auch stillschweigend) mitvermacht ist.
[57] BGH NJW 1984, 2822.
[58] § 410 Nr. 1 FamFG.
[59] Weitere Einzelheiten siehe Keidel/*Giers* § 410 Rn. 5.

Das Verfahren im Falle a) (Versicherung der Vollständigkeit des Nachlassinventars) wird etwa so ablaufen:
Antrag: 62

Muster: Versicherung der Vollständigkeit des Nachlassverzeichnisses
Geschäftsstelle
des Amtsgerichts   München, den...... 20..

Es erscheint (Name), (Personalien), sich ausweisend durch Personalausweis, und erklärt:
Meine ... hat als testamentarische Alleinerbin über den Nachlass ihres am ... mit letztem Wohnsitz in ... verstorbenen Ehemannes (Name) nach Annahme der Erbschaft ein formgerechtes Inventar errichtet, das sich beim Nachlassakt des Verstorbenen VI...... hier befindet.
Als ehelichem Sohn des Verstorbenen steht mir ein Pflichtteilsanspruch gegen die Alleinerbin zu. Ich verlange von ihr die Abgabe einer eidesstattlichen Versicherung über die Vollständigkeit des Inventars und beantrage dazu Terminsanberaumung. Zur Glaubhaftmachung meiner Angaben nehme ich Bezug auf den Nachlassakt des Amtsgerichts München VI...... Es ist weder Nachlassverwaltung noch ein Nachlassinsolvenzverfahren anhängig.

v g u u
Unterschriften

Nach Prüfung des Antrags wird verfügt: 63

Muster: Formblatt zur Abnahme der eidesstattlichen Versicherung
Verfügung
I. Termin zur Abnahme der eidesstattlichen Versicherung wird bestimmt auf......
II. Laden per Nachweis
   1. Erbin ... nach Formblatt a
   2. Nachlassgläubiger ...
III. WV zum Termin

..., den ...... 20...   ......, Rechtspfleger
Formblatt a.
Amtsgericht   ..., den ...... 20...
VI...... /......
Betreff: Nachlass de......
D... Nachlassgläubiger... verlang... die eidesstattliche Versicherung über die Vollständigkeit des Nachlassinventars.
Zur Abnahme der eidesstattlichen Versicherung ist der Termin auf...... den...... 20.. mittags...... vor dem Amtsgericht...... Zimmer Nr....... bestimmt. Hierzu werden Sie hiermit geladen.
Der Erbe kann vor der Abgabe der eidesstattlichen Versicherung das Inventar vervollständigen. Verweigert der Erbe die Abgabe, so haftet er dem Nachlassgläubiger unbeschränkt. Gleiches gilt, wenn er weder in dem Termine noch in einem auf Antrag des Gläubigers bestimmten neuen Termin erscheint, es sei denn, dass ein Grund vorliegt, durch den das Nichterscheinen in diesem Termine genügend entschuldigt wird.
An ...   Nachlassgericht

---

64   **Formblatt b.**

> Amtsgericht   ..., den ...... 20...
> VI...... /......
> Betreff: Nachlass de......
> Zur Leistung der eidesstattlichen Versicherung über die Vollständigkeit des Nachlassinventars durch den Erben ist Termin auf...... den...... 20... mittags... Uhr vor dem Amtsgericht...... Zimmer Nr....... bestimmt.
> Dazu werden Sie hiermit geladen, Ihre Anwesenheit ist nicht erforderlich.
> An ...   Nachlassgericht

65   Auf das Verfahren bei der Abnahme sind die §§ 478–480, 483 ZPO anzuwenden (§ 413 FamFG). **Erscheint** der **Gläubiger nicht,** so ist die eidesstattliche Versicherung dennoch abzunehmen.

66   **Erscheint der Erbe nicht,** so ist dies im Protokoll festzustellen und der Gläubiger davon zu verständigen. Auf Antrag des Erben oder Gläubigers ist ein neuer Termin anzuberaumen. Die Folge des neuerlichen Nichterscheinens bei einem auf Antrag des Gläubigers festgesetzten Termin ergibt sich aus § 2006 Abs. 3 S. 2 BGB. Das Nachlassgericht kann jedoch hier auch auf Antrag des Erben einen dritten Termin anberaumen.

Sieht es das Ausbleiben im zweiten Termin als genügend entschuldigt an, so kann es die eidesstattliche Versicherung abnehmen. Ob das Prozessgericht an die Ansicht des Nachlassgerichts (dass das Nichterscheinen entschuldigt oder die eidesstattliche Versicherung als verweigert anzusehen ist) gebunden ist, ist bestritten.[60] Zutreffend beurteilt das Nachlassgericht bindend, ob das Ausbleiben entschuldigt ist, während das Prozessgericht darüber entscheidet, ob die Abgabe der eidesstattlichen Versicherung verweigert wurde. Dagegen entscheidet das Nachlassgericht nicht, ob der Erbe zur Abgabe der eidesstattlichen Versicherung verpflichtet ist.

„Über die Verhandlung im Termin zur Abgabe der eidesstattlichen Versicherung ist eine Niederschrift aufzunehmen. Die Niederschrift hat den Verlauf der Verhandlung zu beschreiben und die Erklärung des Erben im Wortlaut zu enthalten."[61]

Die Formel lautet (§§ 2006 Abs. 1; 259 Abs. 2, 260 Abs. 2 BGB):

„Ich versichere an Eides Statt, dass ich nach bestem Wissen die Nachlassgegenstände (Einnahmen) vollständig angegeben habe, als ich dazu imstande bin.[62]

Verweigert der Erbe die Abgabe, so ist dies im Protokoll festzustellen[63] und der Gläubiger davon zu verständigen.

67   **Die Abgabe der Versicherung** erstreckt sich nur auf die **beim Erbfall vorhandenen Nachlassaktiva,** nicht auf die Nachlassverbindlichkeiten und ebenso wenig auf die Beschreibung und Wertangabe der Gegenstände. Dem Erben obliegt keine besondere Nachforschungspflicht (nur „bestes Wissen zur Zeit der Abgabe der Erklärung").[64] Zur Vervollständigung des Inventars durch den Erben kann der Termin vertagt werden.[65] Zu beachten ist hier auch die für den Gläubiger bestehende Möglichkeit eines Antrags aus § 2005 Abs. 2 BGB.

Erklärungspflichtig ist der Erbe (auch wenn das Inventar von einem Bevollmächtigten errichtet wurde), im Falle des § 2008 BGB aber auch der nichterbende Ehegatte.[66] Über

---

[60] Die überwiegende Meinung bejaht dies, so etwa Palandt/*Weidlich* § 2006 Rn. 2; MüKoBGB/*Küpper* § 2006 Rn. 6 mwN auch zur Gegenmeinung.
[61] Richtungweisend nach wie vor § 98 Abs. 2 Bay NachlO (aufgehoben).
[62] So Staudinger/*Dobler* § 2006 Rn. 10.
[63] Wegen Eintritt der unbeschränkten Haftung gegenüber antragstellendem Gläubiger (§ 2006 Abs. 3 S. 1 BGB).
[64] RGRK/*Johannsen* § 2006 Rn. 3.
[65] LG Köln JMBl NRW 1959, 207.
[66] Str.; dazu überzeugend Soergel/*Stein* § 2008 Rn. 2. Daher auch Ladung beider Ehegatten zur Abgabe der eidesstattlichen Versicherung.

die Abnahme wird man folgende Niederschrift aufnehmen, wobei der Wortlaut der Erklärungsformel von Fall zu Fall geringfügig zu ändern ist:

Muster: Niederschrift über die Abnahme der eidesstattlichen Versicherung bei Inventar

Amtsgericht   ..., den ...... 20...   68

Gegenwärtig:

...... als Rechtspfleger

Niederschrift

in der Nachlasssache des am ... ... in ... ... seinem letzten Wohnsitz verstorbenen Erblassers ... ... Es erscheint, sich ausweisend durch Personalausweis, (Name), geboren am ... ... in ... ... und erklärt:

Ich nehme Bezug auf das bei dem Akt befindliche vom Notar (Name), (Ort), am...... aufgenommene und von mir am...... eingereichte Inventar über den Nachlass meines am...... in...... verstorbenen Ehemannes...... Ich ergänze beziehungsweise berichtige das Inventar wie folgt:......

Die Erschienene gab sodann nach Belehrung die eidesstattliche Versicherung dahin, dass sie nach bestem Wissen die Nachlassgegenstände so vollständig angegeben habe, als sie dazu imstande gewesen sei.

v g u u
Unterschriften

Verfügung   69

I. Beglaubigte Abschrift der Niederschrift an nichterschienenen Gläubiger.
II. Kostenbehandlung.
III. Weglegen.

Der Beweis des Gegenteils der versicherten Tatsache ist nach allgemeinen Grund-   70
sätzen zulässig.

Gebühr: Nr. 15222 KV-GNotKG. Über die Kostenpflicht wird hier keine weitere Ent-   71
scheidung getroffen. Zahlungspflichtig ist der Antragsteller: §§ 29, 22 GNotKG.[67]

Akteneinsicht: § 357 Abs. 1 FamFG.   72

Das **Verfahren im Falle 2** wickelt sich entsprechend vorbestehenden Ausführungen ab. Kleine Abweichungen (zum Beispiel in den Ladungen) ergeben sich je nach dem Einzelfall. Eine Beschwerde gegen Terminsbestimmung und Ladung findet nicht statt.

IV. Aufgebot zur Ausschließung von Nachlassgläubigern

1. Die Bedeutung des Aufgebots

Das Aufgebotsverfahren verschafft dem Erben einen Überblick über die Passiva des Nach-   73
lasses. Erst wenn er die Nachlassverbindlichkeiten kennt, kann er entscheiden, ob er Maßnahmen zur Beschränkung der Haftung auf den Nachlass (Nachlassverwaltung, -insolvenzverfahren) herbeiführen soll. Nach § 1991 Abs. 1 BGB iVm § 1979 BGB kann der Erblasser Nachlassgläubiger (auch nachrangige) nach Belieben befriedigen, solange er ohne Fahrlässigkeit von einem ausreichenden Nachlass ausgehen darf. Er hat hierbei eine Prüfungspflicht. Verletzt er seine Pflichten, haftet er persönlich gemäß §§ 1978 Abs. 1 und 2, 1979 BGB. Regelmäßig darf er von der Zulänglichkeit des Nachlasses nur ausgehen, wenn er die ihm zu Gebote stehenden Mittel zur Feststellung des Aktiv- und Passivbestandes

---

[67]   § 81 FamFG rechtfertigt keine andere Entscheidung; MüKoBGB/*Küpper* § 2006 Rn. 7.

erschöpft hat, vor allem, wenn er ein Inventar errichtet (§§ 1993, 2009 BGB) und das Aufgebotsverfahren unter der Voraussetzung des § 1980 Abs 2 S. 2 BGB beantragt hat.[68] Diese Sorgfaltspflichten gelten auch für Nachlasspfleger, Nachlassverwalter und Testamentsvollstrecker, wenn sie Nachlassverbindlichkeiten aus dem Nachlass berichtigen. Der Erbe braucht sich jedoch im Rahmen des § 1979 BGB das Wissen dieser Personen nicht anrechnen zu lassen.[69] Ein Miterbe haftet bis zu 5 Jahre nach der Teilung für die volle Nachlassverbindlichkeit (§ 2060 Nr. 2 BGB), danach anteilig mit dem Wert seines Erbanteils. Ebenso beschränkt auf seinen Anteil haftet der Miterbe nach der Teilung, wenn der Gläubiger im Aufgebotsverfahren ausgeschlossen ist. § 2060 BGB verleiht dem Aufgebotsverfahren eine von § 1973 BGB abweichende Wirkung. Durch das Nachlassverfahren werden die Nachlassgläubiger aufgefordert, ihre Forderungen anzumelden (§ 1970 BGB). Die Gläubiger sind zur Anmeldung nicht gezwungen. Meldet sich jedoch ein Gläubiger nicht, ist er ausgeschlossen. Dies bedeutet nicht, dass seine Forderung erlischt. Der Erbe kann jedoch die Ausschließungseinrede des § 1973 Abs. 1 S. 1 BGB erheben, wenn der Nachlass durch Befriedigung der nichtausgeschlossenen Gläubiger erschöpft ist oder durch die noch ausstehende Befriedigung solcher Gläubiger erschöpft wird. Der Erbe, der die Möglichkeit einer Haftungsbeschränkung noch nicht verloren hat, haftet also für die Forderung eines ausgeschlossenen Gläubigers nur mit dem Nachlass, obwohl keine Trennung der beiden Vermögensmassen erfolgt ist. Pflichtteile, Vermächtnisse und Auflagen gehen den Nachlassverbindlichkeiten gegenüber den ausgeschlossenen Gläubigern nach (§ 1973 Abs. 1 S. 2 BGB). Hat aber der Erbe diese Nachlassverpflichtungen bereits erfüllt, wenn der ausgeschlossene Gläubiger seine Forderung geltend macht, muss dieser das gegen sich gelten lassen (§ 1973 Abs. 1 S. 2 BGB); er hat lediglich gegenüber den befriedigten Pflichtteilsberechtigten/Vermächtnisnehmern/Auflagenempfängern ein Anfechtungsrecht nach §§ 129 bis 147 InsO. Voraussetzung hierfür ist die Eröffnung des Insolvenzverfahrens gemäß § 317 InsO. Er kann auch Antrag auf Nachlassverwaltung oder auf Bestimmung einer Inventarfrist stellen.[70] Wegen eines Überschusses nach Befriedigung der Nachlassverbindlichkeiten haftet der Erbe einem ausgeschlossenen Gläubiger nur nach den Regeln der ungerechtfertigten Bereicherung (§§ 1973 Abs. 2 S. 1, 812 f. BGB). Findet der ausgeschlossene Nachlassgläubiger noch Nachlassgegenstände vor, so hat der Erbe die Zwangsvollstreckung in diese Gegenstände zu dulden, kann sie aber durch Zahlung des Wertes abwenden, sog Ersetzungsbefugnis (§ 1973 Abs. 2 S. 2 BGB).

74   Der Streit zwischen dem ausgeschlossenen Gläubiger und dem Erben, der noch nicht unbeschränkbar haftet und sich auf die Erschöpfung des Nachlasses gemäß § 1973 Abs. 1 S. 1 BGB beruft, ist im Prozesswege auszutragen. Falls dem Erben der Nachweis der Nachlasserschöpfung gelingt, ist die **Klage** als **zur Zeit unzulässig** abzuweisen, weil dem Gläubiger nicht die Möglichkeit genommen werden darf, beim Auftauchen neuer Nachlassgegenstände erneut zu klagen und in diese zu vollstrecken. Falls noch ein Nachlassrest vorhanden ist, führt die vom Erben erhobene Einrede zur Beschränkung der Haftung gemäß § 1973 BGB. **Der Gläubiger kann die Verurteilung des Erben zur Zahlung oder sonstigen Leistung** (nicht zur Herausgabe des Nachlassüberschusses)[71] bei Vermeidung der Zwangsvollstreckung in den Nachlass oder in konkret bezeichnete Nachlassgegenstände **beantragen**. Dies ist jedoch in der Regel unpraktisch, das Prozessgericht wird deshalb dem Erben auf seinen entsprechenden Antrag hin die Beschränkung seiner Haftung vorbehalten (§§ 205, 780 ZPO). Damit wird die Haftungsfrage in das Zwangsvollstreckungsverfahren verwiesen, was nicht nur zulässig ist, sondern vom Standpunkt des Gläubigers aus sogar im Hinblick auf § 1973 Abs. 2 S. 3 BGB notwendig sein kann, wenn mit der Verurteilung des Erben auf die Klage anderer Gläubiger hin gerechnet werden muss. Ohne

---

[68] Staudinger/*Dobler* § 1975 Rn. 5.
[69] Zum Testamentsvollstrecker siehe Staudinger/*Dobler* § 1975 Rn. 5 mwN.
[70] Streitig, siehe MüKoBGB/*Küpper* § 1973 Rn. 2.
[71] So zutreffend Staudinger/*Dobler* § 1973 Rn. 27.

den Beschränkungsvorbehalt im Urteil kann der Erbe seine Einrede jedoch im Zwangsvollstreckungsverfahren nicht mehr geltend machen (§§ 780 f., 785, 767 ZPO).

Vom Aufgebotsverfahren nicht betroffen sind dinglich Berechtigte (§ 1971 BGB), **75** Pflichtteilsberechtigte, Vermächtnisnehmer, Auflagenbegünstigte (§ 1972 BGB) und Gläubiger, denen der Erbe unbeschränkbar haftet (§ 2013 Abs. 1 BGB).

2. Verfahren

Das Verfahren ist in §§ 433 ff., 454 bis 463 FamFG geregelt. Zuständig ist damit das **76** Amtsgericht als Gericht der freiwilligen Gerichtsbarkeit. Durch die Neuregelung ist nicht eindeutig geklärt, ob das Nachlassgericht zuständig ist.[72] Der sachliche Zusammenhang spricht jedoch für die Zuständigkeit des Nachlassgerichts.[73] Örtlich zuständig ist das Nachlassgericht, in dessen Bezirk der Erblasser seinen letzten Wohnsitz hatte (§ 454 Abs. 2 S. 1 FamFG).[74] Funktionell für das gesamte Verfahren zuständig ist der Rechtspfleger (§ 3 Nr. 1c RPflG).

Antragsberechtigt sind: **77**

– der **Erbe** nach Annahme der Erbschaft, sofern er nicht bereits unbeschränkt haftet (§ 455 Abs. 1 FamFG, § 2013 Abs. 1 BGB). Haftet er nur einzelnen Gläubigern unbeschränkt (etwa nach § 2006 Abs. 3 BGB oder wegen Haftungsverzichts gegenüber einem einzelnen Gläubiger oder wegen Präklusion nach § 780 ZPO) steht das dem Antragsrecht nicht entgegen. **Trotz unbeschränkbarer Erbenhaftung** haben **Nachlasspfleger, -verwalter** oder **verwaltender Testamentsvollstrecker** ein Antragsrecht, weil sie ein berechtigtes Interesse an der Unterrichtung über den Stand des Nachlasses haben.[75]

– der verwaltende Nachlasspfleger;

– der Nachlassverwalter;

– der verwaltende Testamentsvollstrecker nach Annahme der Erbschaft (§ 455 Abs. 2 FamFG);

– der Erbschaftskäufer (§ 463 FamFG) und

– der Ehegatte, der das Gesamtgut verwaltet, wenn der Nachlass zum Gesamtgut gehört (§ 462 FamFG).

Für den Antrag besteht keine Ausschlussfrist. Aus § 2015 Abs. 1 BGB, § 782 ZPO ergibt sich jedoch die Jahresfrist, deren Versäumung aber lediglich zum Verlust der Einrede des § 2015 führt.[76]

Der Antrag (§§ 434 Abs. 1, 25 FamFG) ist **schriftlich** oder **zu Protokoll** der Geschäfts- **78** stelle zu stellen. Dem Antrag ist ein Verzeichnis der bekannten Nachlassgläubiger mit Angabe ihrer Anschrift beizufügen (§ 456 FamFG). Der Gläubiger hat den Gegenstand und den Grund der Forderung so anzugeben, dass die Forderung im Ausschlussurteil eindeutig bezeichnet werden kann (§ 459 Abs. 1 S. 1 FamFG). Urkundliche Beweisstücke sind in Urschrift oder Abschrift beizufügen (§ 459 Abs. 1 S. 2 FamFG).

Das Aufgebotsgericht darf die Bejahung der Befugnis des Erben zu dem Antrag auf Erlass des Aufgebots der Nachlassgläubiger nicht von der Vorlage eines Erbscheins abhängig machen.[77]

Der **Erlass des Aufgebots** erfolgt durch **Beschluss des Rechtspflegers** (§ 20 Nr. 2 **79** RPflG, §§ 434 Abs. 2, 435, 437, 458 Abs. 2 FamFG). Nach §§ 437, 458 Abs. 2 FamFG beträgt die Aufgebotsfrist mindestens sechs Wochen und höchstens sechs Monate. Das Aufgebot ist den bekannten Nachlassgläubigern bekannt zu geben (§ 15 FamFG). Die

---

[72] So auch zutreffend Keidel/*Zimmermann* § 454 Rn. 7; zum Streitstand vor dem FamFG siehe die Vorauflage und *Graf* ZEV 2000, 128.

[73] Keidel/*Zimmermann* § 454 Rn. 7; MüKoBGB/*Küpper* § 1970 Rn. 2 Fn. 3.

[74] Auch in Baden-Württemberg, Keidel/*Zimmermann* § 454 Rn. 9.

[75] Vergleiche MüKoBGB/*Küpper* § 1970 Rn. 3 mwN.

[76] Staudinger/*Dobler* § 1970 Rn. 4.

[77] OLG Hamm FGPrax 2012, 90.

öffentliche Bekanntmachung des Aufgebotes erfolgt durch Aushang an der Gerichtstafel und durch einmalige Veröffentlichung im elektronischen Bundesanzeiger; anstelle des Aushangs an der Gerichtstafel kann die Bekanntmachung in einem elektronischen Informations- und Kommunikationssystem erfolgen, das im Gericht öffentlich zugänglich ist (§ 435 Abs. 1 FamFG).

Die Anmeldung einer Forderung eines Nachlassgläubigers muss die Angabe des Gegenstands und des Grundes der Forderung enthalten (§ 459 Abs. 1 FamFG). Vor Erlass des Ausschließungsbeschlusses kann das Gericht Ermittlungen durchführen, insbesondere die Versicherung einer Behauptung des Antragstellers an Eides statt anordnen (§ 439 Abs. 1 FamFG). Das Gericht ist nicht gehalten, Beweiserhebungen durchzuführen, die zur abschließenden Feststellung der Erbfolge erforderlich wären. Die Antragsbefugnis ist bereits dann zu bejahen, wenn nach Verwertung präsenter Erkenntnisquellen die Erbenstellung des Antragstellers als wahrscheinlich erscheint.[78]

80   Entschieden wird durch Ausschließungsbeschluss, der öffentlich zuzustellen ist und einen Monat danach als zugestellt gilt (§ 441 FamFG, §§ 186, 187, 188 ZPO). Der Beschluss wird erst mit formeller Rechtskraft wirksam (§§ 45, 439 Abs. 2 FamFG). Der Beschluss kann von jedem, der durch ihn in seinen Rechten beeinträchtigt ist, mit der befristeten Beschwerde nach §§ 58 ff. FamFG angefochten werden. Die Beschwerdefrist von einem Monat beginnt mit dem Eintritt der Zustellungsfiktion des § 188 ZPO, also einem Monat, gerechnet vom Aushang der Benachrichtigung an der Gerichtstafel oder der Einstellung in das gerichtsinterne, öffentlich zugängliche elektronische Informationssystem, § 186 ZPO.

Aufgeforderte Nachlassgläubiger können ihre Forderungen längstens bis zum Erlass (nicht: Rechtskraft) des Ausschließungsbeschlusses geltend machen.[79] **Eigene Forderungen des beantragenden Alleinerben** brauchen grundsätzlich nicht angemeldet zu werden, da seine Ansprüche durch Konfusion erloschen sind. **Wird das Aufgebotsverfahren von einem Nachlassverwalter oder einem Miterben beantragt, müssen alle Miterben, ja sogar der Alleinerbe, ihre Forderungen bei Gericht anmelden,** anderenfalls sind sie mit ihren Forderungen iS des § 1973 BGB ausgeschlossen.[80] Die Anmeldung ist nur bis zum im Aufgebot angegebenen Zeitpunkt (§ 434 Abs. 2 S. 2 Nr. 2 FamFG) rechtzeitig, wobei allerdings auch eine Anmeldung nach dem Anmeldezeitpunkt als rechtzeitig fingiert wird, wenn sie bis zum Erlass des Ausschließungsbeschlusses eingegangen ist (§ 438 FamFG). **Erlassen** ist der Ausschließungsbeschluss gemäß § 38 Abs. 3 Satz 3 FamFG, wenn der fertig abgefasste und unterschriebene Beschluss an die Geschäftsstelle zur Veranlassung der Bekanntgabe übergeben worden ist.[81]

Bei **Versäumung der Aufgebotsfrist** und der Wiedereinsetzung sowie Wiederaufnahme ist § 439 Abs. 4 FamFG zu beachten.[82]

Wenn der Erbe während des Aufgebotsverfahrens die Beschränkbarkeit der Haftung verliert, ist das Verfahren einzustellen. Erlässt das Gericht in Unkenntnis des Wegfalls dieser Voraussetzung des Verfahrens dennoch den Beschluss, entfaltet der Beschluss nach herrschender Meinung gemäß § 2013 Abs. 1 S. 1 BGB keine Ausschlusswirkung, es sei denn, Antragsteller sind der Nachlassverwalter oder der verwaltende Testamentsvollstrecker. Bestand bereits bei Einleitung des Verfahrens die unbeschränkte Haftung des Erben, kann der gleichwohl ergangene Beschluss nur durch das Beschwerdeverfahren beseitigt werden. Tritt während des Nachlassverfahrens Nachlassverwaltung ein, kann der beantragende Erbe das Verfahren weiterbetreiben.[83] Durch die Eröffnung des Nachlassinsolvenzverfahrens wird jedoch das Aufgebotsverfahren beendet (§ 457 Abs. 2 FamFG).

---

[78] OLG Hamm FGPrax 2012, 90.
[79] OLG Düsseldorf NJW-RR 2012, 841.
[80] OLG Düsseldorf NJW-RR 2012, 841.
[81] OLG Düsseldorf NJW-RR 2012, 841.
[82] Vergleiche hierzu auch OLG Düsseldorf NJW-RR 2012, 841.
[83] MüKoBGB/*Küpper* § 1970 Rn. 5.

Muster: Antrag auf Aufgebot der Nachlassgläubiger

An das Amtsgericht   München, den   81

München – Nachlassgericht -

Antrag auf Aufgebot der Nachlassgläubiger

des (Name des Antragsteller) in München,......

Am...... ist in München,...... (Name des Erblassers), zuletzt wohnhaft gewesen ebenda gestorben.

Ein Testament ist nicht vorhanden. Erben sind ich und mein Bruder...... je zu $^1/_2$. Die Erben haben die Erbschaft angenommen. Ein Erbschein ist vom Nachlassgericht bereits erteilt. Keiner der Erben haftet unbeschränkt für die Nachlassverbindlichkeiten.[84] Ich nehme auf die Nachlassakten...... des Amtsgerichts München Bezug. Ich überreiche in der Anlage ein Verzeichnis der bekannten Nachlassgläubiger und beantrage das Aufgebot der Nachlassgläubiger und Erlass des Ausschließungsbeschlusses.

Das Gläubigerverzeichnis ist von...... aufgestellt worden. Es ist vollständig. Zur Glaubhaftmachung nehme ich Bezug auf die anliegende eidesstattliche Versicherung......

Muster: Aufgebot der Nachlassgläubiger

Aufgebot   82

(Name des Antragstellers) hat als Erbe des am...... in München verstorbenen, in München,...... wohnhaft gewesenen Erblassers (Name) das Aufgebot zum Zwecke der Ausschließung von Nachlassgläubigern beantragt.

Die Nachlassgläubiger werden daher aufgefordert, ihre Forderungen gegen den Nachlass des Verstorbenen bis spätestens zum

....

bei diesem Gericht anzumelden. Die Anmeldung hat die Angabe des Gegenstandes und des Grundes der Forderung zu enthalten. Urkundliche Beweisstücke sind in Urschrift oder in Abschrift beizufügen.

Nachlassgläubiger, die sich nicht melden, können – unbeschadet des Rechts, vor den Verbindlichkeiten aus Pflichtteilsrechten, Vermächtnissen und Auflagen berücksichtigt zu werden – von den Erben nur insoweit Befriedigung verlangen, als sich nach Befriedigung der nicht ausgeschlossenen Gläubiger noch ein Überschuss ergibt. Auch haftet ihnen dann jeder Erbe nach der Teilung des Nachlasses nur für den seinem Erbteil entsprechenden Teil der Verbindlichkeit [nur bei Miterben].

Die Gläubiger aus Pflichtteilsrechten, Vermächtnissen und Auflagen sowie die Gläubiger, denen der Erbe unbeschränkt haftet, werden durch das Aufgebot nicht betroffen. Bei Nichtanmeldung dieser Forderungen tritt jedoch der Rechtsnachteil ein, dass diesen Gläubigern jeder Erbe nach Teilung des Nachlasses nur für den seinem Erbteil entsprechenden Teil der Verbindlichkeit haftet.[85]

München, den ...... 20...   Amtsgericht

......, Rechtspfleger

Verfügung   83

I. Das Aufgebot ist den im Gläubigerverzeichnis genannten Nachlassgläubigern durch Aufgabe zur Post zuzustellen.

II. Ersuchen um einmalige Veröffentlichung des Aufgebots an elektronischen Bundesanzeiger,

---

[84] Hier ist anzugeben, wer von den Miterben den Nachlassgläubigern gegenüber unbeschränkt haftet.
[85] Nur bei mehreren Erben.

III. Aushang an die Gerichtstafel (oder gerichtsinternes Informationssystem).
IV. Ausfertigung des Aufgebots ist dem Antragsteller zuzustellen.
V. WV nach 8 Wochen.

Nach Eingang der Belegblätter

84

Verfügung

I. Gebühren prüfen und anweisen.
II. WV: zum Termin.

85

Muster: Ausschließungsbeschluss
Verkündet am …
(Name)
als Urkundsbeamter der
Geschäftsstelle

Beschluss

Das Amtsgericht München, Streitgericht, erlässt durch Rechtspfleger (Name)
in dem Aufgebotsverfahren zum Zwecke der Ausschließung von Nachlassgläubigern des
am (Datum) in (Ort), seinem letzten gewöhnlichen Aufenthalt, verstorbenen Erblassers
(Name)
folgenden
Beschluss

I. Folgenden Nachlassgläubigern werden ihre angemeldeten Forderungen gegen den
   Nachlass des am (Datum) verstorbenen (Name) vorbehalten:
   Gläubiger:　　　Gegenstand der Forderung　　　Grund:
   1 ……　　　　　…　　　　　　　　　　　　　…
   2……　　　　　…　　　　　　　　　　　　　…
II. Die übrigen Nachlassgläubiger, soweit nicht ihre Rechte nach dem Gesetz unberührt
   bleiben, können – unbeschadet des Rechts, vor den Verbindlichkeiten aus Pflichtteilsrechten, Vermächtnissen und Auflagen befriedigt zu werden – von dem Erben nur
   insoweit Befriedigung verlangen, als sich nach Befriedigung der nicht ausgeschlossenen
   Gläubiger noch ein Überschuss ergibt.
III. Der Antragsteller trägt die Kosten des Verfahrens.

Sachverhalt

(Name des Erben) aus (Ort) hat als Erbe des am (Datum) in (Ort) verstorbenen (Name des
Erblassers) das Aufgebot zur Ausschließung von Nachlassgläubigern beantragt und ein
Verzeichnis der bekannten Nachlassgläubiger mit Angabe ihrer Wohnorte beigefügt. Der
Antragsteller beantragt Erlass eines Ausschlussurteils.

Gründe

Der Antrag ist nach §§ 1970 ff. BGB und §§ 454 ff. FamFG zulässig.
Das Aufgebot ist durch Anheftung an die Gerichtstafel sowie durch Einrücken in den
elektronischen Bundesanzeiger am bekanntgemacht und den Nachlassgläubigern, die
dem Gericht angezeigt worden und deren Wohnorte bekannt sind, zugestellt worden.
Andere als die in Ziffer I der Urteilsformel bezeichneten Nachlassgläubiger haben vor dem
Erlass des Ausschlussurteils Forderungen nicht angemeldet.
Der auf Erlass des Ausschließungsbeschlusses gegen die übrigen Nachlassgläubiger gestell-
te Antrag ist daher gerechtfertigt (§§ 947 ff., 989 ff. ZPO).
Die Kosten hat der Antragsteller zu tragen.
Rechtspfleger

V. Gläubigerversäumnis (Verschweigungseinrede)

§ 1974 Abs. 1 S. 1 BGB stellt einen Nachlassgläubiger, der seine Forderung erst später als **86** fünf Jahre nach dem Erbfall gegenüber dem Erben geltend macht, einem ausgeschlossenen Gläubiger (§ 1973 BGB) gleich.

Die Frist wird nach §§ 187 Abs. 1, 188 BGB berechnet.

Unter Verschweigen des Gläubigers ist zu verstehen, dass dieser seine Forderung innerhalb der 5-Jahres-Frist weder gerichtlich noch außergerichtlich gegen den Erben oder einen Nachlasspfleger, -verwalter, -insolvenzverwalter, Testamentsvollstrecker oder vorläufigen Erben, der später ausgeschlagen hat, geltend gemacht hat.[86] Ausgenommen sind säumige Gläubiger, die im Aufgebotsverfahren ihre Forderung angemeldet haben oder von dem Verfahren nach § 1971 BGB nicht betroffen werden oder deren Forderungen dem Erben vor Fristablauf bekannt wurden (§ 1974 Abs. 3, Abs. 1 S. 1 BGB). Die Säumniswirkung tritt auch nicht ein, wenn der Erbe noch vor Ablauf der 5-Jahres-Frist sein Haftungsbeschränkungsrecht verliert (§ 2013 Abs. 1 BGB). Die Säumnis des Gläubigers ist unschädlich bei dinglich gesicherten Nachlassverbindlichkeiten (§§ 1974 Abs. 3, 1971 BGB).

§ 1974 BGB findet infolgedessen in den Fällen Anwendung, in denen kein Aufgebotsverfahren stattgefunden hat oder der Gläubiger erst nach Ablauf der Anmeldefrist im Aufgebotsverfahren die Forderung erworben hat, und für die nach § 1972 BGB durch das Aufgebot nicht betroffenen Personen.

Nach § 1974 Abs. 1 BGB hat die Verschweigung die gleiche Wirkung wie der Ausschluss im Aufgebotsverfahren: Die Haftung wird auf den Überschuss beschränkt. Der Erbe muss aber gemäß § 1974 Abs. 2 BGB bei der Befriedigung von Pflichtteilsansprüchen, Vermächtnissen und Auflagen die Rangfolge beachten andernfalls er mit seinem Eigenvermögen haftet. Der Erbe muss also einen nach Ablauf der 5-Jahres-Frist geltend gemachten (evtl. verjährten) Pflichtteilsanspruch vor den Ansprüchen aus Vermächtnissen und Auflagen befriedigen, auch wenn diese nicht ausgeschlossen sind (§ 327 InsO).[87]

---

[86] Palandt/*Weidlich* § 1974 Rn. 2.
[87] MüKoBGB/*Küpper* § 1974 Rn. 6 mit weiteren Beispielen.

§ 21 Das Nachlassinsolvenzverfahren[1]

Übersicht

	Rn.
I. Grundsätze	1
II. Zuständigkeit, § 315 InsO	2
III. Antrag, § 317 Abs. 1 InsO	3
1. Antragsberechtigung	4
2. Antragspflicht	5
3. Antragsfrist	6
4. Form	7
IV. Begründetheit des Antrags (Insolvenzgrund)	8
V. Sicherungsmaßnahmen	9
VI. Weitere Voraussetzungen	10
VII. Die Eröffnung des Insolvenzverfahrens	11
1. Insolvenzmasse	11
2. Inhalt des Eröffnungsbeschlusses	12
3. Bekanntmachung des Eröffnungsbeschlusses	13
4. Rechtsmittel	14
VIII. Die Wirkung der Eröffnung des Verfahrens	15
1. Im Hinblick auf die Haftung	15
2. Zwangsvollstreckung	16
3. Befugnisse des Insolvenzverwalters und der Erben	17
IX. Das Insolvenzverfahren und die Verteilung des Nachlasses	18
X. Beendigung	20
XI. Die Wirkungen der Beendigung:	21

I. Grundsätze

1 Der Erbe haftet nach BGB vorläufig unbeschränkt, jedoch beschränkbar (§§ 1967, 2058, 1975 BGB). Bei der Beschränkung der Haftung werden Nachlass und Eigenvermögen wieder **zwei getrennte Vermögensmassen** (§ 1975 BGB). Auf den Nachlass können dann nur noch die Nachlassgläubiger (nicht mehr die Eigengläubiger des Erben) zugreifen (§ 325 InsO). Andererseits können Nachlassgläubiger, denen gegenüber der Erbe bereits unbeschränkt haftet, weiter das Eigenvermögen dieses Erben in Anspruch nehmen.

Wird über das Vermögen **des Erben** das Insolvenzverfahren eröffnet, unterliegt dessen gesamtes Vermögen dem Insolvenzbeschlag. Wollen Nachlassgläubiger verhindern, dass Eigengläubiger am Nachlass partizipieren, müssen sie **Nachlassverwaltung** oder **Nachlassinsolvenz** beantragen, um eine Vermögens- und Haftungssonderung zu bewirken.[2]

Ab Eröffnung des **Insolvenzverfahrens über das Eigenvermögen des Erben** kann der Gläubiger, dem beide Vermögensmassen haften, seinen Anspruch im Verfahren über das Eigenvermögen nur anmelden, soweit er im Nachlassinsolvenzverfahren ausgefallen ist (§ 331 iVm § 52 InsO).

Zur Nachlassseparation führt sowohl die Nachlassverwaltung als auch die Nachlassinsolvenz. Während die Nachlassverwaltung jedoch die volle Befriedigung der Gläubiger erstrebt, da noch keine Überschuldung, sondern allenfalls Zahlungsunfähigkeit vorliegt, ist das **Ziel der Nachlassinsolvenz** die verhältnismäßige Befriedigung der Gläubiger (bei – auch drohender – Zahlungsunfähigkeit) oder Überschuldung des Nachlasses. Die Anmeldung einer Forderung im Aufgebotsverfahren macht die Anmeldung im Insolvenzverfahren nicht entbehrlich. Das **Nachlassinsolvenzverfahren beendet** ipso iure eine bestehende

---

[1] Umfangreiche Literaturhinweise bei *Gottwald,* Insolvenzrechts-Handbuch, 5. Aufl. 2015, Kapitel X.
[2] § 331 InsO.

Nachlassverwaltung (§ 1988 Abs. 1 BGB) sowie ein laufendes **Aufgebotsverfahren** (§ 457 Abs. 2 FamFG). Das Amt des Nachlassverwalters endet mit der Eröffnung des Insolvenzverfahrens. Ein **der Testamentsvollstreckung unterliegender Nachlass fällt mit der Eröffnung des Insolvenzverfahrens über das Vermögen des Erben in die Insolvenzmasse;** der unter Testamentsvollstreckung stehende Nachlass, der in die Insolvenzmasse fällt, bildet bis zur Beendigung der Testamentsvollstreckung eine **Sondermasse,** auf die die Nachlassgläubiger, nicht aber die Eigengläubiger Zugriff nehmen können. Der gegen den Erben zu führende Rechtsstreit wegen eines Pflichtteils- oder Pflichtergänzungsanspruchs ist nach Eröffnung des Insolvenzverfahrens gegen den Insolvenzverwalter zu richten; ein infolge der Eröffnung des Insolvenzverfahrens unterbrochener **Prozess** gegen den Erben ist gegen den Insolvenzverwalter aufzunehmen.[3]

II. Zuständigkeit

Sachlich und örtlich zuständig für das Insolvenzverfahren ist nicht das Nachlassgericht,   2 sondern ausschließlich das **Insolvenzgericht,** in dessen Bezirk der Erblasser zum Zeitpunkt des Todes seinen allgemeinen Gerichtsstand, regelmäßig also seinen letzten Wohnsitz hatte (§ 315 InsO). Hatte der Erblasser bei einer selbständigen Tätigkeit seinen wirtschaftlichen Mittelpunkt an einem anderen Ort als dem seines allgemeinen Gerichtsstandes, so ist ausschließlich das Insolvenzgericht zuständig, in dessen Bezirk dieser Ort liegt. Bis zur Eröffnung ist der Richter, danach der Rechtspfleger zuständig (§ 18 RPflG). Der Rechtspfleger ist auch für das Insolvenzplan-Verfahren gemäß §§ 217 ff. InsO zuständig. Die durch ein Regelinsolvenzverfahren begründete Zuständigkeit (nach § 3 InsO) wird durch den Tod des Schuldners jedoch nicht berührt und geht in ein Nachlassinsolvenzverfahren über.

III. Antrag[4]

Das Nachlassinsolvenzverfahren beginnt nur auf Antrag.   3

1. Antragsberechtigung

Berechtigt, die Eröffnung des Insolvenzverfahrens über einen Nachlass zu beantragen, sind   4 – jeder Erbe, der Nacherbe mit Eintritt der Nacherbfolge; auch Miterben; wird der Antrag nicht von allen Miterben gestellt, ist der Eröffnungsgrund glaubhaft zu machen und sind die übrigen Miterben anzuhören (der Antragsteller hat deshalb die Namen und Anschriften aller Miterben anzugeben). Der Antragsberechtigung steht die fehlende Annahme der Erbschaft oder die eingetretene unbeschränkte Haftung des Erben für Nachlassverbindlichkeiten nicht entgegen. Der Antrag kann auch nach Teilung des Nachlasses gestellt werden; das Verfahren findet dann jedoch auf jeden Fall **über den gesamten Nachlass** und nicht nur über den Erbteil statt (§ 316 Abs. 3 InsO).
Gehört der Nachlass zum Gesamtgut einer Gütergemeinschaft, kann sowohl der Ehegatte, der Erbe ist, als auch der Ehegatte, der nicht Erbe ist, aber das Gesamtgut verwaltet, die Eröffnung des Insolvenzverfahrens über den Nachlass beantragen. Die Zustimmung der anderen Ehegatten ist zwar nicht erforderlich (§ 318 Abs. 1 InsO), der Eröffnungsgrund ist jedoch von dem allein beantragenden Ehegatten glaubhaft zu machen und der andere Ehegatte ist anzuhören (§ 318 Abs. 2 InsO).[5] Die anteilsberechtigten Abkömmlinge sind nicht antragsberechtigt (§ 332 Abs. 3 InsO);

---

[3]   Zu allem BGH NJW 2006, 26 = ZEV 2006, 405 mAnm *Möller.*
[4]   Muster eines Eigenantrags BeckOF Erbrecht/*Herzog,* Formular 5.12.6.2.
[5]   Gilt für eingetragene Lebenspartner entsprechend (§ 318 Abs. 3 InsO).

– der Nachlassverwalter,
– der Nachlasspfleger,
– der verwaltende Testamentsvollstrecker,
– jeder Nachlassgläubiger (zur Antragsfrist → Rn. 6).

2. Antragspflicht

5 Der Erbe ist verpflichtet, unverzüglich Antrag zu stellen, sobald er Kenntnis erlangt, dass der Nachlass zahlungsunfähig oder überschuldet ist (§ 1980 Abs. 1 S. 1 BGB). Der Kenntnis steht die fahrlässige Unkenntnis gleich (§ 1980 Abs. 2 S. 1 BGB). **Fahrlässigkeit** liegt insbesondere vor, wenn der Erbe das Aufgebotsverfahren der Nachlassgläubiger nicht beantragt, obwohl er Grund hat, das Vorhandensein unbekannter Nachlassverbindlichkeiten anzunehmen. Das Aufgebotsverfahren ist jedoch nicht erforderlich, wenn die Kosten des Verfahrens gegenüber dem Nachlassbestand unverhältnismäßig groß sind (§ 1980 Abs. 2 S. 2 BGB).

Der **Erbe** wird gegenüber den Nachlassgläubigern **schadensersatzpflichtig,** wenn er entgegen seiner Verpflichtung nach Annahme der Erbschaft nicht unverzüglich den Antrag stellt (§ 1980 Abs. 1 S. 2 BGB). § 1980 Abs. 1 S. 2 BGB ist analog auf den Nachlassverwalter, nicht jedoch auf den Nachlasspfleger und Testamentsvollstrecker anwendbar. **Der Erbe bleibt also auch bei** bestehender Nachlasspflegschaft oder Testamentsvollstreckung antragspflichtig. Nachlasspfleger und Testamentsvollstrecker sind jedoch gegenüber dem Erben verpflichtet, bei erkennbarer Überschuldung des Nachlasses von ihrem Antragsrecht Gebrauch zu machen, anderenfalls sie sich diesem gegenüber schadensersatzpflichtig machen. Die Antragspflicht entfällt, wenn keine Massedeckung vorhanden ist (§ 26 Abs. 1 InsO).

3. Antragsfrist

6 Für die **Nachlassgläubiger** besteht eine Frist von 2 Jahren nach Annahme der Erbschaft (§ 319 InsO), jedoch erst ab Beendigung der Testamentsvollstreckung. Danach eingehende Anträge sind ohne Sachprüfung als unzulässig zurückzuweisen. Für alle übrigen Antragsberechtigten besteht keine Frist; der Erbe kann sich aber uU schadensersatzpflichtig machen (s. o.).

4. Form

7 Es ist keine Form vorgeschrieben. Der Antrag kann also schriftlich oder mündlich zu Protokoll der Geschäftsstelle, nicht jedoch durch Telefon wirksam anhängig gemacht werden (da er eine Prozesshandlung ist). Der Antrag muss eine lesbare Unterschrift enthalten. Antragsteller und der Nachlass müssen so genau bezeichnet werden, dass ihre Identität ohne Zweifel feststeht.
Bedingte und befristete Anträge sind unzulässig.

IV. Begründetheit des Antrags (Insolvenzgrund)

8 **Nachlassgläubiger** sind auf die Geltendmachung der Überschuldung und der Zahlungsunfähigkeit des Nachlasses beschränkt und müssen diese Gründe glaubhaft machen und ein eigenes rechtliches Interesse an der Verfahrenseröffnung darlegen (§§ 14, 320 S. 1 InsO; § 294 ZPO). Dabei genügt es, die Vergeblichkeit der Vollstreckung in den Nachlass etwa durch Gerichtsvollziehererzeugnis zu belegen.
Die übrigen Antragsberechtigten müssen Tatsachen für Zahlungsunfähigkeit, drohende Zahlungsunfähigkeit oder Überschuldung darlegen (§ 320 S. 2 InsO).

In beiden Fällen definieren §§ 17 Abs. 2 und 18 Abs. 2 InsO die **Zahlungsunfähigkeit** (Unfähigkeit, die fälligen Zahlungspflichten zu erfüllen, idR bei Zahlungseinstellung) und **drohende Zahlungsunfähigkeit** (wenn voraussichtlich die bestehenden Zahlungspflichten im Zeitpunkt der Fälligkeit nicht erfüllt werden können).

Als **Abgrenzung zur Zahlungsstockung** hat der BGH[6] entschieden, dass die kritische Unterdeckung grundsätzlich bei 10 % liegt, soweit diese nicht aller Voraussicht nach innerhalb von maximal drei Wochen beseitigt werden kann.

Die **Zahlungsunfähigkeit droht,** wenn die bestehenden Zahlungspflichten im Zeitpunkt der Fälligkeit voraussichtlich nicht erfüllt werden können (§ 18 Abs. 2 InsO); „voraussichtlich" bedeutet: mit mehr als 50 %iger Wahrscheinlichkeit.

Überschuldung liegt nach § 19 Abs. 2 InsO vor, wenn das Vermögen des Schuldners die bestehenden Verbindlichkeiten nicht mehr deckt, wenn also das auf der Aktivseite der Bilanz ausgewiesene Vermögen kleiner ist, als die auf der Passivseite ausgewiesene Verbindlichkeit. Dabei ist nicht die Handelsbilanz, sondern eine gesondert aufzustellende **Überschuldungsbilanz** maßgebend, in der die Aktiva und Passiva (auch diejenigen nach § 324 InsO) nach ihren realisierbaren Verkehrswerten eingestellt sind. Ergibt sich danach eine Überschuldung, ist bei einem Unternehmen in der zweiten Stufe gemäß § 19 Abs. 2 S. 2 InsO eine **Fortführungsprognose** zu erstellen. Ist diese auch unter Aufdeckung der stillen Reserven negativ, bleibt es bei der Überschuldung. Ist sie positiv, führt dies zur Einstellung von Fortführungswerten im Überschuldungsstatus. Erst wenn diese immer noch eine Überschuldung ergeben, ist zu eröffnen; andernfalls ist der Antrag zurückzuweisen.

Bei der Zahlungsunfähigkeit ist nur auf die Liquidität des Nachlasses abzustellen. Bei der Überschuldung des Nachlasses sind neben den Masseverbindlichkeiten nach § 334 InsO alle in § 325 InsO genannten Verbindlichkeiten, also auch Vermächtnisse, Auflagen und Pflichtteilsansprüche zu berücksichtigen. Nachrangige Verbindlichkeiten bleiben bei der Überschuldungsprüfung unberücksichtigt, also auch die des § 327 InsO.[7]

V. Sicherungsmaßnahmen

Als Sicherungsmaßnahmen bis zu einer Entscheidung über den Antrag kennt die InsO 9

• die Einsetzung eines **vorläufigen Insolvenzverwalters** (§ 21 Abs. 2 Nr. 1 InsO).

Ihm kann die Verwaltungs- und Verfügungsbefugnis über das Vermögen des Schuldners verliehen werden (§ 22 Abs. 1 S. 1 InsO).

Die **Prozessführungsbefugnis** für die infolge der Antragstellung unterbrochenen Aktiv- und Passivprozesse geht auf den vorläufigen Verwalter gemäß (§§ 24 Abs. 2, 85 Abs. 1 InsO über).

Verhängt das Gericht ein **allgemeines Verfügungsverbot** nach § 21 Abs. 2 Nr. 2 InsO, geht auch die Verwaltungs- und Verfügungsbefugnis über den Nachlass auf den vorläufigen Verwalter über (§ 22 Abs. 1 S. 1 InsO).

Das Gericht setzt die **Vergütung des vorläufigen Insolvenzverwalters** durch Beschluss nach § 11 InsVV (Insolvenzvergütungsordnung) fest. In der Regel ist von 25 % der Verwaltervergütung auszugehen. Der endgültige Insolvenzverwalter hat einen Anspruch auf einen bestimmten Bruchteil aus dem Wert der freien Insolvenzmasse; diese ist die Summe aller massezugehörigen Vermögenswerte abzüglich dere Absonderungsrechte; § 2 InsVV gestaltet dies näher aus.

• Das Gericht kann ein **allgemeines Verfügungsverbot** erlassen und anordnen, dass Verfügungen der Erben nur mit Zustimmung des vorläufigen Insolvenzverwalters wirksam sind (§ 21 Abs. 2 Nr. 2 2. Alt InsO). Verfügungen der Erben sind bei Erlass eines

---

6 BGH NJW 2005, 3062.
7 Gottwald InsR-HdB/*Döbereiner* § 113 Rn. 19; MAH ErbR/*Wiester* § 25 Rn. 15.

allgemeinen Veräußerungsverbotes absolut unwirksam (§§ 24 Abs. 1, 81, 8 InsO). Das Verbot tritt bereits mit seinem Erlass, sofern Tag und Stunde angegeben sind (sonst ab der Mittagsstunde des Erlasstages), in Kraft.[8]

- Das Gericht kann **Maßnahmen der Zwangsvollstreckung** in den **beweglichen Nachlass** untersagen oder einstweilen einstellen (§ 21 Abs. 2 Nr. 3 InsO). Auf Antrag des vorläufigen Insolvenzverwalters kann das Gericht auch Vollstreckungen in den übrigen Nachlass untersagen oder vorläufig einstellen (§ 30d Abs. 4 ZVG).
- Sonstige Sicherungsmaßnahmen:

Siegelung von Gegenständen, Untersagung der Herausgabe von Gegenständen an Dritte, Postsperre, Zwangsvorführung und Haftanordnung (§ 21 Abs. 2 Nr. 1 bis 3 und Abs. 3 InsO).

VI. Weitere Voraussetzungen

10 Neben den unter 4. erörterten Eröffnungsvoraussetzungen setzt die Eröffnung des Nachlassinsolvenzverfahrens voraus, dass die vorhandene Masse wenigstens die **Kosten des Verfahrens deckt** (§ 26 Abs. 1 S. 1 InsO), zu denen

- die Gerichtskosten,
- die Vergütungen und Auslagen des vorläufigen Insolvenzverwalters und der Mitglieder des Gläubigerausschusses (§ 54 InsO)

zählen.

Die sonstigen Masseverbindlichkeiten (§ 55 InsO) werden hierbei nicht berücksichtigt.

Aussonderungsrechte sind abzusetzen. Absonderungsbelastete Rechte sind nur mit dem Überschussbetrag bzw. beschränkt auf die Feststellungs- und Verwertungskosten von pauschal 9 % des Erlöses zu berücksichtigen (§§ 170, 171 InsO).

Reicht die ermittelte Masse nicht aus, um die Verfahrenskosten zu decken, muss das Gericht den Insolvenzantrag **abweisen,** es sei denn, es wird eine ausreichender Geldbetrag vorgeschossen (§§ 26 Abs. 1 S. 2, 54 InsO). Der Vorschuss muss das gesamte Verfahren abdecken.

Deckt die Masse die Verfahrenskosten nicht und wird auch kein Vorschuss geleistet, weist das Gericht den Antrag mangels einer die Verfahrenskosten deckenden Masse ab. Hiergegen steht dem Antragsteller und auch dem Schuldner die sofortige Beschwerde zu (§ 34 Abs. 1 InsO).

Die Abweisung mangels Masse verschafft den Erben die Haftungsbeschränkung der Dürftigkeitseinrede nach §§ 1990, 1991 BGB; damit kann er den Zugriff auf das Eigenvermögen abwehren.

VII. Die Eröffnung des Insolvenzverfahrens

1. Insolvenzmasse

11 Ist der pfändbare Nachlass (§§ 35, 36 InsO) einschließlich dessen, was durch Anfechtung gemäß §§ 129 ff. InsO zur Masse zurückfließt, sowie Schadensersatzansprüche gegen den Erben (§ 1980 Abs. 1 S. 2 BGB).

2. Inhalt des Eröffnungsbeschlusses

12 – Die Insolvenz ist als Nachlassinsolvenz über das Vermögen des Erblassers (Name, Todeszeit) zu bezeichnen.

---

[8] BGH ZIP 1996, 1909 (1911); ZIP 1995, 40.

- Der **Insolvenzverwalter** wird vorläufig ernannt und namentlich unter Angabe seiner Anschrift bezeichnet; die erste Gläubigerversammlung kann ihn abwählen und einen anderen Verwalter ernennen, § 57 InsO.
- Tag und Stunde der Eröffnung ist anzugeben.
- Die **Gläubiger** werden aufgefordert, ihre Forderungen einschließlich ihrer Sicherungsrechte innerhalb einer bestimmten Frist beim Insolvenzverwalter anzumelden (§ 28 Abs. 1 InsO).[9]
- **Schuldnern** des Nachlasses wird aufgegeben, nur noch an den Verwalter zu leisten (§ 28 Abs. 3 InsO; offener Arrest).
- Die Termine für die erste Gläubigerversammlung (in der der Insolvenzverwalter berichtet und der weitere Fortgang beschlossen wird) und zur Prüfung der angemeldeten Forderungen werden bestimmt (§ 29 InsO).

3. Bekanntmachung des Eröffnungsbeschlusses

Er ist öffentlich bekannt zu machen (im Bundesanzeiger und dem regionalen Veröffentlichungsblatt); die Bekanntmachung gilt zwei Tage nach der Veröffentlichung als bewirkt. Der Beschluss ist auch in den Registern gemäß §§ 31, 32 InsO einzutragen. **13**

4. Rechtsmittel

Der **Eröffnungsbeschluss** kann nur vom Schuldner (= Erbe) mit der sofortigen Beschwerde (§ 34 Abs. 2 InsO), die keine aufschiebende Wirkung hat (§ 4 InsO iVm § 572 ZPO), angefochten werden. **14**

VIII. Die Wirkung der Eröffnung des Verfahrens

1. Im Hinblick auf die Haftung

Die Wirkungen der mit dem Erbfall eingetretenen Vereinigung des Eigenvermögens des Erben mit dem Nachlass werden weitgehend wieder beseitigt: **15**

Die als Folge der Vereinigung eingetretene unbeschränkte Haftung des Erben wird beschränkt auf das Nachlassvermögen (§ 1975 BGB). Dies allerdings nur, wenn der Erbe nicht bereits aus anderen Gründen als der bloßen Gütervereinigung unbeschränkt haftet (Fälle der Inventaruntreue – § 2005 BGB, Versäumung der Inventarfrist – § 1994 Abs. 1 BGB, Verweigerung der eidesstattlichen Versicherung – § 2006 Abs. 3 BGB; hier aber nur unbeschränkte Haftung gegenüber dem antragstellenden Gläubiger).

Die durch die Eröffnung bewirkte Haftungsbeschränkung gilt im Verhältnis zu allen Gläubigern, nicht nur zu einzelnen, wie es beim Aufgebotsverfahren oder der 5-jährigen Gläubigersäumnis geschieht. Sie wirkt nicht nur zugunsten des Antragstellers. Der antragstellende Gläubiger erreicht zwar, dass der Nachlass als Haftungsmasse geschützt wird; gleichzeitig wird auch die Haftung des Erben auf diese Masse beschränkt. Entsprechend bewirkt die Eröffnung auf Antrag des Erben nicht nur seine Haftungsbeschränkung auf den Nachlass, sondern schützt gegenüber den Nachlassgläubigern den Nachlass als deren Zugriffsvermögen.

Sind durch die Vereinigung Rechte und Verbindlichkeiten erloschen, sei es durch **Konfusion** (Vereinigung von Recht und Verbindlichkeit) oder **Konsolidation** (Vereinigung von Recht und Belastung), so gelten infolge der Insolvenzeröffnung diese Rechtsverhältnisse ex tunc als nicht erloschen (§ 1976 BGB). Entsprechend gelten vor Eröffnung erfolgte **Aufrechnungen** von Nachlassgläubigern gegen Eigenforderungen des Erben oder von Eigengläubigern des Erben gegen Nachlassforderungen als nicht erfolgt (§ 1977 BGB). Hat

---

[9] Muster bei BeckOF Erbrecht/*Herzog* Formular 5.12.6.3.

der Erbe der Aufrechnung von Nachlassgläubigern gegen eine Eigenforderung zugestimmt oder diese Aufrechnung veranlasst, bleibt es bei der Aufrechnung. Eine Zustimmung des Erben zu Aufrechnungen von Eigengläubigern gegen Nachlassforderungen ist hingegen trotz des Wortlautes von § 1977 Abs. 2 BGB („Das Gleiche gilt…") nicht relevant.[10] Die Aufrechnung des Eigengläubigers wird also ex tunc unwirksam. Dies ergibt sich aus dem Schutzzweck der Norm. Der Fall ist nicht über die Haftung des Erben für die bisherige Verwaltung (§§ 1978, 1979 BGB) zu regeln. § 1977 BGB will die Aufrechnung aus der sonstigen Verwaltung herausnehmen und gesondert regeln.

In ähnlicher Weise hat der Gesetzgeber die Erfüllung von Pflichtteilsansprüchen, Vermächtnissen und Auflagen durch den Erben vor Eröffnung als anfechtbar (wie eine unentgeltliche Leistung, § 322 InsO) gesondert geregelt.

Die übrigen Verwaltungsmaßnahmen des Erben sollen weiterhin Bestand haben, der Erbe haftet aber uU gemäß §§ 1978, 1979 BGB, also mit seinem Eigenvermögen.

2. Zwangsvollstreckung

16 Über die Wirkung der §§ 88 ff. InsO hinaus werden Maßnahmen der Zwangsvollstreckung, durch die ein Sicherungsrecht erlangt wurde, unwirksam, ohne dass es der Anfechtung bedarf (§ 321 InsO); es wird dadurch kein Absonderungsrecht erlangt.

3. Befugnisse des Insolvenzverwalters und der Erben

17 Der bestellte Insolvenzverwalter hat den Nachlass nach den allgemeinen Regeln in Besitz zu nehmen, zu verwalten und zu verwerten (§ 148 InsO), Anfechtungen nach § 322 InsO zu prüfen und notfalls zu vollziehen.

Forderungen (nur Nachlassverbindlichkeiten) sind beim Verwalter zur Tabelle anzumelden, wenn sie Berücksichtigung finden sollen. Wurde die Forderung im Prüfungstermin bestritten, ist ihre Feststellung innerhalb einer Ausschlussfrist von 2 Wochen nach der öffentlichen Bekanntmachung der Verteilung (§ 189 InsO) im ordentlichen Rechtsweg (Antragsziel: Feststellung zur Tabelle) geltend zu machen.

Im Übrigen vgl. die allgemeinen Auswirkungen der Eröffnung auf die Rechtsstellung des Erben und des Verwalters gemäß §§ 80 ff. InsO.

IX. Das Insolvenzverfahren und die Verteilung des Nachlasses

18 Es gibt keine Abweichung zum Regelinsolvenzverfahren.

Der **Kreis der Massegläubiger** ist gemäß § 324 InsO um diejenigen erweitert, die Ansprüche aus der Verwaltung des Nachlasses geltend machen können.

Insolvenzgläubiger sind nur die Nachlassgläubiger (§ 325 InsO), zu denen gemäß § 326 InsO auch der Erbe selbst zählen kann.

Für das **Stimmrecht** im Insolvenzverfahren über das Vermögen der unbeschränkt haftenden Erben gilt § 331 Abs. 1 InsO, wonach für den Ausfall der Nachlassgläubiger ein Stimmrecht generell nur in Höhe des Ausfalls besteht und zwar auch in der Gläubigerversammlung.

Dies gilt gemäß § 331 Abs. 2 InsO auch für den Fall, dass der Nachlass zum Gesamtgut einer Gütergemeinschaft gehört. Welche Gläubiger bei Verteilung mit welchen Beträgen berücksichtigt werden, ergibt sich aus dem **Verteilungsverzeichnis** (§ 188 InsO).

Bei der Verteilung des Nachlasses gilt folgende **Rangordnung:**

An erster Stelle stehen die Masseverbindlichkeiten nach §§ 54, 55 und 324 Abs. 1 Nr. 1 bis 6 InsO, die vorab befriedigt werden.

---

[10] So auch MüKoBGB/*Küpper* § 1977 Rn. 6 mwN ua gegen die möglicherweise noch hM.

Die KO kannte bevorrechtigte und einfache Forderungen. Diese Vorrechte sind durch die InsO abgeschafft. Es gibt jetzt nur noch nicht nachrangige Insolvenzgläubiger (§ 38 InsO), die rangmäßig auf der gleichen Stufe stehen und nachrangige Insolvenzgläubiger (§ 39 InsO); diese, sowie die besonderen nachrangigen Verbindlichkeiten des § 327 InsO kennen durchaus eine Rangordnung.

Die aussonderungsberechtigten Gläubiger (zB Rechte aus §§ 985, 604 BGB) sind keine Insolvenzgläubiger (§ 47 InsO); sie brauchen am Insolvenzverfahren nicht teilzunehmen.

Zur abgesonderten Befriedigung berechtigt sind die in §§ 49–51 InsO Berechtigten. Soweit ihnen der Schuldner auch persönlich haftet, sind sie auch Insolvenzgläubiger, müssen ihre Forderungen zur Tabelle anmelden. Bedient wird die Forderung mit dem nach Absonderung ausgefallenen Teil mit der Quote. Unbewegliche Gegenstände werden vom Berechtigten nach ZVG verwertet. Bewegliche Gegenstände und Forderungen werden ausschließlich vom Verwalter verwertet (§§ 166–169 InsO, Ausnahme § 173 InsO).

Letztlich ergibt sich damit folgende **Rangordnung** für das Nachlassinsolvenzverfahren: 19
Vorab werden Masseverbindlichkeiten gemäß §§ 54, 55 InsO und 324 Abs. 1 Nr. 1 bis 6 befriedigt. Danach folgende Reihenfolge

   1. Nicht nachrangige Gläubiger (§ 38 InsO),
2.–6. nachrangige Insolvenzgläubiger (§ 39 Abs. 1 Nr. 1 bis 5 InsO),
   7. die Gläubiger des § 39 Abs. 2 InsO,
   8. die infolge Aufgebot ausgeschlossenen Gläubiger und die von der Verschweigungseinrede betroffenen Gläubiger (§ 1974 BGB),
   9. Pflichtteilsberechtigte,
 10. Vermächtnisnehmer und Auflagenberechtigte,
 11. Erbersatzberechtigte alten Rechts.

Beachte auch § 327 Abs. 2 InsO.

Die rangmäßig auf gleicher Stufe stehenden Gläubiger werden verhältnismäßig befriedigt.

Der Verwalter verteilt die Teilungsmasse durch Abschlagsverteilung nach dem Prüfungstermin unter Berücksichtigung der gemäß § 189 Abs. 1 und 2 InsO zurückbehaltenen Anteile zu dem gemäß § 195 InsO bestimmten Bruchteil. Zur Schlussverteilung und Nachtragsverteilung s. §§ 196, 179 ff., 189 Abs. 2, 203 InsO.

Ein Überschuss ist an die Erben herauszugeben (§ 199 InsO).

X. Beendigung

Das Verfahren wird durch Beschluss des Insolvenzgerichts beendet und zwar   20
– **vorzeitig** durch
  – Einstellung (§ 215 InsO),
  – Wegfall des Eröffnungsgrundes (§ 212 InsO),
  – Insolvenzverzicht aller Gläubiger (§ 213 InsO),
  – fehlender Masse (§ 207 InsO),
  – Masseunzulänglichkeit (§ 211 InsO);
– nach Zweckerreichung, also durch Aufhebungsbeschluss nach Abhaltung des Schlusstermins (§§ 200 Abs. 1, 258 Abs. 1 InsO).

XI. Die Wirkungen der Beendigung:

– die Erben erlangen wieder ihre Verfügungsbefugnis über den Nachlass;   21
– die Unterbrechung der Prozesse endet;
– nach § 81 Abs. 1 S. 1 InsO unwirksame Maßnahmen der Erben werden wirksam;

– unbefriedigte Gläubiger erlangen das Recht der freien Nachforderung (§ 210 Abs. 2 InsO). Dabei haben die Gläubiger des § 324 Abs. 1 InsO den Rang der Gläubiger des § 209 Abs. 1 Nr. 3 InsO (§ 324 Abs. 2 InsO).

– **Haftung des Erben**

Der Erbe haftet nach Abschluss des Nachlassinsolvenzverfahrens durch **Verteilung** der Masse den nicht befriedigten Gläubigern wie ausgeschlossenen Gläubigern (§§ 1973, 1989 BGB), also nach Bereicherungsgrundsätzen und beschränkt auf den Nachlassrest (falls er nicht schon unbeschränkt haftet).

Der Erbe muss sich auf seine Haftungsbeschränkung berufen (Einrede), im Prozess den allgemeinen Vorbehalt nach § 780 ZPO im Urteil erlangen, wenn er das Eigenvermögen schützen will. Bei der Befriedigung der in § 1974 Abs. 2 BGB genannten Gläubiger muss der Erbe die Rangordnung nach Maßgabe der Insolvenzordnung beachten, auch wenn § 1989 BGB diese Vorschrift nicht ausdrücklich erwähnt.

Bei Verstoß gegen die Rangfolge haftet der Erbe persönlich für den Ausfall. Wird die **Eröffnung mangels Masse abgelehnt** oder endet das Verfahren durch **Einstellung mangels Masse** (§ 207 InsO, kann sich der Erbe auf die Dürftigkeit des Nachlasses berufen und die Zahlung aus dem Eigenvermögen verweigern (§§ 1990, 1991 BGB).

Wird das Verfahren durch **Einstellung nach Verzichtsvereinbarungen** (§ 213 InsO) beendet, kommen für den Erben §§ 1990, 1992 BGB zur Anwendung.

§ 22 Die Erbunwürdigkeit

Das Institut der Erbunwürdigkeit ergänzt die anderen Möglichkeiten, einen Unwürdigen **1** vom Erbe fernzuhalten:

- § 1938 BGB (Enterbung),
- §§ 2333 ff. BGB (Pflichtteilsentziehung) und
- §§ 2078 ff. BGB (Anfechtung letztwilliger Verfügungen).

Der nach § 2339 Abs. 1 BGB (abschließender Katalog der Unwürdigkeitsgründe) erbunwürdige gesetzliche oder gewillkürte Erbe erwirbt zunächst die Erbschaft. Erst die erfolgreiche Anfechtungsklage beseitigt rückwirkend den Erbanfall. Der Erbunwürdige wird so behandelt, als hätte er zur Zeit des Erbfalls nicht gelebt (§ 2344 BGB).

Die Erbunwürdigkeit umfasst die **Vermächtnis- und Pflichtteilsunwürdigkeit** (§ 2345 BGB), die jedoch nicht durch Klage geltend gemacht werden müssen, da § 2345 BGB nicht auf § 2342 BGB verweist; **formlose Erklärung gegenüber dem Unwürdigen genügt** hier.

Die Erbunwürdigkeit kann vom Berechtigten (§ 2341 BGB: das ist jeder, dem der Wegfall des Erbunwürdigen zustatten kommen würde) nur durch **Anfechtungsklage** vor dem **Prozessgericht** (§ 2340 Abs. 1 BGB) nach Anfall der Erbschaft innerhalb **Jahresfrist** (§ 2339 Abs. 3 iVm § 2082 Abs. 1 BGB) nach Kenntnis des Anfechtungsgrundes (§ 2340 Abs. 2 und 3 BGB) geltend gemacht werden. Es handelt sich um eine Gestaltungsklage,[1] nicht um eine Feststellungsklage.[2]

Nach Fristablauf kann die Vermächtnis- und Pflichtteilsunwürdigkeit – nicht die Erbunwürdigkeit – noch einredeweise geltend gemacht werden (§ 2345 Abs. 1 S. 2 iVm § 2083 BGB). Über § 2301 Abs. 1 BGB gelten die §§ 2339 ff. BGB auch bei einer Schenkung von Todes wegen; ist diese vollzogen, sind bei einer Verfehlung des Beschenkten §§ 530 bis 534 BGB anzuwenden. Im Interesse des Vorerben ist die **Anfechtung gegenüber dem Nacherben bereits vom Erbfall (nicht erst vom Nacherbfall) an zulässig** (§ 2340 Abs. 2 S. 2 BGB). **Die Anfechtung ist ausgeschlossen, wenn der Erblasser dem Erbunwürdigen verziehen hat,** § 2343 BGB). Der Erblasser muss den Unrechtsgehalt der Tat, den Erbunwürdigkeitsgrund, kennen. Streitig ist, ob er auch die rechtlichen Folgen der Verzeihung kennen muss.[3]

Die erfolgreiche **Anfechtungsklage (Tenor:** „Der Beklagte wird für unwürdig erklärt, **2** den…-Erblasser – zu beerben") hat zur Folge, dass mit Rechtskraft des Urteils der Unwürdige rückwirkend die Erbschaft verliert. Das Gesetz beschränkt die **Wirkung** aber auf den Erbunwürdigen selbst. An seine Stelle treten also die gesetzlichen Erben, Anwachsungsberechtigte und Ersatzerben (auch gemäß §§ 2069, 2344 Abs. 2 BGB).

Das **Nachlassgericht berücksichtigt die Erbunwürdigkeit erst ab Rechtskraft des Anfechtungsurteils,** prüft die Anfechtungsvoraussetzungen also nicht selbst. Es kann das **Erbscheinsverfahren** aussetzen und einen Nachlasspfleger bestellen (§ 1960 BGB). **Im Erbscheinsverfahren ist eine Feststellung der Erbunwürdigkeit nicht möglich.**[4] Die strafrechtliche Verurteilung (des Erbunwürdigen) bindet den Zivilrichter nicht.[5] Die Unwürdigkeitsklage kann mit einer **Stufenklage** nach § 2018 BGB verbunden werden, die Erbschaftsklage ist dann auf Herausgabe nach Rechtskraft des Erbunwürdigkeitsurteils gerichtet. Falls vorsorglich auch eine Anfechtung nach § 2078 BGB erfolgt, sollte insoweit

---

[1] Palandt/*Weidlich* § 2342 Rn. 3; NK-Nachfolgerecht/*Krätzschel* § 256 Rn. 4.
[2] So aber *Muschler* ZEV 2009, 101.
[3] Dieses Wissen ist erforderlich, um den besonderen rechtlichen Unrechtsgehalt der Tat zu erfassen, sonst liegt nur eine Verzeihung im moralischen oder religiösen Sinn vor; aA MüKoBGB/*Helms* § 2343 Rn. 1. S. auch BGH NJW 1961, 1718.
[4] BayObLG ZEV 2001, 16.
[5] BGH NJW-RR 2005, 1024.

ein Hilfsantrag gestellt werden.[6] **Klageberechtigt** ist jeder, dem der Wegfall des Erbunwürdigen auch nur mittelbar zustatten kommt,[7] der Staat (§ 1936) also immer, nicht jedoch Vermächtnisnehmer und Auflagenbegünstigte. Ist der Erbe zugleich Pflichtteilsberechtigter oder Vermächtnisnehmer, ist in dem gegen ihn gerichteten Klageantrag regelmäßig eine Anfechtungserklärung nach § 2345 BGB zu sehen.[8] **Vom Nachlass ausgeschlossen werden können** Erben, Vor- und Nacherben (nicht der Ersatzerbe, Erbschaftskäufer oder Erbteilserwerber),[9] Vermächtnisnehmer und Pflichtteilsberechtigte (mit Pflichtteils-, Pflichtteilsrest- und Pflichtteilsergänzungsansprüchen), nicht jedoch Auflagenbegünstigte.

Erbunwürdigkeitsgründe:

3 Soweit sich §§ 2333 und 2339 BGB tatbestandlich nicht decken (insbesondere bei § 2339 Abs. 1 Nr. 3 und 4 BGB), ergänzt die Erbunwürdigkeit die Regelung der §§ 2333 ff. BGB. → Rn. 1.419.

- **Tötung oder versuchte Tötung des Erblassers:** § 2339 Abs. 1 Nr. 1 BGB erfasst §§ 211, 212 StGB (nicht § 216 StGB – Tötung auf Verlangen –) in allen Beteiligungsformen, auch die versuchte Tötung, sofern kein strafbefreiender Rücktritt vom Versuch vorliegt. Die Tötung muss widerrechtlich und schuldhaft[10] sein. Der Täter trägt die Beweislast für die behauptete Unzurechnungsfähigkeit. Die Tat darf nicht verziehen sein (§ 2343 BGB).
- **Die Herbeiführung der Testierunfähigkeit des Erblassers bis zum Tode:** § 2339 Abs. 1 Nr. 1, 3. Alt. BGB betrifft die Fälle der Herbeiführung von Siechtum und Geisteskrankheit durch Vergiftung oder körperliche Verstümmelung (§§ 224 bis 226 StGB). Die Testierunfähigkeit kann auf rechtlichen oder tatsächlichen Gründen beruhen. Die Absicht der Herbeiführung von Testierunfähigkeit ist nicht erforderlich. Der Versuch genügt nicht.[11]
- **Verhinderung der Errichtung oder Aufhebung einer Verfügung von Todes wegen:** Nach § 2339 Abs. 1 Nr. 2 BGB führt die bis zum Eintritt des Erbfalls andauernde Verhinderung der Errichtung oder Aufhebung einer konkret geplanten Verfügung von Todes wegen durch physische Gewalt, Täuschung oder Drohung zur Erbunwürdigkeit. Der Versuch genügt nicht. Es genügt, wenn die Willensschwäche oder Zwangslage des testierwilligen Erblassers ausgenutzt wird, um durch bloßen Widerspruch gegen die Errichtung einer Verfügung diese zu verhindern.[12] Eine Verhinderung liegt auch in der arglistigen Herbeiführung formnichtiger oder aus anderen Gründen rechtsunwirksamer Verfügungen.[13]
- **Bestimmung des Erblassers durch arglistige Täuschung oder Drohung zur Errichtung oder Aufhebung einer Verfügung von Todes wegen:** § 2339 Abs. 1 Nr. 3 BGB setzt nach hM[14] eine wirksame Verfügung von Todes wegen voraus, deren Errichtung oder Aufhebung durch Täuschung oder Drohung bewirkt wurde. Wird die Verfügung vor Eintritt des Erbfalles unwirksam, tritt keine Erbunwürdigkeit ein (§ 2339 Abs. 2 BGB). Das Verschweigen von Eheverfehlungen kann darunter fallen.[15] Bei Irrtum, Täuschung und Drohung kommt eine Anfechtung nach §§ 2078 ff. BGB in Betracht, die jedoch die gesetzliche Erbfolge unberührt lässt.
- **Urkundsdelikte zu Lasten des Erblassers:** Bei den in § 2339 Abs. 1 Nr. 4 BGB in Bezug genommenen Urkundsdelikten (§§ 267, 271–274 StGB) genügt auch der Versuch,

---

6   S. hierzu BGH FamRZ 1968, 153; BayObLG 73, 258.
7   BGH NJW 1989, 3214.
8   MüKoBGB/*Helms* § 2342 Rn. 1 mwN.
9   Palandt/*Weidlich* § 2342 Rn. 2.
10 BGH ZEV 2015, 282.
11 Palandt/*Weidlich* § 2339 Rn. 4.
12 BGH FamRZ 1965, 495.
13 Erman/*Schlüter* § 2329 Rn. 4.
14 Palandt/*Weidlich* § 2339 Rn. 6; aA *Muscheler* ZEV 2009, 101 (103).
15 BGHZ 49, 155.

jedenfalls, wenn er geeignet ist, den Erblasserwillen tatsächlich zu verdunkeln.[16] Im Gegensatz zu den Fällen der Nr. 1 bis 3 können die Fälschungshandlungen auch nach dem Tod des Erblassers vorgenommen werden. Problematisch ist die Meinung des BGH,[17] dass der Tatbestand nicht dadurch entfalle, dass der Erbe durch seine Handlungen den wirklichen Willen des Erblassers zur Geltung kommen lassen wollte.

---

[16] Str., bejahend Palandt/*Weidlich* § 2339 Rn. 7; MüKoBGB/*Helms* § 2339 Rn. 27 mwN; verneinend Staudinger/*Olshausen* § 2339 Rn. 49; Soergel/*Damrau* § 2339 Rn. 8.
[17] NJW 1970, 197; aA MüKoBGB/*Helms* § 2339 Rn. 13; *Speckmann* JuS 1971, 235 (im Rahmen der Erbunwürdigkeit komme es weniger auf die strafrechtliche Sicht, sondern mehr auf die Beurteilung durch den Erblasser an).

§ 23 Die Nachlassauseinandersetzung

Übersicht

Rn.

I. Grundlagen 1
II. Grundsätze bei Durchführung der Auseinandersetzung 8
   1. Die Auseinandersetzung 8
   2. Abschichtung 10
   3. Genehmigungen 12
   4. Land- und forstwirtschaftliche Grundstücke 13
   5. Handelsgeschäft, GmbH, AG, Personengesellschaft 15
   6. Die Gewährleistung bei der Erbteilsveräußerung 16
   7. Haftung bei Erbauseinandersetzung unter Miterben durch Aufteilung ... 17
III. Durchführung der Erbauseinandersetzung im Einzelnen 18
   1. Der Erblasser hat eine Testamentsvollstreckung angeordnet 18
   2. Testamentsvollstreckung ist nicht angeordnet 23
   3. Testamentsvollstreckung ist nicht angeordnet, die Erben einigen sich nicht
      freiwillig (Erbteilungsklage) 27
   4. Vermittlungsverfahren 28
IV. Die Vermittlung der Erbauseinandersetzung durch den Notar 29
   1. Grundsätze 29
   2. Voraussetzungen der Vermittlung 33
   3. Verfahren 35
     a) Zuständigkeit 35
     b) Antrag 36
     c) Antragsberechtigung 37
     d) Inhalt des Antrags 38
     e) Formelle Prüfung durch den Notar 41
     f) Zurücknahme und Zurückweisung des Antrags 45
     g) Rechtsmittel 48
     h) Die Einleitung des Verfahrens 49
     i) Auseinandersetzungsplan 60
   4. Bestätigung der Auseinandersetzung 68
     a) Voraussetzungen 69
     b) Rechtsmittel 74
VI. Die Vermittlung der Auseinandersetzung in Ansehung des Gesamtguts einer
   Gütergemeinschaft 76

I. Grundlagen

1 Eine Nachlassauseinandersetzung ist nur möglich, wenn eine **Miterbengemeinschaft** (§ 2033 BGB), dh eine Gemeinschaft zur gesamten Hand, besteht. Der Nachlass eines Alleinerben kann nicht auseinandergesetzt werden.[1] Ebenso wenig ist eine Auseinandersetzung zwischen Vor- und Nacherben denkbar. Stehen Verfügungen in Frage, die dem

---

[1] Zur *Sondernachfolge in einen Hof* s. § 4 HöfeO. Hoferbe und Erbe des hoffreien Vermögens bilden keine Miterbengemeinschaft iSd §§ 2032 f. BGB. Die auf Antrag erfolgende *gerichtliche Zuweisung eines landwirtschaftlichen Betriebes* an einen geeigneten Miterben (Voraussetzung: eine zur Bewirtschaftung geeignete Hofstelle), der einer durch gesetzliche Erbfolge entstandenen Erbengemeinschaft gehört, sieht das GrdstVG in seinen §§ 13–17, 33 vor; zuständig ist das LwG (AG), in dessen Bezirk die Hofstelle liegt. Das Verfahren regelt das LandwG. Die weichenden Erben erhalten eine Abfindung in Höhe ihres Anteilswertes (Bewertung nach Ertragswert, § 2049 BGB, § 16 GrdstVG) unter Berücksichtigung von Vorausempfängen des Hofübernehmers und haben Anspruch auf Vorteilsausgleich, falls der Erwerber des Hofes innerhalb von 15 Jahren erhebliche Gewinne durch Veräußerung oder auf sonstige Weise erzielt (§ 17 GrdstVG).

Nacherben gegenüber nur mit seiner Zustimmung wirksam sind – §§ 2113 f. BGB –, so kann dieser Beteiligter sein.

Nicht möglich ist schließlich eine Auseinandersetzung zwischen Nacherben vor Eintritt des Nacherbfalls. Zwischen Erben und Vermächtnisnehmer besteht keine Erbengemeinschaft.

Die **Miterbengemeinschaft endigt** mit der **Auseinandersetzung.** Diese begründet **2** Einzelrechte eines oder mehrerer Miterben an den Nachlassgegenständen. Bis zur Auseinandersetzung kann der Miterbe über seinen Anteil oder einen Bruchteil des Anteils[2] am ganzen Nachlass dinglich verfügen. Form: notarielle Beurkundung der Abtretung- und Annahmeerklärung, § 2033 BGB; ebenso für bindende Vollmacht.[3] Auf das schuldrechtliche Veräußerungsgeschäft finden die Vorschriften über den Erbschaftskauf Anwendung (§§ 1922 Abs. 2, 2371 ff. BGB); der Vertrag ist ebenfalls wie das Verfügungsgeschäft notariell zu beurkunden, § 2371 BGB (selbst wenn die Erbteilsübertragung unentgeltlich ist, § 2385 Abs. 1 BGB). Zu beachten ist das Vorkaufsrecht der übrigen Miterben nach §§ 2034, 2035 BGB. Eine Verfügung über den Anteil an den einzelnen Gegenständen, der zwar besteht, aber „stillgelegt"[4] ist, scheidet dagegen aus. Über einzelne Nachlassgegenstände können die Miterben nur gemeinschaftlich verfügen (§ 2040 BGB). Ist ein Vermächtnisanspruch zu erfüllen, zB ein Grundstück auf einen anderen zu übertragen, so hat die Auflassung durch alle Erben zu erfolgen. Die von einzelnen Miterben vorgenommene Verfügung über einen Erbschaftsgegenstand kann gemäß § 185 BGB wirksam sein oder werden.

Der Anteil des Miterben ist im Wege der Zwangsvollstreckung pfändbar (§§ 859 Abs. 2, **3** 857 Abs. 2 ZPO; § 363 Abs. 2 FamFG). Nachlassgläubiger können nur auf diesem Wege eine Auseinandersetzung betreiben. Der Anteil ist auch gemäß (§§ 1273, 1274 Abs. 1, 2033 Abs. 1 S. 2 BGB rechtsgeschäftlich verpfändbar; eine Anzeige nach § 1280 BGB ist nicht erforderlich, weil ein Recht, keine Forderung verpfändet wird.[5] Die Erbteilsverpfändung bedarf als Verfügung über den Erbteil der notariellen Beurkundung (§ 2033 Abs. 1 S. 2 BGB). Die Verpflichtung zur Verpfändung ist nach hM formfrei, ist also nicht nach § 2371 BGB beurkundungsbedürftig.[6]

Der Miterbe kann sich nicht nur zur Übertragung seines Erbanteils, sondern auch **4** einzelner Nachlassgegenstände (auch vor der Auseinandersetzung) wirksam **verpflichten** (§ 311a Abs. 1 BGB). Kann er nicht erfüllen, so liegt ein subjektives Unvermögen vor. Ein Miterbe kann sich verpflichten, die Gegenstände, die er bei der Auseinandersetzung erhalten wird, zu übertragen. Unzulässig dagegen ist aus Gründen des Gläubigerschutzes[7] die Abtretung des Anspruchs auf ein künftiges Auseinandersetzungsguthaben.[8]

Die **Auseinandersetzung** des **Nachlasses** (wenn dazu ein Anteil am Gesamtgut einer **5** noch nicht auseinandergesetzten Gütergemeinschaft gehört, auch die Auseinandersetzung des Gesamtguts) kann **jeder** Miterbe **jederzeit** verlangen (§ 2042 BGB), soweit sie nicht durch die Bestimmungen der §§ 2042 Abs. 2, 2043–2045 BGB zeitlich ausgeschlossen ist. Auch das Vorhandensein eines Testamentsvollstreckers nimmt den Erben dieses Recht nicht.[9] Über ein **Teilungsverbot** gemäß § 2044 Abs. 1 können sich die Miterben einverständlich hinwegsetzen.[10]

---

[2] BGH NJW 1963, 1610.
[3] BGH ZEV 1996, 462.
[4] BayObLGZ 20, 386.
[5] RGZ 83, 28.
[6] MüKoBGB/*Gergen* § 2033 Rn. 23; aA MüKoBGB/*Damrau* § 1274 Rn. 2, 41; aber Heilung möglich, str. bei Erbteilsübertragung Soergel/*Zimmermann* § 2371 Rn. 22.
[7] S. näher MüKoBGB/*Gergen* § 2033 Rn. 10.
[8] RGZ 60, 126 (132).
[9] BayObLGZ 21, 312. Auseinandersetzungsverbot auch bei gesetzlicher Erbfolge zulässig (BayObLG NJW 1967, 1136).
[10] Palandt/*Weidlich* § 2044 Rn. 3; auch bei Auslegung als Auflage kann dies die dennoch erfolgte Erbauseinandersetzung nicht verhindern; § 2194 BGB ist bei Einigung aller ein stumpfes Schwert.

6   **Teilauseinandersetzung:** Zulässig ist eine einverständliche Teilauseinandersetzung,[11] entweder nur bezüglich eines Teils des Nachlasses (objektive oder gegenständliche Teilauseinandersetzung) – oder mit einzelnen Erben (subjektive oder persönliche Teilauseinandersetzung). Letztere scheiden aus der Erbengemeinschaft aus. Auch hier hat die Auseinandersetzung mit allen Miterben stattzufinden, kann allerdings in mehreren innerlich zusammenhängenden Verträgen mit jeweils nur einem Teil der Erben erfolgen. Da der Anspruch eines jeden Miterben auf Auseinandersetzung sich auf den gesamten Nachlass bezieht, kann grundsätzlich keine gegenständliche oder persönliche Teilauseinandersetzung gegen den Willen auch nur eines Miterben verlangt werden.[12]

Ausnahmsweise kann eine gegenständliche Teilauseinandersetzung gefordert werden, wenn besondere Gründe für eine Teilauseinandersetzung vorliegen, also
– keine Nachlassverbindlichkeiten mehr vorliegen und
– eine verständige Verwaltung dies erfordert sowie
– keine schutzwürdigen Interessen widersprechender Erben oder Belange der Gemeinschaft verletzt werden.[13]

7   Bei noch vorhandenen Nachlassschulden oder Streit über nicht nur völlig nebensächliche Fragen oder geringwertige wenige restliche Nachlassgegenstände ist eine Teilauseinandersetzung ausgeschlossen. In Betracht kann sie nur kommen, wenn eine nach ihrer Höhe unstreitige erste Zahlung (die also mit größter Wahrscheinlichkeit später nicht zurückzuzahlen ist) bei einem umfangreichen, langwierig auseinanderzusetzenden Nachlass begehrt wird. Minderjährige Miterben bedürfen für den unentgeltlichen Erwerb eines Grundstücks im Wege der Teilauseinandersetzung weder der Zustimmung des gesetzlichen Vertreters noch gerichtlicher Genehmigung.[14]

II. Grundsätze bei Durchführung der Auseinandersetzung

1. Die Auseinandersetzung

8   Die Auseinandersetzung zerfällt in zwei Akte: Es wird ein **Auseinandersetzungsvertrag (Auseinandersetzungsplan)** geschlossen, der die Verpflichtung zu einer bestimmten Art der Teilung enthält. Dieser Vertrag ist grundsätzlich formfrei, die Art der darin enthaltenen Abreden können jedoch eine Form erfordern, wie es zB gemäß § 311b Abs. 1 BGB bei Übernahme der Verpflichtung zur Übertragung eines Nachlassgrundstückes der Fall ist oder gemäß § 15 Abs. 4 GmbHG bei der Verpflichtung zur Übertragung eines GmbH-Geschäftsanteils, in diesen Fällen bedürfen auch alle sonstigen Abreden, sofern sie eine Einheit bilden, der notariellen Form.[15]

9   **Vornahme des Erfüllungsgeschäfts:** Die Übertragung der einzelnen Erbschaftsgegenstände durch die Erbengemeinschaft auf den oder die übernehmenden Miterben wird meist in den Auseinandersetzungsvertrag (oben) mit aufgenommen. Für die **Übertragungshandlungen** ist die jeweils vorgeschriebene Form zu wahren. Eine **Erbteilsübertragung** zum Zwecke der Erbauseinandersetzung bedarf der Form des § 2033 Abs. 1 S. 2 BGB. Eine Auflassung von Grundstücken ist hier nicht nötig, im Grundbuch erfolgt lediglich

---

[11] OLG Köln JMBl NRW 1958, 127. Zu Problemen der Teilauseinandersetzung s. *Maidl* MittBayNot 1960, 53; BayObLGZ 1980, 328: „Wird ein Erbteil von einem Miterben im ganzen auf alle übrigen an der Erbengemeinschaft beteiligten Miterben übertragen, so wächst – mangels abweichender Vereinbarung – dieser Erbteil den in einer Gesamthandsgemeinschaft stehenden Erwerbern gleichfalls zur gesamten Hand an."

[12] RGZ 108, 422 (423); OLG München NJW-RR 1991, 1097 (1098); BGH NJW 1985, 51.

[13] BGH NJW 1985, 51 (52); NJW 1963, 1541; NJW 1963, 1610; KG NJW 1961, 733.

[14] BayObLG 68, 1.

[15] BGHZ 76, 48.

eine Berichtigung.[16] Eine weitere Erbauseinandersetzung erübrigt sich bei Übertragung sämtlicher Erbanteile gemäß § 2033 BGB in eine Hand.[17]

2. Abschichtung[18]

Neben der Teilung und der Veräußerung der Nachlassgegenstände sieht der BGH die **10** Abschichtung als dritten Weg der Nachlassauseinandersetzung an. **Scheidet ein Miterbe** (mit oder ohne Abfindung evtl. unter Mitnahme eines Nachlassteils) im Einvernehmen mit den anderen Miterben durch **Verzicht auf den Erbteil** aus der Erbengemeinschaft aus **(Abschichtung)** ist der **Abschichtungsvertrag** nach der Rspr.[19] **formfrei,** auch wenn **Grundbesitz** zum **Nachlass** gehört, sofern dieser im Nachlass verbleibt. Wird jedoch Grundbesitz oder ein GmbH-Anteil im Wege der Abschichtung aus dem Nachlass auf den ausscheidenden Miterben übertragen, ergibt sich die Formbedürftigkeit aus § 315b Abs. 1 BGB, § 15 Abs. 4 GmbHG.[20] Nach BGH wächst das in der Erbengemeinschaft verbleibende Vermögen den verbleibenden Miterben in Analogie zu § 738 BGB im Verhältnis ihrer Anteile an. Die dingliche Rechtsänderung tritt kraft Gesetzes ein; das Grundbuch wird unrichtig. Die Abschichtung kann nicht objektbezogen erfolgen, sondern nur in Bezug auf das Gesamthandsvermögen als Ganzes.

Zwar wachsen den verbleibenden Miterben auch die **Nachlassverbindlichkeiten** im Innenverhältnis an. Im Außenverhältnis muss jedoch die Haftung durch rechtsgeschäftliche Vereinbarung beendigt werden.[21] Der BGH wendet auf das der Abschichtung zugrunde liegende Rechtsgeschäft hinsichtlich der Form nicht §§ 2371 ff. BGB an. Hinsichtlich der Gewährleistung herrscht Unklarheit; meist wird empfohlen, die Gewährleistung auszuschließen.[22] Die Anwendung des Kaufrechts dürfte jedoch sinngemäß über § 757 BGB geboten sein; lehnt man das ab, ist der Verzichtsvertrag als Aufhebungsvertrag (§ 311 Abs. 1 BGB) Grundlage für Ansprüche aus § 280 BGB.

Das Ausscheiden eines Minderjährigen, der durch einen Ergänzungspfleger vertreten wird, im Wege der Abschichtung bedarf der gerichtlichen Genehmigung (§§ 1822 Nr. 2, 1643, 1908i Abs. 1 S. 1 BGB); die Abschichtung ist dem Nachlassgericht entsprechend § 2384 BGB anzuzeigen.[23] Wenn der Abschichtungsvertrag eines der in § 1643 Abs. 1 BGB genannten Geschäfte enthält, benötigen die Eltern auch die Genehmigung des Familiengerichts (§ 1821 Nr. 1, 3, 5, 8 bis 11 BGB).[24]

Gebühren bei Abschichtung: Für die notarielle Beglaubigung der Erklärungen wird **11** eine Gebühr in Höhe von 0,2; mindestens 20 EUR, höchstens 70 EUR erhoben (Nr. 25100 KV-GNotKG) sowie die Hälfte der vollen Gebühr, wenn der Notar die Erklärung entwirft (Nr. 24100 ff. KV-GNotKG). Die herkömmliche Auseinandersetzung mit notarieller Beurkundung führt zu einer doppelten Gebühr (Nr. 21100 KV-GNotKG) aus dem Gegenstandswert des gesamten Bruttonachlasses (§§ 97 Abs. 1, 3, 35 GNotKG) ohne Gebührenobergrenze. Geschieht die Auseinandersetzung vor dem Notar durch Erbteilsübertragung an einen Dritten, bemisst sich der Gegenstandswert nach dem Kaufpreis für den Erbteil bzw. dessen höheren Wert (§§ 47, 97 Abs. 2 GNotKG).

---

[16] BFH NJW 1975, 2119; 1976, 263; BGH DNotZ 1969, 623; BayObLG NJW–RR 1987, 398. Zur Frage der Voreintragung im Grundbuch vgl. OLG Hamm ZEV 1995, 336 (Nacherbenvermerk) mAnm *Graf* S. 339 (allgemein) und BayObLGZ 1994, 158.

[17] BayObLGZ 5, 659; OLG Düsseldorf NJW 1977, 1828.

[18] Formulierungsvorschlag bei MAH ErbR/*Koslowski* § 26 Rn. 183.

[19] BGH DNotZ 1999, 60; NJW 2005, 284.

[20] Kritisch *Reimann* ZEV 1998, 213.

[21] *Reimann* ZEV 1998, 213 (215).

[22] *Keim* RNotZ 2003, 357 (387).

[23] MAH ErbR/*Pawlytta* § 42 Rn. 70 ff., 73.

[24] Palandt/*Weidlich* § 2042 Rn. 14.

3. Genehmigungen

12 Zur Wirksamkeit der Auseinandersetzung können Genehmigungen des **Familiengerichts** (§§ 1822 Nr. 2,[25] 1821, 1643, 1897, 1915 BGB), des **Nachlassgerichts** (§§ 364, 368 Abs. 3 FamFG: nur für rechtsgeschäftliche Auseinandersetzungen im Rahmen der §§ 363 ff. FamFG), des **Ehegatten** (§§ 1365, 1366 BGB) sowie der **Nacherben** (§§ 2113 f. BGB) erforderlich sein. Über weitere Genehmigungen S. die Kommentierungen zu § 19 GBO. Eltern bedürfen der vormundschaftsgerichtlichen Genehmigung nur, soweit der Auseinandersetzungsvertrag und sein Erfüllungsgeschäft ein nach allgemeinen Vorschriften genehmigungspflichtiges Geschäft enthält (§§ 1643, 1821, 1822 Nr. 1, 3, 5, 8 bis 11 BGB). Bei Miterben, die unter Vormundschaft oder Pflegschaft stehen, ist die Genehmigung des Familiengerichts/Betreuungsgerichts generell erforderlich (§§ 1822 Nr. 2, 1915 BGB). Falls mehrere minderjährige Erben an der Auseinandersetzung beteiligt sind, muss jeder einen besonderen gesetzlichen Vertreter haben (§§ 1629 Abs. 2, 1795 Abs. 1 Nr. 1 BGB), es sei denn, die Auseinandersetzung weicht nicht von den gesetzlichen Regeln ab.[26]

4. Land- und forstwirtschaftliche Grundstücke

13 Bei Erbteilsübertragungen an einem Nachlass, zu dem **land-** oder **forstwirtschaftliche Grundstücke** gehören, gilt:

Der verteilende Erbauseinandersetzungsvertrag bedarf der Genehmigung (der gemäß § 3 Abs. 1 GrdstVG nach Landesrecht zuständigen Behörde,[27] auch wenn einer der Erben oder ein Dritter den gesamten Grundbesitz aus der Erbengemeinschaft im Alleineigentum übernehmen will.

Genehmigungsfrei ist die Veräußerung eines oder sämtlicher Erbanteile an einen oder mehrere Miterben. Das Gleiche gilt, wenn ein Miterbe etwa ein Vorkaufsrecht nach § 2035 BGB geltend macht. Wird jedoch ein Erbanteil an einem Nachlass, der im Wesentlichen aus einem land- oder forstwirtschaftlichen Betrieb besteht, (maßgebend ist das Verhältnis der Verkehrswerte zueinander) an einen anderen als an einen Miterben veräußert, so ist nach § 2 Abs. 2 Ziff 2 GrdstVG[28] eine Genehmigung erforderlich. Vorausgesetzt wird dabei, dass mindestens eine Hofstelle mit Wirtschaftsgebäuden und Grundstücken vorhanden ist und der ganze forst- bzw. landwirtschaftliche Betrieb zum Nachlass gehört.[29] Genehmigungspflichtig ist der Verpflichtungsvertrag sowie das Erfüllungsgeschäft. Jedoch erfasst die zu dem Verpflichtungsgeschäft erteilte Genehmigung auch das Erfüllungsgeschäft.

14 Der Genehmigung bedürfen nach § 2 Abs. 1 GrdstVG[30] immer die zur Erfüllung eines Grundstück-Vermächtnisses nötig werdende Auflassung sowie rechtsgeschäftliche Veräußerungen (Belastung mit Nießbrauch steht gleich) von Grundstücken.[31]

Zu beachten ist, dass die Länder nach § 2 Abs. 3 Nr. 2 GrdstVG bestimmen können, dass die Veräußerung von Grundstücken bis zu einer bestimmten Größe keiner Genehmigung bedarf (gilt für § 2 Abs. 1 und 2 des GrdstVG).[32] In diesem Zusammenhang sind etwaige

---

[25] Dazu KG FamRZ 1963, 467.
[26] BGHZ 21, 229 (232); s. näher MüKoBGB/*Ann* § 2042 Rn. 38.
[27] S. näher *Schöner/Stöber* Grundbuchrecht Rn. 3935 ff.
[28] *Schöner/Stöber* Grundbuchrecht Rn. 3958 mwN.
[29] *Roemer* DNotZ 1962, 486.
[30] BGH DNotZ 1960, 551.
[31] Nachlassauseinandersetzung – OLG Celle RdL 1966, 151. – Der Erbschaftskauf als solcher ist nicht genehmigungspflichtig, wohl aber die Auflassung der zum Nachlass gehörigen Grundstücke.
[32] In Bayern: Veräußerung von Grundstücken bis zu einer Größe von 2 ha nicht genehmigungsbedürftig (Ausnahmen S. dort Art. 2 Abs. 2). Einzelheiten Schöner/Stöber, Grundbuchrecht, Rn. 3962 (auch zu den übrigen Bundesländern).

Genehmigungserfordernisse nach dem BauGB zu erwähnen.[33] Das Vorkaufsrecht nach § 24 BauGB wird durch den Abschluss des Erbteilungsvertrages nicht ausgelöst,[34] es sei denn, es liegt ein freihändiger Verkauf an einen Dritten vor.

Vormaliges Entschuldungsrecht: Das Bundesgesetz zur Abwicklung der landwirtschaftlichen Entschuldung vom 25.3.1952 (BGBl. I 203) und die Löschungsverordnung vom 31.1.1962 (BGBl. I 67) sind aufgehoben (Art. 8 InsO-ÄndG vom 26.10.2001, BGBl. I 2710 (2715)).[35]

5. Handelsgeschäft, GmbH, AG, Personengesellschaft

Zu Wertsicherungsklauseln in den Verträgen → Rn. 26.   **15**

Zur Nachfolge in den Anteil an einem **Handelsgeschäft** (→ Rn. 2). Eine Erbteilsübertragung ist auch möglich, wenn zum Nachlass ein Handelsgeschäft gehört. Die Erwerber werden Inhaber des Handelsgeschäfts und können dieses in ungeteilter Erbengemeinschaft fortführen.[36]

Ein Geschäftsanteil an einer **GmbH** kann nur mit Genehmigung der übrigen Gesellschafter geteilt werden, wenn der Gesellschaftsvertrag nicht anderes bestimmt (§ 17 Abs. 1 und 3 GmbHG).

Aktien können nicht geteilt werden (§ 8 Abs. 5 AktG).

OHG, KG: Kommt es zu einer Sondernachfolge in eine Personengesellschaft (Übereinstimmung von Gesellschaftsvertrag und letztwilliger Verfügung), fällt die Beteiligung an der Gesellschaft nicht in den Nachlass. Der Gesellschaftsanteil wird deshalb nicht von einer Erteilsübertragung erfasst. Der veräußernde Erbe bleibt trotz Erbteilsübertragung Gesellschafter. Die übertragbaren Vermögensrechte, insbesondere der Anspruch auf das künftige Auseinandersetzungsguthaben werden jedoch von der Erbteilsübertragung erfasst.[37]

6. Die Gewährleistung bei der Erbteilsveräußerung[38]

Die Beteiligten können im Innenverhältnis stets abweichende Regelungen treffen.   **16**

Mit Abschluss des Vertrags gehen die **Gefahr** des **zufälligen Untergangs** oder der Verschlechterung der Erbschaftsgegenstände sowie Nutzungen und Lasten auf den Erwerber über, soweit nichts anderes vereinbart ist (§ 2380 BGB). § 2376 Abs. 2 BGB schließt die **Gewährleistung** für **Sachmängel** aus; die Gewährleistung für **Rechtsmängel** ist gemäß § 2376 Abs. 1 BGB **eingeschränkt**. Zur Schenkung beachte § 2385 Abs. 2 BGB. Nach §§ 2374 f. BGB besteht **Herausgabe- und Wertersatzpflicht** für das, was der Verkäufer bis zum Verkauf als Ersatz, Entgelt oder Nutzungen (wegen des Verkaufs, der Beschädigung, Entziehung, des Verbrauchs etc von Erbschaftsgegenständen) erlangt hat. Vom Verkaufsabschluss an **haftet** der **Erwerber** neben dem Erben als Gesamtschuldner für **Nachlassverbindlichkeiten** gegenüber den Nachlassgläubigern auch soweit er hierfür im Innenverhältnis nicht einzustehen hat (§ 2382 BGB).

Der Erbteilerwerber hat die **Erbschaftsteuern** zu tragen bzw. dem Verkäufer zu erstatten (§ 2379 S. 3 BGB). Verkauft ein **Miterbe** seinen Anteil an einen **Dritten,** steht den übrigen Miterben ein **Vorkaufsrecht** (mehreren also gesamthänderisch, § 469 Abs. 2

---

[33] S. hierzu eingehend *Schöner/Stöber* Grundbuchrecht (insbes. auch zu Teilungsgenehmigungen) Rn. 3818 ff.
[34] BGH DNotZ 1970, 423.
[35] Zu den Entschuldungsvermerken im Beitrittsgebiet s. *Schöner/Stöber* Grundbuchrecht Rn. 4057.
[36] *Keller* ZEV 1999, 175; aA KG ZEV 1999, 28; kritische Anmerkung von *Heil* MittRhNotK 1999, 140.
[37] BGH NJW 1989, 3152 (3154); *Keller,* Erbteilsveräußerung beim Tod eines Personengesellschafters, MittBayNot 2007, 96.
[38] Insoweit auch Belehrungspflicht des Notars – Vermerk hierüber in der Niederschrift –, s. *Bengel/Reimann* BeckHdB Notar C III Rn. 346.

BGB) zu, § 2034 Abs. 1 BGB, das binnen 2 Monaten (§ 469 Abs. 2 BGB) auszuüben ist.[39] Der Vertrag sollte eine Haftungsregelung für den Fall der Ausübung enthalten.

7. Haftung bei Erbauseinandersetzung unter Miterben durch Aufteilung

17 Die Miterben haften dem begünstigten Erben bei Zuteilung eines Nachlassgegenstandes für Rechts- und Sachmängel wie ein Verkäufer (§§ 2042 Abs. 2, 757 BGB). Zu Recht empfiehlt die Literatur, die Haftung vertraglich auszuschließen.

III. Durchführung der Erbauseinandersetzung im Einzelnen

In Betracht kommen folgende **vier Möglichkeiten:**[40]

1. Der Erblasser hat eine Testamentsvollstreckung angeordnet[41]

18 Hier obliegt gemäß § 2204 BGB dem Testamentsvollstrecker die Durchführung der Auseinandersetzung, soweit der Erblasser nichts anderes bestimmt hat. Der Testamentsvollstrecker ist bei Bewirkung der Auseinandersetzung **nicht an die Wünsche oder Weisungen der Erben gebunden.** Er verfährt **in erster Linie nach den Anordnungen des Erblassers, in zweiter Linie gemäß §§ 2042–2056 BGB.**

Insbesondere hat er die **Ausgleichungspflicht** der §§ 2050 f. BGB zu beachten, wobei §§ 2057, 2057a BGB nicht zu übersehen sind.

Die Ausgleichung erfolgt durch wertmäßige Zurechnung zum Nachlass und entsprechende Anrechnung auf den Erbteil des Ausgleichspflichtigen. Eine Herauszahlungspflicht besteht nie (§ 2056 BGB). Die Ausgleichung darf nur den Abkömmlingen zugutekommen. Eine Einigung der Berechtigten und Verpflichteten über die Anrechnung bindet den Testamentsvollstrecker.

Der Testamentsvollstrecker wird zunächst den Kreis der Erben, die Nachlassmasse und die Nachlassverbindlichkeiten feststellen. Sodann wird er die Masse, soweit zur Deckung der Verbindlichkeiten oder Teilung nötig, in Geld umsetzen, wobei er neben dem Zwangsverkauf – bei Grundstücken durch **Teilungsversteigerung** (§ 753 BGB iVm §§ 180 ff. ZVG) auch zum **freihändigen Verkauf** der Nachlassgegenstände (auch Grundstücke) befugt ist (hM). Er wird die **Verbindlichkeiten berichtigen** oder den dazu erforderlichen Geldbetrag zurückstellen,[42] im Übrigen wird er einen für die Erben verbindlichen **Teilungsplan** aufstellen und die Erben vor der Ausführung desselben hören (§ 2204 BGB).[43] *Siehe auch Checkliste für den Teilungsplan* → Rn. 40. Er kann auch ohne Vorliegen einer testamentarischen Teilungsanordnung einzelnen oder allen Erben **Nachlassgegenstände zuweisen** und evtl. dadurch anfallende Ausgleichszahlungen begründen.

19 Eine **gerichtliche Genehmigung**[44] für diesen Plan ist **nicht** nötig, eine **Form** nicht vorgeschrieben. Der Plan bindet Testamentsvollstrecker und Erben, sobald der Testamentsvollstrecker (ausdrücklich oder stillschweigend) „endgültig erklärt hat, dass die Auseinandersetzung schlechthin nach Maßgabe des Planes erfolgen soll".[45] Wird der gesetzliche

---

[39] BGHZ 32, 375 (382).
[40] Die Möglichkeit des § 2048 BGB kann hier außer Betracht bleiben. Darüber, dass durch einen Schiedsvertrag dem Schiedsrichter die Auseinandersetzung einer Miterbengemeinschaft übertragen werden kann, s. BGH NJW 1959, 1493; → Rn. 1.87.
[41] MAH ErbR/*Koslowski* § 26 Rn. 203 ff.
[42] BGHZ 51, 125.
[43] Dazu auch *Johannsen* WPM 1970, 744; BayObLGZ 1967, 240 (keine Genehmigung der Erben nötig!).
[44] Grundsätzlich auch nicht bei Vorhandensein von minderjährigen oder unter Pflegschaft stehenden Miterben; dazu BGHZ 56, 275.
[45] Staudinger/*Reimann* § 2204 Rn. 20 unter Hinweis auf RG WarnR 1916 Nr. 285; BayObLGZ 1967, 230.

Vertreter des minderjährigen Erben zum Testamentsvollstrecker bestellt, ist für den Minderjährigen ein **Ergänzungspfleger** zu bestellen. Eine familiengerichtliche Genehmigung wird jedoch ausnahmsweise erforderlich, wenn der Testamentsvollstrecker außerhalb des Vollzugs von Erblasseranordnungen und der gesetzlichen Vorschriften handelt (etwa bei – nicht allseits einverständlicher Verteilung von Nachlassgegenständen ohne Teilungsanordnung des Erblassers; das Gesetz sieht dann ja Versilberung vor), § 1795 BGB analog.

Die Erben können hiergegen nur im Klagewege vorgehen, **der Testamentsvollstrecker 20 kann kraft seiner Verfügungsbefugnis die durch den Plan entstandene Übertragungsverpflichtung der Erben selbst erfüllen,** hat bei der Übertragung der einzelnen Gegenstände jedoch die etwa hierfür vorgeschriebene Form (zB bei Auflassung von Grundstücken) einzuhalten. Der Testamentsvollstrecker kann Erben, denen etwas zugewiesen wird, bei der Erfüllung nicht kraft Amtes vertreten, der Erbe muss die Annahmeerklärung abgeben, notfalls hierzu verklagt werden.[46]

Im Rahmen ordnungsgemäßer Verwaltung kann ein Testamentsvollstrecker eine Grund- **21** buchberichtigungsbewilligung (Umschreibung vom Erblasser auf den Namen der Erben) abgeben, muss dabei aber dem Grundbuchamt einen Erbschein vorlegen.

Weigert sich der Testamentsvollstrecker, die Auseinandersetzung durchzuführen[47] und ist **22** diese nicht gemäß den §§ 2042 Abs. 2, 2043–2045 BGB ausgeschlossen, so steht den Erben der Klageweg offen. Anderseits **hat der Testamentsvollstrecker von einer Auseinandersetzung Abstand zu nehmen, falls sämtliche Erben dies verlangen.**

Er kann jedoch auch entgegen einem Erbauseinandersetzungsverbot des Erblassers im Einvernehmen mit den Erben bzw. Nacherben dinglich wirksame Auseinandersetzungsverfügungen treffen.[48]

2. Testamentsvollstreckung ist nicht angeordnet

Die Erben einigen sich, ohne amtliche Hilfe zuzuziehen, freiwillig über die Teilung. **23**

Richtlinien für die Art der Auseinandersetzung geben auch hier die §§ 2043–2056 BGB.[49] Die Erben können davon bei Einigkeit abweichen, da das Gesetz keine zwingende Vorschrift für die einverständliche Auseinandersetzung aufstellt. Vor der Teilung kann jeder Miterbe zur Vorbereitung der Auseinandersetzung die Versteigerung der Nachlassgrundstücke teilungshalber beantragen (§ 180 ZVG).[50] Ein Erbauseinandersetzungsverbot des Erblassers (wirkt nur im Rahmen des § 137 BGB) steht der Wirksamkeit einer von allen Erben im Wege der Erbauseinandersetzung gemeinschaftlich getroffenen Verfügung über Nachlassgegenstände nicht entgegen, da es sich hierbei weder um ein gesetzliches noch um ein behördliches Verbot handelt.[51]

Sind **minderjährige Kinder** als Erben beteiligt, sind die Eltern als gesetzliche Vertreter **24** im Falle des § 181 BGB (bzw. § 1795 BGB) verhindert, es sei denn, es handelt sich um die Erfüllung von Verbindlichkeiten oder um ein Handeln in gleicher Richtung (Eltern und Kinder stehen auf der gleichen Vertragsseite).[52] Grundsätzlich ist jedem Kind (falls die Bestellung überhaupt erforderlich ist) ein eigener **Ergänzungspfleger** zu bestellen. Dieser Grundsatz nötigt die Praxis zu oft umständlichem Vorgehen. Es ist daher verständlich, dass man nach Auswegen suchte. Das RG vertrat den Standpunkt, ein Pfleger könne mehrere Miterben auch dann nicht vertreten, wenn die Teilung im Grunde nur eine rechnerische

---

[46] Staudinger/*Reimann* § 2204 Rn. 15.
[47] ZB weil über einen Teil des Nachlasses Streit herrscht – dazu BGH WPM 1977, 276.
[48] BGHZ 40, 115; 56, 275 – dazu *Kegel* FS Lange 1976, 927.
[49] BGHZ 21, 229; BGH FamRZ 1968, 245; BayObLGZ 1974, 42 (46).
[50] Staudinger/*Löhnig* § 2042 Rn. 40.
[51] BGHZ 40, 115; 56, 275 – dazu *Kegel* FS Lange 1976, 927.
[52] Vgl. *Scholz* DFG 1938, 215; *Lindemann* DFG 1942, 81; *Riedel* JR 1950, 140; RGZ 71, 162; 93, 334; BGH DNotZ 1956, 559; OLG Stuttgart Rpfleger 1959, 158 mAnm von *Haegele*; Palandt/*Weidlich* § 2042 Rn. 38.

sei.[53] Man wird dem folgen, wenn bei der Teilung Ausgleichungspflichten und sonstige Schuldverhältnisse unter den Miterben in Frage kommen. Handelt es sich jedoch nur um eine Teilung, die den gesetzlichen Teilungsvorschriften entspricht, so wird man sich auch bei der Teilung von Geldsummen mit einem Pfleger begnügen dürfen. Will ein volljähriger Miterbe den ganzen Nachlass gegen Zahlung von den Erbteilen entsprechenden Abfindungssummen von minderjährigen Miterben übernehmen, so können diese von einem Pfleger vertreten werden, wenn die Auseinandersetzung im Wege der Erbteilsübertragung erfolgt.[54]

Zweifelhaft (und wohl abzulehnen) ist, ob dies auch im Falle der Übertragung der einzelnen Nachlassgegenstände, selbst wenn diese den gesamten Nachlass umfassen, geschehen kann.[55] Wird bei einem Rechtsgeschäft **übersehen, einen Ergänzungspfleger zu bestellen,** ist nachträglich die **Genehmigung des Familiengerichts** einzuholen.

Unabhängig davon ist eine etwa nach § 1821 Nr. 1 BGB (Verfügungen über ein Grundstück oder einem Recht hieran) oder nach § 1822 Nr. 1 BGB (Rechtsgeschäfte über eine dem Minderjährigen angefallene Erbschaft oder Verfügungen über den Anteil eines Minderjährigen an der Erbschaft) erforderliche **Genehmigung des Familiengerichts** (bei Vertretung durch die Eltern und bei Vertretung durch Ergänzungspfleger einzuholen. Die Genehmigung des Familiengerichts kann nur gegenüber dem Vertreter des Minderjährigen (nicht gegenüber dem Geschäftspartner) erklärt werden; sie wird dem Vertragspartner gegenüber aber erst mit Mitteilung an diesen wirksam (§ 1828 BGB). Meist wird in der notariellen Urkunde der Notar zur Entgegennahme der Genehmigung und zur Mitteilung an den Vertragspartner unter Befreiung von den Beschränkungen des § 181 BGB ermächtigt.

25 | **Muster: Auseinandersetzung im Wege der Erbteilsübertragung**
Notariat   ......, den ...... 20......
Gegenwärtig:

Niederschrift

über die Nachlassauseinandersetzung auf den am...... zu...... erfolgten Tod des (Name des Erblassers)

Es erscheinen – dem Notar bekannt – sich ausweisend durch Personalausweis

1. (Name), (Anschrift)
2. (Name), (Anschrift) als Ergänzungspfleger[56] für die 2 minderjährigen Kinder

(Name), (Geburtstdatum),

(Name), (Geburtsdatum)

Nach Grundbucheinsicht wurde auf Ersuchen der Erschienenen gemäß ihren Erklärungen folgender Auseinandersetzungsvertrag beurkundet:

Auseinandersetzungsvertrag (Abschichtungsvereinbarung)

    I. Der Erblasser (Name) ist am (Datum) verstorben und laut des in Ausfertigung vorliegenden Erbscheins des Amtsgerichts...... (Az.:) vom (Datum) auf Grund Gesetzes beerbt worden von

    seiner heute erschienen Witwe (Name), zu $^1/_2$

    sowie seinen 2 minderjährigen Kindern: (Namen), vertreten durch den heute erschienenen Ergänzugspfleger (Name), zu je $^1/_4$.

---

[53] RGZ 93, 334; BGH FamRZ 1968, 245 mAnm von *Mattern* LM § 181 Nr. 11. Weitergehend Staudinger/ *Löhnig* § 2042 Rn. 35.
[54] Vgl. nächstes Bsp.
[55] Bei BayObLGZ 9, 126. Dazu *Schneider* DNotZ 11, 639. RGZ 93, 334; RGRK/*Johannsen* § 1795 Rn. 1.
[56] Der Pfleger wird vom Familiengericht, nicht vom Nachlassgericht bestellt. Das Nachlassgericht kann einen Auseinandersetzungspfleger nach §§ 364, 368 Abs. 3 FamFG nur für ein Auseinandersetzungsverfahren, dessen Vermittlung gemäß den §§ 363 ff. FamFG erfolgt, bestellen. Grundsätzlich ist für jeden minderjährigen Erben ein eigener Pfleger nötig. Ein Pfleger genügt nur ausnahmsweise, wenn zB, wie hier, ein Handeln in gleicher Richtung vorliegt. Vgl. Palandt/*Weidlich* § 2042 Rn. 14.

Testamentsvollstreckung ist nicht angeordnet. Beglaubigte Abschrift des Erbscheins liegt an. Der Erblasser war mit der heute erschienenen Witwe in einziger, am...... geschlossener Ehe verheiratet. In der Ehe galt der gesetzliche Güterstand der Zugewinngemeinschaft.

II. Das vorgelegte und dieser Urkunde in beglaubigter Abschrift beigegebene Nachlassverzeichnis vom (Datum) wird als richtig und vollständig anerkannt. Demnach beträgt der reine Wert des Nachlasses 160 000 Euro, der auf die Witwe treffende Teil somit 80 000 Euro, der auf jedes Kind treffende Anteil 40 000 Euro.

III. Die Witwe (Name) erklärt sich bereit, die Erbanteile der zwei minderjährigen Erben gegen Zahlung einer Abfindungssumme von je 40 000 Euro zu übernehmen.

IV. Die Witwe...... und die beiden minderjährigen Kinder...... vertreten durch den Ergänzungspfleger vereinbaren, dass die Kinder...... mit Wirkung zum Ende des heutigen Tages im Wege der Abschichtung aus der Erbengemeinschaft nach (Name des Erblassers) ausscheiden. Die Anteile der Kinder...... wachsen dadurch bei der Witwe...... an.

V. Die Witwe ist im Besitze des Nachlasses. Sie übernimmt sämtliche Nachlassschulden, namentlich folgende auf dem Anwesen...... lastenden Hypotheken als Alleinschuldnerin mit der Verpflichtung, die Miterben von diesen Verbindlichkeiten zu befreien......

VI. Die Witwe verpflichtet sich, die 2 Abfindungsbeträge von je 40 000 Euro vom...... ab mit 5 % Jährlich in vierteljährlichen Nachtragsraten zu verzinsen und gegen halbjährige Kündigung zu bezahlen.

Zinsenlauf und Kündbarkeit sollen jedoch ruhen, solange die Kinder minderjährig oder im Falle ihres vorherigen Todes ihre Erben minderjährig sind (und von der Witwe unterhalten werden).

Bei Veräußerung des Anwesens werden die Beträge ohne Einhaltung einer Kündigungsfrist, auch bei Minderjährigkeit der Kinder fällig.

VII. Die Witwe bewilligt und beantragt, dass auf den Nachlassanwesen, Haus-Nr....... in...... an nächst offener Rangstelle für die Abfindungsbeträge je 40 000 Euro Sicherungshypothek nebst Nebenleistungen für die zwei minderjährigen Kinder gleichrangig zu obigen Bedingungen eingetragen werden.

VIII. Wegen den Verpflichtungen zu VI unterwirft sich die Witwe der sofortigen Zwangsvollstreckung aus dieser Urkunde in das oben bezeichnete Grundstück und in ihr sonstiges Vermögen in der Art, dass die Zwangsvollstreckung gegen den jeweiligen Grundstückseigentümer zulässig ist. Die Eintragung dieser Klausel bei den Abfindungshypotheken wird von der Witwe beantragt.

IX. Die Forderungen der Kinder erhöhen sich entsprechend, falls nachträgliche Nachlasswerte bekannt werden, die bei dieser Berechnung nicht berücksichtigt wurden.

X. Der Pfleger nimmt die Erklärungen der Witwe an und bewilligt den Erbanteilsübertragungen entsprechende Berichtigung des Grundbuchs..[57]... Er beantragt ferner familiengerichtliche[58] Genehmigung[59] dieses Vertrages. Die Beteiligten bevollmächtigen den beurkundenden Notar für sie die Genehmigung entgegenzunehmen, sie den Beteiligten mitzuteilen und die Mitteilung für sie anzunehmen. Der Bevollmächtigte ist von den Beschränkungen des § 181 BGB befreit.

XI. Die Kosten[60] dieses Vertrages trägt die Witwe, ebenso eine etwa anfallende Steuer. Die Witwe und der Pfleger erhalten je eine Ausfertigung, das Grundbuchamt......, das Finanzamt...... sowie das Nachlassgericht..[61]... je eine beglaubigte Abschrift.

---

[57] Auflassung nicht nötig. Berichtigungsbewilligung zweckmäßig, gegebenenfalls kann Berichtigung auch ohne sie gemäß § 22 GBO durchgeführt werden.

[58] § 1822 Nr. 1 BGB.

[59] Beachte in sonstigen Fällen etwaiges Erfordernis der Genehmigung nach § 2 Abs. 2 Ziff. 2 GrdstVG.

[60] Zum Geschäftswert für die Beurkundung einer vertragsmäßigen Auseinandersetzung S. OLG Hamm Rpfleger 1960, 131.

[61] § 2384 BGB (sicherheitshalber).

XII. Auf die Bestimmungen des § 416 BGB hingewiesen, erklären die Beteiligten, dass sie die Benachrichtigung von der Übernahme der Hypothek selbst vornehmen werden.

XIII. Haftung

Den Beteiligten ist Art, Umfang und Beschaffenheit des zum ungeteilten Nachlass gehörenden Vermögens bekannt. Jede Haftung wird ausgeschlossen. Die Beteiligten werden auf die rechtliche Wirkung der Abschichtung hingewiesen. Ihnen ist bekannt, dass dabei alle im ungeteilten Nachlass befindlichen Vermögenswerte, aber auch Nachlassverbindlichkeiten übergehen. Über die bestehen bleibende Haftung der Beteiligten...... (Kinder) wurde belehrt.

Vorgelesen vom Notar, von den Beteiligten genehmigt und eigenhändig unterschrieben.

Unterschriften

Muster: Auseinandersetzung bei gesetzlicher Erbfolge mit Ausgleichungspflicht unter Aufnahme einer Unterwerfungsklausel

26 | Notariat   ......, den ...... 20......

Gegenwärtig:

Niederschrift

über die Nachlassauseinandersetzung auf den am...... zu...... erfolgten Tode des Johann Müller von......

Es erscheinen – dem Notar bekannt – sich ausweisend durch Personalausweis

1. die (Name), wohnhaft......,
2. der (Name), ebenda,
3. der (Name), ebenda.

Nach Grundbucheinsicht wurde bei gleichzeitiger Anwesenheit der Erschienenen gemäß ihren Erklärungen folgender Auseinandersetzungsvertrag beurkundet:

I. Der Erblasser (Name) aus (Ort) ist am (Datum) verstorben und laut des in Ausfertigung vorliegenden Erbscheins des Amtsgerichts...... (Az.: ...) vom (Datum) auf Grund Gesetzes beerbt worden von

seiner heute erschienenen Witwe (Name), zu $^1/_2$

sowie seinen heute erschienenen Söhnen (Namen) zu je $^1/_4$.

Testamentsvollstreckung ist nicht angeordnet. Beglaubigte Abschrift des Erbscheins liegt an. Der Erblasser war mit der Witwe (Name), in einziger am (Datum) geschlossener Ehe verheiratet. In der Ehe galt der gesetzliche Güterstand der Zugewinngemeinschaft.

II. Der Nachlass setzt sich nach dem Stand vom (Datum) zusammen wie folgt:

A. Aktiva

1.	Das im Grundbuch des Amtsgerichts...... für...... Bd.... Bl....... S....... vorgetragene Anwesen (Anschrift), beschrieben als Plan-Nr ... zu... ha.	
	Der Verkehrswert beläuft sich laut Gutachterausschuss/	
	Wertgutachten...... auf	400 000 Euro
2.	Guthaben auf der Sparkasse	20 000 Euro
	Summe der Aktiva	420 000 Euro

Mobiliar und Hauseinrichtungsgegenstände im Werte von ... Euro, sind bereits verteilt. Der Voraus der Witwe (§ 1932 BGB) ist berichtigt.

B. Passiva

Eine Grundschuld zu 10 000 Euro auf dem zu A 1 bezeichneten Anwesen

für den Kaufmann (Name), noch valutiert per Todestag mit 10 000 Euro	10 000 Euro
eine Darlehensforderung des (Name),	
......	10 000 Euro
Summe der Passiva	20 000 Euro

Die Beerdigungs- und Grabsteinskosten in Höhe von 1500 Euro sind mit dem am Todestag vorhandenen Bargeld gedeckt worden.

Sonach beträgt der Reinnachlass	Aktiva 420 000 Euro
abzüglich	Passiva 20 000 Euro
	Summe 400 000 Euro

III. Von der Teilungsmasse zu 400 000 Euro entfallen:
1.   auf die Witwe (Name) ($^1/_2$)   200 000 Euro,
2.   auf die (Namen) ($^2/_4$)   200 000 Euro.

(Name des Kindes) hat bei Lebzeiten des Erblassers zur Ermöglichung der selbständigen Ausübung seines Berufs einen Betrag von 20 000 Euro als Ausstattung erhalten. Dieser Betrag ist ausgleichspflichtig. Die den Abkömmlingen zukommende Nachlassmasse von 200 000 Euro erhöht sich damit um 20 000 Euro = 220 000 Euro.

Davon treffen auf (Name des Kindes, das die Ausstattung erhalten hat)

$$220 000/2 - 20 000 = 90 000 \text{ Euro},$$

auf (Name des anderen Kindes)

$$220 000/2 = 110 000 \text{ Euro}.$$

IV. Die Beteiligten heben die Erbengemeinschaft auf und setzen sich in folgender Weise auseinander:
1. Die Witwe (Name) erhält das oben beschriebene Grundstück allein.
   Einig über den Eigentumsübergang wird die Eintragung der Eigentumsänderung im Grundbuch bewilligt und beantragt, unter Verzicht auf grundbuchamtliche Vollzugsmitteilung. Auch auf Eintragung einer Auflassungsvormerkung wird verzichtet.
2. Besitz, Nutzungen und Lasten gehen von heute an auf die Erwerberin über.
3. Die Witwe (Name) hat für die Übernahme des Anwesens folgende Gegenleistung zu erbringen:
   a) Sie übernimmt zur alleinigen Verzinsung, Tilgung und Rückzahlung die vorbezeichnete Grundschuld des Kaufmanns (Name), hier im Betrage von 10 000 Euro mit Wirkung von heute an in dinglicher und persönlicher Haftung. Sie unterwirft sich hinsichtlich ihrer Zahlungsverpflichtung auch persönlich der sofortigen Zwangsvollstreckung in ihr gesamtes Vermögen aus dieser Urkunde. Sie verpflichtet sich, die Miterben von dieser Schuld zu befreien.
   b) Sie übernimmt als Alleinschuldnerin die Darlehensschuld an den (Name des Gläubigers), hier in Höhe von 10 000 Euro mit der Verpflichtung, die Miterben auch von dieser Schuld zu befreien.
   c) Sie zahlt an ihre beiden Söhne (Namen) einen Betrag von 90 000 Euro und 110 000 Euro (siehe oben). Der Auszahlungsbetrag ist vom...... an...... mit 4 % jährlich verzinslich. Die Auszahlungsbeträge und die Zinsen werden bis

zum...... gestundet. Sie sind jedoch spätestens beim Tod der Witwe (Name) fällig.

Die Witwe (Name) unterwirft sich hinsichtlich ihrer Zahlungsverpflichtung der sofortigen Zwangsvollstreckung aus dieser Urkunde. Auf dingliche Sicherstellung der Auszahlungsbeträge verzichten die beiden Söhne.

4. Herr (Name Kind 1) erhält 10 000 Euro Sparkassenguthaben.

5. Herr (Name Kind 2) erhält 10 000 Euro Sparkassenguthaben.

6. Die unter 4 und 5 aufgeführten Beträge werden insoweit ausdrücklich an beide Miterben abgetreten.

7. Die Stadtsparkasse...... wird ersucht, das auf den Namen des Erblassers ausgestellte Sparbuch Nr....... einzuziehen und stattdessen 2 neue Sparbücher für (Namen der Kinder) entsprechend vorstehenden Ziffern 4–6 auszustellen.

V. Ungeteilter Nachlass ist nicht mehr vorhanden, es bestehen auch keine weiteren Nachlassverbindlichkeiten mehr. Mit der heute erfolgten Auseinandersetzung sollen alle den Beteiligten auf Grund der Erbengemeinschaft zustehenden Ansprüche ausgeglichen sein.

VI. Die Kosten dieses Vertrages und seiner Ausführung tragen die Vertragsteile im Verhältnis der Werte ihrer Erbanteile.

Die 3 Beteiligten erhalten je eine Ausfertigung, das Grundbuchamt......, das Finanzamt...... und die Stadtgemeinde...... je eine beglaubigte Abschrift.

VII. Die Beteiligten sind darauf aufmerksam gemacht worden, dass die Witwe als Alleineigentümerin im Grundbuch erst eingetragen werden kann, wenn eine Unbedenklichkeitsbescheinigung des Finanzamts vorliegt.[62]

Die Beteiligten beantragen die Erteilung der Unbedenklichkeitsbescheinigung.

VIII. Auf die Bestimmungen des § 416 BGB hingewiesen, erklären die Beteiligten, dass sie die Benachrichtigung von der Übernahme der Grundschuld selbst vornehmen werden.

Vorgelesen vom Notar, von den Beteiligten genehmigt und eigenhändig unterschrieben.

Unterschriften

3. Testamentsvollstreckung ist nicht angeordnet, die Erben einigen sich nicht freiwillig (Erbteilungsklage)

27 Hier kann jeder Erbe, ohne vorher die Vermittlung der Auseinandersetzung durch das Nachlassgericht zu beantragen, Erbteilungsklage gegen alle Erben, die die Zustimmung zur Teilung verweigern, vor dem Prozessgericht (Zuständigkeit: § 27 ZPO) erheben. Die Klage geht auf Auseinandersetzung des gesamten Nachlasses, da eine Teilauseinandersetzungsklage grundsätzlich unzulässig ist. Der Kläger hat hierbei einen Teilungsplan (grundsätzlich über die Auseinandersetzung des ganzen Nachlasses) aufzustellen und dem Gericht vorzulegen. Die Tatsachen, die ergeben, es liege ein „gesetzesgehorsamer" Teilungsplan vor, sind vorzutragen, die zur Durchführung des Planes nötigen Angaben sind einzubringen.[63] Der Klageantrag ist auf Zustimmung zu diesem Teilungsplan zu richten.[64]

Dem Gericht steht keine Gestaltung nach seinem Ermessen zu,[65] lediglich im Falle des § 2048 S. 3 BGB kann der Kläger beantragen, dass das Gericht eine Entscheidung nach billigem Ermessen trifft. Das Gericht prüft deshalb nur, ob die gestellten Anträge begründet sind (wobei hier in besonderer Weise auf die Stellung geeigneter Anträge hinzuwirken ist).

---

[62] § 22 GrEStG.

[63] KG NJW 1961, 733; OLG Karlsruhe NJW 1974, 956 – s. aber auch *Johannsen* WPM 1970, 744.

[64] RG JW 1910, 655. Streitwert: voller Nachlasswert. BGH NJW 1962, 914. Bei Streit über die Verteilung einzelner Grundstücke: BGH NJW 1969, 1350. S. weiter *Johannsen* WPM 1970, 745; *Schneider* JurBüro 1977, 430.

[65] BGH NJW 1959, 1493.

Solange der Kläger noch nach § 2057 BGB Auskunft erteilen muss, ist die Klage auf Zustimmung zum Teilungsplan unbegründet.[66] Bei der reinen Vollzugsklage (unstreitige schuldrechtliche Auseinandersetzungsvereinbarungen liegen vor) ist der Klagantrag auf Mitwirkung bei den jeweils erforderlichen Teilungshandlungen (Abgabe der entsprechenden Einigungserklärungen zu bestimmten Übereignungen, Übergaben, Abtretungserklärungen etc) zu richten. Die Verurteilung ersetzt die fehlende Erklärung der Beklagten (§ 894 ZPO). Mit dem Antrag auf Verurteilung zur Abgabe dieser Willenserklärung kann der Antrag auf Verurteilung zu den Leistungen, die zur Ausführung des Planes erforderlich sind, gestellt werden. Sinnvollerweise werden einige Hilfsanträge gestellt.

Klage auf Leistung durch Miterben, denen der Erblasser durch Teilungsanordnung bestimmte Gegenstände zugewiesen hat, ist sofort möglich, „da sie das rein rechnungsmäßig zu gewinnende Ergebnis der Auseinandersetzung eines unverschuldeten oder schuldenfrei gestellten Nachlasses vorwegnimmt."[67] Eines Teilungsplans bedarf es dann nicht. Besteht noch Streit über Einzelfragen und ist deshalb eine Teilauseinandersetzungsklage nicht möglich, eine Klage auf volle Auseinandersetzung nicht veranlasst, weil die Erstellung eines Teilungsplans noch nicht möglich ist (oder aus Kostengründen erst die streitigen Teile geklärt werden sollen), kann eine Feststellungsklage hinsichtlich der streitigen Punkte erhoben werden.[68] Streitwert der Klage auf Zustimmung zum Teilungsplan: Wert des klägerischen Erbteils.[69]

4. Vermittlungsverfahren

Es wird ein Vermittlungsverfahren vor dem Notar gemäß §§ 363 ff. FamFG beantragt bzw. **28** nach Landesrecht von Amts wegen eingeleitet (s unten).

Die Auseinandersetzungsklage geht dem Vermittlungsverfahren vor; letzteres ist also auszusetzen, wenn eine Klage erhoben wird.

IV. Die Vermittlung der Erbauseinandersetzung durch den Notar[70]

1. Grundsätze

Zur Erleichterung der Nachlassteilung hat das Gesetz für die durch **Erbfolge** entstandene **29** Miterbengemeinschaft **auf Antrag** eine behördliche Mitwirkung im Verfahren der freiwilligen Gerichtsbarkeit vorgesehen. In der Praxis hat das Vermittlungsverfahren nur marginale Bedeutung. Nach §§ 363 ff. FamFG **kann** von den Beteiligten der Notar zur Vermittlung der Auseinandersetzung angerufen werden. Durch **Art. 7 des Gesetzes zur Übertragung von Aufgaben im Bereich der freiwilligen Gerichtsbarkeit auf Notare** vom 26. Juni 2013, in Kraft seit 1. Sept. 2013, wurde anstelle des Nachlassgerichts die **ausschließliche Zuständigkeit des Notars** für die Vermittlung der Erbauseinandersetzung nach §§ 363 ff. FamFG begründet. Nach der **Übergangsvorschrift** des § 493 FamFG nF ist für die bis zum 1.9.2013 beantragten Auseinandersetzungen das Gesetz in der bis dahin geltenden Fassung anzuwenden.

Nach § 487 Abs. 1 FamFG nF bleiben unberührt die landesrechtlichen Vorschriften

1. nach denen das Nachlassgericht die Auseinandersetzung eines Nachlasses von Amts wegen zu vermitteln hat, wenn diese nicht binnen einer bestimmten Frist erfolgt ist;

---

[66] OLG Stuttgart BWNotZ 1976, 89.
[67] Staudinger/*Löhnig* § 2042 Rn. 43 mit Beispielen; dazu auch Frankfurt OLGZ 1977, 228; OLG Düsseldorf FamRZ 2000, 1049.
[68] BGHZ 1, 65 (74); NJW-RR 1990, 1220 (1221).
[69] BGH NJW 1975, 1415.
[70] Dazu Keidel/*Zimmermann* Erl. zu §§ 363 ff. FamFG.

(derartige landesrechtliche Regelungen zur Auseinandersetzung von Amts wegen in Bayern und Baden-Württemberg sind nicht mehr in Kraft;[71]

2. (betrifft die Auseinandersetzung einer Gütergemeinschaft);

3. nach denen in Baden-Württemberg in den Fällen des § 363 FamFG anstelle der Notare oder neben diesen andere Stellen die Auseinandersetzung vermitteln;

4. die das Verfahren in den Fällen nach Nummer 3 betreffen. (In **Baden-Württemberg** ist für die Vermittlung der Auseinandersetzung das Notariat unter Mitwirkung der Gemeinde zuständig, §§ 1 Abs. 1 und 2, 38 bis 43 LFGG).

Damit sind die übrigen landesrechtlichen Zuständigkeiten für die Vermittlung einer Nachlassauseinandersetzung nach § 487 Abs. 1 Nr. 3 FamFG aF beseitigt. Das betrifft die Länder Bayern, Berlin, Schleswig-Holstein, Hessen, Niedersachsen und Nordrhein-Westfalen. Damit ist für die amtliche Vermittlung einer Nachlassauseinandersetzung auf Antrag bundesweit nur mehr der Notar zuständig (in Baden-Württemberg unter Mitwirkung der Gemeinde).

Dazu S. auch Art. 147 EGBGB, § 20 BNotO.

Soweit dem Notar die Vermittlung obliegt, nimmt er die Aufgaben des Richters, des Rechtspflegers und des Urkundsbeamten der Geschäftsstelle war; Geschäftsstelle sind die Geschäftsräume des Notars; anstelle von Justizbediensteten handelt der Gerichtsvollzieher (§ 492 FamFG).

30   Das Gesetz bietet den Erben, die eine freiwillige Übereinkunft nicht herbeizuführen vermögen, andererseits es ablehnen, den schwierigen Prozessweg zu beschreiten, eine Hilfe durch gemeinsame Besprechung unter sachverständiger Leitung des Notars.

31   Die Tätigkeit des Notars ist nur vermittelnd. Durch Vermittlung soll eine Einigung über solche Streitpunkte herbeigeführt werden, die durch den übereinstimmenden Willen aller Beteiligten aus der Welt geschaffen werden können. Kommt eine Einigung zustande, soll der Notar diese oder den Auseinandersetzungsplan beurkunden und bestätigen. Der dingliche Vollzug geschieht durch Übereignung der einzelnen Gegenstände oder Abtretung. **Eine Entscheidung über Streitigkeiten steht dem Notar nicht zu.** Notfalls ist das Verfahren auszusetzen. Die Verwaltung des Nachlasses verbleibt den Erben. Das Gericht nimmt auch nicht etwa die Befriedigung der Gläubiger selbst in die Hand. Entspricht die von den Beteiligten in Aussicht genommene Regelung nicht der Billigkeit oder Zweckmäßigkeit, so wird der Notar zwar darauf hinweisen, kann die Beurkundung deshalb aber nicht ablehnen.

32   Schließen Eltern, die nicht Miterben sind, als gesetzliche Vertreter ihrer Kinder den Auseinandersetzungsvertrag, bedürfen sie keiner **Genehmigung** des Familiengerichts nach §§ 1643 Abs. 1, 1822 Nr. 2 BGB; anders nach § 1822 Nr. 1 BGB, wenn über den Erbteil (§ 2033 BGB) oder über ein Grundstück verfügt wird (§ 1821 BGB). Betreuer und Ergänzungspfleger (die erforderlich sind, wenn die Eltern Miterben sind: Verbot des Selbstkontrahierens, § 181 BGB) bedürfen jedoch der Genehmigung des Familiengerichts/Betreuungsgerichts (§§ 1915, 1908i Abs. 1, 1821, 1822 BGB).

2. Voraussetzungen der Vermittlung

33 Voraussetzung der Vermittlung ist, dass (noch) eine Erbengemeinschaft besteht und Nachlass vorhanden ist.

Eine Erbengemeinschaft endet erst mit der vollzogenen Vollauseinandersetzung. Der Vermittlung steht nicht entgegen, dass die Erben schon außergerichtlich eine Teilauseinandersetzung herbeigeführt haben, auch nicht, dass schon eine Vermittlung der Auseinandersetzung über einen Teil (objektiv oder subjektiv) des Nachlasses stattgefunden hat.

---

[71] Keidel/*Engelhardt* § 487 Rn. 2.

Die Vermittlung unterbleibt in folgenden Fällen: 34

– Es darf kein weiteres Auseinandersetzungsverfahren anhängig sein;
– die Vermittlung ist ausgeschlossen, wenn die durchgeführte Auseinandersetzung nach dem Willen der Beteiligten den ganzen Nachlass umfassen sollte und im Wesentlichen auch umfasste, einzelne Gegenstände jedoch unverteilt blieben.[72] Handelt es sich um größere Stücke, so bleibt nur der Weg der Anfechtung des in der Auseinandersetzung liegenden Verzichts;
– wenn ein die Todesfallkosten übersteigender Nachlass nicht vorhanden ist (so auch, wenn nach dem ehelichen Güterstand, in dem der Verstorbene gelebt hat, Nachlassvermögen nicht vorhanden ist);
– wenn ein zur Bewirkung der Auseinandersetzung berechtigter **Testamentsvollstrecker** (kann auch Miterbe sein) vorhanden ist;
– wenn **die Erbteilungsklage erhoben** ist;
– wenn der Erblasser eine Teilungsanordnung getroffen hat, § 2048 BGB;[73]
– solange die Auseinandersetzung gemäß den §§ 2042 Abs. 2, 749 Abs. 2, 3; 2043–2045 BGB oder nach dem maßgeblichen ehelichen Güterrecht ausgeschlossen ist;
– wenn **Nachlassverwaltung** oder **Nachlassinsolvenzverfahren** schweben;
– wenn **die Erbengemeinschaft bereits aufgehoben** ist;
– wenn **das Erbrecht eines Beteiligten bestritten** ist; überhaupt, wenn bereits im Zeitpunkt des Antrags streitige Rechtsfragen auftreten, da diese nur vor den Prozessgerichten zu klären sind.[74]

3. Verfahren

a) Zuständigkeit

Für die Auseinandersetzung eines Nachlassses ist jeder Notar zuständig, der seinen Amtssitz 35 im Bezirk des Amtsgerichts hat, in dem der Erblasser seinen letzten gewöhnlichen Aufenthalt hatte. Hatte der Erblasser keinen Wohnsitz im Inland, ist jeder Notar zuständig, der seinen Amtssitz im Bezirk eines Amtsgerichts hat, in dem sich Nachlassgegenstände befinden. Von mehreren örtlich zuständigen Notaren ist derjenige zur Vermittlung berufen, bei dem zuerst ein auf Auseinandersetzung gerichteter Antrag eingeht. Vereinbarungen der an der Auseinandersetzung Beteiligten bleiben unberührt (§ 344 Abs. 4a FamFG). Internationale Zuständigkeit: § 105 FamFG.

Das Landwirtschaftsgericht ist zuständig, wenn ein landwirtschaftlicher Betrieb zur Erbengemeinschaft gehört und sich die Miterben im Verfahren nach § 363 FamFG nicht einigen und ein Miterbe einen Zuweisungsantrag nach §§ 13–17, 33 GrdstVG stellt.[75]

b) Antrag

Die Vermittlung der Auseinandersetzung setzt einen Antrag voraus, der formlos oder zu 36 Protokoll des Notarpersonals (§ 25 FamFG) gestellt werden kann. Der Antrag kann bis zur Rechtskraft des Bestätigungsbeschlusses zurückgenommen werden(§ 22 FamFG). Es besteht kein Anwaltszwang.

---

[72] *Bräcklein* NJW 1967, 431; aA anscheinend Keidel/*Zimmermann* § 363 Rn. 25.
[73] Keidel/*Zimmermann* § 363 Rn. 28.
[74] OLG Düsseldorf FGPrax 2002, 231; BayObLG FGPrax 1997, 229.
[75] Kleidel/*Zimmermann* § 363 Rn. 12, 75 ff. Die sachliche Zuständigkeit ergibt sich aus § 2 LwVG, die örtliche aus § 10 LwVG. Zum Verfahren nach dem LwVG siehe näher Keidel/*Zimmermann* § 363 Rn. 85 ff.

c) Antragsberechtigung[76]

37 Einen Antag gemäß § 363 Abs. 2 FamFG kann stellen,

– jeder Miterbe, soweit er noch der Erbengemeinschaft angehört, auch wenn sein Erbrecht bestritten ist. Die Vorlage eines Erbscheins ist keine Voraussetzung für die Ausübung des Antragsrechts, die Vorlage kann aber aufgegeben werden;[77] Vormund oder Pfleger bedürfen keiner familiengerichtlichen Genehmigung für den Antrag, aber für die Auseinandersetzungsvereinbarung; der Insolvenzverwalter über das Vermögen eines Miterben (§ 84 InsO);

Ehegatte als Miterbe: bei Gütertrennung und gesetzlichem Güterstand ist er allein antragsberechtigt (§§ 1414, 1364 BGB); bei Gütergemeinschaft, wer verwaltungsberechtigt ist (soweit Verwaltungsrecht reicht), §§ 1422, 1429, 1450, 1451, 1454 BGB. Nacherbe erst nach Eintritt des Nacherbfalls. Testamentsvollstrecker nur dann, wenn ihm lediglich die Verwaltung des Erbteils eines Miterben übertragen ist;

– der Rechtsnachfolger eines Miterben (bei dessen Tod gegebenenfalls auch Testamentsvollstrecker, Nachlasspfleger und Nachlassverwalter), der Erwerber eines Erbteils, auch der weitere Erwerber;

– derjenige, dem ein Pfandrecht (durch Vertrag oder durch Pfändung)[78] oder ein Nießbrauch an einem Erbteil zusteht. Ein Pfändungspfandgläubiger muss jedoch einen rechtskräftigen Schuldtitel haben. Ein Arrestbefehl zB genügt nicht, da er nur vorläufig vollstreckbar ist (§§ 2042 Abs. 2 mit 751 S. 2 BGB)

Nicht antragsberechtigt sind Nachlassgläubiger (damit auch Vermächtnisnehmer und Pflichtteilsberechtigte) und Nachlasspfleger, Nachlaßverwalter, Nachlassinsolvenzverwalter und Testamentsvollstrecker, sofern sie für den ganzen Nachlass bestellt sind.

d) Inhalt des Antrags

38 Gemäß § 363 Abs. 3 FamFG sind im Antrag anzugeben:

• Staatsangehörigkeit, Todestag, letzter inländischer Wohnsitz, ersatzweise Aufenthalt **des Erblassers.**[79]
Die Zuständigkeit des Notars (§ 344 Abs. 4a FamFG) muss sich daraus feststellen lassen.

• Die **Beteiligten** mit ihrer Anschrift oder ihres gesetzlichen Vertreters sowie Angabe ihrer erbrechtlichen Stellung. Vorlage eines Erbscheins ist nicht nötig. Das Gericht wird hier jedoch auf Beibringung eines solchen hinwirken, insbesondere wenn kein öffentliches Testament vorliegt, kann sich aber auch mit den im Erbscheinsverfahren gebräuchlichen eidesstattlichen Versicherungen begnügen, bzw. ganz davon Abstand nehmen. Die Angaben sind nötig, um die Ladung bewirken und die Eigenschaft „Beteiligter" feststellen zu können.

• Die **Teilungsmasse** (§ 363 Abs. 3 FamFG), also das Nachlassvermögen (Aktiva und Passiva), das aufzuteilen ist. Ein Teilungsplan muss nicht vorgelegt werden. Die genaue Angabe der einzelnen Gegenstände ist nicht nötig.

• Der **Verfahrensantrag** (die Auseinandersetzung zu vermitteln)

39 **Beteiligte sind (§ 7 FamFG):**

– der antragsberechtigte Erbe, die Miterben, soweit sie noch der Erbengemeinschaft angehören;[80]

– der Nacherbe, soweit seine Zustimmung nötig ist § 2113 BGB);

---

[76] Einzelheiten: Keidel/*Zimmermann* § 363 Rn. 45 ff.
[77] OLG München JFG 15, 161 (165); Keidel/*Zimmermann* § 363 Rn. 46.
[78] Dazu BayObLGZ 1956, 363 und *Ripfel* NJW 1958, 692.
[79] Keidel/*Zimmermann* § 363 Rn. 41.
[80] Der Ehegatte des Erben nicht bei Gütertrennung; evtl. bei Zugewinngemeinschaft und Gütergemeinschaft, s. die eingehenden Ausführungen bei Keidel/*Zimmermann* § 363 Rn. 66.

– der Rechtsnachfolger eines Miterben: Der Erwerber seines Erbteils; falls er stirbt: seine Erben bzw. der Testamentsvollstrecker oder der für seinen Nachlass bestellte Pfleger, Verwalter, Insolvenzverwalter;
– *neben* dem Miterben der, dem ein Pfandrecht, Pfändungspfandrecht oder Nießbrauch an seinem Erbteil zusteht; an seiner Stelle der Testamentsvollstrecker, dem die Verwaltung seines Erbteils übertragen ist. Nicht beteiligt sind insbesondere die Nachlassgläubiger (daher auch nicht die Vermächtnisnehmer);
– die Eltern als gesetzliche Vertreter eines Minderjährigen an Stelle des Kindes.

Muster: Antrag auf Vermittlung der Erbauseinandersetzung
Notar ......, den ...... 20... | **40**

Gegenwärtig:
......, Notarangestellter
Es erscheint sich ausweisend durch Personalausweis (Name),...... und erklärt:
Am...... verstarb in......, seinem letzten Wohnsitz, der Erblasser (Name). Der Erblasser besaß die deutsche Staatsangehörigkeit. Er wurde auf Grund Gesetzes beerbt von meiner Mutter (Name), wohnhaft in...... (genaue Anschrift) zu $1/2$, sowie mir und meinem Bruder (Name), wohnhaft in...... zu je $1/4$. Testamentsvollstreckung ist nicht angeordnet. Der Erblasser war mit meiner Mutter in einziger am...... geschlossener Ehe verheiratet. In der Ehe galt der gesetzliche Güterstand der Zugewinngemeinschaft.
Auf das beim Nachlassakt befindliche Nachlassverzeichnis nehme ich Bezug. Auf die dort getroffene Erbenermittlung verweise ich.
Ich beantrage, die Erbauseinandersetzung zu vermitteln.
oder

A. Teilungsmasse

1. Verzeichnis der Grundstücke, Grundbuchbezeichnung und Angabe des eingetragenen Eigentümers:
Letzter Einheitswert:
Wirklicher derzeitiger Wert:
2. Verzeichnis der beweglichen Sachen (diese können in besonderer Anlage aufgeführt werden):
Welche Sachen sind noch in der Teilungsmasse?
Welche sind schon aufgeteilt?
3. Verzeichnis der Forderungen und Rechte (Wertpapiere, Sparkassenbücher angeben):
4. Gesamtwert der Aktiva:

B. Schuldenmasse

1. Hypotheken, Grundschulden, Rentenschulden oder sonstige dingliche Rechte:
2. Sonstige Schulden:
3. Summe der Verbindlichkeiten:
Ich beantrage die Erbauseinandersetzung zu vermitteln.

e) Formelle Prüfung durch den Notar

41 Der Notar **prüft zunächst,** ob überhaupt ein Antrag auf Vermittlung iSv §§ 363 ff. FamFG vorliegt. Insbesondere dann, wenn das Auseinandersetzungsverfahren auf der Notwendigkeit der Auseinandersetzung gemäß § 1493 Abs. 2 BGB[81] beruht, wird der Antragsteller idR nur die Beurkundung eines Auseinandersetzungsvertrages, nicht aber das erhebliche Kosten verursachende Vermittlungsverfahren im Auge haben.

Nach Bejahung seiner Zuständigkeit **prüft** der Notar **weiter,** ob die Voraussetzungen gegeben sind. Wird die Zulässigkeit bejaht, so ist auf Ergänzung eines etwa unvollständigen Antrags hinzuwirken.

Der Notar hat bei seiner gesamten Prüfung von Amts wegen bestehende Unklarheiten aufzuklären, und dabei auch den Kreis der Beteiligten festzustellen (§§ 26, 363 Abs. 3 FamFG). **Vorhandene Nachlass- und Testamentsakten wird er zuziehen.** Besondere Ermittlungen über die Teilungsmasse dagegen erübrigen sich. Auf Grund von § 363 Abs. 3 FamFG kann der Notar dem Antragsteller auch die Beschaffung der Unterlagen, wie zB Personenstandsurkunden, Auszüge aus dem Grundbuch, Erbschein usw aufgeben, und außerdem, wie verschiedene Landesrechte[82] es ausdrücklich vorgesehen haben, die Aufnahme eines Nachlassverzeichnisses anordnen, falls die Miterben nicht widersprechen.

42 Der Notar wird vor Einleitung des Verfahrens feststellen, ob geschäftsunfähige oder -beschränkte Personen gesondert vertreten werden müssen, und gegebenenfalls beim Familiengericht die Bestellung von Pflegern anregen.

43 Im Ermessen des Notars steht, ob er Beteiligte zu dem Antrag hören will. IdR wird er davon absehen. Im Übrigen wird der Notar das Verfahren soweit vorbereiten, dass selbst bei Ausbleiben aller Beteiligten außer dem Antragsteller der Teilungsplan im ersten Termin aufgestellt werden kann. **Nach § 492 Abs. 1 S. 1 FamFG sind die für das Amtsgericht geltenden Vorschriften entsprechend anzuwenden.**

44 **Erhebt ein Beteiligter Widerspruch,** so ist zu unterscheiden, ob sich dieser Widerspruch auf Gründe stützt, die sich im Verfahren beseitigen lassen oder nicht. In ersterem Falle (zB die Erben sind sich über den Wert der Teilungsmasse nicht einig) ist der Widerspruch unbeachtlich.[83] Im zweiten Falle ist das Verfahren unzulässig. Der Notar kann auch das Verfahren bis zur Entscheidung des Prozessgerichts aussetzen.

f) Zurücknahme und Zurückweisung des Antrags

45 Die **Zurücknahme** des Antrags ist bis zur Rechtskraft des Bestätigungsbeschlusses zulässig. Die Zustimmung der anderen Beteiligten ist nicht erforderlich. Auslegungsfrage im einzelnen Falle ist, ob darin, dass die Antragsberechtigten sich auf das Verfahren eingelassen haben, ein Antrag dieser Beteiligten zu erblicken ist, auf den hin das Verfahren weitergeführt werden kann. Eine Einstellung des Verfahrens ist vom Gesetz nicht vorgesehen.

46 **Zurückweisung** des Antrags erfolgt bei Unzulässigkeit. Ist der Antrag unvollständig, so wird er zurückgewiesen, wenn der Antragsteller die nötigen Unterlagen oder Aufklärung nicht gegeben, der Notar andererseits eine weitere Amtsermittlung nicht für notwendig erachtet hat.

---

[81] Vgl. auch §§ 1683 BGB.
[82] Vgl. zB Hessen Art. 26 hess. FGG, BaWü §§ 40 ff. LFGG.
[83] Ausnahme: Erscheint aus besonderen Gründen die Vermittlung von vornherein aussichtslos, so ist die Verweisung des Antragstellers auf den Prozessweg zulässig.

Muster: Zurückweisung des Antrags auf Vermittlung der Erbauseinandersetzung

I. *Beschluss*   **47**
Der Antrag des Miterben (Name), die Auseinandersetzung des Nachlasses des am (Datum) mit letztem gewöhnlichen Aufenthalt in (Ort) verstorbenen (Name des Erblassers) zu vermitteln, wird als unzulässig zurückgewiesen.

II. *Gründe*
Die sachliche Zuständigkeit des Notars ergibt sich aus §§ 23a Abs. 3 GVG, 342 Abs. 2 Nr. 1, FamFG, die örtliche Zuständigkeit aus § 344 Abs. 4a Abs. 1 FamFG. Der Notar hat seinen Amtssitz im Bezirk des Amtsgerichts, in dem der Erblasser seinen letzten gewöhnlichen Aufenthalt hatte.
Der Antrag ist jedoch unzulässig. Wie sich aus dem beigezogenen Nachlassakt VI...... ergibt, hat der Antragsteller rechtswirksam am (Datum) vor dem Nachlassgericht (Ort) die Erbschaft ausgeschlagen. Da ihm somit die nach § 363 Abs. 2 FamFG erforderliche Antragsberechtigung fehlt, war der Antrag als unzulässig zurückzuweisen.

III. Rechtsmittelbelehrung (§ 39 FamFG).

Notar

Verfügung
I. Zustellung von I an Antragsteller
II. Kostenbehandlung.[84]
III. Weglegen
......, den ... 20...

Notar

---

g) Rechtsmittel

Befristete Beschwerde für Antragsteller (§§ 58 ff. FamFG). Sprungrechtsbeschwerde: § 75 **48** FamFG.

h) Die Einleitung des Verfahrens

Diese erfolgt durch Terminsbestimmung und **Ladung** der Beteiligten zum Verhandlungs- **49** termin (§ 365 FamFG). Die Ladung und die Ablehnung einer Terminsverlegung sind keine Endentscheidungen und deshalb nicht anfechtbar. Die Anordnung eines schriftlichen Verfahrens ist nicht vorgesehen. Ein Erörterungstermin ist möglich. Verkündet der Notar im Termin einen neuen Termin (Vertagung) oder einen Fortsetzungstermin, ist nicht mehr zu laden. Auch der ursprünglich geladene, aber nicht erschienene Beteiligte muss zu einem im Termin verkündeten neuen Termin nicht mehr geladen werden; eine in seine Abwesenheit abgeschlossene Teilungsvereinbarung ist ihm jedoch bekannt zu geben.[85]

---

[84] Die Kosten sind aus dem Nachlass zu zahlen, werden also nicht vom Notar nach §§ 91 ff. ZPO einer Partei auferlegt oder gequotelt Keidel/*Zimmermann* § 363 Rn. 13.

[85] Besser ist es, wie Keidel/*Zimmermann* § 363 Rn. 13 ausführt, statt eine Einigung ohne einen Beteiligten zu erzielen, Kontakt mit dem Nichterschienen aufzunehmen und abzuklären, weshalb er nicht erschienen ist.

Muster: Ladungsverfügung zum Verhandlungstermin zur Nachlassauseinandersetzung vor dem Notar[86]

50   I. Termin zur Verhandlung über die Nachlassauseinandersetzung wird bestimmt[87] auf Datum,...... Uhrzeit, Adresse des Notariats.

      II. Zu laden sind mit Zustellungsurkunde[88]

         a) Antragsteller (Name).

           Die übrigen Beteiligten:[89]

           (Namen, Anschrift)

           unter Beifügung einer Abschrift des Antrags nebst etwaigen Ergänzungen.

           Zu a und b mit Zusatz: Sie werden als Beteiligter geladen, zu diesem Termin persönlich zu erscheinen oder sich durch einen Bevollmächtigten vertreten zu lassen. Erscheinen Sie in dem Termin nicht, so wird gleichwohl über die Auseinandersetzung verhandelt werden (§ 365 Abs. 2 Satz 1 FamFG); falls der Termin vertagt oder ein neuer Termin zur Fortsetzung der Verhandlung anberaumt werden sollte, kann ihre Ladung zu dem neuen Termin unterbleiben.

           Die bis jetzt vorhandenen Unterlagen für die Auseinandersetzung:...

           Nachlassverzeichnis,

           Belege für die Beerdigungskosten

           können Sie auf der hiesigen Geschäftsstelle einsehen. Auf Ihren Antrag und auf Ihre Kosten können Ihnen Kopien der Unterlagen zugesandt werden (§ 13 Abs. 3 FamFG).

      III. Gem. § 28 Abs. 1 FamFG werden die Beteiligten auf folgendes hingewiesen: (Unklarheit oder fehlender Vortrag von Tatsachen; rechtliche Gesichtspunkte

      IV. Grundbuchauszug für...... ist zu erholen.

      V. WV......

        (Kontrolle über Einhaltung der Ladungsfrist von 4 Wochen).

......, den ... 20...   Notar

---

51   **Die gesetzlich vorgesehenen Verfahrensabschnitte.** Das Gesetz unterscheidet 2 Verfahrensabschnitte:

1. Verhandlung über vorbereitende Maßnahmen (§ 366 FamFG);
2. Verhandlung über die Auseinandersetzung selbst (§ 368 FamFG)

In der Praxis sind die Übergänge fließend.[90] Das Vermittlungsverfahren soll sich dabei möglichst nach der Lage des einzelnen Falles richten. Die Beteiligten können schon im ersten Termin mit einer Vereinbarung über die Art der Teilung die endgültige Auseinandersetzung verbinden, selbst wenn nicht alle Beteiligten erschienen waren. Hier sind in einer Mitteilung die über die Art der Auseinandersetzung und über die Auseinandersetzung selbst getroffene Vereinbarung oder, wenn nur ein Beteiligter erschienen ist, dessen Vorschläge den Ausgebliebenen bekannt zu machen. Das Verfahren über vorberei-

---

[86]   § 365 FamFG.
[87]   Ladungsfrist
[88]   § 15 FamFG iVm §§ 166 ff. ZPO. Mit Bekanntmachung beginnt der Lauf einer Frist. Ladung durch öffentliche Zustellung ist ausgeschlossen; stattdessen ist ein Abwesenheitspfleger zu bestellen. Hierfür ist das Betreuungsgericht zuständig, da § 364 FamFG aF aufgehoben ist).
[89]   Gegebenenfalls gesetzlicher Vertreter. Bei Bevollmächtigten Ladung des Bevollmächtigten. Hat der Notar weitere Beteiligte ermittelt, so sind auch diese zu laden. Die Ladung erfolgt vor den Notar, selbst wenn die Beteiligten auswärts wohnen. Ein Rechtshilfeersuchen um Abhaltung des Auseinandersetzungstermins oder Übernahme der ganzen Auseinandersetzung ist nicht möglich (Keidel/*Zimmermann* § 365 Rn. 14). Nach dem Termin ist im Rechtshilfeweg Ersuchen um Einvernahme von Beteiligten zur Entgegennahme von Erklärungen oder um Stellungnahme zu den beurkundeten Vereinbarungen zulässig, Keidel/*Zimmermann* § 363 Rn. 13.
[90]   So zutreffend *Mayer*, Das gerichtliche Teilungsverfahren, Rpfleger 2011, 245 (248 (III)).

tende Maßregeln kann sich überhaupt erübrigen, kann auch gleich mit der Verhandlung über den Auseinandersetzungsplan verbunden werden. Verzichten die Beteiligten auf Beurkundung, so kann sofort zur Verhandlung über die Auseinandersetzung übergegangen werden.

aa) Verhandlung über vorbereitende Maßnahmen. Beispiele für vorbereitende Maß- **52** nahmen sind

– Vereinbarungen über die Begleichung der Nachlassverbindlichkeiten,
– Feststellung und Bewertung der auszugleichenden Vorempfänge (§§ 2050 ff. BGB),
– Vereinbarungen über die Wertermittlung des Nachlasses, über die Art der Aufteilung einzelner Nachlassgegenstände (in Natur, Verkauf, Übernahme durch Miterben, öffentliche Versteigerung, Ausgleichszahlungen). Vereinbarungen über die Teilung selbst (wer bekommt was) sind aber bereits Gegenstand der Auseinandersetzung.[91]

Verhandlungstermin: Zu unterscheiden sind die Fallgestaltungen **53**

– Es erscheint niemand,
– alle Beteiligten erscheinen,
– es erscheinen nur einzelne Beteiligte.

Es erscheint kein Beteiligter:
Dann wird durch Beschluss (§ 38 FamFG) das Ruhen des Verfahrens angeordnet. Der Antragsteller kann jederzeit einen neuen Termin beantragen.

Es erscheinen sämtliche Beteiligte:
Eine von den erschienenen Beteiligten vorgenommene Einigung hat der Notar zu beurkunden (§ 366 Abs. 1 S. 1 FamFG).

Die Form der Beurkundung ist streitig. Die wohl hM zu § 91 FGG ging davon aus, dass die Vorschriften des BeurkG anzuwenden seien,[92] während Zimmermann auf Grund der Einbettung des Verfahrens in das gerichtliche Verfahren dies ablehnte und die gerichtlichen Protokollierungsregeln anwenden wollte.[93] Der wesentliche Unterschied besteht darin, dass ein gerichtliches Protokoll nur vom Rechtspfleger und dem Urkundsbeamten zu unterschreiben war und nicht auch von den Beteiligten. Nach § 13 Abs. 1 S. 1 BeurkG muss das Protokoll auch von den Beteiligten unterschrieben werden, um wirksam zu sein. Der Streit ist nunmehr vom Gesetzgeber entschieden, der zwar den Notar als ausschließlich zuständig erklärt, jedoch nicht das diesem vertraute Verfahren nach dem BeurkG, sondern die für das Amtsgericht geltenden Vorschriften für entsprechend anwendbar erklärt (§ 492 Abs. 1 S. 1 FamFG).

Der Notar hat also die gerichtlichen Protokollierungsregeln der §§ 160 ff. ZPO anzuwenden: es genügt die Unterschrift des Notars, der die Funktionen des Richters/ Rechtspflegers und Urkundsbeamten der Geschäftsstelle wahrnimmt (§ 492 Abs. 1 S. 2 FamFG).

Der Notar muss auch Einigungen beurkunden, die er für unbillig hält oder die den gesetzlichen Teilungsvorschriften oder dem Willen des Erblassers widersprechen. Er kann nur die Beurkundung von Einigungen verweigern, die gegen ein gesetzliches Verbot oder die guten Sitten verstoßen.[94]

Anschließend hat der Notar die Einigung durch Beschluss zu bestätigen (§§ 38, 366 Abs. 2 S. 1 FamFG).

Muster: Protokollierung bei Vermittlung der Nachlassauseinandersetzung durch den Notar
Notariat … **54**

---

[91] *Mayer* Rpfleger 2011, 245 (249).
[92] Zum Streitstand *Mayer* Rpfleger 2011, 249.
[93] Keidel/*Zimmermann* § 366 Rn. 36.
[94] *Mayer* Rpfleger 2011, 249.

A. z. …

Niederschrift

Verhandelt am……   vor dem Notar… in dessen Geschäftsräumen …

in der Sache Vermittlung der Auseinandersetzung des Nachlasses des (Name des Erblassers), verstorben am (Datum). Letzter gewöhnlicher Aufenthalt des Erblassers war (Anschrift).

Antragsteller: …

Gegenwärtig: (Notar, die erschienenen Beteiligten, bevollmächtigten Vertreter, die nicht erschienenen Beteiligten mit dem Zusatz, dass diese ordnungsgemäß am.. geladen wurden)

I.

Der Verstorbene hat keine Verfügungen von Todes wegen hinterlassen. Er lebte mit seiner Ehefrau (Name) im gesetzlichen Güterstand der Zugewinngemeinschaft.

Nach den Feststellungen des Nachlassgerichts sind berufen als Erben:..

die Witwe des Erblassers, (Name), wohnhaft in……,

zu $^1/_2$,

die zwei ehelichen Söhne des Erblassers, (Namen der Kinder)

zu je $^1/_4$.

Maßnahmen zur Sicherung des Nachlasses sind keine getroffen. Die Verhandlung über die auf Antrag zu vermittelnde Auseinandersetzung des Nachlasses ist auf heute anberaumt, die Beteiligten sind vorschriftsgemäß geladen.

Die Erschienenen sind geschäftsfähig. Sie haben sich durch Personalausweis ausgewiesen – sind dem Notar persönlich bekannt.

Die Erschienenen erklären: Der uns eröffnete Eingang dieser Niederschrift enthält die richtige und vollständige Verzeichnung der Erben. Von dem Vorhandensein einer – weiteren – Verfügung des Erblassers von Todes wegen ist uns nichts bekannt. Ein Rechtsstreit über unser Erbrecht ist nicht anhängig. Alle Erben haben die Erbschaft angenommen. Im Übrigen nehmen wir auf die Akten des Nachlassgerichts Bezug.

II. *Feststellung des auseinanderzusetzenden Vermögens*

III. Hinweise des Notars (tatsächliche Probleme, etwa zum Umfang des Nachlasses, Rechtsfragen, erforderliche Genehmigungen bei Minderjährigkeit eines Beteiligten)

IV. Erklärungen der Beteiligten
  • Zu den Nachlassgegenständen und deren Wert
  • Zu den auszugleichenden Zuwendungen (bei gesetzlicher Erbfolge)
  • Zu den Nachlassverbindlichkeiten

V. Vereinbarungen über die Art der Teilung, die Schätzung, die Person des Schätzers

VI. Streitpunkte

VII. Hinweise des Notars zum Fortgang des Verfahrens (Nachträgliche Zustimmung der Nichterschienenen, Versäumnisverfahren, Notwendigkeit der Bestätigung vorbereitender Vereinbarungen)

VIII. Evtl. sofortige Bestätigung von endgültigen Einigungen

Unterschrift des Notars

55 bb) Aussetzung bei Streit (§ 370 FamFG). Dem Notar obliegt nur die Vermittlung der Auseinandersetzung, dh auch der Versuch einer gütlichen Beilegung von Streitpunkten. **Widerspricht** ein Beteiligter **im Termin** überhaupt der Auseinandersetzung, so ist dies im Protokoll zu vermerken, das **Verfahren** auszusetzen; die Beteiligten sind durch **Beschluss** (§ 38 FamFG) auf den Rechtsweg zu verweisen (§ 370 FamFG). Ein **schriftlich** erklärter Widerspruch eines Beteiligten ist rechtlich wirkungslos, kann im Einzelfall als Antrag auf Anberaumung eines neuen Termins aufgefasst werden (§ 366 Abs. 3 Satz 2

FamFG).[95] Ergeben sich im übrigen Streitpunkte, so sind diese klar herauszuarbeiten und im Protokoll festzulegen. Anzugeben ist auch, zwischen wem der Streit besteht. Das Protokoll dient in einem etwa sich anschließenden Prozess als Grundlage für die Beurteilung des Streitverhältnisses.

> **Beispiel:**
> Folgender Streitpunkt ergab sich: Der Erbe (Name) erklärt, er habe vom Erblasser nur eine ausgleichspflichtige Zuwendung von 4000 Euro erhalten.
> Der Erbe (Name) behauptet, die Zuwendung habe 5000 Euro betragen und sei daher in dieser Höhe auszugleichen.

Der Notar wird erwägen, ob das Verfahren gemäß § 370 Satz 1 FGG auszusetzen oder, soweit bezüglich der unstreitigen Punkte die Aufnahme einer Urkunde ausführbar erscheint, nach den §§ 366, 368 FamFG zu verfahren ist (§ 370 Satz 2 FamFG). Die Aussetzung erfolgt durch Beschluss ohne Kostenentscheidung und ohne Wiedergabe der Streitpunkte, die sich aus dem Protokoll ergeben.

> **Muster: Aussetzungsbeschluss**
>
> 1. **Beschluss**
>   I. Das Verfahren wird gemäß § 370 Abs. 1 S. 1 FamFG bis zur Erledigung der Streitpunkte ausgesetzt.
>   II. Die Parteien werden hinsichtlich der Streitpunkte auf den Rechtsweg verwiesen.
>   III. Rechtsbehelfsbelehrung…(s. u.)
> 2. **Gründe**
>   Zwischen den Beteiligten kam keine Einigung zustande. Hinsichtlich der Streitpunkte wird auf das Protokoll vom … verwiesen.
>   Das Verfahren war deshalb gemäß § 370 Abs. 1 S. 1 FamFG auszusetzen. Die Parteien werden zur Klärung der Streitpunkte auf den Rechtsweg verwiesen. Das Verfahren wird wieder aufgenommen nach Mitteilung, dass die Streitpunkte durch gütliche Einigung oder durch rechtskräftige Entscheidung des Prozessgerichts behoben sind.
>
>   Notar

Den Beteiligten kann **keine Frist zur Klageerhebung** gesetzt werden.

Der Beschluss ist den Beteiligten zuzustellen, § 41 FamFG.

Kommt über die **Verteilung von Grundbesitz** keine Einigung zustande,[96] so kann gemäß § 181 ZVG ein Miterbe die **Zwangsversteigerung** zwecks Aufhebung der Gemeinschaft betreiben. Hier wird man das Vermittlungsverfahren bis zur Beendigung der Zwangsversteigerung aussetzen.

Rechtsmittel: Die Aussetzung ist mit der sofortigen Beschwerde in entsprechender **56** Anwendung von §§ 257 bis 572 ZPO anfechtbar, § 21 Abs. 2 FamFG.

Es erscheint nur ein Beteiligter: Für das Eintreten in die Verhandlung genügt das Erscheinen eines einzigen von mehreren Beteiligten, der nicht einmal der Antragsteller sein muss oder seines bevollmächtigten Vertreters. Vor der Verhandlung prüft der Notar, ob die Ladungen in Ordnung sind, um Wiedereinsetzungen zu vermeiden.

Ein einziger Beteiligter kann sich nicht einigen, aber Vorschläge über vorbereitende Maßnahmen machen, die dann protokolliert werden (§ 366 Abs. 1 S. 2 FamFG).[97]

---

[95] Keidel/*Zimmermann* § 366 Rn. 34; zum FGG bereits *Firsching* DNotZ 1952, 117.
[96] Nach Art. 33 Abs. 2 pr. FGG kann bei Einigkeit der Erben das Vermittlungsgericht Grundbesitz versteigern.
[97] *Mayer* Rpfleger 2011, 245 (250) weist zu Recht darauf hin, dass wegen der Säumnisfolgen es durchaus zu einer Vereinbarung kommen kann und ein einzelner aktiver Beteiligter auf diese Weise die Sache vorantreiben kann.

Es erscheinen mehrere (mindestens zwei), aber nicht alle Beteiligten

- **Es kommt keine Einigung zustande:** Die Streitpunkte sind zu protokollieren, das Verfahren ist durch Beschluss auszusetzen und die Beteiligten sind auf den Rechtsweg zu verweisen (§ 370 FamFG). Der **Aussetzungsbeschluss** ist mit der **sofortigen Beschwerde** anfechtbar (§§ 21 Abs. 2, 567 bis 572 ZPO). Gebühr: § 118a GNotKG.
- **Die erschienen Beteiligten einigen sich ganz oder teilweise:** Die Vereinbarung ist gemäß § 366 Abs. 1 S. 1 FamFG zu Protokoll zu nehmen. Die nicht erschienenen Beteiligten können dadurch nicht verpflichtet werden. Stimmen die Nichterschienenen im Voraus oder nachher der protokollierten Vereinbarung zur Niederschrift beim Notar oder in öffentlich beglaubigter Form (§ 129 BGB) zu, kommt eine wirksame Vereinbarung zustande, die vom Notar zu bestätigen ist (§ 366 Abs. 2 S. 2 FamFG). Wird die Zustimmung nicht wirksam erteilt, ist das **Versäumnisverfahren** einzuleiten (§ 366 Abs. 3 FamFG).

57 **Das Versäumnisverfahren (§ 366 Abs. 3 FamFG):** Voraussetzung: Ein ordnungsgemäß geladener Beteiligter erscheint nicht, hat auch nicht gemäß § 366 Abs. 2 S. 2 FamFG der Vereinbarung zu gerichtlichem Protokoll oder in öffentlich beglaubigter Urkunde zugestimmt.

Wesen und Zweck: Der Notar soll eine gütliche Einigung der Beteiligten herbeiführen. Deren Erscheinen zum Verhandlungstermin ist jedoch nicht erzwingbar. Daher sucht der Notar durch das Versäumnisverfahren wenigstens einen mittelbaren Druck zum Erscheinen auszuüben. Wer trotz ordnungsgemäßer Ladung nicht erscheint (wenn auch unverschuldet), dem steht nur offen, binnen einer vom Gericht bestimmten Frist neuen Terminsantrag zu stellen und dann zu erscheinen, andernfalls sein Einverständnis mit dem beurkundeten Vorschlag bzw. der beurkundeten Vereinbarung angenommen wird.

Die rechtskräftige Bestätigung der Vereinbarung über vorbereitende Maßnahmen sowie der Auseinandersetzung bindet die Erschienenen und iSd Gesetzes säumigen Beteiligten wie eine vertragsgemäße Vereinbarung oder Auseinandersetzung.

Beachte: Wer sich im Laufe der Verhandlung entfernt, steht einem Ausgebliebenen gleich, es sei denn, sein Verhalten ist als **Widerspruch** zu werten.

Als widersprechend gilt auch, wer keine Erklärung zur Sache abgibt oder das Protokoll über die beurkundeten Vereinbarungen nicht unterschreibt, wer zu seiner zustimmenden Erklärung die erforderliche Genehmigung nicht erhält, wer sich vertreten lässt und trotz Anordnung des Notars die Bevollmächtigung des Vertreters nicht in öffentlich beglaubigter Vollmacht nachweist; nicht aber, wer sich vertreten lässt, obwohl der Notar sein persönliches Erscheinen angeordnet hat.

Der Notar kann, falls die Erschienenen nicht auf der Einleitung des Versäumnisverfahrens bestehen, zunächst versuchen, die Zustimmung des Nichterschienenen nachträglich herbeizuführen. Geschieht dies im Rechtshilfeweg und verweigert der Ausgebliebene in der Form des § 366 Abs. 2 S. 2 FamFG seine Zustimmung, so gilt dies als Widerspruch.

Die Einleitung des Säumnisverfahrens: Sie erfolgt durch Verfügung der Bekanntmachung gemäß § 366 Abs. 3 FamFG, und zwar in unmittelbarem Anschluss an die Beurkundung der Vereinbarung bzw. falls nur einer erscheint, dessen Vorschlags, es sei denn, der Notar versucht die nachträgliche Zustimmung des Nichterschienenen herbeizuführen (s oben).

Inhalt der Bekanntmachung (§ 366 Abs. 3 FamFG): Die Benachrichtigung muss enthalten

- den **Inhalt der Urkunde,** soweit sie den Beteiligten betrifft; auf Verlangen ist ihm eine vollständige Abschrift zu erteilen;[98]

---

[98] Keidel/*Zimmermann* § 366 Rn. 52.

- den **Hinweis,** dass er die Urkunde in den Geschäftsräumen des Notars einsehen und eine Abschrift der Urkunde fordern kann;
- den **Hinweis,** dass sein Einverständnis mit der Urkunde angenommen wird und der Notar dies bestätigen wird, wenn er nicht innerhalb der vom Notar bestimmten **Frist** die Anberaumung eines neuen Termins beantragt oder wenn er in dem neuen Termin nicht erscheint;[99]
- die Bestimmung einer angemessenen **Frist** für den Antrag auf einen neuen Termin in Form eines Beschlusses:

Beschluss

I. Der Beteiligte ...kann bis ...(mindestens 2 Wochen) einen neuen Termin beantragen. Wegen der Bedeutung der Fristsetzung wird auf die Benachrichtigung vom ... hingewiesen.

II. Rechtsbehelfsbelehrung ...(s. u.)

Notar

Form: Zustellung nach § § 41 Abs. 1 S. 2 FamFG (auch öffentliche Zustellung, § 15 Abs. 2 FamFG, § 185 ZPO) mit Rechtsmittelbelehrung § 39 FamFG.

Beantragt der Säumige (bei mehreren Säumigen auch nur einer von ihnen)[100] **rechtzeitig einen neuen Termin,** so sind alle Beteiligten unter Mitteilung des Grundes neu zu laden. Die Ladungsfrist des § 32 Abs. 2 FamFG braucht nicht eingehalten zu werden. Erscheint der Säumige auch im neuen Termin nicht, so ist die Vereinbarung zu bestätigen, selbst wenn er nach Einleitung des Säumnisverfahrens zu notariellem Protokoll oder in öffentlich beglaubigter Urkunde seine Zustimmung verweigert hat oder sonstige Beteiligte nicht erscheinen (§ 366 Abs. 3 FamFG). Erscheint der Säumige, bleibt dagegen der im ersten Termin erschienene Beteiligte aus, so findet insoweit ein neues Versäumnisverfahren statt.

Rechtsmittel: Dem Adressaten der Fristsetzung steht gegen die Fristsetzung die sofortige Beschwerde zum OLG zu (§ 372 Abs. 1 FamFG; Frist 2 Wochen § 569 ZPO).[101]

Wiedereinsetzung: § 367 FamFG.

Die **Bestätigung der Vereinbarung über vorbereitende Maßnahmen** erfolgt (§ 366 **58** Abs. 2 FamFG):

- falls die Beteiligten sämtlich erschienen sind und sich geeinigt haben;
- falls die nicht erschienenen Beteiligten ihre Zustimmung zu der von den Erschienenen getroffenen Vereinbarung zu notariellem Protokoll oder in einer öffentlich beglaubigten Urkunde erteilen oder vor dem Termin erteilt haben (hM);
- falls die Zustimmung der nicht erschienenen Beteiligten durch die Säumnisfolgen ersetzt wird;
  - falls diese in dem auf ihren Antrag angesetzten Termin nicht erschienen sind
  - falls evtl. erforderliche Genehmigungen des Betreuungs- oder Familiengerichts vorliegen (→ Rn. 12).

---

[99] Die Frist kann bis zum Fristablauf auf Antrag oder von Amts wegen verlängert werden.
[100] Antrag kommt hier allen Ausgebliebenen zugute.
[101] Dem Adressaten mit der Begründung, die Frist sei zu kurz, den übrigen Beteiligten steht die Beschwerde mit der Begründung zu, die Frist sei zu lang, Keidel/*Zimmermann* § 366 Rn. 59.

> **Beschluss**
>
> I. Bestätigung
> Die im Protokoll des Notars … vom …beurkundete Vereinbarung der Beteiligten …/
> der im Protokoll des Notars … vom …beurkundete Vorschlag des Beteiligten …wird
> bestätigt.
> II. Gründe
> (hier die Variante entsprechend einsetzen; nur formelle Begründung, keine materielle
> Begründung)
> III. Rechtsbehelfsbelehrung
> (s. u.)
>
> Notar

Der Beschluss ist sämtlichen Beteiligten durch **Zustellung** bekannt zu machen (§ 41 FamFG).

Wirkung: § 371 FamFG.
Die Wirkung tritt erst mit formeller Rechtskraft ein (§ 371 Abs. 1 FamFG). Erst damit tritt die Vollstreckbarkeit ein; eine vorläufige Vollstreckbarkeit gibt es nicht. Nach Bestätigung können vorausgehende Entscheidungen nicht mehr angefochten werden. Nur noch die Bestätigung kann angefochten werden.
Rechtsmittel: Befristete Beschwerde §§ 58 ff. FamFG. § 372 Abs. 2 FamFG beschränkt die sofortige Beschwerde jedoch auf formelle Einwendungen.

59   **Erfolgt anschließend an die Beurkundung der Vereinbarung über vorbereitende Maßnahmen die Verhandlung über die Auseinandersetzung** und wird diese beurkundet, so entfällt eine eigene Bestätigung der ersteren Beurkundung; an deren Stelle tritt der Auseinandersetzungsvertrag.

i) Auseinandersetzungsplan

60   Sobald nach Lage der Sache die Auseinandersetzung stattfinden kann, hat der Notar einen **Auseinandersetzungsplan** anzufertigen (§ 368 Abs. 1 S. 1 FamFG); er entscheidet nach seinem Ermessen, ob Auseinandersetzungsreife vorliegt. Die Rechtsnatur des Plans ist unklar, er ist kein Beschluss nach § 38 FamFG, wohl eher ein Einigungsvorschlag.[102] Gem. § 369 FamFG können die Beteiligten eine Verteilung durch das Los vereinbaren; das Verfahren kann vereinbart werden. Voraussetzung ist eine bestätigte Vereinbarung über die Auseinandersetzung oder die Losziehung dient vor Aufstellung des Teilungsplanes der Bestimmung der in diesem anzuweisenden Teile. Der Notar hat bei der Aufstellung, die grundsätzlich den gesamten Nachlass erfassen soll, die erforderlichen **Ermittlungen von Amts wegen** durchzuführen. Der Umfang des Nachlasses ergibt sich idR aus den **Angaben der Beteiligten** (§ 27 FamFG), kann aber auch ermittelt werden, ebenso der Wert von Gegenständen, der bei Unklarheit durch **Sachverständige** zu ermitteln ist. Ist bei Streit eine Ermittlung durch **Zeugen** erforderlich, etwa zur Höhe einer durchzuführenden Anrechnung, ist auszusetzen, die Beteiligten sind auf den Prozessweg zu verweisen (§ 370 FamFG).

61   Über seinen **Inhalt** besagt § 48 württ NachlVO auch heute noch zutreffend:[103]
Der Auseinandersetzungsplan ist auf der Grundlage des Nachlassbestandes[104] aufzustellen, wie er sich nach der Verwertung oder Übernahme der Nachlassgegenstände und nach Berichtigung oder Übernahme der Nachlassverbindlichkeiten ergibt. Er hat zu enthalten
– eine Zusammenstellung der Ansprüche der einzelnen Beteiligten,

---

[102] So zutreffend Keidel/*Zimmermann* § 368 Rn. 7.
[103] Die NachlVO ist durch LFGG 1975 aufgehoben.
[104] Aktiva und Passiva.

– die Bezeichnung der Nachlassgegenstände, die der einzelne Beteiligte erhält,
– die Feststellung der Forderungen und Schulden,
– die Bezeichnung der für die Befriedigung der Nachlassgläubiger bestimmten Nachlassgegenstände, soweit die Nachlassverbindlichkeiten noch nicht berichtigt oder von den Erben übernommen sind, und der für die Ausführung dieser Leistungen vorgesehenen Stellen.

Das Nachlassgericht soll auf die Bereinigung der Nachlassverbindlichkeiten Bedacht nehmen und die Belege über die Befriedigung der Nachlassgläubiger und über die Genehmigung der Gläubiger zur Schuldenübernahme durch einzelne Erben zu den Akten nehmen.

Mit der unmittelbaren Verwaltung, Verwahrung oder Auszahlung von Nachlassvermögen hat sich das Nachlassgericht nicht zu befassen.

Die Aufstellung eines gesonderten förmlichen Teilungsplanes erübrigt sich dann, wenn, **62** wie in einfach gelagerten Fällen, die vereinbarte Auseinandersetzung im Einzelnen in das Verhandlungsprotokoll (s. unten) aufgenommen wird. Sind die Beteiligten über einen von ihnen entworfenen Plan einig, so erübrigt sich die Anfertigung eines gerichtlichen Planes.

Zulässig ist es, in den Plan zugleich auch die zu seiner Ausführung nötigen Erklärungen **63** aufzunehmen.[105] Die Rechtswirksamkeit dieser dinglichen Vereinbarungen ist von der rechtswirksamen Bestätigung des ganzen Verfahrens bedingt. Die Versäumnis der §§ 366 Abs. 3, 368 Abs. 2 FamFG erstreckt sich auch auf die in die Auseinandersetzungsurkunde aufgenommene Auflassungserklärung; die rechtskräftige Bestätigung erstreckt sich auf die Auflassung. Die die fehlende Auflassungserklärung eines Beteiligten kann durch das Versäumnisverfahren ersetzt werden.[106] Das Nachlassgericht kann den Plan selbst anfertigen oder einen Rechnungsbeamten bzw. sonstigen Sachverständigen zur Unterstützung heranziehen.

Notwendige **Genehmigungen** des Betreuungs- oder Familiengerichts (wenn ein Betreuer, Ergänzungspfleger oder die Eltern die Vereinbarung abgeschlossen haben) gemäß §§ 1643, 1821, 1822, 1829 Abs. 1 S. 2 BGB sind vor der Bestätigung der Vereinbarung zu erholen. Dies gilt für § 366 wie für § 368 FamFG.

Der Notar ist bei Aufstellung des Plans gebunden an

– die Einigung über die vorbereitenden Maßregeln, Die Erben können sie aber einvernehmlich abändern oder aufheben.
– Erblasseranordnungen zur Teilung sowie Vermächtnisse und Auflagen,
– die gesetzlichen Teilungsregeln: §§ 2042 Abs. 2, 2046 ff., 752 ff. BGB.[107] Das bedeutet:
  1. Zunächst sind die Nachlassverbindlichkeiten zu berichtigen (§ 2046 BGB)
  2. Dazu ist der Nachlass, soweit erforderlich, in Geld umzusetzen (§ 2046 Abs. 3 BGB)
  3. Der **Überschuss** ist den Erben unter Berücksichtigung von Ausgleichungen (§§ 2050 ff. BGB) nach ihren Erbteilen zuzuteilen, § 2047 BGB. **Teilung in Natur:** § 752 BGB.[108] Soweit Teilung in Natur nicht möglich ist, ist der Nachlass zu versilbern, §§ 753, 754 BGB. Der Notar kann von den gesetzlichen Regeln abweichen, wenn eine abweichende rechtskräftige vorbereitende Vereinbarung vorliegt oder die Erben einvernehmlich im Verhandlungstermin abweichend die Auseinandersetzung regeln.[109]

Die **Form** des Auseinandersetzungsplans

---

[105] Auflassungen können im gerichtlichen Auseinandersetzungsverfahren – soweit ein Vergleich vorliegt – nach wie vor beurkundet werden (§ 925 Abs. 1 S. 3 BGB) – dazu *Zimmermann* Rpfleger 1970, 195; Keidel/*Zimmermann* § 368 Rn. 52.

[106] Dazu auch Keidel/*Zimmermann* § 368 Rn. 52.

[107] BGH NJW 1956, 1433.

[108] Ein zum Nachlass gehörender Erbteil kann durch Übertragung von Bruchteilen in Höhe der jeweiligen Erbquote geteilt werden, BGH NJW 1963, 1610 (1611).

[109] *Mayer* Rpfleger 2011, 252.

Er kann zu Protokoll oder in einem besonderen Schriftstück niedergelegt werden. Nach § 368 Abs. 1 S. 2 FamFG ist die **Auseinandersetzung** zu beurkunden, also der Plan in der Form, die er in der Einigung gefunden hat.

64

Muster: Auseinandersetzungsplan für Erbengemeinschaft

I. Einleitung

Der Erblasser (Name) ist am (Datum) in (Ort), seinem letzten gwöhnlichen Aufenthalt verstorben.

Er wurde laut Erbschein des AG...... (VI ...) vom (Datum) auf Grund Gesetzes beerbt von

1. seiner Witwe (Name) zu $^1/_2$
2. seinen Söhnen (Name)
3. (Name)

zu je $^1/_4$.

Der Erblasser lebte mit seiner Ehefrau im gesetzlichen Güterstande der Zugewinngemeinschaft.

II. Teilungsmasse

Der Nachlass setzt sich nach dem Stande von...... zusammen wie folgt:

A. Aktiva

1.	Das im Grundbuch des Amtsgerichts...... für...... Bd... Bl... S.... vorgetragene Anwesen (Ort) in......, beschrieben als Wohnhaus mit Hausgarten zu...... ha.	
	Der Verkehrswert beträgt laut Gutacherausschuss	...... Euro
2.	Guthaben auf der Stadtsparkasse	...... Euro
	Summe der Aktiva	...... Euro

Mobiliar und Hauseinrichtungsgegenstände im Werte von...... Euro sind bereits verteilt. Der Voraus der Witwe (§ 1932 BGB) ist berichtigt.

B. Passiva

1.	Eine Hypothek zu...... Euro auf dem zu A 1 bezeichneten Anwesen	
	für (Name), valutiert zum Erbfall am	...... Euro
2.	Eine Darlehensforderung des	
	(Name), hier, von	...... Euro
	Summe der Passiva	...... Euro

Die Beerdigungs- und Grabsteinskosten in Höhe von...... Euro sind mit dem am Todestag vorhandenen Bargeld gedeckt worden.

Sonach beträgt der Reinnachlass:

Aktiva	...... Euro
abzüglich Passiva	...... Euro
Summe	...... Euro

III. Berechnung der Anteile

Von der Teilungsmasse zu 30 000 Euro entfallen:

1. auf die Witwe ($^1/_2$)...... Euro.
2. auf die beiden Söhne ...... Euro.

Die Beteiligten sind sich darüber einig, dass Sohn 1 bei Lebzeiten des Erblassers zur Ermöglichung der selbständigen Ausübung seines Berufes eine ausgleichspflichtige Zuwendung als Ausstattung erhalten hat. Sohn 1 gibt hierfür einen Betrag von x Euro an;

Sohn 2 behauptet, die Zuwendung habe y Euro betragen. Eine Einigung über die endgültige Höhe der Ausgleichung ist nicht zustande gekommen. Unter Vorbehalt einer späteren Regelung dieses Streitpunktes soll die Berechnung der Anteile von Sohn 1 und Sohn 2, wie folgt vorzunehmen sein:

Hat Sohn 1 x Euro zur Ausgleichung zu bringen, so erhöht sich die den Abkömmlingen zukommende Nachlassmasse von...... Euro um x Euro auf (sein Erbteilswert + y)

Davon treffen

auf Sohn 1

(sein Erbteilswert + y)/ 2 =...... Euro – y Euro =...... Euro,

auf Sohn 2 (sein Erbteilswert + y) / 2 =...... Euro.

Hat dagegen Sohn 1 nur x Euro zur Ausgleichung zu bringen, so entfällt auf ihn...... Euro Nachlassmasse, auf Sohn 2 ...... (obige Ausgleichsrechnung, aber mit x-Wert) Nachlassmasse.

Die auf die Abkömmlinge treffende Nachlassmasse soll im Folgenden so geteilt werden, dass Sohn 1 einen Wert von...... Euro, Sohn 2 einen Wert von...... Euro zugeteilt erhält (Auszahlung vorerst nur mit dem (insoweit unstreitigen) geringeren Wert).

Der den Abkömmlingen zukommende Restbetrag von...... Euro soll vorläufig keinem der beiden Abkömmlinge ausbezahlt werden, bis auch insoweit eine Einigung über die Ausgleichungspflicht besteht bzw. rechtskräftig festgestellt ist.

IV. Zum Zwecke der Auseinandersetzung schließen die Erben folgenden Vertrag

1. Die Witwe ... übernimmt das Anwesen......, ..., zum Preise von...... Euro. Hierauf wird ihr Erbteil in Höhe von...... Euro angerechnet. In Anrechnung auf den Übernahmepreis übernimmt die Witwe die Hypothek zu...... Euro sowie die Darlehensforderung des ..., zu...... Euro mit der Verpflichtung, die Miterben von dieser Schuld zu befreien. Sie zahlt an ihre beiden Söhne Sohn 1 und Sohn 2 einen Betrag von je...... Euro. Der Auszahlungsbetrag ist vom...... an...... mit 5 % verzinslich. Die Zinsen sind nachträglich halbjährlich immer am 1. Januar und 1. Juli eines jeden Jahres zu zahlen, erstmals am...... Die Auszahlungsbeträge sind in Raten von je...... Euro zu zahlen. Die Raten sind halbjährlich zusammen mit den Zinsen zu entrichten, also erstmals am......

Auf dingliche Sicherstellung der Auszahlungsbeträge verzichten die beiden Söhne.

2. Besitz, Nutzungen und Lasten gehen von...... ab auf die Erwerberin über.

3. Herr Sohn 1 erhält...... Euro Sparkassenguthaben.

4. Herr Sohn 2 erhält...... Euro Sparkassenguthaben.

5. Die Stadtsparkasse...... wird ersucht, das auf den Namen des Erblassers ausgestellte Sparbuch Nr....... einzuziehen, die in Ziffer 3 und 4 aufgeführten Beträge an beide Miterben auszuzahlen, für den Restbetrag von...... Euro jedoch ein eigenes Sparbuch auf den Namen beider Miterben Sohn 1 und Sohn 2 zur gemeinsamen Verfügung anzulegen.

V.

Ungeteilter Nachlass ist nicht mehr vorhanden, es bestehen auch keine weiteren Nachlassverbindlichkeiten mehr. Mit dieser Auseinandersetzung sollen alle (vorbehaltlich des in III dargelegten Streitpunktes) den Beteiligten auf Grund der Erbengemeinschaft zustehenden Ansprüche ausgeglichen sein.

VI.

Die Kosten der Auseinandersetzung und ihrer Ausführung tragen die Erben im Verhältnis des Wertes ihrer Erbanteile.

Notar

Verhandlung zur Auseinandersetzung. § 368 FamFG bezieht sich für das Verfahren **65** bei der Beurkundung der Auseinandersetzung, der Bestätigung und des Versäumnisverfahrens auf die Verhandlung über die vorbereitenden Vereinbarungen, § 366 FamFG.

- **Es erscheint niemand:** Der Notar fasst den **Beschluss,** dass das **Verfahren ruht.**
- **Alle Beteiligte erscheinen:**
  1. Die Beteiligten **einigen sich** ganz oder teilweise auf den Vorschlag des Notars oder auf eine andere Auseinandersetzung: Der Notar beurkundet nach § 368 Abs. 1 S. 3 FamFG die vereinbarte Auseinandersetzung.
  2. Kommt **keine Einigung** zustande (der Widerspruch eines Erben genügt): Der Notar protokolliert die Streitpunkte und erlässt einen Beschluss (mit sofortiger Beschwerde anfechtbar), in dem er das Verfahren aussetzt und die Beteiligten auf den Rechtsweg verweist. Auf die Ausführungen zur Verhandlung nach § 366 FamFG wird verwiesen.
- **Nur einzelne Beteiligte** erscheinen zur Verhandlung:
  1. Die erschienenen Beteiligen **einigen sich nicht.** Die Streitpunkte sind zu protokollieren, der **Notar setzt das Verfahren durch Beschluss aus und verweist die Beteiligten auf den Rechtsweg** (§ 370 FamFG); dagegen sofortige Beschwerde möglich. Näher siehe oben.
  2. Die erschienenen Beteiligten **einigen sich.** Mindestens zwei Beteiligte sind erschienen und einigen sich oder es ist nur ein Beteiligter erschienen, der dem Auseinandersetzungsplan zustimmt. Der Notar beurkundet deren Zustimmung und Auseinandersetzung § 368 Abs. 1 Satz 1 und 2 FamFG), näher siehe oben.

     Die Wirksamkeit der Auseinandersetzung hängt von der **Zustimmung der Nichterschienenen** oder von den Säumnisfolgen ab (§§ 368 Abs. 2, 366 Abs. 3 FamFG). Die Zustimmung kann zur Niederschrift des Notars oder in öffentlich beglaubigter Form erteilt werden; wird sie innerhalb der gesetzten Frist erteilt, kommt die Auseinandersetzung zustande, die der Notar sodann bestätigt (§ 368 Abs. 1 Satz 3, 2. HS FamFG). Wird die Zustimmung nicht, nicht formgerecht und nicht innerhalb der gesetzten Frist erteilt, ist gegen diesen nicht erschienenen Beteiligten das Versäumnisverfahren nach §§ 368 Abs. 2 Satz 1, 366 Abs. 3 FamFG einzuleiten.
  3. **Versäumnisverfahren**

  Zum Verfahren → Rn. 57 ff.

---

66 | **Muster: Niederschrift über die Nachlassauseinandersetzung**

Gegenwärtig......

Verhandelt am......

vor dem Notar...

in dessen Geschäftsräumen ...

Niederschrift über die Nachlassauseinandersetzung

auf den am...... zu......, seinem letzten Wohnsitz erfolgten Tode des Johann Müller.

I.

Der Verstorbene hat keine Verfügungen von Todes wegen hinterlassen. Er lebte mit seiner Ehefrau ... im gesetzlichen Güterstand der Zugewinngemeinschaft.

Nach den Feststellungen des Nachlassgerichts sind berufen als Erben:

die Witwe des Erblassers, ..., geb ..., wohnhaft in......,

zu $1/2$,

die zwei ehelichen Söhne des Erblassers, Sohn 1, Sohn 2,

zu je $1/4$.

Maßnahmen zur Sicherung des Nachlasses sind keine getroffen. Die Verhandlung über die auf Antrag zu vermittelnde Auseinandersetzung des Nachlasses ist auf heute anberaumt, die Beteiligten sind vorschriftsgemäß geladen.

Erschienen sind:

1. Die Witwe des Erblassers ..., geb ..., wohnhaft in......,
2. der Sohn 1, wohnhaft in......,
3. der Sohn 2, wohnhaft in......

Die Erschienenen sind geschäftsfähig. Sie haben sich durch Personalausweis ausgewiesen – sind dem Notar persönlich bekannt.

Die Erschienenen erklären: Der uns eröffnete Eingang dieser Niederschrift enthält die richtige und vollständige Verzeichnung der Erben. Von dem Vorhandensein einer – weiteren – Verfügung des Erblassers vTw ist uns nichts bekannt. Ein Rechtsstreit über unser Erbrecht ist nicht anhängig. Alle Erben haben die Erbschaft angenommen. Im Übrigen nehmen wir auf die Akten des Nachlassgerichts Bezug.

II. Feststellung des auseinanderzusetzenden Vermögens
Die Beteiligten erklären: Das der Auseinandersetzung unterliegende Vermögen ergibt sich aus vorliegendem Teilungsplan vom......, den wir zum Inhalt dieser Beurkundung[110] machen und der dieser Niederschrift beigeheftet werden soll. Oder:
Das der Auseinandersetzung unterliegende Vermögen besteht aus:......
ergibt sich aus vorliegendem Nachlassverzeichnis vom......
Die Auseinandersetzung soll geschehen wie folgt:
(In diesem Fall ist die Auseinandersetzung etwa in der Form des letzten Musters (Auseinandersetzungsplan) zu beurkunden).
Die Erschienenen erklären sodann:
Der Auseinandersetzungsplan wird genehmigt.
D... Vertreter der minderjährigen Beteiligten teilt... – de – den anderen Beteiligten mit, dass der Erbteilungsvertrag vom Familiengericht genehmigt ist.
Die Beteiligten bitten um Teilungsauszüge für sich selbst und die Schuldner.

Auflassungs- und Eintragungsbewilligung
Die Erschienenen erklären: In Ausführung des Auseinandersetzungsplanes wird der Witwe ..., geb ..., das ihr zugewiesene Grundstück aufgelassen – *Hypothekenforderungen und Grundschulden* abgetreten.
Die Eintragung der Rechtsänderung ins Grundbuch wird unter Verzicht auf Vollzugsnachricht bewilligt und von der Witwe beantragt.
Auf Eintragung einer Auflassungsvormerkung wird verzichtet.
Um Erteilung eines Zeugnisses hierüber und Übermittlung – je – einer Ausfertigung an das zuständige Grundbuchamt wird gebeten.
Von allen Beteiligten wird Sohn 1 bevollmächtigt, den Bestätigungsbeschluss des Notars entgegenzunehmen und auf die Rechtsmittel dagegen zu verzichten.
(Falls alle Beteiligten erschienen sind und sich geeinigt haben) Sodann wurde folgender Beschluss des Notars verkündet: Die auf Grund des Planes vom...... erfolgte Auseinandersetzung vom...... wird bestätigt. Die Beteiligten wurden über das Rechtsmittel der befristeten Beschwerde belehrt.[111]
Die Beteiligten erklären: Wir verzichten auf das Rechtsmittel der befristeten Beschwerde (§ 58 ff. FamFG, § 11 RpflG) gegen diesen Beschluss.

Notar

Schlussverfügung 67
I. Mitteilung an Finanzamt nach § 7 Abs. 1 Nr. 6 ErbStDV.
II. Kostenbehandlung.[112]
III. Weglegen.
......, den ...... 20... Notar

---

[110] Auf Beurkundung kann nicht verzichtet werden.
[111] Eine Entscheidung über die Kostenpflicht ergeht nicht.
[112] Gebühren- und Kostenpflicht Nr. 23 900 ff., 12 510 ff., Vorbem. 1 und 2.3.9; §§ 23, 118a GNotKG.

4. Bestätigung der Auseinandersetzung

68 **Die Bestätigung** (wirksam erst mit Rechtskraft, § 371 FamFG) bildet den Abschluss der Vermittlung der Auseinandersetzung.

a) Voraussetzungen

69 Die gleichen, die für die Bestätigung der Vereinbarung über vorbereitende Maßnahmen bestehen; vgl. dazu §§ 366, 368 FamFG.

70 Der Notar **prüft**
– ob die Vorschriften über das Verfahren eingehalten;
– ob die abgegebenen Erklärungen nach materiellem Recht verbindlich sind, insbesondere die erforderlichen Genehmigungen des Familien- bzw. Betreuungsgerichts[113] vorliegen und den Beteiligten bekannt gemacht worden sind (§ 1829 BGB).
Zur Form des Beschlusses → Rn. 63.

71 Verstoßen die Vereinbarungen gegen Gesetz oder gute Sitten, so ist die Bestätigung zu versagen, im Übrigen **wird die Zweckmäßigkeit oder Billigkeit nicht nachgeprüft.** Die **Bestätigung bezeugt,** dass ein ordnungsgemäßes Verfahren eingehalten worden ist. Verfahrensmängel können nach Eintritt der Rechtskraft von den zugezogenen Beteiligten nicht mehr geltend gemacht werden. Im Übrigen ist die rechtskräftig bestätigte Auseinandersetzung in gleicher Weise verbindlich wie eine vertragsgemäße Auseinandersetzung. Materiellrechtliche Mängel werden durch die Bestätigung nicht gedeckt. Ein Streit ist notfalls vor dem Prozessgericht auszutragen. Schon vor der Bestätigung können die Beteiligten ihre beurkundeten Erklärungen nicht mehr einseitig widerrufen. Die Bindung entfällt erst mit rechtskräftiger Versagung der Bestätigung bzw. dem wirksamen Widerspruch eines nicht erschienenen Beteiligten.

72 Die **rechtskräftig bestätigte Auseinandersetzung** bildet einen **Vollstreckungstitel (§ 371 Abs. 2 FamFG).** Die Vollstreckungsklausel wird von dem die Urkunde verwahrenden Notar erteilt (§ 797 ZPO).[114]

73 Über die Säumniswirkungen der Bestätigung S. unten.

Die **Bestätigung erfolgt durch Beschluss,** der den erschienenen Beteiligten durch Verkündung zur Niederschrift des Notars, im Übrigen aber durch Zustellung bekanntgemacht wird (§ 41 FamFG).

b) Rechtsmittel

74 Gegen **Bestätigungsbeschluss** befristete Beschwerde (§§ 58, 63 FamFG); keine Abänderungsmöglichkeit (§ 48 FamFG).

Bemängelt kann nur werden, dass die Verfahrensvorschriften nicht beachtet seien (§ 372 Abs. 2 FamFG). Gegen Ablehnung befristete Beschwerde gemäß § 58 FamFG (ohne die Einschränkung des § 372 Abs. 2 FamFG.[115]

Erteilung des Rechtskraftzeugnisses: § 46 FamFG.[116] Zeugnisse nach §§ 36, 37 GBO dürfen erst nach Rechtskraft des Bestätigungsbeschlusses erteilt werden.

---

[113] Dazu Keidel/*Zimmermann* § 368 Rn. 20 ff.
[114] Einzelheiten s. Keidel/*Zimmermann* § 371 Rn. 35 ff.
[115] Keidel/*Zimmermann* § 372 Rn. 20.
[116] Über das Verfahren nach Aufhebung des Bestätigungsbeschlusses s. Keidel/*Zimmermann* § 372 Rn. 24.

Die **Schlussverfügung** lautet: 75

I. Ausfertigung wie im Verhandlungstermin am…… beantragt an Fritz Müller.
II. Mitteilung an Finanzamt gemäß § 7 Abs. 1 Nr. 6 ErbStDV.
III. Kostenbehandlung.
IV. Weglegen.

Notar

VI. Die Vermittlung der Auseinandersetzung in Ansehung des Gesamtguts einer Gütergemeinschaft[117]

Gemäß § 373 FmFG finden die Vorschriften der §§ 363 bis 372 FamFG entsprechende 76 Anwendung.[118]

Weitere Voraussetzung der Vermittlung: Beendigung der ehelichen oder fortgesetzten Gütergemeinschaft.

Zuständigkeit: Die Notare (§ 23a Abs. 3 n F). Die örtliche Zuständigkeit bestimmt sich 77 nach § 344 Abs. 5 iVm 344 Abs. 4a nF FamFG.

Die Auseinandersetzung des Gesamtguts erfolgt nach den §§ 1471–1481 BGB.

Sie findet **nur auf Antrag** statt. Antragberechtigt ist jeder der Ehegatten im Falle der Scheidung oder sonstigen Beendigung der Gütergemeinschaft während der Ehe; der überlebende Ehegatte sowie die Erben des Verstorbenen, falls Gütergemeinschaft durch Tod endet und nicht fortgesetzt wird; der Insolvenzverwalter und der andere Ehegatte bei Beendigung einer Errungenschaftsgemeinschaft durch Insolvenz des Mannes; bei der Beendigung der fortgesetzten Gütergemeinschaft der überlebende Ehegatte bzw. seine Erben und die anteilsberechtigten Abkömmlinge.[119]

Gebühren: § 118a GNotKG. Auseinandersetzung eines Gesamtguts und Auseinander- 78 setzung eines Nachlasses, in den ein Anteil am Gesamtgut fällt, sind zwei selbständige Verfahren.[120] Ist die Vermittlung der Auseinandersetzung in Ansehung beider beantragt, so können sie bei Zuständigkeit desselben Notars miteinander verbunden werden. vgl. dazu § 344 Abs. 5 FamFG.

---

[117] Vgl. dazu Art. 38 BayAGGVG.
[118] Einzelheiten: Keidel/*Zimmermann* Bem. zu § 373 FamFG.
[119] Weitere Einzelheiten s. Keidel/*Zimmermann* § 373 Rn. 12.
[120] OLG Hamm DNotZ 1966, 744.

§ 24 Die Unternehmensnachfolge im Erbrecht

I. Nachfolge in ein einzelkaufmännisches Unternehmen

1 Das Unternehmen ist vererblich (§ 22 HGB) und fällt in den Nachlass; die Firma ist nur mit dem Unternehmen vererblich (§§ 21 ff. HGB). Die Kaufmannseigenschaft ist nicht vererblich. Da ein einzelkaufmännisches Unternehmen kein eigenes Rechtssubjekt ist, sondern aus den einzelnen Gegenständen des Aktiv- und Passivvermögens besteht, ist davon abzuraten, ein einzelkaufmännisches Unternehmen im Wege des Vermächtnisses zuzuwenden. Die Übertragung des Unternehmens vom Erben auf den Vermächtnisnehmer müsste alle Bestandteile des Firmenvermögens genau bezeichnen, die Übernahme der Verbindlichkeiten bedarf der Zustimmung der Gläubiger, die Übertragung von Vertrags-verhältnissen bedarf der Zustimmung der anderen Vertragspartei, in Bezug auf die Arbeit-nehmer sind Informationspflichten gemäß § 613a BGB zu beachten. Besser ist es, den Nachfolger zum Erben zu machen (und anderweitige Zuwendungen als Vermächtnisse zu gestalten) oder das einzelkaufmännische Unternehmen in eine andere Rechtsform zu über-führen und die Beteiligung an dieser Gesellschaft durch Vermächtnis zuzuwenden.[1]

Probleme ergeben sich bei Vererbung des einzelkaufmännischen Unternehmens an mehrere Erben und bei Anordnung der Testamentsvollstreckung (gleichermaßen für einen Alleinerben wie für mehrere Erben). Der Grund hierfür liegt jeweils in handelsrechtlichen Besonderheiten (insbesondere im Haftungsbereich). Sinnvollerweise sollten deshalb bereits im Testament diese Problemfelder geregelt werden.

1. Einsetzung eines Alleinerben

2 Unproblematisch ist die Einsetzung eines Alleinerben. Soll von mehreren Erben einer der Unternehmensnachfolger werden, kann die Zuweisung durch Teilungsanordnung oder Vermächtnis erfolgen; soll der bedachte Miterbe bevorzugt werden, handelt es sich um ein Vorausvermächtnis. Sollen mehrere Erben das Einzelunternehmen fortführen, kann dies ebenfalls durch Teilungsanordnung oder Vorausvermächtnis geregelt werden; auch eine Auflage mit Testamentsvollstreckung ist möglich. Dabei kann auch den nachfolgeberechtig-ten Erben eine Gesellschaftsgründung auferlegt werden, evtl. abgesichert durch auflösend bedingte Erbeinsetzungen. Einzelheiten der Geschäftsgestaltung können einem Dritten, etwa deren Testamentsvollstrecker übertragen werden (§§ 2048 Abs. 1 S. 2; 2151 Abs. 1, 2154, 2156 BGB).

Falls keine Regelung erfolgt, fällt das Unternehmen in die ungeteilte Erbengemeinschaft, die nur durch (auch konkludent möglichen) Gesellschaftsvertrag zur OHG oder Gesellschaft bürgerlichen Rechts wird.[2] Zur Streitvermeidung ist deshalb eine Umwandlung bereits zu Lebzeiten des Erblassers in eine Personen- oder Kapitalgesellschaft (eventuell zusammen mit Schenkungs- und Pflichtteilsverzichtsverträgen, Eheverträgen zu empfehlen.[3]

2. Drittbestimmung des Unternehmensnachfolgers

3 Kann der Erblasser den Unternehmensnachfolger noch nicht bestimmen, etwa weil die Eignung unter mehreren Personen erst zu einem späteren Zeitpunkt oder nach Abschluss

---

[1] Siehe auch BeckFormB ErbR/*Johansson* G. VII.3 Anm. 3 mit Muster der Zuwendung eines einzelkauf-männischen Unternehmens im Wege des Vermächtnisses.

[2] BGHZ 92, 259; Fortführung des Unternehmens allein genügt nicht.

[3] *Nieder/Kössinger*, Handbuch der Testamentsgestaltung, § 22 Rn. 2 schlägt etwa eine Einmann-GmbH & Co KG mit der GmbH als Komplementärin oder eine KG mit dem Einzelunternehmer als Komplementär und seiner Einmann-GmbH als Kommanditistin vor.

bestimmter Ausbildungsschritte festgestellt werden kann, ist die Vermächtnislösung der Erbenbestimmung vorzuziehen.

Bei der Erbenbestimmung darf der Dritte den Erben aus einem vom Erblasser eng begrenzten Kreis von Personen nach von diesem genau festgelegten sachlichen Gesichtspunkten lediglich ohne Ermessensentscheidung „bezeichnen".[4]

Ist das Unternehmen jedoch Gegenstand eines Vermächtnisses (oder einer Auflage oder Teilungsanordnung), kann der vom Erblasser ermächtigte Dritte eine echte Ermessensentscheidung treffen; der Erblasser muss jedoch einen objektiv bestimmbaren, beschränkten und leicht überschaubaren Personenkreis vorgeben.[5]

3. Kündigungsrecht gemäß § 723 Abs. 1 S. 3 Nr. 2 BGB

Das auf Grund des **Minderjährigenhaftungsbeschränkungsgesetzes** eingeführte außer- 4 ordentliche Kündigungsrecht des Gesellschafters, der sein 18. Lebensjahr vollendet hat, legt nahe, die Abfindungsregeln der Gesellschaftssatzungen zu prüfen bzw. daran zu denken, die Zuwendung des Unternehmens etwa unter eine auflösende Bedingung zu stellen.[6]

4. Zwischenzeitliche Führung des Unternehmens durch den Testamentsvollstrecker

Die **Verwaltungstestamentsvollstreckung** an einem einzelkaufmännischen Unterneh- 5 men **oder an einer Beteiligung an einer Personengesellschaft** ist wegen der unterschiedlichen Haftungsprinzipien im Erbrecht einerseits und im Handels- und Gesellschaftsrecht andererseits unzulässig;[7] der Testamentsvollstrecker kann als solcher den Gesellschaftererben nicht persönlich verpflichten, sondern nur den Nachlass (§ 2206 BGB). Dies würde zu einem Unternehmer mit beschränkter Haftung der Inhaber führen, die Verwaltungsvollstreckung an einem Kommanditanteil wird deshalb wegen der beschränkten Haftung als zulässig angesehen.[8] Der Testamentsvollstrecker kann jedoch das Aktiv- und Passivvermögen verwalten.

Während der Verwaltungstestamentsvollstreckung muss ein persönlich haftender Geschäftsinhaber vorhanden sein: entweder der Erbe (Vollmachtslösung) oder der Testamentsvollstrecker (Treuhandlösung). Siehe hierzu auch → Rn. 7.

a) Vollmachtslösung

Die Erben erteilen dem Testamentsvollstrecker Vollmacht für „alle Geschäfte, die im 6 Betrieb des Handelsgeschäfts anfallen". Der Erblasser kann diese Vollmacht (widerruflich) selbst und über seinem Tod hinaus erteilen; er kann jedoch auch die Erben durch eine Auflage (deren Erfüllung evtl. zur Bedingung für die Erbeinsetzung gemacht wird) zur Vollmachterteilung verpflichten. Die vollstreckungsergänzende Vollmacht lässt die Vollstreckung am betroffenen Vermögen, die dingliche Sperre der §§ 2211, 2214 BGB und die Aktivprozessführungsbefugnis des § 2212 BGB bestehen.

b) Haftung

Zur persönlichen Haftung der Erben führt auch die Freigabe des Handelsgeschäfts durch 7 den Testamentsvollstrecker im Außenverhältnis. Die Erben führen dann das Geschäft und

---

[4] § 2065 Abs. 2 BGB; BGHZ 15, 199.
[5] RGZ 96, 15 (17).
[6] So zutreffend *Reimann*, Testament und Erbvertrag, A 446.
[7] BGHZ 12, 100; hM vgl. MüKoBGB/*Zimmermann* § 2205 Rn. 16, 17 mwN; die Testamentsvollstreckung kann auch nicht ins Handelsregister eingetragen werden (RGZ 132, 138; KG NJW-RR 1996, 227).
[8] BGHZ 108, 187.

haften auch persönlich. Im Innenverhältnis kann sich der Testamentsvollstrecker die Entscheidungsbefugnis vorbehalten.

c) Treuhandlösung

8 Zur persönlichen Haftung des Testamentsvollstreckers führt die Übernahme des Unternehmens durch den Testamentsvollstrecker als Treuhänder in der Form der **Vollrechts- oder der Ermächtigungstreuhand;** er führt das Unternehmen im eigenen Namen, wobei er bei der Vollrechtslösung von den Erben die Unternehmensgegenstände übertragen bekommt. Will der Erblasser diese Lösung, sollte er entsprechende Auflagen machen oder im Testament bereits alle zum Handelsgeschäft gehörenden Gegenstände/Rechte sowie allen späteren Erwerb dem Testamentsvollstrecker treuhänderisch zu vollem Recht übertragen.

Bei der Ermächtigungstreuhand kann der Testamentsvollstrecker kraft der ihm erteilten Ermächtigung verfügen. Das Geschäftsvermögen haftet für die von ihm begründeten Verbindlichkeiten nur, soweit er die ihm gezogenen Grenzen einhält.

Als Treuhänder kann der Testamentsvollstrecker in beiden Treuhandvarianten Befreiung von seiner persönlichen Haftung oder Ersatz verlangen (§§ 2216, 2218, 670 BGB). Die Erben können die Freistellungshaftung auf den Nachlass begrenzen.[9]

Beachte: Die Anordnung der Testamentsvollstreckung ist im Zweifel im Sinne einer Verwaltungs-/ Ermächtigungstreuhand auszulegen; die Erben sind also zu dieser Ermächtigung verpflichtet.[10]

II. Beteiligung an einer Personengesellschaft

9 Zur Haftungsproblematik → Rn. 19.

Mangels abweichender gesellschaftsvertraglicher Bestimmung wird beim Tod eines Gesellschafters

– die **Gesellschaft bürgerlichen Rechts** aufgelöst (§ 727 Abs. 1 BGB); der Erbe wird Mitglied der Liquidationsgesellschaft (§§ 727 Abs. 2, 730; mehrere als Gesamthänder ohne Sondererbfolge);
– die **Kommanditgesellschaft**
– beim Tod des Kommanditisten mit den Erben fortgesetzt (§ 177 HGB),
– beim Tod eines **Komplementärs** ohne den verstorbenen Gesellschafter fortgesetzt (§ 131 Abs. 3 Nr. 1 HGB);
– die **OHG** ohne den verstorbenen Gesellschafter fortgesetzt (§ 131 Abs. 3 Nr. 1 HGB).

Beispiel einer Fortsetzungsklausel

Muster: Fortsetzungsklausel bei BGB-Gesellschaft
Abweichende Klausel (Fortsetzungsklausel): Stirbt ein Gesellschafter, scheidet er aus der Gesellschaft aus. Die übrigen Gesellschafter führen die Gesellschaft fort. Den Erben des verstorbenen Gesellschafters stehen keine Abfindungsansprüche gegen die Gesellschaft oder die Gesellschafter zu.

Diese Fortsetzungsklausel ist bei der GbR nötig, nicht jedoch bei Personenhandelsgesellschaften, bei denen nach dem Handelsrechtsreformgesetz die Fortsetzung vom Gesetz vorgesehen ist. Hier wäre eine Klausel für die Auflösung der Gesellschaft erforderlich.

Soll die Gesellschaft unter Einbeziehung von Erben fortgesetzt werden, ist eine Nachfolgeklausel nötig (§ 139 HGB).

---

[9] *Reimann,* Testament und Erbvertrag, A Rn. 451.
[10] BGHZ 24, 106 (112).

Zu den Nachfolgeregelungen im Gesellschaftsvertrag:

1. Die einfache erbrechtliche Nachfolgeklausel

Sie führt zur Fortsetzung mit **allen** Erben: 10

> **Beispiel:**
> „Stirbt ein Gesellschafter, führen die übrigen die Gesellschaft mit seinen Erben fort." evtl.
> Zusatz: „Die Mitgliedschaft des verstorbenen Gesellschafters geht auf die Miterben im Verhältnis
> ihrer Erbteile über. Jeder Gesellschafter ist berechtigt, durch Verfügung von Todes wegen das
> Teilungsverhältnis abweichend von den Erbteilen zu bestimmen." In diesem Fall ist es dem
> Gesellschafter überlassen, durch letztwillige Verfügung zu bestimmen, ob alle Erben die Gesell-
> schafterstellung erhalten sollen und zu welchen Teilen.

Die Nachfolge kann aber auch im Gesellschaftsvertrag bereits näher bestimmt sein. Dann
ist in der letztwilligen Verfügung auf Übereinstimmung zu achten, damit die gesellschaftsrechtliche Regelung auch erbrechtlich wirksam wird. Ergänzende Testaments- und Vertragsauslegung kann uU bei einem völligen Scheitern der beabsichtigten Nachfolge helfen.[11]

Mehrere Erben rücken nicht als Erbengemeinschaft, sondern mit dinglicher Wirkung im
Verhältnis ihrer Erbteile in die Gesellschafterstellung ein. Jeder Erbe kann gemäß § 139
Abs. 1 HGB die **Einräumung einer Kommanditistenstellung** verlangen oder – wenn
die übrigen Gesellschafter dies ablehnen – fristlos kündigen (§ 139 Abs. 2, 3 HGB). Im
Gesellschaftsvertrag kann durch Umwandlungsklauseln vorgesehen werden, dass nur ein
Teil der Erben persönlich haftender Gesellschafter sein soll und die übrigen Kommanditis-
ten werden sollen (automatisch, durch einseitige Erklärung oder in Ausübung eines schuld-
rechtlichen Anspruchs des Erben).[12] Gesichert werden kann dies durch testamentarische
Auflage oder bedingte Zuwendung.

Die Gesellschafternachfolge der/des Erben mit dinglicher Wirkung erfolgt nicht bei der
vermächtnisweisen Zuwendung des Gesellschaftsanteils, ebenso bei der Teilungsanordnung (der Erblasser weist einen anderen Gesellschaftsanteil als den Erbteil zu; oder er weist
nicht allen gesellschaftsrechtlich Berechtigten, sondern nur einzelnen Miterben die Gesellschafterstellung zu).[13]

Der BGH hat eine Sondererbfolge in die volle Komplementärstellung ohne Ausgleichsansprüche in einem Fall angenommen, obwohl einer der drei (zu je $1/3$) namentlich
vorgesehenen Nachfolger den Erbfall nicht erlebt, ein weiterer nicht Erbe geworden und
der dritte nur Erbe zu 65/100 geworden ist.[14]

Der BGH begründet das Ergebnis damit, dass die Erbquote „keine **gegenständliche**
Begrenzung seines Erwerbs in dem Sinne (sei), dass er keinen über diese Quote hinausgehenden Teil des Gesellschaftsanteils erwerben könnte" und dass diese Lösung dem
mutmaßlichen Willen aller Beteiligten entspreche. Die Erbquote behalte ihre Bedeutung
für den Erbausgleich der Erben untereinander.

Diese Gesichtspunkte gelten auch für die einfache Fortsetzungsklausel.

2. Die Qualifizierte erbrechtliche Nachfolgeklausel

Sie führt zur Fortsetzung nur mit bestimmten Erben. 11

---

[11] BGH NJW 1978, 264: Auslegung als Eintrittsklausel.
[12] S. näher hierzu *Nieder/Kössinger,* Handbuch der Testamentsgestaltung, § 20 Rn. 22 ff., auch zu Regelungen für Geschäftsführung, Vertretung und Stimmrecht.
[13] *Nieder/Kössinger* § 20 Rn. 20.
[14] BGH NJW 1977, 1339.

> **Beispiel:**
> „Verstirbt ein Gesellschafter, führen die übrigen die Gesellschaft mit dessen Abkömmlingen fort, soweit diese vom Verstorbenen durch letztwillige Verfügung als seine Nachfolger bestimmt wurden. Andere Erben werden nicht Gesellschafter. Sie erhalten die in § X des Vertrages vorgesehene Abfindung (oder: Abfindungsansprüche gegen die Gesellschaft sind ausgeschlossen). Auf den Nachfolger gehen alle Rechte und Pflichten des Verstorbenen uneingeschränkt über, ausgenommen derjenigen, die dem Verstorbenen nur wegen seiner persönlichen Eigenschaften übertragen waren."

Soll eine **Sondererbfolge** in den Gesellschaftsanteil erfolgen, ist unerlässlich, dass der Nachfolger in der letztwilligen Verfügung nicht nur Vermächtnisnehmer, sondern auch **Erbe** (Miterbe, Vor- oder Nacherbe) wird. Natürlich genügt es, wenn er gesetzlicher Erbe wird. Wird der gesellschaftsrechtlich Nachfolgeberechtigte nur Vermächtnisnehmer, fällt der Abfindungsanspruch dem Erben zu, der ihn dann erst auf den nachfolgeberechtigten Vermächtnisnehmer übertragen muss. Nach dieser Übertragung wandelt sich der Abfindungsanspruch in einen Kapitalanteil um.[15]

Zur Benennung des Nachfolgeberechtigten im Gesellschaftsvertrag (OHG/ KG): Problemlos ist die namentliche oder sonst wie eindeutige Benennung. Ist der Nachfolger bei Abfassung des Gesellschaftsvertrags noch nicht bekannt, muss er dennoch bestimmbar sein, dh der Gesellschaftsvertrag muss

– den Personenkreis, aus dem der Nachfolger zu bestimmen ist
– und die Qualifikationen des Nachfolgers

benennen. Sinnvollerweise wird auch noch der Erblasser als Bestimmungsberechtigter festgelegt, dem jedoch überlassen bleibt, den Nachfolger zu Lebzeiten (dann formfrei) oder letztwillig (dann unter Einhaltung der Form letztwilliger Verfügungen) zu bestimmen.

> **Beispiel:**[16]
> Beim Tod eines Gesellschafters führen die übrigen Gesellschafter die Gesellschaft nur mit einem Erben oder Vermächtnisnehmer fort. Diesen bestimmt der Gesellschafter durch Verfügung von Todes wegen oder durch lebzeitige Erklärung gegenüber den übrigen Gesellschaftern und/oder der Gesellschaft.
> Übt der Gesellschafter sein Bestimmungsrecht nicht aus, sind die Erben verpflichtet, den Gesellschaftsanteil dem zu übertragen, den der Testamentsvollstrecker oder hilfsweise die übrigen Gesellschafter einstimmig als Nachfolger aus der Zahl der Vermächtnisnehmer oder Erben auswählen. Abfindungsansprüche gegen die Gesellschafter sind ausgeschlossen.

Trifft der Erblasser in seiner letztwilligen Verfügung die Wahl des Nachfolgers, kann er etwa mehrere Kinder/die Ehefrau als Erben/Vermächtnisnehmer setzen und unter diesen einen oder mehrere als Unternehmensnachfolger bestimmen.

Diese erwerben den Unternehmensanteil voll und nicht nur in Höhe der Erbquote (als Erben in Sondernachfolge unmittelbar). Mehrere Nachfolger erwerben den vollen Gesellschaftsanteil, im Verhältnis untereinander jedoch im Verhältnis der Erbquoten, sofern im Gesellschaftsvertrag oder Testament kein anderes Teilungsverhältnis vorgesehen ist. Darauf ist der Erblasser hinzuweisen.

3. Die Rechtsgeschäftliche Eintrittsklausel

12 Sie ermöglicht den Übergang der Gesellschafterstellung durch Vereinbarung im Gesellschaftsvertrag auf eine bestimmte (namentlich benannte oder hinreichend bestimmt bezeichnete) Person, unabhängig von der Erbenstellung.

---

[15] *Nieder/Kössinger* § 20 Rn. 20 ff.
[16] Beispiel in Anlehnung an *Nieder/Kössinger* § 20 Rn. 43.

Beispiel:

„Beim Tod des Gesellschafters (Name) hat dessen Sohn (Name) das Recht (oder: steht demjenigen, der vom Verstorbenen durch letztwillige Verfügung als sein Nachfolger bestimmt wurde, das Recht zu) seinen Eintritt in die Gesellschaft als persönlich haftender Gesellschafter zu erklären (oder: anstelle seines Vaters zu den Bedingungen in die Gesellschaft einzutreten, die am Todestag für den Vater bestanden). Für die gegenüber allen Gesellschaftern abzugebende Eintrittserklärung gilt eine Frist von 3 Monaten seit dem Todesfall. Erklärt (Name), dass er nicht eintritt oder nach Ablauf der gesetzten Frist ohne Abgabe einer Eintrittserklärung wird die Gesellschaft mit den übrigen Gesellschaftern ohne den Eintrittsberechtigten unter Abfindung der Erben des Verstorbenen fortgesetzt. Tritt der Eintrittsberechtigte in die Gesellschaft ein, so haben ihm die überlebenden Gesellschafter, wozu sie sich hiermit ihm gegenüber verpflichten, den bis dahin treuhänderisch gehaltenen Kapitalanteil des Verstorbenen unentgeltlich zu übertragen. Abfindungsansprüche der Erben des Verstorbenen gegen die Gesellschaft oder die Gesellschafter sind in diesem Fall ausgeschlossen.
Oder: (falls der Nachfolger den Gesellschaftsvertrag bereits mitunterzeichnet hat) Beim Tod des Gesellschafters (Name) geht dessen Mitgliedschaft auf (Name) über. Macht der Eintrittsberechtigte von seinem Eintrittsrecht Gebrauch, so sind Abfindungsansprüche der Erben des Verstorbenen gegen die Gesellschaft ausgeschlossen."[17]

Nur wenn kein wechselseitiger Ausschluss unter den Gesellschaftern vorliegt, sind **Pflichtteilsergänzungsansprüche** gegen den Nachfolger denkbar (§ 2329 Abs. 1 S. 1 BGB). Erbschaftssteuer fällt nach § 3 Abs. 1 Nr. 2 S. 2 ErbStG an. Auch wenn Abfindungsansprüche gegen die Gesellschaft ausgeschlossen sind, bedarf die Nachfolgeklausel nicht der Form des § 2301 BGB.

Wichtig ist, dass steuerrechtlich eine **Gewinnrealisierung vermieden** wird. Dies kann entweder durch den Ausschluss einer Abfindung geschehen oder dadurch, dass der Gesellschafteranteil von den anderen Gesellschaftern treuhänderisch gehalten wird bis der Berechtigte in die Gesellschaft eintritt; ein Abfindungsanspruch soll dann erst bei Nichteintritt entstehen.

Die rechtsgeschäftliche Eintrittsklausel ist vorteilhaft, wenn

– ein Dritter, der weder Erbe noch Vermächtnisnehmer wird, eintreten soll
– oder der Nachfolger noch nicht feststeht und erst von einem Altgesellschafter oder einem Dritten bestimmt werden soll (das Verbot des § 2065 BGB gilt bei der Klausel).

Soll die Gesellschafterstellung einem Dritten (der also nicht am Gesellschaftsvertrag bereits beteiligt ist) unter Lebenden so zugewendet werden, dass die Nachfolge beim Tode des Gesellschafters automatisch außerhalb des Nachlasses erfolgt, ist die rechtsgeschäftliche Nachfolgeklausel unzulässig.[18]

III. Der Nießbrauch an einem Unternehmen

Der Erblasser kann das Unternehmen auch dadurch übertragen, dass er es zwar auf seine 13 Erben überträgt, aber zugunsten ein Vermächtnis aussetzt, was einerseits zur Versorgung des Vermächtnisnehmers durch Zuwendung der Nutzungen bei gleichzeitiger Sicherung der Vermögenssubstanz für die Erben führt.

Beim einzelkaufmännischen Unternehmen sind drei Arten einer möglichen Vermächtnisanordnung zu unterscheiden:

---

[17] Siehe auch das Formulierungsbeispiel von *MAH ErbR/Kögel* § 40 Rn. 42.
[18] Unzulässige Verfügung zugunsten Dritter und unzulässiger Vertrag zu Lasten Dritter (BGHZ 41, 95). Zulässig jedoch, wenn der Dritte Mitgesellschafter oder an der Vereinbarung der Klausel beteiligt ist (s. näher *Nieder/Kössinger* § 20 Rn. 52 f.).

1. Der bloß „obligatorische Nießbrauch"

14 Hier wird durch Vermächtnis lediglich ein schuldrechtlicher Anspruch gegen den Erben auf Auszahlung des gesamten oder teilweisen Reinertrags des Unternehmens zugewendet.

Der Ertragsnießbrauch (oder „unechte Unternehmensnießbrauch") gewährt (nach Bestellung des Nießbrauchs durch den auf Grund des Vermächtnisses verpflichteten Beschwerten, in der Regel die Erben) zwar einen dinglichen Nießbrauch an den einzelnen Unternehmensgegenständen. Er ist jedoch auf den Ertrag beschränkt. Die Unternehmerstellung verbleibt beim Nießbrauchsbesteller

Beim Vollnießbrauch am gesamten Unternehmen wird der Nießbraucher Inhaber des Handelsgeschäftes. Es tritt eine Haftung nach außen ein. Die Einkünfte werden direkt beim Nießbraucher versteuert (§ 15 EStG).

2. Nießbrauch an Gesellschaftsanteilen

15 Damit der Erbe das Vermächtnis eines Nießbrauchs an einem Gesellschaftsanteil erfüllen kann, muss zunächst einmal der Erbe Anteilsinhaber geworden sein (siehe nachfolgend die Hinweise zur erbrechtlichen Unternehmensnachfolge). Das heißt, dass eine einfache oder qualifizierte Nachfolgeklausel in der Satzung dem Erben den Weg freimacht. Insoweit hat der Berater des Erblassers zu überprüfen, ob Vererblichkeit des Anteils gegeben ist oder diese Vererblichkeit durch evtl. notwendige Satzungsergänzungen herzustellen ist.

3. Nießbrauch an der Beteiligung an einer Personengesellschaft

16 Sofern der Gesellschaftsvertrag es zulässt oder die Gesellschafter zustimmen, ist eine Nießbrauchsbestellung als dingliche Belastung eines Gesellschaftsanteils zulässig. Eine treuhänderische Übertragung an den Nießbraucher oder eine Bestellung des Nießbrauchs am Gewinnstammrecht ist deshalb nicht erforderlich. Es sollte klargestellt werden, ob der Nießbrauch das Sonderbetriebsvermögen erfassen soll. Der Nießbrauch wird wie das Vollrecht begründet (§ 1069 Abs. 1 BGB), auch bei Grundbesitz im Gesellschaftsvermögen ist keine notarielle Beurkundung erforderlich. Sehr umstritten ist, wer zur Ausübung des Stimmrechts berechtigt ist. Bei Beschlüssen zu den Grundlagen der Gesellschaft (zum Beispiel die Feststellung des Jahresabschlusses; aber auch Änderungen des Gesellschaftsvertrags, Maßnahme der Kapitalbeschaffung, Umwandlung oder Auflösung der Gesellschaft) liegt das Stimmrecht nach Auffassung des BGH beim Gesellschafter, nicht beim Nießbraucher, im Übrigen hat der BGH die umstrittene Frage offen gelassen; eine Stimmrechtsvollmacht ist möglich. Es ist deshalb zu empfehlen, bei der Gestaltung das Stimmrecht formal beim Gesellschafter zu belassen und diesen bei der Ausübung des Stimmrechts intern an den Nießbraucher zu binden. Von der Geschäftsführung ist der Nießbraucher grundsätzlich ausgeschlossen, es sei denn einzelne Befugnisse werden übertragen und dies wird durch Vereinbarung mit den Gesellschaftern oder im Gesellschaftsvertrag zugelassen.

Eine Aufhebung oder Änderung des nießbrauchsbelasteten Rechts ist nur mit Zustimmung des Nießbrauchers zulässig (§ 1071 BGB). Eine Außenwirkung gegenüber der Gesellschaft kommt hier nur in Betracht, wenn der Gesellschaft der Nießbrauch bekannt ist, weshalb sich eine Anzeige der Nießbrauchsbestellung gegenüber der Gesellschaft empfiehlt. Dem Nießbraucher stehen die auf der Grundlage der Handelsbilanz entnahmefähigen Gewinne zu, nicht der volle bilanzmäßige Gewinn. Regelungsbedürftig sind die Fragen, ob dem Nießbraucher Erträge oder Entnahmen zustehen sollen, die über die zivilrechtlichen Beschränkungen hinausgehen, also bei außerordentlichen Erträgen, Ausschüttungen von Gewinnrücklagen, beim gesetzlichen oder gesellschaftlichen Entnahmerecht des Gesellschafters. Eine Erhöhung der Beteiligungsquoten aus nicht entnommenen Gewinnanteilen stellt keinen Ertrag dar, nur die Gewinne aus der neuen Beteiligung stehen dem Nießbraucher zu. Das Auseinandersetzungsguthaben als solches oder die Barabfindung bei Umwandlungsvorgängen stellen keinen Ertrag dar. Der Liquidationserlös und das Abfindungsguthaben stehen dem Gesellschafter und dem Nießbraucher gemeinschaftlich zu und sind verzinslich anzulegen (§ 1079 BGB).

4. Nießbrauch am Anteil an einer Kapitalgesellschaft

Die Nießbrauchsbestellung ist wie bei der Personengesellschaft zulässig. Nach hM ist **17** jedoch beim Nießbrauch an Geschäftsanteilen einer GmbH oder an Aktien nur ein **Ertragsnießbrauch** zulässig. Der Anteil an einer Kapitalgesellschaft ist grundsätzlich übertragbar, wenn die Übertragbarkeit nicht durch die Satzung ausgeschlossen oder von bestimmten Voraussetzungen abhängig ist. Die Nießbrauchsbestellung an GmbH-Anteilen ist nach § 15 Abs. 3 GmbHG beurkundungsbedürftig, nicht jedoch die schuldrechtliche Verpflichtung zur Nießbrauchsbestellung. Es besteht weder ein Bedürfnis, noch eine Verpflichtung den Nießbrauch in der Gesellschafterliste zu vermerken. Im Hinblick auf die Gewinnausschüttungen ist jedoch eine Anzeige an die Gesellschaft angezeigt (§§ 407, 409 BGB). Hinsichtlich der Mitwirkungsrechte bei Stimmrecht und Geschäftsführungs-befugnis wird auf die Ausführungen zur Personengesellschaft verwiesen. Der Nießbrau-cher hat einen Gewinnanspruch gegenüber der Gesellschaft, wenn und soweit die Gesell-schafterversammlung eine Ausschüttung des Jahresergebnisses oder Bilanzgewinns be-schlossen hat, soweit er auf die Zeit des Nießbrauchs entfällt. Wenn nichts anderes vereinbart ist, steht dem Nießbraucher aber auch ein zur Ausschüttung beschlossener Gewinn zu, der aus der Auflösung eines Gewinnvortrags oder aus der Zeit vor Beginn des Nießbrauchs herrührt.

Steuern: Bei der Personengesellschaft ist darauf zu achten, ob in Anbetracht der **18** Gestaltung Nießbraucher und Gesellschafter als Mitunternehmer iSv § 15 EStG gelten. Ertragsnießbrauch ist der auf den Ertrag beschränkte Nießbrauch und Vollrechtsnieß-brauch ist der mitunternehmerische Nießbrauch. Dieser liegt vor, wenn der Nießbraucher zusätzlich zu seinem Ertrag einen nennenswerten Einfluss auf die Geschäftsführung hat (Kontroll-, Widerspruchsrechte, Stimmrecht oder Einfluss auf die Stimmabgabe des Ge-sellschafters. Für einen Nießbrauch, der sich an den Vorgaben des BGB orientiert, bejaht der BFH die Mitunternehmerstellung des Gesellschafters (und damit idR auch die des Nießbrauchers). Bei abweichender Gestaltung kann die Mitunternehmerstellung bei dem einen oder anderen entfallen, mit der Folge, daß es zu einer Entnahme und Aufdeckung stiller Reserven führen kann. Beim Nießbrauch am Anteil einer Kapitalgesellschaft wer-den nach Auffassung des BFH und der Finanzverwaltung die Erträge beim Vorbehalts-nießbrauch und Vermächtnisnießbrauch dem Nießbraucher zugerechnet, nicht aber beim unentgeltlichen Zuwendungsnießbrauch. Beim unentgeltlichen Zuwendungs- oder Ver-mächtnisnießbrauch von Todes wegen wird der Nießbrauch mit dem Kapitalwert des Nießbrauchs (nicht des Anteils selbst) gemäß § 16 BewO bewertet. Dem Nießbraucher wird jedoch nach überwiegender Meinung der Verschonungsabschlag und Abzugsbetrag nach § 13a ErbStG verweigert. Bei der vorweggenommenen Erbfolge im Wege des Anteilserwerbs mit Nießbrauchsvorbehalt kommt es bei der Frage des Verschonungs-abschlags und Abzugsbetrags nach § 13a ErbStG darauf an, ob auch der Erwerber des Gesellschaftsanteils Mitunternehmer ist, da diese nur für begünstigtes Vermögen nach § 13b EStG gewährt werden. Es ist deshalb nicht ratsam, von der gesetzlichen Regelung abzuweichen; uU ist ein Quotennießbrauch oder die Vereinbarung von Versorgungsleis-tungen in Betracht zu ziehen.

Vergleiche im Übrigen: → § 49 Rn. 72 und → § 49 Rn. 133 ff.

IV. Testamentsvollstreckung bei der Unternehmensnachfolge

19 Bei

- einzelkaufmännischen Unternehmen,
- OHG-Gesellschaftsbeteiligung oder
- KG-Komplementär-Beteiligung

ist nach hM keine echte Testamentsvollstreckung möglich, da der Testamentsvollstrecker entgegen dem gesellschaftsrechtlichen Erfordernis der persönlichen Haftung nicht den Unternehmererben persönlich, sondern nur den Nachlass verpflichten kann (§ 2206 Abs. 1 S. 1 BGB).[19] Der Erblasser sollte deshalb in seiner letztwilligen Verfügung eine der Ersatzlösungen, Vollmachtlösung oder Treuhandlösung, wählen. Beide Lösungen bedürfen der Zustimmung der Mitgesellschafter im Gesellschaftsvertrag oder nach dem Erbfall. Bei der **Vollmachtlösung** handelt der Testamentsvollstrecker hinsichtlich des Betriebsvermögens als Bevollmächtigter der Erben, die persönlich haften.

Formulierungsvorschlag:
Ich ordne Testamentsvollstreckung an; sie erstreckt sich auch (oder: sie beschränkt sich) auf meinen Anteil an der… OHG/Komplementäranteil an der… KG/mein einzelkaufmännisches Unternehmen…
Zum Testamentsvollstrecker ernenne ich…, ersatzweise…
Der Testamentsvollstrecker soll in Bezug auf die Firma als Bevollmächtigter der Erben handeln, die auch persönlich haften, sofern die Haftung im Einzelfall nicht auf den Nachlass beschränkt wird.
Den Erben mache ich zur **Auflage,** den Testamentsvollstrecker unwiderruflich zu bevollmächtigen und hinsichtlich des Nachlasses nicht selbst tätig zu werden. Der Testamentsvollstrecker kann diese Auflage vollziehen. Testamentsvollstreckung und Vollmacht enden…

Die Treuhandlösung überträgt die Gesellschaftsbeteiligung auf den Testamentsvollstrecker, der sie als Treuhänder mit voller Haftung aus § 128 HGB ausübt.

Formulierungsvorschlag:
Ich ordne Testamentsvollstreckung an; sie erstreckt sich auf…
Zum Testamentsvollstrecker ernenne ich… (wie bei Vollmachtlösung). Der Testamentsvollstrecker soll in Bezug auf die Firma als Treuhänder, also im eigenen Namen und für Rechnung der Erben handeln, die Eigentümer des Betriebsvermögens bleiben.
… (Auflage, die Treuhandstellung einzuräumen mit Vollzug durch Testamentsvollstrecker, s. oben).
Im Innenverhältnis wird der Testamentsvollstrecker insoweit von seiner unbeschränkten Haftung nach außen freigestellt, als er im Rahmen ordnungsgemäßer Verwaltung handelt.
Testamentsvollstreckung und Treuhandverhältnis enden…

Beratungshinweis: Für Gesellschaftsbeteiligungen, die zu einer persönlichen Haftung führen, ist eine Umwandlung in eine Kommanditbeteiligung der Erben mit Anspruch auf Rückumwandlung in eine vollhaftende Beteiligung nach Beendigung der Testamentsvoll-

---

[19] Lediglich für den OHG-Gesellschafter und den KG-Komplementär lässt BGH ZEV 1996, 110 Verwaltungsvollstreckung für die Außenseite der Gesellschaft (laufende Gewinnansprüche, künftiger Auseinandersetzungsanspruch), nicht aber für die Innenseite (Stimmrecht etc) zu. Einen Formulierungsvorschlag bietet Bengel/Reimann/*Pauli* § 5 Rn. 173 an.

streckung sinnvoll. Eine gesellschaftsvertragliche Regelung und entsprechende letztwillige Verfügung sind erforderlich.[20]

Sehr empfehlenswert ist auch eine Regelung der Gebühren des Testamentsvollstreckers,[21] da § 2221 keine Klarheit über die Höhe der „angemessenen" Vergütung gibt.[22] An eine evtl. Befreiung von den Beschränkungen des § 181 BGB ist zu denken.

---

[20] Bengel/Reimann/*Pauli* § 5 Rn. 173 bietet einen Formulierungsvorschlag für die Auflage im Testament zur Umstrukturierung eines einzelkaufmännischen Unternehmens an (dort 5/144); Johansson bietet im BeckFormB ErbR unter IX.1 einen Formulierungsvorschlag für die Testamentsvollstreckung über eine Kommanditbeteiligung.

[21] Bengel/Reimann/*Pauli* 5/140, schlägt bei seinem Beispiel für die Vollmachtslösung 5 % und für die Treuhandlösung 20 % vor.

[22] Eine Möglichkeit der Berechnung ist zB die überarbeitete „Rheinische Tabelle" (*Reimann* DNotZ 2001, 344).

§ 25 Das Stiftungsgeschäft von Todes wegen (§ 83 BGB)

1 Der Begriff der Stiftung ist gesetzlich nicht definiert. Eine Stiftung ist eine mitgliederlose Organisation, die bestimmte Zwecke mit Hilfe eines ihr dauerhaft gewidmeten Vermögens verfolgt. Die Festlegung des Zwecks erfolgt durch das sogenannte Stiftungsgeschäft. Die Rechtsgrundlagen für die Stiftung sind in §§ 80 bis 88 BGB geregelt, über § 86 BGB kommt im wesentlichen Vereinsrecht zur Anwendung. Darüber hinaus gibt es in den Bundesländern auch jeweils ein Landesstiftungsgesetz. Im Steuerrecht wird vor allem zwischen gemeinnützigen und privatnützigen Stiftungen unterschieden. Das Stiftungsgeschäft **unter Lebenden ist ein einseitiges Rechtsgeschäft,** das durch § 81 Abs. 1 BGB geregelt wird. Die hM wendet im Ergebnis das Schenkungsrecht analog an, auch wenn gerade kein zweiseitiges Rechtsgeschäft vorliegt.[1] Der Sonderausgabenabzug als Spende ist nur bei einer lebzeitigen Zuwendung an eine Stiftung möglich (§ 29 Abs. 1 Nr. 4 S. 2 ErbStG). Er beträgt 20 % des Gesamtbetrags der Einkünfte oder alternativ bis zu einem umsatzabhängigen, allgemeinen, allgemeinen Höchstbetrag von 0,4 % der Umsätze einschließlich Löhne und Gehälter. Neben dem generellen Spendenabzug nach § 10b Abs. 1 EStG kann auf Antrag innerhalb eines Zehnjahreszeitraums nur einmal ein zusätzlicher einkommensteuerlicher Spendenabzug bis zu einem Betrag von 1 Mio. EUR, bei Ehegatten als Stifter oder Zustifter 2 Mio. EUR bei der Ermittlung des Einkommens und Gewerbeertrags geltend gemacht werden (§ 10b Abs. 1a EStG).

Auf die **Stiftung von Todes wegen** ist Erbrecht anzuwenden. Die Vermögenszuwendung an die Stiftung ist gegenüber den Pflichtteilsberechtigten eine ergänzungspflichtige Schenkung gemäß §§ 2325, 2329.[2] Das Stiftungsgeschäft enthält einen personenrechtlichen (Errichtung[3] der juristischen Person) und einen vermögensrechtlichen Teil (Zuwendung des Vermögens durch **Erbeinsetzung** – auch vertragsmäßig durch Erbvertrag,[4] **Vermächtnis** oder **Auflage**). § 84 BGB fingiert die Entstehung bereits vor dem Tode des Stifters. Das Gesuch um **staatliche Anerkennung** wird der nach Landesrecht zuständigen Behörde durch den Erben, Testamentsvollstrecker oder das Nachlassgericht mitgeteilt (§ 83 BGB). Sinnvoll ist es, die Anerkennung (§ 80 BGB) vor Abfassung der letztwilligen Verfügung abzuklären oder die Stiftung bereits zu Lebzeiten zu errichten und sodann letztwillig zu bedenken, auch wenn die Behörde nunmehr nach § 83 BGB die Möglichkeit hat, Ergänzungen vorzunehmen.

Der Erblasser muss in der Verfügung von Todes wegen festlegen, ob die Stiftung selbständig (rechtsfähig) oder unselbständig (nicht rechtsfähig) sein soll (§ 2065 BGB). Bei einer **selbständigen** Stiftung muss der Erblasser selbst den Stiftungszweck und das Stiftungsvermögen[5] festlegen; erfolgt die Vermögenszuwendung durch Vermächtnis oder Auflage kann dies einem Dritten überlassen bleiben (§§ 2156, 2192 BGB).

Den Namen der Stiftung, ihren Vorstand und ihre innere Verfassung muss der Erblasser nicht selbst bestimmen, er kann dies Dritten überlassen. Er kann regeln, ob ein Destinatär einen klagbaren Anspruch gegen die Stiftung hat.[6] Dass die Stiftung noch nicht wirksam errichtet wurde, steht ihrer Einsetzung als (Allein-)Erbin nicht entgegen.[7]

---

[1] Staudinger/*Hüttemann/Rawert* § 81 Rn. 27 mwN. Wegen des Sonderausgabenabzugs siehe § 10b EStG, § 9 Abs. 1 Nr. 2 KStG, § 9 Nr. 5 GewStG.

[2] HM, BGH ZEV 2004, 115.

[3] Es genügt zur Errichtung ein privatschriftliches Testament.

[4] BGHZ 70, 313 (321).

[5] Es gibt kein gesetzliches Mindestvermögen. Die Stiftungsbehörden der Länder empfehlen ein Mindestvermögen von 50.000 bis 100.000 EUR, vgl. *Damrau/Wehinger* ZEV 1998, 178.

[6] Sonst regelt sich das nach dem jeweiligen Landesrecht, vgl. BGH NJW 1957, 708; BGHZ 99, 344. S. jedoch die Ausführungen zur Gemeinnützigkeit. Siehe auch zu den unterschiedlichen Landesstiftungsgesetzen www.stiftungen.org. Während §§ 80 ff. BGB bundeseinheitlich und abschließend die materiell-rechtlichen Voraussetzungen der Stiftungserrichtung regeln, bleibt den Landesgesetzen das formelle Anerkennungsverfahren und die Stiftungsaufsicht vorbehalten.

[7] OLG München ZEV 2017, 634.

Bei der **unselbständigen Stiftung** wendet der Erblasser das Vermögen einer natürlichen oder juristischen Person zu mit der Maßgabe, die übertragenen Werte dauerhaft zur Verfolgung des von ihm festgelegten Zwecks zu nutzen.[8] Das Stiftungsvermögen muss vom Rechtsträger getrennt von dessen übrigen Vermögen gesondert verwaltet werden.

Zur **Vollzugssicherung** ist an die Ernennung eines **Testamentsvollstreckers** zu denken.

Sowohl die rechtsfähige als auch die unselbständige Stiftung können **gemeinnützig** (§§ 51 ff. AO) sein und in den Genuss der dadurch gegebenen Steuervorteile gelangen (Befreiung von der Erbschaftsteuer gemäß § 13 Abs. 1 Nr. 16b ErbStG) Als Hilfsmittel zur Formulierung des gemeinnützigen Zwecks ist auf die **Mustersatzung in Anlage 1 zum Anwendungserlass zu § 60 AO** zu verweisen.

Zur Vermeidung der Einkommensteuerpflicht der Destinatäre ist ein klagbarer Anspruch auf Zuwendungen zu vermeiden (§ 22 Nr. 1 S. 2 EStG).

Verwendet die Stiftung bis maximal $^1/_3$ ihres Einkommens zum angemessenen Unterhalt (und Ehrung des Andenkens, Grabpflege) des Stifters und seiner nächsten Angehörigen[9] schadet dies der Gemeinnützigkeit nicht (§ 58 Nr. 5 AO). Die familienorientierte gemeinnützige Stiftung unterliegt grundsätzlich denselben erbschaftsteuerlichen Regelungen wie andere gemeinnützige Stiftungen.

Bei gleichzeitiger Versorgung von Familienangehörigen kann die Stiftung als „**Familienstiftung**" iSv § 1 Abs. 1 Nr. 4 ErbStG (mit der Folge der Erbersatzsteuer) qualifiziert werden, wenn der Stifter und seine Angehörigen zu mehr als 25 % bezugsberechtigt sind und zusätzliche Merkmale ein **wesentliches Familieninteresse** indizieren. Das bedeutet, dass bei Ausschüttung von über 25 % der Erträge die Familie keinen organschaftlichen Einfluss ausüben sollte, wenn die Anerkennung als gemeinnützig nicht gefährdet werden soll (oder die Ausschüttung auf 25 % begrenzt wird, wenn Einfluss ausgeübt wird).

Bei der gemeinnützigen Stiftung fällt gemäß § 13 Abs. 1 Nr. 16 lit. b und Nr. 17 ErbStG weder Schenkung-, noch Erbschaftsteuer an. Sofern innerhalb von 24 Monaten nach einem Erbfall Vermögensgegenstände in eine gemeinnützige Stiftung eingebracht werden, entfällt rückwirkend die Erbschaftsteuer (§ 29 Abs. 1 Nr. 4 ErbStG). Diese Stiftung ist auch von Grunderwerbsteuer (§ 3 Nr. 3 GrEStG), Körperschaft- und Gewerbesteuer befreit, es sei denn sie unterhält einen Geschäftsbetrieb und erzielt hieraus Einnahmen über EUR 35 000. Ist der Geschäftsbetrieb ein Zweckbetrieb iSv § 65 AO, sind die Einnahmen jedoch steuerfrei (§ 5 Abs. 1 Nr. 9 S. 2 KStG iVm § 64 Abs. 1 und 3 AO).

Auch (freiwillige) Zuwendungen an Destinatäre in Erfüllung des gemeinnützigen Zwecks werden von der Einkommensteuer nicht erfasst (§ 22 Nr. 1 S. 2 EStG). Bei satzungsgemäßen Zuwendungen an die Destinatäre ist davon auszugehen, dass Freiwilligkeit gegeben ist. Liegen die Zuwendungen außerhalb der Erfüllung steuerbegünstigter Zwecke (extra auch die einer gemeinnützigen Stiftung an den Stifter und seine nächsten Angehörigen, § 58 Nr. 5 AO) sind sie dem Empfänger in voller Höhe zuzurechnen.

Unter den verschiedenen Stiftungsformen[10] der privatnützigen Stiftung und für die **2** Gestaltung relevant sind

– die **Familienstiftung**
– die **unternehmensverbundene Stiftung**
– und die **Stiftungs-GmbH** (als Ersatzform).

Die **unselbständige Stiftung** eignet sich für kleinere Vermögen. Sie ist nicht rechtsfähig. Die Kapitalausstattung wird staatlich nicht überprüft. Sie kann schuldrechtlich sowohl eine Schenkung unter Auflagen als auch eine Treuhand darstellen.[11] Es handelt

---

[8] RGZ 88, 335.
[9] Nach Auffassung der Finanzverwaltung nur Ehegatten, Eltern, Großeltern, Kinder, Enkel, Geschwister, Pflegeeltern und Pflegekinder.
[10] S. näher MAH ErbR/*Feick* § 38 Rn. 2 ff.
[11] BGH NJW 2009, 1738.

sich um Zuwendungen (auch durch Verfügung von Todes wegen) an eine natürliche oder juristische Person mit der Maßgabe, die übertragenen Werte (als Sondervermögen) dauerhaft zur Verfolgung eines vom „Stifter" festgelegten Zwecks zu nutzen. Die **Doppelstiftung** kombiniert zur steuerlichen Optimierung eine Familienstiftung mit einer gemeinnützigen Stiftung. Beide Stiftungen sind Gesellschafter einer Kapitalgesellschaft, GmbH oder AG mit abweichenden Beteiligungsquoten an Vermögen, Stimmrechten und Gewinn.[12] Das für die Sicherung des Familienvermögens nicht benötigte Vermögen wird auf die gemeinnützige Stiftung (deren Stimmrechte ausgeschlossen sind), das restliche Vermögen auf die Familienstiftung übertragen, die die unternehmerische Verantwortung trägt. Es besteht die Gefahr der Einordnung der Doppelstiftung als missbräuchliche Gestaltung.[13]

3   **Familienstiftung:** Sie ist eine private Stiftung, die ausschließlich privaten Zwecken dient. Ihr Zweck dient ausschließlich bestimmten Familien, deren Vermögen zusammengehalten werden soll. Da keine Erbengemeinschaft vorliegt, gilt auch die zeitliche Beschränkung des § 2044 Abs. 2 BGB nicht. Die mit Wirkung vom 22.7.2013 eingeführte **Verbrauchsstiftung** (besser Stiftung auf Zeit) modifiziert den Lebensfähigkeitsvorbehalt in § 81 Abs. 1 Satz 2 BGB dahin, dass der Verbrauchszeitraum mindestens 10 Jahre umfasst. Ein Änderungsvorbehalt für den späteren Wechsel von Dauer – zur Verbrauchsstiftung ist zulässig.[14] **Steuerrechtlich** liegt eine Familienstiftung vor

– wenn der Stifter, seine Angehörigen sowie deren Abkömmlinge wesentlich, dh zu mehr als der Hälfte anfalls- oder bezugsberechtigt sind (§ 15 Abs. 2 ErbStG) oder
– zu mehr als 25 % bezugs- oder anfallsberechtigt sind und zusätzliche Merkmale ein wesentliches Familieninteresse belegen.

Bei der Errichtung sind landesrechtliche Sonderregeln in deren Stiftungsgesetzen zu beachten.

Zur steuerlichen Behandlung der Familienstiftung: → § 49 Rn. 120 ff.

Unternehmensverbundene Stiftung: Hierzu zählen Stiftungen, zu deren Vermögen ein Unternehmen **(Unternehmensstiftung)** oder eine Beteiligung an einem Unternehmen **(Beteiligungsträgerstiftung)** gehört. Es ist streitig, ob Stiftungen, deren Zweck nur auf die Erhaltung und Fortführung des Unternehmens gerichtet ist **(Selbstzweckstiftungen)** zulässig sind.[15]

Nur bei der Beteiligungsträgerstiftung ist die Beschaffung zusätzlichen Eigenkapitals durch Beteiligung weiterer Gesellschafter möglich. Die Bindung an den Stifterwillen kann für diesen ein Vorteil sein. Gleichzeitig führt dies jedoch zu einem Mangel an Flexibilität.

Bei der **Stiftung & Co KG** wird anstelle einer GmbH eine Stiftung als einzige Komplementärin eingesetzt. Die Vorteile dieser Konstruktion bestehen darin, dass die Gesellschaft nicht der Mitbestimmung unterliegt (§§ 1 Abs. 1, 4 Abs. 1 MitbestG);[16] haftungsrechtlich fehlt der Durchgriff auf die Gesellschafter des Komplementärs, da die Komplementärstiftung keine Gesellschafter hat.[17]

4   **Ersatzformen der Stiftung:** Hier werden anstelle der Stiftung sonstige Körperschaften verwendet, häufig also eine Stiftungs-GmbH oder ein Stiftungsverein. Bei der Stiftungs-GmbH halten die Gesellschafter die Anteile treuhänderisch für den Stifter oder zumindest im Sinne des Stifters. Da die Mitgliedschaft nicht vermögensrechtlich ausgestaltet sein darf (der Stiftungszweck muss sichergestellt werden), müssen Gewinnbezugsrechte, Abfindungsansprüche und Beteiligung am Liquiditätserlös ausgeschlossen werden. Vorteilhaft kann das

---

[12] MAH ErbR/*Feick* § 38 Rn. 31.
[13] MAH ErbR/*Feick* § 38 Rn. 31 mwN.
[14] *Tielmann* NJW 2013, 2934.
[15] *Schiffer* NJW 2006, 2528; *Burgard* NZG 2002, 697 (zulässig); *Reuter* NZG 2005, 649; *Hüttemann* ZHR 2003, 35 (58); MAH ErbR/*Feick* § 38 Rn. 14 (unzulässig).
[16] Gem. § 264a HGB besteht jedoch Publizitätspflicht.
[17] *Rawert* ZEV 1999, 295 (295).

Fehlen der staatlichen Aufsicht sein. Andererseits ist die Ersatzform gegenüber der Stiftung insofern benachteiligt als die Zuwendungen an (etwa) die GmbH anders als bei der steuerbegünstigten Stiftung nicht steuerlich als Sonderausgaben gemäß § 10b Abs. 1 EStG absetzbar sind.[18]

Außerdem können die Gesellschafter einstimmig Satzungsbestimmungen ändern.

Zur Pflichtteilsproblematik siehe *Rawert/Katschinski* ZEV 1996, 161.

---

[18] MAH ErbR/*Feick* § 38 Rn. 26) erwähnt die Praxis, eine Förderstiftung zu errichten, die ihre Erträge an im Rahmen des § 58 Nr. 1 und 2 AO an die Stiftungs-GmbH weiterzuleiten hat. Für diese Zuwendung kann dann der zusätzliche Abzugsbetrag von 1 Mio. EUR geltend gemacht werden, sofern kein Gestaltungsmissbrauch iSd § 42 AO vorliegt.

§ 26 Schieds- und Wertsicherungsklauseln

I. Schiedsklauseln

1 Im Gegensatz zum sonstigen Recht finden sich erbrechtliche Schiedsklausel regeläßig in Verfügungen von Todes wegen. Sie sind grundsätzlich zulässig, werden aber begrenzt durch unentziehbare Rechte, zB des Pflichttelsberechtgten, über die der Erblasser nicht verfügen kann.[1]

Erbrechtliche Schiedsgerichts- und Schiedsgutachterklauseln in letztwilligen Verfügungen sind nach der Rechtsprechung grundsätzlich zulässig (§ 1066 ZPO).[2] Hinsichtlich der Form genügt die für die letztwillige Verfügung vorgesehene. § 1031 ZPO, insbesondere dessen Abs. 5 ist nicht anzuwenden. Die Schiedsklausel ist also auch im laufenden Text zulässig. Ein Schiedsgericht kann auch in einem Erbvertrag vorgesehen sein; vertragsmäßig (bindend) kann dies nur als Auflage erfolgen (§ 2278 Abs. 2 BGB). Die bloße Einsetzung eines Schiedsgerichts stellt aber noch keine Auflage dar, da sie keine Leistungspflicht begründet[3] Da das Schiedsgericht wertgleich das staatliche Gericht ersetzt, liegt auch keine Beschränkung oder Beschwerung des pflichtteilsberechtigten Erben vor.

Soweit die Verfügungsmacht des Erblassers selbst reicht, kann er dem Schiedsrichter Befugnisse verleihen. Er kann deshalb nicht einseitig über Ansprüche der Pflichtteilsberechtigten oder Nachlassgläubiger entscheiden; die Schranken des § 2065 BGB können nicht durch ein Schiedsgericht umgangen werden. Er kann auch nicht über die Entlassung eines Testamentsvollstreckers entscheiden.[4] Bei internationalen Sachverhalten kommt grundsätzlich deutsches Verfahrensrecht zur Anwendung, wenn das Schiedsgericht seinen Sitz in Deutschland hat. Das anzuwendende materielle Recht können die Parteien wählen (§ 1051 Abs. 1 ZPO), fehlt eine Bestimmung, ist das Recht des Staates anzuwenden, mit dem der Gegenstand des Verfahrens die engsten Verbindungen aufweist (§ 1051 Abs. 2 ZPO). Der Erblasser kann nur ein Recht wählen, für das ihm eine Rechtswahl nach Art. 22 EuErbVO eingeräumt ist.

Wohl aber kann ein Schiedsrichter über Auslegung, Streitigkeiten über Anfechtbarkeit von letztwilligen Verfügungen, Vermächtnisse und Auflagen, die Auseinandersetzung des Nachlasses, die nähere Bestimmung eines Gattungsvermächtnisses oder eines Zweckvermächtnisses entscheiden. Als Entscheidungsmaßstab kann der Erblasser das materielle Recht oder die Billigkeit vorschreiben.

Schiedsrichter kann nur ein nicht als Partei Beteiligter sein. Der **Testamentsvollstrecker** kann es nur nicht für Streitigkeiten sein, die ihn und sein Amt betreffen.

Soweit der Dritte nur über einzelne (tatsächliche) Voraussetzungen, von denen der Erblasser seine Verfügung abhängig gemacht hat (etwa Bedingungseintritt, Wertbestimmung des Nachlasses) entscheidet, ist er **Schiedsgutachter.** Ist seine Entscheidung offenbar unrichtig, ist sie analog § 319 Abs. 1 BGB unwirksam. Hierüber haben die zuständigen Gerichte zu entscheiden.

> **Beispiel:**
> Streitigkeiten der Erben und sonstiger Nachlassbeteiligter auf Grund der getroffenen Verfügung von Todes wegen sind unter Ausschluss der ordentlichen Gerichte durch einen Schiedsrichter als Einzelrichter zu entscheiden. Der Schiedsrichter hat dabei zugleich die Funktion, sich auch in Bewertungsfragen gutachtlich verbindlich zu äußern und sonstige Bestimmungsrechte nach billigem Ermessen auszuüben.

---

[1] Dazu: *Keim,* Die Grenzen letztwilliger Schiedsklauseln, NJW 2017, 2652.
[2] BGH NJW 2017, 2112 (2115).
[3] So auch MüKoBGB/*Leipold* § 1937 Rn. 31.
[4] BGH NJW 2017, 2112; OLG Karlsruhe ZEV 2009, 466.

Der Schiedsrichter entscheidet, sofern keine zwingenden gesetzlichen Bestimmungen entgegenstehen, prozess- und materiellrechtlich in freiem Ermessen, im Übrigen – falls vom Ermessen kein Gebrauch gemacht wird – nach den einschlägigen Bestimmungen der Zivilprozessordnung und des Gerichtsverfassungsgesetzes, jedoch mit der Maßgabe, dass die Verhandlung nicht öffentlich ist und Anwaltszwang nicht besteht.

Zum Schiedsrichter (mit den oben zugewiesenen weiteren Funktionen) wird bestimmt: X, ersatzweise Y. Der Schiedsrichter erhält pro Streitfall eine Gebühr von 2,0 entsprechend einer Anwaltsgebühr nach RVG zuzüglich entstandener Auslagen und Mehrwertsteuer.[5]

Selbstverständlich können die Parteien einer Erbstreitigkeit selbst ein Schiedsgericht vereinbaren. Es handelt sich dann um eine normale Schiedsgerichtsvereinbarung, für die auch die Form des § 1031 BGB gilt. Dieses Schiedsgericht kann dann auch ohne Einschränkung der inhaltlichen Reichweite alle Streitpunkte der Parteien regeln.

II. Wertsicherungsklauseln

Durch das am 14.9.2007 in Kraft getretene Preisklauselgesetz **(PrKG)** wurden § 2 PaPkG **2** sowie die dazugehörige Preisklauselverordnung (PrKV) und damit die Genehmigungsbedürftigkeit von Wertsicherungsklauseln aufgehoben.[6] An die Stelle des behördlichen Genehmigungssystems ist ein System der Legalausnahme getreten. Die Betroffenen haben selbst zu prüfen, ob die vereinbarten Klauseln rechtmäßig sind. § 1 verbietet Wertsicherungsklauseln und die bisher (in § 1 PrKV) geltenden Ausnahmen. Weiterhin zulässig sind demnach **Leistungsvorbehaltsklauseln (neue Höhe der Geldschuld nach Billigkeitsgrundsätzen), Spannungsklauseln, Kostenelementeklauseln** (auf Wärmelieferungsverträge und Indexmieten ist das Preisklauselgesetz nicht anwendbar) und Klauseln in Erbbaurechtsbestellungsverträgen und Erbauzinsreallasten mit einer Laufzeit von mindestens 30 Jahren. Die Spannungsklausel vermeidet die automatische Anpassung: „Steigt oder sinkt der Vergleichsmaßstab (zB Verbraucherpreisindex) um mindestens 10 %, sind die Beteiligten verpflichtet, die monatliche Zahlungsverpflichtung angemessen anzupassen"). Automatikklauseln sind zulässig, wenn unangemessene Benachteiligungen (einseitiger Preis- oder Wertanstieg; einseitiges Anpassungsrecht) vermieden werden und bestimmte Laufzeitvoraussetzungen eingehalten werden (zB Lebenszeit eines Beteiligten oder mindestens auf 10 Jahre).

§ 3 PrKG entspricht materiell § 3 Abs. 1 bis 4 PrKV. Er enthält die in der Praxis wichtigsten Fälle automatisch wirkender Wertsicherungsklauseln und ihre Zulässigkeitsvoraussetzungen für langfristige Verträge bei Bindung an die statistisch festgestellten Preisindizes (Statistisches Bundesamt, Statistisches Landesamt, Statistisches Amt der Europäischen Gemeinschaft; der VPI entspricht dem im PreisklauselG genannten Gesamtlebenshaltungskostenindex). § 3 betrifft nicht nur wiederkehrende, sondern auch Einmalzahlungen auf Grund einer **Verbindlichkeit aus der Auseinandersetzung zwischen Miterben, Ehegatten, Eltern und Kindern, auf Grund einer Verfügung von Todes wegen (also auch bei Erbverträgen)** oder von dem Übernehmer eines Betriebes oder eines sonstigen Sachvermögens zur Abfindung eines Dritten, sofern zwischen der Begründung der Verbindlichkeit und der Endfälligkeit ein Zeitraum von mindestens **10 Jahren** liegt oder die Zahlungen nach dem Tode eines Beteiligten zu erfolgen haben (§ 3 Abs. 1 Nr. 2).

---

[5] Fehlt eine Gebührenanordnung, ist die übliche Vergütung gemäß § 612 Abs. 2 BGB geschuldet. Üblich ist für einen Anwalt die Vergütung nach dem RVG. Er erhält dabei die Verfahrensgebühr von 1,3, für seine Tätigkeit in der Verhandlung die Terminsgebühr von 1,2 und für den Abschluss eines Vergleichs die Einigungsgebühr von 1,0. Üblich ist eine weitere Gebühr für die Abfassung des Schiedsspruchs.

[6] S. näher hierzu *Reul* MittBayNot 2007, 445.

Für die Indexklauseln nach § 3 Abs. 1 PrKV sind zulässige Bezugsgrößen ab Januar 2003 nur noch der **Verbraucherpreisindex für Deutschland (VPI)** oder der **harmonisierte Verbraucherpreisindex für die EU-Mitgliedstaaten (HVPI)**. Für den VPI stellt das Statistische Bundesamt ab Januar 2003 auf der Basis 2000 Indizes für die Lebenshaltung aller privaten Haushalte für ganz Deutschland monatlich/jährlich zur Verfügung.[7]

> **Beispiel:**
> Ändert sich der vom Statistischen Bundesamt berechnete Verbraucherpreisindex (VPI) für Deutschland gegenüber dem VPI für den Monat der Beurkundung dieses Vertrages um 5 % oder mehr, so verändert sich der geschuldete Geldbetrag im gleichen prozentualen Verhältnis von dem Monat an, in dem die Grenze überschritten wird.
> Wird eine neue Indexberechnung veröffentlicht, ist diese ab dem Monat der letzten Anpassung maßgeblich. Eine rückwirkende Neuberechnung der bezahlten Beträge erfolgt nicht.
> Bei bestehenden Wertsicherungsklauseln kann der neue Verbraucherpreisindex im Wege der ergänzenden Vertragsauslegung eingeführt werden.[8]

---

[7]   Regelmäßig veröffentlicht in NJW und DNotZ; S. auch Statistisches Bundesamt www.destatis.de; *Rasch* DNotZ 2003, 730. Ausführlich *Schöner/Stöber,* Grundbuchrecht, Rn. 3254 ff.
[8]   Zum Schicksal alter Wertsicherungsklauseln: BGH NJW 2014, 52; im Übrigen: *Reul* DNotZ 2003, 92 (95).

Teil 2. Das Verfahren in Nachlasssachen im Allgemeinen

§ 27 Nachlasssachen

Dem Nachlassgericht sind die Nachlasssachen zugewiesen, das sind alle Rechtsangelegen- **1** heiten, die durch einen bereits eingetretenen Todesfall entstehen und deren Erledigung durch das Bundesrecht dem Nachlassgericht als Gericht freiwilliger Gerichtsbarkeit übertragen ist.[1] Anders als das FGG definiert nun das FamFG in § 342 Abs. 1 bis 9 die Verfahren, die Nachlasssachen sind. § 23a Abs. 2 Nr. 2 iVm Abs. 1 Nr. 2 GVG bestimmt, dass die Amtsgerichte für die dem Nachlassgericht obliegenden Verrichtungen zuständig sind.

Die wichtigsten bundesrechtlichen Bestimmungen finden sich im BGB,[2] FamFG, **2** BeurkG und BNotO.

Daneben treten zahlreiche bundes- und landesrechtliche Ergänzungsbestimmungen. Nach Art. 147 EGBGB können landesrechtlich andere als gerichtliche „Behörden" mit Verrichtungen in Nachlasssachen betraut werden, etwa das Notariat gemäß § 38 Bad.-Württ. LFGG.

Die Verrichtungen des Nachlassgerichts werden üblicherweise in vier Gruppen eingeteilt: Tätigwerden von Amts wegen (1), nur auf Antrag (2), Entgegennahme von Erklärungen der Beteiligten (3), sowie sonstige Verrichtungen (4).

I. Amtsverfahren

Soweit nichts anderes bestimmt ist (das heißt ein Antrag gesetzlich vorgeschrieben ist), wird **3** in Nachlasssachen das Verfahren von Amts wegen eingeleitet (Grundsatz des Amtsverfahrens; der Begriff „Amtsbetrieb" ist zweideutig: er kann auch lediglich das Zustellungswesen betreffen). Weder eine Vereinbarung der Beteiligten noch eine testamentarische Anordnung können das Tätigwerden des Nachlassgerichts verhindern. Dieser Grundsatz des Amtsverfahrens ist nicht zu verwechseln mit dem Grundsatz der **Amtsermittlung (§ 26 FamFG)**, der ebenfalls für das Nachlassverfahren gilt (für das Erbscheinsverfahren gilt zudem die Sondervorschrift des § 352d FamFG zur öffentlichen Aufforderung zur Anmeldung anderen Personen zustehender Erbrechte) und der dem Gericht die Verpflichtung auferlegt, von Amts wegen die zur Feststellung der Tatsachen erforderlichen Ermittlungen zu veranstalten und geeignete Beweise zu erheben. Der Grundsatz der Amtsermittlung gilt für die dem Amtsverfahren wie die dem Antragsverfahren unterworfenen Verfahren gleichermaßen.

Verfahrenseinleitende Mitteilungen stellen lediglich Anregungen an das Gericht dar, tätig zu werden, für sie sind daher weder Form noch Inhalt vorgeschrieben.

---

[1] Einige Spezialzuständigkeiten im Nachlassbereich sind anderen Gerichten oder Organen zugewiesen. Etwa das Landwirtschaftsgericht im Geltungsbereich der HöfeO, wenn ein Hof zum Nachlass gehört für die Entscheidung, wer Hoferbe geworden ist (Hoffolgezeugnis, § 18 Abs. 2 HöfeO oder für die gerichtliche Zuweisung eines land- oder forstwirtschaftlichen Besitzes (§§ 13 bis 17 GrdstVG). Zur Zuständigkeit deutscher Konsuln in Nachlasssachen im Ausland verstorbener Deutscher: §§ 9, 11, 19 KonsG.

[2] Insbesondere §§ 2353 ff. betreffen das Verfahren bei der Erteilung von Erbscheinen, die bei der Erteilung eines Testamentsvollstreckerzeugnisses oder eines Zeugnisses über die Fortsetzung der Gütergemeinschaft entsprechend anzuwenden sind (§§ 2368 Abs. 3, 1507 S. 2 BGB). Das Gesetz über die Errichtung von Testamenten und Erbverträgen vom 31.7.1938 – TestG – (RGBl. I S. 973) wurde mit Ausnahme des § 51 durch das Gesetz zur Wiederherstellung der Gesetzeseinheit auf dem Gebiet des bürgerlichen Rechts vom 5.3.1953, BGBl. I 33 (in Kraft seit 1.4.1953) aufgehoben. Die Bestimmungen des TestG wurden im Wesentlichen unverändert wieder in das BGB eingearbeitet.

4   Die Erledigung der Hauptsache wird im Amtsverfahren von Amts wegen berücksichtigt. Ergeben die Ermittlungen, dass kein Anlass zur Tätigkeit besteht, wird das Verfahren formlos eingestellt, eine „Antragsrücknahme" ist im Amtsverfahren unbeachtlich. Die Einstellung ist dem Betroffenen nur mitzuteilen, wenn er angehört wurde.

Amtsverfahren sind die Testamentseröffnung (§ 348 Abs. 1 S. 1 FamFG) und die Fürsorge des Nachlassgerichts für den Nachlass § 1960 BGB).

In Bayern sieht Art. 37 Abs. 1 AGGVG die Ermittlung der Erben im Amtsverfahren vor, es sei denn, zum Nachlass gehört kein Grundstück oder grundstücksgleiches Recht oder ein die Beerdigungskosten übersteigender Nachlass ist nicht zu erwarten.

Bundesrechtlich läuft die Regelung des § 82a S. 2 GBO auf eine Erbenermittlung von Amts wegen hinaus.

5   In den folgenden Verfahren wird das Nachlassgericht von Amts wegen tätig:

- **Erbenermittlung (§ 342 Abs. 1 Nr. 4 FamFG):** Grundsätzlich sieht das BGB keine Nachlassbehandlung von Amts wegen vor (anders in Bayern: Art. 37 AGGVG[3] und Baden-Württemberg: § 41 LFGG auf Grund Art. 140 GVG). Das Grundbuchamt kann nach § 82a GBO im Rahmen des Grundbuchberichtigungszwangs das Nachlassgericht zur Ermittlung der Erben des Eigentümers ersuchen. Wird der Erbe nicht ermittelt, stellt das Nachlassgericht fest, dass ein anderer Erbe als der Fiskus nicht vorhanden ist (§ 1964 Abs. 1 BGB), der Fiskus hat auch das Recht, für sich einen Erbschein zu beantragen (§ 1964 Abs. 2 BGB).
- **Sicherung des Nachlasses (§§ 342 Abs. 1 Nr. 2 FamFG, 1960 BGB); siehe hierzu auch → § 41 Rn. 52:** Dies geschieht durch Anlegung von **Siegeln,** verschiedene **Anordnungen,** etwa der Hinterlegung von Geld, Wertpapieren und Kostbarkeiten, von Nachlasspflegschaften (und deren Aufhebung), **Ernennung eines Testamentsvolltreckers (§ 2200 BGB), Eröffnung eines Testaments/Erbvertrags (§§ 348 bis 351 FamFG), Einziehung und Kraftloserklärung** eines Erbscheins, Testamentsvollstreckerzeugnisses oder eines ähnlichen Zeugnisses (§§ 2361, 2368, 1507 BGB, §§ 36, 37 GBO, Anordnung und Aufhebung von **Nachlasspflegschaften,** Bestellung eines Nachlasspflegers, dessen Kontrolle, sowie die Festsetzung der Vergütung und der Auslagen des Nachlasspflegers (§§ 1960 Abs. 2, 1915 iVm 1773 BGB, §§ 342 ff. FamFG).
- Die **besondere amtliche Verwahrung** von Verfügungen von Todes wegen **(§§ 342 Abs. 1 Nr. 1, 346 FamFG).**

II. Antragsverfahren

6   Im Antragsverfahren herrscht die Dispositionsmaxime, das heißt der Antragsteller bestimmt den Beginn, grundsätzlich auch das Ende (zu den Ausnahmen s. unten bei der Antragsrücknahme) und den Gegenstand des Verfahrens. Der Antrag ist eine Zulässigkeitsvoraussetzung für das Verfahren. Zusätzlich zum Antrag muss der Antragsteller in einigen Fällen bestimmte Nachweise erbringen, ehe das Verfahren eingeleitet wird.

7   Die Anträge in Nachlasssachen sind fristfrei. Der Antrag soll begründet und unterzeichnet werden (§ 23 Abs. 1 FamFG), kann deshalb nur schriftlich oder zu Protokoll des Nachlassgerichts (§ 25 Abs. 1 FamFG) oder des Notars gestellt werden. § 25 FamFG lässt andere Übermittlungsformen in Gestalt von Fernschreiben, Telefax, Telekopie, Computerfax, Telegramm zu. Elektronische Dokumente wie E-Mail sind gemäß § 130a ZPO erst ab dem Zeitpunkt möglich, der durch Verordnung für das jeweilige Gericht bestimmt wird. Das elektronische Dokument muss bestimmte Formate aufweisen und eine qualifizierte elektronische Signatur verwenden (§ 14 FamFG).

---

[3]   Die Amtsermittlung unterbleibt, wenn sich im Nachlass kein Grundstück oder grundstücksgleiches Recht befindet und nach den Umständen anzunehmen ist, dass ein die Beerdigungskosten übersteigender Nachlass nicht vorhanden ist.

Im Erbscheinsverfahren muss das beanspruchte Erbrecht jedoch genau angegeben werden. Erbscheine mit einem anderen als dem beantragten Inhalt dürfen nicht erteilt werden. Wegen der Besonderheiten dieses Verfahrens siehe (→ § 38 Rn. 1 ff.). Nach Art. 239 Ländereröffnungsklausel EGBGB nF (in Kraft seit 1.9.2013) können die Länder bestimmen, dass der Antrag auf Erteilung eines Erbscheins der notariellen Beurkundung bedarf und die Versicherung an Eides Statt nach § 352 Abs. 3 FamFG nur vor einem Notar abzugeben ist.

Der Antrag kann in jedem Verfahrensstadium formlos bis zum Eintritt der formellen **8** Rechtskraft zurückgenommen werden, die Rücknahme bedarf nach Erlass der Endentscheidung der Zustimmung der übrigen Beteiligten (§ 22 Abs. 1 FamFG). Die Zurücknahme ist bedingungsfeindlich und nicht anfechtbar (neuer Antrag ist aber möglich). Durch die wirksame Zurücknahme des Antrags wird das Verfahren beendet.

Für die echten Streitverfahren gilt die Besonderheit, dass die Beteiligten das gerichtliche **9** Verfahren durch Zurücknahme des Antrags, Anerkenntnis, Verzicht, Vergleich und übereinstimmende Erklärung der Erledigung der Hauptsache beenden und beschränken können; soweit die Beteiligten in diesem Verfahren nicht disponieren, besteht jedoch Amtsermittlungspflicht. Die §§ 256, 269, 301, 304, 66 ff. ZPO sind entsprechend anwendbar, nicht jedoch die Vorschriften über das Säumnisverfahren.

Es ist öffentlich zu verhandeln, sofern mündlich verhandelt wird. Die Entscheidungen **10** erwachsen in Nachlasssachen zwar in formelle, aber nur ausnahmsweise in materielle Rechtskraft. Verneint wird die materielle Rechtskraft im Erbscheinsverfahren (der Erbschein kann jederzeit eingezogen werden), bejaht wird sie im Verfahren über die Entlassung eines Testamentsvollstreckers, im Verfahren in Teilungssachen für die Bestätigung einer Erbauseinandersetzung (§ 366 Abs. 2 FamFG) und für den Auseinandersetzungsplan (§ 368 Abs. 1 FamFG), für die Festsetzung der Vergütung eines Nachlasspflegers § 168 FamFG).

Es den folgenden Verfahren wird das Nachlassgericht auf Antrag tätig:

- **Bestellung eines Nachlasspflegers auf Antrag eines Nachlassgläubigers** (§§ 1961 BGB, 342 Abs. 1 Nr. 2 FamFG),
- Anordnung der **Nachlassverwaltung** und die Festsetzung seiner Vergütung (§§ 1981, 1983 BGB, 342 Abs. 1 Nr. 8 FamFG),
- **Erteilung eines Erbscheins, eines Testamentsvollstreckerzeugnisses** (§§ 2353, 2368, 2369 BGB (nun § 352c FamFG), § 181 BEG) sowie der in § 1507 BGB, §§ 36, 37 GBO. §§ 42, 74 SchiffsRegO vorgesehenen Zeugnisse; Gem. § 342 Abs. 1 Nr. 6 FamFG; nach Art. 239 EGBGB nF **(Ländereröffnungsklausel)** können die Länder durch Gesetz bestimmen, dass der **Antrag auf Erteilung eines Erbscheins** der notariellen Beurkundung bedarf und die **Versicherung an Eides Statt** nach § 352a FamFG nur vor einem **Notar** abzugeben ist; ist ein Erbschein über das Erbrecht sämtlicher Erben oder ein Zeugnis über die Fortsetzung der Gütergemeinschaft erteilt, so ist auch der **Notar, der die Auseinandersetzung vermittelt hat, für die Erteilung des Zeugnisses nach § 36 Abs. 1 S. 1 GBO zuständig** (§ 36 Abs. 2a GBO nF).
- **Testamentsvollstreckung:** Fristbestimmung zur Ernennung eines Testamentsvollstreckers und für die Annahme des Amtes (§§ 2198, 2199, 2202 Abs. 3 BGB), Außerkraftsetzung von Verwaltungsanordnungen des Erblassers für den Testamentsvollstrecker und die Entscheidung über Meinungsverschiedenheiten unter mehreren Testamentsvollstreckern (§§ 2216 Abs. 2, 2224 BGB), Entlassung des Testamentsvollstreckers (§ 2227 BGB), **nicht** die Bestimmung der Vergütung, für die das Prozessgericht zuständig ist;
- sonstige Aufgaben iSv § 342 Abs. 1 Nr. 9 FamFG:
- Die **amtliche Aufnahme des Inventars** (§ 2003 BGB) erfolgt ab 1.9.2013 auf Antrag des Erben durch einen vom Nachlassgericht beauftragten Notar; sind nach Landesrecht die Aufgaben der Nachlassgerichte den Notaren übertragen, so hat der zuständige Notar das Inventar selbst aufzunehmen (§ 2003 Abs. 1 BGB nF),[4] Bestimmung der **Inventar-**

---

4   Art. 10 des Gesetzes zur Übertragung von Aufgaben im Bereich der freiwilligen Gerichtsbarkeit auf Notare.

frist (§§ 1994 ff. BGB), Bestimmung einer neuen Inventarerrichtungsfrist (§ 1996 BGB), **Fristbestimmung bei Vermächtnissen und Auflagen** (§§ 2151, 2153–2155, 2192, 2193 BGB), **Stundung des Pflichtteilsanspruchs** (§ 2331a BGB).

III. Entgegennahme von Erklärungen (§ 342 Abs. 1 Nr. 5)

11 Das Nachlassgericht nimmt folgende Erklärungen entgegen: Nach §§ 1484,[5] 1491 Abs. 1, § 1492 Abs. 1 BGB, der Erklärung über die Ausschlagung (§ 1945 BGB), über die Anfechtung einer Erbschaftsannahme oder Ausschlagung (§ 1955 BGB), Entgegennahme eines Nachlassinventars oder der Bezugnahme auf vorhandenes Inventar (§§ 1993, 2004 BGB), Entgegennahme der eidesstattlichen Versicherung (§ 2006 BGB), der Erklärung der Anfechtung eines Testaments oder Erbvertrags (§§ 2081, 2281 Abs. 2 BGB), der Anzeige über den Eintritt der Nacherbschaft (§ 2146 BGB), der Erklärungen des Testamentsvollstreckers nach §§ 2202, 2226 BGB (Annahme, Ablehnung, Kündigung des Amtes), der Anzeige vom Erbschaftskauf (§§ 2384, 2385 BGB).

IV. Weitere Verfahren (= sonstige Aufgaben gemäß § 342 Abs. 1 Nr. 9 FamFG)

12 • Feststellung des Erbrechts des Fiskus (§§ 1964 f. BGB),
• Mitteilung der Ausschlagung einer Erbschaft an die nächstberechtigten Erben (§ 1953 Abs. 3 BGB),
• Mitteilung über die Anfechtung der Annahme oder der Ausschlagung einer Erbschaft (§ 1957 BGB) oder der Anfechtung eines Testaments/Erbvertrags (§§ 2081, 2281 Abs. 2 BGB),
• Veranlassung zur Ablieferung eines Testaments/Erbvertrags (§ 2259, 2300 BGB),
• Einholung einer Genehmigung zu einer durch Verfügung von Todes wegen errichteten Stiftung (§ 83 BGB),
• Mitteilung des Erbfalls an das Grundbuchamt, wenn sich ein Grundstück im Nachlass befindet (§ 83 GBO),
• Erteilung eines Rechtsnachfolgezeugnisses nach § 16 RSchuldG sowie die Tätigkeiten bei Beerbung von Heimstätten nach dem ab 1.10.1993 aufgehobenen § 24 RHeimStG (in Verbindung mit §§ 25–40 AVO).

Für die früher dem Nachlassgericht zugewiesenen **Teilungssachen** nach §§ 342 Abs. 2 Nr. 1 FamFG (Vermittlung der Auseinandersetzung eines Nachlasses und des Gesamtguts einer beendeten ehelichen, lebenspartnerschaftlichen oder fortgesetzten Gütergemeinschaft nach den §§ 36 und 37 GBO sowie nach den §§ 42, 74 SchiffsregisterO) sind seit 1.9.2013 nunmehr **anstelle der Amtsgerichte die Notare** zuständig, § 23a Abs. 3 GVG.[6]

---

[5] S. hierzu OLG Schleswig DNotZ 1962, 425.
[6] Art. 7 des Gesetzes zur Übertragung von Aufgaben im Bereich der freiwilligen Gerichtsbarkeit auf Notare.

§ 28 Die Zuständigkeiten in Nachlasssachen

Übersicht

	Rn.
I. Sachliche Zuständigkeit des Amtsgerichts	1
II. Funktionelle Zuständigkeit von Richter und Rechtspfleger	2
1. Dem Rechtspfleger zugewiesene Geschäfte	5
2. Dem Richter zugewiesene Geschäfte	13
3. Der Urkundsbeamte der Geschäftsstelle	15
III. Die übrigen Nachlassbehörden und ihre Zuständigkeit	16
1. Das Notariat	17
2. Das Landwirtschaftsgericht (LwG)	18
3. Berufskonsuln	22
4. Sonstige Sonderzuständigkeiten	23
5. Unzuständigkeit	24

I. Sachliche Zuständigkeit des Amtsgerichts

Das wichtigste Organ der Rechtspflege auf dem Gebiet der Nachlasssachen ist mit Aus- **1** nahme der Regelung in Baden-Württemberg[1] das **Amtsgericht,** dem § 23a Abs. 2 Nr. 2 iVm Abs. 1 Nr. 2 GVG die dem Nachlassgericht obliegenden Verrichtungen zuweist. Nach Art. 147 EGBGB, §§ 486 ff. FamFG bleiben **landesgesetzliche Vorschriften** unberührt, nach welchen für die dem Nachlassgericht obliegenden Verrichtungen andere als gerichtliche Behörden zuständig sind. Es handelt sich dabei um Maßnahmen zur Sicherung des Nachlasses (Inventarerrichtung, Siegelung/Entsiegelung, Vermögensverzeichnisse) und Vermittlung der Auseinandersetzung. Die Landesregierungen planten, die Funktionen des Nachlassgerichts 1. Instanz den Notaren zu übertragen.[2] Die Notare sind nicht als Beamte (und damit nicht als Behörde iSv Art. 147 EGBGB anzusehen) es sei denn, man vertritt einen funktionalen Behördenbegriff.[3] Zumindest beim Erbscheinsverfahren, das zur rechtsprechenden Gewalt iS des Art. 92 GG zählt, stößt der Notar, der nicht Beamter ist, an verfassungsrechtliche Grenzen.[4]

Einzelne Verrichtungen sind anderen Stellen als dem Amtsgericht übertragen (siehe nun auch die bundesrechtliche Regelung für die Errichtung des Inventars und die Vermittlung der Nachlassauseinandersetzung):
– **Bayern:** Art. 8, 35–39 AGGVG. Zuständigkeit der Gemeinde zur Siegelung und – neben dem Nachlassgericht – der Notare zur Aufnahme von Nachlassverzeichnissen sowie Siegelung und Vermittlung der Auseinandersetzung.
– **Berlin, Schleswig-Holstein:** Art. 21–24 PrFGG (Sicherung durch Gemeinde; Vermittlung der Auseinandersetzung durch das AG, auf Antrag Überweisung an den Notar).
– **Brandenburg:** § 10 Abs. 1 Nr. 1 und 2 BbgGerOG vom 19.12.2011; Zuständigkeit des Gerichtsvollziehers für Siegelungen, Inventare, Vermögensverzeichnisse.

---

[1] Siehe § 46 LFGG. In jedem Amtsgerichtsbezirk besteht mindestens ein Notariat. Die Notariate sind zuständig für Nachlass- und Teilungssachen sowie für die besondere amtliche Verwahrung der Verfügungen von Todes wegen. 2018 wurde das freiberufliche Nur-Notariat eingeführt.

[2] Beschlüsse der Justizministerkonferenz vom 17.11.2005 und 1./2.6.2006. Die Koalition aus CDU/CSU und FDP hatte im Koalitionsvertrag (Zeilen 5162 ff.) die Stärkung der Stellung der Notare" und eine „Effizienzsteigerung und Entlastung der Justiz" durch Übertragung der Aufgaben des Nachlassgerichts erster Instanz auf die Notare vorgesehen. Letztlich kam es zu einer kleinen Lösung (→ Rn. 17).

[3] So Staudinger/*Mayer* EGBGB Art. 147 Rn. 9 ff.; aA wohl zu Recht die Rspr., BGHZ 3, 110 (118); 25, 186.

[4] Zur aktuellen Diskussion um die Einrichtung des „Großen Nachlassgerichts" vgl. ErbR 2017, Sonderheft 6a.

- **Bremen:** §§ 4, 5 BremFGG vom 23.6.2009. Zuständigkeit der Polizei zur Unterstützung des Registergerichts und zur Sicherung des Nachlasses.
- **Hamburg:** § 3 Hamburger G vom 16.1.1989 über die Angelegenheiten freiwilliger Gerichtsbarkeit. Anzeigepflicht und Sicherungspflicht der zuständigen Behörden.
- **Mecklenburg-Vorpommern:** § 10 Abs. 1 Nr. 2 und 3 GOrgG vom 10.6.1992. Zuständigkeit der Gerichtsvollzieher für Siegelung, Inventare und Vermögensverzeichnisse.
- **Niedersachsen:** § 49 NJG vom 16.12.2014. Zuständigkeit der Notare im Nachlasssicherungsverfahren.
- **Rheinland-Pfalz:** § 12 Landesgesetz über die freiwillige Gerichtsbarkeit vom 12.10.1995. Mitteilungspflichten der Ordnungs- und Polizeibehörden; Nachlassgericht kann Notaren Siegelung, Erstellung von Nachlassverzeichnissen und -inventaren übertragen.
- **Saarland:** § 54 Abs. 2 Gesetz zur Ausführung bundesrechtlicher Justizgesetze vom 5.2.1997. Vorläufige Sicherungsmaßnahmen der Gemeinde bei Gefahr im Verzug.
- **Sachsen:** § 17 Abs. 1 Nr. 2 und 3 SächsJG vom 24.11.2000. Zuständigkeit der Gerichtsvollzieher zur Siegelung und Aufnahme von Vermögens- und Inventarverzeichnissen im Auftrag des Nachlassgerichts.
- **Thüringen:** § 13 Abs. 1 Nr. 4 und 5 ThürAGGVG vom 12.10.1993. Gerichtsvollzieher ist im Auftrag des Nachlassgerichts zuständig zur Siegelung und Aufnahme von Vermögens- und Inventarverzeichnissen.

II. Funktionelle Zuständigkeit von Richter und Rechtspfleger

2   Nachlasssachen bearbeiten entweder Richter oder Rechtspfleger (soweit nicht in den einzelnen Ländern ihre Erledigung anderen Behörden als den Gerichten übertragen ist).[5] Auch in diesem Bereich ist das Bestreben des Gesetzgebers zu erkennen, die Justiz aus Kostengründen „zu entlasten": Immer mehr Aufgaben werden auf den Rechtspfleger übertragen. So ist der Rechtspfleger in Nachlasssachen nun auch zuständig, wenn eine Verfügung von Todes wegen vorliegt und gegen die Erteilung eines Erbscheins (oder seine Einziehung) keine Einwände erhoben werden und die Anwendung ausländischen Rechts nicht in Betracht kommt (§§ 16 Abs. 1 Nr. 6, 19 Abs. 1 S. 1 Nr. 5, Abs. 2 RPflG). Das bedeutet natürlich, dass der zuständige Rechtspfleger das gesamte materielle Erbrecht kennen und beherrschen muss, um Verfügungen von Todes wegen zutreffend auslegen zu können.

    Das **Rechtspflegergesetz** regelt die Zuständigkeitsbereiche durch Vorbehaltsübertragung.

    Der Rechtspfleger ist gemäß § 27 Abs. 1 RPflG verpflichtet, zugleich andere Dienstgeschäfte, insbesondere die des Urkundsbeamten der Geschäftsstelle wahrzunehmen. Für **Hamburg** besteht in § 36a RPflG ein Vorbehalt für die Tätigkeit des Rechtspflegers gemäß § 24 Abs. 2 RpflG.

3   Der **Bereichsrechtspfleger** gemäß § 34 Abs. 2 RPflG hat die gerichtsverfassungsrechtliche Stellung eines Rechtspflegers.[6]

4   **Dem Rechtspfleger**[7] **sind** gemäß § 3 Nr. 2c vorbehaltlich der in § 16 RPflG aufgeführten Ausnahmen die nach den gesetzlichen Vorschriften vom Richter wahrzunehmenden Geschäfte des Amtsgerichts in Nachlass- und Teilungssachen iSd §§ 342 Abs. 1 und 2 Nr. 2 FamFG **übertragen** (so genannte **Vorbehaltsübertragung**). Die Vermutung

---

5   § 487 Abs. 1 Nr. 2 FamFG, Art. 147 EGBGB. Auf landesrechtliche Vorbehalte ist das RPflG nicht anwendbar.
6   *Bassenge/Roth*, RPflG § 34 Rn. 4.
7   Ablehnungsgründe und zulässiges Rechtsmittel entsprechend ZPO-Vorschriften: BVerfGE 21, 139; BGHZ 46, 195; BayObLGZ 1977, 97 mwN.

spricht für die Zuständigkeit des Rechtspflegers.[8] Die Länder können die Geschäfte bei der **Annahme von Testamenten und Erbverträgen zur amtlichen Verwahrung nach §§ 346, 347 FamFG** vom Rechtspfleger auf den Urkundsbeamten der Geschäftsstelle übertragen (§ 36b RPflG). Von dieser Ermächtigung haben Gebrauch gemacht Baden-Württemberg (bez. Erteilung weiterer vollstreckbarer Ausfertigungen), Bayern, Bremen, Hamburg, Hessen, Mecklenburg-Vorpommern (GVOBl. M – V 2008, 2), Niedersachsen, Rheinland-Pfalz, Sachsen-Anhalt und Thüringen.[9]

Von der Ermächtigung, die Richtervorbehalte im Umfang des § 19 Abs. 1 S. 1 Nr. 2–5 RPflG aufzuheben, ist Gebrauch gemacht worden in **Bayern** (VO v. 15.3.2006 – GVBl. 170) iVm § 1a (zum 1.1.2014): Ernennung und Entlassung von Testamtensvollstreckern, Erteilung und Einziehung von Erbscheinen; von Zeugnissen nach §§ 36, 37 GBO, §§ 42, 74 SchRegO und von Zeugnissen über die Fortsetzung der Gütergemeinschaft, soweit gegen den Erlass der beantragten Entscheidung keine Einwände erhoben werden; **Mecklenburg-Vorpommern** (VO vom 11.12.2007 – GVOBl. M – V 2008, 2: Nachlasspflegschaft, Nachlassverwaltung, Ernennung und Entlassung eines Testamentsvollstreckers, Erteilung von Erbscheinen, von Zeugnissen nach §§ 36, 37 GBO, §§ 42, 74 SchRegO, von Testamentsvollstreckerzeugnissen, die Einziehung von Erbscheinen, von Zeugnissen nach §§ 36, 37 GBO, §§ 42, 74 SchRegO, von Testamentsvollstreckerzeugnissen und von Zeugnissen über die Fortsetzung einer Gütergemeinschaft), **Niedersachsen** (VO v. 19.7.2005 NdsGVBl. 258: Nachlasspflegschaft, Nachlassverwaltung, Ernennung und Entlassung eines Testamentsvollstreckers, Erteilung von Erbscheinen, von Zeugnissen nach §§ 36, 37 GBO, §§ 42, 74 SchRegO, von Testamentsvollstreckerzeugnissen, die Einziehung von Erbscheinen, von Zeugnissen nach §§ 36, 37 GBO, §§ 42, 74 SchRegO, von Testamentsvollstreckerzeugnissen und von Zeugnissen über die Fortsetzung einer Gütergemeinschaft), **Rheinland-Pfalz** (VO vom 15.5.2008 – GVBl. 81: Ernennung und Entlassung eines Testamentsvollstreckers, Erteilung von Erbscheinen, von Testamentsvollstreckerzeugnissen, die Einziehung von Erbscheinen, von Testamentsvollstreckerzeugnissen und von Zeugnissen über die Fortsetzung einer Gütergemeinschaft).

1. Dem Rechtspfleger zugewiesene Geschäfte[10]

- **Besondere amtliche Verwahrung von Testamenten und Erbverträgen**[11]   5
  (§§ 346, 347 FamFG);
- **Nachlasssicherung § 1960 Abs. 2 BGB**
  Wichtigste Mittel:
  Anlegung von Siegeln;
  Hinterlegung von Geld, Wertpapieren, Kostbarkeiten;
  Aufnahme eines Nachlassverzeichnisses;
- **Nachlasspflegschaft**   6
  Tätigwerden im Rahmen einer Nachlasspflegschaft, soweit nicht der Richtervorbehalt in § 16 Abs. 1 Nr. 1 RPflG eingreift (dazu unten Rn. 2.20)
  Bei einer Nachlasspflegschaft (§§ 1960–1962 BGB, § 342 Abs. 1 Nr. 2 FamFG) kommen insbesondere folgende Geschäfte in Betracht:

---

[8] Dazu BayObLGZ 1974, 329. Richtervorbehalt ist eng auszulegen und hat sich grundsätzlich auf den Wortsinn zu beschränken, KG Rpfleger 1978, 321.
[9] S. näher Arnold/Meyer-Stolte/*Rellermeyer* § 36b RPflG Rn. 10 ff.
[10] S. dazu auch *Bumiller/Harders/Schwamb* FamFG vor §§ 343, 344 FamFG Rn. 5 ff.
[11] Dazu OLG München BayJMBl. 1960, 22; durch Landesrecht sind die Aufgaben gem. §§ 346, 347 FamFG für die Annahme, nicht die Herausgabe, gem. § 36b Abs. 1 Nr. 1 RPflG auf den Urkundsbeamten der Geschäftsstelle übertragen: in Bayern (§ 6 Abs. 1 GeschStVO v. 1.2.2005 – GVBl. 40), Bremen (Verordnung v. 22.3.2006 – BremGBl. 193 –), Hamburg (RPflAÜVO v. 18.5.2005 – HmbGVBl. 200 –) und Niedersachsen (NsGVBl. 223, VO v. 4.7.2005), Hessen RPflGAÜVO (GVBl. 2003 I 290; Sachsen-Anhalt RPflAÜVO (GVBl. LSA 2004 724; Thüringen RPflAÜV (GVBl. 2003, 319).

- **Anordnung** der Pflegschaft (§§ 1960 Abs. 2, 1915, 1897, 1774 BGB);[12]
- **Auswahl des Nachlasspflegers** sowie **Festlegung seines Wirkungskreises** (§§ 1960 Abs. 2, 1962, 1915, 1779 ff. BGB);
- **Verpflichtung des Pflegers** gemäß § 1789 BGB;
- **Erteilung der Bestallung** (§ **1791** BGB);
- allgemeine **Beaufsichtigung der Amtsführung und Vermögensverwaltung des Pflegers** gemäß §§ 1962, 1915, 1837 Abs. 1 BGB einschließlich der Androhung und Verhängung von Zwangsmitteln nach §§ 1793 ff., 1837 BGB;
- Herbeiführung der **Einreichung von Vermögensverzeichnissen** durch den Pfleger (§ 1802 BGB einschließlich der Anordnung nach Abs. 3);
- Genehmigungen nach § 1809 BGB (Abhebung von Geld); § 1814 BGB (Herausgabe von Inhaberpapieren); §§ 1819, 1820 BGB (Verfügung über hinterlegte Wertpapiere oder Kostbarkeiten und umgewandelte Inhaberpapiere); §§ 1821, 1822, 1823 BGB;
- **Anordnung der** Hinterlegung nach § 1818 BGB;
- **Verlangen nach Rechnungslegung** durch den Pfleger nach §§ 1840, 1841 BGB. Dazu gehört die Bestimmung der Zeitabschnitte für die Rechnungslegung und die Anordnung der Vorlage von Belegen;
- **Prüfung der Rechnungslegung** nach § 1843 BGB, insbesondere auch der Schlussrechnung nach §§ 1890, 1892 BGB einschließlich Abnahme und Beurkundung des Anerkenntnisses;
- **Bewilligung und Festsetzung von Auslagen, Aufwendungsersatz,** Vorschuss, Aufwandsentschädigung und Vergütung sowie Festsetzung von Zahlungen der Erben an die Staatskasse (§§ 1962, 1915, 1835 bis 1836e BGB, 168 FamFG);
- **Entlassung des Pflegers auf eigenen Antrag** oder bei Wegfall einer behördlichen Erlaubnis (§§ 1888, 1889 BGB); Entlassung nach §§ 1886, 1915 BGB (Gefährdung der Interessen der künftigen Erben);
- **Rückforderung der Bestallung;**
- **Abgabe und Übernahme einer Pflegschaft** nach § 4 FamFG. Aufhebung der Pflegschaft nach § 1919 BGB bei Wegfall des Grundes der Anordnung etwa nach Feststellung der Erben oder bei Erledigung.
- **Veranlassung der Ablieferung von letztwilligen Verfügungen** (§ 2259 BGB, § 358 FamFG) – nebst Zwangsgeldverfahren, Wegnahme durch unmittelbaren Zwang, sowie Anordnung der Abgabe einer eidesstattlichen Versicherung nach § 35 FamFG und Entgegennahme derselben, nicht aber für die Haftandrohung und Haftanordnung (Richterzuständigkeit, § 4 Abs. 2 Nr. 2 RpflG);
7 - **Eröffnung der Verfügungen von Todes wegen** §§ 358 Abs. 1, 2 S. 2 und 3, Abs. 3, 349 Abs. 1 und 4, 351 S. 2 und 3 FamFG);
- **Durchführung der Ermittlungen** bei einer seit mehr als 30 Jahren verwahrten Verfügung von Todes wegen (§ 351 FamFG);
- **Benachrichtigung der Beteiligten vom Inhalt des Testaments** (§ 348 FamFG);
- **Gestattung der Einsichtnahme in eine eröffnete Verfügung von Todes wegen** sowie der Erteilung einer (beglaubigten) Abschrift (§ 357 Abs. 1 FamFG);
8 - **Erbenermittlung** (auch amtliche nach Landesrecht); die Zuständigkeit erstreckt sich hier auf alle Geschäfte, die notwendigerweise mit dieser Aufgabe verbunden sind; der Rechtspfleger kann eidesstattliche Versicherungen verlangen, entgegennehmen und beurkunden, soweit diese verfahrensrechtlich zugelassen sind; dazu § 3 Nr. 1f RPflG;[13] andererseits kann er weder eine **Beeidigung anordnen** noch einen **Eid** abnehmen (§ 4 Abs. 2 Nr. 1

---

12 Ausnahme: Ausländernachlass (OLG Hamm Rpfleger 1976, 94 – str. –; nach BayObLG Rpfleger 1982, 423; nach Wegfall des Gleichlaufprinzips ist nunmehr nach §§ 105, 343 Abs. 1 und 3 FamFG das deutsche Nachlassgericht für den Nachlass eines Ausländers immer zuständig, wenn es örtlich zuständig ist.

13 Dem Rechtspfleger sind hiernach die Urkundssachen einschließlich der Entgegennahme der Erklärung voll übertragen. Einzelheiten s. *Bassenge/Roth* RPflG § 3 Rn. 8.

RPflG); hält er eine Beeidigung (eines Zeugen oder Beteiligten) für nötig, so hat er die Sache **dem Richter vorzulegen** (§ 4 Abs. 3 RPflG);

im Rahmen der ihm übertragenen Geschäfte kann der Rechtspfleger (falls er das Geschäft selbst erledigen könnte) um Rechtshilfe ersuchen und Rechtshilfe-Ersuchen erledigen;

Beispiel: Rechtspfleger kann nicht ein anderes AG um Beeidigung eines Zeugen ersuchen, es sei denn, der Richter des ersuchenden Gerichts hätte die Beeidigung angeordnet;[14]

nach § 29 RPflG obliegt dem Rechtspfleger die der Geschäftsstelle des AG gesetzlich zugewiesene Ausführung ausländischer Zustellungsanträge;[15]

- **Feststellung des Erbrechts des Fiskus** und der damit verbundenen Geschäfte (zB Erlass des öffentlichen Aufgebots), §§ 1964, 1965 BGB; Gestattung der **Einsicht** in die Ermittlungen (§§ 1964–1966 BGB) und Bewilligung von **Abschriften** (§ 357 Abs. 1 FamFG);
- **Entgegennahme von Annahme- und Ausschlagungserklärungen** einer Erbschaft und der damit verbunden Geschäfte (§§ 1945, 1953 Abs. 3 BGB, beachte § 1371 BGB); Beurkundung der Erklärungen (§ 3 Nr. 1f RPflG); Übersendung der Niederschriften über die Erklärungen, die beim Nachlassgericht am Wohnsitz des Erklärenden abgegeben wurden, an das zuständige Nachlassgericht (§§ 343, 344 Abs. 7 S. 2 FamFG);
- **Entgegennahme der Anfechtungserklärung von Annahme und Ausschlagung** einer Erbschaft sowie Versäumung der Ausschlagungsfrist einschließlich der damit verbundenen Geschäfte (§§ 1955, 1956 Abs. 2, 1945 BGB); Beurkundung der Erklärungen (§ 3 Nr. 1f RPflG);
- **Entgegennahme der Anfechtungserklärung einer Verfügung von Todes wegen** einschließlich der damit verbundenen Geschäfte (§§ 2081, 2281 BGB);
- **Die Erteilung** (**auch Einziehung,** falls der Erbschein nicht von einem Richter erteilt **9** oder nicht wegen einer Verfügung von Todes wegen einzuziehen ist) von **Erbscheinen bei gesetzlicher und gewillkürter Erbfolge** nach § 2353 BGB, es sei denn, die Anwendung ausländischen Rechts kommt in Betracht oder gegen die Erteilung des Erbscheins werden Einwände vorgebracht, § 19 Abs. 2 RPflG.[16]

Ein Erbscheinsantrag kann formlos gestellt werden. Zur Entgegennahme ist jede Geschäfts- **10** stelle eines Amtsgerichts zuständig (§ 25 Abs. 2 und 3 FamFG).

Regelmäßig wird in dem Antrag die Abgabe einer eidesstattlichen Versicherung gemäß § 352 Abs. 3 FamFG mitaufgenommen. Hier ist zunächst die sachliche Zuständigkeit des angegangenen Gerichts zu prüfen. Zur Beurkundung eidesstattlicher Versicherungen ist sachlich dem Grundsatz nach nur der Notar zuständig. Daneben besteht gemäß § 56 Abs. 3 S. 2 BeurkG die sachliche Zuständigkeit des Nachlassgerichts (oder eines von diesem um Rechtshilfe ersuchten Gerichts) im Rahmen eines Erbscheinverfahrens auch eidesstattliche Versicherungen iSd § 352 Abs. 3 S. 3 FamFG zu beurkunden. Funktionell ist hierzu der Rechtspfleger zuständig (§ 3 Nr. 1f, Nr. 2c RPflG). §§ 1 Abs. 2, 38 BeurkG sind zu beachten.

In allen anderen Fällen kann die eidesstattliche Versicherung zwar in den Antrag aufgenommen werden – die Niederschrift kann auch der Urkundsbeamte der Geschäftsstelle aufnehmen – eine formgerechte eidesstattliche Versicherung iSd § 352 FamFG liegt hier nicht vor. Allerdings kann das Nachlassgericht sich nach § 352 Abs. 3 S. 4 FamFG auch mit dieser Erklärung begnügen.

Nach Art. 239 EGBGB nF (Länderöffnungsklausel) können die Länder durch Gesetz bestimmen, dass der Antrag auf Erteilung des Erbscheins der notariellen Beurkundung bedarf und die Versicherung an Eides Statt nach § BGB 352 Abs. 3 FamFG nur vor einem Notar abzugeben ist.

---

14 OLG Oldenburg Rpfleger 1958, 281.
15 Einzelheiten hierzu bei *Bassenge/Roth* RPflG § 29 Rn. 4 und Arnold/Meyer-Stolte/*Rellermeyer* § 29 RPflG (Rn. 2 ff. zu den einzelnen Abkommen).
16 Dazu OLG München FGPrax 2017, 42.

Auch die Erteilung von **gegenständlich beschränkten**[17] Erbscheinen bei **fremdem Erbrecht** obliegt dem Richter, selbst wenn keine Verfügung von Todes wegen vorliegt (§ 16 Abs. 1 Nr. 6 RPflG).

Auf Grund Rückverweisung kann es bei einem ausländischen Erblasser zur Erteilung eines Eigenrechtserbscheins durch den Rechtspfleger kommen, unabhängig davon, ob ein gegenständlich begrenzter Erbschein nach § 352c FamFG beantragt wird.

Grundsatz also: Kommt die Anwendung ausländischen Rechts in Betracht, ist dafür der Rechtspfleger zuständig. Dieser kann nach § 5 Abs. 2 RPflG die Sache dem Richter vorlegen, dieser **kann** sie ihm nach § 5 Abs. 3 zurückgeben. Die Praxis wird so verfahren, dass **jeder** Erbscheinsantrag nach einem ausländischen Erblasser zunächst dem Richter vorgelegt wird, dieser **kann** sodann nach Prüfung der Rechtslage die Ausstellung eines allgemeinen Erbscheins dem Rechtspfleger überlassen, dieser ist an die Rechtsansicht des Richters gebunden.

11   Bei der Erteilung von **Ausfertigungen** des Erbscheins (§ 357 Abs. 2 S. 1 FamFG) ist zu beachten, dass der Begriff Ausfertigung mehrdeutig ist.

Häufig stellt der Richter oder Rechtspfleger einen Erbschein in mehreren Duplikaten aus und unterzeichnet diese selbst. Wir haben hier mehrere **Urschriften,** die im Verkehr jedoch vielfach auch als „Ausfertigungen" im **weiteren** Sinn bezeichnet werden. Ausfertigungen im **engeren** Sinn sind Urkunden, die den Namen (gez) des den Erbschein ausstellenden Richters oder Rechtspflegers tragen und mit einem Beglaubigungsvermerk versehen werden. Diese Ausfertigungen vertreten im Verkehr die Urschrift.

Die **Erteilung** (Anordnung der Hinausgabe) **einer Ausfertigung des Erbscheins** iSd § 357 Abs. 2 S. 1 FamFG steht dem Rechtspfleger zu (§ 3 Nr. 2c RpflG). Das Nachlassgericht hat von Amts wegen jederzeit die Richtigkeit des Erbscheins zu prüfen. Gibt das Nachlassgericht eine Ausfertigung heraus (die die Urschrift ja vertritt und zB im GB-Verkehr als Eintragungsunterlage verwendet werden kann), so haftet der Rechtspfleger damit auch für die Richtigkeit der Urkunde.

Für die **Unterzeichnung des Ausfertigungsvermerks** ist Landesrecht maßgebend.[18] Ergänzend ist § 49 BeurkG heranzuziehen.

12 • **Die Erteilung** (auch Einziehung, falls das Überweisungszeugnis nicht von einem Richter erteilt oder nicht wegen einer Verfügung von Todes wegen einzuziehen ist) **von sog Überweisungszeugnissen** gemäß §§ 36, 37 GBO und §§ 42, 74 Schiffsregisterordnung, sofern keine Verfügung von Todes wegen vorliegt oder die Anwendung ausländischen Rechts in Betracht kommt; beachte dazu § 16 Abs. 2 RPflG;

  • Die **Erteilung** (nicht Einziehung) **eines Zeugnisses über die Fortsetzung der Gütergemeinschaft** nach § 1507 (§§ 1549, 1557)[19] BGB (Positiv- wie Negativattest), § 7 S. 2 LPartG;

  • Die Erteilung eines Zeugnisses über die Rechtsnachfolge nach § 16 **ReichsschuldbuchG;** das Gesetz wurde auf Bundesebene mit Wirkung v. 1.1.2002 aufgehoben. An seine Stelle trat das **Bundeswertpapierverwaltungsgesetz** (BWpVerwG) v. 11.12.2001; es trat außer Kraft durch Art. 4 Abs. 1 S. 2 des **Bundesschuldenwesengesetzes** (BSchuWG) v. 12.7.2006. Das Reichsschuldbuchgesetz galt jedoch bis zu einer Neurege-

---

17   Nach § 105 FamFG ist das örtlich zuständige Nachlassgericht immer auch international zuständig. Der deutsche Erbschein hat Weltgeltung. Der Erbschein wird unbeschränkt nach ausländischem Recht erteilt. Da jedoch möglicherweise der deutsche Welterbschein nicht im Ausland anerkannt wird, soweit er sich auf ausländischen Nachlass erstreckt sowie aus Kostengründen ist es sinnvoll, den Erbschein auf den inländischen Nachlass zu beschränken, was nach § 2369 Abs. 1 BGB zulässig ist, gleichgültig nach welchem Recht er erteilt ist. Eine Beschränkung des Erbscheins auf den im Ausland befindlichen Nachlass sieht § 2369 BGB nicht vor, eine dahingehende Auslegung ist nicht möglich (so zutreffend MüKoBGB/*Mayer* § 2369 Rn. 19).

18   Dazu Art. 16 Bay AGGVG: UrkB der Geschäftsstelle.

19   Die Bestimmungen können noch gemäß Art. 8 Abs. 1 Nr. 7 Gleichberechtigungsgesetz von Bedeutung sein.

lung durch die Länder[20] fort, längstens bis zum 31.12.2008, soweit hierauf verwiesen wird.
- **Aufgebot der Nachlassgläubiger** (§§ 1970 ff. BGB, §§ 433 ff., 454 ff. FamFG). Nach dem **Reformgesetz** ist das Aufgebotsverfahren in ein Beschlussverfahren der freiwilligen Gerichtsbarkeit umgestaltet worden, das **in vollem Umfang der Rechtspfleger** bearbeitet (§§ 433 ff., 454 ff. FamFG; Aufnahme des Aufgebotsverfahrens in die Liste der Vollübertragungen nach § 3 Nr. 1 RPflG).
- Bei der **Nachlassverwaltung** (§§ 1981 ff. BGB) liegt mit Ausnahme der Anordnung bei ausländischen Erblassern und der Entscheidung von Meinungsverschiedenheiten zwischen mehreren Nachlassverwaltern (**Richtervorbehalt** gemäß §§ 14 Nr. 4, 16 Abs. 1 Nr. 1 RPflG) der gesamte Bereich beim Rechtspfleger;
- **Fristbestimmungen**
  bei Vermächtnissen (§§ 2151, 2154, 2155 BGB),
  bei Auflagen (§§ 2192, 2193 BGB),
  zur Ernennung eines Testamentsvollstreckers (§ 2198 BGB),
  über die Annahme des Amtes (§ 2202 BGB);
- **Entgegennahme von Erklärungen**
  über die Bestimmung eines Testamentsvollstreckers durch einen Dritten oder den Testamentsvollstrecker selbst (§§ 2198, 2199 BGB),
  über die Annahme, Ablehnung oder Kündigung des Amtes des Testamentsvollstreckers (§§ 2202, 2226 BGB);
- **Entgegennahme von Erklärungen**
  über die Ablehnung oder Aufhebung der fortgesetzten Gütergemeinschaft seitens des überlebenden Ehegatten (§§ 1484, 1492 BGB, § 7 S. 2 LPartG),
  über den Verzicht eines anteilsberechtigten Abkömmlings auf seinen Anteil am Gesamtgut einer fortgesetzten Gütergemeinschaft (§ 1491 BGB);
- **Entgegennahme von Anzeigen**
  über den Eintritt der Nacherbfolge (§ 2146 BGB),
  über den Verkauf einer Erbschaft (§§ 2384, 2385 BGB);
- **Inventarerrichtung** die Abnahme der eidesstattlichen Versicherung nach §§ 2006 BGB, 361 FamFG; **für die Errichtung** des Inventars besteht die Zuständigkeit des **Notars** gemäß § 2003 Abs. 1 BGB nF;
- **Vermittlung der Nachlassauseinandersetzung** (auf Antrag) und die **Vermittlung der Auseinandersetzung** des Gesamtguts einer beendeten ehelichen oder fortgesetzten Gütergemeinschaft (§ 373 FamFG): **nunmehr die ausschließliche Zuständigkeit der Notare** (Art. 23a Abs. 3 GVG nF, § 344 Abs. 4a FamFG;
- **Stundung des Pflichtteilsanspruches** nach § 2331a BGB, §§ 264, 362 FamFG;
- Einholung der Genehmigung zu einem **Stiftungsgeschäft** von Todes wegen nach § 83 BGB;
- **Mitteilungen** nach §§ 6, 7 ErbStDV;
- Gestattung von **Akten- und Urkundeneinsicht** wie Erteilung von Abschriften nach §§ 13, 357 Abs. 1 FamFG sowie sonstigen Vorschriften des BGB (zB §§ 1953 Abs. 3 (Mitteilung der Ausschlagung an den, dem die Erbschaft angefallen ist), 1957 Abs. 2 (wie zuvor bei Anfechtung), 2010 (Gestattung der Einsicht bei Inventar), 2081 Abs. 2 (Mitteilung der Anfechtungserklärung), 2146 Abs. 2 (Gestattung der Einsicht in die Anzeige der Nacherbfolge gegenüber Nachlassgläubigern), 2228 (Gestattung der Akteneinsicht bei Testamentsvollstreckung), 2384 Abs. 2 (Gestattung der Einsicht in die Verkaufsanzeige des Verkäufers des Nachlasses gegenüber Nachlassgläubigern));
- **Beratungshilfe** im Rahmen des § 24a RPflG;
- Die **Aufnahme von rechtlich schwierigen Anträgen und Erklärungen,** insbesondere von Rechtsbehelfen im Rahmen des § 24 RPflG;

---

[20] S. die Übersicht zu den Landesgesetzen in Staudinger/*J. Mayer* Art. 97 EGBGB Rn. 16.

- **Bewilligung von Verfahrenskostenhilfe** im Rahmen des § 20 Nr. 4, 5 RPflG; (§ 76 FamFG)

2. Dem Richter zugewiesene Geschäfte

13 • Gewisse Geschäfte, die eine **Nachlasspflegschaft** oder **Nachlassverwaltung** angehen:
- Anordnung der **Pflegschaft,** Bestimmung des Wirkungsbereiches der Pflegschaft **bei Ausländernachlässen** – dazu § 16 Abs. 1 Nr. 1 iVm § 14 Abs. 1 Nr. 10 RPflG;[21]
- Entscheidung bei Meinungsverschiedenheiten mehrerer Pfleger oder Nachlassverwalter (§ 14 Nr. 5 RPflG, §§ 1797, 1798, 1962, 1915 BGB) – kommt in der Praxis kaum vor.
- Die Überwachung der Tätigkeit des Nachlasspflegers obliegt im Übrigen dem Rechtspfleger. Der **Vorbehalt** gilt sinngemäß für die **Nachlassverwaltung** unter Berücksichtigung der sich aus der Natur der Verfahrensart ergebenden Sonderheiten; s. auch Rn. 12.
- die **Ernennung von Testamentsvollstreckern,** wenn der Erblasser das Nachlassgericht darum ersucht hat (§ 2200 BGB, § 16 Abs. 1 Nr. 2 RpflG); auch Erteilung und Einziehung eines Testamentsvollstreckerzeugnisses (§ 16 Abs. 1 Nr. 6, 7 RPflG);
- die Entscheidung über die **Außerkraftsetzung von Anordnungen,** die der Erblasser durch letztwillige Verfügung getroffen hat (§ 2216 Abs. 2 BGB, § 16 Abs. 1 Nr. 3 RpflG);
- die **Entscheidung von Meinungsverschiedenheiten** zwischen mehreren Testamentsvollstreckern (§ 2224 BGB, § 16 Abs. 1 Nr. 4 RpflG);
- die **Entlassung eines Testamentsvollstreckers** aus wichtigen Gründen (§ 2227 BGB, § 16 Abs. 1 Nr. 5 RpflG); die Entscheidung ergeht nur auf Antrag eines Beteiligten;
- die **Erteilung von Zeugnissen:**
  von **Erbscheinen** (§ 2353 BGB), **sofern eine Verfügung von Todes wegen vorliegt und das Verfahren streitig ist;**
  von **gegenständlich beschränkten Erbscheinen** (§ 352c FamFG), gleichgültig ob eine Verfügung von Todes wegen vorliegt oder nicht;
  von **Testamentsvollstreckerzeugnissen** (§ 2368 BGB), sowie sog Annahmezeugnissen; die Erteilung von Zeugnissen über den Eingang der Annahmeerklärung obliegt dagegen dem Rechtspfleger;
  von sog **Überweisungszeugnissen** gemäß §§ 36, 37 GBO und §§ 42, 74 der Schiffsregisterordnung, **sofern eine Verfügung von Todes wegen vorliegt; die Notare sind zuständig im Rahmen einer Vermittlung der Erbauseinandersetzung auf Antrag;**
  Liegt zwar eine letztwillige Verfügung vor, ist aber dennoch ein Erbschein oder Zeugnis nach §§ 36, 37 GBO oder §§ 42, 74 Schiffsregisterordnung auf Grund gesetzlicher Erbfolge unter Anwendung deutschen Rechts zu erteilen, kann gemäß § 16 Abs. 2 RPflG der Richter die Erteilung dem Rechtspfleger übertragen.

14 • die **Einziehung** evtl. gleichzeitige **Kraftloserklärung gewisser Zeugnisse:**
  von Erbscheinen, wenn die Erbscheine vom Richter erteilt oder wegen einer Verfügung von Todes wegen einzuziehen sind, dazu § 2361 BGB;
  von **Testamentsvollstreckerzeugnissen** (§ 2368 BGB). Gemeint ist hier die Einziehung eines von vornherein inhaltlich unrichtigen oder auf Grund eines schwerwiegenden Verfahrensverstoßes erteilten[22] Zeugnisses; ebenso nach erfolgreicher Testamentsanfechtung, die die Ernennung beseitigt;
  von **Zeugnissen über die Fortsetzung einer Gütergemeinschaft** (§§ 1507, 2361 BGB; § 7 S. 2 LPartG; §§ 353, 354 FamFG);
  beachte: Erteilung des Zeugnisses ist dem Rechtspfleger übertragen (§§ 1507 S. 2, 2353 ff. BGB; §§ 352, 354 FamFG; ebenso die Kraftloserklärung von Zeugnissen über

---

21   OLG Hamm Rpfleger 1976, 94.
22   ZB BGHZ 40, 54; OLG München DNotZ 1943, 39.

die Fortsetzung einer Gütergemeinschaft, für die der Richter lediglich die Einziehung beschlossen hat (§§ 1507 S. 2, 2361 Abs. 2 BGB; § 7 S. 2 LPartG);
von Zeugnissen gemäß §§ 36, 37 GBO und §§ 42, 74 der Schiffsregisterordnung, falls die Zeugnisse vom Richter erteilt oder wegen einer Verfügung von Todes wegen einzuziehen sind;

3. Der Urkundsbeamte der Geschäftsstelle

Er hat in Nachlasssachen die Aufgaben: 15
– Anträge und Erklärungen aufzunehmen (§§ 25, 14 Abs. 1 FamFG);
– Rechtskraftzeugnisse zu erteilen (§ 46 FamFG);[23]
– gerichtliche Verfügungen bekannt zu machen (§§ 15, 40 Abs. 1, 41 Abs. 2 FamFG);
– Beteiligte zu laden (§ 365 FamFG);
– Ausfertigungen (= Abschrift der Urschrift, die diese im Rechtsverkehr ersetzt) und beglaubigte Abschriften (= Zweitschriften oder Fotokopien, deren inhaltlicher Gleichlaut mit der Urschrift unterschriftlich bestätigt wird) zu erteilen (§§ 13, 357 Abs. 1 FamFG);
– die Akten und Register zu führen.

Über Anträge auf Änderung einer Entscheidung des Urkundsbeamten entscheidet der Rechtspfleger. Er kann die Sache nicht dem Richter zur Entscheidung vorlegen, sondern entscheidet selbst. Hiergegen ist nach § 11 Abs. 1 RPflG das nach den allgemeinen Vorschriften zulässige Rechtsmittel gegeben (§§ 573 Abs. 2 ZPO, §§ 58; 372 FamFG, §§ 56 Abs. 2 S. 1, 33 Abs. 3 bis 8 RVG).

III. Die übrigen Nachlassbehörden und ihre Zuständigkeit

Bundesrechtlich bestehen in Nachlasssachen die Sonderzuständigkeiten der **Landwirt-** 16 **schaftsgerichte** in Hamburg, Niedersachsen, Nordrhein-Westfalen, Schleswig-Holstein nach der Höfeordnung als partielles Bundesrecht (HöfeO), in Rheinland-Pfalz nach der landesrechtlichen Höfeordnung (HO-RhPf) und der deutschen **Konsuln** nach dem KonsG.

1. Das Notariat

Auf Grund Bundesrechts sind die Notare auf dem Gebiet der Nachlassbehandlung zu- 17 ständig Beurkundungen vorzunehmen, Unterschriften, Handzeichen und Abschriften zu beglaubigen, eidesstattliche Versicherungen aufzunehmen und Siegel anzulegen und abzunehmen (§§ 20 Abs. 1 S. 1, 22 Abs. 2 BNotO).

Im Übrigen sind durch Landesrecht einzelne Nachlassverrichtungen den Notaren übertragen. Es handelt sich dabei um die Vermittlung von Nachlass- und Gesamtgutsauseinandersetzungen, Erteilung von Zeugnissen nach §§ 36, 37 GBO, Aufnahme von Nachlassverzeichnissen und Nachlassinventaren sowie Anlegung und Abnahme von Siegeln im Rahmen der Nachlasssicherung.

Vergleiche hierzu folgende landesrechtlichen Vorschriften:
Bayern: Art. 36 AGGVG
Hessen: Art. 24–30 HessFGG
Niedersachsen: Art. 14–20 NdsFGG

---

[23] Gemäß § 488 FamFG findet § 46 FamFG keine Anwendung, soweit landesrechtlich andere als gerichtliche Behörden zuständig sind. In denjenigen Angelegenheiten der freiwilligen Gerichtsbarkeit, für die landesrechtliche Vorschriften maßgebend sind, ist § 46 FamFG gem. § 486 Abs. 2 FamFG in den Ländern für anwendbar erklärt bzw. finden sich Ergänzungen; hierzu oben → Rn. 1.

die sonstigen früher preußischen Gebiete: Art. 21–24 PrFGG (Berlin, zT Rheinland-Pfalz, Schleswig-Holstein, Saarland).

In der **DDR** und Berlin-Ost oblagen den staatlichen Notariaten auf Grund des Notariatsgesetzes vom 5.2.1976 ua Testaments- und Erbschaftsangelegenheiten.

Die Bundesnotarordnung ist in den neuen Ländern nach Art. 13 Abs. 1 iVm Art. 14 des Dritten Gesetzes zur Änderung der Bundesnotarordnung und anderer Gesetze am 8.9.1998 in Kraft gesetzt worden.

2. Das Landwirtschaftsgericht (LwG)

18 Eine **ausschließliche sachliche Zuständigkeit** (§ 18 HöfeO) besteht nach der Höfeordnung (HöfeO) vom 24.4.1947 idF vom 20.11.2015 (BGBl. I 2010) in Verbindung mit dem Gesetz über das gerichtliche Verfahren in Landwirtschaftssachen (LwVG) vom 21.7.1953 idF v. 17.12.1990; funktionell ist immer nur der Richter des Landwirtschaftsgerichts (in Niedersachsen, Nordrhein-Westfalen und Hamburg ohne ehrenamtliche Richter), nie der Rechtspfleger, zuständig. Diese ausschließliche Zuständigkeit betrifft die Länder in der ehemaligen britischen Besatzungszone **(Hamburg, Niedersachsen, Nordrhein-Westfalen, Schleswig-Holstein, nicht Bremen)**, wo das Amtsgericht als Landwirtschaftsgericht (§§ 1, 2 LwVG) – **örtliche Zuständigkeit:** das Landwirtschaftsgericht, in dessen Bezirk die Hofstelle liegt (§ 10 LwVG) – einige nachlassgerichtliche Funktionen ausübt:

– Feststellung des gesetzlichen oder testamentarischen Hoferben – der Hof fällt nur **einem** der Erben als Hoferben zu, § 4 HöfeO, die übrigen Erben sind gemäß §§ 12, 13 HöfeO in Geld abzufinden **(Hoferbfolge)-** sowie Erteilung und Einziehung eines Erbscheins (Hoffolgezeugnisses), wenn zum Nachlass ein Hof im Sinne der HöfeO gehört (§ 18 Abs. 2 HöfeO, §§ 1 Nr. 5, 9 ff. LwVG) auf Antrag eines Beteiligten; diese Zuständigkeit gilt auch dann, wenn ein Erbschein außer den Hof auch das hoffreie Vermögen umfasst oder nur das hoffreie Vermögen betrifft;[24]

– Entgegennahme der **Ausschlagung** des Anfalles eines Hofes (§ 11 HöfeO);[25] das Nachlassgericht bleibt jedoch bei der Ausschlagung des gesamten Nachlasses zuständig;[26]

– § 14 Abs. 3 HöfeO: **nachträgliche Bestimmung eines anderen Hoferben** unter den Abkömmlingen durch den überlebenden Ehegatten (auf Grund einer durch den Eigentümer letztwillig erteilten Befugnis) mittels Erklärung gegenüber dem Landwirtschaftsgericht;

– Ausstellung und Einziehung eines **allgemeinen Erbscheins und Hoffolgezeugnisses** (§ 18 HöfeO), also für den gesamten Nachlass;

– **Zeugnisses über die fortgesetzte Gütergemeinschaft** (bei Zugehörigkeit eines Hofes als Ehegattenhof zur Gütergemeinschaft);[27] bei einem Ehegattenhof iSv § 1 Abs. 1 HöfeO wird der überlebende Ehegatte alleiniger Eigentümer des Hofes, auch wenn gemeinsame oder einseitige Abkömmlinge vorhanden sind, § 8 Abs. 1 HöfeO;

– Ausstellung eines **Erbscheins beschränkt auf das hoffreie Vermögen;**[28]

– für die Erteilung des **Testamentsvollstreckerzeugnisses** (§ 2368 BGB) ist **nicht** das **Landwirtschaftsgericht, sondern das Nachlassgericht** zuständig.[29]

---

[24]   BGH Rpfleger 1988, 530.
[25]   Dazu OLG Celle RdL 1959, 299.
[26]   BGHZ 59, 105.
[27]   OLG Köln RdL 1960, 42.
[28]   BGH NJW 1988, 2739; MükoBGB/*Mayer* § 2353 Rn. 152; OLG Celle RdL 1956, 113; OLG Köln RdL 1960, 42; OLG Hamm RdL 1985, 77.
[29]   BGHZ 58, 105.

Die Länder Niedersachsen,[30] Nordrhein-Westfalen[31] und Hamburg[32] haben für das Verfahren über die Erteilung, Einziehung und Kraftloserklärung eines Erbscheines von der Ermächtigung des § 20 Abs. 3 LwVG (insbesondere Entscheidung ohne Zuziehung landwirtschaftlicher Beisitzer) Gebrauch gemacht. Die Fassungen in Niedersachsen und Nordrhein-Westfalen stimmen wörtlich überein. In Hamburg besteht lediglich die Besonderheit, dass das Landwirtschaftsgericht über die Erteilung, Einziehung oder Kraftloserklärung eines Erbscheins ohne landwirtschaftliche Beisitzer entscheiden kann.[33]

Beachte: Zu gewissen Verfügungen von Todes wegen sowie in Übergabeverträgen ist **19** nach §§ 16 Abs. 1, 17 HöfeO die Zustimmung des Landwirtschaftsgerichts erforderlich. Dazu §§ 13 ff. HöfeVfO. Das Landwirtschaftsgericht ist auch zur (materiell rechtskräftigen und damit bindenden)[34] **Feststellung** des Hoferben nach § 18 HöfeO zuständig. Dazu § 11 ff. HöfeVfO.

Soweit Länder vom Vorbehalt zum Erlass landesgesetzlicher Vorschriften (Art. 64 EGBGB) Gebrauch gemacht haben ist das Landwirtschaftsgericht nur zuständig, soweit deren Anerbengesetze dies vorsehen (s. für Rheinland-Pfalz die HO-RhPf; in Südbaden, Bremen und Hessen ist das Nachlassgericht zuständig).

In **Bayern, Berlin** und **Saarland** vererbt sich land- oder forstwirtschaftlicher Grund- **20** besitz nach **BGB** (§§ 2049, 2312).

Zu beachten ist in der ganzen Bundesrepublik Deutschland das **Gesetz über das gerichtliche Verfahren in Landwirtschaftssachen** (§§ 1, 20 Abs. 3 **LwVG**), das ergänzende und auch für künftige Landesgesetze einschränkende Vorschriften bringt. §§ 13–17 GrdStVG sehen (in ganz Deutschland) ein gerichtliches Verfahren über die rechtsgestaltende Zuweisung eines landwirtschaftlichen Betriebs vor, sofern er auf Grund gesetzlicher Erbfolge einer Erbengemeinschaft gehört. Auf Antrag eines Miterben kann das Gericht den Betrieb einem der Miterben zuweisen. Den weichenden Erben stehen Abfindungsansprüche zu (Ertragswert, § 2049 BGB). Zuständig ist das Landwirtschaftsgericht. Ein gerichtliches Vermittlungsverfahren hat Vorrang, nicht aber eine Auseinandersetzungsklage. Solange die Auseinandersetzung ausgeschlossen ist, darf eine Zuweisung nicht erfolgen. Für einen Hof in den Ländern Hamburg, Niedersachsen, Nordrhein-Westfalen und Schleswig-Holstein kommt das Zuweisungsverfahren nur in Betracht, wenn der Hof iSv § 10 HöfeO verwaist ist (kein Hoferbe vorhanden oder wirksam bestimmt) und daher nach BGB vererbt wird.

Der Hof fällt hier immer nur an einen Hoferben, sei es durch Sondererbfolge (§ 4 HöfeO; § 14 HöfeO Rheinland-Pfalz; Art. 3 Württ. AnerbenG; 9 Brem. HöfeG) oder im Wege der Erbauseinandersetzung (§ 10 Bad. Hofgütergesetz; § 11 Hess. LandgüterO).

Unstreitig gilt in den Ländern **Bayern, Saarland und Berlin kein besonderes Höferecht,** sodass sich der Hof nach **BGB** vererbt (wobei §§ 13–17, 33 GrdstVG zu beachten ist).

In den **neuen Bundesländern** bestehen, jedenfalls seit Einführung des ZGB am 1.1.1976 und auf Grund Art. 8 Einigungsvertrag, weiterhin **keine Anerbenrechte.** Ob in den neuen Bundesländern die früheren Anerbenrechte schon seit Gründung der DDR weggefallen sind, ist streitig. Für die Fortgeltung der Landgüterordnung für die Provinz Brandenburg, der Mecklenburg-Schwerinschen Ausführungsverordnung zum BGB, des Mecklenburg-Strelitzschen Gesetzes über das Anerbenrecht, der Mecklenburg-Strelitzschen Ausführungsverordnung zum BGB und der Landgüterordnung für die Provinz Schlesien argumentieren manche höferechtlichen Kommentare[35] im Hinblick auf Art. II Kontrollratsgesetz Nr. 45. Die wohl überwiegende Meinung geht davon aus, dass diese Anerbenrechte entgegen dem Wortlaut des KRG Nr. 45 tatsächlich nicht mehr zur Geltung gelangt sind

---

[30] Gesetz vom 19.12.1955.
[31] Gesetz vom 20.12.1960.
[32] Gesetz vom 6.12.1956.
[33] Einzelheiten zum Verfahren im Höferecht: *Lange/Wulff/Lüdtke-Handjery* zu § 18 HöfeO.
[34] OLG Celle RdL 2003, 100.
[35] ZB *Lange/Wulff/Lüdtke-Handjery,* Höfeordnung, Einl. Rn. 12

oder jedenfalls seit Gründung der DDR (1949) wegen des Widerspruchs zur DDR-Verfassung gegenstandslos geworden sind[36]

21   Die noch geltenden höferechtlichen Gesetze:

– Baden Württemberg:
Badisches Gesetz die geschlossenen Hofgüter betreffend (Hofgütergesetz) im Gebiet des ehemaligen Südbaden vom 20.8.1898 (GVBl. S. 405) idF v. 29.7.2014 (GVBl. (Baden) S. 378): gilt weiterhin.
Das württembergische Gesetz über das Anerbenrecht (Anerbenrechtsgesetz) für die Gebiete Nordwürttemberg und Nordbaden und das Gesetz über das Anerbenrecht für das ehemalige Württemberg-Hohenzollern sind durch das 3. Gesetz zur Bereinigung des Baden-Württembergischen Landesrechts vom 18.12.1995 (GBl. 1996 S. 29) mit Ablauf des 31.12.2000 aufgehoben worden; sie sind übergangsweise auch für spätere Erbfälle anwendbar, wenn der Erblasser vor dem 1.1.1930 geboren war.

– Bremen:
Bremisches Höfegesetz v. 18.7.1899 idF v. 19.7.1948 (BremGBl. S. 124) idF v. 19.7.1948.

– Hessen:
Hessische Landgüterordnung v. 1.12.1947 (GVBl. 1948 I S. 12) idF v. 13.8.1970 (GVBl. I 547).

– Rheinland-Pfalz:
Landesgesetz über die HöfeO idF v. 18.4.1967.

– Hamburg, Niedersachsen, Nordrhein-Westfalen, Schleswig-Holstein:
HöfeO.

3. Berufskonsuln

22 Sie nehmen im Ausland **folgende Aufgaben in Nachlasssachen** wahr (§§ 2, 9, 11 KonsG vom 11.9.1974):[37]

• Beurkundung von Testamenten und Erbverträgen grds. **nur deutscher** Staatsbürger (§§ 10 Abs. 1 Nr. 1, 11 Abs. 1 KonsG; Sollvorschrift; die Beurkundung ist nicht deshalb unwirksam, weil der Erblasser Ausländer war; für das Testament kommt nur die Form des ordentlichen öffentlichen Testaments, das im Inland zur Niederschrift des Notars errichtet wird, in Frage, § 2231 Nr. 1 BGB; beim Erbvertrag darf der andere Erbvertragschließende Ausländer sein, sofern er die Erklärungen lediglich annimmt und sein Heimatrecht den Abschluss von Erbverträgen erlaubt; §§ 27 bis 35 BeurkG sind zu beachten);

• Eröffnung einer Verfügung von Todes wegen, wenn der Erblasser vor Absendung der Verfügung an das Amtsgericht stirbt oder wenn nach dem Tode des Erblassers eine solche Verfügung beim Konsularbeamten abgeliefert wird; § 348 Abs. 1 und 2, 349, 350 FamFG sind entsprechend anzuwenden (§ 11 Abs. 3 KonsG);

• Sicherung des in ihrem Amtsbezirk befindlichen Nachlasses deutscher Erblasser, wenn dies geboten erscheint (§ 9 Abs. 2 und 3 KonsG).

Konsularbeamte, die **nicht Berufskonsuln** sind, sollen Willenserklärungen nur beurkunden, wenn sie hierzu vom Auswärtigen Amt **besonders ermächtigt** sind (§ 19 Abs. 2 S. 1 KonsG); dies gilt entsprechend für **Honorarkonsularbeamte** (§ 24 Abs. 1 KonsG). Amtshandlungen ohne die erforderliche besondere Ermächtigung sind nichtig (BT-Drs. 7/2006, 6).

---

[36] S. näher MüKoBGB/*Leipold* Bd 9 Einl. 149 ff.
[37] Für das Verfahren bei der Beurkundung gelten die Vorschriften des BeurkG entsprechend (§ 10 Abs. 3 KonsG). Zum Verfahren s. *Geimer* DNotZ 1978, 3; Staudinger/*Baumann* §§ 2229–2264 Vorbem. 45 ff.

4. Sonstige Sonderzuständigkeiten

Für die **Nachlasssicherung** (§ 344 Abs. 4 FamFG) und die **Aufnahme von Vermögens-** 23
verzeichnissen sind im früheren Geltungsbereich des Allgemeinen Landrechts Dorfgerichte, Ortsgerichte, Gemeindevorstände bzw. Bürgermeister und Polizeibehörden zuständig: § 16 HessOrtsgerichtsG, Art. 104–108, 110, 111, 113, 116, 117, 118, 121–123 f. PrFGG; § 5 BremAGFGG; § 3 HambFGG; Art. 11 NdsFGG.

Für die **Einziehung des Erbscheins** ist das Gericht zuständig, das den Erbschein erteilt hat und zwar ohne Rücksicht darauf, ob es für die Erbscheinserteilung zuständig war.[38] Zur weiteren besonderen **Aufbewahrung des Testaments nach dem ersten Erbfall bei einem gemeinschaftlichen Testament** ist das Gericht des ersten Erbfalls zuständig, es sei denn, dass der überlebende Ehegatte oder Lebenspartner die Verwahrung bei einem anderen Amtsgericht verlangt (§ 344 Abs. 2 FamFG). Für exterritoriale Deutsche ist § 343 Abs. 2 FamFG und für Soldaten ist § 9 BGB zu beachten.

5. Unzuständigkeit[39]

Die örtliche, internationale oder sachliche Unzuständigkeit eines Gerichts oder einer sons- 24
tigen Nachlassbehörde macht die vorgenommene Handlung nicht unwirksam (§ 2 Abs. 3 FamFG direkt bzw. entsprechend); die Entscheidung ist jedoch anfechtbar. dies gilt auch für Entscheidungen des Rechtspflegers. Auf Beschwerde sind Maßnahmen, die von unzuständigen Gerichten erlassen wurden, aufzuheben (§ 68 FamFG). Für die funktionelle Unzuständigkeit Richter-Rechtspfleger gilt, dass die Zuständigkeitsüberschreitung des Richters das Geschäft nicht unwirksam oder anfechtbar macht (§ 8 Abs. 1 RPflG). Ebenso macht die fehlende Übertragung eines Geschäftes auf den Rechtspfleger das von ihm vorgenommene Geschäft nicht unwirksam (§ 8 Abs. 3 RPflG), das Geschäft ist jedoch anfechtbar. Nur die Wahrnehmung eines nicht übertragbaren Richtergeschäfts durch den Rechtspfleger macht das Geschäft unwirksam (§ 8 Abs. 4 S. 1 RPflG).

---

[38] BayObLG Rpfleger 1975, 304.
[39] Wegen der **internationalen Zuständigkeit** s. → § 47 Rn. 81. Die **örtliche Zuständigkeit** (s. hierzu auch §§ 343 ff. FamFG) wird bei den einzelnen Nachlassverfahren abgehandelt.

§ 29 Allgemeine Verfahrensgrundsätze nach dem FamFG

Übersicht

	Rn.
I. Das Frei- oder Strengbeweisverfahren	1
II. Die Beteiligten, Beteiligten- und Verfahrensfähigkeit	4
1. Die Beteiligten	4
2. Beteiligten- und Verfahrensfähigkeit	8
III. Beistände und Verfahrensbevollmächtigte	10
1. Beistände	10
2. Verfahrensbevollmächtigte	11
IV. Akteneinsicht und Erteilung von Abschriften	14
V. Gerichtssprache und Sitzungspolizei	19
1. Gerichtssprache	19
2. Sitzungspolizei	20
3. Beratung und Abstimmung bei Kollegialgerichten	21
VI. Nichtöffentlichkeit	22
VII. Die Ausschließung von der Amtsausübung und Ablehnung	23
VIII. Termine	26
IX. Aussetzung, Unterbrechung, Ruhen des Verfahrens	27
1. Aussetzung (§ 21 FamFG)	27
2. Unterbrechung	28
3. Ruhen des Verfahrens	29
X. Verfahrenskostenhilfe	30
1. Subjektive Voraussetzungen („Persönliche und wirtschaftliche Verhältnisse")	31
2. Objektive Voraussetzungen („hinreichende Aussicht auf Erfolg")	32
3. Beiordnung eines Rechtsanwalts (§ 78 FamFG)	33
XI. Benachrichtigungen	34

I. Das Frei- oder Strengbeweisverfahren

1 Auf welche Art das Nachlassgericht den Sachverhalt ermittelt, ist für den Einzelfall nicht vorgeschrieben; das Gesetz ordnet lediglich an, dass das Gericht die Beweise in der geeigneten Form erhebt (§ 29 Abs. 1 FamFG). Das Gericht entscheidet daher grundsätzlich nach pflichtgemäßem Ermessen, ob es die Beweise im Frei- oder Strengbeweisverfahren erhebt, wobei auch im Freibeweisverfahren das Ergebnis der Beweiserhebung zu dokumentieren ist (§ 29 Abs. 3 FamFG). Die Rechtsprechung lässt den Gerichten insoweit einen weiten Handlungsspielraum, grundsätzlich ist ein Strengbeweisverfahren aber dann durchzuführen, wenn dies zur Sachaufklärung erforderlich ist und nur so das Recht der Parteien, an der Wahrheitsermittlung mitzuwirken, gewährleistet ist..[1]

Wenn auch **keine Pflicht** des Gerichts besteht, in **mündlicher Verhandlung** die Nachlasssachen zu erörtern,[2] so kann dieses Verfahren doch zweckmäßig sein, vor allem in Hinblick auf die Gewährung des rechtlichen Gehörs (vergleiche hierzu die Ausführungen im Erbscheinsverfahren).

2 **Empfehlenswert** ist die mündliche Verhandlung **für „streitige" Erbscheins- und Erbscheinseinziehungsverfahren sowie für die Fälle des „echten Streitverfahrens"** (Verfahren wegen Entlassung von Testamentsvollstreckern nach § 2227 BGB sowie wegen Stundung des Pflichtteilsanspruchs einschließlich der Höhe der Zinsen).

---

[1] BayObLG FamRZ 1990, 1162; OLG Karlsruhe BeckRS 2015, 18616.

[2] Eine mündliche wie auch eine öffentliche Verhandlung in Nachlasssachen ist grundsätzlich nicht erforderlich (OLG Schleswig NJW-RR 2010, 1596). Art. 6 Abs. 1 EMRK gilt nur für echte Streitsachen, also nicht für das Erbscheinsverfahren. Dies gilt auch für das Beschwerdeverfahren nach § 68 Abs. 3 FamFG.

Im **Beweisverfahren** hat das Gericht nach seinem pflichtgemäßen Ermessen zu ent- **3** scheiden, ob es sich mit formlosen Ermittlungen **(Freibeweis)** begnügt oder eine förmliche Beweisaufnahme entsprechend der ZPO **(Strengbeweis:** Zeugen, Augenschein, Sachverständige) für erforderlich hält (§ 30 Abs. 1 FamFG). Nach § 30 Abs. 3 FamFG ist jedoch eine **förmliche Beweisaufnahme** durchzuführen, wenn ein Beteiligter eine Tatsachenbehauptung bestreitet, auf die das Gericht maßgeblich seine Entscheidung stützen will.

Im Verfahren des **Freibeweises** kann das Gericht die Beweise des **Strengbeweises** formlos (schriftliche Erklärung von Zeugen und Sachverständigen, formloser Augenschein) erholen; darüber hinaus kann es Urkunden einsehen, amtliche Auskünfte und dienstliche Äußerungen erholen, Akten erholen, eidesstattliche Versicherungen verwerten etc.

Der richtige Gebrauch des Ermessens erfordert jedoch bei den **echten Streitsachen** und dann, wenn eine ausreichende Sachaufklärung durch formlose Ermittlungen nicht ausreicht, die **förmliche Beweisaufnahme**, so etwa bei der Ermittlung von Form und Inhalt eines nicht mehr vorhandenen Testaments oder der Überprüfung der Testierfähigkeit des Erblassers. Die Ausübung des Fragerechts erzwingt bereits dieses Verfahren. Es ist jedoch häufig geboten, bei den zuletzt genannten Ermittlungen vorweg formlose Erkundigungen einzuziehen, um die Erforderlichkeit weiterer (förmlicher) Beweiserhebung abzuklären. Der Verfahrensgrundsatz der **Unmittelbarkeit der Beweisaufnahme** gilt im Verfahren der freiwilligen Gerichtsbarkeit nur insoweit, als das Gericht eine förmliche Beweisaufnahme angeordnet hat.[3]

Wird eine **mündliche Verhandlung** durchgeführt, so **müssen die Beteiligten zum Ergebnis einer Beweisaufnahme nicht mündlich verhandeln.** Das Gericht muss mit den Beteiligten auch nicht allein deshalb vor seiner Entscheidung die Sach- und Rechtslage erörtern; ob eine solche Erörterung durchzuführen ist, ist unter dem Gesichtspunkt des rechtlichen Gehörs zu beurteilen. Hat eine mündliche Verhandlung stattgefunden, so muss die abschließende Entscheidung grundsätzlich nicht von denselben Richtern gefällt werden, die an der mündlichen Verhandlung teilgenommen haben.[4]

II. Die Beteiligten, Beteiligten- und Verfahrensfähigkeit

1. Die Beteiligten

Im Verfahren der Freiwilligen Gerichtsbarkeit ist der zivilprozessuale Parteibegriff durch **4** den Begriff der Beteiligten ersetzt. Das Gesetz über das Verfahren in Familiensachen und die Angelegenheiten der freiwilligen Gerichtsbarkeit (FamFG) regelt die Rechte der Beteiligten in verschiedenen Vorschriften. Die Beteiligten können insbesondere das Verfahren selbst betreiben, soweit kein Anwaltszwang besteht; **Anwaltszwang** besteht nur vor dem BGH (§ 10 Abs. 4 S. 1 FamFG, siehe dort auch die Ausnahmen für Behörden etc.). Der Beteiligte kann sich durch einen Anwalt als Bevollmächtigten vertreten lassen, also das Verfahren in erster und zweiter Instanz betreiben (§ 10 Abs. 1 FamFG), Erklärungen abgeben (§ 28 FamFG), Anträge stellen und zurücknehmen (§§ 25, 22 FamFG), Schriftsätze einreichen und in einem Gerichtstermin – auch mit Beiständen, § 12 FamFG –, auftreten und die Sache mit dem Gericht erörtern (§ 32 FamFG), zur Beweisaufnahme Stellung nehmen (§ 30 FamFG), Rechtsmittel einlegen und diese in der Rechtsmittelinstanz vertreten (§ 10 Abs. 1 und 2 FamFG). Das Gericht kann das persönliche Erscheinen der Beteiligten anordnen (§ 33 FamFG); es darf eine Entscheidung, die die Rechte eines Beteiligten beeinträchtigt, nur auf Tatsachen und Beweisergebnisse stützen, zu denen dieser Beteiligte sich äußern konnte (§ 37 Abs. 2 FamFG). Der Beteiligte hat das Recht zur Akteneinsicht (§ 13 FamFG).

---

[3]   BayObLG NJW-RR 1996, 583.
[4]   BayObLGZ 1964, 433.

Das FGG hatte im Gegensatz zum FamFG den Beteiligtenbegriff nicht definiert. Das FamFG stellt in § 7 **allgemeine Regeln** zur Beteiligung auf (Muss- und Kannbeteiligte; Informations- und Belehrungspflichten des Gerichts; Ablehnung eines Hinzuziehungsantrags und Rechtsmittel), die jedoch verdrängt werden durch **Spezialregelungen.** Für das **Nachlassverfahren** regelt § 345 FamFG die Beteiligung **speziell,** jedoch nur für **Antragsverfahren,** nicht für das Amtsverfahren. Das materielle Recht regelt wiederum, ob das Verfahren ein Antrags- oder Amtsverfahren ist.

Antragsverfahren sind die in § 345 Abs. 1 bis 3 FamFG angesprochenen Verfahren

– Erteilung eines Erbscheins, §§ 2353 ff. BGB;

– sonstige Zeugnisse des Nachlassgerichts, §§ 1507 BGB, 36, 37 GBO, 42–47 Schiffs-RegO;

– Ernennung eines Testamentsvollstreckers und Erteilung eines Testamentsvollstreckerzeugnisses, §§ 2197 ff., § 345 Abs. 3 S. 1 FamFG, § 2200 BGB

– und die in § 345 Abs. 4 FamFG geregelten **„sonstigen Nachlassverfahren" auf Antrag** (Nachlasspflegschaft, §§ 1960, 1961 BGB; Nachlassverwaltung, § 1981 BGB; Entlassung eines Testamentsvollstreckers, § 2227 BGB; Bestimmung erbrechtlicher Fristen, §§ 2151 Abs. 3 S. 2, 2154 Abs. 2 S. 2155 Abs. 2, 2192, 2193 Abs. 3 S. 3, 2198 Abs. 2, 2202 Abs. 3 S. 1 BGB; Bestimmung oder Verlängerung einer Inventarfrist, §§ 1994 Abs. 1, 1995 Abs. 3, 1996, 2005 Abs. 2 BGB; Abnahme einer eidesstattlichen Versicherung, § 2006 BGB).

5   Die Beteiligtenstellung in den Fällen der §§ 259, 260, 2028 und 2057 BGB regelt das FamFG in § 412 **(weitere Angelegenheiten der freiwilligen Gerichtsbarkeit).**

Nachlassverfahren von Amts wegen sind solche, die von Amts wegen eingeleitet und betrieben werden, wie die Einziehung eines Erbscheins (§ 2361 BGB), die Einziehung eines Testamentsvollstreckerzeugnisses (§§ 2368, 2361 BGB) und die Erbenermittlung von Amts wegen in Bayern und Baden-Württemberg. Die Beteiligtenstellung in diesen Verfahren regelt nicht § 345 FamFG; es verbleibt bei der allgemeinen Regelung in § 7 FamFG.

Im Anwendungsbereich des FGG wurde zwischen dem Beteiligten im **materiellen** und im **formellen** (prozessualen) Sinn unterschieden. Diese Differenzierung behält auch unter der Geltung des FamFG ihren Darstellungswert.[5]

6   **Beteiligter im materiellen Sinn:** ist jede Person, deren Rechte und Pflichten durch die (zu erwartende oder bereits erlassene) gerichtliche Entscheidung unmittelbar betroffen wird oder betroffen werden kann, ohne Rücksicht darauf, ob er in dem Verfahren aufgetreten ist.[6] Hierzu gehört nicht nur der **(Mit-)Erbe** in dem durch seinen Antrag eingeleiteten Verfahren, sondern auch der Miterbe in dem Verfahren auf Ausstellung eines gemeinschaftlichen Erbscheins auf Antrag eines anderen Miterben.[7] Dabei genügt es für die Hinzuziehung, wenn das behauptete Erbrecht nicht von vornherein gänzlich fernliegend erscheint, die materielle Prüfung ist dem Erbscheinsverfahren vorbehalten (sog. doppelrelevante Tatsache).[8]

Nicht ausreichend ist ein nur mittelbares rechtliches Interesse,[9] etwa das des Erwerbers eines Nachlassgegenstandes. Auch im Antragsverfahren der freiwilligen Gerichtsbarkeit ist das Gericht grundsätzlich verpflichtet, die am Verfahren materiell Beteiligten zu ermitteln.[10]

7   **Beteiligter im formellen Sinne:** ist, wer von seinem Antrags- oder Beschwerderecht Gebrauch macht und jeder, der zur Wahrnehmung – wenn auch nur behaupteter – Rechte im Verfahren auftritt oder zum Verfahren hinzugezogen wird. Im **Erbscheinsverfahren** ist

[5]   Keidel/*Zimmermann* § 7 Rn. 7.
[6]   BayObLGZ 1950/51, 342 in std. Rspr.; BGHZ 35, 296; Keidel/*Zimmermann* § 7 Rn. 4.
[7]   BayObLGZ 1960, 216.
[8]   OLG München NJW-RR 2017, 71.
[9]   BayObLGZ 1966, 49 (65).
[10] BayObLG DNotZ 1994, 178.

der Antrags- wie auch der Beschwerdeberechtigte Beteiligter. So ist etwa der im Erbscheinserteilungsverfahren des Vorerben nicht antrags-,[11] aber (bei Nichterwähnung im Erbschein) beschwerdeberechtigte[12] **Nacherbe** als Beteiligter anzusehen. Nur so kann er die Beachtung seiner Rechtsposition überwachen.

Will das Beschwerdegericht auf Beschwerde des Testamenterben die einen Erbscheinsantrag zu dessen Gunsten ablehnende Entscheidung des Nachlassgerichts aufheben und dieses anweisen, den beantragten Erbschein zu erteilen, so hat es die **gesetzlichen Erben** am Beschwerdeverfahren zu beteiligen.[13]

Der Antragsteller im Antragsverfahren, der Muss-Beteiligte gemäß § 7 Abs. 2 FamFG, der von Amts wegen oder auf Antrag beigezogene Kann-Beteiligte gemäß § 7 Abs. 3 FamFG können nicht **Zeugen** sein.[14]

Anstelle von Minderjährigen und Geschäftsunfähigen sowie für juristische Personen sind deren **gesetzliche Vertreter als Beteiligte zu vernehmen** (§ 455 Abs. 1 ZPO entspr.).

2. Beteiligten- und Verfahrensfähigkeit

Nur ein Rechtsfähiger kann **beteiligtenfähig** sein, § 8 FamFG. Für die freiwillige Ge- **8** richtsbarkeit gilt ähnliches wie für die streitige Gerichtsbarkeit. Damit ist jede natürliche und juristische Person (des öffentlichen und des Privatrechts), die OHG, auch Behörden (§ 8 Nr. 3), aber nicht der nicht rechtsfähige Verein[15] beteiligtenfähig. Die Beteiligtenfähigkeit ausländischer juristischer Personen richtet sich nach dem Recht ihres tatsächlichen Verwaltungssitzes.[16] Die in einem Mitgliedsstaat der Europäischen Gemeinschaft erworbene Rechts- und Parteifähigkeit einer Gesellschaft (und damit Beteiligtenfähigkeit) muss auch beachtet werden, wenn sie von ihrer Niederlassungsfreiheit in einem anderen Mitgliedstaat Gebrauch macht, Art. 43, 48 EGV; entsprechendes gilt für die EFTA-Staaten (Art. 31 EWR).[17]

Verfahrensfähigkeit ist die Fähigkeit, in einem Verfahren selbst oder durch selbst **9** bestellte Vertreter wirksam Erklärungen abzugeben oder entgegenzunehmen, § 9 FamFG.[18] Sie ist eine Sachentscheidungs- und Prozesshandlungsvoraussetzung und von Amts wegen zu beachten.[19] Anträge Verfahrensunfähiger sind nach Hinweis als unzulässig abzuweisen. Grundsätzlich sind nur **Geschäftsfähige und beschränkt Geschäftsfähige ab 15 Jahren** verfahrensfähig (§ 9 Abs. 1 Nr. 1 und 3 FamFG),[20] bei einem Mangel in der Geschäftsfähigkeit können Anträge nur von dem gesetzlichen Vertreter gestellt werden (§ 9 Abs. 2 FamFG). Da jedoch ein Minderjähriger nach Vollendung seines 16. Lebensjahres ein Testament errichten kann, kann er auch die Rückgabe des Testaments (an ihn persönlich) verlangen (§§ 2229 Abs. 1 und 2, 2233 Abs. 1, 2256 BGB). Die §§ 53 bis 58 ZPO sind analog anzuwenden. Wird eine prozessfähige Person durch einen Betreuer oder Pfleger vertreten, so steht sie für den Rechtsstreit einer nicht prozessfähigen Partei gleich (§ 53 ZPO).

Die Abgabe **eidesstattlicher Versicherungen** (§§ 2006, 2057 S. 2, 352 f. FamFG) muss in Person geleistet werden (§§ 413, FamFG, 478 ZPO). Schwurpflichtig ist, wer das 16. Lebensjahr vollendet hat (§§ 393, 455 Abs. 2 ZPO) und zur Erkenntnis von Wesen

---

[11] Vgl. Palandt/*Weidlich* § 2353 Rn. 13.
[12] MüKoBGB/*Mayer* § 2353 Rn. 83; BayObLGZ 1948/51, 561.
[13] BayObLG NJWE-FER 1997, 19.
[14] Keidel/*Sternal* § 30 Rn. 45; *Baur*, FS Bosch, 1976, 28 ff. will materiell Beteiligte bis zu ihrer formellen Beteiligung als Zeugen vernehmen.
[15] Keidel/*Zimmermann* § 8 FamFG Rn. 13; BGH NJW 1990, 186.
[16] BGH NJW 1997, 658.
[17] Etwa eine liechtensteinische Gesellschaft, BGH NJW 2005, 3351.
[18] Keidel/*Zimmermann* § 9 FamFG Rn. 3.
[19] BayObLG FamRZ 1976, 711 (712).
[20] BayObLGZ 66; 261 (262); OLG Frankfurt a. M. DNotZ 1965, 482.

und Bedeutung des Eides geistig in der Lage ist. Eine Vertretung bei der Eidesleistung, auch bei gesetzlicher Vertretung, ist ausgeschlossen.[21]

Die Verfahrensfähigkeit (wie auch die Beteiligtenfähigkeit) von **Ausländern** richtet sich gemäß Art. 7 Abs. 1 EGBGB, §§ 9 Abs. 3 FamFG, 55 ZPO nach dem Personalstatut, also nach dem Heimatrecht des Ausländers, wobei § 55 ZPO die Prozessfähigkeit erweitert, wenn sie nach dem Heimatrecht fehlt, jedoch nach dem Recht des Prozessgerichts gegeben ist.[22]

III. Beistände und Verfahrensbevollmächtigte

1. Beistände

10   Gemäß § 12 S. 1 FamFG können die Beteiligten mit Beiständen erscheinen. Im Nachlassverfahren sind dies häufig Familienangehörige. Der Beistand gibt keine Erklärungen mit unmittelbarer Wirkung für den Beteiligten ab; sie sind diesem nur zuzurechnen, wenn er sich die Erklärungen zu eigen macht oder sie in Anwesenheit des Beteiligten in der mündlichen Verhandlung nicht sofort widerruft oder berichtigt (§ 12 S. 5). Anderweitiger (schriftlicher oder außerhalb mündlicher Verhandlung in Abwesenheit des Betroffenen erfolgter) Vortrag ist nicht zuzurechnen.

Beistand kann sein, wer in Verfahren ohne Anwaltszwang zur Vertretung befugt ist (§ 12 S. 2). Das sind gemäß § 10 Abs. 2 FamFG

- Beschäftigte des Beteiligten oder eines verbundenen Unternehmens, Behörden, juristische Personen des öffentlichen Rechts (Nr. 1);
- volljährige Familienangehörige, Personen mit Befähigung zum Richteramt und die Beteiligten, wenn die Vertretung nicht im Zusammenhang mit einer entgeltlichen Tätigkeit steht (Nr. 2);
- Notare (Nr. 3).

Rechtsanwälte sind befugt, wenn sie nicht als Vertreter des Beteiligten, sondern nur als dessen Beistand auftreten (§ 10 Abs. 2 S. 1 FamFG). Aktive Richter dürfen nicht als Beistand vor dem Gericht auftreten, dem sie angehören.[23]

Das Gericht kann nach seinem Ermessen durch unanfechtbaren Beschluss den zum Auftreten befugten Beiständen nach Verwarnung **weiteren** Vortrag untersagen, wenn sie nicht inhaltlich oder formal in der Lage sind, das Sach- und Streitverhältnis sachgerecht darzustellen (§ 12 S. 4 iVm § 10 Abs. 3 S. 3 FamFG). Im Protokoll ist das Verhalten des Beistandes sowie seine Verwarnung festzuhalten und der Beschluss zu begründen. Nicht vertretungsbefugte Beteiligte weist das Gericht ohne Ermessensspielraum durch unanfechtbaren Beschluss zurück. Auf die Fähigkeit zum sachgerechten Vortrag kommt es dabei nicht an. Diese Personen müssen zwar nicht den Gerichtssaal verlassen, jedoch schweigen.[24]

Das Gericht kann bei Sachdienlichkeiten und Bedürfnis auch andere Personen ohne Beschluss als Beistand zulassen (§ 12 S. 2 FamFG). Die Anwesenheit und Zulassung ist im Protokoll zu vermerken.

2. Verfahrensbevollmächtigte

11   Ein Anwaltszwang besteht lediglich vor dem Bundesgerichtshof (§ 10 Abs. 4 FamFG; zu den Ausnahmen s. dort S. 2), nicht also vor dem Amtsgericht/Nachlassgericht und im Beschwerdeverfahren vor dem Oberlandesgericht; die Beteiligten können dort das Verfahren selbst betreiben (§ 10 Abs. 1 FamFG). Die Beteiligten können sich durch einen

---

[21]   Zöller/*Greger* § 478 Rn. 2.
[22]   BayObLGZ 63, 35; BGH JZ 1956, 535.
[23]   Dies gilt nicht für pensionierte Richter.
[24]   Keidel/*Zimmermann* § 12 Rn. 13.

deutschen[25] **Rechtsanwalt** als Verfahrensbevollmächtigten vertreten lassen (§ 10 Abs. 2 S. 1 FamFG). Die **Vertetung** durch **Nichtanwälte** ist nur in den Fällen des § 10 Abs. 2 Nr. 1 bis 3 FamFG vorgesehen, im Nachlassverfahren also insbesondere volljährige **Familienangehörige, Volljuristen** (auch im Ruhestand) und **andere Beteiligte** – dh Streitgenossen, etwa Miterben, die einen gemeinschaftlichen Erbschein beantragen – nach Nr. 2 und **Notare** gemäß Nr. 3. Rechtsanwälte und Notare müssen zunächst keine Vollmacht vorlegen, es genügt die Behauptung der Bevollmächtigung; bei Bestreiten der Vollmacht ist das Original der Vollmachtsurkunde vorzulegen (§ 11 FamFG). Beim Auftreten anderer Bevollmächtigter als Rechtsanwälte oder Notare hat das Gericht die Vollmacht von Amts wegen zu prüfen, fehlt sie, hat das Gericht zur Vorlage eine Frist zu setzen, sie ist schriftlich im Original vorzulegen. Der Beteiligte kann die Vollmacht auch zu Protokoll des Gerichts erteilen.[26] Wird die Echtheit der Unterschrift bestritten, muss das Gericht dies überprüfen, kann etwa die öffentliche Beglaubigung der Unterschrift verlangen oder bei Anwesenheit des Beteiligten diesen hierzu befragen. Der vollmachtlose Vertreter kann vom Gericht durch Beschluss einstweilen unter Fristsetzung zur Beibringung der Vollmacht zur Prozessführung zugelassen oder bis zum Nachweis der Vollmacht zurückgewiesen werden; das Gericht kann auch vertagen. Wird die Vollmacht bis zum Erlass der Entscheidung nicht erbracht, wird der Vertreter durch Beschluss zurückgewiesen oder der vom vollmachtlosen Vertreter gestellte Antrag wird als unzulässig zurückgewiesen; die Kosten werden dem Vertreter auferlegt (§§ 11 S. 5 FamFG, 89 ZPO) oder dem Beteiligten, falls dieser das Auftreten des Vertreters veranlasst hat.[27] Die Beiordnung eines Anwalts in Verfahrenskostenhilfesachen begründet noch keine Vollmacht; der Mandant muss noch Vollmacht erteilen.[28]

Eine **Vertretung** ist **ausgeschlossen,** wenn die Handlung nach gesetzlicher Vorschrift **12** oder ihrer Natur nach von dem Beteiligten **persönlich** vorzunehmen ist:

• Bei **Eidesleistungen/Versicherungen an Eides Statt** (§ 2006 BGB: eidesstattl. Versicherung des Erben, bei Minderjährigen zwar Erklärung des gesetzlichen Vertreters; den Eid kann der gesetzliche Vertreter jedoch nicht leisten).
Gemäß § 2256 Abs. 2 S. 2 BGB darf das **amtlich verwahrte Testament** nur an den Erblasser **persönlich zurückgegeben** werden, nicht an einen Vertreter.[29]
Der auf das Erbe **Verzichtende** kann sich vertreten lassen (s. näher § 2347 Abs. 1 BGB). Der **Erblasser** jedoch kann den **Erbverzichtsvertrag** nur persönlich schließen (§ 2347 Abs. 2 S. 1 BGB); dies gilt auch bei Protokollierung im Rahmen eines gerichtlichen Vergleichs und selbst im Anwaltsprozess.[30] Der in der Geschäftsfähigkeit beschränkte Erblasser bedarf nicht der Zustimmung seines gesetzlichen Vertreters (§ 2347 Abs. 2 S. 1 Hs. 2 BGB). Ist der Erblasser geschäftsunfähig, kann der Vertrag durch seinen gesetzlichen Vertreter geschlossen werden (§ 2347 Abs. 2 S. 2 BGB), der Vertrag bedarf jedoch der gerichtlichen Genehmigung (§ 2347 Abs. 2 S. 2 Hs. 2 BGB). **Testamentserrichtung** (§ 2064 BGB) und **Testamentswiderruf** (§ 2254 BGB) können nur persönlich erfolgen.

• Eine Vertretung durch Bevollmächtigte ist unstatthaft (er ist jedoch von der Ladung zu benachrichtigen), falls das Gericht das **persönliche Erscheinen der Beteiligten** angeordnet hat (§ 33 Abs. 1 und 2 FamFG). Bleibt der Beteiligte dennoch aus, kann das Gericht den erschienenen Bevollmächtigten zurückweisen; auf den nicht erschienenen

---

[25] Europäische Rechtsanwälte nur gemäß Ges. vom 9.3.2000 (BGBl. I S. 182).
[26] Keidel/*Zimmermann* § 11 Rn. 8; eine höherwertige Form der Schriftlichkeit. Der Schriftform genügt auch die notarielle Beurkundung oder die Zusendung per Fax.
[27] BGH NJW-RR 2000, 1499; Keidel/*Zimmermann* § 12 Rn. 34. Die Schäden, die dem Gegner entstanden sind, müssen vom Vertreter in einem eigenen Verfahren eingeklagt werden (§ 89 Abs. 1 letzter Hs.).
[28] BGH NJW 1987, 440.
[29] BGH NJW 1959, 2113.
[30] BayObLG NJW 1965, 1276.

Beteiligten kann das Gericht Zwang durch Androhung und Festsetzung von Zwangsgeld oder durch Vorführung nach § 33 Abs. 3 FamFG ausüben.

13   Eine Vertretung bei der **Anfechtung eines Erbvertrages** oder einer erbvertragsmäßigen Verfügung (§ 2282 Abs. 1 BGB), beim **Rücktritt vom Erbvertrag** oder von einer erbvertragsmäßigen Verfügung (§ 2296 Abs. 1 BGB) ist unzulässig. Wird der Erblasser nach Errichtung eines Erbvertrags geschäftsunfähig, ermöglicht § 2282 Abs. 2 BGB in den Fällen des Irrtums, des Erschleichens oder Erzwingens die Anfechtung von Vertragsbestimmungen durch den gesetzlichen Vertreter, dem die Vermögensverwaltung zusteht; gerichtliche Genehmigung ist erforderlich.

IV. Akteneinsicht und Erteilung von Abschriften

14   **§ 13 FamFG** regelt die Materie allgemein; **Sondervorschriften für das Nachlass- und Teilungsverfahren** befinden sich in §§ 357, 366 Abs. 3, 368 Abs. 2 FamFG; 1953 Abs. 3 S. 2, 1957 Abs. 2 S. 2, 2010, 2081 Abs. 2, 2146 Abs. 2, 2228, 2384 Abs. 2 BGB. Diese Vorschriften regeln nach Voraussetzungen, Umfang und Rechtsnatur die Einsicht jeweils unterschiedlich.[31] § 13 FamFG geht als bereichsspezifische Regelung den Vorschriften der Datenschutzgesetze des Bundes und der Länder vor.[32]

Beteiligte haben einen Anspruch auf Akteneinsicht, wenn nicht schwerwiegende Interessen eines Beteiligten oder eines Dritten ausnahmsweise entgegenstehen (Abs. 1). Anders sind die Voraussetzungen bei Dritten geregelt (Abs. 2).

Vor der Entscheidung über den Antrag hat das Nachlassgericht den Beteiligten rechtliches Gehör zu gewähren, um danach die Interessenabwägung vornehmen zu können. Bei Vorliegen der Voraussetzungen des § 13 Abs. 2 FamFG (Vorliegen eines **berechtigten Interesses** des Gesuchstellers, **Glaubhaftmachung** des Interesses, Fehlen von schutzwürdigen Interessen Dritter oder Beteiligter, die trotz Vorliegen der genannten Voraussetzungen der Gewährung entgegenstehen) **kann** das Gericht Einsicht erteilen. Es hat nach pflichtgemäßem Ermessen zu entscheiden.[33] Das Ermessen darf aber erst dann ausgeübt werden, wenn das Gericht ein berechtigtes Interesse bejaht hat.[34] Bei der Abwägung ist zu berücksichtigten, dass das Verfahren grundsätzlich nicht öffentlich geführt wird. Andererseits rechtfertigt die Öffentlichkeit der Verhandlung nicht bereits die Einsicht.

15   Ein **berechtigtes Interesse** zur Einsicht in **Nachlassakten** hat, wer glaubhaft macht, dass er als gesetzlicher oder testamentarischer Erbe, Pflichtteilsberechtigter oder Vermächtnisnehmer in Betracht kommt.[35] Ein solches Interesse können auch Nachlassgläubiger haben.[36] Anders als bei einem vom Nachlasspfleger beauftragten Erbenermittler[37] steht im Übrigen einem Erbenermittler kein private Geheimhaltungsinteressen überwiegendes berechtigtes Interesse auf Einsicht in Nachlassakten zu, wenn Ziel seines Begehrens die Erlangung von Anfangsinformationen ist, auf deren Grundlage er eigene Ermittlungen zur Feststellung von Erben aufzunehmen beabsichtigt, nachdem das Nachlassgericht bereits das Fiskuserbrecht festgestellt hat.[38]

Ein berechtigtes Interesse liegt schon dann vor, wenn der Antragsteller ein vernünftiges, durch die Sachlage gerechtfertigtes Interesse glaubhaft macht, das auch tatsächlicher Art sein

---

31   Soweit die Rechtslage für die Erteilung von Abschriften derjenigen für die Einsicht entspricht, wird im Folgenden nicht weiter differenziert.
32   Keidel/*Sternal* § 13 Rn. 7.
33   BayObLGZ 1959, 420 (425); OLG Karlsruhe FamRZ 1966, 268.
34   BayObLG FamRZ 1990, 1124.
35   KG NJW-RR 2011,1025. Bloße Verwandtschaft genügt nicht, BayObLG Rpfleger 1982, 345; BayObLG Rpfleger 1984, 238 mwN.
36   BayObLG NJW-RR 1997, 771; BayObLG FGPrax 1995, 72; BayObLG FamRZ 1990, 1124; BGH NJW-RR 2004, 381.
37   KG FamRZ 2011, 920; KG Rpfleger 2011, 376 (zum ges. Vertreter nach § 11b Abs. 1 VermG).
38   OLG Hamm FGPrax 2011, 27.

kann und nicht auf bereits vorhandenen Rechten beruhen muss.[39] Ein berechtigtes Interesse ist im Allgemeinen gegeben, wenn ein künftiges Verhalten des Antragstellers durch die Kenntnis vom Akteninhalt beeinflusst werden kann.[40] Kein Ermessen besteht, wenn der Antragsteller nicht nur ein berechtigtes, sondern ein **rechtliches Interesse** glaubhaft macht.[41] § 357 FamFG setzt ein rechtliches Interesse voraus. Ein rechtliches Interesse ist enger als ein berechtigtes Interesse. Es setzt ein auf Rechtsnormen beruhendes oder durch solche geregeltes, gegenwärtig bestehendes Verhältnis einer Person zu einer anderen Person oder zu einer Sache voraus.[42] Besteht ein berechtigtes oder rechtliches Interesse, besteht auch ein grundsätzlich nicht beschränkbarer Anspruch auf Fertigung von Ablichtungen, Ausfertigungen, Auszügen, Abschriften durch die Geschäftsstelle des aktenführenden Gerichts (§ 13 Abs. 3 FamFG).[43]

Für den **Umfang** der Einsicht ist ebenfalls das glaubhaft gemachte Interesse maßgeblich. **16** Nimmt der Pflichtteilsberechtigte Akteneinsicht in die Nachlassakte, darf die darin vom Erben zu Kostenzwecken erstellte Nachlassaufstellung nicht vorenthalten werden.[44] Ein Rechtsanspruch auf Akteneinsicht durch **Hinausgabe der Akten** in die Büroräume des Anwalts oder die Räume eines Antragstellers besteht **grundsätzlich** nicht, § 13 Abs. 4 S. 1 FamFG;[45] die Entscheidung des Gerichts bzw. bei einem Kollegialgericht des Vorsitzenden ist nicht anfechtbar (§ 13 Abs. 4 S. 3 FamFG). Im Übrigen ist die Verweigerung der Einsicht eine Endentscheidung und mit der Beschwerde angreifbar; der Beschwerdewert von über 600 EUR wird idR bei den meisten Nachlässen erreicht werden.[46]

Bei Gewährung der Einsicht kann die Interessenabwägung ergeben, dass bestimmte Aktenbestandteile ausgenommen werden. Die Mitteilung von Entscheidungen mit geschwärzten Namen ist zulässig, sofern auch sonstige individualisierende Merkmale unkenntlich gemacht werden.

Nach Beendigung des Verfahrens richtet sich das Akteneinsichtsrecht (auch im Verfahren der freiwilligen Gerichtsbarkeit) nach §§ 299 Abs. 2 ZPO, 23 EGGVG.[47]

Zuständig zur Entscheidung ist der Richter, in den ihm übertragenen Angelegen- **17** heiten der Rechtspfleger (§ 4 Abs. 1 RPflG), auch noch nach Beendigung des Verfahrens.[48]

Der Gesuchsteller kann die Einsicht durch Bevollmächtigte ausführen lassen, wenn nicht besondere Umstände dem entgegenstehen. Dem verfahrensbevollmächtigten Anwalt ist regelmäßig Akteneinsicht zu gewähren; die Vollmacht des beurkundenden Notars wird idR vermutet; die Vollmacht von Auskunfteien ist sorgfältig zu prüfen. Die Gewährung von Akteneinsicht an einen im Verfahren nicht beteiligten Notar stellt keine Rechtshilfe iS der §§ 156 ff. GVG dar; anders wohl bei württembergischem Notar, der die Stellung des Nachlassgerichts hat.

Soweit **Behörden** nicht als Beteiligte, sondern als Dritte Gesuchsteller sind, gilt nicht **18** § 13 FamFG, sondern Art. **35 Abs. 1 GG** (soweit keine Sondervorschriften bestehen). Zuständig zur Entscheidung ist die **Justizverwaltung.**

Die Akteneinsicht ist gebührenfrei. Für Abschriften und deren Beglaubigung beachte Nr. 25102, 32000 KV-GNotKG, § 8 GNotKG.

---

[39] BayObLG FamRZ 1990, 430 mwN; OLG Stuttgart NJW 2011, 6 (Kinder des nichtehelichen Sohnes des Erblassers).
[40] BGH NJW-RR 1994, 381 f.; BayObLGZ 1995, 1 (4).
[41] KG NJW-RR 2011, 1025 (es ging um ein Vermächtnis).
[42] KG NJW-RR 2011, 1025.
[43] KG NJW-RR 2011, 1025; Keidel/*Sternal* § 13 Rn. 61.
[44] OLG Jena BeckRS 2011, 21527.
[45] Nur wenn glaubhaft gemacht, dass andernfalls das Recht auf Akteneinsicht vereitelt oder wesentlich erschwert würde; BayObLGZ 1995, 3.
[46] Das KG (NJW-RR 2011, 1025) geht mangels Angaben hierzu vom Erreichen des Beschwerdewerts aus, da es sich beim Vermächtnis um Schmuck und Pelze handele.
[47] BGH NJW 2015, 1827.
[48] BayObLG Rpfleger 1982, 345.

In der Praxis bedeutsam ist die Grundbucheinsicht für den Pflichtteilsberechtigten, der sich Klarheit verschaffen will über seine möglicherweise bestehenden Pflichtteilsergänzungsansprüche auf Grund von Schenkungen oder gemischten Schenkungen des Erblassers. Darüber kann er sich nur Klarheit verschaffen über Einsicht in das Grundbuch, die Grundbuchakten einschließlich der Grundakten mit den Verträgen. Nach § 12 Abs. 1 GBO ist die Einsicht in ein Grundbuch jedermann gestattet, der ein berechtigtes Interesse hat. Ein rechtliches Interesse ist nicht erforderlich, auch ein wirtschaftliches Interesse genügt. Die Darlegung des Interesses eines Pflichtteilsberechtigten an der Prüfung von Pflichtteilsergänzungsansprüchen ist deshalb in der Regel ausreichend.[49] Die Stellung als gesetzlicher Erbe des Erblassers rechtfertigt die Grundbucheinsicht (insbes. in die Abteilungen II und III wegen des Wertes), es genügt, wenn der Antragsteller dies darlegt und Angaben auf geltend zu machende Erbansprüche macht. Nicht erforderlich ist ein konkreter und nachvollziehbarer Vortrag zu den näheren Umständen der Forderung.[50] Nach zutreffender Ansicht besteht auch ein Recht des Pflichtteilsberechtigten auf Einsicht in die Grundakten, eine Vollmacht des Eigentümers oder ein Erbschein kann nicht verlangt werden.[51] Ungeachtet des Wortlauts des § 12c Abs. 4 S. 1 GBO entscheidet über Rechtsmittel gegen Entscheidungen des Urkundsbeamten der Geschäftsstelle über die Gestattung der Grundbucheinsicht nicht der Grundbuchrichter, sondern der Rechtspfleger.[52]

Das Recht zur **Einsichtnahme in die bei dem Notar verwahrten Urkunden** ist ebenso wie das Recht auf Ausfertigungen und Abschriften in § 51 BeurkG geregelt.[53] §§ 13 FamFG, 12 GBO sind weder direkt noch subsidiär anwendbar.[54] Die Pflicht des Notars zur Erteilung von Urkundenabschriften geht seiner Verschwiegenheitspflicht vor.

V. Gerichtssprache und Sitzungspolizei

1. Gerichtssprache

19 **§ 184 GVG:** „Die Gerichtssprache ist deutsch."
Verstehen alle Beteiligten eine Sprache, so kann auf die Zuziehung eines Dolmetschers verzichtet werden (§ 185 Abs. 2 GVG). Alle Schreiben an das Gericht müssen in deutscher Schrift abgefasst sein. Nicht in deutscher Sprache abgefasste Schreiben **sind unbeachtlich** und wahren eine Frist nicht.[55] Bei Vorlage fremdsprachiger Schriften zu Beweiszwecken ist der vorlegenden Partei aufzugeben, die Übersetzung durch einen allgemein vereidigten Dolmetscher vorzulegen. Kommt es wegen Sprachschwierigkeiten zu einer solchen Fristversäumnis, ist auf Antrag Wiedereinsetzung in den vorigen Stand zu gewähren.[56]

Die Zuziehung eines **Dolmetschers** zu einer Verhandlung, bei der ein Beteiligter die deutsche Sprache nicht soweit beherrscht, dass er der Verhandlung folgen kann, ist Amtspflicht.[57] Die Kosten des Dolmetschers sind dem ausländischen Beteiligten aufzuerlegen.[58] Sterbe- und Geburtsurkunden etc, die in fremden Sprachen abgefasst sind, können auch ohne Übersetzung benutzt werden; sofern der Beteiligte verpflichtet ist, die Urkunde zu

---

49 OLG Frankfurt a. M. BeckRS 2011, 17459.
50 OLG Düsseldorf FGPrax 2011, 57.
51 OLG Karlsruhe BeckRS 2013, 16674; *Roth* NJW-Spezial 2011, 519 zu OLG Frankfurt a. M. BeckRS 2011, 17459; FGPrax 2011, 57; entgegen OLG München BeckRS 2011, 07262 (kein Einsichtsrecht, sofern das Grundstück dem Erblasser nie gehörte) und NJW-Spezial 2011, 296; *Roth* NJW-Spezial 2012, 359. Auch der Schutz von Interessen Dritter rechtfertigt nicht die Ablehnung der Einsicht in die Grundakten. Letztlich soll lediglich Neugier oder ein unbefugter Zweck zur Ablehnung führen, so zutreffend OLG Düsseldorf FGPrax 2011, 57 mwN.
52 OLG Düsseldorf FGPrax 2011, 57; OLG Rostock FGPrax 2010, 180.
53 LG München II MittBayNot 2011, 518.
54 LG München II MittBayNot 2011, 518; Keidel/*Sternal* § 13 Rn. 20.
55 BGH NJW 1982, 537; BayObLGZ 1986 Nr. 98.
56 BVerfGE 40, 95 (98).
57 Keidel/*Meyer-Holz* § 32 Rn. 35.
58 MüKoZPO/*Zimmermann* § 185 GVG Rn. 16;. Art. 6 Abs. 3 MRK gilt nicht für das Nachlassverfahren.

seinem Antrag vorzulegen, kann ihm das Gericht die Vorlage einer Übersetzung eines vereidigten Dolmetschers aufgeben. Der Dolmetscher ist regelmäßig zu vereidigen (Voreid). Die Beteiligten können übereinstimmend hierauf verzichten.

Zur Beeidigung des Dolmetschers gemäß § 189 GVG ist der Rechtspfleger nicht befugt (§ 4 Abs. 2 Nr. 1 RPflG); er kann jedoch einen allgemein vereidigten Dolmetscher zuziehen; die Beeidigung muss durch den Richter erfolgen, wenn der Dolmetscher nicht allgemein beeidigt ist. und die Ablehnung eines Dolmetschers richtet sich nach §§ 191 S. 1 GVG, 406 ZPO.

2. Sitzungspolizei

§ 176 GVG: „Die Aufrechterhaltung der Ordnung in der Sitzung obliegt dem Vorsitzen- **20** den."

Diese sitzungspolizeilichen Befugnisse, richten sich gegen jedermann.[59] Sie stehen nicht dem Rechtspfleger zu, er muss dem Richter vorlegen, wenn er sie androhen oder verhängen will (§ 4 Abs. 2 Nr. 2 und Abs. 3 RPflG). **Maßnahmen** (§ 177 GVG) und **Ordnungsmittel** (§ 178 GVG) sind gegen Beteiligte, Zeugen, Sachverständige und Dritte, jedoch nicht gegen Verfahrensbevollmächtigte und Beistände zulässig. Als Ordnungsmittel kommen ein Ordnungsgeld in Höhe von 5 EUR (Art. 6 Abs. 1 EGStGB) bis 1.000 EUR (ersatzweise Ordnungshaft) oder Ordnungshaft von 1 Tag bis 6 Wochen in Betracht; sie können mehrfach in einer Sitzung verhängt werden. Vor der Anordnung ist idR rechtliches Gehör zu gewähren. Die Entscheidung trifft gegen Dritte der Vorsitzende, sonst das Gericht. Der **Beschluss** ist zu begründen und in das Protokoll aufzunehmen, auch ob rechtliches Gehör gewährt wurde oder aus welchen Gründen dies unterblieb. Vollstreckung: § 179 GVG, § 31 Abs. 3 RPflG (Rechtspfleger des Gerichts, nicht der Staatsanwaltschaft).

Rechtsmittel:
– Maßnahmen nach § 177 GVG: nach hM keine Rechtsmittel;[60]
– Maßnahmen nach § 178 GVG: befristete (1 Woche) Beschwerde nach § 181 GVG nur gegen die Festsetzung durch AG und LG; keine aufschiebende Wirkung; sofortiger Vollzug möglich, es sei denn das Ordnungsmittel wurde außerhalb einer Sitzung erlassen, § 180 GVG; dann aufschiebende Wirkung. Über die Beschwerde entscheidet das OLG.

3. Beratung und Abstimmung bei Kollegialgerichten

Maßgeblich sind die §§ 192 bis 197 GVG. **21**

VI. Nichtöffentlichkeit

Das Verfahren in Nachlasssachen ist nicht öffentlich (§§ 2 EGGVG, 170 Abs. 1 S. 1 GVG). **22** Das Gericht kann gemäß § 170 Abs. 1 S. 2 GVG nach pflichtgemäßem Ermessen die Öffentlichkeit zulassen, sofern kein Beteiligter widerspricht. Das kommt in Nachlasssachen zB dann in Betracht, wenn ein Beteiligter einen Privatgutachter, zB zur Klärung der Testierfähigkeit des Erblassers hinzugezogen hat.[61] Eine Verhandlung in öffentlicher Sitzung ist grundsätzlich unschädlich;[62] die öffentliche Verhandlung gegen den Widerspruch eines

---

59 BVerfG NJW 1979, 1400 (1401).
60 OLG Köln NJW 1963, 1508.
61 OLG München ZErb 2017, 47.
62 OLG München NJW-RR 2006, 80 (81 f.); BayObLGZ 1974, 258 f.

Beteiligten stellt einen absoluten Rechtsbeschwerdegrund dar (§ 72 Abs. 3 FamFG iVm § 547 Nr. 5 ZPO).

Art. 6 der **Europäischen Konvention** zum Schutze der **Menschenrechte** vom 4.11.1950 – EMRK – betrifft nicht das Nachlassverfahren.[63]

VII. Die Ausschließung von der Amtsausübung und Ablehnung

23 Die Materie ist geregelt für **Richter** in **§ 6 FamFG**, der für **Rechtspfleger** (in § 10 S. 1 RPflG) entsprechend gilt; für **Dolmetscher** kommen §§ 191 GVG, 406 ZPO zur Anwendung. Für **Urkundsbeamte** gelten die §§ 6 Abs. 1 FamFG iVm 49 ZPO. § 6 BeurkG regelt die Ausschließung des **Notars** (beachte auch die **Mitwirkungsverbote** nach § 3 und die unwirksamen Beurkundungen nach § 7 BeurkG). Wegen der Ausschließungsgründe verweist § 6 FamFG auf § 41 ZPO. Die Ausschließung ist das von Gesetzes wegen wirksame und unverzichtbare Gebot, sich der Amtsausübung zu enthalten. Der ausgeschlossene Amtsträger vermerkt die Ausschließung in den Akten, an seine Stelle tritt der geschäftsplanmäßige Vertreter (beim Rechtspfleger kommt im Zweifelsfall eine Vorlage an den Richter in Betracht. Der Richter verfährt in eigener Sache bei Zweifeln gemäß §§ 48, 45 ZPO (Hinweis an die Beteiligten zur Stellungnahme). In den Fällen der Ausschließung und der Besorgnis der Befangenheit sieht § 42 ZPO (über § 6 FamFG) die Möglichkeit der **Ablehnung** der Gerichtsperson vor. Gegen die Abweisung des Ablehnungsgesuchs ist nach § 6 Abs. 2 FamFG iVm §§ 567 ff. ZPO die sofortige Beschwerde gegeben.

Die Verletzung des § 6 FamFG bildet im Beschwerdeverfahren gegen die Sachentscheidung einen selbständigen Anfechtungsgrund. Die Amtshandlung ist aber nicht nichtig,[64] sondern nur anfechtbar, soweit nicht ausdrücklich die Unanfechtbarkeit einer Maßnahme vorgegeben ist. § 6 FamFG gilt auch für die auf Grund der Art. 147 EGBGB, § 487 FamFG nach Landesrecht zuständigen anderen als gerichtlichen Behörden (§ 488 FamFG).

24 Das **Ablehnungsverfahren** richtet sich nach §§ 42–48 ZPO.[65] Der Ablehnungsgrund ist glaubhaft zu machen (nach allgemeinen Regeln; auch Bezugnahme auf die Akten, falls sich der Grund hieraus ergibt). Verlust des Ablehnungsrechts durch Einlassung in eine Verhandlung oder Antragstellung, § 43 ZPO. Bis zur rechtskräftigen Entscheidung über das Ablehnungsgesuch kann der Richter (Rechtspfleger) gemäß § 47 ZPO **unaufschiebbare Maßnahmen** vornehmen. Bei Zurückweisung des Ablehnungsantrags muss der Richter/ Rechtspfleger den Ablauf der Beschwerdefrist gemäß § 569 ZPO oder die Rechtskraft der Beschwerdeentscheidung abwarten (**Wartepflicht, Verfahrensstillstand)**. Durch ein offensichtlich missbräuchliches Ablehnungsgesuch wird die Wartepflicht nicht ausgelöst.[66] Die Wartepflicht wird nicht verlängert durch unstatthafte Rechtsmittel.[67] **Unaufschiebbare Handlungen** (zB Aufhebung des Termins, Vertagung, einstweilige Anordnungen, sitzungspolizeiliche Maßnahmen) darf der Richter gemäß § 47 Abs. 1 S. 1 ZPO vornehmen, eine begonnene mündliche Verhandlung (ab Aufruf der Sache, § 220 ZPO)[68] darf der Richter fortsetzen. „**Fortsetzen**" bedeutet jedenfalls vertagen, einen beschlossenen Zeugen- oder Sachverständigenbeweis durchführen, also alle Maßnahmen der formellen und materiellen Prozessleitung bis zum Verhandlungsschluss gemäß § 136 Abs. 4 ZPO durchführen; danach beginnt die Wartepflicht. Wird danach die Ablehnung für begründet erklärt, muss der nach Anbringung des Ablehnungsgesuchs liegende Teil der Verhandlung wieder-

---

63 S. auch BayObLGZ 1964, 433 zum Erbscheinsverfahren.
64 Ermöglicht aber nach Rechtskraft die Nichtigkeitsklage gemäß §§ 48 Abs. 4 FamFG, 579 Abs. 1 Nr. 2 ZPO, Keidel/*Zimmermann* § 6 FamFG Rn. 17.
65 Siehe auch BVerfG NJW 1967, 1123.
66 Zöller/*Vollkommer* § 42 ZPO Rn. 6. Siehe dort Beispiele aus der Rspr. Der abgelehnte Richter kann das Ablehnungsgesuch selbst als unzulässig verwerfen (Ausnahme von § 45 ZPO).
67 BGH ZIP 2005, 45; Zöller/*Vollkommer* § 47 ZPO Rn. 2.
68 Zöller/*Vollkommer* § 47 ZPO Rn. 3a mwN; Thomas/Putzo/*Hüßtege* § 47 Rn. 5; Keidel/*Zimmermann* § 6 FamFG Rn. 60.

holt werden (§ 47 Abs. 2 S. 2 ZPO). Die Partei verliert ihr Ablehnungsrecht nicht dadurch, dass sie, nach erklärter Ablehnung, im fortgesetzten Termin weiterverhandelt.[69]

Hält der Richter/Rechtspfleger das Ablehnungsgesuch für begründet, bedarf es keiner 25 Entscheidung hierüber (§ 45 Abs. 2 S. 2 ZPO; § 10 S. 1 RPflG iVm § 45 Abs. 2 S. 2 ZPO). Der Richter/Rechtspfleger hält die Begründetheit in einem Aktenvermerk fest, sein Vertreter tritt an seine Stelle. **Über die Ablehnung** des Rechtspflegers **entscheidet** der Richter (§ 10 S. 2 RPflG), über die Ablehnung des Richters am AG entscheidet der hierfür nach Geschäftsverteilung zuständige Amtsrichter (§ 45 Abs. 2 S. 1 ZPO). Über die Ablehnung eines Richters am LG/OLG entscheidet das Kollegium ohne den Abgelehnten, an dessen Stelle der regelmäßige Vertreter tritt. **Rechtsmittel:** Bei Begründetheit kein Rechtsmittel (§ 46 Abs. 2 ZPO); bei Zurückweisung als unzulässig oder unbegründet sofortige Beschwerde (§§ 6 Abs. 2 FamFG, 567 ff. ZPO); Rechtsbeschwerde zum BGH nur bei Zulassung durch das Beschwerdegericht § 574 Abs. 1 Nr. 2 ZPO). Entscheidungen des OLG und BGH sind endgültig (§ 567 Abs. 1 ZPO). Für das Beschwerdeverfahren in erster und zweiter Instanz besteht kein Anwaltszwang (§ 10 FamFG)

VIII. Termine

Die Anordnung einer mündlichen Verhandlung zur Erörterung der Sache **(Erörterungs-** 26 **termin)** steht im pflichtgemäßen Ermessen des Gerichts (§ 32 FamFG). Sie erfolgt bei einem Kollegialgericht nicht durch den Vorsitzenden, sondern durch Gerichtsbeschluss. Das Gericht hat grundsätzlich Gestaltungsfreiheit bei der Entscheidung, ob es das schriftliche Verfahren oder die mündliche Verhandlung oder eine Kombination beider Verfahren wählt. Dieses Ermessen ist eingeschränkt auf die Wahl der mündlichen Verhandlung, wenn der Gesetzgeber dies in Einzelvorschriften vorschreibt (§ 365 Abs. 1 S. 1 FamFG in Teilungssachen; §§ 487 Abs. 2 iVm 365 Abs. 1 S. 1 FamFG bei der Vermittlung der Nachlassauseinandersetzung von Amts wegen nach Landesrecht; § 15 Abs. 1 LwVG in Landwirtschaftssachen außer vor dem BGH), oder wenn eine mündliche Verhandlung sachdienlich ist (§§ 30 FamFG, 2353 ff. BGB im Erbscheinsverfahren, wenn eine förmliche Beweisaufnahme im Strengbeweisverfahren erforderlich ist).

§ 32 Abs. 2 FamFG sieht eine „angemessene" Ladungsfrist vor; nach Abs. 3 kann das Gericht in geeigneten Fällen entsprechend § 128a ZPO die Anhörung im Wege der Bild- und Tonübertragung durchführen.

Über die Beschwerde in Erbscheinsverfahren kann nach § 68 Abs. 3 S. 1 FamFG auch dann ohne mündliche Verhandlung unter Anwendung der Vorschriften über das Verfahren im ersten Rechtszug entschieden werden, wenn erstinstanzlich ohne Verstoß gegen die §§ 32 ff. FamFG ein Termin und eine persönliche Anhörung der Beteiligten nicht stattgefunden hat.[70] Bei einem Wechsel in der Besetzung des Gerichts kann das Gericht in der neuen Besetzung das gesamte Ergebnis der Beweisaufnahme in den Akten verwerten und entscheiden, ohne erneut mündlich zu verhandeln.[71]

Wenn das Gericht es für sachdienlich hält, kann es das persönliche Erscheinen der Beteiligten anordnen, ihn selbst laden unter Benachrichtigung seines Bevollmächtigten (§ 33 Abs. 1 und 2 FamF). Erscheint der Beteiligte unentschuldigt nicht, kann das Gericht unter den Voraussetzungen des § 33 Abs. 3 ein Ordnungsgeld (nicht jedoch Haft, auch nicht ersatzweise) verhängen oder den Beteiligen (bei wiederholtem unentschuldigtem Ausbleiben) vorführen lassen. In der Ladung ist auf die Folgen des Ausbleibens hinzuweisen (§ 33 Abs. 4). Eine Pflicht zur persönlichen Anhörung gemäß § 34 Abs. 1 FamFG sieht der Gesetzgeber im Nachlassverfahren nur vor, wenn die Gewährung des rechtlichen Gehörs dies im Einzelfall erfordern sollte.

---

[69] BGH NJW-RR 2016, 887.
[70] OLG Schleswig NJW-RR 2010, 1596.
[71] OLG München NJW-RR 2009, 83.

Ein Termin kann auf Antrag gemäß §§ 32 Abs. 1 FamFG, 227 Abs. 1, 2 und 4 ZPO aus „erheblichen Gründen", die auf Verlangen des Gerichts glaubhaft zu machen sind, **aufgehoben** (Absetzung vor Beginn ohne neuen Termin) oder **verlegt** (Terminsänderung vor Beginn) werden. Selbstverständlich kann ein Termin auch **vertagt** werden (Beendigung eines begonnenen Termins vor Eintritt der Entscheidungsreife mit Benennung eines Fortsetzungstermins zur weiteren Verhandlung und/oder Beweisaufnahme). § 32 Abs. 1 FamFG verweist nicht auf § 227 Abs. 3 ZPO, sodass davon auszugehen ist, dass kein Anspruch auf Terminsverlegung für die Zeit vom 1. Juli bis 31. August bestehen soll.

IX. Aussetzung, Unterbrechung, Ruhen des Verfahrens

1. Aussetzung (§ 21 FamFG)

27 Die Aussetzung des Verfahrens ist zwingend für Streitfälle im Verfahren über die **Nachlassauseinandersetzung** gemäß § 370 FamFG und bei Vorlage an das BVerfG gemäß Art. 100, 126 GG vorgeschrieben. Im Übrigen darf das Nachlassgericht nach pflichtgemäßem Ermessen nur aussetzen, wenn ein wichtiger Grund gegeben ist oder gar sich eine Bindungswirkung aus dem anderen Verfahren ergibt. Dies ist gegeben, wenn eine **Feststellungsklage über das Erbrecht** vor dem Streitgericht (nicht aber soweit der Rechtsstreit sich nicht auf den Inhalt des Erbscheins auswirkt!) **bereits anhängig** ist. Zum Zwecke der Herbeiführung einer präjudiziellen[72] Entscheidung darf das Nachlassgericht im Erbscheinsverfahren **vor Rechtshängigkeit des Streitverfahrens** sein Verfahren aussetzen, wenn der Antragsteller zustimmt.[73] Selbständiges Rechtsmittel gegen die Aussetzung als Zwischenentscheidung durch die erste Instanz: befristete (2 Wochen Notfrist, § 569 ZPO) **sofortige Beschwerde** nach §§ 21 FamFG, 567 bis 572 ZPO). Die Entscheidung über die Aussetzung ergeht nach Anhörung der Beteiligten durch einen begründeten und mit einer Rechtsmittelbelehrung versehenen Beschluss (§§ 38 Abs. 3, 39 FamFG), auch wenn das Gericht den Antrag eines Beteiligten auf Aussetzung ablehnt. Das Gericht kann die Entscheidung über die Aussetzung ändern, wenn sich die Voraussetzungen geändert haben. Der Beschluss ist gemäß § 41 FamFG bekannt zu geben. Die Rechtswirkungen der Aussetzung hinsichtlich Fristenlauf, Verfahrenshandlungen der Beteiligten und des Gerichts ergeben sich aus § 249 ZPO. Da die sofortige Beschwerde keine aufschiebende Wirkung hat (§ 570 Abs. 1 ZPO), kann das Gericht das Verfahren fortsetzen oder die Aussetzung der Vollziehung des Aussetzungs- oder Nichtaussetzungsbeschlusses anordnen (§ 570 Abs. 2 ZPO). Das Beschwerdegericht kann eine einstweilige Anordnung treffen (§ 570 Abs. 3 ZPO). Die Aussetzung im Beschwerdeverfahren durch das OLG ist mit der Rechtsbeschwerde anfechtbar (§ 70 FamFG), wenn das Beschwerdegericht die Rechtsbeschwerde zugelassen hat.[74]

2. Unterbrechung

28 Im Übrigen gibt es keine Unterbrechung des Nachlassverfahrens durch Tod oder Verlust der Geschäftsfähigkeit eines Beteiligten oder Eröffnung des Insolvenzverfahrens.[75] Im Falle des Todes eines Beteiligten ist dessen Erbe am Verfahren zu beteiligen.[76] Endet das Amt eines Testamentsvollstreckers durch seinen Tod, so wird ein Verfahren nach § 2224 (Streit zwischen mehreren Testamentsvollstreckern) oder § 2227 BGB (Entlassung) gegenstandslos.

---

[72] Zur präjudiziellen Wirkung des Feststellungsurteils OLG München NJW 2016, 2512.
[73] BayObLGZ 1964, 231 (235); 1966, 233 (229); 1967, 19 (22).
[74] Keidel/*Sternal* § 21 Rn. 34; Burandt/*Rojahn* § 70 Rn. 3.
[75] OLG Naumburg NJW-RR 2004, 1349.
[76] Im Amtsverfahren hat das Gericht den Rechtsnachfolger von Amts wegen zu ermitteln. Im Antragsverfahren kann das Nachlassgericht dem Antragsteller aufgeben, die Erben der anderen Beteiligten mitzuteilen und deren Erbrecht nachzuweisen.

3. Ruhen des Verfahrens

Das Ruhen des Verfahrens entsprechend § 251 ZPO kommt bei echten Streitsachen auf **29** übereinstimmenden Antrag der Beteiligten, entsprechend § 251a Abs. 3 ZPO beim grundlosen Nichterscheinen eines oder beider Beteiligten in einer mündlichen Verhandlung oder bei fehlender Einzahlung eines gemäß § 13 GNotKG angeforderten Kostenvorschusses durch den Antragsteller in Betracht.[77] Die Beteiligten können es ebenfalls anregen bzw. beantragen, wenn sie sich in Vergleichsgesprächen befinden.

X. Verfahrenskostenhilfe

Die Vorschriften der ZPO über die Prozesskostenhilfe (§§ 114 ff. ZPO) finden auf das **30** Verfahren in Nachlasssachen entsprechende Anwendung (§ 76 Abs. 1 FamFG), wobei den sachlichen Verschiedenheiten zur freiwilligen Gerichtsbarkeit Rechnung zu tragen ist (siehe auch die geringfügigen Modifizierungen in §§ 77, 78 FamFG); dies gilt auch für landesrechtliche Angelegenheiten und wenn andere als gerichtliche Behörden nach Landesrecht zuständig sind (§§ 486 ff. FamFG).

Verfahrenskostenhilfe kann für Amts- und Antragsverfahren bewilligt werden. Der **Notar** hat vorläufige Gebührenfreiheit zu gewähren (§ 17 Abs. 2 BNotO). **Ausländern** kann ohne das (früher erforderliche) Erfordernis der verbürgten Gegenseitigkeit Verfahrenskostenhilfe gewährt werden. Innerhalb der EU (mit Ausnahme Dänemarks) sieht die EG-Richtlinie 2003/8/EG v. 27.1.2003 Prozesskostenhilfe in grenzüberschreitenden Streitsachen vor, ohne dass es auf die Art der Gerichtsbarkeit ankommt. Die Umsetzung der Richtlinie in nationales Recht erfolgte durch das EG-Prozesskostenhilfegesetz v. 15.12.2004, die ProzesskostenhilfevordruckVO v. 21.12.2004 und die Regelung in den §§ 1076–1078 ZPO. Das BeratungshilfeG gilt für den Bereich außerhalb des gerichtlichen Verfahrens.

Für das Verfahren auf Bewilligung von Verfahrenskostenhilfe (wie für das Beschwerdeverfahren gegen die Ablehnung der Bewilligung) gibt es keine Verfahrenskostenhilfe.[78] Ein Beschluss, der im Verfahrenskostenhilfeverfahren ergeht, ist mit der sofortigen Beschwerde in entsprechender Anwendung der §§ 567 bis 572, 127 Abs. 2 bis 4 ZPO anfechtbar. Gegen Verfahrenskostenhilfeentscheidungen des Rechtspflegers, die unanfechtbar wären, wenn sie vom Richter getroffen wären, ist die sofortige Erinnerung innerhalb eines Monats zulässig (§§ 127 Abs. 3 S. 3 ZPO, 11 Abs. 2 RPflG). Die Verfahrenskostenhilfe wird auch im Amtsverfahren nur auf ausdrücklichen Antrag gewährt.

Die Voraussetzungen der Beiordnung eines Anwalts gemäß § 78 ZPO entsprechen § 121 ZPO; ein Anwalt ist jedoch nicht bereits dann zu bestellen, weil ein anderer Beteiligter anwaltlich vertreten ist. Für die Statthaftigkeit und Zulässigkeit der sofortigen Beschwerde (1-Monats-Frist, Beschwerdesumme muss in der Hauptsache 600 EUR erreichen) gilt § 127 Abs. 2 bis 4 ZPO.

Wegen der Einzelheiten der PKH-Bewilligung darf auf die Erläuterungswerke zur ZPO verwiesen werden. Für das Nachlassverfahren ist zu beachten:

1. Subjektive Voraussetzungen („Persönliche und wirtschaftliche Verhältnisse")

§ 114 ZPO gilt auch für den **Nachlasspfleger** als gesetzlichen Vertreter des Erben; es **31** kommt hier auf die Mittellosigkeit des Vertretenen an,[79] beim Nachlasspfleger für die unbekannten Erben auf das Nachlassvermögen.[80] Der Nachlasspfleger als gesetzlicher Ver-

---

[77] Keidel/*Sternal* § 21 Rn. 41 ff.
[78] BGH NJW 1984, 2106.
[79] OVG Hamburg MDR 1997, 68.
[80] BGH NJW 1964, 1418.

treter für die unbekannten Erben ist nicht wirtschaftlich beteiligt; es kommt nicht auf die unbekannten Erben, auch nicht auf die teilweise bekannten Erben[81] an, sondern nur auf die Leistungsfähigkeit des Nachlasses.

Der **Nachlassverwalter** bzw. **Testamentsvollstrecker** hat als Partei kraft Amtes nachzuweisen, dass die Kosten aus der verwalteten Vermögensmasse nicht aufgebracht werden können **und** den am Gegenstand des Verfahrens wirtschaftlich Beteiligten nicht zuzumuten ist, die Kosten aufzubringen (§ 116 Nr. 1 ZPO).

Am Gegenstand des Verfahrens wirtschaftlich beteiligt sind **bei der Testamentsvollstreckung** die Erben, Vermächtnisnehmer und Pflichtteilsberechtigte, **bei der Nachlassverwaltung** die Erben und die Nachlassgläubiger. Bei diesen wirtschaftlich Beteiligten ist nur auf die wirtschaftliche Zumutbarkeit – ohne Beschränkung auf 48 Monatsraten – abzustellen.[82]

Soweit **Belege** nach § 117 Abs. 2 ZPO die Armut **des Nachlasses** glaubhaft machen sollen, kann diese das Nachlassgericht ausstellen; gegen die Ablehnung der Ausstellung dieses Nachweises ist Beschwerde nach § 58 FamFG bzw. Erinnerung nach § 11 RPflG (Ablehnung durch den Rechtspfleger) zulässig, da die Ablehnung zwar eine Zwischenentscheidung ist, jedoch in ihrer Wirkung einer Endentscheidung gleichkommt.[83]

Das **Zufließen der Erbschaft** gibt Anlass, einen **Änderungsbeschluss** nach § 120 Abs. 4 S. 1 ZPO zu prüfen, der zwar nur für die Zukunft wirkt, aber uU die Anordnung der sofortigen Zahlung aller fällig gewordenen Kosten rechtfertigt.[84]

2. Objektive Voraussetzungen („hinreichende Aussicht auf Erfolg")

32   Vor der Bewilligung der Verfahrenskostenhilfe ist der Gegner zu hören (**§ 118 Abs. 1 ZPO**), jedoch nur zur Erfolgsaussicht, nicht zu den subjektiven Voraussetzungen;[85] deshalb erstreckt sich die Akteneinsicht des Gegners auch nicht auf die Erklärung des Antragstellers gemäß § 117 Abs. 2 ZPO.[86] „Gegner" iSv § 118 Abs. 1 ZPO ist der im entgegengesetzten Sinne Beteiligte bei den **echten Streitverfahren** (§§ 2227, 2331a Abs. 2 BGB).

Es ist jedoch zweckmäßig, auch im **Erbscheins-** oder **Einziehungsverfahren** nicht vor Anhörung der übrigen Beteiligten über die Bewilligung zu entscheiden, auch wenn die Beteiligten nicht „Gegner" sind. Ihre Anhörung kann aber unterbleiben, wenn durch die zu treffende Entscheidung ihre Rechte nicht berührt werden und ein Einfluss der Anhörung auf die Entscheidung nicht zu erwarten ist.

3. Beiordnung eines Rechtsanwalts (§ 78 FamFG)

33   Da für das Nachlassverfahren erster und zweiter Instanz kein Anwaltszwang besteht, sondern nur im Verfahren der Rechtsbeschwerde vor dem BGH, ist in erster und zweiter Instanz gemäß § 78 Abs. 2 FamFG ein Anwalt nur beizuordnen, wenn wegen der Schwierigkeit der Sach- und Rechtslage die Vertretung durch einen Rechtsanwalt erforderlich erscheint. Insoweit ist insbesondere zu beachten, dass es sich um ein Amtsverfahren handelt, bei dem die Ermittlung des Sachverhalts von Amts wegen erfolgt. Vor dem BGH ist gemäß § 78 Abs. 1 FamFG ein Anwalt beizuordnen. Auch wenn ein anderer Beteiligter durch einen Anwalt vertreten ist („Waffengleichheit"), ändert sich hieran nichts, es sei denn, es handelt sich um ein echtes Streitverfahren.

---

[81]   BVerfG ZEV 1998, 98 ff.
[82]   So zutreffend Zöller/*Geimer* § 116 ZPO Rn. 2; *Grunsky* NJW 1980, 2044 will § 116 Nr. 1 nicht auf Testamentsvollstrecker anwenden.
[83]   Keidel/*Meyer-Holz* § 58 Rn. 17.
[84]   OLG Bamberg JurBüro 1988, 905; OLG Stuttgart FamRZ 2007, 915; Zöller/*Geimer* § 120 Rn. 24 mwN; BayObLG BeckRS 1990, 30958848.
[85]   BGHZ 89, 65; Zöller/*Geimer* § 118 Rn. 2 ff.
[86]   BGH NJW 2015, 1827.

Um unnötige Reisekosten zu vermeiden, ordnet die Praxis häufig einen nicht ortsansässigen Anwalt nur **zu den „Bedingungen eines ortsansässigen Anwalts"** bei. § 126 Abs. 2 S. 2 BRAGO, der vorsah, dass derartige Mehrkosten nicht vergütet werden, ist nicht in das RVG übernommen worden. § 121 Abs. 3 ZPO sieht vor, dass ein nicht im Bezirk des Prozessgerichts niedergelassener Anwalt nur beigeordnet werden kann, wenn dadurch weitere Kosten nicht entstehen. Nach § 46 Abs. 1 RVG kommt es darauf an, ob die Reisekosten zur sachgemäßen Durchführung der Angelegenheit erforderlich waren. Nach BGH[87] ist zu prüfen, ob besondere Umstände für die Beiordnung eines zusätzlichen Verkehrsanwalts iSv § 121 Abs. 4 ZPO vorliegen. Nur wenn dies nicht der Fall ist, darf der auswärtige Anwalt zu den Bedingungen eines ortsansässigen Anwalts beigeordnet werden.[88]

Der für die Gebühren der anwaltlichen Tätigkeit im Verfahrenskostenhilfebeschwerdeverfahren maßgebende Wert bestimmt sich nach dem Wert der Hauptsache, selbst wenn der Geschäftswert für die Gerichtsgebühren niedriger ist.[89]

XI. Benachrichtigungen[90]

Mittteilungspflichten **34**

• **des Nachlassgerichts** ergeben sich aus
  – **der Anordnung über Mitteilungen in Zivilsachen (MiZi)** vom 1.10.1967 idF v. 29.11.2016;
  – der bundeseinheitlichen Bekanntmachung der Länder über **Benachrichtigung in Nachlasssachen** (Nachlass-Mittlg.);
  – §§ 347, 348 Abs. 3, 350 FamFG, 34a BeurkG; § 78 Abs. 2 BNotO; § 2 **ZTRV** – Testamentsregisterverordnung –; (**Prozessgericht** bei gerichtlichem Vergleich gemäß § 78b Abs. 4 BNotO); des **Standesamts** an die Bundesnotarkammer als Testamentsregister gemäß § 78c BNotO);
• **des Notars:**

  § 20 Abs. 2 der Dienstordnung für Notare (Aufbewahrung der Bestätigung der Registerbehörde; Erbverträge; Erklärungen, nach deren Inhalt die Erbfolge geändert wird), abgedruckt in Anhang 5; §§ 102 Abs. 4 AO, 34 ErbStG, 7 ff. ErbStDV (Vorgänge, die für die Festsetzung einer Erbschafts- bzw. Schenkungsteuer von Bedeutung sein können; abgedruckt in Anhang 1), §§ 78 BNotO, 34a BeurkG, 2 TRZV (an das Testamentsregister bei der Bundesnotarkammer).

  Der Notar macht sich bei Verletzung der Anzeigepflicht nicht schadensersatzpflichtig; es bestehen aber ggf. straf- und disziplinarrechtliche Sanktionen.

---

[87] BGH NJW 2004, 2749.
[88] BGH NJW 2004, 2749.
[89] BayObLG JurBüro 1990, 1640.
[90] Bei der Beschreibung der einzelnen Verrichtungen wird gesondert auf die jeweilige Anzeigepflicht hingewiesen.

§ 30 Haftung für Pflichtverletzungen

I. Richter und Rechtspfleger

1 Bei schuldhafter Verletzung einer ihm einem Dritten gegenüber obliegenden Amtspflicht haftet der **Beamte** für den hierdurch entstandenen Schaden (§ 839 BGB). Für den Beamten tritt gemäß Art. 34 GG der Staat ein, der gemäß Art. 34 S. 2 GG bei vorsätzlichem oder grob fahrlässigem Verhalten des Beamten ein Rückgriffsrecht hat. Bei Vorsatz des Beamten haftet der Staat unbedingt; bei Fahrlässigkeit nur, wenn der Verletzte nicht anderweitig Ersatz erlangen kann (etwa vom Nachlasspfleger oder Nachlassverwalter). Hat der Verletzte vorsätzlich oder fahrlässig unterlassen, den Schaden durch Gebrauch eines Rechtsmittels abzuwenden, ist die Ersatzpflicht des Staates ausgeschlossen (§ 839 Abs. 3 BGB). In diesem Zusammenhang ist beim **Erbscheinsverfahren** auf die haftungsentlastende Bedeutung des § 352e Abs. 2 S. 2 FamFG hinzuweisen: Bei widersprechenden Anträgen ist die sofortige Wirksamkeit des Beschlusses auszusetzen und die Erteilung des Erbscheines bis zur Rechtskraft des Beschlusses zurückzustellen. Für die in Nachlasssachen tätigen **Richter** gilt das **Richterprivileg** des § 839 Abs. 2 S. 1 BGB (wonach ein Anspruch nur besteht, wenn die Pflichtverletzung **strafbar** ist) für diejenigen Beschlüsse, die „einem Urteil in einer Rechtssache" gleichgestellt werden müssen.[1] Die vom BGH aufgestellten Kriterien treffen auf die in Nachlasssachen zu treffenden Entscheidungen im Wesentlichen zu. Wenn man jedoch auf das Kriterium der materiellen Rechtskraft abstellt,[2] wie es der BGH tut, muss man das Richterprivileg verneinen. Es ist jedoch nicht ersichtlich, weshalb für die Gleichstellung mit einem „Urteil in einer Rechtssache" die formelle Rechtskraft nicht genügen soll. Jedenfalls im Erbscheinsverfahren müsste es genügen, dass der Erbschein nach Erteilung nicht mehr geändert werden kann (er muss nach § 2361 BGB eingezogen und für kraftlos erklärt werden und es muss ein neuer Erbschein beantragt und erteilt werden). Der **Rechtspfleger** haftet wie ein Richter, für den das Richterprivileg nicht gilt, also nur bei Vorsatz und grober Fahrlässigkeit.[3]

In Abweichung von § 426 BGB steht dem Richter/Rechtspfleger, der in einer Nachlasspflegschafts- oder Nachlassverwaltungssache verantwortlich ist, gemäß § 841 BGB der **volle** Rückgriff gegen den Nachlasspfleger oder Nachlassverwalter zu. Beim Verschulden des Amtsträgers ist darauf hinzuweisen, dass die **Arbeitsüberlastung** allenfalls unter besonderen Umständen ein Entschuldigungsgrund sein kann;[4] gegenüber dem Dienstherrn ist jedoch eine **rechtzeitige Meldung** erforderlich.[5]

II. Notare

2 Da die Haftung des **Anwaltsnotars** unterschiedlich ausfallen kann, je nachdem, ob seine Tätigkeit dem Anwalts- oder Notarbereich zuzuordnen ist (§ 24 Abs. 2 BNotO), tut er gut daran, für Klarheit hierüber zu sorgen. Der **Notar** haftet bei Ausübung seines öffentlichen Amtes nach der Sonderregelung des § 19 BNotO (dem § 839 BGB nachgebildet) und vertraglich bei Beratungsverträgen.

---

[1] BGH NJW 2003, 3052; 3692, 3695.

[2] Die es in Verfahren der freiwilligen Gerichtsbarkeit grundsätzlich nicht gibt, BGHZ 34, 235; *eine materielle Rechtskraft wird nur in Verfahren über die Entlassung eines Testamentsvollstreckers* und der Bestätigung einer Erbauseinandersetzung, nicht aber etwa im Erbscheinsverfahren angenommen, Keidel/*Engelhardt* FamFG § 46 Rn. 9 f.

[3] Der Rechtspfleger ist sachlich (§ 9 RPflG), nicht jedoch persönlich unabhängig, sodass er nicht in jeder Hinsicht einem Richter gleichzustellen ist. OLG Frankfurt MDR 2005, 1051.

[4] BGH WM 1963, 1103.

[5] BGH NJW 2007, 830 „Der Staat hat seine Gerichte so auszustatten, dass sie die anstehenden Verfahren ohne vermeidbare Verzögerung abschließen können."

Für Pflichtverletzungen der **Notare im Landesdienst,** die im OLG-Bezirk Stuttgart in der Form des Bezirksnotariats (§ 114 BNotO) sind im OLG-Bezirk Karlsruhe in der Form des Richternotariats das staatliche Notariat verkörpern, greift nach Art. 34 GG iVm § 839 seit dem 1.2.1982 ausschließlich **Staatshaftung** ein. Für die Rückgriffshaftung siehe § 96 Abs. 2 des Landesbeamtengesetzes. Die persönliche Haftung der neben dem staatlichen Notariat in Württemberg amtierenden hauptberuflichen Notare (§ 114 Abs. 3 BNotO) und Anwaltsnotare (§ 116 Abs. 1 BNotO) richtet sich nach § 19 BNotO.

Der Notar haftet persönlich; nur bei mangelhafter Dienstaufsicht ist Staatshaftung möglich.[6] Lässt sich der Erblasser vor der Errichtung des Testaments (auch) von einem Rechtsanwalt beraten, steht das der Haftung des Urkundsnotars nicht entgegen.[7]

„Dritter" isd § 839 Abs. 1 BGB ist

„jeder, dessen Belange nach der besonderen Natur des Amtsgeschäftes durch dieses berührt werden und in dessen Rechtskreis durch die Amtspflichtverletzung eingegriffen wird, auch wenn sie durch die Amtsausübung nur mittelbar oder unbeabsichtigt betroffen oder zu einem Eingriff in ihre Rechtsstellung veranlasst werden".[8]

Dritter ist bei Verfügungen von Todes wegen auch der Bedachte und derjenige, den der Verfügende bedenken wollte;[9] bei Aufsicht über den Nachlassverwalter ist nicht nur der Erbe, sondern auch der Nachlassgläubiger, **bei Aufsicht über den Nachlasspfleger** der Erbe Dritter.[10] **Im Erbscheinsverfahren** ist Dritter, wer als Rechtsnachfolger in Frage kommt und wer im Vertrauen auf die Richtigkeit des Erbscheins ein Rechtsgeschäft in Bezug auf den Nachlass abschließt (§§ 2325, 2326 BGB), BGH NJW 1992, 2758.

Wegen der Einzelfragen zu § 839 BGB muss auf die Kommentierungen hierzu verwiesen werden.

III. Rechtsanwälte[11]

Haftungsgrundlage ist für den anwaltlichen Geschäftsbesorgungsvertrag § 280 BGB. Bei **3** der Frage der Sorgfaltspflichtverletzung ist die Rechtsprechung hinsichtlich der Anforderungen an die Kenntnisse des Anwalts sehr rigoros.[12] Die Werbung des Anwalts und seine Spezialisierung bestimmt, ob er das ausländische Erbrecht (das er eigentlich nicht kennen muss, im Gegensatz zum IPR) und das inländische und ausländische Schenkung- und Erbschaftsteuerrecht kennen muss.[13] Von mehreren möglichen Wegen muss der Anwalt stets den sichersten und zweckmäßigsten Weg zu wählen.[14] Im Erbrecht muss der Anwalt besonders auf die Möglichkeit achten, dass bei der Testamentsberatung der Vertrag mit Schutzwirkung für Dritte zur Anwendung kommt und er den Kindern und dem Ehegatten des Mandanten nach dessen Tod haften kann, wenn diesen durch einen

---

6 BGHZ 35, 44: bei Nichtfähigkeit der Dienstaufsicht im Rahmen einer Beschwerde zB weil der Notar rechtswidrig seine Amtstätigkeit verweigert und bei Unterlassung, ein gebotenes Amtsenthebungsverfahren einzuleiten.
7 BGH NZG 2002, 1010.
8 BGH NJW 1966, 157.
9 RGZ 58, 296.
10 RGZ 88, 264.
11 Zur Anwaltshaftung in Erbsachen vgl. *Schlitt/Seiler,* Anwaltshaftung für fehlerhafte Erblasserberatung, NJW 1996, 1325; BGH NJW 1995, 2551 (Anwaltshaftung für eine Beratung bei Testamentserrichtung).
12 BGH NJW 1983, 1665: in allgemeinjuristischen Zeitschriften (wie NJW) veröffentlichte höchstrichterliche Rechtsprechung muss der Anwalt spätestens 6 Wochen nach ihrer Veröffentlichung zur Kenntnis genommen haben. (Bestätigt und konkretisiert in NJW 2013, 2121 für einen Rechtsanwalt, der aufgrund eines leichten Schlaganfalls nicht mehr flüssig lesen konnte.) Der erbrechtlich spezialisierte Anwalt soll höchstrichterliche Entscheidungen in einer Spezialzeitschrift (etwa ZEV) ebenfalls zur Kenntnis nehmen, allerdings wird ihm hier eine längere Frist zugestanden (BGH NJW 2001, 675).
13 So zutreffend MPFormB/*Ruby* A. I.5.
14 BGH NJW-RR 1990, 1241.

Anwaltsfehler ein Schaden entstanden ist.[15] Rechtsgutachten sind jedoch lediglich für die Partei bestimmt.[16] Nach Beseitigung des Verjährungsprivilegs in § 51b BRAO[17] gilt seit 15.2.2004 auch hier die **Regelverjährung** gemäß §§ 195, 199 BGB. Sie beginnt mit Jahresschluss und nicht bereits mit Entstehung des Schadensersatzanspruchs, jedoch erst nach Kenntnis des Mandanten von den anspruchsbegründenden Tatsachen. Die kenntnisunabhängige Höchstfrist von 10 bzw. 30 Jahren beginnt ab dem Zeitpunkt der anwaltlichen Pflichtverletzung (§ 199 Abs. 3 BGB), was zu der allgemeinen Empfehlung führt, die Testamentsakten nicht nur 5 Jahre ab Auftragsende (§ 50 Abs. 2 Nr. 1 BRAO), sondern 30 Jahre aufzubewahren. Die Vereinbarung kürzerer Verjährungsfristen zu Gunsten des Anwalts ist unzulässig.[18] **Haftungsbegrenzung (§ 51a BRAO):** Die Haftung für vorsätzliches Verhalten kann überhaupt nicht (§ 276 Abs. 3 BGB), die für grob fahrlässiges Verhalten kann nicht durch allgemeine Geschäftsbedingungen (§ 51a Abs. 1 Nr. 2 BRAO) ausgeschlossen werden. Möglich ist: Eine Haftungsbeschränkung durch schriftliche Einzelvereinbarung bis zur Höhe der Mindestversicherungssumme von 250.000 EUR (§§ 51a Abs. 1 Nr. 1, 51 Abs. 4 BRAO),[19] durch allgemeine Geschäftsbedingung für einfache Fahrlässigkeit auf 1 Million EUR, wenn für den Anwalt eine entsprechende Deckung durch eine Vermögenshaftpflichtversicherung besteht (§ 51a Abs. 1 Nr. 2 BRAO) und sie nicht überraschend (§ 305c Abs. 1 BGB) in einer vorformulierten Honorarvereinbarung oder Prozessvollmacht enthalten ist.[20] Eine Beschränkung der Haftung auf die BGB-Gesellschaft und einen oder mehrere Anwälte bei einer Sozietät (im Namen der Sozietät)[21] ist möglich (§ 51 Abs. 2 BRAO). Bei der Partnerschaft S. § 8 Abs. 2 PartGG. Der Ausschluss der Haftung für geschützte Dritte ist wohl zulässig.[22]

IV. Haftungsfälle aus der Rechtsprechung in Nachlasssachen

4 **Richter/Rechtspfleger:** Nichtsperrung eines Sparbuches und verspätete Aufhebung der Pflegschaft;[23] ungenügende Prüfung der Echtheit eines Testaments insbes. bei Veränderungen;[24] Nichterwähnung von Beschränkungen des Erben, etwa der Testamentsvollstreckung oder der Nacherbfolge im Erbschein;[25] ungenügende Beaufsichtigung des Nachlassverwalters;[26] unrichtiges Zeugnis über die Fortsetzung der ehelichen Gütergemeinschaft,[27] Vernachlässigung von Mitteilungspflichten an Beteiligte gemäß §§ 348, 350 FamFG, an GBA (§ 83 GBO), an Familiengericht gemäß § 356 Abs. 1 FamFG[28] Unterlassener Hinweis auf den bevorstehenden Ablauf von Annahme-, Ausschlagungs- oder Verjährungsfristen. Fal-

---

15　BGH NJW 1965, 1955 und NJW 1995, 2551; siehe zur Haftung des Urkundsnotars in diesem Fall BGH NZG 2002, 1010 = NJW 2002, 2787.

16　MPFormB/*Ruby* A. I.5.

17　Nach altem Recht verjährten Schadensersatzansprüche gemäß § 53b BRAO auch ohne Kenntnis des Mandanten von der Pflichtverletzung innerhalb von 3 Jahren nach Beendigung des Auftrags; diese Verjährungsfrist galt auch für den Sekundäranspruch wegen unterlassener Belehrung über den Schadensersatzanspruch.

18　HM MPFormB ErbR/*Ruby* A. I. 5.2

19　MPForm/*Ruby*/A. I. 5.6 weist zu Recht darauf hin, dass freies Aushandeln ersichtlich sein muss und eine Begrenzung auf die Mindestversicherungssumme deshalb wohl nicht Bestand haben dürfte. Die Unterschrift unter die Vereinbarung ist auf derselben Urkunde anzubringen, § 126 Abs. 2 BGB.

20　Klinger/*Ruby* A. I.5.3, der eine Mustervereinbarung anbietet.

21　BGH NJW 1994, 257.

22　MPFormB/*Ruby* A. I.5.5 unter Hinweis auf BGHZ 56, 269 (272 ff.) und BGHZ 127, 378 (384 f.).

23　RGZ 154, 110.

24　Palandt/*Sprau* § 839 Rn. 116.

25　RGZ 139, 348.

26　RGZ 88, 264.

27　BGHZ 63, 35.

28　OLG München Rpfleger 2003, 657.

sche Belehrung über Ausschlagung zur Erlangung des Pflichtteilsanspruchs.[29] Fehlende oder unzureichende Hinweise auf die Lösungsmöglichkeiten von der Bindungswirkung eines gemeinschaftlichen Testaments oder Erbvertrags (Rücktritt). Fehlende Übereinstimmung zwischen Gesellschaftsrecht und Testament bei Formulierung der Nachfolgeklausel.[30]

Notar: Fehlender Hinweis auf rechtliche Bedenken gegen die Wirksamkeit eines Testa- 5 ments, dem die Berufung eines Schlusserben in einem früheren gemeinschaftlichem Testament entgegensteht;[31] der Notar haftet bei unterlassener Beurkundung dem in Aussicht genommenen Testamentserben;[32] er haftet dem gesetzlichen Erben, wenn der Widerruf einer wechselbezüglichen Verfügung eines gemeinschaftlichen Testaments nicht wirksam erfolgt ist;[33] fehlerhafte Beurkundung eines Angebots zur Aufhebung eines Erbvertrags ohne gleichzeitige Anwesenheit beider Vertragsparteien;[34] zwar grundsätzlich keine Belehrungspflicht über steuerliche Auswirkungen, anders aber, wenn Anlass zur Besorgnis, dass sich ein Beteiligter wegen mangelnder Kenntnis der Rechtslage einer Gefährdung seiner Interessen nicht bewusst ist (BGH VersR 83, 181, in Nachlasssachen wäre an die steuerlichen Auswirkungen der Anordnung von Nacherbfolge zu denken!).

Zur Feststellung der Notarhaftung vor dem Tode des Erblassers bei unwirksamem Erbverzichtsvertrag vgl. BGH NJW 1996, 1062.

Haftungsbegrenzung durch den Notar: Nach hM unzulässig.[35] Sehr umstritten[36] ist 6 auch, ob der Notar für Auskünfte über ausländisches Recht seine Haftung einschränken kann. Er ist zur Auskunft über ausländisches Recht nicht verpflichtet; seine Haftung ist eingeschränkt, wenn er gemäß § 17 Abs. 3 BeurkG einen Hinweis gibt, dass Auslandsrecht Anwendung findet. Evtl. Klärung durch Einholung eines Gutachtens.[37] IPR, EG-Recht und Staatsverträge sind kein ausländisches Recht.

---

[29] Grundsätzlich führt die Ausschlagung zum ersatzlosen Verlust der Zuwendung und nicht zum Pflichtteil, weil die Ausschlagung keine Enterbung ist. Nur in den gesetzlich vorgesehenen Fällen (§ 2305 BGB: es bleibt der Zusatzpflichtteil; §§ 2306, 2307 BGB: führt zum vollen Pflichtteil; § 1371 Abs. 3 BGB: führt zum kleinen Pflichtteil und zum rechnerischen Zugewinnausgleich) führt die Ausschlagung einer Zuwendung zum (Zusatz- bzw. Rest-, vollen oder kleinen) Pflichtteil.

[30] BGH NJW 1995, 2551.

[31] BGH WM 1974, 172.

[32] BGH NJW 1997, 2327.

[33] BGHZ 31, 5.

[34] BGH WM 1982, 615.

[35] *Schippel/Haug* BNotO § 19 Rn. 78 f.; zT aA *Reithmann* MittBayNot 1999, 159 f.

[36] Für die Möglichkeit der Haftungsbeschränkung Reimann/Bengel/Mayer/*Sieghörtner,* Testament und Erbvertrag, B 64.

[37] S. *Wolfsteiner* DNotZ 1987, 67 (84).

§ 31 Aktenwesen und Registerführung

1 Die Aktenordnung v. 28.11.1934 idF v. 1.3.1939[1] enthält die für alle Länder der Bundesrepublik einheitliche Regelung[2] (§§ 3–7, 27 f.). Die früheren Geschäftsordnungen und -anweisungen der Länder gelten insoweit weiter, als die Aktenordnung keine andere Regelung getroffen hat.

In der Zwischenzeit ergingen zahlreiche Zusatzbestimmungen der Länder.

Anlegung der Akten: § 3 AktO.

Die Farbe des Aktenumschlags ist hellgrün.

Sämtliche Kostenrechnungen, Zahlungsanzeigen der Gerichtskasse und ähnliche Mitteilungen sind unter dem Aktenumschlag vor dem ersten Aktenblatt einzuheften oder zu verwahren (Nummerierung mit römischen Ziffern).

Nachlassakten, in denen eine Nachlasspflegschaft oder -verwaltung geführt wird, ist eine Nachweisung nach Muster 8 der AktO lose einzulegen (§ 28 Ziff. 7 AktO).

2 Todesanzeigen, die zu einer Tätigkeit des Nachlassgerichts keinen Anlass geben, werden nach der Reihenfolge der Todestage der Erblasser geordnet in **Sammelakten** vereinigt.[3]

Für je 1 Jahr wird mindestens ein Heft der Sammelakten angelegt. Wird später eine Tätigkeit des Nachlassgerichts erforderlich, so ist die Todesanzeige aus den Sammelakten auszuheben und zu den Nachlassakten zu nehmen.

3 **Aktenzeichen:** Links unten auf dem Umschlag ist das Aktenzeichen anzubringen. Es wird gebildet aus der römischen Zahl, die dem jeweiligen Registerzeichen IV, V, VI entspricht, aus der sich nach dem Eintrag im Register ergebenden fortlaufenden Nummer der Sache im Register sowie Beifügung der Jahreszahl. Dem Registerzeichen wird die Nummer der Abteilung der Geschäftsstelle vorangestellt, zB 97 VI 157/53.

4 Für **Nachlasssachen** ist das **Erbrechtsregister** maßgebend (§ 28 AktO). Es hat das Registerzeichen VI. **Einzelheiten zum Erbrechtsregister,**[4] zu dem über die vom Gericht zur besonderen amtlichen Verwahrung zu bringenden Testamente und Erbverträge zu führenden **Verwahrungsbuch,**[5] zu den dazu gehörenden **Namensverzeichnissen,** die nach Geburtsnamen geordnet in Karteiform zu führen sind, sowie zu dem **Überwachungsverzeichnis** gemäß §§ 348 ff. FamFG,[6] **geben die §§ 27, 28 AktO.**[7]

5 Zum ErbReg wird ein alphabetisches **Namensverzeichnis** geführt, in dem gegebenenfalls auch die Nummer des Verwahrungsbuchs für Verfügungen von Todes wegen anzugeben ist. In das Verzeichnis sind ferner die Namen der Personen aufzunehmen, für die bei einem anderen Gericht eine Verfügung vTw verwahrt wird; auf die Sammelakten ist hinzuweisen.

Die Fn. zu Muster 5 zu § 28 Abs. 1 AktO besagen zur Führung des **Erbrechtsregisters:**

1. Ist das Nachlassverfahren nach einem bestimmten Erblasser bereits im Erbrechtsregister eingetragen, so werden Erklärungen über die Erbausschlagung ohne Rücksicht darauf, ob ein Erbschein oder ein ähnliches Zeugnis schon erteilt ist, (weitere) Anträge auf Erteilung von Erbscheinen oder ähnlichen Zeugnissen ohne Neueintragung zu den früheren Akten genommen, auch wenn diese bereits weggelegt sind.

2. Die Kraftloserklärung eines Erbscheins oder eines ähnlichen Zeugnisses wird als Fortsetzung des früheren Verfahrens behandelt und nicht neu eingetragen.

---

[1] In Bayern in der Fassung der Bekanntmachung vom 13.12.1983, zuletzt geändert durch Bekanntmachung vom 17.12.2012 s. Anhang 5. Im Folgenden wird der Wortlaut der bay. Fassung zugrunde gelegt.

[2] Weitere Einzelheiten Keidel/*Meyer-Holz* §§ 8–18 Vorbem. 14 ff.

[3] Zur registermäßigen Behandlung in Bayern s. bayJMBek v. 27.5.1960 JMBl 1960, S. 69 mit Änderungen letztmals JMBl. 1973 S. 248.

[4] Muster 5 zu § 28 Abs. 1 AktO.

[5] Muster 5a zu § 28 Abs. 1 AktO.

[6] Muster 5b zu § 28 Abs. 1 AktO.

[7] Abgedruckt im Anhang 5.

3. Kann das Nachlassgericht erst nach Eingang einer Mitteilung oder einer Abgabeverfügung des Amtsgerichts Schöneberg in Berlin tätig werden (§ 343 Abs. 1 FamFG iVm
§§ 7 und 6 Abs. 2 ZustErgG, § 343 Abs. 3 FamFG), so sind die vorher gestellten
Anträge gleichwohl in das Erbrechtsregister einzutragen; eine nochmalige Eintragung
nach Eingang der Mitteilung oder Abgabeverfügung unterbleibt.

Die Fn. zu Muster 5b zu § 27 Abs. 1 AktO besagen zur Führung des **Überwachungs-** 6
verzeichnisses (Verfügungen von Todes wegen):

1. Für die Abschnitte I und II des Überwachungsverzeichnisses ist das gleiche Muster zu
verwenden.
2. Als Beginn der amtlichen Verwahrung im Sinne der § 351 FamFG ist anzusehen
   a) bei Erbverträgen das Jahr der Errichtung,
   b) bei gemäß § 2259 BGB abgelieferten gemeinschaftlichen Testamenten das Jahr der
   Ablieferung an das Gericht,
   c) bei Verfügungen von Todes wegen, die sich bereits in besonderer amtlicher Verwahrung befunden haben, das Jahr, in dem die Verfügung von Todes wegen erstmals
   hinterlegt worden ist.
3. Eine in Abschnitt I eingestellte Verfügung von Todes wegen ist zu streichen, wenn sie
gemäß §§ 348, 350, 351 FamFG, 2300 BGB eröffnet oder an ein anderes Gericht
abgegeben ist.
4. In Spalte 4 ist das Jahr zu vermerken, in dem die Überprüfung nach den § 351 FamFG
zu wiederholen ist (vgl. § 27 Abs. 10 S. 6).

Bei jeder Neueintragung einer Nachlasssache prüft die Geschäftsstelle, ob Akten über 7
denselben Erblasser nach dem Erbrechtsregister vorhanden sind und ob für ihn bei einem
anderen Gericht eine Verfügung von Todes wegen verwahrt wird; sie hat die Akten, soweit
nötig, heranzuziehen. Für die gegenseitige Verweisung ist außer in den Registern auch auf
den Aktenumschlägen zu sorgen.

Erbverträge werden wie sonstige Verfügungen vTw eingetragen. Sind sie mit einem
anderen Vertrag (zB Ehevertrag) verbunden und vor Gericht errichtet, so werden sie in das
Urkundsregister eingetragen, in das **ErbR** nur dann, wenn sie in die besondere amtliche
Verwahrung zu bringen sind.

Unter dem **Registerzeichen V** werden die Vermittlungen von Auseinandersetzungen 8
(nicht einfache Beurkundungen von Auseinandersetzungen – hier Eintrag im UrkR) eingetragen, auch wenn schon ein Eintrag zu VI erfolgt ist. Bei Überweisung der Vermittlung
der Auseinandersetzung an den Notar ist die unter V eingestellte Nummer zu unterstreichen. Die Vermittlungsakten des Notars werden bei dem gerichtlichen Akt aufbewahrt, ein
Eintrag ins UrkR erfolgt in keinem Fall. Erfolgte eine Eintragung unter V, so werden
weitere unter VI gehörige, denselben Erblasser betreffende Anträge, Handlungen oder
Erklärungen, ohne Neueintragung zu den früheren Akten genommen. Neueintragung nur
bei tatsächlicher Weglegung der früheren Akten, hier Verweisung bei der früheren Eintragung auf die neue.

Verhandlungen über **Auseinandersetzungen eines Ehegatten** mit seinen oder seines
Ehegatten Kindern sind zu etwa vorhandenen Vormundschafts- und Pflegschaftsakten zu
nehmen (§ 28 Ziff. 2 AktO).

Wird nach einer Eintragung unter VI eine weitere dorthin gehörige, auf denselben
Erblasser bezügliche Angelegenheit anhängig, so wird sie zu den früheren Akten genommen, auch wenn diese bereits weggelegt sind.[8]

Hinsichtlich der Behandlung der zur Erlangung eines Erbscheins oder eines Testaments- 9
vollstreckerzeugnisses aufgenommenen **eidesstattlichen Versicherungen** ist, wenn sie im
Wege der Rechtshilfe aufgenommen werden, § 8 Abs. 1 Satz 2 zu beachten.

---

[8] Dazu in Bayern: Archivsachenbek. v. 17.8.1990; *Höß/Schaller*, Bayerische Justizverwaltungsvorschriften,
101-22.

Die **Kraftloserklärung eines Erbscheins oder ähnlichen Zeugnisses** ist als Fortsetzung des früheren Verfahrens anzusehen, eine Neueintragung erfolgt nicht.

10   Das **Aufgebot der Nachlassgläubiger** ist in §§ 454 ff. FamFG geregelt. Nach wie vor ist streitig, ob es sich um eine Angelegenheit der streitigen oder der freiwilligen Gerichtsbarkeit handelt.[9] Auch das FamFG spricht nicht von der Zuständigkeit des Nachlassgerichts, sondern des Amtsgerichts. IdR wird die Geschäftsverteilung jedoch die Zuständigkeit des Nachlassgerichts regeln.

11   Aufbewahrung der Akten: § 4 AktO.

Aktenversendung und Nachweis des Verbleibs der Eingänge und Akten: § 5 AktO.

Fristenkontrolle: § 6 AktO.

Weglegung der Akten: § 7 AktO. Beachte auch § 3 Ziff. 6 AktO (Vermerk, ob Archivgut).[10] Die Weglegung wird vom Richter bzw. Rechtspfleger verfügt. Auseinandersetzungssachen sind auch bei Ruhen des Verfahrens als erledigt anzusehen. Vor Weglegung hat nach § 3 Abs. 5 der Kostenverfügung der Registraturbeamte die Akte nochmals dem Kostenbeamten vorzulegen.[11]

---

[9]   Keidel/*Zimmermann* § 454 Rn. 7.
[10]   Dazu in Bayern: Archivsachenbek. v. 17.8.1990.
[11]   In Bayern entfällt nochmalige Vorlage. Registraturbeamter prüft selbständig. Bek. v. 1.3.1976 JMBl 1976, 41; zuletzt geändert 13.8.2009 (II 5. zu § 3 der Kostenverfügung).

§ 32 Entscheidungen in Nachlasssachen

I. Terminologie

§ 72 FGG sprach von **„Verrichtungen"** des Nachlassgerichts. Dieser Begriff war ein **1** Oberbegriff für „Handlungen", „Verfügungen", „Anordnungen", „Entscheidungen" oder „Beschlüsse", von denen RPflG, FGG und BGB sprachen.

Das FamFG führt in § 38 Abs. 1 S. 1 den förmlichen **Beschluss** als einheitliche Entscheidungsform für **alle Endentscheidungen** ein, die gleichzeitig legal definiert werden als solche, durch die ein Verfahrensgegenstand ganz oder teilweise erledigt wird. Die freiwillige Gerichtsbarkeit kennt nach wie vor kein Urteil, sie kennt auch nicht die Überschrift „Im Namen des Volkes". Im Übrigen hat das FamFG die Entscheidungsform nicht vereinheitlicht. Entscheidungen des Nachlassgerichts ergehen deshalb als **Verfügung oder Beschluss.**

II. Aufbau und Form

Entsprechend § 38 Abs. 1 FamFG und üblicherweise ist ein **Beschluss** wie folgt aufgebaut: **2**

Muster: Beschluss im FamFG-Verfahren

- Aktenzeichen
- Überschrift „Beschluss" („Zwischenbeschluss", „Hinweisbeschluss", „Beweisbeschluss"
- „In der Nachlasssache/In dem Erbscheinsverfahren" nach dem am (…) verstorbenen Erblasser (Vor- und Nachname), zuletzt wohnhaft in (…)"
- Rubrum: Bezeichnung der Beteiligten, ihrer gesetzlichen Vertreter und Bevollmächtigten (üblicherweise: „Beteiligter" (…), vertreten durch RA (…), „Beteiligter" (…), vertreten durch RA (…), des Gerichts, der handelnden Gerichtsperson (Richter, Rechtspfleger („hat das Amtsgericht München – Nachlassgericht – durch den Richter am Amtsgericht Müller")
- am (…) beschlossen[1]
- Beschlussformel/Rechtsfolgenausspruch (näher hierzu die einzelnen Verfahrensabschnitte)
- Knappe Sachverhaltsdarstellung, entsprechend dem Urteilstatbestand
- Gründe, entsprechend den Entscheidungsgründen
- Rechtsbehelfsbelehrung gemäß § 39 FamFG, soweit veranlasst
- Unterschrift des erkennenden Richters/Rechtspflegers.

III. Beschlussarten

Im Erbscheinsverfahren kommen in Betracht **3**

- **Beschlüsse über die Feststellung,** dass das Nachlassgericht die zur Erteilung des beantragten Erbscheins erforderlichen Tatsachen für erwiesen hält (§ 352e FamFG): „Die Tatsachen, die zur Erteilung des beantragten Erbscheins erforderlich sind, werden für festgestellt erachtet. Beantragter Erbschein (oder: Das Gericht beabsichtigt, folgenden Erbschein zu erteilen…): Es wird bezeugt, dass der am… verstorbene…, zuletzt wohn-

---

[1] Eine mündliche Verhandlung ist ein Erörterungstermin. Die Entscheidung ergeht nicht „auf Grund der mündlichen Verhandlung vom…".

haft... von... allein beerbt worden ist." Eine Rechtsmittelbelehrung erfolgt nach § 39 FamFG. Der Beschluss enthält bei unstreitiger Entscheidung keine Kostenentscheidung, da sich die Kostenfolge aus dem Gesetz (GNotKG) ergibt. Der Beschluss in unstreitiger Sache bleibt auch ohne Begründung (§ 38 Abs. 4 Nr. 2 FamFG) und wird als Internum ohne Bekanntgabe mit Erlass wirksam (§ 352e Abs. 1 S. 3 FamFG). Es folgt der **Erbscheinsbeschluss** („Es wird bezeugt, ...") und im Vollzug die **Erteilung** des Erbscheins, dh eine von mehreren Urschriften oder eine Ausfertigung der Urschrift (nicht eine beglaubigte Abschrift!) wird hinausgegeben. **Zusatz bei einer streitigen Sache:** Die sofortige Wirksamkeit dieses Beschlusses wird ausgesetzt; die Erteilung des Erbscheins wird bis zur Rechtskraft dieses Beschlusses zurückgestellt (§ 352e Abs. 2 FamFG).

- **Zurückweisungsbeschluss.** Wird einem **Antrag nicht stattgegeben,** lautet der **Tenor** bei der Entscheidung auf **„Zurückweisung"** des Antrags, wobei es weder erforderlich noch üblich ist, die Zusätze „als unzulässig" bzw. „als unbegründet" zu verwenden. Der Beschluss ist zu begründen und mit einer Rechtsbehelfsbelehrung zu versehen (§§ 38 Abs. 3 und 39 FamFG).

- **Zwischenverfügung bei behebbaren Entscheidungshindernissen.** Die Verfügung ergeht üblicherweise in Beschlussform, weist auf das Hindernis hin, setzt eine Frist. Keine Kostenentscheidung. Dieser Beschluss ist keine Endentscheidung, ist nicht mit der Beschwerde anfechtbar § 58 FamFG) und wird deshalb nur formlos mitgeteilt.

IV. Genehmigungsentscheidungen des Nachlassgerichts

4 Zur familiengerichtlichen Genehmigung einer Ausschlagung der Erbschaft durch den gesetzlichen Vertreter für minderjährige Erben (→ § 16 Rn. 7).

Das Nachlassgericht (funktionell der Rechtspfleger, § 3 Nr. 2 lit. a bis c RPflG) ist zuständig für gerichtliche Genehmigungen, zB von Rechtsgeschäften des Nachlasspflegers und Nachlassverwalters im Rahmen ihrer Vermögensverwaltung.[2]

Probleme ergeben sich auf Grund des Reformgesetzes bei der Frage, **wann ein gerichtlicher Genehmigungsbeschluss wirksam wird.** Das BVerfG hat in seiner Entscheidung vom 18.1.2000[3] den Ausschluss der Anfechtbarkeit gerichtlicher Genehmigungsbeschlüsse gemäß §§ 55, 62 FGG moniert und zur Gewährung des rechtlichen Gehörs den Erlass eines mit der Beschwerde angreifbaren Vorbescheids gefordert. Der Gesetzgeber ist einen anderen Weg gegangen und hat gemäß § 40 Abs. 2 FamFG die Wirksamkeit von Beschlüssen bei Außengenehmigungen an die Rechtskraft des Beschlusses geknüpft, was nach Abs. 2 S. 2 sogar mit der Entscheidung auszusprechen ist (dieser Beschluss wird erst mit Rechtskraft wirksam). Der Beschluss muss auch die Belehrung über die Beschwerde und die Beschwerdefrist von nur 2 Wochen ab schriftlicher Bekanntgabe (Zustellung; §§ 39, 63 Abs. 2 Nr. 2, Abs. 3 S. 1 FamFG) enthalten. Nach § 40 Abs. 1 FamFG **wird der Genehmigungsbeschluss erst wirksam mit der Bekanntgabe an den Beteiligten, für den er nach seinem wesentlichen Inhalt bestimmt ist,** also an den **gesetzlichen Vertreter** (Nachlasspfleger) gemäß § 1828 BGB **und** gemäß § 41 Abs. 3 FamFG an den **Vertretenen** selbst (gegenüber dem **Vertragspartner** wird das Geschäft erst mit Bekanntgabe der Genehmigung gemäß § 1829 Abs. 1 S. 2 BGB wirksam). Es ist streitig, ob für die Bekanntgabe bei unbekannten Erben die Bestellung eines **Verfahrensbeistands** gemäß §§ 340 Nr. 1, 276 Abs. 1 S. 1 FamFG (für das gesamte Genehmigungsverfahren) oder eines **Nach-**

---

[2] §§ 1962, 1915 Abs. 1, 1793 ff., 1837; 1975, 1985, 1821, 1822 BGB, auch wenn der Erbe nicht minderjährig ist; Pflegschaft für abwesende Beteiligte, § 364 FamFG. Der Testamentsvollstrecker bedarf nur dann einer gerichtlichen Genehmigung, wenn er sich nicht im Rahmen seiner Verfügungsmacht hält und mit Zustimmung des minderjährigen Erben ein familien- oder betreuungsgerichtlich zu genehmigendes Geschäft abschließt (MüKoBGB/*Zimmermann* § 2205 Rn. 93); hier dürfte aber nur eine Innengenehmigung vorliegen.

[3] BVerfG NJW 2000, 1709.

lassergänzungspflegers gemäß § 1909 BGB ausreichend bzw. erforderlich ist. Der Verfahrensbeistand hat nach §§ 158 Abs. 4 S. 6, 274 Abs. 2 FamFG nicht die Stellung eines gesetzlichen Vertreters.[4] Es gehört auch nicht zu den Aufgaben des Verfahrensbeistands, die objektiven Interessen des Betreuten zu ermitteln, wenn für den Betroffenen bereits ein Betreuer bestellt ist, dessen Aufgaben den Verfahrensgegenstand erfasst,[5] wie das beim Nachlasspfleger der Fall ist. Rechtsmittelfristen laufen für den Betroffenen und den Verfahrenbeistand jeweils gesondert. Der Verfahrensbeistand hat deshalb ebenso wenig wie der Nachlasspfleger die Stellung, die das BVerfG für das rechtliche Gehör des unbekannten Erben fordert. Diese Stellung hat jedoch der Ergänzungsnachlasspfleger, der zur gerichtlichen und außergerichtlichen Vertretung befugt ist. Außerdem ist die Bekanntgabe des Genehmigungsbeschlusses dem Bereich der Vermögenssorge und nicht dem der Personensorge zuzuordnen, eine analoge Anwendung des § 158 Abs. 1 FamFG ist ausgeschlossen.[6] Der Verfahrensbeistand hat auch keine inhaltliche Prüfungskompetenz.[7] Die wohl überwiegende Rechtsprechung geht deshalb zu Recht von der Notwendigkeit der Bestellung eines Ergänzungspflegers gemäß § 1909 BGB **sowohl für das Genehmigungsverfahren wie für die Bekanntgabe der Entscheidung an die vom Nachlasspfleger vertretenen Erben** aus.[8]

Wird der Genehmigungsbeschluss nur dem Nachlasspfleger zugestellt, kann er nicht 5 rechtskräftig werden, weil die Beschwerdefrist von 2 Wochen des § 63 Abs. 2 Nr. 2 FamFG nicht zu laufen beginnt. § 63 Abs. 3 S. 2 FamFG, der zur Rechtskraft innerhalb von 2 Wochen und 5 Monaten führt, ist nicht auf einen übergangenen Beteiligten anzuwenden.[9] Die teilweise vertretene Lösung,[10] wonach die am Genehmigungsverfahren nicht beteiligten Erben nur innerhalb des Fristablaufs für den letzten Beteiligten Beschwerde einlegen können, ist offensichtlich verfassungswidrig[11] im Sinne der Rechtsprechung des BVerfG.[12] Die Anordnung einer sofortigen Wirksamkeit der Genehmigungsentscheidung des Gerichts ist von § 40 Abs. 2 S. 1 FamFG offensichtlich nicht vorgesehen.[13] Ein Rechtsmittelverzicht ist erst nach Bekanntgabe des Genehmigungsbeschlusses, nicht bereits vorher, möglich (§ 67 Abs. 1 FamFG). Ein Rechtskraftzeugnis nach § 46 Abs. 1 S. 1 FamFG muss beachten, dass die Frist für die Einlegung der Sprungrevision nicht zwei Wochen gemäß § 63 Abs. 2 Nr. 2, sondern einen Monat gemäß § 71 FamFG beträgt; eine verkürzte Frist für die Anfechtung von Genehmigungsentscheidungen hat der Gesetzgeber nicht vorgesehen.[14] Wenn Käufer, Verkäufer, Nachlasspfleger und Nachlassergänzungspfleger bereits im notariellen Vertrag unwiderruflich ihre Einwilligung zu einer Sprungrechtsbeschwerde verweigern, verbleibt es bei der Zweiwochenfrist des § 63 Abs. 2 FamFG.[15]

Für die Abhebung vom **Bankkonto** oder die Kündigung eines zum Nachlass gehören- 6 den **Girokontos** und Übertragung des Kündigungserlöses auf ein anderes Nachlasskonto

---

4 So auch Keidel/*Budde* § 276 Rn. 26; *Kölmel* MittBayNot 2011, 190 (194).
5 BGH NJW 2009, 2814 ff. zum Verfahrenspfleger des FGG; es besteht insoweit jedenfalls kein Unterschied zum Verfahrensbeistand des FamFG.
6 Es fehlt an einer planwidrigen Gesetzeslücke, da das Problem im Gesetzgebungsverfahren bekannt war; *Kölmel* MittBayNot 2011, 190 (194); KG RNotZ 2010, 463 (465); BGH NJW 2009, 2814 ff.
7 BGH NJW 2009, 2814 ff.
8 KG FamRZ 2010, 422 = RNotZ 2010, 463; OLG Oldenburg Rpfleger 2010, 213 = NJW 2010, 1888; OLG Köln FamRZ 2011, 231; OLG Hamburg FamRZ 2010, 1825; aA OLG Hamm DNotZ 2011, 223 unter Berufung auf ua Palandt/*Edenhofer*, 69. Auflage, § 1960 Rn. 14 und Keidel/*Zimmermann* § 345 Rn. 83; OLG Brandenburg MittBayNot 2011, 240 (Ergänzungspfleger, aber nur bei Interessenkollision); OLG Koblenz NJW 2011, 236 und OLG Stuttgart FamRZ 2010, 1166 zum Sorgerechtsverfahren.
9 Keidel/*Sternal* § 63 Rn. 45.
10 OLG Hamm Rpfleger 2011, 87; Keidel/*Sternal* § 63 Rn. 44 (Arg.: Rechtssicherheit); *Litzenburger* RNotZ 2009, 380 (381); BT-Drs. 16/9733, 289.
11 DNotI-Report 2009, 145 (150 (Gutachten)).
12 BVerfG NJW 2000, 1709.
13 Keidel/*Meyer-Holz* § 40 Rn. 34.
14 *Milzer*, Ungewollte Fernwirkungen des § 75 FamFG, MittBayNot 2011, 112 (113) hält dies für ein Redaktionsversehen, aA wohl der BGH FGPrax 2010, 53, der hierauf nicht eingeht.
15 So auch *Milzer* MittBayNot 2011, 112 (113).

bedarf es einer Genehmigung des Nachlassgerichts, die auch erst mit Rechtskraft wirksam wird.[16] Eine Erleichterung der Praxis mag ein großzügiges Vorgehen bei der Erteilung der allgemeinen Ermächtigung des § 1825 BGB[17] bringen, da § 40 Abs. 2 FamFG nur die Genehmigung der allgemeinen Ermächtigung betrifft[18] und nicht die folgenden Einzelverfügungen.

V. Bekanntgabe und Wirksamkeit

7   Zur Bekanntgabe und Wirksamkeit von Genehmigungsentscheidungen → Rn. 4.

Die „Abfassung" einer Entscheidung ist ein bloßer Entwurf und damit ein interner Akt. Erst der „Erlass" der Entscheidung gemäß § 38 Abs. 3 S. 3 FamFG (Unterschrift und Übergabe an Geschäftsstelle oder Verkündung) entfaltet Außenwirkung, die Entscheidung wird wirksam (§ 40 Abs. 1 FamFG). Die bloße mündliche Bekanntgabe löst jedoch nicht die Beschwerdefrist aus (§ 63 Abs. 3 S. 1 FamFG). Hierzu ist die vollständige schriftliche Abfassung erforderlich. Alle Dokumente, die eine gerichtliche oder gesetzliche Termins- oder Fristbestimmung enthalten oder den Lauf einer Frist auslösen, sind an alle formell Beteiligten bekannt zu geben (§ 15 Abs. 1 FamFG), andere können formlos mitgeteilt werden (§ 15 Abs. 3 FamFG). Die Form der Bekanntgabe regeln §§ 15 Abs. 2, 41 FamFG. Das Gericht wählt nach seinem Ermessen aus, ob es förmlich nach §§ 166 bis 195 ZPO oder durch Aufgabe zur Post zustellt. Nach § 41 Abs. 1 S. 2 FamFG ist jedoch ein anfechtbarer Beschluss an denjenigen, dessen, dessen erklärtem Willen er nicht entspricht, stets förmlich nach §§ 166 ff. FamFG zuzustellen.

8   Die Verfügung wird **mit der Bekanntgabe** an denjenigen, für den sie nach ihrem Inhalt bestimmt ist, **wirksam** (§ 40 Abs. 1 FamFG).

Die Entscheidung des Nachlassgerichts bei einer Meinungsverschiedenheit über die Vornahme eines Rechtsgeschäfts zwischen mehreren Testamentsvollstreckern wird jedoch erst mit ihrer Rechtskraft wirksam (§ 355 Abs. 3 FamFG).

§ 40 Abs. 1 FamFG gilt auch für Beschwerdeentscheidungen (§ 69 Abs. 3 FamFG); Entscheidungen des Rechtsbeschwerdegerichts werden, da unanfechtbar, bereits mit Erlass wirksam und formell rechtskräftig Die Entscheidung, durch die das Nachlassgericht die „Erteilung" (also Aushändigung der Urschrift oder Ausfertigung) **eines Erbscheins anordnet,** wird bereits mit Erlass wirksam und bedarf keiner Bekanntgabe (§ 352e Abs. 1 S. 3 FamFG). Die „Erteilung" wird erst mit dem Vollzugsakt der Aushändigung wirksam. Besteht Streit über die Erbscheinserteilung, ist der Anordnungsbeschluss allen Beteiligten bekannt zu geben und seine sofortige Wirksamkeit auszusetzen; der Erbschein ist dann erst nach Rechtskraft der Anordnungsentscheidung zu erteilen (§ 352e Abs. 2 FamFG). Besteht kein Streit, kann der Erbschein mit Erlass des Anordnungsbeschlusses erteilt werden. Der Beschluss, durch den die Genehmigung eines Rechtsgeschäfts erteilt oder verweigert wird, wird erst mit seiner formellen Rechtskraft wirksam (siehe näher → Rn. 4).

9   Für **Zustellungen im Ausland** gelten die §§ 183, 184 ZPO. Das Haager Übereinkommen über den Zivilprozess **(HZPrÜbK)** v. 1.3.1954 und das Haager Übereinkommen über die Zustellung gerichtlicher und außergerichtlicher Schriftstücke im Ausland in Zivil- und Handelssachen **(HZÜ)** v. 15.11.1965 (das im Verhältnis der Vertragsstaaten zueinander das HZPÜ überlagert) sowie bilaterale Rechtshilfeverträge gehen dem nationalen Recht vor. Das HZÜ wiederum wird durch die **Verordnung (EG) Nr. 1393/2007** vom 13.11.2007 überlagert (§ 183 Abs. 5 ZPO).[19] Die **ZRHO** (Rechtshilfeordnung in Zivilsachen) ist auch in Angelegenheiten der freiwilligen Gerichtsbarkeit anwendbar.

---

[16]   OLG Düsseldorf FamRZ 2011, 921.
[17]   Evtl. begrenzt auf bestimmte Konten und auf Höchstbeträge für Einzelverfügungen.
[18]   Keidel/*Meyer-Holz* § 40 Rn. 30; *Bestelmeyer* RPfleger 2010, 635 (648, Fn. 183).
[19]   Zöller/*Geimer* § 183 Rn. 93 führt die Länder auf, für die bei Zustellungen die Regelungen der HZÜ und HZPÜ jeweils gelten.

Die in § 183 Abs. 5 ZPO erwähnte EG-VO Nr. 1393/2007 (**EuZVO**) hat Vorrang vor älteren bilateralen oder multilateralen Übereinkünften der Mitgliedstaaten (Art. 20). Nach Art. 14 dieser Verordnung steht es jedem Mitgliedstaat frei, gerichtliche Schriftstücke unmittelbar durch die Post zustellen zu lassen, ohne den Rechtshilfeweg zu beschreiten. Im Anwendungsbereich der EuZVO (dort Art. 7 ff.) ist eine formlose Zustellung nicht vorgesehen.[20] Nach §§ 1068 Abs. 1, 1069 Abs. 1 ZPO erfolgt die Zustellung unbeschadet weiterer Bedingungen des jeweiligen Empfangsmitgliedstaats, nur in der Versandform des **Einschreibens mit Rückschein oder gleichwertigem Beleg.** Deutsche Übermittlungsstellen sind für gerichtliche Schriftstücke die die Zustellung betreibenden Gerichte (siehe §§ 9, 27, 65b **ZRHO**). Ist eine derartige Zustellung nicht durchführbar, erfolgt eine öffentliche Zustellung nach § 185 Nr. 2 ZPO. Eine Übersetzung des mit der Post zuzustellenden Schriftstücks ist nach § 183 ZPO nicht vorgeschrieben. Bei förmlicher Zustellung verlangen Art. 5 Abs. 3 HZÜ, Art. 3 Abs. 2 HZPÜ und die bilateralen Rechtshilfeverträge eine Übersetzung. Fehlt der Nachweis einer formgerechten Zustellung, ist auf den tatsächlichen Zugang abzustellen (§ 189 ZPO).

Die Bekanntmachung muss **an den erfolgen, für den die Verfügung bestimmt ist,** **10** das ist etwa der Antragsteller, Beschwerdeführer, Beschwerdeberechtigte (soweit er sich formell beteiligt hat, jedoch auch soweit sofortige Beschwerde gegeben ist, da die Verfügung sonst nicht wirksam werden würde) und schließlich jeder, in dessen Rechtssphäre eingegriffen wurde, **nicht jedoch an den, für dessen rechtliche Stellung die Entscheidung lediglich von Bedeutung werden kann.** So ist die Bestimmung der Inventarfrist lediglich dem Erben, nicht aber den Nachlassgläubigern (im Hinblick auf § 1994 BGB etwa) bekannt zu geben.

VI. Materielle Rechtskraft (Bestandskraft)

Die **formelle** Rechtskraft (im Verfahren der Freiwilligen Gerichtsbarkeit besser „Bestands- **11** kraft") einer Entscheidung bewirkt, dass das Verfahren abgeschlossen und die Erhebung einer Beschwerde ausgeschlossen ist.

Ob eine im Verfahren der freiwilligen Gerichtsbarkeit erlassene Verfügung auch **materielle Bestandskraft** entfalten, die Beteiligten also für künftige Fälle binden kann, ist streitig.[21] Die wohl überwiegende Auffassung will die Frage von Fall zu Fall entscheiden.[22] So wird der Eintritt der materiellen Bestandskraft in den echten Streitsachen für möglich gehalten.[23]

Bei den Nachlasssachen wird die materielle Bestandskraft bejaht
– im Hoferbenfeststellungsverfahren gemäß § 11 HöfeVfO;[24]
– im Verfahren über die Entlassung eines Testamentsvollstreckers;[25]
– bei Bestätigung einer Erbauseinandersetzung (nicht bei Ablehnung des Antrages auf Genehmigung);[26]
– sie wird **verneint** im Erbscheinsverfahren.[27]

Soweit Entscheidungen der materiellen Bestandskraft nicht fähig sind, können sie bei Änderung der tatsächlichen und rechtlichen Verhältnisse abgeändert werden.[28]

---

[20] Zum Amtshaftungsanspruch bei Verstoß siehe Zöller/*Geimer* § 183 Rn. 67.
[21] Vgl. zum Streitstand Keidel/*Engelhardt* § 45 Rn. 8 ff.
[22] Ua BayObLGZ 1959, 287 (295).
[23] BGH NJW 1964, 863.
[24] OLG Celle NdsRpfl 1960, 224 (225).
[25] BayObLGZ 1964, 153 (154).
[26] Keidel/*Engelhardt* § 45 Rn. 9.
[27] ZB BGHZ 47, 58 (66); BayObLGZ 1952, 291 (293); 1953, 261 (264); 1961, 200 (206).
[28] BayObLGZ 17, 22.

VII. Einstweilige Anordnungen in Nachlasssachen

12　Eine Rechtsgrundlage für eine einstweilige Anordnung in Nachlasssachen gab es nach altem Recht in erster Instanz nicht, jedoch für die Beschwerdeinstanz (§ 24 Abs. 3 FGG).

Nach §§ 49 bis 57 FamFG kann das Nachlassgericht nunmehr eine vorläufige Maßnahme treffen, soweit dies nach den für das Rechtsverhältnis maßgebenden Vorschriften gerechtfertigt ist (materiellrechtlicher Anordnungsgrund) und ein dringendes Bedürfnis für ein sofortiges Tätigwerden besteht (Eilbedürfnis, Anordnungsanspruch). Die Anhängigkeit einer entsprechenden Hauptsache ist nicht erforderlich. Dies ist ein selbständiges Verfahren mit eigener Kostenentscheidung (§§ 51 Abs. 4 FamFG; 18 Nr. 1, 2 RVG).

Dies kann im Erbscheinseinziehungsverfahren eine Rolle spielen (einstweilige Hinterlegung des Erbscheins zu den Akten des Nachlassgerichts; siehe auch → § 39 Rn. 14). *Zimmermann*[29] hält diese Regelung auch für geeignet, einem Nachlasspfleger oder Testamentsvollstrecker vorläufig eine Handlung zu gebieten oder zu verbieten. Eine vorläufige Entlassung dieser Personen[30] oder eine vorläufige Erteilung oder Einziehung eines Erbscheins[31] oder Testamentsvollstreckerzeugnisses[32] scheidet aber aus.[33]

---

[29]　*Zimmermann* FGPrax 2006, 189 (194).
[30]　Palandt/*Weidlich* § 2227 Rn. 1.
[31]　Palandt/*Weidlich* § 2361 Rn. 8.
[32]　Jedoch besteht hier die Möglichkeit, dass TV-Zeugnis im Wege der einstweiligen Anordnung zu den Akten geben zu lassen, um dem TV Verfügungen über den Nachlass zu erschweren (OLG Schleswig NJW-RR 2016, 13).
[33]　So auch *Zimmermann* FGPrax 2006, 189 (194).

§ 33 Rechtsbehelfe in Nachlasssachen

I. Übersicht

Noch nicht erlassene Entscheidungen kann das Gericht ganz oder teilweise ändern. Erlassen **1** ist eine Entscheidung erst dann, wenn sie vom Richter/Rechtspfleger unterschrieben und der Geschäftsstelle übergeben oder die Beschlussformel den anwesenden Beteiligten durch Verlesen bekannt gemacht ist (§ 38 Abs. 3 FamFG).

Berichtigung: Nach Erlass kann das Gericht des ersten Rechtszugs **offenbare Unrichtigkeiten** wie Schreib- oder Rechenfehler und unerhebliche Falschbezeichnungen jederzeit gemäß § 42 FamFG berichtigen. Das gilt auch für den bereits erteilten Erbschein, soweit es sich um offensichtliche Unrichtigkeiten im Sinne des § 42 FamFG handelt, die nicht zugleich wesentliche Bedeutung für den Inhalt des Erbscheins haben.[1] Das Gericht ist auch im Verfahren nach dem FamFG an eine einmal getroffene Endentscheidung gebunden, wenn sie im Sinne von § 38 Abs. 3 S 3 FamFG als Endentscheidung erlassen ist.[2] Einen inhaltlich unrichtigen erteilten Erbschein muss das Gericht einziehen oder für kraftlos erklären (§ 2361 Abs. 1 und 2 BGB; (→ § 39 Rn. 1 ff.)).

Ist gegen die Endentscheidung des Nachlassgerichts **Beschwerde** eingelegt, überprüft das Nachlassgericht im Rahmen eines **Abhilfeverfahrens** zunächst seine Entscheidung (§ 68 Abs. 1 S. 1 FamFG). Wenn es zu der Auffassung kommt, dass die Entscheidung nicht gerechtfertigt ist; hat es der Beschwerde abzuhelfen. Ob die eingelegte Beschwerde statthaft und zulässig ist, ist dabei unerheblich, weil diese Prüfung nur dem Beschwerdegericht zusteht (§ 68 Abs. 2 FamFG).[3] Im Rahmen des Abhilfeverfahrens hat sich das Ausgangsgericht mit dem Beschwerdevorbringen auseinanderzusetzen, bloße floskelhafte Erwägungen genügen dem nicht. Bei einer Nichtabhilfeentscheidung stellt es daher einen schwerwiegenden Mangel dar, wenn die Begründung nicht erkennen lässt, dass das Gericht das Beschwerdevorbringen in seine Nichtabhilfeentscheidung einbezogen hat. Dies führt zur Aufhebung der Nichtabhilfeentscheidung und Zurückverweisung der Sache.[4] Stellt sich im Abhilfeverfahren heraus, dass die Sache nun streitig ist, wechselt die Zuständigkeit vom Rechtspfleger auf den Richter.[5]

Eine **formell rechtskräftige Endentscheidung mit Dauerwirkung** (Ernennung eines Testamentsvollstreckers, Anordnung einer Nachlasspflegschaft etc.) kann das Gericht des ersten Rechtszugs aufheben oder ändern, wenn sich die zugrundeliegende Sach- oder Rechtslage wesentlich geändert hat. Das Beschwerdegericht kann seine Entscheidungen nicht nach dieser Vorschrift abändern. Bei reinen Antragsverfahren darf das Gericht erster Instanz aber die Entscheidung nur ändern, falls ein entsprechender Antrag vorliegt (§ 48

---

[1] MüKoBGB/*Grziwotz* § 2361 Rn. 19, 20.
[2] KG FGPrax 2011, 48; die Rechtspflegerin hatte einen Beschluss aufgehoben, weil sie einen Schriftsatz nicht berücksichtigt hatte. Das Kammergericht monierte den von Amts wegen ergangenen Aufhebungsbeschluss als unzulässig, da Bindung eingetreten sei. Ein Verstoß gegen das Gebot des rechtlichen Gehörs rechtfertige gemäß § 44 FamFG eine Fortsetzung des Verfahrens nur auf Initiative eines durch die Entscheidung beschwerten Beteiligten, nicht aber von Amts wegen. Auch als Abhilfeentscheidung sei der Aufhebungsbeschluss gemäß § 68 Abs. 1 S. 2 FamFG (Familiensache!) nicht zulässig.
[3] Keidel/*Sternal* § 68 Rn. 9.
[4] OLG München Rpfleger 2017, 16; siehe auch OLG Hamm FamRZ 2011, 238; das Amtsgericht hatte zwar den Sachverhalt der Beschwerdebegründung erwähnt, nämlich eine Ausschlagungserklärung nach einem zurückgenommenen Erbscheinsantrag. Es hatte diesen Sachverhalt jedoch nur auf seine Wirksamkeit nach Form und Frist geprüft, obwohl es auf Grund der Beschwerdebegründung Anlass hatte, sich mit der Frage auseinanderzusetzen, ob die Ausschlagung unwirksam war, weil der Erbscheinsantrag als konkludente Annahmeerklärung anzusehen war und die dadurch unwirksame Ausschlagung nicht als Anfechtung ausgelegt werden konnte. Das Erstgericht muss also erkennen lassen, dass es die Beschwerdebegründung rechtlich erwogen hat.
[5] OLG München Rpfleger 2017, 16: Im entschiedenen Fall wurde im Abhilfeverfahren das Erbrecht nicht mehr auf gesetzliche, sondern auf gewillkürte Erbfolge gestützt.

Abs. 1 FamFG). Der Abänderungsbeschluss wird nach § 40 FamFG wirksam. Eine Rückwirkung ist nicht vorgesehen. Unzulässige Abänderungen sind wirkungslos.[6]

Die **sofortige Beschwerde** des FamFG verweist in einigen Fällen **bei Zwischen- und Nebenentscheidungen** auf die **§§ 567 bis 572 ZPO.**

Zur Gewährleistung einer einheitlichen Rechtsanwendung und Fortbildung des Rechts ist durch das Reformgesetz zwar keine Nichtzulassungsbeschwerde, aber eine **Rechtsbeschwerde als Zulassungsbeschwerde** zum BGH gegen Beschwerdeentscheidungen des OLG sowohl zur Anfechtung von Beschlüssen über die befristete Beschwerde gegen Endentscheidungen nach § 58 FamFG als auch von Beschlüssen über die sofortige Beschwerde entsprechend §§ 567 bis 572 ZPO eingeführt worden. Die zulassungsfreie Rechtsbeschwerde betrifft nicht das Nachlassverfahren (siehe § 70 Abs. 3 FamFG). Im einstweiligen Anordnungsverfahren und im Arrestverfahren (§§ 49 ff., 119 Abs. 1 und 2 FamFG) ist die Rechtsbeschwerde ausgeschlossen.

Eine **Wiederaufnahme des Verfahrens** kann gemäß § 48 Abs. 2 FamFG entsprechend §§ 579 ff. ZPO erfolgen; sie ist nur zulässig auf Antrag und wenn die Beschwerde und die oben erörterten Änderungsmöglichkeiten nicht greifen. Im Erbscheinserteilungsverfahren ist zudem zu beachten, dass der Erbschein der materiellen Rechtskraft nicht fähig ist (→ § 39 Rn. 1), so dass ein Restitutionsverfahren mangels rechtskräftiger Entscheidung nicht in Betracht kommt.

Rechtspflegerentscheidungen: Gegen Entscheidungen des Rechtspflegers ist das Rechtsmittel gegeben, das nach den allgemeinen Verfahrensordnungen vorgesehen ist (§ 11 Abs. 1 RPflG), also die befristete Beschwerde nach FamFG oder die sofortige Beschwerde nach ZPO. Gegen eine Rechtspflegerentscheidung ist nach § 11 Abs. 2 RPflG jedoch die befristete **Erinnerung** statthaft, wenn gegen die Entscheidung, wäre sie vom Richter erlassen, ein Rechtsmittel nicht gegeben wäre, also wenn der Beschwerdewert nicht erreicht ist (§ 61 Abs. 1 FamFG) oder die Beschwerde nicht zugelassen wurde (§ 61 Abs. 3 FamFG). Die Erinnerung ist nicht nur bei Endentscheidungen, sondern bei allen „bindenden Verlautbarungen betreffend die Sache oder das Verfahren"[7] statthaft.

Die Erinnerung ist jedoch nicht statthaft bei wirksamen, nicht mehr abänderbaren Entscheidungen, also etwa bei Erteilung eines Erbscheins (§ 11 Abs. 3 S 1 RPflG). Für die Form und Frist gelten §§ 11 Abs. 2 S. 1 und 4 RPflG, 63, 64 Abs. 1 und 2, 65 FamFG. Nach § 11 Abs. 2 S. 2 RPflG muss der Rechtspfleger abhelfen oder gemäß § 11 Abs. 2 S. 3 RPflG die Sache durch begründeten und den Beteiligten bekannt gegebenen Beschluss dem Richter seines Rechtszuges vorlegen, dessen Entscheidung dann unanfechtbar ist. Die Erinnerung ist nur zulässig, wenn der Erinnerungsführer formell und materiell beschwert ist (§§ 11 Abs. 2 S. 4 RPflG, 59 Abs. 1 und 2 FamFG).

Bei Zurückweisung eines Antrags auf Beratungshilfe gilt nicht § 11 Abs. 2 S 1 RPflG, sondern es ist die sofortige Beschwerde gemäß § 24a Abs. 2 RPflG gegeben.

Verfassungsbeschwerde: Das Bundesverfassungsgericht geht in ständiger Rechtsprechung davon aus, dass im Erbscheinserteilungsverfahren eine Verfassungsbeschwerde jedenfalls solange nicht zulässig ist, solange die Beteiligten nicht (erfolglos) vor dem Zivilgericht (Streitgericht) auf Feststellung des Erbrechts geklagt haben.[8]

II. Beschwerde in Nachlasssachen

2 Gegen die Entscheidung des Nachlassgerichts ist grundsätzlich die (befristete) Beschwerde gemäß § 68 FamFG eröffnet. Sie unterliegt keinem Anwaltszwang. Zuständiges Beschwerdegericht ist das OLG (§ 119 Abs. 1b GVG).

---

[6] Keidel/*Engelhardt* § 48 Rn. 44; OLG Brandenburg FamRZ 2007, 57.
[7] So Keidel/*Meyer-Holz* Anhang zu § 58 Rn. 3.
[8] BVerfG ZEV 2017, 48.

1. Zulässigkeitsvoraussetzungen

a) Statthaftigkeit

Nur gegen **Endentscheidungen** des Nachlassgerichts ist die befristete Beschwerde **3** gemäß § 58 FamFG, die mit der Berufung vergleichbar ist, statthaft. Endentscheidung ist nach der Legaldefinition des § 38 Abs. 1 S. 1 FamFG eine durch förmlichen Beschluss getroffene Entscheidung, durch die der Verfahrensgegenstand ganz oder teilweise erledigt wird. Eine mit der befristeten Beschwerde angreifbare Zwischenentscheidung ist der Feststellungsbeschluss im Erbscheinsverfahren gemäß § 352 FamFG, der jedoch nur bis zur tatsächlichen Erteilung des Erbscheins der Beschwerde unterliegt.[9] Ab Erteilung, die ein nicht anfechtbarer Vollzugsakt ist, kann nur die Einziehung des Erbscheins beantragt werden (§ 352e Abs. 3 FamFG, vergleiche (→ § 39 Rn. 1). Das Gericht ist auch im Verfahren nach dem FamFG an eine einmal getroffene Endentscheidung gebunden, wenn sie im Sinne von § 358 Abs. 3 S. 3 FamFG erlassen ist.[10] Es kann aber auch nach der formellen Rechtskraft einen Erbschein mit abweichendem Inhalt erteilen, die Einziehung oder Kraftloserklärung des Erbscheins anordnen, weil keine materielle Rechtskraft eintritt.

Endentscheidungen in Nachlasssachen **sind**

- im Erbscheinsverfahren der **Feststellungsbeschluss** sowie die Abweisung des Antrags, Berichtigung, Ablehnung der Berichtigung, Ergänzung eines Erbscheins, nicht jedoch Verfügungen, die auf Hindernisse hinweisen,[11] rechtliche Hinweise, Beweis- oder Ladungsanordnungen; Zurückweisung eines Antrags, die eidesstattliche Versicherung gemäß § 352 Abs. 3 S. 4 BGB zu erlassen,[12] sowie das Verlangen einer eidesstattlichen Versicherung; Kosten- und Auslagenentscheidungen, auch isolierte, bei Überschreitung des Beschwerdewerts von 600 EUR oder bei Zulassung der Beschwerde;[13] die Aussetzung des Erbscheinsverfahrens wegen eines anhängigen Zivilprozesses über das Erbrecht kann nach §§ 21 Abs. 2 FamFG, 567 ff. ZPO mit der sofortigen Beschwerde angegriffen werden, ebenso die Ablehnung eines Antrags auf Verfahrenskostenhilfe (§§ 76 Abs. 2 FamFG, 127 Abs. 2 bis 4 ZPO); die Zurückweisung der Ablehnung eines Sachverständigen (§§ 30 Abs. 1 FamFG, 569 ZPO)
- **die Anordnung der Einziehung** (§ 2361 Abs. 1 BGB, **bis** zum Vollzug der Einziehung) **oder Kraftloserklärung** (§ 2361 Abs. 2 BGB, **bis** zur öffentlichen Bekanntmachung) eines Erbscheins; ebenso die **Ablehnung eines Antrags auf Einziehung oder Kraftloserklärung;**
- die Anordnung, ein Testament abzuliefern (§ 2259 Abs. 1 BGB);
- die Bestimmung und Ablehnung einer Testamentseröffnung gemäß § 348 FamFG;[14] die ablehnende Entscheidung über den Antrag eines Beteiligten, eine letztwillige Verfügung nicht vollständig zu eröffnen;[15] die Mitteilung des Nachlassgerichts, den Inhalt eines

---

[9] Keidel/*Zimmermann* § 352 Rn. 137: „… ist zwar an sich nur eine Zwischenentscheidung, unterliegt aber sinngemäß der befristeten Beschwerde…"). Der Gesetzgeber wollte dies, aber gesetzestechnisch ist das nicht ausdrücklich geregelt, weder in § 58, noch in § 352 FamFG.

[10] KG FGPrax 2011, 48.

[11] OLG Brandenburg FamRZ 2010, 1464.

[12] OLG München NJW-RR 2007, 665.

[13] OLG Brandenburg FamRZ 2010, 1464 ff.; OLG München FamRZ 2010, 1465; OLG Oldenburg FamRZ 2010, 1466.

[14] OLG Köln NJW-RR 2004, 1014; Keidel/*Meyer-Holz* § 58 Rn. 50.

[15] OLG Köln FGPrax 2011, 49: die Entscheidung behandelt den Antrag eines überlebenden Ehegatten, seine eigenen Verfügungen in einem Erbvertrag nicht zu eröffnen. Das OLG behandelt die ablehnende Entscheidung zu Recht als Endentscheidung, da über den Antrag abschließend entschieden werde, mit der anschließenden Durchführung der Eröffnung ist das Eröffnungsverfahren endgültig abgeschlossen. In der Sache selbst kommt es darauf an, ob sich die Verfügungen der Eheleute sprachlich trennen lassen (§ 349 Abs. 1 FamFG).

Erbvertrags den eingesetzten Schlusserben bekannt zu machen;[16] **nicht** jedoch die vollzogene Testamentseröffnung;[17]

- die Entscheidungen im Verfahren der Nachlasspflegschaft (§ 1960 Abs. 1 BGB), also die Anordnung und ihre Aufhebung sowie deren Ablehnung, die Bestimmung des Nachlasspflegers und die Festsetzung seiner Vergütung;
- die Anordnung der Nachlassverwaltung auf Antrag eines Nachlassgläubigers (§§ 1981 Abs. 2 BGB, 359 Abs. 2 FamFG) und die Zurückweisung seines Antrags, die Ablehnung der Aufhebung der Nachlassverwaltung, die Auswahl des Verwalters und die Festsetzung seiner Vergütung;[18] **nicht** jedoch die Anordnung der Nachlassverwaltung auf Antrag eines Erben (§ 359 Abs. 1 FamFG);
- Testamentsvollstreckung: die Ernennung des Testamentsvollstreckers durch das Nachlassgericht gemäß § 2200 BGB und die Ablehnung der Ernennung; die Entscheidung gemäß § 2224 BGB bei einer Meinungsverschiedenheit zwischen mehreren Testamentsvollstreckern (§ 2224 Abs. 1 S. 1 BGB; beachte die Frist von zwei Wochen gemäß § 355 Abs. 2 FamFG); die Entscheidung, gemäß § 2216 Abs. 2 S 2 BGB Anordnungen des Erblassers außer Kraft zu setzen und die Zurückweisung eines derartigen Antrags (§ 355 Abs. 3 FamFG); die Entlassung des Testamentsvollstreckers gegen seinen Willen; **gegen die Fristbestimmungen** gemäß §§ 2198 Abs. 2 (Bestimmung des Vollstreckers durch einen Dritten) und 2202 Abs. 2 (Annahme des Amtes) BGB **ist** nach § 355 Abs. 1 FamFG die **sofortige Beschwerde** entsprechend §§ 567 ff. ZPO gegeben;
- Fristbestimmungen: die befristete Beschwerde ist gegeben gegen die Fristbestimmungen der §§ 2151, 2153 f. (Bestimmung des Beschwerten bei einem Vermächtnis); 2192 f. (Beschwertenbestimmung bei der Auflage); 1994 Abs. 1 S. 1, 1995 Abs. 3 BGB (Inventarfrist, § 360 FamFG);
- Ablehnung des Gläubigerantrags auf Abnahme der eidesstattlichen Versicherung des Erben oder der Terminsbestimmung hierzu (§§ 2006 BGB, 361 FamFG), **nicht** gegen die Terminsbestimmung, die Verlegung und die Ladung (Zwischenentscheidungen);[19]
- über **Akteneinsicht** im laufenden Verfahren entscheidet das Gericht, bei Kollegialgerichten der Vorsitzende (§ 13 Abs. 7 FamFG), es handelt sich nicht um eine anfechtbare Endentscheidung, nach Abschluss des Verfahrens liegt hingegen eine Endentscheidung vor, die mit der Beschwerde angegriffen werden kann.[20]

b) Form, Inhalt und Frist der Beschwerde

4 Die Beschwerde ist beim Ausgangsgericht einzulegen.

§ 64 Abs. 2 FamFG sieht zwei zur Wahl stehende Formen der Beschwerdeeinlegung vor, nämlich die Einreichung einer Beschwerdeschrift und die Erklärung zur Niederschrift der Geschäftsstelle; hinzu kommt nach §§ 14 Abs. 2 FamFG, 130a ZPO die Einlegung durch elektronisches Dokument (etwa durch Dateianhang an eine E-Mail) mit einer qualifizierten elektronischen Signatur, sobald Bund und Länder die Voraussetzungen hierfür geschaffen haben.

In allen Fällen kann die Beschwerde nur beim Ausgangsgericht (iudex a quo), **nicht** beim **Beschwerdegericht** eingelegt werden. Durch die Einlegung beim unzuständigen Gericht wird die Beschwerdefrist nicht gewahrt.[21] Das Beschwerdegericht ist auch nicht verpflich-

---

[16] OLG Zweibrücken Rpfleger 2010, 593. Da dem überlebenden Ehegatten eine Abänderungsbefugnis zustand, kam es in der Sache nicht darauf an, ob sich die Verfügungen sprachlich trennen lassen.

[17] OLG Köln FGPrax 2011, 49.

[18] OLG Zweibrücken NJW-RR 2008, 369; Keidel/*Meyer-Holz* § 58 Rn. 51.

[19] OLG Hamm FamRZ 1995, 698.

[20] Zuständig ist Gericht und nicht der Gerichtsvorstand, da in § 13 Abs. 7 FamFG nicht (wie § 299 Abs. 2 ZPO) auf diesen verwiesen wird. Die Anfechtung erfolgt deshalb auch nach § 58 FamFG und nicht nach § 23 EGGVG.

[21] BGH BeckRS 2009, 21313; allg. Meinung.

tet, den bereits belehrten Beschwerdeführer nochmals zu belehren.[22] Die höchstrichterliche Rechtsprechung nimmt jedoch eine Verpflichtung zur Weiterleitung an das zuständige Amtsgericht an, wenn ohne Weiteres zu erkennen sei, dass die an das OLG adressierte Beschwerdeschrift gemäß § 64 FamFG an das Amtsgericht hätte gerichtet werden müssen. Es muss dann die Schrift im geordneten Geschäftsgang weiterleiten. Leitet das OLG die Schrift dem Nachlassgericht zu, kommt es für die Rechtzeitigkeit auf den dortigen Eingang an. Wäre der fristgerechte Eingang der Beschwerdeschrift beim Amtsgericht bei der gebotenen Weiterleitung zu erwarten gewesen, ist dem Rechtsmittelführer bei unterbliebener Weiterleitung Wiedereinsetzung in den vorigen Stand zu gewähren.[23] Das gilt auch bei zutreffender Belehrung durch das Amtsgericht.

Die **Unterschrift** des Beschwerdeführers oder seines Bevollmächtigten ist ein Wirksamkeitserfordernis.[24]

Die übrigen, zum Teil **in § 64 Abs. 2 S. 3 und 4 FamFG (als Mussvorschrift)**   **5** **aufgezählten Formerfordernisse** (Angabe des Aktenzeichens, Bezeichnung des angefochtenen Beschlusses, Erklärung, dass gegen diese Entscheidung Beschwerde eingelegt wird, die richtige Bezeichnung des Rechtsmittels als „Beschwerde", Abfassung in deutscher Sprache, Angabe des Beschwerdeführers und dessen ladungsfähiger Anschrift) machen das Rechtsmittel bei Fehlen oder unrichtiger Angabe nicht zwingend unzulässig.[25] So genügt es, dass der angegriffene Beschluss sowie der Beschwerdeführer vor Ablauf der Beschwerdefrist identifiziert werden können,[26] der Wille, den Beschluss anzufechten, erkennbar ist. Bis zum Ablauf der Beschwerdefrist verbliebene Zweifel gehen zu Lasten des Beschwerdeführers und können zur Unzulässigkeit der Beschwerde führen.

Inhalt: Nur im Antragsverfahren ist das Gericht hinsichtlich des Umfangs der Überprüfung an den Antrag gebunden. Das Gesetz fordert zwar keinen förmlichen Antrag, fehlt jedoch eine klare Erklärung hierzu, ist davon auszugehen, dass der Beschwerdeführer die Aufhebung des angegriffenen Beschlusses seinem ganzen Umfang nach erstrebt. Das Beschwerdegericht darf über den gestellten Antrag in der Regel nicht hinausgehen.[27] Der Beschwerdeführer kann im Antragsverfahren seinen Verfahrensantrag auf einen von mehreren Gegenständen oder einen Teil eines Gegenstandes beschränken, sofern dies vom Inhalt des Sachantrages möglich ist.[28] Eine Erweiterung oder Beschränkung des Sachantrages innerhalb desselben Verfahrensgegenstandes ist entsprechend §§ 525, 263 f., 531 ZPO zulässig.[29] Neue Sachanträge, die nicht mehr den Gegenstand der angegriffenen Endentscheidung betreffen, sind unzulässig; auch das Beschwerdegericht darf den Verfahrensgegenstand nicht ändern.[30]

Frist: § 63 FamFG regelt die Beschwerdefrist für Beschwerden gegen Endentscheidun-   **6** gen; die Vorschrift gilt auch für die Notarkostenbeschwerde nach §§ 127 ff. GNotKG, die Kostenbeschwerde nach §§ 18, 81 GNotKG und die Kostenvorschussbeschwerde nach §§ 12 f. GNotKG. Weder das Gericht noch die Beteiligten können die Frist abkürzen oder verlängern, auch wenn die Frist nicht als Notfrist bezeichnet ist.[31]

Die Regelfrist beträgt einen Monat. Zweiwochenfristen sind durch gesetzliche Ausnahmen geregelt, etwa in § 63 Abs. 2 FamFG (Ablehnung einer einstweiligen Anordnung;

---

[22] Das OLG trifft keine Fürsorgepflicht, da es sich um ein Verfahren mit der Pflicht zur Rechtsbehelfsbelehrung, auch über das zuständige Gericht handelt und das OLG auch keine Fürsorgepflicht auf Grund einer Vorbefassung hat. Die Rechtsprechung des BVerfG FamRZ 1995, 1559 greift hier also nicht.

[23] BGH NJW 2011, 3240.

[24] BGH NJW-RR 2009, 1009; Keidel/*Sternal* § 64 Rn. 29.

[25] Strenger *Schulte-Bunert/Weinreich* § 64 Rn. 259.

[26] BGH NJW-RR 2000, 1371.

[27] Anders nur, wenn dies zur Beseitigung der Wirkung des angegriffenen Beschlusses erforderlich ist, Keidel/*Sternal* § 64 Rn. 43.

[28] BayObLG NJW-RR 1997, 7.

[29] Keidel/*Sternal* § 64 Rn. 46; BayObLGZ 1975, 53.

[30] BayObLG NJW-RR 1998, 8; OLG Stuttgart OLGZ 1979, 328 (Änderung des zu genehmigenden Rechtsgeschäftes).

[31] Arg. § 16 Abs. 2 FamFG, 224 Abs. 2 ZPO.

Beschluss über die Genehmigung eines Rechtsgeschäfts nach § 40 Abs. 2 FamFG) oder § 355 Abs. 2 FamFG (Entscheidung über die Meinungsverschiedenheit mehrerer Testamentsvollstrecker über die Vornahme eines Rechtsgeschäfts).[32]

Zum **Fristbeginn** siehe §§ 63 Abs. 3, 15 Abs. 2, 41 FamFG; die Frist beginnt nicht vor Erlass der Entscheidung (§ 38 Abs. 3 S 3 FamFG). Bei einem Verfahrensbevollmächtigten erfolgt die schriftliche Bekanntgabe diesem gegenüber (§ 172 ZPO). Die Frist wird nicht in Gang gesetzt durch eine Ausfertigung, die von der Urschrift wesentlich abweicht, unvollständig ist oder nicht den Hinweis enthält, dass die namentlich genannten Richter auch das Original unterschrieben haben.[33] Die Frist beginnt auch bei einer unterlassenen oder fehlerhaften Rechtsbelehrung zu laufen; auf Antrag ist jedoch Wiedereinsetzung in den vorigen Stand zu gewähren, wobei nach § 17 Abs. 2 FamFG unwiderlegbar vermutet wird, dass der Beschwerdeführer ohne Verschulden gehindert war, die Rechtsmittelfrist einzuhalten. Wurde der Beschluss nicht bekanntgegeben, ist für den Beginn der Beschwerdefrist § 63 Abs. 3 S. 2 FamFG maßgeblich (Fristbeginn mit Ablauf von fünf Monaten nach Beschlusserlass). Entscheidend ist dabei allein der Umstand, dass die schriftliche Bekanntgabe des wirksam erlassenen Beschlusses an einen bereits förmlich beteiligten Rechtsmittelführer unterblieben ist. Warum die Bekanntgabe nicht erfolgt ist, ist für den Fristbeginn ohne Belang.[34] Die Beschwerdefristen des § 63 Abs. 1 und Abs. 3 S 2 FamFG gelten jedoch nicht für einen Muss-Beteiligten, der im ersten Rechtszug nicht als Beteiligter hinzugezogen worden und dem der die Instanz abschließende Beschluss nicht bekanntgegeben worden ist.[35] Ist der Beschluss zwar wirksam erlassen, kann jedoch an einen im erstinstanzlichen Verfahren formell Beteiligten (Antragsteller oder vom Gericht formell Beigezogener) nicht bewirkt werden, weil sich zum Beispiel die aktuelle Anschrift nicht ermitteln lässt, beginnt nach § 63 Abs. 3 S 3 FamFG die Beschwerdefrist dennoch spätestens fünf Monate nach Erlass des Beschlusses zu laufen (wobei § 222 Abs. 2 ZPO für diese Frist nicht gilt).

Die **Fristberechnung** erfolgt nach § 16 Abs. 2 FamFG iVm §§ 222 ZPO, 187 Abs. 1, 188 Abs. 2, 3 BGB.

Das **Fristende** berechnet sich nach § 16 Abs. 2 FamFG iVm §§ 222 Abs. 1 ZPO, 187 Abs. 1, 188 Abs. 1 BGB. Die Fristen enden also spätestens 6 Monate bzw. 5 Monate und 2 Wochen (§ 63 Abs. 2 FamFG) nach Erlass der Entscheidung.

c) Beschwerdeberechtigung (§ 59 FamFG)

7 Die Beschwerdeberechtigung ist gegeben, wenn der Beschwerdeführer geltend machen kann, durch die Entscheidung des Gerichts in **eigenen subjektiven Rechten unmittelbar** verletzt zu sein. Das kann bei der Verletzung eines materiellen Rechts des Beschwerdeführers oder zwingenden Verfahrensrechts[36] der Fall sein; auch, wenn der materiell Berechtigte zum Verfahren nicht beigezogen wurde **(§ 59 Abs. 1 FamFG).**[37] Danach muss durch die angefochtene Entscheidung die Rechtsstellung des Beschwerdeführers aufgehoben, beschränkt oder gemindert sein oder dem Beschwerdeführer eine von ihm begehrte Verbesserung seiner Rechtsstellung ganz oder teilweise vorenthalten sein.[38] Nicht ausreichend für die Beschwerdeberechtigung sind bloße wirtschaftliche, rechtliche oder sonstige (auch) berechtigte Interessen.[39]

---

[32] Bei der sofortigen Beschwerde nach §§ 33 Abs. 2, 36, 37 Verschollenheitsgesetz soll nach *Sternal* (in Keidel § 63 Rn. 13) ebenfalls die Zweiwochenfrist gelten.

[33] BGH NJW-RR 1987, 377.

[34] BGH FGPrax 2015, 139; OLG München FGPrax 2017, 133.

[35] BGH NJW-RR 2017, 970.

[36] OLG Koblenz FamRZ 1985, 1266. Auch bei offenkundig unrichtiger Anwendung von Form- und Fristvorschriften, BVerfG NJW 2004, 3551; str. in der Lit. bei Verfahrensrecht, s. auch *Bumiller/Harders/Schwamb* § 59 FamFG Rn. 6 mwN.

[37] BayObLG NJW 1992, 150

[38] Bahrenfuss/*Kräft* FamFG § 59 Rn. 3.

[39] NK-Nachfolgerecht/*Horn* § 59 FamFG Rn. 2.

Im **Amtsverfahren** begründet diese Beeinträchtigung die Beschwerdeberechtigung, der Beteiligte muss nicht förmlich am Verfahren beteiligt gewesen sein.

Im **Antragsverfahren** bedarf es neben der materiellen Beschwer auch noch einer formellen Beschwer. Voraussetzung ist insoweit, dass der Beteiligte als Antragsteller am Verfahren beteiligt war (§ 59 Abs. 2 FamFG) oder den verfahrenseinleitenden Antrag im Zeitpunkt seiner Beschwerdeeinlegung noch hätte stellen können.[40]

In den Fällen, in denen dieselben Tatsachen nicht nur zur Rechtsverletzung bei der Beschwerdeberechtigung, sondern auch zur Begründetheit der Beschwerde führen **(doppelt-relevante Tatsachen)**, besteht eine Beschwerdeberechtigung bereits dann, wenn eine Rechtsverletzung nur als möglich erscheint. Die diesbezügliche Sachprüfung der behaupteten Verletzung erfolgt erst in der Begründetheitsprüfung der Beschwerde.[41] Erforderlich ist jedoch in jedem Fall der substantiierte Vortrag einer entsprechenden Beeinträchtigung.[42] Eine solche Rechtsbeeinträchtigung ist folglich ausgeschlossen, wenn das behauptete Erbrecht (im entschiedenen Fall: Ersatzerbfolge) auf eine ergänzende Testamentsauslegung gestützt wird und sich für eine Willensrichtung betreffend das behauptete Erbrecht von vornherein keine Anhaltspunkte in der Testamentsurkunde finden.[43] Die Beschwerde ist in diesem Fall unzulässig. So hat der Testamentsvollstrecker ein subjektives Recht auf Erteilung eines Testamentsvollstreckerzeugnisses aus § 2368 Abs. 1 S. 1 BGB, woraus die Antragsbefugnis folgt. Legt der Testamentsvollstrecker Beschwerde gegen einen Beschluss des Nachlassgerichts ein, der seinen Antrag zurückweist, weil der Antrag die Beschränkung nicht zutreffend beschreibe, so genügt für die Bejahung der Beschwerdebefugnis bereits die Möglichkeit einer Rechtsbeeinträchtigung, weil die Tatsachen, die die Antragsbefugnis begründen, mit den Tatsachen identisch sind, die, die für die Begründetheit von Bedeutung sind.[44]

Sondervorschriften zur Beschwerdeberechtigung: § 355 Abs. 3 FamFG (Beschwerde **8** gegen die Außerkraftsetzung von Erblasseranordnungen für die Nachlassverwaltung und gegen Entscheidung über Meinungsverschiedenheiten mehrerer Testamentsvollstrecker durch das Nachlassgericht: jeder der mehreren Testamentsvollstrecker) und § 429 Abs. 2 FamFG (Beschwerde gegen Anordnung der Nachlassverwaltung auf Antrag eines Nachlassgläubigers: nur Erben und verwaltende Testamentsvollstrecker).

• **Beschwerdeführungsbefugnis:** Es handelt sich hierbei um die Befugnis zur wirksamen Ausübung von Verfahrenshandlungen. Fehlt sie, ist die Beschwerde als unzulässig zu verwerfen. Bei Beschwerdeführung im eigenen Namen liegt die Befugnis vor, wenn die Beeinträchtigung eines eigenen Rechts geltend gemacht wird, also wenn der Beschwerdeführer die ihm selbst zustehende Beschwerdebefugnis ausübt. Eine **gesetzliche Verfahrensstandschaft** liegt vor beim Insolvenzverwalter, Testamentsvollstrecker und Nachlassverwalter, sie können kraft ihres Amtes im eigenen Namen Beschwerde einlegen, falls das beeinträchtigte Recht ihrer Verwaltungs- und Verfügungsbefugnis unterliegt; der Nachlasspfleger kann nur als Vertreter tätig werden. Eine **gewillkürte Verfahrensstandschaft** dürfte idR am schutzwürdigen Eigeninteresse des Beschwerdeführers an der Geltendmachung eines fremden Rechts scheitern.

Die **Beschwerdeführer im fremden Namen** (gesetzliche Vertreter, Nachlasspfleger) üben das Beschwerderecht des Vertretenen aus, sodass ihre Beschwerdeführungsbefugnis an ihrer gesetzlichen Vertretungsbefugnis zu messen ist. Wenn die angegriffene Entscheidung jedoch in ihre eigene Rechtsstellung eingreift, kommt eine Beschwerde im eigenen Namen in Betracht.[45] Gegen die Ankündigung des Nachlassgerichts, ein Testament oder

[40] BGH NJW 1993, 662 (für das FGG-Verfahren, dort § 15); NK-Nachfolgerecht/*Horn* § 59 FamFG Rn. 19.
[41] BGH NJW 2001, 3337.
[42] BGH FGPrax 2012, 169; OLG München ZEV 2017, 634.
[43] OLG München ZEV 2017, 634.
[44] OLG Hamm FGPrax 2011, 183.
[45] S. näher Keidel/*Meyer-Holz* § 59 Rn. 30 ff.

einen Erbvertrag zu eröffnen, steht dem beurkundenden Notar kein Beschwerderecht zu, da sein Persönlichkeitsrecht nicht tangiert ist.[46]

- **Formelle Beschwer:** In Antragsverfahren ergibt sich die formelle Beschwer aus einem Vergleich des Antrags mit dem Inhalt der Entscheidungsformel.
  Da Nachlasssachen vermögensrechtliche Angelegenheiten sind, muss der Wert der **Beschwer** in Amts- wie in Antragsverfahren **über 600 EUR** liegen (§ 61 Abs. 1 FamFG), es sei denn, das Gericht des ersten Rechtszuges lässt die Beschwerde ausdrücklich zu. Bei teilweiser Abhilfe richtet sich der Wert nach der abschließenden Entscheidung des Ausgangsgerichts.[47]

- **Rechtsschutzinteresse:** Rechtsschutzinteresse ergibt sich in der Regel aus der Beschwerdeberechtigung gemäß § 59 Abs. 1 FamFG. Das Interesse fehlt, bei Rechtsmissbrauch (etwa bei querulatorischer Wiederholung) oder bei verfahrensrechtlicher Überholung. Bei letzterer wird die Beschwerde gegenstandslos, eine Feststellungsentscheidung bedarf eines besonderen Interesses, etwa bei einer Grundrechtsverletzung.

2. Verfahren

9   § 68 FamFG regelt den Gang des Verfahrens. §§ 1 bis 22 FamFG gelten unmittelbar; gemäß § 68 Abs. 3 S. 1 FamFG finden auch die §§ 23 bis 37 FamFG Anwendung. Die Beweiserhebung richtet sich nach §§ 29, 30 FamFG. Der Amtsermittlungsgrundsatz gilt auch hier, § 26 FamFG. Ein Vergleich im Erbscheinsverfahren als Antragsverfahren ist gemäß § 36 FamFG möglich, soweit die Beteiligten über den Verfahrensgegenstand verfügen können. Ein Vergleich über die Erbenstellung ist deshalb nicht möglich. Es ist jedoch zulässig, sich über die Ausübung von Gestaltungsrechten wie Ausschlagung, Anfechtung oder von Verfahrensrechten (zum Beispiel nicht gegen eine Entscheidung vorzugehen) zu vergleichen. Natürlich können die Beteiligten schuldrechtlich alle Vereinbarungen treffen, die sie auch bei einem laufenden streitigen ZPO-Verfahren treffen können. Hinsichtlich der Niederschrift sind die §§ 159 ff. ZPO, 28 Abs. 4 FamFG zu beachten.[48] Es kann auch ein schriftlicher Vergleich gemäß §§ 278 Abs. 6 ZPO, 36 Abs. 3 FamFG geschlossen werden. Dritte können dem Vergleich ohne Anwaltszwang beitreten.[49]

Abhilfe: § 68 Abs. 1 S 1 FamFG; s hierzu oben → Rn. 1. Ein schwerwiegender Mangel der Nichtabhilfeentscheidung, der zu seiner Aufhebung und zur Zurückverweisung führt, liegt vor, wenn die Begründung nicht erkennen lässt, dass das Amtsgericht die Begründung der Beschwerde zumindest in seine Erwägungen miteinbezogen hat.[50]

Hilft das Ausgangsgericht der Beschwerde nicht völlig ab, hat es diese dem OLG unverzüglich vorzulegen, auch wenn es die Beschwerde für nicht statthaft oder unzulässig hält, es sei denn, die Beschwerde ist offensichtlich unbegründet. Zu den Folgen der Beschwerdeeinlegung beim Beschwerdegericht (statt richtigerweise beim Ausgangsgericht) s. oben.

Das OLG ist auch in Landwirtschaftssachen das zuständige Beschwerdegericht. Das OLG kann nicht selbst Erbscheine erteilen oder einziehen, sondern nur das Nachlassgericht hierzu anweisen (zur Erteilung nur, falls insoweit ein entsprechender Antrag gestellt ist). Das Beschwerdegericht ist verpflichtet, die Unrichtigkeit im Hinblick auf alle Gesichtspunkte zu prüfen, auch wenn der Beschwerdeführer insoweit nicht beschwert sein kann.[51] Das **Verbot der Verschlechterung (reformatio in peius)** gilt im Erbscheinsverfahren

---

[46] OLG Düsseldorf FGPrax 2011, 48 = NJW-RR 2011, 229. Die Beschwerde ist auch nicht statthaft, weil keine Endentscheidung vorliegt. Liegt eine Entscheidung des Rechtspflegers vor, ist die befristete Erinnerung nach § 11 Abs. 2 S. 3 RPflG gegeben.
[47] OLG Brandenburg FGPrax 2008, 239.
[48] OLG Hamm FamRZ 2011, 1529.
[49] BGH NJW 1983, 1433.
[50] OLG München RPfleger 2017, 16; OLG Hamm FamRZ 2011, 238.
[51] BGH ZEV 2016, 208; BayObLG NJW-RR 2000, 962; aA OLG Hamm OLGR 2000, 66.

nicht. Das Beschwerdegericht hat die Entscheidung des Nachlassgerichts im Hinblick auf die Erbrechtslage **in jeder Hinsicht nachzuprüfen,** ohne aufgrund einer durch das Beschwerdeziel bestimmten Dispositionsmaxime der Beteiligten oder durch den Grundsatz der reformatio in peius beschränkt zu sein.[52] Der Dispositionsbefugnis des Beschwerdeführers unterliegt nur die Einlegung und Aufrechterhaltung des Rechtsmittels.[53]

Am Beschwerdeverfahren sind die Beteiligten iS des § 345 FamFG zu beteiligen. Im Beschwerdeverfahren kann der Erbscheinsantrag weder neu gestellt, noch geändert werden.[54]

Das Beschwerdegericht hat eine umfassende Prüfung in tatsächlicher und rechtlicher Sicht vorzunehmen, neue Tatsachen und Beweismittel sind zu berücksichtigen (§ 65 Abs. 2 FamFG). Ausgeschlossen ist die Nachprüfung der örtlichen, sachlichen und funktionellen Zuständigkeit des Ausgangsgerichts (§ 65 Abs. 4 FamFG);[55] die internationale Zuständigkeit ist jedoch zu prüfen.[56]

3. Entscheidung

Ist die Beschwerde **nicht statthaft oder im Übrigen unzulässig,** so ist sie ohne weitere   **10** Sachprüfung durch zu begründenden Beschluss **als unzulässig zu verwerfen** (§§ 68 Abs. 2 S. 2, 69 Abs. 2, 38 Abs. 3 S. 1 FamFG). Eine dennoch erfolgte Entscheidung in der Sache gilt als nicht geschrieben, die Zulässigkeit darf auch nicht unterstellt werden, es sei denn, es liegen sogenannte doppelrelevante Tatsachen vor oder die Prüfung der Zulässigkeit weist besondere Schwierigkeiten auf und das Rechtsmittel ist offensichtlich unbegründet.[57]

Ist die Beschwerde zulässig, aber **unbegründet,** weil kein Anlass zur Änderung der Ausgangsentscheidung besteht, so ist die Beschwerde **zurückzuweisen,** auch wenn sich dies erst auf Grund neuer Tatsachen oder Beweismittel oder anderer Rechtsauffassung als im Ausgangsbeschluss ergibt. Eine Zurückweisung (als unbegründet) erfolgt auch, wenn das Beschwerdegericht die Auffassung des Ausgangsgerichts teilt, dass der erstinstanzlich gestellte Antrag unzulässig ist.[58] Bei teilweiser Unbegründetheit ist zu unterscheiden: Ist der Verfahrensgegenstand trennbar, ist die Beschwerde insoweit zurückzuweisen und im Übrigen der Ausgangsbeschluss abzuändern und neu zu entscheiden. Ist der Verfahrensgegenstand nicht trennbar, ist der Ausgangsbeschluss insgesamt abzuändern. Unter den Voraussetzungen des § 69 Abs. 1 S. 2 und 3 FamFG kann das Beschwerdegericht das Verfahren an das Ausgangsgericht zurückverweisen.

Erweist sich die Beschwerde als **zulässig und begründet,** hebt das Beschwerdegericht die Ausgangsentscheidung auf und trifft eine neue Sachentscheidung. Soweit für die Ausführungshandlung eine funktionelle Zuständigkeit des Gerichts des ersten Rechtszuges besteht, ist diese dem Ausgangsgericht zu überlassen, so bei der Erteilung und Einziehung eines Erbscheins. Das Nachlassgericht ist dann **anzuweisen,** einen Erbschein bestimmten Inhalts zu erteilen (sofern ein entsprechender Antrag beim Nachlassgericht gestellt worden war, anderenfalls kann sich das Beschwerdegericht darauf beschränken, die angefochtene Entscheidung aufzuheben und den Beteiligten Gelegenheit geben, den richtigen Antrag zu

---

[52] BayObLGZ 1996, 69/74
[53] BayObLGZ 2003, 338.
[54] BayObLG 1998, 798 (zur Rechtslage nach FGG); OLG Dresden ZErb 2011, 249 (zur Rechtslage nach dem FamFG); aA OLG Hamm FGPrax 2012, 23, sich darauf berufend auch OLG Frankfurt a. M. FamRZ 2016, 748.
[55] Für ausnahmsweise Überprüfung bei willkürlicher Bejahung der Zuständigkeit und damit Verletzung des Rechts auf den gesetzlichen Richter OLG Oldenburg NJW-RR 1999, 865; aA Keidel/*Sternal* § 65 Rn. 17, der zutreffend auf den Gesetzeswortlaut sowie auf die Überprüfung durch das Verfassungsgericht verweist.
[56] BGH NJW-RR 2008, 181; BGH NJW 2004, 1456.
[57] OLG Frankfurt a. M. MDR 1978, 236; s. auch OLG Köln Rpfleger 1975, 29; Keidel/*Sternal* § 69 Rn. 6 f.
[58] BGH FamRZ 1993, 1310.

stellen). Das Beschwerdegericht muss den Text des Erbscheins in die Anweisung aufnehmen.

4. Kosten und Gebühren

a) Gerichtskosten

11 Für das Abhilfeverfahren fallen weder Kosten noch Gebühren an. Für das Verfahren über die Beschwerde im Allgemeinen fällt die volle Gebühr an, höchstens 800 EUR (KV 12 220 GNotKG). Wird das gesamte Verfahren vor Eingang der Beschwerdebegründung bei Gericht durch Zurücknahme der Beschwerde oder des Antrags beendet, ermäßigt sich die Gebühr auf 0,3, höchstens 200,00 EUR (KV 12 221); bei Beendigung des gesamten Verfahrens danach ohne Endentscheidung ermäßigt sich die Gebühr auf 0,5, höchstens 400,00 EUR (12 222 KV GNotKG).

Bei der Rechtsbeschwerde beträgt die Gebühr für das Verfahren im Allgemeinen 1,5, höchstens 1200,00 EUR (KV 12 230 GNotKG). Wird das gesamte Verfahren durch Zurücknahme der Rechtsbeschwerde oder des Antrags beendet, bevor die Begründungsschrift bei Gericht eingegangen ist, ermäßigt sich die Gebühr auf 0,5, höchstens 400 EUR (KV 12 231 GNotKG), bei Zurücknahme danach, aber vor Eingang der Entscheidung bei der Geschäftsstelle, ermäßigt sich die Gebühr auf 1,0, höchstens 800 EUR (KV 12 232 GNotKG). Der Wert ist in allen Fällen nach §§ 40 f. GNotKG zu bestimmen.

b) Anwaltskosten und sonstige außergerichtliche Kosten

12 Für den **Rechtsanwalt** entsteht die Beschwerdegebühr von 0,5, die ergänzt wird durch die Terminsgebühr von 0, 5 wenn es zu einer mündlichen Verhandlung oder einem Erörterungstermin kommt, nach Nr. 3500, 3513 VVRVG.[59] Im Innenverhältnis zwischen Rechtsanwalt und (dem eigenen) Mandanten resultiert der Anspruch des Rechtsanwalts aus §§ 675, 611 BGB. Im Gegensatz zum ZPO-Verfahren (§ 91 ff.) ZPO hat im FamFG-Verfahren nicht zwangsläufig die unterlegene Seite die (außergerichtlichen) Kosten des Verfahrens zu tragen (§ 81 FamFG). Im Beschwerdeverfahren trägt jedoch regelmäßig der unterlegene Beteiligte sowohl die gerichtlichen wie auch die außergerichtlichen Kosten des Beschwerdeverfahrens, so dass insoweit eine mit § 97 ZPO vergleichbare Rechtslage besteht, zwingend ist die Kostenfolge des § 84 FamFG jedoch nicht.

Erfolglos war ein Rechtsmittel auch dann, wenn es zurückgenommen worden ist. Ist die Beschwerde insoweit erfolgreich, dass die angefochtene Entscheidung aufgehoben und die Sache zur erneuten Behandlung an das Nachlassgericht zurückgegeben wird, kann das Beschwerdegericht dem Nachlassgericht zugleich übertragen, über die Kosten des Beschwerdeverfahrens zu entscheiden.[60]

c) Geschäftswert

13 Umstritten ist, wie sich der Geschäftswert des Beschwerdeverfahrens bestimmt, wenn zwischen den Beteiligten die Erteilung eines Erbscheins streitig ist. Ein Teil der Obergerichte stellt stets auf den Wert des gesamten Nachlasses ab, wenn gegen dessen (angekündigte) Erteilung Beschwerde eingelegt wird.[61] Diese Ansicht stützt sich im Wesentlichen auf den Wortlaut des § 61 GNotKG. Nach anderer Ansicht soll – wie schon unter Geltung der Kostenordnung – lediglich das wirtschaftliche Interesse des Beschwerdeführers am Erfolg

---

59 Das Beschwerdeverfahren in Nachlasssachen ist in der Vorbemerkung zu VV RVG 3200 nicht aufgeführt und eine analoge Anwendung nicht zulässig, sodass die Anwendung von Nr. 3200 (1,6 Verfahrensgebühr) und Nr. 3202 (1,2 Terminsgebühr) wohl nicht geht. Diskutabel ist sicherlich auch die Anwendung von Nr. 3100 (1,3 Verfahrensgebühr) und Nr. 3104 (1,2 Terminsgebühr).
60 Vergleiche für die Kostenentscheidung nach § 97 ZPO: BeckOK ZPO/*Jaspersen* § 97 Rn. 23.
61 OLG Karlsruhe NJW 2016, 8; OLG Schleswig FGPrax 2015, 83; OLG Köln Rpfleger 2017, 304.

der Beschwerde maßgeblich sein.[62] Diese Ansicht stützt sich zu Recht darauf, dass sich aus dem Wortlaut des § 61 GNotKG nicht der gegenteilige Schluss ziehen lässt, da nach dem Wortlaut nur solche Rechtsmittelverfahren erfasst sind, bei denen der Rechtsmittelführer Anträge stellt, was im Erbscheinserteilungsverfahren zwar möglich, aber nicht zwingend ist, da das Beschwerdegericht die Entscheidung des Nachlassgerichts im Hinblick auf die Erbrechtslage ohnehin **in jeder Hinsicht nachzuprüfen hat**, ohne aufgrund einer durch das Beschwerdeziel bestimmten Dispositionsmaxime der Beteiligten oder durch den Grundsatz der reformatio in peius beschränkt zu sein,[63] vielmehr hat im Erbscheinsverfahren das Beschwerdegericht die Richtigkeit des angekündigten Erbscheins auch insoweit zu prüfen, als der Beschwerdeführer durch eine Unrichtigkeit des Erbscheins nicht beschwert sein kann.[64] Maßgeblich ist daher, dass es sich bei § 36 GNotKG um eine allgemeine Geschäftswertnorm handelt,[65] die dann eingreift, wenn eine speziellere Vorschrift nicht einschlägig ist. Dies berücksichtigt auch die Entstehungsgeschichte der Vorschrift und den Umstand, dass der Gesetzgeber mit der Einführung des GNotKG nicht das Gebührenaufkommen im Beschwerdeverfahren erhöhen wollte.[66] Durch dieses Normverständnis wird auch der Verfahrensaufwand geringer, denn es bedarf keiner gesonderten Festsetzung für die anwaltliche Tätigkeit gemäß § 33 RVG.[67]

> **Beispiel:**
> Der Erblasser hinterlässt seine beiden Kinder S und T. Aufgrund eines Testaments ist T als Alleinerbin berufen, der Wert des Nachlasses beträgt 120.000 €. S hält das Testament wegen Testierunfähigkeit im Errichtungszeitpunkt für unwirksam und wendet sich gegen die Ankündigung des Nachlassgerichts, der T einen Alleinerbschein zu erteilen mit der Beschwerde.
> In diesem Fall beträgt der Geschäftswert des Beschwerdeverfahrens 120.000 €, weil S sich gegen die Erteilung des Alleinerbscheins der T insgesamt richtet.
> Hat T hingegen in erster Instanz einen Teilerbschein zu ½ beantragt und verfolgt dieses Ziel nach Zurückweisung des Antrags in erster Instandz in der Beschwerde weiter, beträgt der Geschäftswert des Beschwerdeverfahrens lediglich 60.000 €, weil ein darüber hinausgehendes wirtschaftliches Interesse bei S nicht vorliegt.[68]

Zu beachten ist, dass im Verfahren der Anfechtung (§ 83 GNotKG) des vom Nachlassgericht festgesetzten Geschäftswertes durch das Beschwerdegericht das Verbot der reformatio in peius nicht gilt.[69] Gemäß § 83 Abs. 2 S. 7 iVm. § 81 Abs. 3 S. 3 GNotKG ist die Rechtsbeschwerde zum BGH nicht statthaft.

III. Sofortige Beschwerde

Dieses Rechtsmittel ist nur statthaft, **wenn das Gesetz dies ausdrücklich vorsieht.** Die **14** §§ 567 bis 572 ZPO sind dann an Stelle der §§ 58 ff. FamFG anwendbar.[70] Es handelt sich um Rechtsmittel gegen bestimmte erstinstanzielle Neben- und Zwischenentscheidungen,[71] sowie gegen Entscheidungen im Vollstreckungsverfahren (§ 87 Abs. 4 FamFG), Verfahrens-

---

[62] OLG München ZEV 2017, 634; OLG Hamm FGPrax 2015, 277; OLG Düsseldorf MDR 2016, 415; OLG Dresden BeckRS 2016, 14932.
[63] BayObLGZ 1996, 69 (74).
[64] BGH NJW 2016, 960.
[65] OLG München ZEV 2017, 634 (641); aA OLG Köln Rpfleger 2017, 304 (§ 36 GNotKG ist nur Auffangvorschrift).
[66] OLG München ZEV 2017, 634 (641).
[67] OLG Hamm FGPrax 2015, 83.
[68] OLG München ZEV 2017, 634 (641).
[69] OLG München NZG 2013, 189.
[70] Wegen der ausnahmsweise noch anzuwendenden Normen aus §§ 58 ff. FamFG, insbes. §§ 60 ff. FamFG siehe BGH NJW 2006, 2122.
[71] S. die Aufzählung bei Keidel/*Meyer-Holz* § 58 Rn. 93.

kostenhilfeverfahren (§ 76 Abs. 2 FamFG iVm § 127 Abs. 2 und 3 ZPO, Beschwerdefrist 1 Monat) und Kostenfestsetzungsverfahren (§ 85 FamFG iVm § 104 Abs. 3 S. 1 ZPO). Im Nachlassrecht sind ausdrückliche Verweise in §§ 355 Abs. 1 FamFG, 2198 Abs. 2 und 2202 Abs. 3 BGB (Fristsetzung zur Bestimmung des Testamentsvollstreckers durch einen Dritten und zur Annahme des Amtes) und in § 372 Abs. 1 FamFG (Fristsetzung zur Beantragung eines neuen Termins und Entscheidung über die Wiedereinsetzung in Teilungssachen) gegeben.

IV. Rechtsbeschwerde

15 Die früher gemäß § 27 FGG statthafte weitere Beschwerde ist abgeschafft. Gegen die Beschwerdeentscheidung des OLG ist jedoch die Rechtsbeschwerde zum Bundesgerichtshof durch einen beim BGH zugelassenen Rechtsanwalt gemäß §§ 70 ff. FamFG statthaft, wenn die Rechtsbeschwerde vom OLG zugelassen wurde; eine Nichtzulassungsbeschwerde gibt es für Nachlasssachen nicht, § 70 Abs. 3 FamFG. Eine unterbliebene Zulassung kann nicht nachträglich nachgeholt werden. Die Voraussetzungen für die Zulassung sind in § 70 Abs. 2 FamFG geregelt: die Rechtssache muss grundsätzliche Bedeutung haben oder die Fortbildung des Rechts oder die Sicherung einer einheitlichen Rechtsprechung erfordert eine Entscheidung des BGH. Beide Voraussetzungen liegen vor, wenn das Beschwerdegericht von Entscheidungen anderer Beschwerdegerichte abweichen will und noch keine Entscheidung des BGH vorliegt.[72] Um die Fortbildung des Rechts geht es bei einer in der Literatur streitigen Rechtsfrage. Die Entscheidung ergeht von Amts wegen, es besteht kein Ermessen.

Der BGH ist an die Zulassung grundsätzlich gebunden. Er kann die Rechtsbeschwerde jedoch als unzulässig verwerfen, wenn er die Voraussetzungen nicht als gegeben ansieht.[73] Siehe auch § 74a FamFG.

---

[72] OLG Köln FGPrax 2010, 202 mit Anm. *Krafka*.
[73] *Bumiller/Harders/Schwamb* § 70 Rn. 16.

§ 34 Der Vergleich in Nachlasssachen

Vor den Gerichten der freiwilligen Gerichtsbarkeit können die Beteiligten Vergleiche **1** schließen, soweit sie über den Verfahrensgegenstand materiell wirksam verfügen können (§ 36 Abs. 1 FamFG). Deshalb ist ein Vergleich im **Amtsverfahren** grundsätzlich unzulässig, was jedoch einen Vergleich im Rechtsmittelverfahren über die Rücknahme des Rechtsmittels und die Kostentragung nicht ausschließt.

Im **Antragsverfahren** können die Beteiligten sich nicht nur über die Verfahrensbeendigung und die Kosten des Verfahrens vergleichen. Soweit sie über den Gegenstand des Streits verfügen können, können die Beteiligten auch den Inhalt des Vergleichs frei bestimmen; der Vergleich hat dann auch **verfahrensbeendigende Wirkung.**

Vereinbarungen, dem **Erbschein** einen vom wirklichen Erbrecht abweichenden Inhalt **2** zu geben, sind unzulässig. Das Nachlassgericht kann (muss aber nicht) bei unklarer Sach- und Rechtslage eine mögliche Lösung, auf die sich die Beteiligten einigen, im Erbschein übernehmen;[1] es soll ja auch auf eine gütliche Einigung der Beteiligten hinwirken (§ 36 Abs. 1 S. 2 FamFG). § 36 Abs. 2 und 3 FamFG regeln auch die Form des Vergleichs entsprechend der ZPO, sehen also die Anfertigung einer Niederschrift sowie den schriftlichen Vergleichsabschluss entsprechend § 278 Abs. 6 ZPO vor. Ein Auslegungsvertrag der Beteiligten bedarf der notariellen Beurkundung.[2] Darin können die Beteiligten zwar nicht die Erbenstellung für das Nachlassgericht, wohl aber für die Beteiligten verbindlich regeln, sowie die sachenrechtlichen Konsequenzen ziehen.

Die Beteiligten können sich auch darauf einigen, Anträge im Erbscheinsverfahren zurückzunehmen.[3]

Wird von einem Beteiligten die anfängliche Unwirksamkeit des Vergleichs geltend gemacht und die Fortsetzung des Verfahrens begehrt, so ist darüber vom Nachlassgericht, also im Erbscheinsverfahren selbst zu entscheiden.[4]

---

[1] Dass einverständlichen Erklärungen der Beteiligten über die Auslegung einer letztwilligen Verfügung vom Gericht ein besonderes Gewicht zugebilligt wird, ist legitim (BGH NJW 1986, 1812 f.; OLG Frankfurt FamRZ 2000, 1607; Keidel/*Zimmermann* § 352 Rn. 97).
[2] BGH NJW 1986, 1812 (Hinweis auf §§ 2385, 2371, 2033 BGB).
[3] Stuttgart OLGZ 1984, 131; BayObLGZ 1997, 217.
[4] Stuttgart OLGZ 1984, 131.

§ 35 Kosten in Nachlasssachen

Zur Kostenentscheidung im Erbscheinserteilungsverfahren: → § Rn. 38 Rn. 105.

I. Geschäftswert

1 Nach § 59 GNotKG werden die Gebühren nach dem Wert berechnet, den der Gegenstand im Zeitpunkt der jeweiligen ersten Antragstellung, in Verfahren, die von Amts wegen eingeleitet werden zur Zeit der Fälligkeit der Gebühr hat.

Bei der Bewertung von **Grundbesitz** ist der Verkehrswert maßgeblich (§ 46 GNotKG). Nach § 46 Abs. 4 GNotKG ermittelt das Gericht den Geschäftswert **ohne Beweisaufnahme.** Steht der Geschäftswert nicht fest, ist er zu bestimmen

- nach dem Inhalt des Geschäfts,
- nach den Angaben der Beteiligten,
- anhand von sonstigen amtlich bekannten Tatsachen oder Vergleichswerten aufgrund einer amtlichen Auskunft oder
- anhand offenkundiger Tatsachen (§ 46 Abs. 2 GNotKG).

Der Verkehrswert wird üblicherweise bezüglich des **Bodenwertes** nach den amtlichen Richtwerten der bei den Landkreisen und kreisfreien Städten bestehenden Gutachterausschüsse berechnet. Davon ist ein Abschlag von 25 % (im Einzelfall auch mehr) abzuziehen. Der **Gebäudewert** wird nach der Versicherungssumme der Brandversicherung ermittelt, der mit einem Faktor zu multiplizieren ist, dessen Höhe vom Baujahr des Gebäudes abhängt. Darüber hinaus ist ein allgemeiner Abschlag von 20 % zu berücksichtigen.[1]

Hilfreich ist die **Bewertungstabelle der Bayerischen Notarkasse,** basierend auf den jeweiligen Richtzahlen der Bayerischen LandesbrandversicherungsAG. Beim Grundstückswert bleiben **persönliche Verhältnisse** außer Betracht. Zu ihnen gehören Verfügungsbeschränkungen aus letztwilligen Anordnungen, etwa die Nacherbfolge.[2]

Nach § 38 GNotKG werden Verbindlichkeiten, die auf einer Sache oder einem Recht lasten, bei der Ermittlung des Geschäftswerts nicht abgezogen, sofern nichts anderes bestimmt ist. Dies gilt auch für Verbindlichkeiten eines Nachlasses, einer sonstigen Vermögensmasse und im Fall einer Beteiligung an einer Personengesellschaft auch für deren Verbindlichkeiten. Anders als bisher ist beim Geschäftswert eines Erbscheinsverfahrens der Wert des Nachlasses (im Zeitpunkt des Erbfalls) reduziert lediglich um die Erblasserschulden, nicht aber mehr auch um die Erbfallschulden auszugehen (§ 40 Abs. 1 GNotKG). Auch bei den gegenständlich beschränkten Erbscheinen (etwa nur für Grundbuchzwecke) ist vom vollen Nachlasswert, nicht nur vom Wert des betroffenen Rechts auszugehen.

Bei der Bestimmung des Verkehrswerts eines Grundstücks können auch herangezogen werden (§ 46 Abs. 3 GNotKG)

1. im Grundbuch eingetragene Belastungen,
2. Aus den Grundakten ersichtliche Tatsachen oder Vergleichswerte oder
3. für Zwecke der Steuererhebung festgesetzte Werte (wobei einer Auskunft des Finanzamts § 30 AO nicht entgegensteht).

Zur Bewertung einer landwirtschaftlichen Zuwendung oder Übergabe siehe § 48 GNotKG, zur Hoferbfolgebescheinigung § 40 Abs. 1 Satz 3 und 2 GNotKG. Für Anteile an Kapitalgesellschaften und Kommanditbeteiligungen siehe § 54 GNotKG. Besondere Vorschriften bestehen auch für bestimmte schuldrechtliche Verpflichtungen (§ 50 GNotKG),

---

[1] BayObLG Rpfleger 1976, 375.
[2] BayObLG NJW-RR 1999, 582.

Erwerbs- und Veräußerungsrechte, Verfügungsbeschränkungen (§ 51 GNotKG), Nutzungs- und Leistungsrechte (§ 52 GNotKG) und Grundpfandrechte (§ 53 GNotKG). Selbstverständlich kann auch ein **Schätzgutachten** zugrunde gelegt werden.

Gehört ein **Unternehmen** zum Nachlass und wird dieses vom Erblasser weitergeführt, so ist – zumindest ab einer nach dem Gewinn der letzten Jahre vor dem Tode des Erblassers festzustellenden Größenordnung – ein **Firmenwert** anzusetzen. Dieser stellt sich als Überschuss des Gesamtwerts des Unternehmens über die Summe seiner materiellen und sonstigen Vermögenswerte dar.

II. Einzelne Gebühren

- **Amtliche Verwahrung einer Verfügung von Todes wegen** 12100 KV GNotKG): **2 50 Euro Festgebühr.** Abgegolten sind damit die Verwahrung, die Erteilung eines Hinterlegungsscheines (§ 346 Abs. 3 FamFG), die Mitteilung über die Verwahrung (§ 347 FamFG) an das Zentrale Testamentsregister und die Herausgabe aus der Verwahrung;
- **Eröffnung einer Verfügung von Todes wegen** (12101 KV GNotKG): 75 EUR Festgebühr; mehrere Verfügungen nur 1 Gebühr; Zuständigkeit § 18 Abs. 2 GNotKG (das nach § 343 FamFG zuständige Nachlassgericht, auch wenn die Eröffnung durch ein anderes Gericht erfolgt ist;
- **Sicherung des Nachlasses** (12310 KV GNotKG); = 0,5 Gebühr für das Verfahren im Allgemeinen (Siegeln, Inverwahrnahme, Kontensperrung, Nachlassverzeichnis), nicht für Verfahren, die in den Rahmen einer bestehenden Nachlass- oder Gesamtgutsverwaltung fallen);
- **Nachlasspflegschaft** (Nr. 12311 und 12312 KV: (12311 KV GNotKG) = 10 EUR je angefangene 5.000 EUR des Nachlasswerts, mindestens 200 EUR **Jahresgebühr** für jedes Kalenderjahr bei einer Nachlasspflegschaft, die nicht auf einzelne Rechtshandlungen beschränkt ist, oder bei einer Nachlass- oder Gesamtgutsverwaltung; es ist nur der betroffene Teil des Nachlasses zu berücksichtigen; Verbindlichkeiten werden nicht abgezogen; für das bei der ersten Bestellung eines Nachlasspflegers oder bei der Anordnung der Nachlass- oder Gesamtgutsverwaltung laufende und das nachfolgende Kalenderjahr wird nur eine Jahresgebühr erhoben; (12312 KV GNotKG) = 0,5, höchstens eine Gebühr 12311 für das Verfahren im Allgemeinen bei einer **Nachlasspflegschaft für einzelne Rechtshandlungen**;
  Die Jahresgebühr wird erstmals bei Anordnung und später zu Beginn eines Kalenderjahres, Auslagen werden sofort nach ihrer Entstehung **fällig** (§ 8 GNotKG). **Geschäftswert** ist der Wert des betroffenen Vermögens § 64 Abs. 1 GNotKG), es sei denn, der Antrag ist von einem Gläubiger gestellt (§ 64 Abs. 2 GNotKG), dann ist es der Betrag der Forderung, höchstens der Wert des von der Verwaltung betroffenen Vermögens.
- **Stundung des Pflichtteilsanspruchs** (Nr. 12520 KV GNotKG; = 2,0 Gebühr; Ermäßigung auf 0,5 bei Beendigung ohne Endentscheidung oder bei Zurücknahme: siehe näher Nr. 12521 KV GNotKG
- **Erteilung eines Erbscheins**, eines ersten Testamentsvollstreckerzeugnisses, eines Zeugnisses über die Fortsetzung einer Gütergemeinschaft oder eines Überweisungszeugnisses (Nr. 12210 GNotKG); = 1,0 Verfahrensgebühr; die Vermerke über Nacherbfolge und Testamentsvollstreckung lösen keine zusätzliche Gebühr aus; **Ermäßigung** der Verfahrensgebühr auf 0,3 (Nr. 12211 findet statt, sofern das gesamte Verfahren ohne Anordnungsbeschluss nach § 352e Abs. 1 FamFG und ohne Endentscheidung oder durch Zurücknahme des Antrags vor Ablauf des Tages, an dem der Beschluss nach § 352e Abs. 1 oder die Endentscheidung der Geschäftsstelle übermittelt wird, wenn die Entscheidung nicht bereits durch Verlesen der Entscheidungsformel bekannt gegeben worden ist;

- **Verfahren über die Einziehung oder Kraftloserklärung des Erbscheins**, des Testamentsvollstreckerzeugnisses, des Zeugnisses über die Fortsetzung der Gütergemeinschaft oder des Überweisungszeugnisses nach §§ 36, 37 GBO oder nach § 42 auch iVm § 74 Schiffsregisterordnung (Nr. 12215). Die Gebühr blieb nach § 108 S. 3 KostO außer Ansatz, wenn in demselben Verfahren ein neuer Erbschein erteilt wird, etwa im Falle des Eintritts der Nacherbfolge. Das GNotKG schweigt, sodass davon auszugehen ist, dass für die Erteilung eines neuen Erbscheins eine volle Gebühr nach Nr. 12210 in Ansatz zu bringen ist.[3] Als Nachlasswert ist nicht der Wert im Zeitpunkt des Erbfalls (§ 40 Abs. 1 Satz 1 GNotKG), sondern des Nacherbfalls anzunehmen.[4] Die Anordnung einer Gebühr wie für die Erteilung des Erbscheins auch für das Verfahren zur Feststellung des Erbrechts des Fiskus (entsprechend § 110 KostO) fehlt; = 0,5 Gebühr, höchstens 400 EUR;
- **Erklärungen gegenüber dem Nachlassgericht** (zB Anfechtung eines Testaments oder Erbvertrags, § 2081 BGB; Forderungsanmeldung, § 2061 BGB; Anzeige des Vorerben oder des Nacherben über den Eintritt der Nacherbfolge, § 2146 BGB; Bestimmung der Person des Testamentvollstreckers, Ernennung von Mitvollstreckern, §§ 2198 Abs. 1, 2199 Abs. 3 BGB; Annahme, Ablehnung, Kündigung des Amtes des Testamentsvollstreckers, §§ 2201, 2226 BGB) Nr. 12410); = 15 EUR Festgebühr; für die gerichtliche Beurkundung einer Erbausschlagung nach den Vorschriften des BeurkG: Vorbem. 1 Abs. 2 Nr. 21201 KV GNotKG = 0,5 Gebühr, mindestens 30 EUR:
- für die **Entgegennahme** eines **Nachlassinventars** (Nr. 12410) = 15 EUR Festgebühr und verschiedene **Fristbestimmungen** (Nr. 12411); = 25 EUR Festgebühr;
- **Ernennung und Entlassung von Testamentsvollstreckern** (Nr. 12 420). Gebührentatbestand ist die Ernennung durch das Nachlassgericht gemäß § 2200 BGB, nicht durch andere. Der Geschäftswert bestimmt sich nach § 65 GNotKG, also 10 Prozent des Nachlasswertes im Zeitpunkt des Erbfalls, wobei Nachlassverbindlichkeiten nicht abgezogen werden; § 40 = Abs. 2 und 3 GNotKG ist entsprechend anzuwenden; = 0,5 Gebühr;
- **Eidesstattliche Versicherung** zur Erlangung eines Erbscheins, Testamentsvollstreckererzeugnisse oder eines anderen in § 40 GNotKG aufgeführten Zeugnisses (Nr. 23300); = **1,0 Gebühr;** fällt neben Eröffnungs- und Erbscheinsgebühr an. Die Gebühr entsteht beim Notar nur, wenn das Verfahren nicht Teil eines anderen Verfahrens ist. Wird mit der Niederschrift beim Notar zugleich ein Antrag an das Nachlassgericht beurkundet, wird mit der Gebühr 23300 insoweit auch das Beurkundungsverfahren abgegolten (Vorbemerkung 2.3.3. Abs. 1 und 2 Teil 2 Hauptabschnitt 3 Abschnitt 3 KV GNotKG); Eidesstattliche Versicherung zur Bekräftigung des Nachlassinventars vor dem Nachlassgericht nach § 2006 BGB und in weiteren Angelegenheiten der freiwilligen Gerichtsbarkeit (§ 410 FamFG) einschließlich Verfahren auf Abnahme einer nicht vor dem Vollstreckungsgericht zu erklärenden eidesstattlichen Versicherung, in denen § 260 BGB aufgrund bundesrechtlicher Vorschriften entsprechend anzuwenden ist und in Aufgebotssachen, § 433 FamFG (Nr. 15212) = 0,5 Gebühr.

III. Anwaltsgebühren in Nachlasssachen[5]

3   Für die Bemessung des **Gegenstandswertes** ist für Gerichts- und Anwaltsgebühren § 40 GNotKG heranzuziehen, wenn ein Erbschein erteilt ist, jedoch § Nr. 14400 (früher (130 KostO), wenn die Erteilung abgelehnt wurde.[6] Vom Aktivnachlass sind nach neuem Recht nur noch die vom Erblasser herrührenden Verbindlichkeiten abzuziehen. Schließlich ist das wirtschaftliche Interesse des jeweiligen Antragstellers zu berücksichtigen; deshalb kann der

---

3   So auch *Wilsch*, Neuregelungen des Kostenrechts aus amtsgerichtlicher Sicht, FGPrax 2013, 47 (50).
4   *Wilsch*, Neuregelungen des Kostenrechts aus amtsgerichtlicher Sicht, FGPrax 2013, 47 (50).
5   S. auch *Klinger/Ruby* NJW-Spezial 2004, 109.
6   OLG Bremen NJW-Spezial 2012, 168 = BeckRS 2012, 4419.

Gegenstandswert für die gerichtliche Kostenberechnung und für die Anwaltstätigkeit auseinanderfallen.

Für die **außergerichtliche Tätigkeit** gilt ein Gebührenrahmen von 0,5 bis 2,5 (Nr. 2300 VV RVG, **Geschäftsgebühr**); eine Gebühr von 1,3 kann überschritten werden, wenn die Tätigkeit des Anwalts umfangreich oder schwierig war, was aber in Nachlasssachen häufig der Fall ist. Für das **gerichtliche Verfahren** kann der Anwalt eine **Verfahrensgebühr** in Höhe von 1,3 nach Nr. 3100 berechnen, in den Fällen der Nr. 3101 Nr. 3 VV RVG ermäßigt auf 0,8 (wenn nur ein Antrag gestellt und eine Entscheidung des Gerichts entgegengenommen wurde oder nur eine Entscheidung entgegengenommen wurde; bei begründeten Anträgen bleibt es bei 1,3). Die Hälfte der angefallenen Geschäftsgebühr ist auf die Verfahrensgebühr anzurechnen. Neben der Verfahrensgebühr fällt auch noch eine **Terminsgebühr** in Höhe von 1,2 gemäß Nr. 3104 VV RVG an, auch wenn eine mündliche Verhandlung nicht vorgeschrieben ist, aber der Anwalt an einer auf die Erledigung des Verfahrens gerichteten Besprechung mit und ohne Beteiligung des Gerichts (etwa Telefongespräch mit dem gegnerischen Anwalt) teilgenommen hat.[7] Im Beschwerdeverfahren fällt eine 0,5-Gebühr nach Nr. 3500 VV RVG an (nicht 1,6 nach Nr. 3200 VV RVG).[8] Für die Rechtsbeschwerde verbleibt es bei Nrn. 3500 ff. VV RVG.

Im Übrigen sind FamFG-Verfahren und ordentlicher Rechtsstreit gebührenrechtlich gleichgestellt. Bei Beratungen über eine letztwillige Verfügung sind bei der Feststellung des Gebührenwerts Schulden in Abzug zu bringen, jedoch nur bis zur Hälfte des Werts des Vermögens, nicht jedoch, Pflichtteilsrechte; Vermächtnisse und Auflagen werden nur bei Verfügung über einen Bruchteil und nur mit dem Anteil ihres Werts hinzugerechnet, der dem Bruchteil entspricht, über den nicht verfügt wird (§§ 23 RVG iVm 102 GNotKG). Primär sind Gebühren zu vereinbaren, sonst gelten die gesetzlichen Gebühren. Die Beratungsgebühr für ein **erstes** Gespräch beträgt bei Verbrauchern höchstens 190 EUR (§ 34 Abs. 1 RVG), im Übrigen höchstens 250 EUR. Auch bei mehreren Beratungen fällt lediglich eine Gebühr für Beratung an. Fertigt der Anwalt auf Wunsch des Mandanten dann ein Testament an, bleibe es dabei, wenn keine Vereinbarung vorliegt. Anders bei der Anfertigung eines gemeinschaftlichen Testaments (gilt als Vertrag) oder eines Erbvertrags: Hier fällt eine Gebühr nach 2300 VV RVG (0,5 bis 2,5) an.[9]

Durch Vereinbarung können die gesetzlichen Gebühren erhöht werden (§ 49b Abs. 2 BRAO).

IV. Notarkosten[10]

Der Notar darf für seine amtliche Tätigkeit Gebühren und Auslagen grundsätzlich nur nach **4** dem GNotKG abrechnen (§ 1 Abs. 1 GNotKG; abschließende Gebührentatbestände in Teil 2 KV); Vereinbarungen zur Kostenhöhe sind unzulässig (§§ 125, 126 GNotKG).[11] Eine Pflicht zur Kostenauskunft besteht nur ausnahmsweise. Grundsätzlich muss ein Beteiligter, der den Notar aufsucht, um einen Beurkundungsauftrag zu erteilen, nicht ungefragt über die entstehenden Kosten aufgeklärt werden. Der Notar muss jedoch in diesem Fall hierüber aufklären, wenn es für ihn erkennbar ist, dass der Auftraggeber in dem Rechtsirrtum handelt, dass eine Beurkundung aus rechtlichen Gründen erforderlich ist, etwa bei der Beurkundung eines notariellen Testamentes.[12] Falls der Notar in einer anderen Sache für den Beteiligten tätig ist und hierbei auf die Vorteile einer notariellen testamentarischen Erbrechtsregelung hinweist, ist er nach der Rechtsprechung des OLG Naumburg auf

7   OLG München FamRZ 2011, 1977; zum Streitstand hierzu siehe auch BGH NJW 2012, 459.
8   BGH FGPrax 2011, 36; OLG Köln Rpfleger 2011, 465 (dort weitere Nachweise).
9   *Mayer/Kroiß*, Rechtsanwaltsvergütungsgesetz, § 34 Rn. 26.
10   Siehe auch MAH ErbR/*Bengel* § 7.
11   Darunter fällt auch die Vereinbarung, die notarielle Tätigkeit gebührenmäßig als Anwaltstätigkeit abzurechnen, OLG Hamm DNotZ 1956, 154.
12   OLG Naumburg FamRZ 2012, 1251 (1252).

Grund der allgemeinen Betreuungspflicht aus § 24 BNotO verpflichtet, darauf hinzuweisen, dass es für eine derartige Regelung auch eine andere – kostenfreie – Gestaltungsmöglichkeit gibt, nämlich die handschriftliche Errichtung.[13] Zur Abgrenzung der notariellen von der anwaltlichen Tätigkeit siehe § 24 Abs. 2 BNotO und die Rechtsprechung des BGH.[14]

5   Einzelne erbrechtliche **Gebührentatbestände:**

– **Gemeinschaftliche Testamente, Erbverträge, Erbverzichtsverträge** (Nr. 21100 KV-GNotKG) = 2,0 Gebühr;
– **Vollständige Aufhebung eines Erbvertrags (Nr. 21102** KV-GNotKG) = 1,0 Gebühr;
– **Widerruf und Anfechtung einer letztwilligen Verfügung, Rücktritt von einem Erbvertrag (Nr. 21201** KV-GNotKG) = 0,5 Gebühr
– **Einseitige Verfügung von Todes wegen** (Testament) (Nr. 21200 KV-GNotKG) = 1,0 Gebühr;
– **Rückgabe eines Erbvertrags aus der notariellen Verwahrung** (Nr. 23100 KV-GNotKG) = 0,3 Gebühr; bei erneuter demnächst erfolgender Beurkundung einer letztwilligen Verfügung desselben Erblassers durch denselben Notar beachte die Anrechnung der Gebühr nach der Anmerkung zu Nr. 23100 KV-GNotKG;
– **Aufnahme eines Vermögensverzeichnisses durch den Notar einschließlich der Siegelung** (die Gebühr entsteht nicht, wenn die Aufnahme Teil eines beurkundeten Vertrags ist) Nr. **23500 KV-GNotKG = 2,0 Gebühr; Ermäßigung** auf 0,5 oder 1,0 in den Fällen Nr. 23501 bis 23503 KV-GNotKG;
– **Erbscheinsanträge/Eidesstattliche Versicherung** zur Erlangung eines Erbscheins, Testamentsvollstreckerzeugnisses oder eines anderen in § 40 GNotKG aufgeführten Zeugnisses (Nr. 23300 KV-GNotKG); **= 1,0 Gebühr;** fällt neben Eröffnungs- und Erbscheinsgebühr an. Die Gebühr entsteht beim Notar nur, wenn das Verfahren nicht Teil eines anderen Verfahrens ist. Wird mit der Niederschrift beim Notar zugleich ein **Antrag an das Nachlassgericht** beurkundet, wird mit der Gebühr 23300 insoweit auch das Beurkundungsverfahren abgegolten (Vorbemerkung 2.3.3. Abs. 1 und 2 Teil 2 Hauptabschnitt 3 Abschnitt 3 KV GNotKG); Besonderheit bei Geschäftswert siehe unten;
– **notarielle Vermittlung der Nachlassauseinandersetzung § 342 Abs. 2 Nr. 1 FamFG (Nr. 23 900** KV-GNotKG); (Ermäßigungen in Nr. 23901 bis 23903) = **6,0 Gebühren;**
– **eine Erklärung, die gegenüber dem Nachlassgericht abzugeben ist (Nr. 21201** KV-GNotKG) = 0,5 Gebühr

Geschäftswerte:

– Bei Verfügungen von Todes wegen und Eheverträgen grundsätzlich das modifizierte Reinvermögen (§ 102 Abs. 1 Satz 2 GNotKG);
– Vermächtnisse und Auflagen § 102 Abs. 1 Satz 3 GNotKG nur Vermächtnis § 102 Abs. 3 GNotKG;
– Erb-, Zuwendungs- und Pflichtteilsverzichtsverträge (§ 102 Abs. 4 GNotKG, jeweilige Quote am modifizierten Reinvermögen, Eintrittswahrscheinlichkeiten sind irrelevant);
– bei Erbscheinsanträgen erfolgt die Bestimmung des Geschäftswertes abweichend von § 102 nach § 40 GNotKG
– Ehe- und Erbvertrag (§ 35 GNotKG): die Geschäftswerte sind zu addieren, da gemäß § 111 Nr. 1 und 2 GNotKG besondere Beurkundungsgegenstände vorliegen.

---

[13] OLG Naumburg FamRZ 2012, 1251 (1252); im entschiedenen Fall waren die Kosten nach § 16 Abs. 1 S. 1 KostO niederzuschlagen; zustimmend NJW-Spezial 2012, 135; ablehnend *Fackelmann* Anm. DNotZ 2012, 513 (515 ff.).
[14] BGH DNotZ 1992, 813 (818).

Teil 3. Einzelne Nachlassverfahren

§ 36 Die besondere amtliche Verwahrung von Testamenten und Erbverträgen

Übersicht

	Rn.
I. Die Annahme zur besonderen amtlichen Verwahrung	1
II. Die Herausgabe aus der besonderen amtlichen Verwahrung	19
1. Einsichtnahme	19
2. Die Herausgabe einer Verfügung von Todes wegen zur Rückgabe an den Erblasser	21
3. Wirkung der Rücknahme	22
4. Das Verfahren bei der Rückgabe an den Erblasser	23

I. Die Annahme zur besonderen amtlichen Verwahrung[1]

Die besondere amtliche Verwahrung unterscheidet sich von der einfachen Urkundenverwahrung durch ein größeres Maß von Sicherheit. Annahme, Aufbewahrung und Rückgabe sind mit besonderen Sicherungen gegen Verlust oder Beschädigung ausgestattet. Seit 1.1.2012 werden Verwahrangaben von Notaren und Gerichten zu erbfolgerelevanten Urkunden nur noch bei der Bundesnotarkammer in Berlin im Zentralen Testamentsregister elektronisch gespeichert (§§ 347 FamFG, 34a BeurkG, 78b Abs. 4 BNotO). Die Karteiform ist abgeschafft (für die Standesämter siehe hierzu § 63 Personenstandsverordnung – PStV). Nach § 1 Abs. 1 des Testamentsverzeichnis-Überführungsgesetzes vom 22.12.2010 – TVÜG – wurden die Verwahrungsnachrichten aus den Testamentsverzeichnissen und aus der Hauptkartei der Standesämter und des Amtsgerichts Schöneberg in Berlin in das Zentrale Testamentsregister innerhalb von 6 Jahren nach Inkrafttreten des TVÜG (28.11.2010) in das Zentrale Testamentsregister überführt. **1**

Die **nach dem Tode** des Erblassers an das Nachlassgericht abgelieferten Verfügungen von Todes wegen (§§ 2259, 2300 BGB) werden **nicht zur besonderen amtlichen Verwahrung** gebracht, sondern bis zu ihrer Eröffnung von der Geschäftsstelle bei den anzulegenden Akten aufbewahrt (§§ 27 Ziff. 11, 28 Ziff. 4a AktO). **2**

Vor dem Tode des Erblassers gilt folgende Regelung: **3**

• **Eigenhändige Testamente** werden nur auf Verlangen des Erblassers in besondere amtliche Verwahrung genommen (§ 2248 BGB). Dem Erblasser ist ein Hinterlegungsschein zu erteilen (§ 346 Abs. 3 FamFG), auch wenn er nicht verlangt wird. Eine zusätzliche Gebühr fällt nicht an. Beim gemeinschaftlichen Testament sind zwei Hinterlegungsscheine und bei einem Erbvertrag ist für jede Vertragspartei ein Schein zu erteilen. Die Vorlage des Scheins ist nicht Voraussetzung für die Rückgabe der letztwilligen Verfügung. Dem Bürgermeister oder Notar ist eine Empfangsbestätigung auszustellen (§ 27 Ziff. 6 AktO).

Sachliche und örtliche Zuständigkeit: jedes Amtsgericht (sachlich: §§ 342 Abs. 1 Nr. 1 FamFG iVm § 23a Abs. 1 Nr. 2, Abs. 2 Nr. 2 GVG; örtlich: § 344 FamFG).

---

[1] In der ehemaligen DDR waren die Staatlichen Notariate zur Verwahrung zuständig. Das Staatliche Notariat Berlin-Mitte verwahrte Konsular-Testamente: § 22 KonsularG 22.5.1957. Bis zur Errichtung der Amtsgerichte in den neuen Bundesländern verwahrten die Kreisgerichte.

Die örtliche Zuständigkeit für die Wiederverwahrung eines gemeinschaftlichen Testaments, das sich bisher in der besonderen amtlichen Verwahrung befunden hat, ist in § 344 Abs. 2 FamFG geregelt. Danach soll das Testament nicht an das bisherige Verwahrungsgericht zurückgegeben werden, sondern in die besondere amtliche Verwahrung desjenigen Gerichts gegeben werden, welches für den Nachlass des Erstverstorbenen zuständig ist, es sei denn, dass der überlebende Ehegatte oder Lebenspartner die Verwahrung bei einem anderen Amtsgericht verlangt. Dies gilt auch für die besondere amtliche Verwahrung von Erbverträgen (§ 344 Abs. 3 FamFG).

Für Konsulartestamente beachte § 11 Abs. 2 S. 1 KonsG (AG Berlin-Schöneberg).

Landesrechtliche Besonderheiten: Ba-Wü: Notariate (§ 46 Abs. 3 LFGG)

Benachrichtigungspflichten: Seit 1.1.2012 erfolgt eine **elektronische Mitteilung** an das bei der Bundesnotarkammer in Berlin geführte Zentrale Testamentsregister (§ 347 Abs. 1 FamFG). Diese Mitteilungspflicht betrifft alle Verwahrstellen, die erbfolgerelevante Urkunden verwahren (§ 2 ZTRV). Die Länder haben hierzu Durchführungsvorschriften erlassen.

Ist das Testament in amtliche Verwahrung genommen, so kann der Erblasser auch nachträglich die Verwahrung bei einem anderen Amtsgericht beantragen (§ 344 Abs. 2 FamFG). Verfahren hier: § 27 Ziff. 7 AktO.

- **Vor einem Notar errichtete Testamente** nebst Anlagen (§§ 2231 ff. BGB) sind nach der Errichtung in einen Umschlag (nach Anlage 1 der Benachrichtigung in Nachlasssachen; anstelle dieses Vordrucks genügt auch die Verwendung eines Umschlags mit dem von der Registerbehörde zur Verfügung gestellten Aufdruck für den Testamentsumschlag) zu nehmen, zu beschriften, mit dem Prägesiegel zu verschließen und unverzüglich in die besondere amtliche Verwahrung zu bringen (§§ 344 Abs. 1 Nr. 1 FamFG, 34 BeurkG). Auf dem Umschlag ist gemäß AV Nachlass[2] zu vermerken

  - der Geburtsname, die Vornamen und der Familienname des Erblassers,
  - der Geburtstag, Geburtsort und nach Möglichkeit die PLZ des Geburtsortes, die Gemeinde und der Kreis, das für den Geburtsort zuständige Standesamt und die Geburtenregisternummer,
  - die Art der Verfügung von Todes wegen, das Datum der Urkunde und die Urkundenrollennummer sowie den Namen des Notars nebst Amtssitz,
  - das verwahrende Nachlassgericht und die ZTR-Verwahrnummer nach § 3 Absatz 1 Satz 1 und 2 der Testamentsregister-Verordnung vom 11.7.2011 (ZTRV).

Bei einem Erbvertrag zwischen Personen, die nicht Ehegatten oder Lebenspartner sind, ist der Vordruck entsprechend abzuändern. Sind mehr als zwei Personen als Erblasser beteiligt, ist für die dritte und jede weitere Person ein besonderer Umschlag zu verwenden.[3] Dem Erblasser ist von der Verwahrungsstelle ein Hinterlegungsschein zu erteilen (§ 346 Abs. 3 FamFG). Für die Urkundensammlung hat der Notar ein Vermerkblatt mit den genauen Angaben zu fertigen, einen Ausdruck der Bestätigung der Registerbehörde des Zentralen Testamentsregisters über die Registrierung der erbfolgerelevanten Urkunde aufzubewahren und auf Wunsch des Erblassers eine beglaubigte Abschrift zurückzubehalten (§ 20 Abs. 1 DONot); sie ist in einem verschlossenen Umschlag in die Urkundensammlung zu geben, es sei denn, dass die Beteiligten sich mit der offenen Aufbewahrung schriftlich einverstanden erklären. Widerruft ein Erblasser unmittelbar nach der Errichtung das Testament, so liegt ein wirksamer Widerruf gemäß § 2256 Abs. 1 BGB nur vor, wenn das Testament zunächst in die amtliche Verwahrung gelangt und dort dem Erblasser (oder beim gemeinschaftlichen Testament den Ehegatten) persönlich ausgehändigt wurde. Dies gilt für alle öffentlichen Testamente (also nicht für die eigenhändigen Testamente) einschließlich der Erbverträge, die nur Verfügungen von Todes wegen enthalten (§ 2300 Abs. 2 BGB), der Nottestamente des § 2249 BGB (nicht

---

[2]   Abgestimmte Verwaltungsvorschriften über Benachrichtigungen in Nachlasssachen.
[3]   AV Nachlass I 1.4; siehe dort auch zur Heftung.

der 3-Zeugen-Nottestamente) und der konsularischen Testamente (§§ 10 Abs. 2, 3; 11 Abs. 2 KonsG). Die Rückgabe ist der Registerbehörde mitzuteilen (§ 347 Abs. 3 FamFG).

Sachliche Zuständigkeit: Amtsgericht (§§ 342 Abs. 1 Nr. 1 FamFG, 23a GVG).

Örtliche Zuständigkeit: AG, in dessen Bezirk der Notar seinen Amtssitz hat (§ 344 Abs. 1 Nr. 1 FamFG). Das örtlich zuständige Amtsgericht muss jedoch die Verfügung von Todes wegen nicht entgegennehmen, wenn bereits feststeht, dass die Verfügung gemäß § 344 Abs. 1 S. 2 FamFG an ein anderes Amtsgericht weitergeleitet werden soll.[4]

- **Ein vor dem Bürgermeister nach § 2249 BGB errichtetes Nottestament** ist nach **4** der Errichtung in einen Umschlag zu nehmen, zu beschriften, zu unterschreiben und mit dem Amtssiegel zu verschließen. Gemäß I Ziff. 10 Abs. 2 der Anweisung für die Bürgermeister zur Aufnahme von Nottestamenten hat der Bürgermeister sodann einen Vermerk über die Errichtung des Testaments nach der der Anweisung beigegebenen Anlage 2 aufzunehmen und das Testament unverzüglich in amtliche Verwahrung zu bringen, dabei den erwähnten Vermerk mit einzureichen. Dazu §§ 2249 BGB, 34 BeurkG.

Sachliche Zuständigkeit: Amtsgericht (s. oben).

Örtliche Zuständigkeit: AG, in dessen Bezirk die Gemeinde liegt (§ 344 Abs. 1 Nr. 2 FamFG).

Dem Bürgermeister wird eine Empfangsbescheinigung, dem Erblasser über das in Verwahrung genommene Testament ein Hinterlegungsschein erteilt (Ziff. I 10 der Anweisung; § 34 BeurkG; §§ 2249, 346 Abs. 3 FamFG).

Benachrichtigungspflicht: Die bundeseinheitliche Bekanntmachung der Länder über die Benachrichtigung in Nachlasssachen findet keine Anwendung (MüKoBGB/*Hagena* § 2249 Rn. 30). Das bei der Bundesnotarkammer in Berlin geführte Zentrale Testamentsregister ist zu benachrichtigen (§ 347 Abs. 1 FamFG).

- **Für das nach § 2250 BGB errichtete Nottestament** besteht die Pflicht zur Verbringung in besondere amtliche Verwahrung nur dann, wenn das Testament in der Form des § 2249 BGB vor dem Bürgermeister errichtet wurde. Die Verwahrung durch das Amtsgericht ist jedoch entsprechend § 2248 BGB zulässig. Die Ausführungen zu Rn. 4.6 gelten entsprechend. **5**

- **Vor Konsuln errichtete Testamente** sind dem AG Berlin-Schöneberg verschlossen zur **6** amtlichen Verwahrung zu übermitteln (§ 11 Abs. 2 KonsG).

- **Erbverträge** sind in die besondere amtliche Verwahrung zu bringen, sofern nicht die **7** Parteien das Gegenteil verlangen. Das Gegenteil gilt im Zweifel als verlangt, wenn der Erbvertrag mit einem anderen Vertrag in derselben Urkunde verbunden wird. Jedem der Vertragschließenden ist ein Hinterlegungsschein zu erteilen. Die Vertragsparteien können die besondere amtliche Verwahrung ausschließen (§ 34 Abs. 2 BeurkG), nicht jedoch die Mitteilung an das Zentrale Testamentsregister. Im Übrigen gelten die Ausführungen zu 1.2 entsprechend.

Ist der Erbvertrag nicht in die besondere amtliche Verwahrung zu nehmen, so verbleibt er in einfacher Urkundenverwahrung des beurkundenden Notars (§§ 34 Abs. 3 BeurkG, 19 Abs. 2 DONot). Das Gleiche gilt, wenn die Beteiligten (nur gemeinschaftlich) die Aufhebung der amtlichen Verwahrung verlangen (stellt keinen Widerruf dar). Die Urschrift des Vertrages ist den Vertragschließenden nicht auszuhändigen, vielmehr ist sie in der Urkundensammlung des Notars zu verwahren.

Benachrichtigungspflichten bestehen wie zu → Rn. 3. Dazu auch § 20 Abs. 2 DONot.

---

[4]   OLG Brandenburg DNotZ 2008, 295.

8 • **Verfahren:** vgl. dazu § 346 FamFG; § 34 BeurkG, § 27 Ziff. 3 ff. AktO.
Verwahrungsbeamte sind der Richter (der auch die Annahme und Herausgabe anordnet) und der Urkundsbeamte der Geschäftsstelle (§ 346 Abs. 1 und 2 FamFG). Die Geschäfte des Richters sind dem Rechtspfleger übertragen (§ 3 Abs. 1 Ziff. 2c RPflG).
– Eigenhändiges (oder 3-Zeugen-Not-) Testament wird in besondere amtliche Verwahrung genommen.
Ablieferung erfolgt persönlich

Muster: Amtliche Verwahrung eines eigenhändigen Testaments

Geschäftsstelle des Amtsgerichts
Geschäfts-Nr.:......
Verfügung[5]
1. Eintragen in: Verwahrungsbuch.[6] Namenskartei.[7]
2. Ein mit Siegel des (Amtsgerichts, Notar) verschlossener Umschlag, der nach der Aufschrift (Bezeichnung der letztwilligen Verfügung, Name des Erblassers, ggf. Datum der Errichtung, URNr.) enthält, ist am...... unter Verwahrungsbuch Nr...... in besondere amtliche Verwahrung genommen worden.
3. Hinterlegungsschein an I Notar I Erblasser
4. Verwahrungsnachricht (elektronisch) an das Zentrale Testamentsregister bei der Bundesnotarkammer in Berlin, 10874 Berlin
5. Bewerten – siehe Rückseite –
6. Weglegen

....
Rechtspfleger[8]   UrkB d. GeschSt.[9]

Die in Bl....... bezeichnete Verfügung von Todes wegen ist in besondere amtliche Verwahrung zu nehmen.

Ort und Tag: Rechtspfleger:
....

1. **Kostenrechnung**
Geschäftswert...... Euro
Gebühr gemäß Nr. 12100KV-GNotKG= 75 Euro

(Ort und Tag)
......
Vor dem Urkundsbeamten der Geschäftsstelle finden sich ein
1. Name, Vorname, ggf. Geburtsname...... geboren am...... in...... Standesamt, Geburtenbuch-Nr...... Beruf...... Staatsangehörigkeit...... Wohnort, Straße, Hausnummer...... Vater (Name, Vorname)......
2. Name, Vorname, ggf. Geburtsname ...... geboren am ...... in ...... Standesamt, Geburtenbuch-Nr. ...... Beruf ...... Staatsangehörigkeit ...... Wohnort, Straße, Hausnummer ...... Vater (Name, Vorname) ...... Mutter (Name, Vorname) ...... ausgewiesen durch ...., überreich. ein(en) – mit Siegelabdruck verschlossenen – Umschlag – Schriftstück mit der Aufschrift ...... und erkl.:
Ich/Wir beantrage/n, das übergebene eigenhändige – gemeinschaftliche – Testament in die besondere amtliche Verwahrung zu nehmen. Ein früheres Testament ist – nicht – bereits dem Amtsgericht ...... in Verwahrung gegeben worden ......
Der Geschäftswert beträgt ...... Euro.
Vorgelesen, genehmigt und unterschrieben

---

[5] Die Annahmeverfügung ist dem Verwahrungsbeamten in Urschrift vorzulegen, § 27 Ziff. 5 AktO.
[6] § 27 Ziff. 4 AktO.
[7] § 27 Ziff. 4 AktO.
[8] § 346 FamFG, § 3 Ziff. 2c RpflG.
[9] § 346 FamFG, § 27 Ziff. 4, 5 AktO.

2. Gebühr bezahlt
   – durch Kostenmarken.
   – mittels Gerichtskostenstemplers.
   – s. Zahlungsanzeige Bl.…

Ort und Tag: Der Kostenbeamte:
……   ……

Das Testament ist mit dem Dienstsiegel zu verschließen und mit einer das Testament näher bezeichnenden Aufschrift zu versehen, die unterschriftlich zu vollziehen ist. Dabei sind die Bestimmungen der Bundeseinheitlichen Bekanntmachung der Länder über die Benachrichtigung in Nachlasssachen zu beachten (§ 27 Abs. 3 AktO). Als Umschlag ist ein Vordruck zu verwenden. Der den Antrag aufnehmende Beamte wird den Hinterleger über die zur Ausfüllung des Vordruckes erforderlichen Angaben befragen und den Umschlag sofort beschriften. Zu den Angaben siehe AV Nachlass I 1.2b (jedoch ohne Angabe einer Urkundenrollennummer). Bevor das Testament in den Kassenschrank verbracht wird, werden die Angaben vom Umschlag auf die Karteikarte (Verwahrungsanzeige) übertragen.

Anlage 1 Zu der Gemeinsamen Bekanntmachung – BayJMBl. 2010, 139 –   **9**
Verwahrungsbuch-Nr:……

Personalien der Erblasserin/ des Erblassers	a) der Ehefrau/Frau, der LPartnerin/des LPartners	b) des Ehemannes/Mannes des LPartners/der LPartnerin
Geburtsname …	…	…
Familienname …	…	…
Vornamen …	…	…
Geburtstag …	…	…
Geburtsort, Gemeinde, Kreis …	…	…
Standesamt und Nr. …	…	…
PLZ …	…	…

…… , den……
– Amtsgericht –………… – Notarin/Notar –
(Unterschrift)

☐ Gemeinschaftliches	☐ Testament	☐ Erbvertrag	☐ Urkunde vom UrkRolle-Nr.
der Notarin/des Notars	in		
Geschäfts-Nr.	des		

☐ des Ehemannes/Mannes, Lebenspartners ☐ der Ehefrau/Frau, Lebenspartnerin

Nach Ableben	eröffnet am	und wieder verschlossen
Ort, Datum	Amtsgericht	, Rechtspfleger/in

(Unterschrift)

10   **Anlage 2a** zu der Gemeinsamen Bekanntmachung vom 22. Oktober 2010 – BayJMBl.
2010, 139 – NS 4a, b

Geschäftsstelle des

...... gerichts   Ort und Tag

Notarin/Notar   Anschrift und Fernruf

Geschäfts-Nr.:

......

(Bitte bei allen Schreiben angeben)

An die

Bundesnotarkammer – Zentrales Testamentsregister –, 10874 Berlin

Benachrichtigung in Nachlasssachen

Umstehend näher bezeichnete/s/r   ☐ Verfügung   ☐ notarielle Ur- ☐ Urteil/
                                   von Todes   kunde über   Vergleich
                                   wegen   die Änderung
                                                   der Erbfolge

ist am...... unter

☐   Verwahrungs-Buch-Nr......   in besondere amtliche Verwahrung genommen
                                     worden.

☐   Geschäfts-Nr......   zu den Prozess-/Nachlassakten genommen wor-
                                     den.

☐   UrkRolle-Nr......   beurkundet worden.

Auf Anordnung

......

11   **Anlage 2b:** Verwahrungsnachricht gemäß I 2a, 2b oder 2c – Rückseite –
         (Format DIN A 5 – quer; Größe des Aufdrucks 130 × 195mm)

T.-Nr......

Personalien der Erblasserin/ des Erblassers	a) der Ehefrau/Frau, der LPartnerin/des LPartners	b) des Ehemannes/Mannes des LPartners/der LPartnerin
Geburtsname ...	...	...
Familienname ...	...	...
Vornamen ...	...	...
Geburtstag ...	...	...
Geburtsort, Gemeinde, Kreis ...	...	...
Standesamt und Nr. ...	...	...
☐ Gemeinschaft- liches ☐ Testament ☐ Erbvertrag		☐ Urkunde vom UrkRolle-Nr.
der Notarin/des Notars	in	
Geschäfts-Nr.	des	gerichts
(vom Standesamt auszufüllen) Nachricht über den Sterbefall abge- sandt	am	an

12   Der **Hinterlegungsschein** (§ 346 Abs. 3 FamFG) besteht in einer wörtlichen Abschrift
des Eintragungsvermerks in den Spalten 1 und 2 des Verwahrungsbuchs; bei Nottestamenten soll der Hinterlegungsschein einen Hinweis auf die Bestimmungen des § 2252 BGB
enthalten. Verlangt der Erblasser die besondere amtliche Verwahrung durch ein anderes

Gericht (§ 344 Abs. 1 S. 2 FamFG), erhält er einen neuen Hinterlegungsschein. Der Hinterlegungsschein ist der Annahmeverfügung bei deren Rückleitung beizufügen und von der Geschäftsstelle dem Erblasser auszuhändigen § 27 Ziff. 6 AktO. Er enthält eine Empfangsbestätigung, unterschrieben von einem Urkundsbeamten. Er ist auch bei Verzicht des Hinterlegers zu erteilen.

Amtsgericht (Ort und Tag)
Geschäfts-Nr.: ....
Bitte bei allen Schreiben angeben!

......
(Anschrift) …

Bemerkungen: (Bei Nottestamenten Hinweis gemäß § 27 Ziff. 6 AktO: „Ein Testament, das nach §§ 2249, 2250, 2251 BGB vor dem Bürgermeister, dem Gutsvorsteher oder deren gesetzlichen Vertretern oder 3 Zeugen errichtet worden ist, gilt nach § 2252 BGB als nicht errichtet, wenn seit der Errichtung des Testaments 3 Monate verstrichen sind und der Erblasser noch lebt; Beginn und Lauf der Frist sind gehemmt, solange der Erblasser außerstande ist, ein Testament vor einem Notar zu errichten).

(Fernruf) …
Hinterlegungsschein
über eine Verfügung von Todes wegen
Ein mit Siegel des...... verschlosser Umschlag, der nach der Aufschrift...... enthält, ist am...... unter Verwahrungsbuch Nr...... in besondere amtliche Verwahrung genommen worden.

....
Urkundsbeamter der Geschäftsstelle

Sorgfältig aufbewahren, bei Eröffnung oder Rücknahme zurückgeben!
Hinterlegungsschein über eine Verfügung von Todes wegen (§§ 2248, 2300 BGB, 346 Abs. 3 FamFG)

Über die von dem Gericht zur besonderen amtlichen Verwahrung zu bringenden **13** Testamente und Erbverträge ist ein besonderes Verwahrungsbuch für Verfügungen vTw nach dem Muster 5a AktO zu führen. Die Nr. der Eintragung ist auf dem Umschlag einer jeden Verfügung vTw oben rechts sowie im Erbrechtsregister zu vermerken. Die Nummer wird ferner auf den Hinterlegungsschein sowie im Testamentsakt auf die die Verwahrung anordnende Verfügung gesetzt. Die Verfügungen sind unter dem gemeinschaftlichen Verschluss der beiden Verwahrungsbeamten an einem feuersicheren Ort in der Nummernfolge des Verwahrungsbuchs aufzubewahren.

Zum Verwahrungsbuch ist ein alphabetisches Namensverzeichnis zu führen, § 27 Ziff. 4, 4a AktO. Dieses kann (Regel) auf Anordnung des Behördenvorstandes in Form einer Kartei[10] geführt werden, § 2 Ziff. 7 AktO.

---

[10] Zur Führung eines Überwachungsverzeichnisses. Zur Überwachung der Fristen nach dem §§ 351, 357 FamFG siehe § 27 Ziff. 10 AktO (nebst Muster 5b).

Muster 5a (§ 27 Abs. 4)

Verwahrungsbuch für

a) Lfd. Nr. b) Tag der An- nahme	Genaue Bezeichnung der Verfügung von Todes wegen und ihres Verschlusses
1	2
1966 a) 2397	Ein mit dem Dienstsiegel des I Notars I Amtsgerichts Dr. Johann Bauer, München .... verschlossener Umschlag, der nach der Aufschrift d. ☐ Testament ☐ gemeinschaftliche Testament ☐ Erbvertrag d. Fabrikanten Leonhard Stelzle in München ....
b) 29.12.	errichtet am 11.12.1966 URNr. 3389 enthält .... Groß Wagner .... Rechtspfleger als Verwahrungs- Urk.-B. der Geschäfts- beamte stelle
a) 2398	Ein mit dem Dienstsiegel des ☐ Notars ☐ Amtsgerichts Joachim Kandler, Ebersberg .... verschlossener Umschlag, der nach der Aufschrift d. ☐ Testament ☐ gemeinschaftliche Testament ☐ Erbvertrag d. Kaufmannsehegatten Berta und Friedrich Wunderer ....
b) 29.12.	errichtet am 14.12.1966 URNr. 349 enthält .... Groß Wagner .... Rechtspfleger als Verwahrungs- Urk.-B. der Geschäfts- beamte stelle

1. In Spalte 1 braucht die Jahreszahl auf jeder Seite nur einmal als Überschrift vermerkt zu werden.
2. Die Eintragungen in den Spalten 2 und 4 sind von beiden Verwahrungsbeamten zu unterschreiben.
3. Gelangt eine Verfügung von Todes wegen, die bis dahin bei einem anderen Amtsgericht verwahrt wurde, zu Verwahrung, so ist in Spalte 5 das Jahr der ersten Hinterlegung zu vermerken.

4. Wird eine aus der Verwahrung herausgegebene Verfügung von Todes wegen von neuem verwahrt, so ist sie neu einzutragen; bei der alten Eintragung ist auf die neue zu verweisen.

Verfügungen von Todes wegen – VerwB –

Tag der Herausgabe	a) Empfänger b) zum Vorgang (Aktenzeichen)	Bemerkungen
3	4	5

15.3.1990	a) der unterzeichnete Rechtspfleger
	....
	....
	
	   Groß Schneider
	
	   ....
	
	   Rechtspfleger Urk.-B. der Geschäftsstelle
	
	      als Verwahrungsbeamte
	
	b) VI 1150/90
	
	....	

23.4.1990	a) Justizamtmann Müller
	....
	....
	
	   Groß Schneider
	
	   ....
	
	   Rechtspfleger Urk.-B. der Geschäftsstelle
	
	      als Verwahrungsbeamte
	
	b) VI 2230/90
	
	....
		Müller

Ablieferung eines eigenhändigen Testaments erfolgt durch Übersendung.   **14**
Es wird verfügt:

  I. Heute gelangte vom Bäckermeister Karl Schmidt, München, Georgenstr. 27, übersandt ein verschlossener Briefumschlag in den Einlauf.
    Er trägt die Aufschrift: „Unser Testament".
 II. Eintrag in Verwahrungsbuch, Namenskartei.
III. Anfrage nach Personalien nach Fragebogen.
IV. Das Testament ist in die besondere amtliche Verwahrung zu nehmen.
 V. 2 Hinterlegungsscheine an Hinterleger durch die Post übersenden.
VI. Nachricht an das Zentrale Testamentsregister bei der Bundesnotarkammer in 10874 Berlin.

VII. Umschlag nach Rückantwort vollständig beschriften und wieder in den Kassenschrank nehmen. Angaben über die Person beider Erblasser bei gemeinschaftlichem Testament.
VIII. Kosten.
  IX. Weglegen.

......, den......

Amtsgericht
......, Rechtspfleger

Das oben bezeichnete Testament ist unter Nr...... des Verwahrungsbuches für Verfügungen vTw zur besonderen amtlichen Verwahrung genommen.
......, den......
...... als Rechtspfleger......   als UrkBdGeschSt

Man wird das übersandte Testament, ohne es zu öffnen, zunächst in den amtlich vorgesehenen Umschlag nehmen, diesen versiegeln und soweit möglich beschriften. Sodann wird das Testament in den Testamentsschrank verbracht, der unter gemeinsamem Verschluss der beiden Verwahrungsbeamten steht. Nach Einlauf des beantworteten Fragebogens ist das Testament nochmals aus dem Schrank zu nehmen, vollständig zu beschriften und wieder unter Verschluss zu nehmen.

Fragebogen:
15
• bei gemeinschaftlichen Testamenten
Angaben über die Eheleute/Lebenspartner,
die das in Verwahrung gegebene Testament errichtet haben
A. Ehemann
  1. Familienname des Ehemanns/Lebenspartners (auch Geburtsname und Namen aus früheren Ehen):
  2. Vornamen (Rufname unterstreichen)
  3. Geburtstag, -monat und -jahr:
  4. Geburtsort (bei größeren Orten Stadtteil, Straße und Nummer, bei kleineren Orten Verwaltungsbezirk angeben):
  5. Standesamt des Geburtsortes:
  6. Nummer des Geburtsregisters (statt Angaben zu 3 bis 6 kann eine Geburtsurkunde beigefügt werden):
  7. Wohnort (mit PLZ, Straße und Hausnummer):
  8. Staatsangehörigkeit:
  9. Vor- und Familienname
    a) des Vaters des Ehemannes/Lebenspartners:
    b) der Mutter des Ehemannes/Lebenspartners:
B. Ehefrau
  1. Familienname der Ehefrau/des Lebenspartners (auch Geburtsname und Namen aus früheren Ehen):
  2. Vornamen (Rufname unterstreichen):
  3. Geburtstag, -monat und -jahr:
  4. Geburtsort (bei größeren Orten Stadtteil, Straße und Nummer, bei kleineren Orten Verwaltungsbezirk angeben):
  5. Standesamt des Geburtsortes:
  6. Nummer des Geburtsregisters (statt Angaben zu 3 bis 6 kann eine Geburtsurkunde beigefügt werden):
  7. Wohnort (mit PLZ, Straße und Hausnummer):
  8. Staatsangehörigkeit:

9. Vor- und Familienname
   a) des Vaters der Ehefrau:
   b) der Mutter der Ehefrau:
Zur Zeit der Annahme des Testaments zur amtlichen Verwahrung beträgt der Wert des Vermögens
   a) des Ehemannes/des Lebenspartners:...... Euro
   b) der Ehefrau/des Lebenspartners:...... Euro
Unterschrift des Ehemannes/des Lebenspart-   Unterschrift der Ehefrau/des Lebenspartners
ners

- bei Einzeltestamenten   **16**
  1. Familienname des Testamentserrichters (auch Geburtsname und Namen aus früheren Ehen):
  2. Vornamen (Rufname unterstreichen):
  3. Geburtstag, -monat und -jahr:
  4. Geburtsort (bei größeren Orten Stadtteil, Straße und Nummer, bei kleineren Orten Verwaltungsbezirk angeben):
  5. Standesamt des Geburtsortes:
  6. Nummer des Geburtsregisters (statt Angaben zu 3 bis 6 kann eine Geburtsurkunde beigefügt werden):
  7. Wohnort (mit PLZ, Straße und Hausnummer):
  8. Staatsangehörigkeit:
  9. Name des Ehegatten/Lebenspartners:
  10. Geburtstag des Ehegatten/Lebenspartners:
  11. Sterbetag des Ehegatten/Lebenspartners:
  12. Vor- und Familienname
      a) des Vaters:
      b) der Mutter:
      des Testamentserrichters.
Zur Zeit der Annahme des Testaments zur amtlichen Verwahrung beträgt der Wert des Vermögens...... Euro.
Unterschrift des Testamentserrichters

Ein vor Notar oder Bürgermeister errichtetes Testament oder ein Erbvertrag wird in **17** besondere amtliche Verwahrung genommen.

Amtsgericht
Geschäfts-Nr......   (Ort und Tag)......

Verfügung

1. Eintragen in Register, Verwahrungsbuch, Namenskartei.
2. Das/Der anliegende vom Notar...... am...... übersandte notarielle Testament/Erbvertrag UR. Nr...... ist in besondere amtliche Verwahrung zu nehmen.
3. Hinterlegungsschein (NS 2b) an Notar...... – Erblasser[11]– aushändigen – durch die Post übersenden –.
4. Verwahrungsanzeige (NS 4) an:
   – Notar[12]
   – Zentrales Testamentsregister bei der Bundesnotarkammer in 10874 Berlin
5. Bewerten.
6. Weglegen.

                                              ......, Rechtspfleger

---

[11] Bei Erbvertrag: an beide Vertragschließende.
[12] § 27 Ziff. 6 AktO.

> Das/Der oben bezeichnete Testament/Erbvertrag ist heute in besonderer amtliche Verwahrung genommen worden (Nr...... des Verwahrungsbuches für Verfügungen vTw).
> ......, den......
>
> ....
> Die Verwahrungsbeamten
> Rechtspfleger   UrkBdGeschSt
> NS 2a Annahmeverfügung eines öffentlichen Testaments oder Erbvertrages (§ 346 FamFG).

Die Ausführungen über Eintragungen, Benachrichtigungen und Hinterlegungsschein oben gelten entsprechend. Die Mitteilung an den Notar wird in folgender Form geschehen:

> Geschäftsstelle des Amtsgerichts   ......, den......
> Herrn Notar zu UrkRNr......
> Das am...... eingereichte Testament des (Name des Erblassers, Anschrift), ist am......
> unter Nr...... des Verwahrungsbuches in besondere amtliche Verwahrung genommen worden.
> Der Hinterlegungsschein ist dem Testator selbst übersandt worden.
>   Auf Anordnung......

18   **Änderung der Aufbewahrung:** Der Erblasser kann jederzeit die Verwahrung bei einem anderen örtlich an sich nicht zuständigen Amtsgericht verlangen (§ 344 Abs. 1 S. 2 FamFG). Die erneute besondere amtliche Verwahrung eines gemeinschaftlichen Testaments nach § 349 Abs. 2 S. 2 FamFG erfolgt bei dem für den Nachlass des Erstverstorbenen zuständigen Gericht, es sei denn, dass der überlebende Ehegatte oder Lebenspartner die Verwahrung bei einem anderen Amtsgericht verlangt (§ 344 Abs. 2 FamFG). Wird eine aus der Verwahrung herausgegebene Verfügung vTw von neuem verwahrt, so ist sie neu einzutragen; bei der alten Eintragung ist auf die neue zu verweisen.
§ 27 Ziff. 7 AktO besagt im Übrigen:
„Soll eine zur besonderen amtlichen Verwahrung angenommene Verfügung vTw bei einem anderen Gericht weiter verwahrt werden, so ist ihm die Verfügung vTw mit den Akten unter Beachtung der für wichtige Postsendungen gegebenen Vorschriften zu übersenden. Die Empfangsbescheinigung des anderen Gerichts ist zu Sammelakten zu nehmen. Der alte Hinterlegungsschein ist gegen Erteilung eines neuen zu den Akten einzuziehen."
Zu beachten ist, dass beim Erbvertrag 2 Hinterlegungsscheine zu erteilen sind.
Beim Wechsel des Verwahrungsgerichts fällt keine neue Gebühr an. Versandkosten: Nr. 31003 KV (12,00 Pauschale).[13]
Hat der Erblasser dem Verwahrungsgericht gegenüber das Verlangen nach anderweitiger Verwahrung zum Ausdruck gebracht (bedarf keiner besonderen Form), so wird verfügt:

> I. Das zu Nr...... des Verwahrungsbuches am...... in besondere amtliche Verwahrung genommene Testament des (Name des Erblassers, Anschrift) ist dem UrkBdGeschSt...... zur Übersendung an das Amtsgericht...... herauszugeben.
> II. Urschrift des Testaments sowie Testamentsakt per Einschreiben an Amtsgericht...... mdE um Empfangsbescheinigung.
> III. Postschein sowie Empfangsbestätigung zu den Sammelakten.

---

[13] Keidel/*Zimmermann* § 344 Rn. 8.

IV. Benachrichtigung. Zentrales Testamentsregister in 10874 Berlin
IV. Kosten (Auslagen).
V. Weglegen.
......, den......

Das Amtsgericht
......, Rechtspfleger

Das neue Verwahrungsgericht verfügt:

I. Eintrag in Verwahrungsbuch,[14] Namenskartei.
II. Das Testament ist in die besondere amtliche Verwahrung zu nehmen.
III. Alten Hinterlegungsschein von Hinterleger erholen, sodann neu ausstellen und Hinterleger durch Post übersenden.
IV. Empfangsbestätigung an Amtsgericht......:
In der Testamentssache...... dortiges Az...... wird der Empfang des Testaments nebst Akten bestätigt.
V. Benachrichtigung[15] (Zentrales Testamentsregister bei der Bundesnotarkammer in 10874 Berlin)
VI. Weglegen.
......, den......
           Amtsgericht

......, Rechtspfleger

Das oben bezeichnete Testament ist unter Nr...... des Verwahrungsbuchs für Verfügungen vTw in amtliche Verwahrung genommen.
......, den......
....

Die Verwahrungsbeamten
Rechtspfleger   UrkBdGeschSt

II. Die Herausgabe aus der besonderen amtlichen Verwahrung

1. Einsichtnahme

Auch während der Dauer der besonderen amtlichen Verwahrung kann der Erblasser (bei **19** gemeinschaftlichem Testament oder Erbvertrag **jeder Teil** ohne Zustimmung des anderen) verlangen, dass ihm (nur ihm) Einsicht in die Urkunde gegeben und eine Abschrift oder Ausfertigung erteilt wird (hM).[16] Diese Einsichtnahme stellt keine Herausgabe iSd § 346 Abs. 1 FamFG mit der Wirkung des § 2256 BGB dar.

Das Testament wird aus dem Kassenschrank genommen, geöffnet, Einsicht gewährt und wieder verschlossen in die Verwahrung zurückgebracht. Eine Niederschrift ist zu fertigen. Zuziehung des Erblassers bei Öffnung wie Verschließung empfiehlt sich. Handelt es sich um ein gemeinschaftliches Testament oder Erbvertrag, so wird man dem anderen Ehegatten oder Vertragsteil Gelegenheit geben, dem ganzen Vorgang beizuwohnen.

Die Einsichtnahme darf nur in Gegenwart eines Gerichtsbeamten erfolgen.   **20**

Über den ganzen Hergang ist eine Niederschrift in folgender Form aufzunehmen.

---

14   In Spalte 5 des Verwahrungsbuchs wird das Jahr der 1. Hinterlegung vermerkt.
15   Die Wiederholung der Benachrichtigung erscheint zweckmäßig, wobei man sich darauf beschränken kann, lediglich die Tatsache der Übernahme mitzuteilen.
16   Keidel/*Zimmermann* § 346 Rn. 19.

Muster: Einsichtnahme in ein in amtlicher Verwahrung befindliches Testament

Amtsgericht   ......, den......

Gegenwärtig:

......, Rechtspfleger

Niederschrift

Es erscheint der (Erblasser, Anschrift) sich ausweisend durch Personalausweis[17] und erklärt unter Vorzeigung des Hinterlegungsscheines Nr...... des Amtsgerichts...... vom......:

Ich bitte mir Einsicht in mein am...... vor dem Notar...... errichtetes und am...... zur besonderen amtlichen Verwahrung gegebenes Testament zu gewähren.

Das Testament wurde daraufhin aus dem Kassenschrank entnommen und festgestellt, dass Verschluss und Siegel unversehrt waren. Der Umschlag wurde geöffnet und dem Erschienenen Einsicht in die Urkunde gewährt. Das Testament wurde sodann wieder mit dem Amtssiegel verschlossen und auf dem Umschlag die Öffnung vermerkt. Das Testament wurde in den Kassenschrank zurückgebracht.

Die Unterfertigten waren bei dem ganzen geschilderten Vorgang anwesend.

v g u u

Unterschriften

---

2. Die Herausgabe einer Verfügung von Todes wegen zur Rückgabe an den Erblasser

21 Der Erblasser kann jederzeit (formlos) die Rückgabe seines Testaments (eigenhändiges oder öffentliches) verlangen (§ 2256 Abs. 2 BGB). Das Testament darf nur an den Erblasser persönlich zurückgegeben werden (genaue Prüfung der Personalien!). Jede Stellvertretung ist ausgeschlossen. Übergabe an einen Rechtsanwalt ist kein Widerruf. Kein Widerruf ist die Rückgabe eines Testaments, das noch nicht in die amtliche Verwahrung gegeben war, durch den Notar.[18] Ein gemeinschaftliches Testament kann nur von beiden Ehegatten zurückgenommen werden. Nach dem Tode eines von beiden ist die Rücknahme unzulässig.

Die Rückgabe darf nur an den Erblasser persönlich, bei gemeinschaftlichem Testament nur an beide Ehegatten beim Erbvertrag, die nur Verfügungen von Todes wegen enthalten, nur an alle Vertragschließenden gemeinschaftlich (§ 2300 Abs. 2 BGB) erfolgen. Das Verwahrungsgericht kann sich dabei der Rechtshilfe eines anderen Amtsgerichts bedienen (§ 27 Abs. 8 AktO). Übersendung durch die Post ist unzulässig. Hier würde die Folge des § 2256 Abs. 1 BGB entfallen.[19] Wohnt der Erblasser im Ausland, so hat die Rückgabe durch Vermittlung eines Konsuls zu erfolgen. Kann der Erblasser bei Gericht nicht persönlich erscheinen, muss die verwahrende Stelle die Urkunde überbringen.

3. Wirkung der Rücknahme

22 Das Testament gilt durch die Rücknahme als widerrufen (Fiktion), wenn es sich um ein öffentliches Testament (nicht: privatschriftliches), ein Bürgermeistertestament (nicht: Dreizeugentestament), ein Konsulartestament oder um einen Erbvertrag mit lediglich letztwilligen Verfügungen handelt (§§ 2256 Abs. 1 und 3, 2300 Abs. 2 Satz 1 und 3 BGB). Diese Wirkung tritt auch dann ein, wenn der Erblasser nicht den Willen oder die Absicht hat, zu widerrufen, deshalb ist der fehlende Aufhebungswille kein Anfechtungsgrund. Das erneute Verbringen in die amtliche Verwahrung macht einen wirksamen Widerruf nicht rück-

---

[17] Sorgfältige Prüfung der Personalien ist geboten. Vorzeigen des Hinterlegungsscheins allein genügt nicht.
[18] BGHZ 23, 207; BayObLG Rpfleger 1991, 5.
[19] KG JW 1935, 3559; MüKoBGB/*Hagena* § 2256 Rn. 7.

gängig.[20] Der durch Rücknahme erfolgte Widerruf kann nicht durch Widerrufstestament, sondern nur durch Errichtung eines neuen Testaments wirksam widerrufen werden. Die Rücknahme ist keine letztwillige Verfügung, sie hat deren Wirkung.[21] Deshalb muss der Erblasser im Zeitpunkt der Rückgabe testierfähig sein. Die Testierfähigkeit (→ § 8 Rn. 10) ist bei der Rückgabe vom Rechtspfleger zu prüfen.[22] Hat er begründete Zweifel, kann er Vorlage eines ärztlichen (psychiatrischen) Attests verlangen. Er darf das Testament nicht an einen nicht Testierfähigen zurückgeben; tut er es dennoch, bleibt das Testament wirksam. Da die Rücknahme nicht nur Verfügung von Todes wegen, sondern auch Rechtsgeschäft unter Lebenden ist, wird eine Anfechtung wegen Irrtums über die Bedeutung der Rücknahme als Widerruf oder Drohung (§ 2078 BGB) gegenüber dem Nachlassgericht (§ 2081 BGB) zugelassen. Der Erblasser selbst kann jedoch nicht anfechten, da er ein neues Testament errichten kann; beim gemeinschaftlichen Testament und Erbvertrag kann auch der Erblasser selbst anfechten (§§ 2281, 2285 BGB).

4. Das Verfahren bei der Rückgabe an den Erblasser

Der Rechtspfleger (§ 3 Abs. 1 Nr. 2c RPflG) prüft genau die Personalien des Antragstel- **23** lers, belehrt ihn bei einem öffentlichen Testament über die Wirkung der Rücknahme (Prüfung der Testierfähigkeit), fordert den Hinterlegungsschein zurück und ordnet die Herausgabe durch eine Verfügung (nicht durch einen Beschluss) an. Die Belehrung wird auf der Urkunde vermerkt sowie aktenkundig gemacht, dass beides geschehen ist (§ 2256 Abs. 1 BGB). Die Rücknahme einer erbfolgerelevanten Urkunde aus der notariellen oder der besonderen amtlichen Verwahrung ist dem Zentralen Testamentsregister unter Angabe des Datums der Rückgabe zu melden. Die Registerbehörde vermerkt die Rücknahme in den betroffenen Verwahrdatensätzen (§ 4 Abs. 2 ZTRV), sie bestätigt dem Melder (Gericht, Notar) die Registrierung (§§ 4 Abs. 2, 3 Abs. 2 ZTRV), der Notar bewahrt die Bestätigung der Registerbehörde über die Registrierung der Rückgabe im Zentralen Testamentsregister in der Urkundensammlung bei dem Vermerkblatt oder der beglaubigten Abschrift oder bei der Urkunde auf; die Rücknahme und der Tag der Rückgabe sind in das Erbvertragsverzeichnis oder die Kartei nach § 9 Abs. 2 DONot einzutragen (§ 2 Abs. 3 DONot).

---

§ 27 Ziff. 9 AktO besagt hierzu:
„Wird ein in amtliche Verwahrung genommenes Testament, das vor einem Richter oder vor einem Notar oder nach § 2249 BGB errichtet worden ist, dem Erblasser zurückgegeben, so ist in die Niederschrift über die Rückgabe des Testaments folgender Vermerk über die in § 2256 Abs. 1 S. 2 BGB vorgeschriebene Belehrung aufzunehmen:
„Der Erblasser ist darüber belehrt worden, dass das Testament durch die Rückgabe als widerrufen gilt. Ein entsprechender Vermerk ist auf dem Testament gemacht worden.“
Auf der Testamentsurkunde ist zu vermerken:
„Dieses Testament gilt durch die am...... erfolgte Rückgabe aus der amtlichen Verwahrung als widerrufen (§§ 2256, 2272 BGB.)
......, den...... (Name, Amtsbezeichnung)

Die Herausgabe wird von den Verwahrungsbeamten **gemeinschaftlich** bewirkt. Im Verwahrungsbuch ist daher der Vermerk über die Herausgabe von dem Rechtspfleger sowie dem UrkBdGeschSt gemeinsam zu unterschreiben.

---

[20] BayObLG DNotZ 1973, 630.
[21] BGHZ 23, 207 (211) spricht unzutreffend von letztwilliger Verfügung; wie hier BayObLG NJW-RR 1990, 1481, (1482): FamRZ 2006, 294 das eine Anfechtung der Rücknahme zulässt.
[22] Keidel/*Zimmermann* § 346 Rn. 17.

Die Ausgabeverfügung, in der die Nummer des Verwahrungsbuchs anzugeben ist, ist den Verwahrungsbeamten in Ausfertigung vorzulegen. Sind die Geschäfte des 2. Verwahrungsbeamten dem Urkundsbeamten der Geschäftsstelle übertragen, dem die Bearbeitung der Verfügungen von Todes wegen obliegt, so kann auch die Ausgabeverfügung in Urschrift vorgelegt werden; in diesem Falle ist die Empfangsbescheinigung in Spalte 5 des Verwahrungsbuchs zu erteilen. Die Annahme zur Verwahrung ist auf der Annahmeverfügung zu bestätigen; in der Herausgabeanordnung ist die Nr. des Verwahrungsbuchs zu vermerken (§ 27 Ziff. 5 AktO).“

Muster: Muster einer Niederschrift, die über die Rücknahmeverhandlung aufgenommen wird:

24 | Amtsgericht ......, den......

Mitwirkend:
...... als Rechtspfleger
Es erscheint der (Name des Erblassers, Anschrift) sich ausweisend durch Personalausweis – (dem Rechtspfleger bekannt).
Der Erschienene ist, wie die mit ihm geführte Unterredung ergibt, testierfähig.[23]
Er beantragt – unter Überreichung des anliegenden Hinterlegungsscheins – die Rückgabe des am (Datum) in besondere amtliche Verwahrung genommenen, im Verwahrungsbuche für Verfügungen vTw unter Nr. ... eingetragenen – (gemeinschaftlichen) – Testaments.
Das Testament wurde dem Erschienenen vorgelegt; der Verschluss des Umschlages ist unversehrt. Der Erschienene erkannte an, dass der Verschluss des vorgelegten Umschlages unversehrt sei und dass es sich um das Testament handle, dessen Rückgabe er beantragt hat.
(bei öffentlichem Testament):
Der Erblasser ist darüber belehrt worden, dass das vor einem Notar errichtete Testament durch die Rückgabe als widerrufen gilt. Ein entsprechender Vermerk ist auf dem Testament gemacht worden.
(bei eigenhändigem Testament):
Der Erblasser ist darüber belehrt worden, dass die Rückgabe des eigenhändigen Testaments auf die Wirksamkeit des Testaments ohne Einfluss ist.
Das Testament wurde hierauf dem Erblasser zurückgegeben.
Er erklärte: Der Wert des reinen Vermögens beträgt...[24].

v g u u
Unterschriften

Die Niederschrift ist vom Erblasser zu unterschreiben.

25 Zur Rechtshilfe vergleiche **§ 27 Ziff. 8 AktO:**
„Muss eine in besondere amtliche Verwahrung genommene Verfügung von Todes wegen lediglich zur Rückgabe an den Verfügenden einem anderen Gericht übersandt werden, so ist nach den für wichtige Postsendungen gegebenen Vorschriften zu verfahren; die Akten über die Verfügung von Todes wegen sind in der Regel nicht beizufügen. Bei dem ersuchten Gericht ist die Sache lediglich in das allgemeine Register einzutragen. Die Verfügung von Todes wegen ist bis zu ihrer Rückgabe von der Geschäftsstelle aufzubewahren. Nach der Erledigung des Ersuchens sind die entstandenen Vorgänge und, falls die Akten beigefügt waren, auch diese dem ersuchenden Gericht zurückzusenden.“
Gebühr für Rückgabe: Keine.

---

[23] Nach BGHZ 23, 205 (211) ist Geschäfts- und Testierfähigkeit erforderlich.
[24] Ist nur über einzelne Gegenstände verfügt, so ist ihr Wert anzugeben.

§ 37 Die Eröffnung letztwilliger Verfügungen unter Berücksichtigung der Besonderheiten gemeinschaftlicher Testamente und Erbverträge

Übersicht

		Rn.
I.	Grundsätze	1
II.	Die Sonderregelung des § 351 FamFG	9
III.	Ablieferung	14
	1. Testament ist im Besitz einer Privatperson	15
	a) Der Besitzer erscheint ohne Aufforderung und liefert das Testament beim Nachlassgericht ab	15
	b) Besitzer liefert das Testament nicht ab	18
	2. Testament befindet sich bei einem Notar oder bei einer Behörde	27
	3. Testament befindet sich in Verwahrung des Nachlassgerichts oder eines Amtsgerichts	28
IV.	Eröffnung	29
	1. Beteiligte	30
	2. Eröffnungstermin	34
	3. Eröffnungsprotokoll	35
	4. Besonderheiten bei der Eröffnung gemeinschaftlicher Testamente und zweiseitiger Erbverträge	36
	a) Eröffnung beim ersten Todesfall	37
	b) Eröffnung beim zweiten Todesfall	41
	5. Benachrichtigungen	46

I. Grundsätze

Jede letztwillige Verfügung ist zu eröffnen, falls sie sich nur äußerlich oder dem Inhalt **1** nach als solche darstellt.[1] Gleichgültig ist, ob die Verfügung offen, geschlossen, mit einem formellen Mangel behaftet, widerrufen, sonst materiell unwirksam oder gegenstandslos geworden ist. Nottestamente sind zu eröffnen, selbst wenn der Erblasser die Eröffnung um mehr als 3 Monate überlebt hat. Die Wirksamkeit der Verfügung wird vor der Eröffnung nicht nachgeprüft. Die Gültigkeit einer letztwilligen Verfügung hängt nicht von der Eröffnung ab. Erst die Eröffnung setzt regelmäßig die Anfechtungsfrist in Gang (§ 1944 Abs. 2 S. 2 BGB), bei Anwesenheit des anfechtenden Erben durch die mündliche, bei Abwesenheit des Erben durch die schriftliche Bekanntgabe.

Auch ein **Erbvertrag, der aufgehoben ist,** unterliegt grundsätzlich der Eröffnungs- **2** pflicht. Die Kenntnis des Inhalts kann für die Auslegung anderer Verfügungen von Todes wegen von Bedeutung sein. Die Beteiligten müssen Gelegenheit haben, ihre Rechte zu wahren. Schriftstücke, die sich äußerlich schon als reine **„Entwürfe"** darstellen, sind dagegen nicht zu eröffnen.

Der Erblasser kann die Eröffnung nicht verbieten,[2] die Beteiligten können nicht darauf verzichten oder ihr widersprechen. Ein Erbschein kann vor der Eröffnung nicht erteilt werden.

Zu eröffnen ist immer die **Urschrift,** bei mehreren Urschriften sind alle Urschriften zu **3** eröffnen. Wenn eine Urschrift zweifellos nicht mehr vorhanden ist, die Originalurkunde sich im Ausland befindet und nach ausländischem Recht dort verbleiben muss oder der Beschaffung nicht behebbare tatsächliche Schwierigkeiten entgegenstehen, kann auch eine

---

[1] BGH NJW 1984, 2098; Keidel/*Zimmermann* § 348 Rn. 12.
[2] § 2263 BGB. Gegen Ablehnung der Eröffnung Beschwerde (§§ 58 FamFG; 11 Abs. 1 RPflG) – OLG Frankfurt FamRZ 1977, 482.

Ausfertigung oder **öffentlich beglaubigte Abschrift,** nicht jedoch eine einfache Abschrift oder Kopie eröffnet werden.[3] Das Abhandenkommen der Urkunde hindert nicht die Ausstellung eines Erbscheins. Zur Eröffnung gemeinschaftlicher Testamente und Erbverträge. S. näher → Rn. 36.

§ 348 FamFG sieht die Durchführung des Eröffnungstermins nicht mehr als Regelfall an, sondern stellt dem Eröffnungstermin die „stille Eröffnung" mit schriftlicher Bekanntgabe als gleichrangige Alternative gegenüber;[4] die Ladung der Beteiligten und Terminsbestimmung steht im Ermessen des Gerichts. Die (schriftliche) Bekanntgabe knüpft an § 15 FamFG an und hat deren Form einzuhalten. § 349 FamFG regelt die Besonderheiten bei der Eröffnung gemeinschaftlicher Testamente von Ehegatten und Lebenspartnern (Teileröffnung oder vollständige Eröffnung). § 349 Abs. 2 FamFG stellt klar, dass es sich bei dem Verfahren nur um gemeinschaftliche Testamente handelt, die bereits in besonderer amtlicher Verwahrung waren. Nach § 2259 BGB abgelieferte Testamente und vom Notar nach § 34a Abs. 2 S. 1 BeurkG abgelieferte Erbverträge kommen auch künftig in die einfache Aktenverwaltung. Dem überlebenden Ehegatten darf nur eine Testamentskopie ausgehändigt werden.

4   **Zuständigkeit:** Die Eröffnung obliegt **sachlich** grundsätzlich dem **Nachlassgericht, also dem Amtsgericht, Abteilung Nachlasssachen** (§ 342 Abs. 1 Nr. 3 FamFG; 23a Abs. 2 Nr. 2 GVG), in Baden-Württemberg dem Notariat als Nachlassgericht (§§ 1, 38 LFGG). Die **Eröffnung** kann nur das **Nachlassgericht selbst,** nicht etwa ein Rechtshilfegericht als ersuchtes Gericht vornehmen. Die Benachrichtigung kann durch ein ersuchtes Gericht erfolgen.

Örtlich zuständig ist seit Einführung der EuErbVO und der entsprechenden Anpassung des FamFG das Gericht des letzten gewöhnlichen Aufenthalts des Erblassers zur Zeit des Erbfalls (§ 343 Abs. 1 FamFG), hilfsweise des letzten gewöhnlichen Aufenthaltsortes im Inland (Abs. 2). Ist der Erblasser Deutscher und hatte er zur Zeit des Erbfalls im Inland weder Wohnsitz noch Aufenthalt und befinden sich Nachlassgegenstände im Inland, ist das Amtsgericht Schöneberg in Berlin zuständig (§ 343 Abs. 3 FamFG), das die Sache aus wichtigen Gründen an ein anderes Gericht verweisen kann. Das angewiesene Gericht ist gebunden, es sei denn, dass Willkür vorliegen würde.[5] Gegen die Verweigerung der Verweisung ist die Beschwerde nach § 58 FamFG zulässig, nicht jedoch gegen die Verweisung.[6]

Hat der Erblasser kurz vor seinem Tod einen neuen Aufenthalt begründet, zum Beispiel in einem Pflegeheim, muss das Nachlassgericht ermitteln, ob die Aufenthaltsbegründung aufgrund eines eigenen Willensentschlusses des Erblassers erfolgte. Zwar wird insoweit nicht vorausgesetzt, dass der Erblasser bei Begründung des neuen Aufenthaltsortes geschäftsfähig ist, jedoch muss – um etwa einer Manipulation des anwendbaren Rechts vorzubeugen – als subjektives Element verlangt, dass die Entscheidung vom Willen der Person getragen ist.[7] Das dürfte bei der „Verlegung" bewusstloser Personen ausgeschlossen und bei dementen Personen zumindest zweifelhaft sein.

5   Zur Eröffnung eines Ausländertestaments[8] ist ein deutsches Gericht berechtigt und verpflichtet, wenn es international zuständig ist. Nach § 105 FamFG ist das örtlich zuständige

---

3   Ebenso BayObLG NJW-FER 2000, 165; MüKoBGB/*Hagena* 4. Aufl., § 2260 Rn. 15; *Bumiller/Harders/Schwamb* § 348 Rn. 7; Prütting/Helms/*Fröhler* § 348 Rn. 15; aA Keidel/*Zimmermann* § 348 Rn. 12 (Arg.: wegen möglicher Grundlage eines Erbscheins; das geht jedoch eindeutig über den Wortlaut des Gesetzes hinaus; auch ein verloren gegangenes Testament kann nicht eröffnet werden, dennoch kann es zu einem Erbschein führen).

4   BT-Drs. 16/6308, 280; *Bumiller/Harders/Schwamb* § 348 Rn. 1; MüKoZPO/*Muscheler*, § 348 Rn. 20; aA Keidel/*Zimmermann* § 348 Rn. 1: „zum Regelfall erhoben". In der Praxis ist die stille Eröffnung wohl überwiegend.

5   Zu den Voraussetzungen einer wirksamen Verweisung: OLG München ZEV 2018, 346 ff.

6   Keidel/*Zimmermann* § 343 Rn. 68.

7   OLG München RNotZ 2017, 455.

8   Deutsche Doppelstaater gelten als Deutsche, entsprechend Art. 5 Abs. 1 S. 2 EGBGB.

Nachlassgericht auch international zuständig. Der Gleichlaufgrundsatz wurde aufgegeben. Diese internationale Zuständigkeit beschränkt sich auch nicht auf den in Deutschland belegenen Nachlass, sondern begründet die Zuständigkeit des deutschen Nachlassgerichts für den gesamten Weltnachlass des Erblassers, gleichgültig, welches Erbrecht anzuwenden ist, § 352c Abs. 1 FamFG. Der Antragsteller hat wie bei einem deutschen Erblasser die Wahl, ob er einen Erbschein für das Weltvermögen oder nur beschränkt auf das Inlandsvermögen beantragt (§ 352c Abs. 1 FamFG). Sind keine Nachlassgegenstände im Ausland vorhanden, fehlt das Rechtschutzbedürfnis für die Erteilung eines gegenständlich beschränkten Erbscheins, da das Vorhandensein von Auslandsgegenständen eine besondere Zulässigkeitsvoraussetzung für diesen Antrag ist.[9]

§ 343 Abs. 1 FamFG kommt zur Anwendung, wenn der ausländische Erblasser Wohnsitz oder Aufenthalt im Inland hatte. Fehlt es hieran, ist das Gericht, in dessen Bezirk sich Nachlassgegenstände befinden, für alle Nachlassgegenstände zuständig (§ 343 Abs. 3 FamFG). Bei mehrfacher Zuständigkeit gilt § 2 Abs. 1 FamFG. Beim Begriff „Nachlassgegenstand" kommt es zwar nicht auf eine bestimmte Werthöhe an, der Gegenstand muss jedoch einen Vermögenswert haben. Für die örtliche Zuständigkeit kommt es auf die Lage der beweglichen Sachen oder Grundstücke, bei Bankguthaben, Wertpapierdepots auf den Sitz der Bank (der konten- oder depotführenden Niederlassung) im Zeitpunkt der Erbscheinserteilung an. Bei Bundesschatzbriefen kommt es auf den Sitz der Bundesfinanzagentur in Frankfurt oder der depotführenden Bank an. Für deutsche oder ausländische Staatsanleihen kommt es ebenfalls auf den Sitz der depotführenden Bank an.[10]

Das deutsche Gericht ist darüber hinaus auch zuständig kraft Staatsvertrags oder wenn ein Sicherungsbedürfnis für den Nachlass besteht.[11] Eine Eröffnung entfällt, wenn die Verfügung im Ausland von der zuständigen Behörde bereits eröffnet ist.[12] Besteht keine Zuständigkeit, ist die Urschrift der letztwilligen Verfügung der zuständigen ausländischen Behörde oder der zuständigen diplomatischen Vertretung (Konsulat, Botschaft) zuzuleiten.

Funktionell zuständig ist der Rechtspfleger (§ 16 Abs. 1 Nr. 6 RPflG), in Baden-Württemberg der Notar. Der Richter ist zuständig bei einer Verfügung von Todes wegen oder wenn ausländisches Recht zur Anwendung kommt, es sei denn, das betreffende Bundesland hat von seiner Ermächtigung Gebrauch gemacht, diese Aufgaben auf den Rechtspfleger zu übertragen (§ 19 Abs. 1 S. 1 RPflG). Wegen Eröffnung durch deutschen Konsul vgl. § 11 KonsG.

Sie erfolgt ausnahmsweise durch das **Verwahrungsgericht** dann, wenn es die Verfügung von Todes wegen in amtlicher oder einfacher Urkundenverwahrung hat (§ 344 Abs. 6 FamFG). Hier übersendet das eröffnende Gericht die Urschrift nebst einer beglaubigten Abschrift der Eröffnungsniederschrift dem Nachlassgericht und behält zugleich eine beglaubigte Abschrift der Verfügung von Todes wegen und die Urschrift des Eröffnungsprotokolls zu den Eröffnungsakten zurück (§ 350 FamFG). Für die Bekanntgabe ist nach wie vor das Nachlassgericht zuständig. Verwahrungsgericht der konsularisch errichteten Verfügungen ist das Amtsgericht Schöneberg in Berlin; der Erblasser kann aber die Verwahrung bei einem anderen Gericht verlangen (§ 11 Abs. 2 KonsG). Stirbt der Erblasser vor der Versendung oder wird das Testament nach dem Tode des Erblassers beim Konsulat abgeliefert, kann der Konsulatsbeamte die Eröffnung vornehmen.

Tod des Erblassers ist **Voraussetzung** der Eröffnung. Das Nachlassgericht erfährt **6** vom Todesfall idR durch die Todesanzeige seitens eines Standesbeamten,[13] Übersendung eines Todeserklärungsbeschlusses durch das Amtsgericht, durch Vorlage einer Sterbeurkunde seitens eines Beteiligten oder durch sonstige Mitteilung einer Behörde bzw. eines Dritten. Die Standesämter sind gemäß § 78c BNotO verpflichtet, seit 1.1.2012 jeden

[9] OLG Brandenburg NJW-RR 2012, 10 (11).
[10] Keidel/*Zimmermann* § 343 Rn. 71.
[11] BayObLGZ 1958, 34.
[12] Staudinger/*Herzog* § 2369 Rn. 28.
[13] Richtet sich nach Landesrecht.

Sterbefall elektronisch der Bundesnotarkammer in Berlin als Registerbehörde mitzuteilen (Sterbefallmitteilung). Zur Datenübermittlung siehe § 63 Personenstandsverordnung – PStV –. Die Standesämter und das Amtsgericht Schöneberg dürfen ab 1.1.2012 auch keine „gelben Karteikarten" (hinsichtlich erbfolgerelevanter Urkunden) mehr entgegennehmen. Sie sind nicht an die Registerbehörde weiterzuleiten, sondern an den Absender zurückzuschicken mit dem Hinweis, dass nunmehr das Zentrale Testamentsregister zuständig ist. Bis zur Testamentsverzeichnisüberführung auf das Zentralregister[14] bleiben die Standesämter für die Benachrichtigung der Verwahrstelle (Gericht oder Notar) im Sterbefall zuständig.

Die Registerbehörde prüft, ob im Zentralen Testamentsregister Verwahrangaben vorliegen. Sie benachrichtigt, soweit erforderlich, unverzüglich elektronisch das zuständige Nachlassgericht und die verwahrenden Stellen über den Sterbefall und etwaige Verwahrangaben. Solange eine elektronische Mitteilung noch nicht möglich ist, können die Sterbefallmitteilungen noch in Papierform (nur mit Formular 15/213)[15] an das Zentrale Testamentsregister in 10874 Berlin übersandt werden. Befindet sich die Verfügung von Todes wegen in besonderer amtlicher Verwahrung, so verständigt der Standesbeamte des Geburtsortes die verwahrende Stelle, wenn er durch den Standesbeamten des Sterbebuchs vom Tod des Erblassers erfährt.

Vorlage einer Todesanzeige oder Sterbeurkunde ist nicht unbedingte Voraussetzung der Eröffnung. Das Nachlassgericht hat sich gegebenenfalls durch eigene Ermittlungen Gewissheit über den Sterbefall zu verschaffen (§ 26 FamFG).

7

Muster: Mitteilung über den Sterbefall durch das Standesamt

Standesamt   Ort, Datum

....

An
– das Amtsgericht –
– Frau Notarin...... –
– Herrn Notar...... –

Zu der   ☐ Verfügung von Todes wegen,
                  ☐ notariellen Urkunde über die Änderung der Erbfolge,
die dort unter   ☐ Verwahrungsbuch-   ☐ Geschäfts-Nr. ...   verwahrt wird
                  Nr. ...
                  ☐ Urk.-Rolle-Nr. ...   ☐ Geschäfts-Nr. ...   errichtet ist.
wird mitgeteilt:

Geburtsname	
Familiennahme (ggf. Familien-(Ehe-/Lebenspartnerschafts)namen aus früheren Ehen oder Lebenspartnerschaften)	
Vornamen	
geboren am	in
ist verstorben am	in
Standesamt	Sterbebuch-Nr.
Letzter Wohnort war (Straße, Haus-Nr., PLZ, Ort)	

Über den Namen und die Anschrift eines nahen Angehörigen (Ehegatten, Lebenspartners, Kindes) ist hier Folgendes bekannt:

---

[14] Die Verwahrangaben sollten bis Ende 2016 überführt sein.
[15] Kontaktadresse bei der Registerbehörde sta@testamentsregister.de

Über Kinder, die die/der Verstorbene hatte, mit deren anderem Elternteil sie/er nicht verheiratet war, oder die sie/er als Einzelperson angenommen hatte, ist hier Folgendes bekannt:
Die Standesbeamtin/Der Standesbeamte
.... (Dienstsiegel)

Muster: Mitteilung über den Sterbefall an das Zentrale Testamentsregister

Standesamt   Ort, Datum   8

....

An
Bundesnotarkammer –Zentrales Testamentsregister-
10874 Berlin

Geburtsname	
Familienname (ggf. Familien-(Ehe-/Lebenspartnerschafts)namen aus früheren Ehen oder Lebenspartnerschaften)	
Vornamen	
geboren am	in
ist verstorben am	in
Standesamt	Sterbebuch-Nr.
Letzter Wohnort war (Straße, Haus-Nr., PLZ, Ort)	

Über den Namen und die Anschrift eines nahen Angehörigen (Ehegatten, Lebenspartners, Kindes) ist hier Folgendes bekannt:
Die Standesbeamtin/Der Standesbeamte
.... (Dienstsiegel)

II. Die Sonderregelung des § 351 FamFG

Diese Regelung betrifft Testamente, gemeinschaftliche Testamente und Erbverträge, die 9 sich seit mehr als 30 Jahren in amtlicher Verwahrung befinden. Sie sind von dem nach den §§ 343, 344 Abs. 6 FamFG zuständigen Gericht (Nachlassgericht – Verwahrungsgericht) zu eröffnen, falls die angestellten Ermittlungen nicht zur Feststellung des Fortlebens des Erblassers führen.

§ 351 FamFG gilt für alle letztwilligen Verfügungen in der besonderen amtlichen Verwahrung (§ 346 FamFG), für Verfügungen in einfacher amtlicher Aktenverwahrung eines Nachlassgerichts und für Erbverträge, die ein Notar in einfacher Urkundenverwahrung hat (§ 34 Abs. 2 BeurkG).[16] Der Notar hat nach Ablauf der 30-jährigen Verwahrungsfrist Ermittlungen anzustellen, ob der Erblasser noch lebt. Führen die Ermittlungen nicht zu einer entsprechenden Feststellung, dann hat der Notar den Erbvertrag dem Nachlassgericht zur Eröffnung einzureichen. Lehnt das Gericht die Annahme ab, ist der Notar nach § 58 FamFG beschwerdeberechtigt.[17] Wenn das **Ableben** des Erblassers **ungewiss** ist, ist das für den Dienstsitz des Notars zuständige Gericht für die Eröffnung **örtlich zuständig.**[18]

---

[16] Dazu BGH DNotZ 1973, 379; LG Memmingen Rpfleger 1977, 440.
[17] BayObLGZ 1983, 149 (150).
[18] OLG Zweibrücken Rpfleger 1982, 69.

§ 27 Abs. 10 AktO in Verbindung mit AV d RJM v. 23.9.1939, DJ 1558,[19] behandeln die Pflichten für die Verwahrungsbeamten hinsichtlich der Anlegung und Überprüfung eines Verzeichnisses alter Verfügungen von Todes wegen (Überwachungsverzeichnis).[20] Die Frist berechnet sich vom Tag der Errichtung der Urkunde, falls Tag der Inverwahrnahme nicht mehr feststellbar ist. Der Errichtungszeitpunkt ist notfalls unter Eröffnung des Umschlags festzustellen.

Der **Umfang der Ermittlungen** liegt im pflichtgemäßen Ermessen des Gerichts.

Man wird zunächst an die Meldebehörde des letztbekannten Wohnsitzes etwa folgende **Anfrage** richten:

10

> **Muster: Anfrage bei verwahrten Testamenten, die älter als 30 Jahre sind**
> In der Testamentssache (Name des Erblassers, Aktenzeichen) wird um Feststellung gebeten, ob der (Name des Erblassers, am … wohnhaft in …) wohnte, noch lebt und wo er jetzt wohnt. Sollte der Gesuchte verstorben sein, wird ersucht, den Ort, die Zeit des Todes und das Standesamt anzugeben, das den Sterbefall beurkundet hat (Register Nr.?). Anschriften der gesetzlichen Erben, notfalls sonstiger Verwandten?

---

11 Führt diese Anfrage zu keinem Erfolg, wird man sich an den Standesbeamten des Geburtsortes wenden und gegebenenfalls einen Pendelbrief (mit zwei Durchschriften) an das Staatsarchiv nach Formblatt NS 8 schicken.

Ergebnis der Ermittlungen:

– Erblasser lebt noch. Verfügung bleibt uneröffnet. Weitere Ermittlungen nach Fortleben erfolgen nur in Zeitabschnitten von etwa 3 bis 5 Jahren;

– wird der Tod festgestellt, so ist nach den allgemeinen Regeln zu verfahren (Verwahrungsgericht eröffnet, der Notar reicht den Erbvertrag beim Nachlassgericht ein);

– bleibt der Tod ungewiss, so erfolgt die Eröffnung, wie wenn der Erblasser unmittelbar vor der Eröffnung im Bezirk des Gerichts gestorben wäre, also durch das Verwahrungsgericht als zuständiges Nachlassgericht; der Notar hat den Erbvertrag bei Gericht einzureichen.

12 Über die Eröffnung wird man folgende **Niederschrift** aufnehmen:

> **Muster: Niederschrift über die Eröffnung eines Testaments, das sich länger als 30 Jahre in amtlicher Verwahrung befindet**
> Amtsgericht, Abt …   ……, den……
>
> Gegenwärtig:
> …… als Rechtspfleger
> In dem heute zur Eröffnung einer Verfügung von Todes wegen des
> *Kaufmanns Adolf Müller*
> anstehenden Termin erschien niemand.
> Da die angestellten Ermittlungen ein Fortleben des Erblassers nicht ergeben haben, wurde das unter Nr…… in besonderer amtlicher Verwahrung befindliche – (gemeinschaftliche) – Testament – (Erbvertrag) auf Grund des § 351 FamFG aus der Verwahrung entnommen.
> Das Testament befand sich in einem hellgrünen, mit Klebeverschluss und drei Lacksiegeln verschlossenen Briefumschlag, der überschrieben ist: „(…)".
> Es wurde festgestellt, dass der Verschluss und die Siegel unverletzt sind. Das Testament wurde sodann geöffnet und eröffnet.

---

[19] Veröffentlicht auch im BayBS VJu III 213. Dazu weiter bay. Archivsachenbek. v. 18.12.1978, JMBl. 1979, 7. *Piller/Hermann* geben unter AktW 1 die entsprechenden Bestimmungen der anderen Länder.
[20] Dazu *Hornung* JVBl 1964, 225; 1965, 247. Ob eine Erzwingung mittels Haftandrohung möglich ist, ist umstritten.

Dem Umschlag wurde entnommen: ein Blatt blauliniertes Papier von 2 Seiten, einseitig beschrieben.

Das Schriftstück ist überschrieben mit „Mein Testament", datiert: „Augsburg, 10.11.1980", und unterzeichnet mit „Adolf Müller".

Auffälligkeiten wurden nicht wahrgenommen.

Die Verkündung unterblieb, da im Termin kein Beteiligter erschienen ist.

Unterschrift des Rechtspflegers

Das eröffnete Testament verbleibt in Urschrift beim Testamentsakt des Nachlassgerichts.

Ergibt sich bei oder nach der Eröffnung, dass der Erblasser noch lebt, so wird dies im **13** Eröffnungsprotokoll vermerkt. Das Testament ist, falls es verschlossen war, wieder zu verschließen und in die Verwahrung zurückzunehmen, falls Erblasser dies wünscht. Die vorzeitige Eröffnung berührt die Gültigkeit des Testaments nicht.

III. Ablieferung

Nach dem Tode des Erblassers ist jede Verfügung von Todes wegen,[21] die sich nicht **14** beim Nachlassgericht oder einem AG befindet, unverzüglich an das Nachlassgericht abzuliefern (§ 2259 BGB) ist eine zwingende Vorschrift. Dies gilt selbst dann, wenn der Besitzer kein Deutscher ist oder die Verfügung von einem Ausländer errichtet wurde. Im letzteren Falle ist die Urkunde auch abzuliefern, falls das Gericht zur Eröffnung mangels internationaler Zuständigkeit nicht befugt ist. Die Ablieferungspflicht trifft auch andere Behörden oder Gerichte als das Nachlassgericht (§ 2259 Abs. 2 BGB). Abzuliefern ist jede **Urschrift,** bei Verlust derselben eine etwaige vorhandene **beglaubigte Abschrift,** auch zurückgenommene öffentliche Testamente, widerrufe, mit Ungültigkeitsvermerk versehene, zerrissene Urkunden. Ob die Testamente offen oder verschlossen sind, spielt keine Rolle. Auch ein durch Vorversterben des Bedachten überholtes Testament ist zu eröffnen.[22] Nichtablieferung kann Schadensersatzpflicht gemäß § 823 Abs. 2 BGB iVm § 274 Abs. 1 Nr. 1 StGB (Urkundenunterdrückung) auslösen. Die Urkunde ist beim zuständigen Nachlassgericht abzuliefern, die Pflicht wird jedoch auch durch eine Abgabe beim örtlich unzuständigen Gericht erfüllt (§ 2 Abs. 3 FamFG analog).[23]

Nicht abzuliefern sind Erbverzichtsverträge[24] oder Urkunden, die lediglich Anordnungen über die Art der Bestattung enthalten. Die abgelieferten Verfügungen von Todes wegen verbleiben grundsätzlich beim Nachlassgericht[25] und dürfen an die Beteiligten auch nach Eröffnung nicht zurückgegeben werden.[26]

Verfahren: § 358 FamFG sieht vor, dass die Anordnung der Ablieferung des Testaments durch Beschluss erfolgt, obwohl lediglich eine Zwischenentscheidung vorliegt. Zuständig für Anordnung und Vollstreckung ist der Rechtspfleger (§ 3 Nr. 2c RPflG). Die Vollstreckung dieses Titels richtet sich nach § 35 FamFG. Im Beschluss ist auf die Folgen

---

21 § 2259 BGB ist auf Erbverträge entsprechend anwendbar, § 2300 Abs. 1 BGB. Zwar verweist § 35 Abs. 4 FamFG nicht auf die §§ 899 ff. ZPO, jedoch über § 883 Abs. 2 S. 3 FamFG sinngemäß auf den § 802g ZPO, der die Erzwingungshaft regelt und die bis zum 31.12.2012 geltenden §§ 901, 909 Abs. 1 S. 1 und 2 ZPO ersetzt. Aufgrund dessen ist daher richtigerweise das Nachlassgericht befugt, von Amts wegen einen Haftbefehl zur Erzwingung der Abgabe der eidesstattlichen Versicherung zu erlassen; NK-Nachfolge Poller FamFG 358/14.

22 BayObLG FamRZ 1997, 644.

23 MüKoBGB/*Hagena* § 2259 Rn. 29.

24 BayObLGZ 1983, 149 (da keine Verfügung von Todes wegen).

25 §§ 27 Abs. 11, 28 Abs. 4a, 53 AktO.

26 KG Rpfleger 1977, 256; BGH DNotZ 1978, 486. Keine Ausnahme bei Testamenten, die im Ausland Verwendung finden, auch wenn sämtliche Beteiligten zustimmen, da Übersendung an ausländisches Gericht im Rechtshilfeweg möglich; so wohl auch MüKoBGB/*Hagena* § 2259 Rn. 15.

einer Zuwiderhandlung (also auf den Inhalt des § 35) **hinzuweisen.** Eine besondere **Androhung** (wie früher bei § 33 FGG) entfällt, erfolgt sie, ist der Richter zuständig, der auch für eine originäre oder ersatzweise Haftanordnung zur Erzwingung einer eidesstattlichen Versicherung (§ 883 Abs. 2 ZPO)[27] zuständig ist (§ 4 Abs. 2 Nr. 2, Abs. 3 RPflG).

1. Testament ist im Besitz einer Privatperson

a) Der Besitzer erscheint ohne Aufforderung und liefert das Testament beim Nachlassgericht ab

15 Man wird ihm hierüber auf Verlangen eine Empfangsbestätigung ausstellen.

Empfangsbestätigung

Herr (Name, Anschrift) hat heute das verschlossene Testament seines am...... in München verstorbenen Vaters, Alois Schneider aus München, Ottostr. 7 abgeliefert.
München, den......

......, UrkBdGeschSt

Durch die Ablieferung anfallende Kosten hat der Nachlass zu tragen. Das abgelieferte Testament verbleibt bis zur Eröffnung im Kassenschrank des AG, keine Gebühren für Aufbewahrung.

Beantragt der Erschienene zugleich die Eröffnung, so wird man hierüber etwa folgende Niederschrift aufnehmen:

---

16 Amtsgericht
Geschäfts-Nr.: ...., den ......

Vor dem Rechtspfleger ...... findet sich ein (Name, Anschrift) ausgewiesen durch Personalausweis und erklärt:
Am ...... ist in München der/die/verheiratete/ledige Name des Erblassers geb. am ...... in (letzter gewöhnlicher Aufenthalt) verstorben. Sein/Ihr letzter Wohnsitz war München. Staatsangehörigkeit des Verstorbenen: deutsche.
Ich übergebe

a) Sterbeurkunde
b) Hinterlegungsschein
c) – gemeinschaftliches – Testament/Erbvertrag

zum Zwecke der Eröffnung der Verfügung von Todes wegen.
– Das Testament ist von dem Erblasser selbst geschrieben und unterschrieben worden.
– Die Höhe des Nachlasses – beträgt nach Abzug der Schulden ... EUR – wird später angegeben werden. –

Zum Nachlass gehören

a) kein/folgende...... Grundstück:
b) keine/folgende im Handelsregister eingetragene Firma:

Gesetzliche Erben und sonstige Beteiligte:

...

Ich bitte um beglaubigte Abschrift der Verfügung von Todes wegen mit Abschrift der Eröffnungsniederschrift.

---

[27] BeckOK FamFG/*Schlögel* § 358 Rn. 6.

Verfügung

I. Eintragen im Zählblatt.

II. Testament – ist bis zum Eröffnungstermin im Kassenschrank zu verwahren[28] – bleibt bei den Akten – VI Akt anlegen.

III. Eröffnungstermin:

Wochentag   Tag   Monat   Jahr   Uhrzeit   Zimmer-Nr.

....

IV. Laden (NS 15)

......, Rechtspfleger

v g u u

(Name)

NS 13 Ablieferung einer Verfügung von Todes wegen zur Eröffnung (§ 2259 Abs. 1 BGB) (Format DIN A 4 – 2 Druckseiten).

Der „Antrag" auf Eröffnung stellt rechtlich gesehen eine Anregung zur Tätigkeit des **17** Gerichts dar, die dieses auch von Amts wegen vorzunehmen hat (§ 348 Abs. 1 S. 1 FamFG).[29] Bei Ablehnung ist jeder beschwerdeberechtigt, dessen Recht durch die Unterlassung der Eröffnung beeinträchtigt ist (§ 59 Abs. 1 FamFG), so die Erben, Vermächtnisnehmer oder der Testamentsvollstrecker. Jedoch besteht kein Anspruch auf Eröffnung zur Feststellung des Beschwerderechts eines etwa Bedachten.

Verweigert der „Antragsteller" die Auskunft über Namen der Beteiligten, so kann dies nicht zur Ablehnung oder auch nur ungebührlichen Verzögerung der Eröffnung, die ja auch im öffentlichen Interesse liegt, führen. Die Eröffnung kann nicht von der Leistung eines Kostenvorschusses (§§ 22, 12 ff. GNotKG) abhängig gemacht werden, da die Eröffnung nicht auf Antrag, sondern von Amts wegen durchzuführen ist.

b) Besitzer liefert das Testament nicht ab

Das Nachlassgericht erfährt davon; es wird an den Besitzer folgendes Schreiben richten: **18**

Nachlasssache

Mit 1 Anlage

Sehr geehrte......

Das Nachlassgericht ist verpflichtet, die Erben von Amts wegen zu ermitteln und etwaige vorhandene Verfügungen von Todes wegen zu eröffnen. Dem Nachlassgericht wurde bekannt, dass sich in Ihren Händen eine Verfügung von Todes wegen (Testament) des Verstorbenen befinden soll.

Ich bitte Sie, die Verfügung(en) von Todes wegen beim Nachlassgericht baldmöglichst, spätestens bis zum...[30] einzureichen. Die Verpflichtung zur unverzüglichen Ablieferung ergibt sich aus § 2259 des Bürgerlichen Gesetzbuches. Das Gericht kann die Herausgabe durch den Gerichtsvollzieher anordnen oder durch Anordnung von Zwangshaft erzwingen. Es kann auch für jeden Fall der Zuwiderhandlung jeweils ein Zwangsgeld bis zu 25 000 Euro und für den Fall, dass das festgesetzte Zwangsgeld nicht beigetrieben werden kann, Zwangshaft bis zu sechs Monaten anordnen.

Ich bitte Sie ferner, den anliegenden Fragebogen ausgefüllt zurückzusenden.

Hochachtungsvoll

Auf Anordnung

---

[28] Das Testament wird bis zur Eröffnung nicht in besondere amtliche Verwahrung genommen. Es ist vielfach üblich, es bis zur Eröffnung im Kassenschrank des AG aufzubewahren. Für Aufbewahrung fallen keine Gebühren an.

[29] LG München I NJW-RR 2000, 1319; *Bumiller/Harders/Schwamb* § 348 Rn. 2.

[30] Eine Fristsetzung ist nicht erforderlich, aber sinnvoll, weil zwischen der Aufforderung und der Zwangsmaßnahme Gelegenheit zur Vornahme der Handlung gegeben sein muss.

Urkundsbeamter der Geschäftsstelle
Absender...... Ort und Tag:......
Zutreffendes bitte ankreuzen x oder ausfüllen
An das
Amtsgericht
Nachlasssache
In der Anlage übersende ich
□ Sterbeurkunde – □ Hinterlegungsschein über eine Verfügung von Todes wegen
vom...... – □ Testament vom...... –
Weitere Testamente oder Erbverträge
□ sind meines Wissens nicht vorhanden. – □ befinden sich bei...... –
Über die nach dem Testament beteiligten Personen kann ich folgendes angeben:
Name, Vorname, Anschrift:
Über die Verhältnisse des Erblassers ist mir Nachstehendes bekannt:
Der Verstorbene war □ deutscher Staatsangehöriger –......
Der Verstorbene war □ nicht verheiratet □ verheiratet □ verwitwet.
Die Ehe wurde geschlossen am...... in......
Der letzte gewöhnliche Aufenthalt war in......
Ein notarieller Erbvertrag (Gütergemeinschaft, Gütertrennung......) wurde
□ nicht geschlossen □ geschlossen vor dem Notar in...... am...... □ Abschrift des Ehe-
vertrages füge ich bei.
Name des verstorbenen Ehegatten, Sterbetag und -Ort:......
□ Nachlassverhandlungen haben beim Amtsgericht...... stattgefunden.
Der Verstorbene hatte □ keine Kinder; auch keine nichtehelichen □ Kinder.
Name und Anschrift der Kinder und, soweit Kinder des Erblassers bereits verstorben sind,
auch Name und Anschrift von deren Kindern; bei minderjährigen Kindern auch Geburtsort
und -datum sowie Anschrift der gesetzlichen Vertreter (Eltern, Vormund).
War der Verstorbene unverheiratet oder kinderlos: Name und Anschrift der Eltern, falls
diese verstorben, der Geschwister:
Der Verstorbene hat ein die Todesfallkosten (Beerdigungskosten) übersteigendes Vermögen (Geld, Wertpapiere, Grundstücke, Mobiliar usw) □ nicht hinterlassen □ hinterlassen, und zwar......
□ Der Verstorbene war Vormund bzw. Pfleger. Bestallung füge ich bei. Name und Anschrift des Mündels oder Pfleglings:...... –
Ort und Tag......   Unterschrift......

19   Kommt der Besitzer der Aufforderung nicht fristgemäß nach, so kann (neben der Klage-
möglichkeit des Beteiligten) das Nachlassgericht von Amts wegen die **Ablieferung** im
Inland gegen eine Privatperson[31] **erzwingen** durch Festsetzung von Zwangsgeld (§ 35
Abs. 1 S. 1 FamFG), ggf. Ersatzzwangshaft (§ 35 Abs. 1 S. 2 FamFG) oder durch originäre
Zwangshaft, wenn die Zwangsgeldfestsetzung keinen Erfolg verspricht[32] oder es kann den
Gerichtsvollzieher beauftragen, dem Besitzer des Testaments dieses wegzunehmen (Heraus-
gabevollstreckung gemäß § 35 Abs. 4 FamFG iVm § 883 ZPO); das Gericht kann auch
nach Erlass des Herausgabebeschlusses eine eidesstattliche Versicherung einholen (§§ 358,
35 Abs. 4 FamFG iVm § 883 Abs. 2 ZPO) und zur Erzwingung der Abgabe einen
Haftbefehl nach § 901 S. 2 ZPO erlassen, wenn es Anhaltspunkte für den Besitz hat und
der Betreffende den Besitz bestreitet:

---

[31]   Bei Behörden hilft nur Dienstaufsichtsbeschwerde.
[32]   MüKoFamFG/*Mayer* § 358 Rn. 3.

aa) Zwangsgeld (5–25 000 EUR, § 35 Abs. 3 S. 1 FamFG; Art. 6 Abs. 1 EGStGB). **20**
Das Zwangsgeld kann, aber muss nicht vorher angedroht werden; es ist jedoch im Heraus-
gabebeschluss gemäß § 35 Abs. 2 FamFG auf die Folgen einer Zuwiderhandlung hinzuweisen. War eine bestimmte Summe angedroht, so kann über die angedrohte Höhe nicht
hinausgegangen werden. Mehrmalige Verhängung ist zulässig, setzt aber jeweils einen
vorherigen Hinweis voraus. Die sofortige Beschwerde gegen den Beschluss innerhalb der
Beschwerdefrist von zwei Wochen (§ 569 ZPO) hat aufschiebende Wirkung (§§ 35 Abs. 5
FamFG, 567 bis 572, 570 ZPO). **Gebühr:** Nr. 13310 ff., 15212, 18002 ff. KV-GNotKG.
Es wird **verfügt** (zuständig ist der Rechtspfleger: § 3 Nr. 2c RPflG).

I. Schreiben an Besitzer per Nachweis:
Dem gerichtlichen Ersuchen vom...... haben Sie bisher keine Folge geleistet. Sie werden
nochmals aufgefordert, das Testament Ihres Vaters binnen 3 Tagen ab Erhalt dieses
Schreibens hier vorzulegen, andernfalls wird gegen Sie ein Zwangsgeld von 500 EUR
ausgesprochen.
II. WV 5 Tage nach Zustellung
......, den......

                 Das Amtsgericht
                 ......, Rechtspfleger

Bei Ergebnislosigkeit wird verfügt (zuständig ist der Rechtspfleger: § 3 Nr. 2c RPflG).

I. *Beschluss*[33]   **21**
*Gegen...... wird ein Zwangsgeld von...... EUR (m W:...... EUR) verhängt. Wird das
Testament nicht vorgefunden, hat der Beteiligte...zu Protokoll an Eides Statt zu ver-
sichern, dass er das Testament nicht besitze und auch nicht wisse, wo es sich befindet.
Er/Sie hat zugleich die Kosten dieses Verfahrens zu tragen.*
Gründe
*Der Obengenannte wurde mit Schreiben vom...... wiederholt ersucht, das in seinem
Besitz befindliche Testament des am...... verstorbenen Erblassers unverzüglich abzulie-
fern. Für den Fall, dass er die gerichtliche Anordnung nicht befolgt, wurde ihm ein
Zwangsgeld von...... EUR angedroht. Gleichwohl ist...... dem Auftrage nicht nach-
gekommen. Es war deshalb gegen ihn das angedrohte Zwangsgeld zu verhängen, § 35
Abs. 1 S. 1 FamFG.*
II. Ziff. I nebst folgendem Begleitschreiben per Nachweis an Obengenannten: Unter
Bezugnahme auf anliegenden Beschluss werden Sie gebeten, das gegen Sie festgesetzte Zwangsgeld von...... EUR nebst...... EUR Kosten des Verfahrens binnen 8 Tagen
bei Vermeidung der Zwangsvollstreckung auf Konto des Landesjustizkasse Nr......
unter Angabe des Aktenzeichens zu überweisen.
Zugleich wird nochmals eine Frist von...... Tagen zur Befolgung der oben erwähnten
Anordnung gesetzt. Bei Nichtbeachtung dieser neuerlichen Mahnung wird gegen Sie
ein nochmaliges Zwangsgeld von...... EUR verhängt werden.
III. WV......
......, den......

                 Das Amtsgericht, Abt X
                 ......, Rechtspfleger

---

[33] Voraussetzung ist schuldhafte Zuwiderhandlung oder Unterlassung. Zwangsgeld ist unzulässig, falls der
Anordnung Folge geleistet wurde. Beschluss ist aufzuheben, falls nach Verhängung des Zwangsgeldes, aber
vor Beitreibung der Anordnung nachgekommen wird. Festsetzung kann auch nach Beitreibung aus
wichtigem Grunde aufgehoben werden.

22 bb) Erzwingung der Ablieferung durch Anwendung unmittelbaren Zwangs (§ 35 Abs. 4 FamFG iVm § 883 ZPO). Das Nachlassgericht beauftragt den Gerichtsvollzieher (unmittelbar, falls erforderlich auch in einem anderen Gerichtsbezirk, § 160 GVG), das Testament wegzunehmen. Zur Wohnungsdurchsuchung ist eine Durchsuchungsanordnung nach § 758a ZPO erforderlich. Der Ausspruch der Anwendung von Gewalt kann mit der zu vollstreckenden Anordnung verbunden werden. Es genügt, wenn der Gerichtsvollzieher, der sich polizeilicher Hilfe bedienen kann, die Verfügung dem Pflichtigen bei Vornahme der Vollstreckung eröffnet. Unmittelbarer Zwang ist auch zulässig, falls der Verpflichtete unbekannt ist (Urkunde im Bankfach). **Gebühr: Nr.** 18003 KV: 20 EUR Festgebühr.

I. 1. *Beschluss*
    Der Gerichtsvollzieher beim Amtsgericht...... wird beauftragt, notfalls unter Anwendung von Gewalt, das im Besitze des (Name, genaue Anschrift) befindliche Testament des am (Datum) verstorbenen Erblassers (Name) wegzunehmen und hierher einzureichen.
    2. Diese Anordnung ist dem Verpflichteten bei der Wegnahme vorzulegen.
    3. Die Kosten des Verfahrens und der Zwangsmaßnahmen hat Fritz Schneider zu tragen.
II. Ziff. I in Ausfertigung an Gerichtsvollzieher mit dem Ersuchen um Vollzug.
III. WV......
......, den......

                                         Das Amtsgericht
                                   ......, Rechtspfleger

---

23   **Zu aa) und bb):** Voraussetzung ist, dass sich das Testament im Inland befindet. Es muss zudem **feststehen**, dass der, gegen den sich die Maßnahme richtet, wirklicher Besitzer des Testamentes ist; bloße Vermutung genügt hier nicht.

24 cc) Erzwingung der Ablieferung durch Auferlegung der Abgabe einer eidesstattlichen Versicherung (§ 35 Abs. 4 iVm § 883 Abs. 2 ZPO). Die Maßnahme steht im Ermessen des Gerichts und ist zulässig, falls Anhaltspunkte vorliegen, dass jemand ein Testament im Besitz hat und der zur Ablieferung Aufgeforderte bestreitet Besitz. Gebühr: Nr. 15212 KV-GNotKG.

Die eidesstattliche Versicherung ist vor dem Nachlassgericht abzugeben. Das Gericht bestimmt den Termin. Gang des Verfahrens:

I. *Beschluss*
    Dem Beteiligten (Name, genaue Anschrift), wird die Abgabe einer eidesstattlichen Versicherung gemäß § 35 Abs. 4 iVm § 883 Abs. 2 ZPO dahingehend, dass er das Testament des am (Datum) verstorbenen Erblassers (Name) nicht besitze und auch nicht wisse, wo es sich befindet, auferlegt.
II. Termin zur Abnahme wird bestimmt auf ... Mitteilung von I an etwaigen Antragsteller (dieser hat befristetes Beschwerderecht bei ablehnender Anordnung).
III. Ladung des Verpflichteten nach unten stehendem Formblatt.
IV. WV zum Termin
......, den......

                                         Das Amtsgericht
                                   ......, Rechtspfleger

In die Ladung (Zustellung per Zustellungsurkunde) des Gerichtsvollziehers ist Grund des Verlangens und Inhalt der eidesstattlichen Versicherung (Änderung je nach Erfordernis) aufzunehmen. Der Gerichtsvollzieher nimmt die eidesstattliche Versicherung ab. Gegen die Ladung ist keine Beschwerde zulässig, jedoch sofortige Beschwerde gegen die Maßnahmen wegen Nichtbefolgen der Ladung.

Ladung

Es besteht Grund zur Annahme, dass Sie das Testament Ihres am (Datum) verstorbenen Erblassers (Name) im Besitz haben. Zur Ablieferung dieses Testamentes sind Sie gemäß § 2259 BGB verpflichtet. Gemäß § 883 Abs. 2 ZPO iVm §§ 358, 35 Abs. 4 FamFG wurde Ihnen durch Beschluss des Nachlassgerichts München vom... die Abgabe einer eidesstattlichen Versicherung dahingehend auferlegt,

dass Sie die bezeichnete Testamentsurkunde nicht besitzen und auch nicht wissen, wo sie sich befindet.

Zur Abnahme der eidesstattlichen Versicherung ist Termin auf...... vormittags...... vor dem Amtsgericht...... Zimmer...... bestimmt. Hierzu werden Sie hiermit eingeladen. Erscheinen Sie im Termine nicht oder verweigern Sie die Abgabe ohne Grund, so kann von Amts wegen zur Erzwingung der Abgabe die Haft angeordnet werden (§ 35 Abs. 1 S. 3 FamFG).

Gerichtsvollzieher

Das Verfahren bei der Abnahme der eidesstattlichen Versicherung richtet sich nach § 35 Abs. 4, § 883 Abs. 2–4. Wird die Verpflichtung zur Abgabe bestritten, so gilt dies als Verweigerung, wenn das Gericht den Grund nicht als stichhaltig ansieht. Wegen der Androhung der Haft und nach Fristablauf Erlass des Haftbefehls ist die Sache dem Nachlassrichter vorzulegen (§ 4 Abs. 2 Nr. 2 RPflG; in Baden-Württemberg dem AG, § 5 Abs. 3 BaWüFGG).

Umstritten ist, ob zur Duchsetzung der Abgabe der eidesstattlichen Versicherung auch **25** ein Haftbefehl erlassen werden kann, da § 35 Abs. 4 FamFG nicht auf §§ 899 ff. ZPO verweist. Über die Verweisung in § 883 Abs. 2 S. 3 FamFG wird jedoch auch auf § 802 FamFG verwiesen, der die Erzwingungshaft regelt. Nach zutreffender Ansicht[34] ist das Nachlassgericht befugt, einen Haftbefehl zu erlassen.

Haftbefehl

In der Testamentssache (Name des Erblassers), gestorben am......, zuletzt wohnhaft in München, wird gegen den Beteiligten (Name und Anschrift), die Haft angeordnet zur Erzwingung der Abgabe einer eidesstattlichen Versicherung dahingehend, dass er das Testament des Erblassers nicht besitze und auch nicht wisse, wo es sich befinde.

Gegen den Haftbefehl ist sofortige Beschwerde innerhalb von zwei Wochen ab Übergabe des Haftbefehls (§ 35 Abs. 5 FamFG iVm §§ 567 bis 572 ZPO, der über § 570 ZPO aufschiebende Wirkung zukommt) an den Verpflichteten zulässig, die jedoch keine aufschiebende Wirkung hat (§ 793 ZPO).

Mit dem Vollzug des Haftbefehls beauftragt das Gericht einen Gerichtsvollzieher (§ 802g Abs. 2 ZPO). Der Verhaftete kann zu jeder Zeit beim AG des Haftorts beantragen, ihm die eidesstattliche Versicherung abzunehmen.

Zu aa)–cc):   **26**

Gebühren

im Zwangsverfahren und Verfahren zur Abgabe einer eidesstattlichen Versicherung: Nr. 18004 KV (35,00 Euro Festgebühr). Gebührenschuldner ist der zur Ordnungsstrafe

---

[34] NK-Nachfolgerecht/*Poller* § 358 FamFG Rn. 14.

Verurteilte, dem die Kosten (gerichtliche Gebühren) und Auslagen Nr. 31010 KV) aufzuerlegen sind, § 35 Abs. 3 S. 2 FamFG. Eine Anordnung der Erstattung der Kosten eines Beteiligten ist möglich (§§ 80 ff. FamFG).[35] Für den Beschluss selbst fällt keine Gerichtsgebühr an. Für die Erzwingung der Ablieferung durch Zwangsgeld: Nr. 17006 KV (20 EUR Festgebühr).

2. Testament befindet sich bei einem Notar oder bei einer Behörde[36]

27 Nach Eintritt des Todesfalles ist jeder Notar verpflichtet, Erbverträge, die er in einfacher Urkundenverwahrung hat, sowie sonstige Testamente oder Erbverträge, die er noch nicht zur amtlichen Verwahrung an das Amtsgericht abgeliefert hat, dem Nachlassgericht zu übersenden. Ebenso sind Behörden, wie zB Polizei und Staatsanwaltschaft, zur Ablieferung verpflichtet. Das Gleiche gilt ferner für einen Bürgermeister, der entgegen seiner Pflicht, ein vor ihm errichtetes Nottestament zur amtlichen Verwahrung zu bringen, das Testament zurückbehalten hat (§ 2259 Abs. 2 BGB). In sämtlichen Fällen kann das Nachlassgericht die Ablieferung nur durch Anrufung der Dienstaufsicht erzwingen. Zwangsmittel sind unzulässig.

3. Testament befindet sich in Verwahrung des Nachlassgerichts oder eines Amtsgerichts[37]

28 In ersterem Falle eröffnet das Nachlassgericht selbst (§ 348 Abs. 1 S. 1 FamFG), im zweiten Falle ist das verwahrende Gericht zuständig (§ 344 Abs. 6 FamFG). Zu beachten ist, dass es keinen Unterschied macht, ob sich das Testament in einfacher Urkundenverwahrung oder besonderer amtlicher Verwahrung befindet.

IV. Eröffnung

29 Das Nachlassgericht[38] hat, sobald es vom Tod des Erblassers Kenntnis erlangt hat, eine in seiner Verwahrung befindliche Verfügung von Todes wegen zu eröffnen und über die Eröffnung eine Niederschrift aufzunehmen (§ 348 Abs. 1 S. 1 und 2 FamFG). War die Verfügung verschlossen, ist festzustellen, ob der Verschluss unversehrt war (§ 348 Abs. 1 S. 3 FamFG).

   Das Gericht kann nach seinem Ermessen zur Eröffnung einen Termin bestimmen und die Beteiligten laden und im Termin die Verfügung den Beteiligten bekanntgeben oder auch die Verfügung still eröffnen und sodann den Inhalt schriftlich bekanntgeben.

1. Beteiligte

Nach dem Gesetz sind Beteiligte **alle gesetzlichen Erben** und **sonstigen Beteiligten** (§ 348 Abs. 2 S. 1 FamFG). Der Gesetzgeber definiert nicht die sonstigen Beteiligten.

30   Beteiligte sind „diejenigen, denen durch Verfügung ein Recht (auch aufschiebend bedingt oder befristet) gewährt oder genommen, oder deren Rechtslage in sonstiger Weise unmittelbar beeinflusst wird."[39]

---

[35] Keidel/*Zimmermann* § 35 Rn. 44.
[36] Zur Rechtslage in Baden-Württemberg siehe OLG Karlsruhe BWNotZ 1977, 45; *Hörer* BWNotZ 1977, 87.
[37] Testamente ehemaliger Wehrmachtsangehöriger wurden idR beim OKW verwahrt (§§ 3 f. DVO v. 3.2.1936, RGBl. I 99). Soweit sie sichergestellt werden konnten, wurden sie dem Amtsgericht Berlin-Mitte zur amtlichen Verwahrung und Bearbeitung überwiesen. Zur Verwahrung wehrmachtgerichtlicher Akten des letzten Weltkrieges s. bay. JM Bek. v. 5.11.1956, BS Ju 251.
[38] Zuständig ist Rechtspfleger (§ 3 Nr. 2c RPflG).
[39] BGH NJW 1978, 633.

Damit kommen in Betracht Ehegatten, Kinder (auch Adoptiv- und nichteheliche Kinder), pflichtteilsberechtigte Personen, auch Enterbte, Personen, die auf ihren Pflichtteil verzichtet haben oder denen der Pflichtteil entzogen wurde oder für erbunwürdig erklärt worden sind; Auflagenbegünstigte, Personen, die die Vollziehung einer Auflage verlangen können, Nach- und Ersatzerben, Testamentsvollstrecker, Vermächtnisnehmer und jeweils deren Ersatzberechtigte und bekannte Bevollmächtigte, nicht jedoch Nachlassgläubiger.

Nicht beteiligt ist der Dritte, dem nach einem gemeinschaftlichen Testament der Nach- **31** lass des zuletzt verstorbenen Ehegatten zufallen soll (es sei denn, er ist gesetzlicher Erbe des zuerst Verstorbenen). Wer außer den gesetzlichen Erben als Beteiligter in Frage kommt, kann nur bei Vorliegen einer offenen Verfügung festgestellt werden. Die Ladung erfolgt ohne Rücksicht auf Wohnsitz oder Aufenthaltsort. Sie unterbleibt, wenn sie untunlich ist, dh entweder aus besonderem Anlass eine sofortige Eröffnung veranlasst erscheint oder die Namen und Anschriften der Beteiligten dem Gericht unbekannt und zur Ermittlung weitläufige Maßnahmen erforderlich sind, die zu einer unverhältnismäßigen Verzögerung führen würden.

Muster: Ladung zum Eröffnungstermin einer Verfügung von Todes wegen
Die Geschäftsstelle des Amtsgerichts......, den......   **32**
Ladung
Bringen Sie diese Ladung zum Termin bitte mit!
Zur Eröffnung des – (gemeinschaftlichen) – Testaments – (Erbvertrags) – des am...... in München verstorbenen (Name des Erblassers) ist Termin auf...... den......,...... Uhr, vor dem Amtsgericht München, Zimmer Nr... bestimmt.
Zu diesem Termin werden Sie hiermit geladen. Eine Pflicht zum Erscheinen besteht nicht. Erscheinen Sie in dem Termin nicht, so wird die Eröffnung des – Testaments – (Erbvertrags) – gleichwohl erfolgen und der Sie betreffende Inhalt Ihnen mitgeteilt werden.
Die Mitteilung unterbleibt, falls Sie bis zum Eröffnungstermin hierher schriftlich mitteilen, dass Sie auf Bekanntgabe des Inhalts verzichten.
Hat der Erblasser mehrere Verfügungen von Todes wegen hinterlassen, so führt es zur Ersparung von Kosten, wenn sämtliche Verfügungen in einem Termin eröffnet werden. Sie werden daher gebeten, dem Amtsgericht rechtzeitig vor dem oben bestimmten Termin mitzuteilen, welche weiteren vom Erblasser errichteten Verfügungen von Todes wegen vorhanden sind; mitzuteilen sind auch solche Verfügungen, die etwa ungültig oder überholt sind. Haben Sie die Urkunden im Besitz, so wollen Sie sie möglichst vor dem Termin hier abliefern, § 2259 BGB.

Hochachtungsvoll
Auf Anordnung

Muster: Herausgabeverfügung, falls sich die Verfügung von Todes wegen in besonderer amtlicher Verwahrung befindet:
Das am...... in besondere amtliche Verwahrung genommene, im Verwahrungsbuch unter   **33**
Nr...... eingetragene Testament ist zu dem auf...... bestimmten Termin herauszugeben.
Rechtspfleger

Die Ausgabeverfügung, in der die Nummer des Verwahrungsbuches anzugeben ist, ist den Verwahrungsbeamten in Ausfertigung vorzulegen. Sind die Geschäfte des 2. Verwahrungsbeamten dem Urkundsbeamten der Geschäftsstelle übertragen, dem die Bearbeitung der Verfügungen von Todes wegen obliegt, so kann auch die Ausgabeverfügung in Urschrift vorgelegt werden; in diesem Falle ist die Empfangsbescheinigung in Spalte 5 des Verwahrungsbuches zu erteilen. Die in Ausfertigung vorgelegten Ausgabeverfügungen sind als Belege nach der Nummernfolge des Verwahrungsbuchs aufzubewahren (§ 27 Ziff. 5 AktO).

2. Eröffnungstermin

34 Die Verhandlung über eine Eröffnung einer Verfügung von Todes wegen ist nichtöffentlich (§ 170 GVG). Beteiligte können sich durch Bevollmächtigte vertreten lassen. Ob und in welcher Weise sich der Rechtspfleger die Vollmacht nachweisen lässt, steht in seinem Ermessen. Die Anwesenheit anderer als der beteiligten Personen ist nur mit Zustimmung aller Beteiligten zulässig.

Unter **„Eröffnung"** ist die Gesamtheit der in § 348 FamFG vorgeschriebenen Tätigkeiten zu verstehen; zu „öffnen" sind verschlossene, zu **„er**öffnen" alle Verfügungen, auch durchgestrichene Passagen. Eröffnet werden die Urschriften (eventuell auch mehrere), sind diese abhandengekommen oder nicht zu beschaffen, etwa vorhandene Ausfertigungen oder beglaubigte (nicht einfache) Abschriften.[40] Verlorene oder vernichtete Testamente können nicht eröffnet werden. Auf dem Original der letztwilligen Verfügung wird der Stempelaufdruck „eröffnet" mit Datum und Unterschrift des Rechtspflegers angebracht.

Die **Verkündung,** die einen Teilabschnitt der „Eröffnung" darstellt, erfolgt in der Regel durch Vorlesen. In einfachen Fällen genügt die genaue Angabe des Inhalts.[41] Die Verkündung kann im Falle der Vorlegung auf Verlangen unterbleiben. Sie unterbleibt ferner, wenn im Termin keiner der Beteiligten erscheint (§ 348 Abs. 2 S. 2 FamFG).

Zu eröffnen ist der gesamte Inhalt der Verfügungen einschließlich der Errichtungsniederschrift und der Anlagen. Gleichgültig ist, ob einzelne Teile der Verfügung gegenstandslos geworden sind.[42] Zu verkünden ist auch eine angeordnete Nacherbschaft, die erst mit dem Tode des Vorerben in Kraft treten soll. Beim Tode des Vorerben wird das Testament insoweit nicht nochmals verkündet. Zu den Besonderheiten beim **gemeinschaftlichen Testament** und **zweiseitigem Erbvertrag** → Rn. 36.

3. Eröffnungsprotokoll

35 Über die Eröffnung – gleich welcher Art – ist eine Niederschrift aufzunehmen (§ 348 Abs. 1 S. 2 FamFG). Für die Form kann Landesrecht zu beachten sein.[43]

Inhalt der Niederschrift:

– Tag, Ort, Beschreibung des Hergangs der Eröffnung;
– wenn die Verfügung von Todes wegen verschlossen war, die Angabe, ob der Verschluss unversehrt geblieben ist und welche Verletzungen des Verschlusses wahrgenommen worden sind;
– sofern die Verfügung besondere Auffälligkeiten, zum Beispiel Ausstreichungen, Ausschabungen, Überschreibungen, Randbemerkungen enthält, eine kurze Angabe derselben;
– Feststellung, ob und welcher Teil der Verfügung unverkündet blieb.

Einer Erklärung der Beteiligten über die Echtheit oder Anerkennung der Verfügung bedarf es nicht; werden Erklärungen abgegeben, so sind sie in die Niederschrift aufzunehmen.

Der eröffnende Rechtspfleger hat die Niederschrift zu unterschreiben.

---

[40] Zutreffend weist BayObLGZ 1961, 4 darauf hin, dass, falls die Urschrift des Testaments nicht zu beschaffen sei, die Eröffnung in beglaubigter Abschrift nicht unumgängliche Voraussetzung zur Erteilung eines Erbscheins sei.

[41] Burandt/Rojahn/*Kroiß* § 348 Rn. 7.

[42] Dazu auch BGH NJW 1984, 2098; OLG Düsseldorf OLGZ 1966, 64 (Widerruf einer einzelnen Verfügung durch späteres Testament!); OLG Düsseldorf RhNK 1978, 160; KG OLGZ 1979, 269; OLG Hamm NJW 1982, 57.

[43] S. zB Art. 53 f. pr. FGG.

Muster: Protokoll über die Eröffnung einer nicht in die besondere amtliche Verwahrung des Gerichts genommenen Verfügung von Todes wegen – Beteiligte sind nicht erschienen –

Amtsgericht, Abt ...., den ...... 20...

Gegenwärtig:

......, Rechtspfleger

VI ......

(Name des Erblassers, Sterbedatum)

Niederschrift

über die Eröffnung des Ehe- und Erbvertrags der ..., geb. ..., vom......

Zu dem auf heute bestimmten Eröffnungstermin ist niemand erschienen.

Die Sterbeurkunde – beglaubigte Abschrift der Todesanzeige – nach der der Erblasser am...... gestorben ist – befindet sich bei den Akten.

Der vom Notariat...... offen abgelieferte[44] Ehe- und Erbvertrag vom...... Urkunde des Notariats...... URNr...... wurde eröffnet – soweit nicht rot umrandet – und der Vermerk über die Eröffnung auf die Urkunde gesetzt.

Auffälligkeiten wurden nicht wahrgenommen.

Die Verkündung unterblieb gemäß § 348 Abs. 3 FamFG.

Gesetzliche Erben sind:......

Anschriften der sonstigen Beteiligten:......

Nachlasswert:...... Euro

Zu dem Nachlass gehören

a) kein/folgende Grundstücke:......

b) keine/folgende im Handelsregister eingetragene Firma:......

Unterschrift

---

4. Besonderheiten bei der Eröffnung gemeinschaftlicher Testamente und zweiseitiger Erbverträge

Beachte: Die Urschrift des Erbvertrags befindet sich entweder in der Verwahrung des **36** Amtsgerichts oder in der einfachen Urkundenverwahrung eines Notars, die Urschrift eines öffentlichen Testaments beim Amtsgericht.

a) Eröffnung beim ersten Todesfall

Verfügungen des verstorbenen Ehegatten: **37**

Der Inhalt gemeinschaftlicher Testamente und Erbverträge ist vollständig bekannt zu geben, soweit es sich um Verfügungen des verstorbenen Ehegatten handelt (durch Verlesung oder Zusendung von Fotokopien, sieh oben). Bei der Eröffnung sind die **Verfügungen des überlebenden Ehegatten oder Lebenspartners,** soweit sie sich sondern lassen, weder zu verkünden, noch sonst zur Kenntnis der Beteiligten zu bringen (§ 349 Abs. 1 FamFG). Doch soll die Verkündung so geschehen, dass die Beteiligten ein richtiges Bild von der Tragweite der Verfügung des Verstorbenen gewinnen.[45] Bei Untrennbarkeit (das sind meist Fälle sprachlicher Zusammenfassung, wie „wir" oder „unser") sind auch die

---

[44] Urkunde bleibt nach Errichtung in einfacher Urkundenverwahrung des Notars, falls die Parteien die besondere amtliche Verwahrung ausschließen (§ 34 Abs. 3 BeurkG). Nach dem Erbfall hat der Notar den Erbvertrag dem Nachlassgericht abzuliefern und durch eine beglaubigte Abschrift zu ersetzen (§ 34 BeurkG, §§ 2259, 2300 BGB; 20 Abs. 3 DONot).

[45] Dazu auch OLG Hamm NJW-RR 1987, 835 f.; OLG Zweibrücken RNotZ 2003, 137; § 2273 BGB ist verfassungsgemäß, BVerfG DNotZ 1994, 778.

Verfügungen des überlebenden Ehegatten bekannt zu machen. Dabei liegt aber keine Eröffnung dieser Verfügung des Überlebenden im Rechtssinne vor.

Setzen Ehegatten sich gegenseitig als Alleinerben, die Abkömmlinge dagegen als Erben des Überlebenden ein, so ist auch diese **Schlusserbeneinsetzung zu verkünden;** Streit besteht, wenn die Schlusserbeneinsetzung ausdrücklich als Verfügung des überlebenden Ehegatten bezeichnet wird. Nach einer Meinung[46] ist diese Verfügung als Verfügung des Vorverstorbenen mit dessen Tod gegenstandslos und berührt die Rechtsstellung des (als Schlusserben oder Vermächtnisnehmer) Eingesetzten nicht mehr.[47] Nach zutreffender Auffassung[48] ist die Klausel zu verkünden, um ihre Wirksamkeit überprüfen zu können.

Bei **Erbverträgen** gilt § 349 FamFG entsprechend (§ 2300 BGB), auch bei Aufhebung oder Widerruf, da der Erbvertrag auch dann an das Nachlassgericht auszuhändigen ist, es sei denn er enthält nur Verfügungen von Todes wegen und wird aus der Verwahrung zurückgenommen (§ 2300 Abs. 2 BGB).[49]

Verfügen Ehegatten in der Mehrheitsform gemeinschaftlich oder nehmen sie ausdrücklich auf Verfügungen des anderen Teils Bezug, so ist im Zweifel das ganze Testament als Einheit zu betrachten.

Das Nachlassgericht bestimmt unabhängig von den Wünschen der Beteiligten den Umfang der Verkündung. **Beschwerde** gegen diese Anordnung ist – obwohl keine Endentscheidung vorliegt – zulässig.[50] **Gegen** eine bereits **erfolgte Eröffnung ist kein Rechtsmittel statthaft;** das Betreiben eines derartigen Rechtmittels stellt einen Missbrauch der Rechtspflege dar.[51]

Soweit die Verfügungen des überlebenden Ehegatten sich sondern lassen, sind sie geheim zu halten. Im Eröffnungsprotokoll wird ein entsprechender Vermerk getroffen: „eröffnet mit **Ausnahme** des eingeklammerten Teils".

Wollen Beteiligte in die Verfügung Einsicht nehmen, so ist der Inhalt insoweit zu verdecken. **Abschrifterteilung** und Benachrichtigung der Beteiligten kann nur auszugsweise geschehen. Der überlebende Ehegatte kann zwar in vollem Umfang Einsicht nehmen, aber nicht gestatten, dass seine Verfügungen vom Nachlassgericht anderen Beteiligten bekanntgegeben werden.

Muster: Protokoll über die Eröffnung eines in die besondere amtliche Verwahrung genommenen gemeinschaftlichen Testaments – Erbvertrags – Beteiligte sind erschienen

38

Amtsgericht, Abt ...., den ...... 20...

Gegenwärtig:

......, als Rechtspfleger

VI ......

In dem heute zur Eröffnung einer Verfügung von Todes wegen des Erblassers ... bestimmten Termin erschien dessen Witwe ..., geborene ..., München, ..., sich ausweisend durch Personalausweis – dem Rechtspfleger bekannt.

Der Hinterlegungsschein über die unter Nr. ... des Verwahrungsbuchs eingetragene Verfügung von Todes wegen – wurde überreicht – befindet sich bei den Akten.

Die Sterbeurkunde – (beglaubigte Abschrift der Todesanzeige) – nach der der Erblasser am...... verstorben – (wurde überreicht) – befindet sich bei den Akten.

---

[46] LG Aachen MittRhNotK 1997, 197 f.; Staudinger/*Baumann* § 2260 Rn. 35: jedenfalls bei notariellen Urkunden mit dieser Klausel.

[47] So wohl noch BGHZ 70, 173 (176 f.).

[48] BGHZ 91, 105; Reimann/Bengel/Mayer/*Voit* § 2260 Rn. 10.

[49] OLG Hamm OLGZ 1982, 136; BGHZ 91, 105.

[50] *Bumiller/Harders/Schwamb* § 349 Rn. 11; Keidel/*Zimmermann* § 349 Rn. 29; OLG Zweibrücken ZEV 2010, 476; OLG Köln FGPrax 2011, 49, das § 352e Abs. 2 S. 2 FamFG für analog anwendbar hält.

[51] OLG Köln NJW-RR 2004, 1014.

Das nach dem Hinterlegungsschein am … zur besonderen amtlichen Verwahrung übergebene – gemeinschaftliche – Testament – Erbvertrag – der Eheleute …, geborene … – war
– wurde – aus der Verwahrung entnommen.
Das Testament – Erbvertrag – war mit dem Siegel des Notars Müller, München, verschlossen.
Der Umschlag wurde der Erschienenen vorgezeigt. Der Verschluss war unversehrt. Hierauf
wurde das – bereits am…… eröffnete – gemeinschaftliche – Testament – Erbvertrag –
vom…… geöffnet und – einschließlich des Protokolls über die Errichtung – mit Ausnahme
des rot umrandeten Teils – der Beteiligten durch wörtliches Vorlesen verkündet – auf
Verlangen vorgelegt.
Die Erschienene erklärte:
Einwendungen gegen die Echtheit und Rechtswirkung des Testaments werden nicht
erhoben. Über meine Rechte aus § 1371 BGB wurde ich belehrt.
Gesetzliche Erben sind:
(…)
Folgende Anschriften der nicht erschienenen Beteiligten wurden angegeben:
… (Vermächtnisnehmer).
Der Wert des reinen Nachlasses – gemeinschaftlichen Vermögens – beträgt…[52].
Zu dem Nachlass gehören
a) kein/folgende Grundstücke:
Ich wurde darauf hingewiesen, dass durch den Erbfall das Grundbuch unrichtig geworden
ist und welche gebührenrechtlichen Vergünstigungen für eine Grundbuchberichtigung
bestehen.[53]
b) keine/folgende im Handelsregister eingetragenen Firmen:

v g u u
Unterschriften

Zu beachten ist, dass nicht eröffnete Verfügungen den Beteiligten auch nicht bekannt
zu geben sind.[54] Von den eröffneten Verfügungen des verstorbenen Ehegatten ist eine
beglaubigte Abschrift anzufertigen und zu den Testamentsakten zu nehmen (§ 349
Abs. 2 FamFG). Über die Form der zu beglaubigenden Abschrift enthält das Bundesrecht keine Vorschrift. Nach Art. 57 Abs. 3, 59, 47 S. 1, 2, 3 pr FGG ist im Beglaubigungsvermerk zu bezeugen, dass das Testament keine weiteren Verfügungen des Verstorbenen enthält. Der Rechtspfleger ordnet den Umfang der Abschrift und den Inhalt
des Beglaubigungsvermerkes an, der beglaubigende Beamte hat diese Anordnung im
Beglaubigungsvermerk zu bezeugen. Im Übrigen wird man § 42 BeurkG entsprechend
anwenden.
Die Urschrift des gemeinschaftlichen Testaments oder zweiseitigen Erbvertrags ist
wieder zu verschließen und in die besondere amtliche Verwahrung des nach § 344 Abs. 2
FamFG (für den Nachlass des Erstverstorbenen) zuständigen Gerichts zurückzubringen
(es sei denn, dass der Erbvertrag oder das Testament nur Anordnungen enthält, die sich
auf den ersten, mit dem Tode des Erstverstorbenen eintretenden Erbfall beziehen, zB
dann, wenn der Erbvertrag oder das Testament sich auf die Erklärung beschränkt, dass die
Ehegatten sich gegenseitig zu Erben einsetzen (§ 27 Ziff. 4 AktO, § 349 Abs. 2 S. 2
FamFG BGB). Der Überlebende erhält einen Hinterlegungsschein (§ 346 Abs. 3
FamFG). Das Zentrale Testamentsregister der Bundesnotarkammer ist elektronisch zu
verständigen.

---

[52] Ist nur über einzelne Gegenstände verfügt, so ist ihr Wert anzugeben.
[53] Dazu § 83 S. 2 GBO sowie MiZi (2. Teil, 2. Abschnitt) XVII Nr. 4 Abs. 4.
[54] Ist nur über einzelne Gegenstände verfügt, so ist ihr Wert anzugeben.

Dabei wird folgende Verfügung getroffen, ohne dass es eines eigenen Termins bedarf:

---

39 I. Das anliegende, erstmalig eröffnete gemeinschaftliche Testament ist
   a) mit dem amtlichen Umschlage wieder zu verschließen – auf dem Umschlag ist oben rechts mit roter Tinte zu vermerken: „Nach erster Eröffnung wieder verschlossen".
   b) in die besondere Verwahrung zurückzubringen; hierbei ist es im Verwahrungsbuch neu einzutragen und bei der alten Eintragung auf die neue zu verweisen.[55]
II. Neuen Hinterlegungsschein an überlebenden Ehegatten übersenden.
III. Nachricht[56] – an das Zentrale Testamentsregister in Berlin.

......, den ......
......, Rechtspfleger

Angenommen unter Nr. ...... des Verwahrungsbuchs ......

......, den ......
...... als UrkBdGeschSt
......, Rechtspfleger

Eine neue Verwahrungsgebühr fällt nicht an.

40 **Behandlung der Verfügung nach Eröffnung:**[57] Enthält die Urkunde **lediglich Bestimmungen für den ersten Todesfall,** so verbleibt sie offen beim Testamentsakt und wird später nicht nochmals verkündet.

Enthält die Urkunde **Bestimmungen, die auch für den Tod des Überlebenden von Bedeutung sind oder sein können,** so wird zunächst eine beglaubigte Abschrift des eröffneten Teils gefertigt und offen zum Testamentsakt genommen, wo sie, soweit möglich, die Urschrift vertritt.

Befand sich die zu eröffnende Verfügung in amtlicher Verwahrung oder verlangt der überlebende Ehegatte, dass sie in amtliche Verwahrung genommen wird,[58] so ist sie von Amts wegen zu verschließen und in die amtliche Verwahrung des Nachlassgerichts zu bringen.[59]

Nach § 349 Abs. 2 iVm § 344 Abs. 2 FamFG ist das bisherige Verwahrungsgericht auch weiterhin zuständig, sofern der Erblasser nichts anderes verlangt.

War das Testament weder in amtlicher Verwahrung, noch stellt der überlebende Ehegatte einen entsprechenden Antrag auf Verwahrung, so verbleibt das Testament bis zum 2. Erbfall offen im Akt des Nachlassgerichts.[60] Für Erbverträge beachte: § 2300 BGB, § 20 DONot, § 28 Ziff. 4a AktO. Die Urkunde verbleibt offen beim Eröffnungsakt des Nachlassgerichts, selbst wenn sie mit einer anderen Verfügung (Ehevertrag) verbunden ist.

Zweckmäßig erscheint, das Vorhandensein der Verfügung von Todes wegen in der Testamentskartei oder dem Verwahrungsbuch für den Tod des überlebenden Ehegatten vorzumerken.

b) Eröffnung beim zweiten Todesfall

41 Verkündet werden nur die Bestimmungen, die für den 2. Erbfall von Bedeutung sind oder sein können, gleichgültig, ob das Testament beim 1. Erbfall ganz oder teilweise verkündet worden ist.[61] Sind für den ersten und zweiten Erbfall verschiedene Nachlassgerichte örtlich zuständig (§ 344 Abs. 1 und 2 FamFG), dann hat das Nachlassgericht des ersten Erbfalls als

---

[55] Muster 5a zu § 27 Abs. 3 AktO Fn. 4. Beachte im Übrigen die landesrechtlichen Bestimmungen.
[56] Vgl. dazu die Gemeinsame Bekanntmachung über die Benachrichtigung in Nachlasssachen.
[57] Zur geschäftlichen (registermäßigen) Behandlung von gemeinschaftlichen Testamenten und Erbverträgen s. § 27 Ziff. 4, 4a AktO.
[58] § 2248 BGB.
[59] § 27 Ziff. 4, 11 AktO.
[60] § 28 Ziff. 4a AktO.
[61] RGZ 137, 222.

Verwahrungsgericht das Testament zu öffnen (§ 344 Abs. 6 FamFG) und danach dem für den zweiten Erbfall zuständigen Nachlassgericht das Testament zu übersenden (§ 350 FamFG). Eine Eröffnung unterbleibt, wenn das gemeinschaftliche Testament nur Verfügungen enthält, die sich auf den Tod des Erstverstorbenen beziehen. Das zweite Gericht verwahrt dann die Urschrift endgültig.

Behandlung der Verfügung nach Eröffnung: Die Urschrift bleibt offen beim Akt des **42** für den 1. Erbfall zuständigen Nachlassgerichts.

Kosten der Wiedereröffnung: KV Nr. 12101.[62]

Die Eröffnung durch das Verwahrungsgericht (§ 344 Abs. 6 FamFG): Das Ver- **43** wahrungsgericht hat die Verfügungen von Todes wegen zu eröffnen, die sich bei ihm in besonderer amtlicher oder in einfacher Urkundenverwahrung befinden.

Das Eröffnungsverfahren vollzieht sich wie geschildert. Die nicht erschienenen Beteiligten sind jedoch nicht vom Verwahrungsgericht, sondern vom Nachlassgericht über den sie betreffenden Inhalt der Verfügung von Todes wegen in Kenntnis zu setzen (§ 348 Abs. 3 iVm §§ 344 Abs. 4 und 350 FamFG).[63] Das Verwahrungsgericht hat nach der Eröffnung die letztwillige Verfügung mit einer beglaubigten Abschrift der Eröffnungsniederschrift an das zuständige Nachlassgericht zu übersenden; eine beglaubigte Abschrift der Verfügung von Todes wegen ist zurückzubehalten (§ 350 FamFG).

Nach der Eröffnung wird verfügt: **44**

Amtsgericht, Abt ...., den ...... 20...

Verwahrungsbuch Nr. ......

Verfügung

1. ☐ Vollständige beglaubigte Abschrift des Testaments/Erbvertrags zu den Akten nehmen.
   ☐ beglaubigte Abschrift(en) des Testaments/Erbvertrags – soweit eröffnet – fertigen; davon 1 Abschrift zu den Akten nehmen.
2. An das Amtsgericht...... ist gemäß § 350 FamFG als eingeschriebener Brief zu senden:
   ☐ Eröffnetes Testament/Erbvertrag nebst Umschlag.
   ☐ ... Abschriften des Testaments/Erbvertrags – soweit eröffnet.
   ☐ Abschrift des Eröffnungsantrags.
   Beglaubigte Abschrift der Eröffnungsniederschrift vom...... (Bl.......)
   Beglaubigte Abschrift der Sterbeurkunde.
   Festgebühr: 75 EUR gemäß Nr. 12100 KV-GNotKG
   Anschriften der nicht erschienenen Beteiligten einfügen wie Bl.......
3. WV nach 1 Monat (Empfangsbestätigung?)

......, Rechtspfleger

Verfügung zur Übersendung der eröffneten Verfügung von Todes wegen an das Nach- **45**
lassgericht (§ 350 FamFG)

Amtsgericht, Abt ...., den ...... 20...

Geschäfts-Nr......
Bitte bei allen Schreiben angeben!

(Anschrift)......
(Fernruf)......

Einschreiben
An das
Amtsgericht

---

[62] Geschäftswert: § 40 GNotKG.
[63] Keidel/*Zimmermann* § 348 Rn. 42.

In der Testamentssache d..
Name, Vorname, Beruf des Erblassers (auch Geburtsname)......
verstorben am...... in...... Standesamt, Sterbebuch-Nr...... (falls Sterbeurkunde nicht beiliegt)
zuletzt wohnhaft gewesen in (genaue Anschrift)......
übersende ich gemäß § 350 FamFG mit der Bitte, auf der beiliegenden Durchschrift den Empfang zu bestätigen:
☐ Gemeinschaftliches Testament vom......
☐ Erbvertrag vom......
☐ ... Abschriften der eröffneten Verfügung von Todes wegen zu Mitteilung an die nicht erschienenen Beteiligten.
☐ Abschrift des Eröffnungsantrages.
☐ Beglaubigte Abschrift der Eröffnungsniederschrift vom......
☐ Beglaubigte Abschrift der Sterbeurkunde.
Über die nicht erschienenen Beteiligten und deren Anschriften ist das auf der Rückseite Aufgeführte bekannt geworden. Benachrichtigt wurden sie von hier aus nicht. Kosten sind nicht eingezogen worden (§ 18 GNotKG).
Das Nachlassgericht wird gebeten, die Mitteilung an das Finanzamt nach XVII/2 MiZi (2. Teil, 2. Abschn.) hinsichtlich der eröffneten Verfügung von Todes wegen (§ 34 Abs. 2 Nr. 3 ErbStG, § 7 ErbStDV) zu veranlassen.
Auf Anordnung......
An das
Amtsgericht

Empfangsbestätigung

Der Eingang wird bestätigt.
Das Nachlassverfahren wird hier unter...... geführt.

Amtsgericht,......
......, den......

Nach Eingang der Empfangsbestätigung werden die Akten weggelegt.

5. Benachrichtigungen

46 Die nichterschienenen Beteiligten werden durch das Nachlassgericht (nicht eröffnendes Verwahrungsgericht, § 344 Abs. 6 FamFG) von der Eröffnung benachrichtigt. Die Benachrichtigung beschränkt sich, anders als im Termin, bei jedem Beteiligten auf den ihn betreffenden Inhalt (§ 348 Abs. 3 S. 1 FamFG).[64] Sie kann mündlich (empfiehlt sich bei im Güterstand der Zugewinngemeinschaft lebenden Ehegatten des Erblassers im Hinblick auf § 1371 Abs. 2, 3 BGB) im Wege der Vorladung durch das Nachlassgericht oder ein darum ersuchtes Gericht (Rechtshilfegericht) erfolgen. In der Regel wird jedoch schriftliche Verständigung durch Übersendung einer beglaubigten Abschrift der Verfügung oder eines teilweisen Auszugs, gegebenenfalls mit der Anheimgabe, Einsicht in die Urkunde zu nehmen, genügen.[65]

47 Die **Beglaubigung** geschieht durch einen unter die Abschrift zu setzenden Vermerk, der die Übereinstimmung mit der Hauptschrift bezeugt. Dabei ist ersichtlich zu machen, ob die Hauptschrift eine Urschrift oder beglaubigte Abschrift oder eine Ausfertigung ist. Ist sie eine beglaubigte Abschrift oder Ausfertigung, so ist der Beglaubigungsvermerk oder der Ausfertigungsvermerk in die beglaubigte Abschrift mit aufzunehmen. Durchstreichungen,

---

[64] Zum Verfahren beim gemeinschaftlichen Testament s. → Rn. 36.
[65] Zu auch § 27 Ziff. 12 AktO aF: „Für die Erteilung beglaubigter oder einfacher Abschriften von eröffneten eigenhändigen Testamenten sind grundsätzlich Ablichtungen dieser Testamente zu verwenden. Ist dies im Einzelfall nicht möglich, darf ausnahmsweise auch eine Abschrift erteilt werden."

Änderungen, Einschaltungen, Radierungen oder andere Mängel sind in dem Vermerk anzugeben, vergleiche dazu § 42 Abs. 2 BeurkG. Bei Auszug aus einer Urkunde beachte § 42 Abs. 3 ebenda.

Die **Bekanntgabe** des den Beteiligten betreffenden Inhalts (§ 348 Abs. 3 FamFG) obliegt dem Nachlassgericht auch dann, wenn es die Verfügung von Todes wegen als unwirksam ansieht.[66] Sie richtet sich nach § 15 FamFG. Eine **Frist** für die Mitteilung ist nicht vorgeschrieben, jedoch ist sie unverzüglich vorzunehmen. Dabei wird der Mitteilungspflicht nicht genügt, wenn die Benachrichtigung einem anderen, der dazu bereit ist, übertragen wird (zum Beispiel Testamentsvollstrecker, Erben). Gehört Grundbesitz zum Nachlass, so ist XVII Nr. 4 Abs. 4 der MiZi zu beachten, wonach die als Erben eingesetzten Personen, soweit ihr Aufenthalt dem Gericht bekannt ist, darauf hinzuweisen sind, dass durch den Erbfall das Grundbuch unrichtig geworden ist und welche gebührenrechtlichen Vergünstigungen für eine Grundbuchberichtigung bestehen (§ 83 S. 2 GBO).

48 Der Erblasser kann die Benachrichtigung nicht verbieten,[67] wohl aber können die Beteiligten darauf verzichten. Ist ein **Nacherbe** mit einem **Vermächtnis** beschwert, so ist der Berechtigte bereits bei Eintritt des Vorerbfalls zu verständigen.

49 Sind die **Beteiligten unbekannt**, so sind sie zu ermitteln (§ 26 FamFG),[68] zum Beispiel durch Anfrage bei Einwohnermeldeämtern. Gegebenenfalls ist ein Nachlasspfleger zu bestellen.

50 Erfolgt die **Mitteilung durch Übersendung einer beglaubigten Testamentsabschrift** oder eines Auszugs, so wird man folgendes Begleitschreiben beigeben.

Die Geschäftsstelle des Amtsgerichts

......, den......

Der am...... verstorbene, zuletzt in München,...... wohnende Erblasser (Name) hat ein Testament – Erbvertrag – hinterlassen, das hier am (Datum) eröffnet worden ist.
Beglaubigte Abschrift – Auszug über den Sie betreffenden Inhalt des Testaments liegt an. Die Urschrift kann hier eingesehen werden.
Falls Sie im Güterstand der Zugewinngemeinschaft lebten, wird auf die Möglichkeiten nach § 1371 Abs. 2, 3 BGB verwiesen.[69]
(Gehört Grundbesitz zum Nachlass:) Durch den Erbfall ist das Grundbuch unrichtig geworden, für eine Grundbuchberichtigung bestehen nach Anm. zu Nr. 14110 KV gebührenrechtliche Vergünstigungen.
Auf Anordnung

Muster: Benachrichtigung eines Pflichtteilsberechtigten über die Eröffnung der Verfügung von Todes wegen:
Nachlasssache
51
Sehr geehrte......
Der obengenannte Erblasser hat mit...... als Alleinerben eingesetzt. Die Erbschaft ist angenommen.
Da Sie durch die genannte letztwillige Verfügung von der Erbfolge ausgeschlossen worden sind, steht Ihnen der gesetzliche Pflichtteil zu.
§ 2303 des Bürgerlichen Gesetzbuches bestimmt ua:

---

[66] Dazu BGH Rpfleger 1978, 92.
[67] Dazu OLG Düsseldorf DNotZ 1966, 112.
[68] Dazu OLG Bremen Rpfleger 1973, 58.
[69] Falls nicht zutreffend, streichen. Kommt nur in Frage, falls Mitteilung dem überlebenden Ehegatten gemacht wird.

„Ist ein Abkömmling des Erblassers durch Verfügung von Todes wegen von der Erbfolge ausgeschlossen, so kann er von dem Erben den Pflichtteil verlangen. Der Pflichtteil besteht in der Hälfte des gesetzlichen Erbteils.

Das gleiche Recht steht den Eltern und dem Ehegatten des Erblassers zu, wenn sie durch Verfügung von Todes wegen von der Erbfolge ausgeschlossen sind."

Sie können demnach verlangen, dass Ihnen die Hälfte des Wertes dessen ausbezahlt wird, was Ihnen nach dem Gesetz als Erbteil zustünde, wenn Sie nicht von der Erbfolge ausgeschlossen worden wären. Ihre Forderung ist eine reine Geldforderung. Die Herausgabe von Gegenständen des Nachlasses zur Befriedigung Ihres Pflichtteilsrechtes können Sie nicht beanspruchen.

Bei der **Berechnung** des Pflichtteils ist der Bestand und der Wert des Nachlasses zur Zeit des Erbfalls (dh zum Zeitpunkt des Todes des Erblassers) zugrundezulegen. Unter Umständen muss der Wert durch Schätzung ermittelt werden.

Sie können vom Erben auch **Auskunft** über den Bestand des Nachlasses fordern.

Auf den Pflichtteil müssen Sie sich anrechnen lassen, was Ihnen von dem Erblasser zu dessen Lebzeiten zugewendet worden ist, wenn bei Hingabe der Zuwendung bestimmt worden ist, dass dies auf den Pflichtteil angerechnet werden soll.

Der Pflichtteilsanspruch **verjährt nach 3 Jahren.** Die Verjährungsfrist beginnt mit dem Zeitpunkt, in welchem Sie vom Eintritt des Erbfalls und der Sie beeinträchtigenden letztwilligen Verfügung Kenntnis erhalten, im vorliegenden Fall also spätestens mit dem Empfang dieser Mitteilung.

Es ist Ihre Sache, vom Erben die Auszahlung des Pflichtteils zu verlangen; das Nachlassgericht kann für Sie insoweit nicht tätig werden.

Hochachtungsvoll

Muster: Benachrichtigung des Vermächtnisnehmers über die Eröffnung der Verfügung von Todes wegen:

52 Der am...... verstorbene Erblasser (Name) hat in seinem hier am...... eröffneten eigenhändigen/notariellen Testament vom ... zu Ihren Gunsten folgende Verfügung getroffen: „*(Name), soll aus meinem Nachlass 5.000 EUR erhalten.*"

Gegen die Rechtsgültigkeit des Testaments sind von Amts wegen und von den bisher gehörten Beteiligten folgende – keine – Bedenken erhoben worden:...... Erben – Testamentsvollstrecker – Nachlasspfleger – ist – sind: ..., geb. ..., München, ...

An diese wollen Sie sich wegen der Erfüllung des Vermächtnisses wenden.

§ 38 Das Erbscheinsverfahren

Übersicht

Rn.

I. Begriff des Erbscheins 2
II. Arten des Erbscheins 7
   1. Erbschein des Alleinerben (§ 2353 1. Alternative BGB) 8
   2. Gemeinschaftlicher Erbschein (§ 352a FamFG) 9
   3. Teilerbschein, § 352 Abs. 3 FamFG 10
   4. Der Gruppenerbschein 11
   5. Der gemeinschaftliche Teilerbschein 12
   6. Der Sammelerbschein oder vereinigte Erbschein 13
   7. Der gegenständlich beschränkte Erbschein 14
   8. Erbscheine zu beschränktem Gebrauch 15
III. Zuständigkeit 16
   1. Sachliche und funktionelle Zuständigkeit 16
   2. Örtliche Zuständigkeit 17
IV. Der Erbscheinsantrag 19
   1. Antragsberechtigung 20
   2. Vertretung 27
     a) Der gesetzliche Vertreter 27
     b) Antrag durch Bevollmächtigten 28
   3. Inhalt des Antrags 30
   4. Form des Antrags 31
V. Einzelheiten zur Erbscheinsverhandlung und zu dem der Erteilung eines Erbscheins vorausgehenden Verfahren 41
   1. Die erforderlichen Nachweise 42
   2. Die Nachweise im Einzelnen 43
     a) Öffentliche Urkunden 49
     b) Ausländische öffentliche Urkunden 51
     c) Versicherung an Eides Statt 54
   3. Ermittlung von Amts wegen 57
   4. Rechtliches Gehör – Anhörungspflichten – öffentliche Aufforderung 74
     a) Rechtliches Gehör 75
     b) Die Anhörung zur Aufklärung des Sachverhalts 85
     c) Öffentliche Aufforderung 89
   5. Beweiserhebung 92
     a) Verfahren 92
     b) Beweismittel 96
     c) Abschließende Verfügung 103
VI. Die Entscheidung über den Erbscheinsantrag 104
   1. Die Bewilligung und Erteilung des Erbscheins 107
   2. Streitige Entscheidung und Aussetzung der Vollziehung 107
   3. Entscheidung über die Kosten 108
   4. Erteilung des Erbscheins 110
   5. Der Inhalt des Erbscheins 113
     a) Zum Berufungsgrund 116
     b) Hinweise auf Nachlassteile 117
     c) Zur Bezeichnung des Erblassers und der Erben 119
     d) Zur Angabe des Erbrechts und der Größe des Erbteils (nach Bruchteilen) . 120
     e) Anzugebende Beschränkungen: 123
     f) Gegenständlich beschränkter Erbschein 151
VII. Abschluss des Erteilungsverfahrens 159
   1. Schlussverfügung 159
   2. Kostenbehandlung 160
   3. Akteneinsicht und die Erteilung von Abschriften und Ausfertigungen 164

1 Das Verfahren zur Erteilung des Erbscheins ist der freiwilligen Gerichtsbarkeit zugeordnet. Es steht teilweise in Konkurrenz zum streitigen Zivilprozess, in dem die Erbprätendenten auf Feststellung (§ 256 ZPO) ihres Erbrechts klagen können. Aus diesem teilweisen Nebeneinander resultieren etliche Probleme und Fragen. So bindet zwar das Zivilurteil das Nachlassgericht, aber nicht umgekehrt. Die Bindung besteht indes nur inter partes, nicht gegenüber am Zivilprozess nicht beteiligten Dritten, die nach Ansicht des BGH selbst dann, wenn sie Erben sind, keine notwendigen Streitgenossen im Sinne des § 62 ZPO sind. Das BVerfG hält den Rechtsweg nicht für erschöpft, wenn „nur" das Erbscheinsverfahren durchgeführt wurde und hält Verfassungsbeschwerden gegen obergerichtliche Entscheidungen für unzulässig, solange nicht der Weg zu den ordentlichen Gerichten beschritten worden ist.[1] Welchen Umfang die Prüfung(spflicht) des mit der Sache befassten Zivilgerichts bei gleichzeitiger Geltung der Dispositionsmaxime hat, ist ebenfalls nicht abschließend geklärt.[2] Es gibt deswegen Überlegungen (wie im Familienrecht bereits geschehen), ein „Großes Nachlassgericht" einzuführen und das Nebeneinander zwischen Zivilprozess und Erbscheinsverfahren zu beenden. Der Rechtsverkehr jedenfalls scheint den Erbschein zu bevorzugen, dass in der Praxis der Nachweis des Erbrechts mit einem Zivilurteil geführt wird, kommt nur selten vor.

I. Begriff des Erbscheins

2 Der Erbschein stellt ein amtliches Zeugnis (öffentliche Urkunde) dar über

– die **Gesamtrechtsnachfolge** (Ausnahme: beschränkter Erbschein nach § 352c FamFG) desjenigen, der beim Erbfall bzw. Nacherbfall Erbe geworden ist;
– die **Größe des Erbteils** (quotenmäßig);
– das **Bestehen oder Nichtbestehen** einer **Beschränkung** des Erben soweit es nicht nur um schuldrechtliche Ansprüche gegen den Erben geht, sondern bereits ex lege vorliegende **Beschränkungen der Verfügungsmacht** des Erblassers zur Zeit der Erteilung des Erbscheins bestehen, wie
Nacherbfolge, Testamentsvollstreckung, das Recht des überlebenden Ehegatten zur Verwaltung und Nutznießung im Bereich des Höfe- oder sonstigen Anerbenrechts,[3] bei einem Erblasser mit altrechtlichem Güterstand Verfügungsbeschränkungen zugunsten des überlebenden Ehegatten, bei einem Fremdrechtserbschein gemäß § 2369 BGB (nun § 352c FamFG) Verfügungsbeschränkungen, die das ausländische Erbrecht vorsieht. Zur Wiederverehelichungsklausel (→ § 11 Rn. 62).

3 Der Erbschein vermittelt die Erbenstellung **nicht konstitutiv, er erwächst nicht in materielle Rechtskraft;** ist er unrichtig, bleibt die wahre Erbrechtslage unberührt und er ist – auch noch nach längerer Zeit – nach § 2361 BGB einzuziehen.[4] Für das Bestehen des bezeugten Erbrechts gilt eine Rechtsvermutung (§ 2365 BGB; der Erbschein gewährt im Rechtsverkehr Gutglaubensschutz gemäß §§ 2366, 2367 BGB). Die Vermutung des § 2365 BGB ist jedoch aufgehoben, wenn mehrere Erbscheine mit widersprüchlichem Inhalt vorliegen. Grundsätzlich ist der Erbe nicht verpflichtet, sein Erbrecht durch einen Erbschein nachzuweisen; er hat auch die Möglichkeit, den Nachweis seines Erbrechts in anderer Form zu erbringen. Ein eröffnetes öffentliches Testament stellt in der Regel einen ausreichenden Nachweis für sein Erbrecht dar.[5] Nach Ansicht des BGH gilt dies auch für

---

[1] BVerfG ZEV 2017, 48.
[2] Kann der Beklagte im Zivilprozess beispielsweise unstreitig stellen, dass der Erblasser testierfähig war, was im Verfahren vor dem Nachlassgericht ausgeschlossen ist und vielmehr gegebenenfalls umfangreiche Ermittlungen nach sich zöge?
[3] Im Höfe- und Anerbenrecht, MüKoBGB/*Grziwotz* § 2353 Rn. 35.
[4] Vgl. hierzu etwa MüKoBGB/*Grziwotz* § 2353 Rn. 2.
[5] BGH MittBayNot 2006, 157 = FamRZ 2005, 1548.

ein privatschriftliches Testament, wenn dieses die Erbrechtsfolge mit der „für den Rechtsverkehr erforderlichen Eindeutigkeit" nachweist.[6]

Gegenüber dem **Grundbuchamt** ist die Erbfolge (auch die Nacherbfolge)[7] grundsätzlich **4**
durch Erbschein nachzuweisen (§ 35 Abs. 1 S. 1 GBO).[8] Das Grundbuchamt ist an den
ihm vorgelegten Erbschein gebunden. Der Antragsteller, der sich auf einen Erbschein
beruft, hat Anspruch auf einen entsprechenden Grundbuchvollzug. Das Grundbuchamt,
das einen **Erbschein für unrichtig hält,** kann seine Kenntnis oder seine Ermittlungen
nicht an die Stelle des Nachlassgerichts setzen.[9] Nur Mängel, die den Erbschein kraftlos
machen würden, sind zu beachten und vom Grundbuchamt zu überprüfen. Bei Vorliegen
von neuen tatsächlichen Umständen, aus denen sich die Unrichtigkeit des Erbscheins
ergibt, darf das Grundbuchamt die Vermutung des § 2365 BGB als widerlegt betrachten
und einen weiteren Nachweis oder einen neuen Erbschein verlangen; die Auslegung einer
testamentarischen Verfügung steht allein dem Nachlassgericht in eigener Verantwortung
zu.[10] Eine Erklärung des Nachlassgerichts, dass es den Erbschein nicht einziehe oder einen
neuen, gleichlautenden Erbschein erteile, hat das Grundbuchamt jedoch zu respektieren. Es
besitzt also **lediglich ein Remonstrationsrecht,** da das Nachlassgericht die alleinige
Verantwortung und Haftung trägt. Entsprechende Grundsätze gelten gegenüber dem **Handelsregister** (Vorlage des Erbscheins in Urschrift oder Ausfertigung; grundsätzliche Bindung).[11] Falls ein Antragsteller beim Grundbuchamt eine **öffentlich beurkundete Verfügung von Todes wegen und das Eröffnungsprotokoll des Nachlassgerichts** vorlegt, kann das Grundbuchamt nur bei begründeten Zweifeln an der Erbfolge einen
Erbschein verlangen (§ 35 Abs. 1 S. 2 GBO).[12] Einen **vereinfachten Erbnachweis** sehen
§§ 18 Abs. 1 S. 2; 19 des Grundbuchmaßnahmengesetzes vom 20.12.1963 (BGBl. I 986)
vor (Grundstücks- oder Anteilswert unter 3000 EUR); zum Überweisungszeugnis siehe §§ 36, 37 GBO.

Der Erbschein ist **öffentliche Urkunde** gemäß §§ 417 ff. ZPO,[13] 271 StGB,[14] nicht **5**
jedoch eine Urkunde iSd § 580 Nr. 7b ZPO.

Da der Erbschein nicht materiell rechtskräftig wird, **bindet** er den **Prozessrichter nicht,** **6**
erleichtert jedoch dem klagenden Erbscheinserben die Prozessführung und die **Beweislast,**
da er nur die Rechtsbehauptung seines Erbrechts aufstellen muss.[15] Der Gegner muss die
gemäß §§ 2365 BGB, 292 ZPO bestehende Rechtsvermutung für den Erbscheininhalt
widerlegen und seine davon abweichende Behauptung beweisen. Diese Vermutungswirkung
gilt für den Zivilprozess, das Verwaltungsgerichtsverfahren,[16] für das Steuerverfahren,[17] An-

---

6   BGH NJW 2016, 2409.
7   Nach BGHZ 84, 196 genügt der Nacherbenvermerk im Erbschein des Vorerben oder im Grundbuch in
    Verbindung mit dem Nachweis des Nacherbfalls nicht.
8   OLG München ZErb 2017, 317.
9   HM, OLG München FamRZ 2012, 1174; Palandt/*Weidlich* § 2353 Rn. 78; MüKoBGB/*Grziwotz* § 2365
    Rn. 26, 27 mwN.
10 OLG München FamRZ 2012, 1174; BayObLG FamRZ 1997, 710; BayObLGZ 1990, 86; BGHZ 117,
    301; OLG Frankfurt a. M. NJW-RR 2005, 380 (Erbvertrag mit Abänderungsbefugnis, sodann eigenhän-
    diges Testament rechtfertigt Zweifel); OLG Zweibrücken FamRZ 2011, 1902.
11 OLG Stuttgart FamRZ 2012, 485 (das Registergericht hat die Vorlage der notariellen Verfügung von
    Todes wegen zusammen mit der Niederschrift über deren Eröffnung als ausreichenden Nachweis der
    Erbfolge anzusehen, sofern die Auslegung der Verfügung keine Schwierigkeiten bereitet).
12 Nur bei Vorliegen der Voraussetzungen des § 35 GBO kann und muss das Grundbuchamt selbst ermitteln
    und auslegen, wenn es zur Überzeugung kommt, dass der Nachweis der Erbfolge nicht geführt ist; OLG
    Hamm FamRZ 2012, 485 (486) zum Nachweis der Nacherbfolge und Führung eines Negativbeweises
    (dass aus einer Ehe keine weiteren Kinder hervorgegangen sind). Nach Ansicht des KG ist auch ein
    Anerkenntnisurteil für das Grundbuchamt bindend (FGPrax 2015, 52).
13 Nicht im Sinne von § 418 ZPO – (ebenso Stein/Jonas/*Leipold*, Kommentar zur ZPO, § 417 Rn. 1).
14 BGH NJW 1964, 558.
15 BGHZ 86, 41; BGH NJW 1983, 277.
16 BVerwG ZOV 2006, 177.
17 BFH/NV 2005, 2218; bei gewichtigen Bedenken in tatsächlicher oder rechtlicher Hinsicht jedoch müssen
    Finanzbehörden und -Gerichte selbst Ermittlungen anstellen (wie im Fall der Grundbuchämter) BFH
    NJW 1996, 2119.

ders sieht dies die hM zu Recht für den Erbprätendentenstreit; hier gilt die Vermutung nicht.[18]

Umgekehrt ist das **Nachlassgericht an das rechtskräftige Urteil gebunden,** soweit die Beteiligten des Erbscheinsverfahrens auch die Parteien des Rechtsstreits waren;[19] dem im Zivilprozess Unterlegenen kann also kein Erbschein erteilt werden, wohl aber einem Dritten.[20] Nach der Rechtsprechung gilt das nicht nur für streitige Urteile, sondern auch für Anerkenntnis- und Versäumnisurteile.[21]

Der Streitrichter kann nicht wegen eines anhängigen Nachlassverfahrens aussetzen, umgekehrt jedoch der Nachlassrichter gemäß § 21 FamFG wegen eines Streitverfahrens.[22] Das Nachlassgericht entscheidet dabei nach pflichtgemäßem Ermessen, das im Einzelfall zu einer Aussetzungspflicht führen kann.[23] Die Aussetzung ist als verfahrensleitende Zwischenentscheidung mit der sofortigen Beschwerde entsprechend §§ 567 ff. ZPO, 21 Abs. 2 FamFG anfechtbar.

II. Arten des Erbscheins

7 (Erbscheinsmuster: (→ Rn. 121 ff.)

1. Erbschein des Alleinerben (§ 2353 1. Alternative BGB)

8 Der Alleinerbschein bezeugt das Recht des Alleinerben ohne jedwede Einschränkung.

„Es wird bezeugt, dass der am … verstorbene Erblasser … von … allein beerbt worden ist.“

2. Gemeinschaftlicher Erbschein (§ 352a FamFG)

9 Er bezeugt das Erbrecht aller Miterben unter Angabe der Erbteile. Wird er von einem Miterben beantragt (im Antrag liegt seine Annahmeerklärung), so hat das Nachlassgericht zu prüfen, ob die übrigen Miterben angenommen haben. Oft wird es sich mit der glaubhaften Angabe des Antragstellers begnügen können. Der Nachweis kann im Übrigen durch alle in § 352 FamFG zugelassenen Beweismittel erfolgen. Abgabe einer eidesstattlichen Versicherung ist nicht unbedingt geboten. Kann eine ausdrückliche Annahmeerklärung eines Miterben nicht dargetan werden, so sind der Beginn des Laufes der Ausschlagungsfrist sowie ihr Ablauf für den Betreffenden nachzuweisen. Er kann auch dann noch beantragt werden, wenn schon für alle Erbteile Teilerbscheine vorliegen.[24]

„Es wird bezeugt, dass der am … verstorbene Erblasser … von … zu ½ und von … und … zu je ¼ beerbt worden ist.“

§ 352a Abs. 2 S. 2 FamFG eröffnet auch die Möglichkeit, dass bei einem gemeinschaftlichen Erbschein nur die einzelnen Miterben angegeben werden, die Größe der Erbteile jedoch nicht genannt wird. Ein solcher Erbschein kann sich dann anbieten, wenn die Ermittlung genauer Erbquoten schwierig ist, die Auswirkungen in wirtschaftlicher Hinsicht jedoch gering sind.

Rechtspraxis: Die Erblasserin verteilt im Testament ihr gesamtes Vermögen, das im Wesentlichen aus Goldmünzen, Aktien und Grundvermögen besteht an einzelne Personen.

---

[18] BGH NJW 1993, 2171 f.; BVerfG NJW-RR 2005, 1600; MüKoBGB/*Grziwotz* § 2365 Rn. 22 f. mit Hinweisen zur Meinungsvielfalt in der Literatur.
[19] OLG München NJW 2016, 2512 = FGPrax 2016, 137.
[20] Bamberger/*Siegmann*/*Höger* § 2353 Rn. 25; BayObLG FamRZ 1999, 334 f.
[21] Für das Versäumnisurteil: OLG Frankfurt ZEV 2016, 275 mit Anm. *Zimmermann*; für Anerkenntnisurteil: KG FGPRax 2015, 52.
[22] BayObLG FamRZ 1999, 334.
[23] MüKoFamFG/*Pabst* § 21 Rn. 11.
[24] MüKoBGB/*Grziwotz* § 2353 Rn. 11.

Gehen die Beteiligten davon aus, dass es sich um Erbeinsetzung durch die Zuwendung von Einzelgegenständen, die im Wesentlichen das Gesamtvermögen darstellen, handelt (→ § 10 Rn. 4), ist schon die Stellung eines bestimmten Erbscheinsantrages für die Beteiligten schwierig, weil jede (noch so geringe) (Wert-)Abweichung bei den Einzelwerten bei der Ermittlung der Wertrelation Auswirkungen auf die Erbquote haben würde.

Für die Beteiligten kann es in einem solchen Fall angeraten sein, dass sie einen gemeinschaftlichen Erbschein ohne Angabe der Erbquoten beantragen und sich untereinander über die exakte Verteilung des Nachlasses einigen.

Für das Gericht ist in diesem Falle zu beachten, dass vor einer Entscheidung rechtliches Gehör dadurch zu gewähren ist, dass den Beteiligten die Werte, die das Gericht bei der Berechnung der Quote zugrunde legen will, mitzuteilen sind, sofern diese nicht offenkundig sind. In der Entscheidung selbst ist zudem die Berechnung der Quoten nachvollziehbar darzustellen.[25]

Standen zwar die Miterben als solche fest, war aber die Größe ihrer Erbteile im Verhältnis zueinander noch ungewiss, war auch nach bisherigem Recht ein gemeinschaftlicher Erbschein zulässig, der diese Ungewissheit angibt **(vorläufiger gemeinschaftlicher Erbschein).**[26]

Noch nicht geklärt ist in diesem Zusammenhang die Frage, ob bei späterer Beantragung eines Erbscheins, der die Quoten dann ausweisen soll, der Erbschein nach § 352a Abs. 2 S. 2 FamFG als unrichtig (§ 2361 BGB) einzuziehen ist. Richtigerweise ist das nicht der Fall, denn der Erbschein gibt das Erbrecht entsprechend der verfahrensrechtlichen Umgrenzung zutreffend wieder. Vielmehr ist in diesen Fällen eine sogenannte Beschreibung vorzunehmen, die dann die entsprechende Quote ausweist. Für die erneute Tätigkeit des Nachlassgerichts fallen erneut Gerichtsgebühren an, da es sich um eine neue, gegebenenfalls aufwändige Prüfung handelt.

3. Teilerbschein, § 352 Abs. 3 FamFG

Er bezeugt die Größe (Erbquote) des Erbteils eines Miterben. Die Namen der übrigen **10** Miterben werden nicht aufgenommen. Ein Teilerbschein ist auf Antrag eines Miterben auch nur über das Erbrecht eines anderen Miterben zulässig. Ist nur die Eigenschaft als Miterbe festgestellt, die Größe des Erbteils aber ungewiss (etwa wegen Ungewissheit über das Hinzukommen weiterer Erben – §§ 1600d, 2043 BGB), ist auch ein Erbschein über das in der Höhe noch unbestimmte Erbrecht zulässig (sog. Nasciturus-Erbschein).[27] Ist der Erbteil mit einer Mindestgröße festgestellt, die sich aber noch erhöhen kann (zB nach Feststellung des Wegfalls eines Miterben, §§ 1935, 2094 BGB), ist auch die Erteilung eines **Mindestteilerbscheins** zulässig.[28]

4. Der Gruppenerbschein

Dieser Erbschein fasst mehrere Teilerbscheine in einer Urkunde auf Antrag aller in ihr **11** aufgeführten Miterben zusammen, etwa für die Miterben eines Erbstamms. Er ist zulässig, jedoch durch den „gemeinschaftlichen Teilerbschein" überholt.[29]

---

[25] OLG München BeckRS 2017, 118273 = ErbR 2017, 564.

[26] MüKoBGB/*Grziwotz § 2353 Rn. 11*; OLG Köln NJW-RR 1992, 1417.

[27] *Deubner* JuS 1961, 66 (68 f. (mit Muster)).

[28] BayObLGZ 1960, 478 (489); Staudinger/*Herzog* § 2353 Rn. 97, 101; MüKoBGB/*Grziwotz* § 2353 Rn. 103; ein solcher Erbschein nützt bei eiligen Nachlassgeschäften, weil der so ausgewiesene Erbe gemeinsam mit einem Pfleger für die vielleicht hinzukommenden Miterben Verfügungen vornehmen kann. Eine Zusammenfassung mehrerer solcher Teilerbscheine als Gruppenerbschein oder gemeinschaftlicher Teilerbschein ist möglich.

[29] MüKoBGB/*Grziwotz* § 2353 Rn. 12.

5. Der gemeinschaftliche Teilerbschein

12 Der gemeinschaftliche Teilerbschein fasst wie der Gruppenerbschein in einer Urkunde mehrere, aber nicht alle Teilerbscheine zusammen. Es genügt jedoch der Antrag eines einzigen Miterben. Dieser Erbschein ist nach heute allgemeiner Meinung zulässig.[30]

6. Der Sammelerbschein oder vereinigte Erbschein

13 Der Sammelerbschein (oder vereinigte Erbschein) bezeugt in einer Urkunde das Erbrecht nach mehreren Erblassern; trotz der äußerlichen Zusammenfassung liegen mehrere selbständige Erbscheine vor. Er ist zulässig, kostenrechtlich ohne Vorteile; Voraussetzung ist jedoch die Zuständigkeit des gleichen Nachlassrichters für alle Erbfälle.[31] Es muss jede Erbfolge aufgeführt werden.

7. Der gegenständlich beschränkte Erbschein

14 Hierunter versteht man Erbscheine, die mit Beschränkung auf bestimmte Nachlassgegenstände erteilt werden. Er ist nur als gesetzliche Ausnahme zulässig.

Dazu zählt der in seiner Wirkung territorial beschränkte **Eigen- oder Fremdrechtserbschein** gemäß § 352c FamFG. Der Erbschein wird unter Angabe des Erbstatuts beschränkt auf das dem fremden oder deutschen Erbrecht unterliegende **Inlandsvermögen,** ohne diese Gegenstände einzeln aufzuführen. Führt er dennoch diese Gegenstände auf, hat dies keine Rechtswirkung.[32] Voraussetzung ist, dass sich Nachlassgegenstände im In- **und** Ausland befinden.[33] Die Beschränkung auf das Auslandsvermögen oder auf Gegenstände in bestimmten ausländischen Staaten sieht das Gesetz nicht vor.[34]

Bei der **Sondererbfolge in den landwirtschaftlichen Hof** unter Anwendung des Höfe- oder Anerbenrechts kommt es zu einem Hoffolgezeugnis, Erbschein über das hoffreie Vermögen (§ 18 Abs. 2 HöfeO). Aufgrund der Anwendung des Art. 3a Abs. 2 EGBGB kann es zu einer Sonderrechtnachfolge in Nachlassteile kommen, etwa wenn Auslandsgrundstücke, die nach der lex rei sitae vererbt werden, einen eigenen Nachlass bilden. Im Übrigen ist die Erteilung eines Erbscheins, der auf bestimmte Nachlassgegenstände beschränkt wird, unzulässig.[35] Wird dennoch ein einzelner Gegenstand als zum Nachlass gehörig ausdrücklich bestätigt, im Übrigen aber das Erbrecht begrenzt, so macht dies den Erbschein nicht ungültig und beeinträchtigt auch nicht seine Wirkung; die Zugehörigkeit dieses einzelnen Nachlassgegenstandes zur Erbschaft wird jedoch damit rechtlich nicht bezeugt.[36]

8. Erbscheine zu beschränktem Gebrauch

15 Es handelt sich hierbei um allgemeine Erbscheine, die gebührenbegünstigt erteilt werden (§ 40 Abs. 3 GNotKG) und deshalb nur für bestimmte Zwecke wie zum Beispiel Lastenausgleichszwecke (§ 317 Abs. 2 LAG), für den Rückerstattungsanspruch (§ 307a Abs. 2, 3 BRüG) oder den Entschädigungsanspruch (§ 181 Abs. 2, 3 BEG) zur Vorlage beim Grundbuchamt oder beim Schiffsregister (§§ 40 GNotKG) verwendet werden dürfen. Die Be-

---

[30] Vgl. MüKoBGB/*Grziwotz* § 2353 Rn. 12.

[31] BayObLGZ 1951, 690 (696).

[32] *Schulze/Hoeren,*FamFG, § 352c Rn. 3; MüKoBGB/*Mayer* (6. Auflage) § 2369 Rn. 22.

[33] OLG Brandenburg NJW-RR 2012, 10 (insoweit kein Rechtsschutzbedürfnis). Erforderlich zur Anwendung des § 2369 BGB [alt, jetzt 352c FamFG] ist, dass sich nach der Versicherung des Antragstellers mindestens ein Nachlassgegenstand im Inland und mindestens ein Gegenstand im Ausland befinden.

[34] MüKoBGB/*Mayer* (6. Auflage) § 2369 Rn. 19, 20, der dies aus Zweckmäßigkeitsgründen (etwa in Fällen der Nachlassspaltung auf Grund des Art. 3a Abs. 2 EGBGB) bedauert und auf den Gesetzgeber verweist.

[35] BGHZ 65, 311 (318).

[36] BayObLGZ 1952, 69.

schränkung im Gebrauch ist im Erbschein selbst zu kennzeichnen („Nur für Lastenausgleichszwecke", „Nur für Grundbuchzwecke"). Als Doppelerbschein wird bezeichnet die äußerliche Zusammenfassung von Erbfolgen auf Grund verschiedener Erbstatute, die zu einer Nachlassspaltung in Anwendung deutschen und ausländischen Rechts oder auf Grund verschiedener Gesetze zur allgemeinen Erbfolge und zur Hoffolge führen.[37]

Bei **Erbscheinen nach § 180 BEG** wird die Wirksamkeit des Erbscheins auf das Entschädigungsverfahren beschränkt, was auch durch Angabe im Erbschein kenntlich zu machen ist.[38] Ähnliches gilt für einen Erbschein in einem Rückerstattungsverfahren, der mit Hilfe einer besonderen Todesvermutung oder Todeszeitfeststellung iSd § 7a Abs. 2 BRüG erteilt ist.

III. Zuständigkeit

1. Sachliche und funktionelle Zuständigkeit

Zur Erteilung des Erbscheins ist **sachlich** das **Nachlassgericht**[39] als Abteilung des Amts- **16** gerichts (§§ 2353 BGB § 23a Abs. 2 Nr. 2 GVG iVm § 342 Abs. 1 Nr. 6 FamFG), nicht jedoch das Beschwerde- und auch nicht ein um Rechtshilfe ersuchtes Gericht **zuständig.** Einen vom Landgericht erteilten Erbschein hat das Nachlassgericht zurückzufordern, da er unwirksam ist.[40] Das **Landwirtschaftsgericht** ist in den Ländern Hamburg, Niedersachsen, Nordrhein-Westfalen, Niedersachsen, in denen die **HöfeO** für die Vererbung land- und forstwirtschaftlichen Grundbesitzes anwendbar ist, für die Ausstellung eines Hoffolgezeugnisses nur für den Hof (§§ 1, 18 Abs. 2, 19 Abs. 1 HöfeO) zuständig; es kann aber auch einen allgemeinen Erbschein für das hoffreie Vermögen mit Hoferbenvermerk über den Hof, einen Teilerbschein für das hoffreie Vermögen sowie einen Erbschein über das hoffreie Vermögen und daneben ein Hoffolgezeugnis erteilen. Soweit noch landwirtschaftliches Anerbenrecht in einzelnen Bundesländern gilt, regeln die Höfegesetze dieser Länder auch die sachliche Zuständigkeit; nur in Rheinland-Pfalz ist das Landwirtschaftsgericht zuständig, im Übrigen (Südbaden, Bremen, Hessen) das Nachlassgericht. In Bayern, Saarland, Berlin und den neuen Bundesländern gelten keine höfe- oder anerbenrechtlichen Vorschriften.[41]

Den Erbschein erteilt bei gesetzlicher und testamentarischer Erbfolge mittlerweile der **Rechtspfleger,** bei bestrittener Erbfolge der **Richter,** nach § 19 Abs. 1 S. 1 Nr. 6, soweit die Landesverordnungsgeber von der Aufhebung der Richtervorbehalte Gebrauch gemacht haben. Bei Ausländernachlässen ist der Richter ausschließlich zuständig (§§ 3 Nr. 2c; 16 Abs. 1 Nr. 6 RPflG), unabhängig davon, ob ein gegenständlich beschränkter Erbschein nach § 352c FamFG beantragt wird oder eine Beschränkung auf das inländische Vermögen unterbleibt.[42] Kommt es auf Grund Rückverweisung zur Anwendung deutschen Rechts bei gesetzlicher Erbfolge, ist der Rechtspfleger zuständig.[43] Wird ein gegenständlich beschränkter Erbschein nach § 352c FamFG in Anwendung deutschen Rechts auf Grund gesetzlicher Erbfolge beantragt, ist ebenfalls der Rechtspfleger zuständig.[44] Die Wirksamkeit des Erbscheins wird bei Erteilung durch den Richter statt durch den Rechtspfleger nicht

---

[37] MüKoBGB/*Grziwotz* § 2353 Rn. 13.

[38] MüKoBGB/*Grziwotz* § 2353 Rn. 17.

[39] In BaWü gemäß Art. 147 EGBGB, § 1 Abs. 1, 2, 37 BaWüLFGG die staatlichen Notariate, selbst wenn der Erbfolge eine durch den amtierenden Notar beurkundete Verfügung von Todes wegen zugrunde liegt, vgl. hierzu MüKoBGB/*Griwotz* § 2353 Rn. 46.

[40] Bei lediglich örtlicher Unzuständigkeit dagegen ist der Erbschein zwar wirksam, auf Beschwerde hin aber selbst bei sachlicher Richtigkeit einzuziehen (OLG Hamm FGPrax 2017, 229; Palandt/Weidlich § 2361 Rn. 3.)

[41] MüKoBGB/*Griwotz* § 2353 Rn. 157.

[42] MüKoBGB/Grziwotz § 2353 Rn. 49.

[43] MüKoBGB/*Grziwotz* § 2353 Rn. 49.

[44] MüKoBGB/*Grziwotz* § 2353 Rn. 49.

berührt (§ 8 Abs. 1 RPflG). Erteilt der nach § 16 RPflG nicht zuständige Rechtspfleger einen Erbschein, ist dieser zwar als wirksam anzusehen, wegen Verstoßes gegen die gesetzliche Verteilung der Rechtspflegefunktionen **(funktionelle Zuständigkeit)** jedoch einzuziehen.[45]

Die Bundesländer können nach der Öffnungsklausel des § 19 Abs. 1 S. 1 Nr. 4 RPflG die oben genannten Richtervorbehalte aufheben; der Rechtspfleger hat in diesen Fällen das Verfahren dem Richter zur weiteren Bearbeitung vorzulegen, wenn gegen den Erlass der beantragten Entscheidung Einwände erhoben werden (§ 19 Abs. 2 RPflG).

2. Örtliche Zuständigkeit

17 Die örtliche Zuständigkeit regelt § 343 FamFG (soweit nicht das Landwirtschaftsgericht zuständig ist; siehe hierzu § 10 LwVG: dasjenige Gericht, in dessen Bezirk der Hof liegt).

Zuständig ist danach (nunmehr, nach Anpassung des FamFG an die EuErbVO) **grundsätzlich** das Gericht an dem Ort, an dem der Erblasser seinen **letzten gewöhnlichen Aufenthalt** hatte, ein ausländischer Wohnsitz schließt die deutsche Aufenthaltszuständigkeit nicht aus. Ein Krankenhausaufenthalt begründet keinen gewöhnlichen Aufenthalt, wohl aber der Aufenthalt in einem Sterbehospiz, wenn der Erblasser dort (bei Betreuung mit gerichtlicher Genehmigung) tatsächlich seinen gewöhnlichen Aufenthalt begründet hat. Diese Zuständigkeit gilt für deutsche wie für ausländische Erblasser.[46]

Ist der Erblasser **Deutscher** und hatte zur Zeit des Erbfalles im Inland **keinen gewöhnlichen Aufenthalt**, ist das Gericht zuständig, an dem er letztmals im Inland seinen gewöhnlichen Aufenthalt hatte, hilfsweise ist das Amtsgericht Berlin-Schöneberg zuständig, das die Sache aus wichtigen Gründen bindend an ein anderes Gericht verweisen kann (§ 343 Abs. 2 FamFG).

Ist der Erblasser **Ausländer** und hatte zur Zeit des Erbfalls im Inland **keinen gewöhnlichen** Aufenthalt, so ist jedes Gericht zuständig, in dessen Bezirk sich Nachlassgegenstände befinden (§ 343 Abs. 3 FamFG). § 343 Abs. 3 FamFG gibt die Zuständigkeit dann für alle, nicht nur für alle inländischen Gegenstände; es muss jedoch ein inländischer Gegenstand auch vorhanden sein, sonst fehlt es an der internationalen Zuständigkeit, § 105 FamFG; der Erbscheinsantrag kann – muss aber nicht – auf den inländischen Nachlass beschränkt werden, § 352c FamFG).

In welchem Umfang darüber hinaus auch das Gericht des letzten gewöhnlichen Aufenthalts **(Abs. 2)** zuständig ist, ist noch nicht abschließend geklärt. (Beispiel: Der Erblasser hat vor 30 Jahren in Deutschland studiert und ist dann in sein Heimatland zurückgekehrt.) Nach dem Wortlaut der Vorschrift wäre das Nachlassgericht am Studienort grundsätzlich zuständig, weil der Erblasser hier seinen letzten gewöhnlichen Aufenthalt im Inland hatte. Ob dieses Ergebnis tatsächlich gewollt ist, erscheint zweifelhaft. Vorgeschlagen wird daher, § 343 Abs. 2 FamFG in Anlehnung an die Regelung in Art. 10 EuErbVO einschränkend dahin auszulegen, so dass ein deutsches Gericht nach Abs. 2 nur dann zuständig wäre, wenn der letzte gewöhnliche Aufenthalt im Inland innerhalb der letzten fünf Jahre vor dem Erbfall bestand.[47]

Im Gegensatz zum streitigen Zivilprozess gibt es im Erbscheinsverfahren **keine Prorogation** und auch **keine Zuständigkeitsbegründung durch rügeloses Einlassen**. Aus der Gefahr, die von unrichtigen, im Umlauf befindlichen Erbscheinen resultiert, folgt, dass immer (nur) ein Gericht zuständig sein kann. Anderenfalls besteht die Gefahr, dass unterschiedliche Gerichte, die jeweils ihre Zuständigkeit bejahen, Erbscheine mit unterschiedlichen Inhalten im Umlauf bringen. Deswegen führen Mängel hinsichtlich der örtlichen Zuständigkeit zwar nicht zur Unwirksamkeit des Erbscheins, führen jedoch zu dessen

---

[45] Vgl. näher hierzu MüKoBGB/*Grziwotz* § 2353 Rn. 53, Rn. 63, § 2361 Rn. 13 mwN.
[46] Keidel/*Zimmermann* § 343 Rn. 58.
[47] Keidel/*Zimmermann* § 343 Rn. 58.

Einziehung.[48] Abgaben und Verweisungen zwischen den Gerichten sind deshalb nur dann bindend, wenn Abgabe oder Verweisung an das tatsächlich zuständige Gericht erfolgen; eine § 281 ZPO entsprechende Regelung fehlt, eine entsprechende Anwendung ist aus den genannten Gründen ausgeschlossen.

Zur internationalen Zuständigkeit: Das örtlich zuständige Gericht ist nunmehr auch **18** international zuständig (§ 105 FamFG).

IV. Der Erbscheinsantrag

Der Erbschein wird nur auf Antrag erteilt, der beim Nachlass-, nicht beim Beschwerdege- **19** richt zu stellen ist. Gemäß Art. 239 EGBGB (Länderöffnungsklausel) können die Länder durch Gesetz bestimmen, dass der Antrag auf Erteilung eines Erbscheins der notariellen Beurkundung bedarf und die Versicherung an Eides Statt nach § 352 Abs. 3 FamFG nur vor einem Notar abzugeben ist. Der Antrags- und der Beschwerdeberechtigte sind auch Beteiligte, die zum Verfahren hinzuzuziehen sind.

Die Antragsberechtigung des Erben folgt aus der schlüssigen Behauptung seiner Rechtsstellung, während bei den übrigen Antragsberechtigten die Zulässigkeit des Antrags vom wirklichen Bestehen ihrer Rechtsstellung die durch die Entscheidung unmittelbar berührt wird, abhängt.[49]

1. Antragsberechtigung

Der Erbe (Allein-, Mit-, Vorerbe) nach Anfall und Annahme der Erbschaft; die Annahme **20** kann in der Antragstellung gesehen werden. Gemäß § 352a Abs. 1 S. 2 FamFG ist der einzelne Miterbe auch für den gemeinschaftlichen Erbschein über das Erbrecht aller Miterben antragsberechtigt; er hat dann jedoch die Annahme der Erbschaft durch den bzw. die anderen Erben darzutun und nachzuweisen. Der Miterbe kann auch einen Erbschein über das Erbrecht eines oder mehrerer anderer Miterben beantragen.[50] Ein solcher Antrag des Miterben für einen Erbschein, der seinen Erbteil nicht einschließt, erfordert den Nachweis, nicht nur die Behauptung des eigenen Erbrechts.[51]

Der **Nacherbe** hat während der Vorerbschaft kein Antragsrecht, weder für sich (weil für **21** ihn die Erbschaft noch nicht angefallen ist), noch für den Vorerben ohne dessen Ermächtigung. Er ist jedoch berechtigt, gegen einen unrichtigen Erbschein des Vorerben mit dem Einziehungsantrag und der Beschwerde vorzugehen, da jeder unrichtige Erbschein seine Anwartschaft als Nacherbe beeinträchtigen kann.[52]

Der **Vorerbe** hat das Antragsrecht nur bis zum Nacherbfall, von diesem Zeitpunkt an weder für sich für die zurückliegende Zeit, noch für einen Erbschein auf den Nacherben; der **Fiskus** als gesetzlicher Erbe nach der Feststellung des § 1964 BGB.

Der Gläubiger des Erben mit vollstreckbarem Titel (§§ 792, 896 ZPO für die **22** Zwangsvollstreckung).[53] Soweit ein Gläubiger Anspruch auf Aufhebung einer Gemeinschaft durch Zwangsversteigerung hat (§ 181 ZVG), kann er den hierzu benötigten Erbschein auch ohne Vorlage eines vollstreckbaren Titels beantragen.[54]

Der Gläubiger hat anstelle des erbenden Schuldners die erforderliche Versicherung an Eides Statt abzugeben und die Annahme der Erbschaft seitens des Erben nachzuweisen. Unter „Gläubiger" und „Schuldner" iSd § 792 ZPO sind auch deren Rechtsnachfolger zu verstehen; bei Abweisung des Antrags aus § 792 ZPO bestimmen sich die Rechtsmittel

---

48   OLG Hamm ZEV 2017, 675; Palandt/*Weidlich* § 2361 Rn. 3.
49   MüKoBGB/*Grziwotz* § 2353 Rn. 76, 79; OLG Zweibrücken Rpfleger 2006, 606.
50   OLG München JFG 23, 334.
51   MüKoBGB/*Grziwotz* § 2353 Rn. 82.
52   BayObLGZ 1948/51, 561.
53   Dazu BayObLGZ 1983, 153 (158).
54   MüKoBGB/*Grziwotz* § 2353 Rn. 96.

nach dem FamFG.[55] Das Nachlassgericht ist auf den **Antrag eines Gläubigers** hin in Bayern zur Aufnahme der amtlichen Erbenermittlung verpflichtet, auch wenn diese bis dahin wegen Geringfügigkeit des Nachlasses unterblieben ist (Art. 37 Abs. 1 S. 2 Bay-AGGVG). Beachte weiterhin §§ 727, 830, 837, 866, 867 ZPO, 40 GBO. Der Gläubiger hat Anspruch auf Ausfertigung (§ 357 FamFG) und Abschrift bzw. Einsicht (§ 13 Abs. 3 FamFG) und auf Einziehung, soweit ein Erbschein bereits erteilt ist.

23 **Der Rechtsnachfolger des Erben (**Erbeserbe) und der Erbteilserwerber (§ 2033 BGB) sind antragsberechtigt, nicht jedoch der Erbschaftskäufer (§§ 2371 f. BGB),[56] solange nicht dinglich erfüllt ist und auch kein Titel vorliegt.

Der Erbschein wird in diesen Fällen auf den Namen des ursprünglichen Erben ausgestellt.

24 **Der Testamentsvollstrecker** ist antragsberechtigt, auch wenn er nur bestimmte Befugnisse iSd § 2208 BGB hat.[57] **Nicht** selbständig antragsberechtigt sind jedoch **Nacherbentestamentsvollstrecker** (§ 2222 BGB) und der **Vermächtnisvollstrecker** (§ 2223 BGB).

25 **Nachlassverwalter, Nachlasskonkursverwalter, Abwesenheits- und Auseinandersetzungspfleger (§ 1911 BGB)** sind antragsberechtigt, **nicht** aber **Nachlasspfleger** hinsichtlich des Nachlasses, für den die Pflegschaft besteht. Ein Erbschein kann nur auf bekannte Erben ausgestellt werden, die die Erbschaft angenommen haben, was der Nachlasspfleger jedoch nicht anstelle des Erben kann.[58] Bei Antrag des **Abwesenheitspflegers** prüft das Nachlassgericht zwar nicht die allgemeinen Voraussetzungen einer Abwesenheitspflegschaft, wohl aber, ob der Abwesende den Erbfall erlebt, bzw. damals noch eine Lebensvermutung bestanden hat, sowie, ob der Wirkungskreis des Pflegers (vermerkt in Bestallung oder Beschlussabschrift) die Stellung eines Erbscheinsantrags mit umfasst.

26 Ein eigenes Antragsrecht hat der **Insolvenzverwalter** auf Grund § 80 InsO in der Insolvenz des Erben.[59]

2. Vertretung

a) Der gesetzliche Vertreter

27 Dieser kann für ihn die Erteilung des Erbscheins beantragen, auch dann, wenn er selbst Miterbe ist, es sei denn, der Erblasser hätte ihm die Verwaltung durch Verfügung von Todes wegen entzogen.[60] Der Antrag der Eltern für ihr Kind gehört zu den Angelegenheiten der Vermögenssorge. Ob der gesetzliche Vertreter auch zur Annahme der Erbschaft berechtigt ist, ist gesondert zu prüfen.

b) Antrag durch Bevollmächtigten

28 Der Erbschein muss nicht persönlich, er kann auch in den Grenzen des § 10 Abs. 2 FamFG durch einen gewillkürten Vertreter (Bevollmächtigten) beantragt werden, der jedoch keine eidesstattliche Versicherung für einen Erben abgeben kann. Die Vollmacht zur Antragstellung bedarf nunmehr der Schriftform (§ 11 FamFG). Der Notar hat keine allgemeine Ermächtigung zur Antragstellung, er bedarf einer besonderen Vollmacht.

---

[55] Zöller/*Geimer* § 792 Rn. 1.
[56] BayObLG FamRZ 1995, 1089; MüKoBGB/*Grziwotz* § 2353 Rn. 88 mwN; Burandt/Rojahn/*Gierl* § 2353 Rn. 42; aA Palandt/*Weidlich* §§ 2353 Rn. 12, 2371 Rn. 4: Käufer kann Erbschein auf den Namen des Erben beantragen; RGRK/*Kregel* § 2353 Rn. 7; Erman/*Schlüter* § 2353 Rn. 8.
[57] MüKoBGB/*Grziwotz* § 2353 Rn. 92; BayObLG NJW-RR 1999, 805; wohl Antragsrecht eines amerikanischen executor (nach BayObLGZ 1980, 42 nur im entschiedenen Fall nicht, weil keine Berechtigung für den deutschen Nachlass).
[58] BayObLGZ 32, 552.
[59] MüKoBGB/*Grziwotz* § 2353 Rn. 939; BayObLG NJW-RR 1999, 805.
[60] BayObLGZ 1961, 277; 1983, 213 (220 f.).

> **Muster: Vorschlag für eine schriftliche Vollmacht im Verkehr mit dem Nachlass-gericht:**
> Es wird gebeten, bei allen Schreiben die nachstehende Geschäfts-Nr. anzugeben. **29**
>
> *Vollmacht*
> In der Nachlasssache des/der am (Datum) verstorbenen (Name des Erblassers) bevoll-mächtigen ich – wir –...... zu meiner – unserer – Vertretung vor dem Nachlassgericht (Ort) einschließlich zur Empfangnahme des Erbscheins. Zugleich werden die Erklärungen die der/die genannte Bevollmächtigte in dieser Sache für mich/uns vor dem Nachlassgericht bereits abgegeben hat, genehmigt.
> (Ort), den (Datum)
> Unterschrift
> Anschrift..............
> ....
> An das Amtsgericht – Nachlassgericht –

3. Inhalt des Antrags

Der erforderliche Inhalt des Antrags ergibt sich aus §§ 352 – 352c FamFG. Im Gegensatz **30** zum streitigen Zivilprozess, in dem das Gericht immer hinter dem Antrag der Klagepartei zurückbleiben darf (vergleiche § 308 ZPO), ist dies im Erbscheinserteilungsverfahren aus-geschlossen. Der Erbschein kann immer **nur so erteilt werden, wie er beantragt ist**. Der Antragsteller muss deshalb vorab in eigener Verantwortung prüfen, in welchem Um-fang er das Erbrecht für sich beansprucht. Gegebenenfalls ist er gehalten, einen oder mehrere Hilfsanträge zu stellen. Erfolgt die Erbeinsetzung durch Zuwendung von Einzel-gegenständen, die im Wesentlichen das gesamte Vermögen des Erblassers darstellen, kann die Ermittlung der Erbquoten mit nicht geringen Schwierigkeiten verbunden sein. Entwe-der verfahren die eingesetzten Erben hier nach § 352c Abs. 2 FamFG und lassen die Quoten offen, oder das Gericht muss die von ihm – von Amts wegen ermittelten – Werte der Vermögensgegenstände den Beteiligten mitteilen und die Möglichkeit eröffnen, die gestellten Anträge neu zu stellen.

Der Antrag, der einen **bestimmten Vorschlag** enthalten muss und nicht dem Ermessen des Gerichts überlassen werden darf, **muss** folgendes enthalten:

– den **Erblasser;**
– **das beanspruchte Erbrecht** (im Unterschied zum Erbschein selbst[61] ist beim Antrag der **Berufungsgrund** – gesetzliche oder testamentarische Erbfolge – anzugeben);[62] Ver-bindung von Haupt- und (gegebenenfalls mehreren gestaffelten) **Hilfsanträgen** mit sachlich verschiedenem Inhalt ist zulässig, wenn jeder Antrag für sich das begehrte Erbrecht bestimmt bezeichnet, sowie der Antragsteller dem Gericht die Reihenfolge der Verbescheidung der Anträge genau festlegt;[63] dies gilt aber nicht im Beschwerdeverfahren nach Geltung des FamFG;[64] jedoch ist nach der Ablehnung des Antrags durch das Nach-lassgericht auch die **Änderung des Antrags** mit Einlegung der Beschwerde gegen den

---

[61] Beim Fremdrechtserbschein ist jedoch nach hM der Berufungsgrund anzugeben.
[62] Allgemeine Meinung, BayObLGZ 1973, 28; Staudinger/*Herzog* § 2353 Rn. 56; Palandt/*Weidlich* § 2353 Rn. 14; Keidel/*Zimmermann* § 352 Rn. 40; MüKoBGB/*Grziwotz* § 2353 Rn. 71; BayObLG DNotZ 1973, 633.
[63] RGZ 156, 180; BayObLGZ 1950/51, 690; 1961, 123. Zwar ist es zulässig, die Erbschaft „aus jedem Berufungsgrunde" anzunehmen (BayObLGZ 1973, 28 (29)); unzulässig ist es aber, die Erteilung eines Erbscheins „aus jedem Berufungsgrund" ohne Angabe der Reihenfolge der Verbescheidung der Anträge zu beantragen; MüKoBGB/*Mayer* § 2353 Rn. 72 hält zutreffend eine alternative Angabe des Berufungs-grundes für zulässig.
[64] AA OLG Hamm FGPrax 2012, 23. Wenn der Erbschein nur vom Nachlassgericht erteilt werden kann, muss dieses auch Gelegenheit gehabt haben, sich mit dem gestellten Antrag auseinanderzusetzen.

ablehnenden Beschluss zulässig, jedoch nur, solange noch keine Abhilfeentscheidung ergangen ist;[65]

– die **quotenmäßige**[66] **Bezeichnung des Erbteils** bei Miterben ohne Rücksicht auf etwa vorzunehmende Ausgleichungen (bei Unklarheiten, etwa wegen Bewertungsschwierigkeiten, sind Haupt- und Hilfsanträge anzuraten); die das Erbrecht berührenden **Verfügungsbeschränkungen** durch Anordnung von **Nacherbfolge** (§ 2363 BGB) einschließlich der Ersatznacherbfolge oder **Testamentsvollstreckung** (§ 2364 BGB), **nicht** aber die das Erbrecht als solches nicht berührenden **Beschwerungen** wie Vermächtnis, Erbersatzanspruch, Pflichtteilsanspruch, Auflagen, Teilungsanordnungen mit Ausnahme des Vorausvermächtnisses beim alleinigen Vorerben; Verfügungsbeschränkungen, die ihren Grund außerhalb des BGB haben (etwa im Höfe- oder Anerbenrecht oder im ausländischen Erbrecht bei einem Fremdrechtserbschein) sind jedoch anzugeben;

– **die Angabe, ob ein unbeschränkter** (§ 2353 BGB), gegenständlich **beschränkter** (§ 352c FamFG), auf ein bestimmtes Verfahren beschränkter (BEG, BRüG) oder zu beschränktem Gebrauch (LAG, Grundbuch) bestimmter **Erbschein begehrt wird.**

Das Nachlassgericht ist **an den Antrag gebunden,** darf in seiner Entscheidung inhaltlich nicht abweichen und darf dem Antrag auch nicht nur teilweise stattgeben.[67] Im Rahmen seiner Fürsorgepflicht wird das Nachlassgericht Hinweise erteilen oder Zwischenverfügungen erlassen, nun auf eine zutreffende Antragstellung hinzuwirken.

4. Form des Antrags

31 Anders als unter Geltung des FGG ist nunmehr der Antrag schriftlich oder zu Protokoll der Geschäftsstelle des Nachlassgerichts zu stellen. Die Länder können durch Gesetz bestimmen, dass der Antrag **notariell** beurkundet werden muss und die Versicherung an Eides Statt nur vor einem Notar abzugeben ist (Art. 239 EGBGB, 352 FamFG).

32 Wird der **Antrag privatschriftlich** eingereicht, kann folgende Form gewählt werden:

Muster: Antrag auf Erteilung eines Erbscheins

Antrag

auf Erteilung eines Erbscheins[68] – gemeinschaftlichen Erbscheins[69] – Teilerbscheins[70]

Betreff: Nachlass (Name des Erblassers, geboren am [Datum], gestorben am [Datum])

Ich beantrage die Erteilung eines Erbscheins über das Erbrecht am Nachlass der vorgenannten Verstorbenen. Ich erkläre dazu folgendes:

I. Familienverhältnisse des Erblassers

1.   Name (Vor- und Zuname, auch der Geburtsname): (Name und Geburtsname des Erblassers)
2.   Beruf: (…)
3.   Ort und Zeit der Geburt: (Ort, Datum)
4.   Ort und Zeit des Todes: (Ort, Datum)
5.   Gewöhnlicher Aufenthalt zur Zeit des Todes: (Ort)
6.   Staatsangehörigkeit:
7.   a)   War Erblasser verheiratet? Wie oft?   Ja, einmal
     b)   Mit wem? Wann und wo wurde die Ehe geschlossen?
                            Mit (Name des Ehegatten, Ort der Eheschließung)
          Wurde die Ehe geschieden?   Nein

---

[65]   OLG Celle FamRZ 2012, 321.
[66]   Zur Testamentsauslegung bei ungenauer Bezeichnung der Erbteilsquoten durch den Erblasser siehe OLG Karlsruhe NJW-RR 2011, 874.
[67]   BayObLGZ 1967, 1 (8); 1973, 28.
[68]   Falls Antragsteller Alleinerbe ist.
[69]   Falls Erbschein über das Erbrecht sämtlicher Miterben beantragt wird.
[70]   Falls Erbschein über das Erbrecht eines oder eines Teiles der Miterben beantragt wird.

8. a) Ist der andere Ehegatte am Leben? Nein
   b) Wo hält er sich auf? …
9. Wann und wo ist der andere Ehegatte oder sind die anderen Ehegat- (Ort, Datum)
   ten gestorben?
   Wo war der letzte gewöhnliche Aufenthalt? (Ort)
10. Güterstand der Ehegatten? (Zugewinngemeinschaft/Gütergemeinschaft/Gütertren-
    nung)
    Wann und wo wurde ein Ehevertrag geschlossen? (Ort, Datum)

II. Gesetzliche Erbfolge
(auch auszufüllen, falls eine Verfügung von Todes wegen vorliegt!)

1. Gesetzliche Erben, Verwandtschaftsverhältnis zum Erblasser, Name, Ort und Zeit der
   Geburt, Beruf, Anschrift, Größe der Erbteile (in Bruchteilen):
   Erben 1. Ordnung: Abkömmlinge des Erblassers, § 1924 BGB
   Erben 2. Ordnung: Eltern des Erblassers sowie deren Abkömmlinge, § 1925 BGB
   Erben 3. Ordnung: Großeltern des Erblassers sowie deren Abkömmlinge, § 1926 BGB
   Zu 1–3: Anzugeben sind auch nichteheliche, adoptierte und für ehelich erklärte Kinder.
   Erbrecht des Ehegatten: § 1931 BGB. Beachte: § 1371 BGB.
2. Ist die Geburt eines weiteren Erben zu erwarten?[71]
3. a) Welche Personen sind oder waren vorhanden, durch welche die Erben von der
   Erbfolge ausgeschlossen würden oder ihr Erbteil gemindert werden würde? Deren
   Verwandtschaftsverhältnis zum Erblasser, Name, Ort und Zeit der Geburt, Beruf und
   Wohnort:
   Ehemann der Erblasserin, S. oben I Zi. 7
   b) Sind die unter a aufgeführten Personen durch Tod weggefallen, so Angabe von
   Todeszeit, -ort und letztem Wohnsitz. Bei Wegfall aus anderen Gründen Angabe der
   Urkunden, die zum Nachweis dienen:
   s oben I Zi. 9
   c) Falls die unter a genannten Personen die Verwandtschaft der gesetzlichen Erben mit
   dem Erblasser vermittelt haben, Angabe von Ort und Zeit der Verehelichung und
   Namen des anderen Ehegatten:
   s oben I Zi. 7

III. Erbfolge auf Grund Verfügung von Todes wegen

1. Name, Beruf, Wohnort, Größe der Erbteile (in Bruchteilen)[72]
2. Verfügung von Todes wegen, auf welcher das Erbrecht beruht. Art (einfaches – gemeinschaftliches – privatschriftliches – öffentliches Testament, Erbvertrag, Ehevertrag mit erbvertragsmäßigen Bestimmungen), Ort und Zeit der Errichtung, Ort der Verwahrung;
3. a) Sind Personen[73] weggefallen, durch welche die eingesetzten Erben von der Erbfolge
   ausgeschlossen wurden oder ihr Erbteil gemindert würde)? Name?
   b) Sind die unter a aufgeführten Personen durch Tod weggefallen, so Angabe von
   Todeszeit, -ort und letztem Wohnsitz. Bei Wegfall aus anderen Gründen Angabe der
   Urkunden, die zum Nachweis dienen;
4. Ist eine Nacherbfolge – Ersatznacherbfolge – angeordnet? Wodurch? Zu wessen Lasten
   und zu wessen Gunsten? Anschrift der Nacherben sowie Ersatznacherben?

IV. Gemeinschaftliche Fragen zu II und III

1. Sind weitere Verfügungen von Todes wegen vorhanden? Ort der Verwah- Nein
   rung:
2. Ist ein Rechtsstreit über das Erbrecht anhängig?
   Bei welchem Gericht, wie heißt der Prozessgegner? Nein

---

[71] Das Nachlassgericht hat entfernte Möglichkeiten, dass die Witwe schwanger ist oder nichteheliche Kinder
hat, nur dann zu berücksichtigen, wenn ein besonderer Anlass vorliegt.
[72] Eingesetzte Erben, die schon weggefallen sind (Ziff. 3), sind hier nicht anzugeben.
[73] Durch Verfügung von Todes wegen als Erben eingesetzte Personen.

3. Hat der Erblasser einen Testamentsvollstrecker ernannt oder das Nachlass-   Nein
   gericht um die Ernennung ersucht? Wodurch? Wer ist ernannt? Hat der
   Testamentsvollstrecker das Amt angenommen?
4. Zu wessen Gunsten soll der Erbschein erteilt werden? Angabe des Berufungsgrundes sowie die genauen Quoten der einzelnen Erben:
   (Sohn der Erblasserin. Alleinerbe auf Grund Gesetzes)
5. Haben sämtliche Erben die Erbschaft angenommen? Woraus ergibt sich das?
   Ja, Inbesitznahme und Verteilung von Nachlassgegenständen

V. Nachlass

1. Vermögen des Erblassers:
   a) Bewegliche Sachen: Mobiliar im Wert von (… EUR)
   b) Grundstücke: (Ort, Gemarkung)
                                                                    (Wert)
                                                                  …… EUR

   c) Forderungen: keine
   d) Wertpapiere und sonstige Vermögensrechte: keine
   Erblasser war – war nicht – Inhaber oder Teilhaber einer im Handelsregister eingetragenen Firma?
2. Sind Nachlassverbindlichkeiten vorhanden? Art?   …… EUR (…),
   Höhe?
3. Wert des reinen Nachlasses?   …… EUR
4. Wie viele Ausfertigungen werden begehrt?   2 für Antragsteller
   Für wen?
5. Welche Urkunden werden übergeben?   2 Sterbeurkunden
                                        (Nachweis für Tod beider Ehegatten),
                                        Familienstandszeugnis für Erblasserin,
                                           1 Geburtsurkunde für Antragsteller

Ich erkläre ferner:
In Ansehung der von mir zu den Fragen I 10, II 2,3, IV 1,2,5 gegebenen Antworten bin
ich bereit, an Eides Statt zu versichern, dass mir nichts bekannt ist, was der Richtigkeit
meiner Angaben entgegensteht.
Ort, den (Datum)   (Unterschrift des Antragstellers)

Auf einen unvollständigen Antrag ist der Antragsteller auf die Mängel hinzuweisen und
ihm ist Gelegenheit zu geben, den Antrag nachzubessern. An den Antragsteller kann das
folgende Schreiben gerichtet werden:

**Muster: Beanstandung eines privatschriftlichen Erbscheinsantrags durch das Nach-
lassgericht**

33 Ihr Antrag vom (Datum) auf Erteilung eines Erbscheins ist unvollständig. Erforderlich sind
    die in den §§ 352ff FamFG näher bezeichneten Angaben. Die in § 352 Abs. 3 S. 3 FamFG
    vorgeschriebene eidesstattliche Versicherung ist vor dem Nachlassgericht oder einem
    Notar abzugeben.[74]
    Der Erbscheinsantrag selbst muss inhaltlich bestimmt sein.
    Vorzulegen sind nach § 352 FamFG folgende öffentliche Urkunden:……
    Haben Sie die Urkunden beschafft, so können Sie den Antrag mit den vorgeschriebenen
    Angaben auf der Geschäftsstelle Ihres Amtsgerichts aufnehmen lassen und hierbei die
    Urkunden einreichen. Wollen Sie die eidesstattliche Versicherung vor dem Nachlassgericht
    abgeben, so setzt dieses einen Termin zur Abnahme der eidesstattlichen Versicherungen
    an, zu dem Sie vorgeladen werden. Sie können sich aber auch sogleich an den Notar

---

[74] Anders, wenn ein Land die alleinige Zuständigkeit des Notars gesetzlich bestimmt hat (Art. 239 EGBGB).

wenden, der selbst die Erbscheinsverhandlung aufnimmt und sie dem Nachlassgericht mit den Urkunden einreicht. Sie brauchen dann nicht nochmals zum Gericht zu kommen. Für die Aufnahme der Erbscheinsverhandlung erhebt der Notar die gleichen Gebühren wie das Gericht.

Hat der Erblasser ein privatschriftliches Testament hinterlassen, so ist dessen Echtheit durch Versicherung an Eides Statt, Schriftproben, Benennung von Zeugen usw darzutun. Es sind ferner sämtliche gesetzliche Erben und deren genaue Anschrift anzugeben. Auch empfiehlt es sich, eine beglaubigte Erklärung der gesetzlichen Erben über die Gültigkeit des Testaments einzureichen, damit von ihrer Anhörung, die das Verfahren wesentlich verzögert, abgesehen werden kann.

Den Antrag wird die **Geschäftsstelle/Rechtspfleger/Notar**[75] in **folgender Form 34** aufnehmen:

Muster: Protokollierung eines Erbscheinsantrags durch die Geschäftsstelle des Nachlassgerichts oder den Notar
Nachlass: (Name des Erblassers)
Gestorben: (Datum)
Letzter gewöhnlicher Aufenthalt: (…)
Es erscheint (Name) und erklärt:
Der am (Datum) in (Ort) verstorbene (Erblasser Name) hatte seinen letzten gewöhnlichen Aufenthalt in (Ort):
Staatsangehörigkeit: (…)
Erbschein wird benötigt. Sollte Erbschein bereits erteilt sein, wird um Zusendung einer Ausfertigung desselben ersucht.
Der Erblasser war ledig – verheiratet (einmal) – geschieden.
Die Ehe wurde am (Datum) in (Ort) unter – ohne – Abschluss eines Ehevertrages geschlossen.
Güterstand der Ehegatten: (Zugewinngemeinschaft, Gütergemeinschaft, Gütertrennung)
Der Ehe- und Erbvertrag wurde bei Notariat (Name des Notars, Ort) geschlossen.
Der Erblasser hat ein – kein – Testament hinterlassen. Ort der Verwahrung: (…)
Aus der Ehe gingen hervor: (Namen der Kinder)
Adoptierte Kinder? (Namen der Kinder)
Für ehelich erklärte Kinder? (Namen der Kinder)
Nichteheliche Kinder? (Namen der Kinder)
Gestorben sind vor dem Erblasser: (Namen der vorverstorbenen Kinder)
Sie haben folgende Abkömmlinge hinterlassen: (Namen der Enkelkinder)
Der Erblasser wird beerbt auf Grund Gesetzes – Verfügung von Todes wegen – wie folgt: (…)
Die nicht erschienenen Erben haben die Erbschaft angenommen.
Ein Rechtsstreit über das Erbe ist nicht anhängig.
Ich bin bereit, an Eides Statt zu versichern, dass mir nichts bekannt ist, was der Richtigkeit meiner vorstehenden Angaben entgegensteht.
(Beim Antrag vor dem Rechtspfleger oder Notar kann die Versicherung sofort abgegeben werden: Ich wurde belehrt, dass eine vorsätzlich oder auch nur fahrlässig falsche Versicherung an Eides Statt mit Strafe bedroht ist. Ich versichere nach bestem Wissen an Eides Statt, dass mir nichts bekannt ist, was der Richtigkeit meiner vorstehenden Angaben entgegensteht.)
Es wird beantragt:

---

[75] Falls ein Rechtspfleger den Antrag aufnimmt, wird er bei gegebener Zuständigkeit des Gerichts auch zugleich die eidesstattliche Versicherung des Antragstellers mit beurkunden.

a) (bei Antrag vor der Geschäftsstelle) einen Termin zur Entgegennahme der eidesstattlichen Versicherungen anzuraumen/ mir aus folgenden Gründen die Abgabe der eidesstattlichen Versicherung zu erlassen;

b) einen Erbschein gemäß oben angegebener Erbfolge zu erteilen.

An Urkunden übergebe ich: (…)

Wert des Reinnachlasses: (…) Euro.

Zum Nachlass gehören:

a) keine/folgende Grundstücke: (…)

b) keine/folgende im Handelsregister eingetragene Firma: (…)

(Unterschriften)

Wird ein Familienstammbuch vorgelegt, so empfiehlt es sich, einen Auszug zum Akt zu fertigen und das Buch sofort zurückzugeben.

Muster: Beglaubigter Auszug aus dem Stammbuch:

35   Ort der Eheschließung und nähere Bezeichnung des Standesamtes: (…)

Tag der Eheschließung: (…) Heiratsregister Nr. (…)

Personalien des Ehemannes: (…)

Geburtstag: (…) Ort:…… Kreis:……

Personalien der Ehefrau: (…)

Geburtstag: (…) Ort: (…) Kreis: (…)

Kinder: 1. (…) 2. (…) 3. (…)

Sterbeeintragung: Ehefrau Ehemann Kinder

Beglaubigt

36   Ist der **Erblasser im Ausland geboren,** so wird eine Anfrage bei der Testamentsauskunftsstelle des AG Berlin-Schöneberg und beim Zentralen Testamentsregister angebracht sein, falls der Todesfall nicht bei einem deutschen Standesamt beurkundet ist.

Muster: Anfrage an die Testamentsauskunftsstelle bei im Ausland geborenen Erblasser

An das Amtsgericht Schöneberg – Testamentsauskunftsstelle/Zentrales Testamentsregister

Es wird ersucht, festzustellen und hierher mitzuteilen, ob dort eine Verfügung von Todes wegen de……… vermerkt ist.

Auf Anordnung

– Justizsekretär – Justizangestellter –

Urschriftlich zurückgesandt. Hier ist eine von diesem Erblasser getroffene Verfügung von Todes wegen – nicht – ermittelt worden.

Berlin, den (Datum)

Amtsgericht – Testamentsauskunftsstelle –

37   Kommt **gesetzliche Erbfolge** in Frage (vorher immer feststellen, ob Verfügung von Todes wegen in Verwahrung), so wird man den Antragsteller (eventuell weitere gesetzliche Erben)[76] zur Erbscheinsverhandlung laden und darüber folgende Niederschrift[77] aufnehmen:

---

[76] Steht im Ermessen des Gerichts.

[77] Beurkundung der eidesstattlichen Versicherung ist Gerichten, Notaren und Konsularbeamten im Ausland möglich, Gerichten, die nicht Nachlassgerichte sind, nur auf Ersuchen im Rechtshilfeweg.

Muster: Protokoll einer Erbscheinsverhandlung vor dem Nachlassgericht

Amtsgericht (Ort)   38

Nachlassgericht   (Ort), den (Datum)

Niederschrift

in der Nachlasssache (Name des Erblassers), letzter gewöhnlicher Aufenthalt (Ort), verstorben am (Datum) in (Ort)

Vor dem Dipl. Rpfl. (FH) (Name) findet sich ein:

(Name), (Anschrift) ausgewiesen durch Personalausweis (durch Ladung und Sachkenntnis – dem Rpfl. bekannt).

Der Erschienene überreichte folgende Urkunden:[78]

Geburtsurkunde, 2 Personenstandszeugnisse der Eltern.

Er erklärte: Laut der im Akt befindlichen Sterbeurkunde – ist der Erblasser (Name) am (Datum) in (Ort) verstorben.

Der letzte gewöhnliche Aufenthalt des Erblassers war (Ort).

Der Erblasser besaß zur Zeit des Todes die deutsche Staatsangehörigkeit (infolge Abstammung – Eheschließung – Einbürgerung.

Nachlassgegenstände befinden sich – nicht – im Ausland (gegebenenfalls welche - wo).

a) Eine Verfügung von Todes wegen ist nicht vorhanden.

b) (Eine rechtsgültige Verfügung von Todes wegen hat der Erblasser nicht hinterlassen.)

c) (Die vom Erblasser hinterlassene letztwillige Verfügung enthält keine Erbeinsetzung.)

Der Verstorbene war – ledig – verwitwet – geschieden – in seinerseits einziger am (Datum) geschlossenen Ehe mit (Name, Geburtsname), gestorben am (Datum) in (Ort), letzter gewöhnlicher Aufenthalt (Ort), verheiratet.[79]

Eheverträge sind – nicht – geschlossen worden.

Erklärungen nach Art. 8 Abschn. I Nr. 3 bis 5 des Gleichberechtigungsgesetzes oder nach § 2 des Gesetzes über den ehelichen Güterstand von Vertriebenen und Flüchtlingen sind – nicht – abgegeben worden. In der Ehe hat somit der gesetzliche Güterstand gegolten.[80]

Verwandtschaftsverhältnisse des Verstorbenen.[81]

Aus der Ehe sind keine – folgende – Kinder hervorgegangen:……

(Falls Abkömmlinge vorverstorben, Todestag, evtl. letzten Wohnsitz sowie weitere Abkömmlinge derselben feststellen!)[82]

Der Erblasser hat nicht adoptiert, auch keine Ehelicherklärung[83] vornehmen lassen. Er hatte keine – folgende nichteheliche Kinder:……

Der Verstorbene entstammte der – beiderseits einzigen – Ehe des (Name des Vaters des Erblassers), geboren am (Datum) in (Ort), verstorben am (Datum) in (Ort) und der (Name

---

[78] Die in § 352 Abs. 1 und 2 FamFG zu machenden Angaben sind durch öffentliche Urkunden nachzuweisen. Sind die Urkunden nicht oder nur mit unverhältnismäßigen Schwierigkeiten zu beschaffen, so genügt die Angabe anderer Beweismittel. Nachlassgericht kann sich hier mit Abnahme einer eidesstattlichen Versicherung begnügen.

[79] Aufzuführen sind Angaben über den Familienstand, über Eheschließungen (auch Tag der Eheschließung), anhängige Klagen auf Scheidung oder Aufhebung der Ehe, ferner über den jeweils maßgebenden Wohnsitz, falls die Ehe im Geltungsbereich des Grundgesetzes geschlossen wurde oder einer Änderung des Güterstandes außerhalb dieses Geltungsbereiches unterlag.

[80] Bei allgemeiner Gütergemeinschaft, die in fortgesetzte Gütergemeinschaft übergegangen ist, erübrigt sich in der Regel eine Ausstellung des Erbscheins. Falls Gütertrennung bestand, ist dies im Hinblick auf § 1931 Abs. 4 BGB anzugeben.

[81] Neben ehelichen sind auch für ehelich erklärte und nicht eheliche Kinder, gezeugte aber noch nicht geborene Kinder sowie an Kindes Statt angenommene Kinder aufzuführen. Bei letzteren ist auch festzustellen, dass die Kindesannahme nicht aufgehoben und das Erbrecht des angenommenen Kindes nicht ausgeschlossen wurde. Vgl. zur Übergangsregelung Palandt/*Diederichsen* 60. Aufl. Einf. 42 ff. vor § 1741 BGB.

[82] Nötig sind Angaben, ob und welche Personen, die als Erben hätten in Betracht kommen können, vor Eintritt des Erbfalls weggefallen sind.

[83] Frage entfällt bei weiblichem Erblasser.

der Mutter des Erblassers), geboren am (Datum) in (Ort), verstorben am (Datum) in (Ort), aus der außer dem Erblasser folgende Kinder hervorgegangen sind:
(Name), der Erschienene.
(Name), (Anschrift).
Ein weiteres Kind ist im Kindesalter gestorben.
Die Eltern hatten keine – folgende nichteheliche Kinder:……
Der Verstorbene wird also beerbt auf Grund Gesetzes von mir und meinem Bruder (Name) je zur Hälfte.[84]

a) [85] Nach Belehrung über die Schuldenhaftung der Erben erkläre ich zugleich auch für meinen Bruder die Annahme der Erbschaft.
b) Die Erben haben die Erbschaft angenommen.[86]
c) Die Erbschaft gilt wegen Ablauf der Ausschlagungsfrist[87] als angenommen.

Erbschein ist notwendig. Ich beantrage die Ausstellung eines gemeinschaftlichen Erbscheins, wonach der Erblasser gemäß der oben aufgeführten Erbfolge beerbt worden ist.
Der Erschienene erklärte sodann nach Hinweis auf die Bedeutung einer Versicherung an Eides Statt und nach Belehrung über die strafrechtlichen Folgen einer wissentlich oder fahrlässig abgegebenen falschen eidesstattlichen Erklärung:
(oder: eidesstattliche Versicherung wurde antragsgemäß erlassen).[88]
Ich versichere nach bestem Wissen an Eides Statt,[89] dass mir nichts bekannt ist, was der Richtigkeit folgender Angaben entgegensteht:

1. Eine Verfügung von Todes wegen des Verstorbenen ist nicht vorhanden.
2. Andere Personen, durch welche die festgestellten gesetzlichen Erben von der Erbfolge ausgeschlossen oder ihr Erbteil gemindert würde, sind und waren nicht vorhanden.
3. Ein Rechtsstreit über das Erbrecht ist nicht anhängig.
4. Sämtliche Erben haben die Erbschaft angenommen.

Den Erbschein ersuche ich zum Akt zwecks Grundbuchberichtigung zu erteilen[90] – mir zuzusenden.
Ein reiner Nachlass ist (nicht) vorhanden.
Der Wert des reinen Nachlasses beträgt etwa…… EUR.[91] Die Kosten sollen von mir erhoben werden.
Der Nachlass besteht aus:

A. Aktiva:

1. a) Grundbesitz: Anwesen. Haus. Nr. in … E. W. (Grundbuchmäßige Bezeich-   …
   nung)
   b) Hypothekenforderung (Grundbuch für …) in Höhe von   …
   Weitere Grundstücke oder Rechte an Grundstücken
   gehören nicht zum Nachlass.
2. a) Wertpapiere im Nennwert von   …
   Kurswertberechnung der Bank wird nachgebracht.

---

[84] Immer nur quotenmäßig.
[85] Nichtzutreffendes ist zu streichen.
[86] Bei Beantragung eines gemeinschaftlichen Erbscheins genügt idR die Erklärung (evtl. eidesstattliche Versicherung) eines Miterben, dass die übrigen Miterben angenommen haben (§ 352a Abs. 1 S. 2, Abs. 3 FamFG). Ihre Einvernahme erübrigt sich hier.
[87] Beginn des Laufs der Ausschlagungsfrist und ihr Ablauf ist für jeden Erben nachzuweisen.
[88] Nur ausnahmsweise – aus beachtlichem Grund!
[89] Bei durch Tod des Erblassers aufgelöster Ehe beachte § 352 Abs. 3 S. 3 FamFG: Nachweis, dass der Erblasser zur Zeit seines Todes im Güterstand der Zugewinngemeinschaft gelebt hat, durch eidesstattliche Versicherung. In einer weiteren nachfolgenden Ziffer wäre der Satz aufzunehmen: „Der Erblasser hat zurzeit seines Todes im Güterstand der Zugewinngemeinschaft gelebt". Die gleiche Erklärung ist sinngemäß im Hinblick auf § 1931 Abs. 4 BGB bei Gütertrennung abzugeben.
[90] Genügt zB in Bayern, falls nur Grundbuch-Berichtigung in Frage steht.
[91] Wird der Nachlassbestand nicht genauer aufgenommen, so wird bei größerem Nachlass der Rechtspfleger idR von den Erben Angabe des Nachlasses verlangen.

b) Forderung in Höhe von … gegen: … aus (Grund)   …
c) Bargeld in Höhe von   …
3. Möbel, Betten und persönliche Gebrauchsgegenstände des Verstorbenen zum   …
Schätzwert von
Zusammen also   …

B. Passiva

1. Laufende Schulden sind nicht vorhanden.
2. Hypothekenschulden usw.   …
3. Sonstige Verbindlichkeiten   …
Zusammen also   …
Reinnachlass somit: …
Erblasser war – war nicht – Inhaber oder Teilhaber einer im Handelsregister eingetragenen Firma.
Wir beantragen die Einschreibung der Erbfolge auf Grund des Erbscheins im Grundbuch für……
Auf Vollzugsnachricht wird – nicht – verzichtet.
Der Erschienene zu 1 erklärt: Die vorstehenden Erklärungen gebe ich zugleich auf Grund übergebener – nachzubringender – Vollmacht für meinen Bruder (Name) ab.
Vorgelesen, genehmigt und unterschrieben

Kommt **Erbfolge auf Grund einer Verfügung von Todes wegen** in Frage (auch hier **39** immer feststellen, ob nicht weitere Verfügungen von Todes wegen bei Gericht in Verwahrung), so setzt dies eine Eröffnung dieser Verfügung voraus. Ein Eröffnungsprotokoll ist erforderlich, § 348 Abs. 1 S. 2 FamFG.[92] Eine zu Verlust gegangene Verfügung kann zwar nicht mehr eröffnet werden,[93] Erteilung eines Erbscheins auf Grund der Verfügung ist jedoch möglich, falls die Wirksamkeit (Form und Inhalt) auf irgendeine Weise nachgewiesen werden kann.[94] Eine Vermutung dafür, dass es vom Erblasser selbst in Widerrufsabsicht vernichtet worden ist, besteht nicht.[95]

Über die Erbscheinsverhandlung wird man folgende Niederschrift aufnehmen: **40**

Muster: Erbscheinsverhandlung vor dem Nachlassgericht bei Verfügung von Todes wegen
Amtsgericht (Ort)
Nachlassgericht   den (Datum)

Niederschrift

Betreff: Nachlass der am (Datum) hier verstorbenen (Erblasserin, geboren am (Datum) in (Ort)).
Vor dem Rechtspfleger (Name) haben sich heute eingefunden:
Der Ehemann der Erblasserin (Name, Anschrift)
Die beiden Söhne der Erblasserin (Namen, Anschriften).
Die Erschienenen sind geschäftsfähig, sie wiesen sich aus durch Personalausweis.
Der Ehemann der Erblasserin erklärte: Laut im Akt befindlicher TA-Sterbeurkunde – ist meine Ehefrau (Name, Geburtsname) am (Datum) in (Ort) verstorben. Der letzte gewöhnliche Aufenthalt der Erblasserin war (Ort).
Die Erblasserin besaß zur Zeit des Todes die deutsche Staatsangehörigkeit.
Die Verstorbene war in beiderseits einziger am (Datum) geschlossener Ehe mit mir verheiratet.

---

[92] Burandt/Rojahn/*Kroiß* § 348 Rn. 5.
[93] Es sei denn, es liegt eine beglaubigte Kopie vor, vgl. KG JW 1919, 586; KG FG Prax 2007, 134.
[94] OLG München ZEV 2010, 572; BayObLG FamRZ 1990, 1162; KG FG Prax 2007, 134.
[95] BayObLG FamRZ 1993, 117; Palandt/*Weidlich* § 2255 Rn. 11.

In der Ehe galt der Güterstand der Zugewinngemeinschaft/Gütergemeinschaft/Gütertrennung.

Aus unserer Ehe gingen nur die beiden erschienenen Kinder hervor.

Nichtehelich hat die Erblasserin nicht geboren, sie hat auch nicht adoptiert.

Gesetzliche Erben[96] sind somit ich und die beiden Kinder.

Die Erblasserin hat eine Verfügung von Todes wegen (Erbvertrag vom (Datum), Urkundennummer (…), Notar (Name, Ort) hinterlassen. Der Erbvertrag wurde heute von dem Nachlassgericht (Ort) eröffnet. Auf die Niederschrift hierüber VI…… wird Bezug genommen.

Die Erschienenen erklärten:

Wir erkennen den Erbvertrag als echt und rechtswirksam – formgültig – an.[97]

Die Verstorbene wird auf Grund Erbvertrags vom (Datum) beerbt von (…) allein.

Auf das Pflichtteilsrecht der Kinder sowie seiner Verjährung wurde hingewiesen, ebenso auf das im Erbvertrag enthaltene Vermächtnis von (x,– EUR) zugunsten des (Name/Anschrift)

Der Ehemann (Name) erklärte:

Ich nehme die Erbschaft an. Über die Schuldenhaftung wurde ich belehrt.

Eine andere Verfügung von Todes wegen außer der heute eröffneten hat die Verstorbene nicht hinterlassen. Personen, durch die mein Erbrecht ausgeschlossen oder gemindert würde, sind und waren nicht vorhanden. Ein Rechtsstreit über mein Erbrecht ist nicht anhängig.

Nach Hinweis auf die Bedeutung einer Versicherung an Eides Statt und nach Belehrung über die strafrechtlichen Folgen einer wissentlich oder fahrlässig abgegebenen falschen eidesstattlichen Versicherung erkläre ich:

Ich versichere nach bestem Wissen an Eides Statt, dass mir nichts bekannt ist, was der Richtigkeit dieser Angaben entgegensteht. Ich beantrage die Ausstellung eines Erbscheins über das oben festgestellte Erbrecht und Übersendung an mich.

Aufstellung des Nachlasses wie (→ § 45)

Hatte die Erblasserin minderjährige eheliche Kinder, so wird man, falls der Vermögenserwerb für ein Kind 15.000 EUR übersteigt, die Eltern auf ihre Verpflichtung hinweisen, beim Familiengericht ein Vermögensverzeichnis einzureichen.[98]

V. Einzelheiten zur Erbscheinsverhandlung und zu dem der Erteilung eines Erbscheins vorausgehenden Verfahren

41 **Der Erbschein ist nur zu erteilen, wenn** das Nachlassgericht die zur Begründung des Antrags erforderlichen Tatsachen für festgestellt erachtet (§ 352e FamFG). Ziel der Ermittlungen des Nachlassgerichts ist es, festzustellen, ob dem Antrag entsprochen werden kann, das heißt, ob die verfahrensrechtlichen Voraussetzungen gegeben sind und der Erbschein nach Feststellung des Erbrechts erteilt werden darf.

Verfahrensvoraussetzungen, deren Fehlen zur Einziehung des Erbscheins führen würden, sind

– das Vorliegen eines bestimmten Erbscheinsantrags,

  die Art des beantragten Erbscheins (allgemeiner oder gegenständlich beschränkter Erbschein)

---

[96] Die gesetzlichen Erben sind bei Erbfolge auf Grund privatschriftlichen Testaments immer festzustellen. Im Übrigen empfiehlt es sich, wenigstens nach den gesetzlichen Erben erster und zweiter Ordnung zu fragen (Pflichtteilsrecht).

[97] Ein Erbschein kann zwar nicht auf Grund eines Anerkenntnisses erteilt werden, aber man wird die Beteiligten doch befragen, ob sie Einwendungen gegen die Verfügung von Todes wegen vorzubringen haben. Vgl. dazu BayObLGZ 1954, 27 (34).

[98] Beachte §§ 158 Abs. 2, 356 FamFG, § 1640 BGB.

- die gesetzliche oder gewillkürte Vertretungsmacht,
- die Antragsberechtigung,
- die örtliche, internationale, sachliche und funktionelle (jedenfalls beim Handeln des Rechtspflegers anstelle des Richters) Zuständigkeit.

Lediglich Voraussetzung für die Erteilung des Erbscheins, nicht jedoch für dessen Bestand, ist die Erfüllung der mit dem Erbscheinsantrag verbundenen Pflichten des Antragstellers gemäß §§ 352 – 352c FamFG.

Der Antrag ist begründet, wenn das Gericht der Überzeugung ist, dass das beantragte Erbrecht besteht. Der Antrag und die nach Auffassung des Gerichts gegebene materiell-rechtliche Erbfolge müssen übereinstimmen. Das Gericht kann nicht teilweise zusprechen und im Übrigen abweisen, sondern es muss den abweichenden Antrag in vollem Umfang ablehnen, wenn es trotz eines Hinweises nicht zur Deckungsgleichheit kommt.

Eine darüber hinausgehende Ermittlungspflicht trifft den Antragsteller nicht; er hat aber an den weiteren Ermittlungen des Nachlassgerichts durch vollständige (!) und wahrheitsgemäße Angaben mitzuwirken.[99]

1. Die erforderlichen Nachweise[100]

Der Antragsteller hat nachfolgende **öffentliche Urkunden** vorzulegen (§ 352 FamFG): **42**
- über die Zeit des Todes des Erblassers;
- über das Verhältnis, auf dem das Erbrecht des Antragstellers beruht;[101]
- über Wegfall einer Person, durch die der Antragsteller von der Erbfolge ausgeschlossen oder sein Erbteil gemindert worden wäre.

Davon kann nur abgesehen werden, falls die Urkunden nicht oder nur mit unverhältnismäßigen Schwierigkeiten zu beschaffen sind. Das Nachlassgericht hat dann geeignete Beweise zu erheben und hilfsweise eine öffentliche Aufforderung zur Anmeldung von Erbenrechten zu erlassen.[102] Eine **öffentliche Aufforderung** nach § 352d FamFG ist das letzte Mittel, wenn die Beibringung von Urkunden unverhältnismäßig ist.[103] Urkunden mit beschränktem Gültigkeitsbereich genügen nicht, wenn vollständige standesamtliche Urkunden ohne Schwierigkeiten beschafft werden können.[104] Soweit die Richtigkeit der Angaben zur Erteilung eines Erbscheins durch andere Beweismittel als öffentliche Urkunden geführt werden darf, müssen diese hinreichend verlässliche Schlussfolgerungen ermöglichen; eidesstattlichen Versicherungen Dritter (nicht des Antragstellers), insbesondere naher Angehöriger kann (neben Zeugen und Urkunden) ein solcher Beweiswert zukommen.[105] Die Familienbücher werden nach dem 31.12.2008 als **Heiratseinträge** fortgeführt (§ 77 PStG). Von der in § 352 Abs. 3 FamFG vorgesehenen **eidesstattlichen Versicherung** ist nur in Ausnahmefällen Abstand zu nehmen.[106] Angeblich geringer Nachlass oder der

---

[99] KG FamRZ 2006, 151.
[100] S. näher hierzu MüKoBGB/*Mayer*, 6. Aufl. 2013, § 2356 Rn. 9 ff.
[101] Über Nachweis der Namensänderung einer Erbin infolge Heirat: KG JFG 21, 120; OLG Oldenburg NJW 1957, 144. Geburtsscheine sind zwar beweiskräftige Personenstandsurkunden, lassen die Abstammung jedoch nicht ersehen.
[102] KG FamRZ 2011, 1337
[103] LG Berlin Rpfleger 2006, 473 zum inhaltsgleichen § 2358 Abs. 2 BGB: Todeserklärungsverfahren ist vorrangig.
[104] OLG Schleswig NJW-RR 2013, 1166; LG Rostock Rpfleger 2004, 289 zu einer infolge der Kriegswirren nicht zu beschaffenden Geburtsurkunde.
[105] OLG Schleswig FamRZ 2011, 1334 (zur eidesstattlichen Versicherung, der Erblasser habe keine Kinder hinterlassen und sei nicht verheiratet gewesen, es seien also keine Erben 1. und 2. Ordnung und keine Ehefrau vorhanden, die Antragstellerin habe deshalb den Erblasser, ihren Neffen, als Erbin 3. Ordnung beerbt.
[106] MüKoBGB/*Mayer*, 6. Aufl. 2013, § 2356 Rn. 56 auf den Einzelfall abstellend. S. auch OLG München Rpfleger 2006, 125. Zu einer ausländischen eidesstattlichen Versicherung s. OLG München Rpfleger 2006, 125.

Gebührengesichtspunkt allein sind keine entscheidenden Gesichtspunkte davon abzusehen. Die Angaben der Beteiligten über die Nachlasshöhe sind mitunter unzuverlässig, andererseits kann der Erbschein später eine nicht vorausgesehene Bedeutung erlangen. Entscheidung- und Ermessenskriterien sind, ob durch das Verlangen der eidesstattlichen Versicherung die Wahrscheinlichkeit erhöht wird, wahrheitsgemäße Angaben zu erhalten, was nur vorliegt, wenn der Antragsteller angesichts der Umstände überhaupt etwas zur Sachverhaltsaufklärung beitragen kann.[107] Dies ist regelmäßig nicht der Fall beim Erbscheinsantrag eines Nichterben wie des Testamentsvollstreckers, falls kein näherer Kontakt zum Erblasser bestand. Auch wenn der Sachverhalt bereits geklärt ist, kein Zweifel an der Erbfolge besteht, der Nacherbe einen Erbschein beantragt und bereits eine eidesstattliche Versicherung des Vorerben in den Akten ist, beim neuen Erbschein nach Wegfall der Testamentsvollstreckung, beim Vorliegen einer entsprechenden Erklärung eines public notary kann ausnahmsweise von der eidesstattlichen Versicherung abgesehen werden. Der Umstand, dass der Erbe ein Verein oder eine Stiftung ist, begründet keine Ausnahme. Ob eine Urkunde nicht oder nur unverhältnismäßig schwierig zu beschaffen ist, ist rechtlich voll nachprüfbar; es liegt insoweit kein Ermessensspielraum des Nachlassgerichts vor. **Auf die volle Überzeugung des Nachlassgerichts kann in keinem Falle verzichtet werden.** Als **sonstige Beweismittel** kommen in Betracht: eidesstattliche Versicherungen, Zeugenbeweis, Personenstandsurkunden, Mitteilungen der betreffenden Dienststellen für Kriegsdienstteilnehmer der beiden Weltkriege.[108]

2. Die Nachweise im Einzelnen

43 • Der **Todeszeitpunkt des Erblassers,**
der bei gesetzlicher und gewillkürter Erbfolge durch öffentliche Urkunden nachzuweisen ist, kann nachgewiesen werden durch:
- das **Sterberegister** §§ 3 Abs. 1 Nr. 4, 31 PStG);
- die beglaubigte Abschrift hieraus (§ 55 Abs. 1 Nr. 1 PStG);
- die **Sterbeurkunde** (§§ 55 Abs. 1 Nr. 5, 60 PStG);
- die Eintragung des Sterbefalls im **Familienbuch** (§ 14 Abs. 1 Nr. 1, § 15 Abs. 2 Nr. 2 PStG aF; die Familienbücher werden gemäß § 77 Abs. 2 PStG als **Heiratseinträge** ab 1.1.2009 weitergeführt, hieraus werden **Eheurkunden** ausgestellt, §§ 77 Abs. 3, 57 PStG nF);
- die beglaubigte Abschrift hierüber §§ 55 Abs. 1 Nr. 2, 57 PStG);
- den Auszug hieraus (§ 65a PStG aF);
- den **Todesschein;**
- die Eintragung im **Familienstammbuch** (nach dem 31.12.2008 fortgeführt als Heiratseinträge, Art. 1 § 77 PStRefG);
- die Ausfertigung des **gerichtlichen Beschlusses** über die Todeserklärung;
- die **Todeszeitfeststellung** (§§ 23, 44 VerschG);
- das **Buch für Todeserklärungen** und die beglaubigte Abschrift hieraus (§ 55 Abs. 1 Nr. 6 PStG: beglaubigte Abschrift aus der Sammlung der Todeserklärungen);
- die **Eintragung einer Todeserklärung** oder **Todeszeitfeststellung im Familienbuch** (§§ 14 Abs. 1 Nr. 1, 15 Abs. 2 Nr. 2 PStG aF);
- die beglaubigte Abschrift hiervon oder der Auszug hieraus (§§ 61a Nr. 1, 4, 65a PStG aF);
- eine **ausländische Todeserklärung** kann anerkannt werden (§ 108 FamFG).[109]
Soweit es **gesetzliche Vermutungen** gibt, besteht für den Antragsteller die Feststellungslast für den Sachverhalt, auf den sich die Vermutung stützt. Dies gilt für die durch

---

[107] MüKoBGB/*Mayer*, 6. Aufl. 2013, § 2356 Rn. 56 f.
[108] MüKoBGB/*Mayer*, 6. Aufl. 2013, § 2356 Rn. 43.
[109] BGHZ 43, 80 (83).

eine Todeserklärung gemäß § 9 Abs. 1 S. 1 VerschG und eine Todeszeitfeststellung gemäß § 44 Abs. 2 S. 1 VerschG bewirkte Todes- und Todeszeitvermutung und die Lebensvermutung (§ 10 VerschG). § 180 BEG begründet eine besondere Todesvermutung, die für das Erbscheinsverfahren ausreicht (§ 181 Abs. 2 BEG). Ebenso ist die bei Rückerstattungsansprüchen geltende Todesvermutung für das Erbscheinsverfahren maßgebend (§ 7a Abs. 2 BRüG). Die Vermutungen können widerlegt werden.[110]

• **Das dem Erbrecht zugrundeliegende Verhältnis** (§ 352 Abs. 1 FamFG), also die **44** behauptete Stellung zum Erblasser als **Verwandter, Ehegatte (einschließlich des Güterstandes)** ist wie folgt nachzuweisen:

– **Das Bestehen einer Ehe im Todeszeitpunkt, gleichgeschlechtliche Lebenspart-** **45** **nerschaft:** Das Eheregister (§§ 3, 15 PStG), das Lebenspartnerschaftsregister (§§ 3 Abs. 1 Nr. 2 PStG), die beglaubigte Abschrift hieraus (§ 55 Abs. 1 Nr. 1 PStG), die Eheurkunde und Lebenspartnerschaftsurkunde (§§ 55 Abs. 1 Nr. 2 und 3, 57, 58 PStG) und die beglaubigten Abschriften hieraus (§§ 55 Abs. 1 Nr. 1 PStG) beweisen nicht nur die Eheschließung, sondern wegen des in §§ 57, 58 PStG vorgeschriebenen Auflösungsvermerks auch das weitere Bestehen der Ehe.
Das Heiratsbuch (§§ 2 Abs. 1 S. 1, 9 ff. PStGaF), die beglaubigte Abschrift hieraus (§ 61a PStG aF), die Heiratsurkunde (§§ 61a, 63 PStG aF) und die Heiratsscheine (§ 15c PStG aF) **beweisen nur die Eheschließung, nicht jedoch das Bestehen der Ehe** im Todeszeitpunkt (anders die **Heiratsurkunde** bei Eheschließungen bis 31.12.1957, da bis dahin nachträgliche Änderungen des Personenstandes im Heiratsbuch vermerkt wurden). Das **Familienbuch,** eine beglaubigte Abschrift hiervon oder ein Auszug hieraus (§§ 2 Abs. 1 S. 2, 12 ff, 61a Nr. 1, 65a PStG aF) **bezeugen sowohl die Eheschließung als auch das Bestehen der Ehe.** Die Angabe des Ehegatten im Sterbebuch bzw. in der Sterbeurkunde bezeugt nicht das Bestehen der Ehe und kann allenfalls als **sonstiger Nachweis** angesehen werden.

– Die **eheliche oder nichteheliche Abstammung** und die **Annahme als Kind** **46** können nachgewiesen werden durch:
das **Geburtenbuch** (aF), das **Geburtsregister** (nF), die die eheliche oder nichteheliche Abstammung beweisen (§§ 21 Abs. 1 Nr. 1, 29, 30, 31 PStG aF; §§ 3 Abs. 1 Nr. 3, 21, PStG nF); die **beglaubigte Abschrift** hieraus (§ 61a Nr. 1 PStG aF, 55 Abs. 1 Nr. 1 PStG nF); die **Abstammungsurkunde** und die **Geburtsurkunde,** wenn keine Kindesannahme besteht (§§ 61a Nr. 3a, 62 Abs. 1, 55 Abs. 1 Nr. 4, 59 PStG); das **Familienbuch** (§ 12 Abs. 2 Nr. 2 PStG aF) einschließlich der beglaubigten Abschrift (§ 61a Nr. 1 PStG aF) und der Auszug hiervon (§ 65a PStG aF) bezeugen die eheliche und nichteheliche Abstammung der Ehegatten; die Geburtsurkunde eines angenommenen Kindes enthält nur die Eltern als Annehmende (§ 62 Abs. 2 PStG aF; §§ 62, 63 PStG: beglaubigter Registerauszug darf nur den Annehmenden, deren Eltern, dem gesetzlichen Vertreter des Kindes und dem über 16 Jahre alten Kind selbst erteilt werden; diese Beschränkung entfällt mit dem Tod des Kindes); der **Geburtsschein** nach § 61c PStG aF ist nicht zum Nachweis eines Verwandtschaftsverhältnisses geeignet, da er keine Angaben über die Abstammung enthält.
Die **Urkunde über die Anerkennung der Vaterschaft** und die Zustimmung des Kindes hierzu (§§ 1592 Nr. 2, 1597 BGB), die **Ausfertigung des Urteils oder des Beschlusses des Familiengerichts (früher: Vormundschaftsgerichts) über die Feststellung der Vaterschaft** (§ 1600d BGB) bezeugen die nichteheliche Verwandtschaft; der **Annahmebeschluss des Familiengerichts (früher:** Vormundschaftsgerichts) gemäß § 1752 BGB nF, der öffentlich beurkundete Annahmevertrag und dessen **gerichtliche Bestätigung,** die Urkunde über die **gerichtliche Bestätigung** (§§ 1741, 1750 BGB aF) bezeugen das durch die Kindesannahme begründete Verwandtschaftsverhältnis. Soweit die gerichtlichen Beschlüsse zu ihrer Wirksamkeit der

---

[110] MüKoBGB/*Leipold* § 1922 Rn. 15.

Zustellung bedürfen, ist auch diese, etwa durch eine Bestätigung des Gerichts oder einen Empfangsvermerk des Notars, nachzuweisen. Ein vor dem 1.7.1970 (Inkrafttreten des Gesetzes über die rechtliche Stellung der nichtehelichen Kinder) errichteter **Unterhaltstitel** kann auch im Erbscheinsverfahren als Nachweis der Vaterschaft für ein nichtehelich geborenes Kind ausreichen.[111]

47 Falls der **Güterstand** für das gesetzliche Erbrecht des Ehegatten und der Kinder oder sonstiger Verwandten von Bedeutung ist, kann er beim **gesetzlichen Güterstand** durch **eidesstattliche Versicherung** (§ 352 FamFG), bei **sonstigen Güterständen** durch Vorlage der **öffentlichen Urkunde** über den jeweiligen Ehevertrag (§§ 1408 Abs. 1, 1414, 1415 BGB), durch einen beglaubigten Auszug aus dem **Güterrechtsregister** oder eine Bescheinigung des Güterrechtsregisters nachgewiesen werden (beim selben Amtsgericht genügt eine Bezugnahme auf das Register). Ist die Gütertrennung durch ein **Urteil** auf vorzeitigen Ausgleich des Zugewinns gemäß § 1388 BGB oder durch **einseitige Erklärung** gemäß Art. 8 Abs. 1 Nr. 3, 4, 5 Gleichberechtigungsgesetz eingetreten, so ist eine beglaubigte Abschrift des Urteils bzw. die öffentliche Urkunde über die Erklärung sowie ein Nachweis über den fristgerechten Eingang bis zum 30.6.1958 beim zuständigen Amtsgericht vorzulegen.

48 • Der Nachweis des Wegfalls von Erbanwärtern bei gesetzlicher und gewillkürter Erbfolge (§§ 352 Abs. 1 S. 2 FamFG kann geführt werden durch Nachweise über
– den **Tod der** betreffenden **Person** (s. o.);
– die **Auflösung der Ehe** des Erblassers
   durch Vorlage einer beglaubigten Abschrift des Eheregisters (§§ 15, 16, 55 Nr. 1 PStG) und der Eheurkunde (§ 57 PStG), des **Familienstammbuchs** bzw. einer beglaubigten Abschrift hiervon oder eines Auszuges hieraus, oder einer beglaubigten Abschrift des **Gerichtsurteils** (bei Auslandsscheidung ist erforderlich die Anerkennung der Entscheidung durch förmliche Feststellung gemäß § 107 FamFG, früher **Feststellung gemäß Art. 7, § 1 FamRÄndG;** vor Durchführung des Anerkennungsverfahrens kann das Nachlassgericht jedoch auch nicht vom Bestehen der Ehe ausgehen);[112]
– den **Scheidungsantrag** (§§ 1933 S. 1, 2, 2077 Abs. 1 Satz 2, 3, 2268, 2279 BGB) durch Beiziehung der **Gerichtsakten bei einem inländischen Verfahren;**
– den **Erb- oder Zuwendungsverzicht**
   durch die jeweils vorgeschriebene **öffentliche Urkunde** (§§ 2346, 2348 f., 2352 BGB);
– den Wegfall des gesetzlichen Erbrechts auf Grund vorzeitigen Erbausgleichs (§ 1934e BGB aF)[113]
   durch die notariell beurkundete Vereinbarung (§ 1934d Abs. 4 BGB aF), den gerichtlichen Vergleich (§ 127a BGB) oder das rechtskräftige Urteil (§ 1934e BGB aF).

a) Öffentliche Urkunden

49 Eine öffentliche Urkunde ist in Urschrift vorzulegen. Den Anforderungen im Erbscheinsverfahren genügen jedoch auch Ausfertigungen (die Inhalt und Echtheit der Urschrift beweisen) und beglaubigte Abschriften (die den Inhalt der Urschrift und bei Beglaubigung durch den Aussteller der Urschrift auch die Echtheit der Urschrift beweisen).[114] Sofern die Urkunde dem Gericht bereits vorliegt, genügt die Bezugnahme auf diese – auch in einem anderen Verfahren vorliegende – Urkunde.

---

[111] OLG München FGPrax 2011, 66.
[112] MüKoBGB/*Mayer*, 6. Aufl. 2013, § 2356 Rn. 38.
[113] Seit 1.4.1998 nur noch in den in Art. 227 Abs. 1 EGBGB genannten Fällen; MüKoBGB/*Mayer*, 6. Aufl. 2013, § 2356 Rn. 40.
[114] So zutreffend in Anwendung der für notarielle Urkunden entwickelten Regeln MüKoBGB/*Mayer*, 6. Aufl. 2013, § 2356 Rn. 14.

Der Standesbeamte des Standesamtes I in Berlin[115] stellt auf Antrag Personenstandsurkun- **50** den aus den bei ihm in Verwahrung befindlichen Personenstandsbüchern, Standesregistern und aus der Sammlung von Personenstandsurkunden **aus Gebieten, in denen ein deutscher Standesbeamter nicht tätig ist,** aus (§ 72 PStV). Der RdE des Innenministers NRW vom 20.8.1958[116] enthält eine Liste der Standesämter aus Gebieten östlich der Oder-Neiße-Linie, deren Personenstandsregister verwahrt werden. Aus dem vom Standesbeamten des Standesamtes I in Berlin geführten Buch für Todeserklärungen werden nur beglaubigte Abschriften, keine Sterbeurkunden, erteilt. Die Eintragungen im Buch für Todeserklärungen nehmen nicht an der besonderen Beweiskraft des § 60 PStG teil.

Beim **Kirchenbuchamt für den Osten beim Archivamt der evangelischen Kirche in Deutschland** in Hannover besteht eine Sammlung von Kirchenbuchurkunden aus dem Osten.[117] Für die Beurkundung von Sterbefällen in ehemaligen deutschen Konzentrationslagern ist das Sonderstandesamt in Bad Arolsen zuständig (§ 38 PStG).[118]

Wegen der Beschaffung von **Personenstandsurkunden aus der vormaligen UdSSR** beachte die landesrechtlichen Erlasse.[119]

Öffentliche Urkunden aus der früheren DDR gelten als inländische Urkunden und bedürfen daher grundsätzlich keines Echtheitsbeweises.[120]

b) Ausländische öffentliche Urkunden

Ausländische öffentliche Urkunden stehen den inländischen öffentlichen Urkunden gleich, **51** wenn sie die Begriffsmerkmale des § 415 ZPO erfüllen. Welche Behörden öffentlich sind und wer zu den Urkundspersonen gehört, entscheidet das Recht des Staates, dessen Behörde oder Urkundsperson die Urkunde aufgenommen hat. Für sie gilt aber nicht die Echtheitsvermutung des § 437 ZPO; der **Nachweis der Echtheit** der ausländischen Urkunde ist vielmehr durch **Legalisation** zu erbringen, § 439 Abs. 2 ZPO.[121] Sie erfolgt durch den deutschen Konsul oder Gesandten, in dessen Bezirk die ausländische öffentliche Urkunde ausgestellt oder beglaubigt ist. Für die Vertragsstaaten des Haager Übereinkommens zur Befreiung ausländischer öffentlicher Urkunden von der Legalisation vom 5.10.1961[122] wird die Legalisation durch die im Errichtungsstaat beigefügte **Apostille** ersetzt, es sei denn, andere Staatsverträge oder innerstaatliche Gesetze würden auch von diesem Erfordernis befreien.

Aufgrund von Staatsverträgen ist dies im Verhältnis zu **Belgien, Dänemark, Frankreich, Griechenland (nur bei gerichtlichen – nicht notariellen Urkunden), Italien, Österreich und der Schweiz (nur bei gerichtlichen – nicht notariellen – Urkunden)**[123] jedenfalls auf dem Gebiet des Personenstandswesens der Fall.

Im Übrigen hat das Nachlassgericht in jedem einzelnen Fall nach seinem freien Ermessen zu prüfen, ob die Echtheit auch ohne Legalisation angenommen werden kann (§§ 438, 286

---

[115] Zu den Aufgaben dieses Standesamts s. *Ernler* StAZ 1958, 300.
[116] StAZ 1958, 262 (265).
[117] Hierzu *Lampe* StAZ 1957, 51.
[118] Im Archiv des Internationalen Suchdienstes (ITS) des Internationalen Komitees des Roten Kreuzes in Bad Arolsen sind Akten zu allen KZ-Häftlingen und zahlreichen Displaced Persons gesammelt. Anstelle des Roten Kreuzes tritt ab 1.1.2013 das Bundesarchiv.
[119] StAZ 1957, 69 (119 120, 191, 294, 296, 222).
[120] MüKoBGB/*Mayer*, 6. Aufl. 2013, § 2356 Rn. 18. Die Entscheidung BGH NJW 1979, 1506 (1507) betrifft einen Sonderfall außerhalb des Erbscheinsverfahrens.
[121] Nomos-BGB AT EGBGB/*Bischoff*, 3. Aufl. 2016, Art. 11 Rn. 58.
[122] BGBl. 1965 II 875.
[123] Die Vertragsstaaten des Haager Übereinkommens zur Befreiung öffentlicher Urkunden von der Legalisation sind, neben Deutschland ua Frankreich, Jugoslawien (Bundesrepublik und jetzige Einzelstaaten des früheren J.), die Niederlande, das Vereinigte Königreich, Österreich, Portugal, Japan, Ungarn, die Schweiz, Italien, Belgien, Israel, Spanien, Luxemburg, USA, Norwegen, Griechenland, die Türkei, Finnland, Argentinien. Siehe hierzu auch die Kurzübersicht Apostille und Legalisation des DNotI unter www.dnoti.de (unter Arbeitshilfen/IPR).

ZPO). Überspitzte Anforderungen an den Nachweis der Echtheit sind nicht zu stellen, [124] es kann auch die von einem ausländischen Notar protokollierten eidesstattliche Versicherung in Betracht kommen[125]

52 Die Verwendung einer **in fremder Sprache abgefassten Urkunde** ist auch ohne Übersetzung zulässig.[126] Das Nachlassgericht kann jedoch vom Antragsteller nach seinem Ermessen die Vorlage einer Übersetzung verlangen; die Beeidigung des Übersetzers ist zulässig, aber nicht notwendig.[127] Die mit dem Antrag auf Erbscheinserteilung überreichten Urkunden verbleiben auch nach Ausstellung des Zeugnisses bei den Akten, sind jedoch dem Antragsteller auf sein Verlangen wieder zurückzugeben, sofern dieser eine beglaubigte Abschrift oder Fotokopie der Urkunde beibringt oder die Kosten hierfür entrichtet.

53 Die gemäß § 352 Abs. 2 FamFG vorzulegende **Verfügung von Todes wegen** ist in **Urschrift** vorzulegen; soweit sie dem Nachlassgericht bereits vorliegt, genügt die Bezugnahme hierauf. Die Echtheit einer **privatschriftlichen Urkunde** ist durch die Ermittlungen des Nachlassgerichts zu beweisen. Ist es dem Antragsteller nicht möglich, die sein Erbrecht beweisende Testamentsurkunde vorzulegen, etwa weil ausländische Gerichte oder Notariate die Herausgabe der Urschrift verweigern oder weil die Urkunde überhaupt nicht mehr auffindbar ist, kann der Antragsteller das Vorhandensein und den Inhalt einer einstweiligen Verfügung von Todes wegen mit anderen Beweismitteln (Abschriften, Kopien, Zeugen) dartun.

c) Versicherung an Eides Statt

54 Für die Angaben nach § 352 Abs. 1 S. 1 Nr. 2, 4 – 8 FamFGhat der Antragsteller den Beweis durch Versicherung an Eides Statt zu erbringen, wonach ihm nichts bekannt sei, was der Richtigkeit seiner Angaben entgegensteht (§ 352 Abs. 3 S. 3 FamFG). Auf die eidesstattliche Versicherung verzichten kann nur das Nachlassgericht, nicht der Notar. Die Ablehnung, auf die eidesstattliche Versicherung zu verzichten, kann als Zwischenverfügung nicht mit der Beschwerde angefochten worden.[128] Zwischenentscheidungen sind nach § 58 FamFG grundsätzlich nicht selbständig (mit der sofortigen Beschwerde nach §§ 567 bis 572 ZPO) anfechtbar, weil sie keine Endentscheidungen nach § 38 Abs. 1 Satz 1 FamFG sind, es sei denn, die Anfechtung ist ausnahmsweise ausdrücklich zugelassen. Eine ausdrückliche Zulassung liegt hier nicht vor. Raum für eine Analogie zu §§ 388 Abs. 1, 391 FamFG besteht nicht.[129]

Die Entscheidung des Nachlassgerichts ist durch das Beschwerdegericht uneingeschränkt überprüfbar.[130]

Diese Versicherung hat der **Antragsteller** (falls nicht der Erbe, sondern ein **antragsbefugter Dritter** Antragsteller ist, dieser, wie zB Nachlassverwalter, Testamentsvollstrecker, antragsbefugter Gläubiger etc.) vor dem **Gericht** oder einem **Notar** abzugeben. Ist ein gemeinschaftlicher Erbschein beantragt, so genügt in klaren Fällen die Abnahme von einem der bzw. von den im Termin erschienenen Erben. Sofern Seitenverwandte erben, ist idR die Abgabe der Versicherung von mindestens einem Angehörigen eines jeden Stammes oder Erbstammes zu verlangen. Die eidesstattliche Versicherung ist bei gesetzlicher Ver-

---

[124] MüKoBGB/*Mayer*, 6. Aufl. 2013, § 2356 Rn. 19.
[125] OLG München Rpfleger 2006, 125.
[126] MüKoBGB/*Mayer*, 6. Aufl. 2013, § 2356 Rn. 20; es liegt kein Fall des § 184 GVG vor.
[127] Teilweise aA MüKoBGB/*Mayer*, 6. Aufl. 2013, § 2356 Rn. 20. Auf jeden Fall genügt die Übersetzung durch einen Übersetzer, der nach den Richtlinien der Landesjustizverwaltung hierzu ermächtigt ist (§ 142 Abs. 3 ZPO).
[128] Burandt/Rojahn/*Gierl* § 2356 Rn. 22; aA Keidel/*Zimmermann* § 352 Rn. 146; wie hier gegen selbständige Anfechtbarkeit nach FamFG argumentiert unter Hinweis auf das dann unbefriedigende Ergebnis MüKoBGB/*Mayer*, 6. Aufl. 2013, § 2356 Rn. 59: eine Inzidentprüfung der Zwischenentscheidung ist ihrer Natur nach nicht möglich; andererseits löst die Abgabe der eidesstattlichen Versicherung nicht unerhebliche Kosten aus. Zum alten Recht: OLG München Rpfleger 2007, 201.
[129] AA Vorauflage.
[130] Burandt/Rojahn/*Gierl* § 2356 Rn. 22.

tretung des Antragstellers vom gesetzlichen Vertreter oder dem eidesfähigen Vertretenen abzugeben; ein bevollmächtigter Vertreter kann sie nicht leisten.[131]

Neben den **Gerichten (auch Rechtshilfegerichten) und Notaren** sind im **Ausland** 55 die **Konsularbeamten zuständig** (§ 12 Nr. 2 KonsG). Ausländische Notare stehen den deutschen Notaren nicht gleich.[132] Gericht iSd § 352 Abs. 3 S. 3 FamFG ist nicht nur das Nachlassgericht, sondern jedes Gericht, auch ein Rechtshilfegericht.[133] Zur Formerleichterung für einen im Ausland lebenden ausländischen Staatsangehörigen kann es genügen, wenn er eine von einem ausländischen Notar aufgenommene „eidesstattliche Versicherung" vorlegt.[134] (Erlass der formgerechten Versicherung, wenn die Abgabe vor der zuständigen Stelle für den Antragsteller mit erheblichen Erschwernissen verbunden ist, die in keinem angemessenen Verhältnis zu den voraussichtlich zu gewinnenden Erkenntnissen stehen).

Das **Beurkundungsverfahren** richtet sich bei Abnahme der eidesstattlichen Versiche- 56 rung durch den Notar nach den §§ 38, 6 ff. BeurkG. Diese Vorschrift gilt für den Konsularbeamten (§ 10 Abs. 3 KonsG) und das Gericht (§ 1 Abs. 2 BeurkG) entsprechend; bei Gericht ist der Rechtspfleger funktionell zuständig (§ 3 Nr. 1 f, Nr. 2c RpflG). Es ist also immer eine Niederschrift aufzunehmen.

3. Ermittlung von Amts wegen

Der Antragsteller hat zunächst alles in seiner Kraft Stehende zu tun, um sein behauptetes 57 Erbrecht, so wie er es im Erbschein bezeugt haben will, nachzuweisen.[135] Das Nachlassgericht darf aber die Anforderungen an den Antragsteller auf eigene Beweisführung nicht überspannen und hat deshalb dazu **eigene Ermittlungen von Amts wegen** (§ 26 FamFG) anzustellen, die ihm zur Begründung der richterlichen Überzeugung von der Richtigkeit einer Tatsache erforderlich erscheinen.[136] Verweigert der Antragsteller seinen Verfahrensbeitrag, nämlich die ihm in §§ 352 ff., 27 FamFG auferlegten Angaben zu machen und die gemäß §§ 352 ff. FamFG erforderlichen Nachweise zu beschaffen ohne Grund, ist das Gericht berechtigt, durch Zwischenverfügung zunächst Abstellung der Mängel zu verlangen und im Weigerungsfall sodann den Antrag als unzulässig (soweit seine Zulässigkeitsvoraussetzungen betroffen sind −sachliche, örtliche und internationale Zuständigkeit und Antragsbefugnis −) oder unbegründet (die festgestellten Tatsachen führen nicht zu der beantragten Rechtsfolge) zurückzuweisen.[137] Ist der Antragsteller ohne sein Verschulden nicht in der Lage, einzelne Angaben zu machen oder Beweise zu erbringen, hat das Gericht jedoch in jedem Fall selbst zu ermitteln.[138] Das Gericht ist jedoch berechtigt, auch gleich ermittelnd tätig zu werden und Beweise selbst einzuholen. Das Nachlassgericht darf die Ermittlungen abschließen, wenn es den Sachverhalt für so vollständig aufgeklärt erachtet, dass von einer weiteren Beweisaufnahme kein sachdienliches, die Entscheidung beeinflussendes Ergebnis mehr zu erwarten ist.[139] Das Gericht ist verpflichtet, von Amts wegen die zur Feststellung der Tatsachen **erforderlichen** Ermittlungen zu veranstalten und die **geeignet erscheinenden Beweise** aufzunehmen (so fast wortgleich § 12 FGG aF, § 26 FamFG und § 2358 Abs. 1 BGB aF). Dies bedeutet nach allgemeiner Ansicht nicht, dass das Gericht allen nur denkbaren Möglichkeiten von Amts wegen nachgehen müsste.

Das Gericht entscheidet nach seinem pflichtgemäßen, teilweise gebundenem Ermessen, ob es sich bei der Tatsachenbeschaffung mit formlosen Erklärungen (§ 29 FamFG) begnü-

---

131 BayObLGZ 1961, 4.
132 MüKoBGB/*Mayer*, 6. Aufl. 2013, § 2356 Rn. 46.
133 Keidel/*Zimmermann* § 352 Rn. 58.
134 OLG München Rpfleger 2006, 125.
135 BayObLG Rpfleger 1981, 64. S. weiter MüKoBGB/*Mayer*, 6. Aufl. 2013, § 2358 Rn. 2 ff.
136 Dazu auch BayObLG 1976, 164.
137 BayObLGZ 2001, 347 (351).
138 MüKoBGB/*Mayer*, 6. Aufl. 2013, § 2358 Rn. 15.
139 OLG Frankfurt MittBayNot 2012, 229 (230).

gen kann oder ob es eine förmliche Beweisaufnahme nach den Vorschriften der ZPO (§ 30 FamFG) durchführen muss.

> „Eine Aufklärungs- und Ermittlungspflicht kann vielmehr für das Gericht nur bestehen, soweit das Vorbringen der Beteiligten oder der Sachverhalt bei sorgfältiger Überlegung dazu Anlass geben. Die Ermittlungen sind dann abzuschließen, wenn von weiteren Ermittlungen ein sachdienliches, die Entscheidung beeinflussendes Ergebnis nicht mehr zu erwarten ist."[140]

Über Art und Umfang der Ermittlungen entscheidet der Tatrichter nach pflichtgemäßem Ermessen, ohne an Beweisanträge gebunden zu sein.[141]

58   Wegen des Grundsatzes der **Ermittlung von Amts wegen** ist im Erbscheinsverfahren eine **formelle Beweislast** des Antragstellers ausgeschlossen. Die Beweispflicht iSd §§ 352a ff. FamFG ist eine Pflicht zur Mitwirkung. Das Gericht kann deshalb auch die Beteiligten nicht auf den Prozessweg verweisen.[142] Ein Anerkenntnis oder ein Vergleich über das Erbrecht sowie Meinungsäußerungen und Rechtsansichten der Beteiligten über Gültigkeit der Verfügung von Todes wegen oder ihren Inhalt und dessen Auslegung sind – ohne Rücksicht auf eine etwaige Verpflichtung zwischen den betreffenden Parteien – für den Nachlassrichter nicht bindend. Die Beteiligten können sich über die Ausübung ihres Gestaltungsrechts oder die Aufteilung des Nachlasses einigen.[143] Über einen **Testamentsauslegungsvertrag** ist eine Bindung auch im Erbscheinsverfahren letztlich doch zu erreichen,[144] jedenfalls innerhalb eines möglichen Auslegungsspielraums. Im Hinblick auf eine analoge Anwendung der §§ 2371, 2385 Abs. 1, 2033 Abs. 1 BGB ist notarielle Beurkundung veranlasst.[145] Die Beteiligten können auf jeden Fall sich schuldrechtlich verpflichten, das Ergebnis des Auslegungsvertrags herzustellen durch mögliche materiellrechtliche und prozessuale Gestaltung (Verpflichtung zu Eigentumsübertragungen, Zahlungen, bestimmte Antragstellung im Zivilprozess, Anerkenntnis, Rechtsmittelverzicht etc.). Die Bindung eines Dritten, der nicht in den Vertrag eingebunden ist, kann damit natürlich nicht erreicht werden.

Das Nachlassgericht ist nicht an die Rechtsauffassung eines früheren Richters **gebunden,** jedoch an die Rechtsauffassung des Beschwerdegerichts[146] und an rechtskräftige Urteile des Prozessgerichts über das Erbrecht, jedenfalls soweit es nicht einen Dritten für erbberechtigt ansieht.[147]

59   **Angebotene Beweise** darf das Gericht nicht mit der Begründung ablehnen, seine Überzeugung stehe bereits fest, es sei denn, dass es von der Wahrheit der behaupteten Tatsachen bereits überzeugt ist. Allerdings ist in jedem Falle zu prüfen, ob das angebotene Beweismittel tatsächlich auch geeignet ist. Insbesondere wenn es um die Klärung medizinischer Fragen, zum Beispiel im Zusammenhang mit der Frage der Testierfähigkeit geht, kommt nur bestimmten Beweismitteln eine entscheidungserhebliche Bedeutung zu.[148]

Zwar dürfen entscheidungserhebliche Tatsachen nicht unterstellt werden, eine Wahrunterstellung erheblicher Tatsachen ist jedoch nicht ausgeschlossen. Beweisermittlungsanträge können unbeachtet bleiben, soweit der Amtsermittlungsgrundsatz nicht zu einer

---

[140] BGHZ 40, 54; BayObLGZ 1971, 147; 1974, 95; 1977, 59.
[141] *Bumiller/Harders/Schwamb* § 26 Rn. 6.
[142] BayObLGZ 1962, 47.
[143] Vgl. näher BayObLG NJW-RR 1997, 1368; BayObLGZ 1991, 1.
[144] BGH NJW 1986, 1812; MüKoBGB/*Leipold* § 2084 Rn. 144 ff. zum Streitstand; Keidel/*Zimmermann* § 352 Rn. 97.
[145] BGH NJW 1986, 1812.
[146] Soweit der Sachverhalt oder die Rechtsprechung des zurückverweisenden Gerichts sich nicht geändert haben; BayObLGZ 1960, 68.
[147] OLG München NJW 2016, 2512.
[148] Cording ZEV 2010, 23.

Beweisaufnahme zwingt.[149] Bei der Anwendung **ausländischen Rechts** ist dessen Inhalt gemäß § 26 FamFG zu ermitteln; § 293 ZPO findet keine Anwendung.[150]

Die materielle Feststellungs- oder Beweislast trägt der **Antragsteller,** wenn es um 60 das Vorliegen der Voraussetzungen seines Antrags, also um die das Erbrecht begründenden Tatsachen geht, dh für die Existenz, Formgültigkeit, Echtheit und den Inhalt eines Testaments.[151] Er trägt nicht die Feststellungslast für das Nichtvorhandensein eines Ausnahmetatbestandes, der ein im Übrigen nachgewiesenes Erbrecht ausschließen würde (Anfechtung des Testaments; Ausschlagung der Erbschaft; Eintritt einer auflösenden Bedingung; Erbverzicht; Testierunfähigkeit des Erblassers; Vorhandensein eines Widerrufstestaments; Gebundenheit des Erblassers an einen Erbvertrag oder an ein wechselbezügliches Testament).[152]

Auf einen Blick: Einzelne Ermittlungsmaßnahmen im Erbscheinserteilungsverfahren

Anfechtung: Die Prüfung beschränkt sich auf die tatsächlich erfolgte Anfechtung, deren 61 formelle Wirksamkeit und Berechtigung (geltend gemachte Anfechtungsgründe);[153] die **Feststellungslast** für den Anfechtungsgrund – einschließlich des Kausalzusammenhangs – trifft den, der sich auf die Anfechtung beruft;

Anfechtbarkeit: Keine Ermittlung, soweit noch nicht angefochten; 62

Auslegung eines Testaments: Es sind auch außerhalb der Verfügung von Todes wegen 63 liegende Umstände heranzuziehen und entsprechende Beweiserhebungen durchzuführen, doch muss der Wille im Testament irgendwie, „wenn auch nur andeutungsweise, unvollkommen oder verdeckt Ausdruck gefunden haben";[154]

Ausschlagung: Ihre Wirksamkeit, insbesondere Rechtzeitigkeit der Erklärung, ist zu 64 ermitteln;[155]

Beteiligteneigenschaft: Das Nachlassgericht darf nicht jedem, der auch nur entfernt 65 zum Beteiligtenkreis (etwa als Vermächtnisnehmer) gehören könnte, sogleich den Inhalt des Testaments bekanntgeben; dies darf vielmehr erst geschehen, wenn die Beteiligteneigenschaft ausreichend ermittelt ist; bleibt trotz ausreichender Ermittlungen unbekannt oder ungewiss, wer Beteiligter ist, so kann den Beteiligten, falls nicht Nachlasspflegschaft in Betracht kommt (§ 1960 Abs. 1 BGB), soweit ein Fürsorgebedürfnis besteht, vom Betreuungsgericht ein Pfleger gemäß § 1913 S. 1 BGB bestellt werden;[156]

Brieftestament: Ob die in einem Brief enthaltene Erklärung des Erblassers eine letzt- 66 willige Verfügung oder nur eine unverbindliche Mitteilung ist, ob also der Erblasser bei Abfassung des Briefes einen ernstlichen Testierwillen hatte, liegt im Wesentlichen auf tatsächlichem Gebiet und ist vom Tatrichter im Wege der Auslegung (§ 133 BGB) unter Heranziehung aller erheblichen, auch außerhalb der Urkunde liegenden Umstände und der allgemeinen Lebenserfahrung zu beurteilen;[157]

Echtheit des Testaments: Kann sich das Gericht nicht von der Echtheit eines vorgelegten Testaments überzeugen, muss es seine Ermittlungen nicht darauf erstrecken, wer das Testament gefälscht haben könnte.[158] Zum Umfang der Nachprüfung der Echtheit ist auf die konkreten Anhaltspunkte des Einzelfalls abzustellen.[159]

---

[149] Keidel/*Sternal* § 29 Rn. 7 f.
[150] OLG Köln Rpfleger 1989, 66
[151] Keidel/*Sternal* § 29 Rn. 57.
[152] Palandt/*Weidlich* § 2358 Rn. 12; hier trägt sie derjenige, dem sie zugute kämen.
[153] Eingehend dazu BayObLGZ 1962, 47; 1971, 147; s. auch KG JR 1963, 100 (Auslegung geht Anfechtung voraus); s. weiter OLG Hamm FamRZ 1975, 289: im Erbscheinsverfahren hat das Nachlassgericht über die Wirksamkeit der Anfechtung als Vorfrage zu entscheiden; dies stellt keinen Eingriff in die Kompetenz des Streitgerichts dar.
[154] BayObLGZ 1951, 383; 1966, 390; BGH WM 1971, 54.
[155] OLG München JW 1937, 44; BayObLGZ 1952, 291.
[156] BayObLGZ 1979, 340 f.
[157] BayObLG Rpfleger 1980, 189.
[158] BayObLG BeckRS 1991, 30897864.
[159] BayObLG BeckRS 1991, 30897864.

67   **Gemeinschaftliches Testament:** Bei äußerlich scheinbar selbständigen Einzelverfügungen der Ehegatten ist selbst dann, wenn die Erklärungen nicht aufeinander Bezug
nehmen, zu ermitteln, ob der Wille der Erblasser auf ein gemeinschaftliches Testament
gerichtet war;[160]

68   **Geschäftsunfähigkeit:** Da der Erbvertrag nicht nur eine Verfügung von Todes wegen,
sondern auch ein echter Vertrag ist, ist seine Wirksamkeit von der Geschäftsfähigkeit des
Erblassers und nicht von dessen Testierfähigkeit, einem Unterfall der Geschäftsfähigkeit,
abhängig; da Geschäftsfähigkeit die Regel, die Störung der Geistestätigkeit dagegen die
Ausnahme bildet, ist der einen Erbvertrag schließende Erblasser solange als geschäftsfähig
anzusehen, als nicht das Fehlen der unbeschränkten Geschäftsfähigkeit mit hinreichender
Gewissheit zur Überzeugung des Gerichts feststeht; wer die Geschäftsunfähigkeit des Erblassers bei Abschluss des Erbvertrages behauptet, trägt ungeachtet des amtlichen Ermittlungsgrundsatzes letztlich die Feststellungslast für alle sie begründenden tatsächlichen Umstände;[161]

69   **Schriftvergleichendes Gutachten:** Ist nur in Zweifelsfällen erforderlich.[162] Bestehen
auf Grund der Umstände keine ernsthaften Zweifel daran, dass die Erblasserin ein privatschriftliches Testament selbst verfasst hat, so ist der Tatrichter nicht verpflichtet, das
Gutachten eines Schriftsachverständigen zur Echtheit des Testaments einzuholen, auch
wenn das Testament in einzelnen Beziehungen Auffälligkeiten aufweist.[163] Zur Ermittlungspflicht und zu den Anforderungen an die Beweiswürdigung bei begründeten Zweifeln
an der Echtheit eines privatschriftlichen Testaments (hier: nur einer von vier Sachverständigen hat eine Fälschung bejaht; das Gericht hat sich diesem angeschlossen;.[164]

70   **Standesamtliche Eintragungen:** Der Nachlassrichter kann die durch Personenstandsurkunden gemäß § 66 iVm § 60 Abs. 1 S. 1 PStG, § 415 Abs. 1, § 418 Abs. 1, 3 ZPO voll
bewiesenen Angaben solange seiner Entscheidung zugrunde legen, als keine Veranlassung
besteht, an diesen tatsächlichen Angaben zu zweifeln; tauchen aber ernsthafte Zweifel auf,
dann muss er sie zu klären versuchen; hierbei tritt hinsichtlich des in § 415 Abs. 2, § 418
Abs. 2 ZPO zugelassenen Gegenbeweises an die Stelle der zivilprozessualen Verfahrensvorschriften die durch § 26 FamFG vorgeschriebene Amtsermittlungspflicht des Nachlassgerichts;[165]

71   **Testierunfähigkeit (→ § 8 Rn. 10):** Es gibt keine absolute Testierunfähigkeit, sodass
keine Krankheitserscheinung allein es rechtfertigt, ohne weitere Voraussetzungen Testierunfähigkeit zu unterstellen; dies gilt bei Intelligenzmängeln, selbst bei unheilbar fortschreitender Gehirnerweichung oder bei einem hirnorganischen Syndrom und selbst, wenn
infolge einer Krankheit in der Regel geistige Insuffizienz im Sinne des § 2229 Abs. 4 BGB
gegeben ist.[166] Immer muss noch nach § 2229 Abs. 4 BGB hinzukommen, dass der
Erblasser nicht in der Lage ist, die Bedeutung einer von ihm abgegebenen Willenserklärung
einzusehen und nach dieser Ansicht zu handeln.

In welchem Umfang das Nachlassgericht Ermittlungen anstellen muss, hängt von den
Einzelheiten des jeweiligen Falles ab. Zunächst müssen konkrete Anhaltspunkte dafür vorliegen, dass eine krankheitsbedingte Aufhebung der Testierfähigkeit vorgelegen haben
könnte. Für die Annahme derart konkreter Anhaltspunkte reichen weder ein fortgeschrittenes Alter an sich noch pauschale Aussagen von Beteiligten. Auch der Hinweis auf die
Einnahme bestimmter Medikamente ist nur dann ein hinreichend konkreter Ermittlungsansatz, wenn diese Medikamenteneinnahme mit bestimmten Verhaltensauffälligkeiten in

---

[160] OLG Frankfurt a. M. Rpfleger 1978, 310 f.
[161] BayObLG Rpfleger 1982, 286 f. mwN.
[162] BayObLG FamRZ 1991, 962.
[163] BayObLG NJWE-FER 1998, 59; NJOZ 2004, 3823.
[164] BayObLG BeckRS 1998, 31029854.
[165] BayObLGZ 1981, 38 (41); 173 (177).
[166] OLG Jena NJW-RR 2005, 1247; MüKoBGB/*Hagena* § 2229 Rn. 17; Bamberger/Roth/*Litzenburger*
       § 2229 Rn. 9.

Zusammenhang gebracht werden kann. Auch **Fehler in der Vertragsurkunde** hinsichtlich der Schreibweise und Geburtsdaten der Beteiligten deuten allein noch nicht auf Testierunfähigkeit hin. Es verstößt ebenfalls nicht gegen einen Erfahrungssatz, wenn das Landgericht (nach FGG als Beschwerdegericht) **Schulzeugnisse des Erblassers** als ungeeignet angesehen hat, um aus ihnen auf eine Testierunfähigkeit zu schließen. Das OLG München hat Äußerungen medizinischer Laien („Du mit deinem Verfolgungswahn") kein Gewicht bei der Frage beigemessen, ob der Erblasser testierunfähig gewesen sein könnte.[167]

Ergeben sich für das Nachlassgericht keine konkreten Anhaltspunkte dafür, dass der Erblasser bei Errichtung der Verfügung testierunfähig gewesen sein könnte, kann es ohne Einholung eines Sachverständigengutachtens in der Sache entscheiden.[168] Liegen hingegen Anhaltspunkte für eine Testierunfähigkeit vor, ist das Nachlassgericht verpflichtet, die entsprechenden Ermittlungen von Amts wegen auf alle in Betracht kommenden Erkenntnisquellen zu erstrecken. Grundsätzlich kommt medizinischen Erkenntnisquellen (Arztberichte und -unterlagen, Pflegedokumentation, Gutachten im Betreuungsverfahren) höheres Gewicht zu als den Angaben medizinischer Laien.[169] Das Nachlassgericht hat deswegen zunächst zu ermitteln, bei welchen Ärzten, Krankenhäusern, Pflege- und Altenheimen der Erblasser in Behandlung war beziehungsweise untergebracht war. Die **Akten des Betreuungsverfahrens** hat es beizuziehen, jedoch stellt das im Betreuungsverfahren erholte Gutachten keine geeignete Entscheidungsgrundlage für die Beurteilung der Testierfähigkeit dar.[170] Auf der Basis dieser vom Nachlassgericht erholten Unterlagen und beigezogenen Akten ist ein Sachverständigengutachten zu erholen. Für die Erstattung derartiger Gutachten sind regelmäßig nur forensische Psychiater hinreichend qualifiziert. Stellt der Sachverständige fest, dass beim Erblasser eine psychische Erkrankung vorliegt, ist deren Ursache für die Beurteilung der Testierunfähigkeit ohne Bedeutung, auch ist er nicht gehalten, eine exakte Diagnose zu stellen, da das für die zu beurteilenden Frage nicht von Relevanz ist. Das Gericht muss bei einer krankhaften Störung der Geistestätigkeit jedoch auf die konkrete Ursache abstellen, nämlich, ob die Störung zum Beispiel auf Demenz beruht.[171] Die pauschale Feststellung des Gerichts, die Erblasserin sei testierunfähig gewesen (unter Berufung auf den Sachverständigen, dem diese Feststellung nicht obliegt), genügt deshalb für sich allein den Anforderungen des § 2229 Abs. 4 BGB nicht.[172]

Konnte das Nachlassgericht keine oder nur wenige Krankenunterlagen beiziehen (nicht wenige ältere Menschen gehen selten zum Arzt, vor allem dann, wenn sie in der Beweglichkeit/Mobilität beeinträchtigt sind) und kann auf deren Grundlage kein Gutachten erstellt werden, ist auf die Angaben von Beteiligten oder Zeugen zurückzugreifen. Hier empfiehlt es sich regelmäßig, die Zeugen in Anwesenheit des medizinischen Sachverständigen zu vernehmen, da dieser häufig besser geeignet ist, Fragen nach relevanten Beobachtungen zu stellen. Für die einzelnen Krankheits- bzw. Störungsbilder und deren Auswirkungen auf die Testierfähigkeit: (→ § 8 Rn. 10 ff.).

Verlust des Testamentes: Bei Unauffindbarkeit einer Testamentsurkunde allein spricht **72** noch keine Vermutung dafür, dass der Erblasser diese (in Widerrufsabsicht) vernichtet hat; im Verfahren der freiwilligen Gerichtsbarkeit ist somit von Amts wegen (vgl. Art. 37 BayAGGVG) zu ermitteln, ob ein nicht mehr vorhandenes oder nicht auffindbares Testament formgültig errichtet war und welchen Inhalt es hatte.[173]

Widerruf einer letztwilligen Verfügung von Todes wegen:[174] Von den Umständen **73** des jeweiligen Einzelfalles hängt es ab, welche Ermittlungen bei Auffälligkeiten an der

---

[167] OLG München ZEV 2017, 148.
[168] BayObLG BeckRS 1991, 30897806; BayObLG NJW-RR 1990, 1419; OLG München NJW-RR 2008, 164.
[169] *Coding* ZEV 2010, 23 ff.
[170] OLG München ZEV 2017, 148.
[171] BayObLG NJW 1992, 248 (249).
[172] BayObLG NJW 1992, 248 (249).
[173] BayObLG FamRZ 1986, 1043 f.
[174] BayObLGZ 1983, 204 f.

Urkunde im Hinblick auf einen möglichen Widerruf der Verfügung anzustellen sind. Zum Ermittlungsumfang bei einer letztwilligen Verfügung, die auf einem linierten Doppelbogen niedergelegt war und oben und unten, sowie von rechts, jeweils etwa bis zu einem Drittel der Höhe bzw. Breite **eingerissen** von der Gebrechlichkeitspflegerin in der Schreibtischschublade der Erblasserin im Wohnzimmer vorgefunden worden war: Die vorliegende Veränderung ist eine Veränderung iSd § 2255 S. 1 BGB; falls feststeht, dass der Erblasser selbst das Testament in der bezeichneten Weise verändert hat, wird nach § 2255 S. 2 BGB vermutet, dass er die Aufhebung des Testaments beabsichtigt hat. Zwar sei es richtig, dass das bloße Einreißen des Schriftstückes nicht erkennen lasse, ob es von der Erblasserin herrühre und ob es absichtlich oder nur versehentlich geschehen sei und dass keine Vermutung dafür bestehe, dass die Erblasserin dies getan habe. Es sei jedoch anerkannt, dass die Anforderungen an den Beweis, eine Veränderung der Urkunde sei auf eine Handlung des Erblassers zurückzuführen, vor allem dann nicht allzu hoch gesetzt werden dürften, wenn sich die Urkunde bis zuletzt im Gewahrsam des Erblassers befunden habe, hieraus in dem veränderten Zustand entnommen worden sei und wenn keine ernsthaften Anhaltspunkte dafür vorlägen, dass die Veränderungen an der Urkunde von Dritten vorgenommen worden seien. In einem solchen Fall könne schon der erste **Anschein** dafür sprechen, dass die Veränderungen vom Erblasser vorgenommen worden seien.[175]

Vergleiche im Weiteren auch den Katalog zum Umfang der Ermittlungspflichten in Nachlasssachen bei Keidel/*Sternal* § 26 Rn. 77.

4. Rechtliches Gehör – Anhörungspflichten – öffentliche Aufforderung

74 Nach Voraussetzungen und Verletzungsfolgen unterschiedlich zu behandeln sind **rechtliches Gehör** (Art. 103 Abs. 1 GG) und die **Verpflichtung zur Anhörung der Beteiligten** zur Aufklärung des Sachverhalts im Rahmen der gerichtlichen Ermittlungtätigkeit (§§ 26, 33, 34, 37 FamFG). § 34 FamFG regelt die persönliche Anhörung zur Gewährung des rechtlichen Gehörs. Bei unentschuldigtem Fernbleiben des Beteiligten im Anhörungstermin kann das Verfahren ohne seine persönliche Anhörung beendet werden. Hierauf ist der Beteiligte hinzuweisen. § 33 FamFG regelt die Anhörung, die der Sachverhaltsaufklärung dient. Die Anhörung kann im Einzelfall nur einem Zweck oder auch beiden Zwecken dienen. Wegen ihrer andersartigen Voraussetzungen sind jedoch beide Zwecke stets auseinanderzuhalten.

a) Rechtliches Gehör

75 Art. 103 GG „bestimmt, wem, zu welchen Fragen und in welcher Weise **rechtliches Gehör** zu gewähren ist.[176] Das Bundesverfassungsgericht wendet jedoch Art. 103 Abs. 1 GG auf Richter, nicht auf Rechtspfleger an.[177] Für den Rechtspfleger ergibt sich die Anhörungspflicht deshalb aus dem Grundsatz des fairen Verfahrens gemäß Art. 20 Abs. 3, 2 Abs. 1 GG. Der Grundsatz des rechtlichen Gehörs gilt auch in Verfahren mit Untersuchungsgrundsatz.[178] Die Pflicht zur Gehörgewährung besteht in allen Verfahrensarten der freiwilligen Gerichtsbarkeit. Der **Kreis der Berechtigten** besteht aus den **formell und materiell Beteiligten,** unabhängig davon, ob sie natürliche oder juristische Personen des Privatrechts oder des öffentlichen Rechts sind, auch wenn sie keine selbständigen Rechtsträger sind.[179] Das Recht steht auch Minderjährigen, Entmündigten und Geisteskranken zu; soweit der Berechtigte rechtswirksam nur durch einen gesetzlichen Vertreter handeln kann, nimmt dieser das rechtliche Gehör wahr.[180]

---

[175] BayObLG FamRZ 1986, 1043 f.; BayObLGZ 1983, 204 f.
[176] Keidel/*Meyer-Holz* § 34 Rn. 3, 20.
[177] BVerfG NJW 2000, 1709 – zur nachlassgerichtlichen Genehmigung.
[178] BVerfGE 7, 53 (56 f.); sa Art. 91 Abs. 1 BayVerf; BayVerfGHE 15, 8 (12).
[179] Keidel/*Meyer-Holz* § 34 Rn. 4.
[180] BGH NJW 1982, 2449 (2451); BayVerfGH Rpfleger 1976, 350

Adressaten des rechtlichen Gehörs: Im Erbscheinsverfahren kommen als **Adressaten des** 76
rechtlichen Gehörs in Betracht:
– die in § 345 FamFG genannten Personen; für Art. 103 Abs. 1 GG kommt es nicht auf
   eine Beteiligtenstellung an, rechtliches Gehör ist allen formell oder materiell Beteiligten
   zu gewähren; soweit § 345 FamFG es erlaubt, die nur materiell Betroffenen erst ab
   Antragstellung zum Verfahren hinzuzuziehen, müssen sie dennoch auf ihr Antragsrecht
   und die Folgen hingewiesen werden (§ 7 Abs. 4 Satz 2 FamFG); stellen sie keinen
   Antrag, verzichten sie zulässig auf ihr rechtliches Gehör;[181]
– der Erbe oder sein Rechtsnachfolger, wenn der Erbschein von einem Dritten beantragt
   ist;
– Dritte, wenn ihre Rechtsstellung von dem Inhalt des festzustellenden Erbrechts abhängt,
   zB Gläubiger nach §§ 792, 896 ZPO und die Inhaber schuldrechtlicher Ansprüche
   erbrechtlicher Art wie Pflichtteilsanspruchsberechtigte, weil die Anerkennung der gesetzlichen Erben indirekt „die Feststellung des auf ihren Anspruch treffenden Wertanteils
   und die Anerkennung eines Testament ihre Zurücksetzung auf den Pflichtteil ausspricht".

Keinen Anspruch auf Gewährung rechtlichen Gehörs haben 77
– Personen, die in einer nicht anerkannten Verfügung von Todes wegen nicht als Erben,
   sondern zB als Vermächtnisnehmer eingesetzt sind; wobei allerdings die Klärung der
   Frage, ob es sich um eine Erbeinsetzung oder lediglich um ein Vermächtnis handelt, dem
   (materiellen) Erbscheinsverfahren nach Beteiligung des Begünstigten vorbehalten
   bleibt.[182]
– die gesetzlichen Erben, die die Erbschaft aus jedem Berufungsgrund ausgeschlagen
   haben;
– Nachlassgläubiger ohne Titel, Erbteilserwerber und Nachlasspfleger.

Der durch eine Verfügung von Todes wegen **von der gesetzlichen Erbfolge aus-** 78
geschlossene Erbe ist in verfassungskonformer Auslegung des § 345 FamFG in jedem Fall
anzuhören, also auch, wenn der Ausschluss durch eine privatschriftliche oder durch eine
verloren gegangene (privatschriftliche oder öffentliche) Urkunde erfolgt ist.

Inhalt des rechtlichen Gehörs: Inhaltlich verpflichtet der Grundsatz des rechtlichen 79
Gehörs das Gericht dazu, den Beteiligten die Gelegenheit zu geben, vom Verfahrensstoff
Kenntnis zu geben, es darf keine Tatsachen und Beweisergebnisse verwerten, zu denen die
Beteiligten nicht Stellung nehmen konnten und es muss das Vorbringen der Beteiligten zur
Kenntnis nehmen und bei seiner Entscheidung in Erwägung ziehen.[183]

Im Einzelnen bedeutet dies unter anderem, dass das Gericht grundsätzlich nicht verpflichtet ist, den Tatsachenstoff in mündlicher Verhandlung mit den Beteiligten zu
erörtern;[184] dies gilt auch für das Erbscheinsverfahren, Art. 6 EMRK ist nicht einschlägig;[185] die schriftlichen Anträge und Äußerungen eines Beteiligten sind grundsätzlich
allen anderen Beteiligten mitzuteilen;[186] die Ladung der Beteiligten zur mündlichen
Verhandlung ist als ausreichende Gelegenheit anzusehen, das gegnerische Vorbringen zur
Kenntnis zu nehmen, es sei denn, ein Beteiligter hat aus wichtigen Gründen Vertagung
beantragt. Eine **Verpflichtung zur mündlichen Anhörung besteht grundsätzlich
nicht,** kann sich aus einer besonderen Sachlage ergeben, etwa, wenn nicht vertretene
Beteiligte nach ihren persönlichen Fähigkeiten nicht in der Lage sind, sich ausreichend
schriftlich zu äußern oder auf Grund gesetzlicher Anordnung (§ 34 Abs. 1 FamFG), was

---

181 BVerfG NJW 1990, 107; Keidel/*Meyer-Holz* § 345 Rn. 11.
182 OLG München NJW-RR 2017, 71.
183 Vgl. hierzu Keidel/*Meyer-Holz* § 34 Rn. 7.
184 BVerfG NJW 1974, 133.
185 OLG Schleswig FamRZ 2010, 1178; OLG Düsseldorf BeckRS 2011, 8120; Keidel/*Zimmermann* § 352
   Rn. 64.
186 Keidel/*Meyer-Holz* § 34 Rn. 13.

im Erbscheinsverfahren nicht gegeben ist.[187] Das Gesetz überlässt dem Gericht die Wahl zwischen mündlicher und schriftlicher Anhörung in § 2200 Abs. 2 BGB (Beteiligte vor Ernennung eines Testamentsvollstreckers), § 2216 Abs. 2 Satz 3 BGB (Entscheidung über das Außerkraftsetzen von Anordnungen des Erblassers hinsichtlich der Nachlassverwaltung), § 1996 Abs. 3 BGB (Nachlassgläubiger vor Verlängerung der Inventarfrist). Sprachschwierigkeiten eines Ausländers dürfen nicht zu einer Verkürzung des Anspruchs auf rechtliches Gehör führen, die **Zuziehung** eines Dolmetschers kann deshalb erforderlich werden.[188] Das Gericht ist über die entscheidungserheblichen Gesichtspunkte hinaus nicht verpflichtet, jedes Vorbringen der Beteiligten in den Gründen seiner Entscheidung ausdrücklich zu bescheiden.[189] Die Beteiligten müssen zwar Gelegenheit haben, ihre Rechtsausführungen vorzutragen, sie haben jedoch **keinen Anspruch auf** ein so genanntes **Rechtsgespräch;**[190] das Gericht ist weder gezwungen, einer Entscheidung nur solche **rechtlichen** Erwägungen (anders bei tatsächlichen Grundlagen der Entscheidung) zugrunde zu legen, zu denen sich die Beteiligten äußern konnten, noch ist es verpflichtet, vor seiner Entscheidung den Beteiligten zu eröffnen, wie es die Sache rechtlich beurteilen werde.[191] Das rechtliche Gehör schützt jedoch vor **Überraschungsentscheidungen** (also Hinweis erforderlich, wenn Abweichung von rechtlicher Beurteilung der Beteiligten, von bisheriger Rspr. oder von geäußerter Rechtsmeinung des Gerichts erfolgen wird).

80   Zum **Zeitpunkt der Berücksichtigung des Vorbringens eines Berechtigten:** Erlassen ist ein Beschluss nicht schon damit, dass die Richter ihn unterschrieben haben, sondern erst, wenn der Urkundsbeamte der Geschäftsstelle die für die Verfahrensbeteiligten bestimmten Ausfertigungen zur Aushändigung an die Post hinausgegeben hat; bis dahin sind Schriftsätze unter dem Gesichtspunkt des rechtlichen Gehörs noch zu berücksichtigen; es reicht, dass das Schriftstück tatsächlich in die „Verfügungsgewalt" des Gerichts gelangt ist; im Verfahren der freiwilligen Gerichtsbarkeit muss das Gericht ein Vorbringen der Beteiligten sogar dann beachten, wenn es zwar erst nach Ablauf einer Erklärungsfrist, aber noch vor Erlass der Entscheidung des Gerichts einläuft; auch eventuelle Unvermeidbarkeit der Verletzung des rechtlichen Gehörs wegen Unmöglichkeit, den gesamten Gerichtseinlauf zu überblicken, schränkt den Grundsatz des rechtlichen Gehörs nicht ein.[192]

81   Gemäß § 34 Abs. 1 FamFG sind sowohl die durch die Verfügung von Todes wegen ausgeschalteten gesetzlichen Erben, als auch der in der früheren Verfügung als Erbe Berufene anzuhören; auch die in einer Kette von mehreren nacheinander aufgehobenen Verfügungen eingesetzten Erben und schließlich der ausgeschlossene gesetzliche Erbe sind anzuhören, es sei denn die Anhörung ist untunlich. Im Unterschied zum rechtlichen Gehör besteht jedoch keine Anhörungspflicht zu Ermittlungszwecken bezüglich der Personen, denen durch die vom Nachlassgericht für maßgeblich gehaltene Verfügung nicht die Erbschaft, sondern eine sonstige Zuwendung verloren geht.[193]

82   **Untunlich** ist eine Anhörung „wenn sicher damit zu rechnen ist, dass sie zu keiner weiteren Aufklärung führt, aber auch, wenn sie nur mit Mühen oder Kosten erfolgen kann, die in keinem Verhältnis zum Gewicht der Aussage, der sonstigen Ermittlungsmöglichkeiten, aber auch der Bedeutung des Nachlasses selbst stehen".

83   Dieser Gesichtspunkt gilt auch unter der Geltung des § 34 Abs. 1 Nr. 1 FamFG, der die persönliche Anhörung nur vorschreibt, wenn sie „erforderlich" ist zur Gewährleistung des rechtlichen Gehörs. Art. 103 Abs. 1 GG ergibt keinen Anspruch auf eine bestimmte Art

---

[187] Keidel/*Meyer-Holz* § 34 Rn. 21.
[188] BVerfGE 38, 105 (111); 40, 95 (98).
[189] BVerfGE 5, 22 (24); 28, 378 (384).
[190] BVerfGE 31, 364 (370); 54, 100 (117); BVerfG NJW 1984, 2167.
[191] BVerfG FamRZ 1985, 255 (256).
[192] BayObLG FamRZ 1989, 1121.
[193] So zutreffend MüKoBGB/*Mayer*, 4. Aufl. 2004, § 2360 Rn. 28.

der Gehörsgewährung.[194] Ob das Gericht die Beteiligten schriftlich oder mündlich anhört, steht in seinem pflichtgemäßen Ermessen.[195] Nur soweit es auf einen persönlichen Eindruck des Gerichts ankommt, ist die mündliche Anhörung geboten. Die Anhörung erfolgt durch den Richter, in Rechtspflegerangelegenheiten durch den Rechtspfleger. Eine Übertragung der Anhörung in richterlichen Angelegenheiten auf den Rechtspfleger ist unzulässig;[196] Referendare können nur unter Aufsicht des Richters tätig werden (§ 10 GVG). Soweit es nicht auf den persönlichen Eindruck des Gerichts ankommt, kann die Anhörung auch im Wege der **Rechtshilfe** sowie in der Beschwerdeinstanz durch den **beauftragten Richter** vorgenommen werden.

Der **Verstoß** gegen den Grundsatz des rechtlichen Gehörs ist ein **Verfahrensmangel,** 84 eine Entscheidung ohne vorherige Gewährung des Gehörs ist jedoch nur anfechtbar und **führt nicht zwangsläufig zur Aufhebung** und Zurückverweisung im Beschwerdeverfahren bzw. zur Einziehung des Erbscheins.[197] Der Verfahrensmangel besteht unabhängig davon, ob das Gericht ein Verschulden trifft. Wenn der Beteiligte, dessen rechtliches Gehör verletzt wurde, im **Beschwerdeverfahren** Gelegenheit hatte, sich zu äußern, ist der **Mangel** als **geheilt** anzusehen; im Verfahren der Rechtsbeschwerde kann das rechtliche Gehör als Rechtsverletzung geltend gemacht werden (§ 72 Abs. 1 FamFG). Bei der **Rechtsbeschwerde** kommt es für die Frage der Kausalität (§ 72 Abs. 1 FamFG) darauf an, was die Partei bei Gewährung des rechtlichen Gehörs in der Vorinstanz noch vorgebracht hätte, um zu begründen, dass die angefochtene Entscheidung auf diesem Vorstoß beruhen kann.[198]

b) Die Anhörung zur Aufklärung des Sachverhalts

Sie steht, soweit nicht zugleich das rechtliche Gehör betroffen ist, im pflichtgemäßen 85 **Ermessen des Gerichts.** § 33 FamFG regelt die Anordnung des persönlichen Erscheinens der Beteiligten vor Gericht zur Sachverhaltsaufklärung. Das Gesetz stellt die Anordnung in die pflichtgemäße Ermessensentscheidung des Gerichts, ob die Anordnung sachdienlich ist. Im Hinblick auf den Amtsermittlungsgrundsatz ist dieses Ermessen jedoch eingeschränkt. Das Gericht kann nach ordnungsgemäßer Ladung bei unentschuldigtem Fernbleiben durch Beschluss ein Ordnungsgeld (Höhe: Art. 6 Abs. 1 EGStGB), auch wiederholt, festsetzen sowie die Vorführung anordnen.

Der persönlich geladene Beteiligte kann die Aufhebung des Ordnungsgeldes wie auch die Anordnung der Vorführung durch eine sofortige Beschwerde (§§ 33 Abs. 3 Satz 5 FGG, 567 bis 572 ZPO) sowie dadurch erreichen, wenn er sich nachträglich entschuldigt **und** glaubhaft macht, dass er unverschuldet an einer rechtzeitigen Entschuldigung verhindert war (§§ 33 Abs. 3 Satz 4, 31 FamFG).

Die Anhörung erfolgt im Erörterungstermin (§ 32 FamFG) und kann deshalb nur ausnahmsweise aufgrund Gerichtsbeschlusses (und nicht einer Verfügung des Vorsitzenden) durch einen ersuchten oder beauftragten Richter durchgeführt werden, nämlich wenn es auf den persönlichen Eindruck des erkennenden Gerichts (aller Mitglieder) nicht ankommt. Über die Anhörung ist ein **Vermerk** zu fertigen, in den auch die richterlich erteilten rechtlichen Hinweise als wesentlicher Bestandteil aufzunehmen sind. Das Fehlen dieser Hinweise im Vermerk kann die Beschwerde rechtfertigen, es liege ein Verstoß gegen das Gebot des rechtlichen Gehörs vor, weil das Äußerungsrecht des Beteiligten gemäß § 37 Abs. 2 FamFG verletzt worden sei.[199]

---

[194] BVerfG NJW 1982, 1579.
[195] Keidel/*Meyer-Holz* § 34 Rn. 20; BVerfG NJW 1994, 1053.
[196] OLG München OLGZ 1980, 191 (197).
[197] Zöller/*Feskorn* § 37 FamFG Rn. 21; BayObLG Rpfleger 1982, 69 (70).
[198] § 72 Abs. 2 FamFG iVm § 547 ZPO: kein absoluter Revisionsgrund, so schon BayObLGZ 1990, 177, (180 f.); BayObLG FGPrax 2004, 80 zur Rechtsbeschwerde des FGG.
[199] Keidel/*Meyer-Holz* § 33 Rn. 13.

86 **Anhörung im Rechtshilfewege:** Wurde von mehreren Miterben (sei es kraft Gesetzes, sei es auf Grund von Verfügung von Todes wegen) nur einer oder ein Teil vom Nachlassgericht persönlich gehört, so kann es mitunter zweckmäßig sein, einen weiteren Miterben oder sämtliche noch nicht vernommene zu hören. Wohnen die Miterben nicht im Gerichtsbezirk, so kann das Nachlassgericht im Rechtshilfeweg ein anderes Amtsgericht um deren Vorladung und Anhörung, evtl. auch um Entgegennahme einer eidesstattlichen Versicherung zu Protokoll ersuchen.

Muster: Niederschrift über die Anhörung durch das Rechtshilfegericht:

87

Niederschrift

Es erschien, sich ausweisend durch Personalausweis, Herr (Name, Vorname) geboren am (...) und erklärte nach Bekanntgabe des Rechtshilfeersuchens sowie des wesentlichen Akteninhalts:

Die Verwandtschafts- und Erbfolgeverhältnisse sind richtig ermittelt.

Das Testament – der Erbvertrag vom...... ist rechtswirksam.

Die Erbschaft nehme ich an – gilt als angenommen.

Dem Erbscheinsantrag und Umschreibungsantrag sowie der Löschungserklärung der bereits vernommenen Miterben schließe ich mich an.

Auf grundbuchamtliche Vollzugsanzeige wird verzichtet.

Eidesstattliche Versicherung ersuche ich zu erlassen.

Oder aber: Protokollierung der eidesstattlichen Versicherung,[200] S. 4.171.

Unterschriften

---

88 **Schriftliches Anhören:**

I. Schreiben an den – die – gesetzlichen Erben...... unter Beigabe[201] einer beglaubigten Abschrift des Testaments:

D...... in...... hat beantragt,

☐ einen Erbschein nach de...... am...... in...... verstorbenen, zuletzt in...... wohnhaft gewesenen...... für...... als Allein- – Vor- – Miterben zu (Quote)...... auf Grund des privatschriftlichen Testaments de...... Erblasser...... vom...... zu erteilen.

☐ dem Antragsteller ein Testamentsvollstreckerzeugnis zu erteilen.

Da Sie bei Ungültigkeit des Testaments als gesetzlicher Erbe in Betracht kommen, wird Ihnen anheimgegeben, zu dem Antrag Stellung zu nehmen. Nach § 2447 BGB des Bürgerlichen Gesetzbuches ist ein privatschriftliches Testament formgültig, wenn es vom Erblasser eigenhändig geschrieben und unterschrieben ist.

Das Testament kann Ihnen auf Wunsch hier beim Nachlassgericht zur Einsicht vorgelegt werden.

Auf Ihr Pflichtteilsrecht gemäß § 2303 BGB wird hingewiesen.[202]

Falls bis zum...... keine Erklärung eingeht, wird angenommen, dass Sie gegen die Gültigkeit des Testaments nichts einzuwenden haben.

II. WV......

Ort, den (Datum)

---

[200] Die Gebühr für die Beurkundung einer eidesstattlichen Versicherung zur Erlangung eines Erbscheins (Nr. 23300, Vorbem. 2.3.3 KV-GNotKG) gemäß Anm. zu 12210 wird vom Nachlassgericht erhoben, auch wenn die Erklärung von einem anderen Gericht aufgenommen ist.

[201] Beigabe erübrigt sich in einfachen Fällen.

[202] Falls nicht zutreffend, streichen.

c) Öffentliche Aufforderung[203]

Mitunter ist ein als Miterbe in Betracht kommender Beteiligter seit vielen Jahren, mitunter **89** Jahrzehnten, unbekannten Aufenthalts. Ein Todeserklärungsverfahren, das umständlich ist, wurde nicht durchgeführt. Das Nachlassgericht wird hier den Weg der **öffentlichen Aufforderung** nach § 352d FamFG wählen, der rasch zum Ziel führt. Das Verfahren ist selbst dann zulässig, wenn das Vorhandensein besser berechtigter Erben wahrscheinlich ist, ihre Ermittlung zB aber bei Geringfügigkeit des Nachlasses praktisch unmöglich bzw. wirtschaftlich nicht vertretbar erscheint. Die öffentliche Aufforderung ist jedoch nur zulässig, wenn ein den gesetzlichen Erfordernissen entsprechender Erbscheinsantrag vorliegt. Das Verfahren richtet sich gemäß 352d FamFG BGB nach §§ 433 ff. FamFG. Zuständig ist der **Rechtspfleger** (§ 3 Nr. 1c RPflG), der durch **Beschluss** die öffentliche Aufforderung anordnet. Das Aufgebotsurteil ist abgeschafft.

Das Gericht kann von Amts wegen (pflichtgemäßes Ermessen) oder auf Antrag tätig werden, seine Anordnung oder Ablehnung des Antrags ist als Zwischenentscheidung nicht isoliert mit der Beschwerde anfechtbar.[204] Der Inhalt der öffentlichen Aufforderung ergibt sich aus § 434 Abs. 2 FamFG.

Muster: Öffentliche Aufforderung zur Anmeldung von Erbrechten

Beschluss **90**

I. In der Nachlasssache des am (…) verstorbenen (Name des Erblassers), zuletzt wohnhaft in (…) wird am … durch Rechtspfleger … die öffentliche Aufforderung gemäß § 352d FamFG angeordnet.

II. *Öffentliche Aufforderung*

Am (…) verstarb in (…), der Erblasser (Name, Vorname) geboren am (…) in (…) zuletzt wohnhaft in (…).

Als gesetzlicher Erbe zu 1/3 kommt sein Bruder (Name, Vorname), letzter inländischer Wohnsitz (…) in Betracht, der etwa 1980 nach Argentinien ausgewandert sein soll. Verstarb (Name des Bruders) vor dem Erblasser, so treten seine ehelichen Abkömmlinge an seine Stelle. Die in Frage kommenden gesetzlichen Erben wollen sich unter genauer Darlegung des Verwandtschaftsverhältnisses binnen 6 Wochen/3 Monaten[205] ab Veröffentlichung beim AG München melden, andernfalls ein Erbschein ohne Berücksichtigung ihrer Erbrechte erteilt wird.

Der Reinnachlass soll etwa (… Euro) betragen. Die öffentliche Aufforderung wurde beantragt von (Name, Vorname) wohnhaft (…)[206]

München, den……

Amtsgericht

Rechtspfleger

III. Ziff. II einmal im elektronischen Bundesanzeiger[207] veröffentlichen.

IV. Ziff. II anheften an Gerichtstafel auf die Dauer von 6 Wochen/3 Monate.

V. WV mit Belegblatt in 4 Monaten.

Das Gericht kann anordnen, dass die Einrückung noch in andere Blätter und zu **91** mehreren Malen erfolge (§ 435 Abs. 2 FamFG). Die öffentliche Aufforderung hat keine

---

[203] Vgl. dazu OLG Schleswig SchlblA. 1965, 279.
[204] Palandt/*Weidlich* § 2358 Rn. 13.
[205] § 437 FamFG sieht mindestens 6 Wochen vor, lässt jedoch abweichendes Landesrecht zu, in Bayern Art. 59 AGBGB (3 Monate); so auch in Baden-Württemberg §§ 24, 30 AGGVG; Berlin §§ 7, 8 AGZPO; Sachsen § 13 JustAG; s. auch Zöller/*Geimer* §§ 434, 437 FamFG.
[206] Nur, falls das Gericht auf Antrag und nicht bereits von Amts wegen die Anordnung erlassen hat.
[207] § 435 Abs. 1 FamFG.

Ausschlusswirkung, die nicht angemeldeten Erbrechte werden jedoch im Erbschein nicht berücksichtigt, unbeachtet des Grades ihrer Wahrscheinlichkeit.

5. Beweiserhebung

a) Verfahren

92   Das Verfahren ist **nicht öffentlich.** Dies gilt auch für eine etwaige mündliche Verhandlung.[208]

Das Gericht entscheidet nach pflichtgemäßem Ermessen darüber, ob es sich mit formlosen Ermittlungen (**Freibeweis,** § 29 Abs. 1 FamFG) begnügt, oder ob es in der durch § 30 Abs. 1 FamFG vorgesehenen Form entsprechend der Zivilprozessordnung Beweis erheben will **(Strengbeweis).**[209] Die Durchführung der förmlichen Beweisaufnahme richtet sich nach §§ 355 bis 370 ZPO. Eine Pflicht zur förmlichen Beweisaufnahme über die Richtigkeit einer Tatsache besteht, wenn durch die sonstigen Ermittlungen eine hinreichend sichere Aufklärung nicht zu erreichen ist, das Gericht seine Entscheidung maßgeblich auf die Feststellung dieser Tatsache stützen will und die Richtigkeit von einem Beteiligten ausdrücklich bestritten wird (§ 30 Abs. 3 FamFG).[210]

Wenn es für die Entscheidung auf die Erweisbarkeit einer bestimmten Einzeltatsache ankommt, zB im Erbscheinsverfahren auf die Errichtung eines abhanden gekommenen Testaments oder die Testierfähigkeit des Erblassers, ist das förmliche Beweisverfahren vorzuziehen.[211] Die Unterlassung einer gebotenen förmlichen Beweisaufnahme kann einen vom Rechtsbeschwerdegericht zu rügenden Ermessensfehler darstellen.[212] Zur **Anordnung der Beweisaufnahme, auch der förmlichen,** ist ein förmlicher **Beweisbeschluss** nicht erforderlich, aber zulässig.[213] Die Anordnung eines Beweisaufnahmeverfahrens unterliegt als verfahrensleitende Anordnung **nicht** der **Beschwerde.**[214]

93   Die vorherige **Benachrichtigung** der Beteiligten von einem Beweistermin (vom Unterbleiben einer angeordneten Beweisaufnahme aber wohl nur, wenn das Gericht die Beweisaufnahme für erheblich hält), von der Ladung eines Sachverständigen oder der Einholung eines schriftlichen Sachverständigengutachtens ist jedoch erforderlich.[215] Wenn das Gericht eine förmliche Beweisaufnahme anordnet, gilt auch der Grundsatz der **Unmittelbarkeit** der Beweisaufnahme entsprechend § 355 Abs. 1 ZPO;[216] das bedeutet, dass die Beweiserhebung grundsätzlich vor dem Gericht selbst erfolgen muss und die Einvernahme von Zeugen, Sachverständigen, Parteien oder die Einnahme des Augenscheins durch einen beauftragten oder ersuchten Richter nur in den gesetzlich geregelten Ausnahmefällen zulässig ist.[217]

94   Die zwingenden Formvorschriften der ZPO über die **Protokollaufnahme** (§§ 159 f. ZPO) gelten nicht. Es ist jedoch ein Vermerk gemäß § 28 Abs. 4 FamFG anzufertigen, auch bei einer Beweisaufnahme durch den beauftragten oder ersuchten Richter. Lediglich für das Landwirtschaftsverfahren ist in § 15 Abs. 6 LwVG die entsprechende Geltung der §§ 159–165 ZPO bestimmt.

Das Recht der Beteiligten auf **Teilnahme am förmlichen Beweisverfahren** ergibt sich aus dem Grundsatz des **rechtlichen Gehörs** des Art. 103 Abs. 1 GG.[218] Wird eine

---

[208] BayObLG JMBl. 1965, 44.
[209] BayObLG FamRZ 1986, 1043 f.
[210] BayObLG FamRZ 1986, 1043 f.
[211] BayObLG FamRZ 1986, 1043 f.
[212] BayObLGZ 1963, 235 (240); OLG Düsseldorf FamRZ 1968, 260; Keidel/*Sternal* § 30 Rn. 5.
[213] BGH FamRZ 2010, 1726.
[214] BayObLGZ 1966, 367; BGH NJW-RR 2008, 737.
[215] Vgl. hierzu Keidel/*Sternal* § 30 Rn. 17.
[216] OLG München FamRZ 2008, 2047; OLG Zweibrücken FamRZ 1989, 771; BayObLGZ 1982, 384 (387); BayObLG NJW-RR 1996, 583.
[217] Zöller/*Greger* § 355 FamFG Rn. 1 a.
[218] Vgl. zum Streitstand Keidel/*Zimmermann* § 352 Rn. 64; BayObLGZ 1967, 137 (147); OLG Hamm Rpfleger 1973, 172.

mündliche Verhandlung durchgeführt, so müssen die Beteiligten zum Ergebnis einer Beweisaufnahme nicht mündlich verhandeln.[219] Das Nachlassgericht kann das persönliche Erscheinen der Beteiligten durch Ordnungsmittel erzwingen (§ 33 FamFG). Bei **formloser Anhörung einer Auskunftsperson** haben die Beteiligten jedoch kein Recht auf Beiziehung; Übersendung einer Protokollabschrift genügt.[220] Die Frage, inwieweit Beteiligte über Beweisergebnisse zu informieren sind, ist eine Frage des rechtlichen Gehörs bzw. der Anhörung von Beteiligten.

Ein Verstoß gegen den Grundsatz der Beteiligten-Öffentlichkeit hindert die Verwertung **95** des erhobenen Beweises und begründet die Rechtsbeschwerde, wenn die Möglichkeit nicht ausgeschlossen werden kann, dass die Entscheidung auf diesem Verfahrensverstoß beruht.[221] Von **präsenten Beweismitteln,** wie etwa vorgelegten Urkunden, in Augenschein zu nehmenden Gegenständen und mitgebrachten Zeugen kann ohne Verfahrensverstoß nur Gebrauch gemacht werden, wenn das Recht der Beteiligten auf Teilnahme am **förmlichen** Beweisverfahren gewahrt ist. Ein Verstoß hiergegen kann jedoch durch Rügeverzicht oder rügelose Einlassung entsprechend § 295 ZPO geheilt werden.[222] Es gelten hier die Regeln, die für die Heilung bei Verletzung des rechtlichen Gehörs Anwendung finden.

b) Beweismittel

Als Beweismittel kommen in Betracht: Augenschein (§§ 371 bis 372a ZPO), Sachverstän- **96** dige (§§ 402 bis 414 ZPO), Urkunden (§§ 415 bis 444 ZPO), Zeugen (§§ 373 bis 401 ZPO) und Beteiligte (§§ 445 bis 455 ZPO), Einholung amtlicher Auskünfte bei Behörden und Trägern eines öffentlichen Amtes im In- und Ausland, Selbständiges Beweisverfahren (§§ 485 bis 494a ZPO).

• **Zeugen:** Für die Pflicht des Zeugen zum Erscheinen, zur wahrheitsgemäßen Aussage, **97** zur Eidesleistung, für die Ladung der Zeugen und die Folgen des Ausbleibens gelten die Vorschriften der ZPO.[223] Zu beachten ist, dass wegen des Amtsermittlungsgrundsatzes **§ 379 ZPO nicht** entsprechend anwendbar ist, die Ladung also **nicht** von der Zahlung eines **Auslagenvorschusses** abhängig gemacht werden kann.[224] Der Rechtspfleger kann in den ihm übertragenen Angelegenheiten (§ 3 RPflG) keine ersatzweise Ordnungshaft androhen (§ 4 Abs. 2 Nr. 2 RPflG); als Folge des Ausbleibens kann er Ordnungsgeld festsetzen. Hält der Rechtspfleger die zwangsweise Vorführung für notwendig, muss er die Sache dem Richter vorlegen (§§ 4 Abs. 3, 28 RPflG). Die Androhung bzw. Verhängung von Ordnungshaft kommt nicht in Betracht.[225] Ein besonderes Problem ergibt sich bei der Ermittlung der Testierfähigkeit oder im Rahmen der Auslegung des wirklichen Willens des Erblassers hinsichtlich der **Entbindung behandelnder Ärzte oder beratender Anwälte von der Verschwiegenheitspflicht** (§ 385 Abs. 2 ZPO iVm § 383 Abs. 1 Nr. 4, 6 ZPO), da der Schutz der Privatsphäre grundsätzlich über den Tod des Geschützten hinaus fortbesteht[226] und der Zeuge auch nach dem Tod des Geschützten nur zur Aussage verpflichtet ist, wenn er von der Schweigepflicht entbunden ist. Diese **ausdrückliche** oder **konkludente Befreiung von der** Verschwiegenheitspflicht durch den Erblasser vor seinem Tod dürfte selten vorliegen. Soweit der Zeuge über Tatsachen aussagen soll, die lediglich den vermögens-

---

[219] BayObLGZ 1990 Nr. 39.
[220] Keidel/*Meyer-Holz* § 34 Rn. 13.
[221] Keidel/*Meyer-Holz* §§ 30 Rn. 28 f., 34 Rn. 45 f.; BayObLGZ 1977, 59 (65).
[222] Wie hier auch Zöller/*Greger* § 295 ZPO Rn. 5.
[223] Vgl. näher hierzu Keidel/*Sternal* § 30 Rn. 45–80.
[224] Wegen des Antragsverfahrens vergleiche § 31 GNotKG: Es kann die Durchführung des Verfahrens überhaupt von einem Kostenvorschuss abhängig gemacht werden, nicht jedoch nach Einleitung des Verfahrens können einzelne Beweiserhebungen hiervon abhängig gemacht werden, s. auch Keidel/*Sternal* § 30 Rn. 45–80.
[225] Keidel/*Meyer-Holz* § 33 Rn. 15.
[226] BGHZ 91, 392 (398); BayObLGZ 1966, 86 (90 f.).

rechtlichen Bereich betreffen, geht die Befreiungsbefugnis nach § 1922 Abs. 1 BGB auf die Erben über.[227] Auch ohne Entbindung durch den Erben sind jedoch Notare[228] und Rechtsanwälte[229] über die Willensbildung des Testators aussagepflichtig, weil das Beweisthema eine Tatsache betrifft, deren Offenlegung dem wirklichen oder mutmaßlichen Willen der durch § 383 geschützten Person entspricht.[230] Eine Belehrungspflicht des Anwalts oder Steuerberaters des Erblassers über ein Zeugnisverweigerungsrecht besteht nicht, weil § 383 Abs. 2 ZPO eine Belehrungspflicht nur in den Fällen der §§ 30 FamFG, 383 Abs. 1 Nr. 1 bis 3 ZPO vorsieht, nicht jedoch im Fall des § 383 Abs. 1 Nr. 6 ZPO, der hier auf Grund der beruflichen Tätigkeit in Betracht kommt.[231]

Auch der den Testator behandelnde Arzt ist im Regelfall aussagepflichtig, weil das Interesse im Allgemeinen dahingeht, aufkommende Zweifel über seine Testierfähigkeit nach Möglichkeit auszuräumen.

Dies gilt nach BGH auch für den Testierunfähigen: „Sein wohlverstandenes Interesse ist nicht darauf gerichtet, zu verbergen, dass er testierunfähig ist; vielmehr würden damit umgekehrt die seinem Schutz dienenden Vorschriften über die Testierunfähigkeit in vielen Fällen geradezu unterlaufen."[232]

Ist ein derartiger mutmaßlicher Wille des Verstorbenen **zweifelhaft,** so liegt es in der Verantwortung des **Arztes,** von den ihm bekannten Umständen auf den mutmaßlichen Willen des Verstorbenen zu schließen und nach gewissenhafter Prüfung über die Ausübung des Zeugnisverweigerungsrechts zu befinden; bei der Abwägung zwischen Anforderungen seines Standesethos einerseits und den Interessen des Erblassers andererseits verbleibt ihm ein Entscheidungsspielraum, der durch die Gerichte nur eingeschränkt nachprüfbar ist.[233] Der Arzt ist jedoch verpflichtet, darzulegen, auf welche Belange er die Zeugnisverweigerung stützt. Es genügt nicht, dass der Zeuge sich nur auf allgemeine Gründe des Gewissens und des Standesethos beruft; er muss vielmehr Anhaltspunkte für einen vernünftigen oder sonst einleuchtenden Grund darlegen, dass die Aussage zum Schutz oder im wohlverstandenen Interesse des verstorbenen Patienten verweigert werde. Der Umstand allein, dass Tatsachen über den krankheitsbedingten Verfall der Persönlichkeit des Erblassers preisgegeben werden müssten, rechtfertigt eine Zeugnisverweigerung nicht.[234]

Anders als im Erkenntnisverfahren ist **über die Rechtmäßigkeit einer Zeugnisverweigerung** nach allgemeiner Meinung nicht gemäß § 387 ZPO durch Zwischenurteil, sondern in Beschlussform (§ 38 FamFG) zu entscheiden.[235]

Für die Erzwingung des Zeugnisses ist § 390 ZPO, für die Vollstreckung der Haft sind die §§ 904–906, 908–910, 913 ZPO entsprechend anzuwenden;[236] die Rechtsmittel hiergegen richten sich nach den §§ 567 ff. ZPO (sofortige Beschwerde; Rechtsbeschwerde

---

[227] BayObLGZ 1966, 86 (90 f.); BGHZ 91, 392 (399).
[228] OLG Köln OLGZ 1982, 1 (4). Anstelle des Verstorbenen kann der Landgerichtspräsident die Befreiung erteilen, § 18 Abs. 2 Hs. 2 BNotO; das Gericht sollte rechtzeitig vor dem Termin diese Befreiung einholen. S. auch BGH DNotZ 1975, 420; BGH DNotZ 2003, 780 f. Antragsberechtigt sind alle Beteiligten, der Notar; das Gericht sollte spätestens mit der Ladung dafür Sorge tragen und ggf. selbst anfragen. Ohne Vorliegen einer Befreiungserklärung muss der Notar nach Mitteilung seiner Weigerung, auszusagen, nicht zum Termin erscheinen, § 386 Abs. 3 ZPO. Liegt die Befreiung vor, muss er erscheinen und aussagen (§ 385 Abs. 2 ZPO).
[229] OLG Köln Rpfleger 1985, 494; BayObLGZ 1966, 86 (90).
[230] Zöller/*Greger* § 383 ZPO Rn. 1a; BayObLG FamRZ 1991, 231: Die Zeugenvernehmung des Rechtsanwalts eines Erblassers darf auf solche Tatsachen erstreckt werden, welche die Testamentserrichtung und den Willen des Erblassers betreffen.
[231] BayObLG FamRZ 1991, 231 (232).
[232] BGHZ 91, 392 (399 f.).
[233] BayObLGZ 1986, 332 f.
[234] BGHZ 91, 392 (399 f.) und BayObLGZ 1986, 332 f.
[235] BGHZ 91, 392 (399 f.); im Übrigen sind jedoch die für das Verfahren geltenden Vorschriften der §§ 386 f. ZPO anwendbar.
[236] Keidel/*Sternal* § 30 Rn. 73 ff.

gegen die Entscheidung des Beschwerdegerichts, § 574 Abs. 1 Nr. 2 ZPO). Die Beschwerde hat aufschiebende Wirkung (§ 570 Abs. 1 ZPO).

Grundsätzlich ist jeder aussageverpflichtete Zeuge auch zur **Eidesleistung** verpflichtet, ausgenommen eidesunfähige Personen (§§ 30 FamFG iVm 393 ZPO). Das Gericht entscheidet über die Beeidigung von Zeugen und Sachverständigen nach seinem Ermessen; ein Verzicht der Beteiligten auf die Beeidigung bindet deshalb das Gericht nicht. Die übrigen Gesichtspunkte des § 391 ZPO hat das Gericht aber bei seiner Ermessensentscheidung zu berücksichtigen.[237]

- **Beweis durch Sachverständige.** Gemäß § 30 FamFG sind auch für den Sachverständigenbeweis die Vorschriften der **ZPO entsprechend** anzuwenden. Wegen des Amtsermittlungsgrundsatzes sind §§ 403, 404 Abs. 4 ZPO über den Beweisantritt und die Einigung über die Person des Sachverständigen nicht anwendbar.[238] Gemäß § 412 Abs. 1 ZPO kann das Gericht ein weiteres Gutachten **(Obergutachten)** nach seinem pflichtgemäßen Ermessen einholen; die Beteiligten haben jedoch keinen Anspruch hierauf.[239] Ein weiteres Gutachten kann in Betracht kommen bei besonders schwierigen Fragen, wenn Zweifel an der Sachkunde des bisherigen Gutachters bestehen, wenn dessen Gutachten von unzutreffenden tatsächlichen Voraussetzungen ausgeht, Widersprüche enthält oder wenn ein neuer Sachverständiger über Forschungsmittel verfügt, die denen des früheren überlegen sind.[240] Für die **Ablehnung von Sachverständigen** gilt § 406 ZPO. Ein **Ablehnungsgrund** besteht, wenn der Sachverständige bereits ein **Privatgutachten** für einen Beteiligten in derselben Sache erstattet hat.[241] Das Gericht wird deshalb, wenn ihm das Privatgutachten bekannt ist, den Gutachter nur als **sachverständigen Zeugen** heranziehen. Das Gericht hat bei seiner Beweiswürdigung das Gutachten auf seinen sachlichen Gehalt, seine logische Schlüssigkeit sowie daraufhin zu überprüfen, ob es von dem Sachverhalt ausgeht, den das Gericht selbst für erwiesen erachtet.[242] Mängel und Widersprüche hat das Gericht aufzuklären. Ob das Gericht bei einer **Schriftvergleichung** einen Sachverständigen zuzieht, liegt im Rahmen seines pflichtgemäßen Ermessens.[243] Der Grundsatz der freien Beweiswürdigung gestattet es dem Gericht der Tatsacheninstanz, einem Sachverständigengutachten nicht zu folgen, wenn es sich eingehend mit ihm auseinandersetzt.[244] Liegen zur selben Beweisfrage mehrere **widersprechende Gutachten** vor, so muss sich das Tatsachengericht der Mehrheitsmeinung der Gutachter nicht anschließen.[245] 98
- Die Vorschriften über den **Urkundenbeweis** der ZPO (§§ 415 ff. ZPO) sind heranzuziehen, soweit sie mit den Grundsätzen des Verfahrens der freiwilligen Gerichtsbarkeit 99

---

[237] Keidel/*Sternal* § 30 Rn. 77.
[238] Keidel/*Sternal* § 30 Rn. 82.
[239] BayObLG Rpfleger 1980, 189 (190).
[240] BayObLGZ 1982, 309 (315); 1986, 145 (148) mwN.
[241] BGH NJW 1972, 1133 (1134).
[242] BayObLGZ 1982, 309 (315) mwN.
[243] BayObLG NJW-RR 1986, 494 (495 f.): „Die Beschwerdekammer durfte sich hinsichtlich der Feststellung der Übereinstimmung des Namenszuges der Erblasserin und der Beurteilung des Vergleichs mit der Handschrift der Beteiligten selbst die erforderliche Sachkunde zutrauen. Wenn das LG durch den beauftragten Richter sodann auch noch selbst den Schriftvergleich zwischen der Unterschrift der Erblasserin auf dem Umschlag und derjenigen auf den übrigen gefundenen Schriftstücken vorgenommen und dessen Ergebnis beschrieben hat, so begegnet dies keinen rechtlichen Bedenken. Es hat sich damit nicht in unzulässiger Weise die Sachkunde eines Schriftsachverständigen angemaßt, der idR einer gründlichen fachlichen Ausbildung und großer Erfahrung bedarf, sondern lediglich das Ergebnis seines eigenen Augenscheins dargelegt. Entsprechend § 442 ZPO hat auch der Richter der freiwilligen Gerichtsbarkeit über das Ergebnis der Schriftvergleichung, die Augenscheinsbeweis ist (Baumbach/Lauterbach/Albers/Hartmann ZPO, 43. Aufl., § 441 Anm. 1B) nach freier Überzeugung, geeignetenfalls nach Anhörung von Sachverständigen zu entscheiden. Das LG durfte das Ergebnis seines eigenen Augenscheins bei der Entscheidung über die Frage der Erforderlichkeit weiterer Beweiserhebungen mit verwerten."
[244] BayObLG BeckRS 1990, 30887982.
[245] BayObLG FamRZ 1998, 332.

vereinbar sind.[246] §§ 415, 417–419 ZPO (Beweiskraft öffentlicher Urkunden), 437, 438 ZPO (Echtheit der Urkunden) und 416, 419 ZPO gelten entsprechend.[247] Im **förmlichen Beweisverfahren** kann die **Vorlage** von Urkunden nach § 35 FamFG erzwungen werden. Wegen des Amtsverfahrens sind auch §§ 439, 400 ZPO nicht anwendbar.[248]

100 • **Beteiligte:** Ein Beteiligter oder sein gesetzlicher Vertreter kann in einer Nachlasssache **nicht als Zeuge** vernommen, sondern nur als **Auskunftsperson** angehört oder **als Partei vernommen** werden.[249] Die förmliche Vernehmung Beteiligter (analog § 448 ZPO) hängt nicht davon ab, dass ein Anfangsbeweis erbracht worden ist.[250] Die **Beeidigung der Beteiligten als Partei** ist zulässig, wenn kein anderes Beweismittel mehr zur Verfügung steht und die erhobenen Beweise oder die Lebenserfahrung eine gewisse Wahrscheinlichkeit für die zu erweisende Tatsache ergeben haben.[251] Erweist sich die förmliche Vernehmung oder Beeidigung eines Beteiligten wegen dessen Weigerung als unmöglich, „so hat das Gericht in freier Beweiswürdigung zu werten, die Tatsache, dass ihm das für die Bildung seiner Überzeugung notwendig erschienene Beweismittel nicht zur Verfügung steht, zu würdigen".[252] Im Wege des **Freibeweises** darf das Gericht der Tatsacheninstanz seine Feststellungen auch auf die **Aussage eines Verfahrensbeteiligten** stützen und diesem im Rahmen der freien Beweiswürdigung glauben.[253]

101 • **Amtliche Auskünfte** sind weder Zeugen- noch Sachverständigenbeweis, jedoch vollwertiges Beweismittel.[254]

102 • **Glaubhaftmachung.** Das Gesetz verlangt in verschiedenen Vorschriften, die das Nachlassverfahren betreffen, die Glaubhaftmachung von Tatsachen (zB §§ 31, 352 Abs. 3 S. 2 FamFG – anderes Beweismittel an Stelle der geforderten Urkunde). Das Gericht kann jedoch auch in anderen Fällen nach pflichtgemäßem Ermessen Glaubhaftmachung verlangen.[255] Die Glaubhaftmachung vermittelt dem Gericht nicht die volle Überzeugung, sondern lediglich die erhebliche Wahrscheinlichkeit eines zu beweisenden Sachverhalts.[256] **Mittel der** Glaubhaftmachung sind alle Beweismittel des Freibeweises, einschließlich der eidesstattlichen Versicherung (31 Abs. 1 FamFG).[257] Für die eidesstattliche Versicherung ist **keine Form** vorgeschrieben. Sie kann vor dem Gericht oder nach dem Ermessen des Gerichts durch eine schriftliche Erklärung erfolgen.[258] Nicht genügt die Bezugnahme des Beteiligten auf den Schriftsatz seines Bevollmächtigten mit Bestätigung seiner Richtigkeit[259] Auch der Rechtspfleger ist in den ihm übertragenen Angelegenheiten befugt, eidesstattliche Versicherungen zu verlangen und abzunehmen.

c) Abschließende Verfügung

103 Vor seiner abschließenden Entscheidung hat das Nachlassgericht, falls erforderlich, einen dem Ergebnis der Ermittlungen entsprechenden Erbscheinsantrag anzuregen.[260] Das Nachlassgericht entscheidet im Erbscheinsverfahren nur darüber, ob der vom Antragsteller begehrte Erbschein mit dem von ihm behaupteten Erbrecht seiner selbst oder der etwaigen

---

[246] BayObLGZ 1981, 38 (42).
[247] Vgl. Keidel/*Sternal* § 30 Rn. 108.
[248] BayObLG FG Prax 2002, 111; Keidel/*Sternal* § 30 Rn. 109.
[249] Std. Rspr., vgl. BayObLGZ 1960, 216 (217); 1970, 173.
[250] BayObLGZ 1970, 173.
[251] BayObLGZ 1952, 102; 1953, 5; OLG Hamm NJW 1957, 1816.
[252] Keidel/*Sternal* § 30 Rn. 118.
[253] BayObLG FamRZ 1991, 1114.
[254] Zöller/*Greger* § 373 Rn. 11.
[255] Keidel/*Sternal* § 32 Rn. 6.
[256] BGHZ 8, 183 (186); BayObLGZ 1966, 257 (260).
[257] Keidel/*Sternal* § 31 Rn. 7.
[258] RGZ 50, 360 (362). Zur Aufnahme der eidesstattl. Versicherung durch den Notar vergleiche § 22 Abs. 2 BNotO, § 38 BeurkG.
[259] Keidel/*Sternal* § 31 Rn. 11; BGH NJW 1988, 2045.
[260] BayObLGZ 1962, 47.

Miterben zu erteilen ist. Besteht unter den Beteiligten Streit, so kann der Nachlassrichter sie nicht auf den Weg eines erst anhängig zu machenden Prozesses verweisen.[261] Bei anhängigem Erbrechtsstreit kann das Erbscheinsverfahren bis zur Beendigung des Prozesses ausgesetzt werden, falls dies zweckmäßig erscheint;[262] die **Aussetzung** ist jedoch geboten, falls die Aufklärungspflicht gemäß § 26 FamFG eine Verwertung der zu erwartenden Entscheidung des Prozessgerichts als weitere Beweisgrundlage erfordert.

VI. Die Entscheidung über den Erbscheinsantrag

Das Nachlassgericht kann durch begründeten Beschluss einen unzulässigen oder unbe- **104** gründeten Erbscheinsantrag zurückweisen oder durch Festellungsbeschluss die für die Erteilung des beantragten Erbscheins erforderlichen Tatsachen für festgestellt erachten und den Erbschein bewilligen. Es gibt keinen Beschluss dahin, dass die Tatsachen nicht für festgestellt erachtet werden.

Die **Zurückweisung eines Erbscheinsantrags** als unzulässig wird selten in Betracht **105** kommen, weil das Gericht verpflichtet ist, durch Zwischenverfügung auf behebbare Mängel hinzuweisen.

Unzulässig im Sinne fehlender Statthaftigkeit ist der Antrag auf einen Erbschein, den das Gesetz inhaltlich nicht vorsieht (zB für einen Erbteilserwerber oder einen Vermächtnisnehmer) oder mit dem Ziel der Erteilung durch das Beschwerdegericht. Als unzulässig abzuweisen sind auch Anträge wegen sachlicher, internationaler, interlokaler oder örtlicher Unzuständigkeit des Nachlassgerichts, wegen Unbestimmtheit des Erbscheinsantrags, wegen des fehlenden Antragsrechts des Antragstellers oder weil dieser trotz Zwischenbescheids des Nachlassgerichts die in §§ 352 ff. FamFG geforderten Nachweise nicht erbracht hat. Unzulässig ist auch ein Antrag auf Erteilung eines Erbscheins in Bezug auf einen Erblasser, der vor dem 1.1.1900, dem Tag, an dem das Bürgerliche Gesetzbuch in Kraft trat, verstorben ist.[263]

Ein Erbscheinsantrag ist dagegen **unbegründet** zurückzuweisen**,** wenn dem Antragsteller das beantragte Erbrecht nicht oder nur mit einem anderen Inhalt zusteht.[264]

Eine Zwischenverfügung ist im FamFG nicht erwähnt, sie ist jedoch entsprechend §§ 18 **106** GBO, 139 Abs. 1 S. 2 ZPO bei behebbaren Mängeln des Antrags zulässig und erforderlich. **Sie nennt die Entscheidungshindernisse, die Beseitigungsmöglichkeiten und setzt zur Beseitigung eine Frist.**[265] Sie ist – im teilweisen Gegensatz zur früheren Rechtslage (§ 19 FGG) – nicht anfechtbar, § 58 Abs. 1 FamFG, da es sich gerade nicht um eine Endentscheidung handelt.[266]

1. Die Bewilligung und Erteilung des Erbscheins

Ist der Erbscheinsantrag statthaft, zulässig und begründet, erlässt das Nachlassgericht einen **107** **Festellungsbeschluss.**

Sieht das Nachlassgericht in **einfachen und unstreitigen Fällen** (wie zB oben) den Sachverhalt als genügend geklärt und nachgewiesen an und will es daher von der Abnahme einer eidesstattlichen Versicherung gemäß § 352 Abs. 3 S. 2 FamFG Abstand nehmen, so kann es ohne weitere Ermittlungen und Vorladungen sofort durch unbegründeten **Festellungsbeschluss** entscheiden, dass die zur Erteilung des Erbscheins (es folgt der Inhalt des beantragten und zu bewilligenden Erbscheins) erforderlichen Tatsachen für festgestellt

---

[261] BayObLGZ 1966, 241; BayObLGZ 1981, 30 (Wirksamkeit eines Erbverzichts).
[262] Dazu KG FamRZ 1968, 219; BayObLGZ 1969, 184.
[263] Vgl. Art. 213 EGBGB, BayObLG FamRZ 1990, 101 (102).
[264] Beachte, dass ein vom Antrag abweichender Erbschein vom Berechtigten ausdrücklich oder stillschweigend genehmigt werden kann.
[265] BayObLG NJW-RR 2003, 292; MüKoBGB/*Mayer* § 2353 Rn. 113 mwN.
[266] Keidel/*Zimmermann* § 352e Rn. 123.

erachtet werden (§§ 38 Abs. 4 Nr. 2, 352 Abs. 1 FamFG); dieser Beschluss muss nicht bekanntgegeben werden (§ 41 Abs. 1 Satz 3 FamFG), er wird mit seinem Erlass wirksam und verbleibt als internum in den Nachlassakten. **Anschließend kann der Beschluss sofort vollzogen und der Erbschein erteilt werden.** Der Feststellungsbeschluss enthält weder eine Kostenentscheidung noch eine Rechtsbehelfsbelehrung.[267] Falls das Gericht im Falle fehlenden Widerspruchs eines Beteiligten wegen unklarer Sach- oder Rechtslage eine Testamentsauslegung vornimmt, den Sachverhalt oder die Rechtslage würdigt, ist dennoch eine Begründung anzuraten.

Beschluss

Die Tatsachen, die zur Erteilung des von der Beteiligten … beantragten Erbscheines erforderlich sind, werden für festgestellt erachtet. Die Beteiligte hat beantragt: Es wird bezeugt, dass der am… verstorbene …, zuletzt wohnhaft in…, von … allein beerbt worden ist.[268]

Die Erteilung des von der Beteiligten … beantragten Erbscheins wird bewilligt.

Rechtsmittelbelehrung

Unterschrift

---

2. Streitige Entscheidung und Aussetzung der Vollziehung

Die unter der Geltung des FGG entwickelte Praxis, bei zweifelhafter Rechtslage einen Vorbescheid zu erlassen, der dann der Anfechtung unterworfen war, ist nach hM nicht mehr zulässig, da § 352e FamFG die Aussetzung der Vollziehung ermöglicht. Das unter dem FGG bestehende praktische Bedürfnis für einen Vorbescheid ist damit entfallen. Falls er dennoch erlassen wird, entfaltet er keine Wirkung, ein Rechtsmittel findet hiergegen nicht statt.[269]

Widerspricht der Feststellungsbeschluss dem erklärten Willen eines Beteiligten, muss das Nachlassgericht die sofortige Wirksamkeit des Beschlusses aussetzen und die Erteilung des Erbscheins bis zur formellen Rechtskraft des Beschlusses zurückstellen (§ 352e Abs. 2 S. 2 FamFG). Ein förmlicher Widerspruch oder ein anderer Erbscheinsantrag müssen hierzu nicht vorliegen, es genügt eine mündliche Erklärung im Termin.[270]

Der Tenor des oben vorgeschlagenen Feststellungsbeschlusses wird ergänzt um zwei weitere Sätze:

„Die sofortige Wirksamkeit des Beschlusses wird ausgesetzt. Die Erteilung des Erbscheins wird bis zur Rechtskraft des Beschlusses zurückgestellt."

Wurde zugleich ein konkurrierender Erbscheinsantrag gestellt, kann zugleich über diesen mitentschieden werden.

Im Gegensatz zum reinen Bewilligungsbeschluss muss dieser Beschluss mit Gründen versehen werden, die es dem Beschwerdegericht ermöglichen, den Sachverhalt zu überprüfen (§ 38 Abs. 3 S. 1 FamFG). Darüber hinaus muss der Beschluss eine Rechtsbehelfsbelehrung enthalten (§§ 39 58 FamFG, 11 RPflG, 119 Abs. 1 Nr. 1b GVG).

---

[267] AA die Vorauflage. Eine Rechtsbehelfsbelehrung ist entbehrlich, wenn die Entscheidung antragsgemäß ergeht, da der Beschwerdeführer nicht im Sinne des § 59 FamFG beschwert sein kann.

[268] Es ist streitig, ob der Inhalt des beabsichtigten Erbscheins wiedergegeben werden soll oder nicht wegen der Befürchtung, dass im Rechtsverkehr der Feststellungsbeschluss bereits als Erbschein missverstanden werden könnte. Deshalb wird hier vorgeschlagen, den Inhalt des Antrags, den das Gericht für begründet hält, wiederzugeben.

[269] OLG Köln NJW 2011, 320 mwN.

[270] MüKoBGB/*Grziwotz* § 2353 Rn. 114.

„Gegen diesen Beschluss ist die Beschwerde zulässig; über sie entscheidet das Ober-landesgericht … … Die Beschwerde kann nur eingelegt werden beim Amtsgericht … … (Adresse) innerhalb einer Frist von einem Monat. Die Frist beginnt mit der Zustellung dieses Beschlusses. Die Beschwerde ist nur zulässig, wenn der Wert des Beschwerde-gegenstandes sechshundert Euro übersteigt oder das Nachlassgericht die Beschwerde zugelassen hat. Die Beschwerde wird durch Einreichung einer Beschwerdeschrift in deutscher Sprache oder zur Niederschrift der Geschäftsstelle des Nachlassgerichts einge-legt. Die Beschwerde muss die Bezeichnung des angefochtenen Beschlusses sowie die Erklärung enthalten, dass Beschwerde gegen diesen Beschluss eingelegt wird. Sie ist von dem Beschwerdeführer oder seinem Bevollmächtigten zu unterzeichnen. Sie soll begründet werden und die Tatsachen und Beweismittel benennen, auf die sie gestützt wird."

Da die Rechtsbehelfsbelehrung Bestandteil des Beschlusses ist, muss sie im Beschluss oberhalb der Unterschrift des entscheidenden Richters oder Rechtspflegers stehen.

Der Beschluss wird erst mit der Bekanntgabe (§§ 40, 41 FamFG, Zustellung an den Beteiligten, dessen erklärtem Willen er widerspricht, formlose Bekanntgabe an die anderen Beteiligten) wirksam. Er kann eine Kostenerstattungsanordnung (§ 81 FamFG) enthalten (→ Rn. 108).

Gegen die Ablehnung eines Antrags und/oder gegen einen Bewilligungsbeschluss ist die befristete Beschwerde statthaft. Ist eine Wertbeschwerde nicht statthaft, hat das Erstgericht gemäß § 61 Abs. 2 und 3 FamFG über die **Zulassung** der Beschwerde zu entscheiden (grundsätzliche Bedeutung oder Fortbildung des Rechts oder zur Sicherung einer einheit-lichen Rechtsprechung). Angesichts der Wertgrenze (§ 61 Abs. 1 FamFG: 600 EUR) ist diese Voraussetzung im Erbscheinserteilungsverfahren regelmäßig erfüllt.

Die Beschwerde ist binnen einer **Frist** von 1 Monat (§ 63 Abs. 1 FamFG) beim Nach-lassgericht (§ 64 Abs. 2 FamFG) einzulegen; eine Nichtzulassungsbeschwerde gibt es nicht.

3. Entscheidung über die Kosten[271]

Die Endentscheidung in der Hauptsache muss in der freiwilligen Gerichtsbarkeit nur dann **108** eine **Kostenentscheidung** enthalten, wenn dies gesetzlich vorgesehen ist, in Nachlass-sachen etwa in § 353 Abs. 1 FamFG (Einziehung des Erbscheins) oder dem Gericht angemessen erscheint oder von einem Beteiligten beantragt wird.[272]

Trifft das Gericht eine Kostenentscheidung, sollte es nicht nur von „Verfahrenskosten" sprechen, sondern ausdrücklich zwischen den Gerichtskosten und den außergerichtlichen Kosten differenzieren, um Unklarheiten zu vermeiden.[273]

Soweit das Gericht keine Entscheidung zu den Kosten trifft, regelt das GNotKG die Höhe und die Pflicht zur Tragung der Gerichtskosten (§§ 22 ff.). Danach tragen, soweit nichts anderes bestimmt ist, die Gerichtskosten die Erben (§ 24 GNotKG), in Antrags-verfahren der **Antragsteller (§ 22 Abs. 1 GNotKG)**, für den gerichtlichen Vergleich jeder Abschlussbeteiligte (§ 22 Abs. 2 GNotKG). In jedem Falle empfiehlt es sich, dass das Gericht auch dann, wenn es keine Kostenentscheidung treffen will (es also bei der gesetzli-chen Regelung des GNotKG verbleibt), dies im Beschluss niederzulegen. Dadurch wird verhindert, dass die Beteiligten im Unklaren darüber sind, ob das Gericht eine bewusste Entscheidung getroffen hat und für die Ergänzung des Beschlusses (§ 43 FamFG) kein Raum ist.

---

[271] Dazu *Horn/Krätzschel*, Kosten im Erbscheinsverfahren, NJW 2016, 3350.
[272] Keidel/*Zimmermann* § 81 Rn. 4.
[273] Keidel/*Zimmermann* § 81 Rn. 4.

109   Nach § 81 Abs. 1 S. 2 FamFG kann das Gericht jedoch auch anordnen, dass von der
Erhebung der Gerichtskosten abzusehen ist oder diese einem anderen Beteiligten als dem
gesetzlichen Kostenschuldner auferlegen. § 81 Abs. 1 S. 1 FamFG stellt hierbei auf das
billige Ermessen des Gerichts ab und gibt in Absatz 2 Regelbeispiele für dieses Ermessen.
Nach der Rechtsprechung sind **sämtliche in Betracht kommenden Umstände des
Einzelfalles** heranzuziehen. Hierbei kann dann auch − ohne Anwendung eines Regel-
Ausnahme-Verhältnisses − neben anderen Umständen das Obsiegen und Unterliegen
berücksichtigt werden.[274] Das Gericht darf und sollte den Ausgang des Verfahrens berück-
sichtigen, auch die Zurücknahme eines Antrags. Streitpunkt können in der Praxis die
Kosten eines Sachverständigen, beispielsweise für die Klärung der Testierfähigkeit sein.
Hinsichtlich dieser Kosten erscheint es angemessen, sie dem Erben auch dann aufzuerlegen,
wenn ein anderer Beteiligter die Erholung des Gutachtens angeregt oder beantragt hat.
Letztlich kommt die Klärung der Frage, ob der Erblasser bei Errichtung der Verfügung von
Todes wegen testierfähig war, dem Erben zugute. Zwingend ist dies jedoch nicht, das
Nachlassgericht kann die Kosten des Gutachtens auch einem anderen Beteiligten auferlegen. Das Nachlassgericht ist deswegen gehalten, ein Gutachten nur dann zu erholen, wenn
tatsächlich hinreichende Anhaltspunkte für eine Testierunfähigkeit bestehen und nicht nur
dem Drängen eines Beteiligten nachgeben. Stellt sich heraus, dass der Erblasser testierunfähig war und deshalb die gesetzliche Erbfolge eingreift, ist gegebenenfalls eine Pflegschaft für unbekannte Beteiligte anzuordnen (§ 1913 BGB).

Die Auferlegung der Gerichtskosten auf einen anderen Beteiligten als den Kostenschuld-
ner nach dem GNotKG führt grundsätzlich nur zur Gesamtschuldnerschaft nach § 32
Abs. 1 GNotKG, kann jedoch als Anordnung ausgelegt werden, von der Erhebung von
Kosten gegen den Kostenschuldner nach dem GNotKG abzusehen.

Zur Kostenpflicht bei Vergleich, Erledigung und Rücknahme siehe § 83 FamFG.

Nicht statthaft ist eine Kostenentscheidung im **Verfahrenskostenhilfeverfahren** (§ 76
FamFG iVm § 118 Abs. 1 Satz 4 ZPO) oder im **Verfahren vor dem LG gegen die
Kostenberechnung des Notars** (§ 130 Abs. 2 Satz 2 GNotKG).

Für die Kostenentscheidung − auch die isolierte − gelten hinsichtlich der **Rechtsmittel**
hiergegen die §§ 58 ff. FamFG. Die Kostenentscheidung ist eine Endentscheidung iSv § 38
FamFG,[275] auch wenn sie den Streitgegenstand nur teilweise erledigt. Von den Oberge-
richten wird die Kostenentscheidung im Beschwerdeverfahren jedoch regelmäßig nur
dahingehend überprüft, ob das Nachlassgericht das ihm zustehende Ermessen erkannt und
ermessensfehlerfrei ausgeübt hat.

4. Erteilung des Erbscheins

110 **Erteilt** ist der Erbschein erst durch **Aushändigung einer Urschrift oder Ausfertigung**
an den oder die Antragsteller oder einen von ihm/ihnen bestimmten Dritten.[276] Dritter
kann auch eine Behörde, etwa das Grundbuchamt oder das Lastenausgleichsamt, sein.
Keine Aushändigung eines Erbscheins an die Behörde und damit auch keine Erteilung des
Erbscheins liegt vor, wenn Behörden auf Grund gesetzlicher Bestimmungen über den
Inhalt des Erbscheins benachrichtigt werden, wie in §§ 83 GBO, 34 Abs. 2 Nr. 2 ErbStG,
7 Abs. 1 S. 1 Nr. 2 ErbStDV vorgesehen.[277] Der Rechtspfleger/Nachlassrichter kann eine
oder mehrere Urschriften anfertigen; er kann eine Urschrift bei den Akten behalten und an
die Antragsteller die übrigen Urschriften oder nur Ausfertigungen hinausgeben. Er kann
auch eine Ausfertigung bei den Akten behalten und die Urschrift aushändigen. Die Erteilung des Erbscheins ist hiervon unabhängig. Die Herausgabe lediglich einer **beglaubigten
Abschrift** bewirkt jedoch **nicht** die **Erteilung** des Erbscheins, da diese nicht der Ein-

---

[274] BGH ZEV 2016, 95.
[275] Keidel/*Zimmermann* § 81 Rn. 81.
[276] MüKoBGB/*Grziwotz* § 2353 Rn. 123.
[277] BayObLGZ 1960, 267 (270); MüKoBGB/*Grziwotz* § 2353 Rn. 123.

ziehung nach § 2361 BGB unterliegt und auch nach Einziehung des Erbscheins noch bei dem Scheinerben verbleiben kann.[278] Unerheblich ist der Zeitpunkt der Bekanntgabe des Bewilligungsbeschlusses.[279] Der mit der Erbscheinsurkunde verbundene Verkehrsschutz gemäß §§ 2365 ff. BGB erfordert, dass unabhängig vom Zeitpunkt der Bekanntgabe des Bewilligungsbeschlusses die Erteilung des Erbscheins bereits mit der Aushändigung einer Urschrift oder Ausfertigung des Erbscheins erfolgt ist.

Solange der Erbschein **noch nicht erteilt** ist, kann gegen den Anordnungsbeschluss **111** Beschwerde mit dem Ziel der Aufhebung des Anordnungsbeschlusses eingelegt werden. **Nach Erteilung** ist nur Beschwerde mit dem Ziel der Anweisung an das Nachlassgericht zur Einziehung bzw. Kraftloserklärung des Erbscheins zulässig (hM). Bis zur Aushändigung des Zeugnisses kann der Antrag auch **zurückgenommen** werden.

Wie viele Urschriften oder Ausfertigungen der Antragsteller erhält, richtet sich nach **112** dessen Antrag. Das Rechtsschutzbedürfnis sollte auf die wirklich benötigten Stücke beschränkt bleiben; jede Aushändigung einer Urschrift oder Ausfertigung ist im Nachlassakt zu vermerken, um im Falle einer Einziehung die erforderlichen Anhaltspunkte zu haben.

Einem Notar, der die eidesstattliche Versicherung nach § 352 Abs. 3 FamFG beurkundet hat, ist auf Antrag eine Abschrift zu übersenden, nicht lediglich Akteneinsicht zu gewähren;[280] dies gilt jedenfalls dann, wenn der Notar die Abschrift benötigt, um eine eigene Amtspflicht (hier: Überprüfung des Erbscheins zu Grundbuchzwecken) zu erfüllen.[281]

5. Der Inhalt des Erbscheins

Der Erbschein selbst enthält keine Begründung, keine Rechtsmittelbelehrung und wird nur **113** dem Antragsteller erteilt.

Der Inhalt des Erbscheins ergibt sich aus den §§ 2353 BGB, 352a FamFG (Erbfolge), sowie zusätzlich aus den vom Erblasser wirksam angeordneten Beschränkungen des Erbrechts.

Er hat daher zu enthalten **(Muss-Inhalt)**   **114**

– die Bezeichnung des Erblassers;
– die Angabe seiner Todeszeit;
– die Bezeichnung des Erben oder beim gemeinschaftlichen Erbschein die Bezeichnung der Erben;
– beim Teilerbschein die Angabe des Erbteils, beim gemeinschaftlichen Erbschein die Angabe der Erbteile (Ausnahme: § 352a Abs. 2 S. 2 FamFG);
– das Bestehen oder Nichtbestehen einer **Beschränkung** des Erben (wie Nacherbfolge, Testamentsvollstreckung, das Recht des überlebenden Ehegatten zur Verwaltung und Nutznießung im Bereich des Höfe- oder eines sonstigen Anerbenrechts, Verfügungsbeschränkungen zugunsten des überlebenden Ehegatten bei einem Erblasser mit übergeleitetem altrechtlichen Güterstand, ein Vorausvermächtnis an einen alleinigen Vorerben, falls die Vermutung in § 2110 Abs. 2 BGB nicht widerlegt ist).

Diese Angaben stellen den allein zulässigen Inhalt eines Erbscheins dar (§§ 352a–c FamFG). Fehlt eine der notwendigen Angaben, liegt kein Erbschein im Sinne des Gesetzes vor.[282]

Angaben, die nicht zum gesetzlichen Inhalt des Erbscheins gehören, sind in den Erbschein nicht aufzunehmen.

---

[278] BGH FamRZ 1982, 141.
[279] MüKoBGB/*Grziwotz* § 2353 Rn. 123.
[280] So aber: LG Aachen Rpfleger 2006, 410 mit Anm. *Braun.*
[281] OLG Saarbrücken ZEV 2012, 489.
[282] KG OLGE 18, 214 ff.; MüKoBGB/*Mayer* § 2353 Rn. 42.

115 **Nicht** zu **erwähnen** sind insbesondere
Abtretung eines Erbteils; Anhängigkeit eines Rechtsstreits über das Erbrecht; Anordnung der Nachlassverwaltung; Anweisungen an den Erben zu Handlungen und Unterlassungen; Auflagen; Berufungsgrund;[283] Belastungen der Erbschaft (zum Beispiel Belastung des Erbteils mit einem daran bestellten Nießbrauch oder seine Verpfändung); Beschränkungen in der Verfügungsfähigkeit des Erben über den Nachlass, soweit sie nicht mit der Erbfolge zusammenhängen (zum Beispiel Pfändung eines Erbteils); Umfang der Nachlassinsolvenz; Erbersatzanspruch; Ergebnis der Erbauseinandersetzung; Eröffnung der Nachlassinsolvenz; Insolvenzeröffnung beim Erben; schuldrechtliche Verhältnisse in Verbindung mit dem Erbrecht, da sie die Verfügungszuständigkeit des Erben unberührt lassen, Erbersatzanspruch, Pflichtteile, Vermächtnisse, Voraus, Dreißigster, Auflagen und Teilungsanordnungen, Vorausvermächtnis (soweit es nicht den alleinigen Vorerben betrifft); Nießbrauch; Zugehörigkeit des Erbteils eines Ehegatten zum Gesamtgut der Gütergemeinschaft; die Gütergemeinschaft ist überhaupt nicht zu erwähnen.
Eine **Sondererbfolge** auf bestimmte Miterben, zB in einen Gesellschaftsanteil, wird im Erbschein **nicht** erwähnt.[284]

a) Zum Berufungsgrund

116 Ausnahmsweise ist der Berufungsgrund (testamentarische oder gesetzliche Erbfolge) anzugeben, wenn ein Erbe aus verschiedenen Gründen berufen und jeweils der Erbteil dazu anzuführen ist (§§ 1951, 2088 BGB) sowie beim **Fremdrechtserbschein**.[285]

b) Hinweise auf Nachlassteile

117 Ausnahmsweise sind Hinweise erlaubt bei **Nachlassspaltungen**. Gehört ein Hof zum Nachlass iSd Anerbengesetze, tritt eine Gesamtrechtsnachfolge in den Hof als Sondervermögen und daneben die Erbfolge in das hoffreie Vermögen ein. Diese Erbenstellung ist zu berücksichtigen im allgemeinen Erbschein unter **Hinweis auf die besondere Hoffolge**, im Hoffolgezeugnis als

118 Erbschein mit Beschränkung auf die Hoffolge oder im Erbschein, der sich auf das hoffreie Vermögen beschränkt.[286] Hat ein deutscher Erblasser ausländisches Vermögen in einem Land, das hierauf die lex rei sitae anwendet, so wird dies gemäß Art. 3a Abs. 2 EGBGB (früher Art. 3 Abs. 3 EGBGB) anerkannt. Im Erbschein ist deshalb eine inhaltliche Beschränkung auszusprechen (zum Beispiel: „Der Erbschein erstreckt sich nicht auf das in Frankreich/Belgien/Großbritannien/USA gelegene unbewegliche Vermögen des Erblassers"). Da das örtlich zuständige deutsche Nachlassgericht nun auch international zuständig ist, erteilt es auch einen Erbschein für den Spaltnachlass, das im Ausland belegene Immobilienvermögen, nach dem Recht des Belegenheitsortes, etwa dem französischen Recht,[287] wobei beide Erbscheine in einer Urkunde verbunden werden können. Aufgrund der Regeln über die Rückverweisung (Art. 4 EGBGB, vor dem 1.9.1986 Art. 27 EGBGB) oder auf Grund einer Rechtswahl gemäß Art. 25 Abs. 2 EGBG kann deutsches Erbrecht beschränkt auf einen Teil des Nachlasses anwendbar sein. Diese Beschränkung ist im Erbschein (der dann ein Eigenrechtserbschein nach § 2353 BGB ist) anzugeben („Erbschein beschränkt auf das inländische bewegliche/unbewegliche Vermögen des Erblassers").

---

[283] BayObLGZ 1973, 28 (29).
[284] Vgl. hierzu MüKoBGB/*Mayer*, 6. Aufl. 2013, § 2353 Rn. 30; BayObLG Rpfleger 1987, 458.
[285] KG Rpfleger 1977, 307; MüKoBGB/*Mayer*, 6. Aufl. 2013, § 2369 Rn. 25.
[286] MüKoBGB/*Mayer*, 6. Aufl. 2013, § 2353 Rn. 29, 161 ff.
[287] Beachte hierzu den Hinweis von MüKoBGB/*Mayer*, 6. Aufl. 2013, § 2369 Rn. 20, dass diese Rechtslage gegeben ist, obwohl etwa Frankreich ein dem Erbschein vergleichbares Zeugnis (mit Ausnahme der von *Mayer* in Vorbem. § 2353 Rn. 3 genannten Bescheinigungen) gar nicht kennt. *Mayer* rief den Gesetzgeber auf, die Möglichkeit zu schaffen, nur einen Erbschein ohne den Spaltnachlass etwa in Frankreich auszustellen.

c) Zur Bezeichnung des Erblassers und der Erben

Die Angabe des vollständigen Namens, des (letzten) Wohnsitzes, des Geburtstags, des **119** Todeszeitpunktes, des Verwandtschaftsverhältnisses der Erben zum Erblasser dienen der Klarstellung der Identität der Person und sollen deshalb angeführt werden; die Angabe des Berufes ist nicht mehr üblich. Diesbezügliche Mängel berühren den Bestand des Erbscheins nicht. Gesetzliche Vertreter der Erben können angegeben werden („zur Zeit gesetzlich vertreten durch......"). Bei einem verstorbenen Erben ist der Todestag aufzuführen („...... nachverstorben am......"). Es ist unzulässig, Erbeserben unter Überspringen der Zwischenglieder als Erben zu bezeichnen oder den Erbteils- bzw. Erbschaftserwerber (§§ 2033, 2371 BGB) anstelle des Erben zu nennen. Nach dem Eintritt des Nacherbfalls erhält auch der Nacherbe und nicht etwa ein Erwerber der Nacherbenanwartschaft den Erbschein.

d) Zur Angabe des Erbrechts und der Größe des Erbteils (nach Bruchteilen)

Das Erbrecht ist anzugeben, wie es sich beim Tode des Erblassers darstellt. Daher kann nicht **120** dahingestellt bleiben, ob ein Erbanwärter unmittelbarer Erbe geworden ist, falls er in jedem Falle mittlerweile wegen Eintritts einer Nacherbfolge Erbe geworden ist.[288] Kann die Größe des Bruchteiles infolge unüberwindlicher Beweisschwierigkeiten nicht festgestellt werden, so kann ein Erbschein erteilt werden, der die bestehenden Zweifel offen lässt. Ein Erbschein, der die frühere Vorerbenstellung bezeugt, ist zulässig, wenn für die Erteilung ein besonderes Bedürfnis besteht.

Beispiel: Erbhofrecht[289]

Muster: Erbschein lässt Größe des Erbteils offen

Es wird bezeugt, dass der am (Datum) in (Ort) verstorbene (...) von seinen 4 Kindern zu **121** gleichen Teilen beerbt worden ist. Anerbe des Hofes ist mangels Feststellbarkeit der Erstgeburt entweder der Beteiligte zu 1 (= Sohn X) oder der Beteiligte zu 2 (=Sohn Y).

Muster: Erbschein, wenn die Größe des Erbteils eines Miterben infolge der Schwangerschaft der Witwe noch nicht feststeht

Die (Name; Beteiligte zu 1) ist Miterbin zu 1/4. Ein weiterer Miterbe ist (Name; = Beteiligter zu 2 (=Sohn X). Sein Erbteil ist noch unbestimmt, weil infolge einer Schwangerschaft der Beteiligten zu 1 noch Personen geboren werden können, die neben ihm zu gleichen Teilen erbberechtigt sein würden.

Zulässig wird auch ein **Teilerbschein über einen Mindesterbteil** erachtet, wenn nicht **122** zu ermitteln ist, ob alle neben dem Antragsteller berufenen Erbanwärter den Erbfall erlebt haben.[290]

Ein solcher Erbschein könnte auch im voranstehenden Falle ausgestellt werden.

e) Anzugebende Beschränkungen:

Anordnung einer Nacherbfolge (auch falls aufschiebend bedingt angeordnet), § 352b **123** FamFG. Die Nacherben sind namentlich oder möglichst genau anzugeben. Zu vermerken ist, wem die Nacherbfolge gesetzt ist und zu welchem Bruchteil seines Erbteils.

In der Praxis häufig ist die **Zuwendung eines bestimmten Nachlassgegenstandes,** meist eines **Grundstückes,** an den Erben mit der Maßgabe, dass nach dessen Ableben (oder anderem Ereignis) dieser Nachlassgegenstand einer bestimmten weiteren Person

---

[288] BayObLGZ 1964, 77.
[289] S. dazu KG JFG 10, 75.
[290] Vgl. JFG 13, 43. Zum Mindesterbteilserbschein s. auch BayObLGZ 1960, 489.

zufallen solle. Diese Bestimmung kann je nach den Umständen des Einzelfalles als **Auflage, aufschiebend bedingtes Vermächtnis** oder als die Anordnung einer **Nacherbfolge** auszulegen sein (→ § 10 Rn. 4). Der Wert des Gegenstandes, der der Nacherbfolge unterliegt, ist ins Verhältnis zum übrigen Nachlass zu setzen und mit einem Bruchteil anzugeben; im Erbschein ist über den Bruchteil, der der Nacherbfolge unterliegt, hinaus auch anzugeben, dass der Vorerbe hinsichtlich der übrigen Nachlassgegenstände in der Verfügung nicht beschränkt ist, dass sich das Recht des Nacherben auf diese nicht erstreckt. Der Erbschein ist also für diesen Fall wie folgt zu formulieren:

124	**Muster: Erbschein weist „Nacherbfolge" an einem Grundstück aus** Bezüglich eines X-tels des Nachlasses ist Nacherbfolge angeordnet. Das Recht des Nacherben erstreckt sich nur auf das Anwesen Z Nr. 35...[291]

125   Die Berufung auf einzelne Nachlassgegenstände kann aber nur dann als (Nach-)Erbeinsetzung gedeutet werden, „wenn die gesamten Umstände die Überzeugung des Tatrichters begründen, dass abweichend von der Auslegungsregel des § 2087 Abs. 2 BGB keine Vermächtnisanordnung vorliegt".[292]

126   Zulässig ist die Angabe der **Nacherbfolge** am **Anteil** eines **Miterben**.[293]

127   **Nicht anzugeben** ist der Bruchteil, zu dem die Nacherben eingesetzt sind (**nicht** also: Nacherben zu je 1/2 sind......). Ein **Vorausvermächtnis** an einen **alleinigen Vorerben** ist aufzuführen, falls die Vermutung in § 2110 Abs. 2 BGB nicht widerlegt ist.[294] Ein Nacherbenvermerk wird im Erbschein nicht niedergelegt, falls nach Eintritt des Erbfalls die Nacherben vor einem Notar auf ihre Nacherbenrechte zugunsten des Vorerben verzichten und keine Ersatznacherben eintreten.[295]

128   Bei der Formulierung des Erbscheins hat der Nachlassrichter auch zu prüfen, ob er von der **Vererblichkeit** des **Nacherbenrechts** gemäß § 2108 Abs. 2 S. 1 BGB ausgeht. Wenn er dies tut, braucht die Vererblichkeit nicht erwähnt zu werden, weil sie die Regel ist. Der Erblasser kann die Vererblichkeit im Testament ausdrücklich oder konkludent, ganz oder teilweise ausschließen.[296] Der Vermerk im Erbschein lautet dann:

129	Stirbt X vor Eintritt des Nacherbfalls, so geht sein Recht nicht auf seine Erben über (oder: Das Nacherbenrecht ist nicht vererblich.).

130   Hauptfall der **Nichtvererblichkeit** des **Nacherbenrechts** ist die Einsetzung des Nacherben unter einer aufschiebenden Bedingung, § 2108 Abs. 2 S. 2 BGB (etwa die Einsetzung des Nacherben für den Fall, dass die Witwe sich wiederverheiratet),[297] es sei denn, der Erblasser hat die Vererblichkeit auch bei einer aufschiebenden Bedingung gewollt.[298] Ist der Nacherbe ein Abkömmling des Erblassers, so genügt dies allein noch nicht ohne weiteres für die Annahme, dass der Erblasser die Vererblichkeit der Nacherbenanwartschaft nicht gewollt hat; doch wird hier im Einzelfall ein solcher Wille zur Unvererblichkeit besonders häufig sein. Wenn der Erblasser für den Fall, dass der Nacherbe den Nacherbfall erlebt, die

---

[291] So der Vorschlag des BayObLG, das hervorhebt, dass die Konkretisierung der Beschränkung sowohl in positiver, als auch in negativer Form erfolgen kann, BayObLGZ 1965, 457 (465).

[292] BayObLGZ 1965, 457; 1958, 248 (250); 1962, 47 (57).

[293] BayObLGZ 1958, 109; 61, 205; KG OLGZ 1939, 17; *Ember* NJW 1982, 87.

[294] BGH NJW 1960, 959; BGHZ 32, 60. BayObLGZ 1965, 465.

[295] Anders, wenn der Nacherbe seine Anwartschaft auf einen Dritten überträgt, dann ist der Nacherbe zu nennen.

[296] Die Beweislast für die Unvererblichkeit (als Ausnahme von der Regel) hat derjenige, der sich auf die Unvererblichkeit der Nacherbenanwartschaft beruft, Bamberger/Roth/*Litzenburger* § 2108 Rn. 8; MüKoBGB/*Grunsky* § 2108 Rn. 6; OLG Karlsruhe ZEV 2009, 34.

[297] BayObLGZ 1966, 227; Palandt/*Weidlich* § 2108 Rn. 7.

[298] Palandt/*Weidlich* § 2108 Rn. 7.

Weitervererbung seines Nachlasses auf dessen (auch familienfremde) Erben hingenommen hat, so spricht dies nicht gegen die Annahme, der Erblasser habe für den Fall, dass der Nacherbe schon zwischen Erb- und Nacherbfall stirbt, die Weitervererbung nicht gewollt.[299]

Auch die zweiten und weiteren Nacherben sowie die Ersatznacherben sind im Erbschein **131** des Vorerben anzugeben (§ 2363 BGB).[300] Dies gilt beim Ersatzerben auch, wenn er stillschweigend eingesetzt ist (§ 2069 BGB).[301] Zum Beispiel:

> Ersatznacherbfolge ist angeordnet

oder:

> Ersatznacherbfolge gemäß § 2069 BGB gilt als angeordnet.

Beachte: Schlägt ein als Nacherbe berufener Abkömmling die Nacherbschaft aus und **132** verlangt den Pflichtteil, so stellt die **Erbausschlagung** im Regelfall keinen Wegfall iSd § 2069 BGB dar.[302] Anordnung einer **Ersatznacherbfolge** schließt nicht unbedingt die **Vererblichkeit** der Nacherbenanwartschaft nach § 2108 aus.[303] Der im Erbschein aufzuführende **Ersatznacherbe** hat die **Rechtsstellung eines Nacherben** erst von dem Zeitpunkt an, da der Ersatzfall eingetreten ist. Zur ordnungsgemäßen Verwaltung ist bis zu diesem Zeitpunkt seine Mitwirkung nicht erforderlich. Eine **Pflegschaft** für etwa noch unbekannte Ersatznacherben erübrigt sich insoweit.

Da jeder **weitere Nacherbe** (gelegentlich auch **Nachnacherbe** genannt) Nacherbe **133** zum ersten Vorerben ist, **muss er in dessen Erbschein aufgeführt werden,**[304] es sei denn, eine weitere Nacherbfolge kann wegen § 2109 Abs. 1 BGB nicht mehr eintreten, sodass es keines weiteren Nacherbenvermerks mehr bedarf.[305]

Formulierung der weiteren Nacherbfolge im Erbschein:

> **Muster: Erbschein mit der Anordnung weiterer Nacherbfolge**
> Für den Erbanteil des Nacherben (…) ist eine weitere Nacherbfolge angeordnet. Weitere **134** Nacherben sind seine Abkömmlinge, derzeit (…), geboren am (…). Die weitere Nacherbfolge tritt mit dem Tode des Nacherben (…) ein.

In allen Fällen ist der **Nacherbe** möglichst genau, also **mit seinem Namen zu 135 bezeichnen;** soweit dies nicht möglich ist, da die Person des Nacherben noch nicht feststeht, sind die maßgeblichen Merkmale in den Erbschein des Vorerben aufzunehmen. Ist nur ein Teil der Nacherben namentlich bekannt, so sind diese namentlich aufzuführen und die Möglichkeit des Hinzutretens weiterer Nacherben (etwa: **derzeit**) anzugeben. Die Nacherben sind nicht vom Antragsteller nach § 352b FamFG anzugeben, sondern vom Nachlassgericht von Amts wegen gemäß § 26 FamFG zu ermitteln.[306] Es ist vertretbar, nicht namentlich ernannte Ersatzerben nur in allgemeiner Form im Erbschein zu erwähnen.[307] Der **Erbschein kann ohne Einziehung ergänzt** werden, wenn die zunächst nicht namentlich bekannten Nacherben nach ihrer Person feststehen.[308] **Fällt ein aufgeführter**

---

[299] BGH NJW 1963, 1150.
[300] BayObLGZ 1960, 410; MüKoBGB/*Mayer*, 6. Aufl. 2013, § 2363 Rn. 13.
[301] BayObLGZ 1960, 410; OLG Hamm OLGZ 1975, 151.
[302] BGHZ 33, 60.
[303] RGZ 169, 39.
[304] Bamberger/Roth/*Siegmann*/*Höger* § 2363 Rn. 5.
[305] BayObLG FamRZ 1990, 320.
[306] MüKoBGB/*Mayer*, 6. Aufl. 2013, § 2363 Rn. 14; OLG Frankfurt NJW 1953, 507.
[307] MüKoBGB/*Mayer*, 6. Aufl. 2013, § 2363 Rn. 14.
[308] MüKoBGB/*Mayer*, 6. Aufl. 2013, § 2363 Rn. 14 [jetzt § 352b FamFG].

Nacherbe oder Ersatznacherbe nachträglich weg, kann die **Berichtigung** nur (auf Antrag) durch Neuausstellung des neuen und Einziehung des alten Erbscheins erfolgen. Von Amts wegen ist der Erbschein einzuziehen, falls durch den Wegfall eines Nacherben eine dann gegebene Verfügungsbeschränkung gegenüber einem Ersatznacherben besteht, die sich aus dem Erbschein nicht ersehen lässt.

136   **Wiederverheiratungsklausel:**[309] Sie verbindet die (gegenseitige) Erbeinsetzung mit der Klausel, dass der Nachlass des Erstverstorbenen bei erneuter Heirat des überlebenden Nacherben (meist den Abkömmlingen) ganz oder gemäß ihren gesetzlichen Erbteilen zufallen soll oder dass sich der Überlebende dann mit den Abkömmlingen auseinandersetzen muss.[310] **Die aufschiebend bedingte Nacherbfolge ist nicht vererblich** (§ 2108 Abs. 2 S. 2 iVm § 2074 BGB), **was im Erbschein zu vermerken ist.** Wenn Ehegatten in einem gemeinsamen Testament oder auch in einem Einzeltestament sich gegenseitig zu Alleinerben und für den Fall der Wiederverheiratung des überlebenden Ehegatten ihre Kinder zu Nacherben einsetzen, soll der überlebende Ehegatte im Zweifel **befreiter Vorerbe** sein.[311] Eine ausdrückliche Befreiung von den in § 2136 BGB genannten Beschränkungen und Verpflichtungen ist gemäß § 2137 BGB anzunehmen, wenn der überlebende Ehegatte **zur freien Verfügung über die Erbschaft berechtigt** sein soll oder der Nacherbe **auf dasjenige eingesetzt ist, was von der Erbschaft bei dem Eintritt der Nacherbfolge übrig sein wird.**

In der Praxis wird der Vermerk im Erbschein in der Regel lauten:

Muster: Erbschein bei Wiederverheiratungsklausel

137   (Der Erblasser hat die Abkömmlinge für die Fälle des Todes und der Wiederverheiratung als Nacherben des überlebenden Ehegatten eingesetzt):
„Nacherbfolge ist angeordnet. Sie tritt ein bei Wiederverheiratung oder Tod des Vorerben. Der Vorerbe ist von den gesetzlichen Beschränkungen befreit. Nacherben sind die Abkömmlinge (…). Ersatznacherbfolge gemäß § 2069 BGB gilt als angeordnet. Das Nacherbenrecht ist nicht vererblich."

Muster: Erbschein bei angeordneter Nacherbschaft bei Wiederverheiratung für einen Bruchteil des Nachlasses:

138   „Nacherbfolge ist angeordnet. Sie tritt ein mit dem Tode des überlebenden Ehegatten hinsichtlich des gesamten Nachlasses und im Falle seiner Wiederverheiratung hinsichtlich 3/4 des Nachlasses. Nacherben sind (…)

---

oder:

---

139   „Falls der Vorerbe sich wiederverheiratet, tritt mit dem Zeitpunkt der Eheschließung die gesetzliche Erbfolge ein. Der Vorerbe ist verpflichtet, sich mit den zur Zeit der Wiederverheiratung noch lebenden Kindern bzw. deren Abkömmlingen über den zur Zeit der Wiederverheiratung noch vorhandenen Nachlass nach den Grundsätzen der gesetzlichen Erbfolge auseinanderzusetzen."

---

140   Ein **bedingtes Vermächtnis** (der alleinerbende überlebende Ehegatte hat im Falle der Wiederverheiratung aus dem dann noch vorhandenen Nachlass an die dann noch leben-

---

[309] Reimann/Bengel/*Mayer,* Testament und Erbvertrag, § 2269 Rn. 58 ff.
[310] Vgl. hierzu Palandt/*Weidlich* § 2269 Rn. 16.
[311] BGH FamRZ 1961, 275; BayObLGZ 1966, 227 (232 ff.); Staudinger/*Avenarius* § 2136 Rn. 21; Palandt/ *Weidlich* § 2136 Rn. 8; MüKoBGB/*Grunsky* § 2136 Rn. 5; Soergel/*Harder/Wegmann* § 2136 Rn. 6 ist der Meinung, dass weitere Anhaltspunkte für eine Befreiung hinzukommen müssten.

den Kinder ein Geldvermächtnis auszuzahlen) ist jedoch **im Erbschein nicht anzuge-ben.**[312]

Im Falle der Wiederverheiratung entfällt grundsätzlich die Bindung des Überlebenden an **141** die von ihm im gemeinschaftlichen Testament getroffenen letztwilligen Verfügungen.[313] Ob darüber hinaus die frühere Verfügung des überlebenden Ehegatten mit der Wiederverheiratung außer Kraft tritt, ist streitig.[314] Richtiger Ansicht nach wird man grundsätzlich von einem Weiterbestehen ausgehen, ein Außerkrafttreten jedoch dann annehmen, wenn die Auslegung des Erblasserwillens im Einzelfall dies verlangt.[315]

Verwirkungsklauseln[316] sind zulässig. Ihr Inhalt und ihre Bedeutung sind jeweils im **142** Einzelfall zu ermitteln. Vielfach bezwecken sie, den Frieden unter den Bedachten unter Androhung einer Strafsanktion zu sichern. Der Testator hat sich dabei innerhalb der durch Gesetz und Sitte (§§ 134, 138 BGB) gebotenen Grenzen zu halten. Die Klausel greift idR nur ein, wenn ein Bedachter sich in bewusstem Ungehorsam gegen den wahren Willen des Erblassers auflehnt. Ein böswilliges Verhalten oder eine vorwerfbare Missachtung des Erblasserwillens brauchen nicht vorzuliegen.[317] Rechtlich betrachtet führt die Klausel bei Erfüllung ihres Tatbestandes, falls eine **auflösend bedingte Erbeinsetzung** vorliegt, zu einer **Nacherbfolge,** falls eine **aufschiebend bedingte Herausgabepflicht** angeordnet ist, zur Annahme eines **bedingten Vermächtnisses,** das im Erbschein nicht zu vermerken ist. Die Beschränkung (etwa in Form einer Nacherbschaft) könnte nach § 2306 BGB aF unwirksam sein, sodass die Klausel leerlief;[318] nach § 2306 BGB nF ist die Klausel wirksam. Der als Nacherbe eingesetzte Pflichtteilsberechtigte hat die Wahl, ob er die Nacherbschaft annehmen und den Pflichtteilsrestanspruch (§ 2305 BGB) verlangen oder ausschlagen und den vollen Pflichtteil fordern will.

Die Anordnung einer **Testamentsvollstreckung** ist im Erbschein anzugeben, **soweit 143 sie die Rechte des Erben beschränkt (§ 2364 Abs. 1 BGB).** Nicht anzugeben ist der Name des Testamentsvollstreckers.

Muster: Erbschein bei angeordneter Testamentsvollstreckung
„Testamentsvollstreckung ist angeordnet." **144**

Der **Testamentsvollstreckervermerk unterbleibt, wenn** bei Erteilung des Erbscheins **145** feststeht, dass die Testamentsvollstreckung weggefallen ist, etwa durch Tod des Testamentsvollstreckers (§ 2225 BGB), Niederlegung des Amtes (§ 2226 BGB), Entlassung (§ 2227 BGB) oder durch Nichtannahme des Amtes, sofern kein Ersatztestamentsvollstrecker vorgesehen oder vom Gericht ernannt ist. Der Vermerk unterbleibt **auch, wenn** vor Erbscheinserteilung das Amt durch Erledigung der Aufgaben beendet ist, eine auflösende Bedingung eingetreten oder die Frist des § 2210 BGB abgelaufen ist.

Für die **Verfügungsbeschränkungen** kommt es nicht auf die Rechtslage beim Erbfall, sondern auf die im Zeitpunkt der Erbscheinserteilung an.[319] Da die Testamentsvollstreckung nur dann anzugeben ist, wenn sie den Erben beschränkt, unterbleibt die Angabe bei einer nur beaufsichtigenden Testamentsvollstreckung (§ 2208 Abs. 2 BGB),[320] sowie bei

---

[312] Erbrechtliche Schuldverhältnisse sind grundsätzlich nicht anzugeben. Ausnahme ist das Vorausvermächtnis des alleinigen Vorerben, MüKoBGB/*Grziwotz* § 2353 Rn. 41.
[313] Dazu BayObLGZ 1962, 137.
[314] Bejahend KG NJW 1957, 1073; BayObLG NJW-RR 2002, 366 (367).
[315] Horn/Kroiß/*Horn,* Testamentsauslegung, § 22 Rn. 37; NK-BGB/*Gierl* 2269 Rn. 134.
[316] Eingehend dazu BayObLGZ 1962, 47 (56 ff.); 1963, 271; Stuttgart OLGZ 1979, 52; sehr eingehend und informativ Reimann/Bengel/*Mayer* A 413 ff. zum häufigsten Fall der Pflichtteilsklausel.
[317] BayObLG FamRZ 1995, 1447 f.; ältere obergerichtliche Rspr. zT noch anders: OLG Braunschweig OLGZ 1977, 186; OLG Stuttgart OLGZ 1968, 246.
[318] BGHZ 120, 96.
[319] BayObLG Rpfleger 1974, 345.
[320] ZB MüKoBGB/*Mayer,* 6. Aufl. 2013, § 2364 Rn. 4.

einer Testamentsvollstreckung, die nur die Ausführung der einem Vermächtnisnehmer auferlegten Beschwerungen im Auge hat (§ 2223 BGB); die Nacherbentestamentsvollstreckung gemäß § 2222 BGB ist anzugeben.[321] Streitig ist, ob die Beschränkungen der Befugnisse des Testamentsvollstreckers im Erbschein anzugeben sind. Die früher wohl herrschende Meinung verneinte diese Frage mit Ausnahme des Falles des § 2222 BGB, bei dem folgender Vermerk angebracht ist:

146
> „Für den Nacherben ist Testamentsvollstreckung gemäß § 2222 BGB angeordnet."

147   Nach nunmehr wohl überwiegender Meinung sind über den Fall des § 2222 BGB hinaus **gegenständliche Beschränkungen** des Testamentsvollstreckers anzugeben.[322]

148
> **Muster: Erbschein bei gegenständliche Beschränkungen für den Testamentsvollstrecker**
>
> „Testamentsvollstreckung für folgende Nachlassgegenstände ist angeordnet: (...)."

oder:

149
> „Testamentsvollstreckung ist angeordnet, wobei folgende Gegenstände von der Verfügungsbefugnis des Testamentsvollstreckers ausgenommen sind: (...)."

Eine auf einen Miterben oder Vorerben beschränkte Testamentsvollstreckung ist nur im betreffenden Teilerbschein oder in einem gemeinschaftlichen Erbschein unter Beschränkung auf seinen Erbteil zu vermerken.[323]

150   Eine aufschiebend bedingte oder befristete Testamentsvollstreckung ist grundsätzlich nicht zu vermerken, es sei denn, die Bedingung oder der Termin sind so bestimmt, dass über ihren Eintritt kein Zweifel bestehen kann; die Bedingung und der Termin sind dann mit der Angabe der Testamentsvollstreckung zu vermerken.[324]

f) Gegenständlich beschränkter Erbschein

151   Die Beantragung eines gegenständlichen beschränkten Erbscheins kommt in Betracht, wenn der Erblasser sowohl in- als auch ausländisches Vermögen hatte.

Wird der deutsche Erbschein im Ausland nicht anerkannt, empfiehlt sich aus Kostengründen (§ 40 Abs. 3 GNotKG) die Beschränkung im Erbschein mit folgendem Zusatz:

> Beschränkt auf das inländische unbewegliche Vermögen

oder

> Beschränkt auf das Grundstück des Erblassers in München, (Straße) (möglichst noch mit grundbuchmäßiger Beschreibung)

zu erteilen.

---

[321] Im Ergebnis zustimmend MüKoBGB/*Mayer*, 6. Aufl. 2013, § 2364 Rn. 10.
[322] MüKoBGB/*Mayer*, 6. Aufl. 2013, § 2364 Rn. 15.
[323] KG OLGE 44; 107 (Fn. 1c); KGJ 43, 92 (94).
[324] MüKoBGB/*Mayer*, 6. Aufl. 2013, § 2364 Rn. 9.

Erbscheinsmuster:

Muster Erbschein des Alleinerben:

Erbschein

152

Der am (…) in (…) geborene, zuletzt in (…) wohnhaft gewesene Erblasser (Vor- und Nachname) ist am (…) in (…) gestorben und beerbt worden

von seiner Ehefrau (…), geborene (…), geboren am (…), wohnhaft in (…).

– allein –

Muster: Gemeinschaftlicher Erbschein mit angeordneter Testamentsvollstreckung:

Gemeinschaftlicher Erbschein

153

„Der am (…) in (…) geborene, zuletzt in (…) wohnhaft gewesene Erblasser (Vor- und Nachname) ist am (…) in (…) gestorben und beerbt worden

seinen 3 Söhnen

a) (…), geboren am (…), wohnhaft in (…)

b) (…), geboren am (…), wohnhaft in (…)

c) (…), geboren am (…), wohnhaft in (…)

– zu je einem Drittel –.

Testamentsvollstreckung am Erbteil des (Name des Beteiligten) ist angeordnet."

Muster: Teilerbschein (mit angeordneter Testamentsvollstreckung)

Teilerbschein

154

„Der am (…) in (…) geborene, zuletzt in (…) wohnhaft gewesene Erblasser (Vor- und Nachname) ist am (…) in (…) gestorben und beerbt worden

von seinem Sohn (Name des Beteiligten), geboren am (…), wohnhaft in (…)

– zu einem Drittel –.

Testamentsvollstreckung ist angeordnet. Sie beschränkt sich auf die Verwaltung des Anwesens in (…)."

Muster: Gemeinschaftlicher Teilerbschein (mit angeordneter Testamentsvollstreckung)

Gemeinschaftlicher Teilerbschein

155

„Der am (…) in (…) geborene, zuletzt in (…) wohnhaft gewesene Erblasser (Vor- und Nachname) ist am (…) in (…) gestorben und beerbt worden

von seinen Söhnen

a) (Name des Beteiligten), geboren am (…), wohnhaft in (…)

b) (Name des Beteiligten), geboren am (…), wohnhaft in (…)

zu je einem Drittel.

Testamentsvollstreckung ist angeordnet."

156

Muster: Erbschein bei angeordneter Nacherbfolge

Erbschein

„Der am (…) in (…) geborene, zuletzt in (…) wohnhaft gewesene Erblasser (…) ist am (…) in (…) gestorben und von (Vorname und Nachname) beerbt worden.
Nacherbfolge ist angeordnet.[325]
Sie tritt ein mit dem / der (Tod des Vorerben/Wiederverheiratung des Vorerben…).
Nacherbe[326] ist – sind – (Vor- und Nachname).
Für den/die Nacherben ist Ersatznacherbschaft angeordnet.
Ersatznacherbe ist – sind – (Vor- und Nachname).
Das Recht der Nacherben erstreckt sich nicht auf (das Anwesen xy…).
Der Vorerbe ist zur freien Verfügung über den Nachlass
berechtigt/nicht berechtigt.
Testamentsvollstreckung (für den Vorerben/für den Nacherben) ist angeordnet.“

157

Muster: Erbschein bei eingetretener Nacherbfolge:

„Der am (…) in (…) geborene, zuletzt in (…) wohnhaft gewesene Erblasser (…) ist am (…) in (…) verstorben und mit dem infolge des Todes der Vorerbin (…), geborene (…), am (…) eingetretenen Nacherbfalls von seinen beiden Söhnen

a) (Vor- und Nachname), geboren am (…), wohnhaft in (…)

b) (Vor- und Nachname), geboren am (…), wohnhaft in (…)

je zur Hälfte beerbt worden.
Testamentsvollstreckung ist angeordnet.“[327]

Der dem Vorerben erteilte Erbschein wird mit dem Eintritt des Nacherbfalls unrichtig, er ist deswegen als unrichtig einzuziehen, falls er nicht an das Nachlassgericht zurückgegeben wird, für kraftlos zu erklären; das Nachlassgericht kann den unrichtigen Erbschein auch im Wege **der einstweiligen Anordnung** nach § 49 FamFG sicherstellen.[328]

158

Muster: Erbschein über zwei Erbfälle[329]

Erbschein

„Der am (…) in München geborene, zuletzt in München wohnhaft gewesene Erblasser (Vor- und Nachname) ist am (…) in (…) verstorben und beerbt worden
von seiner am (…) in (…) nachverstorbenen Ehefrau (Vor- und Nachname), geborene (…), zuletzt wohnhaft in (…)
– allein –.
Es wird weiter bezeugt, dass vorgenannte (Vor- und Nachname) am (…) in (…) geborene Ehefrau von ihrer Tochter (Vor- und Nachname), geboren (…), geboren am (…) in (…), sowie ihrer Enkelin (Vor- und Nachname), geboren am (…), zur Zeit gesetzlich vertreten durch ihre (…), geborene (…), in (…)
je zur Hälfte beerbt worden ist.“

---

[325] Falls Nacherbfolge nur einen Bruchteil des Nachlasses zum Gegenstand hat, ist dies anzugeben.

[326] Ist das Recht eines Nacherben nicht vererblich, so ist dies hier anzugeben. Bei Fehlen eines entsprechenden Vermerks bezeugt der Erbschein die Vererblichkeit, es sei denn, dass ein Ersatznacherbenvermerk dies klarstellt.

[327] Testamentsvollstreckung für mehrere Nacherbfolgen ist zulässig. Dagegen keine einheitliche Testamentsvollstreckung für zwei Erbfälle.

[328] Dazu aber *Schmid* BWNotV 1966, 139; OLG Saarbrücken NJW-RR 2012, 588. Siehe auch (→ § 39 Rn. 14).

[329] Nach jedem Erblasser ist ein eigener Erbschein zu erteilen. Die Zusammenfassung mehrerer Zeugnisse über verschiedene Erbfälle stellt nur eine äußere Zusammenfassung dar.

VII. Abschluss des Erteilungsverfahrens

1. Schlussverfügung

Hat der Rechtspfleger/Nachlassrichter die Erteilung bewilligt und ist der Wortlaut des Inhalts schriftlich niedergelegt, so lautet die **Schlussverfügung:**

> I. ...... ersuchen Erbscheinsausfertigung,[330] Urkunden, Stammbuch abzuholen.[331]
>
> II. Erbscheinsausfertigung per Einschreiben senden an
>
>   a) Notar...[332]... zu Urk. Nr...,
>
>   b) Antragsteller (nach Kostenzahlung).
>
> III. Mitteilung an Vermächtnisnehmer.
>
> IV. Beglaubigte Erbscheins- und Testamentsabschrift[333] (falls noch nicht nach Eröffnung geschehen) senden an Finanzamt, Erbschaftssteuerstelle,[334]
>
>   – gesetzl. Erbfolge – Testament –
>
>   Standesamt:...... (Sterbebuch Nr......)
>
>   Güterstand:......
>
>   Nachlasswert:......
>
>   – keine Anzeige an Finanzamt mit Rücksicht auf § 7 Abs. 4 ErbStDV.
>
> V. Beglaubigte Erbscheinsabschrift an Vormundschaftsgericht......... zu dem Vormundschaftsakt VII...... nebst Mitteilung nach § 50 Abs. 2 FGG, § 1640 Abs. 1 S. 1, Abs. 2 BGB[335]

159

oder:

> Mit Akt an das Vormundschaftsgericht hier zu......
>
> VI. Beglaubigte Erbscheinsabschrift an Registergericht[336] wegen der Fa......... unter Mitteilung der Angaben wie in MiZi XVII Nr. 5 (2) vorgesehen.
>
> VII. Personenstandsurkunden (außer Sterbeurkunden) und Stammbuch zurücksenden[337] nach Fertigung beglaubigter Abschriften Bl....
>
>   – an Notar
>
>   – an Antragsteller.
>
> VIII. An[338]
>
>   das GBA in...... wegen d... Grundstück... Gemarkung...... Band...... Blatt....... Seite...... beglaubigte Erbscheinsabschrift (bzw. Nachlassakt, falls Umschreibungsantrag, auf den ein bayerisches Nachlassgericht hinzuwirken hat – Art. 37 AGGVG – gestellt ist)

---

[330] IdR wird eine weitere Urschrift, die vom Richter unterschrieben, aber Ausfertigung genannt wird, ausgehändigt.

[331] Nichtzutreffendes streichen.

[332] In der Regel wird eine weitere Urschrift, die vom Richter unterschrieben, aber Ausfertigung genannt wird, ausgehändigt.

[333] Nichtzutreffendes streichen.

[334] Vgl. dazu § 7 Abs. 1 Nr. 2 ErbStDV, MiZi XVII Nr. 2.

[335] Vgl. dazu MiZi XVII Nr. 7.

[336] Falls Erblasser Inhaber oder Teilhaber einer im Handelsregister eingetragenen Firma gewesen ist; dazu MiZi XVII Nr. 5, I Nr. 2, 3.

[337] Nichtzutreffendes streichen; im Übrigen s. MiZi XVII Nr. 5.

[338] Leitet das Nachlassgericht auf Antrag des Erben den Nachlassakt mit der Urschrift des den Wortlaut des Erbscheins enthaltenden Anordnungsbeschlusses dem GBA zur Berichtigung des GB zu, so gilt der Erbschein damit als erteilt, auch wenn keine Erbscheinsausfertigung dem Antragsteller erteilt worden ist (BayObLGZ 1960, 501).

IX. [339]Die Verfügung von Todes wegen (Bl....) enthält Bestimmungen für den Letztversterbenden
 a) Eintragung in Überwachungsverzeichnis
 b) Testamentskartei
 c) Mitteilung an Geburtsstandesamt/AG Schöneberg (Große Personalien S. Blatt....
 der Akten)
 d) Wiederverwahrung (beglaubigte Abschrift von Blatt.... soweit eröffnet, für die
 Akten fertigen).
 X. Bei – Akten trennen – zurücksenden.
 XI. Bewerten
 XII. Weglegen.

2. Kostenbehandlung

160 Das Gesetz sieht nicht zwingend vor, dass im Erbscheinserteilungsverfahren eine Kostenentscheidung getroffen wird, das Gericht hat aber die Möglichkeit dazu (§ 81 FamFG). Trifft das Gericht keine Kostenentscheidung, bleibt es bei der Regel des § 22 GNotKG, wonach der Antragsteller für die Kosten des Verfahrens haftet. Eine ergänzende Kostenentscheidung (§ 43 FamFG) ist nur dann möglich, wenn die Möglichkeit einer – stillschweigenden – Kostenentscheidung im Ausgangsbeschluss ausgeschlossen werden kann.[340] In diesem Fall kommt nur die isolierte Anfechtung (§ 58 FamFG) der Kostenentscheidung in Betracht. Bei Fehlen einer ausdrücklichen Kostenentscheidung ergibt sich die Kostenschuld des Antragstellers für die Gerichtskosten aus §§ 22, 24 GNotKG, für die Notarkosten aus §§ 29 f. GNotKG. Mangels einer ausdrücklichen Entscheidung müssen die Beteiligten ihre außergerichtlichen Kosten selbst tragen.

> **Praxishinweis:**
> Das kann dazu führen, dass bei Zurückweisung eines Erbscheinsantrages, der auf gewillkürte Erbfolge gestützt ist, der aber erfolglos bleibt, weil sich herausstellt, dass der Erblasser bei Errichtung der Verfügung testierunfähig war, für die (unbekannten) gesetzlichen Erben ein Verfahrenspfleger zu bestellen ist, um diesen wirksam die Kosten des Erteilungsverfahrens (insbesondere des psychiatrischen Sachverständigen) auferlegen zu können.

Das Nachlassgericht kann bei mehreren Verfahren, die denselben Erblasser betreffen, jeweils eine eigene Kostenentscheidung für die jeweilige Endentscheidung treffen.[341] Über § 22 GNotKG haftet der Antragsteller jeweils nur für diejenigen Kosten, die in dem (konkreten) Verfahren angefallen sind, das auf seinen Antrag hin in Gang gesetzt worden ist.[342] Der Beschluss bedarf zu seiner Wirksamkeit der Bekanntgabe. Bei der Aufgabe zur Post muss der Bekanntgabeempfänger ausdrücklich darauf hingewiesen werden, dass das Schriftstück durch Aufgabe zur Post bekannt gemacht wird; die Fiktion der Bekanntgabe eines Beschlusses durch Aufgabe zur Post setzt die Feststellung des Datums der Aufgabe der an die Beteiligten gerichteten Schriftstücke zur Post voraus. Das Fehlen eines erkennbaren Bekanntgabewillens kann nicht durch die Feststellung des tatsächlichen Zugangs des Schriftstücks beim Empfänger geheilt werden.

Ist der Wert des Nachlasses bereits bekannt, so wird man, falls die Kosten nicht bereits entrichtet und von Zahlung eines Kostenvorschusses kein Abstand genommen wird, zunächst folgende Aufforderung an den Antragsteller richten:

---

[339] Dazu § 27 Nr. 4a, 10 AktO.
[340] OLG München NJW-RR 2012, 523; OLG Frankfurt a. M. FGPrax 2016, 131.
[341] OLG München NJW-RR 2017, 1277.
[342] OLG München NJW-RR 2017, 1277.

Der Erbschein darf erst nach Zahlung eines Vorschusses von...... EUR erteilt werden **161**
(§§ 12, 13 GNotKG).
Sie wollen daher diesen Betrag an die Gerichtskasse des Amtsgerichts...... unter Angabe
des obigen Aktenzeichens zahlen, und zwar in bar bei der Kasse oder in den bei ihr
erhältlichen Gerichtskostenmarken oder auf ihr Konto beim Postscheckamt.

Nachlassverzeichnis: Wird das Verzeichnis trotz Anmahnung nicht vorgelegt, so wird **162**
der Geschäftswert nach freier Schätzung (§ 36 Abs. 1 GNotKG) gemäß § 79 GNotKG
festgesetzt. Gegebenenfalls versucht das Nachlassgericht, eine Auskunft des Finanzamts zu
erlangen.[343]

An das Zentralfinanzamt – Erbschaftsteuerstelle **163**
In der Nachlasssache betreffend den am...... verstorbenen, zuletzt in...... wohnhaft
gewesenen Name des Erblassers, Sterberegister Nr......... Standesamt......, wird im Kos-
teninteresse um Mitteilung gebeten, ob und in welcher Höhe dort der Nachlasswert (nach
Abzug der Schulden) festgestellt worden ist.
Kostenrechnung:
Wert:...... EUR
1. Keine Kosten gemäß...... Nr. 12100 KV 75 EUR
3. Gebühr für Eröffnung der Verfügung von Todes wegen, Nr. 12100 KV [344]   100 EUR
4. Gebühr für Beurkundung der eidesstattlichen Versicherung, Nr. 23300, ... EUR
    Anm. zu Nr. 12210 und Vorbemerkung 1 Abs. 2 KV[345]
5. Gebühr für Erteilung des Erbscheins, Nr. 12 210   ...... EUR
6. Dokumentenpauschale, Nr. 32 000 ff. KV für Notar; Nr. 311000 für Ge-   ...... EUR
    richt
7. Sonstige Auslagen, Nr. 32000 für Notar; Nr. 31001 ff. für Gericht   ...... EUR
8. .... EUR
zusammen: ...... EUR
davon zu Soll gestellt: ...... EUR
davon gezahlt in Kostenmarken: ...... EUR
Rest: ...... EUR
Kostenschuldner:
Weitere Kostenschuldner (Gesamtschuldner):
    Nicht vorhanden
    Die Benennung bleibt vorbehalten
Zur Kasse mit Reinschrift

München,......
Der Kostenbeamte:

......

---

3. Akteneinsicht und die Erteilung von Abschriften und Ausfertigungen

Siehe im Einzelnen → § 29 Rn. 14. **164**
    Voraussetzung für die Gewährung von Akteneinsicht in die Akten des Erbscheinsver-
fahrens *ist die* Glaubhaftmachung eines berechtigten Interesses: Ein solches ist in der Regel

---

[343] Gemäß § 46 Abs. 3 S. 1 Nr. 3 GNotKG ist das Finanzamt zur Auskunftserteilung verpflichtet.
[344] Bei gleichzeitiger Eröffnung mehrerer letztwilliger Verfügungen desselben Erblassers durch dasselbe Ge-
    richt entsteht nur eine Gebühr
[345] Es fällt eine volle Gebühr an. Mit der Gebühr 23300 KV ist die Beurkundung des Antrages auf Erlangung
    des Zeugnisses abgegolten; die Erklärung der Annahme des Testamentsvollstreckeramtes löst die Fest-
    gebühr (15 EUR) nach Nr. 12410 Abs. 1 Nr. 4 KV aus.

nur dann gegeben, wenn der Antragsteller darlegt und glaubhaft machen kann, dass er als gesetzlicher oder testamentarischer Erbe, als Pflichtteilsberechtigter oder Vermächtnisnehmer in Betracht kommen oder sonst ein verständliches, durch die Sachlage gerechtfertigtes Interesse hat, das auch tatsächlicher (wirtschaftlicher), wissenschaftlicher oder öffentlicher Art sein kann.[346] Nicht genügt bloße Neugier oder das von der Presse wahrgenommene Informationsinteresse der Öffentlichkeit. Das Interesse des Betroffenen an Geheimhaltung ist abzuwägen am Interesse an der Akteneinsicht.[347] Soweit Akteneinsicht gewährt wird, können sich die Berechtigten auf ihre Kosten durch die Geschäftsstelle Ausfertigungen, Auszüge und Abschriften erteilen lassen (§ 13 Abs. 3 S. 1 FamFG für die einfache Abschrift für einen Dritten; § 357 Abs. 2 S. 1 FamFG betrifft nur die Erteilung einer Ausfertigung des Erbscheins für den Antragsteller).

165   **Beachte:** Nicht jeder, der eine Ausfertigung beanspruchen kann, ist antragsberechtigt auf Erteilung eines Erbscheins. Das Einsichtsrecht kann sich auch nur auf Akteile beziehen. So hat grundsätzlich nur der Kostenschuldner Anspruch auf Einsicht in die dem Kostenansatz dienenden Vorgänge. Der Pflichtteilsberechtigte hat ein berechtigtes Interesse auf Einsicht auch in das Nachlassverzeichnis. Die Aushändigung einer Ausfertigung ist im Akt zu vermerken. Über die Akteneinsicht entscheidet der Rechtspfleger oder Richter, bei Kollegialgerichten der Vorsitzende (§ 13 Abs. 7 FamFG). Umstritten ist, ob die Gewährung/Nichtgewährung von Akteneinsicht nach § 58 FamFG oder 23 EGGVG anzufechten ist.[348] Vorzugswürdig ist nach der Formulierung des Gesetzes und dem zu § 299 Abs. 2 ZPO abweichenden Wortlaut die Anfechtung über § 58 FamFG.

166   Die Entscheidung über ein Akteneinsichtsgesuch in einer laufenden Nachlasssache ist kein Akt der Justizverwaltung, sondern zählt zur Verfahrensführung durch das Gericht.[349] Damit richtet sich die Anfechtbarkeit nach dem FamFG. Ist der von einer Entscheidung über ein Akteneinsichtsgesuch Betroffene zugleich auch ein Verfahrensbeteiligter, kann die Zwischenentscheidung nicht selbständig mit der Beschwerde angegriffen werden, sondern nur mit einer Beschwerde oder Rechtsbeschwerde gegen die Endentscheidung unter dem Gesichtspunkt eines Verstoßes gegen das rechtliche Gehör (Art. 103 Abs. 1 GG).[350] Trifft die Entscheidung einen nicht am Verfahren Beteiligten (etwa einen Notar, der zwar einen Beteiligten vertritt, aber für seine eigenen Unterlagen eine Abschrift des nur für Grundbuchzwecke erteiltem Erbscheins begehrt) ist die Beschwerde nach §§ 58 ff. FamFG statthaft.[351]

---

[346] BayObLG Rpfleger 1982, 345 = MDR 1982, 857.
[347] LG Berlin Rpfleger 2004, 630: verneint bei gewerblichem Erbenvermittler.
[348] OLG Hamm FGPrax 2013, 136 (§ 58 FamFG); Keidel/*Meyer-Holz*, FamFG, § 58 Rn. 33 (§ 23 EGGVG).)
[349] Nach BGH NJW 2015, 1827 unterfällt das Einsichtsgesuch eines Verfahrensbeteiligten in ein bereits abgeschlossenes Verfahren der Regelung des § 299 II ZPO mit der Folge, dass darüber die Justizverwaltung (§ 23 EGGVG) entscheidet.
[350] OLG Saarbrücken FGPrax 2012, 75.
[351] OLG Saarbrücken FGPrax 2012, 75; die Beschwerde war auch begründet. Das AG hatte die Ausstellung einer einfachen Abschrift des Erbscheins abgelehnt und sich auf § 107a Abs. 2 S. 1 KostO berufen. Das OLG hat ausgeführt, dass bei einem Notar auf Grund seiner Amtspflichten ein Missbrauch nicht zu befürchten sei, sofern keine greifbaren Anhaltspunkte hierfür vorlägen.

§ 39 Einziehung und Kraftloserklärung des Erbscheins

I. Voraussetzungen

Der Erbschein ist Anknüpfungspunkt für den gutgläubigen Erwerb im Sinne der §§ 2365, **1**
2366 BGB.[1] Von einem unrichtigen Erbschein gehen im Rechtsverkehr deswegen erhebliche Gefahren aus, so dass er einzuziehen, oder, wenn er nicht erklangt werden kann, für kraftlos zu erklären ist. Der Erbschein ist deshalb keiner materiellen Rechtskraft fähig. Ergibt sich seine Unrichtigkeit, so hat **das Nachlassgericht, das ihn erteilt hat,**[2] (auch ein örtlich oder international unzuständiges)[3] **jederzeit** seine Einziehung von Amts wegen anzuordnen (§ 2361 Abs. 1 S. 1 BGB). Das **Beschwerdegericht** kann den Erbschein nie einziehen; es kann nur das Nachlassgericht hierzu anweisen.[4] Für die Einziehung eines von einem Staatlichen Notariat der früheren DDR erteilten Erbscheins besteht die Zuständigkeit des Wohnsitzgerichts gemäß § 343 FamFG, § 73 FGG aF.[5]

Nicht erforderlich, aber in der Praxis häufig, ist ein Antrag oder die Anregung eines Beteiligten oder Dritten.

Unrichtig ist ein Erbschein dann, wenn die Voraussetzungen für eine Erteilung aus **2** tatsächlichen oder rechtlichen Gründen von Anfang an nicht gegeben gewesen sind, wenn ihn also das Nachlassgericht nicht erteilen dürfte, falls es jetzt über die Erteilung zu entscheiden hätte.[6] Die Unrichtigkeit muss dem Nachlassgericht nicht nachgewiesen erscheinen. Es genügt, wenn das bei der Erteilung des Erbscheins angenommene Erbrecht nicht mehr feststeht, also die nach § 2353 BGB erforderliche **Überzeugung des Gerichts erschüttert** ist. Dieser Grundsatz bedeutet allerdings nicht, dass die Ermittlungen nur soweit zu erstrecken sind, bis sich mehr oder weniger starke Zweifel an der Richtigkeit des Erbscheines ergeben. Seine Einziehung darf vielmehr erst angeordnet werden, wenn das Gericht nach Durchführung der zur Aufklärung des Sachverhalts erforderlichen Ermittlungen die Richtigkeit des Erbscheins nicht mehr als erwiesen ansieht.“[7]

Grundsatz also: Die Einziehung ist erst zulässig, wenn das Gericht nach Durchführung der zur Aufklärung des Sachverhalts erforderlichen Ermittlungen die Richtigkeit des Erbscheins nicht mehr als erwiesen erachtet.[8] Das Gericht kann sich dabei die Überzeugung von der Unrichtigkeit auch lediglich auf Grund der Angaben von Beteiligten bilden. Hier ist jedoch besondere Vorsicht und Prüfung geboten. In der Praxis häufig dürfte der Fall sein, dass nach der Erteilung eines Erbscheins ein Testament auftaucht, das zu einer anderen erbrechtlichen Beurteilung führt.

Bei der Prüfung ist der Nachlassrichter an die Rechtsauffassung seines Vorgängers **3** nicht gebunden, an die des Beschwerdegerichts nur in schwebenden Erbscheinsverfahren, es sei denn, die Sach- oder Rechtslage hätte nachträglich eine Änderung erfahren. Im neuen Verfahren, zum Beispiel zwecks Einziehung des Erbscheins, besteht keine Bindung an die frühere Entscheidung.[9] Auch ist das Nachlassgericht bei der Erteilung eines neuen

---

[1] BGHZ 33, 314 (316); 58, 103 (108); Staudinger/*Herzog* § 2366 Rn. 19: Bei Vorhandensein von Erbscheinen mit widersprechendem Inhalt entfällt nicht nur die Vermutung des § 2365 BGB, sondern auch die Schutzwirkung des § 2366 BGB.

[2] BayObLGZ 1977, 59; OLG Hamm OLGZ 1972, 352. Zur funktionellen Zuständigkeit (→ Rn. 5).

[3] Nur, falls ein sachlich unzuständiges Gericht, wie etwa das LG, den Erbschein erteilt hätte, müsste das zuständige Nachlassgericht ihn einziehen.

[4] BayObLGZ 1954, 71.

[5] *Graf,* Probleme der nachlassgerichtlichen Praxis im Vollzug der Deutschen Einigung, DtZ 1991, 370 (372); KG Rpfleger 1992, 487.

[6] BayObLGZ 1980, 72 (74).

[7] BayObLGZ 1966, 233 (236); BGHZ 40, 54 (56).

[8] Dazu BayObLGZ 1980, 72: Siehe weiter BayObLGZ 1981, 38.

[9] BayObLG ZEV 2003, 369.

Erbscheins nicht an seine in dem Einziehungsverfahren vertretene Rechtsansicht gebunden.[10]

4   Die Unrichtigkeit kann auf tatsächlichen oder rechtlichen[11] Gründen beruhen; Verfahrensfehler im Erbscheinserteilungsverfahren können nur in schwerwiegenden Fällen die Einziehung eines Erbscheins begründen.[12]

> **Beispiele:**
> Unvollständigkeit; Abweichung vom Antrag; Erteilung auf Antrag eines Nichtberechtigten, falls nicht nachträglich Genehmigung[13] durch den Berechtigten erfolgt; Nichtangabe von Beschränkungen; Erteilung durch ein sachlich, funktionell oder örtlich unzuständiges Gericht;[14] Eintritt der Nacherbfolge macht Erbschein ex nunc unrichtig;[15] Unrichtigkeit einer standesamtlichen Eintragung.[16]

Wann die Unrichtigkeit eingetreten ist, spielt keine Rolle;[17] zum Beispiel der einem Vorerben erteilte Erbschein wird durch Eintritt der Nacherbfolge unrichtig oder es tritt ein Wechsel unter den festgestellten Nacherben ein. Der ursprünglich unrichtige, aber durch nachträgliche Änderung richtig gewordene Erbschein, ist nicht mehr einzuziehen.

II. Zuständigkeit

5   Zuständig für die Einziehung ist das Nachlassgericht, das den einzuziehenden Erbschein erteilt hat, und zwar auch dann, wenn es nicht (örtlich oder international) zuständig war, § 2361 BGB.[18] **Funktionell** ist der **Richter** zuständig, wenn der Erbschein vom Richter erteilt wurde. Der Richter ist auch dann zuständig, wenn er bei gleicher Tatsachenlage im Erteilungsverfahren zuständig wäre.[19] Das ist jedenfalls dann der Fall, wenn die Sache streitig ist, also wenn zwischen widerstreitenden, im Verfahren klar zum Ausdruck gebrachten Positionen verschiedener Beteiligter zu entscheiden ist, wobei es weder auf einen förmlichen Antrag noch auf die förmliche Beteiligtenrolle der Vertreter der widerstreitenden Interessen ankommt. Maßgeblich sind allein die im Verfahren zum Ausdruck gebrachten unterschiedlichen Rechtspositionen.[20] Hat statt des Richters der Rechtspfleger entschieden, ist die Sache vom Beschwerdegericht aufzuheben, an das Nachlassgericht zurückzugeben und zugleich dem Richter vorzulegen.[21]

Im Übrigen ist der Rechtspfleger zuständig (§ 3 Nr. 2c RPflG).

III. Verfahren

6   Für die Einleitung des Verfahrens ist **kein Antrag erforderlich,** das Nachlassgericht hat **von Amts wegen** zu ermitteln (§ 2361 Abs. 3 BGB, § 26 FamFG). Wird ein Antrag

---

[10]   BayObLGZ 1981, 38.
[11]   Einziehung auch ohne Änderung der angenommenen Tatsachen selbst nach längerer Zeit möglich, BGH NJW 1967, 1126.
[12]   BayObLG ZEV 2003, 369.
[13]   Grundsätzlich dazu BayObLGZ 1951, 561; 1967, 1; 1970, 105; 1982, 236 (239).
[14]   BayObLG Rpfleger 1981, 112; bei der örtlichen Unzuständigkeit nach BGH NJW 1976, 1032 nur, wenn sich die örtliche Unzuständigkeit aus einer eindeutigen Vorschrift ergibt. Wird nach Erbscheinserteilung durch den Rechtspfleger auf Grund gesetzlicher Erfolge ein Testament aufgefunden, das eine Erbeinsetzung enthält (und nicht zur gesetzlichen Erbfolge führt), so ist der Erbschein auch dann als unrichtig einzuziehen, wenn die sich aus dem Testament ergebende Erbfolge mit der gesetzlichen Erbfolge übereinstimmt (KG FamRZ 2004, 1903).
[15]   OLG Hamburg OLGZ 1975, 87; BayObLGZ 1984, 208, Rpfleger 1985, 183.
[16]   Nachlassgericht kann Unrichtigkeit auf Grund eigener Ermittlungen feststellen, BayObLGZ 1981, 38 (sehr eingehend).
[17]   KG FGPrax 2007, 134.
[18]   BayObLGZ 1977, 59.
[19]   OLG München FGPrax 2017, 133 (134); OLG Frankfurt a. M. FamRZ 2016,
[20]   OLG Frankfurt FamRZ 2016, 852.
[21]   OLG München FGPrax 2017, 42 (133).

gestellt, ist dieser als Anregung zu behandeln. Beteiligter ist der im Erbschein genannte Erbe, § 7 Abs. 2 FamFG und jeder, der durch die Entscheidung in eigenen subjektiven Rechten beeinträchtigt ist. Das ist insbesondere der weitere Erbprätendent, wenn ein späteres Testament aufgefunden wird. Liegen nur offensichtliche Schreibfehler oder andere offenbare Unrichtigkeiten vor, so ist eine **Berichtigung** ohne Einziehung des Erbscheins zulässig (§ 42 Abs. 1 FamFG). Zwecks Berichtigung sind hier die hinausgegebenen Ausfertigungen zurückzuholen. Die Berichtigung ist auf sämtlichen Urkunden zu vermerken.

Die Aufhebung der Anordnung (Feststellungsbeschluss) für einen bereits erteilten Erb- 7 schein sowie eine Änderung oder Ergänzung des Inhalts sind dagegen nicht statthaft, da der Feststellungsbeschluss prozessual überholt ist, denn selbst dann, wenn der Feststellungsbeschluss beseitigt würde, bliebe der (unrichtige) Erbschein wirksam. Hier kann deswegen nur durch die Einziehung des (unrichtigen) und die Erteilung (nach entsprechendem Antrag) eines neuen Erbscheins geholfen werden.

Wird gegen einen bereits erteilten Erbschein Beschwerde eingelegt, so ist dies nur insoweit möglich, als sie als Antrag auf Einziehung beziehungsweise Kraftloserklärung des erteilten Erbscheins behandelt wird (§ 352e Abs. 3 FamFG).

Für das weitere Verfahren ist dabei **zu unterscheiden, ob der Feststellungsbeschluss formell rechtskräftig** geworden ist oder nicht: Ist der Feststellungsbeschluss **noch nicht rechtskräftig** geworden, wird das Beschwerdeverfahren fortgesetzt. Insoweit bedarf es dann nur noch einer Abhilfeentscheidung durch das Nachlassgericht, bevor es die Akten dem Beschwerdegericht vorlegt.[22]

Ist die **Beschwerdefrist bereits abgelaufen** und der Feststellungsbeschluss damit formell rechtskräftig,[23] ist hingegen ein neues Verfahren – gerichtete auf Einziehung des Erbscheins – vor dem Nachlassgericht durchzuführen, das abschließend durch Beschluss entscheidet, bevor es die Akten dem Beschwerdegericht vorlegen kann.[24] Eine bloße Abhilfeentscheidung kommt nicht in Betracht.

Die befristete Beschwerde mit diesem Ziel der Einziehung beziehungsweise Kraftlos- 8 erklärung steht jedem im Sinne des § 59 FamFG Beeinträchtigten zu.

IV. Entscheidung und Vollstreckung

Der **Einziehungsbeschluss** lautet:

Muster: Beschluss bei der Einziehung des Erbscheins

I. *Beschluss* 9
Der Erbschein des Amtsgerichts (Ort) – Nachlassgericht – vom (Datum) in der Nachlasssache (Vor- und Nachname), letzter gewöhnlicher Aufenthalt in (…), gestorben am (…), wird als unrichtig eingezogen.
Die gerichtlichen und außergerichtlichen Kosten trägt …
Rechtsbehelfsbelehrung:
Gründe
Der Erbschein wurde auf Grund gesetzlicher Erbfolge erteilt. Ein nachträglich aufgefundenes Testament des Erblassers hat eine abweichende testamentarische Erbfolge angeordnet. Gemäß § 2361 BGB war der erteilte Erbschein somit als unrichtig einzuziehen.
Kosten: §§ 353 Abs. 2, 81 FamFG.[25]

II. Ausfertigung von Ziffer I zustellen mit Zusatz:
Sie werden gebeten, die Ihnen erteilte Ausfertigung des Erbscheins binnen einer Woche dem Nachlassgericht zurückzugeben, da andernfalls die Kraftloserklärung des

---

22 OLG München FGPrax 2017, 133 (134).
23 Zum Fristbeginn bei unterbliebener Zustellung siehe BGH NJW-RR 2015, 833; OLG München FGPrax 2017, 133.
24 OLG München FGPrax 2017, 133.
25 Die Kostenentscheidung kann auch nachträglich ergehen, § 353 Abs. 1 S. 2 FamFG.

> Erbscheins erfolgen wird, was infolge der anfallenden Veröffentlichungskosten mit erheblichen Auslagen verbunden ist. Ist die Ausfertigung des Erbscheins nicht mehr in Ihrem Besitz, so wollen sie mitteilen, wo sie sich nunmehr befindet.
> III. WV 10 Tage.
> (Ort), den (Datum)
> Amtsgericht
>
> Rechtspfleger/Richter am Amtsgericht

10　　Der Beschluss ist allen Erbscheinserben zuzustellen (§ 41 Abs. 1 FamFG), er ist ein Vollstreckungstitel (§ 86 Abs. 1 Nr. 1 FamFG). Vollstreckung: Nach § 883 Abs. 1 ZPO (§ 95 Abs. 1 Nr. 2 FamFG).[26]

Der Erbschein wird erst mit seiner Rückgabe an das Nachlassgericht kraftlos. Sind mehrere Ausfertigungen erteilt, so tritt die Kraftlosigkeit erst mit der Ablieferung der letzten Ausfertigung an das Nachlassgericht ein.[27] Daher sind nicht nur Urschriften, sondern auch Ausfertigungen zurückzuholen, nicht dagegen die beglaubigten Abschriften.

Der Beschluss zur Aufforderung, die Urschrift und/oder Ausfertigungen an das Nachlassgericht zurückzugeben, kann mit dem Beschluss zur Einziehung verbunden werden.

Nach Rückholung wird auf der Urschrift im Akt vermerkt:

> Der Erbschein ist unrichtig und daher eingezogen worden.
> ......, den......
> Amtsgericht
>
> Rechtspfleger/Richter am Amtsgericht

11　　Die Ausfertigungen werden unbrauchbar gemacht, was im Akt ebenfalls vermerkt wird. Die erfolgte Einziehung ist auch den übrigen Beteiligten mitzuteilen. Die Möglichkeit der Niederschlagung der Kosten gemäß § 21 GNotKG ist zu prüfen.

Kraftloserklärung (§ 2361 Abs. 2 Satz 1 BGB): Kann der Erbschein (oder falls mehrere Ausfertigungen erteilt sind, diese) nicht sofort erlangt werden, so hat ihn das Nachlassgericht ohne Rücksicht auf ein etwa eingeleitetes Zwangsverfahren für kraftlos zu erklären.

Der zu begründende Beschluss lautet:

> **Muster: Kraftloserklärung des Erbscheins**
>
> **12**　I. *Beschluss*
> Der Erbschein des Amtsgerichts (Ort) – Nachlassgericht – vom (...) in der Nachlasssache (Name des Erblassers), gestorben am (...), zuletzt wohnhaft in (...), Aktz. VI......, wird für kraftlos erklärt.
> II. Anheftung der Ausfertigung von I an die Gerichtstafel (6 Wochen; § 2361 Abs. 2 S. 2 iVm § 186 Abs. 2 ZPO).
> III. Einmalige Veröffentlichung von I im Bundesanzeiger[28] nebst Ersuchen um Übersendung eines Belegblattes, § 187 ZPO.
> IV. WV in 8 Wochen.
> (Ort), den (...)
> Amtsgericht
>
> ......, Rechtspfleger

---

[26]　Keidel/*Zimmermann* § 353 Rn. 12; Prütting/Helms/*Hammer*, § 86 Rn. 14; aA Staudinger/*Herzog* § 2361 Rn. 43; MüKoBGB/*Grziwotz* § 2361 Rn. 39 (§ 35 FamFG sei einschlägig).

[27]　Dazu OLG Oldenburg DNotZ 1958, 263 mit Anm. von *Keidel*; BayObLGZ 1966, 233; 1980, 72.

[28]　§ 185 ZPO.

Neben der Veröffentlichung im Bundesanzeiger kann eine **Veröffentlichung in** 13
weiteren Blättern angeordnet werden. Die Kraftloserklärung **wird** mit dem Ablauf eines
Monats nach der letzten Einrückung des Beschlusses in die öffentlichen Blätter **wirksam**
(§ 2361 Abs. 2 S. 3 BGB); **Fristberechnung** nach §§ 187, 188 BGB (§ 222 Abs. 1 ZPO).
Der Tag des Aushangs wird nicht mitgezählt; die Frist endet mit dem Ablauf des seiner Zahl
nach dem Veröffentlichungsmonat entsprechenden Tages des Folgemonats (bzw. wenn dies
ein Sonntag, Sonnabend oder allgemeiner Feiertag ist, mit dem Ablauf des nächsten Werk-
tags, § 222 Abs. 2 ZPO). Der Erbschein wird nach Wirksamwerden (nach Ablauf der
Monatsfrist) kraftlos. Er kann dann nicht mehr geändert oder aufgehoben werden.[29]
Gebühr für die Einziehung und Kraftloserklärung: Nr. 12 215 KV-GNotKG.

V. Einstweiliger Rechtsschutz[30]

Als **vorläufig sichernde Maßnahme** können das Nachlassgericht oder das Beschwerdege- 14
richt durch **einstweilige Anordnung** (§ 49 FamFG) oder das Prozessgericht durch **einstweilige Verfügung** (§§ 935 ff. ZPO) **die Sicherstellung des Erbscheins (= Rückgabe
zu den Akten)** anordnen.[31] Voraussetzung ist, dass dies nach den für das Rechtsverhältnis
maßgebenden Vorschriften gerechtfertigt ist und ein dringendes Bedürfnis für ein sofortiges
Tätigwerden besteht. Die Maßnahme kann einen bestehenden Zustand sichern oder vorläufig regeln. Voraussetzung ist entsprechend der Systematik der ZPO ein **Anordnungsanspruch,** hier die Möglichkeit der Einziehung des Erbscheins nach § 2361 BGB. Im
Amtsverfahren muss das Gericht bei Erlass einer einstweiligen Anordnung nach den kon-
kreten Umständen selbst entscheiden, welches Maß an Gewissheit für die Überzeugung des
Gerichts ausreicht. Im summarischen Verfahren des § 49 FamFG können für das Gericht
Anhaltspunkte für eine **mögliche** Einziehung des Erbscheins genügen, um eine **vorläufige
Sicherstellung** anzuordnen. Es ist abzuwägen die Dringlichkeit des Regelbedürfnisses zur
Schwere des mit der Maßnahme verbundenen Eingriffs. Die vorläufige Sicherstellung hat
ein eher minderes Gewicht im Verhältnis zum Regelungsbedürfnis. Die Gefährdung des
potentiellen wahren Erben durch wirksame Verfügungen infolge eines gutgläubigen Erwerbs (§ 2366 BGB) ist regelmäßig höher zu bewerten.[32] Zu beachten ist, dass der Erbschein durch die Sicherstellung nicht seine Wirksamkeit verliert, der gutgläubige Erwerb
wird nicht verhindert, sondern nur erschwert.[33] Die Beschwerdefrist gegen die einstweilige
Anordnung beträgt 2 Wochen (§ 63 Abs. 2 FamFG).

Der wahre Erbe kann auch im Wege des einstweiligen Rechtsschutzes vor den Zivilgerichten eine einstweilige Verfügung – gestützt auf § 2362 BGB – mit dem Ziel beantragen,
dass der Erbschein vorläufig zu den Akten des Gerichts zurückgegeben wird. Da es sich
insoweit um ein streitiges Verfahren nach der ZPO handelt, in dem die allgemeinen
Beweisregeln (Glaubhaftmachung, § 292 ZPO) gelten, ist hier eine Entscheidung unter
Umständen schneller zu erlangen.

VI. Beschwerde gegen die Einziehung

Die befristete Beschwerde ist statthaft gegen die Einziehung, falls sie bislang nur verfügt,
aber noch nicht vollzogen ist (§§ 58 ff. FamFG). Das OLG kann dann die Vollziehung des
Einziehungsbeschlusses aussetzen (§ 64 Abs. 3 FamFG).

---

[29] MüKoBGB/*Grziwotz* § 2361 Rn. 43.
[30] Siehe dazu: *Horn/Krätzschel* ZEV 2017, 14.
[31] BGHZ 40, 54 (59); NK-Nachfolgerecht/*Krätzschel* § 935 ZPO Rn. 6 ff.
[32] Siehe zum Problembereich die grundsätzlichen Ausführungen des OLG Saarbrücken NJW-RR 2012,
588 f.; im entschiedenen Fall lagen objektive Anhaltspunkte vor, dass der Erblasser entgegen den bisher
bekannten Tatsachen möglicherweise ein erbberechtigtes Kind gehabt hat.
[33] *Horn/Krätzschel*, ZEV 2017, 14.

15   **Gegen die erfolgte Einziehung** gibt es keine Beschwerde. Zulässig ist nur eine befristete Beschwerde mit dem Ziel der neuerlichen Erteilung des Erbscheins bzw. die Anweisung an das Nachlassgericht auf Neuerteilung eines mit dem eingezogenen Erbschein gleichlautenden Erbscheins (§ 353 Abs. 3 Satz 1 FamFG).

16   Kommt das Beschwerdegericht zu dem Ergebnis, dass statt eines beantragten Erbscheins ein anderer, bisher nicht ausdrücklich beantragter zu erteilen ist, so verweist es die Sache zur Entgegennahme eines entsprechenden Antrages an das Nachlassgericht zurück, falls mit der Stellung eines solchen Antrages zu rechnen ist.[34]

17   **Gegen die Ablehnung der Einziehung** eines Erbscheins ist die befristete Beschwerde statthaft (§§ 58 ff. FamFG). Beschwerdeberechtigt ist jeder, der für einen richtigen Erbschein antragsberechtigt wäre: Der frühere Antragsteller, wenn er sich nicht für den richtigen Erben hält; der Nacherbe, Ersatznacherbe, der Vorerbe, der Nachlassgläubiger mit Titel, soweit die Unvollständigkeit oder Unrichtigkeit sein Recht beeinträchtigt.

18   Neben der Beschwerde steht dem wirklichen Erben der Weg des § 2362 BGB offen.

---

[34]   BayObLGZ 1965, 166.

§ 40 Weitere Zeugnisse

Übersicht

	Rn.
I. Europäisches Nachlasszeugnis (ENZ)	1
II. Lastenausgleich, Rückerstattung, Wiedergutmachung, Entschädigung, Wertpapierbereinigung	9
1. Lastenausgleich	10
2. Wiedergutmachung Rückerstattungs- und Entschädigungsansprüche	18
3. Wertpapierbereinigung	19
III. Zeugnis über die Fortsetzung der Gütergemeinschaft (§ 1507 BGB)	20
1. Materielles Recht	20
2. Das Zeugnis über die fortgesetzte Gütergemeinschaft	26
IV. Zeugnisse nach § 16 Reichsschuldbuchgesetz, BSchuWG, Landesschuldbüchern	38
V. Landesrechtliche Zeugnisse	40
VI. Überweisungszeugnisse (§§ 36, 37 GBO)	41
VII. Besondere Fälle	52
1. Heimstätten	52
2. Erbhöfe und sonstige Höfe	53
3. Fideikommisse und ähnliche Güter	68

I. Europäisches Nachlasszeugnis (ENZ)

Die **Europäische Erbrechtsverordnung (EU-ErbVO)**[1] führt in Art. 62 ff. ein **Europäisches Nachlasszeugnis (ENZ)** ein. Die Verordnung ist am 16.8.2012 in Kraft getreten und wird auf alle Erbfälle Anwendung finden, die sich ab dem **17.8.2015** ereignet haben. Siehe dazu im Einzelnen → § 47 Rn. 1 ff. **1**

In dieser Auflage nicht belegt. **2–8**

II. Lastenausgleich, Rückerstattung, Wiedergutmachung, Entschädigung, Wertpapierbereinigung

Vorbemerkung: Bei Verfahren über den Nachlass von im Ausland verstorbenen (oder gleichgestellt: bis 3.10.1990 in der DDR verstorbenen) deutschen Erblassern, deren einziger Vermögenswert aus einem Anspruch nach LAG, BEG, BRüG etc besteht, ist die örtliche Zuständigkeit nunmehr nach § 343 FamFG zu prüfen. **9**

1. Lastenausgleich[2]

Wird ein Erbschein lediglich zu Lastenausgleichszwecken benötigt, so kann er gebührenbegünstigt ausgestellt werden.[3] Er ist in einem solchen Fall mit einem Vermerk zu versehen **10**

„Nur zu verwenden für Lastenausgleichszwecke."	**11**

---

[1] Verordnung (EU) Nr. 650/2012 über die Zuständigkeit, das anzuwendende Recht, die Anerkennung und Vollstreckung von Entscheidungen und die Annahme und Vollstreckung öffentlicher Urkunden in Erbsachen sowie zur Einführung eines Europäischen Nachlasszeugnisses, ABl. 2012 L 201, 107.

[2] Dazu *Weithase,* Erbscheine in Lastenausgleichssachen, BWNotZ 1977, 40.

[3] Dazu § 317 Abs. 5 LAG idF v. 2.6.1993, BGBl. 1909 I 845. Im Erbscheinsantrag ist zweckmäßigerweise der Antrag auf Gebührenvergünstigung aufzunehmen und kurz zu begründen.

12   Ein mit einem solchen Vermerk versehener Erbschein stellt einen allgemeinen Erbschein im Sinn des § 2353 BGB dar.[4] Sollte er für andere Zwecke verwendet werden, sind die Kosten von dem Nachlassgericht nachzufordern, das ihn ausgestellt hat.
Zur Mitteilungspflicht beachte MiZi XVII Nr. 7.

13   Bei Aushändigung der Urschrift und Ausfertigungen ist **§ 13 der Kostenverfügung**[5] zu berücksichtigen. Die Bestimmung lautet:

§ 13 Kostenansatz bei gegenständlich beschränkter Gebührenfreiheit[6] (1) Bei Erbscheinen und ähnlichen Zeugnissen (Nr. 12210 KV GNotKG), die zur Verwendung in einem bestimmten Verfahren gebührenfrei oder zu ermäßigten Gebühren zu erteilen sind (zB gemäß § 317 Abs. 5 LAG, § 64 Abs. 2 SGB X, § 31 Abs. 1c VermG iVm § 181 BEG), hat der Kostenbeamte die Urschrift und Ausfertigung der Urkunde mit dem Vermerk „Zum ausschließlichen Gebrauch für das ...-verfahren gebührenfrei – zu ermäßigten Gebühren – erteilt" zu versehen.

(2) Die Ausfertigung ist der Behörde oder Dienststelle, bei der das Verfahren anhängig ist, mit dem Ersuchen zu übersenden, den Beteiligten weder die Ausfertigung auszuhändigen noch eine Abschrift zu erteilen.

14   Die aus fiskalischen Erwägungen geborene Bestimmung lässt sich mit dem Gesetz kaum in Einklang bringen, sie verstößt gegen die allgemeinen Grundsätze des Erbscheinsrechts. Die Entscheidung des LG Hamburg v. 26.2.1959[7] hat dies klargestellt. Für die Praxis wird folgender Weg empfohlen:

15   Man übersendet dem Lastenausgleichsamt eine Ausfertigung des Erbscheins mit dem üblichen oben erwähnten Vermerk. Dem Antragsteller schickt man folgende Benachrichtigung zu:

VI   ......, den......

An

......

Betreff:

Es wird Ihnen hierdurch mitgeteilt, dass das Nachlassgericht München am...... einen Erbschein folgenden Inhalts ausgestellt hat:

Es wird hiermit bezeugt, dass d.. am...... in...... verstorbene...... auf Grund...... von...... beerbt worden ist.

Die Ausfertigung des Erbscheins wurde unmittelbar an...... gesandt.

Auf Anordnung

Besteht der Antragsteller auf einer Aushändigung des Erbscheins zum Gebrauch für andere Zwecke, so wird man ihm die Urkunde aushändigen und die Gebühren nacherheben.

16   **Internationale und örtliche Zuständigkeit:** Bei ausländischen Erblassern, die zur Zeit des Erbfalls im Inland weder Wohnsitz noch Aufenthalt hatten, ist zu prüfen, ob in der Person des Erblassers ein dem Ausgleich auf Grund des LAG unterliegender Schaden entstanden ist. Gem. § 343 Abs. 3 FamFG ist jedes Gericht, in dessen Bezirk sich Nachlassgegenstände befinden, für alle Nachlassgegenstände zuständig.

Beispiel:
Ausländischer Erblasser ist 1934 in der Tschechoslowakei gestorben, sein Vermögen im Erbweg auf die Antragsteller übergegangen. Die Antragsteller haben dieses Vermögen durch Vertreibung oder durch Kriegseinwirkung verloren. Hier sind unmittelbar geschädigt nur die Erben selbst. Da hier keine „Nachlassgegenstände" in der Bundesrepublik Deutschland vorhanden sind, fehlt

---

[4]   Dazu OLG Hamm NJW 1968, 1682.
[5]   In bundeseinheitlicher Neufassung v. 6.3.2014.
[6]   Geltung seit dem 17.8.2015
[7]   LG Hamburg NJW 1959, 418.

es an der örtlichen und damit auch an der internationalen Zuständigkeit eines Nachlassgerichtes dieser Gebiete. Sache des Ausgleichsamtes ist es, hier im Rahmen der Amtsermittlungspflicht (§ 330 Abs. 1 LAG), die Erbfolge festzustellen.[8]

Ist der Schaden in der Person eines vor dem 1.4.1952 verstorbenen Erblassers entstanden, **17** so sind die wegen dieses Schadens erwachsenden Ansprüche auf Gewährung von Ausgleichsleistungen nach dem LAG in der Person der Erben entstanden.[9] Streng genommen zählen sie damit nicht zum Nachlass. Die Rechtsprechung lässt, soweit es die internationale Zuständigkeit angeht, hier jedoch bei ausländischen Erblassern mit Recht eine entsprechende Anwendung des § 73 Abs. 3 FGG, nunmehr § 343 Abs. 2 FamFG zu.[10]

2. Wiedergutmachung Rückerstattungs- und Entschädigungsansprüche

Voraussetzung der Erteilung der Erbscheine ist **18**
– Antrag eines Erben;
– ein auf Vorlage des Erbscheins gerichtetes Verlangen der Entschädigungsbehörde (nach §§ 181 Abs. 1 BEG, 7a Abs. 1 **BRüG** kann von der Vorlage eines Erbscheins auch abgesehen werden).
S. näher 9. Auflage S. 494 ff.

3. Wertpapierbereinigung

Es bestehen keine Besonderheiten.[11] **19**

III. Zeugnis über die Fortsetzung der Gütergemeinschaft (§ 1507 BGB)

1. Materielles Recht

Fortgesetzte Gütergemeinschaft[12] tritt ein: **20**
wenn in der Ehe Gütergemeinschaft galt und die Fortsetzung durch Ehevertrag vereinbart (§ 1483 BGB) und nicht durch letztwillige Verfügung unter den Voraussetzungen der §§ 1509, 1511, 1516 BGB ausgeschlossen wurde, ein Ehegatte stirbt und zu gesetzlichen Erben berufene gemeinschaftliche Abkömmlinge vorhanden sind.
Vor dem 1. Juli 1958 galt die umgekehrte Regel: Fortgesetzte Gütergemeinschaft trat **21** ein, falls in der Ehe allgemeine Gütergemeinschaft galt und die Fortsetzung nicht durch Ehevertrag (§ 1508 BGB), gemeinschaftliches Testament, Erbvertrag oder letztwillige Verfügung unter den Voraussetzungen der §§ 1509, 1511, 1516 BGB ausgeschlossen wurde. Beachte dazu die Übergangsregelung in Art. 8 Abs. 1 Ziff. 6[13] des Gleichberechtigungsgesetzes vom 18.6.1957 für Ehen, die zur Zeit des Inkrafttretens des Gesetzes (1. Juli 1958) im Güterstand der allgemeinen Gütergemeinschaft lebten.
Zur früheren Fahrnisgemeinschaft s. 8. Auflage Rn. 4.357.
Sie **endet:** **22**

---

[8] Dazu BayObLGZ 1956, 119; BGHZ 52, 123 (146).
[9] §§ 12 Abs. 7, 229, 230, 232 Abs. 2 LAG.
[10] BGHZ 52, 123 (147).
[11] Einzelheiten gibt *Spreng* WPM, Sonderbeilage IV b Nr. 30 v. 26.7.1952.
[12] Sie hindert den überlebenden Ehegatten nicht daran, erbrechtlich über seinen Nachlass zu verfügen (BGH DNotZ 1964, 630).
[13] Art. 8 Abs. 1 Ziff. 6: „Leben die Ehegatten zurzeit des Inkrafttretens dieses Gesetzes im vertraglichen Güterstand der allgemeinen Gütergemeinschaft des Bürgerlichen Gesetzbuches, so gelten die Vorschriften dieses Gesetzes über die Gütergemeinschaft; haben die Ehegatten die Fortsetzung der Gütergemeinschaft nicht ausgeschlossen, so gilt diese als vereinbart."

- durch Tod, Todeserklärung oder Wiederverheiratung des überlebenden Eheteils (§§ 1493 f. BGB);
- durch Aufhebungserklärung des überlebenden Ehegatten, Vertrag der Abkömmlinge mit ihm (§ 1492 Abs. 1, 2 BGB); Tod oder Verzicht aller anteilsberechtigten Abkömmlinge (§§ 1490, 1491 BGB);
- durch Vereinigung sämtlicher Anteile in der Hand des überlebenden Eheteils;
- durch Aufhebungsurteil auf Klage eines anteilsberechtigten Abkömmlings (§§ 1495, 1496 BGB).

23   Im Normalfall besteht das Vermögen der Ehegatten lediglich aus dem **Gesamtgut.** Wird die Gütergemeinschaft fortgesetzt, so gehört der Anteil des verstorbenen Ehegatten am Gesamtgut nicht zum Nachlass (§ 1483 Abs. 1 s. 3 BGB), doch kann auch in diesem Fall ein Erbschein verlangt werden.

24   Ist **Vorbehalts- oder Sondergut** (bei Fahrnisgemeinschaft: Vorbehaltsgut und eingebrachtes Gut) vorhanden, so findet in dieses die Erbfolge statt (§ 1483 Abs. 1 s. 3 2. HS BGB). Die Folge in das Gesamtgut[14] wird hier durch ein Zeugnis über die Fortsetzung der Gütergemeinschaft nach § 1507 BGB, die Erbfolge im Übrigen durch Erbschein nachgewiesen. Beide Zeugnisse können äußerlich in einer Urkunde zusammengefasst werden.

25   Zur Rechtslage für vor 1.1.1900 bestehende Güterstände und ihre Überleitung s. 9. Auflage S. 247.

2. Das Zeugnis über die fortgesetzte Gütergemeinschaft

26   Bezeugt wird nur der Eintritt, nicht dagegen das Bestehen bzw. Fortbestehen der allgemeinen Gütergemeinschaft.[15] Anzuführen sind somit der Name, Wohnort und Todestag des Verstorbenen sowie des überlebenden Ehegatten, die Bescheinigung, dass nach dessen Tod zwischen dem überlebenden Ehegatten und den gemeinschaftlichen Abkömmlingen die Gütergemeinschaft fortgesetzt worden ist, ferner die Namen der anteilsberechtigten Abkömmlinge.[16] Erforderlich ist auch die Angabe der nicht gemeinschaftlichen Abkömmlinge[17] und der Bruchteile des früheren Gesamtguts, das nunmehr Gesamtgut der fortgesetzten Gütergemeinschaft ist.[18] Zulässig ist ein sogenanntes Negativzeugnis[19] darüber, dass fortgesetzte Gütergemeinschaft nicht eingetreten ist. Positiv- wie Negativzeugnisse genießen öffentlichen Glauben (§§ 1507, 2366 f. BGB) und haben die Vermutung der Richtigkeit und Vollständigkeit. Der Erbschein und das Zeugnis nach § 1507 BGB sind voneinander unabhängig. Sie können aber miteinander verbunden werden.

Unzulässig ist ein Teilzeugnis, es gibt nur ein gemeinschaftliches Zeugnis. Dagegen kann in entsprechender Anwendung des § 352c FamFG ein gegenständlich beschränktes Zeugnis ausgestellt werden. Erbschein für besondere Zwecke ist zulässig.

27   **Höferecht:** Gehört ein Hof zum Gesamtgut, so ist das LwG zur Ausstellung des Zeugnisses zuständig.[20] Die Zugehörigkeit des Hofes zum Gesamtgut ist zu vermerken,[21] der Anerbe im Zeugnis nicht aufzuführen.[22]

---

[14]   Dazu auch BayObLGZ 1954, 79 (83).

[15]   KG OLG 6, 319; Palandt/*Brudermüller* § 1507 Rn. 5.

[16]   Palandt/*Brudermüller* § 1507 Rn. 4: „Zweckmäßig, aber nicht erforderlich, auch die Namen der gemeinschaftlichen Abkömmlinge." Nach LG Heidelberg (NJW 1959, 295) können ein vermisster Abkömmling und seine Kinder nebeneinander alternativ als Beteiligte der fortgesetzten Gütergemeinschaft angegeben werden. Dazu auch *Müller* FamRZ 1956, 339.

[17]   BGHZ 63, 40.

[18]   KG DNotZ 34, 616.

[19]   KG OLGZ 27, 204. Wird der Ehevertrag nach dem 1.7.1958 abgeschlossen, so kommt das Zeugnis nur noch ausnahmsweise in Betracht, im Normalfall ist seitdem die Nichtfortsetzung die gesetzliche Regel.

[20]   OLG Köln RdL 1960, 42;. Zum Erbschein über das hoffreie Vermögen s. *Steffen* RdL 1982, 144.

[21]   *Lange/Wulff/Lüdtke-Handjery* § 18 HöfeO Rn. 14.

[22]   JFG 13, 421.

Erteilung: Das Zeugnis wird vom Nachlassgericht (Rechtspfleger, § 3 Nr. 2c RPflG) er- **28**
teilt. Jedoch ist die Vorbereitung und Ausstellung des Zeugnisses keine Nachlassbehandlung.[23]
Die Vorschriften über Erteilung des Erbscheins finden entsprechende Anwendung (§ 1507
S. 2 BGB). § 354 FamFG erklärt die für das Erbscheinsverfahren geltenden §§ 352 ff. FamFG
für entsprechend anwendbar, ebenso § 373 Abs. 2 FamFG für die Auseinandersetzung.

Antragsberechtigung: **29**

– **Während bestehender fortgesetzter Gütergemeinschaft** ist nur der überlebende
  Ehegatte (auch seine Gläubiger nach den §§ 792, 896 ZPO; hier auch der Abkömmling,
  der die Grundbuchberichtigung gemäß den §§ 1485 Abs. 3, 1416 Abs. 3 BGB be-
  treibt),[24] **antragsberechtigt.** Die Abkömmlinge sind grundsätzlich auf Zeugnisausfer-
  tigungen angewiesen (§ 357 Abs. 2 FamFG).
– **Nach Beendigung** ist jeder Einzelne der am Gesamtgut Beteiligten für sich **antragsberechtigt,** daher nach dem Tode des überlebenden Ehegatten auch der einzelne Erbe
  desselben.[25] Im Zeugnis wird hier jedoch vermerkt, dass die fortgesetzte Gütergemeinschaft am...... infolge...... beendigt worden ist.

Wird der Antrag zur Niederschrift des Nachlassgerichts gestellt, so wird man ihn in
folgender Form aufnehmen:

Muster: Niederschrift über den Antrag auf Fortsetzung der Gütergemeinschaft

Niederschrift **30**

Es erscheint (Name), wohnhaft in (Ort), (Anschrift), sich ausweisend durch Personalausweis, und erklärt:[26]

a) Mein Ehemann (Name des Erblassers), letzter Wohnsitz (Ort), ist am (Datum) ebenda
   verstorben. Auf die Todesanzeige[27] im Nachlassakt VI...... des AG München nehme ich
   Bezug.

b) Mein Mann war zweimal verheiratet; in erster Ehe mit (Name), gestorben am (Datum)
   in München, letzter Wohnsitz ebenda. Aus erster Ehe ist ein volljähriges Kind (Name,
   Anschrift), vorhanden.[28]
   Aus der zweiten Ehe meines Mannes mit mir sind zwei minderjährige Kinder (Name,
   Geburtsdatum) (Name, Geburtsdatum) hervorgegangen. Weitere eheliche, nichtehe-
   liche, adoptierte oder für ehelich erklärte Abkömmlinge meines Mannes sind und waren
   nicht vorhanden. Sterbeurkunde der ersten Ehefrau sowie drei Geburtsurkunden der
   Kinder meines Mannes lege ich vor.

c) Die Eheschließung zwischen meinem Mann und mir erfolgte am (Datum) vor dem
   Standesamt in (Ort). Heiratsurkunde lege ich vor.

d) Mein Mann besaß seit Geburt die deutsche Staatsangehörigkeit. Ich besitze sie ebenfalls seit Geburt.

e) Am (Datum) schloss ich mit meinem Mann einen Ehevertrag vor dem Notar (Name),
   München, Urkundenrollen-Nummer (...), von dem sich die Urschrift bereits hier beim
   Akt befindet. Im Ehevertrag ist allgemeine Gütergemeinschaft als Güterstand vereinbart.

f) Es ist kein Testament, Erbvertrag oder weiterer Ehevertrag vorhanden. Der Ehevertrag
   vom (Datum) besitzt heute noch Gültigkeit, die Fortsetzung der Gütergemeinschaft ist
   nicht ausgeschlossen. Gemäß Art. 8 Abs. 1 Ziff. 6 des Gleichberechtigungsgesetzes gilt
   die Fortsetzung als vereinbart.

---

[23] BayObLGZ 11, 219.
[24] MüKoBGB/*Kanzleiter* § 1507 Rn. 2.
[25] KG OLGZ 40, 155.
[26] Die abzugebenden Angaben ergeben sich aus den §§ 352 f. FamFG.
[27] Nachweis zu a, b, c, e hat grundsätzlich durch öffentliche Urkunden zu erfolgen, im Übrigen genügt
      eidesstattliche Versicherung.
[28] Weggefallene und einseitige Abkömmlinge sind festzustellen (§ 1483 Abs. 2 BGB!).

> Eine Ablehnung der fortgesetzten Gütergemeinschaft hat nicht stattgefunden.[29]
>
> g) Ein Rechtsstreit über die Fortsetzung der Gütergemeinschaft ist nicht anhängig. Ich beantrage, mir ein Zeugnis über die Fortsetzung der allgemeinen Gütergemeinschaft zwischen mir und den beiden gemeinschaftlichen Kindern Fritz und Agnes zu erteilen, wobei zu vermerken ist, dass 7/8 des ehelichen Gesamtguts Gesamtgut der fortgesetzten Gütergemeinschaft geworden ist. Eine Auseinandersetzung mit den erstehelichen Kindern hat bisher nicht stattgefunden. Auf die Bedeutung einer Versicherung an Eides Statt hingewiesen erkläre ich:
>
> Ich versichere an Eides Statt, dass mir nichts bekannt ist, was der Richtigkeit meiner Angaben zu f. und g entgegensteht.
>
> Das Gesamtgut besteht aus folgendem Grundbesitz:......
>
> (genaue Bezeichnung) im EW von insgesamt:
>
> (...) EUR
>
> sowie ein Wertpapierdepot von
>
> (...) EUR
>
> (...) EUR
>
> Vorbehalts- und Sondergut sind nicht vorhanden. Erbschein wird nicht benötigt.
>
> Ich beantrage[30] die Umschreibung des Grundbesitzes entsprechend dem Zeugnis im Grundbuch vom......
>
> v g u u
> Unterschriften

31 Bei Erteilung des Zeugnisses sind Veränderungen, die sich nach dem Tod des Eheteils (an dessen Anteil die Gütergemeinschaft fortgesetzt wird) ergeben haben, zB Wegfall eines anteilsberechtigten Abkömmlings durch Tod (§ 1940 BGB!) zu berücksichtigen.[31]

Dem Zeugnis wird man etwa folgende Form geben:

---

32 **Muster: Zeugnis über die Fortsetzung der Gütergemeinschaft**

Amtsgericht, Abt......

......, den......

Zeugnis über die Fortsetzung der Gütergemeinschaft

Es wird bezeugt, dass (Name, Vorname, Beruf, Wohnort des überlebenden Ehegatten)[32] nach dem am (Datum) erfolgten Tode des (Name, Vorname des verstorbenen Ehegatten, Beruf, letzter Wohnort), zuletzt wohnhaft in (Anschrift), die kraft[33] Ehevertrags vom (Datum), Urkundenrollennummer (...) des Notars (Name, Anschrift), bestehende Gütergemeinschaft mit den gemeinschaftlichen Kindern (Name des Kindes, Geburtsdatum) und (Name des Kindes, Geburtsdatum), beide zurzeit gesetzlich vertreten durch die Mutter (wie oben) als anteilsberechtigte Abkömmlinge fortgesetzt hat.

Außer der Tochter (Name) aus erster Ehe sind keine weiteren nichtgemeinschaftlichen Abkömmlinge vorhanden. Das Gesamtgut der fortgesetzten Gütergemeinschaft besteht aus sieben Achtel (7/8) Anteil des ehelichen Gesamtguts.[34]

......, Rechtspfleger

---

[29] Die Frist zur Ablehnung der Fortsetzung beginnt erst mit dem Zeitpunkt, da der überlebende Ehegatte weiß, dass die fortgesetzte Gütergemeinschaft durch den Tod seines Ehegatten eingetreten ist (BGH Rpfleger 1960, 334).

[30] Nichtzutreffendes streichen.

[31] KG OLGZ 26, 312.

[32] Anzugeben, auch wenn Zeugnis nach dem Tod des überlebenden Ehegatten ausgestellt wird.

[33] Hier ist anzugeben, ob die Gütergemeinschaft auf Vertrag oder, was bei den vor dem Inkrafttreten des BGB geschlossenen Ehen vorkommt, auf Gesetz beruht. Der Ehevertrag ist nach Zeit und Ort der Errichtung zu bezeichnen.

[34] Angabe nur, falls einseitige erbberechtigte Abkömmlinge vorhanden sind. Im Übrigen erfolgt keine Angabe der Größe des Anteils der Beteiligten am Gesamtgut der Gütergemeinschaft.

> *Verfügung*   **33**
> I. Zeugnisausfertigung sowie Urkunden...... nach Fertigung eines Auszugs per Einschreiben senden an:......
> II. Beglaubigte Abschrift an Finanzamt,[35] Grundbuchamt –
> III. Zur Gebührenbewertung, Gesamtgut Reinwert...... EUR.
> IV. Weglegen.

Es wird folgende Fassung vorgeschlagen: **34**

> Es wird bescheinigt, dass das Gesamtgut der Gütergemeinschaft, die zwischen dem am...... verstorbenen...... und seiner Ehefrau bestanden hat, auf die fortgesetzte Gütergemeinschaft übergegangen ist, die zwischen der Ehefrau und den gemeinschaftlichen Kindern...... eingetreten ist.

Das erteilte Zeugnis kann berichtigt oder ergänzt werden, falls nach Ausstellung Ver- **35** änderungen eintreten, die es unrichtig machen.[36] Zum Beispiel lautet der Vermerk:

> Der Abkömmling...... ist am...... in...... verstorben. Ab diesem Zeitpunkt wird die Gütergemeinschaft nur mehr mit den Abkömmlingen...... fortgesetzt.
> Der (einzige) letzte anteilsberechtigte Abkömmling...... ist am...... in...... verstorben. Damit ist die Vereinigung des gesamten gütergemeinschaftlichen Vermögens in der Hand des Überlebenden eingetreten.

Dieser Vermerk kann wieder gestrichen werden, falls sich seine Unrichtigkeit ergibt.[37] Ist **36** das Zeugnis von Anfang an unrichtig erteilt, so ist es entsprechend den Bestimmungen über den Erbschein einzuziehen, evtl. für kraftlos zu erklären.[38] Es kann auch ergänzt oder berichtigt werden.

Mit **Beendigung der fortgesetzten Gütergemeinschaft** wird das erteilte Zeugnis **37** von selbst kraftlos. Eine „Einziehung" oder Kraftloserklärung iSv § 2361 BGB findet daher nicht statt. Jedoch ist das Zeugnis aus dem Verkehr zu ziehen und vom Nachlassgericht zum Akt zurückzufordern.

IV. Zeugnisse nach § 16 Reichsschuldbuchgesetz,[39] BSchuWG, Landesschuldbüchern

§ 16 ReichsschuldbuchG idF v. 31.5.1910, RGBl. I 840, später (s. VO v. 13.12.1949, **38** BGBl. 1950 1) BundesschuldbuchG. Gesetz zur Regelung des Schuldenwesens des Bundes (BSchuWG) vom 12.7.2006 (BGBl. I 1466). Zum Landesrecht s. Art. 97 EGBGB sowie die in Staudinger/*Mayer* Art. 97 EGBGB hierzu in Rn. 16 ff. aufgeführten Landesgesetze. Für Bayern s. Art. 3 Bay StaatsschuldbuchG idF der Bek. v. 30.3.2003. vgl. ferner Art. 39 Abs. 2 bayAGGVG (Umschreibung von Staatsschuldverschreibungen – Zuständigkeit des Notars unter bestimmten Voraussetzungen).

Diese Zeugnisse genießen weder öffentlichen Glauben noch begründen sie eine Rechtsvermutung. Zum öffentlichen Glauben des Bundesschuldbuchs siehe § 8 Bundesschulden-

---

[35] S. MiZi XVII Nr. 2.
[36] BayObLGZ 1954, 79; *Bergerfurth,* Behandlung unrichtiger Zeugnisse über die Fortsetzung der Gütergemeinschaft, NJW 1956, 1506 hält hier Einziehung iSv § 2361 BGB für erforderlich.
[37] BayObLGZ 1954, 79 (82).
[38] Zustimmend BayObLGZ 1954, 79 (82). Zuständig hierfür ist der Richter (§ 16 Abs. 1 Nr. 7 RPflG, sofern nicht durch Landesgesetz gemäß § 19 Abs. 1 Nr. 5 RPflG der Rechtspfleger zuständig ist).
[39] Zuständig zur Erteilung ist der Rechtspfleger (§ 3 Nr. 2c RPflG).

wesengesetz (BSchuWG), auf den Art. 3 Bay Staatschuldbuchgesetz verweist. Art. 3 idF v. 30.3.2003 verweist nicht mehr auf das Reichsschuldbuchgesetz, sondern auf §§ 6–8 BSchuWG (§ 7 Abs. 5 regelt nur Bescheinigungen über den Inhalt des Schuldbuchs). Die Erbscheinsvorschriften sind auf das Verfahren nicht anwendbar.[40] Grundlage der Bescheinigungen sind die Feststellungen gemäß § 26 FamFG. Beschränkungen, die dem Antragsteller auferlegt sind, wie zB Nacherbfolge, sind zu beachten.[41] Zur Ausstellung der Bescheinigung ist auch der Notar, der die Auseinandersetzung bewirkt hat, in Bayern zuständig (Art. 39 Abs. 2 BayAGGVG).

39

> **Muster: Bescheinigung nach (Reichs-) BundesschuldbuchG[42]**
> *Bescheinigung*
> Der am (Datum) in München verstorbene Erblasser (Name) aus München ist von seiner Ehefrau (Name), in (Anschrift) sowie seinen 3 Söhnen
> (Name, Anschrift),
> (Name, Anschrift),
> (Name, Anschrift),
> zu je 1/4 beerbt worden.
> Die Erben sind befugt, gemeinschaftlich über die im Staatsschuldbuch unter Nr.......
> zugunsten des Erblassers eingetragene Forderung in Höhe von...... zu verfügen.
> ......, Rechtspfleger

V. Landesrechtliche Zeugnisse

40 In der Praxis kommen sie kaum mehr vor.[43] Dazu in der 8. Auflage S. 310.

VI. Überweisungszeugnisse (§§ 36, 37 GBO)[44]

41 Gegenüber dem **Grundbuchamt** ist die Erbfolge (Nacherbfolge) grundsätzlich durch **Erbschein** nachzuweisen (§ 35 Abs. 1 s. 1 GBO), der in Urschrift oder Ausfertigung vorzulegen ist. Gemäß § 35 Abs. 1 S. 2 Hs. 1 GBO genügt jedoch auch die Vorlage einer **öffentlich beurkundeten Verfügung von Todes wegen und das Eröffnungsprotokoll** des Nachlassgerichts, es sei denn, es liegen ernsthafte Zweifel vor. Beim **Hoferben** ist auch ein Nachweis der **Wirtschaftsfähigkeit des Hoferben** erforderlich, der durch feststellende Entscheidung der Landwirtschaftsbehörde erbracht werden kann. Zur Eintragung genügt jedoch die **Feststellung des Hoferben** nach § 11 Abs. 1 lit. g HöfeVfO.

42 Ein dem Erbschein verwandtes Zeugnis stellt das sogenannte **Überweisungszeugnis** (Auseinandersetzungszeugnis) **gemäß den §§ 36, 37 GBO** dar. Das Zeugnis dient der Erleichterung der grundbuchmäßigen Durchführung der **Auseinandersetzung einer Erben- oder Gütergemeinschaft;** die bisher gewährten Kostenvorteile (§§ 111, 49 KostO) sind durch das GNotKG (Nr. 12210, Vorbem. 1.2.2 KV) beseitigt. Es bezeugt die Rechtsnachfolge in einzelne Grundstücke, Erbbaurechte, Hypotheken, Grund- oder bezeugt nicht nur die Rentenschulden, die zu einem Nachlass oder zum Gesamtgut einer ehelichen oder fortgesetzten Gütergemeinschaft gehören, sondern auch das Vorliegen der Eintragungsunterlagen für die Grundbuchumschreibung.

---

[40] KGJ 45, 154.
[41] RJA 15, 19; KGJ 45, 154.
[42] Soweit Landesschuldbuchgesetze noch auf das Reichsschuldbuchgesetz verweisen.
[43] Näher hierzu *Brand/Kleeff* § 144 Anhang.
[44] Zuständig für die Ausstellung der Zeugnisse ist nach § 16 Abs. 1 Nr. 6 RPflG grundsätzlich der Richter. Beachte jedoch § 19 Abs. 1 S. 1 Nr. 5 RPflgG mit der Möglichkeit der Übertragung auf den Rechtspfleger. Beachte dazu auch § 16 Abs. 2.

Das Überweisungszeugnis ist nicht durch die vorhergehende Erteilung eines Erbscheins **43** oder Zeugnisses über die Fortsetzung der Gütergemeinschaft bedingt, sondern ersetzt diese. Es ist nur zulässig, falls neben der Rechtsnachfolge (Erbgang) der Übergang des Rechtes der Gesamthandsgemeinschaft auf einen oder mehrere der Beteiligten (nicht Dritte) erfolgt, nicht jedoch, wenn die Gesamthandsgemeinschaft als solche eingetragen werden soll.

Handelt es sich um die Auseinandersetzung eines **Nachlasses,** zu dem das Grundstück **44** oder das Erbbaurecht gehört, so ist das **Nachlassgericht** (auch wenn es die Auseinandersetzung nach §§ 363 ff. FamFG nicht vermittelt hat) zuständig (§ 36 Abs. 1 Nr. 1 GBO nF). Gehört ein Anteil an dem Gesamtgut zu einem Nachlass, ist das nach § 343 FamFG zuständige **Amtsgericht** für die Erteilung des Zeugnisses zuständig§ 36 Abs. 1 Nr. 2 GBO nF). Im Übrigen ist das nach § 122 FamFG zuständige **Amtsgericht** zuständig (§ 36 Abs. 1 Nr. 3 GBO nF).[45] Ist ein Erbschein über das Erbrecht sämtlicher Erben oder ein Zeugnis über die Fortsetzung der Gütergemeinschaft erteilt, ist auch der **Notar,** der die Auseinandersetzung vermittelt hat, für die Erteilung des Zeugnisses nach § 36 Abs. 1 Satz 1 GBO zuständig (§ 36 Abs. 2a GBO nF).

Vor Erteilung des Zeugnisses ist zu prüfen, ob die Erbfolge bzw. Gütergemeinschaft, **45** sowie notwendige Rechtsänderungserklärungen (diese in der Form des § 29 GBO; etwa notarielle Auflassungs- und Einigungserklärung eines Grundstücks; schriftliche Erbauseinandersetzung, auch Teilauseinandersetzung)[46] nachgewiesen sind; § 20 GBO ist zu beachten. Insbesondere ist auch die Vertretungsmacht der Beteiligten sowie das Vorliegen einer etwa nötigen vormundschaftsgerichtlichen Genehmigung festzustellen. Geht ein gerichtliches Auseinandersetzungsverfahren voraus, so muss die Rechtskraft des Bestätigungsbeschlusses vorliegen.

Der Wortlaut des Zeugnisses hat die Rechtsnachfolge (Erbfolge bzw. Bestehen der **46** Gütergemeinschaft und der daran Beteiligten) sowie die Abgabe der zur Eintragung des Rechtsübergangs erforderlichen Erklärungen (zB Auflassung und Eintragungsbewilligung – Erbbaurechtsübertragungserklärung) zu bezeugen. Ein **Nacherben- und Testamentsvollstreckervermerk ist aufzunehmen.**

Muster: Zeugnis bei Nachlassauseinandersetzung
(§ 36 GBO)   **47**
Der am (Datum) in (Ort) verstorbene Erblasser (Name) aus (Anschrift) ist von seiner Ehefrau (Name), geboren am (Datum), in (Ort) sowie seinen drei Söhnen:

a) (Name des Kindes), geboren am (Datum) in (Ort)
b) (Name des Kindes), geboren am (Datum) in (Ort)
c) a) (Name des Kindes), geboren am (Datum) in (Ort)

zu je $^1/_4$ beerbt worden.
Die Erben haben das Grundstück (Ort) Bd. v. Bl. Nr. 10 dem (Name des Kindes) aufgelassen und dessen Eintragung bewilligt.

---

[45] In Bayern ist neben Nachlassgericht bzw. AG auch der Notar zuständig, wenn er die Auseinandersetzung vermittelt hat. Voraussetzung ist, dass das Nachlassgericht einen Erbschein über das Erbrecht sämtlicher Erben oder ein Zeugnis über die Fortsetzung der Gütergemeinschaft erteilt hat (Art. 39 AGGVG, Art. 147 EGBGB, § 20 Abs. 5 BNotO). Auch bei Auseinandersetzung im Wege des Erbteilungsvertrages. Nicht, soweit Umschreibung des Eigentums oder Erbbaurechts in Betracht steht.

[46] Form gewahrt, falls NachlG oder AuseinandersG im Rahmen eines Vermittlungsverfahrens die Erklärungen beurkundet haben – dazu *Zimmermann* Rpfleger 1970, 189 (195).

48

Muster: Zeugnis bei Übertragung eines Erbanteils

§ 36 GBO)

Der am (Datum) in München verstorbene Erblasser (Name) aus (Anschrift) ist von seiner Ehefrau (Name), geboren am (Datum), in (Ort) sowie seinen drei Söhnen:

a) (Name des Kindes), geboren am (Datum) in (Ort)

b) (Name des Kindes), geboren am (Datum) in (Ort)

c) a) (Name des Kindes), geboren am (Datum) in (Ort)

zu je $1/4$ beerbt worden.

(Namen des oder der Kinder) hat/ haben seinen/ihre Anteile an dem Nachlass auf die Witwe (Name), wie oben, übertragen und entsprechende Berichtigung des Grundbuchs für (Ort) Bd. v. Bl. Nr. 10 bewilligt.

49

Muster: Zeugnis bei fortgesetzter Gütergemeinschaft

(§ 36 GBO)

Zwischen der Witwe (Name), geboren am (Datum), in (Ort) sowie ihren ehelichen Abkömmlingen:

a) (Name des Kindes), geboren am (Datum) in (Ort)

b) (Name des Kindes), geboren am (Datum) in (Ort)

c) a) (Name des Kindes), geboren am (Datum) in (Ort)

hat bisher fortgesetzte Gütergemeinschaft bestanden. Bei der nach deren Beendigung erfolgten Auseinandersetzung des Gesamtguts haben die an der Gütergemeinschaft Beteiligten das im Grundbuch von (Ort) Bd. VI Bl. Nr. 987 eingetragene Anwesen HsNr. 7 in (Ort) an (Name) aufgelassen und dessen Eintragung bewilligt.

50

Muster: Zeugnis für Umschreibung auf neuen Hypothekengläubiger

(§ 37 GBO)

Der am (Datum) in München verstorbene Erblasser (Name) aus (Ort) ist von seiner Ehefrau (Name), geboren am (Datum), in (Ort) sowie seinen drei Söhnen:

(Name, Anschrift),

(Name, Anschrift),

(Name, Anschrift),

zu je $1/4$ beerbt worden.

Die Erben haben bewilligt, dass der Miterbe (Name, Anschrift) als neuer Gläubiger der im Grundbuch für Erding Bd. VI Bl. 807 Abt III Nr. 6/II für den Erblasser eingetragenen Hypothek von (…) EUR und der Zinsen vom (Datum) an eingetragen wird.

Die Fassung kann bei Übertragung einer Buch- und Briefhypothek verwendet werden.

51 Das Überweisungszeugnis genießt **keinen öffentlichen Glauben,** wohl aber für den Grundbuchverkehr die Rechtsvermutung der Richtigkeit des in ihm beurkundeten Inhalts. Im Falle der Unrichtigkeit erfolgt Einziehung und Kraftloserklärung in entsprechender Anwendung des § 2361 BGB (zuständig ist der Rechtspfleger, der Richter nur in den Fällen des § 16 Abs. 1 Nr. 7 RPflG, beachte jedoch § 19 Abs. 1 S. 1 Nr. 5 RPflG). Diese Maßnahmen sind jedoch nicht zulässig, wenn auf Grund eines Überweisungszeugnisses bereits eine Eintragung im Grundbuch erfolgte oder ein Dritter außerhalb des Grundbuchs gutgläubig erworben hat. Sonstige Eintragungsvoraussetzungen (Voreintragung des Betroffenen und die Verlegung des Briefes nach §§ 39, 40, 41, 42 GBO werden durch §§ 36, 37 GBO nicht berührt.

VII. Besondere Fälle

1. Heimstätten

Die Erbfolge in eine Heimstätte (zum Begriff: § 1 Abs. 1 RHeimstG) richtete sich bis **52** 1.10.1993 nach dem Reichsheimstättengesetz v. 10.5.1920 idF v. 25.11.1937 (RGBl. I 1291) iVm AVO v. 19.7.1940 (RGBl. I 1027 f.).[47] Auf die Erbfälle vor dem 1.10.1993 sind die zum RHeimstG ergangenen Vorschriften der Verordnung zur Ausführung des RHeimstG weiter anzuwenden (§ 4 des Aufhebungsgesetzes). Es empfiehlt sich, Testamente und Erbverträge anzupassen. Für die Altfälle vgl. 7. Auflage Rn. 4.389 ff. Das Nachlassgericht erteilt auch jetzt noch das Heimstättenfolgezeugnis (§ 29 AVO RHeimStG), wenn dafür ein Rechtsschutzbedürfnis besteht.[48]

2. Erbhöfe und sonstige Höfe[49]

Das KRG Nr. 45 Art. 1 (inzwischen ab 1.1.1962 mit Ausnahme der Übergangsvorschrift **53** in Art. XII 2 durch § 39 III GrdStVG außer Kraft gesetzt – jedoch bleiben die durch Art. II wieder in Kraft gesetzten Anerben- und Höfegesetze davon unberührt) setzte das gesamte Reichserbhofrecht ab 24.4.1947 außer Kraft und verschaffte den am 1.1.1933 in Geltung gewesenen Anerben-Höfegesetzen neue Wirksamkeit.[50]

KRG Nr. 45 Art. XI ermächtigte zum Erlass neuer Vorschriften. Von dieser Befugnis **54** wurde durch die Befehlshaber der amerikanischen, französischen und sowjetischen Zone kein Gebrauch gemacht. Eine Übersicht über die in der Bundesrepublik Deutschland heute geltenden höferechtlichen Gesetze gibt Leipold.[51]

In **Bayern** (ebenso in **Berlin, Saarland** und den **neuen Bundesländern**) unterstehen Erbfälle seit 24.4.1947 lediglich dem Recht des BGB und §§ 13 ff. GrdstVG.[52]

Für Baden-Württemberg waren für die drei Landesteile landesrechtliche Bestimmungen zu beachten. Während die **ehemals württembergischen Anerbenrechte** (Stuttgart, Karlsruhe, Tübingen) mit Ablauf des 31.12.2000 **außer Kraft gesetzt** wurden, blieb das Badische Hofgütergesetz v. 20.8.1898, zuletzt geändert am 19.11.1991 bestehen. Das Württembergische Gesetz über das Anerbenrecht vom 14.2.1930 bleibt übergangsweise auch für spätere Erbfälle in Kraft, wenn der Erblasser vor dem 1.1.1930 geboren war. Für das ehemalige (Süd-)**Baden (Regierungsbezirk Freiburg)** behielt das badische[53] Hofgütergesetz v. 20.8.1898 (wieder eingeführt durch G v. 12.7.1949 idF v. 19.11.1991) Geltung. Diesem Gesetz unterliegen aber nur die Hofgüter, deren Bestand und Umfang eingetragen worden sind (§ 1 BadHofgüterG). Mangels einer Regelung für die Erteilung eines Hoffolgezeugnisses kann aber nur ein Erbschein erteilt werden.

---

[47] Dazu *Wormit/Ehrenforth*, Reichsheimstättengesetz; *Woesner*, Beerbung des Heimstätters und Heimstättenfolgezeugnis, SchlHAnz 1959, 118; *Westphal* Rpfleger 1981, 129; BayObLGZ 1967, 40 (130); OLG Hamm Rpfleger 1973, 360. Für Bayern s. auch VO v. 24.10.1933, GVBl., 421. Mitteilungspflicht: MiZi 2. Teil XVII Nr. 6. Mit Gesetz vom 17.6.1993 (BGBl. I 912) wurde das RHeimstG samt den erbrechtlichen Vorschriften aufgehoben.

[48] MüKo/*Grziwotz* § 2353 Rn. 173.

[49] Dazu *Lange/Wulff/Lüdtke-Handjery*, Höfeordnung, 11. Auflage 2015; Staudinger/*Herzog* Rn. 74–111 Einl. zu § 2353; *Pikalo*, Zur Problematik des Ehegattenhofs im Anerbenrecht, DNotZ 1965, 649 (709); *Schwede*, Änderung der Höfe-Ordnung, RdL 1974, 38; *Steffen*, Neues Höferecht, RdL 1976, 57; *ders.* Hoferbenbestimmung beim Ehegattenhof, RdL 1978, 116; *ders.* Erteilung von Hoffolgezeugnissen, RdL 1977, 113; MAH ErbR/*Stenger* 2007, § 43; BeckFormB ErbR/*Ivo* 2007, G. X; *Müller-Feldhammer*, Das Ertragswertverfahren bei der Hofübergabe, ZEV 1995, 161. Gesetzestexte geben *Lange/Wulff/Lüdtke-Handjery* (auch zu Ostdeutschland) Höfeordnung, 11. Auflage 2015.

[50] Für BrZ s. Übersicht in Anlage A der MRVO Nr. 84.

[51] MükoBGB ErbR/*Leipold* Einl. 146 ff.

[52] OLG München Rpfleger 1981, 103 mAnm von *Steffen*.

[53] Dazu *Liesenborgs*, Das Höferecht in BaWü, AgrarR 1974, 310; *Kreuzer*, Das gesetzliche Anerbenrecht Südwestdeutschlands und der nordwestdeutschen HöfeO, AgrarR 1977 Beil. I, 12.

In **Rhld-Pf** gelten die Höfeordnung und LVO über die Höferolle, jedoch nur für die land- und forstwirtschaftlichen Betriebe, die in die Höferolle eingetragen sind (sonst BGB und GrdstVG);[54] für **Hessen** gilt die Hess Landesgüterordnung;[55] in **Bremen** ist das HöfeG mit Ablauf des 31.12.2009 außer Kraft getreten (§ 32 Bremisches HöfeG).

55   In der ehemaligen britischen Zone **(Niedersachsen, Nordrhein-Westfalen, Schleswig-Holstein, Hamburg)**[56] **gilt** die Regelung nach der MRVO Nr. 84 (ABl f. d. brZ 47, 500) nebst Anlagen (**HöfeO v.** 24.4.1947 – heute ab 1.7.1976 – idF v. 26.7.1976 BGBl. 1933 I) sowie der LVO v. 2.12.1947 (VOB brZ 1947, 157) – heute (seit 1.7.1976) ersetzt durch die **HöfeVfO v.** 29.3.1976 BGBl. I 885. Beachte dazu § 39 Abs. 2 Nr. 1 GrdStVG. Dieses Recht ist partielles Bundesrecht. Das **Landwirtschaftsgericht** ist hiernach zur Erteilung, Einziehung oder Kraftloserklärung von Erbscheinen und Hoffolgezeugnissen bei Nachlässen, in denen sich ein Hof befindet, zuständig.

56   In der ganzen Bundesrepublik Deutschland ist das Gesetz über das gerichtliche Verfahren in Landwirtschaftssachen (LwVG)[57] zu beachten. Es bringt ergänzende und auch für künftige Landesgesetze einschränkende Vorschriften. Von der in § 20 Abs. 3 LwVG für das Landesrecht vorgesehenen Ermächtigung, für das Erbscheinsverfahren in gewissem Umfang eine **Sonderregelung** zu treffen, hat **Niedersachsen**[58] in seinem AusfG zum LwVG Gebrauch gemacht,[59] in **Nordrhein-Westfalen** beachte §§ 2, 3 AG LwVG,[60] in **Hamburg** das AG v. 6.12.1956.

57   In den **neuen Bundesländern** ist die HöfeO nach Art. 8 Einigungsvertrag nicht in Kraft getreten, es gilt das BGB (Art. 8 iVm Anlage I Kap. III Sg B Abschn II Einigungsvertrag; Art. 230, 235 EGBGB).

Für Altfälle und Entschädigungsansprüche können die durch das Reichserbhofrecht außer Kraft, durch Art. II Kontrollratsgesetz Nr. 45 wieder in Kraft gesetzten und bis 1.1.1976 in Kraft gebliebenen **Anerbengesetze** im Gebiet der ehemaligen DDR von Bedeutung sein.

58   **Gehört zum Nachlass ein Hof,** so wird das Nachlassgericht vor Erteilung eines Erbscheins zuerst prüfen, in welchem Land der Hof liegt. Sodann wird es feststellen, welches Recht (BGB[61] – vor dem Reichserbhofrecht geltendes landesrechtliches Anerbenrecht – Reichserbhofrecht – neu erlassenes landesrechtliches Höferecht) insoweit auf den Erbfall Anwendung findet. Art. 12 Abs. 2 KRG 45 ist zu beachten.[62] § 18 HöfeO verdrängt in seinem Anwendungsbereich die sachliche Zuständigkeit des Nachlassgerichts nach § 2353 BGB für den allgemeinen Erbschein und das Hoffolgezeugnis, auch für den auf das hoffreie Vermögen beschränkten Erbschein.[63] Hierfür ist **ausschließlich das Landwirtschaftsgericht** zuständig (§§ 18 Abs. 2 HöfeO, 1 Nr. 5, 12 Abs. 2 LwVG). **Örtlich** ist das Amtsgericht als Landwirtschaftsgericht im Bezirk der Hofstelle **zuständig** (§ 10 LwVG). Der durch ein unzuständiges Nachlassgericht erteilte Erbschein ist jedoch nicht richtig, sondern nur einzuziehen.[64]

---

54   Dazu *Pagenstecher,* Rheinland-Pfalz HöfeO novelliert, RdL 1967, 148.
55   Dazu *Weimann,* Agrarrecht, 1978, 188.
56   Dazu *Becker/Bändel,* Zur HöfeO, AgrarR 1978, 125 (155, 219); *Nordalm/Hötzel/Schulte,* Zweifelsfragen zum neuen Höferecht, AgrarR 1977, 51.
57   Dazu *Barnstedt/Steffen,* Gesetz über das gerichtliche Verfahren in Landwirtschaftssachen, 2005; BGH LM Nr. 1 zu § 18 HöfeO brZ.
58   *Wöhrmann* RdL 1956, 45.
59   Dazu auch Staudinger/*Herzog* Vorbem. 84 vor § 2353.
60   *Roemer* RdL 1961, 32.
61   Dazu *Schulte,* Wann vererbt sich der Hof nach allgemeinem Erbrecht?, DNotZ 1964, 601; 1965, 34; *Steffen,* Überleitung altrechtlicher Ehegatten-Erbhöfe, RdL 1977, 281; *Steffen,* Zum Erbschein über hoffreies Vermögen, RdL 1982, 164; *Herminghausen,* Testierfreiheit für hoffreies Vermögen, RdL 1979, 57 (113).
62   Vgl. KGLJ 43, 285; JFG 10, 75 (gilt jedoch nicht für westfälisches AnerbenG v. 2.7.1898).
63   BGHZ 104, 363 (367).
64   MüKo/*Grziwotz* § 2353 Rn. 152 mwN.

Fand auf die Hoffolge vor dem Reichserbhofrecht geltendes **landesrechtliches An-** 59
erbenrecht Anwendung, so war nach der Rspr. entweder ein allgemeiner Erbschein mit
Anerbenvermerk (folgendes Muster) oder lediglich ein *Anerbenschein* zu erteilen.[65] Ein
Teilerbschein über das hoffreie Vermögen ist zulässig.

Bei Anwendung von Reichserbhofrecht[66] ist zu beachten: Die Erteilung des Erb- 60
scheins obliegt dem **Nachlassgericht,** es sei denn, dass das Landesrecht eine andere
Regelung getroffen hat.

Zulässig sind:
Erbscheinsmuster nach Reichshoferbrecht siehe 10. Aufl. Rn.

Im Geltungsbereich der **HöfeO (der früheren brZ)** finden sich **Besonderheiten:**[67] 61
Soweit im Zeitpunkt des Erbfalles ein Hof im Sinne von § 1 HöfeO zum Nachlass
gehört und Ausstellung, Einziehung oder Kraftloserklärung eines allgemeinen oder eines
Teilerbscheins über hoffreies Vermögen oder ein Hoffolgezeugnis oder beides begehrt
wird, ist das **Landwirtschaftsgericht** im **Bezirk** des **Hofes** hierfür **ausschließlich
zuständig.**[68] Der Erbschein ist mit einer Begründung zu versehen,[69] er wird erst mit
Rechtskraft wirksam. Rechtsmittel gegen Erteilung wie Einziehung ist die befristete
Beschwerde (§§ 58 Abs. 1, 63 FamFG), über die das OLG entscheidet (§ 119 Abs. 1
Nr. 1 GVG).

Das Landwirtschaftsgericht (auch der Vorsitzende allein) entscheidet durch **begründe-
ten Beschluss,** in dem der zu erteilende Erbschein seinem Inhalt nach festgestellt wird.
Das Gericht kann nur antragsgemäß entscheiden oder aber den Antrag ablehnen. Der
Erbe muss wirtschaftsfähig sein (§ 6 Abs. 6 HöfeO). Im **Tenor** ist anzugeben, ob der
Hofnachfolger Anerbe nach Erbhofrecht oder Hoferbe nach Höferecht geworden ist. Im
Kopf oder in der Unterschrift ist zum Ausdruck zu bringen, dass das **Gericht als Landwirtschaftsgericht** entschieden hat. Der Beschluss ist den Beteiligten (nach deren recht-
lichem Gehör) mit **Rechtmittelbelehrung** zuzustellen. Die Besetzung des Landwirtschaftsgerichts mit landwirtschaftlichen Beisitzern (§ 2 LwVG) ist in den Ländern unterschiedlich geregelt.[70]

Zu unterscheiden ist zwischen der **Anordnung** der Erteilung und der **Erteilung**
selbst, dh die Aushändigung des Erbscheins. Der Anordnungsbeschluss ist mit befristeter
Beschwerde anfechtbar (§ 58 ff. FamFG). Über die Beschwerde entscheidet das OLG,
über die Rechtsbeschwerde gegen die Entscheidung des OLG entscheidet der BGH,
§§ 70 ff. FamFG. Die Entscheidung wird erst mit Rechtskraft wirksam (§ 30 Abs. 1
LwVG). Nach Rechtskraft wird das Hoffolgezeugnis (Anerbenbescheinigung) ausgehändigt. Dies kann auch dadurch geschehen, dass dem Antragsteller lediglich eine mit
Rechtskraftbescheinigung versehene Ausfertigung des Beschlusses (ohne Gründe) ausgehändigt wird.

---

[65] Dazu lehrreich BayObLGZ 1961, 289. Zur Auslegung und Umdeutung alter Vfgen von Todes wegen s. OLG Stuttgart Rpfleger 1962, 442.
[66] Dazu *Haegele,* Heute noch Wissenswertes vom früheren Reichserbhofrecht, BWNotZ 1965, 269.
[67] S. dazu BGH NJW 1953, 700; *Herminghausen,* Zur Beurkundung letztwilliger Verfügungen bei Höfen, DNotZ 1960, 100; *Höfen* RdL 1979, 57 (113); *Steffen,* Erteilung von Hoffolgezeugnissen, RdL 1977, 113; *Steffen,* Zum Erbschein über hoffreies Vermögen, RdL 1982, 164.
[68] Lüdtke-Handjery/von Jeinsen/*Brinkmann* § 18 Rn. 9; NK-Nachfolgerecht/*Graß* § 18 HöfeO Rn. 1 ff.
[69] Vorgeschrieben ist eine Begründung grundsätzlich in § 38 Abs. 1 und 3 FamFG. In den Ländern *Nord-rhein-Westfalen, Niedersachsen* und *Schleswig-Holstein* wird auf eine Begründung verzichtet bei Erteilung oder Kraftloserklärung des Erbscheins. S. auch BGH NJW 1953 700.
[70] S. näher MüKoBGB/*Grziwotz* § 2353 Rn. 154; Keidel/*Zimmermann* § 343 Rn. 21 ff., 27.

62

Muster: Hoffolgezeugnis (Anerbenbescheinigung) nach HöfeO

In Sachen

......

vertreten durch Notar......

erlässt das LwG......

gegenwärtig

...... als Vorsitzender

...... als landwirtschaftlicher Beisitzer

...... als landwirtschaftlicher Beisitzer

in der Sitzung vom......

Beschluss

Bewilligt wird die Erteilung eines gemeinschaftlichen Erbscheins sowie eines Erbfolgezeugnisses mit folgendem Inhalt:

Der am (Datum) in (Ort) verstorbene Bauer (Name) ist von seinen 3 Kindern

a) Name des Kindes, Geburtsdatum

b) Name des Kindes, Geburtsdatum

c) Name des Kindes, Geburtsdatum

zu je $^1/_3$

beerbt worden.

Hoferbe nach Höferecht des im Grundbuch von...... verzeichneten Hofes ist der oben genannte Sohn (Name des Kindes, Geburtsdatum).

Die Kosten des Verfahrens trägt der Sohn (Name des Kindes, Geburtsdatum) als Antragsteller.

Geschäftswert:......

Gründe

Der Erblasser war Eigentümer einer landwirtschaftlichen Besitzung in Größe von (…) ha, die als Erbhof in der Erbhöferolle eingetragen war und jetzt ein Hof im Sinne der Höfeordnung ist.

Aus der einzigen Ehe des Erblassers mit der am (Datum) vorverstorbenen (Name der Ehefrau) gingen die oben aufgeführten Kinder hervor, die gesetzliche Erben zu je 1/3 sind. Der Wert des Nachlasses beträgt nach Abzug der Verbindlichkeiten (…) Euro.

Zum Nachlass gehört der im Grundbuch von (Datum) verzeichnete Hof. Hoferbe ist der Sohn (Name) als ältester Erbe, §§ 5 Abs. 1, 6 Abs. 1 HöfeO. Im Bezirk des AG (Ort), in dem der Hof liegt, ist Ältestenrecht Brauch. Gegen die Wirtschaftsfähigkeit von (Name des Hoferben) bestehen nach Auskunft der Lw-Kammer vom (Datum) keine Bedenken. (Name des Hoferben) ist auf dem Hof aufgewachsen und arbeitet dort mit.

Die Miterben haben gegen den Antrag keine Einwendungen erhoben.

Kosten: Nr. 12210 ff. KV-GNotKG

Gegen diesen Beschluss kann innerhalb von 1 Monat seit Zustellung schriftlich oder zur Niederschrift des UrkBdGeschSt beim Amtsgericht –Landwirtschaftsgericht- Beschwerde eingelegt werden.

......, Richter am Amtsgericht

63

Verfügung

I. Beschluss in Ausfertigung zustellen an Notar...... als Vertreter des Antragstellers sowie Ludwig und Marie Meier.

II. WV 6 Wochen (Rechtskraftanfragen).

......, Richter am Amtsgericht

Ein **Hoferbenfeststellungsbeschluss** nach § 11 Abs. 1g HöfeVfO genügt dem GBA **64** zum Nachweis der Erbfolge.[71] Zur Ausstellung und Einziehung eines **Testamentsvollstreckerzeugnisses** ist das **Nachlassgericht** zuständig.[72] Zur Ausstellung eines **Zeugnisses über die Fortsetzung der Gütergemeinschaft** ist das Landwirtschaftsgericht zuständig.[73]

In **Niedersachsen, Nordrhein-Westfalen und Hamburg** kann das Landwirtschafts- **65** gericht ohne Zuziehung von landwirtschaftlichen Beisitzern entscheiden.[74]

Rechtsmittel: Befristete Beschwerde und Rechtsbeschwerde nach FamFG.

Weitere Tenorierungen: **66**

Muster: Erteilung eines Erbscheins bei einem verwaisten Hof (§ 10 HöfeO):
Der am (Datum) in (Ort) verstorbene (Name des Erblassers) ist von seiner Mutter (Name) allein beerbt worden. Dies gilt auch hinsichtlich des im Grundbuch von (Ort) eingetragenen Hofes. Ein Hoferbe ist nicht vorhanden.

Beispiele für Vor- und Nacherbschaft:[75]

Testamentarisch angeordnete Vorerbschaft:
Der am (Datum) in (Ort) verstorbene (Name des Erblassers) ist von seiner Witwe (Name) **67** als Vorerbin und zugleich Vorerbin nach Höferecht des im Grundbuch von...... eingetragenen Hofes...... allein beerbt worden.
Die Nacherbfolge tritt mit dem Tode der Witwe ein. Nacherben sind die drei Nichten des Erblassers A, B, C, weiterer Hoferbe ist der Bruder des Erblassers (Name des Bruders).

---

3. Fideikommisse und ähnliche Güter

Nach Reichsgesetz v. 6.7.1938 idF v. 4.12.1942, RGBl. I 675 (s. auch G v. 26.6.1935, **68** RGBl. I 785; DVO v. 24.8.1935, RGBl. 1103 nebst DVO v. 20.3.1939, RGBl. I 509) **erloschen allgemein mit 1.1.1939 die zu dieser Zeit noch bestehenden Familienfideikommisse** und dergleichen.[76] Dazu ist das Bundesgesetz v. 28.12.1950 BGBl. 820,[77] zu beachten, nach dessen § 4 durch Landesgesetz die bisher für Auflösung und Erlöschen der Fideikommisse usw erlassenen Vorschriften geändert, ergänzt oder aufgehoben werden können. **Das Fideikommissgericht** (OLG im 1. Rechtszug; kein Rechtsmittel) bescheinigt Folge nach Fideikommissrecht **(Folgezeugnis)** sowie das Bestehen oder Nichtbestehen eines Nacherbenrechts, das durch fideikommissrechtliche Bestimmung oder Anordnung begründet ist. Das Folgezeugnis hat die gleiche Funktion wie ein Erbschein, da es zwar keine Erbfolge aber eine Gesamtrechtsnachfolge bezeugt. Die Vorschriften für die

---

[71] OLG Hamm DNotZ 1962, 422; Unterschied zwischen Erbschein und Feststellungsbeschluss: Erbschein begründet nur widerlegbare Vermutung – Feststellungsbeschluss, der der materieller Rechtskraft fähig ist, führt zur bindenden Feststellung des endgültigen Hoferben. Der Gang beider Verfahren ist der gleiche.

[72] BGHZ 58, 105.

[73] HM, OLG Hamm RdL 1953, 224; OLG Köln RdL 1960, 42.

[74] §§ 5, 6 AGLwVG v. 19.12.1960 (NdsGVBl. 291); §§ 2, 3 AGLwVG v. 20.12.1960 (NRWGVBl. 462); Gesetz v. 6.12.1956, (HambSLR I 311-c idF v. 4.12.1990 (GVBl. 473)).

[75] Zur Problematik siehe OLG Oldenburg (Oldenburg) Senat für Landwirtschaftssachen BeckRS 2010, 27537 und OLG Hamm BeckRS 2007, 15114 (bei Eintritt der Nacherbfolge ist der Hof kein Hof im Sinne der HöfeO mehr). Zur Nacherbschaft und Höferecht bei Vorerbschaft nach früherem Recht s. *Herminghausen* DNotZ 1960, 345. S. weiter BGH RdL 1955, 84; OLG Celle NdsRpfl 1950, 71.

[76] Ausführlich hierzu Staudinger/*Mayer* Art. 59 EGBGB (dort Rn. 1: „Heute besteht daher nur noch ein Fideikommissauflösungsrecht, dessen praktische Bedeutung äußerst gering ist").

[77] IdF durch G v. 3.8.1967 BGBl. 839. Für BaWü s. G v. 21.11.1983 GBl. 693.

Erteilung eines Erbscheins sind deshalb entsprechend anwendbar. Das Fideikommissgericht erteilt auch den **Fideikommissauflösungsschein,** der deklaratorisch das Erlöschen der Fideikommisseigenschaft feststellt (§§ 11, 14 des G, § 39 DVO).[78] § 81 DVO enthält eine Bestimmung über die Wirksamkeit der Tätigkeit eines unzuständigen Nachlass- und Fideikommissgerichts (grundsätzlich wirksam).

---

[78] Dazu OLG Zweibrücken OLGZ 1981, 139.

§ 41 Die Sicherung des Nachlasses

Übersicht

	Rn.
I. Grundsätze – Zuständigkeit – Mitteilungspflichten	1
II. Sicherungsfälle	8
1. Unklarheit über den Erben	8
2. Fürsorgebedürfnis	11
III. Sicherungsmittel	17
1. Die Anlegung von Siegeln, Entsiegelung	20
2. Die amtliche Inverwahrnahme	34
3. Die Aufnahme eines Nachlassverzeichnisses	45
a) Arten	46
b) Verfahren	47
IV. Die Nachlasspflegschaft	52
1. Arten	52
2. Die Sicherungspflegschaft des § 1960 BGB	53
a) Voraussetzung der Anordnung	54
b) Nachlasspflegschaft zur Ermittlung unbekannter Erben	55
c) Transmortale Vollmacht	56
d) Das Verhältnis zu anderen Verwaltungen:	57
e) Nachlassverwaltung	62
f) Testamentsvollstreckung	63
g) Nachlasspflegschaft und Ausländernachlass	64
3. Verfahren	66
4. Überwachung der Tätigkeit des Pflegers	80
5. Stellung des Pflegers, Aufgaben und Befugnisse	82
6. Aufgaben und Befugnisse des Pflegers in typischem Ablauf der Pflegschaft …	93
7. Ende der Pflegschaft	117
8. Vergütung des Nachlasspflegers	125
9. Die Erbauseinandersetzung	142
10. Aushändigung des Nachlasses	143
11. Klagepflegschaft (Nachlasspflegschaft auf Antrag)	144

I. Grundsätze – Zuständigkeit – Mitteilungspflichten

Wird dem Nachlassgericht der Tod einer Person durch Anzeige des Standesbeamten oder **1** sonst in zuverlässiger Weise bekannt, so hat sich das Gericht darüber schlüssig zu werden, ob zu einer amtlichen Fürsorge nach Maßgabe der §§ 1960–1962 BGB Anlass besteht. Erscheint der Tod nicht hinreichend nachgewiesen,[1] so ist von Amts wegen durch das örtlich zuständige Nachlassgericht (§ 343 Abs. 1 FamFG) eine Klärung darüber herbeizuführen, da das Gericht ja auch insoweit die Voraussetzungen seines Tätigwerdens zu prüfen und festzustellen hat.

Die gleichen Grundsätze gelten für das **Amtsgericht der Fürsorge gemäß § 344** **2** **Abs. 4 FamFG.** Danach ist jedes Amtsgericht (Abteilung Nachlassgericht), in dessen Bezirk das Bedürfnis der Fürsorge für die Sicherung des Nachlasses hervortritt, zur Vornahme der zur Sicherung des Nachlasses erforderlichen Maßnahmen (einschließlich Nachlasspflegschaft) zuständig. **Das Amtsgericht der Fürsorge wird dadurch nicht Nachlassgericht.** Es wird den Wirkungskreis des Nachlasspflegers auf die in seinem Bezirk wahrzunehmenden Angelegenheit beschränken, die das Bedürfnis der Fürsorge begrün-

---

[1] ZB Todesanzeige bzw. Sterbeurkunde liegen nicht vor.

den.[2] Die Nachlasspflegschaft auf Antrag eines Nachlassgläubigers gemäß § 1961 BGB ist **allein vom Nachlassgericht anzuordnen,** weil zu dieser Anordnung kein Fürsorgebedürfnis erforderlich ist.[3] Werden mehrere Amtsgerichte auf Grund des § 74 FamFG nebeneinander tätig, was zulässig ist, so findet § 2 Abs. 1 FamFG Anwendung, wenn die Maßnahmen sich überschneiden, wie zB bei Einleitung einer Nachlasspflegschaft. Das Fürsorgegericht kann seine Anordnungen gemäß § 48 Abs. 1 FamFG ändern. Die Maßnahmen stellen im Übrigen eine vorläufige Regelung dar und ergehen unter dem Vorbehalt einer abweichenden Regelung durch das Nachlassgericht. Dieses ist gemäß § 356 Abs. 2 FamFG von der angeordneten Maßregel zu verständigen

Für Nachlasssicherungsmaßnahmen ist grundsätzlich der **Rechtspfleger** zuständig (§ 3 Nr. 2c; § 35 Abs. 1, 3 RPflG). Allerdings ist bei einer Nachlasspflegschaft (wichtigstes Sicherungsmittel!) und Nachlassverwaltung nach einem ausländischen Erblasser der Richtervorbehalt des § 16 Nr. 1 RPflG zu beachten.

Von der Befugnis des Art. 147 EGBGB Gebrauch machend haben die Landesrechte vielfach nichtgerichtlichen Behörden (vorwiegend Gemeindebehörden) nachlassgerichtliche Verrichtungen insoweit übertragen als Sicherungsmaßregeln in Frage stehen. Die Befugnis zur Anordnung einer Nachlasspflegschaft ist jedoch in keinem Falle zugesprochen worden. Die Landesgesetze regeln die Zuständigkeit von Gerichtsvollziehern, Ordnungsbehörden und Polizei bei Maßnahmen Vermittlung der Nachlassauseinandersetzung und zur Nachlasssicherung wie Siegelung, Erstellung von Vermögensverzeichnissen oder notwendiger sonstiger Sicherungsmaßnahmen bei Gefahr im Verzug.[4]

3   Hervorzuheben ist die Regelung nach preuß. Recht. Hier kann das Amtsgericht den Dorf- oder Ortsgerichten die Ausführung auf Grund des § 1960 BGB angeordneter Maßnahmen übertragen. Selbständig können diese Maßregeln erlassen werden, wenn kein Amtsgericht an ihrem Amtssitze ist. Die Bestellung eines Nachlasspflegers ist jedoch unzulässig. Einzelheiten s. Art. 104–108, 118, 121, 128 prFGG. In einigen Ländern gelten noch Art. 21–24 prFGG.

Für NRW und Berlin beachte die bereinigten Fassungen.

Für BaWü S. §§ 40, 41 Abs. 5 LFGG (Gemeinde, Notar).

Für Bayern S. Art. 36 AGGVG (Gemeinde, Notar).

Für Niedersachsen S. Art. 11, 14, 15 Niedersächsisches FGG.

Nach § 3 Hamburg FGG idF v. 16.1.1989, § 5 Bremen AGFGG haben die Polizeibehörden bei Gefahr im Verzug die für die Sicherung des Nachlasses erforderlichen Maßregeln zu treffen und die angeordneten Maßregeln dem Nachlassgericht anzuzeigen.

In Hessen gilt die Regelung des § 16 OrtsgerichtsG. S. auch Art. 23, 85, 105 HessFGG. Hiernach ist der Ortsgerichtsvorsteher mit einem Schöffen, soweit ein Bedürfnis besteht, neben dem Amtsgericht für die in § 1960 BGB vorgesehene Nachlasssicherung zuständig. Zur Bestellung eines Nachlasspflegers ist er nicht befugt.

4   Die **Nachlasssicherung** ist grundsätzlich **Aufgabe** des Nachlassgerichts, ggf. der landesrechtlich hierfür zuständigen Stelle, nicht aber der **Polizei.** Wird diese, wie zB in Hamburg auf Grund § 29 AGFGG tätig, so übt sie insoweit eine nachlassbehördliche Funktion aus. Daneben verbleibt jedoch das allgemeine Recht der Polizei, zur Verhütung von Übertretungen der Strafgesetze und Abwehr von Gefahren tätig zu werden. Nur in Ausnahmefällen, zB bei gegenwärtiger Gefahr des Diebstahls oder der Veruntreuung von Nachlassgegenständen wird sie Schutzmaßnahmen bis zum Einschreiten des Nachlassgerichts treffen.

Die Fürsorgeverbände, die Ersatzansprüche gegen den Nachlass haben, sind zur Vornahme von Sicherungsmaßnahmen nicht befugt.

---

2   KG OLGZ 1965, 259.
3   OLG Hamm ZErb 2008, 209; aA OLG Düsseldorf JMBl NW 1954 83; Keidel/*Zimmermann* § 344 Rn. 15; offen gelassen OLG Frankfurt Rpfleger 1994, 67.
4   S. näher Staudinger/*Mayer* Art. 147 EGBGB Rn. 31 ff.

In der Regel erfährt das Nachlassgericht vom Todesfall durch eine Anzeige des Standes- 5 beamten. Eine bundesrechtliche Bestimmung, die diesem eine Verpflichtung auferlegt, fehlt. Landesrechtliche Vorschriften greifen ergänzend ein.

BaWü: § 39 LFGG. (Standesbeamte – AG hat rechtskräftige Todeserklärung sowie Feststellung der Todeszeit mitzuteilen).

Bayern: Art. 35 AGGVG (Anzeige an Amtsgericht, in dessen Bezirk der Standesbeamte seinen Amtssitz hat. Dieses leitet die Todesanzeige an das Nachlassgericht weiter.[5]

Hessen: § 14 OrtsgerichtsG (Anzeige an Ortsgerichtsvorsteher). Dieser erstattet dem Amtsgericht Sterbefallsanzeige. Dazu weiter § 19 OrtsgerichtsG (Anzeigepflicht des Standesbeamten am Amtsgericht des Wohnsitzes oder gewöhnlichen Aufenthalts).

Das preuß. Recht kennt keine Anzeigepflicht des Standesbeamten. Nach Art. 19 prFGG (für Hamburg vgl. § 3 HambFGG, Bremen § 5 AGFGG) sollen die Ortspolizeibehörden, sobald sie von einem Todesfall Kenntnis erhalten, bei welchem gerichtliche Maßnahmen zur Sicherung des Nachlasses angezeigt erscheinen können, dem Amtsgericht, in dessen Bezirk der Todesfall eingetreten ist, Mitteilung machen. Ist dieses Gericht nicht Nachlassgericht, so wird es prüfen, ob Sicherungsmaßnahmen erforderlich sind und die Anzeige unter Mitteilung der angeordneten Maßnahmen sodann an das Nachlassgericht weiterleiten. Eine Anzeigepflicht der Dorf- und Ortsgerichte kann sich aus Art. 105 Abs. 2, 122, 123 prFGG ergeben.

Eine **bundesrechtliche** Mitteilungspflicht der Todeserklärungsbeschlüsse an das Nach- 6 lassgericht besteht nicht. Das nach § 15 VerschG zuständige Amtsgericht verständigt das Standesamt I in Berlin zwecks Eintragung in das Buch für Todeserklärungen, vgl. § 33 PStG. § 41 AVO z PStG. Dazu auch MiZi 2. Teil, 3. Abschnitt XVI. In **Bayern** hat das Amtsgericht nach Art. 35 Abs. 3 AGGVG jede rechtskräftige Todeserklärung oder Feststellung der Todeszeit dem Nachlassgericht mitzuteilen. Einen Sterbefall außerhalb des Landes hat die Gemeinde, in der der Verstorbene seinen letzten Wohnsitz oder gewöhnlichen Aufenthalt hatte, dem Amtsgericht mitzuteilen, sobald der Tod amtlich bekannt wird.

Für **Württemberg** verleiche § 39 LFGG.

Die **Kosten** der Nachlasssicherung fallen dem Nachlass zur Last. Die Erben haften 7 lediglich wie für Nachlassverbindlichkeiten (§ 31 Abs. 2 GNotKG). War die Sicherung auf den Anteil eines Miterben beschränkt (Teilnachlasspflegschaft), so treffen diesen allein die Kosten.

II. Sicherungsfälle

1. Unklarheit über den Erben

Nach § 1960 Abs. 1 BGB findet eine **Fürsorge** des Nachlassgerichts nur in bestimmt 8 bezeichneten Fällen statt, nämlich,

- wenn der Erbe bekannt ist, die Erbschaft aber nicht angenommen hat;
- wenn der Erbe dem Nachlassgericht unbekannt ist, dh das Nachlassgericht keine Kenntnis hat, wer als Erbe berufen ist, was eine Tatfrage ist. Der Erbe gilt als bekannt, wenn für sein Erbrecht ein hoher Grad von Wahrscheinlichkeit vorliegt, volle Gewissheit kann nicht verlangt werden.[6] Ein „bloßer Zweifel" (im Gegensatz zu einem „erheblichen" oder „ernsten") an der Gültigkeit eines Testaments genügt nicht.[7] **Unbekannt ist der Erbe** jedoch zB, wenn ungewiss ist, ob ein Testament vorhanden ist; wenn mehrere Testamente

---

[5] Dazu auch BayJMBek v. 25.11.1980 JMBl 12. Muster für die Anzeige des Standesbeamten – Anlage zu der Bek. v. 20.11.1980 BayJMBl 13. Zu betonen ist der Hinweis, dass Angaben über die Staatsangehörigkeit in der Todesanzeige die Gerichte nicht von der Verpflichtung befreien, die Staatsangehörigkeit in eigener Verantwortung zu überprüfen. Die Angaben sind im Allgemeinen wenig zuverlässig. Zur registermäßigen Behandlung der Todesanzeigen s. JMBek v. 25.11.1980 (wie vor) Nr. 2.1–2.3.

[6] OLG Karlsruhe FamRZ 2010, 672.

[7] OLG Stuttgart BWNotZ 1978, 163.

vorliegen, aber ungewiss ist, welches davon gültig ist;[8] wenn die Erbfolge nur durch längere Ermittlungen geklärt werden kann; wenn mehrere bekannte Personen die Erbschaft angenommen haben, aber über das Erbrecht streiten;[9] wenn der Erbe zwar gezeugt, aber noch nicht geboren ist;[10] bei sonstiger Ungewissheit der Größe der Erbteile. Bei unbekanntem Aufenthalt des Erben kommt Bestellung eines Abwesenheitspflegers in Frage. Doch ist hier idR auch ein Vorgehen aus § 1960 BGB zulässig; **zur Aufhebung der Nachlasspflegschaft genügt die hohe Wahrscheinlichkeit, dass eine bestimmte Person Erbe geworden ist,** letzte Gewissheit ist nicht erforderlich.;[11]

9 • wenn ungewiss ist, ob der Erbe die Erbschaft angenommen hat. ZB wenn die Rechtswirksamkeit der Ausschlagung oder Anfechtung der Annahme zweifelhaft ist. Die Ungewissheit über die erforderliche staatliche Genehmigung zu einem wirksamen Erbschaftserwerb steht dem gleich.[12]

10 Nach Art. 140 EGBGB sind die landesgesetzlichen Vorschriften, nach denen das Nachlassgericht auch unter anderen als den in § 1960 Abs. 1 BGB bezeichneten Voraussetzungen die Anfertigung eines Nachlassverzeichnisses sowie bis zu dessen Vollendung, die erforderlichen Sicherungsmaßregeln, insbesondere die Anlegung von Siegeln, von Amts wegen anordnen kann oder soll, aufrechterhalten geblieben.[13]

2. Fürsorgebedürfnis

11 Dazu muss ein Bedürfnis zur Fürsorge des Nachlassgerichts kommen, zB der vorläufige bekannte Erbe kümmert sich nicht um den Nachlass (anders, wenn er den Nachlass ordnungsgemäß verwaltet und vertrauenswürdig ist).[14] Das **Nachlassgericht** entscheidet nach **pflichtgemäßem Ermessen** hierüber, ob ein Bedürfnis vorliegt. Für die Annahme einer Gefährdung müssen konkrete Anhaltspunkte vorliegen.[15] Maßgebend ist das Interesse des endgültigen Erben[16] (nicht der Nachlassgläubiger)[17] an der Sicherung und Erhaltung des Nachlasses. Der Schutz minderjähriger, entmündigter oder abwesender Erben ist besonders im Auge zu behalten. Besondere Beachtung verdient § 356 Abs. 1 FamFG, wonach bei einem Vermögenserwerb von über 15.000 EUR (§ 1640 Abs. 2 Nr. 1 BGB) durch den minderjährigen Erben das Vormundschaftsgericht zu benachrichtigen ist.[18]

Eine Nachlasssicherung wird sich vielfach erübrigen, wenn ein **Bevollmächtigter** mit Vollmacht, die über den Tod des Erblassers hinauswirkt, vorhanden ist.[19]

12 Hinzuweisen ist ferner auf die **Sorgepflicht** des **überlebenden Ehegatten** bei **beendeter Gütergemeinschaft** gemäß § 1472 Abs. 4 BGB, **der Eltern** in § 1698b BGB, **des Vormundes** in § 1893 BGB, **des Beauftragten** in § 672 BGB. Diese Personen haben bei Gefahr im Verzug weiter tätig zu sein. Auch § 4 Abs. 2 der inzwischen aufgehobenen **bay NachlO** ist hier zu erwähnen, der einen allgemeinen Gedanken ausspricht:

---

[8]   Dazu auch OLG Düsseldorf JR 1949, 354.
[9]   Schwebendes Erbscheinsverfahren genügt nicht, falls Erben schon feststehen, OLG Oldenburg Rechtspfleger 1966, 18; dazu auch BayObLGZ 1960, 405; 1962, 307.
[10] Auch falls Vater eines nichtehelichen Kindes vor Feststellung der Vaterschaft gestorben ist (nur noch für Altfälle) und bei ges. Erbfolge weder eine Ehefrau noch eheliche Abkömmlinge vorhanden (OLG Stuttgart NJW 1975, 880); *Knur* DB 1970, 1061.
[11] OLG München Rpfleger 2006, 17.
[12] KGJ 40 A 26.
[13] S. näher Staudinger/*Mayer* Art. 140 EGBGB.
[14] Staudinger/*Mešina* § 1960 Rn. 14; OLG Düsseldorf FamRZ 1998, 583 f.; s. auch OLG Karlsruhe/Freiburg FGPrax 2005, 32.
[15] LG Karlsruhe/Freiburg FGPrax 2005, 32.
[16] RGRK/*Johannsen* § 1960 A 2.
[17] So auch Palandt/*Weidlich* § 1960 Rn. 5.
[18] Haftungsgefahr, s. OLG München Rpfleger 2003, 657 mit Anm. *Bestelmeyer* sowie *Bestelmeyer* Rpfleger 2004, 679 (683).
[19] Einzelheiten s. BGH NJW 1969, 1245. *Kipp/Coing,* Erbrecht, § 61; *Kuchinke,* Das versprochene Bankguthaben auf den Todesfall und die zur Erfüllung des Versprechens erteilte Verfügungsvollmacht über den Tod hinaus, FamRZ 1984, 109 unter Stellungnahme zu BGHZ 87, 19.

„Die Sorge für den Nachlass wird regelmäßig unterbleiben können, wenn ein überlebender Ehegatte oder gemeinschaftliche Abkömmlinge als Erben berufen sind oder ein Testamentsvollstrecker die Verwaltung des Nachlasses übernommen hat. Deshalb allein, weil in der Person des Erben Gründe bestehen, die die Einleitung einer Vormundschaft für ihn selbst rechtfertigen, zB weil der Erbe minderjährig ist und beide Eltern gestorben sind, liegt ein Bedürfnis zur Sicherung des Nachlasses seitens des Nachlassgerichts regelmäßig nicht vor; in solchem Falle hat das Vormundschaftsgericht einen Vormund aufzustellen und die Fürsorge des Vormundes und des Vormundschaftsgerichts erstreckt sich auch auf den vom Bevormundeten angefallenen Nachlass."

Das Nachlassgericht stellt **von Amts wegen** das Vorliegen der Voraussetzungen fest. **13** Umfangreiche Ermittlungen sind im Hinblick auf die Eilbedürftigkeit des Verfahrens nicht angebracht. Läuft eine Todesanzeige ein, so prüft der Rechtspfleger sie daraufhin, ob eine Nachlasssicherung veranlasst ist. Bestehen Zweifel, so ist auf möglichst einfaches Vorgehen Wert zu legen. IdR genügt zunächst eine Formblattanfrage, falls nach der Todesanzeige Ehegatten, in der Nähe lebende volljährige Kinder, Eltern oder Geschwister vorhanden sind. Um eine unnötige Belästigung der Beteiligten zu vermeiden, ist von der Möglichkeit der Entsendung eines Sicherungsbeamten nur einschränkend Gebrauch zu machen. Der Erblasser kann die Vornahme von Sicherungsmaßregeln nicht verbieten.

Die Fürsorge des Nachlassgerichts soll lediglich in dem **Umfang** eintreten als dazu ein **14** Bedürfnis besteht. **Das Bedürfnis bestimmt somit den Umfang des gerichtlichen Einschreitens.** Liegen die Voraussetzungen des § 1960 BGB nur bei einem Teil der Erben vor, so kann beispielsweise Anordnung einer **Teilnachlasspflegschaft** in Frage kommen. Die Sicherungsmaßregeln können jedoch den ganzen Nachlass umfassen, falls nach der Natur der Maßregeln, wie zB bei einer Siegelung ihre Durchführung sonst nicht möglich ist.

Beim Tod von **Notaren** ist § 51 BNotO zu beachten.

Landesrechtliche Sonderbestimmungen bestehen für die Sicherung amtlicher Schrift- **15** stücke und amtlichen Vermögens beim Tode von **Beamten.**

Vgl. für Hessen Art. 23 FGG; Niedersachsen Art. 12 FGG; Preußen Art. 20 FGG.

Zur Mitteilungspflicht beim Auffinden amtlicher Akten oder sonstiger Sachen, deren Herausgabe von einer Behörde verlangt werden kann, S. XVII 3 MiZi.

Zur Sicherung des Nachlasses von **Seeleuten** S. § 76 Seemannsgesetz, eines **Schiffsreisenden** § 675 HGB (der **Kapitän** hat für den am Bord befindlichen Nachlass des Reisenden zu sorgen). Sind Angehörige an Bord, kann sich der Kapitän idR mit der Aufnahme des Verzeichnisses der an Bord befindlichen Gegenstände begnügen.

Die **internationale Zuständigkeit** des Nachlassgerichts zur Sicherung von **Ausländer- 16 nachlässen** ist nach § 105 FamFG gegeben.[20] Einschlägige Staatsverträge, die meist konsularische Mitwirkungsbefugnisse vorsehen, sind zu beachten. **Örtliche Zuständigkeit:** §§ 343 Abs. 1, 344 Abs. 4 FamFG. Voraussetzungen, Art. der Sicherungsmaßregeln und Verfahren bestimmen sich nach deutschem Recht.

III. Sicherungsmittel

Das Nachlassgericht ist in der Auswahl der Sicherungsmittel frei,[21] die Aufzählung in **17** § 1960 Abs. 2 BGB ist nicht erschöpfend.[22] Das Nachlassgericht kann

– Maßnahmen zur Auffindung von Testamenten[23] oder zur Ermittlung von Erben treffen;[24]
– Ermittlungen über den Bestand des Nachlasses vornehmen;[25]

---

[20] BGHZ 49, 1.
[21] Vgl. BayObLGZ 18 B 129.
[22] OLG Celle FamRZ 1959, 33 (34).
[23] RGZ 69, 271.
[24] Palandt/*Weidlich* § 1960 Rn. 2.
[25] OLG Celle FamRZ 1959, 33: Nachlassgericht gab Dritten (Gewahrsamsinhaber) auf, eine eidesstattliche Versicherung über Nachlassgegenstände abzugeben.

– den Verkauf verderblicher Waren oder die Bewachung eines Grundstücks anordnen.[26]
– eine Kontensperrung anordnen;
– Gelder freigeben.

Bei **Kleinnachlässen** kann die **Freigabe von Geldern** zur Begleichung von Nachlass-verbindlichkeiten anlässlich der Beerdigung und Grablegung (nach Vorlage von Rechnungen, belegen) sogar ein Erbscheinsverfahren ersparen.[27] Es ist auch sinnvoll, anzuordnen, vor Kontoauflösung genau bezeichnete Rechnungen vom Erblasserkonto zu überweisen, wenn die Kosten noch nicht verauslagt worden sind. Das Verfahren kann dann ohne weitere Ermittlungen oder gerichtliche Maßnahmen eingestellt werden, nachdem gemäß Nr. 12310 KV-GNotKG die Kosten (1/2 Gebühr) vom Beteiligten bar bei der Gerichtskasse beglichen werden (Interessenschuldnerhaftung gemäß § 23 GNotKG); damit erübrigt sich auch eine förmliche Sollstellung der Kosten. Kopien der Unterlagen sind zu den Akten zu nehmen. Im Ermessen des Gerichts steht es ferner, wie lange eine getroffene Maßnahme aufrechterhalten will.[28]

18 Die wichtigsten Mittel zur **Sicherung** des **Nachlasses** sind:
– die Anlegung von Siegeln (a));
– die amtliche Inverwahrnahme und Kontensperrung (b));
– die Aufnahme eines Nachlassverzeichnisses (c));
– die Anordnung einer Nachlasspflegschaft (d)).

19 Die Sicherungsmittel werden vom Nachlassgericht oder der insoweit nach Landesrecht an seine Stelle tretenden Behörde **angeordnet**, die **Ausführung** ist nach Landesrecht idR teils unterstellten Gerichtsorganen, teils anderen Behörden (zB Notar) übertragen.

1. Die Anlegung von Siegeln, Entsiegelung

20 Die **Anordnung** der Siegelung ist Aufgabe des Nachlassgerichts (Rechtspfleger)[29] bzw. der nach Landesrecht insoweit an seine Stelle tretenden Behörde (vgl. oben Grundsätze). Eine Bekanntmachung der Anordnung an die Beteiligten gemäß § 40 FamFG ist nicht erforderlich.

21 Die **Ausführung** der Siegelung (und Entsiegelung) kann der Nachlassrichter (Rechtspfleger) zwar selbst vornehmen, wird sie idR aber anderen Organen übertragen.[30] Maßgebend ist hierfür Landesrecht (Art. 140 EGBGB).[31]

BaWü: § 40 Abs. 2 LFGG; dazu AV v. 30.6.1975 Justiz 304.

Bayern: Art. 16, 36 AGGVG UrkBdGeschSt; Notar (Art. 36 AGGVG); Bürgermeister (falls Nachlass sich nicht in der Gemeinde befindet, in der das zuständige Amtsgericht seinen Sitz hat). In dringenden Fällen kann Bürgermeister auch selbst die Anlegung von Siegeln anordnen;

Hessen: auch Ortsgerichtsvorsteher, (s. § 16 Ortsgerichtsgesetz);

Niedersachsen: Übertragung an Notar durch Anordnung des Nachlassgerichts (Art. 13 FGG);

Preußen: UrkBdGeschSt (§ 70 AGGVG); Gerichtsvollzieher (§ 74 AGGVG). S. dazu § 129 GeschAnw v. 24.3.1914 JMBl 343; Art. 87 prFGG; Notar (§ 20 BNotO); Dorf- und Ortsgerichte (Art. 107, 122 prFGG). S. dazu Anweisung v. 20.12.1899 JMBl 806; v. 28.12.1899 JMBl 889. Für das ehemalige Land Preußen wurden durch Art. 79 AGBGB (GS 1899, 177) alle landesrechtlichen Sicherungsanordnungen aufgehoben. Zum Geltungsbereich bei den preußischen Nachfolgeländern siehe dort.

---

[26] MAH ErbR/*Benninghoven* § 54 Rn. 14.
[27] So zutreffend *Bestelmeyer* Rpfleger 2004, 679.
[28] Zur Beschwerdeberechtigung bei Weigerung des Nachlassgerichts, eine Sicherungsmaßregel aufzuheben s. KG Rpfleger 1982, 184.
[29] § 3 Nr. 2c RPflG.
[30] S. dazu zB § 19 der inzwischen aufgehobenen BayNachlO.
[31] Beachte auch § 20 Abs. 1 BNotO.

Bundesrechtliche Vorschriften über das Verfahren bei der Siegelung bestehen nicht.   22
In nachfolgendem Beispiel wird angenommen, dass das Nachlassgericht die Siegelung 23
anordnet, die Ausführung aber dem UrkBdGeschSt überträgt.

I. Nachlasssicherung wird angeordnet.
II. Mit der Siegelung[32] wird der UrkBdGeschSt beauftragt.
III. WV 3 Tage

......, Rechtspfleger

Der Auftrag zur Siegelung soll schriftlich erteilt werden.[33] Der beauftragte Sicherungs- 24
beamte hat den Auftrag den Beteiligten auf Verlangen vorzuzeigen.

Amtsgericht München, Abt   München, den......

VI......
Betreff: Nachlass......
Auftrag an den......
UrkBdGeschSt. des Amtsgerichts München, (Name) zur Vornahme der Siegelung, notfalls
unter Anwendung von Gewalt.
Der Beauftragte ist ermächtigt, zum Nachlass gehörende Wertpapiere, Gelder und Kost-
barkeiten in amtliche Verwahrung zu nehmen.[34]
Siegel
Amtsgericht

...... als Rechtspfleger

Die **Durchführung der angeordneten Siegelung** kann notfalls mit Gewalt nach § 90 25
FamFG erzwungen werden.[35] Die Anordnung von Gewaltanwendung ist Sache des Nach-
lassgerichts (Richter; Rechtspfleger bei einem ihm übertragenen Geschäft, § 4 Abs. 1
RPflG).[36] Der mit der Ausführung der Siegelung beauftragte Beamte ist nur mit Ermächti-
gung dieser anordnenden Stelle zur Anwendung von Gewalt befugt. Die Anordnung der
Nachlasssicherung allein (ohne ausdrückliche Anordnung von Zwang) schließt nicht die
Befugnis zum Betreten **fremder** Räume in sich. Wohnte der Verstorbene also so, dass seine
Räume nur über Räume Dritter betreten werden können und verweigern diese den
Zugang, ist eine **richterliche** Entscheidung herbeizuführen, sofern nicht Gefahr im Verzug
ist. Die Gewaltanwendung ist gegen jeden zulässig, der sich den Sicherungsmaßnahmen
widersetzt oder sie nicht zulässt. Soweit es nur um Behältnisse oder die Wohnung des
Erblassers geht, genügt § 1960 Abs. 2 BGB als Rechtsgrundlage.

Der Sicherungszweck verlangt ein eiliges Vorgehen, notfalls auch zur Nachtzeit und an
Sonn- und Feiertagen. Wenn die Siegelung auch nur Nachlassgegenstände erfassen darf, so
sind doch keine besonderen Ermittlungen notwendig, ob einzelne zB in der Sterbewoh-
nung gefundenen Gegenstände zum Nachlass gehören oder nicht. Zivilrechtliche Einwendungen, deren Richtigkeit nicht sofort erwiesen werden kann, sind unberücksichtigt zu

---

[32] Die Praxis ordnet idR an: „Mit der *Sicherung* wird der UrkBdGeschSt beauftragt", darin liegt zugleich der
Auftrag zur Siegelung.
[33] Früher § 19 Abs. 2 BayNachlO.
[34] Früher § 11 Abs. 1 BayNachlO vgl. dazu unten Hinterlegung 2 a.
[35] ZB Sicherungsbeamte wendet selbst unmittelbar Gewalt an oder zieht einen Gerichtsvollzieher, Gerichts-
wachmeister, notfalls polizeiliches Vollzugsorgan zu. S. auch § 24 Gerichtsvollzieherordnung in der ab
1.7.2003 geltenden Fassung.
[36] Der Rechtspfleger ist zur Anordnung unmittelbaren Zwangs nach § 35 FamFG in den ihm übertragenen
Geschäften befugt, nicht jedoch zur zwangsweisen Vorführung eines Beteiligten oder zur Androhung oder
Verhängung von Haft (§ 4 Abs. 2 Nr. 2 RPflG). Dazu auch Keidel/*Zimmermann* § 35 Rn. 12.

lassen. Angebliche Rechte sind im Prozessweg geltend zu machen.[37] Geschäftsbücher sind, wenn der Betrieb fortgesetzt werden soll, abzuschließen.

26 Über die Siegelung wird ein **Protokoll** gefertigt, in dem die aufgefundenen Gegenstände, insbesondere Geld und Wertpapiere, aufgelistet werden.

27–29 *In dieser Auflage nicht belegt.*

30 Das **Siegelungsprotokoll** stellt einen Bericht der Urkundsperson dar, es untersteht nicht den Vorschriften des Beurkundungsgesetzes, es ist nicht Voraussetzung der Wirksamkeit der Siegelung.

Ist die Siegelung in Abwesenheit des Erben oder eines Miterben vorgenommen worden, so soll das Nachlassgericht ihn von der Maßregel in Kenntnis setzen, sofern nach Lage der Sache anzunehmen ist, dass der Erbe an der alsbaldigen Erlangung dieser Kenntnis ein Interesse hat.

31 **Entsiegelung:** Sie ist vom Nachlassgericht[38] (nicht etwa der nach Landesrecht zur selbständigen Anordnung der Siegelung zuständigen örtlichen Behörde) von Amts wegen anzuordnen, wenn das Bedürfnis zur Sicherung entfällt, zB nach Annahme der Erbschaft.

§ 39 württ. NachlVO führte als weitere Fälle an: wenn der Nachlass zu verzeichnen ist oder soweit die versiegelten Sachen gebraucht werden.

Mit der Entsiegelung werden der Nachlass bzw. einzelne Nachlassgegenstände freigegeben, eine Bekanntmachung nach § 41 FamFG ist zur Wirksamkeit nicht nötig.

Das Nachlassgericht wird im Allgemeinen die Ausführung der Entsiegelung den Personen übertragen, die die Siegelung vorgenommen haben. Wird die Entsiegelung aus Anlass der Aufnahme des Nachlassverzeichnisses angeordnet, so wird ihre Vornahme zweckmäßig der Person übertragen, die das Verzeichnis aufzunehmen hat. Der Auftrag ist schriftlich zu erteilen. Vom Entsiegelungstermin ist den Beteiligten sowie der bestellten Aufsichtsperson soweit tunlich, mit dem Bemerken Kenntnis zu geben, dass es ihnen frei stehe, der Entsiegelung beizuwohnen. Das Nachlassgericht kann jedoch auch auf Antrag den Erben ermächtigen, die Siegel selbst abzunehmen. Im Fall einer Mehrheit von Erben kann ein Miterbe hierzu ermächtigt werden, sofern die Miterben hiermit einverstanden sind.

Auch über die Entsiegelung wird ein **Protokoll** aufgenommen:

32

Muster:

Niederschrift über die Entsiegelung

Geschehen am……   zu……

durch Josef Huber, Justizinspektor, als stellv. UrkBdGeschSt.
In der Nachlasssache des Schneidermeisters Fritz Meier, gestorben am…… in……; letzter Wohnsitz…… hat das Nachlassgericht am…… die Entsiegelung angeordnet. Termin zur Entsiegelung wurde auf heute Nachmittag 15 Uhr anberaumt und die Beteiligten sowie die bestellte Aufsichtsperson hiervon verständigt.
Erschienen sind:……
Nach Feststellung der Unverletztheit der angebrachten Siegel wurden sie abgenommen und festgestellt, dass sowohl die unter Siegel gelegten Sachen, als auch diejenigen Gegenstände, die außer Verschluss belassen wurden, noch – sämtlich – vorhanden waren, ausgenommen:……
Die Sachen wurden hierauf dem Erben…… freigegeben.
Anschließend fand die Aufnahme der Gegenstände durch…… statt.
Diese Niederschrift wurde vorgelesen und von den erschienenen Beteiligten eigenhändig unterschrieben wie folgt:
Unterschriften
Dauer…… Stunden

---

[37] Zur Wahrung der Rechte Dritter sa KG OLGZ 1983, 398 (keine überspannte Ängstlichkeit).
[38] Für Preußen: Beachte Art. 106 prFGG; für Hessen: § 16 Ortsgerichtsgesetz.

Werden bei Abnahme der Siegel Verletzungen der Siegel oder des Verschlusses fest- 33
gestellt, so ist zu prüfen, ob die versiegelten Sachen sämtlich vorhanden sind. Bei Verdacht
einer strafbaren Handlung ist Anzeige an die Staatsanwaltschaft zu machen.
Gebühren: §§ 115 Abs. 1 Nr. 12310, 23500 KV-GNotKG.

2. Die amtliche Inverwahrnahme

Die Ausführungen über die Zuständigkeit bei Anordnung und Ausführung der Siegelung 34
gelten entsprechend.

Die amtliche Inverwahrnahme kann in mehrfacher Hinsicht in Betracht kommen (wobei
die Sicherung des Nachlasses auch auf die amtliche Inverwahrnahme allein beschränkt
werden kann):

Bei der Siegelung des Nachlasses werden **Geld, Kostbarkeiten** vorgefunden. Hier ist 35
zu verfahren wie folgt. Zum Nachlass gehörende Gelder, Wertpapiere oder Wertgegen-
stände, die bei der Anlegung der Siegel vorgefunden werden, sind, falls das Nachlassgericht
nicht ausdrücklich ein anderes angeordnet hat, von dem die Siegelung vornehmenden
Beamten zu verzeichnen und in die amtliche Aufbewahrung zu verbringen.[39] Ausnahmsweise können sie mit Zustimmung der anwesenden Beteiligten an dem bisherigen Ver-
wahrungsort belassen werden, wenn sie hier unter einen sicheren Verschluss gebracht
werden können.

Die Gewahrsamsachenanweisung oder Verwahrbekanntmachung der Länder unter- 36
scheidet zwischen einfacher Aufbewahrung (die grundsätzlich erfolgen soll und der
Geschäftsstelle obliegt) und besonders gesicherter Aufbewahrung (die der Geschäftsstelle
– Aufbewahrungsbeamten – oder der Zahlstelle oder Kasse obliegt und für Geld, Kostbarkeiten, Edelmetalle, Wertpapiere und sonstige Gegenstände von besonderem Wert
gedacht ist).

Die Annahme zur Aufbewahrung und die Herausgabe sind vom Sachbearbeiter schriftlich anzuordnen; er entscheidet im Zweifel, welche Aufbewahrungsart in Betracht kommt.

Der Aufbewahrungsbeamte führt über die ihm übergebenen Gegenstände eine Auf-
bewahrungsliste.

Einen entsprechenden Vermerk wird man in den schriftlichen Siegelungsauftrag aufnehmen.

Beim Nachlassgericht werden solche Gegenstände **abgeliefert.** Sie sind im Bedürfnisfalle 37
in **amtliche Verwahrung** zu nehmen.

Das Gericht wird hierzu verfügen:

I. Mit Akt an den Herrn Aufbewahrungsbeamten mdE in Sachen Nachlass...... zur be-   38 sonders gesicherten Aufbewahrung anzunehmen: Ein Sparbuch der Kreissparkasse...... Nr....... Inhaber...... über 1.000 EUR, eine goldene Uhr, ein Ehering. II. WV nach Erledigung.

Das Nachlassgericht erfährt (evtl. durch Anzeige) vom Vorhandensein solcher Gegen- 39
stände und stellt ein Bedürfnis zur Sicherung fest. Hier wird es dem Besitzer die **Herausgabe an das Nachlassgericht** aufgeben. Das Nachlassgericht kann die Durchführung
seiner Anordnungen mit Gewalt nach § 35 FamFG erzwingen.

---

[39] Vgl. für die Zwangsvollstreckung § 808 Abs. 2 ZPO.

40

> **Muster: Herausgabe von Geld u Kostbarkeiten an Gerichtsvollzieher zur Hinterlegung**
> Der Gerichtsvollzieher beim Amtsgericht...... wird beauftragt, die im Nachlass des am......
> in...... verstorbenen X vorhandenen Bargelder, Wertpapiere und Kostbarkeiten notfalls
> unter Anwendung von Gewalt an sich zu nehmen und zur Hinterlegung zu bringen.

41 Mitunter ist eine **Kontensperrung** angebracht.[40]

42 Die allgemein anerkannte **Befugnis des Nachlassgerichts, den Beteiligten** für die Fortführung des Haushalts, des Geschäfts- und Wirtschaftsbetriebs sowie zur Erfüllung dringender Nachlassverbindlichkeiten, namentlich zur Bestreitung der Beerdigungskosten, **eine bestimmte Geldsumme** gegen ein schriftliches Empfangsbekenntnis mit der Verpflichtung **zu überlassen,** später mit den Erben darüber abzurechnen, ist für die Praxis sehr bedeutsam.[41] Bei kleineren Beträgen kann der mit der Sicherung Beauftragte selbständig handeln, bei größeren Beträgen empfiehlt es sich, eine ausdrückliche Anordnung des Nachlassgerichts herbeizuführen. Das Nachlassgericht ist als befugt anzusehen, auch Geldinstitute anzuweisen, vom Konto des Verstorbenen Geldbeträge an bestimmte Personen zur Auszahlung zu bringen.

43

> *Verfügung*
>
> I. Die Kreissparkasse...... wird angewiesen, vom Konto Nr....... des am...... in...... verstorbenen X einen Betrag von 800 Euro an die Haushälterin des Verstorbenen, Frl. Maria Krug,......, zur Auszahlung zu bringen.
> II. Ziff. I in Ausfertigung a) an Kreissparkasse, b) an Haushälterin
> III. Kostenbehandlung.
> IV. WV 3 Monate

44 Bei geringfügigen Nachlässen kann auf diesem Wege Abstand von oft langwierigen Erbenermittlungen genommen werden, die Ausstellung eines Erbscheins, auf dessen Vorlage die Bankinstitute im allgemeinen bestehen, wird damit entbehrlich.

3. Die Aufnahme eines Nachlassverzeichnisses

45 Der Inhalt des Nachlassverzeichnisses bestimmt sich nach dem Bedürfnis, das zur Anordnung des Nachlassverzeichnisses Anlass gibt.

a) Arten

46 Es lassen sich **vier** Arten von **Nachlassverzeichnissen** unterscheiden:
- Das **Sicherungsverzeichnis,** das unter den Voraussetzungen des § 1960 BGB angeordnet wird. Hierunter fallen auch Verzeichnisse, wie sie zB in **Bayern** Art. 36 AGGVG, in **BaWü** die §§ 40 Abs. 2, 3; 41 Abs. 4–6 LFGG vorsehen.
- Davon sind die **Nachlassverzeichnisse** zu unterscheiden, die **Hessen und BaWü** nach Art 140 EGBGB, § 192 FGG zum Zwecke der Auseinandersetzung im **Auseinandersetzungsverfahren** aufnehmen lassen. vgl. Art. 26 hess. FGG, § 43 BaWü LFGG.
- Einen anderen Zweck erfüllt das **Nachlassinventar** der §§ 1993 f. BGB. Zu beachten ist jedoch, dass ein nach § 1960 Abs. 2 BGB aufgenommenes Nachlassverzeichnis gemäß § 2004 BGB dann als Nachlassinventar dienen kann, wenn es den Vorschriften der §§ 2001–2003 BGB entspricht.
  Die Aufnahme der **Nachlassverbindlichkeiten** empfiehlt sich daher, wenn sie auch zum Zwecke der Sicherung des Nachlasses nicht erforderlich ist. Beachte: Nachlassverbind-

---

[40] Zur Kontensperrung s. KG Rpfleger 1982, 184.
[41] Vgl. dazu den früheren § 11 Abs. 2 BayNachlO.

lichkeiten iS von § 1967 BGB sind nicht nur die Verbindlichkeiten, die schon im Zeitpunkt des Todes des Erblassers bestehen, sondern auch die vom vorläufigen oder endgültigen Erben begründeten Verbindlichkeiten, falls sie vom Standpunkt eines sorgfältigen Beobachters in ordnungsmäßiger Verwaltung des Nachlasses eingegangen wurden.[42]

• Das **Bestandsverzeichnis,** dessen Vorlage (und evtl. Versicherung an Eides Statt) ein **Pflichtteilsberechtigter** nach §§ 260, 2314 Abs. 1 S. 1 BGB vom Erben verlangen kann. Der anzugebende „Bestand des Nachlasses" umfasst sowohl die **realen** wie **fiktiven Nachlassaktiva** (ausgleichspflichtige Zuwendungen des Erblassers gemäß §§ 2050 ff., 2316 BGB) sowie Schenkungen innerhalb der letzten 10 Jahre (§ 2325 BGB), ferner die **Nachlassverbindlichkeiten.**

Der Pflichtteilsberechtigte hat kumulativ (nicht wahlweise!) Anspruch auf

– Vorlage eines ohne seine Mitwirkung vom Erben privat aufgestellten Verzeichnisses (§ 2314 Abs. 1 S. 1 BGB);

– Vorlage eines unter seiner Zuziehung (dh seiner oder eines Vertreters bzw. Beistandes Anwesenheit) vom Erben privat hergestellten Verzeichnisses (§ 2314 Abs. 1 S. 2 BGB).

– Vorlage eines durch eine Amtsperson aufgenommen Verzeichnisses (§ 2314 Abs. 1 S. 3 BGB).

Zusätzlich **kann der Pflichtteilsberechtigte** in den ersten drei Fällen **Ermittlung des Wertes der Nachlassgegenstände** verlangen (§ 2314 Abs. 1 S. 2 Hs. 2 BGB). Der Inhalt des Verzeichnisses ist dann in sämtlichen Fällen der Gleiche.[43]

Das nach § 2314 Abs. 1 S. 3 BGB aufzunehmende Verzeichnis deckt sich seinem Inhalt nach weitgehend mit dem Nachlassinventar (§ 2001 BGB: reale Aktiva und Passiva zur Zeit des Erbfalls). Zuständigkeit und Verfahren beurteilen sich daher nach dem für die Inventarerrichtung nach §§ 1993 ff. BGB geltenden Recht. Liegt ein Inventar bereits vor, so kann im Allgemeinen auf ein solches verwiesen bzw. eine entsprechende Ergänzung verlangt werden. Das Verlangen auf eine völlige Neuerrichtung nach § 2314 Abs. 1 S. 1 BGB wird hier im Allgemeinen rechtsmissbräuchlich sein. In keinem Fall hat der Pflichtteilsberechtigte das Recht, das Verzeichnis selbst aufzunehmen oder einen Notar oder ein Gericht zur Aufnahme zu ersuchen.

b) Verfahren

Zur Anordnung der Aufnahme eines Sicherungsverzeichnisses ist das Nachlassgericht, daneben das Amtsgericht der Fürsorge zuständig. Nach Landesrecht (Art. 147, 148 EGBGB) treten dazu die oben (Grundsätze) erwähnten Behörden der freiwilligen Gerichtsbarkeit. **47**

Landesrechtliche[44] Regelungen sehen neben dem Nachlassgericht auch die Zuständigkeit der **Gemeinden** (Baden-Württemberg, § 40 BaWüLFGG; Hamburg, § 3 Hamburger Gesetz über die Angelegenheiten der freiwilligen Gerichtsbarkeit; Saarland, § 54 Abs. 2 Gesetz zur Ausführung bundesrechtlicher Justizgesetze), der **Notare** (Bayern, Art. 36 Abs. 2 AGGVG iVm § 20 Abs. 1 BNotO Niedersachsen, § 49 NJG; Rheinland-Pfalz, § 13 LFGG), der **Ortspolizei** (Bremen, § 4 BremFGG), der **Ortsgerichtsvorsteher** (Hessen, §§ 15, 16 OrtsgerichtsG) oder der **Gerichtsvollzieher** (neue Bundesländer: Brandenburg, § 10 Abs. 1 Nr. 1 und 2 BbgGerNeuOG; Sachsen, § 17 Abs. 1 Nr. 2 und 3 SächsJG; Mecklenburg-Vorpommern, § 10 Abs. 1 Nr. 2 und 3 GOrgG; Thüringen, § 13 Abs. 1 Nr. 4 und 5 ThürAGGVG) vor. **48**

Verfahrensvorschriften finden z. B. in §§ 40, 41 BaWü LFGG; AV v. 30.6.1975 Justiz 304. **49**

Zur Aufnahme sind anwesende Erben, Verwandte oder sonstige Auskunftspersonen zuzuziehen.

---

42 Dazu BGHZ 32, 60.
43 BGHZ 33, 373.
44 Beachte dazu § 61 Abs. 1 Nr. 2 BeurkG.

50　　Das Verzeichnis wird man etwa in einer dem § 2001 BGB entsprechenden **Form** errichten.

Aufnahme der Nachlassverbindlichkeiten ist nicht erforderlich, jedoch, wie erwähnt, zweckmäßig. Die Nachlassgegenstände wird man kurz beschreiben. Eine Wertangabe ist nicht zwingend geboten. Bei Hausrat wird man sich im Allgemeinen mit einer nach freier Schätzung bestimmten Geldsumme begnügen. Das Nachlassgericht kann anordnen, dass zur Bestimmung des Nachlasswertes Schätzer zugezogen werden.

Zulässig ist auch eine nur teilweise Verzeichnung der Nachlassgegenstände. Maßgebend ist das Sicherungsbedürfnis.

Das Verzeichnis ist zwar an Ort und Stelle aufzunehmen, kann aber an einem anderen Orte, möglichst im Beisein der Beteiligten und Auskunftspersonen niedergeschrieben werden.

51　　Die Form unterliegt §§ 1 Abs. 2, 36, 61 Abs. 1 Ziff. 2 BeurkG sowie etwaigen landesrechtlichen Vorschriften über nicht rechtsgeschäftliche Beurkundungen.[45] Nötig ist eine **Niederschrift in der Form des § 37 BeurkG.** Das aufgenommene Verzeichnis ist bei dem Nachlassakt des Nachlassgerichts aufzubewahren.

IV. Die Nachlasspflegschaft

1. Arten

52　Das BGB unterscheidet drei Fälle der Nachlasspflegschaft:

• Die sog **Sicherungspflegschaft** des § 1960 BGB; § 25 der früher geltenden BayNachlO regelte in Abs. 1:

> Die Nachlasspflegschaft kann außer dem Falle des § 1961 BGB in allen Fällen angeordnet werden, in denen nach § 1960 Abs. 1 BGB überhaupt die Fürsorge des Nachlassgerichts eintritt. Insbesondere kann für einen Erben, dessen Geburt erwartet wird, oder für eine als Erben berufene noch nicht genehmigte Stiftung eine *Nachlasspflegschaft bestellt werden;*

• die sog Klagpflegschaft des § 1961 BGB;
• die Nachlassverwaltung der §§ 1975 f. BGB.

2. Die Sicherungspflegschaft des § 1960 BGB

53　Diese stellt das für die Praxis bedeutsamste Sicherungsmittel dar. Den noch unbekannten endgültigen Erben wird ein Vertreter bestellt (Personenpfleger),[46] dessen Aufgabe es ist[47]

– den Nachlass zu sichern und zu erhalten,
– ihn zu verwalten
– sowie die Erben zu ermitteln.[48]

a) Voraussetzung der Anordnung

54　Die Voraussetzungen zur Anordnung der Sicherungspflegschaft sind wie bei → Rn. 8 ff. erörtert. Auf die Ausführungen hierzu kann daher verwiesen werden. Art. 140 EGBGB, wonach das Landesrecht auch unter anderen Voraussetzungen als § 1960 BGB sie vorsieht, Sicherungsmaßnahmen zulassen kann, findet keine Anwendung.

---

[45]　Vgl. dazu zB Art. 54, 55 prFGG.
[46]　BGH NJW 1983, 226; BayObLGZ 1982, 284 (289).
[47]　Dazu OLG Köln, FamRZ 1967, 59; BGH NJW 1951, 559.
[48]　KG NJW 1971, 565.

b) Nachlasspflegschaft zur Ermittlung unbekannter Erben

Bis zur Annahme durch den Erben kommt Nachlasspflegschaft zur Ermittlung unbekannter Erben (oder Miterben) oder wegen dieser Ermittlung in Betracht. **Ob der Erbe unbekannt ist und ein Fürsorgebedürfnis besteht,** ist vom Standpunkt des Nachlassgerichts nach den Erkenntnissen im Zeitpunkt seiner Entscheidung über die Sicherungsmaßnahme zu entscheiden.[49] Unbekannt ist ein Erbe, wenn über seine Person Unklarheit herrscht.[50] Der Erbe ist auch dann unbekannt, wenn mehrere Erben in Betracht kommen und zur Erbenfeststellung weitere umfangreiche Ermittlungen (etwa bei Streit über die Testierfähigkeit des Erblassers, der Existenz oder Gültigkeit eines Testaments);[51] vorgenommen werden müssen.[52] Ist einem Nachlasspfleger der Aufgabenkreis „Ermittlung der Erben" übertragen, muss er alle ihm zumutbaren und erforderlichen Maßnahmen zur Erbenermittlung selbst durchgeführt haben, bevor er einen **gewerblichen Erbenermittler** einschaltet.[53] Nach festgestellter Annahme der Erbschaft durch sämtliche Erben, wozu jedoch ein Erbschein keine Voraussetzung bildet, ist bzw. wird die Pflegschaft unzulässig und aufzuheben. Bei Prüfung des erforderlichen „Bedürfnisses" wird sich das Gericht vor Augen halten, dass die übrigen Nachlasssicherungsmittel gegen Eingriffe Dritter keinen allzu großen Schutz bieten. Es wird daher im Zweifel zur Anordnung einer Sicherungspflegschaft schreiten, insbesondere, wenn längere Erbenermittlungen nötig sind und unaufschiebbare Verwaltungsmaßnahmen, wie zB Räumung oder Kündigung der Erblasserwohnung,[54] notwendig werden; es wird jedoch immer erwägen: Rechtfertigt der zu erhaltende Nachlasswert die mit der Pflegschaft verbundenen Kosten? Der Umstand, dass schon andere Sicherungsmaßnahmen getroffen sind, steht nicht entgegen. Dagegen genügt nicht ein bloßer Zweifel an der Gültigkeit des Testaments oder lediglich die Möglichkeit der Testamentsanfechtung oder Erbunwürdigkeit. Die ernsthafte Ankündigung einer Erbunwürdigkeitsklage bei noch laufenden strafrechtlichen Ermittlungen kann die Anordnung rechtfertigen.[55]

Der Erbe ist auch unbekannt, wenn mehrere Erben in Betracht kommen, etwa bei konkreten Zweifeln an der Gültigkeit einer Verfügung von Todes wegen.[56]

Das Sicherungs(Fürsorge-)bedürfnis besteht bei Erbenunklarheit immer dann, wenn zwischen den Beteiligten Streit besteht und eine ordnungsgemäße Verwaltung des Nachlasses bis zur Klärung der Erbberechtigung nicht gesichert ist.[57]

Da das Gericht die zu ergreifenden Maßnahmen nach dem **erforderlichen Bedürfnis 55** zu bemessen hat, kommt nur die Anordnung einer **Teilnachlasspflegschaft** (Vermerk in Bestallung!) in Betracht, falls schon ein Teil der Erben angenommen hat oder zwar mehrere Erben angenommen haben, aber untereinander über das Erbrecht streiten[58] oder aber lediglich die Erbquote strittig ist.

Weitere Fälle: Vorhandensein eines nasciturus, zum Erben ist eine zu errichtende Stiftung berufen, der Erwerb der Erbschaft ist an eine staatliche Genehmigung geknüpft. Nicht, wenn Erben in einem noch schwebenden Erbscheinsverfahren schon feststehen.[59]

---

[49] BayObLG FamRZ 1996, 308.
[50] OLG Köln Rpfleger 2011, 158 (159).
[51] BayObLGZ 1982, 284.
[52] BGH NJW-RR 2013, 72 (auch bei Zweifel an einer wirksamen Anfechtung des Erbvertrags oder trotz Vorhandensein eines Testamentsvollstreckers bei Auswechslung des Testamentsvollstreckers durch den Erblasser und dies ein mögliche Beeinträchtigung des Vertragserben darstellt).
[53] LG Berlin NJW-Spezial 2012, 456.
[54] BayObLG Rpfleger 1984, 102.
[55] BayObLG NJW-RR 2002, 1159; s. auch BayObLG Rpfleger 2004, 218: gewaltsamer Tod des Erblassers und strafrechtliche Ermittlungen gegen die als Alleinerbin eingesetzte Ehefrau, das Nachlassgericht stellt Erteilung des Erbscheins zunächst zurück, ermittelt als Erben in Betracht kommende Personen und hört sie an.
[56] BayObLG FamRZ 1996, 308; BayObLG Rpfleger 2004, 286: nicht unterschriebenes Wiederverheiratungsverbot führte zur Unwirksamkeit des formwirksamen gemeinschaftlichen Testaments.
[57] BayObLG Rpfleger 2004, 286 (287).
[58] BayObLGZ 1960, 405; OLG Köln Rpfleger 2011, 158 f.
[59] OLG Oldenburg Rpfleger 1966, 18.

Ein Nachlasspfleger kann hier nur mit Zustimmung der festgestellten Miterben über Nachlassgegenstände verfügen, es sei denn, § 2038 Abs. 1 S. 2 BGB greift ein.[60] Stellt das Nachlassgericht bei einer von Anfang an für den ganzen Nachlass angeordneten Nachlasspflegschaft die Annahme der Erbschaft durch einzelne Erben im Laufe des Verfahrens fest, so ist strittig, ob die Nachlasspflegschaft bezüglich dieser Erben jeweils aufzuheben ist. Es empfiehlt sich, hier von Fall zu Fall einen Teilaufhebungsbeschluss zu erlassen, den Pfleger neu zu verpflichten und die Bestallung entsprechend abzuändern.

c) Transmortale Vollmacht

56   Grundsätzlich besteht kein Bedürfnis für die Anordnung einer Nachlasspflegschaft bei Vorliegen einer postmortalen Vollmacht, wenn der Bevollmächtigte willens und in der Lage ist, den Nachlass zu sichern.

Das OLG München hat jedoch die Beschwerde einer Anwältin, der die Erblasserin eine transmortale Vollmacht erteilt hatte gegen die Anordnung der Nachlasspflegschaft als unzulässig abgewiesen, weil nicht eigene subjektive Rechte betroffen seien.[61]

Die Beschränkung einer Nachlasspflegschaft auf die **Besorgung einzelner Angelegenheiten** oder die **Verwaltung einzelner Nachlassgegenstände** ist als zulässig anzusehen.[62]

d) Das Verhältnis zu anderen Verwaltungen:

57   **Abwesenheitspflegschaft (§ 1911):** Während der Vertretene bei der Nachlasspflegschaft unbekannt ist, ist er bei der Abwesenheitspflegschaft (§ 1911 BGB) bekannt. Jedoch ist im Einzelfall eine Abgrenzung schwer. Grundsätzlich ist eine Abwesenheitspflegschaft auch dann möglich, wenn die Lebensvermutung nach § 10 VerschG oder die Todesvermutung nach § 9 VerschG nicht gelten. Im Erbscheins- und Erbauseinandersetzungsverfahren ist jeweils festzustellen, ob ein Verschollener zur Zeit des Erbfalls noch lebte bzw. ob die Lebensvermutung des § 10 VerschG galt.[63] Daneben kann das Vormundschaftsgericht einen Abwesenheitspfleger bestellen, der eine Annahmeerklärung abgeben kann. Lag Erbfall nachher, so wird das Nachlassgericht, falls nötig, eine (Teil-)Nachlasspflegschaft einleiten; eine von einem Abwesenheitspfleger abgegebene Annahmeerklärung ist unbeachtlich, da Erbe nur werden kann, wer zur Zeit des Erbfalls lebt und der Nachweis hierfür zu erbringen ist.

58   Von der Sicherungspflegschaft ist auch die Abwesenheitspflegschaft zu unterscheiden, die nach § 364 FamFG **anlässlich der Erbauseinandersetzung** eingeleitet wird. Sie kann stets nur für ein amtliches Auseinandersetzungsverfahren, doch auch schon vor dessen Einleitung, angeordnet werden. Sie untersteht der Aufsicht des Nachlassgerichts.

Pflegschaft für unbekannte Beteiligte (§ 1913 BGB): Eine Nachlasspflegschaft neben der Pflegschaft für die Leibesfrucht ist möglich (hM). Es bestehen idR keine Bedenken, den Leibesfruchtpfleger zugleich als Nachlasspfleger zu bestellen.

---

60   OGH DRZ 1949, 66.
61   OLG München NJW 2010, 2364; der kritischen Anmerkung von *Roth* in NJW-Spezial 2010, 199 f. ist beizupflichten. Wenn man der Meinung folgt, dass die postmortale Wahrnehmung eines Rechts der Erblasserin den §§ 68 Abs. 2, 59 Abs. 1 FamFG nicht genügt (so die wohl hM), dann entsteht eine zu missbilligende Lücke zwischen dem Erblasserwillen und dem Richterwillen; der transmortal Bevollmächtigte ist nicht in der Lage gegen die Missachtung des Erblasserwillens vorzugehen. Zur Abhilfe schlägt *Roth* (NJW-Spezial 2010, 231) die testamentarische Anordnung einer Testamentsvollstreckung vor (Nachteil: kostet auch; Vorteil: die Vertrauensperson bleibt bestimmend). *Everts* (NJW 2010, 2318 (2320)) will das Problem dadurch lösen, dass er den Bevollmächtigten nicht im eigenen Namen, sondern namens und im Auftrag der künftig feststehenden Erben auftreten lässt; diese haben sicherlich ein subjektives Recht sich gegen die kostenträchtige Nachlasspflegschaft zu wehren.
62   BayObLGZ 1960, 93; KG NJW 1965, 1719.
63   Vgl. dazu BayObLGZ 1952, 129; BGHZ 5, 240; OLG Hamm JMBl NRW 1953, 101.

Die Nachlasspflegschaft ist ein Sonderfall der **Pflegschaft für unbekannte Beteiligte** 59
nach § 1913 BGB.[64] Soweit alle Voraussetzungen des § 1960 BGB vorliegen, scheidet eine
Pflegschaft nach § 1913 BGB aus; fehlt jedoch eine Voraussetzung zur Anwendung des
§ 1960 BGB, kann auf § 1913 BGB zurückgegriffen werden.

Eine **Nacherbenpflegschaft**[65] ist, solange die Nacherbfolge nicht eingetreten ist, nicht 60
deshalb allein schon anzuordnen, weil ein Nacherbe unbekannt ist, denn bis dahin ist der
Vorerbe der Rechtsnachfolger des Erblassers.[66] Vor dem Nacherbfall kann nur eine Pflegschaft nach § 1913 S. 2 BGB angeordnet werden. Sind Elternteil und Kinder Vor- und
Nacherben, so ist zur Wahrnehmung der Sicherungsrechte der Nacherben nach §§ 2116 ff.
BGB oder zur Entscheidung über die Ausschlagung der Nacherben ein Pfleger nur bei
konkretem Interessenwiderstreit oder besonderem Anlass zu bestellen.[67] Ist der Vorerbe
bekannt, der Nacherbe jedoch nicht geboren, so ist nach der Rechtsprechung[68] nicht eine
Nachlasspflegschaft, sondern eine Pflegschaft nach § 1913 BGB am Platze. Während die
Nachlass- und Abwesenheitspflegschaft nach § 364 FamFG vom Nachlassgericht angeordnet wird, sind zur Einleitung der übrigen Pflegschaften das Familien- oder das Betreuungsgericht zuständig. Eine formlose Abgabe vom Nachlassgericht an das Vormundschaftsgericht oder umgekehrt stellt keine Abgabe nach § 4 FamFG dar.[69] Die Abgabe der Nachlasspflegschaft an ein anderes Gericht ist aus wichtigem Grunde möglich.[70]

Nachlassinsolvenz: Während nach § 1988 BGB die Nachlassverwaltung mit der Eröff- 61
nung der Nachlassinsolvenz endet, bleibt die Nachlasspflegschaft bestehen. Die **Nachlassinsolvenz**[71] lässt zwar die Verwaltung auf den Insolvenzverwalter übergehen, schließt
jedoch eine Nachlasspflegschaft nicht aus. Letztere ist anzuordnen bzw. aufrechtzuerhalten,
falls sie zur Vertretung des Gemeinschuldners im Insolvenzverfahren nötig erscheint. Der
Nachlasspfleger hat hier die Rechte und Pflichten des Gemeinschuldners (der unbekannten
Erben) zu wahren. Der Insolvenzverwalter hat gegen die Anordnung oder die Nichtauf-
hebung der Pflegschaft kein Beschwerderecht,[72] wohl aber gegen die Aufhebung.[73] Zum
Nachlassinsolvenzverfahren (→ § 21 Rn. 1 ff.).

e) Nachlassverwaltung

Nachlassverwaltung lässt idR das Bedürfnis zu einer Nachlasspflegschaft entfallen. Dazu 62
kommt, dass eine Nachlassverwaltung vor Annahme der Erbschaft kaum angeordnet wird,
zu einer Nachlasspflegschaft daher schon aus diesem Grunde kein Raum mehr ist.

f) Testamentsvollstreckung

Eine Testamentsvollstreckung steht der Nachlasspflegschaft zwar nicht grundsätzlich ent- 63
gegen, ein Bedürfnis zu letzterer wird aber meist fehlen.[74] Dem Nachlasspfleger steht dabei
das Verwaltungsrecht soweit nicht zu, als es der Testamentsvollstrecker hat. Den Testamentsvollstrecker als Nachlasspfleger zu bestellen, wird wegen Interessenwiderstreits im Allgemeinen nicht zulässig sein. Der Testamentsvollstrecker hat gegen die Anordnung der
Nachlasspflegschaft ein Beschwerderecht.[75]

---

[64] MüKoBGB/*Leipold* § 1960 Rn. 32.
[65] KG OLGZ 1972, 83.
[66] KG OLGZ 43, 389.
[67] So zutreffend OLG Frankfurt DNotZ 1965, 106.
[68] KG FamRZ 1972, 323; OLGZ 1972, 83.
[69] Keidel/*Sternal* § 4 Rn. 6.
[70] Etwa bei Grundstücken hauptsächlich im anderen Bereich, §§ 4, 343 Abs. 2 Satz 2 FamFG; OLG
Brandenburg FamRZ 2006, 1862; Palandt/*Weidlich* § 1960 Rn. 9.
[71] Vgl. dazu §§ 216, 217 KO.
[72] JFG 16, 102.
[73] KGJ 38, 116; OLG Stuttgart NJW-Spezial 2012, 552 = BeckRS 2012, 15946; MüKoBGB/*Leipold* § 1960
Rn. 100.
[74] LG Stuttgart ZEV 2009, 396; KG OLGZ 1973, 106; MüKoBGB/*Leipold* § 1960, Rn. 20.
[75] KG OLGZ 1973, 106; BayObLG FamRZ 2002, 109 (110).

g) Nachlasspflegschaft und Ausländernachlass[76]

64 Die Anordnung ist zulässig, gleichgültig ob die Erbfolge deutschem oder ausländischem Recht (selbst wenn dieses eine Nachlasspflegschaft nicht kennt) unterliegt.[77] Das deutsche Recht entscheidet über Voraussetzungen der Anordnung und die Art der Maßnahmen. Es ist anerkannt, dass selbst nach Annahme der Erbschaft noch eine Nachlasspflegschaft zulässig ist, wenn mit der Annahme der Erbe nach dem ausländischen Recht (etwa dem österreichischen) noch nicht die Verfügungsgewalt erlangt.

65 Staatsverträge sind zu beachten; danach haben die Konsuln meist das Recht, den Nachlass zu sichern. Das Nachlassgericht wird in jedem Fall die erforderlichen Maßnahmen mit dem **Konsulat des Heimatstaates** des Erblassers absprechen.

3. Verfahren

66 Zuständigkeit: Die **sachliche** und **örtliche** Zuständigkeit ergibt sich aus § 23a Abs. 1 Nr. 2, Abs. 2 Nr. 2 GVG; 343, 344 Abs. 4 FamFG; 1962 BGB. Zur Anordnung ist danach das Amtsgericht als **Nachlassgericht** sowie das Amtsgericht der Fürsorge zuständig. Nicht zuständig dagegen sind die nach Landesrecht zu Sicherungsmaßnahmen neben den Gerichten ermächtigten Behörden. **Funktionell zuständig** ist der Rechtspfleger, es sei denn, es handelt sich um einen Ausländernachlass (§ 16 Abs. 1 Nr. 1 RPflG). Hier ist der Richter zuständig (durch Landesrecht aufhebbar, § 19 Abs. 1 Nr. 2 RPflG.[78]

67 **Ein Antrag** ist (im Gegensatz zur Klagpflegschaft des § 1961) **nicht erforderlich.** Das Gericht wird von Amts wegen (evtl. auf Anregung) tätig. Das Gesetz sieht die Nachlasspflegschaft als eine Unterart der Pflegschaft und wendet gemäß § 1915 Abs. 1 BGB die Vorschriften über die Vormundschaft an, soweit sich nicht daraus anderes ergibt, dass die Pflegschaft zwar für den unbekannten Erben (Personalpflegschaft) geführt wird. Letztlich liegt aber eine Art Vermögensverwaltung (über den Nachlass) statt.

Anordnung der Nachlasspflegschaft, mündliche Bestellung, Bestallungsurkunde: Die Entscheidung über die Anordnung der Nachlasspflegschaft und die Bestimmung des Pflegers erfolgt durch Beschluss des Nachlassgerichts gemäß § 38 FamFG. Die mündliche Bestellung des Pflegers erfolgt auf Grund des Beschlusses **durch Verpflichtung** gemäß §§ 1915, 1789. Daran hat sich auch durch das FamFG nichts geändert; erst durch die mündliche Verpflichtung wird die Bestellung wirksam.[79] Erst von diesem Zeitpunkt an kann eine Vergütung zustehen. Die Berufsmäßigkeit der Tätigkeit ist bei der Bestellung festzustellen § 1836 Abs. 1 Satz 2 und 3 BGB).

Der **Wirkungskreis** – und damit der materielle Umfang der Vormundschaft – bestimmt sich allein aus dem Bestellungsakt gemäß § 1789 BGB, hieraus ergibt sich auch die Vertretungsbefugnis. Die **Bestallungsurkunde** nach § 1791 BGB ist lediglich ein gerichtliches Zeugnis über die Vormundbestellung. Die Bestellung ist nur wirksam, wenn sie in persönlicher Anwesenheit des Pflegers und nicht schriftlich erfolgt.[80]

68 Die nach § 40 Abs. 1 FamFG erforderliche **Bekanntgabe der Anordnung** der Pflegschaft liegt in der Bestellung des Pflegers.

69 Gegen die Anordnung wie gegen die Ablehnung der Anordnung ist die befristete **Beschwerde** zum OLG nach §§ 58 ff., 61 (Beschwerdewert), 63 (Frist) FamFG, 11 RpflG gegeben.

Ein Beschwerderecht gegen die Anordnung steht den Erben (Erbprätendenten), dem Gläubiger, der den Anspruch des Erben auf Herausgabe des Nachlasses gegen den Pfleger

---

[76] Zur internationalen Zuständigkeit Staudinger/*Martens* Art. 25 EGBGB Rn. 803 ff.

[77] BGHZ 49, 1; *Pinkernelle/Spreen* DNotZ 1967, 199 (215); nunmehr 105 FamFG bei örtlicher Zuständigkeit.

[78] Keidel/*Zimmermann* § 345 Rn. 71; OLG Hamm Rpfleger 1976, 94; aA siehe näher MüKoBGB/*Leipold* § 1960 Rn. 7.

[79] OLG Stuttgart FamRZ 2011, 846.

[80] BGH NJW 1974, 1374;

gepfändet hat, dem Testamentsvollstrecker, sowie dem Nachlass- und Insolvenzverwalter[81] (str.) zu; **nicht** aber den Ersatzerben, Nacherben vor Eintritt des Nacherbfalls, Vermächtnisnehmern, sonstigen Nachlassgläubigern. Der Nachlasspfleger selbst ist hinsichtlich seiner Bestellung und der Gebührenentscheidungen beschwerdeberechtigt.

Bei **Ablehnung** Beschwerderecht für jeden, der ein nur rechtliches Interesse an der Änderung der Verfügung hat.[82]

Zur Person des Pflegers

Zulässig, aber wenig gebräuchlich ist die **Bestellung** mehrerer **Pfleger.** Möglich, aber **70** nicht nötig ist die Aufstellung eines **Gegenpflegers.**

Das Nachlassgericht ist in der **Auswahl** der Person des Pflegers frei, eine gesetzliche **71** Berufung zum Pflegeramt wie etwa bei der Vormundschaft gibt es nicht. **Alleiniger Maßstab ist die Eignung,** deren Vorliegen als unbestimmter Rechtsbegriff voll überprüfbar ist, während die **Zweckmäßigkeit** bei der Auswahl durch das Beschwerdegericht grundsätzlich nicht überprüfbar ist.[83] Die mangelnde Eignung kann sich auch aus einer (möglichen) Interessenkollision ergeben. Anwendbar dagegen sind die §§ 1779 ff. BGB. Bestellt können nur natürliche Personen werden. Zur Übernahme des Amtes besteht eine allgemeine Verpflichtung (§ 1785 BGB; Ausnahme § 1786 BGB). Die Bestimmung wird in der Praxis kaum bedeutsam, das Gleiche gilt für das Ablehnungsrecht nach § 1786 BGB. Man wird hier ohne weiteres einen anderen Pfleger auswählen. Bei Beamten ist eine etwa nach Landesrecht erforderliche Genehmigungspflicht zu beachten.[84] Ein entgegen diesen Vorschriften bestellter Pfleger ist zu entlassen, falls die Genehmigung nicht nachträglich erteilt wird (§ 1888 BGB). Auch ein vorläufiger Erbe kann als Pfleger bestellt werden (wenngleich unzweckmäßig, da **Interessenkollisionen** auftreten können).[85] Vorsicht ist hierbei geboten. Gerade bei geringfügigen Nachlässen mag die Bestellung mitunter zweckmäßig sein. Das KG hält die Bestellung eines Verwandten zum Pfleger dann für bedenklich, wenn dieser bei Ergebnislosigkeit weiterer Erbenermittlungen selbst erben würde.[86] Wegen der Gefahr einer Interessenkollision empfiehlt es sich auch zB nicht, auf den früheren Vormund oder Pfleger des Erblassers zurückzugreifen. Ein Nachlassgläubiger ist wegen Interessenkollision ungeeignet.[87] Der Rechtspfleger trägt für die sorgfältige Auswahl des Pflegers, insbesondere für dessen Zuverlässigkeit und Geeignetheit, die Verantwortung. Ist mit dem Auftauchen schwieriger Rechtsfragen zu rechnen oder stellt die Verwaltung des Nachlasses sonst wie höhere Anforderungen, so wird man einen Rechtsanwalt bestellen, der in Nachlasssachen größere Erfahrung hat und dem Rechtspfleger als zuverlässig bekannt ist.

Gegen die Auswahl des Pflegers steht dem Erben, dem ausgewählten Pfleger, nicht **72** aber dem Testamentsvollstrecker, ein **Beschwerderecht** zu.[88]

Der Rechtspfleger wird über die Verpflichtung etwa folgende **Niederschrift** aufneh- **73** men.

---

[81] MüKoBGB/*Leipold* § 1960 Rn. 97 ist hinsichtlich des Beschwerderechts von Nachlassverwalter und Insolvenzverwalter im Hinblick auf die Kostenbelastung des Nachlasses beizupflichten (gegen Beschwerderecht OLG Hamburg OLGE 5, 436).

[82] So § 57 Abs. 1 Nr. 3 FGG aF; dazu KG OLGZ 1971, 210; 1981, 151; das FamFG schweigt, aber diese Grundsätze gelten wohl weiter, siehe auch MüKoBGB/*Leipold* § 1960 Rn. 100 mwN. Keidel/*Zimmerman* § 345 Rn. 80 f. differenziert bei Nachlassgläubigern und Miterben, erkannt an bei potentiellen Erben, lehnt ab beim Nachlasspfleger selbst.

[83] BayObLG NJW-RR 1992, 966 (967).

[84] Für Bayern vgl. Art. 74 BG. Für Bundesbeamte s. § 65 Bundesbeamtengesetz. Zur Überwachungspflicht der LGPräsidenten, falls Richter, Beamte oder Angestellte der Justizverwaltung als Nachlasspfleger bestellt sind, s. bayJMBek v. 21.11.1957, JMBl. II, 512.

[85] Bejahend Staudinger/*Mešina* § 1960 Rn. 32.

[86] OLGZ 43, 377.

[87] BayObLG NJW-RR 1992, 967.

[88] KG JW 1919, 999; dazu auch OLG Heidelberg NJW 1955, 469; OLG Stuttgart BWNotZ 1971, 88.

Amtsgericht, Abt   ......, den......19..

Gegenwärtig:

......, Rechtspfleger

Niederschrift

in Sachen Nachlass Müller Max, München, gest. am...... in......

Es erscheint Rechtsanwalt Kurt Meider, München, Ottostr. 5, sich ausweisend durch......

– dem Rechtspfleger bekannt – Der Erschienene soll als Nachlasspfleger für die unbekannten Erben des am...... in...... verstorbenen, zuletzt in...... wohnhaft gewesenen

Max Müller

bestellt werden. Der Bestellung steht, soviel ermittelt ist, keiner der in den §§ 1780, 1781, 1784 BGB bezeichneten Hinderungsgründe entgegen. Ein Ablehnungsgrund nach § 1786 BGB wurde nicht geltend gemacht.

Es ergeht sodann

Beschluss

1. Nachlasspflegschaft für die unbekannten Erben des am...... in...... verstorbenen XY, geb. am......, zuletzt wohnhaft in...... wird angeordnet.
2. Als Nachlasspfleger wird bestellt Herr/Frau......
3. Herr/Frau...... ist Berufspfleger[89] gemäß §§ 1915 Abs. 1 S. 1, 1836 Abs. 1, S. 2 VBVG 1.
4. Der Wirkungskreis des Pflegers umfasst die Sicherung und Verwaltung des Nachlasses sowie die Ermittlung der unbekannten Erben.

b u v.

Der Erschienene erklärte sich zur Annahme mittels Handschlages an Eides Statt verpflichtet. Eine Bestallung wurde ihm ausgehändigt – soll ihm übersandt werden/Eine Abschrift des Beschlusses wird ihm ausgehändigt.

Belehrung über seine Pflichten und seine Verantwortlichkeit, insbesondere über die Pflicht zur Vorlage eines Nachlassverzeichnisses binnen...... Wochen, zur Hinterlegung der Wertpapiere sowie zur Rechnungslegung erfolgte. Auf die Verpflichtungen und die Haftung nach §§ 34, 36, 69 AO, § 20 Abs. 6, §§ 31–33 ErbStG, wurde hingewiesen.

Vorlage einer Sterbeurkunde des Erblassers wurde ihm aufgegeben.

Nachlassverzeichnisformblatt wurde ihm ausgehändigt.

Unterschriften

74

Verfügung

I. Dem Nachlasspfleger ist gemäß §§ 1915, 1791 Abs. 1 eine Bestallung zu übersenden (falls nicht bereits ausgehändigt).

II. Testamentsfrage.

III. Nachricht von der Einleitung der Nachlasspflegschaft und Bestellung des Pflegers (Anschrift) an

a) Antragsteller

b) etwaige bekannte (vorläufige) Erben

c) Finanzamt (§ 34 ErbStG, § 7 ErbStDV),[90] nebst Mitteilung nach Vordruck gemäß Muster 5 (s unten).

IV. WV...... Wochen.

---

[89] Gem. VBVG 1 Abs. 1 S. 2 Nr. 1 bei über 10 Vormundschaften (Pflegschaften) oder einem Aufwand von mindestens 20 Wochenstunden idR anzunehmen. Die Feststellung kann nachgeholt; auch unbefristete Beschwerde möglich.

[90] Vgl. Anhang 1 – dazu MiZi XVII Ziff. 2.

Muster: Nachricht von der Bestellung

Zum Nachlasspfleger für die unbekannten Erben de... am...... in...... verstorbenen zuletzt   75
in...... wohnhaft gewesenen......, geboren am...... wurde am...... N N (genaue Anschrift) vom hiesigen Amtsgericht bestellt.

Der Wirkungskreis des Pflegers umfasst die Sicherung und Verwaltung des Nachlasses,
sowie die Ermittlung der unbekannten Erben.

Auf Anordnung:

Die **Aufgaben und Befugnisse** des Pflegers **ergeben sich aus der Bestellung, nicht** 76
aus der Bestallung (hM). Zur Vermeidung von Unklarheiten empfiehlt es sich, weder bei
der Bestellungsverhandlung noch in der Bestallung die allgemeine Formel: „**... wird zum
Nachlasspfleger gemäß § 1960 BGB bestellt**" zu verwenden. Dem Nachlassgericht
obliegt es, den Wirkungskreis des Pflegers zu bestimmen. So steht dem Pfleger die Verwaltung des Nachlasses nur zu, soweit er vom Nachlassgericht dazu bestellt ist. Zur
Erteilung der Bestallung ist der Rechtspfleger zuständig (§ 3 Nr. 2c RPflG).

Muster: Bestallung des Nachlasspflegers

Geschäfts-Nr.:......   77
Bitte bei allen Schreiben angeben!

Bestallung

Name:

Beruf:

Wohnort:

ist zum Nachlasspfleger für die Erben bestellt.

Sein Wirkungskreis umfasst – die Sicherung und Verwaltung des Nachlasses und Ermittlung der Erben –

Diese Bestallung dient als Ausweis. Sie ist deshalb sorgfältig aufzubewahren und in allen
Fällen, in denen es eines Ausweises bedarf, namentlich im Verkehr mit Behörden, vorzulegen. Nach Beendigung des Amtes ist die Bestallung dem Nachlassgericht zurückzugeben.

Dienstsiegel

(Ort und Tag)......

....

Amtsgericht

Merkblatt für den Nachlasspfleger   78

Das Amt des Pflegers ist ein Ehrenamt. Es gehört zur allgemeinen Staatsbürgerpflicht,
dieses Amt zu übernehmen.[91] Der Pfleger hat sein Amt gewissenhaft und treu ausschließlich im Interesse der Erben zu führen.

Wegen der Rechte und Pflichten des Nachlasspflegers wird besonders auf die §§ 1960,
1915, 1802, 1805, 1806 bis 1814; 1821 bis 1823, 1829 bis 1831, 1840, 1841, 1890 bis
1892, 2012, 2014 bis 2017 des Bürgerlichen Gesetzbuches hingewiesen. Zu den Pflichten
des Nachlasspflegers gehört es, den Nachlass zu sichern und, soweit nötig, ordnungsgemäß zu verwalten, auch hat er die Erben zu ermitteln.

Bei der Überschuldung ist in der Regel Nachlassinsolvenz zu beantragen.

Nachlassteilung ist nicht Aufgabe des Pflegers.

Der bewegliche Nachlass darf nur aus zwingenden Gründen, möglichst nach Erörterung
mit dem Nachlassgericht und etwaigen bekannten Erben, verkauft werden.

---

[91] Hier kein Berufspfleger.

Der Pfleger darf Nachlassgegenstände nicht für sich verwenden.

Er darf aus dem Nachlass auch keine Schenkungen machen, es sei denn, dass einer sittlichen Pflicht oder einer Anstandspflicht der Erben zu entsprechen ist.

Das Nachlassgericht beaufsichtigt die Tätigkeit des Pflegers, es berät ihn in allen mit seinem Amt zusammenhängenden Fragen und unterstützt ihn, soweit es zulässig ist. Der Pfleger hat dem Nachlassgericht jederzeit auf Verlangen Auskunft über die Führung seines Amtes zu erteilen.

Über die Verwaltung des Nachlasses ist dem Nachlassgericht Rechnung zu legen und zwar jährlich, wenn nichts anderes bestimmt ist. Die Rechnung ist spätestens binnen eines Monats nach Ablauf des Haushaltsjahres ohne besondere Aufforderung einzureichen. Die Rechnung soll eine geordnete Zusammenstellung der Einnahmen und Ausgaben enthalten; Belege für die einzelnen Posten sind beizufügen.

Aus dem Nachlass sind die Gerichtskosten zu bezahlen, zu denen auch die Kosten einer etwaigen besonderen Rechnungsprüfung gehören.

Wegen der steuerlichen Pflichten und der Haftung wird auf die Bestimmungen der Abgabenordnung und des Erbschaftsteuergesetzes hingewiesen.

79   Der Bestallung ist folgende Anlage beizulegen:

Amtsgericht
Geschäfts-Nr.:...... (Ort und Tag)......
Bitte bei allen Schreiben angeben!
(Anschrift)...... (Fernruf)......
Sehr geehrte(r)......
In der Nachlasssache
wird Ihnen als Anlage Ihre Bestallung übersandt. Geben Sie diese bitte nach Beendigung des Amtes zurück.
Sie werden gebeten, das Nachlassverzeichnis gemäß § 1802 des Bürgerlichen Gesetzbuches bis zum...... einzureichen. Verwenden Sie dazu den anliegenden Vordruck......
Bitte prüfen Sie dabei, ob das vom Erblasser hinterlassene Vermögen ganz oder zum Teil zum Gesamtgut einer Gütergemeinschaft gehört.

                                        Hochachtungsvoll
                                        Auf Anordnung

2 Anlagen

---

4. Überwachung der Tätigkeit des Pflegers

80   Der Nachlasspfleger führt sein Amt **selbstständig und in eigener Verantwortung.**[92] Das **Nachlassgericht** hat jedoch über die gesamte Tätigkeit des Nachlasspflegers die Aufsicht zu führen, ihn zu unterstützen, gegebenenfalls auf eine sachgemäße Erledigung hinzuweisen und gegen Pflichtwidrigkeiten durch geeignete Gebote und Verbote einzuschreiten (§§ 1915, 1837 BGB).[93] Eine Gefährdung der Interessen der Erben rechtfertigt auch die Entlassung des Pflegers (§§ 1915, 1886 BGB); ein Verschulden des Nachlasspflegers ist hierbei nicht erforderlich, es genügt die objektive Gefährdung. **In reinen Zweckmäßigkeitsfragen** darf das Gericht keine Anweisungen geben, sie binden den Pfleger nicht, entlasten ihn auch nicht gegenüber den Erben. **Weisungen** können deshalb nur bei Pflichtwidrigkeiten ergehen.[94] Funktionell zuständig ist der Rechtspfleger (§ 3 Nr. 2a, c RPflG). Gemäß §§ 1908i Abs. 1 S. 1 BGB iVm § 1837 BGB hat der Rechtspfleger in allen

---

[92] BayObLG FamRZ 1997, 314 (316).
[93] Dazu BGH NJW 1983, 226; BayObLGZ 1983, 62.
[94] BayObLGZ 1996, 192 (197).

Pflegschaften die Pfleger zu beraten, in ihre Aufgaben einzuführen, die Aufsicht über die gesamte Tätigkeit der Pfleger zu führen und den Pflegern dabei aufzugeben, eine **Versicherung gegen Schäden,** die sie den Betroffenen zufügen können, einzugehen (§ 1837 Abs. 2 S. 2 BGB). Die Kosten der Versicherung kann der Nachlasspfleger sogleich dem Nachlass entnehmen (§ 1835 Abs. 2 S. 1 BGB), wenn er nicht berufsmäßiger Pfleger ist; bei einem berufsmäßigen Pfleger sind die Kosten Teil der Gemeinkosten, die mit dem Honorar abgegolten werden.

Die Rechtspfleger können die Pfleger zur Befolgung ihrer Anordnung durch Festsetzung **81** von Zwangsgeldern anhalten, die sie in den ihnen übertragenen Angelegenheiten auch selbst androhen und festsetzen können (§ 4 Abs. 1 RPflG); sie können jedoch nicht Haft androhen oder verhängen (§ 4 Abs. 2 Nr. 2 RPflG). Einstweilige Anordnungen: § 49 FamFG.

5. Stellung des Pflegers, Aufgaben und Befugnisse[95]

Wie dargelegt, vertritt der Pfleger, soweit es die Erhaltung und Verwaltung des Nachlasses **82** angeht, die noch unbekannten endgültigen Erben, nicht den Nachlass oder die Nachlassgläubiger.[96]

Es handelt sich um eine Personalpflegschaft. Der Pfleger ist deshalb weder Träger eines privaten Amtes noch Vertreter des Nachlasses, sondern **gesetzlicher Vertreter der unbekannten (endgültigen) Erben** im Rahmen des vom Gericht angeordneten Wirkungskreises. **Partei** eines Rechtsstreits sind deshalb auch **die unbekannten Erben des am...... verstorbenen Erblassers...... vertreten durch den Nachlasspfleger......**

Der vorläufige Erbe behält neben dem Nachlasspfleger seine Geschäftsfähigkeit und seine **83** Verpflichtungsfähigkeit sowie Verfügungsmacht (keine „verdrängende Vertretungsmacht"). Andererseits sind die Handlungen des Nachlasspflegers innerhalb seines Wirkungskreises[97] für und gegen die Erben wirksam. Die Vertretungsmacht eines formell ordnungsgemäß bestellten Pflegers besteht unabhängig davon, ob die materiellen Voraussetzungen der Bestellung vorlagen[98] und ob die Pflegschaft zweck- und pflichtgemäß ausgeübt wird.[99]

Dies hat folgende Konsequenzen:

Bei Kollisionen sind nach allgemeinen Grundsätzen die zuerst vorgenommenen Hand- **84** lungen gültig, wenn nicht die Vorschriften über den gutgläubigen Erwerb eingreifen;[100] bei Gleichzeitigkeit tritt Nichtigkeit ein.

Zur Verwaltung des Nachlasses kann der Pfleger **Verbindlichkeiten eingehen,** für die der Erbe unbeschränkt, aber beschränkbar haftet (Nachlassverbindlichkeiten, keine Nachlasserbenschulden).[101] Der Nachlasspfleger kann im selben Umfang wie jeder andere Pfleger **über Nachlassgegenstände verfügen.**

Nimmt der Pfleger **Rechtsgeschäfte der §§ 1821, 1822 BGB** vor, bedarf er der **85** **Genehmigung des Nachlassgerichts** (§§ 1915, 1962 BGB). Zuständig zur Genehmigung ist der Rechtspfleger. **Bei Teilnachlasspflegschaft** bedarf der Nachlasspfleger außer im Fall des § 2038 Abs. 1 S. 2 BGB der **Zustimmung der von ihm nicht vertretenen Miterben.**

Die Erteilung der nach §§ 1812, 1821, 1822 BGB erforderlichen **Genehmigung des Nachlassgerichts** liegt in dessen pflichtgemäßen Ermessen. Die Genehmigung wird dem Käufer gegenüber erst mit Rechtskraft des Beschlusses (§ 38 FamFG) wirksam, dies ist im

---

[95] Einzelheiten s. BGH NJW 1983, 226; BayObLGZ 1983, 62.
[96] So zu Recht die hM und Rspr., da das Erbrecht des BGB nicht die *hereditas iacens* kennt; früher wurde auch die Meinung vertreten, der Nachlasspfleger sei Vertreter des Nachlasses als eines selbständigen Sondervermögens, vgl. näher Staudinger/*Mešina* § 1960 Rn. 23 mwN.
[97] S. dazu BGH LM § 1960 Nr. 1.
[98] BGHZ 41, 303.
[99] BGHZ 49, 1.
[100] MüKoBGB/*Leipold* § 1960 Rn. 43.
[101] MüKoBGB/*Leipold* § 1960 Rn. 56.

Beschluss auszusprechen. Der Beschluss ist mit einer Rechtsmittelbelehrung zu versehen (§ 39 FamFG; Beschwerdefrist: 2 Wochen ab schriftlicher Bekanntgabe, § 63 Abs. 2 Nr. 2 und Abs. 3 Nr. 1 FamFG). Der Beschluss muss nicht nur dem Nachlasspfleger zugestellt (§ 41 Abs. 1 Satz 2 FamFG) werden, sondern auch denjenigen, für die das Rechtsgeschäft genehmigt wird (§ 41 Abs. 3 FamFG), also auch den unbekannten Erben, für die vom Nachlassgericht ein Verfahrenspfleger zu bestellen ist, da sie der Nachlasspfleger insoweit nicht vertreten kann (§§ 340, 276 Abs. 1 FamFG). Ob die formelle Rechtskraft bei Versäumnis der Bestellung eines Verfahrenspflegers dennoch nach Ablauf der Beschwerdefrist für den letzten formell Beteiligten eintritt, ist streitig.[102]

Einseitige Rechtsgeschäfte (Kündigung; Annahme von mehr als 3000 Euro ohne Genehmigung des Nachlassgerichts) sind unwirksam (§ 1831 Abs. 1 Nr. 3 BGB), es sei denn es liegt eine Befreiung vor oder es handelt sich um eine Auszahlung von einem Giro- oder Kontokorrentkonto. Die Genehmigung muss beim Zugang der Willenserklärung vorliegen; wenn nicht muss das Rechtsgeschäft neu vorgenommen werden weil eine später erteilte Genehmigung nicht zurückwirkt.[103]

Die Verletzung von Sollvorschriften (bei der sog Innengenehmigung, zB § 1810 BGB) hat – anders als bei der Außengenehmigung (zB §§ 1812, 1821, 1822 BGB) – nicht die Unwirksamkeit des Geschäfts zur Folge, es ist nicht§ 40 Abs. 2, sondern Abs. 1 FamFG anzuwenden; das Geschäft ist also sofort wirksam.[104]

Die wichtigsten genehmigungsbedürftigen Rechtsgeschäfte sind **Verfügungen über Forderungen und Wertpapiere** (§ 1812), **Grundstücksgeschäfte** (§ 1821 Abs. 1 Nr. 1 BGB), **Verfügungen über Rechte am Nachlass** (§ 1822 Nr. 2 BGB: **Ausschlagung** einer Erbschaft, eines Vermächtnisses, Verzicht auf einen Pflichtteil, **Erbteilungsvertrag**; die Erbschaft, für die die Nachlasspflegschaft angeordnet ist, darf er nicht ausschlagen! Auch nicht bei Erbschaften des Verstorbenen),[105] **Erwerbsgeschäfte** (§ 1822 Nr. 3 BGB), **Kreditaufnahmen** (§ 1822 Nr. 8 BGB; **Kontoüberziehungen** gehören auch hierher), die in § 1822 Nr. 12 BGB genannten **Vergleiche.**

Sinnvoll ist es, auch die **Kündigung der Nachlasswohnung** oder **von Versicherungsverträgen** genehmigen zu lassen.[106]

Der Nachlasspfleger darf und muss den Nachlass an sich nehmen, um ihn zu sichern und zu verwalten. Für diese Entgegennahme braucht der Nachlasspfleger keine Genehmigung des Nachlassgerichts, § 1812 BGB ist hierauf nicht anzuwenden.[107]

86   Zur Vornahme von **Schenkungen** oder zum Vollzug einer vom Erblasser vorgenommenen formnichtigen Schenkung ist der Pfleger nicht befugt (§§ 1915, 1804 BGB).[108]

87   Gegenüber dem **Grundbuchamt** ist der Pfleger auch ohne Nachweis des Erbrechts der von ihm vertretenen Erben legitimiert.[109]

Prozessführung

88   **Prozessual** bedeutet die Bestellung eines Pflegers nicht, dass dadurch dem (vorläufigen oder endgültigen) Erben die **Prozessführungsbefugnis** genommen würde; hinsichtlich der **Ansprüche gegen den Nachlass** ist der vorläufige Erbe (vor Annahme der Erbschaft) jedoch nicht prozessführungsbefugt (§ 1958 BGB). § 1958 BGB findet auf den Pfleger keine Anwendung (§ 1960 Abs. 3 BGB). In einem vom Pfleger geführten oder mit

---

[102] Bejahend Palandt/*Weidlich* § 1960 Rn. 14; Keidel/*Sternal* § 63 Rn. 45; OLG Hamm FamRZ 2011, 396.

[103] Palandt/*Götz* § 1831 Rn. 2

[104] Beschwerdefrist 1 Monat (§ 63 Abs. 1 FamFG), sofern der Beschwerdewert von 600 EUR erreicht wird oder die die Beschwerde zugelassen wird, *Wesche*, Außen- und Innengenehmigung bei der Geldverwaltung nach FamFG, Rpfleger 2010, 403 (405).

[105] MüKoBGB/*Leipold* § 1960 Rn. 58; str.

[106] Str., ob genehmigungsbedürftig, vgl. OLG Hamm FamRZ 1991, 605.

[107] OLG Karlsruhe NJW-RR 2008, 313.

[108] Staudinger/*Mešina* § 1960 Rn. 42.

[109] KG RJA 10, 277. Obwohl die Nachlasspflegschaft nicht im GB eingetragen wird, kann der Nachlasspfleger (mit Genehmigung) über das Grundstück verfügen, § 40 Abs. 1 GBO, idR aber nur zur Begleichung von Verbindlichkeiten.

Einwilligung des Erben übernommenen Rechtsstreit steht der vorläufige Erbe aber nach § 53 ZPO einer nicht prozessfähigen Person gleich.[110]

Der Nachlasspfleger ist **aktiv und passiv** zur Führung der den Nachlass betreffenden **89** Rechtsstreitigkeiten **legitimiert.** Gegen den Willen des Erben kann der Pfleger einen **bereits laufenden Prozess des Erben** nicht übernehmen. Den unbekannten Erben, vertreten durch den Nachlasspfleger, kann **Prozesskostenhilfe** bewilligt werden,[111] falls der Nachlass arm ist und die sonstigen Voraussetzungen der Prozesskostenhilfe vorliegen. Der Nachlasspfleger vertritt dabei nicht den vorläufigen, sondern den endgültigen Erben. Das ergehende Urteil wirkt für und gegen letzteren (§ 325 Abs. 1 ZPO). Ein **Vorbehalt der beschränkten Haftung ist nicht nötig** (§ 780 ZPO). Nach Aufhebung der Pflegschaft kann die Vollstreckungsklausel ohne Anwendung der §§ 727, 730 ZPO umgestellt werden.[112] War der Prozess noch anhängig, so treten die Erben an Stelle des Pflegers, eine Aussetzung oder Unterbrechung des Verfahrens erfolgt nicht.[113] Der Nachlasspfleger hat bei wichtigen Prozessen eine Berichtspflicht (§§ 1915, 1839).

Der Nachlasspfleger ist grundsätzlich **nicht** berufen, einen **Erbenrechtsstreit** zu führen,[114] **90** auch nicht ein Testament oder darin enthaltene Vermächtnisse **anzufechten,** eine etwaige **Erbunwürdigkeit geltend zu machen** oder streitenden Erben als Streitgenosse beizutreten.

Die Rechtsstellung des Nachlasspflegers als gesetzlicher Vertreter schließt nicht aus, ja erfordert es in einigen Fällen sogar, dass er prozessual als **Kläger im eigenen Namen** auftritt.[115] Soweit der Nachlasspfleger zum Nachlass gehörige Rechte einklagt, wäre eine Klage, die er als Vertreter der noch unbekannten Erben erhebt, unzulässig, falls das Gericht zur Auffassung käme, der Beklagte sei der Erbe; dann würde nämlich dieser Erbe sowohl auf der Seite der Klagepartei als auch auf der Seite der Beklagten stehen.[116]

Die Zulässigkeit einer Klage des Nachlasspflegers, in der er als **Partei kraft Amtes** auftritt, ergibt sich aus dem materiellen Recht, das den Pfleger ermächtigt und verpflichtet, den Nachlass an sich zu nehmen und von jedem, der Nachlassgegenstände in Besitz hat, deren Herausgabe zu verlangen. Dieses Recht leitet sich unmittelbar aus der Stellung des Nachlasspflegers und nicht vom Erben ab.[117]

Ist beim Tode des Erblassers ein Prozess für oder gegen denselben **anhängig,** so tritt **91** dann, wenn er durch einen Prozessbevollmächtigten (nicht notwendig Rechtsanwalt) vertreten ist, keine Unterbrechung des Verfahrens ein (§ 246 ZPO). Das Prozessgericht hat jedoch auf Antrag des Bevollmächtigten oder des Gegners die Aussetzung des Verfahrens anzuordnen. Die Aussetzung dauert bis zur Aufnahme oder Anzeige gemäß §§ 239, 241, 243 ZPO.

War kein Prozessbevollmächtigter vorhanden, so wird das Verfahren gemäß § 239 ZPO unterbrochen. Die Unterbrechung endigt, wenn der Nachlasspfleger dem Gericht von seiner Bestellung Anzeige macht oder der Gegner seine Absicht, das Verfahren fortzusetzen, dem Gericht anzeigt, und das Gericht diese Anzeige von Amts wegen zugestellt hat (§§ 241 Abs. 1, 243 ZPO). Der vorläufige Erbe ist vor der Annahme der Erbschaft zur Fortsetzung des Rechtsstreits nicht verpflichtet.

Vollstreckung
Vor Annahme der Erbschaft kann ein Nachlassgläubiger keinen **Titel** gegen den Erben **92** erwirken. Liegt ein Titel gegen den Erblasser vor, so kann eine bereits begonnene Zwangs-

---

[110] MüKoBGB/*Leipold* § 1960 Rn. 45.
[111] RGZ 50, 394; BGH MDR 1964, 747. Auf die Vermögenslage des wirklichen Erben kann es nicht ankommen, da dieser ja unbekannt ist; ist er bekannt, entfällt das Bedürfnis der Aufrechterhaltung der Pflegschaft. BVerfG NJW-RR 1998, 1081.
[112] Vgl. Stein/Jonas/*Münzberg* ZPO § 727 Abs. 1 Nr. 3 Rn. 10.
[113] Über örtliche Zuständigkeit für Verfahren zur Abgabe einer eV gegen unbekannte Erben vertreten durch Nachlasspfleger s. JR 1951, 664.
[114] Über Einzelheiten und Ausnahmen vgl. OGH 4, 219; BGH Rpfleger 1951, 509; NJW 1983, 226.
[115] BGH NJW 1983, 226.
[116] BGH NJW 1981, 2299.
[117] § 2018 BGB; BGH NJW 1983, 226.

vollstreckung nach dem Tode des Erblassers ohne Umschreibung der Klausel in seinen Nachlass weitergeführt werden (§ 779 Abs. 1 ZPO). Hatte die Zwangsvollstreckung dagegen noch nicht begonnen, so ist die Umschreibung eines gegen den Erblasser erstrittenen Titels gegen den vorläufigen Erben unzulässig (§ 1958 BGB). Der Gläubiger kann auch keinen neuen Titel gegen den vorläufigen Erben erwirken. Der Titel muss aber auf Antrag des Gläubigers gegen den Nachlasspfleger umgeschrieben werden (§§ 727 Abs. 1, 749 ZPO). Vor Umschreibung kann sich der Nachlasspfleger mit der Erinnerung gegen die Vollstreckung wehren (§ 766 ZPO).

Nach Bestellung eines Nachlasspflegers ist die Zwangsvollstreckung in den Nachlass zulässig (§ 778 ZPO). Ein Titel zugunsten des Erblassers muss nicht auf den Nachlasspfleger umgeschrieben werden. Zur Vollstreckung genügt der Bestellungsbeschluss.

6. Aufgaben und Befugnisse des Pflegers in typischem Ablauf der Pflegschaft

93 • **Der Pfleger hat den Nachlass seinem Umfang nach festzustellen und ihn in Besitz zu nehmen** (Klagerecht aus § 2018 BGB – auch vom Erbanwärter – ohne die Nichtberechtigung des Erbschaftsbesitzers nachweisen zu müssen – daneben Besitzklage hinsichtlich einzelner Nachlassgegenstände).[118]

94 • Zur **Anzeigepflicht** des Pflegers über das in seinem Gewahrsam befindliche Vermögen **gegenüber dem Finanzamt** beachte §§ 34 ff. AO; § 33 ErbStG; Muster der Anzeige: Anhang 1 Muster 1. Steuerschulden muss der Nachlasspfleger tilgen (§ 34 Abs. 1 AO), andernfalls kann er persönlich nach § 69 AO in die Haftung genommen werden.

95 • **Der Pfleger hat den Nachlass zu verzeichnen und das Verzeichnis** (Belege nicht nötig; nach Absprache mit dem Rechtspfleger können die Handakten zur Einsicht mit eingereicht werden) **dem Nachlassgericht einzureichen (§ 1802 BGB).** Das Verzeichnis wird er etwa in der Form wie (→ Anh.) errichten. Die Richtigkeit und Vollständigkeit ist zu versichern. Der Pfleger kann sich bei Aufnahme des Verzeichnisses der Hilfe eines Beamten, eines Notars oder eines Sachverständigen bedienen. Von der Möglichkeit des § 1802 Abs. 3 BGB, nämlich die Aufnahme des Verzeichnisses durch eine zuständige Behörde anzuordnen, falls das eingereichte Verzeichnis ungenügend ist, wird das Nachlassgericht im Allgemeinen keinen Gebrauch machen. Ist der bestellte Pfleger nicht zuverlässig, so ist ein Pflegerwechsel in Erwägung zu ziehen. Der **Inhalt des Nachlassverzeichnisses** ergibt sich aus §§ 1802, 1890, 1915 Abs. 1 BGB; es ist in Aktiva und Passiva einzuteilen. Streitig ist, welcher **Stichtag** anzugeben ist. Nach § 1802 ist es das Datum der Anordnung der Pflegschaft; es ist nicht entsprechend § 2001 BGB (Inventarerrichtung) auf den Todeszeitpunkt abzustellen. Die Vorlage des Nachlassverzeichnisses wird idR verbunden mit einem Erstbericht über den Stand der Pflegschaft (beides innerhalb etwa 3 Monaten). Der **Bericht** ist sinnvollerweise in zwei Teile zu gliedern: 1. Erbenermittlung[119] und 2. Nachlasssicherung und -verwaltung. Bei der Erbenermittlung ist auf das Vorhandensein von letztwilligen Verfügungen und auf die gesetzliche Erbfolge einzugehen, letzteres anhand der Erkenntnisse aus dem Familienstammbuch, Sterbe- und Geburtsurkunden sowie Heiratsurkunden. Die Ausführungen zur Nachlasssicherung und -verwaltung beschäftigen sich mit Wohnung und Hausrat des

---

[118] BGH NJW 1972, 1752; NJW 1981, 2299; 1983, 226. Dazu *Johannsen* WPM 1972, 918 ff.; *Dieckmann* FamRZ 1983, 582 in Anm. zu BGH (6.10.1982); *Johannsen* WPM 1972, 918 ff.

[119] In Ausnahmefällen (OLG Frankfurt, Rpfleger 2000, 161: nach 1 Jahr vergeblicher Bemühungen des Nachlasspflegers) kann der Nachlasspfleger einen Erbenermittler (Genealogen) beauftragen; die Bevollmächtigung bedarf keiner Ermächtigung durch das Nachlassgericht. Der Vertrag mit dem Erbenermittler ist ein Geschäftsbesorgungsvertrag (§§ 675, 670 ff.). Die Vergütung ist problematisch. IdR verlangen Erbenermittler 10–30 % des Nettonachlasses; eine Vergütung nach Stundenlohn und Auslagenerstattung ist oft unzweckmäßig. Ermittelt der Erbenermittler auf eigenes Risiko, steht ihm kein Honorar zu, er muss aber auch das Ergebnis nicht preisgeben (BGH ZEV 2000, 33; NJW-RR 2016, 842), wenn dies nicht vereinbart ist. Zum Einsichtsrecht in Personenstandsurkunden oder in die Sammelakten des Standesamtes s. Schleswig-Holst OLG FGPrax 2005, 129.

Erblassers (geräumt, gekündigt, Vergleich mit Vermieter – bedarf der Genehmigung –, verwertbarer Hausrat), Bestattungskosten, Einkünften, Bargeld, Konten (evtl. Antrag Genehmigung der Auflösung und Verfügung hierüber), Steuern (Einkommen- und Erbschaftsteuer).

- **Allgemeine Berichte** über den Stand der Pflegschaft sollen unaufgefordert alle drei bis 96 sechs Monate, **Zwischenberichte** nur bei besonderen Ereignissen in Erbenermittlung und Verwaltung eingereicht werden. Zur Rechnungslegung S. unten.
- Mit dem Bericht kann auch die Bewilligung einer Teilvergütung beantragt werden. 97
Wegen Zuständigkeit der Notare zur Aufnahme des Nachlassverzeichnisses beachte § 20 98 Abs. 5 BNotO.
Landesrechtliche Zuständigkeit: (dazu § 61 Abs. 1 Nr. 2 BeurkG):

> BaWü: §§ 3, 40, 41 LFGG. Bayern: Art. 8, 36 AGGVG (Notar). Hamburg: § 76 AGBGB. Hessen: Art. 117 AGGBG; Art. 44, 86 hessFGG. Preußen: Art. 31, 38, 108, 122 ff. prFGG.

Das Nachlassgericht prüft das Verzeichnis,[120] kann dabei aber im Allgemeinen von der 99 Richtigkeit des vom Pfleger eingereichten, mit sachverständiger Hilfe angefertigten Verzeichnisses ausgehen. Etwaige zweifelhafte Punkte sind durch Rückfragen zu klären. Nach Pflegschaftsgrundsätzen ist der Pfleger dem Nachlassgericht gegenüber jederzeit zur Auskunft nach § 1839 BGB verpflichtet. Das Nachlassgericht wird schon bei Einreichung des Verzeichnisses darüber wachen, dass der Pfleger den Pflichten aus §§ 1806 f. BGB nachkommt, so zB Geld, das nicht zur Bestreitung von Ausgaben bereit zu halten ist, mündelsicher verzinslich anlegt. Zu berücksichtigen ist jedoch, dass die Bestimmungen der §§ 1806 f. BGB zwar den Zwecken einer Vormundschaft oder sonstigen Pflegschaft gerecht werden, nicht aber auf die Bedürfnisse einer Nachlasspflegschaft zugeschnitten sind. Der Nachlassrichter wird hier großzügiger verfahren dürfen, wird auch von der Möglichkeit des § 1825 BGB weitgehend Gebrauch machen. Der Gefahr einer Haftung kann er dadurch vorbeugen, dass er bei größeren Werten sich über die jährliche Rechnungslegung hinaus zu geeigneten Zeiten Bericht bzw. Abrechnung erstatten lässt.

Nach Prüfung des Verzeichnisses **bestimmt das Nachlassgericht den Zeitpunkt des Beginnes des Rechnungsjahres für die Rechnungslegung** (zweckmäßig ab Erstellung des Verzeichnisses).

- **Der Nachlasspfleger hat über seine Verwaltung grundsätzlich jährlich unaufge-** 100 **fordert Rechnung zu legen (§ 1840 Abs. 2 und 3 BGB).**
Bei einem Erwerbsgeschäft mit kaufmännischer Buchführung genügt Vorlage einer Bilanz (§ 1841 Abs. 2 BGB). In der Praxis wird häufig innerhalb kürzerer Zeiträume abgerechnet. Empfehlenswert ist, die Verwaltungsabrechnungen fortlaufend zu nummerieren und im Kopf den Abrechnungszeitraum zu bezeichnen. Üblicherweise besteht die Abrechnung aus 4 Teilen: 1) (Zusammenfassende Übersicht) Bestand zu Beginn des Abrechungszeitraums......, Einnahmen......, Ausgaben......, Bestand am......2) (Zusammensetzung des Vermögens) Sparbuch......, Girokonto...... 3) Einnahmen...... (mit Beleg Nr.......), Summe 4) Ausgaben (mit Beleg Nr.......) Summe. Die Richtigkeit und Vollständigkeit der Abrechnung ist unterschriftlich zu versichern.
Die rechnerische und sachliche Prüfung der Rechnungslegung obliegt dem Rechtspfleger (§ 3 Nr. 2c RPflG). Dieser kann sich hierbei unter bestimmten Voraussetzungen zur rechnerischen Nachprüfung der Hilfe eines Rechnungsbeamten bedienen.[121] Soweit erforderlich, ist eine Berichtigung und Ergänzung herbeizuführen (§ 1843 BGB). Der Pfleger kann jedoch nicht gezwungen werden, bestimmte Posten zu streichen oder

---

[120] Dazu LG Berlin JR 1955, 261.
[121] Vgl. dazu § 139 KostO; beachte dazu betreffend Rechnungsgebühren und Rechnungsbeamte in die jeweiligen Länderbekanntmachungen, Bayern Bek. v. 22.2.2007.

einzusetzen. Sowohl Vorlage des Nachlassverzeichnisses wie der Rechnungslegung können erzwungen werden (§ 1837 BGB; § 35FamFG).

Sind keine Beanstandungen zu erheben, so wird verfügt:

101

  I. Die für die Zeit vom...... bis...... abgelegte Pflegschaftsrechnung wurde geprüft. Die Prüfung gab zu Bemerkungen keinen Anlass – Es wird bemerkt:......

  II. Dem Pfleger...... wird für die Zeit von...... bis...... eine Vergütung von...... Euro bewilligt.[122]

  III. Die nächste Rechnung ist zu legen auf:...... § 1840 BGB. Hierbei ist auch über die allgemeine Lage des Nachlasses sowie über den Stand der Erbenermittlungen zu berichten.

  IV. Ausfertigung von I, II und III unter Rückgabe[123] der übersandten Belege per Einschreiben an Pfleger.

  V. Kostenbehandlung.

  VI. WV auf...... vormerken.

München, den......20..

Amtsgericht

Rechtspfleger

Beachte: Vorbemerkung 1.1. Abs. 1 zum GNotKG; Nr. 11101 KV-GNotKG

102 Über die **Pflicht der Präsidenten des Amtsgerichts/Landgerichts zur alljährlichen Revision von Pflegschaften und Nachlassverwaltungen,** in denen ein Vermögen von mehr als – ursprünglich – 50 000 DM verwaltet wird, vgl. RdErl RJM v. 9.7.1935 Nr. IV b 584. Für Bayern s. dazu JMBek v. 19.12.1979, JMBl 1980, 2; 7.6.1984, JMBl 119 – derzeit erhöht auf 400.000 EUR, v. 12.9.2006, JMBl 2006, 182.

103 • **Haftung:** Der Pfleger haftet wie ein Vormund dem Mündel, so hier den Erben, §§ 1915, 1833 BGB[124] (nicht jedoch den Nachlassgläubigern; § 1985 Abs. 2 BGB ist nicht analog anzuwenden, weil er nicht wie der Nachlassverwalter im Interesse der Nachlassgläubiger tätig ist)[125] für die Erfüllung dieser Obliegenheiten. Den Nachlassgläubigern ist er gemäß § 2012 BGB zur Auskunft über den Bestand des Nachlasses verpflichtet. Zwischen Nachlasspfleger und Erben besteht kein vertragliches, sondern ein gesetzliches Schuldverhältnis. Er haftet nach allgemeinen Grundsätzen für den aus vorsätzlicher oder fahrlässiger Pflichtverletzung entstandenen Schaden (§§ 823, 826, 1915, 1833 BGB). Für eigenes Personal haftet er nach § 278 BGB; für übriges Hilfspersonal haftet er für Verschulden bei Auswahl, Unterweisung und Beaufsichtigung, bei unzulässiger Übertragung haftet er für jeden Schaden. Der Schadensersatzanspruch ist vor den Zivilgerichten geltend zu machen. Dem Finanzamt haftet der Nachlasspfleger für die Erbschaftsteuer gemäß § 34 Abs. 3 AO bei vorsätzlicher oder fahrlässiger Pflichtverletzung hinsichtlich der Nichtzahlung, sowie für rückständige Erblassersteuern, § 45 AO.

104 • **Geht der Pfleger Verbindlichkeiten** ein, so stellen diese Nachlassverbindlichkeiten in der Nachlassinsolvenz Masseschulden dar (§ 324 Abs. 1 Nr. 5 InsO).

  • Im **Grundbuch** erfolgt die Eintragung nicht auf seinen Namen, sondern auf „**die unbekannten Erben**".[126] Neben der Eintragungsbewilligung ist kein Erbschein nötig (§ 40 GBO).

---

[122] Festsetzung obliegt dem Rechtspfleger (§ 3 Nr. 2c RPflG). Bewilligung einer Teilvergütung ist zulässig. Eine Teilvergütung wird man nur auf Antrag des Pflegers festsetzen, eine weitere Anhörung erübrigt sich hierbei.

[123] Die Rechnungslegung selbst wird zum Akt genommen.

[124] BGHZ 49, 1.

[125] BGH NJW 2005, 756.

[126] BGH DNotZ 1961, 485 (486); BayObLGZ 1994, 158; Gutachten: DNotI-Report 2000, 142.

• **Vermögensverwaltung, Geldanlagen**   **105**

Im Verhältnis zum Erben und Nachlassgericht ist der Pfleger nur zu Rechtsgeschäften befugt, die die **ordnungsgemäße Sicherung, Erhaltung und Verwaltung des Nachlasses** im Auge haben.

Als **Eilmaßnahme** hat der Nachlasspfleger seine gesetzliche Vertretung den Banken mitzuteilen, Vollmachten und Daueraufträge zu widerrufen, Abbuchungen aufgrund Einzugsermächtigungen und Lastschriften zu widersprechen, EC-Karten, Kreditkarten und Schecks zu sperren, Bezugsrechte von Dritten bei Lebensversicherungen zu widerrufen, Versicherungs- und Versorgungsverträge (Strom, Gas, Wasser, Telefon etc) zu kündigen und Vermögenswerte etwa bei Krankenhäusern, Krankenversicherung (Sterbegeld), Arbeitgeber (Beihilfe, Sterbegeld) aufzudecken. Der Inhalt von Schließfächern ist unter Zeugen zu sichern und zu inventarisieren.

Behandlung von Bankkonten und Wertpapierdepots

Sperrvermerk: Für alle Konten und Depots sind Sperrvermerke anzubringen (§ 1809). Für die Aufhebung der Sperre bedarf es einer **Genehmigung des Nachlassgerichts** (§ 1812); das Nachlassgericht kann den Nachlasspfleger von der Verpflichtung, einen Sperrvermerk anzubringen, entbinden (§ 1817). **Geld zur Bestreitung laufender Ausgaben** muss nicht versperrt angelegt werden.

Für die **Auflösung** von Nachlasskonten benötigt der Nachlasspfleger stets eine Genehmigung (§ 1812), ebenso für **Abhebungen** und **Überweisungen**. Für diese ist jedoch **keine Genehmigung erforderlich, wenn**

– eine allgemeine Ermächtigung des Nachlassgerichts (§ 1825) oder
– eine Entbindung (§ 1817) vorliegt oder
– wenn es sich um Verfügungen von einem Giro- oder Kontokorrentkonto handelt (§§ 1812, 1813 Nr. 3 BGB) oder
– bei Verfügungen von anderen Konten, die nicht gesperrt sind, wenn deren Bestand höher als 3.000 EUR ist (§§ 1812, 1813 Nr. 3 BGB) oder
– vorübergehend angelegtes Geld (§ 1806) oder
– anders angelegtes Geld (§ 1811)

abgehoben wird.

Bei einer Sperre muss jedoch zusätzlich die Sperre aufgehoben werden.

Kontokündigung, Umschichtung:

Grundsätzlich braucht der Nachlasspfleger zu einer Kontokündigung und/oder Umschichtung die Genehmigung des Nachlassgerichts; der Beschluss, der eine Rechtsmittelbelehrung enthalten (2 Wochenfrist, § 63 Abs. 2 Nr. 2 FamFG) und als Außengenehmigung auch dem Verfahrenspfleger für die unbekannten Erben zugestellt werden muss (§ 40 Abs. 2 FamFG) wird erst mit Rechtskraft wirksam. Dies ist im Beschluss (§ 38 FamFG) auszusprechen; das Nachlassgericht muss auch von Amts wegen ein Rechtskraftzeugnis (§ 46 FamFG) zur Vorlage bei der Bank ausstellen.[127]

Nach § 1813 Abs. 1 Nr. 3 BGB nF kann ein Nachlasspfleger ein Giro- oder Kontokorrentkonto auch ohne Genehmigung auflösen und das Guthaben ohne Wertgrenze in Empfang nehmen oder auf ein anderes Konto umschichten.[128] Zutreffend kann dann auch eine Genehmigung entfallen, wenn das Konto keinen Geldwert mehr aufweist und damit auch keine Gefährdung des Mündel-/Nachlassvermögens mehr gegeben ist.[129]

Anderkonten und **Sammelkonten** sind für Nachlassgeld **unzulässig**.[130]

Anlage von Nachlassgeld: Nachlassgeld ist verzinslich und mündelsicher (§§ 1908i Abs. 1, 1806 Hs. 1, 1807 BGB) und mit Sperrvermerk (§ 1809 BGB) anzulegen. Mit Genehmigung des Nachlassgerichts kann das Geld auch anders angelegt werden (§ 1811

---

[127] OLG Düsseldorf FGPrax 2011, 104 = BeckRS 2011, 2623; *Wesche,* Außen- und Innengenehmigung bei der Geldverwaltung nach FamFG, Rpfleger 2010, 403 (404).
[128] LG Hamburg NJW-RR 2011, 513.
[129] LG Hamburg NJW-RR 2011, 513 unter Berufung auf die Argumentation in BGH NJW 2010, 1456.
[130] § 1805 BGB; OLG Köln FamRZ 1997, 899.

BGB). Dies betrifft auch den Erwerb von Sachwerten, Aktien, Wertpapierfonds,[131][132] Erwerbsgesellschaften, Gold, Kunstwerken.

Bei der Genehmigung hat das Nachlassgericht Vor- und Nachteile abzuwägen.[133] Anlagen bei Kreditinstituten, die keinem Einlagensicherungssystem angehören, sind nicht genehmigungsfähig. Geld für laufende Ausgaben muss nicht verzinslich angelegt werden (§ 1806 Hs. 2 BGB), der Sperrvermerk ist nicht erforderlich (§ 1809 BGB).

106 • **Veräußerung von Nachlasswerten:** Der Gesichtspunkt der Erhaltung des Nachlasses kann die **Veräußerung von Nachlasswerten** zweckmäßig erscheinen lassen. Eine nachlassgerichtliche Genehmigung ist hierzu nicht erforderlich, es sei denn, Spezialbestimmungen, wie zB bei Grundstücken greifen ein. Der Nachlassrichter wird hier mit der Erteilung der Genehmigung sehr zurückhaltend sein; die Abstoßung eines nur lastenbringenden Grundstückes[134] oder ein zur Deckung von dringenden Schulden vorteilhaft erscheinender Grundstücksverkauf kann jedoch zB durchaus im Interesse der Erben gelegen sein. Die voraussichtliche Dauer der Nachlasspflegschaft wird bei der Entscheidung eine wesentliche Rolle spielen. Hat der Nachlass nur geringen Wert, sind andererseits länger dauernde Erbenermittlungen zu erwarten, so wird man an den Verkauf der Nachlassgegenstände denken, falls unverhältnismäßig hohe Aufbewahrungskosten anfallen. Freihändiger Verkauf oder öffentliche Versteigerung stehen im Ermessen des Nachlasspflegers.[135] Die Entgegennahme von Zahlungen bedarf zur Erfüllungswirkung jedoch der Genehmigung (§ 1812 BGB); diese Genehmigung kann jedoch ausdrücklich oder konkludent in der Genehmigung für das Grundstücksgeschäft liegen. Ausnahmen: s. § 1813 BGB.

107 • **Befriedigung der Ansprüche der Nachlassgläubiger:** Dies ist nicht eigentliche Aufgabe des Nachlasspflegers.[136] Im Einzelfall kann allerdings die Erhaltung des Nachlasses ihre Befriedigung erfordern. Um unnötigen Schaden und Kosten zu verhindern, kann daher der Nachlasspfleger berechtigt sein, dringende unzweifelhafte Nachlassverbindlichkeiten zu erfüllen. Dies kann zu einer restlosen Versilberung und Liquidation des Nachlasses führen.[137]

Der Nachlasspfleger wird die Möglichkeit der **3-Monats-Einrede** nach §§ 2014, 22017 BGB sowie der Einrede des Aufgebotsverfahrens nach §§ 433 ff., 454 ff. FamFG berücksichtigen. Er wird jeweils sorgfältig prüfen, ob der Nachlass zur Berichtigung aller Nachlassverbindlichkeiten ausreicht (§§ 1975, 1979 BGB) und die Notwendigkeit eines Gläubigeraufgebots eventuell einer Zwangsversteigerung eines Nachlassgrundstückes nach § 175 ZVG zwecks Ausfallermittlung in Erwägung ziehen. Ist der **Nachlass überschuldet**, hat der Pfleger **das Nachlassinsolvenzverfahren zu beantragen**,[138] falls keine außergerichtliche Einigung der Gläubiger möglich ist. Das Antragsrecht aus § 317 Abs. 1 InsO hat der Nachlasspfleger ausschließlich im Interesse des Erben zur Sicherung und Erhaltung des Nachlasses, nicht aber auch im Interesse der Nachlassgläubiger wahrzunehmen. Stellt der Nachlasspfleger schuldhaft verspätet den Insolvenzantrag, ist dies dem Erben nicht gemäß §§ 166 Abs. 1, 278 BGB zuzurechnen. Der Erbe bleibt trotz

---

[131] OLG Köln, FamRZ 2001, 708.
[132] Die Entscheidung ist sehr informativ, ebenso die Anm. d. Red. und die dort genannte „Mündelgeldliste", veröffentlicht auf der Internetseite des Handelsblattes (handelsblatt.de/tabellen/mündelkopf oder mündeltabelle).
[133] Rendite, Wertsicherung, Steuern usw; BayObLG Rpfleger 1989, 455: nicht jegliches Risiko ist fernzuhalten; OLG Frankfurt FamRZ 2003, 59: bei größerem Vermögen Streuung über unterschiedliche Anlagearten.
[134] OLG München NJW-RR 2010, 1593 (auch wenn der veräußerte Gegenstand einen wesentlichen Teil des Nachlasses darstellt).
[135] *Brand/Kleeff*, Die Nachlasssachen in der gerichtlichen Praxis, 467.
[136] Anders bei Nachlassverwaltung.
[137] RGRK/*Johannsen* § 1960 A 5d; BGHZ 49, 1.
[138] §§ 1980 BGB, 455 FamFG, 217 KO (dazu KG FamRZ 1975, 292), jetzt: § 317 InsO.

Anordnung der Nachlasspflegschaft (und trotz Erbprätendentenstreit) verpflichtet (§ 1980 Abs. 1 S. 1 BGB), Insolvenzantrag zu stellen.[139][140] Das Recht, die Nachlassverwaltung zu beantragen, steht ihm nicht zu.[141] Im Falle des § 1990 BGB hat der Pfleger bei Dürftigkeit des Nachlasses den mit Vollstreckungstitel ankommenden Gläubigern den Nachlass zum Zwecke der Befriedigung im Wege der Zwangsvollstreckung herauszugeben, dh er hat **die Zwangsvollstreckung** (Pfändung bzw. Beschlagnahme durch Gerichtsvollzieher oder Vollstreckungsgericht) **zu dulden** und den Nachlass zu diesem Zweck zur Verfügung zu stellen.[142] Auch hier ist jedoch die **Insolvenzrangordnung** zu beachten.

Bei freiwillig herausgegebenen Geldbeträgen erübrigt sich eine Pfändung und Ablieferung durch den Gerichtsvollzieher.[143] Der Nachlasspfleger wird allgemein eine Übereinkunft mit den Gläubigern anstreben, um den Nachlass insolvenzmäßig an die Gläubiger verteilen zu können. Darf der Nachlasspfleger ohne Fahrlässigkeit (das Unterlassen eines Aufgebotsverfahrens kann zur Fahrlässigkeit führen) annehmen, der Nachlass reiche zur Befriedigung aller Nachlassgläubiger aus, muss er nicht das Insolvenzverfahren beantragen und keine Rangfolge beachten. Ist dies nicht mehr der Fall, riskiert er bei unterlassenem Insolvenzantrag die persönliche Haftung nach §§ 1978 bis 1980.

- Zur **Nachlassauseinandersetzung** ist der Nachlasspfleger grundsätzlich nicht befugt **108** (hM), daher auch nicht ein Teilnachlasspfleger im Zusammenwirken mit den festgestellten Erben. Man wird diesen Grundsatz in der Praxis jedoch nicht überspannen.[144] Man wird bei klaren Verhältnissen einem Teilnachlasspfleger keine Schwierigkeiten bereiten dürfen, im Zusammenwirken mit den übrigen Erben den Nachlass eventuell zu liquidieren, zu verteilen und den auf die noch nicht festgestellten Erben treffenden Betrag sicherzustellen. Die Anordnung einer Pflegschaft nach § 1913 BGB dürfte sich vielfach erübrigen.

- Obwohl dem Nachlasspfleger die **Ausführung letztwilliger Verfügungen** nicht ob- **109** liegt, wird man ihn bei sich lange hinziehender Pflegschaft als berechtigt ansehen können, bei klarer Rechts- und Sachlage, **Vermächtnisse und Auflagen zu erfüllen**.[145] Es wird hier auf den Einzelfall ankommen.

- Der Nachlasspfleger kann die **Erbschaft weder annehmen noch ausschlagen,** auch **110** nicht einen Erbschein beantragen oder dessen Erteilung oder Ablehnung mit einer Beschwerde anfechten.[146] Er ist dazu jedoch befugt, falls Erblasser selbst Erbe an einem anderen Nachlass geworden ist. Zur Ausschlagung bedarf er hier der Genehmigung des Nachlassgerichts.[147]

- Der Nachlasspfleger ist befugt, für den Erben ein **Inventar zu errichten.** Da er die **111** Stellung der Erben nicht verschlechtern kann, kann ihm andererseits keine Inventarfrist gesetzt werden (§§ 1993, 1994 BGB). Er kann auch nicht auf die Beschränkung der Haftung der Erben verzichten (§ 2012 BGB).

- Die anfallenden **Auslagen** zB für Anfragen an Polizeibehörden, Einwohnermeldeämter, **112** Standesämter, Pfarrämter, Landesversicherungsämter, Unfallberufsgenossenschaften, Ver-

---

[139] Vgl. zum Ganzen BGH NJW 2005, 756.
[140] Zu den Handlungsoptionen des Nachlasspflegers *du Carrois*, Der überschuldete Nachlass – Handlungsoptionen des Nachlasspflegers, Rpfleger 2009, 197 ff.
[141] BayObLGZ 1976, 167.
[142] RGRK/*Johannsen* § 1973 A 6.
[143] RGRK/*Johannsen* § 1973 A 6.
[144] BayObLG FamRZ 2002, 197 (198). Weitergehend OLG Hamm JMBl. NRW 1953, 101: Teilnachlasspfleger kann schlechthin als gesetzlicher Vertreter des unbekannten Miterben an dessen Stelle bei der Auseinandersetzung des gesamten Nachlasses mitwirken. Dazu auch KG NJW 1971, 565; *Müller* NJW 1956, 652 Abwesenheits-Nachlasspflegschaft und Pflegschaft für unbestimmte Beteiligte.
[145] MüKoBGB/*Leipold* § 1960 Rn. 57.
[146] S. auch OLG Celle JR 1950, 58; BGH NJW 1997, 2384 zur Höchstpersönlichkeit des erbrechtlichen Anspruchs.
[147] Ob Nachlasspfleger hier zur Annahme bzw. Ausschlagung befugt ist, ist bestritten; Staudinger/*Mešina* § 1960 Rn. 48.

sorgungsämter, Konsulate, Zeitungsinserate kann der Pfleger dem Nachlass in Rechnung stellen und ihm entnehmen. Er wird die Ermittlungen einstellen, wenn der Nachlass überschuldet ist und zu erwarten steht, dass die ermittelten Erben ausschlagen werden.

113 • Stehen **langwierige Erbenermittlungen** in Frage, ist andererseits der Wert des Nachlasses geringfügig, so wird der Pfleger den zur Verfügung stehenden Wert für Grabunterhaltung und Ankauf eines Grabsteins verwenden, ein Bedürfnis zur Fortführung der Pflegschaft entfällt damit. Mit nachlassgerichtlicher Genehmigung kann der Pfleger die Todeserklärung eines Erben (§ 16 Abs. 2b VerschG) beantragen.[148] In geeigneten Fällen wird er eine öffentliche Aufforderung gemäß § 352d FamFG beim Nachlassgericht anregen, so zB auch dann, wenn er über die Person eines testamentarisch eingesetzten Erben nichts ermitteln kann.[149]

Unberührt von dieser Aufgabe des Pflegers steht daneben die Ermittlungspflicht des Gerichts.

114 • **Schlussrechnung (§ 1890 BGB)** oder **außergerichtliche Abrechnung:** siehe (→ § 41 Rn. 125 ff.).

115 • Zahlung der **ErbSt**

116 • **Aushändigung** des Nachlasses. Siehe (→ Rn. 143).

7. Ende der Pflegschaft

117 Das **Amt** des Pflegers endet mit:
- **Aufhebung** der Pflegschaft (Bekanntgabe an Pfleger § 40 Abs. 1 FamFG; §§ 1919, 1962 BGB);
- **Entlassung** durch das Nachlassgericht
  - auf Antrag des Pflegers bei wichtigem Grund (§ 1889 BGB);
  - von Amts wegen gemäß §§ 1886, 1888 BGB.

  Im Falle des § 1886 BGB ist der Pfleger vorher zu hören.[150] Die kurz zu begründende **Entlassungsverfügung** wird mit Zustellung (§§ 40, 41 Abs. 1 FamFG) an den Pfleger wirksam. Diesem steht dagegen befristete Beschwerde nach §§ 58, 59, 63 ff. FamFG zu. Zugleich wird der Pfleger aufgefordert, **Rechnung zu legen** sowie kurzen **Schlussbericht** zu geben, die **Bestellung zurückzureichen** und das von ihm verwaltete **Nachlassvermögen an den neuen Pfleger herauszugeben.** Auf eine bereits dem Nachlassgericht gelegte Rechnung kann Bezug genommen werden (§ 1890 BGB). Die Rechnungslegung hat gegenüber dem neuen Pfleger und dem NachlG zu erfolgen. Hat sich der Pfleger keine Pflichtverletzung zuschulden kommen lassen, so ist er idR erst nach Bestellung des neuen Pflegers zu entlassen. Der alte Pfleger hat keinen Anspruch auf Entlastung, erteilt sie jedoch der neue Pfleger, so ist nachlassgerichtliche Genehmigung nach § 1812 BGB nötig;

118 **Aufhebung der Pflegschaft:** Die Beendigung setzt immer eine Aufhebung durch das Nachlassgericht, das die Pflegschaft führt, voraus.[151] Ausnahmsweise endet die Pflegschaft zur Besorgung einer einzelnen Angelegenheit von Gesetzes wegen mit deren Erledigung (§ 1918 Abs. 3 BGB). Die Aufhebung erfolgt nach Wegfall des Grundes der Anordnung[152] evtl. nach **Zweckerreichung.**

---

[148] OLG Köln FamRZ 1967, 59. Allgemein zur Rechtsgrundlage des Antragsrechts s. BayObLGZ 1958, 341. Das Gericht neigt dazu, das Vormundschaftsgericht zur Erteilung der Genehmigung nach § 16 Abs. 3 RPflG zuständig zu halten.

[149] Vgl. dazu auch KGJ 42 A 136.

[150] BayObLGZ 1952, 336; 1983, 59 (63). Entlassung stellt äußerste Maßnahme dar – Aufhebung der Entlassungsverfügung durch Beschwerdegericht lässt diese rückwirkend entfallen (BayObLGZ 1983, 59).

[151] OLGZ 41, 81; RGZ 154, 114.

[152] § 1919 BGB.

Normalfall: Erben sind ermittelt und Annahme der Erbschaft ist festgestellt. Die Ermittlung allein, wer als Erbe in Betracht kommt, genügt nicht. Die jüngere Rechtsprechung geht davon aus, dass es bei der Frage, ob der Erbe bekannt ist (und damit der Grund für die Anordnung weggefallen und die Nachlasspflegschaft aufzuheben ist), genügt, dass eine „hohe Wahrscheinlichkeit" dafür besteht, dass eine bestimmte Person Erbe geworden ist – selbst wenn ein Rechtsstreit vor dem Zivilgericht anhängig ist oder ein neuer Erbscheinsantrag gestellt ist.[153]

Obwohl die Erteilung eines Erbscheins keine Voraussetzung der Aufhebung ist, wird **119** man bei Fehlen einer öffentlichen Verfügung von Todes wegen die Erben idR erst bei dessen Vorliegen mit genügender Sicherheit als festgestellt erachten. Sind die Kosten dieses Erbnachweises in Ansehung des Nachlasswertes unverhältnismäßig hoch, so wird man die Vorlage eines Erbscheins nicht verlangen.[154] Ist der Nachlass erschöpft, so fehlt ein Bedürfnis zur Fortführung der Pflegschaft, die Aufhebung ist daher veranlasst. Eröffnung des Nachlasskonkurses oder der Nachlassverwaltung beenden die Nachlasspflegschaft nicht.

Schlussrechnung: Die Praxis verlangt idR vor Aufhebung der Pflegschaft Einreichung **120** und Prüfung der gemäß § 1890 BGB vorzulegenden Schlussrechnung. Grund hierzu dürfte die leichtere Regulierung der Gerichtskosten und Pflegervergütung bei diesem Vorgehen sein. Da sich hierdurch erfahrungsgemäß die Aufhebung der Pflegschaft verzögert, der Rechtspfleger aber für eine verspätete Aufhebung den Erben haftet,[155] empfiehlt es sich zwar zunächst, auf die Zahlung der Gerichtskosten hinzuwirken, den Aufhebungsbeschluss dann aber sofort zu erlassen und dem bisherigen Pfleger hierbei erst aufzuerlegen, die Schlussrechnung einzureichen. Auch nach Aufhebung der Pflegschaft kann die Vorlage der Schlussrechnung durch Ordnungsmittel erzwungen werden.

Von Vorlage der Einreichung einer Schlussrechnung (§ 1890 BGB) kann Abstand **121** **genommen werden,** falls sich Erben und Nachlasspfleger außergerichtlich geeinigt haben und die Erben dem Nachlasspfleger gegenüber auf Schlussrechnung verzichten. Falls die Erben nur dem Nachlassgericht gegenüber auf Schlussrechnung verzichten, so wird das Nachlassgericht zunächst keine weiteren Schritte unternehmen, hat aber bei späterem Antrag der Erben auf Nachholung der Schlussrechnung zu bestehen.

Im Übrigen hat das Nachlassgericht die Rechnungslegung rechnungsmäßig und sachlich zu prüfen.

Muster: Aufhebung der Nachlasspflegschaft

  I. *Beschluss* **122**
    Die Pflegschaft für die unbekannten Erben des am...... in...... verstorbenen (Name des Erblassers) von München wird aufgehoben, da die Erben ermittelt sind. Erben sind: ...... gemäß Erbschein des Amtsgerichts München vom......

  II. Ziff. I nebst Vordruck (s unten) zustellen an
    a) Pfleger mdE den Nachlass gemäß 1890 BGB den Erben auszuhändigen, binnen 4 Wochen die Schlussrechnung einzureichen sowie die Bestallung zurückzugeben;[156] Zusatz: Die Einreichung der Schlussrechnung kann unterbleiben, falls binnen 4 Wochen eine Bescheinigung über außergerichtliche Abrechnung zwischen Ihnen und den sämtlichen Erben vorgelegt wird. Zur Ausstellung der Bescheinigung kann der angeschlossene Vordruck verwendet werden;

---

[153] OLG Frankfurt a. M. Report 2005, 442; OLG Karlsruhe FamRZ 2004, 222 (223); OLG München Rpfleger 2006, 17; jetzt auch MüKoBGB/*Leipold* § 1960 Rn. 100.
[154] Vgl. dazu *Brand/Kleeff*, 478.
[155] RGZ 154, 110.
[156] Erklärt der Pfleger glaubhaft, dass ihm die Bestallung abhandengekommen ist, so kann sich das Nachlassgericht damit begnügen.

b) die zu I festgestellten Erben mit Zusatz: „Wegen Aushändigung des Nachlasses
wollen Sie sich mit dem Nachlasspfleger...... unmittelbar ins Benehmen setzen.
Das Nachlassgericht vermittelt die Aushändigung nicht."

III. WV 4 Wochen.

München, den......20..

Das Amtsgericht, Abt..

Rechtspfleger

Muster: Außergerichtliche Abrechnung des Pflegers

123   *Außergerichtliche Abrechnung*

I. Die nachfolgenden Erben des am...... in...... verstorbenen, zuletzt in...... wohnhaft
gewesenen......

1. ......

2. ......

3. ......

......, den......20..   Unterschrift der Erben

erklären:

Abrechnung zwischen dem Nachlasspfleger...... und uns über die bisherige Verwaltung
des Nachlasses ist erfolgt. Diese Abrechnung erkennen wir als richtige und vollständige
Schlussrechnung an. Der Nachlasspfleger hat uns den Nachlass vollständig ausgehändigt. Unter Verzicht auf Ablegung einer förmlichen Schlussrechnungslegung erteilen
wir dem Nachlasspfleger und dem Nachlassgericht hiermit Entlastung.[157]

Wir ersuchen um Aufhebung folgender Sperren über Sparbuch Nr....... der Sparkas-
se...... in......;

über das Wertpapierdepot Nr....... bei......

II. Der bisherige Nachlasspfleger:...... erklärt:

Von der vorstehenden Erklärung nehme ich Kenntnis. Mit den gestellten Anträgen bin
ich einverstanden. Bestallung liegt an.

......, den......20..   Unterschrift des Nachlasspflegers

---

124   Mit der **Bekanntgabe** des Beschlusses an den Nachlasspfleger wird die **Aufhebung
wirksam** (§ 40 Abs. 1 FamFG). Der Pfleger hat jedoch diejenigen Geschäfte, mit deren
Aufschub Gefahr verbunden ist, zu besorgen, bis der Erbe anderweit Fürsorge treffen kann
(§§ 1683, 1893 Abs. 1, 1915 BGB).

Die Aufforderung an den Nachlasspfleger, die Bestallung zurückzugeben, erübrigt eine
Mitteilung an ihn, wenn er daraus die Aufhebung der Pflegschaft ersehen kann.[158]

Gegen Aufhebung der Nachlasspflegschaft hat der Nachlasspfleger kein Beschwerderecht,[159] wohl aber Erben, Nachlassgläubiger, Nachlassinsolvenzverwalter (§ 59 Abs. 1
FamFG).

8. Vergütung des Nachlasspflegers

125   Die allgemeine Meinung wendet die Regeln der Minderjährigenpflegschaft entsprechend
auf die Nachlasspflegschaft an. Ausgenommen bleiben die gesetzlichen Regelungen, die
sich mit den Besonderheiten der Nachlasspflegschaft nicht vereinen lassen. Unanwendbar
sind Vorschriften, die eine individuell bestimmte Person als Vertretenen voraussetzen; die

---

[157] Die Anerkennung der Rechnung durch das Nachlassgericht als ordnungsmäßig bedeutet keine Entlastung;
diese ist Sache der Erben.
[158] OLGZ 5, 366.
[159] RGZ 151, 57.

Bestellung eines Vereins (§ 1791a BGB), des Jugendamts (§ 1791b BGB) als Nachlasspfleger kommt nicht in Betracht, da zu deren Aufgaben nicht die Sicherung von Nachlässen gehört. Nach § 1962 BGB tritt an die Stelle des Vormundschaftsgerichts das Nachlassgericht. Der Gesetzgeber hat es bisher leider versäumt, die Nachlasspflegschaft umfassend zu regeln oder die anwendbaren Vorschriften aus dem Recht der Minderjährigenpflegschaft einzugrenzen. Dieses Versäumnis wird besonders deutlich bei der Vergütungsregelung, insbesondere in der Form, die sie durch das für Tätigkeiten ab 1.7.2005 geltende 2. Betreuungsrechtsänderungsgesetz erfahren hat.

Danach besteht ein Vergütungsanspruch für den Nachlasspfleger nur, wenn er die Pflegschaft **berufsmäßig** führt; das Nachlassgericht hat dies bei der Bestellung festzustellen (§§ 1915 Abs. 1 S. 1, 1835, 1836 Abs. 1 Satz 2 BGB; VBVG 1 Abs. 2). Die Feststellung der Berufsmäßigkeit hat bei Bestellung zu erfolgen, jedoch nicht gleichzeitig, sodass sie nachholbar ist,[160] auch noch vom Beschwerdegericht und im Vergütungsfestsetzungsverfahren.[161] Das **Gesetz über die Vergütung von Vormündern und Betreuern (VBVG)** regelt die in § 1836 Abs. 1 S. 2 vorgesehene Vergütung für Berufsvormünder und Berufsbetreuer. Die Stundensatzregelung des VBVG 3 Abs. 1 bis 3 gilt jedoch gemäß § 1915 Abs. 1 S. 2 nicht für den nicht mittellosen Pflegling (= vermögenden Nachlass).[162] Der **ehrenamtliche Nachlasspfleger** führt die Pflegschaft unentgeltlich (§ 1836 Abs. 1 S. 1); er kann aber Aufwandsentschädigung von derzeit 323 EUR pro Jahr verlangen (§ 1835a). Ein mittelloser Nachlass liegt vor, wenn die Vergütung vom Aktivnachlass nicht gedeckt ist.[163]

Vermögender Nachlass: § 1915 Abs. 1 S. 2 sieht beim **berufsmäßigen Betreuer 126 eines vermögenden Nachlasses**[164] zur Höhe der Vergütung vor, dass diese sich bemisst
– nach den für die Führung der Pflegschaftsgeschäfte nutzbaren Fachkenntnissen des Pflegers sowie
– nach dem Umfang und der Schwierigkeit der Pflegschaftsgeschäfte.

Es besteht Anlass, darauf hinzuweisen, dass das Gesetz nirgends, auch nicht in § 1915 die **Berechnung der Vergütung** des Nachlasspflegers **nach Stundenlöhnen** fordert. Dies ist nur eine der möglichen Berechnungsarten, die das Nachlassgericht nach seinem Ermessen durchführen kann (Stundenzahl nach Umfang und Stundensatz nach Schwierigkeit). Bei der Nachlasspflegschaft wird tatsächlich ausschließlich eine **Vermögensverwaltung** durchgeführt, auch wenn sie für die unbekannten Erben erfolgt. Insofern unterscheidet sie sich nicht von der sonstigen treuhänderischen Vermögensverwaltung wie sie etwa ein Testamentsvollstrecker vornimmt. **Es kann deshalb auch nach Prozenten des Vermögens abgerechnet werden.**[165] Ein Anwalt als Nachlasspfleger kann auch unmittelbar nach RVG oder nicht überhöhten Stundensätzen abrechnen.[166] Der Stundensatz kann bei einem Anwalt 100–150 EUR betragen.[167] Der Satz des VBVG 3 Abs. 1 (für Rechtsanwälte 33,50 EUR) kann nur ein Mindestsatz sein,[168] denn es ist auf jeden Fall von einem kostendeckenden Satz als Untergrenze auszugehen.[169] ZT wird der

---

[160] OLG Naumburg FamRZ 2011, 1252.
[161] Palandt/*Götz* Anh. zu § 1836 (VBVG) VBVG 1 Rn. 8.
[162] Die in § 5 VBVG festgelegte Differenzierung der Vergütung ist nicht verfassungswidrig, BVerfG FamRZ 2009, 1899.
[163] BayObLG Rpfleger 2000, 331.
[164] Das Vermögen des Betreuten spielt für die Bemessung der Vergütung grundsätzlich keine Rolle mehr (*Karmasin*, Überblick über die Neuregelung der Betreuervergütung durch das Betreuungsrechtsänderungsgesetz, FamRZ 1999, 348 f.).
[165] *Zimmermann* FamRZ 2005, 953; OLG Hamm FamRZ 2003, 116.
[166] LG Wuppertal FamRZ 2005, 932.
[167] LG München I Rpfleger 2003, 249; OLG Hamm BeckRS 2011, 7317: 110 EUR; OLG Saarbrücken NJW-RR 2015, 844: 125 EUR netto.
[168] KG Rpfleger 2006, 76; OLG Schleswig FGPrax 2010, 140; aA OLG Dresden Rpfleger 2007, 547 mit zutreffend ablehnender Anm. *Bestelmeyer*. OLG Dresden FamRZ 2007, 1833 nimmt eine Orientierungshilfe an.
[169] So auch Palandt/*Weidlich* § 1960 Rn. 23.

Stundensatz nach Schwierigkeit der Verwaltung gestaffelt- von 65 über 90 bis zu 115 EUR:[170]

Sofern das Gericht nach Prozentsätzen berechnet, kann als Anhaltspunkt die frühere Rechtsprechung hierzu dienen. Wenn auch nach ständiger Rechtsprechung[171] das Nachlassgericht (Beschwerdegericht) nach „pflichtgemäßen Ermessen", „nach billigem Ermessen" und nicht nach starren Regeln oder bestimmten Prozentsätzen entschied, ob und in welcher Höhe eine Vergütung zu gewähren ist, so hatte sich doch in der langjährigen Praxis eine Übung herausgebildet, wonach bei größeren Nachlässen 1–2 Prozent, bei kleineren 3–5 Prozent des Aktivnachlasses zugebilligt werden.[172] Die Bemessung nach Prozenten wurde als nicht angemessen angesehen, wenn der Aktivnachlass im Bereich eines mehrstelligen Millionenbetrags (hier: 41 Mio. DM) liegt,[173] wobei ein größerer Nachlass schon ab 1 Mio. DM vorliegen soll.[174] Bei solchen Nachlässen stellte die Rechtsprechung weniger auf die Höhe des Aktivnachlasses als vielmehr auf Zeitaufwand, Bedeutung und Schwierigkeit der Geschäfte sowie das Maß der Verantwortung ab. Der Zeitaufwand sei notfalls unter Heranziehung der Handakten zu schätzen, mit einem gesonderten zu ermittelnden Stundensatz (alle Bürounkosten, Personalkosten und MWSt) zu vervielfältigen.

Es wird vorgeschlagen in Höhe von 3 % bis 5 % des Bruttonachlasswertes zu vergüten. Die Vergütung kann einmalig oder für bestimmte Abschnitte, auch als Vorschuss bewilligt werden.

Eine Vergütung nach den Maßstäben wie sie bei Konkursverwaltern, Testamentsvollstreckern, Steuerberatern etc. gelten, hat das BayObLG[175] ausdrücklich abgelehnt. Das BayObLG begründet diese Forderung nicht und stellt lediglich auf die damalige Neuregelung des BtG ab. Dieser Rechtsprechung ist jedoch durch die Neuregelung des § 1915 Abs. 1 S. 2 für den bemittelten Nachlass der Boden entzogen.[176]

127   Mittelloser Nachlass: Der Nachlasspfleger des mittellosen oder überschuldeten Nachlasses erhält aus der Staatskasse denselben Betrag wie ein Vormund, also je nach seiner Ausbildung 19,50 Euro, 25 Euro oder 33,50 Euro zuzüglich Umsatzsteuer je Stunde (§§ 1915 Abs. 1, 1836 Abs. 1 S. 3 BGB, 3 Abs. 1, Abs. 2 S. 2 VBVG), die Auslagen zusätzlich (§ 1835 BGB).[177] Beinhaltet der Aktivnachlass hinreichende Mittel zumindest für die Bezahlung der Vergütung des Nachlasspflegers, ist der Nachlass nicht mittellos; hierfür ist der gesamte Nachlass einzusetzen. Nachlassverbindlichkeiten sind nicht abzusetzen. Für die Frage der Mittellosigkeit kommt es auf den Zeitpunkt der Entscheidung der letzten Tatsacheninstanz an, nicht auf den Todestag des Erblassers.[178]

Die **Umsatzsteuer** ist zusätzlich abzurechnen. Die Vergütung des Nachlasspflegers ist nach §§ 291 iVm § 288 Abs. 1 S. 2 BGB ab dem Zeitpunkt der Rechtskraft des Vergütungsfestsetzungsbeschlusses mit fünf Prozentpunkten über dem jeweiligen Basiszinssatz zu **verzinsen.**[179] Auch im Hinblick auf die Umsatzsteuer geht der BFH für die Frage der Ehrenamtlichkeit davon aus, dass keine Ehrenamtlichkeit und damit Steuerpflicht gegeben ist, wenn die Tätigkeit auf Grund ihres Umfangs beruflich ausgeübt wird. Dabei legt er mehr als zehn Pflegschaften und voraussichtlich einen Aufwand von mehr als 20 Wochenstunden zu Grunde.[180]

---

[170] OLG Schleswig FamRZ 2012, 1903 (1904).
[171] BayObLGZ 1993, 325; JurBüro 1993, 49 f. = FamRZ 1993, 237; FamRZ 1997, 969; FamRZ 1994, 266; FamRZ 1994, 590.
[172] Als kleinen bis mittleren Nachlass sah BayObLG FamRZ 1997, 969 einen Aktivwert von DM 100 000 an.
[173] BayObLG FamRZ 1994, 266.
[174] BayObLG FamRZ 1994, 266.
[175] BayObLG FamRZ 1994, 590 (591).
[176] S. auch *Bestelmeyer* Rpfleger 2006, 526 (535).
[177] *Zimmermann* FamRZ 2005, 950 (953).
[178] OLG Düsseldorf BeckRS 2012, 20561; OLG München NJOZ 2006, 1848 (diese Gerichte gehen in ihren Entscheidungen von einem Stundensatz von 110 EUR aus, der von der hM als durchschnittlich angesehen werde.
[179] BayObLG Rpfleger 2004, 422 = FamRZ 2004, 1995; OLG Brandenburg FamRZ 2010, 592.
[180] BFH FamRZ 2012, 1804.

Berufsmäßige Pflegertätigkeit: Die Berufsmäßigkeit ist vom Nachlassgericht fest- **128** zustellen wenn

– der Nachlasspfleger mindestens 11 Nachlasspflegschaften (Vormundschaften und Betreuungen sind mitzuzählen) führt oder der erforderliche wöchentliche Zeitaufwand mindestens 20 Stunden beträgt;

– das Nachlassgericht annimmt, dass dem Pfleger so viele Ämter übertragen werden, dass mindestens 11 erreicht sind. In der Regel genügt es, dass eine Person, die sich zur berufsmäßigen Führung von Pflegschaften anbietet, ausgewählt wurde; es genügt dann schon *eine* Pflegschaft/Betreuung.[181]

Auch wenn die Tätigkeit nur **nebenberuflich** neben einer vollen Berufstätigkeit ausgeübt wird, ist sie zu vergüten, wenn möglicherweise auch mit einer niedrigeren Vergütung.[182]

Vergütungsfestsetzungsverfahren: Das Verfahren ist in §§ 340 Nr. 1, 168 Abs. 5, 168 **129** Abs. 1 bis 4 FamFG geregelt. Das Nachlassgericht (Rechtspfleger) setzt auf Antrag (§ 25 FamFG) oder von Amts wegen[183] die Vergütung fest, die nur Wirkung gegen den unmittelbar Betroffenen entfaltet, also gegen den Erben oder gegen die Staatskasse. Der nicht am Verfahren Beteiligte behält alle Einwendungen, sodass es sinnvoll ist, die Staatskasse – auch wenn sie nicht Betroffene ist – am Verfahren zu beteiligen. In diesem Verfahren können nur Ansprüche auf Aufwendungsersatz und Vergütung gegen die Staatskasse, auf Vergütung gegen den Betreuten (nicht auf Aufwendungsersatz gegen den Betreuten bei Vermögensbetreuung, da der Betreuer sich die Aufwendungen selbst aus dem Mündelvermögen entnehmen darf) und auf Festsetzung von Ansprüchen nach §§ 1836c, 1836e BGB geltend gemacht werden. Gegen die Entscheidung ist befristete Beschwerde (§§ 58 ff, Frist nach 63 FamFG) möglich, sofern der Beschwerdewert 600 EUR übersteigt oder das Gericht sie wegen der grundsätzlichen Bedeutung der Rechtssache zulässt (§ 61 FamFG). Bleibt die Beschwerdesumme unter 600,01 EUR, ist gegen die Entscheidung des Rechtspflegers die befristete Erinnerung nach § 11 Abs. 2 RPflG gegeben.

Nach §§ 1836 Abs. 1 S. 3 BGB, § 2 VBVG BGB **erlöschen** Ansprüche **auf Vergütung** und **Ersatz von Aufwendungen,** wenn sie nicht **binnen 15 Monaten** ab Entstehung (= Zeitpunkt des tatsächlichen Anfalls) beim Nachlassgericht **geltend gemacht** werden. Dies gilt für den vermögenden wie den mittellosen Nachlass gleichermaßen. Die Frist kann verlängert werden. Die Frist beginnt für den **Berufsbetreuer** und seinen pauschalen Vergütungsanspruch nach § 5 VBVG erst nach der Drei-Monatsfrist des § 9 VBVG.[184] Dies gilt aber nicht für den nicht pauschal nach § 5 VBVG abrechnenden berufsmäßigen Nachlasspfleger.

Der Anspruch des Nachlasspflegers entsteht und wird fällig letztlich tageweise[185] mit der **130** Ausführung der Amtstätigkeit nach wirksamer Bestellung.[186] Nach der Rechtsprechung des BGH[187] tritt die **Fälligkeit** des **Vergütungsanspruchs** des Berufsbetreuers regelmäßig in dem Moment ein, indem dem Betreuer eine zusammenfassende Abrechnung innerhalb eines angemessenen Zeitraums möglich und zumutbar ist. § 9 VBVG gibt für § 5 VBVG Abrechnungszeiträume von 3 Monaten vor. Die Anwendung dieses Rechtsgedankens auch für den individuell nach Stunden abrechnenden Nachlasspfleger ist abzulehnen.[188] Der **Aufwendungsersatzanspruch entsteht** mit der Vornahme der entsprechenden Handlung und wird damit regelmäßig auch zu diesem Zeitpunkt **fällig.**[189] Aufwendungen des Nach-

---

[181] OLG Köln FamRZ 1998, 1536 f.
[182] BVerfG FamRZ 1999, 568; unentschieden hinsichtlich der Frage, ob eine geringere Vergütung angesetzt werden kann.
[183] OLG Celle NJW 2010, 2446.
[184] BGH NJW-RR 2013, 769, früher streitig.
[185] S. KG Rpfleger 2006, 76; LG Münster FamRZ 2008, 187.
[186] OLG Düsseldorf FamRZ 2011, 141.
[187] BGH NJW-RR 2012, 579 (580).
[188] OLG Naumburg Rpfleger 2012, 319 (320), dort die befürwortende Lit. und Rspr.
[189] BGH NJW-RR 2012, 579 (580).

lasspflegers können bei einem nicht mittellosen Nachlass dann nicht (mehr) durch das Nachlassgericht festgesetzt werden, wenn der Antrag erst nach Aufhebung der Pflegschaft gestellt wurde.[190]

Dem Nachlasspfleger ist anzuraten, rechtzeitig gemäß § 1835 Abs. 1a Satz 3 BGB **Antrag auf Verlängerung der Frist** zu stellen, wobei diese Anträge großzügig beschieden werden sollten. Ein berufsmäßig tätiger Nachlasspfleger kann den Antrag auf Fristverlängerung für die Anmeldung seines Vergütungsanspruchs mit dem Gericht für sämtliche, von ihm künftig bei dem zuständigen Gericht zu übernehmenden Angelegenheiten im Voraus und pauschal stellen.[191] Nachlasspfleger sollten rechtzeitig solche Absprachen mit dem Nachlassgericht treffen.

Soweit ein **mittelloser Nachlass** besteht, bei dem auch eine Entnahme ausscheidet, entspricht hier die Sachlage derjenigen bei der Vormundschaft über Mündel, sodass der Anspruch gegen den Staat innerhalb von 15 Monaten geltend zu machen ist. Die Ansprüche sind beim Nachlassgericht geltend zu machen; das Gericht kann auch von Amts wegen hierüber entscheiden.

Daneben können **Auslagen** im Verwaltungswege gemäß § 168 Abs. 1 Satz 4 FamFG in sinngemäßer Anwendung des JVEG durch den Urkundsbeamten der Geschäftsstelle – Anweisungsstelle geprüft und zur Auszahlung angewiesen werden (**Rechtsbehelf:** Antrag auf gerichtliche Festsetzung nach § 168 Abs. 1 FamFG).

Beschwerdeberechtigt gegen die Bewilligung der Vergütung sind die Erben, Pflichtteilsberechtigten, Testamentsvollstrecker, Erbschaftskäufer, Nachlassinsolvenzvollstrecker und die Staatskasse; Nachlassgläubiger nur bei Gefährdung der Forderung. Gegen die Ablehnung oder Kürzung seiner Vergütung ist der Nachlasspfleger beschwerdeberechtigt.[192]

Zuständig im förmlichen **Festsetzungsverfahren** ist der **Rechtspfleger** (§ 3 Abs. 1 Nr. 2a RPflG). Der in der Regel zu begründende (§ 38 Abs. 3, Abs. 5 Nr. 3 FamFG; auch wenn dem Antrag stattgegeben wird) **Beschluss** des Rechtspflegers ist gemäß § 40 Abs. 1 FamFG schriftlich mit Rechtsmittelbelehrung bekannt zu machen, bei Abweichung vom geäußerten Willen zuzustellen, auch dem Verfahrenspfleger für die unbekannten Erben. Mit der Festsetzung von Leistungen aus der **Staatskasse** soll gemäß § 168 Abs. 1 Satz 2 FamFG gleichzeitig über den **Rückgriffsanspruch** gegen den Erben gemäß §§ 1836c und 1836e BGB entschieden werden.[193] Diese Entscheidung kann nach pflichtgemäßem Ermessen des Gerichts auch gesondert erfolgen (§ 168 Abs. 1 Satz 3 FamFG).[194] Der Beschluss muss eine Rechtsmittelbelehrung enthalten (§ 39 FamFG).

131   Ist in der Schlussrechnung des Pflegers keine Vergütung mit aufgenommen, so liegt darin nicht schon ein Verzicht auf eine Vergütung.[195] Die Vergütung kann vor oder nach Aufhebung der Pflegschaft festgesetzt werden.[196] In letzterem Falle kann auch für die nach Aufhebung der Pflegschaft entwickelte Tätigkeit des Pflegers (vgl. § 1893 BGB) eine Vergütung bewilligt werden.[197] Eine bereits während des Laufs der Pflegschaft bewilligte

---

[190]   OLG München, ZEV 2018, 460.
[191]   OLG Bremen BeckRS 2012, 8122.
[192]   Keidel/*Zimmermann* § 345 Rn. 86, 87 mwN.
[193]   Der Gesetzgeber sieht diesen Regress für die Fälle vor, dass die Leistungsfähigkeit zu Unrecht angenommen wurde oder die Leistungsfähigkeit nachträglich entstanden ist, Keidel/*Engelhardt* § 168 Rn. 23. Nach § 8 Abs. 2 S. 1 JBeitrO gelten für die Einwendung einer beschränkten Erbenhaftung die §§ 767, 769, 770 ZPO sinngemäß. Einwendungen der beschränkten Erbenhaftung nach §§ 781 ff. ZPO sind deshalb im Wege der Vollstreckungsgegenklage zu erheben, OLG Stuttgart NJW-RR 2007, 1593. Der Regressanspruch des Staates wegen gezahlter Betreuervergütung verjährt in drei Jahren, § 195 BGB (BGH NJW-RR 2012, 579.)
[194]   Keidel/*Engelhardt* § 168 Rn. 23 mit Einzelheiten.
[195]   BayObLGZ 15, 107.
[196]   BayObLGZ 15, 107; 1974, 260; 1983, 96 (98).
[197]   KGJ 53 A 77. Dazu BayObLGZ 1983, 59 (62): „Eine mit rückwirkender Kraft ausgestattete Aufhebungsentscheidung des Beschwerdegerichts kann grundsätzlich auch Auswirkungen auf die Gewährung und Bemessung einer etwaigen Pflegervergütung haben."

Teilvergütung (zulässig!)[198] ist zu berücksichtigen. Vor der Festsetzung sind der Pfleger (und der Verfahrenspfleger) zu hören.

Einigen sich Nachlasspfleger und Erben außergerichtlich über die Höhe der Vergütung, so bindet diese Einigung das Nachlassgericht nicht.[199] Die Vergütungsvereinbarung berührt nicht das Festsetzungsverfahren. Ein **Streit über die Wirksamkeit dieser Einigung** gehört vor das **Prozessgericht**.

Der Nachlasspfleger erwirbt mit der rechtskräftigen Festsetzung durch das Nachlassgericht einen **Vollstreckungstitel** (§§ 86, 95 FamFG). **Klage auf Vergütung** ist erst nach Festsetzung zulässig.[200]

Zu berücksichtigen ist nur die Tätigkeit, die der Pfleger als „Nachlasspfleger" entfaltet hat, nicht soweit er nur als Bevollmächtigter der Erben, wie zB im Auseinandersetzungsverfahren, tätig geworden ist.[201]

Durch Untreue kann der **Vergütungsanspruch verwirkt** werden.[202]   **132**

Neben der Vergütung ist dem Nachlasspfleger **Ersatz seiner Aufwendungen** zu **133** gewähren. Diese Aufwendungen sind bei der Bemessung der Vergütung nicht zu berücksichtigen, denn sie sind als Nachlassverbindlichkeiten gegen die Erben und gemäß § 1843 Abs. 2 BGB im Streitfall vor den Zivilgerichten geltend zu machen.[203] Die Aufwendungen sind beim mittellosen Nachlass gemäß § 168 Abs. 1 Satz 1 Nr. 2 FamFG, 1835 Abs. 4 BGB festzusetzen und treffen die Staatskasse; beim begüterten Nachlass kann er dem Nachlass entnommen werden.[204]

Gemäß § 1835 Abs. 3 BGB gelten als Aufwendungen auch solche Dienste, die zum Gewerbe oder zum Beruf des Pflegers gehören, wenn ein anderer Betreuer einen entsprechenden Fachmann zuziehen würde.[205]

Der **Anwaltspfleger** kann für derartige Tätigkeiten entsprechend seiner **Gebühren- 134 ordnung** abrechnen, diese Beträge anders als die Vergütung vom Nachlassgericht nicht festsetzen lassen (auch nicht als Prozessgebühren gegen die unbekannten Erben als eigene Partei).[206] **Er kann diese Aufwendungen wie sonstige Auslagen** (oder die Vergütung und den Vorschuss) **dem Nachlass entnehmen.** Bei Streit über Vergütung und Aufwendungen entscheidet das Prozessgericht, das Nachlassgericht kann bei der Prüfung des Aufwendungsersatzes vermitteln (§ 1892 BGB). Für die Mitwirkung bei einem Geschäft, das nicht von seinem Aufgabenkreis erfasst wird (etwa Durchführung und Überwachung der Erbauseinandersetzung), kann der Nachlasspfleger in dieser Eigenschaft Anwaltskosten nicht im Wege des Aufwendungsersatzes liquidieren. Eine Erbauseinandersetzung vor Ermittlung sämtlicher Erben unter Berücksichtigung anwaltlicher Kosten ist möglich und genehmigungsfähig, wenn für die unbekannten Erben ein Ergänzungspfleger gemäß § 1909 Abs. 1 Satz 1 BGB bestellt ist.[207]

Hat das Nachlassgericht eine **Vergütung** festgesetzt, entscheidet bei Streit hierüber **135** wegen der Einwendung der Schlechterfüllung oder Aufrechnung mit einer Gegenforderung ebenfalls das Prozessgericht, ist aber **an die Festsetzung des Nachlassgerichts**

---

[198] BayObLGZ 1974, 260.

[199] BayObLGZ 1950/1951, 346.

[200] RG JW 1930, 2210. Das Prozessgericht ist an die vom Nachlassgericht getroffene Festsetzung gebunden (OLG Hamburg NJW 1960, 1207).

[201] OLGZ 18, 297.

[202] BayObLG FamRZ 1992, 106 ff.

[203] BayObLG FamRZ 1991, 861 (862); FamRZ 1994, 266 (268).

[204] Palandt/*Weidlich* § 1960 Rn. 85.

[205] MüKoBGB/*Leipold* § 1960 Rn. 83; LG München RPfleger 1975, 396; LG Berlin RPfleger 1994, 435; BayObLG NJW 2002, 1660; OLG Köln NJW-RR 2003, 712; OLG Hamm FamRZ 2007, 1186; Palandt/*Götz* § 1835 Rn. 13.

[206] Dazu OLG Köln NJW 1967, 2408; KG Rpfleger 1977, 225; BayObLG Rpfleger 1981, 111; OLG Frankfurt NJW 1966, 554. Büronkosten sind bei der Bemessung der Vergütung zu berücksichtigen (KG OLGZ 1981, 176; BayObLGZ 1983, 96). BGH NJW 2007, 844 (846); MüKoBGB/*Leipold* § 1960 Rn. 84.

[207] OLG Düsseldorf Rpfleger2012, 444 = FGPrax 2012, 117.

gebunden. Die Entscheidung des Nachlassgerichts gemäß § 168 FamFG ist der materiellen Rechtskraft iS des § 322 Abs. 1 ZPO (aber natürlich nur inter partes) fähig.[208]

Eine Vereinbarung über die Vergütung lässt nicht das Rechtsschutzbedürfnis für eine Festsetzung entfallen.[209]

136   **Bei Pflegschaften, für die kein Vergütungsanspruch nach § 1836 BGB besteht,** kann der Pfleger **anstelle einer konkreten Belegabrechnung** für geringfügige Aufwendungen (Porto, Telefongebühren im Nahbereich etc) eine **Aufwendungspauschale** in Höhe des Neunzehnfachen der höchstmöglichen Zeugenentschädigung für Verdienstausfall (also derzeit 19 × derzeit 21 EUR, also 399 EUR; § 22 JVEG) verlangen (§ 1835a BGB).

Der Festsetzungsbeschluss, der die Auslagen nicht erfassen darf,[210] wird etwa folgende Form haben:

Muster: Festsetzung der Vergütung des Nachlasspflegers

137 | I. *Beschluss*

Dem Rechtsanwalt...... wird für seine Tätigkeit als Nachlasspfleger des Nachlasses (Name des Erblassers), gest......, eine Vergütung von...... EUR bewilligt.

II. Mitteilung von I an früheren Pfleger und Erben.

......, Rechtspfleger

---

138   **Rechtsmittel:** Befristete Beschwerde zum OLG (§ 58 FamFG; Frist 1 Monat, § 63 FamFG). Beschwerdewert über 600 EUR oder Zulassung durch das Gericht des ersten Rechtszuges (§ 61 FamFG); keine nachträgliche Zulassung, aber uU Berichtigung bei Versehen des Rechtspflegers.[211] Ist die Beschwerde nicht zulässig, ist gegen die Entscheidung des Rechtspflegers die Erinnerung nach § 11 Abs. 2 RPflG innerhalb der Beschwerdefrist des § 63 Abs. 1 FamFG (1 Monat) zulässig.

Gegen die Beschwerdeentscheidung ist nur bei Zulassung gemäß § 70 FamFG die Rechtsbeschwerde zum BGH statthaft.

Vollstreckung: Der Pfleger kann die festgesetzte Vergütung aus dem Nachlass entnehmen. Wird die Pflegschaft vorher aufgehoben, kann der Pfleger mit einer vollstreckbaren Ausfertigung des Vergütungsfestsetzungsbeschlusses gegen die Erben vollstrecken (§§ 86, 95 FamFG).

Beschwerdeberechtigt sind Erben,[212] Testamentsvollstrecker, Nachlassgläubiger,[213] Erbschaftskäufer,[214] Nachlassinsolvenzverwalter,[215] der Nachlasspfleger nur, falls Vergütung abgelehnt oder eine geringere als von ihm beantragt festgesetzt wird.

139   **Rechnungsprüfung und Abnahme der Rechnung:**

Nach Beendigung des Amtes hat der Pfleger den Nachlass an die Erben herauszugeben, gegenüber dem Nachlassgericht und gegenüber den Erben Rechenschaft abzulegen; für Letzteres genügt idR die Bezugnahme auf die Abrechnungen gegenüber dem Nachlassgericht (§ 1890 S. 2 BGB). Dies kann mit Ordnungsmitteln erzwungen werden.[216] Der Nachlasspfleger kann die Erben hinsichtlich seiner Herausgabepflicht nicht auf Dritte verweisen, der Einwand, im Zeitpunkt des Herausgabeverlangens nicht mehr im Besitz von Nachlassvermögenswerten zu sein, ist rechtlich unbeachtlich; es kommt hier auf den Besitz bei Beendigung der Nachlassverwaltung an. Der Nachlasspfleger kann sich deshalb auch nicht auf seine inzwischen erloschene Verfügungsbefugnis berufen, auch nicht darauf, die

---

[208] Keidel/*Engelhardt* Rn. 22 mwN; BayObLG FamRZ 1998, 1055.
[209] KG OLGE 18, 294.
[210] Dazu OLG Zweibrücken Rpfleger 1980, 103.
[211] Keidel/*Zimmermann* § 345 Rn. 84 mwN.
[212] BayObLGZ 1950/1951, 346; 1974, 260 (262).
[213] BayObLG Rpfleger 1958, 185.
[214] KGJ 52 A 60.
[215] RJA 16, 51.
[216] MüKoBGB/*Leipold* § 1960 Rn. 90.

Verwaltung sei nicht beendet, weil bei Bankgeschäften die erforderliche Genehmigung des Nachlassgerichts fehle.[217] Nach der Rechnungslegungsprüfung vermittelt das Nachlassgericht gemäß § 1892 Abs. 2 BGB die **Abnahme der Rechnung** durch Verhandlung mit den Beteiligten. Soweit die Rechnung als richtig anerkannt wird, hat das Nachlassgericht das Anerkenntnis zu beurkunden. Es kann sich bei dem ganzen Vorgang der Rechtshilfe eines anderen Amtsgerichts bedienen. Die gerichtliche Festsetzung der Vergütung des Nachlasspflegers nach beendeter Pflegschaft ist nicht davon abhängig, dass der Pfleger vorher die Schlussrechnung erstellt hat.[218]

Der Nachlasspfleger hat keinen Anspruch auf Entlastung. Gegebenenfalls steht ihm der   **140** Weg der Feststellungsklage nach § 256 ZPO offen. Die Erben sind jedoch zur Erteilung einer Quittung über die Aushändigung des Nachlasses verpflichtet (§ 368 BGB).

Wohnen die Erben und der Nachlasspfleger am selben Ort, so ist es mitunter zweckmäßig, die Beteiligten zur Abnahme der Schlussrechnung vorzuladen und hierüber folgende **Niederschrift** aufzunehmen:

Muster: Abnahme der Schlussrechnung durch Vermittlung des Nachlassgerichts
Amtsgericht, Abt......   ......, den......20..   **141**

Aktenz.:......
Anwesend:
...... Rechtspfleger
Es erschienen der Persönlichkeit nach – bekannt – durch......
ausgewiesen:
1. Der Nachlasspfleger......
2. ......
3. ......
Mit den Erschienenen wurde die rechnungsmäßig und sachlich geprüfte Schlussrechnung sowie die Lage des Nachlasses auf Grund der Akten besprochen.
Der – Die – Erbe...... erklärte...:
Ich – Wir – erkenne... die Richtigkeit der Schlussrechnung mit folgendem Vorbehalt an:...
oder:
Ich – Wir – erkenne... an, dass die Schlussrechnung richtig und der nach dieser mir – uns – zukommende Nachlass ausgehändigt – nachgewiesen – ist. Ich – Wir – entlasse... deshalb den Nachlasspfleger sowie das Nachlassgericht aus jeder Haftung[219] und erteile... dem Pfleger Quittung.
D.. erschienene...... erhielt darauf das Sparkassenbuch Nr....... in welchem der Sperrvermerk gelöscht ist, ausgehändigt. Bescheinigung über Aufhebung der Sperre
1. des Wertpapierdepots Nr....... bei......
2. ......
wurde ausgehändigt.
Der Nachlasspfleger nahm die vorstehenden Erklärungen an.
In Gegenwart der mitwirkenden Personen wurde dieses Protokoll den Erschienenen vorgelesen, von ihnen genehmigt und eigenhändig unterschrieben.

Unterschriften

---

[217] OLG Brandenburg NJW-RR 2008, 95.
[218] LG Saarbrücken FamRZ 2010, 328.
[219] Über die kostenrechtliche Behandlung der Entlastungserklärung vgl. *Glück* Rpfleger 1951, 309.

9. Die Erbauseinandersetzung

142 Sie ist nicht Sache eines Nachlasspflegers, selbst wenn die Miterben den Pfleger darum ersuchen. Die Erben können jedoch den Pfleger, wie jede andere Person zur Versilberung des Nachlasses, Aufstellung eines Teilungsplanes und danach entsprechender Verteilung des Nachlasses bevollmächtigen. Insoweit handelt der Pfleger nicht in seiner Eigenschaft als Nachlasspfleger, sondern als Bevollmächtigter der Erben.[220] Vielfach ist es gebräuchlich, dass vernommene Erben diese Vollmacht schon bei Abgabe ihrer Erbannahmeerklärung zu Protokoll des Nachlassgerichts erklären. Man wird diese Erklärung sodann auf der Rückseite des Erbscheins vermerken. Zur Nachlassauseinandersetzung siehe näher (→ § 23 Rn. 1 ff.).

10. Aushändigung des Nachlasses

143 Das Nachlassgericht überwacht nicht die **Aushändigung des Nachlasses** an die Erben, kann sie auch nicht erzwingen. Der Pfleger andererseits kann nicht gegen den Willen der Erben Nachlasswerte etwa zur Deckung von Schulden an Nachlassgläubiger oder für seine noch nicht festgesetzte Vergütung zurückbehalten.

Vor Aushändigung des Nachlasses (auch Erfüllung von Vermächtnissen) hat der Pfleger die Erbschaftssteuer zu entrichten oder sicherzustellen. Er haftet dem Finanzamt persönlich für die Erbschaftsteuer (§ 34 Abs. 3 AO), soweit deren Nichtzahlung auf vorsätzlicher oder grob fahrlässiger Pflichtverletzung beruht; ebenso für rückständige Steuern des Erblassers (§§ 34, 69, 45 AO). Vor Aushändigung hat der Pfleger ferner die Gerichtskosten aus dem Nachlass zu zahlen. Eine persönliche Haftung des Pflegers hierfür besteht allerdings nicht. Bei Gericht verwahrte oder hinterlegte Werte werden nach Pflegschaftsaufhebung unmittelbar den Erben hinausgegeben.

Die Aushändigung des Nachlasses erfolgt an den Erben oder die Erbengemeinschaft bzw. einen bevollmächtigten Vertreter. Es ist eine Holschuld der Erben. Wie sich der Nachlasspfleger die Erbberechtigung sowie eine Bevollmächtigung nachweisen lässt, ist seine Sache. Unter Umständen kann er vom Verlangen der Vorlage eines Erbscheins absehen. Wird ihm ein hinlänglicher Nachweis nicht binnen einer von ihm zu setzenden Frist erbracht, so kann er den Nachlass unter Verzicht auf Rücknahme für die „Erben des Erblassers" hinterlegen (§§ 372 ff. BGB).[221]

Geschäftswert: Für die Anordnung der Nachlasspflegschaft der Wert des von der Pflegschaft betroffenen Vermögens (§ 64 GNotKG). Für das Verfahren auf Entlassung des Nachlasspflegers und die Beschwerde sind idR 10 % des Nachlasswertes anzusetzen.[222]

11. Klagepflegschaft (Nachlasspflegschaft auf Antrag)

144 Die so genannte **Klagepflegschaft** des **§ 1961 BGB** bezweckt die gerichtliche Geltendmachung eines Anspruchs gegen die unbekannten Erben.

145 **Zuständig** zur Anordnung (auch international): Nachlassgericht (§§ 343, 105 FamFG), nicht Gericht der Fürsorge nach § 344 Abs. 4 FamFG, denn diese Pflegschaft dient nicht der Sicherung des Nachlasses.[223]

146 **Die Voraussetzungen der Anordnung:**

---

[220] Dazu RGZ 154, 114; zur Vergütung in einem solchen Falle BayObLGZ 1950, 346.
[221] Zum Beschwerderecht des vermeintlichen Erben gegen eine Weisung des NachlG zur Hinterlegung s. KG OLGZ 1977, 129.
[222] OLG München BeckRS 2009, 4002.
[223] Str. Wie hier OLG Hamm ZErb 2008, 209; OLG Rostock OLGE 2, 472; MüKoZPO/*Mayer* § 344 FamFG Rn. 7; aA Keidel/*Zimmermann* § 344 Rn. 15; Bamberger/Roth/*Siegmann/Höger* § 1962 Rn. 1; MüKoBGB/*Leipold* § 1961 Rn. 2; Palandt/*Weidlich* § 1962 Rn. 1.

- Der Erbe hat die Erbschaft **noch nicht angenommen** (hat nur ein Teil der Erben angenommen, so Teilpflegschaft zulässig, da es Gläubiger freistehen muss, gegen wen er sein Recht geltend machen will),[224]
oder der **Erbe ist unbekannt,**[225]
oder **es ist ungewiss,** ob der Erbe die Erbschaft **angenommen** hat.
Da die Voraussetzungen insoweit die gleichen sind wie bei einer gewöhnlichen Nachlasspflegschaft, kann auf die vorhergehenden Ausführungen verwiesen werden.
- Ein **Antrag,**[226] für den keine Form vorgeschrieben ist, der also zB schriftlich oder zu **147** Protokoll der Geschäftsstelle[227] eines Amtsgerichts gestellt werden kann.
Im Gegensatz zu § 1960 BGB ist das **Nachlassgericht zur Bestellung des Pflegers hier verpflichtet, wenn die sonstigen Voraussetzungen vorliegen.**
Ob vom Antragsteller ein Kostenvorschuss (§ 12 GNotKG) verlangt werden kann, ist strittig, aber wohl abzulehnen,[228] da es sich um ein „amtswegiges" Verfahren handelt. Die Kosten der Pflegschaft sind Nachlassverbindlichkeiten und fallen nicht dem Gläubiger zur Last.
- Der Antrag muss **von einem Nachlassgläubiger** gestellt sein. Gemäß § 26 FamFG hat **148** das Nachlassgericht von Amts wegen festzustellen, ob die Voraussetzungen zur Anordnung der Pflegschaft vorliegen, hat demnach auch zu klären, ob es sich um den Anspruch eines Nachlassgläubigers handelt.[229] Der Antragsteller braucht seinen Anspruch nicht glaubhaft zu machen, um eine Tätigkeit des Gerichts herbeizuführen. Dieses hat notfalls durch seine Vernehmung auf Ergänzung fehlender Antragsunterlagen und Angaben hinzuwirken. Besteht genügender Anhalt dafür, dass der Anspruch besteht und seine gerichtliche Geltendmachung beabsichtigt ist, so ist die Pflegschaft einzuleiten. Zu den fraglichen Ansprüchen zählen insbesondere Pflichtteilsrechte, Vermächtnisse, Auflagen und Beerdigungskosten (§§ 1667, 1968 BGB; nicht: Nichtigkeit des Testaments soll geltend gemacht werden).[230] Zulässig ist die Pflegschaft auch, falls ein Miteigentümer des Erblassers die Zwangsversteigerung des Grundbesitzes zwecks Aufhebung der Gemeinschaft beantragt und die Erben unbekannt sind.[231]
- Der Antrag muss **zum Zweck der gerichtlichen Geltendmachung** des Anspruchs **149** gegen den Nachlass gestellt sein; dabei genügt es, dass notfalls die Anspruchsverfolgung im Prozessweg **beabsichtigt** ist. Eine sofortige Leistungsklage zum Prozessgericht ist nicht notwendig.[232] Will Antragsteller auf keinen Fall (auch nicht, wenn gütlicher Einigungsversuch mit Pfleger scheitert) Klage erheben, dann ist die Einleitung der Pflegschaft abzulehnen.
Die Vornahme einer Zwangsvollstreckungsmaßnahme gilt als gerichtliche Geltendmachung des Anspruchs. Zu beachten ist jedoch: Hat die Zwangsvollstreckung auf Grund eines gegen den Erblasser ergangenen Titels schon begonnen, so kann die Bestellung eines Pflegers nach § 1961 BGB nicht mehr erfolgen, sondern ist nach § 779 Abs. 2 ZPO vom Vollstreckungsgericht auf Antrag des Gläubigers ein einstweiliger besonderer Vertreter zu bestellen. Es fehlt dann das Rechtsschutzbedürfnis für die Anordnung einer Pflegschaft nach § 1961 BGB.[233]

---

[224] OLGZ 5, 229.
[225] Dazu LG Oldenburg Rpfleger 1982, 105.
[226] Nach KG RJA 8, 24; „eine Anregung zu einer vom Nachlassgericht von Amts wegen vorzunehmenden Tätigkeit."
[227] Vgl. § 25 FamFG.
[228] OLG Hamm FamRZ 2010,1112; Staudinger/*Mešina* § 1961 Rn. 9.
[229] Dazu BayObLGZ 1960, 405.
[230] MüKoBGB/*Leipold* § 1961 Rn. 5.
[231] OLG Düsseldorf JMBl. NRW 1954, 83.
[232] OLG Köln BeckRS 2011, 1002; NJW-Spezial 2011, 104.
[233] MüKoBGB/*Leipold* § 1961 Rn. 7; aA Zöller/*Geimer* § 779 Rn. 6 (Wahlmöglichkeit). Siehe zur Beendigung des Vertreteramts BGH NJW 2010, 157.

150 • Die beabsichtigte gerichtliche Geltendmachung des Anspruchs darf nicht ohne Bestellung eines Nachlasspflegers nach § 1961 BGB durchführbar sein.[234]

Die Rechtsprechung lässt hier jedoch einen weiten Spielraum. Benötigt ein Nachlassgläubiger zur sachgemäßen Verfolgung seiner Rechte einen Erbschein, stellt aber der Erbe keinen Erbscheinsantrag, so ist Einleitung der Pflegschaft nach § 1961 BGB geboten, falls die nach § 352 Abs. 1 S. 1 FamFG nötigen Angaben datenmäßig nicht bekannt sind. Zu beachten ist dabei, dass im allgemeinen das Prozessgericht bei einer Klage in freier Beweisführung das Erbrecht feststellen, auch aus den vom Nachlassgericht ermittelten Tatsachen das Erbrecht schon für erwiesen erachten kann, falls die Parteien mit einer Verwertung des Ermittlungsergebnisses einverstanden sind.

151 In Ausnahmefällen kann die Einleitung der Pflegschaft auch bei schon bestehender Nachlasspflegschaft oder Testamentsvollstreckung zulässig sein.

> **Beispiel:**
> Nachlasspfleger ist an der Vertretung der Erben gegenüber den Gläubigern rechtlich oder tatsächlich verhindert. Anspruch kann nur gegen Erben geltend gemacht werden (§ 2214 BGB).

152 Die Klagepflegschaft ist eine **vollständige Nachlasspflegschaft**. „Pfleger ist nicht Spezialpfleger für die beabsichtigte Rechtsverfolgung, sondern rechter Nachlasspfleger im Sinne des § 1960."[235] Der Unterschied besteht nur darin, dass bei der Klagpflegschaft das Bedürfnis für Sicherung des Nachlasses im Allgemeinen entfällt[236] und ersetzt wird durch Darlegung eines geltend zu machenden Anspruchs.

153 Da jedoch eine Pflegschaft nach § 1960 BGB auf die Erledigung bestimmter Angelegenheiten beschränkt werden kann (Bedürfnis entscheidet!), ist eine **Beschränkung der Prozesspflegschaft lediglich auf die Vertretung gegenüber der Geltendmachung des behaupteten Anspruchs als zulässig zu erachten**.[237] Der Nachlassrichter wird diesem Gesichtspunkt erhöhte Beachtung schenken (Kostenfrage!), wenn es sich um einen großen Nachlass handelt, der zunächst keiner weiteren Fürsorge bedarf.[238]

Der Pfleger hat den Nachlass im ganzen Umfang zu erhalten, zu verwalten und die Erben zu ermitteln.

154 **Beendigung der Klagepflegschaft:** Die Pflegschaft endigt nicht mit Beendigung des Prozesses, sondern **erst mit Aufhebung** durch das Nachlassgericht. Ausnahme: Pflegschaft wurde ausdrücklich begrenzt auf Erledigung einer einzelnen Angelegenheit. Die Nachlasspflegschaft kann jedoch nicht auf einzelne Teile abzuwickelnder Vertragsverhältnisse beschränkt werden. So kann bei anstehender Räumung der Mietwohnung der Wirkungskreis nicht auf die Beendigung des Mietverhältnisses beschränkt werden, da die Rückgabe der Mietsache sonst nicht durchgesetzt werden könnte.[239] Der Wirkungskreis muss lauten „Beendigung und Abwicklung des Mietverhältnisses".[240] In Bayern sind vor Aufhebung erst die Erben zu ermitteln.

155 **Entsprechende weitere Pflegschaften:** Dem Pfleger nach § 1961 BGB steht ein Pfleger gleich, der nach § 81 AO auf Antrag des Finanzamtes vom Betreuungsgericht (bei Minderjährigen Familiengericht) bestellt wird.

Die verfahrensrechtlichen Verfügungen, die vom Gericht zu treffen sind, sind die gleichen wie bei der gewöhnlichen Nachlasspflegschaft.

---

[234] Dies wird zB regelmäßig bei Vorhandensein eines Testamentsvollstreckers oder eines Nachlasspflegers nach § 1960 BGB nicht der Fall sein.

[235] Dazu auch OLG Düsseldorf JMBl NRW 1954, 83.

[236] KG OLGZ 1981, 151 – Bedürfnis ist daher nicht zu prüfen.

[237] Dazu Staudinger/*Mešina* § 1960 Rn. 28, § 1961 Rn. 13; BayObLG MDR 1960, 674.

[238] S. dazu BayObLGZ 1960, 93.

[239] OLG München FamRZ 2012, 1420 (siehe dort auch die Lösungsvorschläge für den Fall der Überschuldung).

[240] OLG Hamm BeckRS 2010, 18311 = NJW-RR 2010, 1594; NJW-Spezial 2010, 584.

Akteneinsicht[241] in Nachlasspflegschaftsakten ist bei berechtigtem Interesse des Nach-suchenden zu gewähren (§ 13 FamFG). Ablehnung nur aus besonderen Gründen, zB bei reiner Neugier, Schikane, zur Verfolgung unlauterer Zwecke, Interesse der Witwe an Geheimhaltung einzelner Maßnahmen des Pflegers.

---

[241] Zuständig zur Gewährung ist der Rechtspfleger.

§ 42 Der Fiskus als Erbe

Übersicht

Rn.

I. Die Feststellung des Erbrechts des Fiskus (§§ 1964 Abs. 1 BGB, 342 Abs. 1
Nr. 4 FamFG) 4
II. Verfahren 11
    1. Erlass einer öffentlichen Aufforderung zur Anmeldung der Erbrechte § 1965
BGB) 11
    2. Nachweisfrist 14
    3. Prüfung 18
    4. Feststellungsbeschluss 22
    5. Bedeutung und Wirkung des Feststellungsbeschlusses 24
    6. Rechtsmittel und Gebühren 25
III. Besonderheiten 26

1 Der Fiskus kann entweder aufgrund einer Verfügung von Todes wegen oder kraft Gesetzes als Erbe berufen sein.

2 Die Einsetzung des Fiskus als Erbe (auch Vor-, Nacherbe) durch letztwillige Verfügung ist nach den allgemeinen Grundsätzen möglich.

Besonderheiten: §§ 2104 Satz 2, 2149 Satz 2 BGB

3 Nur wenn der Fiskus als **gesetzlicher** Erbe berufen ist, finden die §§ 1964–1966 BGB Anwendung.

Weitere Besonderheiten: Kein Ausschlagungsrecht (§ 1942 Abs. 2 BGB); kein Erbverzicht (§ 2364 BGB); keine letztwillige Ausschließung von der Erbfolge (§ 1938 BGB); keine Bestimmung einer Inventarfrist, wohl aber Auskunftspflicht gegenüber Nachlassgläubigern (§ 2011 BGB); Fiskus haftet für Nachlassverbindlichkeiten immer nur beschränkt; kein Vorbehalt im Urteil nötig (§ 780 Abs. 2 ZPO). Das Bezugsrecht bei einer Kapitalversicherung nach § 167 Abs. 2 VVG steht Fiskus nicht zu; die Versicherungssumme erhält er nur als Bestandteil des Nachlasses.

I. Die Feststellung des Erbrechts des Fiskus (§§ 1964 Abs. 1 BGB, 342 Abs. 1 Nr. 4 FamFG)

4 Die Feststellung des Erbrechts des Fiskus erfolgt im Rahmen der Fürsorge, die dem Nachlassgericht in den §§ 1960 f. BGB, 342 Abs. 1 Nr. 4 FamFG auferlegt ist. Eine allgemeine amtliche Erbenermittlung ist dem BGB fremd.[1] Die Feststellung obliegt dem Rechtspfleger (§ 3 Nr. 2c RPflG).

Voraussetzungen:

5 • **Erblasser war Deutscher** (bei mehrfacher Staatsangehörigkeit geht deutsche vor), Flüchtling iSd Genfer Abkommens von 1951, anerkannter Asylberechtigter oder „Kontingentflüchtling" (Gericht stellt Staatsangehörigkeit oder die Zugehörigkeit zu den genannten Gruppen von Amts wegen fest) oder war staatenlos mit letztem ständigen Aufenthalt im Inland, oder das auf den Erbfall anzuwendende ausländische Recht kennt ebenfalls ein Erbrecht des Fiskus oder verweist auf deutsches Recht zurück.

6 Nach Art. 25 EGBGB wird ein **Ausländer,** sofern kein Staatsvertrag vorliegt, nach seinem Heimatrecht beerbt (für Staatenlose beachte Art. 5 Abs. 2 EGBGB sowie das UN-Übereinkommen über die Rechtsstellung der Staatenlosen vom 28.9.1954, BGBl

---

[1] In Bayern und BaWü folgt die Notwendigkeit zur Feststellung schon aus der allgemeinen Erbenermittlungspflicht.

1976 II 474). Verweist dieses auf deutsches Recht zurück, so bestehen keine Bedenken, die §§ 1964–1966 BGB heranzuziehen.

Ist materielles ausländisches Erbrecht (es ist erbrechtlich zu qualifizieren) anzuwenden, so **7** ist zu prüfen, ob dieses Recht ein Erbrecht des Fiskus kennt.[2] Wenn ja, wird man auch hier die Bestimmungen der §§ 1964–1966 BGB anwenden und das Erbrecht des betreffenden ausländischen Fiskus feststellen.[3] Die internationale Zuständigkeit des Gerichts ist nach §§ 105, 343 FamFG gegeben. Gibt das ausländische Recht **kein Erbrecht, sondern ein öffentlich-rechtliches Aneignungsrecht** (Beispiel: England, die meisten US-Staaten, die Niederlande, Österreich und Frankreich), so sind die §§ 1964–1966 BGB für den deutschen Belegenheitsstaat (beschränkt auf inländischen Nachlass) und das ausländische Aneignungsrecht als Erbrecht des ausländischen Staates (beschränkt auf den im ausländischen Belegenheitsstaat liegenden Nachlass) anzuwenden; es tritt Nachlassspaltung ein (Art. 3a Abs. 2 EGBGB).[4]

- **Vorhandensein eines Nachlasses, der zur Deckung der Kosten des Verfahrens** **8** **ausreicht.**[5] Nach OLG München[6] hat die Werthaltigkeit des Nachlasses keine Bedeutung für die Frage, ob überhaupt ein Feststellungverfahren durchzuführen ist, sondern nur für die Frage des Umfangs der Ermittlungen.[7] Dem ist zuzustimmen. Ist der Nachlass überschuldet, sind aber Aktiva vorhanden, so leitet man bei Unbekanntsein von Erben Nachlasspflegschaft ein, der Nachlasspfleger wird Insolvenzantrag stellen, die Feststellung des Erbrechts des Fiskus ist hier überflüssig.

- **Erbe wird nicht innerhalb einer den Umständen entsprechenden Frist ermittelt.** **9** Die Feststellung ist unzulässig, falls nur der Aufenthalt des Erben unbekannt ist – hier Anregung beim Betreuungsgericht auf Bestellung eines Abwesenheitspflegers (§ 1911 BGB) – oder auch nur ein Verwandter als Miterbe ermittelt wird und ungewiss bleibt, ob nähere Verwandte vorhanden oder fortgefallen sind:[8] Hier wird das Nachlassgericht den bekannten Miterben nahelegen, die Ausstellung eines Erbscheins zu beantragen. Nach öffentlicher Aufforderung gemäß § 352d FamFG ist Erteilung dieses Erbscheins möglich, wobei die Erben, die sich nicht gemeldet haben, unberücksichtigt bleiben können. Wird kein Erbscheinsantrag gestellt, so ist bei Bedürfnis eine Nachlasspflegschaft einzuleiten bzw. fortzuführen.

- **Erschöpfende Ermittlungen** über das Vorhandensein von Erben. Es darf kein testamenta- **10** rischer und kein Ehegatte, eingetragener Lebenspartner oder Verwandter (ohne Rücksicht auf die Nähe der Verwandtschaft) als gesetzlicher Erbe vorhanden sein. Die im Feststellungsverfahren erfolgende öffentliche Aufforderung ersetzt eine erschöpfende Ermittlung nicht. Umfang der Ermittlungen sowie Beurteilung des Begriffes „angemessene Frist" stehen im pflichtgemäßen Ermessen des Nachlassgerichts. Überängstlichkeit ist nicht am Platze. Eine größere Haftung des Nachlassrichters kommt auch bei zu frühzeitiger Feststellung des fiskalischen Erbrechts kaum in Frage, da die Feststellung keine Ausschlusswirkung hat.

Die Ermittlungen können in Form von Anfragen an Beteiligte, Dritte, Behörden usw geführt werden. Vorladung von Beteiligten (Zwang zum Erscheinen nach § 33 FamFG,

---

2 Einzelheiten s. Staudinger/*Martens* Art. 25 EGBGB Rn. 203 ff., 207 f., 831.
3 Dazu Staudinger/*Martens* Art. 25 EGBGB Rn. 191. In jedem Falle ist Art. 86 EGBGB zu beachten.
4 Staudinger/*Martens* Art. 25 EGBGB Rn. 206; MüKoBGB/*Leipold* § 1936 Rn. 19; siehe hierzu auch KG IPRax 2012, 255 und insbes. zur Abgrenzung Fiskuserbrecht/hoheitliche Aneignung sowie zur Lückenschließung *Dörner*, Der Zugriff des Staates auf erbenlose Nachlässe – Fiskuserbrecht oder hoheitliche Aneignung PRax 2012, 235.
5 Nach BayObLGZ 1957, 360 (364) ist die Feststellung des Erbrechts des Fiskus zulässig, die Frage, ob notwendig, wird offen gelassen; LG Düsseldorf Rpfleger 1981, 358 sowie Staudinger/*Mešina* § 1964 Rn. 8 und Soergel/*Stein* § 1964 Rn. 2 bejahen die Notwendigkeit. Zu den Problemen für die WEG, falls der Fiskus Erbe von Wohnungseigentum wird siehe *Drasdo* NJW-Spezial 2009, 433.
6 OLG München FGPrax 2011, 187.
7 Siehe auch KG OLGZ 9, 384; MüKoBGB/*Leipold* § 1964 Rn. 8 (jedenfalls dann, wenn ein Nachlassgläubiger dies beantragt).
8 BayObLG JW 1935, 2518.

Ordnungsgeld, Vorführung zulässig)[9] und Zeugen (§§ 30 FamFG, 380, 381 ZPO) ist möglich. Ein Auslagenvorschuss aus dem Nachlass kann nicht verlangt werden. Anhörung des Fiskus ist nicht geboten.

Das Nachlassgericht – nicht etwa das Gericht, das nach § 344 Abs. 4 FamFG eine Nachlasspflegschaft angeordnet hat – wird von Amts wegen tätig. Keine Voraussetzung ist Antrag eines Nachlasspflegers oder Ablauf einer bestimmten Frist.

II. Verfahren

1. Erlass einer öffentlichen Aufforderung zur Anmeldung der Erbrechte § 1965 BGB)

11 Vor Erlass eines Feststellungsbeschlusses über das Erbrecht des Fiskus ist zur Anmeldung der Erbrechte öffentlich aufzufordern. Diese Aufforderung bezweckt nicht die Ausschließung eines Erbrechts.[10] Das Verfahren ist daher kein Aufgebotsverfahren; dessen Bestimmungen (§§ 433 ff. FamFG) sind nur anwendbar für die Art der Bekanntmachung und Dauer der Anmeldefrist. Ein Ausschließungsbeschluss ergeht nicht. Wenn auch keine Ausschlusswirkungen angedroht werden dürfen, so ist es nicht zu beanstanden, wenn erklärt wird, bei Unterlassung der Anmeldung würde die in § 1964 BGB bezeichnete Feststellung getroffen.[11] Die Anmeldungsfrist beträgt mindestens 6 Wochen (§ 437 FamFG). Die Aufforderung darf unterbleiben, wenn die Kosten dem Bestande des Nachlasses gegenüber unverhältnismäßig groß sind. Die öffentliche Bekanntmachung erfolgt nach § 435 FamFG.

Muster: Öffentliche Aufforderung zur Anmeldung der Erbrechte

12 I. *Öffentliche Aufforderung*

Am...... verstarb in (Ort) der am...... in...... geborene deutsche Staatsangehörige N N, in (Ort),...... Erben konnten nicht ermittelt werden. Alle Personen, denen Erbrechte am Nachlass zustehen, werden aufgefordert, diese Rechte binnen 6 Wochen ab Veröffentlichung bei dem unterfertigten Gericht anzumelden, widrigenfalls gemäß § 1964 BGB festgestellt wird, dass ein anderer Erbe als der bayerische Fiskus nicht vorhanden ist. Der reine Nachlass beträgt etwa...... EUR.

......, den......

Amtsgericht

II. 1. Einmalige[12] Veröffentlichung im elektronischen Bundesanzeiger[13] und in ... (Tageszeitungen)[14] mdE um Übersendung eines Belegblattes.

2. Aushang an Gerichtstafel.

3. WV in 8 Wochen.

......, den......

Das Amtsgericht, Abt...

......, Rechtspfleger

---

[9] OLG Karlsruhe NJW-RR 2016, 981: Allerdings gibt § 35 FamFG dem Nachlassgericht nicht die Befugnis, einen Beteiligten Verpflichtungen beliebigen Umfangs aufzuerlegen. Voraussetzung ist vielmehr, dass eine andere Norm des materiellen Rechts oder des Verfahrenrechts die Befugnis zur Auferlegung der Verpflichtung gibt.

[10] KG Rpfleger 1970, 340.

[11] RGRK/*Johannsen* § 1965 A 1.

[12] Auch mehrfache Veröffentlichung ist zulässig.

[13] § 45 Abs. 1 FamFG.

[14] § 435 Abs. 2 FamFG.

Mit Erlass der öffentlichen Aufforderung hört die Ermittlungspflicht des Nachlassgerichts **13** auf, es sind nur noch Anmeldung und Nachweis abzuwarten.[15]

2. Nachweisfrist

Ist eine fristgemäße Anmeldung unterblieben, so kann die Feststellung sofort erfolgen, falls **14** kein Erbrecht bekannt geworden ist. Für den Fristbeginn kommt es nur auf die erste Veröffentlichung im elektronischen Bundesanzeiger an, nicht auf spätere Veröffentlichungen.

Ist ein Erbrecht dagegen angemeldet oder bekannt geworden, so wird der Erbprätendent von Amts wegen aufgefordert (Form steht Nachlassgericht frei, Zustellung zweckmäßig), innerhalb von 3 Monaten (Nachweisfrist) entweder das Erbrecht nachzuweisen oder gegen den Fiskus Klage zu erheben. Die Nachweisfrist läuft in der Regel ab Zustellung (§ 16 FamFG) dieser Aufforderung. Die Aufforderung erübrigt sich, falls der Erbprätendent nicht zu erreichen ist. Nach fruchtlosem Ablauf der Frist erfolgt Feststellung des Erbrechts des Fiskus.

Erfolgte eine öffentliche Aufforderung und wurde innerhalb der darin bestimmten **15** Anmeldungsfrist kein Erbrecht angemeldet, und ist außerdem dem Nachlassgericht auch sonst ein solches nicht bekannt geworden, so kann die Feststellung sofort (ohne die dreimonatige Nachweisfrist abzuwarten) getroffen werden, es sei denn, dass vor der Feststellung noch ein Erbrecht angemeldet oder bekannt wird. In letzterem Falle ist der dann noch laufende Rest der 3-Monatsfrist zum Nachweis des Erbrechts oder der Klage abzuwarten.

Erfolgt nach öffentlicher Aufforderung innerhalb der Anmeldungsfrist eine Anmeldung **16** oder wird dem Nachlassgericht ein Erbrecht sonst wie bekannt, so wird dies nur berücksichtigt, wenn der in § 1965 Abs. 2 BGB geforderte Nachweis des Bestehens des Erbrechts oder der Klageerhebung binnen 3 Monaten nach dem Ablauf der Anmeldungsfrist erbracht wird. Bestritten, aber wohl zu bejahen ist die Frage, ob sich die in § 1965 Abs. 2 BGB vorgesehene Klageerhebung erübrigt, falls der Fiskus seinerseits gegen den Anmelder negative Feststellungsklage erhebt.[16]

Nach Ablauf der 3-Monatsfrist eingehende Anmeldungen sind nicht mehr zu berück- **17** sichtigen. Das betroffene Erbrecht wird dadurch seinem Bestand nach nicht berührt.

3. Prüfung

Es erfolgt eine Prüfung des Bestehens des angemeldeten oder bekannt gewordenen Rechts durch das Nachlassgericht, falls der geforderte Nachweis fristgemäß erbracht wird.

Das Nachlassgericht entscheidet nach seinem Ermessen darüber, ob und wann es den **18** Nachweis als erbracht ansieht. Es kann zur Verhandlung über die angemeldeten Erbrechte einen Termin ansetzen. Die zur Vertretung des Fiskus zuständige Behörde ist hiervon zu benachrichtigen. Nachweis durch Erbschein ist nicht nötig, ein Anerkenntnis des Fiskus nicht möglich.

Ist eine **Klage anhängig** gemacht, so **hat das Nachlassgericht das Verfahren** bis zur **19** Beendigung des Rechtsstreits zwischen Anmelder und Fiskus **auszusetzen.** Das ergehende Urteil wird das Nachlassgericht idR seiner Entscheidung zugrunde legen. Es darf sich zu der rechtskräftigen Entscheidung nicht in Widerspruch setzen; bei Obsiegen des Fiskus kann das Nachlassgericht jedoch andere Personen als Erbprätendenten vor dem Fiskus als gesetzliche Erben ansehen. Eine Feststellung des fiskalischen Erbrechts unter Vorbehalt der

---

[15] *Weißler,* Nachlassverfahren I 146.
[16] Man wird hier auf die in BayObLGZ 1969, 184 entwickelten Überlegungen zurückgreifen; Mü-KoBGB/*Leipold* § 1965 Rn. 5; die Abweisung dieser Klage aus materiellen Gründen spricht zugleich positiv das Bestehen des Erbrechts des Prozessgegners gegenüber dem Fiskus aus (RGZ 74, 121 (122)).

Rechte des Anmelders ist unzulässig. Wird der Prozess vom Anmelder nicht mehr weiter betrieben, so ist der Schluss berechtigt, dass eine ernstliche klageweise Geltendmachung des Erbrechts gegenüber dem Fiskus nicht vorliegt.[17] Streiten mehrere Erbprätendenten untereinander, so wird man das Verfahren bis zur Beendigung auch mehrerer Rechtsstreite aussetzen.

20 Ist **keine Klage erhoben und bejaht das Nachlassgericht das Erbrecht des Anmelders,** so ist damit das Verfahren beendet. Eine beschlussmäßige Feststellung des Erbrechts erfolgt nicht. Der Anmelder kann seine Belange im Erbscheinsverfahren wahren.

Etwaige Sicherungsmaßnahmen sind aufzuheben, der Akt kann nach Kostenbehandlung weggelegt werden. Die Aushändigung des Nachlasses ist nicht Sache des Nachlassgerichts. Ein Antrag des Fiskus auf Feststellung seines Erbrechts ist beschlussmäßig abzulehnen. Dagegen steht dem Fiskus **Beschwerde** zu (§§ 58, 59 FamFG).[18]

21 Ist **keine Klage erhoben und verneint** das Nachlassgericht das Recht des Anmelders, so stellt es das Erbrecht des Fiskus beschlussmäßig fest.

4. Feststellungsbeschluss

22 Er wird in der Regel kurz begründet. Festzustellen ist dabei, welcher Fiskus (zB der bayerische) Erbe geworden ist. Nach § 1936 BGB ist gesetzlicher Erbe der Fiskus des Landes, in dem der Erblasser zur Zeit des Todes seinen letzten Wohnsitz oder, wenn ein solcher nicht feststellbar ist, seinen gewöhnlichen Aufenthalt hatte. Im Übrigen erbt der Bund. Dabei ist eine Erbengemeinschaft mehrerer Fisken möglich. Die Verfügung über den Nachlass steht der Landesregierung oder der von ihr bestimmten Stelle zu (Art. 2 der VO v. 18.3.1935, RGBl. I 381). Die Verfügung des Nachlassgerichts wird lauten:

Muster: Feststellungsbeschluss beim Erbrecht des Fiskus

23 I. *Beschluss*
   Im Nachlassverfahren (Name des Erblassers) in München, gestorben am...... in...... wird festgestellt, dass ein anderer Erbe als der bayerische Fiskus nicht vorhanden ist.
   Gründe
   Die testamentarischen Erben haben rechtswirksam ausgeschlagen. Andere gesetzliche Erben konnten trotz öffentlicher Aufforderung nicht ermittelt werden.
   II. Ziff. I in Ausfertigung zustellen an
      a) Fiskus,[19]
      b) jeden, der ein Erbrecht angemeldet hat.
   III. Aufhebung etwaiger Sicherungsmaßnahmen, Mitteilungen.
   IV. Kostenbehandlung.
    V. Weglegen.
   ......, den......
   Das Amtsgericht, Abt.

   ......, Rechtspfleger

---

[17] Staudinger/*Mešina* § 1965 Rn. 14 empfiehlt durch Setzen einer Frist zur Fortsetzung des Prozesses die Ernsthaftigkeit der prozessualen Geltendmachung zu klären und nach fruchtlosem Fristablauf die Feststellung auszusprechen.

[18] Zum Beschwerderecht des Nachlassgläubigers gegen die Ablehnung der Feststellung, dass Fiskus gesetzlicher Erbe ist, s. BayObLGZ 1957, 360 (bejahend).

[19] In Bayern: die jeweilige Bezirksfinanzdirektion (§ 2 Abs. 4 VertrV; Schreiben der StMF v. 24.3.1982, 61 – VV 1250-2/95–1000). In Preußen: Regierungspräsident. In BaWü: Landesvermögens- und Bauabteilung der zuständigen Oberfinanzdirektion. Die Justiz 1953, 240.

5. Bedeutung und Wirkung des Feststellungsbeschlusses

Der wirkliche Erbe wird nicht ausgeschlossen. Die durch den Beschluss begründete **Ver-** 24
mutung für das gesetzliche Erbrecht des Fiskus (§ 1964 Abs. 2 BGB) ist **widerlegbar.**[20]
Der rechtsgeschäftliche Erwerb eines gutgläubigen Dritten wird nicht geschützt. Zur
Passivlegitimation des Fiskus vor Feststellung s. § 1966 BGB.

Klage gegen Fiskus auf Anerkennung des Erbrechts ist möglich (§ 1965 BGB). Erbschaftsklage ist zulässig, falls Fiskus im Besitz der Erbschaft ist.

Ersetzt der Beschluss auch nicht den Erbschein, so bildet er doch die Grundlage für die
Erbenstellung des Fiskus.[21] Benötigt dieser zB zur Abhebung von einem Bankkonto oder
zu Grundbuchzwecken einen Erbschein,[22] so führt er den (widerlegbaren) Nachweis des
Wegfalls vorgehender Erben durch den Feststellungsbeschluss.[23] Solange dieser nicht ergangen, ist der Fiskus auf die negative Feststellungsklage gegen andere Erbprätendenten
beschränkt.

6. Rechtsmittel und Gebühren

Gegen die Feststellung steht dem Fiskus sowie jedem Erbprätendenten die Beschwerde 25
(§ 59 FamFG) zu, gegen die Ablehnung dem Fiskus und den Nachlassgläubigern.[24]

Akteneinsicht: § 357 Abs. 1 FamFG.

Gebühr für das Feststellungsverfahren: Das GNotKG enthält keine Entsprechung zu
§ 110 KostO, das heißt für den Feststellungsbeschluss fallen keine Gerichtskosten an, es gilt
allgemein § 2 GNotKG. Wird auf Grund der Feststellung ein Erbschein erteilt, so fällt
hierfür (weiterhin) keine besondere Gebühr an; das galt schon nach altem Recht (§ 110
Abs. 2 KostO).

III. Besonderheiten

Fällt das **Vermögen eines aufgelösten Vereins** oder einer erloschenen Stiftung gemäß 26
den §§ 45, 46, 88 BGB an den Fiskus, so finden die §§ 1964, 1966 BGB entsprechende
Anwendung. Erbenermittlung und Aufgebot entfallen hier, nicht dagegen der Feststellungsbeschluss.[25]

Art. 138 EGBGB[26] lässt die landesgesetzlichen Vorschriften, nach denen im Falle des 27
§ 1936 BGB an Stelle des Fiskus eine Körperschaft, Stiftung oder Anstalt des öffentlichen
Rechts gesetzlicher Erbe ist, unberührt. vgl. pr. ALR II 16 §§ 20, 22;[27] Großberlin ist
jedenfalls für Anfang November 1948 als Land im Sinne des § 1936 Abs. 1 anzusehen und
daher als Fiskus nach einem zu diesem Zeitpunkt mit letztem Wohnsitz in Groß-Berlin in
den Grenzen von einem 1920 Verstorbenen zur Erbfolge berufen, wenn es andere Erben
nicht gibt.[28]

In den übrigen Ländern wird vom Vorbehalt kein Gebrauch mehr gemacht.

Zu erwähnen sind weiter die Rückerstattungsgesetze, Art. 10 (amZ; das Erbrecht der 28
Jewish Restitution Successor Organization geht vor,[29] Art. 8 (brZ), Art. 9 (Berlin). Grund-

---

[20] Dazu BayObLGZ 1983, 204: die Feststellung, dass ein anderer Erbe als der Fiskus nicht vorhanden ist,
steht dem Fortgang des Erbscheinsverfahrens und der Einlegung der weiteren Beschwerde des Erbprätendenten nicht entgegen.
[21] BayObLGZ JW 1935, 2518.
[22] Dazu Köln MDR 1965, 993; OLG Hamm OLGZ 1966, 109.
[23] *Weißler,* Nachlassverfahren I 149.
[24] BayObLGZ 1957, 360.
[25] *Weißler,* Nachlassverfahren I 154.
[26] S. Staudinger/*Lehmann,* 11. Aufl., § 1936 Rn. 4.
[27] Vgl. dazu *Weißler,* Nachlassverfahren I 152.
[28] LG Berlin Rpfleger 2004, 288.
[29] *Hoyer* IPRax 1986, 345 (348 f.).

sätzlich treten danach für Rückerstattungsansprüche an Stelle des Fiskus Nachfolgeorganisationen ein, sodass sich hier die Feststellung des Erbrechts idR erübrigen wird. Zur Regelung in der franzZ siehe Art. 9 VO 120. Für Entschädigungsansprüche beachte § 13 Abs. 2 BEG, für Lastenausgleichsansprüche § 244 LAG.

29   Art. 139 EGBGB lässt die landesgesetzlichen Vorschriften, nach welchen dem Fiskus oder einer anderen juristischen Person in Ansehung des Nachlasses einer verpflegten oder unterstützten Person ein Erbrecht, ein Pflichtteilsanspruch oder ein Recht auf bestimmte Sachen zusteht, unberührt.[30] Ob diese Vorschriften (vgl. pr. ALR II 19 §§ 50 f, Art. 89 pr. AGBGB; Art. 101, 102, 77 Abs. 6 bay. AGBGB; Art. 127 f. hess. AGBGB) Geltung hatten, soweit sie abweichend von § 25 RFV[31] den Fürsorgeverbänden ein gesetzliches Erbrecht gewährten, war bestritten. Bei den Rechten aus § 25 RFV handelte es sich lediglich um einen Anspruch des Fürsorgeverbandes. §§ 102 ff. SGB XII regeln nunmehr den Ersatz der Sozialhilfekosten. Die nach Art. 139 EGBGB erlassenen landesrechtlichen Bestimmungen gelten auch hier weiter. Da das Erbrecht der Verpflegungsanstalten nicht erst dann eintritt, wenn keine anderen Erben zu ermitteln sind, sondern an erster Stelle kommt, ist es mit dem gesetzlichen Erbrecht des Fiskus, wie es § 1935 BGB vorsieht, nicht wesensverwandt.

---

[30] Dazu und zu folgendem s. Staudinger/*Mayer* Art. 139 EGBGB.
[31] V. 13.2.1924 idF v. 5.6.1931, RGBl. 1963 1125; RGBl. 1943 301 und BGBl. 1953 967, auf Grund § 153 Abs. 1, 2 Nr. 2 BSHG mit Wirkung vom 1.6.1962 aufgehoben.

Teil 4. Auf einen Blick

§ 43 Die wichtigsten Auslegungsfragen

- **Alleinerbe:** Hindert nicht die Annahme einer Vorerbschaft, da auch der Vorerbe alleini- **1** ger Erbe sein kann;[1] regelmäßig ist jedoch der Begriff ein Anhaltspunkt für den Ausschluss der Nacherbfolge.[2]
- **Haupterbe:** kann Alleinerbe sein, wenn Bedachter das „überwiegende" Vermögen **2** erhält;[3] aus dem Begriff „Haupterbe" muss aber nicht geschlossen werden, dass bei mehreren Erben der Erbteil größer sei, als derjenige der anderen oder dass der Haupterbe der Alleinerbe sei.[4]
- **Universalerbe:** nach allgemeinem Sprachgebrauch „Alleinerbe" (eventuell auch als Vor- **3** erbe).[5] Benennt ein Ehegatte in einem einseitigen Testament, das einem gemeinschaftlichen Testament folgt, seinen Ehegatten als Universalerben, kann die Auslegung ergeben, dass damit die Befreiung von der Wechselbezüglichkeit gemeint sein kann.[6]
- **Erbe:** Die bloße Bezeichnung als „Erbe" ist nicht maßgeblich dafür, ob der Bedachte **4** Erbe oder Vermächtnisnehmer ist.[7]
- **Erbe des Anwesens/der Eigentumswohnung/ich vererbe mein Haus:** Da ein **5** einzelner Gegenstand zugewendet wird, liegt eigentlich (nur) ein Vermächtnis vor; wenn die Immobilie der wesentliche Nachlasswert (nach Vorstellung des Erblassers) ist, liegt in der Regel Erbeinsetzung vor;[8] wenn Wert erheblich über dem Wert des übrigen Nachlasses liegt: Einsetzung als Alleinerbe.[9] Für eine Erbenstellung kann es aber auch genügen, dass die Zuwendung zwar nicht größer als das übrige Vermögen ist, sondern nur im Verhältnis zu den einzelnen anderen Zuwendungen größer ist.[10] Ist eine Eigentumswohnung Hauptnachlassgegenstand, liegt Alleinerbeneinsetzung nahe.[11] Andererseits kann eine Zuwendung eines Grundstücks im Wert von 200.000 DM an 4 Verwandte unter bewusster Nichtregelung des restlichen (Geld-)Vermögens in Höhe von 87.000 DM lediglich ein Vermächtnis darstellen, so dass Witwe und Sohn gesetzliche Erben zu je 1/2 sind;[12] das Gericht ging davon aus, dass Erblasserwille war, dass Grundstück und übriges Vermögen in verschiedene Hände gelangen; die Erbeinsetzung auf einen Bruchteil ohne Verfügung über das restliche Vermögen mit der Folge, dass im Übrigen gesetzliche Erbfolge eintritt und die gewillkürten Erben mit den gesetzlichen Erben eine Erbengemeinschaft bilden, sei zwar möglich (vergleiche § 2088 BGB), in der Praxis aber weniger gebräuchlich).

---

[1] RGZ 160, 111; BayObLG FamRZ 1997, 1365.
[2] BayObLGZ 1966, 53: aus dem bloßen Wort „Alleinerbe" kann ein Anhaltspunkt für eine Vollerbschaft entnommen werden. Siehe auch *Reimann/Bengel/Mayer,* Testament und Erbvertrag, § 2269 Rn. 33 Fn. 128 mwN.
[3] BayObLG NJWE-FER 1997, 180.
[4] BayObLG FamRZ 1992, 228.
[5] BayObLG FamRZ 1997, 1365; KG OLGE 37, 255 (Voll- und Alleinerbe).
[6] BayObLG DNotZ 1967, 436.
[7] Ständige Rechtsprechung zum Beispiel OLG Köln DNotZ 1993, 133; BayObLG FGPrax 2005, 126.
[8] Nach OLG Hamburg FGPrax 2016, 133 reicht die Zuwendung von ¾ des Nachlasswertes nicht aus, um eine Erbeinsetzung anzunehmen.
[9] BayObLG BeckRS 1996, 31023078; BeckRS 1995, 31022747.
[10] BayObLG FamRZ 1990, 1379 näher interpretiert in BayObLG NJW-RR 2002, 1232; OLG München ZErb 2016, 286.
[11] BayObLG FamRZ 1999, 1392 (1394); NJW-RR 2003, 297.
[12] BayObLG BayObLGZ 2003, 149.

6 • **„(diverse Gegenstände, einschließlich zweier Grundstücke) erbt":** Verwendet der Erblasser im gesamten Testament durchgängig den Begriff „erben" für einzelne Zuwendungen, die im Ergebnis den gesamten Nachlass erschöpfen, können aus der Verwendung des Begriffes keine Rückschlüsse auf die Art der Berechtigung am Nachlass gezogen werden.[13]

7 • **Zuwendung von Bruchteilen/Prozenten:** kann entgegen § 2087 Abs. 1 BGB ein Quotenvermächtnis sein.[14]

8 • **Geldzuwendung:** Die Zuwendung von **Geldbeträgen** spricht nach der Erfahrung eher gegen eine Erbenstellung.[15]

9 • **Das übrige Geld:** kann Erbeinsetzung sein, wenn es nach Vorstellung des Erblassers der wesentliche Nachlass ist.[16]

10 • **Bekommen/erben:** werden häufig unterschiedslos verwendet.[17]

11 • **Soll gehören:** Erbeinsetzung (falls wesentlicher Vermögensgegenstand) oder Vermächtnis.[18]

12 • **Gesetzlicher Erbteil:** Kann Vermächtnis in Höhe des gesetzlichen Erbteils sein (wenn zum Beispiel der weitere Bedachte ein Anwesen bekommen soll, das der wesentliche Nachlass ist;.[19]

13 • **Abkömmling:** Im allgemeinen Sprachgebrauch nur in gerader (absteigender) Linie blutsmäßig verwandte Personen.[20] Zu „Abkömmlingen" im Sinne der Auslegungsregel des § 2107 BGB zählen auch Adoptivkinder, sofern nicht ein gegenteiliger Wille des Erblassers zum Ausdruck gekommen ist; auch das Eigenschaftswort **„leibliche"** vor dem Hauptwort „Abkömmlinge" ist mehrdeutig.[21]

14 • **Kirche:** Hat der Erblasser „die Kirche" bedacht, ist davon auszugehen, dass die kirchliche (Gesamt-)Organisation gemeint ist, der er selbst angehört.[22]

15 • **Oder:** Kann Ersatzerbeneinsetzung bedeuten, wenn sich aus den Umständen ergibt, dass der Erblasser vorzugsweise dem erstgenannten Bedachten eine Zuwendung machen wollte.[23]

16 • **Für Aufnahme bei Krankheit oder Pflegefall:** Kann nicht im Sinne einer Bedingung zu verstehen sein.[24] Abgrenzung Motiv/Bedingung.

17 • **Wer mich im Alter pflegt (und beerdigt):** Jedenfalls unwirksam, wenn vor dem Tod nicht pflegebedürftig; hinsichtlich Beerdigung keine hinreichende Erbenbestimmung.[25]

18 • **„Wer sich (bis zu meinem Tod) um mich kümmert":** Ist unwirksam wegen Verstoßes gegen § 2065 Abs. 2 BGB, da bereits unklar ist, welche Art von Kümmern gemeint ist (körperliche Pflege, seelischer Beistand?).[26]

19 • **„Wer mir in den letzten Stunden beisteht, übergebe ich ‚Alles':** Ist ebenfalls wegen Verstoßes gegen § 2065 Abs. 2 BGB unwirksam, weil letztlich ein Dritter zu entscheiden hat, ob die vom Erblasser aufgestellten Kriterien erfüllt sind oder nicht.[27]

---

13 OLG München BeckRS 2016, 14496.
14 BayObLG NJW-RR 1996, 1478.
15 BayObLGZ 1998, 76 (81); BayObLG NJW-RR 2002, 873; BayObLG FamRZ 1997, 1177 (1178); DNotZ 2003, 440.
16 OLG München ZErb 2016, 286.
17 BayObLG BeckRS 1995, 31022810.
18 BayObLG BeckRS 1991, 6030.
19 BayObLG FamRZ 1998, 1264.
20 LG Stuttgart FamRZ 1990, 214.
21 BayObLG NJW-RR 1992, 839.
22 BayObLG BayObLGZ 1998, 160.
23 BayObLG BayObLGZ 1998, 160.
24 BayObLG NJWE-FER 1997, 180.
25 OLG Frankfurt a. M. FamRZ 1992, 226.
26 OLG München NJW 2013, 2977 mit kritischer Anmerkung *Horn* und *Kroiß*; *Karczewski*, Erbrecht und älter werdende Gesellschaft. Probleme des § 2065 BGB, ZEV 2018, 192 ff.
27 OLG Köln NJW-RR 2015, 7.

- **Pflegeauflage an bestimmten Bedachten:** kann eine auflösende Bedingung der Er- 20 beinsetzung gemäß § 2075 sein.[28]
- **Bei beider Tod:** Auslegung, dass diese in einem gemeinschaftlichen Testament enthalte- 21 ne Formulierung nicht den (nahe liegenden) Fall des Nacheinanderversterbens, sondern den Fall des gleichzeitigen Versterbens betreffen soll, ist möglich.[29]
- **Falls uns beiden etwas zustößt:** Nicht wechselbezügliche Regelung eines jeden Ehe- 22 gatten in einem gemeinschaftlichen Testament für den Fall, dass er zuletzt stirbt.[30]
- **Bei unserem gemeinsamen Tod:** Nicht eindeutig, deshalb auslegungsfähig und aus- 23 legungsbedürftig; Schlusserbeneinsetzung für den Fall des Todes des zuletzt versterbenden Ehegatten ist möglich;[31] möglich auch Auslegung dahingehend, dass der Fall des gleichzeitigen Todes oder des unnatürlichen Todes der Ehegatten auf Grund desselben Ereignisses kurz nacheinander gemeint ist.[32]
- **Sollte uns beiden gemeinsam etwas zustoßen und kein Überlebender mehr von** 24 **uns beiden vorhanden sein:** Die Formulierung ist nicht eindeutig; es kann sowohl der Fall des gleichzeitigen Versterbens der Eheleute als auch der Todesfall des länger Lebenden beim Nacheinanderversterben gemeint sein.[33] **Sollte uns bei (unserer Reise etc.) etwas zustoßen,** ist regelmäßig nur Hinweis auf Beweggrund.[34] „Sollte **mir und meiner Frau gemeinsam was passieren und wir beide mit dem Tod abgehen"** kann zeitgleichen Tod als auch das Nacheinanderversterben der Ehegatten meinen.[35] „Sollte uns beiden etwas zustoßen" vor Antritt einer längeren Autofahrt wurde im entschiedenen Fall nicht nur situationsbezogen ausgelegt, keine Bedingung. Auslegungsergebnis offen!;[36]
- **Gleichzeitiger Tod/gleichzeitiges Ableben:** Eindeutige Regelung jedenfalls dahin- 25 gehend, dass sie nicht den Fall des Nacheinanderversterbens, sondern nur den Fall des gleichzeitigen Todes beziehungsweise des unnatürlichen Todes kurz nacheinander betreffen soll.[37] Das BayObLG[38] lehnt die Ausdehnung derartiger Testamentsklauseln auf die generelle Erbfolge nach dem Längerlebenden ab. Nur wenn sich Anhaltspunkte für die Schlusserbeneinsetzung auch für den Todesfall des Längerlebenden im Testament finden (die Klausel allein genügt nicht), kommt auch eine Schlusserbeneinsetzung über den Fall hinaus in Betracht, bei dem der Überlebende in der Kürze der Zeit kein Testament mehr machen konnte.[39] Ein gemeinsamer Wille der Ehegatten, dass die Schlusserbeneinsetzung auch dann gelten soll, wenn ein Ehegatte den anderen um viele Jahre überlebt, ergibt sich nicht in jedem Fall schon daraus, dass die getroffene Schlusserbeneinsetzung erläutert wird und die Erläuterung nicht speziell auf das „gleichzeitige Ableben" abstellt.:[40] „Sollten **wir gleichzeitig tot sein"** hier situationsbezogen; ein zeitlicher Abstand von 2 ½ Jahren ist nicht mehr „kurz".[41] Die Klausel regelt bei einer Selbsttötung bei Eintritt des Todes im

---

[28] LG Rostock FamRZ 2004, 1324; mit Eintritt der auflösenden Bedingung wurde der Pflegling Nacherbe; BayObLG NJW-RR 1998, 729; BayObLG FamRZ 1993, 1494; BayObLG FamRZ 1997, 1242.
[29] BayObLG FHZivR 36 Nr. 3665. Andererseits BayObLG FamRZ 1990, 563: kann sowohl Fall des gleichzeitigen wie auch des nacheinander Versterbens meinen.
[30] BayObLGZ 1981, 79 (86).
[31] BayObLG FamRZ 1988, 879; BayObLG ZEV 1996, 472; KG ZEV 1997, 207; BayObLG FGPrax 2000, 20; siehe auch *Keim* ZEV 2005, 10 (12); OLG Köln FamRZ 1996, 569.
[32] OLG Frankfurt Rpfleger 1988, 483; OLG Hamm NJW-FER 97, 37.
[33] OLG Frankfurt Rpfleger 1988, 483.
[34] OLG Hamm NJW-FER 1997, 37.
[35] BayObLG FamRZ 1997, 389.
[36] BayObLG MittBayNot 1995, 309; BayObLG Rpfleger 1981, 304; FamRZ 1995, 1446; 2001, 1563.
[37] BayObLGZ 1981, 1979; 86, 426; BayObLG NJW-RR 1997; 329; BayObLG NJW-RR 1997, 327; BayObLG BeckRS 1997, 31022789 (11/2 Jahre nicht mehr zeitnah); Palandt/*Weidlich* § 2269 Rn. 9; OLG Stuttgart NJW-RR 1994, 592 („auch wenn die Ehegatten kurz nacheinander sterben").
[38] ZEV 2004, 200 (201).
[39] BayObLG FGPrax 2004, 80; OLG Frankfurt FamRZ 1998, 1393.
[40] OLG München BWNotZ 2010, 265– in Abgrenzung zu OLG München NJW-RR 2008, 1327.
[41] BayObLG NJWE-FER 1997, 205.

Abstand von 30 Minuten die Erbfolge nach dem Längerlebenden.[42] Nach OLG München[43] umfasst die Formulierung nicht nur den unwahrscheinlichen Fall des im gleichen Bruchteil einer Sekunde eintretenden Todes, sondern auch den Fall, dass die Ehegatten innerhalb eines kürzeren Zeitraums nacheinander sterben, sei es auf Grund ein und derselben Ursache, etwa eines Unfalls, sei es auf Grund verschiedener Ursachen, wenn der Überlebende nach dem Tod des Erstversterbenden praktisch keine Möglichkeit mehr hat, ein Testament zu errichten. Entgegen § 2102 Abs. 2 BGB nimmt das OLG Stuttgart im Fall der kurz hintereinander verstorbenen Ehegatten Nacherbschaft der eingesetzten Erben zum Erstverstorbenen und unmittelbare Erbschaft nach dem Letztverstorbenen an.[44]

26 • Zuwendung des **Nießbrauchs:** Kann die Einsetzung als Vorerbe oder die Zuwendung eines Vermächtnisses sein.[45]

27 • Einsetzung eines **Alleinerben mit der Verpflichtung,** den Nachlass **zu Gunsten der Kinder zu verwalten, ihnen zuzuwenden, dem Sohn zu vererben:** Kann Anordnung einer Nacherbfolge bedeuten.

28 • **Grundbesitz als wesentlicher Nachlassbestandteil soll nach dem Erben an eine bestimmte Person gehen:** Kann Anordnung einer Nacherbfolge sein.[46]

29 • **Sorge für die Bestattung:** die Auflage, für die Bestattung zu sorgen, spricht aber für die Erbeinsetzung[47] während die Regelung, dass einer Person gerade nur die Kosten für die Beerdigung zur Verfügung stehen sollen, eher gegen eine Erbeinsetzung spricht.[48]
Die Auflage, für Beerdigung und Grabpflege zu sorgen und dafür ein Vermächtnis von 5.000 DM zu verwenden, kann im Zusammenhang mit dem Umstand, dass der Bedachte zu Lebzeiten bereits die den Hauptteil des Vermögens ausmachenden Grundstücke der Erblasserin erhalten haben zur Wertung führen, dass die Erblasserin Bedachten als Erben eingesetzt hat.[49]

30 • **Barschaft.** Dass mit dem Begriff „Barschaft" nicht nur der geringe Bargeldbestand im Haus oder in der Geldbörse, sondern auch die (leicht verfügbaren) Bankguthaben gemeint sind, „liegt nach der Lebenserfahrung keineswegs fern".[50]

31 • **Schlusserbeneinsetzung für den Fall des gemeinsamen Versterbens:** bedeutet a) dass dem überlebenden Ehegatten die Testierfreiheit erhalten bleiben soll und b) dass eine für den Fall des Nacheinanderversterbens fehlende Schlusserbeneinsetzung nicht durch ergänzende Auslegung ersetzt werden kann.[51]

32 • **„Neffe", „Bruder" etc:** Die Bezeichnung eines Bedachten mit seiner verwandtschaftlichen Stellung (und nicht mit seinem Namen) ist ein Hinweis darauf, dass der Erblasser den Verwandten nicht nur als Person, sondern gerade in seiner Eigenschaft als Verwandten, also den jeweiligen Stamm einsetzen wollte. Eine ergänzende Auslegung kann dann dazu führen, dass die Abkömmlinge des Bedachten als Ersatzerben gelten sollen.[52]

33 • **Hausgrundstück darf nicht verkauft werden und soll von einem der gemeinschaftlichen Kinder übernommen werden:** Macht das Grundstück den wesentlichen Wert des Nachlasses des Erstversterbenden aus, kann eine derartige Klausel in einem gemeinschaftlichen Testament die Auslegung im Sinne der Trennungslösung rechtfertigen.[53]

---

[42] BayObLG ZEV 1996, 470.
[43] OLG München BWNotZ 2010, 265.
[44] OLG Stuttgart FamRZ 1994, 852 (853).
[45] BGH LM Nr. 2; BayObLGZ 1965, 461; Palandt/*Weidlich* § 2100 Rn. 6.
[46] BayObLG FamRZ 1990, 562; Palandt/*Weidlich* § 2100 Rn. 6.
[47] BayObLG FamRZ 1999, 1392 (1394).
[48] BayObLG NJW-RR 2002, 1302.
[49] BayObLG NJW-RR 2002, 873; der Nachlass erschöpfte sich in einer Vielzahl kleiner Vermächtnisse; ähnlich BayObLG DNotZ 2003, 870.
[50] BayObLG DNotZ 2003, 870.
[51] KG FamRZ 2006, 511 „plötzlicher Tod".
[52] OLG München Rpfleger 2006, 656; BayObLG Rpfleger 2004, 49.
[53] OLG Hamm ZEV 2003, 324; NJOZ 2003, 1241.

- **Baut der Alleinerbe innerhalb von 3 Jahren nicht... soll er den Hof an... über-** 34
lassen: bedeutet Anordnung von Vor- und Nacherbfolge; Nacherbfall ist die Nichteinhaltung der Bauverpflichtung; die Änderung der dinglichen Rechtslage (§ 1922) tritt
unabhängig vom Wissen und Wollen des Vor- und Nacherben ein.[54]
- **Hoferbe:** Die Einsetzung als „Hoferben", der auch für eine standesgemäße Beerdigung 35
zu sorgen hat sind wesentliche Anhaltspunkte für eine Einsetzung als Alleinerben.[55]
- **Nichterwähnung von Schwarzgeld im Testament:** ist kein Anhaltspunkt für einen 36
Willen des Erblassers, mit dem Testament die Erbfolge nicht umfassend zu regeln; die
testamentarische Regelung über **„meine Konten"** ist naheliegenderweise die maßgebliche erbrechtliche Regelung.[56]
- **Der Überlebende kann das gesamte Vermögen frei verfügen:** Diese Klausel ist für 37
sich genommen nicht eindeutig. Im Zweifel (also wenn keine andere Auslegungsmöglichkeit besteht), bedeutet die Klausel nur eine Ermächtigung zur freien Verfügung **unter
Lebenden.** Ähnliche Klauseln: **„Der Überlebende darf frei und ungehindert verfügen"**; **„der Überlebende ist in der Verfügung über den Nachlass des Erstversterbenden nicht beschränkt"**, **„er ist zur freien Verfügung über das Vermögen
berechtigt".**[57] Die Klausel muss keine Freistellung von der Schlusserbeneinsetzung
bedeuten; hierfür spricht auch keine Vermutung.[58]
- Zuwendung eines Hausanwesens **„unter der Bedingung, dass die Begünstigte das** 38
Haus mit ihrer Familie als ständigen Wohnsitz bewohnt und bewirtschaftet":
Der unter dieser auflösenden Bedingung Bedachte hat die Stellung eines Vorerben, erst
bei seinem Tod steht fest, ob er Vollerbe geworden ist; bis zum Tod besteht eine
aufschiebend bedingte Nacherbschaft.[59]
- **Erben sind A und B; im Falle einer Scheidung zwischen A und B fällt das** 39
Gebäude an C: Kann als Nacherbeneinsetzung gewürdigt werden.[60]
- **Ich werde das Ganze noch vor dem Notar machen:** schließt einen Testierwillen 40
nicht zwingend aus,[61] spricht aber, sofern nicht besondere Umstände vorliegen, gegen die
Absicht, in dem Schriftstück eine abschließende Verfügung zu treffen.[62]
- **Es ist mein Wunsch, dass das Grundstück nicht in fremde Hände kommt:** kann 41
eine Auflage (§ 1940) sein, die den Erben auferlegt ist.[63]
- **Die Erbin kann das Haus nicht anderweitig** (gemeint ist: an andere als die zuvor 42
erwähnten Brüder und deren Abkömmlinge) **übergeben:** kann Auflage (§§ 1940,
2192 ff.) sein, soweit der Erblasser Verfügungen unter Lebenden verboten hat. Es kann
jedoch nicht Gegenstand einer Auflage sein, ein bestimmtes Testament zugunsten etwa
der Abkömmlinge zu errichten; die Anordnung wäre als Verstoß gegen den Grundsatz
der Testierfreiheit gemäß § 134 nichtig. Die Klausel kann jedoch in Anwendung von
§ 2084 als Anordnung von Vor- und Nacherbschaft Bestand haben.[64]
- **Übergabe (bei einem landwirtschaftlichen Hofanwesen):** „Darunter ist ein Vertrag 43
zu verstehen, durch den Eltern wesentliche Vermögensteile (zB ein Hausgrundstück,
einen landwirtschaftlichen oder gewerblichen Betrieb) bei Lebzeiten mit Rücksicht auf
die künftige Erbfolge an einen ihrer Abkömmlinge oder Verwandten übertragen und
dabei für sich einen ausreichenden Lebensunterhalt – ein ‚Leibgeding' beziehungsweise

---

[54] BayObLG NJW-RR 2004, 1376.
[55] BayObLG ZEV 2004, 282.
[56] BayObLG ZEV 2003, 331; dem Erblasser und den Beteiligten war die Existenz des Schwarzgeldes in der
Schweiz bekannt.
[57] BayObLG FamRZ 1985, 209; MittBayNot 2002, 194.
[58] BayObLGZ 2002, 66.
[59] BayObLGZ 1962, 47 (57); FamRZ 1999, 59 (61); RNotZ 2004, 474.
[60] BayObLG NJOZ 2002, 2708.
[61] BayObLG FamRZ 1997, 251 (252).
[62] BayObLG FamRZ 1999, 534 (535).
[63] BGH FamRZ 1985, 278 (279).
[64] BayObLG FamRZ 1986, 608 (609).

‚Altenteil' (vergleiche Art. 7 AGBGB) – und für die außer dem Übernehmer noch vorhandenen weiteren Abkömmling oder sonstigen (pflichtteilsberechtigten) Erben eine Abfindung ausbedingen".[65]

44 • **Mein Sohn (X) soll den Hof und Sägeanteil bei einer nicht überhöhten Last übernehmen:** „Der Begriff **Übernahme** setzt voraus, dass die Erbschaft zunächst im Wege der Gesamtrechtsnachfolge auf einen mit X nicht identischen Erben oder eine Erbengemeinschaft übergegangen ist".[66] Der Ansicht des Gerichts kann nur im entschiedenen Fall wegen des Zusatzes „bei einer nicht überhöhten Last" zugestimmt werden. „Übernahme" kann auch als Rechtsnachfolge in die Stellung des Erblassers angesehen werden. Der Begriff allein spricht nicht zwingend für eine Übernahme von einem anderen Erben beziehungsweise von einer Erbengemeinschaft.

45 • **Die Beteiligte zu 1 ist Testamentsvollstreckerin. Sie kann nach meinem Tode sofort über die Konten einschließlich der Aktien verfügen:** kann Alleinerbenstellung bedeuten.[67] Bedeutung hatte, dass die Beteiligte zu 1 gleich zu Beginn des Testaments vor den übrigen Personen benannt ist und in früheren Testamenten der Erblasserin und der ihres Ehemannes die jeweiligen Alleinerben zugleich zu Testamentsvollstreckern ernannt wurden. Nach der Wertvorstellung der Erblasserin betrafen die Konten und Aktien den größten Vermögenswert.

46 • **Alles Übrige gehört meiner Frau:** kann Alleinerbeneinsetzung sein.[68]

47 • **Plus Rest** (aus Verkauf des gesamten Grundvermögens): Erbeinsetzung, wobei diese nicht notwendig voraussetzt, dass dem Erben ein mehr oder weniger großer oder sogar der größte Teil des Nachlasses verbleibt.[69]

Das BayObLG hat die Formulierung, die eheliche Familie sei „aus" dem restlichen Vermögen „bedacht" als Erbeinsetzung angesehen (der Erblasser verteilte zwei Vermögensgruppen, dasjenige in Deutschland und das ausländische).[70]

48 • **Grundstück soll an (X) „fallen":** Wortlaut spricht für Erbeinsetzung, „erhalten" und „bekommen" von Geldbeträgen eher für Geldvermächtnisse.[71]

49 • X soll meinen Nachlass **„regeln",** er kann nach meinem Ableben über mein Vermögen **„verfügen";** er erhält den **Auftrag,** meine Eigentumswohnung zu **veräußern** und davon und vom Bankguthaben einen Notarztwagen zu kaufen und diesen dem Bayerischen Roten Kreuz zur Verfügung zu stellen…: wurde nicht als Erbeinsetzung angesehen, da es nicht **„bekommen"** oder **„erhalten"** hieß.[72]

Im entschiedenen Fall enterbte die Erblasserin ausdrücklich ihre Verwandten. **„Behalten"** sollte die regelnde Person die (wertlosen) Wohnungsgegenstände. Das BayObLG billigte die Auslegung des LG, dass hier die Stellung eines Testamentsvollstreckers vorliege und im Übrigen der Fiskus Erbe sei.

50 • **Mündliche Äußerungen des Erblassers gegenüber möglichen Erben.** Jahre (im Fall 8 Jahre) nach der Testamentserrichtung lassen schon wegen des Zeitablaufs nur bedingt Rückschlüsse auf den Testierwillen im Zeitpunkt der Testamentserrichtung zu.[73]

51 • **Die Diakonissen in S:** Bei Fehlen eines persönlichen Kontaktes zu den genannten Diakonissen ist die Organisation gemeint, die hinter diesen Diakonissen steht.[74]

52 • **Verwaltungs- und Auseinandersetzungsanordnungen:** können ein Indiz dafür sein, dass der Erblasser nicht von alleiniger Gesamtrechtsnachfolge ausgeht.[75] Als Verstärkung

---

65 BayObLG NJW-RR 2003, 293.
66 BayObLG FGPrax 2001, 207.
67 BayObLG NJW-RR 2004, 1593.
68 BayObLG FGPrax 2001, 207.
69 BayObLG FamRZ 2003, 119 (120); RPfleger 2004, 697.
70 BayObLG Rpfleger 2006, 403 (404).
71 BayObLG FGPrax 2005, 162.
72 BayObLG BeckRS 2004, 5042.
73 BayObLG BeckRS 2004, 5042.
74 BayObLG NJWE-FER 2001, 211.
75 BayObLG FamRZ 2002, 850.

für diese Ansicht hat das Gericht die Formulierungen „**ich hoffe, dass sich alle vertragen**…", „**ich liebe Euch alle**…", „**schätzt Euer Erbe**"… angesehen.

• **Wortlaut; Auseinandersetzung mit gegen die Auslegung des Gerichts sprechenden Umständen:** Setzt sich das Gericht damit nicht auseinander, kann dies wegen Verstoßes gegen §§ 12 FGG/26 FamFG zur Aufhebung der Entscheidung, auch in der weiteren Beschwerde, führen.[76]   **53**

---

[76] BayObLG FamRZ 2006, 226.

§ 44 Formerfordernisse in Nachlasssachen

I. Die Form (zu Vorschlägen siehe die einzelnen Nachlassverfahren)

1 Anträge und Erklärungen können **(fern-)schriftlich, (fern-)mündlich** oder zu **Protokoll der Geschäftsstelle** des Gerichts (§§ 23, 25 FamFG) gestellt werden, sofern das Gesetz nicht ausdrücklich eine bestimmte Form vorschreibt (S. 2.). Es muss hierbei jedoch immer die Identität des Erklärenden feststehen. Hierauf ist insbesondere bei fernmündlichen oder fernschriftlichen Erklärungen und Anträgen zu achten. Die Identität kann durch eigenhändige Unterschrift oder auf sonstige Weise feststehen.

2 **Verfahrensrechtliche Anträge** sind **bedingungsfeindlich.** Haupt- und Hilfsanträge – im Erbscheinsverfahren nicht selten – sind aber zulässig. Sie sind „wohlwollend" **auszulegen,** das heißt dahingehend, dass der Erklärende das erstrebte Ergebnis erreichen will.

II. Besondere Vorschriften

3 **Gegenüber dem Nachlassgericht** abzugeben sind
- die Anfechtung einer letztwilligen Verfügung nach §§ 2087 ff., 1938, 2197 ff., 2253 ff. BGB (§ 2081 Abs. 1 BGB);
- die Annahme und Ablehnung eines Testamentsvollstreckeramtes (§ 2202 Abs. 2 BGB), Kündigung des Testamentsvollstreckers (§ 2226 BGB);
- die Erklärung des Erben zum Inventar (§§ 2002–2004 BGB);
- Anzeige des Eintritts der Nacherbfolge (§ 2146 Abs. 1 BGB);
- Anzeige des Verkaufs der Erbschaft und des Namens des Käufers (§ 2384 Abs. 1 BGB).

Diese Erklärungen „gegenüber dem Nachlassgericht" werden als **amtsempfangsbedürftige Erklärungen** mit dem Zugang bei dem sachlich und örtlich (§§ 342 ff. FamFG) zuständigen Nachlassgericht wirksam (§ 130 Abs. 3 BGB). Sie bedürfen keiner bestimmten Form, dh sie können privatschriftlich oder mündlich zu Protokoll der Geschäftsstelle des Nachlassgerichts abgegeben werden.

4 In folgenden Fällen ist die **öffentliche Beglaubigung (§ 129 BGB)** einer Erklärung vorgesehen:
- § 1945 BGB (Erbschaftsausschlagung; zur Niederschrift des Nachlassgerichts oder in öffentlich beglaubigter Form);
- §§ 1955, 1956 BGB (Anfechtung der Annahme oder der Ausschlagung einer Erbschaft oder der Versäumnis der Ausschlagungsfrist; zur Niederschrift des Nachlassgerichts oder in öffentlich beglaubigter Form);
- § 2198 Abs. 1 BGB (Bestimmung eines Testamentsvollstreckers durch einen Dritten);
- § 2199 BGB (Ernennung eines Mitvollstreckers oder Nachfolgers durch einen Testamentsvollstrecker);
- § 2121 Abs. 1 BGB – jedoch nur auf Verlangen – (Unterzeichnung des Verzeichnisses der Erbschaftsgegenstände durch den Vorerben für den Nacherben);
- § 2215 Abs. 2 BGB – nur auf Verlangen – (Unterzeichnung des Nachlassverzeichnisses durch den Testamentsvollstrecker).

Die öffentliche Beglaubigung bezieht sich auf die **Echtheit der Unterschrift,** nicht des Inhalts der Erklärung.[1] Die Erklärung muss **schriftlich** abgefasst sein (§ 129 BGB). Die **Beglaubigung** der Echtheit erfolgt durch einen Notar gemäß §§ 39, 40 BeurkG. Die

---

[1] BGHZ 37, 86.

Beglaubigung durch eine nach Landesrecht zuständige Stelle ist auch außerhalb der Landesgrenzen wirksam.[2]

III. Die Beurkundung von Rechtsgeschäften

Im Vermittlungsverfahren über die Nachlassauseinandersetzung hat auf Antrag eines von 5 mehreren Erben (§§ 363 ff. FamFG) der Rechtspfleger (§ 3 Nr. 2c RPflG) die Vereinbarung über vorbereitende Maßnahmen (§ 366 FamFG) und die Auseinandersetzung (§§ 368, 370 FamFG) zu beurkunden; er ist nach Wegfall des § 16 Abs. 1 Nr. 8 RPflG auch für die Genehmigungen des Nachlassgerichts gemäß § 368 Abs. 3 FamFG zuständig.

Diese Beurkundung erfolgt zu Protokoll des Nachlassgerichts gemäß §§ 6–16, 22–26 BeurkG.

Weitere rechtsgeschäftliche Erklärungen in Nachlasssachen wie 6
– die Anfechtung eines Erbvertrages durch den Erblasser (§ 2282 Abs. 3 BGB);
– der Rücktritt vom Erbvertrag (§ 2296 BGB);
– der Erbverzichtsvertrag (§ 2348 BGB);

bedürfen der **notariellen Beurkundung.**

Beim **Erbverzichtsvertrag** ist zu beachten, dass die **persönliche Erklärung des Erblassers** gemäß § 2347 Abs. 2 BGB im Rahmen eines Prozessvergleichs im Anwaltsprozess **zusätzlich** zur prozessualen Erklärung des Anwalts erforderlich ist.[3]

Die Beurkundung von Versicherungen an Eides Statt erfolgt im Erbscheinsverfahren durch das Gericht (funktionell: **Rechtspfleger**, § 3 Nr. 1 f, 2c RPflG) oder den **Notar** (§§ 352 Abs. 3 FamFG; 56 Abs. 3 S. 2 BeurkG; Art. 239 EGBGB nF). Das Gesetz beschränkt die gerichtliche Zuständigkeit nicht auf das Nachlassgericht,[4] sodass auch ein Rechtshilfegericht zuständig ist.

Im **Ausland** sind die **Konsularbeamten** zuständig (§ 12 Nr. 2 KonsG). **Ausländische** 8 **Notare** sind keine Notare iSv § 352 Abs. 3 FamFG.[5]

Ist nicht der Erbe, sondern der Testamentsvollstrecker, Nachlassverwalter, Insolvenzverwalter oder Gläubiger der Antragsteller, so hat dieser die Erklärung abzugeben.

Die **Urschrift des gerichtlichen oder notariellen Protokolls** über die Beurkundung 9 des Rechtsgeschäfts **bleibt in der Verwahrung des Gerichts oder Notars.**

---

[2] LG Bonn Rpfleger 1983, 309.
[3] BayObLGZ 1965, 86 (Anwaltsprozess).
[4] Str.; wie hier ua MüKoBGB/*Mayer,* 6. Auflage, § 2356 Rn. 46; OLG Celle MDR 1970, 930.
[5] OLG München NJW-RR 2006, 226.

§ 45 Wichtige Fristen im Erbrecht

1 Für die Berechnung von gesetzlichen und richterlichen Fristen gelten gemäß **§ 16 Abs. 2 FamFG** die §§ 222 und 224 Abs. 2 und 3, sowie § 225 ZPO entsprechend.

Allgemeine Feiertage sind durch Bundes- und Landesgesetze bestimmt.[1]

Der landesgesetzliche Gesetzgeber kann die entsprechende Anwendung des § 16 FamFG bestimmen.[2] Die Frist beginnt regelmäßig mit der Bekanntgabe, bei Bekanntgabe durch Zustellung (§ 15 Abs. 2 FamFG) mit formrichtiger Zustellung, zu laufen, soweit gesetzlich nichts anderes bestimmt ist.[3] Die Form der Beschlüsse ist in §§ 15 und 41 (für Beschlüsse) FamFG geregelt.

2 Das Gesetz zur Änderung des Erb- und Verjährungsrechts hat die Sonderverjährung (von 30 Jahren) für erbrechtliche Ansprüche gemäß § 197 Abs. 1 Nr. 2 BGB aF aufgehoben. Die **Regelverjährung** des § 195 BGB von **3 Jahren** gilt nunmehr **auch für erbrechtliche Ansprüche.**

Ausnahmsweise **verbleibt es bei der 30-jährigen Verjährungsfrist** gemäß § 197 Abs. 1 Nr. 2 BGB für die Ansprüche

– eines Erben auf Herausgabe gegen den Erbschaftsbesitzer (§ 2018 BGB); entsprechendes gilt für die Verjährung der Auskunftsansprüche, die der Durchsetzung des Erbschaftsanspruchs dienen;

– des Nacherben gegen den Vorerben auf Herausgabe der Erbschaft (§ 2130 BGB) und

– des Erben gegen den Besitzer eines unrichtigen Erbscheins auf Herausgabe des Erbscheins an das Nachlassgericht (§ 2362 BGB).

Die 3-jährige Verjährungsfrist **beginnt** mit dem Schluss des Jahres, in dem der Anspruch **entstanden** ist und der Gläubiger von den den Anspruch begründenden Umständen und der Person des Schuldners **Kenntnis** erlangt oder ohne grobe Fahrlässigkeit Kenntnis erlangen müsste (§ 199 Abs. 1 BGB). Unabhängig von der Kenntnis oder grobfahrlässigen Unkenntnis der den Anspruch begründenden Umstände gilt eine Höchstfrist von 30 Jahren ab Entstehung des Anspruchs (§ 199 Abs. 3a BGB).

Für die Vormundschaft und Pflegschaft gilt ebenfalls die Regelverjährung (sowohl für die Haftung des Vormunds/Pflegers, als auch für deren Aufwendungs- und Vergütungsansprüche).

Die wesentlichen Hemmungstatbestände enthalten §§ 207, 211 BGB.

3 • **Überleitungsvorschrift** ist Art. 229 § 23 EGBGB: Danach gilt das neue Verjährungsrecht mit dem Inkrafttreten (1.1.2010) des neuen Rechts für alle noch nicht verjährten Ansprüche; für Beginn und Frist gilt jedoch das Recht der jeweils kürzeren Frist.

4 • **Ablaufhemmung** bei Nachlasssachen: Verjährung nicht vor **6 Monaten** (oder kürzer, wenn kürzere Verjährungsfrist) ab Erbschaftsannahme bzw. Nachlassinsolvenzeröffnung. Betrifft Ansprüche gegen Nachlass und solche, die zum Nachlass gehören **(§ 211 BGB).**

5 • **Anfechtung der Ausschlagung oder Annahme der Erbschaft: 6 Wochen.** Die Frist beginnt im Falle der Anfechtbarkeit wegen Drohung mit dem Zeitpunkt des Aufhörens der Zwangslage, in den übrigen Fällen mit dem Zeitpunkt, in dem der Anfechtungsberechtigte Kenntnis vom Anfechtungsgrund erlangt (§ 1954 BGB).

Die für die Fristhemmung geltenden Vorschriften der §§ 206, 210, 211 BGB finden auf den Lauf der Frist entsprechende Anwendung.

Hat der Erblasser seinen letzten Wohnsitz nur im Ausland gehabt oder hält sich der Erbe bei Beginn der Frist im Ausland auf, beträgt die Frist **6 Monate (§ 1954 Abs. 3 BGB).**

---

[1] Eine Übersicht findet sich bei Keidel/*Sternal* § 16 Rn. 20 ff.
[2] Keidel/*Sternal* § 16 Rn. 2.
[3] BayObLG NJW-RR 2001, 724.

- **Anfechtung von Erbverträgen durch den Erblasser:** Binnen **Jahresfrist.** Die Frist 6 beginnt im Falle der Anfechtbarkeit wegen Drohung mit dem Zeitpunkt des Aufhörens der Zwangslage, in den übrigen Fällen mit dem Zeitpunkt, in dem der Erblasser vom Anfechtungsgrund Kenntnis erlangt. Auf den Lauf der Frist finden die für die Hemmung geltenden Vorschriften der §§ 206, 210 BGB entsprechende Anwendung **(§ 2283 BGB).**
- **Anfechtung von Testamenten durch Anfechtungsberechtigten**[4] (§§ 2078, 2079 7 BGB): Sie kann nur binnen **Jahresfrist** erfolgen (§ 2082 Abs. 1 BGB); diese beginnt mit dem Zeitpunkt, in dem der Anfechtungsberechtigte (§ 2080 BGB) vom Anfechtungsgrund Kenntnis erlangt. Auf den Lauf der Frist finden die Hemmungsvorschriften der §§ 206, 210, 211 BGB entsprechende Anwendung. Sind seit dem Erbfall **30 Jahre** verstrichen, ist die Anfechtung ausgeschlossen **(§ 2082 Abs. 3 BGB).**
- **Aufgebot (privates) der Nachlassgläubiger:** Jeder Miterbe kann auf seine Kosten die 8 Nachlassgläubiger auffordern, ihre Forderungen **binnen 6 Monaten** bei ihm oder beim Nachlassgericht anzumelden **(§ 2061 BGB);** S. auch Einrede des Aufgebotsverfahrens.
- **Ausschlagung der Erbschaft:** Binnen **6 Wochen,** beginnend mit dem Zeitpunkt der 9 Kenntnis von Anfall und Grund der Berufung **(§ 1944 Abs. 1 BGB).** Bei Berufung durch Verfügung von Todes wegen beginnt die Frist nicht vor Bekanntgabe der letztwilligen Verfügung durch das Nachlassgericht **(§ 1944 Abs. 2 S. 2 BGB).** Die für die Hemmung geltenden Vorschriften der §§ 206, 210 BGB finden auf den Lauf der Frist entsprechende Anwendung. Hat der Erblasser seinen letzten Wohnsitz nur im Ausland gehabt oder hält sich der Erbe bei Beginn der Frist im Ausland auf, beträgt die Frist **6 Monate (§ 1944 Abs. 3 BGB).**
- **Ausschließung der Auseinandersetzung:** Die letztwillige Verfügung des Erblassers, 10 die Nachlassauseinandersetzung auszuschließen, wird unwirksam, wenn seit dem Eintritt des Erbfalls **30 Jahre** verstrichen sind **(§ 2044 Abs. 2 S. 1 BGB).** Abweichungen: **§ 2044 Abs. 2 S. 2 BGB.**
- **Beeinträchtigende Schenkungen bei Vorliegen eines Erbvertrages:** Der Anspruch 11 des Vertragserben auf Herausgabe einer Schenkung, die der Erblasser in der Absicht, den Vertragserben zu beeinträchtigen, gemacht hat, verjährt in **3 Jahren vom Erbfall an**[5] **(§ 2287 Abs. 2 BGB).**
- **Dauervollstreckung:** Die Anordnung einer Dauervollstreckung wird **30 Jahre** nach 12 dem Erbfall unwirksam **(§ 2210 S. 1 BGB).** Abweichungen in **§ 2210 S. 2, 3 BGB.**
- **Dreimonatseinrede:** Der Erbe kann die Berichtigung einer Nachlassverbindlichkeit bis 13 zum Ablauf der ersten **3 Monate** nach Annahme der Erbschaft, jedoch nicht über die Errichtung des Inventars hinaus, verweigern **(§ 2014 BGB).**
- **Dreißigster:** Der Erbe hat Familienangehörigen des Erblassers, die bei dessen Tod zu 14 seinem Hausstand gehört und von ihm Unterhalt bezogen haben, in den ersten **30 Tagen** nach Eintritt des Erbfalls in dem bisherigen Umfang Unterhalt zu gewähren und die Benutzung der Wohnung und der Haushaltsgegenstände zu gestatten **(§ 1969 BGB).**
- **Einrede des Aufgebotsverfahrens:** Der Erbe kann die Berichtigung einer Nachlass- 15 verbindlichkeit bis zur Beendigung des Aufgebotsverfahrens verweigern, wenn er innerhalb **eines Jahres** nach Annahme der Erbschaft den Antrag auf Einleitung des Aufgebotsverfahrens gestellt hat und der Antrag zugelassen wurde, wenn auch erst nach Ablauf der Jahresfrist **(§ 2015 Abs. 1 BGB).** Wird vor Annahme der Erbschaft zur Verwaltung des Nachlasses ein Nachlasspfleger bestellt, so beginnen die in den §§ 2014 und 2015 Abs. 1 BGB bestimmten Fristen mit der Bestellung **(§ 2017 BGB).**

---

[4] Erblasser ist nicht anfechtungsberechtigt; er kann neu testieren.
[5] Fassung seit 1.1.2010; bis dahin „mit Anfall der Erbschaft".

16 • **Eintragung des Erben im Grundbuch (Kosten):** Gem. **Nr. 141140 KV GNotKG**[6] werden keine Gebühren für die Eintragung von Erben des eingetragenen Eigentümers erhoben, wenn der Eintragungsantrag binnen **2 Jahren** seit dem Erbfall bei dem Grundbuchamt eingereicht wird.

17 • **Eröffnungsfrist für Testamente, gemeinschaftliche Testamente und Erbverträge:** Befindet sich ein Testament, gemeinschaftliches Testament oder Erbvertrag seit mehr als **30 Jahren** in amtlicher Verwahrung, so sind sie zu eröffnen, wenn die amtlichen Ermittlungen nicht zu der Feststellung des Fortlebens des Erblassers führen (**§ 351 FamFG**).

18 • **Geltendmachung der Erbunwürdigkeit:** Die Anfechtung des Erbschaftserwerbes bei Erbunwürdigkeit kann erst nach Anfall der Erbschaft und nur binnen **Jahresfrist durch Klageerhebung** erfolgen, beginnend mit dem Zeitpunkt, in dem der Anfechtungsberechtigte vom Anfechtungsgrund Kenntnis erlangt, (**§§ 2340, 2082 BGB**).

19 • **Haftung nach der Teilung:** Nach der Teilung des Nachlasses haftet jeder Miterbe nur für den seinem Erbanteil entsprechenden Teil einer Nachlassverbindlichkeit, wenn der Gläubiger im Aufgebotsverfahren ausgeschlossen ist (**§ 2060 Nr. 1 BGB**), wenn das Nachlassverfahren eröffnet und durch Verteilung der Masse oder durch einen Insolvenzplan beendigt worden ist (**§ 2060 Nr. 3 BGB**) oder wenn der Gläubiger seine Forderung später als **5 Jahre** nach dem in § 1974 Abs. 1 BGB (Versäumungseinrede) bestimmten Zeitpunkt geltend macht (**§ 2060 Nr. 2 BGB; Ausnahmen siehe dort**).

20   **Inventarfrist:** Auf Antrag eines Nachlassgläubigers hat das Nachlassgericht dem Erben eine Frist zur Erstellung eines Verzeichnisses des Nachlasses zu bestimmen (**Inventarfrist, § 1994 BGB;** zu den Wirkungen, insbes., der unbeschränkten Erbenhaftung siehe §§ 2005 ff. BGB). Die Frist soll mindestens **einen,** höchstens **3 Monate** betragen und beginnt mit der Zustellung des Beschlusses, durch den die Frist bestimmt wird, frühestens mit Annahme der Erbschaft; auf Antrag des Erben kann das Nachlassgericht die Frist nach seinem Ermessen verlängern (**§ 1995 BGB**).

21 • **Bestimmung einer neuen Inventarfrist:** Sie ist möglich auf Antrag des Erben, wenn er die Frist ohne sein Verschulden versäumt hat. Der Antrag muss binnen **2 Wochen** nach Beseitigung des Hindernisses und spätestens vor Ablauf **eines Jahres** nach Ende der zuerst bestimmten Frist gestellt werden (**§ 1996 BGB**).
Die für die Hemmung geltenden Vorschriften des § 210 BGB finden auf den Lauf der Inventarfrist und der 2-Wochen-Frist des § 1996 Abs. 2 BGB entsprechende Anwendung. Beide Fristen endigen nicht vor Ablauf der für die Erbschaft des Erben vorgeschriebenen Ausschlagungsfrist, wenn der Erbe vor Ablauf der Inventarfrist oder der in § 1996 Abs. 2 BGB bestimmten Frist von **2 Wochen** stirbt (**§§ 1997, 1998 BGB**).

22 • **Kraftloserklärung des unrichtigen Erbscheins:** Der Beschluss über die Kraftloserklärung eines unrichtigen Erbscheins wird mit Ablauf **eines Monats** nach seiner letzten Einrückung in die öffentlichen Blätter wirksam (**§ 2361 Abs. 2 S. 3 BGB**).

23 • **Ladungsfrist bei Auseinandersetzungsverfahren:** Die früher geltende Frist zwischen der Ladung der Beteiligten und dem Termin von mindestens **2 Wochen** (**§ 90 FGG aF**) ist beseitigt worden (s. nunmehr § 365 FamFG).

24 • **Nacherbschaft:** Die Einsetzung eines Nacherben wird mit dem Ablauf von **30 Jahren** nach dem Erbfall unwirksam, wenn nicht vorher der Fall der Nacherbfolge eingetreten ist (**§ 2109 Abs. 1 S. 1 BGB**). Zwei Ausnahmen in § 2109 Abs. 1 S. 2 Ziff. 1 und 2 BGB.
Nachforderung von Gerichtskosten: Kosten können wegen unrichtigen Ansatzes nur nachgefordert werden, wenn der berichtigte Ansatz vor Ablauf des **nächsten Kalenderjahres** nach endgültiger Erledigung der Angelegenheit dem Zahlungspflichtigen mitgeteilt ist (**§ 20 GNotKG**).

25 • **Anordnung der Nachlassverwaltung:** Ein Nachlassgläubiger kann die Nachlassverwaltung nicht mehr beantragen, wenn seit Annahme der Erbschaft **2 Jahre** verstrichen sind (**§ 1981 Abs. 2 S. 2 BGB**).

---

[6] § 60 Abs. 4 KostO aF.

- **Gültigkeitsdauer der Nottestamente:** Nottestamente (§§ 2249, 2250, 2251 BGB) 26 gelten als nicht errichtet, wenn seit der Errichtung **3 Monate** verstrichen sind und der Erblasser noch lebt **(§ 2252 Abs. 1 BGB).** Beginn und Lauf der Frist: **§ 2252 Abs. 2, 3 BGB.**

- **Öffentliche Aufforderung zur Anmeldung der Erbrechte bei Feststellung des** 27 **Fiskuserbrechts:** Der Feststellung des Erbrechts des Fiskus hat eine öffentliche Aufforderung der Erbrechte unter Bestimmung einer Anmeldefrist vorauszugehen **(§ 1965 Abs. 1 S. 1 BGB).**
  Die Anmeldungsfrist bestimmt sich nach den Vorschriften des Aufgebotsverfahrens. Sie beträgt mindestens **6 Wochen (§ 437 FamFG).** Ein Erbrecht bleibt unberücksichtigt, wenn nicht dem Nachlassgericht binnen **3 Monaten** nach Ablauf der Anmeldungsfrist nachgewiesen wird, dass das Erbrecht besteht oder dass es gegen den Fiskus im Wege der Klage geltend gemacht ist **(§ 1965 Abs. 2 BGB).**

- **Annahme und Ablehnung des Amtes des Testamentsvollstreckers:** Das Amt des 28 Testamentsvollstreckers beginnt mit dem Zeitpunkt der Annahme durch den Ernannten. Das Nachlassgericht kann dem Ernannten auf Antrag eines der Beteiligten eine Frist zur Erklärung über die Annahme bestimmen **(§ 2202 Abs. 3 BGB).**

- **Verjährung von Gerichtskosten:** Ansprüche auf Zahlung von Kosten verjähren in 29 **4 Jahren** nach Ablauf des Kalenderjahres, in dem der Anspruch fällig geworden ist. Ansprüche auf Rückerstattung von Kosten verjähren in **4 Jahren** nach Ablauf des Kalenderjahres, in dem der Anspruch entstanden ist **(§ 6 Abs. 1 und 2 GNotKG).**

- **Verjährung der Pflichtteilsansprüche:** Der **Pflichtteilsanspruch** verjährt in **3 Jahren** 30 von dem Zeitpunkt an, in dem der Pflichtteilsberechtigte vom Eintritt des Erbfalls und von der ihn beeinträchtigenden Verfügung Kenntnis erlangt, ohne Rücksicht auf diese Kenntnis in **30 Jahren** vom Eintritt des Erbfalls an **(§ 2332 BGB).**
  Für den Beginn der Verjährung enthalten §§ 2332 Abs. 1 (Anspruch des **Pflichtteilsergänzungsberechtigten gegen den Beschenkten**) und 2287 Abs. 2 BGB **(Anspruch des beeinträchtigten Vertragserben gegen den Beschenkten)** wichtige Ausnahmen: Die Verjährung beginnt bereits mit dem **Erbfall,** also mit dem Tod des Erblassers. Dem Pflichtteilsberechtigten ist in diesen Fällen zu raten, nicht nur den Erben rechtzeitig (und nicht nur auf Auskunft) zu verklagen, sondern auch hilfsweise den jeweils Beschenkten auf Feststellung zu verklagen oder ihnen den Streit zu verkünden, sofern auf die Einrede der Verjährung nicht verzichtet wird.
  Im Hinblick auf die Hemmung der Verjährung ist im Prozess § 204 Abs. 2 BGB zu beachten, um das Auslaufen der Hemmung durch Nichtbetrieb des Verfahrens zu vermeiden, insbesondere nach Abschluss der Stufe I (Auskunft) bei der Pflichtteilsstufenklage. Die Klage auf Zahlung des Pflichtteils hemmt nicht die Verjährung des Anspruchs auf Pflichtteilsergänzung[7] oder gar des Anspruchs gegen den Beschenkten (§ 2329 BGB). Die Stufenklage hemmt in der Auskunftsstufe die Verjährung des Zahlungsanspruchs nur in Höhe des anschließend (bei ausreichender Vermeidung des Nichtbetriebs, siehe oben) bezifferten Betrages.[8]
  Die Erteilung einer Auskunft im Pflichtteilsprozess kann zum **Neubeginn der Verjährung** gemäß § 212 BGB führen.[9]

- **Aufgeschobenes Vermächtnis:** Ein unter einer aufschiebenden Bedingung oder unter 31 Bestimmung eines Anfangstermins angeordnetes Vermächtnis wird mit Ablauf von **30 Jahren** nach dem Erbfall unwirksam, wenn Bedingung oder Termin nicht vorher eingetreten sind **(§ 2162 Abs. 1 BGB).** Ist der Bedachte zur Zeit des Erbfalls noch nicht erzeugt oder wird seine Persönlichkeit durch ein erst nach dem Erbfall eintretendes Ereignis bestimmt, so wird das Vermächtnis mit dem Ablauf von **30 Jahren** nach dem

---

[7] BGHZ 132, 240.
[8] BGH NJW 1992, 2563.
[9] BGH NJW-RR 1987, 1411.

Erbfall unwirksam, wenn nicht vorher der Bedachte erzeugt oder das Ereignis eingetreten ist, durch das seine Persönlichkeit bestimmt wird **(§ 2162 Abs. 2 BGB).** Ausnahmen von der 30-Jahres-Frist enthält **§ 2163 BGB.**

32 • **Versäumungseinrede:** Sie soll den Erben vor Nachteilen durch nachlässige oder verhinderte Gläubiger schützen. Machen diese ihre Forderung erst nach Ablauf von **5 Jahren** geltend, werden sie wie ausgeschlossene Gläubiger behandelt **(§§ 1973, 1974 BGB).**

33 • **Vorkaufsrecht der Miterben gegenüber dem Verkäufer:** Die Frist für die Ausübung des Vorkaufrechts der übrigen Miterben gegenüber dem Verkäufer eines Erbanteils beträgt **2 Monate (§ 2034 Abs. 2 S. 1 BGB).**

Teil 5. Internationales Privatrecht

Ein Erbfall mit Auslandberührung liegt insbesondere vor, wenn der Erblasser eine fremde Staatsangehörigkeit hatte, im Ausland wohnte, Nachlassgegenstände im Ausland liegen oder eine Verfügung von Todes wegen im Ausland errichtet wurde.

§ 46 Innerdeutsches Kollisionsrecht und Recht der früheren DDR

Wie in der Vorauflage angekündigt werden Ausführungen zum innerdeutschen Kollisions- **1** recht sowie zum Erbrecht der DDR angesichts ihres Übergangscharakters in dieser Auflage nicht mehr abgedruckt. Diesbezüglich wird auf die Vorauflage verwiesen.

§ 47 Die Europäische Erbrechtsverordnung EuErbVO

Übersicht

Rn.

I. Vorrangige Abkommen 2
II. Anwendungsbereich, Auslegung, Vorfragen 3
   1. Auslegung 4
   2. Anwendungsbereich 5
     a) Abgrenzung zum Güterrecht 6
     b) Unentgeltliche Zuwendungen 7
     c) Gesellschaftsrechtsrechtliche Nachfolgeklauseln 8
     d) Abgrenzung zum Sachenrecht 9
   3. Vorfragen 12
   4. Behandlung der von der Verordnung ausgenommenen, erbrechtlichen Berei-
     che 13
III. Ermittlung des Erbstatuts 14
   1. Regelanknüpfung nach Art. 21 EuErbVO 14
     a) Allgemeines 14
     b) Letzter gewöhnlicher Aufenthalt 15
     c) Einzelfälle 16
   2. Ausnahme: offensichtlich engere Verbindung 17
   3. Rechtswahl nach Art. 22 EuErbVO 18
     a) Allgemeines 18
     b) Form der Rechtswahl 19
     c) Rechtswahlerklärung 20
     d) Änderung und Widerruf der Rechtswahl 21
   4. Reichweite des Erbstatuts 22
   5. Rück- und Weiterverweisung, Art. 34 EuErbVO 24
   6. Eingriffsnormen, Art. 30 EuErbVO 25
   7. Mehrrechtsstaaten 26
   8. Ordre public 27
IV. Einseitige Testamente 28
   1. Form 29
   2. Zulässigkeit und materielle Wirksamkeit 30
     a) Zulässigkeit 31
     b) Materielle Wirksamkeit 32
   3. Änderung, Widerruf 33
   4. Rechtswahlmöglichkeiten im Testament 34
     a) Wahl des Errichtungs- und des Erbstatuts nach Art. 24 Abs. 1 iVm Art. 22
       EuErbVO 35
     b) Isolierte Wahl des Errichtungsstatuts nach Art. 24 Abs. 2 EuErbVO 36
     c) Isolierte Wahl des Erbstatuts nach Art. 22 EuErbVO 37
   5. Wirkungen im Todesfall 38
V. Erbverträge und gemeinschaftliche Testamente 39
   1. Begriff des Erbvertrages, Abgrenzungen 40
     a) Definition 40
     b) Vereinbarung, Einigung 41
     c) Bindung 42
     d) Begründung, Änderung oder Entzug von Rechten 43
     e) Beteiligung des Erblassers 44
     f) Gegenleistung 45
     g) Abgrenzungen, Einzelfälle 46
   2. Form des Erbvertrages 51
     a) Allgemeines 51
     b) Zulässigkeit des Erbvertrages als Formfrage 52
   3. Die materielle Wirksamkeit des einseitigen Erbvertrages 53

                                                          Rn.

a) Materielle Zulässigkeit 54
b) Materielle Wirksamkeit im Übrigen 55
c) Auswirkungen einer Eheauflösung 56
d) Wirkungen des Erbvertrages zu Lebzeiten 57
4. Materielle Wirksamkeit des mehrseitigen Erbvertrages 59
a) Abgrenzungsfragen 59
b) Zulässigkeit 60
c) Materielle Wirksamkeit und Bindungswirkung 61
5. Besonderheiten bei Verzichtsverträgen 62
a) Form 63
b) Materielle Wirksamkeit 64
6. Rechtswahlmöglichkeiten im Erbvertrag 68
a) Wahl nach Art. 25 Abs. 1 bzw. Abs. 2 Unterabs. 1 iVm. Art. 22 EuErb-
VO 69
b) Rechtswahl nach Art. 25 Abs. 3 EuErbVO 72
c) Wahl des tatsächlichen Erbstatuts nach Art. 22 EuErbVO 73
7. Ehe- und Erbverträgen und andere mit einem Erbvertrag verbundene Verträge und Vereinbarungen 74
a) Zusammengesetzte Verträge 75
b) Unselbständige Bestandteile des Erbvertrages 76
VI. Übergangsregelungen 77
VII. Internationale Zuständigkeit nach der EuErbVO 81
VIII. Das internationale Erbrechtsverfahrensgesetz (IntErbRVG), Europäisches Nachlasszeugnis (ENZ) 82
1. Örtliche Zuständigkeit für streitige Verfahren 83
2. Das Europäische Nachlasszeugnis (ENZ) 84
a) Internationale Zuständigkeit 86
b) Sachliche Zuständigkeit 87
c) Örtliche Zuständigkeit 88
d) Funktionale Zuständigkeit 89
e) Verfahren und Beteiligte 90
f) Gültigkeitsdauer 94
g) Änderung oder Widerruf des ENZ, Aussetzung der Wirkungen 95
h) Rechtsbehelfe 96
i) Gleichstellung des ENZ mit Erbschein für den Grundbuchverkehr 97
j) Internationale Zuständigkeit zur Erbscheinserteilung, Verhältnis zum
ENZ 98
k) Sich widersprechende Erbnachweise 99
3. Anerkennung, Vollstreckbarkeit und Vollstreckung ausländischer Titel 101
4. Annahme ausländischer öffentlicher Urkunden 102
5. Entgegennahme von Erklärungen 103

Am 16.8.2012 ist für alle EU-Staaten mit Ausnahme von Großbritannien, Irland und **1** Dänemark die „Verordnung (EU) Nr. 650/2012 des Europäischen Parlaments und des Rates vom 4.7.2012 über die Zuständigkeit, das anzuwendende Recht, die Anerkennung und Vollstreckung von Entscheidungen und die Annahme und Vollstreckung öffentlicher Urkunden in Erbsachen sowie zur Einführung eines Europäischen Nachlasszeugnisses" (EuErbVO – ABl. 2012 L 201, 107; abrufbar ua unter eurolex.europa.eu)[1] in Kraft getreten. Die EuErbVO ist seit dem 17.8.2015 anwendbar, Entscheidend ist nach Art. 83 Abs. 1 EuErbRVO dabei der Todeszeitpunkt des Erblassers. Für vor dem 17.8.2015 verstorbene Personen bleibt es bei den bisherigen Regelungen. Die vormals maßgebliche Rechtslage wird daher noch einige Zeit von Bedeutung bleiben und soll in § 3 bis auf weiteres

---

[1] Bei der Verwendung der deutschen Textfassung ist die Berichtigung vom 12.2.2013, veröffentlicht im ABl. 2013 L 41, 16 zu beachten, durch die ein Übersetzungsfehler in Art. 83 Abs. 3 EuErbVO bereinigt werden musste.

erläutert werden. Innerstaatlich ist ergänzend zur EuErbVO am 17.8.2015 das Gesetz zum Internationalen Erbrecht und zur Änderung von Vorschriften zum Erbschein sowie zur Änderung sonstiger Vorschriften in Kraft getreten (BGBl. I 1042), siehe hierzu unten Rn. 82. Es enthält zum einen die zur Durchführung der EuErbVO erforderlichen Bestimmungen und zum anderen Änderungen der Vorschriften zum deutschen Erbschein, um diese an die Regelungen des Europäischen Nachlasszeugnisses anzupassen.

I. Vorrangige Abkommen

2 Als Bilaterale Übereinkommen gelten für Deutschland der Deutsch-Türkische Konsular-vertrag vom 28.5.1929, der Deutsch-Sowjetische Konsularvertrag vom 25.4.1958 sowie das Deutsch-Iranische Niederlassungsabkommen vom 17.2.1929.[2] Diese Staatsverträge bleiben nach Art. 75 Abs. 1 EuErbVO mit ihren von der EuErbVO abweichenden Regelungen vorrangig, da die Mitgliedsstaaten ihren völkerrechtlichen Verpflichtungen weiter nach-kommen müssen. Ob seitens Deutschlands eine Kündigung der Abkommen erfolgen kann und wird bleibt abzuwarten.

II. Anwendungsbereich, Auslegung, Vorfragen

3 Nach Art. 1 Abs. 1 EuErbRVO ist die Verordnung auf die Rechtsnachfolge von Todes wegen anzuwenden. Darunter ist nach Art. 3 Abs. 1 EuErbRVO jede Form des Übergangs von Vermögenswerten, Rechten und Pflichten von Todes wegen, sei es im Wege der gewillkürten Erbfolge durch eine Verfügung von Todes wegen oder im Wege der gesetzli-chen Erbfolge zu verstehen.

1. Auslegung

4 Die Begriffe der Verordnung sind autonom auf der Grundlage eines europäischen Begriffs-verständnisses auszulegen, also losgelöst von den nationalen Rechtsordnungen unter Be-rücksichtigung des Wortlauts, der Entstehungsgeschichte, der Funktion, der Ziele und der Systematik des jeweiligen Rechtsaktes sowie der allgemeinen Rechtsgrundsätze, die sich aus der Gesamtheit der nationalen Rechtsordnungen ergeben.[3] Die Kategorien des deut-schen Rechts bilden dabei nur noch einen Teil dieser Gesamtheit. Im Zweifelsfall wacht der EuGH nach Art. 267 Abs. 2 AEUV über die einheitliche Auslegung der Verordnung.

2. Anwendungsbereich

5 Art. 1 Abs. 2 EuErbRVO grenzt den Anwendungsbereich der VO negativ (zur positiven Umschreibung der Reichweite des Erbstatuts in Art. 23 Abs. 2 EuErbVO, siehe unten → Rn. 22) ab. Von besonderer Bedeutung sind dabei folgende Bereiche:

a) Abgrenzung zum Güterrecht

6 Nach Art. 1 Abs. 2 lit. d) EuErbVO sind Fragen des ehelichen Güterrechts sowie des Güterrechts aufgrund von Verhältnissen, die nach dem auf diese Verhältnisse anzuwenden-den Recht mit der Ehe vergleichbare Wirkungen entfalten, vom Anwendungsbereich ausgeschlossen. Andererseits bestimmt Art. 23 Abs. 2 lit. b) EuErbVO, dass dem Erbstatut die Nachlassansprüche des überlebenden Ehegatten oder Lebenspartners unterliegen. Die EuErbVO enthält keine Bestimmungen zur Vereinheitlichung zwischen Güterrecht und Erbrecht, sie enthält im Gegenteil überhaupt keine Regelungen zur Abgrenzung zwischen

---

[2]   Siehe hierzu unten → § 48 Rn. 13.
[3]   Vgl. nur *Dörner* ZEV 2012, 505 (507).

den beiden Bereichen. Diese wird damit auch künftig im Einzelfall kompliziert bleiben, zumal auch die ab 29.1.2019 anwendbare Verordnung des Rates über die Zuständigkeit, das anzuwendende Recht, die Anerkennung und die Vollstreckung von Entscheidungen im Bereich des Ehegüterrechts (EuGüVO) sowie die Verordnung des Rates über die Zuständigkeit, das anzuwendende Recht, die Anerkennung und Vollstreckung von Entscheidungen im Bereich des Güterrechts eingetragener Partnerschaften (EuPartVO)[4] hierzu keine Aussagen treffen. Die klassischen kollisionsrechtlichen Probleme wie etwa des § 1371 BGB (Zusammentreffen deutschen Güterrechtsstatuts und ausländischem Erbstatut)[5] werden bestehen bleiben, wobei es nach bisheriger fast einhelliger Auffassung in der deutschen Literatur auch unter Geltung der EuErbVO und deren autonomer Auslegung bei einer güterrechtlichen Qualifikation des § 1371 BGB bleiben sollte,[6] die Frage wurde inzwischen vom KG dem EuGH vorgelegt.[7] Der EuGH hat sich – vor allem um die Effektivität des Europäischen Nachlasszeugnisses sicherzustellen – mit seinem Urteil vom 1.3.2018 in der Rechtssache C-558/16 (Mahnkopf) für eine erbrechtliche Qualifikation entschieden.[8] Allgemein kann auch künftig wohl als Richtschnur gelten, dass Regelungen, die den Ehegatten in eine Reihe mit den erbberechtigten Verwandten stellt und ihm eine Teilhabe am Vermögen des Verstorbenen ausschließlich aufgrund der Nähebeziehung zum Erblasser gewährt und im Hinblick darauf, dass nach dem hypothetischen Willen des Verstorbenen eine erbrechtliche Verteilung an nahe Angehörige erfolgen soll, erbrechtlich zu qualifizieren sind. Erbrechtliche Begünstigungen werden ferner idR unabhängig von einem bestimmten Güterstand gewährt. Güterrechtlich ist zu qualifizieren, wenn die Begünstigung ein Ausgleich für die während der Ehe erbrachten Leistungen des Überlebenden oder Konsequenz des Umstands, dass Gatten während der Ehe ihre beiderseitigen Vermögen verschmolzen haben und somit aus einem Topf gewirtschaftet haben, sein soll. Güterrechtliche Begünstigungen sind ferner in der Regel vom Bestehen eines bestimmten Güterstandes abhängig.[9]

b) Unentgeltliche Zuwendungen

Unentgeltliche Zuwendungen sind nach Art. 1 Abs. 2 lit. g) EuErbVO vom Anwendungs- **7** bereich der EuErbVO ausgenommen. Für sie gilt die Rom-I-Verordnung (Verordnung (EG) Nr. 593/2008 des Europäischen Parlaments und des Rates vom 17.6.2008 über das auf vertragliche Schuldverhältnisse anzuwendende Recht, ABl. 2008 L 177/6) mit ihren Rechtswahlmöglichkeiten. Art. 23 Abs. 2 lit. i) EuErbVO stellt hierzu allerdings klar, dass die Ausgleichung und Anrechnung unentgeltlicher Zuwendungen im Erbfall vom Erbstatut geregelt wird, das gleiche gilt für den verfügbaren Teil des Nachlasses und die Pflichtteile nach Art. 23 Abs. 2 lit. h EuErbVO. Zur Behandlung der Schenkung auf den Todesfall, und von Verträgen zugunsten Dritter auf den Todesfall vgl. noch unten → Rn. 47, 48.

c) Gesellschaftsrechtsrechtliche Nachfolgeklauseln

Fragen des Gesellschaftsrechts wie Klauseln im Errichtungsakt oder in der Satzung der **8** Gesellschaft, die das Schicksal der Anteile verstorbener Gesellschafter regeln, werden nach Art. 1 Abs. 2 lit. g) EuErbVO nicht von der Verordnung erfasst. Das Gesellschaftsstatut bestimmt also, ob ein Gesellschaftsanteil vererblich ist und in den Nachlass fällt. Ist der

---

[4] Siehe hierzu zB *Dutta* FamRZ 2016, 1973; *Weber* DNotZ 2016, 659; *Döbereiner* Notar 2018, 244.
[5] Siehe zum bisherigen deutschen IPR BGH NJW 2015, 2185 und unten → § 47 Rn. 36, ferner zB Palandt/*Thorn* Art. 15 EGBGB Rn. 26; *Schotten/Schmellenkamp,* Das IPR in der notariellen Praxis, Rn. 284 ff.; Staudinger/*Dörner* Art. 25 EGBGB Rn. 36; *Süß,* Erbrecht in Europa, § 4 Rn. 136.
[6] *Dörner* ZEV 2012, 505 (507); *Odersky* Notar 2013, 3.
[7] KG ZEV 2017, 209 mAnm *Dörner.*
[8] EuGH, Urt. v. 1.3.2018 – C-558/16, ZEV 2018, 205 mAnm *Bandel;* siehe hierzu *Weber* NJW 2018, 1356.
[9] Vgl. zB LG München I FamRZ 1978, 364; Staudinger/*Dörner* Art. 25 EGBGB Rn. 33; Staudinger/ *Mankowski* Art. 15 EGBGB Rn. 326; *Süß,* Erbrecht in Europa, § 4 Rn. 133.

Anteil nach dem Gesellschaftsstatut vererblich, so bestimmt das Erbstatut, auf wen der Anteil von Todes wegen übergeht.[10] Für Pflichtteils- und Pflichtteilsergänzungsansprüche gilt nach Art. 23 Abs. 2 lit. h EuErbVO wiederum das Erbstatut.

d) Abgrenzung zum Sachenrecht

9 Bereits bei der Entwicklung der EuErbVO war die Abgrenzung zwischen Erbrecht und Sachenrecht heftig umstritten. Dies war auch nach Inkrafttreten der Verordnung zunächst so geblieben. Die endgültige Fassung der Verordnung wurde in diesem Bereich teilweise erst am Ende und in großer Eile im Wege eines politischen Kompromiss gefunden, um das Projekt daran nicht scheitern zu lassen. Nicht zuletzt aus diesem Grund ist der Text der Verordnung leider alles andere als eindeutig und voller Brüche und Widersprüche. Der EuGH hat mit Urteil vom 13.10.2017 in der Rechtssache Kubicka (endlich) einen Schlusspunkt gesetzt unter eine der jedenfalls aus deutscher Sicht[11] am heftigsten umstrittenen Fragen der EuErbVO, nämlich der Behandlung von nach ausländischem Erbstatut unmittelbar wirkenden Vindikationslegaten an in Deutschland belegenen Immobilien.

10 Nach Art. 1 Abs. 2 lit. k) EuErbRVO regelt die Verordnung nicht die *Art* der dinglichen Rechte (numerus clausus der Sachenrechte), siehe auch Nr. 18 der Erläuterungen zur EuErbVO. Ergänzend hierzu ordnet Art. 31 EuErbVO eine Anpassung ausländischer Rechtsinstitute an, wenn diese im Inland geltend gemacht werden und dem inländischen Recht fremd sind. Art. 1 Abs. 2 lit. l) EuErbVO, der im Entwurf zur EuErbVO vom 14.10.2009, noch nicht enthalten war, enthält den sog. Registervorbehalt, nachdem die Verordnung die Eintragung in einem Register und deren Voraussetzungen und Wirkungen nicht erfasst. Art. 23 Abs. 2 lit. e) EuErbVO bestimmt dagegen, dass der Übergang der zum Nachlass gehörenden Vermögenswerte vom Erbstatut geregelt wird. Nach Art. 63 Abs. 1, 69 Abs. 5 EuErbVO stellt ein Europäisches Nachlasszeugnis (ENZ) ein für eine Registereintragung taugliches Schriftstück dar, allerdings erneut vorbehaltlich Art. 1 Abs. lit. k) und l) EuErbVO. Nach Art. 68 lit. m) EuErbVO schließlich sind in das ENZ auch Vermögenswerte aufzunehmen, die einem bestimmten Vermächtnisnehmer zustehen. Probleme zur Abgrenzung zwischen Erbstatut und Sachenrechtsstatut ergeben sich unter anderem dann, wenn nach dem anwendbaren ausländischen materiellen Erbrecht dinglich wirkende Rechtsinstitute an in einem anderen Land belegenen Gegenständen umgesetzt werden müssen, wenn nach letzterem Recht dem entsprechenden Rechtsinstitut nur schuldrechtliche Bedeutung zukommt. Dies gilt hinsichtlich in Deutschland belegener Gegenstände namentlich für ausländische Vindikationslegate, dinglich wirkende Nießbrauchsrechte oder Teilungsanordnungen und Erbauseinandersetzungen. Die in Deutschland vor allem von Praktikern vertretene Auffassung[12] ging bisher jedenfalls für Immobilien von einem Vorrang der lex rei sitae aus. Begründet wurde diese Auffassung vor allem mit der im Rechtssetzungsverfahren spät erfolgten und ansonsten eigentlich überflüssigen Einfügung des Registervorbehalts in Art. 1 Abs. 2 lit. l) EuErbVO, der ausdrücklich nicht nur von der Eintragung selbst, sondern auch von den Voraussetzungen der Eintragung spricht. Nach dieser Auffassung gilt der Grundsatz: Immobilienstatut vor Erbstatut vor beweglichem

---

[10] Ausführlich *Frank/Döbereiner*, Nachlassfälle mit Auslandsbezug, Rn. 68 ff.; *Leitzen* ZEV 2012, 520; siehe auch *Dörner* ZEV 2012, 505 (508); *Simon/Buschbaum* NJW 2012, 2393 (2394).

[11] Im Ausland ist und war das Verständnis zur Wichtigkeit und das Interesse an dieser Streitfrage eher gering, dies zeigte sich nicht zuletzt auch an den wenigen und wenig engagierten Beiträgen und Erklärungen der Vertragsstaaten im vorliegenden Verfahren.

[12] So auch Burandt/Rojahn/*Burandt*, Erbrecht, 2. Aufl. 2014, EuErbVO Art. 1 Rn. 9, EuErbVO Art. 31 Rn. 3; *Buschbaum*, Gedächtnisschrift Hübner, 2012, 589 (594 ff.); *Döbereiner* GPR 2014, 42; *Frank/Döbereiner*, Nachlassfälle mit Auslandsbezug, Rn. 86; *Hertel* DNotZ 2012, 688 (690); *Lechner* IPRax 2013, 497; *Odersky* Notar 2013, 3; *Remde* RNotZ 2012, 81; Geimer/Schütze/*Schall/Simon*, Internationaler Rechtsverkehr, Art. 1 EuErbVO Rn. 71 ff.; *Simon/Buschbaum* NJW 2012, 2393 (2394); *Volmer* RPfl 2013, 421 (426); *Wilsch* ZEV 2012, 530; siehe auch *Kohler/Pintens* FamRZ 2012, 1425.

Sachenrecht. Andere[13] gelangen – wie die deutsche Rechtsprechung[14] vor Inkrafttreten der EuErbVO – über Art. 31 EuErbVO zum gleichen Ergebnis. Auch die deutsche Gesetzesbegründung zum IntErbRVG vom 29.6.2015[15] nahm wie selbstverständlich an, dass Vindikationslegate in Damnationslegate umzudeuten sind. Dies war auch der Standpunkt der Bundesregierung im Laufe des oben genannten Verfahrens Kubicka. Die vor allem in der Rechtslehre vertretene Gegenauffassung[16] ging von einem Vorrang von Art. 23 Abs. 2 lit. e) EuErbVO aus, so dass sich der Rechtsübergang bei Vermächtnissen in jedem Fall nach dem Erbstatut vollziehe, andernfalls würde sich der Anwendungsbereich der Vorschrift auf lediglich nicht registrierte Vermögensrechte beschränken. Die Bereichsausnahme des Art. 1 Abs. 2 lit. l) EuErbVO spiele eine nur untergeordnete Rolle, da das Registerrecht nur die registermäßige Erfassung des Erbgangs, nicht aber den vom Erbrecht vorgesehenen Übertragungsvorgang selbst, der dem Erbstatut verbleibe, regle.

Der EuGH hat im Sinne dieser zweiten Auffassung entschieden. Dabei ist nachvollziehbar, dass weder Art. 1 Abs. 2 Buchst. k) EuErbVO noch Art. 31 EuErbVO der Anerkennung des Vindikationslegats im Inland entgegenstehen, da es sich beim Vindikations- wie beim Damnationslegat nicht um unterschiedliche dingliche Rechte an sich, sondern nur um verschiedene – jeweils auf das gleiche dingliche Recht, nämlich das Eigentum abzielende – Erwerbsmodalitäten handelt. Aber auch der Vorrang des in Art. 1 Abs. 2 Buchst. l) EuErbVO enthaltenen Registervorbehalts wird vom EuGH kurz und lapidar abgetan: die Vorschrift regle bereits nach dem Wortlaut nur die Voraussetzungen der *Eintragung*, nicht aber die Voraussetzungen des *Erwerbs* der betreffenden Rechte. Eine weitere (wünschenswerte) Auseinandersetzung auch mit Gegenargumenten und der Entstehungsgeschichte der Verordnung[17] nimmt der EuGH leider nicht vor. Ob dies angesichts der in den einzelnen Rechtsordnungen teilweise äußerst schwierigen und teilweise gar nicht möglichen Abgrenzung zwischen Damnations- und Vindikationslegat[18] tatsächlich – wie der EuGH meint – der Erleichterung des reibungslosen Funktionierens des Binnenmarktes dient bleibt abzuwarten. Die Praxis wird sich jedenfalls darauf einstellen (müssen), auch wenn die praktischen Folgen im Einzelnen noch nicht geklärt sind.[19] Eine entscheidende Rolle wird wohl dem ENZ zukommen müssen, in das von der (ausländischen oder subsidiär nach Art. 10 Abs. 2 EuErbVO zuständigen deutschen) Ausstellungsbehörde nach dem Erbstatut dinglich unmittelbar wirkende Vermächtnisse[20] grundbuchtauglich genau und (über den eigentlichen Eigentumserwerb hinaus) für die Rechtsausübung ggf. zusätzlich weiter erforderlichen Umsetzungsakte[21] (wie etwa eine Besitzeinweisung nach französischem Recht) genau angegeben werden müssen. Noch zu überlegen und zu prüfen ist, ob insoweit eine Klarstellung durch den deutschen Gesetzgeber in § 35 GBO veranlasst ist.

11

---

13 Vgl. *Dörner* ZEV 2012, 505 (508); jurisPK-BGB/*Ludwig*, 7. Aufl. 2014, Art. 31 EuErbVO Rn. 23 ff.; *Müller-Lukoschek*, Die neue EU-Erbrechtsverordnung, 2. Aufl. 2015, § 2 Rn. 97 ff.
14 BGH NJW 1995, 58.
15 Siehe *Döbereiner* NJW 2015, 2449 (2453).
16 Vgl. *Dutta* FamRZ 2013, 4 (12); IPRax 2015, 32 (33); MüKoBGB/*Dutta* EuErbVO Art. 1 Rn. 32; *Margonski* GPR 2013, 106 ff.; Palandt/*Thorn* Art. 31 EuErbVO Rn. 2; *J. P. Schmidt* RabelsZ 77 (1 ff.); wohl auch *Kunz* GPR 2013, 293. Siehe auch *Kleinschmidt* RabelsZ 77 (759 ff.).
17 Siehe insbesondere auch die Beiträge von *Lechner*, der Berichterstatter im Rechtsetzungsverfahren war, etwa in IPRax 2013, 497.
18 Vgl. etwa *Frank/Döbereiner*, Nachlassfälle mit Auslandsbezug, Rn. 87 f.
19 Ungeklärt bleibt auch der umgekehrte Fall, nämlich die Behandlung von Damnationslegaten an Gegenständen, die in einem Land belegen sind, das nur Vindikationslegate kennt, siehe hierzu zB *Döbereiner* ZEV 2015, 559.
20 Dies hilft allerdings nicht weiter, wenn sich nicht eindeutig feststellen lässt, welche Art von Vermächtnis vorliegt.
21 Eine andere ungeklärte Frage ist, ob und in welcher Form diese nach dem Erbstatut für die Rechtsausübung ggf. zusätzlich erforderlichen Umsetzungsakte dem Grundbuchamt nachgewiesen werden müssen.

3. Vorfragen

12 Die nach Art. 1 Abs. 2 EuErbVO vom Anwendungsbereich der Verordnung ausgeschlossenen Komplexe sind grundsätzlich nach den für sie geltenden Kollisionsregeln anzuknüpfen, Fragen des Bestehens einer Ehe also zB nach Art. 13 EGBGB und güterrechtliche Fragen nach Art. 15 EGBGB bzw. ab 29.1.2019 nach den Güterrechtsverordnungen. Fraglich ist, ob dies auch gilt, wenn sie als sog. Vorfragen vorgreiflich für erbrechtliche Fragen sind oder ob im Bereich der EuErbVO nicht eine sog. unselbständige, Vorfragenanknüpfung nach dem Recht der erbrechtlichen Hauptfrage sachgerechter ist. Für eine unselbständige Vorfragenanknüpfung spricht allgemein der interne Entscheidungseinklang, für eine unselbständige Anknüpfung der internationale Entscheidungseinklang.[22] Im Bereich der EuErbVO wird mit beachtlichen Argumenten eine unselbständige Vorfragenanknüpfung vertreten, da sonst bei der Ausstellung eines ENZ sich zB aufgrund der bisher fehlenden Vereinheitlichung des Güterrechts unterschiedliche Ergebnisse in den jeweiligen Mitgliedstaaten ergeben können.[23] Angesichts des eindeutigen Ausschlusses bestimmter Bereiche in Art. 1 Abs. 2 EuErbVO (siehe auch zB Nr. 12 der Erläuterungen) scheint allerdings eine selbständige Vorfragenanknüpfung von der Verordnung vorgegeben.[24]

4. Behandlung der von der Verordnung ausgenommenen, erbrechtlichen Bereiche

13 Aufgrund des umfangreichen Negativkatalogs in Art. 1 Abs. 2 EuErbVO sind auch einige Bereiche vom Anwendungsbereich der VO ausgenommen, die nach bisherigem deutschem IPR bereits erbrechtlich qualifiziert wurden. So sind zum Beispiel nach Art. 1 Abs. 2 lit. j) EuERbVO die Errichtung, Funktionsweise und Auflösung eines Trusts [25] vom Anwendungsbereich nicht erfasst, obwohl nach bisheriger hM beim sog. „testamentary trust" eine erbrechtliche Anknüpfung vorzunehmen ist.[26] Der deutsche Gesetzgeber hat inzwischen in Art. 25 EGBGB nF daher die Anwendung der EuErbVO auf alle – nach deutscher Auffassung – erbrechtlich zu qualifizierenden Sachverhalte erweitert.

III. Ermittlung des Erbstatuts

1. Regelanknüpfung nach Art. 21 EuErbVO

a) Allgemeines

14 Nach der allgemeinen Kollisionsnorm des Art. 21 Abs. 1 EuErbVO unterliegt die gesamte Rechtsnachfolge von Todes wegen dem Recht des Staates, in dem der Erblasser im Zeitpunkt seines Todes seinen gewöhnlichen Aufenthalt hatte. Dies gilt unabhängig davon, ob er dort auch verstorben ist, welche Staatsangehörigkeit er hatte und wo sein Nachlass belegen ist. Ein Deutscher, der seinen Lebensabend an der Cote d'Azur verbringt, wird daher nach französischem Recht beerbt. Die Anknüpfung an den letzten gewöhnlichen Aufenthalt gilt auch in reinen Drittstaatsfällen (vgl. Art. 20 EuErbVO), wobei es in solchen Fällen allerdings regelmäßig an der Zuständigkeit der Gerichte der Mitgliedstaaten nach Art. 4 ff. EuErbVO fehlen wird, vgl. hierzu noch unten → Rn. 81.

---

[22] Nach deutscher hM sind Vorfragen grds. selbständig anzuknüpfen, vgl. nur *Hausmann/Odersky*, Internationales Privatrecht in der Notar- und Gestaltungspraxis, § 3 Rn. 42; *Schotten/Schmellenkamp,* Das IPR in der notariellen Praxis, Rn. 49.

[23] *Dörner* ZEV 2012, 505 (512).

[24] *Vollmer* ZErb 2012, 227 (229).

[25] Deutschland hat das Haager Übereinkommen über das auf trusts anzuwendende Recht und über ihre Anerkennung vom 1.1.1992 nicht gezeichnet.

[26] *Richters* ZEV 2012, 576 (577); Staudinger/*Dörner* Art. 25 EGBGB Rn. 427.

b) Letzter gewöhnlicher Aufenthalt

Eine Definition des gewöhnlichen Aufenthalts fehlt in der Verordnung. Lediglich die **15** Erläuterungen geben in Nr. 23 und 24 gewisse, wenn auch vage und wenig konkrete Anhaltspunkte.[27] Der gewöhnliche Aufenthalt ist nicht gleichzusetzen mit dem Wohnsitz, da anders als beim Wohnsitz für die Begründung eines gewöhnlichen Aufenthalts grundsätzlich kein rechtsgeschäftlicher Wille erforderlich ist.[28] Der gewöhnliche Aufenthalt ist also zunächst nach rein objektive Kriterien festzulegen. Andererseits dürfte bei Fehlen jeglichen subjektiven Moments die Annahme eines gewöhnlichen Aufenthalts nur schwer zu begründen sein.[29] Eine Person kann lediglich einen einzigen gewöhnlichen Aufenthalt iS der EuErbVO haben, da nicht zwei oder mehrere Erbrechte nebeneinander gelten können.[30] Zur Feststellung des gewöhnlichen Aufenthalts ist unter Berücksichtigung eine Gesamtbeurteilung der Lebensumstände des Erblassers vor seinem Tod und im Zeitpunkt seines Todes vorzunehmen. Zu berücksichtigen sind zB Dauer und Regelmäßigkeit des Aufenthalts des Erblassers in dem betreffenden Staat und die damit zusammenhängenden Umstände und Gründe (Erläuterungen Nr. 23). Vorausgesetzt wird in Nr. 23 und 24 der Erläuterungen eine besonders enge und feste und verfestigte Bindung zu dem betreffenden Staat mit gewisser Beständigkeit bzw. Regelmäßigkeit und familiärem und sozialem Lebensmittelpunkt. Ist der Erblasser im Ausland verstorben, ist stets im Einzelfall zu prüfen, wie tief der Erblasser noch in seinem Ursprungsland verwurzelt war. Die Staatsangehörigkeit und die Belegenheit von Vermögensgegenständen können als Indizien berücksichtigt werden, ebenso der Bleibewille und die Absicht, sich in dem betreffenden Land zu integrieren[31] und der Arbeitsort. Eine Mindestverweildauer in der Vergangenheit wird nicht vorausgesetzt. Indizien können auch, wie häufig und von welcher Dauer die Besuche des Erblassers im Heimatstaat waren und welche Kenntnisse der ausländischen Landessprache er erworben hat.

c) Einzelfälle

Folgende Problemfälle werden europaweit in diesem Zusammenhang aktuell diskutiert, **16** wobei die Lösung stets im Einzelfall anhand der genannten Kriterien zu ermitteln ist:

- sog. Mallorca-Rentner, also Personen die einen Teil des Jahres im Süden, einen Teil des Jahres im Heimatland verbringen;
- Wanderarbeiter, Berufspendler, zB Bankangestellte, die während der Woche am Finanzplatz London tätig sind, jedes Wochenende aber zurück nach Frankfurt fliegen, wo auch die Familie weiterhin wohnt;
- Grenzpendler, zB Deutsche, die aufgrund günstiger Steuersätze in den Niederlanden wohnen, aber jeden Tag zur Arbeit nach Deutschland pendeln und auch in der Freizeit viel Zeit zB bei Freunden und Verwandten in Deutschland verbringen;
- Pflegebedürftige und geschäftsunfähige Personen, die von nahen Angehörigen – um Pflegekosten zu sparen oder aufgrund „günstigerer" Pflichtteilsquoten – ins Ausland verbracht werden (in diesen Fällen wird insbesondere auch der Umfang der Abhängigkeit des Erblassers von den Angehörigen oder dem betreuenden Pflegepersonal zu berücksichtigen sein, Missbrauchsfälle können ggf. auch über Art. 21 Abs. 2 EuErbVO gelöst werden);[32]
- Auslandsstudenten (idR kein gewöhnlicher Aufenthalt im Studienland, jedenfalls wenn und solange Rückkehrabsicht);

---

[27] Krit. daher auch *Lange* Zerb 2012, 160 (162).
[28] *Lehmann* DStR 2012, 2085 (2087).
[29] *Odersky* Notar 2013, 3 (5); siehe nun auch OLG München MittBayNot 2017, 622 mAnm *Odersky*.
[30] *Odersky* Notar 2013, 3 (5).
[31] *Kunz* GPR 2012, 208 (211).
[32] *Kunz* GPR 2012, 208 (211); *Odersky* Notar 2013, 3 (5); siehe auch OLG München MittBayNot 2017, 622 mAnm *Odersky*.

– Strafgefangene (idR kein gewöhnlicher Aufenthalt im Inhaftierungsland);
– Profisportler, die häufig den Verein wechseln, je nach sportlicher und nicht zuletzt finanzieller Perspektive.

2. Ausnahme: offensichtlich engere Verbindung

17 Nach Art. 21 Abs. 2 ErbRVO gilt als Erbstatut ausnahmsweise nicht das Recht am letzten gewöhnlichen Aufenthalt, wenn sich aus der Gesamtheit der Umstände ergibt, dass der Erblasser im Zeitpunkt seines Todes eine offensichtlich engere Verbindung zu einem anderen Staat hatte. In diesem Fall ist auf die Rechtsnachfolge von Todes wegen das Recht dieses anderen Staates anzuwenden. Der Sinn und Zweck der erst am Ende des Rechtssetzungsverfahrens aufgenommenen Bestimmung ist unklar, da bereits bei der Ermittlung des letzten gewöhnlichen Aufenthalts eine Gesamtbetrachtung aller Umstände anzustellen ist. Wenn eine engere Verbindung zu einer bestimmten Staat bestand, wird meist schon kein gewöhnlicher Aufenthalt an einem anderem Ort bestanden haben.[33] Auch die praktische Bedeutung von Art. 21 Abs. 2 EuErbVO ist fraglich, da die Zuständigkeit der Gerichte am letzten gewöhnlichen Aufenthalt unberührt bleibt und diese dann fremdes Recht anwenden müssten. Nr. 25 der Erläuterungen jedenfalls nennen als Beispiel einen Erblasser, der erst kurz vor seinem Tod seinen gewöhnlichen Aufenthalt verlegt hat und weiterhin engere Bindungen zu dem vorherigen Aufenthaltsstaat beibehalten hatte.

3. Rechtswahl nach Art. 22 EuErbVO

a) Allgemeines

18 Art. 22 Abs. 1 S. 1 EuErbVO sieht eine eingeschränkte Rechtswahlmöglichkeit vor. Eine Person kann für die Rechtsnachfolge von Todes wegen das Recht des Staates wählen, dem sie im Zeitpunkt der Rechtswahl oder im Zeitpunkt ihres Todes angehört.[34] Dabei ist unerheblich, ob es sich um das Recht eines Mitgliedsstaates handelt oder das Recht eines Drittstaates. Mehrstaatler können nach Art. 22 Abs. 1 S. 2 EuErbVO jede Rechtsordnung wählen, der sie angehören, nicht nur die effektive. Gehört der Testierende einem Mehrrechtsstaat an, so sind für die Ermittlung des wählbaren Rechts zusätzlich die Art. 36 und 37 EuErbVO zu beachten, so dass es in erster Linie auf das interlokale bzw. interpersonale Kollisionsrecht, hilfsweise auf die engste Verbindung abzustellen ist. Staatenlosen steht dagegen nach dem Wortlaut keine Rechtswahlmöglichkeit zur Verfügung, allerdings ist wegen Art. 75 Abs. 1 EuErbVO aus deutscher Sicht Art. 12 des New Yorker UN-Übereinkommens über die Rechtstellung der Staatenlosen vom 28.9.1954 zu beachten, so dass Staatenlose wohl das Recht ihres Wohnsitzes oder bei Fehlen eines solchen ihres (schlichten) Aufenthalts wählen können.[35] Die Rechtswahl muss umfassend sein, eine beschränkte Rechtswahl etwa allein für unbewegliches Vermögen, wie sie derzeit Art. 25 Abs. 2 EGBGB noch vorsieht, ist nicht zulässig. Die gewählte Rechtsordnung ist nach wohl überwiegender Auffassung konkret anzugeben, die Wahl des Rechts der Staatsangehörigkeit im Todeszeitpunkt, welche dies auch immer sein mag, ist also nicht möglich.[36] Eine Rechtswahl nach Art. 22 Abs. 1 EuErbVO kann auch bedingt oder befristet sein, dies ergibt sich bereits daraus, dass der Erblasser die Rechtswahl auch ändern oder aufheben kann.[37]

---

[33] Krit. auch *Lehmann*, DStR 2012, 2085 (2086); *Odersky* Notar 2013, 3 (5 Fn. 11).
[34] Zur deutschen Staatsangehörigkeit siehe noch unten § 47 Rn. 15 ff.
[35] So *Nordmeier* GPR 2013, 148 (150).
[36] *Dörner* ZEV 2012, 505 (513); *Janzen* DNotZ 2012, 487; *Leitzen* ZEV 2013, 128; aA *Nordmeier* GPR 2013, 148 (151); *Wilke* RIW 2012, 601 (606).
[37] *Leitzen* ZEV 2013, 128 (129).

b) Form der Rechtswahl

Nach Art. 22 Abs. 2 EuErbVO muss die Rechtswahl ausdrücklich in einer Erklärung in **19** Form einer Verfügung von Todes wegen erfolgen oder sich aus den Bestimmungen einer solchen Verfügung ergeben. Damit ist nicht gemeint, dass eine Rechtswahl nur gemeinsam mit einer letztwilligen Verfügung erfolgen kann und eine isolierte Rechtswahl ausgeschlossen wäre, es handelt sich vielmehr lediglich um eine Klarstellung zur Form.[38] Da es sich auch beim gemeinschaftlichen Testament und beim Erbvertrag um letztwillige Verfügungen im Sinne der EuErbVO handelt, kann eine Rechtswahl auch dort enthalten sein.

c) Rechtswahlerklärung

Die Rechtswahl kann ausdrücklich oder konkludent erfolgen. Eine konkludente Rechts- **20** wahl kann sich zB aus der konkreten Nennung von Rechtsvorschriften einer bestimmten Rechtsordnung ergeben (siehe Nr. 31 der Erläuterungen zur EuErbVO), sofern auch ein diesbezügliches – wenn auch geringes – Erklärungsbewusstsein des Erblassers anzunehmen ist.[39] Vormals unter dem Stichwort „Handeln unter fremdem Recht" behandelte Fälle können damit ggf., sofern dies zum Recht der Staatsangehörigkeit führt, durch die Annahme einer konkludenten Rechtswahl gelöst werden.[40]

Die materielle Wirksamkeit der Rechtswahl unterliegt nach Art. 22 Abs. 3 EuErbVO dem gewählten Recht, das damit insoweit Vorwirkungen erzeugt. Das gewählte Recht wird aber häufig keine Regelungen für eine Rechtswahl nach der EuErbVO enthalten, vgl. auch Nr. 40 der Erläuterungen. Bei der Rechtswahl handelt es sich zwar nicht selbst um eine letztwillige Verfügung,[41] dennoch beeinflusst diese die Erbfolge, so dass man mangels anderer Vorschriften die Regelungen des gewählten Rechts über letztwillige Verfügungen zB hinsichtlich Testierfähigkeit, Stellvertretung, Willensmängel oder Auslegung analog anwenden wird können.[42] Die Rechtswahl muss in einer wirksamen Verfügung von Todes wegen enthalten sein. Damit steht eine Rechtswahl zB für Testierunfähige nicht zur Verfügung.

d) Änderung und Widerruf der Rechtswahl

Die Änderung oder der Widerruf der Rechtswahl muss nach Art. 22 Abs. 4 EuErbVO den **21** Formvorschriften für die Änderung oder den Widerruf einer Verfügung von Todes wegen entsprechen. Nicht geregelt ist die Frage, nach welchem Recht die materielle Wirksamkeit des Widerrufs oder der Änderung zu beurteilen ist. Wird lediglich eine bestehende Rechtswahl ohne neue Rechtswahl widerrufen, so gilt nach der allgemeinen Kollisionsregel des Art. 21 EuErbVO nunmehr für den Erblasser im Todesfall wieder das Recht am letzten gewöhnlichen Aufenthalt im Todeszeitpunkt, so dass man in der bloßen Aufhebung der Rechtswahl die gleichzeitige Wahl des allgemein nach Art. 21 EuErbVO geltenden Erbstatuts sehen könnte. Da der gewöhnliche Aufenthalt im Todeszeitpunkt im Zeitpunkt der Aufhebung der Rechtswahl jedoch noch nicht feststeht, hilft eine Anknüpfung nach Art. 21 EuErbVO hier nicht weiter. Es kommen damit lediglich noch das ursprünglich gewählte Recht und das Recht am aktuellen gewöhnlichen Aufenthalt als mögliche Anknüpfungspunkte in Betracht. Die Erläuterungen zur EuErbVO deuten in Nr. 40 S. 2 darauf hin, dass für eine Rechtshandlung, mit der lediglich eine bestehende Rechtswahl aufgehoben wird, das in der zugrundeliegenden Rechtswahl gewählte Recht maßgeblich ist. Eine Änderung einer bestehenden Rechtswahl kann (im Gegensatz zum reinen Wider-

---

[38] AA *Kunz* GPR 2012, 207.
[39] *Dutta* FamRZ 2013, 4 (8); *Leitzen* ZEV 2012, 128 (129); *Nordmeier* GPR 2013, 148 (152).
[40] Vgl. auch *Odersky* Notar 2013, 3 (5).
[41] Vgl. zu Art. 25 Abs. 2 EGBGB *Dörner* DNotZ 1988, 88: „erbrechtliches Gestaltungsrecht".
[42] AA *Nordmeier* GPR 2013, 148 (153): Regeln über allgemeine Rechtsgeschäfte. Wie hier bereits zu Art. 25 Abs. 2 EGBGB aF zB MüKoBGB/*Birk* EGBGB Art. 25 Rn. 33; *Schotten/Schmellenkamp,* Das IPR in der notariellen Praxis, Rn. 294; Staudinger/*Dörner* EGBGB Art. 25 Rn. 528 ff.

ruf) begriffsnotwendig nur darin liegen, dass insbesondere nach einem Staatsangehörigkeitswechsel eine neue Rechtswahl getroffen wird. Hier wird man Art. 22 Abs. 3 EuErbVO anwenden können, so dass sich die materielle Wirksamkeit der neuen Rechtswahl nach dem neuen gewählten Recht richtet, siehe wiederum auch Nr. 40 S. 1 der Erläuterungen.[43]

4. Reichweite des Erbstatuts

22 Dem nach Artikel 21 oder Artikel 22 bezeichneten Recht unterliegt nach Art. 23 Abs. 1 EuErbVO die gesamte Rechtsnachfolge von Todes wegen.

Hierzu gehören nach der Aufzählung in Art. 23 Abs. 2 EuErbVO insbesondere (also nicht abschließend) die Bestimmung der Erbteile einschließlich der Nachlassansprüche des überlebenden Ehegatten oder Lebenspartners (lit. b), die Erbfähigkeit (lit. c), die Enterbung und die Erbunwürdigkeit (lit. d), der Übergang der zum Nachlass gehörenden Vermögenswerte, Rechte und Pflichten auf die Erben und gegebenenfalls die Vermächtnisnehmer, einschließlich der Bedingungen für die Annahme oder die Ausschlagung der Erbschaft[44] oder eines Vermächtnisses und deren Wirkungen (lit. e); die Rechte der Erben, Testamentsvollstrecker und anderer Nachlassverwalter,[45] insbesondere im Hinblick auf die Veräußerung von Vermögen und die Befriedigung der Gläubiger (lit. f), die Haftung für die Nachlassverbindlichkeiten (lit. g), der verfügbare Teil des Nachlasses, die Pflichtteile und andere Beschränkungen der Testierfreiheit sowie etwaige Ansprüche von Personen, die dem Erblasser nahe stehen, gegen den Nachlass oder gegen den Erben (lit. h), die Ausgleichung und Anrechnung unentgeltlicher Zuwendungen (lit. i) sowie die Teilung des Nachlasses (lit. j).

23 Mit Art. 23 Abs. 2 lit. b) EuErbVO erkennt die EuErbVO die Nachlassbeteiligung des überlebenden Lebenspartners grundsätzlich als gleichberechtigt neben derjenigen des Ehepartners an.[46] Weitere Bestimmungen, wie eine Mindestbeteiligung am Nachlass oder Pflichtteilsrechte, sieht die Verordnung allerdings nicht vor. Damit gelten auch für den Lebenspartner grundsätzlich die allgemeinen Bestimmungen der Art. 21 ff. EuErbVO. Aus deutscher Sicht verwies Art. 17b Abs. 1 S. 2 EGBGB aF bis 17.8.2015 für die erbrechtlichen Folgen der Lebenspartnerschaft grundsätzlich auf das nach den allgemeinen Vorschriften maßgebende Recht, also insbesondere auf das Heimatrecht des Erblassers gemäß Art. 25 Abs. 1 EGBGB. Kannte, wie in vielen Rechtsordnungen, das ausländische Recht die Lebenspartnerschaft bzw. ein entsprechendes Modell nicht, kam die Subsidiaritätsregelung des Art. 17b Abs. 1 S. 2 2. HS EGBGB aF zum Tragen: Begründete die Lebenspartnerschaft nach den allgemeinen anwendbaren Vorschriften kein gesetzliches Erbrecht, so fand hinsichtlich der Vererbung des Lebenspartners das Recht des Register führenden Staates Anwendung. War Registrierungsstaat Deutschland, so fand auch für die Erbfolge das deutsche Recht Anwendung, selbst wenn im Übrigen eigentlich ein anderes Erbrecht anwendbar gewesen wäre. In der Praxis stellte sich damit dann zwangsläufig die konkrete Frage, wie der Anspruch des Lebenspartners im Ausland durchsetzbar ist. Wenn dieses das gesetzliche Erbrecht des Lebenspartners nicht kannte, erkannte es regelmäßig die Erbfolge nicht an (hinkendes Rechtsverhältnis).[47] Mit Inkrafttreten der Verordnung konnte die Regelung des Art. 17b S. 2 EGBGB, insbesondere der Hilfsrückgriff auf das Recht des Registerstaates nicht mehr aufrechterhalten werden, die Vorschrift wurde daher aufgehoben. Vereinzelt wird die Heranziehung des ordre public in Betracht gezogen, wenn das konkret anwendbare Erbrecht dem überlebenden Lebenspartner keine Nachlassbeteiligung

---

[43] AA *Nordmeier* GPR 2013, 148 (154).

[44] Siehe hierzu noch die Sondervorschrift zur Form der Ausschlagung in Art. 28 EuErbVO.

[45] Siehe hierzu noch die Sondervorschrift zur für die Bestellung und die Befugnisse eines Nachlassverwalters in bestimmten Situationen in Art. 29 EuErbVO.

[46] *Bruns* ZErb 2014, 18; *Coester* ZEV 2013, 115 (117).

[47] Zum Ganzen *Frank* MittBayNot 2001, Sonderheft Lebenspartnerschaften, 35 ff.

gewährt und der Erblasser auch nicht testamentarisch hierfür Sorge getragen hat.[48] Ein solcher Rückgriff wird aber sehr restriktiv zu handhaben sein.

5. Rück- und Weiterverweisung, Art. 34 EuErbVO

Das nach der EuErbRVO maßgebliche Recht ist nach Art. 20 der Verordnung auch dann **24** anzuwenden, wenn es sich um das Recht eines Drittstaates handelt („loi uniforme"). Bei den Verweisungen in der Verordnung handelt es sich grundsätzlich um Sachnormverweisungen, Rück- und Weiterverweisungen sind somit ausgeschlossen. Der Ausschluss von Rück- und Weiterverweisungen ist auf den ersten Blick anhand der eintretenden Rechtssicherheit zu begrüßen, hätte aber u. U. zur Folge, dass die Rechtsordnung eines Landes zur Anwendung kommt, das nicht Mitgliedstaat ist und die Verweisung durch das Abkommen nicht annimmt, also selbst auf eine andere Rechtsordnung (zurück- bzw. weiter-) verweist. Der internationale Entscheidungseinklang wäre dadurch nicht gewährleistet. Art. 34 Abs. 1 EuErbVO sieht daher vor, dass Rück- oder Weiterverweisungen durch das Recht eines Drittstaates zu beachten sind, wenn und soweit die Verweisung auf das Recht eines Mitgliedsstaates oder auf das Recht eines anderen Drittstaats erfolgt, der sein eigenes Recht anwenden würde. Dies gilt wiederum nicht in den Fällen des Art. 21 Abs. 2, Art. 22 (Rechtswahl), Art. 27 (Form), Art 28 lit. b (Ausschlagung) und Art. 30 (Besondere Regelungen). Dabei kann es auch zu einem partiellen renvoi kommen, wenn zB das Recht eines Drittstaates nur für unbewegliches Vermögen zurückverweist. Die bekannten Probleme der Nachlassspaltung sind damit auch künftig – wenn auch wohl in geringerem Umfang – von Bedeutung.

6. Eingriffsnormen, Art. 30 EuErbVO

Eine weitere Einschränkung der allgemeinen Anknüpfung an den letzten gewöhnlichen **25** Aufenthalt enthält Art. 30 EuErbVO. Besondere Regelungen im Recht eines Staates, in dem sich bestimmte unbewegliche Sachen, Unternehmen oder andere besondere Arten von Vermögenswerten befinden, die die Rechtsnachfolge von Todes wegen in Bezug auf jene Vermögenswerte aus wirtschaftlichen, familiären oder sozialen Erwägungen beschränken oder berühren, finden auf die Rechtsnachfolge von Todes wegen Anwendung, soweit sie nach dem Recht dieses Staates unabhängig von dem auf die Rechtsnachfolge von Todes wegen anzuwendenden Recht anzuwenden sind. Die Vorschrift meint dabei nicht die in einem Staat geltende allgemeine kollisionsrechtliche Unterscheidung zwischen beweglichen und unbeweglichen Gegenständen,[49] Art. 30 EuErbVO ist also keinesfalls mit Art. 3a Abs. 2 EGBGB gleichzusetzen. Auch Sondererbfolgen in Gesellschaftsanteile fallen nicht unter Art. 30 EuErbVO, da diese nach Art. 1 Abs. 2 lit. g) EuErbVO vom Anwendungsbereich der Verordnung ausgenommen sind.[50] Gemeint sind vielmehr zB Besonderheiten im Landwirtschaftserbrecht wie etwa §§ 4 ff. HöfeO.

7. Mehrrechtsstaaten

Art. 36 EuErbVO enthält Vorschriften für Mehrrechtsstaaten wie Spanien oder die USA. **26** In erster Linie bestimmen nach Art. 36 Abs. 1 EuERbVO bei Mehrrechtsstaaten die internen Kollisionsvorschriften dieses Staates die Gebietseinheit, deren Rechtsvorschriften anzuwenden sind. Sind solche nicht vorhanden gilt bei Maßgeblichkeit des gewöhnlichen Aufenthalts die Teilrechtsordnung, in der der Erblasser im Zeitpunkt seines Todes seinen

---

[48] *Bruns* ZErb 2014, 181 (182).
[49] *Dutta* FamRZ 2013, 4 (11); *Wilke* RIW 2012, 601 (608).
[50] *Dutta* FamRZ 2013, 4 (11).

gewöhnlichen Aufenthalt hatte und bei Maßgeblichkeit der Staatsangehörigkeit die Teilrechtsordnung, zu der der Erblasser die engste Verbindung hatte.

Unterscheidet ein Staat erbrechtlich zwischen verschiedenen Personengruppen, so entscheiden nach Art. 37 EuErbVO die in diesem Staat geltenden Vorschriften, welches Recht zur Anwendung kommt. Bei Fehlen von diesbezüglichen Vorschriften ist das Rechtssystem oder das Regelwerk anzuwenden, zu dem der Erblasser die engste Verbindung hatte.

8. Ordre public

27   Art. 35 ErbRVO enthält den verordnungsüblichen ordre-Public Vorbehalt. Demnach darf die Anwendung einer Vorschrift des nach der Verordnung bestimmten Rechts nur versagt werden, wenn ihre Anwendung mit der öffentlichen Ordnung des Staates des angerufenen Gerichts[51] offensichtlich unvereinbar ist. Der Entwurf der Verordnung vom 14.10.2009 enthielt in Art. 35 Abs. 2 noch eine ausdrückliche Regelung, wonach eine ausländische, von der innerstaatlichen Regelung abweichende Pflichtteilsgestaltung allein keinen ordre public Verstoß darstellt. Aus der Streichung dieser Bestimmung kann jedoch nicht geschlossen werden, dass nunmehr jede ausländische, abweichende Pflichtteilsregelung potentiell gegen den inländischen ordre public verstoßen würde. Jedenfalls innerhalb der Mitgliedsstaaten, die alle ein Erb- oder Pflichtteilsrecht in irgendeiner Form kennen, dürfte eine Anwendung von Art. 35 EuErbVO von vornherein ausscheiden. Anders mag dies sein, wenn nach der EuErbVO ein Recht zur Anwendung kommt, das gar kein Pflichtteilsrecht kennt.[52]

IV. Einseitige Testamente

28   Art. 3 Abs. 1 lit. d) EuErbVO definiert als Verfügung von Todes das Testament, das gemeinschaftliches Testament und den Erbvertrag. Bei einem Testament handelt es sich dabei in Abgrenzung zum Erbvertrag um eine stets frei und uneingeschränkt einseitig widerrufliche letztwillige Verfügung, zur Abgrenzung zum Erbvertrag sowie zum gemeinschaftlichen Testament vgl. unten → Rn. 39 ff.

1. Form

29   Für die Form eines Testaments gilt vorrangig nach Art. 75 Abs. 1 EuErbVO zunächst unmittelbar das Haager Übereinkommen vom 5. Oktober 1961 über das auf die Form letztwilliger Verfügungen anzuwendende Recht. Da jedoch nicht alle Mitgliedsstaaten der EuErbVO zugleich Mitgliedsstaaten des vorgenannten Haager Abkommens sind und zudem dieses für Erbverträge nicht gilt, enthält Art. 27 EuErbRVO eine weitgehend dem Haager Testamentsabkommen entsprechende Regelung.

2. Zulässigkeit und materielle Wirksamkeit

30   Die Zulässigkeit und die materielle Wirksamkeit einer Verfügung von Todes wegen mit Ausnahme eines Erbvertrags unterliegen nach Art. 24 Abs. 1 EuErbVO dem Recht, das nach dieser Verordnung auf die Rechtsnachfolge von Todes wegen anzuwenden wäre, wenn die Person, die die Verfügung errichtet hat, zu diesem Zeitpunkt verstorben wäre. Es gilt also grundsätzlich nach Art. 21 EuErbVO das Recht am gewöhnlichen Aufenthalt des Testierenden, wobei jedoch der maßgebliche Zeitpunkt auf den Zeitpunkt der Testamentserrichtung vorverlagert ist, sog. Errichtungsstatut. Ein späterer Statutenwechsel ist damit

---

[51]   Zu den aus deutscher Sicht möglichen Konstellationen eines „ordre public Verstoßes" siehe unten → § 47 Rn. 30 ff.

[52]   Siehe auch *Odersky* Notar 2013, 3 (7).

insoweit unbeachtlich, so dass ein einmal wirksam errichtetes Testament bei einem späteren Statutenwechsel nicht unwirksam, ein unwirksam errichtetes Testament umgekehrt jedoch auch nicht wirksam wird.

a) Zulässigkeit

Der Begriff der Zulässigkeit einer letztwilligen Verfügung betrifft die Frage, ob eine **31** bestimmte Verfügung von Todes wegen generell statthaft ist und als Gestaltungsmittel für die Rechtsnachfolge von Todes wegen zur Verfügung steht. Hiervon nicht immer leicht zu unterscheiden ist die nach dem tatsächlichen Erbstatut zu beurteilende inhaltliche Zulässigkeit der in der letztwilligen Verfügung getroffenen Anordnungen. Das einseitige Testament jedenfalls dürfte in den Mitgliedstaaten der EuErbVO und in nahezu allen Ländern der Welt grundsätzlich zulässig sein.

b) Materielle Wirksamkeit

Über die Zulässigkeit der Verfügung hinaus regelt das Errichtungsstatut die materielle **32** Wirksamkeit des Testaments. Nach Art. 26 EuErbVO gehören zur materiellen Wirksamkeit der letztwilligen Verfügung insbesondere die Testierfähigkeit der Person, die die Verfügung von Todes wegen errichtet (lit. a), die besonderen Gründe, aufgrund deren nicht zugunsten bestimmter Personen verfügt werden darf oder aufgrund deren eine Person kein Nachlassvermögen vom Erblasser erhalten darf (lit. b), die Zulässigkeit der Stellvertretung bei der Errichtung einer Verfügung von Todes wegen (lit. c), die Auslegung der Verfügung[53] sowie Täuschung, Nötigung, Irrtum und alle sonstigen Fragen in Bezug auf Willensmängel oder Testierwillen der Person, die die Verfügung errichtet (lit. d). Zu den unter das Errichtungsstatut fallenden Willensmängel in diesem Sinn sind auch später eintretende Veränderungen der Lebensumstände wie zB die spätere Nachgeburt von Kindern oder eine spätere Eheschließung zu zählen,[54] da sonst eine Nachfolgeplanung im Einzelfall erheblich erschwert, wenn nicht gar völlig unmöglich gemacht würde.

3. Änderung, Widerruf

Nach Art. 24 Abs. 3 S. 1 EuErbVO gilt Art. 24 Abs. 1 EuErbVO für die Änderung oder **33** den Widerruf eines Testaments entsprechend. Das bedeutet, dass auch die Zulässigkeit und materielle Wirksamkeit der Änderung oder des Widerrufs eines Testaments dem Recht am gewöhnlichen Aufenthalt des Erblassers unterliegen. Unklar ist allerdings, welcher Zeitpunkt im Rahmen von Art. 24 Abs. 3 EuErbVO maßgeblich ist: Beurteilt sich die Zulässigkeit und materielle Wirksamkeit der Änderung bzw. des Widerrufs des Testaments nach dem Errichtungsstatut zum Zeitpunkt der Errichtung des ursprünglichen Testaments oder nach dem Errichtungsstatut zum Zeitpunkt der Änderung bzw. Widerrufs? Bei Vorliegen einer Rechtswahl nach Art. 24 Abs. 2 EuErbVO unterliegen die Änderung oder der Widerruf des Testaments (nicht der Rechtswahl) nach Art. 24 Abs. 3 S. 2 EuErbVO jedenfalls ausdrücklich dem gewählten Recht, also dem Errichtungsstatut des in Frage stehenden Testaments. Auch bei einem Erbvertrag werden nach der ausdrücklichen Regelung in Art. 25 Abs. 1 bzw. 2 EuErbVO die Voraussetzungen für seine Auflösung vom Errichtungsstatut geregelt. Um eine einheitliche und in sich schlüssige Behandlung der verschiedenen Fälle sicherzustellen, wird man zunächst in jedem Fall die Widerruflichkeit einer letztwilligen Verfügung allgemein deren Errichtungsstatut unterstellen müssen.[55]

---

[53] Zum Vergleich: Zu Art. 25, 26 aF EGBGB wurde weitgehend vertreten, die Auslegung der Verfügung richte sich nach dem tatsächlichen Erbstatut, vgl. zB MüKoBGB/*Birk* EGBGB Art. 26 Rn. 90; Staudinger/*Dörner* Art. 25 EGBGB Rn. 262.

[54] Nach einer verbreiteten Ansicht zum vormaligen deutschen IPR war insoweit zu unterscheiden, so Erman/*Hohloch* Art. 26 EGBGB Rn. 28; Staudinger/*Dörner* EGBGB Art. 25 Rn. 252, 310.

[55] So auch *Dutta* FamRZ 2013, 4 (10).

Hinsichtlich der materiellen Wirksamkeit eines Widerrufs ist danach zu differenzieren, ob lediglich eine widerrufende Verfügung getroffen wird oder ob im Zusammenhang damit eine neue letztwillige Verfügung errichtet wird. Soweit die Widerrufswirkung bezüglich des früheren Testaments in Frage steht, ist das Errichtungsstatut des ursprünglichen Testaments maßgeblich, soweit die Wirksamkeit der neuen Anordnungen betroffen ist, ist das im Zeitpunkt der Errichtung der neuen letztwilligen Verfügung anwendbare Erbstatut berufen. Hat das Errichtungsstatut etwa durch einen Wechsel des gewöhnlichen Aufenthalts im Zeitraum zwischen den beiden Akten gewechselt, so ist theoretisch denkbar, dass eine neue Verfügung von Todes wegen zwar ein vorher errichtetes Testament beseitigt, die dort neu getroffenen Anordnungen jedoch unwirksam sind.

4. Rechtswahlmöglichkeiten im Testament

34 In einem einseitigen Testament ergeben sich folgende Rechtswahlmöglichkeiten, wobei in der Praxis klargestellt werden sollte, von welcher Möglichkeit Gebrauch gemacht werden soll.

a) Wahl des Errichtungs- und des Erbstatuts nach Art. 24 Abs. 1 iVm Art. 22 EuErbVO

35 Nach Art. 24 Abs. 1 EuErbVO entscheidet über die Zulässigkeit und materielle Wirksamkeit des Testaments das Errichtungsstatut. Die Vorschrift verweist damit zunächst auf Art. 21 EuErbVO, also grds. auf das Recht des Staates, in dem Erblasser seinen gewöhnlichen Aufenthalt hat. Der Testierende kann abweichend von Art. 21 EuErbVO bereits vor Abschluss des jetzt in Frage stehenden Testaments zB in einem früheren Testament, nach Art. 22 EuErbVO das Recht seiner Staatsangehörigkeit gewählt haben. Er kann eine solche Rechtswahl auch anlässlich der jetzigen Testamentserrichtung treffen. Diese Rechtswahl bestimmt damit zunächst das im späteren Todeszeitpunkt tatsächlich anwendbare Erbstatut. Sie ist jedoch auch im Rahmen der Ermittlung des auf das Testament anwendbaren Rechts nach Art. 24 Abs. 1 EuErbVO zu beachten, da sie gerade das Recht festlegt, das anwendbar wäre, wenn der Verfügende zu dem Zeitpunkt verstorben wäre, in dem die Verfügung errichtet wurde. Da es für die im Rahmen von Art. 24 EuErbVO zu beurteilenden Umstände immer um das Errichtungsstatut geht, kann insoweit die im Zeitpunkt des Todes maßgebliche Staatsangehörigkeit des Erblassers keine Rolle spielen, so ausdrücklich auch Nr. 51 der Erläuterungen zur EuErbVO. Eine Änderung des Errichtungsstatuts durch einen Wechsel der Staatsangehörigkeit ist bereits begrifflich ausgeschlossen. Nach Art. 24 Abs. 1 iVm 22 EuErbVO kann also der Erblasser für alle vom Errichtungsstatut umfassten Fragen das Recht seiner Staatsangehörigkeit im Zeitpunkt der Testamentserrichtung wählen.

Fraglich und im Einzelfall zweifelhaft wird sein, ob ein Erblasser, der allgemein, wie es zumindest in privatschriftlichen Testamenten in der Praxis zu erwarten sein wird, „das deutsche Recht" wählt, dadurch außer einer Rechtswahl nach Art. 22 EuErbVO auch zugleich eine Rechtswahl bezüglich des Errichtungsstatuts treffen wollte. Im Zweifel wird ein Erblasser, der eine Rechtswahl trifft, von der Vollumfänglichkeit seiner Wahl ausgehen und nicht zwischen den Rechtswahlmöglichkeiten unterscheiden.

b) Isolierte Wahl des Errichtungsstatuts nach Art. 24 Abs. 2 EuErbVO

36 Nach Art. 24 Abs. 2 EuErbVO kann der Testierende aber ungeachtet des Absatzes 1 für die Zulässigkeit und die materielle Wirksamkeit des Testaments das Recht wählen, das er nach Artikel 22 unter den darin genannten Bedingungen hätte wählen können. Der Erblasser kann also mittels Rechtswahl nur für sein Testament – also ohne Bestimmung des im Todeszeitpunkt maßgeblichen Erbstatuts – eine bestimmte Rechtsordnung, die ihm zB hinsichtlich der Testierfähigkeit, späterer Auslegungsfragen oder Fragen von Willensmängeln entgegenkommt, zur Anwendung berufen. Auch hier gilt, dass eine Wahl des Rechts der im Todeszeitpunkt maßgeblichen Staatsangehörigkeit ausgeschlossen ist, da es sonst zu einem – logischerweise ausgeschlossenen – Wechsel des Errichtungsstatuts kommen könnte. Die Rechtwahl kann nur insgesamt erfolgen, also nur einheitlich für alle dem Errichtungsstatut unterliegenden Fragen, also nicht getrennt für die Zulässigkeit und die übrigen Fragen der materiellen Wirksamkeit des Testaments. Die Rechtswahl des Art. 24 Abs. 2 EuErbVO bezieht sich nur auf die nach dem Errichtungsstatut zu beurteilenden Fragen, dagegen nicht auf das spätere tatsächliche Erbstatut. Aus diesem Grund ist ein späterer Widerruf einer Rechtswahl nach Art. 24 Abs. 2 EuErbVO von vornherein ausgeschlossen[56] bzw. geht ein solcher ins Leere.

c) Isolierte Wahl des Erbstatuts nach Art. 22 EuErbVO

Die dritte Rechtswahlmöglichkeit im Testament besteht darin, dass nach der allgemeinen **37** Vorschrift des Art. 22 EuErbVO vom Testator – ohne Wahl des Errichtungsstatuts und in Abweichung von diesem – nur das tatsächlich anwendbare Erbstatut, also das Recht, nach welchem er beerbt werden möchte, gewählt werden kann. Er kann es also für das Errichtungsstatut beim Recht des aktuellen gewöhnlichen Aufenthalts belassen und nach Art. 22 EuErbVO für das Erbstatut das Recht seiner Staatsangehörigkeit wählen. Die Ausführungen in Nr. 51 der Erläuterungen zur EuErbVO sind insoweit nicht einschlägig, da es hier gerade nicht um die Wahl des Errichtungsstatuts geht.

5. Wirkungen im Todesfall

Nicht nach dem Errichtungsstatut, sondern nach dem tatsächlichen Erbstatut richten sich **38** dagegen der Inhalt des Testaments und dessen tatsächliche Wirkungen im Todesfall; insbesondere auch Noterb- oder Pflichtteilsrechte. Auslegungsprobleme können sich, wenn in einer letztwilligen Verfügung Begriffe verwendet werden, die dem tatsächlichen Erbstatut fremd sind, und dem Testament auch keine konkludente Rechtswahl entnommen werden kann, sog. Handeln unter fremdem Recht.[57]

V. Erbverträge und gemeinschaftliche Testamente

Art. 25 EuErbVO enthält eine eigene spezielle Kollisionsnorm für Erbverträge, für gemein- **39** schaftliche Testamente dagegen findet sich keine weitere Regelung. Erbverträge und gemeinschaftliche Testamente sind in vielen Rechtsordnungen wegen des Misstrauens gegenüber Vereinbarungen auf den eigenen Tod verboten oder nur eingeschränkt zulässig. Durch die Regelungen der EuErbVO wird nunmehr von den Mitgliedstaaten der Erbvertrag als ein mögliches Instrument der Erbregelung ausdrücklich anerkannt, ein Verstoß eines Erbvertrages gegen den ordre public eines der Mitgliedstaaten scheidet damit von vornherein aus. Ein Drittstaat ist freilich dadurch nicht gehindert, einen Erbvertrag als ordre-public-widrig anzusehen

1. Begriff des Erbvertrages, Abgrenzungen

a) Definition

Nach der bewusst weiten Formulierung des Art. 3 Abs. 1 lit. b) EuErbVO ist ein Erb- **40** vertrag für die Zwecke der Verordnung eine „Vereinbarung, einschließlich einer Vereinbarung aufgrund gegenseitiger Testamente, die mit oder ohne Gegenleistung Rechte am künftigen Nachlass oder künftigen Nachlässen einer oder mehrerer an dieser Vereinbarung beteiligter Personen begründet, ändert oder entzieht." Der autonom auszulegende Begriff

---

[56] AA wohl *Odersky* Notar 2013, 3 (8).
[57] Vgl. hierzu zB *Schotten/Schmellenkamp,* Das IPR in der notariellen Praxis, Rn. 51.

des Erbvertrages der EuErbVO stimmt nicht mit dem Erbvertragsbegriff des deutschen materiellen Rechts oder einer anderen Rechtsordnung überein.

b) Vereinbarung, Einigung

41 Begrifflich muss es sich beim Erbvertrag iSv Art. 25 EuErbVO um eine Vereinbarung handeln, es müssen also mindestens zwei Personen beim Abschluss des Erbvertrages beteiligt sein. Weiter muss eine Einigung der Beteiligten vorliegen, die sich zum einen darauf bezieht, dass eine letztwillige Verfügung getroffen wird, und zum anderen darauf, der Verfügung Bindungswirkung im nachstehend erläuterten Sinn zukommen zu lassen. Im Zweifelsfall ist das Vorliegen bzw. Nichtvorliegen einer Einigung in diesem Sinn im Wege der Auslegung zu ermitteln, die nach Art. 26 Abs. 1 lit. d) EuErbVO eine Frage der materiellen Wirksamkeit des Erbvertrags darstellt.

c) Bindung

42 Die Vereinbarung muss eine gewisse Bindung entfalten, die im Vergleich zum einseitigen Testament nicht oder nur unter weiteren Voraussetzungen durch einen Vertragsteil einseitig wieder beseitigt werden kann. Keinerlei Bindung liegt vor, wenn sich der Erblasser grundlos und ohne Mitteilung an den/die anderen Vertragsbeteiligten wieder von der Verfügung befreien kann. Ist eine Bindung zu verneinen, handelt es sich tatsächlich um ein oder mehrere einseitige Testamente, auch wenn die Verfügungen in einem Schriftstück enthalten sind und zB durch ihre Bezeichnung den Anschein eines Vertrages erwecken.[58] Man kann den Bindungsbegriff in einem engen Sinne als strikte Unwiderruflichkeit der Verfügungen oder in einem weiten Sinn dahingehend, dass eine ausreichende Bindung bereits dann gegeben ist, wenn zB der andere Vertragsteil von einem Widerruf oder einem Rücktritt in welcher Form auch immer verständigt werden muss, verstehen.[59] Um der Vielgestaltigkeit der Rechtsordnungen gerecht zu werden, ist im Rahmen der EuErbVO einem weiten Erbvertrags- und Bindungsbegriff zu folgen. Eine für die Annahme eines Erbvertrages erforderliche Bindungswirkung ist bereits dann zu bejahen, wenn eine Rechtsordnung für den einseitigen Widerruf oder die einseitige Abänderung der Verfügung Voraussetzungen aufstellt, die über die bei einem einseitigen Testament geltenden Widerrufs- bzw. Änderungsvoraussetzungen hinausgehen. Dies gilt zB für das Erfordernis des Zugangs eines Widerrufs an den anderen Teil bei Vorliegen von wechselbezüglichen Verfügungen in einem deutschen gemeinschaftlichen Testament gem. §§ 2271 Abs. 1 S. 1, 2296 Abs. 2 BGB.

d) Begründung, Änderung oder Entzug von Rechten

43 Liegt eine Bindung im vorstehend erläuterten Sinn vor, ergibt sich daraus zugleich, dass die betreffende Vereinbarung ein **Recht** an einem künftigen Nachlass begründet. Vor Eintritt des Erbfalls besteht dieses Recht darin, hinsichtlich einer Abänderung des Erbvertrages ein Mitspracherecht zu besitzen bzw. von einem Widerruf wenigstens verständigt werden zu müssen. Ein „echtes" Recht des Bedachten, etwa vergleichbar einem Anwartschaftsrecht im Sinne des deutschen Rechts (also mehr als eine Erwerbsaussicht) muss dagegen nicht entstanden sein.

Nach Art 3 Abs. 1 lit. b) EuErbVO sind unter Erbverträgen im Sinne der EuErbVO nicht nur Rechte am Nachlass begründende oder ändernde Erbverträge im Sinne von § 2274 ff. BGB zu verstehen sind, sondern auch Verträge, die Rechte am Nachlass entziehen, also etwa Erbverzichts- und Pflichtteilsverzichtsverträge iSv von §§ 2346 ff. BGB.

---

[58] Dies gilt zB für die nach Eheschließung zwischen Ehegatten getroffene *institution contractuelle* des französischen, belgischen oder luxemburgischen Rechts (jeweils Art. 1082 ff. des jeweiligen CC).
[59] Vgl. auch *Süß*, Erbrecht in Europa, Allg. Teil § 4 Rn. 91.

e) Beteiligung des Erblassers

Art. 3 Abs. 1 lit. b) EuErbVO verlangt weiter, dass es bei einem Erbvertrag um Rechte am **44** Nachlass einer oder mehrerer an der Vereinbarung selbst **beteiligter Personen** gehen muss. Soweit lediglich Rechte am Nachlass eines Dritten bzw. bereits durch den Erbfall entstandene Rechte betroffen sind, ist Art. 25 EuErbVO damit nicht einschlägig. Verträge über den Nachlass eines noch lebenden Dritten iSv von § 311b Abs. 4 und 5 BGB sind damit nicht erfasst, ebenso wenig Erbauseinandersetzungsverträge oder Verträge zur Regelung von Pflichtteilsrechten nach dem Tod. Ein Zuwendungsverzicht iS von § 2352 BGB ist dagegen umfasst, wenn und soweit der künftige Erblasser betroffen ist. Ein Zuwendungsverzichtsvertrag, der nach dem Tod des erstversterbenden Ehegatten, zB zur Beseitigung der für den längerlebenden Ehegatten eingetretenen Bindungswirkung in einem Erbvertrag, geschlossen werden soll, fällt unter den Erbvertragsbegriff, da es um den Nachlass des längerlebenden Ehegatten geht.

f) Gegenleistung

Unerheblich ist, ob es sich um einen unentgeltlichen oder einen unentgeltlichen Erbvertrag **45** handelt. Als Gegenleistungen für eine Erb- oder Vermächtnisanordnung kommen zB Pflege- oder Unterhaltsverpflichtungen in Betracht. Beim Erb- oder Pflichtteilsverzicht wird häufig eine Abfindungszahlung geleistet. Zur kollisionsrechtlichen Behandlung der Gegenleistung vgl. unten → Rn. 76.

g) Abgrenzungen, Einzelfälle

aa) Gemeinschaftliche Testamente. Nach den vorstehenden Erläuterungen ist auch die **46** Einordnung von gemeinschaftlichen Testamenten in der EuErbVO schlüssig lösbar, auch wenn in diesem Zusammenhang die Formulierungen in der Verordnung teilweise missglückt und auslegungsbedürftig sind. Das gemeinschaftliche Testament wird in Art. 3 Abs. 1 lit. *c) EuErbVO* lediglich definiert und zwar als „ein von zwei oder mehr Personen in einer einzigen Urkunde errichtetes Testament". Aus der Definition des Erbvertrages in Art 3 Abs. 1 lit. b) EuErbVO ergibt sich durch die Erwähnung des Begriffs (gegenseitiges) Testament, dass ein Erbvertrag im Sinne der EuErbVO auch eine Vereinbarung sein kann, die im betreffenden materiellen Recht als Testament bezeichnet wird. Dies gilt etwa für die *joint and mutual wills* des englischen Rechts.[60] Da bereits nach dem Wortlaut von Art. 3 Abs. 1 lit. b) EuErbVO gegenseitige (bindende), in unterschiedlichen Urkunden enthaltene Einzeltestamente erfasst sind, muss dies erst Recht für in einer Urkunde enthaltene gegenseitige (bindende) Testamente gelten.[61] Die Gegenauffassung,[62] die aus der Definition des gemeinschaftlichen Testaments in Art. 3 Abs. 1 lit. *c) EuErbVO* unter Überbewertung des formellen Aspekts schließen will, dass ein von mehreren Personen in einer Urkunde enthaltenes (bindendes) Testament kein Erbvertrag sein kann, sondern stets nach Art. 24 EuErbVO anzuknüpfen sei, überzeugt nicht.

Gemeinschaftliche Testamente mit gegenseitigen wechselbezügliche Verfügungen nach deutschen Recht gem. § 2271 Abs. 1 S. 2 BGB, fallen demnach unter Art. 25 EuErbVO. In Art 3 Abs. 1 lit. b) EuErbVO sind allerdings nur gegenseitige Testamente ausdrücklich erwähnt. Nach deutschem Recht kann in einem gemeinschaftlichem Testament nur ein Beteiligter bindend (nach deutscher Terminologie wechselbezüglich) verfügen, auch eine gegenseitige Erbeinsetzung ist nicht erforderlich. Es ist jedoch nicht ersichtlich, dass der

---

[60] Siehe hierzu zB Süß/*Odersky*, Erbrecht in Europa, Länderbericht Großbritannien: England und Wales, Rn. 84.

[61] Zutreffend *Hausmann/Odersky*, Internationales Privatrecht in der Notar- und Gestaltungspraxis, § 15 Rn. 228 ff. mwN; *Lechner* NJW 2013, 26; *Odersky* Notar 2013, 3 (9); wohl auch *Dutta* FamRZ 2013, 4 (9); aA *Simon/Buschbaum* NJW 2012, 2393 (2396); *Wilke* RIW 2012, 601, (606).

[62] *Nordmeier* ZEV 2012, 513 (514); ZEV 2013, 117 (120).

Wortlaut von Art 3 Abs. 1 lit. b) EuErbVO abschließend zu verstehen ist. Art. 25 Abs. 1 EuErbVO regelt ausdrücklich einseitige Erbverträge, bei denen von vornherein nur ein Vertragsteil letztwillig verfügt. Konsequenterweise sind auch gemeinschaftliche Testamente, mittels derer zwar beide Beteiligten letztwillig verfügen, aber nur einer bindend, von Art. 25 Abs. 1 EuErbVO erfasst.

47 bb) Schenkungen auf den Todesfall. Der Begriff der Schenkung von Todes wegen wird in den verschiedenen Rechtsordnungen äußerst uneinheitlich verwendet. Gemeinsam ist allen derartigen Rechtsinstituten, dass es sich dabei um Zuwendungsverträge handelt, die auf eine Verteilung des Vermögens erst nach dem Tod ausgerichtet sind. Unentgeltliche Zuwendungen unter Lebenden sind nach Art. 1 Abs. 2g) EuErbVO ausdrücklich vom Anwendungsbereich der EuErbVO ausgenommen, siehe bereits oben → Rn. 7. Die in Deutschland wohl hM.[63] stellte vor Inkrafttreten der EuErbVO kollisionsrechtlich wie im materiellen deutschen Recht, vgl. § 2301 BGB, darauf ab, ob es sich um ein vollzogenes Schenkungsversprechen von Todes wegen handelt oder ob der endgültige Vollzug erst im oder nach dem Todesfall erfolgt. Bei vollzogenen Schenkungen sei das Schenkungsstatut, bei nicht vollzogenen das erbrechtliche Errichtungsstatut anzuwenden. Gegen eine Beibehaltung dieser Abgrenzung[64] spricht, dass die Begriffe der EuErbVO autonom auszulegen sind und ein Rückgriff auf § 2301 BGB kein tauglicher Maßstab sein kann. Entscheidend ist, ob das betreffende Rechtsgeschäft gerade auf eine Vermögensverteilung nach dem Tod gerichtet ist. Dies dürfte für alle Rechtsgeschäfte gelten, die im Hinblick auf den Tod des Erblassers (mortis causa, „in Lebensgefahr", in Gedanken an den Tod", im Angesicht des Todes" vorgenommen oder in denen die Wirksamkeit der Schenkungsverpflichtung bzw. deren Erfüllung auf den Zeitpunkt des Todes des Schenkers hinausgeschoben werden.[65]

48 cc) Verträge zugunsten Dritter auf den Todesfall. Auch bei Verträgen zugunsten Dritter auf den Todesfall (zB Lebens- und Unfallversicherungen, Spar-Konto- und Depotverträgen zugunsten Dritter) geht es um eine Verteilung des Vermögens für die Zeit nach dem Ableben. Im deutschen materiellen Recht wird dabei zwischen Deckungsverhältnis und Valutaverhältnis (Zuwendungsverhältnis) unterschieden. Ersteres regelt das Verhältnis zwischen Zuwendendem und Schuldner und ist schuldrechtlich anzuknüpfen. Erbrechtliche Fragestellungen können sich lediglich im Valutaverhältnis ergeben, wenn zwischen dem Gläubiger und dem Dritten eine unentgeltliche Zuwendung erfolgen soll. Handelt es sich dabei um eine Schenkung von Todes wegen, so gelten die vorstehenden Ausführungen unter b) entsprechend.[66]

49 dd) Testierverträge. Im Spannungsfeld zwischen Schuldrecht und Erbrecht liegen auch sog. Testierverträge insbesondere des common law, wie etwa der *contract to make a will* des englischen Rechts.[67] Materiellrechtlich handelt es sich dabei in der Regel um schuldrechtliche bindende Vereinbarungen, in vertraglich bestimmter Weise zu testieren oder ein bestimmtes Testament nicht zu widerrufen. Ein Verstoß gegen diese Verpflichtungen führt ggf. zu Schadensersatzpflichten. Auch derartige Vereinbarungen unterfallen dem Erbvertragsbegriff der EuErbVO, da sie erbrechtliche Funktionen und Ziele verfolgen und dazu führen, dass eigentlich frei widerrufliche letztwillige Verfügungen nur unter erschwerten

---

[63] BGH NJW 1959, 1317 (1318); OLG Düsseldorf ZEV 1996, 423; MüKoBGB/*Birk* EGBGB Art. 26 Rn. 154; Palandt/*Thorn* EGBGB Art. 25 Rn. 15; *Schotten/Schmellenkamp*, Das IPR in der notariellen Praxis, Rn. 323; aA zB Staudinger/*Dörner* EGBGB Art. 25 Rn. 375: immer erbrechtliche Qualifikation.

[64] So *Nordmeier* ZEV 2013, 117 (121).

[65] So wörtlich zum bisherigen deutschen IPR Staudinger/*Dörner* EGBGB Art. 25 Rn. 375. In diesem Sinne auch *Dörner* ZEV 2012, 505 (508); *Dutta* FamRZ 2013, 4 (5); *Vollmer* ZErb 2012, 227 (229). Vgl. auch *Odersky* Notar 2013, 3.

[66] In diesem Sinne auch *Dörner* ZEV 2012, 505 (508); *Vollmer* ZErb 2012, 227 (229); aA *Nordmeier* ZEV 2013, 117 (123): einheitliche Anknüpfung an das Statut des Deckungsverhältnisses. Wie hier bereits zum deutschen IPR MüKoBGB/*Birk* EGBGB Art. 26 Rn. 154; Staudinger/*Dörner* EGBGB Art. 25 Rn. 423.

[67] Siehe hierzu zB Süß/*Odersky*, Erbrecht in Europa, Länderbericht Großbritannien: England und Wales, Rn. 84.

Bedingungen, nämlich ggf. unter Inkaufnahme von finanziellen Sanktionen widerrufen werden können.[68]

ee) Abgrenzung zu güterrechtlichen Vereinbarungen. Unklar und problematisch 50 wird auch künftig die Abgrenzung und Einordnung von auf den ersten Blick güterrechtlich einzuordnenden Vereinbarungen bleiben, die für die Eheauflösung durch Tod bestimmte auf den ersten Blick ausschließlich *güterrechtliche* Vorteile vorsehen. Dies gilt zB für die sog. *avantages matrimoniaux* des französischen Rechts, die es den Ehegatten erlauben, für den Todesfall dem überlebenden Ehegatten bestimmte Gegenstände aus dem Gesamtgut der ehelichen Gütergemeinschaft oder sogar das Gesamtgut insgesamt zukommen zu lassen (*Clause de préciput, stipulation de parts inégales, clause d'attribution de la totalité de la communauté*).[69] Richtigerweise ist auch unter der EuErbVO danach zu unterscheiden, ob die in Frage stehende Abweichung von der Halbteilung in der betreffenden Rechtsordnung gesetzlich angeordnet ist oder den Ehegatten als Gestaltungsinstrument zur Verfügung gestellt wird. Ist ersteres der Fall, so ist eine güterrechtliche Qualifikation vorzunehmen, da es die freie Entscheidung des jeweiligen Gesetzgebers ist, wie er den Schutz eines überlebenden Ehegatten gesetzlich sicherstellen will. Bedarf es dagegen wie zB bei einer *stipulation de parts inégales* bzw. einer *clause d'attribution de la totalité de la communauté* des französischen Rechts zusätzlich zur Verwirklichung der Abweichung von der Halbteilung noch einer ausdrücklichen Vereinbarung durch die Ehegatten, so ist dies in der Regel erbrechtlich zu qualifizieren und nach Art. 25 EuErbVO zu beurteilen.

2. Form des Erbvertrages

a) Allgemeines

Auch wenn nach der EuErbVO bindende gemeinschaftliche Testamente dem Erbvertrags- 51 begriff unterfallen, ist für die Formwirksamkeit weiterhin zwischen gemeinschaftlichen Testamenten und Erbeinsetzungsverträgen zu unterscheiden. Für die Form eines gemeinschaftlichen Testaments gilt nach Art. 75 Abs. 1 EuErbVO unmittelbar das Haager Übereinkommen vom 5. Oktober 1961 über das auf die Form letztwilliger Verfügungen anzuwendende Recht. Art. 4 des Übereinkommens bezieht in seinen Anwendungsbereich ausdrücklich Verfügungen von Todes wegen mit ein, die von zwei oder mehreren Personen in derselben Urkunde errichtet werden. Die Vorschrift erfasst auch gemeinschaftliche Testamente, in denen die Beteiligten wechselbezüglich verfügen.[70] Die Formwirksamkeit eines Erbvertrages im engeren Sinn ist dagegen nicht unmittelbar nach dem genannten Haager Übereinkommen zu beurteilen, da dieses für Erbverträge nicht gilt.[71] Art. 27 EuErbVO erweitert jedoch (wie bereits Art. 26 Abs. 4 EGBGB) den Anwendungsbereich der dem Übereinkommen weitgehend entsprechenden Regelungen des Art. 27 EuErbVO auch auf Erbverträge.[72] Bei einer Beurkundung vor einem deutschen Notar ist jedenfalls die Ortsform gem. Art. 1 Abs. 1 lit. a) des Haager Übereinkommens bzw. Art. 27 Abs. 1 lit. a) EuErbVO gewahrt und das gemeinschaftliche Testament bzw. der Erbvertrag damit formgültig.

---

[68] AA *Nordmeier* ZEV 2013, 117 (123). Wie hier auch die bisher hM zum deutschen IPR, vgl. MüKoBGB/ *Birk* EGBGB Art. 26 Rn. 152; Palandt/*Thorn* Art. 25 EGBGB Rn. 13; Staudinger/*Dörner* Art. 25 EGBGB Rn. 404.

[69] Ausführlich hierzu Süß/Ring/*Döbereiner*, Eherecht in Europa, Länderbericht Frankreich, Rn. 108; *Döbereiner*, Ehe- und Erbverträge im deutsch-französischen Rechtsverkehr, 84 ff.

[70] MüKoBGB/*Birk* EGBGB Art. 26 Rn. 101; *Riering* ZEV 1994, 225 (226); *Riering/Marck* ZEV 1995, 90 (91).

[71] *Janzen* DNotZ 2012, 484 (488); MüKoBGB/*Birk* EGBGB Art. 26 Rn. 137; Palandt/*Thorn* Art. 26 EGBGB Rn. 1; *Schotten/Schmellenkamp*, Das IPR in der notariellen Praxis, Rn. 260; Staudinger/*Dörner* Vorbem. zu Art 25 EGBGB Rn. 76, Art. 25 EGBGB Rn. 359.

[72] Zu Art. 26 Abs. 4 EGBGB Erman/*Hohloch* Art. 26 EGBGB Rn. 19; MüKoBGB/*Birk* EGBGB Art. 26 Rn. 137; Staudinger/*Dörner* Art. 26 EGBGB Rn. 29.

b) Zulässigkeit des Erbvertrages als Formfrage

52 Wie bisher im deutschen IPR[73] ist bei der Frage der Zulässigkeit eines Erbvertrages auch künftig danach zu unterscheiden, ob ein im Raum stehendes Verbot von Erbverträgen und gemeinschaftlichen Testamenten auf formellen oder materiellen, d. h. sachlichen Erwägungen beruht. Zwar spricht Art. 25 EuErbVO generell von „Zulässigkeit" des Erbvertrages, so dass man mit einer im Vordringen befindlichen Auffassung[74] auch die formelle Zulässigkeit in diesem Sinn ausschließlich nach Art. 25 EuErbVO beurteilen könnte. Aus dem Gesamtkontext ergibt sich jedoch, dass darunter ausschließlich die materielle Zulässigkeit des Erbvertrages im nachstehend erläuterten Sinn gemeint ist und nach wie vor formelle und materielle Zulässigkeit abzugrenzen sind.[75] Die Qualifizierung eines Verbots von gemeinschaftlichen Testamenten und Erbverträgen hat unter Geltung der EuErbVO nicht mehr nach der lex fori, sondern autonom, zu erfolgen. Dabei ist wie bisher zunächst zu ermitteln, welche Funktion das Erbvertragsverbot in der betreffenden Rechtsordnung selbst verfolgt.[76] Soll es dazu dienen, die Beweisbarkeit, Authentizität und unverfälschte Niederlegung des Erblasserwillens zu gewährleisten, so ist in der Regel ein formelles Verbot anzunehmen. Soll andererseits eine, insbesondere psychologische Einschränkung der Testierfreiheit zu Lebzeiten verhindert oder der Gefahr einer Beeinflussung des freien letzten Willens des Erblassers vorgebeugt werden, so liegt in der Regel ein materiellrechtliches Verbot vor.[77] Liegt ein lediglich formelles Verbot vor, so ist eine in Deutschland unter Beachtung der Formvorschriften des deutschen Rechts errichteter Erbvertrag in jedem Fall wegen Wahrung der Ortsform formwirksam errichtet.

3. Die materielle Wirksamkeit des einseitigen Erbvertrages

53 Die Zulässigkeit, die materielle Wirksamkeit und die Bindungswirkungen eines Erbvertrags, der den Nachlass einer einzigen Person betrifft, einschließlich der Voraussetzungen für seine Auflösung, unterliegen nach Art. 25 Abs. 1 EuErbVO dem Errichtungsstatut. Nach Art. 21 Abs. 1 EuErbVO ist damit – vorbehaltlich Art. 21 Abs. 2 EuErbVO – für diese Bereiche grds. das Recht am gewöhnlichen Aufenthalt bzw. das Recht, dass der Verfügende nach Art. 22 EuErbVO gewählt hat, maßgeblich.

a) Materielle Zulässigkeit

54 Soweit die Frage der Zulässigkeit eines Erbvertrages nicht als Formfrage zu qualifizieren ist, entscheidet hierüber das Errichtungsstatut des Verfügenden im Zeitpunkt des Vertragsschlusses. Das Errichtungsstatut ist berufen, wenn ein Erbvertrag in einer Rechtsordnung nur zwischen bestimmten und zugunsten bestimmter Personen; insbesondere unter Ehegatten, oder zu einem bestimmten Zeitpunkt zB vor Eheschließung errichtet werden kann. Ist der Erbvertrag nach dem Errichtungsstatut unzulässig, so beantwortet dieses auch, ob eine Umdeutung in ein Einzeltestament möglich ist.[78] Bei einem einseitigen Erbvertrag spielt

---

[73] Staudinger/*Dörner* Vorbem. zu Art. 25 EGBGB Rn. 81, Art. 25 EGBGB Rn. 322 ff., 355.

[74] *Bonomi/Wautelet,* Le droit européen des successions. Commentaire du règlement n 650/2012 du 4 juillet 2012, Art. 27 Rn. 14 ff.; *Dutta* FamRZ 2013, 4 (10).

[75] So auch *Nordmeier* ZEV 2012, 513 (515); Offengelassen von *Simon/Buschbaum* NJW 2012, 2393 (2396).

[76] Vgl. zum bisherigen deutschen IPR: OLG Frankfurt IPRax 1986, 111, zum gemeinschaftlichen Testament; Erman/*Hohloch* Art. 25 EGBGB, Rn. 32; Palandt/*Thorn* Art. 25 EGBGB Rn. 14; *Schotten/Schmellenkamp*, Das IPR in der notariellen Praxis, Rn. 319, 316; Staudinger/*Dörner* Art. 25 EGBGB Rn. 326, 355.

[77] Vgl. *Döbereiner*, Ehe- und Erbverträge im deutsch-französischen Rechtsverkehr, 180 mwN.

[78] So bereits zum bisherigen deutschen IPR: Erman/*Hohloch* Art. 25 EGBGB Rn. 32; MüKoBGB/*Birk* EGBGB Art. 26 Rn. 134; *Schotten/Schmellenkamp*, Das IPR in der notariellen Praxis, Rn. 320; Staudinger/*Dörner* Art. 25 EGBGB Rn. 353.

das Erbstatut von anderen am Vertrag Beteiligten ebenso wenig eine Rolle wie das Erbstatut eines gegebenenfalls im Erbvertrag eingesetzten Dritten.[79]

b) Materielle Wirksamkeit im Übrigen

Bei einem einseitigen Erbvertrag betrifft die Frage der Testierfähigkeit nur den Verfügen- **55** den. Der Begriff der Testierfähigkeit ist hier unabhängig davon, dass im deutschen Sachrecht für den Abschluss eines Erbvertrages gem. § 2275 BGB die Regeln über die Geschäftsfähigkeit anwendbar sind, in einem kollisionsrechtlichen Sinn als die Fähigkeit, eine Verfügung von Todes wegen jeglicher Art zu errichten, zu verstehen, vgl. Art. 26 Abs. 1 lit. a EuErbVO. Das Errichtungsstatut des Verfügenden entscheidet bei einem einseitigen Erbvertrag auch darüber, ob und in welchem Maße der andere Partner, der keine letztwillige Verfügung trifft, geschäftsfähig sein muss. Da Art. 26 Abs. 1 lit. a) EuErbVO nur für die Testierfähigkeit des Verfügenden gilt und im Übrigen nach Art. 1 Abs. 2 lit. b) EuErbVO Fragen der Rechts- und Geschäftsfähigkeit vom Anwendungsbereich der EuErbVO ausgenommen sind, ist die Frage, ob dieses Erfordernis gewahrt ist, gem. Art. 7 EGBGB, also nach dem Personalstatut, zu beantworten.[80] Das auf den Verfügenden anwendbare Recht dagegen beantwortet insgesamt, welche Folgen ein Mangel der Testier- bzw. Geschäftsfähigkeit einer der Parteien auf die Vereinbarung hat und wie bzw. von wem dies geltend gemacht werden kann.[81]

Für Fragen der Stellvertretung (vgl. Art. 26 Abs. 1 lit. c EuErbVO) und von Willensmängeln (vgl. Art. 26 Abs. 1 lit. e EuErbVO) gilt ebenfalls das hypothetische Erbstatut des Verfügenden im Zeitpunkt der Errichtung. Die Form einer Vollmacht dagegen wird gem. Art. 11 EGBGB angeknüpft, da hierfür weder das Haager Testamentsabkommen noch Art. 27 EuErbVO einschlägig sind. Das gleiche gilt für die Form einer Anfechtungserklärung, sofern die Anfechtung nicht durch letztwillige Verfügung zu erklären ist. Für nach Vertragsschluss eintretende Veränderungen der tatsächlichen Umstände wie die spätere Geburt von Kindern oder eine spätere Eheschließung und deren Auswirkungen auf den Erbvertrag gilt ebenfalls das Errichtungsstatut.[82]

c) Auswirkungen einer Eheauflösung

Die Folgen einer Eheauflösung durch Scheidung oder Trennung von Tisch und Bett **56** nehmen in diesem Zusammenhang eine Sonderstellung ein. Ob die Ehe wirksam aufgelöst wurde, ist nach dem Scheidungsstatut zu beurteilen. Zweifelhaft ist jedoch, nach welchem Recht die Auswirkungen der Scheidung auf den Erbvertrag zu ermitteln sind.[83] Wendet man das erbrechtliche Errichtungsstatut an, wofür insbesondere spricht, dass der Wortlaut des Art. 25 Abs. 1 EuErbVO für den Erbvertrag allgemein die Voraussetzungen für seine Auflösung regelt, kann dies zu erheblichen Problemen führen, wenn die Ehe nach dem anwendbaren Scheidungsstatut aus Gründen geschieden wird, welche die einschlägige erbrechtliche Rechtsordnung nicht oder in dieser Form nicht kennt. Ausländische Rechtsordnungen sehen teilweise zB im Gegensatz zum deutschen Recht noch eine Verschuldensscheidung vor und knüpfen an eine solche unter Umständen andere

---

[79] So bereits zum bisherigen deutschen IPR MüKoBGB/*Birk* EGBGB Art. 26 Rn. 133; *Schotten/Schmellenkamp*, Das IPR in der notariellen Praxis, Rn. 319; Staudinger/*Dörner* EGBGB Art. 25 Rn. 351.

[80] So bereits zum bisherigen deutschen IPR Soergel/*Schurig* EGBGB Art. 26 Rn. 33; Staudinger/*Dörner* EGBGB Art. 25 Rn. 348.

[81] So bereits bisher Staudinger/*Dörner* EGBGB Art. 25 Rn. 349.

[82] Nach einer vor Inkrafttreten der EuErbVO verbreiteten Ansicht im deutschen IPR ist insoweit zu unterscheiden, so Erman/*Hohloch* EGBGB Art. 26 Rn. 28; Staudinger/*Dörner* EGBGB Art. 25 Rn. 252, 310.

[83] Zu Art. 25, 26 EGBGB aF wurde überwiegend vertreten, es handle sich um eine nach dem tatsächlichen Erbstatut anzuknüpfende Frage, so zB Erman/*Hohloch* EGBGB Art. 26 Rn. 5; Staudinger/*Dörner* EGBGB Art. 25 Rn. 252, 310; siehe weiterhin BayObLG IPRax 1981, 100 (102); *Coester* IPRax 1981, 206; *Firsching* IPRax 1981, 86 (88).

erbrechtliche Folgen als an eine einverständliche Scheidung. Wurde im Einzelfall die Scheidung nach einer Rechtsordnung ausgesprochen, die im Gegensatz zum erbvertraglichen Errichtungsstatut eine Unterscheidung zwischen verschiedenen Scheidungsformen nicht kennt, kann diese Unvereinbarkeit nur im Wege einer materiellrechtlichen Anpassung behoben werden.[84] Besser, aber mit dem Wortlaut von Art. 25 EuErbVO wohl nicht zu vereinbaren wäre es daher, die Auswirkungen einer Eheauflösung auf einen Ehegattenerbvertrag als Folge der Scheidung anzusehen und nach dem Scheidungsstatut zu beurteilen.[85] Wendet man das erbrechtliche Errichtungsstatut an und verlangt dieses für die Auflösung des Erbvertrages nach Scheidung eine rechtsgeschäftliche Erklärung, so gilt für deren Form Art. 11 EGBGB, sofern es sich nicht selbst um eine letztwillige Verfügung handelt, die dem Haager Testamentsübereinkommen vom 5. Oktober 1961 bzw. Art. 27 EuErbVO unterfällt.

d) Wirkungen des Erbvertrages zu Lebzeiten

57   **aa) Bindungswirkung.** Das Errichtungsstatut ist nach der Regelung in Art. 25 Abs. 1 EuErbVO zur Entscheidung darüber, ob und in welchem Umfang einem Erbvertrag Bindungswirkung zukommt, berufen. Es beantwortet die Frage, welche Anordnungen mit Bindungswirkung getroffen werden können. Lässt das Errichtungsstatut in einem Erbvertrag sowohl bindende als auch frei widerrufliche Anordnungen zu und erfordert die Feststellung der Art der Verfügung eine Auslegung, so ist diese nach dem Errichtungsstatut durchzuführen. Das Errichtungsstatut bestimmt weiter, welche Auswirkungen die in einem Erbvertrag getroffenen Anordnungen auf spätere, also nach Abschluss des Erbvertrages getroffene Verfügungen von Todes wegen haben. Hatte der Erblasser dagegen bereits vor Abschluss des Erbvertrages anderslautende Verfügungen von Todes wegen errichtet, so hängt die Wirkung des Erbvertrages auf diese Anordnungen davon ab, ob und in welchem Umfang der Erblasser durch die früheren Verfügungen gebunden ist. Hierüber entscheidet das Errichtungsstatut der früheren Verfügung.[86] Von dem nach Art. 25 EuErbVO ermittelten Recht wird auch die Frage beantwortet, ob und in welchem Umfang der Erblasser nach Abschluss des Erbvertrages weiterhin unter Lebenden über sein Vermögen disponieren kann.

58   **bb) Beseitigung der Bindungswirkung.** Diese Grundsätze gelten entsprechend für Beseitigung einer eingetretenen Bindungswirkung zB durch einen Rücktritt oder Aufhebungsvertrag. Soll die Bindungswirkung durch eine neue Verfügung von Todes wegen so gelten für die Form Art. 27 Abs. 1 und 2 EuErbVO. Hinsichtlich der materiellen Wirksamkeit der neuen Verfügung ist zu differenzieren: Soweit die Widerrufswirkung in Frage steht, ist das Errichtungsstatut des ursprünglichen[87] Erbvertrages maßgeblich, soweit die Wirksamkeit der neuen Anordnungen betroffen ist, ist das im Zeitpunkt der Errichtung der neuen letztwilligen Verfügung anwendbare Erbstatut berufen. Hat das Errichtungsstatut durch einen Wechsel des gewöhnlichen Aufenthalts im Zeitraum zwischen den beiden Akten gewechselt, so ist denkbar, dass eine neue Verfügung von Todes wegen zwar einen vorher geschlossenen Erbvertrag beseitigt, die dort neu getroffenen Anordnungen jedoch unwirksam sind. Will sich der Verfügende auf andere Weise als durch eine Verfügung von Todes wegen, zB durch einen Rücktritt, von der durch den Erbvertrag eingetretenen

---

[84] So bereits BayObLG IPRax 1981, 100 (102); *Coester* IPRax 1981, 206; *Firsching* IPRax 1981, 86 (88).

[85] So *Döbereiner*, Ehe- und Erbverträge im deutsch-französischen Rechtsverkehr, 186. Nach deutschem IPR sind Fragen des Widerrufs und der Rückgewähr von Schenkungen unter Lebenden aufgrund der Scheidung nach nahezu einhelliger Ansicht vom Scheidungsstatut zu beurteilen, vgl. zB MüKoBGB/ *Winkler von Mohrenfels* EGBGB Art. 17 Rn. 203; Palandt/*Thorn* EGBGB Art. 17 Rn. 17; Staudinger/ *Mankowski* EGBGB Art. 17 Rn. 275.

[86] AA zum bisherigen deutschen IPR Staudinger/*Dörner* EGBGB Art. 25 Rn. 361.

[87] AA zum bisherigen deutschen IPR Staudinger/*Dörner* EGBGB Art. 26 Rn. 78: Analog Art. 26 Abs. 5 S. 1 EGBGB das Errichtungsstatut zur Zeit des Widerrufs.

Bindungswirkung befreien, so gilt für die Form dieser Erklärung Art. 11 EGBGB.[88] Für die materielle Wirksamkeit ist das Errichtungsstatut des aufzuhebenden Erbvertrages maßgeblich.

4. Materielle Wirksamkeit des mehrseitigen Erbvertrages

a) Abgrenzungsfragen

Art. 25 Abs. 2 EuErbVO enthält Sonderregeln für mehrseitige Erbverträge, also Erbver-   **59** träge, die den Nachlass mehrerer Personen betreffen. Beim mehrseitigen Erbvertrag kann bereits die Feststellung, ob im Einzelfall überhaupt eine Bindung und damit ein Erbvertrag gegeben ist, Probleme bereiten, da nicht klar ist, nach welchem Recht diese Feststellung erfolgen soll. Die Regelung in Art. 25 Abs. 2 Unterabsatz 1 EuErbVO spricht zunächst dafür, im Ausgangspunkt zunächst für jeden Partner gesondert nach Art. 21 EuErbVO zu ermitteln, ob aus dessen Sicht überhaupt ein Erbvertrag vorliegt. Andererseits bestimmt Art. 25 Abs. 2 Unterabsatz 2 EuErbVO, dass die Frage der Bindungswirkung für alle Vertragsteile gemeinsam und einheitlich nach dem Recht zu beurteilen ist, zu dem die engsten Verbindungen bestehen. Folgt man dem ersten Ansatz, also der Anwendung von Art. 25 Abs. 2 Unterabsatz 1 EuErbVO so kann es dazu kommen, dass die Bindungswirkung zunächst bei der Frage, ob überhaupt ein Erbvertrag vorliegt, anders zu beurteilen ist als bei der Frage, ob tatsächlich eine Bindungswirkung vorliegt und wie diese ausgestaltet ist. Dies wird durch die unterschiedlichen Anknüpfungen der Zulässigkeit des Erbvertrages einerseits und der übrigen Fragen der materiellen Wirksamkeit und Bindungswirkung andererseits von der EuErbVO bewusst in Kauf genommen. Im Ergebnis ist damit die Frage, ob überhaupt eine vertragliche Regelung mit ausreichender Bindung vorliegt, zunächst nach dem jeweiligen Errichtungsstatut der Beteiligten zu ermitteln.

Art. 25 Abs. 2 EuErbVO setzt für die Anwendung der Vorschrift nicht voraus, dass mehrere Personen bindend verfügen, d. h. auch wenn nur ein Vertragsteil bindend verfügt und der andere lediglich in einseitiger Weise, ist insgesamt Art. 25 Abs. 2 EuErbVO und nicht Art. 25 Abs. 1 EuErbVO einschlägig. Es findet dann auch keine getrennte Anknüpfung dergestalt statt, dass für den bindend Verfügenden Art. 25 Abs. 1 EuErbVO und für den einseitig Verfügenden Art. 24 EuErbVO zur Anwendung käme.

Fraglich ist, ob Art. 25 Abs. 1 oder Abs. 2 EuErbVO anwendbar ist, wenn mehrere Personen in einer Urkunde bindend zugunsten eines Dritten, ebenfalls am Erbvertrag Beteiligten verfügen, etwa, wenn beide Elternteile in einem Erbvertrag ihre gemeinsamen Kinder als Erben einsetzen und zwar bindend nur gegenüber ihren Kindern und nicht gegenüber dem jeweils anderen Elternteil. Nach dem Wortlaut ist Art. 25 Abs. 2 EuErbVO einschlägig, da von der Verfügung tatsächlich der Nachlass mehrerer Personen betroffen ist. Andererseits stehen in derartigen Fällen die einzelnen Erbeinsetzungen (im Beispiel Erbeinsetzung der Kinder durch den Vater und Erbeinsetzung der Kinder durch die Mutter) nicht unbedingt in einem Abhängigkeitsverhältnis, so dass jeder Elternteil etwa für eine Aufhebung zwar die Zustimmung der Kinder benötigt, nicht aber die Zustimmung des anderen Ehegatten. Es hätten also auch zwei getrennte Erbverträge geschlossen werden können und es besteht keine Bindungswirkung zwischen den beteiligten Erblassern, sondern nur gegenüber dem Vertragserben. Tatsächlich handelt es sich um zwei eigenständige, lediglich formell in einer Urkunde zusammengefasste Verträge, die jeweils eigenständig nach Art. 25 Abs. 1 EuErbVO zu beurteilen sind. Anders ist dies zu beurteilen, wenn die Verfügungen auch Bindungswirkung zwischen den Verfügungen entfaltet, in diesem Fall ist Art. 25 Abs. 2 EuErbVO einschlägig. Der Anwendungsbereich von Art. 25 Abs. 2 EuErbVO ist somit nur dann eröffnet, wenn der Vertrag den Nachlass mehrerer Personen betrifft

---

[88] So schon zum bisherigen deutschen IPR Erman/*Hohloch* Art. 26 EGBGB Rn. 20; Staudinger/*Dörner* Art 25 EGBGB Rn. 361; Art. 26 EGBGB Rn. 39, 58.

und gerade (auch) Bindungswirkung zwischen diesen Personen und nicht nur und ausschließlich gegenüber Dritten entfaltet.

b) Zulässigkeit

60 Ein Erbvertrag, der den Nachlass mehrerer Personen betrifft, ist nach Art. 25 Abs. 2 EuErbVO nur zulässig, wenn er nach jedem betroffenen Errichtungsstatut zulässig ist. Es ist also zunächst die Frage der Zulässigkeit für jeden Vertragteil nach dessen Errichtungsstatut zu stellen. Verbietet eines der Errichtungsstatute den Erbvertrag, so ist die letztwillige Verfügung jedenfalls als Erbvertrag nicht wirksam. Bei strenger Anwendung des Wortlauts wäre der Erbvertrag damit insgesamt aus kollisionsrechtlichen Gründen bzw. nach allgemeinen Vertragsgrundsätzen nichtig. Sachgerechter ist jedoch folgende Handhabung: Verbietet das Errichtungsstatut eines der Vertragteile den Erbvertrag, so entscheidet das Errichtungsstatut des anderen Vertragspartners, welche Auswirkungen dies auf den Vertrag insgesamt hat und ob gegebenenfalls eine Umdeutung in ein einseitiges Testament in Betracht kommt.[89]

c) Materielle Wirksamkeit und Bindungswirkung

61 Die materielle Wirksamkeit und die Bindungswirkungen eines nach Art. 25 Abs. 2 Unterabsatz 1 EuErbVO zulässigen Erbvertrages, einschließlich der Voraussetzungen für seine Auflösung, unterliegen nach Art. 25 Abs. 2 Unterabsatz 2 EuErbVO demjenigen unter den in Unterabsatz 1 genannten Rechten, zu dem er die engste Verbindung hat. Die einheitliche Anknüpfung des mehrseitigen Erbvertrages für alle Beteiligten an nur eine Rechtsordnung hat den Vorteil, dass komplizierte Auslegungs- und Angleichungsfragen vermieden werden, die sonst bei unterschiedlichen Errichtungsstatuten der Ehegatten unvermeidbar sind.[90] Andererseits kann damit für eine Person das anwendbare Recht unterschiedlich sein, je nachdem ob diese ein einseitiges Testament bzw. einen einseitigen Erbvertrag errichtet hat oder an einem mehrseitigen Erbvertrag beteiligt ist. Wie die „engste Verbindung" des Erbvertrages zu ermitteln ist, wird in der EuErbVO nicht weiter erläutert. Maßgeblicher Zeitpunkt ist der Zeitpunkt der Errichtung des Erbvertrages, später eintretende Umstände sind grds. unerheblich und können allenfalls im Rahmen einer ggf. später vorzunehmenden Würdigung aller Umstände zu einer Verstärkung der bei Vertragsabschluss vorliegenden Umstände herangezogen werden. Bei dem Begriff der „engsten Verbindung" handelt es sich um einen nicht der Disposition der Vertragteile unterliegenden Begriff. Die Beteiligten können die engste Verbindung also nicht nach Belieben wählen, da sonst praktisch eine weitere, nach der EuErbVO nicht zulässige mittelbare Rechtswahlmöglichkeit geschaffen würde. Dennoch wird es – sofern die Voraussetzungen für eine zulässige Rechtswahl nicht vorliegen – künftig sinnvoll sein, im Erbvertrag zu dokumentieren, zu welcher Rechtsordnung nach Auffassung der Beteiligten die engste Verbindung besteht. Zu beachtende Kriterien sind dabei der gewöhnliche Aufenthalt der Vertragteile, ihre Staatsangehörigkeit, die Belegenheit des künftigen Nachlasses, der Ort der Errichtung des Erbvertrages[91] oder die ggf. im Text in Bezug genommenen Rechtsvorschriften einer bestimmten Rechtsordnung.

---

[89] So bereits zum bisherigen deutschen IPR Soergel/*Schurig* Art. 26 EGBGB Rn. 27, 35; Staudinger/*Dörner* EGBGB Art. 25 Rn. 354; wohl auch Erman/*Hohloch* Art. 25 EGBGB, Rn. 32; MüKoBGB/*Birk* Art. 26 EGBGB Rn. 134; Palandt/*Thorn* Art. 25 EGBGB Rn. 13; zum gemeinschaftlichen Testament in diesem Sinne auch OLG Zweibrücken FamRZ 1992, 608 (609); OLG Frankfurt IPRax 1986, 111; OLG Hamm NJW 1964, 553 (554).
[90] Vgl. hierzu *Döbereiner*, Ehe- und Erbverträge im deutsch-französischen Rechtsverkehr, 190 ff.
[91] Siehe auch *Simon/Buschbaum* NJW 2012, 2393 (2396).

5. Besonderheiten bei Verzichtsverträgen

Auch Verträge, die Rechte am künftigen Nachlass einer Personen entziehen, stellen nach **62** der Legaldefinition in Art. 3 lit. b) EuErbVO Erbverträge dar. Bei der Anwendung der Vorschriften der EuErbVO ist Erblasser derjenige, dessen (künftiger) Nachlass betroffen ist. Zusätzlich zu den allgemein bei Erbverträgen auftretenden Fragen gelten folgende Besonderheiten:

a) Form

Ein Verzichtsvertrag ist keine Verfügung von Todes wegen im Sinne des Haager Testaments- **63** übereinkommens vom 5.10.1961.[92] Da es sich jedoch um einen Erbvertrag im Sinne der EuErbVO handelt, gilt für die Formwirksamkeit Art. 27 EuErbVO.

b) Materielle Wirksamkeit

aa) Abgrenzung zwischen Art. 25 Abs. 1 und Abs. 2 EuErbVO. Als einseitiger Erb- **64** vertrag im Sinne des Art. 25 Abs. 1 EuErbVO ist ein Verzicht zu behandeln, wenn nur gegenüber einem (künftigen) Erblasser verzichtet wird. Maßgeblich ist das Errichtungsstatut des Erblassers, das Erbstatut des Verzichtenden spielt keine Rolle.[93] Handelt es sich um einen gegenseitigen Verzicht, so ist der Anwendungsbereich des Art. 25 Abs. 2 EuErbVO eröffnet. Verzichtet eine Person in einer Urkunde gegenüber mehreren Personen, etwa, wenn ein Abkömmling in einer Urkunde einen Pflichtteilsverzicht gegenüber beiden Elternteilen erklärt, ist wie folgt zu unterscheiden: Stehen die beiden Verzichte in einem Abhängigkeitsverhältnis, so dass ein Verzicht nicht ohne den anderen abgeschlossen worden wäre, ist der Anwendungsbereich von Art. 25 Abs. 2 EuErbVO eröffnet. Fehlt es an einem solchen Abhängigkeitsverhältnis und hätten genauso zwei getrennte Pflichtteilsverzichtsverträge in verschiedenen Urkunden geschlossen werden können, besteht keine Bindungswirkung zwischen den beteiligten Erblassern, sondern nur zwischen dem Verzichtenden und dem jeweiligen Erblasser. In diesem Fall handelt es sich um zwei eigenständige, lediglich formell in einer Urkunde zusammengefasste Verträge, die jeweils eigenständig nach Art. 25 Abs. 1 EuErbVO zu beurteilen sind.

Werden mehrere gegenseitige Verzichte in einer Urkunde errichtet, verzichten also zB in einer Urkunde ein Kind gegenüber beiden Elternteilen und jeder Elternteil gegenüber dem Kind, ist Art. 25 Abs. 2 EuErbVO einschlägig. Fraglich kann allenfalls sein, ob es sich um zwei gesondert nach Art. 25 Abs. 2 EuErbVO zu beurteilende gegenseitige Verzichte oder einen einzigen, insgesamt nur einmal nach Art. 25 Abs. 2 EuErbVO zu beurteilenden Vertrag handelt. Dies hängt wieder davon ab, ob die einzelnen Verzichte in einem Abhängigkeitsverhältnis stehen.

bb) Zulässigkeit eines wechselseitigen Verzichts. Bei einem wechselseitigen Verzicht **65** ist nach Art. 25 Abs. 2 Unterabsatz EuErbVO die Zulässigkeit des Verzichts für beide Erblasser gesondert nach dem jeweiligen Errichtungsstatut zu prüfen. Ist der Erbverzicht nach einer der berufenen Rechtsordnungen unzulässig, entscheidet das Errichtungsstatut des anderen Partners – ggf. im Wege der Auslegung –, ob die gegenüber diesem abgegebene Verzichtserklärung als einseitiger Verzicht bestehen bleiben kann.[94]

---

[92]   Staudinger/*Dörner* Vorbem. zu Art. 25 EGBGB Rn. 76, Art. 25 EGBGB Rn. 398.
[93]   Bereits zum bisherigen IPR war hM, dass das Errichtungsstatut gilt: OLG Hamm NJW-RR 1996, 906; OLG Hamburg NJW-RR 1996, 203 (204); Palandt/*Thorn* Art. 25 EGBGB Rn. 13, Art. 26 EGBGB Rn. 7; *Schotten/Schmellenkamp*, Das IPR in der notariellen Praxis, Rn. 326; Soergel/*Schurig* Art. 26 EGBGB Rn. 42; Staudinger/*Dörner* Art. 25 EGBGB Rn. 389; aA MüKoBGB/*Birk* Art. 26 EGBGB Rn. 148.
[94]   So zum bisherigen IPR Staudinger/*Dörner* Art. 25 EGBGB Rn. 396.

66 cc) „Testierfähigkeit" beim Erbverzicht. Nach Art. 26 Abs. 1 lit. a) EuErbVO gehört zur materiellen Wirksamkeit iSv von Art. 25 EuErbVO auch die Testierfähigkeit der Person, welche die Verfügung von Todes wegen errichtet. Nach Art. 25 Abs. 1 EuErbVO ist bei einem einseitigen Erbvertrag Erblasser die Person, deren Nachlass betroffen ist und damit beim Erbverzicht die Person, gegenüber der verzichtet wird. Der (künftige) Erblasser ist damit derjenige, der den Erbvertrag im Sinne von Art. 26 Abs. 1 lit. a) EuErbVO errichtet. Das nach Art. 25 Abs. 1 EuErbVO für diesen geltende Errichtungsstatut entscheidet auch darüber, in welchem Maße der Verzichtende geschäfts- oder testierfähig sein muss. Ob dieses Erfordernis gewahrt ist, ist gem. Art. 7 EGBGB, also nach dem Personalstatut des Verzichtenden festzustellen. Beim mehrseitigen Erbverzicht spielt dies keine Rolle, da nach Art. 25 Abs. 2 Unterabsatz 2 EuErbVO einheitlich auf das Errichtungsstatut abzustellen ist, zu dem der Vertrag die engsten Beziehungen aufweist.

67 dd) Wirkungen im Todesfall. Die Wirkungen von Verzichtsverträgen auf die Erbfolge sind nach dem tatsächlichen Erbstatut zu beurteilen.[95] Dies kann dazu führen, dass der Verzicht keine Auswirkung hat und ins Leere geht, wenn das tatsächliche Erbstatut einen solchen Verzicht nicht kennt und ihn deshalb nicht berücksichtigt.[96] Eine im Vordringen befindliche Auffassung[97] will dieses unerwünschte Ergebnis insbesondere durch eine (sehr) weite Auslegung des Begriffs der Bindungswirkung vermeiden.

6. Rechtswahlmöglichkeiten im Erbvertrag

68 Aus der allgemeinen Regelung in Art. 22 Abs. 2 EuErbVO folgt zunächst, dass eine Rechtswahl in einem Erbvertrag erfolgen kann, da es sich dabei um eine Verfügung von Todes wegen handelt.

a) Wahl nach Art. 25 Abs. 1 bzw. Abs. 2 Unterabs. 1 iVm. Art. 22 EuErbVO

69 Nach Art. 25 Abs. 1 bzw. Art. 25 Abs. 2 Unterabsatz 1 EuErbVO entscheidet über die dort genannten Bereiche des Erbvertrages das Errichtungsstatut. Die Vorschrift verweist zunächst auf Art. 21 EuErbVO, also auf das Recht des Staates, in dem Erblasser seinen gewöhnlichen Aufenthalt hat. Jeder Vertragspartner des Erbvertrages kann jedoch vor Abschluss des Erbvertrages zB in einem früheren Testament nach Art. 22 EuErbVO das Recht des Staates gewählt haben, dem er im Zeitpunkt der Rechtswahl angehört bzw. kann eine solche Rechtswahl auch anlässlich des Abschlusses des Erbvertrages treffen. Diese Rechtswahl bestimmt zunächst das im Todeszeitpunkt tatsächlich anwendbare Erbstatut. Sie ist jedoch auch im Rahmen der Ermittlung des auf den Erbvertrag anwendbaren Rechts nach Art. 25 Abs. 1 bzw. Art. 25 Abs. 2 Unterabsatz 1 EuErbVO zu beachten, da sie gerade das Recht festlegt, das anwendbar wäre, wenn der Verfügende zu dem Zeitpunkt verstorben wäre, in dem der Erbvertrag geschlossen wurde. Da es für die im Rahmen von Art. 25 EuErbVO zu beurteilenden Umstände um das Errichtungsstatut des Erbvertrages geht, spielt die im Zeitpunkt des Todes maßgebliche Staatsangehörigkeit des Erblassers keine Rolle, so ausdrücklich auch Nr. 51 der Erläuterungen zur EuErbVO. Nach Art. 25 Abs. 1 EuErbVO kann damit der Erblasser beim einseitigen Erbvertrag für alle vom Errichtungsstatut umfassten Fragen das Recht seiner Staatsangehörigkeit im Zeitpunkt der Erbvertragserrichtung wählen. Beim mehrseitigen Erbvertrag kann jeder Erblasser nach Art. 25 Abs. 2 Unterabsatz 1 EuErbVO für die Frage der Zulässigkeit des Erbvertrages das Recht seiner Staatsangehörigkeit im Zeitpunkt der Erbvertragserrichtung wählen. Es kann auch nur ein Vertragsteil wählen. Es muss außerdem nicht von allen Vertragsteilen das gleiche Recht

---

[95] *Nordmeier* ZEV 2013, 117 (121). Zum bisherigen deutschen IPR zB Staudinger/*Dörner* Art. 25 EGBGB Rn. 402.

[96] Ausführlich *Hausmann/Odersky*, Internationales Privatrecht in der Notar- und Gestaltungspraxis, § 15 Rn. 272 ff.

[97] Vgl. zB *Weber* ZEV 2015, 503 (506); Staudinger/*Schotten* Einl. zu §§ 2346–2352 BGB Rn. 56.

gewählt werden, insgesamt ist der Erbvertrag jedoch nur zulässig, wenn er nach allen beteiligten Rechtsordnungen zulässig ist. Unberührt hiervon bleibt Art. 25 Abs. 2 Unterabsatz 2 EuErbVO, so dass für die dort genannten Aspekte die engste Verbindung festzustellen ist.

Fraglich ist, ob und inwieweit eine in einem Erbvertrag getroffene Rechtswahl an dessen **70** Bindungswirkung teilnimmt.[98] Die EuErbVO enthält hierzu keine ausdrückliche Regelung. Richtigerweise entscheidet das anwendbare materielle, also das gewählte Recht, welche Verfügungen in einem Erbvertrag mit Bindungswirkung vorgenommen werden können und ob eine solche bindende Verfügung im Einzelfall tatsächlich getroffen wurde. Haben die Vertragsteile unterschiedliche Rechte gewählt und lässt nur eine der beteiligte Rechtsordnungen eine Bindung an die Rechtswahl zu, so entscheidet für den gebundenen Partner dessen Recht, welche Auswirkungen dies auf seine Rechtswahl hat. Im deutschen IPR war diese Frage im Rahmen von Art. 25 Abs. 2 EGBGB aF stark umstritten. Hinsichtlich der bisher gem. Art. 26 Abs. 5 S. 1 EGBGB aF bzw. künftig gemäß Art. 25 EuErbVO nach dem Errichtungsstatut zu beurteilenden Aspekte des Erbvertrages ist die Frage von vornherein ohne Bedeutung, da sich das Errichtungsstatut logischerweise nachträglich nicht ändern kann und damit in diesem Bereich ein späterer Widerruf der Rechtswahl keine Auswirkungen haben kann.[99] Im Übrigen würde sich aus Art. 25 Abs. 3 EuErbVO selbst ergeben, dass die Vertragsteile diese Rechtswahl nur gemeinsam und einheitlich treffen können, so dass nach allgemeinen Vertragsgrundsätzen auch eine Abänderung oder Aufhebung nur gemeinsam erfolgen kann.

Soweit es sich bei dem gewählten Recht um das deutsche Recht handelt, ist auf die **71** Vorschriften des deutschen materiellen Rechts zurückzugreifen. § 2278 Abs. 2 BGB bestimmte hierzu bis 17.8.2015, dass in einem Erbvertrag nur Erbeinsetzungen, Vermächtnisse und Auflagen in vertragsmäßiger, d. h. bindender Weise getroffen werden können. Eine Rechtswahl (bisher nach Art. 25 Abs. 2 EGBGB) war deshalb nach wohl hM[100] immer frei widerruflich, da sie unter keine der genannten Kategorien eingeordnet werden kann. Der Verfügende konnte also zB die Höhe von Pflichtteils- und Noterbrechten, für die nicht das Errichtungsstatut, sondern das tatsächliche, im Todeszeitpunkt maßgebliche Erbstatut gilt, durch Änderung der Rechtswahl einseitig beeinflussen und die durch den Erbvertrag ggf. bezweckte einvernehmliche Regelung etwa durch Wahl eines pflichtteilsfreundlicheren oder pflichtteilsfeindlicheren Rechts aus den Angeln heben. Dieser Gesichtspunkt sprach bisher bereits dafür, eine Rechtswahl mit Bindungswirkung zuzulassen. Erfreulicherweise wurde dies mit Wirkung ab 17.8.2015 nunmehr in § 2278 BGB nF ausdrücklich klargestellt. Eine vergleichbare Regelung trifft § 2270 Abs. 3 BGB nF für wechselbezügliche Verfügungen in einem gemeinschaftlichen Testament.

b) Rechtswahl nach Art. 25 Abs. 3 EuErbVO

Nach Art. 25 Abs. 3 EuErbVO könne die Parteien auch ungeachtet der Absätze 1 und 2 **72** für die Zulässigkeit, die materielle Wirksamkeit und die Bindungswirkungen ihres Erbvertrags, einschließlich der Voraussetzungen für seine Auflösung, **einheitlich** das Recht wählen, das die Person oder eine der Personen, deren Nachlass betroffen ist, nach Artikel 22 EuErbVO unter den darin genannten Bedingungen hätte wählen können. Beim mehrseitigen Erbvertrag eröffnet die Vorschrift die Möglichkeit einer einheitlichen Rechtswahl, die sonst im Einzelfall bei unterschiedlichen Nationalitäten nicht zur Verfügung stehen würde. Auch für Art. 25 Abs. 3 EuErbVO gilt, dass eine Wahl des Rechts der im

---

[98]   Ausführlich hierzu *Döbereiner* DNotZ 2014, 323.
[99]   So zutreffend zu Art. 26 Abs. 5 S. 1 EGBGB aF *Dörner* DNotZ 1988, 67 (88); Palandt/*Thorn* Art. 25 EGBGB Rn. 8; *Riering* ZEV 1994, 225 (229); ZEV 1995, 404 (406).
[100] *Dörner* DNotZ 1988, 67 (91); *Kühne* IPRax 1987, 69 (74); Palandt/*Thorn* Art. 25 EGBGB Rn. 8; Staudinger/*Dörner* Art. 25 EGBGB Rn. 547, 550; aA *von Bar* IPR Bd. 2, Rn. 368; *Kropholler*, IPR, § 51 II 2c; *Krzywon* BWNotZ 1987, 4 (6); *Lichtenberger*, FS Ferid II, 269 (286); MüKoBGB/*Birk* EGBGB Art. 25 Rn. 58; *Siehr* IPRax 1987, 4 (7); *Tiedemann* RabelsZ 1991, 17 (34).

Todeszeitpunkt maßgeblichen Staatsangehörigkeit ausgeschlossen ist, da es sonst zu einem – logischerweise ausgeschlossenen – Wechsel des Errichtungsstatuts kommen könnte. Die Rechtswahl kann nur einheitlich für alle dem Errichtungsstatut unterliegenden Fragen, nicht getrennt für die Zulässigkeit und die übrigen in Art. 25 Abs. 2 Unterabsatz 2 EuErbVO aufgeführten Bereiche erfolgen. Die Rechtswahl des Art. 25 Abs. 3 EuErbVO bezieht sich nur auf die nach dem Errichtungsstatut zu beurteilenden Fragen, dagegen nicht auf das spätere tatsächliche Erbstatut. Aus diesem Grund ist ein späterer Widerruf einer Rechtswahl nach Art. 25 Abs. 3 EuErbVO von vornherein ausgeschlossen.[101] Auf die Frage der Bindungswirkung der Rechtswahl kommt es damit hier nicht an. Im Übrigen würde sich aus Art. 25 Abs. 3 EuErbVO selbst ergeben, dass die Vertragsteile diese Rechtswahl nur gemeinsam und einheitlich treffen können, so dass nach allgemeinen Vertragsgrundsätzen auch eine Abänderung oder Aufhebung nur gemeinsam erfolgen kann, für das deutsche Recht gelten nun ohnehin §§ 2270 Abs. 3, 2278 BGB nF.

c) Wahl des tatsächlichen Erbstatuts nach Art. 22 EuErbVO

73 Die dritte Rechtswahlmöglichkeit im Erbvertrag besteht schließlich darin, dass nach der allgemeinen Vorschrift des Art. 22 EuErbVO von den Vertragsparteien des Erbvertrages jeweils das tatsächlich anwendbare Erbstatut gewählt werden kann. Jeder Erblasser kann hierzu nach Art. 22 EuErbVO das Recht des Staates wählen, dem er im Zeitpunkt der Rechtswahl oder im Zeitpunkt des Todes angehört. Die Ausführungen in Nr. 51 der Erläuterungen zur EuErbVO sind insoweit nicht einschlägig, da es hier gerade nicht um die Wahl des Errichtungsstatuts geht. Beim mehrseitigen Erbvertrag ist eine einheitliche Rechtswahl nur möglich, wenn beide Vertragsteile die gleiche Staatsangehörigkeit besitzen oder bei gemischtnationalen Parteien ein Partner bis zum Todeszeitpunkt noch die Staatsangehörigkeit des anderen Vertragsteils erwirbt.[102] Bei einem mehrseitigen Erbvertrag kann auch nur eine Partei diese Möglichkeit nutzen. Sofern der Erbvertrag keine ausdrückliche Aussage trifft, ist stets im Einzelfall zu prüfen, ob bei Inanspruchnahme einer der vorstehend unter → Rn. 69 bzw. → Rn. 72 erläuterten Rechtswahlmöglichkeiten zugleich eine Wahl des tatsächlichen Erbstatuts vorliegt. Zur Frage der Bindungswirkung an die Rechtswahl siehe vorstehend → Rn. 70 f.

7. Ehe- und Erbverträgen und andere mit einem Erbvertrag verbundene Verträge und Vereinbarungen

74 Ein Erbvertrag ist häufig mit anderen Vereinbarungen zu einem isoliert nicht erbrechtlich zu qualifizierenden Regelungsbereich in einer Urkunde zusammengefasst ist. Die mit dem Erbvertrag verbundene Regelung kann dabei eigenständige Bedeutung haben (zusammengesetzte Verträge),[103] häufigstes Beispiel hierfür ist der Ehe- und Erbvertrag. Hierunter fallen aber zB auch Erb- oder Pflichtteilsverzichtsverträge etwa in Verträgen zur vorweggenommenen Erbfolge oder in Scheidungsvereinbarungen. Der mit dem Erbvertrag verbundene Regelungskomplex kann aber auch lediglich Inhalt des Erbvertrages oder Gegenleistung für dessen Abschluss sein, etwa wenn beim einseitigen Erbvertrag der Vertragspartner im Gegenzug für eine Erbeinsetzung zB eine dienst- oder unterhaltsrechtliche Verpflichtung übernimmt oder beim Erbverzicht der Verzichtende eine einmalige Geldzahlung erhält.

a) Zusammengesetzte Verträge

75 Die Behandlung zusammengesetzter Verträge im vorstehenden Sinn sei am Beispiel des Ehe- und Erbvertrages veranschaulicht. Nach Art. 1 Abs. 2 lit. d) EuErbVO regelt die

---

[101] AA wohl *Odersky* Notar 2013, 3 (8).
[102] Zutreffend *Leitzen* ZEV 2013, 128 (130); aA wohl *Nordmeier* ZEV 2012, 513 (518).
[103] Vgl. auch Staudinger/*Dörner* Art. 25 EGBGB Rn. 365.

Verordnung keine güterrechtlichen Fragen. Dies korrespondiert mit der vor Inkrafttreten der EuErbVO herrschenden Auffassung im deutschen IPR,[104] die beim Ehe- und Erbvertrag zwischen dem Ehe- und dem Erbvertrag unterscheidet, jedenfalls wenn eine klare Trennung zwischen den erb- und güterrechtlichen Elementen möglich ist. Bei einem nach deutschem Rechts geschlossenen Ehe- und Erbvertrag wird dies in der Regel der Fall sein. Der Erbvertrag ist unabhängig vom Ehevertrag isoliert nach Art. 25 EuErbVO zu beurteilen. Die Tatsache der urkundlichen Verbindung ist jedoch nicht völlig ohne Bedeutung. Stellt sich heraus, dass zwar der Ehevertrag unwirksam, der Erbvertrag jedoch wirksam ist, so entscheidet das gem. Art. 25 Abs. 1 oder 2 Unterabsatz 2 EuErbVO auf den Erbvertrag anwendbare Errichtungsstatut, ob die Unwirksamkeit des Ehevertrages auch den Erbvertrag erfasst.[105] Umgekehrt kann der Ehevertrag wirksam geschlossen worden, der Erbvertrag jedoch unwirksam sein. In diesem Fall entscheidet das Güterrechtsstatut über die Auswirkungen auf den Ehevertrag.[106] Das Erbstatut entscheidet wiederum, ob durch güterrechtliche Vereinbarungen Pflichtteils- oder Noterbrechte verletzt sind.

b) Unselbständige Bestandteile des Erbvertrages

Handelt es sich bei den mit dem Erbvertrag verbundenen weiteren Vereinbarungen dagegen **76** um unselbständige Bestandteile desselben, etwa um dienst- oder unterhaltsrechtliche Verpflichtungen des Vertragspartners in einem einseitigen Erbvertrag, folgen diese kollisionsrechtlich dem Erbvertrag. Für Bestehen, Umfang und Erfüllung der Gegenleistung und Leistungsstörungen gilt dann das Errichtungsstatut nach Art. 25 Abs. 1 bzw. Abs. 2 Unterabsatz 2 EuErbVO.[107] Art. 1 Abs. 2 lit. d) EuErbVO nimmt zwar – selbständige – Unterhaltspflichten vom Anwendungsbereich der Verordnung aus, im Rahmen der Definition des Erbvertrages in Art. 3 Abs. 1 lit. d) EuErbVO wird jedoch eine im Erbvertrag vereinbarte Gegenleistung – gleich welcher Art- kollisionsrechtlich ausdrücklich als dessen Bestandteil angesehen, auf den – einschließlich der Gegenleistung – insgesamt Art. 25 EuErbVO Anwendung findet. Zur Abgrenzung sei klargestellt, dass dies nicht ausnahmslos für sämtliche mit einem Erbvertrag verbundenen Unterhaltsverpflichtungen gilt. Schließen zB getrennt lebende Ehegatten eine umfassende Scheidungsfolgenvereinbarung, in dem u. a. neben einer Unterhaltsvereinbarung auch ein Erb- und Pflichtteilsverzicht enthalten ist, so handelt es sich um einen zusammengesetzten Vertrag im vorstehenden Sinne, bei dem die Unterhaltsvereinbarung ebenso wie der Verzicht kollisionsrechtlich selbständig anzuknüpfen sind.

VI. Übergangsregelungen

Nach Art. 83 Abs. 1 findet die EuErbVO auf die Rechtsnachfolge von Personen Anwen- **77** dung, die am 17.8.2015 oder danach verstorben sind. Art. 83 Abs. 2 EuErbVO regelt den Bestandsschutz von vorher getroffenen Rechtswahlerklärungen. Hat der Erblasser vor dem 17.8.2015 eine Rechtswahl getroffen, so ist und bleibt diese wirksam, wenn sie die Voraussetzungen der EuErbVO erfüllt oder wenn sie nach den zum Zeitpunkt der Rechtswahl geltenden Vorschriften des IPR in dem Staat, in dem der Erblasser seinen gewöhnlichen

[104] BayObLG DNotZ 1982, 50 (53); OLG Düsseldorf IPRspr. 1962/1963, Nr. 151, 457 (460); Erman/*Hohloch* Art. 15 EGBGB Rn. 39, Art. 25 EGBGB Rn. 32; MüKoBGB/*Birk* EGBGB Art. 26 Rn. 142; Palandt/*Thorn* Art. 15 EGBGB Rn. 29; *Schotten/Schmellenkamp*, Das IPR in der notariellen Praxis, Rn. 322; Soergel/*Schurig* Art. 15 EGBGB Rn. 54; Staudinger/*Mankowski* Art. 15 EGBGB Rn. 337; Staudinger/*Dörner* Art. 25 EGBGB Rn. 365.
[105] Zum bisherigen deutschen IPR: LG München I FamRZ 1978, 364 (366); Soergel/*Schurig* Art. 15 EGBGB Rn. 54; Staudinger/*Dörner* Art. 25 EGBGB Rn. 367 im Hinblick auf die Formungültigkeit des Ehevertrages.
[106] LG München I FamRZ 1978, 364 (366).
[107] AA *Nordmeier* ZEV 2013, 117 (119). Im hier vertretenen Sinn bereits bisher zutreffend Staudinger/*Dörner* Art. 25 EGBGB Rn. 363.

Aufenthalt hatte, oder in einem Staat, dessen Staatsangehörigkeit er besaß, wirksam ist. Art. 83 Abs. 2 EuErbVO regelt damit zunächst, dass der Erblasser bereits vor dem 17.8.2015 nach Art. 22 EuErbVO eine Rechtswahl treffen und dabei das Recht seiner Staatsangehörigkeit wählen konnte. Wirkung entfaltet diese Rechtswahl allerdings nur, wenn der Erblasser nach dem 17.8.2015 verstirbt oder verstorben ist, ist er vorher verstorben geht die Rechtswahl ins Leere.

78   Ferner schützt Art. 83 Abs. 2 EuErbVO unter bestimmten Voraussetzungen nach dem vormaligen Recht getroffene Rechtswahlen. Nach deutschem IPR bestand die Rechtswahlmöglichkeit des Art. 25 Abs. 2 EGBGB aF. Hat zB ein Franzose mit gewöhnlichem Aufenthalt in Deutschland für sein in Deutschland belegenes Immobilienvermögen deutsches Recht gewählt, so bleibt diese Rechtswahl wirksam,[108] auch wenn der Betroffene nach dem 17.8.2015 mit gewöhnlichem Aufenthalt in Frankreich verstirbt und es dadurch zu einer von der EuErbVO eigentlich unerwünschten Nachlassspaltung kommt. Leider ist der Bestandsschutz für nach Art. 25 Abs. 2 EGBGB wirksam getroffene Rechtswahlen – jedenfalls nach dem Wortlaut von Art. 83 Abs. 2 EuErbVO – nicht umfassend. Hat zB ein Franzose mit gewöhnlichem Aufenthalt in Frankreich für sein in Deutschland belegenes Immobilienvermögen deutsches Recht gewählt, so hat diese Rechtswahl ab dem 17.8.2015 ihre Wirkung verloren, da nach dem IPR Frankreichs, wo der gewöhnliche Aufenthalt lag und dessen Staatsangehörigkeit der Verfügende besaß, eine Rechtswahl nach vormaliger Rechtslage nicht zulässig war.[109] Dieses unschöne kann allenfalls durch eine sehr weite Auslegung[110] von Art. 83 Abs. 2 EuErbVO vermieden werden, indem man berücksichtigt, dass das vormalige französische internationale Erbrecht bezüglich des Immobiliarvermögens auf deutsches Recht zurückverwiesen hat und daher selbst die Rechtswahl nach Art. 25 Abs. 2 EGBGB anerkennt hat. In gewissem Sinne war damit im Beispielsfall die Rechtswahl nach dem IPR in dem Staat, dessen Staatsangehörigkeit der Verfügende besaß, wirksam.

79   Art. 83 Abs. 3 EuErbVO regelt den Bestandsschutz für vor dem 17.8.205 errichtete letztwilligen Verfügungen. Diese sind und bleiben wirksam, wenn sie die Voraussetzungen der EuErbVO erfüllen oder nach den im Errichtungszeitpunkt geltenden Vorschriften des IPR am gewöhnlichen Aufenthalt des Erblassers oder in einem Staat, dessen Staatsangehörigkeit er besaß, oder in dem Mitgliedstaat, dessen Behörde mit der Erbsache befasst ist, zulässig sowie materiell und formell wirksam waren.

80   Art. 83 Abs. 4 EuErbVO enthält eine das tatsächliche Erbstatut betreffende Rechtswahlfiktion. Wurde eine Verfügung von Todes wegen vor dem 17.8.2015 nach dem Staatsangehörigkeitsrecht errichtet, so gilt dieses Recht zugleich als das auf die Rechtsfolge von Todes wegen anzuwendende gewählte Recht, also abweichend von Art. 21 EuErbVO als Erbstatut. Wann eine Verfügung „nach" dem betreffenden Recht getroffen wurde, wird nicht näher erläutert. Ausreichend dürfte sein, dass die Verfügung in Übereinstimmung mit der betreffenden Rechtsordnung, nach dieser also wirksam errichtet wurde.[111]

VII. Internationale Zuständigkeit nach der EuErbVO

81   Die Kollisionsregelungen der EuErbVO finden weitgehend ihre Entsprechung in den Zuständigkeitsvorschriften der Verordnung, um einen Gleichlauf zwischen anwendbarem Recht und Zuständigkeiten herbeizuführen. Für Entscheidungen in Erbsachen unter der EuErbVO sind die Gerichte des Mitgliedstaats international zuständig, in dem der Erblasser im Zeitpunkt seines Todes seinen gewöhnlichen Aufenthalt hatte (Art. 4 EuErbVO). Lag

---

[108] AA ohne weitere Begründung *Lehmann* DStR 2012, 2085: Rechtswahl wird unwirksam.
[109] So auch *Simon/Buschbaum* NJW 2012, 2393 (2398).
[110] *Hausmann/Odersky*, Internationales Privatrecht in der Notar- und Gestaltungspraxis, § 15 Rn. 157; allgemein für eine weite Auslegung *Lehmann* DStR 2012, 2085 (2088).
[111] *Nordmeier* GPR 2013, 148 (155); siehe auch *Lehmann* DStR 2012, 2085 (2088).

der gewöhnliche Aufenthalt nicht in einem Mitgliedstaat, so liegt nach Art. 10 Abs. 1 EuErbVO die Zuständigkeit in dem Mitgliedstaat, dessen Staatsangehörigkeit der Erblasser besaß bzw. in dem der Erblasser in den letzten 5 Jahren vor seinem Tod ggf. seinen (vorletzten) gewöhnlichen Aufenthalt hatte, hilfsweise nach Art. 10 Abs. 2 EuErbVO in dem Mitgliedstaat, in dem sich Nachlassgegenstände befinden, dann aber beschränkt auf diese Gegenstände. Hat der Erblasser das Recht seiner Staatsangehörigkeit als Erbstatut nach Art. 22 EuErbVO gewählt, so können die betroffenen Parteien nach dem Tod des Erblassers die Zuständigkeit eines Gericht oder der Gerichte dieses Mitgliedstaats vereinbaren (Art. 7 lit. b, 5 EuErbVO) oder deren Zuständigkeit anerkennen (Art. 7 lit. c EuErbVO), auch kann sich das eigentlich zuständige Gericht wegen der größeren Sachnähe der Gerichte im Land der Staatsangehörigkeit des Erblassers für unzuständig erklären (Art. 7 lit. a, 6 EuErbVO). Art. 9 EuErbVO sieht ferner für streitige Verfahren in den Fällen des Art. 7 eine Zuständigkeit aufgrund rügeloser Einlassung der nicht an der Gerichtsstandvereinbarung beteiligten Parteien vor. Daneben gibt es noch Subsidiäre Zuständigkeiten in Art. 10 EuErbVO und Notzuständigkeiten in Art. 11 EuErbVO.

VIII. Das internationale Erbrechtsverfahrensgesetz (IntErbRVG), Europäisches Nachlasszeugnis (ENZ)

Innerstaatlich ist ergänzend zur EuErbVO am 17.8.2015 das Gesetz zum Internationalen **82** Erbrecht und zur Änderung von Vorschriften zum Erbschein sowie zur Änderung sonstiger Vorschriften in Kraft getreten (BGBl. 2015 I 1042). Es enthält zum einen die zur Durchführung der EuErbVO erforderlichen Bestimmungen und zum anderen Änderungen der Vorschriften zum deutschen Erbschein, um diese an die Regelungen des Europäischen Nachlasszeugnisses anzupassen. Zur Umsetzung der verfahrensrechtlichen Aspekte der EuErbVO wurde ein eigenes Internationales Erbrechtsverfahrensgesetz (Int-ErbRVG) eingeführt. § 1 IntErbRVG stellt klar, dass die Vorschriften dieses Gesetzes nur im Rahmen der EuErbVO zur Anwendung kommen.

1. Örtliche Zuständigkeit für streitige Verfahren

Die EuErbVO regelt in Art. 4 ff. grundsätzlich nur die internationale Zuständigkeit für **83** Erbsachen. § 2 IntErbRVG fasst für bürgerliche streitige Entscheidungen die künftigen deutschen Vorschriften zur örtlichen Zuständigkeit zusammen. Für die sachliche Zuständigkeit gelten die allgemeinen Regeln.

Die (ausschließliche) örtliche Zuständigkeit ergibt sich teilweise logischerweise bereits aus der EuErbVO, insbesondere wenn die Parteien die Zuständigkeit eines bestimmten Gerichts vereinbaren (Art. 5 EuErbVO) oder anerkennen (Art. 7 EuErbVO) oder durch rügelose Einlassung die Zuständigkeit eines an sich unzuständigen Gerichts bewirken (Art. 9 EuErbVO). Dies wird in § 2 Abs. 1 – 3 IntErbRVG letztlich deklaratorisch festgestellt.

Im Übrigen werden in § 2 Abs. 4 und 5 IntErbRVG gegenüber den Regelungen der ZPO vorrangige spezialgesetzliche Bestimmungen getroffen. Hatte der Erblasser im Zeitpunkt seines Todes seinen gewöhnlichen Aufenthalt in Deutschland, ist nach § 2 Abs. 4 IntErbRVG das Gericht am gewöhnlichen Aufenthalt des Erblassers im Todeszeitpunkt zuständig, hilfsweise das Gericht am letzten gewöhnlichen Aufenthalt in Deutschland, hilfsweise das Amtsgericht Schöneberg. Ergänzend verweist § 2 Abs. 5 IntErbRVG auf die Regelungen der ZPO mit Ausnahme von §§ 27, 28 ZPO, die anders als die EuErbVO nicht auf den gewöhnlichen Aufenthalt sondern ggf. auf den Wohnsitz abstellen. Dabei handelt es sich nicht um ausschließliche Zuständigkeiten, der Kläger hat vielmehr ein Wahlrecht.

2. Das Europäische Nachlasszeugnis (ENZ)

84 Die EuErbVO führt in den Art. 62 ff. EuErbVO das Europäische Nachlasszeugnis (ENZ) als neues unionsrechtliches Rechtsinstitut ein. Zweck des Zeugnisses ist es, Erben, Vermächtnisnehmern mit unmittelbarer Berechtigung am Nachlass, Testamentsvollstreckern oder Nachlassverwaltern in einem anderen Mitgliedstaat den Beweis ihrer Rechtsstellung zu ermöglichen. Das ENZ soll grundsätzlich ohne weitere Akte die in Art. 69 EuErbVO genannten Wirkungen (Vermutungswirkung und Gutglaubensschutz) bei grenzüberschreitender Anwendung in anderen Mitgliedstaaten entfalten, seine Verwendung ist jedoch nicht verpflichtend und es verdrängt nach Art. 62 Abs. 3 EuErbVO innerstaatliche Erbnachweise nicht.

Die Mitgliedstaaten haben teils sehr unterschiedlich ausgestaltete amtliche Erbnachweise, die in anderen Ländern häufig nicht oder nur in einem zeit- und kostenintensiven Verfahren als ausländische Entscheidung anerkennt werden. Das ENZ als einheitliches Zeugnis, das sich nach einem standardisierten Formblatt (vgl. Art. 67 Abs. 1, 80 EuErbVO sowie die Durchführungsverordnung Nr. 1329/2014 der Kommission vom 9.12.2014)[112] richtet, soll hierfür Abhilfe schaffen und zur Erleichterung und Vereinheitlichung der Rechtsbeziehungen im gemeinsamen Europa beitragen. Ob es den erhofften Erfolg bringt, bleibt abzuwarten. Problematisch bleibt die vorrangige Anwendung von bilateralen Staatsverträgen der Mitgliedstaaten mit Drittstaaten (Art. 75 Abs. 1 EuErbVO),[113] die eine einheitliche Wirkung behindern kann, unterschiedliche Ergebnisse durch Anwendung des *ordre public* Vorbehalts (Art. 35 EuErbVO) in einzelnen Mitgliedstaaten, sowie die selbständige Anknüpfung von Vorfragen und Berücksichtigung angrenzender und teilweise noch nicht vereinheitlichter Statute (etwa des Güterrechtsstatuts).

85 Die deutschen verfahrensrechtlichen Regelungen finden sich künftig in §§ 33 – 44 IntErbRVG. Sie gelten nach § 33 IntErbRVG für Entscheidungen nach der EuErbVO über

– die Ausstellung (Art. 67 EuErbVO), Berichtigung (Art. 71 Abs. 1 EuErbVO), Änderung oder Widerruf eines ENZ (Art. 71 Abs. 2 EuErbVO),
– die Erteilung einer beglaubigten Abschrift des ENZ (Art. 70 Abs. 1 EuErbVO) oder deren Verlängerung (Art. 70 Abs. 3 S. 3 EuErbO),
– die Aussetzung der Wirkungen eines ENZ (Art. 73 EuErbVO).

a) Internationale Zuständigkeit

86 Für die international Zuständigkeit gelten über Art. 64 S. 1 EuErbVO die Art. 4, 7, 10, 11 EuErbVO (nicht Art. 9 EuErbVO – Zuständigkeit aufgrund rügeloser Einlassung).

b) Sachliche Zuständigkeit

87 Wer Ausstellungsbehörde ist, legt die Verordnung nicht fest, sondern überlässt es den Mitgliedstaaten, die Zuständigkeit entweder einem Gericht (Art. 64 S. 2 lit. a EuErbVO) oder einer sonstigen für Erbsachen zuständigen Behörde zuzuweisen (Art. 64 S. 2 lit. b EuErbVO), in Deutschland liegt die sachliche Zuständigkeit nach § 34 Abs. 3 IntErbRVG beim Amtsgericht als Nachlassgericht.

c) Örtliche Zuständigkeit

88 Die örtliche Zuständigkeit regelt § 34 Abs. 1 – 3 IntErbRVG. Die örtliche Zuständigkeit ergibt sich teilweise wieder logischerweise bereits aus der EuErbVO, wenn die Verfahrensparteien die Zuständigkeit eines bestimmten Gerichts vereinbaren (Art. 7 lit. b, 5 EuErbVO) oder anerkennen (Art. 7 lit. c EuErbVO). Eine rügelose Einlassung ist hier nicht

---

[112] Siehe hierzu *Dorsel/Schall* GPR 2015, 36; *Buschbaum/Simon* Rechtspfleger 2015, 444.
[113] Siehe hierzu etwa Dutta/Herrler/*Süß*, Die Europäische Erbrechtsverordnung, 2014, 180.

möglich, da Art. 64 nicht auf Art. 9 EuErbVO verweist. Unklar bleibt allerdings in der EuErbVO, wer im Rahmen des Verfahrens zur Erteilung eines ENZ die Verfahrensbeteiligten sind. Aus § 37 IntErbRVG ergibt sich hierzu, dass dies zunächst der/die Antragsteller sind, ggf. aber auch die Personen, die nach § 37 IntErbRVG zum Verfahren hinzugezogen werden können und im Einzelfall auch tatsächlich hinzugezogen wurden.[114] In den übrigen Fällen ist nach § 34 Abs. 3 IntErbRVG das Gericht am letzten gewöhnlichen Aufenthalt des Erblassers zuständig, hilfsweise das Gericht am letzten gewöhnlichen Aufenthalt in Deutschland, hilfsweise das Amtsgericht Schöneberg, das jedoch die Sache aus wichtigem Grund, etwa der Belegenheit von Nachlassgegenständen oder dem Aufenthalt von anzuhörenden Personen, an ein anderes Gericht verweisen kann.

d) Funktionale Zuständigkeit

Funktional zuständig zur Ausstellung, Berichtigung, Änderung oder Widerruf eines ENZ **89** ist grds. nach § 3 Nr. 2 lit. i RPflG der Rechtspfleger, nach § 16 Abs. 2 RPflG nF jedoch der Richter, wenn eine letztwillige Verfügung vorliegt oder ausländisches Recht zur Anwendung kommen kann. Der Richter kann jedoch auch in diesen Fällen die Entscheidung nach § 16 Abs. 3 S. 1 Nr. 2 RPflG dem Rechtspfleger übertragen.

e) Verfahren und Beteiligte

aa) Antrag. Das Nachlasszeugnis wird nach Art. 65 Abs. 1 EuErbVO auf Antrag erstellt. **90** Ein Formblatt für den Antrag (vgl. Art. 80 EuErbVO) findet sich in der Durchführungsverordnung Nr. 1329/2014 der Kommission vom 9.12.2014. Die Verwendung des Formblatts ist nach Art. 65 Abs. 2 EuErbVO nicht zwingend,[115] zumal der Inhalt des Antrags an dem (ggf. beschränkten) Zweck (vgl. Art. 63 Abs. 2 EuErbVO) und der Person (Erbe, Vermächtnisnehmer, Testamentsvollstrecker) zu orientieren ist, zu dem bzw. für den es ausgestellt werden soll, so dass häufig nicht alle im Formblatt aufgeführten Angaben erforderlich oder möglich sind. Dennoch ist es ratsam, den Antrag jedenfalls entsprechend dem Formblatt zu stellen, um keine der erforderlichen Angaben, die meist über den deutschen Erbscheinsantrag hinausgehen, zu vergessen. Antragsbefugt sind nach Art. 65 Abs. 1, 63 Abs. 1 EuErbVO Erben, Vermächtnisnehmer mit unmittelbarer Berechtigung am Nachlass sowie Testamentsvollstrecker oder Nachlassverwalter. Der Antragsteller hat nach Art. 66 Abs. 3 EuErbVO iVm. § 36 Abs. 2 IntErbRVG seine Angaben an Eides statt vor Gericht oder einem Notar zu versichern, sofern das Gericht die eidesstattliche Versicherung mangels Erforderlichkeit nicht erlässt.

bb) Verfahren. Nach § 35 Abs. 1 IntErbRVG gelten, soweit sich aus der EuErbVO nichts **91** anderes ergibt für das Verfahren zur Ausstellung des ENZ die Vorschriften des FamFG. Ergänzend legt § 37 IntErbRVG die Beteiligten des Verfahrens fest, darunter fallen demgemäß nicht nur der/die Antragsteller, sondern ggf. auch die gesetzlichen Erben, die gewillkürten Erben, die bei Unwirksamkeit einer letztwilligen Verfügung Begünstigten, Vermächtnisnehmer mit unmittelbarere Berechtigung am Nachlass, Testamentsvollstrecker oder Nachlassverwalter sowie alle sonstigen Personen mit einem berechtigten Interesse. Die neben dem/den Antragsteller(n) genannten Personen sind jedoch nicht automatisch beteiligt, sondern *können* hinzugezogen werden.

cc) Entscheidung. Für eine stattgebende Entscheidung ist kein gerichtlicher Beschluss **92** nötig, vielmehr ergeht die Entscheidung nach § 39 Abs. 1 IntErbRVG durch Ausstellung der Urschrift bzw. Erteilung der beglaubigten Abschrift an den Antragsteller. Dabei ist (anders als beim Antrag) zwingend das Formblatt gemäß der Durchführungsverordnung

---

[114] Weiter *Odersky* Notar 2015, 183 (186): alle in § 37 IntErbRVG genannten, soweit sie nicht nur einen Anspruch gegen den Erben haben; siehe auch MüKoBGB/*Dutta* EuErbVO Art. 5 Rn. 8: alle Personen, die vom Gericht zu beteiligen wären unabhängig davon, ob sie tatsächlich beteiligt wurden.

[115] AA jedoch nun OLG Köln, ZEV 2018, 340, das die Frage dem EuGH vorgelegt hat.

Nr. 1329/2014 der Kommission vom 9.12.2014 zu verwenden (§ 39 Abs. 2 IntErbRVG). Im Übrigen – insbesondere bei ablehnenden Entscheidungen – entscheidet das Gericht durch Beschluss.

93 dd) Wirksamwerden, Bekanntgabe. Die Bekanntgabe der sattgebenden Entscheidung erfolgt nach § 40 IntErbRVG durch Übersendung einer beglaubigten Abschrift des ENZ an den Antragsteller, an andere Beteiligte (§ 37 IntErbRVG) wird eine einfache Abschrift versandt. Die EuErbVO kennt – wie viele ausländische Staaten – keine Ausfertigung, deshalb wird einheitlich (vgl. Art. 70 Abs. 1 EuErbVO) der Begriff der beglaubigten Abschrift verwendet. Für die deutsche Rechtspraxis ist darunter eine Ausfertigung zu verstehen, so die Gesetzesbegründung zu § 33 IntErbRVG. Die Entscheidung wird nach § 41 IntErbRVG bereits wirksam, wenn sie der Geschäftsstelle zum Zwecke der Bekanntgabe übergeben wird.

f) Gültigkeitsdauer

94 Die Gültigkeit der beglaubigten Abschrift des ENZ ist gemäß Art. 70 Abs. 3 S. 1 EuErbVO grds. auf 6 Monate ab Erteilung beschränkt. Unter Erteilung ist dabei das Wirksamwerden (Übergabe an die Geschäftstelle) nach § 41 IntErbRVG und nicht erst die Bekanntgabe nach § 40 IntErbRVG zu verstehen sein, da sonst die Gültigkeitsdauer nicht von vornherein vermerkt werden könnte. Nur in begründeten Ausnahmefällen kann die Ausstellungsbehörde nach Art. 70 Abs. 3 S. 1 EuErbVO eine längere Gültigkeitsdauer anordnen. Danach ist eine Neuausstellung oder Verlängerung nach Art. 70 Abs. 3 S. 3 EuErbVO möglich und nötig. Das Ablaufdatum wird auf der beglaubigten Abschrift vermerkt (Art. 70 Abs. 3 S. 1 EuErbVO, § 41 S. 2 IntErbRVG) für die Fristberechnung gilt § 42 IntErbRVG.

g) Änderung oder Widerruf des ENZ, Aussetzung der Wirkungen

95 Nach Art. 71 Abs. 2 EuErbVO, § 38 IntErbRVG wird ein unrichtiges ENZ auf Antrag oder von Amts wegen geändert oder widerrufen. Eine Einziehung oder Kraftloserklärung wie beim deutschen Erbschein ist daneben nicht möglich. Zulässig ist neben dem Widerruf nach Art. 73 EuErbVO eine Aussetzung der Wirkungen des ENZ bis zur Änderung oder dem Widerruf des ENZ sowie während der Anhängigkeit eines Rechtsbehelfs nach Art. 72 EuErbVO.

h) Rechtsbehelfe

96 Nach Art. 72 Abs. 1 S. 1 EuErbVO können die Entscheidungen der Ausstellungsbehörde (mit Ausnahme der Entscheidungen über die Ausstellung einer beglaubigten Abschrift oder der Verlängerung der Gültigkeitsdauer der beglaubigten Abschrift, die nicht beschwerdefähig sind) angefochten werden. Nach § 43 Abs. 1 IntErbRVG steht hierzu in Deutschland die Beschwerde zum OLG zur Verfügung, die Beschwerdeberechtigung ergibt sich aus § 43 Abs. 2 IntErbRVG, die Beschwerdefrist beträgt nach § 43 Abs. 3 IntErbRVG einen Monat, wenn der Beschwerdeführer seinen gewöhnlichen Aufenthalt in Deutschland hat, sonst 2 Monate, jeweils gerechnet ab Bekanntgabe der Entscheidung. Gegen die Entscheidung des Beschwerdegerichts ist nach § 44 IntErbRVG die Rechtsbeschwerde zum BGH möglich, wenn sie durch das Beschwerdegericht zugelassen wurde, die Zulassungsgründe ergeben sich aus § 70 Abs. 2 FamFG.

i) Gleichstellung des ENZ mit Erbschein für den Grundbuchverkehr

97 Für den Grundbuchverkehr wird in § 35 Abs. 1 und 2 GBO das ENZ für Erben, Testamentsvollstrecker und Nachlassverwalter dem deutschen Erbschein gleichgestellt, wie es Art. 69 Abs. 5 EuErbVO verlangt. Nach der Entscheidung des EuGH in der Rechtssache Kubicka[116]

---

[116] Siehe oben → Rn. 11.

wird das ENZ auch Eintragungsgrundlage für einen Vermächtnisnehmer, der mit einem Vindikationslegat bedacht ist, Verwendung finden können und müssen, wobei allerdings im ENZ der betreffende Grundbesitz grundbuchtauglich bestimmt sein muss.

j) Internationale Zuständigkeit zur Erbscheinserteilung, Verhältnis zum ENZ

Das ENZ verdrängt nach Art. 62 Abs. 3 EuErbVO den Erbschein als inländisches Nach- **98** lasszeugnis nicht, so dass statt oder neben dem ENZ bei Vorliegen der Voraussetzungen auch noch ein Erbschein beantragt und ausgestellt werden kann, ein Rangverhältnis gibt es nicht. Bis zum deutschen Umsetzungsgesetz war zunächst allerdings fraglich und streitig, ob bei einem Fall mit Auslandsberührung die internationale Zuständigkeit deutscher Gerichte – auch für die Erteilung eines deutschen Erbscheins – ausschließlich nach Art. 4 ff. EuErb-VO zu bestimmen ist, mit der Folge, dass ein deutscher Erbschein in der Regel nur mehr ausgestellt werden könnte, wenn der Erblasser mit letztem gewöhnlichem Aufenthalt in Deutschland verstorben wäre, für einen Fremdrechtserbschein wäre dann praktisch kaum mehr Platz. Das Umsetzungsgesetz ging diesen Weg zu Recht nicht. Es stellte klar, dass für die internationale Zuständigkeit zur Ausstellung eines deutschen Erbscheins weiterhin §§ 105, 343 FamFG gelten, so dass die internationale der örtlichen Zuständigkeit folgt.[117] Da dies aber nicht unumstritten war, hat das KG, das der gleichen Auffassung war, diese Frage mit Beschluss vom 10.1.2017[118] dem EuGH vorgelegt. Die Ausstellung eines deutschen Nachlasszeugnisses kann etwa wegen der größeren Sachnähe oder der unbeschränkten Geltungsdauer durchaus interessant sein. Der EuGH hat jedoch – vor allem auch um der Gefahr sich widersprechender Erbnachweise vorzubeugen – entschieden, dass für die Erteilung von Nachlasszeugnissen ausschließlich die in Art. 4 ff. EuErbVO bestimmten Gerichte zuständig sind, für eine Zuständigkeit nach § 105 FamFG bleibt daneben kein Raum.[119] Klargestellt sei, dass das anwendbare und im Erbschein auszuweisende Erbrecht selbstverständlich nach der EuErbVO zu bestimmen ist.

k) Sich widersprechende Erbnachweise

Probleme gibt dies, wenn es durch das mögliche Nebeneinander von Erbschein und ENZ zu **99** sich widersprechenden Erbnachweisen kommt, was etwa wegen der Vorrangigkeit von Staatsverträgen, unterschiedlicher Anknüpfung von Vorfragen oder bei unterschiedlicher Rechtsanwendung, etwa unterschiedlicher Auslegung des Begriffs des gewöhnlichen Aufenthalts durchaus der Fall sein kann. Verstirbt etwa ein türkischer Staatsangehöriger mit letztem gewöhnlichen Aufenthalt in Frankreich und unter Hinterlassung von Grundbesitz in Deutschland, so ist zur Ausstellung eines ENZ nach Art. 4 EuErbVO ein französischer Notar zuständig, dieser wird wegen Art. 21 EuErbVO im ENZ französisches Erbrecht anwenden. Daneben kann bzgl. des in Deutschland belegenen Grundbesitzes jedoch nach § 352c FamFG n. F. (vormals § 2369 BGB) ein deutscher Erbschein ausgestellt werden, international und örtlich zuständig hierfür wäre nach §§ 343 Abs. 3, 105 FamFG nF. das Amtsgericht Schöneberg, das wegen Art. 75 Abs. 2 EuErbVO den Deutsch-Türkischen Konsularvertrag vom 28.5.1929 anwenden und für die Immobilie in Deutschland deutsches Erbrecht zugrunde legen wird. Da beide Nachlasszeugnisse gleichwertig sind und ein Rangverhältnis nicht gegeben ist, dürften in derartigen Fällen für beide Zeugnisse die Vermutungswirkungen und der Gutglaubensschutz entfallen. Die Frage ist dann im streitigen Verfahren zu klären, für die Zuständigkeit gelten dabei Art. 4 ff. EuErbVO, § 2 IntErbRVG.[120]

---

[117] So auch *Hausmann/Odersky*, Internationales Privatrecht in der Notar- und Gestaltungspraxis, § 15 Rn. 379 mwN.

[118] KG DNotZ 2017, 471.

[119] EuGH, Urt. v. 21.6.2018 – C 20/17, ZEV 2018, 465 mAnm *Zimmermann*.

[120] *Buschbaum/Simon* ZEV 2012, 525 (528); *Buschbaum*, GS Hübner, 2012, 589 (598); *Odersky* Notar 2015, 183 (187); *Palandt/Weidlich* § 2353 Rn. 21; *Wall* ZErb 2015, 9 (16); siehe auch *Wilsch* ZEV 2012, 530 (532).

100 | **Anhang 5**
Formblatt V

Europäisches Nachlasszeugnis

(Artikel 67 der Verordnung (EU) Nr. 650/2012 des Europäischen Parlaments und des Rates über die Zuständigkeit, das anzuwendende Recht, die Anerkennung und Vollstreckung von Entscheidungen und die Annahme und Vollstreckung öffentlicher Urkunden in Erbsachen sowie zur Einführung eines Europäischen Nachlasszeugnisses[1]))

Das Original dieses Zeugnisses bleibt in Händen der Ausstellungsbehörde
Beglaubigte Abschriften dieses Zeugnisses sind bis zu dem im entsprechenden Feld
angegebenen Datum am Ende dieses Formblatts gültig

Dem Nachlasszeugnis beigefügte Anlagen[*])

☐ Anlage I – Angaben zum/zu den Antragsteller(n) (OBLIGATORISCH, falls es sich um (eine) juristische Person(en) handelt)

☐ Anlage II – Angaben zum/zu den Vertreter(n) des/der Antragsteller(s) (OBLIGATORISCH, falls der/die Antragsteller vertreten wird/werden)

☐ Anlage III – Angaben zum ehelichen Güterstand oder zu einem anderen gleichwertigen Güterstand des Erblassers (OBLIGATORISCH, falls für den Erblasser zum Zeitpunkt seines Todes ein solcher Güterstand galt)

☐ Anlage IV – Stellung und Rechte des/der Erben (OBLIGATORISCH, falls diese durch das Zeugnis bestätigt werden sollen)

☐ Anlage V – Stellung und Rechte des/der Vermächtnisnehmer(s) mit unmittelbarer Berechtigung am Nachlass (OBLIGATORISCH, falls diese durch das Zeugnis bestätigt werden sollen)

☐ Anlage VI – Befugnis zur Testamentsvollstreckung oder Nachlassverwaltung (OBLIGATORISCH, falls diese durch das Zeugnis bestätigt werden soll)

☐ Keine Anlage beigefügt

1. Mitgliedstaat der Ausstellungsbehörde[*])

☐ Belgien ☐ Bulgarien ☐ Tschechische Republik ☐ Deutschland ☐ Estland ☐ Griechenland ☐ Spanien ☐ Frankreich ☐ Kroatien ☐ Italien ☐ Lettland ☐ Litauen ☐ Luxemburg ☐ Ungarn ☐ Malta ☐ Niederlande ☐ Österreich ☐ Polen ☐ Portugal ☐ Rumänien ☐ Slowenien ☐ Slowakei ☐ Finnland ☐ Schweden

2. Ausstellungsbehörde

2.1. Name und Bezeichnung der Behörde[*]):...............

2.2. Anschrift

2.2.1. Straße und Hausnummer/Postfach[*]):...............

....

....

2.2.2. Ort und Postleitzahl[*]):...............

2.3. Telefon:...............

2.4. Fax...............

2.5. E-Mail:...............

3. Angaben zur Akte

3.1. Aktenzeichen[*]):...............

3.2. Datum (TT. MM.JJJJ) des Zeugnisses[*]):...............

4. Zuständigkeit der Ausstellungsbehörde (Artikel 64 der Verordnung (EU) Nr. 650/2012)

4.1. Die Ausstellungsbehörde befindet sich in dem Mitgliedstaat, dessen Gerichte für die Entscheidung über die Erbsache zuständig sind gemäß[*])

☐ Artikel 4 der Verordnung (EU) Nr. 650/2012 (Allgemeine Zuständigkeit)

☐ Artikel 7 Buchstabe a der Verordnung (EU) Nr. 650/2012 (Zuständigkeit bei Rechtswahl)

▫ Artikel 7 Buchstabe b der Verordnung (EU) Nr. 650/2012 (Zuständigkeit bei Rechtswahl)

▫ Artikel 7 Buchstabe c der Verordnung (EU) Nr. 650/2012 (Zuständigkeit bei Rechtswahl)

▫ Artikel 10 der Verordnung (EU) Nr. 650/2012 (Subsidiäre Zuständigkeit)

▫ Artikel 11 der Verordnung (EU) Nr. 650/2012 (Notzuständigkeit – *forum necessitatis*)

4.2. Zusätzliche Umstände, aus denen die Ausstellungsbehörde ihre Zuständigkeit für die Ausstellung des Zeugnisses herleitet[2]:..............

....

....

....

....

....

5. Angaben zum Antragsteller (natürliche Person[3])

5.1. Name und Vorname(n)[*]:..............

....

5.2. Geburtsname (falls abweichend von 5.1):..............

5.3. Geschlecht[*]

5.3.1. ▫ M

5.3.2. ▫ F

5.4. Geburtsdatum (TT. MM.JJJJ) und -ort (Stadt/Land (ISO-Code))[*]:..............

....

5.5. Familienstand[*]

5.5.1. ▫ Ledig

5.5.2. ▫ Verheiratet

5.5.3. ▫ Eingetragener Partner

5.5.4. ▫ Geschieden

5.5.5. ▫ Verwitwet

5.5.6. ▫ Sonstiges (bitte angeben):..............

5.6. Staatsangehörigkeit[*]

▫ Belgien ▫ Bulgarien ▫ Tschechische Republik ▫ Deutschland ▫ Estland ▫ Griechenland ▫ Spanien ▫ Frankreich ▫ Kroatien ▫ Italien ▫ Zypern ▫ Lettland ▫ Litauen ▫ Luxemburg ▫ Ungarn ▫ Malta ▫ Niederlande ▫ Österreich ▫ Polen ▫ Portugal ▫ Rumänien ▫ Slowenien ▫ Slowakei ▫ Finnland ▫ Schweden

▫ Sonstige (bitte ISO-Code angeben):..............

5.7. Identifikationsnummer[4]

5.7.1. Nationale Identitätsnummer:..............

5.7.2. Sozialversicherungsnummer:..............

5.7.3. Steuernummer:..............

5.7.4. Sonstige (bitte angeben):..............

5.8. Anschrift

5.8.1. Straße und Hausnummer/Postfach[*]:..............

....

5.8.2. Ort und Postleitzahl[*]:..............

....

5.8.3. Land[*]

▫ Belgien ▫ Bulgarien ▫ Tschechische Republik ▫ Deutschland ▫ Estland ▫ Griechenland ▫ Spanien ▫ Frankreich ▫ Kroatien ▫ Italien ▫ Zypern ▫ Lettland ▫ Litauen ▫ Luxemburg ▫ Ungarn ▫ Malta ▫ Niederlande ▫ Österreich ▫ Polen ▫ Portugal ▫ Rumänien ▫ Slowenien ▫ Slowakei ▫ Finnland ▫ Schweden

▫ Sonstige (bitte ISO-Code angeben):..............

5.9. Telefon:..............

5.10. Fax..............

5.11. E-Mail:...............
5.12. Verhältnis zum Erblasser
□ Sohn □ Tochter □ Vater □ Mutter □ Enkel □ Enkelin □ Großvater □ Großmutter □ Ehegatte □ Eingetragener Partner □ *De-facto*-Partner[5] □ Bruder □ Schwester □ Neffe □ Nichte □ Onkel □ Tante □ Cousin/Cousine □ Sonstiges (bitte angeben):...............

6. Angaben zum Erblasser
6.1. Name und Vorname(n)[*]:...............
....
....
6.2. Geburtsname (falls abweichend von 6.1):...............
6.3. Geschlecht[*]
6.3.1. □ M
6.3.2. □ F
6.4. Geburtsdatum (TT. MM.JJJJ) und -ort (Stadt/Land (ISO-Code))[*]:...............
....
6.5. Familienstand zum Zeitpunkt des Todes[*]
6.5.1. □ Ledig
6.5.2. □ Verheiratet
6.5.3. □ Eingetragener Partner
6.5.4. □ Geschieden
6.5.5. □ Verwitwet
6.5.6. □ Sonstiges (bitte angeben):...............
6.6. Staatsangehörigkeit[*]
□ Belgien □ Bulgarien □ Tschechische Republik □ Deutschland □ Estland □ Griechenland □ Spanien □ Frankreich □ Kroatien □ Italien □ Zypern □ Lettland □ Litauen □ Luxemburg □ Ungarn □ Malta □ Niederlande □ Österreich □ Polen □ Portugal □ Rumänien □ Slowenien □ Slowakei □ Finnland □ Schweden
□ Sonstige (bitte ISO-Code angeben):...............
6.7. Identifikationsnummer[4]
6.7.1. Nationale Identitätsnummer:...............
6.7.2. Sozialversicherungsnummer:...............
6.7.3. Steuernummer:...............
6.7.4. Nummer der Geburtsurkunde:...............
6.7.5. Sonstige (bitte angeben):...............
6.8. Anschrift zum Zeitpunkt des Todes
6.8.1. Straße und Hausnummer/Postfach[*]:...............
....
....
6.8.2. Ort und Postleitzahl[*]:...............
6.8.3. Land[*]
□ Belgien □ Bulgarien □ Tschechische Republik □ Deutschland □ Estland □ Griechenland □ Spanien □ Frankreich □ Kroatien □ Italien □ Zypern □ Lettland □ Litauen □ Luxemburg □ Ungarn □ Malta □ Niederlande □ Österreich □ Polen □ Portugal □ Rumänien □ Slowenien □ Slowakei □ Finnland □ Schweden
□ Sonstige (bitte ISO-Code angeben):...............
6.9. Datum (TT. MM.JJJJ) und Ort des Todes[*]: ....
....
....
6.9.1. Nummer, Datum und Ort der Ausstellung der Sterbeurkunde:...............
....

7. Gewillkürte/gesetzliche Erbfolge
7.1. Für die Rechtsnachfolge von Todes wegen gilt[*]:
7.1.1. □ die gewillkürte Erbfolge

7.1.2. ▢ die gesetzliche Erbfolge

7.1.3. ▢ zum Teil die gewillkürte und zum Teil die gesetzliche Erbfolge

7.2. Im Fall einer gewillkürten oder teilweise gewillkürten Erbfolge stützt sich das Zeugnis auf die folgende(n) gültige(n) Verfügung(en) von Todes wegen[6]

7.2.1. Art: ▢ Testament ▢ Gemeinschaftliches Testament ▢ Erbvertrag

7.2.2. Datum (TT. MM. JJJJ) der Errichtung der letztwilligen Verfügung[*]:...............

7.2.3. Ort der Errichtung (Stadt/Land (ISO-Code)):...............

7.2.4. Name und Bezeichnung der Behörde, vor der die letztwillige Verfügung errichtet wurde:...............

....

....

7.2.5. Datum (TT. MM. JJJJ) der Eintragung oder Hinterlegung der letztwilligen Verfügung:

....

7.2.6. Bezeichnung des Registers oder der Verwahrstelle[*]:...............

....

7.2.7. Aktenzeichen der letztwilligen Verfügung im Register oder bei der Verwahrstelle:

....

7.2.8. Sonstiges Aktenzeichen:...............

7.3. Nach Kenntnis der Ausstellungsbehörde hat der Erblasser folgende weitere Verfügungen von Todes wegen errichtet, die widerrufen oder für nichtig erklärt wurden[6]

7.3.1. Art: ▢ Testament ▢ Gemeinschaftliches Testament ▢ Erbvertrag

7.3.2. Datum (TT. MM. JJJJ) der Errichtung der letztwilligen Verfügung[*]:...............

7.3.3. Ort der Errichtung (Stadt/Land (ISO-Code)):...............

7.3.4. Name und Bezeichnung der Behörde, vor der die letztwillige Verfügung errichtet wurde:...............

....

....

7.3.5. Datum (TT. MM. JJJJ) der Eintragung oder Hinterlegung der letztwilligen Verfügung:

....

7.3.6. Bezeichnung des Registers oder der Verwahrstelle:...............

....

7.3.7. Aktenzeichen der letztwilligen Verfügung im Register oder bei der Verwahrstelle:

....

7.3.8. Sonstiges Aktenze[*]...............

7.4. Sonstige relevante Angaben zu Artikel 68 Buchstabe j der Verordnung (EU) Nr. 605/2012 (bitte ausführen):...............

....

....

....

....

....

8. Auf die Rechtsnachfolge von Todes wegen anzuwendendes Recht

8.1. Auf die Rechtsnachfolge von Todes wegen ist das Recht des folgenden Staates anzuwenden[*]

▢ Belgien ▢ Bulgarien ▢ Tschechische Republik ▢ Deutschland ▢ Estland ▢ Griechenland ▢ Spanien ▢ Frankreich ▢ Kroatien ▢ Italien ▢ Zypern ▢ Lettland ▢ Litauen ▢ Luxemburg ▢ Ungarn ▢ Malta ▢ Niederlande ▢ Österreich ▢ Polen ▢ Portugal ▢ Rumänien ▢ Slowenien ▢ Slowakei ▢ Finnland ▢ Schweden

▢ Sonstiges (bitte ISO-Code angeben):...............

8.2. Das anzuwendende Recht wurde auf der Grundlage folgender Umstände bestimmt[*]

8.2.1. ▢ Zum Zeitpunkt seines Todes hatte der Erblasser seinen gewöhnlichen Aufenthalt in diesem Staat (Artikel 21 Absatz 1 der Verordnung (EU) Nr. 650/2012).

8.2.2. □ Der Erblasser hatte das Recht des Staates gewählt, dessen Staatsangehörigkeit er besaß (Artikel 22 Absatz 1 der Verordnung (EU) Nr. 650/2012) (siehe 7.2).

8.2.3. □ Der Erblasser hatte eine offensichtlich engere Verbindung zu diesem Staat als zu dem Staat seines gewöhnlichen Aufenthalts (Artikel 21 Absatz 2 der Verordnung (EU) Nr. 650/2012). Bitte ausführen:...............

....
....
....
....
....
....

8.2.4. □ Das nach Artikel 21 Absatz 1 der Verordnung (EU) Nr. 650/2012 anzuwendende Recht verweist auf das Recht dieses Staates (Artikel 34 Absatz 1 der Verordnung (EU) Nr. 650/2012). Bitte ausführen:...............

....
....
....
....
....

8.3. □ Anzuwendendes Recht ist das Recht eines Staates mit mehr als einem Rechtssystem (Artikel 36 und 37 der Verordnung (EU) Nr. 650/2012). Es gelten folgende Rechtsvorschriften (geben Sie bitte gegebenenfalls die Gebietseinheit an): ....

....

8.4. □ Es gelten besondere Regelungen mit Beschränkungen, die die Rechtsnachfolge von Todes wegen in Bezug auf bestimmte Vermögenswerte des Erblassers betreffen oder Auswirkungen auf sie haben (Artikel 30 der Verordnung (EU) Nr. 650/2012). Geben Sie bitte die betreffenden Regelungen und Vermögenswerte an):...............

....
....
....
....

Die Behörde bestätigt, dass sie alle erforderlichen Schritte unternommen hat, um die Berechtigten von der Beantragung eines Zeugnisses zu unterrichten, und dass zum Zeitpunkt der Erstellung des Zeugnisses keine der darin enthaltenen Angaben von den Berechtigten bestritten worden ist.
Die nachstehenden Punkte wurden nicht ausgefüllt, weil sie für den Zweck, für den das Zeugnis ausgestellt wurde, nicht als relevant angesehen wurden*):...............
....
....
Gesamtzahl der Seiten, falls weitere Blätter beigefügt wurden*):...............
....
Ort*) .... Datum*) ....
(TT. MM.JJJJ)
Unterschrift und/oder Stempel der Ausstellungsbehörde*):...............
....
BEGLAUBIGTE ABSCHRIFT
Diese beglaubigte Abschrift des Europäischen Nachlasszeugnisses wurde ausgestellt für*):...............
....
....

(Name des/der Antragsteller(s) oder der Person(en), die ein berechtigtes Interesse nach-
gewiesen hat/haben (Artikel 70 der Verordnung (EU) Nr. 650/2012))
Gültig bis*) ....
(TT. MM.JJJJ)
Ausstellungsdatum*):...............
(TT. MM.JJJJ)
Unterschrift und/oder Stempel der Ausstellungsbehörde*):...............
....

Formblatt V – Anlage I
Angaben zum/zu den Antragsteller(n) (juristische Person(en)[7])
1. Name der Organisation*):...............
....
....
2. Eintragung der Organisation*)
2.1. Registriernummer[4]:...............
....
....
2.2. Bezeichnung des Registers/der Registerbehörde*):...............
....
2.3. Bezeichnung des Registers/der Registerbehörde*):...............
....
3. Anschrift der Organisation
3.1. Straße und Hausnummer/Postfach*):...............
....
....
3.2. Ort und Postleitzahl*)
3.3. Land*)
□ Belgien □ Bulgarien □ Tschechische Republik □ Deutschland □ Estland □ Griechenland □
Spanien □ Frankreich □ Kroatien □ Italien □ Zypern □ Lettland □ Litauen □ Luxemburg □
Ungarn □ Malta □ Niederlande □ Österreich □ Polen □ Portugal □ Rumänien □ Slowenien
□ Slowakei □ Finnland □ Schweden
□ Sonstiges (bitte ISO-Code angeben):...............
4. Telefon*):...............
5. Fax...............
6. E-Mail:...............
7. Name und Vorname(n) der für die Organisation zeichnungsberechtigten Person*):
....
....
....
8. Sonstige relevante Informationen (bitte ausführen):...............
....
....

Formblatt V – Anlage II
Angaben zum/zu den Vertreter(n) des/der Antragsteller(s)[8]
1. Name und Vorname(n) oder Name der Organisation*):...............
....
2. Eintragung der Organisation
2.1. Registriernummer:...............
2.2. Bezeichnung des Registers/der Registerbehörde*):...............
2.3. Datum (TT. MM.JJJJ) und Ort der Eintragung*):...............
3. Anschrift
3.1. Straße und Hausnummer/Postfach*):...............

....
....
3.2. Ort und Postleitzahl*):
3.3. Land*)
□ Belgien □ Bulgarien □ Tschechische Republik □ Deutschland □ Estland □ Griechenland □ Spanien □ Frankreich □ Kroatien □ Italien □ Zypern □ Lettland □ Litauen □ Luxemburg □ Ungarn □ Malta □ Niederlande □ Österreich □ Polen □ Portugal □ Rumänien □ Slowenien □ Slowakei □ Finnland □ Schweden
□ Sonstiges (bitte ISO-Code angeben):..............
4. Telefon:..............
5. Fax..............
6. E-Mail:..............
7. Vertretungsmacht aufgrund der Eigenschaft als*):..............
□ Vormund □ Elternteil □ Für eine juristische Person zeichnungsberechtigte Person □ Bevollmächtigte Person
□ Sonstiges (bitte ausführen):..............

Formblatt V – Anlage III
Angaben zum ehelichen Güterstand oder zu einem anderen gleichwertigen Güterstand des Erblassers[9)]

1. Name und Vorname(n) des (ehemaligen) Ehegatten oder (ehemaligen) Lebenspartners*):..............
....
2. Geburtsname des (ehemaligen) Ehegatten oder (ehemaligen) Lebenspartners (falls abweichend von 1.):..............
....
....
3. Datum und Ort der Eheschließung oder der Begründung eines anderen Verhältnisses, das mit der Ehe vergleichbare Wirkungen entfaltet:..............
....
4. Hatte der Erblasser mit der unter 1. genannten Person einen Ehevertrag geschlossen?
4.1. □ Ja
4.1.1. Datum (TT. MM.JJJJ) des Ehevertrags*):..............
4.2. □ Nein
5. Hatte der Erblasser mit der unter 1. genannten Person im Rahmen eines Verhältnisses, das mit der Ehe vergleichbare Wirkungen entfaltet, einen güterrechtlichen Vertrag geschlossen?
5.1. □ Ja
5.1.1. Datum (TT. MM.JJJJ) des Vertrags:..............
5.2. □ Nein
6. Für den Güterstand galt das Recht des folgenden Staates*):
□ Belgien □ Bulgarien □ Tschechische Republik □ Deutschland □ Estland □ Griechenland □ Spanien □ Frankreich □ Kroatien □ Italien □ Zypern □ Lettland □ Litauen □ Luxemburg □ Ungarn □ Malta □ Niederlande □ Österreich □ Polen □ Portugal □ Rumänien □ Slowenien □ Slowakei □ Finnland □ Schweden
□ Sonstiges (bitte ISO-Code angeben):..............
6.1. Dieses Recht basierte auf einer Rechtswahl*):
6.1.1. □ Ja
6.1.2. □ Nein
6.2. Hat der Staat, dessen Recht maßgebend war, mehr als ein Rechtssystem, geben Sie bitte die Gebietseinheit an:..............
7. Es galt folgender Güterstand:
7.1. □ Gütertrennung
7.2. □ Allgemeine Gütergemeinschaft

7.3. □ Gütergemeinschaft
7.4. □ Zugewinngemeinschaft
7.5. □ Aufgeschobene Gütergemeinschaft
7.6. □ Sonstiges (bitte ausführen):...............
8. Geben Sie bitte die Bezeichnung des Güterstands in der Originalsprache an und die diesbezüglichen Rechtsvorschriften[10]:
....
....
....
9. Der zwischen dem Erblasser und der unter 1. genannten Person bestehende eheliche oder andere gleichwertige Güterstand wurde aufgelöst und auseinandergesetzt:
9.1. □ Ja
9.2. □ Nein

Formblatt V – Anlage IV
Stellung und Rechte des/der Erben[11]

1. Ist der Erbe der Antragsteller?*)
1.1. □*) Ja
1.1.1. □ Angegeben unter Punkt 5 des Zeugnisformblatts (geben Sie gegebenenfalls an, um welchen Antragsteller es sich handelt):
....
....
1.1.2. □*) Angegeben in Anlage I (geben Sie gegebenenfalls an. um welchen Antragsteller es sich handelt):
....
....
1.2. □ Nein
1.2.1. Name und Vorname(n) oder Name der Organisation*):...............
....
1.2.2. Geburtsname (falls abweichend von 1.2.1):...............
1.2.3. Identifikationsnummer[4]
1.2.3.1. Nationale Identitätsnummer:...............
1.2.3.2. Sozialversicherungsnummer:...............
1.2.3.3. Steuernummer:...............
1.2.3.4. Registriernummer:...............
1.2.3.5. Sonstige (bitte angeben):...............
1.2.4. Anschrift
1.2.4.1. Straße und Hausnummer/Postfach:...............
....
....
1.2.4.2. Ort und Postleitzahl:...............
1.2.4.3. Land
□ Belgien □ Bulgarien □ Tschechische Republik □ Deutschland □ Estland □ Griechenland □ Spanien □ Frankreich □ Kroatien □ Italien □ Zypern □ Lettland □ Litauen □ Luxemburg □ Ungarn □ Malta □ Niederlande □ Österreich □ Polen □ Portugal □ Rumänien □ Slowenien □ Slowakei □ Finnland □ Schweden
□ Sonstiges (bitte ISO-Code angeben):...............
1.2.5. Telefon:...............
1.2.6. Fax...............
1.2.7. E-Mail:...............
1.2.8. Geburtsdatum (TT.MM.JJJJ) und -ort – bzw. bei einer Organisation – Datum (TT.MM.JJJJ) und Ort der Eintragung sowie Bezeichnung des Registers/der Registerbehörde: ....
....

2. Der Erbe hat die Erbschaft angenommen.

2.1. ☐ Ja, ohne Vorbehalt

2.2. ☐ Ja, unter dem Vorbehalt der Inventarerrichtung (bitte führen Sie aus, welche Wirkungen damit verbunden sind):...............

....

....

2.3. ☐ Ja, mit anderen Vorbehalten (bitte führen Sie aus, welche Wirkungen damit verbunden sind):...............

....

....

2.4. ☐ Eine Annahme ist nach dem auf die Rechtsnachfolge von Todes wegen anzuwendenden Recht nicht erforderlich

3. Die Erbenstellung ergibt sich aus[12)*)]:

3.1. ☐ einer Verfügung von Todes wegen

3.2. ☐ der gesetzlichen Erbfolge

4. ☐ Der Erbe hat die Erbschaft ausgeschlagen.

5. ☐ Der Erbe hat einen Pflichtteil akzeptiert.

6. ☐ Der Erbe hat auf seinen Pflichtteil verzichtet.

7. ☐ Der Erbe wurde von der Erbschaft ausgeschlossen:

7.1. ☐ durch Verfügung von Todes wegen

7.2. ☐ aufgrund der gesetzlichen Erbfolge

7.3. ☐ durch gerichtliche Entscheidung

8. Der Erbe hat Anspruch auf folgenden Teil des Nachlasses (bitte angeben):...............

....

....

9. Dem Erben zugewiesene(r) Vermögenswert(e), für den/die eine Bescheinigung beantragt wurde (geben Sie bitte die betreffenden Werte und alle für deren Identifizierung relevanten Angaben an)[13)]:...............

....

....

....

....

....

10. Bedingungen und Beschränkungen in Bezug auf die Rechte des Erben (geben Sie bitte an, ob die Rechte des Erben nach dem auf die Rechtsnachfolge von Todes wegen anzuwendenden Recht und/oder nach Maßgabe der Verfügung von Todes wegen Beschränkungen unterliegen):...............

....

....

....

11. Sonstige relevante Informationen oder weitere Erläuterungen:...............

....

....

....

....

Formblatt V – Anlage V
Stellung und Rechte des/der Vermächtnisnehmer(s) mit unmittelbarer Berechtigung am Nachlass[14)]

1. Ist der Vermächtnisnehmer der Antragsteller?[*)]

1.1. ☐ Ja

1.1.1. ☐ Angegeben unter Punkt 5 des Zeugnisformblatts (geben Sie gegebenenfalls an, um welchen Antragsteller es sich handelt):

....
....
1.1.2. □ Angegeben in Anlage I (geben Sie gegebenenfalls an, um welchen Antragsteller es sich handelt): ....
....
....
1.2. □ Nein
1.2.1. Name und Vorname(n) oder Name der Organisation*):..............
....
1.2.2. Geburtsname (falls abweichend von 1.2.1):..............
1.2.3. Identifikationsnummer[4]:..............
1.2.3.1. Nationale Identitätsnummer:..............
1.2.3.2. Sozialversicherungsnummer:..............
1.2.3.3. Steuernummer:..............
1.2.3.4. Registriernummer:..............
1.2.3.5. Sonstige (bitte angeben):..............
1.2.4. Anschrift
1.2.4.1. Straße und Hausnummer/Postfach:..............
....
....
1.2.4.2. Ort und Postleitzahl:..............
1.2.4.3. Land:
□ Belgien □ Bulgarien □ Tschechische Republik □ Deutschland □ Estland □ Griechenland □ Spanien □ Frankreich □ Kroatien □ Italien □ Zypern □ Lettland □ Litauen □ Luxemburg □ Ungarn □ Malta □ Niederlande □ Österreich □ Polen □ Portugal □ Rumänien □ Slowenien □ Slowakei □ Finnland □ Schweden
□ Sonstiges (bitte ISO-Code angeben):..............
1.2.5. Telefon:..............
1.2.6. Fax..............
1.2.7. E-Mail:..............
1.2.8. Geburtsdatum (TT.MM.JJJJ) und -ort – bzw. bei einer Organisation – Datum (TT.MM.JJJJ) und Ort der Eintragung sowie Bezeichnung des Registers/der Registerbehörde: ....
....
2. Der Vermächtnisnehmer hat das Vermächtnis angenommen.
2.1. □ Ja, ohne Vorbehalt
2.2. □ Ja, mit Vorbehalt (bitte ausführen):..............
....
....
....
2.3. □ Eine Annahme ist nach dem auf die Rechtsnachfolge von Todes wegen anzuwendenden Recht nicht erforderlich
3. □ Der Vermächtnisnehmer hat das Vermächtnis ausgeschlagen.
4. Der Vermächtnisnehmer hat Anspruch auf folgenden Teil des Nachlasses (bitte angeben):..............
....
....
5. Dem Vermächtnisnehmer zugewiesene(r) Vermögenswert(e), für den/die eine Bescheinigung beantragt wurde (geben Sie bitte die betreffenden Werte und alle für deren Identifizierung relevanten Angaben an)[15]:..............
....
....

....
....
....
....
....

6. Bedingungen und Beschränkungen in Bezug auf die Rechte des Vermächtnisnehmers (geben Sie bitte an, ob die Rechte des Vermächtnisnehmers nach dem auf die Rechtsnachfolge von Todes wegen anzuwendenden Recht und/oder nach Maßgabe der Verfügung von Todes wegen Beschränkungen unterliegen)*⁾:..............

....
....
....
....
....
....

7. Sonstige relevante Informationen oder weitere Erläuterungen:..............

....
....
....
....
....

Formblatt V – Anlage VI
Befugnis zur Testamentsvollstreckung oder Nachlassverwaltung[16]

1. Befugnisse der nachstehenden Person*⁾:
1.1. ☐ Antragsteller
1.1.1. ☐ Angegeben unter Punkt 5 des Zeugnisformblatts (geben Sie gegebenenfalls an, um welchen Antragsteller es sich handelt):
....
....
1.1.2. ☐ Angegeben in Anlage I (geben Sie gegebenenfalls an, um welchen Antragsteller es sich handelt): ....
....
....
1.2. ☐ Der in Anlage IV genannte Erbe (geben Sie gegebenenfalls an, um welchen Erben es sich handelt):..............
....
....
1.3. ☐ Der in Anlage V genannte Vermächtnisnehmer (geben Sie gegebenenfalls an, um welchen Vermächtnisnehmer es sich handelt):..............
....
....
1.4. ☐ Sonstige Personen
1.4.1. Name und Vorname(n) oder Name der Organisation:..............
....
1.4.2. Geburtsname (falls abweichend von 1.4.1):..............
1.4.3. Identifikationsnummer⁴⁾:..............
1.4.3.1. Nationale Identitätsnummer:..............
1.4.3.2. Sozialversicherungsnummer:..............
1.4.3.3. Steuernummer:..............
1.4.3.4. Registriernummer:..............
1.4.3.5. Sonstige (bitte angeben):..............
1.4.4. Anschrift
1.4.4.1. Straße und Hausnummer/Postfach:..............

....
....
1.4.4.2. Ort und Postleitzahl:...............
1.4.4.3. Land:
□ Belgien □ Bulgarien □ Tschechische Republik □ Deutschland □ Estland □ Griechenland □ Spanien □ Frankreich □ Kroatien □ Italien □ Zypern □ Lettland □ Litauen □ Luxemburg □ Ungarn □ Malta □ Niederlande □ Österreich □ Polen □ Portugal □ Rumänien □ Slowenien □ Slowakei □ Finnland □ Schweden
□ Sonstiges (bitte ISO-Code angeben):...............
1.4.5. Telefon:...............
1.4.6. Fax...............
1.4.7. E-Mail:...............
1.4.8. Geburtsdatum (TT. MM.JJJJ) und -ort – bzw. bei einer Organisation – Datum (TT. MM.JJJJ) und Ort der Eintragung sowie Bezeichnung des Registers/der Registerbehörde: ....
2. Befugnis zur[*)]
2.1. □ Testamentsvollstreckung
2.2. □ Verwaltung des Nachlasses oder eines Teils des Nachlasses
3. Die Befugnis zur Testamentsvollstreckung oder Nachlassverwaltung erstreckt sich auf[*)]
3.1. □ den gesamten Nachlass
3.2. □ den gesamten Nachlass mit Ausnahme folgender Nachlassteile oder Vermögensgegenstände (bitte angeben):...............
....
....
....
....
3.3. □ die folgenden Teile oder Gegenstände des Nachlasses (bitte angeben):...............
....
....
....
....
4. Die unter 1. genannte Person verfügt über folgende Befugnisse[*) 12)] :
4.1. □ Erlangung aller Auskünfte über das Nachlassvermögen und die Nachlassverbindlichkeiten
4.2. □ Kenntnisnahme von allen mit dem Nachlass zusammenhängenden Testamenten und sonstigen Schriftstücken
4.3. □ Veranlassung oder Beantragung von Sicherungsmaßnahmen
4.4. □ Veranlassung von Sofortmaßnahmen
4.5. □ Entgegennahme der Vermögenswerte
4.6. □ Einziehung der Nachlassforderungen und Erteilung einer gültigen Quittung
4.7. □ Erfüllung und Auflösung von Verträgen
4.8. □ Eröffnung, Unterhaltung und Schließung eines Bankkontos
4.9. □ Aufnahme eines Darlehens
4.10. □ Vermögensbelastungen übertragen oder begründen
4.11. □ Begründung von dinglichen Rechten an den Vermögenswerten oder hypothekarische Belastung der Vermögenswerte
4.12. □ Veräußerung von □ unbeweglichem Vermögen □ sonstigem Vermögen
4.13. □ Vergabe eines Darlehens
4.14. □ Fortführung des Unternehmens
4.15. □ Ausübung der Rechte eines Anteileigners
4.16. □ Auftreten als Kläger oder Beklagter
4.17. □ Begleichung von Verbindlichkeiten
4.18. □ Verteilung der Vermächtnisse

4.19. ▫ Aufteilung des Nachlasses

4.20. ▫ Verteilung des Restnachlasses

4.21. ▫ Beantragung der Eintragung von Rechten an unbeweglichem oder beweglichem Vermögen in ein Register

4.22. ▫ Vergabe von Spenden/Schenkungen

4.23. ▫ Sonstiges (bitte ausführen):...............

....

....

Falls die Befugnisse des Testamentsvollstreckers/Nachlassverwalters aus den vorstehenden Feldern nicht genau hervorgehen, fügen Sie bitte hier weitere Erläuterungen ein[17]:

....

....

....

....

....

....

Geben Sie bitte an, ob und gegebenenfalls welche der unter 4. genannten Befugnisse gemäß Artikel 29 Absatz 2 Unterabsatz 2 oder Artikel 29 Absatz 3 Unterabsatz 1 der Verordnung (EU) Nr. 650/2012 als ergänzende Befugnisse ausgeübt werden[*]:

....

....

....

....

....

5. Die Bestellung des Testamentsvollstreckers/Nachlassverwalters ergibt sich aus[12]:

5.1. ▫ einer Verfügung von Todes wegen (siehe 7.2 des Zeugnisformblatts)

5.2. ▫ einer gerichtlichen Entscheidung

5.3. ▫ einer Vereinbarung zwischen den Erben

5.4. ▫ dem Gesetz

6. Die Befugnisse ergeben sich aus[12]:

6.1. ▫ einer Verfügung von Todes wegen (siehe 7.2 des Zeugnisformblatts)

6.2. ▫ einer gerichtlichen Entscheidung

6.3. ▫ einer Vereinbarung zwischen den Erben

6.4. ▫ dem Gesetz

7. Die Pflichten ergeben sich aus[12]:

7.1. ▫ einer Verfügung von Todes wegen (siehe 7.2 des Zeugnisformblatts)

7.2. ▫ einer gerichtlichen Entscheidung

7.3. ▫ einer Vereinbarung zwischen den Erben

7.4. ▫ dem Gesetz

8. Bedingungen oder Beschränkungen in Bezug auf die unter 4. genannten Befugnisse[18][*]:

....

....

....

....

....

....

[*] **[Amtl. Anm.:]** Obligatorische Angabe.

[1] **[Amtl. Anm.:]** ABl. L 201 vom 27.7.2012, S. 107.

[2] **[Amtl. Anm.:]** Hierzu zählen unter anderem der letzte gewöhnliche Aufenthalt des Erblassers oder eine Gerichtsstandsvereinbarung.

[3] **[Amtl. Anm.:]** Bei juristischen Personen ist Anlage I ausgefüllt beizufügen.

Bei mehreren Antragstellern fügen Sie bitte ein weiteres Blatt bei.

Bei Vertretern fügen Sie bitte Anlage II ausgefüllt bei.

4) **[Amtl. Anm.:]** Geben Sie bitte gegebenenfalls die relevanteste Nummer an..

5) **[Amtl. Anm.:]** Der Begriff des De-facto-Partners schließt die in einigen Mitgliedstaaten für Lebensgemeinschaften bestehenden Rechtsinstitute ein wie „sambo" (Schweden) oder „avopuoliso" (Finnland).

6) **[Amtl. Anm.:]** Bei mehreren Verfügungen von Todes wegen fügen Sie bitte ein weiteres Blatt bei.

7) **[Amtl. Anm.:]** Wenn der Antrag von mehr als einer juristischen Person gestellt wird, fürgen Sie bitte ein weiteres Blatt bei.

8) **[Amtl. Anm.:]** Wenn es mehr als einen Vertreter gibt, fügen Sie bitte ein weiteres Blatt bei.

9) **[Amtl. Anm.:]** Bei mehr als einem Güterstand fügen Sie bitte ein weiteres Blatt bei.

10) **[Amtl. Anm.:]** Weitere Informationen zu den Auswirkungen nationaler Güterstandsregelungen auf die Ehe und die eingetragene Partnerschaft enthält das Europäische E-Justizportal (https://e-justice.europa.eu).

11) **[Amtl. Anm.:]** Bei mehr als einem Erben fügen Sie bitte ein weiteres Blatt bei.

12) **[Amtl. Anm.:]** Bitte kreuzen Sie gegebenenfalls mehr als ein Kästchen an.

13) **[Amtl. Anm.:]** Geben Sie an, ob der Erbe das Eigentum oder andere Rechte an den Vermögensgegenständen erworben hat (geben Sie bei letzteren die Art dieser Rechte und die Personen an, die ebenfalls Rechte an diesen Vermögensgegenständen besitzen). Im Falle eines eingetragenen Vermögensgegenstands teilen Sie bitte die Angaben mit, die nach dem Recht des Mitgliedstaats, in dem das Register geführt wird, zur Identifizierung des betreffenden Gegenstands erforderlich sind (z.B. bei Immobilien die genaue Anschrift der Immobilie, das Grundbuchamt, die Flurstücks- oder Katasternummer, eine Beschreibung der Immobilie (fügen Sie nötigenfalls die relevanten Dokumente bei).

14) **[Amtl. Anm.:]** Bei mehr als einem Vermächtnisnehmer fügen Sie bitte ein weiteres Blatt bei.

15) **[Amtl. Anm.:]** Geben Sie an, ob der Vermächtnisnehmer das Eigentum oder andere Rechte an den Vermögensgegenständen erworben hat (geben Sie bei letzteren die Art dieser Rechte und die Personen an, die ebenfalls Rechte an diesen Vermögensgegenständen besitzen). Im Falle eines eingetragenen Vermögensgegenstands machen Sie bitte die Angaben, die nach dem Recht des Mitgliedstaats, in dem das Register geführt wird, zur Identifizierung des betreffenden Gegenstands erforderlich sind (z.B. bei Immobilien die genaue Anschrift der Immobilie, das Grundbuchamt, die Flurstücks- oder Katasternummer, eine Beschreibung der Immobilie (fügen Sie nötigenfalls die relevanten Dokumente bei).

16) **[Amtl. Anm.:]** Bei mehr als einer Person fügen Sie bitte ein weiteres Blatt bei..

17) **[Amtl. Anm.:]** Geben Sie z.B. an, ob der Testamentsvollstrecker/Nachlassverwalter die vorgenannten Befugnisse in eigenem Namen ausüben kann.

18) **[Amtl. Anm.:]** Geben Sie z.B. an, ob der Testamentsvollstrecker/Nachlassverwalter die vorgenannten Befugnisse in eigenem Namen ausüben kann. Bei mehr als einer Person fügen Sie bitte ein weiteres Blatt bei.

3. Anerkennung, Vollstreckbarkeit und Vollstreckung ausländischer Titel

Die Vorschriften in Kapitel IV der EuErbVO (Art. 39 – 58 EuErbVO) über die Anerken- **101** nung, Vollstreckbarkeit und Vollstreckung von Entscheidungen sind weitgehend den Vorschriften der Brüssel-I-VO nachgebildet, Die **Anerkennung** von Entscheidungen eines Mitgliedstaats bedarf in den anderen Mitgliedstaaten keines besonderen Verfahrens. Das IntErbRVG orientiert sich in §§ 3 – 30 für die Umsetzungsvorschriften weitgehend an den Vorschriften des Auslandsunterhaltsgesetzes (AUG) und nur ergänzend an den Vorschriften des Anerkennungs- und Vollstreckungsausführungsgestzes (AVAG), da erstere Vorschriften nach der Gesetzesbegründung als moderner angesehen werden. Aus der Einführung des

ENZ und der damit einhergehenden Systematik ergibt sich, dass ausländische Erbnachweise nicht unter die zu den anerkennungsfähigen Entscheidungen in diesem Sinne zählen.

4. Annahme ausländischer öffentlicher Urkunden

102 Nach Art. 59 EuErbVO hat eine in einem Mitgliedstaat errichtete öffentliche Urkunde (Art. 3 Abs. 1 lit. i EuErbVO) in einem anderen Mitgliedstaat die gleiche formelle Beweiskraft wie im Ursprungsmitgliedstaat. Es geht also nur um die Authentizität und nicht um die inhaltliche Richtigkeit der Urkunde (keine Rechtslagenanerkennung), die IPR-Prüfung der in der Urkunde niedergelegten Rechtsgeschäfte unterliegt jedoch einem jeden mit der Sache befassten Gericht.[121] Art. 59 EuErbVO spricht bewusst nicht von Anerkennung, sondern von Annahme öffentlicher Urkunden. Eine deutsche öffentliche Urkunde hat im Ausland volle Beweiskraft ohne dass es einer Apostille oder Legalisation bedürfte (Art. 74 EuErbVO). Die Authentizität der Urkunde ist nur in ihrem Ursprungsstaat zu prüfen. Die Wirkungen von ausländischen Verfahren gegen die Authentizität einer ausländischen Urkunde auf inländische Verfahren regelt § 45 IntErbRVG. Das Verfahren bei Einwänden gegen deutsche öffentliche Urkunden ist in § 46 IntErbRVG enthalten.

5. Entgegennahme von Erklärungen

103 Art. 13 EuErbVO enthält eine besondere Zuständigkeitsvorschrift für die Annahme oder Ausschlagung einer der Erbschaft, eines Vermächtnisses oder eines Pflichtteils oder eine Erklärung zur Begrenzung der Haftung der betreffenden Person für die Nachlassverbindlichkeiten. Außer den allgemein für die Rechtsnachfolge von Todes wegen zuständigen Gerichten sind hierfür auch die Gerichte des Mitgliedstaats, in dem die erklärende Person ihren gewöhnlichen Aufenthalt hat, zuständig, wenn die betreffende Erklärungen nach dem Recht dieses Mitgliedstaats vor einem Gericht abgegeben werden kann Hierzu ergänzend enthält Art. 28 EuErbVO eine Formvorschrift. Demnach ist eine der voraufgeführten Erklärungen formwirksam, wenn sie den Formerfordernissen entspricht entweder des Erbstatuts nach Art. 21, 22 EuErbVO oder des Rechts des Staates, in dem der Erklärende seinen gewöhnlichen Aufenthalt hat. § 13 IntErbRVG regelt hierzu, dass zur Entgegennahme das Nachlassgericht am gewöhnlichen Aufenthaltsort zuständig ist.[122]

---

[121] *Janzen* DNotZ 2012, 484 (492).
[122] Zur sich anschließenden Frage, wie die Erklärung dem für den Erbfall zuständigen Gericht bekannt wird und wie in derartigen Fällen ggf. laufende Ausschlagungsfristen eingehalten werden vgl. *Hausmann/Odersky*, Internationales Privatrecht in der Notar- und Gestaltungspraxis, § 15 Rn. 384.

§ 48 Internationale Zuständigkeit und Behandlung von Ausländernachlässen vor Anwendbarkeit der EuErbVO

Übersicht

Rn.

I. Internationale Zuständigkeit in der streitigen Gerichtsbarkeit 1
   1. Autonomes Zivilprozessrecht 1
   2. Europarecht 2
   3. Bilaterale Staatsverträge 3
   4. Anerkennung ausländischer Entscheidungen 4
II. Internationales Nachlassverfahrensrecht 5
   1. Internationale Zuständigkeit bei Entgegennahme von Erklärungen und
      Nachlasssicherung 5
   2. Zuständigkeit bei Staatenlosen und Flüchtlingen 7
III. Anerkennung ausländischer Erbscheine und Testamentsvollstreckererzeugnisse . 8
IV. Vormaliges Deutsches IPR, Ermittlung des Erbstatuts 9
   1. Art. 3–6, 25, 26 EGBGB 10
   2. Übergangsregelung für Vorgänge vor dem 1.9.1986 10
   3. Staatsverträge 11
V. Die Staatsangehörigkeit des Erblassers 14
   1. Deutsche Staatsangehörigkeit 15
   2. Verfolgte 16
   3. Volksdeutsche Ausländer 17
   4. Aussiedler 18
   5. Übersiedler 19
   6. Deutsche östlich von Oder und Neisse 20
   7. Staatenlose, Flüchtlinge, heimatlose Ausländer, Asylberechtigte 21
   8. Flüchtlinge 22
   9. Ausländer 23
VI. Der Regelungsbereich des Erbstatuts 24
   1. Vom Erbstatut erfasste Bereiche 24
   2. Nicht vom Regelungsbereich des Erbstatuts erfasste Bereiche 25
VII. Modifikation des Erbstatuts 26
   1. Rechtswahl 26
   2. Rück- und Weiterverweisung (renvoi Art. 4 EGBGB), Verweisung auf Sach-
      norm (Art. 3a Abs. 1 EGBGB) 28
   3. Sonderstatut 29
   4. Vorbehaltsklausel (ordre public) 30
VIII. Erbstatut und Güterrecht 36
IX. Ermittlung ausländischen Rechts 41
X. Erbstatut und Erbschein, Testamentsvollstreckererzeugnis 45
   1. Erbschein nach § 2369 BGB aF (nun § 352c FamFG) 45
   2. Nachlassspaltung 49
   3. Verfügungsbeschränkungen 50
      a) Nießbrauch, Legate 50
      b) Vollstrecker, Verwalter 51
XI. Übersicht über die in der Praxis häufig vorkommenden Auslandsbezüge 52

> **Für nach dem 16.8.2015 eingetretene Erbfälle ist dieser Abschnitt nicht aktuell, es ist zunächst auf die Ausführungen in § 47 zurückzugreifen; dort wird ggf. – soweit noch einschlägig – wiederum auf diesen § 48 verwiesen.**

Für vor dem 17.8.2015 eingetretene Erbfälle gilt die vor Inkrafttreten der EuErbVO geltende Rechtslage fort. Da diese noch einige Zeit von Bedeutung sein wird, soll sie an dieser Stelle bis auf weiteres ausführlich dargestellt werden. Soweit in diesem Abschnitt gesetzliche Regelungen aufgeführt werden, die aufgrund oder im Zuge der EuErbVO geändert oder aufgehoben wurden, sind im Folgenden –soweit nicht anders angegeben – die vormaligen Vorschriften gemeint.

I. Internationale Zuständigkeit in der streitigen Gerichtsbarkeit

1. Autonomes Zivilprozessrecht

1 In Erbrechtsstreitverfahren ist das **örtlich zuständige Gericht auch international zuständig**,[1] es wendet deutsches Verfahrensrecht an (lex fori).[2] Neben dem allgemeinen Gerichtsstand gilt der **besondere Gerichtsstand des Erblasserwohnsitzes** im Todeszeitpunkt (§§ 27 Abs. 1, 28 ZPO). Bei hinkenden Rechtsverhältnissen kann es zum sog. „forum-shopping" kommen: Der Betroffene sucht sich die ihm günstige Rechtsordnung für den Prozess aus.[3] Zu den **erbrechtlichen Streitigkeiten** zählen auch Klagen, die im deutschen Erbrecht unbekannt sind, wie die **Herabsetzungsklagen** von Noterben, die als erbrechtliche Angelegenheiten anzusehen sind.[4] Hilfsweise gilt bei Fehlen eines inländischen Wohnsitzes der Gerichtsstand des **letzten inländischen Wohnsitzes** oder (falls auch dieser Wohnsitz fehlt) kann am Sitz der Bundesregierung – **AG Berlin-Schöneberg** (§§ 27 Abs. 2 Hs. 2 iVm 15 Abs. 1 S. 2 ZPO) geklagt werden.

2. Europarecht

2 Die **Europäische Gerichtsstands- und Vollstreckungsverordnung (EuGVVO),** das Europäische Gerichtsstands- und Vollstreckungsübereinkommen und das **Lugano-Abkommen** sind nicht anzuwenden auf dem Gebiet des Erbrechts einschließlich des Testamentsrechts (Art. 1 Abs. 2 lit. a EuGVVO, Art. 1 LugÜ). Sie begründen deshalb nicht die internationale Zuständigkeit. Wegen der EuErbVO siehe oben § 47 Rn. 81.

3. Bilaterale Staatsverträge

Auch die bilateralen Anerkennungs- und Vollstreckungsabkommen der Bundesrepublik begründen keine internationale Zuständigkeit in Erbrechtsangelegenheiten.[5]

3 Das **deutsch-türkische Nachlassabkommen** vom 28.5.1929 enthält in §§ 8, 15 ausschließliche internationale Zuständigkeitsregelungen.[6] Für Klagen gegen den Nachlass sind die Gerichte des Belegenheitsstaates zuständig (§ 8). Pflichtteilsansprüche und Ansprüche aus Vermächtnissen sind beim beweglichen Nachlass vor den Gerichten des Heimatstaats des Erblassers und beim unbeweglichen Nachlass vor den Gerichten im Gebiet des unbeweglichen Nachlasses einzuklagen. Der türkische Konsul ist beim **Tod eines türkischen Staatsangehörigen** in Deutschland unverzüglich vom Tod und von den Einzelheiten über den Nachlass und die Erben zu benachrichtigen. Der Konsul ist berechtigt, aber nicht verpflichtet, die Nachlasssicherung zu übernehmen, wenn keine Erben im Ort anwesend sind oder wenn der Schutz des Nachlasses und das Tätigwerden des Konsuls von den Erben

---

[1] Vgl. nur BGHZ 44, 46 (47).
[2] Siehe zB BGH IPRax 1985, 224.
[3] MAH ErbR/*Oertzen/Pawlytta* § 33 Rn. 111 nennen den Fall, dass der deutsch-italienische Erblasser in Deutschland einen Pflichtteilsverzichtsvertrag abschließt und diese nach dem Erbfall den Pflichtteil in Italien, das den Pflichtteilsverzichtsvertrag zu Lebzeiten verbietet, einklagt und sodann aufgrund des deutsch-italienischen Anerkennungs- und Vollstreckungsabkommens in Deutschland vollstrecken lässt. Die Autoren schlagen zur Vermeidung eine Schiedsgerichts- und Gerichtsstandsvereinbarung vor.
[4] MüKo/*Birk* EGBGB Art. 25 Rn. 308
[5] Staudinger/*Dörner* Art. 25 EGBGB Rn. 812.
[6] *Duygu Damar*, Deutsch-türkisches Nachlassabkommen: zivilprozess- und kollisionsrechtliche Aspekte, IPRax 2012, 278.

in Anspruch genommen werden. Die Befugnis des Konsuls entfällt, wenn alle Berechtigten anwesend sind oder vertreten werden (§ 13 des Abkommens). Der türkische Konsul hat keine Ermächtigung, einen Erbschein auszustellen. Ein deutscher Erbschein über in der Türkei belegene Immobilien oder den beweglichen Nachlass eines türkischen Staatsangehörigen wird in der Türkei nicht anerkannt, auch nicht als Beweismittel berücksichtigt. Betrifft der deutsche Erbschein jedoch unbeweglichen Nachlass in Deutschland können türkische Gerichte diesen als widerlegbares amtliches Beweismittel[7] zum Nachweis der Rechtsstellung des Erben anerkennen.[8] Soweit sich die Erbfolge nach § 14 Abs. 1 des deutsch-türkischen Nachlassabkommens nach türkischem Recht richtet, kann sie gemäß § 17 dieses Abkommens durch einen türkischen Erbschein nachgewiesen werden; eine deutsche Bank darf nicht die Vorlage eines inländischen Fremdrechtserbscheins verlangen.[9]

4. Anerkennung ausländischer Entscheidungen

Die Anerkennung ausländischer Erbrechtszeugnisse richtet sich nach § 108 FamFG, sofern **4** nicht staatsvertragliche Regelungen vorgehen. Die Anerkennung ausländische zivilprozessualer Urteile (etwa zum Pflichtteilsrecht oder zur Erbenfeststellung) richtet sich nach § 328 ZPO. Ausländische Erbrechtszeugnisse werden von der Rspr. regelmäßig nicht anerkannt, weil sie unseren gerichtlichen Erbscheinen nicht entsprechen.[10]

Es bestehen bilaterale Abkommen über die Anerkennung und Vollstreckung von Entscheidungen über vermögensrechtliche Ansprüche mit der Schweiz, Italien, Österreich, Belgien, Großbritannien, Griechenland, den Niederlanden, Tunesien, Norwegen, Spanien und Israel.[11]

Mit Ausnahme Großbritanniens und Italiens sind diese Abkommen grundsätzlich auch auf Entscheidungen auf dem Gebiet der freiwilligen Gerichtsbarkeit anzuwenden.[12] Diese Abkommen sind aber weitgehend ersetzt durch die VO (EG) Nr. 44/2001 bzw. das LugÜ oder die VO bzw. LugÜ haben Vorrang.[13] Die VO (EG) 44/2001, EuGVÜ, und Luganer Abkommen erfassen nicht Erbrecht oder Nachlasssachen.

Ohne ausdrückliche staatsvertragliche Regelung gelten für die Vollstreckung ausländischer Urteile §§ 722, 723 ZPO.

Wegen der EuErbVO siehe oben → § 47 Rn. 101.

II. Internationales Nachlassverfahrensrecht

1. Internationale Zuständigkeit bei Entgegennahme von Erklärungen und Nachlasssicherung

Ein deutsches Nachlassgericht kann nur tätig werden, wenn seine **internationale Zustän-** **5** **digkeit** vorliegt.[14] Das vormalige Gleichlaufprinzip ist aufgegeben. Nunmehr sind die örtlich zuständigen Nachlassgerichte auch international zuständig (Grundsatz der Doppelfunktionalität, §§ 105 FamFG, 2369 BGB aF, nun § 352c FamFG). Die internationale Zuständigkeit ist bei gegebener örtlicher Zuständigkeit auch nicht auf die in Deutschland

---

[7] Apostille genügt.
[8] *Damar* IPRax 2012, 278 (281) mwN türkischer Rspr.
[9] LG München I FamRZ 2012, 585.
[10] Vor allem fehlt die deutsche Legitimationswirkung. BayObLG NJW-RR 1991, 1089 (Schweiz); OLG Bremen BeckRS 2011, 14303 (England); Keidel/ *Zimmermann* § 108 Rn. 35 mwN.
[11] S. näher Staudinger/ *Dörner* Art. 25 EGBGB Rn. 821. Wegen der Anerkennungsvoraussetzungen im Einzelnen s. Staudinger/ *Dörner* Art. 25 EGBGB Rn. 823, 824.
[12] Str., wie hier Staudinger/ *Dörner* Art. 25 EGBGB Rn. 21; aA MüKo/ *Birk* EGBGB Art. 25 Rn. 366, 367 und Bamberger/Roth/ *Lorenz* Art. 25 Rn. 74: Anerkennung nur gem. Art. 17 deutsch-türkisches Nachlassabkommen und zT eingeschränkt durch den deutsch-österreichischen Vertrag vom 6.6.1959.
[13] Näher Keidel/ *Zimmermann* § 108 Rn. 54 ff.
[14] Dazu Keidel/ *Zimmermann* § 343 Rn. 48 FamFG.

belegenen Nachlassgegenstände beschränkt. Befindet sich Nachlass in Deutschland und im Ausland, kann ein unbeschränkter oder auch ein Erbschein nach § 2369 BGB (nun § 352c FamFG, beschränkt auf den inländischen Nachlass) beantragt und erteilt werden.

6   Bei der **Nachlassinsolvenz**
richtet sich die internationale Zuständigkeit des inländischen Insolvenzgerichts

– nach Art. 3 EuInsVO iVm Art. 102 § 1 EGInsO bei Insolvenzen, die unter die EuInsVO fallen,

– nach § 354 InsO
bei Insolvenzen, die dem autonomen deutschen Recht unterliegen
Die EuInsVO unterscheidet

– die gemeinschaftsweite internationale Nachlassinsolvenz (Art. 3 Abs. 1),
– die Sondernachlassinsolvenz in einem Mitgliedsstaat über das dort belegene Nachlassvermögen (Art. 27),
– die unabhängige Partikularinsolvenz in einem Mitgliedsstaat der EG (Art. 3 Abs. 4)
Maßgeblich für die internationale Zuständigkeit ist der Wohnsitz des Erblassers oder Mittelpunkt seiner hauptsächlichen Interessen.

Im Ausland eröffnete Nachlassinsolvenzen sind in Deutschland grundsätzlich anzuerkennen (Art. 16 ff. EuInsVO; 343–353 InsO).[15]

2. Zuständigkeit bei Staatenlosen und Flüchtlingen

7   Beim Tod von **Staatenlosen, Flüchtlingen iS der Genfer Konvention und ihnen gleichgestellten Personen** mit letztem gewöhnlichen Aufenthalt im Inland sind deutsche Nachlassgerichte zuständig, da deutsches Aufenthaltsrecht zur Anwendung kommt.

III. Anerkennung ausländischer Erbscheine und Testamentsvollstreckererzeugnisse

8   Die Anerkennung ausländischer Erbrechtszeugnisse regelt § 108 FamFG, sofern eine Entscheidung im Rechtssinne vorliegt, was idR zu verneinen ist (s. auch → Rn. 4).[16] Es besteht **keine Bindung an ein ausländisches Erbrechtszeugnis** wenn deutsche Nachlassgerichte zuständig sind.[17] Die Legitimationswirkung der §§ 2366, 2367 BGB kommt nur einem deutschen Erbschein zu.[18]

IV. Vormaliges Deutsches IPR, Ermittlung des Erbstatuts

9   Welches nationale Recht auf die Erbfolge eines Erblassers anzuwenden ist **(Erbstatut)**, ergibt sich für Altfälle (Todesfälle vor dem 17.8.2015) aus den Art. 3–6, 25, 26 EGBGB aF (Todesfälle ab dem 1.9.1986) sowie aus Art. 220 EGBGB (Todesfälle vor dem 1.9.1986).

1. Art. 3–6, 25, 26 EGBGB

10   → Rn. 24 ff.

---

[15]   Siehe insgesamt MüKo/*Birk* EGBGB Art. 25 Rn. 371.
[16]   BayObLG NJW-RR 1991, 1098 (Schweiz).
[17]   BayObLG NJW-RR 1991, 1098 (1099).
[18]   Bamberger/Roth/*Lorenz* Art. 25 Rn. 75.

2. Übergangsregelung für Vorgänge vor dem 1.9.1986

Art. 220 Abs. 1 EGBGB lautet:

„(1) Auf vor dem 1. September 1986 abgeschlossene Vorgänge bleibt das bisherige Internationale Privatrecht anwendbar."

Damit werden alle Erblasser, die am 1.9.1986 oder später verstorben sind, nach dem danach geltenden IPR beerbt, auf die früheren Erbfälle ist das vorherige IPR anzuwenden.[19]

Das ab 1.9.1986 gültige Kollisionsrecht regelt Wirksamkeit und Wirkungen aller Verfügungen von Todes wegen, soweit der Erblasser sie nach dem Stichtag vorgenommen hat. Bei einem Erbfall nach dem Stichtag regelt zwar altes Kollisionsrecht die **Wirksamkeit** der vor dem Stichtag errichteten Verfügungen wegen des verfassungsrechtlich garantierten Vertrauensschutzes, ihre **Wirkungen** werden aber durch das neue Recht bestimmt, weil es sich um Dauertatbestände bzw. gestreckte Tatbestände handelt, bei denen keine echte Rückwirkung vorliegt.[20]

Für das **Übergangsrecht nach der deutschen Einigung** gilt:

Gemäß Art. 236 § 1 EGBGB ist auf vor dem 3.10.1990 abgeschlossene Vorgänge das bisherige Internationale Privatrecht anzuwenden, für das Gebiet der ehemaligen DDR also das RAG.

3. Staatsverträge

Das vor Inkrafttreten der EuErbVO geltende IPR knüpft an das Heimatrecht (Recht der **11** Staatsangehörigkeit) des Erblassers zurzeit seines Todes an (Art. 25 Abs. 1 EGBGB aF). Der Bestimmung des Erbstatuts gemäß Art. 25 Abs. 1 EGBGB aF gehen unmittelbar anwendbare Kollisionsnormen im EU-Recht, insbesondere seit 17.8.2015 die Europäische Erbrechtsverordnung (siehe oben) und die **Regelung des Erbstatuts durch Staatsverträge**[21] vor (Art. 3 Nr. 1 und 2 EGBGB).

- **Multilaterale Staatsverträge**   **12**

  Der einzige multilaterale Staatsvertrag, der im Bereich des Erbrechts von Bedeutung ist, ist das **Haager Abkommen über die Testamentsform v. 5.10.1961,** für die Bundesrepublik in Kraft seit 1.1.1966. Die übrigen multilateralen Abkommen sind durch die Bundesrepublik Deutschland nicht ratifiziert worden:
  - Das Europäische Übereinkommen über die Einrichtung einer Organisation zur **Registrierung von Testamenten** v. 16.5.1972
  - Das Haager Abkommen über die **internationale Nachlassverwaltung** v. 2.10.1973
  - Das Washingtoner Übereinkommen über ein einheitliches Recht in Form eines **internationalen Testaments** v. 26.10.1973
  - Das Haager Abkommen über das auf **Trusts** anzuwendende Recht und über ihre Anerkennung v. 1.7.1985; es erfasst auch die durch Rechtsgeschäft auf den Todesfall begründenden Trusts, hält das Trustvermögen aus dem Nachlass des trustee heraus und regelt allgemein das Verhältnis zum Erbrecht.
  - Das Haager Abkommen über das auf die Rechtsnachfolge von Todes wegen anzuwendende Recht v. 1.8.1989 (Anknüpfung an das Recht des gewöhnlichen Aufenthalts zum Zeitpunkt des Todes)[22]

---

19 IPRG-Entwurf BT-Drs. 10/504, 85; *Siehr,* Das Internationale Erbrecht nach dem Gesetz zur Neuregelung des IPR, IPRax 1987, 4; ausführlich zu den intertemporalen Problemen, zur erbrechtlichen Rechtswahl und zu den hieraus sich ergebenden Problemen der Nachlassspaltung *Dörner,* Probleme des neuen Internationalen Erbrechts, DNotZ 1988, 67 ff.

20 So zu Recht *Dörner* DNotZ 1988, 67 (88 ff.).

21 Text und Kommentierung der bilateralen Verträge siehe ua MüKo/*Birk* EGBGB Art. 25 Rn. 278 ff.

22 Durch die EuErbVO hat das Abkommen keine Zukunft mehr.

13 • **Bilaterale Staatsverträge**
- Das **deutsch-iranische Niederlassungsabkommen** vom 17.2.1929, RGBl. 1930 II 1006, wieder in Kraft seit 4.11.1954 (Bek vom 15.8.1955, BGBl. 1955 II 829: Art. 8 Abs. 3 des Vertrages sieht als Erbstatut das Heimatrecht (bei Doppelstaaten die effektive Staatsangehörigkeit) vor (führt also zu demselben Ergebnis wie das vormalige autonome deutsche IPR).[23]
- **Deutsch-türkischer Konsularvertrag** vom 28.5.1929, RGBl. 1930 II 758 **(siehe auch Rn. 3),** in Kraft seit 18.11.1931, nach dem Krieg wieder in Kraft seit 1.3.1952 (Bek. vom 29.5.1952, BGBl. 1952 II 608): in Anlage zu Art. 20 des Konsularvertrages ist ein **Nachlassabkommen** vereinbart, das in § 14 Abs. 1 für den beweglichen Nachlass die Anwendung des Heimatrechts (bei Doppelstaaten effektive Staatsangehörigkeit) und in § 14 Abs. 2 für den unbeweglichen Nachlass die lex rei sitae vorsieht, wobei gemäß § 12 Abs. 3 nach dem Recht des Staates, in dem sich der Nachlass befindet, zu qualifizieren ist, was zum beweglichen und zum unbeweglichen Nachlass gehört. Das Nachlassabkommen regelt auch die Beteiligung des vom Nachlassgericht zu verständigenden Konsuls an der Nachlasssicherung. Der Konsul kann auch den Nachlass in Besitz nehmen und die Nachlassregelung übernehmen. §§ 14, 15, 17 regeln die internationale Zuständigkeit für erbrechtliche Klagen, die Anerkennung von Entscheidungen, sowie von Erbscheinen und Testamentsvollstreckerzeugnissen.
- **Deutsch-sowjetischer Konsularvertrag** vom 25.4.1958 (BGBl. 1959 II 233), in Kraft seit 24.5.1959: Art. 28 Abs. 3 sieht die lex rei sitae für den unbeweglichen Nachlass vor. Der Vertrag gilt nach Auflösung der UdSSR weiter für die Russische Föderation und für einige Nachfolgestaaten bis zu einer Neuregelung. Mit den baltischen Staaten Estland, Lettland, Litauen und Turkmenistan besteht keine Weitergeltungsregelung.

V. Die Staatsangehörigkeit des Erblassers

14 Die Amtsprüfung des Nachlassgerichts erstreckt sich auch auf die Staatsangehörigkeit des Erblassers.[24] Dabei ist der Fortbestand einer einmal innegehabten deutschen Staatsangehörigkeit anzunehmen, solange ihr Verlust nicht erwiesen ist. Bei mehrfacher Staatsangehörigkeit ist das Recht desjenigen Staates anzuwenden, mit dem der Erblasser am engsten verbunden war (gewöhnlicher Aufenthalt, Lebensverlauf), Art. 5 I S. 1 EGBGB. Es sind alle Umstände zu berücksichtigen wie Vermögensdispositionen, berufliche und familiäre Beziehungen, Ausübung politischer Rechte, sprachliche und kulturelle Zugehörigkeit.[25] Bei einem Deutschen mit zugleich fremder Staatsangehörigkeit setzt sich gem. Art. 5 Abs. 1 S. 2 EGBGB die deutsche Staatsangehörigkeit (oder der Status gem. Art. 116 Abs. 1 GG) immer durch. Darin liegt jedoch möglicherweise eine Diskriminierung gegenüber der effektiveren Staatsangehörigkeit eines anderen EU-Mitgliedstaates, die einer Anwendung entgegenstehen könnte.[26]

1. Deutsche Staatsangehörigkeit[27]

15 Rechtliche Grundlage ist das Staatsangehörigkeitsgesetz vom 22.7.1913 (StAG). § 3 StAG fasst die in StAG geregelten Erwerbsgründe zusammen.[28]

---

[23] Wegen der Bevorzugung des Ehemannes nach iranischem Erbrecht und dem ordre public (Art. 6 EGBGB) s. OLG Hamm FamRZ 1993, 111; umfassend *Dörner,* Zur Beerbung eines in der Bundesrepublik verstorbenen Iraners, IPRax 1994, 33; *Lorenz* IPRax 1993, 148.
[24] BayObLGZ 1965, 457 (459).
[25] BayObLG FamRZ 2005, 1704.
[26] So Staudinger/*Dörner* Art. 25 EGBGB Rn. 469 mwN.; aA Palandt/*Thorn* Art. 5 EGBGB Rn. 3.
[27] Als Arbeitshilfe s. *Ehmann/Stark,* Deutsches Staatsangehörigkeitsrecht, 9. Auflage 2017; *Hailbronner/Maaßen/Hecker/Kau,* Staatsangehörigkeitsrecht, 6. Auflage 2017.
[28] Geburt, Erklärung nach § 5, Annahme als Kind, Ausstellung der Bescheinigung gemäß § 15 Abs. 1 oder 2 des Bundesvertriebenengesetzes, Überleitung als Deutscher ohne deutsche Staatsangehörigkeit im Sinne des Artikels 116 Abs. 1 GG, Einbürgerung; s. auch die Sonderfälle des § 3 Abs. 2 des Gesetzes.

§ 17 StAG zählt die Gründe für den Verlust der deutschen Staatsangehörigkeit auf.

Bei den vielfältigen Änderungen der Staatsangehörigkeitgesetzgebung sind im Wesentlichen 3 Phasen zu unterscheiden:

- Regelungen im und nach dem Versailler-Vertrag für die von Deutschland abgetretenen Gebiete im Vertrag selbst und in zahlreichen Staatsangehörigkeits- und Optionsverträgen;
- Änderungen unter nationalsozialistischer Herrschaft (Ausbürgerung „unerwünschter Personen", etwa der im Ausland lebenden Juden und Sammeleinbürgerungen, insbesondere Österreicher, Sudetendeutsche, Bewohner eingegliederter Ostgebiete) und
- die Bewältigung der Kriegs- und Nachkriegsprobleme (Beseitigung nationalsozialistischen Unrechts, Status nicht eingebürgerter Volksdeutscher und Folgen gebietsbezogener Regelungen nach dem 2. Weltkrieg).

2. Verfolgte

Verfolgte, die durch die 11. DVO zum Reichsbürgergesetz vom 25.11.1941 (RGBl. 1941 I **16** 722) oder durch Einzelakt aus den in Art. 116 Abs. 2 GG genannten Verfolgungsgründen auf Grund des Gesetzes vom 14.7.1933 (RGBl. 1933 I 480) oder nach §§ 26 bis 29, 32 RuStAG ihre deutsche Staatsangehörigkeit verloren hatten, sind unter folgenden Voraussetzungen Deutsche geblieben:

- Falls sie vor dem 8.5.1945 verstorben sind, ohne weitere Voraussetzung, es sei denn, sie hätten zu erkennen gegeben, dass sie die deutsche Staatsangehörigkeit nicht besitzen wollen;[29]
- falls sie den 8.5.1945 erlebt haben, kommt Art. 116 Abs. 2 GG in Betracht, dh, wenn sie nach diesem Datum ihren Wohnsitz in Deutschland genommen und nicht einen entgegengesetzten Willen zum Ausdruck gebracht haben, gelten sie mit Wirkung ex tunc als nicht ausgebürgert.

3. Volksdeutsche Ausländer

Volksdeutsche Ausländer haben auf Grund des Erlasses vom 19.5.1943 (RGBl. 1943 I 315) **17** gemäß § 10 StARegG vom 22.2.1955 (RGBl. I 65) die deutsche Staatsangehörigkeit erst durch einen Feststellungsbescheid der Einwandererzentralstelle erworben (BVerfGE 2, 115; 14, 162). Durch die **„Volksliste"** (Verordnung über die deutsche Volksliste und die deutsche Staatsangehörigkeit in den eingegliederten Ostgebieten vom 4.3.1941 idF der Verordnung vom 31.1.1942 (RGBl. 1941 I 118 und RGBl. 1942 I 51) sollte die gesamte deutsche Bevölkerung erfasst und deren Staatsangehörigkeit bestimmt werden. Diese Volksliste enthielt vier Abteilungen. Alle in den Abteilungen I und II eingetragenen Personen erwarben mit dem 26.10.1939 automatisch die deutsche Staatsangehörigkeit, die in Abt. III eingetragenen Personen erwarben sie auf Widerruf. Die in Abteilung IV eingetragenen Personen konnten die deutsche Staatsbürgerschaft nur auf Widerruf im Wege der Einbürgerung erwerben. Juden und Zigeuner konnten die deutsche Staatsangehörigkeit nicht erwerben. Diese Kollektiveinbürgerung deutscher Volkszugehöriger in den Sudetengebieten, dem Memelgebiet, dem ehemaligen Protektorat Böhmen und Mähren, den ehemals eingegliederten Ortsgebieten einschließlich Danzigs, der Untersteiermark, Kärnten und Krain, sowie der in die Deutsche Volksliste der Ukraine eingetragenen Personen blieb rechtswirksam, soweit die kollektiv Eingebürgerten nicht von ihrem Ausschlagungsrecht bis zum 25.2.1956 (s. aber Sonderregelung für Berlin-Ost, DDR und die fremd verwalteten deutschen Gebiete, § 19 StARegG) Gebrauch gemacht haben. Die **Einbürgerung der Österreicher** ist mit Ablauf des 26.4.1945 für erloschen anzusehen (§ 1 StARegG), ebenso die **Sammeleinbürgerung** in Elsass-Lothringen, Luxemburg, Eupen-Malmedy und Moresnet. Die **nicht**

---

[29] BVerfGE 23, 98.

eingebürgerten Volksdeutschen (hauptsächlich in der Slowakei, Ungarn, Rumänien, Bulgarien, Jugoslawien) haben gemäß Art. 116 Abs. 1 GG den Status von Deutschen ohne deutsche Staatsangehörigkeit **(Status–Deutsche),** sofern sie als Flüchtling oder Vertriebener deutscher Volkszugehörigkeit oder als dessen Ehegatte oder Abkömmling auf dem Gebiet des Deutschen Reiches nach dem Stande vom 31.12.1937 Aufnahme gefunden haben.

4. Aussiedler

18 Aussiedler iSd § 1 Abs. 2 Nr. 3 BVFG sind idR Status-Deutsche, wenn sie ohne die deutsche Staatsangehörigkeit zu besitzen, sich in Deutschland dauerhaft niederlassen.

5. Übersiedler

19 Übersiedler aus der DDR waren deutsche Staatsangehörige. Der Erwerb der DDR-Staatsbürgerschaft hatte den Erwerb der deutschen Staatsangehörigkeit zur Folge.

6. Deutsche östlich von Oder und Neisse

20 Die Deutschen in den Gebieten östlich von Oder und Neisse haben ihre deutsche Staatsangehörigkeit (oder ggf. den Status als Deutscher iSd Art. 116 Abs. 1 GG) behalten, sofern sie nicht freiwillig (auf ihren Antrag) die polnische oder sowjetische Staatsbürgerschaft erworben haben. Der **Moskauer Vertrag** vom 12.8.1970 und der **Warschauer Vertrag** vom 7.12.1970 haben an dieser Rechtslage nach deutscher Rechtsmeinung nichts geändert.

Falls diese Deutschen (polnisch „Autochtone") unfreiwillig (etwa durch das polnische Gesetz vom 28.4.1946 oder durch das Dekret vom 22.10.1947) die polnische Staatsangehörigkeit erworben haben, sind sie Doppelstaater.

Falls der Erblasser nach dem 1.9.1986 verstorben ist, ist deutsches Erbstatut gegeben (§ 5 Abs. 1 S. 2 EGBGB, Art. 220 IPRG). Bei Todesfällen vor diesem Datum ist das Recht der „effektiven" Staatsangehörigkeit anzuwenden,[30] welches das polnische[31] aber auch das deutsche Recht sein kann. Auch durch den **2+4–Vertrag** sowie den **Grenzbestätigungs- und Nachbarschaftsvertrag** mit Polen haben die in Polen lebenden Deutschen ihre deutsche Staatsangehörigkeit nicht verloren. Polen hat jedoch infolge der unbestrittenen Territorialhoheit über diese Gebiete das Recht, der dortigen Bevölkerung die polnische Staatsangehörigkeit zu verleihen. Statusdeutsche ohne die deutsche Staatsangehörigkeit erwarben gem. § 40a StAG am 1.8.1999 die deutsche Staatsangehörigkeit. Für einen Spätaussiedler, dessen nichtdeutschen Ehegatten und seine Abkömmlinge im Sinne von § 4 des Bundesvertriebenengesetzes gilt dies nur dann, wenn ihnen vor diesem Zeitpunkt eine Bescheinigung gem. § 15 Abs. 1 oder 2 des Bundesvertriebenengesetzes (BVFG) erteilt worden ist. Für die übrigen Spätaussiedler iSv § 4 BVFG gilt § 7 StAG (ex-lege-Erwerb der deutschen Staatsangehörigkeit mit der späteren Ausstellung der Bescheinigung.[32] Statusdeutsche sind auch die Ehegatten und Abkömmlinge[33] der Statusdeutschen.

7. Staatenlose, Flüchtlinge, heimatlose Ausländer, Asylberechtigte

21 Bei **Staatenlosen** (gleichgestellt sind Personen, deren Staatsangehörigkeit nicht festgestellt werden kann) gilt das Recht ihres gewöhnlichen,[34] hilfsweise des schlichten[35] bzw. (falls

---

30 BGHZ 75, 32. Früher aA: RGZ 150, 374 (382); BayObLGZ 1964, 385 (388); BGHZ 3, 178 (180).
31 Das polnische Recht nimmt die Verweisung an (Art. 34 des polnischen Gesetzes vom 12.11.1965 über das internationale Privatrecht aF, Art. 64 Nr. 2 IPRG vom 4.2.2011.
32 *Weber* DVBl 2000, 369 (370).
33 Eine Erwachsenenadoption begründet idR nicht die Eigenschaft als „Abkömmling" iSv Art. 116 Abs. 1 GG (BVerwG NJW 2007, 937).
34 Gewöhnlicher Aufenthalt ist der nach objektiven Kriterien (str.) zu beurteilende Mittelpunkt wirtschaftlicher und persönlicher Beziehung („Daseinsmittelpunkt"), soweit er freiwillig gewählt ist, vgl. BGH NJW 1975, 1068.
35 Das Gesetz spricht nur von „Aufenthalt"; kann auch durch nur vorübergehenden Aufenthalt begründet werden, OLG Karlsruhe NJW 1955, 1885.

dies nicht feststellbar) ihres letzten gewöhnlichen/schlichten Aufenthalts, bei mehrfachem Aufenthalt des effektiven Aufenthalts Art. 5 Abs. 2 EGBGB).

Dabei sind zunächst Art. 1 und 12 des UN-Übereinkommens über die Rechtsstellung der Staatenlosen vom 28.9.1954[36] (BGBl 1976 II 474) und erst hilfsweise Art. 5 Abs. 2 EGBGB anwendbar (vgl. Art. 3 Abs. 2 S. 1 EGBGB!). Staatenlose, die Flüchtlinge sind, werden nach den speziellen Normen des für diese geltenden Rechts behandelt. § 2 Abs. 2 AsylG bestimmt, dass **anerkannte Asylberechtigte** die gleiche Rechtsstellung haben wie Flüchtlinge iSd Genfer Flüchtlingskonvention und zwar rückwirkend auf den Zeitpunkt vor der Asylentscheidung.[37] Eine nicht als Asylberechtigter anerkannte Person kann Flüchtling im Sinne der Genfer Flüchtlingskonvention sein.

Inhaber des Reiseausweises nach Art. 28 des UN-Übereinkommens vom 28.9.1954 sind Staatenlose.

Ein sachlicher Unterschied zwischen der Regelung des UN-Abkommens und Art. 5 Abs. 2 EGBGB besteht nicht.

8. Flüchtlinge

Bei Flüchtlingen gilt für   22

– volksdeutsche Flüchtlinge und Vertriebene (ergänzend zu Art. 116 Abs. 1 GG) gemäß Art. 9 Abs. 5 Familienrechtsänderungsgesetz vom 11.8.1961 (BGBl. 1961 I 1221) **deutsches Erbstatut;**
– **aus politischen, rassischen oder religiösen Gründen ausgebürgerte Deutsche** gemäß Art. 116 Abs. 2 GG **deutsches Erbstatut.** Diese Personen gelten mit Inkrafttreten des GG am 23.5.1949 mit Wirkung ex tunc als nicht ausgebürgert, sofern sie nach dem 8.5.1945 ihren Wohnsitz in Deutschland genommen und nicht einen entgegenstehenden Willen zum Ausdruck gebracht haben. Es besteht ein unbefristeter (für Abkömmlinge befristeter) Rechtsanspruch auf Wiedereinbürgerung, falls es nicht zur rückwirkenden Beseitigung der Ausbürgerung gekommen ist. Vor dem 9.5.1945 verstorbene, kollektiv ausgebürgerte deutsche Juden sind Deutsche geblieben, falls ein gegenteiliger Wille nicht erkennbar geworden ist;[38]
– nichtdeutsche Flüchtlinge und Verschleppte (gleich wo sie sich befinden) sowie heimatlose Ausländer[39] gemäß Art. 12 Abs. 1 des Abkommens über die Rechtsstellung der Flüchtlinge (**Genfer Flüchtlingskonvention** vom 28.7.1951, BGBl. 1953 II 559 nebst Protokoll hierzu vom 31.1.1967, BGBl. 69 II 1294)[40] das **Erbrecht des Wohnsitz- bzw. Aufenthaltslandes;**[41] Art. 1 definiert den Flüchtlingsbegriff;
– **Konventionsflüchtlinge** (Palästina-, Koreaflüchtlinge) gemäß Art. 12 Abs. 1 Abkommen über die Rechtsstellung der Flüchtlinge vom 28.7.1951 (FlüchtlKonv BGBl. 1953 II 560) das **Erbrecht des Wohnsitz- oder hilfsweise Aufenthaltslandes;** Für die Bundesrepublik gilt eine Person als Flüchtling iSv Art. 1 A Ziff. 2 Flüchtl.-Konv., wenn sie nach §§ 3, 5 ff. AsylVfG als asylberechtigt anerkannt ist; ihnen gleichgestellt sind die Flüchtlingsseeleute;[42]

---

36 Auszugsweise abgedruckt in *Jayme/Hausmann* Nr. 12. In der Bundesrepublik in Kraft seit 24.1.1977.
37 BGH NJW 2003, 3339.
38 BVerfGE 23, 98.
39 § 1 Abs. 1 HeimatlAuslG definiert den heimatlosen Ausländer als fremden Staatsangehörigen oder Staatenlosen, der der Obhut der UN-Flüchtlingsorganisation untersteht, nicht Deutscher iSd Art. 116 GG ist und am 30.6.1950 seinen Aufenthalt im Geltungsbereich des GG und West-Berlins hatte oder nach § 2 Abs. 3 erwirbt.
40 Abgedruckt bei Palandt/*Thorn* Art. 5 EGBGB Anh. II Nr. 4 und *Jayme/Hausmann* Nr. 10.
41 Das von der Alliierten Hohen Kommission (AHK) am 17.3.1950 erlassene Gesetz No. 23 (in der Literatur oft als AHK – G No. 23 abgekürzt), regelt gemäß Art. 2 nicht das Erbstatut. § 8 HeimatlAuslG begründet wohl nur ein Personalstatut (Palandt/*Thorn* Anh. Nr. 3 zu Art. 5 EGBGB Rn. 15; aA OLG Celle FamRZ 1987, 837).
42 Haager Vereinbarung über Flüchtlingsgesetz vom 23.11.1957 (BGBl. 1961 II 828).

– **anerkannte Asylberechtigte**[43] und sogenannte **„Kontingentflüchtlinge"**[44] gemäß §§ 2 und 3 Asylverfahrensgesetz vom 26.6.1992 und § 1 Gesetz über Maßnahmen für im Rahmen humanitärer Hilfsaktionen aufgenommene Flüchtlinge vom 22.7.1980 (BGBl. 1980 I 1057) **das Wohnsitz- bzw. Aufenthaltsstatut des Art. 12 Genfer Flüchtlingskonvention.**

9. Ausländer

23   Falls der Erblasser mehreren fremden Staaten angehörte ist das Recht anwendbar, mit dem der Mehrstaater am engsten verbunden war (Art. 5 Abs. 1 S. 1 EGBGB).

VI. Der Regelungsbereich des Erbstatuts

24   Das Erbstatut (= die das Erbrechtsverhältnis beherrschende maßgebende Rechtsordnung) wird bestimmt durch das Recht des Staates, dem der Erblasser zum Zeitpunkt seines Todes angehört hat, soweit er keine wirksame Rechtswahl getroffen hat (Art. 25 Abs. 1 und 2 EGBGB a. F.) und soweit nicht Staatsverträge oder Europarecht etwas anderes bestimmen. Es ist auf den Todeszeitpunkt abzustellen; das Erbstatut ist also **unwandelbar. Zur Europäischen Erbrechtsverordnung siehe oben unter → § 47.**

Das Erbstatut regelt alle mit dem Erbfall zusammenhängenden Fragen (auch die Auslegung), nicht jedoch die Form letztwilliger Verfügungen, die in Art. 26 EGBGB aF eine Sonderanknüpfung findet.

1. Vom Erbstatut erfasste Bereiche

Das Erbstatut regelt folgende Bereiche:

– die **Berufung zur Erbschaft** (Kreis der gesamten Erben und Quoten) einschließlich des Erbganges,[45] auch Zulässigkeit und Inhalt einer Vor- und Nacherbfolge; soweit das Erbstatut **familienrechtliche Beziehungen** voraussetzt (Ehelichkeit eines Abkömmlings, Scheidung) ist hinsichtlich der Wirksamkeit eines bestimmten Status **selbständig** (als Vorfrage) über das internationale Familienrecht **anzuknüpfen; dies gilt auch für die Adoption,** jedoch entscheidet das Erbstatut, ob und in welcher Höhe das Adoptivkind erbrechtlich begünstigt wird, Rn. 25;[46] **Umfang des Nachlasses (Aktiva, Passiva; die Zugehörigkeit zum Vermögen des Erblassers ist jedoch selbständig anzuknüpfen), zur Bedeutung des Güterrechts s. Rn. 36;**[47] **Erbvertrag;**[48]
– die **Erbunwürdigkeit;**[49]

---

[43] Erst ab Anerkennung; bis dahin gilt die Genfer Flüchtlingskonvention (vgl. Palandt/*Thorn Art.* 5 EGBGB Anh. II Nr. 5 dort bei Vorbem. zum Asylverfahrensgesetz Rn. 28; BayObLGZ 86, 193).

[44] ZB die sog. „boat people" und Flüchtlinge aus Argentinien, Chile und Uganda; keine Rückwirkung; s. näher *Jayme* IPRax 81, 73.

[45] Wenn das Erbstatut keine Universalrechtsnachfolge, sondern zunächst den Übergang auf einen „personal representative" (anglo-amerikanischer Rechtskreis; „executor" wenn vom Erblasser ernannt, „administrator" wenn vom Gericht bestellt) vorsieht, kann dem personal representative nicht als Erbe ein Erbschein ausgestellt werden (MüKoBGB/*J. Mayer,* 6. Aufl. 2013, § 2369 Rn. 35). Siehe hierzu näher unten → Rn. 50.

[46] BGH NJW 1989, 2197; Palandt/*Thorn* Art. 22 EGBGB Rn. 6; Bamberger/Roth/*Lorenz* Art. 25 EGBGB Rn. 46.

[47] Die Qualifikation, ob ein Erwerb als güter- oder erbrechtlich anzusehen ist, richtet sich aber nach deutschen Erb- oder Güterrechtsbegriffen. So bleibt im deutschen Erbscheinsverfahren die einem überlebenden Ehegatten nach ausländischem Recht zustehende Errungenschaftshälfte als güterrechtlicher Erwerb außer Betracht.

[48] Staudinger/*Dörner* Art. 25 EGBGB Rn. 344. Über die Statthaftigkeit des Erbvertrags entscheidet aber das Errichtungsstatut (Art. 26 Abs. 5 S. 1 EGBGB aF).

[49] Staudinger/*Dörner* Art. 25 EGBGB Rn. 120; OLG Düsseldorf NJW 1963, 2230.

– die Erbfähigkeit einschließlich der Rechtsfähigkeit;[50] ob ein nasciturus, eine juristische Person des Privatrechts oder des öffentlichen Rechts erbfähig ist – mag sie auch nach dem Gesellschaftsstatut als selbständiges Rechtssubjekt behandelt werden – richtet sich nach dem Erbstatut, ebenso die beschränkte Einsetzbarkeit eigentlich erbfähiger Personen oder Erwerbsbeschränkungen.[51]

– den Erbschaftsanspruch;[52]

– den Erbverzicht;[53] nicht aber für den zugrunde liegenden schuldrechtlichen Abfindungsvertrag;[54]

– den Erbschaftserwerb[55] (einschließlich der Voraussetzungen und Folgen von Annahme und Ausschlagung; mit Ausnahme der Form der Erklärungen, die sich nach Art. 11 Abs. 1 EGBGB richtet und der Frage der Geschäftsfähigkeit des Erklärenden, die nach Art. 7 EGBGB zu beurteilen ist); das Erbstatut regelt auch den Zwischenerwerb des Nachlasses durch einen Treuhänder, etwa einen personal representative des anglo-amerikanischen Rechts (administator bei Einsetzung durch das Gericht; executor bei Einsetzung durch den Erblasser); das Nachlassgericht erkennt zwar die Einsetzung eines nach dem Erbstatut wirksam eingesetzten administrator durch das ausländische Gericht an, indem es im Erbschein die Beschränkung der Erben durch den administrator erwähnt,[56] es kann jedoch die Ernennung nicht selbst vornehmen, da die insoweit maßgebliche deutsche lex fori diese Institution nicht vorsieht;[57] das Nachlassgericht kann jedoch dem executor, sofern er mit vergleichbaren Aufgaben durch den Erblasser betraut ist und ein Wille des Erblassers erkennbar ist, dem executor eine Stellung entsprechend dem Testamentsvollstrecker zu verschaffen, kraft Rückverweisung ein Testamentsvollstreckerzeugnis erteilen;[58]

– die Anrechnung von Vorempfängen, Ausgleichspflicht, Anrechnung auf den Pflichtteil;[59]

– das Verhältnis der Miterben zueinander;[60]

– das Pflichtteilsrecht,[61] den Pflichtteilsergänzungsanspruch;[62]

– den Erbersatzanspruch und den vorzeitigen Erbausgleich[63] des nichtehelichen Kindes (§§ 1934a, d BGB aF);

– die Auslegung der letztwilligen Verfügung;[64]

– die Haftung der Erben für Nachlassverbindlichkeiten;[65]

– die Anfechtung der letztwilligen Verfügung;[66]

---

[50] MüKoBGB/*Birk* EGBGB Art. 25 Rn. 203; Bamberger/Roth/*Lorenz* Art. 25 Rn. 24 (ob als selbständiger Rechtsträger jedoch nach Personalstatut, Art. 7 EGBGB); aA: selbständige Anknüpfung als Vorfrage an das Personalstatut: Palandt/*Thorn* Art. 25 EGBGB Rn. 16; Staudinger/*Dörner* Art. 25 EGBGB Rn. 83; Erman/*Hohloch* Art. 25 EGBGB Rn. 23.

[51] MüKoBGB/*Birk* EGBGB Art. 25 Rn 208; Staudinger/*Dörner* Art. 25 EGBGB Rn. 126, 132 mit Beispielen.

[52] OLG Nürnberg OLGZ 81, 115.

[53] Palandt/*Thorn* Art. 25 EGBGB Rn. 13.

[54] OLG Hamm ZEV 2000, 507.

[55] Staudinger/*Dörner* Art. 25 EGBGB Rn. 107; Italien: Annahme mit/ohne Vorbehalt der Inventarerrichtung; Österreich: gerichtliche Einweisung („Einantwortung"); Zwischenerwerb durch personal representatives im anglo-amerikanischen Recht.

[56] LG München I Iprax 2001, 459

[57] Bamberger/Roth/*Lorenz* Art. 25 EGBGB Rn. 34 will im Wege der Angleichung dem administrator die Stellung eines Nachlassverwalters zuerkennen.

[58] Bamberger/Roth/*Lorenz* Art. 25 EGBGB Rn. 34; zustimmend, aber eher skeptisch in Bezug auf den Erblasserwillen MüKoBGB/*Birk* EGBGB Art. 25 Rn. 357; BayObLGZ 1980, 42 (48).

[59] Staudinger/*Dörner* Art. 25 EGBGB Rn. 231 und 198.

[60] Staudinger/*Dörner* Art. 25 EGBGB Rn. 227 ff.

[61] BGH NJW 1993, 1920.

[62] BGH NJW 2002, 2469.

[63] BGHZ 96, 262.

[64] BGH WPM 1976, 811; BayObLGZ 1986, 466 (473), Rpfleger 1988, 366.

[65] BGHZ 9, 154; BayObLGZ 1965, 428.

[66] BGH FamRZ 1977, 786; BayObLGZ 1980, 42 (48).

– den Auskunftsanspruch gegen den Erbschaftsbesitzer;[67]
– den Erbschaftskauf (nicht Schuldstatut);[68]
– die Schenkung von Todes wegen, soweit noch nicht vollzogen;[69]
– das gesetzliche Erbrecht des Fiskus;[70]
– die Testamentsvollstreckung.[71]

2. Nicht vom Regelungsbereich des Erbstatuts erfasste Bereiche

25 – Sog „**Vorfragen**" wie die Frage, ob der Erbe „Ehegatte", „eheliches" oder „adoptiertes Kind" des Erblassers ist.[72] Das Statut dieser Vorfragen ist „selbständig" anhand einer Kollisionsnorm der lex fori (= das Recht des mit der Sache befassten Gerichts) zu ermitteln. Dh die Gültigkeit einer Ehe ist auch als Vorfrage für das Erbrecht des Ehegatten oder ehelichen Kindes nicht nach dem Erbstatut, sondern nach Art. 13/17 EGBGB, die **Wirksamkeit einer Adoption** auch als Vorfrage nach dem Adoptionsstatut des Art. 22 EGBGB zu beurteilen. Nach welchem Recht zu entscheiden ist, **ob ein Adoptivkind erbberechtigt** ist, ist höchst streitig.[73] Der BGH[74] erklärt das Erbstatut des Erblassers für maßgeblich;
– öffentlich-rechtliche Sonderrechtsnachfolgevorschriften wie Geldleistungen nach §§ 56 SGB I. Buch;
– nach dem Erbstatut bestehende ausländische **öffentlich-rechtliche Aneignungsbefugnisse** (Österreich, anglo-amerikanischer Rechtsbereich, Schweden) bei erblosen Nachlässen sind auf das Gebiet des betreffenden aneignungsberechtigten Staates beschränkt;[75]
– das **Eigentum** an den in Deutschland belegenen Erbschaftsgegenständen geht nur nach deutschem Sachenrecht auf die Erben über, gleichgültig, was das ausländische Erbstatut hierzu sagt; dh kein unmittelbarer Eigentumsübergang für den Vermächtnisnehmer bei italienischem **Vindikationslegat** des Art. 649 Abs. 1 Codice Civile oder bei **gesetzlichem Ehegattennießbrauch;**[76] an dem in Deutschland belgenen Nachlass kann weder ein **trust** noch eine **joint tenancy** bestellt werden, weil das deutsche Sachrecht (ebenso wenig wie das Erbrecht, das grundsätzlich keine Singularsukzession kennt) diese Rechtsinstitute nicht kennen. Der **trust** kann als Einsetzung eines Treuhänders oder Testamentsvollstreckers,[77] die **joint tenancy** uU als wechselseitig befreite Vor- und Nacherbschaft umgedeutet werden.[78] Ein **Vindikationslegat** ist ggf. in ein obligatorisch wirkendes Vermächtnis, der dingliche Nießbrauch uU in einen Anspruch auf Bestellung des Nießbrauchs an den einzelnen zur Vermögensgesamtheit gehörenden Vermögensgegenständen umzudeuten.

---

[67] Staudinger/*Dörner* Art. 25 EGBGB Rn. 221.

[68] MüKoBGB/*Birk* EGBGB Art. 25 Rn. 179.

[69] Sonst Schenkungstatut, BGH NJW 1959, 1317; das für den Rechtsübergang maßgebende (Eigentums-, Abtretungs-)Statut entscheidet, ob vollzogen.

[70] Einschließlich des Aneignungsrechts des Fiskus für in seinem Staat belegene Nachlassgegenstände; das Heimatrecht des Erblassers weicht jedoch ggf. gem. Art. 3 Abs. 3 EGBGB; näher MüKoBGB/*Birk* EGBGB Art. 25 Rn. 172 (173).

[71] BayObLGZ 1965, 377; 86, 475 (aber beachte versteckte Rückverweisung im anglo-amerikanischen Recht).

[72] Jedenfalls für das Erbrecht (anders im Staatsangehörigkeits- und Namensrecht), BGH NJW 1981, 1901; jedoch noch sehr streitig, vgl. zum Streitstand Palandt/*Thorn* Art. 3 EGBGB Einl. Rn. 29, 30. Lösung nach dem Erbstatut kommt aber uU in Betracht, wenn im konkreten Fall die internationale Entscheidungsharmonie wichtiger ist als der interne Einklang (Bsp.: Eheschließung nach Erbstatut wirksam, nach lex fori nicht, vgl. *Böhmer,* FS für Firsching, 1985, 41).

[73] Vgl. zum Streitstand *Müller* NJW 1985, 2056 ff.

[74] BGH IPRax 1990, 55.

[75] Str.; vgl. Staudinger/*Dörner Art.* 25 EGBGB Rn. 205 ff., 214.

[76] So zu Italien (altes Recht) BayObLGZ 1961, 4; aA für Belgien IPG 1965-66 Nr. 52, 53; 1969 Nr. 34 und für Spanien IPG 1972 Nr. 31; BGH NJW 1995, 58 zu kolumbianischem Recht (Vindikationslegat).

[77] BGHZ IPRax 1985, 223 (224); der trustee ist idR nicht Erbe, OLG Frankfurt IPRspr 1966/67 Nr. 168 a.

[78] Staudinger/*Dörner* Art. 25 EGBGB Rn. 52.

– die **Testierfähigkeit:** Es gilt grundsätzlich das **Errichtungsstatut, auch hypothetisches Erbstatut genannt:**[79] Art. 7 I S. 1 nF EGBGB: Heimatstatut, das im Zeitpunkt der Verfügung als Erbstatut auf die Rechtsnachfolge von Todes wegen anzuwenden wäre **(Art. 26 Abs. 5 S. 1 EGBGB aF, sog „Anfangsstatut"),** also im Ergebnis wie BGH: generell das Heimatrecht des Testators. Eine vom Errichtungsstatut abweichende Anknüpfung ergibt sich bei Anwendung des Errichtungsstatuts aus Art. 25 Abs. 2, 3 Abs. 3 EGBGB.[80] Bei **Statutenwechsel** gilt: „Einmal testierfähig, immer testierfähig", es sei denn, deutsches Recht ist beim Wechsel nicht beteiligt (Art. 26 Abs. 5 S. 2 EGBGB aF);[81]

– eine Sonderanknüpfung besteht auch für die **Form von (gemeinschaftlichen) Testamenten und Erbverträgen.** Auf Grund des Vorbehalts in Art. 3 Nr. 2 EGBGB gilt das Haager Testamentsübereinkommen von 1961 (BGBl. 1965 II 1145, 1966 I 11; abgedruckt in Jayme/Hausmann Nr. 60). Art. 26 Abs. 1 Nr. 1–3 EGBGB haben deshalb praktisch keinen eigenständigen Anwendungsbereich.[82] Art. 26 Abs. 4 EGBGB erstreckt die Regelung des Abs. 1 Nr. 1–3 auf den Erbvertrag;

– **Gültigkeitsvoraussetzungen** und (Bindungs-)wirkungen **einer Verfügung von Todes** wegen regelt Art. 26 Abs. 5 S. 1 EGBGB aF;

– **welcher Gegenstand zum Nachlass gehört,** ist eine selbständig anzuknüpfende Vorfrage;[83] ob **Nießbrauch** höchstpersönlich ist, richtet sich nach der lex rei sitae;[84]

– Eintritt des Todes nach Personalstatut, Todesvermutung Art. 9 EGBGB.

VII. Modifikation des Erbstatuts

1. Rechtswahl

Der **nichtdeutsche Erblasser** kann für **inländisches unbewegliches Vermögen** (nach 26 deutschem Recht zu qualifizieren) durch eine Verfügung von Todes wegen **deutsches Erbrecht** wählen (Art. 25 Abs. 2 EGBGB aF). Die Wahl kann in jeder gemäß Art. 26[85] zulässigen Form einer letztwilligen Verfügung – auch konkludent[86] – (auch Erbvertrag oder gemeinschaftliches Testament und selbst, wenn das Heimatrecht des Erblassers diese Verfügungsformen nicht zulässt)[87] getroffen werden. Die Testierfähigkeit hierfür richtet sich nach dem deutschen Erbstatut.[88] Sie kann isoliert[89] oder mit Erbeinsetzungen erfolgen, sie ist bedingt[90] und befristet[91] zulässig. Teilunwirksamkeit ist nach § 139 BGB,[92] nicht nach § 2085 BGB zu beurteilen, weil nicht ohne weiteres davon ausgegangen werden kann, dass der Erblasser auch bei Unwirksamkeit seiner Verfügung die Anwendung deutschen Erbrechts vorgezogen hätte (Bsp.: Erblasser unterstellt sein **gesamtes** Vermögen dem deutschen Recht). Der **Erblasser muss die Wahl selbst treffen,** kann sie also nicht in die

---

[79] BGH NJW 1967, 1177.

[80] Zum Streitstand – Art. 7 I oder 26 V S. 1 oder vermittelnde Ansicht s. Staudinger/*Dörner* Art. 25 EGBGB Rn. 235 mwN.

[81] Vgl. *Siehr,* Das internationale Erbrecht, IPRax 1987, 4 ff.

[82] *Siehr* IPRax 1987, 6.

[83] BGH BB 69, 197 zu Bankguthaben; OLG Köln, OLGZ 75, 1 zu Versicherungsanspruch: Recht des Versicherungsvertrags.

[84] Vgl. *Ferid* IPR, 3. Aufl. 1986 Rn. 9–38.

[85] *Siehr* IPRax 1987, 7 ua; im Ergebnis auch *Dörner* DNotZ 1988, 87.

[86] So mit Recht *Ferid* IPR, 3. Aufl. 1986 Rn. 9–12, 16; bei der Auslegung dürfte jedoch Zurückhaltung angezeigt sein; uU anzunehmen bei Ausrichtung der Verfügung eines längere Zeit in Deutschland lebenden Erblassers am deutschen Erbrecht.

[87] Allg. Meinung, zB *Röll* MittBayNot 1989, 1 (5); *Ferid* IPR 9–12, 12.

[88] So auch MüKoBGB/*Birk* EGBGB Art. 25 Rn. 33.

[89] *Dörner* DNotZ 1988, 88; dann nur ausdrücklich.

[90] Zu Recht schränkt *Dörner* DNotZ 1988, 88 den Kreis der Bedingungen auf solche ein, die es den Nachlassgerichten beim Tode des Erblassers erlauben, das maßgebliche Statut festzulegen.

[91] Allg. Meinung, vgl. *Ferid* IPR 9–12, 12.

[92] So richtig *Dörner* DNotZ 1988, 88; aA (§ 2085) *Jayme* IPRax 1986, 270.

Hand der Erben legen.[93] Streitig war, ob bei einem gemeinschaftlichen Testament oder Erbvertrag der Erblasser die Rechtswahl jederzeit widerrufen kann. Nach § 2270 Abs. 1, 3 BGB aF konnten nur „Erbeinsetzungen, Vermächtnisse oder Auflagen als wechselbezügliche Verfügungen getroffen werden. Der Erblasser hatte es daher nach wohl hM infolge seiner lebzeitigen Verfügungsbefugnis immer in der Hand, das Erbstatut zu verändern.[94] Die Frage ist nun nach Inkrafttreten der EuErbVO ausdrücklich zugunsten der bindenden Rechtswahlmöglichkeit in § 2270 Abs. 3 BGB geregelt.

Es kann immer **nur das gesamte deutsche Erbrecht,** nicht aber ein Teil des Normenkomplexes gewählt werden.[95]

Der Erblasser kann sowohl einzelne Grundstücke (die dann auch im Erbschein aufzuführen sind)[96] als auch sein gesamtes inländisches Grundvermögen (auch das künftige) der Wahl unterstellen. Zum **unbeweglichen Vermögen** gehören alle Rechte an Grundstücken, auch eintragungsfähige Sicherungsrechte,[97] nicht jedoch Anteile an Gesellschaften bürgerlichen Rechts und Handelsgesellschaften mit Grundstücksbesitz, auch wenn das Gesellschaftsvermögen ganz oder im Wesentlichen aus Grundstücken besteht.[98] Die hM lehnt die Rechtswahl bei Gesellschaftsanteilen ohne Einschränkung ab.[99]

27   Die **Folge der Rechtswahl** ist (da idR nicht nur das betroffene Grundvermögen zum Nachlass gehört) eine **Nachlassspaltung,** dh die Nachlassmassen unterliegen verschiedenen Rechtsordnungen, die Erben der verschiedenen Massen sind keine Bruchteilserben.[100] Für jede Nachlassmasse ist ein besonderer (Eigen-, Fremdrechts-)Erbschein[101] auszustellen, wobei die Verbindung in einer Urkunde möglich ist.

Eine **Anfechtung der Rechtswahl** analog § 2078 Abs. 1 und 2 BGB ist möglich (etwa wegen kausalen Irrtums des Erblassers über Bestimmungen des deutschen Erbrechts).[102]

Art. 25 Abs. 1 EGBGB aF ist eine Gesamtverweisung, die zunächst auf das Internationale Privatrecht verweist. Soweit also fremde Rechtsordnungen eine Rechtswahl zulassen,[103] kann bei entsprechender Wahl eine Nachlassspaltung vermieden oder ein gewünschtes erbrechtliches Ziel erreicht werden.

2. Rück- und Weiterverweisung (renvoi Art. 4 EGBGB), Verweisung auf Sachnorm (Art. 3a Abs. 1 EGBGB)

28   Die deutsche internationalprivatrechtliche Verweisung auf fremdes Recht ist eine Verweisung auf das fremde Sachrecht **und** dessen Kollisionsnormen **(Gesamtverweisung)** oder sie ist eine **Sachnormverweisung (Art. 3a Abs. 1 EGBGB),** dann verweist sie auf die die Sachnormen des fremden Rechts unter Ausschluss dessen Kollisionsrechts ohne die

---

[93] MüKoBGB/*Birk* EGBGB Art. 25 Rn. 34; unzutreffend *Dörner* DNotZ 1998, 90.

[94] Sehr str.; wie hier Staudinger/*Dörner* Art. 25 EGBGB Rn. 544; Palandt/*Thorn* Art. 25 EGBGB Rn. 8; MüKo/*Birk* EGBGB Art. 25 Rn. 59; aA *Lichtenberger* DNotZ 1986, 665. Die letztwillige Verfügung bleibt aber bis zu einer wirksamen Änderung oder Aufhebung gültig (ebenso Palandt/*Thorn* Art. 25 EGBGB Rn. 8).

[95] ZB *Ferid* IPR 9–12, 12; MüKoBGB/*Birk* EGBGB Art. 25 Rn. 49.

[96] *Jayme* IPRax 1986, 270.

[97] Soweit unstreitig, vgl. etwa *Siehr* IPRax 1987, 7.

[98] Str.; aA Staudinger/*Dörner* Art. 25 EGBGB Rn. 519; BGHZ 24, 352 (368) (zum Begriff unbewegl. Vermögen: für reine Grundstücksgesellschaften offen lassend).

[99] BGHZ 146, 310 (313); BayObLG 1998, 242; Palandt/*Thorn* Art. 25 EGBGB Rn. 7; MüKoBGB/*Birk* EGBGB Art. 25 Rn. 65 ff.

[100] Es findet kein Ausgleich zwischen den Vermögensmassen statt, vgl. *Dörner* DNotZ 1988, 100.

[101] *Jayme* IPRax 1986, 270 und *Dörner* DNotZ 1988, 100.

[102] *Dörner* DNotZ 1988, 91.

[103] Wie die Schweiz (Art. 87 Abs. 2 IPRG; der in der Schweiz lebende Ausländer kann sein Heimatrecht wählen), die Niederlande (bis zur Anwendbarkeit der EuErbVO: Art. 5 des inkorporierten Haager Erbrechtsübereinkommens: Rechtswahl für das gesamte Vermögen zugunsten des Heimat- oder Aufenthaltsrechts), Belgien (bis zur Anwendbarkeit der EuErbVO: Art. 79 IPRG), Italien (bis zur Anwendbarkeit der EuErbVO: Art. 46 IPRG), Finnland (bis zur Anwendbarkeit der EuErbVO: Art. 26: 6 PK), Liechtenstein (Art. 29 IPRG).

Möglichkeit einer Rück- oder Weiterverweisung (insbesondere bei einer Rechtswahl, Art. 4 Abs. 2 EGBGB). Nach einer Gesamtverweisung auf ein fremdes Recht als Heimatrecht des Erblassers **ist zuerst das IPR des fremden Rechts daraufhin zu prüfen, ob es die Verweisung annimmt (Art. 4 Abs. 1 S. 1 EGBGB),** auf deutsches Recht (als Sachrecht, Art. 4 Abs. 1 S. 2 EGBGB) **zurückverweist** oder **auf ein weiteres Recht verweist.** Rück- und Weiterverweisung werden auch „**renvoi**" genannt.

Bei sog „**Mehrrechtsstaaten**", in denen mehrere räumliche Partikularrechtsordnungen nebeneinander gelten bzw. vor Anwendbarkeit der EuErbVO galten (zB USA, Großbritannien, Australien, Kanada, ehemaliges Jugoslawien, Mexiko, Spanien, ehemalige UdSSR) ist interlokalrechtlich zu prüfen, ob und welche ausländischen **interlokalen Kollisionsnormen** vorhanden sind (Art. 4 Abs. 3 S. 1 EGBGB);[104] falls derartige Normen fehlen, ist die Teilrechtsordnung anzuwenden, mit welcher der Sachverhalt am engsten verbunden ist (Art. 4 Abs. 3 S. 2 EGBGB).[105]

Für Teilmaterien können interlokale Besonderheiten bestehen.[106]

Das angewiesene Recht kann auch interpersonell uneinheitlich sein (in nahöstlichen, afrikanischen und asiatischen Ländern wird beim Erbstatut etwa auf die Religionszugehörigkeit des Erblassers abgestellt) sodass zunächst dieses maßgebende Anknüpfungsmerkmal festgestellt werden muss.

Zur **Annahme durch das IPR des fremden Heimatrechts des Erblassers** kommt es, wenn es wie das deutsche IPR an die Staatsangehörigkeit des Erblassers anknüpft oder an das Domizil des Erblassers anknüpft, sofern sich dieses im Heimatstaat befindet.

Soweit **das fremde IPR die deutsche Verweisung** der Art. 25 Abs. 1 aF, 4 Abs. 1 S. 1 EGBGB **nicht annimmt,** kommt es – nach den Regeln des fremden IPR – zu einer gesamten oder teilweisen **Rückverweisung** auf das deutsche Recht (das annimmt, Art. 4 Abs. 1 S. 2 EGBGB) oder zu einer **Weiterverweisung** auf das Recht eines dritten Staates. Das IPR des Heimatstaates des Erblassers entscheidet, ob es auf das gesamte Recht (also IPR und Sachnormen) oder nur auf Sachnormen des Drittstaates verweist; das Recht des Drittstaates entscheidet, ob es annimmt oder wiederum verweist. Bei der Rück- und Weiterverweisung sind die Begriffe des fremden IPR nach der Auslegung des betreffenden fremden Rechts zu interpretieren. So ist bei einem Renvoi durch englisches Recht auf das Wohnsitzrecht der englische Begriff des „**domicile**" zugrunde zu legen.[107] Manchmal überlässt es das fremde IPR dem durch den Renvoi angesprochenen Recht, Begriffe zu bestimmen, so das **amerikanische IPR** für die Unterscheidung der Nachlassgegenstände in bewegliches (**movable**) und unbewegliches (**immovable**) Vermögen[108] Ein Anteil an einem Gesamtvermögen mit Grundstücken ist nach der Rspr. nicht als „immovable" zu behandeln.[109]

---

[104] Jugoslawien knüpfte interlokal gemäß Art. 34 ILR-Gesetz von 1979 an den Wohnsitz des Erblassers im Zeitpunkt seines Todes, hilfsweise an das Recht der Teilrepublik an, deren Angehöriger er im Todeszeitpunkt war. Ebenso das heutige Restjugoslawien, weiterhin Mexiko und Spanien. Die Rechtsspaltung in den USA umfasst auch das Kollisionsrecht, vgl. *Hay* IPRax 1988, 265 (266).

[105] Da es kein IPR oder interlokales Kollisionsrecht der USA gibt, kommt man bei US-Staatsbürgern mit deutschem Domizil in Anwendung der interlokalen Regeln, die keinen Unterschied zwischen einem Bundesstaat und einem ausländischen Staat machen, letztlich zum letzten amerikanischen Domizil des Erblassers bzw. zu dessen letzter amerikanischen *residence* (s. auch Staudinger/*Dörner* Anh. zu Art. 25 EGBGB Rn. 925.

[106] Etwa in Frankreich für Elsass-Lothringen und die überseeischen Departemente.

[107] BayObLGZ 1958, 34 (39); Staudinger/*Hausmann* Art. 4 Rn. 57 mwN; entsprechend im französischen und belgischen Recht.

[108] HM, vgl. etwa MüKoBGB/*Sonnenberger*, 5. Aufl. 2010, EGBGB Art. 4 Rn. 58 mwN in Fn. 130; BGHZ 24, 352).

[109] BFH IPRspr 1986 Nr. 112; wohl auch BGHZ 24, 352; MüKoBGB/*Sonnenberger* EGBGB Art. 4 Rn. 61; aber konkrete Prüfung erforderlich.

3. Sonderstatut

29 Das in Art. 3a Abs. 2 EGBGB geregelte Sonderstatut führt ebenfalls zu einer Modifikation des Erbstatuts. Ohne Rücksicht auf eine etwaige ausländische Staatsangehörigkeit des Erblassers gilt eine für ein Sondervermögen (durch das Recht des Staates, in dem das Vermögen liegt) angeordnete **Sondererbfolge** (Fideikommisse, Lehen als Stammgüter, landwirtschaftliche Betriebe – Höfeordnung, § 13 Grundstückverkehrsgesetz –, Gesellschaftsanteil eines persönlich haftenden Gesellschafters), mag sie auch nur kollisionsrechtlicher Natur sein.[110]

Hauptfall des Art. 3a Abs. 2 EGBGB ist die Vererbung von Grundstücken nach dem Recht des Lageortes **(lex rei sitae).** Eine derartige Sondererbfolge findet statt, wenn das Heimatrecht des Erblassers eine Nachlassspaltung kennt und etwa Mobilien nach Wohnsitz- oder Heimatrecht, Grundstücke dagegen nach der **lex rei sitae** vererbt werden. **Auch die Grundstücke im Nachlass eines deutschen Erblassers, die in einem Staat mit lex rei sitae liegen, sind betroffen.** Das deutsche Nachlassgericht wird hier Sondererbfolge feststellen.

Auf Grund von **Staatsverträgen** tritt **Nachlassspaltung** (lex rei sitae für Grundstücke) bei der **Türkei** (Art. 14 der Anl. zu Art. 20 des deutsch-türkischen Konsularvertrags von 1931) und der **Russischen Föderation** (Art. 28 Abs. 3 des deutsch-russischen Konsularvertrags von 1958) ein.

Wichtige **Länder mit Nachlassspaltung (hauptsächlich kollisionsrechtliche Sondernormen für Grundstücke)** sind (bzw. waren soweit für die nachfolgend aufgeführten Staaten nun die EuErbVO gilt) USA,[111] Großbritannien, Irland, Indien, Argentinien, (teilweise) Brasilien, Kanada, Neuseeland, Australien, Litauen, Estland, Thailand, Türkei, Südafrika, Frankreich[112] und Belgien,[113] Niederlande (evtl. faktische Nachlassspaltung auch nach den IPR-Neuregelungen zum 1.1.2012).[114]

Österreich hatte die Nachlassspaltung durch das IPRG 1978 (Stichtag 1.1.1979) abgeschafft. Eigentumserwerb an Erbschaftsgegenständen und Haftung für Nachlassschulden werden jedoch in der in Österreich stattfindenden Verlassenschaftsabhandlung nach österreichischem Recht beurteilt. Durch die §§ 32, 31 IPRG, 22 Abs. 1 AußStrG, 107 JN tritt keine Sondererbfolge ein.[115] Es ist im Interesse der deutschen Erben folgender Vermerk in den **Erbschein** aufzunehmen:

„Der Erbschein erstreckt sich bei dem in Österreich gelegenen Nachlass nicht auf Erbschaftserwerb und Haftung für Nachlassschulden".[116]

Da keine Nachlassspaltung eintritt, ist auch eine gemeinsame Erbschaftsquote zu bilden.

4. Vorbehaltsklausel (ordre public)

30 Schließlich beschränkt die Vorbehaltsklausel des **Art. 6 EGBGB** (sog „ordre public") die Geltung des angewiesenen Erbstatuts. Eine fremde Rechtsnorm ist nicht anzuwenden, wenn ihre Anwendung zu Ergebnissen führt, die mit wesentlichen Grundsätzen des deutschen Rechts insbesondere mit den Grundrechten, unvereinbar sind.

---

[110] BGH IPRax 1994, 375.
[111] BGH NJW 1993, 1921.
[112] BayObLG NJW-RR 1990, 1033.
[113] OLG Köln FamRZ 1992, 860.
[114] *Eule* ZEV 2012, 201.
[115] So auch *Ferid* IPR 3. Aufl. 1986 Rn. 3–146; OLG Köln FamRZ 1997; 1176; *Lurger,* Doppelstaatsangehörigkeit im deutsch-österreichischen Spaltnachlass und Beschränkung durch Nacherbschaft, IPRax 1994, 235 Fn. 10 mwN insbes. zur OGH-Rspr.; *Firsching* IPRax 1983, 166 ff.; Öst. OGH IPRax 1988, 246; zur Entwicklung Staudinger/*Dörner* Anh. zu Art. 25 EGBGB Rn. 633.
[116] *Firsching* IPRax 1983, 166 (168).

Art. 6 EGBGB ist zurückhaltend anzuwenden, insbesondere im Erbrecht.[117] Voraussetzung für die Anwendung ist eine genügende Inlandsbeziehung.[118] Art. 6 regelt nicht, welches Ersatzrecht zur Anwendung kommt. In Betracht zu ziehen ist hier die **lex fori** oder auch (wenn es nur um die Kürzung eines anstößigen Anspruchs geht) die lex causae (Erbstatut), modifiziert durch die Kürzung.[119]

Anwendungsfälle der **Vorbehaltsklausel** im Erbrecht: 31
- schwerste Fälle der Erbunwürdigkeit (das fremde Recht lässt eine Rechtsnachfolge von Todes wegen zu, obwohl die Voraussetzungen der Erbunwürdigkeitsgründe von § 2339 Nr. 1 und 2 vorliegen;[120]
- Beschränkung der Testierfreiheit ausschließlich auf Zuwendungen an Organisationen der herrschenden Partei (in kommunistischen Erbgesetzen);[121]
- Verstöße gegen das Grundrecht der Gleichberechtigung der Geschlechter (Art. 3 Abs. 2 und 3 GG) durch islamische Erbrechte, die der Tochter nur die Hälfte dessen zubilligen, was der Sohn bekommt; Bevorzugung des Witwers gegenüber der Witwe in islamischen Erbrechten (im Hinblick auf Art. 3 Abs. 2 GG);[122]
- Erbhindernis der Religionsverschiedenheit oder Apostasie im islamischen Recht (Art. 3 Abs. 3 GG);[123]
- Diskriminierung des Erbrechts oder der Testierfreiheit im Hinblick auf nichtehelich, in Blutschande oder Ehebruch gezeugte Kinder.[124]

Kein Verstoß gegen den **deutschen ordre public** liegt vor   32
- wenn eine ausländische Rechtsordnung nahen Verwandten oder dem Ehepartner kein Pflichtteils- oder Noterbrecht am Nachlass einräumt;[125]
- bei Einschränkung oder Ausweitung des gesetzlichen Erbrechts von Verwandten oder Ehegatten im Vergleich zum deutschen Erbrecht;[126]
- bei ausländischer erbrechtlicher Akzeptanz der Polygamie.[127]

Regelmäßig wird ein **Verstoß** gegen den **deutschen ordre public scheitern,** wenn   33
die folgenden Kriterien nicht beachtet sind:
1. Gegenstand der Überprüfung ist nicht abstrakt die fremde Rechtsnorm, sondern deren Rechtsfolgen im konkreten Fall, wobei auch Kompensationen des fremden Rechts, die tatsächlich zum Tragen kommen, Berücksichtigung finden.[128]
2. Ein Konflikt zwischen dem Anwendungsergebnis einer ausländischen Norm und einem Grundrechtsgebot ist noch nicht gleichbedeutend mit einem Verstoß gegen den deutschen ordre public.

---

[117] *Ferid* IPR 3. Aufl. 1986 Rn. 9–24.
[118] BGHZ 60, 68 (79); BGH FamRZ 1993, 316; BVerfGE 31, 58 (76).
[119] OLG Düsseldorf RNotZ 2009, 250; Palandt/*Thorn* Art. 6 EGBGB Rn. 13.
[120] Staudinger/*Dörner* Art. 25 EGBGB Rn. 732.
[121] *Ferid* IPR 3. Aufl. 1986 Rn. 3–47.
[122] OLG Düsseldorf ZEV 2009, 190; *Lorenz* IPrax 1993, 148; OLG Frankfurt a. M. ZEV 2011, 135 (Zurücksetzung der überlebenden Ehefrau nach ägyptischem Recht); OLG München NJW-RR 2012, 1096 (Zurücksetzung der überlebenden Ehefrau nach iranischem Recht; das Gericht überkompensiert hier und korrigiert hier nicht nur das iranische Erbrecht, sondern gewährt auch noch den pauschalisierten Zugewinnausgleich; zutreffend aA OLG Köln FamRZ 2012, 819 und OLG Düsseldorf FamRZ 2009, 1013 türkisches Recht: Berechnung eines etwaigen Zugewinnausgleichs).
[123] OLG Düsseldorf FamRZ 2009, 1013 (Erbrechtsausschluss der christlichen überlebenden Ehefrau; Iran); OLG Frankfurt ZEV 2011, 135 oben (nichtmuslimische überlebende Ehefrau, Ägypten).
[124] OLG Hamm FamRZ 1993, 111.
[125] RG JW 1912, 22; BGH NJW 1993, 1921; OLG Köln FamRZ 1976, 172; OLG Hamm IPRax 2006, 486; aA jedenfalls beim Pflichtteilsentzug zu Lasten des minderjährigen oder bedürftigen Kindes Staudinger/*Dörner* Art. 25 EGBGB Rn. 731 mwN im Schrifttum und Bamberger/Roth/*Lorenz* Art. 6 EGBGB Rn. 26 und Art. 25 Rn. 60 wegen BVerfG NJW 2005, 1561.
[126] OLG Hamm NJW 1954, 1733; OLG Düsseldorf FamRZ 2009, 1013 – Iran –.
[127] Staudinger/*Dörner* Art. 25 EGBGB Rn. 735 mwN; aA MüKoBGB/*Birk* EGBGB Art. 6 Rn. 115.
[128] *Dörner* IPRax 1994, 33 (36).

Es bedarf vielmehr der weiteren Prüfung, ob das betreffende Grundrecht nach seinem Inhalt und Zweck uneingeschränkte Geltung auch für den konkreten Sachverhalt mit seinen ausländischen Bezügen beansprucht.[129] Hierbei sind drei Gesichtspunkte zu prüfen:
- Ist das betroffene Grundrecht ein allgemeines Menschenrecht oder ein staatsbürgerliches Grundrecht?
- Kollidiert die ausländische Norm mit dem menschenrechtsbezogenen Kernbereich des Grundrechts oder eher mit einem aus diesem abgeleiteten Gestaltungsauftrag?[130]
- Welchen Inhaltsbezug weist der zu regelnde Sachverhalt auf?[131]
  - Gehören die Betroffenen dem fremden Rechtskreis an?
  - Stimmen alle Betroffenen der Anwendung des fraglichen Rechtssatzes zu?
  - Würde das Ergebnis auch ohne die in Frage stehende tatbestandliche Anknüpfung eintreten?[132]
- Entsprechen die Rechtsfolgen des ausländischen Rechtssatzes dem Willen des Erblassers?[133]
  Es ist immer zu prüfen, ob eine letztwillige Verfügung, die der Norm entspricht, von der Testierfreiheit des Art. 14 Abs. 1 S. 1 GG gedeckt wäre.[134]

34   **Ausländischer ordre public** kann eine Schranke bei der Durchsetzung deutschen Erbrechts sein (etwa uU bei Erbvertrag und gemeinschaftlichem Testament, die von romanischen Rechtsordnungen missbilligt werden).

35   **Manipulierte Anknüpfungen** sind (soweit nur zum Schein gesetzte Sachverhalte oder Absichten gemeint sind) meist ein tatsächliches Problem. Rechtsprechung, die etwa einem Staatsangehörigkeitswechsel, Aufenthaltswechsel oder Grundstückserwerb, vorgenommen in der Absicht, heimisches Erbrecht zu umgehen, die kollisionsrechtliche Wirksamkeit versagt hätte, ist nicht bekannt. Wenn der Gesetzgeber einen Statutenwechsel zulässt, ist nicht recht ersichtlich, nach welchen Kriterien ihm im Einzelfall die Anerkennung versagt werden soll.[135]

VIII. Erbstatut und Güterrecht

36   Das Güterrecht entscheidet, was aus güterrechtlichen Gesichtspunkten dem Nachlass zuzurechnen ist, nämlich der Anteil des verstorbenen Ehegatten. Das Erbrecht regelt, wer aus diesem Nachlass was und mit welcher Quote erhält. Danach richtet sich auch die Qualifizierung von ehevertraglichen Bestimmungen.
   Das zusätzliche Viertel nach § 1371 Abs. 1 BGB (ebenso bei § 1371 Abs. 2 Hs. 2 und Abs. 3 BGB) als güterrechtliche Ausgleichsforderung nach dem Tod eines Ehegatten **wird** von der Rechtsprechung, insbesondere jüngst vom BGH[136] überwiegend güterrecht-

---

[129] BVerfGE 31, 58 (76); BGH FamRZ 1993, 316 (317).
[130] BVerfG NJW 1992, 964 (965) zu den unterschiedlichen Funktionen bei Art. 3 GG, um den es hier meist geht.
[131] BVerfGE 31, 58 (77); BGH FamRZ 1993, 316 (317).
[132] BGH FamRZ 1993, 1053.
[133] Staudinger/*Dörner* Art. 25 Rn. 717; OLG Hamm FamRZ 2005, 1705 (1709) – auch zu oben genannten Gesichtspunkten –.
[134] OLG Hamm FamRZ 2005, 1705 (1709); aus dieser Überlegung heraus hat das OLG Hamm letztlich die Enterbung eines Nicht-Moslems im islamischen (im Fall: ägyptischen) Recht (Unerheblich ist dabei, dass das islamische Recht eine entsprechende letztwillige Verfügung gar nicht ermöglicht) akzeptiert; zur Grenze der Gestaltungsfreiheit des Erblassers s. BVerfG FamRZ 2004, 765. Das Gericht ging davon aus, dass die individuelle Religionsfreiheit (Art. 4 GG) nicht berührt war, also keine Einwirkung auf die Religionsfreiheit vorlag.
[135] *Von Bar* IPR, 497 Rn. 574 ff.
[136] BGH NJW 2015, 2185.

lich qualifiziert; die Literatur qualifiziert zT erb- und güterrechtlich oder nur erbrechtlich.[137] Bei ausländischem Güterstatut ist § 1371 regelmäßig nicht anzuwenden.[138] Bei deutschem Güterstatut (Zugewinngemeinschaft) kann es zur Anwendung kommen. Welches Erbrecht dabei zur Anwendung kommt, spielt dann keine Rolle. Bei erbrechtlicher Qualifikation des § 1371 Abs. 1 BGB (zusätzliches Viertel) kann die Vorschrift nur zur Anwendung kommen, wenn das Erbstatut deutsch ist.[139]

Teilweise wird differenziert: Bei **ausländischem Erbstatut und deutschem Güterstatut** wird die Lösung auf materiell-rechtlicher Ebene gesucht: Ist die ausländische Erbquote kleiner als die deutsche, wird § 1371 angewandt;[140] ist sie aber größer, wird das Ergebnis auf die deutsche Gesamtquote reduziert[141] oder die Anwendung von § 1371 wird auf die Durchführung des Zugewinnausgleichs nach §§ 1373 ff. beschränkt.[142]

Die besondere Quote des § 1931 Abs. 4 BGB ist nur erbrechtlich zu qualifizieren;[143] bei ausländischem Güterrechtsstatut ist jedoch erforderlich, dass die ausländische Gütertrennung der des BGB entspricht.[144]

Da bei deutsch-ausländischen Ehen häufig das **Güterstatut** zu prüfen ist (etwa bei der Prüfung des § 1371 Abs. 1 BGB), nachfolgend einige **Hinweise zum Güterstatut des Art. 15 EGBGB,** wobei zu beachten ist, dass ab 29.1.2019 die Europäischen Güterrechtsverordnungen anwendbar sein werden, hierzu bereits oben § 47 Rn. 6.

Das Güterstatut ist grundsätzlich unwandelbar, fixiert auf den Zeitpunkt der 37 **Eheschließung;[145] maßgebend ist** also – vorbehaltlich einer auch später möglichen Wahl gemäß Art. 15 Abs. 2 EGBGB – **das bei der Eheschließung gegebene Ehewirkungsstatut (Art. 14 Abs. 1 EGBGB) mit folgender Stufenanknüpfung:**

– gemeinsames Heimatrecht der Ehegatten bei Eheschließung (nicht früheres);
– falls keine gemeinsame Staatsangehörigkeit bei Eheschließung: der gemeinsame gewöhnliche Aufenthalt (bei Eheschließung);
– falls auch kein gemeinsamer gewöhnlicher Aufenthalt: das Recht des Staates, zu dem bei Eheschließung die gemeinsamen engsten Bindungen bestehen (früherer, jetziger, künfti-

---

[137] Erb- und güterrechtlich (ua): *Ferid* IPR 8–130;; OLG Düsseldorf MittRhNotK 1988, 68; Staudinger/*Firsching,* 12. Aufl. 1991, Art. 24–26 EGBGB Rn. 227; Staudinger/*Gamillscheg* 10./11. Aufl. 1973 Art. 15 Rn. 335; MüKoBGB/*Siehr* EGBGB Art. 15 Rn. 114, 115; MüKoBGB/*Birk* EGBGB Art. 25 Rn. 158, 164 (bei unterschiedlichem Erb- und Güterrechtsstatut im Falle des Normenmangels oder der Normenhäufung Anpassung im Einzelfall; nur güterrechtlich (ua): Palandt/*Thorn* Art. 15 EGBGB Rn. 26; Soergel/*Schurig* Art. 15 EGBGB Rn. 40 (mit Anpassung bei Normenmangel/Normenhäufung); OLG München NJW-RR 2012, 1096; OLG Karlsruhe NJW 1990, 1420, (1421); OLG Hamm IPRax 1994, 49 (53); OLG Frankfurt FamRZ 2010, 975; OLG Stuttgart FamRZ 2005, 1711 (unklar, ob nur güterrechtliche oder Doppelqualifikation; OLG Düsseldorf FamRZ 2009, 1013: kein pauschaler Zugewinnausgleich, sondern Berechnung einer etwaigen Zugewinnausgleichsforderung nach §§ 1373 ff. BGB; Staudinger/*Mankowski* Art. 15 EGBGB Rn. 342 ff.; nur erbrechtlich: *Raape* IPR 5. Aufl. 1961, 336; so nun auch der EuGH unter Geltung der EuErbVO, vgl. oben § 47 Rn. 6.
[138] OLG Karlsruhe NJW 1990, 1420; LG Memmingen IPRax 1985, 41.
[139] Bamberger/Roth/*Mörsdorf-Schulte* EGBGB Art. 15 Rn. 47; OLG Düsseldorf IPRspr 1987, Nr. 105; differenzierend MüKoBGB/*Siehr* EGBGB Art. 15 Rn. 114 ff.
[140] OLG Hamm FamRZ 1993, 111.
[141] LG Mosbach ZEV 1998, 489: bei österreichischer Ehegattenquote von $^1/_3$ erfolgt zB eine Reduzierung von $^1/_3 + ^1/_4$ auf $^1/_2$.
[142] OLG Stuttgart NJW-RR 2005, 740; OLG Frankfurt 2010, 975.
[143] OLG Düsseldorf FamRZ 2010, 72.
[144] *Ferid* IPR 3. Aufl. 1986 Rn. 8–134; Palandt/*Thorn* Art. 15 EGBGB Rn. 28.
[145] Wobei die Rechtsänderungen des Statuts von einem Teil der Rspr. berücksichtigt werden (OLG Hamm FamRZ 2010, 975; KG FamRZ 2005, 1676; offengelassen OLG München ZEV 2011, 137; aA OLG Nürnberg MittBayNot 2011, 337: Änderungen bleiben unberücksichtigt). Anders, also für eine „Versteinerung" des Statuts, die Rechtsprechung, wenn die Beziehungen zum Heimatstaat, der das Statut bestimmt, abgerissen sind, etwa durch Flucht oder Vertreibung, vgl. BayObLGZ 59, 89; 61, 123; OLG Hamm NJW 77, 1591; BGHZ 40, 32; ablehnend Palandt/*Thorn* Art. 15 EGBGB Rn. 3. Für deutsche Flüchtlinge beachte die Durchbrechung des Grundsatzes des Versteinerung auf Grund des Gesetzes über den ehelichen Güterstand von Vertriebenen und Flüchtlingen vom 4.8.1969 (GeGVF), Art. 15 Abs. 4 EGBGB (siehe oben).

ger Aufenthalt, Sprache, berufliche Tätigkeit etc; notfalls Ort der Eheschließung, wenn nicht zufällig);
– das für die allgemeinen Ehewirkungen gemäß Art. 14 Abs. 2 bis 4 EGBGB (vor der Eheschließung aufschiebend bedingt wirksam) gewählte Statut.

38   Die (ex nunc wirkende) **Rechtswahl** nach Art. 15 Abs. 2 EGBGB (auch eine Möglichkeit, die Versteinerung zu durchbrechen) bedarf der **notariellen Form,** wobei die Form des gewählten Statuts oder des Ortes der Rechtswahl genügt (Art. 15 Abs. 3 iVm Art. 14 Abs. 4 EGBGB). Die Ehegatten haben auch die Möglichkeit, ein Güterrechtsstatut über die **Rechtswahl für die allgemeinen Wirkungen der Ehe gem. Art. 14 EGBGB** zu bestimmen. Diese Rechtswahlmöglichkeit besteht jedoch nur bis zum Zeitpunkt der Eheschließung. Eine spätere Rechtswahl nach Art. 14 EGBGB hat wegen des Grundsatzes der **Unwandelbarkeit des Güterrechtsstatuts** keinen Einfluss auf das eheliche Güterrecht.

Der **Notar hat eine Güterrechtswahl dem Zentralen Testamentsregister anzuzeigen (§ 34a Abs. 1 BeurkG).**

Die **Rechtswahl** bestimmt **nur den gesetzlichen** Güterstand; dieser tritt ein, soweit nicht durch Ehevertrag andere Vereinbarungen getroffen werden.

39   Für **Vertriebene und DDR-Flüchtlinge** gilt das Gesetz vom 4.8.1969 iVm Art. 15 Abs. 4 EGBGB (BGBl. 1969 I 1067; abgedruckt bei Palandt/*Thorn* als Anhang II zu Art. 15 EGBGB). Für erst nach dem 1.10.1969 Zugewanderte gilt Zugewinngemeinschaft vom Anfang des nach der Übersiedlung folgenden nächsten Monats mit einer Ausschlagungsfrist von 1 Jahr.[146]

40   **Beachte für Eheschließungen vor dem 9.4.1983** (Art. 220 Abs. 3 des IPR-Gesetzes vom 25.7.1986):

Bei Ehen, die vor dem 1. April 1953 geschlossen wurden, bleibt es bei der Regelung des Art. 15 EGBGB aF, also bei der Anknüpfung an das Recht des Staates, dem der Ehemann zurzeit der Eheschließung angehörte (Art 220 Abs. 3 S. 6 EGBGB).

Bei **Eheschließungen in der Zeit vom 1.4.1953 bis 8.4.1983** galt das gemeinsame effektive Heimatrecht der Eheleute zurzeit der Eheschließung (vorbehaltlich einer Rück- oder Weiterverweisung) bzw. das Recht, dem sie sich durch Ehevertrag unterstellt haben oder von dessen Geltung sie gemeinsam ausgegangen sind, hilfsweise das Heimatrecht des Mannes zurzeit der Eheschließung. Die Möglichkeit einer formfreien ausdrücklichen oder konkludenten Rechtswahl endete am 8.4.1983. Die Wirkungen einer bis dahin gem. Art. 220 Abs. 3 S. 1 Nr. 2 EGBGB getroffenen Rechtswahl enden entgegen dem Wortlaut dieser Vorschrift nicht mit Ablauf des 8. April 1983; diese Rechtswahl gilt vielmehr unbegrenzt für die Zukunft.[147] Art. 220 Abs. 3 S. 1 Nr. 2 EGBGB ist verfassungskonform so auszulegen, dass durch bloßes Ausgehen von dem bisher gleichheitswidrigen Zustand die Fortgeltung des Heimatrechts des Mannes für die Zeit nach dem 8.4.1983 nicht aufrecht erhalten werden kann.[148] Es ist vielmehr dann bezogen auf den 9.4.1983 von der gemeinsamen Staatsangehörigkeit, dem gemeinsamen gewöhnlichen Aufenthalt oder hilfsweise der gemeinsamen engsten Verbindung auszugehen.[149]

Vom 9.4.1983 an gilt für die zwischen 1.4.1953 und 8.4.1983 geschlossenen Ehen Art. 15 EGBGB nF, wobei für das Güterrecht die Fiktion aufgestellt wird, die Ehe sei am 9.4.1983 geschlossen worden (Art. 220 Abs. 3 S. 2 EGBGB). Das am 8.3.1983 vorhandene Vermögen unterliegt als Sondervermögen dem alten Güterstatut.

Im Verhältnis zu Italien galt bis zum 23.8.1987 das Haager Ehewirkungsabkommen vom 17.7.1905. Art. 2 Abs. 1 des Abkommens unterstellte die güterrechtlichen Wirkungen der Ehe dem Heimatrecht des Ehemannes zurzeit der Eheschließung. Diese Regelung war

---

[146] *Ferid* IPR, 3. Aufl. 1986, Rn. 8–119.
[147] BGH NJW 1987, 584; NJW 1988, 639.
[148] BVerfG NJW 2003, 1656.
[149] BGH FamRZ 1993, 289.

verfassungswidrig.[150] Art. 220 Abs. 3 IPR-Gesetz vom 25.7.1986 gilt als Übergangsregelung entsprechend.[151]

Rück- und Weiterverweisungen sind bei einer Wahl des Güterrechtsstatuts ausgeschlossen, da **die Wahl eine Verweisung nur auf das Sachstatut** darstellt (anders bei der nur mittelbaren Wahl des Güterstatuts über die Rechtswahl nach Art. 14 Abs. 2 oder 3 BGB).[152]

Das Güterrechtsstatut umfasst grundsätzlich das gesamte Vermögen der Ehegatten **(Grundsatz der Einheitlichkeit).** Zu einer **Spaltung** des anwendbaren Güterrechts kann es infolge einer Rechtswahl nach Art. 15 Abs. 2 Nr. 3 EGBGB, durch Rück- und Weiterverweisungen des angerufenen fremden Rechts oder durch eine Sonderanknüpfung nach Art. 3a Abs. 2 EGBGB kommen.

IX. Ermittlung ausländischen Rechts

Der Richter hat im Wege des Freibeweises (pflichtgemäßes Ermessen) das anzuwendende **41** ausländische Recht von Amts wegen festzustellen, §§ 293 ZPO, 26 FamFG;[153] insoweit gilt auch keine Beweislast.[154] Es steht in seinem Ermessen, wie er sich die Kenntnis des fremden Rechts verschafft. Bei **Gutachten** darf er **keinen Vorschuss** fordern. Das vom deutschen Richter angewandte **ausländische Recht** ist seit Neufassung des § 545 Abs. 1 ZPO und Einführung des § 72 Abs. 1 FamFG **revisibel.** Die **Gerichte** haben die Möglichkeit, amtliche Auskünfte des betreffenden Landes auf Grund des **Europäischen Übereinkommens betreffend Auskünfte über ausländisches Recht vom 7.6.1968**[155] zu erholen.

Das **Auskunftsersuchen** kann durch das Gericht selbst abgefasst werden; das Gericht kann dies auch den Parteien oder Beteiligten überlassen (in diesem Fall ist die gerichtliche Genehmigung des Ersuchens beizufügen).

Das Ersuchen, das nur für ein bereits anhängiges Verfahren gestellt werden darf, **ist an das BMJ (Bundesgerichte), bzw. die von der Landesregierung bestimmte Stelle (idR Justizministerium) als Übermittlungsstelle zu richten.**

Es muss folgenden Inhalt haben:

– Bezeichnung des Gerichts, von dem das Ersuchen ausgeht;
– die Punkte, zu denen Auskunft gewünscht wird; bei mehreren Rechtssystemen des Auskunftsstaates Bezeichnung des betreffenden Systems;
– verständliche Sachverhaltsdarstellung (wobei Schriftstücke in Abschrift beigefügt werden können;
– falls Ersuchen von den Parteien abgefasst ist: Beigabe der gerichtlichen Genehmigungsentscheidung.

Falls Kosten für die Auskunft erhoben werden, werden diese dem Gericht mitgeteilt werden, zur Entscheidung, ob das Ersuchen aufrechterhalten wird.

Auskünfte erteilen auch (deutsche und ausländische) **Botschaften und Konsulate.**[156] **42** Hierzu beachte §§ 5 Nr. 5, 47 Abs. 2, 48 ZRHO und wegen der Kosten das Auslandskostengesetz vom 21.2.1978 (BGBl. 1978 I 301).

---

[150] BGH FamRZ 86, 1200; 87, 679; 88, 40.
[151] Vgl. näher Palandt/*Thorn* Art. 15 EGBGB Rn. 7 ff.
[152] Palandt/*Thorn* Art. 15 EGBGB Rn. 2; str.
[153] BGHZ 118, 151 (162).
[154] BGH NJW-RR 2005, 1071.
[155] Für die Bundesrepublik Deutschland in Kraft seit dem 11.3.1975 (BGBl. 1974 II, 938; 1975 II 360); Deutsches Ausführungsgesetz vom 5.7.1974 (BGBl. 1974 I 1433 – AuRAG –); abgedruckt bei *Geimer/ Schütze* A I 4c – 382 –; Liste der Mitgliedsstaaten dort A I 4c – 383 –. S. auch die landesgesetzlichen Ausführungsgesetze, die als Übermittlungsstellen bei Anfragen die Justizministerien der Länder vorsehen. Beachte bei Marokko den Vertrag über Rechtshilfe und Rechtsauskunft in Zivil- und Handelssachen vom 29.10.1985, in Kraft seit 23.6.1994 (BGBl. 1988 II 1054, 1994 II 1192).
[156] *Ferid* IPR 3. Aufl. 1986 Rn. 4–95 warnt hier jedoch zu Recht.

43 Schließlich erstatten die einschlägigen wissenschaftlichen Einrichtungen (**Max-Planck-Institut, Universitätsinstitute für Rechtsvergleichung** in München, Berlin, Frankfurt/Main, Hamburg und Köln) Gutachten.[157] Die Kosten eines von einer Partei eingeholten Privatgutachtens über ausländisches Recht sind erstattungsfähig,[158] im Zivilprozess nach § 91 ZPO, im Verfahren der freiwilligen Gerichtsbarkeit gem. § 80 FamFG.[159] Das Gericht darf jedoch kein Gutachten zur Feststellung des eigenen IPR einholen. Dies ist die Aufgabe des Gerichts selbst[160] und zwar von Amts wegen, nicht erst auf Antrag.

Die Parteien können zwar **im internationalen Schuldrecht** weitgehend (ausdrücklich oder konkludent; auch **nachträglich,** etwa im Prozess durch Erörterung nach deutschem Recht) eine **Rechtswahl treffen, beim Erbstatut jedoch nur beschränkt** (Art. 25 Abs. 2 EGBGB aF).[161]

44 Kann das anzuwendende Auslandsrecht nicht festgestellt werden, kann **keine Beweis-lastentscheidung** getroffen werden, vielmehr muss[162] in größtmöglicher Annäherung an das unbekannte Recht entschieden werden.[163] Die höchstrichterliche Rechtsprechung[164] wendet, falls eine zweifelsfreie Feststellung nicht möglich ist, grundsätzlich deutsches Recht an, wobei

„in Fällen, in denen die Anwendung des inländischen Rechts äußerst unbefriedigend wäre,… auch die Anwendung des dem an sich berufenen Recht nächstverwandten oder des wahrscheinlich geltenden Rechts gerechtfertigt sein" kann.

X. Erbstatut und Erbschein, Testamentsvollstreckerzeugnis

1. Erbschein nach § 2369 BGB aF (nun § 352c FamFG)[165]

45 Dieser Erbschein, der sich auf den inländischen Nachlass beschränkt, kann nur erteilt werden, wenn zur Erbschaft Nachlassgegenstände sowohl im Inland wie auch im Ausland gehören, wobei es genügt, dass sich auch nur ein einziger Nachlassgegenstand im Ausland befindet. Die Beschränkung auf den ausländischen Nachlass ist nicht möglich, hier kann nur ein allgemeiner Erbschein erteilt werden.[166] Bei Nachlassspaltung liegen mehrere selbständige Nachlässe vor, für die Erbscheine nach § 2353 oder bei Vorliegen der Voraussetzungen auch nach § 2369 BGB aF (nun § 352c FamFG) erteilt werden können, die auch in einer Urkunde zusammengefasst werden können (siehe näher unten die Ausführungen unter b). Es muss nur klar gemacht sein, dass es mehrere selbständige Erbscheine sind und beim Fremdrechtserbschein, auf welchem Recht er beruht. Un-erheblich für die Anwendung des § 2369 BGB aF (nun § 352c FamFG) ist, welches Erbrecht (deutsches oder ausländisches) zur Anwendung kommt. Die Beschränkung auf

---

[157] Siehe Übersicht bei *Hetger* DNotZ 2003, 320.
[158] OLG München Rpfleger 2000, 425; Zöller/*Hergeth* § 91 ZPO Rn. 13 Stichwort Privatgutachten.
[159] Keidel/*Zimmermann* § 80 Rn. 27; OLG Koblenz VersR 1982, 1173; LG Bremen Rpfleger 1965, 235.
[160] BGH NJW 1998, 1321; Zöller/*Geimer* § 293 ZPO Rn. 9.
[161] LG München I 5.2.2007 – 13 T 13 484/06: Ein Nachweis der Erbfolge im Sinne des § 35 Abs. 1 GBO kann sich auch aus einer konkludenten Rechtswahl und Erbeinsetzung in einem notariellen Testament ergeben.
[162] BGH NJW 1961, 410.
[163] Wohl die herrschende Meinung, vgl. *Ferid* IPR 3. Aufl. 1986 Rn. 4–101; Zöller/*Geimer* § 293 ZPO Rn. 27. ZB belgisches oder französisches Recht für Luxemburg (OLG Bremen, MDR 1955, 427); französisches Recht für Belgien (RGZ 163, 367).
[164] BGHZ 69, 387 (jedenfalls, wenn starke Inlandsbeziehungen bestehen und die Beteiligten nicht widersprechen); BGH NJW 1982, 1215; auch KG FamRZ 2002, 166 (167); 2002, 840.
[165] § 2369 BGB wurde durch das Reformgesetz neu gefasst, weil das Reformgesetz von der Gleichlauftheorie abkehrt und die internationale Zuständigkeit aus der örtlichen Zuständigkeit herleitet (§ 105 FamFG), inzwischen wurde § 2369 BGB in das FamFG überführt, siehe nun § 352c FamFG.
[166] OLG Brandenburg ZErb 2011, 277; Palandt/*Weidlich* § 2369 Rn. 1.

den inländischen Nachlass kann der Verfahrensvereinfachung oder der Kostenersparnis dienen.

Keine Rolle spielt, ob das ausländische Recht einen Erbschein kennt oder nicht. Ist von einem ausländischen Gericht ein Erbschein erteilt worden, so kann demnach von einem inländischen Nachlassgericht bei gegebenen Voraussetzungen ein deutscher beschränkter Erbschein erteilt werden, eine Bindung an den ausländischen Erbschein besteht nicht; lediglich ein türkisches Nachlasszeugnis über den beweglichen Nachlass ist im Hinblick auf § 17 des deutsch-türkischen Nachlassabkommens anzuerkennen.[167] Seit 17.8.2015 kann auch ein Europäisches Nachlasszeugnis in Form einer öffentlichen Urkunde die Stellung als Erbe, Testamentsvollstrecker, Fremdverwalter und Vermächtnisnehmer nachweisen.[168] Der Erbschein kann in allen Gestaltungen des gewöhnlichen Erbscheins nach § 2353 BGB erteilt werden.

46 Voraussetzung für die Anwendung des § 2369 BGB aF (nun § 352c FamFG) ist, dass sich **zZ der Ausstellung des Erbscheins** Nachlassgegenstände im Inland befinden,[169] wobei die bloße konkrete Angabe genügt.[170] Die örtliche und internationale Zuständigkeit des Nachlassgerichts ergibt sich aus §§ 343, 105 FamFG. Das Verfahren richtet sich stets nach deutschem Recht (lex fori).

47 In dem Erbschein nach § 2369 BGB aF (nun § 352c FamFG) **ist, soweit es ein Fremdrechtserbschein ist, stets anzugeben,** nach **welchem ausländischen Recht** sich die Erbfolge bemisst (einschließlich einer ggf. erfolgten Korrektur durch den ordre public)[171] und dass der Wirkungsbereich sich **auf das Inlandsvermögen beschränkt.** Ferner ist der **Berufungsgrund** anzugeben („beerbt worden auf Grund Gesetzes/Testaments vom…"). Fehlt ein solcher Vermerk, so ist der Erbschein unrichtig und muss eingezogen werden, denn er kann seiner Funktion, das Erbrecht klarzustellen und den Erben Dritten gegenüber zu legitimieren, in diesem Falle nicht gerecht werden.[172] Die inländischen Vermögensstücke sind nicht einzeln aufzuführen. Bei einem ausländischen Noterbrecht mit dinglicher Wirkung ist der Noterbe in den Erbschein aufzunehmen, wenn er diese materielle Stellung bereits erreicht hat, falls nicht, ist ein Vorbehalt der Geltendmachung dieses Rechts erforderlich.[173]

Muster:

48 Unter Beschränkung auf den inländischen Nachlass wird bezeugt, dass der am 5.3.1912 in Warschau geborene, zuletzt in München wohnhaft gewesene und ebendort am 3.2.1985 verstorbene Professor X in Anwendung polnischen Rechts von seiner Tochter Y allein beerbt worden ist.

---

[167] LG München I FamRZ 2012, 585.

[168] Zum früheren Recht BayObLGZ 1965, 377; § 108 FamFG führt zu keinem anderen Ergebnis. Nur bei ausnahmsweiser Anerkennung eines ausländischen Erbscheins wegen staatsvertraglicher Regelung und auch nur insoweit entfällt das Rechtsschutzbedürfnis für die nochmalige Ausstellung eines Erbscheins in Deutschland (Palandt/*Weidlich* § 2369 Rn. 21; Keidel/*Zimmermann* § 108 Rn. 35 und 37 – zum Europäischen Nachlasszeugnis).

[169] Weitergehend KG DNotZ 1970, 672 (unabweisliches Bedürfnis genügt).

[170] AA MüKoBGB/*J. Mayer*, 6. Aufl. 2013, § 2369 Rn. 9: inländischer Nachlass muss tatsächlich vorhanden sein. Die Streitfrage dürfte in der Praxis bei nicht zu geringen Anforderungen an eine konkrete, schlüssige Darlegung keine allzu große Bedeutung haben.

[171] So zutreffend MüKoBGB/*J. Mayer*, 6. Aufl. 2013, § 2369 Rn. 25.

[172] HM KG Rpfleger 1977, 307; BayObLGZ 1961, 4 (21 ff.). Der Vermerk ist auch ohne Antrag aufzunehmen, da wie das BayObLG mit Recht hervorhebt, das Gericht von Amts wegen das anzuwendende Recht zu ermitteln hat.

[173] MüKoBGB/*J. Mayer*, 6. Aufl. 2013, § 2369 Rn. 25 und 33 mwN auch zur Gegenmeinung und Hinweisen auf Griechenland, Schweiz, Frankreich und Italien.

2. Nachlassspaltung

Bemisst sich die Erbfolge nach mehrfachem Recht **(Nachlassspaltung),** so ist für **jede** Nachlassmasse ein **selbständiger** Erbschein auszustellen. Die Erbscheine können nach außen in einem Zeugnis zusammengefasst werden.[174] Für jede Masse ist eine eigene Quote zu bilden.

Beispiel:

Angehöriger des Staates New York mit letztem Domizil in New York hinterlässt Grundstück und beweglichen Nachlass in München, Antrag ist gestellt auf Ausstellung eines Erbscheins in beide Vermögensmassen. Erbfolge in Mobilien bemisst sich hier nach dem Recht des letzten Domizils des Erblassers, in Immobilien nach dem Recht der belegenen Sache.

Beide Erbscheine zusammengefasst in einem Zeugnis werden lauten:

Muster:

49 A. Unter Beschränkung auf den im Inland befindlichen beweglichen Nachlass wird bezeugt, dass der am 5.5.1922 in New York geborene, zuletzt ebendort wohnhaft gewesene und am 3.5.1985 in München verstorbene Kaufmann X in Anwendung des Rechtes des Staates New York von seinem Sohne Y allein beerbt worden ist.

B. Es wird bezeugt, dass der unter A aufgeführte Erblasser in Anwendung deutschen Rechts kraft Rückverweisung von seinem Sohn Y allein beerbt worden ist. Dieser Erbschein gilt nur für den im Inland befindlichen unbeweglichen Nachlass.

---

3. Verfügungsbeschränkungen

50 **Verfügungsbeschränkungen des Erben nach ausländischem Erbstatut** sind entsprechend §§ 2363 BGB, 2364 BGB aF (nun § 352b FamFG) dann aufzunehmen, wenn die Rechtsstellung des Erben unmittelbar eingeschränkt wird und auch in einem Eigenrechtserbschein aufzunehmen wären.[175]

a) Nießbrauch, Legate

Der **gesetzliche Nießbrauch des überlebenden Ehegatten** ist nach französischem, belgischen, spanischen sowie (altem) schweizer und italienischem Recht nicht im Erbschein aufzuführen, er ist als Vermächtnis zu qualifizieren, weil er nach inländischem Sachenrecht nicht unmittelbar am Nachlass entsteht.[176] Aus diesem Grunde ist auch das (frühere) **italienische Vindikationslegat** (Art. 649 Codice Civile) nicht aufzuführen.

---

[174] Palandt/ *Weidlich* § 2353 BGB Rn. 19.
[175] Siehe auch MüKoBGB/ *J. Mayer,* 6. Aufl. 2013, § 2369 Rn. 42.
[176] *Für Aufnahme* des französischen (IPG 1977 Nr. 34), spanischen (IPG 1972 Nr. 31), belgischen (*Hecker* MittRhNotK 1956, 9 (18)) gesetzlichen Witwennießbrauchs Teile der Literatur; *Greif* MDR 1965, 447 *gegen* Angabe des schweizer, (früheren) italienischen und französischen Nießbrauchs; ebenso dagegen IPG 1978 Nr. 35 (Schweiz; altes Recht). *Grundsätzlich gegen* Aufnahme Ferid IPR 3. Aufl. 1986 Rn. 9–45 und BayObLGZ 1961, 4 = IPRspr 1960-61 Nr. 143; BayObLG FamRZ 1996, 694 (Belgien) Palandt/ *Weidlich* § 2369 Rn. 4; MüKoBGB/ *J. Mayer,* 6. Aufl. 2013, § 2369 Rn. 32, 42 ff. (keine Aufnahme des Vindikationslegats, da nur schuldrechtliche Wirkung; Legalnießbrauch dann aufnehmen, wenn als Verfügungsbeschränkung wirksam, so beim Erbteilsvermächtnisnehmer und Universalvermächtnisnehmer des französischen, belgischen und luxemburgischen Rechts); BGH ZEV 1995, 298 (300) = IPRax 1996, 39 (40) (keine Aufnahme eines Vindikationslegats); OLG Hamm IPRax 1994, 49 (keine Aufnahme des Anspruchs der Witwe auf Wertausgleich nach iranischem Recht).

b) Vollstrecker, Verwalter

Zur **joint tenancy,** zum **trust s. Rn.** … Testamentsvollstreckung ist nach hM auch im Fremdrechtserbschein aufzuführen, wenn der vorgesehene Amtsinhaber eine dem deutschen Testamentsvollstrecker vergleichbare Stellung hat.

Die Rechtsprechung hat dies bejaht beim **Willensvollstrecker** nach Schweizer Recht.[177] Es kann uU bejaht werden beim angelsächsischen **executor** und dem **trustee,** abzulehnen ist dies beim **administrator;** letztlich entscheidet ein Vergleich der Befugnisse des Amtsinhabers nach fremdem Recht mit denjenigen eines deutschen Testamentsvollstreckers.

- **Anordnung einer Testamentsvollstreckung nach fremdem Erbstatut:** Die Testamentsvollstreckung (dh Berufung, Rechte und Pflichten, sowie Entlassung des Testamentsvollstreckers) unterliegt dem Erbstatut, wobei bei Nachlassspaltung die Stellung des Testamentsvollstreckers für jede Nachlassmasse gesondert zu beurteilen ist.

Ein deutsches Nachlassgericht kann einen *„administrator"* des anglo-amerikanischen Rechtskreises nicht bestellen, da dieser weder Testamentsvollstrecker noch Nachlassverwalter ist und seine Stellung nicht auf dem Erblasserwillen beruht.[178] Er ist auch im Erbschein nicht aufzuführen.[179] In den USA geht in einer Reihe von Einzelstaaten das Grundvermögen[180] unmittelbar an die gesetzlichen (**„distributees"**) oder testamentarischen (**„residuary legatees"**) Erben (**„beneficiaries"**) der bewegliche Nachlass auf einen Abwickler – personal representative – (den vom Gericht eingesetzten **„administrator"** oder den vom Erblasser eingesetzten **„executor"**) über. In England geht der gesamte Nachlass auf den personal representative über. Aufgabe des personal representative ist die Sammlung des Nachlasses, Tilgung der Schulden und Aushändigung des Restnachlasses an die Erben, die – anders als im deutschen System – nicht für die Nachlassverbindlichkeiten haften. Das anglo-amerikanische Kollisionsrecht, das zwischen Nachlassverteilung (*„succession"*) und Nachlassabwicklung (*„administration"*) unterscheidet, verweist die administration auf die lex fori. Im deutschen Recht obliegt die Nachlassabwicklung jedoch grundsätzlich dem Erben selbst, sodass **sich ein Hinweis auf die administration im Erbschein erübrigt.**[181] Auch die **Ernennung eines „ancillary administrators"** für das in Deutschland belegene Vermögen ist nicht veranlasst, weil diese Rechtsfigur dem deutschen Recht fremd ist. Anders bei einem *„executor"* oder *„trustee"* angloamerikanischen Rechts.[182] **Zunächst ist jedoch durch Auslegung zu prüfen, ob der Erblasser dem executor auch für den deutschen Nachlass Aufgaben zuweisen wollte oder ob er ihn nur benannt hat, um die Bestellung eines gerichtlichen administrator zu vermeiden.**[183] Wenn also der executor über das Begleichen der Nachlassschulden und das Verteilen an die Erben hinaus keine weiteren Aufgaben hat, ist er im Erbschein nicht zu erwähnen und zwar weder für den Nachlass, der deutschem, noch für den Nachlass, der fremdem Recht untersteht. Falls die Auslegung ergibt, dass der Erblasser dem executor auch für den deutschen Nachlass weitergehende Rechte übertragen wollte, etwa länger dauernde Verwaltung, ist dieser in Deutschland als Testamentsvollstrecker anzusehen.

---

[177] BayObLGZ 1990, 51 = IPRax 1991, 343.

[178] *Ferid* IPR 3. Aufl. 1986 Rn. 9–81, 82.

[179] Er ist nämlich im deutschen Inland nicht verfügungsberechtigt (str.); Staudinger/*Schilken* § 2368 Rn. 42 mwN; Staudinger/*Dörner* Art. 25 EGBGB Rn. 855, 871; aA *Kegel/Schurig* § 21 IV 4: Erwähnung im Erbschein als „Nachlassverwalter (administrator)"; MüKoBGB/*J. Mayer,* 6. Aufl. 2013, § 2369 Rn. 46 (Vermerk über die Verfügungsbeschränkung zur Warnung des Rechtsverkehrs).

[180] Ferid/Firsching/*Dörner/Hausmann/Solomon,* US Grdz. B 10. Nach dem Recht anderer Staaten und nach dem UPC geht der gesamte Nachlass auf die Erben über, unterliegt aber der Verwaltung des personal representative.

[181] Staudinger/*Dörner* Art. 25 EGBGB Rn. 895.

[182] Falls dem executor auch trusts auferlegt sind, kann er auch als Erbe anzusehen sein (*Firsching,* Deutschamerikanische Erbfälle, 137).

[183] *Ferid* IPR, 3. Aufl. 1986, Rn. 9–83.

- **Ein auf den inländischen Nachlass beschränktes Testamentsvollstreckerzeugnis (§§ 2368 Abs. 3, 2369 BGB aF – nun § 352c FamFG) hat** – wie der Erbschein – **anzugeben,** nach welcher Rechtsordnung sich die Stellung des Testamentsvollstreckers richtet. Dies ist nicht erforderlich bei Anwendung deutschen Rechts kraft **Rückverweisung.** Verweist das fremde Recht nicht zurück, ist eine versteckte Rückverweisung zu prüfen, wie sie etwa im anglo-amerikanischen Grundsatz der „Territorialität der Nachlassabwicklung"[184] enthalten ist. Ernennt also ein amerikanischer Erblasser mit letztem domicile in einem US-Bundesstaat (auch) für seinen deutschen Nachlass einen executor mit Verwaltungsvollstreckung, so ist ein beschränktes Testamentsvollstreckerzeugnis nach **deutschem** Recht zu erteilen.[185]
- Soweit auf deutsches Recht zurückverwiesen wird, kann das Nachlassgericht auch den Testamentsvollstrecker ernennen (falls der Erblasser dies ausdrücklich oder konkludent dem Nachlassgericht überlassen hat) und entlassen. Dies muss jedoch auch bei Anwendung fremden Rechts möglich sein, da das Fremdrechts-Testamentsvollstreckerzeugnis ohnehin auf den inländischen Nachlass beschränkt ist.

Der **österreichische Exekutor** (§ 816 Öst ABGB) hat als solcher nur Überwachungsbefugnisse.[186] Der Erblasser kann ihn jedoch mit Funktionen ausstatten, die einem Testamentsvollstrecker entsprechen (str. aber wohl hM).[187] Nach der Einantwortung hat er jedoch auch in diesem Fall nur noch Überwachungsfunktion.[188]

Schwierigkeiten bereiten die Fälle, bei denen nach ausländischem Recht dem überlebenden Ehegatten bei gesetzlicher Erbfolge in jedem Falle zunächst eine bestimmte Summe und sodann noch eine gewisse Quote des überschießenden Nachlasswertes zusteht.

Beispiel:[189]
Nach dem englischen „Intestate's Estates Act" von 1952 (in Kraft seit 1. Januar 1953) erhält der überlebende Ehegatte bei einem Erbfall nach dem 28.2.1981 neben den „personal chattels" beim Fehlen von Abkömmlingen, aber Vorhandensein von Eltern, Geschwistern oder Abkömmlingen von solchen vom beweglichen Nachlass 85.000 Pfund, sowie die Hälfte des überschießenden Nachlasswertes („one moiety to be held in trust for the surviving spouse absolutely").

Man wird hier folgenden Erbschein ausstellen:

Muster:

51 | Unter Beschränkung auf den inländischen Nachlass wird bezeugt, dass der am...... in...... geborene......, zuletzt in...... wohnhaft gewesene und ebendort am...... verstorbene Dr. med. Hans Müller in Anwendung englischen Rechts von seiner Ehefrau Maria, geb. Meyer, wohnhaft in London, bis zu einem Nachlasswerte von 85.000 Pfund allein, in Höhe des überschießenden Nachlasswertes von seiner Ehefrau zur Hälfte, von seiner Schwester Bertha Schuster, geb. Müller, wohnhaft in London, zur anderen Hälfte beerbt worden ist.

Betrachtet man die Angabe des Betrages von 85.000 Pfund letztlich nur als anderen Ausdruck für eine nach dem ganzen Nachlasswerte zu errechnende Quote (hier Miterbenquote), so dürften theoretische Bedenken gegen die gewählte Form entfallen. Voraus-

---

[184] *Ferid* IPR, 3. Aufl. 1986, Rn. 9–21.
[185] *Ferid* IPR, 3. Aufl. 1986, Rn. 9–22.
[186] *Bydlinski* Juristische Blätter 1981, 72 ff.
[187] Vgl. *Bydlinski* Juristische Blätter 1981, 72 ff.
[188] *Rummel-Welser,* Komm. z. ABGB, § 816 Rn. 15.
[189] Dazu Ferid/Firsching/Dörner/Hausmann/*Henrich* IntErbR III Großbritannien Grdz. E II Rn. 140.

setzung ist natürlich immer, dass der in dem fremden Recht zugesprochene Betrag als ein dem deutschen Erbrecht entsprechendes Äquivalent angesprochen werden kann.[190]

XI. Übersicht über die in der Praxis häufig vorkommenden Auslandsbezüge

Bei der Formulierung von Fremdrechtserbscheinen ist zu beachten, dass im Gegensatz zum **52** Eigenrechtserbschein **der Fremdrechtserbschein das angewendete Recht und den Berufungsgrund enthalten muss:**

„… beerbt worden auf Grund Gesetzes/Testaments vom… in Anwendung des Rechts des Staates New York…"

Bei den nachfolgenden Länderberichten handelt es sich um Kurzzusammenfassungen, die einen ersten Überblick vermitteln sollen. Für Einzelheiten wird geraten, neben den bei den einzelnen Ländern angegebenen Quellen insbesondere folgende Spezialwerke heranzuziehen:

Ferid/Firsching/Dörner/Hausmann, Internationales Erbrecht, 104. Aufl. 2018, Loseblatt;

Süß, Erbrecht in Europa, 3. Aufl. 2015;

Überblick auch unter http://www.successions-europe.eu.

Soweit die nachfolgenden Staaten Mitgliedstaaten der EuErbVO sind, wird wegen der noch einige Zeit relevanten Altfälle zusätzlich noch das vor Anwendbarkeit der Verordnung anwendbare Kollisionsrecht dargestellt.

Bosnien und Herzegowina

• **Kollisionsrecht**

Das bosnische IPR-Gesetz ist mit dem früheren jugoslawischen IPR-Gesetz vom 1.1.1983 identisch. Maßgeblich ist das Heimatrecht des Erblassers. Es gilt das Haager TestÜbk und das Washingtoner Übereinkommen über ein einheitliches Recht der Form eines internationalen Testaments.

• **Materielles Erbrecht**

Es besteht weder ein einheitliches materielles Erbrecht noch ein einheitliches Nachlassverfahrensrecht. In den einzelnen Gebieten werden im Wesentlichen drei nicht miteinander harmonisierte Erbgesetze angewandt, so dass es zu interlokalen Rechtskollisionen kommen kann.[191]

• **Güterrecht**

– Güterrechtsstatut: Das gesamtjugoslawische IPRG.

– Gesetzlicher Güterstand

Es gibt auch im Güterrecht drei parallele Rechtsordnungen, die mehr oder weniger modernisiert wurden (§§ 250 ff. FamG, Texte bei Bergmann/Ferid Bosnien und Herzegowina S. 44).

Frankreich[192] **53**

• **Kollisionsrecht:**

Frankreich ist Mitgliedstaat der EuErbVO. Vorher galt Nachlassspaltung: Für unbewegliche Nachlässe gilt die lex rei sitae, für bewegliche Nachlässe Recht des letzten Wohnsitzes des Erblassers (Ort der „hauptsächlichen" Niederlassung, Art. 102 ff. CC; kein mehrfacher Wohnsitz; Verlust des bisherigen Wohnsitzes nur bei Begründung eines neuen

---

[190] Zu der Rechtslage nach englischem Recht im Übrigen Ferid/Firsching/Dörner/Hausmann/*Henrich* IntErbR III Großbritannien Grdz. E II Rn. 137 ff.

[191] Vgl. im einzelnen Süß/*Povlakic/Softic Kadenic*, Erbrecht in Europa, Länderbericht Bosnien und Herzegowina, Rn. 1, 12 ff.

[192] In vielen Bereichen ähnlich: Belgien und Luxemburg.

Wohnsitzes). Letzter Wohnsitz des Erblassers in Deutschland führt nur zur Rückverweisung, wenn Wohnsitz im französischen Sinne.

Achtung: Das französische Recht qualifiziert „beweglich" und „unbeweglich" nach der lex fori und anders als das deutsche Recht! Nießbrauch an Immobilien, Grunddienstbarkeiten, Ansprüche auf Eigentumsherausgabe an einer Immobilie fallen unter den Immobilienbegriff. Gesellschaftsanteile an einer Immobiliengesellschaft fallen unter Mobilien. Eine Rechtswahl ist nicht zulässig; Rück- und Weiterverweisungen werden grundsätzlich anerkannt.

- **Gesetzliches Erbrecht des** (seit 2013 auch gleichgeschlechtlichen) **Ehegatten und der Kinder:**
  - Kinder: erben als Angehörige der 1. Ordnung (Art. 734 Nr. 1 CC) vor allen anderen Ordnungen, die sie ausschließen, untereinander zu gleichen Teilen.
    Uneheliche Kinder sind ehelichen gleichgestellt;
  - 2. Ordnung: Eltern, Geschwister und Geschwisterabkömmlinge (Art. 734 Nr. 2, 735 ff. CC);
  - 3. Ordnung: sonstige Aszendenten, also Großeltern, Urgroßeltern etc. Achtung: strenge Trennung in mütterliche und väterliche Linie.
  - 4. Ordnung: sonstige Seitenverwandten, also Onkel, Tanten, Cousins, Cousinen (wieder getrennt nach Linien).
  - Ehegatte: Der überlebende Ehegatte erhält gem. Art. 757 CC wahlweise 1/4 des Nachlasses in Volleigentum oder den Nießbrauch an der gesamten Erbmasse, wenn Kinder vorhanden sind. Eine davon abweichende testamentarische Verfügung ist nur insoweit möglich, als nicht die Rechte bevorrechtigter Erben (idR Kinder) beeinträchtigt werden.
    Neben beiden Eltern des Erblassers (ohne Abkömmlinge) erbt der überlebende Ehegatte die Hälfte des Nachlasses zu Eigentum (Art. 757-1 CC), ist ein Elternteil vorverstorben, zu drei Viertel.
    Hinterlässt der Erblasser weder Abkömmlinge noch Eltern, wird der überlebende Ehegatte Alleinerbe (Art. 757-2 CC).
    Schenkungen oder Erwerb von Todes wegen von den Eltern geht jedoch – falls noch vorhanden – zur Hälfte an die Geschwister bzw. deren Abkömmlinge (Art. 757-3 CC). Beim gesetzlichen Güterstand der Errungenschaftsgemeinschaft fällt nur die Hälfte des Gesamtguts und das Eigengut des Erblassers in den Nachlass.
  - Registrierte nichteheliche Partnerschaft (PACS – pacte civil de solidarité) vermittelt kein Erb- oder Pflichtteilsrecht.
- **Gewillkürte Erbfolge:**
  - Zulässig sind (einseitiges) **Testament,** und – unter Einschränkungen (grundsätzlich unzulässig, jedoch in den Formen der institution contractuelle, Art. 1082 CC und des vertraglichen Verzichts auf das Noterbenrecht, Art. 930 f. CC idF v. 23.6.2006 zulässig) – **Erbverträge; gemeinschaftliche Testamente** sind entsprechend dem Haager TestÜbk zwar (zwei) formwirksame, aber frei widerrufliche Einzeltestamente.
  - Grundsätzlich unzulässig ist die Einsetzung von **Nacherben.**[193]
  - **Pflichtteilrecht** materielles Noterbenrecht (seit 1.1.2007 aber in erster Linie Geldausgleichsanspruch, Art. 924 CC).
    Quoten: verfügbarer Teil:
    bei Abkömmlingen (pflichtteilsberechtigt):
    $1/2$ bei 1 Kind
    $1/3$ bei 2 Kindern
    $1/4$ bei 3 und mehr Kindern.
    für Eltern nur noch ein Rückfallrecht bei Geschenken, beschränkt maximal auf die gesetzliche Erbquote (Art. 738 CC).

---

[193] Zu den Ausnahmen Süß/*Döbereiner*, Erbrecht in Europa, Länderbericht Frankreich, Rn. 97 ff.

Pflichtteilsrecht des Ehegatten in Höhe von einem Viertel des Nachlasses, wenn keine Abkömmlinge vorhanden sind.
- **Gegenstand einer Verfügung von Todes wegen** kann nicht die Einsetzung von Erben, sondern nur von Legataren sein. Faktisch sind jedoch Erben (nach Gesetz) und Universallegatare gleichgestellt; das französische Recht kennt kein Damnations-, sondern nur ein Vindikationslegat.
- **Ausschlagungsfrist:** grundsätzlich keine bis zur Verjährung (30 Jahre).[194]
- **Erbschein** (vor Anwendbarkeit der EuErbVO):
  a) Beweglicher Nachlass, Domizil in Frankreich: Erbschein beschränkt auf den beweglichen Nachlass in Deutschland in Anwendung französischen Rechts.
  b) Beweglicher Nachlass, Domizil in Deutschland oder Drittstaat: Erbschein beschränkt auf den inländischen beweglichen Nachlass in Anwendung deutschen Rechts kraft Rückverweisung aus dem französischen Recht.
  Bei Wohnsitz in Drittstaat: Prüfung, ob dieses die französische Verweisung annimmt.
  c) Unbeweglicher Nachlass im Inland: Erbschein beschränkt auf den inländischen unbeweglichen Nachlass in Anwendung deutschen Rechts kraft Rückverweisung aus dem französischen Recht.
- **Güterrechtsstatut:**
  Ab 29.1.2019 gilt die EuGüVO. Bis dahin: Mit Wirkung vom 1.9.1992 ist Frankreich dem Haager Übereinkommen über das auf Ehegüterstände anzuwendende Recht beigetreten. Vor dem 1.9.1992 geschlossene Ehen: Güterrechtsstatut ist das Recht am 1. Ehewohnsitz, das als von den Eheleuten gewollt gilt; andernfalls das in einer ausdrücklichen oder stillschweigenden Rechtswahl im Zeitpunkt der Eheschließung berufene Recht. Dieses Statut ist grundsätzlich unwandelbar; beachte aber die Möglichkeit einer nachträglichen Rechtswahl gem. Art. 21 iVm Art. 6 des Haager Ehegüterrechtsabkommens.
  Ab dem 1.9.1992 geschlossene Ehen: In erster Linie gilt das gewählte Recht entsprechend Art. 3 Abs. 2 des Haager Ehegüterrechtsabkommens entweder des Staates, dem ein Ehegatte angehört oder in dem ein Ehegatte seinen gewöhnlichen Aufenthalt hat oder in dem ein Ehegatte nach der Eheschließung seinen Wohnsitz begründen wird oder des Belegenheitsstaates für alle oder einen Teil der dort belegenen Immobilien. Die Rechtswahl muss ausdrücklich vereinbar sein, zur Form s. Art. 12 des Haager Ehegüterrechtsabkommens. Beachte hierbei auch die Publizitätsakte gem. Art. 76, 1397-2 ff. CC, Art. 1303-1 ff. NCPC. Hinweise auf die Rechtswahl können geben die Heiratsurkunde, der Ehevertrag und das Handelsregister.
- **Güterrecht:**
  - Gesetzlicher Güterstand ist die Errungenschaftsgemeinschaft (communauté réduite aux acquêts, Art. 1400 ff. Code Civil);
  - andere im Code Civile vorgesehene Güterstände (régimes matrimoniaux):
    Abgewandelte Gütergemeinschaft (Art. 1497–1527 CC).[195]
    Gütertrennung: Art. 1536–1543 CC;
    Güterstand der Teilhabe am Zugewinn, Art. 1569–1581 CC, ähnelt der deutschen Zugewinngemeinschaft, aber ohne eine dem § 1371 BGB vergleichbare Vorschrift.
    Eheverträge (notariell) sind vor der Ehe oder nach Ablauf von 2 Jahren nach Eheschließung oder Änderung des Güterstandes möglich (gerichtliche Genehmigung bei nachträglicher Vereinbarung in bestimmten Fällen, insbesondere bei Vorhandensein minderjähriger Kinder, erforderlich, Art. 1397 CC).
- **Erbschaftsteuer:** Deutsch-französisches Doppelbesteuerungsabkommen in Kraft seit 3.4.2009.

---

[194] Vgl. aber *Ferid*/Firsching/Dörner/Hausmann Grdz. GV Rn. 239 ff.
[195] Dazu Süß/Ring/*Döbereiner*, Eherecht in Europa, Länderbericht Frankreich, Rn. 104 ff.

54   **Griechenland**

- **Kollisionsrecht:**
  Griechenland ist Mitgliedstaat der EuErbVO. Vorher galt: Staatsangehörigkeitsprinzip; die Verweisung wird angenommen; keine Rechtswahlmöglichkeit, Rückverweisungen werden aus griechischer Sicht nicht beachtet.
  - Nachlasseinheit.
  - Griechenland ist seit 2.8.1983 Partner des Haager TestÜbk.
- **Gesetzliches Erbrecht:**
  - Kinder (Enkelkinder, Urenkelkinder usw., leibliche wie adoptierte) bilden die **erste Ordnung** (Parentelsystem wie im deutschen Recht), die die folgenden ausschließt;
  - die Verwandtschaft wird begründet
    - zur Mutter durch Geburt,
    - zum Vater durch Heirat der Mutter oder freiwillige oder gerichtliche Anerkennung, durch die das Kind die rechtliche Stellung eines ehelich geborenen Kindes erlangt (Art. 1484 ZGB).
  Kinder erben zu gleichen Teilen neben dem Ehegatten den nach Abzug dessen Anteils (1/4) verbleibenden Rest.
  - Eltern und deren Nachfahren (Geschwister, Nichten und Neffen des Erblassers und deren Kinder; **zweite Ordnung**) erben zu gleichen Teilen, die Kinder und Enkel der vorverstorbenen Geschwister nach Stämmen. Der nächstberufene Verwandte schließt den entfernteren aus.
  - Großeltern und deren Nachfahren (Onkel, Tanten, Vettern und Cousinen des Erblassers; **dritte Ordnung**) erben nach Stämmen und zu gleichen Teilen. Repräsentationssystem: Bei Tod eines Großelternteils treten an seine Stelle zunächst seine Kinder, dann Enkel, dann der andere Großelternteil derselben Linie, dann erst kommt die andere Linie zum Zug.
  - Urgroßeltern: **Vierte Ordnung.** Fallen alle weg, tritt nicht Erbfolge nach Graden, sondern nach Ordnungen ein.
  - Ehegatte:
    Neben Kindern, gleich wie viele, 1/4 des Nachlasses.
    Neben Verwandten der zweiten, dritten und vierten Ordnung: 1/2 des Nachlasses.
    Sind keine Erben bis zur vierten Ordnung vorhanden, wird der Ehegatte Alleinerbe des gesamten Nachlasses.
    Der „Voraus" – Gegenstände, die zum Haushalt gehören – des Ehegatten ist gesetzliches Vindikationslegat, also kein Erbrecht.
  - Seit 2008 gesetzliches Erbrecht des überlebenden Partners einer nichtehelichen heterosexuellen Lebensgemeinschaft, wenn die Partnerschaft notariell begründet und im Standesregister registriert wurde. Erbquote beträgt 1/6 neben Abkömmlingen, neben entfernteren Verwandten 1/3.
- **Gewillkürte Erbfolge:**
  Zulässig sind nur einseitige Testamente, gemeinschaftliche Testamente und Erbverträge sind unzulässig. Zulässig ist jedoch ein Vertrag eines Griechen im Ausland, in dem der ausländische Partner auf sein Erbrecht verzichtet („lex Onassis").
  Das griechische Recht sieht für die **Testamentsform** das eigenhändige Testament (zwingend vollständig eigenhändig ge- und unterschrieben mit Datumsangabe Monat/Tag/Jahr), Art. 1718 ZGB, das öffentliche Testament (ein Notar und drei Zeugen oder zwei Notare und ein Zeuge, Art. 1725 bis 1737 ZGB) sowie das geheime (Art. 1738 ZGB) und das außerordentliche Testament (Art. 1749 ff. ZGB) vor.
- **Pflichtteilsrecht** ist echtes Erbrecht:
  - Pflichtteilsberechtigte: Abkömmlinge, Eltern, Ehegatte, Partner einer registrierten nichtehelichen Lebensgemeinschaft, sofern sie auch durch gesetzliche Erbfolge zum

Erben berufen wären und nicht anderweitig bedacht worden sind (zB durch Legat, Schenkung von Todes wegen);
– Quote: Immer und bei allen Berechtigten 1/2 des gesetzlichen Erbteils.
– Da der Pflichtteilsanspruch ein Erbschaftsanspruch ist, wird er durch Erbschaftsklage (auf Herausgabe von Gegenständen) geltend gemacht (Art. 1871 ff. ZGB). Beschränkungen des Pflichtteilsrechts durch den Erblasser sind unwirksam.
– Für die Hinterbliebenen eines Auslandsgriechen (25 Jahre ununterbrochener Auslandsaufenthalt) besteht jedoch für das Auslandsvermögen kein Noterbrecht (Pflichtteilsrecht), Art. 21 des Gesetzes 1738/1987.[196]
• **Ausschlagungsfrist:** 4 Monate; 1 Jahr, wenn Erblasser letzten Wohnsitz im Ausland hatte oder Erbe sich bei Kenntniserlangung vom Erbfall im Ausland befand. Teilausschlagung unzulässig, Art. 1847 Griech. ZGB.[197]
• **Anfall der Erbschaft:**
Grundsätzlich geht mit dem Tod des Erblassers dessen gesamtes Vermögen auf den bzw. die Erben eo ipso über (Art. 1710 § 1, 1846 ZGB), bei Immobilien (Art. 1193 ZPO), Namensaktien (Art. 8b Gesetz 2190/1920) und Patenten erfolgt der Rechtsübergang erst mit der Umschreibung in den jeweiligen Registern.
Obwohl es also keine hereditas iacens gibt, wird die Erbschaft zunächst nur vorläufig erworben. Endgültig fällt die Erbschaft erst mit der stillschweigenden (durch schlüssiges Handeln), ausdrücklichen (notariell oder vor dem Urkundsbeamten der Geschäftsstelle) oder fiktiven (Verstreichenlassen der Ausschlagungsfrist) Annahme an.
– **Pflichtteil:**
– Ob sich die **Erbfolge griechischer Muslime** nach den Bestimmungen des griechischen ZGB oder nach muslimischen Recht richtet, ist in der griechischen Rechtsprechung und Literatur umstritten.[198]
• **Güterrechtsstatut:**
Ab 29.1.2019 gilt die EuGüVO. Bis dahin: Güterrechtsstatut ist das allgemeine Ehestatut, das sich wie folgt bestimmt:
– Recht der ersten gemeinsamen Staatsangehörigkeit, sofern ein Ehegatte diese noch besitzt;
– Recht des letzten gemeinsamen Aufenthalts während der Ehezeit;
– Recht der „engsten Verbindung" (Art. 14 Griech. ZGB).
• **Güterrecht:**
– Gesetzlicher Güterstand: Zugewinngemeinschaft (= Gütertrennung mit Anspruch auf Zugewinn); ein nach dem konkreten Beitrag zum gemeinschaftlichen Vermögen zu bemessender Ausgleichsanspruch ist aber nur für den Fall der Scheidung oder Nichtigkeit, nicht für den Fall der Auflösung durch Tod eines Ehegatten gegeben;
– statt dessen können die Ehegatten auch Gütergemeinschaft wählen (§§ 1403 ff. ZGB)
• **Erbschaftsteuer:**
Es gibt zwei deutsch-griechische Regelungen zur Vermeidung der Doppelbesteuerung, die sich aber nur auf bewegliches Vermögen beziehen: Übereinkommen zwischen Deutschland und Griechenland über die Besteuerung des beweglichen Nachlassvermögens vom 18. 11./1.12.1910, 1.1.1953 BGBl. 1953 II 525, BStBl. 1953 I, 377, RGBl. 1912, 173) und das Abkommen zur Vermeidung der Doppelbesteuerung und zur Vermeidung der Steuerverkürzung bei den Steuern von Vermögen sowie bei der Gewerbesteuer vom 18.4.1966 BGBl. 1967 II, 852, BStBl. 1967, I, 50. Siehe auch Art. 32 des Gesetzes N 2961/2001 und § 21 ErbStG.

---

[196] Siehe hierzu *Vlassopoulou* IPRax 2005, 61 f.
[197] Vgl. näher zur Ausschlagung und Anfechtung der Ausschlagung BayObLG NJW-RR 1994, 967 und NJW-RR 1998, 798.
[198] Staudinger/*Dörner* Anh. zu Art. 25 f. EGBGB Rn. 277 mwN.

55   **Israel**

Vorbemerkung: Für Erbfälle vor dem 10.11.1965 gilt das alte Recht (Teile des türkischen Rechts nach Erbgesetz 1913)

- **Kollisionsrecht** (Sachnormverweisungen):
  - Seit 1965 gilt das Wohnsitzprinzip; als Wohnsitz gilt der Lebensmittelpunkt.
  - **Sonderanknüpfung:** Ein ausländisches Sonderstatut hinsichtlich im Ausland gelegener Gegenstände wird auch in Israel anerkannt Bsp.: Das ausländische Recht unterstellt die Nachfolge in inländische Grundstücke der **lex rei sitae.** Diese Regelung entspricht Art. 3 Abs. 3a Abs. 2 EGBGB.
  - Rückverweisung auf israelisches Recht wird beachtet, nicht dagegen Weiterverweisung auf das Recht eines Drittstaates.

    Bemerkung: Im israelischen Recht ist auch eine sogenannte interne Kollision (interpersonales Privatrecht) zwischen weltlichem und religiösem und zwischen verschiedenen religiösen Rechten möglich.[199]
  - In den von Israel besetzten Gebieten findet israelisches Recht keine Anwendung; im Golan-Gebiet gilt jedoch israelisches Recht.
  - Vorfragen:

    Bei der Prüfung, wer gesetzlicher Erbe ist (Vorfrage), entscheidet das Personalstatut (Personal Law), ob jemand Abkömmling, Adoptivkind oder Ehegatte des Erblassers ist. Je nach Religionszugehörigkeit oder Staatsangehörigkeit (Ausländer und Staatenlose, sowie Inländer nach ihrer Religionsgemeinschaft: Inders, Moslems, Christen, Drusen, andere Konfessionen).[200]

    Über das Erbrecht entscheidet dann das Erbstatut.

    Israel ist seit 10.1.1978 Mitglied des Haager TestÜbk.
- **Materielles Erbrecht der Kinder und des Ehegatten:**
  - Kinder und deren Abkömmlinge gehören zur **ersten Ordnung** (eheliche und uneheliche gleichgestellt) und erben zu gleichen Teilen. Die erste Ordnung geht allen übrigen vor;
  - Ehegatte erhält neben den Kindern aus der Ehe mit dem Erblasser oder Eltern des Erblassers 1/2 des Nachlasses im Grundsatz, neben Geschwistern, deren Nachkommen oder Großeltern des Erblassers zwei Drittel des Nachlasses sowie den Voraus; sonst ist er Alleinerbe.
  - Erben der **zweiten Ordnung** sind die Eltern des Erblassers und deren Abkömmlinge. Der Ehegatte erbt neben den Erben dieser Ordnung zur Hälfte, leben keine Eltern mehr, aber Geschwister oder deren Abkömmlinge, zu 2/3.
  - Erben der **dritten Ordnung** sind die Großeltern des Erblassers und deren Abkömmlinge. Der Ehegatte erhält neben Großeltern zwei Drittel, ohne Großeltern erbt er allein.
  - Verwandte der **4. Ordnung** und der weiteren Ordnungen sind nicht erbberechtigt, können jedoch im Falle des Fiskuserbrechts vom Staat eine Zahlung erhalten.
- **Gewillkürte Erbfolge:**
  - Testamente, auch ein gemeinschaftliches (mit Widerrufsbeschränkungen) von Ehemann und Ehefrau sind unter Beachtung der verschiedenen Formvorschriften zulässig.[201]
  - **Pflichtteilsanspruch** nicht existent; die engeren Verwandten haben aber gegen den Erben einen Anspruch auf Unterhalt.[202]
- **Besonderheiten:**
  - Ausschlagungsfrist: keine bestimmte Frist; die Ausschlagung kann nur in der Zeit zwischen dem Tod des Erblassers und der Verteilung des Nachlasses erfolgen.

---

[199] Dazu näher Ferid/Firsching/Dörner/Hausmann/*Margalith* Bd IV Grdz. C (neues Recht) Rn. 30.
[200] Siehe hierzu näher Ferid/Firsching/Dörner/Hausmann/*Margalith* Grdz. C (neues Recht) Rn. 17 ff.
[201] Zu den verschiedenen Formvorschriften Ferid/Firsching/Dörner/Hausmann/*Margalith* Grdz. F Rn. 107 ff.
[202] Dazu näher Ferid/Firsching/Dörner/Hausmann/*Margalith* Grdz. G Rn. 139, 155 ff.

– Eine Ausschlagung kann zugunsten der Ehegatten oder der Kinder und Geschwister erfolgen, die dann ex tunc (mit dem Todeszeitpunkt) als Erben gelten.

• **Güterrechtsstatut** = Recht des gemeinsamen Wohnsitzes zurzeit der Eheschließung; durch eine Vereinbarung gemäß diesem Recht können sie aber anderweitige Vereinbarungen treffen.[203]

• **Güterrecht:**
– Gesetzlicher Güterstand ist eine Art. Zugewinngemeinschaft.[204]
– vertragliche Vereinbarungen zum Güterrecht sind möglich; erforderlich Schriftform, Bestätigung durch das Landgericht oder das zuständige religiöse Gericht.

Italien   56

• **Kollisionsrecht:**
Italien ist Mitgliedstaat der EuErbVO. Vorher galt:
– Erbfälle nach dem 20.9.1975 wurden in den Einführungsbestimmungen zum italienischen ZGB („Disposizioni preliminarie") und durch das Gesetz v. 31.5.1995 NV 218 (Reform des italienischen Systems des Internationalen Privatrechts) ab 1.9.1995 neu geregelt.[205]
– Danach grundsätzlich: Erbstatut ist **Personalstatut** zum Todeszeitpunkt, Art. 46 Abs. 1 IPRG; Art. 46 Abs. 2 IPRG gestattet die Rechtswahl für das Recht des Staates des gewöhnlichen Aufenthalts für den gesamten Nachlass in Form des Testaments, sie ist nur wirksam, wenn der Erblasser im Todeszeitpunkt noch seinen Aufenthalt in jenem Staat hatte. Die Pflichtteilsrechte derjenigen Berechtigten, die im Todeszeitpunkt ihren gewöhnlichen Aufenthalt in Italien haben, bleiben unberührt durch die Rechtswahl, falls es sich um einen italienischen Erblasser handelt. Nachlasseinheit (Ausnahmen: Italienisch-Türkischer Konsularvertrag und Haager Trust-Übereinkommen). **Die Wahl deutschen Rechts durch einen in Deutschland lebenden Italiener für ein in Deutschland belegenes Grundstück gem. Art. 25 Abs. 2 S. 3 EGBGB wird von Italien nicht anerkannt.**[206]
– Ein Renvoi eines ausländischen Rechts wird angenommen (Art. 13 IPRG), wenn das fremde Recht die Verweisung annimmt oder wenn es sich um eine Rückverweisung auf das italienische Recht handelt. Kein Renvoi in den Fällen der Rechtswahl und beim Formstatut (es gilt die Ortsform oder die des gewöhnlichen Aufenthaltsortes) (Art. 13 Abs. 2 IPRG). Art. 46 Abs. 3 IPRG gestattet den Miterben die einstimmige Wahl eines vom Erbstatut abweichenden Auseinandersetzungsstatuts (Recht des Erfüllungsortes oder Belegenheitsortes eines oder mehrerer Nachlassgegenstände). Die Testamentsform muss entweder der Form des Errichtungsortes oder des Staates dem der Erblasser im Zeitpunkt der Errichtung angehörte oder der Form des Wohnsitzes oder gewöhnlichen Aufenthalts genügen, Art. 48 IPRG.
Schenkungsstatut ist das Heimatrecht des Schenkenden bei der Schenkung. Er kann jedoch ausdrücklich das Statut seines gewöhnlichen Aufenthaltsorts wählen. Die Form der Schenkung muss dem Schenkungs- oder Errichtungsstatut genügen, Art. 56 IPRG.

• **Gesetzliches Erbrecht des Ehegatten und der Kinder:**
– Erbrecht nach Klassen (6 Klassen: der überlebende Ehegatte, die ehelichen und natürlichen Abkömmlinge, die ehelichen Aszendenten, die Seitenverwandten, die übrigen Verwandten, der Staat):
Kinder erben vorrangig vor allen anderen Klassen, Konkurrenz nur mit Ehegattenerbrecht.
Grundsätzlich Gleichstellung ehelicher und unehelicher Kinder.
– Ehegatte (Art. 581 f. CC):
neben einem Kind und dessen Nachkommen: $^1/_2$;

---

[203] *Bergmann/Ferid* Bd. IV Israel 35.
[204] Bergmann/Ferid/*Scheftelowitz* Bd. VII Israel 28 f.
[205] Text – zweisprachig – IPRax 1996, 356 ff.; *Pocar,* Das neue italienische Privatrecht, IPRax 1997, 145 ff.
[206] *Riering* ZEV 1995, 404.

neben mehreren Kindern und deren Nachkommen: $^1/_3$.

Neben Eltern, entfernteren Aszendenten und (auch nur halbbürtigen) Geschwistern: $^2/_3$ (Eintrittsrecht hier **nur** für Nachkommen der Geschwister);

wenn von den genannten Personen keine vorhanden sind, erbt der Ehegatte allein.

Bemerkung: Das frühere Recht, wonach Ehegatte nur Nießbrauch an seiner Quote hatte, ist abgeschafft (ab 1975). Ihm steht neben der Erbquote (als Eigentumsquote) gem. Art. 540 Abs. 2 CC auch noch das Wohnrecht an der Ehewohnung und die Nutzung des Hausrates zu, sofern sie im gemeinsamen Eigentum der Ehegatten oder dem Alleineigentum des Verstorbenen standen.

- **Gewillkürte Erbfolge:**
  - Als alleinige **Verfügung von Todes** (eigenhändig oder notariell, Art. 603, 606 C) **wegen** ist das einseitige Testament zulässig; **Erbverträge** sind generell unzulässig (Ausnahme: sog. patto di famiglia, mit dem der Erblasser unter Lebenden ein Unternehmen einem oder mehreren Abkömmlingen verbindlich zuwendet), ebenso **gemeinschaftliche Testamente** (Art. 458 S. 1; Art. 598 CC).[207] Zulässiger Testamentsinhalt sind Erbeinsetzungen (auch quotale) und (dingliche) Vermächtnisse. Die **Nacherbfolge** ist nur in einem Sonderfall zugelassen (Einsetzung eines entmündigten Abkömmlings oder Ehegatten sind Nacherbfolge der Pflegeperson, Art. 692 Abs. 1 CC).
  - **Pflichtteilsrecht** ist echtes Erbrecht (Kinder, Ehegatten und falls solche nicht vorhanden, die ehelichen Vorfahren, Art. 536 CC); pflichtteilswidrige Festsetzungen sind nicht ipso jure nichtig, sondern unterliegen der Herabsetzungsklage;
  - Quoten:
    Kinder: 1/2 bei einem Kind (Art. 537 Abs. 1 CC), 2/3 bei mehreren Kindern (Art. 537 Abs. 2 CC);
    Ehegatte: 1/2 (Art. 540 CC, keine Abkömmlinge);
    Ehegatte und Kinder: Ein Kind 1/3, Ehegatte 1/3 (Art. 542 Abs. 1 CC), mehrere Kinder insgesamt 1/2, Ehegatte 1/4 (Art. 542 Abs. 2 CC);
  - hinterlässt der nicht verheiratete Erblasser nur 1 Kind; beträgt dessen oder seiner Repräsentanten Pflichtteil 1/2 des Nachlasses; mehrere Kinder zusammen 2/3 (Art. 537 Abs. 2 CC).
- **Besonderheiten:**
  - **Erbschaftserwerb** erst (rückwirkend) durch Antritt (Art. 459 CC) der Erbschaft bei einem Speziesvermächtnis ipso iure mit dem Erbfall (Art. 649 Abs. 3 CC).
  - Die Erbschaft wird erst durch Annahme erworben. Erbschaft kann unter dem Vorbehalt der Inventarerrichtung (Art. 470 f Abs. 1 CC) angenommen werden; bei vorbehaltsloser Annahme Haftung auch mit nichtererbtem Vermögen.
    Rechtsfolge: Haftung nur mit ererbtem Vermögen für Nachlassverbindlichkeiten und Vermächtnisse (Art. 490 Nr. 1, 2 CC).
    Eine solche Annahme kann auch in Deutschland im Verfahren nach § 2369 aF BGB erklärt werden.[208]
    Grundsätzlich verjährt das Annahmerecht nach 10 Jahren, beachte aber die praktisch wichtige 3-Monats-Frist in Art. 485 CC.
- **Güterrechtsstatut:** Ab 29.1.2019 gilt die EuGüVO. Bis dahin: Güterrechtsstatut = Ehestatut (Art. 30 Abs. 1 S. 1 iVm 29 IPRG) = das gemeinsame Heimatrecht; bei gemischt-nationalen Ehen oder Doppelstaaten gilt das Recht des Staates, in dem das eheliche Leben überwiegend geführt wird. (Art. 30 I S. 1 iVm Art. 29 Abs. 2 IPRG). Die Eheleute können schriftlich als Güterstatut das Recht des Staates wählen, dem mindestens einer von ihnen angehört oder in dem sich mindestens einer von ihnen

---

[207] Zur Regelung in Gesellschaftssatzungen über die Übertragung von Gesellschaftsanteilen mortis causa (grundsätzlich unzulässig) siehe *Salaris* ZEV 1995, 240 f.
[208] BayObLG NJW 1967, 447.

gewöhnlich aufhält. Die Form muss entweder dem gewählten oder dem Errichtungsstatut entsprechen (Art. 30 Abs. 2 IPRG). Das Güterrechtsstatut ist wandelbar.

- **Gesetzlicher Güterstand:**
  - Vormals Gütertrennung (Art. 210 ff. Codice Civile aF); nach neuem Recht vom 19.5.1975: **Errungenschaftsgemeinschaft** (Art. 159, 177 ff. CC). Für das nach dem 15.1.1978 erworbene Vermögen gilt das neue Recht, es sei denn einer der Ehegatten wählte gem. Art. 228 des Reformgesetzes in notarieller oder standesamtlich beurkundeter Form auch für dieses Vermögen weiterhin die Gütertrennung. Beide Ehegatten konnten auch hinsichtlich des vor dem 15.1.1978 erworbenen Vermögens die Errungenschaftsgemeinschaft wählen. Eigengut ist das gesamte voreheliche Vermögen, das später unentgeltlich unter Lebenden oder von Todes wegen erworbene Vermögen (vorbehaltlich anderer Bestimmung des Zuwendenden), Gegenstände des persönlichen Gebrauchs, der Berufsausübung (soweit nicht einem zum Gesamtgut gehörenden Betrieb zugeordnet) sowie die Substitute des Eigenguts wenn dies ausdrücklich bei der Substitution mit Zustimmung des anderen Ehegatten erklärt wurde.
  - vertragliche Vereinbarung einer abgeänderten Errungenschaftsgemeinschaft (Art. 210 CC nF) und Gütertrennung (Art. 215 CC nF) in einem notariell beurkundeten Ehevertrag möglich, Gütertrennung kann auch bei Eheschließung vor dem Standesbeamten vereinbart werden.
- Zur **Testamentsvollstreckung** s. Art. 700–712 CC. Keine Dauerverwaltung möglich; nach maximal 2 Jahren nur noch Überwachungsfunktion.[209]

Kroatien   57

- **Kollisionsrecht:**
  Kroatien ist Mitgliedstaat der EuErbVO. Vorher galt:
  Das gesamtjugoslawische **IPR-Gesetz** (in Kraft seit 1.1.1983) ist übernommen worden. Es knüpft an die Staatsangehörigkeit des Erblassers an. Kroatien ist auch Vertragspartei des Haager TestÜbk.
- Das Erbgesetz aus dem Jahre 1955 ist mit Wirkung vom 3.10.2003 durch das Gesetz über das Erben vom 3.4.2003 ersetzt worden. Das Vermögen des Erblassers geht kraft **Universalsukzession** auf den Erben über.
- **Gesetzliche Erbfolge:**
  Es gibt fünf Erbordnungen, wobei der vorhergehende die nachfolgende Ordnung ausschließt.
  - In der ersten Erbordnung erben Abkömmlinge und der Ehegatte (gleichgestellt ist unter Umständen auch der längerlebende Partner einer nichtehelichen Lebensgemeinschaft, nicht aber der Partner einer gleichgeschlechtlichen Lebenspartnerschaft) zu gleichen Teilen.
  - Die zweite Erbordnung bilden der Ehegatte (falls keine Abkömmlinge vorhanden sind) und die Eltern des Erblassers.
  - Großeltern, Urgroßeltern und sonstige Ahnen gehören den weiteren Erbordnungen an.[210]
- **Testamentserrichtung:**
  - Erbvertrag und gemeinschaftliches Testament sind nichtig.
  - Das Testament kann eigenhändig oder öffentlich (vor einem Richter oder Notar) errichtet werden.
  - **Pflichtteilsrecht:** Es handelt sich um ein materielles Noterbrecht der Abkömmlinge und des Ehegatten in Höhe der Hälfte des gesetzlichen Erbteils und der Eltern, falls sie dauerhaft arbeitsunfähig und bedürftig sind zu einem Drittel des gesetzlichen Erbteils.

---

[209] Siehe näher Ferid/Firsching/Dörner/*Hausmann/Trabucchi* Grdz G Rn. 427 ff.; *Reiß/Schömmer*, Internationales Erbrecht Italien, Rn. 320 ff.

[210] Siehe *Pintari*, Reform des kroatischen Erbrechts, ZEV 2003, 498.

- **Güterrecht:**
  - Güterrechtsstatut: Ab 29.1.2019 gilt die EuGüVO. Bis dahin: Art. 36 IPRG (Stufenleiter: gemeinsames Heimatrecht, Wohnsitzrechte, Recht des letzten gemeinsamen Wohnsitzes).
  - Güterstand: Der gesetzliche Güterstand ist eine Art. Errungenschaftsgemeinschaft. Vertragliche Regelung der güterrechtlichen Verhältnisse ist schriftlich mit beglaubigter Unterschrift möglich.

58   **Niederlande**

- **Kollisionsrecht:**

  Die Niederlande sind Mitgliedstaat der EuErbVO. Vorher galt: Die Niederlande hatten das noch nicht in Kraft getretene **Haager Übereinkommen über das auf die Rechtsnachfolge von Todes wegen anzuwendende Recht (ErbÜbKG)** durch ein **Erbrechtskollisionsgesetz** mit Wirkung v. 1.10.1996 in ihr internationales Privatrecht übernommen. Das Übereinkommen ist als „loi uniforme" konzipiert, ist also auch im Verhältnis zu Nicht-Vertragsstaaten anzuwenden. Es findet keine Anwendung auf die Form der Verfügungen von Todes wegen, die Testierfreiheit, das Ehegüterrecht und bestimmte Rechtsgeschäfte unter Lebenden auf den Todesfall.

  - **Erbstatut** (mit Ausnahme oben genannter Bereiche) ist das Recht des letzten gewöhnlichen Aufenthalts des Erblassers, sofern er zum Zeitpunkt seines Todes die Staatsangehörigkeit des Aufenthaltslandes besaß oder zu diesem Zeitpunkt seit mindestens fünf Jahren seinen gewöhnlichen Aufenthalt dort hatte, es sei denn der Erblasser unterhielt zu seinem Heimatstaat die offensichtlich engeren Beziehungen.

    In allen anderen Fällen gilt Heimatrecht, sofern der Erblasser zum Zeitpunkt seines Todes keine engeren Beziehungen zu einem anderen Staat unterhielt, dessen Recht dann heranzuziehen ist.[211]

    Das Übereinkommen geht von **Nachlasseinheit** aus. Es enthält eine **Rechtswahlmöglichkeit,** die den gesamten Nachlass erfasst. Wählbar ist das Recht des Staates, dem der Erblasser im Zeitpunkt der Wahl oder seines Todes angehört oder in dem er zu einem dieser Zeitpunkte seinen gewöhnlichen Aufenthalt hat. Die Erklärung der Rechtswahl muss den Formvorschriften einer Verfügung von Todes wegen genügen. Nach dem gewählten Recht beurteilt sich das Zustandekommen (etwa Willensmängel) und sachliche Gültigkeit der Wahl, nicht jedoch, ob eine Rechtswahl ganz oder teilweise zulässig ist.[212]

  - Seit dem 1.8.1982 gilt für die Niederlande das Haager TestÜbk vom 5.10.1961. Das Verbot gemeinschaftlicher Verfügungen wird als Formvorschrift angesehen. Gemeinschaftliche Testamente und Erbverträge von niederländischen Staatsbürgern in Deutschland sind, wenn sie der Ortsform entsprechen formell gültig, gelten aber als einseitige Verfügungen und sind frei widerruflich.[213]

- **Gesetzliches Erbrecht der Ehegatten und der Kinder:**

  Der nicht von Tisch und Bett getrennte Ehegatte bzw. der registrierte Lebenspartner und die Abkömmlinge (**1. Erbordnung;** nichteheliches Kind gleichgestellt) erben zu gleichen Teilen. Sind keine Abkömmlinge vorhanden, erbt der Ehegatte allein. In den weiteren Ordnungen erben die Eltern und Geschwister des Erblassers **(2. Ordnung),** die Großeltern **(3. Ordnung)** und Urgroßeltern **(4. Ordnung).**

  Der Ehegatte ist auch bei gesetzlicher Erbfolge mit Kindern als Alleinerbe zu qualifizieren.[214] Soweit der Ehegatte mit Abkömmlingen erbt, erhält der Ehegatte sämtliche Nachlassgegenstände zu Eigentum (muss jedoch die Nachlassschulden tragen); den Kindern steht

---

[211] Text des Übereinkommens und Kommentierung von Staudinger/*Dörner* Vorbem. zu Art. 25 f. EGBGB Rn. 111 ff. und Anhang zu Art. 25 f. EGBGB Rn. 593 ff.).

[212] So zutreffend Ferid/Firsching/Dörner/Hausmann/*Weber* Vorbem. Niederlande Rn. 2 FN 11g mwN zum Streitstand.

[213] OLG Hamm NJW 1964, 553; *Riering/Marck* ZEV 1995, 90 ff.; Ferid/Firsching/Dörner/Hausmann/*Weber* Vorbem Niederlande Rn. 3.

[214] Ferid/Firsching/Dörner/Hausmann/*Weber* Vorbem Niederlande Rn. 27 ff. mwN.

eine Geldforderung in Höhe des Wertes ihres Erbteils zu (Art. 4:13 Abs. 3 BW), die beim Tode oder der Insolvenz des überlebenden Ehegatten oder bei Eintritt von anderen vom Erblasser bezeichneten Ereignissen geltend gemacht werden kann. Die Kinder können in besonderen Fällen, etwa bei Wiederverheiratung, verlangen, dass ihnen Nachlassgegenstände bis höchstens zum Wert ihrer Gegenforderung zu Eigentum übertragen werden, an denen dann aber der überlebende Elternteil den Nießbrauch erhält (Art. 4: 19 ff. BW).

- **Gewillkürte Erbfolge:**
  - Nicht zulässig sind **Erbverträge, Erbverzichtsverträge** und **gemeinschaftliche Testamente. Nacherbeinsetzungen** sind als bedingte letztwillige Zuwendungen möglich (Art. 4: 137 ff.). Zulässig sind **Testamentsvollstreckung** (Art. 4: 142 ff.; im Wesentlichen Abwicklungsvollstreckung) und Testamentarische Nachlassverwaltung (Art. 4: 153 ff.; ähnelt einer Dauervollstreckung).

- **Pflichtteilsrecht:**
  Es ist nicht mehr Noterbrecht, sondern ein schuldrechtlicher Anspruch und ist deshalb nicht im Erbschein zu vermerken. Der Anspruch steht nur den von der gesetzlichen Erbfolge ausgeschlossenen Abkömmlingen des Erblassers in Höhe der Hälfte des gesetzlichen Erbteils zu, nicht den anderen Blutsverwandten und auch nicht dem überlebenden Ehegatten (Art. 4: 19–21; 4: 13; 4: 63 f.; 4: 79 ff.). Die Forderung ist erst 6 Monate nach dem Erbfall fällig. Der von der gesetzlichen Verteilung ausgeschlossene Ehegatte hat jedoch pflichtteilsähnliche, nicht entziehbare Rechte (Nießbrauch an Wohnung, Hausrat und evtl. weiteren Nachlassgegenständen, s. Art. 4: 28 f.; 4: 33 BW).

- **Güterrechtsstatut:**
  Ab. 29.1.2019 gilt die EuGüVO. Bis dahin: Seit 1.9.1992 gilt für die Niederlande das Haager Ehegüterrechtsabkommen v. 14.3.1978 mit Wirkung erga omnes und für alle ab diesem Zeitpunkt geschlossenen Ehen.[215]
  - Wahlfreiheit vor der Ehe (Heimatrecht oder Recht des gewöhnlichen Aufenthaltsortes zzt. der Wahl oder Recht des Staates, in dem ein Ehegatte nach Eheschließung einen neuen gewöhnlichen Aufenthalt begründet; für Grundbesitz auch Wahl der lex rei sitae), Rechtswahl auch noch nach Eheschließung;
  - falls keine Wahl getroffen ist, ist anzuknüpfen (stufenförmig) an:
    a) das gemeinschaftliche Heimatrecht;
    b) den ersten ehelichen Wohnsitz;
    c) und die engsten Beziehungen.
    Beachte jedoch die Entscheidungen des HR im Fall Chelouche/van Leer, Sabah (Urt. v. 7.4.1989) und die weitere von Vlas in IPRax 1995, 194 besprochene HR-Entscheidung (NJ 1994 Nr. 187).
  - Während der Ehe kann das Ehegüterstatut geändert werden, jedoch nur Anknüpfung an das Heimatrecht oder das Recht des gewöhnlichen Aufenthalts eines Ehegatten. Für Immobilien kann insgesamt oder teilweise die lex rei sitae gewählt werden. Form der Wahl: nach gewähltem oder Ortsstatut; mindestens aber schriftlich und Unterschrift beider Ehegatten.

- **Güterrecht:**
  Bis 1.1.2018 waren die Niederlande einer der wenigen Staaten weltweit, in denen die allgemeine Gütergemeinschaft gesetzlicher Güterstand war. Bereits seit längerer Zeit war man bestrebt, den **Umfang der gesetzlichen Gütergemeinschaft** durch Reform **zu modifizieren.** Durch einen im Jahr 2015 eingebrachten Initiativgesetzentwurf wird die Gütergemeinschaft dergestalt eingeschränkt, dass Vermögen und Schulden, die die Ehegatten zum Zeitpunkt der Eheschließung besitzen, auch nach der Eheschließung Privatvermögen und Privatschulden bleiben. Die eheliche Gütergemeinschaft beschränkt sich daher auf während der Ehe erworbene Aktiva und Passiva. Ebenfalls von der Güter-

---

[215] Zu den Problemen hierzu (niederländischer Vorbehalt gem. Art. 5 und Staatsangehörigkeitsprinzip) *Vlas* IPRax 1995, 194.

gemeinschaft sind Erbschaften und Schenkungen eines Ehegatten ausgenommen.[216] Durch Gesetz vom 24.4.2017 ist Buch 1 Art. 94 des niederländischen Burgerlijk Wetboek entsprechend geändert worden. Nun umfasst die gesetzliche Gemeinschaft alle Güter, die den Eheleuten zum Beginn des Güterstands gemeinsam gehört haben sowie die Vermögensgegenstände, die sie während der Dauer der ehelichen Gemeinschaft erworben haben. Ausgenommen sind insoweit insbesondere Schenkungen und Erbschaften, Versorgungsanwartschaften, für die der Versorgungsausgleich durchgeführt wird, Nießbrauchsrechte und die vor Eintritt der Gemeinschaft begründeten Verbindlichkeiten der Eheleute. Das Gesetz ist am 1.1.2018 mit der Maßgabe in Kraft getreten, dass auf die vor dem 1.1.2018 begründete eheliche Gütergemeinschaften Art. 1:94 Burgerlijk Wetboek in der bisherigen Fassung weiterhin anwendbar bleibt. Die neuen Regeln gelten daher erst für Ehen, die am 1.1.2018 oder danach begründet werden.

Durch notariellen Ehevertrag wählbar sind auch Gütertrennung, andere Formen der Gütergemeinschaft und Zugewinngemeinschaft. Seit 1.1.2012 ist auch nach Eheschließung für den Abschluss und die Änderung von Eheverträgen eine gerichtliche Genehmigung nicht mehr erforderlich.

59   **Österreich**

• **Kollisionsrecht**

Wegen der Vielzahl vorrangiger Staatsverträge siehe die Zusammenstellung bei Ferid/ Firsching/Dörner/Hausmann Österreich Grundzüge C III.

Österreich ist Mitgliedstaat der EuErbVO. Vorher galt: Erbfälle ab 1.1.1979 unterfallen dem IPR-Gesetz vom 15.6.1978 (vor dem 1.1.1979: Nachlassspaltung: lex rei sitae für unbewegl. Nachlass. Personalstatut für beweglichen Nachlass).[217] Seit 1.1.2010 gibt es ein Partnerschaftskollisionsrecht.[218]

– Nachlasseinheit, Art. 28 Abs. 1 IPRG;
– Erbstatut: Personalstatut, dh Heimatrecht im Todeszeitpunkt (Art. 28 Abs. 1 iVm 9 Abs. 1 S. 1 IPRG); bei Doppelstaaten geht die österreichische Staatsangehörigkeit vor, sonst gilt die effektive Staatsangehörigkeit (§ 9 IPRG).
– Rück- und Weiterverweisung werden beachtet (Art. 5 IPRG);
– **Sonderanknüpfungen:**
  – Wird eine **Verlassenschaftsabhandlung** in Österreich durchgeführt, beurteilen sich Erbschaftserwerb also nicht der Erwerbsgrund (Titel), sondern lediglich die Art. und Weise des Erwerbsaktes (Modus) und Haftung für Nachlassverbindlichkeiten (Art. 28 Abs. 2 IPRG) nach österreichischem materiellen Recht (funktionale Nachlassspaltung).
  – Erbschaftserwerb also nicht der Erwerbsgrund (Titel), sondern lediglich die Art. und Weise des Erwerbsaktes (Modus) und Haftung für Nachlassverbindlichkeiten beurteilen sich hinsichtlich eines im Ausland gelegenen Nachlasses nach der lex rei sitae (Art. 32 IPRG).

Das bedeutet, dass der unbewegliche, in Deutschland belegene Nachlass eines Österreichers oder Deutschen auf den Erben ipso iure, also von selbst übergeht und nicht erst nach einer **Erbserklärung** (§ 799 ABBG, Annahme) und **Einantwortung** (§§ 797, 819 ABGB; Gerichtsbeschluss, der zum Vermögensübergang führt). Andererseits ist für das **in Österreich belegene unbewegliche Vermögen eines Österreichers oder Deut-**

---

[216] Vgl. insoweit Süß/Ring/*Vlaardingerbroek*, Erbrecht in Europa, 3 Aufl. 2017, Länderbericht Niederlande, Rn. 20.

[217] Zum vormaligen alten Recht: näher *Klinke* DNotZ 1981, 351; grundsätzlich *Firsching,* Österreichische Nachlässe, IPRax 1983, 166.

[218] Hierzu *Melcher* IPRax 2012, 82, Melcher weist darauf hin, dass sich das gesetzliche Erb- und Pflichtteilsrecht des überlebenden eingetragenen Partners grundsätzlich nach dem Heimatrecht des Erblassers bestimmt. Kennt dieses das Institut der eingetragenen Partnerschaft nicht oder sieht es kein Partnerschaftserbrecht vor, so kommt dem überlebenden Partner mangels Ersatzanknüpfung nach dem österreichischen IPR kein gesetzliches Erbrecht oder Pflichtteilsrecht zu.

schen das österreichische Verlassenschaftsverfahren (das zur Einantwortung führt) einzuhalten. Die internationale Zuständigkeit der österreichischen Gerichte hierfür ist geregelt in §§ 106, 107 Jurisdiktionsnorm.[219] Zu beachten ist allerdings, dass bei einem Spaltnachlass (Nachlass in Deutschland und Österreich) nach der Rechtsprechung des österreichischen OGH[220] Erbschaftserwerb und Nachlassschuldenhaftung für den österreichischen Teil sich auch nach deutschem Recht richten, wenn der Erbe für den deutschen Vermögensteil persönlich und unbeschränkt haftet.

Für die Verlassenschaftsabhandlung über den **in Österreich belegenen beweglichen Nachlass** ist das österreichische Verlassenschaftsgericht international zuständig, wenn der Erblasser zuletzt österreichischer Staatsangehöriger war oder seinen letzten gewöhnlichen Aufenthalt in Österreich hatte (etwa ein deutscher Staatsangehöriger). Für das österreichische Bankkonto eines deutschen Erblassers, der sich nicht zuletzt in Österreich aufgehalten hat, besteht demnach keine Zuständigkeit österreichischer Gerichte. Gleichwohl fordern österreichische Banken gem. § 150 AußStrG iVm ihren AGB zur „Ausfolgung" an den Erben einen Gerichtsbeschluss, also einen deutschen Erbschein.[221]

- **Gesetzliches Erbrecht des Ehegatten und der Kinder:**
  – Kinder: gehören wie im deutschen Erbrecht zu den Erben **erster (Parentel-)Ordnung;** die nähere Parentel schließt die entferntere aus; fällt innerhalb einer Ordnung ein Erbe aus, so sind dessen Abkömmlinge gesetzliche Ersatzerben (formelles Eintrittsrecht), §§ 731–734 ABGB;
  – uneheliche Kinder: stehen ehelichen bei der Erbfolge nach der Mutter gleich; für die Erbfolge nach dem Vater galt bis 31.12.1990 § 754 AGBG: grundsätzlich kein Erbrecht, wenn eheliche Kinder vorhanden sind. Das ErbRÄG 1989 hat die §§ 752, 753, 755, 755a ABGB aF aufgehoben, sodass seit 1.1.1991 uneheliche Kinder den ehelichen Kindern gleichgestellt sind.
  – Ehegatte (§ 744 ABGB):
  – $1/3$ neben Kindern und deren Nachkommen;
  – neben Eltern des Erblassers zwei Drittel, im Übrigen ist der Ehegatte Alleinerbe.

Bemerkungen:
- – Der daneben **dem Ehegatten zustehende sog „Voraus"** gilt als gesetzliches Vorausvermächtnis und ist daher für die Erbfolge bzw. Verteilung irrelevant. Der Voraus (Wohnungsrecht und die zum ehelichen Haushalt gehörenden beweglichen Sachen) geht den Ansprüchen der Pflichtteilsberechtigten vor.
- – Grundsätzlich keine Interferenzen zwischen Erb- und Güterrecht wie im deutschen Recht; Ehegatte hat aber Anspruch auf angemessene Abgeltung der Mitwirkung am Erwerb des anderen Ehegatten, §§ 98–100 ABGB.

- **Gewillkürte Erbfolge:**
  – **Testamente, Erbverträge** und **gemeinschaftliche Testamente** grundsätzlich zulässig; beachte: Das eigenhändige (holographe) Testament muss mit dem Namen am Ende der Verfügung (Vorname genügt) unterschrieben sein. Zur Form des fremdhändigen (allographen), mündlichen und öffentlichen Testaments s. §§ 579, 584–586, 587–590 ABGB, 70 ff. NotO. Drei „fähige" Zeugen müssen neben dem Erblasser das (nicht notwendig handschriftliche allographe Testament unterschreiben und dabei (auf der Urkunde) erklären, dass sie Zeugen sind. Der Erblasser muss vor den Zeugen erklären, dass diese Urkunde seinen letzten Willen enthalte. Die Zeugen müssen nicht den Inhalt des Testaments kennen. Unfähige Zeugen sind Personen unter 18 Jahren, Sinnlose, Blinde, Taube, Stumme, solche, die der Sprache des Erblassers nicht mächtig sind, der Erbe oder Vermächtnisnehmer und dessen Angehörige hinsichtlich des ihm zugedachten Nachlasses (§ 591 AGBG). Ein **Erbvertrag ist nur zwischen Eheleuten und**

---

[219] Zum Verfahren siehe *Steiner* ZEV 2005, 144 ff.
[220] OGH v. 12.6.2003, JBl. 2004, 255 Anm. *Lorenz* IPRax 2004, 536.
[221] *Steiner* ZEV 2005, 144 (145).

Verlobten zulässig, die Erbeinsetzung muss unwiderruflich sein und es kann nur über höchstens 3/4 des Nachlasses testiert werden. **Beim gemeinschaftlichen Testament kann jeder Testator seine Verfügung frei widerrufen** (beim wechselseitigen Testament wird dadurch die Verfügung des anderen hinfällig).

– **Pflichtteilsrecht** kein echtes Erbrecht, sondern nur schuldrechtlicher Anspruch gegen Erben:

Abkömmlinge: $^1/_2$

Vorfahren: $^1/_3$

Ehegatte: $^1/_2$

des Wertes des gesetzlichen Erbteils (nach § 761 ABGB in Form eines Erbteils, Vermächtnisses oder Geld. Nach § 776 ABGB kann der Pflichtteil bei fehlendem „Naheverhältnis" zwischen Eltern und Kind auf die Hälfte des gesetzlichen Pflichtteils gemindert werden. Die Minderung muss testamentarisch vom Erblasser angeordnet werden, die übrigen Pflichtteile werden dadurch nicht erhöht.

– **Ausschlagungsfrist:** ab Erbfall bis Einantwortung des Nachlasses (Einweisung in den Nachlass).[222]

• **Hinweise zum Nachlassverfahren:**

Bis zur **Einantwortung** durch das Abhandlungsgericht kann der Erbe nicht über den Nachlass verfügen, anderseits haftet er auch nicht (sondern nur der Nachlass). Erst nach Abgabe der **„Erbserklärung"** kann das Gericht dem Erben die Verwaltung des Nachlasses überlassen. Der Erbe erwirbt den Nachlass durch den gerichtlichen Beschluss der „Einantwortung". Ab Einantwortung haftet der Erbe auch persönlich. Das Ausmaß seiner Haftung hängt davon ab, ob er die Erbantrittserklärung unbedingt (ohne Inventarerrichtung) oder bedingt bzw. mit Inventarerrichtung abgegeben hat. Die Annahme oder Antretung der Erbschaft erfolgt durch die Erbantrittserklärung. Bei bedingter Erbantrittserklärung oder Inventarerrichtung tritt eine Beschränkung der persönlichen Haftung auf den Wert des Nachlasses/Nachlassanteils ein. Bei der bedingten Erbantrittserklärung werden die Gläubiger von Amts wegen mittels gerichtlichen Ediktes aufgefordert, ihre Ansprüche innerhalb einer festgesetzten Frist geltend zu machen. Eine solche Gläubigerkonvokation kann auch ein Verlassenschaftskurator beantragen (§ 813 ABGB). Die gemeldeten Gläubiger werden nach Fristablauf quotenmäßig befriedigt, die Übrigen müssen mit dem Nachlassrest vorlieb nehmen (§ 814 ABGB). Nach unbedingter Erbserklärung haftet der Erbe persönlich und unbeschränkt (bei Miterben als Gesamtschuldner).

Die Erbantrittserklärung kann nur in einem Verlassenschaftsverfahren und spätestens bis zur Einantwortung erfolgen. Unterbleibt ein Abhandlungsverfahren (§ 153 AußStrG), weil die Aktiva des Nachlasses nicht 5.000 EUR übersteigen und keine Eintragungen in die öffentlichen Bücher notwendig sind, können die Erben oder „Noterben" (Pflichtteilsberechtigten, die nicht wirkliche Erben sind) oder Gläubiger beantragen, das Verlassenschaftsvermögen ganz oder teilweise zu übernehmen. Das Gericht kann hierzu ermächtigen. Streitig ist, ob dann ohne Einantwortung Eigentum durch Besitzergreifung oder Ersitzung erworben wird.

• **Erbschein (vor Anwendbarkeit der EuErbVO):**

– Bei **Beerbung eines Deutschen oder Deutsch-Österreichers,** der (auch) Nachlass in Österreich hinterlässt, ist ein uneingeschränkter Eigenrechtserbschein zu erteilen.

Wegen des **dinglichen Erwerbs und der Haftungsbeschränkung** im Hinblick auf den **in Österreich belegenen Nachlass** muss der Erbe in Österreich eine Verlassenschafsabhandlung nach österreichischem Recht durchführen.

– Bei **Beerbung eines Österreichers,** der Nachlass in Deutschland und Österreich hinterlässt, besteht nur eine internationale Zuständigkeit für den in Deutschland belege-

---

[222] Zur Anfechtung der Erbausschlagung LG Kassel NJW-FER 1997, 63.

nen Nachlass. Insoweit ist ein Fremdrechtserbschein beschränkt auf den inländischen Nachlass zu erteilen.

Die Fragen des dinglichen Erwerbs und der Erbenhaftung hinsichtlich der dem Fremdrechtserbschein unterliegenden Nachlassgegenstände in Deutschland sind nach deutschem Recht zu beantworten.

Geht man von der Anwendbarkeit des Art. 3 Abs. 3 EGBGB aus, ändert sich nur der Eigenrechtserbschein, der hinsichtlich des in Österreich belegenen Nachlasses für den Erwerb und die Erbenhaftung einen Vorbehalt enthält, da Österreich insoweit auf eigener Zuständigkeit zur Durchführung der Einantwortung (und als Voraussetzung der Erbserklärung) beharrt.

Rechtsprechung

Das BayObLG forderte bei österreichischem Erbstatut (Fremdrechtserbschein) eine Erbserklärung und eine Einantwortung vor einem österreichischen Gericht in einer Verlassenschaftsabhandlung;[223] sofern eine Verlassenschaftsabhandlung nicht durchgeführt wird, sei nur eine Annahmeerklärung erforderlich.

Das OLG Köln ließ beim Fremdrechtserbschein Erbserklärung und Einantwortung entfallen, infolge der Verweisung auf deutsches Recht (richtigerweise Annahme der Rückverweisung nach Art. 4 Abs. 1 EGBGB.[224]

• **Güterrechtsstatut:**

Ab 29.1.2019 gilt die EuGüVO. Bis dahin: Güterrechtsstatut richtet sich gemäß § 19 IPRG (für nach dem 1.1.1979 geschlossene Ehen) primär nach dem ausdrücklich (auch nachträglich, siehe aber § 11 IPRG) gewählten Recht. Mangels Rechtswahl richtet es sich nach Ehewirkungsstatut (Art. 18 IPRG), Anknüpfung an

– gemeinsames Personalstatut;

– letztes gemeinsames Personalstatut, das einer beibehalten hat;

– gewöhnlichen Aufenthalt;

– letzter gewöhnlichen Aufenthalt, falls einer ihn beibehalten hat.

Ausnahme: Dingliche Rechte sind hinsichtlich des Modus der Rechtsgestaltung und der Typenstruktur der lex rei sitae unterstellt (Art. 31 ff. IPRG)

• **Güterrecht**

– Gesetzlicher Güterstand: Gütertrennung;

– andere Güterstände können im Ehevertrag (in „Notariatsaktsform") vereinbart werden (§ 1217 ABGB: Heiratsgut mit Widerlage und Gütergemeinschaft).

– **Abstimmung Ehegüterrecht – Erbrecht (Anpassung, Angleichung)**

Trifft deutsches Ehegüterstatut mit österreichischem Erbstatut zusammen, ergibt die Kumulierung beider Rechtsordnungen, dass der überlebende Ehegatte mehr erhalten würde, als bei alleiniger Anwendung jeder der Rechtsordnungen, da die österreichische Ehegattenerbquote des § 744 Abs. 1 ABGB um das Viertel aus § 1371 Abs. 1 BGB erhöht würde. Durch den Zufall der Statutenhäufung würden die Wertungen der jeweiligen Rechtsordnung in der Abstimmung von Güterrecht und Erbrecht unterlaufen. Die Doppelqualifikation löst das Problem dahingehend, dass § 1371 Abs. 1 BGB nur zur Anwendung kommt, wenn deutsches Recht sowohl Ehegüter –, als auch Erbstatut ist, während die wohl hM § 1371 Abs. 1 güterrechtlich qualifiziert.[225]

---

[223] BayObLGZ 1995 Nr. 10.

[224] OLG Köln FamRZ 1997, 1176.

[225] Palandt/*Thorn* Art. 15 EGBGB Rn. 26; OLG Hamm FamRZ 1993, 111 – siehe hierzu bereits oben Rn. 36; das OLG Stuttgart NJW-RR 2005, 740 findet den Ausgleich darin, dass es neben dem österreichischen Erbrecht den Zugewinn nach §§ 1373 ff. ausgleicht.

60 **Polen**

- **Kollisionsrecht:**
  Polen ist Mitgliedstaat der EuErbVO. Vorher galt (ab 16.5.2011):[226] Staatsangehörigkeitsprinzip; Heimatrecht des Erblassers im Todeszeitpunkt (Art. 64 IPRG), falls der Erblasser in seiner letztwilligen Verfügung nicht das Recht seines Wohnsitzes oder das Recht seines gewöhnlichen Aufenthalts im Zeitpunkt der Ausführung dieser Handlung gewählt hat;
  – Nachlasseinheit;
  – Renvoi wird beachtet, nicht jedoch die Weiterverweisung.
- **Erbrecht des Ehegatten und der Kinder** ab 28.6.2009: Haben die Ehegatten die eheliche Gütergemeinschaft vereinbart, fällt nur die Hälfte des von der Gütergemeinschaft erfassten Vermögens in den Nachlass. Nach Art. 931 § 1 ZGB erben die Kinder und der überlebende Ehegatte zu gleichen Teilen, der Ehegatte jedoch mindestens 1/4. Sind nur ein bis 3 Kinder vorhanden, erben sie zusammen mit dem Ehegatten zu gleichen Teilen Sind keine Abkömmlinge vorhanden, erbt der überlebende Ehegatte zusammen mit Eltern und Geschwistern 1/2; wegen der Verteilung der anderen Hälfte zwischen den Eltern und Geschwistern, mindestens aber die Hälfte des Nachlasses; wegen der Verteilung der anderen Hälfte zwischen den Eltern und Geschwistern s. Art. 932, 933 ZGB. Sind weder Abkömmlinge noch Eltern oder Geschwister und ihre Abkömmlinge vorhanden, erbt der überlebende Ehegatte allein; ist auch der Ehegatte nicht mehr am Leben, erben die Großeltern (Art. 934 ZGB).
- **Gewillkürte Erbfolge:**
  – Zulässig ist **nur** das einseitige Testament (Art. 941 ZGB); daneben ist ein **Erbverzichtsvertrag** möglich, nicht aber ein **gemeinschaftliches Testament** oder **Erbvertrag**; Form: Art. 949 ff. ZGB; Haager TestÜbk; ein Testament ist auch unwirksam wegen der Bestellung eines Erben unter einer Bedingung oder einer Frist (Art 962 ZGB) oder wegen der Anordnung von Vor- und Nacherbfolge (Art. 964 ZGB).
  – **Pflichtteilsrecht** kein echtes Erbrecht, sondern obligatorische Forderung gegen den Erben; Höhe: Hälfte des Wertes des gesetzlichen Erbteils, bei Minderjährigkeit oder dauernder Arbeitsunfähigkeit des Berechtigten 2/3.
  Berechtigte: Abkömmlinge, Ehegatte und Eltern des Erblassers, falls sie gesetzliche Erben sein würden.[227]
  – Ausschlagungsfrist: 6 Monate ab Kenntnis von der Berufung.
- **Güterrecht:**
  – Polen ist nicht Mitgliedstaat der EuGüVO. Güterrechtsstatut: (wandelbar): gemeinsames Heimatrecht der Ehegatten, ersatzweise Recht des gemeinsamen Wohnsitzes, ersatzweise das Recht, zu dem die engste Verbindung besteht; Rechtswahlmöglichkeiten: Heimatrecht eines Ehegatten oder Recht des gewöhnlichen Aufenthalts eines Ehegatten.
  – **gesetzlicher Güterstand:** Art. 31 § 1 Familien- und Vormundschaftsgesetzbuch– FVGB –: „Gesetzliche Gemeinschaft" (Gütergemeinschaft in Form der Errungenschaftsgemeinschaft, jeweils persönliches Vermögen des Mannes und der Frau und das gemeinschaftliche Vermögen);
  – durch **Ehevertrag** kann der gesetzliche Güterstand erweitert oder beschränkt werden, Gütertrennung oder Gütertrennung mit Zugewinnausgleich vereinbart werden, s. Art. 51 ff. FVGB.

61 **Rumänien**

- **Kollisionsrecht:**
  Rumänien ist Mitgliedstaat der EuErbVO. Vorher galt: seit 1.10.2011 ist das IPR im Codul Civil Nou (CCN) neu geregelt:
  Erbstatut: Recht am gewöhnlichen Aufenthalt des Erblassers, Wahl des Heimatrechts möglich (bis 1.10.2011 galt Gesetz zur Regelung der Verhältnisse des internationalen

---

[226] *Pazdan,* Das neue polnische Gesetz über das internationale Privatrecht, IPPrax 2012, 77.
[227] Siehe näher Ferid/Firsching/Dörner/Hausmann/*de Vries* Grdz. F Rn. 223 ff.

Privatrechts v. 22.9.1992, das Nachlassspaltung vorsah, Grundstücke und Geschäftsvermögen: lex rei sitae, auch für im Ausland gelegene Grundstücke rumänischer Staatsangehöriger; bewegliches Vermögen: letztes Heimatrecht).

- **Gesetzliches Erbrecht:**
  Ab 1.10.2011 neugeregelt durch Codul Civil Nou (vorher Codul civil v 1864/1865, Art. 650 CC ff.).
  - **1. Ordnung**
    Abkömmlinge vorrangig Repräsentationsprinzip und Teilung nach Stämmen. Gleichstellung der nichtehelichen Kinder;
  - **2. Ordnung**
    Die Eltern und deren Abkömmlinge
  - **Ehegatte**
    - neben 1. Ordnung: $1/4$;
    - neben Vater und/oder Mutter und gleichzeitig Geschwistern und/oder deren Abkömmlinge: $1/3$;
    - neben Vater und/oder Mutter **oder** neben Geschwistern und/oder ihren Abkömmlingen: $1/2$;
    - neben anderen Verwandten der aufsteigenden oder Seitenlinien bis zum 4. Grad: $3/4$;
    - wenn die genannten Verwandten nicht vorhanden: $1/1$.
  Daneben erhält der Ehegatte im gesetzlichen Güterstand der Errungenschaftsgemeinschaft einen festen Anteil, idR 1/2 vom Gesamtgut (während der Ehe erworbene Güter).
- **Testamentarische Erbfolge und Pflichtteilsrecht:**
  - **Testament, Erbvertrag** nur ausnahmsweise in drei Fällen zulässig (Schenkung während Ehe unter Ehegatten; Schenkung von Todes wegen unter Nichtehegatten; Fortsetzungsklausel in Gesellschaftsvertrag);
    gemeinsames Testament nicht möglich (Art. 1036 CCN);
  - **Pflichtteilsrecht** ist echtes Erbrecht; Pflichtteil umfasst die Hälfte der gesetzlichen Erbquote, pflichtteilsberechtigt sind der überlebende Ehegatte, die Abkömmlinge und die Eltern, soweit sie zur gesetzlichen Erbfolge berufen wären;
- **Besonderheiten:**
  Der Erbe erwirbt die Erbschaft mit dem Erbfall. Für die Geltendmachung seiner Rechte bedarf er jedoch idR eines besonderen Rechtstitels, der **„Sezina"** (ohne Besitzeinweisung) oder der Besitzeinweisung. Die Besitzeinweisung, die erst zur Feststellung des Erbrechts führt erfolgt durch das Gericht oder den Notar in Form einer Erbscheinserteilung. Erforderlich ist dieser Erbschein aber nur für Seitenverwandte und den Staat als Erben. Der überlebende Ehegatte, Abkömmlinge und Verwandte in aufsteigender Linie bedürfen des Erbscheins nicht, da für sie die „sezina" gilt, dh der von Rechts wegen erlangte Besitz am Nachlass. Besitzeinweisung und sezina haben nichts mit dem Eigentumserwerb (durch Universalsukzession erfolgt) und dem tatsächlichen Besitz zu tun. Sie legitimieren nur den Erben nach außen.
  Weiter ist zu beachten, dass zur Feststellung des Erbrechts die Prüfung gehört, ob eine wirksame Annahme der Erbschaft erfolgt ist.
  Die ganze Erbschaft wird nur wirksam (dann aber ex nunc mit Erbfall) bei einer wirksamen Annahmeerklärung erworben, die nur in einer Frist von 1 Jahr nach dem Erbfall erklärt werden kann (die Frist kann aber in Fällen höherer Gewalt oder eines Krieges, nicht jedoch etwa wegen fehlender Kenntnis vom Tod des Erblassers oder Erschwernissen auf Grund Auslandsaufenthalts verlängert, suspendiert oder unterbrochen werden). Die ausdrückliche Annahme kann in einer öffentlichen oder privatschriftlichen Urkunde (zB in einem Brief gegenüber einem Nachlassbeteiligten) erklärt werden.
  Die Annahme kann aber auch konkludent durch Handlungen, die nur ein Erbe vornehmen kann, erklärt werden, insbesondere durch Inbesitznahme (nicht aber bloße vor-

läufige Fürsorge und Verwaltung), Antrag auf Erteilung eines Erbscheins. Die Schenkung, der Verkauf, die Übertragung der erbschaftlichen Rechte oder die Ausschlagung der Erbschaft nicht zugunsten aller anderen, sondern nur einzelner Miterben durch den Erben führen zur Annahme der Erbschaft.

• **Güterrecht:**
Rumänien wird kein Mitgliedstaat der EuGüVO sein;
– Kollisionsrecht: Recht des gemeinsames Aufenthalts der Ehegatten zurzeit der Eingehung der Ehe, hilfsweise gemeinsames Heimatrecht, hilfsweise Recht am Ort der Eheschließung; Rechtswahlmöglichkeiten für Güterstatut: Recht am gewöhnlichen Aufenthalt eines Ehegatten, Recht der Staatsangehörigkeit eines Ehegatten oder Recht des Staates, in dem die Ehegatten erstmals einen gemeinsamen gewöhnlichen Aufenthalt begründen.
– gesetzlicher Güterstand: Errungenschaftsgemeinschaft; kann vertraglich frühestens nach einem Jahr nach der Eheschließung geändert werden.

62   **Russische Föderation**
Vorbemerkung: Durch die Unabhängigkeit einiger Staaten und die Umwandlung von Staaten der bisherigen UdSSR in die GUS hat sich zT auch die Rechtslage geändert. Soweit die Nachfolgestaaten eigene Staatsangehörigkeiten geschaffen haben, ist an diese anzuknüpfen, wobei evtl. intertemporale Überleitungsgesetze zu beachten sind.

Die neuen Staaten entscheiden selbst über die Fortgeltung völkerrechtlicher Verträge, also etwa des deutsch-sowjetischen Konsularvertrages, da die Wiener Vertragsrechtskonvention v. 22.5.1969 nicht die Probleme der Staatensukzession behandelt.

Im Verhältnis der GUS-Staaten zueinander ist das erbrechtliche Kollisionsrecht in Art. 44 ff. der Konvention der Gemeinschaft unabhängiger Staaten über Rechtshilfe und die Beziehungen auf dem Gebiete des Zivil-, Familien- und Strafrechts von 1994 geregelt: lex rei sitae für unbewegliches Vermögen und Recht des letzten Erblasserwohnsitzes für das übrige Vermögen.[228]

• **Kollisionsrecht** (geregelt in Art. 1186–1224 des Dritten Teils des Zivilgesetzbuchs der Russischen Föderation, in Kraft gesetzt mit Wirkung v. 1.3.2002 (Text IPRax 2002, 327 ff.).[229] Keine Rechtswahl.
– Erbstatut bestimmt sich nach Wohnsitz des Erblassers im Todeszeitpunkt, Art. 1224 Abs. 1 ZGB.
Für unbewegliches Vermögen gilt die lex rei sitae. Stirbt ein Deutscher mit letztem Wohnsitz in Russland, wendet Russland also russisches Erbrecht (soweit es nicht um außerrussische Grundstücke geht) und Deutschland deutsches Erbrecht (mit Ausnahme russischer Grundstücke) an.
– im Verhältnis zu Deutschland ist ab 24.5.1959 der **Konsularvertrag zwischen der Bundesrepublik Deutschland und der UdSSR** zu berücksichtigen (durch Note v. 24.12.1991 – wie sonstige völkerrechtlichen Verträge – von der Russischen Föderation übernommen):
danach Nachlassspaltung, Wohnsitzrecht für bewegliches Vermögen, lex rei sitae für unbewegliches Vermögen;
Art. 25 bis 28 des Konsularvertrags regeln die Nachlasssicherung Benachrichtigung des Konsuls durch das Nachlassgericht von Todesfällen und Maßnahmen der Nachlassregelung, Übergabe von Nachlassgegenständen und Schriftstücken an den Konsul), wenn sich die Erben nicht im Gebiet des Empfangsstaates befinden.
Die **Anknüpfung für die Testamentsform** regelt Art. 1224 ZGB. Die Form des Testamentes und des Aktes seiner Aufhebung sowie die Testierfähigkeit bestimmen sich nach dem Recht des Staates, in dem der Erblasser seinen ständigen Wohnsitz im Zeitpunkt der Errichtung oder Aufhebung hatte. Ein Formmangel liegt nicht vor,

---

[228] Staudinger/*Dörner* Anh. zu Art. 25 f. EGBGB Rn. 702.
[229] Siehe auch *Mindach* IPRax 2002, 309 ff.

wenn die Form den Erfordernissen des Errichtungsortes oder denen des russischen Rechts entspricht.

- **Gesetzliches Erbrecht des Ehegatten und der Kinder.** Der dritte Teil des ZGB regelt auch das materielle Erbrecht (in Kraft seit 1.3.2003). Der Ehegatte hat keinen festen Anteil (s. unten); in den Nachlass fällt nicht der güterrechtliche Erwerb durch den überlebenden Ehegatten, der beim gesetzlichen Güterstand der Errungenschaftsgemeinschaft die Hälfte des Gesamtguts und das Eigengut umfasst.

Es gibt acht Erbkategorien, für die ersten drei Kategorien gilt das Repräsentationsprinzip. Erben einer Kategorie erben zu jeweils gleichen Teilen.

  - Kinder gehören neben dem überlebenden Ehegatten und den Eltern des Erblassers zu den Erben erster Kategorie; Eintrittsrecht von Enkeln und Urenkeln;
    uneheliche Kinder erben grundsätzlich nach der Mutter; auch nach dem Vater, sofern sie standesamtlich anerkannt worden sind;
  - 2. Kategorie: Brüder, Schwestern, Halbbrüder (u -schwestern) und Großeltern des Erblassers.
    3. Kategorie: Brüder, Schwestern, Halbbrüder u -schwestern der Eltern des Erblassers.
    4. bis 6. Kategorie: Verwandte des Erblassers im dritten und fünften Verwandtschaftsgrad.
    7. Kategorie: Stiefkinder und Stiefeltern des Erblassers.
    8. Kategorie: Arbeitsunfähige Personen, die mindestens 1 Jahr vor dem Tod des Erblassers von diesem faktisch Unterhalt bezogen haben.[230]

- **Gewillkürte Erbfolge:**
  - Nach russischem Recht ist die ordentliche Form nur das notarielle Testament (Art. 1124 Abs. 1 ZGB). Das eigenhändige privatschriftliche Testament ist nach Art. 1129 ZGB nur in einer lebensbedrohlichen Situation des Erblassers als Nottestament zulässig, wenn der Erblasser kein ordentliches Testament errichten kann. Es wird nach Ablauf eines Monats nach Beendigung der außerordentlichen Umstände unwirksam, wenn der Erblasser diese Situation überlebt (Art. 1129 Abs. 2 ZGB). Voraussetzung für die Wirksamkeit des Nottestaments ist ferner, dass vor Ablauf der Frist zur Annahme der Erbschaft der Antrag auf verbindliche Feststellung des Vorliegens der Voraussetzungen für die Errichtung des Nottestaments beim zuständigen Gericht gestellt wird und die gerichtliche Feststellung erfolgt (Art. 1129 Abs. 3 ZGB). Art. 1127 ZGB sieht in bestimmten Fällen eine Beurkundung von Testamenten durch andere Personen als Notare vor: Schiffskapitäne, Dienstvorgesetzte der Soldaten, Klinikärzte und Direktoren von Alters- und Behindertenheimen. Weitere Voraussetzung ist hier die Anwesenheit eines Zeugen und dessen eigenhändige Unterschrift. Falls in einer Gemeinde kein Notariat eingerichtet oder besetzt ist, kann der Vorsteher der örtlichen Verwaltung oder eine von diesem beauftragte Person die Beurkundung vornehmen (Art. 1125 Abs. 7 ZGB iVm Art. 37 GrundNot. Gem. Art. 1128 ZGB kann ein Bankmitarbeiter eine kostenlose letztwillige Verfügung beurkunden, die sich auf die bei dieser Bank befindlichen Gelder bezieht.[231] Erbverträge und gemeinschaftliche Testamente sind unzulässig, ebenso Vor- und Nacherbschaft und Erb- und Pflichtteilsverzicht. Ein in Deutschland errichteter Erbvertrag wird jedoch in Russland (wohl) anerkannt.[232]
  - **Pflichtteilsrecht** ist echtes Erbrecht:
    Minderjährige oder erwerbsunfähige Kinder, der erwerbsunfähige Ehegatte, erwerbsunfähige Eltern oder sonstige Unterhaltsempfänger erhalten 1/2 des gesetzlichen Erbteils;

---

[230] Hierzu Süß/*Masannek*, Erbrecht in Europa, Russische Föderation, Rn. 21 ff.
[231] Sehr kritisch hierzu wohl mit Recht *Schmitkel/Mizintsev*, Notariat in Russland, DNotZ 2011, 103 (112).
[232] *Schmitkel/Mizintsev* DNotZ 2011, 103 (112) mwN.

Enkel, Geschwister und Großeltern sind nur pflichtteilsberechtigt, wenn sie während des letzten Lebensjahres des Erblassers arbeitsunfähige Unterhaltsempfänger waren. Dann werden sie zu Erben erster Ordnung gerechnet, vgl. oben;
Beachte: Pflichtteilsherabsetzungsklage bis zur Versagung in bestimmten Fällen (Art. 1149 P 4 ZGB);
– Annahme und Ausschlagung: 6 Monatsfrist; vor Notar, mindestens beglaubigt; konkludente Annahme möglich (Art. 1153 ZGB).

- **Besonderheiten:**
Es gibt unvererbliche Rechtsobjekte (Art. 581, 977, 1112 (ZGB), zB Nutzungs- und Wohnrechte, Nießbrauch). Die Vererbung von Mitgliedschaften bzw. Anteile an gewerblichen und anderen Organisationen (Personen- und Kapitalgesellschaften, Genossenschaften, Vereinen und anderen Organisationen ist in Art. 1176, 1177 ZGB und Spezialgesetzen geregelt.[233]
Wegen der Bestimmungen des Pflichtteilsrechts ist in die Niederschrift aufzunehmen:
„Arbeitsunfähige Eltern des Erblasser sowie sonstige arbeitsunfähige Personen, die vom Erblasser mindestens 1 Jahr lang vor seinem Tode unterhalten wurden, sind (nicht) vorhanden."
Das Nachlassvermögen ist steuerbefreit mit Ausnahme von Einkünften aus Urheberrechten und gewerblichen Schutzrechten des Erblassers, die nach Eröffnung des Erbganges entstanden sind.[234]

- **Erbschein:**
– Inländischer beweglicher Nachlass: beschränkt auf den inländischen beweglichen Nachlass in Anwendung des Rechts der Russischen Föderation;
– unbeweglicher Nachlass: beschränkt auf den inländischen unbeweglichen Nachlass in Anwendung deutschen Rechtes aufgrund des deutsch-sowjetischen Konsularvertrages (ergibt sich auch kraft Rückverweisung aus dem Recht der Russischen Föderation).
Das russische Erbrechtszeugnis, das auf schriftlichen Antrag der Erben erteilt wird, wird für die Umschreibung von Immobilien und Bankkonten benötigt; es genießt keinen öffentlichen Glauben. Es ist kein Zeugnis über die gesamte Erbschaft oder einen Erbteil, sondern ein Zeugnis, dass eine Person Allein- oder Miteigentum an einer im Zeugnis benannten Sache durch die Erbschaft erworben hat. Der Grundsatz der Universalsukzession nach Art. 1113, 1114 iVm Art. 1152 Abs. 4 ZGB bedeutet zwar den Übergang des gesamten Vermögens auf die Erben. Es entsteht aber zwischen den Erben keine Gesamthandsgemeinschaft, sondern als Sondererbfolge eine Miteigentümergemeinschaft.[235]

- **Güterrechtsstatut:**
Das Familiengesetzbuch (FamGB) v. 29.12.1995 regelt das Kollisionsrecht in Art. 156–167. Nach Art. 161 Abs. 1 FGB bestimmt sich das Güterrecht primär und wandelbar nach dem letzten gemeinsamen Wohnsitz der Ehegatten.[236]

- **Güterrecht:**
– Gesetzlicher Güterstand: Errungenschaftsgemeinschaft; Gesamthandseigentum nach Art. 33 Abs. 1, 34 FGB, wozu vorbehaltlich der in Art. 36 FGB bezeichneten, alle Vermögensgegenstände gehören, die während der Ehe erworben werden (Art. 34 Abs. 1 FGB). Vertragliche Güterstände sind zugelassen, wobei die Ehegatten nicht an bestimmte typisierte Güterstände gebunden sind. Der Ehevertrag, der auch noch während der Ehe geschlossen werden kann, bedarf der Schriftform und notarieller

---

[233] Siehe hierzu Ferid/Firsching/Dörner/Hausmann/*Oleg Mosgo*, Grdz. A Rn. 67 ff.
[234] Siehe näher Ferid/Firsching/Dörner/Hausmann/*Oleg Mosgo*, Grdz. A Rn. 67 ff.
[235] *Schmitkel/Mizintsev* DNotZ 2011, 103 (114).
[236] OLG Düsseldorf NJW-RR 2011, 1017 (1019); nach *Lippott* FamRZ 1998, 663 wird idR an die Staatsangehörigkeit angeknüpft.

Beglaubigung (Art. 41 ff. FGB). Es kann Gütertrennung oder auch eine Modifizierung einzelner Güterstände vereinbart werden (Art. 42 Abs. 1 FGB).

Schweiz   63

• **Kollisionsrecht:**
- Erbfälle ab 1.1.1989 unterliegen dem IPR-Gesetz vom 18.12.1987; auf bis dahin abgeschlossene Vorgänge bleibt das NAG v. 25.6.1981 anwendbar.[237]
- grundlegende Regelungen des IPR:
  Erbstatut für eine Person mit letztem Wohnsitz in der Schweiz ist Schweizer Recht (Art. 90 Abs. 1 IPRG). Für Altfälle vor Anwendbarkeit der EuErbVO bedeutet dies: Da beim Tod eines Deutschen mit schweizer Wohnsitz nach deutscher Sicht deutsches Erbrecht zur Anwendung gelangt, kommt es zu eine internationalen Entscheidungsdissens (es sei denn der Erblasser hat das deutsche Recht gewählt). Ein **Ausländer** kann jedoch sein Heimatrecht in einer formgültigen Verfügung von Todes wegen wählen (Art. 90 Abs. 2 IPRG). Die Wahl wird hinfällig, wenn er im Todeszeitpunkt nicht die Staatsangehörigkeit des Staates hat, dessen Recht er gewählt hat. Anders als bei einem Schweizer im Ausland kann ein **Ausländer in der Schweiz sein Heimatrecht nur für den gesamten Nachlass,** auch den in der Schweiz belegenen, **wählen.**[238]
  Der Nachlass einer Person mit letztem Wohnsitz im Ausland untersteht dem Recht, auf welches das Kollisionsrecht des Wohnsitzstatuts verweist (Art. 91 Abs. 1 IPRG); für Altfälle vor Anwendbarkeit der EuErbVO bedeutet dies: bei einem **Schweizer Erblasser mit letztem Wohnsitz in Deutschland** verweist Art. 25 Abs. 1 EGBGB auf das schweizerische Heimatrecht, dessen IPR (Art. 91 Abs. 1 IPRG) auf das deutsche Kollisionsrecht (des Wohnsitzlandes) zurückverweist, welches die Rückverweisung in Art. 4 Abs. 1 EGBGB annimmt, sodass deutsches Erbrecht zur Anwendung kommt.[239]
  Art. 91 Abs. 2 IPRG ermöglicht dem Auslandsschweizer auch die umfassende Wahl des Rechts seines letzten Wohnsitzes als Erbstatut. Der Auslandsschweizer kann aber auch sein in der Schweiz belegenes Vermögen oder sein gesamtes Vermögen der Schweizer Zuständigkeit unterstellen (Art. 92 Abs. 2, 87 IPRG).
  Die Schweiz regelt das Verfahren anders als das materielle Erbrecht nach dem Eröffnungsstatut (lex fori). Darunter fallen die Fragen der Annahme, Ausschlagung, Erbscheinserteilung, verfahrensrechtliche Stellung des Testamentsvollstreckers, Nachlassverwaltung, Inventarerrichtung (Art. 92 Abs. 2 IPRG).

• **Gesetzliches Erbrecht des Ehegatten und der Kinder:**
- Erbrecht nach Ordnungen; Kinder gehören zur **ersten Ordnung;** kein Unterschied zwischen ehelichen, adoptierten und unehelichen Kindern; eine Ordnung schließt die nächste aus; Eintrittsprinzip. In der **zweiten Ordnung** fällt die Erbschaft jeweils zur Hälfte an die Mutter- und Vaterseite, fehlen Erbberechtigte auf einer Seite, fällt diese Hälfte der anderen Seite zu. In der **dritten Ordnung** fällt eine Hälfte dem väterlichen, die andere Hälfte dem mütterlichen Großelternpaar zu (s näher Art. 459 Abs. 4 und 5 ZGB). Gibt es keine Erben aus den drei Ordnungen erbt der Fiskus.
- **Ehegatte** und (seit 1.1.2007) ein überlebender eingetragener gleichgeschlechtlicher Partner:
  Neben Nachkommen des Erblassers bzw. deren Nachkommen: $^1/_2$;
  neben Erben des elterlichen Stamms: $^3/_4$;
  wenn keine Nachkommen und Erben des elterlichen Stammes vorhanden sind: die ganze Erbschaft;

---

[237] Zur eingetragenen gleichgeschlechtlichen Partnerschaft gemäß dem am 1.1.2007 in Kraft getretenen PartG s. *Widmer* IPRax 2007, 155.

[238] Staudinger/*Dörner* Anh. zu Art. 25 f. EGBGB Rn. 734.

[239] BayObLGZ 2001, 203 (205).

Bemerkungen:
Zum 1.7.2007 ist in der Schweiz das **Haager Trust-Übereinkommen** in Kraft getreten; beachtenswert ist, dass gemäß Art. 11 Abs. 2 lit. c des Übereinkommens der Trust weder in die eherechtliche Gütermasse, noch in den Nachlass des Trustee fällt.

- **Gewillkürte Erbfolge:**
  - Kein **gemeinschaftliches Testament** (evtl. Umdeutung), aber **Erbvertrag** mit schon zu Lebzeiten bindender Wirkung zulässig (Art. 494, 512 ff. ZGB), öffentliche Beurkundung.
  - Form des Testaments (es gilt das Haager TestÜbk):
    Eigenhändiges Testament ohne Mitwirkung Dritter (Art. 505 ZGB) oder öffentliches Testament vor zwei Zeugen (Art. 499–504 ZGB) oder als mündliches Nottestament (Art. 506–508 ZGB); wird 14 Tage nach Wegfall der Notsituation unwirksam.
  - **Pflichtteilsrecht** ist echtes Noterbrecht; über Pflichtteil kann durch letztwillige Verfügung nicht verfügt werden. Eine dies nicht beachtende letztwillige Verfügung ist jedoch bis zur Herabsetzung als wirksam zu behandeln (Herabsetzungsklage); eine **Herabsetzungsklage ist in Deutschland zulässig,** da es keinen numerus clausus der Gestaltungsklagen im deutschen Internationalen Zivilprozessrecht gibt;[240] der Herabsetzungsklage unterliegen auch bestimmte Zuwendungen unter Lebenden (Art. 532 ZGB) wie insbesondere Schenkungen (Art. 527 Nr. 3 ZGB).
  - Pflichtteilsquoten: (jeweils des gesetzlichen Erbanspruchs)
    Ehegatte: $1/2$;
    Nachkommen: $3/4$;
    Eltern: $1/2$;
  - Ausschlagungs- (und Annahme-) Frist: 3 Monate.
- **Güterrechtsstatut:**
  - Grundsätzlich das von den Ehegatten gewählte (Art. 52 IPRG), Wahlmöglichkeit zwischen Recht des ersten gemeinsamen Wohnsitzes oder eines ihrer Heimatstaaten;
  - schriftliche Wahl im Ehevertrag (Art. 53); Änderung der Rechtswahl (wandelbares Ehegüterstatut) wirkt im Zweifel auf den Zeitpunkt der Eheschließung zurück.
  - mangels Rechtswahl (Art. 54):
  - Recht des gemeinsamen Wohnsitzes;
  - anderenfalls: Recht des letzten gemeinsamen Wohnsitzes;
  - anderenfalls: gemeinsames Heimatrecht;
  - anderenfalls gilt Gütertrennung schweizer Rechts.
- **Güterrecht:**
  Gesetzlicher Güterstand ist die Errungenschaftsbeteiligung (Art. 181, 196–220 ZGB). Wählbar sind im Ehevertrag auch Gütergemeinschaft oder Gütertrennung. Jeweils starke Ähnlichkeiten zu den jeweiligen deutschen Instituten; die Errungenschaftsgemeinschaft entspricht in etwa der Zugewinngemeinschaft deutschen Rechts. Zur eingetragenen Partnerschaft s. Art. 18 ff. PartG (Anlehnung an Gütertrennung mit Wahlmöglichkeit der Errungenschaftsbeteiligung).[241]

64 **Serbien**

Die Rechtsvorschriften des früheren Jugoslawiens gelten nur noch in der Republik Serbien fort. Das materielle Erbrecht findet sich in dem serbischen Gesetz über das Erbschaftsrecht vom 31.10.1995, das auch in den früheren autonomen Provinzen Kosovo und Vojvodina galt (die Erbgesetze dieser Provinzen wurden aufgehoben). Im **Kosovo** gilt seit 4.2.2005 ein neues Erbgesetz, das für alle Kosovaren gilt, die im Todeszeitpunkt ihren Wohnsitz im **Kosovo** hatten (Art. 146.1); der Auslandskosovare kann testamentarisch das Wohnsitzrecht wählen (Art. 146.2). Nicht-Kosovaren werden nach ihrem Heimatrecht

---

[240] So zutreffend *Dörner* IPRax 2004, 519
[241] Näher Süß/*Wolf/Dorje-Good*, Erbrecht in Europa, Länderbericht Schweiz, Rn. 151 f.

beerbt (Art. 147.1). Die Testamentsform-Vorschriften entsprechen dem Haager Testamentsformübereinkommen (Art. 148).[242]

- **Kollisionsrecht:**
  - Staatsangehörigkeitsprinzip;
  - Nachlasseinheit.

  Gilt sowohl für altes IPRG von 1955 als auch für das neue IPRG vom 15.7.1982, in Kraft getreten seit 1.1.1983 (abgedruckt in IPRax 1983, 6 ff.).

  Das serbische Recht enthält keinen renvoi.

- **Gesetzliches Erbrecht von Ehegatten und Kindern:**
  - Kinder: gehören neben Ehegatten zu den Erben **erster Ordnung,** deren Vorhandensein die übrigen Ordnungen ausschließt; eheliche und nichteheliche Kinder gleichgestellt; Kinder und Ehegatten erben zu gleichen Teilen;
  - Ehegatte: wenn keine Kinder vorhanden sind, gehört Ehegatte mit Eltern des Erblassers zur zweiten Ordnung; Ehegatte bekommt 1/2 und Eltern zusammen 1/2, wobei Eintrittsrecht der Abkömmlinge der Eltern besteht.

- **Gewillkürte Erbfolge:**
  - **Erbvertrag** und **gemeinschaftliches Testament** sind unzulässig; es gibt das eigenhändig ge- und unterschriebene Testament, das schriftliche Testament vor zwei Zeugen mit eigenhändiger Unterschrift, das Gerichtstestament, das Testament vor dem konsularischen Vertreter, das internationale Testament (Art. 92 ff.) sowie außerordentliche Testamentsformen.[243]

  Der Erblasser entscheidet über die rechtliche Natur der Pflichtteilsberechtigung; ergibt die Auslegung hierzu nichts, ist der Pflichtteilsanspruch ein schuldrechtlicher Geldanspruch (Art. 43 Abs. 1 und 3). Auf Antrag des Berechtigten kann das Gericht einen Teil des Nachlasses zuteilen (Art. 43 Abs. 2). Pflichtteilberechtigt sind Abkömmlinge, der Ehegatte und die Eltern (Art. 35, 38 Abs. 2, 39 Abs. 1 und 2). Die Quote der Abkömmlinge und Eltern beträgt die Hälfte, im Übrigen ein Drittel des gesetzlichen Erbteils (Art. 40 Abs. 2). Der Pflichtteilsanspruch verjährt innerhalb von 3 Jahren und kann bei einer Geldforderung als Forderung gegen Erben und Vermächtnisnehmer sowie Beschenkte geltend gemacht werden. Im Übrigen richtet sich der Anspruch auf eine Herabsetzung der testamentarischen Zuwendungen.[244]

  Ausschlagung: Art. 214; Verfahren Art. 118 Abs. 4 des Gesetzes über das außerstreitige Verfahren.

- **Güterrechtsstatut** = allgemeines Ehestatut, dieses wird wie folgt bestimmt:

  Gemeinsame Staatsangehörigkeit;

  Recht des gemeinsamen Wohnsitzes bei verschiedener Staatsangehörigkeit;

  ansonsten: Recht des letzten gemeinsamen Aufenthalts (Art. 37, 36 des IPRG vom 15.7.1982).

- **Güterrecht:**

  Gesetzlicher Güterstand ist eine Art Errungschaftsgemeinschaft (Art. 29 Abs. 1 iVm Art. 168 ff. FamG). Die Eheleute (oder künftigen Eheleute) können durch Vertrag den gesetzlichen Güterstand ausschließen oder ändern (Art. 188 ff. FamG).

Slowenien   65

- **Kollisionsrecht:**

  Slowenien ist Mitgliedstaat der EuErbVO. Vorher galt:
  - Erbstatut ist das Heimatrecht des Erblassers im Todeszeitpunkt (Art. 32 Abs. 1 des Gesetzes über das Internationale Privatrecht und das Verfahren).

---

[242] Siehe hierzu Ferid/Firsching/Dörner/Hausmann/*Pürner* Kosovo; *Süß*, Erbrecht in Europa, Länderbericht Serbien: Provinz Kosovo.

[243] Näher Ferid/Firsching/Dörner/Hausmann/*Pürner* Serbien Grdz. F Rn. 160 ff.

[244] Näher Ferid/Firsching/Dörner/Hausmann/*Pürner* Serbien Grdz. F Rn. 246.

– Nachlasseinheit.

Auf Grund der Staatsverträge mit den ehemaligen Ostblockstaaten gilt zum Teil (zu den Nachfolgestaaten der UdSSR) die lex rei sitae im Verhältnis zu diesen Staaten, sodass es – ebenso durch den zulässigen Renvoi – zur Nachlassspaltung kommen kann. Zum Teil gilt auch hier Nachlasseinheit (Bulgarien, vormalige CSSR, Polen).[245]

* **Gesetzliches Erbrecht:**

Das materielle Erbrecht ist enthalten im Erbgesetz v. 4.6.1976 (in Kraft seit 1.1.1977).

– 1. Rang: Nachkommen und Ehegatte des Erblassers erben zu gleichen Teilen, Nachkommen sind eheliche, nichteheliche und adoptierte Kinder des Erblassers;

– 2. Rang: (Wenn keine Nachkommen vorhanden) Ehegatte und Eltern (Eltern gemeinsam; für einen weggefallenen Elternteil gemäß Repräsentationsrecht seine Kinder, Enkel, Urenkel und weitere Nachkommen), Geschwister des Erblassers und deren Nachkommen. Ehegatten und Eltern usw erben je zur Hälfte (Art. 14 Abs. 2, 15 Abs. 2 ErbG).

– 3. Rang: Großeltern des Erblassers erben zur Hälfte väterlicherseits und zur Hälfte mütterlicherseits, wenn keine Erben der vorhergehenden Ordnungen und auch kein Ehegatte vorhanden ist. Es gilt auch hier das Repräsentationsprinzip.

– Zur gesetzlichen Erbfolge bei nichtehelicher Beziehung zum Erblasser s. Art. 10 Abs. 2 iVm Art. 17–22 EheFamG (nicht, wenn beim Erbfall ein Partner verheiratet war, Art. 20 EheFamG).

* **Gewillkürte Erbfolge:**

– Nicht zulässig sind **Erbvertrag, gemeinschaftliches Testament; Testament** kann handschriftlich, schriftlich vor 2 Zeugen, gerichtlich, diplomatisch, notariell oder international errichtet werden (Art. 63–66, 69, 71a–71g ErbG). **Inhaltlich zulässig sind Erbeinsetzungen, Vermächtnisse** (schuldrechtlich), **Testamentsvollstreckung;** nicht jedoch **Nacherbfolge.**

– Pflichtteil

Absolute Pflichterben (Nachkommen, Eltern, Ehegatte und außerehelicher Lebenspartner erben die Hälfte des gesetzlichen Erbteils; relative Pflichtteilserben (Großeltern und Geschwister: nur wenn sie unterhaltsbedürftig sind) erben ein Drittel ihres gesetzlichen Erbteils.

Der Pflichtteil ist echter Erbteil und wird durch Herabsetzungsklage (Voraussetzung: Annahme der Erbschaft durch den Pflichterben) geltend gemacht; der Anspruch verjährt innerhalb von 3 Jahren ab Testamentseröffnung.

– Universalsukzession; konkludente Annahme genügt.

* **Besonderheit:**

– Haushaltsgegenstände fallen den Personen zu, die mit dem Erblasser in häuslicher Gemeinschaft lebten. Es ist eine Art. Vermächtnis und wird nicht auf gesetzlichen Erbteil oder Pflichtteil angerechnet (Art. 33 Abs. 2 ErbG).

– Sondererbfolge in sog. „geschützte Landwirtschaften", die übrigen Erben werden ausbezahlt (Gesetz über die Erbschaft von Landwirtschaften von 1995.

* **Güterrechtsstatut:** Ab 29.1.2019 gilt die EuGüVO. Bis dahin: entsprechend Serbien; geregelt in Art. 38 des Gesetzes über das Internationale Privat- und Verfahrensrecht vom 30.6.1999.

* **Güterrecht:**

Es gilt das Gesetz über die Ehe- und Familienbeziehungen v. 26.5.1976.

Der geregelte Güterstand ist eine Form der Errungenschaftsgemeinschaft (gemeinschaftliches Vermögen als Gesamthandseigentum. Nach dem Tod kommt es zur Aufteilung des gemeinschaftlichen Vermögens. Über den Anteil (das Gesetz bestimmt nicht, was zum gemeinschaftlichen Vermögen gehört) kann letztwillig verfügt werden. Die Anteile werden mangels Einigung vom Gericht festgesetzt.

---

[245] Siehe Ferid/Firsching/Dörner/Hausmann/Paintner Slowenien Grdz. Rn. 20.

Sein Sondervermögen verwaltet jeder Ehegatte selbständig. Es besteht aus dem Vermögen im Zeitpunkt der Eheschließung einschließlich der Früchte hieraus, dem in der Ehezeit nicht durch Arbeit erworbenen Vermögen. Gemeinsam erhaltene Geschenke sind Sondervermögen je zur Hälfte. Die dem Mann gegebene „Mitgift" ist Sondervermögen der Frau. Eheverträge sind notariell wirksam (Art. 62 EheFamG), es sei denn sie verstoßen gegen zwingende Normen des EheFamG. Zwingende Norm ist, dass das in der Ehezeit durch Arbeit erworbene Vermögen Gemeinschaftsvermögen ist.

Spanien   66

• **Kollisionsrecht (hier keine abweichenden foralrechtlichen Regelungen):**
Spanien ist Mitgliedstaat der EuErbVO. Vorher galt: Staatsangehörigkeitsprinzip; Heimatrecht des Erblassers im Todeszeitpunkt Art. 9 Ziff. 8 CC);
– Nachlasseinheit; eine faktische Nachlassspaltung kann eintreten bei Erblassern mit spanischer und deutscher Staatsangehörigkeit, weil beide Rechte dann grundsätzlich den Vorrang des eigenen Rechts vorsehen (Art. 9 Ziff. 9 Abs. 2 CC; Art. 5 Abs. 1 S. 2 EGBGB).
– interlokales Privatrecht:
Das spanische Kollisionsrecht nimmt die Verweisung des Art. 25 Abs. 1 EGBGB (sowohl bei einem deutschen als auch bei einem spanischen Erblasser) an. Die maßgebliche Teilrechtsordnung muss dann bei einem spanischen Erblasser durch eine Unteranknüpfung nach Art. 4 Abs. 3 EGBGB ermittelt werden. Das spanische Recht hat interlokale Anknüpfungsregeln an die zivilrechtliche Gebietszugehörigkeit des spanischen Erblassers (Art. 13 bis 16 CC). In den Provinzen Katalonien (mit Barcelona), Aragonien, Navarra, Galicien, im Baskenland und auf den Balearen gelten eigene sog Foralrechte („fueros"). Diese Rechte, die insbesondere das Erbrecht und das Ehegüterrecht betreffen, sind dann anzuwenden, wenn der Erblasser die Bürgerschaft der entsprechenden Region („recindad civil", Art. 14 CC) hatte. Sie gehen dann dem gemeinspanischen Recht (Código Civil – CC –) vor. In den Foralrechtsgebieten gilt in einzelnen Teilen der CC direkt oder auch subsidiär. Erbrechtliche Unterschiede bestehen vor allem in folgenden Bereichen: Form und Inhalt letztwilliger Verfügungen, Zulässigkeit gemeinschaftlicher Testamente und Erbverträge, Noterbenrecht, „Aufbesserungen" (mejora", Ausgleich von Vorempfängen, gebundenem Stammesvermögen, Fideikommissen und Rechten des überlebenden Ehegatten.[246]
Das spanische Recht **qualifiziert** auch, welche Kollisionsnorm zur Anwendung kommt (Art. 12 Ziff. 1 CC, lex fori-Qualifikation). Dabei ist zu beachten, dass für die **Testierfähigkeit** des Erblassers dessen Heimatrecht **im Zeitpunkt der Errichtung der letztwilligen Verfügung** und für das **gesetzliche Erbrecht** des überlebenden Ehegatten das **Ehewirkungsstatut (nicht das Erbstatut** mit der letzten Staatsangehörigkeit des Erblassers) also das **Güterstatut gem. Art. 9.2 CC** zur Anwendung kommt, Art. 9.8 CC, wobei im Regelfall Übereinstimmung vorliegen wird.
Das unwandelbar auf den Zeitpunkt der Eheschließung abstellende Ehewirkungsstatut (keine Unterscheidung allgemeiner und güterrechtlicher Ehewirkungen) ist zunächst das gemeinsame Heimatrecht der Eheleute, hilfsweise das Heimatrecht oder das Recht des gewöhnlichen Aufenthalts eines jeden von beiden, sofern dieses Recht in öffentlicher Form vor der Eheschließung gewählt wurde. Mangels Rechtswahl gilt das Recht des ersten gemeinsamen gewöhnlichen Aufenthalts nach der Eheschließung, bei Fehlen eines solchen Aufenthalts das Recht des Ortes der Eheschließung (Art. 9 Ziff. 2 CC). Für Spanier unterschiedlicher Foralrechte, die ihre Ehe ohne Rechtswahl im Ausland geschlossen und dort ihren Aufenthalt genommen haben, gilt der Güterstand der

---

[246] Näher Ferid/Firsching/Dörner/Hausmann/*Hierneis* Spanien Grdz. B Rn. 3. Auf die nützlichen Ausführungen von *Hierneis* zu den Problemen deutsch-spanischer Erbfälle aus der Sicht des deutschen Internationalen Privatrechts ist besonders hinzuweisen.

Errungenschaftsgemeinschaft (Art. 1316 CC), es sei denn, beide Foralrechte weisen die Gütertrennung als gesetzlichen Güterstand aus.[247]

- **Gewillkürte Erbfolge:**
  - Das Verbot des gemeinschaftlichen Testaments (Art. 669, 733 CC) wird als Sachvorschrift angesehen, es ist also nach spanischer Auffassung auch dann ungültig, wenn es im Ausland errichtet wurde. Dies gilt auch für die Foralrechte Kataloniens und der Balearen, die hier keine eigenen Regelungen haben. Biskaya und Gipuzkoa gestatten und regeln das gemeinschaftliche Testament unter Ehegatten und Lebenspartner und Aragonien, Galicien und Navarra unter beliebigen Personen.[248]
  - Art. 1271 CC verbietet den Erbvertrag (wie auch der Erbverzicht und der Vertrag über den Nachlass eines noch lebenden Dritten verboten ist); in verschiedenen Foralrechten ist er jedoch ausdrücklich geregelt…[249]
  - Der Erblasser kann Erben (auch Ersatzerben) einsetzen, (schuldrechtliche) Vermächtnisse[250] anordnen, beides auch bedingt oder befristet. Er kann auch Auflagen und Testamentsvollstreckung verfügen, **nicht aber Vor- und Nacherbschaft** (an deren Stelle aber die fideikommissarische Substitution, Art. 781 CC). Die Auflage ist lückenhaft in Art. 797, 798 CC geregelt.
  - **Form**
    Das spanische Recht kennt gewöhnliche (offene gem. Art. 679, 694 CC, eigenhändige gem. Art. 678, 688 ff. CC und verschlossene gem. Art. 680 CC) sowie Sondertestamente (Militär-, Seemanns- und Auslandstestamente 716 ff, 722 ff, 732 ff.). Die Foralrechte haben grundsätzlich die gleichen Testamentsformen wie das gemeine Recht, zusätzlich zT noch eigene Formen für bestimmte Nottestamente.[251]
    Spanien ist mit Wirkung vom 3.6.1985 dem Europäischen Übereinkommen über die Errichtung einer Organisation zur Registrierung von Testamenten vom 16.5.1972[252] beigetreten und hat ein Zentrales spanisches Nachlassregister errichtet, das bei Vorlage einer Sterbeurkunde Auskunft erteilt.
    Spanien ist auch dem Haager TestÜbk beigetreten.
- **Gesetzliches Erbrecht** von Ehegatten und Kindern nach dem Recht des Codigo Civil:[253]
  - Kinder und deren Abkömmlinge sind Erben **erster Ordnung** und erben zu gleichen Teilen (Gleichstellung ehelicher und unehelicher Kinder), Art. 930 ff. CC; an **zweiter** Stelle sind bei Fehlen von Kindern und Abkömmlingen die Eltern und Aszendenten berufen, Art. 935 CC;
  - der Ehegatte ist nur Erbe **dritter Ordnung,** dh er kommt – als Alleinerbe – nur dann zum Zuge vor den Seitenverwandten (Reihenfolge: Art. 944 ff. CC),wenn keine Erben erster und **zweiter Ordnung** (Vorfahren des Erblassers) vorhanden sind;
    Sind keine vorrangigen Erben vorhanden, erben die Seitenverwandten **bis zum vierten Grad** (Art. 946 ff. CC). Darüber hinaus nur noch Fiskalerbrecht.
- **Pflichtteilsrecht (Noterbfolge, Art. 763, 806 ff. CC):**
  Streitig ist, ob es sich um ein echtes Erbrecht handelt. Der Berechtigte hat größere Rechte als ein deutscher Pflichtteilsberechtigter, jedoch nicht die gleiche Rechtsstellung

---

[247] Süß/*Steinmetz/Huzel/García Alcácar,* Erbrecht in Europa, Länderbericht Spanien, Rn. 40.

[248] Siehe hierzu näher Ferid/Firschig/Dörner/Hausmann/*Hierneis* Spanien Grdz. E Rn. 252 ff.

[249] Siehe im Einzelnen Süß/*Steinmetz/Huzel/García Alcácar,* Erbrecht in Europa, Länderbericht Spanien, Rn. 114, 158 ff.

[250] Zum Quoten- und Bruchteilsvermächtnis siehe Ferid/Firschig/Dörner/Hausmann/*Hierneis* Spanien Grdz. D Rn. 116; ist Gegenstand des Vermächtnisses eine bestimmte Sache, liegt ein Vindikationslegat vor, Art. 882 ff. CC.

[251] Siehe näher Ferid/Firschig/Dörner/Hausmann/*Hierneis* Spanien Grdz. E Rn. 203 ff.

[252] In Deutschland noch nicht in Kraft.

[253] Wegen der **Foralrechte** siehe Ferid/Firschig/Dörner/Hausmann/*Hierneis* Spanien Grdz. G Rn. 471 ff. Siehe dort auch in Rn. 460 die tabellarische Übersicht über die gesetzliche Erbfolge nach Gemeinrecht und den Foralrechten.

wie ein Miterbe, weil er zwar einen Anspruch hat, seinen Anteil in Nachlassgegenständen zu empfangen, er ist also unmittelbar am Nachlass in Höhe seiner Quote beteiligt. In Ausnahmefällen kann er aber auch in bar abgefunden werden. Infolge dieser starken Stellung gehört der Noterbe jedoch in den **Erbschein.** Die Noterbenrechte in den Foralrechten sind sehr unterschiedlich.[254] Noterbteilswidrige letztwillige Verfügungen oder Schenkungen können durch Herabsetzungsklage geltend gemacht werden (Art. 815, 817 CC).

Noterben gemäß Art. 807 CC sind
- die **Kinder und deren Abkömmlinge** zu zwei Dritteln des Reinnachlasses (Art. 808 CC), wobei der Erblasser die Hälfte dieses Noterbteils gleichmäßig auf die Noterben verteilen muss, die andere Hälfte (mejora, Art. 808 Abs. 1 CC) kann er frei unter den Noterben verteilen.
- bei Fehlen von Abkömmlingen **die Eltern je zur Hälfte und entferntere Aszendenten,** bei Zusammentreffen mit dem überlebenden Ehegatten ein Drittel (Art. 809 CC).

Der überlebende Ehegatte hat **bei gesetzlicher Erbfolge** oder **Enterbung** Anspruch auf **Nießbrauch** am Nachlass. Er wird nicht Mitglied der Erbengemeinschaft; es liegt kein echtes Noterbrecht vor, er kann in Geld abgefunden werden.

Nießbrauchsquote:
$^1/_3$ bei Zusammentreffen mit leiblichen Abkömmlingen (Art. 834 CC),
$^1/_2$ neben Eltern und anderen Aszendenten, sowie Stiefkindern (Art. 837 CC),
$^2/_3$ neben Seitenverwandten (Art. 838 CC).

Besonderheiten: In Art. **11 des Konsularvertrages** ist den spanischen Konsulaten weitgehend die Stellung eines Nachlasspflegers eingeräumt, sodass **bei Erblassern mit spanischer StA keine Nachlasspflegschaft einzuleiten, sondern das zuständige Konsulat zu verständigen ist.**

- **Erbschein:**
Beachte: Da die Rechtsnatur des **Ehegattennießbrauchs** höchst streitig ist, wird bei Aufnahme folgende Fassung vorgeschlagen:

> „Der Erblasser ist hinsichtlich seines im Inland befindlichen Vermögens nach gemein spanischem Recht von seinen Kindern zur Hälfte beerbt worden. Die Ehefrau des Erblassers hat ein dingliches Nießbrauchsrecht an einem Drittel des Nachlasses."

Spanien: Familienrecht (soweit Einfluss auf Erbrecht)
- **Kollisionsrecht:**
  - Interlokales Privatrecht: In ganz Spanien einheitlich gilt – neben dem interlokalen Privatrecht und internationalem Privatrecht selbst – das Eherecht, jedoch mit Ausnahme des Ehevermögensrechts, und die Bestimmungen über das Zivilstandsregister;
  - Internationales Privatrecht: Ab 29.1.2019 gilt die EuGüVO. Bis dahin: Art. 9 Codigo Civil v. 1974 idF v. 1990
  - Das Personalstatut natürlicher Personen wird durch die Staatsangehörigkeit bestimmt. Dieses Recht regelt die (Handlungs-)Fähigkeit, Personenstatut, familienrechtliche Rechte und Pflichten;
  - persönliche Beziehungen zwischen Ehegatten unterstehen dem gemeinsamen Personalstatut der Ehegatten im Zeitpunkt ihrer Eingehung (der Ehe); mangels dieses Rechts nach dem Personalstatut oder nach dem Recht des gemeinsamen Aufenthalts eines von ihnen, welches durch beide in einem vor Eingehung der Ehe errichteten beurkundeten Schriftstücks gewählt worden ist, mangels Wahl nach dem Recht des ersten gemeinsamen Aufenthalts und bei Fehlen dieses Aufenthalts nach dem Recht des Orts der Eheschließung.

---

[254] Siehe näher Ferid/Firsching/Dörner/Hausmann/*Hierneis* Spanien Grdz. F Rn. 361 ff.

– die vermögensrechtlichen Beziehungen zwischen Ehegatten unterstehen, soweit entsprechende, durch das Recht eines der beiden (Ehegatten) zugelassene Vereinbarungen nicht vorhanden sind oder unvollständig sind, dem gleichem Recht wie die persönlichen Beziehungen.

Ein Wechsel der Staatsangehörigkeit ändert den ehelichen Güterstand nicht, es sei denn, dass die Ehegatten dies vereinbaren und ihr neues Heimatrecht dem nicht entgegensteht.

Ergebnis: Das Güterrecht richtet sich primär nach den Foralrechten. Falls sich dieses nach den Kriterien des Art. 9 CC nicht bestimmen lässt, richtet sich das Güterrecht nach dem CC.

• **Ehegüterrecht:**
– Gesetzlich (Art. 1316 CC): Errungenschaftsgemeinschaft; die Foralrechte kennen als gesetzliche Güterstände die Gütergemeinschaft, Errungenschaftsgemeinschaften und Gütertrennung.[255]

gemeinsames Vermögen ist, was jeder Ehepartner als Gewinn oder Erträgnis erhält (Art. 1344, 1347 CC). Bei Auflösung erhält jeder die Hälfte. IdR gemeinsame Verwaltung des Gemeinschaftsvermögens;
– vertraglich:
Form: öffentliche Beurkundung des Ehevertrages;
Güterstand der Teilhabe (Art. 1411 ff. CC) – entspricht im Wesentlichen der deutschen Zugewinngemeinschaft.
Gütertrennung: ebenfalls vergleichbar dem deutschen Institut (Art. 1435–1444 CC)

67   **Tschechische Republik**

• **Kollisionsrecht:**
Tschechien ist Mitgliedstaat der EuErbVO.
– Vorher galt das Gesetz über das internationale Privat- und Prozessrecht (IPRG), das mit Wirkung zum 1.1.2014 neu gefasst wurde. Erbstatut nach § 76 IPRG: Recht des gewöhnlichen Aufenthalts des Erblassers im Todeszeitpunkt (bis 1.1.2014: Staatsangehörigkeitsprinzip). Rechtswahlmöglichkeiten nach § 77 Abs. 4 IPRG: Recht des gewöhnlichen Aufenthalts oder Heimatrecht im Zeitpunkt einer Testamentserrichtung. Rück- und Weiterverweisungen werden angenommen.

• **Gesetzliches Erbrecht:**
Mit Wirkung zum 1.1.2014 ist ein neues Zivilgesetzbuch in Kraft getreten, das auch das Erbrecht grundlegend geändert hat.
– **1. Gruppe:** Kinder des Erblassers (auch nichteheliche oder angenommene) bzw. deren Abkömmlinge und der überlebende Ehegatte oder registrierter Lebenspartner (Gesetz Nr. 115/2006 mit Wirkung zum 12.7.2006) zu gleichen Teilen (§ 1635 ZGB).
Die erste Gruppe schließt bei Vorhandensein die Folgenden aus. Der Ehegatte kann in der 1. Gruppe nur erben, wenn mindestens ein Abkömmling des Erblassers Erbe wird; wenn nicht, zählt er zur 2. Gruppe.
– **2. Gruppe:** Eltern des Erblassers bzw. deren Abkömmlinge und Personen, die mind. ein Jahr vor dem Tod im Haushalt des Erblasser gelebt haben und aus diesem Grund den gemeinsamen Haushalt mitgeführt haben oder auf Unterhalt des Erblassers angewiesen waren (§ 1636 Abs. 1 ZGB). Sie erben zu gleichen Teilen, der Ehegatte jedoch mindestens die Hälfte (§ 1636 Abs. 2 ZGB).
– **3. Gruppe:** Geschwister des Erblassers bzw. deren Abkömmlinge neben den Personen, die mit dem Erblasser mindestens ein Jahr vor dessen Tod im gemeinsamen Haushalt mitgelebt haben und aus diesem Grund den Haushalt mitgeführt haben oder auf Unterhalt des Erblassers angewiesen haben; sie erben zu gleichen Teilen (§ 1637 ZGB).

---

[255] Siehe Ferid/Firschig/Dörner/Hausmann/*Hierneis* Spanien Grdz. D Rn. 144 ff.

– **4. Gruppe:** Die Großeltern des Erblassers (§ 1638 ZGB), zur 5. und 6. Gruppe siehe §§ 1639, 1640 ZGB.

• **Gewillkürte Erbfolge:**
– Bis 1.1.2014 war nur das einseitige **Testament zulässig;** seitdem ist auch der **Erbvertrag** (§§ 1582 ff. ZGB) zulässig; unzulässig sind auch weiterhin **gemeinschaftliche Testamente** (§ 1492 ZGB materielles Verbot aus tschechischer Sicht, dass zur Nichtigkeit führt);
– Testamentsformen (§§ 1532 ff. ZGB): eigenhändiges Testament (Datumsangabe bestehend aus Tag, Monat und Jahr nicht mehr zwingend; Zweizeugentestament; Notarielles Testament ähnlich dem deutschen Recht.
Vermächtnisse (bis 1.1.2014 unzulässig – nun §§ 1594 ff. ZGB) haben schuldrechtliche Wirkung **bedingte** Erbeinsetzung, **Vor- und Nacherbschaft** seit 1.1.2014 zulässig, ebenso Testamentsvollstreckung (§§ 1553 ff. ZGB).

• **Pflichtteilsrecht:**
– Pflichtteilsrecht ist seit 1.1.2014 reiner Geldanspruch (vorher echtes Noterbrecht). Minderjährige Abkömmlinge müssen ¾ ihres vollen gesetzlichen Erbteils bekommen, volljährige 1/2 davon. Ein Erb- oder Pflichtteilsverzicht zu Lebzeiten des Erblassers ist seit 1.1.2014 zulässig.

• **Ausschlagungsfrist:** Ein Monat von dem Zeitpunkt an, zu dem Erbe über das Recht zur Ausschlagung informiert wurde.

• **Güterrechtsstatut** (wandelbar)
– Ab 29.1.2019 gilt die EuGüVO. Bis dahin gilt:
– Güterrechtsstatut ist das gemeinsame Heimatrecht der Ehegatten; falls ein solches nicht vorhanden: tschechisches Recht.
– Wirksamkeit einer Wahl des Güterrechtsstatuts beurteilt sich ebenfalls nach diesem Recht (zum Zeitpunkt der Wahl im Ehevertrag).

• **Güterrecht:**
Gesetzliches Güterstatut ist eine Art. Errungenschaftsgemeinschaft, bei der idR beide Ehegatten Miteigentümer am gemeinschaftlichen Vermögen zu 1/2 erwerben und den jeweils im Alleineigentum stehenden Vermögensmassen jedes Ehegatten aus Erbschaft, Schenkung, Gegenständen der Berufsausübung, vorehelichem Vermögen und deren Ersatz (§§ 708 ff. ZGB). Der Umfang der gemeinschaftlichen Vermögensmasse kann ehevertraglich in notarieller Form abweichend geregelt werden.

Slowakei

In der Slowakei gelten das vormalige tschechoslowakische IPRG und das ZGB in den Fassungen vom 4.12.1963 (IPRG) und 26.2.1964 (ZGB) seit Auflösung der Tschechoslowakei weitgehend unverändert fort.[256]

Türkei   68

• **Kollisionsrecht:**
Auf Grund des **Konsularvertrages** zwischen dem Deutschen Reich und der Türkischen Republik vom 28.5.1929 **(siehe hierzu näher → Rn. 3, 13)** gilt für **Grundstücke** die **lex rei sitae,** für **beweglichen Nachlass** das **Staatsangehörigkeitsprinzip** (§ 14 der Anlage zu Art. 20).
Da die **Anlage zu Art. 20 des Konsularvertrages (Nachlassabkommen),** hinsichtlich des beweglichen Nachlasses alle insoweit veranlassten Tätigkeiten dem Konsul vorbehält, ist angezeigt, dass das deutsche Nachlassgericht die Beteiligten an das zuständige türkische Konsulat verweist.
Unabhängig von dem zwischen Deutschland und der Türkei anzuwendenden Staatsvertrag regelt das autonome türkische Kollisionsrecht das Erbstatut im Sinne des letzten Heimatrechts des Erblassers; auf das in der Türkei gelegene Immobilienvermögen wird

---

[256] Siehe hierzu die Vorauflage und Süß/*Sovova/Baloga*, Erbrecht in Europa, Länderbericht Slowakei.

ausschließlich türkisches Recht angewandt. Bei **Doppelstaatern** wird das Personalstatut nach dem Grundsatz der engsten Beziehung ermittelt (Art. 22 des Gesetzes Nr. 2675 über das internationale Privat- und Zivilverfahrensrecht). Die zweite Anknüpfung ist der Ort der Belegenheit des Nachlasses. Das türkische Recht lehnt eine Rechtswahl ab. Die Parteien haben die tatsächlichen Umstände, die zur Anwendung ausländischen Rechts führen, vorzutragen. Ist das ausländische Recht nicht feststellbar, ist türkisches Recht anzuwenden (Art. 2 Abs. 2 IPRG).

Es kann deshalb zur **Nachlassspaltung** kommen. Das türkische IPRG enthält Gesamtverweisungen, die aber nach einer Weiterverweisung auf das Recht eines Drittstaates abgebrochen werden.

- **Materielles Recht:**
  Grundlage des türkischen Erbrechts ist das Türkische Zivilgesetzbuch (ZGB) vom 22.11.2001, in Kraft seit 1.1.2002.
- **Gesetzliches Erbrecht von Ehegatten und Kindern**
  – Kinder gehören zur **1. Ordnung,** die bevorzugt und zu gleichen Teilen erbt. Repräsentationsprinzip, Eintrittsprinzip (die Nachkommen treten an die Stelle des weggefallenen Abkömmlings). Nichteheliche Kinder sind auch im Verhältnis zum Vater den ehelichen Kindern gleichgestellt, sofern die Vaterschaft anerkannt oder gerichtlich festgestellt ist.
  – Eltern erben zu gleichen Teilen in **2. Ordnung** (bei Wegfall eines Teils Repräsentation durch seine Abkömmlinge, sonst Anwachsung), Großeltern und deren Abkömmlinge in **3. Ordnung** (Art. 496, 497 ZGB).
  – **Ehegatte** (Art. 499 ZGB)
  Ein Viertel neben Erben 1. Ordnung, die Hälfte neben Erben **2. Ordnung,** drei Viertel neben Erben 3. Ordnung. Sind auch keine Großeltern mehr vorhanden, wird er Alleinerbe.
  Der überlebende Ehegatte hat zwar seit 1930 nicht mehr eine variable Erbquote (Wahlrecht zwischen einem Viertel des Nachlasses oder der Nutznießung an der Nachlasshälfte); es kann ihm aber auf sein Verlangen unter Anrechnung auf seinen Errungenschaftsanteil ein Nießbrauchs- bzw. Wohnrecht oder Eigentumsrecht am Familienhaus bzw. an der Familienwohnung und das Eigentumsrecht am Hausrat zugeteilt werden.[257]
- **Testamentarische Erbfolge und Pflichtteilsrecht:**
  – Grundsätzlich zulässig sind **Testament** und **Erbvertrag;** öffentliches Testament (vor dem Friedensrichter, einem Notar einem „offiziellen Beamten" oder einem anderen Beauftragten, der nach dem Gesetz mit diesen Geschäften betraut ist) in Gegenwart zweier Zeugen, Art. 532 ZGB; eigenhändiges Testament, Art. 538 ZGB, muss vollständig selbst geschrieben und unterschrieben sein (Datumsangabe zwingend), mündliches Testament vor zwei Zeugen bei Todesgefahr, Krieg ua **Erbvertrag** (Art. 539 Abs. 1 ZGB) und **Erbverzichtsvertrag** (Art. 528 ZGB) in öffentlicher Form möglich. Möglich sind einseitige und zweiseitige vertragsmäßige Verfügungen. **§ 16 der Anlage zum Nachlassabkommen** schließt als staatsvertragliche Regelung gem. Art. 3 Abs. 2 S. 1 EGBGB die autonomen Bestimmungen der Art. 26 Abs. 1 bis 4 EGBGB aus (§ 16 sieht die Form des Errichtungs- oder Heimatstaates vor). § 16 NA weicht aber seinerseits zurück vor den Regelungen des Haager TestÜbk.[258]
  Von der Errichtung eines **gemeinschaftlichen Testaments** ist abzuraten, da das türkische Recht dies nicht kennt. Möglicherweise kommt eine Umdeutung in einen Erbvertrag oder in Einzeltestamente in Betracht.[259]
  Testamentsinhalt: Das türkische Recht kennt Erbeinsetzungen (Art. 516 ZGB), Vermächtnisse (Art. 517 ZGB), Auflagen und Bedingungen (Art. 515 ZGB) und Vor- und

---

[257] Süß/*Kilic*, Erbrecht in Europa, Länderbericht Slowakei, Rn. 24.
[258] Siehe Staudinger/*Dörner* Vorbem. zu Art. 25 f. EGBGB Rn. 184 f.
[259] Ferid/Firsching/Dörner/Hausmann/*Rumpf,* Türkei Grdz. F Rn. 195.

Nacherbschaft (aber nur eine Stufe, Art. 521 Abs. 2, 522 Abs. 3 ZGB); zur Testaments-vollstreckung (s. Art. 550 ZGB).
– **Pflichtteilsrecht** ist echtes Erbrecht; geltend zu machen durch **Herabsetzungsklage** (zur Ausschlussfrist s. Art. 571 ZGB). Ausschließlich zuständig sind die Gerichte des Heimatstaates bzw. bei unbeweglichem Vermögen des Belegenheitsstaates (§ 15 Anl. Nachlassabkommen) sodass deutsche Gerichte international unzuständig sind, soweit es um Grundstücke in der Türkei oder den beweglichen Nachlass eines türkischen Staats-angehörigen geht.[260]
Pflichtteilsberechtigte und Quote:
Nachkommen: Hälfte des gesetzlichen Erbteils;
Eltern: ein Viertel des gesetzlichen Erbteils;
Ehegatte: gesetzlicher Erbteil, soweit er mit den gesetzlichen Erben das Erbe zu teilen hat, in allen anderen Fällen 3/4 des gesetzlichen Erbteils (§ 506 ZGB).
Die Pflichtteilsberechtigung der Geschwister des Erblassers ist seit 10.5.2007 entfallen (Art. 1 des Gesetzes Nr. 5650).
– **Ausschlagungsfrist:** 3 Monate ab Kenntnis vom Erbfall bei gesetzlicher Erbfolge, ab Kenntnis des Testaments bei testamentarischer Erbfolge.
• **Güterstand:**
– Kollisionsrecht:
Konsularvertrag zwischen dem Deutschen Reich und der Türkischen Republik vom 28.5.1929 gilt nicht für das Güterrecht. Türkisches IPR: Rechtswahl (des Wohnsitzes beider oder eines der Heimatrechte bei Eheschließung); sonst: gemeinsames Heimat-recht bei Eheschließung; Recht des gemeinsamen Wohnsitzes bei Eheschließung; Recht des Ortes an dem sich die Güter befinden (Stufenleiter). Das Statut ist unwandel-bar (Ausnahme: Bei Erwerb einer neuen gemeinsamen Staatsangehörigkeit nach Ehe-schließung kann das Güterrecht dem Recht dieses Staates unterstellt werden.
– **Gesetzlicher Güterstand:** Seit 1.1.2002 die Errungenschaftsbeteiligung. Die Ehegat-ten können jedoch in einem **Güterstandsvertrag** die Güterstände der Gütertrennung, Gütergemeinschaft oder Gütertrennung mit Beteiligung wählen (§§ 202, 205 ZGB). Die Übergangsregelung sieht vor, dass der neue gesetzliche Güterstand ab dem 1.1.2002 als vereinbart gilt, wenn die Eheleute bis zum 1.1.2003 keinen anderen Güterstand wählen (Gesetz Nr. 4722; Art. 10 EGBGB).
Der gesetzliche Güterstand erlaubt es dem überlebenden Ehegatten Ansprüche auf das Familienhaus– bzw. die Familienwohnung und Hausrat unter Anrechnung auf die güterrechtlichen Ansprüche zu erheben (§ 652 ZGB).
• **Besonderheit:**
Die Ungültigkeit letztwilliger Verfügungen und Erbverträge ist durch befristete **Ungül-tigkeitsklage** geltend zu machen (Art. 557 ff. ZGB)
Vererbung ländlicher Grundstücke an Ausländer.
Gemäß Art. 87 des Dorfgesetzes (Text bei Ferid/Firsching/Dörner/Hausmann/*Rumpf* Türkei Texte) **dürfen Ausländer ererbte Grundstücke innerhalb des Dorfbereiches nicht behalten, außerhalb über 30 Hektar bei testamentarischer Erbfolge nur mit Erlaubnis des Ministerrates** (Art. 36 Grundstücksregistergesetz). Ähnliches gilt für militärische Verbots- und Sicherheitszonen.[261]
Für **ehemalige türkische Staatsbürger,** die mit Genehmigung des Ministerrats aus-gebürgert worden sind und nunmehr als deutsche Erblasser Grundstücke vererben, gelten diese Beschränkungen nicht.[262]

---

[260] Einschränkend Staudinger/*Dörner* Vorbem. zu Art. 25 f. EGBGB Rn. 182: nur wenn Beteiligte dieselbe Staatsangehörigkeit besitzen wie der Erblasser; s. auch LG München I FamRZ 2007, 1250.
[261] Zu Ausnahmen bei Tourismuszwecken siehe Art. 8/E Tourismusförderungsgesetz, Gesetz Nr. 2634.
[262] Gesetz Nr. 4112 vom 7.6.1995 (Rosarote Karte-Regelung).

69   **Ungarn**

- **Kollisionsrecht:**
Ungarn ist Mitgliedstaat der EuErbVO. Vorher galt:
  - Staatsangehörigkeitsprinzip;
  - Nachlasseinheit.
- **Gesetzliches Erbrecht des Ehegatten** (gleichgestellt ist seit 1.1.2009 der gleichgeschlechtliche registrierte Partner) **und der Kinder**
  - Kinder erben (mehrere zu gleichen Teilen) vor allen anderen Verwandten; Gleichstellung der nichtehelichen Kinder; Gradual- und Repräsentationssystem;
  - Ehegatte hat neben den Kindern ein **gesetzliches Nießbrauchsrecht** am gesamten Nachlass, wird also nicht Erbe. Der Nießbrauch endet mit neuer Eheschließung.

Der Umfang des Nießbrauchs richtet sich nach den Bedürfnissen des überlebenden Ehegatten.[263] Sind keine Kinder vorhanden aber neben dem Ehegatten Vorfahren und Seitenverwandte, erbt der überlebende Ehegatte das **Errungenschaftsvermögen** und die Vorfahren bzw. Seitenverwandten das **Heimfallvermögen,** an welchem jedoch der Ehefrau ein Nießbrauchsrecht zusteht. Das Rückfallsrecht kann durch Testament ausgeschlossen werden. Sind keine Vorfahren und Seitenverwandte vorhanden, wird der Ehegatte Alleinerbe.

Bemerkungen:
- **Voraussetzung des Ehegattenerbrechts ist das Bestehen einer ehelichen Gemeinschaft;** hat der Ehegatte nicht mit dem Erblasser zusammengelebt, fällt er als Erbe aus;
- der Anspruch des Ehegatten auf 1/2 des Zugewinns ist güterrechtlich zu beurteilen.
- **Gewillkürte Erbfolge:**
  - Grundsätzlich zulässig sind **Testament** (auch **gemeinschaftliches**) und (in Verbindung mit Unterhaltsvertrag) **Erbvertrag.**[264]
  - **Pflichtteilsrecht ist kein echtes Erbrecht;** gewährt wird nur ein Geldanspruch (uU aber Herausgabe in natura)[265] in der Höhe der Hälfte des ges. Erbteils. Berechtigt sind Abkömmlinge, Eltern und der Ehegatte, wenn sie gesetzliche Erben wären. Der Pflichtteil des Ehegatten ist ein beschränkter Nießbrauch.[266]
- **Besonderheiten:**
  - Das **gesetzliche Nießbrauchsrecht** des Ehegatten kann durch Verfügung von Todes wegen entzogen werden; nicht entziehbar ist ein Anspruch auf Sicherung seiner Lebensbedürfnisse durch einen beschränkten Nießbrauch;
  - **Ausschlagung** grundsätzlich nicht fristgebunden.
- **Güterrechtsstatut:**
  - Ungarn wird kein Mitgliedstaat der EuGüVO sein;
  - Gemeinsames Personalstatut zzt. der Beurteilung (die erworbenen Rechte werden aber durch eine Änderung des anwendbaren Rechts nicht berührt);
  - Gemeinsames Personalstatut zzt. der Eheschließung (auch wenn erst durch Eheschließung erworben);
  - verschiedenes Personalstatut: letztes gemeinsames Personalstatut;
  - nie gemeinsames Personalstatut: letzter gemeinsamer Wohnsitz;
  - ungarisches Recht als lex loci des Verfahrensortes.
- **Güterrecht:**
  - Gesetzlicher Güterstand: Errungenschaftsgemeinschaft;
  - dieser Güterstand kann nicht vertraglich abgeändert oder ausgeschlossen werden. Möglich aber die gerichtliche Aufhebung der Gütergemeinschaft aus wichtigem Grunde;

---

[263] Siehe näher Süß/*Tóth* Erbrecht in Europa, Länderbericht Ungarn Rn. 34.
[264] Zu den Testamentsformen siehe Ferid/Firsching/Dörner/Hausmann/*Solomon*, Ungarn, Grdz. D III Rn. 20 ff.
[265] Im einzelnen Süß/*Tóth* Erbrecht in Europa, Länderbericht Ungarn Rn. 149.
[266] Siehe hierzu Süß/*Tóth* Erbrecht in Europa, Länderbericht Ungarn Rn. 141 ff.

– im Ehevertrag kann aber bestimmt werden, was zum gemeinschaftlichen Vermögen und was zum Sondergut gehören soll; so entsteht wirtschaftlich eine der Gütertrennung vergleichbare Situation.

USA   70

• **Kollisionsrecht:**
  – Interlokales Privatrecht: Die USA sind ein Mehrrechtsstaat; es gibt kein IPR des Bundes oder gesamtstaatliches Interlokales Recht. Die einzelnen Staaten wenden das Konfliktsrecht, das im Verhältnis zu anderen Bundesstaaten gilt, auch im Verhältnis zu ausländischen Staaten an;
  – Übereinstimmende Kollisionsnormen aller Staaten (Ausnahme Mississippi – nur für gesetzliche Erbfolge: der gesamte in Mississippi belegene Nachlass vererbt sich nach dem Recht dieses Staates). Das Internationale Erbrecht des Bundesstaates Louisiana ist durch ein am 1.1.1992 in Kraft getretenes und in den Civil Code von Louisiana eingefügtes IPR-Gesetz kodifiziert worden.[267]

  – Nachlassspaltung:
  Beweglicher Nachlass: domicile im Todeszeitpunkt (Ausnahme: Mississippi, s. o.); wenn letztes domicile in Deutschland: für Rückverweisung Kollisionsrecht des Staates des letzten domiciles in den USA anzuwenden;
  unbeweglicher Nachlass: lex rei sitae.
  Bemerkung: Das nach diesen Regeln anzuwendende Recht bestimmt nur das auf die Erbfolge in einem engen Sinn anzuwendende Recht. Insbesondere richten sich Nachlassspaltung und -abwicklung (administration) nach der lex fori (wie auch das restliche Verfahrensrecht); das Gleiche gilt für Komplexe, die nach deutscher Sicht materiellrechtlich qualifiziert werden, in den USA aber als zur Nachlassverwaltung gehörend betrachtet werden, wie zB Schuldenhaftung, Titelübergang, Testamentsvollstreckung.
• Für beweglichen Nachlass und die Frage eines Renvoi bei unbeweglichem Nachlass (vgl. oben) ist der **Domizilbegriff,** der nach amerik. Recht auszulegen ist, genauer zu klären.[268] Es gibt drei Arten des domicile: das „**of origin**" (das der Eltern zurzeit der Geburt einer Person), das „**of choice**" (= das gewählt wird, um das frühere zu ersetzen) und das „**by operation of law**" (domicile, das das Recht einer Person unabhängig von ihrer Absicht oder Wahl des Aufenthaltsortes zuerkennt). Im Allgemeinen steht es in Beziehung zur häuslichen Gemeinschaft (Ehegatten, Eltern, Kinder). Grundsätzlich muss jede Person ein domicile haben, kann aber auch nicht mehr als eines haben. Zur Begründung eines neuen domiciles (das of choice) wird idR der tatsächliche Aufenthalt und der Wille zu bleiben gefordert.
• **Gesetzliches Erbrecht des Ehegatten und der Kinder:**
  Das materielle Erbrecht ist ebenfalls den erbrechtlichen Regelungen der einzelnen Bundesstaaten zu entnehmen.
  – Im Fall der gesetzlichen wie der testamentarischen Erbfolge geht der unbewegliche Nachlass mit dem Todesfall unmittelbar auf den/die Erben über. Verfügungsgewalt hierüber hat aber der „Nachlassverwalter".
  Der bewegliche Nachlass geht zunächst auf ein „**estate**" des Verstorbenen über; Verfügungsgewalt hat ein „**administrator**" bei gesetzlicher Erbfolge, ein „**executor**" bei testamentarischer Erbfolge, die den Nachlass sichern, sammeln, verwalten (zB Schulden begleichen) und schließlich auf die Erben verteilen. In 16 Staaten (darunter Kalifornien) geht der gesamte Nachlass unmittelbar mit dem Tode des Erblassers auf den oder die Erben über.[269]

---

[267] Hierzu *Jayme* IPRax 1993, 56 ff.
[268] Dazu Ferid/Firsching/Dörner/Hausmann/*Solomon,* US, Grdz. C II Rn. 41 ff.
[269] Vgl. Ferid/Firsching/Dörner/Hausmann/*Solomon,* US, Grdz. D IV Rn. 68, 85 ff.

– Zu beachten ist auch das komplizierte Zusammenspiel von Güterrecht und Erbrecht.[270]
– Die gesetzliche Erbfolge ist aus dem Recht des jeweiligen Staates[271] zu entnehmen.
  Allgemein ist die Reihenfolge:
    a) Abkömmlinge,
    b) Eltern.
  Bemerkung: Uneheliche Abkömmlinge erben meist nicht nach dem Vater. New York:
  Beachte hier das Referenzblatt des Generalkonsulats New York v. 14.6.1996 hinsicht-
  lich der 1992 in Kraft getretenen Gesetzesänderungen in der gesetzlichen Erbfolge
  (Schreiben des Bundesministeriums der Justiz v. 18.7.1996)
• **Gewillkürte Erbfolge:**
– Zulässig sind idR neben einseitigen auch gemeinschaftliche Testamente und Erbver-
  träge;
– **Pflichtteilsrecht:** In einigen Staaten ein echtes Noterbrecht, in anderen nur ein
  Anspruch auf Nießbrauch am Nachlass („dower" oder „curtesy")
• **Besonderheiten:**
Ein nach amerikanischem Recht vom Gericht zu ernennender **administrator** hat weder
die Stellung eines Testamentsvollstreckers, noch die eines Nachlassverwalters und ist
deshalb **nicht im Erbschein zu vermerken.**[272]
Ein von einem amerikanischen Erblasser ernannter **executor kann** die Stellung eines
Testamentsvollstreckers haben. Zunächst ist durch Auslegung zu prüfen, ob der Erblasser dem executor überhaupt bezüglich des deutschen Nachlasses Funktionen verleihen
wollte, die über die eines administrators (Begleichen der Nachlassschulden und Verteilen
des Nachlasses an die Erben) hinausgehen (dies ist idR nicht der Fall, wenn der Alleinerbe
zum „executor" ernannt ist). Nur wenn dies der Fall ist, kommt Testamentsvollstreckung
in Betracht. Auf Grund des amerikanischen Grundsatzes der Territorialeinheit der Nachlassabwicklung ist eine **versteckte Rückverweisung** anzunehmen, **sodass es idR zu
einer Testamentsvollstreckung nach deutschem Recht kommt.**[273]
Unter Umständen **kann der executor auch die Stellung eines Erben** haben. Ein „Last
Will and Testament" nach dem Recht des US-Staates Colorado mit dem ein Erblasser
sein Vermögen in einen „Marital Trust" und einen „Family Trust" einbringt, ist regelmäßig dahin auszulegen, dass die bestimmten **„beneficiaries" als Erben** anzusehen sind
und nicht der „trustee" und „personal representative".[274]
Bei den nach englischer Rechtstechnik errichteten Testamenten, die mit Schreibmaschine
geschrieben und vom Erblasser und zwei Zeugen unterschrieben sind, handelt es sich um
keine notariellen Testamente.
Falls ein Testament bereits im Heimatstaat eröffnet wurde, erfolgt hier keine Eröffnung, es
ist aber zu empfehlen, die Vorlage des **probate** (gerichtliche Bestätigung der Wirksamkeit
des Testaments) zu verlangen, weil man damit der Prüfung der Wirksamkeit des Testaments enthoben ist.
Eidesstattliche Versicherung vor einem notary-public reicht aus, wenn dessen
Unterschrift vom deutschen Konsulat in den USA legalisiert wird.
Die **nach deutschem Recht erteilten Erbscheine** für den gesamten beweglichen
Nachlass werden in den USA nach erfolgter Legalisation erfahrungsgemäß anerkannt.
Der **deutsch-amerikanische Konsularvertrag** ist für die Abwicklung der Nachlässe
praktisch ohne Bedeutung, er regelt lediglich die Verständigung des Konsulats beim Tod
eines amerikanischen Staatsangehörigen und die evtl. Mitwirkung des Konsulats bei der
Nachlasssicherung.

---

[270] Dazu Ferid/Firsching/Dörner/Hausmann/*Solomon,* US, Grdz. D VII Rn. 89 ff.
[271] Näher zu den einzelnen Staaten Ferid/Firsching/Dörner/Hausmann/*Solomon* Bd VIII und IX Texte.
[272] Siehe *Ferid* IPR 3. Aufl. 1986 Rn. 9–80; s. zum Streitstand auch MüKoBGB/*J. Mayer* § 2369 Rn. 47
  und die dort zitierte Literatur.
[273] *Ferid* IPR 3. Aufl. 1986 Rn. 9–21, 9–83; vgl. hierzu auch BayObLG IPRax 1981, 215.
[274] KG FamRZ 2012, 1515.

- **Erbschein:**
  - Amerikanischer Erblasser mit beweglichem Nachlass im Inland und domicile in den USA (New York): Erbschein

  > „beschränkt auf den inländischen beweglichen Nachlass in Anwendung des Rechts von New York"

  - Beweglicher inländischer Nachlass und domicile in der Bundesrepublik Deutschland, letztes domicile in den USA in New York:

  > „beschränkt auf den beweglichen Nachlass in Anwendung **deutschen** Rechts kraft Rückverweisung aus dem Recht des Staates von New York".

  - Unbeweglicher inländischer Nachlass, sonst wie vorstehend:
    (Territorial und gegenständlich) beschränkter (Eigenrechts-)Erbschein

  > „beschränkt auf den inländischen unbeweglichen Nachlass in Anwendung **deutschen** Rechts kraft Rückverweisung aus dem Recht des Staates New York".

  - Inländischer beweglicher Nachlass, domicile in der Schweiz, letztes domicile in New York (Schweiz nimmt amerikanische Verweisung an): Erbschein
    „beschränkt auf den inländischen beweglichen Nachlass in Anwendung schweizer Rechts kraft Weiterverweisung aus dem Recht des Staates New York".
- **Güterrechtsstatut:**
  Gemeinsamkeiten der interlokalen Privatrechte: Movables (bewegliches Vermögen) = lex domicilii zurzeit des Erwerbs der Gegenstände;
  Immovables (unbewegliches Vermögen) = lex rei sitae; das Surrogat behält den Rechtscharakter (Gütertrennung/Errungenschaftsgemeinschaft) der Ursprungsimmobilie; für die Abgrenzung movables – immovables ist eine Sonderanknüpfung nach dem Kollisionsrecht des Lageortes vorzunehmen.
- **Güterrecht:**
  - Unterfällt dem Recht der Einzelstaaten.[275] Die meisten Staaten haben den gesetzlichen Güterstand der **Gütertrennung** (separate property). Ausnahme Arizona, Kalifornien, Idaho, Louisiana, New Mexiko, Nevada, Texas, Washington, Wisconsin, Puerto Rico: **Errungenschaftsgemeinschaft** (community-property); Hinsichtlich seines ideellen Hälfteanteils am Gesamtgut kann jeder Ehegatte Verfügungen von Todes wegen treffen, ohne dass dem anderen ein Pflichtteilsrecht daran zustünde.
  - Eheverträge sind möglich; ihre Anknüpfung ist streitig.[276]

---

[275] Zum Recht der einzelnen Staaten s. *Bergmann/Ferid* Bd XIX bis XXI.
[276] Vgl. *Bergmann/Ferid* USA 65 ff.; s. dort auch 71 ff. zum Güterrecht der einzelnen Bundesstaaten.

§ 49 Rechtshilfe – Amtshilfe

1 Will ein Nachlassgericht außerhalb seiner örtlichen Zuständigkeit wirksam Amtshandlungen selbst vornehmen, muss es die Zustimmung des örtlich zuständigen

2 Amtsgerichts erholen. In Abweichung von diesem Grundsatz kann das Gericht rechtswirksam nur bei Gefahr im Verzug oder bei Beurkundungen tätig werden.

Liegen diese Ausnahmefälle nicht vor, muss das Gericht das örtlich zuständige Gericht um Mithilfe ersuchen und ihm die Vornahme der beabsichtigten Amtshandlung übertragen (**Rechtshilfe**).

3 **Amtshilfe** gemäß Art. 35 Abs. 1 GG ist jede unterstützende Hilfe eines ersuchenden Gerichts oder einer ersuchenden Verwaltungsbehörde in einem Einzelfall, die nicht Rechtshilfe darstellt, wobei der ersuchenden Stelle idR die sachliche Zuständigkeit fehlt (bei der Rechtshilfe wird die sachliche Zuständigkeit sowohl der ersuchenden als auch des ersuchten Gerichts gefordert).

Zur Zuständigkeit der Amtsgerichte in Rechtshilfeangelegenheiten nach dem GVG und im internationalen Rechtsverkehr s. §§ 157 ff. GVG und die Rechtshilfeordnung für Zivilsachen (ZRHO) vom 19.10.1956.[1] Die ZRHO ist wiedergegeben in Piller/Hermann 3g ZRHO 1 ff. – dort auch die dazu gehörigen landesrechtlichen Erlasse. Zwischenstaatliche Abkommen über Rechtsschutz und Rechtshilfe sind wiedergegeben in Geimer/Schütze, Internationaler Rechtsverkehr.

4 **Unzulässig ist die Rechtshilfe** in Nachlasssachen, in denen das Nachlassgericht **ausschließlich** zuständig ist:

– Abhaltung eines Verhandlungstermins im Erbauseinandersetzungsverfahren (§ 365 FamFG);[2]
– Bestätigung einer Auseinandersetzung (§ 368 Abs. 1 FamFG);
– Erteilung eines Erbscheins;
– Eröffnung eines Testaments (Ausnahme: Sonderzuständigkeit des Verwahrungsgerichts nach § 344 Abs. 6 FamFG).[3]

5 **Zulässig ist die Rechtshilfe** zum Beispiel in folgenden Fällen:

– Bekanntgabe des Inhalts eines eröffneten Testaments nach § 348 Abs. 3 FamFG an die bei der Eröffnung nichtanwesenden Personen;
– Anhörung eines Miterben im Erbscheinserteilungsverfahren;
– Aufnahme der Erbscheinsverhandlung einschließlich eidesstattlicher Versicherung (§ 352 Abs. 3 S. 3 FamFG);
– Ausschlagungserklärung;[4]
– Aufnahme des Nachlassverzeichnisses;
– Abnahme einer eidesstattlichen Versicherung bei Inventarerrichtung (§ 2006 BGB);
– Rückgabe des hinterlegten Testaments an den Erblasser (falls im Ausland im Wege der Amtshilfe durch den Konsul);
– Erbenermittlung nach Art. 37 bayAGGVG oder § 41 Abs. 1 BaWüFGG bei bestehender Nachlasspflegschaft.[5]

---

[1] Änderungen und Ergänzungen der bundeseinheitlich geltenden ZRHO werden seit der Neufassung 1976 vom Bayerischen Staatsministerium der Justiz im Ministerialblatt veröffentlicht.
[2] Keidel/*Zimmermann* § 365 Rn. 14.
[3] BayObLGZ 31, 91.
[4] Fristwahrend, vgl. BayObLGZ 1952, 291.
[5] OLG Karlsruhe Rpfleger 1994, 255 (256).

Teil 6. Steuerrecht

§ 50 Die Erbschaftsteuer

Übersicht

Rn.

I. Grundlagen, Einleitung 1
   1. Einordnung der Erbschaftsteuer ins Steuersystem 1
   2. Politisierung, Kritik und Rechtfertigung 6
   3. Rechtsquellen, Verhältnis zur Schenkungsteuer 9
   4. Klassisches Nebengebiet, Beratungsleistungen, Beratungsziele 13
   5. Vorgaben des Grundgesetzes, Verdikt und Geschichte der Verfassungswidrig-
      keit 18
      a) Maßstab des Grundgesetzes – verfassungsrechtliche Vorgaben 18
      b) Prüfung durch das Bundesverfassungsgericht 20
      c) Die erste Entscheidung des BVerfG vom 22.6.1995 23
      d) Die zweite Entscheidung des BVerfG vom 7.11.2006 24
      e) Die dritte Entscheidung des BVerfG vom 17.12.2014 26
   6. Europarechtliche Vorgaben – Verstöße gegen Unionsrecht 32
      a) Keine Freibetragskürzung im Auslandssachverhalt 32
      b) Keine Diskriminierung ausländischen Vermögens 35
II. Persönliche Steuerpflicht, § 2 ErbStG 37
   1. Unbeschränkte persönliche Steuerpflicht, § 2 Abs. 1 Nr. 1 ErbStG 37
   2. Beschränkte persönliche Steuerpflicht, § 2 Abs. 1 Nr. 3 ErbStG 39
   3. Erweiterungen der persönlichen Steuerpflicht 43
   4. Internationale Aspekte 45
      a) DBA: Bilaterale Abkommen zur Vermeidung der Doppelbesteuerung 45
      b) Anrechnung gemäß § 21 ErbStG: Unilaterale Maßnahme zur Vermeidung
         der Doppelbesteuerung 47
      c) Verbleibende Doppelbesteuerungen 50
III. Sachliche Steuerpflicht, § 1, § 3 ErbStG 52
   1. Erbe, Erbteil und Ausschlagung 53
      a) Der Anfall der Erbschaft, § 3 Abs. 1 Nr. 1 ErbStG 53
      b) Die Erbausschlagung und die hierfür gewährte Abfindung, § 3 Abs. 2
         Nr. 4 ErbStG 56
      c) Der Erbvergleich 60
   2. Zugewinnausgleich, § 5 ErbStG 63
   3. Vermächtnis 66
      a) Besteuerung des schuldrechtlichen Vermächtnisanspruches 66
      b) Ausschlagungsmöglichkeit 69
      c) Zivilrechtlich unwirksamer Vermächtnisanspruch 70
      d) Nießbrauch, Wohnungsrecht und wiederkehrende Leistungen als Ver-
         mächtnisgegenstand 72
   4. Pflichtteil 74
      a) Erfordernis der Geltendmachung 74
      b) Verzicht auf den Pflichtteil 77
      c) Abfindung 80
      d) Sachliche Steuerbefreiung beim Pflichtteil 84
      e) Höhe der Pflichtteilsforderung 86
      f) Zeitpunkt der Geltendmachung 88
   5. Vor- und Nacherbschaft, § 6 ErbStG 92
      a) Grundsatz der Besteuerung 92
      b) Mögliche Antragstellung durch den Nacherben 94

Rn.

   c) Verhältnis zwischen Vorerbe und Nacherbe 95
   d) Vergleich Vorerbschaft und Nießbrauchsvermächtnis 97
  6. Zeitliche aufgeschobene Zuwendungen 99
   a) Gleichstellung zur Vor- und Nacherbschaft, § 6 Abs. 4 ErbStG 99
   b) (Erweiterter) Anwendungsbereich des § 6 Abs. 4 ErbStG 101
  7. Lebensversicherung, Verträge zugunsten Dritter auf den Todesfall, § 3 Abs. 1
   Nr. 4 ErbStG 103
   a) Zivilrechtliche Aspekte 103
   b) Mögliche Gestaltungen des Versicherungsverhältnisses 105
   c) Vorgänge zu Lebzeiten, Steuerentstehung, weitere Verträge zugunsten
   Dritter 108
  8. Sonstige Erwerbstatbestände 111
   a) Übergang eines Gesellschaftsanteils bei Tod des Gesellschafters, § 3 Abs. 1
   Nr. 2 Satz 2–3 ErbStG 111
   b) Auflage, § 3 Abs. 2 Nr. 2 ErbStG, und Zweckzuwendung, § 8 ErbStG ... 113
   c) Nicht steuerbare Vermögensvorteile 116
   d) Lebzeitige Schenkung, § 1 Abs. 1 Nr. 2, § 7 118
   e) Familienstiftungen, Erbersatzsteuer, § 1 Abs. 1 Nr. 4 ErbStG 120
IV. Sachliche Steuerfreistellungen, § 13 – § 13d ErbStG 125
  1. Das Familienheim, § 13 Abs. 1 Nr. 4a – 4c ErbStG 125
   a) Erwerb des Familienheims zum Eigentum 125
   b) Differenzierungen nach der Person des Erwerbers und der Erwerbsgrundlage 127
   c) Nutzung zu eigenen Wohnzwecken 131
  2. Unternehmensvermögen – Steuerverschonung nach § 13a, § 13b, § 13c
   ErbStG 133
   a) Zweck der Begünstigungsnormen 133
   b) Privilegiertes unternehmerisches Vermögen 136
   c) Privilegierung für Erwerbe bis zu 26 Millionen Euro 145
   d) Privilegierung für Erwerbe über 26 Millionen Euro 154
   e) Kurzübersicht über die gesetzliche Regelung 163
  3. Zu Wohnzwecken vermietete Immobilie, § 13d ErbStG 169
  4. Sonstige Steuerfreistellungen, § 13 ErbStG 173
V. Persönliche Steuerfreibeträge 180
  1. Höhe der Freibeträge, § 16 ErbStG 181
  2. Zusammenrechnung mehrerer Erwerb, § 14 ErbStG 184
  3. Besonderer Versorgungsfreibetrag, § 17 ErbStG 187
VI. Entstehung der Steuer, § 9 ErbStG 189
  1. Grundsatz: Ableben des Erblassers als Stichtag 189
  2. Durchbrechungen des Stichtagsprinzips 190
   a) Ausnahmen nach § 9 Abs. 1 Nr. 1 ErbStG 190
   b) Nachsteuertatbestände, Optionsrechte, Begünstigungstransfer 195
VII. Ermittlung der Steuer, § 10 – § 12 ErbStG 198
  1. Abzug der Verbindlichkeiten, § 10 ErbStG 198
   a) Allgemeine Nachlassverbindlichkeiten 199
   b) Speziell: Einkommensteuerschulden des Erblassers 204
   c) Abzugsbeschränkung bei steuerbefreitem Vermögen 207
  2. Wertermittlung 209
VIII. Steuersatz, § 19 ErbStG 213
  1. Einheitlicher Stufentarif für den gesamten Erwerb 213
  2. Härteausgleich und Progressionsvorbehalt, § 19 Abs. 3, Abs. 2 ErbStG 218
IX. Steuererhebung, Verfahrensrechtliches, Durchsetzung der Erbschaftsteuer 221
  1. Steuererhebungsverfahren, Anzeige- und Erklärungspflichten 221
   a) Anzeigepflicht des Erwerbers, § 30 ErbStG 222
   b) Erklärungspflicht, § 31 ErbStG 226
   c) Nachwirkende Pflichten 228
   d) Anzeigepflichten von anderen Personen, § 33 ErbStG 229

Rn.

2. Steuerfestsetzung, Zuständigkeit (§ 35 ErbStG) und gesonderte Feststellungen (§ 151 f. BewG) 231
3. Haftung, Steuerermäßigung, Stundung, §§ 20 ff. ErbStG 235
X. Verhältnis zu anderen Steuerarten 241
1. Einkommensteuer 242
2. Grunderwerbsteuer 247
3. Umsatzsteuer 248

I. Grundlagen, Einleitung

1. Einordnung der Erbschaftsteuer ins Steuersystem

In Deutschland gibt es ein Nebeneinander vieler verschiedener Steuerarten. Gemeinsam ist **1** den vom Gesetzgeber ausgewählten Besteuerungsgegenständen, dass sie alle eine beim Steuerpflichtigen vorhandene Leistungsfähigkeit indizieren sollen. Man unterscheidet die **Besteuerung der Vermögenssubstanz, der Vermögensverwendung und des Vermögenszuwachses**. Der Vermögenszuwachs wird beispielsweise bei der Einkommensteuer, der Körperschaftsteuer und der Gewerbesteuer besteuert. Durch den Vermögenszuwachs steigt die finanzielle Leistungsfähigkeit des Steuerpflichtigen, so dass ein Teil des Vermögenszuwachses vom Staat abgeschöpft werden kann. Die Einkommensverwendung ist Anknüpfungspunkt der Verkehrssteuern wie etwa der Umsatzsteuer, der Grunderwerbsteuer oder der Tabaksteuer. Durch den Konsum von Gütern zeigt sich gleichfalls eine vorhandene Leistungsfähigkeit des Steuerpflichtigen. Die Vermögensteuer als Substanzsteuer ist zwar im Grundgesetz vorgesehen (Art. 106 Abs. 2 Nr. 1 GG), es existiert derzeit aber keine einfachgesetzliche Eingriffsnorm zur Erhebung.

Für die Erbschaftsteuer ist fraglich, ob sie den Nachlass als Vermögensmasse im Sinne **2** einer Substanzsteuer erfasst, oder ob stattdessen der Vermögenszuwachs beim Begünstigten besteuert wird, oder ob der Vermögenstransfer im Sinne einer Verkehrsteuer der maßgebliche Anknüpfungspunkt ist.[1] Die Einordnung als **Verkehrsteuer**[2] überzeugt nicht, weil der Erbe – anders als andere Erwerber von Konsumgütern – den Erwerb nicht steuern kann. Der Vermögensübergang ist nur der technische Anknüpfungspunkt der Steuer, wohingegen allein der dem Vermögensübergang folgende Vermögenszuwachs beim Erben eine erhöhte Leistungsfähigkeit bewirkt.

Die Erbschaftsteuer besteuert folglich den **Vermögenszuwachs** und wird als besondere **3** Form der **Einkommensteuer** eingeordnet.[3] Im Sinne der Reinvermögenszugangstheorie ist auch die Erbschaft ein besteuerungswürdiger Vermögenszuwachs. Der Gesetzgeber hat sich im Einkommensteuergesetz aber entgegen der Reinvermögenszugangstheorie bewusst dazu entschieden, die Besteuerung auf die in § 2 Abs. 1 EStG enumerativ aufgezählten Einkunftsarten zu beschränken. Die Einkommensteuer erfasst die vom Steuerpflichtigen erwirtschafteten Einnahmen, die einer entgeltlich erbrachten Tätigkeit durch Teilnahme am allgemeinen Markt entspringen. Die Erbschaftsteuer erfasst ergänzend die unentgeltlich hinzukommenden Einnahmen.[4] Anders als bei der jährlich wiederkehrenden Einkommensteuer (§ 36 Abs. 1, § 25 Abs. 1 EStG) handelt es sich bei der Erbschaftsteuer um eine nichtperiodische und für den konkreten Vermögenserwerb **einmalig anfallende Steuer**.

Gegen eine **Vermögensteuer** spricht, dass nicht der ungeteilte Nachlass als solcher, **4** sondern der konkrete Erwerb beim Begünstigten besteuert wird.[5] Zum Beispiel wird jedem

---

1 Vgl. *Meinecke/Hannes/Holty*, ErbStG, 17. Aufl. 2018 Einführung Rn. 1.
2 So Burandt/Rojahn/*Milatz*, Erbrecht, 2. Aufl. 2014, Vorbem. Rn. 3.
3 *Crezelius* ZEV 2015, 392 (393 f.); *Friz* DStR 2015, 2409 (2410); Vgl. *Meinecke/Hannes/Holty*, ErbStG, 17. Aufl. 2018.
4 *Crezelius* ZEV 2015, 1 (7); *Friz* DStR 2015, 2409 (2410).
5 BVerfG NJW 2007, 573 Rn. 101; *Tipke/Lang*, Steuerrecht, 23. Aufl. 2018, § 15 Rn. 2.

einzelnen Erwerber nach seinem persönlichen Näheverhältnis zum Erblasser ein Freibetrag gewährt (§ 16 ErbStG). Es wird also nicht die Erbschaft als gesonderte Vermögensmasse in ihrer Substanz besteuert, deren Netto-Nachlass sich dann auf die Erben verteilen würde. Die Erbschaftsteuer wird vielmehr als Erbanfallsteuer bezeichnet.

5   Der Begriff **Erbanfallsteuer** verdeutlicht, dass der bei jedem einzelnen Erwerber anfallende Vermögenserwerb besteuert wird (§ 1 Abs. 1 Nr. 1 ErbStG: Der Erbschaftsteuer unterliegt *der Erwerb* von Todes wegen (→ Rn. 53 f.). Der erhaltene Vermögenszuwachs durch den Erbfall indiziert eine vorhandene Leistungsfähigkeit beim Empfänger. Dessen Vermögenserwerb wird durch die Steuer nur geschmälert. Maßgebend ist grundsätzlich die Bereicherung unmittelbar durch den Erbanfall (§ 10 Abs. 1 Satz 1 ErbStG), die mit dem Zeitpunkt des Ablebens des Erblassers eintritt (§ 9 Abs. 1 Nr. 1 ErbStG) und **stichtagsbezogen** auf den Todestag zu ermitteln ist (§ 11 ErbStG). Auf einen tatsächlichen Zufluss der Vermögenswerte kommt es im Grundsatz ebenso wenig an wie auf eine Nachlassauseinandersetzung (näher zum Stichtagsprinzip → § 49 Rn. 189 ff.).

2. Politisierung, Kritik und Rechtfertigung

6   Die Erbschaftsteuer polarisiert und ist in hohem Maße politisch geprägt. In der öffentlichen Diskussion ist sie trotz ihres unbedeutenden Ertrags[6] immer wieder im Gespräch (was freilich auch an der wiederholten Verfassungswidrigkeit liegt → Rn. 23 ff.). Aus politischen Gründen gibt es erhebliche Steuerverschonungen. Anders als die Vermögensteuer ist die Erbschaftsteuer in Deutschland aber anerkannt. Eher vereinzelt wird darauf hingewiesen, dass andere Länder, wie etwa Österreich, Schweden oder Estland, keine Erbschaftsteuer erheben.

7   Zu Unrecht haftet der Erbschaftsteuer der Makel einer Vermögensteuer an, die zu einer angeblichen Doppelbesteuerung führt: Der Erblasser habe bereits Einkommensteuer gezahlt und dieses Einkommen werde bei der Vererbung „erneut" mit Erbschaftsteuer belastet. Diese Denkweise verkennt, dass eine solche Doppelbesteuerung Gang und Gäbe ist: wird das versteuerte Einkommen durch Konsumverbrauch verwendet, fällt hierauf auch „erneut" Umsatzsteuer an. Durch den Erbanfall kommt es beim Erwerber zu einer Erhöhung der Leistungsfähigkeit. Dass ein anderer Steuerpflichtiger, nämlich der Erblasser, früher einmal Einkommensteuer entrichtet hat, ist dafür nicht relevant. Auch wenn andere Staaten auf die Erhebung verzichten, findet die Erbschaftsteuer in einer **Abschöpfung vorhandener Leistungsfähigkeit** zur Einnahmeerzielung des Staates im deutschen Steuerrecht dem Grunde nach ihre **Rechtfertigung**.

8   Die **Ausgestaltung der Erbschaftsteuer** stößt hingegen auf weniger Akzeptanz. Die Erbschaftsteuer wird landläufig auch als „Dummensteuer" bezeichnet, weil sie sich so leicht umgehen lässt. Das Erbschaftsteuerrecht ist enorm gestaltungsanfällig. Der gut beratene Steuerpflichtige kann die Erbschaftsteuer in der Regel vermeiden, ohne dass dem ein Gestaltungsmissbrauch oder eine Steuerhinterziehung anhaften würde. Ein Steuergesetz muss sicherstellen, dass die steuerliche Belastung alle Steuerpflichtigen gleichermaßen trifft und sich die Steuerlast „auf viele Schultern verteilt". Bei der Erbschaftsteuer ist aber die Besteuerung die Ausnahme und die Steuerverschonung die Regel. Auch wenn jede Ausnahme und jede Steuerverschonung für sich begründet werden kann, stellen zu viele Ausnahmen die Allgemeinheit der Besteuerung in Frage.[7] Zusätzlich wird die Erbschaftsteuer als „verwaltungstechnisches Monstrum" bezeichnet.[8] Dem ist zuzugeben, dass vor allem das jüngste Steuergesetz zur Änderung der Erbschaftsteuer, die

---

[6] Die Steuereinnahmen der Erbschaftsteuer beliefen sich für das Jahr 2017 auf 6,1 Milliarden EUR. Zum Vergleich betrugen die Einnahmen aus der Tabaksteuer 14,4 Milliarden und aus der Umsatzsteuer 226,35 Milliarde EUR. Die Angaben stammen von der Internetseite des Bundesfinanzministeriums.

[7] *Kirchhof* DStR 2015, 1473 (1474).

[8] *Tipke/Lang*, Steuerrecht, 23. Aufl. 2018, § 15 Rn. 118.

Komplexität der erbschaftsteuerlichen Regelungen erneut erhöht hat (→ Rn. 135, Rn. 168).[9]

3. Rechtsquellen, Verhältnis zur Schenkungsteuer

Gesetzliche Eingriffsnorm für das Steuerobjekt des unentgeltlichen Vermögenszuwach- **9** ses ist das Erbschafts- und Schenkungsteuergesetz (ErbStG). Da **Schenkungen** sehr häufig eine Vorabverteilung des Erbes zu Lebzeiten darstellen, liegt die Zusammenfassung nahe. Die Besteuerung von lebzeitigen Schenkungen ist eine notwendige Ergänzung der Erbschaftsteuer, die sonst allzu leicht durch Schenkungen umgangen werden könnte. Die Rechtfertigung des Steuerzugriffs aufgrund einer erhöhten finanziellen Leistungsfähigkeit durch einen unentgeltlichen Vermögenserwerb besteht bei lebzeitigen Schenkungen gleichermaßen. Trotz vereinzelter Unterschiede ist die Erbschaft- und die Schenkungsteuer im Grunde dasselbe (§ 1 Abs. 2 ErbStG: Das ErbStG gilt, soweit nichts anderes bestimmt ist, auch für Schenkungen). Durch lebzeitige Schenkungen kann trotz der Gleichstellung weiterhin Erbschaftsteuer vermieden oder reduziert werden. Zum einen weil Freibeträge öfter genutzt werden können (§ 14, § 16 ErbStG, → Rn. 184) und zum anderen, weil durch vorbehaltene Nutzungsrechte im Zuge der Schenkung bei der Wertermittlung des steuerpflichtigen Erwerbs ein Abzugsposten entsteht, der die zu zahlende Steuer mindert.[10]

Eine wichtige **Ergänzung zum ErbStG** bietet das Bewertungsgesetz (BewG), mit **10** dessen Hilfe das Steuersubstrat bewertet wird (§ 12 ErbStG, → Rn. 209). Die Regelungen im BewG haben enorme Auswirkungen auf die tatsächlich zu zahlende Erbschaftsteuer. Die Erbschaftsteuerdurchführungsverordnung (ErbStDV) konkretisiert die Anzeigepflichten für Vermögenserwerbe (§ 33, § 34 ErbStG) und stellt die gleichmäßige Steuererhebung durch ausreichende Informationen an die Finanzämter sicher (→ Rn. 229 f.). Ohne Normcharakter und für die Finanzgerichte nicht bindend konkretisieren die Erbschaftsteuerrichtlinien sowie die Erbschaftsteuerhinweise den Vollzug des ErbStG durch die Finanzverwaltung.

Die Abgabenordnung (AO) vereint die verfahrensrechtlichen Normen zur Erhebung aller **11** Steuerarten. Was das Verwaltungsverfahrensgesetz (VwVfG) für das öffentliche Recht ist, ist die Abgabenordnung für das Steuerrecht: das allgemeine Auffanggesetz für das Verfahren, soweit keine spezielleren Regeln gelten. Für den Erlass des Steuerbescheides oder für dessen nachträgliche Änderung, vorläufige Festsetzung, Festsetzungsverjährung etc., gilt die AO. Ebenso wie für andere Steuerarten gibt es Doppelbesteuerungsabkommen (=DBA), die als Staatsverträge zwischen zwei Staaten regeln, welcher Staat das Besteuerungsrecht ausübt und welcher Staat auf die Besteuerung verzichtet, sofern ein bilateraler Sachverhalt vorliegt (näher → Rn. 45 f.).

Nach Art. 106 Abs. 2 Nr. 2 GG steht das Aufkommen der Erbschaftsteuer den Ländern **12** zu. Die Erbschaftsteuer wird durch die Landesfinanzbehörden erhoben und verwaltet (Art. 108 Abs. 2 GG).

4. Klassisches Nebengebiet, Beratungsleistungen, Beratungsziele

Das Erbschaftsteuerrecht ist ein klassisches Nebengebiet. Sowohl der Steuerpflichtige als **13** auch der Steuerberater schenken ihre Haupt-Aufmerksamkeit häufig nicht dieser Steuerart,

---

[9] Gesetz zur Anpassung des Erbschaftsteuergesetzes an die Rechtsprechung des Bundesverfassungsgerichts vom 4. November 2016. *Erkis* DStR 2016, 1441 (1447); vgl. *Landsittel* ZErb 2016, 383 (393 ff.) mit Schaubild.

[10] Der Vermögenserwerb des Beschenkten berechnet sich bei einer Grundstücksschenkung zB aus dem Wert des übertragenen Grundstücks abzüglich eines vom Schenker vorbehaltenen Nießbrauches (zur Bewertung → § 210). Bei Vererbung der Immobilie kann ein solcher Abzugsposten nicht generiert werden (bzw. würde ein Nießbrauchsrecht für eine andere Person zugleich zu einem weiteren steuerpflichtigen Erwerb für die andere Person führen). Das Erlöschen des Nießbrauchs beim Ableben erfüllt keinen steuerbaren Tatbestand, → Rn. 116 f.

tritt sie doch – zumindest in Form der Erbschaftsteuer – nur **einmalig und ungeplant** ein. Dagegen sind zum Beispiel die Einkommensteuer und die Umsatzsteuer periodisch wiederkehrend und ein Massengeschäft. Dazu kommt, dass der Tod oder auch die lebzeitige Vermögensübertragung ein sensibles Thema ist, das gerne in die ferne Zukunft verschoben wird – man hat ja noch Zeit. Der künftige Erblasser muss sich um Regelungen kümmern, die künftige Erbschaftsteuer betrifft ihn jedoch nicht mehr. Diese müssen allein die durch letztwillige Verfügung begünstigten Personen bezahlen. Vor Eintritt der Erbfolge handelt es sich bei der Testamentsgestaltung jedoch eindeutig nicht um eine Angelegenheit der Erben. Eine Interessenwahrnehmung durch die Erben ist daher oftmals eine kritische Einmischung – sowohl moralisch als auch rechtlich (Testierfreiheit).

14   Neben dem **Steuerberater** weisen grundsätzlich auch **Notare** und beratende **Rechtsanwälte** auf die Erbschaftsteuer hin. Über steuerliche Folgen müssen Notare und Rechtsanwälte nicht beraten, tun es häufig aber trotzdem, zumindest in begrenztem Umfang. Wird eine steuerliche Beratung übernommen, muss diese inhaltlich korrekt sein, andernfalls besteht eine Schadensersatzhaftung. Der Notar beherrscht das Erbschaftsteuerrecht in Grundzügen, um erforderlichenfalls eine Beratung durch einen Steuerberater anzuregen.[11] Häufig genügt es bereits, die erbschaftsteuerlichen Freibeträge (§ 16 ErbStG, → Rn. 183) zu erläutern.

15   Die **Verteilung** der Erbschaft **auf mehrere Köpfe zur Ausschöpfung mehrerer Freibeträge** ist ein simples und wirksames Mittel zur Reduzierung der Steuerlast. Wird der kinderlose Erblasser gemäß der gesetzlichen Erbfolge von seinem einzigen Bruder alleine beerbt, so hat dieser einen Freibetrag von 20.000 EUR. Setzt der Erblasser in seinem Testament den Bruder und dessen drei Kinder (evtl. auch noch seine Schwägerin) zu Erben ein, bleibt aufgrund der Freibeträge von pro Person 20.000 EUR bereits ein Vermögen von insgesamt 80.000 EUR (bzw. bei Einbeziehung der Schwägerin sogar 100.000 EUR) von der Steuer verschont. Selbst wenn kein steueroptimierendes Testament vorhanden ist, lassen sich – die Einigkeit der Beteiligten vorausgesetzt – auch nachträglich nach dem Erbfall noch Korrekturen vornehmen. Im Beispiel des kinderlosen Erblassers kann der Bruder als Alleinerbe gegen eine Abfindung in Höhe von 20.000 EUR ausschlagen, so dass nunmehr dessen drei Kinder erben (Freibetragsvolumen von 80.000 EUR insgesamt).[12] (→ § 49 Rn. 58).

16   Bekannt und bewährt ist ferner die **Geltendmachung des Pflichtteils**, um eine Nachlassverbindlichkeit beim Erben zu generieren, die dieser von seiner erbschaftsteuerlichen Bemessungsgrundlage abziehen kann (§ 10 Abs. 5 Nr. 2 ErbStG, → § 76, Rn. 200). Dies kann beim klassischen **Berliner Testament** eingesetzt werden. Dem Berliner Testament wird dabei vorgeworfen, dass es beim Tod des Erstversterbenden die Freibeträge der Kinder nach dem Erstversterbenden nicht nutzt.[13] Zum anderen führt die Vermögensvereinigung beim Längerlebenden dazu, dass bei dessen Tod ein noch höherer Vermögenserwerb versteuert werden muss. Selbst wenn infolgedessen aus steuerlicher Hinsicht die gesetzliche Erbfolge attraktiv erscheinen mag, ist nicht zu verkennen, dass die Steuer nur eines von mehreren Motiven des Erblassers für seine Nachfolgeplanung ist. Die zumeist gewünschte starke rechtliche Stellung des überlebenden Ehegatten nur aufgrund steuerlicher Erwägungen zu schmälern, entspricht häufig nicht dem Willen des Erblassers. Vielmehr sind Lösungen außerhalb der gesetzlichen Erbfolge zu suchen, bei denen der überlebende Ehegatte besser abgesichert ist und sich nicht ungewissen Verhandlungen mit seinen Kindern aussetzen muss (zB durch Vermächtnisse zugunsten der Kinder anstelle einer Miterbenstellung).

17   Aufgrund der steuerlichen Beratung dürfen nicht andere Ziele aus den Augen verloren werden. Vorrangig vor den Interessen der später steuerpflichtigen Erwerber ist stets der **Wille des Erblassers**. Das hohe Gut der Testierfreiheit nach dem Willen – auch nach dem

---

[11] *Geck* DNotZ 2012, 329.
[12] Vgl. *Friedrich-Büttner/Herbst* ZEV 2014, 593 (594) mit weiterem Beispiel.
[13] *Lohr/Görges* DStR 2011, 1939 (1943); *Keim* ZEV 2016, 6 (7).

steuerlich unvernünftigen Willen – des Erblassers sei abermals betont. Steuerliche und zivilrechtliche Beratung sollten Hand in Hand gehen. Da getrennte Beratungsberufe bestehen, ist die zivilrechtliche und steuerliche Abstimmung leider keine Selbstverständlichkeit.

5. Vorgaben des Grundgesetzes, Verdikt und Geschichte der Verfassungswidrigkeit

a) Maßstab des Grundgesetzes – verfassungsrechtliche Vorgaben

Das Erbschaftsteuergesetz muss mit dem Grundgesetz vereinbar sein. Steuerrecht ist Ein- **18** griffsrecht und bedarf einer gesetzlichen Grundlage, die ihrerseits formell und materiell verfassungsgemäß sein muss. Bei der materiellen Verfassungsmäßigkeit sind die Grundrechte zu überprüfen und hier spielt vorrangig **Art. 3 Abs. 1 GG** eine Rolle: Der Grundsatz der **Gleichmäßigkeit der Besteuerung**. Im Steuerrecht wird das Gebot der **folgerichtigen Ausgestaltung** der einmal getroffenen Belastungsentscheidung betont. Dem Gesetzgeber steht es frei, einen bestimmten Steuergegenstand auszuwählen. Ausnahmen von der Besteuerung des gewählten Steuergegenstandes sind dann ihrerseits an Art. 3 GG zu messen, das heißt sie müssen durch einen sachlichen Grund gerechtfertigt sein. Je größer die steuerliche Ausnahme (insbes. je größer die steuerliche Verschonung), umso höher sind die Anforderungen an die Rechtfertigung.[14]

Aus **Art. 6 GG** folgt der Schutz der Familie, so dass das familiäre Gebrauchsvermögen zu **19** verschonen ist und den nächsten Familienangehörigen die Erbschaft zum überwiegenden Teil zugutekommen soll.[15] Die verfassungsrechtlich gebotene Berücksichtigung des Familienprinzips wird umgesetzt durch die Gewährung von Freibeträgen (§ 16 ErbStG) und die Abstufung des Steuertarifs nach dem Grad der Verwandtschaft (§ 19 ErbStG).[16] **Art. 14 GG** ist betroffen, weil eine Übermaßbesteuerung die Erbrechtsgarantie verletzen würde. Das Vererben darf dem Vermögensinhaber nicht ökonomisch sinnlos erscheinen.[17] Der Grundrechtsträger muss sein Vermögen – wenn auch geschmälert – weitergeben können. Ob und welche Rolle das **Sozialstaatsprinzip** bei der Erbschaftsteuer spielt, ist fraglich.[18] Im Vordergrund steht jedenfalls nicht eine Umverteilungsfunktion, sondern die Besteuerung nach einer eingetretenen Leistungsfähigkeit zur Einnahmeerzielung des Staates.

b) Prüfung durch das Bundesverfassungsgericht

Das Erbschaftsteuerrecht ist in hohem Maße durch das Verfassungsrecht geprägt. Zwar ist **20** jegliches Steuerrecht Eingriffsrecht und muss der Gleichmäßigkeit der Besteuerung genügen, doch wurde das Erbschaftsteuerrecht **bereits dreimal** vom Bundesverfassungsgericht als **grundgesetzwidrig** kassiert.[19] Grundsätzlich sind Gesetze, die gegen das Grundsetz verstoßen, ex tunc nichtig. Bei Steuergesetzen gibt es aus fiskalischen Gründen eine Ausnahme: Das Bundesverfassungsgericht kann eine Norm für grundgesetzwidrig erklären, aber trotzdem anordnen, dass die grundgesetzwidrige Norm für eine befristete Übergangszeit bis zu einer Neuregelung weiter zur Anwendung kommt. Die Norm wird dann **nicht für nichtig** erklärt, sondern für **unvereinbar mit dem GG**. Zuletzt war der Gesetzgeber nicht einmal mehr in der Lage, innerhalb der vorgegebenen befristeten Übergangzeit ein neues Erbschaftsteuergesetz zu erlassen. Der Gesetzgeber war verpflichtet, bis zum

---

14 BVerfG NJW 2015, 303, insbes. Rn. 123; NJW 2018, 1451 Rn. 96.
15 BVerfG NJW 1995, 2624 (2625).
16 BFH DStR 2014, 1670 Rn. 24.
17 BVerfG NJW 1995, 2624 (2625); BVerfG ZEV 2015, 426 Rn. 8.
18 Das Sozialstaatsprinzip betont das abweichende Votum der Verfassungsrichter *Gaier, Masing* und *Baer* in NJW 2015, 303 (327). Kritisch hiergegen *Crezelius* ZEV 2015, 1 (7).
19 BVerfG NJW 2015, 303 (ff.); BVerfG NJW 2007, 573 (ff.); BVerfG NJW 1995, 2624 (ff.).

30.6.2016 eine verfassungsgemäße Neuregelung einzuführen.[20] Die Neuregelung verspätete sich jedoch erheblich.[21] Sie erfolgte erst mit Gesetz vom 4.11.2016, das rückwirkend zum 1.7.2016 in Kraft getreten ist.[22] Trotz Verspätung sollte weiterhin auch nach dem 30.6.2016 das alte, verfassungswidrige Recht anwendbar sein, bis dann am 4.11.2016 das neue Recht rückwirkend zur Anwendung gelangte.[23]

21   Dem Bundesverfassungsgericht wird dabei vorgeworfen, eine Art Popularklage zuzulassen und eine Entscheidung über das Erbschaftsteuergesetz bewusst an sich ziehen.[24] Denn das Bundesverfassungsgericht hatte seit der letzten grundlegenden Neuregelung die erste Chance genutzt, um wiederum die **Gesamtsystematik des Erbschaftsteuergesetzes auf den Prüfstand zu stellen**. Obgleich es im zu entscheidenden Fall gar nicht um ein Unternehmensvermögen ging, wurde das hierfür geltende Verschonungssystem kassiert. Denn der Erbe von Nicht-Unternehmensvermögen wird gleichheitswidrig besteuert, wenn Unternehmensvermögen zu stark steuerlich verschont werden.[25] Aufgrund der unverhältnismäßigen Steuerverschonung im Unternehmensbereich wurde der Steuertarif nach § 19 ErbStG gekippt – und das betrifft jeden Erbschaftsteuersachverhalt.

22   Die nachfolgend aufgeführten Entscheidungen des Bundesverfassungsgerichtes sind diejenigen, die das Erbschaftsteuerrecht in weitem Maße für verfassungswidrig erklärt haben. Daneben gab es freilich weitere Entscheidungen zu Einzelverstößen (zB zur Gleichstellung eingetragener Lebenspartnerschaften mit der Ehe),[26] die jedoch die Gesamtsystematik nicht berührten.

c) Die erste Entscheidung des BVerfG vom 22.6.1995

23   Wie auch das aktuelle ErbStG, verwies § 12 ErbStG zur Bewertung auf das BewG. Beabsichtigt war nach dem ErbStG eine Besteuerung nach **Gegenwartswerten**, indem turnusmäßig Vermögensgegenstände Neubewertungen erfahren sollten. Die im damaligen Bewertungsgesetz tatsächlich vorgesehene Anpassung von Grundbesitzwerten an die reale Wertentwicklung wurde jedoch ausgesetzt, so dass hinsichtlich der Einheitswerte keine Gegenwartswerte, sondern nur Vergangenheitswerte maßgebend waren. Die Einheitswerte wurden zuletzt zum 1.1.1964 festgestellt.[27] Es lag ein Verstoß gegen Art. 3 GG vor, weil Kapitalvermögen mit dem Gegenwartswert erfasst wurde, Grundbesitz hingegen mit dem Vergangenheitswert.[28] Das Verfassungsgericht sah Art. 3 GG verletzt, weil der Erbe eines Aktien- oder anderen Sparvermögens im Gegensatz zu einem Erben von Immobilien ein Vielfaches an Erbschaftsteuer zahlen musste.

d) Die zweite Entscheidung des BVerfG vom 7.11.2006

24   Es stellt (erneut) einen Verstoß gegen Art. 3 GG dar, wenn aufgrund unterschiedlicher Bewertungsvorschriften Vermögenserwerbe ungleich besteuert werden. Die damalige Bewertung von Unternehmensvermögen mit dem Steuerbilanzwert und die Bewertung von bebauten Grundstücken mit einem vereinfachten Ertragswert führten zu **unrealistischen Werten**.[29] Die erbschaftsteuerliche Bewertung bildete den tatsächlichen Wert zu niedrig

---

[20] BVerfG NJW 2015, 303 (304).
[21] Hierzu kritisch *Crezelius* ZEV 2016, 541 (541 f.).
[22] BGBl. 2016 I 2464 (2472).
[23] Kritisch *Crezelius* ZEV 2016, 541 (542).
[24] *Crezelius* ZEV 2015, 1 (2); kritisch auch zur Überbewertung des Verfassungsrechtes *Meincke*/Hannes/ Holtz, ErbStG, 17. Aufl. 2018 Einführung Rn. 6.
[25] BVerfG NJW 2015, 303.
[26] BVerfG ZEV 2010, 482.
[27] In den neuen Bundesländern ist die Wertfeststellung sogar noch älter. Erstaunlicherweise denken Bürger immer noch häufig, dass zur Bewertung auf den Einheitswert abzustellen sei. Dieser spielt jedoch zuletzt noch für die Grundsteuer eine Rolle und wurde auch hier als realitätsfern und gleichheitswidrig verworfen, BVerfGE NJW 2018, 1451 Rn. 92 ff.
[28] BVerfG NJW 1995, 2624 (2626).
[29] BVerfG NJW 2007, 573 Rn. 114 ff.

ab. Das BVerfG forderte also eine realistische Bewertung der übergehenden Vermögenswerte mit dem Verkehrswert ein. Der Gesetzgeber muss eine getroffene Belastungsentscheidung folgerichtig umsetzen und deswegen ist auf einer ersten Stufe die eingetretene Bereicherung beim Steuerpflichtigen für alle steuerbaren Vorgänge gleichermaßen festzustellen. Denn belastet werden soll das durch Erbfall übergegangene Vermögen. Etwaige steuerliche Vergünstigungen sind nachrangig auf einer zweiten Stufe umzusetzen, hier können Lenkungszwecke verfolgt werden.[30] Zur Verfolgung außerfiskalischer Lenkungszwecke ist die Bewertungseben ungeeignet.

Dem ist der Gesetzgeber gefolgt, indem nunmehr eine realitätsgerechter Wertermittlung **25** stattfindet und politische Lenkungsnormen auf der zweiten Stufe als Steuerverschonung anknüpfen. Damit können die Lenkungszwecke zielgenauer verfolgt werden, insbesondere können an Steuerverschonungen weitere Voraussetzungen geknüpft werden. Während nach alter Rechtslage jedes Unternehmensvermögen in den Genuss der günstigen Bewertung nach den Steuerbilanzwerten kam, fordert die Steuerverschonung nach § 13a, § 13b ErbStG weitere Tatbestandsmerkmale ein (zB Unternehmensfortführung, Erhalt des Lohnsummenniveaus, → Rn. 149 ff.).

e) Die dritte Entscheidung des BVerfG vom 17.12.2014

Bei der jüngsten Entscheidung des Verfassungsgerichts ging es darum, dass die komplette **26** Steuerverschonung von Unternehmen (§ 13a, § 13b ErbStG a. F.) gegen Art. 3 GG verstieß.[31]

Das Ausmaß und die Reichweite der steuerlichen Verschonung von Unternehmensver- **27** mögen war überdimensioniert und unverhältnismäßig.[32] Die alte Regelung führte dazu, dass Unternehmensvermögen nahezu überhaupt nicht mehr besteuert wurde. Die Erbschaftsteuer war durch künstliche Bildung von Unternehmensvermögen („Cash-GmbHs") enorm leicht zu vermeiden und im Ergebnis wurden **so viele Steuerfälle steuerfrei** gestellt, dass **keine gleichheitsgemäße Steuererhebung** mehr gegeben war.[33] Das Erbschaftsteuersystem habe zur Steuervermeidung geradezu „eingeladen".[34] Der Gleichheitssatz verlangt auch eine Gleichheit im Belastungserfolg. Strukturelle Vollzugshindernisse, eine nicht durchführbare Steuererhebung sowie eine zu leichte Steuergestaltung zur Steuervermeidung verletzen ebenso den Gleichheitssatz.[35]

Ab einer gewissen Größe des Unternehmensvermögens muss überprüft werden, **28** ob die Steuerverschonung tatsächlich erforderlich und verhältnismäßig ist.[36] Das Gericht fordert eine sog. **Bedürfnisprüfung**. Kann ohne Gefahr für die Unternehmensfortführung Erbschaftsteuer geleistet werden, so muss zumindest bei besonders großen Unternehmensvermögen eine Erbschaftsteuer auch erhoben werden. Eine pauschale Freistellung erheblicher Unternehmensvermögen auch bei vorhandener Leistungsfähigkeit stellt eine unverhältnismäßige Ungleichbehandlung dar.[37]

Das ErbStG differenziert hinsichtlich des Unternehmensvermögens nochmals nach dem **29** sog. **Verwaltungsvermögen**, das als unproduktives Unternehmensvermögen weniger stark in die Unternehmensfortführung eingebunden ist. Hier war es untunlich, dass bei weniger als 50 % Verwaltungsvermögen das gesamte Unternehmensvermögen (also inklusive des Verwaltungsvermögens) steuerbegünstigt war und ab 51 % Verwaltungsvermögen

---

[30] BVerfG NJW 2007, 573, insbes. Rn. 106 ff. mAnm *Meincke* S. 586; *Tipke/Lang*, Steuerrecht, 23. Aufl. 2018, § 15 Rn. 5 u. Rn. 58; *Kirchhof* DStR 2015, 1473 (1476); Burandt/Rojahn/*Milatz*, Erbrecht, 2. Aufl. 2014, Vorbem. Rn. 10 u. 12.

[31] BVerfG NJW 2015, 303 ff.

[32] *Tipke/Lang*, Steuerrecht, 23. Aufl. 2018, § 15 Rn. 106.

[33] BVerfG NJW 2015, 303 ff., Leitsatz 4.

[34] *Geck* DNotZ 2012, 329 (331).

[35] *Kirchhof* DStR 2015, 1473 (1476).

[36] BVerfG NJW 2015, 303 Leitsatz 4, Rn. 155 ff.

[37] *Crezelius* ZEV 2015, 1 (2); BVerfG NJW 2015, 303, insbes. Rn. 127 ff. u. Rn. 170 ff.

war es insgesamt steuerpflichtig.[38] Eine vollständige Steuerbefreiung auch bei bis zu 50 % unproduktivem und fungiblem Verwaltungsvermögen ist unverhältnismäßig, für eine Steuerbefreiung im gesamten Umfang fehlt die Rechtfertigung.[39]

30   Die sog. **Lohnsummenregel** verfolgt das Ziel, Arbeitsplätze zu erhalten. Das Erfordernis galt nach alter Rechtslage aber erst für Betriebe mit mehr als 20 Beschäftigten (§ 13a Abs. 1 Satz 4 ErbStG a. F.). 90 % aller Betriebe mussten das Kriterium der Lohnsumme daher gar nicht erfüllen. Müssen 90 % aller Betriebe den Lenkungszweck nicht einhalten, so ist der Lenkungszweck verfehlt.[40] Der Erwerber eines Unternehmens mit weniger als 20 Beschäftigten war unverhältnismäßig privilegiert.[41]

31   Das nunmehr geltende Erbschaftsteuerrecht (→ Rn. 133 ff.) hat eine solche Bedürfnisprüfung eingeführt (§ 28a ErbStG), die Lohnsummenregel für Betriebe mit 5 Beschäftigten eingeführt (§ 13a Abs. 3 Satz 3 Nr. 2 ErbStG) und das Verwaltungsvermögen in geringerem Umfang steuerfrei gestellt. Damit wurden die Mindestanforderungen des Urteils erfüllt, ohne dass die Chance einer grundlegenden Änderung genutzt wurde.[42]

6. Europarechtliche Vorgaben – Verstöße gegen Unionsrecht

a) Keine Freibetragskürzung im Auslandssachverhalt

32   Die Europäischen Grundfreiheiten verbieten die Diskriminierung von Auslandssachverhalten gegenüber reinen Inlandsfällen. Inlandsvermögen im Sinne des § 121 BewG wird vom deutschen Fiskus gemäß § 2 Abs. 1 Nr. 3 ErbStG auch dann besteuert, wenn weder der Erblasser noch der Erwerber einen Wohnsitz oder gewöhnlichen Aufenthalt in Deutschland haben (beschränkte Steuerpflicht, → Rn. 39). Für diesen Fall gewährte § 16 Abs. 2 ErbStG a. F. nur einen **verminderten Freibetrag** von zuletzt 2.000 EUR. Der EuGH stellte einen Verstoß gegen die Kapitalverkehrsfreiheit (Art. 63 AEUV) fest, wenn der steuerliche Freibetrag für ein zu versteuerndes Inlandsvermögen niedriger ist, wenn Schenker und Beschenkter ihren Wohnsitz in einem anderen Mitgliedstaat haben, als wenn zumindest einer von ihnen im Inland ansässig gewesen wäre.[43] Denn hätte der Zuwendende oder der Zuwendungsempfänger einen Wohnsitz in Deutschland gehabt, hätte sich ein höherer Freibetrag und damit eine niedrigere Steuer ergeben.

33   Der Gesetzgeber reagierte mit einem **Optionsrecht** zur unbeschränkten Steuerpflicht (§ 2 Abs. 3 ErbStG a. F., → Rn. 40) mit der Rechtsfolge der **höheren Freibeträge** wie bei Inlandssachverhalten. Dies wurde vom EuGH in der Hünnebeck-Entscheidung jedoch erneut verworfen.[44] Das Optionsrecht änderte nichts daran, dass ohne Optionsausübung eine Europarechtswidrige Norm vorlag, die sogar den Grundfall der Besteuerung darstellte.[45] Zusätzlich war diskriminierend, dass statt eines 10 Jahres Zeitraumes wie in § 14 ErbStG ein Zeitraum von 20 Jahren normiert war (§ 2 Abs. 3 Satz 2 ErbStG a. F.).[46]

34   Durch **erneute Anpassung** des Gesetzgebers[47] wurde § 2 Abs. 3 ErbStG aufgehoben. Der Freibetrag bei Auslandssachverhalten ist nun in § 16 Abs. 2 ErbStG normiert und gilt unabhängig von einer Antragstellung durch den Steuerpflichtigen (hierzu → Rn. 40).

---

[38] *Tipke/Lang*, Steuerrecht, 23. Aufl. 2018, § 15 Rn. 112.
[39] BVerfG NJW 2015, 303, insbes. Rn. 231 ff.
[40] Ebenso zweifelnd *Geck/Messner* ZEV 2016, 631. Kritisch *Tipke/Lang* Steuerrecht, 23. Aufl. 2018, § 15 Rn. 118; BVerfG NJW 2015, 303 Rn. 220.
[41] BVerfG NJW 2015, 303, insbes. Rn. 213 ff.
[42] *Erkis* DStR 2016, 1441 (1447 f.) ordnet Neuregelung erneut als verfassungswidrig ein.
[43] EuGH NJW 2010, 1115.
[44] EuGH DStR 2016, 1360; *Sarburg/Mengwasser* DStR 2016, 2777 ff. zum Urteil.
[45] *Sarburg/Mengwasser* DStR 2016, 2777 (2779).
[46] *Sarburg/Mengwasser* DStR 2016, 2777 (2780).
[47] Mit Gesetz vom 23. Juni 2017, BGBl. 2017 I 1682 (1688).

b) Keine Diskriminierung ausländischen Vermögens

Die Europäischen Grundfreiheiten gebieten es, ausländisches Vermögen hinsichtlich der **35** Bewertung und der Steuerfreistellung wie inländisches Vermögen zu behandeln. Dies entschied der EuGH in der Rechtssache Jäger bzgl. **unterschiedlicher Bewertung** von inländischem und ausländischem land- und forstwirtschaftlichen Vermögen.[48] Erfolgt eine höhere Bewertung nur deswegen, weil das Vermögen im Ausland liegt, begründet dies eine Verletzung der Kapitalverkehrsfreiheit (jetzt Art 63 AEUV).

Unter Berücksichtigung der Europäischen Grundfreiheiten erfassen die **steuerlichen 36 Privilegierungen** nach § 13 Abs. 1 Nr. 4a-c; § 13a-d ErbStG ausdrücklich Vermögensgegenstände, die „im Inland oder in einem Mitgliedstaat der Europäischen Union oder in einem Staat des Europäischen Wirtschaftsraumes" liegen. Das ErbStG stellt nur hinsichtlich der Europäischen Union und des Europäischen Wirtschaftsraumes gleich, obwohl die Kapitalverkehrsfreiheit nach Art 63 AEUV nicht nur zwischen den Mitgliedstaaten, sondern auch gegenüber Drittstaaten Anwendung findet. Für die erbschaftsteuerlichen Privilegierungen nach § 13a-§13c ErbStG gilt jedoch vorrangig die Niederlassungsfreiheit (Art. 49 AUEV), welche ihrerseits nur innerhalb der Mitgliedstaaten gilt.[49] Insbesondere setzt § 13b Abs. 1 Nr. 3 ErbStG für eine Steuerfreistellung eine Beteiligungshöhe von mindestens 25 % voraus, so dass der für die Niederlassungsfreiheit erforderliche unternehmerische Einfluss gegeben ist.[50]

II. Persönliche Steuerpflicht, § 2 ErbStG

1. Unbeschränkte persönliche Steuerpflicht, § 2 Abs. 1 Nr. 1 ErbStG

Die persönliche Steuerpflicht legt fest, welche Person den Erbschaftsteuertatbestand erfüllen **37** kann. § 2 Abs. 1 Nr. 1 ErbStG stellt – wie auch die Einkommensteuer – auf den sog. **Inländer** ab. Natürliche Personen mit Wohnsitz oder gewöhnlichem Aufenthalt in Deutschland (Nr. 1 lit. a) und Gesellschaften, Körperschaften, Personenvereinigungen oder Vermögensmassen mit Geschäftsleitung oder Sitz in Deutschland (Nr. 1 lit. c) sind als Inländer taugliche Steuersubjekte. Da diese Begriffe für mehrere Steuerarten von Belang sind (zB § 1 Abs. 1 Satz 1 EStG, § 1 Abs. 1 KStG), sind sie in der Abgabenordnung legaldefiniert (§ 8 AO Wohnsitz, § 9 AO Gewöhnlicher Aufenthalt, § 10 AO Geschäftsleitung, § 11 AO Sitz).

Das Erbschaftsteuerrecht begnügt sich für die unbeschränkte persönliche Steuerpflicht **38** damit, dass **entweder** der Erblasser **oder** der Erwerber Inländer ist, § 2 Abs. 1 Nr. 1 Satz 1 ErbStG. Unbeschränkte Steuerpflicht bedeutet, dass der gesamte Vermögensanfall von Deutschland besteuert wird (Weltvermögensprinzip).[51] Unerheblich ist, wo auf der Welt das zu vererbende Vermögen liegt. Die Kontrollmöglichkeiten des deutschen Fiskus sind im Ausland freilich begrenzter.[52]

2. Beschränkte persönliche Steuerpflicht, § 2 Abs. 1 Nr. 3 ErbStG

Haben weder Erblasser noch Begünstigter ihren Wohnsitz oder gewöhnlichen Aufenthalt **39** in Deutschland, so greift dennoch eine beschränkte Steuerpflicht, wenn es sich beim übergehenden Vermögen um **Inlandsvermögen im Sinne des § 121 BewG** handelt.

---

[48] EuGH DStRE 2008, 174.
[49] *Tipke/Lang*, Steuerrecht, 23. Aufl. 2018, § 15 Rn. 111; EuGH IStR 2012, 723 Rn 23 ff. Für die Steuerbefreiung des § 13d ErbStG wird die Kapitalverkehrsfreiheit dagegen nicht von der Niederlassungsfreiheit verdrängt, Troll/Gebel/*Jülicher*/Gottschalk, ErbStG, Stand: November 2017, § 13d Rn. 16.
[50] EuGH IStR 2012, 723 Rn 25 ff.
[51] *Tipke/Lang*, Steuerrecht, 23. Aufl. 2018, § 15 Rn. 41.
[52] Vgl. jedoch gegensteuernd das Finanzkonten-Informationsaustauschgesetz vom 21.12.2015 zum Datenaustausch mit dem Ausland.

Der Steuerzugriff ist dann auf das genannte inländische Vermögen beschränkt, § 2 Abs. 1 Nr. 3 ErbStG. Das Weltvermögensprinzip gilt nicht. Zum Inlandsvermögen gehören nach § 121 BewG insbesondere inländische Grundstücke, inländische Betriebsvermögen und Anteile ab 10 % an einer inländischen Kapitalgesellschaft. Bargeld, Kontoguthaben und anderes Geldvermögen gehören nicht dazu. Während ein in Deutschland gelegenes Grundstück somit der beschränkten Erbschaftsteuerpflicht unterliegt, gibt es keinen Steuerzugriff auf Guthaben bei deutschen Kreditinstituten.

40 Bei beschränkter Steuerpflicht wurde bis 24. Juni 2017[53] nur ein persönlicher **Freibetrag** von 2.000 Euro gewährt (§ 16 Abs. 2 a. F. ErbStG), es sei denn der Steuerpflichtige optierte mittels Antrag gemäß § 2 Abs. 3 ErbStG a. F. zur unbeschränkten Steuerpflicht. Der EuGH verwarf diese Regelungen als europarechtswidrig (→ Rn. 33), woraufhin § 2 Abs. 3 ErbStG aufgehoben und der Freibetrag in Fällen beschränkter Steuerpflicht **in § 16 Abs. 2 ErbStG neu geregelt** wurde. Ausgangspunkt ist der auch bei unbeschränkter Steuerpflicht geltende Freibetrag nach § 16 Abs. 1 ErbStG. Dieser Betrag wird sodann gekürzt um den Anteil, den das nicht besteuerte Auslandsvermögen am Gesamtvermögen hat. Im Ergebnis wird der Freibetrag also in dem Verhältnis gewährt, den das steuerpflichtige Inlandsvermögen am Gesamtnachlass hat.[54] In Anlehnung an § 14 ErbStG ist nach § 16 Abs. 2 ErbStG für steuerpflichtiges Inlandsvermögen und Gesamtvermögen ein 10-Jahres-Zeitraum zu betrachten.[55]

41 Damit erhält freilich der beschränkt Steuerpflichtige wiederum nicht die volle **Gleichbehandlung** wie der unbeschränkt steuerpflichtige Inländer, welcher den Freibetrag ungeschmälert zum vollen Betrag erhält. Allerdings wäre es eine überschießende Privilegierung, wenn der Steuerpflichtige durch Verteilung der Vermögenserwerbe auf mehrere Staaten mehrere nationale Freibeträge ungeschmälert in Anspruch nehmen könnte. Der verminderte Freibetrag ist die Folge der verminderten steuerlichen Bemessungsgrundlage nur des Inlandsvermögen.[56] Die Kohärenz des Steuersystems kann eine Beschränkung von Grundfreiheiten rechtfertigen.

42 Nach § 10 Abs. 6 Satz 2 ErbStG sind bei beschränkter Steuerpflicht **Nachlassverbindlichkeiten nur begrenzt abzugsfähig**. Abzugsfähig sind ausschließlich Verbindlichkeiten, die konkret mit dem der Besteuerung unterliegenden Inlandsvermögen in wirtschaftlichem Zusammenhang stehen, nicht aber allgemeine Nachlassverbindlichkeiten. Ob dies gemeinschaftskonform ist, ist fraglich.[57]

3. Erweiterungen der persönlichen Steuerpflicht

43 Eine sog. erweiterte unbeschränkte Steuerpflicht möchte die missbräuchliche Abwanderung ins Ausland unschädlich machen, so dass auch ein **vormaliger Inländer** unbeschränkt steuerpflichtig bleibt. Dies gilt für deutsche Staatsangehörige, die vor ihrem Tod nicht länger als fünf Jahre im Ausland lebten (§ 2 Abs. 1 Nr. 1 Satz 2 lit. b) ErbStG).

44 Auch die beschränkte Steuerpflicht eines Steuerausländers mit dem Inlandsvermögen erfährt eine Erweiterung in § 4 AStG (= Außensteuergesetz). Hier gilt eine 10-jährige Frist nach § 2 Abs. 1 Satz 1 iVm § 4 AStG, wenn der Wegzug in ein Niedrigsteuerland erfolgt. Dies führt zur erweiterten beschränkten Steuerpflicht, wonach neben der Besteuerung des Inlandvermögens im Sinne des § 121 BewG weiteres ausländisches Vermögen mit einzubeziehen ist.

---

53 Abgeschafft mit dem Steuerumgehungsbekämpfungsgesetz vom 23. Juni 2017, BGBl. 2017 I 1682 (1688).
54 Troll/Gebel/Jülicher/Gottschalk/*Jülicher*, ErbStG, Stand: November 2017, § 16 Rn. 20.
55 Näher *Bockhoff/Flecke* ZEV 2017, 552 (554 f.); Troll/Gebel/Jülicher/Gottschalk/*Jülicher*, ErbStG, Stand: November 2017, § 16 Rn. 20.
56 *Bockhoff/Flecke* ZEV 2017, 552 (555).
57 Vgl. *Meincke* ZEV 2004, 353 (357 f.).

4. Internationale Aspekte

a) DBA: Bilaterale Abkommen zur Vermeidung der Doppelbesteuerung

Im internationalen Sachverhalt ist das Zusammenspiel der verschiedenen nationalen Steuer- **45** rechtsordnungen relevant. Auch ausländische Rechtsordnungen können Erbschaftsteuer erheben, was bei einem Anknüpfungspunkt zum Ausland zu einer doppelten Besteuerung desselben Sachverhaltes führen kann. Insbes. **droht eine Doppelbesteuerung**, wenn nur einer der am Vermögensübergang beteiligten Personen Inländer ist, oder wenn aufgrund des Prinzips der Besteuerung des Weltvermögens auch im Ausland belegenes Vermögen dem deutschen Steuerzugriff unterfällt. Sehen auch andere Erbschaftsteuergesetze ein Weltvermögensprinzip vor, so kann auch durch die beschränkte Besteuerung des inländischen Vermögens in Deutschland eine doppelte Belastung desselben Steuergegenstandes entstehen.

Zur Vermeidung der doppelten Besteuerung und **zur Aufteilung der Besteuerungs-** **46** **rechte** können zwischen zwei Staaten Doppelbesteuerungsabkommen geschlossen werden. Für die Erbschaftsteuer sind bestehende DBA jedoch die Ausnahme.[58] Bei einer Aufsplittung des Erwerbs unter zwei nationale Steuerhoheiten durch DBA ist das dem deutschen Fiskus durch DBA entzogene Steuersubstrat für die Bestimmung des anzuwenden Steuersatzes gemäß § 19 Abs. 2 ErbStG noch miteinzubeziehen (Progressionsvorbehalt).

b) Anrechnung gemäß § 21 ErbStG: Unilaterale Maßnahme zur Vermeidung der Doppelbesteuerung

Auch ohne DBA gibt es **auf national-gesetzlicher Ebene** Möglichkeiten zur Milderun- **47** gen der Doppelbelastung. Generell gibt es die Freistellungsmethode, bei der die vom ausländischen Staat besteuerten Vermögenswerte nicht in die deutsche Bemessungsgrundlage mit einbezogen werden, sowie die Anrechnungsmethode, bei der die im ausländischen Staat gezahlte Erbschaftsteuer auf die deutsche Erbschaftsteuer angerechnet wird. Nach § 21 Abs. 1 ErbStG gilt im deutschen Erbschaftsteuerrecht die Anrechnungsmethode. Erhebt der ausländische Staat eine niedrigere Steuer als Deutschland, so wird der Restbetrag von Deutschland erhoben.[59] Dadurch profitiert der Steuerpflichtige von einer niedrigeren ausländischen Erbschaftsteuer im Ergebnis nicht.

Die **Anrechnung** erfolgt nicht ausnahmslos. Vielmehr hat § 21 ErbStG einen **einge-** **48** **schränkten Wirkungskreis**. Die Anrechnung kommt nur bei unbeschränkter Steuerpflicht zur Anwendung. Angerechnet wird nur eine der deutschen Erbschaftsteuer entsprechende Steuer auf das in § 21 Abs. 2 ErbStG abschließend definierte Auslandsvermögen. Ist die deutsche Erbschaftsteuer neben der ausländischen anwendbar, weil der *Erblasser Inländer* war, so gilt ein „engerer Auslandsvermögensbegriff" (§ 21 Abs. 2 Nr. 1 ErbStG). Nur diejenige Steuer, die auf die in § 121 BewG genannten Vermögenswerte im Ausland (insbes. Grundvermögen, Betriebsvermögen und mindestens 10 %-ige Kapitalgesellschaftsbeteiligungen) entfällt, kann angerechnet werden. Gründet die deutsche Besteuerung auf der *Inländereigenschaft* des *Erwerbers*, hat dies eine Begriffserweiterung und damit ein größeres Anrechnungspotential zur Folge (§ 21 Abs. 2 Nr. 2 ErbStG). Von der Anrechnung ausgenommen ist lediglich die Steuer, die auf das in Deutschland gelegene Inlandsvermögen (insbes. Grundvermögen, Betriebsvermögen und mindestens 10 %-ige Kapitalgesellschaftsbeteiligungen) entfällt.

Auch ein DBA kann die Anrechnung der ausländischen Steuer vorsehen. Dann ist gemäß **49** § 21 Abs. 4 ErbStG ebenso wie bei der unilateralen Maßnahme zu verfahren.

---

[58] Derzeit mit Dänemark, Frankreich, Griechenland, Schweden, Schweiz und USA, gemäß Erbschaftsteuer-Richtlinie 2011, H E 2.1.

[59] *Schmidt* MittBayNot 2017, 455 (461): Das höhere Steuerniveau setzt sich durch.

c) Verbleibende Doppelbesteuerungen

50 Dennoch verbleiben ungemilderte Doppelbesteuerungen, etwa wenn bei beschränkter Steuerpflicht des deutschen Inlandsvermögens der ausländische Staat das Welteinkommen besteuert oder wenn der Erblasser Inländer war und daher nach § 21 Abs. 2 Nr. 1 ErbStG für vererbte Bankguthaben keine Anrechnung erfolgt.[60] Dann wird das ausländische Bank- und Sparguthaben sowohl vom Ausland als auch vom deutschen Fiskus besteuert. Solche doppelten Besteuerungen sind hinzunehmen. § 21 ErbStG ist insoweit abschließend.

51 Die doppelte Belastung ist Resultat der originären Besteuerungshoheiten der verschiedenen Staaten. Richtigerweise ist die Doppelbelastung auch **nicht europarechtswidrig**, sondern wird selbst vom EuGH zugestanden.[61] Gemeinschaftswidrig ist eine Ungleichbehandlung von ausländischen Sachverhalten gegenüber reinen Inlandssachverhalten. Der Gleichheitssatz gilt nur innerhalb desselben Normgebers. Der deutsche Staat ebenso wie der ausländische besteuern In- und Ausländer unterschiedslos, auch wird ausländisches Vermögen nicht höher als inländisches besteuert. Die Doppelbelastung tritt ein, weil mehrere Staaten ein Besteuerungsrecht ausüben. In Ermangelung gemeinschaftsrechtlicher Harmonisierungsmaßnahmen bleiben die Mitgliedstaaten befugt, ihre Steuerhoheit auch einseitig festzulegen.

III. Sachliche Steuerpflicht, § 1, § 3 ErbStG

52 Steuerpflichtig ist nach § 1 Abs. 1 Nr. 1 ErbStG der Erwerb von Todes wegen, welcher in § 3 ErbStG nochmals in seinen Einzelfällen definiert ist. Die Schenkung unter Lebenden ist gemäß § 1 Abs. 1 Nr. 2 ErbStG steuerpflichtig und näher definiert in § 7 ErbStG. Als Auffangvorschrift besteuert § 1 Abs. 1 Nr. 3, § 8 ErbStG die Zweckzuwendung (→ Rn. 114). § 1 Abs. 1 Nr. 4 ErbStG statuiert eine Erbersatzsteuer, die nicht an einen Vermögensübergang anknüpft, sondern als Vermögens- und Substanzsteuer eingeordnet werden kann (→ § 49 Rn. 120 ff).[62]

1. Erbe, Erbteil und Ausschlagung

a) Der Anfall der Erbschaft, § 3 Abs. 1 Nr. 1 ErbStG

53 Steuerpflichtig ist nach § 3 Abs. 1 Nr. 1 ErbStG der Erwerb durch Erbanfall gemäß § 1922 BGB. Unerheblich ist, ob der Vermögenserwerb kraft gesetzlicher oder durch gewillkürte Erbfolge eintritt. Die Erbschaftsteuer knüpft an den zivilrechtlichen **von-Selbst-Erwerb** nach § 1922 BGB an, so dass die Steuer zum Todestag als dem maßgeblichen Stichtag entsteht (§ 9 Abs. 1 ErbStG). Einer Kenntnis des Erben oder weiterer Handlungen wie eine Inbesitznahme von Nachlassgegenständen oder eine tatsächliche Verfügungsgewalt bedarf es nicht.

54 Die Erbschaftsteuer entsteht **unabhängig von einer Nachlassauseinandersetzung**. Als Erbanfallsteuer stellt die Erbschaftsteuer auf den singulären Erwerb eines jeden Miterben ab, zumal die Erbengemeinschaft mangels eigener Rechtsfähigkeit kein taugliches Steuersubjekt ist. Dinglich am Nachlass beteiligt und damit vermögensmäßig unmittelbar bereichert ist jeder Miterbe im Zeitpunkt des Ablebens des Erblassers (§ 1922, § 2032 BGB). Schuldrechtliche Teilungsanordnungen lassen den Vermögenserwerb zum Zeitpunkt des Ablebens des Erblassers unberührt (zum Begünstigungstransfer siehe → Rn. 197). Die Teilungsanordnung bewirkt ohnehin keine vermögensrechtliche Änderung unter den Mit-

---

[60] *Meincke*, ErbStG, 17. Aufl. 2018, § 21 Rn. 3; *Schmidt* MittBayNot 2017, 455 (459 f.); zB EuGH DStR 2009, 373 für in Spanien angelegtes Kapitalvermögen.

[61] EuGH DStR 2009, 373 Rn. 28; EuGH DStR 2005, 2168 Rn. 45; *Schmidt* MittBayNot 2017, 455 f.

[62] Vgl. *Tipke/Lang*, Steuerrecht, 23. Aufl. 2018, § 15 Rn. 35.

erben. Würde ein Miterbe aufgrund einer Teilungsanordnung mehr erhalten als ihm nach seiner Erbquote zusteht, so läge ein Vorausvermächtnis vor.

Den oder die Erben **belastende** schuldrechtliche **Verpflichtungen** (insbesondere Ver-　**55** mächtnisse, Pflichtteilslasten oder Zugewinnausgleichsforderungen), wirken sich bereicherungsmindernd erst bei der Steuerermittlung (§ 10 ErbStG) aus (→ Rn. 198 ff.).

b) Die Erbausschlagung und die hierfür gewährte Abfindung, § 3 Abs. 2 Nr. 4 ErbStG

Der Erbe kann den Erbanfall durch Ausschlagung beseitigen (§§ 1942 ff. BGB). Die　**56** zivilrechtliche **Rückwirkung** des § 1953 BGB wird vom Steuerrecht übernommen. Ohne Vermögenserwerb entfällt zugleich die erhöhte Leistungsfähigkeit und somit auch das Steuersubstrat als solches. Die Ausschlagung lässt als rückwirkendes Ereignis die Erbschaftsteuer entfallen.[63] Die Erbausschlagung ist nur das Unterlassen eines Vermögenserwerbs. Ein Durchgangserwerb beim Ausschlagenden findet nicht statt, weder zivilrechtlich noch erbschaftsteuerlich. Durch die Ausschlagung erfolgt also insbesondere keine Schenkung des Ausschlagenden an den nachrückenden Erben.[64]

Erhält der Ausschlagende eine **Abfindung**, so liegt ein **steuerpflichtiger Erwerb** von　**57** Todes wegen vor,[65] und zwar ausdrücklich mit der Maßgabe, dass es sich um einen **Erwerb vom Erblasser selbst** handelt, § 3 Abs. 2 Nr. 4 ErbStG. Die Abfindung ist das Surrogat der Erbschaft. Unerheblich ist, welche Person die Abfindung zahlt, wobei diese die Zahlung beim eigenen Erwerb abziehen kann (§ 10 Abs. 5 Nr. 3 ErbStG). Die Erbschaftsteuer für die Abfindung **entsteht** nicht mit dem Tod des Erblassers, sondern erst mit dem Zeitpunkt der Ausschlagung, § 9 Abs. 1 Nr. 1 lit. f) ErbStG. Auf die tatsächliche Zahlung der Abfindung kommt es nicht an. Besteuert wird der entstandene Abfindungsanspruch. Die Abfindung muss mit der Ausschlagung verknüpft sein. Ein Abfindungsversprechen nach wirksam erfolgter Ausschlagung wäre hingegen eine Schenkung (§ 7 Abs. 1 Nr. 1 ErbStG).

Wirken der Ausschlagende und der oder die Nächstberufenen einvernehmlich zusam-　**58** men, so kann durch Ausschlagung gegen Abfindung der Vermögenserwerb **gezielt gesteuert** und die ursprüngliche eingetretene Erbrechtslage nachträglich korrigiert werden. ZB. kann der Ausschlagende seinen eigenen Erwerb vermindern, indem er eine geringere Abfindung vereinbart, und der Erwerb kann insgesamt auf mehrere Köpfe verteilt werden, was aufgrund der persönlichen Freibeträge pro Vermögenserwerber zu einer Reduzierung der Steuer führt.[66] Zu berücksichtigen ist aber, dass eine Ausschlagung zugunsten einer bestimmten Person nicht zulässig ist. Ob ein Erwerb der bei Ausschlagung nachrückenden Personen gewünscht ist, ist sorgfältig zu prüfen. Die kurze Ausschlagungsfrist von 6 Wochen steckt den zeitlichen Rahmen ab.

Parallel zur Ausschlagung gegen Abfindung nach dem Tod des Erblassers ist auch eine　**59** gewährte Abfindung für einen **noch zu Lebzeiten** des Erblassers geschlossenen **Erb- oder Pflichtteilsverzichts** (§ 2346 BGB) oder Erbschaftsvertrages (§ 311b Abs. 5 BGB) ein steuerpflichtiger Vorgang (§ 7 Abs. 1 Nr. 5 bzw. Nr. 1 ErbStG, siehe näher → Rn. 81, zum unentgeltlichen Pflichtteils- und Erbverzicht siehe → Rn. 79).

---

[63] *Tipke/Lang*, Steuerrecht, 23. Aufl. 2018, § 15 Rn. 11.

[64] *Seer/Krumm* ZEV 2010, 57 (59); *Geck* ZEV 2014, 630 (631).

[65] Zugleich kann unter Umständen ein nach § 16, § 23 EStG einkommensteuerpflichtiges entgeltliches Veräußerungsgeschäft vorliegen, *Lohr/Görges* DStR 2011, 1939 (1944); *Reich* MittBayNot 2007, 182 (185).

[66] Beispiel: Der Sohn als Alleinerbe schlägt gegen Zahlung einer Abfindung in Höhe von 400.000 EUR (persönlicher Freibetrag des Sohnes) die Erbschaft mit einem Gesamtwert von 1 Million aus. Somit erben dessen drei Kinder, denen jeweils einen Freibetrag von 200.000 EUR zu gewähren ist. Damit kann nun ein Vermögen von 1 Million steuerfrei übergehen, wohingegen ohne Ausschlagung der Sohn als Alleinerbe 600.000 EUR hätte versteuern müssen (→ Rn. 15).

c) Der Erbvergleich

60 Ein ernst gemeinter und nicht konstruierter Erbvergleich führt ebenfalls zu einem steuerpflichtigen Erwerb.[67] Der Erbvergleich wird einem Erwerb durch Erbanfall gleichgestellt und die vertragliche Rechtsgrundlage wird ausgeblendet.[68] Grundsätzlich sind die Erwerber nicht berechtigt, den Kreis der steuerpflichtigen Personen oder den Umfang der steuerpflichtigen Bereicherung nach dem Stichtag durch freie Vereinbarung eigenmächtig neu zu bestimmen.[69] Die ausnahmsweise Berücksichtigung eines Erbvergleiches wurde eigens als steuerpflichtiger Erwerb in § 3 Abs. 2 Nr. 4 ErbStG[70] normiert. Danach ist eine Abfindung, die dafür gewährt wird, dass eine Erbenstellung (oder sonstige Rechtsstellung, ein Vermächtnis etc.) nicht mehr geltend gemacht wird, als Erwerb vom Erblasser steuerpflichtig. Die Steuer entsteht gemäß § 9 Abs. 1 Nr. 1 lit. f ErbStG nachgelagert erst mit der Erklärung über die Nichtgeltendmachung.

61 Der erbrechtliche Vermögenserwerb und die Erbschaftsteuer stehen **nicht zur freien Disposition** der Beteiligten. Der vermeintliche Erbe oder Vermächtnisnehmer muss seine Stellung berechtigterweise geltend machen. Ist dies nicht der Fall, weil ein konstruierter und offensichtlich unnötiger Erbvergleich geschlossen wurde, so liegt eine freigiebige Zuwendung nach § 7 Nr. 1 ErbStG vor.[71]

62 Die der Besteuerung unterliegende Abfindung (Gegenleistung) für den Erbvergleich ist für den Zahlenden **abzugsfähig** nach § 10 Abs. 5 Nr. 3 ErbStG, weil er erst durch die Zahlung endgültig seine unbestrittene Erbenstellung erlangt.[72]

2. Zugewinnausgleich, § 5 ErbStG

63 Nicht durch Erbanfall erworben ist ein dem überlebenden Ehegatten zustehender Zugewinnausgleich. § 5 ErbStG stellt ausdrücklich klar, dass in Höhe der Zugewinnausgleichsforderung des überlebenden Ehegatten **kein erbschaftsteuerpflichtiger Vorgang** vorliegt. Wird der Zugewinn nach § 1371 Abs. 2, Abs. 3 BGB im Wege der sog. güterrechtliche Lösung **konkret geltend gemacht**, so handelt es sich nicht um einen Erwerb von Todes wegen, § 5 **Abs. 2** ErbStG. Ebenso wenig liegt bei einer lebzeitig entstehenden Zugewinnausgleichsforderung eine freigiebige Zuwendung nach § 7 ErbStG vor.[73]

64 Wird der Zugewinn nicht konkret geltend gemacht (sog. erbrechtliche Lösung nach § 1371 Abs. 1 BGB), ist gemäß § 5 **Abs. 1** ErbStG dennoch eine **fiktive Ausgleichsforderung von der Besteuerung ausgenommen**. Die zivilrechtlich pauschalierende Lösung der Erbteilserhöhung um ein Viertel (§ 1371 Abs. 1 BGB), unabhängig von einem tatsächlich entstandenen Zugewinn, wird vom Erbschaftsteuerrecht nicht übernommen. Vielmehr wird die zivilrechtliche Vereinfachung vom ErbStG konterkariert.[74] Von der Erbschaftsteuer ausgenommen ist nur, was der überlebende Ehegatte tatsächlich als Zugewinn hätte geltend machen können. Die fiktive Ausgleichforderung ist gemäß den gesetzlichen Regelungen nach §§ 1373 ff. BGB konkret zu berechnen, ehevertragliche Sonderregelungen bleiben dabei außer Betracht (§ 5 Abs. 1 Satz 2 ErbStG). Das Anfangsvermögen ist konkret zu ermitteln (§ 5 Abs. 1 Satz 3 ErbStG) und kann nicht als fehlend

---

[67] FG Rheinland-Pfalz DStRE 2014, 1184.

[68] *Leidel* ZEV 2017, 357 (358).

[69] BFH ZEV 2008, 549; BFH ZEV 2011, 438 Rn. 18.

[70] Durch das Gesetz zur Bekämpfung der Steuerumgehung und zur Änderung weiterer steuerlicher Vorschriften vom 23. Juni 2017, BGBl. 2017 I 1682 (1688).

[71] Troll/Gebel/Jülicher/*Gottschalk*, ErbStG, Stand: November 2017, § 3 Rn. 83 mwN.

[72] *Leidel* ZEV 2017, 357 (359); FG Rheinland-Pfalz DStRE 2014, 1184 (1185 f.).

[73] Die Zugewinnausgleichsforderung entsteht nur bei wirksamer Beendigung des Güterstandes. Ein sog. „fliegender Zugewinnausgleich" durch Schenkungen unter Anrechnung auf den Zugewinn (§ 1380 BGB) wird nicht anerkannt, hier liegt eine steuerbare Schenkung vor, siehe Erbschaftsteuer-Richtlinien 2011 R E 5.2 Abs. 3. Die Schenkungsteuer kann allenfalls nachträglich gemäß § 29 Abs. 1 Nr. 3 ErbStG entfallen, wenn der Güterstand endet.

[74] *Tiedtke/Szczesny* FPR 2012, 107 (108).

vermutet werden. Eine konkrete Berechnung der fiktiven Zugewinnausgleichsforderung kann aber unterbleiben, wenn bereits aufgrund des persönlichen Steuerfreibetrages für Ehegatten (500.000 Euro) feststeht, dass keine Erbschaftsteuer festzusetzen ist.[75]

Leben Ehegatten in **Gütertrennung**, entfällt diese Besteuerungsausnahme, weshalb die **65** modifizierte Zugewinngemeinschaft gegenüber der reinen Gütertrennung im Vormarsch ist.[76] Lebten die Ehegatten (auch) in Gütertrennung und haben sie den Güterstand gewechselt, so ist nach § 5 **Abs. 1** Satz 4 ErbStG eine **rückwirkende Vereinbarung der Zugewinngemeinschaft** ausgeschlossen. Maßgebend für die Berechnung der fiktiven Ausgleichsforderung ist nämlich nach § 5 Abs. 1 Satz 4 ErbStG als Zeitpunkt, der Tag des Vertragsschlusses des Ehevertrages. Da eine entsprechende Anordnung des Zeitpunktes des Ehevertragsschlusses in § 5 **Abs. 2** ErbStG fehlt, wird im Umkehrschluss gefolgert, dass beim lebzeitigen Zugewinnausgleich oder bei der güterrechtlichen Lösung nach § 1372 Abs. 2 BGB auch rückwirkende ehevertragliche Vereinbarungen anzuerkennen sind.[77]

3. Vermächtnis

a) Besteuerung des schuldrechtlichen Vermächtnisanspruches

Ein Vermächtnis ist beim Vermächtnisnehmer als Erwerb von Todes wegen zu besteuern **66** (§ 3 Abs. 1 Nr. 1 ErbStG). Korrespondierend ist das Vermächtnis beim Erben als Nachlassverbindlichkeit in Abzug zu bringen (§ 10 Abs. 5 Nr. 2 ErbStG) und mindert so dessen steuerliche Bemessungsgrundlage.

Zivilrechtlich erhält der Vermächtnisnehmer mit dem Tod des Erblassers den **schuld- 67 rechtlichen Vermächtnisanspruch** nach § 2174 BGB. Dieser unterliegt zum Stichtag des Todes des Erblassers der Besteuerung (§ 9 Abs. 1 Nr. 1 ErbStG). Dass der Vermächtnisnehmer den Vermögensgegenstand erst durch rechtsgeschäftliche Übertragung vom Erben erhält, ist unerheblich, denn der Erbe ist zur Erfüllung verpflichtet und verschenkt seinerseits nichts. Ob und wann das Vermächtnis erfüllt wird, ist grundsätzlich irrelevant, es sei denn, es wird ausgeschlagen (§ 2180 BGB, vgl. → Rn. 56) oder es fällt erst zu einem späteren Zeitpunkt an oder wird erst zu einem späteren Zeitpunkt fällig (Rn. 101, Rn. 191 f.).

Ein **Vorausvermächtnis** zugunsten eines Miterben (§ 2150 BGB) ist als Nachlassver- **68** bindlichkeit bei allen Miterben abzuziehen und allein beim begünstigten Miterben ist der Anspruch aus dem Vorausvermächtnis als Erwerb von Todes wegen zusätzlich zu seinem Erbteil zu erfassen. Eine Teilungsanordnung (§ 2048 BGB) ist dagegen grundsätzlich irrelevant.

b) Ausschlagungsmöglichkeit

Durch Ausschlagung kann der Vermögensanfall des Vermächtnisses nachträglich **rückwir- 69 kend beseitigt** werden (§ 2176, § 2180 Abs. 3, § 1953 BGB). Dies greift auch steuerlich durch. Im Gegensatz zur Ausschlagung einer Erbschaft gibt es bei der Ausschlagung eines Vermächtnisses weder eine Fristbindung, noch muss die Ausschlagung in öffentlich beglaubigter Form gegenüber dem Nachlassgericht erfolgen (§ 2180 BGB verweist nicht auf § 1945 BGB). Die Ausschlagung kann auch durch schlüssiges Verhalten gegenüber dem Beschwerten erfolgen. Ein Verzicht oder eine Nichtgeltendmachung des Vermächtnisses können daher als Ausschlagung zu werten sein. Allenfalls ein Verzicht auf das Vermächtnis nach dessen ausdrücklicher Annahme würde eine Rück-Schenkung vom Vermächtnisnehmer an den Erben darstellen.[78]

---

[75] Erbschaftsteuer-Richtlinie 2011 R E 5.1 Abs. 1 Satz 2.
[76] Zusätzlich ist entscheidend, dass sich bei der Gütertrennung die Pflichtteilsquoten weiterer Pflichtteilsberechtigter erhöhen, was die Testierfreiheit beeinträchtigen kann.
[77] Erbschaftsteuer-Richtlinien 2011 R E 5.2 Abs. 2 Satz 4.
[78] Vgl. gleichgelagert beim Pflichtteilsanspruch, → Rn. 78.

c) Zivilrechtlich unwirksamer Vermächtnisanspruch

70 Ein zivilrechtlich formunwirksames Vermächtnis kann steuerlich dennoch anerkannt werden. Erwerbsgrundlage ist dann § 3 Abs. 1 Nr. 1 ErbStG ergänzt um § 41 AO.[79] Eine entsprechende Vermächtnisanordnung des Erblassers muss feststellbar sein und **tatsächlich ausgeführt** werden.[80]

Wie auch beim Erbvergleich[81] ist zu berücksichtigen, dass der steuerpflichtige Erwerb nicht zur freien Disposition der Beteiligten steht. Hat der Erblasser jedoch nachweislich zB mündlich ein Vermächtnis angeordnet und setzen die Erben den **geäußerten, formunwirksamen Erblasserwillen** tatsächlich um, wird sowohl der Vermögenserwerb beim Begünstigten steuerlich erfasst, als auch der Vermögensabfluss beim Erben zum Abzug zugelassen.[82] Selbst eine teilweise Ausführung eines unwirksamen Vermächtnisses wird noch anerkannt.[83] Neben der Formunwirksamkeit kommt auch eine Unwirksamkeit aufgrund einer entgegenstehenden erbrechtlichen Bindung in Betracht (§ 2289 Abs. 1 Satz 2 BGB).[84]

71 Die **Steuer entsteht** dabei nicht mit dem Tod des Erblassers, sondern erst mit der tatsächlichen Erfüllung des Vermächtnisses, dem keine Rückwirkung zukommt.[85] Eine Bereicherung um einen Vermächtnisanspruch ist beim Tod des Erblassers nicht eingetreten, erst mit Schaffung eines wirksamen Anspruches (in der Regel zeitgleich mit der Anspruchserfüllung) ist der Begünstigte bereichert.

d) Nießbrauch, Wohnungsrecht und wiederkehrende Leistungen als Vermächtnisgegenstand

72 Vermächtnisgegenstand kann ein **lebenslanges Nutzungsrecht** (Nießbraucht, § 1030 BGB oder Wohnungsrecht, § 1093 BGB) oder eine **Rentenzahlung** sein. Die Bereicherung ist der Kapitalwert der wiederkehrenden Nutzungen bzw. Leistungen (→ Rn. 210). Da der Vermögenszufluss beim Vermächtnisnehmer nicht einmalig sondern kontinuierlich über eine gestreckte Zeitperiode erfolgt, kann der Vermächtnisnehmer zu einer jährlichen Besteuerung optieren (§ 23 Abs. 1 ErbStG, → Rn. 237).

73 Der Nießbrauchserwerb kann nach § 13a, § 13b ErbStG **steuerbegünstigt** sein, wenn ein Nießbrauch an einem Unternehmensvermögen zugewendet wird (→ Rn. 137). Die sachliche Steuerbefreiung eines Familienheimes nach § 13 Abs. 1 Nrn. 4a – 4c ErbStG wird dem Nießbraucher dagegen nicht gewährt (→ Rn. 126).

4. Pflichtteil

a) Erfordernis der Geltendmachung

74 Der Besteuerung unterliegt der Vermögenserwerb auf Grund eines **geltend gemachten** Pflichtteilsanspruchs (§ 3 Abs. 1 Nr. 1 ErbStG, § 2303 BGB). Zivilrechtlich entsteht der Anspruch auf den Pflichtteil mit dem Erbfall, § 2317 Abs. 1 BGB. Anders als für einen Erbteil oder ein Vermächtnis greift die Steuer aber nur und erst mit der Geltendmachung des Pflichtteils ein, § 9 Abs. 1 Nr. 1 lit. b) ErbStG. Hierfür ist ein ernstliches Verlangen des Pflichtteilsberechtigten, jedoch keine genaue Bezifferung des Anspruches erforderlich.[86]

---

[79] BFH ZEV 2007, 343.
[80] *Friedrich-Büttner/Herbst* ZEV 2014, 593 (596 f.); BFH ZEV 2007, 343.
[81] Siehe → Rn. 60 ff. für den ein Streit bzw. eine Ungewissheit über die Wirksamkeit bestehen müsste.
[82] Vgl. BFH ZEV 2007, 343.
[83] *Wächter* MittBayNot 2006, 10 (13); *Friedrich-Büttner/Herbst* ZEV 2014, 593 (597); BFH MittBayNot 2011, 348.
[84] *Friedrich-Büttner/Herbst* ZEV 2014, 593 (597 f.); BFH NJW 1982, 407.
[85] BFH ZEV 2007, 343.
[86] *Seer/Krumm* ZEV 2010, 57; *Lohr/Görges* DStR 2011, 1939; BFH ZEV 2004, 127 f.

Bei einer erfolgten Zahlung an den Pflichtteilsberechtigten kann inzident auf die Geltendmachung des Pflichtteils geschlossen werden.[87]

Zwar entsteht der Pflichtteilsanspruch ebenso wie der Vermächtnisanspruch unmittelbar **75** mit dem Tod des Erblassers und eine Bereicherung um den Anspruch ist eingetreten. Doch **fehlt** es an einer Möglichkeit, den Pflichtteilserwerb **rückwirkend zu beseitigen**, so dass die Besteuerung ausdrücklich erst an die Geltendmachung des Anspruchs anknüpft.[88] Der Erbe und der Vermächtnisnehmer können den Erwerb rückwirkend ausschlagen (§ 1953, § 2180 BGB) und der Begünstigte eines Vertrages zugunsten Dritter auf den Todesfall (§ 3 Abs. 1 Nr. 4 ErbStG) kann gemäß § 333 BGB das Recht zurückweisen, was gleichfalls Rückwirkung entfaltet. Die Ablehnung eines Vermögenserwerbs soll keine steuerlichen Folgen haben, zumal häufig persönlich-familiäre Gründe eine Rolle spielen.

Die Besteuerung des Pflichtteils (§ 2303 BGB) wird damit anderen Erwerben von Todes wegen lediglich gleichgestellt.[89]

Der Erwerb stammt vom Erblasser selbst, auch wenn der Pflichtteil von dem oder den **76** Erben zu erfüllen ist. Für den Erben ergibt sich eine abzugsfähige Nachlassverbindlichkeit nach § 10 Abs. 5 Nr. 2 ErbStG. Der Abzug setzt korrespondierend zur Besteuerung die Geltendmachung voraus (→ Rn. 200).

b) Verzicht auf den Pflichtteil

Die fehlende Geltendmachung des Pflichtteils hat keine steuerliche Relevanz, insbesondere **77** liegt keine „Rück-Schenkung" vom Pflichtteilsberechtigten an den Erben durch Forderungserlass vor. Denn mangels Geltendmachung des Pflichtteils ist beim Pflichtteilsberechtigten von vornherein kein steuerbarer Vermögenserwerb gegeben. § 13 Abs. 1 Nr. 11 ErbStG stellt dies nochmals ausdrücklich klar: Der Verzicht auf die Geltendmachung des Pflichtteils bleibt **steuerfrei**. Die Nichtgeltendmachung und der Verzicht sind gleich zu behandeln.[90]

Von der Besteuerung ausgenommen ist der **Verzicht auf die Geltendmachung** des **78** Pflichtteils. Wird hingegen der Pflichtteil zunächst ernstlich eingefordert und wird erst anschließend der geltend gemachte Anspruch erlassen, so liegen zwei steuerbare Vorgänge vor[91] (Pflichtteilserwerb beim Pflichtteilsberechtigten vom Erblasser, § 3 Abs. 1 Nr. 1 ErbStG, und freigiebige Zuwendung vom Pflichtteilsberechtigten an den Erben, § 7 Abs. 1 Nr. 1 ErbStG). Denn mit der Geltendmachung ist der Steuertatbestand abschließend verwirklicht. Wird der Pflichtteilsanspruch bei Tod des Pflichtteilsberechtigten vererbt, gehört er unabhängig von einer Geltendmachung nicht zum steuerpflichtigen Erwerb des Erben.[92]

Bereits **zu Lebzeiten des Erblassers** kann ein Pflichtteilsverzicht (oder auch ein Erb- **79** verzicht) vereinbart werden (§ 2346 BGB). Auch dieser Verzicht hat keine steuerliche Relevanz.[93] Der Pflichtteilsverzicht zu Lebzeiten und die Nicht-Geltendmachung des Pflichtteils nach dem Tod des Erblassers sind gleichgelagerte Sachverhalte, die beide jeweils keine Erbschafts- oder Schenkungsteuer auslösen. Wird zu Lebzeiten des Erblassers im Rahmen eines Erbschaftsvertrages nach § 311b Abs. 5 BGB gegenüber anderen Miterben auf das Erb- oder Pflichtteilsrecht verzichtet, stellt dies ebenso keine Schenkung dar.[94]

---

[87]   *Lohr/Görges* DStR 2011, 1939; BFH BeckRS 2008, 25013179.
[88]   BFH ZEV 2017, 283 Rn. 17, *Tipke/Lang*, Steuerrecht, 23. Aufl. 2018, § 15 Rn. 14; *Seer/Krumm* ZEV 2010, 57 (59).
[89]   *Seer/Krumm* ZEV 2010, 57 (60).
[90]   *Seer/Krumm* ZEV 2010, 57 (59); *Lohr/Görges* DStR 2011, 1939 (1941).
[91]   *Schmid* ZEV 2015, 387 (388); *Lohr/Görges* DStR 2011, 1939 (1941); vgl. zum Vermächtnis gleichgelagert → Rn. 69.
[92]   BFH ZEV 2017, 283 Rn. 18 ff. Ablehnend Selbherr MittBayNot 2018, 84 f. und *Wälzholz* NZG 2017, 554 f. *Wachter,* ZEV 2017, 285 (286) will auf der Bewertungsebene korrigieren.
[93]   *Lohr/Görges* DStR 2011, 1939 (1940).
[94]   *Lohr/Görges* DStR 2011, 1939 (1940).

c) Abfindung

80 Steuerpflichtig ist eine Abfindung, die für den **Verzicht** auf den mit dem Tod des Erblassers **entstandenen** aber **noch nicht geltend gemachten Pflichtteilsanspruch** gewährt wird, § 3 Abs. 2 Nr. 4 ErbStG. Im Einleitungssatz des § 3 Abs. 2 ErbStG wird klargestellt, dass die Abfindung eine Zuwendung des Erblassers ist, auch wenn der Pflichtteilsberechtigte die Abfindung vom Erben gezahlt bekommt. Die Abfindung ist Surrogat des Pflichtteiles selbst (→ Rn. 85). Die Steuer entsteht nach § 9 Abs. 1 Nr. 1 lit. f) ErbStG mit dem Zeitpunkt des Verzichts, weil die Abfindung mit dem Verzicht verknüpft ist. Dies ist der letztmögliche Zeitpunkt, in dem der Pflichtteilsberechtigte noch einen Erwerb vom Erblasser generieren kann. Steuerbar ist bereits das Versprechen der Abfindung, auf die tatsächliche Auszahlung kommt es nicht an (es sei denn, die Auszahlung wird bis zum Tod des Verpflichteten aufgeschoben, → Rn. 203).[95]

81 Eine gewährte Abfindung für einen Pflichtteils- oder Erbverzicht **noch zu Lebzeiten des Erblassers** fällt weder nach Wortlaut noch nach Systematik unter § 3 Abs. 2 Nr. 4 ErbStG. Die Abfindung stellt keine Gegenleistung für den Verzicht dar,[96] weil vor Ableben des Erblassers der Pflichtteil (ebenso wie der Erbteil) nur eine ungewisse Erwerbsaussicht ohne Vermögenswert ist.[97] Der Verzicht auf den Pflichtteil ist keine Schenkung (vgl. § 13 Abs. 1 Nr. 11 ErbStG, → Rn. 77 ff.). Deswegen kann der Verzicht auch keine entgeltliche Gegenleistung sein, sondern die **Abfindung ist** ihrerseits eine **Schenkung**, was § 7 Abs. 1 Nr. 5 ErbStG klarstellt. Das spiegelt sich auch zivilrechtlich wieder, indem der Pflichtteils- bzw./Erbverzicht ein abstraktes Rechtsgeschäft ist, das den Rechtsgrund in sich trägt und nicht mit einer schuldrechtlichen Gegenleistung verknüpft ist. Die Abfindung ist damit sowohl vor dem Tod des Erblassers (Schenkung nach § 7 Abs. 1 Nr. 5 ErbStG) als auch nach dem Tod (§ 3 Abs. 2 Nr. 4 ErbStG) steuerbar.

82 So liegt eine Schenkung vom künftigen Erblasser vor, wenn dieser selbst die Abfindung gewährt (§ 7 Abs. 1 Nr. 5 ErbStG). Fraglich ist dagegen **das Zuwendungsverhältnis**, wenn ein Dritter (insbes. ein weichender Erbe) die Abfindung gewährt. Anders als beim Erwerb von Todes wegen (§ 3 Abs. 2 Nr. 4 ErbStG) normiert § 7 Abs. 1 Nr. 5 ErbStG für die zu Lebzeiten des Erblassers gewährte Abfindung nicht ausdrücklich, dass die Zuwendung „vom Erblasser" selbst stammt. Daher ist eine nicht vom künftigen Erblasser, sondern vom potentiellen Miterben gewährte Abfindung als freigiebige Zuwendung zwischen dem Leistenden und dem Abfindungsempfänger einzuordnen (§ 7 Abs. 1 Nr. 1 ErbStG, insbes. beim Erbschaftsvertrag nach § 312b Abs. 5 BGB).[98] Auch hinsichtlich der persönlichen Verhältnisse ist nicht (mehr) auf das Verhältnis zum Erblasser abzustellen.[99] Dies gilt jedenfalls dann, wenn der Erblasser am Zuwendungsverhältnis nicht beteiligt ist und die Abfindung vor seinem Tod vereinbart wird.[100] Die Abfindung für einen Pflichtteilsverzicht wird nunmehr **vor und nach dem Tod des Erblassers** im Hinblick auf das Zuwendungsverhältnis **unterschiedlich besteuert**.

83 Für denjenigen, der die Abfindung zu zahlen hat, handelt es sich um **Kosten**, die mit der Erlangung des Erwerbs entstehen und deswegen von der Bemessungsgrundlage **abzuziehen** sind, § 10 Abs. 5 Nr. 3 ErbStG. Dem Abzug steht nicht entgegen, dass die Zahlung bereits vor dem Tod des Erblassers geleistet wurde.[101]

---

[95] *Lohr/Görges* DStR 2011, 1939 (1941).

[96] BFH ZEV 2001, 163 (164); Troll/Gebel/Jülicher/Gottschalk/*Gebel*, ErbStG, Stand: November 2017, § 7 Rn. 316.

[97] *Lohr/Görges* DStR 2011, 1939 (1941).

[98] BFH ZEV 2017, 532 Rn. 10; BFH NJW 2013, 3120 Rn. 11; *Wälzholz* NotBZ 2017, 135 (139).

[99] BFH ZEV 2017, 532 Rn. 12 ff., Änderung der Rechtsprechung. Anders noch die bisherige Rechtsprechung BFH NJW 2013, 3120 Rn. 10; BFH ZEV 2001, 163 (165); FG Münster, ZEV 2015, 666; *Wälzholz* NotBZ 2017, 135 (137 f. u. 139).

[100] So im Fall des BFH ZEV 2017, 532 für die vereinbarte Abfindung zwischen künftigen gesetzlichen Erben gemäß § 311b Abs. 5 BGB. Bei einer Abfindungsvereinbarung unter Beteiligung des Erblassers wird zu prüfen sein, ob nur ein abgekürzter Zahlungsweg oder ein originäres Zuwendungsverhältnis vorliegt.

[101] BFH NJW 2013, 3120 Rn. 12; *Lohr/Görges* DStR 2011, 1939 (1943).

d) Sachliche Steuerbefreiungen beim Pflichtteil

Die Erbschaftsteuer entsteht mit der **Geltendmachung** des **Pflichtteils**, auf die tatsäch- **84**
liche Anspruchserfüllung kommt es nicht an. Erfolgt die Erfüllung nicht in Geld, sondern
zB durch Übertragung steuerbefreiter Vermögensgegenstände (§ 13 ff. ErbStG), lässt dies
die Steuer unberührt. Erwerbsgegenstand des Pflichtteilsberechtigten ist ein Geldanspruch,
der mit dem Nennwert der Forderung zu bewerten ist.[102]
    Anderes gilt, wenn **anstelle des Pflichtteilerwerbes** eine **Abfindung** für einen Ver- **85**
zicht auf den entstandenen Pflichtteilsanspruch zu besteuern ist. Wird als Abfindung erb-
schaftsteuerbefreites Vermögen nach §§ 13 ff. ErbStG geleistet, so profitiert der Erwerber
von der Steuerbefreiung.[103] Denn der Besteuerung unterliegt nach § 3 Abs. 2 Nr. 4 ErbStG
unmittelbar die versprochene Abfindungsleistung. Demnach kann eine Abfindungsleistung
gegenüber einem Erfüllungssurrogat (§ 364 BGB) vorzugswürdig sein. Die Abgrenzung
zwischen Abfindung und Erfüllung des Pflichtteils ist naturgemäß schwierig. Mit der
Geltendmachung des Pflichtteils ist der Steuertatbestand jedenfalls abschließend verwirklicht, eine Abfindung muss vorher vereinbart werden.[104]

e) Höhe der Pflichtteilsforderung

Der Pflichtteil muss nicht in voller Höhe geltend gemacht werden; die Besteuerung erfasst **86**
bei einer **teilweisen** Geltendmachung auch nur den eingeforderten Teil-Betrag. Parallel ist
vor der Geltendmachung auch ein Teil-Verzicht auf den Pflichtteil möglich (§ 13 Abs. 1
Nr. 11 ErbStG). Bei der Besteuerung einer Abfindung spielt die tatsächliche Anspruchs-
höhe des Pflichtteils gleichfalls keine Rolle, so dass ein Teilverzicht anzuerkennen ist.[105] Die
Besteuerung knüpft somit an den **geltend gemachten Pflichtteilsbetrag** an, was eine
aufwändige Ermittlung der Höhe des zivilrechtlich entstandenen Anspruchs erspart.
    Ein Teilverzicht liegt jedoch nicht vor, wenn der Pflichtteilsberechtigte einen Teil ein- **87**
fordert und sich **weitere Forderungen noch vorbehält**.[106] Ein steuerpflichtiger Erwerb
in Raten ist nicht möglich.[107] Eine komplette oder teilweise Stundung der geltend gemachten Pflichtteilsforderung hat keinen Einfluss auf die Steuerentstehung.[108] Der Pflichtteilsberechtigte muss sich folglich erklären: Der Pflichtteil wird nur mit dem eingeforderten Teil
besteuert, wenn auf den Rest verzichtet wird. Wird ohne Verzicht zunächst ein Teilbetrag
eingefordert, entsteht die Steuer auch für den noch vorbehaltenen Betrag.

f) Zeitpunkt der Geltendmachung

Die Steuer für den Pflichtteilserwerb sowie die korrespondierende abzugsfähige Nachlass- **88**
verbindlichkeit entstehen erst im Zeitpunkt der Geltendmachung des Pflichtteils, § 9
Abs. 1 Nr. 1 lit. b) ErbStG. Der Zeitpunkt der Geltendmachung kann vom Pflichtteilsberechtigten **frei gewählt** und auch **bewusst hinausgeschoben** werden, zB um den
zahlungspflichtigen Erben zunächst nicht wirtschaftlich zu belasten oder um etwa bestehende Vorerwerbe durch Fristablauf außen vor zu lassen (§ 14 ErbStG, → Rn. 184).[109] Der
Pflichtteilsberechtigte kann auch noch nach dem Tod des Anspruchsverpflichteten den
Pflichtteil von dessen Erben fordern. Dies gilt selbst dann, wenn der Pflichtteilsberechtigte
selbst dieser Erbe ist.

---

[102] *Lohr/Görges* DStR 2011, 1939 (1940).
[103] *Lohr/Görges* DStR 2011, 1939 (1941); *Ivo* MittBayNot 2008, 326; *Wälzholz* Anm. BFH ZEV 2007, 502
(504).
[104] *Lohr/Görges* DStR 2011, 1939 (1942); *Ivo* MittBayNot 2008, 326.
[105] *Seer/Krumm* ZEV 2010, 57 (61).
[106] *Tipke/Lang*, Steuerrecht, 23. Aufl. 2018, § 15 Rn. 14; *Lohr/Görges* DStR 2011, 1939.
[107] *Seer/Krumm* ZEV 2010, 57 (62 f.).
[108] *Lohr/Görges* DStR 2011, 1939.
[109] *Lohr/Görges* DStR 2011, 1939 (1944).

89   Dem liegt **insbesondere folgender Sachverhalt** zugrunde: Bei einem vorhandenen Berliner Testament sind beide Elternteile nacheinander verstorben. Der Nachlass des Längerlebenden übersteigt beim Schlusserben dessen persönlichen Erbschaftsteuerfreibetrag. Zur Steuergestaltung ist anerkannt, dass der Schlusserbe einen bislang noch nicht geltend gemachten und noch nicht durch Verzicht erloschenen Pflichtteil nach dem erstverstorbenen Elternteil noch geltend machen kann. Der Pflichtteilsanspruch richtete sich ursprünglich gegen den längerlebenden Elternteil. Mit dessen Tod geht die Verbindlichkeit auf den Schlusserben über – der zugleich selbst der Anspruchsberechtigte ist. Die Fiktion der fehlenden Konfusion nach § 10 Abs. 3 ErbStG erlaubt es, den Pflichtteil auch noch nach dem Tod des Verpflichteten geltend zu machen.[110]

90   Dadurch ergeben sich **folgende steuerliche Vorteile**: Sofern der längerlebende Elternteil Erbschaftsteuer zahlen musste, ist diese zu korrigieren. Denn durch die Geltendmachung des Pflichtteils ist rückwirkend eine Nachlassverbindlichkeit entstanden (§ 10 Abs. 5 Nr. 2 ErbStG), die den steuerpflichtigen Erwerb des längerlebenden Elternteils mindert.[111] Beim Schlusserben ergeben sich zwei erbschaftsteuerliche Erwerbsvorgänge. Vom erstversterbenden Elternteil erwirbt er – unter Ausnutzung des persönlichen Freibetrages (400.000 EUR) – den geltend gemachten Pflichtteil. Vom längerlebenden Elternteil erwirbt er nach Abzug des Pflichtteils den übrigen Nachlass. Auch hier kann er seinen persönlichen Freibetrag nutzen. Neben der **Verdoppelung des Freibetragsvolumens** kann der Schlusserbe ggf. zusätzlich von einem **niedrigeren Steuersatz** (§ 19 ErbStG) profitieren.

91   Noch nicht höchstinstanzlich entschieden ist, ob der Schlusserbe auch einen **bereits verjährten Pflichtteilsanspruch** noch steuerlich wirksam gegen sich selbst geltend machen kann.[112] Dies wird in der Literatur dogmatisch zu Recht vertreten,[113] weil die Verjährung lediglich eine Einrede ist, die den Anspruch als solchen nicht entfallen lässt. Ob aufgrund des langen Zeitablaufs nicht zumindest konkludent ein Verzicht auf den Pflichtteil erfolgt ist, dürfte in der Regel aufgrund fehlender Nachweismöglichkeiten nicht aufzuklären sein.

5. Vor- und Nacherbschaft, § 6 ErbStG

a) Grundsatz der Besteuerung

92   Bei der Vor- und Nacherbschaft ergeben sich **starke Unterschiede zwischen Zivilrecht und Erbschaftsteuerrecht**. Zivilrechtlich sind sowohl der Vorerbe als auch der Nacherbe Erbe des Erblassers. Das Erbschaftsteuerrecht löst sich von dieser Betrachtungsweise und behandelt die Vor- und Nacherbschaft als zwei getrennte Erbfälle: Der Vorerbe erbt vom Erblasser (§ 6 Abs. 1 ErbStG), der Nacherbe erwirbt bei Eintritt des Nacherbfalles vom Vorerben (§ 6 Abs. 2 Satz 1 ErbStG). Die Beschränkungen aus der Vorerbschaft, insbes. die Verfügungsbeschränkungen (§§ 2112 ff. BGB), kann der Vorerbe nicht bereicherungsmindernd geltend machen.[114] Beim Nacherben verwirklicht sich der Steuertatbestand erst mit Eintritt des Nacherbfalles, § 9 Abs. 1 Nr. 1 lit. h) ErbStG (in der Regel mit dem Tod des Vorerben). Der Erwerb einer Nacherbenanwartschaft vor diesem Zeitpunkt hat keine steuerlichen Auswirkungen.

93   Die Anordnung einer Vor- und Nacherbfolge führt demnach zu einer **doppelten Besteuerung des Vermögens** sowohl beim Vorerben als auch beim Nacherben.

---

[110] BFH ZEV 2013, 220 Rn. 18. Im Vergleich zur nachträglichen Geltendmachung des Pflichtteils wurde eine nachträgliche Fälligkeit des Pflichtteils durch lebenslange Stundung nicht anerkannt, → Rn. 203.

[111] *Friedrich-Büttner/Herbst* ZEV 2014, 593 (594 f.); BFH ZEV 2013, 220.

[112] offen gelassen BFH ZEV 2013, 220 Rn. 19; verneinend FG Hessen DStRE 2017, 545, nicht rechtskräftig, Revision ist anhängig – Az. II R 1/16; vgl. als verneinende frühere Rechtsprechung BFH BeckRS 2009, 25015224.

[113] *Friedrich-Büttner/Herbst* ZEV 2014, 593 (595); *Wachter* Anm. BFH ZEV 2013, 220 (222).

[114] *Tipke/Lang*, Steuerrecht, 23. Aufl. 2018, § 15 Rn. 12; *Jandl/Kraus* DStR 2016, 2265.

b) Mögliche Antragstellung durch den Nacherben

Bei Eintritt des Nacherbfalles erwirbt der Nacherbe das Vermögen grundsätzlich vom Vor- **94**
erben, § 6 Abs. 2 Satz 1 ErbStG. Auf Antrag kann der Nacherbe jedoch das **Verwandtschaftsverhältnis zum Erblasser** zugrunde legen, § 6 Abs. 2 Satz 2 ErbStG. Hierdurch
wird der zivilrechtliche Erwerb des Nacherben vom Erblasser zumindest teilweise berücksichtigt. Der Antrag wirkt sich auf die Steuerklasse (und damit auf Freibetrag und Tarif,
→ Rn. 183 und 215) aus, ändert aber nichts daran, dass ein Erwerb vom Vorerben an den
Nacherben vorliegt (zB im Hinblick auf eine Zusammenrechnung von Erwerben gemäß § 14
ErbStG).[115] Geht bei Eintritt des Nacherbfalles **zusätzlich** das **Eigenvermögen des Vor-
erben** auf den Nacherben über, wird durch den Antrag der Freibetrag auch nicht verdoppelt.
Nach § 6 Abs. 2 Satz 4 ErbStG greift für den gleichzeitigen Erwerb des Eigenvermögens ein
Freibetrag nur, soweit der Freibetrag nach dem Erblasser noch nicht verbraucht ist.[116]

c) Verhältnis zwischen Vorerbe und Nacherbe

Lösen der Vorerbe und der Nacherbe die bestehende Vor- und Nacherbschaftsbindung **95**
einvernehmlich auf, indem sie die Vorerbschaft insgesamt oder einzelne Nachlassgegenstände vom Vorerben auf den Nacherben übertragen, so ist dies nach § 7 Abs. 1 Nr. 7
ErbStG als **Schenkung** steuerpflichtig. § 7 Abs. 2 ErbStG gestattet einen Antrag entsprechend § 6 Abs. 2 ErbStG und schaltet damit die Besteuerung im Schenkungsfall der
Besteuerung im Nacherbfall gleich.

Der Vorerbe soll die Erbschaftsteuer für seinen Erwerb aus den Mitteln der Vorerbschaft **96**
zahlen, § 20 Abs. 4 ErbStG. Dadurch mindert sich zugleich der künftige Vermögenserwerb
des Nacherben, so dass im Verhältnis zwischen Vorerbe und Nacherbe **letztlich der
Nacherbe die Erbschaftsteuer zu tragen hat**.[117]

d) Vergleich Vorerbschaft und Nießbrauchsvermächtnis

Wirtschaftlich betrachtet und vom Gestaltungswillen des Erblassers des Öfteren in etwa **97**
gleichgestellt zur Anordnung einer Vor- und Nacherbschaft ist die Zuwendung eines Nieß-
brauchsvermächtnisses. Dem Vorerben gebühren gleich einem Nießbraucher die Nutzungen; die Vermögenssubstanz ist dagegen dem Nacherben bzw. dem Eigentümer zuzuordnen. Hinsichtlich der Erbschaftsteuer ergeben sich dabei **völlig unterschiedliche Auswirkungen**: Der Vorerbe kann seine Beschränkung mit der Nacherbfolge nicht in Abzug
bringen und das Vermögen wird zweimal besteuert. Beim Nießbrauch findet eine einmalige Besteuerung beim Erben und beim Nießbraucher statt, wobei sich der Vermögenserwerb zum Vorteil der Steuerpflichtigen auf zwei Köpfe verteilt. Der Erbe kann den
Kapitalwert des vermachten Nießbrauchs von seinem Erwerb als Nachlassverbindlichkeit
abziehen, § 10 Abs. 5 Nr. 2 ErbStG.

Freilich unterscheiden sich die **Rechtsstellung** des Nießbrauchers und des Vorerben **98**
auch **zivilrechtlich** erheblich (zB Verfügungsrecht des Vorerben, § 2112 BGB, Einwil-
ligungspflicht des Nacherben, § 2120 BGB), so dass die unterschiedliche Besteuerung einen
sachlichen Grund aufweist.

6. Zeitliche aufgeschobene Zuwendungen

a) Gleichstellung zur Vor- und Nacherbschaft, § 6 Abs. 4 ErbStG

Der Nacherbschaft gleichgestellt ist das Nachvermächtnis sowie ein Vermächtnis oder eine **99**
Auflage, die erst beim Tod des Beschwerten fällig werden, § 6 Abs. 4 ErbStG. Mit einer

---

[115] *Geck* DNotZ 2012, 329 (344).
[116] Das ist der Fall, wenn die Vorerbschaft geringer ist als der Freibetrag nach dem Erblasser.
[117] BFH DStR 2016, 1604 Rn. 8; *Jandl/Kraus* DStR 2016, 2265 (2266).

solch aufgeschobenen Zuwendung kann daher nicht erreicht werden, dass einerseits die Erbschaft auf mehrere Köpfe verteilt wird, andererseits der Erbe zu seinen Lebzeiten keine Vermögenseinbuße erleidet.

100   Erbschaftsteuerlich wird – wie bei Anordnung einer Vor- und Nacherbschaft – die bis zum Tod des Beschwerten aufgeschobene Zuwendung des Erblassers in zwei Vermögenserwerbe aufgesplittet und **doppelt besteuert**. Der beschwerte Erbe hat den Nachlass inklusive der aufgeschobenen Zuwendung ohne Berücksichtigung auf die Vermächtnisbeschwer zu versteuern. Der Vermächtnisnehmer erhält die Zuwendung nicht vom Erblasser, sondern vom Beschwerten. Die zivilrechtliche Betrachtung eines Vermächtnisses vom Erblasser wird steuerlich nicht übernommen.

b) (Erweiterter) Anwendungsbereich des § 6 Abs. 4 ErbStG

101   Der Zeitpunkt der Fälligkeit eines Vermächtnisses kann vom Erblasser zivilrechtlich frei bestimmt werden. Bei einem **gewählten Fälligkeitstermin**, zu dem der Beschwerte nach der statistischen Lebenserwartung ohnehin nicht mehr lebt, bleibt es (erst Recht) bei der Anwendung des § 6 Abs. 4 ErbStG.[118] Dass die Fälligkeit nicht ausdrücklich an den Tod des Beschwerten anknüpft, ist unerheblich.

102   Auch das sog. **Supervermächtnis** – bei dem der Beschwerte zu einem **beliebigen Zeitpunkt** das Vermächtnis auszahlen kann – könnte unter § 6 Abs. 4 ErbStG fallen. Das Supervermächtnis zielt gerade darauf ab, die Freibeträge nach dem Erblasser zu nutzen, jedoch möglichst ohne wirtschaftliche Beeinträchtigung des Erben. Bei einem Vermächtnis, dessen Fälligkeit erst mit oder nach dem Ableben des Erben eintritt, wird dieses Ziel aufgrund der Regelung in § 6 Abs. 4 ErbStG freilich verfehlt. Steht die Fälligkeit im Belieben des Beschwerten, so könnte die tatsächliche Erfüllung zu Lebzeiten des Beschwerten als nachträgliches Ereignis die Anwendung des § 6 Abs. 4 ErbStG nachträglich entfallen lassen.[119] Ist im Supervermächtnis ein fester realistisch-erlebbarer Fälligkeitstermin vereinbart,[120] so greift die zweifache Besteuerung gemäß der Vor- und Nacherbschaft nach § 6 Abs. 4 ErbStG jedenfalls nicht mehr durch. Trotz späterer Fälligkeit ist mit dem Tod des Erblassers der Erwerb beim Vermächtnisnehmer zu erfassen und die Verbindlichkeit aus dem Supervermächtnis für den Erben als Nachlassverbindlichkeit abzugsfähig (→ Rn. 192 + Rn. 203, entgegen Wortlaut § 9 ErbStG).[121]

7. Lebensversicherung, Verträge zugunsten Dritter auf den Todesfall, § 3 Abs. 1 Nr. 4 ErbStG

a) Zivilrechtliche Aspekte

103   Verträge zugunsten Dritter mit Wirkung auf den Todesfall (§ 331 BGB, insbesondere Lebensversicherungen) sind als Rechtsgeschäfte unter Lebenden einzuordnen. Die Ansprüche fallen **zivilrechtlich nicht** in den **Nachlass**. Dies ergibt sich bereits aus der systematischen Stellung des § 331 BGB außerhalb des Erbrechts. Wirtschaftlich handelt es sich trotzdem um eine Begünstigung des Leistungsempfängers, die durch den Verstorbenen veranlasst wurde, aus dessen Vermögen stammt und aus Anlass seines Todes gewährt wird. Das Steuerrecht trennt sich daher von der zivilrechtlich-erbrechtlichen Betrachtung. Da zivilrechtlich kein Erwerb von Todes wegen durch Erbanfall vorliegt, bedarf es des **gesonderten Steuertatbestandes** in § 3 Abs. 1 Nr. 4 ErbStG. Steuerrecht ist Eingriffsrecht, so dass eine gesetzliche Grundlage notwendig ist. Nach § 3 Abs. 1 Nr. 4 ErbStG gilt als Erwerb von Todes wegen jeder Vermögensvorteil, der aufgrund eines vom Erblasser geschlossenen Vertrages bei dessen Tod von einem Dritten unmittelbar erworben wird.

---

[118] *Keim* ZEV 2016, 6 (12); *Everts* NJW 2008, 557 (5589).
[119] *Keim* ZEV 2016, 6 (11 f.).
[120] Als Auffangtermin, dazu rät: *Everts* NJW 2008, 557 (558).
[121] *Keim* ZEV 2016, 6 (12).

Der Begünstigte kann den Vermögensvorteil **zurückweisen**, § 333 BGB. Die Zahlung **104** einer hierfür gewährten Abfindung ist steuerpflichtig, § 3 Abs. 2 Nr. 4 ErbStG. Bei Zurückweisung des Vermögensvorteils oder wenn von vornherein kein Bezugsberechtigter bestimmt wurde, fällt die Versicherungssumme in den Nachlass und ist steuerpflichtig nach § 3 Abs. 1 Nr. 1 ErbStG.

b) Mögliche Gestaltungen des Versicherungsverhältnisses

Ein Vertrag zugunsten Dritter liegt bei einer Lebensversicherung immer dann vor, wenn **105** der Versicherungsnehmer als Begünstigten eine dritte Person einsetzt. Wird die **Versicherungssumme** dagegen an den **Versicherungsnehmer** selbst ausgezahlt, erhält dieser nur „seine eigenen Leistungen zurück" und es fehlt an einer steuerlich relevanten Zuwendung.[122] Die Zahlung an den Versicherungsnehmer selbst kann im Todesfall nur erfolgen, wenn dieser nicht zugleich die versicherte Person ist. Versichert der Versicherungsnehmer also nicht sein eigenes Leben, sondern das einer anderen Person, so entsteht bei Auszahlung der Versicherungssumme keine Erbschaftsteuer.

> **Beispiele:** **106**
> Schließt A eine Versicherung ab, wonach bei seinem Tod seine Lebensgefährtin eine bestimmte Geldsumme erhält, so unterliegt die Geldsumme bei der Lebensgefährtin der Erbschaftsteuer. Schließt stattdessen die Lebensgefährtin als Versicherungsnehmerin eine solche Versicherung ab (wonach sie beim Tod des A eine bestimmte Geldsumme erhält), so kann sie die Versicherungssumme steuerfrei vereinnahmen.
> Schließen Ehegatten gemeinsam eine Lebensversicherung für den Tod des Erstversterbenden ab (sog Versicherung auf verbundene Leben), so erfolgt die Auszahlung nach dem Tod des Erstversterbenden zur Hälfte steuerpflichtig an den Überlebenden als Dritten und zur anderen Hälfte steuerfrei als Rückzahlung an den Versicherungsnehmer selbst.[123]

Zuletzt ist zu prüfen, **wer die Versicherungsprämien gezahlt hat**. In der Regel – aber **107** nicht zwingend – sind Versicherungsnehmer und Beitragszahler identisch. Soweit anstelle des Versicherungsnehmers nachweislich der Begünstigte selbst die Prämien gezahlt hat, ist der Erwerb für ihn nicht steuerpflichtig.[124] Zahlt im eben genannten Beispiel nicht die Lebensgefährtin selbst, sondern der A die Versicherungsprämien, so liegt eine Schenkung von A an seine Lebensgefährtin vor. Der Schenkungsteuer unterliegt dabei nicht die ausgezahlte Versicherungssumme, sondern die in der Regel geringeren gezahlten Beiträge, die sich dabei ggf. noch auf einen Zeitraum von mehr als 10 Jahren verteilen (vgl. § 14 ErbStG).[125]

c) Vorgänge zu Lebzeiten, Steuerentstehung, weitere Verträge zugunsten Dritter

Die **Steuer** entsteht mit dem **Tod** der versicherten Person und dem damit verbundenen **108** Erwerb des Auszahlungsanspruches.[126] Die Bereicherung ist mit Erwerb des Anspruches bereits eingetreten, ohne dass es auf die tatsächliche Auszahlung ankommt. **Vor dem Tod** der versicherten Person entsteht noch keine Steuer. Die Einräumung eines – selbst unwiderruflichen – Bezugsrechts ist nicht relevant, denn hierbei handelt es sich um einen aufschiebend bedingten Anspruch, der erst mit Bedingungseintritt (Vorversterben der versicherten Person) zur Steuer führt (§ 9 Abs. 1 Nr. 1 lit. a ErbStG, → Rn. 190 f.).[127]

---

[122] Gemäß § 33 Abs. 3 ErbStG erfolgt dann auch keine Anzeige der Auszahlung an das Finanzamt, siehe → Rn. 229.
[123] *Lehmann* ZEV 2004, 398 (400 f.).
[124] *Viskorf/Haag* DStR 2012, 219 (220).
[125] *Tölle* SteuK 2015, 295 (297). Allerdings mit dem Nachteil, dass die Steuer bereits zu Lebzeiten entsteht und zwar auch dann, wenn die versicherte Peron länger lebt als der Versicherungsnehmer.
[126] *Lehmann* ZEV 2004, 398 (399).
[127] *Lehmann* ZEV 2004, 398, (399).

109   Lebensversicherungen werden nicht nur im Todesfall, sondern auch **zu Lebzeiten** ausgezahlt – in der Regel bei Erreichen einer bestimmten Altersgrenze. Sofern die Auszahlung nicht an den Versicherungsnehmer, sondern an eine dritte Person erfolgt, liegt eine **freigiebige Zuwendung** nach § 7 Nr. 1 ErbStG vor.

110   Neben Lebensversicherungen gibt es auch **Sparanlagen**, die als Verträge zugunsten Dritter auf den Todesfall ausgestaltet sind.[128] Zur Versorgung der Hinterbliebenen können für diese auch vertragliche Rentenanwartschaften begründet werden (→ Rn. 187 f.). Unter § 3 Abs. 1 Nr. 4 ErbStG fällt auch der auf den Tod einer Person **aufschiebend bedingte Nießbrauch** zugunsten einer anderen Person.[129]

8. Sonstige Erwerbstatbestände

a) Übergang eines Gesellschaftsanteils bei Tod des Gesellschafters, § 3 Abs. 1 Nr. 2 Satz 2–3 ErbStG

111   War der Erblasser Inhaber einer Gesellschaftsbeteiligung, so sind die gesellschaftsvertraglichen Regelungen zu berücksichtigen. Diese können eine Einziehung der Gesellschaftsbeteiligung beim Erben vorsehen oder bei Personengesellschaften alternativ ein unmittelbares Ausscheiden aus der Gesellschaft. Die **Beteiligung** des Erblassers **geht** in diesem Fall **vermögensmäßig auf die Mitgesellschafter über**; sei es durch Anwachsung, sei es durch Anteilsübertragung oder Einziehung. Der oder die Erben erhalten für die verlorene Gesellschaftsbeteiligung eine Abfindung, die gemäß den Regelungen des Gesellschaftsvertrages zu bemessen ist. Gesellschaftsverträge sind häufig bestrebt, zur Vermeidung einer Schwächung der Liquidität der Gesellschaft und im Interesse der Unternehmensfortführung durch die verbleibenden Gesellschafter, die auszuzahlende Abfindung möglichst gering zu halten. Die Abfindung kann daher hinter dem wahren Wert der Gesellschaftsbeteiligung zurück bleiben. (zu den positiven Auswirkungen der Abfindungsbeschränkung bei der Steuerverschonung von Unternehmensvermögen siehe → Rn. 146)

112   § 3 Abs. 1 Nr. 2 Satz 2 und Satz 3 ErbStG besteuert als Schenkung auf den Todesfall den **Vermögenszuwachs der verbleibenden Gesellschafter**, der eintritt, wenn ein anderer Gesellschafter ausscheidet und an die Erben nur eine **unter dem Verkehrswert liegende Abfindung** zu zahlen ist. Bei dem Erben, der die Gesellschaftsbeteiligung nicht behalten darf, wird anstelle der Beteiligung nur der Abfindungsanspruch als Bereicherung angesetzt, § 10 Abs. 10 ErbStG. Die steuerliche Privilegierung für Unternehmensvermögen (§§ 13a-c ErbStG) kommt für die verbleibenden Gesellschafter in Betracht, nicht aber für den Erwerb der Abfindung.

b) Auflage, § 3 Abs. 2 Nr. 2 ErbStG, und Zweckzuwendung, § 8 ErbStG

113   Der Begünstigte einer Auflage hat zivilrechtlich kein Recht auf die Leistung (§ 1940 BGB). Mit dem Tod des Erblassers tritt daher noch keine Bereicherung ein. Wird die **Auflage** jedoch **vollzogen** und der Begünstigte dadurch bereichert, so ist dies steuerpflichtig nach § 3 Abs. 2 Nr. 2, § 9 Abs. 1 Nr. 1 lit. d) ErbStG. Fehlt es dem Auflagenbegünstigten an der eigenen Rechtsfähigkeit, so fehlt es freilich zugleich am tauglichen Steuersubjekt (zB Auflage, einen Hund zu pflegen, die Armen zu unterstützen oder eine Grabstätte zu erhalten).

114   Um ein taugliches Steuersubjekt zu generieren, unterstellt § 8 ErbStG die **Zweckzuwendung** der Steuer. Das für den Auflagenzweck zur Verfügung gestellte Vermögen wird als selbstständiges Zweckvermögen fingiert, um eine Besteuerung zu verwirklichen. § 8 ErbStG stellt einen Auffangtatbestand dar. Derjenige, der das Vermögen zur Zweckverwirklichung als „Durchgangserwerber" erhält, ist zwar nicht begünstigt, aber trotzdem

---

[128] BeckOK BGB/*Janoschek*, Stand: 1.11.2017, § 331 Rn. 2.
[129] BFH ZEV 2012, 51 Rn. 43. Diese Konstruktion des Rechtserwerbes bei Tod des ursprünglich Berechtigten resultiert aus der fehlenden Übertragbarkeit des Nießbrauchs.

gemäß § 20 Abs. 1 Satz 1 ErbStG Schuldner der Erbschaftsteuer. Er kann die Zahlung der Steuer freilich aus dem Zweckvermögen selbst bewirken. Zugleich mindert die Zweckzuwendung seinen eigenen Erwerb (Korrespondenzprinzip gemäß dem Wortlaut des § 8 ErbStG).

Ist **Zweck** der Zuwendung die Bereicherung einer oder mehrerer bestimmter Personen, **115** so kommt die Auffangvorschrift des § 8 ErbStG nicht zur Anwendung, sondern es handelt sich um einen steuerpflichtigen Erwerb bei den begünstigten Personen. Eine Zweckzuwendung ist ferner zu verneinen, wenn die Zuwendung unmittelbar dem Zuwendenden selbst zugutekommt (zB Grabpflege). Für die Besteuerung relevant sind unpersönliche Zwecke oder Auflagen zugunsten eines unbestimmten Personenkreises. Somit greift § 8 ErbStG zB ein, wenn eine Gemeinde zum Erben eingesetzt wird, mit der Auflage, das Vermögen für die Denkmalpflege oder für die notleidende Bevölkerung einzusetzen oder wenn eine Gesellschaft zum Erben eingesetzt wird, mit der Auflage, das Vermögen zugunsten von Firmenmitarbeitern zu verwenden, die in Not geraten sind.[130]

c) Nicht steuerbare Vermögensvorteile

§ 3 ErbStG zählt die Steuertatbestände eines Erwerbs von Todes wegen **abschließend** auf. **116** Andere Vermögensvorteile, die mit oder anlässlich des Todes des Erblassers entstehen, sind nicht erbschaftsteuerbar. Das sind zum Beispiel die gesetzlichen **Witwen- und Hinterbliebenenrenten.** Diese entstehen kraft Gesetzes und nicht auf Grund eines vom Erblasser geschlossenen Vertrages (§ 3 Abs. 1 Nr. 4 ErbStG ist nicht einschlägig, anders bei vertraglichen Rentenansprüchen). Nicht der Steuer unterliegt ferner das **Erlöschen** von persönlichen Rechten wie **Nießbrauch, Wohnungsrecht, Rentenleistung.** Der Vermögenszuwachs, der bei Erlöschen des lebzeitigen Rechts beim Verpflichteten eintritt, wird von § 3 ErbStG nicht erfasst.

Persönliche Nutzungs- und Rentenrechte können dabei den Wert einer **lebzeitigen 117 Schenkung** gemindert haben. Anlässlich der Schenkung bildeten sie einen Abzugsposten (→ Rn. 9) zur Bewertung → Rn. 210); beim Erlöschen erfolgt jedoch keine Nachversteuerung.[131] Allenfalls kann sich durch den Tod eine Bewertungskorrektur bei der ursprünglichen Schenkung ergeben, § 14 Abs. 2 BewG. Der Kapitalwert der vorbehaltenen Nutzung oder Rente bleibt der Besteuerung entzogen. Daher sind lebzeitige Schenkungen unter Vorbehalt von Rechten zur Steuerreduzierung geeignet. Zusätzlich kann hinzukommen, dass nach Ablauf von 10 Jahren der persönliche Freibetrag erneut genutzt werden kann (§ 14 ErbStG).

d) Lebzeitige Schenkung, § 1 Abs. 1 Nr. 2, § 7

Die **Schenkung** als Rechtsgeschäft unter Lebenden ist ebenso Steuergegenstand wie der **118** Erwerb von Todes wegen. Landläufig wird die Schenkung auch als „lebzeitige Vererbung" bezeichnet. Neben der sog. freigiebigen Zuwendung (§ 7 Abs. 1 Nr. 1 ErbStG) sind weitere lebzeitige Zuwendungen in Bezug auf spätere Erbfälle der Steuer unterworfen.

Die **Abfindung** für einen Erb- oder Pflichtteilsverzicht (§ 2346 BGB) ist nach § 7 **119** Abs. 1 Nr. 5 ErbStG steuerpflichtig. Eine ohne Beteiligung des Erblassers unter den potentiellen Miterben vereinbarte Abfindung in einem Erbschaftsvertrag (§ 311b Abs. 5 BGB) fällt unter § 7 Abs. 1 Nr. 1 ErbStG. Der unentgeltliche Verzicht stellt dagegen keine Schenkung dar (siehe → Rn. 79–82). Nach § 7 Abs. 1 Nr. 7 ErbStG gilt als Schenkung, was ein Vorerbe dem Nacherben vor Eintritt der Nacherbschaft herausgibt (→ Rn. 95).

---

[130] Fall des FG Münster BeckRS 2014, 94970.
[131] Gemäß dem mit Wirkung zum 1.1.2009 aufgehobenen § 25 ErbStG aF hatte der Tod des Berechtigten noch die Beendigung einer Steuerstundung zur Folge. Nutzungs- und Rentenlasten bildeten nach alter Rechtslage bei der Schenkung keinen Abzugsposten, sondern führten nur zu einer Steuerstundung.

e) Familienstiftungen, Erbersatzsteuer, § 1 Abs. 1 Nr. 4 ErbStG

120 Der **erstmalige Übergang** von Vermögen auf eine Familienstiftung anlässlich deren Errichtung oder im Wege der Zustiftung ist nach § 3 Abs. 2 Nr. 1 ErbStG (Erwerb von Todes wegen) oder nach § 7 Abs. 1 Nr. 8 ErbStG (Erwerb durch lebzeitige Zuwendung) steuerpflichtig.[132] § 3 Abs. 2 Nr. 1 Satz 2 ErbStG erfasst anstelle der Stiftung insbesondere den ausländischen trust, bei dem der deutsche Fiskus allein die Vermögensausstattung oder -aufstockung durch den Steuerpflichtigen erfassen kann. Im Übrigen scheidet wegen der fehlenden persönlichen Steuerpflicht des im Ausland ansässigen trust eine künftige Besteuerung aus.

121 Nach dem erstmaligen Vermögensübergang auf die Familienstiftung greift dann **turnusmäßig alle 30 Jahre** die Besteuerung als **fiktiver Vermögensanfall**, § 1 Abs. 1 Nr. 4, § 9 Abs. 1 Nr. 4 ErbStG. Mangels Rechtsträgerwechsel beim Vermögensinhaber wird die Familienstiftung wiederholt als Steuersubjekt für die vorhandene Vermögenssubstanz herangezogen. Dies wird als „**Erbersatzsteuer**" bezeichnet. Der Ersatztatbestand soll verhindern, dass Vermögen dauerhaft der Erbschaftsteuer entzogen werden kann.[133] Anders als Gesellschaften und Körperschaften hat die Stiftung keine Anteilseigner, die sterbliche natürliche Personen sind. An den Erträgen des Stiftungsvermögens partizipieren vermögensmäßig die bezugsberechtigten Destinatäre.

122 Der Besteuerung unterliegen **Familienstiftungen** (Erwerbe gemeinnütziger Stiftungen sind dagegen steuerfrei, § 13 Abs. 1 Nr. 16 lit. b) ErbStG). Familienstiftungen sind gemäß § 15 Abs. 2 AStG Stiftungen, bei denen Familienangehörige des Stifters zu mehr als 50 % bezugsberechtigt sind. Für die Anwendung der Erbersatzsteuer ist darüber hinaus bereits ausreichend, wenn Familienangehörige zu mehr als 25 % bezugsberechtigt sind, wenn zusätzlich die Stiftung ein „wesentliches Familieninteresse" verfolgt.[134] Dem Steuerzugriff unterliegt auch das Vermögen eines Vereines, dessen Zweck wesentlich im Interesse einer Familie auf die Bindung von Vermögen gerichtet ist.

123 Die turnusmäßige Besteuerung alle 30 Jahre folgt aus der **pauschalierenden** Annahme, dass sich Familienvermögen ca. alle 30 Jahre an die nächste Generation vererbt. Dabei wird bei der Besteuerung nach § 15 Abs. 2 Satz 3 ErbStG fingiert, dass sich das Stiftungsvermögen an zwei Kinder vererbt. Jeweils 50 % des Vermögens sind nach Gewährung des Freibetrages für ein Kind in Steuerklasse I zu versteuern.

124 § 24 ErbStG gewährt der Familienstiftung für die Zahlung der Erbschaftsteuer eine Wahlmöglichkeit zu einer **Verrentung der Steuerschuld** in 30 gleiche jährliche Teilbeträge (Jahresleistung) anstelle der einmaligen Abschnittsbesteuerung.

IV. Sachliche Steuerfreistellungen, § 13 – § 13d ErbStG

1. Das Familienheim, § 13 Abs. 1 Nr. 4a – 4c ErbStG

a) Erwerb des Familienheims zum Eigentum

125 Steuerfrei bleibt das selbstgenutzte Familienwohnheim (§ 13 Abs. 1 Nrn. 4 lit. a–c ErbStG). Dies erfasst ausschließlich diejenige Immobilie, in der sich der **Mittelpunkt des familiären Lebens** befindet.[135] Eine Zweit- oder Ferienwohnung ist auch dann nicht steuerbefreit, wenn sie zu Wohnzwecken gehalten wird.[136] Bei gemischter Nutzung wird die Steuerbefreiung für den Teil der eigenen Wohnnutzung gewährt („soweit").

---

[132] Für die Besteuerung des Vermögensübergangs (§ 16, § 19 ErbStG) zählt das Verwandtschaftsverhältnis des Erblassers/Schenkers zu dem entferntesten Verwandten der Familienstiftung, § 15 Abs. 2 Satz 1 ErbStG.

[133] *Tipke/Lang*, Steuerrecht, 23. Aufl. 2018, § 15 Rn. 34.

[134] R E 1.2. EStR 2011.

[135] Wechselt der Mittelpunkt des familiären Lebens, so kann die Steuerbefreiung nach vorangegangener Schenkung erneut gewährt werden.

[136] *Ziegler* MittBayNot 2017, 354.

Die Norm stellt den Erwerb von **„Eigentum oder Miteigentum"** des Familienheims **126**
steuerfrei. Maßgebend ist, wer das Familienheim dauerhaft erhält; aufgrund des angeordneten **Begünstigungstransfers** ist eine Nachlassabwicklung, und -auseinandersetzung
steuerlich noch zu berücksichtigen (§ 13 Abs. 1 Nr. 4b, c jeweils Satz 2–4 ErbStG, siehe
näher → Rn. 197). Der Erwerb eines **Nutzungsrechtes** (Nießbrauch oder Wohnungsrecht) am Familienwohnheim ist hingegen steuerpflichtig. Eine analoge Anwendung der
Norm ist zu verneinen.[137] Ebenso beim Erwerb einer Beteiligung an einer GbR, die das
Familienwohnheim hält.[138] Eine Auslegung entgegen dem eindeutigen Wortlaut der Vorschrift ist nicht möglich, weil die Norm als Ausnahmevorschrift nicht ausgedehnt werden
kann. Bereits die Freistellung des Eigentums am Familienheim ist rechtfertigungsbedürftig
und benachteiligt die Erwerber anderer Vermögensarten.[139]

b) Differenzierungen nach der Person des Erwerbers und der Erwerbsgrundlage

Das Gesetz unterscheidet zwischen dem Erhalt des Familienheims durch Schenkung **127**
(Nr. 4a) oder durch Erbfall (Nrn. 4b, c). Weiterhin wird differenziert, ob der Erwerb durch
den Ehegatten (Nr. 4a, b) oder durch Kinder (Nr. 4c) erfolgt.

Der **Erwerb von Todes wegen** durch den längerlebenden **Ehegatten** bleibt steuerfrei, **128**
wenn sowohl der Erblasser als auch der überlebende Ehegatte das Familienheim zu eigenen
Wohnzwecken nutzen bzw. vor dem Ableben nutzten. Damit die Steuerbefreiung nicht
nachträglich wegfällt, muss der überlebende Ehegatte das Familienheim für weitere 10 Jahre
selbst nutzen, (Nr. 4b Satz 5). Interessant ist, dass diese Voraussetzung bei der **lebzeitigen
Schenkung an den Ehegatten** nicht gilt. Der beschenkte Ehegatte kann also – anders als
der Erwerber von Todes wegen – sofort weiter verkaufen. Für die Steuerverschonung ist
der Güterstand der Ehegatten unerheblich; sie gilt auch bei Gütertrennung.

Beim **Erwerb von Todes wegen durch Kinder** oder Kinder verstobener Kinder **129**
kommt neben der Selbstnutzung als weitere Einschränkung eine Flächenhöchstgrenze von
200 qm hinzu (Nr. 4c Satz 1 aE ErbStG). Bei einer größeren Wohnfläche entfällt die
Steuerbefreiung nur für den Teil, der die 200qm übersteigt.[140] Eine **lebzeitige Schenkung**
des Familienheimes **an Kinder** ist gar nicht privilegiert.

Der **Erwerb durch andere Personen** ist nicht steuerfrei. Bei Selbstnutzung durch den **130**
Erwerber kann lediglich nach § 28 Abs. 3 Satz 2 ErbStG eine Stundung in Betracht
kommen (→ Rn. 239).

c) Nutzung zu eigenen Wohnzwecken

Durch den Erblasser muss bis zum Erbfall eine Nutzung zu eigenen Wohnzwecken erfolgt **131**
sein und der Erwerber muss die Selbstnutzung unverzüglich aufnehmen. Die Steuerfreistellung entfällt rückwirkend, wenn der Erwerber das Familienheim innerhalb von 10 Jahren nach dem Erwerb nicht mehr zu Wohnzwecken selbst nutzt (Nr. 4b, c jeweils Satz 5).
Schließen **zwingende Gründe** eine Selbstnutzung aus, wird die Steuerbefreiung dennoch
gewährt. War der Erblasser oder ist der Erwerber aufgrund Krankheit, Pflegebedürftigkeit
oder Ablebens an einer Selbstnutzung gehindert, ist dies unschädlich. Eine berufliche
Versetzung oder ein zu teurer Unterhalt des zu groß gewordenen Hauses stellen dagegen
keine zwingenden Hinderungsgründe dar, so dass die Steuerbefreiung hier entfällt.[141] Eine
Nutzung durch Angehörige steht der Selbstnutzung nicht gleich.[142] Problematisch ist die

---

[137] BFH DStR 2014, 1670; Troll/Gebel/Jülicher/Gottschalk/*Jülicher*, ErbStG, Stand: November 2017, § 13
Rn. 67.
[138] Vgl. *Ziegler* MittBayNot 2017, 354 (356); *Wachter* ZEV 2014, 191 (192 f.).
[139] BFH DStR 2014, 1670 Rn. 14 ff.
[140] *Tipke/Lang*, Steuerrecht, 23. Aufl. 2018, § 15 Rn. 122.
[141] *Haar* SteuK 2012, 109 (112); *Mannek/Höne* ZEV 2009, 329 (331).
[142] *Ziegler* MittBayNot 2017, 354 (355); BFH BeckRS 2016, 95738.

Kontrolle der Selbstnutzungsfrist durch die Finanzbehörden (Anzeigepflicht des Steuerpflichtigen, § 153 Abs. 2 AO, → Rn. 228).

132   Fraglich ist, ob die Steuerbefreiung für einen überlebenden Ehegatten auch dann entfällt, wenn dieser das Familienheim unter Nießbrauchsvorbehalt an ein Kind weiterüberträgt und es weiterhin selbst nutzt.[143]

2. Unternehmensvermögen – Steuerverschonung nach § 13a, § 13b, § 13c ErbStG

a) Zweck der Begünstigungsnormen

133   Das Verschonungssystem der §§ 13a-c ErbStG stellt erhebliche Vermögenswerte steuerfrei. Die Verschonung erfolgt zum Schutz der **Fortführbarkeit von Unternehmen**, denn bei Erhebung der Erbschaftsteuer könnten dem Unternehmen Liquiditätsprobleme drohen. Arbeitsplätze sollen erhalten, die Zerschlagung von Unternehmen soll vermieden werden. Ob vereinzelt, regelmäßig, häufig oder stets das Ende von Unternehmen droht, wenn Unternehmensvermögen mit Erbschaftsteuer belastet würden, ist naturgemäß umstritten.

134   Ansatzpunkt ist, dass der Erwerber und Fortführer eines **gemeinwohlgebundenem Unternehmens** weniger leistungsfähig sei als der Erwerber eines Geldvermögens.[144] Das Unternehmensvermögen sei im Gegensatz zu anderen fungiblen Vermögensgegenständen „gebunden". Das Argument einer schwierigen Bewertung von unternehmerischem Vermögen kann dagegen nicht mehr ins Feld geführt werden, weil trotz der Steuerfreistellung Bewertungen erforderlich sind. Das Bundesverfassungsgericht hat eine klare Trennung der Bewertungsebene von der Vergünstigungsebene gefordert (→ Rn. 24 f.).

135   Zur **Erreichung des Lenkungszwecks** sind Voraussetzungen für die Privilegierung eine Betriebskontinuität, der Erhalt der Arbeitsplätze und die Zusammensetzung des Vermögens als produktives unternehmerisches Vermögen.[145] Ob Vermögen zum privilegierten Unternehmensvermögen gehört, unterliegt allerdings auch dem Einfluss des Steuerpflichtigen. In der Vergangenheit war Gestaltungen „Tür und Tor geöffnet", eigentlich besteuerungswürdiges Vermögen in steuerbefreites Unternehmensvermögen zu transferieren. Durch gesetzgeberische Nachbesserungen[146] sollten Steuerumgehungen verhindert werden und es sollte der Lenkungszweck der Verschonungsnorm möglichst folgerichtig umgesetzt werden. Das BVerfG (→ Rn. 26 ff.) hatte zur alten Rechtslage beanstandet, dass eine überschießende Privilegierung gegeben war, die durch den Lenkungszweck nicht mehr gerechtfertigt war. Stärkere Differenzierungen sollen nunmehr zu mehr Gerechtigkeit beitragen, sie erhöhen aber zugleich die **Komplexität** der Besteuerung.[147]

b) Privilegiertes unternehmerisches Vermögen

136   **aa) Ausgangspunkt: Dem Grunde nach begünstigungsfähiges Vermögen, § 13b Abs. 1 ErbStG.** Erfasst als **grundsätzlich begünstigungsfähiges Vermögen** sind Betriebsvermögen, Betriebe der Land- und Forstwirtschaft und Anteile an Kapitalgesellschaften (amtliche Überschrift des § 13a ErbStG). Das begünstigungsfähige Vermögen wird in § 13b Abs. 1 Nrn. 1–3 ErbStG definiert.

137   Für das **Betriebsvermögen** knüpft § 13b Abs. 1 **Nr. 2** ErbStG an den **Mitunternehmer im Sinne des Ertragssteuerrechtes** an,[148] indem auf § 15, § 18 EStG verwiesen

---

[143] Anhängig BFH – II R 38/16. Gemäß der Vorinstanz FG Münster NJW-Spezial 2017, 7 (ebenso FG Hessen DStRE 2016, 1447, rkr.) entfällt die Steuerbefreiung. BFH DStR 2014, 1670 Rn. 20 hat diese Frage ausdrücklich offen gelassen. Für den Erhalt der Steuerfreistellung: *Viskorf/Haag* DStR 2012, 219 (223); kritisch Troll/Gebel/Jülicher/Gottschalk/*Jülicher*, ErbStG, Stand: November 2017; § 13 Rn. 73.

[144] *Kirchhof* DStR 2015, 1473 u. 1478.

[145] *Kirchhof* DStR 2015, 1473 (1474).

[146] Gesetz zur Anpassung des Erbschaftsteuergesetzes an die Rechtsprechung des Bundesverfassungsgerichts vom 4.11.2016.

[147] Kritisch *Tipke/Lang*, Steuerrecht, § 15 Rn. 106: „Hyperlexie".

[148] *Geck* DNotZ 2012, 329 (346); BFH ZEV 2012, 51 Rn. 63.

wird. Erbschaftsteuerlich begünstigungsfähiges Vermögen liegt nur vor, wenn der Erwerber Mitunternehmerinitiative entfalten kann und Mitunternehmerrisiko trägt. Die Gesellschafterstellung als solche genügt nicht, wenn sie nicht mit einer Mitunternehmerstellung verbunden ist und umgekehrt kann auch der Nießbraucher, der Treugeber oder der Inhaber einer atypisch stillen Beteiligung oder Unterbeteiligung die Begünstigung erhalten, obgleich er zivilrechtlich nicht Gesellschafter ist.[149]

Anteile an Kapitalgesellschaften sind ab einer **Mindestbeteiligung von über 25 %** **138** privilegierungsfähiges unternehmerisches Vermögen (§ 13b Abs. 1 **Nr. 3** ErbStG). Bis zu 25 % liegt eine fungible private Kapitalanlage oder – beim Halten der Beteiligung im betrieblichen Vermögen (zB durch eine Holding-Gesellschaft) – Verwaltungsvermögen (§ 13b Abs. 4 Nr. 2) vor. Bei einer Beteiligung über 25 % ist aufgrund der dann vorhandenen Sperrminorität für Satzungsänderungen ein **unternehmerischer Einfluss** auf die von der Gesellschaft ausgeübte Tätigkeit gegeben. Zum Erreichen der Mindestbeteiligung ist bei einer einheitlichen Ausübung der Gesellschafterrechte auf sämtliche Mitglieder eines sog. **Pools** abzustellen (§ 13b Abs. 4 Nr. 2 Satz 2 ErbStG). Die Steuerverschonung bleibt somit bei Familienkapitalgesellschaften auch dann erhalten, wenn aufgrund einer Übergabe an mehrere Nachfolger Einzel-Beteiligungen unter 25 % entstehen, aber über 25 % bei dem Familienstamm als Pool gebündelt bleiben, indem die Poolmitglieder durch Stimmbindungsverträge weiterhin einheitlich auftreten und keine Einzelinteressen verfolgen.

bb) Das Verwaltungsvermögen: eingeschränkte Akzeptanz. Nach dem **Lenkungs-** **139** **zweck** soll das Vermögen steuerfrei bleiben, das für die ausgeübte Unternehmenstätigkeit erforderlich ist. Davon ist das sog. Verwaltungsvermögen zu unterscheiden, welches dem Unternehmen entzogen werden kann, ohne dass dies die Unternehmenstätigkeit beeinträchtigt – zumindest kurzfristig nicht. Insbesondere soll verhindert werden, dass mithilfe sog. Cash-GmbHs Vermögen beliebig als privilegiertes Unternehmensvermögen gebildet werden kann.

Die Ermittlung des Verwaltungsvermögens erfolgt im Einzelnen nach § 13b Abs. 3–6 **140** ErbStG. Zum **Verwaltungsvermögen** gehören nach dem **abschließenden Katalog** in § 13b Abs. 4 Nrn. 1–5 ErbStG Grundstücke, die an Dritte überlassen werden, Anteile bis höchstens 25 % an Kapitalgesellschaften, Liebhabergegenstände wie Kunst, Edelsteine, Oldtimer oder Yachten, Wertpapiere und Finanzmittel.[150] Eine Zuordnung zum Verwaltungsvermögen unterbleibt jedoch, wenn die Vermögensgegenstände ausnahmsweise dem Hauptzweck des Unternehmens dienen, zB Finanzmittel oder Wertpapiere für eine Bank, Kunstgegenstände für einen Kunsthändler oder vermietete Grundstücke für ein gewerbliches Wohnungsunternehmen. In Höhe von 15 % des Unternehmensvermögens sind Finanzmittel als für eine ausgeübte operative Tätigkeit erforderlich anerkannt, so dass hier grundsätzlich kein Verwaltungsvermögen vorliegt (§ 13b Abs. 4 Nr. 5 ErbStG). § 13b Abs. 3 ErbStG definiert, dass Vermögenswerte zur Erfüllung von Altersversorgungsverpflichtungen unter gewissen Voraussetzungen ausdrücklich nicht zum Verwaltungsvermögen gehören. Erfolgt aufgrund eines vorgefassten Plans des Erblassers nachträglich eine Umschichtung von Verwaltungsvermögen in tatsächlich unternehmerisch gebundenes Vermögen, liegt kein Verwaltungsvermögen mehr vor (Investitionsklausel, § 13b Abs. 5 ErbStG). Das Verwaltungsvermögen ist gemäß § 13b Abs. 6 ErbStG anteilig um Schulden zu kürzen.

Ein bestimmter Verwaltungsvermögensanteil wird pauschal dem begünstigten Vermögen **141** zugeordnet und mit privilegiert (**unschädliches Verwaltungsvermögen** nach § 13b

---

[149] BFH ZEV 2012, 51 Rn. 58 u. Rn. 60 ff.
[150] Kritisch *Geck* ZEV 2017, 481 (486), der bei Klassifizierung der Finanzmittel als Verwaltungsvermögen auch operativ tätige Unternehmen mit hohem Forderungsbestand gefährdet sieht, obgleich nur die Cash-GmbHs von der Steuerverschonung ausgeschlossen werden sollten. Umgekehrt *Erkis* DStR 2016, 1441 (1444), der zu viele Rückausnahmen beim Verwaltungsvermögen kritisiert.

Abs. 2 Satz 1, Abs. 7 ErbStG, sog. „Schmutzzuschlag"). Denn eine gewisse Liquiditätsausstattung und Kapitalstärke für künftige Investitionen sind für jedes Unternehmen sinnvoll und anzuerkennen. Von dem Wert, der sich nach Abzug des Verwaltungsvermögens vom Unternehmensvermögen ergibt (bereinigtes Unternehmensvermögen), werden 10 % als grundsätzlich unschädlich gebilligt. Stets schädlich, weil missbrauchsanfällig, sind jedoch erst kürzlich dem Unternehmen zugeordnete Bestandteile des Verwaltungsvermögens. Das sog. junge Verwaltungsvermögen und junge Finanzmittel mindern deswegen den Wert des unschädlichen Verwaltungsvermögens (§ 13b Abs. 7 Satz 2 ErbStG).

142 Zuletzt ist das Verwaltungsvermögen in Relation zum gemeinen Wert des Unternehmensvermögens zu setzen. Besteht ein grundsätzlich begünstigungsfähiges Vermögen zu mindestens **90 %** aus **Verwaltungsvermögen**, so wird gar keine Steuerfreistellung gewährt (§ 13b Abs. 2 Satz 2 ErbStG).[151]

143 **cc) Das begünstigte Vermögen (§ 13b Abs. 2 ErbStG) als Ergebnis.** Relevante Größe des Freistellungssystems für Unternehmensvermögen ist das sog. begünstigte Vermögen gemäß § 13b Abs. 2 ErbStG. Das begünstigte Vermögen (§ 13b Abs. 2, auf den § 13a Abs. 1 Bezug nimmt) ist eine Teilmenge des begünstigungsfähigen Vermögens nach § 13b Abs. 1 ErbStG.[152] Vom begünstigungsfähigen Vermögen ist der Nettowert des Verwaltungsvermögens – seinerseits gemindert um den Kulanzpuffer von 10 % – abzuziehen.[153]

144 Als **Weichenstellung** ist nunmehr der **Schwellenwert** von 26 Mio. EUR relevant. Für den Erwerb begünstigten Vermögens bis zu 26 Mio. EUR kann eine Steuerbefreiung nach § 13a ErbStG erfolgen. Überschreitet der Erwerb den Schwellenwert, greifen stattdessen der Verschonungsabschlag bei Großerwerben (§ 13c ErbStG) bzw. die Verschonungsbedarfsprüfung (§ 28a ErbStG). Den Schwellenwert sowie die §§ 13c, 28a ErbStG hat der Gesetzgeber jüngst eingeführt,[154] weil das Bundesverfassungsgericht die Möglichkeit einer vollständigen Steuerbefreiung großer Unternehmensvermögen ohne Bedürfnisprüfung als verfassungswidrig eingestuft hat (→ Rn. 28).

c) Privilegierung für Erwerbe bis zu 26 Millionen Euro

145 **aa) Durchführung der Privilegierung.** Für den Erwerb begünstigten Vermögens im Sinne des § 13b Abs. 2 ErbStG, der den Schwellenwert von 26 Millionen nicht übersteigt, gibt es in § 13a ErbStG zwei Möglichkeiten einer **Steuerfreistellung (Regelverschonung und Optionsverschonung)**. Zuvor[155] kann nach § 13a Abs. 9 ErbStG ein **Abschlag** von bis zu 30 % auf das begünstigte Vermögen in Betracht kommen.

146 Gesellschafter sind häufig durch gesellschaftsvertragliche Regelungen an einer freien Verwertung und Verfügung ihrer Beteiligung gehindert. Diese Wertminderung, insbesondere in Familienunternehmen, wird durch einen **Abschlag nach § 13a Abs. 9 ErbStG** auf das begünstigte Vermögen berücksichtigt. Bei den allgemeinen Bewertungsvorschriften bleiben Wertminderung aufgrund von Verfügungsbeschränkungen nämlich unberücksichtigt (§ 9 Abs. 3 BewG). Voraussetzung des Abschlages ist, dass der Gesellschaftsvertrag für den Zeitraum von 2 Jahre vor bis 20 Jahre nach Steuerentstehung[156] die in § 13a Abs. 9 Satz 1 Nrn. 1–3 ErbStG genannten Bestimmungen enthält (Entnahmebeschränkung, einge-

---

[151] *Reich* DStR 2017, 1858 f.
[152] *Geck* ZEV 2017, 481 (485).
[153] Zur Berechnung zB *Landsittel* ZErb 2016, 383 (386 ff.).
[154] Gesetz zur Anpassung des Erbschaftsteuer- und Schenkungsteuergesetzes an die Rechtsprechung des Bundesverfassungsgerichts vom 4.11.2016. Für einen Erwerb unterhalb des Schwellenwertes gilt dagegen grundsätzlich das bisherige System, *Blusz* DStR 2017, 1016; *Erkis* DStR 2016, 1441 (1445).
[155] Da der Abschlag gemäß § 13a Abs. 9 ErbStG nach dem Wortlaut ausdrücklich vor Anwendung des § 13a Abs. 1 ErbStG zu gewähren ist, kann der Schwellenwert von 26 Millionen auch erst durch den Abschlag unterschritten werden, Troll/Gebel/Jülicher/Gottschalk/*Jülicher*, ErbStG, Stand: November 2017, § 13a Rn. 487.
[156] Sonst Nachversteuerung nach § 13a Abs. 9 Satz 5 ErbStG.

schränkte Verfügungsmöglichkeit nur auf Angehörige oder Mitgesellschafter und Abfindungsbeschränkung bei Ausscheiden). Die Höhe des Abschlages vom begünstigten Vermögen richtet sich nach der im Gesellschaftsvertrag vereinbarten prozentualen Abfindungs-
minderung gegenüber dem gemeinen Wert, jedoch begrenzt auf höchstens 30 %.[157] (weitere Auswirkung der Abfindungsbeschränkung siehe → Rn. 112)

Bei der sog. **Regelverschonung** sind 85 % des begünstigten Vermögens steuerfrei **147**
gestellt (§ 13a Abs. 1 ErbStG). Für den restlichen steuerpflichtigen Teil von 15 % greift als
nächstes ein zusätzlicher Abzugsbetrag iHv 150.000 EUR (§ 13a Abs. 2 ErbStG), der aber
jenseits der 150.000 EUR abschmilzt und sich tatsächlich nur bei kleineren Vermögen
auswirkt.

Bei der sog. **Optionsverschonung** wird das erworbene begünstigte Vermögen auf **148**
Antrag des Steuerpflichtigen sogar zu 100 % freigestellt (§ 13a Abs. 10 Satz 1 Nr. 1
ErbStG). Die vollständige Steuerbefreiung ist nur anwendbar, wenn die Verwaltungsver-
mögensquote höchstens 20 % beträgt (§ 13a Abs. 10 Satz 2). Aufgrund der erhöhten
Steuerbefreiung gelten strengere Voraussetzungen für den Steuerpflichtigen. Dieser ist
insbesondere länger an die nachfolgenden Voraussetzungen gebunden (7 statt 5 Jahre), so
dass ein unwiderruflicher Antrag des Steuerpflichtigen erforderlich ist, § 13a Abs. 10 Satz 1
ErbStG.

**bb) Voraussetzungen der Steuerfreistellung: Lohnsummenregelung und Behal- 149
tensfrist.** In unterschiedlicher Ausprägung (vgl. § 13a Abs. 10 ErbStG) sind Voraussetzungen der Steuerbefreiung das Einhalten der Lohnsummenregelung (§ 13a Abs. 3 ErbStG)
und der Behaltensfrist (§ 13a Abs. 6 ErbStG). Die Erfordernisse verwirklichen das Ziel, dass
nur eine Fortführung des Unternehmens unter Erhaltung der Arbeitsplätze geschützt
werden soll. An diesen Erfordernissen wird kritisiert, dass sie auch wichtige unternehmerische Entscheidungen und erforderliche Umstrukturierung hemmen können.[158] Ist die
Umstrukturierung dann unvermeidlich, könnte die Steuerlast den Steuerpflichtigen und
das Unternehmen in der Krise umso härter treffen. Der Vorababschlag nach § 13a Abs. 9
ErbStG ist nicht an die Voraussetzungen der Lohnsumme und der Behaltensfrist gebunden,
hier gilt ausschließlich § 13a Abs. 9 ErbStG.[159]

Die **Lohnsummenregelung** (§ 13a Abs. 3 ErbStG) gilt nunmehr bereits ab 6 Beschäf- **150**
tigten im Unternehmen (Satz 3).[160] Auf die Dauer von 5 Jahren (Lohnsummenfrist) müssen
weiterhin Löhne und Gehälter in Höhe von mindestens dem vierfachen des Jahresdurch-
schnittes der vergangen 5 Wirtschaftsjahre gezahlt werden (Mindestlohnsumme von 400 %
der Ausgangslohnsumme). Bei nicht mehr als 10 und nicht mehr als 15 Beschäftigten gelten
erleichterte Anforderungen für die Mindestlohnsumme (Satz 4, 250 % bzw. 300 %). Bei der
Optionsverschonung mit einer Steuerbefreiung von 100 % gelten dagegen erhöhte Anforderungen: Lohnsummenfrist von 7 Jahren und grundsätzlich Mindestlohnsumme von
700 % (Abs. 10 Satz 1 Nrn. 2–5).

Als Rechtsfolge der **Nichteinhaltung** der **Lohnsummenregelung** innerhalb des Zeit- **151**
raumes von 5 bzw. 7 Jahren wird der Verschonungsabschlag rückwirkend in dem Umfang
gekürzt, in welchem die Mindestlohnsumme unterschritten wurde (Abs. 3 Satz 5). Ein
bereits erlassener Steuerbescheid ist entsprechend zu ändern.

Die **Behaltensfrist** (§ 13a Abs. 6 ErbStG) verbietet für die Dauer von 5 Jahren eine **152**
Veräußerung oder Aufgabe des Unternehmens oder wesentlicher Betriebsgrundlagen,
Überentnahmen und bei Kapitalgesellschaften zusätzlich deren Auflösung oder die Auf-
hebung einer Poolvereinbarung (Satz 1 Nrn. 1–5). Unschädlich sind Umwandlungen des
Unternehmens.[161] Allerdings gilt die Behaltensfrist fort, weil der umgewandelte Rechts-

---

[157] *Benz/Blumenberg/Crezelius*, Erbschaftsteuerreform, 2016, S. 115.
[158] *Tipke/Lang*, Steuerrecht, 23. Aufl. 2018, § 15 Rn. 118; *Kirchhof* DStR 2015, 1473 (1474 f.).
[159] *Landsittel* ZErb 2016, 383 (393), kritisch wegen des Lenkungszwecks, *Erkis* DStR 2016, 1441 (1446).
[160] Die frühere Geltung erst ab 21 Beschäftigten hat das BVerfG beanstandet, → Rn. 30.
[161] *Tipke/Lang*, Steuerrecht, 23. Aufl. 2018, § 15 Rn. 115.

träger Surrogat des ursprünglichen ist und seinerseits die Voraussetzungen der Steuerbefreiung über die erforderliche Restdauer erfüllen muss. Kein Verstoß ist der Übergang des Unternehmens im Wege der Erbfolge oder durch unentgeltliche Übergabe („Weiterverschenken"),[162] wobei der Rest der Behaltensfrist wiederum für den Rechtsnachfolger weiterläuft. Eine Veräußerung ist vom Lenkungszweck her gestattet, wenn der Veräußerungserlös innerhalb von 6 Monaten in den Betrieb reinvestiert wird (Satz 3 und Satz 4). Die Behaltensfrist verlängert sich auf 7 Jahre, wenn die Optionsverschonung mit einer Steuerbefreiung von 100 % gewählt wird (§ 13a Abs. 10 Satz 1 Nr. 6 ErbStG).

153   Bei **Verstoß** gegen die **Behaltensfrist** kommt es zu einer Nachversteuerung, weil die Steuerbefreiung rückwirkend wegfällt. Der Erbschaftsteuerbescheid ist aufgrund eines nachträglich eintretenden Ereignisses nach § 175 Abs. 1 Nr. 2, Abs. 2 AO zu ändern. Bei einer Weiterveräußerung entfällt die Steuerbefreiung anteilig, je nachdem wie lange die Behaltensfrist eingehalten wurde (Satz 2). Aus welchen Gründen gegen die Behaltensfrist verstoßen wird, ist unerheblich. Auch wenn eine Veräußerung zur Pflichtteilserfüllung oder zur Begleichung von Nachlassverbindlichkeiten oder aus einer Notlage heraus erfolgt, entfällt die Begünstigung anteilig.[163]

d) Privilegierung für Erwerbe über 26 Millionen Euro

154   **aa) Übersicht.** Ist der Schwellenwert von 26 Mio. EUR überschritten, so liegt nach der pauschalierenden Betrachtung des Gesetzgebers ein „großes Unternehmen"[164] vor, was zu einer näheren Prüfung Anlass gibt, ob und inwieweit eine Begünstigung gewährt werden kann. Für den Schwellenwert ist wiederum der 10-Jahres Zeitraum maßgebend, mehrere Erwerbe werden zusammengefasst (§ 13c Abs. 2 Satz 2 ErbStG). Denn sonst könnte man den Erwerb auf mehrere Teilerwerbe aufteilen.[165]

155   Der Erwerber kann zwischen dem Abschmelzmodell (§ 13c ErbStG) und der Verschonungsbedarfsprüfung (§ 28a ErbStG) **wählen.**[166] Beide Normen sind nur auf entsprechenden Antrag des Steuerpflichtigen hin anwendbar.[167] Der Steuerpflichtige kann bei Vorliegen der Voraussetzungen vom **Vorwegabschlag** nach § 13a Abs. 9 ErbStG profitieren. Dieser gilt unabhängig von der Größe des Erwerbs allgemein für begünstigtes Vermögen nach § 13b Abs. 2 ErbStG.[168]

156   **bb) Verschonungsabschlag bei Großerwerben, Abschmelzmodell des § 13c ErbStG.** Das Abschmelzmodell ist in § 13c Abs. 1 ErbStG geregelt. Der Verschonungsabschlag des § 13a ErbStG von 85 % bzw. 100 % **schmilzt ab** und zwar um je einen Prozentpunkt für jede volle 750.000 EUR, die der Wert des begünstigten Vermögens über 26 Mio. EUR liegt. Je höher der Wert des begünstigten Vermögens, umso mehr sinkt die Steuerfreistellung. Die Schmelzgrenze ist bei der Regelverschonung von 85 % rechnerisch erreicht ab einem Erwerb in Höhe von 89.750.000 EUR.[169] Die Steuerfreistellung beträgt hier 0 %. Für die Optionsverschonung von 100 % liegt die Schmelzgrenze aufgrund gesetzlicher Anordnung bei 90 Mio. EUR, weil § 13c Abs. 1 Satz 2 ErbStG einen Verschonungsabschlag bei dieser Grenze endgültig stoppt. Die Voraussetzungen der Lohnsummen-

[162] *Mannek/Höne* ZEV 2009, 329 (330); Troll/Gebel/Jülicher/Gottschalk/*Jülicher*, ErbStG, Stand: November 2017, § 13a Rn. 216 u. Rn. 266.
[163] BFH ZEV 2015, 661 Rn. 14.
[164] *Kirchhof* DStR 2015, 1473 (1477) präferiert die Unterscheidung zwischen Familienunternehmen mit personalem Bezug des Erblassers zum Unternehmen gegenüber anonymen Kapitalgesellschaften.
[165] *Geck* ZEV 2017, 481 (483).
[166] *Blusz* DStR 2017, 1016; *Geck* ZEV 2017, 481 (482).
[167] Der Antrag nach § 13c ErbStG ist unwiderruflich und schließt einen Antrag auf Erlass nach § 28a ErbStG aus (§ 13c Abs. 2 Satz 6 ErbStG).
[168] *Benz/Blumenberg/Crezelius,* Erbschaftsteuerreform, 2016, Rn. 246; *Erkis* DStR 2016, 1441 (1446); *Landsittel* ZErb 2016, 383 (393).
[169] *Erkis* DStR 2016, 1441 (1445); *Benz/Blumenberg/Crezelius,* Erbschaftsteuerreform, 2016, Anhang 6; Troll/Gebel/Jülicher/Gottschalk/*Jülicher*, ErbStG, Stand: November 2017, § 13c Rn. 7

regelung und der Behaltensfrist müssen vom Steuerpflichtigen ebenso wie bei der Steuerfreistellung nach § 13a ErbStG erfüllt werden, § 13c Abs. 2 Satz 1 ErbStG.

cc) Verschonungsbedarfsprüfung, Erlass der Steuer nach § 28a ErbStG. Nach 157 § 28a ErbStG erfolgt bei einem Erwerb von begünstigtem Vermögen über 26 Mio. EUR auf Antrag eine Verschonungsbedarfsprüfung, wonach die **Steuer erlassen** wird, **soweit** beim Steuerpflichtigen nachweislich kein ausreichendes verfügbares Vermögen zur Zahlung der Steuer vorhanden ist. Im Gegensatz zur Steuerbefreiung ist beim Steuererlass die Erbschaftsteuer dem Grunde nach entstanden, aus letztlich persönlichen Gründen wird aber von einer Erhebung der entstandenen Steuer abgesehen.

Entscheidend für den Erlass der Steuer ist, ob dem Steuerpflichtigen nur das im Unter- 158 nehmen gebundene Vermögen zur Verfügung steht, so dass er die Steuer faktisch nicht bzw. nur schwerlich zahlen kann; oder ob ausreichend verfügbares Vermögen vorhanden ist, so dass weder eine Steuerbefreiung noch ein Steuererlass gerechtfertigt werden können. **Das verfügbare Vermögen** ist in § 28a Abs. 2 ErbStG definiert: 50 % des geerbten Vermögens sowie 50 % des bereits dem Erben gehörenden Vermögens, das jeweils kein begünstigtes Vermögen darstellt. Folglich zählt zum verfügbaren Vermögen auch das eliminierte Verwaltungsvermögen oder ein nach § 13 Abs. 1 Nr. 4b/c ErbStG steuerfrei erworbenes Familienheim.[170] Anstelle eines Alles oder Nichts Prinzips bestimmt der Wortlaut, dass auch ein Teilerlass zulässig ist („soweit").

Ob verfügbares Vermögen zur Zahlung der Erbschaftsteuer vorhanden ist, ist über einen 159 weiteren **Zeitraum von 10 Jahren** relevant (§ 28a Abs. 4 Nr. 3 ErbStG). Erwirbt der Steuerpflichtige nachträglich weiteres verfügbares Vermögen, so entfällt der Erlass der Steuer und das neu hinzu erworbene Vermögen ist wiederum zu 50 % einzusetzen. Irrelevant ist, von wem der Steuerpflichtige das weitere Vermögen erhält. Als Erwerbsgrund ist der Erwerb von Todes wegen oder durch Schenkung bestimmt, so dass nach dem Erbfall verdientes Einkommen außen vor bleibt. Der Erlass der Steuer entfällt nachträglich bei einem Verstoß gegen die **Lohnsummenregelung** oder gegen die **Behaltensfrist**, weil § 28a Abs. 4 Satz 1 Nrn. 1–2 ErbStG auf § 13a Abs. 3 und Abs. 6 ErbStG verweisen. Dabei gelten die strengeren Anforderungen wie für die Optionsverschonung (7 Jahres Zeitraum).

Die Maßgeblichkeit der Zahlungsmöglichkeit aus dem „verfügbaren Vermögen" und 160 dessen Heranziehung zu 50 % werden **kritisiert**.[171] Der Steuerpflichtige solle die Erbschaftsteuer aus der Erbschaft selbst zahlen können. Das gleichzeitig übergehende, nicht unternehmerische Vermögen unterliegt möglicherweise seinerseits der Erbschaftsteuer und würde demgemäß doppelt herangezogen. Zumindest ist ein Abzug der Erbschaftsteuerschuld beim verfügbaren Vermögen nicht anerkannt.[172] Kommt es bei einer Veräußerung von geerbtem verfügbarem Vermögen zusätzlich zu einer Ertragsteuerbelastung, sei eine Belastung über 100 % denkbar.[173]

Der Kritik ist entgegenzuhalten, dass es sich um eine Ausnahmevorschrift für Groß- 161 erwerbe handelt. Die Erbschaftsteuer ist weiterhin aus dem Substrat der Erbschaft selbst zahlbar, weil die Steuerpflichtigen das Unternehmen erhält und dieses verkaufen könnte. Nur wenn der Steuerpflichtige Vermögensumschichtungen vermeiden will, muss er sein sonstiges Vermögen heranziehen.[174] Bezogen auf den Gesamterwerb unter Einschluss des begünstigten Vermögens liegt keine Übermaßbelastung vor. Rechtfertigungsbedürftig ist vorrangig die Steuerbefreiung als Ausnahme von der Besteuerung (und nicht die Ausnahme von der Steuerbefreiung).

---

[170] *Geck* ZEV 2017, 481 (488).
[171] *Kirchhof* DStR 2015, 1473 (1477); *Geck* ZEV 2017, 481 (482); *Landsittel* ZErb 2016, 383 (390, Fn. 58).
[172] *Geck* ZEV 2017, 481 (482 u. 488), möglicherweise unter Ausnahme des Bundeslandes Bayern; kritisch *Landsittel* ZErb 2016, 383 (391).
[173] Beispiel bei *Landsittel*, ZErb 2016, 383, 391.
[174] Dem Erwerber einer Immobilie ergeht es mitunter nicht anders.

162   Fraglich ist, welche **Gestaltungen** durch die neue Bedürfnisprüfung hervorgerufen werden. Es wird tunlichst vermieden werden, dass der Erbe des Unternehmens weiteres Vermögen erhält oder besitzt. So wird bereits vorgeschlagen, eine Familienstiftung als Erben einzusetzen, die kein weiteres verfügbares Vermögen hat.[175]

e) Kurzübersicht über die gesetzliche Regelung

163   **§ 13a Steuerbefreiung für Betriebsvermögen, Betriebe der Land- und Forstwirtschaft und Anteile an Kapitalgesellschaften:**

§ 13a Abs. 1:   Verschonungsabschlag zu 85 % für begünstigtes Vermögen iSd § 13b Abs. 2, wenn der Erwerb 26 Mio. nicht übersteigt. Für die 26 Mio.-Grenze ist ein 10-Jahres-Zeitraum zu betrachten (Satz 2–3).

§ 13a Abs. 2:   Weiterer, abschmelzender Abzugsbetrag für die nach Anwendung des Abs. 1 verbleibenden 15 %

§ 13a Abs. 3:   Lohnsummenregelung für die Dauer von 5 Jahren: Einhaltung Lohnsummenfrist und Mindestlohnsumme. Wegfall der Voraussetzung bei nicht mehr als 5 Beschäftigten (Satz 3 Nr. 2) und Erleichterung bei zwischen 6 und 15 Beschäftigten (Satz 4). Teilweiser Wegfall der Verschonung bei Unterschreiten der Lohnsumme (Satz 5).

§ 13a Abs. 4:   Gesonderte Feststellung der Lohnsumme

§ 13a Abs. 5:   Begünstigungstransfer bei Übertragung des Vermögens

§ 13a Abs. 6:   Behaltensfrist von 5 Jahren. Zum Wegfall der Privilegierung führen: Aufgabe oder Veräußerung des Unternehmens, Überentnahmen, Auflösung, Aufhebung eines Stimmrechtspools (Satz 1). Teilweiser Wegfall der Privilegierung (Satz 2). Reinvestitionen (Satz 3 und 4).

§ 13a Abs. 7:   Anzeigepflichten des Steuerpflichtigen

§ 13a Abs. 8:   Nachweisanforderungen bei Unternehmensvermögen im Ausland

§ 13a Abs. 9:   Vorab-Abschlag bis zu 30 % auf das begünstigte Vermögen iSd § 13b Abs. 2, wenn der Gesellschaftsvertrag bestimmte Vorgaben enthält (Familienbindung). Die Vorgaben müssen für die Dauer von 2 Jahren vorher und 20 Jahren nachher gelten (Satz 4 und 5).

§ 13a Abs. 10:   Optionsverschonung zu 100 % bei gesteigerten Voraussetzungen: insbesondere 7 Jahre statt 5 und nur möglich bei weniger als 20 % Verwaltungsvermögen

164   **§ 13b Begünstigtes Vermögen:**

§ 13b Abs. 1:   Definition begünstigungs*fähiges* Vermögen: land- und forstwirtschaftliches Vermögen (Nr. 1), Betriebsvermögen aus einer Mitunternehmerschaft nach § 15, § 18 EStG (Nr. 2) und Anteile an einer Kapitalgesellschaft über 25 % oder über 25 % in einer Poolvereinbarung

§ 13b Abs. 2:   Definition begünstigtes Vermögen als Teilmenge des begünstigungsfähigen Vermögens: Gemeiner Wert abzüglich des um 10 % gekürzten Verwaltungsvermögens (Satz 1). Keine Begünstigung ab einer Verwaltungsvermögensquote von 90 % (Satz 2)

§ 13b Abs. 3:   Ausnahme zum nachfolgenden Abs. 4: Bestimmte Altersversorgungsverpflichtungen sind nicht Teil des Verwaltungsvermögens nach Abs. 4.

§ 13b Abs. 4:   Definition Verwaltungsvermögen: vermietete Grundstücke, Beteiligungen, Kapitalgesellschaftsanteile bis zu 25 %, Kunst, Wertpapiere und Finanzmittel. Definition „Finanzmittel" (Nr. 5 Satz 1); bis zu

---

[175] *Blusz* DStR 2017, 1016 (1017); *Theuffel-Werhan* ZEV 2017, 17 ff.

15 % sind unschädlich und kein Verwaltungsvermögen (zusätzliche Voraussetzung in Nr. 5 Satz 4). Junge Finanzmittel (Definition Nr. 5 Satz 2) sind stets Verwaltungsvermögen.

§ 13b Abs. 5: Kein Verwaltungsvermögen, wenn innerhalb von zwei Jahren nach dem Erbfall das Verwaltungsvermögen investiert und in Nicht-Verwaltungsvermögen umgeschichtet wird

§ 13b Abs. 6: Definition Nettowert des Verwaltungsvermögens (für Abs. 2), Schuldenabzug

§ 13b Abs. 7: Definition unschädliches Verwaltungsvermögen (für Abs. 2): von dem nach Abzug des Verwaltungsvermögens verbleibenden Unternehmensvermögen ist eine Quote von 10 % als Verwaltungsvermögen gebilligt und mit privilegiert (Satz 1). Davon kommen als Rückausnahme wiederum in Abzug das junge Verwaltungsvermögen und junge Finanzmittel (stets schädlich) (Satz 2)

§ 13b Abs. 8: Ausnahmen zum Schuldenabzug nach Abs. 6

§ 13b Abs. 9: Verbundvermögensaufstellung, Einbeziehung aller Beteiligungsebenen

§ 13b Abs. 10: Gesonderte Feststellung von Werten zur Regelung der Steuererhebung

§ 13c Verschonungsabschlag bei Großerwerben von begünstigtem Vermögen: 165

§ 13c Abs. 1: Bei Erwerb über 26 Mio. verringert sich auf Antrag der 85%ige bzw. 100%ige Verschonungsabschlag um je einen Prozentpunkt je 750.000, die über dem Schwellenwert liegen

§ 13c Abs. 2: Betrachtung des 10-Jahres-Zeitraumes

§ 13c Abs. 3: Anwendung auch bei § 1 Abs. 1 Nr. 4 (Familienstiftungen)

§ 28a Verschonungsbedarfsprüfung: 166

§ 28a Abs. 1: Bei Erwerb über 26 Mio. wird die Steuer auf Antrag erlassen, soweit der Steuerpflichtige nachweist, dass er die Steuer nicht aus verfügbarem Vermögen zahlen kann

§ 28a Abs. 2: Definition des verfügbaren Vermögens: nicht-unternehmerisches Vermögen, das dem bereits Erwerber gehört oder das er zugleich miterbt

§ 28a Abs. 3: Stundungsmöglichkeit bis zu 6 Monate

§ 28a Abs. 4: Erlass der Steuer entfällt rückwirkend, wenn innerhalb von 7 Jahren Verstoß gegen Lohnsumme (§ 13a Abs. 3) oder Behaltensfrist (§ 13a Abs. 6) oder wenn innerhalb von 10 Jahren weiteres verfügbares Vermögen hinzukommt

§ 28a Abs. 5: Anzeigepflichten des Steuerpflichtigen zur Realisierung der Steuererhebung

§ 28a Abs. 6: Zahlungsverjährungsfrist

§ 28a Abs. 7: Anwendung auch bei § 1 Abs. 1 Nr. 4 (Familienstiftungen)

§ 28a Abs. 8: Vorrang des § 13c, wenn ein entsprechender Antrag vorliegt

Abschließend sind noch **§ 19a und § 28 ErbStG** zu erwähnen. § 19a ErbStG bezweckt, **167** dass eine Unternehmensfortführung auch durch einen nicht nahen Angehörigen realisiert werden kann, indem der **Tarif angepasst** wird.[176] Personen der Steuerklasse II und II erhalten für das unternehmerische Vermögen (soweit dieses nicht steuerfrei ist) eine Tarifbegrenzung, welche sich am Tarif der Steuerklasse I orientiert.[177] Nach § 19a Abs. 5 ErbStG kommt es zur Nachversteuerung, wenn der Erwerber gegen die Behaltensregelungen des § 13a verstößt. § 28 Abs. 1 ErbStG gewährt die Möglichkeit, die Steuer auf

---

[176] *Tipke/Lang*, Steuerrecht, 23. Aufl. 2018, § 15 Rn. 142.
[177] *Lohr/Görges* DStR 2011, 1939 (1942).

begünstigtes Vermögen im Sinne des § 13b Abs. 2 ErbStG für bis zu 7 Jahre zu **stunden**, solange Lohnsumme und Behaltensfrist eingehalten werden (§ 28 Abs. 1 Satz 7–8 ErbStG)

168   Vorstehende Kurzübersicht veranschaulicht nochmals die **Komplexität** der Regelungen. **Systematisch** handelt es sich bei § 13a-c ErbStG um sachliche Steuerbefreiungen, bei § 19a ErbStG um eine Steuerberechnungsvorschrift und bei §§ 28, 28a ErbStG um der Steuerentstehung nachgelagerte Steuererhebungsnormen.

3. Zu Wohnzwecken vermietete Immobilie, § 13d ErbStG

169   Zur Wohnraumförderung wird für zu Wohnzwecken vermietete Grundstücke eine Steuerbefreiung in Höhe von 10 % des Wertes des Grundstücks gewährt, § 13d Abs. 1, Abs. 3 ErbStG. Es handelt sich – wie die amtliche Überschrift im Gegensatz zum Wortlaut der Norm zum Ausdruck bringt – nicht um eine Bewertungsvorschrift, sondern um eine **Steuerbefreiungsnorm**. Mit der vermieteten Immobilie zusammenhängende Verbindlichkeiten sind aufgrund der Steuerbefreiung von 10 % nur zu 90 % abzugsfähig, § 10 Abs. 6 Satz 5 ErbStG.

170   Die fertig errichtete Immobilie[178] muss im Inland oder innerhalb der EU oder des EWR liegen und darf nicht zu einem bereits nach § 13a, § 13b ErbStG begünstigten Vermögen gehören (§ 13d Abs. 3 **Nrn. 2–3** ErbStG). Scheitert eine solche Begünstigung aber im Einzelfall (zB weil die Immobilie junges Verwaltungsvermögen ist), so ist § 13d ErbStG anwendbar. Anderes gilt, wenn die Begünstigung nach § 13a, § 13b ErbStG im Erwerbszeitpunkt zunächst einschlägig ist, aber später aufgrund eines nachträglichen Wegfalls von Voraussetzungen wieder entfällt (zB Verstoß gegen Lohnsummenregelung).[179] Denn grundsätzlich gilt das Stichtagsprinzip und § 13d ErbStG ist keine Auffangvorschrift für Nachversteuerungen.

171   Die Immobilie muss **zum Stichtag** des Todes des Erblassers zu Wohnzwecken vermietet werden (§ 13d Abs. 3 **Nr. 1** ErbStG). Ein zufälliger Leerstand am Stichtag ist unbeachtlich. Eine vom Erblasser gefasste Absicht zur Vermietung kann bereits ausreichen, sofern sich dieser Wille bereits hinreichend durch objektive Umstände manifestiert hat.[180] Wollen die Erben eine Immobilie erstmals vermieten – etwa das vom Erblasser bisher selbst genutzte Haus – greift die Freistellung jedoch nicht ein.[181]

172   Weitere Voraussetzungen bestehen nicht, insbesondere gibt es **keine Nachsteuertatbestände**, falls die Vermietung vom Erwerber aufgegeben oder die Immobilie verkauft wird. Für den Fall, dass der Erwerber die Erbschaftsteuer nur durch einen Verkauf der Immobilie bezahlen kann, ist in § 28 Abs. 3 Satz 1 ErbStG eine bis zu zehnjährige Stundung vorgesehen.

4. Sonstige Steuerfreistellungen, § 13 ErbStG

173   Der **Hausrat** des Erblassers erfährt zivilrechtlich in § 1932 BGB als Voraus für den überlebenden Ehegatten eine Sonderregelung. § 13 Abs. 1 Nr. 1 ErbStG gewährt für den Hausrat eine im Betrag nach der Person des Erwerbers unterscheidende Steuerbefreiung: Für nahe Angehörige der Steuerklasse I 41.000 EUR (lit. a), andere Erwerber 12.000 EUR (lit. c). Angehörige der Steuerklasse I erhalten noch einen zusätzlichen Freibetrag von 12.000 EUR für weitere bewegliche Sachen (lit. b). Steuerfrei ist überdies der sog. Dreißigste nach § 1969 BGB für die **unterhaltsberechtigten** im Haushalt des Erblassers lebenden Angehörigen, § 13 Abs. 1 Nr. 4 ErbStG.

---

[178] Nach BFH ZEV 2015, 298 muss im Zeitpunkt der Steuerentstehung ein bezugsfertiges Gebäude vorliegen.

[179] AA Troll/Gebel/Jülicher/*Jülicher*, ErbStG, Stand: November 2017, § 13d Rn. 24.

[180] *Pauli* SteuK 2016, 267 (270).

[181] BFH ZEV 2015, 266.

Nach § 13 Abs. 1 Nr. 2 ErbStG sind **Kulturgüter**, insbes. Kunstgegenstände und **174** wissenschaftliche Sammlungen teilweise (zu 60 %) bzw. sogar insgesamt (zu 100 %) steuerfrei gestellt. Voraussetzung ist ein öffentliches Erhaltungsinteresse, eine fehlenden Rentabilität und eine Nutzbarmachung für die Forschung oder die Volksbildung. Ausreichend für die Nutzbarmachung ist ein Leih- und Kooperationsvertrag mit einem Museum, der signalisiert, dass der Steuerpflichtige zu Ausstellungen etc. bereit ist. Dem steht nicht entgegen, dass er selbst im unmittelbaren Besitz der Sammlung bleibt und nur auf Anfordern des Museums Stücke und Werke freigibt.[182] Entscheidend ist die jederzeitige Zugriffsmöglichkeit für die Öffentlichkeit. Bei Veräußerung oder Wegfall einer Befreiungsvoraussetzung innerhalb von 10 Jahren kommt es zur Nachversteuerung (Satz 2). Diese infiziert nicht den Gesamterwerb, sondern nur den jeweils betroffenen Vermögensgegenstand (zB entfällt bei einer Veräußerung eines Kunstwerkes einer Sammlung die Steuerbefreiung nur für den veräußerten Gegenstand).[183]

Steuerfrei ist nach § 13 Abs. 1 Nr. 3 ErbStG Grundbesitz, an dessen Erhalt ein öffent- **175** liches Interesse besteht, der unrentabel ist und der freiwillig der Öffentlichkeit zu Erholungszwecken zugänglich gemacht ist (zB Parkanlagen). Auf die Steuerfreistellung für **Kulturgüter und Erholungsgrundbesitz** kann verzichtet werden (§ 13 Abs. 3 Satz 2 ErbStG). Mit dem Verzicht wird erreicht, dass Nachlassverbindlichkeiten, die mit diesen Vermögensgegenständen zusammenhängen, abzugsfähig werden. Ohne Steuerbefreiung gilt das Abzugsverbot des § 10 Abs. 6 ErbStG.

Soweit nicht ein entgeltlicher Vertrag über die Erbringung von Pflegeleistungen gegeben **176** ist, kann bei einer **unentgeltlich erbrachte Pflege** ein Freibetrag von 20.000 EUR gewährt werden, § 13 Abs. 1 Nr. 9 ErbStG.

Steuerfrei ist ein Vermögensgegenstand, der zuerst von Eltern an Kinder verschenkt und **177** anschließend **zurück vererbt** wurde (§ 13 Abs. 1 Nr. 10 ErbStG).

Der **Verzicht** auf die Geltendmachung des **Pflichtteils** ist korrekterweise bereits nicht **178** steuerbar und in § 13 Abs. 1 Nr. 11 ErbStG rein vorsorglich steuerfrei gestellt (→ Rn. 77).

Steuerfrei sind Zuwendungen an **Bund, Land oder Kommunen**, an **Religions- 179 gemeinschaften**, an solche Körperschaften, Personenvereinigungen und Vermögensmassen, die unmittelbar kirchlichen, **gemeinnützigen** oder mildtätigen **Zwecken** dienen und an **Parteien**, § 13 Abs. 1 Nrn. 15–18 ErbStG. Die Erbeinsetzung des örtlichen Tierschutzvereines, der Kirche oder der Gemeinde führt zu einem steuerfreien Erwerb unabhängig von der Größe des hinterlassenen Vermögens. Für Bund, Land, Kommunen und gemeinnützige Stiftungen gilt nach § 29 Abs. 1 Nr. 4 ErbStG eine weitere Sonderregelung: wer innerhalb von 24 Monaten erworbenes Vermögen an die genannten Einrichtungen weitergibt, wird seinerseits von der eigenen Erbschaftsteuer befreit. Demnach ist nicht nur der Vermögenserwerb der Einrichtung steuerfrei, sondern rückwirkend auch der Eigenerwerb des Zwischenerwerbers. Der Zuwendende wird für die Dauer seines Erwerbs als Nießbraucher behandelt (§ 29 Abs. 2 ErbStG).

V. Persönliche Steuerfreibeträge

Die in § 16 ErbStG geregelten persönlichen Freibeträge werden **kumulativ** zu den **180** sachlichen Steuerfreistellungen gewährt. Ein persönlicher Steuerfreibetrag kommt bei jedem Erwerb zum Abzug. Bei beschränkter persönlicher Steuerpflicht wird nicht der volle Freibetrag nach Abs. 1 gewährt, sondern gemäß Abs. 2 erfolgt eine anteilige Kürzung (→ § 49 Rn. 40).

---

[182] *Von Oertzen* ZEV 2016, 561 (562 f.); BFH DStR 2016, 1804.
[183] BFH DStR 2016, 1804 Rn. 42.

1. Höhe der Freibeträge, § 16 ErbStG

181　Die Höhe des persönlichen Freibetrages beträgt zwischen 20.000 EUR und 500.000 EUR und richtet sich nach dem Näheverhältnis zwischen Erblasser und Erwerber. Hierzu wird unter anderem auf die in § 15 ErbStG normierten **Steuerklassen** Bezug genommen. Die Steuerklasse hat außerdem Auswirkung auf den anzuwenden Steuersatz (§ 19 ErbStG, → Rn. 213 ff.). Bei der Einteilung wird in § 15 Abs. 1a ErbStG in einem Punkt vom Zivilrecht abgewichen: ein durch Adoption erloschenes Verwandtschaftsverhältnis gilt erbschaftsteuerlich weiterhin. Ein „wegadoptiertes Kind" unterfällt dennoch der Steuerklasse I (Nr. 2), das leibliche Verhältnis setzt sich durch. Vereinzelt kann der Steuerpflichtige auf das Näheverhältnis Einfluss nehmen (Antrag nach § 15 Abs. 3,[184] § 6 Abs. 2 Satz 2 ErbStG, → Rn. 94).

182　　Ein persönlicher Freibetrag wird grundsätzlich sowohl bei Schenkungen als auch bei Erwerben von Todes wegen gewährt. Allerdings unterscheidet die Steuerklasseneinteilung in § 15 ErbStG teilweise nach dem Erwerbsgrund. Während Eltern zB beim Erwerb von Todes wegen zur Steuerklasse I gehören (Freibetrag von 100.000 EUR, § 16 Abs. 1 Nr. 4), gehören sie bei Schenkungen nur zur Steuerklasse II (Freibetrag von 20.000 EUR, § 16 Abs. 1 Nr. 5). Beim Freibetrag für Enkelkinder unterscheidet § 16 ErbStG danach, ob deren Eltern – also die Kinder des Erblassers – noch leben oder vorverstorben sind (letzterenfalls Aufstockung von 200.000 EUR auf 400.000 EUR Freibetrag). Missverständlich ist, dass § 15 Abs. 1 ErbStG bei den Steuerklassen von „Kindern und Stiefkindern" spricht und § 16 ErbStG nur noch von „Kindern". Auch bei den Freibeträgen sind Stiefkinder den eigenen Kindern gleichgestellt und erhalten denselben Freibetrag (nämlich 400.000 EUR).

183

Person	Freibetrag	Steuerklasse
Ehepartner, Lebenspartner	500.000,00 EUR	I
Kinder (auch Adoptivkinder und Stiefkinder), Kinder verstorbener Kinder	400.000,00 EUR	I
Enkelkind (auch Stiefenkelkind)	200.000,00 EUR	I
Urenkel	100.000,00 EUR	I
Eltern und Großeltern bei Erwerben von Todes wegen	100.000,00 EUR	I
Alle übrigen Erwerber	20.000,00 EUR	II und III

2. Zusammenrechnung mehrerer Erwerb, § 14 ErbStG

184　Der persönliche Freibetrag steht jedem Erwerber **einmal in 10 Jahren** zur Verfügung. Damit der Steuerpflichtige nicht durch Teilschenkungen die Steuer umgehen kann, werden mehrere Erwerbe innerhalb eines Zeitraumes von 10 Jahren zusammengerechnet, § 14 Abs. 1 Satz 1 ErbStG. Zum Erwerb von Todes wegen muss also dazugerechnet werden, was der Erwerber die letzten 10 Jahre vor dem Erbfall bereits durch Schenkung vom Erblasser erworben hat.

185　Jeder einzelne Erwerb bleibt dabei ein **selbstständiger Steuertatbestand.**[185] Für den Vorerwerb erlassene Steuerbescheide werden nicht korrigiert. Ausschließlich beim Letzterwerb werden die Vorerwerbe und die dafür gezahlte Schenkungsteuer berücksichtigt. Die Erwerbe werden zusammengerechnet, der Freibetrag kommt einmalig zum Abzug und für

---

[184] ZB hinsichtlich des Steuersatzes sinnvoll, wenn beim Berliner Testament als Schlusserbe eine Schwester oder Nichte des erstverstorbenen Ehegatten eingesetzt ist, siehe *Haar* SteuK 2012, 109 (113).
[185] *Tipke/Lang*, Steuerrecht, 23. Aufl. 2018, § 15 Rn. 145; *Viskorf/Haag* DStR 2012, 219 (225).

den Steuersatz ist auf den Gesamterwerb abzustellen. Von der Steuer auf den Gesamterwerb wird die Steuer für den Vorerwerb abgezogen. Maßgeblich für die Höhe der Steuer für den Vorerwerb ist grundsätzlich die Sicht des Letzterwerbs (fiktive Steuer, wie sie auf den Vorerwerb zu zahlen gewesen wäre).[186]

Für einen Erwerb nach Ablauf von 10 Jahren ergibt sich zum einen der Vorteil einer erneuten **Nutzung des Freibetrages** und zum anderen der Vorteil eines niedrigeren Steuersatzes (**Progressionsvorteil**). **186**

3. Besonderer Versorgungsfreibetrag, § 17 ErbStG

Nach § 17 Abs. 1 ErbStG erhält der Ehegatte überdies einen besonderen Versorgungsfreibetrag von 256.000 EUR. Für Kinder gilt nach § 17 Abs. 2 ErbStG ein geringerer Freibetrag. Der Erwerb von Versorgungsrechten wird dabei nicht vorausgesetzt. Es handelt sich vielmehr um einen weiteren **allgemeinen Freibetrag**, der zusätzlich zum persönlichen Ehegattenfreibetrag gewährt wird.[187] Damit können dem Ehegatten insgesamt 756.000 EUR Freibetrag zustehen. **187**

Versorgungsbezüge aus gesetzlichen Renten (Witwenrenten) sind bereits nicht steuerbar (→ Rn. 116) und rechtfertigen daher gar keine zusätzliche Steuerfreistellung. Dagegen sind Versorgungsbezüge aus vertraglich begründeten Renten nach § 3 Abs. 1 Nr. 4 ErbStG steuerpflichtig. Die gesetzlich begründeten, nicht der Erbschaftsteuer unterliegende Versorgungsbezüge mindern mit ihrem Kapitalwert den Versorgungsfreibetrag (§ 17 Abs. 1 Satz 2 ErbStG). § 17 ErbStG schafft daher vor allem einen zusätzlichen Freibetrag für den Fall, dass der Erwerber nicht mit steuerfreien Bezügen versorgt ist,[188] wohingegen der Freibetrag durch die Kürzung um nicht steuerbare Versorgungsbezüge aufgezehrt wird. **188**

VI. Entstehung der Steuer, § 9 ErbStG

1. Grundsatz: Ableben des Erblassers als Stichtag

Die Erbschaftsteuer ist stichtagsbezogen. Nach § 9 Abs. 1 Nr. 1 ErbStG entsteht sie grundsätzlich mit dem Tod des Erblassers. Dieser Stichtag gilt ebenso für die Wertermittlung (§ 11 ErbStG). **Nachträgliche Wertveränderungen**[189] oder eine nachträgliche Änderung der Vermögenszusammensetzung ändern an der zum Stichtag entstandenen Steuer grundsätzlich nichts mehr. Die Ausführung von Teilungsanordnungen, die Erfüllung von Vermächtnissen und eine **Erbauseinandersetzung** unter den Miterben beeinflussen die bereits entstandene Erbschaftsteuer gleichfalls nicht mehr.[190] Ebenso ist es unerheblich, wenn aufgrund einer transmortalen Vollmacht (insbesondere einer General- und Vorsorgevollmacht) nach dem Stichtag **Nachlassgegenstände** – auch unentgeltlich – **veräußert** werden. Der Bevollmächtigte handelt nach dem Tod des Erblassers mit Wirkung für und gegen die Erben, die als Durchgangserwerber ihren Erwerb zu versteuern haben. Nur wenn der Bevollmächtigte nachweislich auf Grundlage eines bereits gefassten Willensentschlusses des Erblassers handelt, kann möglicherweise die Erfüllung eines unwirksamen Vermächtnisses in Betracht kommen (siehe → Rn. 70), was ausnahmsweise zu einer direkten Zuwendung vom Erblasser an den Begünstigten führt, die der Erbe seinerseits als Verbindlichkeit abziehen kann.[191] **189**

---

[186] *Viskorf/Haag* DStR 2012, 219 (224); *Meincke*, ErbStG, 17. Aufl. 2018, § 14 Rn. 11.
[187] *Troll/Gebel/Jülicher/Gottschalk*, ErbStG, Stand: November 2017, § 17 Rn. 1.
[188] *Meincke*, ErbStG, 17 Aufl. 2018, § 17 Rn. 1.
[189] Exemplarisch zum Stichtag BFH DStR 2017, 2479 Rn. 15.
[190] BFH ZEV 2015, 658 Rn. 28.
[191] Zu weitgehend *Wedemann* ZEV 2013, 581 (582). Nach seinem Tod kann der Erblasser die Rechtswirkungen einer lebzeitigen Schenkung nicht mehr herbeiführen, auch wenn er die Schenkung gewollt hätte. Bei Schädigung der Erben macht sich der Bevollmächtigte schadensersatzpflichtig.

2. Durchbrechungen des Stichtagsprinzips

a) Ausnahmen nach § 9 Abs. 1 Nr. 1 ErbStG

190 In § 9 Abs. 1 Nr. 1 ErbStG ist zugleich geregelt, in welchen Fällen die Steuer ausnahmsweise nicht bereits mit dem Tod des Erblassers entsteht. Der Besteuerungszeitpunkt wird verschoben, wenn der Vermögensanfall und die Bereicherung tatsächlich erst später eintreten.

191 Für einen Erwerb, der unter einer **aufschiebenden Bedienung, einer Betagung oder einer aufschiebenden Befristung** erfolgt, entsteht nach lit. a die Erbschaftsteuer erst mit Eintritt der Bedingung oder des Ereignisses. Hiermit wird auch ein Gleichlauf zur Bewertung (§§ 4, 8 BewG) eines solchen Erwerbs erreicht. Die Norm wird jedoch hinsichtlich des betagten Erwerbs nicht wortlautgetreu angewendet. Kennzeichen einer Betagung (§ 813 Abs. 2 BGB) ist, das eine Forderung zwar bereits entstanden, aber noch nicht fällig ist.

192 Nur wenn der Zeitpunkt der Fälligkeit ungewiss oder unbestimmt ist, entsteht die Erbschaftsteuer gemäß lit. a) erst mit der Fälligkeit[192] (vgl. § 8 BewG). Wird die **betagte Forderung** dagegen zu einem **feststehenden Zeitpunkt** fällig, entsteht die Steuer bereits mit dem Erbfall. Aufgrund des feststehenden Zeitpunktes kann die betagte Forderung mit ihrem abgezinsten Wert bewertet werden (§ 12 Abs. 3 BewG).[193] Beim Vermächtnis ist somit zwischen Anfall und Fälligkeit zu differenzieren: Wird das Vermächtnis zu einem bestimmten nachträglichen Zeitpunkt fällig, entsteht die Steuer bereits mit dem Tod des Erblassers. Ist hingegen angeordnet, dass das Vermächtnis erst zu einem bestimmten nachträglichen Zeitpunkt anfallen soll, verschiebt sich die Steuerentstehung des aufschiebend befristeten Erwerbs.

193 Knüpft der Steuergegenstand nicht allein an den Erbfall, sondern an zusätzliche Voraussetzungen an, wirkt sich dies auch auf den Zeitpunkt der Steuerentstehung aus. Die Steuer entsteht für den Pflichtteilserwerb erst im **Zeitpunkt der Geltendmachung** des Pflichtteils (§ 9 Abs. 1 Nr. 1 lit. b) ErbStG, → Rn. 74). Rückwirkung entfaltet die Geltendmachung des Pflichtteils jedoch für den Erben, der die korrespondierende Nachlassverbindlichkeit abziehen kann. Denn die Nachlassverbindlichkeit kann nicht isoliert, sondern nur rückwirkend beim erfolgten Erwerb berücksichtigt werden.[194] Grundlage für eine **Abfindung** ist eine Ausschlagung (→ Rn. 57) oder eine Verzichtserklärung (→ Rn. 80) oder ein Erbvergleich (→ Rn. 60 ff.) (§ 9 Abs. 1 Nr. 1 lit. f) ErbStG). Wird eine **formunwirksame Verfügung** von Todes wegen durchgeführt (→ Rn. 71), entsteht die Steuer erst mit der Erfüllung bzw. mit der wirksamen Vereinbarung eines Anspruchs.[195] Beim Erben ist die Erfüllung eines formunwirksamen Vermächtnisses dagegen wiederum ein rückwirkendes Ereignis.[196]

194 Die Schenkungsteuer für eine lebzeitige Zuwendung entsteht gemäß § 9 Abs. 1 Nr. 2 ErbStG erst mit dem Zeitpunkt der Ausführung der Zuwendung. Das Versprechen der Schenkung – auch wenn es formgültig nach § 518 Abs. 1 BGB ist – genügt nicht.[197]

b) Nachsteuertatbestände, Optionsrechte, Begünstigungstransfer

195 Die Gewährung von Steuerfreistellungen steht oftmals zum Stichtag noch nicht abschließend fest. Für die Ermittlung der Steuer sind dann entgegen dem Stichtagsprinzip auch **Ereignisse nach dem Tod** des Erblassers zu berücksichtigen.

---

[192] *Schmid* ZEV 2015, 387; BFH ZEV 2008, 206 (207); BFH ZEV 2004, 35 (36); *Everts* NJW 2008, 557 (558).
[193] BFH ZEV 2004, 35 (36).
[194] BFH ZEV 2013, 220 Rn. 12.
[195] BFH ZEV 2007, 343; *Ebeling* ZEV 2007, 344 Anm. BFH ZEV 2007, 343.
[196] *Ebeling* ZEV 2007, 344 Anm. BFH ZEV 2007, 343.
[197] *Meincke*, ErbStG, 17. Aufl. 2018, § 9 Rn. 44.

Die Steuerfreistellung von Unternehmensvermögen kann auf **Antrag** des Steuerpflichti- 196
gen von 85 % auf 100 % erhöht werden (§ 13a Abs. 10 ErbStG, → Rn. 148). Durch die
Investitionsklausel kann Verwaltungsvermögen zu begünstigtem Vermögen umgewandelt
werden (§ 13b Abs. 5 ErbStG, → Rn. 140). Bei Wegfall von Voraussetzungen sehen viele
Steuerbefreiungen eine **Nachversteuerung** vor (§ 13 Abs. 1 Nr. 4b-c, siehe → Rn. 131,
Nr. 2–3 jeweils Satz 2; § 13a Abs. 3 Satz 5, Abs. 6 Satz 1–2, Abs. 9 Satz 5 siehe
→ Rn. 151, Rn. 153), was eine Abweichung vom Stichtagsprinzip darstellt.[198]

Fällt steuerbefreites Vermögen beim Erben nur als Durchgangserwerb an, so wird die 197
Steuerfreistellung auf den Enderwerber „verschoben", obgleich dieser zum Stichtag noch
nicht (alleiniger) Vermögensinhaber war. Für diesen sogenannten **Begünstigungstransfer**
sind bei der Steuerermittlung aufgrund gesetzlicher Anordnung[199] ausnahmsweise Teilungsanordnungen sowie eine unter den Miterben frei vereinbarte Erbauseinandersetzung zu
berücksichtigen. Der Begünstigungstransfer gilt für die Steuerbefreiung von Familienhei-
men (§ 13 Abs. 1 Nr. 4b Sätze 2–4 und Nr. 4c Sätze 2–4), von begünstigtem Unternehmensvermögen (§ 13a Abs. 5 ErbStG, auch für den Erlass, § 28a Abs. 1 Satz 2–3 ErbStG)
und von zu Wohnzwecken vermieteten Grundstücken (§ 13d Abs. 2 ErbStG). Für die
Steuerbefreiung von Kulturgütern nach § 13 Abs. 1 Nrn. 2–3 ErbStG fehlt eine entsprechende Regelung, so dass alle Miterben von der Befreiung profitieren, auch wenn sie die
Vermögensgegenstände nicht behalten (sog. Fehlallokation).[200] Beim Begünstigungstransfer
wird der **Durchgangserwerber** – der ohnehin eine geforderte Behaltensfrist nicht einhalten würde – **nicht begünstigt**. Erhält ein Miterbe das steuerbefreite Vermögen zum
Alleineigentum, so kann er die Steuerbefreiung **über seine dingliche Erbquote am
steuerbefreiten Vermögen hinaus** in Anspruch nehmen.[201] Zwar wird im Zeitpunkt des
Todes des Erblassers das steuerbefreite Vermögen anteilig allen Miterben zugerechnet, doch
ist von der Steuerbefreiung und dem hieraus resultierenden Verbot des Abzugs zusammen-
hängender Schulden nur der „endgültige Erwerber" betroffen.[202]

VII. Ermittlung der Steuer, § 10 – § 12 ErbStG

1. Abzug der Verbindlichkeiten, § 10 ErbStG

Als Bemessungsgrundlage legt § 10 Abs. 1 Satz 1 ErbStG die **Bereicherung** des Erwerbers 198
fest, soweit diese nicht steuerfrei gestellt ist. Die Bereicherung ist nach § 10 Abs. 1 Satz 2
ErbStG der **Nettowert** des Erwerbs: die in § 10 Abs. 5 ErbStG abschließend genannten
Nachlassverbindlichkeiten sind abzuziehen.

a) Allgemeine Nachlassverbindlichkeiten

Am Stichtag vorhandene **Schulden des Erblassers** mindern den Erwerb (§ 10 Abs. 5 199
Nr. 1 ErbStG). Verwirklicht sich ein Schaden aber erst nach dem Tod des Erblassers, liegt
eine nicht abziehbare Eigenverbindlichkeit des Erben vor.[203] Der Erwerber kann eine
Verbindlichkeit auch dann abziehen, wenn er selbst Inhaber der Forderung gegen den
Erblasser war. Die zivilrechtlich eintretende Konfusion der Forderung gilt erbschaftsteuer-
lich ausdrücklich nicht (§ 10 Abs. 3 ErbStG fingiert den Fortbestand).[204] Betriebliche Ver-

---

[198] *Schmid* ZEV 2015, 387 (391); Troll/Gebel/Jülicher/*Gottschalk*, ErbStG, Stand: November 2017, § 11
Rn. 98.
[199] *Jülicher* ZErb 2017, 5.
[200] *Jülicher* ZErb 2017, 5 (6).
[201] BFH ZEV 2015, 658 Rn. 14 ff.; zustimmend *Mensch* ZEV 2016, 75(76); *Ihle* RNotZ 2011, 471 (481)
zum Familienheim mit Beispiel zur Kappungsgrenze auf S. 482.
[202] *Viskorf/Haag* DStR 2012, 219.
[203] BFH DStR 2017, 2479.
[204] Umgekehrt fingiert die Norm auch den Fortbestand einer Forderung, die der Erblasser gegen den
Erwerber hatte und die somit in den Nachlass fällt und zum steuerpflichtigen Erwerb gehört.

bindlichkeiten des Erwerbers, die bereits bei der Bewertung des Betriebsvermögens als Abzugsposten berücksichtigt wurden, können freilich nicht erneut abgezogen werden (§ 10 Abs. 5 Nr. 1, 2. Halbsatz ErbStG).

200   Als mit dem Erbfall entstehende Nachlassverbindlichkeiten sind **Vermächtnisse, Auflagen und geltend gemachte Pflichtteilsansprüche** abzuziehen, § 10 Abs. 5 **Nr. 2** ErbStG. Erst die Geltendmachung des Pflichtteils führt zur Abzugsfähigkeit; dies stellt ein rückwirkendes Ereignis nach § 175 Abs. 1 Satz 1 Nr. 2 AO dar.[205] Auf die tatsächliche Anspruchserfüllung kommt es nicht an.[206]

201   Erbfallschulden, die nicht unmittelbar mit dem Erbfall entstehen, jedoch mit diesem zusammenhängen, sind in § 10 Abs. 5 **Nr. 3** ErbStG geregelt. Obgleich die Kosten erst nach dem Stichtag anfallen, sind sie abzugsfähig.[207] Soweit nicht höhere Kosten nachgewiesen werden, können für **Beerdigung, Grabpflege, Nachlassabwicklung und Nachlassauseinandersetzung** pauschal 10.300 Euro abgezogen werden. Zu den Kosten für Abwicklung und Auseinandersetzung des Nachlasses zählen zB Kosten für die Erbscheinserteilung, die Erbschaftsteuererklärung oder für ein Sachverständigengutachten zur Bewertung des Nachlasses.[208] Genannt werden in § 10 Abs. 5 Nr. 3 Satz 1 aE ErbStG ferner Kosten, die „mit der Erlangung des Erwerbs entstehen". Hierunter sind zB **Abfindungsleistungen** oder Zahlungen auf Grund eines Erbvergleiches zu subsumieren. Kosten für die dauerhafte **Verwaltung** des Nachlasses sind ausdrücklich nicht abzugsfähig, § 10 Abs. 5 Nr. 3 Satz 3 ErbStG. Als Eigenschuld des Erwerbers ist dessen **eigene Erbschaftsteuer** nicht abzugsfähig, § 10 Abs. 8 ErbStG.

202   Noch **ungewisse** oder aufschiebend bedingte **Verbindlichkeiten** sind spiegelbildlich zur Entstehung der Steuer gemäß § 9 ErbStG erst mit Eintritt der Bedingung oder Gewissheit abzugsfähig. Das ergibt sich aus den Bewertungsvorschriften (§ 10 Abs. 1 Satz 2, § 12 ErbStG iVm § 6, § 5 Abs. 2 BewG).[209]

203   Ob der Abzug einer Verbindlichkeit zusätzlich voraussetzt, dass sie den Erwerber **tatsächlich wirtschaftlich belastet**, ist fraglich.[210] Mit diesem Argument einer fehlenden wirtschaftlichen Belastung versagte der BFH[211] dem Erben den Abzug einer vereinbarten Abfindungszahlung, weil dem Erben die Abfindung bis zu seinem Tod gestundet wurde. Hinzu kam, dass die gestundete Forderung bei Fälligkeit zivilrechtlich durch Konfusion erlosch.[212] Die Abfindung wurde weder beim ersten Erben noch beim Schlusserben zum Abzug zugelassen.[213] Beim Schlusserben erfolgte ein einheitlicher Erwerb und kein Erwerb der Abfindung vom ursprünglichen Erblasser.[214] Die Stundung bis zum Tod wurde wie die Fälligkeit eines Vermächtnisses erst beim Tod des Beschwerten nach § 6 Abs. 4 behandelt (→ Rn. 99 f.).[215] Das Erfordernis einer „wirtschaftlichen Belastung" wurde nunmehr jedoch durch den BFH selbst relativiert.[216] Der BFH ließ zu, dass ein Schlusserbe nach dem

---

[205] *Riedel* MittBayNot 2016, 207 (208); *Friedrich-Büttner/Herbst* ZEV 2014, 593 (594).

[206] BFH ZEV 2004, 127.

[207] *Schmid* ZEV 2015, 387 (389).

[208] *Tipke/Lang*, Steuerrecht, 23. Aufl. 2018, § 15 Rn. 127.

[209] *Schmid* ZEV 2015, 387 (389).

[210] So *Schmid* ZEV 2015, 387 (389); *Ivo* MittBayNot 2008, 326 (327). Dagegen kritisch *Meincke*, ErbStG, 17. Aufl. 2018, § 10 Rn. 40; *Everts* NJW 2008, 557; *Wälzholz* Anm. BFH ZEV 2007, 502 (504).

[211] BFH NJW-RR 2007, 1458.

[212] Dem Sachverhalt lag ein Berliner Testament zugrunde: Der Schlusserbe vereinbarte mit dem längerlebenden Ehegatten eine Abfindung, die erst nach dem Tod des längerlebenden Ehegatten fällig wurde. Der längerlebende Ehegatte wurde vom Schlusserben beerbt. Der Schlusserbe hätte die Abfindung „an sich selbst zu zahlen".

[213] *Ivo* MittBayNot 2008, 326; *Lohr/Görges* DStR 2011, 1939 (1943); *Wälzholz* Anm BFH ZEV 2007, 502 (504).

[214] BFH NJW-RR 2007, 1458; *Lohr/Görges* DStR 2011, 1939 (1943); kritisch *Everts* NJW 2008, 557; ablehnend *Wälzholz* Anm. BFH ZEV 2007, 502 (504).

[215] *Everts* NJW 2008, 557.

[216] Vgl. BFH ZEV 2013, 220 Rn. 15: „eingeschränkte Bedeutung des Kriteriums der wirtschaftlichen Belastung", wiederholend FG Hessen DStRE 2017, 545 (547).

Tod beider Ehegatten „gegen sich selbst" noch den Pflichtteil nach dem erstverstorbenen Ehegatten geltend machen kann (→ Rn. 89 f.).

b) Speziell: Einkommensteuerschulden des Erblassers

aa) Entstehungszeitpunkt der Einkommensteuer. Als „vom Erblasser herrührende **204** Schulden" (§ 10 Abs. 5 Nr. 1 ErbStG) sind entstandene persönliche Steuerschulden des Erblassers abzugsfähig. Auch wenn eine Steuerschuld erst in der Person des Erben und nicht mehr in der Person des Erblassers zur Entstehung gelangt, ist sie abziehbar, wenn der **Erblasser den Steuertatbestand bereits abschließend verwirklicht hat**.[217] Zivilrechtlich handelt es sich dann bereits um eine Nachlassverbindlichkeit, die vom Erblasser „herrührt". Die Einkommensteuer ist für das Todesjahr noch vom Erblasser verwirklicht worden. Unschädlich ist, dass Sie erst mit Ablauf des Veranlagungszeitraumes am Jahresende entsteht, § 36 Abs. 1, § 25 Abs. 1 EStG. Wird der Steuertatbestand erst durch den Erben selbst abschließend verwirklicht – zB bei nachträglichen Einkünften nach § 24 Nr. 2 EStG – entsteht keine abzugsfähige Nachlassverbindlichkeit.[218] **Steuererstattungsansprüche** – des Erblassers werden dagegen nur berücksichtigt, wenn sie auch rechtlich **entstanden sind**. Dies ist eigens normiert in § 10 Abs. 1 Satz 3 ErbStG, wohingegen für die allgemeine Steuerschuld als Abzugsposten nur die Voraussetzung einer Nachlassverbindlichkeit im Sinne des Zivilrechts erfüllt sein muss.[219]

bb) Latente Steuern vor Gewinnrealisierung. Schlummern in einem erworbenen Ver- **205** mögensgegenstand einkommensteuerlich noch nicht zugeflossene Einnahmen bzw. noch nicht realisierte Gewinne (sog. **stille Reserven**), so sind die damit verbundenen latenten Steuern nicht abzugsfähig.[220] Ein Steuertatbestand wird hier erst vom Erwerber verwirklicht. Ob und wann der Steuerpflichtige vorhandene stille Reserven aufdeckt (zB durch Verkauf), ist völlig ungewiss und kann in fernster Zukunft liegen. Für die Höhe der Ertragssteuerbelastung kommt es auf die Verhältnisse des Erwerbers (zB dessen persönlicher Einkommensteuersatz) und nicht mehr auf die Verhältnisse des Erblassers an.

Die fehlende Abzugsfähigkeit ist verfassungsgemäß, weil es aus Vereinfachungsgründen **206** nicht zu beanstanden ist, dass erst künftig entstehenden Steuerschulden bei der stichtagsbezogenen Erbschaftsteuer nicht berücksichtigt werden, selbst wenn es zu einer Doppelbelastung kommen kann.[221] Kommt es innerhalb von 5 Jahren für Vermögen, das von Todes wegen erworben wurde, zu einkommensteuerpflichtigen Einkünften, so sieht § 35b EStG eine Steuerermäßigung vor (zum Verhältnis ErbSt und ESt und zur Doppelbelastung siehe → Rn. 243 ff.)

c) Abzugsbeschränkung bei steuerbefreitem Vermögen

Soweit Schulden wirtschaftlich mit erbschaftsteuerfreiem Vermögen zusammenhängen, sind **207** sie **nicht abzugsfähig** bzw. nur insoweit abzugsfähig, als sie auf den steuerpflichtigen Erwerb entfallen (§ 10 Abs. 6 ErbStG). Ein wirtschaftlicher Zusammenhang ist zu bejahen, wenn die Verbindlichkeit zum Erwerb, zur Sicherung oder zur Erhaltung des jeweiligen Vermögens eingegangen worden ist. Erforderlich ist eine konkrete Zuordnung zu einem bestimmten Vermögensgegenstand oder einem bestimmten Vermögensbereich, der eine Teilmenge des Nachlasses bildet.

Ein solcher Zusammenhang ist zu verneinen, wenn sich Verbindlichkeiten **auf den** **208** **Nachlass insgesamt** beziehen.[222] Vermächtnisse, Zugewinnausgleichsansprüche und auch

---

[217] BFH NJW 2012, 3677 Rn. 13: Änderung der Rspr. und entgegen der Verwaltungsauffassung.
[218] BFH NJW 2012, 3677 Rn. 22; vgl. *Crezelius* Anm. ZEV 2012, 500 (504).
[219] BFH NJW 2012, 3677 Rn. 24.
[220] BFH DStR 2010, 1029 Rn. 14; ablehnend *Friz* DStR 2015, 2409 (2413 f.).
[221] BVerfG ZEV 2015, 426.
[222] BFH ZEV 2015, 661 Rn. 23; *Riedel* MittBayNot 2016, 207 (208); *Milatz/Bockhoff* ZEV 2011, 410 (411).

Pflichtteilslasten stehen nicht mit einem bestimmten Nachlassvermögen im Zusammenhang und sind stets in voller Höhe abzugsfähig.[223] Denn es gibt keinen Pflichtteil an einem konkreten Nachlassgegenstand. Nach früherer Rechtsansicht wurde der Pflichtteil hingegen nur teilweise zum Abzug zugelassen, wenn zum Erwerb steuerfreies Vermögen gehörte.[224]

2. Wertermittlung

209   Die Wertermittlung des Erwerbs zum Stichtag des Todeszeitpunktes (§ 11, § 9 ErbStG) richtet sich gemäß § 12 ErbStG nach dem **Bewertungsgesetz** (Erster Teil, §§ 1–16 BewG sowie Zweiter Teil, sechster Abschnitt, §§ 157–203 BewG). Die Bewertungsnormen sind darauf ausgerichtet, den **Verkehrswert** des Erwerbs möglichst realitätsnah zu ermitteln (§ 9 BewG). Die Bewertung von Kapitalforderungen (§ 12 BewG), börsennotierten Wertpapieren (§ 11 Abs. 1 BewG), Edelmetallen etc. bedarf keiner näheren Erläuterung. Bei Guthaben auf gemeinsamen Konten von Eheleuten (in der Regel Oder-Konten) wird jedem Ehegatten die Hälfte des Guthabens zugewiesen, es sei denn, ein anderes Innenverhältnis wäre nachweisbar.

210   Wiederkehrende Nutzungen und Leistungen (Nießbrauch, Wohnungsrecht, Rentenrecht) sind zu kapitalisieren (§§ 13–16 BewG). Für **lebenslängliche Nutzungen oder Leistungen** ist der Jahreswert mit einem vom BMF ermittelten Vervielfältiger, der die Lebenserwartung sowie eine Verzinsung berücksichtigt, zu multiplizieren (§ 14 BewG). Nach § 14 Abs. 2 BewG erfolgt bei verfrühtem Tod des Berechtigten nochmals eine Korrektur. Durch die Kapitalisierung kommt es oftmals für die Beteiligten zu überraschenden und unvorhergesehenen Steuerlasten, zB wenn dem Lebensgefährten „nur" ein Wohnungsrechtsvermächtnis zugewendet wird (Option zur jährlichen Versteuerung → Rn. 237).

211   Für nicht an der Börse gehandelte **Kapitalgesellschaftsanteile** bestimmt § 11 Abs. 2, § 157 Abs. 4 BewG eine Wertableitung aus zurückliegenden Verkäufen, anhand der Ertragsaussichten oder mithilfe eines anderen branchenüblichen Verfahrens. Bei den letzteren zwei Bewertungsmethoden darf der Substanzwert als Mindestwert nicht unterschritten werden. Der Substanzwert ist der addierte Wert der einzelnen Wirtschaftsgüter des Unternehmens abzüglich Schulden. Anderes **Betriebsvermögen** (Einzelunternehmen oder **Beteiligungen an einer Personengesellschaft)** ist nach § 157 Abs. 5, § 109 BewG entsprechend zu bewerten. Bei Personengesellschaftsbeteiligungen ist nach § 97 Abs. 1a Nr. 2 BewG zusätzlich das Sonderbetriebsvermögen zu berücksichtigen. Da bei vermögensverwaltenden Personengesellschaften ohne gewerbliche Tätigkeit § 97 BewG nicht eingreift, regelt § 10 Abs. 1 Satz 4 ErbStG, dass ein anteiliger Erwerb der einzelnen Wirtschaftsgüter vorliegt.

212   Hinsichtlich von **Grundvermögen** ist zwischen unbebauten (§ 178 f. BewG) und bebauten (§ 180 f. BewG) Grundstücken zu unterscheiden. Unbebaute Grundstücke werden anhand der amtlichen Bodenrichtwerte (§ 179 BewG) bewertet. Bei bebauten Grundstücken wird je nach Gebäude- und Nutzungsart (§ 182, § 181 BewG) abgestellt auf Kaufpreise vergleichbarer Grundstücke (§ 183 BewG, Vergleichswertverfahren), auf erzielbare Renditen (§ 184 BewG, Ertragswertverfahren) oder auf die Regelherstellungskosten (§ 190 BewG, Sachwertverfahren). Nach § 198 BewG kann der Steuerpflichtige einen niedrigeren Wert nachweisen. Dies ist möglich mithilfe eines Sachverständigengutachtens oder durch einen stichtagsnah abgeschlossenen Kaufvertrag mithilfe des vereinbarten Kaufpreises.[225]

[223] BFH ZEV 2015, 661 Rn. 20; zustimmend *Riedel* MittBayNot 2016, 207 (209).
[224] Zur alten Vorgehensweise: BFH ZEV 2015, 661 Rn. 27 ff.; *Riedel* MittBayNot 2016, 207 (209) mwN; *Lohr/Görges* DStR 2011, 1939 (1943).
[225] R B 198 EStR 2011 Abs. 3 und Abs. 4.

VIII. Steuersatz, § 19 ErbStG

1. Einheitlicher Stufentarif für den gesamten Erwerb

Mit welchem Steuersatz die nach § 10 ErbStG ermittelte Bemessungsgrundlage belegt **213** wird, hängt von der **Steuerklasse** und von der **Höhe des Erwerbs** ab. Der Steuersatz liegt **zwischen 7 % und 50 %**.

Die **Einteilung** der **Steuerklassen** ist in § 15 ErbStG geregelt und richtet sich nach **214** dem persönlichen Angehörigkeitsverhältnis des Erwerbers zum Erblasser. Im Gegensatz zu den Freibeträgen nach § 16 ErbStG (→ Rn. 183) knüpft der Steuertarif nach § 19 ErbStG stringent an die Steuerklassen an. Personen der Steuerklassen II und III haben zwar denselben Freibetrag (§ 16 Abs. 1 Nr. 5, Nr. 7 ErbStG), jedoch wirkt sich die bessere Steuerklasse beim Steuertarif aus. Für nichteheliche Lebensgefährten gilt unabhängig von der Dauer der Partnerschaft die Steuerklasse III und damit bereits in der ersten Stufe der Steuersatz von 30 %.

Nach § 19 ErbStG gelten folgende Prozentsätze: **215**

Wert des steuerpflichtigen Erwerbs bis einschließlich	Steuersatz in der Steuerklasse		
	I	II	III
75.000 EUR	7 %	15 %	30 %
300.000 EUR	11 %	20 %	30 %
600.000 EUR	15 %	25 %	30 %
6.000.000 EUR	19 %	30 %	30 %
13.000.000 EUR	23 %	35 %	50 %
26.000.000 EUR	27 %	40 %	50 %
über 26.000.000 EUR	30 %	43 %	50 %

Die verschiedenen Stufen nach dem Wert des steuerpflichtigen Erwerbs wirken absolut. **216** ZB hat ein Erwerber der Steuerklasse I einen Erwerb in Höhe von 75.100 EUR insgesamt mit 11 % zu versteuern. § 19 ErbStG regelt einen Stufentarif, der einen **einheitlichen Steuersatz für den gesamten Erwerb** festlegt.

Dies unterscheidet sich völlig von der **Einkommensteuer**, welche mit linear-progressi- **217** vem Tarif fünf Tarifzonen „durchläuft" (§ 32a EStG). Bei der Einkommensteuer wird das Einkommen aufgeteilt und die Stufen werden mit verschiedenen Steuersätzen belastet. Am Ende kann der Durchschnittsteuersatz der Bemessungsgrundlage angegeben werden.

2. Härteausgleich und Progressionsvorbehalt, § 19 Abs. 3, Abs. 2 ErbStG

Überschreitet der erbschaftsteuerliche Erwerb nur knapp eine nächste Stufe, kommt es zu **218** misslichen Ergebnissen. Die dadurch zu zahlende höhere Erbschaftsteuer übersteigt anfangs den Betrag des über der Stufe liegenden Mehrerwerbs. Der Erwerber steht durch den Mehrerwerb also schlechter. ZB. fällt in Steuerklasse I für den Erwerb von 75.000 EUR Erbschaftsteuer in Höhe von 5.250 EUR (75.000 EUR x 0,07) an und für 75.100 EUR in Höhe von 8.261 EUR (75.100 EUR x 0,11). Obwohl der Erwerber nur 100 EUR mehr erbt, muss er 3.011 EUR (8.261 EUR – 5.250 EUR) mehr Steuern zahlen. Zur Abmilderung ist in **§ 19 Abs. 3 ErbStG** ein **Härteausgleich** vorgesehen. Die Mehrbelastung ist **gedeckelt** auf ½ bzw. ¾ des die Wertstufe überschreitenden Mehrbetrags.

219   Ist ausländisches Vermögen aufgrund eines DBA dem deutschen Steuerzugriff entzogen (Freistellungsmethode, → Rn. 47), ist das ausländische Vermögen zur Bestimmung des Steuersatzes dennoch heranzuziehen, § 19 Abs. 2 ErbStG (**Progressionsvorbehalt**).

220   Das durch das deutsche **ErbStG steuerfrei** gestellte Vermögen unterliegt dagegen **keinem Progressionsvorbehalt**. Steuerbefreiungen (zB §§ 13 ff. ErbStG oder der persönliche Freibetrag) wirken sich daher „doppelt" aus: zum einen mindert sich die Bemessungsgrundlage und zum anderen fällt ggf. ein geringerer Steuersatz an.

IX. Steuererhebung, Verfahrensrechtliches, Durchsetzung der Erbschaftsteuer

1. Steuererhebungsverfahren, Anzeige- und Erklärungspflichten

221   Das Erbschaftsteuerverfahren ist **zweigestuft** in eine Anzeige des Erwerbs (§ 30 ErbStG) und eine Erklärung über den Erwerb.[226] Es gibt keine allgemeine Steuererklärungspflicht, sondern der Erwerber wird durch das Finanzamt zur Abgabe einer Steuererklärung aufgefordert (§ 31 Abs. 1 ErbStG). Die vorgelagerte Anzeige dient dem Finanzamt als Entscheidungsgrundlage für das Verlangen nach einer Steuererklärung. Da die Anzeige ein Weniger gegenüber der Erklärung ist, wird sie durch Abgabe einer Erklärung ersetzt.

a) Anzeigepflicht des Erwerbers, § 30 ErbStG

222   Der Erwerber hat seinen Erwerb innerhalb von drei Monaten nach Kenntnis vom Vermögensanfall beim Finanzamt schriftlich anzuzeigen, § 30 Abs. 1 ErbStG. Die **Frist** beginnt, wenn der Erwerber weiß, dass und zu welchem Anteil er Nachlassvermögen erhält. Bei gewillkürter Erbfolge ist dies jedenfalls mit Testamentseröffnung der Fall, bei gesetzlicher Erbfolge spätestens mit Erteilung eines Erbscheines.

223   Nach § 30 Abs. 3 **Satz 1** ErbStG ist die **Anzeige entbehrlich**, wenn der Erwerb auf einer von einem deutschen Nachlassgericht eröffneten Verfügung von Todes wegen beruht und sich das Verwandtschaftsverhältnis des Erwerbers zum Erblasser aus der Verfügung ergibt. Dies gilt jedoch nur dann, wenn der Erwerb ausschließlich aus Kapitalvermögen besteht (§ 30 Abs. 3 Satz 1, 2. HS ErbStG). Nur wenn das Finanzamt durch Anzeigepflichten Dritter (§ 33 ErbStG siehe → Rn. 229) und durch die Verfügung des Erblassers alle relevanten Informationen erhält, entfällt die Anzeigepflicht. Der Erwerb einer Abfindung oder eines Pflichtteiles beruht nicht unmittelbar auf einer Verfügung von Todes wegen und ist daher stets anzuzeigen. Einen größeren Anwendungsbereich hat das Entfallen der Anzeigepflicht nach § 30 Abs. 3 **Satz 2** ErbStG, wonach es bei einer Schenkung keiner Anzeige bedarf, wenn diese notariell beurkundet worden ist (Anzeige durch den beurkundenden Notar gemäß § 34 Abs. 2 Nr. 3 ErbStG).[227]

224   Obgleich nach dem Wortlaut der Norm keine weitere Ausnahme besteht, ist im Wege einer **teleologisch-reduzierenden** Auslegung eine **Anzeige auch dann entbehrlich**, wenn aufgrund der Geringfügigkeit des Erwerbs eine Steuer ersichtlich nicht in Betracht kommt (andernfalls müsste jedes Geburtstagsgeschenk als Schenkung angezeigt werden). Wird umgekehrt ein steuerrelevanter Vorgang nicht angezeigt, liegt eine Steuerhinterziehung nach § 370 AO vor.

225   Die Anzeige soll die in § 30 Abs. 4 ErbStG genannten **Angaben enthalten**: Name, Beruf, Adresse und Steueridentifikationsnummer von Erwerber und Erblasser; Sterbedatum und −ort; Gegenstand, Wert und Rechtsgrund des Erwerbs; persönliches Verhältnis (Verwandtschaftsverhältnis) zwischen Erwerber und Erblasser und frühere Erwerbe.

---

[226] *Einemann* ZEV 2017, 316 (317).
[227] *Mannek/Höne* ZEV 2009, 329.

b) Erklärungspflicht, § 31 ErbStG

Auf Verlangen des Finanzamtes ist gemäß § 31 Abs. 1 ErbStG eine Steuererklärung nach **226** amtlichem Vordruck[228] abzugeben. Nach § 31 Abs. 2 ErbStG sind in der Erklärung die erworbenen Vermögensgegenstände und deren **wertbildende** Faktoren anzugeben. Wertgutachten muss der Steuerpflichtige nicht einholen. Er kann solche jedoch beifügen, wenn sie zu seinen Gunsten einen niedrigeren Wert nachweisen sollen (198 BewG).

Bei mehreren **Miterben** ist jeder für seinen Erwerb anzeigepflichtig. Nach § 31 Abs. 4 **227** ErbStG kann eine gemeinsame Erbschaftsteuererklärung abgegeben werden, die aber von jedem Miterben zu unterschreiben ist. Zur Abgabe der Steuererklärung ist – sofern vorhanden – anstelle des Erwerbers der **Testamentsvollstrecker** oder der **Nachlasspfleger** verpflichtet, § 31 Abs. 5 und Abs. 6 ErbStG. Zusätzlich zur Unterschrift des Testamentsvollstreckers kann die Unterschrift eines oder mehrerer Erben verlangt werden. Denn der Testamentsvollstrecker hat zB keine Kenntnis über etwa relevante Vorerwerbe (§ 14 ErbStG). Testamentsvollstrecker und Nachlassverwalter haben für die Zahlung der Steuer zu sorgen; der Steuerbescheid ist ihnen bekannt zu geben, § 32 ErbStG. Zur Anzeige des Erwerbs gemäß § 30 ErbStG bleibt stets allein der Erwerber verpflichtet.

c) Nachwirkende Pflichten

Als Erbanfallsteuer entsteht die Erbschaftsteuer grundsätzlich einmalig zum Stichtag. **Aus-** **228** **nahmen** zum **Stichtagsprinzip** beeinflussen aber als nachträgliche Ereignisse die Steuerschuld. Soweit eine spezielle Norm im ErbStG fehlt, ist ein steuerrelevantes nachträgliches Ereignis nach § 153 Abs. 2 AO anzuzeigen (zB Aufgabe der Selbstnutzung des Familienheims, § 13 Nr. 4b, Nr. 4c jeweils Satz 5 ErbStG).[229] § 13a Abs. 7 und § 28a Abs. 5 ErbStG regeln eine spezielle Anzeigepflicht, falls eine Voraussetzung für die Steuerfreistellung bzw. den Steuererlass von Unternehmensvermögen nachträglich wegfällt (Verstoß gegen Lohnsummenregelung oder gegen Behaltensfrist, → Rn. 151, Rn. 153). Ein nachträgliches Ereignis ist auch dann anzuzeigen, wenn sich nach Ansicht des Steuerpflichtigen keine Folgen für die Besteuerung ergeben (zB Aufgabe der Selbstnutzung aus zwingenden Gründen).[230]

d) Anzeigepflichten von anderen Personen, § 33 ErbStG

Zusätzlich existieren Anzeigepflichten, die **nicht den Steuerpflichtigen selbst** treffen. **229** Diese stellen eine effektive Steuererhebung sicher. Das ErbStG regelt die Anzeigepflicht und die ErbStDV bestimmt Form und Inhalt der Anzeige. Nach § 33 Abs. 3 ErbStG, § 3 ErbStDV ist vor Auszahlung einer Versicherungssumme an eine andere Person als dem Versicherungsnehmer (siehe hierzu → Rn. 105 f.), eine Anzeige des Versicherungsunternehmens nach amtlichem Vordruck an das Finanzamt zu erstatten. Für Banken und andere Vermögensverwahrer ist gemäß § 33 Abs. 1–2 ErbStG, §§ 1–2 ErbStDV nach amtlichen Vordruck anzuzeigen; für Schließfächer zB lediglich, dass es ein Schließfach gibt und – sofern bekannt – der Wert des Versicherungswertes. Die Anzeige hat innerhalb eines Monats, seitdem der Todesfall dem Anzeigepflichtigen bekannt wurde, zu erfolgen (§ 33 Abs. 1 Satz 2 Nr. 2 ErbStG). Der Todesfall wird bekannt, indem ein potenzieller Erbe um Auszahlung bittet oder durch Auswertung von Todesanzeigen o. ä.

Vom Eintritt eines Erbfalles bekommt das Finanzamt Mitteilung vom Standesamt, § 34 **230** Abs. 2 Nr. 1 ErbStG. Außerdem müssen die Nachlassgerichte die Erteilung von Erbscheinen und die eröffneten Verfügungen von Todes wegen dem Finanzamt anzeigen, § 34

---

[228] § 150 Abs. 1 AO. Ein amtlicher Vordruck steht auf der Homepage des Landesamtes für Steuern zum Download bereit. Von der Möglichkeit, dass der Steuerpflichtige die Steuer selbst zu berechnen hat, § 31 Abs. 7 ErbStG, macht die Finanzverwaltung häufig keinen Gebrauch.

[229] *Mannek/Höne* ZEV 2009, 329 (330 f.).

[230] *Mannek/Höne* ZEV 2009, 329 (330).

Abs. 2 Nr. 2 und Nr. 3 ErbStG. Die Anzeige an das Erbschaftsteuerfinanzamt hat als zusätzliche Folge, dass dieses eine **Kontrollmitteilung** an das Einkommensteuer-Finanzamt weitergibt, wodurch die ordnungsgemäße Besteuerung der Zinseinkünfte nachträglich des Erblassers und zukünftig des Erwerbers geprüft wird.[231]

2. Steuerfestsetzung, Zuständigkeit (§ 35 ErbStG) und gesonderte Feststellungen (§ 151 f. BewG)

231 **Örtlich zuständig** für Anzeige, Erklärung und Festsetzung der Erbschaftsteuer ist grundsätzlich das Finanzamt, in dessen Bezirk der Erblasser seinen letzten Wohnsitz hatte, § 35 Abs. 1 Satz 1 ErbStG (§ 19 Abs. 1 Satz 1 AO: **Wohnsitzfinanzamt,** wobei zur Verwaltungsvereinfachung Zentralisierungen von Erbschaftsteuerstellen erfolgen). Ist der Erblasser kein Inländer, so kommt es auf den Wohnsitz des Erwerbers an, § 35 Abs. 2 ErbStG. Das Wohnsitzfinanzamt bearbeitet den Steuervorgang häufig nicht allein, sondern delegiert Vorfragen (insbesondere die Bewertung) auf weitere Finanzämter.

232 Für die Bewertung verweist § 12 ErbStG auf § 151 BewG, der die **gesonderte Feststellung** von Werten vorsieht, wenn die Werte für die Erbschaftsteuer von Bedeutung sind. Dies gilt für Grundbesitzwerte, die durch das Lagefinanzamt festzustellen sind; den Wert von Betriebsvermögen, der durch das Betriebsfinanzamt festzustellen ist und den Wert von nicht börsennotierten Kapitalgesellschaftsanteilen, der durch das Finanzamt am Ort der Geschäftsleitung festzustellen ist (§ 151, § 152 BewG). Überdies ist eine gesonderte Feststellung vorgesehen in § 13a Abs. 4 ErbStG für die erforderlichen Parameter der Lohnsummenregelung und in § 13b Abs. 10 ErbStG für verschiedene Werte im Zusammenhang mit dem Unternehmensvermögen (zB Wert der Finanzmittel oder des jungen Verwaltungsvermögens).

233 **Gesonderte Feststellung** bedeutet, dass vor Erlass des Erbschaftsteuerbescheides ein gesonderter Bescheid ergeht, der lediglich den festgestellten Wert verbindlich festlegt (§ 179 Abs. 1 AO). Die Wertfeststellung ist also nicht nur als Beiwerk im Zahlungsbescheid enthalten (§ 157 Abs. 2 AO). Wird der gesonderte Feststellungsbescheid als sog. Grundlagenbescheid bestandskräftig, so ist der Wert für die Steuerfestsetzung bindend (§ 182 AO). Einwände gegen die Wertermittlung werden bei Einwänden gegen den Steuerbescheid dann nicht mehr gehört. Für die Erbengemeinschaft erfolgt die einheitliche und gesonderte Feststellung (§ 151 Abs. 2 Nr. 2 Satz 1, 2. HS BewG).[232] Durch die Einheitlichkeit wird verhindert, dass der Wert eines Vermögensgegenstandes gegenüber einzelnen Miterben unterschiedlich hoch angesetzt wird.

234 Die „Auslagerung" der Feststellungen auf weitere Finanzämter soll deren Sachkunde und die nähere örtliche Anknüpfung nutzen und so Synergieeffekte bewirken. Problematisch bleibt, dass zunächst das Wohnsitzfinanzamt entscheiden muss, ob eine Steuerpflicht möglich erscheint, bevor es die Feststellungsfinanzämter zur Bewertung auffordert (§ 151 Abs. 1 AO: „…wenn die Werte für die Erbschaftsteuer…von Bedeutung sind"). Der Steuerpflichtige empfindet es nicht zwingend als Vereinfachung, wenn er von verschiedenen Finanzämtern zur Abgabe von Feststellungserklärungen aufgefordert wird (§ 153 BewG),[233] die dem eigentlichen Steuerbescheid erst vorangehen.

3. Haftung, Steuerermäßigung, Stundung, §§ 20 ff. ErbStG

235 **Steuerschuldner** ist im Erbfall der Erwerber, **§ 20 Abs. 1 ErbStG** (bei Schenkungen auch der Schenker selbst). Bis zur Nachlassteilung haftet der Nachlass, § 20 Abs. 3 ErbStG. Die Haftung ist nicht auf den Nachlass begrenzt, kann diesen aber nach dem Konzept der

---

[231] Troll/Gebel/*Jülicher*/Gottschalk, ErbStG, Stand: November 2017, § 33 Rn. 42.
[232] Siehe zum Inhaltsadressaten BFH DStRE 2015, 1523.
[233] *Tipke/Lang*, Steuerrecht, 23. Aufl. 2018, § 15 Rn. 52.

Nettobesteuerung nicht überschreiten. Kreditinstitute und Versicherungen haften gemäß § 20 Abs. 6 ErbStG, wenn sie vor Sicherstellung der Steuer Zahlungen ins Ausland leisten.

Eine **im Ausland gezahlte Steuer** auf ausländische Nachlassgegenstände ist ggf. nach 236 **§ 21 ErbStG** anzurechnen (→ Rn. 47 f.).

Der Erwerber von wiederkehrende Nutzungen oder Leistungen (insbes. Nießbrauch, 237 Wohnungsrecht, Rentenrecht) hat nach **§ 23 Abs. 1 ErbStG** ein Wahlrecht. Auf Antrag des Steuerpflichtigen erfolgt keine einmalige Erhebung der Erbschaftsteuer auf den Kapitalwert (zur Errechnung siehe → Rn. 210), sondern es wird **jährlich der Jahreswert** besteuert; allerdings mit dem Steuersatz, der auf den gesamten Erwerb des Steuerpflichtigen entfällt. Diese „Steuerstundung" ist gerechtfertigt, weil die Erbschaftsteuer grundsätzlich aus dem erworbenen Substrat zahlbar sein soll, es sich bei den genannten Rechten aber in der Regel um unveräußerliche Rechte handelt. Bei jährlicher Besteuerung hat der Steuerpflichtige weiterhin die Option, den noch offenen Kapitalwert ablösend zu versteuern, § 23 Abs. 2 ErbStG.

§ 27 ErbStG gibt eine **Steuerermäßigung**, wenn **dasselbe Vermögen** innerhalb von 238 10 Jahren zweimal von einem Erwerber der Steuerklasse I versteuert werden muss. Insbesondere beim Berliner Testament sowie bei einer Vor- und Nacherbschaft kann die erneute Besteuerung desselben Vermögens so etwas abgefedert werden.

§ 28 ErbStG sieht – neben dem allgemeinen § 222 AO – **Stundungsmöglichkeiten** 239 vor. Diese knüpfen an ohnehin schon bestehende Steuervergünstigungen nach § 13b, § 13d (Unternehmensvermögen oder vermietete Wohnimmobilie) an. Ferner kann bei einer Nutzung zu eigenen Wohnzwecken zur Verhinderung einer Veräußerung gemäß § 28 Abs. 3 Satz 2 und 3 ErbStG für die Dauer der Selbstnutzung, längstens für 10 Jahre, eine Stundung beantragt werden. Bei Beendigung der Selbstnutzung kann bei anschließender Vermietung zu Wohnzwecken die Stundung fortgesetzt werden (§ 28 Abs. 3 Satz 3 ErbStG).[234] Für Großerwerbe kann im Rahmen der Verschonungsbedarfsprüfung (→ Rn. 157 ff.) zusätzlich zum teilweisen Steuererlass eine Stundung erfolgen, § 28a Abs. 3 ErbStG.

Ein **Erlass** der Steuer ist in **§ 28a ErbStG** vorgesehen, wenn der Steuerpflichtige bei 240 einem Großerwerb von Unternehmensvermögen nicht über ausreichende Mittel zur Zahlung verfügt (→ Rn. 157 ff.). Nach § 29 Abs. 1 Nr. 4 ErbStG **erlischt** die Steuer, wenn das erworbene Vermögen innerhalb von zwei Jahren an Bund, Land oder Kommune oder eine gemeinnützigen Stiftung weiterübertragen wird (→ Rn. 179).

X. Verhältnis zu anderen Steuerarten

Allgemein ist das deutsche Steuersystem bestrebt, ein und denselben Lebenssachverhalt nur 241 einmal zu besteuern, so dass sich verschiedene Steuerarten grundsätzlich ausschließen.

1. Einkommensteuer

Da die Erbschaftsteuer eine besondere Form der Einkommensteuer ist (→ Rn. 3), sollte es 242 hier **keine Überschneidungen** geben.[235] Durch den Erbfall selbst wird also grundsätzlich keine Einkommensteuer ausgelöst, weil die entgeltliche Marktteilnahme (ESt) vom unentgeltlichen Vermögenserwerb (ErbSt) zu unterscheiden ist. Nur ausnahmsweise ist zugleich eine einkommensteuerrechtliche Relevanz gegeben.[236]

---

[234] Troll/Gebel/*Jülicher*/Gottschalk, ErbStG, Stand: November 2017, § 28 ErbStG Rn. 15.
[235] *Tipke/Lang*, Steuerrecht, 23. Aufl. 2018, § 15 Rn. 2; Vgl. ausführlich *Crezelius* ZEV 2015, 392 ff.; *Keß* ZEV 2015, 254 ff.
[236] Begründung oder (schlimmer) Beendigung einer Betriebsaufspaltung; Qualifikation von Sonderbetriebsvermögen bzw. dessen Entnahme; Veräußerungsgewinn, soweit bei Ausscheiden aus einer Gesellschaft durch den Tod die Abfindung den Buchwert des Erblassers übersteigt, vgl. zu allem ausführlich *Reich* MittBayNot 2007, 182 ff.

243   Vermögen, das einkommensteuerrechtlich **steuerverstrickt** ist, kann zugleich Bestandteil des erbschaftsteuerpflichtigen Vermögenserwerbs sein. Dies ist zB der Fall, wenn ein
geschäftlicher Firmenwert oder eine vom Erblasser erst kürzlich gekaufte Immobilie auf
den Erwerber übergehen. Die Veräußerung der geerbten Firma (§ 16 EStG) oder der
geerbten Immobilie (§ 23 EStG) löst für den Erwerber **nochmals Einkommensteuer** aus.
Wer nicht steuerverstricktes Privatvermögen erbt oder bei der Nachlassteilung erhält, übernimmt dagegen keine latenten Steuern, sondern kann ohne Steuerbelastung weiterver-
äußern.[237] Eine mehrfache Besteuerung desselben Lebenssachverhaltes ist dabei nicht gegeben, weil die Steuer einmal an den Erwerb (ErbStG) und einmal an den Weiterverkauf
anknüpft (ESt). Trotzdem liegt eine **Doppelbelastung** vor, wenn die stillen Reserven zum
einen Eingang in die erbschaftsteuerliche Bemessungsgrundlage finden und zum anderen
bei einer späteren Gewinnrealisierung der Einkommensteuer unterliegen.[238]

244   Eine solche Doppelbelastung aufgrund der latenten Steuern bleibt weiterhin bestehen,
insbesondere ist die erbschaftsteuerliche Bemessungsgrundlage nicht um potentiell folgende
Einkommensteuern zu mindern (→ Rn. 205 f.). Die Doppelbelastung ist **Folge der aufgeschobenen Einkommenbesteuerung**. Im Zeitraum vor der Gewinnrealisierung erfolgt eine Art Stundung der Einkommensteuer, denn trotz vorhandener Wertsteigerung
erfolgt noch kein Steuerzugriff. Dass dieser dann geballt bei der Gewinnrealisierung auftritt,
ist die logische Kehrseite des Vorteils. Nachteilhaft erscheint, dass die Besteuerung nicht
mehr bei dem Steuersubjekt eingreift, bei dem die Werterhöhung eingetreten ist (Aufhebung der Subjektbindung der stillen Reserven).[239] Durch erlaubte Buchwertfortführun-
gen bei Rechtsnachfolge bleiben die stillen Reserven zugedeckt.

245   Die geschilderte **Doppelbelastung tritt in der Praxis oftmals nicht ein**. Grund sind
die Steuerverschonungen von Betriebsvermögen (§ 13a, § 13b ErbStG) und in der Vergangenheit die Maßgabe der Steuerbilanzwerte bei der Erbschaftsteuer[240] (Damit unterlagen
die stillen Reserven gar nicht der Erbschaftsteuer). Diese Abschwächung der Doppelbelastung ist zugleich eine Art Rechtfertigung der doppelten Erfassung.[241] Kommt es nach
heutiger Rechtslage aber zu einer zeitnahen Veräußerung von Unternehmensvermögen,
kann dies zugleich einen Einkommensteuertatbestand und einen Nachsteuertatbestand für
die Erbschaftsteuer erfüllen (Verstoß gegen die Behaltensfrist, → Rn. 153).

246   Der Doppelbelastung wirkt § 35b EStG entgegen, wonach die **Einkommensteuer
ermäßigt** wird, wenn eine solche Doppelbelastung innerhalb von 5 Jahren eintritt. Als
Tarifnorm verhindert § 35b EStG die Doppelbesteuerung freilich nicht, sondern mildert
nur deren wirtschaftliche Auswirkungen ab.[242] § 35b EStG wird als unzureichend kritisiert,
weil er nicht auf Schenkungen anwendbar und zeitlich auf 5 Jahre befristet ist.[243] Zumindest erscheint m. E. eine Korrektur auf Ebene der Einkommensteuer systematischer als der
Abzug der latenten Steuerlast bei der Erbschaftsteuer.[244]

2. Grunderwerbsteuer

247   Im Verhältnis zwischen Grunderwerbsteuer und Erbschaftsteuer tritt erstere zurück. Nach
§ 3 Nr. 2 GrEStG ist ein Grundstückserwerb von Todes wegen von der Grunderwerbsteuer

---

[237] *Reich* MittBayNot 2007, 182 (184).
[238] *Friz* DStR 2015, 2409; *Meincke*, ErbStG, 17. Aufl. 2018, Einführung Rn. 2; Burandt/Rojahn/*Milatz*,
Erbrecht, 2. Aufl. 2014, Vorbem. Rn. 27.
[239] *Friz* DStR 2015, 2409 (2410).
[240] *Friz* DStR 2015, 2409; Burandt/Rojahn/*Milatz*, Erbrecht, 2. Aufl. 2014, Vorbem. Rn. 27.
[241] *Crezelius* ZEV 2015, 1 (7).
[242] *Crezelius* ZEV 2015, 392 (394).
[243] *Friz* DStR 2015, 2409 (2413).
[244] Denn ob und wann ein steuerauslösender Gewinnrealisierungstatbestand erfüllt wird, ist beim Erwerb von
Todes wegen ebenso ungewiss wie die einkommensteuerlichen Verhältnisse im späteren Zeitpunkt. Der
einkommensteuerrechtliche Besteuerungsaufschub würde bei einem Abzug der latenten Steuer erneut zu
einer Privilegierung führen.

ausgenommen. Eine fehlende Gegenleistung würde der Grunderwerbsteuer dagegen nicht entgegenstehen, weil zB bei Anteilsvereinigungen oder Umwandlungsvorgängen bei fehlender Gegenleistung der gemeine Wert angesetzt wird, § 8 Abs. 2 GrEStG. Auch eine dem Erbfall nachfolgende Erbauseinandersetzung ist nach § 3 Nr. 3 GrEStG von der Grunderwerbsteuer befreit, selbst wenn ein Ehegatte eines Miterben miterwirbt (Satz 3).

3. Umsatzsteuer

Der Erbfall ist ohne Relevanz für die Umsatzsteuer. Bei Fortführung der Tätigkeit – auch **248** nur für kurze Zeit – kann der Erwerber seinerseits Umsatzsteuer auslösen.

Anhang

Amtsgericht _____
Geschäftszeichen: _____VI _____

Vor- und Nachname d. Verstorbenen: _____ Todestag: _____

<u>Nachlassverzeichnis</u>

1.	**N a c h l a s s v e r m ö g e n am Todestag**	**EUR**
1.1	Bargeld (in- und ausländisches)	
1.2	In- und ausländische Guthaben bei Sparkassen und Banken **– Bitte Ausfüllhinweise beachten! –**	
1.3	Wertpapiere (Kurswert)	
1.4	Forderungen d. Verstorbenen gegen Dritte, z. B. Anspruch d. Verstorbenen auf Steuer- rückvergütung, auf Schadensersatz, auf Rückzahlung einer Darlehenssumme	
1.5	Lebensversicherungen, private Sterbegelder und andere Versicherungen **– Bitte Ausfüllhinweise beachten –**	
1.6	Kunstgegenstände, Schmuck, unverarbeitete Edelmetalle (z. B. Barrengold), Sammlun- gen (z. B. Münzen, Porzellan, Briefmarken, Waffen; Gemälde), Musikinstrumente **– geschätzter Verkaufswert –**	
1.7	Gebrauchsgegenstände (Beispiele: Kraftfahrzeuge, Fahrräder, Sportgeräte, Computeranlagen) **– geschätzter Verkaufswert –**	
1.8	Mobiliar/Hausrat (Beispiele: verwertbare Möbel- und Antiquitäten, Teppiche, sonstige neu- und hochwertige Gegenstände) **– geschätzter Verkaufswert –**	
1.9	**Erwerbsgeschäft:** **– Bitte Ausfüllhinweise beachten! –**	

Firmenbezeichnung: _____	Anschrift: _____ _____
Ist die Firma im Handelsregister eingetragen?	☐ Nein
☐ Ja; Amtsgericht _____	Geschäftszeichen: **HR**_____
Beteiligungsverhältnis d. Verstorbenen: ☐ Inhaber ☐ Gesellschafter ☐ Pächter	☐ _____
Gesamtreinvermögen _____ EUR	Anteil d. Verstorbenen _____

**Bei weiteren Erwerbsgeschäften bitte eine entsprechende gesonderte Aufstellung
beifügen.**

| **1.10** | **Grundbesitz:**
– Bitte Ausfüllhinweise beachten; ggf. Anlage verwenden! – | |

☐ Kein Grundbesitz vorhanden	☐ Grundbesitz eingetragen im Grundbuch des Amts- gerichts _____	Gemarkung _____	Blatt _____

Art des Grundbesitzes:
☐ Eigentumswohnung   ☐ Erbbaurecht
☐ Bebauter Grundbesitz   ☐ Unbebauter Grundbesitz, nämlich
  ☐ Einfamilienhaus ☐ Mehrfamilienhaus   Art _____
  ☐ Betriebsgrundstück   (z. B. Bauland, Land-/Forstwirtschaft)

Weitere Angaben zur Wertermittlung:

1. Grundstücksgröße _____ m²
2. Wohn- bzw. Nutzfläche _____ m²
3. Baujahr _____
4. Kaufjahr _____
5. Erbbaurecht:
   bestellt am _____
   endet am _____
   jährlicher Erbbauzins _____ EUR

6. Kaufpreis/Herstellungskosten _____ EUR
7. Umbau, Anbau, Renovierung
   Jahr _____ Kosten _____ EUR
8. Verkehrswert (=Verkaufswert) _____ EUR
9. Brandversicherungssumme 1914 in
   DM _____ (lt. Brandversicherungsurkunde, bitte beifügen!)
10. Anteil d. Verstorbenen am Grundbesitz
    _____

1.11	**Sonstige Rechte (z. B. Urheberrechte, Erfindungen, Patente)**	
	Summe der Nachlasswerte	

2.	**N a c h l a s s s c h u l d e n**	**EUR**
2.1	**Schulden d. Verstorbenen am Todestag**	
	Darlehensverbindlichkeiten (lediglich Anteil d. Verstorbenen und nur soweit noch geschuldet, einschl. rückständiger Zinsen, auch gesichert über Grundschulden und Hypotheken) **– Bitte Nachweise beifügen –**	
2.2	Sonstige Schulden (z. B. Miet- und Steuerrückstände, offene Rechnungen, Krankheitskosten) _____ **– Bitte Ausfüllhinweise beachten! –**	
	Summe der Nachlassschulden	

Ich versichere, dass vorstehende Angaben vollständig und richtig sind.
☐ einverstanden.   ☐ nicht einverstanden.

_____   _____
Datum   Ort

_____
Name, Vorname

_____
Straße, PLZ, Wohnort

_____   _____
Telefon (tagsüber)   E-Mail

_____
Unterschrift

Wertberechnung durch das Amtsgericht	**EUR**
1. Nachlasswerte a) Nrn. 1.1 bis Nr. 1.9 und Nr. 1.11 b) Nr. 1.10 (Verkehrswert bzw. vierfacher Einheitswert)	_____ EUR _____ EUR
2. Nachlassverbindlichkeiten Nr. 2	-
Geschäftswert, § 40 GNotKG	

Nachlassverzeichnis zur Wertermittlung in Erbschaftssachen[1]

I. Allgemeine Hinweise zum Nachlassverzeichnis

Der Vordruck „Nachlassverzeichnis" auf dem vorhergehenden Blatt dient der Wertermittlung zur Berechnung der Gebühren nach dem Gerichts- und Notarkostengesetz (GNotKG).

Die Angaben im Nachlassverzeichnis kann das Nachlassgericht an andere Behörden weitergeben, wenn diese sie zur Erfüllung gesetzlicher Aufgaben benötigen (z. B. Sozialhilfebehörden, Finanzamt).

Für die Gebühren für **Erbschein und eidesstattliche Versicherung** sind insbesondere folgende Werte maßgebend:

Wert des **reinen** Nachlasses, d. h. die Schulden des Erblassers **werden** vom Wert des Nachlasses **abgezogen**.

Nicht abzugsfähig sind die Verbindlichkeiten, die aufgrund des Erbfalls entstehen (z. B. Beerdigungskosten, Vermächtnisse, Pflichtteilsrechte, Auflagen, Erbschaftssteuer).

Eine Kostenrechnung wird durch die zuständige Kasse übersandt. Sollten sich bezüglich der in ihr enthaltenen Geschäftswerte Unklarheiten ergeben, kann der Kostenbeamte des Nachlassgerichts, wenn ihm die Geschäftsnummer bekannt gegeben wird, Auskünfte erteilen.

Übersenden Sie von Ihren Unterlagen nach Möglichkeit Kopien; Originalunterlagen erhalten Sie erst nach Abschluss des Verfahrens zurück.

II. Ausfüllhinweise zum Nachlassverzeichnis

Zu Nr. 1.2:

Bei gemeinschaftlichen Konten, sog. „Und-Konten" bzw. „Oder-Konten", bitte nur den Anteil d. Verstorbenen einsetzen.

Wenn bei einem Konto ein Vertrag zugunsten Dritter besteht – bitte entsprechenden Nachweis beifügen – gehört das Guthaben nicht zum Nachlass und braucht nicht angegeben zu werden.

Zu Nr. 1.5:

Lebensversicherungen, private Sterbegelder und andere Versicherungen gehören nicht zum Nachlass, wenn sie zugunsten einer bestimmten Person (auch: „die gesetzlichen Erben") abgeschlossen sind.

Zu Nr. 1.9:

Bitte Kopie der letzten Bilanz oder Gewinn- und Verlustrechnung oder der letzten an das Finanzamt eingereichten Vermögensaufstellung und des evtl. vorhandenen Gesellschaftsvertrages vorlegen.

Angaben zum Verkehrswert evtl. im Betriebsvermögen enthaltener Grundstücke bitte unter Nr. 1.10 eintragen oder gesondertes Beiblatt verwenden.

---

[1] Das vorliegende Nachlassverzeichnis ist dem unter: **www.justiz-bayern.de** abrufbaren Nachlassverzeichnis nachgebildet.

Zu Nr. 1.10:

Bei land- oder forstwirtschaftlichen Betrieben mit Hofstelle wird das land- oder forstwirt-schaftliche Vermögen unter bestimmten Voraussetzungen nur mit dem vierfachen Einheits-wert bewertet.

Ansonsten wird Grundbesitz bei der Bewertung mit einem dem Verkehrswert möglichst entsprechenden Wert berücksichtigt, der in der Regel auf der Grundlage des Bodenricht-wertes und des Brandversicherungswertes (für Gebäude) bzw. bei Eigentumswohnungen entsprechend dem Kaufvertrag ermittelt wird.

Bitte fügen Sie bei Eigentumswohnungen eine Kopie des Kaufvertrages, bei allen anderen Gebäuden eine Kopie der Brandversicherungsurkunde bei.

Erläutern Sie bitte besondere werterhöhende oder wertmindernde Umstände kurz auf einem Beiblatt.

Bei weiterem Grundbesitz machen Sie bitte die vollständigen Angaben nach Nr. 1.10 ebenfalls auf einem Beiblatt.

Zu Nr. 2.2:

Krankheitskosten sind dann keine Nachlassschulden, wenn sie von Dritten (z. B. einer Krankenversicherung oder einem Schadensersatzpflichtigen) bezahlt werden.

Stichwortverzeichnis

Fette Zahlen = Kapitel, magere Zahlen = Randnummern

§ 1371 Abs. 1 BGB 48 36

Abfindung 50 57, 62, 80, 104, 119
Abschlag 50 146
Abschmelzmodell 50 156
Abstammungsrecht
– Erbfolge mit deutsch-deutschem Bezug **3** 14
– Mutterschaft **3** 9
– Vaterschaft **3** 9
– Vaterschaftsanfechtung **3** 10
– Vaterschaftsvermutung **3** 9
Adoption 50 181, 183
– adoptiertes Kind **3** 31
– starke Wirkung **3** 32
– Volladoption **3** 32
Amtshilfe 49 1
Anerkennung ausländischer Teilungen 48 4
**Anerkennung Vollstreckbarkeit und Voll-
streckung ausländischer Titel 47** 101
Anfechtung 17 38
– Annahme der Erbschaft **17** 38
– Ausschlagung der Erbschaft **17** 39
– Irrtum im Beweggrund **17** 40
Anfechtung letztwilliger Verfügungen
– gemeinschaftliches Testament **15** 4
– Jahresfrist **15** 4
– Wiederverheiratung des Überlebenden **15** 4
**Annahme ausländischer öffentlicher Urkun-
den 47** 102
Anteile an Kapitalgesellschaft 50 138
– Mindestbeteilung **50** 138
– Pool **50** 138
Antragsverfahren in Nachlasssachen 27 6
– Berufskonsul **28** 22
– funktionale Zuständigkeit **28** 2
– Landwirtschaftsgericht (LWG) **28** 18
– sachliche Zuständigkeit **28** 1
– Urkundsbeamter der Geschäftsstelle **28** 15
– Zuständigkeit **28** 1
Anwachsung 10 64
– individuelle Auslegung **10** 66
– sonst nahestehende Personen **10** 68
– Näheverhältnis **10** 68
– persönliche Verbundenheit **10** 69
Anzeigepflicht 50 222
– Bank **50** 229
– nachträgliche **50** 228
Asylberechtigte 48 21
Auflage 50 113
Aufschiebende Bedingung 50 191
Auslage 10 95

– Anspruch auf Vollziehung **10** 97
– Unwirksamkeit **10** 98
**Ausländernachlass vor Anwendbarkeit der
EU-Erbverordnung 48** 1
Auslegung 9 1
Auslegungslexikon 9 58
Auslegungsregeln 9 30
Auslegungsvertrag 9 29
Ausnahmen 50 190
Ausschlagung 50 56, 69
Außerordentliche Testamentsformen 8 67
– Besorgnis der Testierunfähigkeit **8** 71
– Besorgnis des nahen Todes **8** 71
– Drei-Zeugen-Testament **8** 73
– Naturkatastrophe **8** 71
– Nottestament vor dem Bürgermeister **8** 71
– Quarantäne **8** 71
– Seetestament **8** 74
Aussiedler 48 18

Bedürfnisprüfung 50 28, 157
Beeinträchtigende Schenkungen
– Änderung des Lebensstils **13** 11
– Anspruchsinhalt **13** 17
– Aufwendungsersatz **13** 19
– Auskunft **13** 21
– Benachteiligungsabsicht **13** 11
– Beweislast **13** 15
– ehebezogene Zuwendung **13** 7
– einseitige Verfügung **13** 3
– einstweilige Verfügung **13** 20
– Fallgruppen **13** 12
– Feststellungsklage **13** 20
– gemischte Schenkung **13** 6
– lebzeitiges Eigeninteresse **13** 11
– objektive Beeinträchtigung **13** 10
– Schenkung **13** 6
– Verfügung unter Lebenden **13** 2
– Verfügung Unterlassungsvertrag **13** 3
– Vormerkung **13** 3
– Wertermittlung **13** 21
Begünstigungsfähiges Vermögen 50 136
Begünstigungstransfer 50 197
Behaltensfrist 50 152
Behindertentestament 7 6
– Auflagenlösung **7** 6
– Bedürftigentestament **7** 11
– nicht befreite Vorerbschaft und Nacherbfolge
7 6
– Dauerverwaltungstestamentsvollstreckung auf
Lebenszeit **7** 6

– Erblösung **7** 6
– Nachvermächtnislösung **7** 6
– Pflichtteilsstrafklausel **7** 7
– Pflichtteilsverzicht **7** 7
– Trennungslösung **7** 6
– umgekehrte Vermächtnislösung **7** 6
– Zugriffsblockade **7** 7
Berliner Testament 11 39; **50** 16, 89
– Erhebung des Auskunftsanspruchs **11** 50
– Feststellungsklage **11** 48
– Jastrowsche Klausel **11** 57
– Nießbrauch **11** 42
– Pflichtteilsstrafklausel **11** 49
– Pflichtteilsstrafklausel bei Stiefkindern **11** 56
– Trennungssaison **11** 40
– Vermächtnis **11** 42
Beschwerde in Nachlasssachen
– Abhilfe **33** 9
– Anwaltskosten **33** 12
– Beschwerdeberichtigung **33** 7
– doppelt relevante Tatsachen **33** 7
– Form **33** 4
– Frist **33** 4
– Gerichtskosten **33** 11
– Geschäftswert **33** 13
– Inhalt **33** 4
– Kosten und Gebühren **33** 11
– Statthaftigkeit **33** 3
Besondere amtliche Verwahrung von Testamenten und Erbverträgen
– Benachrichtigungspflichten **36** 3
– Einsichtnahme **36** 19
– Herausgabe **36** 19
– Nottestament **36** 4
– Rückgabe **36** 21
– sachliche und örtliche Zuständigkeit **36** 3
– Verfahren **36** 8
Betriebsvermögen 50 136
Beurkundungsverfahren 8 53
– besondere amtliche Verwahrung **8** 60
– Inhalt der Niederschrift **8** 64
– Mitwirkungsverbot **8** 54
– Prüfungs- und Belehrungspflichten **8** 55
– Steuervermeidung **8** 55
– Urkundssprache und Verhandlungssprache **8** 62
– Zuziehung weiterer Personen **8** 58
Bewertung
– gesonderte Feststellung **50** 232
– lebenslängliche Nutzung **50** 210
– Nießbrauch **50** 210
– Oderkonten **50** 209
Bosnien und Herzegowina 48 52

Cash-GmbH 50 27, 139
Cautelar Sozini 17 36

Deutsche östlich von Oder und Neisse 48 20
Deutsche Staatsangehörigkeit 48 15

Deutsch-iranisches Niederlassungsabkommen 48 13
Deutsch-sowjetischer Konsulatsvertrag 48 13
Deutsch-türkischer Konsulatsvertrag vom 28.5.1929 48 13
Deutsch-türkisches Nachlassabkommen vom 28.5.1929 48 3
Doppelbelastung 50 206, 243
Doppelbesteuerung 50 7, 45 ff., 50, 160, 206, 243
– Doppelbesteuerungsabkommen **50** 46
Doppelbesteuerungsabkommen 50 46
Drei-Zeugen-Testament 8 73

Ehegattenerbrecht 4 2
– aufhebbare Ehe **4** 8
– deutsch-französischer Güterstand der Wahlzugewinngemeinschaft **4** 19
– Gütergemeinschaft **4** 18
– Gütertrennung **4** 17
– Nichtehe **4** 3
– Scheidungs- oder Aufhebungsantrag **4** 5
– Unterhaltsanspruch der werdenden Mutter **4** 19
– Versorgungsausgleich **4** 19
– Zugewinngemeinschaft **4** 15
Eigenhändige Unterschrift 8 30
– Abschlussfunktion **8** 32
– Beweisfragen **8** 37
– Briefumschlag **8** 34
– Errichtungszeitpunkt **8** 38
– Feststellungslast **8** 38
– Identitätsfunktion **8** 31
– Selbstbezeichnung **8** 33
– mehrseitiger Text **8** 33
– unter dem Text **8** 32
– Text oder Textänderung nach Unterschrift **8** 36
Eigenhändiges Testament 8 25
– Bezugnahme **8** 28
– Druckbuchstaben **8** 26
– eigenhändige Niederschrift **8** 26
– eigenhändige Unterschrift **8** 30
– fremde Hilfestellung **8** 27
– Schreibgerät **8** 26
– Schriftvergleich **8** 26
– Verlust der Urkunde **8** 29
Einheitswert 50 22
Einkommensteuer 50 242
Einkommensteuerg 50 204
Einstweilige Anordnung 32 12
Einziehung und Kraftloserklärung des Erbscheins 39 1
– Beschwerde gegen die Einziehung **39** 14
– einstweiliger Rechtsschutz **39** 14
– Kraftloserklärung **39** 11
– Verfahren **39** 6

- Vollstreckung **39** 9
- Zuständigkeit **39** 5

Entgegennahme von Erklärungen 47 103
Entstehung der Steuer 50 189
Erbauseinandersetzung
- Auseinandersetzung **23** 60
- Drittbestimmung des Unternehmensnachfolgers **24** 3
- einfache erbrechtliche Nachfolgeklausel **24** 10
- einzelkaufmännisches Unternehmen **24** 1
- Erbteilungsklage **23** 27
- Fortsetzungsklausel **24** 9
- freihändiger Verkauf **23** 18
- Führung des Unternehmens durch Testamentsvollstrecker **24** 5
- Gütergemeinschaft **23** 76
- Nießbrauch am Anteil einer Kapitalgesellschaft **24** 17
- Nießbrauch an der Beteiligung an einer Personengesellschaft **24** 16
- Nießbrauch an einem Unternehmen **24** 13
- Nießbrauch an Gesellschaftsanteilen **24** 15
- obligatorischer Nießbrauch **24** 14
- Personengesellschaften **24** 9
- qualifizierte erbrechtliche Nachfolgeklausel **24** 11
- rechtsgeschäftliche Eintrittsklausel **24** 12
- Rechtsmittel **23** 56
- Teilungsversteigerung **23** 18
- Testamentsvollstrecker **24** 5
- Testamentsvollstreckung **23** 18; **24** 19
- Treuhandlösung **24** 8
- Vermittlung in der Erbauseinandersetzung **23** 29
- Vermittlungsverfahren **23** 28
- Versäumnisverfahren **23** 57
- Vollmachtlösung **24** 6

Erbausschlagung
- Anfechtung der Anfechtung **16** 2
- Anfechtung der Annahme **16** 2
- Ausschlagung durch Sozialhilfeempfänger **16** 2
- Frist **16** 16
- Fristbeginn **16** 17
- Genehmigung des Familiengerichts **16** 7
- Irrtum über den Wert **16** 20
- Vertretung des minderjährigen Kindes **16** 7
- Willensmängel **16** 20
- wirksame Anfechtung der Annahme **16** 2
- Zugehörigkeit von Rechten oder Pflichten zum Nachlass **16** 21

Erbeinsetzung 10 1
- Rechtsnachfolger in wirtschaftlicher Hinsicht **10** 3
- Zuwendung von Einzelgegenständen **10** 4

Erbersatzsteuer 50 121
Erbfall
- Herz- und Kreislaufstillstand **1** 2
- Hirntod **1** 2
- Tod des Erblassers **1** 2

Erbfolge
- Behindertentestament **7** 6
- gewillkürte **7** 1
- Grundsatz der Testierfreiheit **7** 3
- Hoferbfolge **1** 1
- Singularsukzession **1** 1
- Sittenwidrigkeit letztwilliger Verfügung **7** 5
- Sondererbfolge **1** 1
- Unternehmensnachfolge **1** 1
- Verstoß gegen ein gesetzliches Verbot **7** 12

Erbhöfe und sonstige Höfe 40 53
Erblasser 1 3
Erbrecht
- Fiskus **5** 1

Erbschaftsteuervermeidung 50 9, 15, 58, 88 ff.
Erbschaftsvertrag 50 79
Erbschein 48 45
- Einziehung **39** 1
- Kraftloserklärung **39** 1
- Unrichtigkeit **39** 2

Erbschein nach § 2369 BGB aF (nun § 352b FamFG) 48 45
Erbscheinsverfahren
- Arten des Erbscheins **38** 7
- Begriff des Erbscheins **38** 2
- Erbschein zum beschränkten Gebrauch **38** 15
- Erbscheinsmuster **38** 7
- gegenständlich beschränkter Erbschein **38** 14
- gemeinschaftlicher Erbschein **38** 9
- gemeinschaftlicher Teilerbschein **38** 12
- Sammelerbschein **38** 13
- Teilerbschein **38** 10
- Zuständigkeit **38** 16

Erbunwürdigkeit 22 3
- Erbunwürdigkeitsgründe **22** 3

Erbvergleich 50 60
Erbvertrag 48 25
- Abänderungsvorbehalt **12** 19
- Abschluss **12** 8
- Anfechtung **12** 25
- Aufhebung **12** 22
- Aufhebung der Ehe **12** 40
- Aufhebungstestament **12** 39
- Auslegung **12** 13
- Begriff **12** 1
- Drittzuwendungen **12** 15
- einseitige Verfügung **12** 16
- Form **12** 8
- gerichtlicher Vergleich **12** 9
- Geschäftsfähigkeit **12** 10
- Leistungsstörungen **12** 36
- Prozessvergleich **12** 9
- Rechtsnatur **12** 4
- Rücktritt **12** 30
- Umdeutung **12** 13

– Verfehlungen des Bedachten **12** 33
– vertragsmäßige Verfügung **12** 14
Erbverzicht 18 1
Ergänzende Testamentsauslegung 9 18
– Ersatzerbenberufung **9** 21
– Kumulationsverbot der Auslegungsregeln **9** 21
– planwidrige Regelungslücke **9** 21
Ermittlung ausländischen Rechts 48 41
Ermittlungsmaßnahmen
– Anfechtung **38** 61
– Auslegung eines Testaments **38** 63
– Ausschlagung **38** 64
– Beteiligteneigenschaft **38** 65
– Beweiserhebung **38** 92
– Beweismittel **38** 96
– Brieftestament **38** 66
– Entscheidung **38** 104
– Erteilung und Aushändigung einer Urschrift
    38 110
– gemeinschaftliches Testament **38** 67
– Geschäftsunfähigkeit **38** 68
– Inhalt des Erbscheins **38** 113
– Kostenentscheidung **38** 108
– schriftvergleichendes Gutachten **38** 69
– streitige Entscheidung **38** 107
– Testierunfähigkeit **38** 71
– Widerruf einer letztwilligen Verfügung **38** 73
Ernennung des Testamentsvollstreckers
– Rechtsmittel **19** 31
Eröffnung letztwillliger Verfügungen
– Ablieferung **37** 14
– Ausfertigung **37** 3
– einfache Abschrift **37**
– Eröffnung **37** 29
– Eröffnungsprotokoll **37** 35
– Eröffnungstermin **37** 34
– gemeinschaftliches Testament **37** 36
– öffentlich beglaubigte Abschrift **37**
– Zuständigkeit **37** 4
– zweiseitiger Erbvertrag **37** 36
**Errichtung der Verfügung von Todes wegen
8** 2
– persönliche Errichtung **8** 3
– Stellvertretung **8** 3
– Testierfähigkeit **8** 10
– Testierwille **8** 2
Ersatzerbfolge 10 64
**Europäische Erbrechtsverordnung EUErb-
VO 47** 2
– Abgrenzung zum Güterrecht **47** 6
– Abgrenzung zum Sachenrecht **47** 9
– Änderung **47** 33
– Änderung und Widerruf der Rechtswahl
    47 21
– Anwendungsbereich **47** 5
– Auslegung **47** 4
– Auswirkungen einer Eheauflösung **47** 56
– Bindungswirkung **47** 57, 61

– deutsch-iranisches Niederlassungsabkommen
    47 2
– deutsch-sowjetischer Konsulatsvertrag **47** 2
– deutsch-türkischer Konsulatsvertrag **47** 2
– Ehe- und Erbvertrag **47** 74
– Eingriffsnormen **47** 25
– einseitige Testamente **47** 28
– einseitiger Erbvertrag **47** 53
– Erbvertrag **47** 39
– Form **47** 39, 63
– Form der Rechtswahl **47** 19
– Form des Erbvertrages **47** 51
– gemeinschaftliches Testament **47** 39
– gesellschaftsrechtliche Nachfolgeklausel **47** 8
– güterrechtliche Vereinbarungen **47** 50
– letzter gewöhnlicher Aufenthalt **47** 15
– materielle Wirksamkeit **47** 61, 64
– Mehrrechtsstaaten **47** 26
– mehrseitiger Erbvertrag **47** 59
– ordre public **47** 27
– Rechtswahl nach Artikel 22 EuErbVO **47** 18
– Rechtswahlmöglichkeiten am Erbvertrag
    47 68
– Rechtswahlmöglichkeiten am Testament **47** 34
– Regelanknüpfung nach Artikel 21 EuErbVO
    47 14
– Reichweite des Erbstatus **47** 22
– Rück- und Weiterverweisung Art. 34
    EuErbVO **47** 24
– Schenkungen auf den Todesfall **47** 47
– Testierverträge **47** 49
– Übergangsregelung **47** 77
– unentgeltliche Zuwendungen **47** 7
– Verträge zugunsten Dritter auf den Todesfall
    47 48
– Verzichtsvertrag **47** 62
– Vindikationslegat **47** 10
– Vorfragen **47** 12
– vorrangige Abkommen **47** 2
– Widerruf **47** 33
– Zulässigkeit **47** 60
– Zulässigkeit des Erbvertrages **47** 52
– Zulässigkeit und materielle Wirksamkeit **47** 30
Europäisches Nachlasszeugnis (ENZ) 47 82,
    84
– Änderung **47** 95
– Antrag **47** 90
– Aussetzung der Wirkung **47** 95
– Bekanntgabe **47** 93
– Entscheidung **47** 92
– Formblatt V **47** 100
– funktionale Zuständigkeit **47** 89
– Gültigkeitsdauer **47** 94
– internationale Zuständigkeit **47** 86
– internationale Zuständigkeit zur Erbscheinser-
    teilung **47** 98
– örtliche Zuständigkeit **47** 88
– Rechtsverhältnis **47** 96

– sachliche Zuständigkeit **47** 87
– Verfahren **47** 91
– Verfahren und Beteiligte **47** 90
– Widerruf **47** 95
– sich widersprechende Erbnachweise **47** 99
– Wirksamwerden **47** 93

Fälligkeit 50 192
Familienheim
– Nießbrauchsvorbehalt **50** 132
Familienstiftung 50 120 ff.
Familienunternehmen
– Abschlag **50** 146
– Vorababschlag **50** 146
Familienwohnheim 50 125
– Nießbrauch **50** 126
Fehlerhafte Ehe 3 33
Fideikommiss 40 68
Finanzmittel 50 140
Fiskus als Erbe 42 1
Flüchtlinge 48 7, 21, 22
**Formerfordernisse in Nachlasssachen
44** 1
Formgerechte Errichtung 8 23
– Drei-Zeugen-Testament **8** 23
– eigenhändige **8** 23
– Konsulat-Testament **8** 23
– Notar **8** 23
– Nottestament vor dem Bürgermeister **8** 23
– Seetestament **8** 23
Frankreich 48 53
Freibetrag 50 40, 176
– 10 Jahre **50** 184
– beschränkte Steuerpflicht **50** 40
– kumulativer **50** 180
– persönlicher **50** 181
– Pflege **50** 178
– Versorgungsfreibetrag **50** 187

Gemeinnützigkeit 50 179
Gemeinschaftliches Testament 11 1; **37** 36;
48 25
– Bindungswirkung **11** 12
– Blankounterschrift **11** 9
– Form **11** 4
– Formmängel **11** 9
– Nachtrag **11** 10
– Scheidung **11** 67
– Streichungen **11** 10
– wechselbezügliche Verfügungen **11** 12
– Zusatz **11** 10
Gesetzliche Erbfolge 2 1
– nach DDR-ZGB **6** 1
– Vorrang gewillkürte Erbfolge **2** 1
Gesonderte Feststellung 50 232
**Gewillkürte Erbfolge nach dem DDR-ZGB
7** 17
Griechenland 48 54

Großerwerb 50 154
Grundsatz der persönlichen Errichtung
– kaptatorische Verfügung **8** 6
– Mitwirkung anderer Personen **8** 4
– Stellvertretung **8** 3
Güterrecht 48 36
Güterrechtliche Lösung 50 63

**Haager Abkommen über die Testaments-
form vom 5. 10. 1961 48** 12
Hausrat 50 173
Heimatlose Ausländer 48 21
Höfeordnung 8 1

Inhalt des Erbscheins 38 113
– Anordnung einer Testamentsvollstreckung
38 143
– Berufungsgrund **38** 116
– Beschränkungen **38** 123
– Hinweise auf Nachlassteile **38** 117
– Kostenbehandlung **38** 160
– Verwirkungsklausel **38** 142
– Wiederverheiratungsklausel **38** 136
Innerdeutsches Kollisionsrecht 46 1
Internationale Zuständigkeit 47 81; **48** 1
– in der streitigen Gerichtsbarkeit **48** 1
**Internationales Erbrechtsverfahrensgesetz
(IntErbRVG) 47** 82
Internationales Nachlassverfahrensrecht
– internationale Zuständigkeit **48** 5
Internationales Privatrecht 46 1
Investitionsklausel 50 140
Israel 48 55
Italien 48 56

Konfusion 50 89, 199
– Beerdigung **50** 201
Kontrollmitteilung 50 230
Kosten in Nachlasssachen
– Anwaltsgebühren **35** 3
– Bewertungstabelle der Bayerischen Notarkasse
35 1
– einzelne Gebühren **35** 2
– Gebäudewert **35** 1
– Geschäftswert **35** 1
– Notarkosten **35** 4
– Verkehrswert **35** 1
Krankheitsbilder
– abnormes Persönlichkeitsbild **8** 20
– alkoholbedingtes derilantes Syndrom **8** 20
– Alzheimer **8** 20
– Arteriosklerose **8** 20
– Depression mit manischen Vorstellungen **8** 20
– Eifersucht **8** 20
– Epilepsie **8** 20
– hirnorganisches Syndrom **8** 20
– paranoide und psychotische Wahnvorstellun-
gen **8** 20

– Parkinsonsyndrom **8** 20
– querulatorische Veranlagung **8** 20
– Rauschgiftabhängigkeit **8** 20
– senile Demenz **8** 20
– vaskuläre Demenz **8** 20
Kroatien 48 57
Kunstgegenstände, Kulturgüter 50 174

Lastenausgleich 40 9
Latente Steuer 50 205, 243
Lebensversicherung 50 103
– Bezugsrecht **50** 108
– keine Erbschaftsteuer **50** 105
Lenkungszweck 50 24, 135, 139
Lohnsumme 50 150
Lohnsummenregel 50 30

Mehrrechtsstaaten 48 28
Mindestbeteilung 50 138
Mindestlohnsumme 50 150
Mitunternehmer 50 137

Nacherbschaft
– zwei getrennte Erbfälle **50** 92
Nachlass
– allgemeines Persönlichkeitsrecht **1** 7
– höchstpersönliche Rechte **1** 7
– Kapitalbeteiligung **1** 7
– Leibrente **1** 7
– Mitgliedschaften **1** 7
– Nießbrauch **1** 7
– Rechte **1** 7
– Vermögenswerte **1** 7
Nachlassauseinandersetzung
– AG **23** 15
– Auseinandersetzung **23** 8
– Genehmigung **23** 12
– GmbH **23** 15
– Handelsgeschäft **23** 15
– land- und forstwirtschaftliche Grundstücke
  23 13
– Personengesellschaften **23** 15
– Teilauseinandersetzung **23** 6
Nachlassbewertung
– Anspruch auf Abgabe der eidesstattlichen Versicherung **17** 22
– Auskunftsanspruch **17** 22
– Bauerwartungsland **17** 8
– Berechnung des Kürzungsbetrags **17** 21
– Bestandsverzeichnis **17** 27
– Ein- und Zweifamilienhäuser **17** 8
– Erbfallschulden **17** 11
– Erblasserschulden **17** 10
– Ertragswert **17** 5
– Gesellschaftsanteile **17** 8
– Lebensversicherung **17** 31
– Mietshaus **17** 8
– Nachlassinventar **17** 27

– Nachlassverzeichnis **17** 27
– notarielles Nachlassverzeichnis **17** 32
– Pflichtteilsberechtigter **17** 13
– pflichtteilsberechtigter Nacherbe **17** 19
– Pflichtteilslast **17** 21
– Pflichtteilsschuldner **17** 13
– unbebaute Grundstücke **17** 8
– Unterhaltsverbindlichkeiten **17** 10
– Verkehrswert **17** 5
– verschleierte Schenkung **17** 31
– Wertermittlungsanspruch **17** 22
– Wertpapiere **17** 8
– Zugewinnausgleich **17** 11
Nachlassinsolvenz 48 6
– Antrag **21** 3
– Antragsberechtigung **21** 4
– Antragsfrist **21** 6
– Antragspflicht **21** 5
– Beendigung **21** 20
– Eröffnung **21** 11
– Insolvenzgrund **21** 8
– Nachlass **21** 2
– Verteilung des Nachlasses **21** 18
– vorläufiger Insolvenzverwalter **21** 9
– Zuständigkeit **21** 2
Nachlasspflegschaft 41 2, 52
– Abwesenheitspflegschaft **41** 58
– allgemeine Berichte **41** 96
– Aufgaben **41** 82
– Aushändigung des Nachlasses **41** 143
– Befugnisse **41** 82
– berufsmäßige Pflegschaft **41** 125
– Beschwerdeberechtigter **41** 138
– einseitige Rechtsgeschäfte **41** 85
– Ende der Pflegschaft **41** 117
– Erbauseinandersetzung **41** 142
– Ermittlung unbekannter Erben **41** 54
– Fürsorgebedürfnis **41** 54
– Klagepflegschaft **41** 144
– Person des Pflegers **41** 69
– Pflegschaft für unbekannte Beteiligte **41** 58
– Prozessführung **41** 88
– Rechnungslegung **41** 100
– Rechtsmittel **41** 138
– Schlussrechnung **41** 120
– Stellung des Pflegers **41** 82
– Teilnachlasspflegschaft **41** 55
– transmortale Vollmacht **41** 56
– Vergütung des Nachlasspflegers **41** 125
– Vergütungsfestsetzungsverfahren **41** 129
– Zwischenberichte **41** 96
Nachlassspaltung 48 27, 29, 48
Nachlassverbindlichkeiten 50 199
– Abzugsbeschränkung **50** 207
– Aufgebot zur Ausschließung von Nachlassgläubigern **20** 73
– Aufnahme des Inventars **20** 48
– begrenzt abzugsfähig **50** 42

– Beschränkung der Haftung auf den Nachlass **20** 12
– eidesstattliche Versicherung **20** 57
– Erbfallschulden **20** 4
– Erblasserschulden **20** 2
– Form des Inventars **20** 48
– Gläubigerversäumnis **20** 86
– Haftung der Erben **20** 1
– Inhalt des Inventars **20** 48
– Inventar **20** 48
– Inventarerrichtung **20** 18
– Nachlasserbenschulden **20** 5
– prozessuale Geltendmachung **20** 15
– Verbindlichkeiten aus dem Betrieb eines Handelsgeschäfts **20** 6
– Verlust der Haftungsbeschränkung **20** 16
– Verschweigungseinrede **20** 86
Nachversteuerung 50 196
Nichteheliches Kind 3 7
– Abstammungsrecht **3** 9
– Brauer gegen Deutschland **3** 7
– Erbersatzanspruch **3** 7
– Gleichstellungsvertrag **3** 7
– Rechtsprechung des EGMR **3** 7
Niederlande 48 58
Nießbrauch 50 72, 126, 237
– aufschiebend bedingter **50** 110
– Bewertung **50** 210
– Erlöschen **50** 116
Notarielles Nachlassverzeichnis 17 32
Notarielles Testament 8 41
– Beurkundungsverfahren **8** 53
– Erblasser kann Geschriebenes nicht lesen **8** 51
– Erblasser kann nicht hinreichend hören **8** 51
– Erblasser kann nicht hinreichend sehen **8** 51
– Erblasser kann nicht hinreichend sprechen **8** 51
– Erblasser kann seinen Namen nicht schreiben **8** 51
– durch Erklärung **8** 44
– Kenntnis vom Inhalt der Schrift **8** 49
– öffentliches Testament durch Erklärung **8** 44
– durch Übergabe einer Schrift **8** 45
Nottestament 8 67, 71

Örtliche Zuständigkeit für streitige Verfahren 47 83
Österreich 48 59

Pflichtteil
– Bewertung **50** 84
– Geltendmachung **50** 74
– Konfusion **50** 89
– steuerbefreites Vermögen **50** 85
– Verzicht **50** 77
Pflichtteilergänzungsanspruch
– Lebensversicherung **17** 90

– Stiftungen **17** 89
Pflichtteilsanspruch
– Abtretung **17** 127
– Auskunftsklage **17** 136
– Entstehung **17** 117
– Erlass **17** 127
– Fälligkeit **17** 117
– Feststellungsklage **17** 135
– Insolvenzverfahren **17** 127
– Leistungsklage **17** 135
– Pfändung **17** 127
– prozessuale Hinweise **17** 134
– Rang **17** 117
– Stufenklage **17** 137
– Stundung **17** 117
– Vererbung **17** 127
– Verjährung **17** 117
– Verwirkung **17** 117
– Verzug **17** 117
Pflichtteilsbeschränkung in guter Absicht 17 91
Pflichtteilsentziehung 17 91
– Angabe des Grundes **17** 98
– Tatbestand **17** 102
– Verzeihung **17** 101
Pflichtteilsergänzungsanspruch 17 64
– 10-Jahres-Frist **17** 79
– Auskunftsanspruch **17** 78
– Berechnung **17** 67, 71
– Beweiserleichterung **17** 69
– Bewertung **17** 70
– gemischte Schenkung **17** 69
– Haftung mehrerer Beschenkter **17** 77
– Kapitalisierung des Nießbrauchrechts **17** 83
– Schenkungsbegriff **17** 68
– Wertermittlung **17** 78
Pflichtteilsquote
– Anrechnung **17** 48, 51
– Ausgleichung **17** 48, 55
– Berechnung der Ausgleichung **17** 59
– Formel **17** 53
– Pflichtteilsberechnung und Ausgleichung **17** 60
– Zusammentreffen von Anrechnung und Ausgleichung **17** 62
Pflichtteilsrecht
– Aktivposten **17** 8
– Anspruch auf Wertermittlung **17** 31
– Auskunft **17** 22
– Bestandsverzeichnis **17** 27
– Ehegattenpflichtteil **17** 41
– eidesstattliche Versicherung **17** 22, 32
– Nachlassbewertung **17** 5
– Passiva **17** 9
– Pflichtteilsanspruch **17** 1
– Pflichtteilsberechtigter **17** 1
– Pflichtteilsbeschränkung in guter Absicht **17** 91

– Pflichtteilsentziehung **17** 91
– Pflichtteilsergänzungsanspruch **17** 64
– Pflichtteilslast **17** 1
– Pflichtteilsquote **17** 44
– Pflichtteilsschuldner **17** 1
– Pflichtteilsunwürdigkeit **17** 91
– Pflichtteilsverzicht **17** 108; **18** 1
– Stundung des Pflichtteilsanspruchs **17** 148
– veränderte Marktverhältnisse **17** 7
– Verfahren **17** 152
– Verkehrswert **17** 6
– Wertermittlung **17** 22
– Zwangsvollstreckung **17** 33
Pflichtteilsunwürdigkeit 17 91
Pflichtteilsverzicht 17 108; **18** 1; **50** 79, 81
Polen 48 60
Pool 50 138
Priveligierung 50 145
Progression 50 46, 186, 219, 220
– Anrechnungsmethode **50** 47 ff.

Recht der früheren DDR 46 1
Rechte 1 7
Rechtsbehelfe in Nachlasssachen
– Abhilfeverfahren **33** 1
– Berichtigung **33** 1
– Beschwerde **33** 1, 2
– Erinnerung **33** 1
– Rechtsbeschwerde **33** 15
– sofortige Beschwerde **33** 1, 14
– Verfassungsbeschwerde **33** 1
– Vergleich in Nachlasssachen **34** 1
Rechtsfall 48 26
Rechtshilfe 49 1
Reduzierung der Steuer 50 58
Reduzierung der Steuerlast 50 15
Regelungsbereich des Erbstatus 48 24
Rück- und Weiterverweisung 48 28
Rumänien 48 61
Rüssische Förderation 48 62

Schenkung auf den Todesfall 10 102, 105
– Bausparverträge **10** 105
– Lebensversicherungsverträge **10** 105
– notarielle Form **10** 109
– Sparbuchfälle **10** 107
– unwiderrufliche Vollmacht **10** 103
– Vertrag zugunsten Dritter **10** 108
– Vollzug **10** 103
Schieds- und Wertsicherungsklauseln
– Schiedsklauseln **26** 1
– Wertsicherungsklauseln **26** 2
Schweiz 48 63
Schwellenwert
– Abschmelzmodell **50** 156
– Bedürfnisprüfung **50** 157
– Verschonungsbedarfsprüfung **50** 157
Schwellenwert von 26 Mio. EUR 50 144, 154

Seetestament 8 74
Serbien 48 64
Sicherung des Nachlasses 41 1
– amtliche Inverwahrnahme **41** 34
– Aufnahme eines Nachlassverzeichnisses **41** 45
– Fürsorgebedürfnis **41** 11
– Nachlasspflegschaft **41** 52
– transmortale Vollmacht **41** 11
– Unklarheit über den Erben **41** 8
Slowakei 48 67
Slowenien 48 65
Sondererbfolge 48 29
Sonderstatut 48 29
Spanien 48 66
Staatenlose 48 7, 21
Staatsangehörigkeit des Erblassers 48 14
Steuerentstehung 50 71, 80, 88
Steuererklärung 50 226
Steuerklasse 50 181
Steuerklassen 50 214
Steuerpflicht 50 37
– erweiterte unbeschränkte **50** 43
– Inländer **50** 37
– Inlandsvermögen **50** 39
– Niedrigsteuerland **50** 43
Steuerverschonung 50 8, 26
– Optionsverschonung **50** 145
– Regelverschonung **50** 145
Stichtag 50 67, 189, 190
– Grabpflege **50** 201
Stichtagsprinzip 50 5
Stiefkinder 50 182 f.
Stiftungsgeschäft von Todes wegen
– Familienstiftung **25** 1
– Name der Stiftung **25** 1
– selbständige Stiftung **25** 1
– staatliche Anerkennung **25** 1
– unselbständige Stiftung **25** 1
Stille Reserven 50 205, 244 ff.
Stufenklage 17 137
– besonderer Gerichtsstand der Erbschaft **17** 138
– Beweislast **17** 139
– Kosten **17** 141
– Rechtsmittel **17** 144
– Urteil **17** 140
– Verjährung **17** 139
– Vollstreckung **17** 143
– Wert des Beschwerdegegenstandes **17** 144
Stundung bis zum Tod 50 203
Supervermächtnis 50 102
Superverträge zugunsten Dritter 50 103

Teilungsanordnung 10 100
Testamentsvollstreckerzeugnis 48 45
Testamentsvollstreckung 48 50
– Ablehnung des Amtes **19** 45
– Abwicklungsvollstreckung **19** 7, 8
– Annahme des Amtes **19** 45

– Anordnung **19** 5
– Antragsberechtigte **19** 86
– Außerkraftsetzung von Anordnungen des Erblassers **19** 76
– Beendigung **19** 79
– Berichtigung des Zeugnisses **19** 66
– Beteiligte **19** 57
– Dauervollstreckung **19** 7, 10
– Einzelfälle **19** 84
– Entlassung des Testamentsvollstreckers **19** 80
– Entscheidung **19** 58
– Ernennung **19** 18
– Ernennung des Testamentsvollstreckers **19** 15
– Inhalt **19** 60
– Insolvenz **19** 13
– Nachlassverwaltung **19** 14
– öffentlicher Glaube **19** 71
– ordnungsgemäße Verwaltung des Nachlasses **19** 12
– persönliche Voraussetzungen **19** 16
– Pflichtverletzung **19** 81
– post- oder transmortale Vollmachten **19** 4
– Rechtsstellung des Testamentsvollstreckers **19** 2
– Richtigkeitsvermutung **19** 71
– Testamentsvollstreckerzeugnis **19** 48
– Verfügungsbefugnisse des Testamentsvollstreckers **19** 12
– Vergütung des Testamentsvollstreckers **19** 33
– Vermittlung bei Streitigkeiten **19** 72
– Verwaltungsvollstreckung **19** 7, 10
– Zuständigkeit für Erteilung **19** 51
Testierfähigkeit 8 10; **48** 25
– Alter **8** 21
– Beweissicherungsverfahren **8** 19
– einzelne Krankheitsbilder **8** 20
– Feststellungsklage **8** 19
– krankhafte Störung der Geistestätigkeit **8** 11
– Krankheitsbilder **8** 20
– lucidum intervallum **8** 14
– partielle Geschäftsfähigkeit **8** 11
Testierfreiheit 1 13
Testierwille 8 2
– Brief **8** 2
– Entwurf **8** 2
– Entwürfe **8** 2
– Material **8** 2
– Ort **8** 2
Tod des Gesellschafters 50 111
Transmortale Vollmacht 1 11, **50** 189
Trust 50 120
Tschechische Republik 48 67
Türkei 48 68

Übersiedler 48 19
Überweisungszeugnis 40 41
Ungarn 48 69
Unionsrecht 50 32, 51

– ausländisches Vermögen **50** 35
– Freibetrag **50** 32 ff., 40
USA 48 70

Vererbliche Rechte
– allgemeines Persönlichkeitsrecht **1** 9
– Anteile an AG **1** 8
– Anwartschaften **1** 8
– Auskunftsanspruch **1** 9
– Besitz **1** 8
– Bezugsrecht bei Lebensversicherung **1** 9
– Dienstbarkeit **1** 8
– digitaler Nachlass **1** 10
– dingliche Rechte **1** 8
– dingliches Vorkaufsrecht **1** 8
– familienrechtliche Beziehungen **1** 9
– Genossenschaft **1** 8
– Gesamtgut einer Gütergemeinschaft **1** 8
– Geschäftsanteile an GmbH **1** 8
– Gesellschaftsanteile des Kommanditisten **1** 8
– Hausratsversicherung **1** 8
– Immaterialgüterrecht **1** 8
– körperliche Rechte **1** 9
– Leibrente **1** 9
– Mitgliedschaften **1** 8
– Nießbrauch **1** 9
– Personengesellschaften **1** 8
– Schutzrecht **1** 8
– Unterhaltsansprüche **1** 9
– Unterlassungspflichten **1** 8
– Urlaubsabgeltungsanspruch **1** 9
– Verein **1** 8
– Vollmacht **1** 11
– Zugewinnausgleich **1** 8
Verfahrensgrundsätze
– Akteneinsicht **29** 14
– Aussetzung **29** 27
– Beiordnung eines Rechtsanwalts **29** 33
– Bekanntgabe von Entscheidungen **32** 7
– Bestandskraft **32** 11
– Beteiligte **29** 4
– Beteiligtenfähigkeit **29** 4
– Beteiligter im formellen Sinn **29** 7
– Beteiligter im materiellen Sinn **29** 6
– Frei- oder Strengbeweisverfahren **29** 1
– Haftung für Pflichtverletzung **30** 1
– Haftungsfälle **30** 4
– Nichtöffentlichkeit **29** 22
– Notar **30** 2
– Rechtsanwalt **30** 3
– Rechtspfleger **30** 1
– Richter **30** 1
– ruhendes Verfahren **29** 27
– Unterbrechung **29** 27
– Verfahrensfähigkeit **29** 4
– Verfahrenskostenhilfe **29** 30
– Wirksamkeit von Entscheidungen **32** 7
Verfassungswidrigkeit 50 22

Verfolgte 48 16
Verfügbares Vermögen 50 158
Verfügung von Todes wegen
– Andeutungstheorie **9** 12
– Auflage **9** 3
– Auslegung **9** 1
– Erbeinsetzung **9** 2
– ergänzende Auslegung **9** 18
– falsa demonstratio **9** 15
– fehlende Alleinerbeneinsetzung **9** 17
– fehlende Schlusserbeneinsetzung **9** 17
– fehlender Ersatzerbe **9** 17
– Rechtswahl **9** 8
– Sprachgebrauch **9** 14
– Vermächtnis **9** 3
– wohlwollende Auslegung **9** 24
– Zuwendung eines einzelnen Gegenstands **9** 4
Verfügungsbeschränkung 48 50
**Vergütung des Testamentsvollstreckers
19** 33
– Aufwendung für Dritte **19** 38
– Auseinandersetzungsgebühr **19** 42
– Bemessungsgrundlage **19** 37
– Fälligkeit **19** 35
– Höhe **19** 36
– neue Rheinische Tabelle **19** 41
– Schuldner **19** 34
– Umsatzsteuer **19** 39
– Vergütung nach Tabellensätzen **19** 40
– Verwaltungsgebühr **19** 42
Verlust der Urkunde 8 29
Vermächtnis 10 74; **50** 66, 70
– Abgrenzung von Erbeinsetzung **10** 76
– Anfall und Fälligkeit **50** 192
– Ausschlagung **10** 91
– Fälligkeit **10** 90; **50** 101
– formunwirksames **50** 70
– Gattungsvermächtnis **10** 83
– Nießbrauchsvermächtnis **10** 88
– Pflichtteilslast **10** 94
– Sachmängelgewährleistung **10** 87
– Stückvermächtnis **10** 82
– Verjährung **10** 93
– Verschaffungsvermächtnis **10** 87
– Wahlvermächtnis **10** 85
Vermögenswerte 1 7
Verschonungsbedarfsprüfung 50 157
– verfügbares Vermögen **50** 158
Versorgungsbezüge 50 188
Verstoß gegen ein gesetzliches Verbot 7 12
– heimrechtliche Zuwendungsverbote **7** 13
– § 14 HeimG **7** 13
Verwaltungsvermögen 50 29, 139
– Finanzmittel **50** 140
– Investitionsklausel **50** 140
– junge Finanzmittel **50** 141
– unschädliches **50** 141
Verwandtenerbrecht 3 3

– dritte Ordnung **3** 5
– Enterbung **3** 2
– Erbausschlagung **3** 2
– Erbfolge nach Ordnungen **3** 3
– Erbunwürdigkeit **3** 2
– Erbverzicht **3** 2
– erste Ordnung **3** 4
– Repräsentationssystem **3** 2
– zweite Ordnung **3** 5
Vindikationslegat 48 25
Volksdeutsche Ausländer 48 17
Vollmacht
– Vorsorgevollmacht **1** 11
Vor- und Nacherbschaft
– Abgrenzung **10** 27
– Einzelfälle **10** 27
– Gestaltungsziele **10** 13
– Insolvenz **10** 60
– Pflichtverletzung des Vorerben **10** 32
– Prozessführung **10** 60
– Rechtsstellung des Nacherben **10** 37
– Rechtsstellung des Vorerben **10** 28
– Testamentsvollstreckung bei Vor- und Nach-
erbschaft **10** 47
– Übertragbarkeit der Anwartschaft **10** 43
– Vererblichkeit der Anwartschaft **10** 38
– Zwangsvollstreckung **10** 60
Vorababschlag 50 146, 149, 155
Voraus 50 173
Vorausvermächtnis 50 68
Vorbehaltsklausel (ordre public) 48 30
Vorerwerb 50 185
Vorfragen 48 25
Vorgänge vor dem 1.9.1986 48 10
Vormaliges deutsches IPR 48 9
Vorsorgevollmacht 50 189
Vorwegabschlag 50 155

Wechselbezügliche Verfügungen
– Änderungsvorbehalt **11** 36
– Anfechtung durch den überlebenden Ehegat-
ten **11** 25
– Anfechtung durch Dritte **11** 27
– Ausschlagung **11** 30
– Begriff **11** 12
– Bindungswirkung **11** 12
– Freistellungsklausel **11** 36
– Kumulationsverbot der Auslegungsregeln
11 18
– Selbstanfechtung **11** 28
– Widerruf wechselbezüglicher Verfügungen
11 19
– Zuwendungsverzicht **11** 38
Wertpapierbereinigung 40 9
Widerruf des Testaments
– Anfechtung des Widerrufs **14** 3
– Beweis **14** 8
– Durchstreichung **14** 7

– Einreißen **14** 7
– entgegenstehende testamentarische Bestim-
  mungen **14** 1
– Rücknahme aus amtlicher Verwahrung **14** 1
– Testierfähigkeit **14** 10
– Ungültigkeitsvermerk **14** 7
– Veränderung an der Urkunde **14** 7
– Vernichtung in Widerrufsabsicht **14** 1
– Widerruf des Widerrufs **14** 11
– Widerruftestament **14** 1
**Wiedergutmachungs- Rückerstattungs und
  Entschädigungsansprüche 40** 18
Wiederverheiratungsklausel 11 62
Wirtschaftliche Belasung 50 203
Witwenrente 50 116, 188
Wohnzweck 50 169, 239
– eigener **50** 131
– Vermietung **50** 169

**Zeugnis über die Fortsetzung der Güter-
  gemeinschaft 40** 20
– Antragsberechtigung **40** 29
Zugewinn 50 64
– Ehevertrag **50** 65
– fiktive Ausgleichsforderung **50** 64
Zugewinnausgleich 50 63
Zuständigkeit
– Antragsberechtigung **38** 20
– Apostille **38** 51

– ausländische öffentliche Urkunde **38** 51
– ausländische Todeserklärung **38** 43
– Erbscheinsantrag **38** 19
– erforderliche Nachweise **38** 42
– Ermittlungsmaßnahmen **38** 60
– Form **38** 31
– funktionale Zuständigkeit **38** 16
– Haager Übereinkommen **38** 51
– Hilfsantrag **38** 30
– Inhalt des Antrags **38** 30
– Legalisation **38** 51
– materielle Feststellung **38** 60
– öffentliche Urkunde **38** 49
– örtliche Zuständigkeit **38** 17
– quotenmäßige Bezeichnung des Erbteils
  38 30
– sachliche Zuständigkeit **38** 16
– Sterbeurkunde **38** 43
– Testamentsauslegungsvertrag **38** 58
– Urkunde über die Anerkennung der Vater-
  schaft **38** 46
– Verfahrensvoraussetzungen **38** 41
– Versicherung an Eides statt **38** 54
Zuwendungsverzicht 18 6
Zweckzuwendung 50 114
Zweiseitiger Erbvertrag 37 36
– Benachrichtigung **37** 46
– erster Todesfall **37** 37
– zweiter Todesfall **37** 41